Dietger Hahn · PuK – Controllingkonzepte

Dietger Hahn

PuK

Planung und Kontrolle
Planungs- und Kontrollsysteme
Planungs- und Kontrollrechnung

Controllingkonzepte

Unternehmungsbeispiele
von

Henkel KGaA, Düsseldorf
Dr. Hans-Günter Grünewald

Siemens AG, München
Dr. Andreas Zimmermann

Franz Haniel & Cie. GmbH, Duisburg
Dr. Ernst Alers

Daimler-Benz AG, Stuttgart
Dr. Rolf A. Hanssen
Manfred Remmel

Preussag AG, Hannover
Dr. Michael Frenzel
Dr. Dieter Brunke

Fünfte, überarbeitete und erweiterte Auflage

Dr. Dr. h.c. Dietger Hahn ist o. Professor für Betriebswirtschaftslehre an der Justus-Liebig-Universität Gießen und Honorarprofessor an der Technischen Universität Berlin, Wissenschaftlicher Leiter des Instituts für Unternehmungsplanung, IUP – Gießen/Berlin

Die Deutsche Bibliothek – CIP-Einheitsaufnahme

PuK, Controllingkonzepte : Planung und Kontrolle, Planungs- und Kontrollsysteme, Planungs- und Kontrollrechnung ; Unternehmungsbeispiele von Henkel KGaA, Düsseldorf, Daimler-Benz AG, Stuttgart, Siemens AG, München, Preussag AG, Hannover, Franz Haniel & Cie. GmbH, Duisburg / Dietger Hahn ... 5., überarb. und erw. Aufl. – Wiesbaden : Gabler, 1996
ISBN 3-409-52601-3
NE: Hahn, Dietger

Der Gabler Verlag ist ein Unternehmen der Bertelsmann Fachinformation.

Lektorat: Barbara Roscher

Satz, Druck und Bindung: Graphischer Betrieb Konrad Triltsch GmbH, Würzburg
Printed in Germany

ISBN 3-409-52601-3

Vorwort zur fünften Auflage

Das **PuK-Buch** dokumentiert weiterhin eine fruchtbare Zusammenarbeit zwischen Theorie und Praxis auf dem Gebiet der Unternehmungsführung. **Planung und Kontrolle, Planungs- und Kontrollrechnung** und **Planungs- und Kontrollsysteme** werden zunächst in den Teilen I bis V aus der Sicht der Betriebswirtschaftstheorie, sodann in den Teilen VI bis X aus der Sicht der Wirtschaftspraxis charakterisiert.

In der überarbeiteten, ergänzten und aktualisierten fünften Auflage des PuK-Buches ist die theoretisch fundierte und in der Praxis bewährte **Grundkonzeption eines Planungs- und Kontrollsystems mit integrierter Planungs- und Kontrollrechnung** beibehalten worden (vgl. Abbildung 50). Im Mittelpunkt des Buches werden die **generelle Zielplanung**, die **strategische Planung**, die **operative Planung** und die **gesamtunternehmungsbezogene Ergebnis- und Finanzplanung** behandelt. Hierbei bilden die ersten beiden Planungskomplexe – jeweils ergänzt um Steuerung und Kontrolle – die Aufgabenbereiche der strategischen Führung, die letzten beiden Planungskomplexe mit entsprechender Ergänzung die Aufgabenbereiche der operativen Führung. Sie werden mit jeweils dazugehörigen Planungs- und Kontrollrechnungen sowie Plänen und Berichten zum einen für funktional organisierte, zum anderen für divisional organisierte Unternehmungen als **Führungsaufgabe** und **Führungsinstrument** dargestellt. Hierbei sind neuere Entwicklungen und Rahmenbedingungen besonders berücksichtigt worden, die eine visionsorientierte, vernetzte und dialogische Führung erfordern. Die markt- und ergebnisorientierte strategische Führung – vom Target Costing bis zur Ermittlung eines kapitalwertoptimalen Entwicklungspfades einer Unternehmung – und die markt- und ergebnisorientierte operative Planung – vom deckungsbeitragsoptimalen Produktprogramm bis zur Ermittlung des kalkulatorischen und bilanziellen Periodenergebnisses und entsprechender Rentabilitätszielgrößen – werden besonders hervorgehoben. Hierbei bleibt die Liquiditätssicherung durch Finanzplanung und entsprechende Maßnahmen unabdingbares Ziel der Unternehmungsführung. Es wird verdeutlicht, daß mit der Verfolgung dieser markt-, ergebnis- und liquiditätsorientierten Zielgrößen allen an der Unternehmung interessierten Gruppen gedient wird – von den Abnehmern über Kapitalgeber und Mitarbeiter bis zum Staat. **Gestaltung und Nutzung von Planungs- und Kontrollsystemen und integrierten Planungs- und Kontrollrechnungen** primär zur Unterstützung ergebnisorientierter Unternehmungsführung werden als **Kernaufgaben des Controlling** charakterisiert. Weiterentwicklungen von Führungsinstrumenten und Veränderungen des rechtlichen Rahmens wird dabei Rechnung getragen. Wegen ihrer zunehmenden Bedeutung ist die **Projektplanung** im Planungssystem besonders herausgestellt worden.

Die **Beiträge aus der Unternehmungspraxis** charakterisieren den aktuellen Stand der Planungs- und Kontrollsysteme mit dazugehöriger Planungs- und Kontrollrechnung im **Daimler-Benz-Konzern**, in der **Henkel-Gruppe**, im **Preussag-Konzern** und im **Siemens-Konzern**. Zusätzlich zu diesen Beispielen aus der Industrie ist wegen der wachsenden Bedeutung des Handels- und Dienstleistungsbereichs auch die Beschreibung des Planungs- und Führungssystems der **Haniel-Gruppe** aufgenommen worden. Hier stehen unterschiedliche Betonungen strategischer und/oder operativer Aspekte im Vordergrund, stets jedoch gerichtet auf die Schaffung und Sicherung von Wettbewerbsvorteilen.

Eine ähnliche Kooperation zwischen Theorie und Praxis wie bei der hier vorgenommenen Darstellung von Planungs- und Kontrollsystemen findet sich bei Knut Bleicher in seinem Buch über Organisation – Strategien, Strukturen, Kulturen (2. Auflage, Wiesbaden 1991). Hierdurch werden Planung und Organisation als die beiden wesentlichen Säulen der Führung anwendungsbezogen systematisiert.

Das Buch wendet sich an **Führungskräfte** in der Unternehmungspraxis, an **Dozenten** und **Studenten**, die sich generell für das Gebiet der Planung und Kontrolle aus betriebswirtschaftlicher Sicht und speziell für das Gebiet des Controlling interessieren.

Für die Beteiligung an der Neuauflage des PuK-Buches bedanke ich mich sehr bei den Herren Dr. Ernst Alers, Franz Haniel & Cie. GmbH, Duisburg, Dr. Michael Frenzel und Dr. Dieter Brunke, Preussag AG, Hannover, Dr. Hans-Günter Grünewald, Henkel KGaA, Düsseldorf, Dr. Rolf A. Hanssen und Manfred Remmel, Daimler-Benz AG, Stuttgart, sowie Dr. Andreas Zimmermann, Siemens AG, München; ferner für die Unterstützung bei den Herren Dietmar Hopp, SAP AG, Walldorf, sowie Burghard Kleffmann, Baan Deutschland GmbH, Hannover.

Für wertvolle Hinweise und Anregungen bedanke ich mich besonders bei den Herren Dr. Everhard Disselkamp und Prof. Dr. Harald Hungenberg. Schließlich gilt für die Unterstützung bei der inhaltlichen und formalen Überarbeitung des Buches mein besonderer Dank meinem Mitarbeiter Dipl.-Kfm. Andreas Bausch. An der Aktualisierung haben weiter mitgewirkt Dipl.-Wirtsch.-Ing. Andreas Buske, Thomas Hutzschenreuter, Dipl.-Ing. Alexander Mayer, Dipl.-Kffr. Astrid Simanek, Dipl.-Kfm. Ralf-Stefan Stöppler sowie Dipl.-Kffr. Christina Ulber MBA. Mein Dank gilt auch dem Gabler-Verlag, der die zügige Herstellung dieser überarbeiteten Neuauflage ermöglicht hat.

DIETGER HAHN

Vorwort zur ersten Auflage

Ergebnis und **Liquidität** bilden die oberen monetären Ziele der Unternehmung. Ausgehend von diesen Zielen wird in der vorliegenden Arbeit das **Zahlenwerk der Ergebnis- und Finanzrechnung** als zielorientiertes Führungsinstrument charakterisiert. Plan- und Kontrollinformationen werden als Resultate ergebnis- und liquiditätsorientierter Planungs- und Kontrollrechnungen auf der Basis bekannter Verfahren des Rechnungs- und Finanzwesens und des Operations Research dargestellt. Neben dem Bemühen um eine **Darstellung des Gesamtzusammenhanges** dieses Zahlenwerks im Rahmen eines Planungs- und Kontrollsystems wird versucht, **Möglichkeiten und Entwicklungstendenzen** einer solchen integrierten ergebnis- und liquiditätsorientierten Planungs- und Kontrollrechnung als **Führungsinstrument** aufzuzeigen.

Im Teil I, der Grundlegung, wird die Ableitung einer **generellen Konzeption für den Aufbau eines zielorientierten Plan- und Berichtssystems** auf der Basis entsprechender Rechenverfahren **im Rahmen eines allgemeinen Planungssystems** für Industrieunternehmungen gegeben. **Im Teil II** werden **allgemeine Ausgestaltungs- und Anwendungsmöglichkeiten eines solchen Instrumentes für Industrieunternehmungen mit primär verrichtungsorientierter** (funktionaler) **und primär objektorientierter** (divisionaler) **Aufbauorganisation** erläutert.

Die **Darlegungen** in Teil I und II erfolgen in **entscheidungs- und systemtheoretischer Sicht** und bei **Interpretation der Unternehmung als Aktionszentrum.** Planung, Steuerung und Kontrolle erfolgen im Hinblick auf das System Unternehmung, Subsysteme der Unternehmung und hierbei jeweils im Hinblick auf Ziele, Aktionen, Aktionsobjekte und Aktionsträger (Potentiale: Arbeitskräfte, Betriebsmittel). Die Teilkomplexe des zugrunde gelegten Planungs- und Kontrollsystems ergeben sich unmittelbar aus dem gewählten theoretischen Ansatz: die Zielplanung aus der Zielorientierung des Systems (Zielsystem), die strategische Planung aus den Trägern des Systems (Potentialsystem), die operative Planung aus den Tätigkeiten im System (Aktionssystem bzw. Operationssystem) und die gesamtunternehmungsbezogene Ergebnis- und Finanzplanung aus der Notwendigkeit der zielorientierten, integrierten wertmäßigen Abbildung sowie Führung (Planung, Steuerung und Kontrolle) des Systems Unternehmung.

Im Teil III werden **spezielle Ausgestaltungs- und Anwendungsmöglichkeiten** der integrierten ergebnis- und liquiditätsorientierten Planungs- und Kontrollrechnung **an Hand von Beispielen aus der Unternehmungspraxis** erläutert. Führungskräfte aus bedeutenden Industrieunternehmungen haben sich freundlicherweise bereit erklärt, die Planungs- und Kontrollrechnungen ihrer Unternehmungen im Rahmen ihrer jeweiligen Planungs- und Kontrollsysteme darzustellen und die von ihnen in Angriff genommenen weiteren Entwicklungen aufzuzeigen. Es handelt sich um Unternehmungen mit primär verrichtungsorientierter oder primär objektorientierter Aufbauorganisation, die Grundstoffe, Investitions- oder Konsumgüter vornehmlich in Massen- und (Groß-)Serienfertigung erstellen. Hierdurch und auf Grund der jeweils vertretenen „Planungsphilosophie“ weisen die Planungs- und Kontrollrechnungen neben Gemeinsamkeiten branchen- und unternehmungsspezifische Besonderheiten auf. Auch wird die unterschiedliche Ausgestaltungsmöglichkeit von Planungssystemen deutlich.

Das Buch wendet sich an **Führungskräfte** in der Unternehmungspraxis, aber auch an **wirtschaftswissenschaftliche Studenten** höherer Semester, die sich für die Ausgestaltungsmöglichkeiten und Probleme einer integrierten Planungs- und Kontrollrechnung als Instrument der Unternehmungsführung interessieren.

Für ihre Beteiligung an diesem Buch bedanke ich mich sehr bei den Herren Dr. Günter Danert und Dietrich Solaro, Standard Elektrik Lorenz AG, Stuttgart, Dr. Claus Freiling, Rasselstein AG, Neuwied, Dr. Hans-Günter Grünewald, Henkel & Cie. GmbH, Düsseldorf und den Herren Dr. Friedrich Thomée und Siegfried Höhn, Volkswagenwerk AG, Wolfsburg. Mit der hier vorgelegten Veröffentlichung wird eine weitere **Möglichkeit der Kooperation zwischen Universität und Unternehmungspraxis** zur Behandlung und Diskussion betriebswirtschaftlicher Probleme demonstriert.

Für die Unterstützung bei der Vorbereitung des Manuskriptes gilt mein besonderer **Dank** auch meinen Mitarbeitern, Dipl.-Kfm. Gerd Brückner, Dr. Wigand Große-Oetringhaus, Dr. Herbert Lederle, Dipl.-Ökonom Jörg Link und Dipl.-Ökonom Rolf Wagner sowie meinen Mitarbeitern Techn. Dipl.-Betriebswirt Kurt Knappe und Dipl.-Kfm. Peter M. Rudhart, die mir darüber hinaus bei der Durchsicht des Manuskriptes wertvolle Hinweise und Anregungen gegeben haben. Fräulein Monika Valjak danke ich dafür, daß sie das umfangreiche und häufig geänderte Manuskript mit viel Geduld geschrieben hat. Mein Dank gilt auch dem Verlag, der die zügige Herstellung dieses Buches ermöglicht hat.

DIETGER HAHN

Inhaltsübersicht

Teil I

Grundlegung

Teil II

Charakterisierung der integrierten ergebnis- und liquiditätsorientierten Planungs- und Kontrollrechnung – PuK

Teil III

Integrierte ergebnis- und liquiditätsorientierte Planungs- und Kontrollrechnung (PuK) im Planungs- und Kontrollsystem für Unternehmungen mit primär verrichtungsorientierter (funktionaler) Aufbauorganisation

Teil IV

Integrierte ergebnis- und liquiditätsorientierte Planungs- und Kontrollrechnung (PuK) im Planungs- und Kontrollsystem für mehrgliedrige Unternehmungen/ Konzerne mit primär produktorientierter oder primär regionalorientierter (divisionaler) Aufbauorganisation

Teil V

Organisation und rechnergestützte Durchführung der integrierten ergebnis- und liquiditätsorientierten Planungs- und Kontrollrechnung (PuK) in Planungs- und Kontrollsystemen

Teil VI

Teil VII

Teil VIII

Teil IX

Teil X

Inhaltsverzeichnis

Teil I

Grundlegung

Teil II

Charakterisierung der integrierten ergebnis- und liquiditätsorientierten Planungs- und Kontrollrechnung – PuK

Teil III

Integrierte ergebnis- und liquiditätsorientierte Planungs- und Kontrollrechnung (PuK) im Planungs- und Kontrollsystem für Unternehmungen mit primär verrichtungsorientierter (funktionaler) Aufbauorganisation

Teil IV

Integrierte ergebnis- und liquiditätsorientierte Planungs- und Kontrollrechnung (PuK) im Planungs- und Kontrollsystem für mehrgliedrige Unternehmungen/Konzerne mit primär produktorientierter oder primär regionalorientierter (divisionaler) Aufbauorganisation

Teil V

Organisation und rechnergestützte Durchführung der integrierten ergebnis- und liquiditätsorientierten Planungs- und Kontrollrechnung (PuK) in Planungs- und Kontrollsystemen

Teil VI

Planungssystem mit integrierter Planungsrechnung der Henkel KGaA, Düsseldorf

Von Dr. Hans-Günter Grünewald

Teil VII

Strategische und operative Führung im Daimler-Benz-Konzern – Philosophie und Instrumentarien

Von Dr. Rolf A. Hanssen und Manfred Remmel

Teil VIII

Planung und Kontrolle im Führungssystem des Hauses Siemens

Von Dr. Andreas Zimmermann

Teil IX

Integrierte Planungs- und Kontrollrechnung im Planungs- und Kontrollsystem des Preussag-Konzerns

Von Dr. Michael Frenzel und Dr. Dieter Brunke

Teil X

Unternehmensplanung und Führungssystem bei Haniel

Von Dr. Ernst Alers

Abkürzungsverzeichnis

AG	– Die Aktiengesellschaft
agplan	– Gesellschaft für Planung – AGPLAN – e.V.
AktG	– Aktiengesetz v. 06.09.1965 (BGBl. I S. 1089) i.d. F. v. 28.10.1994 (BGBl. I S. 3210)
AStG	– Gesetz über die Besteuerung bei Auslandsbeziehungen (Außensteuergesetz) v. 08.09.1972 (BGBl. I S. 1713), zuletzt geändert am 28.10.1994 (BGBl. I S. 3267)
ap	– Angewandte Planung
APF	– Ablauf- und Planungsforschung
BB	– Der Betriebsberater
BDI	– Bundesverband der Deutschen Industrie e. V.
BerlinFG	– Gesetz zur Förderung der Berliner Wirtschaft (Berlinförderungsgesetz 1990) i.d. F. v. 02.02.1990 (BGBl. I S. 173), zuletzt geändert am 21.12.1993 (BGBl. I S. 2310)
BetrVG	– Betriebsverfassungsgesetz v. 11.10.1952 (BGBl. I S. 681) i.d. F. v. 15.01.1972 (BGBl. I S. 13), zuletzt geändert am 02.08.1994 (BGBl. I S. 1961)
BewG	– Bewertungsgesetz i.d. F. v. 01.02.1991 (BGBl. I S. 230), zuletzt geändert am 27.09.1994 (BGBl. I S. 2624)
BFH	– Bundesfinanzhof
BFuP	– Betriebswirtschaftliche Forschung und Praxis
BIFOA	– Betriebswirtschaftliches Institut für Organisation und Automation an der Universität zu Köln
BiRiLiG	– Gesetz zur Durchführung der Vierten, Siebenten und Achten Richtlinie des Rates der Europäischen Gemeinschaften zur Koordinierung des Gesellschaftsrechts (Bilanzrichtliniengesetz) v. 19.12.1985 (BGBl. I S. 2355)
BGBl.	– Bundesgesetzblatt
BMJ	– Bundesminister der Justiz
BStBl.	– Bundessteuerblatt
CAI	– Computer Aided Industry
CIM	– Computer Integrated Manufacturing
DB	– Der Betrieb
DBW	– Die Betriebswirtschaft
DGfB	– Deutsche Gesellschaft für Betriebswirtschaft (ab 1979: Schmalenbach-Gesellschaft – Deutsche Gesellschaft für Betriebswirtschaft e.V.)
DIHT	– Deutscher Industrie- und Handelstag
DStR	– Deutsches Steuerrecht
DU	– Die Unternehmung
e.V.	– eingetragener Verein
EG	– Europäische Gemeinschaften
EHGB	– Entwurf zur Umsetzung der 7. EG-Richtlinie in deutsches Recht, Schreiben des Bundesministers der Justiz vom 16.05.1984 (BMJ 3507–30 310/84) und vom 21.08.1984 (BMJ 3507/10–31 002/84)
EIS	– Executive Information System
EK	– Eigenkapital
EStDV	– Einkommensteuer-Durchführungsverordnung i.d. F. v. 28.07.1992 (BGBl. I S. 1418), zuletzt geändert am 25.10.1994 (BGBl. I S. 3082)
EStG	– Einkommensteuergesetz i.d. F. v. 07.09.1990 (BGBl. I S. 1898), zuletzt geändert am 28.10.1994 (BGBl. I S. 3267)
EStR	– Einkommensteuer-Richtlinien 1990 i.d. F. v. 10.11.1990 (BStBl. I Sondernummer 4)

FASB	– Financial Accounting Standards Board
FB/IE	– Fortschrittliche Betriebsführung/Industrial Engineering
FE	– Financial Executive
FRS	– Financial Reporting Standard
FuE	– Forschung und Entwicklung
GewStG	– Gewerbesteuergesetz i.d. F. v. 21.03.1991 (BGBl. I S. 814), zuletzt geändert am 28.10.1994 (BGBl. I S. 3267)
GewStR	– Gewerbesteuer-Richtlinien 1990 v. 21.08.1990 (BStBl. I Sondernummer 2)
GmbH	– Gesellschaft mit beschränkter Haftung
GuV	– Gewinn- und Verlustrechnung
HBR	– Harvard Business Review
HdSW	– Handwörterbuch der Sozialwissenschaften
HdW	– Handwörterbuch der Wirtschaftswissenschaften
HGB	– Handelsgesetzbuch v. 10.05.1897 (RGBL. S. 219), zuletzt geändert am 28.10.1994 (BGBl. I S. 3210)
HWA	– Handwörterbuch der Absatzwirtschaft
HWB	– Handwörterbuch der Betriebswirtschaft
HWF	– Handwörterbuch der Finanzwirtschaft
HWFü	– Handwörterbuch der Führung
HWInt	– Handwörterbuch Export und Internationale Unternehmungen
HWO	– Handwörterbuch der Organisation
HWP	– Handwörterbuch des Personalwesens
HWPlan	– Handwörterbuch der Planung
HWProd	– Handwörterbuch der Produktionswirtschaft
HWR	– Handwörterbuch des Rechnungswesens
HWRev	– Handwörterbuch der Revision
IAS	– International Accounting Standards
IASC	– International Accounting Standards Committee
IHK	– Industrie- und Handelskammer
IKR	– Industriekontenrahmen
InvZulG	– Investitionszulagengesetz 1991 v. 24.06.1991 (BGBl. I S. 1322) i.d. F. v. 23.09.1993 (BGBl. I S. 1650), zuletzt geändert am 24.06.1994 (BGBl. I S. 1395)
IO	– Management-Zeitschrift Industrielle Organisation
IuK	– Informations- und Kommunikationssystem
KapESt	– Kapitalertragsteuer
KRP	– Kostenrechnungs-Praxis
KStG	– Körperschaftsteuergesetz i.d. F. v. 11.03.1991 (BGBl. I S. 638), zuletzt geändert am 14.09.1994 (BGBl. I S. 2325)
KStR	– Körperschaftsteuer-Richtlinien 1990 i.d. F. v. 14.03.1991 (BStBl. I Sondernummer 1)
LRP	– Long Range Planning
MitbestG	– Gesetz über die Mitbestimmung der Arbeitnehmer (Mitbestimmungsgesetz) v. 04.05.1976 (BGBl. I S. 1153), zuletzt geändert am 28.10.1994 (BGBl. I S. 3210)
Montan-MitbestG	– Gesetz über die Mitbestimmung der Arbeitnehmer in den Aufsichtsräten und Vorständen der Unternehmen des Bergbaus und der Stahl erzeugenden Industrie (Montan-Mitbestimmungsgesetz) v. 21.05. 1951 (BGBl. I S. 347), zuletzt geändert am 26.02.1993 (BGBl. I S. 278)
Montan-MitbestErgG	– Gesetz zur Ergänzung des Gesetzes über die Mitbestimmung der Arbeitnehmer in den Aufsichtsräten und Vorständen der Unternehmen des Bergbaus und der Eisen und Stahl erzeugenden Industrie (Montan-Mitbestimmungsergänzungsgesetz) v. 07.08.1956 (BGBl. I S. 707), zuletzt geändert am 28.10.1994 (BGBl. I S. 3210)

NB	– Neue Betriebswirtschaft
OECD	– Organization for Economic Cooperation and Development (Organisation für wirtschaftliche Zusammenarbeit und Entwicklung)
OR	– Operations Research
PublizitätsG	– Gesetz über die Rechnungslegung von bestimmten Unternehmen und Konzernen v. 15.08.1969 i.d. F. v. 02.03.1974 (BGBl. I S. 469), zuletzt geändert am 28.10.1994 (BGBl I. S. 3210)
REFA	– Verband für Arbeitsstudien und Betriebsorganisation – REFA – e.V.
RGBl.	– Reichsgesetzblatt
RKW	– Rationalisierungs-Kuratorium der Deutschen Wirtschaft (RKW) e.V.
RN	– Randnummer
SGP	– Schweizerische Gesellschaft für Personalführung
StÄndG	– Steueränderungsgesetz
StuW	– Steuer und Wirtschaft
UStG	– Umsatzsteuergesetz i.d. F. v. 27.04.1993, zuletzt geändert am 25.10.1994 (BGBl. I S. 3082)
VDI	– Verein Deutscher Ingenieure
VDMA	– Verband Deutscher Maschinen- und Anlagenbau e.V. (bis 1980: Verein Deutscher Maschinenbau-Anstalten e.V.)
WPg	– Die Wirtschaftsprüfung
WiSt	– Wirtschaftswissenschaftliches Studium
WISU	– Das Wirtschaftsstudium
wt	– Werkstatt-Technik, Zeitschrift für industrielle Fertigung
ZBB	– Zero-Base Budgeting
ZfB	– Zeitschrift für Betriebswirtschaft
ZfbF	– Zeitschrift für betriebswirtschaftliche Forschung
ZfD	– Zeitschrift für Datenverarbeitung
ZfhF	– Zeitschrift für handelswissenschaftliche Forschung (ab 1964: ZfbF)
ZfürO/zfo	– Zeitschrift für Organisation/Zeitschrift Führung + Organisation (ab 1982)
ZIR	– Zeitschrift interne Revision
ZonenRFG	– Gesetz zur Förderung des Zonenrandgebietes (Zonenrandförderungsgesetz) v. 05.08.1971 (BGBl. I S. 1237) i.d. F. v. 12.10.1973, zuletzt geändert am 06.06.1994 (BGBl. I S. 1184)

Teil I

Grundlegung

1. Unternehmung und Unternehmungsführung

Die **Führung** der Unternehmung und die **Unternehmung** selbst werden im folgenden vornehmlich **aus entscheidungs-** und **systemtheoretischer Sicht** skizziert (vgl. Abbildung 1).

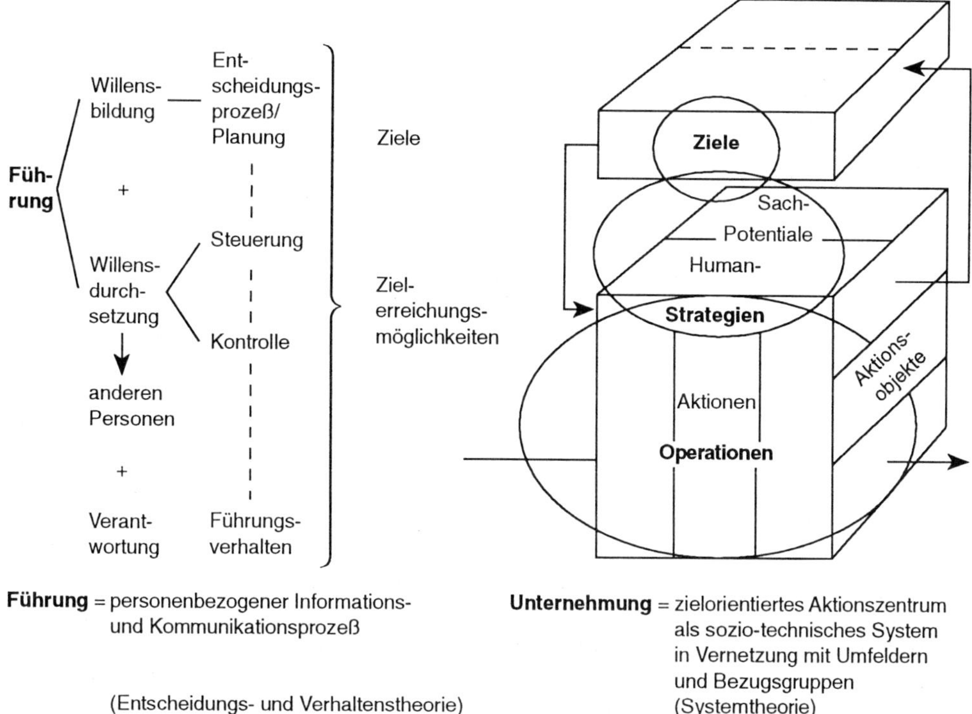

Abb. 1: Führungstätigkeiten und Führungsgegenstände

Der **entscheidungstheoretische Ansatz** dient primär der **Kennzeichnung und Gestaltung des Führungsprozesses**[1] – bei Betrachtung von Planung, Steuerung und Kontrolle als Haupttätigkeiten der Führungskräfte. Es handelt sich bei diesen Führungstätigkeiten um personenbezogene Informations- und Kommunikationsprozesse.

1 Vgl. zum entscheidungstheoretischen Ansatz in der Betriebswirtschaftslehre Heinen, E., Der entscheidungsorientierte Ansatz der Betriebswirtschaftslehre, ZfB 1971, S. 429 ff. und die dort angegebene Literatur; ders., Grundlagen betriebswirtschaftlicher Entscheidungen – Das Zielsystem der Unternehmung, 3. Aufl., Wiesbaden 1976; ders., Einführung in die Betriebswirtschaftslehre,

Die hier im Mittelpunkt stehende Planung bildet einen zukunftsorientierten, systematischen Entscheidungsprozeß. Es handelt sich um einen Willensbildungsprozeß, dem sich im Führungsprozeß ein Willensdurchsetzungsprozeß mit Steuerungs- bzw. Vorgabeinformationen und Kontrolltätigkeiten anschließt. Dabei ist dieser (i.d.R.) multipersonale Willensbildungs- und Willensdurchsetzungsprozeß im Hinblick auf Ziele und Zielerreichungsmöglichkeiten immer durch ein spezifisches Führungsverhalten der jeweils an den Prozeßschritten beteiligten Personen geprägt und hat von diesen stets unter Übernahme der hiermit verbundenen Verantwortung zu erfolgen. Hierdurch wird deutlich, daß einerseits die Führungspsychologie und -soziologie [2] sowie andererseits die Philosophie im Zusammenhang mit der Unternehmungsethik weitere theoretische Grundlagen für die Erklärung und Gestaltung des Führungsprozesses bilden. Hinzu tritt gerade auch in jüngster Zeit die Vertragstheorie [3].

Der **systemtheoretische Ansatz** dient primär der **Kennzeichnung des Grundmodells der Unternehmung** [4] – bei **Interpretation der Unternehmung als zielorientiertes Aktionszentrum** [5], in dem Humanpotentiale Ziele setzen, um diese durch Aktionen an Objekten unter Einsatz auch von Sachpotentialen zu erreichen.

Auf diesen theoretischen Grundlagen beruht auch die von uns vorgenommene **Ableitung der Teilplanungskomplexe eines Planungs- und Kontrollsystems mit integrierter ergebnis- und liquiditätsorientierter Planungs- und Kontrollrechnung** (vgl. Abbildung 2). Planungs- und Kontrollsystem einerseits und Organisationssystem andererseits sollten bezüglich ihres Aufbaus deckungsgleich sein, da spezifische Humanpotentiale, die Führungskräfte, in organisatorischen Einheiten Führungsprozesse durchführen.

---

9. Aufl., Wiesbaden 1985; ders., Industriebetriebslehre als entscheidungsorientierte Unternehmensführung, in: Industriebetriebslehre, Hrsg. E. Heinen, 9. Aufl., Wiesbaden 1991, S. 12 ff. sowie ferner Bamberg, C., Coenenberg, A. G., Betriebswirtschaftliche Entscheidungslehre, 8. Aufl., München 1994; Kirsch, W., Die Handhabung von Entscheidungsproblemen, Einführung in die Theorie der Entscheidungsprozesse, 3. Aufl., München 1988; Laux, H., Entscheidungstheorie, Bd. 1, 2. Aufl., Berlin–Heidelberg–New York 1991; Rehkugler, H., Schindel, V., Entscheidungstheorie: Erklärung und Gestaltung betrieblicher Entscheidungen, 5. Aufl., München 1990; Witte, E., Thimm, A. L. (Hrsg.), Entscheidungstheorie, Wiesbaden 1977.

2 Vgl. Gabele, E., Verhaltenswissenschaften und Planung, in: HWPlan, Hrsg. N. Szyperski, Stuttgart 1989, Sp. 2152 ff.; Kirsch, W., Verhaltenswissenschaften und Betriebswirtschaftslehre, in: HWB, 3. Bd., Hrsg. E. Grochla, W. Wittmann, 4. Aufl., Stuttgart 1976, Sp. 4135 ff.; Neuberger, O., Organisationstheorien, in: Enzyklopädie der Psychologie, Bd. 3, Organisationspsychologie, Hrsg. E. Roth, Göttingen 1989, S. 225 ff.; Rosenstiel, L. v., Grundlagen der Organisationspsychologie, 3. Aufl., Stuttgart 1992; Rosenstiel, L. v., Molt, W., Rüttinger, B., Organisationspsychologie, 7. Aufl., Stuttgart u. a. 1988.

3 Vgl. Ulrich, P., Wirtschaftsethik und Unternehmungsverfassung: Das Prinzip des unternehmungspolitischen Dialogs, in: Management-Philosophie für die Zukunft. Gesellschaftlicher Wertewandel als Herausforderung an das Management, Hrsg. H. Ulrich, Bern–Stuttgart 1981, S. 57 ff.; vgl. ferner das ZfB-Ergänzungsheft Unternehmensethik, Schriftleitung H. Albach, Wiesbaden 1992 sowie Steinmann, H., Löhr, A. (Hrsg.), Unternehmensethik, 2. Aufl., Stuttgart 1991; vgl. zur Vertragstheorie aus ökonomischer und juristischer Sicht Abschnitt 1.1.4 dieses Teils.

4 Vgl. zum systemtheoretischen Ansatz in der Betriebswirtschaftslehre Bleicher, K., Die Entwicklung eines systemorientierten Organisations- und Führungsmodells der Unternehmung, ZfürO 1970, S. 3 ff., 59 ff., 111 ff. u. 166 ff.; Grochla, E., Fuchs, H., Lehmann, H. (Hrsg.), Systemtheorie und Betrieb, ZfbF-Sonderheft 3/1974, Opladen 1974; Meffert, H., Systemtheorie aus betriebswirtschaftlicher Sicht, in: Systemanalyse in den Wirtschafts- und Sozialwissenschaften, Hrsg. K.-E. Schenk, Berlin 1971, S. 174 ff.; Ulrich, H., Die Unternehmung als produktives soziales System, 2. Aufl., Bern–Stuttgart 1970; ders., Management, Bern 1984, S. 19 ff.

5 Vgl. hierzu Kosiol, E., Einführung in die Betriebswirtschaftslehre, Wiesbaden 1968; ders., Die Unternehmung als wirtschaftliches Aktionszentrum, 2. Aufl., Reinbek 1972.

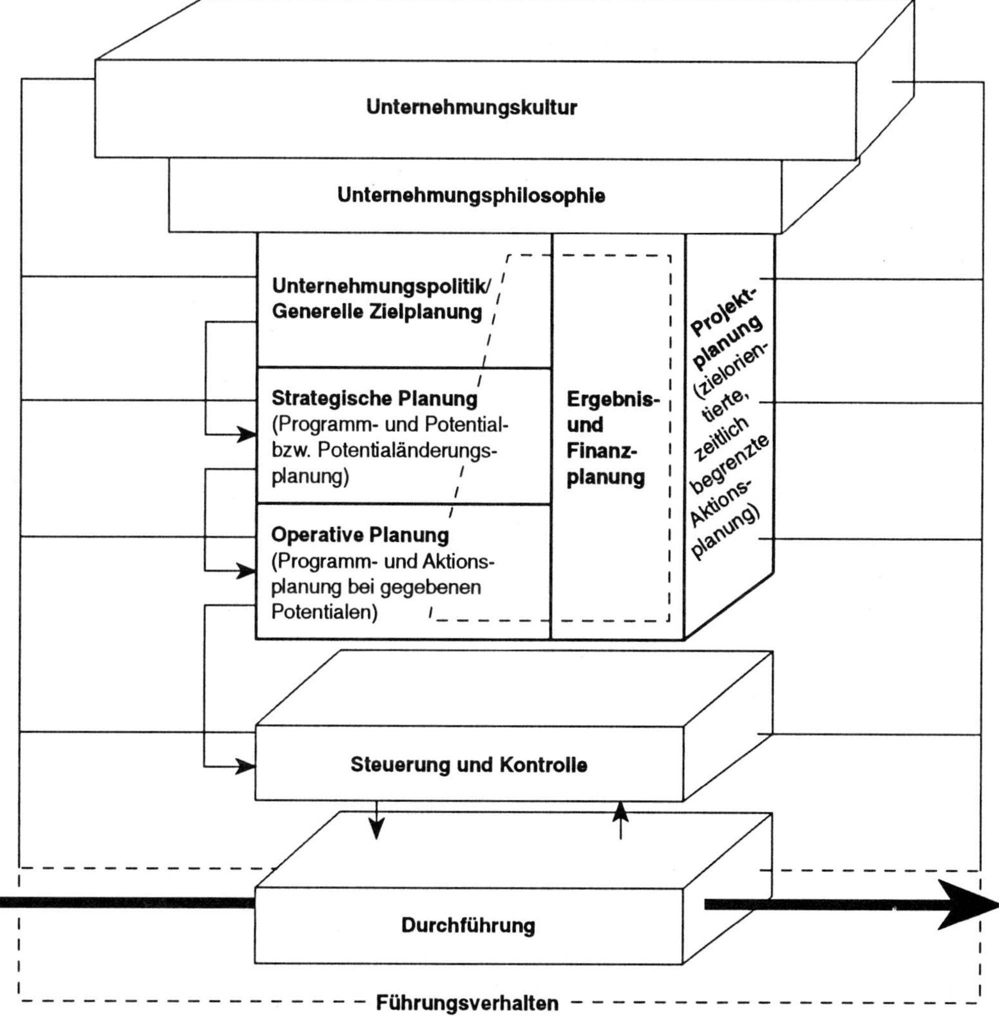

Abb. 2: Teilplanungskomplexe eines Planungs- und Kontrollsystems mit integrierter ergebnis- und liquiditätsorientierter Planungs- und Kontrollrechnung (gestrichelt gezeichnetes Feld im Planungssystem)

Dabei ist von Interesse, daß sich auch die **Organisation** einer Unternehmung auf den genannten theoretischen Grundlagen erklären läßt – als eine auf Dauer angelegte, zielgerichtete Potential- und Aktionsstruktur, die das Planungs- und Kontrollsystem einer Unternehmung in hohem Maße determiniert.

1.1 Charakterisierung der Unternehmung auf systemtheoretischer Grundlage und bei Interpretation der Unternehmung als zielorientiertes Aktions- und Vertragszentrum

1.1.1 Grundsätzliches zum Systembegriff

Um die Unternehmung als System interpretieren zu können, bedarf es zunächst einer Festlegung und kurzen Charakterisierung des nicht einheitlich verwendeten Systembegriffs[6]. Unter einem **System** wird im folgenden eine geordnete Gesamtheit (oder enger: Ganzheit) von Elementen verstanden, zwischen denen Beziehungen bestehen[7]. Beziehungen sind „irgendwelche Verbindungen zwischen Elementen, welche das Verhalten der Elemente und des ganzen Systems beeinflussen“[8]. Elemente und Beziehungen können verschiedenster Art sein. Entsprechend der jeweiligen Fragestellung müssen sie als Gegenstand der Untersuchung aus der unübersehbaren Vielfalt der Realität ausgewählt und beschrieben werden. Ein System kann verschiedene Teilsysteme (Subsysteme, Insysteme) enthalten und selbst Teil (Element, Subsystem) eines anderen Systems oder auch mehrerer anderer Systeme (Supersysteme, Umsysteme) sein[9]. Dementsprechend können Elemente eines Systems selbst als System (Subsystem) aufgefaßt werden, wenn ihre Struktur in die Betrachtung einbezogen wird (vgl. Abbildung 3a).

Es kann zwischen **konkreten und abstrakten Systemen** unterschieden werden[10]. In den konkreten Systemen erfolgen die Beziehungen zwischen den Elementen durch Übertragung

6 Siehe zu den folgenden Ausführungen über den Systembegriff und über die Charakterisierung der Unternehmung als System weitgehend Alewell, K., Bleicher, K., Hahn, D., Anwendung des Systemkonzepts auf betriebswirtschaftliche Probleme, ZfürO 1971, S. 159f.

7 Vgl. zu diesen Ausführungen zum Systembegriff zum Teil ähnliche und zum Teil etwas abweichende Ansichten z.B. bei Adam, A., Helten, E., Scholl, F., Kybernetische Modelle und Methoden, Köln – Opladen 1970, S. 115ff.; Bertalanffy, L.v., General System Theory, New York 1968, S. 54f.; Bleicher, K., Die Entwicklung eines systemorientierten Organisations- und Führungsmodells der Unternehmung, a.a.O., S. 3; Churchman, C. W., Ackoff, R.L., Arnoff, E.L., Operations Research, 5. Aufl., Wien–München 1971, S. 16; Flechtner, H. J., Grundbegriffe der Kybernetik, 5. Aufl., Stuttgart 1970, S. 10 u. 12; Fuchs, H., Systemtheorie, in: HWB, 3. Bd., Hrsg. E. Grochla, W. Wittmann, 4. Aufl., Stuttgart 1976, Sp. 3820ff.; Fuchs-Wegner, G., Systemanalyse im Betrieb, in: HWB, 3. Bd., Hrsg. E. Grochla, W. Wittmann, 4. Aufl., Stuttgart 1976, Sp. 3810ff.; Hoffmeister, J. (Hrsg.), System, in: Wörterbuch der philosophischen Begriffe, 2. Aufl., Hamburg 1955, S. 598f.; Kosiol, E., Szyperski, N., Chmielewicz, K., Zum Standort der Systemforschung im Rahmen der Wissenschaften, ZfbF 1965, S. 338f.; Probst, G. J. B., Regeln des systemischen Denkens, in: Integriertes Management, Festschrift zum 65. Geburtstag von Hans Ulrich, Hrsg. G. J. B. Probst, H. Siegwart, Bern–Stuttgart 1985, S. 181ff.; Rapoport, A., Die wissenschaftlichen und methodologischen Grundlagen der allgemeinen Systemtheorie, in: Integriertes Management, Festschrift zum 65. Geburtstag von Hans Ulrich, Hrsg. G. J. B. Probst, H. Siegwart, Bern–Stuttgart 1985, S. 147ff.; Ulrich, H., Die Unternehmung als produktives soziales System, a.a.O., S. 105f.; Ulrich, W., Systemtheorie der Planung, in: HWPlan, Hrsg. N. Szyperski, Stuttgart 1989, Sp. 1971ff.; Wieser, W., Organismen, Strukturen, Maschinen, Frankfurt/M. 1959, S. 12 sowie den Überblick zur Systemtheorie bei Fuchs, H., Systemtheorie, in: HWO, Hrsg. E. Grochla, Stuttgart 1969, Sp. 1619ff.; Grochla, E., Systemtheorie und Organisationstheorie, ZfB 1970, S. 7ff.

8 Ulrich, H., Die Unternehmung als produktives soziales System, a.a.O., S. 109.

9 Vgl. Fuchs, H., Systemtheorie, in: Organisation als System, Hrsg. K. Bleicher, Wiesbaden 1972, S. 49.

10 Vgl. zu dieser Unterscheidung Steinbuch, K., Systemanalyse – Versuch einer Abgrenzung, Methoden und Beispiele, IBM-Nachrichten 1967, S. 447f.

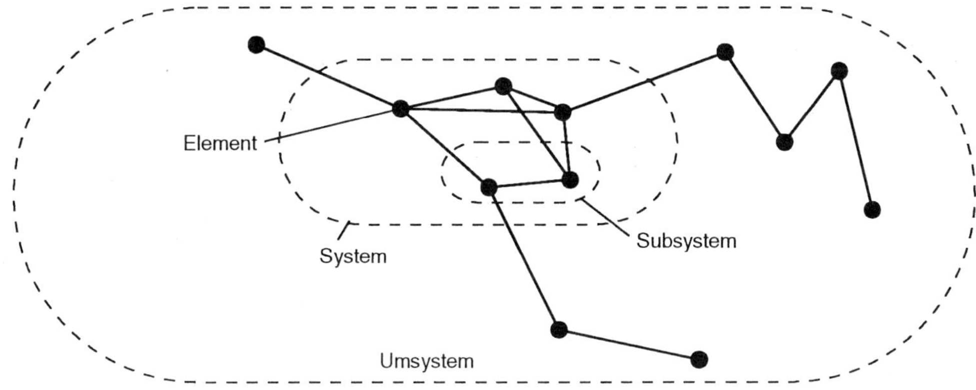

Abb. 3a: System im Umsystem

von materiellen und immateriellen Objekten. Durch diese Verbindung entstehen Output-Input-Ströme zwischen den Elementen. Elemente mit Leistungsvermögen – Potentialelemente – vollziehen Aktionen (Tätigkeiten) an Objekten. Die Aktionen bewirken die Output-Input-Ströme. Abstrakte Systeme sind Aussagensysteme (z. B. ein mathematisches Gleichungssystem) oder Klassifikationssysteme (z. B. das Periodische System der Elemente). Sie weisen Zuordnungsbeziehungen ohne Output-Input-Ströme auf (z. B. das Zielsystem einer Unternehmung) (vgl. Abbildung 3b).

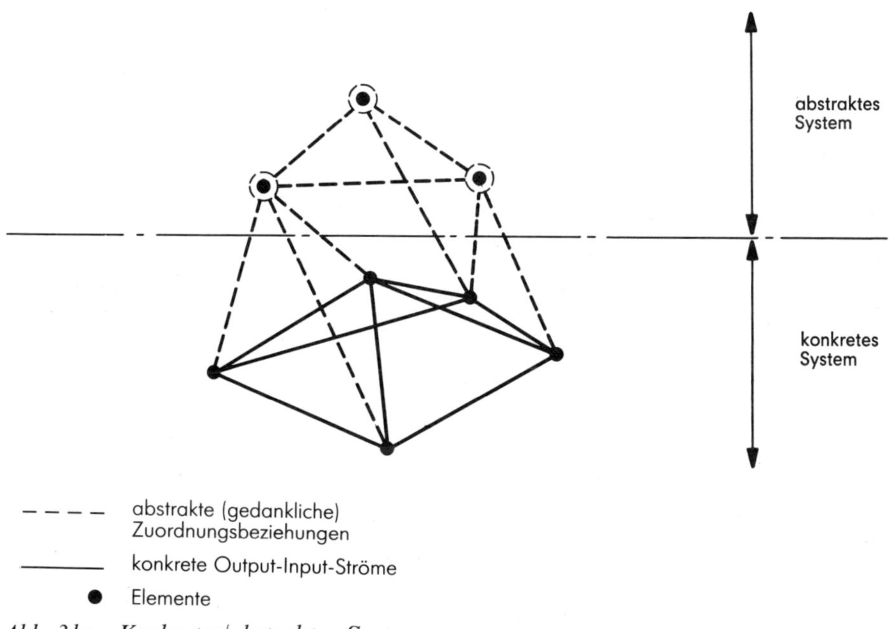

Abb. 3b: Konkretes/abstraktes System

In Abhängigkeit davon, ob bei konkreten Systemen zwischen dem betrachteten System und seinem Umsystem Beziehungen vorliegen oder nicht, spricht man von **offenen oder geschlossenen Systemen.** In der Realität sind geschlossene Systeme Ausnahmefälle, in aller Regel muß die Offenheit eines betrachteten Systems unterstellt werden.

Nach dem Merkmal der Komplexität (der Art und Anzahl der Elemente und Beziehungen) wird zwischen **einfachen, komplexen und äußerst komplexen Systemen** und in Abhängigkeit vom Grad der Voraussagbarkeit des Verhaltens zwischen **deterministischen und probabilistischen Systemen** unterschieden.

Von Menschen geschaffene Systeme sind zielgerichtet. Die Ziele können dabei von dem (oder den) Systemgestalter(n) oder den in das System als Elemente einbezogenen Menschen gesetzt werden.

Das Beziehungsnetz der Elemente – die Abbildung eines Systems als Netzwerk – wird als Struktur bezeichnet[11]. Bei zeitpunktbezogener Betrachtung werden Elemente als Punkte und Beziehungen als Linien eines Netzes dargestellt.

Systeme können somit als **zielorientierte ganzheitliche Strukturen** verstanden werden.

1.1.2 Charakterisierung des Systems Unternehmung und grundlegender Subsysteme auf der Basis von Zielen, Potentialen und Aktionen

1.1.2.1 Unternehmung als System

Die **Unternehmung** kann als ein äußerst komplexes, offenes, soziotechnisches System verstanden werden, das durch spezifische Beziehungen mit seiner Umwelt verbunden ist[12]. Es handelt sich um ein System, in welchem zur Verwirklichung von Überschüssen bzw. Gewinnen und anderen Zielen Güter zur Fremdbedarfsdeckung geschaffen werden, indem Potentialelemente (Personen, Betriebsmittel) Aktionen an Objekten vollziehen. Die Aktionen bestehen aus Aufnahme-, Verarbeitungs- und Abgabetätigkeiten – gegebenenfalls mit dazwischenliegenden Speichervorgängen – an immateriellen und materiellen Realgütern und an Nominalgütern (Geld)[13].

---

11 Vgl. Wieser, W., Organismen, Strukturen, Maschinen, a.a.O., S. 12.

12 Vgl. Ulrich, H., Die Unternehmung als produktives soziales System, a.a.O., S. 153 ff.; ders., Management, a.a.O., S. 19 ff.

13 Unter die Realgüter fällt auch die Energie, die im weiteren nicht gesondert genannt wird. Dienstleistungen werden als Aktionen an Gütern interpretiert. Vgl. zu der oben vorgenommenen Unterteilung der Aktionsobjekte Heinen, E., Einführung in die Betriebswirtschaftslehre, a.a.O., S. 62; Kosiol, E., Einführung in die Betriebswirtschaftslehre, a.a.O., S. 207 ff.
Zur Charakterisierung von Industrieunternehmungen und zur Abgrenzung von Handwerks- und Dienstleistungsunternehmungen vgl. Bloech, J., Lücke, W., Produktionswirtschaft, Stuttgart – New York 1982, S. 5 ff.; Hahn, D., Laßmann, G., Produktionswirtschaft – Controlling industrieller Produktion, Bd. 1, 2. Aufl., Heidelberg 1990, S. 23 ff.; Heinen, E., Industriebetriebslehre als entscheidungsorientierte Unternehmensführung, a.a.O., S. 9 ff.; Mellerowicz, K., Betriebswirtschaftslehre der Industrie, 1. Bd., 7. Aufl., Freiburg i. Br. 1981, S. 31 ff.

Informationen, Sachgüter und Nominalgüter – die Objekte der Aktionen – treten also als Input und Output der Elemente auf. Wenn der Output eines Elementes zum Input eines anderen Elementes wird, entstehen Informations-, Sachgüter- und/oder Nominalgüterströme. Die Informations-, Sachgüter- und Nominalgüterströme durchfließen die Unternehmung und verbinden sie mit ihrem Umsystem. Zum Teil fließen Informationsströme ohne begleitende Sachgüterströme und Nominalgüterströme. Sachgüter- und sonstige Realgüterströme sowie Nominalgüterströme werden durch Informationsströme gelenkt.

Man kann die Unternehmung als Element bzw. Subsystem der Gesamtwirtschaft betrachten, und zwar als „schwarzen Kasten", dessen Input-Output-Ströme die genannten Ströme sind (vgl. Abbildung 3c).

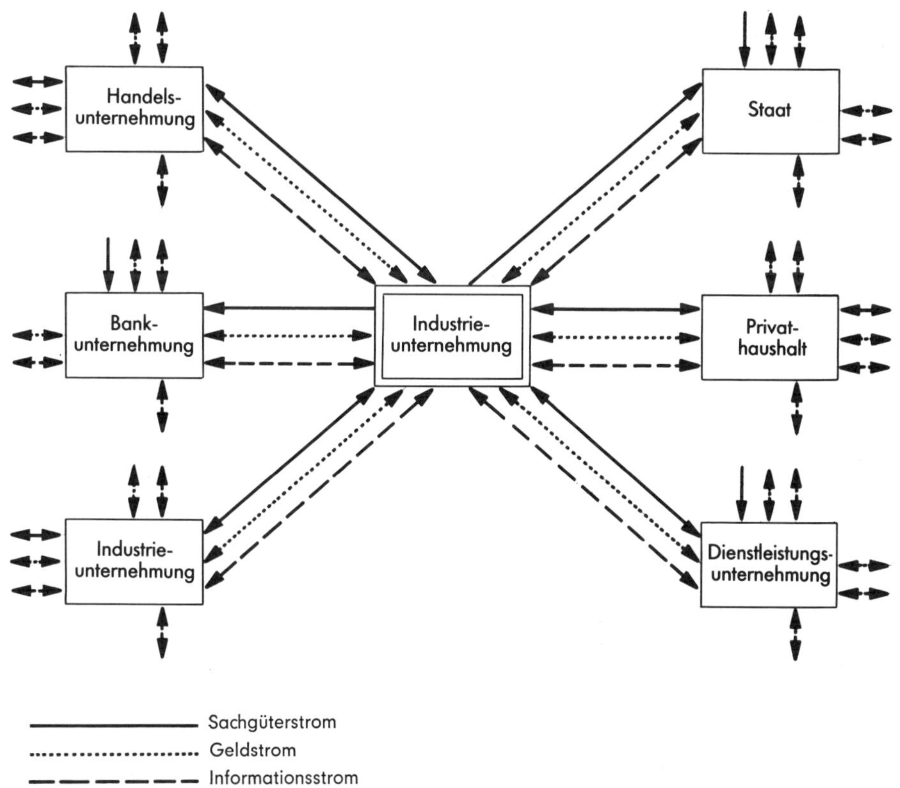

Abb. 3c: Unternehmung als Element bzw. Subsystem der Gesamtwirtschaft mit Darstellung typischer Beziehungen[14]

Die **Unternehmung**, insbesondere die Industrieunternehmung, soll hier jedoch näher durch ihre

Ziele und die zu deren Erreichung notwendigen
Potentiale und
Aktionen an **Informationen, Sachgütern (sonstigen Realgütern)** und **Nominalgütern**

14 Vgl. Alewell, K., Bleicher, K., Hahn, D., Anwendung des Systemkonzepts auf betriebswirtschaftliche Probleme, a.a.O., S. 160.

sowie durch die Beziehungen zwischen diesen als **System** mit **spezifischen Subsystemen** charakterisiert werden. Potentiale und Aktionen werden im Hinblick auf Ziele strukturiert (vgl. Abbildung 3d). Es ist daher zunächst auf das Zielsystem als das grundlegende Subsystem einzugehen.

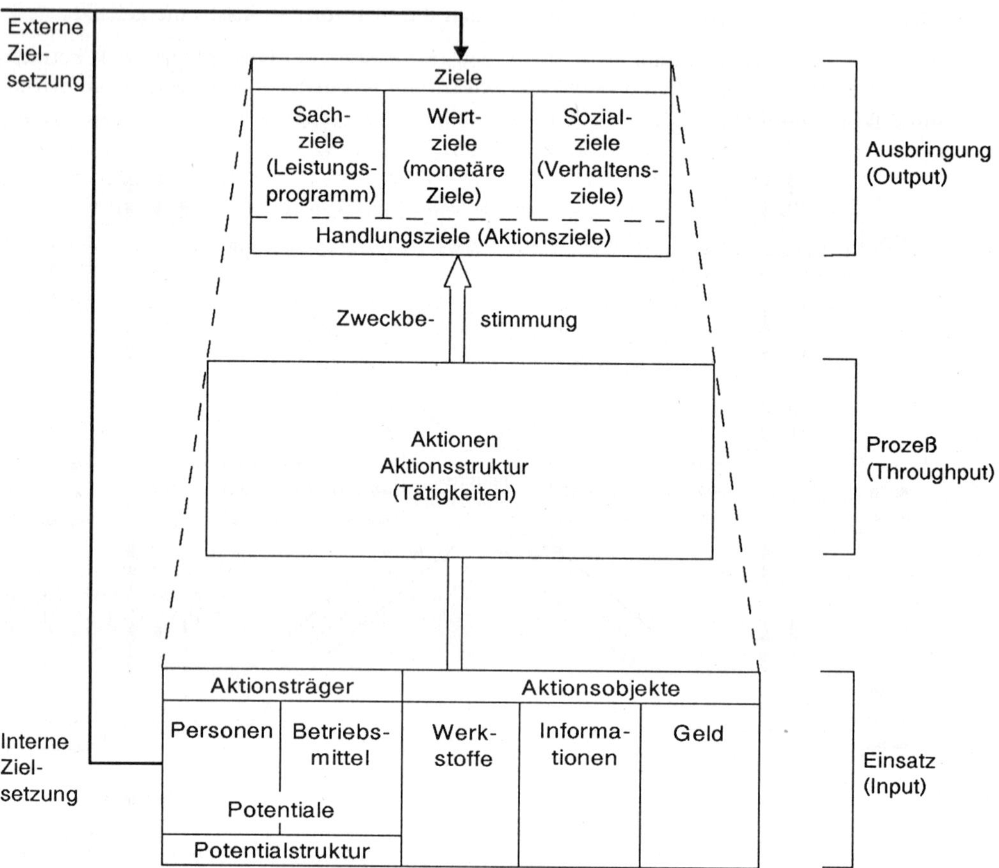

Abb. 3d: Unternehmung als System – als zielgerichtete Struktur

1.1.2.2 Grundlegende Subsysteme der Unternehmung

1.1.2.2.1 Zielsystem der Unternehmung

Die Menschen als Potentialelemente besonderer Art verfolgen bestimmte persönliche Ziele ökonomischer und nichtökonomischer Art. Unter **Zielen** verstehen wir hierbei zukünftige erstrebte Zustände[15]. Zu ihrer genauen Kennzeichnung ist es notwendig, Inhalt, Ausmaß

15 Vgl. ähnlich Schmidt-Sudhoff, U., Unternehmerziele und unternehmerisches Zielsystem, Wiesbaden 1967, S. 16; Heinen, E., Grundlagen betriebswirtschaftlicher Entscheidungen – Das Zielsystem der Unternehmung, a.a.O., S. 45.

und zeitlichen Bezug als Dimensionen der Ziele anzugeben[16]. Ferner interessieren grundsätzlich Zielträger und Zielbeziehungen.

Von allen möglichen künftigen Zuständen (Gesamtmenge) bezeichnen Ziele nur die von Menschen gewollten Zustände (Teilmenge). Das Wollen besteht in einem Ausrichtungsprozeß auf bestimmte Zustände[17]. Die Ursachen des Wollens bilden die Motive (Antriebe bzw. Beweggründe) des Menschen[18]. Ziele werden durch Aktionen (Ausführung des Wollens) unter Einsatz von Mitteln erreicht.

a) Zweck, Ziele und Rahmenbedingungen

Die **Unternehmung** kann als ein **Instrument des Menschen** aufgefaßt werden, mit dessen Hilfe er seine individuellen **Ziele** bestmöglich **zu erreichen** versucht[19]. Die individuellen Ziele können dabei ökonomischer Art sein, z. B. Maximierung des persönlichen Einkommens, oder metaökonomischer Art sein, z. B. Streben nach persönlich befriedigendem Erleben.

Diese individuellen Ziele des Menschen bezeichnen wir als Primärziele, die als Ziele menschlichen Handelns am Anfang jeder Ziel-Mittel-Kette stehen und von denen für die Unternehmung entscheidende Impulse ausgehen. Hierbei müssen die z. T. nicht oder wenig operationalen metaökonomischen Ziele hinsichtlich ihrer ökonomischen Wirkungen konkretisiert werden. Aus den Individualzielen werden sodann Unternehmungsziele abgeleitet[20].

Durch Erbringung bestimmter **Beiträge** bietet die Unternehmung vielen Personen oder Personengruppen der Gesellschaft die Möglichkeit bzw. den **Anreiz**, ihre ökonomischen und z. T. auch nichtökonomischen **Ziele zu verwirklichen**[21]. In diesem Sinne ist die **Unternehmung** ein **Interessenzentrum**. Die Handlungen innerhalb einer Unternehmung und ihre Beziehungen zu den verschiedenen Interessengruppen basieren auf einer Vielzahl von Verträ-

16 Vgl. Heinen, E., Grundlagen betriebswirtschaftlicher Entscheidungen – Das Zielsystem der Unternehmung, a.a.O., S. 45; vgl. auch Hauschildt, J., Negativ-Kataloge in Entscheidungszielen, Instrument zur Steuerung von Entscheidungsprozessen, in: Innovative Entscheidungsprozesse, Hrsg. E. Witte, J. Hauschildt, O. Grün, Tübingen 1988, S. 109.

17 Vgl. Schmidt-Sudhoff, U., Unternehmerziele und unternehmerisches Zielsystem, a.a.O., S. 31.

18 Vgl. Schmidt-Sudhoff, U., Unternehmerziele und unternehmerisches Zielsystem, a.a.O., S. 17; Lindworsky, J., Zur Klärung des Begriffes Motiv, in: Die Motivation menschlichen Handelns, Hrsg. H. Thomae, 7. Aufl., Köln – Berlin 1971, S. 37 ff.; Gruhle, H. W., Ursache, Grund, Motiv, Auslösung, in: Die Motivation menschlichen Handelns, Hrsg. H. Thomae, 7. Aufl., Köln–Berlin 1971, S. 40 ff.; Thomae, H., Der Begriff des „Antriebes“, in: Die Motivation menschlichen Handelns, Hrsg. H. Thomae, 7. Aufl., Köln–Berlin 1971, S. 48 ff.

19 Zur Instrumentalfunktion der Unternehmung vgl. Schmidt, R.-B., Wirtschaftslehre der Unternehmung, Bd. 1, Grundlagen und Zielsetzung, 2. Aufl., Stuttgart 1977, S. 48 ff.

20 Vgl. Schmidt, R.-B., Wirtschaftslehre der Unternehmung, Bd. 1, Grundlagen und Zielsetzung, a.a.O., S. 61 ff., insbes. S. 65, 89 ff. u. 102 ff. Vgl. allgemein zu möglichen Zielen der Unternehmung z. B. Bleicher, K., Das Konzept Integriertes Management, Frankfurt–New York 1991, S. 94 ff.; Chmielewicz, K., Arbeitnehmerinteressen und Kapitalismuskritik in der Betriebswirtschaftslehre, Reinbek 1975, S. 53 ff.; Hahn, D., Stand und Entwicklungstendenzen der strategischen Planung, in: Strategische Unternehmungsplanung – Strategische Unternehmungsführung, Hrsg. D. Hahn, B. Taylor, 6. Aufl., Heidelberg 1992, S. 6 ff.; Heinen, E., Führung als Gegenstand der Betriebswirtschaftslehre, in: Betriebswirtschaftliche Führungslehre, Hrsg. E. Heinen, 2. Aufl., Wiesbaden 1984, S. 28 ff.; Kirsch, W., Unternehmenspolitik und strategische Unternehmensführung, Herrsching 1990, S. 205; Krüger, W., Grundlagen der Organisationsplanung, Gießen 1983, S. 35 ff.; Kupsch, P., Unternehmungsziele, Stuttgart – New York 1979; Meier, A., Unternehmerische Zielsetzungen in betriebswirtschaftlicher Sicht, ZfbF 1973, S. 221 ff.; Schiemenz, B., Seiwert, L., Ziele und Zielbeziehungen in der Unternehmung, ZfB 1979, S. 581 ff.; Staehle, W. H., Die Stellung des Menschen in neueren betriebswirtschaftlichen Theoriesystemen, ZfB 1975, S. 713 ff.

21 Zur Koalitionstheorie sowie zur Anreiz-Beitrags-Theorie vgl. grundlegend Barnard, C. I., The Functions of the Executive, Cambridge, Mass. 1938, S. 56 ff. und 139 ff.; Cyert, R. M., March, J. G., A

gen mit unterschiedlicher Ausgestaltung. In diesem Sinne ist die Unternehmung auch ein **Vertragszentrum**[22].

So geben **Kapitalgeber** der Unternehmung Finanzierungsmittel und fordern mindestens Kapitalerhaltung, Kapitalrückzahlung(smöglichkeit) und (mindestens) angemessene Verzinsung, als Eigenkapitalgeber vielfach auch Mitbestimmungsmöglichkeiten über den Unternehmungsprozeß bzw. das Unternehmungsgeschehen. Von der Unternehmung sind als Ziele angemessene (Mindest- und nach Möglichkeit auch Zusatz-)Dividenden sowie Zinsen zu erwirtschaften, mindestens Kapitalerhaltung und Kapitalrückzahlung zu sichern und ggf. Aufgabenfelder mit Entscheidungs- oder zumindest Kontrollbefugnissen zu ermöglichen.

Die **Mitarbeiter** stellen der Unternehmung ihre Leistungskraft zur Verfügung und fordern Arbeitsfelder bzw. Arbeitsfelderhaltung, angemessene Löhne und Gehälter sowie nach Möglichkeit auch Gewinnbeteiligung, ferner als **Führungskräfte** oder Arbeitnehmervertreter auch Mitbestimmungsmöglichkeit über den Unternehmungsprozeß. Von der Unternehmung sind als Ziele angemessene, an Tarifvereinbarungen orientierte Löhne und Gehälter sowie verteilungsfähige Überschüsse zu erwirtschaften, ferner sind erforderliche Arbeitsfelder und Leistungsanerkennungen zu gewähren.

Die **Kunden** ermöglichen der Unternehmung Absatz und Umsatz. Von der Unternehmung sind dafür bedarfsorientiert Produkte und Dienstleistungen spezifischer Art mit einem definierten Qualitäts- und Preisniveau für gekennzeichnete Kundengruppen und -regionen kostengünstig zu produzieren und anzubieten.

Die **Lieferanten** bieten Materialien, Energie und andere Einsatzgüter, von der Unternehmung sind entsprechende Marktpreise hierfür zu zahlen.

Der **Staat** erbringt Rechts- und Gesetzesordnung sowie Infrastruktur und Förderungsmaßnahmen und benötigt Steuern und Abgaben von der Unternehmung.

Eigenkapitalgeber und **Mitarbeiter, insbesondere Führungskräfte,** werden als **Hauptinteressenten und -träger der Unternehmung** angesehen, da durch ihr **Zusammenwirken** der Unternehmungsprozeß erst ermöglicht und zudem auch gestaltet, gelenkt und vollzogen wird.

Diese Sicht von zwei Hauptträgern der Unternehmung entspricht dem nach dem 2. Weltkrieg eingetretenen Wertewandel und kommt in Deutschland bei großen Kapitalgesellschaften auch durch paritätisch besetzte Aufsichtsräte nach dem Mitbestimmungsgesetz zum Ausdruck[23].

Die **Erhaltung und die erfolgreiche Weiterentwicklung der Unternehmung** werden zum **Hauptzweck bzw. obersten Ziel der Unternehmung** aus der Sicht aller an ihr interessierten Gruppen, sofern hierdurch die Chance der Realisierung ihrer Individualziele gegeben ist.

---

behavioral theory of the firm, Englewood Cliffs, N.J. 1963, S. 27ff.; March, J.G., Simon, H.A., Organisation und Individuum, Wiesbaden 1976 (englisch: Organizations, New York u.a. 1958), S. 85ff.; Simon, H.A., Administrative Behavior, 2. Aufl., New York 1957, S. 16ff. und 110ff. sowie den Überblick bei Staehle, W.H., Management, 6. Aufl., München 1991, S. 394ff.

22 Vgl. hierzu Teil I, Abschnitt 1.1.4.

23 Vgl. in diesem Zusammenhang zum Stakeholder-Ansatz Ansoff, H. I., Corporate Strategy, New York 1965; Bleicher, K., Das Konzept Integriertes Management, a.a.O., S. 94ff.; ders., Organisation, Strategien – Strukturen – Kulturen, 2. Aufl., Wiesbaden 1991, S. 17f.; Freeman, R. E., Strategic Management: A Stakeholder Approach, Boston, Mass. 1984; Lorange, P., Corporate Planning. An Executive Viewpoint, Englewood Cliffs, N J. 1980; Scholz, C., Strategisches Management. Ein integrativer Ansatz, Berlin–New York 1987, S. 24; Staehle, W. H., Management, a.a.O., S. 395f. Zu weitergehenden Ansätzen der Berücksichtigung gesellschaftlicher Interessen in der Unternehmung vgl. z.B. Ulrich, P., Die Großunternehmung als quasi-öffentliche Institution. Eine politische Theorie der Unternehmung, Stuttgart 1977, S. 159ff. Vgl. auch allgemein Brauchlin, E., Unternehmungsführung. Plädoyer für eine Gesellschaftsorientierung, DU 1986, S. 28ff.

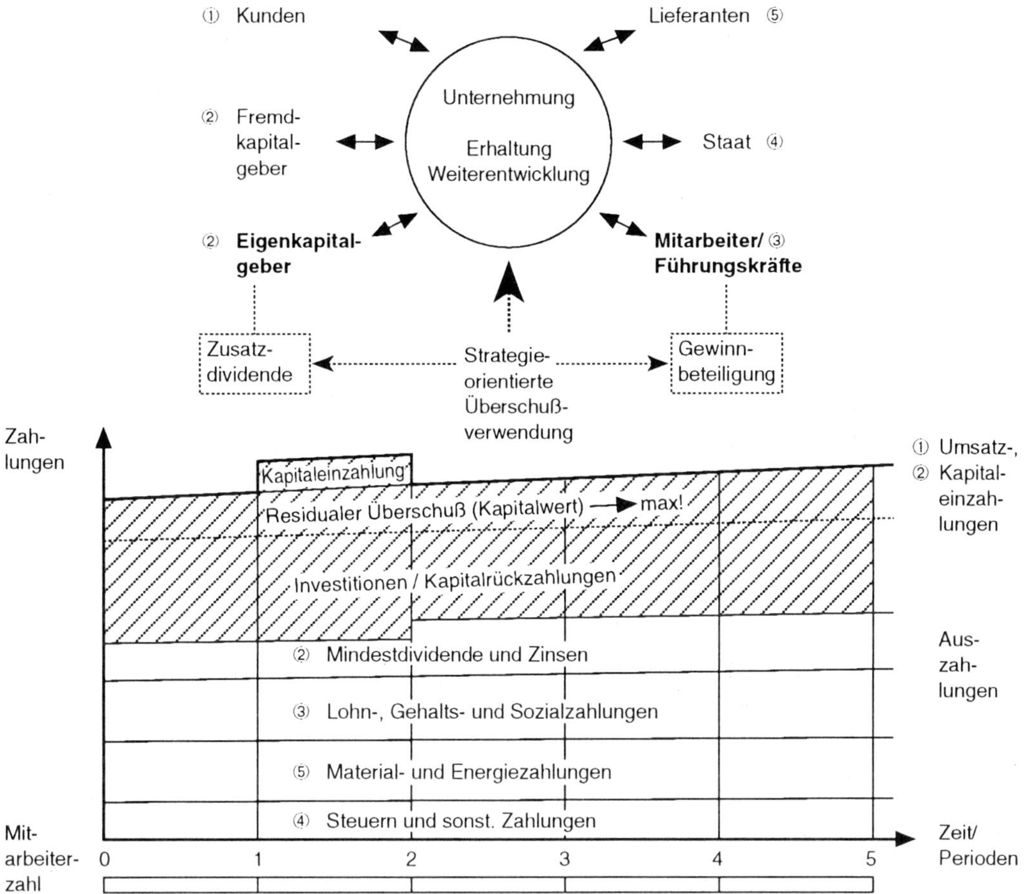

Abb. 4 a: Interessengruppen und generelle monetäre Ziele/Grundsätze der Unternehmung

In dem Rechenwerk der Unternehmung schlägt sich das Unternehmungsgeschehen in den Erlösen und Kosten bzw. letztlich Einzahlungen und Auszahlungen pro Periode nieder. Hierbei wird – bei einem Vergleich real existierender Wirtschaftssysteme – in der Wettbewerbswirtschaft bei dem **Streben nach maximalem Gegenwartswert (Kapitalwert) oder Endvermögen bzw. ersatzweise nach maximalem kalkulatorischen Gewinn eine bestmögliche Unternehmungsentwicklung sowie auf nahezu allen Sektoren eine bestmögliche, bedarfsorientierte Kundenversorgung** erreicht. Auch erfolgt hiermit eine **bedarfsorientierte Lenkung des Einsatzes der Ressourcen.** Anstreben und Erwirtschaften eines optimalen diskontierten Überschusses bzw. hilfsweise eines maximalen kalkulatorischen Gewinns pro Periode – oder vorübergehend auch minimalen Verlustes pro Periode – sind Voraussetzungen für die Erhaltung und erfolgreiche Weiterentwicklung der Unternehmung, wobei zudem in unserem Wirtschaftssystem stets die **Sicherung der Liquidität der Unternehmung** für ihre Erhaltung gegeben sein muß.

Der **Kapitalwert** ist die Summe aller auf einen Betrachtungszeitpunkt diskontierten (abgezinsten) periodenbezogenen Zahlungsüberschüsse (Einzahlungs- oder Auszahlungsüberschüsse), die sich in dem Betrachtungszeitraum aus der Unternehmungstätigkeit ergeben. Mit dem Kalkulationszinssatz bzw. gewichteten Eigen- und Fremdkapitalkostensatz wird die von den Kapitalgebern marktorientiert geforderte Mindestverzinsung ausgedrückt. In der kalkulatorischen Periodenrechnung findet die geforderte Mindestverzinsung ihren Niederschlag in den kalkulatorischen Zinsen (Eigen- und Fremdkapitalkosten).

Je nach Ausprägung stellt der Kapitalwert eine geeignete Zielgröße für unterschiedliche Bezugsgruppen der Unternehmung dar.

Der Kapitalwert in seiner Ausprägung als **Gesamtkapitalwert** repräsentiert den Wert von diskontierten Zahlungsüberschüssen, die mit einem (gemischten) Kalkulationszinssatz abgezinst werden, der den Mindestverzinsungsansprüchen der Eigen- und/oder Fremdkapitalgeber entspricht. Er bildet eine wichtige Zielgröße eines Investors und damit auch der Unternehmungsführung. In der kalkulatorischen Periodenrechnung findet der Gesamtkapitalwert eine entsprechende Zielgröße im **(kalkulatorischen) Kapitalgewinn** (kalkulatorischer Gewinn + kalkulatorische Zinsen für investiertes betriebsnotwendiges Kapital/Eigen- und Fremdkapital).

Ausgehend vom Gesamtkapitalwert ergibt sich der Kapitalwert in seiner Ausprägung als **Eigenkapitalwert** nach Abzug des Fremdkapitalwerts (vereinfacht: fremdkapitalgeberbezogener Rückzahlungsansprüche). Er bildet für **Eigenkapitalgeber** als Investoren und damit auch für die Unternehmungsführung eine zu maximierende Zielgröße. Insbesondere in der amerikanischen Theorie und Praxis wird dem Eigenkapitalwert – dem sog. **Shareholder Value**[24] – große Bedeutung beigemessen. In der traditionellen kalkulatorischen Rechnung findet sich keine dem Eigenkapitalwert entsprechende Zielgröße als Periodenüberschußgröße, da in die Ermittlung des kalkulatorischen Gewinns pro Periode kalkulatorische Zinsen als Abzugsgröße eingehen, die eine geforderte (Mindest-)Verzinsung des gesamten investierten betriebsnotwendigen Kapitals (Eigen- und Fremdkapital) ausdrücken. Zöge man von dem kalkulatorischen Kapitalgewinn nur die kalkulatorischen Fremdkapitalzinsen in der Periodenrechnung ab, so erhielte man allerdings einen **kalkulatorischen Eigenkapitalgewinn** pro Periode (kalkulatorischer Gewinn + kalkulatorische Eigenkapitalzinsen).

Ausgehend vom Eigenkapitalwert ergibt sich der Kapitalwert in seiner Ausprägung als **residualer Unternehmungskapitalwert** nach Abzug auch der eigenkapitalgeberbezogenen Rückzahlungsansprüche. Diese Ansprüche können auf der Basis nominaler Kapitalerhaltung, realer Kapitalerhaltung oder der Marktwertentwicklung vertraglich geregelt werden. Ein solcher residualer Unternehmungskapitalwert stellt das oberste monetäre Ziel der Unternehmungsführung dar, wenn man davon ausgeht, daß Überschüsse, die nach Erfüllung der Mindestverzinsungsansprüche und der Rückzahlungsansprüche der Kapitalgeber verbleiben, beiden Hauptträgern – Eigenkapitalgebern und Mitarbeitern, insbesondere Führungskräften – zustehen. Der residuale Unternehmungskapitalwert stellt daher ein geeignetes monetäres ergebnisbezogenes Hauptziel für das Wirtschaften in der Unternehmung nicht nur aus Sicht der Eigenkapitalgeber, sondern aus der Sicht von **Eigenkapitalgebern und Mitarbeitern, insbesondere Führungskräften,** dar. Er basiert auf residualen Überschüssen künftiger Perioden – auf Periodeneinzahlungen nach Abzug von Zahlungen für auch aus Kapitalmarktsicht günstige Investitionen, nach Berücksichtigung von Kapitalzahlungen, Mindestverzinsungen/-dividenden für Eigenkapitalgeber und geforderte Zinsen für Fremdkapitalgeber sowie nach Abzug von notwendigen Gehalts-, Lohn- und Sozialzahlungen, Material- und Energiezahlungen und auch Steuern und sonstigen Zahlungen (vgl. Abbildung 4a sowie Teil III, Abschnitt 3.1.3.3.2).

24 Vgl. Copeland, T. E., Koller, T., Murrin, J., Valuation: Measuring and Managing the Value of Companies, New York u. a. 1990, S. 171 ff.; Rappaport, A., Creating Shareholder Value, New York 1986, S. 55 ff.; Gomez, P., Wertmanagement, Düsseldorf 1993.

Der residuale Unternehmungskapitalwert läßt sich also auch durch Diskontierung der residualen Überschüsse künftiger Perioden errechnen. **Residuale Überschüsse** unterscheiden sich von den Gesamt-Periodenüberschüssen durch Abzug von Mindestdividenden, Zinsen für Fremdkapitalgeber sowie durch Berücksichtigung von eigen- und fremdkapitalgeberbezogenen Kapitalzahlungen (einschließlich der Rückzahlungsansprüche der Kapitalgeber).

In der kalkulatorischen Periodenrechnung findet der residuale Unternehmungskapitalwert eine entsprechende Zielgröße im **kalkulatorischen Gewinn** (Periodenüberschuß nach Abzug der kalkulatorischen Zinsen/Eigen- und Fremdkapitalkosten).

Ist der **residuale Unternehmungskapitalwert null,** werden durch die zukünftige Unternehmungstätigkeit die monetär ausgedrückten Mindestanforderungen der an der Unternehmung interessierten Gruppen gerade erfüllt. Auch könnten gerade die vertraglichen Rückzahlungsansprüche von Eigen- und Fremdkapitalgebern erfüllt werden. Ein residualer Unternehmungskapitalwert **größer null** bedeutet, daß über die Berücksichtigung der Mindestanforderungen und die Erfüllung der Rückzahlungsverpflichtungen hinaus zusätzliche Einzahlungsüberschüsse erwirtschaftet werden. Ein residualer Unternehmungskapitalwert **kleiner null** heißt, daß aus dem zukünftigen Unternehmungsgeschehen nicht einmal die monetär ausgedrückten Mindestanforderungen der Interessengruppen und/oder die kapitalgeberbezogenen Rückzahlungsverpflichtungen erfüllt werden könnten.

Eine **Erhöhung des residualen Unternehmungskapitalwertes** (im positiven Bereich) bewirkt direkt eine Erhöhung des Eigenkapitalwertes/Shareholder Values. Sie bedeutet, daß nach Berücksichtigung der Mindestanforderungen aller an der Unternehmung interessierten Gruppen und nach Erfüllung der vertraglich vereinbarten Rückzahlungsansprüche der Eigen- und Fremdkapitalgeber zusätzlicher Wert geschaffen wird. Im Konzept des Shareholder Values wird eine solche Kapitalwerterhöhung allein den Eigenkapitalgebern zugestanden und als **Shareholder Value Creation** bezeichnet[25]. Eine Kapitalwerterhöhung wird jedoch nur durch das Zusammenwirken beider Hauptträger der Unternehmung – Eigenkapitalgeber und Führungskräfte/Mitarbeiter – erreicht. Nach unserem **Konzept der Überschußverwendung** sollten aus diesem Grund **erwirtschaftete Kapitalwertsteigerungen** nicht ausschließlich den Eigenkapitalgebern zugestanden werden, sofern alle Mindestzahlungs- und Rückzahlungsansprüche der Kapitalgeber erfüllt werden können. Sie sollten sowohl für die Eigenkapitalgeber als auch für die Führungskräfte/Mitarbeiter und auch zur Stärkung der Unternehmung als Instrument aller Interessengruppen verwendet werden. Die **Verwendung von erwirtschafteten residualen Überschüssen** dient sodann nach unserem Konzept:

- der **strategieorientierten Stärkung der Unternehmung,** sofern hierdurch in der Unternehmung auch in Zukunft den Marktverhältnissen entsprechende bzw. angemessene Dividenden, Zinsen sowie Löhne und Gehälter erwirtschaftet werden können, sowie darüber hinaus
- der **Zahlung von Zusatzdividenden/-ausschüttungen** sowie von überschußabhängigen **Tantiemen an Führungskräfte** und ggf. auch der Zahlung von überschußabhängigen **Gewinnbeteiligungen an die übrigen Mitarbeiter.**

Hierbei sind für die Überschußverwendung möglichst vorab Grundsätze aufzustellen bzw. vertragliche Regelungen zu treffen.

Dieses **Konzept der Überschußverwendung** (Verwendung des residualen Überschusses) sollte u. E. in Unternehmungen jeder Art verfolgt werden, also in Unternehmungen, die durch Eigentümer-Unternehmer und/oder Fremd-Manager geführt werden. Sowohl in Unternehmungen, die nicht der Mitbestimmung im Aufsichtsrat unterliegen als auch in Unterneh-

---

25 Vgl. z. B. Rappaport, A., Creating Shareholder Value, a.a.O., S. 65ff.

mungen, die der Mitbestimmung im Aufsichtsrat unterliegen, gilt es, durch Regelungen über Investitions- und Desinvestitionskriterien, Ausschüttungen und monetäre Anreize auch für die Zukunft risikobereite Kapitalgeber sowie hochqualifizierte und hochmotivierte Führungskräfte zu sichern.

Ergibt sich eine **Verringerung des residualen Unternehmungskapitalwertes**, sind Maßnahmen zur Verbesserung der **Wirtschaftlichkeit** zu ergreifen, **Ansprüche** der Eigenkapitalgeber und/ oder Mitarbeiter sowie ggf. anderer an der Unternehmung interessierten Gruppen **zu reduzieren** oder die **Unternehmung oder Teile davon umzustrukturieren,** zu **verlagern** oder zu **schließen.**

Bei dem Streben nach einem maximalen Kapitalwert rechnet man pragmatisch ohne Berücksichtigung der Kapitalherkunft mit dem **Gesamtkapitalwert,** ermittelt auf der Basis eines gemischten Kalkulationszinssatzes. Dies ist immer dann unumgänglich, wenn sich einem zu beurteilenden Investitionsobjekt – einzelnen Investitionen, Investitionsprogrammen, Unternehmungsbereichen oder ganzen Unternehmungen – eine Finanzierungsart nicht herkunftsspezifisch zuordnen läßt. In diesem Fall bleibt jedoch die Frage der Optimierung der Finanzierungsstruktur – und damit der Kapitalkosten – aus Sicht der Eigenkapitalgeber noch unberücksichtigt. Aus diesem Grund sollte idealerweise der **Eigenkapitalwert/Shareholder Value** oder der **residuale Unternehmungskapitalwert** als oberstes monetäres Ergebnisziel der Unternehmung verfolgt werden. Beide Zielgrößen sind hinsichtlich ihrer Erwirtschaftung unmittelbar miteinander gekoppelt, d.h. eine Erhöhung (Verringerung) des Eigenkapitalwertes/Shareholder Values führt direkt zu einer Erhöhung (Verringerung) des residualen Unternehmungskapitalwertes und umgekehrt. Sie unterscheiden sich jedoch hinsichtlich des zugrunde gelegten Verwendungskonzeptes: Die Verwendung erwirtschafteter Überschüsse ist im Konzept des residualen Unternehmungskapitalwertes nicht nur auf die Eigenkapitalgeber ausgerichtet, sondern auf beide Hauptträger der Unternehmung – Eigenkapitalgeber und Mitarbeiter, insbesondere Führungskräfte – und bezieht durch die strategieorientierte Stärkung der Unternehmung auch die Interessen der übrigen an der Unternehmung interessierten Gruppen ein.

Die **Unternehmung** als **Aktions-, Interessen- und Vertragszentrum** charakterisieren wir nunmehr als ein **sozio-technisches System**, in dem **Güter (Sachziele)** zur Fremdbedarfsdeckung erstellt werden, um maximale **diskontierte Überschüsse/Kapitalwerte** bzw. hilfsweise maximale **kalkulatorische Gewinne (Wertziele)** zu erwirtschaften – unter Beachtung von Zielen aus dem **Humanbereich (Sozialziele)** sowie sonstigen Anforderungen aus dem System und aus dem Umsystem (Rahmenbedingungen).

Als wichtige **inhaltliche Kategorien von Zielen,** die in einer **Unternehmung** zum Zweck ihrer Erhaltung und erfolgreichen Weiterentwicklung verfolgt werden, können also unterschieden werden (vgl. Abbildung 4b)[26]:

---

26 Zu der hier vorgenommenen Kategorisierung der Unternehmungsziele vgl. auch Ulrich, H., Unternehmungspolitik, 3. Aufl., Bern–Stuttgart 1990, S. 100ff. Vgl. allgemein zu Kategorisierungsmöglichkeiten der Unternehmungsziele Berthel, J., Zur Operationalisierung von Unternehmungs-Zielkonzeptionen, ZfB 1973, S. 29ff.; Bidlingmaier, J., Unternehmerziele und Unternehmerstrategien, 2. Aufl., Wiesbaden 1973, S. 42f.; Bleicher, K., Planrahmen, in: HWPlan, Hrsg. N. Szyperski, Stuttgart 1989, Sp. 1409; Heinen, E., Grundlagen betriebswirtschaftlicher Entscheidungen – Das Zielsystem der Unternehmung, a.a.O., S. 89f.; Kosiol, E., Die Unternehmung als wirtschaftliches Aktionszentrum, a.a.O., S. 223; Krüger, W., Grundlagen der Organisationsplanung, a.a.O., S. 41f.; Kupsch, P., Unternehmungsziele, a.a.O., S. 80ff.; Schmidt, R.-B., Wirtschaftslehre der Unternehmung, Bd. 1, Grundlagen und Zielsetzung, a.a.O., S. 116ff.; Schmidt-Sudhoff, U., Unternehmerziele und unternehmerisches Zielsystem, a.a.O., S. 93f.; Schneider, D. J. G., Unternehmerziele und Unternehmenskooperation, Wiesbaden 1973, S. 24ff.; Thommen, J.-P., Managementorientierte Be-

- **Sachziele** (Leistungsziele):
  Angestrebtes künftiges Produkt- und/oder Dienstleistungsprogramm für spezifische Märkte – im folgenden mitunter verkürzt als Produktprogramm bezeichnet. Es handelt sich um nichtmonetäre Ziele, die monetär ausgedrückt werden können.
  Sachziele werden durch die Erfüllung von Handlungszielen erreicht – durch zielorientierte Aktionen (Maßnahmen) bzw. Aktionsfolgen (Prozesse) von Potentialen an Objekten.

- **Wertziele** (monetäre Ziele):
  Angestrebtes künftiges Ergebnis (z. B. Kapitalwert, kalkulatorischer und bilanzieller Gewinn) oder angestrebte künftige Ergebniskomponenten (Einzahlungen und Auszahlungen, Erlöse und Kosten, Ertrag und Aufwand) als absolute und relative Größen (z. B. Jahresüberschuß, Rentabilität) sowie Liquidität und Liquiditätskomponenten (Bestand an flüssigen Mitteln, Ein- und Auszahlungen). Es handelt sich um monetäre Ziele.
  Wertziele werden durch die Verwirklichung von Sachzielen und Handlungszielen erreicht.

- **Sozialziele** (Humanziele):
  Angestrebte künftige intra- und interpersonelle Zustände, hier insbesondere Verhaltensweisen gegenüber den Mitarbeitern, gegenüber Personen und Personengruppen im Umsystem der Unternehmung sowie gegenüber der Umwelt[27]. Sie sind zum Teil gesetzlich fixiert. Es handelt sich um monetäre und nichtmonetäre Ziele (z.B. Sozialleistungsziele, unternehmungskulturbezogene Ziele, Umweltschutzziele).
  Sozialziele können durch die Verwirklichung von Sachzielen, Wertzielen und sonstigen Handlungszielen in spezifischen Ausprägungen erreicht werden.

Auf Grund der sich ständig ändernden Umfeld- und Unternehmungsgegebenheiten gewinnt dabei die **Flexibilität** bzw. **Anpassungsfähigkeit** der Unternehmung als gesondertes, auf einer anderen Betrachtungsebene liegendes Ziel zunehmend an Bedeutung[28].

---

triebswirtschaftslehre, 4. Aufl., Bern–Stuttgart 1993, S. 97; Töpfer, A., Die Planung der Unternehmensziele (Zielplanung), in: agplan-Handbuch zur Unternehmensplanung, Hrsg. J. Fuchs, K. Schwantag, Bd. 1, Berlin 1970, 32. Erg.-Lfg. VII/87, Kennzahl 1205; Wittstock, J., Elemente eines allgemeinen Zielsystems der Unternehmung, ZfB 1970, S. 833 ff.

27 Die Integration von Umweltschutz bzw. Umweltverbesserung in das Zielsystem der Unternehmung erfolgt in der Literatur nicht einheitlich. Das Umweltschutzziel wird zum Teil in die Kategorie der Sozialziele integriert, zum Teil auch als eigene Zielkategorie angesehen. Vgl. Bircher, B., Langfristige Unternehmungsplanung, Bern–Stuttgart 1976, S. 117 ff.; Hahn, D., Strategische Unternehmungsführung – Stand und Entwicklungstendenzen unter besonderer Berücksichtigung US-amerikanischer Konzepte, in: Organisation – Evolutionäre Interdependenzen von Kultur und Struktur der Unternehmung, Festschrift zum 60. Geburtstag von Knut Bleicher, Hrsg. E. Seidel, D. Wagner, Wiesbaden 1989, S. 62; Hopfenbeck, W., Umweltorientiertes Management und Marketing, 3. Aufl., Landsberg am Lech 1994, S. 140 ff.; Seidel, E., „Wollen" und „Können". Auf dem Wege zu einer ökologisch verpflichteten Unternehmensführung, zfo 1989, S. 75 ff.; Seidel, E., Menn, H., Ökologisch orientierte Betriebswirtschaft, Stuttgart u.a. 1988, S. 41; Steger, U., Umweltmanagement, 2. Aufl., Wiesbaden 1993, S. 175 ff.; Töpfer, A., Die Planung der Unternehmensziele (Zielplanung), a.a.O., S. 8.
Vgl. auch den Überblick über empirische Untersuchungen zum Zusammenhang von Umweltschutz- und Unternehmungszielen bei Wicke, L. u.a., Betriebliche Umweltökonomie, München 1992, S. 26 ff.

28 Vgl. auch Meffert, H., Größere Flexibilität als Unternehmungskonzept, ZfbF 1985, S. 121 ff. Ulrich spricht in diesem Zusammenhang von Leitideen, anhand derer die Unternehmungsziele kritisch zu überprüfen sind. Neben der Flexibilität betrachtet er dabei die Kriterien der Sicherheit und der Synergie. Vgl. Ulrich, H., Unternehmungspolitik, a.a.O., S. 174 ff.

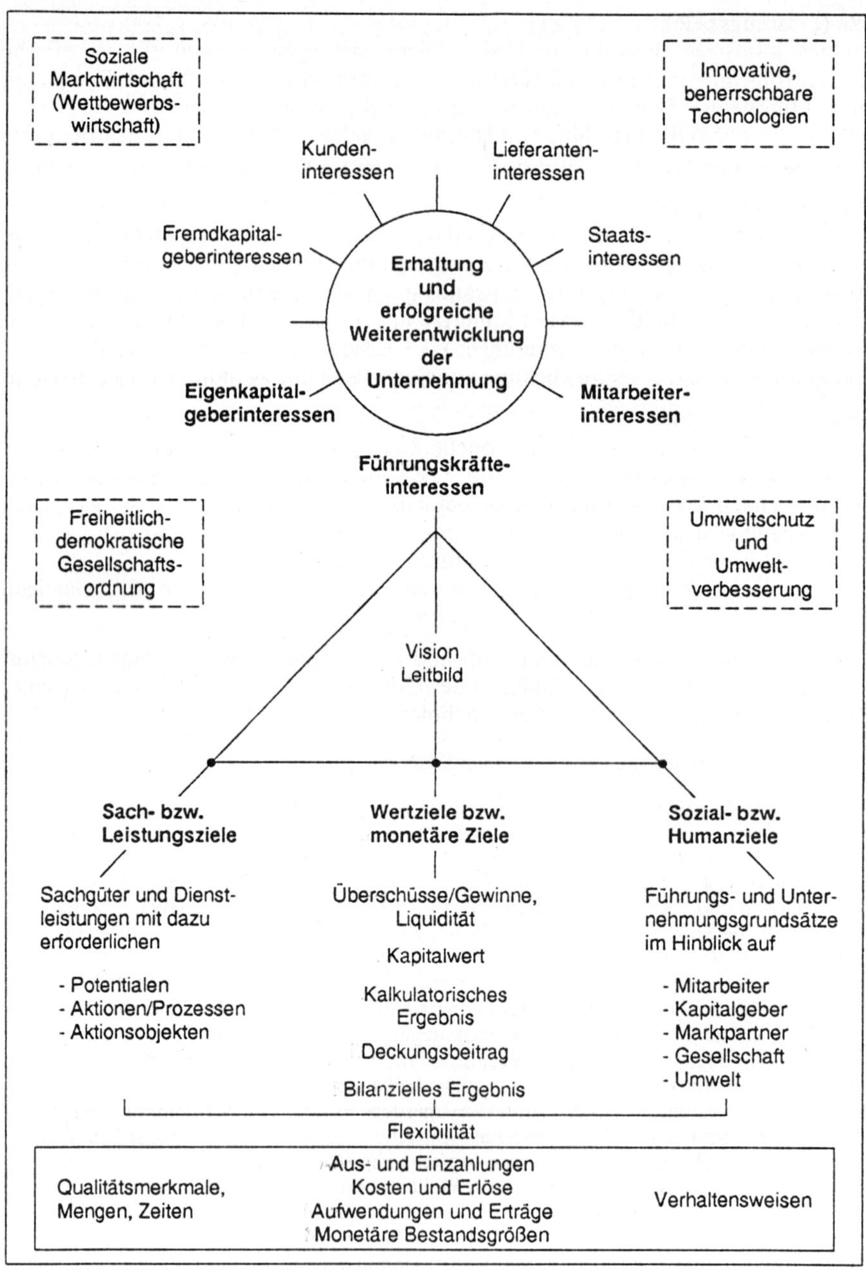

Abb. 4 b: Zweck, Ziele und Rahmenbedingungen der Unternehmung als gesellschaftliche Institution

Letztlich lassen sich alle Ziele in **Handlungsziele** auflösen bzw. direkt als solche interpretieren.

Bezüglich ihres Ausmaßes lassen sich Ziele als **Extremal-** oder **Satisfizierungsziele,** bezüglich ihrer zeitlichen Dimensionierung als **Zeitpunktziele** oder **Zeitraumziele** formulieren.

Auch lassen sich in einer Wettbewerbswirtschaft alle Ziele im Vergleich mit konkurrierenden Unternehmungen als (komparative) **Wettbewerbsvorteilsziele** charakterisieren.

Inhalt, Ausmaß und zeitlicher Bezug der oberen Ziele der Unternehmung werden entscheidend durch die Interessen ihrer oberen Führungskräfte geprägt. Besondere Bedeutung hat dabei deren **Vision,** der konzentrierte Ausdruck über den angestrebten Zustand der Unternehmung – über Zweck, obere Ziele und Selbstverständnis, die im **Leitbild** sowie in **Unternehmungs- und Führungsgrundsätzen** detailliert werden können. Obere Ziele der Unternehmung, Vision, Leitbild sowie Unternehmungs- und Führungsgrundsätze können dabei als Gegenstände der Unternehmungspolitik angesehen werden.

Auf Grund der Veränderungen in den Umfeldern der Unternehmung sollten u. E. lebenswichtige, **kardinale Rahmenbedingungen** als Forderungen der Träger und des Umsystems der Unternehmung mit **zu obersten Unternehmungszielen** erhoben werden. Dies gilt im besonderen für die Forderungen nach

- Umweltschutz und Umweltverbesserung,
- innovativen, aber beherrschbaren Technologien,
- Erhalt der sozialen Marktwirtschaft als Wettbewerbswirtschaft,
- Sicherung der freiheitlich-demokratischen Gesellschaftsordnung[29].

Im Eigeninteresse der Unternehmung, letztlich zur Erreichung des Hauptziels der Unternehmung, der Erhaltung und erfolgreichen Weiterentwicklung, bedeutet dies gegebenenfalls auch eine freiwillige Beschränkung auf ein gesellschaftlich akzeptables Zielsystem[30].

Die **Gesellschaft** als Ganzes fordert von den Trägern der Unternehmung eine verstärkte Übernahme von Verantwortung für das gewollte und tatsächliche Unternehmungsgeschehen, um den Unternehmungen auch weiterhin Vertrauen und Akzeptanz entgegenbringen zu können. Bedingt durch die Erzeugung negativer externer Effekte, zunehmende Konzentrationsprozesse in der Wirtschaft sowie die Probleme, die mit der zunehmenden Trennung von Eigentum und Verfügungsmacht verbunden sind[31], bedarf es immer stärker einer Führung im Dialog. Es gilt heute mehr denn je, das Entscheiden und Handeln in der Unternehmung zu erklären und zu diskutieren sowie gegenüber der internen und externen

---

29 Vgl. Hahn, D., Entwicklungstendenzen der strategischen Führung, technologie & management 2/1992, S. 14; ders., Strategische Unternehmensführung – Aufgaben und Herausforderungen der 90er Jahre, in: Vortragsband Produktionstechnisches Kolloquium, Berlin 1989, S. 41.

30 Vgl. Ulrich, H., Management-Philosophie in einer sich wandelnden Gesellschaft, in: Strategische Unternehmungsplanung – Strategische Unternehmungsführung, Hrsg. D. Hahn, B. Taylor, 6. Aufl., Heidelberg 1992, S. 833ff.; Rühli, E., Unternehmungspolitik im Spannungsfeld von Markt und Gesellschaft, in: Gesellschaftsbewußte Unternehmungspolitik – Societal Strategy, Hrsg. E. Rühli, J. Krulis-Randa, Bern 1990, S. 61.

31 Zur Principal-Agency-Theorie vgl. Bamberg, G., Spremann, K. (Hrsg.), Agency theory, information, and incentives, Berlin 1989; Elschen, R., Gegenstand und Anwendungsmöglichkeiten der Agency-Theorie, ZfbF 1991, S. 1002ff.; ders., Shareholder Value und Agency-Theorie – Anreiz- und Kontrollsysteme für Zielsetzungen der Anteilseigner, BFuP 1991, S. 209ff.; Hartmann-Wendels, T., Agency-Theorie, in: HWO, Hrsg. E. Frese, 3. Aufl., Stuttgart 1992, Sp. 72ff.; Peters, T., Optimale Anreizsysteme. Betriebswirtschaftliche Implikationen der Prinzipal-Agent-Theorie, Bonn 1988; Spremann, K., Stakeholder-Ansatz versus Agency-Theorie, ZfB 1989, S. 742ff.

Öffentlichkeit auch zu vertreten[32]. Neben dem tatsächlichen Geschehen stehen hier Ziele und Zielbeziehungen im Mittelpunkt.

b) Zielbeziehungen

Die Ziele können in unterschiedlichsten Beziehungen (Zuordnungsbeziehungen) zueinander stehen[33].

Bei Zielbeziehungen können vertikale und horizontale Zielbeziehungen unterschieden werden. Als **vertikale Zielbeziehungen** können objektive Mittel-Zweck-Beziehungen zwischen den Zielen gegeben sein. Darauf basierend kann eine Zielhierarchie bzw. Zielpyramide mit Ober-, Zwischen- und Unterzielen gebildet werden (vgl. Abbildung 5). Die **horizontale** Unterscheidung in Haupt- und Nebenziele erfolgt auf Grund subjektiver Bewertung (Zielpräferenz) durch den Entscheidungsträger. Sowohl in horizontaler als auch in vertikaler Sicht können zudem entscheidungsfeldbedingte Zielbeziehungen bestehen. Danach lassen sich Zielkomplementarität, -identität, -neutralität, -konkurrenz und -antinomie unterscheiden[34]. Die Feststellung entscheidungsfeldbedingter Zielbeziehungen ist jedoch nur bei Kenntnis der konkret vorliegenden Entscheidungssituation zu treffen[35].

Die obersten bzw. generellen Unternehmungsziele werden in einem Verhandlungsprozeß unternehmungsinterner und z.T. auch -externer Entscheidungsträger gebildet. Ausgehend von den Zielen der an der Unternehmung interessierten Personen und Personengruppen handelt es sich hierbei um multipersonale Zielbildungsprozesse. „Diese führen in der Regel in einem Zielkonflikt-Zielkompromiß-Prozeß zur Bildung gemeinsamer Organisationsziele. Die Unternehmung wird dabei meist als eine Koalition verstanden“[36].

Damit in der gesamten Industrieunternehmung zielorientierte Aktionen durch Potentialelemente ausgeübt werden können, müssen das obere Ergebnisziel, das Liquiditätsziel, das Sachziel und das Sozialziel in operationale Unterziele für die Aktionsträger überführt werden[37]. Aus dem marktorientiert gebildeten Sachziel werden für bestimmte Subsysteme Programme (Handlungsziele, Aufgabenbündel[38]) abgeleitet – z.B. Absatz-, Produktions- und Beschaffungsprogramme. Die Programme sollen durch Aktionen im Rahmen bestimmter Kosten- und ggf. auch Erlösvorgaben erfüllt werden. Hierdurch wird für die Subsysteme auch das Erlösziel konkretisiert. Die Konkretisierung von Ergebnisziel, Liquiditätsziel und Sachziel kann – z.B. entsprechend der organisatorischen Gliederung – weiter fortgesetzt werden. Auch die Sozialziele sind durch Programme und gegebenenfalls Kostenangaben entsprechend zu detaillieren und zu konkretisieren. Einzahlungs- und Auszahlungsziele werden zur Sicherung der Liquidität grundsätzlich gesamtunternehmungsbezogen konkreti-

---

32 Vgl. Hahn, D., Unternehmungsführung und Öffentlichkeitsarbeit, ZfB 1992, S. 138ff. Vgl. allgemein zur Akzeptanz auch Wiendieck, G., Akzeptanz, in: HWO, Hrsg. E. Frese, 3. Aufl., Stuttgart 1992, Sp. 89ff.

33 Vgl. dazu Heinen, E., Grundlagen betriebswirtschaftlicher Entscheidungen – Das Zielsystem der Unternehmung, a.a.O., S. 89ff.

34 Vgl. Töpfer, A., Die Planung der Unternehmensziele (Zielplanung), a.a.O., S. 11ff.

35 Vgl. Heinen, E., Industriebetriebslehre als entscheidungsorientierte Unternehmensführung, a.a.O., S. 14; Kupsch, P., Unternehmungsziele, a.a.O., S. 26.

36 Bidlingmaier, J., Schneider, D.J.G., Ziele, Zielsysteme und Zielkonflikte, in: HWB, 3. Bd., Hrsg. E. Grochla, W. Wittmann, 4. Aufl., Stuttgart 1976, Sp. 4732.

37 Vgl. Berthel, J., Strukturierung und Operationalisierung von Zielsystemen in der Unternehmung, in: Unternehmungsführung, Festschrift für Erich Kosiol, Hrsg. J. Wild, Berlin 1974, S. 375ff.

38 Aufgaben werden in der Literatur zum einen als Handlungsziele, zum anderen als zielorientierte Handlungen (Tätigkeiten) interpretiert. Es wird im folgenden von Aufgaben gesprochen, wenn sich aus dem Sinnzusammenhang eindeutig der Begriffsinhalt als Ziel oder Handlung ergibt. In Zweifelsfällen werden die Begriffe Ziel oder Handlung (Tätigkeit) verwendet.

siert. Die Gesamtheit der Ziele der Unternehmung und ihrer Beziehungen bildet die **Zielstruktur** der Unternehmung – bei Ausrichtung auf ein spezifisches Ziel(-bündel) ihr **Zielsystem** (vgl. Abbildung 5). Erhaltung und erfolgreiche Weiterentwicklung der Unternehmung sowie die obersten Sach-, Wert- und Sozialziele bilden das oberste Zielbündel in der Zielpyramide der Unternehmung.

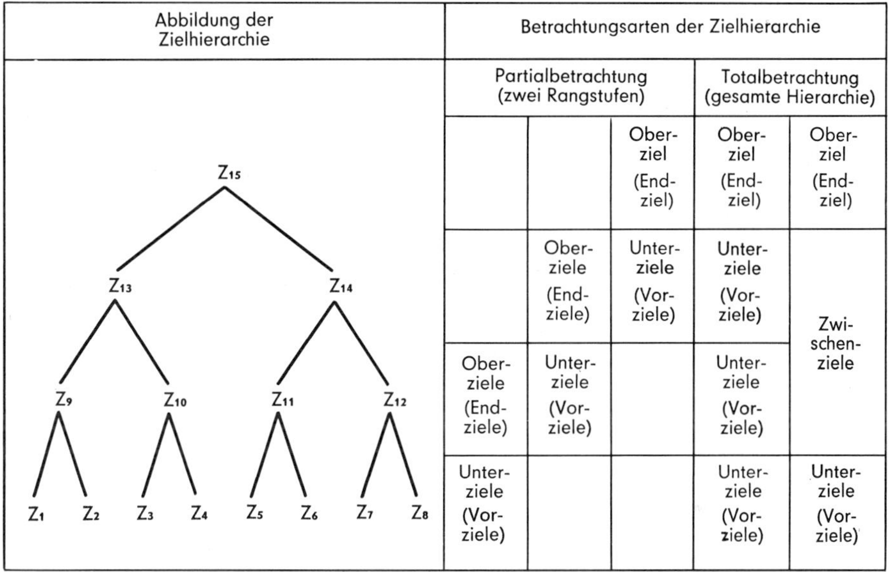

Abb. 5: Zielsystem (Zielhierarchie/Zielpyramide)

1.1.2.2.2 Potential- und Aktionssystem der Unternehmung

Das Zielsystem der Unternehmung wird durch Aktionen von Potentialen an Objekten erfüllt. Die **Unternehmung** – verstanden als **zielorientiertes Aktionszentrum** – ist eine **zielgerichtete Potential- und Aktions-/Aktionsobjektstruktur**[39]. Die auf Dauer auf die Erreichung spezifischer Ziele (Aufgaben, Programme) ausgerichtete Potential- und Aktionsstruktur zeigt die Organisation der Unternehmung[40]. Obwohl Aktionen zwingend an Potentiale gebunden sind, kann eine gesonderte Betrachtung zum einen der zielgerichteten Potentialstruktur (Potentialsystem; Aufbauorganisation), zum anderen der zielgerichteten Aktionsstruktur (Aktionssystem; Ablauforganisation) erfolgen.

Elemente des **Potentialsystems** sind Personen, Betriebsmittel und Kombinationen von Personen und Betriebsmitteln. Die Elemente können Input zu Output verarbeiten. Sie besitzen ein bestimmtes Potential, das qualitativ und (zum Teil) quantitativ zu beschreiben ist. Potential-

39 Vgl. Kosiol, E., Einführung in die Betriebswirtschaftslehre, a.a.O.; ders., Die Unternehmung als wirtschaftliches Aktionszentrum, a.a.O.

40 Vgl. auch Bleicher, K., Die Organisation der Unternehmung in systemtheoretischer Sicht, ZfürO 1971, S. 171 ff., insbes. S. 174; ferner die literarische Untermauerung der Aussage: „Die Unternehmung hat eine Organisation" bei Hoffmann, F., Entwicklung der Organisationsforschung, 3. Aufl., Wiesbaden 1976, S. 58 ff. Vgl. ebenso Ulrich, H., Organisation und Organisieren in der Sicht der systemorientierten Managementlehre, zfo 1985, S. 10.

elemente sind Bestandsgrößen mit Leistungsvermögen, die der Unternehmung in der Regel relativ dauerhaft zur Verfügung stehen.

Im Gegensatz zu den Betriebsmitteln sind Personen mit Initiative und Willen ausgestattet und so Träger originärer Aktionen – insbesondere originärer Zielsetzungsprozesse. Von den Betriebsmitteln besitzen nur Maschinen unmittelbar Leistungsvermögen; Grundstücke und Gebäude dagegen nur mittelbar.

Die Potentiale stehen in räumlicher und/oder hierarchischer Beziehung (Verteilungsbeziehung) – in der Regel mit einem sich im Zeitablauf nur wenig verändernden Beziehungsmuster. Bei den Personen liegen i.d.R. zudem zwischenmenschliche Beziehungen (soziale Beziehungen) vor.

Die **zielgerichtete Potentialstruktur** – soweit sie auf Dauer angelegt ist und zwingend den Faktor Mensch enthält – wird als **Aufbauorganisation** der Unternehmung bezeichnet (vgl. Abbildung 6).

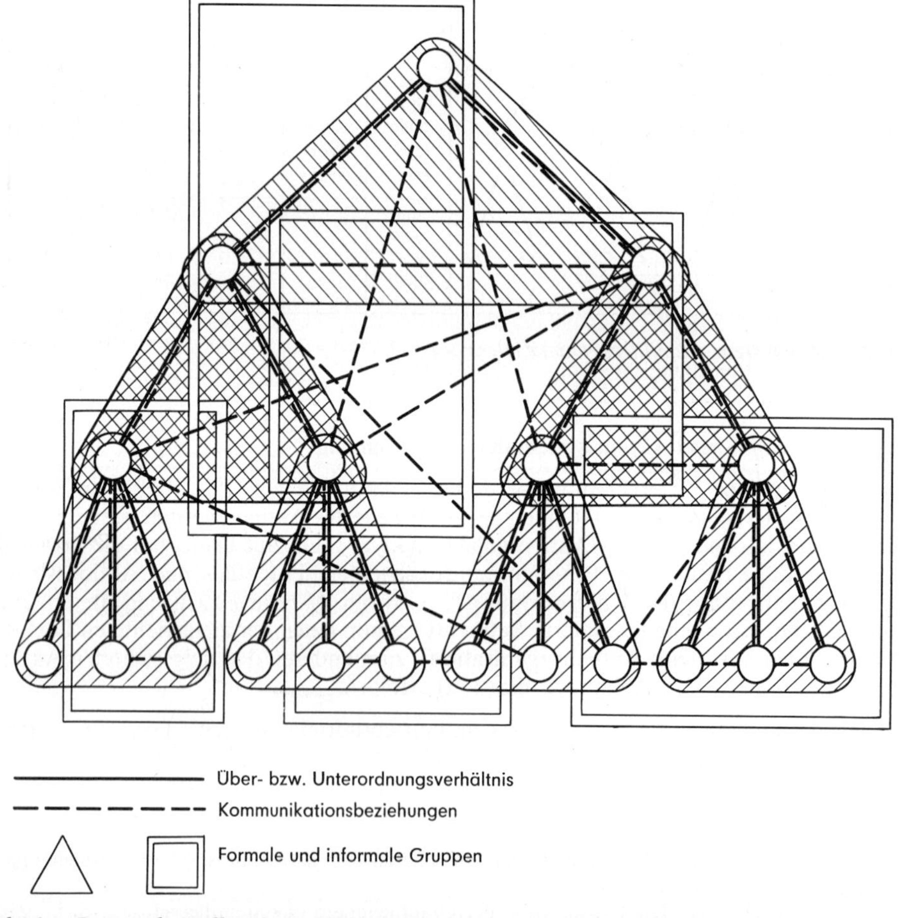

Abb. 6: Prinzipdarstellung einer Potentialstruktur (Aufbauorganisation) [41]

41 Entnommen aus Heinen, E., Einführung in die Betriebswirtschaftslehre, a.a.O., S. 54.

Allen Aufgaben werden räumlich und zeitlich Menschen und in der Regel auch Betriebsmittel zugeordnet, die durch spezifische Aktionen die Aufgaben zu erfüllen haben. Kleinste leistungsbereite organisatorische Einheiten werden als Basissysteme[42] bezeichnet. Derartige Basissysteme sind durch Über-, Unter- und Nebenordnung über sogenannte Zwischensysteme zum organisatorischen Gesamtsystem der Unternehmung in einer Hierarchie verbunden.

Hierbei werden die Basis- und Zwischensysteme (Aufgaben- und Leitungsbereiche) je Stufe nach Aktionsarten, Aktionsobjekten oder Aktionsfeldern gebildet – in der Praxis auch nach Aktionsträgern – (vgl. Abbildungen 7 a, 7 b und 7 c). Als Grundmodelle der Aufbauorganisation lassen sich danach je nach Bildung der Zwischensysteme unterhalb der obersten Leitung unterscheiden:

- Unternehmungen mit primär verrichtungsorientierter (funktionaler) Aufbauorganisation;
- Unternehmungen mit primär objektorientierter (produkt- oder vereinzelt auch kundenorientierter) Aufbauorganisation;
- Unternehmungen mit primär regionalorientierter Aufbauorganisation[43].

Durch die Festlegung der Art der (aktiven) Informationstätigkeit werden die Entscheidungs- und Anordnungsbefugnisse der Mitglieder der organisatorischen Einheiten geregelt, zudem ergibt sich unter Einbeziehung der Informationspartner die Kommunikationsstruktur[44]. Erhalten zwei oder mehr organisatorische Einheiten einer Ebene (Mit-)Entschei-

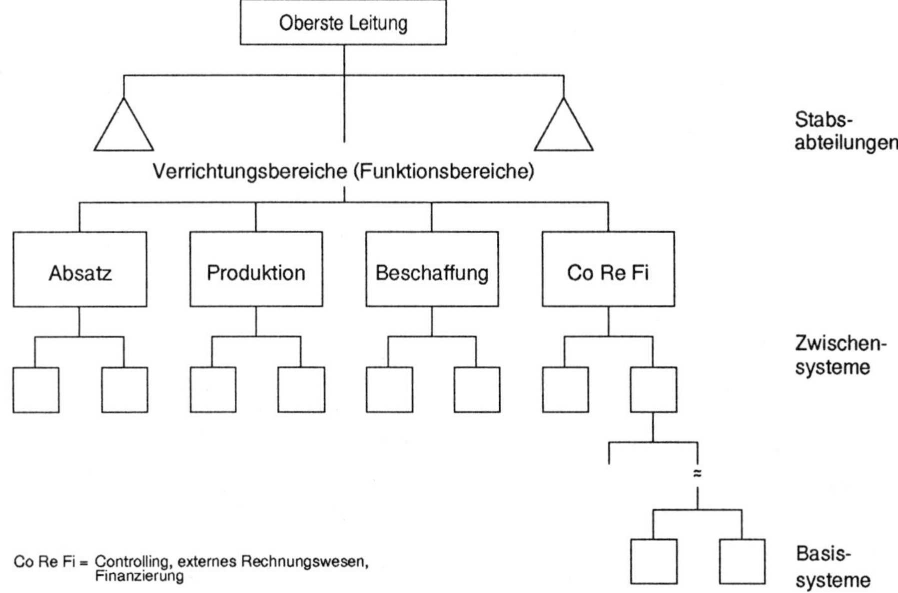

Abb. 7 a: Primär verrichtungsorientierte (aktionsartorientierte) Aufbauorganisation einer Industrieunternehmung

42 Vgl. Bleicher, K., Die Organisation der Unternehmung in systemtheoretischer Sicht, a.a.O., S. 175; ders., Organisation. Strategien – Strukturen – Kulturen, a.a.O., S. 45 ff.

43 Vgl. Bleicher, K., Organisation. Strategien – Strukturen – Kulturen, a.a.O., S. 388 ff.

44 Zur Kommunikationsstruktur vgl. Heinen, E., Einführung in die Betriebswirtschaftslehre, a.a.O., S. 57 ff.

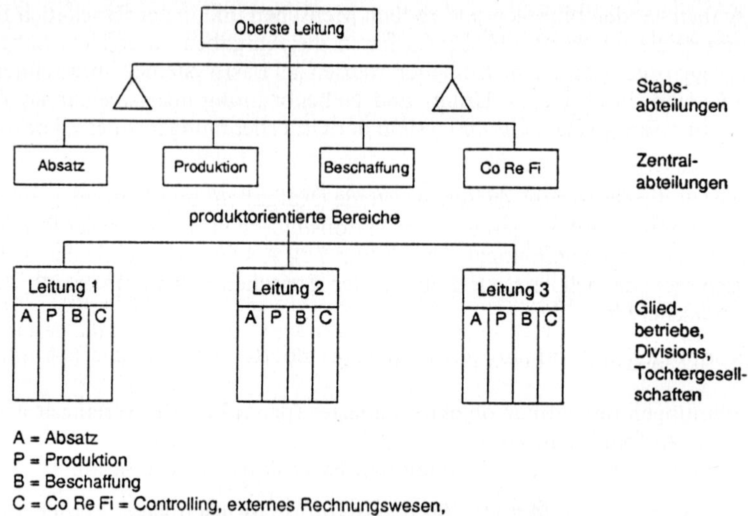

A = Absatz
P = Produktion
B = Beschaffung
C = Co Re Fi = Controlling, externes Rechnungswesen, Finanzierung

Abb. 7b: Primär produktorientierte (aktionsobjektorientierte) Aufbauorganisation einer Industrieunternehmung

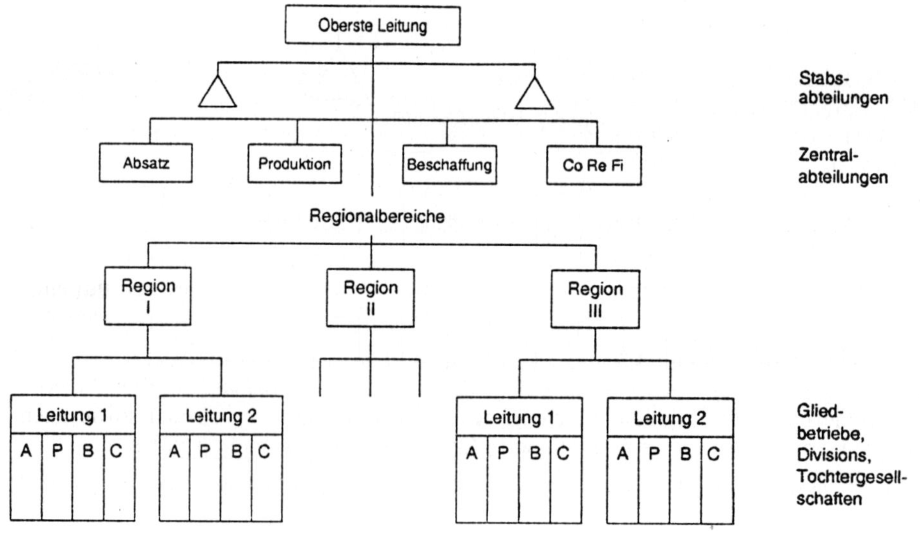

A = Absatz
P = Produktion
B = Beschaffung
C = Co Re Fi = Controlling, externes Rechnungswesen, Finanzierung

Abb. 7c: Primär regionalorientierte (aktionsortorientierte) Aufbauorganisation einer Industrieunternehmung

dungs- und (Mit-)Anordnungsrechte gegenüber Mitgliedern einer anderen (untergeordneten) Einheit, entsteht eine Matrix- oder Tensororganisation[45].

In einer modifizierten, jedoch mit der ersten Betrachtungsweise kompatiblen Sicht lassen sich die Aktionen (Tätigkeiten, Operationen), die von Potentialen (Menschen und/oder Betriebsmitteln – Elementen der ersten Betrachtungsweise) ausgeübt werden, ihrerseits als Elemente auffassen, die untereinander in Folgebeziehungen stehen (vgl. Abbildung 8). Menschliche und maschinelle Aktionen – oder Kombinationen hiervon – bilden die Elemente des **Aktionssystems.** Die Aktionselemente, z. B. Tätigkeiten an Sachgütern, können im Hinblick auf spezifische Ziele räumlich und zeitlich strukturiert werden. **Zielorientierte Aktionen** werden als **Maßnahmen** bezeichnet, **zielorientierte Aktionsfolgen** als **Prozesse** – bei zeitlicher Begrenzung als **Projekte.** Werden die an Informationen, Sach- und Nominalgütern vollzogenen Tätigkeiten in Folgebeziehungen verknüpft, ergeben sich die bereits erwähnten Informations-, Sach- und Nominalgüterströme.

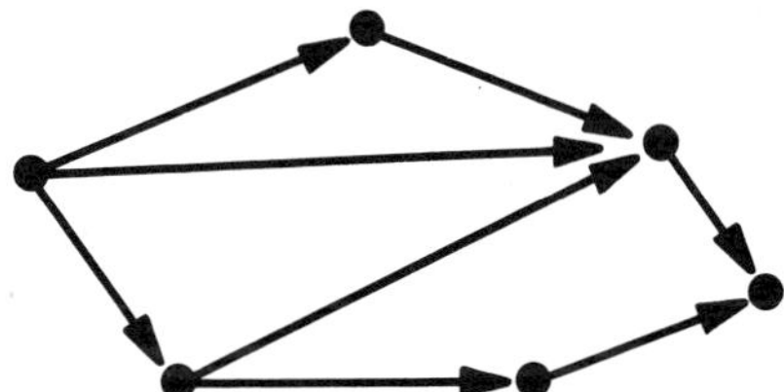

Abb. 8: Prinzipdarstellung einer Aktionsstruktur (Ablauforganisation) als Netzwerk (Pfeile = Tätigkeiten = Elemente)

Die **zielgerichtete Aktionsstruktur** – soweit sie auf Dauer angelegt ist – zeigt die sogenannte **Ablauforganisation** der Unternehmung (vgl. Abbildung 9)[46]. Spezifischen Aufgaben werden zu ihrer Erfüllung zeitlich und räumlich Aktionen bestimmter Potentialelemente an Informationen, Sach- und/oder Nominalgütern zugeordnet, wobei sich die arbeitsteilig durchgeführten Aktionen (rhythmisch) wiederholen. Es handelt sich um sich wiederholende Prozesse.

Zielgerichtete, zeitlich begrenzte Aktionsstrukturen bilden Projekte, deren Träger bzw. Humanpotentiale auch eine spezifische Einbindung in die Aufbauorganisation als organisatorische Einheit auf Zeit erfahren können[47]. Bei Projekten handelt es sich um einmalige Prozesse.

Auch die Aktionssysteme können nach Aktionsarten (z. B. Absatz-, Produktions- und Beschaffungsprozesse), Aktionsobjekten (z. B. Informationsprozesse), Aktionsfeldern (z. B. nationale und internationale Beschaffungs- oder Informationsprozesse) sowie nach Aktionsträgern (personelle und maschinelle Aktionsprozesse) gebildet werden.

Je nach dem Untersuchungszweck können bei der Behandlung von Problemen der Unternehmung schließlich auch andere Systeme mit unterschiedlich definierten Elementen betrachtet werden. Hier kommen als Elemente z. B. auch Informationen und/oder Werkstoffe in Betracht.

---

45 Vgl. zur Darstellung und Diskussion von eindimensionalen und mehrdimensionalen Organisationsmodellen Bleicher, K., Organisation. Strategien – Strukturen – Kulturen, a.a.O., S. 388 ff.

46 Vgl. hierzu ausführlich Hahn, D., Industrielle Fertigungswirtschaft in entscheidungs- und systemtheoretischer Sicht, ZfürO 1972, S. 427 ff.; zum Begriff der Ablauforganisation insbes. Schwarz, H., Betriebsorganisation als Führungsaufgabe, 9. Aufl., München 1983, S. 20 f.

47 Vgl. Bleicher, K., Organisation. Strategien – Strukturen – Kulturen, a.a.O., S. 135 ff.

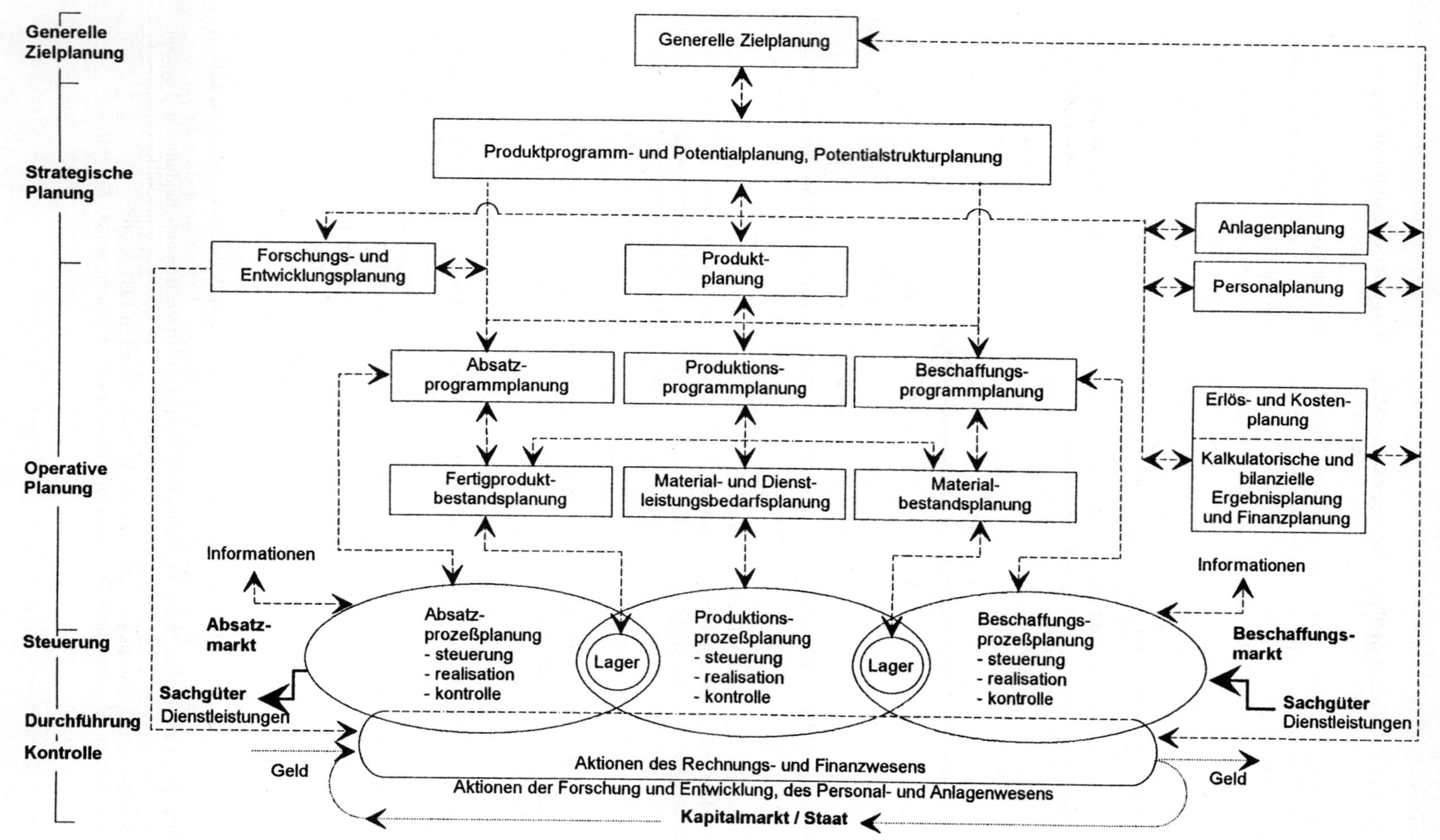

Abb. 9: Ablauforganisation in einer Industrieunternehmung mit primär verrichtungsorientierter Aufbauorganisation

1.1.3 Industrie- und Dienstleistungsunternehmungen als Systeme

Das folgende Schaubild (Abbildung 10) charakterisiert das **System Industrieunternehmung** als zielorientierte Potential- und Aktions-/Aktionsobjektstruktur. Es zeigt, wie man, ausgehend von den Aktionen, Aktionsobjekten und Potentialen und deren zielgerichteter Strukturierung, Subsysteme bilden und in ihrer dreidimensionalen Verzahnung verdeutlichen kann[48].

Unternehmungen der Grundstoff-, der Investitionsgüter- und der Konsumgüterindustrie lassen sich auf Grund spezifischer Merkmale bzw. Merkmalsausprägungen der Produktion näher charakterisieren. Es erfolgt eine Kennzeichnung auf typologischer Grundlage[49].

Ausgehend von der Produktion als einem konkreten Subsystem lassen sich zur **Kennzeichnung einer Industrieunternehmung** zunächst wichtige output-, throughput- und inputbezogene **Elementartypen** unterscheiden, bei denen nur ein produktionswirtschaftlich relevantes Merkmal im Vordergrund steht. Zur Behandlung betriebswirtschaftlicher Probleme und Lösungsansätze lassen sich sodann zur Kennzeichnung von Unternehmungen mit gleichartigen oder ähnlichen Merkmalen bzw. Merkmalsausprägungen je nach Untersuchungszweck **Kombinationstypen** mit einem Leitmerkmal bilden.

Die folgende Behandlung von Planungs- und Kontrollsystemen und damit von Planungs- und Kontrollrechnungen bezieht sich sowohl auf Industrieunternehmungen mit Einzelproduktion als auch auf Industrieunternehmungen mit Serien- und Massenproduktion, jeweils zu charakterisieren durch spezifische Merkmale und Merkmalsausprägungen. Die Profildarstellung (Abbildung 11) charakterisiert idealtypisch die in die Untersuchung einbezogenen Produktionstypen (Kombinationstypen). Bei den Beispielen handelt es sich exemplarisch um die Charakterisierung von Unternehmungsbereichen bzw. Produktionsstufen jener Unternehmungen, deren Planungs- und Kontrollsysteme mit integrierter Planungs- und Kontrollrechnung in den Teilen VI–IX dieses Buches dargestellt werden.

Auch für eine **Dienstleistungsunternehmung** – verstanden als zielorientiertes Aktionszentrum – lassen sich entsprechend der hier charakterisierten Industrieunternehmung Subsysteme in dreidimensionaler Verzahnung bilden. Je nach Aufgabe treten an die Stelle des Subsystems Sachgüterherstellung Subsysteme für Lagerung und Umschlag oder Transport oder spezifische andere Aktionskomplexe, z.B. Instandhaltungen, Reparaturen, Reinigungs- und Recyclingaufgaben, EDV-technische Informationsverarbeitungen, Beratungen usw. (vgl. Teil X dieses Buches).

Planung und Kontrolle bilden in Unternehmungen jeder Art zentrale Führungsaufgaben.

---

48 Vgl. hierzu auch Hahn, D., Führung des Systems Unternehmung, ZfürO 1971, S. 161 ff.; ders., Industrielle Fertigungswirtschaft in entscheidungs- und systemtheoretischer Sicht, a.a.O., S. 269 ff.

49 Vgl. zur Typenbildung im Fertigungsbereich Große-Oetringhaus, W., Typologie der Fertigung unter dem Gesichtspunkt der Fertigungsablaufplanung, Diss. Gießen 1972; ders., Fertigungstypologie, Berlin 1974; Hahn, D., Industrielle Fertigungswirtschaft in entscheidungs- und systemtheoretischer Sicht, a.a.O., S. 276 ff.; Hahn, D., Laßmann, G., Produktionswirtschaft – Controlling industrieller Produktion, Bd. 1, a.a.O., S. 33 ff.; Hahn, D., Wagner, R., Informationssysteme für die Materialwirtschaft, in: HWProd, Hrsg. W. Kern, Stuttgart 1979, Sp. 783 ff.; Hahn, D., Fertigung, Organisationstypen der, in: HWO, Hrsg. E. Grochla, 2. Aufl., Stuttgart 1980, Sp. 690 ff.; Riebel, P., Industrielle Erzeugnisverfahren in betriebswirtschaftlicher Sicht, Wiesbaden 1963; Schäfer, E., Der Industriebetrieb, 2. Aufl., Wiesbaden 1978.

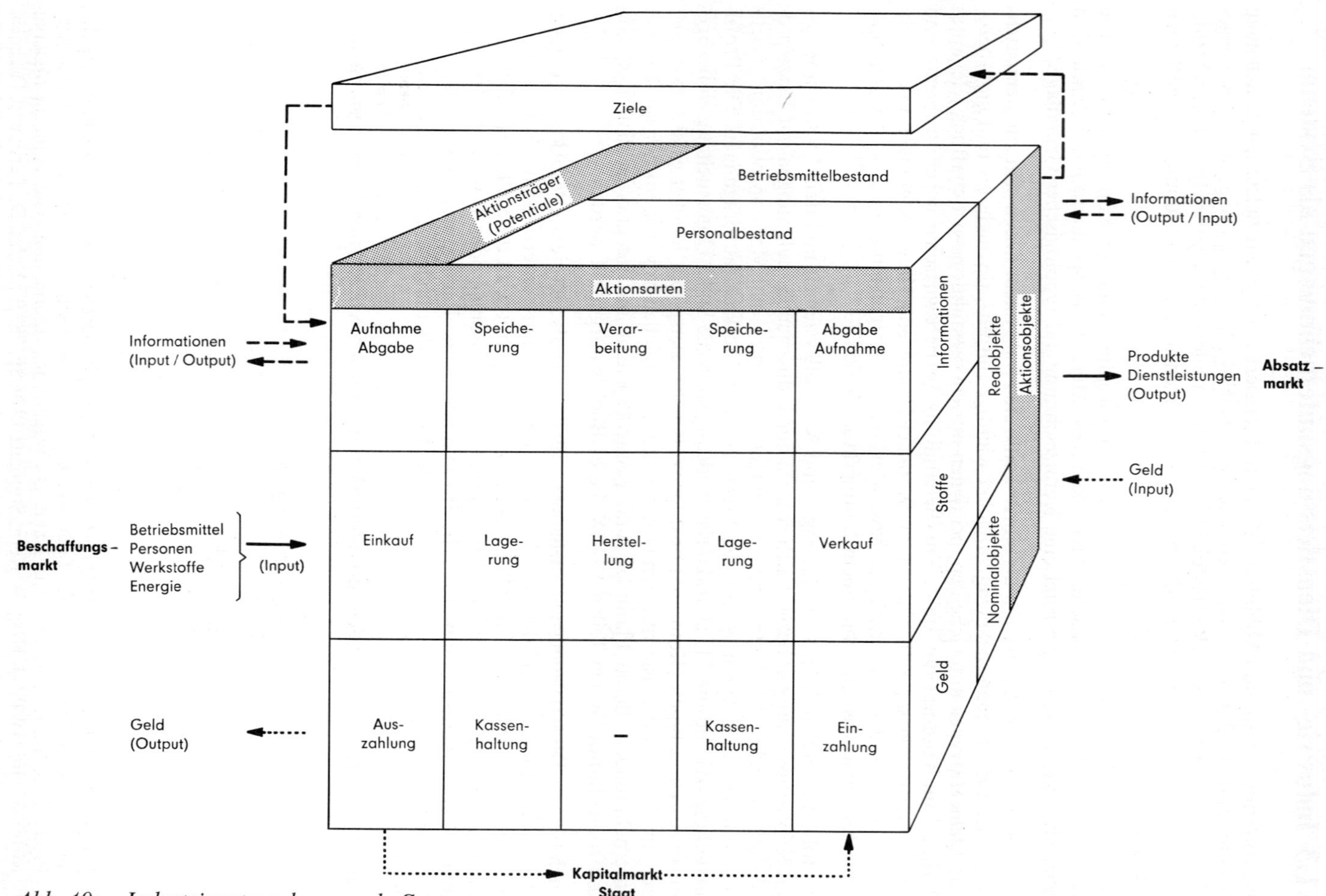

Abb. 10: Industrieunternehmung als System

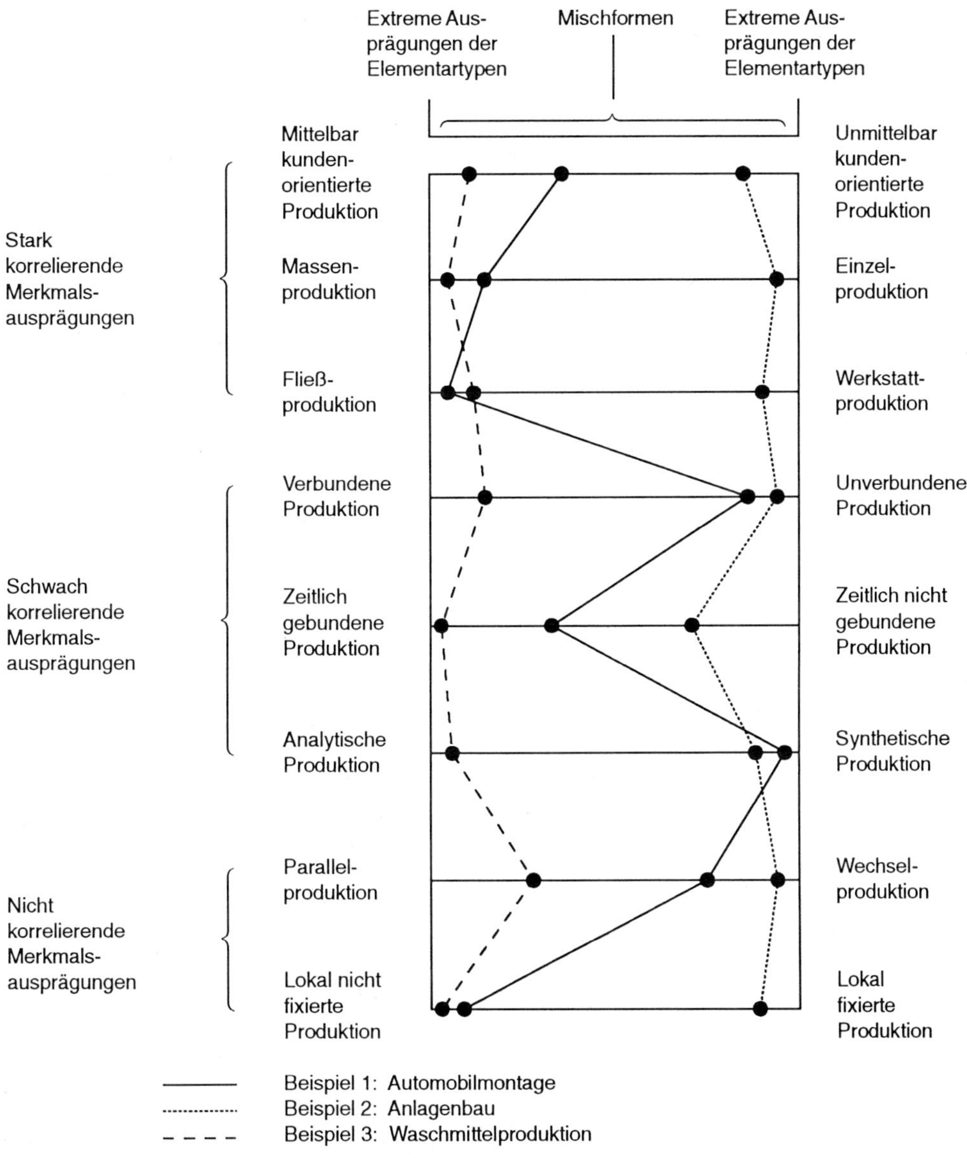

Abb. 11: Charakterisierung von Produktionstypen (Kombinationstypen) in den der Untersuchung zugrunde liegenden Industrieunternehmungen

1.1.4 System Unternehmung als Vertragszentrum

Die Interpretation einer Unternehmung als Vertragszentrum basiert auf dem Grundgedanken, daß alle arbeitsteiligen ökonomischen Aktivitäten durch unterschiedliche Formen von **sozialen Vereinbarungen** geregelt werden. Das Synonym für derartige soziale Vereinbarungen ist der Begriff des **Vertrags.** Vor diesem Hintergrund kann eine Unternehmung als Netzwerk von formellen und informellen Verträgen angesehen werden, die der Abstimmung der ökonomischen Aktivitäten innerhalb der Unternehmung sowie zwischen der Unternehmung und ihren externen Bezugsgruppen dienen: eine Unternehmung ist ein **Vertragszentrum**[50].

Ausgehend von diesem gemeinsamen Grundverständnis können zwei unterschiedliche Erklärungsansätze differenziert werden, die sich mit der Interpretation einer Unternehmung als Vertragszentrum auseinandersetzen. Dies sind zum einen die mikroökonomisch fundierten Ansätze der sogenannten „Neuen Institutionenökonomie", die nach der ökonomischen Begründung für die Ausgestaltung von bestimmten Vertragsbeziehungen fragen. Zum anderen sind dies vertragstheoretische Ansätze mit primär juristischer Ausrichtung, welche die rechtlichen Gestaltungsmöglichkeiten von Vertragsbeziehungen behandeln.

Die „**Neue Institutionenökonomie**", deren Ausgangspunkt eine 1937 erschienene Arbeit von COASE über die Ursachen der Entstehung von Unternehmungen ist[51], stellt das Denken in Verträgen und Vertragsbeziehungen in den Mittelpunkt einer (mikro-)ökonomischen Betrachtung. Ihr Ziel ist es, Gestaltungsformen für einzelne Vertragsbeziehungen zu finden, die zu einer ökonomisch effizienten Vertragserfüllung führen. Dies ist dann der Fall, wenn es keine andere Form der Vertragsgestaltung gibt, die für einen der Beteiligten zu einem besseren Ergebnis führt, ohne das Ergebnis des anderen Beteiligten zu verschlechtern[52]. Dabei wird im Rahmen der „Neuen Institutionenökonomie" davon ausgegangen, daß derartige Vertragsbeziehungen durch eine ungleichgewichtige Informationsverteilung (Informationsasymmetrie) und ein eigennütziges („opportunistisches") Verhalten der beteiligten Individuen gekennzeichnet sind. Dies bedeutet, daß jedes Individuum seine Handlungen am eigenen Vorteil ausrichtet und sich dabei auch über seine vertraglichen Verpflichtungen hinwegsetzt, wenn es erwartet, daß dieses Fehlverhalten angesichts des bestehenden Informationsungleichgewichts nicht aufgedeckt wird.

Ausgehend von diesem gemeinsamen Grundverständnis können drei unterschiedliche Forschungsansätze der „Neuen Institutionenökonomie" unterschieden werden, die sich mit der ökonomischen Analyse von Verträgen und Vertragsbeziehungen befassen: der Property-Rights-Ansatz, der Transaktionskostenansatz und die Principal-Agent-Theorie[53]. Der **Property-Rights-Ansatz** ist dabei in erster Linie auf die grundlegenden institutionellen Rahmen-

---

50 Vgl. zur Interpretation der Unternehmung als Vertragszentrum Williamson, O. E., The Firm as a Nexus of Treaties: an Introduction, in: The Firm as a Nexus of Treaties, Hrsg. M. Aoki, B. Gustafsson, O. E. Williamson, London–Newbury Park–New Delhi 1990, S. 1ff. sowie Reve, T., The Firm as a Nexus of Internal and External Contracts, in: The Firm as a Nexus of Treaties, Hrsg. M. Aoki, B. Gustafsson, O. E. Williamson, London–Newbury Park–New Delhi 1990, S. 133ff.

51 Vgl. Coase, R. H., The Nature of the Firm, in: Economica, 4. Jg. 1937, S. 386ff.

52 Vgl. Hax, H., Theorie der Unternehmung – Information, Anreize und Vertragsgestaltung, in: Betriebswirtschaftslehre und ökonomische Theorie, Hrsg. D. Ordelheide, B. Rudolph, E. Büsselmann, Stuttgart 1991, S. 58.

53 Vgl. zur Gegenüberstellung der einzelnen Forschungsansätze z. B. Picot, A., Ökonomische Theorien und Führung, in: HWFü, Hrsg. A. Kieser, G. Reber, R. Wunderer, Stuttgart 1987, Sp. 1588ff.; Ordelheide, D., Institutionelle Theorien der Unternehmung, in: HWB, Hrsg. W. Wittmann, W. Kern, R. Köhler, H.-U. Küpper, K. v. Wysocki, Bd. 2, 5. Aufl., Stuttgart 1993, Sp. 1842ff.; ferner den anschaulichen Überblick bei Hungenberg, H., Zentralisation und Dezentralisation: strategische Entscheidungsverteilung in Konzernen, Wiesbaden 1995, S. 28ff.

bedingungen eines Wirtschaftssystems ausgerichtet. Er untersucht die Frage, inwieweit ökonomisches Handeln durch die Verteilung von Verfügungsrechten (Property Rights) über Güter beeinflußt werden kann. Transaktionskostenansatz und Principal-Agent-Theorie analysieren demgegenüber ökonomische Beziehungen im Rahmen von gegebenen (grundlegenden) Institutionen. Im Mittelpunkt des **Transaktionskostenansatzes** steht die Frage, welche vertraglichen Regelungen in unterschiedlichen Situationen zu effizienten Transaktionen (Austausch- und Kooperationsvorhaben) führen. Effizient sind dabei solche Formen der Transaktion, bei denen die anfallenden Transaktionskosten (Anbahnungs-, Vereinbarungs-, Kontroll- und Anpassungskosten) minimiert werden. In ähnlicher Weise geht die **Principal-Agent-Theorie** vor; allerdings konzentriert sie sich auf das spezielle Vertragsverhältnis, das zwischen einem Auftraggeber – Principal genannt – und einem Auftragnehmer – dem Agenten – besteht, wenn der Principal den Agenten mit der Wahrnehmung von Aufgaben aus seinem Interessenbereich betraut. Die Principal-Agent-Theorie analysiert diese auf formellen und informellen Vertragsverhältnissen beruhenden Beziehungen zwischen Auftraggeber und Auftragnehmer und leitet Empfehlungen für ihre optimale Ausgestaltung ab.

Gerade die Principal-Agent-Theorie bietet sich an, um die internen und externen Vertragsbeziehungen im Zusammenhang mit einer Unternehmung vor einem ökonomischen Hintergrund zu analysieren. So läßt sich beispielsweise die Vertragsbeziehung zwischen Eigenkapitalgebern und Unternehmungsführung als Principal-Agenten-Relation interpretieren, wenn die Unternehmung nicht durch die Eigentümer selber geführt wird. Die Eigentümer (als Principale) übertragen Teile ihrer Entscheidungsbefugnisse auf die interne Unternehmungsführung (als Agent), die diese in eigener Handlungsverantwortung wahrnimmt. Die Unternehmungsführung versucht dabei, mit ihrem Handeln in der Unternehmung auch ihre eigenen Ziele zu verwirklichen. Da die Eigentümer einen Informationsrückstand gegenüber der internen Führung besitzen, können sie deren Handlungen im Regelfall weder unmittelbar beobachten noch beurteilen. Bei der Ausgestaltung dieser Vertragsbeziehung steht also die Frage im Vordergrund, wie Anreiz- und Kontrollinstrumente gestaltet sein sollten, damit die interne Führung auf effiziente Weise dazu bewegt werden kann, sich trotz divergierender Ziele und asymmetrischer Informationsverteilung im Interesse der Eigenkapitalgeber zu verhalten.

Dieser Erklärungsansatz der Principal-Agent-Theorie kann verallgemeinert auch auf Vertragsbeziehungen innerhalb der Unternehmung übertragen werden. In diesen Beziehungen ist stets derjenige der Principal, der einen anderen in seinem Interesse handeln läßt, das für ihn relevante Handeln des anderen aber nicht direkt beobachten und beurteilen kann. Agent ist derjenige, der im Auftrag handelt, und dabei über einen Handlungsspielraum zur Verfolgung eigener Ziele verfügt. Derartige Principal-Agenten-Beziehungen treten innerhalb einer Unternehmung im Verhältnis zwischen hierarchisch über- und untergeordneten Aufgabenträgern auf; sie bestehen jedoch auch zwischen gleichgeordneten Aufgabenträgern, die arbeitsteilig eine bestimmte Leistung erbringen.

Unter der Annahme asymmetrisch verteilter Informationen und divergenter, eigennütziger Interessen der Akteure erlangt die Vertragsgestaltung herausragende Bedeutung für die Ergebnisse jedes ökonomischen Handelns. Property-Rights-Ansatz, Transaktionskostenansatz und Principal-Agent-Theorie liefern das analytische Instrumentarium und die ökonomischen Erklärungsansätze, um Vertragsbeziehungen vor diesem Hintergrund effizient gestalten zu können. Für eine Unternehmung, die als Instrument zur Verwirklichung der Interessen unterschiedlicher Personen und Personengruppen charakterisiert werden kann, tragen diese vertraglichen Regelungen entscheidend zur Abstimmung der unterschiedlichen Interessen und zur zielgerichteten Inbeziehungsetzung der handelnden Personen innerhalb und außerhalb der Unternehmung bei. In diesem Sinne ist eine Unternehmung als Interessenzentrum zugleich auch ein Vertragszentrum.

Die ökonomisch begründbaren Regelungen von Vertragsbeziehungen müssen durch **rechtliche Ausgestaltungsformen von Verträgen** verwirklicht werden. Der zweite Erklärungsansatz, der von der Interpretation einer Unternehmung als Vertragszentrum ausgeht, befaßt sich daher mit der Frage nach den rechtlich möglichen Vertragstypen, die zur Ausgestaltung unterschiedlicher Arten von Vertragsbeziehungen zur Verfügung stehen. Dieser Erklärungsansatz verfolgt also primär eine juristische Betrachtungsweise. Aus der juristischen Perspektive lassen sich mögliche Vertragsformen anhand der folgenden Merkmale systematisieren[54]:

- Nach der **Art der Willenserklärung** werden Verträge unterschieden, bei denen der Vertragsschluß durch ausdrückliche Willenserklärung, konkludente Handlung (schlüssiges Verhalten) oder durch Schweigen erfolgt.
- Nach der **Dauer der beabsichtigten Vertragsbindung** sind Dauer- und Einzelschuldverhältnisse zu unterscheiden. Dauerschuldverhältnisse schaffen regelmäßig wiederkehrende Rechte und Pflichten von gleicher Art für beide Vertragsparteien; Einzelschuldverhältnisse bedingen Rechtsverhältnisse, die auf einen einmaligen Erfüllungstatbestand gerichtet sind.
- Hinsichtlich der **Richtung der vertraglichen Regelung** werden unterschieden: Horizontale Verträge, die Vertragsbeziehungen zwischen Rechtssubjekten regeln, die sich in gleichrangigen Positionen befinden, und vertikale Verträge, die ein Über-/Unterordnungsverhältnis zwischen den Vertragsparteien begründen.

Für Verträge, die eine Unternehmung betreffen, bietet sich zudem die Systematisierung nach der **Art der vertraglich geregelten** (der geschuldeten) **Leistung** an[55]. Hier können unterschieden werden:

- Veräußerungsverträge (z. B. Kaufvertrag, Tauschvertrag);
- Gebrauchsüberlassungsverträge (z. B. Darlehensvertrag, Mietvertrag, Pachtvertrag);
- Verträge über Dienstleistungen (z. B. Arbeitsvertrag, Werkvertrag);
- Verträge über besondere Versprechen (z. B. Bürgschaftsvertrag, Tarifvertrag);
- Organisationsverträge (z. B. Gesellschaftsvertrag, Kooperationsvertrag);
- Atypische Verpflichtungsverträge (z. B. Garantievertrag, Leasingvertrag).

Diese unterschiedlichen Verträge können die Beziehungen einer Unternehmung zu allen Interessengruppen regeln. So geht eine Unternehmung zum Beispiel Gesellschaftsverträge mit ihren Eigenkapitalgebern ein, unterhält Darlehensverträge mit ihren Fremdkapitalgebern, schließt Arbeitsverträge mit ihren Führungskräften und Mitarbeitern ab und bindet ihre Kunden und Lieferanten über Kauf- oder Leasing- sowie Garantieverträge.

Alle diese Verträge beinhalten stets zwei Regelungsgegenstände: die Erfüllungsregelung und die Risikoregelung[56]. Die **Erfüllungsregelung** dient dazu, die Ziele zu definieren, welche die Vertragsparteien auf der Grundlage des abzuschließenden Vertrages erreichen wollen. Sie regelt also die vertraglichen Leistungsbeziehungen für den Fall einer ordnungsgemäßen Vertragserfüllung. Demgegenüber betrifft die **Risikoregelung** die Vertragsgestaltung für den Fall der nicht ordnungsgemäßen Erfüllung des Vertrags. Hierzu zählt es zum Beispiel, die Konsequenzen für den Fall des Vertragsbruchs, des Verzugs oder der Schlechterfüllung festzulegen. Angesichts der für Vertragsbeziehungen typischen Informationsasymmetrie sowie der Unsicherheit über das tatsächliche Verhalten der Vertragsparteien sind derartige vertragliche Sicherungsvorkehrungen von entscheidender Bedeutung für die Vertragsgestaltung.

---

54 Vgl. z. B. Methfessel, W., Vertragsrecht, 1. Bd., 2. Aufl., Essen 1993, S. 107 f. und 294.

55 Vgl. ähnlich Lohmann, H., Vertragsrecht, 2. Bd., Essen 1991. Neben diesen privatrechtlichen Verträgen stehen die öffentlich-rechtlichen Verträge, die sich auf Belange des öffentlichen Rechts, vornehmlich des Verwaltungsrechts, beziehen.

56 Vgl. Rehbinder, E., Vertragsgestaltung, 2. Aufl., Neuwied 1993, S. 4 f.

1.2 Charakterisierung der Führung des Systems Unternehmung auf entscheidungstheoretischer Grundlage

1.2.1 Führungsbegriffe

Bei der Betrachtung der Führung des Systems Unternehmung ist davon auszugehen, daß der Begriff Führung unterschiedlich bestimmt werden kann[57]. Zum einen wird Führung – im folgenden gleichgesetzt mit Leitung – als Tätigkeit verstanden, zum anderen wird Führung als die Gesamtheit der Träger der Führungstätigkeiten interpretiert.

Führung = ── **Tätigkeit** (Führen) / **Person(en)** (Führungskräfte)

Unter Führung als Tätigkeit verstehen wir einen Prozeß der Willensbildung und Willensdurchsetzung, der einen Prozeß der Informationsgewinnung, -verarbeitung und -abgabe darstellt. Es handelt sich um einen Prozeß von Meta-Aktionen (Planungs-, Steuerungs-, Kontrolltätigkeiten). Unter Führung als einer Gesamtheit von Personen verstehen wir die Träger dieses Prozesses, hier die Personen oder Personengruppen, die Willensbildungen und auch zwingend Willensdurchsetzungen gegenüber anderen Personen wahrnehmen – die Führungskräfte. Das Führungssystem umfaßt damit einen Teilbereich des Personal- (Sozial-) und des Informationssystems.

1.2.2 Führung als Institution

Die Führungskräfte bilden eine Institution, wenn sie auf Grund rechtlicher oder organisatorischer Regelungen die Befugnis besitzen, einzeln oder als Gruppe anderen Personen Weisungen zu erteilen, denen diese Personen zu folgen verpflichtet sind[58].

---

57 Vgl. z. B. Bleicher, K., Zentralisation und Dezentralisation von Aufgaben in der Organisation der Unternehmungen, Berlin 1966, S. 124ff.; Bleicher, K., Meyer, E., Führung in der Unternehmung, Reinbek 1976; Fischer, G., Betriebspolitik und Unternehmungsführung, ZfB 1957, S. 309; ders., Die Führung von Betrieben, 2. Aufl., Stuttgart 1961, S. 9ff.; Gaugler, E., Instanzenbildung, Berlin 1966, S. 35; Gutenberg, E., Unternehmensführung, Wiesbaden 1962, S. 20ff.; Heinen, E., Dietel, B., Ziele der Führung, in: HWFü, Hrsg. A. Kieser, G. Reber, R. Wunderer, Stuttgart 1987, Sp. 2073f.; Hoffmann, F., Führungsorganisation, Bd. 1, Tübingen 1980, S. 464ff.; Mellerowicz, K., Betriebspolitik – die Kernaufgabe der Betriebsführung, in: Probleme der Betriebsführung, Festschrift für O. R. Schnutenhaus, Hrsg. C. W. Meyer, Berlin 1959, S. 85ff.; Rühli, E., Unternehmungsführung und Unternehmungspolitik, 1. Bd., Bern – Stuttgart 1973, 2. Bd., 2. Aufl., Bern – Stuttgart 1988; Schwarz, H., Flexibler Aufbau der Leitungsorganisation, in: Wachstumsprobleme der Betriebsorganisation, Hrsg. DGfB, Berlin 1964, S. 7ff.; Staehle, W. H., Management, a.a.O., S. 65ff.; Ulrich, H., Unternehmungspolitik, a.a.O., S. 13ff.; Wunderer, R., Grunwald, W., Führungslehre, Bd. 1, Grundlagen der Führung, Bd. 2, Kooperative Führung, Berlin – New York 1980.

58 Vgl. Gutenberg, E., Unternehmensführung, a.a.O., S. 20; Ulrich, H., Kompetenz, in: HWO, Hrsg. E. Grochla, Stuttgart 1969, Sp. 852ff. Vgl. zur Frage der Kompetenzausstattung Hahn, D., Kompetenz, in: HWP, Hrsg. E. Gaugler, Stuttgart 1975, Sp. 1112ff.

Nach unserer geltenden Rechtsordnung kommen als **legitimierte Führungskräfte** der Unternehmung Eigenkapitalgeber, Vertreter der Eigenkapitalgeber, leitende Arbeitnehmer und Arbeitnehmervertreter – sowie in Unternehmungen, die der Mitbestimmung unterliegen, auch Vertreter berufsständischer Organisationen und der Öffentlichkeit – in Betracht.

Bei der **internen Führung,** die laufend in der Unternehmung tätig ist, werden entsprechend der organisatorischen Gliederung mehrere Führungsebenen unterschieden (vereinfachend: obere, mittlere, untere Führungsebene). Neben den mit Entscheidungs- und Anordnungsbefugnissen ausgestatteten Führungskräften der Linien- und Zentralabteilungen gehören im weiteren Sinne zur Institution Führung auch jene Personen, die den Führungspersonen eigens zur Unterstützung ihrer Führungstätigkeiten zur Verfügung stehen, ohne eigene direkte Anordnungsbefugnisse zu besitzen – vor allem Mitglieder in Stabsabteilungen. Sie werden auch als Führungs(ge)hilfen bezeichnet[59].

Dem **Kern der oberen internen Führung** – dem **Vorstand** oder der **Geschäftsführung** – können weitere externe Willensbildungs- und Willensdurchsetzungszentren vorgeschaltet sein, in denen die an der Unternehmung primär Interessierten vertreten sein können. Es handelt sich bei diesen vorgeschalteten Zentren um die **Hauptversammlung (Gesellschafterversammlung)** als Eigenkapitalvertreterversammlung und evtl. künftig einmal um eine Unternehmungsversammlung (als Arbeitnehmer- und Kapitalgeberversammlung) sowie um einen von dieser Institution gewählten **Aufsichtsrat (Beirat),** dem auch Vertreter der Öffentlichkeit und der Marktpartner angehören können. Mitglieder dieser Institutionen nehmen auf Grund geltender gesetzlicher Vorschriften oder vertraglicher Vereinbarungen (Satzung, Gesellschaftsvertrag) nur fallweise spezifische Führungsaufgaben wahr; sie haben ihr ständiges (berufliches) Tätigkeitsfeld außerhalb der Unternehmung. Diese Willensbildungs- und Willensdurchsetzungszentren können auch als legitimierte **externe Führung** bzw. Führungskräfte bezeichnet werden.

Die **Arbeitnehmer** haben nach dem Betriebsverfassungsgesetz bestimmte Vertretungsorgane wie den Betriebsrat, den Wirtschaftsausschuß, die Einigungsstelle und bei bestimmten Kapitalgesellschaften Aufsichtsratsmitglieder. Bei Unternehmungen, die dem Montan-Mitbestimmungsgesetz unterliegen, sind im Aufsichtsrat Eigenkapital- und Arbeitnehmervertreter paritätisch sowie ein sog. neutraler Mann vertreten; zudem ist ein durch die Arbeitnehmer bestimmter Arbeitsdirektor Mitglied des Vorstandes. Bei Unternehmungen, die dem Mitbestimmungsgesetz von 1976 unterliegen, ist die Besetzung im Aufsichtsrat zwar paritätisch gestaltet; in Pattsituationen erhält der (i.d.R. von der Eigenkapitalgeberseite zu stellende) Aufsichtsratsvorsitzende jedoch eine zusätzliche Stimme (Zweitstimme) im Entscheidungsprozeß[60].

---

59 Vgl. Stier, E., Die Entscheidungshelfer für die Unternehmensleitung, Wiesbaden 1969, S. 42.

60 Vgl. zu den Willensbildungszentren in der Unternehmung allgemein Chmielewicz, K. u.a., Die Mitbestimmung im Aufsichtsrat und Vorstand, DBW 1977, S. 105ff.; Chmielewicz, K., Gesetzliche Änderungen der Mitbestimmung, DBW 1990, S. 643ff.; Gaugler, E., Unternehmungspolitik und Mitbestimmung der Arbeitnehmer, in: Zukunftsaspekte der anwendungsorientierten Betriebswirtschaftslehre, Festschrift für Prof. Dr. Dr. h.c. mult. Erwin Grochla zum 65. Geburtstag, Hrsg. E. Gaugler, H.G. Meissner, N. Thom, Stuttgart 1986, S. 57ff.; Gutenberg, E., Unternehmensführung, a.a.O., S. 11ff.; Hahn, D., Strategische Planung und Mitbestimmung, in: Führungsprobleme industrieller Unternehmungen, Festschrift für Friedrich Thomée, Hrsg. D. Hahn, Berlin–New York 1980, S. 47ff.; Hommelhoff, P., Mecke, T., Mitbestimmung, unternehmerische, in: HWO, Hrsg. E. Frese, 3. Aufl., Stuttgart 1992, Sp. 1379ff.; Niedenhoff, H.-U., Mitbestimmung in der Bundesrepublik Deutschland, 9. Aufl., Köln 1992; Sundermann, W., Mitbestimmung, betriebliche, in: HWO, Hrsg. E. Frese, 3. Aufl., Stuttgart 1992, Sp. 1344ff.; Witte, E., Das Einflußpotential der Arbeitnehmer als Grundlage der Mitbestimmung, DBW 1980, S. 3ff.

Eine Erweiterung der betrieblichen Mitbestimmung erfolgt durch das Gesetz über Sprecherausschüsse der leitenden Angestellten. Die Rechte und Pflichten des Sprecherausschusses bleiben jedoch deutlich hinter denen des Betriebsrates zurück[61].

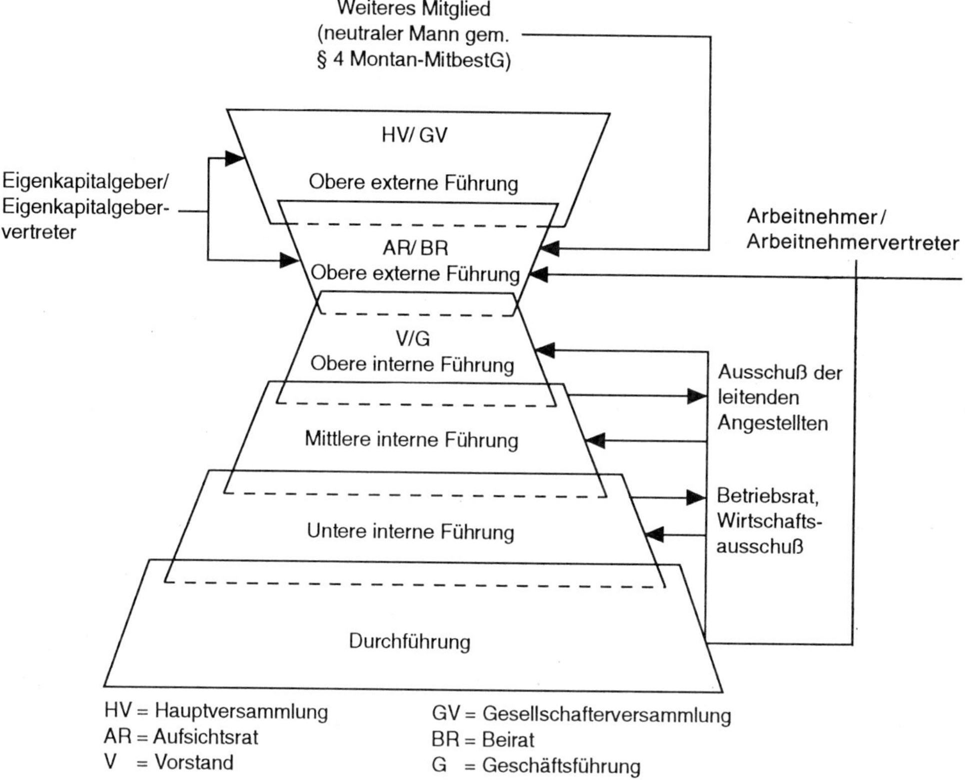

Abb. 12: Führungsinstitutionen der Unternehmung

Die Trennung von Geschäftsführungsaufgaben und Überwachungsaufgaben bezogen auf die Geschäftsführung nach deutschem Recht wird als doppelstufiges (dualistisches) Modell oder auch als Trennungsmodell der Spitzenverfassung von Unternehmungen bezeichnet. Gemäß dem Prinzip der Neutralität der Kontrolle werden dabei zwei eigenständige, voneinander abgegrenzte Organe gebildet: Vorstand (Geschäftsführung) und Aufsichtsrat (Beirat). Demgegenüber steht im angelsächsischen Raum das einstufige (monistische) Modell oder

61 Vgl. Chmielewicz, K., Gesetzliche Änderungen der Mitbestimmung, a.a.O., S. 642 ff.; Martens, H., Sprecherausschüsse für leitende Angestellte, Die Mitbestimmung 1988, S. 349 ff.; Müller, G., Kritische Bemerkungen zur neuen Mitbestimmung des leitenden Angestellten, DB 1989, S. 824 ff.; Weng, R., Der leitende Angestellte nach der Änderung des Betriebsverfassungsgesetzes und Einführung von Sprecherausschüssen, DB 1989, S. 628 ff.; Wiegräbe, W., Borgwardt, J., Sprecherausschüsse der leitenden Angestellten, DBW 1990, S. 5 ff.; Wlotzke, O., Die Änderungen des Betriebsverfassungsgesetzes und das Gesetz über Sprecherausschüsse der leitenden Angestellten, DB 1989, Teil I, S. 111 ff., Teil II, S. 173 ff.

Vereinigungsmodell, bei dem im sogenannten **Board-System** in der Führungsspitze Geschäftsführungsaufgaben und Überwachungsaufgaben bezogen auf die Geschäftsführung von einem Organ wahrgenommen werden[62].

Der **Board of Directors,** dem als oberstem Willensbildungszentrum nach amerikanischem Recht nur das **Shareholders' Meeting** vorgeschaltet ist, besteht aus Inside-Directors und Outside-Directors. Die Inside-Directors sind in Personalunion leitende Angestellte der Corporation und Boardmitglieder, während die Outside-Directors nur als Boardmitglieder für Überwachungsaufgaben bezogen auf die Geschäftsführung tätig sind, i.d.R. unterstützt durch ein Audit-Committee[63]. Der Board of Directors ernennt einen der Inside-Directors zum Chief Executive Officer (CEO) als oberste Führungskraft der Corporation, der dem gesamten Board gegenüber verantwortlich ist. Der CEO kann darüber hinaus auch zum Vorsitzenden des Boards (Chairman of the Board) gewählt werden[64].

Zur **Harmonisierung des Aktienrechtes in den Ländern der Europäischen Gemeinschaft** hat die Kommission der Europäischen Gemeinschaften 1983 einen zweiten Entwurf der 5. EG-Richtlinie (Strukturrichtlinie)[65] vorgelegt, mit dem die Struktur der Aktiengesellschaft geregelt werden soll.

Darin wird dem deutschen zweistufigen Aufsichtsrats-/Vorstandsmodell das Verwaltungsratssystem bzw. ein modifiziertes angelsächsisches Board-System als Alternative zur Gestaltung der oberen Willensbildungszentren zur Seite gestellt. Schärfer als im amerikanischen Board-System werden hier jedoch im Gesetz materiell Geschäftsführungsaufgaben und Überwachungsfunktionen bezogen auf die Geschäftsführung getrennt. Geschäftsführende und nicht geschäftsführende Führungskräfte sind aber zu einem einheitlichen Verwaltungsrat bzw. Board of Directors zusammengeschlossen[66].

Um eventuelle Standortnachteile zu vermeiden, die aus einzelstaatlichen Vorschriften resultieren, wurde 1989 ein Vorschlag für ein Statut einer Europäischen Aktiengesellschaft (So-

---

62 Vgl. Bleicher, K., Geschäftsführung und Aufsicht im internationalen Vergleich, ZfbF 1988, S. 930ff.

63 Vgl. Lück, W., Audit Committee – Eine Einrichtung zur Effizienzsteigerung betriebswirtschaftlicher Überwachungssysteme?, ZfbF 1990, S. 995ff. Das Audit-Committee ist als Board-Ausschuß nur mit Outside-Directors besetzt. Daneben können weitere Ausschüsse wie z. B. Executive–, Policy–, Nominating- oder Compensation-Committees zur Intensivierung der Board-Arbeit gebildet werden, die i.d.R. aus Inside- und Outside-Directors zusammengesetzt sind.

64 Zu den verschiedenen Formen der Spitzenverfassung von Unternehmungen vgl. Bleicher, K., Leberl, D., Paul, H., Unternehmungsverfassung und Spitzenorganisation, Wiesbaden 1989; Bleicher, K., Leitungssysteme(n), Vergleich von, in: HWInt, Hrsg. K. Macharzina, M.K. Welge, Stuttgart 1989, Sp. 1288ff.; ders., Board-System, DBW 1985, S. 222f.; Dülfer, E., Dualismus versus Monismus in der Leitung europäischer Aktiengesellschaften, in: Zukunftsaspekte der anwendungsorientierten Betriebswirtschaftslehre, Festschrift für Prof. Dr. Dr. h.c. mult. Erwin Grochla zum 65. Geburtstag, Hrsg. E. Gaugler, H.G. Meissner, N. Thom, Stuttgart 1986, S. 37ff.; Thomée, F., Das Board-System – eine Alternative zum Aufsichtsrat?, zfo 1974, S. 185ff.; Vance, C., Corporate Leadership – Boards, Directors and Strategy, New York u. a. 1983. Speziell zum Board-System vgl. auch Demb, A. u.a., Defining the Role of the Board, LRP 1/1989, S. 61ff.; Mills, G., Who Controls the Board?, LRP 3/1989, S. 125ff.; Zahra, S.A., Increasing the Board's Involvement in Strategy, LRP 6/1990, S. 109ff.

65 Vgl. Kommission der Europäischen Gemeinschaften, Geänderter Vorschlag einer fünften Richtlinie des Rates nach Art. 54 Abs. 3 Buchst. g des Vertrages über die Struktur der Aktiengesellschaft sowie die Befugnisse und Verpflichtungen ihrer Organe, veröffentlicht im ABl. 1983 Nr. C 240, S. 2ff. sowie die zweite und die dritte Änderung des Vorschlags für eine fünfte Richtlinie des Rates nach Artikel 54 EWG-Vertrag über die Struktur der Aktiengesellschaft sowie die Befugnisse und Verpflichtungen ihrer Organe, veröffentlicht im ABl. 1991 Nr. C7, S. 4ff. und Nr. C321, S. 9ff.

66 Vgl. Chmielewicz, K., Der Neuentwurf einer 5. EG-Richtlinie (Struktur der AG) – Darstellung und Kritik, DBW 1984, S. 399.

cietas Europaea (SE)) vorgelegt[67]. Dieser Vorschlag soll eine Europäische Aktiengesellschaft schaffen, die weitgehend unabhängig von den Rechtsordnungen der Mitgliedstaaten besteht[68]. Der Vorschlag befindet sich in Diskussion.

Als nur **partiell- oder nichtlegitimierte** Organe, die an der Gestaltung des Unternehmungsgeschehens teilhaben können, lassen sich zahlreiche Personen oder Personengruppen als faktische **Führungskräfte** nennen, z. B. Fremdkapitalgeber, Lieferanten, Kunden, Konkurrenten, Berater oder jeweils nicht weisungsberechtigte Personen in der Unternehmung. Die Probleme der Führung einer Unternehmung werden hierbei um so schwieriger, je größer die Anzahl der direkt oder indirekt beteiligten Führungskräfte ist (vgl. Abbildung 12).

Persönliche Eigenschaftsmerkmale, Zahl und institutionalisierte oder nichtinstitutionalisierte Zuordnung der Führungskräfte einerseits, sowie Art, Umfang und Intensität der informationellen und sozialen (zwischenmenschlichen) Beziehungen der Führungskräfte zu anderen Führungskräften und zu den Durchführungskräften in der Unternehmung und im Umsystem andererseits sind entscheidend für den Ablauf der Führungsprozesse.

1.2.3 Führung als Prozeß

Führung war als **Prozeß der Willensbildung und Willensdurchsetzung** definiert worden. Dieser Prozeß kann als **Problemlösungsprozeß** gesehen werden, in dem Probleme zielbezogen zu lösen sind. Er kann in folgende sechs Phasen (Operationenkomplexe) gegliedert werden[69]:

---

67 Vgl. Kommission der Europäischen Gemeinschaften, Vorschlag für eine Verordnung (EWG) des Rates über das Statut der Europäischen Aktiengesellschaft, veröffentlicht im ABl. 1989 Nr. C 263, S. 41 ff. sowie den geänderten Vorschlag für eine Verordnung (EWG) des Rates über das Statut der Europäischen Aktiengesellschaft, veröffentlicht im ABl. 1991, Nr. C176, S. 1 ff.

68 Vgl. Abeltshauser, T. E., Der neue Statutsvorschlag für eine Europäische Aktiengesellschaft, Die Aktiengesellschaft 1990, S. 289 ff.; Kolvenbach, W., Statut für die Europäische Aktiengesellschaft, DB 1988, S. 1839.

69 Vgl. ähnlich Griem, H., Der Prozeß der Unternehmungsentscheidung bei unvollkommener Information, Berlin 1968, S. 57 ff.; Heinen, E., Grundlagen betriebswirtschaftlicher Entscheidungen – Das Zielsystem der Unternehmung, a.a.O., S. 18 ff.; Rühli, E., Ein Ansatz zu einem integrierten, kooperativen Führungskonzept, in: Unternehmensführung und Organisation, Hrsg. W. Kirsch, Wiesbaden 1973, S. 80 f.; Ulrich, H., Die Unternehmung als produktives soziales System, a.a.O., S. 204 f.; ders., Betrachtungen zur Willensbildung in der Unternehmungsorganisation, in: Betriebswirtschaftliche Mitteilungen, Willensbildung in der Unternehmung, Hrsg. Institut für Betriebswirtschaft an der Hochschule St. Gallen für Wirtschafts- und Sozialwissenschaften, 2. Aufl., Bern o.J., S. 2 ff. sowie Koreimann, D. S., Systemanalyse, Berlin – New York 1972; ferner hierzu und zu den folgenden Ausführungen des Kapitels Hahn, D., Entscheidungsprozeß und Entscheidungstraining bei Anwendung der Fallmethode im betriebswirtschaftlichen Hochschulunterricht, ZfbF 1971, S. 6 f. sowie die dort angegebene Literatur; Wild, J., Grundlagen der Unternehmungsplanung, 4. Aufl., Opladen 1982, S. 32 ff.; vgl. auch Schreyögg, G., Der Managementprozeß – neu gesehen, in: Managementforschung 1, Hrsg. W. H. Staehle, J. Sydow, Berlin – New York 1991, S. 257 ff.; Witte, E., Entscheidungsprozesse, in: HWO, Hrsg. E. Frese, 3. Aufl., Stuttgart 1992, Sp. 552 ff.
In praxi erfolgt vielfach keine zwingende zeitliche Abfolge der Phasen; vgl. hierzu Witte, E., Phasen-Theorem und Organisation komplexer Entscheidungsverläufe, ZfbF 1968, S. 625 ff.

Willensbildung

(1) **Problemstellungsphase:**
Ermittlung der Entscheidungsaufgabe (des Problems)

- Erkennen eines Problems durch Vergleich eines vorhandenen oder voraussichtlich vorhandenen Zustandes (Ist-Zustandes) und eines angestrebten Zustandes (Soll-Zustandes);
- Analyse der Ursachen des Problems;
- Klärung und Festlegung der für die Problemstellung relevanten Ziele der Unternehmung und der Ziele der mit dem Problem und der Problemlösung in Zusammenhang stehenden Personen;
- Klärung und Festlegung der Entscheidungsaufgabe, gegebenenfalls auch Teil-Entscheidungsaufgabe, unter Beachtung der relevanten Ziele (auch Restriktionen).

(2) **Suchphase:**
Ermittlung von Handlungsmöglichkeiten (Alternativen)

- Zusammenstellung von Handlungsmöglichkeiten;
- Bildung von Zukunftsvorstellungen über grundsätzliche beeinflussende Gegebenheiten insgesamt und je Handlungsmöglichkeit;
- Auswahl von detailliert zu untersuchenden Handlungsmöglichkeiten.

(3) **Beurteilungsphase:**
Beurteilung (Bewertung) der Handlungsmöglichkeiten im Hinblick auf die Erreichung der relevanten Ziele

- Beurteilung der prognostizierten Wirkungen von Handlungsmöglichkeiten auf die Erreichung einfacher oder mehrfacher (quantifizierbarer, schwer- und/oder nichtquantifizierbarer) Zielsetzung bei Unterstellung einwertiger (eindeutiger) Erwartungen über die künftige Umweltsituation (Entscheidungsvorbereitung unter Sicherheit);
- Beurteilung der prognostizierten Wirkungen von Handlungsmöglichkeiten auf die Erreichung einfacher oder mehrfacher (quantifizierbarer, schwer- und/oder nichtquantifizierbarer) Zielsetzung bei Unterstellung mehrwertiger (mehrdeutiger) Erwartungen über die künftige Umweltsituation (Entscheidungsvorbereitung unter Ungewißheit);
- Modellrechnungen (ggf. computergestützt) mit Variationsmöglichkeit der Ziele, Handlungsmöglichkeiten (Aktionsparameter) und/oder Randbedingungen.

(4) **Entscheidungsphase:**
Festlegung der zu realisierenden Handlungsmöglichkeit

- Vergleichende Betrachtung und Diskussion der beurteilten Handlungsmöglichkeiten bzw.
- Analyse und Diskussion der Resultate von Modellrechnungen;
- Auswahl der zu realisierenden Alternative (Finalentschluß)/Bestimmung der Alternative mit dem höchsten Zielerreichungsgrad.

Willensdurchsetzung

(5) **Realisationsphase:**
Durchsetzung der gewählten Handlungsmöglichkeit

- Detaillierte Ausarbeitung der Durchführung;
- Veranlassung der Durchführung;
- (Durchführung).

(6) **Kontrollphase:**
Ermittlung des Handlungserfolges

- Feststellen der Durchführungsresultate;
- Vergleichen der Durchführungs- und Entscheidungsresultate;
- Analyse der Vergleichsergebnisse (gegebenenfalls Einleitung neuer Entscheidungsprozesse).

Da angestrebte Zustände Ziele sind, kann vor der Problemstellungsphase eine **Zielbildungsphase** erforderlich sein [70], sofern nicht globale Zielvorstellungen oder definierte Ziele durch vorangegangene Entscheidungs- bzw. Planungsprozesse gegeben sind. Auch kann nach der Problemstellungsphase eine gesonderte Informationssammlungsphase erfolgen.

Empirische Untersuchungen zum Zielbildungsprozeß haben ergeben: „Die Zielbildung ist ein zeitverbrauchender Prozeß, kein punktueller Akt. Sie ist weder vor Beginn des eigentlichen Problemlösungsprozesses abgeschlossen noch eine erste Phase dieses Problemlösungsprozesses" [71]. Problemlösung und Zielbildung sind hiernach vielmehr interdependente Aktivitäten eines geistigen Prozesses. Alternativensuche und Alternativenbeurteilung können zur Erweiterung oder Einengung des Zielspektrums führen [72]. Es wird deutlich, daß bezüglich der Ausprägung eines Ziels bzw. Zielbündels zwischen Zielen vor dem Entscheidungsprozeß und Zielkonkretisierungen nach dem Entscheidungsprozeß unterschieden werden muß [73].

Der Prozeß der Willensbildung – der Entscheidungsprozeß – kann bei detaillierter Betrachtungsweise innerhalb jeder Phase des Prozesses ablaufen. Vielfach finden Rückkoppelungen zwischen einzelnen Phasen bzw. Operationen statt [74].

Der Entscheidungsprozeß ist i.d.R. sachlich und zeitlich verkettet mit weiteren vor-, nach- und parallelgelagerten Entscheidungsprozessen. Er kann sich auf zwei Arten von Entscheidungen beziehen: Führungsentscheidungen und Ausführungsentscheidungen.

Als Führungsprozeß wird der aufgezeigte Prozeß nur bezeichnet, sofern er sich auf „echte" **Führungsentscheidungen** bezieht. Hierunter verstehen wir bewußt gestaltende Willensakte, die in die inner- und/oder außerbetrieblichen Bereiche des betrieblichen Geschehens eingreifen und ihm eine bestimmte Richtung geben, von Bedeutung für den Erfolg der Unternehmung sind und grundsätzlich unter Ungewißheit gefällt werden müssen [75].

In keinem Falle gehören hierzu die **„Ausführungsentscheidungen"**, die ganz oder doch überwiegend durch Regeln und Vorschriften bestimmt werden. Somit zählen wir hier programmierte Entscheidungen nicht zu Führungsentscheidungen [76].

Führungsentscheidungen sind auf allen Führungsebenen zu fällen und gegebenenfalls auch vorzubereiten. Auf allen Führungsebenen kann es daneben Ausführungsentscheidungen geben.

---

70 Vgl. Wild, J., Grundlagen der Unternehmungsplanung, a.a.O., S. 37 und S. 52ff.

71 Hauschildt, J., Entscheidungsziele, Tübingen 1977, S. 245.

72 Vgl. hierzu ausführlich Hauschildt, J., Entscheidungsziele, a.a.O., S. 246ff.

73 Vgl. auch Wild, J., Grundlagen der Unternehmungsplanung, a.a.O., S. 39.

74 Die Bezeichnung Operationen verleitet nicht wie die Bezeichnung Phasen zu der Schlußfolgerung, daß die Tätigkeiten des Führungsprozesses stets in einer zwingenden Folge stattfinden müssen; vgl. hierzu insbesondere Witte, E., Phasen-Theorem und Organisation komplexer Entscheidungsverläufe, a.a.O., S. 625ff. Vgl. zur Darstellung der Rückkoppelungen im Führungsprozeß z.B. Hahn, D., Führung des Systems Unternehmung, a.a.O., S. 163ff.; Oberkampf, V., Systemtheoretische Grundlagen einer Theorie der Unternehmensplanung, Berlin 1976, S. 174ff.; Ulrich, H., Die Unternehmung als produktives soziales System, a.a.O., S. 207.

75 Vgl. z.T. bei Gutenberg, E., Unternehmensführung, a.a.O., S. 11 sowie S. 59f.

76 Vgl. Arbeitskreis Hax der Schmalenbach-Gesellschaft, Wesen und Arten unternehmerischer Entscheidungen, ZfbF 1964, S. 685ff. Sieht man neben den Menschen auch Betriebsmittel als Träger des Führungssystems an, so können spezifischen Betriebsmitteln (Computern) z.T. „programmierte Führungsprozesse" übertragen werden. Vgl. Hahn, D., Automatisierung, in: Lexikon der Betriebswirtschaftslehre, Hrsg. H. Corsten, 2. Aufl., München–Wien 1993, S. 96f.

Als **Wesensmerkmal der Führung** – verstanden als Tätigkeit der legitimierten Führungskräfte – wird ferner die **Übernahme (das Tragen) der Verantwortung für die Operationen der Willensbildung und Willensdurchsetzung** angesehen (vgl. Abbildung 13a). Die Verantwortung beinhaltet dabei die „Pflicht und die Bereitschaft, für ein Tun oder Lassen mit seiner Person einzustehen“ [77]. Führungskräfte haben ihr Tun oder Lassen zu vertreten gegenüber sich selbst, gegenüber Vorgesetzten und Mitarbeitern und auch gegenüber der Öffentlichkeit, also gegenüber den verschiedensten Personen und Personengruppen im System und Umsystem der Unternehmung [78].

Führung (im engeren Sinne als sogenannte Fremdführung) bedeutet demnach:

> **Willensbildung und Willensdurchsetzung mit und gegenüber anderen (weisungsgebundenen) Personen zur Erreichung eines Zieles oder mehrerer Ziele [79] – unter Übernahme der hiermit verbundenen Verantwortung.**

Bei weisungsgebundenen Personen handelt es sich um Personen auf untergeordneten Führungs- und Durchführungsebenen. Es erfolgt (gedanklich) eine Trennung in Führungs- und Durchführungsaufgaben – wobei die Durchführung ihrerseits einen rein geistigen Vorgang darstellen und wieder aus Führungsaufgaben bestehen kann.

Neben der Durchführung können bestimmte Operationen des Prozesses – in Abbildung 13a durch unterbrochene Pfeile gekennzeichnet – ganz oder teilweise von Führungshilfen oder von Führungskräften auf nachgelagerten Führungsebenen vorgenommen werden.

Entscheidungsfällung, Veranlassung der Durchführung und die damit verbundene Übernahme der Verantwortung sind jedoch unabdingbare Wesensmerkmale des Führens und entziehen sich somit der Delegation. Auch sind in der Problemstellungs- und Kontrollphase nur Teilaufgaben delegierbar.

Die Verantwortung bei der Führung kann entweder nur für eigene Führungstätigkeiten (Eigenverantwortung) oder auch für delegierte Führungs- und Durchführungstätigkeiten (Fremdverantwortung) übernommen werden [80].

Führung als Prozeß ist stets ein personenbezogener Informations-, Informationsverarbeitungs- und i.d.R. auch Kommunikationsprozeß. Führung ist damit stets ein Prozeß der Verhaltensbeeinflussung. Der systematisch durchgeführte und auf künftiges Geschehen ausgerichtete Willensbildungsprozeß kann dabei als Planung, der Willensdurchsetzungsprozeß

---

77 Hardach, F. W., Über die Verantwortung der Unternehmensleitung, in: Gegenwartsfragen der Unternehmensführung, Festschrift für W. Hasenack, Hrsg. H.-J. Engeleiter, Herne – Berlin 1966, S. 108. Vgl. zum Begriff Verantwortung ferner Bleicher, K., Verantwortung, in: HWO, Hrsg. E. Grochla, 2. Aufl., Stuttgart 1980, Sp. 2283ff.; Bronner, R., Verantwortung, in: HWO, Hrsg. E. Frese, 3. Aufl., Stuttgart 1992, Sp. 2503ff.; Hauschildt, J., Verantwortung, in: HWO, Hrsg. E. Grochla, Stuttgart 1969, Sp. 1694ff.

78 Vgl. Hahn, D., Unternehmungsführung und Öffentlichkeitsarbeit, a.a.O., S. 139; ders., Strategische Unternehmensführung – Aufgaben und Herausforderungen der 90er Jahre, a.a.O., S. 38; Reuter, E., Die künftige Rolle des Managements in der Gesellschaft, in: Handbuch Strategische Führung, Hrsg. H. A. Henzler, Wiesbaden 1988, S. 54f.

79 Vgl. Hahn, D., Führung des Systems Unternehmung, a.a.O., S. 162; vgl. ähnlich auch Bleicher, K., Zentralisation und Dezentralisation von Aufgaben in der Organisation der Unternehmungen, a.a.O., S. 124ff.; Kosiol, E., Organisation der Unternehmung, 2. Aufl., Wiesbaden 1976, S. 100ff.; Stier, E., Die Entscheidungshelfer für die Unternehmensleitung, a.a.O., S. 20ff. Vgl. mit besonderer Betonung der Führung als Verhaltensbeeinflussung Steinle, C., Führung, Stuttgart 1978, S. 25ff.

80 Vgl. zu diesem Problemkreis Bleicher, K., Verantwortung, a.a.O., Sp. 2284; Bronner, R., Verantwortung, a.a.O., Sp. 2511; Hauschildt, J., Verantwortung, a.a.O., Sp. 1700.

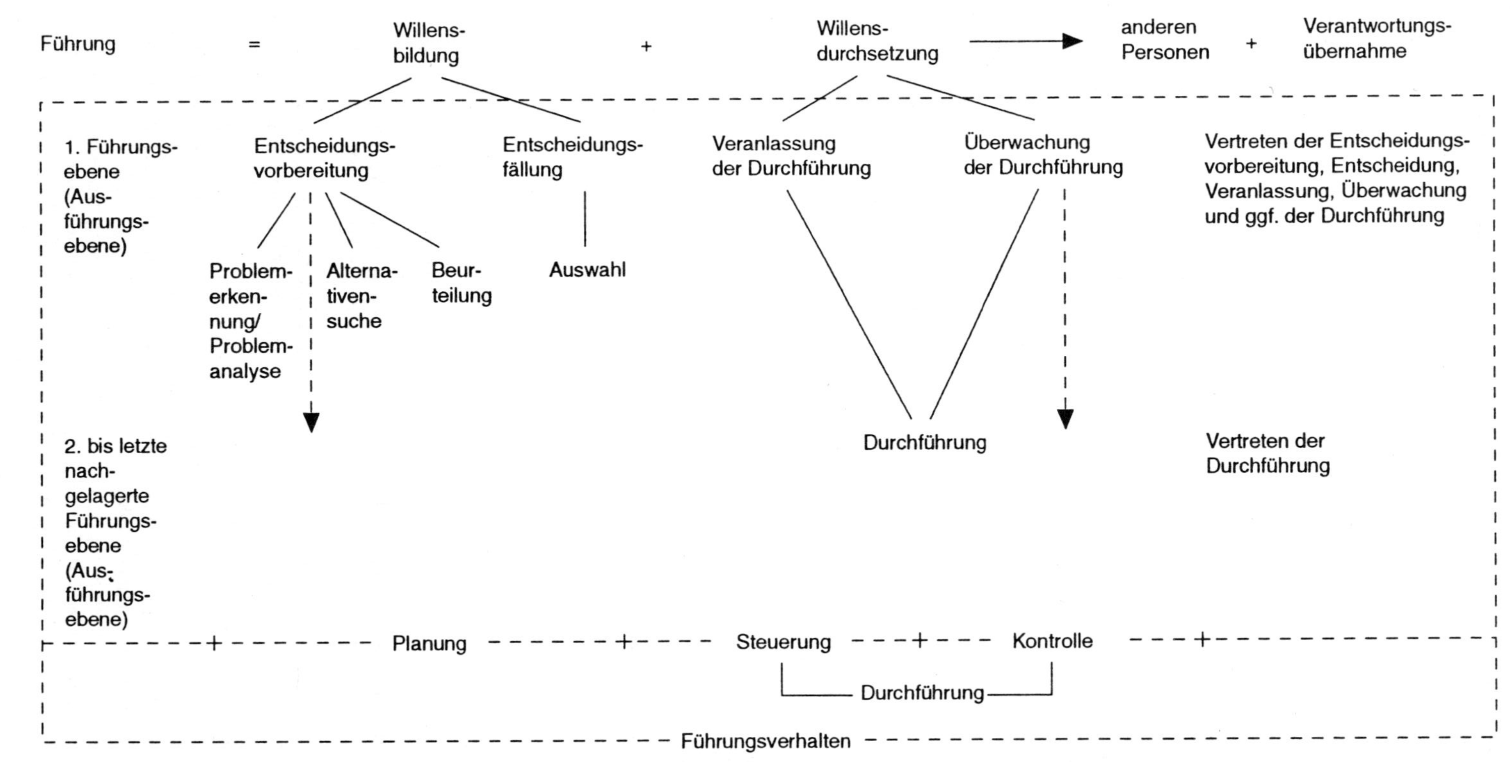

Abb. 13 a: Führung als Prozeß der Willensbildung und Willensdurchsetzung

als Steuerung und Kontrolle interpretiert werden (vgl. hierzu ausführlich die Ausführungen in dem folgenden Abschnitt 2.1).

Aus der Definition der Führung ergibt sich, daß mit der Führung als Prozeß der Willensbildung und Willensdurchsetzung gegenüber anderen Personen stets eine **Motivationsaufgabe** verbunden ist. Deren Bewältigung hängt vor allem von der Art der Durchführung der Führungstätigkeiten ab, von der Verhaltensweise der Führungskräfte im Rahmen des Informations- und Kommunikationsprozesses.

Die Art der Durchführung der einzelnen Führungstätigkeiten bzw. -phasen, das Führungsverhalten, charakterisiert die **Führungsform** bzw. den **Führungsstil**[81]. Primär in Abhängigkeit von dem Grad der Beteiligung der weisungsgebundenen Personen an den Tätigkeitskomplexen der Führung lassen sich (als extreme Ausprägungen) autoritärer und kooperativer Führungsstil unterscheiden. So können z. B. die Zielfestlegung allein oder in einem Abstimmungs- bzw. Vereinbarungsprozeß (Management by Objectives), die Veranlassung der Durchführung durch Anordnung oder Überzeugung und die Kontrolle lückenlos oder beschränkt auf größere Abweichungen (Management by Exception) erfolgen.

Der Ablauf des multipersonalen Führungsprozesses hängt einerseits ab von der Art und der Zahl der zu bewältigenden Probleme, andererseits von der Art und der Zahl der beteiligten Personen und deren informationellen und sozialen (zwischenmenschlichen) Beziehungen – auch zu Führungs- und Durchführungskräften im Umsystem der Unternehmung. Hierbei ist für die Effizienz des Führungsprozesses von Bedeutung, daß durch Zusammenwirken von Promotoren (Treibern) und Opponenten (Bremsern) Problemlösungen erreicht werden. Diese so klassifizierten Führungskräfte können ihre Kompetenzen aus ihrer hierarchischen Stellung und/oder ihrem Fachwissen ableiten und als Macht- und Fachpromotoren sowie Macht- und Fachopponenten bezeichnet werden[82].

Die unternehmungsgeschichtlich gewachsenen, gelebten und zumindest partiell gestaltbaren Denk-, Entscheidungs- und Verhaltensmuster der Mitarbeiter der Unternehmung werden als **Unternehmungskultur** bezeichnet[83].

Im folgenden interessiert vornehmlich der rationale Führungsprozeß zur Behandlung ökonomischer Probleme in der Unternehmung. Humane Aspekte, insbesondere auch Fragen des Führungsstils bzw. der Führungsform, bleiben dabei weitgehend unberücksichtigt[84].

---

81 Vgl. Bleicher, K., Führungsstile, Führungsformen und Organisationsformen, ZfürO 1969, S. 31 ff.; Bleicher, K., Meyer, E., Führung in der Unternehmung, a.a.O., S. 141 ff.; Pausenberger, E., Führungsstile, in: Organisationsleiter-Handbuch, Hrsg. A. Degelmann, 2. Aufl., München 1972, S. 165 ff.; Scheibler, A., Entscheidungsformen und Führungsstile, ZfB 1975, S. 765 ff.; Staehle, W. H., Führungstheorien und -konzepte, in: HWO, Hrsg. E. Frese, 3. Aufl., Stuttgart 1992, Sp. 656 ff.; Staehle, W. H., Sydow, J., Führungsstiltheorien, in: HWFü, Hrsg. A. Kieser, G. Reber, R. Wunderer, Stuttgart 1987, Sp. 661 ff.

82 Vgl. hierzu ausführlich Witte, E., Kraft und Gegenkraft im Entscheidungsprozeß, ZfB 1976, S. 319 ff. Zur Charakterisierung von Treibern und Bremsern vgl. Sandig, C., Betriebswirtschaftspolitik, 2. Aufl., Stuttgart 1966, S. 86 ff.

83 Vgl. Bleicher, K., Unternehmungskultur und strategische Unternehmungsführung, in: Strategische Unternehmungsplanung – Strategische Unternehmungsführung, Hrsg. D. Hahn, B. Taylor, 6. Aufl., Heidelberg 1992, S. 852 ff.; Dill, P., Unternehmenskultur, Bonn 1986; Hahn, D., Strategische Unternehmensführung – Aufgaben und Herausforderungen der 90er Jahre, a.a.O., S. 41; Heinen, E., Unternehmenskultur, München 1987.

84 Vgl. z. B. Kirsch, W., Einführung in die Theorie der Entscheidungsprozesse, 1. Bd., Verhaltenswissenschaftliche Ansätze der Entscheidungstheorie, 2. Bd., Informationsverarbeitungstheorie des Entscheidungsverhaltens, 3. Bd., Entscheidungen in Organisationen, 2. Aufl., Wiesbaden 1977.

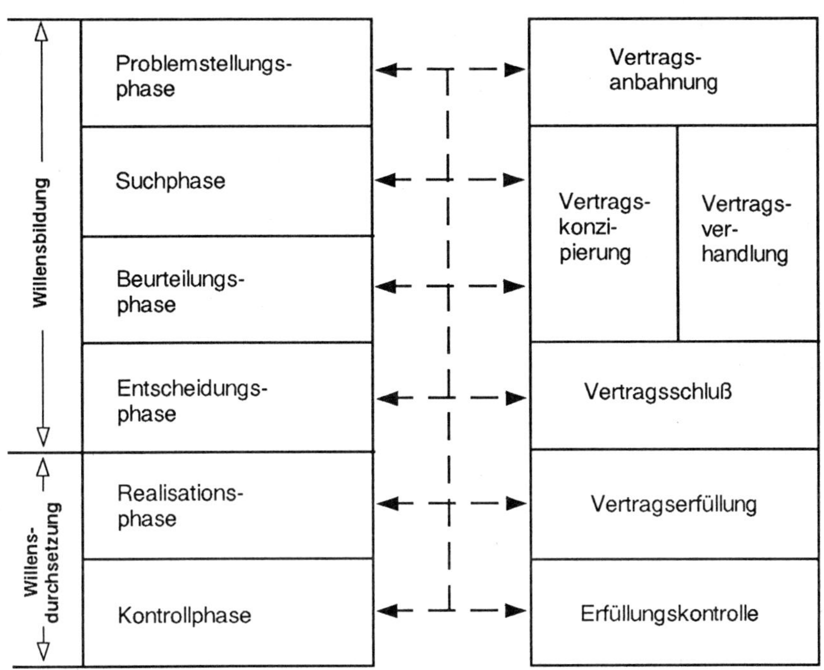

Abb. 13 b: Problemlösungsprozeß und Vertragsprozeß

Mit der Interpretation einer **Unternehmung als Vertragszentrum** rückt die Frage nach der Ausgestaltung vertraglicher Beziehungen zwischen ökonomischen Akteuren in den Mittelpunkt. Auch die Vertragsgestaltung läßt sich in Form eines mehrstufigen, iterativen Prozesses darstellen, der deutliche Parallelen zum allgemeinen Problemlösungsprozeß aufweist. Dieser **Vertragsprozeß** soll hier in die folgenden sechs Phasen gegliedert werden (vgl. Abbildung 13 b)[85]:

- **Vertragsanbahnung:** Die Vertragsanbahnung ist ein Prozeß der Informationsgewinnung und -abgabe mit dem Ziel der Kontaktaufnahme und Vertragsinitiierung. Die Informationsgewinnung zielt allgemein auf die Unternehmungsumwelt und speziell auf den potentiellen Vertragspartner, insbesondere dessen Erfüllungs- und Risikovermeidungsziele. Die Informationsabgabe dient dazu, den potentiellen Vertragspartner dergestalt zu beeinflussen, daß eine Kontaktaufnahme und Vertragsinitiierung ermöglicht wird.
- **Vertragskonzipierung:** Bei der Vertragskonzipierung geht es darum, mögliche Vertragsinhalte und rechtliche Gestaltungsmöglichkeiten des Vertrages zu formulieren und auszuwählen. Die Vertragskonzipierung steht naturgemäß in ständigen Wechselwirkungen zu den Vertragsverhandlungen, da sich deren Ergebnisse schrittweise in einzelnen Vertragsklauseln konkretisieren. Bei der Auswahl eines abschließenden Vertragsentwurfs sind unter anderem die Rechtsbeständigkeit, die Flexibilität und die Praktikabilität der Regelungen zu prüfen.

85 Vgl. stellvertretend für die rechtswissenschaftliche Literatur Rehbinder, E., Vertragsgestaltung, a.a.O., S. 6ff.

- **Vertragsverhandlung:** Die Vertragsverhandlungen sollen dazu führen, daß ein Vertragsabschluß erfolgt. Die Verhandlungen dienen dazu, ausgehend von den meist unterschiedlichen Vorstellungen der Vertragsparteien zu einer von allen Beteiligten akzeptierten, verbindlichen Vereinbarung zu gelangen.
- **Vertragsschluß:** Die Vertragsverhandlungen enden mit dem Vertragsschluß, d.h. der Erklärung einer Willensübereinstimmung der Vertragsparteien.
- **Vertragserfüllung:** Die Vertragsparteien führen die im Vertrag getroffenen Absprachen durch, womit die mit dem Vertrag verfolgten Vertragsziele erreicht werden (ordnungsgemäße Vertragserfüllung). Für den Fall einer nicht ordnungsgemäßen Vertragserfüllung ist mit dem in der Risikoregelung des Vertrags vorgesehenen Instrumentarium in die Vertragserfüllung einzugreifen.
- **Erfüllungskontrolle:** Die Kontrolle beinhaltet den Vergleich der getroffenen Vereinbarungen (Soll-Größen) mit den Resultaten der Vertragserfüllung (Ist-Größen) während und nach der Vertragserfüllung. Sie besitzt besondere Bedeutung bei langfristigen oder auf Dauer angelegten Vertragsbeziehungen.

2. Planung und Kontrolle und Planungs- und Kontrollrechnung in Unternehmungen

2.1 Planung und Kontrolle als Phasen des Führungsprozesses

Einzelne Tätigkeiten der Führung lassen sich anhand der Phasen bzw. Operationen des Führungsprozesses charakterisieren und abgrenzen (vgl. Abbildung 14). Dabei steht es jedem Praktiker und Forscher frei, wie er einzelne Führungstätigkeiten inhaltlich definiert.

Bei vereinfachender Betrachtung können die hier interessierenden Tätigkeiten Planung und Kontrolle – und die sie verbindende Steuerung – wie folgt abgeleitet werden[1]:

(1) Planung

Der gesamte Entscheidungsprozeß – als stets zukunftsbezogener Willensbildungsprozeß – kann als Planungsprozeß angesehen werden. **Planung in** diesem **weiteren Sinne** beinhaltet das **Fällen von Führungsentscheidungen auf der Basis systematischer Entscheidungsvorbereitung** zur Bestimmung künftigen Geschehens (Phasen 1 bis 4). Es geht um die systematisch vorbereitete Festlegung von Zielen und der zu ihrer Erreichung notwendigen Maßnahmen (zielorientierten Aktionen an Aktionsobjekten) mit oder ohne Potentialänderungen. Unternehmungsplanung ist hiernach systematische Zukunftsgestaltung der Unternehmung[2] und umfaßt Planaufstellung und Planverabschiedung.

---

1 Bei Heranziehung weiterer Begriffsmerkmale können diese Tätigkeiten weiter spezifiziert werden. Vgl. Hahn, D., Planung und Kontrolle, in: HWB, 2. Bd., Hrsg. W. Wittmann u. a., 5. Aufl., Stuttgart 1993, Sp. 3185ff. Vgl. auch den Überblick bei Szyperski, N., Müller-Böling, D., Aufgabenspezialisierung in Planungssystemen – Eine konzeptionelle und empirische Analyse –, ZfbF 1984, S. 124ff.

2 Vgl. allgemein zur Entwicklung des Planungsprozesses in Literatur und Praxis Klausmann, W., Entwicklung der Unternehmungsplanung, Diss. Gießen 1983, S. 41ff.; vgl. ferner z. B. Diederich, H., Allgemeine Betriebswirtschaftslehre, 7. Aufl., Stuttgart u. a. 1992, S. 66ff.; Kosiol, E., Entscheidung, Information und Prognose, in: Betriebswirtschaft und Marktpolitik, Festschrift für R. Seyffert, Hrsg. E. Kosiol, E. Sundhoff, Köln – Opladen 1968, S. 275ff. sowie Rühli, E., Zur Entwicklung der Planung in der deutschsprachigen Betriebswirtschaftslehre, DU 1986, S. 150ff. – Die Einordnung der Organisation als Führungstätigkeit kann unterschiedlich erfolgen (vgl. Gutenberg, E., Grundlagen der Betriebswirtschaftslehre, 1. Bd., Die Produktion, 24. Aufl., Berlin – Heidelberg – New York 1983, S. 235ff.; Heinen, E., Einführung in die Betriebswirtschaftslehre, a.a.O., S. 49ff.; Kirsch, W., Meffert, H., Organisationstheorien und Betriebswirtschaftslehre, Wiesbaden 1970, S. 18ff. u. S. 39ff.; Kosiol, E., Organisation der Unternehmung, a.a.O., bes. S. 19f.; ders., Zur Problematik der Planung in der Unternehmung, ZfB 1967, S. 77ff.).
Bei der Organisation als Tätigkeit geht es um die Ableitung von Dauerregelungen, durch die eine zielgerichtete Ordnung der Aufgabenbereiche und Leitungsbefugnisse (Aufbauorganisation) sowie der sich wiederholenden Tätigkeiten (Ablauforganisation) erreicht werden soll. In einem Planungsprozeß wird aus den erarbeiteten Organisationsalternativen die für die Unternehmung (oder einen Unternehmungsbereich) zu realisierende Organisation bestimmt. Organisieren kann also als Planung von Aufbau- und Ablaufstrukturen interpretiert werden (vgl. Hahn, D., Organisationsplanung und Planungsprozeß, ZfürO 1976, S. 447ff.; Hahn, D., Bleicher, K., Organisationsplanung als

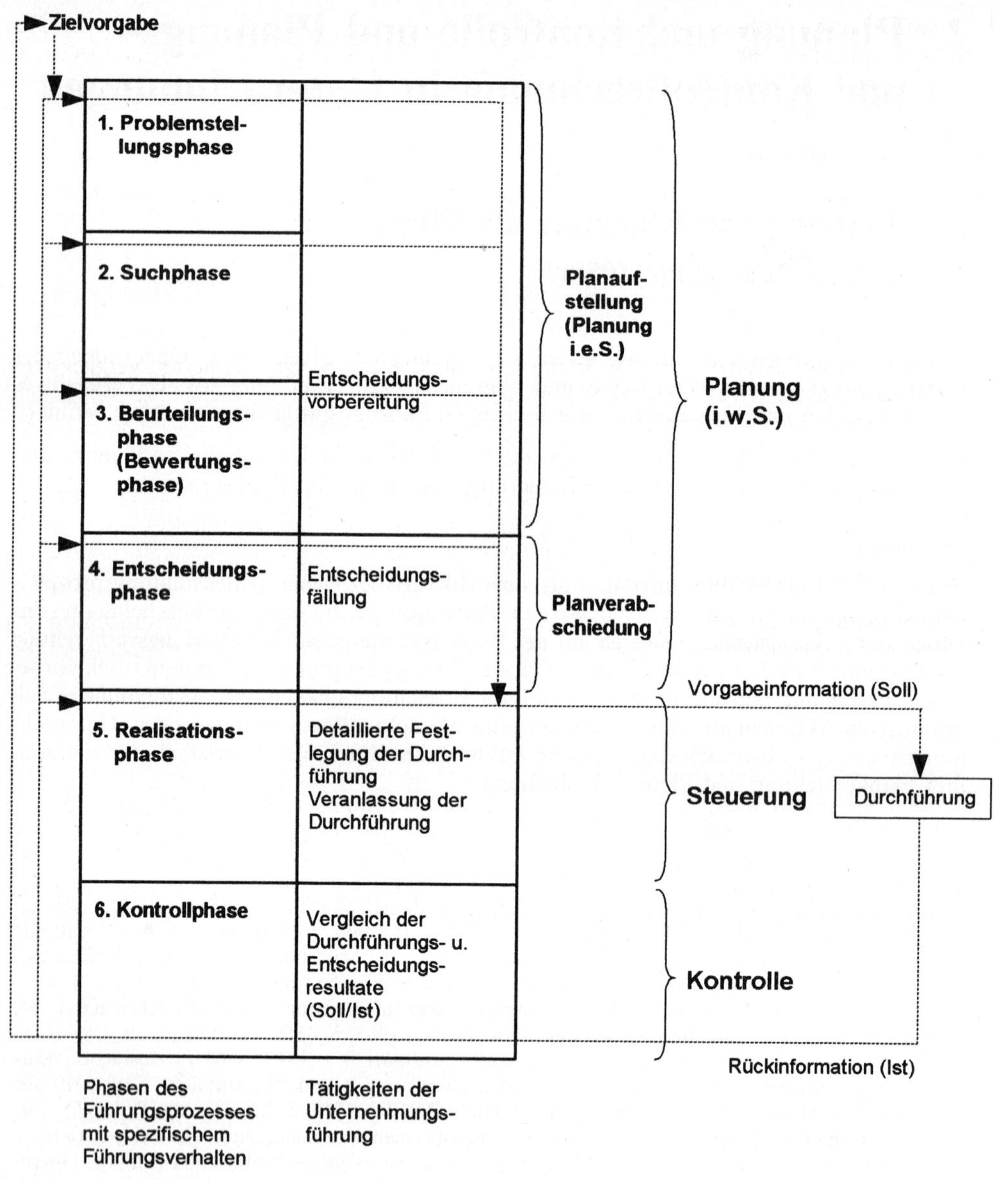

Abb. 14: Führungstätigkeiten in der Unternehmung

Gegenstand der strategischen Planung, in: Strategische Unternehmungsplanung – Strategische Unternehmungsführung, Hrsg. D. Hahn, B. Taylor, 6. Aufl., Heidelberg 1992, S. 367ff. Sie bildet eine wesentliche Voraussetzung für die Schaffung eines Planungssystems (siehe Abschnitt 3.2 (4) dieses Teils).

Planung wird allerdings vielfach auch begrifflich enger gefaßt, nur als **systematische Entscheidungsvorbereitung** (Phasen 1 bis 3) zur Bestimmung künftigen Geschehens. Unternehmungsplanung bedeutet sodann systematische Vorbereitung der Zukunftsgestaltung der Unternehmung [3].

Als **Hauptzwecke der Planung** können gesehen werden:

- Zielorientierung, Integration und Koordinierung des gesamten Unternehmungsgeschehens,
- Risikoerkennung und -reduktion,
- Komplexitätsreduktion,
- Flexibilitätserhöhung (Zeitdruckminderung)

und dadurch Sicherung von Effektivität und Effizienz [4].

Planung bedingt Analysen und Prognosen. Sie beinhaltet den zielorientierten Vergleich der voraussichtlichen Wirkungen relevanter künftiger Alternativen (Soll-/Soll-Vergleich). Bei dem Streben, die jeweils bestmögliche Alternative im Hinblick auf das Ziel bzw. die Ziele zu ermitteln, wird ihre Optimierungsfunktion deutlich.

Erfolgt die Entscheidungsfällung ohne systematische Entscheidungsvorbereitung, liegt eine Ad-hoc-Entscheidung bzw. Improvisation vor (Phase 4 und Teile der Phasen 1 und 2). Im Gegensatz zur Planung werden Ad-hoc-Entscheidungen in der Regel unter Zeitdruck unmittelbar vor der Realisation gefällt [5].

Die **Steuerung** – die detaillierte Festlegung und die Veranlassung der Durchführung des Entscheidungsergebnisses (Phase 5) [6] – sowie die Durchführung dienen der Realisation der Planung.

(2) Kontrolle

Die **Kontrolle** (Phase 6) ist notwendige Ergänzung der Planung (Entscheidungsfällung) und folgt der Durchführung oder begleitet auch bereits diese. Sie setzt das Feststellen von Ist-Größen voraus – die **Dokumentation** – und beinhaltet im Kern den **Vergleich** von Soll-Größen (Entscheidungsresultaten) und Ist-Größen (Durchführungsresultaten) zur Ermittlung des Ergebnisses des Handelns [7]. Begrifflich weiter gefaßt gehört zur Kontrolle auch der Vergleich nur von Ist-Größen sowie von Soll-Größen und voraussichtlichen Ist-Größen (Prognosegrößen bzw. Wirdgrößen). Ferner können Prämissenkontrollen (Überprüfung der

---

3 Vgl. z. B. Häusler, J., Planung als Zukunftsgestaltung, Wiesbaden 1970, S. 35f. Zu den Interpretationsmöglichkeiten des Planungsbegriffes vgl. ferner Rühli, E., Unternehmungsführung und Unternehmungspolitik, 2. Bd., a.a.O., S. 55ff.; Ulrich, H., Die Unternehmung als produktives soziales System, a.a.O., S. 204ff.; Weber, H., Die Spannweite des betriebswirtschaftlichen Planungsbegriffes, ZfbF 1964, S. 716ff.

4 Vgl. Wild, J., Grundlagen der Unternehmungsplanung, a.a.O., S. 15ff.; vgl. auch Hahn, D., Planung und Kontrolle, a.a.O. sowie die Übersicht bei Rühli, E., Funktionen der Planung, in: HWPlan, Hrsg. N. Szyperski, Stuttgart 1989, Sp. 566ff. (Funktionen der Planung im Rahmen der Führungstechnik und bei der Bewältigung der materiellen Führungsaufgaben sowie bei der Gestaltung der zwischenmenschlichen Beziehungen).

5 Vgl. Bleicher, K., Meyer, E., Führung in der Unternehmung, a.a.O., S. 59.

6 Vgl. in diesem Sinne auch die Begriffsbestimmung für Steuerung nach DIN 19226, Mai 1968. – Im Wirtschaftsleben werden die Begriffe Führung und Steuerung z. T. auch synonym verwandt – vgl. auch Mellerowicz, K., Unternehmenspolitik, 1. Bd., 2. Aufl., Freiburg i. Br. 1963, S. 37.

7 Vgl. ähnlich Frese, E., Kontrolle und Unternehmungsführung, Wiesbaden 1968, S. 53; ferner Selchert, F. W., Betriebsinterne Überwachungssysteme und ihre Leistung, ZfB 1972, S. 172ff.

Gültigkeit der Ausgangsannahmen) sowie Konsistenzkontrollen (Überprüfung der methodischen und inhaltlichen Stimmigkeit) vorgenommen werden [8].

Unter dem Tätigkeitskomplex Kontrolle wird auch die **Analyse** eventueller Abweichungen subsumiert. Vergleich und Analyse lösen ggf. neue Entscheidungsprozesse aus, die zur Einleitung und Durchführung von Korrekturmaßnahmen führen und auch längerfristig wirksame Lerneffekte ermöglichen [9].

Hauptzwecke der Kontrolle sind also speziell die Sicherung der Planerfüllung und generell die Verbesserung des Führungsprozesses.

Führung als Prozeß der Willensbildung und Willensdurchsetzung ist vielfach mit Integrationsaufgaben und grundsätzlich mit Koordinationsaufgaben verbunden (vgl. Abbildung 15). Bei der **Integration** handelt es sich um die Inbeziehungsetzung von Objekten bzw. Elementen mit dem Resultat der Bildung von Strukturen, bei einer zielorientierten Inbeziehungsetzung unter ganzheitlicher Betrachtungsweise um die Bildung von Systemen. Dabei

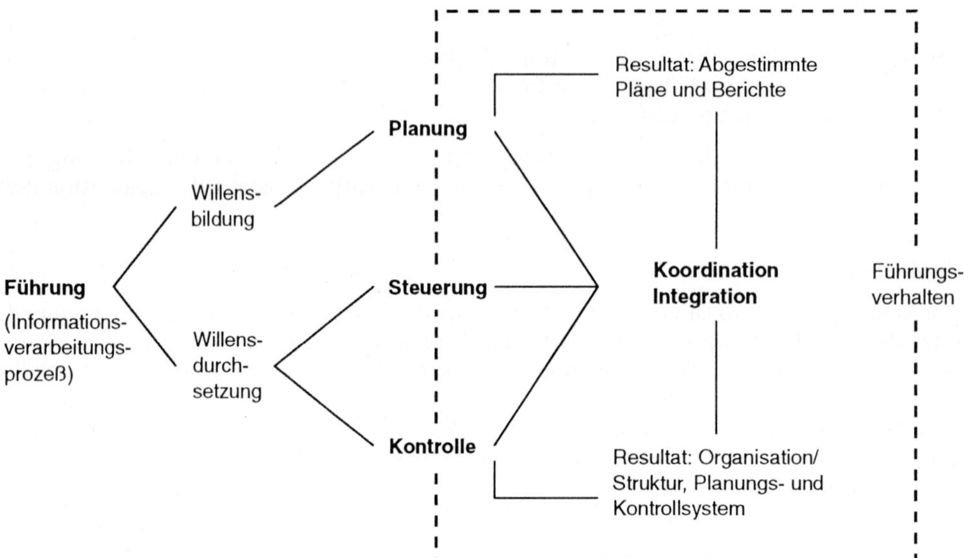

Abb. 15: Führungsprozeß in der Unternehmung

8 Vgl. Franken, R., Frese, E., Kontrolle und Planung, in: HWPlan, Hrsg. N. Szyperski, Stuttgart 1989, Sp. 888 ff.; Hahn, D., Strategische Kontrolle, in: Strategische Unternehmungsplanung – Strategische Unternehmungsführung, 6. Aufl., Heidelberg 1992, S. 653 ff.; Schreyögg, G., Steinmann, H., Strategische Kontrolle, ZfbF 1985, S. 391 ff.
Zur strategischen Kontrolle und den verschiedenen Ansätzen in der Literatur vgl. auch Pfohl, H.-C., Strategische Kontrolle, in: Handbuch Strategische Führung, Hrsg. H. A. Henzler, Wiesbaden 1988, S. 801 ff. und die dort dargestellten Konzepte von Coenenberg, A. G., Baum, H.-G., Strategisches Controlling, Grundfragen der strategischen Planung und Kontrolle, Stuttgart 1987; Lorange, P., Strategic Control. Some Issues in making it operationally more useful, in: Competitive Strategic Management, Hrsg. R. B. Lamb, Englewood Cliffs, N. J. 1984; Zettelmeyer, B., Strategisches Management und strategische Kontrolle, Darmstadt 1984.

9 Vgl. Bleicher, K., Meyer, E., Führung in der Unternehmung, a.a.O., S. 64 f., die die Führungstätigkeiten Kontrolle und Lernen (durch Sammeln von Erfahrungen über Ereignisse, Verfahren und Verhalten) auch als Willenssicherung bezeichnen.

wird beiden in der Regel eine gewisse Konstanz über einen Zeitraum beigemessen. Die **Koordination** hat hingegen einen mehr situativen Charakter. Sie beinhaltet eine zielorientierte Abstimmung von Objekten bzw. Elementen[10].

Das Fällen von Führungsentscheidungen durch die obere Unternehmungsführung – mit oder ohne systematische Entscheidungsvorbereitung – wird vielfach auch als **Unternehmungspolitik** bezeichnet[11]. Unternehmungspolitische Entscheidungen beziehen sich primär auf die generellen durch die Unternehmung zu verfolgenden Ziele und sind Ausdruck der **Unternehmungsphilosophie,** die durch die gemeinsamen bzw. abgestimmten Wertvorstellungen (Werthaltungen) der oberen Entscheidungsträger geprägt wird[12].

10 Vgl. Bleicher, K., Unternehmungsentwicklung und organisatorische Gestaltung, Stuttgart 1979, S. 46ff.; Bleicher, K., Meyer, E., Führung in der Unternehmung, a.a.O., S. 37; Hahn, D., Integrierte Planung, in: HWPlan, Hrsg. N. Szyperski, Stuttgart 1989, Sp. 770ff.

11 Vgl. hierzu auch Koch, H., Betriebliche Planung, Wiesbaden 1961, S. 12; vielfach werden hierunter allerdings nur bestimmte Entscheidungen der oberen Unternehmungsführung verstanden. Vgl. ähnlich Bleicher, K., Das Konzept Integriertes Management, a.a.O., S. 73ff.; Gutenberg, E., Grundlagen der Betriebswirtschaftslehre, 1. Bd., Die Produktion, a.a.O., S. 135ff.; Heinen, E., Entscheidungsorientierte Betriebswirtschaftslehre und Unternehmungskultur, ZfB 1985, S. 985; Sandig, C., Betriebswirtschaftspolitik, a.a.O., S. 6ff. i.V.m. S. 17ff.; ders., Unternehmungspolitik, in: HWB, 4. Bd., Hrsg. H. Seischab, K. Schwantag, 3. Aufl., Stuttgart 1962, Sp. 5554ff.; Mellerowicz, K., Unternehmungspolitik, 1. Bd., 3. Aufl., Freiburg i. Br. 1976, S. 92; Schwarz, H., Grundfragen der Abstimmung von Materialbeschaffung, Fertigung und Vertrieb, Freiburg i. Br. 1959, S. 27; Ulrich, H., Unternehmungspolitik, a.a.O., S. 18ff.; ders., Unternehmungspolitik – Instrument und Philosophie ganzheitlicher Unternehmungsführung, DU 1985, S. 389ff.

12 Vgl. zur Interpretation der Unternehmungsphilosophie z. B. Ulrich, H., Unternehmungspolitik, a.a.O., S. 11; ders., Die Unternehmung als produktives soziales System, a.a.O., S. 327f.; ders., Management-Philosophie in einer sich wandelnden Gesellschaft, a.a.O., S. 825ff.; vgl. auch Schmidt, R.-B., Werte und Wertungen in der Unternehmung – Skizzen zur Unternehmungsphilosophie, DBW 1985, S. 395ff.; Staehle, W. H., Sydow, J., Management-Philosophie, in: HWO, Hrsg. E. Frese, 3. Aufl., Stuttgart 1992, Sp. 1286ff.

2.2 Planung und Kontrolle in der Unternehmung als System vermaschter Regelkreise

Werden

Steuerung und Kontrolle oder in erweiterter Betrachtung
Planung, Steuerung und Kontrolle oder
davorgelagerte Zielbildung, Planung, Steuerung und Kontrolle

durch Rückkoppelung verbunden – und erfolgt daraufhin eine gegebenenfalls erforderliche Änderung der bisher vorgegebenen Größen –, liegt **Regelung** vor [13].

Die Führungstätigkeiten können damit auch als Komponenten eines Regelkreises gesehen werden. Ausgehend von der Aufbauorganisation können die Führungsprozesse in der Unternehmung als ein System vermaschter Regelkreise bzw. als eine Regelkreishierarchie interpretiert werden [14].

Die **organisatorischen Einheiten** sind hierbei entweder Regler oder Regelstrecke, oder sie sind gleichzeitig für verschiedene Regelkreise **Regler und Regelstrecke** (vgl. Abbildung 16). Sieht man von den Außeneinflüssen ab, so ist die oberste Führungseinheit der Unternehmung ausschließlich als Regler anzusehen; ausschließlich durchführende Stellen sind nur Regelstrecken. Alle dazwischenliegenden organisatorischen Einheiten, in denen Führungsaufgaben (neben Ausführungsaufgaben) wahrgenommen werden, sind gleichzeitig Regler und Regelstrecke. Die organisatorischen Einheiten sind durch Informationsströme miteinander verbunden, durch die zum Zwecke der Führung Soll- und Ist-Informationen übertragen werden.

Den **Führungsprozeß in primär nach dem Verrichtungsprinzip organisierten Unternehmungen** – gesehen als ein System von vermaschten Regelkreisen – zeigt Abbildung 17.

Den **Führungsprozeß in primär nach dem Objektprinzip** und **in primär nach dem Regionalprinzip gegliederten Unternehmungen** – gesehen jeweils als ein System von vermaschten Regelkreisen – zeigen die Abbildungen 18a und 18b.

Mit dem Umsystem und innerhalb des Systems können alle organisatorischen Einheiten der Unternehmung – zumindest durch Informationsströme – in Verbindung stehen und die Funktion eines Reglers oder einer Regelstrecke übernehmen. Die Beziehungen zum Umsystem und innerhalb des Systems können auch auf Empfang und Versendung von (nichtdispositiven) Nachrichten beruhen.

---

13 Im Wirtschaftsleben werden allerdings vielfach – abweichend von der Terminologie der Kybernetik und den DIN-Vorschriften – die Begriffe Steuerung und Regelung inhaltlich gleichgesetzt, auch wenn bei dem betrachteten Prozeß keine Rückkoppelung gegeben ist. Zudem wird im technischen und technisch-wirtschaftlichen Bereich vielfach von Steuerung nur dann gesprochen, wenn es sich bei der Durchführung um „echte“ Ausführungshandlungen (an Sachgütern) handelt bzw. um Handlungen, die nicht an andere Personen delegierbar sind.

14 Vgl. zur Interpretation von Steuerung und Regelung in der Betriebswirtschaftslehre auch grundlegend Baetge, J., Betriebswirtschaftliche Systemtheorie, Opladen 1974; ders., Überwachung, in: Vahlens Kompendium für Betriebswirtschaftslehre, Bd. 2, München 1984, S. 161ff.; vgl. ferner z.B. Blohm, H., Metainformationen zur Annäherung an optimale Organisationsstrukturen und Abläufe, ZfürO 1970, S. 9ff.; ders., Kybernetisches Denken aus betriebswirtschaftlicher und betriebstechnischer Sicht, Rationalisierung 1967, S. 214ff.; ders., Organisation, Information und Überwachung, 3. Aufl., Wiesbaden 1976, S. 30ff.; Hahn, D., Führung des Systems Unternehmung, a.a.O., S. 163ff.; Kosiol, E., Einführung in die Betriebswirtschaftslehre, a.a.O., S. 231; Köhler, R., Informationssysteme für die Unternehmensführung, ZfB 1971, S. 27ff.

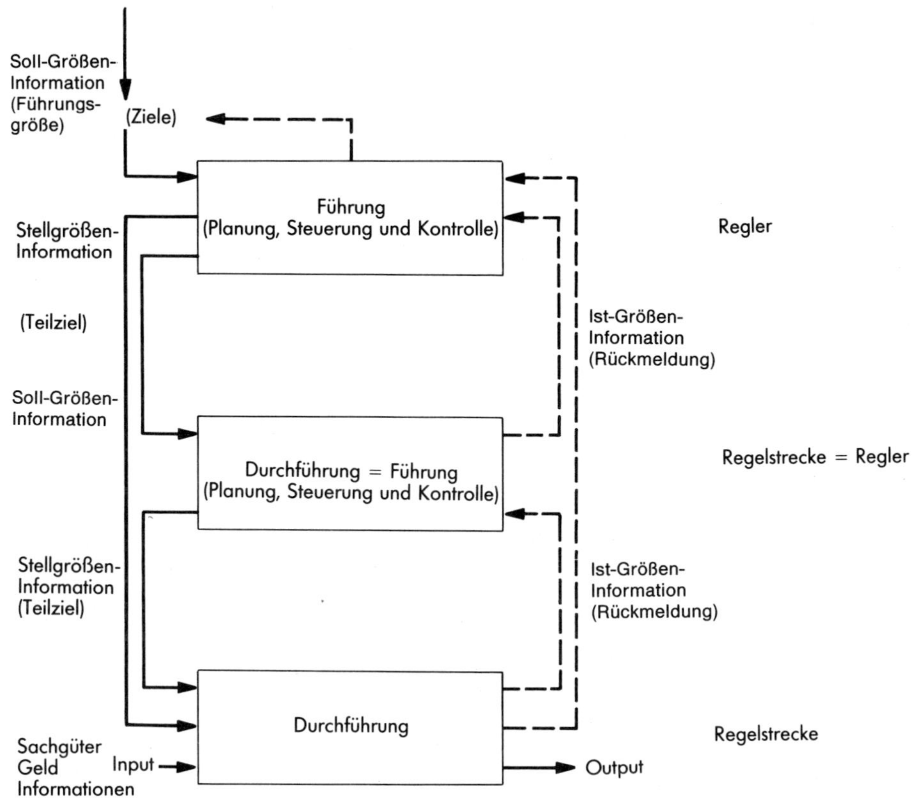

Abb. 16: Mehrstufiger Führungsprozeß

In den Abbildungen 17, 18a und 18b sind mögliche Störgrößen, die auf Informations- (Nachrichten-), Sachgüter- und Geldströme, Bestände, Transformationsprozesse und Träger einwirken, aus Übersichtsgründen nicht eingezeichnet worden. Zu bemerken ist ferner, daß es sich bei den Linien zur Charakterisierung der Soll-Größen- (bzw. Stellgrößen-)Informationen auch um reine Steuerungsvorgänge handeln kann, an die sich keine Kontrollvorgänge in Rückkoppelung anschließen.

Die horizontalen Soll- und Ist-Größeninformationen zwischen Abteilungen bzw. Personen auf gleicher Führungsebene sind aus Gründen der Übersichtlichkeit nur auf den oberen Führungsebenen eingezeichnet worden. Sie symbolisieren z. B. den Informationsfluß bei Planungskonferenzen.

Einzelne Führungstätigkeiten (Operationen) können an unter- oder nebengeordnete organisatorische Einheiten delegiert werden. Teile der Entscheidungsvorbereitung werden z. B. als gesonderte Entscheidungskomplexe an Stabsabteilungen oder Zentralabteilungen (Koordinierungsabteilungen) delegiert[15]. Teile der Kontrolle werden verlagert, indem neben- oder untergeordnete Einheiten den Soll-/Ist-Vergleich oder den Ist-/Ist-Vergleich und Auswertungen vornehmen.

15 Vgl. hierzu Bleicher, K., Koordinationsorgane, in: HWO, Hrsg. E. Grochla, Stuttgart 1969, Sp. 899ff.; ders., Organisation, Strategien – Strukturen – Kulturen, a.a.O., S. 115ff.

Vermaschte Führungsprozesse erfordern eine vertragliche Abstimmung, auf deren Grundlage die für einzelne Führungsprozesse Verantwortlichen – als Vertragspartner – ihre Aktivitäten der Willensbildung und Willensdurchsetzung in Übereinstimmung bringen. Grundsätzlich sind zwei Arten von vermaschten Führungsprozessen zu unterscheiden, die in diesem Sinne eine **vertragliche Gestaltung** erfordern: vertikal und horizontal vermaschte Führungsprozesse.

- **Vertikal vermaschte Führungsprozesse** vollziehen sich zwischen Personen, die zueinander in einem Über-/Unterordnungsverhältnis stehen. Ein Beispiel für vertikal vermaschte Führungsprozesse stellen Planungen im Gegenstromverfahren (progressiv-retrograde Planung) dar. Sie dienen der zielorientierten inhaltlichen und zeitlichen Integration von Teilplänen über- und untergeordneter Führungsebenen. Mitglieder von mindestens zwei Führungsebenen bringen auf diesem Wege ihre Ziel- und Zielerreichungsvorstellungen in Planungskonferenzen in Übereinstimmung. Bei derartigen Planungen fungieren die verantwortlichen Mitglieder der jeweils in Beziehung stehenden Führungsebenen als Vertragspartner. Verträge, die sich auf Informations-, Sach- und Nominalgüterströme beziehen, kommen durch ausdrückliche Willenserklärungen der Beteiligten zustande.
- **Horizontal vermaschte Führungsprozesse** vollziehen sich zwischen Personen, die sich in einer hierarchisch gleichrangigen Position in der Unternehmung befinden. Horizontale Prozesse sind Wertschöpfungsprozesse und Unterstützungsprozesse (z. B. Personalbeschaffung und -entwicklung). Ein Beispiel für einen horizontal vermaschten Führungsprozeß stellt die Auftragsabwicklung dar. Sie umfaßt alle Tätigkeiten, die der Erfüllung von Kundenaufträgen dienen – von der Auftragsannahme bis zur Auslieferung. Es kommt somit zur Vermaschung von Aktionskomplexen über die gesamte Wertschöpfungskette. Bei der vertraglichen Regelung der Auftragsabwicklung fungieren intern Führungskräfte aus aufeinanderfolgenden Funktionsbereichen und innerhalb von Funktionsbereichen als (Quasi-) Vertragspartner; an den externen Schnittstellen kommt es zu vertraglichen Regelungen mit Kunden und Lieferanten. Auch hier sind die Vertragsgegenstände Informations- sowie Sach- und Nominalgüterströme, deren Austausch einer ausdrücklichen Willenserklärung bedarf.

In beiden Fällen beinhaltet die Ausgestaltung des jeweiligen Vertragsverhältnisses stets eine Erfüllungs- und eine Risikoregelung. Die Erfüllungsregelung beschreibt die mit der Vertragsbeziehung angestrebten Ziele – also im Beispiel des vertikal vermaschten Führungsprozesses nach dem Gegenstromverfahren die vereinbarten Planungsinhalte; im Beispiel des horizontal vermaschten Auftragsabwicklungsprozesses die qualitativen, zeitlichen und kostenmäßigen Anforderungen an dessen einzelne Teilschritte. Die Risikoregelung definiert demgegenüber die Konsequenzen einer nicht ordnungsgemäßen Vertragserfüllung – also der Nichterreichung vereinbarter Ziele oder angestrebter Prozeßmerkmale.

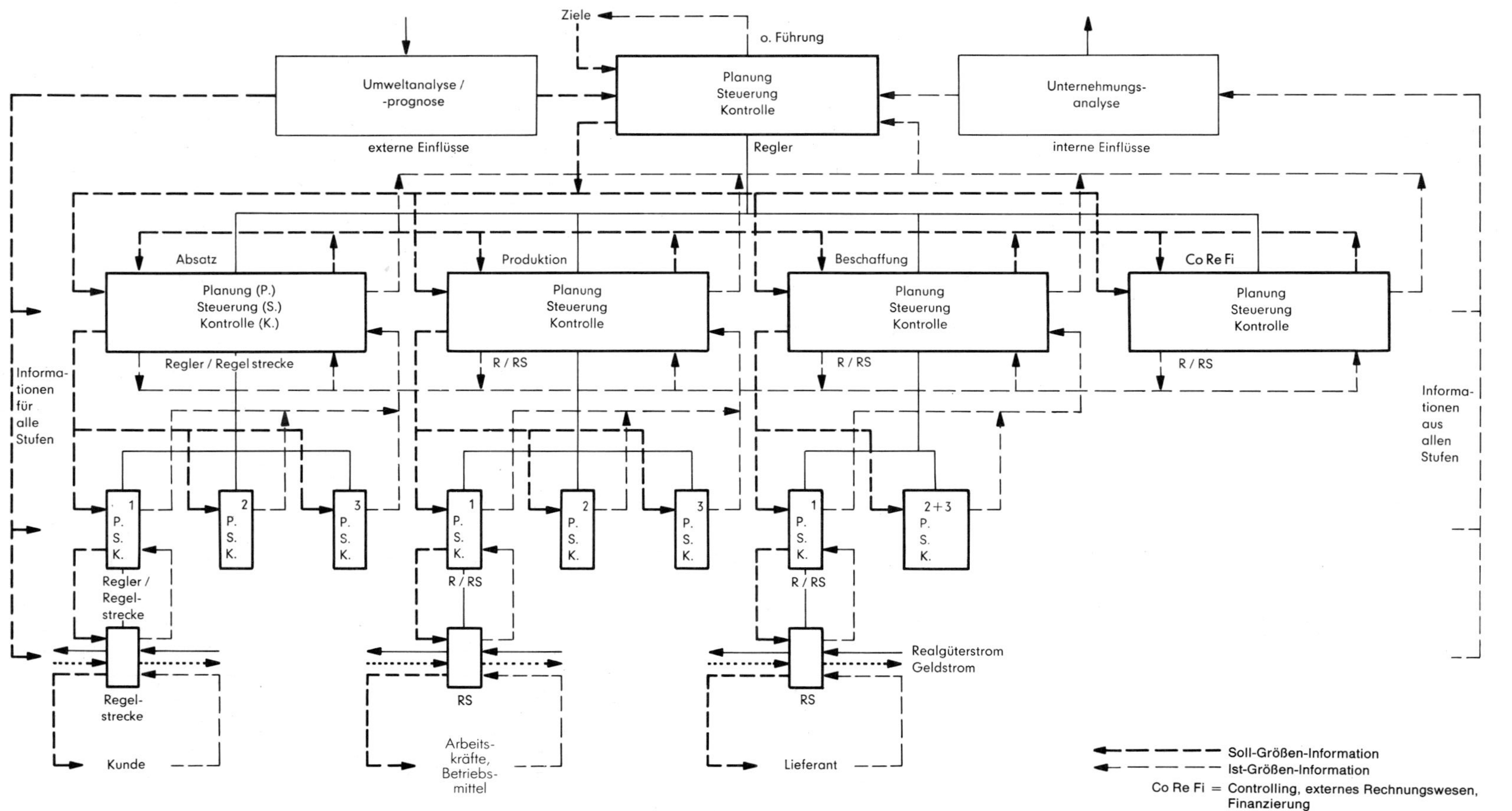

Abb. 17: Tätigkeiten der Unternehmungsführung und Führungsprozeß/Integrierte bereichsbezogene Planung, Steuerung und Kontrolle in einer Unternehmung mit primär verrichtungsorientierter Aufbauorganisation

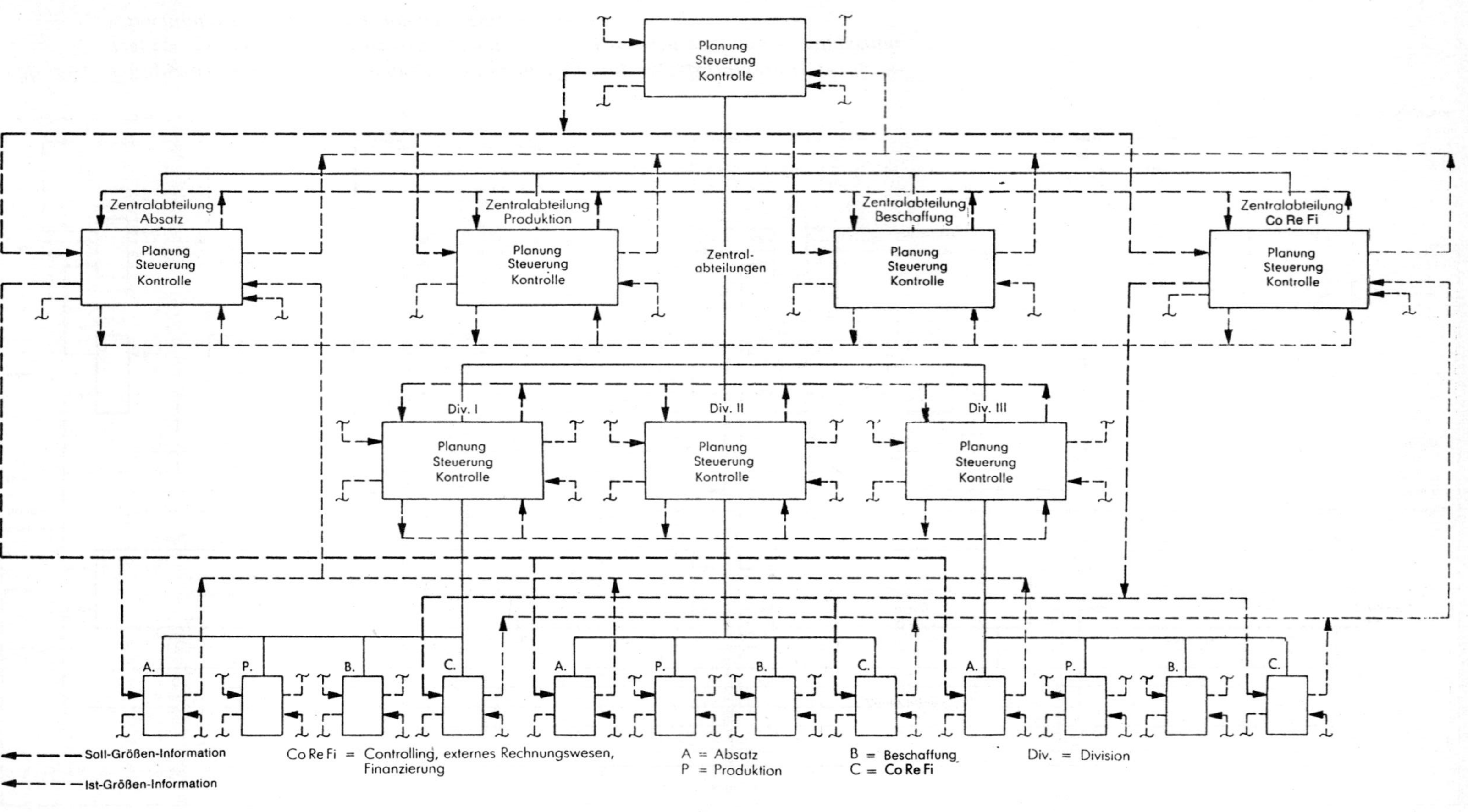

Abb. 18 a: Tätigkeiten der Unternehmungsführung und Führungsprozeß/Integrierte bereichsbezogene Planung, Steuerung und Kontrolle in einer Unternehmung mit primär produktorientierter (divisionaler) Aufbauorganisation

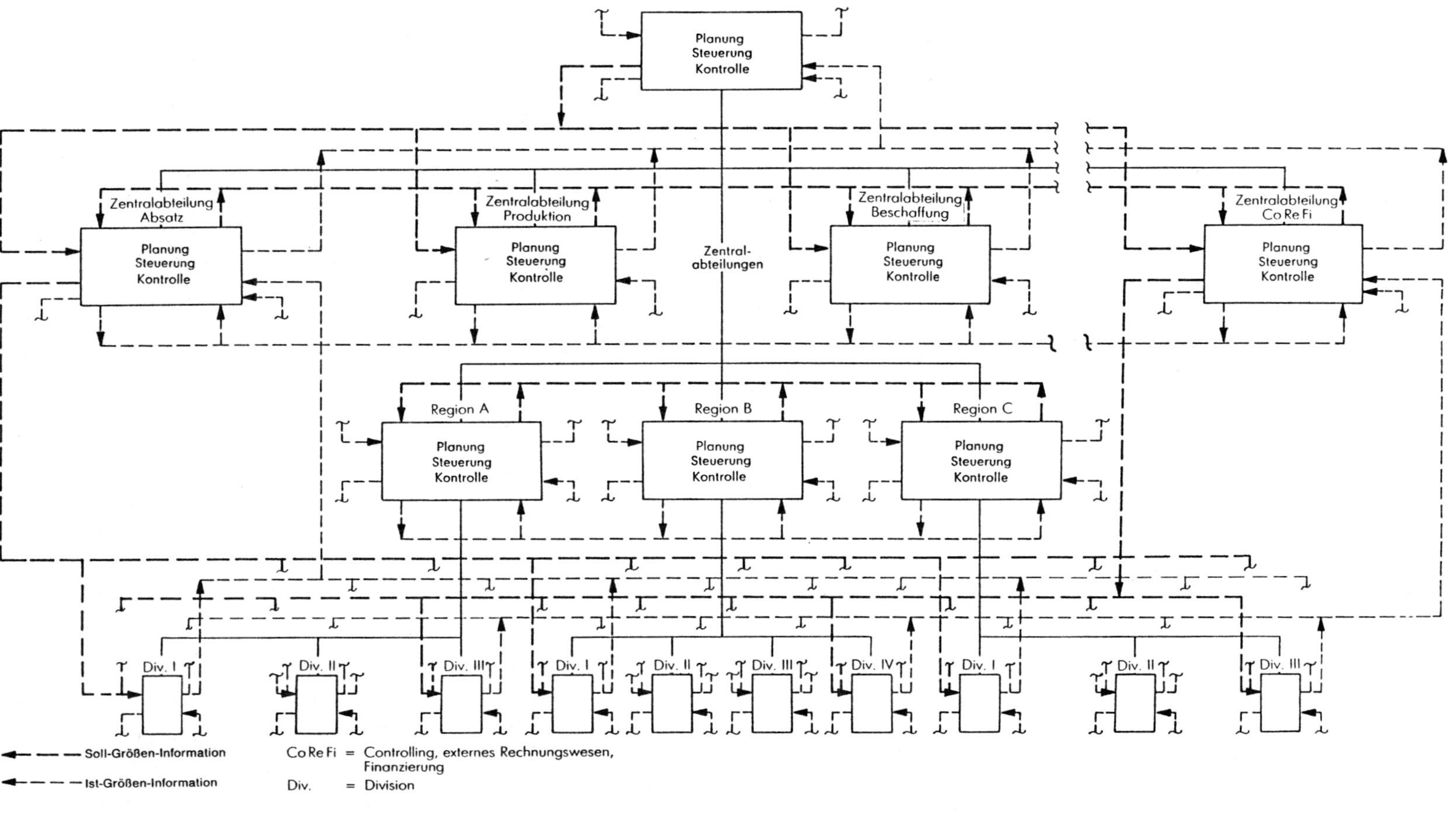

Abb. 18 b: Tätigkeiten der Unternehmungsführung und Führungsprozeß/Integrierte bereichsbezogene Planung, Steuerung und Kontrolle in einer Unternehmung mit primär regionalorientierter (divisionaler) Aufbauorganisation

2.3 Planungs- und Kontrollrechnung als Ausdruck quantifizierter Planung und Kontrolle

Planung und Kontrolle – als Informationsaufnahme-, -verarbeitungs- und -abgabeprozesse – können auf der Basis quantifizierter und nichtquantifizierter Informationen als Input erfolgen[16].

Die **Ergebnisse der Planung und Kontrolle** – **Planungs- und Kontrollinformationen** als Output – finden ihren Niederschlag in **Plänen und Berichten**, die Soll-Informationen, Soll-/Ist-Informationen (auch im Hinblick auf das voraussichtliche Ist) sowie Ist-Informationen und Ist-/Ist-Informationen enthalten können.

Die Verarbeitung von quantifizierten Informationen zu Planungs- und Kontrollinformationen bildet den Inhalt der **Planungs- und Kontrollrechnung.** Sie ist somit einerseits Tätigkeit und andererseits Ergebnis dieser Tätigkeit[17]. In ihr lassen sich Ziele, Alternativen der Zielerreichung, Wirkungen von Alternativen auf Ziele, **Entscheidungsergebnisse** sowie Durchführungsresultate und damit **Abweichungsangaben** durch **Zahlen** ausdrücken bzw. errechnen und ausdrücken, wobei Entscheidungsergebnisse und Abweichungsangaben **Ergebnisse der Prozesse Planung und Kontrolle** sind. Im Hinblick auf die quantifizierbaren Ziele der Unternehmung bildet die Planungs- und Kontrollrechnung für die Setzung der Ziele und Zielerreichungsmaßnahmen und die Überwachung der Zielerreichung das wichtigste **Instrument der Unternehmungsführung.**

Das Zahlenwerk einer Planungs- und Kontrollrechnung kann hierbei aus Mengen-, Zeit- und Wertangaben bestehen, die das betriebliche Geschehen ex ante und ex post quantitativ abbilden. Gestattet ein **monetäres Planungs- und Kontrollzahlenwerk**, das gesamte Geschehen in der Unternehmung auf ihre monetären oberen Ziele, insbesondere das **Ergebnisstreben** und die **Liquiditätssicherung**, auszurichten, wird es als **ergebnis- und liquiditätsorientierte Planungs- und Kontrollrechnung** bezeichnet. Es baut primär auf den Wertgrößen des Rechnungs- und Finanzwesens auf und umfaßt eine ergebnisorientierte und (z. T. auch) liquiditätsorientierte Produktprogrammplanung sowie Ziel- und Maßnahmenplanung mit und ohne Potentialänderungen bezogen auf Bereiche und Projekte und mündet in die kalkulatorische und bilanzielle Ergebnisplanung sowie Finanzplanung der Unternehmung, jeweils ergänzt um entsprechende Kontrollen. Durch die ergebnis- und liquiditätsorientierte Planungs- und Kontrollrechnung können nicht nur das Sachziel (Produktprogramm) sowie hiermit zusammenhängende güter- und finanzwirtschaftliche Ziele und Maßnahmen koor-

---

16 Der Begriff Information wird in der Literatur verschieden definiert und gegenüber den Begriffen Daten und Wissen abgegrenzt. Information kann als zweckorientiertes bzw. zielgerichtetes Wissen (vgl. Wittmann, W., Information, in: HWO, Hrsg. E. Grochla, Stuttgart 1969, Sp. 699 ff.; Stahlknecht, P., Einführung in die Wirtschaftsinformatik, 6. Aufl., Berlin u. a. 1993, S. 8) bzw. als effektives oder potentielles Wissen und damit als Untermenge von Wissen im Sinne aller Denkinhalte verstanden werden (vgl. Wild, J., Grundlagen der Unternehmungsplanung, a.a.O., S. 119; vgl. auch die Übersicht bei Krüger, W., Organisation der Unternehmung, 3. Aufl. Stuttgart u. a. 1994, S. 142). Informationen können aber auch als Daten mit Bedeutungsinhalten verstanden werden. Wissen stellt dann eine Verknüpfung von Informationen mit zumindest teilweise höherer Abstraktion und mehr zeitlicher Konstanz dar und entstammt der Erfahrung bzw. Deduktion oder Induktion (vgl. hierzu Buhl, H. U., Weinhardt, C., Wissensbasierte Systeme, Skript der Professur für Betriebswirtschaftslehre, Wirtschaftsinformatik, Gießen 1992, S. 48).

17 Vgl. zu letzterem auch Hellmich, R., Entwicklung eines Planungssystems für Unternehmungen, Winterthur 1970, S. 25.

diniert und determiniert werden, sondern auch erforderliche soziale Ziele und Maßnahmen, soweit diese sich monetär ausdrücken lassen.

Die Planungsrechnungen beruhen auf **Dokumentationsinformationen** sowie vor allem auf **Prognoseinformationen,** wobei letztere Aussagen über die künftige Entwicklung von Variablen darstellen und auf Grund unterschiedlichster Prognoseverfahren zur gedanklichen Erfassung möglicher künftiger Tatbestände gewonnen werden. Diese quantifizierbaren Informationen werden in **Planungsinformationen** umgewandelt. Bei diesen Planungsinformationen handelt es sich um Erwartungswerte, die auf der Basis von Ermittlungsmodellen und Erklärungsmodellen sowie durch Entscheidungsmodelle gewonnen werden[18].

Ermittlungsmodelle (Beschreibungsmodelle, Aufbereitungsmodelle) bestehen aus einfachen Aussagen, hier numerischen Werten, in denen einzelne Komponenten eines Betrachtungsgegenstandes unter Zuhilfenahme von mathematischen Gleichungen charakterisiert bzw. abgeleitet werden, ohne jedoch funktionale Zusammenhänge und Restriktionen aufzuzeigen (z. B. Plankalkulationen, einfache Investitionsrechnungen). Ermittlungsmodelle bilden mit die Grundlage zur Aufstellung von Erklärungsmodellen.

Die Bedeutung der Ermittlungsmodelle liegt darin, Erwartungswerte als Ausdruck möglicher künftiger Konstellationen als Entscheidungs- und damit Planungsgrundlage zu erhalten. Diese Erwartungswerte können anzeigen, inwieweit verfolgte Ziele erreicht werden – sie können auch selbst als Ziele (Plangrößen) gesetzt werden.

Erklärungsmodelle werden durch Erklärungsgleichungen, die die Beziehungen zwischen abhängigen und unabhängigen Variablen zum Ausdruck bringen, dargestellt (z. B. Input-Output-Betriebsmodelle oder mehrperiodige Gewinn- und Verlustrechnungs-, Bilanz- und Finanzplanungsmodelle). Die Erwartungsvariablen stellen hierin die abhängigen Variablen dar, die sich auf Grund der Wirkungen der Variation der unabhängigen Variablen – der Aktionsparameter – ergeben. Die unabhängigen Variablen verdeutlichen die im Modell festgehaltenen Entscheidungstatbestände (Handlungsmöglichkeiten).

$$E = f(a, b, c)$$

E = zu erklärende Erwartungsvariable

a, b, c = Aktionsparameter

---

18 Vgl. zur Charakterisierung der Erklärungs- und Entscheidungsmodelle in den beiden folgenden Abschnitten Heinen, E., Einführung in die Betriebswirtschaftslehre, a.a.O., S. 157 ff. und S. 215 ff.; ders., Zur Problembezogenheit von Entscheidungsmodellen, WiSt 1972, S. 3 ff.; ferner Hammann, P., Entscheidungsmodelle in der betriebswirtschaftlichen Theorie, ZfbF 1969, S. 457 ff.; Köhler, R., Modelle, in: HWB, 2. Bd., Hrsg. E. Grochla, W. Wittmann, 4. Aufl., Stuttgart 1975, Sp. 2701 ff. Vgl. ferner zu Ermittlungs-, Erklärungs- und Entscheidungsmodellen Berthel, J., Modelle, allgemein, in: HWR, Hrsg. E. Kosiol, Stuttgart 1970, Sp. 1122 ff.; Brauchlin, E., Entscheidungstechniken, in: HWFü, Hrsg. A. Kieser, G. Reber, R. Wunderer, Stuttgart 1987, Sp. 260 ff.; Dinkelbach, W., Entscheidungstheorie, in: HWB, 1. Bd., Hrsg. E. Grochla, W. Wittmann, 4. Aufl., Stuttgart 1974, Sp. 1290 ff.; ders., Entscheidungsmodelle und lineare Programmierung, 2. Aufl., München 1990; Mag, W., Entscheidungstechniken, in: HWPlan, Hrsg. N. Szyperski, Stuttgart 1989, Sp. 389 ff.; Schweitzer, M., Einführung in die Industriebetriebslehre, Berlin – New York 1973, S. 18 ff. Vgl. zur Charakterisierung von Modellen und Modellarten auch die grundlegenden Ausführungen von Kosiol, E., Modellanalyse als Grundlage unternehmerischer Entscheidungen, ZfhF 1961, S. 318 ff. Zu einem Überblick über die betriebswirtschaftliche Entscheidungstheorie vgl. auch Bamberg, C., Coenenberg, A. G., Betriebswirtschaftliche Entscheidungslehre, a.a.O.; Mag, W., Grundzüge der Entscheidungstheorie, München 1990; Sieben, G., Schildbach, T., Betriebswirtschaftliche Entscheidungstheorie, 4. Aufl., Düsseldorf 1994 sowie Grün, O., Empirische Entscheidungsforschung. Von der Prozeßanalyse zum Decision Engineering, zfo 1988, S. 328 ff.; Krallmann, H., Betriebliche Entscheidungsunterstützungssysteme. Heute und Morgen, zfo 1987, S. 109 ff.

Erklärungsgleichungen sind grundsätzlich durch ein System von Nebenbedingungen zu ergänzen, die den Variationsspielraum für den Einsatz von Handlungsmöglichkeiten einengen, z. B. Kapazitäts- und Absatzbeschränkungen. Die Erwartungsvariablen ergeben sich als eindeutige oder mehrdeutige Erwartungen in Abhängigkeit davon, ob sich auf Grund der jeweiligen Aktionsparameterkonstellation nur ein Wert oder mehrere Werte der Erwartungsvariablen ergeben können.

Bei den betriebswirtschaftlichen Erklärungsmodellen kann es sich um mono- oder multivariable Erklärungsfunktionen handeln, in Abhängigkeit davon, ob nur ein Aktionsparameter bei Konstanthaltung aller übrigen variiert wird oder mehrere Aktionsparameter variiert werden. In statischen Modellen beziehen sich die Variablen lediglich auf einen Bezugszeitraum, in dynamischen Modellen auf unterschiedliche Bezugszeiträume.

Bei den Erklärungsmodellen kann es sich je nach dem Umfang der durch Aktionsparameter erfaßten Entscheidungstatbestände um Total- oder Partialmodelle handeln. In der Praxis wird bislang überwiegend nur mit Partialmodellen gearbeitet.

Die Bedeutung der Erklärungsmodelle liegt darin, Erwartungswerte als Ausdruck der Konsequenzen möglicher Handlungen zu erhalten (sog. „Wenn-Dann-Modelle"). Diese Erwartungswerte können anzeigen, inwieweit verfolgte Ziele erreicht werden – sie können auch selbst als Ziele (Plangrößen) gesetzt werden. Wird in das Erklärungsmodell eine Zielfunktion explizit aufgenommen, erhält man ein **Entscheidungsmodell:**

$$Z = E = f(a, b, c) \rightarrow \text{max oder min!}$$

oder

$$Z \gtreqless Z^*.$$

Durch die Zielfunktion wird entweder die Erreichung eines Extremwertes (Optimums) als Maximal- oder Minimalwert vorgeschrieben oder die Unterschreitung, Erreichung oder Überschreitung eines definierten Anspruchsniveaus.

Die Zielfunktion wird durch Definitions- und Erklärungsgleichungen erläutert. In den Erklärungsgleichungen kommen die zu variierenden Aktionsparameter mit Koeffizienten, die ihrerseits variiert werden können, zum Ausdruck.

Restriktionen sind eine spezifische Form von Erklärungs- oder Definitionsgleichungen. Sie werden auch als Nebenbedingungen bezeichnet. Sie können Haupt- oder Nebenziele sein. Sie sind durch Angabe gesonderter Gleichungen zu berücksichtigen. Es wird z. B. ein maximaler Gewinn als Hauptziel unter Beachtung von Mindestumsatzmengen, definierten möglichen Produktionsmengen und der jederzeitigen Deckung von Auszahlungen durch Einzahlungen als Nebenziele formuliert.

Die Bedeutung der Entscheidungsmodelle liegt darin, eine optimale Lösung durch einen Rechenalgorithmus aufzufinden – in der Bestimmung jener Handlungsmöglichkeiten, die auf Grund ihrer Erwartungswerte eine bestmögliche Zielerreichung gewährleisten. Diese können als Ziele (Plangrößen) vorgegeben werden.

In **analytischen Entscheidungsmodellen** (z. B. der Linearen Programmierung zur Bestimmung des deckungsbeitragsoptimalen Produktionsprogrammes) ist es möglich, **alle Handlungsmöglichkeiten** des betrachteten Entscheidungsfeldes zu erfassen und im Hinblick auf ihre jeweilige Zielwirkung zu beurteilen. Das Ergebnis stellt ein **absolutes Optimum** (als Extremwert) dar.

Kann in **Erklärungs- und Entscheidungsmodellen** aus Praktikabilitäts- oder Wirtschaftlichkeitsgründen nur eine **begrenzte Anzahl von Handlungsmöglichkeiten** des Entscheidungsfeldes untersucht werden, so werden im Rahmen der **Simulation** durch mathematische Berechnungsexperimente die Erwartungswerte für eine Anzahl autonom oder nach heuristischen Prinzipien ausgewählter Handlungsmöglichkeiten errechnet und gegebenenfalls verglichen. Das Ergebnis stellt beim Entscheidungsmodell ein **relatives Optimum** dar (als Näherungswert)[19].

Die Beziehungen zwischen Ermittlungs-, Erklärungs- und Entscheidungsmodellen verdeutlicht Abbildung 19.

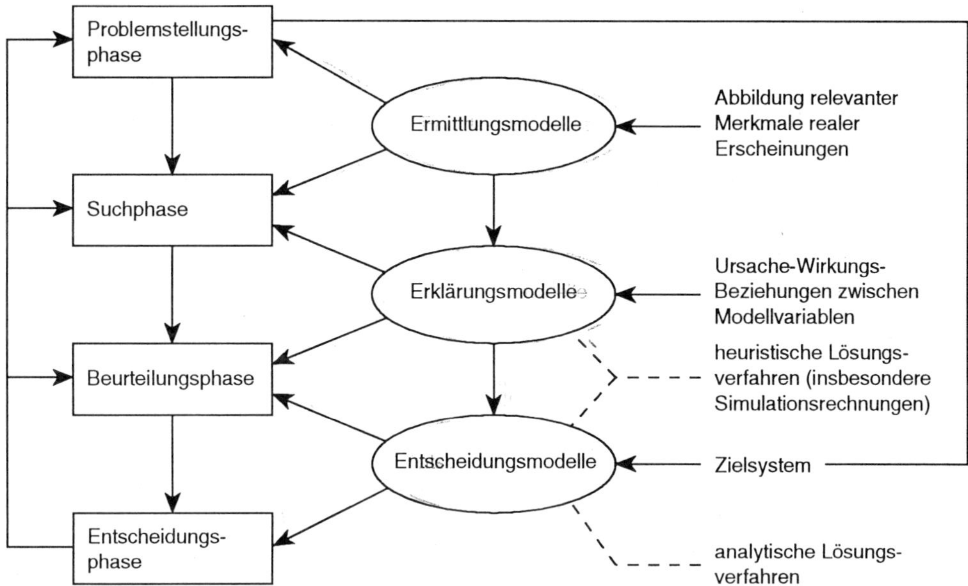

Abb. 19: Beziehungen zwischen Entscheidungs-, Erklärungs- und Ermittlungsmodellen und ihre Einsatzschwerpunkte in den Phasen des Entscheidungsprozesses

Modelle der aufgezeigten Art werden im Planungsprozeß insbesondere in der Phase 3, der Beurteilungsphase, benötigt, wobei Komponenten des Modells bereits in den Phasen 1 und 2 des Planungsprozesses zu erarbeiten sind (Hauptziele, Nebenziele, Alternativen, Konstanten).

Die Erarbeitung von Planungsinformationen auf der Basis von Ermittlungs-, Erklärungs- und Entscheidungsmodellen kann durch Führungskräfte und deren Hilfskräfte unter Einsatz von Computern erfolgen.

Im Informationssystem der Unternehmung erfolgt unter Berücksichtigung von Dokumentationsinformationen eine Transformation von Prognoseinformationen in Planungsinformationen, die von den Entscheidungsträgern als vorzugebende Planzahlen verabschiedet werden können. Diese Planzahlen stellen das Ergebnis des Planungsprozesses innerhalb des Führungsprozesses dar und bilden die Soll-Größen im Regelkreis. Im Informationssystem

19 Vgl. zum Wesen der Simulation und zum Fehlen einer Lösungsgarantie bei heuristischen Entscheidungsmethoden Baetge, J., Fischer, T., Simulationstechniken, in: HWPlan, Hrsg. N. Szyperski, Stuttgart 1989, Sp. 1782ff.; Kühn, R., Entscheidungsmethodik und Unternehmungspolitik, Bern – Stuttgart 1978, S. 144ff.; Mertens, P., Simulation, 2. Aufl., Stuttgart 1982.

werden neben der Ermittlung bestimmter Planzahlen auch Plan- und Ist-Zahlen gegenübergestellt und Kontrollinformationen (Abweichungen) zur Unterrichtung der Unternehmungsführung ermittelt.

Die **Berücksichtigung von mathematischen Modellen im Führungsprozeß** der Unternehmung charakterisiert Abbildung 20[20].

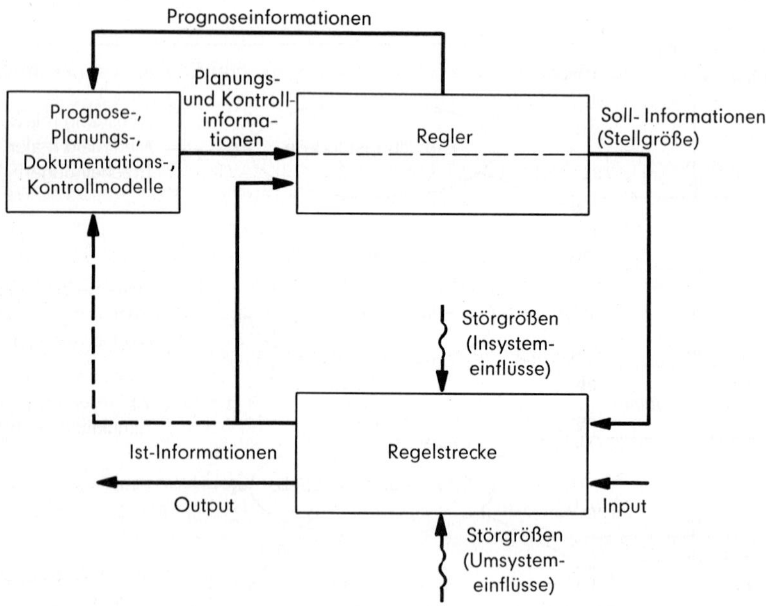

Abb. 20: Berücksichtigung mathematischer Modelle im Führungsprozeß

Die Regler als personales Führungselement führen Planungs-, Steuerungs- und Kontrollprozesse durch, wobei vielfach Planungs- und Kontrollrechnungen unter Einsatz von Computern auf der Basis programmierter Modelle erfolgen. Die Vorgabeinformation (Stellgröße) gegenüber anderen Personen zur Veranlassung der Durchführung – die Steuerung – erfolgt in jedem Falle durch Führungskräfte. Lediglich bei programmierbaren Prozessen kann auch die Abgabe der Vorgabeinformation (Stellgröße) maschinell durchgeführt werden (Prozeßsteuerung i.w.S.)[21].

20 Vgl. zu diesem Problemkreis auch Meffert, H., Systemtheorie aus betriebswirtschaftlicher Sicht, a.a.O., S. 196. Zur Definition von Modellen vgl. bspw. Weber, K., Trzebiner, R., Tempelmeier, H., Simulation mit GPSS, Bern – Stuttgart 1983, S. 17.

21 Vgl. hierzu Teil V, Abschnitt 2.1.2.

2.4 Planungs- und Kontrollrechnung bei unterschiedlichen Annahmen über künftige Umweltsituationen und bei unterschiedlicher Zielsetzung

Planung beinhaltet die gedankliche Vorwegnahme künftigen Geschehens durch zielorientierte Alternativensuche, -beurteilung und -auswahl bei Zugrundelegung bestimmter Annahmen über künftige Umweltsituationen.

Bezüglich der **Umweltsituation** kann von einwertigen (eindeutigen) oder mehrwertigen (mehrdeutigen) Erwartungen ausgegangen werden. Es sind hiernach Entscheidungen unter Sicherheit oder Ungewißheit zu fällen[22].

Bezüglich der **Zielsetzung** kann im Planungsprozeß von einer einfachen Zielsetzung (z. B. Gewinnmaximierung) oder einer mehrfachen Zielsetzung (z. B. Gewinn- und Umsatzmaximierung sowie Erhaltung einer Mindestzahl von Arbeitsplätzen) ausgegangen werden[23]. Ziele und Zielerreichungen sind dabei kardinal (durch Zahlen) oder ordinal (nur nach ihrer Vorziehenswürdigkeit – z. B. gut, mittel, schlecht) meßbar. Auch kann die Zielerreichung ggf. nur nominal (Ziel erfüllt oder Ziel nicht erfüllt) ausgedrückt werden.

Kardinal und ordinal meßbare Ziele können bezüglich ihres angestrebten Ausmaßes als Extremalziel (Optimalziel bzw. Extremierungsziel: Maximierungs- oder Minimierungsziel) oder als Satisfizierungsziel formuliert werden. Bei nominaler Zielerreichungsmessung geht man von einer Satisfizierungszielsetzung aus.

Abbildung 21 verdeutlicht, bei welchen Zielsetzungen und Annahmen über künftige Umweltsituationen Planungsrechnungen bzw. Entscheidungsvorbereitungen und anschließende Entscheidungsfällungen vorgenommen werden können.

Problemstellungen in der Praxis zeichnen sich vielfach dadurch aus, daß nicht eine einfache, sondern eine mehrfache Zielsetzung und zudem nicht nur kardinal, sondern auch ordinal und nominal meßbare, also schwer- oder nichtquantifizierbare Ziele bzw. Zielerreichungen

---

22 Vgl. zu dem Problem der Entscheidung unter Ungewißheit, auf das hier nur kurz hingewiesen wird, z. B. Koch, H., Betriebliche Planung, a.a.O., S. 107ff. sowie zum Problem des Entscheidungsprozesses unter „Risiko" und „Ungewißheit" ferner Albach, H., Wirtschaftlichkeitsrechnung bei unsicheren Erwartungen, Köln – Opladen 1959; ders., Ungewißheit und Unsicherheit, in: HWB, 3. Bd., Hrsg. E. Grochla, W. Wittmann, 4. Aufl., Stuttgart 1976, Sp. 4036ff.; Bamberg, G., Coenenberg, A. G., Betriebswirtschaftliche Entscheidungslehre, a.a.O.; Bitz, M., Entscheidungstheorie, München 1981; Gottwald, R., Entscheidung unter Unsicherheit, Wiesbaden 1990; Gutenberg, E., Unternehmensführung, a.a.O., S. 76ff.; Heinen, E., Grundlagen betriebswirtschaftlicher Entscheidungen – Das Zielsystem der Unternehmung, a.a.O., S. 159ff.; ders., Industriebetriebslehre als entscheidungsorientierte Unternehmensführung, a.a.O., S. 29ff.; Knight, F. H., Risk, Uncertainty, and Profit, Chicago – London 1971; Neumann, J. v., Morgenstern, O., Theory of Games and Economic Behavior, 3rd Ed., Princeton 1953; Schneeweiß, H., Entscheidungskriterien bei Risiko, Berlin – Heidelberg – New York 1967 sowie ferner Schneider, D., Unternehmerische Entscheidung unter Ungewißheit, DB 1973, S. 241ff. u. S. 292ff.; Weber, M., Entscheidungen bei Mehrfachzielen und unvollständiger Information, ZfbF 1985, S. 311ff.; Wittmann, W., Unternehmung und unvollkommene Information, Köln – Opladen 1959.

23 Vgl. hierzu vertiefend Heinen, E., Grundlagen betriebswirtschaftlicher Entscheidungen – Das Zielsystem der Unternehmung, a.a.O., S. 115ff. u. S. 140ff.; ferner Gäfgen, G., Theorie der wirtschaftlichen Entscheidung, 3. Aufl., Tübingen 1974, S. 106ff.; Zimmermann, H.-J., Gutsche, L., Multi-Criteria Analyse, Einführung in die Theorie der Entscheidungen bei Mehrfachzielsetzungen, Berlin – Heidelberg 1991; Weber, K., Mehrkriterielle Entscheidungen, München 1993.

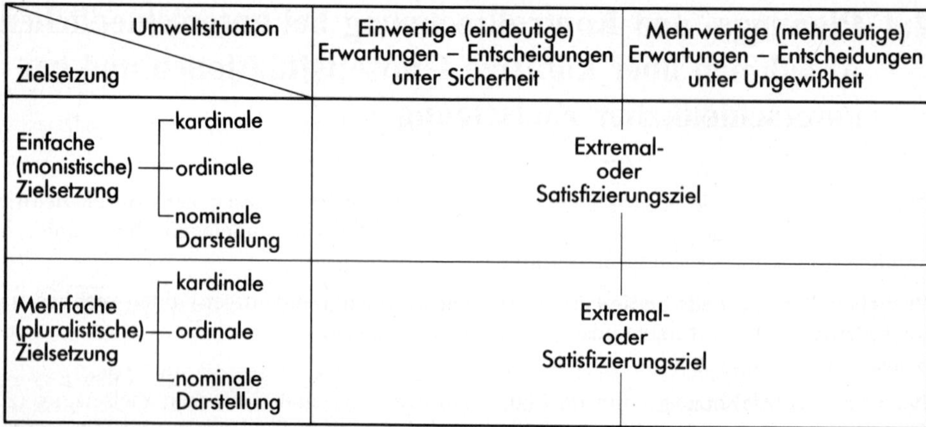

Zielsetzung \ Umweltsituation	Einwertige (eindeutige) Erwartungen – Entscheidungen unter Sicherheit	Mehrwertige (mehrdeutige) Erwartungen – Entscheidungen unter Ungewißheit
Einfache (monistische) Zielsetzung – kardinale / ordinale / nominale Darstellung	Extremal- oder Satisfizierungsziel	
Mehrfache (pluralistische) Zielsetzung – kardinale / ordinale / nominale Darstellung	Extremal- oder Satisfizierungsziel	

Abb. 21: Planungsrechnungen/Entscheidungsvorbereitungen bei unterschiedlichen Annahmen über künftige Umweltsituationen und bei unterschiedlichen Zielsetzungen

zu berücksichtigen sind. In den meisten Entscheidungsfällen sucht man zudem nach einer optimalen Lösung, man geht also von einer Extremalzielsetzung als Hauptzielsetzung aus. Dieses Vorgehen entspricht dem Rational- bzw. Wirtschaftlichkeitsprinzip, wonach mit gegebenen Mitteln ein maximaler Erfolg oder ein definierter Erfolg mit minimalen Mitteln angestrebt wird. Stark vereinfachend wird z. T. nur eine mögliche künftige Umweltsituation bzw. Umweltentwicklung unterstellt.

(1) Entscheidungen bei einwertigen Erwartungen (Entscheidungen unter Sicherheit)

Bei **Entscheidungen unter Sicherheit** wird von dem Eintreten einer bestimmten Umweltsituation ausgegangen. Die Wirkungen der Alternativen können durch eindeutige (einwertige) Zielerreichungsgrade bestimmt werden.

Bei **einfacher Hauptzielsetzung** treten keine Probleme bei der Lösung von Entscheidungs- bzw. Planungsprozessen auf, sofern es sich bei dem Hauptziel um ein Extremalziel handelt. Es ist jene Alternative die optimale Lösung, die im Hinblick auf das Extremalziel den höchsten Zielerreichungsgrad aufweist und ggf. formulierte Randbedingungen bzw. Nebenziele erfüllt. Es ist zu prüfen, ob durch Simulationsrechnungen oder analytische Verfahren, insbesondere die mathematische Programmierung, das relative oder absolute Optimum errechnet werden kann.

Handelt es sich bei der Hauptzielsetzung um ein Satisfizierungsziel, so ergeben sich Probleme, sofern auf Grund der prognostizierten Wirkungen der Alternativen mehr als eine Alternative das Zielniveau erreicht oder in der erwünschten Richtung über- bzw. unterschreitet. Hier wird die Bestimmung einer optimalen Lösung nur durch Niveauänderung bei dem Hauptziel – was letztlich der Anwendung einer Extremalzielformulierung entspricht [24] – oder durch Änderung der Rand- oder Nebenbedingungen möglich.

---

24 Vgl. Dinkelbach, W., Ziele, Zielvariablen und Zielfunktionen, DBW 1978, S. 51 ff. – Dinkelbach verdeutlicht, daß in vielen Entscheidungssituationen ein Satisfizierer (auch Fixierer und Approximierer) bezüglich der Hauptzielfunktion zum Maximierer wird – sofern ein Wahlproblem verbleibt.

Bei **mehrfacher Hauptzielsetzung** treten bei der Lösung von Entscheidungs- bzw. Planungsprozessen keine Probleme auf, sofern die Hauptziele als Extremalziele formuliert sind und keine Zielkonkurrenz vorliegt.

Liegt keine Zielkonkurrenz vor, ist jene Alternative die beste Lösung, die im Hinblick auf die relevanten Ziele die jeweils höchsten Zielerreichungsgrade aufweist und ggf. formulierte Randbedingungen bzw. Nebenziele erfüllt.

Liegen konkurrierende Hauptziele vor, die als Extremalziele formuliert sind, so treten bei der Lösung solcher Entscheidungs- bzw. Planungsprozesse Probleme auf[25]. Es ist zu prüfen, welcher der nachfolgend angeführten Lösungsansätze heranzuziehen ist, um eine vergleichsweise beste Lösung bzw. Kompromißlösung auf der Basis von Präferenzfunktionen bzw. Zufriedenheitsfunktionen der Entscheidungsträger zu erhalten[26].

Hierbei ist zu unterscheiden, ob es sich um einen stetigen Lösungsraum (also z.B. ein lineares Programm) handelt, der unendlich viele Lösungsalternativen enthält, oder ob nur aus abzählbar vielen Lösungsalternativen (meist relativ wenigen) zu wählen ist. Probleme der ersten Art werden als ‚Vektormaximumprobleme' bezeichnet. Probleme der zweiten Art nennt man ‚Multi-Attribut-Probleme'.

Lösungsansätze für einen Lösungsraum mit unendlich vielen Lösungsalternativen:

- Zum einen wird hier, z.B. bei linearen Programmen mit mehreren Zielen, eine Kompromißlösung bestimmt, indem man aus der Menge der effizienten Lösungen jene bestimmt, die den Abstand zur idealen Lösung minimiert (Zielprogrammierung/goal programming)[27].
- Zum anderen werden die Ziele zunächst über normierte Gewichte multiplikativ-additiv zu einer (linearen) Zielfunktion aggregiert. Mit dieser Zielfunktion wird dann im gegebenen Lösungsraum die Kompromißlösung bestimmt, die die optimale Ecke bezüglich der aggregierten Zielfunktion darstellt.

Durch sogenanntes ‚unscharfes lineares Programmieren' kann man in beiden Fällen sehr effizient zu Kompromißlösungen gelangen (Fuzzy Set Theory)[28].

---

25 Mehrfachzielsetzungen und Zielerreichungsgrade von Alternativen können graphisch durch Polarkoordinatendarstellungen und Profildarstellungen (mit Merkmals- bzw. Kriterienausprägungen) veranschaulicht werden.

26 Vgl. zu diesen Lösungsansätzen im Überblick Zimmermann, H.-J., Unscharfe Entscheidungen und Multi-Criteria-Analyse, in: Proceedings in Operations Research 6, Hrsg. H.N. Dathe u.a., Würzburg – Wien 1976, S. 99ff. sowie die dort angegebene Literatur. Zur Entscheidung bei mehrfacher Zielsetzung vgl. auch Zimmermann, H.-J., Gutsche, L., Multi-Criteria Analyse, Einführung in die Theorie der Entscheidungen bei Mehrfachzielsetzungen, a.a.O., S. 21ff.; Trzebiner, R., Computergestützte Lösung von Entscheidungsmodellen unter mehrfacher Zielsetzung, Gießen 1989; Weber, K., Mehrkriterielle Entscheidungen, a.a.O.

27 Vgl. hierzu vertiefend z.B. Fandel, G., Optimale Entscheidung bei mehrfacher Zielsetzung, Berlin – Heidelberg – New York 1972, S. 19ff.

28 Vgl. hierzu insbesondere Zimmermann, H.-J., Zadeh, L.A., Gaines, B.R. (Hrsg.), Fuzzy Sets and Decision Analysis, Amsterdam u.a. 1984; Zimmermann, H.-J., Unscharfe Entscheidungen, in: Grundlagen der Operations Research, Hrsg. T. Gal, Bd. 3, Berlin – Heidelberg 1987, S. 340ff.; ders., Fuzzy Sets, Decision Making and Expert Systems, Boston – Dordrecht 1987; ders., Fuzzy Set Theory – and Its Applications, 2. Aufl., Boston – Dordrecht 1990; ders., Fuzzy Programming and Linear Programming With Several Objective Functions, Fuzzy Sets and Systems 1978, S. 45ff.; ferner Leberling, H., On Finding Compromise Solutions in Multicriteria Problems Using the Fuzzy Min-Operator, Fuzzy Sets and Systems 1981, S. 105ff.; ders., Entscheidungsfindung bei divergierenden Faktorinteressen und relaxierten Kapazitätsrestriktionen mittels eines unscharfen Lösungs-

Lösungsansätze für einen Lösungsraum mit wenigen Lösungsalternativen:

- Seit langem werden für Multi-Attribut-Probleme Verfahren der Nutzwertanalyse bzw. Entscheidungsmatrix verwendet[29], bei denen nach Vergleichbarmachung der Zielwirkungen und nach Zielgewichtung die Alternative mit dem vergleichsweise höchsten additiven Zielerreichungsgrad (Nutzen) die optimale Lösung bildet, wobei wegen der notwendigen Zielgewichtung (Zielpräferenzbildung) auch hier eine Kompromißlösung vorliegt.
- Zum anderen ist hier die Analytic Hierarchy Process-Technik (der AHP-Ansatz) als ein neuer Lösungsansatz zu nennen, der theoretisch stärker abgesichert ist[30]. Auch hier kommt es zu einer multiplikativ-additiven Verknüpfung von Ziel(gewicht)en und quantitativ ausgedrückten Zielwirkungen von Alternativen. Optimallösung ist hier ebenfalls die Alternative mit dem vergleichsweise höchsten additiven Zielerreichungsgrad. Sowohl zur Gewichtung von Zielen bzw. Kriterien als auch zur (relativen) Beurteilung der Zielwirkungen von Alternativen werden hierbei Paarvergleiche angestellt und in Paarvergleichsmatrizen ausgewiesen. Die Konsistenz der Gewichtungen und Beurteilungen wird dabei überprüft, indem Eigenvektoren der so entstandenen Paarvergleichsmatrizen ermittelt werden.

Auch hier ist eine verbesserte Modellierung durch Anwendung der Fuzzy Set Theory möglich.

Von den genannten Verfahren hat sich bisher in der Praxis das Verfahren der **Nutzwertanalyse bzw. Entscheidungsmatrix** am meisten durchgesetzt, da es gestattet, komplexe Probleme jeder Art durch Beurteilung der Wirkungen von Alternativen im Hinblick auf quantifizierbare, schwer- und nichtquantifizierbare Ziele in einfachen Schritten einer Lösung zuzuführen (z. B. die Beurteilung und Auswahl von Investitionen, Standorten, Organisationskonzepten und von Führungskräften).

---

ansatzes, ZfbF 1983, S. 398 ff.; Milling, P., Entscheidungen bei unscharfen Prämissen, ZfB 1982, S. 716 ff. Vgl. einführend in das Gebiet der Fuzzy Logic auch Altrock, C. v., Über den Daumen gepeilt, c't magazin für computertechnik 3/1991, S. 188 ff.; Reinfrank, M., Fuzzy Control, Dialog 2/1991, S. 41 ff.

Haupteinsatzgebiet der Fuzzy Logic bzw. von Fuzzy Control ist die Prozeßregelung bzw. Prozeßautomatisierung, insbesondere von verfahrenstechnischen Prozessen, in denen ein sog. Fuzzy Controller die Prozeßabläufe im Sinne eines Realzeitexpertensystems steuert. Weitere Einsatzgebiete sind bspw. finanzwirtschaftliche Entscheidungsunterstützungssysteme (financial engineering), z. B. für Kauf-Leasing-Entscheidungen. Vgl. Buhl, H. U., Weinhardt, C., Financial Engineering System FES, Ein wissensbasierter Ansatz zur Finanzierungsberatung, in: Geld, Banken und Versicherungen, 1990/Bd. II, Hrsg. W.-R. Heilmann, Karlsruhe 1992.

29 Vgl. hierzu insbesondere Hahn, D., Planungs- und Kontrollrechnung – PuK, Integrierte ergebnis- und liquiditätsorientierte Planungs- und Kontrollrechnung als Führungsinstrument in Industrieunternehmungen mit Massen- und Serienfertigung, 1. Aufl., Wiesbaden 1974, S. 38 ff.; Töpfer, A., Planungs- und Kontrollsysteme industrieller Unternehmungen, Berlin 1976, S. 197 ff.; Zangemeister, C., Nutzwertanalyse in der Systemtechnik, 4. Aufl., München 1976; ferner Bechmann, A., Nutzwertanalyse, Bewertungstheorie und Planung, Bern – Stuttgart 1978; Dreyer, A., Nutzwertanalyse als Entscheidungsmodell bei mehrfacher Zielsetzung, Diss. Hamburg 1975; Rischmüller, G., Die multi-attributive Nutzentheorie – Ein Entscheidungshilfeverfahren bei mehrfacher Zielsetzung, ZfbF 1980, S. 498 ff. Zur Beurteilung der Nutzwertanalyse vgl. auch Schneeweiß, C., Kostenwirksamkeitsanalyse, Nutzwertanalyse und Multi-Attributive Nutzentheorie, WiSt 1990, S. 13 ff.

30 Vgl. Haedrich, G., Kuß, A., Kreilkamp, E., Der Analytic Hierarchy Process, WiSt 1986, S. 120 ff.; Saaty, T., How to make a decision: The Analytic Hierarchy Process, European Journal of Operations Research 48/1990, S. 9 ff.; Vargas, L. G., An overview of the Analytic Hierarchy Process and its applications, European Journal of Operations Research 48/1990, S. 2 ff.; Ossadnik, W., Mans, St., Strategisches Controlling mittels Analytischen Hierarchie Prozesses, KRP 1994, S. 135 ff.; Ossadnik, W., Strategiewahl mittels AHP, DU 1994, S. 159 ff.

Für die **Durchführung der Nutzwertanalyse** hat sich keine feste Regel oder Modellstruktur entwickelt. Es empfiehlt sich jedoch, nach den Phasen bzw. Operationskomplexen des allgemeinen Entscheidungs- bzw. Planungsprozesses vorzugehen – auf der Basis einer Bewertungs- bzw. Entscheidungsmatrix:

- **Problemformulierung** mit Klärung und Festlegung der relevanten Ziele bzw. Zielkriterien (Z_j), auch Anforderungen genannt. Hierbei sind unabdingbar zu erfüllende Ziele (z. B. das Vorhandensein von Verkehrsanschlüssen, die Erfüllung gesetzlicher Vorschriften, die Zustimmung spezifischer Entscheidungsträger) gesondert hervorzuheben. Für die übrigen Ziele sind Zielgewichte (q_j) anzugeben, wobei ohne explizite Zielgewichtsangabe Gleichgewichtigkeit der Ziele unterstellt wird[31]. Wird ein Ziel (ggf. das Oberziel) in Teilziele gegliedert, so muß die Summe der Teilzielgewichte 1 ergeben.
- **Alternativenerarbeitung und -definition** (A_i). Hierbei muß es sich um sich gegenseitig ausschließende Alternativen handeln. Es sollten mindestens drei Alternativen untersucht werden[32].
- **Ermittlung der Wirkungen** (Konsequenzen, Zielerträge, Zielerreichungsgrade) **je Alternative** auf die festgelegten quantifizierbaren, schwer- und nichtquantifizierbaren Ziele.
  Nichtquantifizierbare Ziele sind selbst und bezüglich ihres Erreichungsgrades lediglich verbal zu beschreiben. Hierbei läßt sich nur Zielerreichung oder Nichtzielerreichung angeben (nominale Messung). Dies ist vielfach bei unabdingbar zu erfüllenden Zielen der Fall.
  Quantifizierbare Ziele gestatten für die Ermittlung der Zielwirkungen vielfach den Einsatz von Ermittlungs- und Erklärungsmodellen.
  Quantifizierbare und schwerquantifizierbare Ziele erfordern für die Ermittlung vergleichbarer Zielwirkungen subjektive Transformationsvorgänge, zudem stets die Berücksichtigung der je nach Präferenzstruktur des Entscheidungsträgers bzw. der Entscheidungsträger subjektiv festgelegten Zielgewichte. Müssen Alternativen auf Grund ihrer Wirkungen im Hinblick auf kardinal meßbare und im Hinblick auf ordinal meßbare Ziele beurteilt werden, so sind die kardinal ausgedrückten Zielwirkungen in die ordinale Skala zu überführen, um eine Vergleichbarkeit der Zielwirkungen zu ermöglichen (z. B. bei den Zielen Gewinn und Unabhängigkeit). Die Transformation aller Zielwirkungen auf die ordinale Skala kann auch dann erforderlich werden, wenn kardinal meßbare Ziele und Zielwirkungen unterschiedlicher Dimension vorliegen (z. B. Gewinn ausgedrückt in DM und Kapazität/Kapazitätsauslastung ausgedrückt in Fertigungsstunden/%).
  Anhand einer ordinalen Skala vergleichbar gemachte Zielwirkungen sind jedoch nur dann additionsfähig, wenn den ordinalen Ausdrücken bestimmte Wertzahlen zugeordnet werden (z. B. ist durch eine Punktebewertung festzulegen: gut = 3, mittel = 2, schlecht = 1). Hierbei erfolgt notwendigerweise wiederum ein Rechnen mit Kardinalzahlen auf Basis der durchgeführten Quasiquantifizierung.
  Bei Vorliegen mehrerer Ziele hat – ggf. nach Umwandlung der Zielerreichungsgrade auf der Basis einer ordinalen Skala in Punktzahlen – die **Multiplikation** der **Zielerreichungsgrade** mit den **Zielgewichten** zu erfolgen (Ermittlung der $W_{ij} \cdot q_j$). Durch **Addition** der **gewichteten Zielerreichungsgrade** wird der **Nutzen je Alternative** bestimmt.

---

31 Zur Bedeutung und Problematik der Zielfestlegung, auch Zielhierarchiebildung und der Zielgewichtung bzw. Zielstrukturierung vgl. Eisenführ, F., Weber, M., Zielstrukturierung: ein kritischer Schritt im Entscheidungsprozeß, ZfbF 1986, S. 907ff.; Nitzsch, R. v., Weber, M., Bandbreiteneffekte bei der Bestimmung von Zielgewichten, ZfbF 1991, S. 971ff.

32 Vgl. hierzu die Untersuchung von Hauschildt, J., Alternativenzahl und Effizienz von Entscheidungen, ZfbF 1983, S. 94ff.

– **Auswahl** (Bestimmung) **der Alternative mit dem relativ optimalen Zielerreichungsgrad bzw. Nutzen.** Sie erfolgt durch Vergleich der je Alternative addierten gewichteten Zielerreichungsgrade.

Bei Vorliegen unabdingbar zu erfüllender Ziele, die nur nominal meßbar sind, sind vorab jene Alternativen zu eliminieren, die derartige Ziele (auch Mußziele genannt) nicht erfüllen. Handelt es sich bei unabdingbaren Zielen bzw. Zielerreichungsgraden um ordinal oder kardinal meßbare Ziele, so können für diese auch Grenzwerte formuliert werden, deren Unter- oder Überschreitung zur Aussonderung von Alternativen im Beurteilungsprozeß führt. Vereinzelt läßt sich für derartige Ziele allerdings durch spezifische Maßnahmen die Zielfunktion bzw. das Zielniveau oder eine Alternativenausprägung variieren, um Zielbarrieren zu vermeiden.

Handelt es sich bei der Hauptzielsetzung um mehrere Satisfizierungsziele, so ergeben sich auch bei Anwendung der Nutzwertanalyse bzw. Entscheidungsmatrix Probleme, sofern auf Grund der prognostizierten Wirkungen der Alternativen mehr als eine Alternative das Zielniveau erreicht oder in der erwünschten Richtung über- oder unterschreitet. Man begnügt sich mit mehreren befriedigenden Lösungen oder führt eine optimale Lösung durch Zielniveauänderung(en), durch Erweiterung der Zahl der Hauptziele oder durch Änderung der Rand- und Nebenbedingungen herbei.

Bei Vorliegen von Extremalzielforderungen, also Streben nach dem höchsten Nutzwert, kann die Nutzwertanalyse als ein einfaches Simulations-Entscheidungsverfahren charakterisiert werden, das eine transparente Lösung komplexer Entscheidungs- bzw. Planungsprobleme ermöglicht. Es erfordert zwar mehrere subjektive Festlegungen durch den bzw. die Entscheidungsträger (Zielgewichtung, Ordinalskaleneinteilung und ordinale Messungen von Zielwirkungen, Punktbewertungen von Skalenabschnitten). Diese sind jedoch lokalisierbar und nachvollziehbar. Das Verfahren der Nutzwertanalyse empfiehlt sich damit zur Anwendung, sofern kein problemadäquates analytisches Entscheidungsverfahren eingesetzt werden kann.

Die Abbildungen 22a und 22b verdeutlichen, daß die **Nutzwertanalyse bzw. Entscheidungsmatrix** die **wichtigsten Komponenten der Phasen des allgemeinen Entscheidungs- bzw. Planungsprozesses** enthält – nämlich Ziele, Alternativen, Ableitung von Zielwirkungen und Zielwirkungsvergleich mit zielorientierter Rangordnung der Alternativen.

Unabdingbare Ziele	Ziele (Z_j) / Alternativen (A_i)	Ziele (Z_j) mit Zielgewichtungsfaktoren (q_j)			Nutzengröße je Alternative $N_{A_i} = \sum_{j=1}^{3} W_{ij} q_j$
		$Z_1; q_1$	$Z_2; q_2$	$Z_3; q_3$	
	A_1				
	A_2				
	A_3		gewichtete Zielwirkungen der Alternativen ($W_{ij}\, q_j$)		
	A_4				
	A_5				

Abb. 22a: Grundschema der Entscheidungsmatrix bei einwertigen Erwartungen (Entscheidungen unter Sicherheit)

gesetzliche Vorschriften	Ziele (Z_j) Gewichte (q_j) / Alternativen (A_i)	Kapitalwert $q_1 = 6$	Veränderung der Belegschaft $q_2 = 3$	Möglichkeit der baul. Erweiterung $q_3 = 1$	Erscheinungsbild in der Öffentlichkeit $q_4 = 1$	Nutzengröße je Alternative
erfüllt	Investitionsobjekt A_1	30 Mio. befriedigend $2 \times 6 = 12$	+ 20 gut $4 \times 3 = 12$	befriedigend $2 \times 1 = 2$	gut $4 \times 1 = 4$	30
erfüllt	Investitionsobjekt A_2	38 Mio. sehr gut $6 \times 6 = 36$	– 50 ausreichend $0 \times 3 = 0$	gut $4 \times 1 = 4$	ausreichend $0 \times 1 = 0$	40
erfüllt	Investitionsobjekt A_3	35 Mio. gut $4 \times 6 = 24$	+ 40 sehr gut $6 \times 3 = 18$	ausreichend $0 \times 1 = 0$	gut $4 \times 1 = 4$	46

Punktewerte: sehr gut = 6, gut = 4, befriedigend = 2, ausreichend = 0

Zielgewichtungsfaktoren: $q_1 = 6$, $q_2 = 3$, $q_3 = 1$, $q_4 = 1$

Abb. 22b: Beispiel für eine Entscheidungsmatrix bei einwertigen Erwartungen (Entscheidungen unter Sicherheit) als Instrument zur Beurteilung alternativer Investitionsobjekte

Bei der Aufnahme mehrerer Ziele ist jedoch darauf zu achten, daß Überschneidungen von Zielwirkungen nicht auftreten, um Doppelerfassungen von Zielwirkungen zu vermeiden.

Abschließend sei angemerkt, daß die Nutzwertanalyse bezüglich einzelner oder aller in ihr berücksichtigten Ziele auch mehrstufig aufgebaut sein kann (Berücksichtigung von Zielhierarchien)[33].

Auch für die **Durchführung der AHP-Technik** hat sich bisher noch keine feste Regel entwickelt[34]. Jedoch empfiehlt sich hier ebenfalls ein Vorgehen nach den Phasen bzw. Operationenkomplexen des allgemeinen Entscheidungs- bzw. Planungsprozesses (vgl. Abbildung 22c):

- **Problemformulierung** mit Klärung, Festlegung und Gewichtung der relevanten Ziele bzw. Kriterien (Z_j bzw. K_j). Wesentliches Kennzeichen des AHP-Ansatzes ist der Aufbau einer *Ziel- bzw. Kriterienhierarchie,* wobei die Ebenen Oberziel, Ziele, Kriterien und Unterkriterien unterschieden werden. Anders als bei der Nutzwertanalyse werden beim AHP-Ansatz die Ziel-/Kriteriengewichte (q_j) nicht direkt im Gesamtzusammenhang zugeordnet, sondern indirekt über *Paarvergleiche* von Zielen bzw. Kriterien. Wird ein Ziel in Kriterien gegliedert, so muß – wie bei der Nutzwertanalyse – die Summe der Kriteriengewichte des so entstandenen Kriterienbereiches 1 ergeben.
  Bei den Paarvergleichen werden innerhalb jedes Ziel- bzw. Kriterienbereiches alle Kriterien einander paarweise gegenübergestellt, und der Modellanwender gibt hierbei seine relativen Präferenzen an. Diese relativen Präferenzen werden auf einer festgelegten ordinalen Bewertungsskala abgetragen.

33 Vgl. Weber, K., Multikriterielle Analyse- und Entscheidungsmethoden, DU 1991, S. 399 ff. sowie im Zusammenhang hiermit auch Nitzsch, R. v., Weber, M., Bandbreiteneffekte bei der Bestimmung von Zielgewichten, a.a.O., S. 971 ff.

34 Vgl. Zimmermann, H.-J., Gutsche, L., Multi-Criteria Analyse, Einführung in die Theorie der Entscheidungen bei Mehrfachzielsetzungen, a.a.O., S. 65 ff.; Weber, K., Multikriterielle Analyse- und Entscheidungsmethoden, a.a.O., S. 396 ff.; ders., Mehrkriterielle Entscheidungen, a.a.O.

Die Ergebnisse der einzelnen Paarvergleiche werden in eine Paarvergleichsmatrix (=(n, n)-Matrix) eingetragen. In der Kopfspalte dieser Matrix werden die Basis-Kriterien i eingetragen, in der Kopfzeile die Vergleichs-Kriterien j und im Matrixinneren die relativen Präferenzwerte (a_{ij}), die die Präferenzen des Modellanwenders für die Basis-Kriterien in Relation zu den Vergleichs-Kriterien angeben. Die Elemente der Hauptdiagonalen (a_{ij} mit $i = j$) sind stets 1 (Kriterium im Vergleich zu sich selbst). Desweiteren gilt $a_{ji} = 1/a_{ij}$. Die Paarvergleichsmatrix ist also durch einen quadratischen, positiven und reziproken Aufbau gekennzeichnet.

Die Paarvergleichsmatrix wird im nächsten Schritt normalisiert, d.h. die Spaltenelemente der Paarvergleichsmatrix werden jeweils durch die entsprechende Spaltensumme der Paarvergleichsmatrix dividiert. Hieraus ergibt sich die sog. normalisierte Paarvergleichsmatrix. Für diese werden dann Zeilensummen gebildet. Die Zeilensummen werden jeweils durch die Zahl der Zeilen (= Zahl der Spalten, da (n, n)-Matrix) dividiert. Die Ergebnisse dieser Divisionen bilden die *relativen Präferenzwerte der einzelnen Basis-(Zeilen-)Kriterien;* sie werden mitunter auch *Gewichte* genannt. Die Summe der auf diese Weise aus einer Paarvergleichsmatrix ermittelten relativen Präferenzwerte ergibt wieder 1 (s.o.: Die Summe der Kriteriengewichte eines Kriterienbereiches muß stets 1 ergeben).

Für jede Paarvergleichsmatrix werden die subjektiven Präferenzen des Modellanwenders (mathematisch) auf Konsistenz geprüft.

Die kriterienbereichsbezogenen (relativen) Präferenzwerte sind mit den (relativen) Präferenzwerten der vorgelagerten Hierarchiestufen zu multiplizieren, um die Kriteriengewichte, die sog. *AHP-Gewichte* (q_j), für die Alternativenbewertung zu erhalten. Die Summe aller AHP-Gewichte ergibt folglich 1.

Unabdingbar zu erfüllende Ziele bzw. Kriterien sollten auch hier gesondert hervorgehoben werden.

- **Alternativenerarbeitung und -definition** (A_i). Hierbei muß es sich um sich gegenseitig ausschließende Alternativen handeln. Alternativen, die unabdingbare Ziele bzw. Kriterien nicht erfüllen, sind hier bereits zu eliminieren.

- **Ermittlung der Wirkungen** (Konsequenzen, Zielerträge, Zielerreichungsgrade) **je Alternative** auf quantifizierbare, schwerquantifizierbare und nichtquantifizierbare Ziele durch *kriterienbezogene Paarvergleiche der Alternativen.* Während in dieser Phase bei der Nutzwertanalyse die kriterienbezogenen Wirkungen (Zielerreichungsgrade) je Alternative in *absoluter* Form ermittelt werden (z.B. absolute Höhe des Kapitalwertes je Alternative in DM), diese Wirkungen i.d.R. auf einer Ordinalskala abgebildet (z.B. sehr gut, gut usw.) und dann quasiquantifiziert werden (z.B. sehr gut = 6, gut = 4 usw.), um eine Vergleichbarkeit der Zielwirkungen zu erreichen, werden bei der AHP-Technik die kriterienbezogenen Wirkungen jeder Alternative in Relation zu den jeweiligen kriterienbezogenen Wirkungen jeder anderen Alternative gesetzt. Diese *paarweise, relative Zielwirkungsermittlung* erfolgt wieder unter Zugrundelegung der festgelegten Bewertungsskala, wodurch die Vergleichbarkeit und damit Additionsfähigkeit der *relativen Zielwirkungen* erreicht wird. Die ermittelten Ergebnisse werden – wie auch oben im Falle der Kriteriengewichtung – in eine Paarvergleichsmatrix eingetragen. Die Paarvergleichsmatrix wird normalisiert, d.h. die Spaltenelemente der Paarvergleichsmatrix werden durch die Summe der Elemente der entsprechenden Spalte der Paarvergleichsmatrix dividiert. Hieraus ergibt sich die sog. normalisierte Paarvergleichsmatrix für die Alternativen. Für diese Matrix werden Zeilensummen gebildet. Die Zeilensummen werden jeweils durch die Zahl der Zeilen (= Zahl der Spalten, da (n, n)-Matrix) dividiert. Die Ergebnisse dieser Divisionen bilden die *relativen Positionswerte der einzelnen Alternativen im Hinblick auf das betrachtete Ziel bzw. Kriterium* (P_{ij}). Die kriterienbezogene Summe der auf diese Weise aus einer Paarvergleichsmatrix ermittelten relativen Positionswerte ergibt 1.

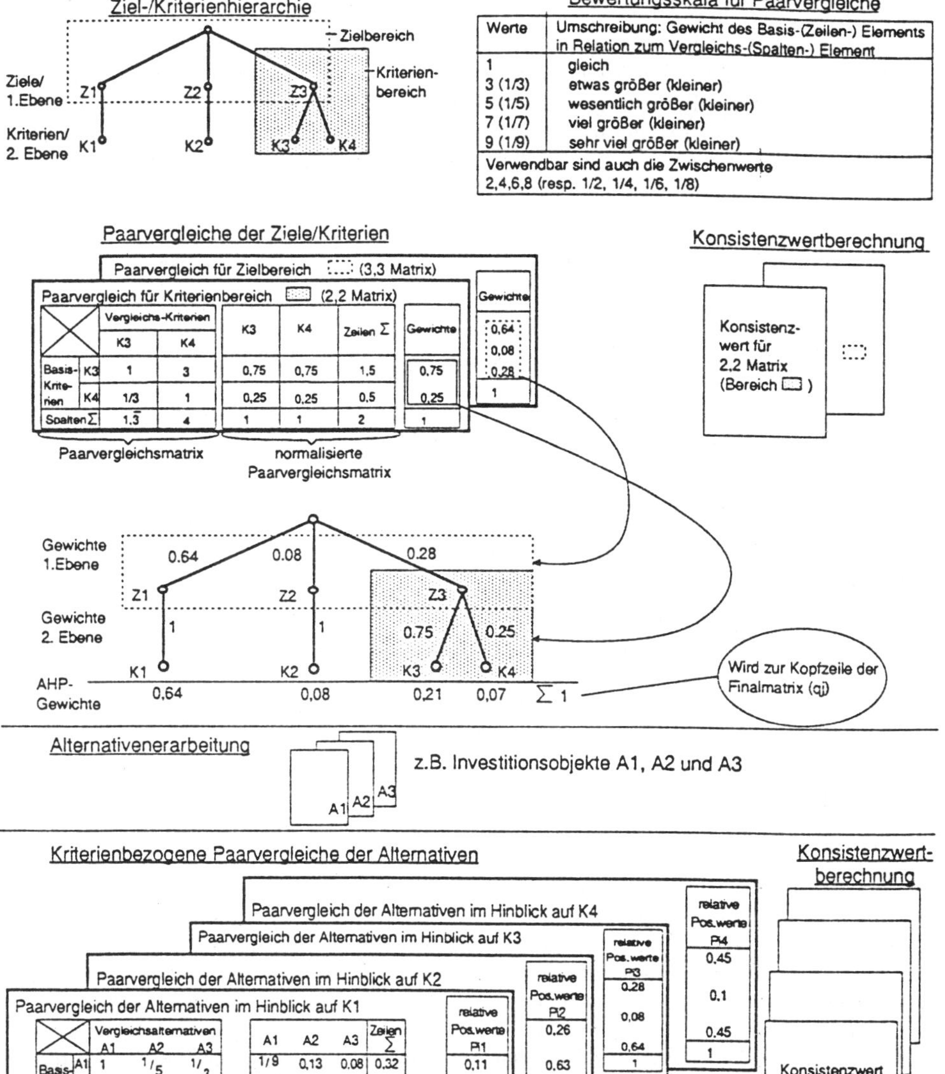

Finalmatrix zur Alternativenbeurteilung

	K1 q2=0,64	K2 q1=0,08	K3 q3=0,21	K4 q4=0,07	Gesamt-Positionswerte
A1	0,11 · 0,64=0,07	0,26 · 0,08=0,02	0,28 · 0,21=0,06	0,45 · 0,07=0,03	0,18
A2	0,63 · 0,64=0,40	0,63 · 0,08=0,05	0,08 · 0,21=0,02	0,1 · 0,07=0,01	0,48
A3	0,26 · 0,64=0,17	0,11 · 0,08=0,01	0,64 · 0,21=0,13	0,45 · 0,07=0,03	0,34
					1

pij · qj

Alternativenauswahl

A2 = 0,48

Abb. 22c: Beispiel für den Einsatz der AHP-Technik als Instrument zur Beurteilung alternativer Investitionsobjekte[35]

35 Vgl. hierzu auch Weber, K., Multikriterielle Analyse- und Entscheidungsmethoden, a.a.O., S. 396ff.

Auch hier kommt es für jede Paarvergleichsmatrix zu einer mathematischen Überprüfung der Konsistenz der Bewertungen der Alternativen.
Erstellung der sog. *Finalmatrix* durch Multiplikation der relativen Positionswerte der einzelnen Alternativen mit den entsprechenden AHP- bzw. Ziel-/Kriterien-Gewichten ($P_{ij} \cdot q_j$). Durch alternativenbezogene Addition aller so erhaltenen Produkte erhält man für jede Alternative einen (relativen) *Gesamt-Positionswert*.

- **Auswahl** (Bestimmung) **der Alternative mit dem höchsten relativen Gesamt-Positionswert.**

Abbildung 22c zeigt im Überblick ein Beispiel für die Anwendung der AHP-Technik, das von den Basisdaten her analog zu dem Beispiel für die Anwendung der Nutzwertanalyse/Entscheidungsmatrix aufgebaut ist. Auf der ersten Ebene der Ziel-/Kriterienhierarchie werden die Kategorien Wertziele (Z1), Sachziele (Z2) und Sozialziele (Z3) über Paarvergleiche gewichtet. Auf der zweiten Ebene handelt es sich wertzielbezogen um das Kriterium Kapitalwert (K1), sachzielbezogen um das Kriterium Möglichkeit der baulichen Erweiterung (K2) und sozialzielbezogen um die Kriterien Veränderung der Belegschaft (K3) sowie Erscheinungsbild in der Öffentlichkeit (K4).

Die **8 Schritte der AHP-Technik,** die anhand des Beispiels deutlich werden, sind zusammengefaßt:

1. Aufstellung der Ziel-/Kriterienhierarchie;
2. Festlegung der Bewertungsskala für Paarvergleiche;
3. Durchführung der Paarvergleiche der Ziele und Kriterien mit Konsistenzprüfung;
4. Ermittlung der AHP-Gewichte/Gesamtgewichte der Kriterien;
5. Alternativenerarbeitung und -definition;
6. Durchführung der kriterienbezogenen Paarvergleiche der Alternativen im Hinblick auf deren Zielwirkungen mit Konsistenzprüfung;
7. Erstellung der Finalmatrix zur Alternativenbeurteilung und Ermittlung der Gesamtpositionswerte für die einzelnen Alternativen;
8. Auswahl der Alternative mit dem höchsten Gesamtpositionswert.

Die Vorteile der AHP-Technik liegen in der Möglichkeit der graphischen Darstellung der Ziel-/Kriterienhierarchie und in der Verwendung von mathematischen, logischen Schlüssen mit integrierter Konsistenzprüfung. Ferner kann der Entscheidungsprozeß jederzeit transparent gemacht und nachvollzogen werden. Eine arbeitsteilige Planung wird durch den Modellaufbau unterstützt. Auch existiert für das Verfahren bereits sehr benutzerfreundliche, kommerziell erhältliche Software. Als nachteilig ist anzuführen, daß das Verfahren vielschichtiger ist als das der Nutzwertanalyse/Entscheidungsmatrix, woraus ein größerer Schulungsbedarf seitens der Modellanwender entstehen kann. Auch sind bei einer zusätzlichen Aufnahme neuer Ziele bzw. Kriterien die entsprechenden Paarvergleiche zumindest z.T. erneut durchzurechnen. Gleiches gilt für den Fall, daß zusätzliche Alternativen einbezogen werden; auch hier sind alle Paarvergleiche der Alternativen zumindest z.T. erneut durchzurechnen.

(2) Entscheidungen bei mehrwertigen Erwartungen (Entscheidungen unter Ungewißheit)

Wird nicht nur von einer bestimmten Umweltsituation ausgegangen, sondern werden mehrere mögliche Umweltsituationen dem Entscheidungs- bzw. Planungsprozeß zugrunde gelegt, so liegen **Entscheidungen unter Ungewißheit** vor[36].

---

36 Zur Berücksichtigung von Risiko bzw. Unsicherheit im Rahmen der Unternehmungsführung vgl. Hahn, D., Risiko-Management – Stand und Entwicklungstendenzen, zfo 1987, S. 137ff.; Koch, H., Unsicherheit, Techniken zur Handhabung von, in: HWPlan, Hrsg. N. Szyperski, Stuttgart 1989, Sp. 2060ff.

Können Angaben über die Eintrittswahrscheinlichkeit von Umweltsituationen gemacht werden, so spricht man von **Entscheidungen unter Risiko** (stochastischen Entscheidungssituationen). Bei sich häufig wiederholenden Entscheidungssituationen kann die Eintrittswahrscheinlichkeit von Zielwirkungen statistisch ermittelt werden. Ist dies nicht der Fall, muß mit subjektiven Eintrittswahrscheinlichkeiten gerechnet werden[37]. Die Summe der Eintrittswahrscheinlichkeiten bzw. Wahrscheinlichkeitsziffern muß stets 1 ergeben. Bei nicht zu großer Streuung der (gewichteten) Zielwirkungen ist bei einfacher und mehrfacher Extremalzielsetzung jene Alternative die optimale Lösung, deren mit Eintrittswahrscheinlichkeiten multiplizierten Zielerreichungsgrade in der Summe ein Maximum bilden. Die Abbildungen 23 a, 23 b und 23 c zeigen jeweils als Beispiel einen Entscheidungs- bzw. Planungsprozeß unter Risiko mit Hilfe der **Nutzwertanalyse bzw. eine Entscheidungsmatrix** für den Fall mehrfacher Extremalzielsetzung.

Dabei wurden in Abbildung 23 b die Zielerreichungsgrade der kardinal meßbaren Ziele (Kapitalwert, Veränderung der Belegschaft) möglichst lange – gemessen am Prozeß der Erstellung der Entscheidungsmatrix – auch in kardinalen Größen ausgedrückt und die Umwandlung der kardinalen in ordinale Werte erst relativ spät – in der Matrix der Erwartungswerte nach Gewichtung – vorgenommen. In Abbildung 23 c erfolgte hingegen eine möglichst frühe Transformation kardinaler in ordinale Zielerreichungsgrade – und zwar bereits in der jeweiligen Matrix je Umweltsituation. Bei einer solchen vergleichsweise unschärferen Vorgehensweise unter Risiko korrespondiert im Beispiel die Rangfolge der Alternativen mit der bei einer Entscheidung unter Sicherheit. Der Vergleich der Ergebnisse verdeutlicht letztlich die Subjektivität der Entscheidung, in diesem Fall auch bedingt durch die Vorgehensweise bei der Erstellung der Entscheidungsmatrix.

Auch bei einfacher und mehrfacher Zielsetzung in Form von Satisfizierungszielen können für die Beurteilung der Zielerreichung die mit Eintrittswahrscheinlichkeiten multiplizierten Zielerreichungsgrade in der Summe herangezogen werden, z. B. in mehrperiodigen computergestützten Gewinn- und Verlustrechnungs-, Bilanz- und Finanzplanungsmodellen, mit denen die Wirkungen von Ertrags- und Aufwandspositionsänderungen sowie Bilanzpositionsänderungen – jeweils multipliziert mit entsprechenden Eintrittswahrscheinlichkeiten – auf Periodenergebnis, Perioden-Cash-flow, Bilanzrelationen u. a. Kennzahlen untersucht werden.

Lassen sich keine Angaben über die Eintrittswahrscheinlichkeiten von Umweltsituationen ableiten, liegen **Entscheidungen unter Unsicherheit** vor. In der Literatur wird vorgeschlagen, die Alternativenwahl dann unter Heranziehung von Entscheidungsregeln vorzunehmen, die jeweils unterschiedliche Grundeinstellungen der Entscheidungsträger zum Ungewißheitsphänomen beinhalten (z. B. Minimax-Regel, Maximax-Regel, Pessimismus-Optimismus-Regel[38]). Mit Recht wird aber auch in der Literatur darauf hingewiesen, daß der Begriff totaler Ungewißheit überhaupt nur einen Inhalt haben könne in dem Sinne, daß über das, was in der Zukunft passieren könne, noch nicht nachgedacht sei. Dieser Fall habe praktisch keine Bedeutung, denn es sei grundsätzlich immer möglich, subjektive Wahrscheinlichkeiten bzw. Wahrscheinlichkeitsziffern (Glaubwürdigkeitsziffern) einzelner Zukunftslagen zu ermitteln[39].

---

37 Vgl. auch Pfohl, H.-C., Zur Problematik von Entscheidungsregeln, ZfB 1972, S. 326 ff.

38 Vgl. hierzu vertiefend z. B. Pfohl, H.-C., Zur Problematik von Entscheidungsregeln, a.a.O., S. 321 ff.

39 Vgl. Schneider, D., Unternehmerische Entscheidung unter Ungewißheit, a.a.O., S. 242 sowie S. 243 ff. Zur Möglichkeit der Verbesserung unternehmerischer Entscheidungen durch sequentielle Informationsbeschaffung vgl. z. B. Mag, W., Sequentielle Informationsbeschaffung für unternehmerische Entscheidungen, ZfB 1973, S. 829 ff.

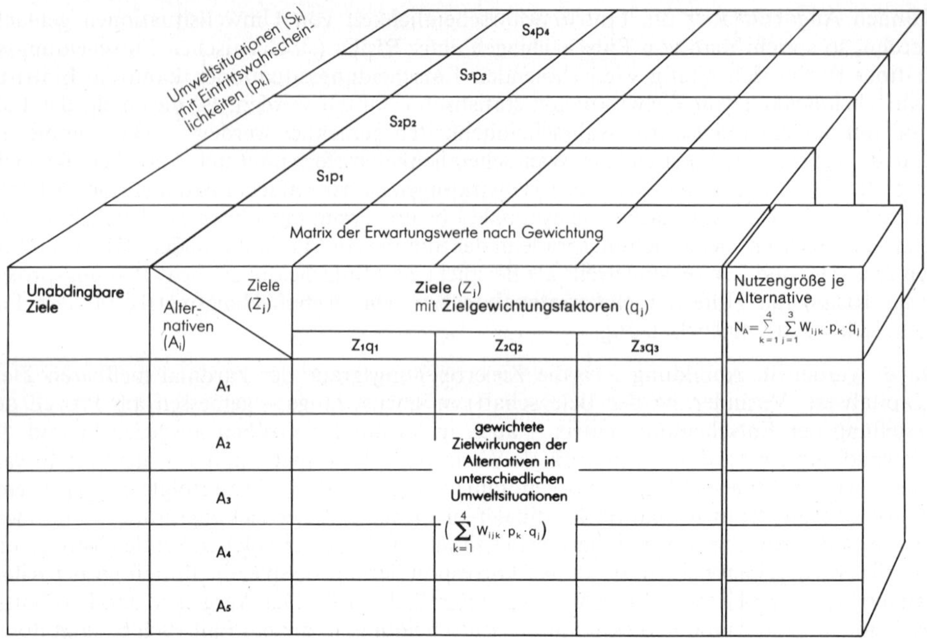

Abb. 23 a: Grundschema der Entscheidungsmatrix bei mehrwertigen Erwartungen (Entscheidungen unter Ungewißheit)

In der **Unternehmungspraxis** begegnet man dem **Ungewißheitsphänomen,** abgesehen von der Anwendung von Wahrscheinlichkeitsziffern und der Formulierung von einzuhaltenden Nebenbedingungen, auch durch den Ansatz von Sicherheitsfaktoren, Alternativplanungen und Sensitivitätsanalysen (Sensibilitätsanalysen).

Durch Sicherheitsfaktoren wird versucht, die Ungewißheit durch Auf- oder Abschläge zu berücksichtigen (z. B. Aufschläge beim Zinsfuß oder Abschläge bei geschätzten Gewinnen im Zusammenhang mit Investitionsrechnungen). Bei Alternativplanungen werden für zwei oder mehr für möglich gehaltene Umweltsituationen Planungsrechnungen durchgeführt und auf ihrer Basis Pläne aufgestellt. Bei Sensitivitätsanalysen (Sensibilitätsanalysen) wird unter Verwendung von Ermittlungs-, Erklärungs- und Entscheidungsmodellen errechnet, ob und in welchem Ausmaß sich Variationen von Aktionsparametern auf die Ergebnisse bzw. Zielwirkungen über eine bestimmte Bandbreite hinaus auswirken[40]. In der Praxis werden

40 Vgl. zur Sensibilitätsanalyse generell Müller-Merbach, H., Operations Research, 3. Aufl., München 1973, S. 150 ff.; Dinkelbach, W., Sensitivitätsanalysen, in: HWB, 3. Bd., Hrsg. E. Grochla, W. Wittmann, 4. Aufl., Stuttgart 1976, Sp. 3530 ff.; Thome, R., Sensitivitätsanalysen, in: HWPlan, Hrsg. N. Szyperski, Stuttgart 1989, Sp. 1774 ff. Vgl. ferner zur Beurteilung von Zielgewichtsänderungen und Zielwirkungsänderungen auf die Alternativenrangfolge im Rahmen von Nutzwertanalysen Zangemeister, C., Bomsdorf, E., Empfindlichkeitsuntersuchungen in der Nutzwertanalyse (NWA): Ermittlung kritischer Zielgewichte und Empfindlichkeitsmaße, ZfbF 1983, S. 375 ff. Vgl. auch den Überblick über verschiedene Verfahren bei Müller-Seitz, P., Investitionsentscheidungen bei unsicheren Erwartungen, FB/IE 1988, S. 30 ff.

gesetzliche Vorschriften	Ziele (Z_j) / Alternativen (A_i)	Umweltsituation S_1 (pessimistisch); $P_1 = 0{,}3$ Kapitalwert	Veränderung der Belegschaft	Möglichkeit der baulichen Erweiterung	Erscheinungsbild in der Öffentlichkeit
erfüllt	Investitionsobjekt A_1	25 Mio × 0,3 = 7,5	+ 19 × 0,3 = + 5,7	gut 4 × 0,3 = 1,2	gut 4 × 0,3 = 1,2
erfüllt	Investitionsobjekt A_2	33 Mio × 0,3 = 9,9	– 60 × 0,3 = – 18	ausreichend 0 × 0,3 = 0	ausreichend 0 × 0,3 = 0
erfüllt	Investitionsobjekt A_3	30 Mio × 0,3 = 9	+ 20 × 0,3 = + 6	ausreichend 0 × 0,3 = 0	sehr gut 6 × 0,3 = 1,8

Punktwerte:

sehr gut = 6
gut = 4
befriedigend = 2
ausreichend = 0

gesetzliche Vorschriften	Ziele (Z_j) / Alternativen (A_i)	Umweltsituation S_2 („wahrscheinlich"); $P_2 = 0{,}5$ Kapitalwert	Veränderung der Belegschaft	Möglichkeit der baulichen Erweiterung	Erscheinungsbild in der Öffentlichkeit
erfüllt	Investitionsobjekt A_1	30 Mio × 0,5 = 15	+ 20 × 0,5 = + 10	befriedigend 2 × 0,5 = 1	gut 4 × 0,5 = 2
erfüllt	Investitionsobjekt A_2	38 Mio × 0,5 = 19	– 50 × 0,5 = – 25	gut 4 × 0,5 = 2	ausreichend 0 × 0,5 = 0
erfüllt	Investitionsobjekt A_3	35 Mio × 0,5 = 17,5	+ 40 × 0,5 = + 20	ausreichend 0 × 0,5 = 0	gut 4 × 0,5 = 2

Gewichtungsfaktoren (q_j)

$q_1 = 6$
$q_2 = 3$
$q_3 = 1$
$q_4 = 1$
$E(Z_j)$ = Erwartungswert von Ziel j

gesetzliche Vorschriften	Ziele (Z_j) / Alternativen (A_i)	Umweltsituation S_3 (optimistisch); $P_3 = 0{,}2$ Kapitalwert	Veränderung der Belegschaft	Möglichkeit der baulichen Erweiterung	Erscheinungsbild in der Öffentlichkeit
erfüllt	Investitionsobjekt A_1	34 Mio × 0,2 = 6,8	+ 24 × 0,2 = 4,8	befriedigend 2 × 0,2 = 0,4	sehr gut 6 × 0,2 = 1,2
erfüllt	Investitionsobjekt A_2	40 Mio × 0,2 = 8	± 0 × 0,2 = 0	befriedigend 2 × 0,2 = 0,4	befriedigend 2 × 0,2 = 0,4
erfüllt	Investitionsobjekt A_3	37 Mio × 0,2 = 7,4	+ 45 × 0,2 = 9	gut 4 × 0,2 = 0,8	gut 4 × 0,2 = 0,8

gesetzliche Vorschriften	$E(Z_j)$ q_j / Alternativen (A_i)	Matrix der Erwartungswerte nach Gewichtung E (Kapitalwert) $q_1 = 6$	E (Belegschaftsänderung) $q_2 = 3$	E (bauliche Erweiterung) $q_3 = 1$	E (Erscheinungsbild) $q_4 = 1$	Nutzengröße je Alternative
erfüllt	Investitionsobjekt A_1	29,3 Mio befriedigend 2 × 6 = 12	+ 20,5 gut 4 × 3 = 12	2,6 2,6 × 1 = 2,6	4,4 4,4 × 1 = 4,4	31
erfüllt	Investitionsobjekt A_2	36,9 Mio gut 4 × 6 = 24	– 43 ausreichend 0 × 3 = 0	2,4 2,4 × 1 = 2,4	0,4 0,4 × 1 = 0,4	26,8
erfüllt	Investitionsobjekt A_3	33,9 Mio gut 4 × 6 = 24	+ 35 sehr gut 6 × 3 = 18	0,8 0,8 × 1 = 0,8	4,6 4,6 × 1 = 4,6	47,4

Abb. 23 b: Beispiel für eine Entscheidungsmatrix bei mehrwertigen Erwartungen (Entscheidungen unter Ungewißheit) als Instrument zur Beurteilung alternativer Investitionsobjekte (späte Transformation kardinaler in ordinale Größen)

Umweltsituation S_1 (pessimistisch); $P_1 = 0,3$

gesetzliche Vorschriften	Ziele (Z_j) / Alternativen (A_i)	Kapitalwert	Veränderung der Belegschaft	Möglichkeit der baulichen Erweiterung	Erscheinungsbild in der Öffentlichkeit
erfüllt	Investitionsobjekt A_1	25 Mio ausreichend $0 \times 0,3 = 0$	+ 19 gut $4 \times 0,3 = 1,2$	gut $4 \times 0,3 = 1,2$	gut $4 \times 0,3 = 1,2$
erfüllt	Investitionsobjekt A_2	33 Mio gut $4 \times 0,3 = 1,2$	− 60 ausreichend $0 \times 0,3 = 0$	ausreichend $0 \times 0,3 = 0$	ausreichend $0 \times 0,3 = 0$
erfüllt	Investitionsobjekt A_3	30 Mio befriedigend $2 \times 0,3 = 0,6$	+ 20 gut $4 \times 0,3 = 1,2$	ausreichend $0 \times 0,3 = 0$	sehr gut $6 \times 0,3 = 1,8$

Punktwerte:

sehr gut = 6
gut = 4
befriedigend = 2
ausreichend = 0

Umweltsituation S_2 („wahrscheinlich"); $P_2 = 0,5$

gesetzliche Vorschriften	Ziele (Z_j) / Alternativen (A_i)	Kapitalwert	Veränderung der Belegschaft	Möglichkeit der baulichen Erweiterung	Erscheinungsbild in der Öffentlichkeit
erfüllt	Investitionsobjekt A_1	30 Mio befriedigend $2 \times 0,5 = 1$	+ 20 gut $4 \times 0,5 = 2$	befriedigend $2 \times 0,5 = 1$	gut $4 \times 0,5 = 2$
erfüllt	Investitionsobjekt A_2	38 Mio sehr gut $6 \times 0,5 = 3$	− 50 ausreichend $0 \times 0,5 = 0$	gut $4 \times 0,5 = 2$	ausreichend $0 \times 0,5 = 0$
erfüllt	Investitionsobjekt A_3	35 Mio gut $4 \times 0,5 = 2$	+ 40 sehr gut $6 \times 0,5 = 3$	ausreichend $0 \times 0,5 = 0$	gut $4 \times 0,5 = 2$

Gewichtungsfaktoren (q_j)

$q_1 = 6$
$q_2 = 3$
$q_3 = 1$
$q_4 = 1$
$E(Z_j)$ = Erwartungswert von Ziel j

Umweltsituation S_3 (optimistisch); $P_3 = 0,2$

gesetzliche Vorschriften	Ziele (Z_j) / Alternativen (A_i)	Kapitalwert	Veränderung der Belegschaft	Möglichkeit der baulichen Erweiterung	Erscheinungsbild in der Öffentlichkeit
erfüllt	Investitionsobjekt A_1	34 Mio gut $4 \times 0,2 = 0,8$	+ 24 gut $4 \times 0,2 = 0,8$	befriedigend $2 \times 0,2 = 0,4$	sehr gut $6 \times 0,2 = 1,2$
erfüllt	Investitionsobjekt A_2	40 Mio sehr gut $6 \times 0,2 = 1,2$	± 0 befriedigend $2 \times 0,2 = 0,4$	befriedigend $2 \times 0,2 = 0,4$	befriedigend $2 \times 0,2 = 0,4$
erfüllt	Investitionsobjekt A_3	37 Mio gut $4 \times 0,2 = 0,8$	+ 45 sehr gut $6 \times 0,2 = 1,2$	gut $4 \times 0,2 = 0,8$	gut $4 \times 0,2 = 0,8$

Matrix der Erwartungswerte nach Gewichtung

gesetzliche Vorschriften	$E(Z_j)$ q_j / Alternativen (A_i)	E (Kapitalwert) $q_1 = 6$	E (Belegschaftsänderung) $q_2 = 3$	E (bauliche Erweiterung) $q_3 = 1$	E (Erscheinungsbild) $q_4 = 1$	Nutzengröße je Alternative
erfüllt	Investitionsobjekt A_1	$1,8 \times 6 = 10,8$	$4,0 \times 3 = 12$	$2,6 \times 1 = 2,6$	$4,4 \times 1 = 4,4$	29,8
erfüllt	Investitionsobjekt A_2	$5,4 \times 6 = 32,4$	$0,4 \times 3 = 1,2$	$2,4 \times 1 = 2,4$	$0,4 \times 1 = 0,4$	36,4
erfüllt	Investitionsobjekt A_3	$3,4 \times 6 = 20,4$	$5,4 \times 3 = 16,2$	$0,8 \times 1 = 0,8$	$4,6 \times 1 = 4,6$	42,0

Abb. 23 c: Beispiel für eine Entscheidungsmatrix bei mehrwertigen Erwartungen (Entscheidungen unter Ungewißheit) als Instrument zur Beurteilung alternativer Investitionsobjekte (frühe Transformation kardinaler in ordinale Größen)

bei strategischen Problemen Entscheidungen unter Unsicherheit meist unter Einhaltung bestimmter Nebenbedingungen getroffen (z. B. Einhaltung bestimmter Bilanzrelationen oder Umsatzrelationen nach Ländern, Produkten, Kunden usw.)[41].

Im Gegensatz zu den Entscheidungs- bzw. Planungsprozessen ergeben sich bei den **Kontrollprozessen** bei mehrfacher Zielsetzung und Unterstellung unterschiedlicher Umweltsituationen grundsätzlich keine zusätzlichen Probleme. Die Vergleiche erfolgen auf Basis der jeweils gegebenen und vorgegebenen Ist- und Soll-Informationen. Lediglich bei dem Vergleich zwischen voraussichtlichen Ist-Größen (Hochrechnungen) und Soll-Größen sollten Angaben darüber erfolgen, ob die voraussichtliche Entwicklung der Ist-Größen bei Unterstellung einer oder mehrerer Umweltsituationen abgeleitet bzw. geschätzt worden ist.

41 Vgl. Albach, H., Ungewißheit und Unsicherheit, a.a.O., Sp. 4040.

3. Planungs- und Kontrollsysteme/Plan- und Berichtssysteme für Unternehmungen

3.1 Zu den Begriffen Planungs- und Kontrollsystem/ Plan- und Berichtssystem

Planung und Kontrolle sind Informationsverarbeitungsprozesse von Führungskräften, die durch Führungs(ge)hilfen unterstützt werden können. Diese Prozesse, bei denen es sich zum Teil um Planungs- und Kontrollrechnungen handelt, werden unter Verwendung spezifischer Verfahren und Instrumente durchgeführt. Input dieser Prozesse sind Informationen über das Umsystem und das System Unternehmung. Output bzw. Resultate dieser Prozesse sind Plan- und Kontrollinformationen, die sich in Plänen und Berichten niederschlagen. Planinformationen (Soll-Informationen) geben Ziele und Maßnahmen (zielorientierte Aktionen bzw. Aktionsfolgen) mit oder ohne Potentialänderungen zur Charakterisierung künftigen Geschehens in Zusammenhang mit der Unternehmung an. Ausgehend von Dokumentationsinformationen (Ist-Informationen), die das tatsächliche Geschehen wiedergeben, lassen sich durch Vergleich mit Planinformationen Kontrollinformationen (Soll-/Ist-Informationen) ableiten.

Ein **System** ist definiert worden als eine zielgerichtete Gesamtheit von Elementen, zwischen denen spezifische Beziehungen bestehen. Unter systemtheoretischem Aspekt können daher in Abhängigkeit davon, ob die Träger von Planung und Kontrolle, diese Informationsverarbeitungsprozesse selbst oder deren Resultate als Elemente angesehen werden,

erstens **Planungs- und Kontrollsysteme** und
zweitens **Plan- und Berichtssysteme**

unterschieden werden.

In der **ersten Betrachtung** bilden die **Träger** oder die **Prozesse** der Planung und Kontrolle die **Elemente des Planungs- und Kontrollsystems.**

Als **Elemente** des **Planungs- und Kontrollsystems** können also zum einen die **Führungskräfte und Führungshilfen** betrachtet werden, die Planungs- und Kontrollprozesse und damit auch Planungs- und Kontrollrechnungen durchführen, wobei deren Resultate, nämlich Plan- und Kontrollinformationen, in Plänen und Berichten dargestellt werden.

Als **Elemente** des Planungs- und Kontrollsystems können zum anderen die **Prozesse** der Planung und Kontrolle definiert werden, deren Resultate, nämlich Plan- und Kontrollinformationen, ebenfalls in Plänen und Berichten dargestellt werden. Träger dieser Planungs- und Kontrollprozesse sind auch hier die Führungskräfte und die Führungshilfen.

Ein **Planungs- und Kontrollsystem** kann also interpretiert werden als eine zielgerichtete Gesamtheit von Planungs- und Kontrollträgern oder als eine zielgerichtete Gesamtheit von Planungs- und Kontrollprozessen, zwischen denen spezifische Beziehungen bestehen.

In der **zweiten Betrachtung** bilden die **Plan- und Kontrollinformationen** die **Elemente** des Systems, die in Plänen und Berichten dargestellt werden, so daß auch diese Pläne und Berichte als Elemente angesehen werden können.

Ein **Plan- und Berichtssystem** ist hiernach eine zielgerichtete Gesamtheit von Plänen und Berichten, zwischen denen spezifische Beziehungen bestehen. Träger der Planung und Kontrolle sind auch bei dieser Betrachtung die Führungskräfte und Führungshilfen, die Planungs- und Kontrollprozesse und damit auch Planungs- und Kontrollrechnungen durchführen.

Die erste und zweite Betrachtungsweise schließen sich nicht aus, denn Pläne und Berichte bilden einen informationellen Bestandteil eines jeden Planungs- und Kontrollsystems. Bei Verwendung des Begriffes Plan- und Berichtssystem stehen jedoch nicht die Träger oder Prozesse der Planung und Kontrolle, sondern die Plan- und Kontrollinformationen entweder für die Charakterisierung nur der Resultate von Planung und Kontrolle oder aber auch für die Charakterisierung des gesamten Planungs- und Kontrollkomplexes als System im Vordergrund.

Der Begriff **Planungs- und Kontrollsystem** – wegen der notwendigen Ergänzungsfunktion der Kontrolle oft auch nur als **Planungssystem** bezeichnet – und der Begriff **Plan- und Berichtssystem** – oft auch nur als **Plansystem** bezeichnet – werden daher vielfach auch **synonym** verwendet.

Im folgenden interessiert ein **Planungs- und Kontrollsystem als eine zielgerichtete Gesamtheit von Planungs- und Kontrollprozessen, zwischen denen spezifische Beziehungen bestehen.**

Ein solches System beinhaltet als **Bestandteile**[1]:

1. Elemente mit spezifischen Elementattributen, d.h. Planungs- und Kontrollprozesse im Hinblick auf bestimmte Gegenstände mit spezifischen
   - Planungs- und Kontrollverfahren zur Durchführung der Informationsverarbeitungsprozesse,
   - Analyse- und Prognoseinformationen über Umsystem und Unternehmung als Informationsinput,
   - Planungs- und Kontrollinformationen in Plänen und Berichten als Informationsoutput sowie
   - Planungs- und Kontrollträgern (Führungskräften und Führungshilfen, unterstützt durch spezifische Sachmittel, insbesondere Computer).
2. Spezifische Beziehungen zwischen den Elementen mit ihren Elementattributen, d.h. eine spezifische Strukturierung der Planungs- und Kontrollprozesse und insbesondere auch der Pläne und Berichte.

Ein Planungs- und Kontrollsystem ist Resultat einer zielgerichteten Integration aller relevanten Planungs- und Kontrollprozesse und bildet die Basis für deren Koordination.

Ein Planungs- bzw. Plansystem hat bestimmten Anforderungs- bzw. Charakterisierungsmerkmalen zu entsprechen und wird zudem stets bezüglich der Planungsgegenstände durch einen spezifischen Aufbau bzw. eine spezifische Ausgestaltung gekennzeichnet.

---

1 Vgl. zu den Bestandteilen eines Planungssystems insbesondere auch Bircher, B., Planungssystem, in: HWPlan, Hrsg. N. Szyperski, Stuttgart 1989, Sp. 1503ff.; Hammer, R.M., Unternehmungsplanung, 4. Aufl., München 1991, S. 37ff.; Kirsch, W., Planung – Kapitel einer Einführung, München 1975, S. 99ff.; Kirsch, W., Klein, H.K., Management-Informationssysteme I, Stuttgart 1977, S. 36ff. und S. 93ff.; Kirsch, W., Maaßen, H. (Hrsg.), Managementsysteme – Planung und Kontrolle, München 1989; Kuhn, A., Unternehmensführung, 2. Aufl., München 1990, S. 69ff.; Lorange, P., Corporate Planning. An Executive Viewpoint, a.a.O., S. 17ff.; Töpfer, A., Planungs- und Kontrollsysteme industrieller Unternehmungen, a.a.O., S. 87ff.; Wild, J., Grundlagen der Unternehmungsplanung, a.a.O., S. 153ff. Vgl. zur Entwicklung von Planungssystemen auch Hellmich, R., Entwicklung eines Planungssystems für Unternehmungen, a.a.O., S. 24ff.

3.2 Systemanalyse – Charakterisierungsmerkmale eines Planungs- und Kontrollsystems/Plan- und Berichtssystems

Die **Charakterisierungsmerkmale eines Planungs- und Kontrollsystems bzw. Plan- und Berichtssystems**[2] können **aus dem Systembegriff** mit seinen allgemeinen Systemmerkmalen und aus dem jeweiligen **Systemzweck** abgeleitet werden. Da die Planungs- und Kontrollrechnung der quantifizierte Ausdruck eines Planungs- und Kontrollsystems ist, gelten diese Charakterisierungsmerkmale auch für die Planungs- und Kontrollrechnung.

Ausgehend vom Systembegriff und Systemzweck muß sich ein Planungs- bzw. Plansystem charakterisieren lassen durch Zielbezogenheit, Gesamtheit bzw. Vollständigkeit sowie spezifische Beschreibung und zielorientierte Strukturierung bzw. Integration seiner Elemente, hier der Planungsprozesse der Führungskräfte mit den daraus resultierenden Plänen bzw. Teilplänen. Als Planungs- und Kontrollsystem handelt es sich um ein kybernetisches System mit einem spezifischen Flexibilitätsgrad. Es hat der Unternehmungsführung aktuelle Informationen zu liefern und ist selbst Gegenstand der (Meta-)Planung unter ökonomischem Aspekt.

Die wichtigsten Merkmale, die u. E. ein Planungssystem bzw. Plansystem zu erfüllen hat, und die als **Anforderungen** an ein solches System formuliert werden können, seien kurz erläutert.

(1) Zielbezogenheit

Die oberen Ziele in der Unternehmung sind in spezifischer Dimensionierung Ausgangspunkt von Planungs- und Kontrollprozessen und auch Resultat von Planungsprozessen. Die einzelnen **Teilplanungen und damit Teilpläne** müssen sich **aus den oberen Zielen** (Sach-, Wert- und Sozialzielen) der Unternehmung ableiten lassen und umgekehrt nach Überprüfung der Zielerreichungsmöglichkeiten auch in diese einmünden. Pläne dienen als Instrument zur

---

2 Vgl. zu den Anforderungen an ein Planungssystem Albach, H., Beiträge zur Unternehmensplanung, 3. Aufl., Wiesbaden 1979, S. 51 ff. und S. 85 ff.; Ansoff, H. I., Zum Entwicklungsstand betriebswirtschaftlicher Planungssysteme, in: Planung und Kontrolle, Hrsg. H. Steinmann, München 1981, S. 81; Ax, A., Börsig, C., Praxis der integrierten Unternehmensplanung, ZfbF 1979, S. 901 ff.; Bircher, B., Langfristige Unternehmungsplanung, a.a.O., S. 71 ff.; Fandel, G., Begriff, Ausgestaltung und Instrumentarium der Unternehmensplanung, ZfB 1983, S. 483 f.; Fromm, N., Gerlinger, R., Der Aufbau einer langfristigen Unternehmensplanung, ZfB-Ergänzungsheft Dez. 1968, S. 39 ff.; Haas, M. O., Planungskonzeptionen schweizerischer Unternehmungen, Bern – Stuttgart 1976, S. 80 ff.; Häusler, J., Planung als Zukunftsgestaltung, a.a.O.; Hanssmann, F., Grundbegriffe der Unternehmensplanung: Versuch einer Abgrenzung und systemaren Verknüpfung, DBW 1982, S. 398 ff.; Hellmich, R., Entwicklung eines Planungssystems für Unternehmungen, a.a.O., S. 40 ff.; Hill, W., Unternehmungsplanung, 2. Aufl., Stuttgart 1971, S. 15 und S. 18 ff.; Kirsch, W., Planung – Kapitel einer Einführung, a.a.O., S. 99 ff. und S. 111 ff.; Kretschmer, P., Unternehmungsplanung, 2. Aufl., München 1979, S. 48; Kuhn, A., Unternehmensführung, a.a.O., S. 69 ff.; Mellerowicz, K., Planung und Plankostenrechnung, 1. Bd., Betriebliche Planung, 3. Aufl., Freiburg i. Br. 1979, S. 31 ff.; Naumann, C., Strategische Steuerung und integrierte Unternehmensplanung, München 1982, S. 124 ff.; Pfohl, H.-C., Planung und Kontrolle, Stuttgart u. a. 1981, S. 116 ff.; Steiner, G. A., Top Management Planning, London 1969 – deutsche Ausgabe: Top Management Planung, München 1971, S. 45 ff.; Töpfer, A., Planungs- und Kontrollsysteme industrieller Unternehmungen, a.a.O., S. 97 ff.; ders., Planungssystemkonzeptionen, in: HWPlan, Hrsg. N. Szyperski, Stuttgart 1989, Sp. 1526; Wild, J., Grundlagen der Unternehmungsplanung, a.a.O., S. 157 ff.

Veranschaulichung von Zielsetzungen und Zielerreichungsmöglichkeiten, Berichte zur Veranschaulichung von tatsächlichen Zielerreichungen.

Die hier besonders interessierende Planungs- und Kontrollrechnung soll auf dem wichtigsten Wertziel – dem Streben nach einem möglichst günstigen Ergebnis – aufbauen, unter Beachtung anderer Ziele, insbesondere dem der Liquiditätssicherung. Die Planungs- und Kontrollrechnung soll ergebnis- und liquiditätsorientiertes Entscheiden und Handeln ermöglichen und überprüfen helfen und auch die Ergebnisverantwortung in allen Bereichen der Unternehmung stärken.

(2) Gesamtheit/Vollständigkeit

Durch das Planungs- und Kontrollsystem sind das gesamte wirtschaftliche Geschehen in der Unternehmung und die Verflechtung der Unternehmung mit dem Markt durch für die Führung relevante Informationen ex ante und ex post aufzuzeigen. Erst die **Summe der wechselseitig verflochtenen zielgerichteten Teilplanungen und Teilpläne** ergibt ein **System.** Da die Teilplanungen in einem wechselseitigen Abhängigkeitsverhältnis zueinander stehen, können aus dem Planungssystem nur sinnvolle Aussagen gemacht werden, wenn es vollständig ist, denn wenn ein Teilplan fehlt, bleiben die Auswirkungen auf andere Teilpläne ungeklärt.

Die Planungs- und Kontrollrechnung soll eine wirkungsvolle Planung und Kontrolle der Ergebnisse und Ergebniskomponenten im Hinblick auf die in wechselseitiger Verflechtung stehenden Ziele, Potentiale und Aktionen sowie Aktionsobjekte aller Subsysteme und der Gesamtunternehmung gestatten.

(3) Beschreibung der Elemente bzw. Teilplanungen und Teilpläne nach Inhalt, Ausmaß und zeitlichem Bezug

Die **Teilplanungen und Teilpläne** sind **nach Inhalt, Ausmaß und zeitlichem Bezug zu charakterisieren.** Hierbei ist von dem gewünschten Output, also spezifizierten Plänen, auszugehen, da hierdurch weitgehend die Prozesse und der erforderliche Input bestimmt werden.

Der **Inhalt** der Teilpläne ist problemorientiert abzufassen.

Je nach Zweck und Notwendigkeit kann es sich bezüglich des **Umfanges/Detaillierungsgrades** der Informationen um Umriß- oder Detailpläne (Grob- oder Feinpläne) handeln.

Bezüglich der **Fristigkeit** sind die Pläne als kurzfristige (ein Jahr oder weniger), mittelfristige (etwa bis zu drei oder fünf Jahren) oder langfristige Pläne (etwa bis zu 10 Jahren oder mehr) mit entsprechenden Planungszeiträumen aufzustellen. Im Hinblick auf spezielle Planungsgegenstände kann zwischen Vorbereitungs- und Wirkungszeit (Ausführungszeit) als Planungszeitraum unterschieden werden [3]. Planungshorizont und Planungszeiträume sind problemorientiert betriebsindividuell festzulegen.

Planungs- und Kontrollrechnungen sollen eine problemorientierte konzentrierte Aussagekraft besitzen. Es ist nach Möglichkeit mit Kennzahlen, d. h. quantitativen Verdichtungen betriebswirtschaftlich relevanter Informationen, zu arbeiten. Planungs- und Kontrollrechnungen als quantifizierter Ausdruck der Planung und Kontrolle sind als Fein- oder Grobplanungen kurz-, mittel- oder langfristig möglich, wobei die Langfristplanung grundsätzlich eine Grobplanung ist.

---

3 Vgl. Trechsel, F., Einführung in die Unternehmungsplanung, in: Betriebswirtschaftliche Mitteilungen, Grundprobleme der Unternehmungsplanung, Hrsg. Institut für Betriebswirtschaft an der Hochschule St. Gallen für Wirtschafts- und Sozialwissenschaften, Bern 1968, S. 12f.

(4) Zielorientierte Integration der Teilplanungen und Teilpläne
(Horizontale und vertikale aufgabenorientierte inhaltliche und zeitliche Strukturierung)

Die **Pläne** und die ihnen zugrunde liegenden **Planungs- und Kontrollprozesse müssen zielorientiert integriert** sein, d.h. sie müssen vollständig in sinnvollem Zusammenhang miteinander verbunden bzw. verknüpft sein[4].

a) Inhaltliche Integration

Die **inhaltliche Integration der Aufgaben und Aufgabenträger** erfolgt durch die Aufbauorganisation. Aufbauorganisation und Planungssystem – **Organisations- und Planpyramide** – müssen sich daher im Aufbau und Umriß decken[5].

Die in der Organisationspyramide von den Führungskräften für ihren jeweiligen Aufgabenbereich zu erstellenden Plan- und Kontrollinformationen und damit die Pläne und Berichte sind inhaltlich untereinander problembezogen horizontal und vertikal – und bei bestimmten Planungsgegenständen auch diagonal – abzustimmen und von Führungsstufe zu Führungsstufe nach oben inhaltlich zu verdichten. Die Teilpläne eines Planungssystems stellen inhaltlich **verknüpfte Informationskonzentrate** dar.

b) Zeitliche Integration

Nach der **Regelmäßigkeit** der Planungen und Kontrollen kann es sich um **aperiodische** (fallweise) oder **periodische** (regelmäßig wiederkehrende, laufende oder Standard-)Planungen mit entsprechenden Plänen handeln.

Die **periodische Planung** kann dabei nach der **zeitlichen Aufeinanderfolge** als **rollende** (überlappende) oder **anschließende** (Anschluß-)**Planung** durchgeführt werden (vgl. Abbildung 24)[6].

c) Inhaltliche und zeitliche Integration

Die aufgaben-(ziel-)orientierte inhaltliche und zeitliche Inbeziehungsetzung (Abstimmung) aller Teilplanungen kann **sukzessiv** oder **simultan** erfolgen.

Die Inhalte zweier oder mehrerer Einzelpläne können derart aufeinander abgestimmt werden, daß

- entweder jeweils ein Plan auf der Basis des anderen aufgestellt wird (=Sukzessivplanung)
- oder über die Planungsinhalte in einem Entscheidungsprozeß gleichzeitig entschieden wird (=Simultanplanung).

Die Interdependenz aller Unternehmungsbereiche zwingt zu einer Integration der Einzel- bzw. Teilpläne. Herkömmlicherweise wird diese Abstimmung stufenweise (sukzessiv) durchgeführt. Der durch mehrere Personen auszuführende Planungsprozeß ist kombiniert **retrograd-progressiv** durchzuführen – nach dem sog. Gegenstromprinzip. Mitglieder von mindestens zwei Führungsebenen stimmen – meist in mehreren sog. Planungsrunden/Planungs-

---

4 Vgl. Hahn, D., Integrierte Planung, a.a.O., Sp. 770ff.; Schwaninger, M., Integrale Planung, DU 1988, S. 123ff. Vgl. zu einem Überblick über verschiedene Formen und Ziele der Integration in bezug auf die Informationsverarbeitung Mertens, P., Integrierte Informationsverarbeitung 1, Administrations- und Dispositionssysteme in der Industrie, 9. Aufl., Wiesbaden 1993, S. 1ff.

5 Vgl. auch Kern, W., Kennzahlensysteme als Niederschlag interdependenter Unternehmungsplanung, ZfbF 1971, S. 706ff.

6 Vgl. zur rollenden Planung auch Troßmann, E., Prinzipien der rollenden Planung, WiSt 1992, S. 123ff.

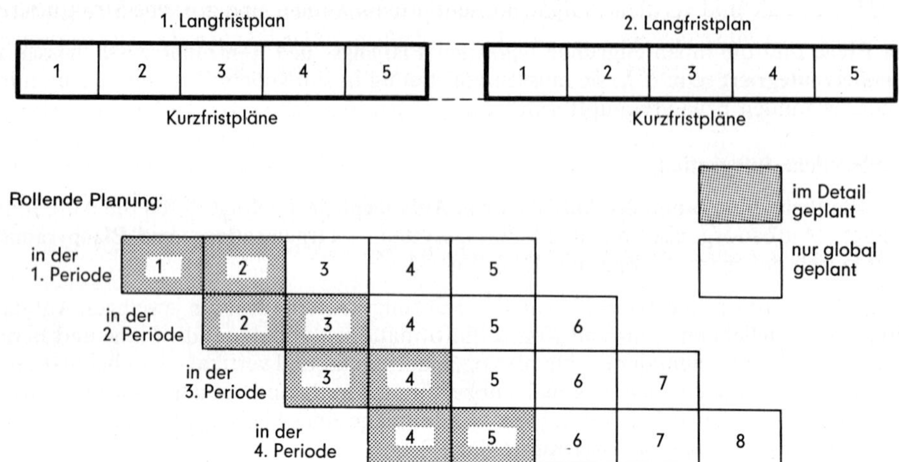

Abb. 24: Planungsformen nach der zeitlichen Aufeinanderfolge[7]

konferenzen – ihre Ziel- und Zielerreichungsvorstellungen ab – als Basis für die Planfeststellung (-verabschiedung) (vgl. Abbildung 25a)[8].

Bei dieser Form der Integration von Teilplanungen ist von einem Primär- oder Ausgangsplan auszugehen. Dieser stellt die Grundlage für einen oder mehrere Sekundärpläne dar, auf denen wiederum andere Pläne beruhen können. Bei **Primär- und Sekundärplänen** sind zwei Fälle zu unterscheiden:

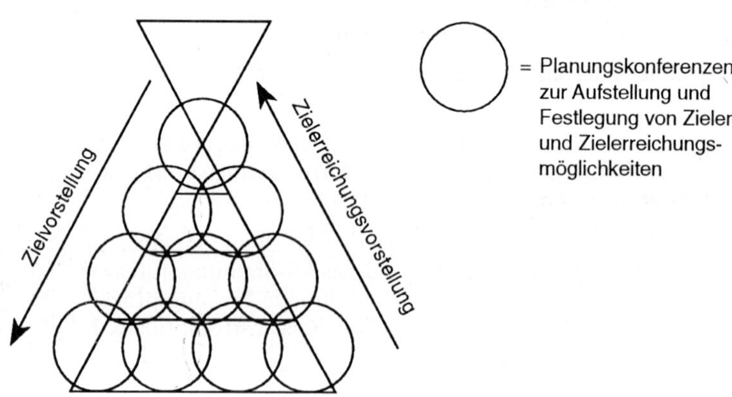

Abb. 25a: Kombiniert retrograd-progressive Planung

7 Vgl. ähnlich bei Agthe, K., Strategie und Wachstum der Unternehmung, Baden-Baden – Bad Homburg v.d.H. 1972, S. 51.

8 Vgl. zum Gegenstromprinzip auch Wild, J., Grundlagen der Unternehmungsplanung, a.a.O., S. 196f.; Horváth, P., Hierarchiedynamik, in: HWPlan, Hrsg. N. Szyperski, Stuttgart 1989, Sp. 640ff. Zum Abstimmungsprozeß vgl. auch Scholz, C., Planning Procedures in German Companies – Findings and Consequences, LRP 6/1984, S. 94ff.

Einmal kann der Primärplan ein Grobplan sein, aus dem alle Sekundärpläne als Detailpläne abzuleiten sind. Diese beiden Planungsformen unterscheiden sich nur durch den Abstraktions- bzw. Detaillierungsgrad. Als ein derartiger Primärplan fungiert der gesamtunternehmungsbezogene Ergebnisplan als ein Teil der oberen Zielplanung.

Zum anderen kann der Primärplan ein dominanter Plan sein, der die Sekundärpläne als dominierte Pläne kurzfristig auf sich einreguliert. Ein derartiger Primärplan ist der Plan über den jeweiligen betrieblichen Engpaßbereich (Engpaßplan). Diese Planungsformen sind in Abbildung 25 b skizziert. Man spricht im Zusammenhang mit der Plandominanz von dem Ausgleichsgesetz der Planung in seiner kurzfristigen Wirkung. In der langfristigen Wirkung besagt das sogenannte Ausgleichsgesetz der Planung, daß eine Tendenz besteht, den Engpaßbereich auf das Niveau der anderen betrieblichen Bereiche zu bringen (Abstimmung)[9].

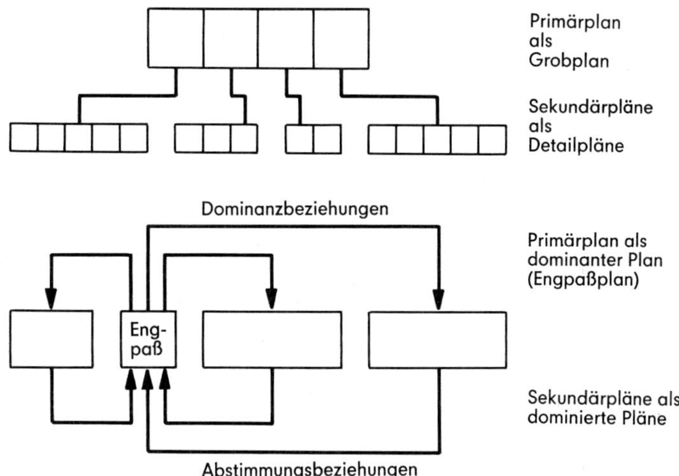

Abb. 25 b: Planungsformen nach der Rangfolge

Durch ein solches zwei- oder mehrstufiges Entscheidungsverfahren kann sich im strengen Sinne keine unternehmungsoptimale Planabstimmung (Gesamtentscheidung) ergeben. Die gesamte Unternehmungsplanung als Simultanplanung zu erstellen ist jedoch praktisch unmöglich. Die Zahl der einzubeziehenden Entscheidungsvariablen (Entscheidungsalternativen) und der Nebenbedingungen (Restriktionen), die beachtet werden müßten, ist einfach zu groß. Zudem würde eine zu detaillierte Simultanplanung den Handlungsspielraum zu sehr einengen und demotivierend wirken. Es sollte jedoch versucht werden, nach sinnvoller Selektion und Abstraktion die wichtigsten Planungen und damit Pläne mehrperiodig durch Einsatz von praktikablen Gesamtunternehmungsmodellen simultan zu erstellen und abzustimmen. Ist man zu einer sukzessiven Planung gezwungen, strebt jedoch zumindest partiell eine quasisimultane Planung an, so sollte dies in Planungs- und Kontrollkonferenzen geschehen (vgl. Teil V, Abschnitt 1.1.3). Hierbei erfolgen in der Regel Rückkoppelungen und ggf. mehrere Planungsrunden.

9 Vgl. Gutenberg, E., Grundlagen der Betriebswirtschaftslehre, 1. Bd., Die Produktion, a.a.O., S. 165.

Die Planungs- und Kontrollrechnung hat also Planungs- und Kontrollinstrument für die Führung auf allen Ebenen der Unternehmung zu sein. Sie ist daher – zumindest als periodisches Informationssystem – als ein pyramidenartig von Führungsstufe zu Führungsstufe nach oben systematisch verdichtetes Zahlenwerk mit konzentrierter Aussagekraft aufzubauen[10]. Als rollende Planung zeichnet sie eine besondere inhaltliche und zeitliche Integration aus. Kurz- und mittelfristige Planung sind unter Beachtung des jeweils neuen Informationsstandes aus der Langfristplanung abzuleiten.

Die ergebnis- und liquiditätsorientierte Planungs- und Kontrollrechnung des Rechnungs- und Finanzwesens ist aus der qualitativen und reinen Zeit-/Mengenplanung aller übrigen Unternehmungsbereiche in wechselseitiger Beeinflussung zu entwickeln.

Eine hervorragende Stellung bei der Abstimmung der Pläne in und zwischen den einzelnen Unternehmungsbereichen nehmen allgemein die Planungsrechnungen ein, die die Ergebnis- und Liquiditätswirkungen gesamtunternehmungsbezogen widerspiegeln. Die kalkulatorische und bilanzielle Ergebnisplanung sowie die Finanzplanung haben als Planungsrechnungen eine natürliche Integrations- und Koordinationsfunktion hinsichtlich der Ziel- und Maßnahmenpläne in den einzelnen Unternehmungsbereichen.

(5) Flexibilität, Aktualität, Wirtschaftlichkeit

Um seinen Zweck als Führungsinstrument zu erfüllen, hat sich ein Planungs- und Kontrollsystem mit entsprechenden Plänen und Berichten durch Flexibilität, Aktualität und Wirtschaftlichkeit auszuzeichnen.

Flexibilität besitzt ein Planungs- bzw. Plansystem dann, wenn es Anpassungen an Änderungen des Systems Unternehmung und an Änderungen des Umsystems gestattet.

Ein Planungs- und Kontrollsystem mit entsprechenden Plänen und Berichten muß daher in jedem Falle an (größere) Organisationsänderungen anpassungsfähig sein, da sich Organisations- und Planpyramide zu entsprechen haben.

Zudem kann es – auch bei Beibehaltung des Planungssystems – notwendig werden, aufgestellte und verabschiedete Pläne bei Eintritt bestimmter Entwicklungen zu ändern oder zu ersetzen. So unterscheidet man zwischen flexiblen (elastischen) und unflexiblen (starren) Planungen bzw. Plänen. Vielfach empfiehlt es sich, (von vornherein) mit Alternativplanungen bzw. Alternativplänen zu arbeiten[11].

Die Forderung nach **Aktualität** eines Planungs- und Kontrollsystems bezieht sich auf den Output und damit auch auf die Durchführung und den Input der Informationsverarbeitungsprozesse.

Die Berücksichtigung der genannten Anforderungen darf jedoch nicht dazu verleiten, den Aufbau eines Planungs- und Kontrollsystems so auszugestalten, daß die Kosten der Planung die hierdurch erzielbaren Ergebnisverbesserungen übersteigen. Die Forderung nach **Wirtschaftlichkeit** gilt auch hier. Die Anforderungen für eine intensive und verfeinerte Ausgestaltung des Planungs- und Kontrollsystems müssen somit durch eine Verbesserung der Ergebnis- und Liquiditätssituation der Unternehmung gerechtfertigt werden – auch wenn sich dies nur tendenziell aussagen läßt.

---

10 Vgl. allgemein zur hierarchischen Planung Zahn, E., Mehrebenenansatz der Planung, in: HWPlan, Hrsg. N. Szyperski, Stuttgart 1989, Sp. 1080ff.

11 Vgl. zur flexiblen Planung Laux, H., Entscheidungstheorie, Bd. 1, a.a.O., S. 251ff.; Dinkelbach, W., Flexible Planung, in: HWPlan, Hrsg. N. Szyperski, Stuttgart 1989, Sp. 507ff.; Ossadnik, W., Die Aufstellung flexibler Unternehmenspläne, WiSt 1990, S. 380ff.

Die Ausgestaltung einer Planungs- und Kontrollrechnung als flexibles System mit Plan- und Kontrollinformationen hoher Aktualität darf nicht Selbstzweck sein; sie ist, wie jede Tätigkeit in der Unternehmung, dem ökonomischen Prinzip unterworfen. Unter ökonomischem Aspekt werden die **Grenzen von Planung und Kontrolle** in der Unternehmung auch dann erreicht oder gar überschritten, wenn durch „Überplanung" Initiative und Motivation der Mitarbeiter gefährdet werden[12]. Planungsbereitschaft sowie Planungsakzeptanz und Planidentifikation sind durch hinreichenden Planungsfreiraum und faire Planzielvereinbarungen zu gewährleisten.

Für den Aufbau und die erfolgreiche Anwendungsmöglichkeit eines Planungs- bzw. Plansystems und damit auch einer funktionsfähigen Planungs- und Kontrollrechnung müssen bestimmte **Voraussetzungen** in der Unternehmung erfüllt sein[13]:

- **Personelle Voraussetzungen**
  Es muß eine Bereitschaft der Führung zur Lenkung der Unternehmung auf der Basis eines Planungs- und Kontrollsystems – u. a. mit dem Zwang zur Formulierung klarer oberer Ziele und Führungsgrundsätze – vorhanden sein.

- **Organisatorische Voraussetzungen**
  Es muß eine funktionsfähige Unternehmungsorganisation vorliegen. Planungs- und Kontrolleinheiten und Organisationseinheiten und damit Planungs- und Kontrollpyramide und Organisationspyramide sollten sich decken. Die Organisation der Planung muß mit der Erarbeitung des Plansystems einhergehen und vor dessen Einführung festgelegt werden (vgl. Teil V, Abschnitt 1.).

- **Informationelle Voraussetzungen**
  Es muß ein leistungsfähiges Instrumentarium zur Erfassung, Verarbeitung und Übermittlung von Daten/Informationen gegeben sein.

  Hierzu gehören:

  - ein **ausgebautes Rechnungs- und Finanzwesen,** insbesondere eine vielseitig auswertbare Kosten- und Erlösrechnung auf der Basis entsprechender Mengen- und Zeitgerüste;
  - ein **ausgebautes Analyse- und Prognosewesen,** das neben einer allgemeinen Umweltprognose insbesondere laufend spezifische Marktprognosen zu erstellen bzw. aufzubereiten in der Lage ist, auch wenn sich bestimmte Entwicklungen in verschiedenen Umfeldern der Unternehmung nur begrenzt vorhersehen lassen (z. B. Devisenkursentwicklungen);
  - **Sachwissen über** mögliche **Bestandteile eines Planungs- und Kontrollsystems** (vgl. Abschnitt 3 dieses Teils);
  - eine **leistungsfähige elektronische Datenverarbeitung** – möglichst mit der Einsatzmöglichkeit für analytische und heuristische Modelle, insbesondere Simulationsmodelle, und mit Datenfernübertragung (DFÜ).

---

12 Vgl. auch den Hinweis bei Mellerowicz, K., Planung und Plankostenrechnung, 1. Bd., Betriebliche Planung, a.a.O., S. 38 sowie zu generellen und speziellen Grenzen der Planung aus der Sicht von Theorie und Unternehmungspraxis vgl. Arbeitskreis Integrierte Unternehmungsplanung der Schmalenbach-Gesellschaft – Deutsche Gesellschaft für Betriebswirtschaft e.V., Grenzen der Planung – Herausforderung an das Management, ZfbF 1991, S. 811 ff.

13 Vgl. auch ähnlich Hellmich, R., Entwicklung eines Planungssystems für Unternehmungen, a.a.O., S. 51.

3.3 Systementwurf – Grundsätzliche Ausgestaltungsmöglichkeiten eines Planungs- und Kontrollsystems/ Plan- und Berichtssystems

Bei der Frage nach der Ausgestaltungsmöglichkeit eines Planungs- und Kontrollsystems bzw. Plan- und Berichtssystems wird die Planung – ergänzt um die Kontrolle – selbst Gegenstand der Planung (Meta-Planung)[14]. Es gilt, Art und Anzahl der Planungs- und Kontrollkomplexe und deren aufgabenorientierte inhaltliche und zeitliche Verknüpfung festzulegen. Zur grundsätzlichen Ableitung eines Planungs- und Kontrollsystems wird von der Interpretation der Unternehmung als zielorientiertes Aktionszentrum und vom Systemansatz ausgegangen. Hierbei sind die vorab genannten Anforderungen an ein Planungs- bzw. Plansystem zu berücksichtigen.

3.3.1 Ziele, Potentiale, Aktionen und Aktionsobjekte als Gegenstände qualitativer und quantitativer Planung

Ein in dieser Weise und vom Systemansatz her ausgebildetes **Planungssystem** umfaßt bezüglich der **Planungsgegenstände** folgenden Aufbau und damit folgende **Teilplanungskomplexe bzw. Teilplanungen** mit entsprechenden Plänen:

- **Zielplanung**
  Sie bezieht sich auf jene Sach-, Wert- und Sozialziele, die den Gegenstand der Unternehmungspolitik bzw. der generellen Zielplanung bilden, sowie hieraus abgeleitete Programme (Produkt- und Dienstleistungsprogramme und sonstige Handlungszielbündel) und einzelne Handlungsziele.
- **Zielorientierte Aktionsplanung mit Potentialänderungen – Programm- und Potentialplanung**
  Sie bezieht sich auf zielorientierte Aktionen, die in der Regel mit Potentialänderungen nach Art, Umfang und Struktur verbunden sind. Sie beinhaltet zielorientierte Potentialart- und Potentialgrößenänderungen sowie Potentialstrukturänderungen. Ausgehend von der generellen Zielplanung gehören zu ihr in Verbindung mit der Programmplanung die Personal- und Betriebsmittelplanung, damit auch die kapazitative Größenplanung und die Standortplanung, sowie die Organisationsplanung.
- **Zielorientierte Aktionsplanung ohne Potentialänderungen – Programm- und Aktionsplanung**
  Sie bezieht sich auf zielorientierte Aktionen auf der Basis gegebener Potentiale und Potentialstrukturen. Ausgehend von der generellen Zielplanung und der vorgelagerten Programm- und Potentialplanung beinhaltet sie detaillierte Programmplanungen und die Planung der zu ihrer Erreichung notwendigen Aktionen bzw. Aktionsfolgen an Aktionsobjekten nach Art, Umfang und Struktur. Es geht um die ziel- bzw. programmorientierte Aktions- bzw. Aktionsfolgeplanung, d. h. die Maßnahmen- bzw. Prozeßplanung bei gegebenen und geplanten Potentialen.

Es erscheint uns also zweckmäßig, ausgehend von den generellen oberen Zielen eine Planung und Kontrolle zum einen für den Fall mit veränderbaren Potentialen, zum anderen für den

14 Vgl. Bleicher, K., Metaplanung, in: HWPlan, Hrsg. N. Szyperski, Stuttgart 1989, Sp. 1119 ff. Für ein heuristisches Verfahren zur Ableitung unternehmungsspezifischer Planungskonzeptionen vgl. Kühn, R., Grundzüge eines heuristischen Verfahrens zur Erarbeitung von Planungskonzeptionen, DBW 1985, S. 531 ff.

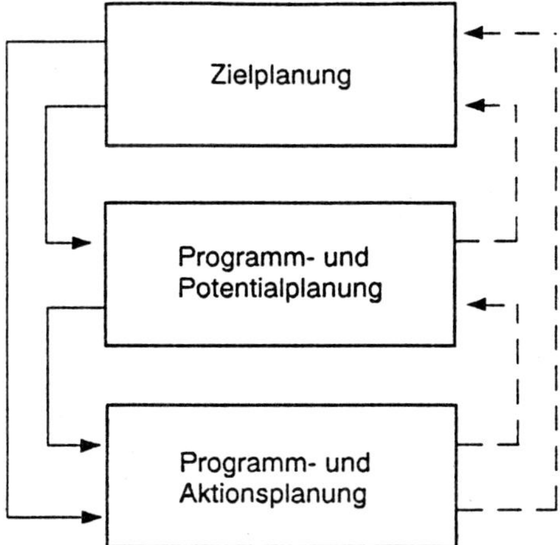

Abb. 26: Teilplanungen in der Unternehmung – Grundschema

Fall mit gegebenen Potentialen zu charakterisieren. Im Kern handelt es sich im ersten Fall um die **langfristige Programm- und Potentialplanung** und im zweiten Fall um die **mittel- und kurzfristige Programm- und Aktionsplanung**[15] (vgl. Abbildung 26).

Die **Planungsrechnung** ist der quantitative Ausdruck der Planung. Sie basiert auf Qualitäts-, Mengen- und Zeitgrößen und darauf aufbauend auf Wertgrößen.

Um die Wirkungen von Programm- und Potentialänderungen sowie von Aktionen an Aktionsobjekten durch Potentialeinsätze im Hinblick auf die Ziele Ergebnis und Liquidität einer Unternehmung berechnen zu können, bedarf es bewerteter Output- und Inputgrößen in Form des Zahlenmaterials des Rechnungs- und Finanzwesens der Unternehmung. Die Aufbereitung und Verarbeitung dieses Zahlenmaterials ist Gegenstand der **monetären Planung,** der **Ergebnis- und Finanzplanung** bzw. der **ergebnis- und liquiditätsorientierten Planungs- und Kontrollrechnung** der Unternehmung. Sie umfaßt dieselben Teilplanungen wie die skizzierte qualitative und quantitative Planung – soweit monetär ausdrückbar – und darüber hinaus eine zusammenfassende, **gesamtunternehmungsbezogene Ergebnis- und Finanzplanung.** Die ergebnis- und liquiditätsorientierten Planungs- und Kontrollrechnungen erfolgen auf der Basis von Verfahren des Rechnungs- und Finanzwesens und der mathematischen Entscheidungsforschung (Operations Research).

Die Ergebnis- und Finanzplanung kann bezüglich ihrer Teilplanungen entweder weitgehend losgelöst von den vorgelagerten qualitativen und (nichtmonetären) quantitativen übrigen Teilplanungen oder aber in engem Zusammenhang mit den übrigen Teilplanungen behandelt werden. Bei weitgehend isolierter Behandlung des monetären Zahlenwerks ergibt sich eine Darstellung der Teile des Rechnungs- und Finanzwesens in der herkömmlichen Art (Kostenrechnung, Buchhaltung, Investitionsrechnung und Finanzierung) als monetäre Planungs- und Kontrollrechnung. Bei einer mit den vorgelagerten Teilplanungen weitgehend verzahnten Behandlung des monetären Zahlenwerks ergibt sich eine Darstellung der **integrierten ergebnis- und liquiditätsorientierten Planungs- und Kontrollrechnung,** wobei in beiden Fällen nur die zusammenfassende, gesamtunternehmungsbezogene Ergebnis- und Finanzplanung

15 Da Aktionen zwingend an Aktionsobjekten erfolgen, wird im folgenden zur sprachlichen Vereinfachung vielfach nur von Aktions- bzw. Aktionsstrukturplanungen gesprochen, also nicht stets auf die zwingend hiermit verbundene Aktionsobjektplanung hingewiesen.

(Betriebsergebnisplanung, Bilanz- und GuV-Planung, Finanzplanung) stets eigenständige Planungen mit entsprechenden Plänen beinhaltet. Diese gesamtunternehmungsbezogene Ergebnis- und Finanzplanung kann in sich allerdings nicht nur als eine mit den übrigen Teilplanungen simultan integrierte Planung, sondern auch als eine auf den übrigen Teilplanungen aufbauende Sukzessivplanung durchgeführt werden.

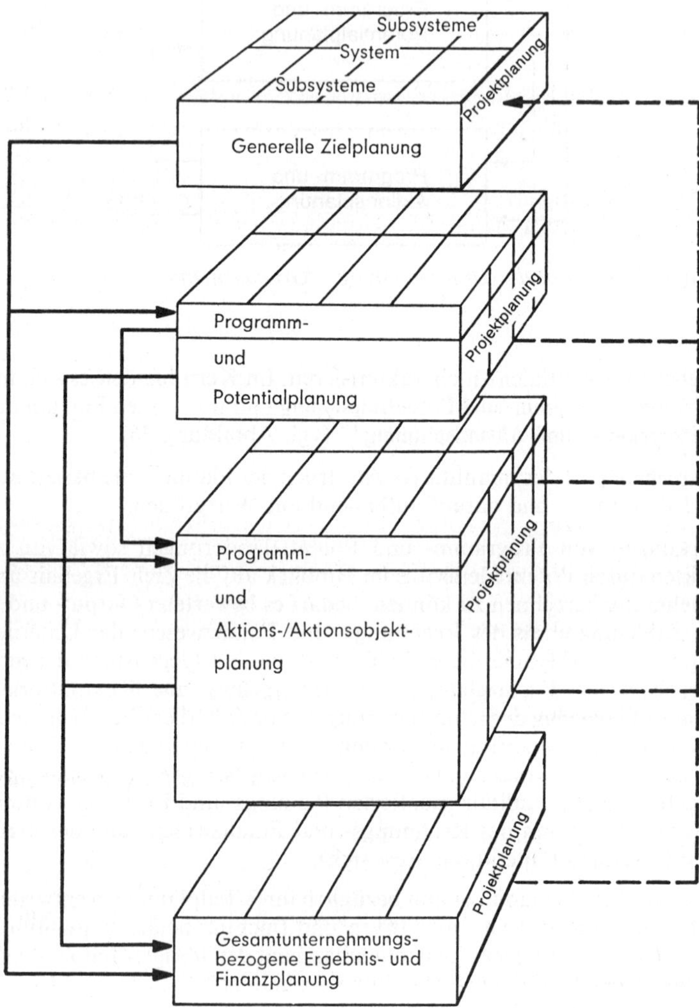

Abb. 27: Grundsätzlicher Aufbau des Planungssystems einer Unternehmung

Ziele, Potentiale, Aktionen und Aktionsobjekte sowie deren monetärer Ausdruck und deren monetäre Wirkungen können dabei nicht nur für die Unternehmung als Ganzes, sondern im Hinblick auf die verschiedensten **Bezugsfelder** (Planungsfelder, -einheiten) geplant und kontrolliert werden:

(1) im Hinblick auf **zeitlich unbegrenzte** zielorientierte Potential- und Aktionsstrukturen – **organisatorische Einheiten**, also das System Unternehmung und seine Subsysteme (Zwischensysteme, Basissysteme);

(2) im Hinblick auf **zeitlich begrenzte** zielorientierte Potential- und Aktionsstrukturen, d.h. auf **Projekte**;

(3) schließlich im Hinblick sowohl auf **zeitlich unbegrenzte** als auch auf **zeitlich begrenzte** zielorientierte Potential- und/oder Aktionsstrukturen, d.h. für **organisatorische Einheiten** und **Projekte**.

Aus diesen Gegenständen lassen sich alle Teilplanungen und damit Pläne eines geschlossenen Planungs- und Kontrollsystems ableiten und in ihrer Verzahnung erkennen (vgl. Abbildung 27).

3.3.2 Planungssystem auf der Basis periodischer und aperiodischer Teilplanungen für organisatorische Einheiten und Projekte

Für die abgeleiteten Teilplanungen lassen sich drei Grundfälle für die Ausgestaltung eines Planungs- bzw. Plansystems unterscheiden:

(1) Periodische Planungen (Pläne) für organisatorische Einheiten

Das Planungssystem entspricht exakt dem Organisationssystem, und zwar in der Weise, daß jeder organisatorischen Einheit – dem System Unternehmung, den Zwischensystemen und den Basissystemen – ein Teilplan zugeordnet wird. In jedem Teilplan werden Ziele und Maßnahmen, d.h. zielorientierte Aktionen an Aktionsobjekten, sowie die hierfür erforderlichen Potentiale qualitativ und quantitativ für bestimmte Zeiträume geplant. Da Organisationseinheiten auf Dauer angelegte Strukturen darstellen, handelt es sich bei der Planung, die das gesamte Organisationssystem der Unternehmung vollständig umfaßt, um eine permanente zielorientierte Potential- *und* Aktions- bzw. Aktionsstrukturplanung. Es erfolgt eine **periodische Planung,** Teilpläne sind periodische Pläne. Da die Teilpläne den Subsystemen des Organisationssystems vollständig zugeordnet sind, bilden sie ein periodisches Gesamtplanungssystem.

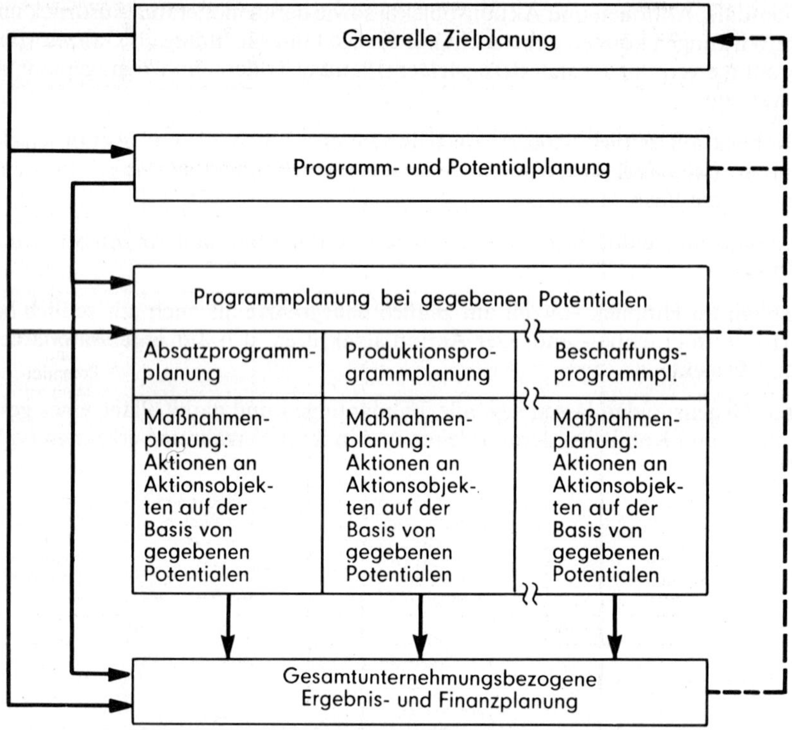

Abb. 28: Planungssystem mit periodischen Planungen für eine Unternehmung mit primär verrichtungsorientierter Aufbauorganisation

Periodische Planungssysteme für organisatorische Einheiten richten sich im Aufbau nach der Art der Aufbauorganisation der Unternehmung. Es sind zu unterscheiden:

- **periodische Planungssysteme für Unternehmungen mit primär verrichtungsorientierter (funktionaler) Aufbauorganisation** (vgl. Abbildung 28);
- **periodische Planungssysteme für Unternehmungen mit primär produkt- oder regionalorientierter (divisionaler) Aufbauorganisation** (vgl. Abbildung 29).

Ziele und Maßnahmen können auch für Teile des Umsystems der Unternehmung geplant werden, z. B. im Hinblick auf Märkte und einzelne Kunden.

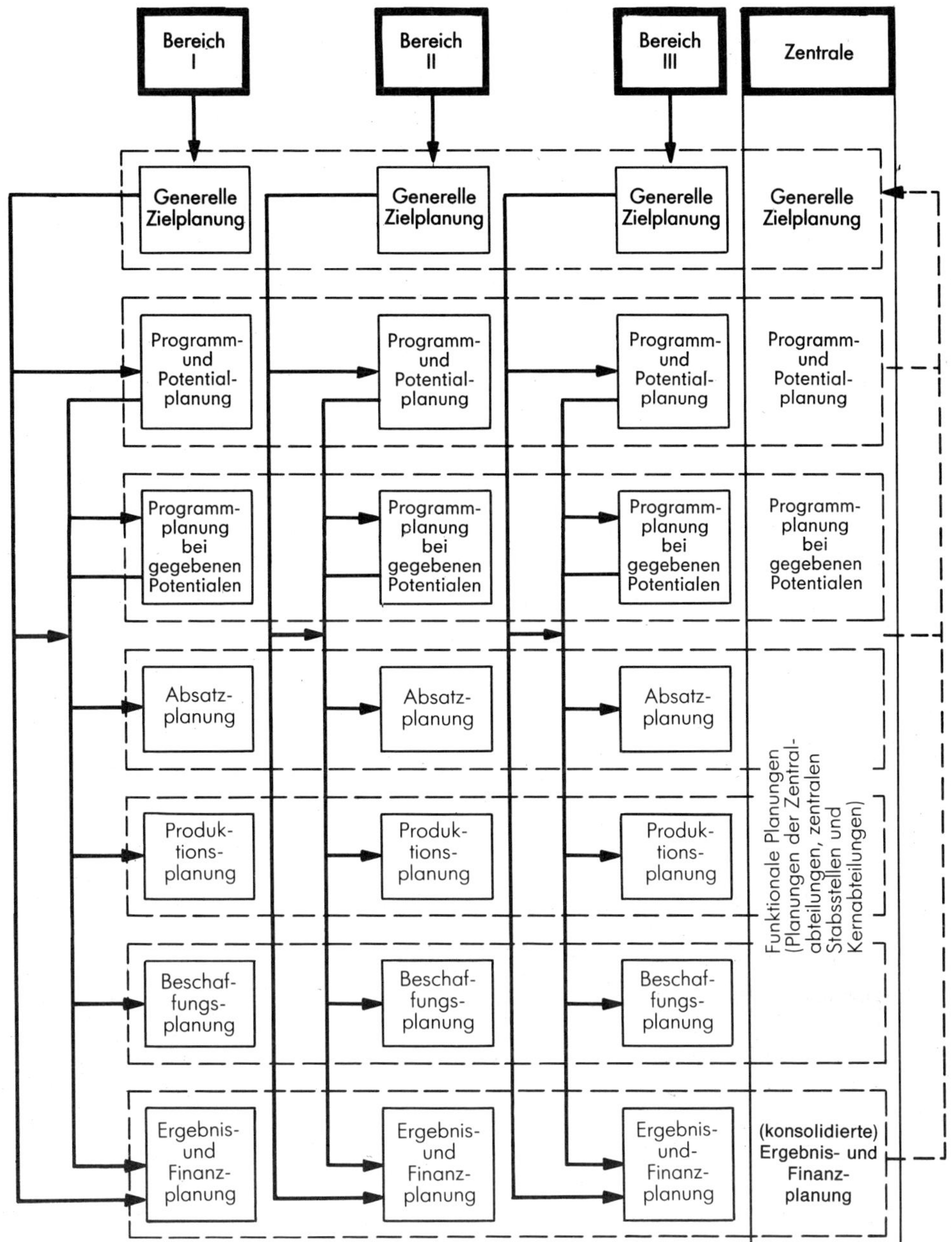

Abb. 29: Planungssystem mit periodischen Planungen für eine Unternehmung mit primär produkt- oder primär regionalorientierter Aufbauorganisation; Bereiche (Divisions, Geschäftssparten, Gliedbetriebe) können nach Produktgruppen oder Regionen gebildet werden

(2) Aperiodische Planungen (Pläne) für Projekte

Planungsgegenstand bilden hierbei zeitlich begrenzte, zielorientierte Aktionsfolgen mit oder ohne Potentialänderungen, die zudem i.d.R. komplex und einmalig bzw. selten sind – sog. Projekte (vgl. Abbildung 30 und Teil III, Abschnitt 6.). Die **Projektplanung** erfolgt fallweise und ist daher grundsätzlich eine **aperiodische Planung.** Projekte können hierbei innerhalb einer Periode liegen. Sie können sich aber auch über mehrere Perioden erstrecken.

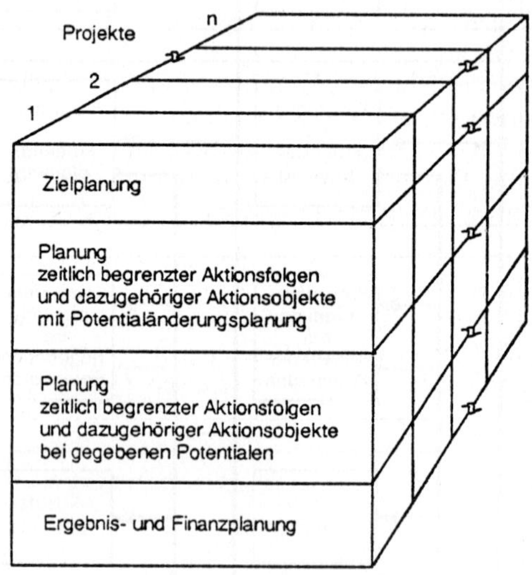

Abb. 30: Projektplanung (aperiodisch)

Die fallweise Planung kann auf die **gesamte Unternehmung** gerichtet sein, wie z. B. bei der Planung der Gründung einer Unternehmung. Sie ist dann eine totale, fallweise, zielorientierte Aktions- *und* Potentialplanung. In diesem Unterfall entspricht das Planungssystem vollständig dem Organisationssystem. Diese fallweisen Teilplanungen machen dann ein Gesamtplanungssystem aus.

Wesentlich häufiger ist aber der zweite Unterfall, in dem sich die fallweise Planung nur auf zeitlich begrenzte Aktionsfolgen mit oder ohne Potentialänderungen **innerhalb des Systems Unternehmung, eines Subsystems oder mehrerer Subsysteme** einer bestehenden Unternehmung bezieht.

Beispiele für **Projektplanungen mit Potentialänderungen** sind Planungen bezogen auf den Erwerb einer Unternehmung, die Erweiterung der Führungsspitze oder eine Änderung der Führungsorganisation mit entsprechender Führungskräftezuordnung. Beispiele für **Projektplanungen ohne Potentialänderungen** – auf der Basis gegebener Potentiale – sind Planungen von Werbeaktionen oder Produktionsaufträgen im Anlagenbau.

Schließlich können sich die Planungen von Aktionsfolgen zum Teil auf Aktionen ohne Potentialänderungen und zum Teil auf Aktionen mit Potentialänderungen beziehen, z. B. Planungen der Entwicklung, der Produktion und der Einführung neuer Produkte einschließlich der Planung der hierfür erforderlichen Potentialänderungen.

(3) Integriertes Gesamtplanungssystem auf der Basis periodischer und aperiodischer Teilplanungen (Teilpläne)

Im dritten Fall sind die **periodischen Planungen bzw. Pläne** und die **aperiodischen** (fallweisen) **Einzelplanungen bzw. Einzelpläne** zu einem **integrierten Gesamtplanungssystem bzw. Gesamtplansystem der Unternehmung** zusammengefaßt. Die Abhängigkeit zwischen den periodischen und aperiodischen Planungen kann in der Weise bestehen, daß die periodischen Planungen auf den aperiodischen Planungen aufbauen. Das wird z. B. bei der Gründung eines Gliedbetriebes der Fall sein. Umgekehrt erfolgen auch aperiodische Planungen auf der Basis periodisch ermittelter Plangrößen oder im Rahmen der periodischen Planung. Dies ist z. B. bei Werbeprojekten und Forschungs- und Entwicklungsprojekten der Fall.

Eine **Integration** aller periodischen und aperiodischen Pläne wird durch die **ergebnis- und liquiditätsorientierte Planungs- und Kontrollrechnung** erzielt, die über eine Koordination der bewerteten Mengen- und Zeitpläne in allen Subsystemen zu einer periodischen und gegebenenfalls auch aperiodisch erstellten zusammenfassenden, gesamtunternehmungsbezogenen Ergebnis- und Finanzplanung führt (vgl. Abbildungen 31 und 32).

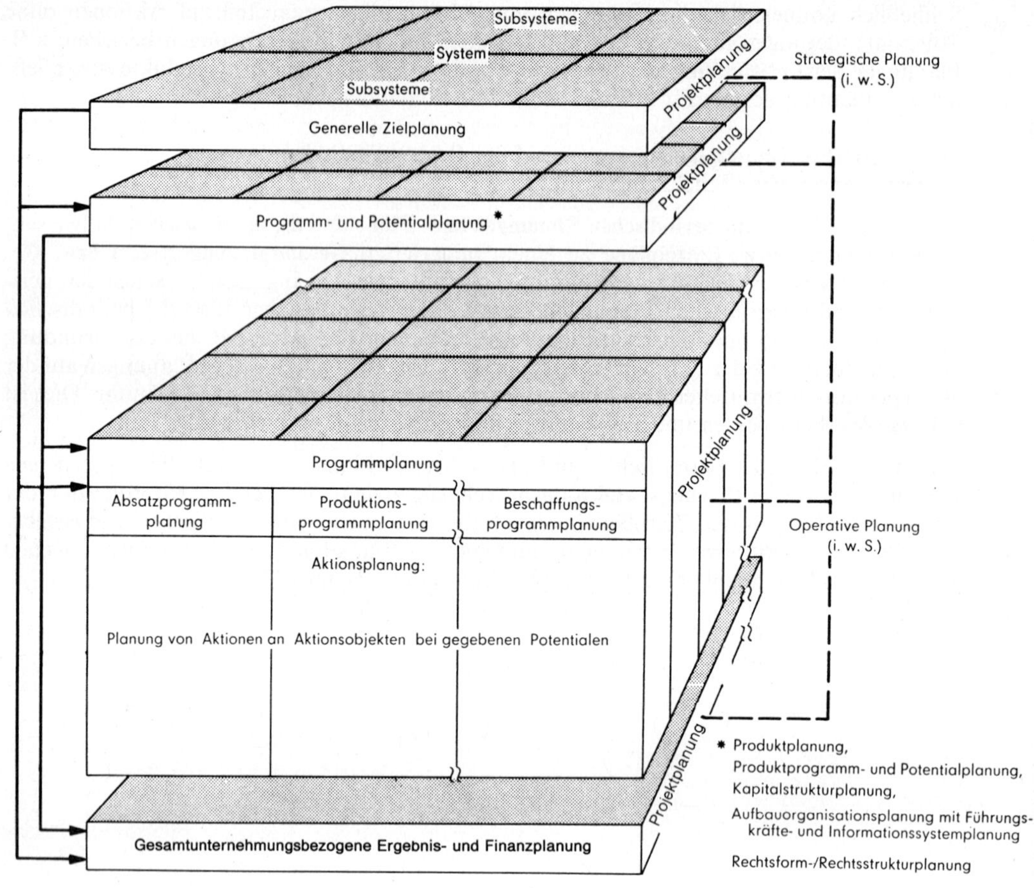

Abb. 31: Integriertes Gesamtplanungssystem für eine Unternehmung mit primär verrichtungsorientierter Aufbauorganisation

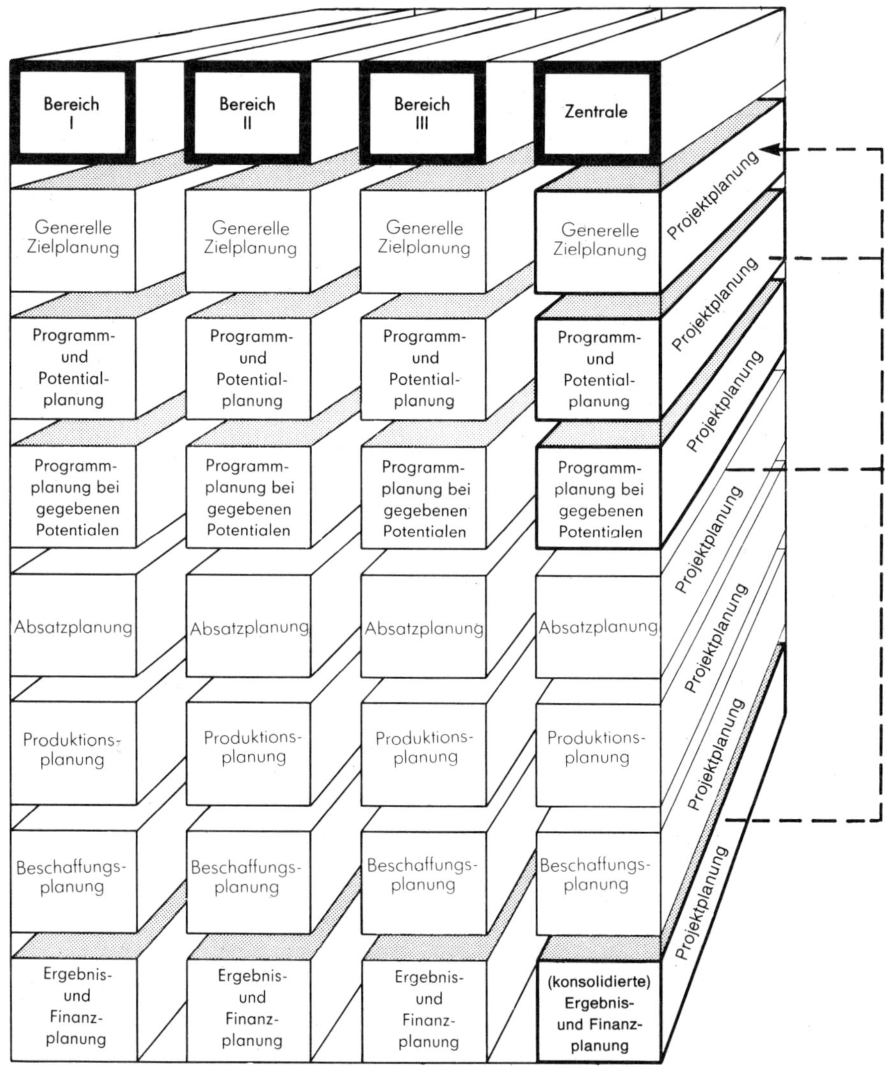

Abb. 32: Integriertes Gesamtplanungssystem für eine Unternehmung mit primär produkt- oder regionalorientierter Aufbauorganisation

3.4 Pragmatische Kennzeichnung der Teilplanungskomplexe eines Planungssystems

3.4.1 Grundkonzept: Generelle Zielplanung, Strategische Planung, Operative Planung, Gesamtunternehmungsbezogene Ergebnis- und Finanzplanung

In der Literatur und in der Praxis werden für einzelne Teile des Planungs- bzw. Plansystems unterschiedliche Bezeichnungen gewählt. Von diesen Bezeichnungen seien im folgenden die Begriffe strategische und operative Planung aufgenommen[16].

---

16 Vgl. zu den Ausgestaltungsmöglichkeiten eines Planungs- und Kontrollsystems z. T. ähnlich auch Agthe, K., Strategie und Wachstum der Unternehmung, a.a.O., S. 81 ff.; Albach, H., Beiträge zur Unternehmensplanung, a.a.O.; Ansoff, H. I., Zum Entwicklungsstand betriebswirtschaftlicher Planungssysteme, a.a.O., S. 59 ff.; Anthony, R. N., Planning and Control Systems, Boston 1965, S. 15 ff.; Arbeitskreis „Organisation international tätiger Unternehmen" der Schmalenbach-Gesellschaft, Organisation des Planungsprozesses in international tätigen Unternehmen, ZfbF 1979, S. 20 ff.; Aurich, W., Schroeder, H.-U., System der Wachstumsplanung im Unternehmen, München 1972, S. 233 ff. und S. 289 ff.; Ax, A., Börsig, C., Praxis der integrierten Unternehmensplanung, a.a.O., S. 905 ff.; Bircher, B., Planungssystem, a.a.O., Sp. 1503 ff.; Bleicher, K., Das Konzept Integriertes Management, a.a.O., S. 49 ff.; Cannon, J. T., Business Strategy and Policy, New York u.a. 1968; Cleland, D. J., King, W. R., Systems Analysis and Project Management, 3. Aufl., Tokio 1983; Fandel, G., Begriff, Ausgestaltung und Instrumentarium der Unternehmensplanung, a.a.O., S. 487 ff.; Fromm, N., Gerlinger, R., Der Aufbau einer langfristigen Unternehmensplanung, a.a.O., S. 39 ff.; Gälweiler, A., Unternehmenssicherung und strategische Planung, ZfbF 1976, S. 362 ff.; ders., Strategische Unternehmensplanung, in: Planung und Kontrolle, Hrsg. H. Steinmann, München 1981, S. 84 ff.; Häusler, J., Planung als Zukunftsgestaltung, a.a.O.; Hahn, D., Planung als Instrument der Unternehmensführung, in: Unternehmensführung auf neuen Wegen, Hrsg. R. W. Stöhr, Wiesbaden 1967, S. 191 ff.; ders., Stand und Entwicklungstendenzen der strategischen Planung, a.a.O., S. 4 ff.; ders., Planung und Kontrolle, a.a.O.; Hammer, R. M., Unternehmungsplanung, a.a.O., S. 36 ff.; Hax, A. C., Majluf, N. S., Strategic Management, Englewood Cliffs, N. J. 1984, S. 37 ff.; dies., The Strategy Concept and Process, A Pragmatic Approach, Englewood Cliffs, N. J. 1991, S. 2 ff.; Hellmich, R., Entwicklung eines Planungssystems für Unternehmungen, a.a.O.; Hill, W., Unternehmungsplanung, a.a.O.; Hinterhuber, H. H., Strategische Unternehmungsführung, Bd. 1, 5. Aufl., Berlin – New York 1992, Bd. 2, 5. Aufl., Berlin – New York 1992; Kirsch, W. u.a., Ein Denkmodell der Gesamtarchitektur von Planungs- und Kontrollsystemen, in: Managementsysteme, Hrsg. W. Kirsch, H. Maaßen, München 1989, S. 127 ff.; Kirsch, W., Klein, H. K., Management-Informationssysteme I, a.a.O., S. 105 ff.; Koch, H., Planung, betriebswirtschaftliche, in: HWB, 2. Bd., Hrsg. E. Grochla, W. Wittmann, 4. Aufl., Stuttgart 1975, Sp. 3001 ff.; ders., Die Entscheidungskriterien in der hierarchischen Unternehmensplanung, ZfbF 1981, S. 1 ff.; Kreikebaum, H., Strategische Unternehmensplanung, 5. Aufl., Stuttgart 1993; Kretschmer, P., Unternehmungsplanung, a.a.O., S. 48 ff.; Kühn, R., Planungssystematik für Wirtschaftsverbände, DU 1979, S. 41 ff.; Kuhn, A., Unternehmensführung, a.a.O., S. 69 ff.; Mellerowicz, K., Planung und Plankostenrechnung, 1. Bd., Betriebliche Planung, a.a.O., S. 173 ff.; Pearce, P. A., Robinson, R. B., Strategic Management. Formulation, Implementation, and Control, 4. Aufl., Homewood, Ill. 1991, S. 2 ff.; Pfohl, H.-C., Planung und Kontrolle, a.a.O., S. 116 ff.; Steiner, G. A., Top Management Planning, a.a.O., S. 31 ff., deutsche Ausgabe S. 61 ff.; Töpfer, A., Planungs- und Kontrollsysteme industrieller Unternehmungen, a.a.O., S. 129 ff.; ders., Planungssystemkonzeptionen, a.a.O., Sp. 1515 ff.; Ulrich, H. (Hrsg.), Unternehmensplanung, Wiesbaden 1975; Weber, K., Langfristige Planung in der Unternehmung, in: Beiträge zur Lehre von der Unternehmung, Festschrift für Karl Käfer, Hrsg. O. Angehrn, H. P. Künzi, Stuttgart 1968, S. 309 ff.; Wheelen, T. L., Hunger, J. D., Strategic Management, 3. Aufl., Reading, Mass. 1990, S. 6 ff.; Wild, J. (Hrsg.), Unternehmungsplanung, Reinbek 1975; ders., Grundlagen der Unternehmungsplanung, a.a.O., S. 153 ff.

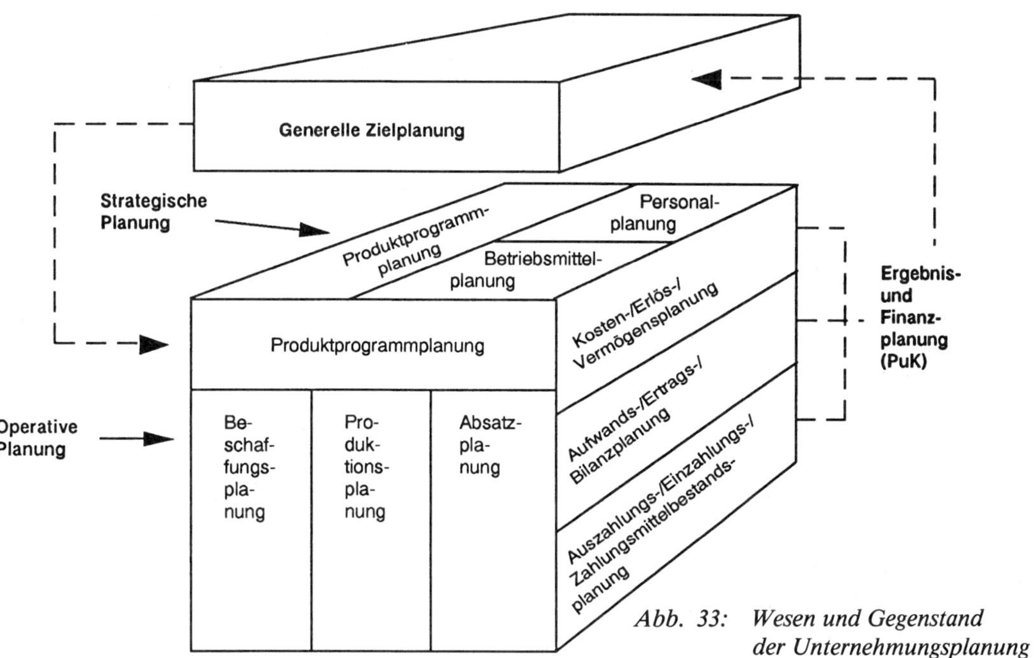

Abb. 33: Wesen und Gegenstand der Unternehmungsplanung

Planungs-komplexe	Periodische Planung und Kontrolle für System Unternehmung und Subsysteme	Aperiodische Planung und Kontrolle für Projekte	
Generelle Zielplanung	Zielplanung	Zielplanung	**Strategische Planung i.w.S.**
Programm- und Potential-planung (Strategische Planung i.e.S.)	Zielorientierte Aktionsplanung mit Potentialänderungen	Zielorientierte Aktionsplanung mit Potentialänderungen	
Programm- und Aktions-planung (Operative Planung i.e.S.)	Zielorientierte Aktionsplanung bei gegebenen Potentialen	Zielorientierte Aktionsplanung bei gegebenen Potentialen	**Operative Planung i.w.S.**
Ergebnis- und Finanzplanung	Ergebnis- und liquiditätsorientierte Planungsrechnung	Ergebnis- und liquiditätsorientierte Planungsrechnung	

Da eine simultane Zielplanung und zielorientierte Potential- und Aktionsplanung nach Subsystemen und für das gesamte System in der Regel nur schwer möglich und beschreibbar ist, werden unter Verwendung von in der Praxis und Literatur verwendeten Bezeichnungen die folgenden Teilplanungen unterschieden, die mit Merkmalen des vorab gegebenen systemtheoretischen Ansatzes eines Planungssystems interpretiert werden:

(1) Generelle Zielplanung;
(2) Strategische Planung – Programm- und Potentialplanung;
(3) Operative Planung – Programm- und Aktionsplanung bei gegebenen Potentialen;
(4) Gesamtunternehmungsbezogene Ergebnis- und Finanzplanung.

Die Abbildungen 33 bis 36 verdeutlichen die Ableitung und damit die hier zugrunde gelegte Einteilung sowie den Zusammenhang der Teilplanungen im Grundschema.

(1) Generelle Zielplanung

Allgemein gesehen beinhaltet die Zielplanung die Festlegung aller für die Führung der Unternehmung relevanten Ziele.

Zur **generellen Zielplanung** kann man die Fixierung aller allgemeingültigen ökonomischen und nichtökonomischen Ziele der Unternehmung rechnen. Bezogen auf die Unternehmung als Ganzes geht es um die Festlegung der Unternehmungskonzeption. Hierzu gehören die wichtigsten **Sachziele** – zumindest umrißartig formuliert (Angabe des Tätigkeitsfeldes, der Branche bzw. der Wirtschaftszweige, der wichtigsten angestrebten Leistungsarten und gegebenenfalls Kundengruppen) –, die wichtigsten **Wertziele** (Ergebnis- und Liquiditätsziele) sowie die wichtigsten **Sozialziele** (angestrebte Zustände und Verhaltensweisen gegenüber Mitarbeitern, Kapitalgebern, Marktpartnern, dem Staat sowie sonstigen Bezugsgruppen, der allgemeinen Öffentlichkeit und der natürlichen Umwelt).

Die generellen Ziele bilden die Richtschnur für alles Entscheiden und Handeln in der Unternehmung und auch für die Ableitung von speziellen Zielen in den anderen Teilplanungskomplexen des Planungssystems.

Die generellen Ziele für die Unternehmung als Ganzes sind dabei stets Ausdruck der Wertvorstellungen der am Zielbildungsprozeß beteiligten obersten Führungskräfte bzw. oberen internen und externen Willensbildungszentren. Versteht man unter **Unternehmungspolitik** das Fällen von Führungsentscheidungen primär im Hinblick auf die Ziele der Unternehmung als Ganzes, wird deutlich, daß es sich bei den generellen Unternehmungszielen als den Resultaten der Unternehmungspolitik um autonom gesetzte oder systematisch abgeleitete, also geplante obere Ziele handelt (vgl. Abbildung 34).

Die Begriffe Strategie, Operation und Taktik entstammen dem militärischen Bereich und erfuhren dort im Zeitablauf (500 v. Chr. bis zur Neuzeit) eine teilweise recht unterschiedliche Interpretation – vgl. hierzu z. B. die Ausführungen bei Ruge, F., Politik und Strategie, Frankfurt/M. 1967, S. 32 und 38. Zur Entwicklung von Planungssystemen vgl. im Überblick Ansoff, H. I., Declerck, R. P., Hayes, R. L., From Strategic Planning to Strategic Management, in: Strategische Unternehmungsplanung – Strategische Unternehmungsführung, Hrsg. D. Hahn, B. Taylor, 6. Aufl., Heidelberg 1992, S. 110 ff.; Bendixen, P., Entwicklungsrichtungen betrieblicher Planungssysteme, BFuP 1978, S. 341 ff.; Hahn, D., Klausmann, W., Entwicklung der betriebswirtschaftlichen Planung, in: HWPlan, Hrsg. N. Szyperski, Stuttgart 1989, Sp. 406 ff.; Hax, A. C., Majluf, N. S., Strategic Management, a.a.O., S. 17 ff.; Henzler, H. A., Von der strategischen Planung zur strategischen Führung: Versuch einer Positionsbestimmung, ZfB 1988, S. 1286 ff.; Klausmann, W., Entwicklung der Unternehmungsplanung, a.a.O., S. 176 ff.; Naumann, C., Strategische Steuerung und integrierte Unternehmensplanung, a.a.O., S. 139 ff.; Timmermann, A., Evolution des strategischen Managements, in: Handbuch Strategische Führung, Hrsg. H. A. Henzler, Wiesbaden 1988, S. 85 ff.

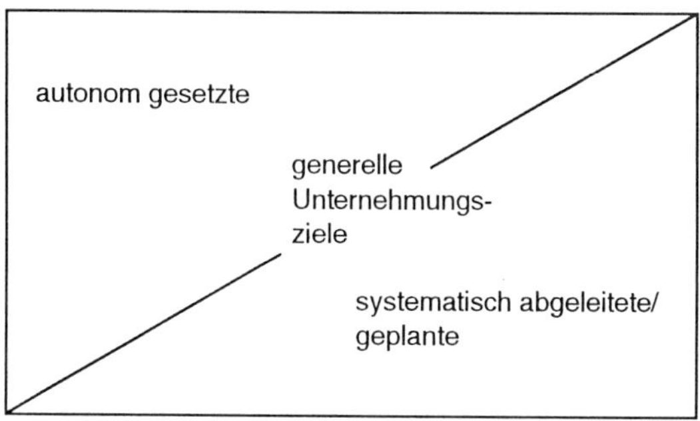

Abb. 34: Generelle Unternehmungsziele als Resultate der Unternehmungspolitik

Die generellen Ziele der Unternehmung werden zum Teil nur als generelle Imperative formuliert.

Erhaltung und erfolgreiche Weiterentwicklung der Unternehmung werden als **Hauptzweck bzw. Hauptziel der Unternehmung** aus der Sicht aller an ihr interessierten Gruppen gesehen, sofern hierdurch die Chance der Realisierung ihrer Individualziele gegeben ist.

Erhaltung und erfolgreiche Weiterentwicklung einer Unternehmung werden in der Wettbewerbswirtschaft am ehesten durch Streben nach optimalem Ergebnis (Kapitalwert, hilfsweise kalkulatorische Periodenergebnisse) erreicht – bei jederzeitiger Aufrechterhaltung der Liquidität. Ergebnisstreben und Liquiditätssicherung bilden damit generelle Imperative und Globalziele – unter Beachtung weiterer Ziele. Für Unternehmungen der sozialen Marktwirtschaft bedeutet dies, **das Streben nach maximalem Ergebnis bzw. Überschuß – letztlich das Streben nach einem maximalen Kapitalwert** – als **oberstes monetäres Ziel** zu formulieren, das es **bei steter Aufrechterhaltung der Liquidität und ggf. Einhaltung von definierten Periodenzielen** durch die Erstellung und den Absatz spezifischer Produkte und Dienstleistungen **unter Beachtung von Sozialzielen** zu erreichen gilt.

Hilfsweise wird das Ergebnisziel im Rahmen des kapitalwertorientierten Entwicklungspfades der Unternehmung durch das Streben nach **optimalem kalkulatorischen Ergebnis pro Periode** verfolgt (vgl. auch den Abschnitt 1.1.2.2.1 dieses Teils zum Zielsystem der Unternehmung sowie Teil III, Abschnitt 2.2 zu generellen Zielen der Unternehmung).

Als nach Inhalt, Ausmaß und zeitlichem Bezug definierte Ziele werden monetäre Ziele durch Zahlen der Ergebnis- und Finanzplanung ausgedrückt. Inhaltlich handelt es sich um das **Ergebnisziel** und die Ergebniszielkomponenten sowie das **Liquiditätsziel** und Liquiditätszielkomponenten und weitere daraus ableitbare Größen (Kennzahlen). Ergebnis- und Umsatzziel sowie Liquiditätsziel, bezogen auf das System Unternehmung, bilden die oberen Ziele im monetären Zielsystem der Unternehmung, das sich mehrstufig in eine Vielzahl von Teilzielen (Zielkomponenten) gliedern läßt.

Für die im Wettbewerb stehende Unternehmung lassen sich zudem alle monetären und nichtmonetären Ziele als **Wettbewerbsvorteilsziele** bzw. als ein Bündel von Wettbewerbsvorteilszielen begreifen – also als Ziele, die angestrebte zukünftige Zustände oder Verhaltensweisen relativ zum Wettbewerb beschreiben.

Die generelle Zielplanung wird periodisch und vereinzelt auch aperiodisch durchgeführt. Sie erfolgt dann als Projektplanung, z. B. bei der Erarbeitung einer Vision der Unternehmung – Vision verstanden als Zielkonzentrat.

(2) Strategische Planung – Programm- und Potentialplanung

Die strategische Planung ist primär eine Zielerreichungsplanung. Sie ist zum einen eine möglichst simultan durchzuführende Programm- und Potential- bzw. Potentialänderungsplanung und in Abstimmung mit allen übrigen Teilplanungen, insbesondere den Funktionsbereichsplanungen sowie der gesamtunternehmungsbezogenen Ergebnis- und Finanzplanung, zu erstellen. In ihr werden unter Beachtung der generellen Ziele das von der Unternehmung langfristig zu erstellende **Leistungs- bzw. Produkt- und Dienstleistungsprogramm** nach Art und Umfang sowie Art, Umfang und Zuordnung der für die Leistungserstellung und -verwertung erforderlichen **Potentiale bzw. Potentialänderungen** festgelegt. Diese Programm- und Potentialplanung bzw. Potentialänderungsplanung bildet den Kern der strategischen Planung. Sie wird auch als **Geschäftsfeldstrategie- bzw. Geschäftsfeldplanung** bezeichnet und ist grundsätzlich mit Funktionsbereichsstrategieplanungen und Regionalstrategieplanungen verbunden.

Bei der Potentialplanung handelt es sich um eine **Betriebsmittelplanung** sowie um eine generelle **Personalplanung.** Gegenstand der strategischen Planung ist damit gleichzeitig die Planung der **potentialbezogenen Unternehmungsgröße.** Da potentialbezogene Unternehmungsvergrößerungen letztlich grundsätzlich nur durch die (Außen-)Finanzierungsmöglichkeiten begrenzt werden, wird auch die Planung der **Kapitalstruktur** (als Ausdruck des Verhältnisses des Eigenkapitals zum Fremdkapital) zur strategischen Planung gezählt.

Zum Gegenstand der strategischen Planung gehört zum anderen die Bestimmung der spezifischen zielorientierten **Potentialstruktur.** Bei Betonung der Sachpotentiale handelt es sich um die **Standortstruktur- bzw. Layoutplanung,** bei Betonung der aufgabenorientierten Sach- und Humanpotentiale um die Planung der **Organisation** sowie der mit ihr verbundenen **Rechtsform** und **Rechtsstruktur** der Unternehmung. Schließlich ist in diesem Zusammenhang als zu gestaltendes Objekt auch das zum Organisationssystem passende und seinen Trägern dienende **Führungssystem** zu nennen. Es umfaßt unter Heraushebung des wichtigsten Humanpotentials aus dem Personalpotential der Unternehmung die **Führungskräfteplanung,** die Gestaltung des für deren Motivation wichtigen **Führungskräfteanreizsystems** und die für deren Aufgabenerfüllung notwendige **Führungsinformationssystemplanung** (Planungs-, Steuerungs-, Dokumentations- und Kontrollsystemplanung)[17].

Bei den hier zu fällenden Planungsentscheidungen handelt es sich um solche konstitutiver (grundlegender) Art, die durch folgende **Merkmale** gekennzeichnet werden[18]:

---

17 Vgl. Hahn, D., Planung und Kontrolle, a.a.O. Der Begriff des Führungssystems wird in der Literatur verschieden weit ausgelegt. Vgl. z. B. Bircher, B., Planungssystem, a.a.O., Sp. 1503 f.; Bleicher, K., Das Konzept Integriertes Management, a.a.O., S. 238 ff.; Kreikebaum, H., Strategische Führung, in: HWFü, Hrsg. A. Kieser, G. Reber, R. Wunderer, Stuttgart 1987, Sp. 1899; Kuhn, A., Unternehmensführung, a.a.O., S. 156; Ulrich, H., Unternehmungspolitik, a.a.O., S. 192; Wild, J., Grundlagen der Unternehmungsplanung, a.a.O., S. 32 f.

18 Vgl. ähnlich Gutenberg, E., Grundlagen der Betriebswirtschaftslehre, 1. Bd., Die Produktion, a.a.O., S. 135 ff.; Sandig, C., Betriebswirtschaftspolitik, a.a.O., S. 134 f.; ders., Unternehmungspolitik, a.a.O., Sp. 5554 ff.; Mellerowicz, K., Unternehmenspolitik, 1. Bd., a.a.O., S. 92 f.; Schwarz, H., Grundfragen der Abstimmung von Materialbeschaffung, Fertigung und Vertrieb, a.a.O., S. 27. Vgl. zudem ähnlich zur Charakterisierung strategischer Planung Steiner, G. A., Top Management Planning, a.a.O., S. 37 f., deutsche Ausgabe S. 72 ff. Vgl. auch Gälweiler, A., Strategische Unternehmensführung, 2. Aufl., Frankfurt/M. – New York 1990, S. 15 ff.

- Sie sind von besonderer Bedeutung für die Vermögens- und/oder Erfolgsentwicklung der Unternehmung;
- Sie können nur aus der besonderen Verantwortung für die gesamte Unternehmung und ggf. auch spezielle Unternehmungsbereiche aus dem Gesamtzusammenhang heraus getroffen werden;
- Sie sind grundsätzlich nur von der obersten (internen) Unternehmungsführung und/oder den dieser vorgeschalteten (externen) Zentren der Willensbildung der Unternehmung (z. B. Aufsichtsrat) wahrzunehmen, zu veranlassen und auch zu überwachen, wobei in der mehrgliedrigen Unternehmung bzw. im Konzern i.d.R. mehrere Entscheidungsebenen gegeben sind;
- Sie gelten auf lange Sicht und sind von relativ geringer Häufigkeit;
- Sie sind unter besonderer Beachtung der Werthaltungen der oberen Willensbildungszentren und unter Beachtung der bereits bestehenden Unternehmungsphilosophie und Unternehmungskultur zu fällen[19].

Strategische Planungen beziehen sich also auf grundlegende zielorientierte Aktionen in Form von Produktprogramm- und Potentialänderungen sowie auch – in der Regel damit verbunden – Aktionen grundlegender Art in Funktionsbereichen und Regionen; zudem auf grundlegende Aktionen in Form von Potentialstrukturierungen.

Grundlegende Vorgehensweisen (grundlegende, zielorientierte Aktionen/Maßnahmen) zur Gestaltung von Richtung, Ausmaß, Struktur und Trägern der Unternehmungsentwicklung werden als **Strategien** bezeichnet[20], wobei von bereits formulierten generellen Zielen ausgegangen wird oder die Zielfestlegung im Rahmen des Strategiebildungsprozesses erfolgen kann. Hiernach lassen sich Geschäftsfeld-, Funktionsbereichs- und Regionalstrategien unterscheiden, ferner Struktur- und Führungssystemstrategien.

Die strategische Planung in diesem Sinne wird auch als außerordentliche Planung, Wachstumsplanung, Unternehmungsentwicklungsplanung und Innovationsplanung bezeichnet.

Sie wird als aperiodische und periodische Planung durchgeführt, die aperiodische Planung als **Projektplanung** (vgl. Teil III, Abschnitt 6.).

Ziel der strategischen Planung ist es, durch Generierung und Auswahl entsprechender Strategien den kapitalwertoptimalen Entwicklungspfad der Unternehmung zu bestimmen – in Abstimmung mit allen übrigen Teilplanungen.

(3) Operative Planung – Programm- und Aktionsplanung bei gegebenen Potentialen

Die operative Planung ist ebenfalls primär eine Zielerreichungsplanung – sie baut auf der generellen Zielplanung und der strategischen Planung auf. Sie setzt grundsätzliche Produktkonzeptionen im Rahmen des langfristigen Produktprogramms und spezifische Potentiale, eine spezifische Potentialstruktur und ein Führungssystem als Ergebnisse der strategischen Planung voraus und ist unter Beachtung der generellen Ziele eine möglichst simultan durchzuführende Programm- und Aktions-/Aktionsobjektplanung.

In ihr werden die von der Unternehmung kurz- und mittelfristig zu erstellenden **Leistungs- bzw. Produkt- und Dienstleistungsprogramme** (im Rahmen des strategischen Leistungsprogramms) nach Art und Menge auf der Basis gegebener Potentiale bzw. Kapazitäten und die zur Realisierung dieser Programme (Ziele bzw. Zielbündel) erforderlichen Aktionen (Operationen) in den einzelnen Bereichen der Unternehmung geplant.

---

19 Vgl. Hahn, D., Strategische Unternehmensführung – Aufgaben und Herausforderungen der 90er Jahre, a.a.O., S. 40.

20 Vgl. ähnlich auch Ulrich, H., Unternehmungspolitik, a.a.O., S. 107.

Die operative Produktprogrammplanung erfolgt grundsätzlich gesamtunternehmungsbezogen; hieraus bzw. hiermit zusammen werden **Programm- und Aktionsplanungen** auf der Basis spezifischer Potentiale für einzelne **organisatorische Einheiten,** die Subsysteme, abgeleitet. Für diese bzw. in diesen werden jeweils **Ziele** und **Maßnahmen** (zielorientierte Aktionen bzw. Aktionsfolgen) geplant.

In einer Unternehmung, die eine primär funktionale Aufbauorganisation besitzt, zählen hierzu die Ziel- und Maßnahmenplanungen in den Funktionsbereichen. Auch sind Ziele und Maßnahmen der Stabsabteilungen zu planen.

In einer Unternehmung, die eine primär nach Produkten oder Regionen ausgebildete Aufbauorganisation besitzt, gehören hierzu in der Zentrale auch die entsprechenden Teilplanungen der nach Funktionen gebildeten Zentralabteilungen sowie Serviceabteilungen. In den einzelnen Bereichen (Divisions) erfolgen – je nach Ausgestaltung von Organisation und Planungssystem – wiederum programm- und funktionsbezogene Aktionsplanungen.

Bei den hier zu fällenden Planungsentscheidungen handelt es sich um solche situativer (laufender) Art. Diese können durch die folgenden **Merkmale** gekennzeichnet werden:

- Sie sind von Bedeutung für die Vermögens- und/oder Erfolgsentwicklung der Unternehmung;
- Sie können aus der besonderen Verantwortung für ein Ressort oder eine Abteilung getroffen werden;
- Sie können von der oberen, mittleren und unteren Führungsebene gefällt werden;
- Sie gelten oft auf kurze Sicht und sind von relativ großer Häufigkeit;
- Sie sind unter Beachtung der Werthaltungen der oberen Willensbildungszentren und unter Beachtung der bereits bestehenden Unternehmungsphilosophie sowie der Unternehmungskultur und eventueller Subsystemkulturen zu fällen.

Die operative Planung in diesem Sinne wird auch als ordentliche oder laufende Unternehmungsplanung bezeichnet.

Die gesamtsystembezogene Produktprogrammplanung und die subsystembezogenen Programm- und Maßnahmenplanungen erfolgen in der Regel periodisch, innerhalb der Funktionsbereiche und funktionsübergreifend vielfach auch aperiodisch als **Projektplanungen** (vgl. Teil III, Abschnitt 6.).

(4) Gesamtunternehmungsbezogene Ergebnis- und Finanzplanung im Rahmen der Planungs- und Kontrollrechnung

Die monetäre und nichtmonetäre Planungs- und Kontrollrechnung ist der quantitative Ausdruck der generellen Zielplanung sowie der strategischen und operativen Planung, die monetäre Planungsrechnung ihre ergebnis- und liquiditätsrechnerische Durchführung und ihre Zusammenfassung.

Die **ergebnis- und liquiditätsorientierte Planungs- und Kontrollrechnung** – im folgenden auch kurz **PuK** (vgl. Abbildung 35a) genannt – umfaßt daher die

(a) PuK im Rahmen der generellen Zielplanung;

(b) PuK im Rahmen der Programm- und Potentialplanung – der strategischen Planung (Investitionsrechnung/Desinvestitionsrechnung);

(c) PuK im Rahmen der Programm- und Aktionsplanung – der operativen Planung
  - produktprogrammbezogene PuK
    (Programmplanungsrechnung, Produktrechnung/Kalkulation),

- funktionsbereichsbezogene PuK
  (Ergebnis- und Kostenzentrenrechnung);

(d) Zusammenfassende, gesamtunternehmungsbezogene PuK – gesamtunternehmungsbezogene Ergebnis- und Finanzplanung
(gesamtunternehmungsbezogene kalkulatorische und bilanzielle Ergebnisplanung; Cash-flow-, Investitions- und Finanzierungsplanung, Liquiditätsreserveplanung).

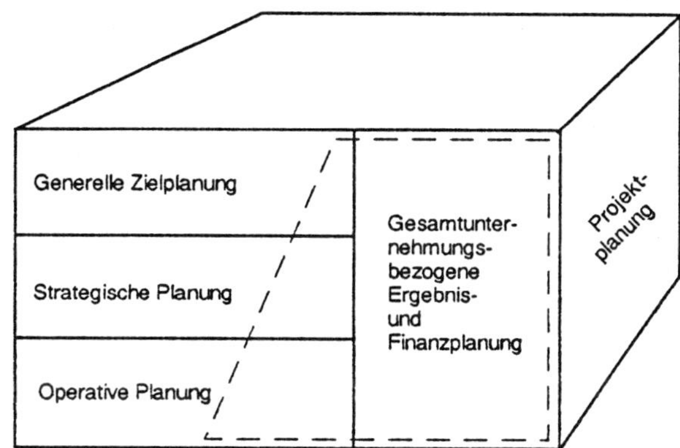

Abb. 35 a: Grundschema eines Planungssystems mit integrierter ergebnis- und liquiditätsorientierter Planungs- und Kontrollrechnung (gestrichelt skizziertes Feld), Gliederung der monetären PuK siehe Abbildung 63

Wird die monetäre und nichtmonetäre Planungs- und Kontrollrechnung soweit wie möglich im Rahmen der generellen Zielplanung, der strategischen Planung und der operativen Planung mitbehandelt, verbleibt als vierter Teilplanungskomplex nur die **gesamtunternehmungsbezogene Ergebnis- und Finanzplanung.**

Die genannten vier **Teilplanungskomplexe** erfolgen **im Rahmen einer rollenden periodischen Unternehmungsplanung** (i.d.R. jährlich). Innerhalb dieser rollenden periodischen Unternehmungsplanung können in jedem Teilplanungskomplex oder teilplanungskomplexübergreifend **aperiodisch Projektplanungen** durchgeführt werden. Diese können auf der Basis der periodischen Planungen abgeleitet werden oder ihrerseits zusätzlich zur bereits erfolgten periodischen Planung notwendig werden.

Die generellen aufgabenmäßigen und inhaltlichen sowie zeitlichen Verknüpfungen bzw. Verkettungen der genannten Teilplanungen einer primär nach dem Verrichtungsprinzip gegliederten Unternehmung zeigen die Abbildungen 35 b und 36.

Da das Planungssystem einer Unternehmung vornehmlich durch die jeweilige Aufbauorganisation der Unternehmung determiniert wird, umfaßt das Planungssystem einer primär nach dem Produkt- oder Regionalprinzip gegliederten Unternehmung grundsätzlich sowohl Pläne der Zentrale als auch Pläne der nach Produkten oder Regionen gebildeten Bereiche (Divisions) – jeweils gliederbar in: generelle Zielplanung, strategische Planung, operative Planung, (gesamtunternehmungsbezogene) Ergebnis- und Finanzplanung (vgl. Abbildung 37 für den Fall rechtlich selbständiger Divisions).

In der **Literatur** und in der **Praxis** erfolgt die **Bildung von Teilplanungskomplexen** eines Planungssystems unterschiedlich oder unter unterschiedlicher Bezeichnung (vgl. Abbildung 38).

In vereinfachter Vorgehensweise wird nur zwischen strategischer Planung (einschließlich Zielplanung) und (lang-, mittel- und kurzfristiger) operativer Planung (einschließlich Ergebnis- und Finanzplanung) unterschieden. Vielfach wird diesen beiden Planungskomplexen auch eine gesonderte Ziel- und Rahmenplanung vorangestellt.

In der Literatur – jedoch nach unseren Beobachtungen grundsätzlich nicht in der deutschsprachigen Praxis – grenzt man Teile des Planungssystems auch als sog. taktische Planung ab, die als mittel- oder kurzfristige Planung interpretiert wird.

In der Literatur und in der Praxis werden auch die generelle Ziel- und Rahmenplanung und die strategische Programmplanung einerseits sowie die (lang-, mittel- und kurzfristige) operative Planung andererseits als Teilplanungskomplexe angesehen. Hierbei werden die Investitions- und Projektplanung als Bestandteile der operativen Planung betrachtet oder man stellt die Investitionsplanung als besonderen Teilplanungskomplex zwischen strategischer und operativer Planung heraus.

Allein die in diesem Buch enthaltenen Praxisbeispiele zeigen den breiten Variationsspielraum bei der Ableitung von Teilkomplexen eines Planungssystems mit integrierter Planungsrechnung.

In der amerikanischen Literatur und Praxis wird bei der Darstellung von Planungskonzepten primär auf die strategische Planung und Umsetzung mit Untergliederung in Strategieformulierung und Strategieimplementierung abgestellt. Hierbei wird jedoch stets betont, daß Formulierung und Implementierung der Unternehmungsstrategie in Form eines integrierten, abgestimmten und rückkoppelnden Prozesses vorzunehmen sind [21]. Zudem wird meist explizit die Festlegung genereller Ziele (Vision, Mission, Objectives) am Anfang des Planungsprozesses herausgestellt.

---

21 Vgl. zu einem Überblick über Konzepte der strategischen Führung in der amerikanischen Managementliteratur Hahn, D., Strategische Unternehmungsführung – Stand und Entwicklungstendenzen, 2. Teil: Konzepte strategischer Unternehmungsführung in der US-amerikanischen Literatur, zfo 1989, S. 326ff.

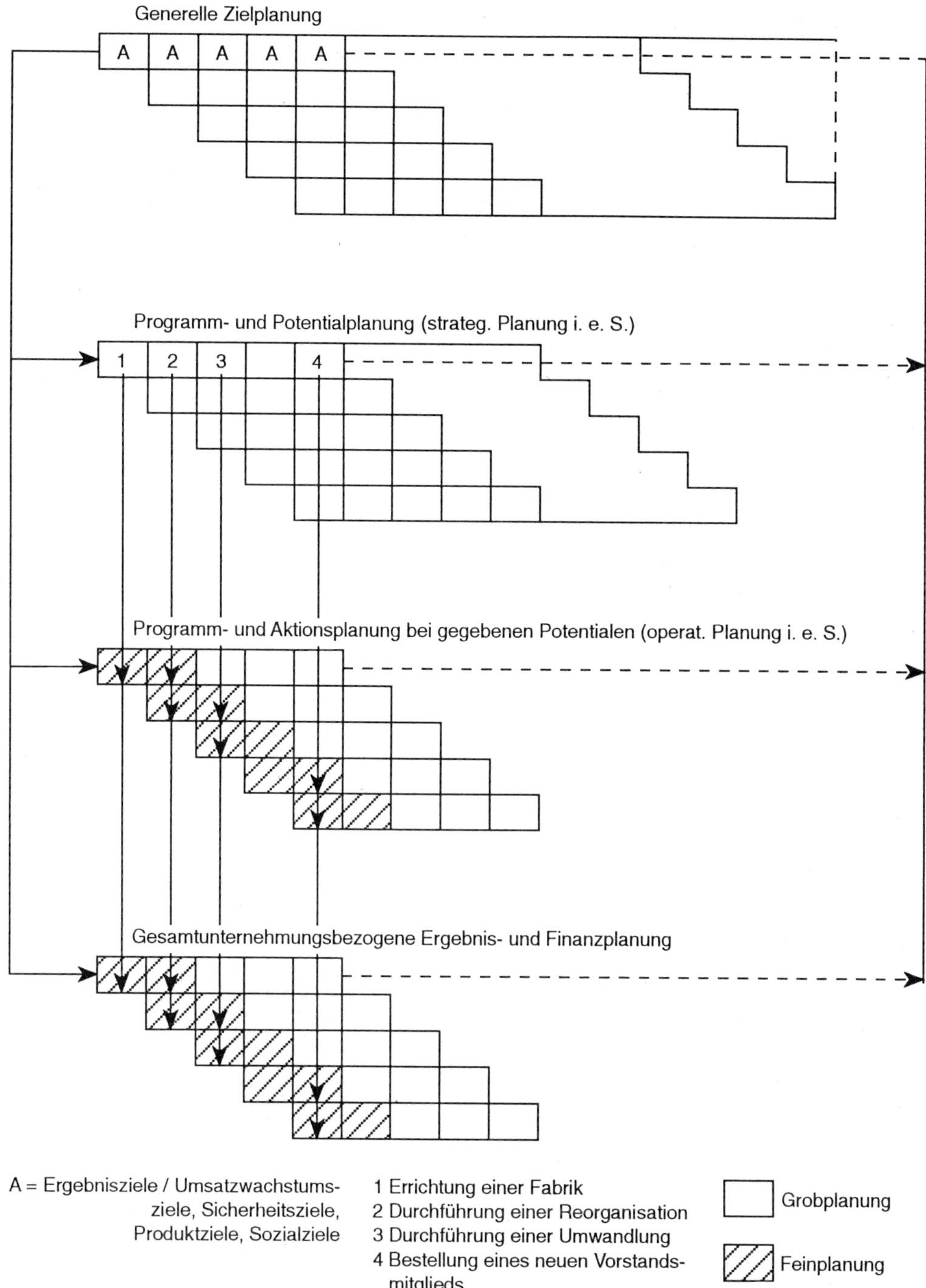

Abb. 36: Zusammenhang zwischen rollender genereller Zielplanung, strategischer Planung, operativer Planung und zusammenfassender gesamtunternehmungsbezogener Ergebnis- und Finanzplanung

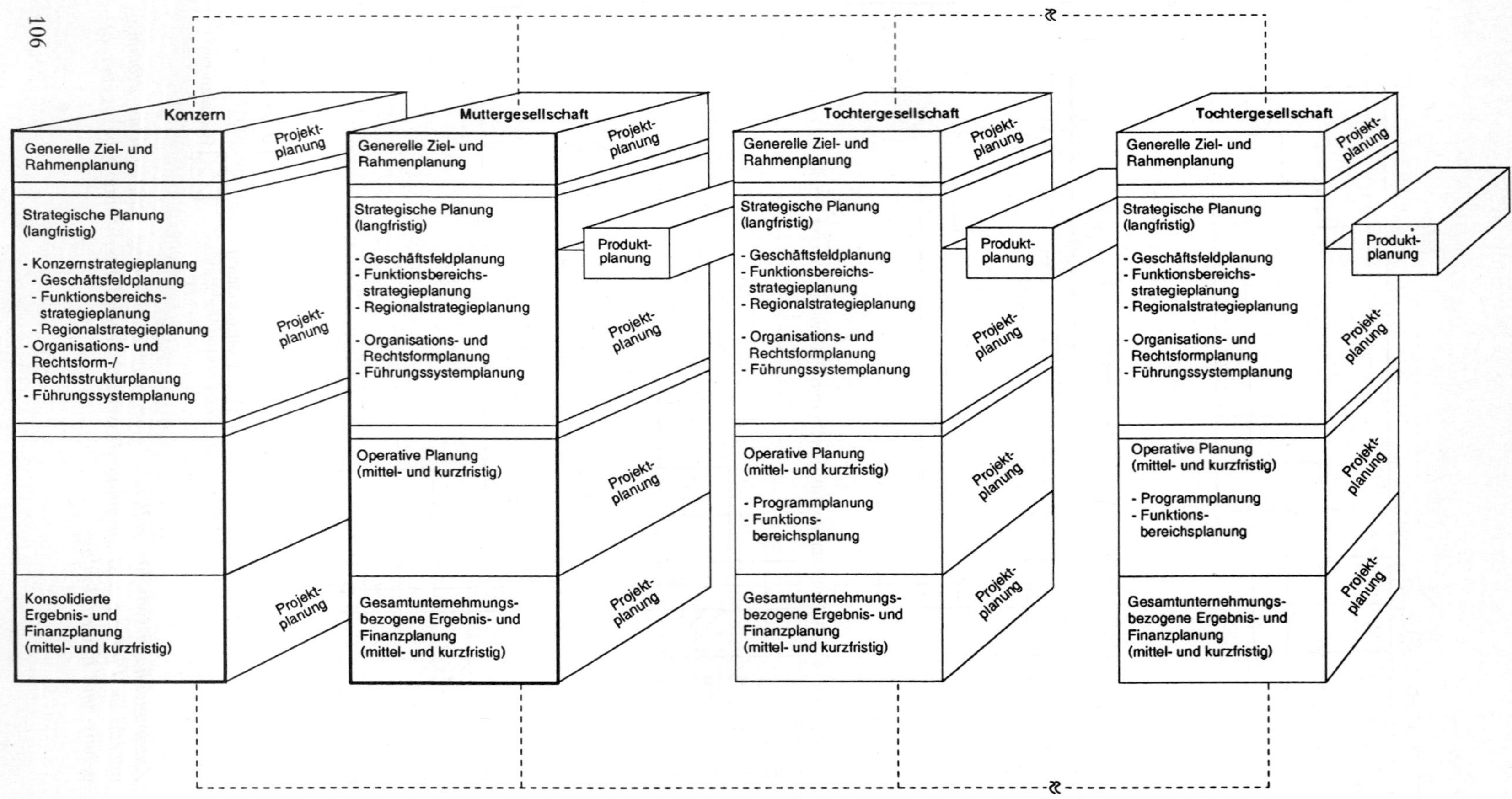

Abb. 37: Mögliche Teilplanungskomplexe in einem Konzern

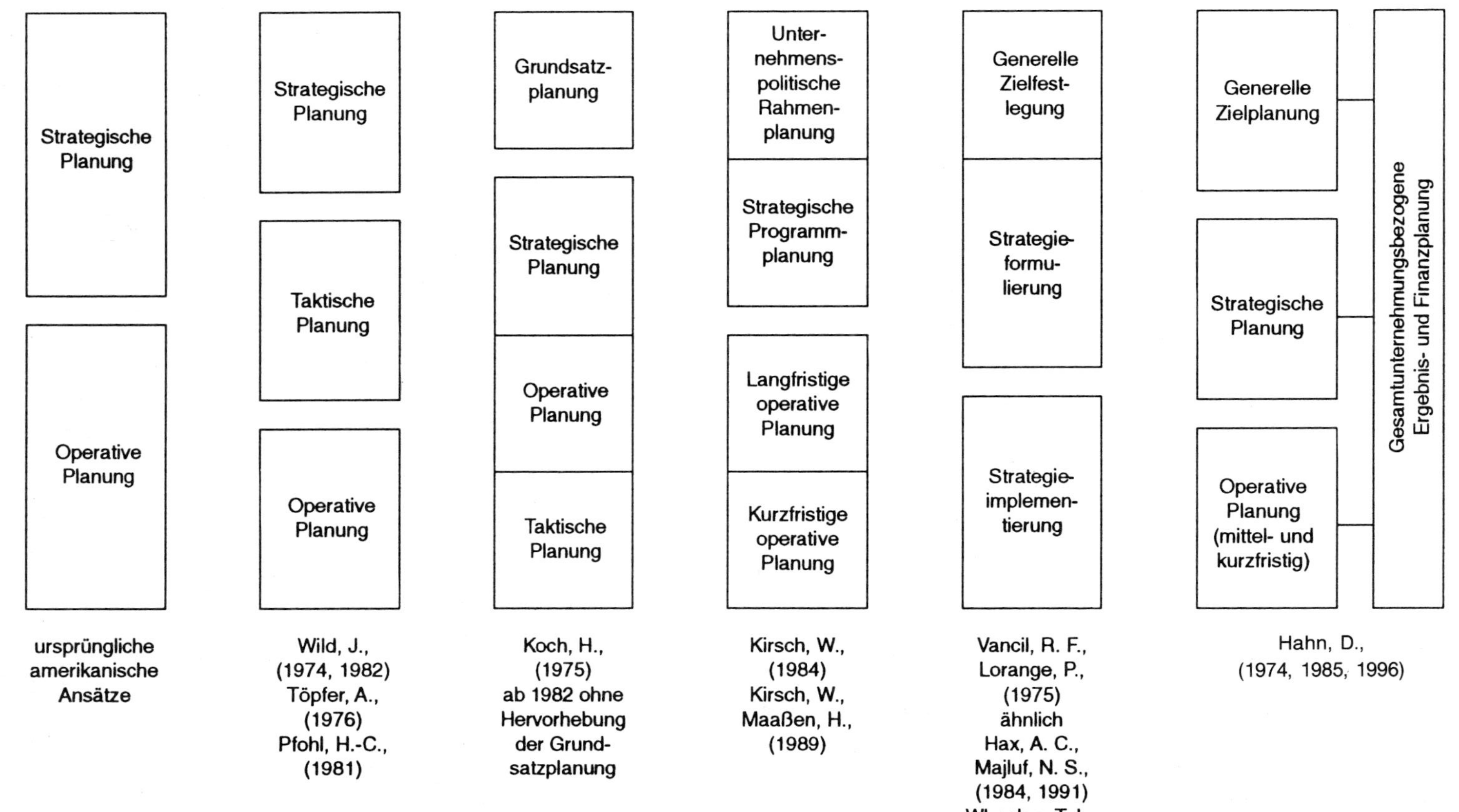

Abb. 38: Planungskonzepte (mögliche Teilplanungskomplexe)

3.4.2 Erweiterungen des Grundkonzeptes im Rahmen visionsorientierter, vernetzter, dialogischer Führung

Auf der Basis der Entscheidungs- und Verhaltenstheorie[22] haben wir aus dem Führungsprozeß – verstanden als Willensbildungs- und Willensdurchsetzungsprozeß – die **Führungsaufgaben Planung, Steuerung** und **Kontrolle** abgeleitet. Unter Nutzung der Systemtheorie[23] und bei Interpretation der Unternehmung als zielorientiertes Aktionszentrum[24] mit zielorientierter Potential- und Aktionsstruktur haben wir sodann für Unternehmungen theoretisch fundiert pragmatisch ein **Planungssystem** entworfen mit den Teilplanungskomplexen

- **Generelle Zielplanung,**
- **Strategische Planung,**

→ **Strategische Planung i.w.S.**

- **Operative Planung** sowie
- **Gesamtunternehmungsbezogene Ergebnis- und Finanzplanung.**

→ **Operative Planung i.w.S.**

Dieses **Konzept für die Unternehmungsplanung** findet in der Praxis Anwendung und hat sich dort bewährt. Es bildet zudem einen Baustein in der betriebswirtschaftlichen Planungstheorie[25].

Generelle Zielplanung und strategische Planung, jeweils ergänzt um Steuerungs- und Kontrolltätigkeiten, bilden den Kern der **strategischen Führung.** Operative Planung und gesamtunternehmungsbezogene Ergebnis- und Finanzplanung, jeweils ergänzt um Steuerungs- und Kontrolltätigkeiten, bilden den Kern der **operativen Führung.**

Planung und Pläne gehören heute zu den wichtigsten Aufgaben und Instrumenten der Führung in der Unternehmung. Obwohl weder im Aktiengesetz noch im Handelsgesetzbuch vorgeschrieben, wird in den meisten Aufsichtsräten/Beiräten über die Entwicklung der Unternehmung heute grundsätzlich nur auf der Basis von strategischen und operativen Plänen entschieden. Planung – verstanden als systematische gedankliche Vorwegnahme künftigen Geschehens – hat sich durchgesetzt.

Umfang und Intensität der Unternehmungsplanung haben in den letzten 25 Jahren erheblich zugenommen. So werden heute von nahezu jeder betriebswirtschaftlichen Professur Fragen der Planung auf dem jeweiligen Spezialgebiet mitbehandelt oder gar in den Mittelpunkt gerückt. An gut einem Dutzend Universitäten im deutschsprachigen Raum wird zudem Unternehmungsplanung als Vertiefungsfach angeboten.

---

22 Vgl. Heinen, E., Einführung in die Betriebswirtschaftslehre, a.a.O.; ders., Der entscheidungsorientierte Ansatz der Betriebswirtschaftslehre, a.a.O.; Rosenstiel, L. v., Grundlagen der Organisationspsychologie, a.a.O.; Rosenstiel, L. v., Molt, W., Rüttinger, B., Organisationspsychologie, a.a.O.

23 Vgl. Ulrich, H., Die Unternehmung als produktives soziales System, a.a.O.; ders., Management, a.a.O.

24 Vgl. Kosiol, E., Einführung in die Betriebswirtschaftslehre, a.a.O.; ders., Die Unternehmung als wirtschaftliches Aktionszentrum, a.a.O.

25 Vgl. Hahn, D., Planung und Kontrolle, a.a.O.

Worin können nun jüngste Entwicklungen in Forschung, Lehre und Praxis auf dem Gebiet der Unternehmungsplanung gesehen werden[26]?

1. Immer häufiger wird die **Vision** zum Ausgangspunkt für Unternehmungsplanung und Leitbild.

2. Zunehmend werden **Szenarien** zur Überprüfung und Entwicklung von Vision, Unternehmungszielen und Strategien erforderlich.

3. Der **Zielkatalog** in der Unternehmung wird erweitert. Es gilt das Streben nach maximalem kalkulatorischen Periodengewinn im Rahmen der operativen Führung auf der Basis eines strategischen Entwicklungspfades der Unternehmung zu erreichen, der für einzelne Objekte und die Unternehmung als Ganzes auf der Basis von Kapitalwertberechnungen zu ermitteln ist. Strategische Alternativen sind bezüglich ihrer monetären Wirkungen anhand des Gesamtkapitalwertes oder des residualen Unternehmungskapitalwertes zu beurteilen. Zudem wird von den Eigenkapitalgebern der Shareholder Value als Zielgröße für die Gestaltung des Unternehmungsgeschehens gefordert.

4. Bisherige **Rahmenbedingungen** werden zu Unternehmungszielen erhoben: Umweltschutz und Umweltverbesserung; Bejahung innovativer, beherrschbarer Technologien; Eintritt für soziale Marktwirtschaft und freiheitlich-demokratische Gesellschaftsordnung.

5. Neben pyramidenartig aufgebauten Periodenzielen im Rahmen der operativen Führung kommt im Rahmen der strategischen Führung zunehmend das **Target Costing** zur Anwendung. An den Kundenwünschen und Konkurrenzverhältnissen orientiert erfolgen Produktdefinition, Preisbildung und retrograde Kalkulation für Produkte und Produktkomponenten. Zur Behauptung der Wettbewerbsfähigkeit werden marktorientiert Produktkostenziele in Teilziele aufgelöst.

6. Strategische Planung beinhaltet zunehmend nicht mehr nur Suche, Beurteilung und Auswahl der Geschäftsfeldstrategien, sondern auch der dazugehörigen **Funktionsbereichs- und Regionalstrategien.**

7. Kardinale Aufgabe strategischer Planung ist heute auch in der Praxis immer stärker die strategieorientierte Gestaltung von Organisation, Rechtsform/-struktur und Führungssystem mit Führungskräfteentwicklung sowie nach innen und außen gerichtetem Informations- und Kommunikationssystem. **Bezugsgruppenorientierte dialogische Führung** wird immer wichtiger – eine klar definierte Unternehmungsidentität muß die Grundlage bilden.

8. **Implementierung** und Überwachung von strategischen Vorhaben werden deutlich mehr Beachtung geschenkt.

9. Die **computergestützte Integration von Technik und Betriebswirtschaft** erleichtert und verbessert zunehmend strategische und operative Planungen und auch Kontrollen. Computergestützte Produkt-, Programm- und Investitionsplanungen sowie mehrperiodige Budgetplanungen sind heutiger Stand. Am Bildschirm in Alternativen dargestellte Fabrikplanungen mit detaillierten Programm-, Layout- und Materialflußplanungen, hieraus abgeleiteten mehrperiodigen Ergebnis- und Finanzplanungen sowie dazugehörigen Unternehmungswertberechnungen werden integrierte Planungen von morgen sein.

26 Vgl. hierzu auch Hahn, D., Unternehmungsplanung. Visionen und Szenarien, in: Betriebswirtschaftslehre heute: Für die Aufgaben der Praxis, Hrsg. K. Küting, A. Schnorbus, Frankfurt 1992, S. 79 ff.

10. Aufgabenzuwachs in den traditionellen Führungsaufgaben, hinzukommende Querschnittsfunktionen und Wachstumssprünge sind wesentliche Gründe für immer schwieriger werdende **Fit-Analysen** oder Planharmonisierungen.

11. Mögliche Veränderungen im Umsystem sowie in und zwischen den Teilplanungskomplexen werden zunehmend **vernetztes Denken** und **Sensibilitätsanalysen** erfordern, um die Wirkungen von Veränderungen auf die Unternehmungsziele verdeutlichen zu können. Auch treten das Denken, Rechnen und Entscheiden in **Wertschöpfungsketten** in den Vordergrund – wertschöpfungskettenorientierte Strategieanalysen und **Prozeßkostenrechnungen.**

12. Planungserleichterung ist durch verbesserte Planungsorganisation anzustreben, etwa durch simultan durchzuführende Strategie- und Investitionsplanungen einerseits und operative Planungen mit integriertem Jahresbudget andererseits. Generell gilt es, **„Überplanung“** zu **vermeiden.**

13. Verbesserte Planungsqualität und Planumsetzung sowie verbesserte Prämissen- und Durchführungskontrollen werden wir vor allem durch verstärkte Einführung **planzielorientierter Führungskräftevergütung** erreichen. Strategische und operative Zielvereinbarungen, von deren Erfüllung und Überschreitung die Höhe des persönlichen Salärs abhängt, führen ganz sicher zu Motivationssteigerungen sowie zu besserer Formulierung und Erfüllung der Unternehmungsziele.

14. Erfolgreiche Planung erfordert schließlich eine die Planung bejahende **Unternehmungsphilosophie** und eine die Planung unterstützende **Unternehmungskultur.**

Diese **Entwicklungen** sind in dem von uns aufgezeigten **Planungs- und Kontrollsystem,** das Teil eines umfassenden Führungskonzeptes ist, **integrierbar** oder **bereits aufgenommen** worden. Hierbei messen wir der Unternehmungsphilosophie und Unternehmungskultur als wesentlichen Komponenten eines Führungskonzeptes sowie dem visionsorientierten, vernetzten und dialogischen Führen besondere Bedeutung zu.

Die **Unternehmungsphilosophie,** die die gemeinsamen bzw. abgestimmten Wertvorstellungen (Werthaltungen) der obersten Führungskräfte der Unternehmung beinhaltet[27], beeinflußt grundlegend das Denken, Entscheiden und Handeln aller Führungskräfte und damit letztlich aller Mitarbeiter der Unternehmung.

Somit bildet die Unternehmungsphilosophie auch die Basis für die **Unternehmungskultur,** die unternehmungsgeschichtlich gewachsenen, gelebten und zumindest partiell gestaltbaren Denk-, Entscheidungs- und Verhaltensmuster der Mitarbeiter einer Unternehmung[28]. Ihnen liegen Grundannahmen, Werte und Normen zugrunde, die auf Erfahrungen aus der Unternehmungsvergangenheit sowie auf Einflüssen aus den Unternehmungsumfeldern basieren und wesentlich durch die (gemeinsamen) Werthaltungen der obersten Führungskräfte

---

27 Vgl. ähnlich Ulrich, H., Die Unternehmung als produktives soziales System, a.a.O., S. 327f.; ders., Management-Philosophie in einer sich wandelnden Gesellschaft, a.a.O., S. 825ff.; vgl. auch Schmidt, R.-B., Werte und Wertungen in der Unternehmung – Skizzen zur Unternehmungsphilosophie, a.a.O., S. 395ff.; Staehle, W.H., Sydow, J., Management-Philosophie, a.a.O., Sp. 1286ff.

28 Vgl. Hahn, D., Strategische Unternehmensführung – Aufgaben und Herausforderungen der 90er Jahre, a.a.O., S. 41. Vgl. auch Bleicher, K., Unternehmungskultur und strategische Unternehmungsführung, a.a.O., S. 852ff.; Dill, P., Unternehmenskultur, a.a.O.; Heinen, E., Unternehmenskultur, a.a.O. sowie ferner Dülfer, E. (Hrsg.), Organisationskultur, 2. Aufl., Stuttgart 1991; Ulrich, P., Systemsteuerung und Kulturentwicklung, DU 1984, S. 303ff.

geprägt werden. Sie werden durch verschiedene Erscheinungsformen und auch Symbole zum Ausdruck gebracht[29].

Wesentliches Element der Unternehmungskultur bildet das Führungsverhalten: Vorbildfunktion und Offenheit, Verantwortungsklarheit und Initiative, Werteverständnis und auch menschliche Wärme werden als Merkmale von Führungstypen immer wichtiger[30].

Betrachtet man die Bedeutung der Unternehmungsphilosophie für die **Unternehmungspolitik bzw. generelle Zielplanung** sowie deren gemeinsamen, prägenden Einfluß auf die Unternehmungskultur, so wird deutlich, daß das Führungskonzept in einer erweiterten Sicht um diese beiden Gestaltungsobjekte zu ergänzen ist. Dies gilt um so mehr, da die Unternehmungskultur ihrerseits die Entwicklung von Unternehmungsphilosophie und Unternehmungspolitik beeinflußt[31].

Im Rahmen der Diskussion über die Unternehmungsphilosophie und die Unternehmungspolitik wird in jüngster Zeit besonders auf die Bedeutung einer **Vision** bzw. einer **Leitidee** der obersten Führung für die Erhaltung und insbesondere für die erfolgreiche Weiterentwicklung einer Unternehmung hingewiesen. Hierbei bildet die Vision das Zukunftsbild der obersten Führung(skraft) über die angestrebte künftige Entwicklung der Unternehmung bzw. „die Vorstellung von der zukünftigen Rolle eines Unternehmens in bezug auf Unternehmenszweck, -ziel und -selbstverständnis“[32].

Die Vision kann als Gegenstand der Unternehmungspolitik angesehen werden. Sie beeinflußt maßgeblich auch die strategische und operative Planung, insbesondere die Auswahl von Strategien, Strukturen und Führungssystemen mit spezifischen Führungskräften[33]. In der Regel sind es einzelne obere Führungskräfte, die eine Vision entwickeln. Nur durch Führungskräfte mit Vision – durch **„Leader“** mit kraftvoller Vorstellung über das gewollte Zukunftsbild der Unternehmung, mit einem auch strategischen Willen[34], kann das gewollte Zukunftsbild auch im Wettbewerb umgesetzt werden[35].

---

29 Vgl. zu der in der Literatur zur Unternehmungskultur sehr weitgehend übernommenen Einteilung der Unternehmungskultur in die drei interdependenten Ebenen Grundannahmen, Werte und Normen sowie Artefakte Schein, E., Coming to a New Awareness of Organizational Culture, Sloan Management Review 4/1984, S. 3ff.

30 Vgl. Höhler, G., Offener Horizont. Junge Strategien verändern die Welt, Düsseldorf 1989, S. 13ff.

31 Vgl. zu den verschiedenen Interdependenzen von Unternehmungsphilosophie, Unternehmungskultur und Unternehmungspolitik bspw. Bleicher, K., Chancen für Europas Zukunft. Führung als internationaler Wettbewerbsfaktor, Wiesbaden 1989, S. 40ff.

32 Henzler, H.A., Vision und Führung, in: Handbuch Strategische Führung, Hrsg. H.A. Henzler, Wiesbaden 1988, S. 21. Vgl. auch Hax, A.C., Majluf, N.S., Strategic Management, a.a.O., S. 63ff.; Hinterhuber, H.H., Strategische Unternehmungsführung, Bd. 1, a.a.O., S. 41ff.; Rühli, E., Visionen, DU 1990, S. 112ff.

33 Vgl. Henzler, H.A., Vision und Führung, a.a.O., S. 22.

34 Vgl. zum Begriff des „Strategic Intent“ Hamel, G., Prahalad, C.K., Strategic Intent, HBR 3/1989, S. 63ff.

35 Vgl. Hahn, D., Entwicklungstendenzen der strategischen Führung, a.a.O., S. 12.

Von den obersten Führungskräften vertreten übt eine Vision stets eine

- impulsgebende Funktion,
- Orientierungs- und Ordnungsfunktion,
- Integrationsfunktion und
- erfolgsfördernde Funktion

aus[36]. Um als schöpferische Kraft zielsetzend und zielorientierend wirken zu können, muß dabei eine Vision

- weitreichend und weitblickend sein,
- eine gestalterische Kraft besitzen mit auch gesellschaftlicher Implikation und vor allem auch
- erreichbar sein[37].

Kreierung und Formulierung der Vision bilden zentrale Aufgaben der Führungsspitze einer Unternehmung. **Leitbild, Unternehmungs- und Führungsgrundsätze** konkretisieren die Vision – vielfach auch erst gestalt- und formulierbar als Resultat strategischer **Analysen, Prognosen und/oder Planungen**[38].

Neben diesen inhaltlichen Erweiterungen der Führungsgegenstände gewinnen **vernetztes Denken und Handeln** zunehmend an Bedeutung[39]. Bei betriebswirtschaftlichen Planungen sind zunehmend volkswirtschaftliche, technologische, sozio-kulturelle, politisch-gesetzliche und ökologische Rahmenbedingungen und sich hieraus ergebende Grundzusammenhänge zu beachten.

Bei steigender Komplexität, Dynamik und damit Ungewißheit, zum einen in den Umfeldern, zum anderen in der Unternehmung selbst, brauchen wir in Zukunft zunehmend Führungskräfte mit verstärkter Fähigkeit zur **Führung im Dialog**[40]. Nur Führung im Dialog sichert Motivation, Identifikation und Imageverbesserung und ermöglicht damit letztlich Unternehmungszukunftssicherung. Sehen wir die Unternehmung als gesellschaftliche Institution, ist es nur folgerichtig, alle an der Unternehmung interessierten Gruppen über das gewollte und tatsächliche Unternehmungsgeschehen zu informieren, mit ihnen hierüber zu kommunizieren und zu diskutieren.

---

36 Vgl. Rühli, E., Visionen, a.a.O., S. 115f.; vgl. auch Hinterhuber, H.H., Strategische Unternehmungsführung, Bd. 1, a.a.O., S. 41ff.

37 Vgl. Dorn, B., Visionen im Management, in: Jahrbuch für Betriebswirte 1991, Hrsg. H. Stehle, W. Rössle, N. Leuz, Stuttgart 1991, S. 144ff.; Henzler nennt als konstitutive Elemente einer Vision den Zukunftsbezug, die bildhafte Darstellung und die Bindung an eine Person. Vgl. Henzler, H.A., Vision und Führung, a.a.O., S. 21.

38 Vgl. Hahn, D., Strategische Unternehmungsführung – Stand und Entwicklungstendenzen, 1. Teil, zfo 1989, S. 163. Vgl. zum Leitbild als Konkretisierung der Vision z.B. Brauchlin, E., Schaffen auch Sie ein Unternehmungsleitbild, IO 1984, S. 313. Zu einem Überblick über Unternehmungs- und Führungsgrundsätze vgl. Gabele, E., Unternehmens- und Führungsgrundsätze, DU 1982, S. 185ff.; Gabele, E., Kretschmer, H., Unternehmensgrundsätze als Instrument der Unternehmensführung, ZfbF 1983, S. 716ff.; Hoffmann, F., Unternehmens- und Führungsgrundsätze, ZfbF 1989, S. 167ff. Auch in der Praxis sind Vision und Leitbild als Komponenten strategischer und auch operativer Führung sehr weit verbreitet. Vgl. Hahn, D., Oppenländer, K.H., Scholz, L., Stand und Entwicklungstendenzen der strategischen Planung in der Bundesrepublik Deutschland – Erste Ergebnisse eines empirischen Forschungsprojektes, in: Strategische Unternehmungsplanung – Strategische Unternehmungsführung, Hrsg. D. Hahn, B. Taylor, 6. Aufl., Heidelberg 1992, S. 971ff.

39 Vgl. Probst, G.J.B., Gomez, P., Vernetztes Denken – Die Methodik des vernetzten Denkens zur Lösung komplexer Probleme, in: Strategische Unternehmungsplanung – Strategische Unternehmungsführung, Hrsg. D. Hahn, B. Taylor, 6. Aufl., Heidelberg 1992, S. 903ff.

40 Vgl. Hahn, D., Unternehmungsführung und Öffentlichkeitsarbeit, a.a.O., S. 142.

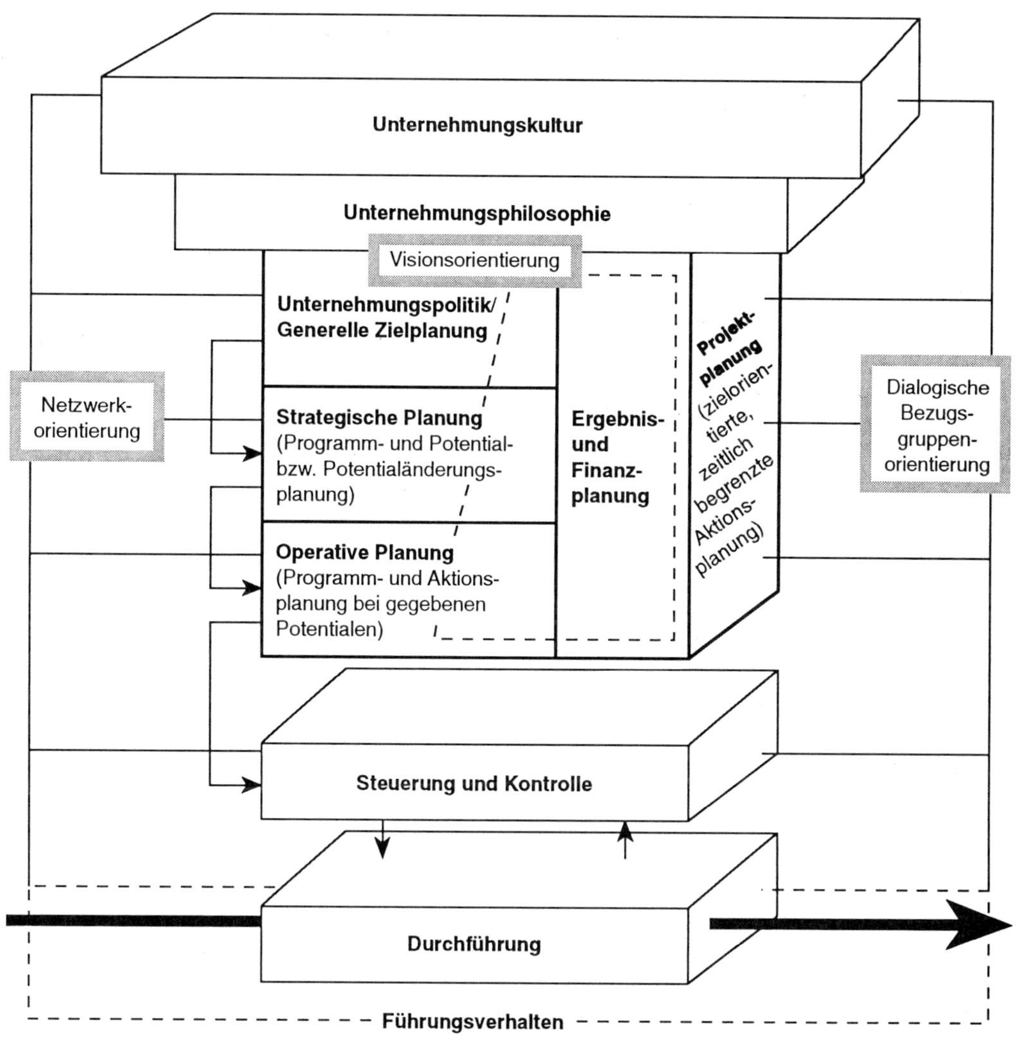

Abb. 39: Erweiterung des Grundkonzeptes des Planungs- und Kontrollsystems

So gilt es – weit über aktien- und mitbestimmungsrechtliche Regelungen hinaus –, nicht nur Eigentümern und Mitarbeitern, sondern auch anderen an der Unternehmung interessierten Gruppen das **Unternehmungsgeschehen transparent und verständlich** zu machen und im Dialog um Vertrauen und Verständnis zu werben, um Vertrauen und Verständnis für das Tun und Lassen in unseren Unternehmungen[41]. Vernetzte Interessen, verändertes Selbstverständnis und zunehmende Komplexität, Dynamik und Ungewißheit erzwingen verstärkt dialogische Führung nach innen und nach außen. Nur hierdurch erreichen wir **Ungewißheitsreduktion** mit Chancenerhöhung und Risikominderung bei den Zielformulierungen und Zielerreichungen der am Dialog beteiligten Partner.

Dialogische Führung brauchen wir **im internen Führungskreis,** aber auch **mit allen Mitarbeitern,** also der unternehmungsinternen Öffentlichkeit, da wir nur hierdurch

- Verdeutlichung und Verinnerlichung unserer Unternehmungsphilosophie und -kultur,
- Erarbeitung, Überprüfung und Weiterentwicklung von Vision, Leitbild und Unternehmungszielen,
- Formulierung und Detaillierung unserer Strategien und vor allem deren
- operative Umsetzung

erfolgreich sicherstellen werden.

Nur wenn wir unsere gewollte Unternehmungsentwicklung im Dialog erklären und gestalten, werden wir auch ihre Umsetzung mit Akzeptanz erhalten.

Es wird deutlich, daß das in seinem Grundkonzept dargestellte Planungs- und Kontrollsystem zwingend in ein die oben beschriebenen Aspekte beinhaltendes Konzept der Führung eingebettet sein muß (vgl. hierzu auch Abbildung 39)[42].

---

41 Vgl. zur Bedeutung von Vertrauen im Rahmen der Unternehmungsführung auch Krystek, U., Zumbrock, S., Planung und Vertrauen, Stuttgart 1993.

42 Vgl. zu einem weit entwickelten Führungskonzept z. B. das St. Galler Management-Konzept. Vgl. Bleicher, K., Das Konzept Integriertes Management, a.a.O.

Teil II

Charakterisierung der integrierten ergebnis- und liquiditätsorientierten Planungs- und Kontrollrechnung – PuK

Im folgenden interessiert das **Zahlenwerk des Rechnungs- und Finanzwesens** in spezifischer Ausgestaltung als Instrument für die Unternehmungsführung. Es bildet einen Teil des allgemeinen **Informationssystems der Unternehmung.** Ausgehend von dem ökonomischen Hauptziel Ergebnisstreben und dem unabdingbaren Nebenziel Liquiditätssicherung ermöglicht es eine erfolgs- und liquiditätsrechnerische **Darstellung** des betrieblichen Geschehens und seiner Verbindung zum Markt ex ante und ex post und dessen zielorientierte **Gestaltung** durch eine **ergebnis- und liquiditätsorientierte Planungs- und Kontrollrechnung.** Diese beinhaltet eine monetäre Zielsetzungs- und Zielerreichungsplanung sowie Zielerreichungskontrolle. Mit Hilfe der Informationen der ergebnis- und liquiditätsorientierten Planungs- und Kontrollrechnung werden Input, Transformation und Output des Realgütersystems (Stoffsystems, Erzeugungssystems, Gütersystems) sowie Input und Output des Nominalgütersystems (Geldsystems) abgebildet und gelenkt (vgl. Abbildung 40)[1]. Die monetären Informationen der Planungs- und Kontrollrechnung basieren dabei im güterwirtschaftlichen Bereich auf dem Qualitäts-, Mengen- und Zeitgerüst der Unternehmung.

---

1 Vgl. hierzu ähnlich Lücke, W., Finanzplanung und Finanzkontrolle in der Industrie, Wiesbaden 1965, S. 11ff.; Siegwart, H., Das Rechnungswesen als Instrument der Unternehmungsführung, in: Führungsprobleme industrieller Unternehmungen, Festschrift für Friedrich Thomée, Hrsg. D. Hahn, Berlin – New York 1980, S. 237ff.

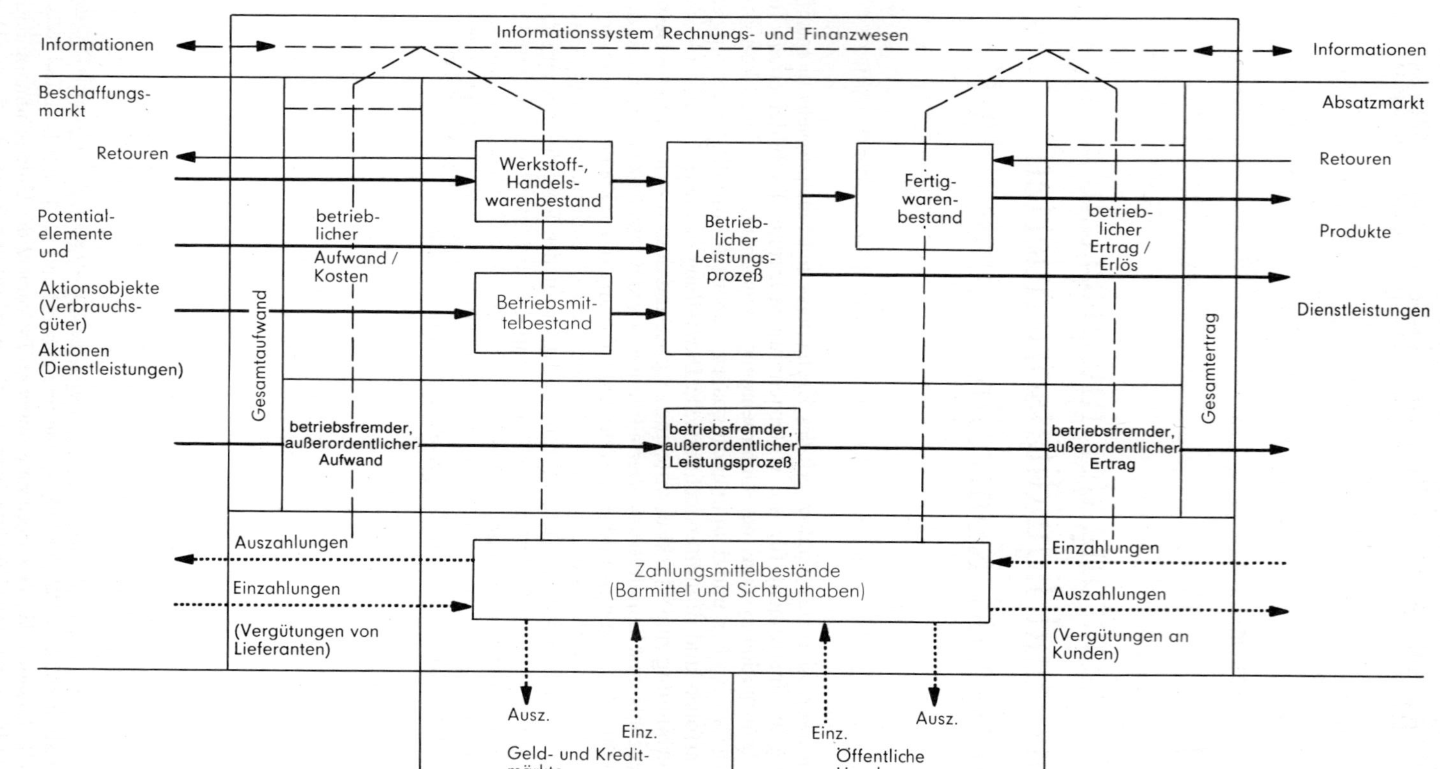

Abb. 40: Wertkategorien des Rechnungs- und Finanzwesens im System Unternehmung

1. Wertgrößen des Rechnungs- und Finanzwesens als Grundlagen der ergebnis- und liquiditätsorientierten Planungs- und Kontrollrechnung

1.1 Gliederung der Wertgrößen

Die Planung der Ziele und die Planung der zu ihrer Erreichung notwendigen Potentiale und Aktionen an Objekten für einzelne Projekte, Subsysteme und das System sowie entsprechende Kontrollen erfolgen mit den **Wertgrößen des Rechnungs- und Finanzwesens**[2]. Es sind dies

(a) die Einzahlungen und Auszahlungen bzw. bei Berücksichtigung der Kreditvorgänge die Einnahmen und Ausgaben,
(b) die Aufwendungen und Erträge,
(c) die Kosten und bewerteten Leistungen (Umsätze/Erlöse unter Berücksichtigung von Bestandsänderungen)

einschließlich der aus diesen ableitbaren absoluten und relativen Größen, insbesondere der

- Zahlungsüber-/-unterdeckungen und Kapitalwerte,
- pagatorischen bzw. bilanziellen Ergebnisse und Eigenkapitalrentabilitäten,
- kalkulatorischen Ergebnisse, Deckungsbeiträge und RoI-Zahlen.

Während die genannten Wertgrößen Komponenten des Ergebniszieles sein können, sind die Komponenten des Liquiditätszieles ausschließlich Einzahlungen und Auszahlungen.

Die Beurteilung und Erhaltung der (sogenannten aktuellen) **Liquidität** – der jederzeitigen Zahlungsfähigkeit – ist nur auf der Basis von Einzahlungen (Geldzugängen) und Auszahlungen (Geldabgängen) unter Berücksichtigung ggf. bereits anfangs vorhandener Zahlungsmittelbestände möglich, durch Erfassung und gegebenenfalls Beeinflussung dieser Größen.

Sieht man zunächst von einem Zahlungsmittel-Anfangsbestand ab, so ergibt sich folgender Zusammenhang:

Einzahlungen ⁒ Auszahlungen = Einzahlungs- oder Auszahlungsüberschuß
(Zahlungsüber-/-unterdeckung)

2 Vgl. zur Abgrenzung der Wertgrößen des Rechnungs- und Finanzwesens z. B. Chmielewicz, K., Integrierte Finanz- und Erfolgsplanung, Stuttgart 1972, S. 42 ff.; Coenenberg, A. G., Kostenrechnung und Kostenanalyse, 2. Aufl., Landsberg/Lech 1993, S. 27 ff.; Heinen, E., Betriebswirtschaftliche Kostenlehre, 6. Aufl., Wiesbaden 1983, S. 97 ff.; Kilger, W., Betriebliches Rechnungswesen, in: Allgemeine Betriebswirtschaftslehre, Hrsg. H. Jacob, 5. Aufl., Wiesbaden 1988, S. 921 ff.; Mellerowicz, K., Kosten und Kostenrechnung, II. Verfahren, Bd. 2.1, 5. Aufl., Berlin – New York 1974, Bd. 2.2, Berlin – New York 1980; Seicht, G., Moderne Kosten- und Leistungsrechnung, 7. Aufl., Wien 1992; Weber, H. K., Betriebswirtschaftliches Rechnungswesen, Bd. 1, 4. Aufl., München 1994 u. Bd. 2, 3. Aufl., München 1991; Wöhe, G., Das betriebliche Rechnungswesen, München 1990.

Ist man bei der Beurteilung des wirtschaftlichen Geschehens nicht zu einer Periodisierung des erwirtschafteten Überschusses gezwungen, ist es konsequent, den **positiven** oder **negativen Zahlungsüberschuß** – **das Ergebnis** – als Wirkung von Handlungen auf der Basis von Einzahlungen und Auszahlungen insgesamt zu bestimmen (Totalgewinn/Totalverlust). Für den gegenwärtigen Entscheidungs- bzw. Planungszeitpunkt lassen sich Zahlungsüberschüsse künftiger Perioden als Gegenwartswert durch Diskontierung mit einem gewählten Zinsfuß vergleichbar machen – durch Berechnung des **Barwertes** bzw. **Kapitalwertes.** In dieser Weise geht man z. B. vielfach bei der Ergebnisermittlung und -beurteilung von mehrperiodigen Investitionsobjekten vor, letztlich auch bei der Wertermittlung und ergebnisorientierten Beurteilung ganzer Unternehmungen.

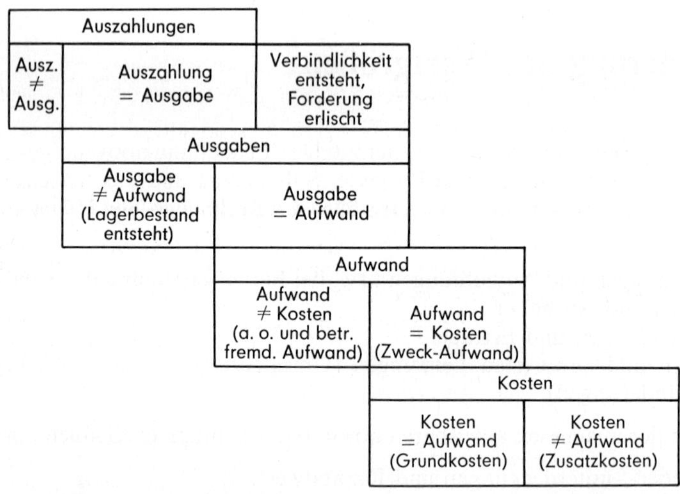

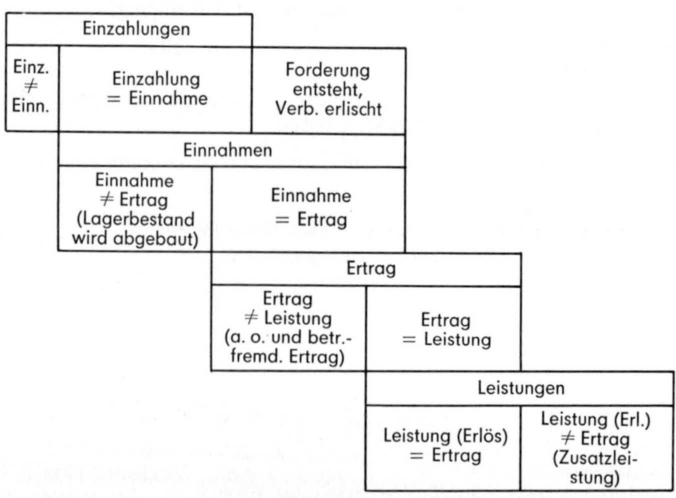

Abb. 41 a: Abgrenzung der perioden- und wesensverschiedenen monetären Wertkategorien der Planungs- und Kontrollrechnung

Um den **Überschuß** nicht nur auf der Basis von Zahlungen, sondern auch auf der Basis von Kreditvorgängen beurteilen zu können, kennzeichnet man das Wertäquivalent jener Güterströme, die vom oder zum Absatz- oder Beschaffungsmarkt fließen, als Ausgaben und Einnahmen (güterwirtschaftlich bedingte Ausgaben und Einnahmen).

Ausgaben = Auszahlung + Schuldenzugang (+ Forderungsabgang)
Einnahmen = Einzahlung + Forderungszugang (+ Schuldenabgang)
Kreditvorgänge

Hinzu tritt der Wertefluß, der die Unternehmung mit dem Geld- und Kapitalmarkt verbindet – Einzahlungen und Auszahlungen und Kreditaufnahmen und -tilgungen (finanzwirtschaftlich bedingte Einnahmen und Ausgaben).

Einnahmen ./. Ausgaben = Einnahmen- oder Ausgabenüberschuß

Bei Zeitpunktbetrachtungen ergeben sich Zahlungsmittel-, Forderungs- und Schulden**bestände.**

Um das **Ergebnis des Wirtschaftsprozesses** auch für kürzere, auf Konventionen beruhende **Kalenderperioden** (z.B. Jahre, Quartale, Monate) verursachungsgerecht und vergleichbar ermitteln zu können, reichen die Wertkategorien Einzahlungen/Auszahlungen und Einnahmen/Ausgaben grundsätzlich nicht aus. Es interessieren hier die Wertkategorien Ertrag/Aufwand sowie Leistung (Erlös)/Kosten.

Der während einer Periode in der **Unternehmung insgesamt verbrauchte Input** und der **insgesamt hervorgebrachte Output** werden bewertet mit Aufwand und Ertrag bezeichnet. Die Differenz ergibt das **Ergebnis** des Wirtschaftsprozesses. In Abhängigkeit von der Entstehungsursache und Periodisierungsüberlegungen wird hierbei zwischen **betriebsfremdem** und **außerordentlichem** sowie **betriebsbezogenem** Aufwand und Ertrag und entsprechendem **Ergebnis** unterschieden [3]. Aufwendungen sind periodisierte Ausgaben, Erträge periodisierte Einnahmen. Aus bewertetem, unverbrauchtem Input und noch in der Unternehmung vorhandenem Output ergeben sich Bestände.

Ertrag ./. Aufwand = bilanzielles Bruttoergebnis/Unternehmungsergebnis/Jahresüberschuß oder -fehlbetrag
(Bruttoerfolg; bilanzieller Rohgewinn oder -verlust; pagatorisches Ergebnis) [4]

Die Kosten, der nur für die **betriebliche** Leistungserstellung und -verwertung **verbrauchte,** bewertete Input, unterscheiden sich vom Betriebsaufwand außer durch unterschiedliche Wertansätze im Umfang (kalkulatorische Abschreibungen, Zinsen und Wagnisse sowie gegebenenfalls kalkulatorischer Unternehmerlohn). Der Wert der verkauften (umgesetzten) betrieblichen Leistung wird mit Umsatz oder Erlös bezeichnet.

Die **Gesamtleistung der Periode** unterscheidet sich vom Erlös der Periode um die zu Herstellungskosten bewerteten Bestandsveränderungen an fertigen und unfertigen Produkten bzw. Erzeugnissen sowie um andere aktivierte Eigenleistungen (Eigenverbrauch).

---

3 Dabei gilt: Betriebsfremdes Ergebnis = Zinsergebnis + Beteiligungsergebnis = Finanzergebnis, ggf. zu ergänzen um ein sonstiges betriebsfremdes Ergebnis. Vgl. hierzu Teil III, Abschnitt 5.2.2 sowie die dort zitierte Literatur.

4 Vgl. zum Begriff pagatorisches Ergebnis Kosiol, E., Buchhaltung und Bilanz, 2. Aufl., Berlin 1967, S. 7 und S. 37. Abweichend von Kosiol rechnen wir zur pagatorischen Rechnung nicht die Finanzrechnung; vgl. zur Interpretation der Gewinnbegriffe auch die systematische Darstellung bei Lechner, K., Gewinnbegriff, Gewinnarten, Gewinninhalte, in: Festschrift für H. Hämmerle, Hrsg. H. Wünsch, Graz 1972, S. 205ff.; vgl. zum Erfolgsbegriff ferner Baetge, J., Hömberg, R., Gewinn und Verlust, in: HWR, Hrsg. E. Kosiol, K. Chmielewicz, M. Schweitzer, 2. Aufl., Stuttgart 1981, Sp. 657ff.; Chmielewicz, K., Gewinn- und Verlustrechnung, in: HWR, Hrsg. E. Kosiol, K. Chmielewicz, M. Schweitzer, 2. Aufl., Stuttgart 1981, Sp. 668ff.; Lücke, W., Kurzfristige Erfolgsrechnung, in: HWR, Hrsg. K. Chmielewicz, M. Schweitzer, 3. Aufl., Stuttgart 1993, Sp. 1315ff.; Koch, H., Erfolgsrechnung, in: HWR, Hrsg. K. Chmielewicz, M. Schweitzer, 3. Aufl., Stuttgart 1993, Sp. 553ff.; Pohmer, D., Bea, F.X., Erfolg, in: HWR, Hrsg. E. Kosiol, Stuttgart 1970, Sp. 457f.

Leistung (Erlös) ⁒ Kosten = kalkulatorisches Ergebnis/Betriebsergebnis

Der vorab behandelte Zusammenhang der **Ergebnis-**(Erfolgs-) und **Liquiditätskomponenten** läßt sich anschaulich in einem Ablaufdiagramm darstellen (vgl. Abbildung 41 b)[5].

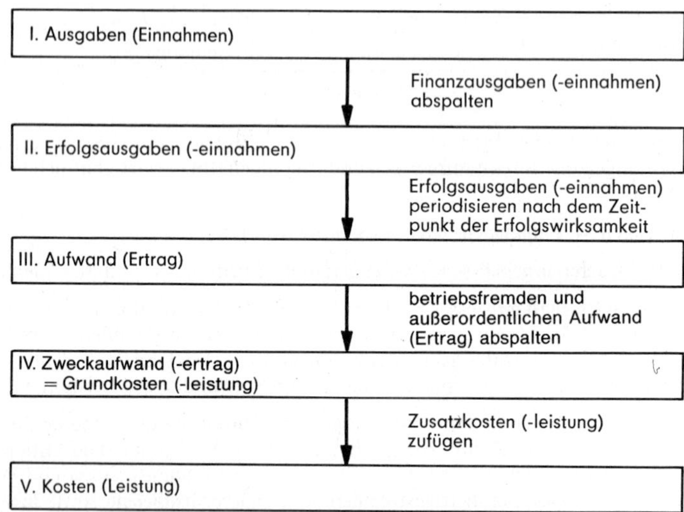

Abb. 41 b: Ausgaben (= Auszahlungen), Aufwand und Kosten sowie Einnahmen (= Einzahlungen), Ertrag und Leistung als Ablaufdiagramm

In der Literatur und in der Wirtschaftspraxis werden vielfach auch die Begriffe Einnahmen und Einzahlungen einerseits sowie Ausgaben und Auszahlungen andererseits für die Gesamtheit aller Bewegungen von Buch- und Bargeld gleichbedeutend verwendet[6]. Im folgenden werden ausschließlich die Begriffe Einzahlungen und Auszahlungen verwendet, um Zahlungsmittelbewegungen zu beschreiben.

Für die ergebnis- und liquiditätsorientierte Planungs- und Kontrollrechnung ist von Bedeutung, daß sich die genannten Wertgrößen der Input- und Outputseite inhaltlich nicht decken und damit auch zu inhaltlich unterschiedlichen Überschüssen bzw. Ergebnissen führen. Dies ist neben Objekt- und Periodenabgrenzungen zu einem großen Teil auch auf unterschiedliche Bewertungen zurückzuführen. Während die Bewertung der Aufwendungen als Ist-Informationen grundsätzlich nach dem Anschaffungswertprinzip erfolgt, wird die Bewertung der Kosten als Ist-Informationen grundsätzlich auf der Basis von Wiederbeschaffungspreisen vorgenommen. Bei Anwendung des Anschaffungswertprinzips ist grundsätzlich nur die nominelle Kapitalerhaltung gewährleistet, bei Anwendung des Wiederbeschaffungswertprinzips unter weiteren Voraussetzungen eine quantitative oder sogar qualitative Substanzerhaltung. Das bilanzielle (betriebsbezogene) Ergebnis ist ein Ergebnis auf der Basis von Wertansätzen der Vergangenheit (es zeigt z. B., was eine Kapitalanlage erbracht hat). Das kalkulatorische Ergebnis ist das Ergebnis auf der Basis von Wertansätzen der Zukunft (es zeigt z. B., was eine Kapitalanlage bei Substanzerhaltung erbracht hat). Bei der Bildung von Planinformationen im Hinblick auf die hier relevanten Wertkategorien verwischen sich allerdings die möglichen Unterschiede zwischen Wertansatz nach Anschaffungswert und Wertansatz nach Wiederbeschaffungswert bei der Schätzung künftiger Wertansätze.

Das kalkulatorische Ergebnis (kalkulatorischer Gewinn oder Verlust) zeigt stets, ob alle Kosten – einschließlich der vom Kapitalmarkt geforderten kalkulatorischen Zinsen – durch Erlöse erwirtschaftet werden und ob darüber hinaus ein Überschuß oder ein Defizit vorliegt.

---

5 Vgl. Chmielewicz, K., Integrierte Finanz- und Erfolgsplanung, a.a.O., S. 72.

6 Vgl. Chmielewicz, K., Integrierte Finanz- und Erfolgsplanung, a.a.O., S. 42 ff.; Gutenberg, E., Grundlagen der Betriebswirtschaftslehre, 3. Bd., Die Finanzen, 8. Aufl., Berlin – Heidelberg – New York 1980, S. 6.

1.2 Verarbeitung der Wertgrößen im Rechnungs- und Finanzwesen

Das Zahlenwerk der Kosten- und Erlösrechnung ist von den Führungskräften in allen Subsystemen der Unternehmung auf der Basis von Qualitäts-, Mengen- und Zeitangaben zu planen und zu kontrollieren. Es handelt sich hierbei stets um Kosten und – soweit auf Subsysteme und andere Bezugsgrößen zurechenbar – auch um Erlöse und die hieraus ableitbaren Deckungsbeiträge und Ergebnisse.

Die Aufbereitung und Verarbeitung dieses Zahlenmaterials und die Verarbeitung des Zahlenwerkes der Aufwands- und Ertragsrechnung sowie der Einzahlungs- und Auszahlungsrechnung einschließlich dazugehöriger Bestandsrechnungen obliegen dem (den) Subsystem(en) Rechnungs- und Finanzwesen sowie Unternehmungsplanung oder – ohne finanzwirtschaftliche Aufgaben – dem Bereich Controlling. Die Sicherung der zumindest kurzfristigen Liquidität sowie Finanzierungs- und Definanzierungsvorgänge sind ausschließlich Aufgaben des Finanzwesens (vgl. hierzu Teil II, Abschnitt 5.1 sowie Teil V, Abschnitt 1). Stand früher die Dokumentation im Vordergrund, dient heute das Zahlenwerk des Rechnungs- und Finanzwesens in erster Linie zur Erstellung einer ergebnis- und liquiditätsorientierten Planungs- und Kontrollrechnung als differenziertes Führungsinstrument für alle Führungsebenen.

Die Ausgestaltung der einzelnen Teile des Rechnungs- und Finanzwesens muß daher sicherstellen, daß die zu gewinnenden Informationen geeignet sind für eine ergebnis- und liquiditätsorientierte Planung, Dokumentation und Kontrolle im System Unternehmung. Ferner muß die Ausgestaltung des Rechnungs- und Finanzwesens gewährleisten, daß jene Informationen gewonnen werden können, die die Unternehmung auf Grund gesetzlicher Vorschriften zu erstellen verpflichtet ist.

Das Bestreben der Unternehmungsführung, vom Rechnungs- und Finanzwesen Informationen zur Beurteilung der Wirkungen der Prozesse der Unternehmung im Hinblick auf Periodenergebnisse und die Liquidität der Unternehmung zu erhalten, begründet die traditionelle Aufteilung des Arbeitsbereiches des **Rechnungs- und Finanzwesens** in die beiden **Hauptgebiete:**

- **kalkulatorische und bilanzielle Ergebnisrechnung**
  (Kosten- und Erlösrechnung; Aufwands-, Ertrags- und Bilanzrechnung) und
- **Liquiditätsrechnung** (Auszahlungs- und Einzahlungsrechnung).

Hierzu tritt bei mehrperiodiger Betrachtung die Unterstützungsfunktion beider Gebiete für Kapitalwertberechnungen – auf der Basis von Zahlungsüberschüssen oder hilfsweise bilanziellen Ergebnissen künftiger Perioden im Rahmen von ergebnisorientierten Planungsrechnungen.

Abbildung 42 zeigt die traditionelle Gliederung der Aufgaben des Rechnungs- und Finanzwesens. Diese Begriffe werden in der Literatur und in der Praxis z. T. auch synonym oder in abweichender Interpretation von der hier gegebenen Darstellung verwendet.

Auf diesem Zahlenwerk aufbauend sind bei weiterer Differenzierung speziell für Zwecke der Planung und Kontrolle zur Beurteilung und Gestaltung des Wirtschaftens in der Unternehmung **Ergebnisse** und **Ergebniskomponenten** sowie **Zahlungsüberschüsse** und deren **Komponenten** für die unterschiedlichsten **Bezugseinheiten,** die für die Führung von Interesse sind, als Soll-/Ist-Zahlenwerk darstellbar.

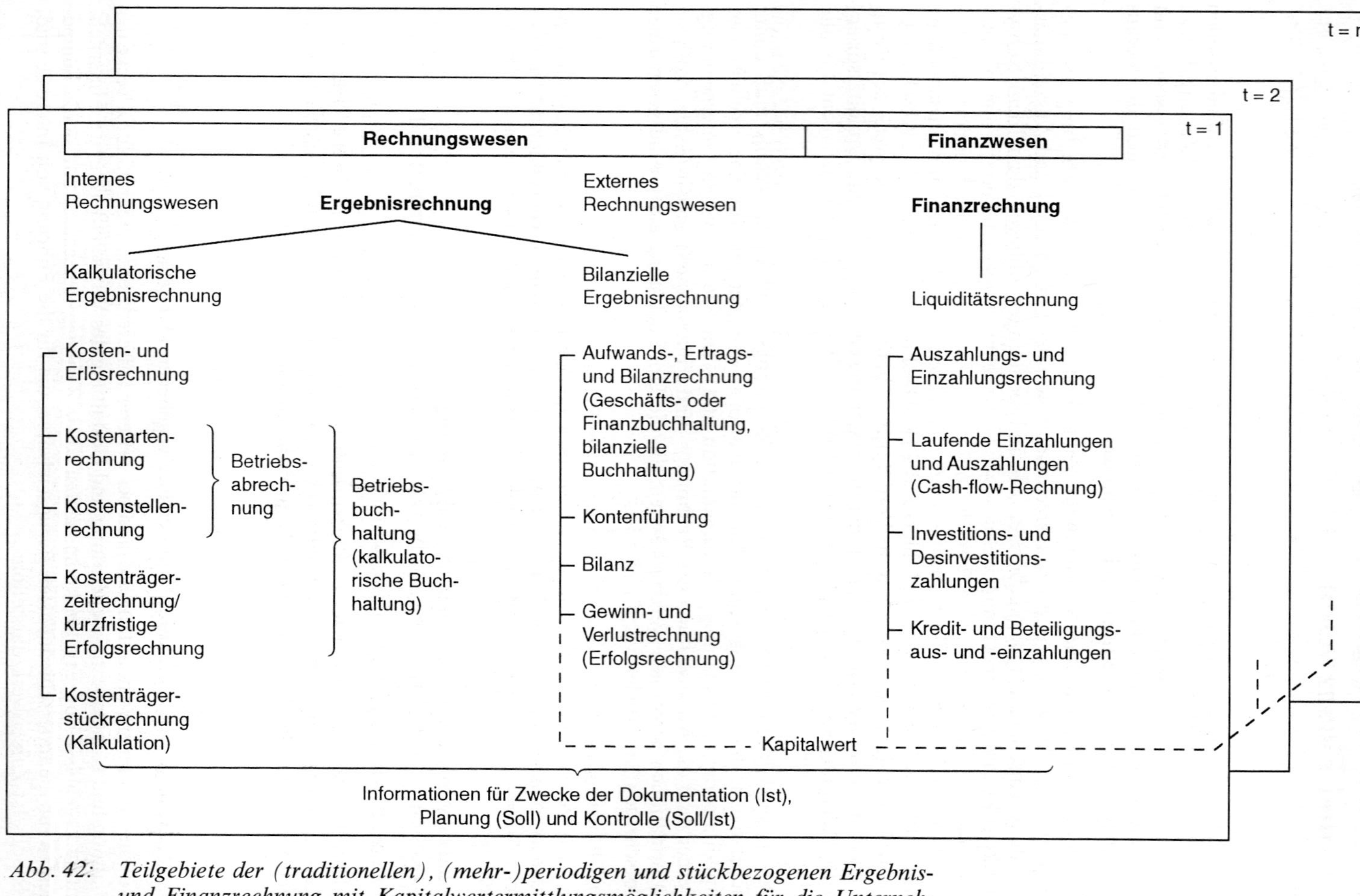

Abb. 42: Teilgebiete der (traditionellen), (mehr-)periodigen und stückbezogenen Ergebnis- und Finanzrechnung mit Kapitalwertermittlungsmöglichkeiten für die Unternehmung als Ganzes

(1) Zahlenwerk der Kosten- und Erlösrechnung

Kosten (Budgetkosten, Plankosten) als Teil- und Vollkosten, investiertes Kapital, Erlöse und damit Deckungsbeiträge (gegebenenfalls mehrerer Stufen) und kalkulatorische Ergebnisse lassen sich planen und kontrollieren für

- das *gesamte System Unternehmung*
  und soweit verursachungsgerecht zurechenbar für
- *Subsysteme* (Tochtergesellschaften, Werke, Filialen, Kostenbereiche, Kostenstellen – Teile des Umsystems, z. B. Marktsegmente) und
- *Projekte*
  sowie innerhalb dieser Einheiten (Bezugsfelder) für
- *Produkte/Produktgruppen* (*Sachziele*) und/oder *Handlungsziele*, die durch Aktionen unter Einsatz von Potentialen und Aktionsgütern (Verbrauchsfaktoren) erstellt bzw. erfüllt werden;
- *Potentiale*, die durch Aktionen an Aktionsobjekten Produkte erstellen oder (hiermit zusammenhängende) Handlungsziele verwirklichen;
- *Aktionen* (Abläufe – Be- und Verarbeitungsvorgänge, Transport- und Lagerungsvorgänge), die an Aktionsobjekten durch Potentiale zur Erstellung von Produkten oder zur Erreichung (hiermit zusammenhängender) Handlungsziele erfolgen;
- *Aktionsobjekte*, die als Strom- oder Bestandsgrößen Objekte der Aktionen bilden, in der Industrieunternehmung insbesondere die Stoffe (Verbrauchsfaktoren), aber auch Informationen und Nominalgüter.

Für Zwecke der Planung und Kontrolle des kalkulatorischen Ergebnisses und der Ergebniskomponenten sowie als Grundlage für ergebnisorientiertes Entscheiden wird in der Kostenrechnung mit

1. Ist-Größen (Mengen, Werten) (= Ist-Kosten/Ist-Erlösen),
2. Durchschnittsgrößen vergangener Perioden (= Normalkosten/Normalerlösen),
3. geplanten Zukunftsgrößen (= Soll-, Richt-, Plankosten/Soll-, Richt-, Planerlösen),
4. Größen, die sich aus Ist-, Normal- und Planwerten zusammensetzen,

gerechnet[7].

Dabei kann bei *Soll- oder Plankosten* zwischen Standardkosten und Budgetkosten unterschieden werden[8].

Standardkosten werden überall dort zugrunde gelegt, wo ein Norm- bzw. Sollverbrauch unter Verwendung wissenschaftlicher Methoden – wie Zeitstudien und Verbrauchsmessungen – ermittelt werden kann, vornehmlich also bei der Planung von Einzelkosten des Produktionsbereichs, wie Lohnkosten und Materialkosten.

---

7 Vgl. Laßmann, G., Erlösrechnung und Erlösanalyse bei Großserien- und Sortenfertigung, ZfbF-Kontaktstudium 1979, S. 135ff. und S. 153ff.; Vormbaum, H., Kalkulationsarten und Kalkulationsverfahren, 4. Aufl., Stuttgart 1977, S. 47; vgl. auch Grünig, R., Kostenrechnungs-Management, DU 1989, S. 83ff.; Zimmermann, J., Die flexible Plankostenrechnung und Deckungsbeitragsrechnung als entscheidungs- und kontrollorientiertes System der Kosten- und Leistungsrechnung – Probleme und Entwicklungsmöglichkeiten, Diss. Würzburg 1990, S. 38ff.

8 Vgl. Agthe, K., Kostenplanung und Kostenkontrolle, Baden-Baden 1963, S. 16ff.; zur Standardkostenrechnung vgl. Weber, K., Standardkostenrechnung, IO 1960, S. 205ff.

Bei allen Kostenarten, für die ein Normverbrauch nicht ermittelt werden kann (z. B. Gemeinkosten des Produktionsbereichs, Mehrzahl der Kosten in anderen Bereichen), werden *Budgetkosten* als Plankosten verwendet. Budgetkosten sind dabei erwartete zukünftige Ist-Kosten (Prognosekosten) bei einem erwarteten Kapazitätsausnutzungsgrad (Beschäftigungsgrad). Sie werden vorwiegend durch Schätzungen ermittelt, die sich auf Ist-Kosten und Ist-Beschäftigungsgrade der Vergangenheit stützen.

Die Dokumentation des wirtschaftlichen Ergebnisses einer Periode kann in der Kostenrechnung auf der Basis von Ist-Kosten erfolgen.

Soll- oder Planerlöse sind erwartete zukünftige Ist-Erlöse bei einer bestimmten Marktsituation – in bestimmten saisonalen, konjunkturellen und Wettbewerbssituationen. Sie werden als Brutto- und Nettoerlöse geplant und kontrolliert[9].

Die Erfassung und Zurechnung der Kosten, des Vermögens und (soweit zurechenbar) auch der Erlöse auf das System, Subsysteme und Produktgruppen erfolgt in der *Kostenarten-/Kostenstellenrechnung* und der *Kostenträgerrechnung*, die als Plankostenrechnung in spezifischer Ausprägung oder als ausschließliche Ist-Kostenrechnung ausgebildet sein können[10].

Kosten und gegebenenfalls Erlöse für Potentiale, Aktionen bzw. Aktionsketten und Aktionsobjekte – vielfach auch für Märkte und Kunden – müssen innerhalb der traditionellen Kostenrechnung in Sonderrechnungen ermittelt werden. Dies gilt auch im Hinblick auf Projekte.

Die *Kostenartenrechnung* beinhaltet die Erfassung des mengen- und wertmäßigen Verbrauchs an Gütern und Dienstleistungen für Zwecke der betrieblichen Leistungserstellung und Leistungsverwertung. Bei der Gliederung der Kostenarten für Zwecke der Planung und Kontrolle ist in Abhängigkeit von der verursachungsgerechten Zurechnungsmöglichkeit der Kosten auf Produkte eine Trennung in *Einzel- und Gemeinkosten*, in Abhängigkeit von dem Verhalten der Kosten bei Beschäftigungsgradänderungen (je Stelle) eine Trennung in *fixe und proportionale* sowie gegebenenfalls in Abhängigkeit von weiteren Kosteneinflußfaktoren eine darüber hinausgehende Differenzierung erforderlich.

Die *Kostenstellenrechnung* beinhaltet die stellenbezogene Erfassung der Kostenarten und dient (über Verrechnungssätze und Umlagen) der Weiterverrechnung der Gemeinkosten auf Produktgruppen/Produkte und sonstige Bezugseinheiten (Kostenträger) entsprechend der Inanspruchnahme der Stellen. Eine ausgebaute Kostenstellenrechnung gestattet eine hervorragende Planung und Kontrolle der Kosten, des Vermögens und soweit zurechenbar der Erlöse und damit der Deckungsbeiträge für die Subsysteme.

Die *Kostenträgerzeitrechnung* (kurzfristige Erfolgsrechnung)[11] zeigt das wirtschaftliche Ergebnis (Betriebsergebnis) einer Periode durch Gegenüberstellung der in einer Periode verursachten Kosten und der zugehörigen Leistungen. Grundsätzlich ist die Kostenträgerzeitrechnung/kurzfristige Erfolgsrechnung nach dem Gesamtkostenverfahren oder nach dem Umsatzkostenverfahren zu gestalten. Bei dem Gesamtkostenverfahren werden zur Ermittlung des Betriebsergebnisses den Umsatzerlösen und den bewerteten Bestandsveränderungen an Halb- und Fertigfabrikaten einer Periode die gesamten Kosten der Periode gegenübergestellt. Dagegen stellt man bei dem Umsatzkostenverfahren zur Ermittlung des Betriebsergebnisses den Umsatzerlösen der Periode die Kosten der umgesetzten Erlösträger gegenüber – jeweils als Produkt aus Kosten pro Stück und umgesetzter Menge. Hierdurch ergeben sich allerdings grundsätzlich Kostenüber- oder Kostenunterdeckungen – je nach eingetretenem Kapazitätsauslastungsgrad.

---

9 Vgl. Laßmann, G., Erlösrechnung und Erlösanalyse bei Großserien- und Sortenfertigung, a.a.O., S. 136f.

10 Vgl. zu einer Übersicht über den aktuellen Stand und Entwicklungsperspektiven der Kostenrechnung Männel, W. (Hrsg.), Handbuch Kostenrechnung, Wiesbaden 1992.

11 Vgl. zur Abgrenzung der Kostenträgerzeitrechnung und der kurzfristigen Erfolgsrechnung auch Haberstock, L., Grundzüge der Kosten- und Erfolgsrechnung, 3. Aufl., München 1982, S. 139; Siegwart, H., Management Accounting, DU 1986, S. 61.

Die Ermittlung des kalkulatorischen Ergebnisses und von Deckungsbeiträgen für den Betrieb insgesamt, für Subsysteme und Kostenträgergruppen geschieht durch Gegenüberstellung von Erlösen und Kosten in unterschiedlichster Differenzierung. Die Zuordnung von Kosten und Erlösen zum System, zu Subsystemen und zu Kostenträgern/Kostenträgergruppen kann nach dem Verfahren der Vollplankostenrechnung und der einfachen und erweiterten Grenzkosten- oder Einzelkostenrechnung erfolgen.

Im Rahmen der *flexiblen Vollplankostenrechnung*[12] werden neben dem Betriebsergebnis Netto-Ergebnisse für Produktgruppen ausgewiesen.

Von besonderer Bedeutung für die Planung und Kontrolle des Betriebsergebnisses und vor allem von Deckungsbeiträgen sind die *Grenzkosten- oder Einzelkostenrechnungen mit summarischer oder stufenweiser Fixkostendeckung* (Gemeinkostendeckung)[13]. Die Grenzkostenrechnung verrechnet lediglich die variablen Einzelkosten und die variablen Gemeinkosten auf die Kostenträger, die Einzelkostenrechnung verzichtet auch auf eine Verrechnung der variablen Gemeinkosten. Bei beiden Kostenrechnungen werden nicht auf Kostenträger verrechnete Kosten entweder summarisch erfaßt oder verursachungsgerecht auf Kostenträgergruppen oder Subsysteme (Kostenstellen(-gruppen)) zugerechnet und – soweit möglich – entsprechende stufenweise Deckungsbeiträge zusätzlich zum Betriebsergebnis ausgewiesen.

Als Planungsrechnung dient die Kostenträgerzeitrechnung in spezifischer Ausgestaltung zur Beurteilung von alternativen Handlungsmöglichkeiten bei der Festlegung von Produktionsprogrammen für zukünftige Perioden.

Die *Kostenträgerstückrechnung* ermittelt in Form von Vor-, Zwischen- und Nachkalkulationen die geplanten und effektiven Kosten je Leistungseinheit. Leistungseinheiten sind dabei im allgemeinen Endprodukte (Stück, Serie, Los, Auftrag); Leistungseinheiten können jedoch auch Zwischenprodukte oder Kostenträger anderer Art sein. Kostenträgerstückrechnungen können je nach Zweck der Rechnung als Vollkostenrechnungen oder Teilkostenrechnungen vorgenommen werden. Die Stückkosten enthalten dann im ersten Fall Einzelkosten sowie proportionale und fixe Gemeinkostenanteile, im zweiten Fall lediglich Einzelkosten oder Einzelkosten und proportionale Gemeinkostenanteile[14].

Die abrechnungstechnische *Verbindung von kalkulatorischer und bilanzieller Ergebnisrechnung* nach dem überwiegend angewendeten Zweikreissystem zeigt der Wertefluß nach dem Industriekontenrahmen 1971 in seiner aktualisierten Fassung von 1986, der im Gegensatz zum Gemeinschaftskontenrahmen 1949 eine Trennung von Geschäftsbuchhaltung und Betriebsbuchhaltung ausdrücklich vorsieht (vgl. Abbildung 43). Die Kontenklassen 0–8 des Industriekontenrahmens sind ausschließlich für Abrechnungsvorgänge der Geschäftsbuch-

12 Zu den Grundlagen und zur Durchführung der Plankostenrechnung vgl. insbes. Kilger, W., Flexible Plankostenrechnung und Deckungsbeitragsrechnung, 10. Aufl., Wiesbaden 1993.

13 Grundlagen und Anwendungsmöglichkeiten der Deckungsbeitragsrechnung in Form von Grenzkosten- und Einzelkostenrechnungen werden ausführlich dargestellt bei Agthe, K., Stufenweise Fixkostendeckung im System des Direct Costing, ZfB 1959, S. 404ff.; Mellerowicz, K., Neuzeitliche Kalkulationsverfahren, 6. Aufl., Freiburg i. Br. 1977; Riebel, P., Einzelkosten- und Deckungsbeitragsrechnung, 7. Aufl., Wiesbaden 1994; vgl. ferner Küpper, H.-U., Kosten- und entscheidungstheoretische Ansatzpunkte zur Behandlung des Fixkostenproblems in der Kostenrechnung, ZfbF 1984, S. 794ff.

14 Zur Kostenträgerstückrechnung vgl. z. B. Kosiol, E., Kostenrechnung und Kalkulation, 2. Aufl., Berlin – New York 1972, S. 175ff.; vgl. speziell zur auftragsbezogenen Kalkulation im Anlagengeschäft Hay, H., Planungs- und Kontrollrechnung im Anlagengeschäft, in: Langfristiges Anlagengeschäft – Risiko-Management und Controlling, ZfbF-Sonderheft 20/86, Hrsg. J. Funk, G. Laßmann, Düsseldorf 1986, S. 85ff. sowie Höffken, E., Schweitzer, M. (Hrsg.), Beiträge zur Betriebswirtschaft des Anlagenbaus, ZfbF-Sonderheft 28, Arbeitskreis Internes Rechnungswesen der Schmalenbach-Gesellschaft – Deutsche Gesellschaft für Betriebswirtschaft e.V., Düsseldorf – Frankfurt a. M. 1991, S. 119ff.; vgl. zu CIM-spezifischen Weiterentwicklungen von Kalkulationen Scheer, A.-W., Bock, M., Kraemer, W., CIM-spezifische Weiterentwicklungen von Kosteninformationssystemen, KRP 1991, S. 119ff.

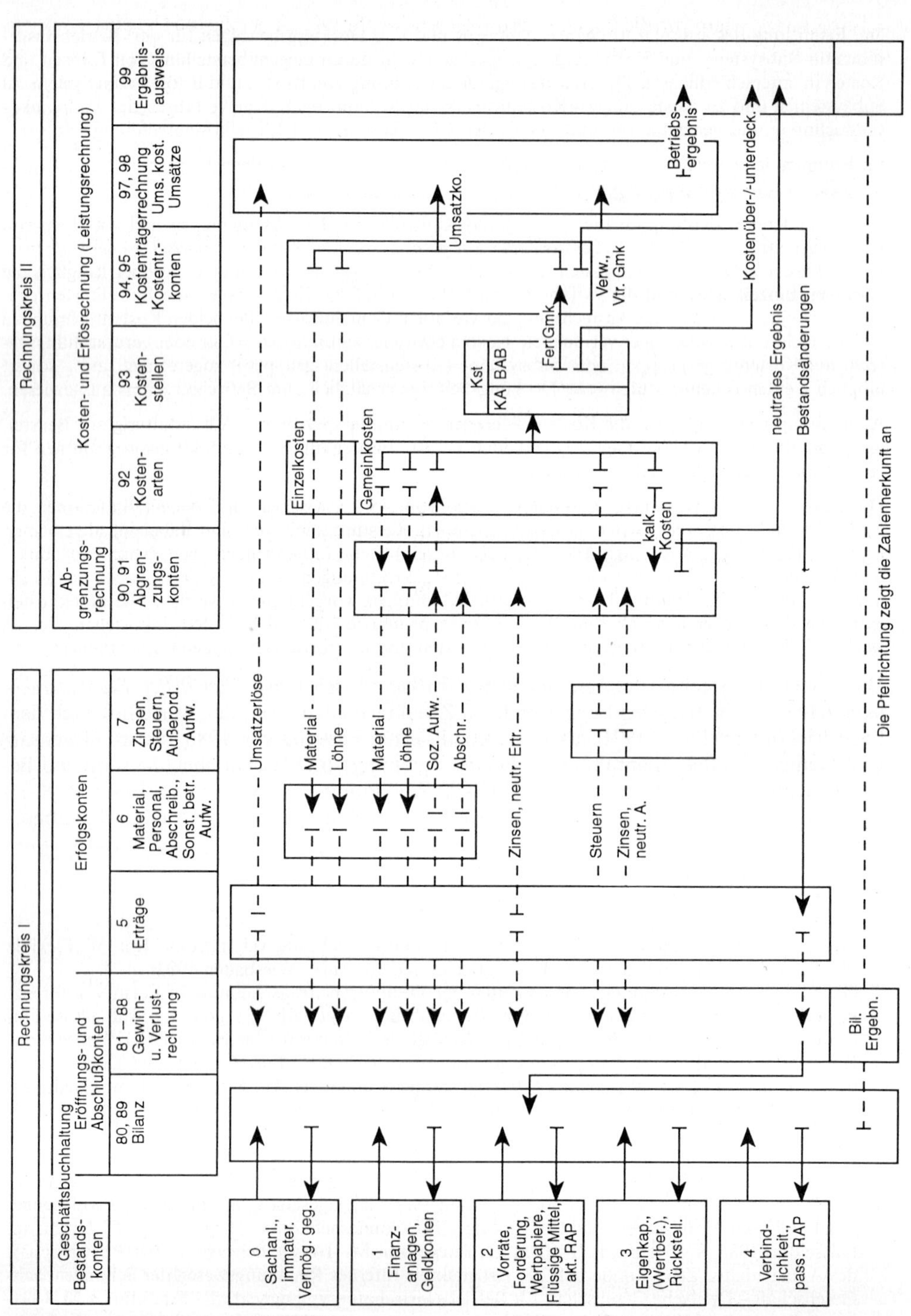

Abb. 43: Zusammenhang zwischen bilanzieller und kalkulatorischer Ergebnisrechnung nach dem Industriekontenrahmen 1971 (in seiner aktualisierten Fassung von 1986)

haltung vorgesehen; für die Kosten- und Leistungsrechnung ist als eigener Rechnungskreis die Kontenklasse 9 vorgesehen[15].

Die Abgrenzung zwischen bilanziellem und kalkulatorischem Ergebnis erfolgt über Abgrenzungskonten, die betriebsfremdes, außerordentliches und bewertungsbedingtes Ergebnis (vor Zinsen) – als Summe auch neutrales Ergebnis genannt – gesondert ausweisen lassen.

(2) Zahlenwerk der Aufwands- und Ertragsrechnung und der Bilanz

Aufwendungen und Erträge, Bilanzpositionen und bilanzielle Ergebnisse lassen sich planen und kontrollieren für

- das *System Unternehmung*

  und soweit verursachungsgerecht zurechenbar für

- *Subsysteme*

  sowie innerhalb dieser Einheiten (Bezugsfelder) zum Teil differenziert für Gruppen von Produkten (Fremdleistung/Eigenleistung), Aktionen (Aufwandsarten), Potentiale und Aktionsobjekte (Bilanzpositionen).

Für Zwecke der Planung und Kontrolle des bilanziellen Ergebnisses und seiner Komponenten interessieren für künftige Perioden aufgestellte Bilanzen und vor allem *Gewinn- und Verlustrechnungen* auf der Basis handelsrechtlicher, steuerrechtlicher und interner Wertansätze[16]. Sind bilanzierungspflichtige und/oder bilanzierungsfähige Subsysteme vorhanden, sind handelsrechtliche und interne konsolidierte Zahlenwerke zu erstellen.

Pagatorische bzw. bilanzielle Ergebnisse als Planungsgrößen können hilfsweise auch zur Ermittlung des **Kapitalwertes** einer Unternehmung herangezogen werden.

(3) Zahlenwerk der Auszahlungs- und Einzahlungsrechnung

Auszahlungen und Einzahlungen sowie Zahlungsüberschüsse lassen sich planen und kontrollieren für

- das *System Unternehmung*

  und soweit verursachungsgerecht zurechenbar für

- *Subsysteme*

  sowie innerhalb dieser Einheiten (Bezugsfelder) gesondert für Produkte/Handlungsziele, Potentiale sowie Aktionen und Aktionsobjekte, wobei in der Regel nur die Planung im Hinblick auf Betriebsmittelpotentiale (Investitions-/Desinvestitionsobjekte) und vereinzelt für Projekte auf der Basis von Einzahlungen und Auszahlungen geschieht.

---

15 Vgl. Bundesverband der Deutschen Industrie e. V. (BDI) – Betriebswirtschaftlicher Ausschuß (Hrsg.), Industriekontenrahmen „IKR", 2. Aufl., Bergisch-Gladbach 1971 und in der Neufassung Bundesverband der Deutschen Industrie e. V. (Hrsg.), Industrie-Kontenrahmen: IKR, Neufassung 1986 in Anpassung an das Bilanzrichtlinie-Gesetz (BiRiLiG), 3. Aufl., Köln – Bergisch-Gladbach 1990 sowie dazu Angermann, A., Industriekontenrahmen (IKR), in: Management-Enzyklopädie, 4. Bd., 2. Aufl., Landsberg/Lech 1983, S. 633 ff.; Eisele, W., Zielvorstellungen und Gestaltungsprinzipien des neuen Industriekontenrahmens, ZfB 1973, S. 617 ff.; Korth, H.-M., Industriekontenrahmen: Kontierung und Jahresabschlußgliederung, München 1990; Hahn, H., Wilkens, K., Buchhaltung und Bilanz, Teil A: Grundlagen der Buchhaltung, 3. Aufl., München – Wien 1990.

16 Vgl. hierzu grundsätzlich Wöhe, G., Bilanzierung und Bilanzpolitik, 8. Aufl., München 1992; vgl. ferner Buchner, R., Buchführung und Jahresabschluß, 3. Aufl., München 1991, S. 12 ff.; Heinhold, M., Grundfragen der Bilanzierung, 3. Aufl., München – Wien 1993.

Einzahlungen und Auszahlungen bzw. Einzahlungs- und Auszahlungsüberschüsse in künftigen Perioden können durch Diskontierung vergleichbar gemacht werden – durch Berechnung des **Kapitalwertes.**

Für Zwecke der Planung und Kontrolle der Liquidität und Liquiditätskomponenten interessieren im Hinblick auf künftige Perioden – als kombinierte Zeitraum- und Zeitpunktrechnungen – *Finanzübersichten*, d.h. Übersichten über die Einzahlungs- und Auszahlungsströme aus laufender Geschäftstätigkeit, Darstellungen der Investitionsauszahlungen und Desinvestitionseinzahlungen sowie der Fremd- und Eigenkapitaleinzahlungs- und -auszahlungsströme sowie der jeweiligen Zahlungsmittelbestände.

Hauptaufgaben des Finanzwesens sind die Kapitalbeschaffung und die Kapitaldisposition mit dem zentralen Ziel der Liquiditätssicherung, wobei dies wiederum unter Beachtung des Ergebnisstrebens zu geschehen hat.

Abbildung 35b (vgl. Teil I, Abschnitt 3.4.1) verdeutlicht in einem Grundschema für eine Unternehmung mit primär verrichtungsorientierter Aufbauorganisation die **Bezugsfelder der ergebnis- und liquiditätsorientierten Planungs- und Kontrollrechnung und deren Zusammenhang.** Das **Plansystem** zeigt, daß die qualitativen und nichtmonetären quantitativen Planungen durch das monetäre Zahlenwerk auf die oberen monetären Ziele der Unternehmung ausgerichtet werden können. Die Setzung der oberen monetären Ziele, das Ausrichten aller Teilplanungen hierauf und die Feststellung der Zielerreichung geschehen mit dem Zahlenwerk der ergebnis- und liquiditätsorientierten PuK. Neben den aufgezeigten traditionellen Verfahren des Rechnungs- und Finanzwesens, zu denen auch noch die einfachen Investitionsrechnungsverfahren zu zählen sind, basiert hierbei die ergebnis- und liquiditätsorientierte PuK auf in der Praxis anwendbaren Verfahren des Operations Research. Es kommen also zur Anwendung:

- Ermittlungsmodelle (traditionelle Verfahren des Rechnungs- und Finanzwesens, Netzplanverfahren);
- Erklärungsmodelle (Simulation);
- Entscheidungsmodelle (Simulation, mathematische Programmierung).

2. Unternehmungsziele Ergebnis und Liquidität als Ausgangspunkte für die Gestaltung der Planungs- und Kontrollrechnung

Im folgenden werden Inhalt, Ausmaß und zeitlicher Bezug der Ziele Ergebnis – primär Gewinn – und Liquidität sowie danach Beziehungen zwischen diesen Zielen und deren Komponenten näher untersucht. Es handelt sich um die wichtigsten monetären Ziele von Unternehmungen im System Marktwirtschaft. Sie bilden – bezogen auf die Gesamtunternehmung – jene Größen, aus denen sich das Zahlenwerk der ergebnis- und liquiditätsorientierten PuK ableiten läßt – oder anders gesehen: es handelt sich um jene Größen, in die das Zahlenwerk einmündet. Mit dem Zahlenwerk der PuK wird das gesamte Unternehmungsgeschehen auf die oberen monetären Ziele hin ausgerichtet und koordiniert. Ergebnis- und Liquiditätsziele und deren Komponenten bilden die wichtigsten Auswahlkriterien bei der Beurteilung von einzelnen oder gebündelten Alternativen, soweit sich die Wirkungen der Alternativen durch Wertgrößen der Zielvariablen ausdrücken lassen. Durch die ergebnis- und liquiditätszielorientierte Auswahl der Alternativen werden die Sachziele und die hierfür erforderlichen Potentiale, Aktionen und Aktionsobjekte festgelegt – unter Beachtung von Sozialzielen als ggf. unabdingbare Forderungen bzw. Restriktionen.

2.1 Ableitung der Ziele unter systemtheoretischem Aspekt

Bei der Betrachtung der hier interessierenden monetären Ziele wird von der systemorientierten Darstellung der Unternehmung ausgegangen. Danach ist die Unternehmung ein Aktions-Prozeß, der durch Input- und Output-Größen und die Maximierung des Output-Input-Verhältnisses (Prinzip der Zweckmäßigkeit) bestimmt wird.

Das **Output-Input-Verhältnis** wird zunächst als **Quotient** betrachtet.

Bei rein mengenmäßiger Betrachtung des Prozesses läßt sich ein Quotient aus Endproduktmengen und Faktoreinsatzmengen formulieren. Das Streben, diesen Quotienten möglichst groß werden zu lassen, wird **Produktivitätsstreben** genannt.

Erweitert man diesen mengenmäßigen Quotienten um die wertmäßige Dimension, läßt er sich als Quotient aus Endproduktmengen · Endproduktpreisen und Faktoreinsatzmengen · Faktorpreisen formulieren. Das Streben, diesen Quotienten möglichst groß werden zu lassen, wird **Wirtschaftlichkeitsstreben** genannt.

Die Verfolgung dieser Ziele ist von der jeweiligen Wirtschaftsordnung unabhängig. Für die marktwirtschaftliche Ordnung ist charakteristisch, daß sie die **Output-Input-Beziehung** vor allem als **Differenz** zwischen Wertgrößen betrachtet. Die Output-Input-Differenz läßt sich durch die ökonomisch relevanten Größen Erlöse ./. Kosten bzw. Erträge ./. Aufwendungen bzw. Einzahlungen ./. Auszahlungen konkretisieren. Das Streben, diese Differenz möglichst groß werden zu lassen, wird **Gewinnstreben** genannt. Untrennbar mit dem Gewinnstreben sind das Umsatz- und Kostensenkungs- sowie das Sicherheitsstreben verbunden.

Der relativierte Gewinn, d.h. der auf eine andere Größe – meist das Kapital – bezogene Gewinn, wird als Rentabilität bezeichnet. Es lassen sich danach unterschiedliche **Rentabilitätsziele** formulieren[1].

Betrachtet man die Unternehmung als Prozeß, dann interessiert vor allem das Resultat dieses Prozesses, also der **Output,** der ökonomisch-mengenmäßig durch die Endproduktmengen konkretisiert werden kann. Im Streben nach **mengenmäßigem Absatz** wird ein wesentliches nichtmonetäres Ziel der Unternehmung formuliert, das **Produktziel** bzw. **Produktprogramm.**

Wird der Output ökonomisch-wertmäßig durch das Produkt aus Endproduktmengen · Endproduktpreisen, also den Umsatz, konkretisiert, dann wird im **Umsatzstreben** ein wesentliches monetäres Ziel der Unternehmung formuliert.

Angestrebter Absatz und Umsatz lassen sich auch als relative Zielgrößen formulieren. Wird der mengenmäßige Absatz einer Unternehmung auf den gesamten mengenmäßigen Absatz einer Branche bezogen, oder wird der Umsatz einer Unternehmung am Gesamtumsatz einer Branche gemessen, dann stellen diese Verhältniszahlen Ausprägungen des allgemeinen Begriffs Marktanteil dar. Im Streben nach **Vergrößerung des Marktanteils** wird ein nichtmonetäres Ziel der Unternehmung formuliert.

Weitere Ziele der Unternehmung lassen sich aus dem **Input** (Mitteleinsatz) ableiten. Hier sind zum einen **Kostenziele** zu nennen; zum anderen sind die Bestände an Arbeitskräften und Betriebsmitteln und zusätzlich die Bestände an Werkstoffen und Informationen unter dem Prinzip der Unternehmungserhaltung zu betrachten. Im Streben nach **Sicherung des Unternehmungsbestandes** wird ein wesentliches nichtmonetäres Ziel der Unternehmung formuliert.

Sozialziele können z.T. als Kostenziele und als mitarbeiterbezogene Sicherungsziele (Arbeitsplatz- bzw. Arbeitsfelderhaltungsziele) formuliert werden. Die Sicherung des Unternehmungsbestandes ist auch ein kapitalgeberbezogenes Sicherungsziel, sofern hierdurch die Vermögens- bzw. Kapitalsicherung gewährleistet wird.

Die **Differenz zwischen Einzahlungen und Auszahlungen** weist den Gewinn einer Unternehmung letztlich nur dann exakt aus, wenn sie – wie bereits erwähnt – auf die sogenannte Totalperiode der Unternehmung bezogen wird. Bezogen auf diesen Maximalzeitraum stellt sie streng genommen die einzig mögliche **exakte Gewinnformulierung** dar, wobei Einzahlungen und Auszahlungen in künftigen Perioden durch Diskontierung vergleichbar gemacht werden können – durch **Barwertberechnung** bzw. **Kapitalwertberechnung.** Je kürzer die betrachteten Zeiträume werden, desto stärker können die tatsächlichen Ein- und Auszahlungen und die periodenbezogenen Erträge und Aufwendungen und damit die Zahlungsüberschüsse und bilanziellen Ergebnisse auseinanderfallen. Schließlich zeigt in einer Zeitpunktbetrachtung die positive Differenz zwischen Einzahlungen (Geldzugängen einschl. Anfangsbestand) und Auszahlungen einer Unternehmung nicht mehr ihren Gewinn, sondern ihre Zahlungsfähigkeit. Das Streben, diese Differenz für jeden Zeitpunkt stets positiv zu erhalten, wird **Liquiditätsstreben** genannt. In ihm drückt sich nicht mehr das Prinzip der Zweckmäßigkeit aus, sondern ein zweites Fundamentalprinzip, das Prinzip des finanziellen Gleichgewichts. Das Streben nach Erhaltung des finanziellen Gleichgewichts[2] ist eine **besondere**

---

1 Bei rein formaler Betrachtung handelt es sich bei der Rentabilität wie bei der Wirtschaftlichkeit und der Produktivität um inhaltlich dimensionslose und damit nichtmonetäre Größen, die erst im Zusammenhang mit ihren Komponenten gesehen monetäre Ziele bilden.

2 Vgl. zu diesem Prinzip Gutenberg, E., Grundlagen der Betriebswirtschaftslehre, 1. Bd., Die Produktion, a.a.O., S. 458f.; ders., Grundlagen der Betriebswirtschaftslehre, 3. Bd., Die Finanzen, a.a.O., S. 272ff.; i.w.S. auch Kosiol, E., Einführung in die Betriebswirtschaftslehre, a.a.O., S. 76.

Ausprägung des Strebens nach Sicherheit bzw. Stabilität. Die Sicherung der Liquidität ist ein unabdingbares monetäres Ziel (Wertziel) der Unternehmung (vgl. Abbildung 44a).

Neben dem Kapitalwert der Unternehmung als Ganzes sowie bezogen auf Subsysteme und spezifische Programm- und Potentialentscheidungen (Investitions-/Desinvestitionsobjekte) interessieren in der Praxis als monetäre Ziele in der Unternehmung jährliche (und innerjährliche) Ergebnis-, Rentabilitäts- und Liquiditätsziele.

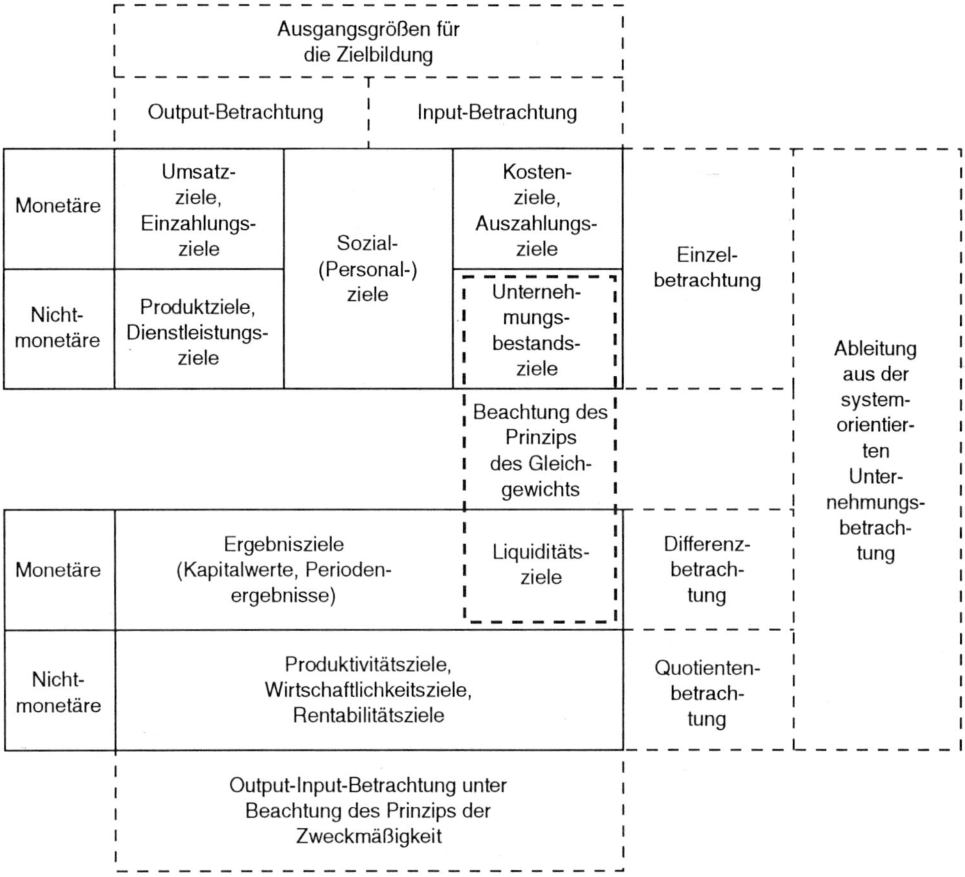

Ausgangsgrößen für die Zielbildung

Output-Betrachtung

Input-Betrachtung

Monetäre

Umsatzziele, Einzahlungsziele

Sozial- (Personal-) ziele

Kostenziele, Auszahlungsziele

Einzelbetrachtung

Ableitung aus der systemorientierten Unternehmungsbetrachtung

Nichtmonetäre

Produktziele, Dienstleistungsziele

Unternehmungsbestandsziele

Beachtung des Prinzips des Gleichgewichts

Monetäre

Ergebnisziele (Kapitalwerte, Periodenergebnisse)

Liquiditätsziele

Differenzbetrachtung

Nichtmonetäre

Produktivitätsziele, Wirtschaftlichkeitsziele, Rentabilitätsziele

Quotientenbetrachtung

Output-Input-Betrachtung unter Beachtung des Prinzips der Zweckmäßigkeit

Abb. 44a: Übersicht über die Ableitung der Unternehmungsziele

2.2 Inhalt, Ausmaß und zeitlicher Bezug der Ziele der Unternehmung

2.2.1 Ergebnis und Rentabilität

2.2.1.1 Inhalt der Ergebnis- und Rentabilitätsziele

Projiziert bzw. bezogen auf den gegenwärtigen Planungs- bzw. Entscheidungszeitpunkt kann als Ergebnis des Wirtschaftens der Unternehmung in künftigen Perioden – hier Jahren – ihr **Kapitalwert** angesehen werden. Er beinhaltet die mit einem gewählten Zinssatz diskontierten Einzahlungen und Auszahlungen bzw. Einzahlungs- und Auszahlungsüberschüsse, die Input und Output der Unternehmung in den betrachteten Perioden zahlungswirksam abbilden.

Der Kapitalwert kann grundlegend nach der folgenden Formel dargestellt werden:

$$C_0 = \sum_{t=0}^{N} (E_t - A_t) \cdot q^{-t}$$

Es bedeuten:

C_0 = Kapitalwert
E_t = Einzahlungen/Periode
A_t = Auszahlungen/Periode
N = Lebensdauer
t = Laufindex der Perioden
$t = 0, \ldots, N$
q = Abzinsungsfaktor (1 + i)
i = p/100
p = Zinssatz

Hierbei unterscheiden wir den residualen Unternehmungskapitalwert, den Eigenkapitalwert/Shareholder Value und den Gesamtkapitalwert (vgl. Teil I, Abschnitt 1.1.2.2.1; Teil III, Abschnitt 2.2 sowie insbesondere Abschnitt 3.1.3.3.2).

Während beim residualen Unternehmungskapitalwert bei den Einzahlungen und Auszahlungen pro Periode alle eigen- und fremdkapitalgeberbezogenen Zahlungen berücksichtigt werden, werden beim Eigenkapitalwert nur fremdkapitalgeberbezogene Zahlungen berücksichtigt. Beim Gesamtkapitalwert werden bei den Einzahlungen und Auszahlungen pro Periode keinerlei kapitalgeberbezogene Zahlungen zum Ansatz gebracht. Finanzierungsstruktur und Finanzierungskosten werden über einen gewichteten Kalkulationszinssatz berücksichtigt.

Der Kapitalwert einer Unternehmung als Ganzes kann aber auch hilfsweise auf der Basis pagatorischer bzw. bilanzieller Gewinne ermittelt werden (vgl. hierzu auch Teil III, Abschnitt 3.1.3.3.2).

Bezogen auf ein Jahr oder innerjährliche Perioden können drei absolute und drei relative **Ausprägungen des Gewinnbegriffes** – als positive Ausprägung des Ergebnisbegriffes – unterschieden werden [3].

3 Vgl. auch die Darstellung bei Heinen, E., Grundlagen betriebswirtschaftlicher Entscheidungen – Das Zielsystem der Unternehmung, a.a.O., S. 61 ff.

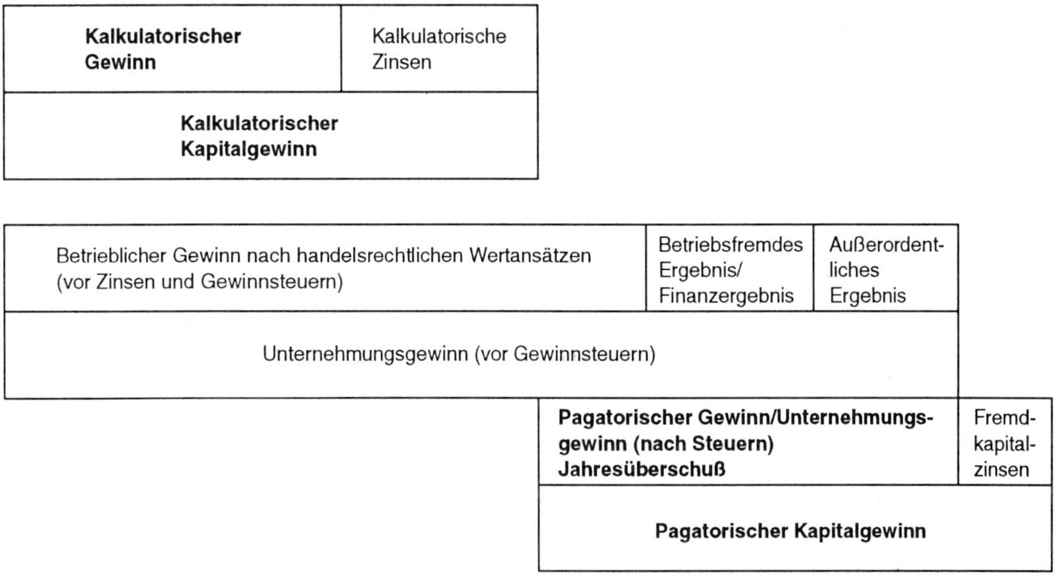

Kalkulatorischer Gewinn	Kalkulatorische Zinsen
Kalkulatorischer Kapitalgewinn	

Betrieblicher Gewinn nach handelsrechtlichen Wertansätzen (vor Zinsen und Gewinnsteuern)	Betriebsfremdes Ergebnis/ Finanzergebnis	Außerordentliches Ergebnis	
Unternehmungsgewinn (vor Gewinnsteuern)			
	Pagatorischer Gewinn/Unternehmungsgewinn (nach Steuern) Jahresüberschuß		Fremdkapitalzinsen
	Pagatorischer Kapitalgewinn		

Abb. 44b: Absolute Ausprägungen des Gewinnbegriffs

Der **absolute** (erwirtschaftete oder zu erwirtschaftende) **Gewinn** kann – vereinfacht gesehen – wie folgt formuliert werden (vgl. Abbildung 44b):

Der **kalkulatorische Gewinn** ist von den hier diskutierten Gewinnbegriffen der engste Gewinnbegriff. Er ist jener Gewinn, der durch das spezifische Leistungsprogramm der Unternehmung bei Einsatz von entsprechendem betriebsnotwendigem Kapital (Vermögen) erreicht wird.

Der **pagatorische Gewinn** (bilanzielle Rohgewinn, Jahresüberschuß, Gewinn vor Rücklagenbildung) unterscheidet sich vom kalkulatorischen Gewinn durch das neutrale Ergebnis (betriebsfremdes/Finanzergebnis, außerordentliches Ergebnis, bewertungsbedingtes neutrales Ergebnis vor Zinsen). Zur Brückenrechnung vgl. auch Abbildung 139.

Es interessiert darüber hinaus der Überschuß im Hinblick auf das von Eigen- und Fremdkapitalgebern insgesamt in der Unternehmung investierte Kapital, das Ergebnis des investierten Vermögens. Das so erweiterte positive Ergebnis läßt sich als **Kapitalgewinn** [4] bezeichnen.

Wird der Gewinn auf das Kapital bezogen, spricht man von **Kapitalrentabilität** (oft auch Rentabilität schlechthin); bildet dagegen der Umsatz die Bezugsgröße, spricht man von **Umsatzrentabilität** (Umsatzgewinnrate). Die Kapitalrentabilität wird oft als das wesentliche Ziel der Unternehmung angesehen [5].

4 Vgl. Heinen, E., Grundlagen betriebswirtschaftlicher Entscheidungen – Das Zielsystem der Unternehmung, a.a.O., S. 62.

5 Kirsch differenziert die Mittel-Ziel-Beziehungen sehr exakt in drei Typen. Dabei präzisiert er den obigen Beziehungstyp auf eine Anreiz-Beitrags-Beziehung; vgl. Kirsch, W., Gewinn und Rentabilität, Wiesbaden 1968, S. 49.

Die Bezugsgröße Kapital läßt sich betrachten als Gesamtkapital und als Eigenkapital. Für die Wahl der Zählergröße ist das Entsprechungsprinzip[6] zu beachten.

Als Zählergröße kommt für die Bezugsgröße Eigenkapital nur der pagatorische Gewinn in Frage, sofern man unterstellt, daß man den Überschuß nach Abzug der Fremdkapitalzinsen dem Eigenkapital zurechnen kann.

Das Verhältnis von pagatorischem Gewinn (G_p) bzw. Jahresüberschuß (JÜ) zu Eigenkapital (EK) bezeichnet man als **Eigenkapitalrentabilität** (R_{EK}):

$$R_{EK} = \frac{G_p}{EK} = \frac{JÜ}{EK}$$

Als Zählergröße kommt für die Bezugsgröße Gesamtkapital nur der pagatorische Kapitalgewinn (pagatorischer Gewinn plus Fremdkapitalzinsen (FKZ)) in Betracht.

Das Verhältnis von Kapitalgewinn zu Gesamtkapital (K) bezeichnet man als **Gesamtkapitalrentabilität** (R_K):

$$R_K = \frac{G_p + FKZ}{\underbrace{K}_{EK\ +\ FK}}$$

Eine Rentabilitätsbetrachtung der Passivseite der Bilanz zeigt die Verzinsung des insgesamt der Unternehmung zur Verfügung stehenden Kapitals ohne Aufgliederung nach Kapitalquellen in Eigen- (EK) und Fremdkapital (FK).

Geht man bei der Ermittlung der Rentabilität nicht von der Passivseite, sondern von der Aktivseite der Bilanz aus, so erhält man die Vermögensrentabilität. Sie zeigt die „Verzinsung" des in der Unternehmung als Anlage- (AV) und Umlaufvermögen (UV) investierten (gebundenen) Kapitals (IK) – ebenfalls unabhängig von der Kapitalherkunft.

Gesamtkapitalrentabilität und die Rentabilität des investierten Kapitals (R_{IK}) sind nicht identisch, wenn ein Kapitalgewinn (G_{IK}) nur für bestimmte, in der Unternehmung arbeitende Teile des Vermögens ermittelt wird[7]. Dies ist z. B. der Fall, wenn nur der Kapitalgewinn für das betriebsnotwendige Kapital betrachtet wird.

$$R_{IK} = \frac{G_{IK}}{\underbrace{IK}_{AV\ +\ UV}} = RoI$$

Die **Rentabilität des investierten Kapitals** – angewendet auf die verschiedensten Objekte (System, Subsysteme, Potentiale) und in unterschiedlicher Erweiterung der Formel – wird in den USA als **Return on Investment (RoI)** bezeichnet[8]. Erweitert um den Umsatz bzw.

6 Vgl. z. B. Schnettler, A., Betriebsanalyse, 2. Aufl., Stuttgart 1960, S. 413 ff.

7 Vgl. zu dieser Problematik auch den Hinweis bei Kirsch, W., Gewinn und Rentabilität, a.a.O., S. 34.

8 Vgl. zum Begriff und zur Bedeutung des Return on Investment z. B. Hahn, D., Ergebnisorientierte Planungsrechnung mehrgliedriger Unternehmungen auf der Basis des „Return on Investment" (ROI), ZfürO 1969, S. 177 ff.; ders., Return on Investment, in: HWB, 3. Bd., Hrsg. E. Grochla, W. Wittmann, 4. Aufl., Stuttgart 1976, Sp. 3420 ff.; Matz, A., Die Kapitalertragszahl – Ein Instrument der Erfolgskontrolle, ZfB 1964, S. 118 ff.; Wheaton, R. G., „Ertrag aus investiertem Kapital" als betriebspolitisches Lenkungsmittel, ZfB 1960, S. 148 ff.

Erlös (E), kann die RoI-Formel als Produkt aus Umsatzgewinnrate $\left(\frac{G_{IK}}{E}\right)$ und Kapitalumschlagshäufigkeit $\left(\frac{E}{IK}\right)$ gebildet werden.

$$RoI = \frac{G_{IK}}{IK} = \frac{G_{IK}}{E} \cdot \frac{E}{IK}$$

Die Kapitalrentabilität läßt sich trotz sinkender Umsatzgewinnrate erhöhen, sofern die negative Wirkung der abnehmenden Umsatzgewinnrate durch einen gesteigerten Kapitalumschlag überkompensiert wird – und umgekehrt. Die RoI-Formel dient der Unternehmungsführung vor allem zur Kontrolle und Lenkung des Kapitaleinsatzes innerhalb der Unternehmung – allerdings ohne Berücksichtigung des Einflusses der Finanzierung, d. h. der Finanzierungsmöglichkeiten, der Finanzierungskosten (es wird ja mit dem „Gewinn vor Zinsen" gerechnet) und damit zusammenhängend der Kapitalstruktur.

2.2.1.2 Ausmaß des Ergebnisziels

Neben der Bestimmung des Zielinhaltes (qualitative Konkretisierung) muß das Ziel weiterhin in seinem Ausmaß festgelegt werden (quantitative Konkretisierung). Für das Ergebnisziel lassen sich nach dem erstrebten Ausmaß bzw. der Höhe des angestrebten Ergebnisses (Gewinnes oder Verlustes) mehrere Zieltypen [9] unterscheiden, von denen im folgenden nur die Gewinnmaximierung und die Gewinnlimitierung behandelt werden [10].

Die **Gewinnmaximierung** ist in der Literatur vielfach kritisiert [11], aber auch verteidigt worden [12]. Die Meinungen laufen dabei manchmal aneinander vorbei, da die Prämissen, von denen die Aussagen abgeleitet werden, zum Teil nicht hinreichend angegeben werden.

Die Diskussion des angestrebten Ausmaßes läßt sich von der inhaltlichen Diskussion nicht loslösen. Deshalb sind zunächst einige inhaltliche Interpretationen erforderlich. Unter dem Gewinn wird hier – wie immer bisher – ein **absoluter Gewinn** verstanden. Eine generelle Gleichsetzung von Gewinn- und Rentabilitätsmaximierung kommt nicht in Betracht.

Als **oberstes** grundsätzlich **dominantes Ziel der Unternehmung** wird das **Streben nach Erwirtschaftung eines maximalen Kapitalwertes** angesehen, unter realen Prämissen – d. h. begrenzter, ungewisser Information, Anpassungsgeschwindigkeit usw. [13] – hilfsweise grundsätzlich das Streben nach Erwirtschaftung eines maximalen kalkulatorischen Gewinns pro Periode im Rahmen des kapitalwertorientierten Wachstumspfades der Unternehmung. Dies geschieht unter Beachtung von Nebenbedingungen, der Einhaltung von Mindestzinssätzen für das in der Unternehmung eingesetzte Kapital, von Mindestlohn- und -gehaltssätzen für geleistete Arbeit, bei Sicherung der Unternehmungserhaltung sowie unter Beachtung von Restriktionen im Absatz-, Produktions- und Beschaffungsbereich und gegebenenfalls weiteren Restriktionen. Die erstgenannten Nebenbedingungen sind in der Praxis Ergebnisse von

---

9 Vgl. Bidlingmaier, J., Unternehmerziele und Unternehmerstrategien, a.a.O., S. 89 ff.

10 Vgl. zu den übrigen Zieltypen Bidlingmaier, J., Unternehmerziele und Unternehmerstrategien, a.a.O., S. 109–118.

11 Vgl. z. B. Schmidt-Sudhoff, U., Unternehmerziele und unternehmerisches Zielsystem, a.a.O., S. 41 ff. u. S. 62 f.

12 Vgl. z. B. Wöhe, G., Einführung in die Allgemeine Betriebswirtschaftslehre, 18. Aufl., München 1993, S. 41 ff.; ferner Bidlingmaier, J., Unternehmerziele und Unternehmerstrategien, a.a.O., S. 93 ff.

13 Vgl. dazu auch Heinen, E., Grundlagen betriebswirtschaftlicher Entscheidungen – Das Zielsystem der Unternehmung, a.a.O., S. 59 f. und Bidlingmaier, J., Unternehmerziele und Unternehmerstrategien, a.a.O., S. 93 f.

Verhandlungsprozessen und erfolgen unter Beachtung von Kapital- und Arbeitsmarktverhältnissen sowie Währungsentwicklungen; die Berücksichtigung der danach genannten Restriktionen erfolgt unter Beachtung der Absatz- und Beschaffungsmarktverhältnisse und der Unternehmungsverhältnisse allein aus der Sicht der Unternehmungsführung (vgl. Teil III, Abschnitt 2.2).

Die Maximierung des kalkulatorischen Gewinns erscheint auch unter dem Gesichtspunkt der Kapitalstrukturoptimierung am sinnvollsten. Unter der Voraussetzung, daß der Eigenkapitalzinssatz nicht gleich dem Fremdkapitalzinssatz ist, kann die Kapitalstruktur optimiert werden [14].

Auch das Streben nach einem **maximalen pagatorischen Gewinn** läßt sich als Gewinnmaximierung unter Nebenbedingungen interpretieren. Die Eigenkapitalgeber maximieren den pagatorischen Gewinn unter der Nebenbedingung, daß die anderen Trägergruppen zufriedengestellt werden.

Nach dieser inhaltlichen Interpretation kann nun die **formale Definition der Gewinnmaximierung** als Gleichgewichtsbedingung der Unternehmung formuliert werden.

Im einfachsten Fall sind die Erlöse und die Kosten von den Mengen einer Produktart, von x, abhängig.

Aus $E = E(x)$, der Erlösfunktion,
und $Ko = Ko(x)$, der Kostenfunktion,
und $G \rightarrow \max!$, der Zielfunktion,
und $G = E - Ko$, der Definitionsfunktion,
folgt durch Einsetzen:

$$E(x) - Ko(x) \rightarrow \max!$$

Es muß besonders hervorgehoben werden, daß der Fixkostenanteil der Kostenfunktion – wie aus den Rechenregeln der Differentialrechnung leicht einzusehen ist – keinen Einfluß auf die Lage des Gleichgewichts hat.

In Entscheidungsmodellen ist das Gewinnstreben in der Zielfunktion verankert, Restriktionen werden als Nebenbedingungen erfaßt.

Gewinnlimitierung kann aus mehreren Gründen erfolgen [15]. Ein Grund ist zunächst die Schwierigkeit einer exakten Maximumbestimmung. Zur Bestimmung der Maxima müssen die Verläufe der Grenzkosten und der Grenzerlöse bekannt sein. Wenn auch die Grenzkosten in einer Einproduktunternehmung noch bekannt sein mögen, so trifft dies für die Mehrproduktunternehmung [16] in aller Regel nicht zu [17]. Vereinfachend werden jedoch für die in der Praxis relevanten Beschäftigungsbereiche vielfach bestimmte – und zwar meist lineare – Kostenverläufe als bekannt unterstellt.

Weitere Gründe liegen im Sicherheitsstreben, da das Ausnutzen aller Gewinnchancen das Konkurrenzrisiko erhöht; zudem muß mit negativen Reaktionen der Öffentlichkeit bei Gewinnmaximierung in Situationen beschränkten Wettbewerbs gerechnet werden.

---

14 Vgl. zur Beweisführung Kirsch, W., Gewinn und Rentabilität, a.a.O., S. 43f.

15 Zu möglichen Gründen für die Gewinnlimitierung vgl. Dean, J., Managerial Economics, Englewood Cliffs 1951, S. 29ff.

16 Strenggenommen reicht die Bedingung Grenzkosten = Grenzerlöse für die Mehrproduktunternehmung nicht aus. Vgl. dazu Pack, L., Rationalprinzip, Gewinnprinzip und Rentabilitätsprinzip, ZfB 1965, S. 546.

17 Vgl. Gäfgen, G., Theorie der wirtschaftlichen Entscheidung, a.a.O., S. 41.

Nach der Festlegung eines befriedigenden Gewinns als Periodenziel – eines sogenannten angemessenen oder Standardgewinns – in Abhängigkeit vom gegebenen Anspruchsniveau hat die Gewinngröße den Charakter einer angestrebten Konstanten, die man als Ausgangspunkt für eine kombiniert retrograd-progressive Gewinnplanung verwendet. Variabel ist dann der davon ausgehend zu bestimmende Mitteleinsatz, um dieses Ziel zu erreichen[18].

Der limitierte Gewinn wird vielfach als Mindestgewinn formuliert, dessen Niveau erreicht werden muß oder überschritten werden kann. In Entscheidungsmodellen wird der Mindestgewinn als Nebenbedingung für die Verfolgung anderer Ziele, z. B. das Streben nach maximalem Umsatz, formuliert[19].

In der Literatur treffen die Meinungen der Verfechter der Gewinnmaximierung und die der Verfechter der Gewinnlimitierung hart aufeinander[20]. Diese Konfrontation resultiert aus der Tatsache, daß sich die Autoren entweder zu dem einen oder dem anderen Ziel bekennen. Es fragt sich aber, ob es nicht realistischer ist, neben der Gewinnmaximierung auch eine gleichzeitige Formulierung beider Zielausprägungen: der Gewinnmaximierung und Gewinnlimitierung zuzulassen.

Gewinnmaximierung bezogen auf die Gesamtunternehmung oder partielle Entscheidungstatbestände (Alternativen) im Zusammenhang mit der Gestaltung des Unternehmungsgeschehens sollte man stets als Imperativ bzw. oberstes Ziel anwenden, sofern weitere Ziele als Nebenbedingungen bzw. Restriktionen berücksichtigt werden. Hierbei ist bei längerfristiger mehrperiodiger Betrachtung – neben der Beachtung von Periodenergebnissen – die Gewinnmaximierung in Form der **Kapitalwertmaximierung** bei Berücksichtigung von weiteren Zielen als Nebenbedingungen bzw. Restriktionen anzustreben[21].

Aus planungstechnischen Gründen kann es jedoch durchaus sinnvoll sein, daß die Gewinnlimitierung im Sinne eines angestrebten Mindestgewinns das Oberziel der gesamten Unternehmung bildet und die Gewinnmaximierung das Ziel und dominantes Auswahlkriterium für den Vergleich von Alternativen (z. B. verschiedener Investitionsobjekte) bildet, wobei auch hier in Einzelfällen von der Gewinnmaximierung als Hauptziel zugunsten anderer Ziele bewußt abgewichen werden kann. Diese Konstellation ist deshalb sinnvoll, weil die Gewinnmaximierung für die gesamte Unternehmung ein meist nur wenig operationales Ziel darstellt (nämlich dann, wenn nicht hinreichend detaillierbare, praktikable gesamtunternehmungsbezogene Optimierungsmodelle vorliegen); andererseits ist die Gewinnlimitierung für den Vergleich und die Rangordnung von Alternativen bei Fehlen weiterer Auswahlkriterien, von denen zumindest eines als Extremalziel formuliert ist, unbrauchbar (vgl. Teil I, Abschnitt 2.4).

Es erscheint also sinnvoll, von mehreren Gewinnzielen mit differenzierter Ausprägungsmöglichkeit des Ausmaßes auszugehen.

---

18 Vgl. Blohm, H., Gewinnplanung, in: Unternehmensplanung, Hrsg. K. Agthe, E. Schnaufer, Baden-Baden 1963, S. 412 ff.

19 Vgl. zu dieser Zielformulierung im Zusammenhang mit mathematischen Entscheidungsmodellen in der Formulierung der linearen Programmierung Hammann, P., Gewinnmaximierung – Dominantes Ziel oder Zieldominante?, ZfB 1968, S. 263 ff.

20 Vgl. zu einer Darstellung z. B. Bidlingmaier, J., Unternehmerziele und Unternehmerstrategien, a.a.O., S. 93–109; vgl. ferner Schmidt-Sudhoff, U., Unternehmerziele und unternehmerisches Zielsystem, a.a.O., S. 43–63.

21 Vgl. zur Kapitalwertmaximierung unter Nebenbedingungen als oberstes Unternehmungsziel z. B. Swoboda, P., Investition und Finanzierung, 4. Aufl., Göttingen 1992, S. 21 ff.

2.2.1.3 Zeitlicher Bezug des Ergebnisziels – Kapitalwert und Periodenziele

Nach der Klärung des Inhalts und des angestrebten Ausmaßes muß noch der **zeitliche Bezug** des Gewinnziels geklärt werden.

Um das Ziel operational zu formulieren, muß es zu einem Zeitraum, einer Periode, in Bezug gesetzt werden. Nach Anzahl bzw. Länge der Periode kann man unterscheiden:

(1) kurzfristiges und mittelfristiges Gewinnstreben
(1 bis 5 Jahre),
(2) langfristiges Gewinnstreben
(5 oder mehr Jahre – Grenze beim sogenannten Planungshorizont).

Bei der Mehrperiodenbetrachtung interessiert zum einen die Entwicklung der Gewinne und Gewinnkomponenten in ihrer absoluten Höhe in den einzelnen Perioden. Zur Beurteilung des Gesamtgewinns ist ein zeitpunktbezogener bzw. gegenwartsbezogener Vergleich der Periodengewinne notwendig; die einzelnen Periodengewinne sind auf den Betrachtungszeitpunkt zu diskontieren (vgl. Teil II, Abschnitt 2.2.1.1).

$$G = \sum_{t=1}^{N} g_t \cdot q^{-t}$$

Auf der Basis von Ein- und Auszahlungsgrößen lautet die Formel (vgl. Teil II, Abschnitt 2.2.1.1):

$$C_0 = \sum_{t=0}^{N} (E_t - A_t) \cdot q^{-t}$$

Die letzte noch betrachtete Periode N wird in jedem Fall vom Planungshorizont der Unternehmung begrenzt. Man muß sich jedoch darüber im klaren sein, daß Plangewinngrößen mit zunehmender Periodenzahl sich durch einen immer größeren Ungewißheitsgrad auszeichnen. Die Zahl der Perioden, für die das Gewinnziel formuliert wird, hängt von den Anforderungen an die Operationalität der Zielvorgabe ab. Eine überdehnte Formulierung der langfristigen Gewinnmaximierung kann den Charakter einer Leerformel annehmen[22].

Liegen mittel- oder gar langfristige alternative gesamtunternehmungsbezogene Gewinn- und Verlustrechnungs-, Bilanz- und Finanzplanungen vor, so lassen sich auf der Basis derartiger Planzahlen für mögliche alternative Unternehmungsentwicklungen auch die jeweiligen **Kapitalwerte der Unternehmung** berechnen und vergleichen. Zumindest bei dem Erwerb von Unternehmungen und bei Großinvestitionen ist dieses Vorgehen zweckmäßig. Zur Eliminierung insbesondere bilanzpolitischer Maßnahmen, die sich im Gewinn niederschlagen, sollte man Kapitalwertberechnungen möglichst auf der Basis von Einzahlungen und Auszahlungen vornehmen (vgl. Teil III, Abschnitt 3.1.3.3).

Zur Beurteilung alternativer strategischer und/oder operativer Planungen – auch rein finanzwirtschaftlicher Maßnahmen – interessieren deren monetäre Wirkungen sowohl zeitpunktbezogen, d.h. auf den Kapitalwert, als auch zeitraumbezogen, d.h. auf die jährlichen und ggf. innerjährlichen Ergebnis- und Liquiditätszahlen der Unternehmung. Je nach Planungsobjekt und Betrachtungsstandpunkt kommt für die zeitpunktbezogene ergebnisorientierte Beurteilung der Gesamtkapitalwert, Eigenkapitalwert/Shareholder Value oder residuale Unternehmungskapitalwert in Betracht (vgl. Teil I, Abschnitt 1.1.2.2.1; Teil III, Abschnitte 2.2 u. 3.1.3.3).

---

22 Vgl. zu einer ähnlichen Kritik Lohmann, M., Einführung in die Betriebswirtschaftslehre, 4. Aufl., Tübingen 1964, S. 211 und Schmidt-Sudhoff, U., Unternehmerziele und unternehmerisches Zielsystem, a.a.O., S. 64f.; ferner Schneider, D., Investition, Finanzierung und Besteuerung, 7. Aufl., Wiesbaden 1992, S. 29.

Der optimale Kapitalwert der Unternehmung ist dabei unter Beachtung definierter Periodenziele anzustreben.

2.2.2 Liquidität

Unter dem Begriff **Liquidität** wird hier die jederzeitige Zahlungsfähigkeit einer Unternehmung verstanden, d.h. der Bestand an flüssigen Mitteln (Kassenbestände, Sichtguthaben)[23]. Die Liquidität wird ausgedrückt durch folgende Grundformel:

> **Anfangsbestand an flüssigen Mitteln der Periode**
> + Einzahlungen (Periode)
> ./. Auszahlungen (Periode)
> **Endbestand an flüssigen Mitteln der Periode.**

Sie kann als Ist-Zahl, voraussichtliche Ist-Zahl und als Plan- bzw. Soll-Zahl ausgedrückt werden.

Die aus Sicherheitsgründen heraus gewünschte Mindesthöhe der Liquidität (Mindestbestand an Zahlungsmitteln) wird als **Liquiditätsreserve** (i.e.S.) bezeichnet. Als Liquiditätsreserve (i.w.S.) werden darüber hinaus häufig auch die Summe der kurzfristig liquidierbaren Vermögensgegenstände (z.B. Wertpapiere und diskontfähige Wechsel) und in einem weiteren Schritt auch die nicht ausgeschöpften Kreditlinien bezeichnet[24].

Eine Unternehmung ist strenggenommen nur dann **zahlungsfähig,** wenn in jedem Zeitpunkt die Summe der in diesem Zeitpunkt zu leistenden Auszahlungen nicht größer ist als die Summe der in diesem Zeitpunkt anfallenden Einzahlungen zuzüglich der in diesem Zeitpunkt vorhandenen Zahlungsmittelbestände:

$$\sum_{z=1}^{w} B_{Tz} + \sum_{i=1}^{k} E_{Ti} - \sum_{j=1}^{l} A_{Tj} \geqslant 0$$

T = betrachteter Zeitpunkt; $T = 1, 2, 3, \ldots, N$

A_{Tj} = Auszahlung der Auszahlungsart j im Zeitpunkt T

$$j = 1, 2, 3, \ldots, l$$

E_{Ti} = Einzahlung der Einzahlungsart i im Zeitpunkt T

$$i = 1, 2, 3, \ldots, k$$

B_{Tz} = Zahlungsmittelbestand der Zahlungsmittelart z im Zeitpunkt T

$$z = 1, 2, 3, \ldots, w$$

Aus praktischen Gründen wird die Zahlungsfähigkeit nicht in bezug auf jeden Zeitpunkt, sondern in bezug auf bestimmte Zeiträume (Quasi-Zahlungszeitpunkte), z.B. Tage, Dekaden, Quartale, betrachtet. Hierbei werden für den Zeitraum der Anfangsbestand und die

23 Vgl. Heinen, E., Grundlagen betriebswirtschaftlicher Entscheidungen – Das Zielsystem der Unternehmung, a.a.O., S. 74–77. Dort und bei anderen Autoren umfaßt der Liquiditätsbegriff auch die Liquidierbarkeit von Vermögensteilen.

24 Vgl. z.B. Süchting, J., Finanzmanagement, 6. Aufl., Wiesbaden 1995, S. 563ff.; Vormbaum, H., Finanzierung der Betriebe, 8. Aufl., Wiesbaden 1990, S. 124.

Summe der Einzahlungen des Zeitraumes der Summe der Auszahlungen des Zeitraumes gegenübergestellt[25]:

$$\sum_{z=1}^{w} B_{tz} + \sum_{i=1}^{k} E_{ti} - \sum_{j=1}^{l} A_{tj} \geqslant 0$$

t = betrachteter Zeitraum; $t = 1, 2, 3, \ldots, n$
A_{tj} = Auszahlung der Auszahlungsart j im Zeitraum t

$j = 1, 2, 3, \ldots, l$

E_{ti} = Einzahlung der Einzahlungsart i im Zeitraum t

$i = 1, 2, 3, \ldots, k$

B_{tz} = Zahlungsmittelbestand der Zahlungsmittelart z am Anfang des Zeitraumes t

$z = 1, 2, 3, \ldots, w$

Die **Zahlungsfähigkeit** ist wesentliche Existenzbedingung der Unternehmung[26], sie **stellt unabdingbares (Neben-)Ziel der Unternehmung** dar. So ist z. B. der Vorstand einer Aktiengesellschaft nach §92 AktG verpflichtet, bei Zahlungsunfähigkeit oder Überschuldung die Eröffnung des Konkurs- oder des gerichtlichen Vergleichsverfahrens zu beantragen.

Wird die Liquidität wie hier durch die Erfassung und Gegenüberstellung von Ein- und Auszahlungsströmen und ggf. vorhandenen Zahlungsmittelbeständen gekennzeichnet, so stellt sie die **aktuelle Liquidität** dar. Sie wird in der Finanzplanung zugrundegelegt. Darüber hinaus werden in der Praxis zur Beurteilung des finanziellen Risikos Kennzahlen zur Charakterisierung der sogenannten strukturellen Liquidität gebildet (horizontale und vertikale Bilanzstrukturkennzahlen).

Bei vereinfachter Betrachtungsweise, bei der einerseits die Auszahlungen gleich den Kosten und andererseits die Einzahlungen gleich den Erlösen/Leistungen sind, läßt sich der Zusammenhang zwischen residualem Überschuß und periodischem kalkulatorischen Ergebnis mit Hilfe der Abbildung 45 graphisch verdeutlichen.

25 Zu den grundsätzlichen Möglichkeiten der Formulierung des Liquiditätszieles vgl. Schmidt, R.-B., Wirtschaftslehre der Unternehmung, Grundlagen und Zielsetzung, a.a.O., S. 122f.

26 Vgl. Witte, E., Die Liquiditätspolitik der Unternehmung, Tübingen 1963; vgl. ferner Drukarczyk, J., Unternehmen und Insolvenz, Wiesbaden 1987, S. 37f.; Matschke, M.J., Finanzierung der Unternehmung, Herne – Berlin 1991, S. 26ff.

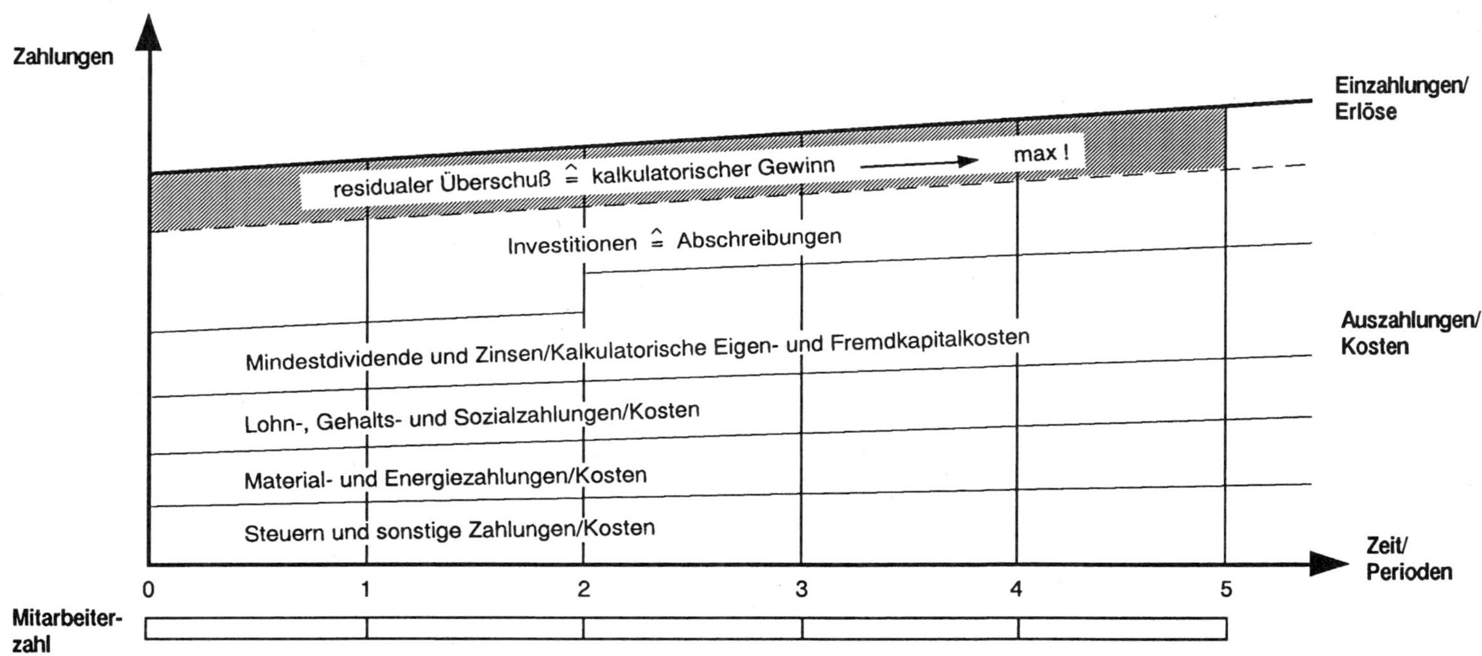

Abb. 45: Zusammenhang zwischen residualem Überschuß und kalkulatorischem Gewinn

3. Beziehungen zwischen den Zielen Ergebnis, Rentabilität und Liquidität

Für die Planung des künftigen Unternehmungsgeschehens werden in der Wirtschaftspraxis als monetäre Ziele der Unternehmung als Ganzes oder ihrer Subsysteme bezogen auf eine Periode oder mehrere Perioden kalkulatorische und bilanzielle Gewinne, deren Komponenten und entsprechende Rentabilitätszahlen, Liquiditätsgrößen sowie zunehmend zur Ermittlung des strategischen Wachstumspfades auch Kapitalwerte verwendet.

Voraussetzung für die Anwendung derartiger Periodenziele als jährliche oder innerjährliche Periodenziele in spezifischer Ausprägung ist die Kenntnis der Beziehungen zwischen dem absoluten und dem relativen Gewinnstreben einerseits und der Beziehungen zwischen dem Gewinnstreben, dem Umsatzstreben und der Liquiditätssicherung andererseits.

3.1 Beziehungen zwischen den Zielen Gewinnstreben und Rentabilitätsstreben

3.1.1 Grundlegendes zu den Beziehungen bei konstantem und variablem Kapital

Es interessiert zunächst die Zielbeziehung zwischen der **Gewinnmaximierung** und der **Kapitalrentabilitätsmaximierung**[1], insbesondere die Frage, ob diese beiden Ziele bei denselben oder aber bei unterschiedlichen Produktmengen erreicht werden. Ist letzteres der Fall, wirken sich diese Zielformulierungen unterschiedlich auf unternehmerische (Mengen-)Entscheidungen aus.

Definiert man diese Ziele zunächst undifferenziert mit

$$\text{Gewinn} = G \rightarrow \text{max!}$$

und

$$\text{Kapitalrentabilität} = R = \frac{G}{K} \rightarrow \text{max!},$$

dann wird offensichtlich, daß sich unter der **Prämisse konstanten Kapitals** ($\bar{K}$) von diesen unterschiedlichen Zielformulierungen keine unterschiedlichen Auswirkungen auf unternehmerische Entscheidungen ergeben können, denn die absolute Größe ist mit der Zählergröße des Quotienten identisch, und der Quotient wird bei konstantem Nenner dann maximiert, wenn der Zähler maximiert wird. Beide **Ziele** sind somit **komplementär.** Die Zielbeziehung hat totalen Charakter, d.h. Zielerreichungsgrade, bei denen eine andere Zielbeziehung vorliegt, sind nicht denkbar. Bei Differenzierung in konstante und variable Größen ergibt sich:

$$G(x) \rightarrow \text{max!} \mathrel{\hat{=}} R(x) = \frac{G(x)}{\bar{K}} \rightarrow \text{max!}$$

---

1 Die Beziehung zwischen der Gewinnlimitierung und Maximierungszielen, hier vor allem der Umsatzmaximierung, soll nicht weiter vertiefend betrachtet werden.

Unter dieser Prämisse wird der Kapitalrentabilitätsmaximierungskalkül auf den Gewinnmaximierungskalkül zurückgeführt, d.h. das Kapitalrentabilitätsmaximum wird bei derselben Produktmenge x erreicht, bei der auch das Gewinnmaximum erreicht wird. Dies ist bei nichtlinearem Funktionsverlauf der Fall bei Gleichheit von Grenzkosten und Grenzerlösen:

$$Ko'(x) = E'(x).$$

Geht man – in kurz- und mittelfristiger Betrachtung – von einem konstanten Kapitalfonds aus, so läßt sich über die RoI-Formel graphisch sehr anschaulich auch der Zusammenhang zwischen Kapitalrentabilität, Umsatzrentabilität und Kapitalumschlag darstellen. Abbildung 46 verdeutlicht, daß Umsatzrentabilität und Kapitalumschlag die variierbaren Schlüsselgrößen für die Höhe der Kapitalrentabilität bilden. Die „Linien gleicher Rentabilität" (Iso-Rentabilitätskurven) sind geometrische Orte aller Punkte, für die das Produkt aus Umsatzgewinnrate und Kapitalumschlag konstant ist.

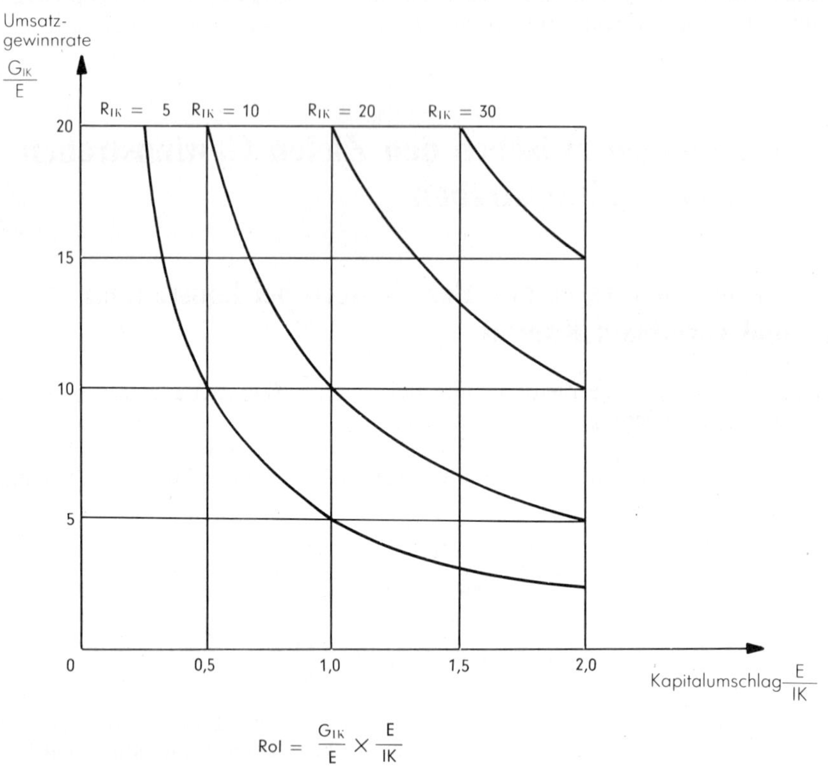

Abb. 46: Beziehungen zwischen Kapitalrentabilität, Umsatzrentabilität und Kapitalumschlag

Eine bestimmte Verzinsung des investierten Kapitals – eine in bestimmter Höhe angestrebte Kapitalrentabilität – kann bei unterschiedlich hohen Umsatzrentabilitäten erzielt werden. Die Kurven zeigen, daß z.B. mit einem Kapitalumschlag von 2 und einer Umsatzrentabilität von 10% dieselbe Kapitalrentabilität wie mit einem Kapitalumschlag von 1 und einer Umsatzrentabilität von 20% erreicht werden kann.

Die Prämisse konstanten Kapitals (Eigen- und Fremdkapital) ist bei langfristiger Betrachtung unrealistisch.

Unter der **Prämisse variablen Kapitals** fällt das Maximum der Kapitalrentabilität mit dem Maximum des Gewinns nur dann zusammen, wenn

$$\frac{G'(x)}{K'(x)} = \frac{G(x)}{K(x)}$$

erfüllt ist, bzw. – nach einfacher Umformung – wenn die Gewinnelastizität gleich der Kapitalelastizität ist[2]. Die Aussage, daß das Gewinnmaximum nicht mit dem Kapitalrentabilitätsmaximum zusammenfällt, ist gleichbedeutend mit der Aussage, daß zwischen den Zielen Gewinnmaximierung und Kapitalrentabilitätsmaximierung partielle *Zielbeziehungen* bestehen, und zwar **abschnittweise komplementär und abschnittweise konkurrierend.** Die Extension dieser Bereiche kann nur anhand bestimmter Gewinn- und Kapitalkurven angegeben werden.

Bevor aber darauf eingegangen wird, soll die generelle Bedeutung dieses Ergebnisses noch deutlicher gemacht werden. Es handelt sich nämlich hierbei um ein *Fundamentalprinzip der Zielformulierung*. Dieses Prinzip geht auf einen einfachen mathematischen Tatbestand zurück, der sich aus der Maximierung eines Quotienten – also aus der sogenannten Quotientenregel – ergibt. Für die Maximierung eines Quotienten Q gilt nämlich grundsätzlich:

$$Q_{max} \text{ bei } \frac{Z'}{N'} = \frac{Z}{N}$$

oder nach der relativierenden Umformung in verbaler Aussage: Ein Quotient ist dann maximiert, wenn die Zählerelastizitäten gleich den Nennerelastizitäten sind.

Die ökonomische Relevanz dieses Prinzips in bezug auf die Maximierung von absoluten und relativen Zielgrößen ist erheblich. Mit diesem Prinzip lassen sich sehr einfach auch die Beziehungen zwischen dem Gewinn und anderen Rentabilitäts- bzw. Quotientengrößen aufzeigen, zumal dann, wenn diese Quotienten dieselben Größen wie der Gewinn enthalten, also z. B. nur Erlöse und Kosten, so daß die Auswirkungen von rein formellen Unterschieden in der Zielformulierung in unterschiedliche unternehmerische Entscheidungen besonders deutlich werden.

Die nachstehenden Quotienten lassen sich wie folgt maximieren[3]:

Umsatzrentabilität

$$R_U = \frac{G(x)}{E(x)}; \quad \text{maximiert bei} \quad \frac{G'(x)}{E'(x)} = \frac{G(x)}{E(x)}$$

Kostenrentabilität

$$R_{Ko} = \frac{G(x)}{Ko(x)}; \quad \text{maximiert bei} \quad \frac{G'(x)}{Ko'(x)} = \frac{G(x)}{Ko(x)}$$

Wirtschaftlichkeit

$$W = \frac{E(x)}{Ko(x)}; \quad \text{maximiert bei} \quad \frac{E'(x)}{Ko'(x)} = \frac{E(x)}{Ko(x)}$$

Bei der relativierenden Umformung erkennt man leicht, daß hier immer dasselbe Prinzip verwirklicht wird, daß nämlich die Zählerelastizitäten gleich den Nennerelastizitäten sind. Ersetzt man in den

2 Vgl. zu dieser Ableitung Pack, L., Rationalprinzip und Gewinnmaximierungsprinzip (I), ZfB 1961, S. 217f.

3 Vgl. zu der detaillierten Ableitung Jennihsen, H.-F., Gewinnmaximierung und Rentabilitätsmaximierung als Ziel erwerbswirtschaftlich orientierter Unternehmungen, Köln – Opladen 1967, S. 36ff.

Gleichgewichtsbedingungen G durch E – Ko und G' durch E' – Ko', erhält man für alle drei Größen denselben Maximalwert:

$$\frac{E'(x)}{Ko'(x)} = \frac{E(x)}{Ko(x)}$$

d. h. *alle drei Zielgrößen werden bei derselben Produktmenge x maximiert*, d. h. trotz unterschiedlicher Zielformulierungen ergeben sich hieraus keine differenzierenden Auswirkungen auf unternehmerische Entscheidungen. Allerdings ist der Unterschied dieser Zielformulierungen zur Gewinnmaximierung evident, denn hier ergibt sich der Maximalwert – wie abgeleitet – bei:

$$E'(x) = Ko'(x).$$

Somit liegt auch zwischen der Umsatzrentabilitätsmaximierung, der Kostenrentabilitätsmaximierung und der Wirtschaftlichkeitsmaximierung einerseits und der Gewinnmaximierung andererseits sowohl eine abschnittweise komplementäre als auch eine abschnittweise konkurrierende Zielbeziehung vor. Man erkennt an den angegebenen Gleichgewichtsbedingungen (Maximierungsgleichungen), daß bei der Gewinnmaximierung nur relative (abgeleitete) Größen, nämlich nur E' (x) und Ko' (x), vorkommen, daß aber die Rentabilitätsmaximierung (i.w.S.) auch absolute Größen enthält, nämlich G (x), K (x), E (x) und Ko (x). Daraus ergibt sich, daß man nur dann konkrete Aussagen über die Zielbeziehungen, also über die Bereiche mit komplementärer und die Bereiche mit konkurrierender Beziehung machen kann, wenn man von absoluten Kosten-, Erlös- und Kapitalverläufen ausgeht. Diese Zusammenhänge lassen sich auf graphischem Wege am anschaulichsten verdeutlichen. Auf eine mathematische Fundierung soll hier verzichtet werden. Die graphischen Darstellungen sichern eine ausreichende Präzisierung.

3.1.2 Beziehungen zwischen Gewinnstreben und Rentabilitätsstreben bei nichtlinearer Gewinnfunktion

Zunächst ist der **Unterschied zwischen Gewinnmaximierung und Kapitalrentabilitätsmaximierung** und damit die Beziehung zwischen diesen Zielen zu verdeutlichen[4]. Abbildung 47 stellt die Gewinnfunktion G = G (x) im zweiten Quadranten dar. Dabei wird von einer nichtlinearen Gewinnfunktion ausgegangen; das Gewinnmaximum wird bei der Produktmenge x = OA erreicht.

Der dritte Quadrant enthält die lineare Kapitalfunktion K = K (x). Projiziert man die Gewinnfunktion an die Kapitalfunktion, dann erhält man im ersten Quadranten die Gewinnfunktion in Abhängigkeit vom Kapitaleinsatz, also G = G (K). Die Projektion ist am Beispiel von drei Punkten durch die gestrichelten Projektionslinien verdeutlicht. Die Fahrstrahlen an diese Kurve und die Abszisse schließen den Winkel α ein. Der tg α drückt die Rentabilität R = G/K aus. Sie wird maximiert, wenn der Fahrstrahl zur Tangente OT wird. Bei diesem Rentabilitätsmaximum ist der Kapitaleinsatz OR erforderlich, dagegen beim Gewinnmaximum der Betrag OS. Der rentabilitätsmaximale Kapitaleinsatz OR entspricht der rentabilitätsmaximalen Produktmenge OB. Die gewinnmaximale Produktmenge ist dagegen OA. OA ≠ OB. **Bezogen auf die Produktmenge x sind die Ziele Gewinnmaximierung und Kapitalrentabilitätsmaximierung im Bereich OB komplementär, im Bereich BA dagegen konkurrierend,** eine Zunahme des Gewinns bewirkt eine Abnahme der Kapitalrentabilität. Bezogen auf den Kapitaleinsatz K sind die Ziele im Bereich OR komplementär und im Bereich RS konkurrierend.

---

4 Vgl. zu der folgenden Ableitung und Darstellung Angermann, A., Industrielle Planungsrechnung, 1. Bd., Entscheidungsmodelle, Frankfurt/M. 1963, S. 29f.

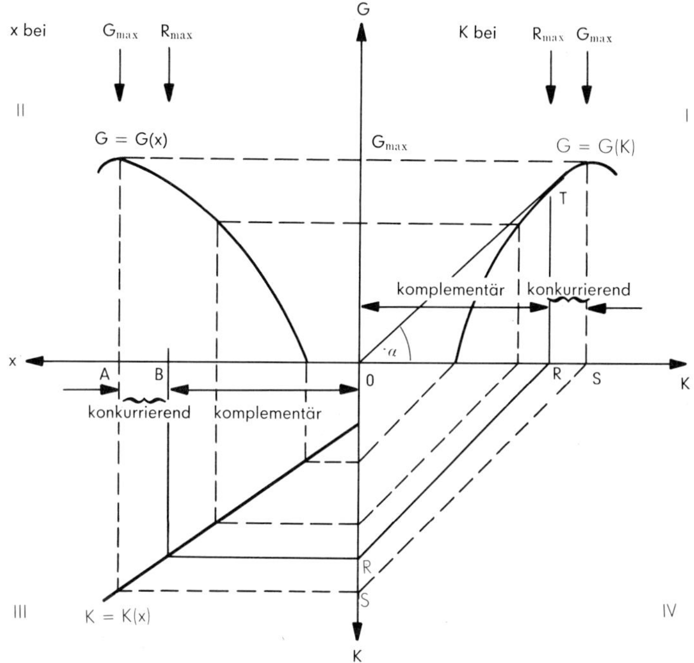

G = G(x) : Gewinn in Abhängigkeit von der Produktmenge
G = G(K) : Gewinn in Abhängigkeit vom Kapitaleinsatz
K = K(x) : Kapital in Abhängigkeit von der Produktmenge
K : Kapitaleinsatz
G : Gewinn
x : Produktmenge

Abb. 47: Beziehung zwischen Gewinnmaximierung und Kapitalrentabilitätsmaximierung

Nach den Beziehungen zwischen Gewinnmaximierung und Kapitalrentabilitätsmaximierung seien die **Beziehungen zwischen Gewinnmaximierung und der Maximierung der Umsatzrentabilität, der Kostenrentabilität und der Wirtschaftlichkeit** skizziert.

Abbildung 48 differenziert die Kosten- und Erlöskurven für zwei wichtige Fälle. Im ersten Fall wird eine Erlöskurve bei konjekturaler Preis-/Absatzfunktion und eine lineare Kostenkurve unterstellt. Im zweiten Fall wird eine lineare Erlöskurve für atomistische Konkurrenz und eine degressiv-progressive Kostenfunktion unterstellt. Aus der Differenz beider Kurven erhält man die jeweilige Gewinnfunktion $G = G(x)$. Weiterhin sind die Durchschnittskostenkurve (Stückkostenkurve), die Grenzkostenkurve und die Grenzerlöskurve eingezeichnet. Die Höhe des Gewinnmaximums ergibt sich durch Anlegen der Tangente an die Gewinnkurve als Parallele zur Abszisse. Der Betrag ist in beiden Fällen $G_{max} = OH$. Die gewinnmaximale Produktmenge ist in beiden Fällen $x = OF$. Bei dieser Menge schneidet die Grenzerlöskurve die Grenzkostenkurve in G. Der jeweilige Tangentenpunkt E zeigt deutlich die Gleichheit der Steigungen der Erlös- und Kostenkurve.

Nun muß die rentabilitätsmaximale Produktmenge bestimmt werden. Für sie muß die abgeleitete Bedingung

$$\frac{E'(x)}{Ko'(x)} = \frac{E(x)}{Ko(x)}$$

gelten.

Da $E'(x) = \frac{BD}{AB}$ und $Ko'(x) = \frac{BC}{AB}$

und $E(x) = BD$ und $Ko(x) = BC$

folgt eingesetzt:

$$\frac{\frac{BD}{AB}}{\frac{BC}{AB}} = \frac{BD}{BC}.$$

Also $AB = AB$,

d.h. das Rentabilitätsmaximum ist bei Gleichheit der beiden Tangentenabschnitte AB erreicht[5]. Dies ist in Abbildung 48 der Fall. Damit ist OB die rentabilitätsmaximale Produktmenge. $OB \neq OF$.

Es ergibt sich zwischen den zu untersuchenden Zielen von O bis B ein *komplementärer Bereich* und von B bis F ein *konkurrierender Bereich*. Eine Steigerung der Produktmenge über B hinaus steigert zwar den Gewinn, mindert aber die Umsatzrentabilität, die Kostenrentabilität und die Wirtschaftlichkeit. Schließlich ist noch darauf hinzuweisen, daß im zweiten Fall der Abb. 48 die rentabilitätsmaximale Produktmenge mit dem Betriebsoptimum zusammenfällt. Als Betriebsoptimum bezeichnet man das Minimum der Durchschnittskosten. Im ersten Fall ist dieses nicht gegeben, da das Betriebsoptimum im ∞ liegt.

In Abbildung 48 wurden zur Ableitung der Zielbeziehungen zwei Fälle herangezogen. Beiden Fällen ist gemeinsam, daß **eine von beiden Funktionen** E(x) oder Ko(x) **linear** ist. Dann läßt sich die Tangentenmethode besonders leicht anwenden, da die Tangente an die lineare Kurve die Kurve selbst ist, also die Kurve nur zur Abszisse verlängert zu werden braucht, so daß sich der Schnittpunkt eindeutig ergibt. Diese vereinfachenden Verhältnisse liegen dann nicht mehr vor, wenn **beide Kurven nicht linear** sind. Darauf sei hier nicht weiter eingegangen, da sich an den bisherigen Ergebnissen grundsätzlich nichts ändert[6].

5 Zur ausführlichen Beschreibung der sogenannten Tangentenmethode vgl. Jennihsen, H.-F., Gewinnmaximierung und Rentabilitätsmaximierung als Ziel erwerbswirtschaftlich orientierter Unternehmungen, a.a.O., S. 38ff.

6 Vgl. zu diesem Fall Jennihsen, H.-F., Gewinnmaximierung und Rentabilitätsmaximierung als Ziel erwerbswirtschaftlich orientierter Unternehmungen, a.a.O., S. 44f.

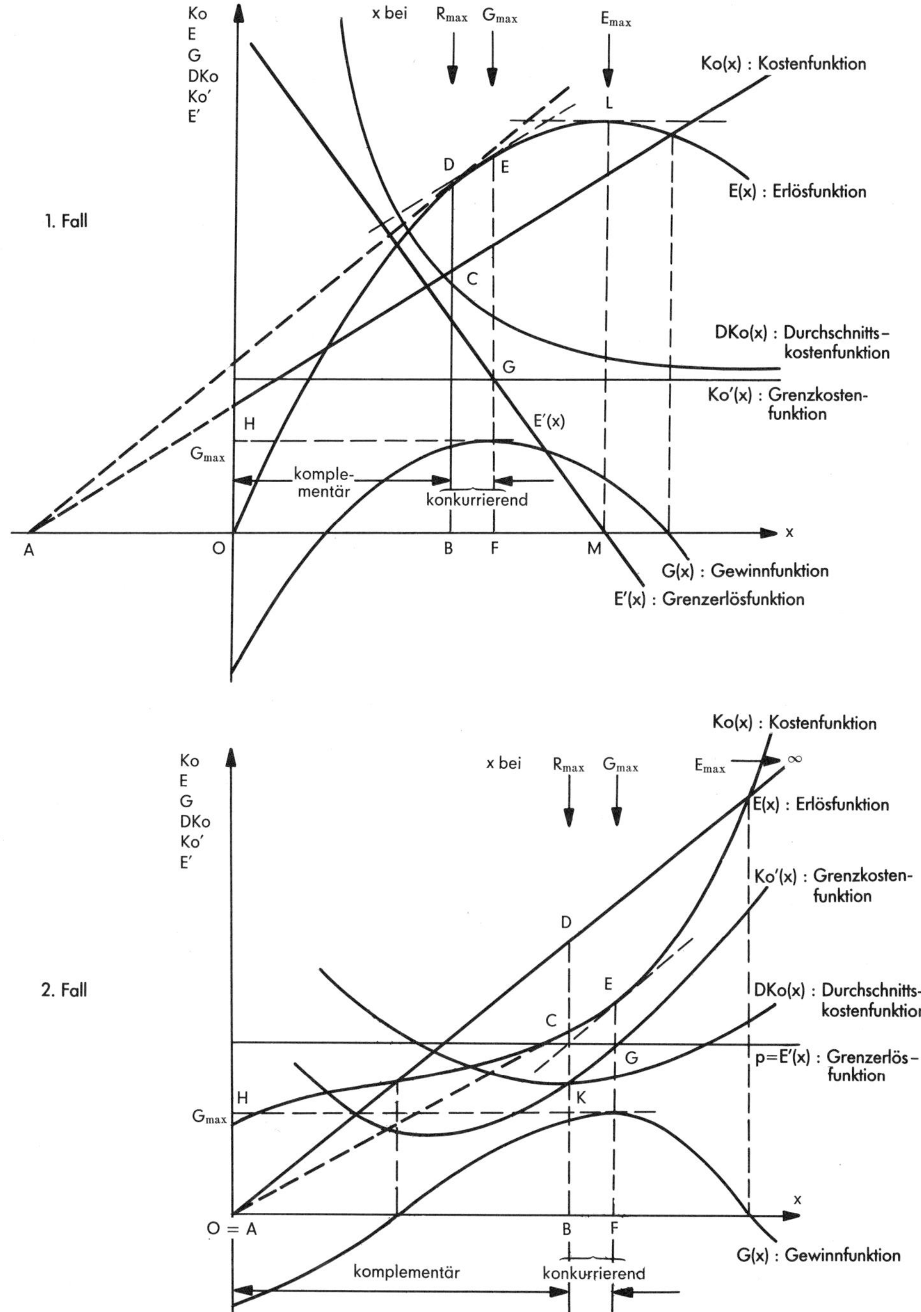

Abb. 48: Beziehungen zwischen Gewinnmaximierung einerseits und Umsatzrentabilitäts-, Kostenrentabilitäts- und Wirtschaftlichkeitsmaximierung andererseits (1. Fall: konjekturale Preis-/Absatzfunktion und lineare Kostenfunktion; 2. Fall: atomistische Konkurrenz und degressiv-progressive Kostenfunktion)

3.1.3 Beziehungen zwischen Gewinnstreben und Rentabilitätsstreben bei linearer Gewinnfunktion

Leichter überschaubare und interpretierbare Verhältnisse ergeben sich allerdings, wenn **alle Kurven linear** sind. Dieser Fall ist in Abbildung 49 berücksichtigt.

Geht man von linearen Kosten- und Erlöskurven aus, dann erhält man nicht mehr wie bisher eine gekrümmte Gewinnkurve mit einem Maximum, sondern eine linear-ansteigende Gewinnfunktion. Da bei der Untersuchung der Zielbeziehungen zwischen Gewinnmaximierung und Kapitalrentabilitätsmaximierung in Abbildung 47 bisher auch von einer gekrümmten Gewinnkurve ausgegangen wurde, ist nunmehr auch für diese Zielbeziehung die lineare Gewinnfunktion zugrunde zu legen. Abbildung 49 berücksichtigt in der oberen Darstellung auch diesen Fall. Die Quadrantendarstellung und die Kurvenprojektion wurden bereits in Abbildung 47 erläutert. Abbildung 49 stellt somit die Zielbeziehungen zwischen Gewinnmaximierung einerseits und der Maximierung der Kapitalrentabilität, der Umsatzrentabilität, der Kostenrentabilität und der Wirtschaftlichkeit andererseits einheitlich auf der Grundlage linearer Kosten- und Erlösverläufe dar. Es ist ersichtlich, daß es für keine der genannten Zielgrößen und für ihre Definitionsgrößen ein Maximum gibt bzw. ihre Maximalwerte im ∞ liegen, es sei denn, daß man von dem maximalen Produktionsvermögen der Unternehmung, der Kapazitätsgrenze x_{max}, ausgeht und die Erlöse bei dieser Produktmenge als Erlösmaximum bezeichnet[7]. Dann haben alle Ziel- und Definitionsgrößen ein Maximum.

Für den Fall, daß lineare Kosten- und Erlösverläufe vorliegen und die Steigung der Kostenkurve kleiner als die der Erlöskurve ist, ergibt sich aus Abbildung 49 ein grundlegendes, außerordentlich wichtiges **Ergebnis** für die Zielbeziehungen: **Alle hier genannten Ziele sind unter der Prämisse linearer Definitionsfunktionen zueinander total komplementär, oder anders formuliert, die gewinnmaximale Produktmenge ist mit der kapitalrentabilitätsmaximalen, der umsatzrentabilitätsmaximalen, der kostenrentabilitätsmaximalen und der wirtschaftlichkeitsmaximalen identisch. Diese Produktmenge ist die der Kapazitätsgrenze.**

Für die Unternehmungsführung ergibt sich daraus eine ebenso wichtige wie einfache **Handlungsmaxime.** Produziere so viel wie möglich, sofern der Gewinn oder irgendeine Rentabilitätsart maximiert werden soll. Für die unternehmerischen Entscheidungen ergeben sich aus diesen unterschiedlichen Zielformulierungen keine unterschiedlichen Konsequenzen.

Da aber im Fall der Abbildung 49 nur bei Bezugnahme auf die Kapazitätsgrenzen eindeutige Maxima vorliegen, sind hier die Rentabilitätskurven für alle Rentabilitätsarten noch einmal explizit dargestellt worden. Die Zielbeziehungen werden dadurch in ihrem Gesamtverlauf verdeutlicht.

---

7 So geht z. B. auch Heinen vor. Vgl. Heinen, E., Grundlagen betriebswirtschaftlicher Entscheidungen – Das Zielsystem der Unternehmung, a.a.O., S. 136f.

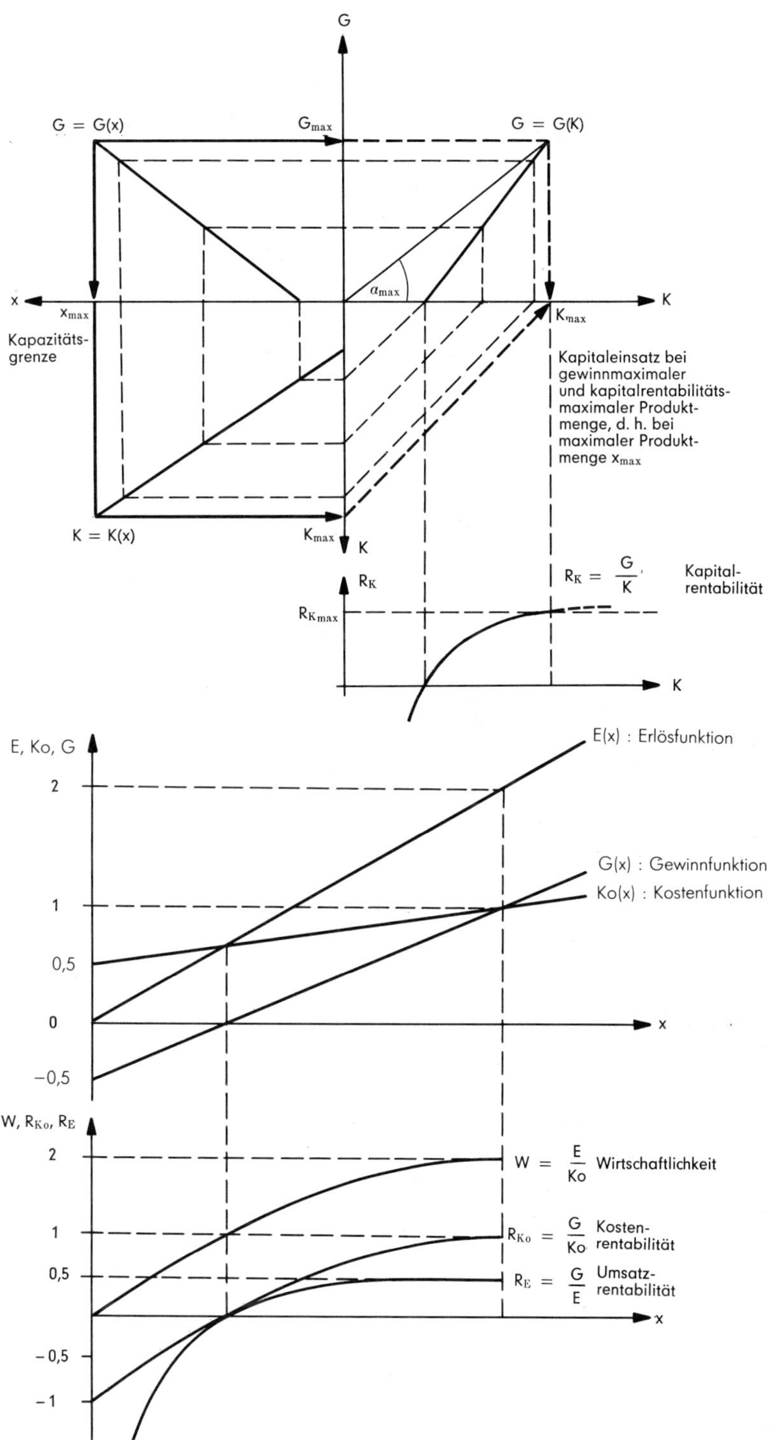

Abb. 49: Beziehungen zwischen Gewinnmaximierung einerseits und Maximierung der Kapital-, Umsatz- und Kostenrentabilität sowie Wirtschaftlichkeit andererseits

3.2 Beziehungen zwischen den Zielen Gewinnstreben und Umsatzstreben

Wesentlich einfacher ist die Beziehung zwischen **Gewinnmaximierung und Umsatzmaximierung** zu erfassen. Das Umsatzstreben wird hier als wichtigster Ausdruck des **Wachstumsstrebens** gesehen. Der Umsatz stellt eine Komponente des Gewinns dar. In dieser Formulierung tritt die Bedeutung der im folgenden zu untersuchenden Zielbeziehung stärker hervor. Aus der Definitionsfunktion $G(x) = E(x) - Ko(x)$ lassen sich die diesbezüglichen Zielbeziehungen ableiten. Unter der nahezu irrealen Prämisse konstanter Kosten ($\bar{K}o$) ergeben sich komplementäre Zielbeziehungen, d. h. aus den unterschiedlichen Zielformulierungen ergeben sich keine unterschiedlichen unternehmerischen Entscheidungen.

$$G(x) \rightarrow \max! \triangleq E(x) \rightarrow \max! \text{ bei } Ko = (\bar{K}o)$$

Gibt man die (irreale) Prämisse der Kostenkonstanz auf, dann sind die Aussagen über die Zielbeziehungen zwischen Gewinnmaximierung und Umsatzmaximierung (Erlösmaximierung) wiederum auf der Grundlage bestimmter Kosten- und Erlöskurven zu treffen.

Im einfachsten Fall sind sowohl die Kosten- als auch die Erlösfunktion linear. Aus Abbildung 49 ist offensichtlich, daß die Ziele Umsatz- und Gewinnmaximierung total komplementär sind. Die Maximalwerte beider Funktionen liegen im ∞ bzw. werden durch die Kapazitätsgrenze determiniert. Im ersten Fall der Abbildung 48, also bei linearer Kostenfunktion und einer Erlösfunktion bei konjekturaler Preis-/Absatzfunktion, ist leicht ersichtlich, daß eine abschnittweise wechselnde Zielbeziehung vorliegt. Im zweiten Fall der Abbildung 48, also bei degressiv-progressiver Kostenfunktion und linearer Erlösfunktion, liegt ebenfalls eine abschnittweise wechselnde Zielbeziehung vor.

Schließlich ist noch der Fall zu berücksichtigen, in dem sowohl die Kosten- als auch die Erlösfunktion nicht linear sind, also einer degressiv-progressiven Kostenkurve und einer Erlöskurve bei konjekturaler Preis-/Absatzfunktion. Dieser Fall kann aus der Abbildung 48 abgeleitet werden. Es ergibt sich auch in diesem Fall kein – gegenüber den Fällen der Abbildung 48 – grundsätzlich anderes Ergebnis. Die gewinnmaximale Produktmenge ist auch hier kleiner als die erlösmaximale, so daß wiederum eine abschnittweise wechselnde Zielbeziehung vorliegt.

Zusammenfassend ergibt sich, daß **nur bei Konstanz der Kosten oder bei sowohl linearer Kosten- als auch linearer Erlösfunktion die Ziele Gewinnmaximierung und Umsatzmaximierung total komplementär sind;** andernfalls liegen abschnittweise wechselnde Zielbeziehungen vor.

3.3 Zusammenfassende Betrachtung der Zielbeziehungen

Faßt man die Ergebnisse der Untersuchung aller hier betrachteten Zielbeziehungen zusammen, dann erkennt man, daß alle bisher betrachteten Ziele zueinander komplementär sind, wenn man von der Annahme ausgeht, daß alle Ziel- und Definitionsgrößen von der Produktmenge x abhängig sind, und wenn man einschränkend unterstellt, daß die Variabilität aller Größen linearen Charakter hat. Diese einschränkende Prämisse ist in vielen Fällen und für den relevanten Variationsbereich der Produktmenge nicht allzu realitätsfern. Es konnte weiterhin gezeigt werden, daß selbst bei Aufgabe dieser Linearitätsprämisse und der Unterstellung sehr stark gekrümmter Kurven der Konkurrenzbereich der Ziele relativ klein ist. Geht man ferner davon aus, daß die zu diesem Nachweis erforderlichen Kurven in der Praxis entweder nur schwer oder zum Teil praktisch überhaupt nicht ermittelt werden können, dann läßt sich aus den voranstehenden Ausführungen der für die praktische Unternehmungsführung sehr wichtige **Schluß** ziehen, daß **mögliche Konkurrenzbeziehungen zwischen den bisher betrachteten Zielen in der Regel vernachlässigt werden können.** Anders formuliert läßt sich sagen, daß die Frage, ob man nun von einem absoluten oder relativierten Gewinnstreben auszugehen habe, nicht so relevant ist, wie dies zunächst scheinen mag. Für die Planung in der Praxis genügt die Kenntnis, daß die gewinnmaximale Produktmenge bei gekrümmten Kurvenverläufen der Gewinndefinitionsgrößen stets etwas größer ist als die rentabilitätsmaximale. In bezug auf die Kapitalrentabilität ist dieser Unterschied um so größer, je stärker der Kapitalbedarf mit zunehmender Produktmenge ansteigt. Aber gerade diese Funktion, die für die Beurteilung des genannten Unterschieds erforderlich ist, kann auch in der Praxis relativ leicht ermittelt werden. Für die **Planungs- und Kontrollrechnung** kann aus diesen Ausführungen gefolgert werden, daß die **Ausrichtung des Zahlenwerks** – soweit es die genannten Ziele betrifft, also bisher noch ohne Berücksichtigung der Liquiditätssicherung – **auf eine einzige Zielgröße** durchaus sinnvoll ist.

Der **kalkulatorische Gewinn** eignet sich als Ziel, wenn nur das Leistungsprogramm den Gegenstand von Entscheidungen bildet. Geht man davon aus, daß die Maximierung des kalkulatorischen Periodengewinns die schärfste praktikable Ausprägung des Gewinnstrebens für die operative Unternehmungsführung darstellt [8], ist von Bedeutung, daß ein **Streben nach Erhöhung des kalkulatorischen Gewinns** auch dem **Streben nach Erhöhung des bilanziellen Periodengewinns** dient [9]. Das **Streben** nach **Erwirtschaftung eines maximalen Kapitalwertes** auf der Basis von Einzahlungs- und Auszahlungsgrößen ist dabei weiterhin als **oberstes** grundsätzlich **dominantes monetäres Ergebnisziel einer Unternehmung** anzusehen (vgl. zu den von uns differenzierten Kapitalwerten Teil I, Abschnitt 1.1.2.2.1 sowie Teil III, Abschnitt 3.1.3.3). Es hat seine Hauptrelevanz vor allem für die strategische Unternehmungsführung, da sich die Wirkungen strategischer Entscheidungen grundsätzlich auf das Geschehen und damit auch Zahlenwerk mehrerer künftiger Perioden der Unternehmung beziehen.

---

8 Vgl. zur Problematik der Formulierung des obersten Zieles der Unternehmung in seiner schärfsten Ausprägung – insbesondere zur Frage des Strebens nach maximalem kalkulatorischen Gewinn oder maximaler Eigenkapitalrentabilität z. B. Heinen, E., Grundlagen betriebswirtschaftlicher Entscheidungen – Das Zielsystem der Unternehmung, a.a.O., S. 62f.; Kirsch, W., Gewinn und Rentabilität, a.a.O., S. 44f., 47ff. und S. 89; Pack, L., Rationalprinzip und Gewinnmaximierungsprinzip (I), a.a.O., S. 207ff. und S. 283ff.; ders., Rationalprinzip, Gewinnprinzip und Rentabilitätsprinzip, a.a.O., S. 525ff.; Seelbach, H., Rentabilitätsmaximierung bei variablem Eigenkapital, ZfB 1968, S. 237ff. sowie die bei diesen Autoren angegebene Literatur.

9 Vgl. zu den Mittel-Zweck-Beziehungen Heinen, E., Einführung in die Betriebswirtschaftslehre, a.a.O., S. 104f.; ders., Grundlagen betriebswirtschaftlicher Entscheidungen – Das Zielsystem der Unternehmung, a.a.O., S. 102ff.; Kirsch, W., Gewinn und Rentabilität, a.a.O., S. 47f.

3.4 Beziehungen zwischen den Zielen Ergebnis und Liquidität

Zu den Beziehungen zwischen Ergebnisstreben und **struktureller Liquidität,** insbesondere dem Verhältnis von Eigen- zu Fremdkapital, sei an dieser Stelle nur bemerkt, daß sich bei bestimmten Prämissen eine ergebnisoptimale bzw. kostenminimale Kapitalstruktur ermitteln läßt. Es läßt sich der kostenminimale Verschuldungsgrad errechnen, wenn Angaben über Eigen- und Fremdkapitalkosten (in Abhängigkeit von unterschiedlichen Risikoeinschätzungen der Kapitalanleger) gemacht werden können und die Verzinsung des investierten bzw. des investierbaren Kapitals in der Unternehmung angegeben werden kann[10] (vgl. Teil III, Abschnitt 3.1.3.5).

Im folgenden seien nur die Zusammenhänge zwischen **aktueller** (dispositiver) **Liquidität** und **Gewinn** skizziert. Um das finanzielle Risiko zu vermindern, kann man die Liquiditätsreserve erhöhen, z. B. durch Aufnahme von zusätzlichem Fremdkapital, das die Zahlungsmittelbestände erhöht. Wohl wird dadurch die Liquidität erhöht, jedoch wird auf der anderen Seite der Gewinn durch die zusätzlichen Zinszahlungen vermindert. Der **Zielkonflikt zwischen Gewinn und Liquidität** wird deutlich[11]. Weiterhin ist zu berücksichtigen, daß jeder als Liquiditätsreserve gehaltene Kassenbestand nicht im Unternehmungsprozeß eingesetzt wird, also keine Ergebnisse erwirtschaftet. Diese Opportunitätskosten können mit dem internen Zinsfuß kalkuliert werden. Sie sind ebenfalls als gewinnmindernd anzusehen.

Zusammenfassend läßt sich für die zielorientierte **Planungs- und Kontrollrechnung** feststellen:

Die eine **Zielformulierung** muß sich vom **Gewinnstreben** ableiten und die andere von der Forderung nach **Liquiditätssicherung,** wobei das Gewinnziel – abgesehen von Krisenzeiten – das Hauptziel bildet.

---

10 Vgl. Gutenberg, E., Zum Problem des optimalen Verschuldungsgrades, ZfB 1966, S. 681 ff.; ders., Grundlagen der Betriebswirtschaftslehre, 3. Bd., Die Finanzen, a.a.O., S. 184 f. und S. 362 f.; Schneider, D., Investition, Finanzierung und Besteuerung, a.a.O., S. 546 ff.; Süchting, J., Finanzmanagement, 6. Aufl., Wiesbaden 1995, S. 466 ff.; Swoboda, P., Investition und Finanzierung, a.a.O., S. 153 ff.; Vormbaum, H., Finanzierung der Betriebe, a.a.O., S. 94 ff. Für die Veränderung des Gewinns bei Veränderung des Eigenkapitals bzw. bei Veränderung des Fremdkapitals kann kein gesicherter funktionaler Zusammenhang aufgezeigt werden. Spezielle Annahmen über die Veränderung der kurzfristigen Verbindlichkeiten bzw. Veränderung des Zahlungsmittelbestandes bei Veränderung der Kapitalstruktur zeigen lediglich definitorische Zusammenhänge; vgl. Dornieden, U., Die betriebswirtschaftliche Problematik der Interdependenz von Liquidität und Rentabilität, Diss. Münster 1968, S. 30–40.

11 Vgl. zu den voranstehenden Ausführungen Heinen, E., Einführung in die Betriebswirtschaftslehre, a.a.O., S. 209; vgl. ferner Witte, E., Die Liquiditätspolitik der Unternehmung, a.a.O., S. 99 ff. und Fettel, J., Liquidität, in: HWB, 3. Bd., Hrsg. H. Seischab, K. Schwantag, 3. Aufl., Stuttgart 1960, Sp. 3806 ff.; vgl. ferner zur Diskussion des Liquiditätsziels Wurl, H.-J., Betriebliche Liquiditätskontrolle als Informationssystem, Göttingen 1990, S. 33 ff.

4. Ableitung des Zahlenwerks der integrierten ergebnis- und liquiditätsorientierten Planungs- und Kontrollrechnung (PuK) aus den oberen monetären Zielen der Unternehmung

Ausgehend von den oberen Zielen der Unternehmung wird im folgenden ein Zahlenwerk abgeleitet, das eine ergebnis- und liquiditätsorientierte Planung, Steuerung und Kontrolle der Unternehmung ermöglicht. Hierin werden **Ergebnis** und **Ergebniskomponenten** sowie **Liquidität** und **Liquiditätskomponenten** als monetäre Zielgrößen für organisatorische Einheiten und für einzelne Entscheidungsprobleme periodisch und zeitpunktbezogen ermittelt, vorgegeben und kontrolliert. Soweit sich die Wirkungen von Veränderungen an Produktprogrammen, Potentialen und Aktionen an Objekten in Wertkomponenten der Ziele Ergebnis und Liquidität ausdrücken lassen, wird somit ein ergebnis- und liquiditätsorientiertes Entscheiden im Hinblick auf künftiges Geschehen in der Unternehmung möglich und als notwendige Ergänzung eine ergebnis- und liquiditätsorientierte Kontrolle durchführbar. Das **tragende Entscheidungs- bzw. Planungsprinzip** ist das **Grenzprinzip.** Es interessieren mögliche und tatsächliche unterschiedliche Strukturierungen (Änderungen) von Programmen, Potentialen und Aktionen/Aktionsobjekten in ihrer Wirkung auf die oberen Ziele oder deren Zielkomponenten im Hinblick auf Projekte, Subsysteme und das System Unternehmung.

Die im folgenden anhand ihrer wichtigsten Kennzahlen skizzierte ergebnis- und liquiditätsorientierte Planungs- und Kontrollrechnung ist als Teil eines integrierten Gesamtunternehmungsplanungssystems zu verstehen.

4.1 Grundschema der PuK mit PuK-Kennzahlensystem

Ausgehend von den wesentlichen monetären Zielgrößen der Unternehmung, die selbst Gegenstand und Ergebnis von Entscheidungs- bzw. Planungsprozessen sind, läßt sich ein geschlossenes Zielsystem – das **Ergebnis- und Liquiditätszielsystem** – für unterschiedliche, die Unternehmungsführung interessierende Planungsobjekte ableiten. Ermittelt man in diesem Soll-Zahlensystem auch auf der Basis entsprechender Ist-Zahlen Kontrollzahlen (Abweichungen), erhält man das Zahlenwerk der ergebnis- und liquiditätsorientierten Planungs- und Kontrollrechnung. **Die ergebnis- und liquiditätsorientierte Planungs- und Kontrollrechnung beinhaltet die Erstellung von Plan- und Kontrollinformationen auf der Basis der Wertkategorien und der Verfahren des Rechnungs- und Finanzwesens sowie der Verfahren des Operations Research.** Sie ist dabei im Idealfall verzahnt mit allen relevanten qualitativen und quantitativen nichtmonetären Planungs- und Kontrollgrößen. Beschränkt man sich bei den Plan- und Kontrollinformationen auf die Kennzahlen, d.h. jene absoluten und relativen Zahlen, die betriebswirtschaftlich relevante Informationen in konzentrierter Aussageform beinhalten, erhält man das **PuK-Kennzahlensystem.** Schlagwortartig läßt es sich auch nach zwei Komponenten des Systems als **erweitertes RoI-/Cash-flow-Kennzahlensystem** bezeichnen [1].

1 Vgl. hierzu auch Hahn, D., Return on Investment-/Cash-flow-Führungskonzeption, in: Management aktuell, Hrsg. G. Ebert, Landsberg/Lech 1992, Bereich Q-R, S. 1ff.

Primäre Zielgrößen dieses Systems sind:

a) **Ergebnisorientierte Zielgrößen**

Kalkulatorisches Ergebnis/Betriebsergebnis

Kapitalgewinn (kalkulatorischer Gewinn + kalkulatorische Zinsen)

$$\textbf{RoI (Return on Investment)} = \frac{\text{Kapitalgewinn}}{\text{Erlös}} \cdot \frac{\text{Erlös}}{\text{inv. Kap. (Vermögen)}}$$

Komponenten dieser Zielgrößen sind **Erlöse, Kosten und investiertes Kapital/Vermögen** in unterschiedlichster Zusammensetzung, Deckungsbeiträge und aus diesen Größen abgeleitete relative Kennzahlen, auch in Verbindung mit Qualitäts-, Mengen- und Zeitangaben.
Dieses Zahlenwerk dient primär internen Informationszwecken.

Bilanzielles Bruttoergebnis/Unternehmungsergebnis (Jahresüberschuß/-fehlbetrag)

$$\textbf{Eigenkapitalrentabilität} = \frac{\text{Jahresüberschuß}}{\text{EK}}$$

Bilanzielles Nettoergebnis/Bilanzgewinn (ausschüttungsbestimmter)/Dividende oder Bilanzverlust

Komponenten dieser Zielgrößen sind **Positionen der GuV und der Bilanz** und hieraus abgeleitete relative Kennzahlen.
Dieses Zahlenwerk dient internen und externen Informationszwecken.

Kapitalwerte, d. h.

- Gesamtkapitalwert
  (diskontierte Zahlungsüberschüsse vor kapitalgeberbezogenen Zahlungen)
- Eigenkapitalwert/Shareholder Value
  (diskontierte Zahlungsüberschüsse nach fremdkapitalgeberbezogenen Zahlungen)
- residualer Unternehmungskapitalwert
  (diskontierte Zahlungsüberschüsse nach fremd- und eigenkapitalgeberbezogenen Zahlungen)

Komponenten dieser Zielgrößen sind mit einem gewählten Zinssatz **diskontierte Auszahlungen und Einzahlungen** (hilfsweise Aufwendungen und Erträge). Die Kapitalwerte dienen grundsätzlich internen, zunehmend auch externen Informationszwecken.

Es wird deutlich, daß sich vom gedanklichen Ansatz her die Zielgrößen
- Unternehmungsergebnis/Jahresüberschuß und Eigenkapitalwert/Shareholder Value
  sowie
- kalkulatorisches Ergebnis und residualer Unternehmungskapitalwert

entsprechen.

b) **Ergebnis- und liquiditätsorientierte Zielgrößen**

Cash-flow

Komponenten dieser Zielgröße sind **Auszahlungen und Einzahlungen** oder hilfsweise Aufwendungen und Erträge (bzw. Kosten und Erlöse).
Dieses Zahlenwerk dient internen und externen Informationszwecken.

CFRoI (Cash-flow Return on Investment)
Interner Zinsfuß einer inflationsbereinigten Zahlungsreihe.

c) **Liquiditätsorientierte Zielgrößen**

Liquiditätsreserve

(Außen-) Finanzierungsbedarf

Komponenten dieser Zielgrößen sind **Auszahlungen, Einzahlungen und Zahlungsmittelbestände.**
Es ist ein Zahlenwerk primär für interne Informationszwecke.

Die integrierte ergebnis- und liquiditätsorientierte Planungs- und Kontrollrechnung kann einperiodig oder mehrperiodig erstellt werden – mit Differenzierungsmöglichkeiten ihrer Resultate in Hinblick auf die verschiedensten Bezugsfelder (System Unternehmung, Subsysteme der Unternehmung, Programme/Produkte, Märkte, Kunden, Aktionen – Maßnahmen, Prozesse, Projekte –, Verbrauchsfaktoren, Potentiale und sonstige Bestandsgrößen). Sie bildet das ergebnis- und liquiditätsorientierte Zahlenwerk im Zusammenhang mit spezifischen Verfahren zur Vorbereitung strategischer und operativer Entscheidungen.

Abbildung 50 (als Ausschlagtafel für den folgenden Text zu benutzen) zeigt das von den oberen monetären Zielen ausgehende bzw. das in diese Ziele einmündende **PuK-Kennzahlensystem** mit den (wichtigsten) **hierzu gehörenden Teilplanungen und Teilplänen im Grundschema.** Das Zahlenwerk zeigt für eine Planungsperiode (hier: Jahr) den Grundzusammenhang zwischen

- kalkulatorischer Ergebnisplanung (Resultat: Erlös-, Kosten-, Deckungsbeitrags-, Ergebnis-, Vermögenspläne),
- bilanzieller Ergebnisplanung (Resultat: GuV-Plan, Bilanzplan) und
- Finanzplanung mit Liquiditätsplanung (Resultat: Finanzplan)

im Hinblick auf die unterschiedlichsten Bezugseinheiten (Bezugsfelder) eines aus aperiodisch und periodisch erstellten Teilplanungen und Teilplänen bestehenden Gesamtunternehmungsplan(ungs)systems.

Bei einer mehrperiodigen Planung lassen sich zudem je Periode und fallweise

- Kapitalwertplanungen (Resultat: Kapitalwert-Planzahlen)

für das System Unternehmung, Subsysteme sowie Programm- und Potentialänderungen durchführen. Dies gilt auch für sonstige strategische und damit mehrperiodig wirksame Entscheidungsobjekte.

Arten, Mengen und Zeiten von Input, Prozessen und Output werden bewertet ergebnis- und liquiditätsorientiert plan-, steuer- und kontrollierbar.

Das **Grundschema der PuK** zeigt, daß es sich um eine **integrierte Planungs- und Kontrollrechnung** handelt, die eine ergebnis- und liquiditätszielorientierte Koordinierung aller Teilplanungen gestattet. Die Teilplanungskomplexe des gesamten Planungssystems werden durch das Zahlenwerk der kalkulatorischen und bilanziellen Ergebnisrechnung sowie der Finanzrechnung und einer hierauf aufbauenden Kapitalwertrechnung zielorientiert in Beziehung gesetzt bzw. zielorientiert verknüpft, wobei auch innerhalb der Teilkomplexe der Ergebnis- und Finanzrechnung spezifische Beziehungen bzw. Verknüpfungen bestehen [2].

Durch das Zahlenwerk der PuK lassen sich zeitpunktbezogen und zeitraumbezogen

- die Wirkungen von strategischen und operativen Planungen auf die generellen monetären Ziele ableiten und auch
- im Hinblick auf gewünschte monetäre Zielausprägungen erforderliche strategische und operative Planungen initiieren.

Hierbei zählen wir zu den operativen Planungen auch Maßnahmen der Bilanz- und Finanzpolitik.

Die einzelnen Planungen bzw. Planungskomplexe in einer Unternehmung sind mit anderen Planungen bzw. Planungskomplexen sachlich und damit informationell einseitig und viel-

2 Vgl. Hahn, D., Integrierte Finanz- und Erfolgsplanung, in: HWR, Hrsg. K. Chmielewicz, M. Schweitzer, 3. Aufl., Stuttgart 1993, Sp. 927ff.; ders. Integrierte Planung, a.a.O., Sp. 770ff.

fach auch wechselseitig verknüpft. Die sachliche und zeitliche Integration der Planungen bzw. Planungskomplexe kann dabei sukzessiv oder simultan erfolgen.

Das **Grundschema des absoluten und relativen Soll-/Ist-Zahlenwerks der PuK** wird im folgenden stichwortartig für den **Fall der sukzessiven, periodischen Planung** erläutert. Es zeigt die Ableitung von kalkulatorischen und bilanziellen Periodenergebnissen jeweils einer Planperiode, von diskontierten Periodenüberschüssen (hilfsweise bilanziellen Ergebnissen) künftiger Perioden, d.h. den Kapitalwert, und von Liquiditätsgrößen an Periodenenden für die Unternehmung. Die Ableitung und Gestaltung dieser generellen monetären Zielgrößen der Unternehmung erfolgt in Verzahnung mit der operativen und strategischen Planung und dabei durch spezifische Planungsrechnungen und die gesamtunternehmungsbezogene Ergebnis- und Finanzplanung. Hierbei lassen sich zwei Wege beschreiben:

(1) Bei dem ersten Weg sind Ausgangspunkte der periodischen Planung Umsatz- und Kostenpläne und damit auch Deckungsbeitragspläne für bestimmte Produkte/Produktprogramme. Sie entstehen auf der Basis wechselseitig abhängiger Absatz-, Produktions- und Beschaffungspläne sowie gegebenenfalls gesonderter Pläne von Querschnittsfunktionen. Auf der Basis der geplanten Deckungsbeiträge der Produkte/Produktprogramme und der geplanten Gemeinkosten (ggf. nur Fixkosten) der Subsysteme führen sie zum geplanten **kalkulatorischen Ergebnis** für Subsysteme und für das System Unternehmung, dem **Betriebsergebnis** (bei Anwendung des Gesamtkostenverfahrens sind hier Bestandsveränderungen von 0 unterstellt). Kosten sowie gegebenenfalls Erlöse und Deckungsbeiträge lassen sich ferner für Projekte und einzelne Potentiale, Aktionen und Aktionsobjekte ermitteln.

Interessiert die Rendite des eingesetzten Kapitals, erhält man die Vermögensrentabilität – den **Return on Investment (RoI)** – als Quotienten aus Kapitalgewinn (kalkulatorischem Ergebnis + kalkulatorischen Zinsen) und eingesetztem Vermögen bzw. investiertem Kapital (zum Tages- oder Wiederbeschaffungswert). Abbildung 50 verdeutlicht die Komponenten des RoI-Systems, bezogen auf das System Unternehmung und Subsysteme (Ergebniseinheiten und Kosteneinheiten), auf der Basis des Zahlenwerks der Kosten- und Erlösrechnung und der sogenannten internen Bilanzen. Das RoI-Zahlenwerk läßt sich bei bestimmten Prämissen analog auch für Produkte und Produktgruppen sowie für Betriebsmittel (Investitionen) ermitteln.

Ausgehend vom geplanten kalkulatorischen Ergebnis läßt sich über die Planung der Gewinn- und Verlustrechnung – insbesondere die Planung des neutralen Ergebnisses (bewertungsbedingtes Ergebnis vor Zinsen, betriebsfremdes bzw. Finanzergebnis sowie außerordentliches Ergebnis) – und über die Planung der Bilanz die bilanzielle Ergebnisplanung für das System Unternehmung und für Subsysteme durchführen. Die geplante Gewinnausschüttung (Bilanzgewinn/Dividende) und damit die Abschreibungs- und Rücklagenpolitik sowie die hiervon abhängige Steuerbelastung sind die wichtigsten Bestimmungsfaktoren, um, ausgehend vom Betriebsergebnis, über Bewertungsabgrenzungen, betriebsfremde Ergebnisse (Zinsergebnisse, Beteiligungsergebnisse) sowie gegebenenfalls außerordentliche Erträge und Aufwendungen zum **bilanziellen Bruttoergebnis bzw. Unternehmungsergebnis (Jahresüberschuß/-fehlbetrag)** zu gelangen. Hiernach ist die Planung der **Eigenkapitalrentabilität** als Verhältnis von Jahresüberschuß zu Eigenkapital für das System Unternehmung möglich. Ausgehend vom Jahresüberschuß – korrigiert um einen Gewinn- oder Verlustvortrag des Vorjahres – sind Rücklagenveränderungen und bilanzielles Nettoergebnis/Bilanzgewinn oder -verlust festzulegen bzw. zu ermitteln.

Aus dem Zahlenwerk der Erträge und Aufwendungen läßt sich die **Wertschöpfung** bzw. Wertschöpfungsentstehung berechnen (Erträge minus Aufwendungen für Vorleistungen, insbesondere Materialaufwendungen und Abschreibungen) und zeigen, in welchem Umfang hieraus Löhne/Gehälter und Sozialaufwendungen für Mitarbeiter, Zinsen und Dividenden für Fremd- und Eigenkapitalgeber, Steuern und Abgaben für den Staat und nicht ausgeschüttete Gewinne (Rücklagenzuführungen) und sonstige Aufwendungen für die Erhaltung und Weiterentwicklung der Unternehmung angesetzt werden können. Eine solche Wertschöpfungsverwendungsrechnung, ggf. nach weiteren Bezugsgruppen bzw. -feldern gegliedert oder erweitert (z. B. Aufwendungen für Umwelterhaltung), bildet einen wesentlichen Teil der sog. **Sozialbilanzen** (gesellschaftsbezogenen Berichterstattung).

Eine aussagekräftige Kennzahl für die Beurteilung der Unternehmungsentwicklung ist in diesem Zusammenhang das Verhältnis von Wertschöpfung zu Personal- und Sozialaufwendungen (Personalwertschöpfungszahl).

Erweitert man das bilanzielle Bruttoergebnis bzw. Unternehmungsergebnis um die Abschreibungen und führt man sonstige Korrekturen durch, so erhält man für das System Unternehmung und gegebenenfalls für Subsysteme den **Cash-flow** als Ausdruck der Innenfinanzierungskraft und der Ertragskraft (Überschußerzielung) aus dem Umsatz. Der so aus Positionen der Gewinn- und Verlustrechnung und Bilanz indirekt abgeleitete Cash-flow läßt sich direkt auch durch Abzug der auszahlungsgleichen Aufwendungen von den einzahlungswirksamen Erträgen sowie – und zwar genauer – direkt aus den operativen Teilplanungen und Angaben des Ergebnis-, Investitions- und Finanzierungsplans ermitteln. Auf der Basis des direkt oder indirekt abgeleiteten Cash-flow für das System Unternehmung läßt sich sodann der **Finanzplan** entwickeln – als Gegenüberstellung der Auszahlungen und Einzahlungen der jeweiligen Periode – unter Berücksichtigung des jeweils vorhandenen Zahlungsmittelbestandes am Periodenanfang und des angestrebten Zahlungsmittelbestandes am Periodenende. Neben dem Cash-flow sind dazu Einzahlungen aus Desinvestitionen (z. B. Anlagenverkäufen) sowie Auszahlungen auf Grund von Investitionen und Definanzierungen (Kreditrückzahlungen) zu erfassen. Unter Berücksichtigung der vorhandenen und angestrebten Geldmittelbestände – der jeweiligen **Liquiditätsgrößen bzw. Liquiditätsreserven** – ergibt sich danach der gegebenenfalls zu deckende oder zu disponierende Außenfinanzierungsbedarf oder -überschuß. Grenzen der Außenfinanzierungsmöglichkeit setzt letztlich der für vertretbar gehaltene Verschuldungsgrad, das Verhältnis von Eigen- zu Fremdkapital. Desinvestitionen und Investitionen bilden die Komponenten des periodischen **Investitionsplanes,** Definanzierung und Finanzierung die Komponenten des periodischen **Außenfinanzierungsplans** – des Beteiligungskapitalplans und Kreditplans. Außenfinanzierungsplan und Cash-flow-Plan können zusammen als **Finanzierungsplan** bezeichnet werden.

Kapitalwerte für die Unternehmung als Ganzes sind grundsätzlich auf der Basis des Zahlenwerkes mehrperiodiger Finanzpläne, hilfsweise auf der Basis mehrperiodiger bilanzieller Ergebnispläne, zu berechnen. Als oberstes monetäres Ergebnisziel ist ein möglichst hoher residualer Unternehmungskapitalwert oder Eigenkapitalwert/Shareholder Value anzustreben. Seine Höhe richtet sich nach den Einzahlungen und Auszahlungen in künftigen Perioden auf Grund strategischer und operativer güterwirtschaftlicher sowie auch finanzwirtschaftlicher Planungen und dem auch gerade unter Risikoaspekten angestrebten Zinsniveau. Vor allem sind für periodische Investitionsprogramme und für einzelne (Groß-)Investitionen die hieraus resultierenden Wirkungen auf die Positionen der mehrperiodigen Ergebnis- und Finanzplanung darzustellen, deren Gesamtkapitalwerte sowie die durch sie verursachten Änderungen des Unternehmungskapitalwertes zu berechnen.

Werden angestrebte Kapitalwerte bzw. Verzinsungen und/oder angestrebte Periodenergebnisse und Liquiditätsgrößen nicht erreicht, sind neue strategische und operative Planungen einzuleiten.

Abbildung 51 a zeigt in einer Übersicht die aus dem **PuK-Grundschema** abgeleiteten **monetären kardinalen Kennzahlen** einer Unternehmung (vgl. auch Teil III, Abschnitt 1.2). **Abbildung 51 b** zeigt die Brückenrechnung vom kalkulatorischen Ergebnis zum bilanziellen Ergebnis/

Unternehmungsergebnis. **Abbildung 51c** zeigt einen auf der Basis des Zahlenwerkes des Rechnungs- und Finanzwesens **indirekt abgeleiteten** langfristigen **Finanzplan** im Rahmen des PuK-Grundschemas. Zum Einsatz eines Kennzahlensystems in der Unternehmungspraxis vgl. auch die Ausführungen zur Planungs- und Kontrollrechnung im Preussag-Konzern in Teil IX, Abschnitt 6.2 sowie auch die Ausführungen des Hauses Henkel in Teil VI, Abschnitt 2.3.2.

(2) Während dieser erste Weg der sukzessiven Planerstellung in der Praxis bisher überwiegend beschritten wird, geht man nunmehr vereinzelt dazu über, das gesamte monetäre Zahlenwerk der rollenden kurz-, mittel- und langfristigen Planung – zumindest der mittel- und langfristigen Planung – zunächst auf der Basis von Auszahlungen und Einzahlungen zu erstellen. Bei diesem anderen Weg der sukzessiven Planung werden für die **Finanzplanung** die periodischen Cash-flow-Beträge in jedem Fall durch direkte Ableitung der laufenden erfolgswirksamen Aus- und Einzahlungen aus den Teilplanungen gewonnen, und zwar einerseits auf der Basis von Mengen-/Zeitengerüsten und prognostizierten Preisen der operativen Teilplanungen und andererseits auf der Basis der Ausschüttungs-, Steuer- und Zinszahlungsangaben der gesamtunternehmungsbezogenen Teilplanungen. Die schubartigen Aus- und Einzahlungen für Betriebsmitteländerungen, für Investitionen und Desinvestitionen, werden direkt der strategischen Planung entnommen; die Finanzierungs- und Definanzierungsplanung umfaßt ohnehin nur Zahlungen, nämlich die erfolgsunwirksamen Zahlungsbewegungen durch Aufnahme und Rückzahlung von Beteiligungs- und Fremdkapital. Auf der Basis dieser **Zahlungsplanungen** erfolgt – nunmehr im Schaubild von rechts nach links gehend – nach Periodisierung die **bilanzielle Ergebnisplanung,** aus der – nach Abspaltung des neutralen Ergebnisses – **über Primärkosten die kalkulatorischen Planergebnisse** abgeleitet werden. Im Rahmen der kurzfristigen Planung werden diese mit dem Budget abgestimmt, das nach herkömmlicher Methode detailliert aufgestellt wird.

Kapitalwertberechnungen erfolgen bei diesem Vorgehen der rollenden Planung für einzelne Investitionen, für Investitionsprogramme und die Unternehmung als Ganzes in jedem Fall auf der Basis von Zahlungsgrößen.

Die **zeitliche zielorientierte Verknüpfung des PuK-Zahlenwerkes** zu einem mehrperiodigen Planzahlenwerk sei am Beispiel der direkt aus den übrigen Teilplanungen abgeleiteten mehrperiodigen Finanzplanung (Zahlungs- und Zahlungsmittelbestandsplanung) verdeutlicht (vgl. Abbildung 51d). Es handelt sich um das Zahlenwerk eines direkt abgeleiteten mehrperiodigen Finanzplanes.

Auf der Basis des im **Grundschema** skizzierten – wie auch immer aufgestellten – Zahlenzusammenhanges lassen sich im Hinblick auf die verschiedensten Bezugseinheiten **weitere absolute und relative Kennzahlen** als Soll-/Ist-Größen für Zwecke der Planung und Kontrolle periodisch und aperiodisch aufstellen. Letztlich kann dies auf der Basis aller Zahlen des Rechnungs- und Finanzwesens erfolgen. Hierbei werden auch Werte der PuK in Beziehung zu Qualitäts-, Mengen- und Zeitgrößen der strategischen und operativen Teilplanungen gesetzt, um so einen noch verstärkten Bezug zu den Leistungsprozessen herzustellen.

Die Aussagefähigkeit der PuK wird hierbei noch erhöht, sofern es gelingt, in einem **Katalog** die **wichtigsten internen und externen Ergebnis- und Liquiditätseinflußfaktoren** darzustellen (vgl. Abbildung 52). Es handelt sich um qualitative und quantitative Einflußgrößen, von denen grundsätzlich nur die internen Einflußgrößen durch die Führung total oder partiell gestaltet werden können. Die externen Einflußgrößen kennzeichnen den möglichen Entwicklungsrahmen der Unternehmung.

Kardinale Kennzahlen der Unternehmung								PuK				Berichtszeitraum Jan. – Juli 1995			
1993 Ist	1994 Ist	Kennzahl	1995 Juli Soll	1995 Juli Ist	1995 Juli Abw.	Vorj. Ist	1995 Jan. – Juli Soll	1995 Jan. – Juli Ist	1995 Jan. – Juli Abw.	1995 Hoch-rechn.	1995 Soll	1996 Soll	1997 Soll	1998 Soll	1999 Soll
		Auftragsbestand													
		Auftragseingang													
		Umsatz													
		Kosten, davon: Materialkosten Personalkosten													
		Betriebsergebnis													
		Kapitalgewinn													
		inv. Kapital, davon: Anlagevermögen Vorräte Forderungen													
		Umsatzgewinnrate													
		Kapitalumschlag													
		Kapitalrendite/RoI													
		Neutrales Ergebnis													
		Unternehmungsergebnis vor Steuern													
		Unternehmungsergebnis nach Steuern = JÜ/JF													
		Eigenkapitalrentabilität													
		Abschreibungen													
		Cash-flow													
		Investitionen													
		Außenfinanzierungsbedarf													
		Kapitalwerte													
		Belegschaftszahl													
		Wertschöpfung:Personalaufwand													
		Nicht ausgenutzte Kreditlinie													
		Nachrichtlich: Absatz (siehe Absatzbericht) Produktion (siehe Produktionsbericht) Belegschaft (siehe Belegschaftsbericht)													

Abb. 51 a: Kardinale monetäre Kennzahlen der Unternehmung

1	Umsatz (aufgeteilt nach Hauptproduktgruppen)
2	Bestandsänderungen — darin:
3	Herstellkosten
4	Verwaltungskosten
5	Vertriebskosten
6	Forschungs- und Entwicklungskosten
	(3–6 darin: variable Kosten / fixe Kosten)
7	**Kalkulatorisches Ergebnis/Betriebsergebnis**
8	Bewertungsbedingtes neutrales Ergebnis (vor Zinsen) davon:
8a	+/– Unterschiedsbetrag zwischen kalkulatorischen und bilanziellen Abschreibungen
8b	+ kalkulatorische Zinsen
8c	+ kalkulatorische Wagnisse
9	Betriebsergebnis nach handelsrechtlichen Wertansätzen vor Zinsen und vor Gewinnsteuern
10	Betriebsfremdes Ergebnis/Finanzergebnis davon:
10a	+/– Beteiligungsergebnis
10b	+/– Zinsergebnis
11	Ergebnis der gewöhnlichen Geschäftstätigkeit
12	Außerordentliches Ergebnis
13	**Unternehmungsergebnis vor Steuern**
14	Steuern vom Einkommen und vom Ertrag
15	**Unternehmungsergebnis nach Steuern (Jahresüberschuß/Jahresfehlbetrag)**

Abb. 51b: Brückenrechnung vom kalkulatorischen Ergebnis/Betriebsergebnis zum bilanziellen Ergebnis/Unternehmungsergebnis

Finanzplan (langfristig) – indirekte Ermittlung –			PuK			Berichtszeitraum Januar–Juli 1995			
1993	1994		Soll (Jahr)	1995 Ist (Berichtszeitraum)	Ist (in % von Plan)	1996 Soll	1997 Soll	1998 Soll	1999 Soll
		flüssige Mittel Jahresanfang							
		Bilanzgewinn/-verlust (ausschüttungsbestimmter) ± Rücklagenänderungen ± Gewinn-/Verlustvortrag des Jahres } Jahresüberschuß/-fehlbetrag ± Abschreibungen/Zuschreibungen ± Rückstellungsänderungen							
		Brutto-Cash-flow*							
		– Gewinnausschüttung							
		+ **Netto-Cash-flow**							
		+ **Desinvestitionen** Anlagen Umlaufvermögen (Vorräte, Forderungen)							
		= **Innenfinanzierung (= Cash-flow + Desinvestitionen) + fl. Mittel**							
		– **Investitionen** Anlagen Umlaufvermögen							
		– **Definanzierung** (Rückzahlungen) Fremdkapital – kurzfristig – langfristig Eigenkapital							
		= **Überschuß/Fehlbetrag**							
		+ **Außenfinanzierung** Fremdkapital – kurzfristig – langfristig Eigenkapital							
		= **flüssige Mittel Jahresende/Planliquiditätsreserve**							

* Vgl. zum Cash-flow-Begriff, auch unter Berücksichtigung von Korrekturposten, Teil III, Abschnitt 5.3.2.1.1.

Abb. 51 c: Grundschema eines indirekten, mehrperiodigen Finanzplans

Einzahlungen	Finanzrechnung (t = 1) Auszahlungen
1. **Anfangsbestand** Zahlungsmittel	1. Auszahlungen zur Beschaffung von Einsatzgütern/Entlohnung von Arbeitskräften und Inanspruchnahme von Dienstleistungen
2. Einzahlungen aus Absatz	
3. Einzahlungen aus Finanzanlagen (Zinsen, Dividenden u. ä.)	2. Auszahlungen für Finanzierungen (Zinsen u. ä.)
4. Einzahlungen aus Subventionen und Steuerrückzahlungen	3. Auszahlungen für Steuern
5. Einzahlungen aus Desinvestitionen	4. Auszahlungen für Investitionen
6. Einzahlungen aus Kreditaufnahme	5. Auszahlungen für Kredittilgung
7. Einzahlungen aus Kapitalerhöhungen/ Aufnahme von Gesellschaftern	6. Auszahlungen für Kapitalherabsetzung/ Ausscheiden von Gesellschaftern
	7. **Endbestand** Zahlungsmittel (Liquiditätssaldo bzw. -reserve)

Einzahlungen	Finanzrechnung (t = 2) Auszahlungen
1. **Anfangsbestand** Zahlungsmittel	1. Auszahlungen zur Beschaffung von Einsatzgütern/Entlohnung von Arbeitskräften und Inanspruchnahme von Dienstleistungen
2. Einzahlungen aus Absatz	
3. Einzahlungen aus Finanzanlagen (Zinsen, Dividenden u. ä.)	2. Auszahlungen für Finanzierungen (Zinsen u. ä.)
4. Einzahlungen aus Subventionen und Steuerrückzahlungen	3. Auszahlungen für Steuern
5. Einzahlungen aus Desinvestitionen	4. Auszahlungen für Investitionen
6. Einzahlungen aus Kreditaufnahme	5. Auszahlungen für Kredittilgung
7. Einzahlungen aus Kapitalerhöhungen/ Aufnahme von Gesellschaftern	6. Auszahlungen für Kapitalherabsetzung/ Ausscheiden von Gesellschaftern
	7. **Endbestand** Zahlungsmittel (Liquiditätssaldo bzw. -reserve)

[gestrichelter Rahmen] = Cash-flow

Abb. 51 d: Grundschema eines direkten, mehrperiodigen Finanzplans

Funktionsbereich	PuK-Kennzahlen bezogen auf: Gesamtunternehmung, organisatorische Einheiten, Projekte Aus den absoluten Zahlen können Beziehungszahlen gebildet werden	Einflußgrößen			
		unternehmungsintern		unternehmungsextern	
		quantitativ	nicht quantitativ	quantitativ	nicht quantitativ
Absatz	Auftragsbestand Absatz Umsatz	Absatz-Mengen und -preise	Qualitäten Produktionsgestaltung Absatzorganisation Werbung Service	Kaufkraft/Bedarf Konjunkturentwicklung Saisonentwickl. Mengen und Preise der Absatzgüter und -dienstleistungen Entwicklung des Rechts und der Gesellschaftspolitik	Bedürfnisse/Geschmack Konkurrenzverhalten
	Kosten	Art und Menge der absatzpolitischen Instrumente und der Absatzpotentiale und -aktionen		Preise für Potentiale und Dienstleistungen Marktwiderstand	
	Vermögen	Art, Anzahl und Strukturierung der Absatzpotentiale		Preise für Potentiale (Sachgüter)	
	Beschäftigte	Art der Absatzorganisation	Art und Erklärungsbedürftigkeit der Produkte	Bevölkerungsentwicklung Verhältnisse der Konkurrenz	
Forschung und Entwicklung	Kosten Vermögen Beschäftigte	Art, Anzahl und Strukturierung der Forschungs- und Entwicklungspotentiale und -aktionen, Entwicklungszeiten	Innovationsneigung der Unternehmung; Erfolgsquoten; Art der Problemstellungen (Projekte)	Preise für Potentiale und Informationsbeschaffung Allgemeine technologische Entwicklung	Gestaltung von Produkten und Verfahren, Innovationsgrad und -erfolge der Konkurrenz; Bedürfnisverschiebungen
Produktion	Kosten Vermögen Beschäftigte	Art, Anzahl und Strukturierung der Produktionspotentiale, -aktionen und Stoffe, Produktionszeiten		Preise für Potentiale und Stoffe Technisierungsgrad	Produktionstechnologien
Beschaffung	Kosten Vermögen Beschäftigte	Art, Anzahl und Strukturierung der Beschaffungspotentiale, -aktionen und Stoffe	Verhältnis Eigenfertigung/Fremdbezug bei Teilen	Qualitäten, Mengen und Preise der Beschaffungsgüter und -dienstleistungen Konjunkturentw., Saisonentwicklung	Qualitäten auf dem Beschaffungsmarkt
Anlagen	Kosten Vermögen Anlageneinheiten	Art, Anzahl, Strukturierung und zeitlicher Einsatz der Anlagen	Qualität und Wartung	Preise und Mengen	Mengen, Arten und Qualitäten auf dem Anlagenmarkt
Personal	Kosten Beschäftigte	Art, Anzahl, Strukturierung und zeitlicher Einsatz der Beschäftigten	Erfahrung und Können; Arbeits-„Moral"	Preise (Löhne und Gehälter) Anzahl	Sozial- und Mitbestimmungsrecht; Qualität Ansprüche und Bedürfnisse
Rechnungswesen	GuV-Kennzahlen nach Ertrags- und Aufwandsseite Bilanz-Kennzahlen nach Vermögens-, Vermögens-/Kapital-, Kapitalstruktur	Umfang des Informationssystems	Qualität	Technisierungsgrad	Handels-, Gesellschafts- und Steuerrecht; Vorstellungen der Eigen- und Fremdkapitalgeber und anderer externer Interessierter
Finanzen	Zahlungsmittelbestände Einzahlungen Auszahlungen	Liquiditätsreservehöhe Zahlungsgewohnheiten der Unternehmung	Sicherheitsbedürfnis	Preise (Zinsen) Länge der Fälligkeitszeiträume; Kreditlimits Mengen Währungsentwicklung Zahlungsgewohnheiten der Kunden	

Abb. 52: Ergebnis- und liquiditätsorientierte Kennzahlen bzw. Kennzahlenkomponenten und ihre Einflußgrößen (ähnlich Steiner, G. A., Top Management Planning, a.a.O., S. 253ff., dt. Ausgabe S. 340ff.)

Das **Grundschema des absoluten und relativen Soll-/Ist-Zahlenwerkes der PuK** kann für den **Fall komplexer sukzessiver mehrperiodiger Planung** und für den **Fall einfacher und komplexer simultaner mehrperiodiger Planung** durch entsprechende **mathematische Modelle,** die die Beziehungszusammenhänge zwischen den Teilplanungen abbilden, **computergestützt** durchgeführt werden. Es handelt sich um den Einsatz computergestützter **Gesamtunternehmungsmodelle** auf der Basis der Simulation oder analytischer Verfahren (vgl. ausführlich insbesondere Teil III, Abschnitt 5.4).

Nach Umfang und Inhalt lassen sich Gesamtunternehmungsmodelle charakterisieren [3] als

a) **ergebnisorientierte Produktprogrammplanungsmodelle** mit Verknüpfung zu Funktionsbereichen bzw. Funktionsbereichsmodellen;
b) **Kosten-, Erlös- und Ergebnisplanungsmodelle** (Budgetmodell, ggf. verknüpft mit a);
c) **Ergebnis- (Bilanz-, GuV-) und Finanzplanungsmodelle** (ggf. verknüpft mit b);
d) **Totalmodelle** (ggf. einschließlich Projektplanungen).

Durch Simulations-Gesamtunternehmungsmodelle (Simulationstechniken) lassen sich die Wirkungen betriebswirtschaftlich relevanter strategischer und operativer Alternativen – auch im Bereich der Bilanz- und Finanzpolitik – auf die Unternehmungsziele in kürzester Zeit errechnen. Hier liegt der hohe Anwendungsnutzen dieser „Wenn-Dann-Modelle“ als Entscheidungshilfe, als Planungsinstrument in ihrer Ausprägung als Erklärungsmodelle. Durch Einführung einer Zielfunktion läßt sich ein solches Erklärungsmodell in ein Entscheidungsmodell überführen und eine relativ optimale Lösung ermitteln. Durch analytische Verfahren kann man mit einem spezifischen Rechenalgorithmus in den Gesamtunternehmungsmodellen eine jeweils optimale Lösung erreichen. So lassen sich z. B. ein kapitalwertmaximales Absatz- und Produktionsprogramm sowie Investitionsprogramm ausgehend von bestimmten Prämissen und unter Beachtung bestimmter Restriktionen – wie Erhaltung bestimmter Liquidität und Mindestgewinne – für künftige Perioden errechnen (vgl. Teil III, Abschnitt 5.4).

Das **PuK-Kennzahlensystem** mit seinen absoluten und relativen monetären Größen verbindet alle Teile des Rechenwerkes und alle nichtmonetären Teilpläne einer Unternehmung und stellt sie auf eine Grundkonzeption, die sich aus den primären monetären Zielen der Unternehmung, insbesondere dem zentralen Ziel Ergebnisstreben und dem unabdingbaren Nebenziel Liquiditätssicherung, ableitet. Die **ergebnis- und liquiditätsorientierte Planungs- und Kontrollrechnung** mit dem PuK-Kennzahlensystem stellt damit **das Ergebnisziel und das Liquiditätsziel** einerseits und den **Planungs- und Kontrollgedanken** andererseits in den Mittelpunkt und verwendet zur Ermittlung der Plan- und Kontrollinformationen neben traditionellen Verfahren des Rechnungs- und Finanzwesens praktikable Methoden des Operations Research. Sie verbindet die in der Theorie und der Praxis bekannten Planungs- und Kontrollrechnungsverfahren und Kennzahlen zu einem zielorientierten, sachlich und zeitlich integrierten Führungsinstrument mit vielseitigen Ausgestaltungs- und Anwendungsmöglichkeiten [4].

---

3 Vgl. Hahn, D., Integrierte Planung, a.a.O., Sp. 781 ff.; ders., Bedeutung der Simulation mit EDV für die Unternehmungsplanung, in: Organisation, Hrsg. P. Lindemann, K. Nagel, Neuwied 1976, Kap. 6.1, S. 1 ff.

4 Vgl. zu Vorschlägen und Konzeptionen einer integrierten Planungs- und Kontrollrechnung unter Einschluß betriebswirtschaftlich relevanter Kennzahlen als Führungsinstrument auch Baetge, J., Erfolgskontrolle mit Kennzahlen (1), FB/IE 1979, S. 375 ff. und Erfolgskontrolle mit Kennzahlen (2), FB/IE 1980, S. 13 ff.; Berthel, J., Zielorientierte Unternehmungssteuerung, Stuttgart 1973; Chmielewicz, K., Integrierte Finanz- und Erfolgsplanung, a.a.O.; Hahn, D., Ergebnisorientierte Planungsrechnung mehrgliedriger Unternehmungen auf der Basis des „Return on Investment“ (ROI), a.a.O., S. 177 ff.; Hoffmann, F., Das Rechnungswesen als Subsystem der Unternehmung,

Die besondere **Bedeutung der integrierten PuK als Führungsinstrument** ergibt sich daraus, daß es der oberen Unternehmungsführung mit diesem Instrument möglich wird, ausgehend von bestimmten Prämissen (ökonomisch relevanten Variablen und Konstanten) die wichtigsten monetären Ziele (Wertziele) und die zu ihrer Erreichung notwendigen Produktziele (Sachziele) und Handlungsziele sowie den hierfür erforderlichen Mitteleinsatz erst nach Überprüfung einer Vielzahl von alternativen Entscheidungsmöglichkeiten in der strategischen und operativen Planung sowie der gesamtunternehmungsbezogenen Ergebnis- und Finanzplanung festzulegen. Dabei können auf der Basis des Zahlenwerks der integrierten PuK Alternativen auf Grund ihrer Wirkungen sowohl im Hinblick auf ihren **Kapitalwert** und somit eine **Kapitalwertänderung** der Unternehmung, also zeitraffend bzw. zeitpunktbezogen, als auch im Hinblick auf die **Periodenziele** der Unternehmung, also periodenbezogen, beurteilt werden. Zudem können die Ziele und Maßnahmen aller Führungsebenen auf die oberen Ziele der Unternehmung ausgerichtet und koordiniert werden.

Werden bezogen auf eine Periode oder mehrere Perioden gewünschte Umsatz-, Ergebnis- und/oder Liquiditätsziele auf Grund der Planungsrechnungen nicht erreicht, lassen sich auf der Basis des Grundschemas der PuK – als integrierender und koordinierender Unternehmungsplanungsrechnung – alle in Frage kommenden unternehmungspolitischen Alternativen für Zwecke der Zielerreichung erkennen bzw. ableiten. Hierzu gehören z. B. Programmänderungen, Potentialänderungen, Prozeß- und damit Faktoreinsatzänderungen in den Funktionsbereichen, Preisänderungen im Absatz- und Beschaffungsbereich – mit entsprechenden Umsatz-, Kosten- und Ergebnis- sowie Liquiditätswirkungen, ferner bilanzpolitische Maßnahmen einschließlich Ausschüttungspolitik sowie finanzpolitische Maßnahmen wie Kreditaufnahmen, -rückzahlungen und -prolongationen oder Leasinggeschäfte und Eigenkapitalaufnahmen und -rückzahlungen sowie auch Investitionen und/oder Desinvestitionen im finanzwirtschaftlichen Bereich. Werden zeitpunktbezogen angestrebte Kapitalwertziele nicht erreicht, lassen sich Ansatzpunkte für Alternativenänderungen ebenfalls aus dem Grundschema der PuK im Rahmen des Gesamtunternehmungsplanungssystems ablesen bzw. ableiten.

Die durch die integrierte Planungs- und Kontrollrechnung abgeleiteten und ableitbaren Plan- und Kontrollinformationen werden in der Praxis in Planungskonferenzen diskutiert und verabschiedet.

Die im Rahmen von Ziel- sowie Strategie- und Maßnahmenplanungen gewählten Alternativen finden ihren Niederschlag in pyramidenartig aufgebauten **Ziel-, Strategie- und Maßnahmenplänen.**

ZfB 1971, S. 363ff.; Huch, B., Zur Organisation eines operablen Rechnungswesens im betrieblichen Entscheidungsprozeß, ZfB 1972, S. 761ff.; Kern, W., Kennzahlensysteme als Niederschlag interdependenter Unternehmungsplanung, a.a.O., S. 701ff.; Lachnit, L., Zur Weiterentwicklung betriebswirtschaftlicher Kennzahlensysteme, ZfbF 1976, S. 216ff.; ders., Kostenorientierte Kennzahlen und Kennzahlensysteme, KRP 1980, S. 255ff.; ders., EDV-gestützte Unternehmensführung in mittelständischen Betrieben, München 1989; Lewis, R. B., Chef-Kontrolltechniken zur Gewinnverbesserung, bearb. v. H. Blohm, K. Lüder, München 1966; Reichmann, T., Controlling mit Kennzahlen, 2. Aufl., München 1990; Reichmann, T., Lachnit, L., Planung, Steuerung und Kontrolle mit Hilfe von Kennzahlen, ZfbF 1976, S. 705ff.; Schwantag, K., Planung und Kontrolle des Erfolges im System einer geschlossenen Planungsrechnung, in: Unternehmensplanung als Instrument der Unternehmensführung, Hrsg. Arbeitsgemeinschaft Planungsrechnung e.V. – AGPLAN, Wiesbaden 1965, S. 77ff.; Töpfer, A., Planungs- und Kontrollsysteme industrieller Unternehmungen, a.a.O.; Wissenbach, H., Betriebliche Kennzahlen und ihre Bedeutung im Rahmen der Unternehmerentscheidung, Berlin 1967; Wolf, J., Kennzahlensysteme als betriebliche Führungsinstrumente, München 1977 sowie (mit z. T. stark abweichender Terminologie) Zentralverband der Elektrotechnischen Industrie e.V., Betriebswirtschaftlicher Ausschuß (Hrsg.), ZVEI-Kennzahlensystem, 4. Aufl., Frankfurt 1989.

Die **Art der Durchführung** (d. h. der anzuwendenden Verfahren) **der ergebnis- und liquiditätsorientierten Planungs- und Kontrollrechnungen** und die Darstellung ihrer Resultate, die Darstellung der PuK-Kennzahlen, hängen primär ab

- in Unternehmungen aller Wirtschaftszweige von dem Aufbau des Gesamtplanungssystems und damit von der Aufbauorganisation der Unternehmung;
- in Unternehmungen der Industrie von den vorliegenden Produktprogramm- und Produktionsprozeßtypen, wobei hier insbesondere interessiert, ob Einprodukt- oder Mehrproduktproduktion von absatz- und/oder produktionswirtschaftlich verwandten Produkten vorliegt und ob mittelbar kundenorientierte Massen- und Großserienproduktion und/oder unmittelbar kundenorientierte Einzel- und Kleinserienproduktion gegeben sind;
- in Unternehmungen aus dem Dienstleistungsbereich von dem vorliegenden Leistungsprogramm und hierbei wiederum von der Art der Leistungen.

Die in ihrem Aufbau auf dem Grundschema des PuK-Kennzahlensystems (vgl. Abbildung 50) und dem Grundschema des generellen Planungssystems (vgl. Abbildungen 26 bis 36) basierende ergebnis- und liquiditätsorientierte PuK kann unternehmungsindividuell für Unternehmungen mit unterschiedlicher Aufbauorganisation und unterschiedlichen Produktprogramm- bzw. Leistungsprogrammerkmalen mit Hilfe eines **Planrahmens** in einem **Planungshandbuch** beschrieben werden (vgl. Teil III, Abschnitt 1 und Teil IV, Abschnitt 1).

Hierin kann

- die Ziel-, Strategie- und Maßnahmenplanung der Unternehmung als **qualitative und quantitative** (monetäre sowie nichtmonetäre) Planung beschrieben sein

oder

- die Ziel-, Strategie- und Maßnahmenplanung grundsätzlich bzw. überwiegend nur als **quantitative** (monetäre) Planung dargestellt werden.

4.2 Hauptzwecke der PuK

Die ergebnis- und liquiditätsorientierte Planungs- und Kontrollrechnung ist ein Instrument zur Verbesserung des Ergebnisses durch Verbesserung des Führungsprozesses. Sie beinhaltet die zielorientiert gestaltende quantitative Vorwegnahme künftigen Geschehens im Zusammenhang mit der Unternehmung und die quantitative Darstellung des tatsächlichen Geschehens. Sie erfordert damit das Durchdenken sowohl der künftigen eigenen Ziele, Aktionen und Reaktionen als auch jene der Marktpartner und anderer Gruppen im Umsystem in qualitativer und quantitativer Sicht. Sie zwingt zu klaren, quantifizierten Angaben von

- Entscheidungsaufgaben und den hierfür relevanten Zielvorgaben sowie sonstigen internen und externen Informationen, insbesondere Prognoseinformationen als Rahmenbedingungen,
- Entscheidungsalternativen,
- Wirkungen der Entscheidungsalternativen,
- Entscheidungsresultaten/Planungsinformationen sowie
- Steuerungs(Vorgabe-)informationen und
- Dokumentations- und Kontrollinformationen.

Ihre **Hauptzwecke** können somit darin gesehen werden, daß sie es gestattet, (relativ) optimale Entscheidungsresultate zu ermitteln, diese als Ziele (Soll-Informationen) vorzugeben und deren Erreichung durch frühzeitiges Aufdecken von tatsächlichen oder möglichen Abweichungen (Soll-/Ist-Differenzen) zu kontrollieren, um ggf. Korrekturmaßnahmen (Gegensteuerungen, Neuplanungen) vornehmen zu können. Sie ermöglicht eine

> Führung durch **kooperative Planung** und **Vorgabe** von **Zielen** (Management by Objectives) und durch **spezifische Kontrolle,** d. h. **Auswertung nur von spezifischen Abweichungen** zwischen Zielen und Zielerreichungen (Management by Exception).

Hierdurch sollen eine Steigerung der Effizienz des Führungsprozesses – verstanden als System vermaschter Regelkreise – und damit letztlich eine Steigerung des Ergebnisses der Unternehmung erreicht werden.

4.2.1 Verbesserung der Führung durch Planung von Zielen mittels Zielvereinbarung (Management by Objectives)

Ausgehend von klar formulierten oberen Zielen der Unternehmung – Umsatz-, Gewinn- und Liquiditäts(reserve)zielen – ermöglicht das Zahlenwerk der ergebnis- und liquiditätsorientierten Planungs- und Kontrollrechnung eine von Führungsebene zu Führungsebene nach unten zunehmend aufgegliederte Festlegung und Vorgabe von Teilzielen (Führungsgrößen)[5].

---

5 Vgl. hierzu z. B. Bleicher, K., Perspektiven für Organisation und Führung von Unternehmungen, Baden-Baden – Bad Homburg v.d.H. 1971, S. 102 ff.; Fiertz, A. L., Strategische Planung und Führungssysteme, in: Handbuch des Konzernmanagement, München 1972, S. 67 ff.; Köhler, R., Informationssysteme für die Unternehmensführung, a.a.O., S. 33 f.; Szyperski, N., Das Setzen von Zielen – Primäre Aufgabe der Unternehmungsleitung, ZfB 1971, S. 639 ff.; Will, H. J., Moderne Unternehmungsführung, ZfB 1970, S. 363 ff.

Mit dem Zahlenwerk der PuK auszudrückende Ziele und Zielerreichungen müssen kardinal meßbar sein. Als Entscheidungsgrundlagen für die Zielfestlegungen und -vorgaben dienen Prognoseinformationen sowie gegebenenfalls die Ergebnisse von hierauf aufbauenden Ermittlungs-, Erklärungs- oder Entscheidungsmodellen. Werden **Planziele in einem Verhandlungsprozeß** unter Einbeziehung von Mitgliedern jeweils untergeordneter Führungsebenen – gegebenenfalls unter Einschaltung besonderer Koordinierungsstellen – diskutiert und festgelegt, erfolgt **Führung durch Zielvereinbarung** (Management by Objectives)[6]. Es handelt sich um einen multipersonalen, horizontalen und vertikalen Zielbildungsprozeß, der kombiniert progressiv-retrograd bzw. nach dem Gegenstromverfahren erfolgt. Es handelt sich hierbei um den Mustertyp eines vertikal vermaschten Führungsprozesses. Führungskräfte über- und untergeordneter Ebenen stimmen in diesem Prozeß ihre meist unterschiedlichen Zielvorstellungen ab und halten diese in entsprechenden **vertraglichen Regelungen** fest (vgl. auch Teil I, Abschnitt 2.2). Der (nicht erreichbare) Idealfall ist die Verabschiedung einer Zielpyramide mit komplementären Zielbeziehungen.

Als Führungskonzeption eignet sich diese Planung und Vorgabe von Zielen im Hinblick auf Subsysteme und Projekte insbesondere dann, wenn bezüglich der Strategien und Maßnahmen zu ihrer Erreichung – der Aktionen, der Aktionsobjekte und des Potentialeinsatzes – gewisse Handlungsspielräume verbleiben. Hierdurch und durch die kooperative Zielformulierung werden Leistungsmotivation und Aufgaben-(Ziel-)identifikation der Führungskräfte in den Subsystemen und Projektgruppen gefördert.

Bei der Führung mittels Zielvereinbarung und Vorgabe von Zielen werden z. B., ausgehend von periodischen Umsatz- und kalkulatorischen Gewinnzielen u. a., für Verkaufshauptabteilungen und innerhalb dieser für Verkäufer (Vertreter) Umsatz- und Deckungsbeitragsziele nach Diskussion vorgegeben. Ferner können für die Führung von im Markt weitgehend selbständig operierenden, bilanzierungsfähigen Subsystemen (Gliedbetrieben) als „Profit-Center“ Plangewinne und Plankapitalrentabilitäten als (Mindest-)Ziele vereinbart und vorgegeben werden.

Mit dem Zahlenwerk der PuK nicht oder nur schwer ausdrückbare Ziele und Zielerreichungen, insbesondere strategischer, z. T. aber auch operativer Art, müssen ordinal oder nominal gemessen werden. Bei der Führung durch kooperative Planung und Vorgabe von Zielen werden für die Führungskräfte der oberen Führungsebenen z. B. bestimmte strategische Ziele – wie Organisations- und Personalförderungsziele – nur verbal formuliert. Dies gilt auch vielfach für Strategien (Vorgehensweisen bzw. Aktionen grundsätzlicher Art).

4.2.2 Verbesserung der Führung durch Auswertung spezifischer Kontrollergebnisse (Management by Exception)

Die ergebnis- und liquiditätsorientierte Planungs- und Kontrollrechnung ermöglicht mit ihrem Zahlenwerk als notwendige Ergänzung zur Planung differenzierte Kontrollen.

Neben der Erfassung von „normalen“ Abweichungen gestattet sie eine **Signalisierung von Ausnahmesituationen,** sofern Abweichungen bestimmte Toleranzwerte überschreiten. Die Toleranzen können vorab problemorientiert festgelegt werden; ebenfalls kann geregelt wer-

---

6 Vgl. hierzu ausführlich z. B. Staehle, W. H., Management, a.a.O., S. 785 ff.; Steinle, C., Führung, Stuttgart 1978, S. 214 ff.; Wunderer, R., Grunwald, W., Führungslehre, Bd. 1, Grundlagen der Führung, a.a.O., S. 305 ff.

den, von welcher Abweichungshöhe an bestimmte Mitglieder übergeordneter Führungsebenen zu informieren sind, um bei gravierenden Abweichungen abgestimmt Problemlösungen in Angriff nehmen zu können (Management by Exception)[7]. Bei den Abweichungen kann es sich um positive und negative Werte handeln – als Ergebnis der Gegenüberstellung von Soll-/Ist-Informationen und gegebenenfalls Ist-/Ist-Informationen. Auf der Basis der Kontrollinformationen sind Ursachenanalysen durchzuführen – im Hinblick auf die Art der Durchführung, die Qualität der Planung und die Prämissen. Hieran schließen sich Konsequenzanalysen und – unter Auswertung weiterer Informationen – gegebenenfalls neue Zielvorgaben an. Besondere Bedeutung kommt der Gegenüberstellung von Soll-Größen und voraussichtlichen Ist-Größen zu. Diese sog. Frühwarninformationen gestatten es, bei erkennbaren Abweichungen oft noch rechtzeitig entsprechende Aktionen oder Reaktionen zu planen und einzuleiten oder entsprechende Zielkorrekturen vorzunehmen (vgl. Teil III, Abschnitt 1.3.2.4.2).

Bei der Führung durch Kontrolle von Ausnahmeabweichungen werden z. B. positive und negative Umsatz- und/oder Deckungsbeitragsabweichungen von Planzahlen für Vertreter, Verkaufsabteilungen und Verkaufshauptabteilungen von den hierfür Verantwortlichen selbst und nur von einer bestimmten Abweichungshöhe an zusammen mit den jeweils übergeordneten Führungskräften analysiert, um Problemlösungen fundiert vorbereiten zu können. Entsprechendes gilt für Ausnahmeabweichungen in Profit-Centern.

Die Kontrolle lediglich verbal oder nur z. T. quantitativ formulierter einzelner strategischer oder ggf. auch operativer Ziele bedarf in der Regel einer individuellen Analyse, da hier meist nur schwer „normale“ Abweichungen vorab definiert werden können.

4.2.3 Verbesserung der Führung durch Koppelung der Zielplanung und Zielerreichungskontrolle mit der Führungskräftevergütung

Auf der Basis der quantitativen Größen der ergebnis- und liquiditätsorientierten PuK und durch qualitativ formulierte Aufgaben und Aufgabenerreichung wird generell im Hinblick auf die gesamte Unternehmung, Unternehmungsbereiche und Projekte eine Führung durch Vereinbarung und Vorgabe von Zielen und durch entsprechende Zielerreichungskontrollen möglich. Die Festlegung des Kurses und die Verdeutlichung der Kursverfolgung der Unternehmung können auf der Basis eines leistungsfähigen Führungsinstrumentes erfolgen.

Bei Berücksichtigung von Änderungen der Planprämissen und bei Differenzierungsmöglichkeit zwischen beeinflußbaren und nicht beeinflußbaren Größen wird zudem eine laufende **Beurteilung von Führungskräften nach dem Grad der von ihnen bewirkten Zielerreichung** möglich. Dies gilt grundsätzlich für alle Planungsobjekte.

In jüngerer Zeit finden sich daher immer mehr Ansätze, die variablen Vergütungen bzw. Tantiemen für die oberen und mittleren Führungskräfte von Unternehmungen mit der Unternehmungsplanung zu verbinden. Der **variable Teil der Vergütung** wird unter Zugrundelegung bestimmter Prämissen in seiner Höhe **an den Grad der Erfüllung vereinbarter Ziele**

---

7 Vgl. hierzu ausführlich Berthel, J., Managementprinzipien, in: HWO, Hrsg. E. Grochla, 2. Aufl., Stuttgart 1980, Sp. 1265 ff.; Frese, E., Management by Exception, in: HWO, Hrsg. E. Grochla, Stuttgart 1969, Sp. 956 ff.; Fuchs-Wegner, G., Management-Prinzipien und -Techniken, in: HWB, 2. Bd., Hrsg. E. Grochla, W. Wittmann, 4. Aufl., Stuttgart 1975, Sp. 2571 ff.; Rettenmaier, H., Management by exception mit EDVA, NB 5/1972, S. 8 ff.

gekoppelt[8]. Hierbei kann es sich zum einen um operative Ziele handeln, d. h. in der Regel Ergebnisziele oder Ergebniszielkomponenten (z. B. Umsatz, Personalkosten, Vorratsbestand u. a.) bezogen auf das erste Planjahr (Budget). Zum anderen können auch strategische Ziele bzw. Teilziele und Maßnahmen, die in dem jeweiligen Geschäftsjahr zu planen und/ oder zu realisieren sind, als Zielvorgaben für einzelne Führungskräfte vereinbart werden.

Das hier erläuterte **Planungs- und Kontrollsystem mit integrierter ergebnis- und liquiditätsorientierter Planungs- und Kontrollrechnung ermöglicht** eine zielorientierte Führung auf allen Führungsebenen und die Anwendung eines **unternehmungsplanbezogenen Systems der Führungskräftevergütung.** Auf Grund seiner kardinalen Bedeutung für die Erhaltung und erfolgreiche Weiterentwicklung der Unternehmung wird die Gestaltung eines derartigen unternehmungsplanbezogenen Führungskräftevergütungssystems bei der PuK im Rahmen der strategischen Planung ausführlich behandelt (vgl. Teil III, Abschnitt 3.3).

Zunächst sei erläutert, daß die Nutzung der hier vorgestellten integrierten ergebnis- und liquiditätsorientierten Planungs- und Kontrollrechnung im Rahmen eines Planungs- und Kontrollsystems sowie die Gestaltung eines Planungs- und Kontrollsystems mit integrierter Planungs- und Kontrollrechnung Kernaufgaben des Controlling bilden.

---

8 Vgl. ausführlich Hahn, D., Willers, H. G., Unternehmungsplanung und Führungskräftevergütung, in: Strategische Unternehmungsplanung – Strategische Unternehmungsführung, Hrsg. D. Hahn, B. Taylor, 6. Aufl., Heidelberg 1992, S. 494ff.

5. Integrierte ergebnis- und liquiditätsorientierte Planungs- und Kontrollrechnung (PuK) in Planungs- und Kontrollsystemen als Bestandteil des Controllingkonzeptes

5.1 Konzept und Entwicklung des Controlling

Der Begriff **„Controlling"** leitet sich aus dem Verb „**to control**" ab, wobei dieses Verb „to control" teilweise unterschiedlich interpretiert wird. Im betriebswirtschaftlichen Kontext bedeutet „to control" so viel wie **steuern und überwachen.** Da steuern und überwachen nicht ohne autonom gesetzte oder geplante Ziele sowie i.d.R. geplante Maßnahmen sinnvoll möglich sind, beinhaltet **Controlling Aufgabenkomplexe im Hinblick auf die Planung, Steuerung und Überwachung** [1].

Aus heutiger Sicht kann Controlling als **informationelle Sicherung ergebnisorientierter Unternehmungsführung** interpretiert werden. Aufgabe des Controlling ist es somit, das gesamte **Entscheiden und Handeln** in der Unternehmung durch eine entsprechende Aufbereitung von Führungsinformationen **ergebnisorientiert auszurichten** (vgl. hierzu auch Abbildung 53). Dabei wird deutlich, daß das Controlling primär **Führungsunterstützungsfunktionen** beinhaltet. Darüber hinaus kann der Controller z. B. als Mitglied des Vorstands bzw. der Geschäftsführung und/oder als Leiter der Abteilung Controlling auch originäre **Führungsfunktionen** übernehmen. **Controlling** stellt damit heute eine der wichtigsten **Führungs- und Führungsunterstützungsfunktionen** dar [2].

---

1 Vgl. Hahn, D., Hat sich das Konzept des Controllers in Unternehmungen der deutschen Industrie bewährt?, BFuP 1978, S. 101 f. sowie auch Horváth, P., Controlling, 5. Aufl., München 1994, S. 25.

2 Vgl. Hahn, D., Stand und Entwicklungstendenzen des Controlling in der Industrie, in: Zukunftsaspekte der anwendungsorientierten Betriebswirtschaftslehre, Erwin Grochla zum 65. Geburtstag gewidmet, Hrsg. E. Gaugler, H. G. Meissner, N. Thom, Stuttgart 1986, S. 269 ff.; ders., Integrierte und flexible Unternehmungsführung durch computergestütztes Controlling, ZfB 1989, S. 1135 ff.; ders., Kostenrechnung und Controlling, in: Handbuch Kostenrechnung, Hrsg. W. Männel, Wiesbaden 1992, S. 154 ff. sowie auch Abschnitt 5.2.1 dieses Teiles. Vgl. zum Führungsunterstützungscharakter des Controlling ferner z. B. auch Horváth, P., Controlling, 5. Aufl., a.a.O., S. 25 f.; Lachnit, L., Controlling als Instrument der Unternehmensführung, Deutsches Steuerrecht 1992, S. 228 ff.; Reichmann, T., Grundlagen einer systemgestützten Controlling-Konzeption mit Kennzahlen, ZfB 1985, S. 888 f.
Im amerikanischen Sprachraum wird dieser führungsunterstützende Aufgabenkomplex nicht unter der Bezeichnung „Controlling" subsumiert, sondern i.d.R. als **„Controllership"** (oder auch noch mit dem älteren Begriff „Comptrollership") bzw. **„Controller Function"** bezeichnet. Controlling wird dort – oftmals neben Planning und Organizing – als originäre Führungsfunktion, als Phase des Führungsprozesses, verstanden (vgl. hierzu z. B. Harbert, L., Controlling-Begriff und Controlling-Konzeption, Diss. Bochum 1982, S. 25 ff. sowie die dort angegebene Literatur).
Im deutschsprachigen Raum hat sich jedoch für den Aufgabenkomplex Controllership die Bezeichnung Controlling weitgehend durchgesetzt. Vgl. hierzu z. B. Horváth, P., Controlling, 5. Aufl., a.a.O., S. 25 ff.

Versteht man unter einem **Konzept** allgemein eine klar umrissene Grundvorstellung, so kann man als **Controllingkonzept** die Gesamtheit der Controllingziele, der zielorientierten Tätigkeiten (Aufgaben), die dazu erforderlichen Instrumente sowie die Träger und organisatorischen Strukturen des Controlling verstehen [3].

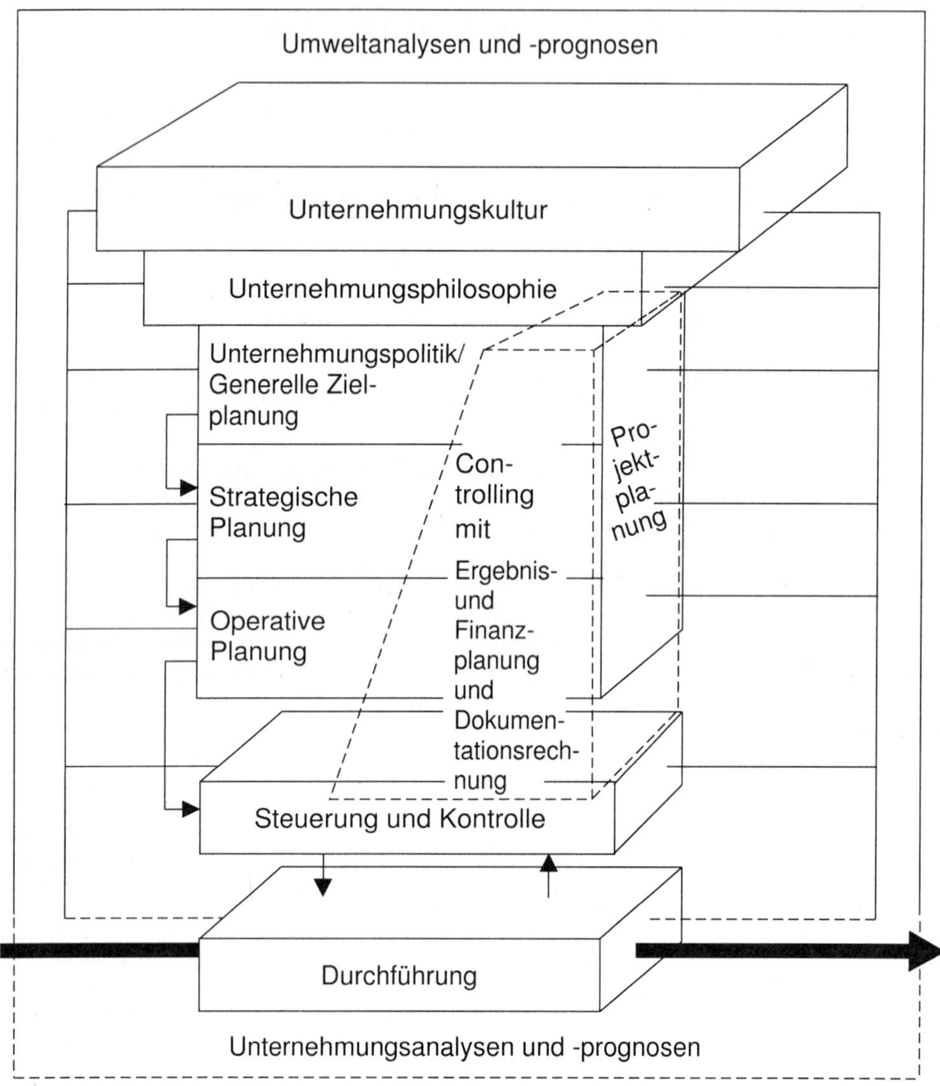

Abb. 53: Controlling im Rahmen der Führungsaufgaben der Unternehmung

3 Vgl. zum Begriff des Controllingkonzepts bzw. der Controllingkonzeption z. B. auch Horváth, P., Controlling, 5. Aufl., a.a.O., S. 142ff.; Vahs, D., Controlling-Konzeptionen in deutschen Industrieunternehmungen – eine betriebswirtschaftlich-historische Untersuchung, Frankfurt/M. u. a. 1990, S. 1.

Die **Ursprünge des Controlling** gehen dabei **im staatlichen Bereich** bis auf das Mittelalter zurück. Bereits im 15. Jahrhundert entstand z. B. am englischen Königshof eine Position mit der Bezeichnung „Countrollour", deren Aufgaben in der Überprüfung von Aufzeichnungen über zu- und abfließende Geld- und Güterströme bestand[4].

Das Controlling im heutigen Sinne als Aufgabenbereich in der Unternehmung wird seit Ende des 19. Jahrhunderts insbesondere als **Ergebnis der industriellen Entwicklung in den USA** diskutiert. Eisenbahngesellschaften nahmen dabei eine Vorreiterrolle ein. Einer Untersuchung Jacksons zufolge wurde im Jahr 1880 die erste Stelle eines Controllers[5] in der Atchison, Topeka and Santa Fe Railroad Company eingerichtet. Als erste Industrieunternehmung, die das Controlling organisatorisch verankerte, wird die General Electric Company genannt, die im Jahr 1892 eine Controllerstelle eingerichtet haben soll[6]. Bis in die **20er Jahre** blieb das Controlling jedoch in Unternehmungen weitgehend unbekannt, so daß eine breitere Weiterentwicklung des Controlling erst ab diesem Zeitraum einsetzte[7].

Als **Grund für das Entstehen des Controlling** wird in der Literatur in erster Linie das **industrielle Wachstum** in den USA Ende des 19. und Anfang des 20. Jahrhunderts genannt, das insbesondere auch komplexere Planungssysteme und Planungstechniken erforderte. „This expansion of American industry, and the unprecedented growth in the size and complexity of individual business units, increased correspondingly the **demand for better management practices,** which in turn required **more adequate and scientific accounting and more exact financial control** [Hervorhebungen durch den Verfasser]."[8] Die zunehmenden Aufgaben des Rechnungswesens in Unternehmungen resultierten offenbar darüber hinaus auch aus verstärkten **staatlichen Eingriffen** in das Unternehmungsgeschehen[9].

Diese Gründe – vor allem auch die erhöhten Ansprüche, die an das Rechnungswesen gestellt wurden – führten dazu, daß spezifische **Aufgaben des Treasurer und des Secretary**[10] einem

---

4 Vgl. Jackson, J.H., The Growth of the Controllership Function, in: Controllership In Modern Management, Hrsg. T.F. Bradshaw, Ch.C. Hull, Chicago 1950, S. 17ff. sowie auch Hoffmann, F., Der Controller im deutschen Industriebetrieb, DB 1968, S. 2181; Horváth, P., Controlling, 5. Aufl., a.a.O., S. 28; The Prentice-Hall Editorial Staff (Hrsg.), Corporate Treasurer's and Controller's Encyclopedia, revised, bearbeitet von Sam R. Goodman, Vol. 1, Englewood Cliffs 1976, S. 4f.

5 Als Stellenbezeichnung wurde damals der Begriff „Comptroller" verwendet.

6 Vgl. z. B. Jackson, J.H., The Growth of the Controllership Function, a.a.O., S. 17ff.; The Prentice-Hall Editorial Staff (Hrsg.), Corporate Treasurer's and Controller's Encyclopedia, a.a.O., S. 5.

7 Vgl. hierzu Hahn, D., Hat sich das Konzept des Controllers in Unternehmungen der deutschen Industrie bewährt?, BFuP 1978, S. 101 sowie auch Horváth, P., Controlling, 5. Aufl., a.a.O., S. 26ff.; Schneider, M., Entwicklung des Controlling, Diss. Gießen 1993; Serfling, K., Controlling, 2. Aufl., Stuttgart u.a. 1992, S. 20ff.; The Prentice-Hall Editorial Staff (Hrsg.), Corporate Treasurer's and Controller's Encyclopedia, a.a.O., S. 4f.; Weber, J., Ursprünge, Begriff und Ausprägungen des Controllings, in: Handbuch Controlling, Hrsg. E. Mayer, J. Weber, Stuttgart 1990, S. 6.

8 Jackson, J.H., The Comptroller: His Functions and Organizations, 2. Aufl., Cambridge, Mass. 1949, S. 5. Unter „individual business units" versteht Jackson dabei die Unternehmung als Ganzes, nicht business units nach der heutigen Interpretation im Sinne (strategischer) Geschäftseinheiten einer Unternehmung. Vgl. ferner zu den Entstehungsgründen des Controlling Kröckel, H.-G., Zur Funktion des Controllers im Industriebetrieb der USA (zugleich ein Beitrag über Anwendungsmöglichkeiten im deutschen Betrieb), Diss. Berlin 1965, S. 10; Horváth, P., Controlling, 5. Aufl., a.a.O., S. 26f.

9 Vgl. z. B. Sanders, T.H. im Vorwort zu Jackson, J.H., The Comptroller: His Functions and Organizations, a.a.O., S. VII.

10 Die Position des „Secretary" ist dabei aus heutiger Sicht mit dem Vorstandsassistenten vergleichbar. Vgl. Baumgartner, B., Die Controller-Konzeption – Theoretische Darstellung und praktische Anwendung, Bern – Stuttgart 1980, S. 16.

Controller mit einer eigens dafür eingerichteten organisatorischen Einheit übertragen wurden [11].

Maßgeblich beeinflußt wurde die Entwicklung des Controlling im folgenden durch die Auswirkungen der **Weltwirtschaftskrise,** die zur verstärkten Etablierung des Controlling beitrugen. Die Depressionsjahre der Weltwirtschaftskrise führten zu der Erkenntnis, daß eine verstärkte Beachtung der **Rechnungswesen- und Planungsaspekte** für eine erfolgreiche Unternehmungsführung zunehmend unerläßlich sei [12]. Daher kam es im Zeitablauf zu einer teilweise **veränderten Sichtweise des Controlling.** Während anfangs insbesondere die **historisch-buchhaltungsorientierte Sichtweise** des Controlling dominierte und der Controller primär als Buchprüfer und Revisor fungierte, führten die oben dargestellten Aspekte zu einer stärker **zukunftsgerichteten Sichtweise** [13].

Entsprechend dieser zukunftsgerichteten Sichtweise wurde der Controller bzw. Comptroller zunehmend mit ergebnisorientierten **Planungs- und Kontrollaufgaben** betraut. Der wachsenden Bedeutung dieser Position folgte auch deren **hierarchische Aufwertung.** Während der Controller **ursprünglich dem Treasurer unterstellt** war, wurde er diesem **später hierarchisch gleichgestellt** [14].

Besonders beeinflußt wurde die Controllingentwicklung auch durch das im Jahr 1931 unter dem Einfluß der Weltwirtschaftskrise gegründete **„Controllers Institute of America".** Dieses Institut, das 1962 umbenannt wurde in **„Financial Executives Institute" (FEI),** stellt die Berufsorganisation der Controller dar. Es trug wesentlich zur Weiterentwicklung des Controlling bei, wobei insbesondere die Systematisierungsansätze im Hinblick auf die Controllingaufgaben zu erwähnen sind [15]. Die Aufgabenkataloge für Controller und Treasurer nach FEI sind in Abbildung 54 und 55 wiedergegeben.

Gegen Mitte der 50er Jahre hielt der Controllinggedanke auch Einzug in den **deutschsprachigen Raum.** Hierzu wird in der Literatur vereinzelt angeführt, daß auch bereits vor dieser Zeit Controllingkonzepte in diesem Raum zur Anwendung gekommen wären. Als Begründung hierfür wird hauptsächlich auf einzelne Aufgaben hingewiesen, die heute als Controllingaufgaben angesehen werden, aber bereits vor dem Controllingtransfer aus den USA auch im deutschsprachigen Raum vorlagen. Überwiegend wird jedoch die Auffassung vertreten, daß

---

11 Vgl. dazu und zu den im amerikanischen Sprachraum gebräuchlichen Begriffen Controllership und Treasurership z. B. Jackson, J. H., The Comptroller: His Functions and Organizations, a.a.O., S. 9; Peirce, J. L., Controllership & Treasurership: Modern Definitions, FE Juni/1964, S. 50; The Prentice-Hall Editorial Staff (Hrsg.), Corporate Treasurer's and Controller's Encyclopedia, a.a.O., S. 5.

12 Vgl. z. B. Peirce, J. L., Controllership & Treasurership: Modern Definitions, a.a.O., S. 50 sowie auch Horváth, P., Controlling, in: HWR, Hrsg. K. Chmielewicz, M. Schweitzer, 3. Aufl., Stuttgart 1993, Sp. 322 ff.

13 Vgl. zu diesen Sichtweisen des Controlling auch Henzler, H., Der Januskopf muß weg, Wirtschaftswoche 28/1974, S. 60 ff.

14 Vgl. zu dem hierarchischen Verhältnis von Treasurer und Controller Kröckel, H.-G., Zur Funktion des Controllers im Industriebetrieb der USA (zugleich ein Beitrag über Anwendungsmöglichkeiten im deutschen Betrieb), a.a.O., S. 11 sowie auch Beyer, H.-T., Die finanzwirtschaftliche Organisation der Unternehmung, in: Handbuch der Unternehmensfinanzierung, Hrsg. O. Hahn, München 1971, S. 207 ff.; Weber, J., Einführung in das Controlling, Teil 1: Konzeptionelle Grundlagen, 3. Aufl., Stuttgart 1991, S. 3.

15 Vgl. FEI, Controllership and Treasurership Functions Defined by FEI, The Controller June/1962, S. 289 sowie Agthe, K., Controller, in: HWO, Hrsg. E. Grochla, Stuttgart 1969, Sp. 353 ff.; ferner auch o.V., FEI – From The Controllers Institute To The Financial Executives Institute, FE 7/1976, S. 78 ff.; Matschke, M. J., Kolf, J., Historische Entwicklung, Begriff und organisatorische Probleme des Controlling, DB 1980, S. 601 f.

Aufgaben des Controllers nach Financial Executives Institute (FEI) 1962
1. Planung Aufstellung, Koordinierung und Durchführung von Unternehmensplänen als integrierter Teil des Managements zur Kontrolle des Geschäftsablaufs. Die Planung umfaßt Gewinnpläne, Programme für Kapitalinvestitionen und Finanzierungen, Absatzpläne, Gemeinkostenbudgets und Kostenstandards.
2. Berichterstattung und Interpretation Vergleich der Ausführung mit den Plänen und Standards und Berichterstattung sowie Interpretation der Resultate des Geschäftsablaufes an alle Bereiche des Managements und die Kapitaleigner. Diese Funktion schließt die Formulierung von Buchhaltungs- und Bilanzrichtlinien ein, die Koordinierung der Systeme und Vorgänge sowie die Vorbereitung von zu bearbeitenden Daten und Sonderberichten.
3. Bewertung und Beratung Beratung mit allen Teilen des Managements, die für die Richtlinien und Ausführungen in den verschiedenen Unternehmensbereichen verantwortlich sind, wenn es sich um die Erreichung der gesetzten Ziele und die Wirksamkeit der Richtlinien sowie die Organisationsstruktur und -abläufe handelt.
4. Steuerangelegenheiten Aufstellung und Anwendung von Richtlinien und Verfahren für die Bearbeitung von Steuerangelegenheiten.
5. Berichterstattung an staatliche Stellen Kontrolle und Koordinierung der Abfassung von Berichten an staatliche Stellen.
6. Sicherung des Vermögens Durch innerbetriebliche Kontrollen und Revisionen sowie durch Überwachung des Versicherungsschutzes ist die Sicherung des Vermögens zu gewährleisten.
7. Volkswirtschaftliche Untersuchungen Ständige Untersuchung der wirtschaftlichen und sozialen Kräfte und Einflüsse von staatlichen Stellen sowie Beurteilung möglicher Auswirkungen auf das Unternehmen.

Abb. 54: Aufgaben des Controllers nach Financial Executives Institute (FEI) 1962[16]

16 Vgl. Agthe, K., Controller, a.a.O., Sp. 353 f.; FEI, Controllership and Treasurership Functions Defined by FEI, a.a.O., S. 289.

Aufgaben des Treasurers nach Financial Executives Institute (FEI) 1962
1. Kapitalbeschaffung Aufstellung und Ausführung von Programmen für die Kapitalbeschaffung einschließlich der Verhandlungen zur Kapitalbeschaffung und der Erhaltung der notwendigen finanziellen Verbindungen.
2. Verbindung zu Investoren Schaffung und Pflege eines Marktes für die Wertpapiere des Unternehmens und in Verbindung damit Unterhaltung von entsprechenden Kontakten zu Investitionsbanken, Finanzexperten und Aktionären.
3. Kurzfristige Finanzierung Beschaffung und Erhaltung von Quellen für den laufenden kurzfristigen Kreditbedarf des Unternehmens, wie Wirtschaftsbanken und andere Kreditinstitute.
4. Bankverbindungen und Aufsicht Die Bankvereinbarungen aufrechterhalten, die Aufsicht über die Firmengelder und Wertpapiere ausüben und diese auch günstig anlegen sowie die Verantwortung für die finanziellen Aspekte im Immobiliengeschäft übernehmen.
5. Kredite und Forderungseinzug Überwachung der Gewährung von Kundenkrediten und des Einzugs der fälligen Forderungen einschließlich der Kontrolle von Sondervereinbarungen für Verkaufsfinanzierungen, wie Ratenzahlungen und Mietpläne.
6. Kapitalanlage Zweckmäßige Anlage von Kapitalfonds des Unternehmens sowie Ausarbeitung und Koordinierung von Richtlinien für die Anlage von Kapital in Pensionsrückstellungen oder ähnlichen Verwendungsarten.
7. Versicherungen Sorge für einen notwendigen und ausreichenden Versicherungsschutz.

Abb. 55: Aufgaben des Treasurers nach Financial Executives Institute (FEI) 1962[17]

17 Vgl. Agthe, K., Controller, a.a.O., Sp. 354f.; FEI, Controllership and Treasurership Functions Defined by FEI, a.a.O., S. 289.

das **Controllingkonzept als Gesamtheit von Controllingziel, Controllingaufgaben, Controllinginstrumenten und -organisation** erst seit Mitte der 50er Jahre auf den deutschsprachigen Raum übertragen wurde[18].

Diese Übertragung des Controllinggedankens auf den deutschsprachigen Raum bezog sich zunächst auf Tochtergesellschaften amerikanischer Unternehmungen[19]. In den ersten Jahren der Controllingentwicklung in Deutschland wurden die positiven Effekte, die das für deutsche Verhältnisse neue Konzept bewirken könnte, zum Teil durchaus **kritisch** beurteilt. Ausschlaggebend für die vereinzelt vorgebrachte Kritik an dem Controllingkonzept war dabei jedoch meist eine **mißverstandene oder ungenaue Interpretation des Controlling.** So wurde z. B. vereinzelt Controlling mit Kontrolle gleichgesetzt oder es wurde die mögliche Machtfülle des Controller als mögliche Gefahr für die Unternehmungsführung überbetont. Inzwischen wird jedoch das Controllingkonzept überwiegend **positiv** beurteilt und in vollem Umfang als auf deutsche Verhältnisse übertragbares Konzept angesehen[20].

Während das Controlling in den USA fast ausschließlich unter **praxisorientierten** Gesichtspunkten behandelt wurde und wird und theoretisch abgeleitete Konzepte kaum zu finden sind[21], wurden in den 70er Jahren im deutschsprachigen Raum erste auch **theoretisch fundierte Controllingkonzepte** entwickelt. Bis zu diesem Zeitpunkt war das Controlling im deutschsprachigen Raum primär durch Aufsatzveröffentlichungen von Praktikern geprägt.

---

18 Vgl. hierzu auch die empirischen Untersuchungen und konzeptionellen Vorschläge bei Hahn, D., Konzepte und Beispiele zur Organisation des Controlling in der Industrie, ZfO 1979, S. 4ff.; Horváth, P., Controlling, 5. Aufl., a.a.O., S. 73 sowie auch Bramsemann, R., Handbuch Controlling – Methoden und Techniken, 2. Aufl., München – Wien 1990, S. 26ff.; mit anderer Sichtweise Vahs, D., Controlling-Konzeptionen in deutschen Industrieunternehmungen – eine betriebswirtschaftlich-historische Untersuchung, a.a.O., S. 17ff.

19 Vgl. dazu z. B. Peemöller, V. H., Controlling, 2. Aufl., Herne-Berlin 1992, S. 43.

20 Vgl. zu der Übertragung des Controlling in den deutschsprachigen Raum z. B. Goossens, F., Der „Controller" – Chef des Unternehmens ohne Gesamtverantwortung?, Mensch und Arbeit 1959, S. 75f.; Kröckel, H.-G., Zur Funktion des Controllers im Industriebetrieb der USA (zugleich ein Beitrag über Anwendungsmöglichkeiten im deutschen Betrieb), a.a.O., S. 131; Scharpff, R., Stellung und Aufgaben des Controllers in der Unternehmung, BFuP 1961, S. 226.

21 Vgl. hierzu insbesondere Kröckel, H.-G., Zur Funktion des Controllers im Industriebetrieb der USA (zugleich ein Beitrag über Anwendungsmöglichkeiten im deutschen Betrieb), a.a.O., S. 14 sowie auch Baumgartner, B., Die Controller-Konzeption, a.a.O., S. 34 und S. 49; Horváth, P., Controlling – Entwicklung und Stand einer Konzeption zur Lösung der Adaptions- und Koordinationsprobleme der Führung, ZfB 1978, S. 195f.

5.2 Ziel, Aufgaben und Instrumente des Controlling im Überblick

5.2.1 Ziel und generelle Aufgabe des Controlling

Das **Ziel des Controlling** kann aus den **Unternehmungszielen** abgeleitet werden. Als oberstes Unternehmungsziel wird dabei – wie in Teil I, Abschnitt 1.1 dargestellt – die Erhaltung und erfolgreiche Weiterentwicklung der Unternehmung angesehen. Zur Erhaltung und erfolgreichen Weiterentwicklung der Unternehmung werden Sachgüter und Dienstleistungen zur optimalen Ergebniserwirtschaftung unter Beachtung von Sozialzielen produziert. Die Mitwirkung des Controlling zur Erreichung des obersten Unternehmungsziels bezieht sich dabei primär auf die Erreichung des **generellen Wertzieles** der Unternehmung, die **Ergebnisoptimierung als Kapitalwert- bzw. Gewinnmaximierung** unter Beachtung der Liquiditätssicherung. Sachziele und Sozialziele sowie die zu deren Erreichung erforderlichen Maßnahmen werden vom Controlling im Hinblick auf Ergebnis- und Liquiditätsziele koordiniert. Die Ergebnisoptimierung (unter Beachtung von Liquiditätszielen) kann somit als kardinales **Ziel des Controlling** angesehen werden. Auf dieses Ziel ist die generelle Aufgabe des Controlling – verstanden als zielorientierter Tätigkeitskomplex – ausgerichtet. Die **generelle Aufgabe** des Controlling besteht danach in der **informationellen Sicherung bzw. Sicherstellung ergebnisorientierter Planung, Steuerung und auch Überwachung des gesamten Unternehmungsgeschehens – vielfach verbunden mit einer Integrations- bzw. Systemgestaltungsfunktion, grundsätzlich verbunden mit einer Koordinationsfunktion.** Das Controlling dient damit dem Ziel der optimalen Ergebniserwirtschaftung/der Ergebnisoptimierung in der Unternehmung[22] (siehe dazu auch Abbildung 56). Primäre Basis des Controlling bildet dabei das **Zahlenwerk des Rechnungs- und Finanzwesens** – heute möglichst verkettet in einer **betriebswirtschaftlich-technischen Daten-, Modell- und Wissensbank**[23].

Controllingziele und -aufgaben werden in der Literatur zum Teil mit **anderer Schwerpunktsetzung** interpretiert. Im folgenden sollen kurz ausgewählte weitere Controllingkonzepte mit zum Teil unterschiedlichen Interpretationsansätzen charakterisiert werden.

Horváth geht bei der Interpretation des Controlling ebenfalls von den Unternehmungszielen aus. Controlling dient danach der Sicherung sowie Erhaltung der Koordinations-, Reaktions- und Adaptionsfähigkeit der Unternehmungsführung, damit diese die Unternehmungsziele realisieren kann. Im Hinblick auf das Controlling stellt auch er das Ergebnisziel in den Vordergrund und interpretiert Controlling somit als **ergebnisorientierte Führungsun-**

22 Vgl. auch Hahn, D., Strategische Führung und Strategisches Controlling, in: Controlling, Hrsg. H. Albach, J. Weber, ZfB-Ergänzungsheft 3/91, Wiesbaden 1991, S. 126ff.

23 Vgl. zum Rechnungs- und Finanzwesen als Basis des Controlling Hahn, D., Integrierte und flexible Unternehmungsführung durch computergestütztes Controlling, a.a.O., S. 1146ff. sowie ferner Mertens, P., Haun, P., Daten- und methodenbankorientiertes Rechnungswesen – eine 3. Generation der Computerunterstützung? Erfahrungen mit einem Laborsystem an der Universität Erlangen – Nürnberg, in: Betriebswirtschaftliche Steuerungs- und Kontrollprobleme, Hrsg. W. Lücke, Wiesbaden 1988, S. 211ff.; Mertens, P., Griese, J., Integrierte Informationsverarbeitung, Bd. 2: Planungs- und Kontrollsysteme in der Industrie, 7. Aufl., Wiesbaden 1993, S. 10ff.

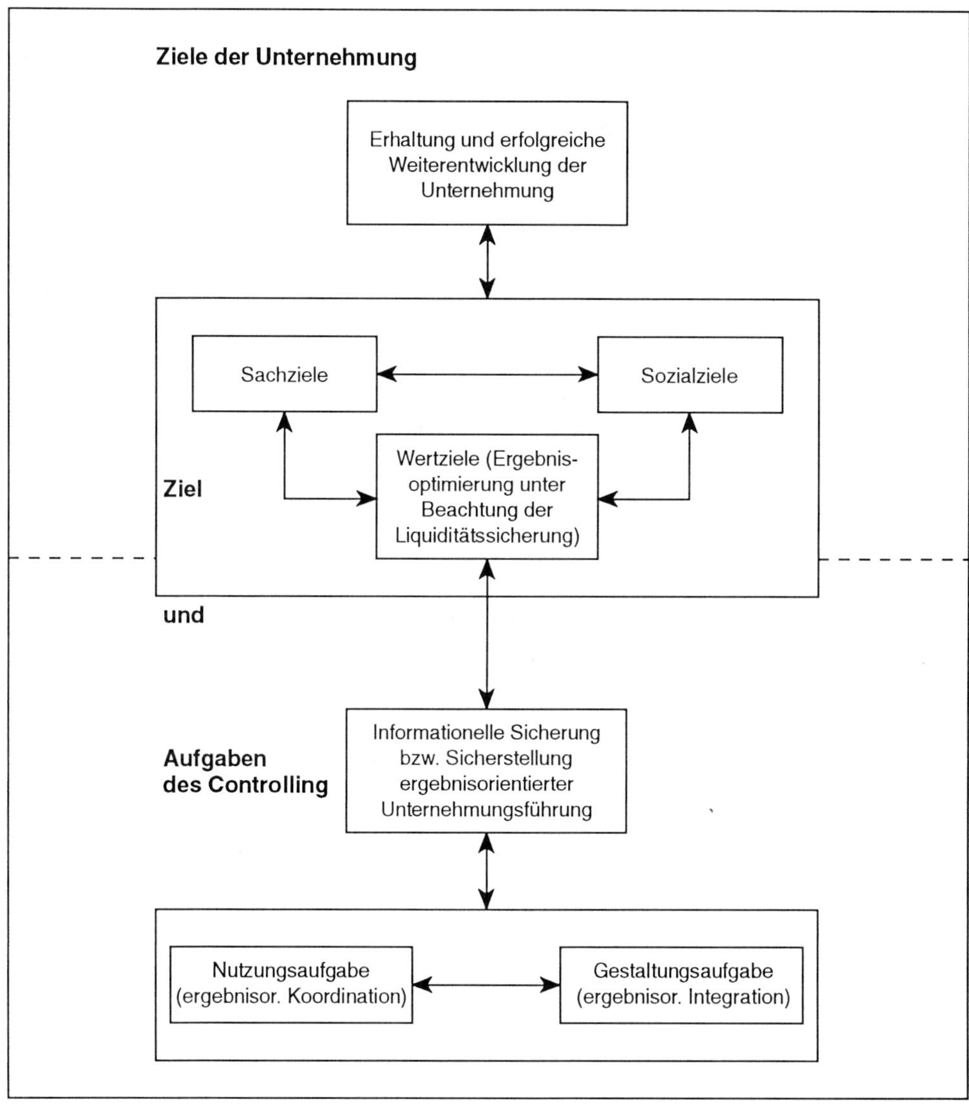

Abb. 56: Grundsätzlicher Zusammenhang zwischen Unternehmungszielen, Controllingziel und Controllingaufgaben[24]

24 Vgl. ähnlich Straube, P., Integriertes Forschungs- und Entwicklungs-Controlling, Diss. Gießen 1992, S. 21 sowie auch Horváth, P., Controlling, 5. Aufl., a.a.O., S. 143.

terstützungsfunktion[25]. Controlling soll dazu beitragen, die **ergebnisorientierte Führung der Unternehmung zu ermöglichen.** Die Interpretation Horváths ist damit voll kompatibel mit dem hier vertretenen Controllingkonzept. Die ergebnisorientierte Führungsunterstützung beinhaltet dabei nach Horváth die systembildende und systemkoppelnde Koordination von Planung und Kontrolle sowie Informationsversorgung (vgl. hierzu auch Abbildung 57)[26].

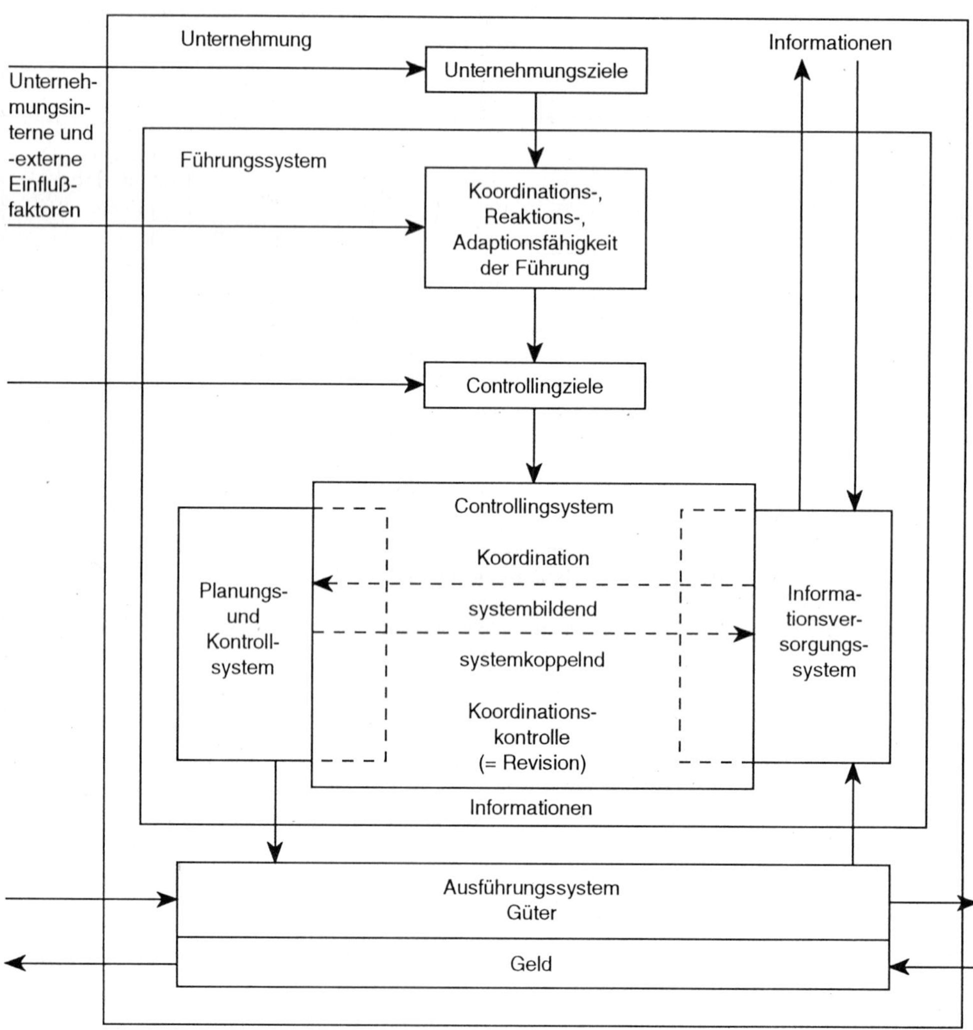

Abb. 57: Controllingkonzept nach Horváth[27]

25 Vgl. hierzu Horváth, P., Controlling, 5. Aufl., a.a.O., S. 139 u. S. 144.

26 Vgl. Horváth, P., Controlling, 5. Aufl., a.a.O., S. 73 u. S. 142 ff.; Horváth, P., Gentner, A., Integrative Controllingsysteme, in: Integrationsmanagement für neue Produkte, Hrsg. R. A. Hanssen, W. Kern, ZfbF-Sonderheft 30, Düsseldorf – Frankfurt 1992, S. 70.

27 Vgl. Horváth, P., Controlling, 5. Aufl., a.a.O., S. 143.

Im Hinblick auf die Ergebnisorientierung des Controlling erfolgte im Laufe seiner Veröffentlichungen ein zunehmender Konkretisierungsprozeß. Während ursprünglich die allgemeine **zielorientierte Koordination** des Controlling im Vordergrund stand, betont Horváth heute explizit die **Ergebnisorientierung,** so daß auch er das Ergebnisziel in den Mittelpunkt der Controllingaktivitäten stellt[28].

Ebenso betont auch **Reichmann** die Ergebnisorientierung des Controlling (unter Beachtung von Liquiditätsaspekten), dessen Aufgaben er insbesondere in der Informationsbeschaffung und -verarbeitung im Hinblick auf Planerstellung, Koordination und Kontrolle sieht[29].

Eine andere Sichtweise des Controlling vertritt **Küpper**. Küpper interpretiert dabei die **Koordination des Führungssystems** als zentrale Zielsetzung des Controlling. Die Notwendigkeit der Koordination ergibt sich danach aus der Unterteilung des Führungssystems in verschiedene Bestandteile. Als Bestandteile des Führungssystems betrachtet er dabei die Organisation, das Planungs- und Kontrollsystem, das Informationssystem, das Personalführungssystem, das Zielsystem sowie Führungsgrundsätze. Die Koordinationsfunktion des Controlling soll nach Küpper dazu beitragen, die Unternehmungsziele zu erreichen. Nach seiner Interpretation kann sich das **Controlling jedoch nicht nur auf die Erreichung eines Unternehmungszieles beziehen,** sondern nur auf ein **Zielsystem.** Dabei räumt er jedoch ein, daß den Wertzielen einer Unternehmung besondere Bedeutung zukomme[30]. Im Hinblick auf seine primär koordinationsorientierte Interpretation des Controlling weist Küpper auf die Gefahr hin, daß „die **Controlling-Aufgaben zu umfassend** werden und nicht immer problemlos von den Aufgaben der anderen Führungsteilsysteme abgrenzbar sind [Hervorhebungen durch den Verfasser]."[31]

Auch **Weber** verfolgt – aufbauend auf den Konzepten von Horváth und Küpper – eine primär koordinationsorientierte Sichtweise des Controlling. Er interpretiert Controlling allgemein als Komponente der Führung sozialer Systeme und stellt dabei die **Führungsunterstützungsfunktion des Controlling** in den Vordergrund. Diese Unterstützungsfunktion besteht auch hier in der (systembildenden und systemkoppelnden) **Koordination des Führungssystems** – mit schwerpunktmäßigem Bezug auf das Planungs-, Kontroll- und Informations-

---

28 Zur Zielorientierung des Controlling bei Horváth vgl. z.B. Horváth, P., Controlling, 2. Aufl., München 1986, S. 154.
Vgl. zur Ergebnisorientierung in dessen Controllingkonzept Horváth, P., Controlling, 5. Aufl., a.a.O., S. 73 u. S. 139; Horváth, P., Gentner, A., Integrative Controllingsysteme, a.a.O., S. 170ff.

29 Vgl. Reichmann, T., Controlling mit Kennzahlen, 2. Aufl., München 1990, S. 3; ders., Controlling-Konzeptionen in den 90er Jahren, in: Controllingkonzeptionen für die Zukunft – Trends und Visionen, Hrsg. P. Horváth, P. Gassert, D. Solaro, Stuttgart 1991, S. 47ff.

30 Vgl. Küpper, H.-U., Konzeption des Controlling aus betriebswirtschaftlicher Sicht, in: Rechnungswesen und EDV, 8. Saarbrücker Arbeitstagung 1987, Hrsg. A.-W. Scheer, Heidelberg 1987, S. 96ff.; Küpper, H.-U., Gestaltung des Investitions-Controlling in anlagenintensiven öffentlichen Institutionen, in: Konzepte und Instrumente von Controlling-Systemen in öffentlichen Institutionen, Hrsg. J. Weber, O. Tylkowski, Stuttgart 1990, S. 1f. sowie auch Küpper, H.-U., Controlling: Konzeption, Aufgaben und Instrumente, Stuttgart 1995, S. 13ff. Vgl. dazu ferner Schmidt, A., Das Controlling als Instrument zur Koordination der Unternehmungsführung, Frankfurt u.a. 1986, S. 29.
Küpper sieht dabei die **Gewinnorientierung** und die **Koordinationsorientierung** als die beiden grundlegenden **alternativen Problemstellungen bzw. Zielsetzungen des Controlling** an. Aus seiner Sicht wird die Koordination des Führungssystems durch andere Bereiche nicht genügend abgedeckt, so daß er die Koordinationsorientierung des Controlling für die Begründung eines eigenständigen Controllingkonzepts für am besten geeignet hält. Vgl. hierzu ausführlich Küpper, H.-U., Konzeption des Controlling aus betriebswirtschaftlicher Sicht, a.a.O., S. 90ff. u. S. 97ff. sowie ferner auch Alter, R., Integriertes Projektcontrolling, Diss. Gießen 1991, S. 46.

31 Küpper, H.-U., Konzeption des Controlling aus betriebswirtschaftlicher Sicht, a.a.O., S. 104.

system. Wie Küpper so betont auch Weber, **daß Controlling nicht an eine spezielle Zielsetzung, wie z. B. das Ergebnisziel, gebunden sei** [32].

Im Hinblick auf die dem Controlling zuzurechnenden **Koordinationsaufgaben im Sinne einer umfassenden Führungskoordination,** wie sie von Küpper und Weber vertreten wird, empfiehlt **Schneider,** eine **Einschränkung** vorzunehmen. Die Koordination von Führungsaufgaben sollte sich danach zum einen auf die Erstellung der **Unternehmungsplanung** beziehen und somit auf die Koordination der Einzelpläne zu einer gesamtunternehmungsbezogenen Planung. Zum anderen bezieht sich diese Einschränkung auf das **interne Rechnungswesen,** das der Kontrolle der Planerreichung dient und damit wiederum auch Ausgangszahlen für künftige Planungen bereitstellt [33].

Es wird dabei deutlich, daß die von Schneider empfohlene Einschränkung der umfassenden Koordinationsorientierung des Controlling in **Übereinstimmung mit dem hier vertretenen Controllingkonzept** steht, bei dem Aufgabenkomplexe der Unternehmungsplanung mit integrierter ergebnisorientierter Planungsrechnung und das (interne) Rechnungswesen im Vordergrund stehen.

Zur zusammenfassenden Gegenüberstellung der hier charakterisierten Controllingkonzepte vgl. auch Abbildung 58.

5.2.2 Spezielle Aufgaben und spezielle Instrumente des Controlling

Aus der generellen Aufgabe des Controlling, die im Rahmen des hier vertretenen Konzeptes in der informationellen Sicherung ergebnisorientierter Unternehmungsführung gesehen wird, können verschiedene **spezielle Controllingaufgaben abgeleitet** werden.

Die **speziellen Aufgaben des Controlling** beziehen sich dabei auf die **Anwendung bzw. Nutzung** der Komplexe

- **Unternehmungsplanung und -kontrolle** (insbesondere auf die ergebnis-, zum Teil auch liquiditätsorientierte **Planungs- und Kontrollrechnung**);
- **Rechnungswesen als Dokumentationsrechnung**;
- primär **ergebnisorientierte Informationserstellung und -erstattung**

sowie auf die **Gestaltung** von **Systemen, Verfahren und organisatorischen Strukturen** für diese

---

32 Vgl. Weber, J., Einführung in das Controlling, Teil 1: Konzeptionelle Grundlagen, a.a.O., S. 29 ff.; ders., Die Koordinationssicht des Controlling, in: Controlling, Hrsg. K. Spremann, E. Zur, Wiesbaden 1992, S. 169 ff. sowie auch Küpper, H.-U., Weber, J., Zünd, A., Zum Verständnis und Selbstverständnis des Controlling, ZfB 1990, S. 281 ff. und Küpper, H.-U., Controlling: Konzeption, Aufgaben und Instrumente, a.a.O., S. 13 ff.
Zur Entwicklung eines „koordinationsorientierten Controlling-Paradigmas“ vgl. ferner Lehmann, F.-O., Zur Entwicklung eines koordinationsorientierten Controlling-Paradigmas, ZfbF 1992, S. 45 ff.

33 Vgl. hierzu Schneider, D., Controlling als „Koordinationsfunktion innerhalb eines dezentralen, planungs- und kontrolldeterminierten Führungsparadigmas“?, DB 1991, S. 1790 sowie auch Schneider, D., Versagen des Controlling durch eine überholte Kostenrechnung, DB 1991, S. 765 ff.; Weber, J., Versagen des Controlling? – Ein Beitrag zur Theoriefindung, DB 1991, S. 1785 ff.

		Hahn	Horváth	Reichmann	Küpper	Weber
Primäre Ausrichtung des Controlling auf	Alle Unternehmungsziele	–	–	–	Gesamtes Zielsystem der Unternehmung	Gesamtes Zielsystem der Unternehmung
	Ausgewählte Unternehmungsziele	Ergebnisziel	Ergebnisziel	Ergebnisziel	–	–
Ziel des Controlling		Ergebnisoptimierung	Ergebnisoptimierung	Ergebnisoptimierung	Koordinationsoptimierung	Koordinationsoptimierung
Generelle Aufgabe des Controlling		Informationelle Sicherung bzw. Sicherstellung ergebnisorientierter Planung, Steuerung u. Kontrolle – vielfach verbunden mit einer Integrations- bzw. Systemgestaltungsfunktion, grundsätzlich verbunden mit einer Koordinationsfunktion	Ergebnisorientierte systembildende und systemkoppelnde Koordination von Planung und Kontrolle sowie Informationsversorgung	Informationsbeschaffung und -verarbeitung zur Planerstellung, Koordination und Kontrolle	Koordination des Führungssystems (Bestandteile des Führungssystems: Organisation, Planungs- u. Kontrollsystem, Informationssystem, Personalführungssystem, Zielsystem, Führungsgrundsätze)	Systembildende und systemkoppelnde Koordination des Führungssystems mit schwerpunktmäßigem Bezug auf Planungs-, Kontroll- und Informationssystem

Abb. 58: Zusammenfassende Gegenüberstellung ausgewählter Controllingkonzepte[34]

34 Vgl. ähnlich Schweitzer, M., Friedl, B., Beitrag zu einer umfassenden Controlling-Konzeption, in: Controlling, Hrsg. K. Spremann, E. Zur, Wiesbaden 1992, S. 144f.

Aufgabenkomplexe (vgl. hierzu auch Abbildung 59a). Im Rahmen der Gestaltungsfunktion entwirft dabei das Controlling federführend die erforderlichen Systeme, Verfahren und auch organisatorische Strukturen. Diese bedürfen jedoch i.d.R. der Zustimmung des obersten Führungsgremiums [35].

Controlling beinhaltet also **Beratungs- bzw. Dienstleistungsfunktionen, Mitentscheidungsfunktionen sowie Entscheidungs- und Durchführungsfunktionen** in unterschiedlichster Ausprägung. Diese speziellen Controllingaufgaben beziehen sich dabei auf die Gesamtunternehmung, Unternehmungs- und Regionalbereiche, Funktionsbereiche, Produkte und Dienstleistungen, Programme und Projekte in allen organisatorischen Ebenen. Die in Abbildung 59a dargestellte Systematisierung der speziellen Controllingaufgaben in **Nutzungs- und Gestaltungsaufgaben** ist dabei voll kompatibel mit der Unterteilung der Controllingaufgaben nach Horváth [36].

Da die ergebnis- und liquiditätsorientierte Planungs- und Kontrollrechnung als integraler Bestandteil des Planungs- und Kontrollsystems einer Unternehmung interpretiert wird, gehört zu den vorrangigen Aufgaben des Controlling zwingend auch die Gestaltung und Nutzung eines hierfür adäquaten Planungs- und Kontrollsystems. Die **Gestaltungsaufgabe** besteht dabei in der Konzipierung des Planungs- und Kontrollsystems mit integrierter Planungs- und Kontrollrechnung, z. B. wie wir es aus theoretischer Sicht in Teil I, Abschnitt 3 und in Teil II abgeleitet haben. Die Durchführung bzw. Anwendung der ergebnis- und liquiditätsorientierten Planungs- und Kontrollrechnungen und die Erstellung von Plänen und Berichten stellen den Gegenstand der **Nutzungsaufgabe** dar (vgl. hierzu auch die folgenden Teile). Im Hinblick auf die Planungs- und Kontrollaufgaben des Controlling ist dabei zu beachten, daß dem Controlling i.d.R. nicht die inhaltlich-materielle Planung und Kontrolle obliegen. Diese Aufgaben obliegen grundsätzlich den Führungskräften in den verschiedenen Funktionsbereichen der Unternehmung sowie bei bestimmten Entscheidungen der Gesamtunternehmungsführung. Das Controlling ist vielmehr hauptsächlich führungsunterstützend tätig – allein verantwortlich allerdings für die Durchführung der gesamtunternehmungsbezogenen Ergebnis- und Finanzplanungen und die hiermit verbundene Koordi-

---

35 Vgl. zu den Aufgaben des Controlling auch Hahn, D., Stand und Entwicklungstendenzen des Controlling in der Industrie, a.a.O., S. 269ff.; ders., Strategische Führung und Strategisches Controlling, a.a.O., S. 127 sowie ferner Agthe, K., Controller, a.a.O., Sp. 353f.; Beyer, H.-T., Die finanzwirtschaftliche Organisation der Unternehmung, a.a.O., S. 208f.; Bramsemann, R., Handbuch Controlling – Methoden und Techniken, a.a.O., S. 48ff.; Horváth, P., Aufgaben und Stellung des Controllers, BFuP 1978, S. 129ff.; ders., Controlling, 5. Aufl., a.a.O., S. 191ff. u. S. 372ff.; Kaltenhäuser, U., Das Aufgabenfeld des Controllers – von der Rechnungsverantwortung zur Mit-Entscheidung, ZfürO 1979, S. 429ff.; Knecht, H.-W., Controllership – Eine organisatorische Konzeption betrieblicher Informationszentralisation, in: Das Büro als Zentrum der Informationsverarbeitung, Hrsg. E. Grochla, Wiesbaden 1971, S. 69f.; Küpper, H.-U., Controlling: Konzeption, Aufgaben und Instrumente, a.a.O., S. 59ff.; Schröter, K., Operatives Controlling, FB/IE 1990, S. 256ff.; Sieben, H. O., Controlling als Koordinierungsinstrument in internationalen Unternehmen, BFuP 1978, S. 148ff.; Solaro, D., Controller, in: HWO, Hrsg. E. Frese, 3. Aufl., Stuttgart 1992, Sp. 432ff.; Welge, M.K., Unternehmungsführung, Bd. 3: Controlling, Stuttgart 1988, S. 96ff.; Wickenhäuser, F., EDV – Instrument des Controllers, Diss. München 1970, S. 30; Willson, J.D., Colford, J.P., The New Controller – With Five Redefined Chores, FE 1991, March/April, S. 22ff. Remmel betont dabei besonders die gestaltenden und konzeptionellen Aufgaben des Controlling, „wobei Konzepte zur integrativen Planung, Steuerung und Überwachung der wesentlichen betrieblichen Prozesse immer stärker in den Vordergrund treten.“ Remmel, M., Zum Verständnis und Selbstverständnis des Controlling – Anmerkungen, in: Controlling, Hrsg. H. Albach, J. Weber, ZfB-Ergänzungsheft 3/91, a.a.O., S. 12f.

36 Horváth spricht dabei von systemkoppelnder und systembildender Koordination; vgl. Horváth, P., Controlling, 5. Aufl., a.a.O., S. 121ff.

Ziel des Controlling:	
Ergebnisoptimierung unter Beachtung der Liquiditätssicherung	
Generelle Aufgabe des Controlling:	
Informationelle Sicherung bzw. Sicherstellung ergebnisorientierter Planung, Steuerung und auch Überwachung des Unternehmungsgeschehens – vielfach verbunden mit einer Integrations- bzw. Systemgestaltungsfunktion, grundsätzlich verbunden mit einer Koordinationsfunktion, primär auf der Basis des Zahlenwerks des Rechnungs- und Finanzwesens (möglichst verkettet in einer betriebswirtschaftlich-technischen Daten-, Modell- und Wissensbank)	
Spezielle Aufgaben des Controlling:	
Unternehmungsplanung und -kontrolle, insbesondere ergebnisorientierte, z. T. liquiditätsorientierte Planungs- und Kontrollrechnung **Mitwirkung** oder **Mitentscheidung** bei – genereller Zielplanung und -kontrolle – strategischer Planung und Kontrolle – operativer Planung und Kontrolle **Koordination** aller Teilplanungen mit **Durchführung** der – periodischen Ergebnis- und Finanzplanungen und -kontrollen – Kapitalwertplanungen und -kontrollen **Rechnungswesen/Dokumentationsrechnungen** **Durchführung** der – Kosten- und Erlösrechnung sowie ggf. – Buchhaltung, GuV, Bilanz – Steuern, Zölle **Information** **Durchführung** der primär ergebnisorientierten Informationserstellung und -erstattung für – interne interessierte Gruppen – externe interessierte Gruppen **Nutzungsaufgabe**	**Entscheidung** oder **Mitentscheidung** über System mit Verfahren, Organisation **Gestaltungsaufgabe**

Abb. 59a: Ziel und Aufgaben des Controlling

nierung aller Teilplanungen, die Durchführung des Rechnungswesens als Dokumentationsrechnung, hieraus resultierende Informationen und hierfür erforderliche Systeme, Verfahren und Organisationsstrukturen (vgl. hierzu auch Abbildung 59a).

Die **Unterstützungsfunktionen** des Controlling im Hinblick auf eine ergebnisorientierte Unternehmungsführung nehmen heute in fast allen Aufgabenbereichen zu. Dabei kann nur ein **kooperativer Führungsstil mit Zielvereinbarungen und gemeinsamen Auswertungsgesprächen** zwischen dem Controlling und den jeweiligen Führungseinheiten die Erreichung des Controllingziels gewährleisten[37]. Von besonderer Bedeutung ist dabei auch die Abgrenzung der verschiedenen Aufgabenbereiche.

Die **Abgrenzung der Controllingaufgaben** von anderen Aufgabenbereichen der Unternehmung zeigt Abbildung 59b.

Die Aufgaben des Rechnungswesens können bei der Festlegung der Controllingaufgaben unterschiedlich organisatorisch zugeordnet werden – in Abhängigkeit davon, ob das sogenannte **deutsche oder amerikanische (Kern-)Controllingkonzept** zugrunde gelegt wird (vgl. hierzu auch Teil V, Abschnitt 1). Im **amerikanischen (Kern-)Controllingkonzept** werden dem Controlling in jedem Falle auch die Aufgaben des externen Rechnungswesens zugeordnet. Im Rahmen des **deutschen (Kern-)Controllingkonzepts** steht hingegen das interne Rechnungswesen in unterschiedlichster Ausprägung als Planungs-, Dokumentations- und Kontrollrechnung im Mittelpunkt, während das externe Rechnungswesen hier nicht dem Controlling zugeordnet wird[38].

Insbesondere wird in der Literatur die Abgrenzung des Controlling von der strategischen Planung und Kontrolle sowie von den Aufgabenbereichen Treasuring und Revision diskutiert.

Bezüglich der Abgrenzung des Controlling von der **strategischen Planung und Kontrolle** sind in der Literatur unterschiedliche Interpretationsansätze zu finden. Im Rahmen des hier zugrunde gelegten Konzeptes kann das Controlling im Rahmen seiner **Führungsunterstützungsfunktion für strategische Planungen sowie für entsprechende Steuerungen und Kontrollen** als **strategisches Controlling** interpretiert werden[39]. Strategische Controllingaufgaben können vom Controlling, einer Abteilung Unternehmungsplanung oder gegebenenfalls von einer gesondert vorhandenen Abteilung Strategische Planung wahrgenommen werden.

Im Hinblick auf das Aufgabengebiet des **Treasuring** kann das **Controlling** nach The Prentice-Hall Editorial Staff prinzipiell wie folgt abgegrenzt werden: „The treasurer is responsible for money management activities, the controller serves as chief accountant and financial planner.“[40] Dem Controller obliegt dabei die mittel- und langfristige Finanz- bzw. Liquiditäts-

---

37 Vgl. dazu Hahn, D., Konzepte und Beispiele zur Organisation des Controlling in der Industrie, a.a.O., S. 5; Krüger, W., Controlling: Gegenstandsbereich, Wirkungsweise und Funktionen im Rahmen der Unternehmungspolitik, BFuP 1979, S. 163 sowie auch Krystek, U., Vertrauensbasiertes Controlling, Controlling 1990, S. 332f.

38 Vgl. zum amerikanischen und deutschen (Kern-)Controllingkonzept Hahn, D., Hat sich das Konzept des Controllers in Unternehmungen der deutschen Industrie bewährt?, a.a.O., S. 101ff.; ders., Konzepte und Beispiele zur Organisation des Controlling in der Industrie, a.a.O., S. 8ff.; ders., Stand und Entwicklungstendenzen des Controlling in der Industrie, a.a.O., S. 267ff.

39 Vgl. zum Begriff des strategischen Controlling ausführlich Hahn, D., Strategische Führung und Strategisches Controlling, a.a.O., S. 126ff. sowie die dort zitierte Literatur; ferner Dellmann, K., Eine Systematisierung der Grundlagen des Controlling, in: Controlling, Hrsg. K. Spremann, E. Zur, Wiesbaden 1992, S. 134.

40 The Prentice-Hall Editorial Staff (Hrsg.), Corporate Treasurer's and Controller's Encyclopedia, a.a.O., S. 15.

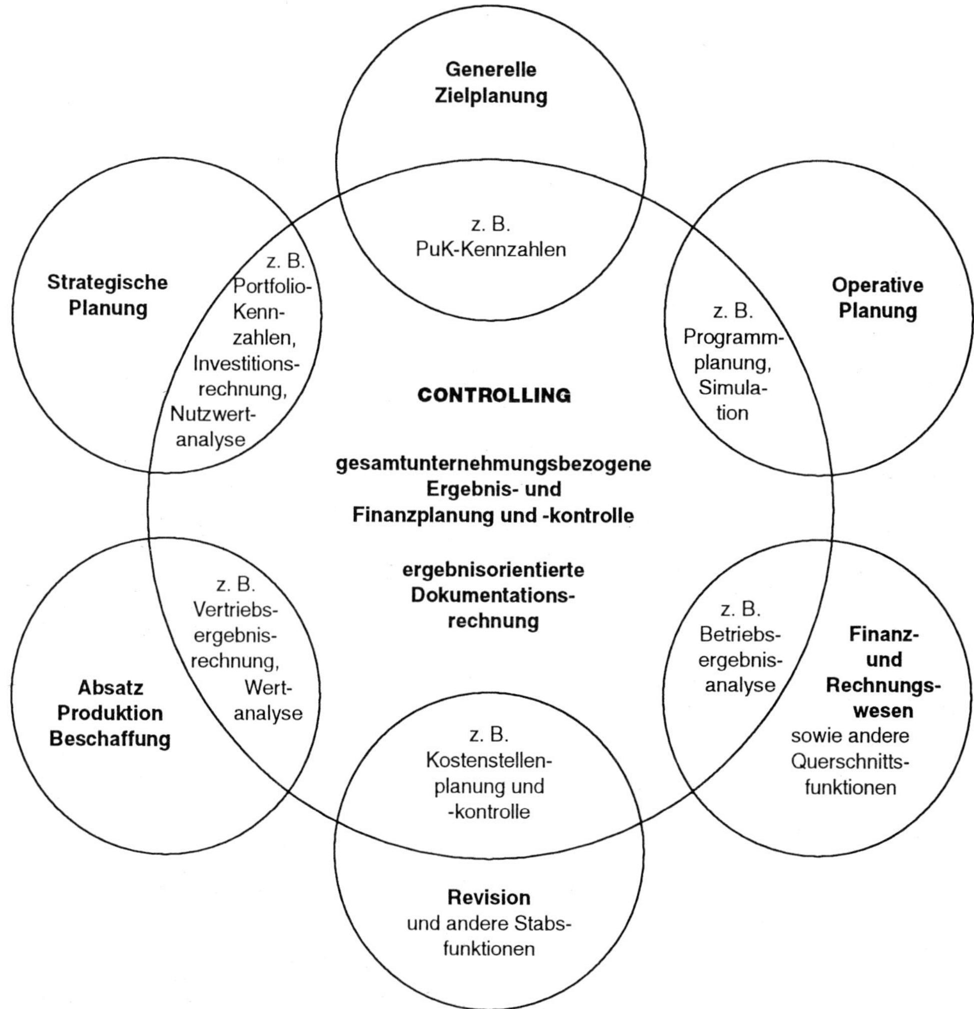

Abb. 59b: Abgrenzung der Controllingaufgaben

planung, während dem Treasurer die kurzfristige Liquiditätsplanung sowie die Sicherung der Liquidität im Rahmen des Cash-Management übertragen werden, ferner auch die Kapitalbeschaffung und gegebenenfalls die Auftragsfinanzierung.

Die Aufgaben der **internen Revision** werden teilweise als Bestandteil des Controlling interpretiert[41]. Im Gegensatz zu den USA hat sich im deutschsprachigen Raum jedoch die Einbeziehung der Revision in das Controlling überwiegend nicht durchgesetzt[42]. Gegen-

41 So interpretiert Horváth z. B. die Revision als Koordinationskontrolle und betrachtet die Revision insofern als Bestandteil des Controlling. Vgl. z. B. Horváth, P., Controlling, 5. Aufl., a.a.O., S. 757 ff.

42 Vgl. hierzu z. B. auch Harbert, L., Controlling-Begriff und Controlling-Konzeption, a.a.O., S. 313; Baumgartner, B., Die Controller-Konzeption, a.a.O., S. 74 ff.

stand der Revision ist die Überprüfung aller Aufgabenbereiche einer Unternehmung im Hinblick auf die gesetzlich oder organisatorisch geregelte Ordnungsmäßigkeit der Durchführung spezifischer Tätigkeiten. Somit ist auch die Überprüfung der Controllingtätigkeiten Gegenstand der Revision. Die Revision ist zudem im Gegensatz zum Controlling in ihrer Vorgehensweise unabhängig vom laufenden Geschäftsprozeß und grundsätzlich retrospektiv orientiert. Daher sollte aus unserer Sicht die Revision grundsätzlich nicht zum Controlling gehören. Die Einbeziehung der Revision in das Controlling erscheint uns nur dann gerechtfertigt, wenn die Revision schwerpunktmäßig auch betriebswirtschaftliche Beratungsaufgaben und Sonderuntersuchungen mit wahrnimmt[43].

Zur Erfüllung der oben angesprochenen Controllingaufgaben sind spezifische betriebswirtschaftliche **Systeme und Verfahren** erforderlich, mit deren Hilfe diese Aufgaben bestmöglich erfüllt werden können. In Abbildung 60 sind ausgewählte **Controllinginstrumente** dargestellt und den verschiedenen Aufgabenkomplexen des Controlling zugeordnet. Als **wichtigstes Integrations- und Koordinationsinstrument des Controlling** ist dabei das **Planungs- und Kontrollsystem mit integrierter ergebnis- und liquiditätsorientierter Planungs- und Kontrollrechnung** anzusehen (vgl. Abbildung 50 in Teil II, Abschnitt 4.1). Dies wiederum erfordert auch ein entsprechend aufgebautes **System des Rechnungs- und Finanzwesens als Dokumentationssystem.** Die ergebnis- und liquiditätsorientierte Planungs- und Kontrollrechnung ist dabei als Instrument zur Verbesserung des Ergebnisses durch Verbesserung des Führungsprozesses anzusehen. Sie beinhaltet die zielorientiert gestaltende quantitative Vorwegnahme künftigen Geschehens im Zusammenhang mit der Unternehmung und die quantitative Darstellung des tatsächlichen Geschehens. In den folgenden Teilen werden Controllinginstrumente im Rahmen der jeweils behandelten Aufgabenstellung noch näher erörtert. Dabei ist zu beachten, daß der effiziente Einsatz der Controllinginstrumente heute eine intensive EDV-Unterstützung erfordert (vgl. hierzu auch Teil V, Abschnitt 2)[44].

Vor dem Hintergrund eines ständig steigenden internationalen Wettbewerbsdrucks muß heute auch das Controlling in der Lage sein, flexibel zu (re)agieren sowie schnell aktuelle ergebnis- und liquiditätsorientierte Informationen zur Unterstützung der Unternehmungsführung bereitzustellen. Um diesen Anforderungen gerecht zu werden, besteht zunehmend die allgemeine **Tendenz zu einfachen und flexiblen Instrumenten und Strukturen.** Parallel zu

---

43 Vgl. hierzu auch Hahn, D., Konzepte und Beispiele zur Organisation des Controlling in der Industrie, a.a.O., S. 7 sowie ferner Schmid, R., Abgrenzung von Controlling und Interner Revision, in: Handbuch Controlling, Hrsg. E. Mayer, J. Weber, Stuttgart 1990, S. 379ff.; Thom, N., Cantin, F., Controlling und Auditing, in: Controlling, Hrsg. K. Spremann, E. Zur, Wiesbaden 1992, S. 196ff.

44 Vgl. zu den Instrumenten des Controlling Hahn, D., Stand und Entwicklungstendenzen des Controlling in der Industrie, a.a.O., S. 278ff.; ders., Controlling – Stand und Entwicklungstendenzen unter besonderer Berücksichtigung des CIM-Konzeptes, in: 8. Saarbrücker Arbeitstagung 1987, Rechnungswesen und EDV, Hrsg. A.W. Scheer, Heidelberg 1987, S. 17ff.; ders., Kostenrechnung und Controlling, a.a.O., S. 157ff.; Horváth, P., Controlling, 5. Aufl., a.a.O., S. 203ff.; ders., Das Controlling-Konzept, München 1991, S. 32ff. sowie auch Bramsemann, R., Handbuch Controlling – Methoden und Techniken, a.a.O., S. 227ff.; Lachnit, L., EDV-gestützte Unternehmensführung in mittelständischen Betrieben, a.a.O., S. 36ff.; ders., Controllingsystem zur DV-gestützten Erfolgs- und Finanzlenkung in mittelständischen Betrieben, Controlling 1989, S. 346ff.; Männel, W., Schmidt, R., Controlling-Konzeption, KRP 1988, S. 39ff.; Männel, W., Warnick, B., PC-gestützte operative Controlling-Anwendungen – Chancen und Probleme, in: Controlling – State of the Art und Entwicklungstendenzen, Hrsg. J. Risak, A. Deyhle, 2. Aufl., Wiesbaden 1992, S. 93ff.; Reichmann, T., Controlling mit Kennzahlen, a.a.O., S. 15ff.; Reichmann, T., Voßschulte, A., Kennzahlengestütztes Controlling für national und international tätige Unternehmen, in: Controlling – State of the Art und Entwicklungstendenzen, Hrsg. J. Risak, A. Deyhle, 2. Aufl., Wiesbaden 1992, S. 69ff.; Weber, J., Einführung in das Controlling, Teil 2: Instrumente, 3. Aufl., Stuttgart 1991.

Mitwirkungsaufgaben: Generelle Zielplanung, strategische und operative Planung (in Kopplung mit Eigenaufgaben)	
Aufgaben	**Instrumente**
– Analysen, Prognosen	– Benchmarking – Frühwarnsysteme, Szenariotechnik
– Projektplanung, Produktplanung	– Netzplantechnik (NPT) – Wertanalyse – Nutzwertanalyse, AHP – Projekt- und Produktkalkulation, auch Target Costing – Wirtschaftlichkeitsrechnungen/ Investitionsrechnungen
– Funktionsbereichsplanung	– Gemeinkostenwertanalyse (GWA) – Zero-Base Budgeting (ZBB) – Nutzwertanalyse, AHP – Kalkulation – Kostenstellenrechnung – Wirtschaftlichkeitsrechnungen/ Investitionsrechnungen
– Programmplanung mit Kapazitätsplanung (strategisch) mit Kapazitätsbelegungsplanung (operativ)	– Portfolioanalyse – Break-Even-Analyse – Nutzwertanalyse, AHP – Wirtschaftlichkeitsrechnungen/ Investitionsrechnungen – Stufenweise Deckungsbeitragsrechnungen – Modelle mit Simulation, Linearer Programmierung (LP)
Eigenaufgaben: Ergebnis- und Finanzplanung (gesamtunternehmungsbezogen)	
Aufgaben	**Instrumente**
– Deckungsbeitragsplanung – Betriebsergebnisplanung – Unternehmungsergebnisplanung – Kapitalwertplanung – Finanzplanung	– PuK-Grundkonzept – PuK-Kennzahlensystem – integriertes, internes und externes Rechnungswesen und Finanzwesen
= Koordinierung Gesamtunternehmungsplanung/ Divisionplanung	– Gesamtunternehmungsmodelle mit Simulation, Gemischt-ganzzahliger Programmierung
Technisch-betriebswirtschaftliche Daten-, Modell- und Wissensbank – Grundrechnung	

Abb. 60: Aufgabenkomplexe und Instrumente des Controlling

den Überlegungen des Lean Management kann dabei von einer **Vereinfachung** sowie einer **inhaltlichen und zeitlichen Flexibilisierung des Controlling** gesprochen werden, die erforderlich sind, um auch in Zukunft eine ergebnisorientierte Unternehmungsführung erfolgreich sicherstellen zu können[45].

Fragt man nach den weiteren **Entwicklungstendenzen des Controlling** (vgl. Abbildung 61), kann man eine zunehmende **Integration des Controlling und der Controller** feststellen:

- in die **wettbewerbs- sowie kunden- und lieferantenorientierte, globale Geschäftstätigkeit** (Target Costing, Benchmarking, Total Quality Management, KVP, Sourcing-Konzepte),
- in die **eigenkapitalgeberorientierte sowie die eigenkapitalgeber- und führungskräfteorientierte Ausrichtung der Unternehmungsführung** (Shareholder Value, Residualer Unternehmungskapitalwert),
- in die **mitarbeiterorientierte, dezentralisierte Organisation** (Center-, Team- und Selfcontrolling),
- in die **prozeßorientierte Organisation** (Prozeß- und Projektcontrolling),
- in **technische und finanzwirtschaftliche Aufgaben** (technisch-betriebswirtschaftliche Datenbank/CIM, BOT/BOO, differenzierte Kapitalwertrechnung und Finanzierungsrechnung),
- in die **Sachziel- und Personalbeurteilung** (insbesondere Vereinbarungen von Planzielen, auch als Beurteilungsgrundlage in Anreizsystemen) sowie
- in die **Gesamtverantwortung der Unternehmungsführung** (Ergebnistransparenz gegenüber Kapitalgebern, Sozialpartnern und der allgemeinen Öffentlichkeit).

---

45 Vgl. hierzu Can, K., Grevener, H., Lean Management – Neue Herausforderungen für das Controlling, KRP 1994, S. 68 ff.; Horváth, P. (Hrsg.), Effektives und schlankes Controlling, Stuttgart 1992; Reiß, M., Höge, R., Schlankes Controlling in segmentierten Unternehmen, BFuP 1994, S. 210 ff.; Scherm, E., Lean Planning & Lean Controlling, ZP 1993, S. 249 ff.

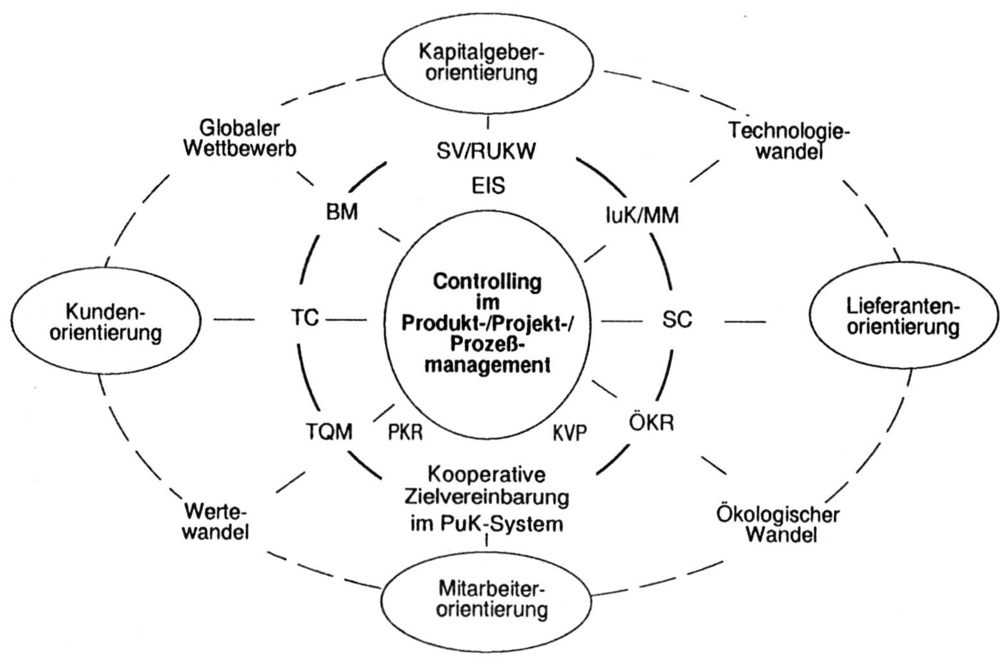

Legende

SV/RUKW =	Shareholder Value/ Residualer Unternehmungskapitalwert	ÖKR =	Ökologische Kostenrechnung
		SC =	Sourcing Controlling
BM =	Benchmarking	IuK/MM =	Informations- und Kommunikationstechnologie/ Multimedia
TC =	Target Costing		
TQM =	Total Quality Management	EIS =	Executive Information System
PuK-System =	Planungs- und Kontrollsystem	KVP =	Kontinuierlicher Verbesserungsprozeß
		PKR =	Prozeßkostenrechnung

Abb. 61: Entwicklungstendenzen des Controlling – Integration des Controlling in eine verstärkt kunden-, lieferanten-, kapitalgeber- und mitarbeiterorientierte Führung mit entsprechenden Instrumenten

5.3 Führungskräfte und Führungshilfen als Träger des Controlling – als Träger der Gestaltung und Nutzung von Planungs- und Kontrollsystemen mit integrierter Planungs- und Kontrollrechnung

Bei der Erörterung des Führungsprozesses haben wir dargestellt, daß Planung, Steuerung und Kontrolle als Tätigkeiten der Führung anzusehen sind (vgl. Teil I, Abschnitt 1.2.2). Planung (Planaufstellung und Planverabschiedung), Steuerung (hier im Sinne der Planvorgabe mit Veranlassung der Durchführung der Ergebnisse der Planungsprozesse) und schließlich Planerreichungskontrolle sind von den Führungskräften einer Unternehmung vorzunehmen. Von allen Führungskräften sind Ziele und Maßnahmen im Hinblick auf die ihnen jeweils unterstellte organisatorische Einheit zu planen, zu steuern und deren Erreichung zu kontrollieren.

Planverabschiedung (Ziel- und Maßnahmenfestlegung) und **Planvorgabe** (Ziel- und Maßnahmenvorgabe) sowie alle wichtigen **Planerreichungskontrollen** (Total- oder gegebenenfalls nur Partialkontrollen) sind **unabdingbare Tätigkeiten der Führungskräfte**[46] (der Linieninstanzen sowie der Koordinationsinstanzen mit lediglich sachlichen Entscheidungs- und gegebenenfalls Anordnungskompetenzen). Mit wachsender Bedeutung des Planungsgegenstandes (-problems) für die Unternehmung sollten sich dabei die Führungskräfte im Rahmen des Planungsprozesses nicht nur an der Formulierung der Planungsprobleme und damit der jeweils relevanten Ziele, sondern auch an der Alternativensuche und -beurteilung beteiligen, also an jenen Phasen des Planungsprozesses, die der Planverabschiedung (der Festlegung der Lösungsalternative) vorausgehen.

Grundsätzlich werden die Führungskräfte auf allen Führungsebenen bei der Planaufstellung und -kontrolle von Führungskräften anderer Führungsebenen und vor allem von **Führungshilfen** (Führungsgehilfen)[47] unterstützt. Bei den Führungshilfen handelt es sich um Personen, die ausschließlich oder überwiegend **Planungsvorbereitungen** (Entscheidungsvorbereitungen) **und/oder -kontrollen für Führungskräfte** übernehmen[48].

Bei der Nutzung eines Planungs- und Kontrollsystems und damit einer ergebnis- und liquiditätsorientierten Planungs- und Kontrollrechnung in der beschriebenen Form sind **Planung und Kontrolle multipersonale, mehrstufige, sachlich und zeitlich verkettete Prozesse,** in die Planungs- und Kontrolltätigkeiten von einzelnen Personen auf allen Unternehmungsebenen eingebunden sind.

46 Vgl. Teil I; ferner Bleicher, K., Organisation der Unternehmensplanung, in: Unternehmungsplanung, Hrsg. J. Wild, Reinbek 1975, S. 303; Hahn, D., Planung, Organisation der, in: HWO, Hrsg. E. Frese, 3. Aufl., Stuttgart 1992, Sp. 1981; Steiner, G. A., Top Management Planung, a.a.O., S. 131 f.; Szyperski, N., Müller-Böling, D., Aufgabenspezialisierung in Planungssystemen, a.a.O., S. 133 f.; Töpfer, A., Planungs- und Kontrollsysteme industrieller Unternehmungen, a.a.O., S. 154.

47 Vgl. Schwarz, H., Betriebsorganisation als Führungsaufgabe, a.a.O., S. 31 ff. sowie Krüger, W., Organisation der Unternehmung, 3. Aufl., Stuttgart u.a. 1994, S. 50 ff.

48 Vgl. auch Pfohl, H.-C., Planung und Kontrolle, a.a.O., S. 209 ff.

Zur Gewährleistung einer zielorientierten und effizienten Planaufstellung und -kontrolle dienen in Unternehmungen bestimmte Einheiten, die gewisse materielle Tätigkeiten bei der Planaufstellung (Information, Beratung, Koordination) und der Plankontrolle (Abweichungsermittlungen und -auswertungen) und vor allem auch formale Arbeiten beim Einsatz eines Planungs- und Kontrollsystems **zentral** für die gesamte Unternehmung vornehmen. Zudem obliegt diesen Abteilungen gewöhnlich auch die Gestaltung bzw. Weiterentwicklung von Planungs- und Kontrollsystemen mit integrierter ergebnis- und liquiditätsorientierter Planungs- und Kontrollrechnung. Es handelt sich um die Abteilung **(Zentral-)Controlling** und/oder die (Zentral-)Abteilung **Unternehmungsplanung** (in kleinen Unternehmungen repräsentiert durch den Assistenten der Geschäftsführung). Beide Institutionen können in mittleren und großen Unternehmungen durch eigene Mitarbeiter oder sogenannte Planungsbeauftragte bzw. dezentrale Controller, die als Außenstellen in den Unternehmungsbereichen fungieren, sowie durch Ausschüsse und Projektgruppen unterstützt werden. Wie erwähnt findet sich auch in großen Unternehmungen zudem häufig eine gesonderte Abteilung Strategische Planung, der auch Aufgaben im Sinne eines strategischen Controlling obliegen können (vgl. auch Teil V, Abschnitt 1).

In kleinen Unternehmungen können sowohl die Gestaltung von Planungs- und Kontrollsystemen mit integrierter ergebnis- und liquiditätsorientierter Planungs- und Kontrollrechnung als auch die laufende Erstellung und vorbereitende Auswertung von Plänen und Berichten auch **unternehmungsexternen Controlling Service-Centern** übertragen werden.

Teil III

Integrierte ergebnis- und liquiditätsorientierte Planungs- und Kontrollrechnung (PuK) im Planungs- und Kontrollsystem für Unternehmungen mit primär verrichtungsorientierter (funktionaler) Aufbauorganisation

Das von uns **vertretene Grundkonzept eines Planungs- und Kontrollsystems mit integrierter ergebnis- und liquiditätsorientierter Planungs- und Kontrollrechnung** ist **von jeder Industrieunternehmung** – und auch von Unternehmungen in anderen Branchen – **anwendbar.** Die Ausgestaltung eines rollenden, periodischen Planungs- und Kontrollsystems und damit auch die Ausgestaltung einer entsprechenden Planungs- und Kontrollrechnung richten sich stets primär nach der jeweiligen Aufbauorganisation der Unternehmung, zudem – damit zusammenhängend – nach der Programm- und Standortstruktur sowie dem praktizierten Führungsstil. Hinzu treten die aperiodischen Projektplanungen und -kontrollen mit entsprechenden Rechnungen. Von den Führungskräften jeder Führungseinheit bzw. organisatorischen Einheit sind zur Erfüllung ihrer Aufgaben auf der Basis entsprechender Planungen und Kontrollen bzw. Planungs- und Kontrollrechnungen spezifische Pläne und Berichte zu erstellen. Verabschiedete Pläne bilden die Richtschnur für künftiges Entscheiden und Handeln sowie die Grundlage für künftig notwendige Kontrollen.

Ausgehend von dem von uns vertretenen Grundkonzept wird im folgenden ein **Planungs- und Kontrollsystem** zunächst **für eine Unternehmung mit primär verrichtungsorientierter Aufbauorganisation** vorgestellt, wobei wir schwerpunktmäßig auf die Ausgestaltung der **Planungs- und Kontrollrechnung** eingehen. Die Ausführungen werden am Beispiel einer Industrieunternehmung vorgenommen, die absatz- und produktionswirtschaftlich verwandte Produkte in Massen- und Großserienproduktion herstellen und vertreiben soll. Auf Besonderheiten in Industrieunternehmungen mit anderen Produktionstypen auf einzelnen Produktionsstufen, z.B. Einzel- und Kleinserienproduktion, wird in den jeweiligen Kapiteln hingewiesen. Es wird eine Einheitsgesellschaft (eine Gesellschaft ohne Gliedbetriebe) in der Rechtsform der Aktiengesellschaft unterstellt.

Voraussetzungen für die Anwendung einer PuK als Führungsinstrument sind eine den Unternehmungsaufgaben entsprechende **Aufbauorganisation** und hierauf aufbauend ein den Unternehmungsaufgaben entsprechendes **Plansystem,** kodifiziert in einem Planrahmen. Dem Plansystem hat das Berichtssystem zu entsprechen, mit dessen Zahlenwerk ergänzend zu den Planinformationen, Dokumentations- und Kontrollinformationen erstellt werden, die mit in den Plänen angegeben werden können.

Der **Planrahmen** ist der Ordnungsrahmen aller qualitativen sowie quantitativen monetären und nichtmonetären Pläne[1]. Der Planrahmen ist daher auch bestimmend für die Ableitung und Darstellung jener Plan- und Kontrollinformationen, die Resultate der ergebnis- und liquiditätsorientierten PuK darstellen.

Planungszwecke, Planrahmen, Plan- bzw. Planungsbeziehungen, formale und inhaltliche Anforderungen an qualitative und quantitative Teilpläne, Planungs- und Kontrollverfahren und die Organisation der Planung einschließlich EDV-Einsatz sowie Erläuterung der Planungsbegriffe sind in praxi in einem **Planungshandbuch** zusammenzufassen. Es enthält im Kern die **Beschreibung des unternehmungsspezifischen Planungs- und Kontrollsystems.**

In ein solches Planungshandbuch sind als grundlegende Voraussetzungen für die Planungstätigkeit auch die Anforderungen an Umwelt- und Unternehmungsanalysen sowie Umweltprognosen aufzunehmen.

1. Voraussetzungen der PuK und ihre Kennzahlen im Überblick

1.1 Aufbauorganisation und Planrahmen

Es wird eine **Unternehmung mit primär verrichtungsorientierter** (funktionaler) **Aufbauorganisation** unterstellt, bei der nicht nur die Gesamtunternehmung und die Grundfunktionsbereiche, sondern auch integrierende, übergreifende Aufgabenbereiche organisatorische Einheiten bilden. Die Einheiten können grundsätzlich nach dem Verrichtungs-, Produkt- und/ oder Regionalprinzip weiter unterteilt werden. Zudem können zum Teil Projekte als „organisatorische Einheiten auf Zeit" eine spezifische Ausprägung der Aufbauorganisation bewirken. Abbildung 62 skizziert die hier zugrunde gelegte Aufbauorganisation.

Es wird ersichtlich, daß der generelle Aufbau eines aus dem Systemansatz abgeleiteten Planungssystems für eine Unternehmung – verstanden als zielorientierte Potential- und Aktions-/Aktionsobjektstruktur – auch auf die Gestaltung der Aufbauorganisation Einfluß nimmt. Zwischen **Organisation und Planungssystem** bestehen also **Wechselbeziehungen.**

Es sind Pläne in allen organisatorischen Einheiten aufzustellen, um zu einem geschlossenen Planungs- und Kontrollsystem mit genereller Zielplanung, strategischer Planung, operativer Planung, gesamtunternehmungsbezogener Ergebnis- und Finanzplanung sowie ggf. gesonderten Projektplanungen zu gelangen.

Für eine Unternehmung mit einer derartigen Aufbauorganisation kommen z. B. die im nachstehenden **Planrahmen** aufgeführten Teilpläne in Betracht[2]:

Planrahmen für eine Unternehmung mit primär verrichtungsorientierter Aufbauorganisation (Teilpläne – Planungsgegenstände)

1 **Grundlagen**
- 1.1 Umwelt- und Unternehmungsanalysen (Branchen- und Wertkettenanalysen mit Schwerpunkt Konkurrenzanalysen)
- 1.2 Umweltprognosen
  (nach regional-, produkt- und/oder kundenbezogen abgegrenzten Märkten)
  - Wirtschaftliche Prognosen
    (z. B. Wechselkurse, Zinsentwicklung, Bruttosozialprodukt, Arbeitslosigkeit, Bildung von Freihandelszonen)
  - Technologische Prognosen
    (z. B. technologische Entwicklung bezüglich Biotechnologie, Patentwesen)

1 In der Literatur wird vielfach nicht nur die Gliederung, sondern auch die Verknüpfung (Strukturierung) der Teilpläne mit im Planrahmen charakterisiert – vgl. z. B. Bleicher, K., Planrahmen, in: HWPlan, Hrsg. N. Szyperski, Stuttgart 1989, Sp. 1406 ff.; Götzen, G., Kirsch, W., Problemfelder und Entwicklungstendenzen der Planungspraxis, ZfbF 1979, S. 162 ff.

2 Vgl. zur Aufstellung von Planrahmen Bleicher, K., Der Planrahmen, ZfB 1960, S. 613; ders., Planrahmen, a.a.O.; Hahn, D., Planung als Instrument der Unternehmungsführung, a.a.O., S. 198 ff.; Link, J., Der Planrahmen in der Konsum- und Investitionsgüterindustrie, ZfürO 1978, S. 129 ff.

- Sozio-kulturelle Prognosen
  (z. B. Wertewandel, Bevölkerungsentwicklung)
- Ökologische Prognosen
  (z. B. Verschmutzungsgrade von Luft, Wasser, Boden)
- Politisch-gesetzliche Prognosen
  (z. B. Wahltermine und -ergebnisse, Wettbewerbs-, Steuer-, Umweltrecht)

1.3 Vision, Leitbild

2 **Generelle Zielpläne**

2.1 Sachziele: Produkt- und Dienstleistungsziele (Branche, Wirtschaftszweige, Produktkonzeptionen)

2.2 Wertziele: Ergebnisziele, Umsatzziele, Liquiditätsziele (aktuelle und strukturelle Liquidität)

2.3 Sozialziele: angestrebtes grundsätzliches Verhalten gegenüber Mitarbeitern, Kapitalgebern, Marktpartnern, genereller Öffentlichkeit und der natürlichen Umwelt

3 **Strategische Pläne** (Ziel- und Zielerreichungspläne)

3.1 Geschäftsfeldstrategieplan mit integrierten Funktionsbereichs- und Regionalstrategieplänen

3.1.1 Geschäftsfeldplan auf Gesamtunternehmungsebene
- Gesamtunternehmungsportfolio
- Strategien und Eckzahlen

3.1.2 Pläne je Geschäftsfeld
- Geschäftsfeldportfolio
- Strategien und Eckzahlen
- Plan neuer Produkte und Prozesse

3.1.3 Funktionsbereichsstrategiepläne
- Absatzstrategieplan
- Produktionsstrategieplan
- Beschaffungsstrategieplan
- Forschungs- und Entwicklungsstrategieplan
- Strategiepläne für Querschnittsfunktionsbereiche

3.1.4 Regionalstrategiepläne

3.2 Organisationsplan mit Rechtsform-/Rechtsstrukturplan

3.3 Führungssystempläne

3.3.1 Führungskräftepläne
- Nachfolgepläne
- Karrierepläne/Entwicklungspläne

3.3.2 Führungskräfteanreizsystemplan

3.3.3 Führungsinformationssystemplan

3.4 Pläne strategischer Projekte
(Beteiligungserwerb oder -veräußerung, Allianzvertrag, Infrastrukturobjekt, Reorganisation u. a.)

4 **Operative Pläne** (Ziel- und Zielerreichungspläne)

4.1 Produktprogrammplan bei gegebenen Potentialen

4.1.1 Produktarten- und -mengenplan (einschl. Beständeplan)
- Haupterzeugnisse
- Nebenerzeugnisse

4.1.2 Werteplan (Erlös-, Kosten- und Vermögensplan)

4.2 Funktionspläne

4.2.1 Absatzplan

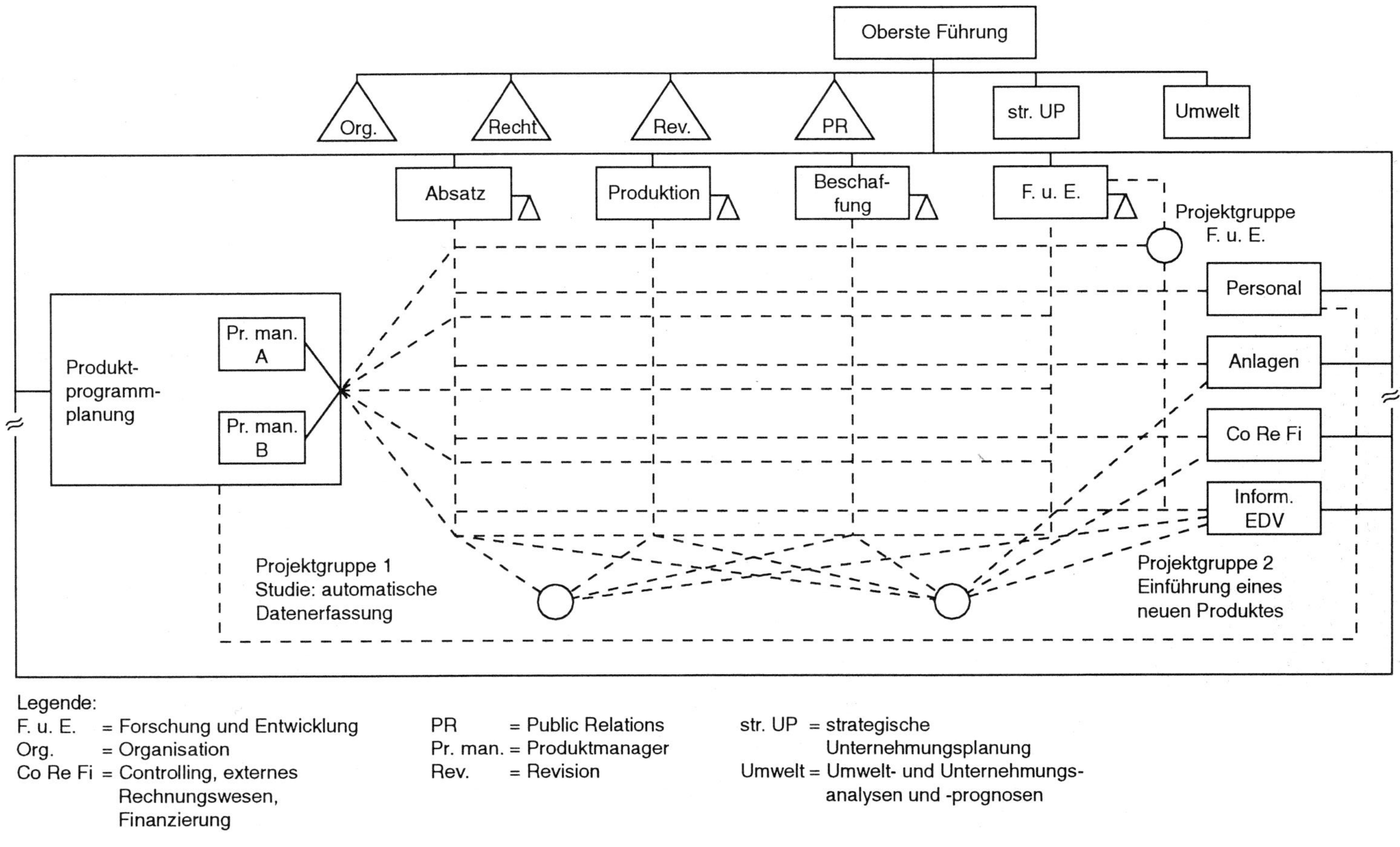

Legende:
F. u. E. = Forschung und Entwicklung
Org. = Organisation
Co Re Fi = Controlling, externes Rechnungswesen, Finanzierung
PR = Public Relations
Pr. man. = Produktmanager
Rev. = Revision
str. UP = strategische Unternehmungsplanung
Umwelt = Umwelt- und Unternehmungsanalysen und -prognosen

Abb. 62: Primär verrichtungsorientierte Aufbauorganisation mit Projektmanagement

4.2.1.1 Absatzprogrammplan
(Verkaufsprogramm nach Produkten, Märkten, Kunden)
4.2.1.2 Maßnahmenplan
- Preisgestaltung
- Vertriebsweggestaltung
- Kundendienstgestaltung
- Werbungs-/Verkaufsförderungsgestaltung

4.2.2 Produktionsplan
4.2.2.1 Produktionsprogrammplan
(Leistungserstellungsprogramm nach Produkten und Potentialen)
4.2.2.2 Maßnahmenplan
- Verbrauchsfaktorplan
- Ablaufplan (Kapazitätsbelegungspläne, Terminpläne und Materialeinsatzpläne)

4.2.2.3 Kosten- und Vermögensplan

4.2.3 Einkaufsplan
4.2.3.1 Beschaffungsprogrammplan, einschl. Beständeplan
(Roh-, Hilfs- und Betriebsstoffe)
4.2.3.2 Maßnahmenplan
4.2.3.3 Kosten- und Vermögensplan

4.2.4 Transport- und Lagerplan/Logistikplan
4.2.4.1 Transport- und Lagerprogrammplan
4.2.4.2 Maßnahmenplan
4.2.4.3 Kosten- und Vermögensplan

4.2.5 Forschungs- und Entwicklungsplan
4.2.5.1 Forschungs- und Entwicklungsprogrammplan
4.2.5.2 Maßnahmenplan
- Grundlagenforschung
- Zweckforschung
- Neu- und Weiterentwicklung, Erprobung

4.2.5.3 Kosten- und Vermögensplan

4.2.6 Personalplan
4.2.6.1 Personalprogrammplan
4.2.6.2 Maßnahmenplan
- Personalbeschaffung
- Personalentwicklung
- Personalfreisetzung

4.2.6.3 Kosten- und Vermögensplan

4.2.7 Anlagenplan
4.2.7.1 Anlagenprogrammplan
4.2.7.2 Maßnahmenplan
- Anlagenbeschaffung
- Anlageninstandhaltung
- Anlagenausmusterung

4.2.7.3 Kosten- und Vermögensplan

4.2.8 Pläne für obere Führung und Führungshilfen, Controlling und Finanzwesen, Datenverarbeitung/Information und Kommunikation sowie allgemeine Verwaltung
4.2.8.1 Plan der obersten Führung und Führungshilfen
4.2.8.1.1 Plan der obersten Führung
4.2.8.1.1.1 Programmplan

4.2.8.1.1.2 Maßnahmenplan
4.2.8.1.1.3 Kosten- und Vermögensplan
4.2.8.1.2 Plan der Stäbe und Zentralabteilungen
4.2.8.1.2.1 Programmplan
4.2.8.1.2.2 Maßnahmenplan
4.2.8.1.2.3 Kosten- und Vermögensplan
4.2.8.2 Controlling- und Finanzwesenplan
4.2.8.2.1 Programmplan
4.2.8.2.2 Maßnahmenplan
4.2.8.2.3 Kosten- und Vermögensplan
4.2.8.3 Datenverarbeitungs- und EDV-Plan/Informations- und Kommunikationswesenplan
4.2.8.3.1 Programmplan
4.2.8.3.2 Maßnahmenplan
4.2.8.3.3 Kosten- und Vermögensplan
4.2.8.4 Plan für allgemeine Verwaltung
4.2.8.4.1 Programmplan
4.2.8.4.2 Maßnahmenplan
4.2.8.4.3 Kosten- und Vermögensplan
4.3 Projektpläne (uni- und multifunktional)
4.3.1 Pläne zur Abwicklung strategischer Projekte
4.3.2 Pläne zur Abwicklung operativer Projekte;
je Plan: Projektziele
Maßnahmenplan
Kosten-, Erlös- und Vermögensplan

5 Gesamtunternehmungsbezogene Ergebnis- und Finanzpläne
5.1 Kalkulatorischer Ergebnisplan
(Kosten- und Erlösplan/Leistungsplan)
5.2 Bilanzieller Ergebnisplan
5.2.1 Aufwands- und Ertragsplan
5.2.2 Bilanzplan
5.3 Finanzplan
5.3.1 Cash-flow-Plan
5.3.2 Investitions-/Desinvestitionsplan
5.3.3 Finanzierungs-/Definanzierungsplan
5.3.4 Gesamt-Ein- und -Auszahlungsplan:
Indirekt und direkt abgeleiteter Finanzplan

6 PuK-Kennzahlenübersicht
6.1 Erläuterungen zur PuK-Kennzahlenübersicht
6.2 PuK-Kennzahlen im Rahmen der generellen Zielplanung
6.3 PuK-Kennzahlen im Rahmen der strategischen Planung
6.4 PuK-Kennzahlen im Rahmen der operativen Planung
6.5 PuK-Kennzahlen im Rahmen der gesamtunternehmungsbezogenen Ergebnis- und Finanzplanung

Ausgehend von dem gegebenen Planrahmen zeigt Abbildung 63 die **Stellung** und **Gliederung der monetären PuK im Planungssystem von Unternehmungen.**

Die im Planrahmen aufgeführten Planungsgegenstände werden als Resultate von Planungsprozessen heute in Unternehmungen in der Regel **in spezifischer Form dokumentiert.**

- **Vision, Leitbild** und damit auch qualitativ formulierte generelle Ziele werden meist in Broschürenform dargestellt und erläutert. Sie richten sich an die unternehmungsinterne und -externe Öffentlichkeit.
- **Generelle Zielpläne und strategische Pläne** als qualitativ und quantitativ ausgedrückte Resultate von Planungsprozessen werden meist in einer Planungsdokumentation „Unternehmungspolitik und Unternehmungsstrategie" zusammengefaßt. Sie enthält periodisch und aperiodisch erstellte Pläne. Diese Pläne und entsprechende Planfortschrittsberichte dienen der oberen Unternehmungsführung als Führungsinstrument.
- **Operative Pläne** als qualitativ und quantitativ ausgedrückte Resultate von periodisch durchgeführten Planungsprozessen werden meist in auch so benannten Planungsdokumentationen erfaßt, in denen vielfach auch **gesamtunternehmungsbezogene Ergebnis- und Finanzpläne** mit dargestellt werden. Die operativen Pläne und dazugehörigen Berichte dienen bei entsprechender Detaillierung den Führungskräften auf allen Führungsebenen als Führungsinstrumente. Die gesamtunternehmungsbezogenen Ergebnis- und Finanzpläne sind i.d.R. ausschließlich den oberen internen und externen Führungskräften bzw. Willensbildungszentren als Informationsinstrumente vorbehalten.
- Die wesentlichen PuK-Kennzahlen werden i.d.R. in einer **PuK-Kennzahlenübersicht** dargestellt. Diese wird auf der Basis von monetären Größen aus den Teilplanungskomplexen sowie auf der Basis entsprechender Ist-Größen periodisch und z.T. auch aperiodisch erstellt und enthält quantitative Informationskonzentrate für die obere interne Führung. Vorgeschaltete externe Willensbildungszentren (Aufsichtsräte/Beiräte, Eigner) erhalten oft Auszüge aus der PuK-Kennzahlenübersicht.

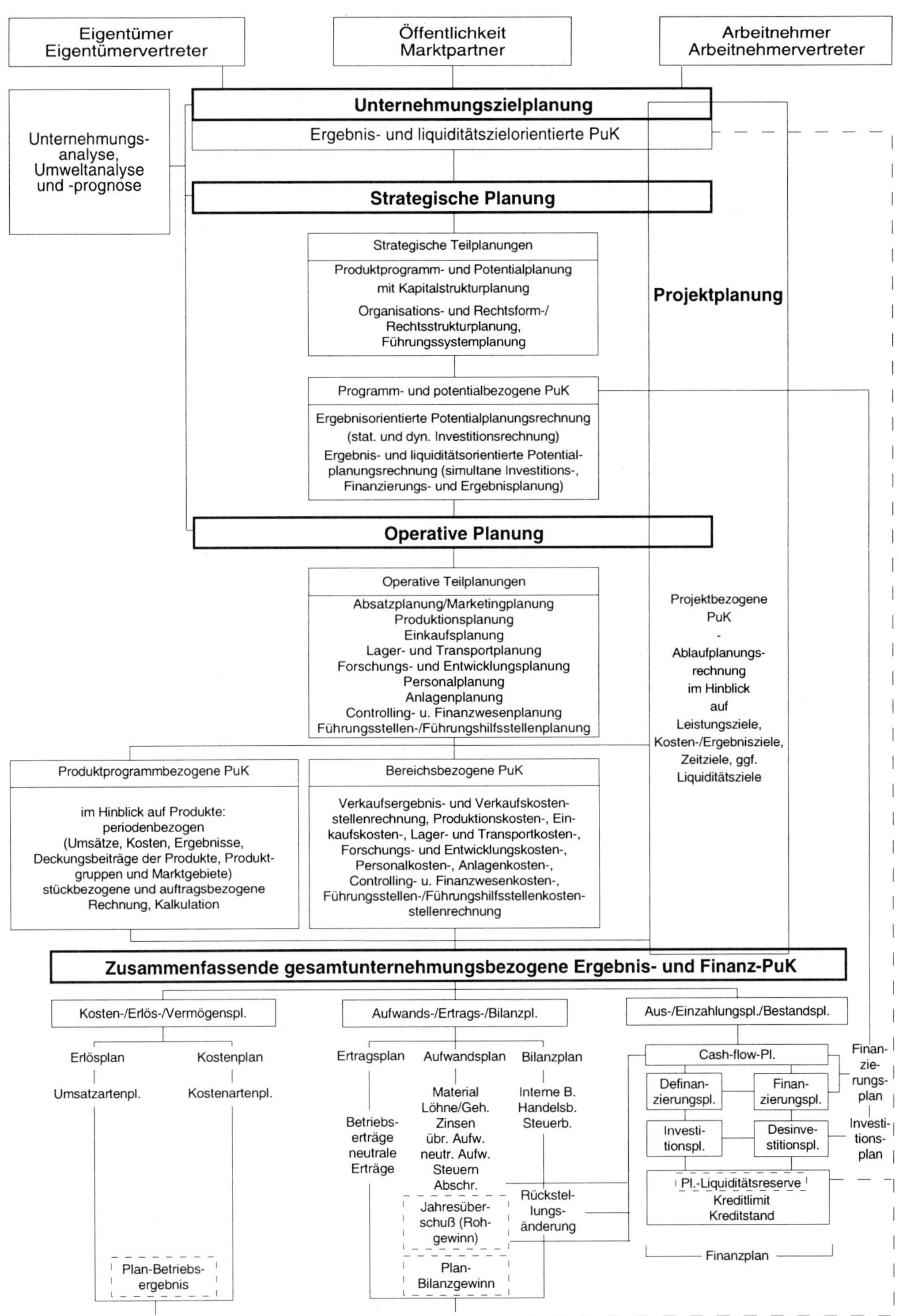

Abb. 63: Stellung und Gliederung der monetären PuK im Planungssystem der Unternehmung

1.2 PuK-Kennzahlenübersicht als Führungsinstrument

Im folgenden werden die wesentlichen PuK-Kennzahlen – verstanden als Resultate von Planungs-, Dokumentations- und Kontrollrechnungen – vorgestellt, die das tragende monetäre Soll-/Ist-Zahlenwerk für eine zielorientierte Unternehmungsführung bilden. Es werden also die **Resultate von Planungs-, Dokumentations- und Kontrollprozessen** in einer **PuK-Kennzahlenübersicht** gezeigt, bevor in gesonderten Kapiteln auf die Verfahren zur Ermittlung und Auswertung der PuK-Kennzahlen im Hinblick auf die verschiedenen Bezugsgrößen eingegangen wird. Auf der Basis des von uns abgeleiteten Grundkonzeptes eines Planungs- und Kontrollsystems mit integrierter ergebnis- und liquiditätsorientierter Planungs- und Kontrollrechnung ergibt sich eine **PuK-Kennzahlenübersicht als Führungsinstrument** mit folgenden Teilen:

(1) **Erläuterungen zur PuK-Kennzahlenübersicht**
(2) **PuK-Kennzahlen im Rahmen der generellen Zielplanung**
(3) **PuK-Kennzahlen im Rahmen der strategischen Planung**
(4) **PuK-Kennzahlen im Rahmen der operativen Planung**
   (a) Gesamtunternehmungsbezogene Produktprogramm-PuK
   (b) Funktionsbereichs-PuK (Unternehmungsbereichs-PuK)
   (c) Projekt-PuK
(5) **PuK-Kennzahlen im Rahmen der gesamtunternehmungsbezogenen Ergebnis- und Finanzplanung**

Die **PuK-Kennzahlenübersicht** zeigt das **monetäre Abbild der voraussichtlichen und tatsächlichen Entwicklung der Unternehmung in konzentrierter Form** für den erfaßten Planungshorizont. Als integraler Bestandteil des Planungs- und Kontrollsystems ist dieses Zahlenwerk vernetzt mit allen qualitativen und quantitativen Planungen und deren Erfüllungsgrad in der Unternehmung. Die EDV-gestützte Generierung der PuK-Kennzahlenübersicht erfolgt heute zunehmend im Rahmen eines Executive Information System (EIS) (vgl. dazu auch die Ausführungen in Teil V, Abschnitt 2.2.2.2).

Zu den folgenden Ausführungen dient der **Formularsatz einer PuK-Kennzahlenübersicht** (eines PuK-Berichts) mit den Abbildungen 64a bis 64n als Beispiel[3].

Bei den **PuK-Kennzahlen** handelt es sich um das in jeder Unternehmung **vom Finanzchef bzw. Controller** (und ggf. Treasurer) **zu vertretende Zahlenmaterial des Plan- und Berichtswesens.** Es sollte ergänzt werden um jeweils spezifische Kennzahlenübersichten der anderen Unternehmungsbereiche: des Absatzes, der Produktion, der Beschaffung, der Forschung und Entwicklung und auch der Querschnittsfunktionsbereiche. Als integraler Bestandteil der Planungskomplexe bzw. der im Planrahmen aufgeführten Pläne (Teilpläne) kann das gesamte Zahlenmaterial auch organisatorisch in Betreuung bei einer **Abteilung Unternehmungsplanung** liegen (vgl. Teil V, Abschnitt 1.1.1).

3 Anschauliche Beispiele für Planungs- und Kontrollrechnungskennzahlen gibt auch Lewis, R. B., Chef-Kontrolltechniken zur Gewinnverbesserung, a.a.O.

PUK-KENNZAHLENÜBERSICHT

Grundschema für die obere Führungsebene
in Unternehmungen mit primär verrichtungsorientierter
Aufbauorganisation

Inhalt:

(1.) Erläuterungen zur PuK-Kennzahlenübersicht

(2.) PuK-Kennzahlen im Rahmen der generellen Zielplanung
- Gesamtunternehmung
- Unternehmungsbereiche

(3.) PuK-Kennzahlen im Rahmen der strategischen Planung
- Produkte und Produktprogramm
- Marktorientierte Investitionsprojekte
- Sonstige Investitionsprojekte

(4.) PuK-Kennzahlen im Rahmen der operativen Planung

(4.1.) Produktprogrammbezogene PuK-Kennzahlen
- Produktgruppen/Produkte/Aufträge
- Märkte/Marktsegmente/Kunden

(4.2.) Funktionsbereichsbezogene PuK-Kennzahlen
- Absatz
- Produktion

.
.
.

- Führungshilfen

(4.3.) Projektbezogene PuK-Kennzahlen
- Projekte der operativen Planung
- Projekte zur Durchführung der strategischen Planung

(5.) PuK-Kennzahlen im Rahmen der gesamtunternehmungsbezogenen Ergebnis- und Finanzplanung

(5.1.) Ergebnisorientierte PuK-Kennzahlen
- Betriebsergebnis und Komponenten
- GuV und Bilanz und Komponenten

(5.2.) Finanzwirtschaftliche PuK-Kennzahlen

(1.) Erläuterungen zur PuK-Kennzahlenübersicht	PuK
- Zweck und Begriffe der PuK-Kennzahlenübersicht - Hinweis auf Anschlußberichte - Hinweis auf PuK-Richtlinien und andere Richtlinien	

(2.) Kardinale Kennzahlen der Unternehmung — PuK — Berichtszeitraum Jan. – Juli 1995

1993 Ist	1994 Ist		Kennzahl	1995 Juli Soll	1995 Juli Ist	1995 Juli Abw.	Vorj. Ist	1995 Jan. – Juli Soll	1995 Jan. – Juli Ist	1995 Jan. – Juli Abw.	1995 Hoch-rechn.	1995 Soll	1996 Soll	1997 Soll	1998 Soll	1999 Soll
			Auftragsbestand													
			Auftragseingang													
			Umsatz													
			Kosten, davon: Materialkosten Personalkosten													
			Betriebsergebnis													
			Kapitalgewinn													
			inv. Kapital, davon: Anlagevermögen Vorräte Forderungen													
			Umsatzgewinnrate													
			Kapitalumschlag													
			Kapitalrendite/RoI													
			Neutrales Ergebnis													
			Unternehmungsergebnis vor Steuern													
			Unternehmungsergebnis nach Steuern/Jü													
			Eigenkapitalrentabilität													
			Abschreibungen													
			Cash-flow													
			Investitionen													
			Außenfinanzierungsbedarf													
			Kapitalwerte (Eigenkapitalwert, residualer Unternehmungskapitalwert)													
			Belegschaftszahl													
			Wertschöpfung:Personalaufwand													
			Nicht ausgenutzte Kreditlinie													
			Nachrichtlich: Absatz (siehe Absatzbericht) Produktion (siehe Produktionsbericht) Belegschaft (siehe Belegschaftsbericht)													

Abb. 64 a: Kardinale Kennzahlen der Unternehmung

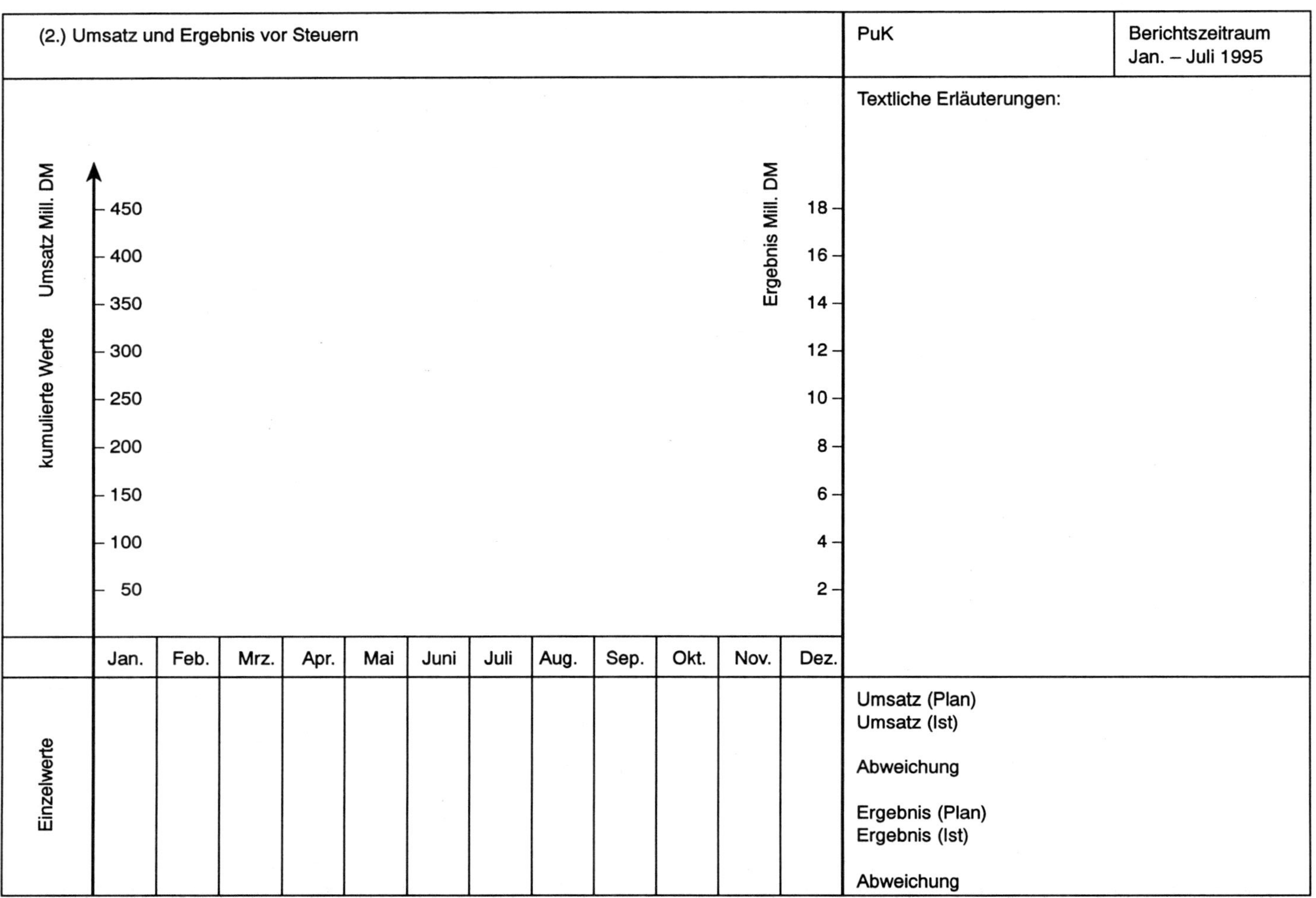

Abb. 64 b: *Umsatz und Ergebnis vor Steuern*

(3.) PuK-Kennzahlen im Rahmen der strategischen Planung								Berichtszeitraum Jan. – Juli 1995									
1993	1994		Jan. – Juli (kum.)				1995	1996	1997	1998	1999	2000	2001	2002	2003	2004	
Ist	Ist		Ist	Soll	Abw.	Hoch-rechn.	Soll	Soll	Soll	Soll	Soll	Soll	Soll	Soll	Soll	Soll	
		Marktorientierte Investitionen für Geschäftsfelder Projekt 1 ⋮ Projekt 2 ⋮ Projekt 3 ⋮ Projekt 4 ⋮															
		Zwischensumme															
		Infrastrukturinvestitionen — — —															
		Gesamt															
		Cash-flow															

Abb. 64 c: Investitionsprojektplan

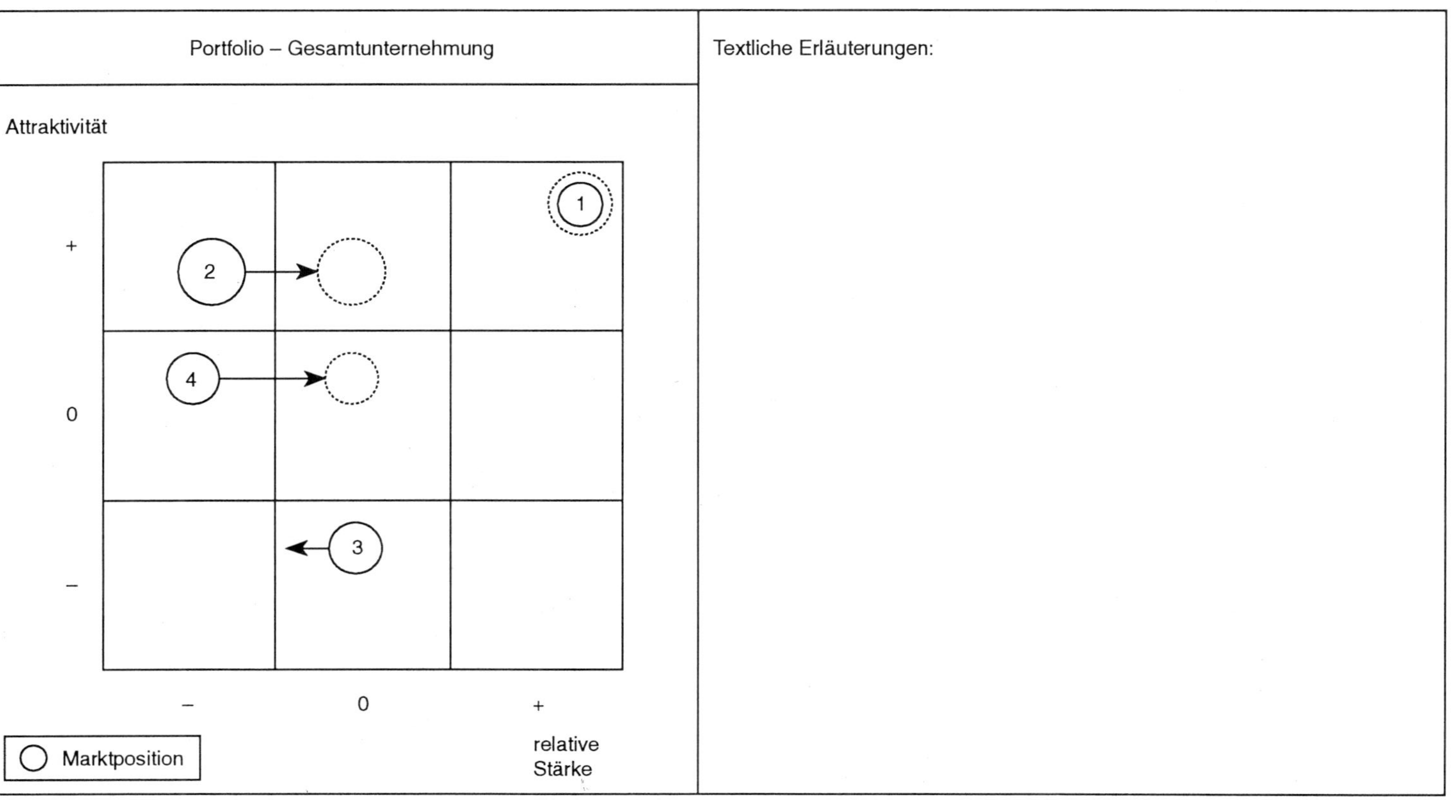

Abb. 64 d: *Gesamtunternehmungsportfolio*

(4.1) Produktprogrammplan nach Produktgruppen				PuK					Berichtszeitraum Jan. - Juli 1995			
1993	1994			Jan. - Juli (kum.)				1995	1996	1997	1998	1999
Ist	Ist			Ist	Soll	Abw.	Hoch-rechn.	Soll	Soll	Soll	Soll	Soll
		Produkt-gruppe I	Marktanteil Auftragsbestand Auftragseingang Umsatz variable Kosten Deckungsbeitrag fixe Kosten/GK, davon ggf. Projekt- und Entw.-kosten Ergebnis Bestände Kapitalgewinn inv. Kapital Kapitalumschlag Umsatzgewinnrate RoI									
		Produkt-gruppe II	Marktanteil Auftragsbestand Auftragseingang Umsatz variable Kosten Deckungsbeitrag fixe Kosten/GK, davon ggf. Projekt- und Entw.-kosten Ergebnis Bestände Kapitalgewinn inv. Kapital Kapitalumschlag Umsatzgewinnrate RoI									
		Gesamt	Umsatz Deckungsbeitrag Ergebnis RoI									

Abb. 64 e: Produktprogrammplan nach Produktgruppen

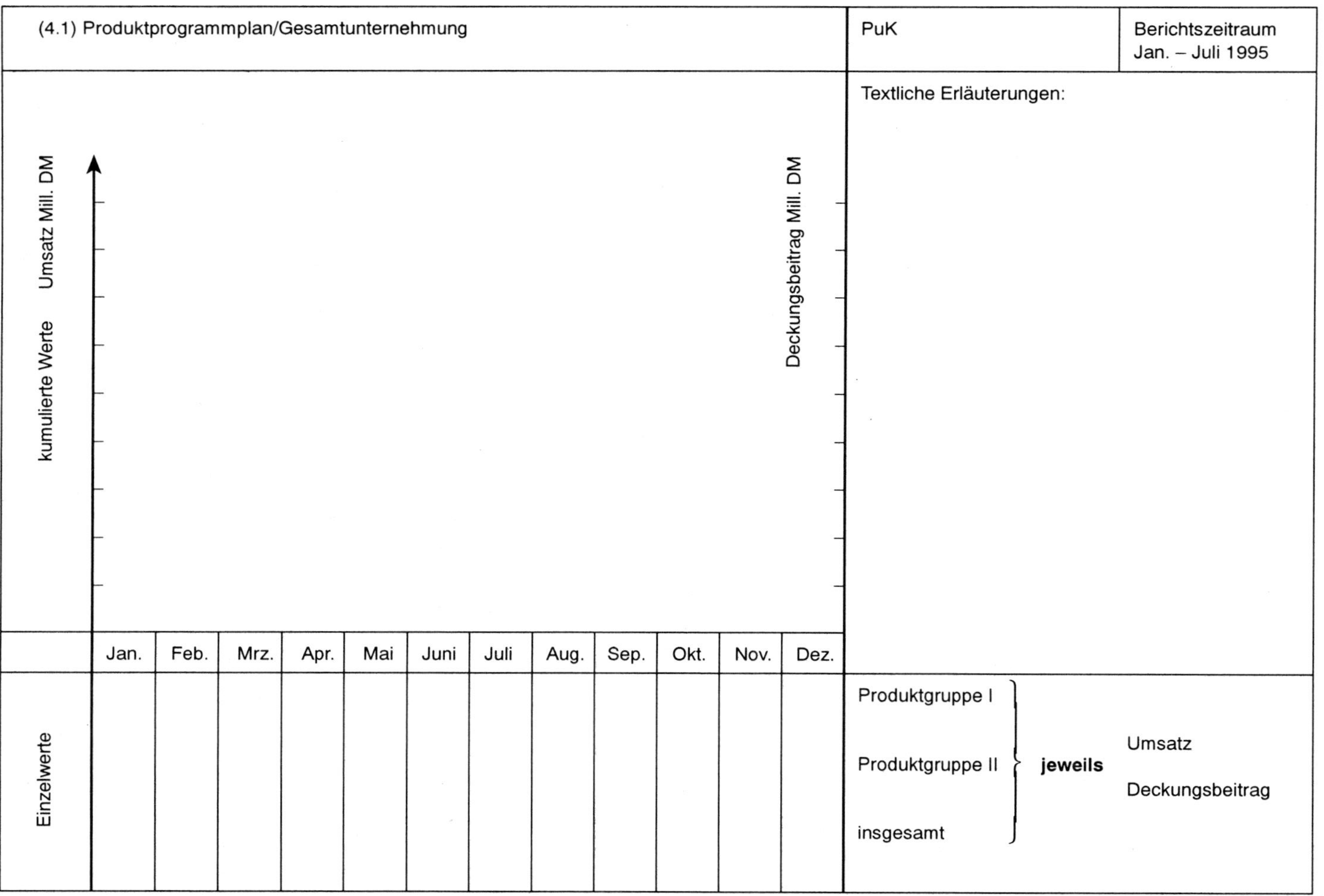

Abb. 64 f: Produktprogrammplan/Gesamtunternehmung

(4.2) Kostenstellenplan/ Abteilungsergebnisplan				PuK					Berichtszeitraum Jan. – Juli 1995			
1993	1994			Jan. – Juli (kum.)			Hoch-	1995	1996	1997	1998	1999
Ist	Ist			Ist	Soll	Abw.	rechn.	Soll	Soll	Soll	Soll	Soll
		1	Variable Einzelkosten									
		2	Materialkosten									
		3	Personalkosten									
		4	Energiekosten									
		5	Sonstige Kosten									
		6	Variable Gemeinkosten									
		7	Fixe Gemeinkosten									
		8	Personalkosten									
		9	Abschreibungen									
		10	Kalk. Zinsen									
		11	Sonstige Kosten									
		12	Investiertes Kapital									
			Bei Ergebniszentren:									
		13	Umsatz									
		14	Bestandsveränderungen									
		15	Deckungsbeitrag I (13 – 1 – 6 ± 14)									
		16	Kapitalgewinn (15 – 7 + 10)									
		17	Umsatzgewinnrate (16 : 13)									
		18	Kapitalumschlag (13 : 12)									
		19	RoI (17 × 18)									

Abb. 64 g: Tabellarischer Kostenstellenplan/Abteilungsergebnisplan

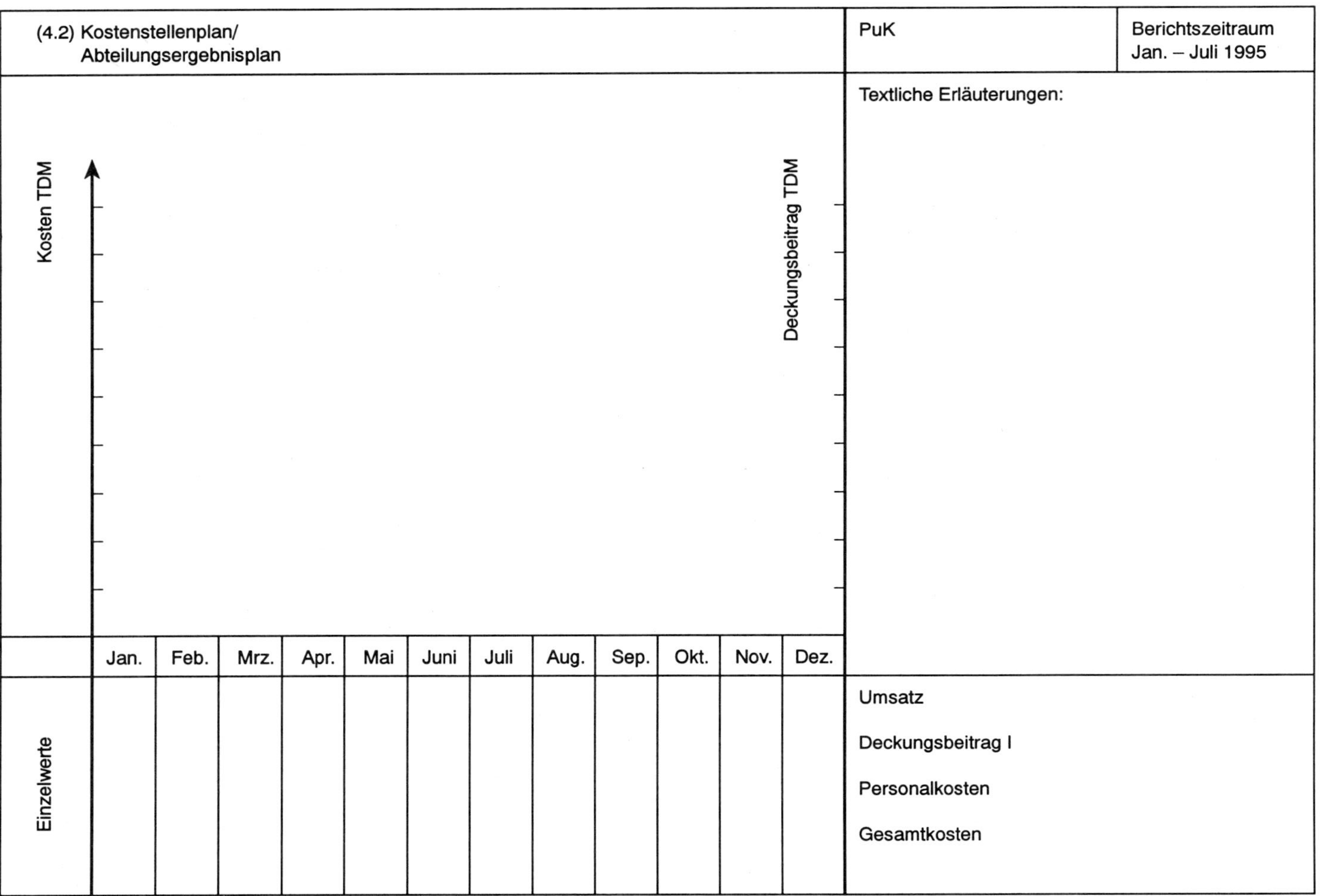

Abb. 64 h: Graphischer Kostenstellenplan/Abteilungsergebnisplan

(5.1.1) Ergebnisplan				PuK					Berichtszeitraum Jan. – Juli 1995			
1993	1994			Jan. – Juli		(kum.)	Hoch-	1995	1996	1997	1998	1999
Ist	Ist			Ist	Soll	Abw.	rechn.	Soll	Soll	Soll	Soll	Soll
		1	Umsatzerlöse									
		2	Variable Kosten der Herstellung									
		3	Personalkosten									
		4	Materialkosten									
		5	Sonderkosten									
		6	Gemeinkosten									
		7	Variable Kosten des Vertriebs									
		8	Bestandsveränderungen									
		9	Direkte Herstellkosten d. Ums. (2 + 7 ± 8)									
		10	Deckungsbeitrag I (1 – 9)									
		11	Fixe Kosten der Fertigung									
		12	Personalkosten									
		13	Abschreibungen									
		14	Kalk. Zinsen									
		15	Sonstige Kosten									
		16	Deckungsbeitrag II (10 – 11)									
		17	Forschungs- und Entwicklungsk.									
		18	Verwaltungsgemeinkosten									
		19	Vertriebsgemeinkosten									
		20	Betriebsergebnis (16 – 17 – 18 – 19)									
		21	Neutrales Ergebnis									
		22	Unternehmungsergebnis v. St. (20 + 21)									
		23	Kapitalgewinn (20 + 14)									
		24	Investiertes Kapital									
		25	Umsatzgewinnrate (23 : 1)									
		26	Kapitalumschlag (1 : 24)									
		27	RoI (25 × 26)									

Abb. 64 i: Tabellarischer Ergebnisplan

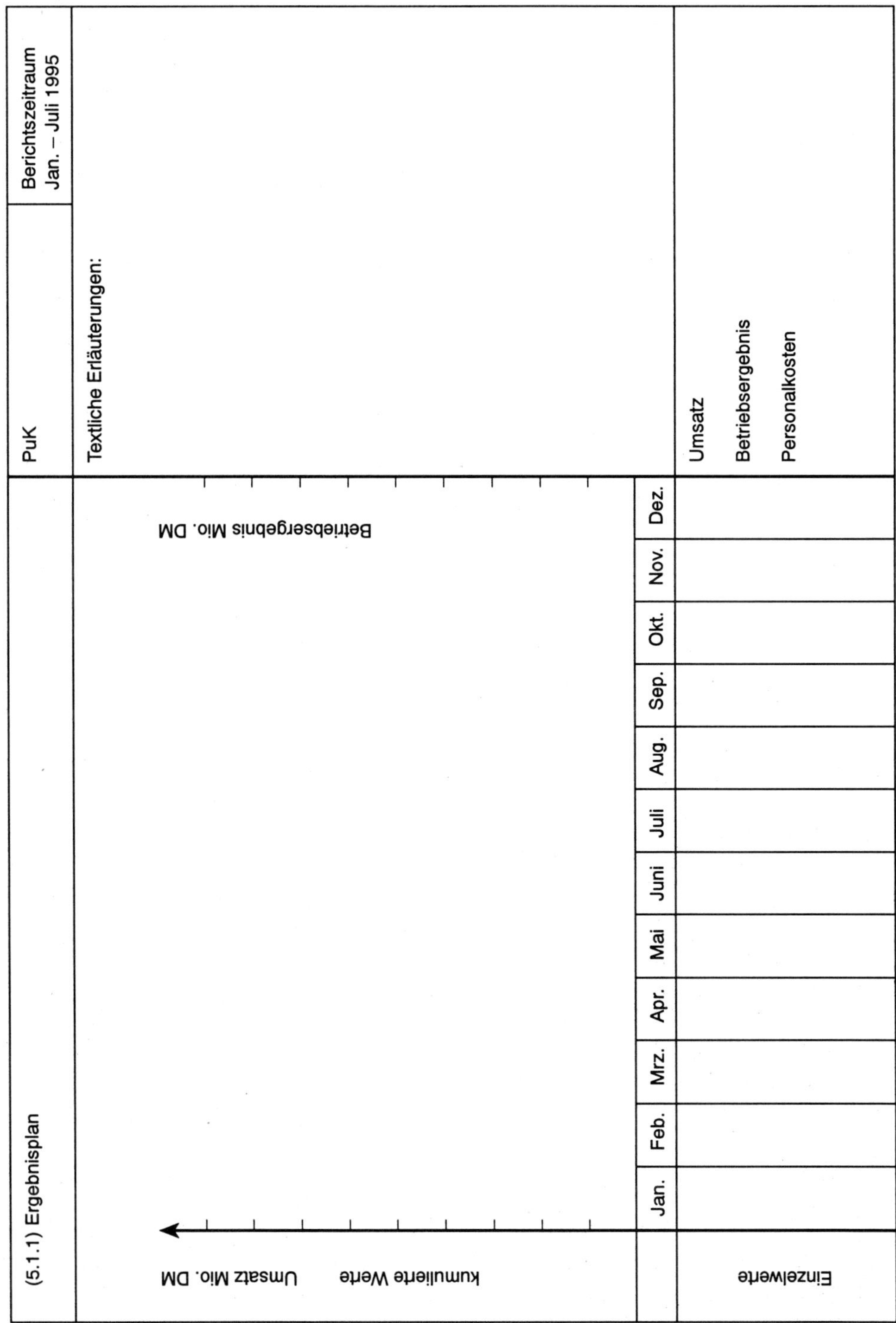

Abb. 64 j: Graphischer Umsatz- und Betriebsergebnisplan

(5.1.2) Gewinn- und Verlustrechnungsplan				PuK					Berichtszeitraum Jan. – Juli 1995			
1993 Ist	1994 Ist			Jan. – Juli Ist	Soll	(kum.) Abw.	Hoch-rechn.	1995 Soll	1996 Soll	1997 Soll	1998 Soll	1999 Soll
		1	Umsatz (Erlöse)									
		2	Bestandsänderungen									
		3	andere aktivierte Eigenleistungen									
		4	sonstige betriebliche Erträge									
		5	Materialaufwand									
		6	Personalaufwand									
		7	Abschreibungen									
		8	sonstige betriebliche Aufwendungen									
		9	Zwischensumme (Betriebsergebnis nach handelsrechtlichen Wertansätzen o. Zinsen)									
		10	Erträge aus Beteiligungen									
		11	Erträge aus anderen Wertpapieren und Ausleihungen des Finanzanlagevermögens									
		12	sonstige Zinsen und ähnliche Erträge									
		13	Abschreibungen auf Finanzanlagen und auf Wertpapiere des Umlaufvermögens									
		14	Zinsen und ähnliche Aufwendungen									
		15	Zwischensumme Beteiligungs- und Zinsergebnis (betriebsfremdes bzw. Finanzergebnis)									
		16	Ergebnis der gewöhnlichen Geschäftstätigkeit (9 ± 15)									
		17	außerordentliche Erträge									
		18	außerordentliche Aufwendungen									
		19	außerordentliches Ergebnis (17./.18)									
		20	Steuern vom Einkommen und vom Ertrag									
		21	sonstige Steuern									
		22	Jahresüberschuß/-fehlbetrag(16 ± 19./.20./.21)									
		23	Gewinn-/Verlustvortrag des Vorjahres									
		24	Zwischensumme									
		25	Rücklageneinstellung/-entnahme									
		26	Bilanzgewinn/-verlust (22 ± 23 ± 25)									
		27	Wertschöpfung									
Textliche Erläuterungen:												

Abb. 64k: Gewinn- und Verlustrechnungsplan

(5.1.3) Bilanzplan				PuK					Berichtszeitraum Jan. – Juli 1995			
1993 Ist	1994 Ist			Jan. – Juli Ist	Jan. – Juli Soll	(kum.) Abw.	Hoch-rechn.	1995 Soll	1996 Soll	1997 Soll	1998 Soll	1999 Soll
		1	Anlagevermögen									
		2	Immaterielle Wirtschaftsgüter									
		3	Sachanlagen									
		4	Finanzanlagen									
		5	Umlaufvermögen									
		6	Vorräte									
		7	Forderungen									
		8	Wertpapiere									
		9	flüssige Mittel									
		10	Eigenkapital									
		11	gezeichnetes Kapital									
		12	Kapitalrücklage									
		13	Gewinnrücklagen									
		14	Gewinn-/Verlustvortrag									
		15	Jahresüberschuß/-fehlbetrag									
		16	Rückstellungen									
		17	Rückstellungen für Pensionen									
		18	Steuerrückstellungen									
		19	Sonstige Rückstellungen									
		20	Verbindlichkeiten									
		21	Anleihen									
		22	Verbindlichkeiten gegenüber Kreditinstituten									
		23	Verbindlichkeiten aus Lieferungen und Leistungen									
		24	sonstige Verbindlichkeiten									
			Summe Vermögen									
			Summe Kapital									
			Eigenkapitalrentabilität									
			Dividende									
			Anlagendeckungsgrad									
			Verschuldungsgrad									

Abb. 64 l: Bilanzplan

(5.2.1) Finanzplan (langfristig) – indirekte Ermittlung –				PuK			Berichtszeitraum Jan. – Juli 1995			
1993	1994			1995 Soll (Jahr)	1995 Ist (Berichtszeitraum)	1995 Ist (in % vom Plan)	1996 Soll	1997 Soll	1998 Soll	1999 Soll
			flüssige Mittel Jahresanfang							
			Bilanzgewinn/-verlust (ausschüttungsbestimmter) ± Rücklagenänderungen ± Gewinn-/Verlustvortrag des Jahres (Jahresüberschuß/-fehlbetrag) ± Abschreibungen/Zuschreibungen ± Rückstellungsänderungen							
			Brutto-Cash-flow*							
			– Gewinnausschüttung							
		+	**Netto-Cash-flow**							
		+	**Desinvestitionen** Anlagen Umlaufvermögen (Vorräte, Forderungen)							
		=	**Innenfinanzierung (= Cash-flow + Desinvestitionen)** **+ flüssige Mittel**							
		–	**Investitionen** Anlagen Umlaufvermögen							
		–	**Definanzierung** (Rückzahlungen) Fremdkapital – kurzfristig – langfristig Eigenkapital							
		=	**Überschuß-/Fehlbetrag**							
		+	**Außenfinanzierung** Fremdkapital – kurzfristig – langfristig Eigenkapital							
		=	**flüssige Mittel Jahresende/Planliquiditätsreserve**							

* Vgl. zum Cash-flow-Begriff, auch unter Berücksichtigung von Korrekturposten, Teil III, Abschnitt 5.3.2.1.1

Abb. 64m: Langfristiger Finanzplan

(5.2.2) Finanzplan (kurzfristig) – direkte Ermittlung –				PuK									Berichtszeitraum Juli 1995							
Mai	Juni			Juli															Aug.	Sept.
Ist	Ist			1.Woche			2.Woche			3.Woche			4.Woche			kum.			Soll	Soll
				S	I	Abw.	S	I	Abw.	S	I	Abw.	S	I	Abw.	S	I	Abw.		
		1	Anfangsbestand Zahlungsmittel																	
		2	21 + Einz. aus lfd. Betriebstätigkeit (Umsatz/Anz.)																	
			22 + Einz. aus Finanzanlagen/Beteiligungen (Zinsen/Dividenden)																	
			23 + Einzahlungen aus Desinvestitionen																	
			24 + sonstige Einzahlungen																	
			25 – Auszahlungen für lfd. Betriebstätigkeiten (Material, Personal, etc.)																	
			26 – Auszahlungen für Finanzierungen (Zinsen)																	
			27 – Auszahlungen für Investitionen																	
			28 – sonstige Auszahlungen																	
		3	= Über-/Unterdeckung nach Innenfinanzierung																	
		4	41 – Fremdkapitalrückzahlungen																	
			langfristig																	
			kurzfristig																	
			42 – Eigenkapitalrückzahlungen																	
		5	= Über-/Unterdeckung nach Fremdkapitalrückzahlungen und Eigenkapitalentnahmen																	
		6	61 + Fremdkapitalaufnahme																	
			langfristig																	
			kurzfristig																	
			62 + Eigenkapitalaufnahme																	
		7	= Endbestand Zahlungsmittel																	
		8	81 Forderungen mit Laufzeit von unter 3 Monaten																	
			83 Verbindlichkeiten mit Laufzeit von unter 3 Monaten,																	
			85 Kreditlinie,																	
			davon nicht ausgenutzt																	

Abb. 64n: Kurzfristiger Finanzplan

Zu (1) Erläuterungen zur PuK-Kennzahlenübersicht

Das im folgenden skizzierte Grundschema einer PuK-Kennzahlenübersicht zeigt die wichtigsten ergebnis- und liquiditätsorientierten Kennzahlen einer rollenden 5-Jahresplanung, bei der das erste Planjahr – soweit sinnvoll – jeweils mit Monats-(und Quartals-)zahlen und kumulativen Zahlen dargestellt werden kann. Die tabellarischen Zahlenangaben können mit Graphiken unterschiedlichster Darstellungsart[4] verdeutlicht werden und sind unternehmungsindividuell zu kommentieren.

Einige wichtige Informationen können zudem für noch kürzere Zeiträume als Monate erstellt werden, z. B. wöchentliche Umsatzangaben und tägliche Liquiditätspläne. Bei einer mit umfangreichem EDV-Einsatz durchgeführten PuK sind zudem zahlreiche Informationen in direkter Abfragemöglichkeit als Führungsunterlagen am Bildschirm und über Drukker als schriftliche Unterlage erstellbar[5].

Den Monatsberichten werden vielfach sogenannte Eilmeldungen vorausgeschickt, in denen wichtige Ereignisse, vom Plan abweichende Entwicklungen und sehr frühzeitig ermittelbare Kennzahlen angegeben werden.

Obwohl Lang-, Mittel- und Kurzfristplanung grundsätzlich nach demselben Schema aufzubauen sind, empfiehlt es sich vielfach in der Praxis, die Kurzfristplanung als in Monate und Quartale unterteilte Jahresplanung oder Zweijahresplanung in einem gesonderten Bericht darzustellen, worauf hier jedoch verzichtet worden ist.

Vielfach beschränkt man sich heute auf eine rollende 3-Jahresplanung, ggf. ergänzt um einige Eckzahlen für weitere Planjahre.

Jeder PuK-Kennzahlenübersicht sollten begriffliche Erläuterungen vorangestellt werden.

Zu (2) PuK-Kennzahlen im Rahmen der generellen Zielplanung

Die Kardinalzahlen der PuK dienen der obersten Unternehmungsführung als Informationsinstrument mit maximaler Aussagekraft in konzentrierter Form. Sie zeigen im Überblick Lage und Entwicklung der gesamten Unternehmung im Hinblick auf die Ziele Ergebnis und Liquidität (vgl. Abbildungen 64a und 64b). Sie sind unmittelbar aus dem PuK-Grundschema (vgl. Abbildung 50) abgeleitet, ergänzt um die Belegschaftszahlen.

Abweichungen positiver oder negativer Art können innerhalb der strategischen und operativen Pläne sowie der gesamtunternehmungsbezogenen Ergebnis- und Finanzpläne lokalisiert werden. Sie sind im Hinblick auf ihre Ursachen und möglichen Konsequenzen zu untersuchen.

---

4 Vgl. Abels, H., Degen, H., Handbuch des statistischen Schaubilds, Herne – Berlin 1981; Blohm, H., Heinrich, L.-J., Schwachstellen der betrieblichen Berichterstattung, Baden-Baden – Bad Homburg v.d.H. 1965, Anhang; Bucksch, R., Die visuelle Darstellung als Grundlage für Führungsentscheidungen, IE 1972, S. 309ff.; Pampe, K. D., Schaubilder in der Betriebswirtschaftslehre, in: HWB, 3. Bd., Hrsg. E. Grochla, W. Wittmann, 4. Aufl., Stuttgart 1976, Sp. 3518ff.

5 Vgl. Mertens, P., Griese, J., Integrierte Informationsverarbeitung 2, a.a.O.

Zu (3) PuK-Kennzahlen im Rahmen der strategischen Planung

PuK-Kennzahlen dienen hier zur Charakterisierung und Beurteilung von Planungen im Hinblick auf

- zielorientierte Produkt-, Produktprogramm- und/oder Potentialänderungen, insbesondere Kapazitätsänderungen, mit gegebenenfalls erforderlichen Kapitalstrukturänderungen;
- zielorientierte Organisations- und Rechtsformänderungen mit gegebenenfalls erforderlichen Führungssystemänderungen.

PuK-Kennzahlen interessieren insbesondere im Hinblick auf integrierte Produktprogramm- und/oder Potentialplanungen bzw. Geschäftsfeldplanungen. Es handelt sich i.d.R. um unmittelbar marktorientierte Investitionen. Daneben interessieren bedeutende, nicht unmittelbar marktorientierte Investitionen, z. B. Großinvestitionen im Forschungs- und Entwicklungsbereich, in der Weiterbildung, im Informationsbereich, im Umweltschutzbereich. Investitionen und Desinvestitionen werden vielfach als strategische Projektplanungen vorbereitet.

Für zielorientierte Programm- und/oder Potentialänderungen bilden unter Ergebnisgesichtspunkten PuK-Kennzahlen die Charakterisierungs- und Beurteilungsgrundlage. Bei zeitraumbezogener (periodenbezogener) Betrachtung handelt es sich um Umsätze, Kosten, Ergebnisse/Deckungsbeiträge, Anfangs- und Durchschnittskapitalbindungen sowie RoI- und Cash-flow-Zahlen; sofern ermittelbar und vergleichbar auch um Aufwendungen, Erträge und bilanzielle Ergebnisse (bei Errichtung und Erwerb von Gliedbetrieben) und Zahlungsströme (Einzahlungen, Auszahlungen) sowie Zahlungsmittelbestandsveränderungen. Bei zeitpunktbezogener Betrachtung handelt es sich um Kapitalwerte und interne Verzinsungen. Auf der Grundlage dieses Zahlenmaterials erfolgen eine Vorauswahl und Rangordnung der Projekte bzw. Objekte – danach im Zusammenhang mit der gesamtunternehmungsbezogenen mehrperiodigen Investitions-, Finanzierungs- und Ergebnisplanung die endgültige Objektauswahl und -verabschiedung. Hierbei sind „freie" und „gebundene" Objekte (auch Zwangsinvestitionen) zu unterscheiden (vgl. auch Abschnitt 5.3.2.2.1 dieses Teils). Für verabschiedete Investitionsobjekte – analog auch Desinvestitionsobjekte – sind die PuK-Kennzahlen im Überblick so darzustellen, daß der Bezug zu den Kardinalzahlen der Unternehmung deutlich wird (vgl. Abbildung 64c). Jedes Objekt kann wiederum in mehrere Einzelobjekte und dazugehörige Durchführungsplanungen gegliedert werden. Für die verabschiedeten Großobjekte – und gegebenenfalls Alternativplanungen – sind zudem Übersichtsdarstellungen zu geben, die zeigen, auf der Basis welcher Objekte Umsätze und Ergebnisse in künftigen Perioden erzielt werden sollen (vgl. Abbildung 64d).

Es wird deutlich, daß vor allem die marktorientierte Programm- und Potentialplanung die wesentliche Basis für die mittel- und kurzfristige Planung bildet.

Zu (4) PuK-Kennzahlen im Rahmen der operativen Planung

Auf den Ergebnissen der langfristigen Programm- und Potentialplanung basieren die mittel- und kurzfristigen Programm- und Aktionsplanungen – ergebnisorientierte Programm- und Maßnahmenplanungen – bei grundsätzlich gegebenen Potentialen, zumindest Betriebsmittelpotentialen.

(a) *Gesamtunternehmungsbezogene Produktprogramm-PuK*

PuK-Kennzahlen sind systematisch für Produktgruppen untergliedert nach Produktarten und gegebenenfalls Aufträgen zu erstellen, und zwar im Hinblick auf die Unternehmung insgesamt, auf Märkte/Marktsegmente und gegebenenfalls Kunden (vgl. Abbildungen 64e und 64f). Hierdurch werden Ergebnisse und Ergebniskomponenten nach Produkten und Märkten transparent. Neben Umsatz-, Voll- und Teilkostenangaben und damit Ergebnis- und Deckungsbeitragsangaben können aussagefähige RoI-Zahlen für Produktgruppen gewonnen werden, sofern nach Produktgruppen getrennte Produktions- und Absatzverhältnisse vorliegen. Hauptprobleme liegen vielfach in der verursachungsgerechten Zuordnung des Anlagevermögens auf Kostenträger. Aus diesem Grunde werden vielfach für Produktgruppen und Produkte nur Umsätze, Deckungsbeiträge und Bestände angegeben.

Bei mehrperiodigen Betrachtungen erfolgen Darstellungen nach Produktgruppen und innerhalb dieser nach Produkten und Aufträgen über die Zeitachse entweder für die Unternehmung insgesamt (vgl. Abbildungen 64e und 64f) oder pro Markt bzw. Teilmarkt oder schließlich pro Kundengruppe bzw. Kunde.

Der Unternehmungsführung ist es mit diesem Zahlenwerk möglich, jedes Produkt und jeden Kunden sowie jedes regionale Marktsegment unter Ergebnisgesichtspunkten zu beurteilen. Letzte Bezugseinheiten sind Aufträge (auftragsbezogene PuK in Form einer Vor-, Zwischen- und Nachkalkulation). Solche Aufträge sind zielorientierte Aktionsfolgen, die bezüglich der Art, des Zeitverbrauches sowie der Kosten und gegebenenfalls Erlöse der Aktionen (Tätigkeiten) ebenfalls genauer geplant und kontrolliert werden können.

Bei Einzelfertigung sind für die Produktprogrammplanung je Produktgruppe bestimmte Auftragsinformationen, wie z. B. Projekt- und Entwicklungskosten sowie ggf. die Halbfabrikate-Finanzierung (= Halbfabrikate-Bestand + geleistete Anzahlungen ./. erhaltene Anzahlungen) von besonderer Bedeutung und im Rahmen der PuK-Kennzahlenübersicht ggf. auch gesondert auszuweisen. Dies kann auch für Kapazitätsauslastungsangaben gelten. Die Produktprogrammplanung bei auftragsbezogener Einzelfertigung erfordert eine detaillierte Kapazitätsrechnung, welche die Aufträge auf einzelne Kostenstellen herunterbricht und in eine Potentialeinsatzplanung mündet.

(b) *Funktionsbereichs-PuK (Unternehmungsbereichs-PuK)*

Unternehmungsbereiche im Rahmen der PuK sind organisatorische Einheiten der Unternehmung. In einer Unternehmung mit primär verrichtungsorientierter Aufbauorganisation handelt es sich um die Funktionsbereiche, die in der Regel weiter untergliedert sind.

Die Planungs- und Kontrolleinheiten sind Kostenbereiche/Kostenstellen (Kostenzentren), im Absatzbereich auch Ergebnisstellen (Ergebniszentren), die wiederum je nach organisatorischer Gliederung in weitere Kostenstellen oder Ergebnisstellen unterteilt werden können. Während bei der produktbezogenen PuK Erlöse und variable Kosten im Vordergrund stehen, bilden bei der bereichsbezogenen PuK als Kostenstellen-PuK die fixen und variablen Gemeinkosten den Planungs- und Kontrollschwerpunkt. Grundsätzlich sind je Kostenstelle die wichtigsten Gemeinkosten anzugeben – im Absatzbereich auch Erlöse und Bestände (vgl. Abbildungen 64g und 64h). Im Produktionsbereich sind neben den variablen Einzelkosten die variablen und fixen Gemeinkosten zu planen und zu kontrollieren. Im Absatzbereich können neben Kostenausweisen insbesondere bei Vorhandensein mehrerer produkt- oder gebietsorientierter Absatzabteilungen analog zur produktbezogenen PuK ergebnisorientierte Zahlenwerke als Führungsinstrumente verwendet werden.

(c) *Projekt-PuK*

Zielorientierte, zeitlich begrenzte Aktionsfolgen auf der Basis gegebener bzw. geplanter Potentiale bilden den Gegenstand der operativen Projektplanung.

Für Großprojekte, z. B. Produkteinführungen, Planung und Durchführung von Großreparaturen, lassen sich zur Charakterisierung und Beurteilung ebenfalls spezifische PuK-Kennzahlen bilden. In der Regel geschieht dies im Rahmen der operativen Planung mit dem Zahlenwerk der Kosten- und Erlösrechnung. Allerdings ist vielfach eine verursachungsgerechte Zurechnung von Erlösen auf Projekte nicht möglich.

Zu (5) PuK-Kennzahlen im Rahmen der gesamtunternehmungsbezogenen Ergebnis- und Finanzplanung

Die Kardinalzahlen der PuK sind in den gesamtunternehmungsbezogenen Ergebnis- und Finanzplänen enthalten. Zu diesen Plänen gehören

der Ergebnisplan,
der GuV- und Bilanzplan sowie
der Finanzplan

mit ihren jeweiligen Teilplänen. Diese gesamtunternehmungsbezogenen Pläne bilden – abgesehen von einigen Kardinalzahlen, die bei kombiniert retrograd-progressiver Planung als anzustrebende Größen vorgegeben werden – die Zusammenfassung der Planungsergebnisse der Teilplanungen. Sie sind das Resultat ergebniszielorientierter Koordinierung aller Teilplanungen unter Beachtung der Liquiditätssicherung und sonstiger Anforderungen.

Bei der Kontrolle – z. B. in periodisch stattfindenden Ergebnisbesprechungen – bilden die gesamtunternehmungsbezogenen Pläne den Ausgangspunkt für eine Analyse nach Produkten/Programmen, Potentialen sowie Aktionen und Aktionsobjekten in allen Unternehmungsbereichen.

(a) Der gesamtunternehmungsbezogene mehrperiodige *Ergebnisplan* (vgl. Abbildungen 64i und 64j) zeigt auf der Basis der Kosten- und Erlösrechnung die voraussichtliche Entwicklung der Deckungsbeiträge und des Betriebsergebnisses und enthält zudem die RoI-Kennzahlen und eine rechnerische „Brücke" zum GuV-Plan mit dem Gesamtunternehmungsergebnis. Die Unterteilung der einzelnen Positionen kann unternehmungsindividuell erfolgen.

(b) Der *GuV-Plan* und der *Bilanzplan* (vgl. Abbildungen 64k und 64l) stellen in geraffter Form die handelsrechtlich vorgeschriebenen Positionen dar. Sie zeigen die voraussichtliche Entwicklung des Gesamtunternehmungsergebnisses vor und nach Steuern und damit die Wirkungen der Bilanzpolitik, insbesondere der Dividenden-, Rücklagen- und Abschreibungspolitik. Die zu erwartende Eigenkapitalrentabilität und die geplanten Dividenden gehören zu den wichtigsten Informationen für die Unternehmungsführung zum Zwecke der Informationspolitik gegenüber Externen.

(c) Der *langfristige Finanzplan* (vgl. Abbildung 64m) gibt eine Darstellung der voraussichtlichen Entwicklung der Innen- und Außenfinanzierung, der Investitionen und der Liquidität. Neben der Entwicklung der Cash-flow-Werte interessiert vor allem die Entwicklung der Außenfinanzierung. Die in der Bilanz sichtbaren Verhältnisse von Eigen- und Fremdkapital sowie die in der GuV sichtbare Fremdkapitalverzinsung sind maßgeblich auch auf Entscheidungen in der Finanzplanung zurückzuführen. Sie sind ersichtlich aus den Teilplänen des Finanzplans.
Der *kurzfristige Finanzplan* (vgl. Abbildung 64n) stellt die für die nächste Zukunft zu erwartenden Geldein- und -ausgänge dar und dient der Sicherung der aktuellen Liquidität. Er wird in jedem Falle aus den übrigen kurzfristigen Teilplanungen unmittelbar abgeleitet.

1.3 Analysen und Prognosen im Hinblick auf Umwelt und Unternehmung

Analysen von Umwelt und Unternehmung dienen als Ausgangspunkt für Prognosen und Planungen in allen Teilkomplexen eines Planungssystems. Abbildung 65 stellt diesen Zusammenhang graphisch dar und deutet auch die Ableitung von Frühwarninformationen für Planungszwecke an.

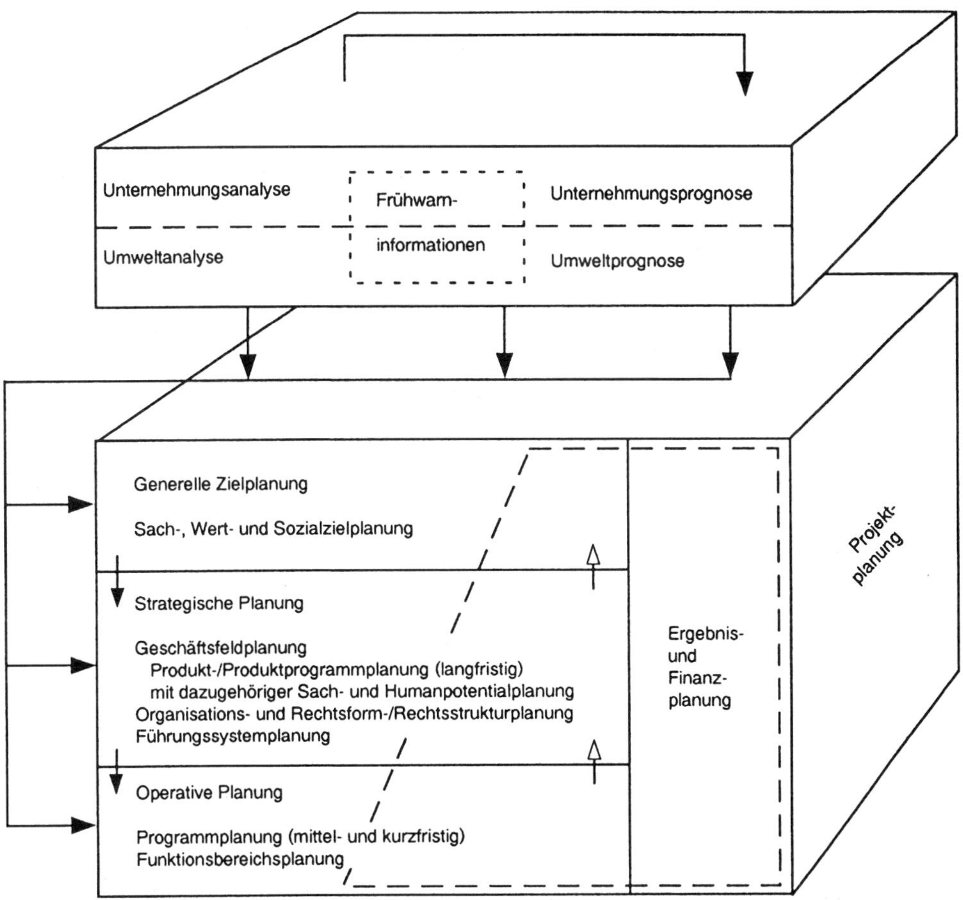

Abb. 65: Zusammenhang zwischen Unternehmungsanalyse und -prognose, Umweltanalyse und -prognose, Frühwarninformationen und den Teilkomplexen eines Planungssystems[6]

6 Vgl. Hahn, D., Unternehmungsanalyse, in: HWPlan, Hrsg. N. Szyperski, Stuttgart 1989, Sp. 2074 ff.

1.3.1 Umwelt- und Unternehmungsanalysen

Das **Wesen** von Umwelt- und Unternehmungsanalysen[7] besteht in einer systematischen Untersuchung und Beurteilung von beeinflußbaren und nichtbeeinflußbaren Variablen (Objekten/Erscheinungen) im Zusammenhang mit der Unternehmung[8]. Der **generelle Zweck** solcher Analysen besteht in der Erarbeitung von Informationen als Ausgangspunkt für Prognosen und Planungen, ein damit verbundener **spezieller Zweck** besteht in der Aufdeckung von Stärken und Schwächen in der Unternehmung und von Chancen und Risiken für die Unternehmung in ihrem Umsystem.

Gliederungsmöglichkeiten der Umwelt- und Unternehmungsanalysen ergeben sich zunächst nach der Art der Variablen und Bezugsfelder. Bei den Variablen (Objekten, Erscheinungen) kann es sich um solche quantitativer oder qualitativer Art handeln, bei den Bezugsfeldern um Unternehmungsbereiche und die Gesamtunternehmung sowie im Umsystem um beliebig abgrenzbare Bereiche[9].

Abbildung 66a verdeutlicht die hier angesprochene zweifache Differenzierungsmöglichkeit und nennt Beispiele, wobei hier die unternehmungsinternen Bezugsfelder für eine primär verrichtungsorientiert organisierte Unternehmung analog zu den Planungskomplexen gebildet worden sind. Die Variablen bzw. Untersuchungs- und Beurteilungsgegenstände sind hier bezogen auf die Unternehmung und ihre Subsysteme, deren Ziele bzw. Zielerreichungen, Maßnahmen bzw. Prozesse und Ressourcen nach Art, Menge, Zeit, Wert und ggf. Struktur.

Bei der Analyse des Umsystems einer Industrieunternehmung können mehrere Bezugsfelder unterschieden werden, von denen insbesondere den spezifischen Märkten im Rahmen einer Konkurrenzanalyse und – damit auch verbunden – dem technologischen Bezugsfeld Beachtung geschenkt werden muß. Hinsichtlich der Konkurrenzunternehmungen als Gesamtheit müssen Strukturen und generelle Verhaltensweisen, hinsichtlich einzelner Konkurrenzunternehmungen Ziele, Zielerreichungsgrade, Ressourcen und Maßnahmen – wie bei einer Unternehmungsanalyse – analysiert werden[10].

---

7 In der Literatur wird vielfach neben dem Begriff Analyse der Begriff Beobachtung verwendet (vgl. Schäfer, E., Betriebswirtschaftliche Marktforschung, Essen 1955), um den komparativ-statischen Charakter einer Untersuchung zu betonen. Da mit dem gleichen Begriff aber auch eine Marktforschungsmethode bezeichnet wird, soll hier auf diese Unterscheidung verzichtet werden.

8 Vgl. zur Unternehmungsanalyse Backhaus, K. u. a., Multivariate Analysemethoden, 7. Aufl., Berlin u. a. 1994; Beier, J., Kennzahlensystem vergleichender Unternehmens- und Branchenanalysen, Die Unternehmung 1977, S. 241 ff.; Dülfer, E., Zum Problem der Umweltberücksichtigung im „Internationalen Management", in: Internationales Management, Hrsg. E. Pausenberger, Stuttgart 1981, S. 29 ff.; Hahn, D., Unternehmungsanalyse, a.a.O.; Hartmann, B., Angewandte Betriebsanalyse, 3. Aufl., Freiburg 1985; Schnettler, A., Betriebsvergleich, 3. Aufl., Stuttgart 1961; Staehle, W. H., Kennzahlen und Kennzahlensysteme, Wiesbaden 1969; Viel, J., Betriebs- und Unternehmungsanalyse, 2. Aufl., Köln – Opladen 1958.

9 Vgl. zur Umweltanalyse z. B. Aguilar, F. J., Scanning the Business Environment, New York – London 1967; Aurich, W., Schroeder, H.-U., System der Wachstumsplanung im Unternehmen, a.a.O., S. 47 ff.; Bircher, B., Langfristige Unternehmungsplanung, a.a.O., S. 163 ff.; Hill, W., Umweltanalyse und Unternehmungsplanung, Die Unternehmung 1977, S. 289 ff.; Hinterhuber, H. H., Strategische Unternehmungsführung, Bd. 1, a.a.O.; Kreikebaum, H., Strategische Unternehmensplanung, 5. Aufl., Stuttgart – Berlin – Köln 1993, S. 34 ff.; Picot, A., Betriebswirtschaftliche Umweltbeziehungen und Umweltinformationen, Berlin 1977. Siehe zu Gliederungsmöglichkeiten des Umsystems z. B. Bleicher, K., Unternehmungsentwicklung und organisatorische Gestaltung, a.a.O., S. 11 ff.; Kubicek, H., Thom, N., Umsystem, betriebliches, in: HWB, 3. Bd., Hrsg. E. Grochla, W. Wittmann, 4. Aufl., Stuttgart 1976, Sp. 3977 ff.; Schreyögg, G., Umfeld der Unternehmung, in: HWB, 3. Bd., Hrsg. W. Wittmann u. a., 5. Aufl., Stuttgart 1993, Sp. 4231 ff.

10 Vgl. Dunst, K. H., Konkurrenzanalyse, in: Marketing-Enzyklopädie, Bd. 2, München 1974, S. 147 ff.; ders., Portfolio Management, 2. Aufl., Berlin 1983, S. 131 ff.; Flögel, H., Konkurrenz-

Bezugsfeld / Art der Variablen (Erscheinungen)		qualitativ	quantitativ
UMSYSTEM	GENERELLE UMWELT		
	Ökonomisch	Wirtschaftslage/Geschäftsklima	Bruttosozialprodukt
	Technologisch	Schwerpunkte technologischer Entwicklung	Zahl Patentanmeldungen
	Sozio-Kulturell	Einstellungen/Werthaltungen	Bevölkerungsdaten
	Politisch	Kartell-/Steuer-/Unternehmungsrecht	—
	Ökologisch	Aktivität von Umweltschutzbewegungen	Emmissionshöchstwerte
	SPEZIELLE UMWELT		
	Ökonomisch	Wettbewerberverhalten	Branchenumsatz
	Technologisch	Produkt-, Verfahrenstechnologie	Patentanmeldungen aus Branche
SYSTEM (UNTERNEHMUNG)	GENERELLE ZIELE ALS ANALYSEFELDER		
	Sozialziel	Verhalten gegenüber Mitarbeitern	—
	Sachziel	Branche	—
	Wertziel	—	Ergebnis
	STRATEGISCHE ANALYSEFELDER		
	Prod./Prod.-programm (langfr.)	Markteignung der Produkte	Anteil der Produkte je Lebenszyklusphase
	Personal (allg.)	Fachl. Fähigkeiten von Mitarbeitergruppen	Zahl der Mitarbeiter je Bereich
	Anlagen	Automationsgrad	Altersstruktur
	Standort	Infrastruktur	Zahl der Produktionsstandorte
	Kapitalstruktur	Bonität	EK-Quote
	Rechtsform/-struktur	Regelung der Entscheidungsbefugnisse	Steuerbelastung
	Organisation	Organisationsklima	Zahl der Stabsabteilungen
	Führungssystem	Ausprägung PuK-System	Zahl der leit. Angestellten
	OPERATIVE ANALYSEFELDER		
	Produktprogramm	Verbundeffekte	DB je Produktgruppe
	Absatz	Vertriebswegsystem	Auftragseing. nach Produkten und Kunden
	Produktion	Produktionstyp	Lohnkostenanteil
	Beschaffung	Zuverlässigkeit der Lieferanten	Lagerbestand
	Logistik	Termintreue	Zahl der Aufträge in Abwicklung
	FuE	Art und Bedeutung eigener Entwicklungen	Anteil FuE-Kosten an Gesamtkosten
	Finanzierung	Bankenbeziehungen	Anlagendeckungsgrad
	Rechnungswesen/Controlling	Einfluß des Controllers	Zahl der Kostenstellen
	Allgemeine Verwaltung	Flexibilität	Kosten der EDV
	GROSSPROJEKTE ALS ANALYSEFELDER		
	Projekt A	Zusammenarbeit mit Konsortialpartnern	Projektkosten
	Projekt B	Zusammenarbeit mit Konsortialpartnern	Projektkosten

Abb. 66a: Gliederungsmöglichkeit von Unternehmungs- und Umweltanalysen (mit Angabe von Beispielen)

Analysen können sich dabei ausschließlich auf vergangenheitsorientierte Informationen in Form sog. **Dokumentations- bzw. Ist-Analysen** beziehen, auf vergangenheits- und zukunftsorientierte Informationen in Form sog. **Abweichungsanalysen bzw. Soll-Ist-Analysen** oder nur auf zukunftsorientierte Informationen in Form sog. **Plan-Analysen** bzw. **Soll-Analysen**.

Analyse, in: Management-Enzyklopädie, 5. Bd., 2. Aufl., Landsberg/Lech 1983, S. 467 ff.; Hinterhuber, H. H., Wettbewerbsstrategie, 2. Aufl., Berlin 1990; Hoffmann, K., Die Konkurrenzuntersuchung als Determinante der langfristigen Absatzplanung, Göttingen 1979; Kreikebaum, H., Strategische Unternehmensplanung, a.a.O., S. 62 ff.; Scheld, M., Wettbewerbsdiagnose und -prognose im Rahmen der strategischen Unternehmungsplanung, Diss. Gießen 1984.

Abweichungsanalysen sind Bestandteile von Kontrollprozessen; Plananalysen dienen der Beurteilung erstellter Pläne, sie können auch im Rahmen der Beurteilungsphase Bestandteil von Planungsprozessen sein.

Analysen können als reine **Faktenanalysen** oder zusätzlich als **Ursachenanalysen** erfolgen, was bei Abweichungsanalysen der Regelfall ist.

Während bei den Abweichungsanalysen Soll-Größen als **Beurteilungsmaßstab** ex definitione vorgegeben sind (die allerdings auch einer Analyse unterzogen werden können), bedarf es zur Beurteilung von aufbereiteten Informationen im Rahmen einer Dokumentations- und Plananalyse der expliziten Definition von Beurteilungskriterien.

Die **Durchführung der Analysen** kann regelmäßig (periodisch) und/oder fallweise (aperiodisch) erfolgen. Charakteristisch für das Vorgehen bei der qualitativen und quantitativen Umwelt- und Unternehmungsanalyse sind die Systematik und in der Regel das Erfordernis der Teamarbeit.

In der Praxis haben sich spezifische **Analyseverfahren** herausgebildet, deren Bezugsfeld/Gegenstand von einem Produkt bzw. einer Produktkomponente bis zum Branchenvergleich reicht. Hiervon sollen besonders erwähnt werden:

- Wertanalyse;
- Benchmarking;
- Wertkettenanalyse;
- PIMS-Geschäftsfeldanalyse;
- Betriebsvergleich;
- Branchenvergleich.

Eine primär *produkt- oder prozeßbezogene Sonderform der Unternehmungsanalyse* ist unter dem Begriff **Wertanalyse**[11] bekannt. Ziel der Wertanalyse ist es, Funktionen (Aufgaben), die durch ein Produkt oder eine Tätigkeit erfüllt werden sollen, möglichst so zu verwirklichen, daß ein optimales Kosten-Leistungs-Verhältnis für die Unternehmung erreicht wird. Objekte der Wertanalyse sind Produkte und Tätigkeiten, deren Verbesserung zwingend ein koordiniertes, erfolgsrechnerisch fundiertes Vorgehen zwischen allen für das jeweilige Problem relevanten Unternehmungsbereichen erfordert[12]. Sie wird in den Schritten des Entscheidungsprozesses durchgeführt.

„**Benchmarking** is an analytical process for rigorously measuring a company's operations against the best-in-class companies inside and outside its markets.“[13] Gegenstände des Benchmarking können grundsätzlich Produkte und Produktkomponenten sowie betriebliche Funktionen bzw. Prozesse sein. Im Mittelpunkt steht zumeist der Funktionsvergleich.

---

11 Vgl. zur ingenieurwissenschaftlichen Begriffsbestimmung Deutsches Institut für Normung e.V. (Hrsg.), DIN 69910, Wertanalyse, Berlin 1987 sowie Verein Deutscher Ingenieure (Hrsg.), VDI-Richtlinie 2801 – Wertanalyse, Düsseldorf 1970.

12 Vgl. Christmann, K., Gewinnverbesserung durch Wertanalyse, Stuttgart 1973; Händel, S., Wertanalyse bei Dienstleistungen in Wirtschaft, Staat und Wissenschaft, Essen 1978; Hahn, D., Wertanalyse, NB 6/1970, S. 1ff.; Haier, U., Wertanalyse im Strukturwandel, wt 1982, S. 363ff.; Janßen, G.K., Wertanalyse und Wertgestaltung, Bad Wörishofen 1973; Korte, R.J., Verfahren der Wertanalyse, Berlin 1977; Kourim, G., Wertanalyse, München – Wien 1968; Orth, H.F., Die Wertanalyse, Wiesbaden 1968; Schanz, G., Stange, J., Wertanalyse, in: HWProd, Hrsg. W. Kern, Stuttgart 1979, Sp. 2251ff.; Verein Deutscher Ingenieure (Hrsg.), VDI-Berichte 293: Wertanalyse 77, Düsseldorf 1977; Verein Deutscher Maschinenbau-Anstalten e.V. – VDMA (Hrsg.), Wertanalyse im Maschinenbau, 2. Aufl., Frankfurt 1971.

13 Furey, T.R., Benchmarking, Planning Review 5/1987, S. 30.

Der Vergleich bezieht dabei alle Unternehmungen ein, welche die zu untersuchende *Funktion* bzw. den *Prozeß* sehr gut beherrschen („Klassenbeste“), unabhängig davon, ob es sich um Wettbewerber handelt oder nicht. Ziel des Benchmarking ist es, Leistungslücken sowie deren Ursachen im Vergleich mit den „Klassenbesten“ aufzudecken und geeignete Maßnahmen für deren Schließung zu ergreifen [14].

Die *Summe der Funktionen* in einer Unternehmung läßt sich als Reihe wertschaffender Aktivitäten – als Wertkette – interpretieren, die mit Aktivitäten vor- und nachgelagerter Marktpartner integriert sein kann. Als prozeßkettenorientiertes Analyseinstrument entwikkelte hierzu Michael E. Porter die **Wertkettenanalyse** [15]. Er unterscheidet hierbei unmittelbar wertschöpfende (primäre) Aktivitäten sowie mittelbar wertschöpfende (unterstützende) Aktivitäten (vgl. Abbildung 66b).

Bei der sogenannten **PIMS(Profit Impact of Market Strategies)-Geschäftsfeldanalyse** [16] handelt es sich um die Auswertung einer Datenbank von über 2000 homogenen Geschäftsbereichen [17], wobei spezifische Daten bezogen auf Umfelder, Wettbewerbsbedingungen, Prozesse, Aufwendungen für Marketing und F&E als Determinanten im Hinblick auf RoI und Cash-flow untersucht werden.

Beim klassischen **Betriebsvergleich** [18] werden ähnlich wie beim Benchmarking betriebsbezogene Daten zweier oder mehrerer Betriebe miteinander verglichen. Gegenstände des Vergleiches sind hier jedoch stets *Betriebe als Ganzes*. Der Vergleich kann zeitpunkt- oder periodenbezogen sein, er beinhaltet primär ergebnis- und finanzbezogene aber auch leistungsbezogene Kennzahlen.

Das in diesem Zusammenhang weiteste Analysefeld wird beim **Branchenvergleich** untersucht. Gegenstand der vergleichenden Messung sind Daten von *Betrieben/Unternehmungen einer Branche*. Branchenbezogene Kennzahlen sind z. B. Umsatz und Wertschöpfung pro Mitarbeiter sowie Rentabilitätskennzahlen von Unternehmungen. Bezieht man in einen Betriebsvergleich aus Sicht der Unternehmung nicht nur eine Analyse der Konkurrenten (mit neuen Produkten und Substitutionsprodukten) ein, sondern auch eine Analyse der Abnehmer und Lieferanten der Unternehmungen dieser Branche, führt dies zum Konzept der *Wettbewerbsanalyse* von Michael E. Porter (vgl. Abbildung 66b) [19].

---

14 Vgl. Furey, T. R., Benchmarking, a.a.O., S. 30; Bemowski, K., The Benchmarking Bandwagon, Quality Progress 1/1991, S. 20ff.; ferner Tucker, F. G., Zivan, S. M., Camp, R. C., How to Measure Yourself Against the Best, HBR 1/1987, S. 8. Vgl. auch Leibfried, K. H. J., McNair, C. J., Benchmarking, Freiburg i. Br. 1993; Horváth, P., Herter, R. N., Benchmarking – Vergleich mit den Besten der Besten, Controlling 1992, S. 4ff.

15 „Every firm is a collection of activities that are performed to design, produce, market, deliver, and support its product.“ Porter, M. E., Competitive Advantage, New York 1985, S. 36; vgl. zur Abbildung Porter, M. E., Wettbewerbsvorteile, 3. Aufl., Frankfurt/Main – New York 1992, S. 23, 26 und 62.

16 Vgl. ausführlich zum PIMS-Programm Neubauer, F. F., Das PIMS-Programm und Portfolio-Management, in: Strategische Unternehmungsplanung – Strategische Unternehmungsführung, Hrsg. D. Hahn, B. Taylor, 6. Aufl., Heidelberg 1992, S. 283ff.

17 Vgl. zu den Begriffen Geschäftsbereich und Geschäftsfeld Hahn, D., Zweck und Entwicklungstendenzen der Portfolio-Konzepte in der strategischen Unternehmungsplanung, in: Strategische Unternehmungsplanung – Strategische Unternehmungsführung, Hrsg. D. Hahn, B. Taylor, 6. Aufl., Heidelberg 1992, S. 223.

18 Vgl. Kalussis, D., Betriebsvergleich, in: HWB, Bd. 1, Hrsg. E. Grochla, W. Wittmann, 4. Aufl., Stuttgart 1974, Sp. 683ff. und die dort zitierte weiterführende Literatur.

19 Vgl. Porter, M. E., Competitive Strategy, New York 1980, S. 3ff.

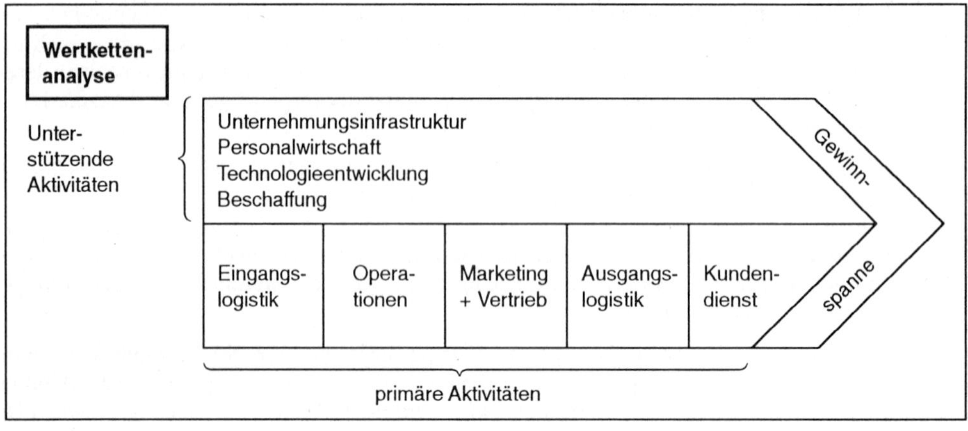

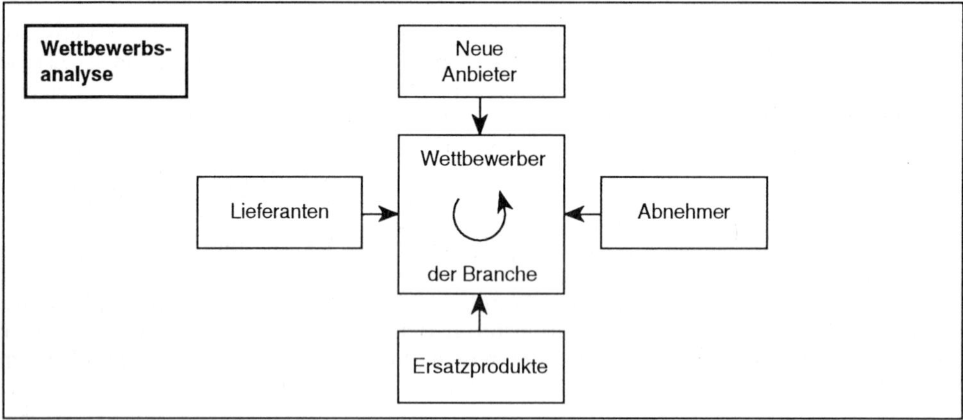

Abb. 66 b: Wertketten- und Wettbewerbsanalyse im Konzept Porters

Im Rahmen der quantitativen Umwelt- und Unternehmungsanalyse arbeitet man vornehmlich mit Kennzahlen, d.h. betriebswirtschaftlich relevanten Informationskonzentraten, die als Absolut-, Gliederungs-, Beziehungs- und Indexzahlen gebildet werden können. Dies geschieht auch beim Betriebsvergleich. Die Darstellung kann tabellarisch, graphisch und zusätzlich auch verbal erfolgen.

Im Rahmen der qualitativen Umwelt- und Unternehmungsanalyse wird vorwiegend mit konzentrierten Beschreibungen gearbeitet. Es kommen auch Chancen-/Risiken- und Stärken-/Schwächenprofile zur Anwendung[19a]. Dies gilt analog auch für Prognosen.

19a Vgl. Hahn, D., Unternehmungsanalyse, a.a.O., Sp. 2085ff.

1.3.2 Umweltprognosen

Das **Wesen** prognostischer Tätigkeit besteht in der Gewinnung von Aussagen (Prognoseinformationen) über die künftige Entwicklung von bestimmten Variablen in einem sachlich und zeitlich abgegrenzten Untersuchungsfeld bei Zugrundelegung definierter gegenwärtiger und künftiger Ausgangsbedingungen – möglichst unter Angabe der Eintrittswahrscheinlichkeit des Voraussageinhaltes[20].

Im folgenden interessieren Umwelt- bzw. Lageprognosen[21], die für Zwecke der Unternehmungsplanung benötigt werden. Sie bilden die Basis für die Erstellung von Wirkungsprognosen zur Beurteilung von umweltbezogenen Handlungsalternativen der Unternehmung. Die Verfahren zur Ableitung von Umweltprognosen können auch für die Ableitung von Wirkungsprognosen eingesetzt werden. Hierbei kommen im Rahmen der Teilplanungskomplexe zur Durchführung von Wirkungsprognosen neben qualitativen Prognoseverfahren insbesondere Erklärungsmodelle als Simulationsmodelle (Wenn-Dann-Modelle) zur Anwendung, die später bei der Behandlung von Planungskomplexen problembezogen erläutert werden.

1.3.2.1 Begriff, Zweck und Gliederungsmöglichkeiten von Umweltprognosen

Umweltprognosen bzw. Umweltprognoseinformationen beinhalten unter Berücksichtigung definierter Ausgangsbedingungen Aussagen über die künftige Entwicklung bestimmter Variablen in der Umwelt einer Unternehmung[22]. **Genereller Zweck** einer Umweltprognose ist es, eine möglichst verläßliche Grundlage für die Planung des eigenen zukünftigen Verhaltens zu schaffen, da dynamische Systeme immer die Entwicklungen ihrer Umsysteme zu berücksichtigen haben[23]. **Spezieller Zweck** von Umweltprognosen ist es, auf der Basis entsprechender Analysen voraussichtliche Chancen und Risiken im Umsystem für die Unternehmung aufzudecken.

Gliederungsmöglichkeiten von Umweltprognosen ergeben sich nach der Art und dem Umfang ihrer Bezugsfelder, nach der Art der Charakterisierbarkeit ihrer Variablen (Objekte, Erscheinungen) und nach der Art der Informationsverarbeitungsprozesse bzw. Verfahren zu ihrer Gewinnung (Prognoseverfahren). So können Bezugsfelder von Umweltprognosen der ökonomische, sozio-kulturelle, technologische, politisch-rechtliche oder natürliche bzw. ökologische Bereich der Umwelt oder spezifische Sektoren hieraus sein, jeweils bezogen auf

---

20 Vgl. zum Begriff, zur Gliederung und zu den Verfahren von Prognosen insbesondere Brockhoff, K., Prognoseverfahren für die Unternehmungsplanung, Wiesbaden 1977; Haustein, H.-D., Prognoseverfahren in der sozialistischen Wirtschaft, Berlin (Ost) 1970, S. 359; Makridakis, S., Reschke, H., Wheelwright, S. C., Prognosetechniken für Manager, Wiesbaden 1980, S. 11 ff.; Mertens, P. (Hrsg.), Prognoserechnung, 4. Aufl., Würzburg – Wien 1981; Weber, K., Prognose und Prognoseverfahren, in: HWB, 2. Bd., Hrsg. E. Grochla, W. Wittmann, 4. Aufl., Stuttgart 1975, Sp. 3188 ff.; Wild, J., Grundlagen der Unternehmungsplanung, a.a.O., S. 87 ff.

21 Vgl. Wild, J., Grundlagen der Unternehmungsplanung, a.a.O., S. 66 f.; hierzu insbesondere auch Hahn, D., Prognose und Unternehmungsplanung, in: Neuere Ansätze der Marketingtheorie, Festschrift zum 80. Geburtstag von Otto R. Schnutenhaus, Hrsg. P. Hammann, W. Kroeber-Riel, C. W. Meyer, Berlin 1974, S. 27 ff.; Kneschaurek, F., Umweltsprognosen und Unternehmungsplanung, in: Betriebswirtschaftliche Mitteilungen, Grundprobleme der Unternehmungsplanung, Hrsg. Institut für Betriebswirtschaft an der Hochschule St. Gallen für Wirtschafts- und Sozialwissenschaften, Bern 1968, S. 40 f.

22 Vgl. ähnlich bei Haustein, H.-D., Prognoseverfahren in der sozialistischen Wirtschaft, a.a.O., S. 359 sowie Bonhoeffer, F. O., Langfristige Branchenprojektionen, Berlin – München 1963, S. 11 ff.

23 Vgl. Ulrich, H., Die Unternehmung als produktives soziales System, a.a.O., S. 112 ff.

gewählte Regionen. Dementsprechend können für gewählte Regionen (mehr) generelle und (mehr) spezielle Umweltprognosen unterschieden werden. Nach der Art der Charakterisierbarkeit bzw. Meßbarkeit der Variablen können qualitative oder quantitative Umweltprognosen bzw. Umweltprognoseinformationen unterschieden werden. Schließlich lassen sich Umweltprognosen nach der Art des Informationsverarbeitungsprozesses zu ihrer Gewinnung differenzieren. Hier existieren zum einen die quantitativen Verfahren, die quantitative Informationsverarbeitungsprozesse darstellen, zum anderen die qualitativen Verfahren, die qualitative Informationsverarbeitungsprozesse beinhalten. Eine Kombination und Integration erfolgt im Rahmen der Szenario-Technik.

Voraussagen über künftiges Geschehen müssen immer von bestimmten Voraussetzungen bzw. Bedingungen ausgehen, von deren Erfüllt-Sein oder Nicht-Erfüllt-Sein es abhängt, ob die Voraussagen nicht von vornherein falsch sind. Glaubt man z. B., aus der bisherigen Entwicklung bestimmter Größen gewisse Gesetzmäßigkeiten ableiten zu können, und geht man davon aus, daß diese Gesetzmäßigkeiten auch für die Zukunft Gültigkeit haben werden, so steht und fällt die gesamte Voraussage mit der Richtigkeit dieser Annahme[24]. Eine Prognose „beantwortet also nicht die Frage, was schlechthin wird, sondern was geschieht, wenn die zugrundegelegten Hypothesen sich bewahrheiten“[25].

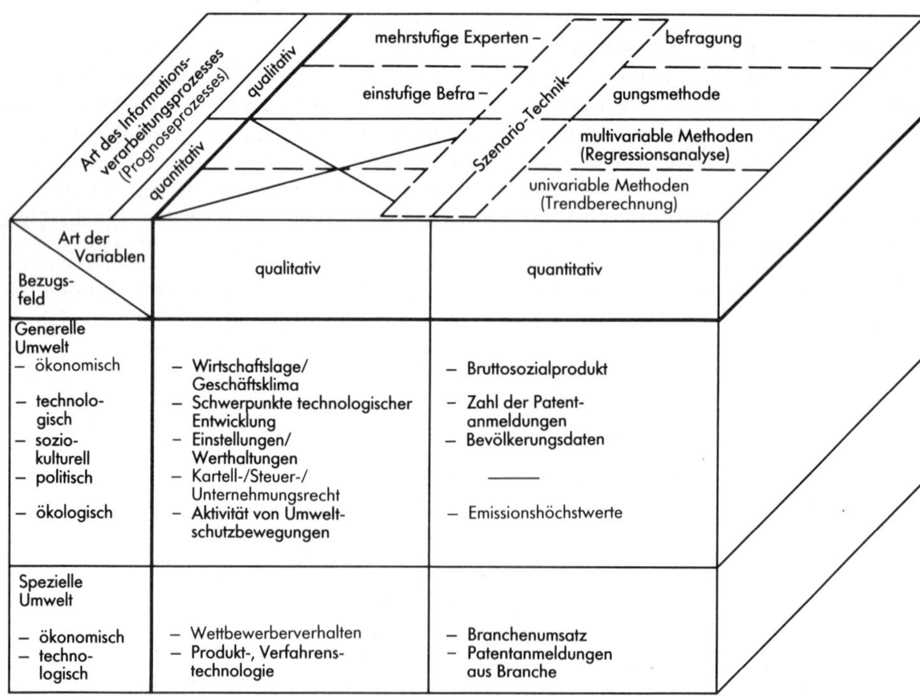

Abb. 67: Gliederungsmöglichkeiten von Umweltprognosen (mit Angabe von Beispielen)

---

24 Vgl. Bonhoeffer, F.O., Langfristige Branchenprojektionen, a.a.O., S. 12f.

25 Bonhoeffer, F.O., Langfristige Branchenprojektionen, a.a.O., S. 13. Es sollte allerdings nie außer Betracht bleiben, daß es durch die Veröffentlichung einer Prognose zu Rückwirkungen auf das zu prognostizierende Geschehen kommen kann (vgl. Rothschild, K.W., Wirtschaftsprognose, Berlin – Heidelberg – New York 1969, S. 147).

1.3.2.2 Objekte und Verfahren qualitativer Umweltprognosen

Generelle qualitative Umweltprognoseobjekte sind in erster Linie für die Unternehmung relevante gesellschafts- und wirtschaftspolitische Entwicklungen, die sich im wesentlichen in der Gesetzgebung niederschlagen. Hierzu zählen z. B. die Entwicklung der Gesetzgebung zur Mitbestimmung sowie die Entwicklung im Kartell- und Steuerrecht. Auch Trends in der Verkehrspolitik oder im Umweltschutz können in dem von der Unternehmung zu beachtenden Datenkranz eine Rolle spielen. Derartige gesellschafts- und wirtschaftspolitische Entwicklungen sind naturgemäß auf das engste mit der allgemeinen politischen Entwicklung verbunden und werden in ihrem Tempo und ihrer Ausprägung vielfach von aus der Sicht der planenden Unternehmung sehr schwer prognostizierbaren Fakten, wie z. B. dem Ausgang von Wahlen, dem Inhalt von Koalitionsabsprachen usw., mitbestimmt.

Spezielle qualitative Umweltprognoseobjekte betreffen z. B. die technologische Entwicklung im Hinblick auf Gestaltung und/oder Herstellung entweder bisheriger oder möglicher neuer Produkte einer Unternehmung sowie die Zeitpunkte und Beschaffenheit von Marktaktivitäten von Konkurrenten und Lieferanten. Auch sind qualitative Veränderungen der Nachfrage nach Konsum- und Investitionsgütern Objekte derartiger Prognosen.

Als **qualitative Umweltprognoseverfahren** bieten sich primär **Befragungsmethoden** unterschiedlicher Ausprägung an.

Einstufige Methoden beruhen meist „auf einer direkten Befragung der Wirtschaftssubjekte, deren Dispositionen für die Entwicklung der zu prognostizierenden Größe von Bedeutung sind. Das hierfür erforderliche mathematisch-statistische Rüstzeug ist die Beherrschung der Stichprobenanalyse und deren Verfahren, was auch die Kenntnis der Wahrscheinlichkeitstheorie voraussetzt, damit man die Fehler- und Vertrauensgrenzen der ermittelten Aussagen berechnen kann“ [26]. Insbesondere Veränderungen von Qualitäten und bevorzugten Absatzwegen der nachgefragten Güter können mittels einer einstufigen Befragung der Konsumenten bzw. Unternehmer hinreichend zutreffend prognostiziert werden; ebenso kann durch eine Befragung des Handels eine Prognose über Art und Termine von Marktaktivitäten der Konkurrenten zu erstellen versucht werden. Die Durchführung und Finanzierung derartiger spezieller Prognosen wird fast immer bei der einzelnen Unternehmung liegen, die sich allerdings einschlägiger Institute bedienen kann. Wegen der Unterschiede zwischen den Gütern oder aber – im anderen Falle – wegen der Konkurrenzsituation wird eine Arbeits- und Kostenteilung durch Kooperation mit anderen Unternehmungen nur vereinzelt möglich werden. Als ein weiteres spezielles einstufiges Verfahren, bei dem nur ein Experte – stellvertretend für eine Gesamtheit – befragt wird, ist die Methode des Genius Forecast zu nennen [27].

Eine zweite Gruppe von Befragungsmethoden zeichnet sich dadurch aus, daß sie sich zum einen grundsätzlich an einen ausgesuchten Kreis von Experten wendet, zum anderen **mehrstufig** vorgeht, wie am Beispiel der vier im folgenden aufgeführten Phasen der sogenannten Delphi-Methode aufgezeigt werden soll [28]:

---

26 Kneschaurek, F., Umweltsprognosen und Unternehmungsplanung, a.a.O., S. 52f.

27 Vgl. hierzu z. B. Hüttner, M., Markt- und Absatzprognosen, Stuttgart u.a. 1982, S. 26ff.

28 Die Ausführungen erfolgen zum Teil in Anlehnung an Albach, H., Informationsgewinnung durch strukturierte Gruppenbefragung, ZfB 1970, Ergänzungsheft Dez., S. 15ff. Vgl. zur Delphi-Methode ferner Brockhoff, K., Prognoseverfahren für die Unternehmensplanung, a.a.O., S. 75ff.; Geschka, H., Delphi, in: Langfristige Prognosen, Hrsg. G. Bruckmann, Würzburg – Wien 1977, S. 27ff.; Gisholt, O., Marketing-Prognosen, Bern – Stuttgart 1976, S. 112ff.; Makridakis, S., Reschke, H., Wheelwright, S. C., Prognosetechniken für Manager, a.a.O., S. 217ff.

1. Ausarbeitung eines formalen Fragebogens und Übergabe an die Experten;
2. Zusammenfassung der anonymen Einzelantworten zu einer (statistischen) Gruppenantwort;
3. Information der Teilnehmer über die Gruppenantwort und erneute, zum Teil präzisiertere Befragung;
4. Auswertung.

Es kommt also zu einer – unter Umständen mehrfachen – informationellen Rückkoppelung, von der eine Verbesserung der Information gegenüber denjenigen Informationen erwartet wird, die beispielsweise durch einstufige Einzelbefragung gewonnen werden könnten.

Technologische Umweltprognosen [29] sollten – soweit nicht eine zu starke Spezifizierung (im Sinne einer zu starken Produktbezogenheit) dem entgegensteht – auf Branchenebene oder sogar unter Zusammenarbeit verschiedener Fachverbände erstellt werden.

Verfahren der qualitativen Umweltprognose können auch zur Erstellung von quantitativen Prognoseinformationen, z. B. zur Vorhersage von Inflations- oder Marktwachstumsraten, herangezogen werden.

1.3.2.3 Objekte und Verfahren quantitativer Umweltprognosen

Während durch qualitative Prognoseverfahren Aussagen über die voraussichtliche Entwicklung von qualitativ und quantitativ charakterisierbaren Objekten durch entsprechende Prognoseinformationen abgeleitet werden können, gestatten quantitative Prognoseverfahren nur quantitative Aussagen bzw. Prognoseinformationen über quantitativ charakterisierbare bzw. meßbare Objekte.

Generelle quantitative Umweltprognoseobjekte sind im allgemeinen volkswirtschaftliche Größen wie Bruttosozialprodukt, Inflationsrate und Außenhandelsvolumina (vielfach differenziert nach „Erzeuger“ und „Verwender“) größerer Wirtschaftsräume.

Die mit derartigen Entwicklungen verbundenen expansiven und kontraktiven Impulse schlagen in der Regel auf die Absatz- und Beschaffungsmärkte der Unternehmung durch.

Als **spezielle quantitative Umweltprognoseobjekte,** die die Entwicklung der Wirtschaft in einem für die Unternehmung besonders relevanten Sektor charakterisieren, sind vor allem aggregierte Nachfragegrößen interessant, z. B. die Gesamtnachfrage auf den Märkten für die bisherigen und potentiellen neuen Produkte sowie letztlich die sich hierbei aus den Auswirkungen der Marktaktivitäten der Konkurrenten und der eigenen Unternehmung ergebende Entwicklung der Auftragseingänge.

Generelle und spezielle quantifizierbare Größen werden im wesentlichen durch zwei unterschiedliche Gruppen von quantitativen **Verfahren** (Methoden) prognostiziert: Verfahren der **univariablen** und Verfahren der **multivariablen Prognose** [30]. Beiden Gruppen ist gemeinsam, daß zunächst die jeweilige für die Prognose verwendbare mathematische Funktion durch eine Auswertung von Meßwerten der Vergangenheit erstellt werden muß.

29 Vgl. Albach, H., Technologische Prognosen, in: HWB, 3. Bd., Hrsg. E. Grochla, W. Wittmann, 4. Aufl., Stuttgart 1976, Sp. 3861 ff.; Brockhoff, K., Probleme und Methoden technologischer Vorhersagen, ZfB 1969, Ergänzungsheft Dez., S. 1 ff.; vgl. ferner Quinn, J. B., Technological Forecasting, HBR März/April 1967, S. 89 ff. und die dort angeführten Beispiele.

30 Vgl. Müller-Merbach, H., Operations Research, a.a.O., S. 437 ff.

Die **univariable Prognose** geht von einem funktionalen Zusammenhang zwischen der zu prognostizierenden Variablen $\hat{y}$ und deren eigenen Vergangenheitswerten aus:

$$\hat{y}_{t+1} = f(y_t, y_{t-1}, y_{t-2} \ldots y_{t-n}).$$

Wichtige Verfahren bei dieser Auswertung sind im Hinblick auf univariable Prognosen die Trendrechnung und die Methode der exponentiellen Glättung[31].

Den **multivariablen Prognosen** liegt die Annahme eines kausalen Zusammenhanges zwischen der zu prognostizierenden Variablen und einer oder mehreren unabhängigen Variablen zugrunde:

$$\hat{y} = f(x) \qquad \text{oder}$$

$$\hat{y} = f(x, u, v, w \ldots).$$

Hier ist als wichtiges Auswertungsverfahren die Regressionsanalyse zu nennen.

Im einfachen Fall linearer Verhaltensgleichungen lautet die mathematische Funktion z. B. bei multivariablen Prognosen:

$$\hat{y} = a + bx.$$

Nach Berechnung der Modellkoeffizienten a und b (bei den multivariablen Prognosen auch anschaulich „Reaktionskoeffizienten" genannt[32]) können konkrete Zahlenwerte in die Funktionen eingesetzt und kann die zu prognostizierende Variable $\hat{y}$ berechnet werden[33].

Da bei multivariablen Methoden die **Reaktionskoeffizienten,** die eine Aussage über das Ausmaß der Reaktion der zu prognostizierenden Variablen auf eine bestimmte Änderung der unabhängigen Variable(n) machen[34], spezifiziert in der Verhaltensgleichung auftauchen, lassen sich diese Koeffizienten bereits frühzeitig und oft ziemlich genau an absehbare Entwicklungen anpassen. Zum Beispiel liege eine Verhaltensgleichung

$$\hat{y} = a + bx_1 + cx_2^2 + dx_3^2 + ex_4^3$$

vor; e sei der Reaktionskoeffizient der zu prognostizierenden Güternachfrage $\hat{y}$ im Hinblick auf das Preisniveau x_4 eines bestimmten Substitutionsgutes. Es ist offensichtlich, daß sich dann die nach Zeitpunkt und Ausmaß bekannt gewordene Absicht einer – die Substitutionsbeziehung verstärkenden – Änderung dieses Produktes durch eine angemessene Modifikation von e präziser in der Prognose berücksichtigen ließe als in einem univariablen Modell, in dem ex definitione auf eine Spezifikation von Reaktionskoeffizienten verzichtet wird. Als Hilfsmittel für eine derartige prophylaktische Anpassung der Reaktionskoeffizienten kann sich in bestimmten Fällen die „Querschnittsanalyse" anbieten, bei der von der täglichen Entwicklung vergleichbarer Phänomene in anderen Sektoren – z. B. Gebieten – Rückschlüsse auf die zukünftige Entwicklung im eigenen Sektor gezogen werden[35].

---

31 Vgl. Schröder, M., Einführung in die kurzfristige Zeitreihenprognose und Vergleich der einzelnen Verfahren, in: Prognoserechnung, Hrsg. P. Mertens, 4. Aufl., Würzburg – Wien 1981, S. 23 ff. sowie Müller-Merbach, H., Operations Research, a.a.O., S. 443 ff.

32 Vgl. Kneschaurek, F., Umweltsprognosen und Unternehmungsplanung, a.a.O., S. 54 f.

33 Vgl. hierzu für die vier genannten Prognoseverfahren (Trendrechnung, exponentielle Glättung, Regressionsanalyse, Lineare Planungsrechnung) Müller-Merbach, H., Operations Research, a.a.O., S. 438 ff.

34 Vgl. Kneschaurek, F., Umweltsprognosen und Unternehmungsplanung, a.a.O., S. 54 f.

35 Näheres zur Querschnittsanalyse bei Gerfin, H., Langfristige Wirtschaftsprognose, Tübingen 1964, S. 70 ff. sowie Kneschaurek, F., Umweltsprognosen und Unternehmungsplanung, a.a.O., S. 64 ff.

Da aber multivariable Prognosen die Kenntnis des Verlaufs mehrerer (unabhängiger) Variablen als Grundlage für die Prognose von $\hat{y}$ voraussetzen, werden sie zur Voraussage volkswirtschaftlicher Größen heute nur in wenigen Fällen verwendet.

Die **multivariablen Methoden** haben sich besonders für **mittel- und langfristige Prognosen** bewährt, bei denen die zu prognostizierende Variable (z. B. Nahrungsmittelverbrauch) über nur eine gesamtwirtschaftliche Bezugsgröße (z. B. reales Sozialprodukt) mit nur einem Reaktionskoeffizienten verknüpft werden konnte.

Univariable Methoden lassen sich „in der Regel nur für kurzfristige Prognosen mit einer zeitlichen Reichweite von weniger als einem Jahr und für wirtschaftliche Größen verwenden, deren Entwicklung sich durch ausgeprägte Monats-, Tages- oder Stufenrhythmen“ [36] charakterisieren läßt.

Unternehmungen werden nur in den seltensten Fällen derartige volkswirtschaftliche Prognosen selbst erstellen. Im Bedarfsfalle werden sie generelle Umweltprognosen über ihre Industrie- und Handelskammer, ihren Fachverband oder Veröffentlichungen von Institutionen bzw. Instituten wie dem Sachverständigenrat, der Bundesbank, dem Ifo-Institut für Wirtschaftsforschung (München) und dem Deutschen Institut für Wirtschaftsforschung (Berlin) bekommen können.

1.3.2.4 Kombinierte qualitative und quantitative Umweltprognosen

1.3.2.4.1 Szenario-Technik

Mit dem Begriff ‚Szenario-Technik‘ wird ein Verfahren bezeichnet, mit dessen Hilfe sogenannte Szenarien (Zukunftsbilder) erstellt werden können. Diese enthalten eine hypothetische Folge von Ereignissen, die auf kausale Prozesse und Entscheidungsmomente aufmerksam machen sollen [37]. Sie erfassen im wesentlichen die Umwelt, berücksichtigen aber auch unternehmungsspezifische Aspekte [38]. Es handelt sich bei einem **Szenarium** sowohl um

„– die Beschreibung einer möglichen zukünftigen Situation als auch
– das Aufzeigen des Entwicklungsverlaufs, der zu dieser zukünftigen Situation hinführt“ [39].

Um die Bandbreite des möglichen zukünftigen Geschehens aufzuzeigen, ist es angebracht, neben dem Szenario mit der höchsten Eintrittswahrscheinlichkeit (Trendszenario) alternative Szenarien – insbesondere auch sogenannte Extremszenarien – zu erstellen [40].

Je nach Fragestellung kann es sich dabei um sogenannte reaktive oder normative Szenarien handeln. Reaktive Szenarien haben einen zukunftsermittelnden, prognostischen Charakter,

---

36 Kneschaurek, F., Umweltsprognosen und Unternehmungsplanung, a.a.O., S. 47 sowie die dort angeführten Beispiele.

37 Vgl. Kahn, H., Wiener, A. J., Ihr werdet es erleben, Reinbek bei Hamburg 1971, S. 21.

38 Vgl. Gomez, P., So verwenden wir Szenarien für Strategieplanung und Frühwarnsystem, IO 1982, S. 9.

39 Geschka, H., Reibnitz, U. v., Die Szenario-Technik als Grundlage von Planungen, Hrsg. Batelle-Institut e. V., Frankfurt/Main 1981, S. 10.

40 Vgl. Geschka, H., Hammer, R., Die Szenario-Technik in der strategischen Unternehmensplanung, in: Strategische Unternehmungsplanung – Strategische Unternehmungsführung, Hrsg. D. Hahn, B. Taylor, 6. Aufl., Heidelberg 1992, S. 311 ff.; Geschka, H., Reibnitz, U. v., Die Szenario-Technik – ein Instrument der Zukunftsanalyse und der strategischen Planung, in: Praxis der strategischen Unternehmensplanung, Hrsg. A. Töpfer, H. Afheldt, 2. Aufl., Frankfurt/Main 1987, S. 130.

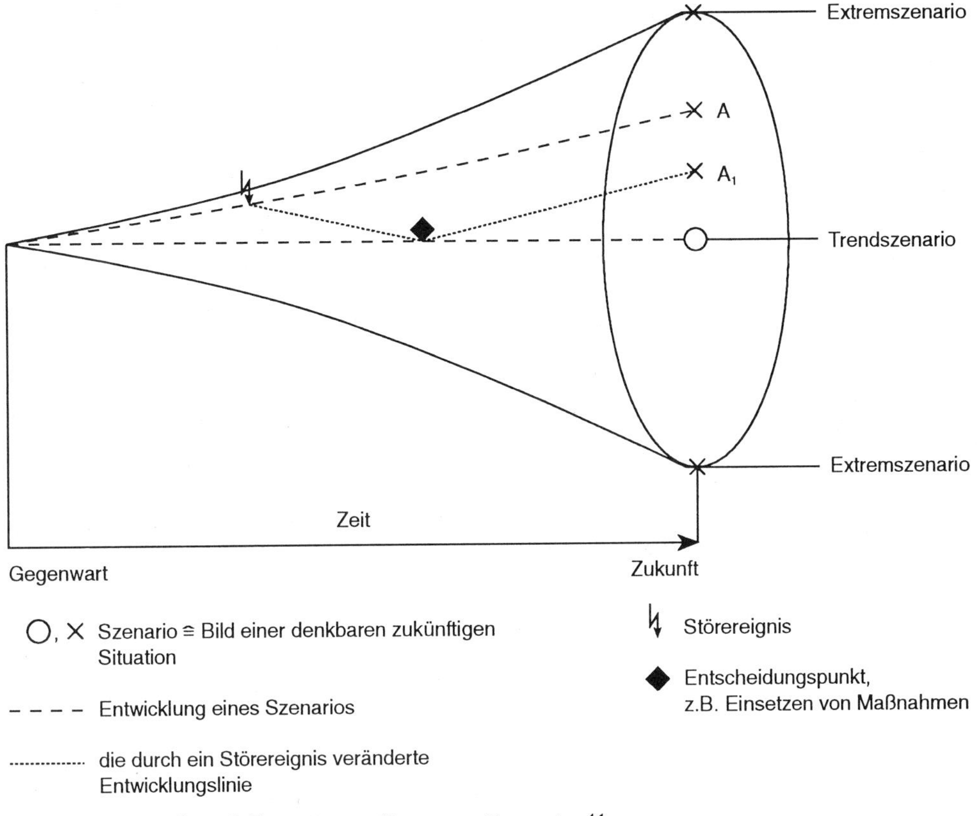

Abb. 68 a: Denkmodell zur Darstellung von Szenarien[41]

während normative Szenarien zu erreichende Ziele vorgeben, und die Frage untersuchen, wie diese Ziele erreicht werden können[42]. Im Rahmen einer Umweltprognose wird es sich demnach in der Regel um reaktive Szenarien handeln (vgl. Abbildung 68 a).

Die **Szenario-Technik** – als Verfahren zur Erstellung von Szenarien – ist ein mehrstufiger, multipersoneller interdisziplinärer Problemlösungsprozeß, in dessen einzelnen Stufen unterschiedliche Arbeitsweisen eingesetzt werden, mit dem Ziel, plausible zukünftige Ereignisse und Entwicklungen aufzuzeigen. Für die Strukturierung dieses Prozesses in einzelne Stufen gibt es verschiedene Vorschläge[43].

41 Geschka, H., Hammer, R., Die Szenario-Technik in der strategischen Unternehmensplanung, a.a.O., S. 315.

42 Vgl. Segner, M., Szenario-Technik, in: Forschungsreihe Systemtechnik, Bericht 8/1976, Hrsg. Technische Universität Berlin, Berlin 1976, S. 8. Vgl. außerdem diese Einteilung mit den beiden von H. Kahn und A. J. Wiener genannten Fragestellungen, zu deren Beantwortung Szenarien dienen können (Kahn, H., Wiener, A. J., Ihr werdet es erleben, a.a.O., S. 21). Eine andere Einteilung der verschiedenen Szenario-Typen offeriert L. Hirschhorn, der dabei von einem sehr umfassenden Szenario-Begriff ausgeht (Hirschhorn, L., Scenario Writing: A Developmental Approach, Journal of the American Planning Association 1980, S. 172 ff.).

43 Vgl. die Übersicht ausgewählter Szenario-Techniken in Prozeßstufen in Geschka, H., Hammer, R., Die Szenario-Technik in der strategischen Unternehmensplanung, a.a.O., S. 317.

Unabhängig von der möglicherweise unterschiedlichen Einteilung in einzelne Vorgehensstufen zeichnet sich die Szenario-Technik dadurch aus, daß sie[44]

- keine Strukturkonstanz unterstellt, d. h. Störereignisse explizit berücksichtigt,
- quantitative und qualitative Informationen verarbeitet,
- Interdependenzen zwischen relativ vielen Umweltfaktoren zu berücksichtigen versucht,
- flexibel ist, z. B. hinsichtlich der jeweiligen Problemstellung oder der im einzelnen einzusetzenden Methoden[45], und – in Verbindung damit –
- verschiedene Analyse- und Prognosemethoden miteinander kombiniert.

Insbesondere der letzte Punkt verdeutlicht die integrierende Wirkung der Szenario-Technik. So können z. B. die folgenden Methoden im Rahmen der Szenario-Erstellung eingesetzt werden: Relevanzbaum, Brainstorming und -writing, Morphologie, Planspiele, statistische Analysen, Delphi-Methode und Simulation[46].

Im folgenden soll der Prozeß der Szenario-Technik in seinen einzelnen Stufen kurz erläutert werden. Als Beispiel dient dabei das Konzept des Battelle-Instituts, Frankfurt/Main. Dieses gliedert den Prozeß der Szenario-Technik in 8 Schritte, die 4 verschiedenen Ebenen zugeordnet werden (vgl. Abbildung 68 b)[47]. Der Prozeß beginnt mit der Aufgabenstellung, in der das Problem analysiert und das Untersuchungsfeld definiert und strukturiert wird. Dieser Schritt ist der Ebene der konkreten Problembearbeitung zuzuordnen. Oftmals kann direkt von der Problemstellungsphase zu den Phasen der Alternativensuche und -bewertung sowie der Entscheidungsphase mit der sich anschließenden Phase der Willensdurchsetzung übergegangen werden. Es handelt sich dann im Kern um die üblichen Schritte des Planungsprozesses.

Bei komplexeren Problemen, z. B. solchen strategischer Art, sind neben dem eigentlichen Problemfeld die Problemumfelder zu ermitteln, die auf das Problemfeld einwirken können. Desweiteren ist zu untersuchen, welche Auswirkungen die Umfelder im einzelnen auf das Untersuchungsfeld haben können und welche Anforderungen sich daraus an die Lösungsalternativen ergeben. Es handelt sich hierbei um die Phasen 2 und 7 der Szenario-Technik, die beide der Ebene der Problemumfelder zugeordnet werden.

Da Szenarien zukunftsorientiert sind, kann es nicht ausreichen, die gegenwärtige Situation zu analysieren. Um die zukünftige Entwicklung der Umfelder zu beschreiben, werden einzelne Kenngrößen (Deskriptoren) ermittelt, deren potentieller Verlauf projiziert wird. Aus der Gesamtheit der Projektionen für die einzelnen Deskriptoren ergeben sich mögliche Zukunftsbilder, woraus sich wieder Rückschlüsse bezüglich der potentiellen Auswirkungen auf das Problemfeld ableiten lassen. Diese Schritte 3 und 5 der Szenario-Technik bilden die Ebene der Zukunftsprojektionen.

---

44 Vgl. Geschka, H., Hammer, R., Die Szenario-Technik in der strategischen Unternehmensplanung, a.a.O., S. 312; Geschka, H., Reibnitz, U. v., Die Szenario-Technik – ein Instrument der Zukunftsanalyse und der strategischen Planung, a.a.O., S. 128; dies., Zukunftsanalysen mit Hilfe von Szenarien – erläutert an einem Fallbeispiel ‚Freizeit im Jahr 2000', Sonderdruck aus Politische Didaktik, Zeitschrift für Theorie und Praxis des Unterrichts, Heft 4/1979, S. 73; Segner, M., Szenario-Technik, a.a.O., S. 16.

45 Vgl. Blecke, U., Plausible Pfade in die Zukunft, Manager Magazin 1978, Nr. 12, S. 125.

46 Vgl. Segner, M., Szenario-Technik, a.a.O., S. 36 ff.; außerdem Lehnen, F., Die Szenariotechnik in der Unternehmensplanung, ZfbF-Kontaktstudium 1979, S. 73 ff.; Oberkampf, V., Szenario-Technik, Darstellung und Methodik, hrsg. v. Rationalisierungskuratorium der deutschen Wirtschaft (RKW) e. V., Frankfurt/Main 1976, S. 24 f.

47 Vgl. zur Abbildung 68 b sowie zum folgenden Geschka, H., Hammer, R., Die Szenario-Technik in der strategischen Unternehmensplanung, a.a.O., S. 318 ff.

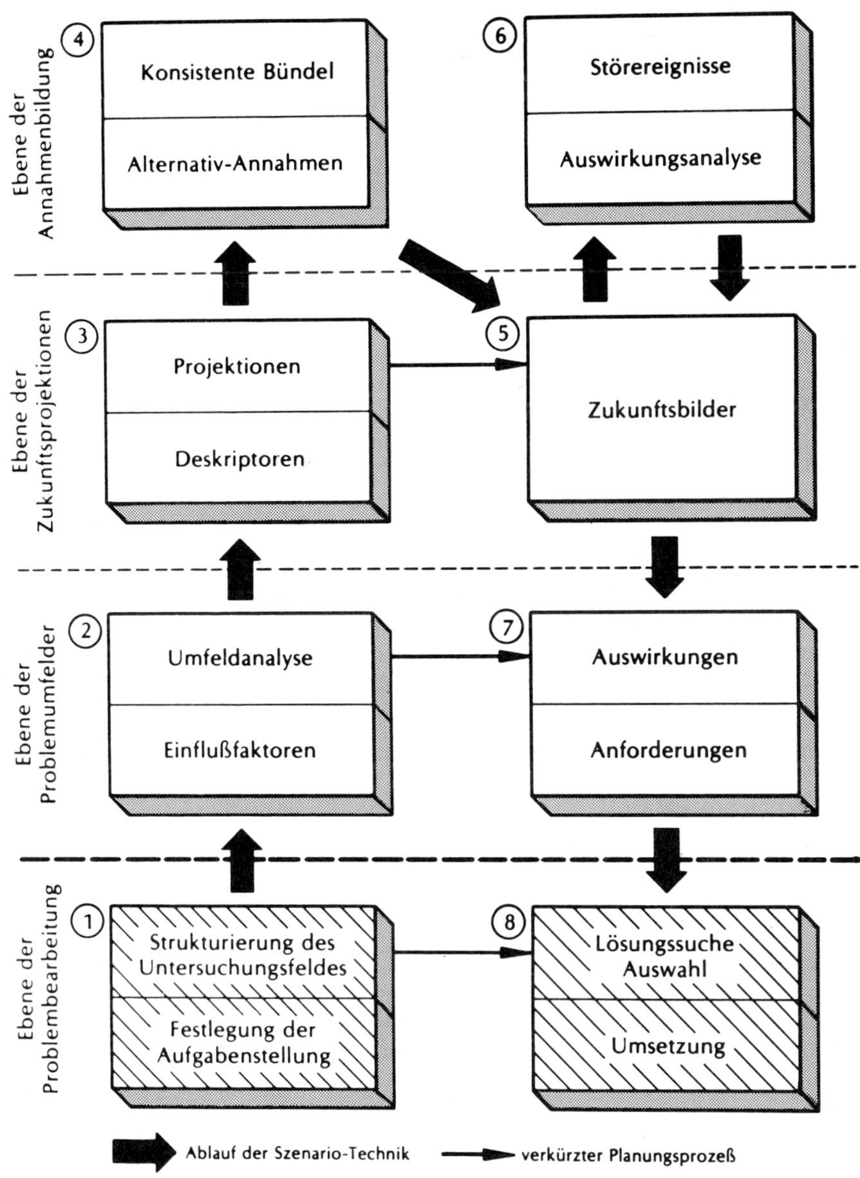

Abb. 68b: Acht Schritte der Szenario-Technik

Das für die Szenario-Technik Typische ist insbesondere in den Schritten 4 und 6 enthalten. Da für die Deskriptoren nicht unbedingt eindeutige Entwicklungen festzustellen sind, muß diesbezüglich mit alternativen Annahmen gearbeitet werden, die unterschiedliche aber plausible Verläufe unterstellen, wobei die unterstellten Entwicklungen der einzelnen Deskriptoren widerspruchsfrei sein müssen. Daneben sind Annahmen über Störereignisse, die die Entwicklungen wesentlich beeinflussen können, zu treffen und die potentiellen Auswirkungen dieser Störereignisse zu analysieren. Die Schritte 4 und 6 bilden die Ebene der Annahmenbildung, die die Erarbeitung alternativer Szenarien zur Folge hat.

Szenarien eignen sich besonders als Basis für die generelle Zielplanung und strategische Planung, ferner auch zur Überprüfung derartiger Planungen und der sich anschließenden operativen Planungen.

1.3.2.4.2 Frühwarnsysteme

Frühwarnsysteme[48] sind eine spezielle Art von Informationssystemen[49], die den jeweiligen Benutzer mit zeitlichem Vorlauf über potentielle Gefahren aus dem Umsystem und/oder dem System selbst informieren, damit dieser rechtzeitig zielorientiert durch entsprechende Maßnahmen reagieren kann[50]. Wird zusätzlich zur Anzeige möglicher Gefahren die Chancenerkennung in die Definition miteinbezogen, so handelt es sich um ein Früherkennungssystem. Ausgehend von einer Unternehmung als Benutzer des Früherkennungssystems besteht dessen Aufgabe dann darin, „Veränderungen . . ., welche Bedrohungen oder Chancen für die Unternehmung bedeuten“[51], frühzeitig anzuzeigen, damit entsprechende Maßnahmen zur Risikenabwehr oder Chancennutzung getroffen werden können.

Aus systemtheoretischer Sicht stellen Frühwarnsysteme offene, komplexe reale Systeme dar, die durch ihre Elemente und deren Beziehungen untereinander näher gekennzeichnet werden können. Als Elemente eines Frühwarnsystems kommen Menschen, Maschinen und Mensch-/Maschine-Kombinationen in Betracht, die Informationen aufnehmen, verarbeiten und als sogenannte Frühwarninformationen weiterleiten. Die Elemente eines Frühwarnsystems lassen sich in Peripher- und Zentralelemente unterscheiden, die jeweils spezifische Informationsprozesse durchführen.

Frühwarninformationen werden ermittelt, indem im Umsystem oder System selbst Informationen über bestimmte Erscheinungen (Zustände, Entwicklungen) gewonnen werden, deren Wirkungen von großer – u. U. überlebenskritischer – Bedeutung für die Benutzer sind und die eine hohe Eintrittswahrscheinlichkeit aufweisen. Beispiele hierfür gibt Abbildung 69: Sie zeigt Frühwarnindikatoren (Gesetzesvorbereitungen, Auftragseingänge) und deren Wirkungen nach einem Zeitintervall auf Umsatz- und Gewinnentwicklungen, falls keine Maßnahmen getroffen werden.

Aus diesem Beispiel wird auch deutlich, daß es sich bei den Frühwarninformationen um kombinierte Analyse- und Prognoseinformationen handelt. Ausgehend von vorhandenen, vielfach verdeckten Erscheinungen, die es zu analysieren gilt, sind deren Wirkungen zu prognostizieren, wobei für diese i.d.R. eine hohe Eintrittswahrscheinlichkeit angegeben werden kann.

---

48 Vgl. zu den Frühwarnsystemen generell Albach, H., Hahn, D., Mertens, P. (Hrsg.), Frühwarnsysteme, ZfB-Ergänzungsheft 2/79, Wiesbaden 1979; Hahn, D., Frühwarnsysteme, in: Rechnergestützte Werkzeuge für das Management, Hrsg. H. Krallmann, J. Papke, B. Rieger, Berlin 1992, S. 29ff.; Hahn, D., Krystek, U., Betriebliche und überbetriebliche Frühwarnsysteme für die Industrie, ZfbF 1979, S. 76ff.; Hahn, D., Klausmann, W., Frühwarnsysteme und strategische Unternehmungsplanung, in: Strategische Unternehmungsplanung, Hrsg. D. Hahn, B. Taylor, 4. Aufl., Würzburg – Wien 1986, S. 250ff.; Rieser, I., Frühwarnsysteme, Die Unternehmung 1978, S. 51ff.

49 Vgl. Hahn, D., Krystek, U., Betriebliche und überbetriebliche Frühwarnsysteme für die Industrie, a.a.O., S. 76.

50 Vgl. Hahn, D., Frühwarnsysteme, Krisenmanagement und Unternehmungsplanung, in: Frühwarnsysteme, Hrsg. H. Albach, D. Hahn, P. Mertens, ZfB-Ergänzungsheft 2/79, Wiesbaden 1979, S. 25; Rieser, I., Frühwarnsysteme, a.a.O., S. 52.

51 Rieser, I., Frühwarnsysteme, a.a.O., S. 52.

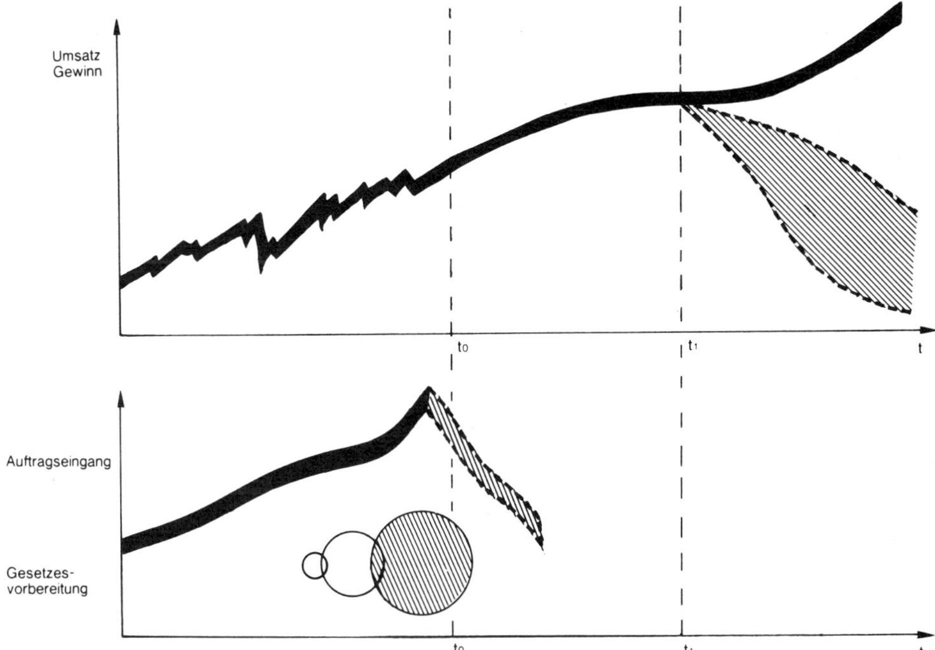

Abb. 69: Prinzipdarstellung von Frühwarnindikatoren (Gesetzesvorbereitungen, Auftragseingänge) und deren Wirkungen auf für die Unternehmung relevante Ziele (Umsatz, Gewinn) nach einem gegebenen Zeitintervall

Die Konzeption eines betrieblichen Frühwarnsystems kann in mehreren Stufen erfolgen, wie Abbildung 70 zeigt[52].

Zu (1) Ermittlung von Beobachtungsbereichen

Ausgangspunkt für den Aufbau eines jeden Frühwarnsystems sind die Verdeutlichung der Unternehmungsziele und die Kennzeichnung von Bereichen außerhalb und/oder innerhalb der Unternehmung, die zum Ausgangspunkt von Gefährdungen bzw. krisenhaften Entwicklungen werden können, die aber u. U. auch besondere Chancen für die Unternehmung beinhalten können.

Externe Beobachtungsbereiche sind z. B. spezifische Märkte und Technologiebereiche. Interne Beobachtungsbereiche bilden vor allem das Produktprogramm und kritische Funktionsbereiche.

Zu (2) Bestimmung von Frühwarnindikatoren

In einem nächsten Schritt sind Indikatoren zu bestimmen, die in den gekennzeichneten Beobachtungsbereichen möglichst frühzeitig relevante Entwicklungen von Erscheinungen anzeigen, welche mögliche Gefährdungen für die Unternehmung signalisieren können (vgl. Abbildung 71).

52 Bei den folgenden Ausführungen handelt es sich um einen Auszug aus Hahn, D., Frühwarnsysteme, Krisenmanagement und Unternehmungsplanung, a.a.O., S. 25ff.

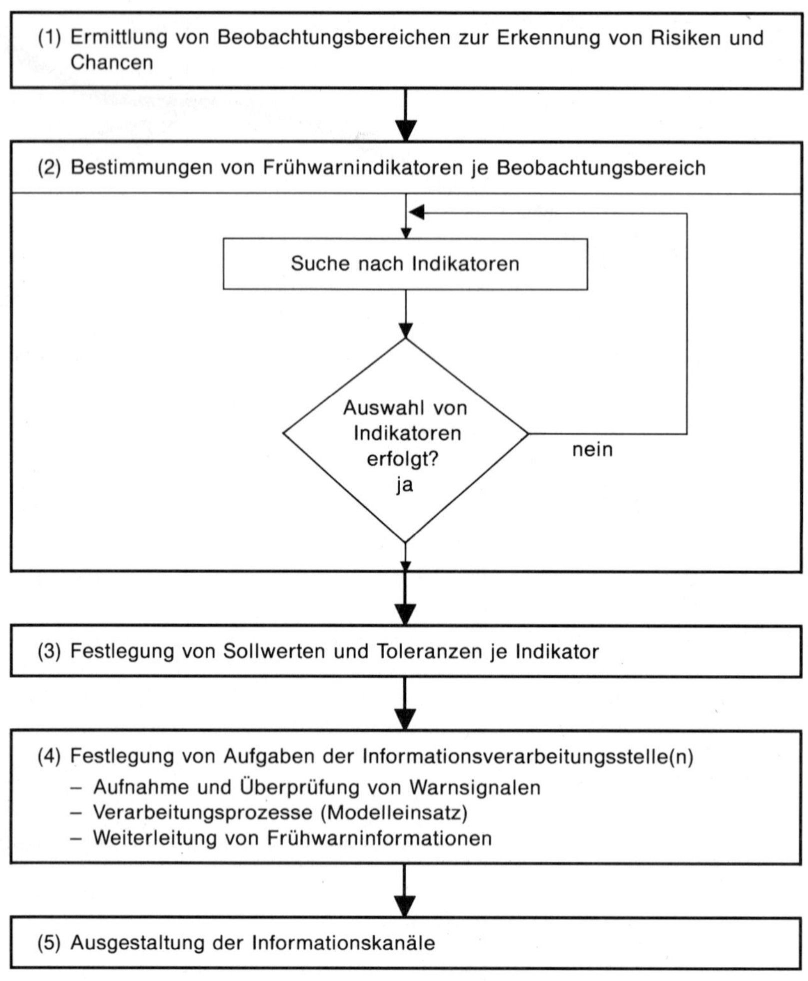

Abb. 70: Aufbaustufen eines betrieblichen Frühwarnsystems

Solche Frühwarnindikatoren eines betrieblichen Frühwarnsystems sind z. B. die Entwicklungen von

- Auftragseingängen,
- Beschaffungspreisen,
- Investitionen,
- Gewerkschaftsforderungen und
- Gesetzesvorbereitungen.

Es handelt sich bei diesen Indikatoren um Informationen über bestimmte Erscheinungen, deren voraussichtliche Wirkungen letztlich für die Erreichung und ggf. Neufestlegung der oberen Ziele der Unternehmung von besonderer Bedeutung sein können.

Zu (3) Festlegung von Soll-Größen und Toleranzgrenzen je Indikator

Für das Erkennen kritischer Entwicklungen durch Indikatoren in beobachteten Bereichen ist die Vorgabe einzuhaltender Maßgrößen erforderlich, sofern es sich nicht um die Erkundung bislang unbekannter Gefährdungsquellen handelt. Hierbei können auch Warnbereiche und überkritische Bereiche vorab definiert werden.

Zu (4) Festlegung von Aufgaben der Informationsverarbeitungsstelle(n)

Bei der Zuordnung von Aufgaben im Rahmen eines betrieblichen Frühwarnsystems auf Personen und Sachmittel – und damit bei Bestimmung der Aufbauorganisation eines betrieblichen Frühwarnsystems – sind folgende Punkte von Bedeutung:

- Peripher-Elemente, die Indikatorveränderungen erfassen, können Mitarbeiter in allen Unternehmungsbereichen sein. In Einzelfällen kann es sich als durchaus zweckmäßig erweisen, auch dezentral, d. h. in einzelnen Unternehmungsbereichen, eine Aufbereitung und Auswertung von Frühwarnsignalen vorzunehmen.
- In funktional organisierten Unternehmungen können die Aufgaben der zentralen Informationsverarbeitung durch die Abteilungen Marketing oder Unternehmungsplanung (ggf. im Rahmen des Controlling) wahrgenommen werden.
- In produkt- oder regionalorientiert organisierten Unternehmungen erfolgt i.d.R. zunächst innerhalb jeder Division eine zentrale Verarbeitung von Warnsignalen/-informationen. Zudem erfolgt grundsätzlich im Bereich der obersten Führung eine zentrale Verarbeitung von bereits aufbereiteten Frühwarninformationen aus einzelnen Unternehmungsbereichen und von originär erfaßten Warnsignalen/-informationen, die für die Gesamtunternehmung von Bedeutung sind.

Frühwarninformationen sollten grundsätzlich im Rahmen des Planungs- und Kontrollsystems bzw. Plan- und Berichtssystems der Unternehmung erarbeitet und ausgewertet werden.

In Form von Hochrechnungen im Rahmen der operativen Planung und als spezifische Basisinformationen für die generelle Zielplanung und die strategische Planung werden vielfach bereits heute systematisch Indikatoren verwendet, die Frühwarncharakter aufweisen.

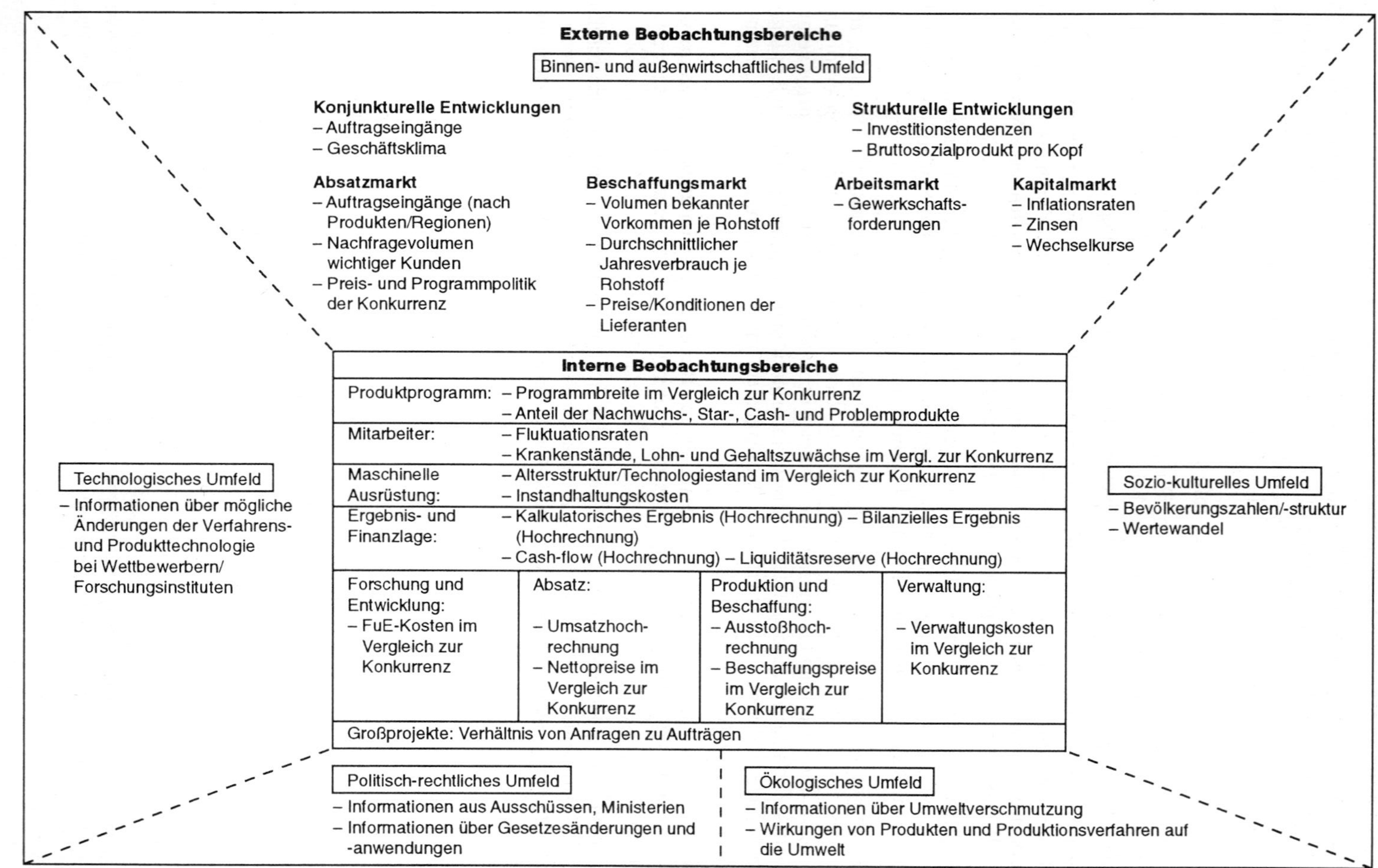

Externe Beobachtungsbereiche
Binnen- und außenwirtschaftliches Umfeld
Konjunkturelle Entwicklungen
– Auftragseingänge
– Geschäftsklima
Strukturelle Entwicklungen
– Investitionstendenzen
– Bruttosozialprodukt pro Kopf
Absatzmarkt
– Auftragseingänge (nach Produkten/Regionen)
– Nachfragevolumen wichtiger Kunden
– Preis- und Programmpolitik der Konkurrenz
Beschaffungsmarkt
– Volumen bekannter Vorkommen je Rohstoff
– Durchschnittlicher Jahresverbrauch je Rohstoff
– Preise/Konditionen der Lieferanten
Arbeitsmarkt
– Gewerkschafts-forderungen
Kapitalmarkt
– Inflationsraten
– Zinsen
– Wechselkurse
Interne Beobachtungsbereiche
Produktprogramm: – Programmbreite im Vergleich zur Konkurrenz
– Anteil der Nachwuchs-, Star-, Cash- und Problemprodukte
Mitarbeiter: – Fluktuationsraten
– Krankenstände, Lohn- und Gehaltszuwächse im Vergl. zur Konkurrenz
Maschinelle Ausrüstung: – Altersstruktur/Technologiestand im Vergleich zur Konkurrenz
– Instandhaltungskosten
Ergebnis- und Finanzlage: – Kalkulatorisches Ergebnis (Hochrechnung) – Bilanzielles Ergebnis (Hochrechnung)
– Cash-flow (Hochrechnung) – Liquiditätsreserve (Hochrechnung)
Forschung und Entwicklung:
– FuE-Kosten im Vergleich zur Konkurrenz
Absatz:
– Umsatzhochrechnung
– Nettopreise im Vergleich zur Konkurrenz
Produktion und Beschaffung:
– Ausstoßhochrechnung
– Beschaffungspreise im Vergleich zur Konkurrenz
Verwaltung:
– Verwaltungskosten im Vergleich zur Konkurrenz
Großprojekte: Verhältnis von Anfragen zu Aufträgen
Technologisches Umfeld
– Informationen über mögliche Änderungen der Verfahrens- und Produkttechnologie bei Wettbewerbern/Forschungsinstituten
Sozio-kulturelles Umfeld
– Bevölkerungszahlen/-struktur
– Wertewandel
Politisch-rechtliches Umfeld
– Informationen aus Ausschüssen, Ministerien
– Informationen über Gesetzesänderungen und -anwendungen
Ökologisches Umfeld
– Informationen über Umweltverschmutzung
– Wirkungen von Produkten und Produktionsverfahren auf die Umwelt

Abb. 71: Externe und interne Beobachtungsbereiche der Unternehmung

Zu (5) Ausgestaltung der Informationskanäle

Hier interessiert die Strukturierung der Informationskanäle (Informationsbeziehungen) zwischen Umwelt, Unternehmung und Frühwarnsystem, innerhalb des Frühwarnsystems sowie zwischen Frühwarnsystem und dessen Benutzern, wobei es sich bei diesen um Führungskräfte auf allen Ebenen handeln kann.

Ist der Aufbau eines betrieblichen Frühwarnsystems entsprechend den vorab beschriebenen Stufen erfolgt, so sollte sichergestellt werden, daß Frühwarninformationen auch organisatorisch gesichert, gewonnen und verfolgt werden. Dies ist schon frühzeitig bei der SEL AG, Stuttgart, in Form von Standardvordrucken realisiert worden (vgl. Abbildung 72).

Datum:		Bezugsbasis lfd. Jahr:			KS rate: Bezugsbasis Folgejahr:			
Spot Nr.	Zuerst erfaßt am	Bezeichnung	Wahrscheinlichkeit in %	Maßnahmen	Auswirkungen			
					Laufendes Jahr		Folgejahr	
					Net Inc. a.T.	Sales	Net Inc. a.T.	Sales
Memo: Net Income a. T. und Sales lt. Forecast der Bezugsbasis								

Abb. 72: Übersicht über Frühwarninformationen für eine Produktlinie

Heute erfolgen Erfassung, Dokumentation und Verarbeitung von bestimmten Frühwarninformationen auch computerunterstützt. Voraussetzung für die rechnergestützte Informationsverarbeitung ist die weitgehende Standardisierung der Frühwarninformationen. Die automatisierte Weiterverarbeitung ist gerade bei indikatororientierten Frühwarnsystemen durch Weitergabe von Grenzwertüberschreitungen möglich: Wenn bestimmte Indikatoren Warn- oder Gefahrenbereiche passieren, werden Warnsignale geliefert[53].

Computerunterstützte Frühwarnsysteme können in direkter oder loser Koppelung an computerunterstützte Planungssysteme in Form von Gesamtunternehmungsmodellen angebunden sein. Auf der Basis von Frühwarninformationen können die Wirkungen von unerwartet

53 Vgl. Krystek, U., Müller-Stewens, G., Grundzüge einer strategischen Frühaufklärung, in: Strategische Unternehmungsplanung – Strategische Unternehmungsführung, Hrsg. D. Hahn, B. Taylor, 6. Aufl., Heidelberg 1992, S. 353. Vgl. zu PC-unterstützten Frühwarnsystemen im Absatzbereich mittelständischer Unternehmungen Link, J., Aufbau und Einsatz eines datenbankgestützten Früherkennungssystems im mittelständischen Unternehmen, ZfB 1991, S. 777ff.

eingetretenen oder wahrscheinlich gewordenen Entwicklungen auf Teilplanungen und damit letztlich auf die Unternehmungsziele in Alternativrechnungen verdeutlicht werden[54].

Für den internen Beobachtungsbereich Produktion kann dies z. B. durch Prozeßdatensammlung, -analyse, -interpretation und -kommunikation auf der Basis von BDE und/oder CAQ-Systemen erfolgen[55]. Die Qualitäts-, Mengen- und Zeitdaten aus der Produktion werden in Kostendaten transformiert und im Rahmen einer auftragsbegleitenden Kalkulation, in der periodischen Ergebnisrechnung und ggf. im Rahmen einer mehrperiodigen Produktlebenszyklusrechnung in ihren Wirkungen darstellbar.

Frühwarnsysteme können **betrieblich oder überbetrieblich** organisiert sein. Die Funktionsweise eines überbetrieblichen Frühwarnsystems, wie es vom Institut für Unternehmungsplanung (IUP – Gießen/Berlin) in Zusammenarbeit mit dem Ifo-Institut, München, periodisch durchgeführt wird, verdeutlicht Abbildung 73.

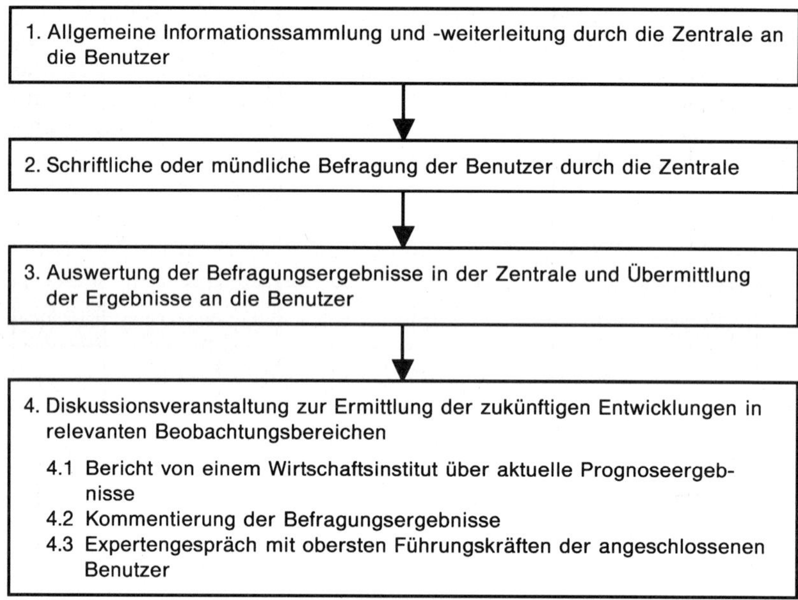

Abb. 73: Ablaufstruktur eines überbetrieblichen Frühwarnsystems

54 Vgl. zum Stand der Anwendung von Unternehmungsmodellen Schmidt, R., Investitions- und Finanzierungsprozesse im Rahmen von Unternehmensmodellen, in: Unternehmensdynamik, Horst Albach zum 60. Geburtstag, Hrsg. K.-P. Kistner, R. Schmidt, Wiesbaden 1991, S. 89ff.; vgl. ferner Abschnitt 5.4 dieses Teils.

55 Vgl. zu diesem Abschnitt Veritas Gummiwerke AG Gelnhausen (Hrsg.), Machbarkeitsstudie Frühwarnsystem, Gelnhausen 1992. Vgl. zur Computerintegration im Fabrikbetrieb (CIM) übersichtsartig Hahn, D., Prozeßwirtschaft – Grundlegung, Produktionsprozeßplanung, -steuerung und -kontrolle, Grundkonzepte und Besonderheiten bei spezifischen Produktionstypen, in: Produktionswirtschaft – Controlling industrieller Produktion, Bd. 2, Hrsg. D. Hahn, G. Laßmann, Heidelberg 1989, S. 32ff.

2. PuK im Rahmen der generellen Zielplanung

Die hier interessierende Planungs- und Kontrollrechnung, die auf Analysen und Prognosen aufbaut, ist auf die Ziele Ergebnis und Liquidität ausgerichtet – oder anders gesehen: Sie hat von den Zielen **Ergebnisstreben und Liquiditätssicherung als obere monetäre Ziele für die Unternehmung** auszugehen. Das gesamte Entscheiden und Handeln im Zusammenhang mit der Unternehmung sollte primär durch diese Ziele und deren Zielkomponenten bestimmt werden, die unter Beachtung von Sozialzielen und Rahmenbedingungen grundsätzlich auch alle Sachziele (Produkt- und Dienstleistungs- sowie Marktziele und sonstige hiervon abgeleiteten Handlungsziele) dominieren sollten. Sie werden entweder autonom gesetzt, oder sie sind das Ergebnis eines auch systematisch vorbereiteten Zielentscheidungsprozesses – also eines Zielplanungsprozesses – und werden durch generelle Imperative sowie Ziele für die strategische Planung, operative Planung und als Resultate der gesamtunternehmungsbezogenen Ergebnis- und Finanzplanung im Zielsystem der Unternehmung formuliert (vgl. Abbildung 74). Dieses erfährt eine Verfeinerung durch detaillierte Zielformulierungen innerhalb der jeweiligen Teilplanungen.

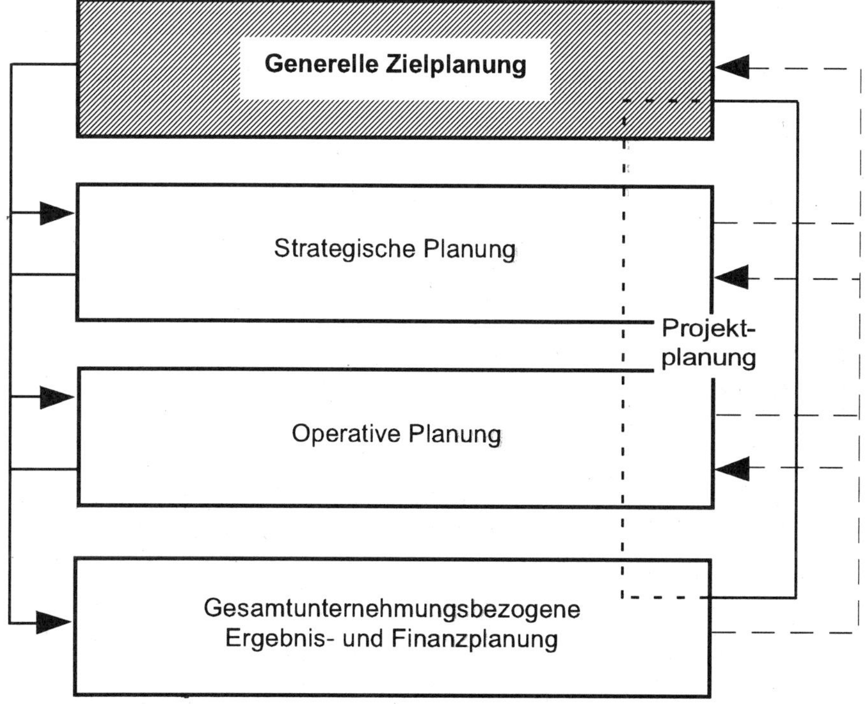

Abb. 74: Generelle Zielplanung im Rahmen der Unternehmungsplanung

Zielsetzungs- und **Zielplanungsprozeß** haben dabei unter besonderer Beachtung der **Unternehmungsphilosophie,** d. h. der gemeinsamen bzw. abgestimmten Wertvorstellungen (Werthaltungen) der obersten Führungskräfte, und der **Unternehmungskultur,** d. h. der unternehmungsgeschichtlich gewachsenen, gelebten und zumindest z. T. gestaltbaren Denk-, Entscheidungs- und Verhaltensmuster in der Unternehmung, zu geschehen[1]. Zunehmende Bedeutung erlangt in diesem Zusammenhang die **Vision** – verstanden als das gewollte, konzentriert ausgedrückte Zukunftsbild der Unternehmung (vgl. Teil I, Abschnitt 3.4.2). Hierbei sehen wir die Vision als ein verbal ausgedrücktes Zielkonzentrat. Sie bildet den Leitstern bzw. Ausgangspunkt der Unternehmungsplanung[2], bedarf allerdings auch ihrerseits in gewissen Zeitabständen einer Überprüfung, um ihre Orientierungsfunktion für die Unternehmung zukunftssichernd erfüllen zu können[3].

Vision, generelle Ziele und damit auch gewollte Verhaltensweisen im Hinblick auf die an der Unternehmung interessierten Gruppen können in einem **Leitbild** detailliert werden. Vielfach kommen sie auch vor oder nach strategischer Planung in **Unternehmungs- und Führungsgrundsätzen** zum Ausdruck (vgl. Teil I, Abschnitte 1.1.2.2.1 und 3.4.2). Die Ableitung und Überarbeitung von Vision und Leitbild sowie Unternehmungs- und Führungsgrundsätzen erfolgen in der Regel in Form von Projekten, die Spezifizierung von Zielen z. T. auch im Rahmen der periodischen Planungen.

---

1 Vgl. auch Hahn, D., Unternehmungsphilosophie und Führungsorganisation in Familienunternehmungen, in: Strategische Unternehmungsplanung – Strategische Unternehmungsführung, Hrsg. D. Hahn, B. Taylor, 6. Aufl., Heidelberg 1992, S. 758f.; Schwarz, G., Unternehmungskultur als Element des Strategischen Managements, Berlin 1989; Ulrich, H., Unternehmungspolitik, 3. Aufl., Bern–Stuttgart 1990, S. 51ff.; ders., Management-Philosophie in einer sich wandelnden Gesellschaft, a.a.O., S. 825ff.

2 Vgl. vertiefend Bleicher, K., Das Konzept Integriertes Management, a.a.O., S. 75ff.; Hax, A. C., Majluf, N. S., Strategic Management, a.a.O., S. 106f.; Hahn, D., Entwicklungstendenzen der strategischen Führung, a.a.O.; Henzler, H. A., Vision und Führung a.a.O., S. 21; Hinterhuber, H. H., Strategische Unternehmungsführung, Bd. 2, a.a.O., S. 296ff.

3 Vgl. zu den Funktionen der Vision Teil I, Abschnitt 3.4.2, insbesondere Rühli, E., Visionen, a.a.O., S. 115f.

2.1 Zielplanungsprozeß

Der Prozeß der Planung der oberen Ziele der Unternehmung kann unterschiedlich gesehen werden[4]. Zum einen können **bestimmte Ziele einzelner Träger** der Unternehmung **als Ziele der Unternehmung übernommen** werden (z. B. die Ziele nur der Eigenkapitalgeber); zum anderen können bestimmte **Ziele einzelner Träger,** die diese als Ziele für die Unternehmung wünschen, als **Ausgangspunkt eines Zielbildungsprozesses** betrachtet werden, in dem die zum Teil unterschiedlichen individuellen Ziele der Träger der Unternehmung zum Ausgleich gebracht werden (z. B. die Ziele der Eigenkapitalgeber bzw. Eigenkapitalgebervertreter und der Mitarbeiter bzw. Mitarbeitervertreter sowie die Ziele der von ihnen bestellten internen Führungskräfte). Das **Zielsystem der Unternehmung** ist dann das **Ergebnis eines Kompromisses.** Ein solcher **Zielbildungsprozeß** erfolgt grundsätzlich **zur Festlegung aller oberen monetären und nichtmonetären Ziele der Unternehmung.** Hierbei werden Ablauf und Ergebnis dieses Zielbildungsprozesses weitgehend durch die individuellen Zielstrukturen und die Verhaltensweisen sowie die Anzahl und die Kompetenz der hieran beteiligten Gruppen und ihrer Mitglieder bestimmt. Neben den Eigentumsverhältnissen, insbesondere der Frage der Streuung des Eigentums, der Rechtsform (Einzelunternehmung, Personengesellschaft, Kapitalgesellschaft) und z. T. hiermit zusammenhängend der Regelung der Mitbestimmung der Arbeitnehmer sind vornehmlich die Organisationsform der Unternehmung (funktionale bzw. verrichtungsorientierte oder divisionale Aufbauorganisation) sowie die Führungsorganisation und die jeweilige Besetzung der oberen internen Führung für die Gestalt des Zielbildungsprozesses und damit auch für die Zielformulierung entscheidend.

Die Zielfestlegung wird erstmals im Stadium der **Gründung** erforderlich; sie bedarf jedoch für eine bestehende Unternehmung infolge von Umwelt- und Unternehmungsveränderungen im Zeitablauf einer regelmäßigen oder fallweisen Überprüfung und Neuformulierung.

Bei der Gründung einer Unternehmung werden die Wertziele (Ergebnisstreben und Liquiditätssicherung) meist nur als generelle Imperative formuliert. Ebenfalls wird das künftige Programm – das Tätigkeitsfeld – nur global formuliert. Nach unserem geltenden Gesellschaftsrecht nehmen an dieser Zielformulierung, die in die Satzung oder den Gesellschaftsvertrag aufgenommen wird, lediglich die Eigenkapitalgeber teil[5].

Bei einer bestehenden Unternehmung werden die Sach-, Wert- und Sozialziele über die generellen Imperative hinaus im Hinblick auf das System Unternehmung, auf Subsysteme sowie zum Teil auch auf (einzelne) Produkte/Produktgruppen, Potentialänderungen und Aktionsfolgen konkretisiert und spezifiziert[6].

---

4 Vgl. hierzu Heinen, E., Grundlagen betriebswirtschaftlicher Entscheidungen – Das Zielsystem der Unternehmung, a.a.O., S. 187ff.; Heinen, E., Dietel, B., Ziele der Führung, a.a.O., Sp. 2078ff.; Kirsch, W., Die Unternehmungsziele in organisationstheoretischer Sicht, ZfbF 1969, S. 669ff.; Hahn, D., Unternehmungsziele im Wandel, in: Unternehmerischer Wandel, Hrsg. P. Gomez, D. Hahn, G. Müller-Stewens, R. Wunderer, Wiesbaden 1994, S. 59ff.; Fäßler, K., Betriebliche Mitbestimmung, Wiesbaden 1970; Hamel, W., Zielplanung, in: HWPlan, Hrsg. N. Szyperski, Stuttgart 1989, Sp. 2302ff.; Ulrich, H., Die Unternehmung als produktives soziales System, a.a.O., S. 187ff.; ders., Unternehmungspolitik, a.a.O., S. 100ff.

5 Vgl. in diesem Zusammenhang ausführlich Albach, H., Albach, R., Das Unternehmen als Institution, Wiesbaden 1989.

6 Vgl. hierzu auch Berthel, J., Zielorientierte Unternehmungssteuerung, a.a.O., S. 10ff.; ders., Zur Operationalisierung von Unternehmungs-Zielkonzeptionen, a.a.O., S. 29ff.; ferner Bidlingmaier, J., Zielkonflikte und Zielkompromisse im unternehmerischen Entscheidungsprozeß, Wiesbaden 1968; ders., Zielgesteuerte Führung im Marketing, in: Modernes Marketing – Moderner Handel, Festschrift für Karl Christian Behrens, Hrsg. J. Bidlingmaier, Wiesbaden 1972, S. 67ff.; Zangemeister, C., Grundsätze zur Aufstellung eines Zielsystems, IO 1970, S. 293ff.

Die **Festlegung von spezifischen oberen Zielen und generellen Verhaltensnormen** obliegt in einer bestehenden Unternehmung der oberen internen **Unternehmungsführung,** die sich gegebenenfalls mit den ihr vor-, neben- und nachgeschalteten Willensbildungszentren abzustimmen hat. In einer nach dem Verrichtungsprinzip organisierten Unternehmung in der Rechtsform der Aktiengesellschaft obliegt die Zielformulierung also dem Vorstand, der sie in der Regel zusammen mit dem Aufsichtsrat und leitenden Mitarbeitern sowie im Hinblick auf einzelne Ziele in Abstimmung mit dem Betriebsrat festlegt. Zum Teil erfolgt die Zielfestlegung nur in Zusammenarbeit mit den unterstellten Mitarbeitern oder autonom.

Der **Zielbildungsprozeß** – verstanden als Planungsprozeß – umfaßt als multipersonaler, sachlich und zeitlich verketteter mehrstufiger Prozeß mit Rückkoppelungen die Phasen des Entscheidungsprozesses. Hierbei erfolgen grundsätzlich Variationen der individuell und *für* die Unternehmung gewünschten Ziele im Zielbildungsprozeß – bis zur Festlegung und Autorisierung der Ziele *der* Unternehmung [7].

(1) Problemstellungsphase

Der Zielbildungsprozeß hat periodisch, zum Teil aperiodisch, in wechselseitiger Abstimmung mit den übrigen Teilplanungen im Rahmen der rollenden Unternehmungsplanung zu erfolgen.

Das Problem der Formulierung der oberen Ziele der Unternehmung wird in jedem Fall dann akut, wenn Änderungen der Umwelt- und Unternehmungssituation nicht befriedigende Zielerreichungen bewirken oder wenn sich herausstellt, daß das bisherige Zielsystem nicht ausreicht, um ein zielorientiertes Entscheiden und Handeln in der Unternehmung zu gewährleisten. Es gilt dann, eine Umwelt- und Unternehmungsanalyse aufzustellen, bei der insbesondere auch die Zielvorstellungen der am Zielbildungsprozeß Beteiligten zu klären sind. Hieraus und unter Beachtung von generellen Imperativen leitet sich die Aufgabe ab, die oberen Ziele der Unternehmung in einer Weise zu formulieren, die möglichst allen Trägern der Unternehmung einen Anreiz gibt, bei der Zielerreichung erfolgreich mitzuarbeiten, und die eine Ableitung möglichst operationaler Subziele erlaubt.

(2) Suchphase

Von den Mitgliedern der oberen Führung sind Zielalternativen im Hinblick auf Sach-, Wert- und Sozialziele zu erarbeiten. Hierbei werden sie informationell durch andere Planungsorgane unterstützt. Die wichtigsten Wertziele – Umsatz, Ergebnis, Liquiditätssicherung – sind hierbei in einer bestimmten Dimensionierung im Hinblick auf das System Unternehmung und seine Subsysteme und ferner auch für einzelne Produkte/Produktgruppen, Potentialänderungen und Aktionsfolgen als zeitraum- und ggf. zeitpunktbezogene Ziele vorzuschlagen.

Es sind grundsätzlich zwei Wege der Aufstellung von Zielalternativen möglich:

- Zum einen werden Wertziele für die gesamte Unternehmung formuliert und deren Erreichungsmöglichkeit durch spezifische Produktprogramme auf der Grundlage der vorhandenen oder zu verändernden Potentiale untersucht. Bei diesem Vorgehen erfolgt die Dimensionierung der Wertziele in Anlehnung an Vorgaben und mögliche künftige Entwicklungen der eigenen Unternehmung und anderer Unternehmungen. Letztlich ist die Bestimmung ihres Ausmaßes und Zeitbezuges abhängig von dem Risikobewußtsein und der „Aggressivität" der Unternehmungsführung [8].

---

7 Vgl. Hamel, W., Zieländerungen im Entscheidungsprozeß, Tübingen 1974; Wild, J., Grundlagen der Unternehmungsplanung, a.a.O., S. 52f.

8 Vgl. Albach, H., Zur Theorie des wachsenden Unternehmens, in: Theorien des einzelwirtschaftlichen und des gesamtwirtschaftlichen Wachstums, Hrsg. W. Krelle, Berlin 1965, S. 9ff.

– Zum anderen geht man von möglichen Produktprogrammen oder einzelnen möglichen Produkten und Maßnahmen mit oder ohne Potentialveränderung aus und versucht, durch Schätzungen oder durch Berechnungen resultierende Wirkungen auf die Wertströme und in Frage kommende Wertziele zu bestimmen.

(3) Beurteilungsphase

Die Beurteilung der möglichen Zielkombinationen erfolgt im Hinblick auf individuelle Ziele oder Gruppenziele der Träger der Unternehmung bzw. der am Zielbildungsprozeß Beteiligten und im Hinblick auf gegebenenfalls bereits vorab festgelegte generelle Imperative und Restriktionen. Die am Zielbildungsprozeß Beteiligten können hierbei als „Anpasser“ oder „Gestalter“ handeln. In dieser Phase werden die Zielbeziehungen und in der Regel die Notwendigkeit einer Zielgewichtung deutlich.

(4) Entscheidungsphase

Die Entscheidung über die als Zielsystem vorzugebende Kombination von Zielalternativen erfolgt letztlich durch die hierzu legitimierte obere Führung. Ausgehend von den Forderungen der Kerngruppe oder den an die Kerngruppe gerichteten Forderungen sind die oberen Ziele der Unternehmung festzulegen und zu autorisieren. Entscheidend für die Vorgabe der Ziele ist letztlich die Machtposition der am Zielbildungsprozeß Beteiligten[9].

Das auf diese Weise festgelegte Zielsystem enthält generelle „zeitlose“ Imperative und Periodenziele sowie z. T. Zeitpunktziele – als gedanklich vorweggenommene Ergebnisse künftiger Aktionen. Das Zielsystem bildet die Richtschnur für künftiges Entscheiden und Handeln in der Unternehmung, wobei für Einzelentscheidungen von dem festgelegten generellen Zielsystem abgewichen werden kann. Das Zielsystem erfährt intervallweise in seiner spezifischen Ausprägung grundsätzlich Änderungen.

Im Hinblick auf die Darstellung und Ableitung von Vision und generellen Zielen sei besonders auf die Ausführungen der Häuser Daimler-Benz AG (Teil VII, Abschnitt 1.2), Henkel KGaA (Teil VI, Abschnitt 2.2.1) und Siemens AG (Teil VIII, Abschnitt 3) hierzu hingewiesen.

---

9 Vgl. Gabele, E., Kretschmar, H., Unternehmensgrundsätze als Instrument der Unternehmensführung, ZfbF 1983, S. 716ff.; Hamel, W., Zielplanung, a.a.O., Sp. 2311 f.; Hoechst AG (Hrsg.), Grundsätze für Zusammenarbeit und Führung, o. O., o. J.; Hoffmann, F., Unternehmungs- und Führungsgrundsätze, a.a.O., S. 167ff.; Kirsch, W., Die Unternehmungsziele in organisationstheoretischer Sicht, a.a.O., S. 670; Krüger, W., Macht in der Unternehmung, Stuttgart 1976; ders., Macht, in: HWP, Hrsg. E. Gaugler, W. Weber, 3. Aufl., Stuttgart 1992, Sp. 1313ff.; Mintzberg, H., Who Should Control The Corporation?, in: The Strategy Process, Hrsg. J. B. Quinn, H. Mintzberg, R. M. James, Englewood Cliffs 1988, S. 330ff.; Remer, A., Macht, organisatorische Aspekte der, in: HWO, Hrsg. E. Frese, 3. Aufl., Stuttgart 1992, Sp. 1272ff.

2.2 Generelle monetäre Ziele als Planungsobjekte und Planungsergebnisse (Kapitalwerte und mehrperiodige kalkulatorische und bilanzielle Ergebnisziele)

Als Ergebnis des Zielplanungsprozesses oder einer Zielsetzung sollte das **System der monetären Ziele** einer bestehenden Unternehmung, die nach dem Verrichtungsprinzip organisiert ist, die folgenden Ziele enthalten:

(1) Generelle Imperative und Verhaltensweisen

In allgemeiner Form sind **generelle Ziele der Unternehmung** als ein **Katalog grundsätzlich „zeitloser“ Ziele** zu formulieren. Für Unternehmungen in einer sozialen Marktwirtschaft bedeutet dies: Es gilt das **Streben nach maximalem Ergebnis bzw. Überschuß – letztlich das Streben nach einem maximalen Kapitalwert bzw. ersatzweise das Streben nach maximalem kalkulatorischen Gewinn** – als **oberstes monetäres Ziel** der Unternehmung. Dieses ist **bei steter Aufrechterhaltung der Liquidität und Einhaltung von definierten Periodenzielen und sonstigen Nebenbedingungen** durch die Erstellung spezifischer **Produkte und Dienstleistungen unter Beachtung auch von Sozialzielen** zu erreichen.

Aus der Sicht kapitalmarktorientierter Unternehmungsführung bilden **der Kapitalwert und das kalkulatorische Ergebnis** (Periodenergebnis) **zu formulierende Zielgrößen** und damit auch zu überwachende Kontrollgrößen in der Unternehmung mit der folgenden grundsätzlichen Aussage:

> Liegt ein **positiver Kapitalwert** vor, wird die im Kalkulationszinssatz geforderte Mindestverzinsung überschritten; liegt ein **negativer Kapitalwert** vor, wird die im Kalkulationszinssatz geforderte Mindestverzinsung unterschritten.

Der aus dem Kapitalwert ableitbare **Interne Zinsfuß** zeigt, inwieweit angesetzte Kalkulationszinssätze über- oder unterschritten oder gerade erreicht werden.

Während aus der externen Sicht der Eigenkapitalgeber der Kapitalwert in der Ausprägung des Shareholder Value die primäre monetäre Zielgröße ist, bilden für die interne Unternehmungsführung daneben Gesamtkapitalwert und residualer Unternehmungskapitalwert primäre monetäre Zielgrößen.

> Liegt ein **positives kalkulatorisches Ergebnis** vor, wird die mit den kalkulatorischen Zinskosten geforderte Mindestverzinsung überschritten; liegt ein **negatives kalkulatorisches Ergebnis** vor, wird die mit den kalkulatorischen Zinskosten geforderte Mindestverzinsung unterschritten.

Der **Return on Investment** (kalkulatorisches Ergebnis + marktwertorientierte kalkulatorische Zinsen/investiertes Vermögen zu Tageswerten) zeigt die Bruttoverzinsung des für die Leistungserstellung und -verwertung erforderlichen investierten Kapitals. Durch einen Vergleich des RoI mit marktorientiert abgeleiteten Zinskostensätzen kann überprüft werden, ob diese Zinskostensätze durch Plan-RoI- oder Ist-RoI-Größen über- oder unterschritten werden.

In einem **Zielkatalog** ist nach dem hier vertretenen Konzept z. B. zum Ausdruck zu bringen, daß auf der Basis eines inhaltlich umrissenen oder zu variierenden Tätigkeitsfeldes neben Beiträgen für die Erhaltung und erfolgreiche Weiterentwicklung der Unternehmung sowie Mindestlöhnen und -gehältern mit entsprechenden sozialen Leistungen für die in der Unternehmung Tätigen einerseits, sowie Mindestdividenden für die Eigenkapitalgeber und Mindestverzinsungen für die Fremdkapitalgeber der Unternehmung andererseits, ein möglichst günstiges Ergebnis zu erwirtschaften sei. Dieses **Gewinnerwirtschaftungsziel** beinhaltet in den Zinsen die marktorientiert abgeleiteten Mindestverzinsungsansprüche der Eigen- und Fremdkapitalgeber. Ein erwirtschaftetes (Residual-)Ergebnis ist für die Träger der Unternehmung in Form von Zusatzausschüttungen für Eigenkapitalgeber und Ergebnisbeteiligungen für Führungskräfte und ggf. sonstige Mitarbeiter sowie für das Wachstum der Unternehmung zu verwenden (**Gewinnverwendungsziel**). Verteilungen aus einem erwirtschafteten residualen Überschuß an die Träger der Unternehmung setzen allerdings voraus, daß vertraglich geregelte Erhaltungs- bzw. Rückzahlungsansprüche der Fremd- und Eigenkapitalgeber erfüllt werden können. Auch diese Zielformulierung erfordert für die Ergebnis- bzw. Überschußerwirtschaftung, daß das gesamte Entscheiden und Handeln unter Beachtung des Wirtschaftlichkeitsprinzips zu erfolgen hat.

Es kann bestimmt werden, daß die Sicherung der nominellen und vor allem substantiellen Kapitalerhaltung der Unternehmung sowie auch ein bestimmtes Umsatz- und Potentialwachstum – kurzfristig gegebenenfalls auch zu Lasten der vorab genannten Ziele der Träger der Unternehmung – in jedem Falle zu gewährleisten sei. Diese Forderung gilt ohnehin unabdingbar im Hinblick auf die Liquidität. Die Erhaltung der Unternehmung – und grundsätzlich auch ihr Umsatz- und Potentialwachstum – ist Voraussetzung für die Erwirtschaftung angemessener Löhne/Gehälter für Mitarbeiter und angemessener Ausschüttungsbeträge für Kapitalgeber.

Vereinfacht wird diese **Zielkonzeption** im Rahmen des Zahlenwerks der Kosten- und Erlösrechnung **durch das Streben nach maximalem kalkulatorischen Gewinn ausgedrückt.** Hierbei sind die (Neben-)Ziele angemessener Mindestlöhne und -gehälter sowie angemessener Kapitalverzinsung (auch für Eigenkapitalgeber) durch entsprechende Kostenvolumina (notwendige Lohn- und Gehaltskosten sowie kapitalmarktorientiert abgeleitete Zinskosten) vorab berücksichtigt. Dem Substanzerhaltungsgedanken wird – abgesehen von der steuerlichen Belastung – durch die Bewertung nach dem Wiederbeschaffungsprinzip und entsprechend berechneter Abschreibungen Rechnung getragen (vgl. Abbildung 75).

Auch und gerade im Zahlenwerk der Auszahlungs- und Einzahlungsrechnung lassen sich die hier vertretenen **Zielkonzeptionen der Überschußerwirtschaftung und Überschußverwendung** anschaulich verdeutlichen: das **Ziel maximaler Überschußerwirtschaftung bzw. Kapitalwertmaximierung unter Beachtung von Nebenbedingungen** sowie das **Ziel spezifischer unternehmungs- sowie eigenkapitalgeberbezogener und mitarbeiterbezogener Überschußverwendung**. Abbildung 76 gibt in dieser Weise eine Darstellung oberer monetärer Ziele in der Unternehmung in Verbindung mit Zielen der an der Unternehmung interessierten Gruppen. Die Kapitalwertberechnung zur Bestimmung der Entwicklungsrichtung der Unternehmung erfolgt hier für alternative Entwicklungspfade jeweils nach Berücksichtigung der für die Erhaltung und Weiterentwicklung der Unternehmung für erforderlich gehaltenen Investi-

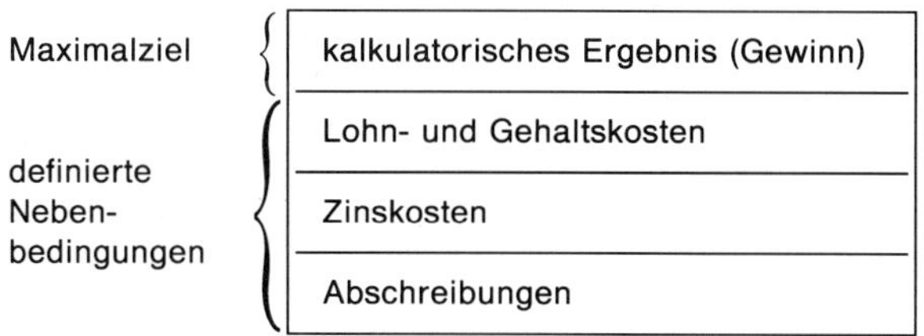

Abb. 75: Obere monetäre Ziele der Unternehmung

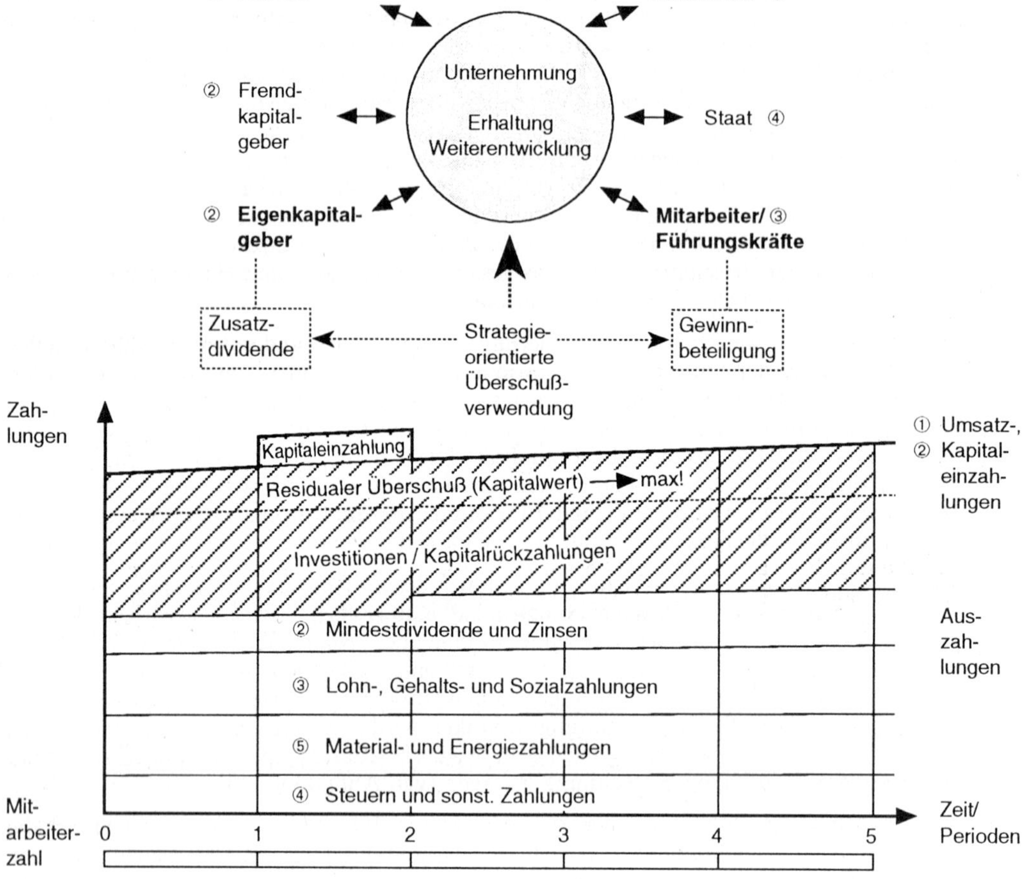

Abb. 76: Interessengruppen und generelle monetäre Ziele/Grundsätze der Unternehmung

tionsauszahlungen und nach Berücksichtigung marktorientiert geforderter Mindestdividenden- und Fremdkapitalzinszahlungen sowie sonstiger Zahlungen in künftigen Perioden. Nach unserem sozial-marktwirtschaftlich geprägten Überschußverwendungskonzept dienen **residuale Überschüsse** zur strategieorientierten Stärkung der Unternehmung – und somit allen Interessengruppen der Unternehmung –, ferner zur Zahlung von Zusatzdividenden/-ausschüttungen an die Eigenkapitalgeber sowie zur Zahlung von überschußabhängigen Tantiemen an die Führungskräfte und ggf. von Gewinnbeteiligungen an die anderen Mitarbeiter. Hierbei kommen Zusatzverteilungen (Zusatzdividenden, Tantiemen/Gewinnbeteiligungen) nur in Betracht, wenn hierdurch nicht die Einhaltung vertraglich geregelter Kapitalerhaltungs- bzw. Kapitalrückzahlungsverpflichtungen gegenüber Fremd- und Eigenkapitalgebern jetzt und in Zukunft verletzt werden. Läßt sich also kein residualer Unternehmungskapitalwert größer oder gleich null aufgrund der untersuchten Entwicklungspfade erzielen, kann dies Umstrukturierung, Standortverlagerung oder Schrumpfung mit Kapitalrückzahlung als Entwicklungsrichtung für die Unternehmung bedeuten (vgl. hierzu auch Teil I, Abschnitt 1.1.2.2.1 und Abschnitt 3.1.3.3 dieses Teils).

Während Mindestdividenden- und Fremdkapitalsätze weitgehend durch den Kapitalmarkt bestimmt werden und auch Mindestlöhne und -gehälter weitgehend durch Tarifverträge und andere Verträge geregelt werden, geschieht die (Residual-)Überschußverteilung an Eigenkapitalgeber und Mitarbeiter (Führungskräfte und andere Mitarbeiter) in Form von Zusatzdividenden und Tantiemen/Gewinnbeteiligungen grundsätzlich durch die obere (interne und externe) Führung. Dies gilt auch für die zur Unternehmungserhaltung und -entwicklung erforderlichen Mittel, die weitgehend durch die strategische Planung determiniert werden. Vielfach werden hierfür auch spezifische Grundsätze und (vertragliche) Regelungen von den hierfür zuständigen Willensbildungszentren aufgestellt. Auch läßt sich das Konzept planzielorientierter Führungskräftevergütung mit diesem generellen Konzept der Verwendung erwirtschafteter Periodenüberschüsse verbinden (vgl. Abschnitt 3.3.2 dieses Teils).

(2) Spezielle monetäre Ziele für die strategische Planung (Programm- und Potentialplanung, Potentialstrukturplanung)

Die strategische Planung geht von den generellen Imperativen und den bisherigen strategischen und operativen Planungen sowie den bisherigen gesamtunternehmungsbezogenen Ergebnis- und Finanzplanungen mit hierin formulierten Periodenzielen aus.

Ausgehend vom oberen monetären Ziel der Unternehmung ist es **Aufgabe der strategischen Planung,** insbesondere der Geschäftsfeldplanung bzw. integrierten Programm- und Potentialplanung, den **kapitalwertorientierten Entwicklungspfad der Unternehmung zu bestimmen. Oberstes monetäres Ziel** für die Auswahl von Strategien bzw. strategischer Planungsalternativen bildet auch hier der **Kapitalwert (Gesamtkapitalwert, Eigenkapitalwert, residuale Unternehmungskapitalwert),** den es **bei steter Aufrechterhaltung der Liquidität und Einhaltung von definierten Periodenzielen** durch die Erstellung spezifischer **Produkte und Dienstleistungen unter Beachtung auch von Sozialzielen** zu maximieren gilt. Hierbei werden Periodenziele vielfach auch als globale Umsatz- und Rohgewinnwachstumsziele für jenen Planungszeitraum vorgegeben, der über den der operativen Planung hinausragt. Durch die Programm- und Potentialplanung und die hiermit verbundenen Prozesse sollen die Periodenziele erfüllt und damit auch mögliche Umsatzwachstumslücken und Gewinnwachstumslücken geschlossen werden (vgl. Abbildung 77).

Hilfsweise können zur Beurteilung von Strategien und Strategiealternativen auch das kalkulatorische Ergebnis und ein hierauf aufbauender RoI als Ausdruck des obersten monetären Ergebnisziels herangezogen werden.

Das Entscheidungsfeld zur Schließung der Umsatz- und Gewinnwachstumslücke in künftigen Perioden wird in der Regel weitgehend dadurch eingegrenzt, daß als generelle Ziele Sachziele – in Frage kommende Branchen und Wirtschaftszweige mit einem spezifischen Produkt- und Marktspektrum – vorgegeben werden. Aber gerade auch die Sachziele können im Rahmen der strategischen Planung einem Wandel unterliegen.

Für die strategische Planung werden unter Ergebnis- und Risikogesichtspunkten zur Beurteilung einzelner potentieller oder gegebener Investitionen (Programm- und Potentialplanungen in Form von Investitionsobjekten oder Investitionsprogrammen) vielfach die folgenden monetären Ziele formuliert:

- interne spezifische Mindestkapitalverzinsung oder
- durchschnittliche Mindestkapitalrendite für Kapitalwert- und RoI-Berechnungen sowie
- Eigenkapitalrendite und als Risikoindikator die
- Kapitalrückflußdauer.

Auch können über die Mindestrendite hinausgehende Zielrenditen formuliert werden. Ferner bilden die für künftige Perioden für die gesamte Unternehmung angestrebten Umsätze,

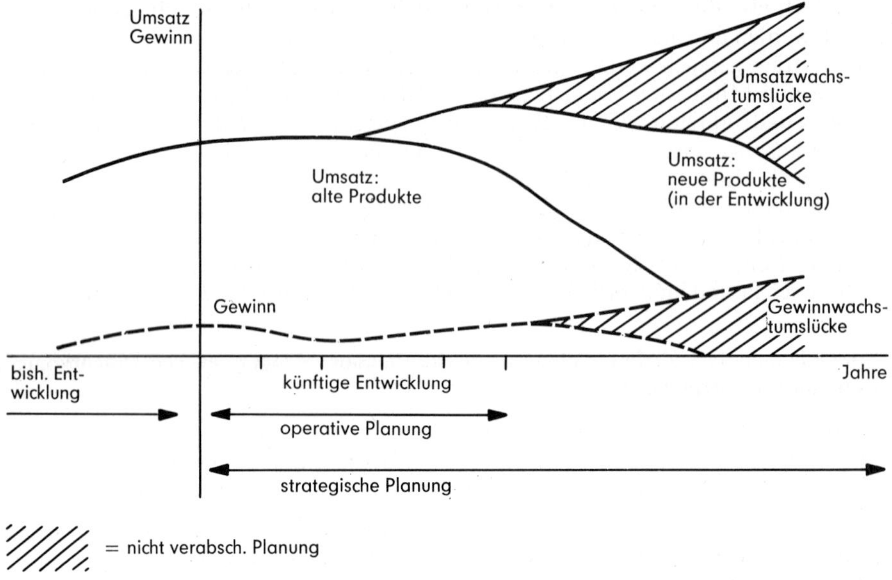

Abb. 77: Kennzeichnung von Umsatz- und Gewinnwachstumslücken als besonderes Problemfeld der Programm- und Potentialplanung[10]

Ergebnisse und Renditen sowie Liquiditätsziele Ziele zur Beurteilung von Großinvestitionen und Investitionsbündeln und auch der i.d.R. hiermit zusammenhängenden Funktionsbereichs- und Regionalstrategien.

Im Hinblick auf die Kapitalstruktur – verstanden als Verhältnis von Eigen- zu Fremdkapital (Verschuldungsgrad) – wird in der Regel eine zulässige Bandbreite für diesen Quotienten oder ein maximal zulässiger Verschuldungskoeffizient als generelle Zielgröße angegeben. Auch werden vielfach einzuhaltende Anlagendeckungsgrade definiert.

Im übrigen werden im Hinblick auf die Kapitalstruktur-, Organisations-, Rechtsstruktur- und Führungssystemplanungen grundsätzlich außer dem Hinweis auf die generellen Imperative Ergebnisstreben/Wirtschaftlichkeitsstreben und Liquiditätssicherung keine monetären Ziele definiert.

Sofern man alternative Strategien bzw. strategische Planungsalternativen nicht mehr aufgrund ihrer monetären Wirkungen erfassen oder hinreichend exakt erfassen kann, versucht man, ausgehend von dem Haupt- bzw. Primärziel der Unternehmung, ihrer Erhaltung und erfolgreichen Weiterentwicklung, Ersatz- bzw. Sekundärziele zu formulieren. Für die strategische Planung ist ein solches Ersatzziel das Streben nach einem (Bündel von) komparativen Wettbewerbsvorteil(en) – bezogen auf Produkte, Geschäftsfelder, Funktionsbereiche, Strukturen, Systeme und Träger der eigenen Unternehmung im Vergleich mit konkurrierenden Unternehmungen.

---

10 Vgl. auch Steiner, G. A., Top Management Planning, a.a.O., S. 210, deutsche Ausgabe S. 282.

(3) Spezielle monetäre Ziele für die operative Planung (Programm- und Aktions-/Aktionsobjektplanung)

In der operativen Planung gilt als **oberste monetäre ergebnisorientierte Zielgröße** zur Beurteilung von Alternativen die **Maximierung des Periodendeckungsbeitrages,** sofern die Fixkosten in der betrachteten Periode als konstant oder nur durch strategische Maßnahmen als beeinflußbar angesehen werden. Ausgehend von den generellen Imperativen und den globalen (vorläufigen) Umsatz- und Gewinnzielen sowie den verabschiedeten strategischen Planungen pro Periode werden in einem mehrstufigen Zielvereinbarungsprozeß **Periodenziele** für kurz- und mittelfristige Zeiträume formuliert. Es sind dies auf der Basis von Art-, Mengen- und Zeitangaben sowie Preisangaben die wichtigsten Kennzahlen für

das Produktprogramm

absolute Umsatz-, Kosten-, Deckungsbeitrags- und Vermögensvorgaben nach Produkten und Märkten sowie RoI-Zahlen,

die Subsysteme der Unternehmung

Umsätze (im Verkauf), Kosten, Deckungsbeiträge sowie RoI-Zahlen,

Projekte

Umsätze, Kosten, Deckungsbeiträge sowie RoI-/Cash-flow-Zahlen.

Periodenziele können dabei nur im Zusammenspiel mit der gesamtunternehmungsbezogenen Ergebnis- und Finanzplanung formuliert und kontrolliert werden.

Hierbei werden für Produktprogramme und Subsysteme zur Verdeutlichung der Wirkungen und Kontrolle strategischer Entscheidungen i.d.R. nachrichtlich auch die (kurzfristig) nichtbeeinflußbaren Fixkosten mit angegeben. Sie dienen auch der Kalkulation für Produkte und Projekte auf Vollkostenbasis.

(4) Spezielle monetäre Periodenziele als Resultate gesamtunternehmungsbezogener Ergebnis- und Finanzplanung

Innerhalb des Zahlenwerks der gesamtunternehmungsbezogenen Ergebnis- und Finanzplanung ergeben sich aus den monetären Wirkungen der verabschiedeten und möglichen strategischen und operativen Planungen bezogen auf die betrachteten Planperioden Ergebnisse und Ergebniskomponenten sowie Zahlungsgrößen und Zahlungsmittelbestandsveränderungen in jeweils spezifischer Höhe für das System Unternehmung. Diese Informationen gestatten auch eine Berechnung von Kapitalwerten der Unternehmung als Ganzes – bei Zugrundelegung spezifischer Annahmen für die Restwertberechnungen (vgl. Abschnitt 3.1.3.3.2 dieses Teils).

Für das *System* Unternehmung können somit bezogen auf den gesamten Planungszeitraum der

- Gesamtkapitalwert,
- Fremdkapitalwert und
- Eigenkapitalwert (Shareholder Value) sowie der
- residuale Unternehmungskapitalwert

bezogen auf die einzelnen Planperioden

- Umsatz, Kosten, Deckungsbeitrag, Betriebsergebnis sowie RoI-Zahlen,
- Neutrales Ergebnis, Unternehmungsergebnis vor und nach Steuern (Jahresüberschuß/-fehlbetrag) – und damit zusammenhängend Dividende/Rücklagen,
- Eigenkapitalrentabilität sowie

- Kapitalbeschaffungs- und Anlagemöglichkeiten und
- Liquidität

ermittelt und als Zielgrößen formuliert werden.

Hierbei bilden Jahresüberschuß und vor allem Rücklagen und Dividenden unternehmungsbezogene bilanzpolitische Zielgrößen – in Form von Grundsätzen oder spezifizierten kurz- und mittelfristigen Plangrößen. Diese Plangrößen bilden periodenbezogene Nebenbedingungen.

Es wird hierbei deutlich, daß letztlich **Kapitalwerte** und die dazugehörigen **monetären Periodengrößen** der Unternehmung nur ermittelt werden können, wenn die monetären Wirkungen von Programm- und Potentialänderungen, d. h. insbesondere von marktorientierten Großinvestitionen, und/oder die Wirkungen von Programm- und Aktionsänderungen bei gegebenen Potentialen sowie die Wirkungen von bilanz- und finanzpolitischen Alternativen unter Beachtung bestimmter Restriktionen in Markt und Unternehmung hinreichend genau erfaßt werden können. Dies geschieht in gesamtunternehmungsbezogenen Ergebnis- und Finanzplanungen, in denen auch Variationen im Rahmen der strategischen und operativen Planung sowie Variationen bilanz- und finanzpolitischer Art verdeutlicht werden können. Hierauf aufbauend kann eine wertzielorientierte strategische und operative Planung mit periodischer Umsatz-, Ergebnis- und Liquiditätsplanung für die gesamte Unternehmung verabschiedet bzw. autorisiert werden.

Für eine derartige **Periodenzielplanung mit integrierter Programm- und Potential- sowie Aktionsplanung** kommen als **Hilfsmittel zur Entscheidungsfindung** besondere **Gesamtunternehmungsmodelle** in Betracht, die auf dem PuK-Grundschema aufbauen (vgl. Teil III, Abschnitt 3.1.3.6.1 und Abschnitt 5.4.1). So können z. B. mit computergestützten Simulationsmodellen für alternative Programm-, Potential- und Aktions- bzw. Maßnahmenplanungen (wie Werbe-, Forschungs- und Entwicklungs-, Finanzierungsmaßnahmen usw.) für eine Periode oder mehrere Perioden Umsatz, Ergebnis, Liquidität und andere Kardinalzahlen sowie auch entsprechende Kapitalwerte berechnet werden.

Mit computergestützten analytischen Entscheidungsmodellen lassen sich z. B. ausgehend von Absatz-, Produktions-, Beschaffungs- und Finanzierungsbeschränkungen für eine (Total-)Periode oder mehrere Perioden kapitalwertmaximale Programm- und ggf. Potential- und Maßnahmenplanungen (bzw. hierfür anfallende Aufwendungen) berechnen – auch unter Berücksichtigung definierter Periodenziele als Nebenbedingungen (vgl. Teil III, Abschnitt 3.1.3.6.2 und Abschnitt 5.4.2).

In der Praxis kommen bisher allerdings selten analytische Entscheidungsmodelle, wohl aber zunehmend gesamtunternehmungsbezogene Simulationsmodelle oder zumindest partielle Planungsrechnungen als Entscheidungshilfe zur Anwendung.

Auf der Basis der Resultate derartiger Modellrechnungen oder auf der Basis lediglich konventionell vorbereiteter Planalternativen sind, ausgehend von den generellen Imperativen, vergangenen Planungen und Umsetzungen sowie daraus resultierenden generellen Unternehmungszielen, die aktuellen strategischen und operativen Planungen und deren monetäre Zielwirkungen in mehreren Planrunden bzw. Planungskonferenzen zu diskutieren und zusammen mit den hierauf aufbauenden Ergebnis-, Umsatz- und Liquiditätszielen der Unternehmung für künftige Perioden festzulegen. Ausgehend von den generellen Imperativen und den verabschiedeten monetären Periodenzielen mit dazugehörigen Programm- und Potentialänderungen sowie spezifischen Maßnahmenbündeln als Grobplanung sind in praxi durch Ableitung und Verhandlungsprozesse die Ziele, Potentiale und Maßnahmen der Subsysteme – letztlich der kleinsten organisatorischen Einheiten – zu ermitteln. Auch diese „top down-bottom up“- oder „bottom up-top down-bottom up“-Detailplanung kann letztlich noch zu gewissen Änderungen der Periodenziele führen. Auch für solche Detailplanungen liegen computergestützte Planungskonzepte als Simulationsmodelle vor (vgl. Teil III, Abschnitt 5.4.3).

Für die gesamte Unternehmung läßt sich so ein mehrstufiges programm-, potential-, aktions- sowie aktionsobjektbezogenes **Zielsystem** mehrperiodig aufstellen. Diese monetären Ziele finden in der PuK-Kennzahlenübersicht ihren Niederschlag, die das monetäre Zielsystem und den Grad der jeweiligen Zielerreichung wiedergibt – als Plan- und Berichtssystem (vgl. Abbildung 78). Somit kann die gesamte Unternehmung als Ergebniseinheit und finanzielle Einheit mit dem monetären Zahlenwerk abgebildet werden, wobei die gesamte Ergebniseinheit Unternehmung mit dem kalkulatorischen Rechenwerk im Verkaufsbereich in mehrere Ergebniszentren und darüber hinaus die gesamte Unternehmung in Kosten- und Vermögenszentren gegliedert werden kann. Integriert mit diesem Zielsystem für organisatorische Einheiten lassen sich Zielpyramiden für Produktprogramme und Projekte ableiten und vorgeben.

Abbildung 79 charakterisiert die Ableitung von Mengen-, Kosten- und Erlöszielen für Produkte/Produktprogramme sowie für die Funktionsbereiche, ferner für operative und strategische Projekte. Während operative uni- oder multifunktionale Projekte auf der Basis von Kosten und Erlösen geplant werden, geschieht dies für strategische Projekte auf der Basis von Auszahlungen und Einzahlungen. Abgeschlossene produktbezogene strategische Projekte bilden die erweiterte Basis für künftige Programmplanungen (in Abbildung 79 gestrichelt angedeutet).

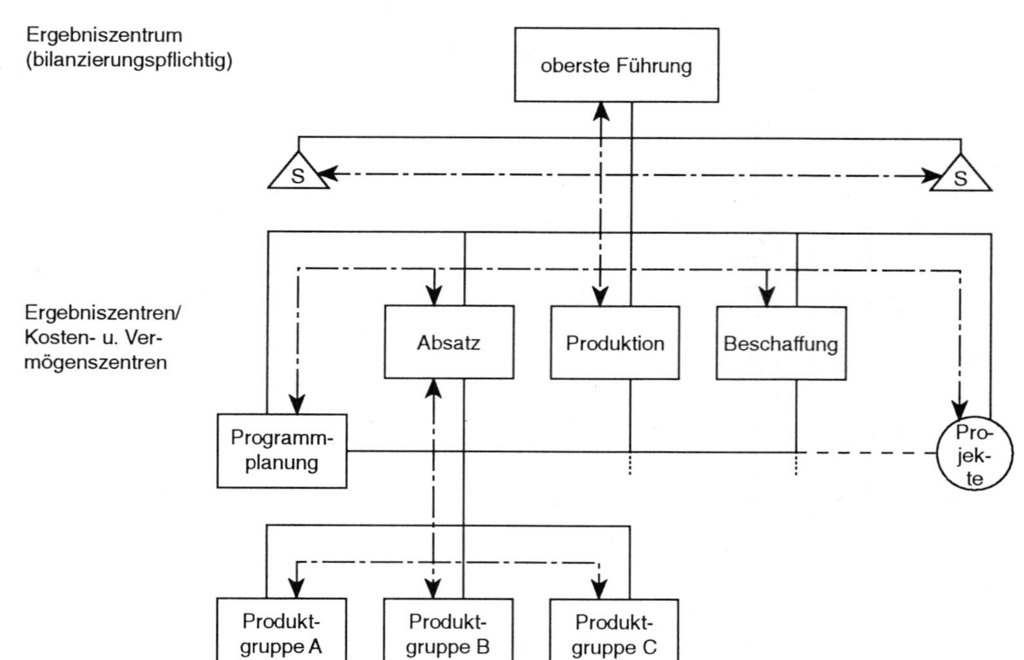

Abb. 78: Plan- und Berichtssystem der ergebnis- und liquiditätsorientierten PuK in Unternehmungen mit primär verrichtungsorientierter (funktionaler) Aufbauorganisation – Planungsgegenstände: Produkte/Programme, Bereiche, Projekte

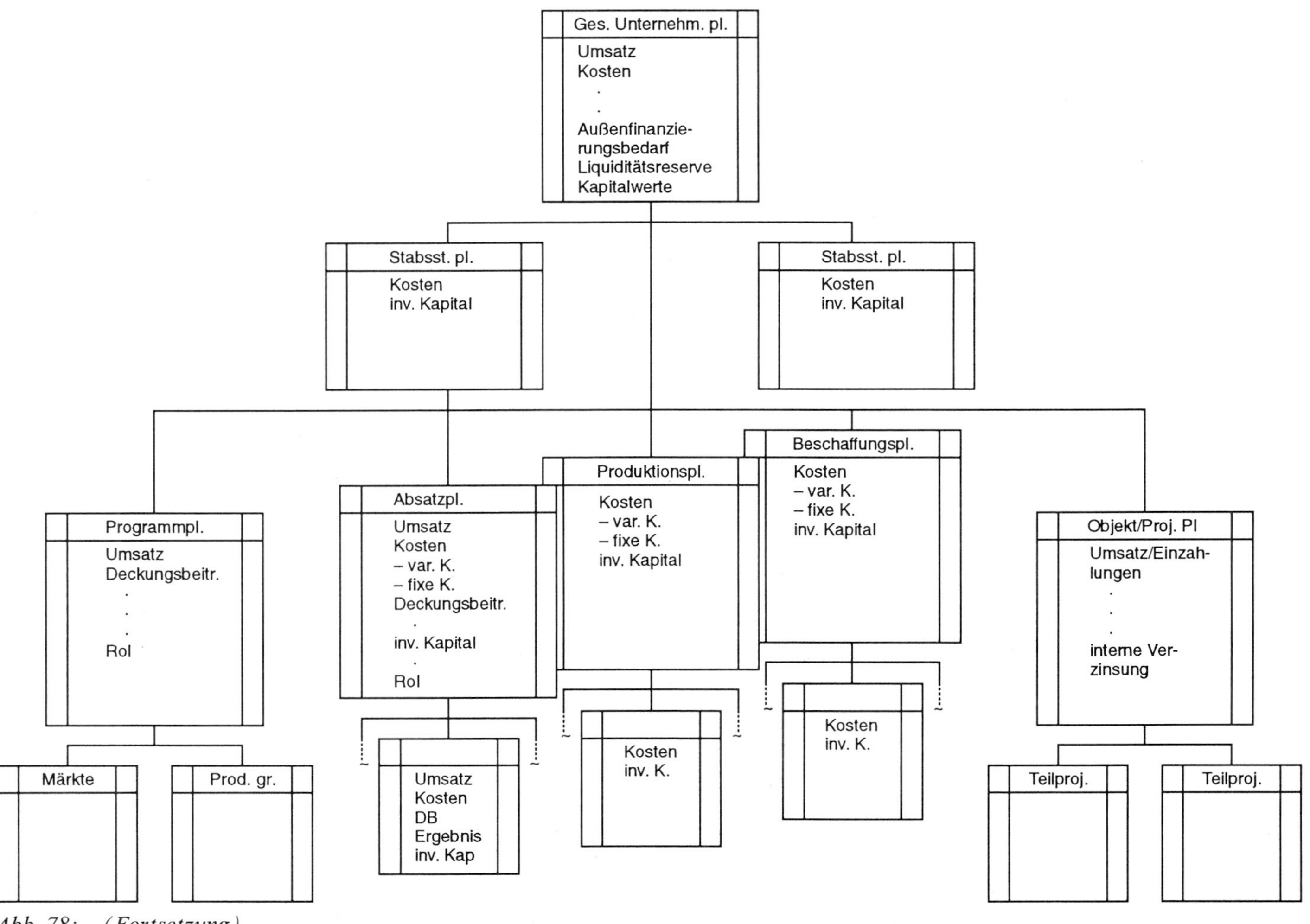

Abb. 78: *(Fortsetzung)*

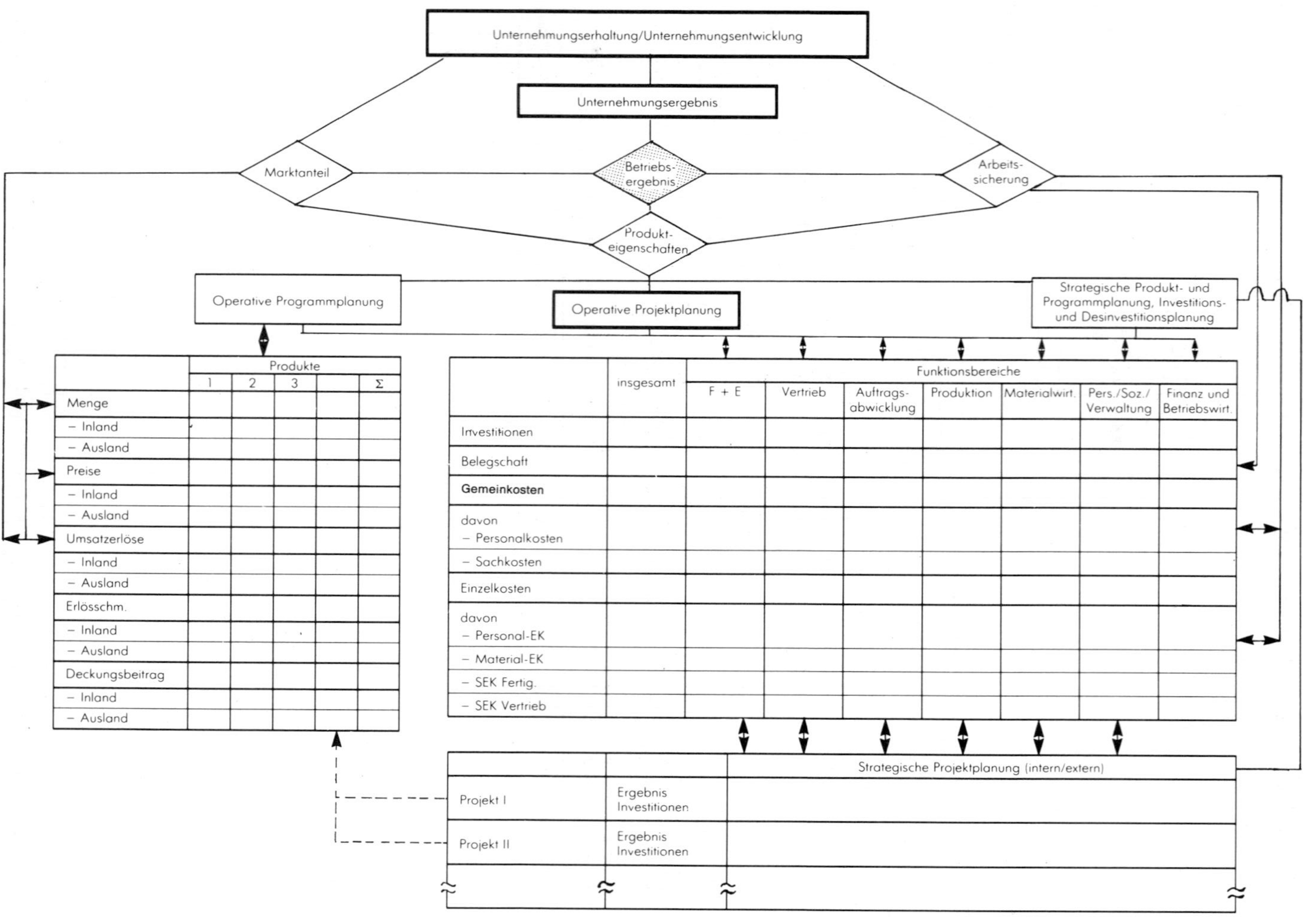

Abb. 79: Darstellung der Aufteilung von Unternehmungszielen auf Produkte/Produktprogramme, Funktionsbereiche und Projekte einer Periode

3. PuK im Rahmen der strategischen Planung (Programm- und Potentialplanung, Potentialstrukturplanung)

Ausgehend von der Vision, den generellen Zielen und den Rahmenbedingungen sind in der **strategischen Planung (Programm- und Potentialplanung, Potentialstrukturplanung)** folgende Teilplanungen vorzunehmen:

- die **integrierte Produktprogramm- und Potentialplanung** als Kern der strategischen Planung. Hierin sind **Produktarten** sowie hierauf aufbauende **Produktprogramme** zu bestimmen und die für deren Realisierung notwendigen **Sach- und Humanpotentiale/Potentialänderungen** im Rahmen der Investitions- und Desinvestitionsplanung festzulegen. Es handelt sich um die **Geschäftsfeldstrategie- bzw. Geschäftsfeldplanung** (Produktprogramm- und Potentialplanung) und die hierzu erforderliche Infrastrukturplanung (ausschließliche Potentialplanung), die in der Regel integriert mit **Funktionsbereichs-** und **Regionalstrategieplanungen** auf Unternehmungs- und Geschäftsfeldebene erfolgt,
- die **Potentialstrukturplanung** als **Organisations-** und **Rechtsform-/Rechtsstrukturplanung** sowie
- als **führungspotentialorientierte Planung** die **Führungssystemplanung** mit **Führungskräfte-, Führungskräfteanreizsystem-** und **Führungsinformationssystemplanung**.

Abbildung 80 skizziert die strategische Planung mit ihren Teilplanungen im Zusammenhang mit der generellen Zielplanung, der operativen Planung und der gesamtunternehmungsbezogenen Ergebnis- und Finanzplanung (vgl. zur Ableitung der Aufgaben der strategischen Planung auch Teil I, Abschnitt 3.4 sowie unterschiedliche Vorschläge in den Praxisbeispielen Teile VI–X und in der Literatur)[1]. Es wird deutlich, daß gerade strategische Planungen grundsätzlich als Projektplanungen durchgeführt werden können, die in den Periodenplanungen ihren Ausgangspunkt und Niederschlag finden.

---

1 Vgl. zu den Ausgestaltungsmöglichkeiten der strategischen Planung Hahn, D., Taylor, B. (Hrsg.), Strategische Unternehmungsplanung – Strategische Unternehmungsführung, 6. Aufl., Heidelberg 1992 sowie ferner Bleicher, K., Das Konzept Integriertes Management, a.a.O.; Chakravarthy, B. S., Lorange, P., Managing The Strategy Process, Englewood Cliffs 1991; Gälweiler, A., Unternehmensplanung, Frankfurt/Main 1986; Hax, A. C., Majluf, N. S., The Strategy Process and Concept, a.a.O.; Hinterhuber, H. H., Strategische Unternehmungsführung, Bd. 1, a.a.O.; Kirsch, W., Trux, W., Perspektiven eines Strategischen Managements, in: Unternehmenspolitik: Von der Zielforschung zum strategischen Management, Hrsg. W. Kirsch, München 1981, S. 290ff.; Kreikebaum, H., Strategische Unternehmensplanung, a.a.O.; Krüger, W., Die Erklärung von Unternehmungserfolg: Theoretischer Ansatz und empirische Ergebnisse, DBW 1988, S. 27ff.; Pearce, J. A., Robinson, R. B., Strategic Management, a.a.O.; Pümpin, C., Management strategischer Erfolgspositionen, 3. Aufl., Bern 1986; Roventa, P., Portfolio-Analyse und strategisches Management, München 1979; Scholz, C., Strategisches Management, a.a.O.; Töpfer, A., Afheldt, H. (Hrsg.), Praxis der strategischen Unternehmungsplanung, 2. Aufl., Frankfurt/Main 1987.

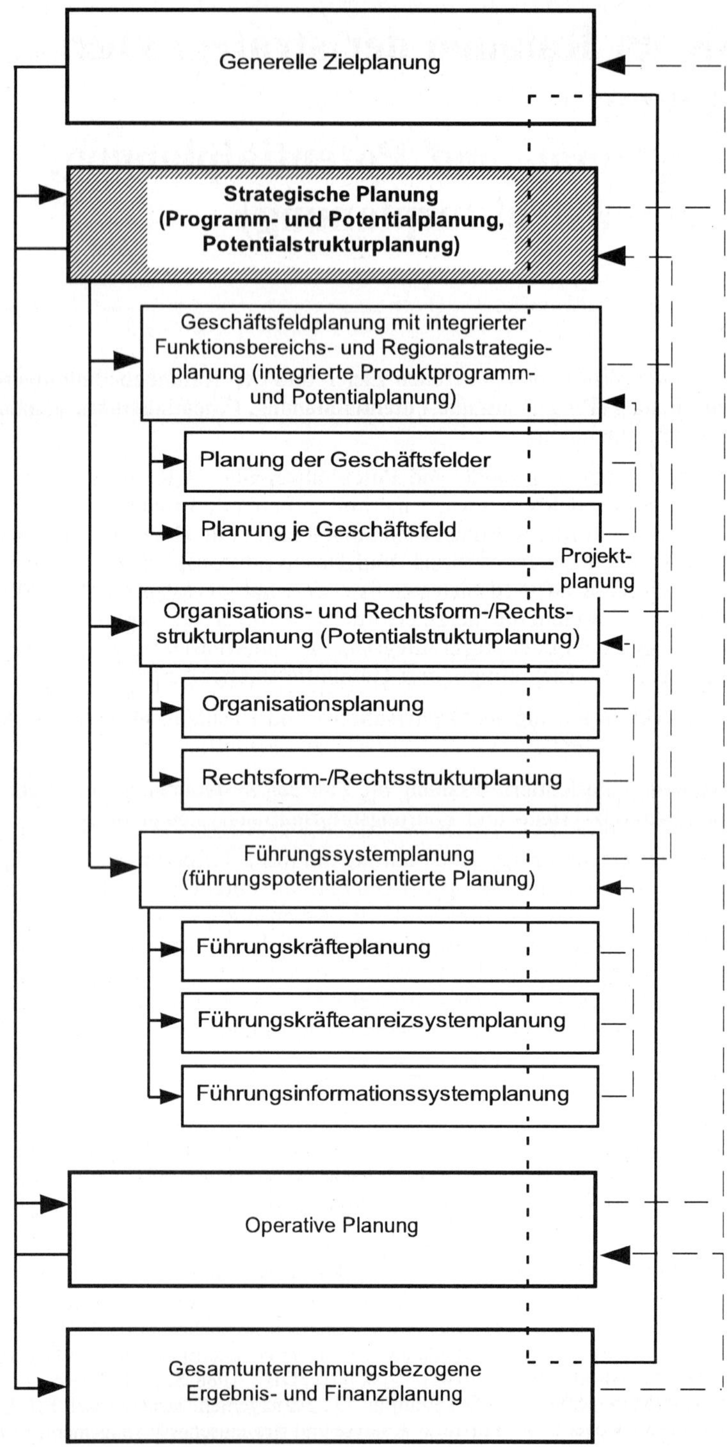

Abb. 80: Strategische Planung im Rahmen der Unternehmungsplanung

3.1 Geschäftsfeldplanung mit integrierter Funktionsbereichs- und Regionalstrategieplanung auf Unternehmungs- und Geschäftsfeldebene (integrierte Produktprogramm- und Potentialplanung)

Die **Geschäftsfeldplanung** bildet den Kern der strategischen Planung. Sie beinhaltet die langfristige Produkt- und Produktprogrammplanung mit dazugehöriger Potentialplanung – bezogen auf einzelne Geschäftsfelder und die Gesamtunternehmung.

Strategische Geschäftsfelder sind dabei durch folgende Merkmale gekennzeichnet:

- „Wahrnehmung einer eigenständigen Marktaufgabe mit eigenen Produkten bei klar definierter Zielsetzung;
- Vorhandensein klar abgrenzbarer externer Wettbewerber, mit denen die strategische Einheit am Markt konkurriert;
- (relative) Unabhängigkeit bezüglich der Schlüsselfunktionen des entsprechenden Geschäftes (Absatz, Produktion, Entwicklung) – mit dazugehöriger Führungsverantwortung auf der Basis eines entsprechenden Planungs- und Kontrollsystems sowie Abrechnungssystems“ [2].

Strategische Geschäftsfelder sind somit **Erfolgsträger** mit eigenen Chancen und Risiken sowie Stärken und Schwächen und können als **Unternehmungen „en miniature“** auf der Basis der monetären Zielgrößen Umsatz, Cash-flow, Periodengewinn, Kapitalwert u.a., aber auch durch nichtmonetäre Größen, wie z. B. Personalzahl, gekennzeichnet werden. Sie repräsentieren einzelne Produkte, Produktgruppen oder Produktprogramme – jeweils mit den dazugehörigen Potentialen. Strategische Geschäftsfelder sollten nach Möglichkeit mit operativen Führungseinheiten übereinstimmen, damit die strategische und die operative Verantwortung für diese Erfolgsträger einheitlich geregelt sind.

In funktional organisierten Unternehmungen können strategische Geschäftsfelder jedoch nur in begrenztem Umfang als eigenständige Einheiten gesehen werden. Insbesondere die **potentialorientierte Eigenständigkeit der Geschäftsfelder** ist **vielfach nur eingeschränkt gegeben**, sofern die Geschäftsfelder auf dieselben Potentiale (z. B. Produktionsanlagen, Vertriebswege) zurückgreifen. Auch die Übereinstimmung von Geschäftsfeldern mit operativen Führungseinheiten läßt sich in funktional organisierten Unternehmungen nur mit Einschränkungen verwirklichen, da Führungseinheiten für wichtige Grund- und Querschnittsfunktionen (Absatz, Produktion, Beschaffung, Personal, Finanzierung u. a.) in jedem Fall zu bilden sind. Eine gesonderte Führungsverantwortung für einzelne Geschäftsfelder ist daher in funktional organisierten Unternehmungen nur durch Produkt- oder Geschäftsfeldmanager möglich (vgl. Abbildung 62). Diese können im Extremfall zu eigenständigen organisatorischen Einheiten mit operativen Kompetenzen ausgebaut werden (echte Matrixorganisation) oder in Form einer sogenannten dualen Organisation organisatorisch abgebildet und führungsmäßig betreut werden. Bei der dualen Organisation werden die Grund- und gewisse Querschnittsfunktionen überlagert, indem die Kompetenzen bestehender Organisationsein-

2 Hahn, D., Zweck und Entwicklung der Portfolio-Konzepte in der strategischen Unternehmungsplanung, a.a.O., S. 223.

heiten um strategische Verantwortlichkeiten für Geschäftsfelder erweitert werden[3]. In beiden Fällen treten die für eine Matrixorganisation typischen Abstimmungsprobleme auf, allerdings in unterschiedlicher Ausprägung.

Als Beispiele für Geschäftsfelder seien für eine Unternehmung der Büromöbelindustrie in Serienproduktion nach dem Baukastenprinzip gefertigte Stahlmöbel und Holzmöbel, Schränke und Trennwände einerseits sowie in Einzelproduktion gefertigte Einrichtungen für Banken und in gesonderter Serienproduktion erstellte Stühle andererseits genannt; für eine Unternehmung der Fördermittelindustrie Aufzüge und Fahrtreppen (Rolltreppen).

Vielfach erfolgt heute in der Praxis zur Verbesserung von Analyse und Planung eine Kategorisierung von Geschäftsfeldern:

In Abhängigkeit von ihrer Attraktivität, ihren Stärken und Schwächen bzw. ihrer Kompetenz sowie ihrer Erfolgsbedeutung lassen sich einzelne Geschäftsfelder oder Geschäftsfeldgruppen (letztere werden auch Arbeitsgebiete oder Bereiche genannt) als

- **Kerngeschäfte** (Haupterfolgsträger) oder
- **Spezialgeschäfte** (Nebenerfolgsträger)

charakterisieren. Ergänzend hierzu können Geschäftsfelder nach der geplanten Entwicklungsrichtung als

- **Aufbaugeschäfte** (Wachstum),
- **Pflegegeschäfte** (Stabilisierung) oder
- **Auslaufgeschäfte** (Schrumpfung)

beschrieben werden (vgl. Abbildung 81 sowie als Beispiele aus der Wirtschaftspraxis die Kategorisierungen der Häuser Henkel KGaA – Teil VI, Daimler-Benz AG – Teil VII, Siemens AG – Teil VIII sowie Preussag AG – Teil IX).

Nach der Entwicklungsrichtung / Nach der Attraktivität, Stärke/Kompetenz, Erfolgsbedeutung	Aufbaugeschäfte	Pflegegeschäfte	Auslaufgeschäfte
Kerngeschäfte	Wachstums-	Stabilisierungs-	Schrumpfungs-
Spezialgeschäfte	strategie	strategie	strategie

Abb. 81: Klassifikation von Geschäftsfeldern/Geschäftsfeldgruppen

3 Vgl. Welge, M. K., Unternehmungsführung, Bd. 2, Organisation, Stuttgart 1987, S. 523; Grün, O., Duale Organisation, in: HWPlan, Hrsg. N. Szyperski, Stuttgart 1989, Sp. 304ff.; Link, J., Organisation der strategischen Unternehmungsplanung, in: Strategische Unternehmungsplanung – Strategische Unternehmungsführung, Hrsg. D. Hahn, B. Taylor, 6. Aufl., Heidelberg 1992, S. 609ff.

Geschäftsfeldstrategien sind Vorgehensweisen grundsätzlicher Art zur marktorientierten Gestaltung von Geschäftsfeldern, wie wir sie vorab charakterisiert haben. Geschäftsfeldstrategien werden durch die Geschäftsfeldplanung erarbeitet und in Geschäftsfeldplänen beschrieben. Sie können näher gekennzeichnet werden:

- nach Richtung und Ausmaß der Produktprogramm- und Potentialänderungen (der geplanten Entwicklungsrichtung) als **Wachstums-, Stabilisierungs- oder Schrumpfungsstrategie** sowie
- nach der Basis-Erfolgsstrategie gegenüber der Konkurrenz als Wettbewerbsstrategie in Form einer **Kostenführerschaftsstrategie** und/oder **Leistungsführerschaftsstrategie**.

Geschäftsfeldstrategien konzentrieren sich in immer stärkerem Maße auf die Generierung verketteter Produkte und Dienstleistungen, also auf ganzheitliche Systemlösungen. Die zur Realisierung dieser Produkte, Dienstleistungen und Systemlösungen erforderlichen Potentialänderungen und auch Prozesse bedingen dabei Änderungen in den übrigen Teilplanungen und sind daher bei der Geschäftsfeldplanung zu berücksichtigen.

Entwicklungschancen auszuschöpfen erfordert zudem integriert mit der Aufstellung, Verabschiedung und Umsetzung von **Geschäftsfeldstrategien** zunehmend auch die Formulierung und Implementierung synchroner, innovativer **Funktionsbereichsstrategien** sowie stets für beide die Festlegung spezifischer oder globaler **Regionalstrategien**[4].

So zwingen z. B. die Dynamik technischer Entwicklungen und unterschiedliche sozio-kulturelle sowie wirtschaftliche Bedingungen in einzelnen Regionen verstärkt zu:

- F & E-Strategien mit veränderter sachlicher und standortmäßiger Schwerpunktbildung,
- Marketingstrategien mit veränderten Aussagen zum Vertriebssystem und anderen strategischen Komponenten des Marketing-Mix und zu
- Produktionsstrategien mit veränderten Produktionstiefen an einzelnen Standorten.

Funktionsbereichsstrategien sind Vorgehensweisen grundsätzlicher Art in Funktionsbereichen der Unternehmung zur Erreichung spezifischer Ziele. Sie werden in Grundsätzen und Richtlinien beschrieben und können weitgehend auch in Aktionsprogrammen grundsätzlicher Art konkretisiert und umgesetzt werden[5]. Funktionsbereichsstrategien dienen der Konkretisierung der Geschäftsfeldplanung, da sie deren Konsequenzen für die einzelnen Funktionsbereiche planerisch abbilden. Gleichzeitig übernehmen sie eine Koordinationsfunktion innerhalb der Funktionsbereiche und über die Funktionsbereiche hinweg, indem sie abgestimmte Grundsätze und Richtlinien für das Entscheiden und Handeln in den Bereichen und über die Bereiche hinweg beschreiben.

Regionalstrategien sind Vorgehensweisen grundsätzlicher Art zur Erreichung spezifischer Ziele im Hinblick auf Regionen (Länder), die ebenfalls in Grundsätzen und Richtlinien ihren Ausdruck finden.

Regional- und Funktionalstrategien können aber z. T. auch eigenständig formuliert werden; sie haben dann wiederum Rückwirkungen auf mögliche Geschäftsfeldstrategien.

Die Integrations- und Koordinationsproblematik von Geschäftsfeld-, Funktionsbereichs- und Regionalstrategien sowie deren Bedeutung für entsprechende Planungen verdeutlicht Abbildung 82 a.

---

4 Vgl. Zahn, E., Produktionsstrategie, in: Handbuch Strategische Führung, Hrsg. H. A. Henzler, Wiesbaden 1988, S. 527 ff.

5 Vgl. Welge, M. K., Al-Laham, A., Planung, Wiesbaden 1992, S. 246 f.; ferner Hax, A. C., Majluf, N. S., The Strategy Concept and Process, a.a.O., S. 286 ff.; Hinterhuber, H. H., Strategische Unternehmungsführung, Bd. 2, a.a.O., S. 3 ff.; Pearce, J. A., Robinson, R. B., Strategic Management, a.a.O., S. 304 ff.; Pümpin, C., Strategische Führung in der Unternehmenspraxis, Bern 1980, S. 50.

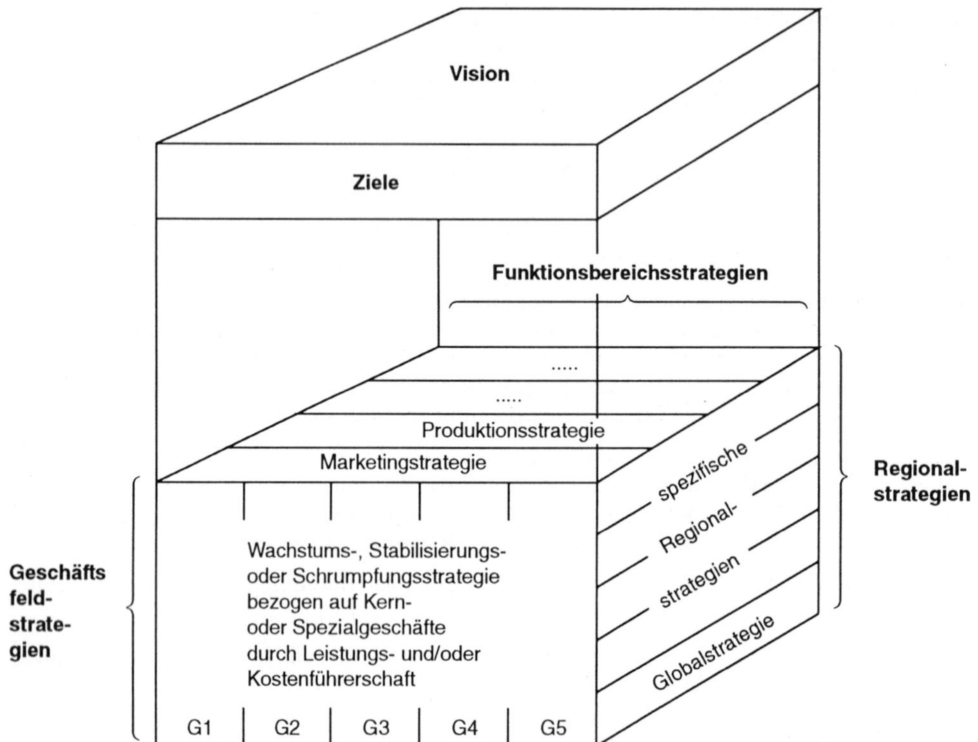

Abb. 82a: Integrations- und Koordinationsproblematik von visions- bzw. zielorientierten Geschäftsfeld-, Funktionsbereichs- und Regionalstrategien

Es handelt sich bei den **Geschäftsfeldstrategien – mit integrierten Funktionsbereichs- und Regionalstrategien** – letztlich um marktorientierte **Investitions- und/oder Desinvestitionsstrategien in Human- und Sachpotentiale**. Sie sind gesamtunternehmungsbezogen durch erforderliche **Infrastrukturinvestitionen** zu ergänzen (Umweltschutzeinrichtungen, Verwaltungseinrichtungen, Versorgungseinrichtungen u. a.).

Im **Rahmen der strategischen Planung** ist eine **Kombination von Geschäftsfeldstrategien** und dazugehörigen **Infrastrukturstrategien zu erarbeiten**, mit denen die Ziele der Gesamtunternehmung in künftigen Perioden optimal erreicht werden können.

Ausgehend von der Vision und den generellen Zielen der Unternehmung erfolgt die **Geschäftsfeldstrategie- bzw. Geschäftsfeldplanung** – jeweils integriert mit einer Planung von Funktionsbereichs- und Regionalstrategien – auf zwei Ebenen (vgl. Abbildung 82b):

- **auf der Ebene der (Gesamt-)Unternehmung** erfolgt eine Planung für die Gesamtheit der unterschiedlichen Geschäftsfelder der Unternehmung – die **Planung der Geschäftsfelder**;
- **auf der Ebene einzelner Geschäftsfelder** erfolgt eine Planung jeweils für ein spezielles Geschäftsfeld – eine **Planung je Geschäftsfeld**.

Die **Planung der Geschäftsfelder** geschieht **aus Sicht der gesamten Unternehmung**. Sie legt fest, in welchen Geschäftsfeldern die Unternehmung tätig sein will und wie diese Geschäftsfelder untereinander zu priorisieren sind. Diese Geschäftsfeldplanung auf Unternehmungsebene betrachtet das gesamte **Tätigkeitsfeld der Unternehmung** als **ein Portfolio von Ge-**

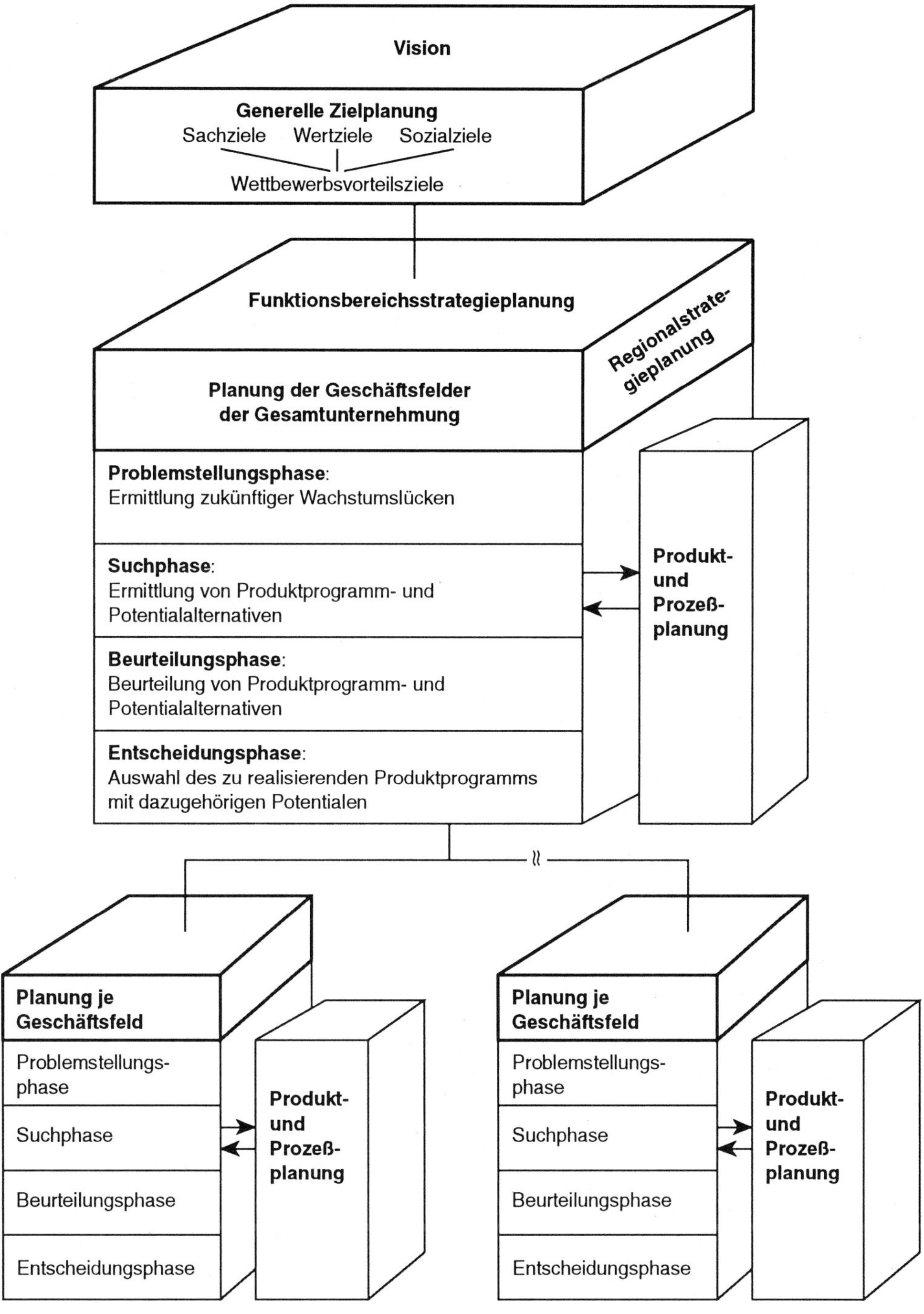

Abb. 82b: Wettbewerbsorientierte Geschäftsfeldplanung mit integrierter Funktionsbereichs- und Regionalstrategieplanung auf Gesamtunternehmungs- und Geschäftsfeldebene

schäftsfeldern, von denen einzelne aufgegeben, neue hinzugefügt und bestehende Geschäftsfelder in unterschiedlicher Weise weiterentwickelt werden können. Die **Planung je Geschäftsfeld** bezieht sich demgegenüber jeweils auf ein spezielles Geschäftsfeld. Sie geschieht **aus der Sicht des einzelnen Geschäftsfeldes** – unter Beachtung der unternehmungsbezogenen Vorgaben. Sie definiert die grundsätzlichen Vorgehensweisen der Unternehmung in den einzelnen Geschäftsfeldern, die gewählt werden sollen, um im Wettbewerb erfolgreich zu bestehen.

Die Planung auf Geschäftsfeldebene ermittelt aus ihrer Sicht in Frage kommende Produkte und Produktprogramme mit den dazugehörigen Potentialen. Die Planung auf Unternehmungsebene bestimmt hierauf aufbauend – mit Rückkoppelungsprozessen – das Produktprogramm und die entsprechenden Potentiale für die gesamte Unternehmung und damit die aus gesamtunternehmungsbezogener Sicht gewünschte Entwicklungsrichtung der Geschäftsfelder. Auf beiden Ebenen werden damit prinzipiell gleichartige Aufgaben der Produktprogramm- und Potentialplanung in Verbindung mit Produkt- und auch Prozeßplanungen wahrgenommen – allerdings mit unterschiedlichem Aggregationsniveau und Determiniertheitsgrad. Bezogen auf für die Unternehmung völlig neue Produkte bzw. Geschäftsfelder können Produkt- und dazugehörige Prozeß-/Potentialplanungen auch ausschließlich auf Unternehmungsebene erfolgen.

Zudem erfolgt in beiden Fällen eine Verknüpfung mit Aspekten der Funktionsbereichs- und der Regionalstrategieplanung. Diese bestimmen auf Geschäftsfeldebene die geschäftsfeldbezogenen Grundsätze und Richtlinien für die Funktionsbereiche und Regionen. Auf Unternehmungsebene werden die geschäftsfeldbezogenen Funktional- und Regionalstrategien zusammengefaßt und harmonisiert. Dieser Aspekt ist besonders in funktional organisierten Unternehmungen von Bedeutung, da in Folge der typischerweise engen Ressourceninterdependenzen zwischen den Geschäftsfeldern[6] nur eine begrenzte geschäftsfeldspezifische Differenzierung der Funktional- und Regionalstrategien möglich ist. Zudem können einzelne Aspekte von Funktionsbereichsstrategien (z. B. Grundsätze zur Produktionstiefe) die möglichen Ausgestaltungsformen der Strategien anderer Funktionsbereiche vorbestimmen, so daß ein gesamtunternehmungsbezogener Ausgleich zwingend erforderlich wird.

Schließlich kann in kleinen und mittelgroßen Unternehmungen auch ohne Bildung von Geschäftsfeldern eine Produktprogramm- und Potentialplanung mit integrierter Produkt- und Prozeßplanung sowie integriert mit Funktionsbereichs- und Regionalstrategieplanungen ausschließlich auf Unternehmungsebene erfolgen.

3.1.1 Problemstellungsphase der Geschäftsfeldplanung: Klärung des Entscheidungsgegenstandes und der Ziele der integrierten Produktprogramm- und Potentialplanung

Bei der **Geschäftsfeldplanung bzw. Produktprogramm- und Potentialplanung** auf Unternehmungs- und Geschäftsfeldebene geht es um die **Festlegung von Art und Menge der langfristig innerhalb der künftigen Perioden zu fertigenden Produkte** sowie um die **Festlegung der zu ihrer Produktion erforderlichen Potentiale**. Integriert mit ihr erfolgen Funktionsbereichs- und Regionalstrategieplanungen, auch Infrastrukturplanungen. Die Produktprogramm- und Potentialplanung, die hier im Vordergrund der Betrachtung steht, läßt sich als systematische Entscheidungsvorbereitung und -fällung über alternative Produktprogramme und Potentiale definieren (vgl. Abbildung 83). Sie beinhaltet systematisch vorbereitete Führungsentscheidungen über das langfristig angestrebte markt- und eigenverbrauchsorientierte Pro-

6 Vgl. Frese E., Grundlagen der Organisation, 5. Aufl., Wiesbaden 1993, S. 189ff.

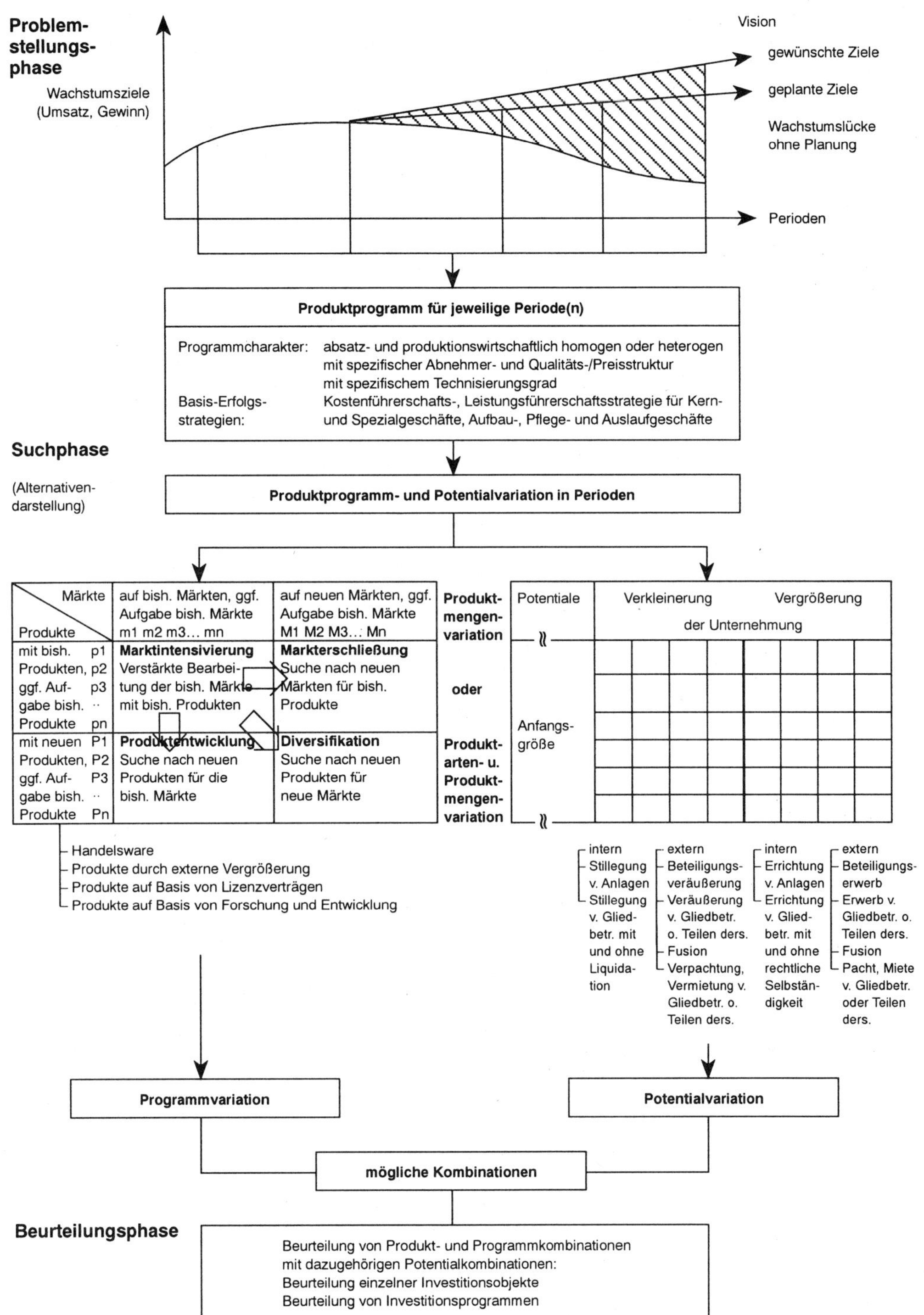

Abb. 83: Prozeß der integrierten Produktprogramm- und Potentialplanung (Geschäftsfeldplanung)

duktprogramm je Produktionsstufe und die für seine Verwirklichung (langfristig) notwendigen Potentiale. Es handelt sich somit in Industrieunternehmungen und in Dienstleistungsunternehmungen im Kern um eine integrierte langfristige Produkt- und Produktprogrammsowie Betriebsmittel- und Personalplanung – verbunden mit den Funktionsbereichs- und Regionalstrategieplanungen und verzahnt mit den übrigen Teilplanungen einer rollenden Unternehmungsplanung.

Ausgangspunkt für die integrierte Produktprogramm- und Potentialplanung bilden die im Rahmen der generellen Zielplanung postulierten **Wert-, Sach- und Sozialziele**.

- Auf Unternehmungsebene ist dabei im theoretischen Optimalfall bei jeder strategischen Planung bzw. Planungsrunde nach Analysen und Prognosen durch qualitative und quantitative Planungen jene Kombination von Geschäftsfeldern mit dazugehörigen Funktionsbereichs- und Regionalstrategien sowie Strukturen und Systemen zu erarbeiten, bei denen der **Kapitalwert bzw. Kapitalwertzuwachs** der Unternehmung als Ganzes (Gesamtkapitalwert, Eigenkapitalwert, residualer Unternehmungskapitalwert) bzw. hilfsweise ein **Bündel von angestrebten Wettbewerbsvorteilen** maximiert wird – unter Beachtung von definierten Periodengrößen, z. B. Periodengewinn- und Liquiditätsgrößen, sowie anderer Ziele und Nebenbedingungen sowie jeweils unter Beachtung eines zugrundegelegten Risikoniveaus.
- Das generelle **Sachziel** der Unternehmung zeigt für die Produktprogrammplanung die gewählte **Branche** bzw. gewählten **Wirtschaftszweige**. Aufgrund von Planungen und unternehmungspolitischen Entscheidungen ergeben sich **Programm- und Strategiecharakter der Unternehmung**. Es kann bezüglich der technischen oder marktmäßigen Verwandtschaft der Geschäftsfelder bzw. Produkte ein **homogenes oder heterogenes Produktprogramm** vorliegen oder angestrebt werden – mit **spezifischer Abnehmer-, Qualitäts-/Preisstruktur** und **spezifischem Technisierungsgrad**. Für die Bestimmung des Produktprogrammcharakters kann ferner z. B. vorgesehen sein, ein bestimmtes Verhältnis von Produkttypen (z. B. Investitions- und Konsumgüter), von Kundengruppen (z. B. gewerbliche Kunden, private Kunden, öffentliche Kunden) oder von Umsatzanteilen in Regionen anzustreben[7].
- Generelle **Sozialziele** beeinflussen primär die Potentialplanung, z. B. die Standortwahl bei Errichtung oder Verlegung von Gliedbetrieben.

Aufgabe der **Geschäftsfeldplanung auf Unternehmungsebene** ist es, die angestrebte **Positionierung der Geschäftsfelder im Portfolio der Unternehmung** zu bestimmen. Dieses zeigt für alle Geschäftsfelder der Unternehmung z. B. ihre Markt-, Technologie- und Ökologieattraktivität und ihre relative Wettbewerbsstärke (gebildet aus Funktionsbereichskompetenzen) sowie ggf. wichtige ökonomische Eckzahlen (vgl. Abbildung 84a). Im Rahmen der kapitalwertorientierten Ermittlung des Entwicklungspfades der Unternehmung orientiert sich die angestrebte Positionierung der Geschäftsfelder und damit die angestrebte Potentialbindung und ggf. Potentialfreisetzung bei der periodisch und auch aperiodisch erfolgenden strategischen Planung auch an den Periodenzielen Ergebnis und Cash-flow sowie der Risikoposition der Geschäftsfelder. Dabei ist speziell darauf zu achten, daß das Gesamtportfolio der Unternehmung eine ausgewogene Zusammenstellung von Geschäftsfeldern umfaßt, die einen geschäftsfeldübergreifenden Ausgleich der Ergebnis-, Cash-flow- und Risikostruktur der Geschäftsfelder gewährleistet[8]. Allerdings ist gerade dieses Problem insbesondere wegen

---

7 Vgl. Agthe, K., Strategie und Wachstum der Unternehmung, a.a.O., S. 186ff.

8 Vgl. auch Welge, M. K., Al-Laham, A., Planung, a.a.O., S. 182. Popp schlägt vor, für vorgesehene Positionierungen von Geschäftsfeldern geschätzte Eintrittswahrscheinlichkeiten mit anzugeben, um ggf. Handlungsbedarf in Funktionsbereichs- und Regionalstrategien sichtbar zu machen; vgl. Popp, W., Strategisches Geschäftsfeldmanagement als ein Problem des Projektmanagements mit explizitem Ausweis von Gefahren- und Chancenpotentialen, Arbeitspapier Universität Bern 1993, S. 3ff.

der Außenfinanzierungsmöglichkeit und ggf. schubartiger Definanzierungsnotwendigkeiten (Fremdkapitalrückzahlungsverpflichtungen) nur im Zusammenhang mit der mehrperiodigen Ergebnis- und Finanzplanung zu behandeln.

Auf **Geschäftsfeldebene** sind je Geschäftsfeld zur Erreichung angestrebter Ergebnisziele Produktprogramm- und Potentialvariationen durchzuführen. Auf der Basis von Analysen und Prognosen gilt es, durch qualitative und quantitative Planungen jene Kombination von Produkten und Potentialen mit dazugehörigen Funktionsbereichs- und Standortplanungen zu ermitteln, bei der der Kapitalwert eines Geschäftsfeldes (Gesamtkapitalwert) bzw. hilfsweise angestrebte Wettbewerbsvorteile optimiert bzw. optimal erreicht werden – unter Beachtung von definierten Periodengrößen, z. B. Umsatz-, Cash-flow- und Ergebniszielen sowie Personalzielen.

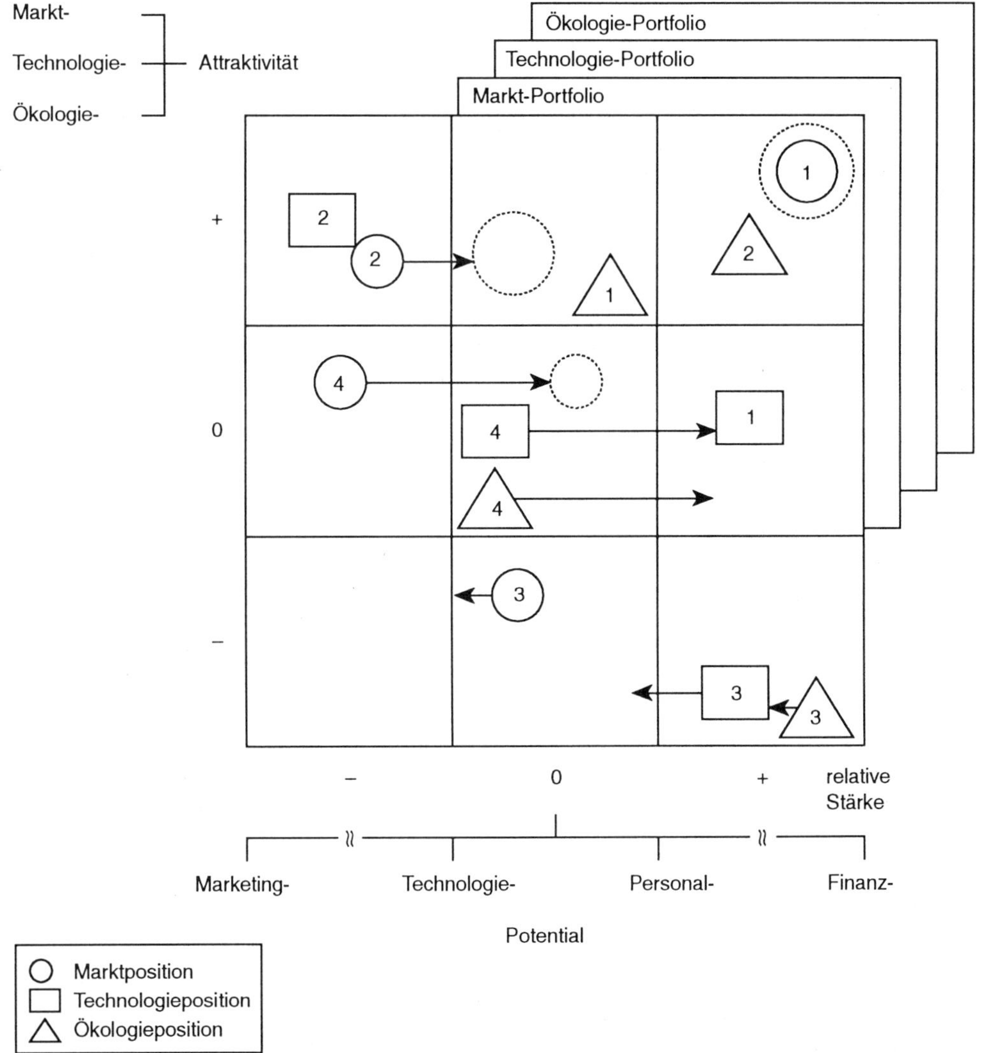

Abb. 84 a: Dynamisches Markt-, Technologie- und Ökologieportfolio auf (Gesamt-) Unternehmungsebene

Michael E. Porter differenziert in diesem Zusammenhang zur Erreichung von Wettbewerbsvorteilen zwei Basis-Erfolgsstrategien für Geschäftsfelder: **Kostenführerschafts-** und **Leistungsführerschaftsstrategie**[9]. Ausgangspunkt der Festlegung von Basis-Erfolgsstrategien ist zum einen die **Analyse der Nachfrageentwicklung sowie der Wettbewerbsstruktur und des Wettbewerbsverhaltens in der relevanten Branche bzw. dem relevanten Markt**. Hieraus ergibt sich die Attraktivität einer Branche bzw. eines Marktes oder einer Marktnische. Zum anderen geht Porter von einer **Analyse der wertschöpfenden Prozesse der Unternehmung** aus, die bei entsprechender Ausgestaltung zur Erzielung nachhaltiger Wettbewerbsvorteile bzw. einer starken relativen Wettbewerbsposition führen können. Der Herausarbeitung von Basis-Erfolgsstrategien liegt somit eine starke Orientierung am Wettbewerbsumfeld sowie an den Gestaltungsmöglichkeiten der Wertschöpfungsprozesse (Prozeßkettenorientierung) zugrunde. Sie bilden die Hauptgrundlage für die Verdeutlichung von Chancen und Risiken sowie (relativen) Stärken und Schwächen der Unternehmung.

Je Geschäftsfeld lassen sich für Analyse-, Prognose- und Planungszwecke wiederum für einzelne Produkte Portfoliopositionierungen vornehmen (vgl. Abbildung 84b).

Für die jeweiligen Kern- und Spezialgeschäftsgebiete und dabei je Aufbau-, Pflege- und Auslaufgebiet sind entsprechende Wachstums-, Stabilisierungs- oder Schrumpfungsstrategien durch Planung spezifischer Produkt-/Marktkombinationen bzw. Programmalternativen mit dazugehörigen Potentialvariationen aufzustellen (vgl. Abbildung 83). Bei den Produkt-/Marktstrategien kann hierbei Kostenführerschaft oder Leistungsführerschaft verfolgt bzw. angestrebt werden. Hierbei sind in Abhängigkeit von der Position der Produkte oder Produktgruppen im Lebenszyklus und auch in Abhängigkeit von anderen Aspekten Wechsel der Basis-Erfolgsstrategien möglich. Hierzu wurden in der Literatur verfeinerte Wettbewerbsstrategiekonzepte vorgeschlagen[10]. Die Herausforderung besteht in der Anstrengung, Leistungsführerschaft mit Kostenführerschaft zu verbinden, z. B. durch Innovationen in Verbindung mit dem CIM-Konzept, Baukastensystem und dem Lean-Management.

Die Entscheidungsaufgabe der integrierten Produktprogramm- und Potentialplanung liegt also zusammenfassend formuliert – bezogen auf die Unternehmung als Ganzes und ihre einzelnen Geschäftsfelder – darin, Wachstumsrichtung und -ausmaß zu bestimmen und damit mögliche Umsatz- und Ergebnislücken in künftigen Perioden durch die Auswahl entsprechender Produkte bzw. Produktprogramme und entsprechender Potentiale mit dazu-

---

9 Vgl. hierzu und zum folgenden Porter, M. E., How competitive forces shape strategy, HBR 2/1979, S. 137ff.; ders., Wettbewerbsvorteile, a.a.O., S. 26ff.; ders., From competitive advantage to corporate strategy, HBR 3/1987, S. 43ff.; ders., Wettbewerbsstrategie, 7. Aufl., Frankfurt/Main 1992 sowie ergänzend Wright, P., A Refinement of Porter's Strategies, Strategic Management Journal 1987, S. 93ff. Vgl. ergänzend Albach, H., Das Management der Differenzierung, ZfB 1990, S. 773ff.; Meffert, H., Marketing-Management: Analyse, Strategie, Implementierung, Wiesbaden 1994, S. 109ff. Zur Strategie der Kostenführerschaft in der Praxis vgl. Stein, H.-G., Kostenführerschaft als strategische Erfolgsposition, in: Handbuch Strategische Führung, Hrsg. H. A. Henzler, Wiesbaden 1988, S. 398ff.

10 Diese auf Porter zurückgehende Klassifizierung von Normstrategien wurde in der Folgezeit in einer Vielzahl von Studien weiterentwickelt oder variiert. Vgl. mit anderen Klassifizierungen von Strategietypen z. B. Miles, R., Snow, C., Organizational Strategy, Structure and Process, New York 1978; Galbraith, C., Schendel, D., An Empirical Analysis of Strategy Types, Strategic Management Journal 1983, S. 153ff.; Herbert, T., Deresky, H., Generic Strategies: An Empirical Investigation of Typology Validity and Strategy Content, Strategic Management Journal 1985, S. 235ff.; Segev, E., A Systematic Comparative Analysis and Synthesis of Two Business-Level Strategic Typologies, Strategic Management Journal 1989, S. 487ff. Vgl. als Überblick über derartige Studien Kirsch, W., zu Knyphausen, D., Strategische Unternehmensführung, in: Ergebnisse empirischer betriebswirtschaftlicher Forschung, Hrsg. J. Hauschildt, O. Grün, Stuttgart 1993, S. 83ff. sowie ferner Quinn, J. B., Mintzberg, H., James, R. E., The Strategy Process, Englewood Cliffs 1988.

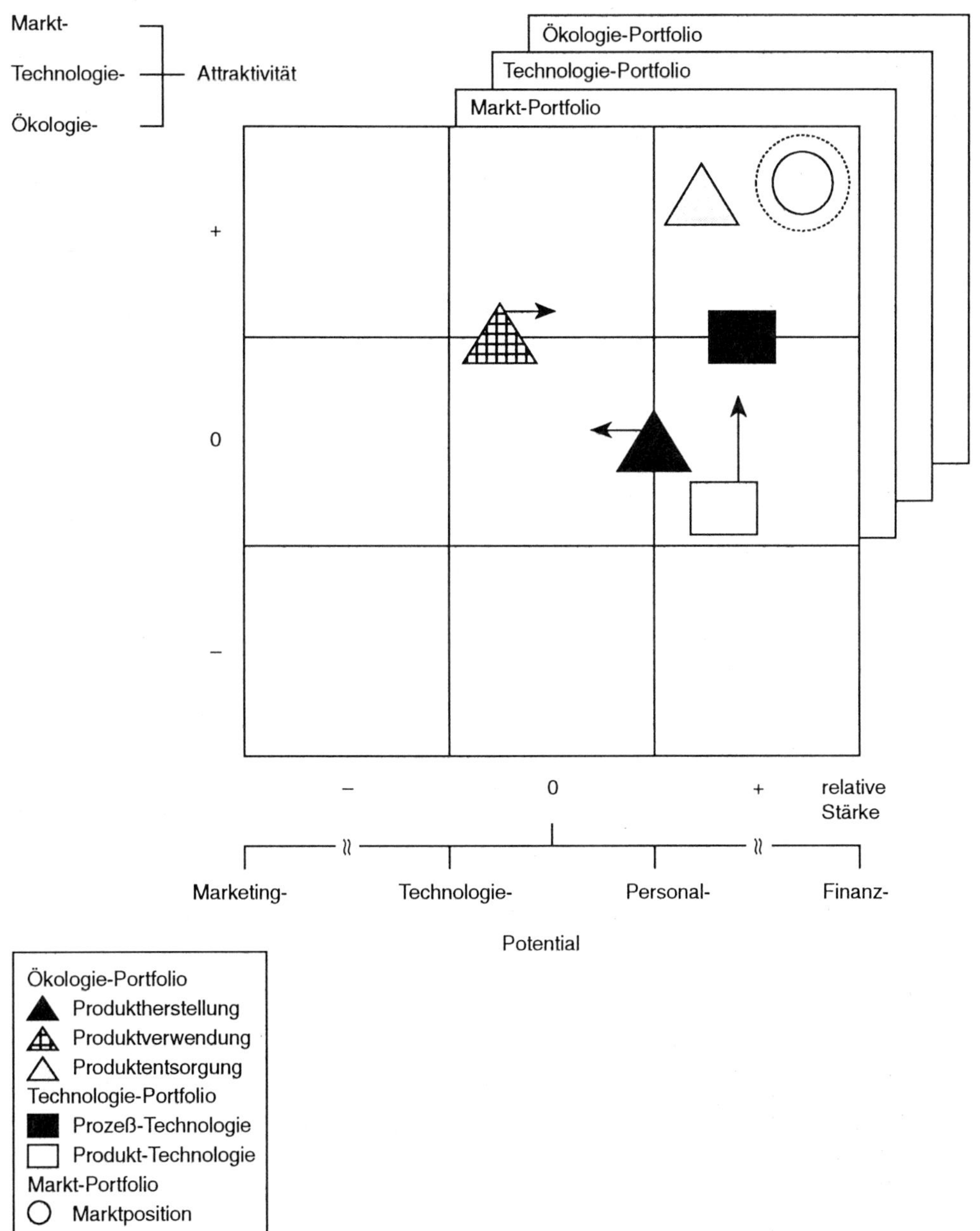

Abb. 84b: Dynamisches Markt-, Technologie- und Ökologieportfolio auf Geschäftsfeldebene

gehörigen Funktionsbereichs- und Regionalstrategien zu schließen[11]. Es geht um die **visionsorientierte**, langfristig **ergebnisoptimale Festlegung des Entwicklungspfades der Unternehmung** auf der Basis von **Kern- und ggf. Spezialgeschäften,** die näher als **Aufbau-, Pflege- und Auslaufgeschäfte** charakterisiert werden können[12]. Hiermit verbunden ist für jedes Geschäftsfeld und für jede relevante Funktion eine fortlaufende Überprüfung von **Attraktivität sowie Wertschöpfungsbreite, Wertschöpfungstiefe** und **Wertschöpfungsstandort**[13].

3.1.2 Suchphase der Geschäftsfeldplanung: Ermittlung von Produktprogramm- und Potentialalternativen unter Berücksichtigung spezifischer Restriktionen

Die **Entscheidungsalternativen** auf Unternehmungs- und Geschäftsfeldebene sind **mögliche Kombinationen der künftigen Produktprogramm- und Potentialgestaltung**, art- und mengenmäßig, örtlich und zeitlich spezifiziert. Auf Geschäftsfeldebene setzen sich diese aus einzelnen Produkten oder Produktgruppen zusammen; auf Unternehmungsebene werden sie durch Bündel von Produkten und Produktgruppen mehrerer Geschäftsfelder bestimmt. Sie bewirken spezifische Änderungen der Umsätze, Ergebnisse und Zahlungsüberschüsse sowie der Vermögens- und Kapitalbestände in künftigen Perioden. Es handelt sich um bestimmte Produktmengenvariationen oder Produktarten- und Produktmengenvariationen, die auf der Basis vorhandener Betriebsmittel(-kapazitäten) oder bestimmter Betriebsmittelvariationen mit dazugehörigen Arbeitskräften erreicht werden können. Bei derartigen simultanen Programm- und Potentialvariationen erfolgt vielfach eine interne oder externe Veränderung der Unternehmungsgröße bzw. der Kapazität, gegebenenfalls mit Änderung der Standortstruktur.

Produktartenvariationen im Produktprogramm werden durch die Produktplanung mit ggf. dazugehöriger Prozeßplanung erarbeitet.

3.1.2.1 Produkt- und Prozeßplanung als Basis für Produktprogramm- und Potentialalternativen

3.1.2.1.1 Grundsätzliches

Bei der **Produktplanung** im Rahmen der strategischen Produktprogrammplanung sind unter Beachtung der generellen Ziele und Rahmenbedingungen folgende Problemfelder zu bearbeiten:

---

11 Vgl. hierzu auch die systematische, praxisbezogene Studie von Aurich, W., Schroeder, H.-U., System der Wachstumsplanung im Unternehmen, a.a.O.; ferner Bircher, B., Krieg, W., Systemmethodik und langfristige Unternehmungsplanung, IO 1973, S. 157ff. sowie Hahn, D., Wachstumspolitik industrieller Unternehmungen, BFuP 1970, S. 609ff.; ders., Zweck und Entwicklung der Portfolio-Konzepte in der strategischen Unternehmungsplanung, a.a.O., S. 221ff.; ders., Entwicklungstendenzen der strategischen Führung, a.a.O., S. 10ff.

12 Vgl. Prahalad, C. K., Hamel, G., Nur Kernkompetenzen sichern das Überleben, Harvard Manager 2/1991, S. 66ff.; Rühli, E., Die Resource-based View of Strategy, in: Unternehmerischer Wandel, Hrsg. P. Gomez, D. Hahn, G. Müller-Stewens, R. Wunderer, Wiesbaden 1994, S. 31ff.

13 Vgl. hierzu die Untersuchung zu den Wettbewerbsvorteilen von Nationen bei Porter, M. E., The Competitive Advantage of Nations, New York 1990, S. 71ff.

Es ist darüber zu befinden, ob **bisherige oder neue Produkte auf bisherigen oder neuen Märkten** als Alternativen (künftiger Produktprogramme) in Frage kommen. Abbildung 83 zeigt, daß hier Marktintensivierung, Markterschließung, Produktentwicklung und Diversifikation in Betracht kommen [14].

Neue Produkte können **Handelswaren** sein sowie **Produkte**, die **aufgrund von Lizenzverträgen** oder **externem Wachstum** oder **Forschung und Entwicklung** in das Produktprogramm aufgenommen werden. Hierbei lassen sich die gewünschte Qualität bzw. die gewünschten Qualitätsmerkmalsausprägungen auch durch Produktqualitätsprofile (in Tabellen- und Sternform) charakterisieren. Von der Forschung und Entwicklung können als Ergebnisse bisheriger Arbeiten bereits neue Produkte – ggf. auch schon technisch und marktmäßig getestet – vorliegen. Aufgrund von Erkenntnissen aus der strategischen Programmanalyse erfolgen zudem Produktkonzeptplanungen in mehreren Schritten (Ideensuche und -auswahl, Ableitung und Beurteilung von Produktvorschlägen), die zu Entwicklungsaufträgen für neue Produkte führen [15]. Abbildung 85 verdeutlicht die **Integration der strategischen Produkt- und Prozeßkonzeptplanung sowie der operativen Produkt- und Prozeßentwicklungsplanung mit der strategischen Produktprogramm- und Potentialplanung**. Besonders deutlich wird, daß die hier geforderte Simultanisierung der Planung von Produktprogramm und Potentialen auf der operativen Ebene ihre Entsprechung in der Anwendung des Konzepts des **Simultaneous Engineering** – der simultanen Entwicklung von Produkten und Prozessen – findet [16].

Im Rahmen der Produktplanung sind für vorhandene und in Frage kommende Produktalternativen spezifische **Lebenszykluskurven** fortzuschreiben oder zu entwerfen (vgl. Abbildung 86a).

---

14 Vgl. Agthe, K., Strategie und Wachstum der Unternehmung, a.a.O., S. 167–220 sowie insbesondere S. 188; ferner ähnlich Ansoff, H. I., Management-Strategie, München 1966; Steiner, G. A., Top Management Planning, a.a.O., S. 628f. sowie zur Frage der Diversifikation die Ergebnisse einer empirischen Studie bei Hoffmann, F., So wird Diversifikation zum Erfolg – Ergebnisse einer Untersuchung in der Bundesrepublik, Harvard Manager 4/1989, S. 52ff.; Arbeitskreis „Diversifizierung" der Schmalenbach-Gesellschaft, Diversifizierungsprojekte – Betriebswirtschaftliche Probleme ihrer Planung, Organisation und Kontrolle, ZfbF 1973, S. 293ff.; Hax, A. C., Majluf, N. S., The Strategy Concept and Process, a.a.O., S. 34f. und S. 113ff.; ferner Majer, W., Programmbereinigung als unternehmerisches Problem, Wiesbaden 1969.

15 Vgl. hierzu ausführlich Hahn, D., Laßmann, G., Produktionswirtschaft – Controlling industrieller Produktion, Bd. 1, a.a.O., S. 130ff.

16 Vgl. zum Simultaneous Engineering exemplarisch Hahn, D., Laßmann, G., Produktionswirtschaft – Controlling industrieller Produktion, Bd. 1, a.a.O., S. 141f.; Eversheim, W., Simultaneous Engineering – eine organisatorische Chance!, in: Simultaneous Engineering, VDI Berichte 758, Hrsg. Verein Deutscher Ingenieure, Düsseldorf 1989, S. 1ff.

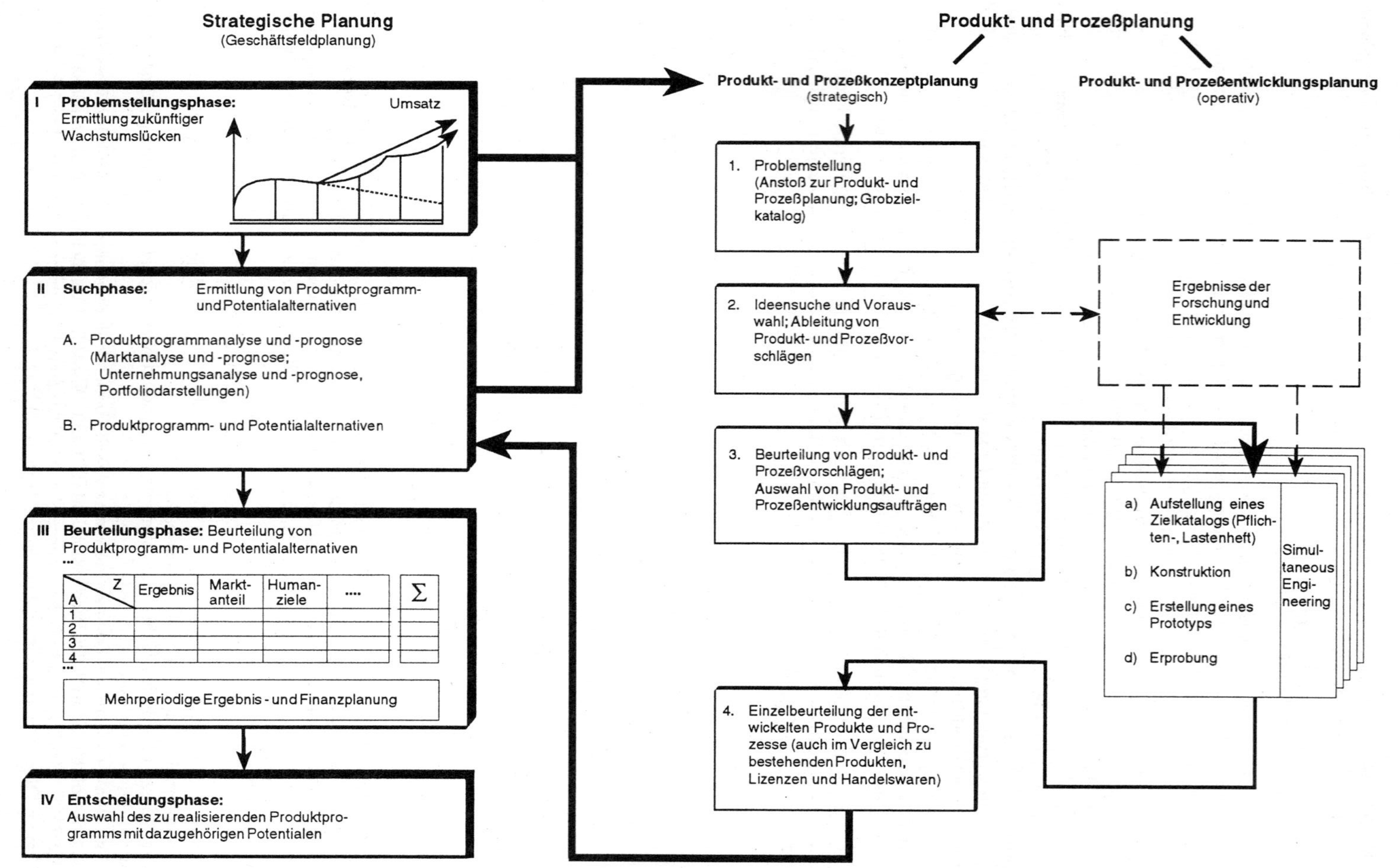

Abb. 85: Programm- und Potentialplanung mit integrierter Produkt- und Prozeßplanung

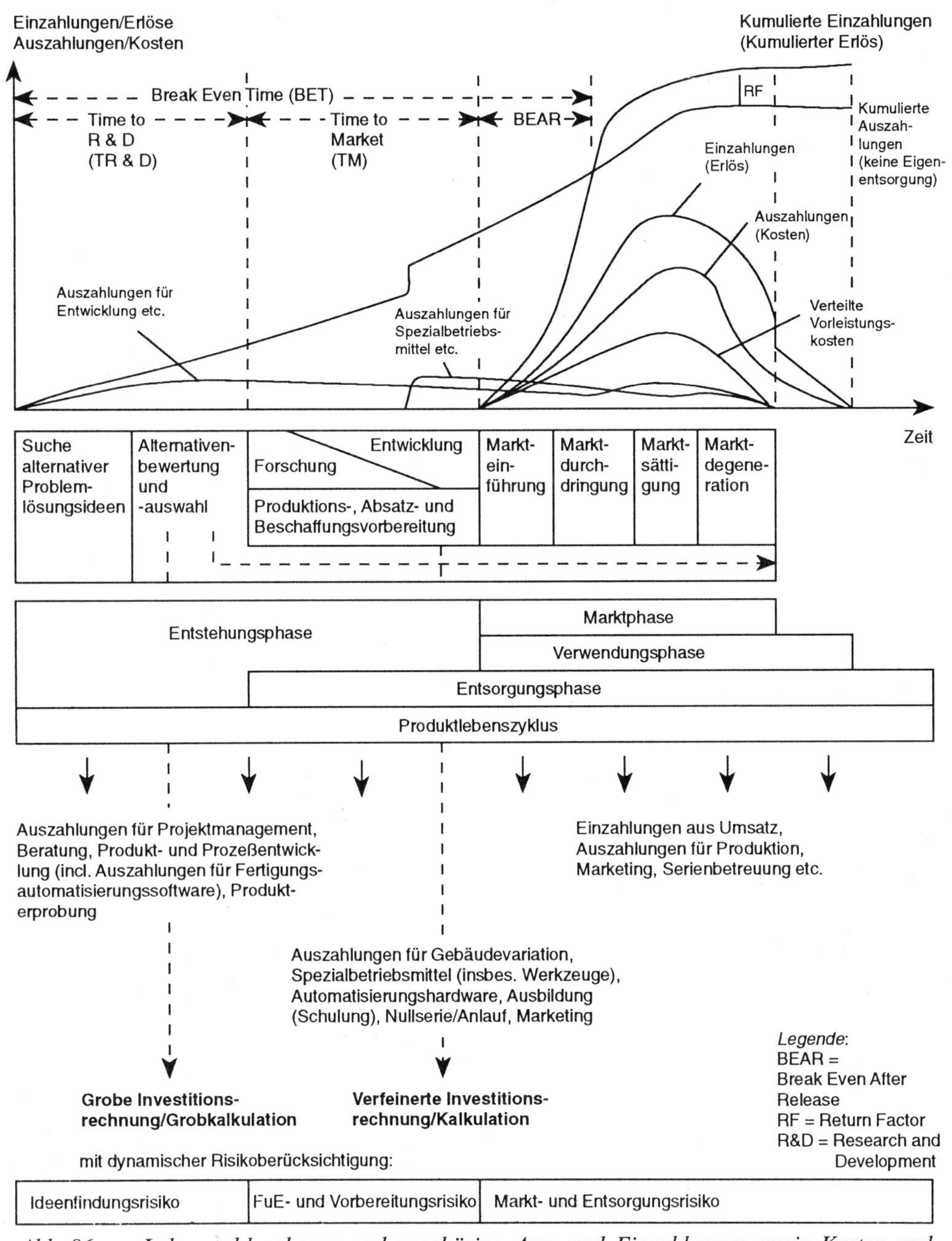

Abb. 86 a: Lebenszyklusphasen und zugehörige Aus- und Einzahlungen sowie Kosten und Erlöse von Produkten [17]

17 Vgl. Hahn, D., Laßmann, G., Produktionswirtschaft – Controlling industrieller Produktion, Bd. 1, a.a.O., S. 114; Pfeiffer, W., Bischof, P., Überleben durch Produktplanung auf der Basis von Produktlebenszyklen, FB/IE 1975, S. 344; Straube, P., Integriertes Forschungs- und Entwicklungs-Controlling, a.a.O., S. 126; Popp, W., Zur Planung von F&E-Projekten, DBW 1988, S. 735ff.

Die Abbildung 86b zeigt anhand eines Entscheidungsnetzes einige Strukturen für die Phasen FuE, Absatz und Entsorgung eines vorgeschlagenen Produktes. Dabei ist hier zunächst zwischen **Eigenentwicklung** des Produktes **oder Übernahme einer Lizenz** zu entscheiden. Wählt man den Weg der Eigenentwicklung, zeichnet sich nur mit einer kleinen Chance ein Mißerfolg ab. Bei Erfolg sind die Fälle mit gutem oder schlechtem Absatz jeweils mit guter oder problematischer Entsorgung zu unterscheiden, was zu einer Verzweigung mit vier Ästen führt.

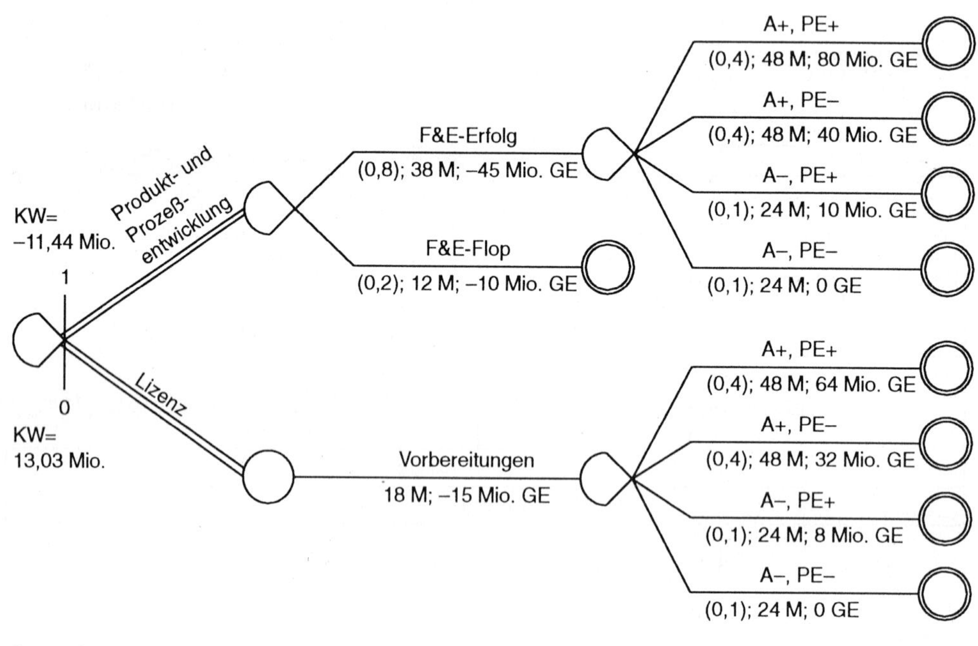

Legende:

══	= Entscheidungsast
——	= Aktivität
(p)	= Wahrscheinlichkeit
M	= Monate
GE	= Geldeinheiten
KW	= Kapitalwert
i	= 10%
A+/A–	= guter/schlechter Absatz
PE+/PE–	= gute/problematische Entsorgung

Anmerkungen zur Berechnung der erwarteten Kapitalwerte:

a) Auszahlungen sind bezüglich der Zeit linear, jeweils auf den Jahresbeginn zugeordnet;

b) Einzahlungsüberschüsse sind ebenfalls nach der Zeit linearisiert, aber jeweils auf das Jahresende bezogen.

Abb. 86b: Entscheidungsbaumdarstellung für Lebenszyklusphasen eines vorgeschlagenen Produktes (nach Popp)

Die Wahl der optimalen Alternative kann über den Kapitalwert als Beurteilungskriterium erfolgen (vgl. auch Abschnitt 3.1.3.4 dieses Teils), zudem unter Heranziehung weiterer quantitativer Beurteilungskriterien (vgl. auch Teil I, Abschnitt 2.4). Durch eine solche **Vorgehensweise mit dynamischer Risikobetrachtung** können auch mehrere Produktvorschläge verglichen werden. Es wird hierbei für einzelne Alternativen erkennbar, in welchen Phasen zum Zwecke der Ergebnisverbesserung Risiken zu senken sind.

Der Verlauf von Umsatzkurven ist unternehmungsindividuell festzulegen – auf der Basis von Umweltprognosen, Erfahrungswerten und unter Berücksichtigung beabsichtigter Aktionen der Unternehmung und möglicher (Re-)Aktionen der Marktteilnehmer.

Es ist für die Produktplanung von besonderem Interesse, auch Kenntnisse darüber zu erhalten, in welcher Lebensphase sich Handelswaren und Produkte, die über Lizenznahme oder Unternehmungserwerb in das Programm aufgenommen werden können, befinden.

Ferner ist für die integrierte Produkt- und Produktprogramm- sowie Potentialplanung und die daraus resultierende Umsatzplanung von Bedeutung, daß der Verlauf von Lebenszykluskurven insbesondere durch absatzpolitische Maßnahmen und Produktneueinführungen der eigenen Unternehmung und der Konkurrenz beeinflußt werden kann. Abbildung 86c zeigt, welche Bedeutung den Lebenszyklen von Produkten und möglichen Störungen sowie den in vielen Branchen immer kürzeren Lebenszyklen im Hinblick auf die langfristige Umsatzplanung zukommt[18].

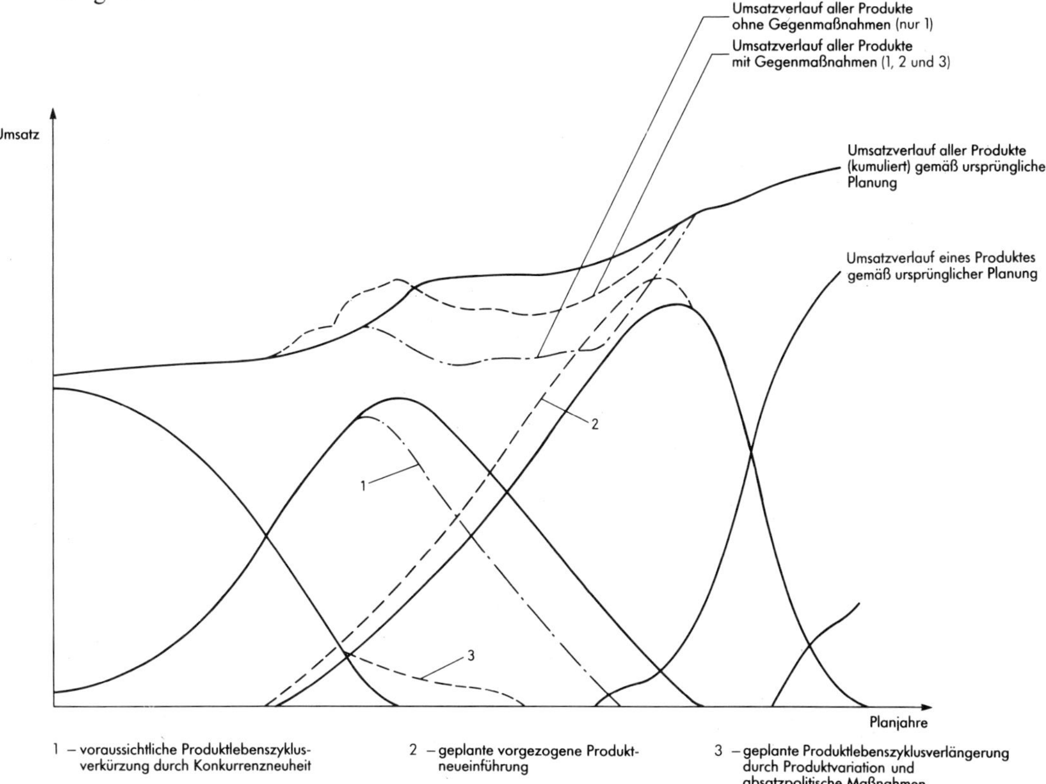

Abb. 86c: Umsatzplanung auf der Basis von Produktlebenszykluskurven und deren Variation

---

18 Vgl. zur Produktplanung/Lebenszyklusplanung auch Backhaus, K., Plinke, W., Strategische Allianzen als Antwort auf veränderte Wettbewerbsstrukturen, in: Strategische Allianzen, Hrsg. K. Backhaus, K. Piltz, ZfbF-Sonderheft 27, Düsseldorf – Frankfurt 1990, S. 26f.; Bitzer, M. R., Zeitbasierte Wettbewerbsstrategien, Diss. Gießen 1992, S. 34ff.; Commes, M.-T., Lienert, R., Controlling im FuE-Bereich, zfo 1983, S. 347ff.; Krubasik, E. G., Der Königsweg zum neuen Produkt, Harvard Manager 3/1989, S. 25ff.; Meffert, H., Marketing, 7. Aufl., Wiesbaden 1986, S. 369ff.; Mertens, P., Rackelmann, G., Konzept eines Frühwarnsystems auf der Basis von Produktlebenszyklen, in:

3.1.2.1.2 Beurteilungsinstrumente

Für die Beurteilung von Produkt- und dazugehörigen Prozeßalternativen dienen neben Lebenszyklusanalysen und -prognosen vornehmlich

- Attraktivitäts- und Wettbewerbspositionsanalysen, insbesondere in Form von Portfolioanalysen zur Geschäftsfeld- oder Produktdarstellung,
- Nutzwertanalysen, insbesondere als Produktbewertungsprofile sowie
- Langfristkalkulationen unter besonderer Berücksichtigung des Target Costing.

Hier interessierende **Portfoliodarstellungen** zeigen auf Unternehmungsebene für Geschäftsfelder, Produkte und jeweils dazugehörige Prozesse deren Attraktivität sowie deren relative Stärke durch Vergleich mit der Konkurrenz[19].

Für die Beurteilung von möglichen neuen Produkt- und Prozeßalternativen interessieren insbesondere auch **Nutzwertanalysen in Form von Produktbewertungsprofilen** sowie **Langfristkalkulationen unter Anwendung des Target Costing**. Es handelt sich bei Produktbewertungsprofilen zunächst um Grobprofile, die für interessant erscheinende Produkte detailliert werden können. In derartigen Produktbewertungsprofilen werden alle Eignungsmerkmale mit Extremalausprägungen und dazwischen liegenden Ausprägungen eingetragen, wobei gewisse produktbezogene PuK-Kennzahlen für die Beurteilung von besonderer Bedeutung sind, insbesondere Angaben über Umsatzentwicklung, Deckungsbeiträge sowie Angaben über geschätzte Entwicklungskosten und sonstige Vorleistungskosten. Abbildung 87a verdeutlicht das Grundschema eines Produktbewertungsprofils und einen möglichen Merkmalskatalog. Nach Gewichtung der Merkmale können Produktwerte ermittelt werden.

Für genauere Angaben über die Erfolgskomponenten einzelner Produkte sind, ausgehend von spezifischen Marktanalysen und -prognosen sowie entsprechenden Lebenszykluskurven, die für eine Produkterstellung und -verwertung in den Funktionsbereichen notwendigen Maßnahmen und Potentiale (Kapazitäten) überschlagsweise zu berechnen. Auf der Basis dieser Planung können sodann mit dem Zahlenwerk der Kosten- und Erlösrechnung Kostenträgerzeitrechnungen für mehrere Perioden als **Überschlagsrechnung für neue Produkte** erstellt werden.

Frühwarnsysteme, Hrsg. H. Albach, D. Hahn, P. Mertens, ZfB-Ergänzungsheft 2/79, Wiesbaden 1979, S. 70ff.; Pfeiffer, W., Bischof, P., Produktlebenszyklen als Basis der Unternehmensplanung, ZfB 1974, S. 635ff.; dies., Einflußgrößen von Produkt-Marktzyklen, in: Arbeitspapiere des Betriebswirtschaftlichen Instituts der Friedrich-Alexander-Universität Erlangen-Nürnberg, H. 22, Hrsg. W. Pfeiffer, Nürnberg 1974; ferner House, C. H., Price, R. L., The Return Map – Tracking Product Teams, HBR 1/1991, S. 95ff.; Kotler, P., Bliemel, F., Marketing-Management, 7. Aufl., Stuttgart 1992, S. 539ff. sowie insbesondere die Beiträge zum Integrationsmanagement für neue Produkte bei Hanssen, R. A., Kern, W. (Hrsg.), Integrationsmanagement für neue Produkte, ZfbF-Sonderheft 30, Düsseldorf-Frankfurt 1992. – Zur Problematik der Messung von Innovationserfolgen vgl. Hauschildt, J., Zur Messung des Innovationserfolgs, ZfB 1991, S. 451ff.

19 Vgl. hierzu erneut Abbildung 84b, die ein Beispiel für die Charakterisierung eines Produktes und dazugehöriger Entwicklungs-, Herstellungs-, Verwendungs- und Entsorgungsprozesse in einem **dynamischen Markt-, Technologie- und Ökologieportfolio auf Geschäftsfeldebene** zeigt. Vgl. zur Portfoliotechnik allgemein Hahn, D., Zweck und Entwicklung der Portfolio-Konzepte in der strategischen Unternehmungsplanung, a.a.O., S. 221 und die dort angegebene Literatur.

	Sehr gut (6)	Gut (4)	Durch-schnittlich (2)	Schlecht (0)	Sehr schlecht (–2)	Punkt-zahlen	Gewich-tungs-faktoren	Gewichtete Punkt-zahlen
Ergebnisbeiträge nach produktspezifischen fixen Kosten (ggf. incl. Lizenzkosten)	●					6	2	12
Kapitalbindung								
Anlagevermögen			●			2	0,5	1
Umlaufvermögen		●				4	0,5	2
FuE-Eignung								
Know-how			●			2	1	2
techn. Ausstattung					●	–2	1	–2
Absatzeignung								
Markteignung	●					6	2	12
Vertriebseignung	●					6	2	12
Produktionseignung								
Verfahrensbeherrschung			●			2	2	4
Kapazitätsbeanspruchung		●				4	1,5	6
Beschaffungseignung								
Rohstoffverfügbarkeit		●				4	1,5	6
Lieferantenabhängigkeit			●			2	1	2
Entsorgungseignung								
Wieder-/Weiterverwendbarkeit		●				4	1	4
Wieder-/Weiterverwertbarkeit		●				4	1	4
Gesamteignung								65

Abb. 87 a: Beispiel für ein Produktbewertungsschema in Verbindung mit einem Punktbewertungsprofil

Abbildung 87b zeigt das Grundschema einer Produkt- und Prozeßplanung, welches die genannten technologischen, marktmäßigen und ergebnismäßigen Gesichtspunkte zusammenfaßt.

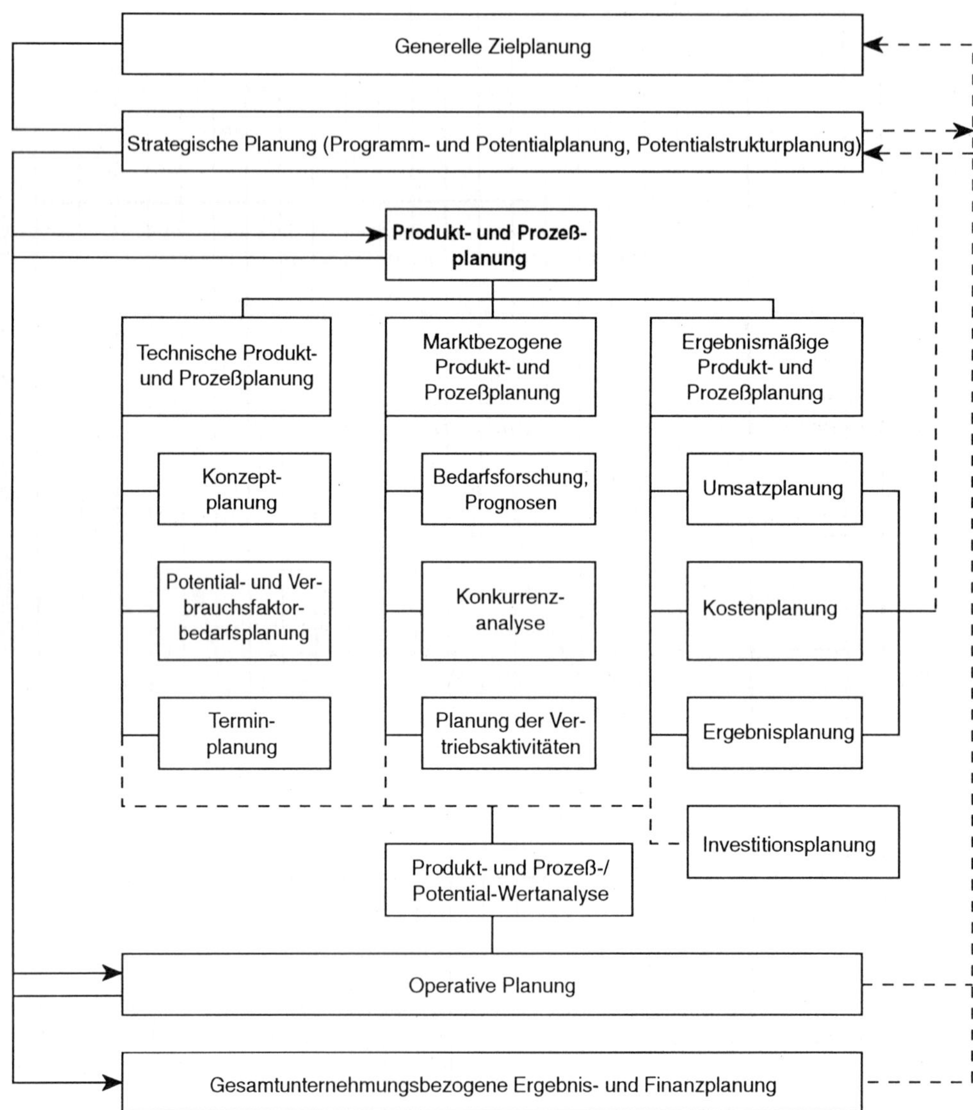

Abb. 87b: Grundschema der Produkt- und Prozeßplanung im Rahmen des Planungssystems[20]

20 Vgl. auch Lembke, P. M., Strategisches Produktmanagement, Berlin – New York 1980.

Abbildung 87c zeigt die Resultate der Erlös- und Kostenschätzung für einen Langfristzeitraum für in Frage kommende neue Serienprodukte. Hierin sind Preisveränderungen auf dem Absatz-, Beschaffungs- und Arbeitsmarkt sowie Kosteneinsparungen durch Wertanalyse mit in Ansatz zu bringen. In derartigen PuK-Übersichten für Produkte kommt den Deckungsbeiträgen I sowie der Schätzung und zeitlichen Verteilung der Entwicklungskosten und anderer Vorleistungskosten sowie der Vertriebskosten besondere Bedeutung zu. Soll die Betreuung vorhandener oder in Frage kommender künftiger Produkte sogenannten Produktmanagern übertragen werden, so sind auch die Kosten für diese Institution in Ansatz zu bringen[21]. Sind starke Verbundeffekte im Entwicklungs-, Produktions- und Absatzbereich gegeben, nimmt die Aussagefähigkeit des produktbezogenen Zahlenwerks entsprechend ab.

Es empfiehlt sich oft, im Rahmen der Produktplanung, ausgehend von den Lebenszykluskurven je Produkt, gesonderte Auszahlungs-/Einzahlungsübersichten zu erstellen, insbesondere für Investitionsrechnungen und ggf. hieraus abzuleitende mehrperiodige Kostenträgerzeitrechnungen sowie für gesamtunternehmungsbezogene Finanzplanungen.

Im Zusammenhang mit der Produktplanung gewinnt zunehmend das Konzept des **Target Costing (Zielkostenmanagement)**[22] an Bedeutung. Es wird vornehmlich bei zusammenbauender Produktion angewendet und kann durch folgende Aspekte charakterisiert werden:

1. Marktorientierte Ableitung von Produktfunktionen (Gebrauchswertfunktionen und Geschmackswertfunktionen) und Produktqualitätsprofil, Produktpreis und -menge, Erstellung eines Prototyps.
2. Verknüpfung von angestrebten Produktfunktionen mit den Produktkomponenten, durch die einzelne Produktfunktionen realisiert werden. Die Komponenten sind dann weiter auf Produktteile je Produktkomponente herunterzubrechen. Es kann auch eine Verknüpfung von Produktfunktionen mit produktbezogenen Leistungen der Unternehmung erfolgen (z. B. Servicefunktionen).
3. Ermittlung von allowable costs/zulässigen Kosten durch wettbewerbsorientierte retrograde Kalkulation – bei Ansatz eines gewünschten Stückgewinnes.
4. Ermittlung von drifting costs/Selbstkosten durch progressive Kalkulation auf Basis bisheriger oder geschätzter eigener Standardkosten.
5. Gegenüberstellung von allowable und drifting costs und Setzung von target costs/Zielkosten für das Gesamtprodukt, für Produktkomponenten, Produktteile und weitere produktbezogene Leistungen.
6. Ausrichtung der Produktkonzeptplanung und Produktentwicklung auf die angestrebten target costs; falls notwendig Variation der Produktkonzept- und Produktentwicklungsplanung primär durch Anwendung der Wertanalyse (value engineering, ggf. prozeßkettenorientierte Gemeinkostenwertanalyse) zur Erreichung der target costs.

---

21 Vgl. zum Produktmanagement Kotler, P., Bliemel, F., Marketing-Management, a.a.O., S. 1029ff.; Meffert, H., Die Durchsetzung von Innovationen in der Unternehmung und im Markt, ZfB 1976, S. 89f.; Rösner, H. J., Produkt-Manager, Berlin – New York 1979; Tietz, B., Produktmanagement(s), Organisation des, in: HWO, Hrsg. E. Frese, 3. Aufl., Stuttgart 1992, Sp. 2067ff.; Weirich, W., Das Produkt-Management als Führungs- und Organisationssystem, Berlin 1979; Wild, J., Product Management, 2. Aufl., München 1973; vgl. auch Hosterbach, E., Investitionsrechnung und Rechnungswesen, ZfB 1971, S. 391ff.

22 Vgl. hierzu ausführlich Sakurai, M., Target Costing and how to use it, Journal of Cost Management, Summer 1989, S. 39ff.; ders., The Influence of Factory Automation on Management Accounting Practices: A Study of Japanese Companies, in: Measures for Manufacturing Excellence, Hrsg. R. S. Kaplan, Boston, Mass. 1990, S. 39ff.; Sakurai, M., Keating, P. J., Target Costing and Activity-Based Costing, Controlling 2/1994, S. 84ff. sowie Horváth, P., Seidenschwarz, W., Zielkostenmanagement, Controlling 1/1992, S. 142ff.; Seidenschwarz, W., Target Costing, Controlling 3/1991, S. 198ff.; ders., Target Costing – Verbindliche Umsetzung marktorientierter Strategien, Kostenrechnungspraxis 1/1994, S. 74ff.

7. Vereinbarung (endgültige Festlegung) von target costs und Ableitung der neuen Standardkosten.

Das Verfahren des Target Costing wird im Rahmen von Produktplanungen schon seit längerem in grober bzw. globaler Form in der deutschen Industrie angewendet. Ausgehend z. B. von einem gewünschten Pkw mit definiertem Produktqualitätsprofil oder einem gewünschten Bündel von Produktvarianten wird unter Beachtung möglicher Marktpreise in verschiedenen Ländern und auf der Basis von entsprechenden Mengenschätzungen retrograd eine Kalkulation mit wettbewerbsorientierten (an Wettbewerbslösungen orientierten) Kostenschätzungen abgeleitet – für Komponenten und ggf. innerhalb dieser für Baugruppen und Teile sowie für spezifische produktbezogene Leistungen. Dieser retrograden Kalkulation wird eine entsprechende progressive Selbstkostenkalkulation für ein Produkt oder ein Bündel von Produktvarianten auf der Basis eigener Kostensätze gegenübergestellt – aber unter Berücksichtigung künftiger Kostenänderungen –, bewirkt durch Prozeß- und Potential- sowie Verbrauchsfaktoränderungen[23]. Meist finden wiederholte Kostensenkungsdiskussionen und -prozesse unter Ausschöpfung aller wertanalytischen Ansätze statt. Erst danach erfolgt die Verabschiedung der Produktplanung und Produktkalkulation. Das Vorgehen bei der Festlegung der Zielkosten nach der Methode „Market into company" verdeutlicht in Grundzügen Abbildung 87d.

Wir halten dieses Vorgehen für geradezu überlebenswichtig bei Großserienproduktion, aber auch übertragbar auf Einzel- und Kleinserienproduktion. Als **Hauptzwecke des Target Costing** sehen wir hierbei:

1. Verstärkung der Marktorientierung, nämlich verstärkte Kunden-, Konkurrenz- und Lieferantenorientierung bei der Produktplanung – im Rahmen der Geschäftsfeldstrategie und Geschäftsfeldplanung.
2. Zwang zur kunden- und konkurrenzorientierten kostensenkenden Konstruktionsverbesserung in Verbindung mit value engineering.
3. Zwang zur rechtzeitigen Prüfung von Eigen- und/oder Fremdfertigung und Eigen- und/oder Fremdentwicklung auf allen Produktionsstufen.
4. Zwang zu Simultaneous Engineering in Verbindung mit Kapazitätsauslastungsplanungen und Kapazitätsplanungen.
5. Zwang zur Analyse aller für die Produkterstellung, -vermarktung und -entsorgung erforderlichen Prozeßketten und der daraus resultierenden monetären Wirkungen mit ggf. nachfolgenden wertanalytischen Untersuchungen und Konsequenzen.

Genauere Angaben über die PuK-Kennzahlen von Produkten können erst nach erfolgter integrierter Programm- und Potentialplanung, d. h. nach Berücksichtigung aller bereits vorhandenen und auf der Basis verabschiedeter Pläne vorgesehenen Produkte sowie unter Berücksichtigung von in Frage kommenden neuen Produktkombinationen und der hierfür erforderlichen Betriebsmittel ermittelt werden.

Für die **Ermittlung der eventuell langfristig zu eliminierenden Produkte** dienen ebenfalls Lebenszykluskurven, Produktbewertungsprofile und mehrstufige Produktergebnisrechnungen mit dazugehörigen PuK-Kennzahlen, die in der Regel hinreichend exakt vorliegen oder als Sonderrechnungen erstellt werden können. Es kommt entweder zu einem Kapazitätsabbau durch Desinvestition oder aber bei Ersatz des zu eliminierenden Produktes durch ein anderes bei langfristiger Betrachtung – und nur diese interessiert im Rahmen der strategischen Programmplanung – zum Zwecke der Kapazitätserhaltung oder -erweiterung zu Investitionen.

---

23 Vgl. zur Variantenkostenrechnung auch Pfeiffer, W. u.a., Variantenkostenrechnung, in: Handbuch Kostenrechnung, Hrsg. W. Männel, Wiesbaden 1992, S. 861 ff.

Erlös- und Kostenplan für Produkt: Produkt Nr.:									Planungszeitraum 1995–2004				
1993	1994		1995	1996	1997	1998	1999	2000	2001	2002	2003	2004
		Produktmengen										
		Produktpreise										
		Erlöse										
		Variable Kosten										
		– Materialkosten										
		– Lohnkosten										
		Deckungsbeitrag I										
		Fixe Herstellkosten										
		Deckungsbeitrag II										
		spezifische Vorleistungskosten (FuE, etc.)										
		spezifische Vertriebskosten										
		Deckungsbeitrag III										
		Wagniskosten										
		Allgemeine Gemeinkosten (Vertr., Verw.)										
		Selbstkosten										
		Ergebnis										
Textliche Erläuterungen:												

Abb. 87 c: Ausgestaltung einer langfristigen Erlös- und Kostenschätzung für eine Produktalternative

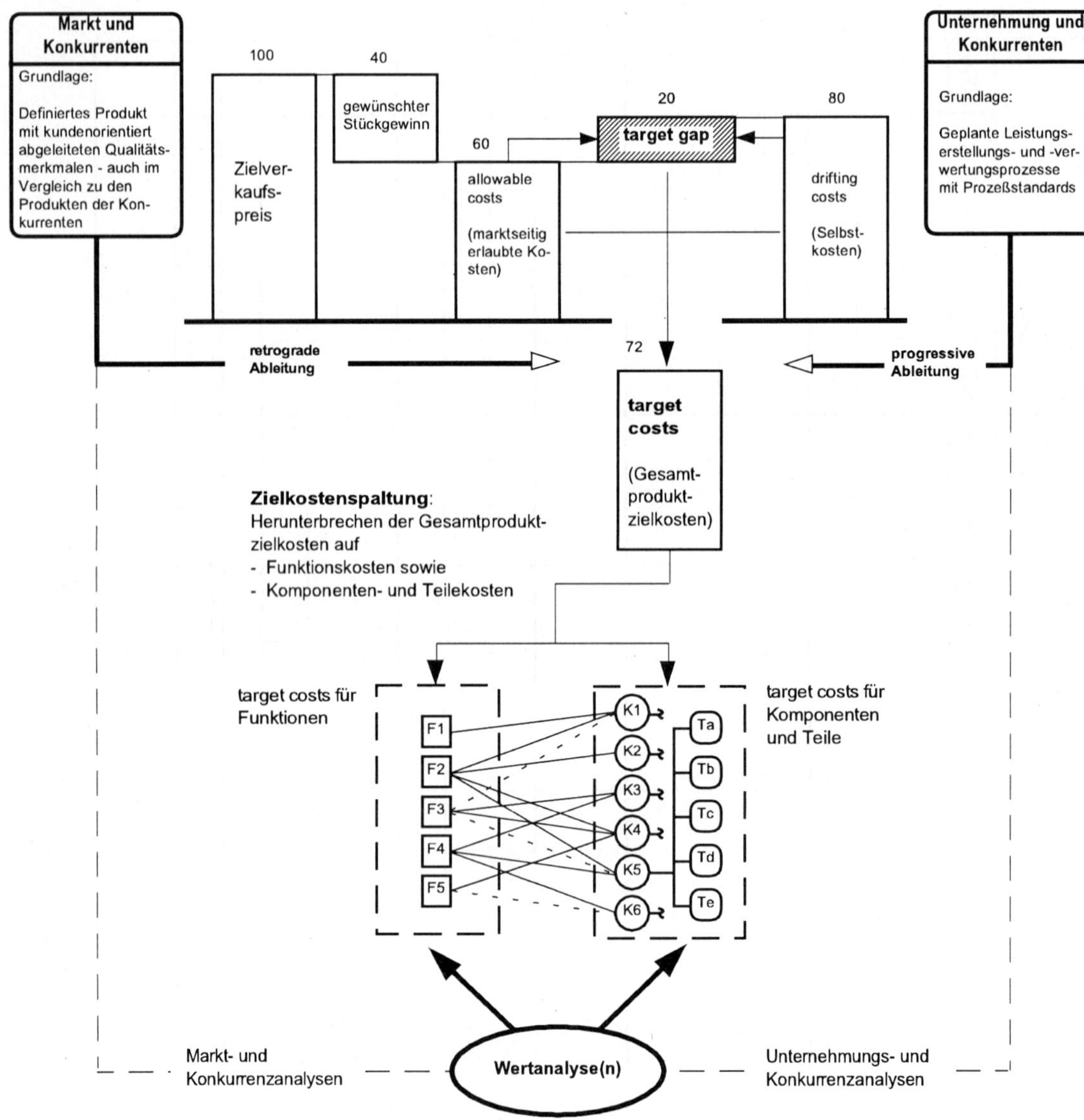

Abb. 87 d: Grundaufbau des Target Costing

3.1.2.2 Produktprogramm- und Potentialalternativen – interne und externe Investitions-/Desinvestitionsalternativen

Programmalternativen auf Geschäftsfeldebene sind mögliche Kombinationen neuer Produkte spezifischer Qualität und nicht zu eliminierender alter Produkte spezifischer Qualität in jeweils bestimmten Mengen für bestimmte Märkte oder Produktionsstufen in künftigen Perioden. **Programmalternativen auf Unternehmungsebene** lassen sich auf Basis solcher Programmalternativen einzelner Geschäftsfelder oder direkt auf der Unternehmungsebene erarbeiten bzw. zusammenstellen. Sie sollen durch Marktbehauptung und im Rahmen von Wachstums- und Schrumpfungsstrategien durchgesetzt werden.

Programmalternativen bilden damit im Zusammenhang mit der Absatzpreisplanung und weiteren zugrundegelegten Marketingaktivitäten die Basis für hieraus resultierende Umsatz- und Einzahlungspläne für künftige Perioden. Der Schwierigkeitsgrad der Programmplanung mit den dazugehörigen Produktplanungen hängt hierbei vornehmlich von den Marktverhältnissen und den Unternehmungsverhältnissen ab. Zudem hat die Risikoeinstellung der Entscheidungsträger entscheidende Bedeutung.

Für die Verwirklichung von künftigen Programmen sind synchrone Funktionsbereichsstrategien und hierfür erforderliche Potentiale zu planen, wobei von einer Variation der vorhandenen Sach- und in der Regel auch Humanpotentiale im Rahmen von Desinvestitionen und Investitionen ausgegangen wird (vgl. Abbildung 83). Für eine notwendige **Potentialvariation** (Variation der Sach- und Humanpotentiale) lauten in Abhängigkeit von der Herkunft bzw. dem Verbleib der Kapazitäten die Alternativen: interne oder externe Änderung der Unternehmungsgröße[24].

Interne Unternehmungsvergrößerung erfolgt durch Errichtung neuer produktiver Kombinationen. Die Betriebsmittelkombinationen dürfen nicht bereits zuvor für Produktionszwecke in anderen Unternehmungen verwandt worden sein. Interne positive Größenänderungen können durchgeführt werden:

- durch **Errichtung** (Erweiterung) **von Anlagen** (elementaren oder agglomerierten Produktionseinheiten) innerhalb bereits bestehender Betriebe oder durch Ausbau von bestehenden Betrieben sowie
- durch **Errichtung** rechtlich unselbständiger oder rechtlich selbständiger **Gliedbetriebe**.

---

24 Vgl. Hahn, D., Aktien- und steuerrechtliche Aspekte zur Wahl der Durchführungsart externer Unternehmungsvergrößerung, in: Zur Besteuerung der Unternehmung, Festschrift für P. Scherpf, Hrsg. O. Hintner, H. Linhardt, Berlin 1968, S. 369ff.; ders., Wachstumspolitik industrieller Unternehmungen, a.a.O., S. 615ff. – Vgl. zur externen Unternehmungsvergrößerung ferner auch Clarke, C. J., Acquisitions-Techniques for measuring strategic fit, LRP 3/1987, S. 12ff.; Coenenberg, A. G., Sauter, M. T., Strategische und finanzielle Bewertung von Unternehmensakquisitionen, DBW 1988, S. 693ff.; Gomez, P., Weber, B., Akquisitionsstrategie – Wertsteigerung durch Übernahme von Unternehmungen, Stuttgart 1989; Knappe, K., Fusion industrieller Unternehmungen als Wachstumsalternative, Diss. Gießen 1976; Krüger, W., Management von Akquisitionsprojekten, zfo 1988, S. 371ff.; Pausenberger, E., Fusion, in: HWB, 1. Bd., Hrsg. E. Grochla, W. Wittmann, 4. Aufl., Stuttgart 1974, Sp. 1603ff.; ders., Akquisitionsplanung, in: HWPlan, Hrsg. N. Szyperski, Stuttgart 1989, Sp. 18ff.; ders., Zur Systematik von Unternehmenszusammenschlüssen, Wisu 11/1989, S. 621ff.; Schubert, W., Küting, K., Unternehmungszusammenschlüsse, München 1981, S. 42f.; Willers, H. G., Siegert, T., Mergers and Acquisitions – Ein strategisches Instrument, in: Handbuch Strategische Führung, Hrsg. H. A. Henzler, Wiesbaden 1988, S. 259ff. sowie die Beiträge bei Sieben, G., Stein, H.-G. (Hrsg.), Unternehmensakquisitionen – Strategien und Abwehrstrategien, Stuttgart 1992. – Zum Investitionsplanungsprozeß vgl. Siegwart, H., Kunz, B. R., Brevier der Investitionsplanung, Bern – Stuttgart 1982, S. 18ff.

Externe Unternehmungsvergrößerung erfolgt durch Erlangung von Leitungsbefugnis (Verfügungsgewalt) über bestehende produktive Kombinationen. Dies geschieht durch Übernahme von (Glied-)Betrieben oder Teilen derselben, die durch andere Unternehmungen errichtet und bereits für Produktionszwecke eingesetzt worden sind.

Bei grober Untergliederung lassen sich unter rechtlich-wirtschaftlichem Aspekt grundsätzlich folgende Durchführungsarten externer kapazitätsmäßiger Unternehmungsvergrößerung unterscheiden:

- **Erwerb** von Anteilsrechten an bestehenden **rechtlich selbständigen (Glied-)Betrieben – Beteiligungserwerb** (mittelbarer Erwerb der Produktionsmittel bei teilweiser oder vollständiger Beherrschung),
- **Erwerb** von bestehenden **rechtlich unselbständigen (Glied-)Betrieben oder Teilen** derselben (unmittelbarer Erwerb der Produktionsmittel – vielfach charakterisiert durch das Stichwort **Kauf**),
- **Verschmelzung** (Vereinigung, Fusion) mit rechtlich selbständigen (Glied-)Betrieben,
- **Pacht, Leasing** oder sonstige Übernahme von rechtlich selbständigen und unselbständigen (Glied-)Betrieben oder Teilen derselben.

Bestimmte Formen der **Kooperation**, bei der es generell zu einer unternehmungsübergreifenden Teilung der Leitungsbefugnis über Potentiale kommt, können schließlich ebenfalls investitionspolitische Wachstumsalternativen bilden. Hierzu gehört z. B. die Gründung eines Joint Venture im Rahmen einer Allianz oder der Gemeinschaftserwerb von Beteiligungen [25].

Potentialalternativen mit dazugehörigen Verbrauchsfaktoren für die Verwirklichung von Programmen bilden im Zusammenspiel mit der Beschaffungspreisplanung die Basis für hieraus resultierende Kosten- und Auszahlungspläne in künftigen Perioden.

Zur integrierten Programm- und Potentialplanung gehört im Rahmen von spezifischen Schrumpfungsstrategien auch die systematische Durchführung partieller Unternehmungsverkleinerungen. **Interne Unternehmungsverkleinerung** kann dabei durch Stillegung von Anlagen innerhalb bereits bestehender Gliedbetriebe oder durch Stillegung von Gliedbetrieben mit oder ohne Liquidation durchgeführt werden[26]. **Externe Unternehmungsverkleinerung** kann durch Aufgabe der Leitungsbefugnis (Verfügungsgewalt) über bestehende produktive Kombinationen in zur externen Unternehmungsvergrößerung analoger Durchführungsart (Beteiligungsveräußerung, Verpachtung usw.) vorgenommen werden.

Die **Planung** von **Potentialänderungen** sowie vor allem der **Abwicklung von Potentialänderungen** erfolgt in der Regel im Rahmen einer Projektplanung (vgl. Teil III, Abschnitt 6).

---

25 Vgl. Albach H., Strategische Allianzen, strategische Gruppen, strategische Familien, ZfB 1992, S. 663ff.; die Beiträge bei Backhaus, K., Piltz, K. (Hrsg.), Strategische Allianzen, ZfbF-Sonderheft 27, Düsseldorf – Frankfurt 1990; Harrigan, K. R., Managing for Joint Venture Success, Lexington – Toronto 1986; Sydow, J., Strategische Netzwerke und Transaktionskosten, in: Managementforschung 2, Hrsg. W. H. Staehle, P. Conrad, Berlin – New York 1992, S. 246ff.; ferner Büchs, M. J., Zwischen Markt und Hierarchie, in: ZfB-Ergänzungsheft 1/1991, S. 2ff.; Lei, D., Scolcum, J. W., Global Strategy, Competence-Building and Strategic Alliances, California Management Review 1/1992, S. 81ff. sowie zu Kooperationen im internationalen Kontext die Beiträge bei Contractor, F., Lorange, P. (Hrsg.), Cooperative Strategies in International Business, Lexington 1988; Hahn, D., Kaufmann, L., Strategic Alliances, in: International Handbook of Cooperative Organizations, Hrsg. E. Dülfer, J. Laurinkari, Göttingen 1994, S. 833–841 und zu beschaffungsseitigen Kooperationen vgl. Kaufmann, L., Planung von Abnehmer-Zulieferer-Kooperationen, Diss. Gießen 1993.

26 Vgl. zur Stillegung und Stillegungsrechnung z. B. Rudhart, P. M., Stillegungsplanung, Diss. Gießen 1975.

3.1.3 Beurteilungsphase der Geschäftsfeldplanung: Ergebnis- und finanzierungsorientierte Beurteilung von Produktprogramm- und Potentialalternativen

3.1.3.1 Grundsätzliches

Programm- und Potentialvariationen – oder auch nur Potentialvariationen – sind **durch Investitionsobjekte bzw. Investitionsprogramme auf Unternehmungs- und Geschäftsfeldebene ausdrückbar**. Im Rahmen der strategischen Planung sind für einen Zeitraum von mindestens fünf Jahren – in einigen Branchen auch für weit längere Zeiträume – unter Beachtung der bereits vorhandenen und ggf. auch der bereits in vorangegangenen Planungsrunden beschlossenen Investitionen künftig mögliche Investitions- und Desinvestitionsalternativen bzw. -alternativenbündel zu ermitteln, mit denen spezifische, zumindest grob geplante Produktprogramme oder lediglich Programmstrukturen durch Potentialänderungen verwirklicht werden könnten, um formulierte Unternehmungsziele zu erreichen. Bei der Zusammenstellung der sich auf mehrere Perioden beziehenden Alternativen sind die unterstellten Zeiträume für die Durchführungsplanung und die Realisation der wichtigsten Objekte zu kennzeichnen. Hierbei bereitet allerdings die realistische Annahme von Realisierungsmöglichkeiten und Zeitpunkten für mögliche externe Wachstumsschübe, z. B. durch Beteiligungserwerb, im Vergleich zum internen Wachstum besondere Schwierigkeiten. Es kann in der Regel nur von gewünschten Zeiträumen für angestrebte externe Erweiterungen ausgegangen werden.

Die **Beurteilung von Programm- und Potentialalternativen bzw. von einzelnen oder gebündelten Investitionsobjekten/Investitionsprogrammen** erfolgt **aufgrund ihrer Zielwirkungen**. Es gilt abzuleiten – soweit möglich zu errechnen –, inwieweit einzelne oder gebündelte Investitionsobjekte aufgrund ihrer Wirkungen zur Erfüllung der Unternehmungsziele, formuliert als generelle Imperative und definierte Ziele, beitragen könnten.

Grundlage hierfür bildet ein **Netzwerk von Instrumenten zur Beurteilung von Programm- und Potentialvariationen bzw. Strategiealternativen** (vgl. Abbildung 88).

Monetäres Hauptziel zur Beurteilung der Strategiealternativen bildet der **Kapitalwert**[27], **ersatzweise als Basis hierfür vor allem** angestrebte **Wettbewerbsvorteile**. Zudem sind **vielfach weitere monetäre und nichtmonetäre Ziele und Zielwirkungen** bei der Beurteilung strategischer Alternativen zu berücksichtigen.

Ausgangsbasis für die Beurteilung von Strategiealternativen sind **Analyse- und Prognoseverfahren**, insbesondere **Lebenszyklusanalyse, Wertkettenanalyse sowie Frühwarnsysteme und Szenario-Technik**, mit denen Analyse- und Prognoseinformationen gewonnen werden. Ein Hauptinstrument zur Analyse und Planung von Geschäftsfeldern bildet die **Portfoliotechnik**, die deren Positionierung im Hinblick auf Attraktivität und Wettbewerbsvorteile erlaubt. Neben dem integrierten Markt-, Technologie- und Ökologieportfolio sind auch einzelne, detaillierte Markt-, Technologie- und Ökologieportfolios einzubringen[28]. Darüber hinaus

---

27 Diskontierte Werte werden in der Regel auf den Planungszeitpunkt bzw. jeweiligen Periodenbeginn (roll-back-method) bezogen. Der zu maximierende Wert kann auch auf das jeweilige Periodenende – auch im Hinblick auf die durch den Planungshorizont relevante Totalperiode – bezogen werden (Endvermögensmaximierung); vgl. z. B. Busse v. Colbe, W., Laßmann, G., Betriebswirtschaftstheorie, Bd. 3, Investitionstheorie, 4. Aufl., Berlin – Heidelberg – New York 1994.

28 Vgl. hierzu ausführlich Hahn, D., Zweck und Entwicklung der Portfolio-Konzepte in der strategischen Unternehmungsplanung, a.a.O., S. 245ff. sowie z. B. Abbildung 85a.

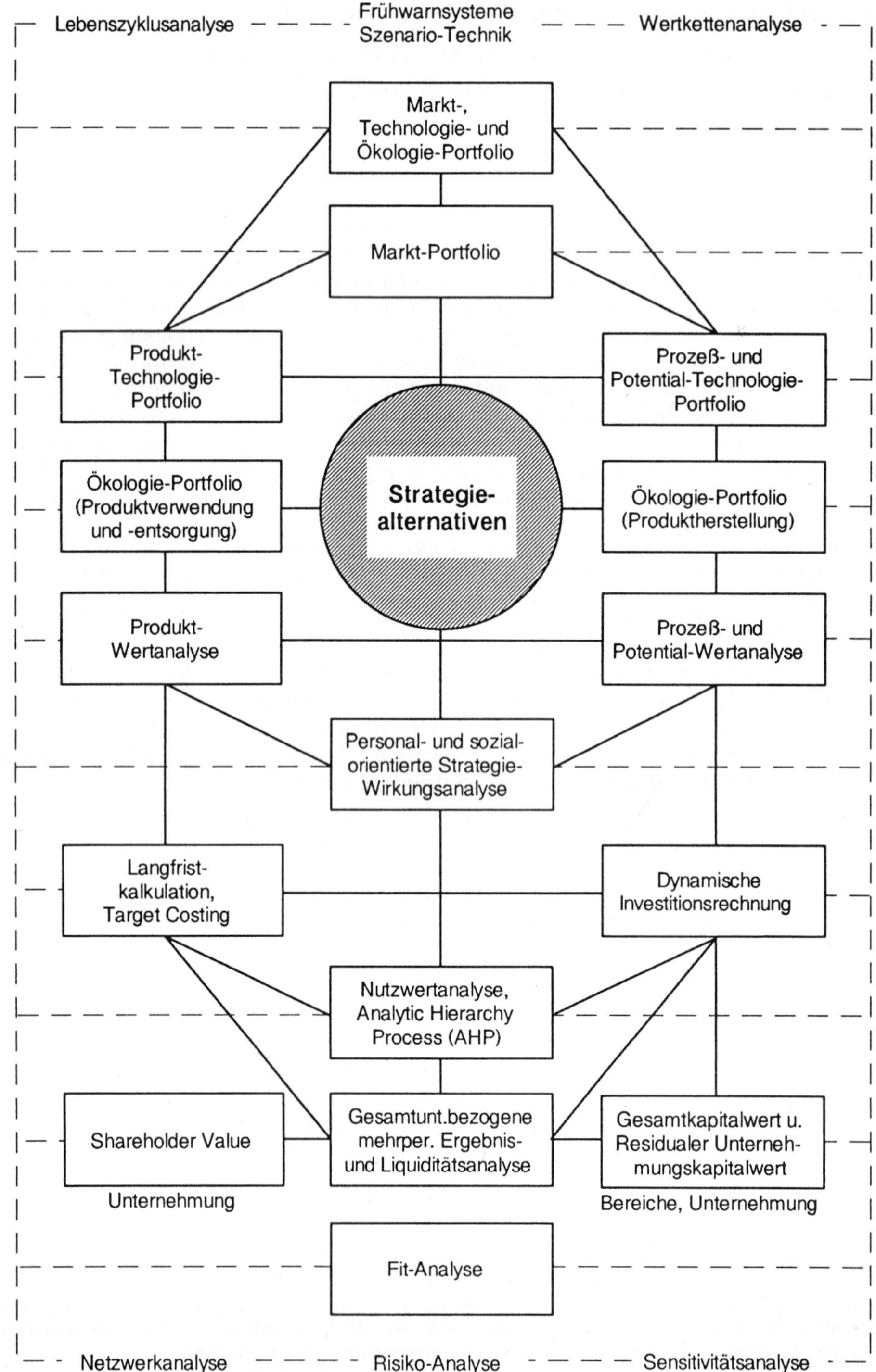

Abb. 88: Beurteilungsinstrumente für Strategiealternativen

sind **Produkt- und Prozeß-/Potential-Wertanalysen** durchzuführen, die allgemein einer Ergebnisverbesserung durch die systematische Variation von Produkten, Produktionsprozessen und Einsatzstoffen dienen [29]. Weiterhin sind grundsätzlich **personal- und sozialorientierte Strategiewirkungsanalysen** vorzunehmen, die eine Analyse der Auswirkungen einer Strategie auf das Personal einer Unternehmung [30] sowie auf externe sozialorientierte Aspekte zum Gegenstand haben. Die monetären ergebnisorientierten Wirkungen einzelner Strategiealternativen sind im Rahmen der **dynamischen Investitionsrechnung** zu erfassen – für einzelne Produkte verbunden mit einer Langfristkalkulation bzw. dem Target Costing. Dabei stehen beide Rechnungen in Wechselbeziehung. Bei der Verfolgung mehrerer Ziele – auch zwingend einzuhaltender Nebenbedingungen – bietet sich besonders die Heranziehung der **Nutzwertanalyse** bzw. des **Analytic Hierarchy Process (AHP)** sowie von mehrperiodigen (computergestützten) **Gesamtunternehmungsmodellen** zur Beurteilung von strategischen Alternativen an. Hierbei kommen Simulationsmodelle und vereinzelt auch analytische Modelle zum Einsatz. In jedem Falle ist in diesem Zusammenhang oder isoliert das Zahlenwerk mehrperiodiger gesamtunternehmungsbezogener Ergebnis- und Finanzplanungen zur ergebnis- und liquiditätsorientierten zeitpunktbezogenen und zeitraumbezogenen Beurteilung von Strategiealternativen heranzuziehen. Es lassen sich damit Periodenergebnis- und Liquiditätsgrößen, notwendige und mögliche Außenfinanzierungsänderungen und Kapitalwertberechnungen jeweils vor und nach Strategiealternativen zeigen bzw. errechnen.

Zur wert- bzw. ergebnisorientierten Strategiebeurteilung sind die **Kapitalwerte der gesamten Unternehmung** vor und nach möglicher Durchführung großer strategischer Vorhaben zu berechnen [31].

Insbesondere im Hinblick auf die Unternehmungsphilosophie und -politik und die vorhandene Vision, aber auch im Hinblick auf die übrigen Gebiete der strategischen Planung und oft auch im Hinblick auf die Gebiete der operativen Planung sind **Fit-Analysen** durchzuführen, die ihrerseits auch Strategieänderungen auslösen können [32]. Zudem sind hier **Sensitivitätsanalysen, Risikoanalysen** sowie **Netzwerkanalysen** von besonderer Bedeutung im Rahmen der Entscheidungsvorbereitung.

Hier aufgeführte Instrumente zur Beurteilung strategischer Alternativen kommen auf Unternehmungsebene und auf Geschäftsfeldebene zur Anwendung, wobei allerdings der Unternehmungsebene Gesamtportfoliodarstellungen sowie gesamtunternehmungsbezogene Ergebnis- und Finanzierungsanalysen sowie gesamtunternehmungsbezogene Kapitalwertermittlungen vorbehalten bleiben.

Ausgehend von dem Produktprogramm bei gegebenen Potentialen werden alle in Frage kommenden wichtigen Wachstumsstrategien bzw. dazugehörigen Wachstumsalternativen jeweils einzeln und/oder kombiniert im Planungszeitpunkt beurteilt. Dies setzt auf Unternehmungsebene die Erfassung der in Frage kommenden Alternativen bzw. Alternativenkombinationen aller Geschäftsfelder bzw. Geschäftsgebiete für alle Perioden innerhalb des Planungshorizontes voraus. Hinzu kommen Infrastrukturobjekte und ggf. gesondert ausgewiesene Funktionsbereichsinvestitionen, die in ihren Ausgestaltungsmöglichkeiten zu charakterisieren sind.

---

29 Vgl. „Deutsche Norm DIN 69910 Wertanalyse" sowie Hahn, D., Laßmann, G., Produktionswirtschaft – Controlling industrieller Produktion, Bd. 1, a.a.O., S. 162ff.

30 Vgl. exemplarisch Vogel, O., Rahmenbedingungen für personelle Umstrukturierungen, ZfbF 1989, S. 883ff.

31 Vgl. zur Beurteilung von Strategien und damit der Entwicklungsmöglichkeit der Unternehmung oder von Unternehmungsbereichen auf der Basis des Kapitalwertes sowie des Shareholder Value Abschnitt 3.1.3.3 dieses Teils und die dort angegebene Literatur.

32 Vgl. zur Durchführung von Fit-Analysen auch Krüger, W., Die Erklärung von Unternehmungserfolg: Theoretischer Ansatz und empirische Ergebnisse, a.a.O., S. 27ff.

Letztlich geht es im Rahmen der strategischen **Geschäftsfeldplanung** und der dazugehörigen Infrastrukturplanung um die **Ermittlung des kapitalwertmaximalen Entwicklungspfades der Unternehmung unter Beachtung weiterer definierter Ziele bzw. Anforderungen.**

Nach Einsatz der hier **vorgestellten Beurteilungsinstrumente** kann in der Unternehmung darüber befunden werden, ob **für einzelne Geschäftsfelder**

- **die Leistungsführerschaftsstrategie** und/oder
- **die Kostenführerschaftsstrategie**

fortgeführt werden kann, aufgegeben werden muß oder angestrebt werden sollte.

Damit zusammenhängend ist auf Unternehmungsebene **darüber zu befinden, ob Geschäftsfelder** zu charakterisieren sind als

- **Kerngeschäfte oder Spezialgeschäfte**;
- **Aufbau-, Pflege- oder Auslaufgeschäfte.**

Aus ökonomischer Sicht interessieren für die Beurteilung vornehmlich die Kennzahlen der integrierten ergebnis- und liquiditätsorientierten Planungs- und Kontrollrechnung, soweit sie auf der Basis entsprechender Prognoseinformationen sinnvoll ermittelt werden können. Für die Erstellung von **PuK-Kennzahlen zur ergebnis- und ggf. auch liquiditäts- und finanzierungsorientierten Beurteilung von Produktprogramm- und Potentialalternativen** können dabei **mehrere Fälle** unterschieden werden:

- ergebnisorientierte Beurteilung einzelner Investitionsprojekte bzw. -objekte (Ermittlungsmodell),
- ergebnisorientierte Beurteilung des Investitionsprogramms und Ermittlung des Außenfinanzierungsvolumens und seiner Strukturierung (Ermittlungsmodell),
- ergebnis- und liquiditäts-/finanzierungsorientierte Beurteilung von Investitionsobjekten/-programmen im Rahmen von Gesamtunternehmungsplanungen (Ermittlungs-, Erklärungs- und Entscheidungsmodell).

Im folgenden werden die wichtigsten Rechnungen mit den jeweils relevanten Prämissen sowie hierauf aufbauend der **Informationsgehalt** der Ergebnisse dieser Rechnungen – ihre Bedeutung als Planungsgrundlage – für die Unternehmungsführung skizziert.

Hierbei werden die Verfahren primär danach beurteilt,

- ob zeitliche Interdependenzen berücksichtigt werden und
- ob sachliche Interdependenzen im Hinblick auf das Umsystem und die funktionsbereichsbezogenen Planungen sowie die gesamtunternehmungsbezogene Ergebnis- und Finanzplanung berücksichtigt werden.

Auf die Möglichkeiten zur Behandlung der Ungewißheit und zur Berücksichtigung von Risiken wird nur sehr begrenzt eingegangen; es wird hier auf die Spezialliteratur verwiesen[33].

---

33 Vgl. Teil I, Abschnitt 2.4 sowie in der Literatur insbesondere Agthe, K., Strategie und Wachstum der Unternehmung, a.a.O., S. 31 ff.; Albach, H., Wirtschaftlichkeitsrechnung bei unsicheren Erwartungen, a.a.O.; Drukarczyk, J., Finanzierungstheorie, München 1980, S. 97 ff.; Müller-Merbach, H., Operations Research, a.a.O., S. 463 ff.; Ross, S. A., Westerfield, R. W., Jaffe, J. F., Corporate Finance, 2. Aufl., Homewood – Boston 1990, S. 255 ff.; Schneider, D., Investition, Finanzierung und Besteuerung, a.a.O., S. 57 ff.; Süchting, J., Finanzmanagement, a.a.O., S. 341 ff.; Weston, J. F., Copeland, T. E., Managerial Finance, 9. Aufl., Fort Worth u.a. 1992, S. 355 ff.

Wenden wir uns zunächst den sog. klassischen Investitionsrechnungen bzw. -rechnungsverfahren zu, den statischen und dynamischen Investitionsrechnungen, die zur ausschließlich ergebnisorientierten Beurteilung einzelner Investitionsobjekte als Ermittlungsmodelle zur Anwendung kommen[34]. In ihnen wird die Wirkung einzelner Investitionsobjekte auf die Ziele Gewinn oder Kosten, Rentabilität (Verzinsung des eingesetzten Kapitals) oder Zahlungsüberschüsse untersucht.

3.1.3.2 Ergebnisorientierte Beurteilung einzelner Investitionsobjekte auf der Basis statischer Investitionsrechnungen

Die gebräuchlichsten statischen Investitionsrechnungen sind die Kostenvergleichsrechnung, die Gewinnvergleichsrechnung und die Rentabilitätsrechnung.

Darstellung

In der **Kostenvergleichsrechnung** werden die Kosten von zwei oder mehr Investitionsalternativen verglichen, um die kostenmäßig günstigste ermitteln zu können. In den Kostenvergleich sind alle durch das Objekt verursachten Kosten aufzunehmen, es sei denn, Kostenarten fallen für zu vergleichende Objekte in derselben Höhe an.

$K = \sum K_f + \sum K_v$ (DM/Periode)

K = Kosten des Investitionsobjektes

K_f = fixe Kosten des Investitionsobjektes

K_v = variable Kosten des Investitionsobjektes

Beispiel zur Kostenvergleichsrechnung (Beispiel I, vgl. Abbildung 89a):

	Anlage I	Anlage II	Anlage III
Anschaffungskosten	70 000	50 000	100 000
Lebensdauer in Jahren	5	5	5
∅ gebundenes Kapital	35 000	25 000	50 000
Abschreibungen (linear)	14 000	10 000	20 000
Kalk. Zinsen (10% auf ∅ geb. Kapital)	3 500	2 500	5 000
Personalkosten	6 500	12 000	6 000
Materialkosten	3 700	4 000	3 000
Energiekosten	2 000	3 000	2 000
Instandhaltungskosten	1 800	1 500	2 000
Sonstige Kosten	500	500	1 000
Kosten/Periode	32 000	33 500	39 000

Nach der Kostenvergleichsrechnung ist Anlage I die beste Alternative.

34 Vgl. zur nachstehenden Charakterisierung der statischen und dynamischen Investitionsrechnungsverfahren Blohm, H., Lüder, K., Investition, 8. Aufl., München 1995, S. 49–175; Kruschwitz, L., Investitionsrechnung, 5. Aufl., Berlin–New York 1993, S. 27ff.; Lücke, W., Investitionsrechnung auf der Grundlage von Ausgaben oder Kosten?, ZfhF 1955, S. 310ff.; Schneider, D., Investition, Finanzierung und Besteuerung, a.a.O., S. 65ff.

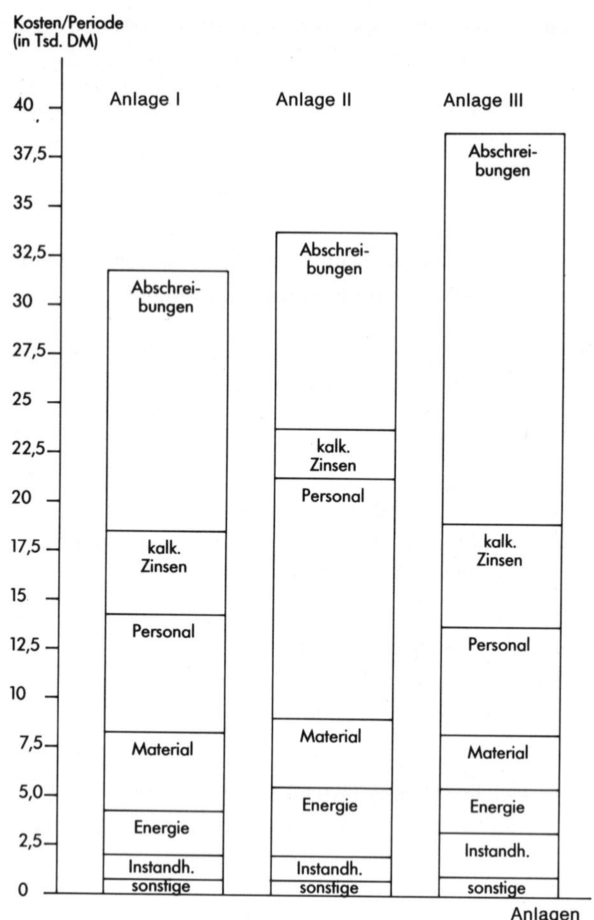

Abb. 89a: Graphische Darstellung des Beispiels zur Kostenvergleichsrechnung

Wesentliche Prämissen der Kostenvergleichsrechnung

- Die Kostenvergleichsrechnung unterstellt, daß die Periodenmengen je Investitionsobjekt gleich hoch sind und geht damit von bestimmten Kapazitätsauslastungsgraden je Investitionsobjekt aus.
- Die Kostenvergleichsrechnung unterstellt ferner, daß die Preise der Produkte/Leistungen und damit die Periodenerlöse der betrachteten Investitionsobjekte gleich hoch sind.
- Die Kostenvergleichsrechnung arbeitet mit Durchschnittswerten.
- Der Anfall der Kosten im Zeitablauf bleibt – wie bei jedem statischen Verfahren – unberücksichtigt.

Sind unterschiedliche Preise und damit Periodenerlöse zu erzielen, so sind diese beim Alternativenvergleich zu berücksichtigen. Dies erfolgt in der **Gewinnvergleichsrechnung.**

Beispiel zur Gewinnvergleichsrechnung (Beispiel II, vgl. Abbildung 89 b):

	Anlage I	Anlage II	Anlage III
Kosten/Periode	32 000	33 500	39 000
Erlös/Periode	37 000	37 500	42 000
Kalk. Gewinn/Periode	5 000	4 000	3 000

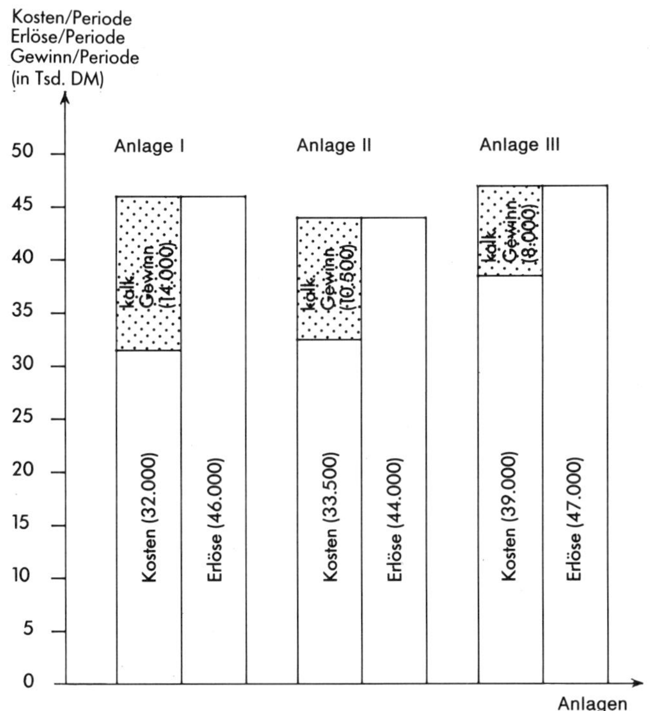

Abb. 89 b: Graphische Darstellung des Beispiels zur Gewinnvergleichsrechnung

Es handelt sich hierbei, wie aus dem 1. Beispiel ebenfalls ersichtlich wird, um den kalkulatorischen Gewinn als Entscheidungskriterium. Es handelt sich bei dem kalkulatorischen Gewinn um die residuale Größe, die nach Abzug der in Kosten ausdrückbaren Ansprüche – auch die der Kapitalgeber – vom Erlös verbleibt. Hiernach ist ebenfalls Alternative I die beste Lösung.

Vorteile von Kapazitätsreserven einzelner Investitionsobjekte kann man durch stückbezogene Kosten- oder Gewinnvergleichsrechnungen auf der Basis der jeweiligen nutzbaren Maximalkapazität verdeutlichen.

Will man berücksichtigen, daß die Erwirtschaftung des jeweils ermittelten Gewinns auch unterschiedlich hohe Anschaffungskosten bzw. ein jeweils unterschiedlich hohes gebundenes Kapital erfordert, so kann man eine **Rentabilitätsrechnung** durchführen. Im Rahmen der Rentabilitätsrechnung wird der durch das Investitionsobjekt verursachte zusätzliche Gewinn als Periodendurchschnittswert in Relation zum durchschnittlich zusätzlich gebundenen Kapital gesetzt.

$$R = \frac{G}{\varnothing K}$$

Dabei kommt zweckmäßigerweise nicht der kalkulatorische Gewinn in Betracht, da bei diesem bereits kalkulatorische Zinsen als Ausdruck für die jeweilige durchschnittliche Kapitalbindung abgezogen worden sind. Dem kalkulatorischen Gewinn sind also die kalkulatorischen Zinsen hinzuzufügen. Ausschließlich das Hinzufügen von Fremdkapitalzinsen kommt nicht in Betracht, da man in aller Regel bei derart einfachen Investitionsrechnungsverfahren von der Finanzierungsseite abstrahiert und auch die Rentabilität des eingesetzten Eigenkapitals nicht berechnen will oder mangels entsprechender Kapitalzuordnung zu einem Investitionsobjekt nicht sinnvoll berechnen kann. Auch die Bestimmung des durchschnittlich gebundenen Kapitals ist nicht unproblematisch. Eine relativ einfache Vorgehensweise bietet die im 1. Beispiel implizit gesetzte Prämisse einer kontinuierlichen Amortisation des gebundenen Kapitals über die Lebenszeit der Anlage. Geht man gleichzeitig von der Nichtexistenz eines Liquidationserlöses aus, dann kann man vereinfacht die Hälfte der Anschaffungskosten als durchschnittlich gebundenes Kapital bei Gebäuden und Maschinen ansetzen. Gegebenenfalls ist auch das zusätzlich durchschnittlich gebundene Umlaufvermögen mit zu berücksichtigen.

Will man zwei Alternativen, die nicht dieselbe Kapitalbindung verursachen, mit Hilfe der Rentabilitätsrechnung hinsichtlich ihrer Vorteilhaftigkeit vergleichen, so muß man den Kapitaldifferenzbetrag einer verzinslichen Anlage zuführen und das Zinsergebnis in den Vergleich einbeziehen. Bei Finanzanlagen ist der gesamte Kapitaldifferenzbetrag als Bezugsgröße für die Verzinsung anzusetzen, bei Sachanlagen vereinfacht nur das durchschnittlich gebundene Kapital[35].

Beispiel zur Rentabilitätsrechnung (Beispiel III):

	Anlage I	Anlage II	Anlage des Kapitaldifferenzbetrages	
Anschaffungskosten	70 000	50 000	20 000	
Lebensdauer	5	5	5	
Ø gebundenes Kapital	35 000	25 000	20 000	(10 000)
Gewinn/Periode*	8 500	6 500	1 800	
Rentabilität	24,286%	26%	9%	(18%)
			18,444%	(23,714%)

* Kalkulatorischer Gewinn + kalkulatorische Zinsen (aus Beispiel I + II) = Kapitalgewinn

35 Lösungsansätze zur Berücksichtigung von unterschiedlichen Kapitalbindungen bei Investitionen liegen ähnlich in der Literatur vor. Vgl. Blohm, H., Lüder, K., Investition, a.a.O., S. 170f., ähnlich Swoboda, P., Investition und Finanzierung, a.a.O., S. 73ff. sowie zum unmittelbaren Parametervergleich Franke, G., Mittelbarer Parametervergleich als Entscheidungskalkül – Illusionen durch konventionsbedingte Rangordnungen, ZfbF 1978, S. 431ff. Vgl. ferner Götze, U., Bloech, J., Investitionsrechnung, Berlin u.a. 1993, S. 65f., die Prämissen bzw. Unterstellungen aufzeigen, bei denen Differenzinvestitionen unterbleiben können.

Wesentliche Prämissen der Rentabilitätsrechnung

- Es werden gleich hohe Gewinne des Investitionsobjektes pro Periode unterstellt.
- Unterschiedlich lange Lebensdauern von Alternativen werden grundsätzlich nicht hinreichend berücksichtigt.

Informationsgehalt für die Unternehmungsführung

Zeitliche Interdependenzen werden bei den statischen Investitionsrechnungsverfahren nicht berücksichtigt, d. h. Unterschiede im Anfall der Kosten oder Gewinne im Zeitverlauf kommen im Beurteilungskriterium nicht zum Ausdruck.

Bei isolierter Betrachtung einzelner Investitionsobjekte werden Interdependenzen zwischen den Investitionsobjekten nicht berücksichtigt. Zudem werden Auswirkungen im Hinblick auf die Funktionsbereiche sowie die gesamtunternehmungsbezogene Ergebnis- und Finanzplanung sowie aus diesen resultierende Restriktionen im Ansatz der statischen Investitionsrechnungen nicht erfaßt.

Im Rahmen der strategischen Programm- und Potentialplanung sollten die Ergebnisse von statischen Investitionsrechnungen als Entscheidungsgrundlagen grundsätzlich nicht verwendet werden. Lediglich bei der Beurteilung von nicht marktorientierten Potentialänderungen (z. B. Infrastrukturinvestitionen, Ersatzinvestitionen) sollten in Einzelfällen diese Verfahren zum Einsatz kommen. Bessere Entscheidungsgrundlagen bieten die dynamischen Investitionsrechnungsverfahren.

Zieht man allerdings die **Rentabilitätsrechnung zur** ausschließlich **ergebnisorientierten Beurteilung von Kapitalbindungen in Unternehmungsbereichen, Gliedbetrieben, Geschäftsfeldern oder Unternehmungen als Ganzes** heran, so erhält man **Return on Investment-Kennzahlen – RoI-Kennzahlen – als Periodenkennzahlen**, die für die Ressourcenbindung Anstöße geben können, sofern das gesamte investierte bzw. gebundene Vermögen zum Tageswert bzw. Wiederbeschaffungswert im Betrachtungszeitpunkt angesetzt wird. Dies bedeutet, daß die Bruttoverzinsung auf der Basis von Marktwerten des gebundenen Vermögens beurteilt wird und bedingt z. B. Aufwertungen von Grundstücken im Vergleich zum Anschaffungswert früherer Perioden. Marktwertorientierte Änderungen des Wertes des investierten bzw. gebundenen Vermögens/Kapitals gehen somit in die Berechnung mit ein. Hierbei kann bei Gewinn- und Vermögensansätzen mit Ist- und Planzahlen gearbeitet werden (vgl. auch Teil IV, Abschnitt 2.). Kalkulatorische Gewinne oder Kapitalgewinne und hierauf aufbauende Rentabilitäts- bzw. Verzinsungsrechnungen sind allerdings grundsätzlich nur Hilfsrechnungen im Vergleich zu dynamischen Rechnungen – Kapitalwertberechnungen und daraus ableitbaren Verzinsungsrechnungen.

3.1.3.3 Ergebnisorientierte Beurteilung einzelner Investitionsobjekte auf der Basis dynamischer Investitionsrechnungen

3.1.3.3.1 Grundsätzliches zur Ermittlung von Kapitalwerten

Die wichtigsten dynamischen Investitionsrechnungsverfahren sind die Kapitalwertmethode und die Methode des Internen Zinsfußes.

Darstellung

Die **Kapitalwertmethode** (net present value method, Diskontierungsmethode) ermöglicht eine Beurteilung von Alternativen nach der Höhe des Kapitalwertes (Barwertes) des jeweiligen Investitionsobjektes. Beurteilungsgegenstand können hierbei einzelne Investitionsvorhaben (Investitionsprojekte/-objekte), Investitionsprogramme und auch ganze Unternehmungen bzw. Unternehmungsbereiche sein.

Den **Kapitalwert** bilden die auf einen bestimmten Zeitpunkt auf- oder abgezinsten objektbezogenen Zahlungsüberschüsse der Planungs-(Teil-)Perioden. In der Regel werden diskontierte Werte dabei auf den Planungszeitpunkt bzw. den jeweiligen Periodenbeginn abgezinst. Die Zahlungsüberschüsse können aber auch auf das Ende des Planungszeitraums bezogen werden (Endvermögenswertmethode). Obwohl die Endvermögenswertmethode aus theoretischer Sicht durchaus Vorteile bietet[36], wird für Zwecke der strategischen Planung meist eine Abzinsung der Zahlungsüberschüsse vorgenommen. Die Abzinsung führt dazu, daß die Gegenwartswerte von periodenbezogenen Zahlungen um so geringer werden, je weiter diese in die Zukunft reichen. Damit kann der wachsenden planerischen Ungewißheit von zukünftigen Zahlungen besser entsprochen werden.

Bei einem Kapitalwert $C_0 = 0$ wird gerade der geforderte Kalkulationszinssatz erwirtschaftet. Nach dieser Methode ist eine Investition um so vorteilhafter, je höher ihr Kapitalwert bei gefordertem Kalkulationszinssatz ist. Die Höhe des positiven Kapitalwertes kann als Maßstab für den aus einer Investition über die geforderte Verzinsung hinaus zu erlangenden Zahlungsüberschuß betrachtet werden. Je höher der Kapitalwert einer Investition ist, desto höher ist ihre über den geforderten Kalkulationszinsfuß hinausgehende effektive Kapitalverzinsung.

Die sogenannte **Kapitalwertrate** berechnet sich als Quotient aus dem Kapitalwert und der Anschaffungsauszahlung. Demzufolge stellt sie den relativen Vermögenszuwachs bezogen auf die Anschaffungsauszahlung im Betrachtungszeitpunkt dar. Sie kann interpretiert werden als diskontierte Verzinsung der Investition gemessen über ihre gesamte Laufzeit.

Der bei der Bestimmung von Kapitalwerten **verwendete Kalkulationszinssatz**[37] ist eine von der Unternehmungsführung bzw. den Kapitalgebern geforderte Größe. In ihm spiegelt sich

---

36 Die Endvermögenswertmethode gestattet es, für Soll- und Habenzinsen gespaltene Kalkulationszinssätze zu verwenden. Diese Differenzierung kann bei Verwendung der Kapitalwertmethode nicht vorgenommen werden. Vgl. z. B. Blohm, H., Lüder, K., Investition, a.a.O., S. 82ff. Vgl. zur Endvermögenswertmethode z. B. Busse von Colbe, W., Laßmann, G., Betriebswirtschaftstheorie, Bd. 3: Investitionstheorie, a.a.O., S. 43ff.

37 Vgl. zur Ermittlung der Kapitalkosten z. B. Copeland, T. E., Koller, T., Murrin, J., Valuation: Measuring and Managing the Value of Companies, a.a.O., S. 171ff.; Rappaport, A., Creating Shareholder Value, a.a.O., S. 55ff.; Ross, S. A., Westerfield, R. W., Jaffee, J. F., Corporate Finance, a.a.O., S. 453ff.; Süchting, J., Finanzmanagement, a.a.O., S. 419ff.; Van Horne, J. C., Financial Management and Policy, 8. Aufl., London 1989, S. 101ff.; Weston, J. F., Copeland, T. E., Managerial Finance, a.a.O., S. 565ff. Vgl. zur Diskussion über Kalkulationszinsfüße Schneider, D., Investition, Finanzierung und Besteuerung, a.a.O., S. 99f.; Blohm, H., Lüder, K., Investition, a.a.O., S. 146ff.

die Orientierung an der Verzinsung alternativer Anlagemöglichkeiten einschließlich Risikoeinschätzung wider (Orientierung an Opportunitätskosten). Zur Bestimmung des Kalkulationszinssatzes existieren verschiedene Ansätze. Dabei ist zu differenzieren, ob es sich um die Beurteilung einzelner Investitionsobjekte oder die Beurteilung der ganzen Unternehmung handelt.

Bei der **Bewertung ganzer Unternehmungen** ist als Kalkulationszinssatz der Gesamtkapitalkostensatz zu verwenden. Dieser ergibt sich aus dem Mittel der mit der Kapitalstruktur gewichteten Eigen- und Fremdkapitalkosten. Die Fremdkapitalkosten bestimmen sich durch die im Bewertungszeitpunkt gegebenen Fremdkapitalzinsen (z. B. für Bankkredite, Anleihen). Die Eigenkapitalkosten richten sich nach vergleichbaren risikoadäquaten Anlagemöglichkeiten im Markt aus Sicht der Eigenkapitalgeber (vgl. auch Abb. 90 b).

Bei der **Bewertung einzelner Investitionsobjekte** wäre der „richtige" Kalkulationszinssatz nur unter Einbeziehung aller unternehmungsrelevanten Alternativen zur Finanzierung und Investition in einem Totalmodell zu ermitteln. Somit wäre seine Ermittlung aber nicht mehr notwendig, da mit Ermittlung dieses Kalkulationszinssatzes auch die Entscheidung über das Investitionsprojekt feststehen würde. Da Totalmodelle in der Praxis nicht zur Anwendung kommen, weil man für künftige Perioden nicht **alle** unternehmungsrelevanten Investitions- und Finanzierungsalternativen abschätzen kann, versucht man den Kalkulationszinssatz als Annäherung an den richtigen **endogenen Kalkulationszinssatz** zu bestimmen. Hierbei kommen vor allem die folgenden Kalkulationszinssätze in Frage:

- Kalkulationszinssatz = Kapitalmarktzinssatz für laufzeitgleiches Fremdkapital (Anleihezinssatz),
- Kalkulationszinssatz = Vertraglich vereinbarter Finanzierungskostensatz für ein spezifisches Investitionsprojekt bei projektgebundener Finanzierung,
- Kalkulationszinssatz = Durchschnittszinssatz des in der Unternehmung langfristig gebundenen Kapitals (langfristige Kapitalkosten), (vgl. auch Abb. 90 b),
- Kalkulationszinssatz = Grenzzinssatz realisierter vergleichbarer Investitionsprojekte oder branchenüblicher Grenzzinssatz vergleichbarer Investitionsprojekte,
- Kalkulationszinssatz = Kapitalkostensatz zu- bzw. abzüglich eines Risikoauf- bzw. -abschlages für höheres bzw. niedrigeres Risiko des Investitionsprojektes gegenüber der ganzen Unternehmung (vgl. Abb. 196).

Eine korrekte **Beurteilung und Auswahl von einzelnen Investitionsobjekten** unter Ergebnisgesichtspunkten setzt grundsätzlich **Vergleichbarkeit** der Investitionsobjekte voraus. In der Regel werden sich allerdings alternative Investitionsprojekte/-objekte im Hinblick auf die

- Höhe der Anschaffungsauszahlung,
- Höhe und zeitliche Verteilung der Zahlungsüberschüsse der Perioden 1 bis N sowie
- die Länge der Nutzungsdauer unterscheiden.

Die vollständige Vergleichbarkeit zweier alternativer (einander ausschließender) Investitionsobjekte erfordert daher in der Regel die Berücksichtigung von sogenannten **Ergänzungsinvestitionen.** Die Vorteilhaftigkeit der zu vergleichenden Investitionsobjekte (Basisinvestitionen) hängt sodann auch entscheidend von der Art der geplanten Ergänzungsinvestitionen ab[38].

---

38 Vgl. zur Beurteilung von Investitionsobjekten unter Berücksichtigung von Ergänzungsinvestitionen Adam, D., Investitionscontrolling, München – Wien 1994, S. 101 ff., insb. S. 132 f., Blohm, H., Lüder, K., Investition, a.a.O., S. 61; Busse von Colbe, W., Laßmann, G., Betriebswirtschaftstheorie, Band 3: Investitionstheorie, a.a.O., S. 43 ff.

Bei der Kapitalwertmethode wird im allgemeinen von der Annahme eines sogenannten vollkommenen Kapitalmarktes ausgegangen. Hiernach wird unterstellt, daß der Investor beliebige Geldmengen zu einem einheitlichen Zinssatz i am Kapitalmarkt anlegen und beschaffen kann. Diese Annahme impliziert auch, daß Ergänzungsinvestitionen jederzeit und in beliebigem Umfang als Finanzinvestition am Kapitalmarkt zum Kalkulationszinssatz i getätigt werden können. Da deren Kapitalwert jedoch stets null ist, sind in den Vergleich unter der dargestellten Prämisse des vollkommenen Kapitalmarktes nur die Zahlungsreihen der beiden Investitionsalternativen (Basisinvestitionen) einzubeziehen. Kapitalbindungsdifferenzen und Nutzungsdauerdifferenzen zwischen Investitionsalternativen werden hierbei durch die Annahme von (fiktiven) Ergänzungsinvestitionen zum Kalkulationszinssatz i beseitigt.

Soweit im Planungszeitpunkt keine Pläne über die Verwendung der zu diesem Zeitpunkt nicht benötigten Investitionsmittel und der künftigen Einzahlungsüberschüsse sowie über den Ersatz von Anlagen nach Ablauf ihrer Nutzungsdauer vorliegen, brauchen demnach in den Vorteilsvergleich einander ausschließender Investitionsalternativen auf der Basis von **Kapitalwerten** Ergänzungsinvestitionen nicht explizit einbezogen werden.

Ein Vergleich von alternativen (einander ausschließenden) Investitionsvorhaben mit Hilfe von Kapitalwertraten wird nur dann zu gleichen Planungsergebnissen wie bei Errechnung von Kapitalwerten führen, wenn vollständig vergleichbare Investitionsalternativen gegeben sind.

Die Anwendung der **Kapitalwertrate** ist jedoch bei rentabilitätsorientierten Analysen sinnvoll, um einen bekannten oder noch zu bestimmenden knappen Kapitalbetrag auf Investitionsvorhaben aufzuteilen, also bei **Investitionsbudgetplanungen**. Gesucht ist dabei „diejenige Budgetzusammensetzung, die bei gegebenem Kapital z. B. das Endvermögen maximiert. In dieser Entscheidungssituation müssen die Investitionen danach geordnet werden, welchen Vermögenszuwachs sie bei Einsatz einer knappen Kapitaleinheit versprechen. Das Objekt mit der höchsten Rentabilität wird als erstes in das Budget aufgenommen, und es wird soviel Kapital wie möglich in diese Verwendungsrichtung investiert. Es folgen weitere Investitionsobjekte in abnehmender Reihenfolge der Rentabilitäten, bis das Budget vollständig aufgeteilt ist“ [39] (vgl. auch Teil IV, Abschnitt 3.3.3).

In Abhängigkeit davon, ob in die Zahlungsüberschüsse (Einzahlungs- oder Auszahlungsüberschüsse je Periode) Fremdkapitalzinsen einbezogen werden oder nicht, kann der Kapitalwert als Eigenkapitalwert oder als Gesamtkapitalwert berechnet werden.

Kapitalwert (Eigen- oder Gesamtkapitalwert) bei begrenzter Lebensdauer
unter Berücksichtigung der tatsächlichen Zeitpunkte von Einzahlungen und Auszahlungen:

$$C_0 = \sum_{t=0}^{N} (E_t - A_t) \cdot q^{-t}$$

$$C_0 = \sum_{t=1}^{N} Cf_t \cdot q^{-t} + R_e \cdot q^{-N} - A_0$$

Kapitalwertrate: $$C_r = \frac{C_0}{A_0}$$

39 Adam, D., Investitionscontrolling, a.a.O., S. 133.

Es bedeuten:

C_0 = Kapitalwert
C_r = Kapitalwertrate
Cf_t = Cash-flow/Periode (lfd. Zahlungsüber-/-unterdeckung)
q = Abzinsungsfaktor $(1 + i)$
$i = \frac{p}{100}$
p = Zinssatz
R_e = Restwert
E_t = Einzahlungen/Periode
A_t = Auszahlungen/Periode
N = Lebensdauer
A_0 = Anschaffungsauszahlung
t = Laufindex der Perioden $t = 0, \ldots, N$ oder $t = 1, \ldots, N$

Bei periodisierter Berücksichtigung der Anschaffungsauszahlung durch Abschreibungen, was vielfach aus der Schwierigkeit resultiert, Zahlungen zeitpunktgerecht anzusetzen, gilt näherungsweise:

$$C_0 = \sum_{t=1}^{N} G_t \cdot q^{-t} + R_e \cdot q^{-N}$$

Kapitalwert (Eigen- oder Gesamtkapitalwert) bei unbegrenzter Lebensdauer ($N \to \infty$):

$$C_0 = \frac{\varnothing G}{q^t} \cdot \frac{q^t - 1}{q - 1} \quad \text{(Rentenbarwertformel)}$$

$$C_0 = \frac{\varnothing G}{i}$$

Es bedeuten:

G_t = Gewinn (nach oder vor Zinsen)/Periode
$\varnothing G$ = durchschnittlicher Gewinn/Überschuß (nach oder vor Zinsen).

Beispiel zur Kapitalwertmethode bei unbegrenzter Lebensdauer des Investitionsobjektes, hier einer Unternehmung mit Zurechnungsmöglichkeit des Fremdkapitals – Eigenkapitalwertberechnung:

$$C_0 = \frac{3{,}0 \text{ Mio. DM}}{0{,}20} = 15 \text{ Mio. DM}$$

Einzelne Investitionsobjekte sollten i.d.R. ohne Berücksichtigung der Kapitalherkunft auf der Basis von **Gesamtkapitalwertberechnungen** – unter Berücksichtigung von Steuerzahlungen einschließlich der steuerlichen Auswirkungen der Fremdkapitalkosten – beurteilt werden (vgl. Abbildung 89c). Ergänzend hierzu können einzelne Investitionsobjekte, insbesondere größere interne und externe Investitionsobjekte sowie Investitionsprogramme auf der Basis ihrer Wirkungen auf die Kapitalwerte der Unternehmung als Ganzes beurteilt werden (vgl. Abschnitt 3.1.3.3.2).

Die **Methode des Internen Zinsfußes** (internal rate of return) basiert auf einer Auflösung der Grundgleichung der Kapitalwertmethode über q nach p. Für einen Kapitalwert von $C_0 = 0$ wird durch rechnerische oder graphische Interpolation als Näherungslösung der Diskontierungssatz bestimmt. So wird z.B. bei einem positiven Kapitalwert der zugrunde gelegte Kalkulationszinssatz stufenweise erhöht bis sich ein Kapitalwert von $C_0 = 0$ ergibt. Es wird danach eine Rangordnung der unter Ergebnisgesichtspunkten zu beurteilenden Investitionsobjekte nach der Höhe ihres jeweiligen Internen Zinssatzes möglich.

Beispiel zur Kapitalwertmethode für ein Investitionsobjekt ohne Zurechnungsmöglichkeit der Kapitalherkunft – Gesamtkapitalwertberechnung (Beispiel IV, vgl. Abbildung 89c):

t	0	1	2	3	4	5	6
Anlage A							
A_t	70	25	20	20	35	25	10
E_t	–	40	45	50	50	45	40
$EZÜ_t$	– 70	15	25	30	15	20	30
Anlage B							
A_t	50	15	10	10	20	10	5
E_t	–	20	20	25	30	40	40
$EZÜ_t$	– 50	5	10	15	10	30	35

$EZÜ_t = E_t - A_t$

$$C_o\,(\text{Anlage A}) = -70 + \frac{15}{1{,}1} + \frac{25}{1{,}1^2} + \frac{30}{1{,}1^3} + \frac{15}{1{,}1^4} + \frac{20}{1{,}1^5} + \frac{30}{1{,}1^6} = 26{,}43$$

$$C_o\,(\text{Anlage B}) = -50 + \frac{5}{1{,}1} + \frac{10}{1{,}1^2} + \frac{15}{1{,}1^3} + \frac{10}{1{,}1^4} + \frac{30}{1{,}1^5} + \frac{35}{1{,}1^6} = 19{,}29$$

$$i = 0{,}1$$

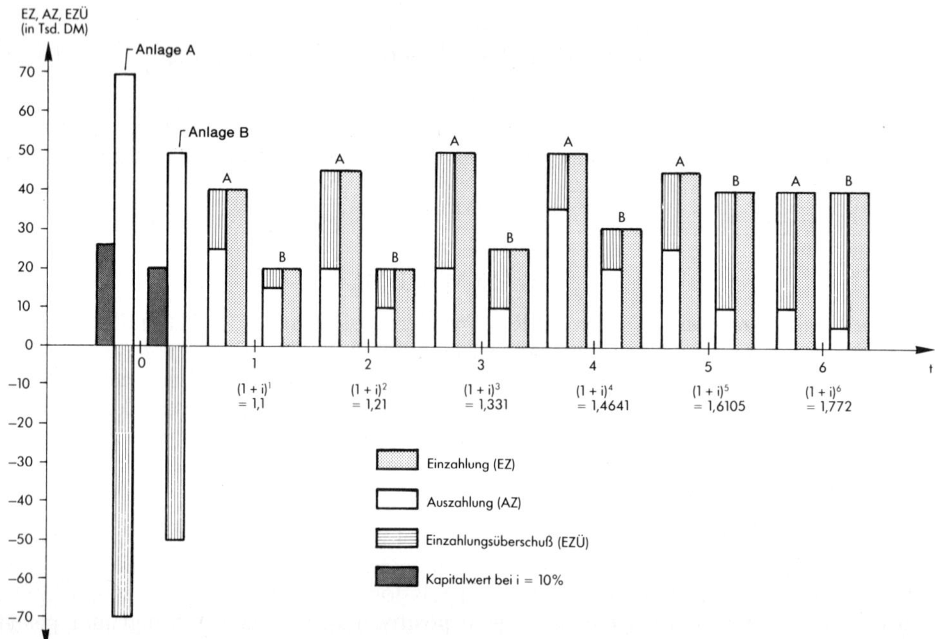

Abb. 89c: Graphische Darstellung des Beispiels zur Kapitalwertmethode (Beurteilung eines Einzelinvestitionsobjektes auf der Basis des Gesamtkapitalwertes)

Bei der Anwendung der Methode des **Internen Zinsfußes** wird implizit unterstellt, daß eine Wiederanlage der Rückflüsse zum jeweiligen Internen Zinsfuß des betrachteten Investitionsobjektes erfolgen kann.

Man kann diese Annahme dadurch ersetzen, daß man eine explizite Wiederanlage der Einzahlungsüberschüsse der Perioden 1 bis N zu einem festen, für alle betrachteten Investitionsobjekte identischen Anlagezinssatz (Kalkulationszinssatz) i unterstellt. Eine entsprechende Aufzinsung der Einzahlungsüberschüsse eines Investitionsobjektes mit dem zugrunde gelegten Anlagezinssatz führt dann zu einem Endwert in der Periode N. Der **modifizierte Interne Zinsfuß**[40] i_m ist schließlich jene Größe, bei der der Barwert dieses Endwertes abzüglich der Investitionsanschaffungsauszahlung gleich 0 wird (vgl. Abb. 89d).

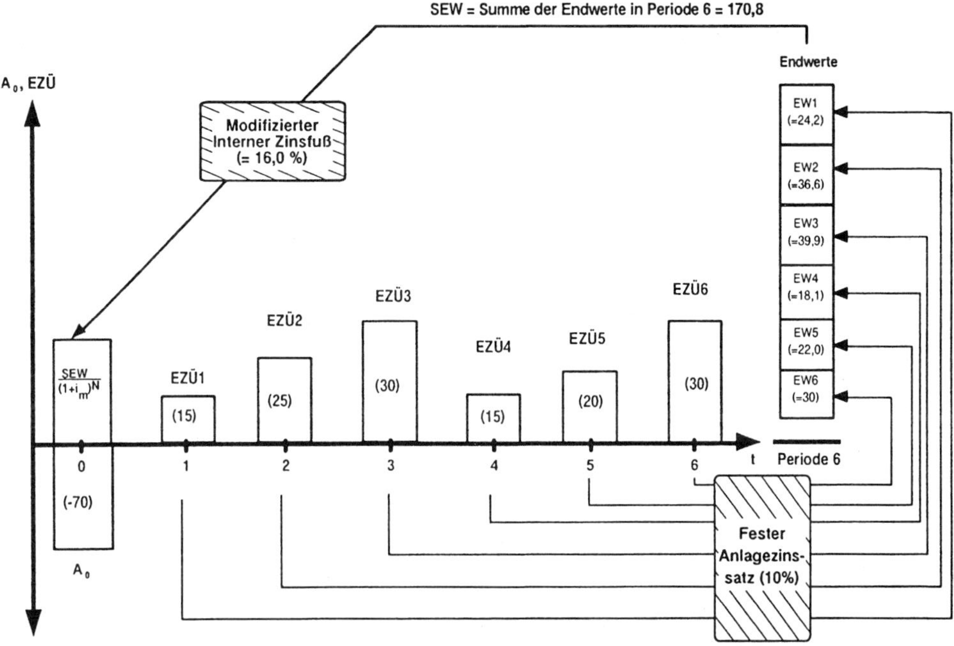

Abb. 89d: Ermittlung des modifizierten Internen Zinsfußes für Anlage A

Nachstehend berechnet sich der modifizierte Interne Zinsfuß:

$$SEW = \sum_{t=1}^{N} [(E_t - A_t) \cdot (1 + i)^{N-t}]$$

$$\frac{SEW}{(1 + i_m)^N} = A_0$$

40 Diese Veränderung der Methode des Internen Zinsfußes geht auf Baldwin zurück. Vgl. Baldwin, R. H., How to Assess Investment Proposals, in: Harvard Business Review, No. 3, 1959, S. 98ff. Vgl. insbesondere auch Busse von Colbe, W., Laßmann, G., Betriebswirtschaftstheorie, Band 3: Investitionstheorie, a.a.O., S. 118ff. Vgl. zur Beziehung zwischen modifiziertem Internen Zinsfuß und Kapitalwertrate Hutzschenreuter, T., Modifizierter Interner Zinsfuß und Kapitalwertrate, Internes Arbeitspapier IUP Gießen/Berlin, Gießen 1994.

$$i_m = \sqrt[N]{\frac{\sum_{t=1}^{N} [(E_t - A_t) \cdot (1+i)^{N-t}]}{A_0}} - 1$$

Es bedeuten:

i_m = modifizierter Interner Zinsfuß
SEW = Summe der Endwerte.

Der modifizierte Interne Zins kann interpretiert werden als traditioneller Interner Zins eines Gesamtprojektes, das aus dem zu beurteilenden Investitionsprojekt und einzelnen (Finanz-)Anlagen der Einzahlungsüberschüsse des Investitionsprojektes (zum festen Anlagezinssatz i bis zum Laufzeitende des Investitionsprojektes) besteht.

Zur ergebnis- und renditeorientierten Beurteilung ganzer Unternehmungen und auch ggf. von Gliedbetrieben kann ein sogenannter **CFRoI (Cash-flow Return on Investment)** als ein **spezifischer interner Zinsfuß** ermittelt werden[41]. Er gibt eine durchschnittliche Verzinsung auf das insgesamt investierte Kapital zu einem bestimmten Zeitpunkt wieder, wobei das investierte Kapital zu Tageswerten angesetzt wird. Durch einen Vergleich des CFRoI mit der vom Kapitalmarkt geforderten Mindestverzinsung lassen sich Aussagen über die Wertschaffung oder Wertvernichtung ableiten.

Der **CFRoI** berechnet sich dabei wie folgt:

- Ermittlung des Brutto-Cash-flow der letzten Periode zu laufenden Preisen

  Es wird unterstellt, daß in jeder Periode der Nutzungsdauer der betrieblichen Vermögensbasis der errechnete Brutto-Cash-flow generiert werden kann.

- Ermittlung der inflationsbereinigten Bruttoinvestitionsbasis

  Die Bruttoinvestitionsbasis stellt das gesamte zu einem bestimmten Zeitpunkt in einer Unternehmung investierte Kapital abzüglich nichtverzinslicher Verbindlichkeiten dar. Geht man von den Buchwerten des Vermögens aus, so werden zunächst die kumulierten Abschreibungen addiert, um zu den entsprechenden historischen Anschaffungskosten zu gelangen. Um diese mit den heutigen Cash-flows vergleichbar zu machen, erfolgt eine Inflationsanpassung.
  Mieten werden aus dem Periodenergebnis eliminiert und kapitalisiert als Bestandteil der Bruttoinvestitionsbasis berücksichtigt.

- Schätzung der Nutzungsdauer

  Vereinfacht läßt sich die durchschnittliche Nutzungsdauer der gebundenen Aktiva schätzen, indem unter Zugrundelegung eines linearen Abschreibungsmodus das Sachanlagevermögen (SAV) zu historischen Anschaffungskosten durch den jährlichen Abschreibungsbetrag dividiert wird.

- Ermittlung nicht-abzuschreibender Aktiva

  Als Restwert am Ende der Nutzungsdauer werden die nicht-abschreibbaren Aktiva angesetzt.

41 Vgl. hierzu Lewis, T. G., Steigerung des Unternehmenswertes: Total Value Management, 2. Aufl., Landsberg/Lech 1995; Lewis, T. G., Lehmann, S., Überlegene Investitionsentscheidungen durch CFRoI, BFuP 1992, S. 1 ff.

Auf der Grundlage des Cash-flow-Profils für die Nutzungsdauer, des Restwertes der nicht-abzuschreibenden Aktiva am Ende der Nutzungsdauer sowie der Bruttoinvestitionshbasis wird der CFRoI mittels einer internen Zinsfußberechnung bestimmt (vgl. Abb. 89e). Den diskontierten Brutto-Cashflows und nicht-abschreibbaren Aktiva (Restwert) wird die Bruttoinvestitionsbasis gegenübergestellt und iterativ jener Interne Zinsfuß/CFRoI gesucht, bei dem der Kapitalwert gerade 0 wird.

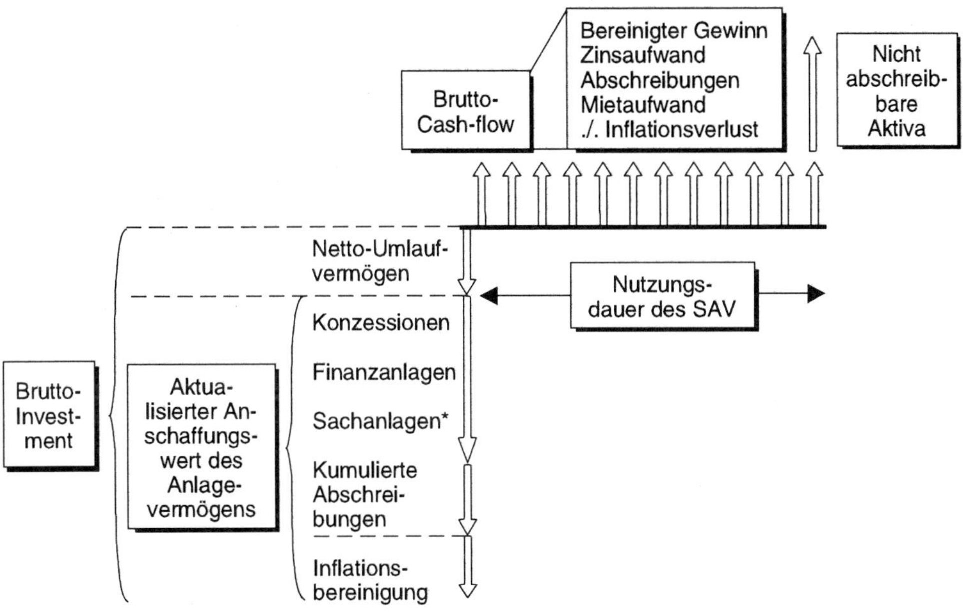

* inkl. kapitalisierte Mietaufwendungen

Abb. 89e: CFRoI (Cash-flow Return on Investment-Komponenten nach Lewis)

Wesentliche Prämissen der Kapitalwertmethode und der Methode des Internen Zinsfußes

- Die Ermittlung des Kapitalwertes oder des Internen Zinsfußes mit Zahlungsströmen setzt voraus, daß sämtliche mit der Investition verbundenen Ein- und Auszahlungen sowohl ihrer Höhe als auch ihrer zeitlichen Verteilung nach prognostiziert werden können.
- Bei unterschiedlichen steuerlichen Wirkungen einzelner Alternativen müssen die betrachteten Objekte vergleichbar gemacht werden, z. B. durch Berechnung aller Ergebnisse nach Steuern bei Vorliegen von Inlands- und Auslandsinvestitionen.
- Die Methode des Internen Zinsfußes ist nur unter der Voraussetzung anwendbar, daß sie ein eindeutiges Ergebnis liefert. Es darf nur ein positiver, wirtschaftlich sinnvoller Wert für den internen Zinssatz existieren, was nicht stets erfüllt ist, da der interne Zinssatz aus einer Gleichung n-ten Grades (mit n Lösungen, die auch negativ sein können) errechnet wird.
- Es erfolgt stets eine subjektive Wertermittlung aus der Sicht des Investors (Anlegers, Erwerbers – auch potentiellen Erwerbers) und gegebenenfalls des Veräußerers – sofern notwendig unter Berücksichtigung von Verbundwirkungen.

Informationsgehalt für die Unternehmungsführung

Die zeitlichen Interdependenzen werden bei der Kapitalwertmethode und der Methode des Internen Zinsfußes berücksichtigt. Die Wertunterschiede der zu verschiedenen Zeitpunkten anfallenden Ein- und Auszahlungen in bestimmter Höhe werden durch die dynamischen Investitionsrechnungsverfahren erfaßt. Mehrere Investitionsobjekte, auch mit unterschiedlichen Investitionszeitpunkten, werden über die Zinseszinsfunktion (Diskontierung) vergleichbar gemacht. Kommt es beim Vergleich von Investitionsalternativen zu widersprüchlichen Ergebnissen hinsichtlich Kapitalwert und Internem Zinsfuß, so ist die Kapitalwertmethode vorzuziehen, da dieser eine realistischere Wiederanlageprämisse zugrunde liegt als der Methode des Internen Zinsfußes. Auswahlkriterium zur Beurteilung von Investitionsvorhaben und -programmen unter Ergebnisgesichtspunkten bilden Kapitalwerte/Kapitalwertänderungen sowie Kapitalwertraten. Bei isolierter Betrachtung einzelner Investitionsobjekte werden auch bei dynamischen Investitionsrechnungsverfahren keine sachlichen Interdependenzen zwischen den Investitionsobjekten berücksichtigt. Die Wirkungen der Investitionsplanung auf die funktionsbezogenen Planungen und die gesamtunternehmungsbezogene Ergebnis- und Finanzplanung sowie hieraus resultierende Restriktionen werden ebenfalls nicht berücksichtigt[42].

3.1.3.3.2 Ermittlung von Kapitalwerten der Unternehmung als Ganzes (Gesamtkapitalwert, Eigenkapitalwert/Shareholder Value, residualer Unternehmungskapitalwert)

Die **Kapitalwertmethode** wird auch – wie bereits erwähnt – zur **Ermittlung des Wertes der Unternehmung als Ganzes** herangezogen.

Die Bewertung der Unternehmung als Ganzes dient dabei zum einen **im Rahmen der strategischen Planung** dazu, Unternehmungen oder Unternehmungsbereiche als Akquisitionsobjekte – auch ggf. unter Berücksichtigung von Verbundwirkungen – zu bewerten, um den maximalen Kaufpreis für diese zu ermitteln. Für Kaufpreisermittlungen kommt dabei nur der Eigenkapitalwert in Betracht.

Die Bewertung der Unternehmung als Ganzes dient zum anderen dazu, den **Wert der Strategie betreibenden Unternehmung vor und nach Durchführung einer Strategie** festzustellen bzw. alternative (interne und/oder externe Entwicklungs-) Strategien dahingehend zu vergleichen, inwieweit sie den Wert der Unternehmung verändern. Der Wert der Unternehmung kann dabei in den Ausprägungen

- **Gesamtkapitalwert der Unternehmung,**
- **Eigenkapitalwert der Unternehmung** oder **residualer Unternehmungskapitalwert**

berechnet werden. Er wird bei Unterstellung unbegrenzter oder begrenzter Lebensdauer auf der Basis von Einzahlungs- und Auszahlungsgrößen (Finanzplanzahlen) oder hilfsweise auf der Basis des Zahlenwerkes der Plan-Gewinn- und Verlustrechnungen und der Plan-Bilanzen ermittelt. Entsprechendes gilt für bilanzierungsfähige Unternehmungsbereiche/Gliedbetriebe. Die Berechnungen sind dabei von Überschüssen und mit Kapitalkosten nach Steuern vorzunehmen.

42 Vgl. mit analoger Argumentation Weinrich, G., Verbesserte Investitionsentscheidungen durch Abbildung von Investitionen im Rechnungswesen, DB 1989, S. 989ff.

Für die Bewertung ganzer Unternehmungen oder bilanzierungsfähiger Unternehmungsbereiche (Gliedbetriebe) interessiert ferner als Kontrollwert der **Substanzwert** (Nettoreproduktionswert)[43]

$$S = V - FK.$$

Es bedeuten:

S = Substanzwert (Nettoreproduktionswert)
V = Vermögen (zum Tageswert)
FK = Fremdkapital.

Bei der **Berechnung des Gesamtkapitalwertes** soll im folgenden von Einzahlungs- und Auszahlungsgrößen ausgegangen werden, wobei Zahlungsüberschüsse vor kapitalgeberbezogenen Zahlungen zugrunde gelegt werden. Hierbei sind im Falle der Bewertung ganzer Unternehmungen **zwei Vorgehensweisen** möglich (vgl. Abbildung 90a):

(1) Ermittlung des Gesamtkapitalwertes auf der Basis eines bereinigten **Gesamt-Cash-flows** aus güterwirtschaftlichen Aktivitäten (Zahlungsüberschüsse aus güterwirtschaftlicher Geschäftstätigkeit) *und* finanzwirtschaftlichen Aktivitäten (Zahlungsüberschüsse aus Finanzanlagen und sonstigen nichtbetriebsnotwendigen Anlagen).

(2) Ermittlung des Gesamtkapitalwertes durch *Trennung* von güterwirtschaftlichen und finanzwirtschaftlichen Aktivitäten. Der Gesamtkapitalwert setzt sich dann aus den getrennten Zahlungsüberschüssen aus güterwirtschaftlicher Geschäftstätigkeit – sogenannten **Operating Cash-flows** – und den Zahlungsüberschüssen aus finanzwirtschaftlichen Aktivitäten – den sogenannten **Non-Operating Cash-flows** – zusammen.

---

43 Vgl. Jacob, H., Die Methoden zur Ermittlung des Gesamtwertes einer Unternehmung, ZfB 1960, S. 131 ff.; ders., Der Zukunftserfolgsbegriff und die Verfahren der Unternehmungsbewertung, ZfB 1961, S. 231 ff. Zur Berücksichtigung mehrwertiger Erwartungen bei der Bewertung ganzer Unternehmungen siehe insbesondere Coenenberg, A. G., Das Informationsproblem in der entscheidungsorientierten Unternehmensbewertung, ZIR 1971, S. 57 ff. Vgl. ferner zur Bewertung ganzer Unternehmungen Arbeitskreis „Unternehmensbewertung im Rahmen der unternehmerischen Zielsetzung", Unternehmungsbewertung als Grundlage unternehmerischer Entscheidungen, ZfbF 1976, S. 99 ff.; Busse von Colbe, W., Der Zukunftserfolg, Wiesbaden 1957; Münstermann, H., Bewertung ganzer Unternehmen, in: HWB, 1. Bd., Hrsg. H. Seischab, K. Schwantag, 3. Aufl., Stuttgart 1956, Sp. 1059 ff.; ders., Wert und Bewertung der Unternehmung, 3. Aufl., Wiesbaden 1970; ders., Bewertung von Unternehmungen (und Unternehmungsteilen), in: HWF, Hrsg. H. E. Büschgen, Stuttgart 1976, Sp. 168 ff. sowie die Festgabe zum 85. Geburtstag von Hans Münstermann, Die Bewertung ertragsschwacher Unternehmen, BFuP 6/1984, S. 489 ff. mit Beiträgen von W. Busse von Colbe, A. G. Coenenberg, K. D. Haase, J. Kloock, M. J. Matschke, W. Müller, T. Schildbach und G. Sieben/H. Lutz.
Jacob führt dabei alle gebräuchlichen Unternehmungsbewertungsverfahren auf die folgende Grundformel zurück:

$$U = S + a\left(\frac{G}{i} - S\right)$$

Verfahren	Ausdruck für a
Substanzwertmethode	0
Stuttgarter Verfahren *	$\frac{3i}{1+3i}$
Mittelwertmethode	0,5
Ertragswertmethode	1

Hierbei bedeuten:
G = (durchschnittlicher) Bruttogewinn (nach Zinsen)
i = der auf 1 bezogene Kapitalisierungszinsfuß
S = Substanzwert
U = Unternehmungswert, hier im Sinne eines Eigenkapitalwertes
* Das Stuttgarter Verfahren arbeitet mit einem Kapitalisierungssatz von 10%, a nimmt in diesem Falle den Wert 0,231 an.

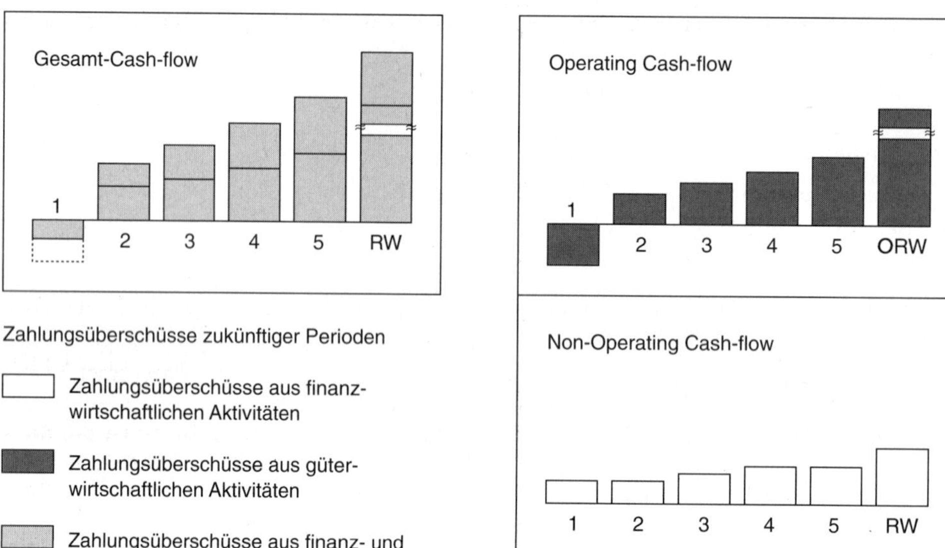

Abb. 90 a: Ermittlungsmöglichkeiten der freien Cash-flows

In beiden Fällen der Ermittlung werden die erfaßten Cash-flows unter Berücksichtigung von Investitionen ermittelt, die zur Erhaltung der Unternehmung erforderlich sind (Ersatz- bzw. Erhaltungsinvestitionen). Auch sind in jedem Fall die ergebnisabhängigen Steuern in den Zahlungsüberschüssen durch Abzug berücksichtigt. Demgegenüber werden kapitalgeberbezogene Zahlungen, also Zins- und Dividendenzahlungen sowie Finanzierungs- und Definanzierungsvorgänge, nicht in den Zahlungsüberschüssen erfaßt. Diese unterschiedlich ermittelten Cash-flows – der Gesamt-Cash-flow bzw. die Summe aus Operating und Non-Operating Cash-flow – sind damit Zahlungsüberschüsse einer Periode, die für Zahlungen an die Eigen- und Fremdkapitalgeber der Unternehmung, für Programm- und Potentialänderungen bzw. Erweiterungsinvestitionen oder Finanzinvestitionen sowie ggf. für zusätzliche Zahlungen an Führungskräfte und ggf. sonstige Mitarbeiter zur Verfügung stehen. Man spricht deswegen auch von sogenannten **freien Cash-flows**.

zu (1):
Wird der **Gesamtkapitalwert auf der Basis des Gesamt-Cash-flows ermittelt**, so wird also nicht zwischen güter- und finanzwirtschaftlichen Aktivitäten unterschieden. Der Gesamtkapitalwert errechnet sich dann aus zwei Komponenten: dem Barwert der freien Cash-flows für den Planungszeitraum und dem Barwert der freien Cash-flows nach Ende des Planungszeitraums. Während die freien **Cash-flows im Planungszeitraum** – z. B. fünf Jahre – konkret geplant werden können, werden die über den Planungszeitraum hinaus anfallenden Zahlungsüberschüsse bzw. freien Cash-flows über einen **Restwert der Unternehmung** berücksichtigt, der dem Barwert eines unendlichen Stroms identischer Cash-flows – i.d.R. auf Basis des Cash-flows der letzten Planungsperiode – entspricht. Generell gilt, daß die Aussagefähigkeit von Kapitalwerten abnimmt, wenn der Barwert des Restwertes erheblich größer ist als der Barwert der Zahlungsüberschüsse während des Planungszeitraums. Je nach subjektiver Beurteilung der Zukunftsaussichten können die Überschüsse für die Restwertberechnung mit einem Faktor größer oder kleiner eins variiert werden. Bestimmend hierfür sind Einschätzungen des Markt-, Technologie- und insbesondere FuE-Potentials sowie des Humanpotentials der Unternehmung und deren Wirkungen in der Zukunft. Beispielsweise kann

sich der Restwert erhöhen, wenn interessante Aufbau-Produkte für die Zukunft zur Verfügung stehen.

Konkret geplante Zahlungsüberschüsse und der Restwert der Unternehmung werden dann mit einem spezifischen Kalkulationszinsfuß abgezinst, um den Gesamtkapitalwert der Unternehmung zu ermitteln. Als **Kalkulationszinsfuß** wird hierbei der mit der Kapitalstruktur gewichtete Durchschnitt aus Eigen- und Fremdkapitalkosten (Weighted Average Cost of Capital/WACC) zugrunde gelegt. Die Eigenkapitalkosten können hierbei unter Berücksichtigung des Kapitalmarktes auf der Basis des Capital Asset Pricing Models (CAPM) ermittelt werden[44]. Für die Berechnung der Fremdkapitalkosten sollte der Fremdkapitalzinssatz herangezogen werden, der von Fremdkapitalgebern bei einer Laufzeit gefordert wird, die dem Planungszeitraum für die freien Cash-flows entspricht. Der Fremdkapitalkostensatz muß um die steuerlichen Auswirkungen der Fremdkapitalkosten (Abzugsfähigkeit) korrigiert werden. Die Kapitalstruktur errechnet man sinnvollerweise auf der Basis einer Tages- bzw. Marktwertbilanz oder aber unter Heranziehung einer angestrebten (Ziel-)Kapitalstruktur. Dabei wird der Fremdkapitalanteil in der Praxis oft aus Risikoüberlegungen oder aufgrund von Konventionen über anzustrebende Bilanzrelationen (Bilanzregeln) beschränkt. Abbildung 90b zeigt die Kapitalkostenermittlung an einem einfachen Beispiel.

zu (2):
Die zweite Möglichkeit zur Ermittlung des Kapitalwertes besteht darin, die **Zahlungsüberschüsse für güter- und finanzwirtschaftliche Aktivitäten getrennt zu erfassen**. Zahlungsüberschüsse, die mit der operativen, güterwirtschaftlichen Geschäftstätigkeit der Unternehmung in direktem Zusammenhang stehen, bilden den **Operating Cash-flow**. Die Zahlungsüberschüsse, die aus Aktivitäten resultieren, die nicht unmittelbar mit der güterwirtschaftlichen Geschäftstätigkeit zusammenhängen (Zahlungsüberschüsse aus Finanzanlagen und sonstigen nichtbetriebsnotwendigen Anlagen), werden im **Non-Operating Cash-flow** erfaßt. In der Praxis wird der Kapitalwert meist in dieser Form der getrennten Erfassung von Operating und Non-Operating Cash-flow ermittelt[45].

Auch bei getrennter Erfassung sind zunächst die Zahlungsüberschüsse während des Planungszeitraums konkret zu erfassen; allerdings zunächst nur die Zahlungsüberschüsse aus operativer Geschäftstätigkeit – die Operating Cash-flows. Diese und der Restwert der

---

44 Beim CAPM wird nach folgender Formel ein Zusammenhang zwischen der erwarteten Verzinsung einer risikobehafteten Kapitalanlage und deren Risikohöhe hergestellt:

$$R_e = R_f + \beta \text{ x } (RM_e - R_f).$$

R_e: Erwartete Verzinsung einer risikobehafteten Kapitalanlage
R_f: Verzinsung einer risikofreien Kapitalanlage
β: Maß für die Risikohöhe der betrachteten Kapitalanlage (= Kovarianz zwischen den Renditeerwartungen der betrachteten Kapitalanlage und dem Marktportfolio M, dividiert durch die Varianz des Marktportfolios)
RM_e: Erwartete Verzinsung des Marktportfolios.

Die erwartete Verzinsung einer risikobehafteten Kapitalanlage entspricht somit im Kapitalmarktgleichgewicht der Verzinsung risikoloser Anlagen zuzüglich einer Prämie für die Risikoübernahme, die sich als Produkt ergibt aus der Risikohöhe und dem Marktpreis für Risikoübernahme. Letzterer ist der Differenzbetrag zwischen erwarteter Verzinsung des Marktportfolios und der Verzinsung risikofreier Kapitalanlagen, dividiert durch das systematische Risiko des Marktportfolios.
Vgl. zum CAPM ausführlich z. B. Perridon, L., Steiner, M., Finanzwirtschaft der Unternehmung, 8. Aufl., München 1995, S. 235ff.; Ross, S. A., Westerfield, R. W., Jaffee, J. F., Corporate Finance, a.a.O., S. 223ff. sowie auch S. 295ff.

45 Vgl. Rappaport, A., Creating Shareholder Value, a.a.O., S. 50ff.; Copeland, T., Koller, T., Murrin, J., Valuation: Measuring and Managing the Value of Companies, a.a.O., S. 97ff. und S. 231ff.

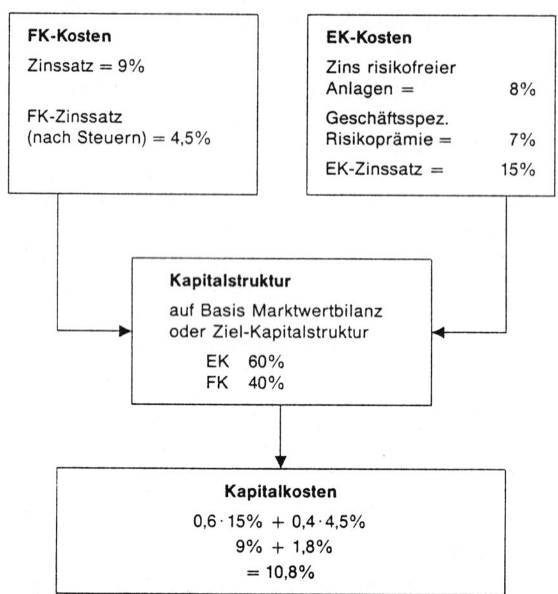

Abb. 90b: Beispiel zur Ermittlung gewichteter Kapitalkosten

Operating Cash-flows nach Ende des Planungszeitraumes sind dann wieder mit dem Kalkulationszinssatz der Unternehmung abzuzinsen, um den **Barwert der Operating Cash-flows** und den **Barwert des (Operating) Restwertes** zu ermitteln.

Als dritte Wertkomponente ist dann der **Barwert des Non-Operating Cash-flows** zu ermitteln. Obwohl bei der Ermittlung der operativen Zahlungsüberschüsse auch die nichtoperativen bzw. nichtbetriebsnotwendigen Zahlungsüberschüsse abgegrenzt werden, wird meist auf die Ermittlung eines Barwertes zukünftiger (nichtoperativer) Cash-flows in Form einer Abzinsung periodenbezogener Zahlungsüberschüsse verzichtet. Stattdessen werden diese vereinfachend als aktueller Marktwert der entsprechenden Vermögensgegenstände zum Bewertungszeitpunkt erfaßt (z. B. Finanzanlagen zum Kurswert). Damit wird vereinfachend der **aktuelle Wert des nichtbetriebsnotwendigen Vermögens** als Komponente des Gesamtkapitalwertes herangezogen.

Der Barwert der operativen Zahlungsüberschüsse, der Barwert des Restwertes und der Wert des nichtbetriebsnotwendigen Vermögens bilden gemeinsam den **Gesamtkapitalwert** der Unternehmung (vgl. Abbildung 90d).

Der **Gesamtkapitalwert** wird also grundsätzlich auf der Basis von diskontierten Zahlungsüberschüssen vor Abzug kapitalgeberbezogener Zahlungen errechnet. Er zeigt die Vorteilhaftigkeit eines Investitionsobjektes auf der Basis diskontierter Zahlungsüberschüsse (Einzahlungs- oder Auszahlungsüberschüsse je Periode) und ermöglicht Aussagen über dessen Gesamtverzinsung. Der Gesamtkapitalwert bildet damit ein wichtiges ergebnisorientiertes Entscheidungskriterium aus der Sicht der Unternehmungsführung für die Ressourcenverteilung in der Unternehmung. Ist der errechnete Gesamtkapitalwert positiv, bedeutet dies, daß nicht nur die geforderten Eigen- und Fremdkapitalzinsen sowie alle anderen notwendigen Auszahlungen in künftigen Perioden erwirtschaftet werden, sondern darüber hinaus noch weitere Überschüsse. Ist er negativ, bedeutet dies, daß die geforderten Eigen- und Fremdkapitalzinsen oder sonstige notwendige Auszahlungen in künftigen Perioden nicht vollstän-

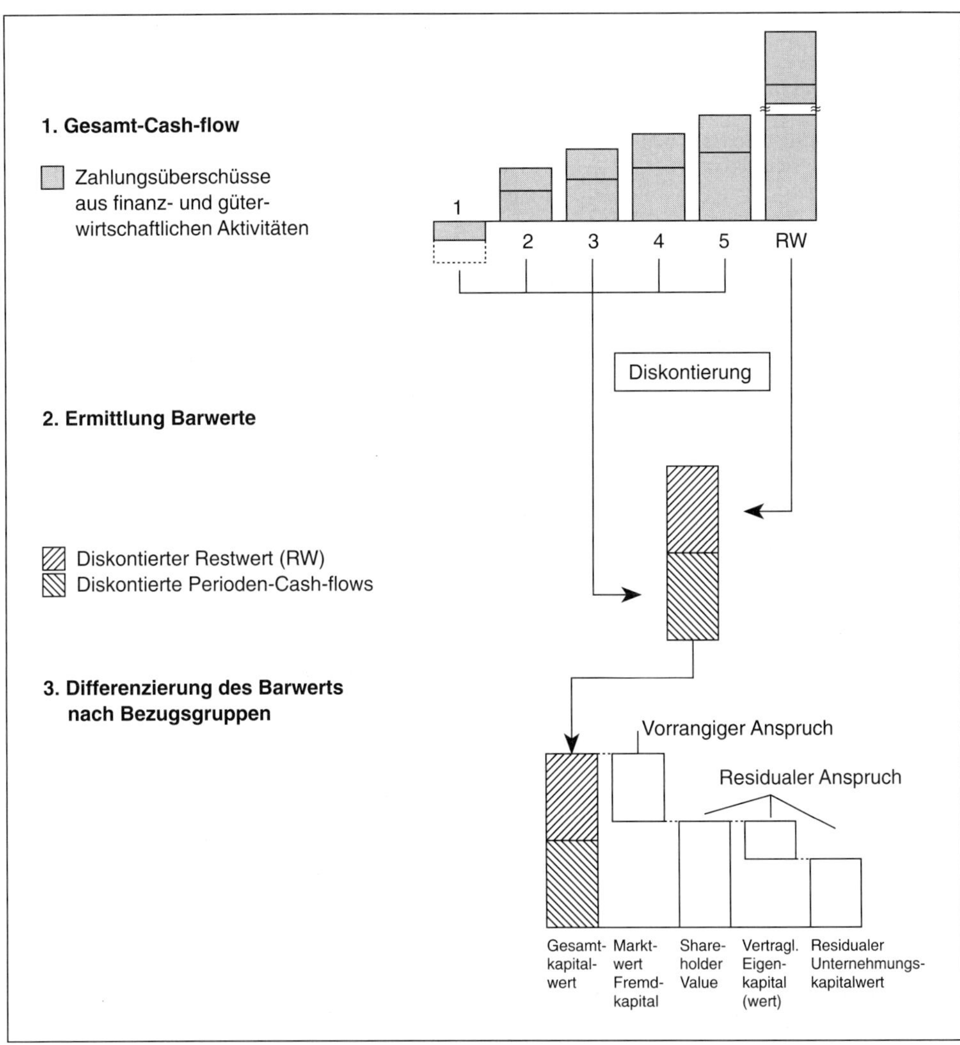

Abb. 90c: Ermittlung differenzierter Kapitalwerte auf Basis des Gesamt-Cash-flows

dig erwirtschaftet werden. Der Gesamtkapitalwert kann zur **Beurteilung von einzelnen Investitionsobjekten,** denen sich eine Finanzierungsart nicht herkunftsspezifisch zuordnen läßt, ermittelt werden. Finanzierungsstruktur und Finanzierungskosten werden durch einen gewichteten Kalkulationszinssatz berücksichtigt. Der Gesamtkapitalwert kann auch für die **Unternehmung als Ganzes** – verstanden als Investitionsobjekt, dessen Gesamtverzinsung interessiert – berechnet werden.

Für eine Unternehmung als Ganzes kann der Gesamtkapitalwert in den **Fremdkapitalwert** und den **Eigenkapitalwert/Shareholder Value** differenziert werden. Der Fremdkapitalwert ist der Marktwert des in der Unternehmung arbeitenden Fremdkapitals – vereinfachend der nominale Wert des Fremdkapitals. Der Eigenkapitalwert/Shareholder Value ist die Differenz zwischen Gesamtkapitalwert und Fremdkapitalwert. Der Eigenkapitalwert interessiert als Entscheidungskriterium primär aus der Sicht der Eigentümer bzw. der Unternehmungs-

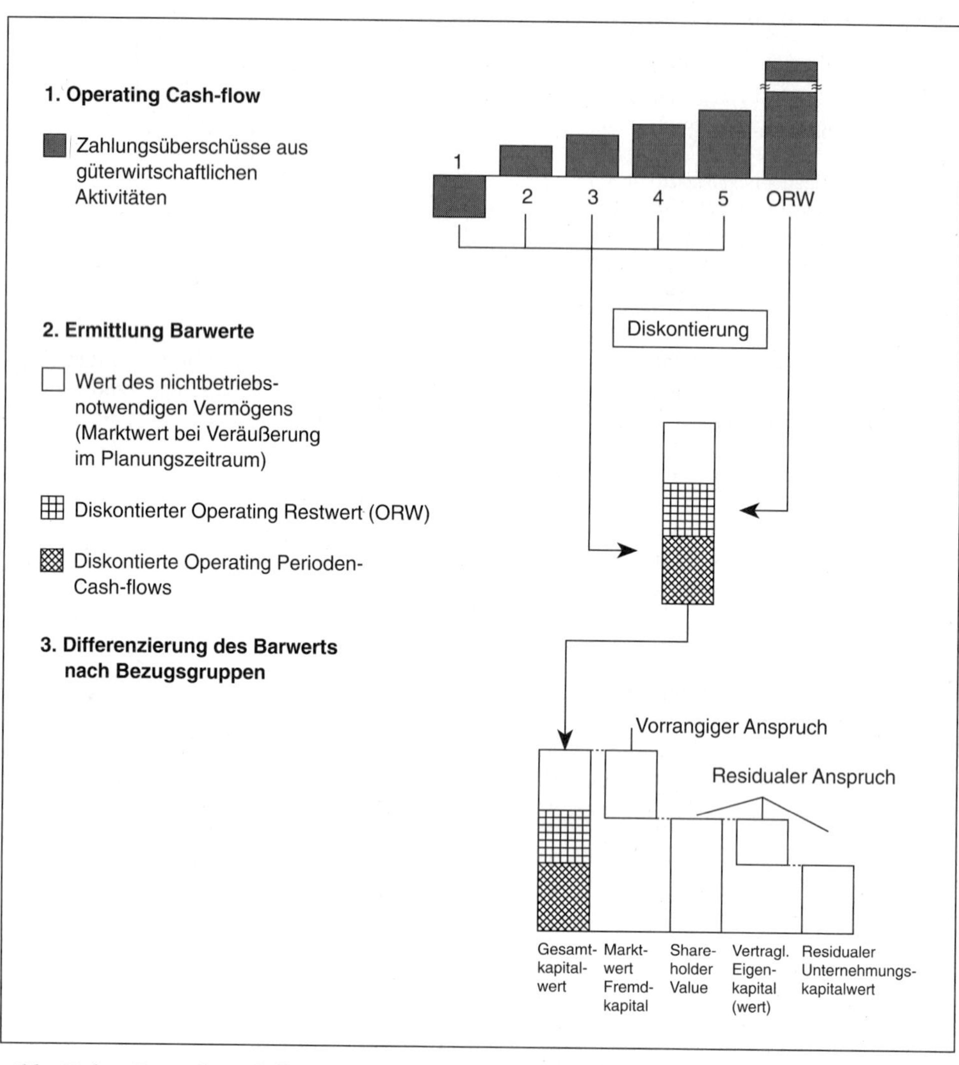

Abb. 90 d: Ermittlung differenzierter Kapitalwerte auf Basis von Operating Cash-flows bei Einbeziehung der Non-Operating Cash-flows über den Barwert des nichtbetriebs-notwendigen Vermögens

führung als Eigenkapitalanleger. Beim **Shareholder Value Ansatz** geht man davon aus, daß abgezinste Überschüsse – ausgedrückt als Eigenkapitalwert – nur den Eigenkapitalgebern zustehen[46]. Diese Überschüsse werden aber durch beide Hauptträger der Unternehmung –

46 Vgl. zum Shareholder Value Ansatz grundlegend Rappaport, A., Creating Shareholder Value, a.a.O.; Copeland, T. E., Koller, T., Murrin, J., Valuation: Measuring and Managing the Value of Companies, a.a.O.; vgl. ferner hieran anknüpfend im deutschsprachigen Raum z. B. Bühner, R., Das Management-Wert-Konzept, Stuttgart 1990; ders., Unternehmerische Führung mit Shareholder Value, in: Der Shareholder-Value-Report, Hrsg. R. Bühner, Landsberg/Lech 1994; Bühner, R., Weinberger, H.-J., Cash-flow und Shareholder Value, BFuP 1991 sowie Gomez, P., Weber, B., Akquisitionsstrategie – Wertsteigerung durch Übernahme von Unternehmungen, a.a.O.

Eigenkapitalgeber und Mitarbeiter – gemeinsam erwirtschaftet. Sofern die diskontierten Überschüsse die vertraglichen Rückzahlungsansprüche von Eigen- und Fremdkapitalgebern übersteigen, dienen **residuale Überschüsse pro Periode** daher **nach unserem Konzept der Überschußverwendung** (nach ihrer Erwirtschaftung) der Stärkung der Unternehmung und stehen zudem auch für Zusatzausschüttungen den Kapitalgebern und für Tantiemen/Gewinnbeteiligungen den Führungskräften und anderen Mitarbeitern zur Verfügung. Dabei kann der Anspruch der Eigenkapitalgeber auf Erhaltung bzw. Rückzahlung ihrer Eigenkapitalanteile auf der Basis nominaler Kapitalerhaltung, realer Kapitalerhaltung oder der Marktwertentwicklung vertraglich geregelt werden. Residuale Fehlbeträge sind nach Auflösung von finanziellen Reserven durch Eigenkapitalgeber und Mitarbeiter zu tragen (vgl. Teil I, Abschnitt 1.1.2.2.1).

Zur Beantwortung der Frage der Behandlung residualer Überschüsse oder Fehlbeträge in einer Periode ist der **residuale Unternehmungskapitalwert** im Entscheidungszeitpunkt zu berechnen, da er auf der Basis diskontierter Einzahlungs- und Auszahlungsüberschüsse angibt, ob sich nach Berücksichtigung vertraglich vereinbarter Kapitalerhaltungs- bzw. Kapitalrückzahlungsansprüche von Eigen- und Fremdkapitalgebern ein positiver oder negativer Wert der Unternehmung ergibt. Im Falle eines positiven residualen Unternehmungskapitalwertes können residuale Überschüsse nach ihrer Erwirtschaftung (als zusätzliche Zahlungen) an die Hauptträger der Unternehmung verteilt werden oder zur Stärkung der Unternehmung einbehalten werden. Im Falle eines negativen residualen Unternehmungskapitalwertes stehen ggf. in einigen Perioden zu erwartende residuale Überschüsse nicht zur Ausschüttung zur Disposition. Vielmehr sind zu erwartende künftige residuale Fehlbeträge durch unternehmerische Anstrengungen zu beseitigen. Gelingt dies nicht, führen sie zur Nichterfüllung der Ansprüche der Kapitalgeber. Werden trotz eines negativen residualen Unternehmungskapitalwertes Mindestdividenden an Eigenkapitalgeber gezahlt, ist dies – zumindest kurzfristig – nur zu Lasten des Shareholder Values möglich. Entsprechendes gilt in solchen Situationen für Zahlungen an Führungskräfte und andere Mitarbeiter.

Zusammenfassend gelten für die Differenzierung des Gesamtkapitalwertes und damit auch für die Berechnung des residualen Unternehmungskapitalwertes folgende Zusammenhänge:

GC_0	Gesamtkapitalwert
$- FC_0$	Fremdkapitalwert
$= EC_0$	Eigenkapitalwert/Shareholder Value
$- EC_v$	vertraglich vereinbarter Eigenkapitalwert (Rückzahlungsanspruch)
$= RUC_0$	Residualer Unternehmungskapitalwert.

Ausgehend von den Periodenüberschüssen kann der **residuale Unternehmungskapitalwert auch direkt durch Diskontierung der residualen Überschüsse künftiger Perioden** errechnet werden. Residuale Überschüsse unterscheiden sich von den Periodenüberschüssen durch Berücksichtigung von Mindestdividenden, Zinsen für Fremdkapitalgeber sowie Kapitalzahlungen (einschließlich der Rückzahlungsansprüche der Kapitalgeber). Berücksichtigt man bei den Periodenüberschüssen nur die Zinszahlungen an Fremdkapitalgeber sowie die Kapitalzahlungen an und von Fremdkapitalgebern, so erhält man nach Abzug dieser fremdkapitalgeberbezogenen Zahlungen sogenannte **eigenkapitalgeberbezogene Zahlungsüberschüsse,** die diskontiert den Eigenkapitalwert/Shareholder Value ergeben.

Die Rechenbeispiele mit den Abbildungsnummern 90e und 90f verdeutlichen die Ermittlung des Eigenkapitalwertes/Shareholder Values und des residualen Unternehmungskapitalwertes zum einen durch Abzug des Fremdkapitals und des vertraglich vereinbarten Eigenka-

Perioden	0	1	2	3	4	5	6	7	8	9	10
Einzahlungen	0	1000	1040	1082	1125	1170	1217	1265	1316	1369	1423
Auszahlungen	0	-600	-624	-649	-675	-702	-730	-759	-790	-821	-854
Einzahlungsüberschüsse	0	400	416	433	450	468	487	506	526	548	569
Abzinsungsfaktoren	1	0,889	0,79	0,702	0,624	0,555	0,493	0,438	0,39	0,346	0,308
abgezinste Einzahlungsüberschüsse	0	356	329	304	281	260	240	222	205	190	175
Gesamtkapitalwert	2560										
Femdkapitalwert	-600										
Eigenkapitalwert/Shareholder Value	1960										
Vertraglicher Eigenkapitalanspruch	-200										
Residualer Unternehmungskapitalwert	1760										
Einzahlungen	0	1000	1040	1082	1125	1170	1217	1265	1316	1369	1423
Auszahlungen	0	-600	-624	-649	-675	-702	-730	-759	-790	-821	-854
Fremdkapital-Zinsen		-60	-60	-60	-60	-60	-60	-60	-60	-60	-60
Eigenkapital-Zinsen		-40	-40	-40	-40	-40	-40	-40	-40	-40	-40
Eigenkapitalzahlungen											-200
Fremdkapitalzahlungen											-600
Einzahlungsüberschüsse (ohne Kapitalzahl.)	0	400	416	433	450	468	487	506	526	548	569
Abzinsungsfaktoren (Kalkulationszins)	1	0,889	0,79	0,702	0,624	0,555	0,493	0,438	0,39	0,346	0,308
abgezinste betriebliche Einzahlungsüberschüsse	0	356	329	304	281	260	240	222	205	190	175
Abzinsungsfaktoren (Eigenkapital-Zins)	1	0,833	0,694	0,579	0,482	0,402	0,335	0,279	0,233	0,194	0,162
abgezinste EK-Zahlungen	0	-33	-28	-23	-19	-16	-13	-11	-9	-8	-39
Abzinsungsfaktoren (Fremdkapital-Zins)	1	0,909	0,826	0,751	0,683	0,621	0,564	0,513	0,467	0,424	0,386
abgezinste FK-Zahlungen		-55	-50	-45	-41	-37	-34	-31	-28	-25	-255
abgezinste Einzahlungsüberschüsse (gesamt)	0	268	251	236	221	206	193	180	168	156	-118
Residualer Unternehmungskapitalwert	1760										
Fremdkapital	600										
Fremdkapital-Zins	10%										
Eigenkapital	200										
Eigenkapital-Zins	20%										
Kalkulationszinssatz	12,50%										

Abb. 90 e: Beispiel zur Ermittlung von Kapitalwerten für die Unternehmung als Ganzes ohne zwischenzeitliche Kapitalveränderungen

Perioden	0	1	2	3	4	5	6	7	8	9	10
Einzahlungen	0	1000	1040	1082	1145	1190	1227	1265	1316	1369	1423
Auszahlungen	0	-600	-624	-649	-680	-712	-733	-759	-790	-821	-854
Einzahlungsüberschüsse	0	400	416	433	465	478	494	506	526	548	569
Abzinsungsfaktoren	1	0,889	0,79	0,702	0,626	0,558	0,497	0,442	0,393	0,349	0,31
abgezinste Einzahlungsüberschüsse	0	356	329	304	291	267	246	224	207	191	176
Gesamtkapitalwert	2590										
Femdkapitalwert	-600										
Eigenkapitalwert/Shareholder Value	1990										
Vertraglicher Eigenkapitalanspruch	-200										
Residualer Unternehmungskapitalwert	1790										
Einzahlungen	0	1000	1040	1082	1145	1190	1227	1265	1316	1369	1423
Auszahlungen	0	-600	-624	-649	-680	-712	-733	-759	-790	-821	-854
Fremdkapital-Zinsen		-60	-60	-60	-70	-70	-70	-60	-60	-60	-60
Eigenkapital-Zinsen		-40	-40	-40	-40	-40	-40	-40	-40	-40	-40
Eigenkapitalzahlungen											-200
Fremdkapitalzahlungen				100			-100				-600
Einzahlungsüberschüsse (ohne Kapitalzahl.)	0	400	416	433	465	478	494	506	526	548	569
Abzinsungsfaktoren (Kalkulationszins)	1	0,889	0,79	0,702	0,626	0,558	0,497	0,442	0,393	0,349	0,31
abgezinste betriebliche Einzahlungsüberschüsse	0	356	329	304	291	267	246	224	207	191	176
Abzinsungsfaktoren (Eigenkapital-Zins)	1	0,833	0,694	0,579	0,482	0,402	0,335	0,279	0,233	0,194	0,162
abgezinste EK-Zahlungen		-33	-28	-23	-19	-16	-13	-11	-9	-8	-39
Abzinsungsfaktoren (Fremdkapital-Zins)	1	0,909	0,826	0,751	0,683	0,621	0,564	0,513	0,467	0,424	0,386
abgezinste FK-Zahlungen		-55	-50	30	-48	-44	-96	-31	-28	-25	-255
abgezinste Einzahlungsüberschüsse (gesamt)	0	268	251	311	224	207	136	182	169	158	-117
Residualer Unternehmungskapitalwert	1790										
Fremdkapital	600										
Fremdkapital-Zins	10%										
Eigenkapital	200										
Eigenkapital-Zins	20%										
Kalkulationszinssatz	12,50%										
Kalkulationszinssatz der Perioden 4-6:	12,20%										

Abb. 90f: Beispiel zur Ermittlung von Kapitalwerten für die Unternehmung als Ganzes mit zwischenzeitlicher Fremdkapitalaufnahme und -rückzahlung

pitalanspruchs vom Gesamtkapitalwert, zum anderen durch die direkte Berücksichtigung von fremd- und eigenkapitalgeberbezogenen Zahlungen in den Periodenüberschüssen künftiger Perioden. Bei der direkten Berücksichtigung von fremd- und eigenkapitalgeberbezogenen Zahlungen ist darauf zu achten, daß diese Zahlungen jeweils mit ihrem spezifischen Zinssatz diskontiert werden.

In Abbildung 90f ist in der Beispielrechnung zusätzlich von der vierten bis zur sechsten Periode eine Fremdkapitalaufnahme angesetzt worden, die zu einem geänderten gemischten Kalkulationszinssatz in diesen Perioden führt. In jeder Periode ist der gemischte Kalkulationszinssatz entsprechend der Kapitalstruktur und den Eigen- und Fremdkapitalzinsen zu bilden. (Dies führt in den Perioden ab der Kapitalaufnahme (4.–10. Periode) zu veränderten Abzinsungsfaktoren für Einzahlungsüberschüsse verglichen mit den Zahlungsreihen ohne Kapitalaufnahme, vgl. Abb. 90e)

Im **Rahmen der strategischen Geschäftsfeldplanung** ist die **Unternehmung** als Ganzes stets **vor und nach Strategie zu bewerten** – und zwar auf der Basis des Gesamtkapitalwertes und des Eigenkapitalwertes/Shareholder Values oder residualen Unternehmungskapitalwertes, damit die jeweilige Wertänderung der Unternehmung bei Durchführung einer bestimmten Strategie ermittelt werden kann. Unter alternativen Geschäftsfeldstrategien ist grundsätzlich diejenige optimal, die den größten Wertzuwachs bei dem Eigenkapitalwert/Shareholder Value und damit bei dem residualen Unternehmungskapitalwert bewirkt. Eine positive Differenz zwischen dem Wert der Unternehmung vor Strategie und dem Wert nach Strategie bedeutet dabei, daß Wert geschaffen wird (im Shareholder Value Ansatz spricht man von Value Creation), eine negative Differenz bedeutet, daß Wert vernichtet wird (Value Destruction)[47].

Ein **Wertzuwachs** kann durch leistungswirtschaftliche und finanzwirtschaftliche Aktionen erreicht werden. Er beruht letztlich stets auf einem kombinierten Einsatz von Arbeit und Kapital. Käme ein erwirtschafteter Wertzuwachs – entgegen unserer Konzeption der Überschußverwendung – nur den Eigenkapitalgebern zugute, würde bei den Führungskräften und ggf. sonstigen Mitarbeitern die Motivation für die Erwirtschaftung möglichst hoher Überschüsse verlorengehen. Um dies zu verhindern und das Entscheiden und Handeln in der Unternehmung auf die Erwirtschaftung eines optimalen Eigenkapitalwertes bzw. residualen Unternehmungskapitalwertes auszurichten, empfiehlt es sich, im Rahmen eines Führungskräfteanreizsystems Anreizgewährungen an die Erwirtschaftung von Kapitalwertzuwächsen zu koppeln (vgl. Abschnitt 3.3.2 dieses Teils). Wird ein Teil eines erwirtschafteten Wertzuwachses zur inneren Stärkung der Unternehmung verwendet, z.B. durch erhöhte Forschung und Entwicklung, wird für alle Beteiligten die erfolgreiche Weiterentwicklung der Unternehmung gesichert.

Eine rechnerische oder gar faktische **Wertvernichtung** muß zu einer Strategieänderung führen, zur Innovation, ggf. mit Reduzierung der Ansprüche von Lieferanten, Staat sowie Kapitalgebern und Mitarbeitern, andernfalls mit Standortverlagerungen, oder aber auch Führungskräftewechsel und Mitarbeiterfreisetzungen oder gar partieller oder totaler Unternehmungsstillegung. Das Konzept des residualen Unternehmungskapitalwertes fordert im Extremfall Abstriche bei beiden Hauptträgern der Unternehmung – also bei Eigenkapitalgebern und Mitarbeitern (vgl. Teil I, Abschnitt 1.1.2.2.1).

47 Vgl. Rappaport, A., Creating Shareholder Value, a.a.O., S. 65ff.

3.1.3.4 Ergebnisorientierte Beurteilung verketteter Investitionsobjekte bei Einbeziehung des Entscheidungsbaumverfahrens

Die ergebnisorientierte Beurteilung einzelner zeitlich und sachlich verketteter Investitionsalternativen, die im Planungszeitpunkt und auch in darauffolgenden Perioden realisierbar sind, wird durch Anwendung des Entscheidungsbaumverfahrens erleichtert. Dies ist ein Verfahren zur Darstellung und rechnerischen Lösung von zeitlich und sachlich komplex strukturierten Entscheidungsproblemen bei Berücksichtigung unterschiedlicher Umweltsituationen[48]. Es ermöglicht eine flexible Planung; mit der Lösung eines Problems im Planungszeitpunkt werden gleichzeitig Eventualpläne für Aktionen mit (und ohne) Potentialänderungen in künftigen Perioden erstellt und berücksichtigt.

Die wesentlichen Schritte bei Anwendung dieses Verfahrens im Rahmen der strategischen Planung sind – entsprechend dem allgemeinen Planungsprozeß – die folgenden:

(1) Klärung des Entscheidungsproblems und der hierfür relevanten Ziele,
(2) Zusammenstellung (Suche) der in Frage kommenden Lösungsmöglichkeiten (Investitionsalternativen),
(3) Erstellung der Beurteilungsgrundlagen (gegebenenfalls zunächst nur eines Zustandsbaumes).

Darstellung des Entscheidungsbaumes

Die Entscheidungsbaumdarstellung ist die Abbildung der Struktur eines Entscheidungskomplexes. Die Beziehungen zwischen gegenwärtigen Entscheidungen und deren Wirkungen bei künftigen, nichtbeeinflußbaren Ereignissen bzw. Umweltsituationen (Zuständen, Zufallserscheinungen, Marktsituationen) sowie möglichen künftigen Entscheidungen und deren Wirkungen bei künftigen, nichtbeeinflußbaren Ereignissen bzw. Umweltsituationen werden durch eine baumartig verästelte Darstellung graphisch verdeutlicht.

Der Entscheidungsbaum wird üblicherweise durch rechteckige und kreisförmige Knoten sowie Kanten gebildet. Ein rechteckiger Knoten kennzeichnet eine Entscheidungs- und Ergebnissituation. Ein kreisförmiger Knoten kennzeichnet ein künftiges Ereignis (einen künftigen Zustand). Die Kanten symbolisieren die Übergangsbeziehungen, für welche die Eintrittswahrscheinlichkeiten der Ereignisse angegeben werden können. Alle Entscheidungsalternativen und Umweltsituationen müssen sich gegenseitig ausschließen.

---

48 Vgl. zu diesen Verfahren ausführlich Magee, J. F., Decision Trees for Decision Making, HBR Juli/Aug. 1964, S. 126ff.; ders., How to Use Decision Trees in Capital Investment, HBR Sept./Oct., 1964, S. 79ff.; Müller-Merbach, H., Operations Research, a.a.O., S. 325ff.; Laux, H., Flexible Investitionsplanung, Opladen 1971; Ross, S. A., Westerfield, R. W., Jaffee, J. F., Corporate Finance, a.a.O., S. 199ff.; Weston, J. F., Copeland, T. E., Managerial Finance, a.a.O., S. 481ff.; ferner Strebel, H., Entscheidungsbaumtechniken, in: HWPlan, Hrsg. N. Szypersky, Stuttgart 1989, Sp. 374ff.; Zimmermann, H.-J., Einführung in die Grundlagen des Operations Research, 3. Bd., 2. Aufl., München 1989. Vgl. zur Anwendung des Entscheidungsbaumverfahrens und weiterer – auch im folgenden beschriebener – Methoden ebenfalls Dohrn, P. J., Salkin, G. R., The Use of Financial Models in Long Range Planning, LRP 2/1969, S. 27ff.; vgl. ferner Harris, R. D., Maggard, M. J., Computer Models in Operations Management, New York u.a. 1972, S. 61ff. – Die Frage, ob die Entscheidungsgrundlage durch Einholung von Zusatzinformationen in einem bestimmten Ausmaß (durch variable Wahrscheinlichkeitsziffern) verbessert werden kann, läßt sich unter Anwendung des Bayesschen Theorems behandeln; vgl. hierzu Weber, K., Entscheidungsprozesse unter Verwendung des Theorems von Bayes, in: Entscheidung bei unsicheren Erwartungen, Hrsg. H. Hax, Köln-Opladen 1970, S. 69ff.

Es lassen sich somit die Wirkungen von Entscheidungen in unterschiedlich wahrscheinlichen künftigen Umweltsituationen in einer baumartig verzweigten Darstellung kennzeichnen.

Berechnung der Ergebnisse der alternativen Entscheidungsmöglichkeiten

Beim Entscheidungsbaumverfahren werden alle relevanten Lösungen ermittelt, wobei in Abhängigkeit vom angewendeten Berechnungsverfahren unterschiedliche Lösungswege beschritten werden. So werden unterschieden:

- *Vollenumeration*
  Die Vollenumeration bedeutet die Ermittlung aller möglichen Lösungen (einschl. aller Zwischenergebnisse), von denen die beste Lösung ausgewählt wird. Dieses Verfahren empfiehlt sich, wenn die Zahl der Alternativen gering ist. Es ist insbesondere dann zu empfehlen, „wenn man ein einmaliges und nicht laufend auftretendes Problem zu lösen hat, für das sich der Aufwand der Entwicklung eines speziellen Lösungsverfahrens nicht lohnt“[49].
  Da strategische Entscheidungsprobleme vielfach nur eine begrenzte Anzahl von Entscheidungsalternativen enthalten oder erlauben, die unter Beachtung des Wirtschaftlichkeitsprinzips einer Grob- oder Detail-Untersuchung unterzogen werden können, bietet sich hier die Anwendung der Vollenumeration an. Unmittelbar auf dem Entscheidungsbaum basierend wird üblicherweise durch retrogrades Aufrollen des verzweigten Entscheidungsproblems die optimale Lösung errechnet (roll-back-method).

- *Begrenzte Enumeration, Dynamische Planungsrechnung, Branching and Bounding-Verfahren*
  Diese Verfahren stellen weitere rechnerische Lösungsmöglichkeiten dar, mit denen bei Vorliegen zeitlich und sachlich verketteter Entscheidungsprobleme optimale oder relativ optimale Ergebnisse ermittelt werden können. Leistungsfähigkeit von EDV-Anlagen und auch Wirtschaftlichkeitsaspekte setzen auch diesen Verfahren Grenzen in Abhängigkeit von der Zahl der Kombinationsmöglichkeiten. Zudem empfiehlt sich die Anwendung dieser Verfahren mit spezifischem Algorithmus vornehmlich für Probleme, die mit derselben Struktur wiederholt auftreten.

Im folgenden sei für die Anwendungsmöglichkeit des Entscheidungsbaumverfahrens mit Vollenumeration im Rahmen der Produktprogramm- und Potentialplanung ein (leicht variiertes) Beispiel von Magee[50] wiedergegeben (vgl. dazu Abbildung 91):

49 Müller-Merbach, H., Operations Research, a.a.O., S. 327.

50 Vgl. Magee, J. F., Decision Trees for Decision Making, a.a.O., S. 126ff.; vgl. zu weiteren Beispielen z.B. Brealey, R. A., Myers, S. C., Principles of Corporate Finance, 4. Aufl., New York 1991, S. 229ff.; Levy, H., Sarnat, M., Capital Investment and Financial Decisions, 4. Aufl., Englewood Cliffs 1989, S. 196ff.; Kruschwitz, L., Investitionsrechnung, a.a.O., S. 286f.; Weston, J. F., Copeland, T. E., Managerial Finance, a.a.O., S. 484f.

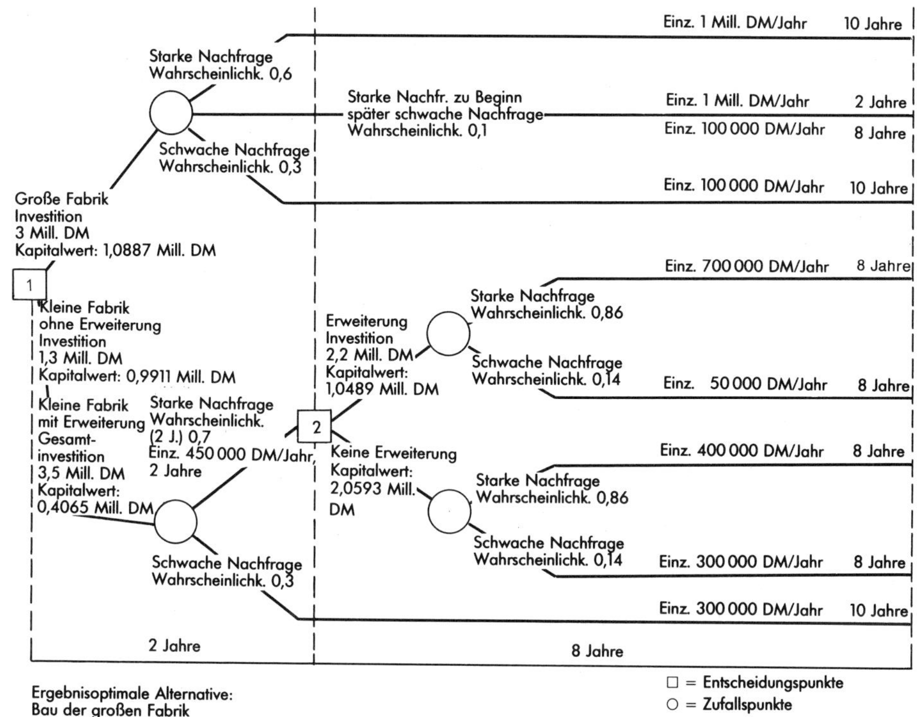

Abb. 91: Entscheidungsbaumdarstellung und Vollenumeration der ergebnisorientierten Entscheidungsgrundlage für eine komplexe Produkt- und Potentialentscheidung

Problem:
Optimale Potentialplanung für ein neues Produkt, dessen erwartete Lebensdauer auf dem Markt 10 Jahre beträgt.

Alternativen:
Bau einer großen oder einer kleinen Fabrik im Planungszeitpunkt; bei starker Nachfrage Erweiterungsmöglichkeit der kleinen Fabrik nach zwei Jahren.

Beurteilungsgrundlagen:
Prognosen über zu erwartende Einzahlungsüberschüsse in unterschiedlichen Umweltsituationen, Schätzungen von Eintrittswahrscheinlichkeiten der Entwicklungen, Kapitalwertberechnungen (roll-back-method). Abbildung 91 zeigt das Entscheidungsproblem als Entscheidungsbaum und die ergebnisorientierten Entscheidungsgrundlagen.

Der **Informationsgehalt** der Entscheidungsunterlagen bei Anwendung des Entscheidungsbaumverfahrens ist beträchtlich. Es ergeben sich für die Unternehmungsführung insbesondere die folgenden Vorteile:

- Verbesserung der Übersicht über das komplexe Entscheidungsproblem auf der Basis der graphischen Darstellung;
- Kennzeichnung von Einzelentscheidungen im Gesamtzusammenhang und Darlegung von Interdependenzen;
- Möglichkeit der übersichtlichen Berücksichtigung alternativer Schätzungen, insbesondere auch von Wahrscheinlichkeitsziffern;

Roll-back-Analyse

1. **Entscheidungspunkt 2**

A. *Barwerte der laufenden Einzahlungsüberschüsse*

	Nachfrage	Einzahlungsüberschüsse	Barwerte TDM
Erweiterung	stark	700 TDM/Jahr, 8 Jahre	3734,4
	schwach	50 TDM/Jahr, 8 Jahre	266,7
Keine Erweiterung	stark	400 TDM/Jahr, 8 Jahre	2134,0
	schwach	300 TDM/Jahr, 8 Jahre	1600,5

B. *Kapitalwerte unter Berücksichtigung der Wahrscheinlichkeiten und der Anfangsinvestition*

	Nachfrage	Wahrscheinlichkeit	Barwerte d. lfd. Einzahlungsüberschüsse TDM		Barwerte der lfd. Einzahlungsüberschüsse unter Berücksichtigung der Wahrscheinlichkeit TDM
Erweiterung	stark	0,86	3734,4		3211,6
	schwach	0,14	266,7		37,3
				Gesamt	3248,9
				⁒ Anfangsinv.	2200,0
				Kapitalwert	1048,9
Keine Erweiterung	stark	0,86	2134,0		1835,2
	schwach	0,14	1600,5		224,1
				Gesamt	2059,3
				⁒ Anfangsinv.	0,0
				Kapitalwert	2059,3

Anmerkung: Anwendung der Kapitalwertmethode, Kapitalisierungszinsfuß = 10%.

2. **Entscheidungspunkt 1**

	Nachfrage	Wahrscheinlichkeit	lfd. Einzahlungsüberschüsse	Barwerte d. lfd. Einzahlungsüberschüsse TDM		Barwerte d. lfd. Einzahlungsübersch. unter Berücksichtigung der Wahrscheinlichkeit TDM
Große Fabrik	stark	0,60	1000 TDM/Jahr, 10 Jahre	6144,6		3686,8
	zuerst stark, später schwach	0,10	1000 TDM/Jahr, 2 Jahre 100 TDM/Jahr, 8 Jahre	2176,4		217,6
	schwach	0,30	100 TDM/Jahr, 10 Jahre	614,5		184,3
					Gesamt	4088,7
					⁒ Investition	3000,0
					Kapitalwert	1088,7
Kleine Fabrik	anfangs stark	0,70	450 TDM/Jahr, 2 Jahre	781,0		546,7
			Wert d. Entscheidungspunktes 2 2059,3 TDM am Ende des 2. Jahres	1702,0		1191,4
	anfangs schwach	0,30	300 TDM/Jahr, 10 Jahre	1843,4		553,0
					Gesamt	2291,1
					⁒ Investition	1300,0
					Kapitalwert	991,1

Entscheidungsvorschlag: Unter Ergebnisgesichtspunkten empfiehlt sich der Bau einer großen Fabrik.

- Verbesserung der ergebnisorientierten Beurteilung (Kapitalwertermittlung) einzelner Alternativen oder Alternativenkombinationen sowie Verbesserung der Erfassung der Wirkungen von Alternativen oder Alternativenkombinationen auf Ziele künftiger Perioden;
- verbesserte Kontrollmöglichkeiten.

Im Rahmen der Produktprogramm- und Potentialplanung eignet sich das Entscheidungsbaumverfahren zur Beurteilung interner und externer Wachstumsmöglichkeiten; bei externem Wachstum, z. B. durch Beteiligungserwerb, müssen sich allerdings annähernd verläßliche Voraussagen über Zeitpunkt und mögliche Preissituationen des Erwerbs machen lassen.

3.1.3.5 Ergebnisorientierte Beurteilung von Investitionsobjekten/-programmen und des Außenfinanzierungsvolumens

Geht man nicht von einem gegebenen Kapitalfonds aus, so benötigt die Unternehmungsführung zur Beurteilung ihrer Investitionsmöglichkeiten auch Kenntnis über Ergebniswirkungen unterschiedlicher **Kapitalbeschaffungsmöglichkeiten**.

In der Praxis wird der Zinssatz in Abhängigkeit von der Bonität der Unternehmung mit zunehmender Kapitalinanspruchnahme steigen. Beurteilt man die Finanzierungsmöglichkeiten – genau wie vorab die Investitionsprojekte – allein unter Ergebnisgesichtspunkten und läßt mögliche **Finanzierungsbegrenzungen unberücksichtigt**, so lassen sich die Finanzierungsmöglichkeiten nach ihren jeweiligen – steigenden – Kostensätzen in eine Rangfolge bringen und sodann den nach fallenden Renditen geordneten Investitionsmöglichkeiten gegenüberstellen[51]. Im Schnittpunkt beider gegenläufiger Kurven ergibt sich das **ergebnisoptimale Investitions- und Finanzierungsprogramm** zum Planungszeitpunkt (vgl. Abbildung 92 a), denn die Renditen der über den Schnittpunkt hinausgehenden Investitionsmöglichkeiten sind geringer als die Kosten der hierzu erforderlichen Kapitalanteile.

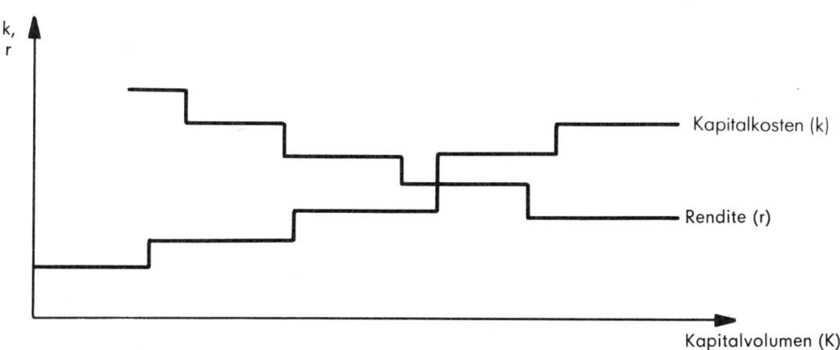

Abb. 92 a: Optimales Investitions- und Finanzierungsvolumen bei unbegrenztem Kapitalangebot

51 Vgl. Dean, J., Capital Budgeting, 7. Aufl., New York – London 1964; ders., Kapitalbeschaffung und Kapitaleinsatz, in: Schriften zur Unternehmungsführung, Sonderband, Hrsg. H. Jacob, Wiesbaden 1969; Gutenberg, E., Grundlagen der Betriebswirtschaftslehre, 3. Bd., Die Finanzen, a.a.O., S. 361 ff.

In der Praxis sind jedoch den **Kapitalbeschaffungsmöglichkeiten Grenzen** gesetzt. Sie ergeben sich aus dem unter branchen- und unternehmungsindividuellen Gesichtspunkten von den Kapitalgebern für zulässig gehaltenen **Verschuldungsgrad**. Ausgehend von einem bestimmten Eigenkapital – das in Abhängigkeit von der Kapitalmarktsituation oder den Eigentumsverhältnissen (Beherrschungsansprüchen) vielfach auch nur begrenzt erhöht werden kann – ergibt sich bei der Zugrundelegung eines bestimmten Verhältnisses von Eigen- zu Fremdkapital das jeweils maximal beschaffbare Fremdkapital und damit Außenfinanzierungsvolumen. Es zeigen sich entsprechende Konsequenzen für das realisierbare Investitionsvolumen (vgl. Abbildung 92b)[52].

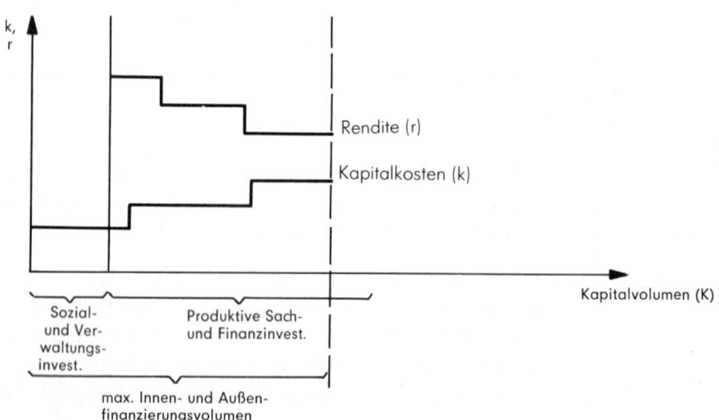

Abb. 92b: Investitionsprogramm bei begrenztem Kapitalangebot

Bei gegebenem Eigenkapital läßt sich das Fremdfinanzierungsvolumen auch über den kostenoptimalen Verschuldungsgrad ermitteln, so daß man zu einer ergebnisorientierten Berechnung des Kapitalfonds gelangt. Das kostenoptimale Eigen-/Fremdkapitalverhältnis läßt sich aus dem Verlauf der Eigen- und Fremdkapitalkostensätze sowie dem hieraus ermittelten, gewogenen Kapitalkostensatz ermitteln (vgl. Abbildung 93a).

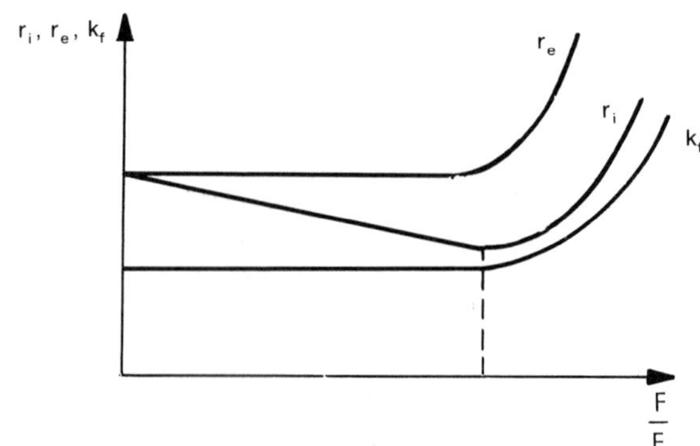

Abb. 93a: Ermittlung des kostenoptimalen Verschuldungsgrades bei gegebenem Eigenkapital[53]

52 Vgl. Gutenberg, E., Grundlagen der Betriebswirtschaftslehre, 3. Bd., Die Finanzen, a.a.O., S. 362f.; Schmidt R.-B., unter Mitwirkung von J. Berthel, Unternehmungsinvestitionen, 4. Aufl., Reinbek 1984, S. 93.

53 Vgl. Gutenberg, E., Zum Problem des optimalen Verschuldungsgrades, a.a.O., S. 695.

r_e, k_f = geforderte Zinskostensätze der Eigentümer bzw. der Fremdkapitalgeber

r_i = gewogener Kapitalkostensatz

$$r_i = \frac{E}{K} \cdot r_e + \frac{F}{K} \cdot k_f$$

E und F = Eigenkapital und Fremdkapital (bewertet zu Marktwerten/Kurswerten)

K = Gesamtkapital (bewertet zum Marktwert/Kurswert)

In den Kostenfunktionen kommt zum Ausdruck, wie sich die Eigentümer einerseits und die Fremdkapitalgeber andererseits im Hinblick auf die jeweils auftretenden Risiken im Finanzbereich der Unternehmung verhalten. Dies gilt im Grunde nur für das durch die Finanzierung ausgelöste Kapitalstrukturrisiko [54], wobei jedoch zwischen diesem und dem allgemeinen Existenzrisiko der Unternehmung enge Beziehungen und Abhängigkeiten bestehen. Auch dem so bei gegebenem Eigenkapital ermittelbaren Gesamtfinanzierungsvolumen können potentielle Investitionsobjekte gegenübergestellt werden. Hierbei kann wiederum die Rangfolge der Investitionsobjekte auf der Grundlage ihrer jeweiligen Rendite erfolgen.

Ausgehend von der erwarteten Durchschnittsrentabilität des in einem Betrieb einsetzbaren Kapitals einer Periode (RoI des Betriebs) kann auch das unter Ergebnisgesichtspunkten maximale **Kapitalvolumen mit optimaler Kapitalzusammensetzung** errechnet werden [55]. Im

54 Im Gegensatz zu der im Text dargestellten traditionellen Theorie gehen Modigliani und Miller davon aus, daß die Erhöhung des Risikos durch wachsende Verschuldung sofort in den Renditeforderungen der Eigenkapitalgeber berücksichtigt wird und den Leverageeffekt (Erhöhung der Eigenkapitalrendite bei wachsender Verschuldung) kompensiert. Mit wachsender Verschuldung steige demnach die **geforderte** Eigenkapitalverzinsung (Eigenkapitalkostensatz) aufgrund des gestiegenen Risikos, das die Eigenkapitalgeber zu tragen hätten. Durch den sinkenden Anteil des Eigenkapitals blieben die Gesamtkapitalkosten jedoch konstant. Ein kostenoptimaler Verschuldungsgrad wäre nicht zu ermitteln.

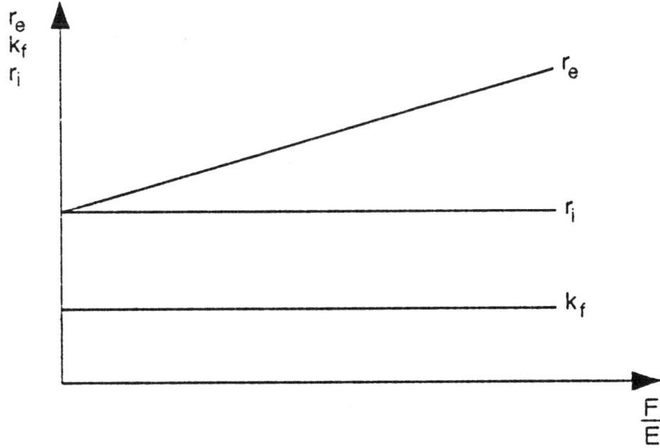

Hinsichtlich einer Darstellung des traditionellen Ansatzes und des Ansatzes nach Modigliani-Miller vgl. Brealey, R. A., Myers, S., Principles of Corporate Finance, a.a.O., S. 397ff.; Drukarczyk, J., Finanzierungstheorie, a.a.O., S. 168ff.; Ross, S. A., Westerfield, R. W., Jaffee, J. F., Corporate Finance, a.a.O., S. 382ff.; Schneider, D., Investition, Finanzierung und Besteuerung, a.a.O., S. 552ff.; Süchting, J., Finanzmanagement, a.a.O., S. 475ff.; Swoboda, P., Investition und Finanzierung, a.a.O., S. 155ff.; Vormbaum, H., Finanzierung der Betriebe, a.a.O., S. 49ff.; Weston, J. F., Copeland, T. E., Managerial Finance, a.a.O., S. 185ff. und S. 565ff. Vgl. zur Bestimmung der Gesamtkapitalkosten auch Copeland, T. E., Koller, T., Murrin, J., Valuation: Measuring and Managing the Value of Companies, a.a.O., S. 171ff.; Rappaport, A., Creating Shareholder Value, a.a.O., S. 55ff.

55 Vgl. Lipfert, H., Optimale Unternehmensfinanzierung, 3. Aufl., Frankfurt/Main 1969, S. 52ff.; vgl. zur Abbildung 93b, S. 55.

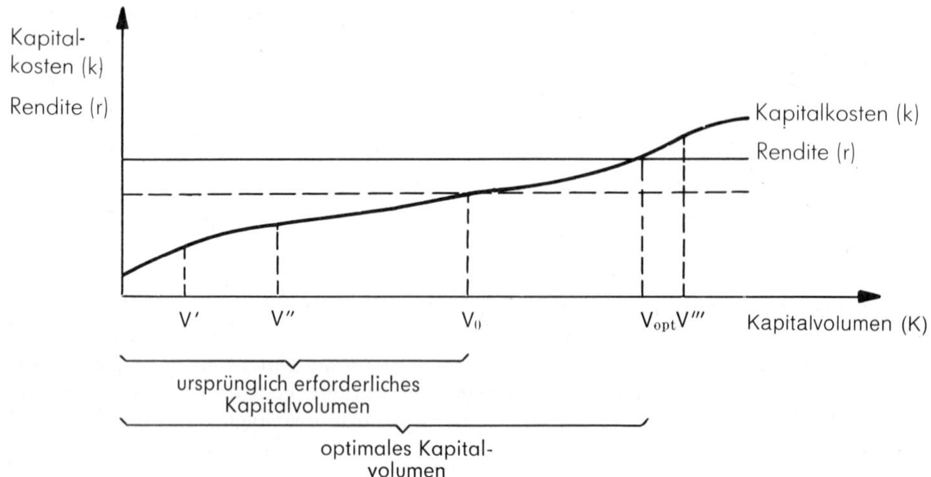

Abb. 93b: Optimales Investitions- und Finanzierungsvolumen

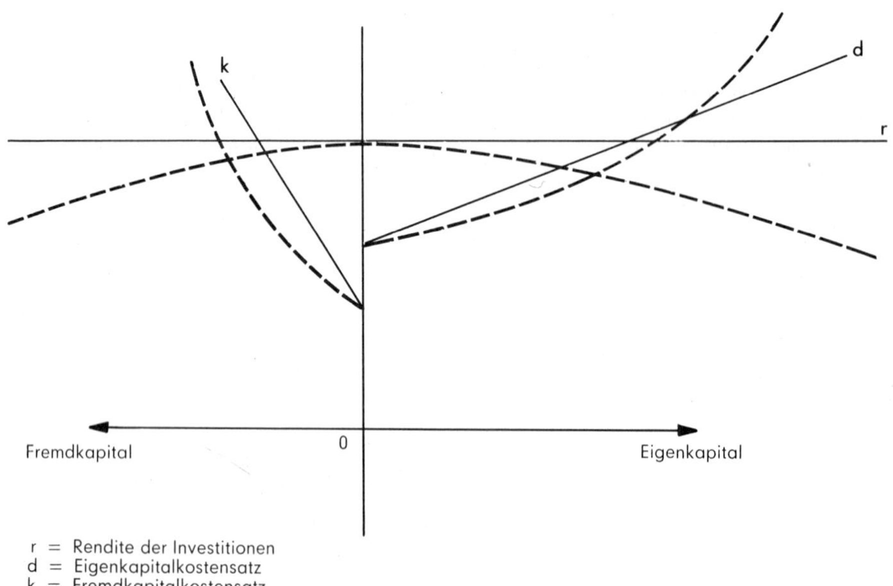

Abb. 93c: Optimaler Verschuldungsgrad bei variablem Eigen- und Fremdkapital

Planungszeitpunkt geschieht dies durch Addition der zu unterschiedlichen Kosten beschaffbaren (Fremd-)Kapitalarten, die mit Zinssätzen bis zur Höhe der Kapitalrendite in Anspruch genommen werden. Bei einem geringeren Kapitalbedarf werden zunächst jeweils jene Kapitalarten mit den vergleichsweise geringsten Zinskosten eingesetzt (vgl. Abbildung 93 b).

Durch Berücksichtigung von Einflüssen der einzelnen Kapitalarten auf die Gesamtfinanzierungskosten und bei Berücksichtigung unsicherer Erwartungen kann das Modell – wie auch die vorausgehenden – verfeinert werden.

Ausgehend von der erwarteten (Durchschnitts-)Rentabilität des in einem Betrieb einsetzbaren Kapitals einer Periode kann auch das unter Ergebnisgesichtspunkten maximal aufzunehmende Kapitalvolumen und dessen optimale Strukturierung bestimmt werden, wenn nicht nur das Fremdkapital, sondern auch das Eigenkapital variierbar ist und die Eigen- und Fremdkapitalkostensätze bei Variation der Kapitalvolumina bekannt sind. Eine derartige Ermittlung des ergebnisoptimalen (kostenoptimalen) Eigen-/Fremdkapitalverhältnisses ist auch möglich, wenn nichtlineare Verläufe der Zinssätze des eingesetzten Kapitals, der Eigenkapitalkostensätze und der Fremdkapitalkostensätze, vorliegen (vgl. gestrichelte Linien in Abbildung 93c)[56].

Diese ergebnis- und finanzierungsorientierten Planungsrechnungen ergeben als **Information für die Unternehmungsführung** die Grenzen des praktisch und kostentheoretisch relevanten Investitionsvolumens, sofern dieses primär unter Ergebnisgesichtspunkten bestimmt wird. Durch die hier skizzierten Ansätze zur kostenoptimalen Bestimmung des Investitions- und Finanzierungsvolumens wird jedoch nicht die aktuelle Liquidität der Unternehmung gesichert. Die Investitions- und Finanzierungsmittelplanung berücksichtigt keine Laufzeiten der Kredite und ist nicht eingebettet in die mehrperiodige, gesamtunternehmungsbezogene Finanzplanung. Insofern kommt ihr nur ein begrenzter Informationsgehalt zu.

3.1.3.6 Ergebnis- und liquiditäts-/finanzierungsorientierte Beurteilung von Investitionsobjekten/-programmen im Rahmen von Gesamtplanungsmodellen

Die ergebnis- und liquiditätsorientierte – und damit auch finanzierungsorientierte – Beurteilung von Investitionsobjekten und Investitionsprogrammen kann auf der Basis von Gesamtunternehmungsmodellen erfolgen (vgl. Abschnitt 5.4 dieses Teils). Solche Gesamtunternehmungsmodelle sollen das gesamte Unternehmungsgeschehen – oder zumindest das Geschehen wichtiger Unternehmungsbereiche – rechnerisch abbilden und gestaltbar machen. Hierbei interessieren für die Geschäftsfeldplanung zwei Modellarten:

Zum einen sind es im Wege der **Simulation** zu behandelnde **Erklärungsmodelle** in Form einfacher oder komplexer Gleichungsmodelle, die bei Einführung einer Zielfunktion in Entscheidungsmodelle überführt werden können.

Zum anderen sind es **analytische Entscheidungsmodelle**, die vornehmlich auf dem Lösungsansatz der **Linearen Programmierung** oder der **gemischt ganzzahligen Programmierung** basieren.

Es handelt sich entweder um Modelle, in die nur Wertgrößen eingehen – sogenannte Ergebnis-(Bilanz-) und Finanzmodelle – oder um Modelle, in die neben Wertgrößen auch Mengen- und Zeitgrößen anderer Teilplanungen eingehen. Hierbei interessieren für die strategische Planung Modelle auf einem hohen Abstraktionsgrad, also Grob-Modelle, bei denen Programm- und Potentialplanungen und deren Wirkungen im Vordergrund stehen. Die Modelle sollen aber nach Möglichkeit auch die Wirkungen von spezifischen Funktionsbereichs- und Regionalstrategien berücksichtigen können, die im Zusammenhang mit Programm- und Potentialplanungen Relevanz haben.

Es kommen Modelle in Betracht, die Periodenrechnungen mit daraus abgeleiteten Kapitalwertberechnungen gestatten, sowie Modelle, die Kapitalwertmaximierungen unter Einhaltung definierter Periodenziele (Nebenbedingungen) erlauben.

Durch solche Modelle lassen sich die Wirkungen von Programm- und Potentialkonstellationen auf die oberen monetären Ziele einer Unternehmung bzw. einer bilanzierungsfähigen

56 Vgl. Witte, E., Die Finanzwirtschaft der Unternehmung, in: Allgemeine Betriebswirtschaftslehre in programmierter Form, Hrsg. H. Jacob, Wiesbaden 1969, S. 570ff.

Einheit auf der Basis einer Vielzahl von Variationen von Ergebnis- und Liquiditätseinflußfaktoren errechnen. Dabei werden im Falle von Simulationsmodellen nur bestimmte Alternativen durchgespielt und ggf. zielorientiert verglichen, während im Falle analytischer Entscheidungsmodelle alle relevanten Alternativen berücksichtigt werden und nach einem speziellen Algorithmus unter Beachtung von Nebenbedingungen die (absolut) optimale Lösung bestimmt wird.

3.1.3.6.1 Simulationsmodelle

Hier interessieren Simulationsmodelle mit dem Charakter von Gesamtunternehmungsmodellen zur ergebnis- und liquiditäts-/finanzierungsorientierten Beurteilung von Programm- und Potentialalternativen bzw. Investitionsobjekten und Investitionsprogrammen, die Periodenrechnungen generieren und hierauf aufbauend den Kapitalwert berechnen. Entscheidungsgrundlagen bilden also

- **zeitpunktbezogen**
  Kapitalwert/Interner Zinsfuß als Maßstab für die Rentabilität mittels der dynamischen Investitionsrechnung

  sowie als Basis hierfür

- **zeitraumbezogen**
  die Entwicklung der wichtigsten Positionen in GuV- und Bilanzplänen sowie Finanzplänen ggf. mit vorgeschalteten Kosten-/Leistungsrechnungen mit wichtigen periodenbezogenen Kennzahlen.

Im folgenden wird als Beispiel für ein solches Simulationsmodell das Rechenmodell „COPE" (Computer oriented Project Evaluation) der Kreditanstalt für Wiederaufbau, Frankfurt/Main, skizziert[57].

Grundelemente des Modells

COPE ist ein Modell zur Durchführung von betriebs- und volkswirtschaftlichen Projektrechnungen, wie sie üblicherweise von Unternehmungen oder Projektträgern, wie Consultants und Entwicklungsbanken, zur Beurteilung der Wirtschaftlichkeit und auch Finanzierbarkeit von großen Investitionsobjekten bzw. Investitionsprogrammen herangezogen werden.

Mit dem Modell können Prognose- und Ex-post-Rechnungen durchgeführt werden. COPE ist ein methodisch in sich geschlossenes Modell, das auf der Basis eines Datensatzes betriebs- und volkswirtschaftliche Rechnungen sowohl in laufenden Preisen als auch in konstanter Kaufkraft eines Basisjahres erlaubt.

COPE kann herangezogen werden für die **Beurteilung**

- eines neuen Objektes in isolierter Betrachtung,
- eines neuen Objektes bei Berücksichtigung von sonstigen zeitlich parallel oder später liegenden neuen Objekten oder
- eines neuen Objektes bei Berücksichtigung von sonstigen zeitlich parallel oder später liegenden neuen Objekten und auch aller bestehenden Objekte – also in einem Gesamtmodell.

---

57 Herrn Uwe Ohls und Herrn Josef Buddenkotte, Kreditanstalt für Wiederaufbau, Frankfurt/M. gilt mein Dank für die Skizzierung des Modells.
Ergänzend zu dem Grundmodell wurde „SCOPE" (Simplified Computer Oriented Project Evaluation) für ausschließlich betriebswirtschaftliche Rechnungen in einer Währung entwickelt.

Im einzelnen bietet COPE folgende Rechnungen für die volks- und betriebswirtschaftliche Beurteilung:

- betriebs- und volkswirtschaftliche Investitionsrechnung (Kapitalwert, Interner Zinsfuß) und Errechnung der dynamischen Gestehungskosten pro Produkteinheit;
- betriebswirtschaftliche Unternehmungsrechnung (GuV, Bilanz) einschließlich Cash-flow-/Finanzierungsplanung;
- Investitionskostenaufstellung und Finanzierungsplan;
- Kosten- und Leistungsrechnung für bis zu fünf Produkte (Produktgruppen) einschließlich produktweiser (produktgruppenweiser) Deckungsbeitragsrechnung;
- betriebs- und volkswirtschaftliche Devisenrechnung.

COPE hat dabei folgende Möglichkeiten:

- gleichzeitige Eingabe von betriebswirtschaftlichen Daten und deren volkswirtschaftlicher Umbewertung;
- Rechnung in laufenden Preisen und in realen Kaufkrafteinheiten über einen Rechenzeitraum von bis zu 30 Jahren;
- Durchführung realer und nominaler Rechnungen in einem Programmdurchlauf;
- gleichzeitige Behandlung von Prognose- und Vergangenheitsdaten;
- Rechnung in zwei Basiswährungen (Inlands- und Devisenwährung) einschließlich Wechselkursprognose mit der Möglichkeit des Wechsels der Rechenwährung;
- automatische Berechnung der Reinvestitionen, der Restwerte, des Umlaufvermögens und des Liquiditätsausgleichs;
- Sensitivitätsanalyse;
- graphische Darstellung von wesentlichen Ergebnissen;
- Executive Summary.

Anforderungen an Hard- und Software

COPE ist für Nutzer konzipiert, die fachlich Wirtschaftlichkeitsrechnungen beherrschen, aber keine Spezialkenntnisse im Gebrauch von Computern haben. Als Basissoftware für COPE wurde Lotus 1–2–3 für Windows, Version 4 oder höher, gewählt. Für die Rechnung ist ein Personal Computer der 80486-Generation mit mindestens acht MB Hauptspeicher erforderlich. Diese Anforderungen werden von allen heute gängigen Rechnern erfüllt.

Zur Nutzung des Programms sind nur geringe Kenntnisse der Basissoftware erforderlich. Dem Benutzer werden folgende Hilfestellungen geboten:

- Das Programm hat eine eigene Menüführung und Kurztasten zur Erleichterung der Eingaben.
- Zu jeder Eingabe- und Ausgabetabelle ist ein Hilfetext hinterlegt, der alle Zeilen detailliert beschreibt. Das Benutzerhandbuch ist auf dem Bildschirm abrufbar. Das Handbuch bietet Hinweise, wie bestimmte Objektsituationen abgebildet werden können.
- Ein Fehlerprogramm prüft vor der Berechnung der Ausgabetabellen auf Inkonsistenzen in den Eingabeblättern.
- Die Programmausgabe kann in vier Sprachen (Englisch, Deutsch, Französisch, Spanisch) erfolgen.

Da das Programm mit Lotus 1–2–3 erstellt wurde, ergeben sich Erweiterungsmöglichkeiten, die man objekt- oder unternehmungsspezifisch vornehmen kann:

- Nebenrechnungen können sowohl in den Eingabeblättern als auch auf einem Benutzerarbeitsblatt (Schmierzettel) vorgenommen werden;
- Daten können direkt aus anderen Lotus 1–2–3-Arbeitsblättern oder -Programmen übernommen werden;

- zu COPE können benutzereigene oder unternehmungsspezifische Module geladen werden, um z. B. spezielle Auswertungen zu ermöglichen.

Modellaufbau

COPE besteht aus 25 Eingabeblättern und 29 Ausgabeblättern (vgl. Abbildung 94a). Die Eingabeblätter bestehen im wesentlichen aus vier Blöcken (Allgemeine Daten, Investitionen, Finanzierung, Produktionskosten und Absatzdaten) zuzüglich einiger Steuerungseingaben für die Rentabilitäts- und Sensitivitätsrechnung sowie die Finanzanalyse. Die Ausgabeblätter umfassen die wichtigsten Ergebnistabellen (Investitionsrechnung, Kostenrechnung, GuV, Bilanz, Cash-flow-/Finanzrechnung) sowie die entsprechenden Tabellen zum Nachvollziehen der Ergebnisermittlung. Die Sensitivitätsrechnung und die Errechnung von wichtigen Einzelparametern durch Vorgabe einer Zielfunktion für das Ergebnis sind Instrumente, mit denen ein realistischer „Ergebniskorridor" ermittelt werden kann, der eine umfassende Bewertung der möglichen Entwicklungen erlaubt.

Methodik des Modells

Behandlung von Preisentwicklungen, Inflation und Wechselkurs

COPE ermittelt die Rentabilität von Investitionen auf realer Preisbasis, d. h. in der Kaufkraft eines bestimmten Basisjahres. Die Finanzanalyse wird grundsätzlich in laufenden Preisen durchgeführt. Den Wertangaben für Investitionen, Kosten und Erlöse in Kaufkraft des Basisjahres können spezifische Zeitreihen/Indizes oder Wachstumsraten zur laufenden Preisentwicklung zugeordnet werden. Die Ermittlung der realen Wertentwicklung erfolgt durch Division der nominalen Jahreswerte durch einen Index (Deflator), der die Geldentwertung ausdrückt. Durch diese Verfahrensweise werden Preisstruktureffekte sichtbar (Abweichung zwischen Preisentwicklung eines Gutes/Gütergruppen und der prognostizierten Geldentwertung) und gehen in die Berechnung des realen Kapitalwertes und des realen Internen Zinses ein. Durch die Wahl des Deflators kann in der realen Rechnung entweder auf die Kaufkrafterhaltung oder auf die Substanzerhaltung in der jeweiligen Anlageform abgestellt werden (vgl. Abbildung 94b). Soweit Auslandsinvestitionen betroffen sind, können die Kosten- und Erlösgrößen entsprechend den jeweiligen Erfordernissen in zwei Währungen (Inlands- und Devisenwährung) eingegeben werden. Auf Basis der vorgenommenen Abschätzung der allgemeinen Preisentwicklung für die Inlands- und Devisenwährung errechnet das Modell gemäß Kaufkraftparitätentheorie eine Zeitreihe auf der Basis der sich bei real konstantem Wechselkurs ergebenden Kursentwicklung in laufenden Preisen. Alternativ kann eine von dieser Gleichgewichtsannahme abweichende Prognose des Wechselkurses eingegeben werden. Unter praktischen Gesichtspunkten empfiehlt es sich, solche diskreten Prognosen auf einen überschaubaren Zeitraum von etwa fünf Jahren zu begrenzen.

Diese Methodik erlaubt es, die Auswirkungen von Änderungen güter- bzw. produktspezifischer Preisentwicklungen, der allgemeinen Inflationsrate und des Wechselkurses als wichtige Parameter bei Auslandsinvestitionen zu berücksichtigen. Hier kommt es nicht auf ein singuläres Ergebnis an, sondern auf die Ermittlung eines „Korridors", innerhalb dessen realistischerweise die Ergebnisse erwartet werden können.

Parameter zur Prognosesteuerung/Ergebnisse

Für die Prognoserechnung werden Wertangaben für Investitionen, Umlaufvermögen, Betriebskosten und Erlöse und das zugehörige Mengengerüst eingegeben. Weitere Angaben sind der Rechenzeitraum (bis 30 Jahre, variabel einteilbar in Investitionsaufbau und Betriebszeit), die Nutzungsdauer einzelner Investitionskomponenten, Parameter für die Ermittlung des notwendigen Umlaufvermögens (Forderungen, Lagerbestände etc.), die Pro-

Eingabeblätter		Ausgabeblätter
0010 – Allgemeine Eingaben 0020 – Trendraten/-indizes 0030 – Devisenkurse 0040 – Diskreter Devisenkurs	**Basisdaten**	0510 Preisindexreihen 0520 Wechselkursentwicklung
1005 – Bezeichnungen Investitionen 1010 – Investitionskosten 1020 – Reinvestitionen (man.) 1030 – Investitionsparameter 1040 – Abschreibungen (man.) 1050 – Umlaufvermögen (man.)	**Investition**	1510 – Investition 1530 – Gesamtinvestition 1540 – Anlagevermögen 1610 – Umlaufvermögen (Detail) 1620 – Umlaufvermögen Inl/Dev
2005 – Bezeichnungen Kredite 2010 – Finanzierung 2020 – Kreditkonditionen 2030 – Tilgungs-/Zinsplan (man.)	**Finanzierung**	2510 Kreditziehung/Schuldendienst 2520 Tilgungs-/Zinsplan 2530 Bilanzwerte Kredite 2610 Investition/Finanzierung
3005 – Bezeichnungen Produkte/Kostenarten 3010 – Produktionsdaten 3020 – Erlöse 3030 – Betriebsausgaben 3040 – Erlöse (man.) 3050 – Kosten (man.)	**Produktion**	3510 – Produktionsdaten 3520 – Mengengerüst Kostenart 3530 – Erträge (Detail) 3540 – Kosten (Detail) 3550 – Erträge/Kosten (fix/var) 3560 – Erträge/Kosten (Inl/Dev) 3570 – Erträge/Kosten (Produkte) 3580 – Stück-/Herstellungskosten 3590 – Produktübersicht 3591 – Übersicht Produkt 1
4010 Investitionsrechnung	**Investitionsrechnung**	4510 Investitionsrechnung
5010 Gewinn- u. Verlustrechnung 5020 Verteilung Fixkosten	**Finanzrechnung**	5510 Gewinn- und Verlustrechnung 5520 Lagerbestandsbewertung
		6510 Bilanz
		7510 Cash-flow 7520 Devisen-Cash-flow
8510 Sensitivitätsrechnung 8520 Zielerreichung	**Risiko/Zielsuche**	8510 Sensitivitätsrechnung 8520 Zielerreichung

Abb. 94 a: KfW COPE-Übersicht für Ein- und Ausgabeinformationen

duktionskoeffizienten sowie der o.a. Preis- und Wechselkursmechanismus. Auf Basis dieser Informationen werden der Kapitalwert, der Interne Zins, die Pay-Back-Periode und die sogenannten dynamischen Gestehungskosten (Umlegung des Kostenbarwerts auf die einzelne Absatzeinheit) ermittelt. Für die Finanzanalyse werden zusätzlich Eingaben zur Finanzierung (Eigenkapital, Fremdkapital, Konditionen), Abschreibungsmodalitäten, Lagerbestandsbewertung, Gewinnsteuer, Dividenden etc. benötigt. Mit diesen zusätzlichen Angaben erstellt das Modell einen Investitions- und Finanzierungsplan, eine Kosten- und Dekkungsbeitragsrechnung, eine GuV, eine Bilanz und einen Cash-flow-/Finanzplan einschließ-

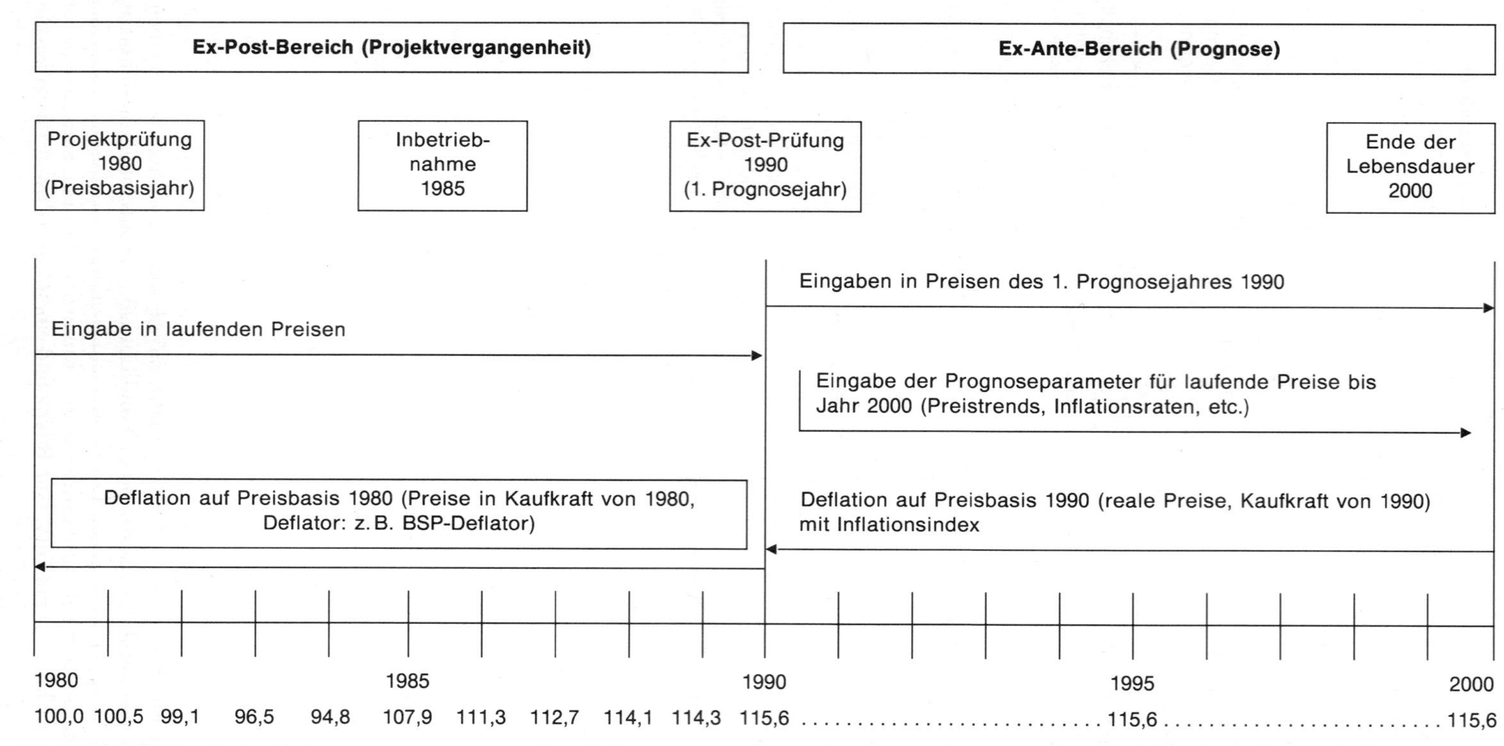

Abb. 94 b: Modell zur Berechnung der Preise in Kaufkraft des Preisbasisjahres (Projektprüfung) bei Ex-Post-Rechnungen

lich eines Devisen-Cash-flows. Durch die Eingabe volkswirtschaftlicher Umbewertungsparameter (Konversionsfaktoren) und der externen Kosten und Erlöse können aus den betriebswirtschaftlichen Rechnungen und Wertansätzen eine volkswirtschaftliche Kosten-/Nutzenanalyse und ein volkswirtschaftlicher Devisen-Cash-flow abgeleitet werden. Einzelheiten ergeben sich aus der schematischen Darstellung des Modells in Abbildung 94c.

Informationsgehalt

Das Modell COPE ist ein flexibles Recheninstrument, das mittels externer Module (z. B. zur Ermittlung der Absatzentwicklung) an spezielle Problemstellungen angepaßt werden kann. Es ist zur Beurteilung von isolierten und verketteten Einzelobjekten besonders geeignet. Als Ergebnisse werden Rentabilitätsrechnungen und eine komplette Finanzanalyse angeboten, insbesondere auch für Auslandsinvestitionen. Die zugehörigen Sensitivitäts- und Zielerreichungsrechnungen geben die Möglichkeit der Abbildung eines Lösungskorridors, der die Risikoabschätzung erleichtert. Das integrierte Graphikpaket und die Executive Summary stellen die Ergebnisse anschaulich dar. Für die Beurteilung von Auslandsinvestitionen besitzt das Modell Alleinstellungscharakter.

Das Modell wird bei Objektfinanzierungen der Kreditanstalt für Wiederaufbau, Frankfurt/Main, eingesetzt.

Für die Beurteilung von strategischen Programm- und Potentialalternativen kommen auch mehrperiodige Simulationsmodelle der Ergebnis- und Finanzplanung in Frage, die gleichzeitig die Beurteilung von Alternativen der operativen Planung einschließlich finanzwirtschaftlicher Alternativen mit höherem Detaillierungsgrad in den ersten Planperioden, insbesondere im Budgetjahr, gestatten. Ein solches Detail-Modell stellen wir nach ausführlicher Behandlung der operativen Planung und der gesamtunternehmungsbezogenen Ergebnis- und Finanzplanung dar (vgl. Abschnitt 5.4 dieses Teils).

3.1.3.6.2 Analytische Modelle

Hier interessieren analytische Modelle mit dem Charakter von Gesamtunternehmungsmodellen, die ergebnis- und liquiditätsorientierte/finanzierungsorientierte Entscheidungsgrundlagen für die Programm- und Potentialplanung geben. Es handelt sich um analytische Modelle, die Kapitalwertmaximierung bei simultaner Produktprogramm- und Potentialplanung unter Einhaltung definierter Periodenziele (Nebenbedingungen) gestatten. Als Beispiel für ein solches Modell, das als Grob-Modell für die Geschäftsfeldplanung mit integrierter Funktionsbereichsstrategieplanung eingesetzt werden kann, sei ein Modell von Popp skizziert. Dieses Modell von Popp ist zur Beantwortung spezieller Fragestellungen in einigen Unternehmungen auf der Schnittstelle von Strategie- und Mittelfristplanung entwickelt worden[58].

Zur Formulierung des Zielfunktionssystems schlägt Popp zwei Möglichkeiten vor:

- Maximierung des Kapitalwertes der Unternehmung unter Beachtung von Mindestanforderungen für die Periodengewinne im Zeitablauf;
- Maximierung des kapitalisierten Gesamtgewinns der Unternehmung unter Beachtung von Mindestanforderungen an den Perioden-Cash-flow.

---

58 Vgl. Popp, W., Simultane strategische Planung betrieblicher Funktionsbereiche, in: Strategische Unternehmungsplanung – Strategische Unternehmungsführung, Hrsg. D. Hahn, B. Taylor, 6. Aufl., Heidelberg 1992, S. 718ff.; ders., Modellgestützte Erarbeitung strategischer Pläne: Systematisches und Erfahrungen, Strategie-Seminar, Institut für Unternehmungsplanung an der Universität Gießen und Betriebswirtschaftliches Institut der Universität Bern, Zürich, 30. November/1. Dezember 1984 (unveröffentlichtes Vortragsmanuskript).

Das Modell wird im folgenden für den Fall der Kapitalwertoptimierung dargestellt. Dabei ergibt sich der Zielwert C_0 durch die Addition der abdiskontierten Zahlungsdifferenzen in einem dynamischen Planungszeitraum mit dem Zeitindex t. Es gilt:

$$C_0 = \underbrace{\sum_t q_t}_{\text{Diskontfaktor}} \cdot \left[\underbrace{\sum_j d_{tj}\, x_{tj}}_{\text{(a)}} - \underbrace{\sum_{r,k} A^P_{trk}\, y^P_{trk}}_{\text{(b)}} - \underbrace{\sum_{j,s} A^M_{tjs}\, y^M_{tjs}}_{\text{(c)}} - \underbrace{\sum_{i,j} p_{tij}\, z_{tij}}_{\text{(d)}} \right] \rightarrow \max!$$

Diskontfaktor	mengenproportionaler Einzahlungsüberschuß je Produkt j	Auszahlung bei Investition in Kapazitätsart r des Produktionsbereiches mit Erweiterungsschritt der Art k	Auszahlung bei Absatzmaßnahme der Art s für Produkt j	Auszahlung für Substitution des Produktes i durch Produkt j

Als *Nebenbedingungen* gelten:

a) im *Absatzbereich* für jedes Produkt j:

(1) $H^u_{tj} \leq \sum_i z_{tij}\, \alpha_{tij} (H_{ti} + \sum_s H^{ex}_{tis}\, y^M_{tis}) \leqslant H^o_{tj} \qquad \forall\, t, j$

(2) $x_{tj} - \sum_i z_{tij}\, \alpha_{tij} (H_{ti} + \sum_s H^{ex}_{tis}\, y^M_{tis}) \leqslant 0 \qquad \forall\, t, j$

(3) $\sum_j z_{tij} = 1 \qquad \forall\, i$

zu (1): Veränderungen von Absatzoberschranken durch Absatzexpansionsschritte und durch Substitution können durch Unter- und Oberschranken begrenzt werden.

zu (2): Die Produktions- und Absatzmengen können die veränderten Absatzoberschranken nicht überschreiten.

zu (3): Substitutionsströme eines Produktes i addieren sich zu 1.

b) im *Produktionsbereich:*

$$\sum_j a_{trj}\, x_{tj} - \sum_{t'=1}^{t} \sum_k P^{ex}_{t'rk}\, y_{t'rk}{}^P \leqslant P_{or} \qquad \forall\, t, r$$

Die Belastung einer Produktionskapazität der Art r wird durch die Produktionskapazität und durch mögliche Produktionserweiterungen begrenzt.

c) im *Personalbereich:*

$$M^u_{tw} \leqslant \sum_j m_{tjw}\, x_{tj} \leqslant M^o_{tw} \qquad \forall\, t, w$$

Der Personaleinsatz je Mitarbeitergruppe w wird durch Ober- und Untergrenzen beschränkt.

d) für den *Liquiditätsplan:*

$$\sum_{t'=1}^{t} \left[\sum_j d_{t'j}\, x_{t'j} - \sum_{r,k} A^P_{t'rk}\, y^P_{t'rk} - \sum_{j,s} A^M_{t'js}\, y^M_{t'js} - \sum_{i,j} P_{t'ij}\, z_{t'ij} \right] \geqslant \sum_{t'=1}^{t} L_{t'} \qquad \forall\, t$$

Die Liquidität ergibt sich – kumuliert bis zur jeweiligen Periode – aus dem Einzahlungsüberschuß ./. Auszahlungen für Investitionen im Produktions- und Absatzbereich und ./. Auszahlungen bei Produktsubstitutionen; für diese Größen können Mindestwerte vorgegeben werden.

e) für den *Gewinnplan:*

$$\sum_{j} g_{tj} x_{tj} - \sum_{t'=1}^{t} \sum_{r,k} v_{t'trk} y^{P}_{t'rk} - \sum_{j,s} A^{M}_{tjs} y^{M}_{tjs} - \sum_{i,j} p_{tij} z_{tij} \geqq G_t \qquad \forall\, t$$

Der Gewinn ergibt sich aus dem Deckungsbeitrag ./. Abschreibungen aus dem Produktionsbereich ./. Auszahlungen für Absatzmaßnahmen und Produktsubstitutionen; hier können Mindestwerte je Periode verlangt werden.

Schließlich sind die folgenden Nichtnegativitäts- und Ganzzahligkeitsbedingungen zu beachten:

$$x_{tj},\, z_{tij} \geqq 0; \qquad y^{P}_{trk},\, y^{M}_{tjs} = 0, 1, 2, \ldots \qquad \forall\, t, r, k, i, j, s\,.$$

Im Bedarfsfall kann dieses Modell so erweitert werden, daß auch Verminderungen der Produktionskapazitäten, die Aufnahme von Fremdkapital sowie die Durchführung von Finanzinvestitionen und Veränderungen von Aktien- und Eigenkapital im Optimierungsprozeß Berücksichtigung finden[59].

Verzeichnis der Symbole zum Modell von Popp

Parameter

α_{tij}	Substitutionsanteil beim Übergang von Produkt i nach Produkt j
a_{trj}	Verbrauchskoeffizient der Kapazitätsart r für Produkt j
A^{M}_{tjs}	Auszahlung zur Absatzmaßnahme der Art s für das Produkt j
A^{P}_{trk}	Auszahlung zur Investition der Art k für die Produktionskapazität r
C_0	Kapitalwert (Zielfunktionswert)
d_{tj}	Einzahlungsüberschuß je Mengeneinheit von x_{tj}
g_{tj}	Deckungsbeitrag je Mengeneinheit von x_{tj}
G_t	Gewinnunterschranke
H_{tj}	Absatzunterschranke (H^{u}_{tj}) bzw. Absatzoberschranke (H^{o}_{tj}) des Produktes j
H^{ex}_{tj}	Erweiterungsschritt s der Absatzkapazität für Produkt j
L_t	Unterschranke für kurzfristigen Cash-flow
m_{tjw}	Personalbedarf in der Personengruppe w für eine Mengeneinheit des Produktes j
M_{tw}	Personalunterschranke (M^{u}_{tw}) bzw. Personaloberschranke (M^{o}_{tw}) zur Personalgruppe w
p_{tij}	Auszahlungen bei der Substitution des Produktes i durch das Produkt j
P_{or}	Kapazitätsoberschranke für die Kapazitätsart r zu Beginn des Planungszeitraums
P^{ex}_{trk}	Kapazitätserweiterungsschritt der Art k für die Kapazitätsart r
q_t	Diskont-Faktor
$v_{t'trk}$	Abschreibung in t für Investitionen der Art k für Produktionskapazität r in t'

Entscheidungsvariablen

x_{tj}	Produktions- und Absatzmenge des Produktes j (kontinuierlich bzw. reell)
y^{M}_{tjs}	Variable zur Auswahl der Absatzmaßnahmen H^{ex}_{tjs} (ganzzahlig)
y^{P}_{trk}	Variable zur Auswahl der Kapazitätserweiterungsinvestitionen P^{ex}_{trk} (ganzzahlig)
z_{tji}	Anteil der Absatzschranke von Produkt i, der nach Produkt j übertragen werden soll (kontinuierlich bzw. reell)

59 Hinweise dazu finden sich in einem weiteren Zusammenhang bei Popp, W., Strategische Planung für eine multinationale Unternehmung mit gemischt-ganzzahliger Programmierung, OR Spektrum 1983, S. 45ff.

Zur Optimierung des vorliegenden Modells sind die nichtlinearen Funktionen zu linearisieren. Danach können die Optimierungsrechnungen auf Routineprogrammen der gemischt-ganzzahligen Programmierung gelöst werden.

Besonders berücksichtigt Popp die Möglichkeit, ob und in welchem Umfang bei langfristiger Betrachtungsweise ein Produkt durch ein anderes substituiert werden soll, wobei durch die Substitution Mengenverluste möglich sind. Damit können mit dem Modell auch voneinander abhängige strategische Geschäftsfelder geplant werden, im Gegensatz zu den „klassischen" Portfolioansätzen.

Gegenseitige Abhängigkeiten werden ebenfalls zwischen betriebswirtschaftlichen Funktionsbereichen, wie z. B. Absatz, Produktion, Personal und Finanzen, berücksichtigt. Dies zeigt sich besonders bei der Planung spezieller Maßnahmen, wie z. B. Absatzförderung bzw. Veränderungen der Produktionskapazitäten, wo neben den physischen Effekten in den jeweiligen Funktionsbereichen auch die Auswirkungen auf den Finanzbereich, d. h. in der Regel Cash-flow und Gewinn, erfaßt sind.

Zur Veranschaulichung der Abhängigkeiten von Produkten und speziellen Maßnahmen einerseits und den betriebswirtschaftlichen Funktionsebenen andererseits dient die Abbildung 95.

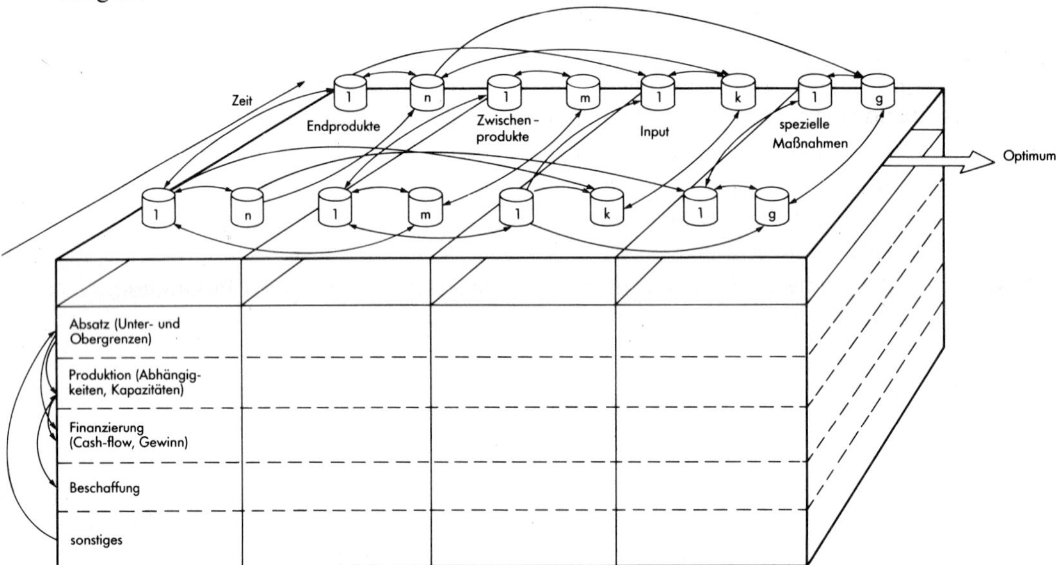

Abb. 95: Schematische Darstellung der abhängigen (Produktmengen je Produktart) und unabhängigen Variablen (Maßnahmen in den Funktionsbereichen) sowie deren mehrperiodige Verkettung

Die Mengen der Produkte werden dabei mit $x_1, \ldots, x_n$ bezeichnet und die Variablen zur Steuerung der speziellen Maßnahmen mit $y_1, \ldots, y_m$. Mit der Darstellung der Variablen durch „Drehknöpfe" wird darauf hingewiesen, daß hier Entscheidungsvariablen vorliegen. Und zwar sind die Variablen $x_1, \ldots, x_n$ kontinuierlich bzw. reell und nichtnegativ, während $y_1, \ldots, y_m$ nichtnegative ganzzahlige Größen darstellen.

Durch zusätzliche Berücksichtigung der Dimension Zeit sind die Entscheidungsvariablen und die betriebswirtschaftlichen Funktionsbereiche auch über die Zeit als interdependent zu betrachten.

In der Abbildung 95 sind bei einem Planungszeitraum von T Jahren die Zusammenhänge von $(n + m) \cdot T$ Entscheidungsvariablen mit den betriebswirtschaftlichen Funktionsbereichen skizziert.

Als Besonderheit des Modells ist die Berücksichtigung von strategischen Aktionen und von Substitutionseffekten im Absatzbereich zu sehen. Die Erfassung der Gewinne über Nebenbedingungen erlaubt auf der Basis von Optimierungsrechnungen die Bestimmung effizienter Kombinationen von Kapitalwerten und Gewinnen. In Beispielsrechnungen zeigt sich, daß eine Erhöhung der Gewinnunterschranken in der Regel zu einer Verminderung des Kapitalwertes führt oder gar eine Nichtexistenz der Lösung bewirkt. Eine nachgeschaltete Auswertungsrechnung ermöglicht es, den RoI des Modells zu bestimmen.

Das Modell hat bei der Anwendung in verschiedenen praktischen Fällen zur Erkennung interessanter und auch wesentlicher Effizienzverbesserungsmöglichkeiten geführt. Beispiele liegen für die folgenden Branchen vor: Tapeten, Nahrungsmittel, Feinmechanik und Pharmazie.

Informationsgehalt für die Unternehmungsführung

Der Informationsgehalt eines solchen analytischen Modells liegt darin, daß hier simultan ermittelt werden:

- Produktprogramm- und Grobproduktionsplan sowie
- Investitions- und Desinvestitionsplan bei Liquiditätssicherung und exogener Gestaltung des Fremdfinanzierungs- und Definanzierungsplans.

Ferner können über Sensitivitätsanalysen und Variationen von Inputdaten Anhaltspunkte für Strategien im Sinne von Verhaltensregeln für die Funktionsbereiche gewonnen werden.

Vor allem Anfang der 60er Jahre sind bereits Modelle zur simultanen Produktions- und Investitionsplanung entwickelt worden, die auch bei dem Modell von Popp im Vordergrund steht. Zudem sind Modelle vorgestellt worden, bei denen die simultane Investitions- und Finanzierungsplanung im Vordergrund steht. Wir verweisen hierzu auf die Spezialliteratur[60]. Ein in jüngerer Zeit hierauf aufbauendes analytisches Gesamtunternehmungsmodell

---

60 Vgl. Albach, H., Investition und Liquidität, Wiesbaden 1962, S. 67ff.; Bitz, M., Äquivalente Zielkonzepte für Modelle zur simultanen Investitions- und Finanzplanung, ZfbF 1976, S. 485ff.; Blohm, H., Lüder, K., Investition, a.a.O., S. 300ff.; Dantzig, G. B., Lineare Programmierung und Erweiterungen, Berlin – Heidelberg – New York 1966, S. 110ff.; Förstner, K., Henn, R., Dynamische Produktionstheorie und Lineare Programmierung, Meisenheim/Glan 1957; Haberstock, L., Zur Integrierung der Ertragsbesteuerung in die simultane Produktions-, Investitions- und Finanzierungsplanung mit Hilfe der linearen Programmierung, Köln 1971; Hax, H., Investitions- und Finanzplanung mit Hilfe der linearen Programmierung, ZfbF 1964, S. 435ff.; Jacob, H., Investitionsplanung und Investitionsentscheidung mit Hilfe der Linearprogrammierung, 3. Aufl., Wiesbaden 1976, S. 29ff.; ders., Neuere Entwicklungen in der Investitionsrechnung, ZfB 1964, S. 583; ders., Investitionsplanung mit Hilfe der Optimierungsrechnung, in: Schriften zur Unternehmungsführung, Bd. 4, Optimale Investitionspolitik, Hrsg. H. Jacob, Wiesbaden 1968, S. 107ff.; Krelle, W., Künzi, H. P., Lineare Programmierung, Zürich 1958, S. 44ff.; Kruschwitz, L., Investitionsrechnung, a.a.O., S. 176ff.; Moxter, A., Lineares Programmieren und betriebswirtschaftliche Kapitaltheorie, ZfhF 1963, S. 297ff.; Schweim, J., Integrierte Unternehmungsplanung, Bielefeld 1969, S. 32ff.; Seelbach, H., Planungsmodelle in der Investitionsrechnung, Würzburg – Wien 1967, S. 9ff.; Swoboda, P., Die simultane Planung von Rationalisierungs- und Erweiterungsinvestitionen und von Produktionsprogrammen, ZfB 1965, S. 148ff.; Weingartner, H. M., Mathematical Programming and the Analysis of Capital Budgeting Problems, 2. Aufl., Englewood Cliffs 1964; Zimmermann, H.-J., Operations Research Methoden und Modelle, Braunschweig – Wiesbaden 1987, S. 56ff.

behandeln wir nach ausführlicher Behandlung der operativen Planung und der gesamtunternehmungsbezogenen Ergebnis- und Finanzplanung (vgl. hierzu Abschnitt 5.4 dieses Teils).

Unternehmungsindividuelle Anpassungen von Gesamtmodellen sind in der Regel auf einfache Weise möglich. Dagegen kann die Schaffung der informationellen Voraussetzungen für den Modelleinsatz in der Praxis mit Anlaufschwierigkeiten verbunden sein oder an der Datenbeschaffung bei langem Planungshorizont scheitern[61].

3.1.4 Entscheidungsphase der Geschäftsfeldplanung: Festlegung des vorzugebenden Produkt- und Potentialprogramms

Die dargestellten primär ergebnisorientierten **Beurteilungsgrundlagen** dienen als **Entscheidungsgrundlagen zur Verabschiedung von integrierten Produktprogramm- und Potentialplänen** im Planungszeitpunkt (vgl. Abbildung 96).

Zum einen sind die in Frage kommenden Potentialalternativen mit jeweils dazugehörigem Produktprogramm bzw. Produktprogrammrahmen, also die Investitionsobjekte oder Investitionsprogramme, im Hinblick auf das **zeitpunktbezogen** formulierte **Ergebnisziel** aufgrund der Resultate der dynamischen Investitionsrechnung in eine Reihenfolge zu bringen. Dies hat entweder auf der Basis der **Kapitalwerte**/Kapitalwertraten oder der internen Verzinsungen zu geschehen. Bei der Anwendung des Entscheidungsbaumverfahrens, des beschriebenen Simulationsmodells oder des analytischen Optimierungsmodells ergeben sich die ergebnisoptimalen bzw. kapitalwertoptimalen Investitionsprogramme im Planungszeitpunkt mit spezifischen Folgeinvestitionen sowie den dazugehörigen Produktprogrammen bzw. Produktprogrammrahmen auch für künftige Perioden.

Sind bei der Beurteilung der Produktprogramm- und Potentialalternativen neben dem Ergebnisziel **weitere quantitative und auch nichtquantitative Ziele** zu berücksichtigen, so wird eine Zielgewichtung erforderlich, sofern total oder partiell konkurrierende Ziele vorliegen[62].

---

61 Vgl. zum Aufbau, zu Voraussetzungen und zu Auswertungsmöglichkeiten von Gesamtunternehmungsmodellen ferner z. B. Meyhak, H., Simultane Gesamtplanung im mehrstufigen Mehrproduktunternehmen, Wiesbaden 1970; Scholz, H., Matis, H., Zu den Grundlagen eines industriellen Entscheidungshilfe-Systems, DB 1972, S. 101 ff.; Stahlknecht, P., Erfahrungen mit computergestützten Planungsmodellen, Beitrag zum Internationalen Symposium über „Modell- und computergestützte Unternehmungsplanung" des BIFOA a.d. Universität zu Köln, Köln 1972; Zahn, E., Die strategische Unternehmensplanung als Anwendungsfeld mathematischer Modelle, Beitrag zum Internationalen Symposium über „Modell- und computergestützte Unternehmensplanung" des BIFOA a.d. Universität zu Köln, Köln 1972.

62 Sind für die Entscheidungsträger wichtige Ziele nur ordinal ausdrückbar (z. B. als sehr gut, gut und schlecht), müssen die kardinal (numerisch) ausgedrückten Zielerreichungsgrade der Alternativen ordinal ausgedrückt werden. Dies gilt strenggenommen auch dann, wenn nicht- oder nur schwer-quantifizierbare Zielerreichungen eine „Punktbewertung" erhalten, vgl. Teil I, Abschnitt 2.4.

Zum anderen sind die Wirkungen aller Programm- und Potentialalternativen auf die **mehrperiodig formulierten Ziele** sowie auf ihre Realisierungsmöglichkeit in künftigen Perioden zu untersuchen. Im Hinblick auf die mehrperiodig formulierten **Umsatz-, Ergebnis- und Liquiditätsziele** hat dies auf der Grundlage des Zahlenwerks der gesamtunternehmungsbezogenen Ergebnis- und Finanzplanung zu geschehen. Es ist zu analysieren, wie sich die geschätzten Zahlungsströme bzw. Erlöse und Kosten/Erträge und Aufwendungen sowie Kapitalbindungen der betrachteten Programm- und Potentialalternativen auf die Erreichung der im Rahmen der generellen Zielplanung fixierten Periodenziele auswirken, wobei die Entwicklungen zum Teil durch bereits getätigte oder in Realisation befindliche Investitionen bestimmt werden. Hierbei kann es notwendig werden, wiederum Zielgewichtungen vorzunehmen, wenn komparativ-statisch formulierte Ziele durch einzelne Investitionen oder Investitionsbündel in künftigen Perioden in sehr unterschiedlichem Ausmaß erfüllt werden, z. B. wenn Investitionen mit hohem Kapitalwert erst Gewinne nach mehreren Anlaufjahren erbringen oder in bestimmten Jahren wegen geringer Umsätze nur unbefriedigend zur Erreichung von Marktanteilszielen beitragen. Lediglich bei der Anwendung von Modellen mit hinreichend formulierten Periodenzielen erübrigt sich ein Teil dieser Vergleichs- und Abstimmungsarbeit. Aber auch hier bleibt zu prüfen, ob in das Modell eingegebene Daten, z. B. Außenfinanzierungen oder Personaländerungen in bestimmter Höhe, in künftigen Perioden realisiert werden können.

Mit dem Abschluß dieser (Teil-)Entscheidungsprozesse wird der vorzugebende langfristige integrierte Produktprogramm- und Potentialplan verabschiedet.

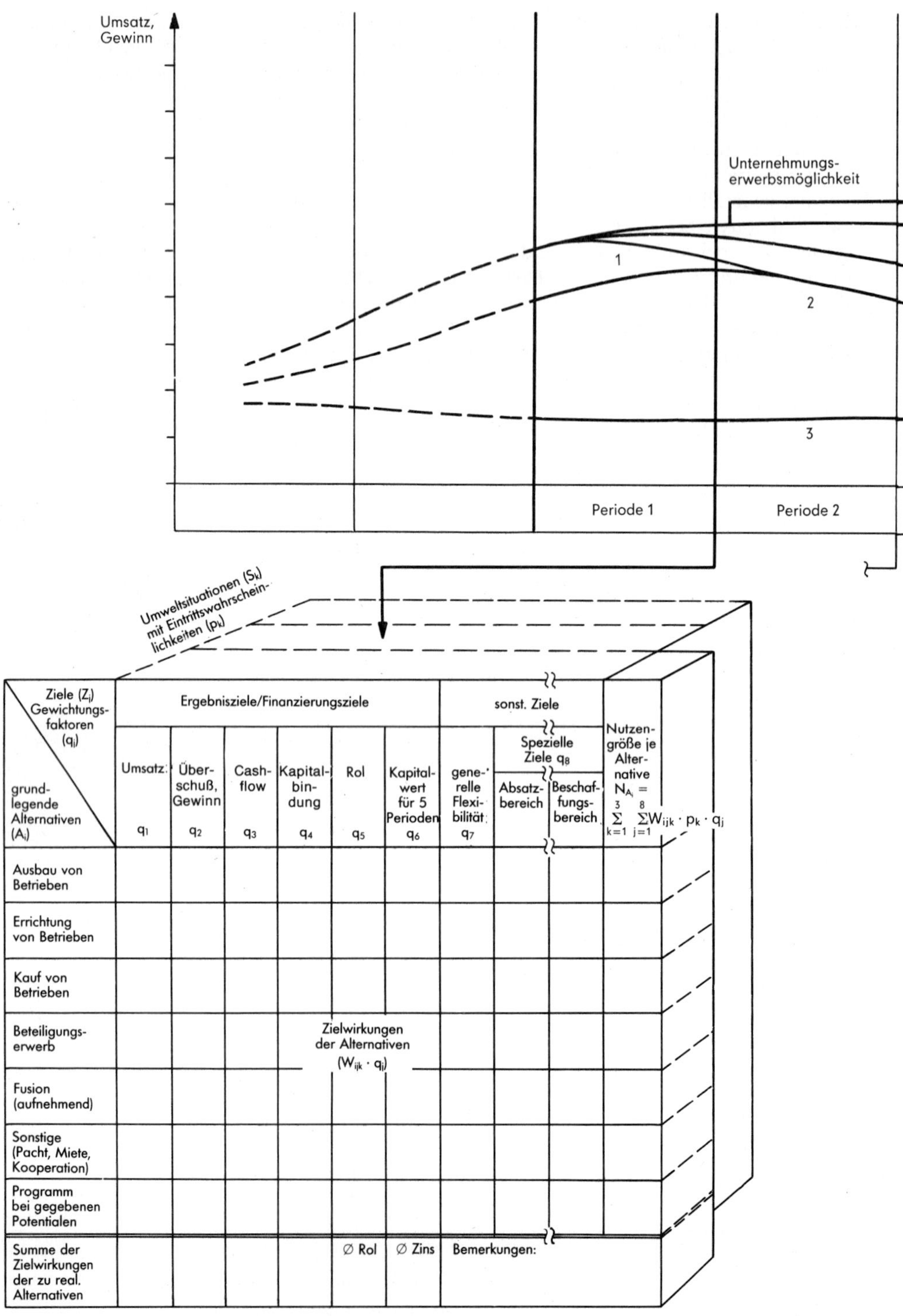

Beurteilungsgrundlagen für die langfristige Programm- und Potentialplanung bei Unternehmungsvergrößerung Periode 1

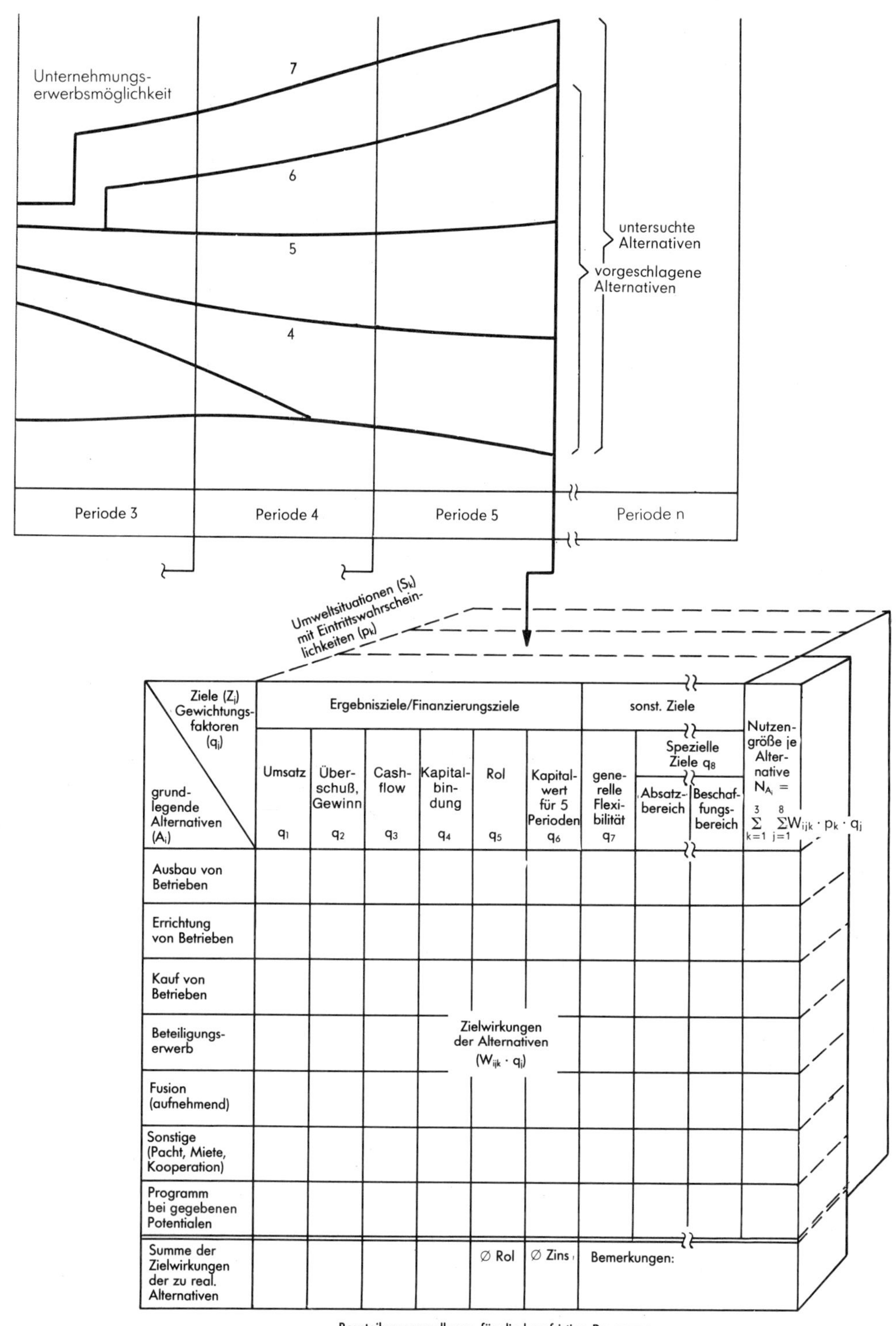

Abb. 96: Beurteilungsgrundlagen für die langfristige Programm- und Potentialplanung bei Unternehmungsvergrößerung

3.2 Organisations- und Rechtsform-/Rechtsstrukturplanung (Potentialstrukturplanung)

Überschaut man die skizzierte integrierte Produktprogramm- und Potentialplanung bzw. Geschäftsfeldplanung, und verdeutlicht man sich ihre Verzahnung innerhalb der Gesamtplanung, so wird offensichtlich, daß diese Wachstums-, Schrumpfungs- und Umstrukturierungsplanung den Kern der strategischen Planung bildet. Insbesondere nach größeren Wachstums-, Schrumpfungs- oder Umstrukturierungsprozessen werden allerdings vielfach wichtige weitere Anpassungsmaßnahmen notwendig, wenn Bestand und erfolgreiche Weiterentwicklung der Unternehmung gesichert werden sollen. So sind für bereits erlangte – oder besser: für in künftigen Perioden angestrebte – Unternehmungsgrößen mit spezifischer Programm-, Potential- und Standortstruktur auch rechtzeitig die entsprechende Organisations- und Rechtsform-/Rechtsstruktur (Einheitsgesellschaft – Konzern) zu wählen. Da bei Programm- und Sachpotentialplanungen in der Regel gleichzeitig über die hierzu erforderlichen personellen Potentiale, die hierzu erforderlichen Änderungen der Kapitalstruktur sowie über die entsprechende Standortstruktur entschieden wird, seien im folgenden lediglich einige Anmerkungen zu möglichen Änderungen der Organisation und Rechtsform/Rechtsstruktur bei Entwicklungsschüben gegeben und Möglichkeiten ihrer ergebnisorientierten Beurteilung erläutert.

Die Organisationsplanung sollte hierbei grundsätzlich integriert mit der Führungskräfteplanung erfolgen, auf die wir im Anschluß an dieses Kapitel eingehen[63].

Solche strategischen Entscheidungen können wiederum nach dem Planungsprozeß erfolgen.

3.2.1 Problemstellungsphase: Klärung des Entscheidungsgegenstandes und der Ziele der Organisations- und Rechtsform-/Rechtsstrukturplanung

Hierbei geht es um die Klärung und ggf. Spezifizierung der generellen Unternehmungsziele, der Sach-, Wert- und Sozialziele, soweit sie für die Wahl der Organisations- sowie Rechtsform/Rechtsstruktur relevant sind.

Es interessieren als wichtige **Rahmenbedingungen** insbesondere die in künftigen Perioden angestrebte Programmstruktur sowie das Ausmaß der hierfür erforderlichen Potentiale und deren Standortstruktur im nationalen und internationalen Raum.

63 Vgl. hierzu ausführlich Hahn, D., Organisationsplanung und Planungsprozeß, a.a.O., S. 447 ff.; Hahn, D., Bleicher, K., Organisationsplanung als Gegenstand der Unternehmungsplanung, a.a.O., S. 367 ff.; Hahn, D., Integrierte Organisations- und Führungskräfteplanung im Rahmen der strategischen Unternehmungsplanung, in: Strategische Unternehmungsplanung – Strategische Unternehmungsführung, Hrsg. D. Hahn, B. Taylor, 6. Aufl., Heidelberg 1992, S. 401 ff. sowie auch Drumm, H. J., Organisationsplanung, in: HWO, 3. Aufl., Hrsg. E. Frese, Stuttgart 1992, Sp. 1589 ff.; Grochla, E., Organisationsplanung, in: HWPlan, Hrsg. N. Szypersky, Stuttgart 1989, Sp. 1321 ff.; vgl. ferner diesen Ansatz vertiefend Krüger, W., Zielbildung und Bewertung in der Organisationsplanung, Wiesbaden 1981; ders., Grundlagen der Organisationsplanung, Gießen 1983; ders., Organisation der Unternehmung, a.a.O.; Widmann, U., Strategische Organisationsplanungsprozesse, Diss. Berlin 1980.

Primärziel sowohl **für die Organisationsgestaltung** als auch für die **Rechtsform-/Rechtsstrukturgestaltung** bildet das **Ziel der Erhaltung und erfolgreichen Weiterentwicklung der Unternehmung.** Hiervon ausgehend sind jeweils spezifische Sekundärziele (Kriterien/Anforderungen) aufzustellen und ggf. zu gewichten.

Als **Sekundärziele für die Beurteilung von Organisationsformen bzw. -modellen** kommen z. B. in Betracht[64]:

- Markt- und Wettbewerbsorientierung, Führbarkeit und Transparenz, Innovationsförderung, Kooperationsfähigkeit – als Sachziele,
- Kostenziele, mitunter auch Ergebnisziele, vereinzelt zusätzlich auch Kapitalbindungsziele und Liquiditätsziele – als Wertziele,
- Erhaltungs- und Entfaltungsziele der Mitarbeiter sowie zunehmend die Dialog-Effizienz im Hinblick auf die unternehmungsinterne und -externe Öffentlichkeit – als Sozialziele.

Als **Sekundärziele für die Wahl** einer spezifischen Ausprägung der **Rechtsform/Rechtsstruktur** kommen als Kriterien/Anforderungen in Betracht: Haftung, Firmierung, Leitungsbefugnis, Gewinn-/Verlustbeteiligung, Finanzierungsmöglichkeit, Steuerbelastung, Kosten der Rechtsform sowie Publizitätspflicht.

Bei sich künftig stark ändernden Umfeld- und Unternehmungsgegebenheiten und bei möglichen starken Zielvariationen sollte als gesondertes, auf einer anderen Betrachtungsebene liegendes Ziel formuliert werden die

- Anpassungsfähigkeit bzw. Flexibilität einer Organisation und auch Rechtsform/Rechtsstruktur.

Die Ziele sind entweder in den Dimensionen Inhalt und Ausmaß für künftige Perioden zu präzisieren oder aber als generelle Imperative anzugeben.

3.2.2 Suchphase: Ermittlung von Organisations- und Rechtsform-/ Rechtsstrukturalternativen

Hier sind zunächst die im Hinblick auf die Ziele und Rahmenbedingungen in Frage kommenden **Formen der Aufbauorganisation** als **Entscheidungsalternativen** zu kennzeichnen.

Ferner bilden die möglichen **Rechtsformen** sowie **Rechtsstrukturen Entscheidungsalternativen.**

Zwischen beiden können wechselseitige Einflüsse vorliegen, obwohl aus rein betriebswirtschaftlicher Sicht vor allem die vorhandene oder gewünschte Organisationsform die Rechtsform und Rechtsstruktur determinieren sollte.

64 Vgl. Hahn, D., Bleicher, K., Organisationsplanung als Gegenstand der strategischen Planung, a.a.O., S. 368f.; Krüger, W., Organisation der Unternehmung, a.a.O., S. 13f.; ferner Frese, E., Grundlagen der Organisation, a.a.O., S. 261ff.; Grochla, E., Thom, N., Organisationsformen, Auswahl von, in: HWO, 2. Aufl., Hrsg. E. Grochla, Stuttgart 1980, Sp. 1494ff.; Grochla, E., Welge, M. K., Zur Problematik der Effizienzbestimmung von Organisationsstrukturen, ZfbF 1975, S. 273ff.

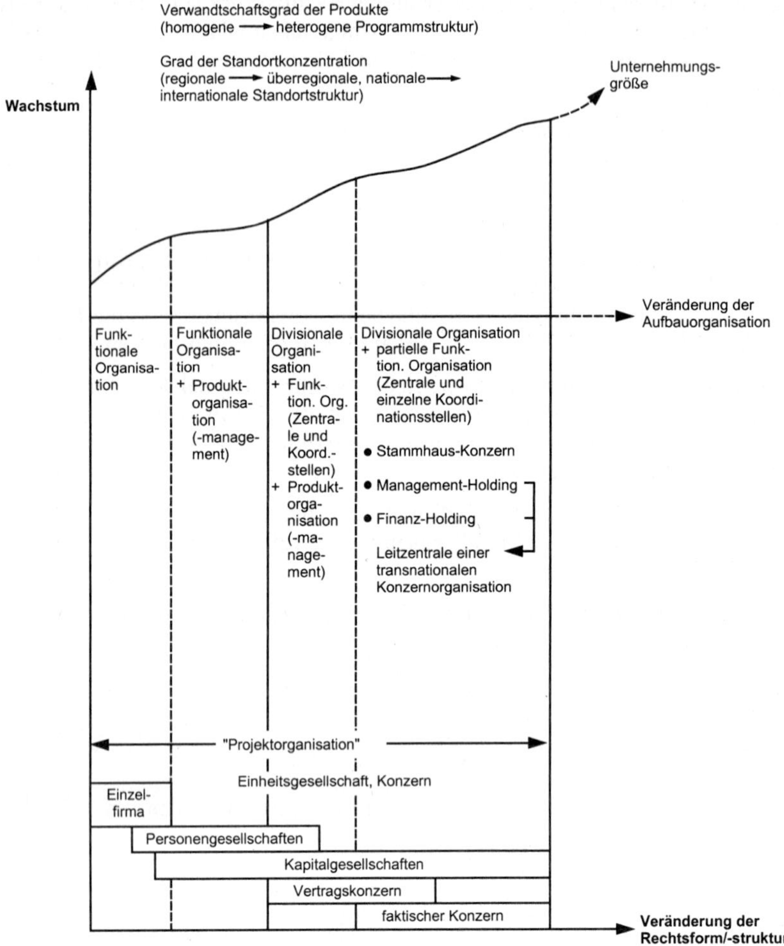

Abb. 97: Entwicklungsstufen der Aufbauorganisation und der Rechtsform/Rechtsstruktur von Unternehmungen

Abbildung 97 zeigt schematisch die grundsätzlich möglichen Entwicklungsstufen der Aufbauorganisation sowie die hierbei grundsätzlich möglichen Rechtsformen und Rechtsstrukturen in wachsenden Unternehmungen[65]. Es sind dies die wichtigsten Entscheidungsalternativen dieses Teils der strategischen Planung.

65 Vgl. zu möglichen Organisationsalternativen Bleicher, K., Organisation. Strategien – Strukturen – Kulturen, a.a.O.; Frese, E., Grundlagen der Organisation, a.a.O.; Krüger, W., Organisation der Unternehmung, a.a.O., S. 95 ff. Vgl. zu möglichen Rechtsformen Albach, H., Albach, R., Das Unternehmen als Institution, a.a.O., S. 35 ff. Vgl. zu Organisationsproblemen internationaler Unternehmungen auch Alewell, K., Regionalorganisation, in: HWO, Hrsg. E. Frese, 3. Aufl., Stuttgart 1992, Sp. 2184 ff. sowie Pausenberger, E., Internationale(n) Unternehmung, Organisation der, in: HWO, Hrsg. E. Frese, 3. Aufl., Stuttgart 1992, Sp. 1052 ff.

Für die Wahl der **Rechtsform** von Industrieunternehmungen sind wesentliche **Alternativen**[66]:

- Einzelgesellschaft,
- Personengesellschaft, insbesondere OHG und KG,
- Kapitalgesellschaft, insbesondere GmbH und AG.

Abbildung 98 zeigt die für die Wahl der Rechtsform ausschlaggebenden Kriterien und Alternativen sowie generellen Alternativenwirkungen.

Für die Wahl der **Rechtsstruktur** interessieren vornehmlich die folgenden Alternativen:

(a) Strukturierung (im Falle einer nationalen Standortstruktur) als Einheitsgesellschaft oder als Konzern,

(b) Strukturierung im Falle des Konzerns als
  - Unternehmung mit eingegliederten Gesellschaften oder als
  - Vertragskonzern auf der Grundlage eines Beherrschungsvertrages
    - gewöhnlich in Verbindung mit einem Gewinnabführungsvertrag oder
    - auf der Grundlage eines Betriebspacht- oder Betriebsüberlassungsvertrages oder als
  - faktischer Konzern, gewöhnlich auf der Grundlage einer Mehrheitsbeteiligung.

In praxi können diese Alternativen im Hinblick auf einzelne Unternehmungsbereiche nebeneinander gegeben sein.

Die Wahl der Rechtsstruktur scheint in erster Linie von der Frage des gewünschten Führungsstils abzuhängen, insbesondere von der gewünschten Regelung der Entscheidungsbefugnisse in der Unternehmung. Während eine weitgehend dezentrale Führung bei der Einheitsgesellschaft und bei allen Konzernarten möglich ist, ist eine straffe zentrale Führung nur bei der Einheitsgesellschaft und den ersten beiden Konzernarten im Inland uneingeschränkt und jeweils auch kurzfristig durchsetzbar. Ferner spielen Fragen der Besteuerung eine wesentliche Rolle für die Wahl der Rechtsstruktur.

---

66 Vgl. in diesem Zusammenhang vertiefend Gräb, U., Rechtsformwahl in Familienunternehmungen unter besonderer Berücksichtigung der Misch- und Sonderformen GmbH & Co. KG, Stiftung und Verein, Diss. Gießen 1989. Vgl. zu den europarechtlichen Rechtsformen der Europäischen Aktiengesellschaft (SE) und der Europäischen Wirtschaftlichen Interessen Vereinigung (EWIV) Abeltshauser, T. E., Der neue Statutsvorschlag für eine Europäische Aktiengesellschaft, a.a.O., S. 289ff.; Schmidt, K., Gesellschaftsrecht, 2. Aufl., Köln u. a. 1991, S. 1582ff.; Weitnauer, W., Die europäische grenzübergreifende Gesellschaft, Europäisches Wirtschafts- & Steuerrecht 6/1992, S. 165ff.; Institut der Wirtschaftsprüfer in Deutschland e. V. (Hrsg.), Wirtschaftsprüfer-Handbuch 1992, Düsseldorf 1992, S. 465ff.

Rechtsformen \ Kriterien		Rechtsgestaltung: Haftung	Rechtsgestaltung: Firmierung	Leitungsbefugnisse	Gewinn- und Verlustbeteiligung
Einzelunternehmung		Einzelunternehmer allein, uneingeschränkt und persönlich	Personenfirma	Einzelunternehmer allein	Einzelunternehmer erhält gesamten Gewinn; trägt alle Verluste
Personengesellschaften	**OHG**	Alle Gesellschafter uneingeschränkt, persönlich und solidarisch	Personenfirma	Alle Gesellschafter	Grundsätzlich gemäß Gesellschaftsvertrag; ansonsten: Kapitaleinlage wird mit 4% verzinst; Rest nach Köpfen; Verlust nach Köpfen
	KG	Komplementäre: uneingeschränkt und persönlich; Kommanditisten: Kapitaleinl.	Personenfirma	Komplementäre allein: Kommanditisten haben Kontrollrechte	Grundsätzlich gemäß Gesellschaftsvertrag; ansonsten: Kapitaleinlage wird mit 4% verzinst; Rest angemessen; Verlust angemessen (beim Kommanditisten max. bis zur Höhe seines Kapitalanteils)
Kapitalgesellschaften	**GmbH**	Kapitaleinlage der Gesellschafter (Stammkapital)	Personen- oder Sachfirma	Geschäftsführer (Gesellschafter oder andere Personen; von der Gesellschafterversammlung bestellt)	Grundsätzlich gemäß Gesellschaftsvertrag; ansonsten: nach dem Verhältnis der Geschäftsanteile
	AG	Kapitaleinlage der Aktionäre (Grundkapital)	I. d. R. Sachfirma	Vorstand (eine Person oder mehrere Personen; vom Aufsichtsrat bestellt)	Grundsätzlich gemäß Gesellschaftsvertrag; ansonsten: nach dem Verhältnis der Aktiennennbeträge

Abb. 98: Wesentliche Rechtsformalternativen und Kriterien für deren Auswahl – Grundlagen für eine Nutzwertanalyse

Finanzierungsmöglichkeit		Steuerbelastung	Aufwendungen der Rechtsform			Publizitätszwang
Eigenfinanzierung	Fremdfinanzierung					
Erhöhung des Haftungskapitals (ggf. Aufnahme eines stillen Gesellschafters)	Tendenziell zunehmendes Finanzierungspotential von der Einzelunternehmung (relativ niedrig) zur AG (relativ hoch). Im Einzelfall abhängig von der jeweiligen Kreditwürdigkeit (insbesondere von der Ertragslage, dem Ruf der Unternehmung und den Fähigkeiten der Leitung)	Einkommensteuer und Vermögensteuer des Einzelunternehmers	Kosten der Eintragung ins Handelsregister, notarielle Beglaubigungskosten (z. B. Gesellschafterverträge, Immobilienkauf etc.)			Gemäß PublG, wenn an drei aufeinanderfolgenden Abschlußstichtagen zwei der drei nachstehenden Merkmale zutreffen: – Bilanzsumme übersteigt 125 Mio. DM – Umsatzerlöse übersteigen 250 Mio. DM – Zahl der Arbeitnehmer übersteigt die Zahl 5000
Erhöhung des Haftungskapitals durch Aufnahme neuer Gesellschafter		Einkommensteuer und Vermögensteuer der Gesellschafter				
Nachschußzahlung der Gesellschafter oder Aufnahme neuer Gesellschafter		Körperschaftsteuer (45% auf einbehaltene Gewinne und 30% auf ausgeschüttete Gewinne) und Vermögensteuer der Gesellschaft		Gesellschaftsteuer		Grundsätzlich gemäß §§ 325 – 329 HGB
Ausgabe neuer (junger) Aktien					Druck und Ausgabe von Aktien und Prospekten; Gründungsprüfung	

3.2.3 Beurteilungsphase: Zielorientierte Beurteilung von Organisations- und Rechtsform-/Rechtsstrukturalternativen

Die organisatorischen und rechtlichen Alternativen sind im Hinblick auf die **Ergebnisziele** und sonstigen Ziele zu bewerten. Dies setzt die Schätzung der Veränderung von Wertströmen – Auszahlungen und Einzahlungen/Aufwendungen und Erträgen oder Kosten und Erlösen – für den Fall einer Veränderung der Organisation und/oder Rechtsform/Rechtsstruktur bezogen auf die gesamte Unternehmung oder Unternehmungsbereiche voraus. Es sind **im Prinzip Unternehmungsbewertungen vor und nach Organisations- und/oder Rechtsform-/Rechtsstrukturänderungen** erforderlich, wobei bei Rechtsform-/Rechtsstrukturänderungen insbesondere auch steuerliche Aspekte bei der Erstellung der Beurteilungsgrundlagen zu berücksichtigen sind. Die Erfassung monetärer Wirkungen von geplanten und tatsächlichen Organisations- und Rechtsform-/Rechtsstrukturänderungen bereitet in der Praxis meist erhebliche Schwierigkeiten. Ist dieses Problem hinreichend gelöst, kann zur Verbesserung der ergebnisorientierten Entscheidungsgrundlagen auch hier das Entscheidungsbaumverfahren angewendet werden[67]. Von erheblicher Bedeutung sind vor allem auch **nicht oder nur schwer quantifizierbare Ziele und Zielwirkungen,** die durch den Einsatz der **Nutzwertanalyse/Entscheidungsmatrix** als Planungshilfsmittel neben monetären Wirkungen berücksichtigt werden können.

3.2.4 Entscheidungsphase: Festlegung des vorzugebenden Organisations- und Rechtsform-/Rechtsstrukturplans

Nach Möglichkeit sind in Form einer **Entscheidungsmatrix Ziele, Alternativen und Zielwirkungen alternativer Organisations- und Rechtsformen/Rechtsstrukturen** in unterschiedlichen Umweltsituationen darzustellen. Die Auswahl bzw. Entscheidung über eine vorzugebende Alternative kann damit mit einer die Transparenz fördernden Beurteilungsgrundlage erfolgen. In der Praxis wird man sich hierbei meist mit der ordinalen Messung von Zielwirkungen begnügen müssen.

Abbildung 99 verdeutlicht die Anwendungsmöglichkeit der Entscheidungsmatrix für die hier interessierenden strategischen Planungen, das Beispiel zeigt eine Entscheidungsmatrix zur integrierten Organisations- und Führungskräfteplanung.

Zweifellos können die hier skizzierten Anpassungsentscheidungen an Wachstumsschübe – wie auch Entscheidungen über grundlegende Änderungen in Ablaufstrukturen – für die Entwicklung einer Unternehmung ähnliche Bedeutung haben wie die programm- und potentialbezogenen Wachstumsentscheidungen.

Für alle Entwicklungsstufen der Aufbauorganisation gilt, daß die **Planung der Organisation** für künftige Perioden in enger wechselseitiger Beziehung mit der **Planung der personellen Besetzung der obersten Führungspositionen** erfolgen sollte. Im Hinblick auf angestrebte Ausprägungen der Aufbauorganisation sind ausgehend vom Führungskräftebedarf und vom internen Führungskräfteangebot unter Berücksichtigung von externen Besetzungsmöglichkeiten die Nachfolge- und Karriereplanung mit integrierter Weiterbildungsplanung durchzuführen. Auch ist die Planung der Organisation mit vorgelagerter Geschäftsfeldplanung in wechselseitiger Abstimmung mit der **generellen langfristigen Arbeitskräfteplanung** vorzunehmen. Zudem ist bereits in den grundlegenden Ausführungen zur Ausgestaltung eines Planungssystems deutlich geworden, daß im Zusammenhang mit der Organisation das **Planungs- und Kontrollsystem** der Unternehmung **Gegenstand der Planung** sein muß.

---

67 Vgl. hierzu z. B. den Vorschlag von Blohm, H., Der Entscheidungsbaum als praktikables Entscheidungsmodell im Meta-Regelkreissystem, NB 6/1972, S. 17ff.

Ziele / Alternativen	Unabdingb. Voraussetzungen		Quantifizierbare Ziele			Nicht quantifizierbare Ziele				Nutzengröße je Alternative
	Zustimmung des Betriebsrats zur Reorganisation gem. §§ 91 u. 112 BetrVerfG	Keine unmittelbare Arbeitsplatzzahlreduzierung	Umsatz in Mio DM	Kosten in Mio DM	Ergebnis in Mio DM q = 1,6	Eignung für geplante Programmerweiterungen (Anpassungsfähigkeit) q = 1,4	Eignung im Hinblick auf die bestmögl. Nutzung des vorhandenen Betriebsmittelbestands q = 1,0	Eignung im Hinblick auf die Anforderungen der Führungskräfte (Aufstiegs- und Entwicklungsziele) q = 1,4	Eignung im Hinblick auf die Anforderungen der übrigen Organisationsmitgl. (Erhaltungs- u. Entfaltungsziele) q = 1,2	
Verrichtungsorientierte Aufbauorganisation	nicht erfüllt	nicht erfüllt								
Verrichtungsorientierte Aufbauorganisation mit Aufteilung der Absatzfunktion nach dem Objektprinzip[1]	erfüllt	erfüllt	1.771	1.624	147 ausreichend 0 × 1,6 = 0	ausreichend 0 × 1,4 = 0	gut 4 × 1,0 = 4	ausreichend 0 × 1,4 = 0	befriedigend 2 × 1,2 = 2,4	6,4 Punkte
Produktorientierte Aufbauorganisation mit 3 Divisions und 7 Vorstandsressorts	erfüllt	erfüllt	1.833	1.652	181 gut 4 × 1,6 = 6,4	gut 4 × 1,4 = 5,6	gut 4 × 1,0 = 4	ausreichend 0 × 1,4 = 0	befriedigend 2 × 1,2 = 2,4	18,4 Punkte
Produktorientierte Aufbauorganisation mit 3 Divisions und 9 Vorstandsressorts	erfüllt	erfüllt	1.835	1.666	169 befriedigend 2 × 1,6 = 3,2	gut 4 × 1,4 = 5,6	gut 4 × 1,0 = 4	befriedigend 2 × 1,4 = 2,8	gut 4 × 1,2 = 4,8	20,4 Punkte
Produkt- und regionalorientierte (Matrix-) Aufbauorganisation mit 5 Divisions und 11 Vorstandsressorts	erfüllt	erfüllt	1.954	1.784	170 befriedigend 2 × 1,6 = 3,2	sehr gut 6 × 1,4 = 8,4	befriedigend 2 × 1,0 = 2	gut 4 × 1,4 = 5,6	gut 4 × 1,2 = 4,8	24,0 Punkte[2]
Produkt- und regionalorientierte (Matrix-) Aufbauorganisation mit 5 Divisions und 12 Vorstandsressorts	erfüllt	erfüllt	1.961	1.810	151 ausreichend 0 × 1,6 = 0	sehr gut 6 × 1,4 = 8,4	befriedigend 2 × 1,0 = 2	sehr gut 6 × 1,4 = 8,4	gut 4 × 1,2 = 4,8	23,6 Punkte[2]
Regionalorientierte Aufbauorganisation mit 5 Divisions und 11 Vorstandsressorts	erfüllt	erfüllt	1.985	1.817	168 befriedigend 2 × 1,6 = 3,2	befriedigend 2 × 1,4 = 2,8	befriedigend 2 × 1,0 = 2	gut 4 × 1,4 = 5,6	befriedigend 2 × 1,2 = 2,4	16,0 Punkte
Regionalorientierte Aufbauorganisation mit 5 Divisions und 12 Vorstandsressorts	erfüllt	erfüllt	1.987	1.838	149 ausreichend 0 × 1,6 = 0	befriedigend 2 × 1,4 = 2,8	befriedigend 2 × 1,0 = 2	sehr gut 6 × 1,4 = 8,4	befriedigend 2 × 1,2 = 2,4	15,6 Punkte

1) Bisherige Aufbauorganisation der Unternehmung

q = Zielgewichtungsfaktor

2) Die Nutzengrößen dieser beiden Alternativen liegen sehr dicht aneinander; sie heben sich jedoch deutlich vom Rest ab. Hier sollte eine zweite, vertiefende Beurteilung und Auswahl vorgenommen werden, wobei nur noch die beiden – nahezu gleichwertigen – Alternativen zu betrachten sind.

Für die Transformation der Ordinalskala in Punktwerte wurde folgendes angenommen: sehr gut = 6 Punkte; gut = 4 Punkte; befriedigend = 2 Punkte; ausreichend = 0 Punkte.

Abb. 99: Entscheidungsmatrix zur integrierten Organisations- und Führungskräfteplanung[68]

68 Hahn, D., Integrierte Organisations- und Führungskräfteplanung im Rahmen der strategischen Unternehmungsplanung, a.a.O., S. 420f.

3.3 Führungssystemplanung (führungspotentialorientierte Planung)

Ausgangspunkt der im folgenden interessierenden **Führungssystemplanung** ist die anfangs herausgearbeitete duale Interpretation der Führung: Führung ist danach zum einen als Prozeß der Planung, Steuerung und Kontrolle – stets verbunden mit einem spezifischen Führungsverhalten – und zum anderen als Gesamtheit der Träger dieses Informationsverarbeitungsprozesses interpretiert worden (vgl. Teil I, Abschnitt 1.2). In Konsequenz dieser Interpretation der Führung werden als Planungsaufgaben der Führungssystemplanung primär **prozeßbezogene** und primär **trägerbezogene Planungsaufgaben** differenziert[69].

Die **Führungskräfteplanung** und **Führungskräfteanreizsystemplanung** zielen darauf ab, qualitativ und quantitativ die für die geplanten Aufgabenkomplexe erforderlichen Führungskräfte – als wichtigste Humanpotentiale – zu sichern und ihnen Möglichkeiten und Anreize für eine optimale Leistungsfähigkeit und Leistungsbereitschaft zu bieten. Die **Führungsinformationssystemplanung** zielt darauf ab, die informationellen Voraussetzungen für eine optimale Wahrnehmung der vermaschten Planungs-, Steuerungs- und Kontrollprozesse in der Unternehmung zu schaffen.

Geschäftsfeldplanung und Organisations(aufbau)planung determinieren weitgehend die Führungssystemplanung. Sie charakterisieren die künftigen Tätigkeitsfelder und Führungseinheiten und sind damit bestimmend für die erforderliche Qualität und Quantität der Führungskräfte sowie deren Motivation und das Informationssystem. Allerdings bestehen auch Wechselbeziehungen insbesondere zwischen Führungskräfte-, Geschäftsfeld- und Organisationsplanung (vgl. Abbildung 100).

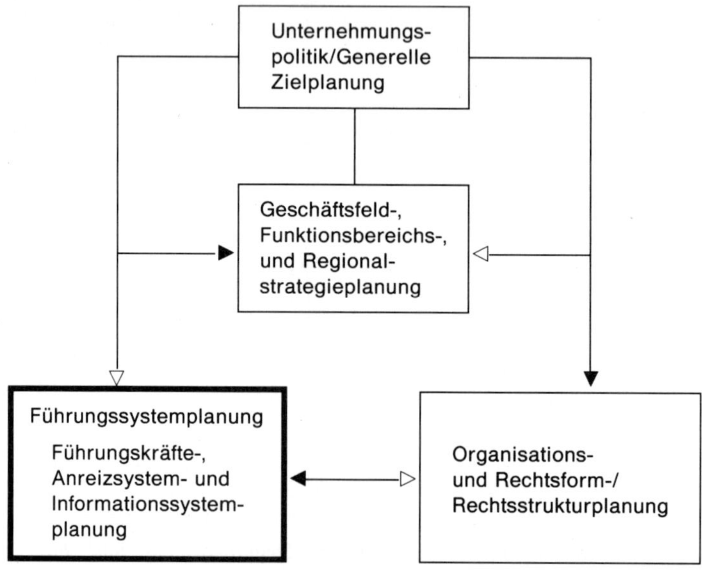

Abb. 100: Führungssystemplanung im Gesamtzusammenhang

69 Vgl. auch Hungenberg, H., Planung eines Führungskräfteentwicklungssystems, Diss. Gießen 1990, S. 57f.

Die **Führungskräfteplanung,** die Planung der **Beschaffung,** des **Einsatzes,** der **Entwicklung** und der **Freisetzung** von Führungskräften, die **Planung des Führungskräfteanreizsystems** sowie die **Planung des Führungsinformationssystems** haben wiederum in den einzelnen Stufen des Planungsprozesses zu erfolgen. Als Hilfsmittel zur Durchführung derartiger Planungsprozesse bietet sich primär die **Nutzwertanalyse/Entscheidungsmatrix** an. Problemspezifisch sind Ziele zu formulieren, unternehmungsindividuelle Alternativen zu erarbeiten und deren Zielwirkungen zu ermitteln und zu vergleichen.

3.3.1 Führungskräfteplanung

Die strategische **Führungskräfteplanung** beinhaltet für Führungskräfte und Führungsnachwuchskräfte alle langfristig orientierten Planungen im Hinblick auf Beschaffung, Einsatz, Entwicklung und Freisetzung[70]. Unter Führungskräften verstehen wir hierbei neben dem Vorstand bzw. der Geschäftsführung alle leitenden Angestellten oder alle zum oberen, mittleren und ggf. auch unteren Führungskreis gehörenden Personen (wobei dieser „Kreis" unternehmungsindividuell festgelegt werden kann).

Im Rahmen der strategie- und organisationsorientierten Führungskräfteplanung können dabei als interdependente Teilplanungen die Nachfolge- und die Karriereplanung unterschieden werden (vgl. Abbildung 101). Die **Nachfolgeplanung** geht primär von der Bedarfssituation der Unternehmung aus, d.h. sie wird primär aus unternehmerischer Perspektive durchgeführt. Die **Karriereplanung** geht hingegen primär von den Zielen individueller Führungskräfte aus, d.h. bei ihr wird primär die individuelle Perspektive einzelner Führungskräfte eingenommen. Im Rahmen der Nachfolgeplanung sind die Erfassung und Beurteilung der vorhandenen Führungskräfte sowie die Ermittlung, Prüfung und Entscheidung über interne und externe Deckungsmöglichkeiten des zu erwartenden Führungskräftebedarfs vorzunehmen. Im Rahmen der Karriereplanung erfolgt für einzelne Führungskräfte die Prüfung und ggf. die Festlegung der jeweils folgenden Führungsposition und der erforderlichen Entwicklungsmaßnahmen im individuellen Karrierezusammenhang. Dabei kann eine konsequente Karriereplanung implizieren, daß die Wirkungskette von der Geschäftsfeld- über die Organisations- zur Führungskräfteplanung (sog. derivativer Führungskräfteplanungsansatz) umgekehrt werden kann: Bestimmen die vorhandenen Führungskräfte mit ihrem Potential für spezifische Aufgabenbereiche die Aufbauorganisation, hat somit die Führungskräfteplanung ggf. organisations- und geschäftsfeldändernde Wirkungen (sog. originärer Führungskräfteplanungsansatz).

Zur Harmonisierung von Unternehmungs- und Individualzielen müssen bei der Nachfolge- und Karriereplanung vielfältige Wechselwirkungen berücksichtigt werden, weshalb Nachfolge- und Karriereplanung stets integriert durchzuführen sind.

70 Vgl. hierzu und zum folgenden ausführlich Hahn, D., Integrierte Organisations- und Führungskräfteplanung im Rahmen der strategischen Unternehmungsplanung, a.a.O., S. 407ff.; Arbeitskreis „Integrierte Unternehmungsplanung" der Schmalenbach-Gesellschaft, Integrierte Führungskräfteplanung, in: Betriebliche Aus- und Weiterbildung von Führungskräften, Hrsg. A. G. Coenenberg, ZfbF-Sonderheft 24, Düsseldorf 1989, S. 121ff.

Aufgabenkomplexe	Einzelaufgaben	Grundlagen
Nachfolgeplanung	– Erfassung und Beurteilung der verfügbaren Führungskräfte	– Ist-Organisationsplan (mit Grob-Anforderungsprofil) – Führungskräfte-Personalakte (mit Qualifikationsprofil)
	– Ermittlung des zukünftigen Führungskräftebedarfs (qualitativ und quantitativ) unter Berücksichtigung des normalen Abgangs	– Geschäftsfeldplan – Soll-Organisationsplan (mit Grob-Anforderungsprofil)
	– Prüfung der unternehmungsinternen Deckungsmöglichkeiten des künftigen Führungskräftebedarfs mit Aufstellung des Beförderungs- und Versetzungsplans	– Bisheriger Beförderungs- und Versetzungsplan (Führungsnachwuchskräfte-Pool) – Qualifikationsbeurteilung/Potentialeinschätzung – Entwicklungs- und Förderungsgespräch (Management-Planungsgespräche)
	– Prüfung der externen Deckungsmöglichkeiten des künftigen Führungskräftebedarfs mit Einstellungsplan	– Personalmarktinformation – Ausschreibungen – Hochschulkontakte
↕ Karriereplanung (individuelle Entwicklungsplanung)	– Festlegung der nächsten Führungsposition(en) und der erforderlichen Weiterbildungsmaßnahmen für einzelne Führungskräfte	– Interne/externe Fort- und Weiterbildungsveranstaltungen – Aufgabenerweiterung am Arbeitsplatz – Ausschuß-Mitarbeit – Projekt-Mitarbeit – Mandatsübernahmen (Stellvertretung, AR- und Beiratspositionen bei Beteiligungsgesellschaften) – Job-Rotation

Abb. 101: Integrierte Organisations- und Führungskräfteplanung

3.3.2 Führungskräfteanreizsystemplanung

Bei der Bewältigung ihrer Führungsaufgaben sehen sich Führungskräfte vielfach steigenden geistigen, physischen und psychischen Anforderungen gegenüber[71]. Vor diesem Hintergrund kommt der Konzipierung von Anreizsystemen für Führungskräfte strategischer Charakter zu. Unter **Anreizen** verstehen wir dabei situative Gegebenheiten, die das Verhalten und Handeln von Führungskräften in bestimmter Weise beeinflussen (Stimuli). Unter einem **Anreizsystem** kann damit die Gesamtheit der bewußt in Form von materiellen und immateriellen Stimuli gestalteten Arbeitsbedingungen verstanden werden, um bestimmte Ziele zu erreichen[72]. **Generelles Ziel der Anreizsystemgestaltung** ist das Bewirken eines höchst motivierten, zielorientierten Verhaltens und Handelns der Führungskräfte (vgl. Abbildung 102a)[73].

Zu differenzieren sind hierbei als **Anreizarten** zunächst unternehmungsexterne und unternehmungsinterne Anreize. Zur Gruppe der **unternehmungsexternen Anreize** gehören geographische, sozio-kulturelle und politisch-rechtliche Anreize (z. B. landesspezifische Steuer- und Sozialsicherungssysteme, regionalspezifische Mentalitäten und standortspezifische Freizeit- und Kulturangebote) auf Grund des Standortes der Unternehmung.

Bei der Gruppe der **unternehmungsinternen Anreize** lassen sich folgende materielle und immaterielle Anreize unterscheiden:

- *materielle Anreize*
  - fixes Entgelt
  - variables Entgelt, Ergebnisbeteiligung
  - sachliche und soziale Zusatzleistungen
  - Kapitalbeteiligung (auf Dauer oder auf Zeit)

---

71 Vgl. hierzu auch die Ergebnisse einer Delphi-Studie bei Bronner, R., Matiaske, W., Stein, F. A., Anforderungen an Spitzen-Führungskräfte, ZfB 1991, S. 1227ff.

72 Vgl. Wild, J., Organisation und Hierarchie, ZfürO 1973, S. 47. Vgl. auch Ondrack, D. A., Entgeltsysteme als Motivationsinstrument, in: HWFü, Hrsg. A. Kieser, G. Reber, R. Wunderer, Stuttgart 1987, Sp. 210ff.

73 Vgl. zur Führungskräfteanreizsystemplanung grundlegend Hahn, D., Willers, H. G., Unternehmungsplanung und Führungskräftevergütung, a.a.O., S. 494ff. und Willers, H. G., Vergütungssysteme für Führungskräfte in der Wirtschaft, in: Strategische Unternehmungsplanung – Strategische Unternehmungsführung, Hrsg. D. Hahn, B. Taylor, 6. Aufl., Heidelberg 1992, S. 485ff. sowie hierauf aufbauend Bleicher, K., Strategische Anreizsysteme, Stuttgart-Zürich 1992; ferner Becker, F. G., Anreizsysteme für Führungskräfte im strategischen Managment, 2. Aufl., Köln 1987; Becker, F. G., Holzer, H. P., Erfolgsbeteiligung und Strategisches Management in den USA, DBW 1986, S. 438ff.; Hahn, D., Führung und Führungsorganisation, ZfbF 1988, S. 134ff.; Holzer, H. P., Motivations- und Anreizsysteme für Planung, in: HWPlan, Hrsg. N. Szyperski, Stuttgart 1989; Hungenberg, H., Strategische Beurteilungs- und Anreizsysteme für Führungskräfte, in: Führungskräfte und Führungserfolg, Hrsg. U. Krystek, J. Link, Wiesbaden 1995, S. 381 ff.; Kadel, P., Meier, H., Vergütung außertariflicher Angestellter, in: HWP, Hrsg. E. Gaugler, W. Weber, 2. Aufl., Stuttgart 1992, Sp. 2253ff.; Kaplan R. S., Atkinson, A. A., Advanced Management Accounting, 2. Aufl., Englewood Cliffs 1989, S. 719ff.; Laux, H., Grundprobleme der Ermittlung optimaler erfolgsabhängiger Anreizsysteme, ZfB 1988, S. 24ff. Zu den motivationalen Grundlagen in diesem Zusammenhang vgl. Krüger, W., Organisation der Unternehmung, a.a.O., S. 299ff.; Rosenstiel, L. v., Motivation von Mitarbeitern, a.a.O., S. 144ff.

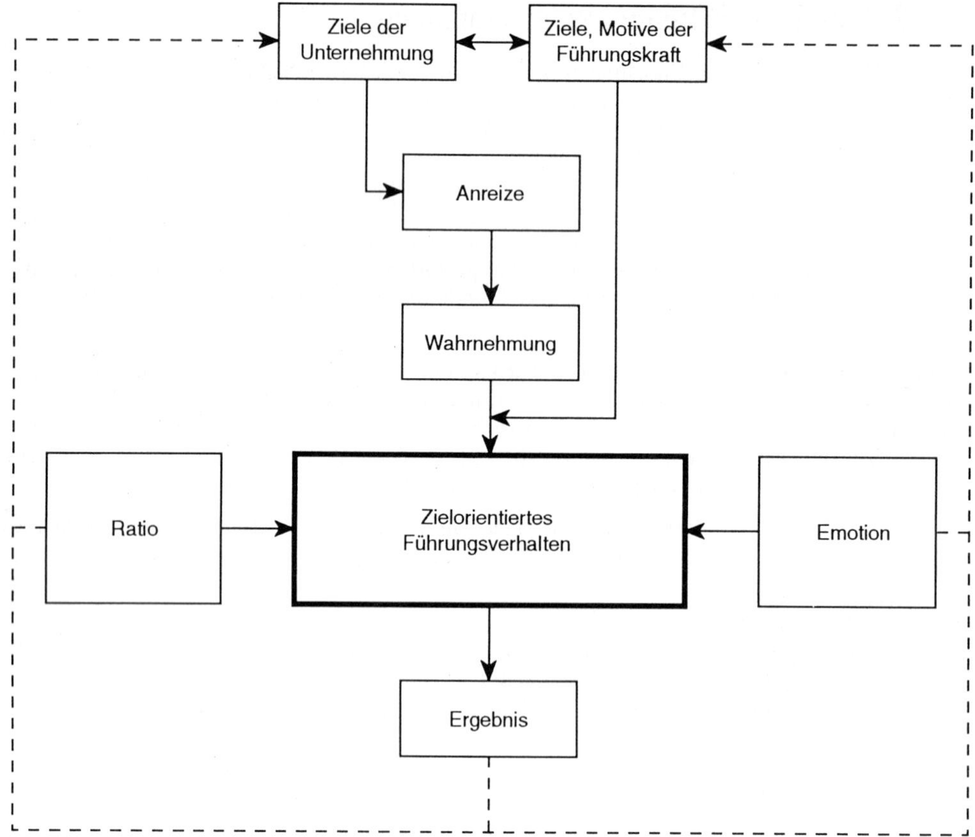

Abb. 102a: Einflußfaktoren auf das Führungsverhalten[74]

- *immaterielle Anreize*
  - Aufgabenfeld und -entwicklung
  - Entscheidungsraum
  - Identifikationsmöglichkeit
  - sozialer Status und soziale Einbindung.

Gegenstand der folgenden Ausführungen ist die **Gestaltung unternehmungsinterner materieller Anreize im Hinblick auf die Motivation der Führungskräfte** der Unternehmung – als unternehmungsplanbezogenes Vergütungssystem (planzielorientiertes Vergütungssystem).

Abbildung 102b zeigt mögliche **Komponenten eines primär unternehmungsplanbezogenen monetären Vergütungssystems für Führungskräfte.** Dieses baut auf einem festen Jahresgehalt (feste Vergütung) auf. Die **feste Vergütung** richtet sich nach den Anforderungen des jeweiligen Aufgabenbereichs und der Qualifikation des Stelleninhabers, wobei Brancheneinflüssen und Marktgegebenheiten Rechnung zu tragen ist. Zu den festen Vergütungsbestandteilen können ferner Zusatzleistungen, wie z. B. Leistungen der Altersversorgung und Sondernutzungsrechte, gehören. Im Hinblick auf diese Zusatzleistungen kann es vorteilhaft sein, Führungskräften nach einem spezifischen System individuelle Auswahlmöglichkeiten zwi-

74 Vgl. auch Krüger, W., Organisation der Unternehmung, a.a.O., S. 304.

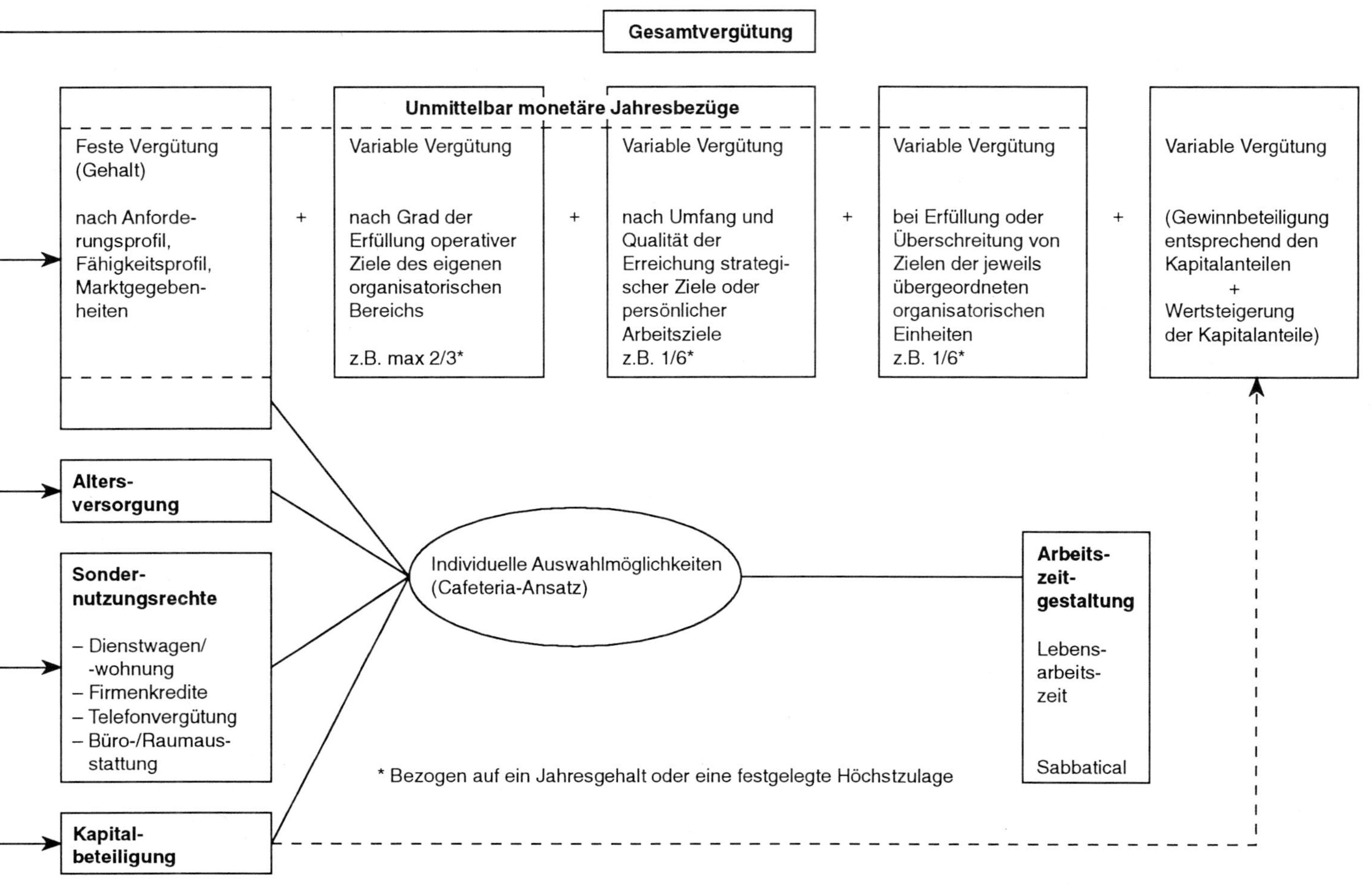

Abb. 102 b: Komponenten eines unternehmungsplanbezogenen Vergütungssystems für Führungskräfte

schen unterschiedlichen Leistungen zu gewähren. So ist z. B. denkbar, daß im Rahmen eines solchen „Menü-Wahlansatzes“ bzw. „Cafeteria-Ansatzes“ bei einer anstehenden Erhöhung des festen Gehalts den Führungskräften die Wahl überlassen wird, ob sie diese Gehaltserhöhung oder eine gleichwertige Gewährung spezifischer Zusatzleistungen vorziehen. Zunehmend werden auch spezifische Formen der Arbeitszeitgestaltung in Cafeteria-Systemen zur Auswahl gestellt[75].

Die **variable Vergütung** wird unter Zugrundelegung bestimmter Prämissen an den Grad der Erreichung vereinbarter operativer und strategischer Ziele des eigenen organisatorischen Bereichs sowie ggf. an den Grad der Erreichung von Zielen des jeweils übergeordneten organisatorischen Bereiches oder der ganzen Unternehmung gekoppelt.

Eine in ihrem Motivationspotential noch unausgeschöpfte Anreizart für Führungskräfte ist die **Kapitalbeteiligung auf Dauer oder die Kapitalbeteiligung auf Zeit.** Hierdurch soll ein äußerst motiviertes Führungsverhalten im Sinne eines echten Eigentümerunternehmerverhaltens erreicht werden. Diese Anreizart bietet sich vornehmlich für Familienunternehmungen an. Aus diesen Kapitalbeteiligungen kann eine weitere variable Vergütungskomponente entstehen. Diese setzt sich dann zum einen aus Gewinnbeteiligungen entsprechend der Kapitalanteile und zum anderen aus der Wertsteigerung der Kapitalanteile zusammen[76].

Soll ein derartiges **unternehmungsplanbezogenes System der Führungskräftevergütung** funktionieren, müssen allerdings einige **Voraussetzungen** zwingend erfüllt sein:

- Es muß eine klare Unternehmungskonzeption mit deutlicher Aussage über Unternehmungszweck und generelle Unternehmungsziele, möglichst eine Vision, vorliegen.
- Es muß ein gut ausgebautes, von den Mitarbeitern getragenes System der operativen und strategischen Unternehmungsplanung vorhanden sein.
  Die Führung und damit auch die Planung und Kontrolle müssen auf der Basis von Zielvereinbarungen und Ergebnisbesprechungen beruhen. Hierdurch werden Ziele mit den dazugehörigen Maßnahmen von den Führungskräften konzipiert und als realisierbar empfunden. Die Führung muß also im kooperativen Führungsstil erfolgen, u. a. nach den Prinzipien des Management by Objectives (MbO) und des Management by Exception (MbE).
- Es muß eine klare Aufbauorganisation mit eindeutiger Aufgaben-, Kompetenz- und Verantwortungsregelung gegeben sein. Hierbei ist anzumerken, daß sich das unternehmungsplanbezogene Vergütungssystem bei primärer Ausrichtung auf das Ergebnisziel am besten bei Vorliegen einer divisionalen Aufbauorganisation verwirklichen läßt, da hier bereits durch die Aufbauorganisation zumindest bezüglich der operativen Aufgaben abgegrenzte Ergebniseinheiten gegeben sind. Besonders günstig ist also das Vorhandensein eines Profit-Center-Konzeptes bei divisionaler Aufbauorganisation. Bei Vorliegen einer funktionalen Aufbauorganisation sind nur für Führungskräfte im Vertriebsbereich und ggf. auch für Produkt- und Projektmanager Deckungsbeitrags- oder Ergebniseinheiten gegeben, im übrigen muß von Kosteneinheiten (Cost-Centern) ausgegangen werden. Allerdings können durch Verselbständigung von Aufgabenbereichen in Funktionsbereichen Profit-Center entstehen (Center-Konzept, vgl. Teil VII, Abschnitt 4). Die operativen und die strategischen Aufgabenbereiche sollten möglichst deckungsgleich sein, was abgesehen von bereichsübergreifenden Projekten der strategischen Planung in der Regel auch möglich ist.

---

75 Vgl. zu Cafeteria-Systemen Wagner, D., Möglichkeiten und Grenzen des Cafeteria-Ansatzes in der Bundesrepublik Deutschland, BFuP 1/1986, S. 16ff.

76 Vgl. zur Kapitalbeteiligung von Führungskräften als Anreizfaktor Hahn, D., Führung und Führungsorganisation, a.a.O., S. 136; Zimmerer, C., Unternehmensbeteiligung als Führungsinstrument, in: HWFü, Hrsg. A. Kieser, G. Reber, R. Wunderer, Stuttgart 1987, Sp. 1965ff.

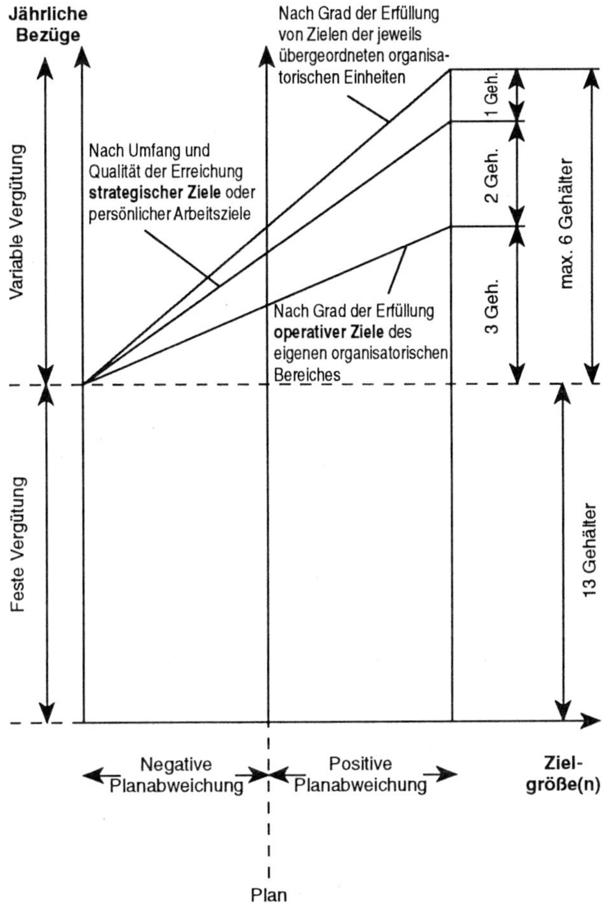

Abb. 103: Vergütung von Führungskräften in Abhängigkeit von der Zielerreichung (Planabweichung)

Bei der **Ausgestaltung eines unternehmungsplanbezogenen Vergütungssystems** für Führungskräfte sind unternehmungsindividuell vornehmlich die folgenden Aspekte zu klären:

(1) Einzubeziehender Personenkreis bzw. einzubeziehende Führungsebenen.

(2) Festlegung der Höhe der fixen Jahresvergütung und der maximal gewünschten variablen Vergütung je Führungsebene. In diesem Zusammenhang ist also auch zu entscheiden, ob der variable Vergütungsanteil nach oben begrenzt werden soll. In der Regel wird man von einem angestrebten Richteinkommen bei 100%iger Planerfüllung ausgehen und eine mögliche Obergrenze der Gesamtbezüge vorsehen (vgl. Abbildung 103).

(3) Festlegung, mit welchem Anteil die variable Jahresvergütung von der Erreichung operativer Ziele und von der Erreichung strategischer Ziele des zu verantwortenden Aufga-

benbereiches abhängen soll. Da mit zunehmender Hierarchiehöhe vergleichsweise mehr strategische Aufgaben zu übernehmen sind, bietet es sich an, bei den oberen und obersten Führungskräften die variablen Jahresvergütungen für die Erfüllung strategischer Planungen und Planrealisationen vergleichsweise höher anzusetzen (vgl. Abbildung 104).

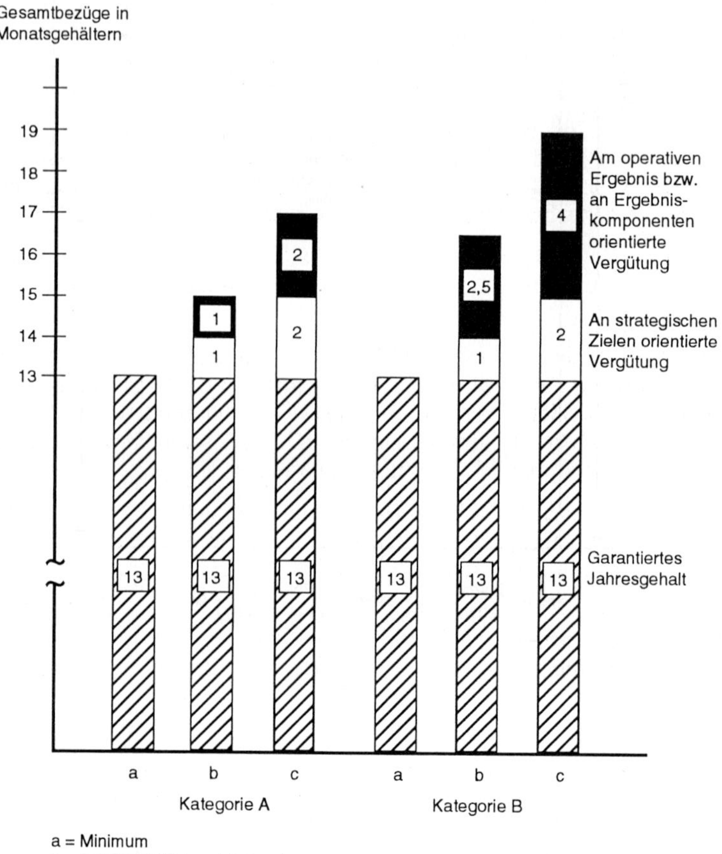

Abb. 104: Vergütung unterschiedlicher Kategorien von Führungskräften in Abhängigkeit von der Erreichung
** vereinbarter operativer Ergebnisziele*
** vereinbarter strategischer Ziele*

(4) Klärung der Frage, ob auch ein Teil der variablen Jahresvergütung von der Erreichung der operativen Ziele der jeweils übergeordneten Ergebniseinheit bzw. Kosteneinheit abhängen soll und ob ggf. generell ein gewisser Anteil in Abhängigkeit vom gesamten Ergebnis der Unternehmung gezahlt werden soll.

(5) Klare Festlegung der Bezugsgröße(n) für die Tantiemeberechnungen.
Bei den operativen Zielen sollten kalkulatorische Ergebnisse, Deckungsbeiträge und Kosten der Kapitalbindungsgrößen bezogen auf die jeweilige Planperiode, das Budget-

jahr, gewählt werden. Bei mehreren Bezugsgrößen ist wiederum ein Schlüssel- bzw. Gewichtungsproblem gegeben. Für die Unternehmungsspitze und für die Führungskräfte von Konzerngesellschaften kommen bilanzielle Ergebnisgrößen als operative Bezugsgrößen für die Tantiemeberechnungen in Betracht.
Bei den strategischen Zielen und Maßnahmen, die vielfach nur verbal zu formulieren sind, kann es sich um Planungen und Durchführungen strategischer Aufgaben bzw. Projekte in der jeweiligen Planperiode, d.h. dem Budgetjahr, handeln (z.B. Vorbereitung der Übernahme einer Unternehmung, Aufbau eines Kundendienstnetzes in einem bestimmten Land, Verbesserung eigener Fähigkeiten). Gegebenenfalls können auch Kapitalwertzuwächse als Bezugsgrößen gewählt werden.

(6) Es ist zu klären, ob ein gewisser Anteil der variablen Führungskräftevergütung – eigentlich systemfremd – allein von dem Ermessen der jeweils vorgesetzten Führungskraft abhängen soll. Hierdurch können eventuell besondere Einsätze oder auch Fehlverhalten von Mitarbeitern bei der Vergütungsregelung berücksichtigt werden.

(7) Klärung der Frage, ob und bis zu welcher Grenze bei Nichterreichung von Zielen Abzüge vom Richteinkommen bzw. vom Einkommen bei 100%iger Planerfüllung zulässig sein sollen.

(8) Prüfung, ob für Führungskräfte in Stäben und in besonders schwierig planbaren Bereichen – z.B. Forschung und Entwicklung – operative Kostenziele sinnvoll formulierbar sind oder ausschließlich personenbezogene Aufgaben operativer und/oder strategischer Art als Zielvorgaben zu formulieren sind und zudem eine an das Gesamtunternehmungsergebnis gekoppelte Tantieme vorzusehen ist.

(9) Festlegung, daß bei unvorhergesehenen Ereignissen eine Kommission eingesetzt wird, die unter Berücksichtigung der Ursachen der Planabweichung des jeweiligen Aufgabenbereiches, aber auch der wirtschaftlichen Gesamtsituation der Unternehmung für die Vermeidung von Härtefällen und Ungerechtigkeiten Sorge zu tragen hat.

(10) Klärung und Einleitung der rechtlichen Voraussetzungen, um durch entsprechende Arbeitsverträge eine unternehmungsplanbezogene Vergütung von Führungskräften einführen zu können.

Ein derartiges System der unternehmungsplanbezogenen Führungskräftevergütung zeichnet sich durch folgende **Vorteile** aus:

- Die Motivation der Führungskräfte zu sehr hoher Leistungsbereitschaft und verstärkt zielorientiertem Leistungseinsatz ist gegeben – beruhend auf der Chance des leistungsorientierten Mehrverdienstes bei fairer Zielvereinbarung.
- Die Führungshaltung wird verbessert, da mit einem kooperativ handhabbaren, nachprüfbaren und in Härtefällen sowie bei unvorhersehbaren Entwicklungen korrigierbaren Vergütungssystem gearbeitet werden kann.
- Das gesamte Entscheiden und Handeln in der Unternehmung erfolgt betont zielbezogen – und zwar kurz- und langfristig orientiert, da das Vergütungssystem operative und strategische Aspekte berücksichtigt.
- Die Planungsintensität und die Planrealisation werden gefördert und damit das Suchen und Durchsetzen von Möglichkeiten zur Ergebnisverbesserung.
- Die Planungsgenauigkeit wird erhöht, wobei allerdings ein Trend zu bewußt vorsichtiger Planzielsetzung durch entsprechend geführte Zielgespräche unterdrückt werden muß. Es ist zu klären, ob die vereinbarten Zielvorgaben bezüglich ihres Ausmaßes entweder als nur im Idealfall erreichbare Größen oder als bei normalem oder hohem Einsatz erreichbare

Soll-Größen festgelegt werden sollen. Aus führungspsychologischen Gründen wird man die realistisch erreichbaren Zielvorgaben bevorzugen.

Das hier vorgestellte Planungs- und Kontrollsystem mit integrierter ergebnis- und liquiditätsorientierter Planungs- und Kontrollrechnung ermöglicht eine zielorientierte Führung auf allen Führungsebenen und die Anwendung des vorgestellten Konzeptes zielorientierter Führungskräftevergütung.

3.3.3 Führungsinformationssystemplanung

Ein **Führungsinformationssystem** hat durch geeignete Verarbeitung von Informationen den Informationsbedarf der Führungskräfte einer Unternehmung zu decken[77]. Hierbei sind durch eine zielorientierte Gestaltung des Planungs-, Steuerungs- und Kontrollsystems der Unternehmung die informationellen Voraussetzungen für eine optimale Wahrnehmung der Führungsaufgaben zu schaffen[78].

Die **Planung des Führungsinformationssystems** schließt auch die bestmögliche Gestaltung der Verarbeitung von Analyse-, Prognose- und Dokumentationsinformationen ein. Bei der generellen Ableitung eines Planungs- und Kontrollsystems/Plan- und Berichtssystems, das stets auch Steuerungszwecken dient, wurde herausgearbeitet, daß hier ein solches System selbst zum Planungsgegenstand wird (Meta-Planung). Ein Planungs- und Kontrollsystem/Plan- und Berichtssystem mit Steuerungs- bzw. Vorgabeinformationen hat dabei – wie in Teil I, Abschnitt 3.2 ausgeführt – folgende Anforderungen zu erfüllen:

- Zielbezogenheit;
- Gesamtheit/Vollständigkeit;
- Beschreibung der Elemente/Teilplanungen bzw. Planungs- und Kontrollprozesse sowie Pläne und Berichte nach Inhalt, Ausmaß und zeitlichem Bezug;
- zielorientierte inhaltliche und zeitliche Integration der Elemente;
- Flexibilität, Aktualität und Wirtschaftlichkeit.

Planungs- und Kontrollkomplexe bilden die

- Generelle Zielplanung,
- Strategische Planung,
- Operative Planung und (bzw. mit)
- gesamtunternehmungsbezogene(r) Ergebnis- und Finanzplanung.

Führungsinformationssysteme sind mit Durchführungsinformationssystemen bzw. Auftragsabwicklungssystemen zu verknüpfen. Hier stehen neben operativen Planungs- und Kontrollaufgaben Steuerungs- und Dokumentationsaufgaben und -informationen im Mittelpunkt[79].

---

77 Vgl. Berthel, J., Betriebliche Informationssysteme, Stuttgart 1975; Krüger, W., Organisation der Unternehmung, a.a.O., S. 139ff.; ferner grundlegend Gaugler, E., Information als Führungsaufgabe, in: HWFü, Hrsg. A. Kieser, G. Reber, R. Wunderer, Stuttgart 1987, Sp. 1127ff.; Scheer, A.-W., Wirtschaftsinformatik – Referenzmodelle für industrielle Geschäftsprozesse, 6. Aufl., Berlin u.a. 1995, S. 4ff.

78 Vgl. auch Mertens, P., Griese, J., Integrierte Informationsverarbeitung 2, Planungs- und Kontrollsysteme in der Industrie, a.a.O., S. 1ff.

79 Vgl. in diesem Zusammenhang zum CIM-Konzept ausführlich Scheer, A.-W., CIM – Der computergesteuerte Industriebetrieb, 4. Aufl., Berlin u.a. 1990.

Heute werden – wie in Teil V, Abschnitt 2, Rechnergestützte Durchführung der PuK, ausgeführt – überwiegend computergestützte Informationssysteme eingesetzt. Deren Kern bilden im Idealfall integrierte technisch-betriebswirtschaftliche Daten- und Modell- und Wissensbanken für Führungs- und Durchführungsaufgaben[80]. Der Schwerpunkt menschlicher Aktivitäten verschiebt sich dabei zunehmend auf Informationssystemgestaltungsaufgaben sowie auf planende und kontrollierende Phasen der Systemnutzung.

80 Vgl. hierzu insbesondere die Ausführungen zur rechnergestützten Durchführung der PuK in Teil V, Abschnitt 2 und die Beiträge bei Rockart, J. F., Bullen, C. V. (Hrsg.), The Rise of Managerial Computing, Homewood 1986; vgl. ferner exemplarisch Mertens, P., Griese, J., Integrierte Informationsverarbeitung 2, Planungs- und Kontrollsysteme in der Industrie, a.a.O.; Picot, A., Maier, M., Informationssysteme, computergestützte, in: HWO, 3. Aufl., Hrsg. E. Frese, Stuttgart 1992, Sp. 924ff.; Scheer, A.-W., Wirtschaftsinformatik – Informationssysteme im Industriebetrieb, 2. Aufl., Berlin u.a. 1988. Zu den Zusammenhängen, die sich hieraus mit anderen strategischen Teilplanungen ergeben vgl. Krüger, W., Pfeiffer, P., Informationsmanagement zur Unterstützung der Wettbewerbsstrategie, in: Strategische Unternehmungsplanung – Strategische Unternehmungsführung, Hrsg. D. Hahn, B. Taylor, 6. Aufl., Heidelberg 1992, S. 504ff.; Kubicek, H., Informationstechnologie und Organisationsstruktur, in: HWO, 3. Aufl., Hrsg. E. Frese, Stuttgart 1992, Sp. 943ff.

4. PuK im Rahmen der operativen Planung (Programm- und Aktionsplanung bei gegebenen Potentialen)

Die **operative Planung** (Programm- und Aktionsplanung) baut auf den Ergebnissen der strategischen Planung (Produktprogramm- und Potentialplanung sowie Potentialstrukturplanung) auf. Ausgehend von einem Produktprogrammrahmen und gegebenen Betriebsmitteln mit dazugehörigen Mitarbeitern sowie gegebener Organisations- und Rechtsform sind durch die periodische Programm- und Aktionsplanung

- **Produktprogramm sowie**
- **Ziele (Aufgaben, Programme) und Maßnahmen (zielorientierte Aktionen) innerhalb der Funktionsbereiche**

zur Erreichung der generellen Ziele mittel- und kurzfristig zu ermitteln und festzulegen. Während und nach erfolgter Realisation haben sich entsprechende Kontrollen anzuschließen.

In Abbildung 105 werden die Komplexe der operativen Planung – der Programm- und Aktionsplanung – in ihrer Einbettung in die Gesamtplanung skizziert. Hier wird auch deutlich, daß im Zusammenhang mit der periodischen operativen Planung Projektplanungen als aperiodische Planungen erfolgen (vgl. Teil III, Abschnitt 6.).

Die PuK im Rahmen der operativen Planung hat grundsätzlich eine ergebnisoptimale oder eine ein bestimmtes Ergebnisniveau erreichende Produktprogramm-, Funktionsbereichs- und Projektgestaltung zu ermöglichen. Die PuK im Rahmen der operativen Planung arbeitet dabei grundsätzlich mit dem Zahlenwerk der Kosten- und Erlösrechnung mit entsprechender Vermögenserfassung auf der Grundlage von Tages- bzw. Wiederbeschaffungswerten.

Um zu einem zielorientierten Einsatz der gegebenen Potentiale und der vorhandenen und beschaffbaren Verbrauchsfaktoren im Bereich des vorgegebenen Produktprogrammrahmens und unter Beachtung sonstiger Nebenbedingungen im Absatz-, Produktions- und Beschaffungsbereich zu gelangen, interessieren als **ergebnisorientierte Entscheidungsgrundlagen insbesondere Deckungsbeiträge in einfacher oder für die Entscheidungssituation spezifisch aufbereiteter Form.**

Die Fixkosten sind primär durch die Potentialplanung im Rahmen der strategischen Planung bedingt und daher im Rahmen der operativen Planung grundsätzlich als gegeben anzusehen. Im Rahmen der Funktionsbereichsplanungen werden die Fixkosten zur Verdeutlichung des jeweils zu verantwortenden Kostenblockes allerdings als geplante Periodenkosten (z. B. kalkulatorische Zinsen und Abschreibungen) mit aufgeführt und bleiben auch Kontrollgegenstand im Rahmen der operativen Planung (und sind bezüglich bestimmter Potentialelemente auch in gewissen Beschäftigungssituationen veränderbar). Die Fixkosten interessieren ansonsten im Rahmen der operativen Planung lediglich, wenn im Hinblick auf Kostenträger – seien es Produkte oder Projekte – der gesamte für deren Erstellung erforderliche Input wertmäßig erfaßt werden soll, wenn also Kalkulationen auf Vollkostenbasis oder zumindest unter Einschluß von Fixkostenteilen erstellt werden sollen.

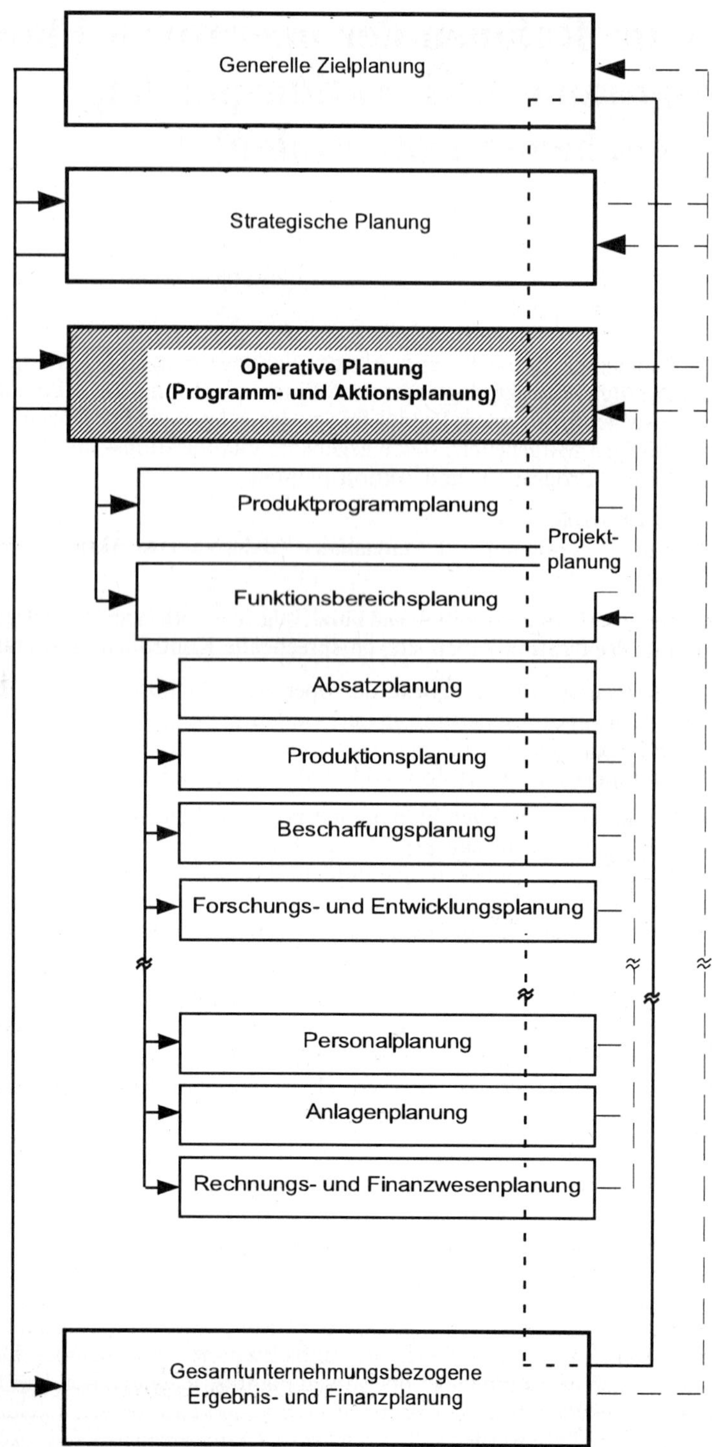

Abb. 105: Operative Planung im Rahmen der Unternehmungsplanung

4.1 Produktprogrammplanung

Auch die Produktprogrammplanung im Rahmen der operativen Planung kann nach den Phasen des Planungs- bzw. Entscheidungsprozesses erfolgen und erläutert werden. Die Ergebnisse der Planung sind mittel- und kurzfristige Produktprogrammpläne, aus denen entsprechende Funktionsbereichsplanungen abzuleiten sind, wobei dies in erster Linie die Absatz-, Produktions-, Beschaffungs- und die dazugehörigen Lagerplanungen betrifft.

Unter Einsatz computergestützter Modelle kann eine mit den Funktionsbereichsplanungen integrierte Produktprogrammplanung erfolgen, ggf. auch verknüpft mit der gesamtunternehmungsbezogenen Ergebnis- und Finanzplanung sowie der strategischen Planung (vgl. Teil III, Abschnitte 5.4 und 3.1.3.6).

Überblicksartig kann der **Prozeß** der operativen **Produktprogrammplanung** wie folgt charakterisiert werden:

- **Ziel:** Ergebnis- bzw. deckungsbeitragsoptimales Produktprogramm; **Basis:** Deckungsbeiträge je Produkt und Markt;
- Erarbeitung von **Produktprogrammalternativen** (Produktarten-/Produktmengenkombinationen) unter Beachtung von **Rahmenbedingungen** aus dem
  - Absatzbereich (Absatzhöchst- und -mindestmengen nach Märkten je Produktart, Absatzverbund),
  - Produktionsbereich (Produktionszeitbedarf je Arbeitsvorgang und je Kapazitätsträger, Produktionszeitangebot je Kapazitätsträger),
  - Beschaffungsbereich (Beschaffungshöchst- und -mindestmengen je Materialart, Materialverbrauch je Produkt);
- **Alternativenbeurteilung** mit Hilfe verschiedener Entscheidungskriterien/Entscheidungsverfahren in Abhängigkeit von unterschiedlichen Entscheidungssituationen:
  - Entscheidungskriterium bei keinem Engpaß: Deckungsbeitrag je Produkt,
  - Entscheidungskriterium bei einem Engpaß: Deckungsbeitrag pro Engpaßeinheit/spezifischer Deckungsbeitrag je Produkt,
  - Entscheidungskriterium bei mehreren Engpässen: Deckungsbeitrag pro Periode (Ermittlung unter Einsatz von Simulationstechnik, Linearer Programmierung);
- **Alternativenauswahl:** Festlegung des vorzugebenden Produktprogramms.

4.1.1 Problemstellungsphase: Klärung des Entscheidungsgegenstandes und der Ziele der mittel- und kurzfristigen Produktprogrammplanung

Bei der **Produktprogrammplanung** im Rahmen der operativen Planung geht es um die **Festlegung von Art und Menge der in definierten mittel- und kurzfristigen Perioden zu fertigenden und abzusetzenden Produkte** und um die Bestimmung der hieraus bei spezifischen (Input- und Output-)Preisen und Prozessen (Aktionsfolgen) resultierenden Kosten, Erlöse, Deckungsbeiträge und Ergebnisse. Die Produktprogrammplanung beinhaltet eine zielorientierte, systematische Vorbereitung und Fällung der Entscheidung über alternative Produktprogramme bei bestimmten Unternehmungs- und Umweltdaten (Restriktionen)[1].

---

1 Vgl. zur operativen Produktprogrammplanung grundsätzlich auch Hahn, D., Laßmann, G., Produktionswirtschaft – Controlling industrieller Produktion, Bd. 1, a.a.O., S. 223ff.

Ausgangspunkte für die Produktprogrammplanung sind zum einen die im Rahmen der generellen Zielplanung festgelegten Wertziele. Neben den generellen Imperativen – dem Streben nach Gewinn und dem Streben nach Liquiditätssicherung – interessieren vor allem die mittel- und kurzfristig definierten periodischen Wertziele (Gewinn-, Umsatzziele), die zum Teil in wechselseitiger Abstimmung mit der Produktprogrammplanung aufgestellt bzw. korrigiert werden.

Zum anderen sind Ausgangspunkte für die mittel- und kurzfristige Produktprogrammplanung sowohl das im Rahmen der strategischen Planungen langfristig angestrebte Produktprogramm bzw. der Produktprogrammrahmen als auch die damit für den betrachteten Zeitraum gegebenen Potentiale und Potentialänderungen.

Die im Rahmen der operativen Planung zu ermittelnden ergebnis- bzw. deckungsbeitragsoptimalen Produktprogramme je Periode sind stets Resultate von spezifischen Prozessen – also Potentialeinsätzen, ggf. mit Kapazitätsbelegungsplänen je Potential- bzw. Arbeitssystem (vgl. zum grundsätzlichen Zusammenhang zwischen operativer Programmplanung sowie Prozeßplanung und -steuerung auch Abbildung 106a)[2].

In Abhängigkeit von dem in der Unternehmung vorliegenden **Produktionstyp** können unterschiedliche Problemkreise auftreten, die im Rahmen der operativen Produktprogrammplanung zu berücksichtigen sind[3].

Bei Einproduktunternehmungen mit **Massenproduktion** gestaltet sich die Produktprogrammplanung im Vergleich zu anderen Produktionstypen wenig problematisch. Hier wird ein ergebnis- bzw. deckungsbeitragsoptimales Produktprogramm erzielt, indem im Rahmen der vorhandenen freien Kapazitäten die Produktion – bei positivem Deckungsbeitrag des Produktes – soweit ausgedehnt wird, bis das höchstmögliche Absatzvolumen erreicht ist.

Bei Serien- und Einzelproduktion, Kuppelproduktion und im besonderen Fall der Baustellenproduktion sind im Rahmen der operativen Programmplanung zusätzliche Probleme zu beachten, wenn Kapazitätsgrenzen erreicht sind. Hier ist eine Auswahl der zu produzierenden Produkte zu treffen, wobei entsprechende Optimierungsrechnungen in Abhängigkeit von der jeweils vorliegenden Engpaßsituation in der Unternehmung durchzuführen sind.

Bei Vorliegen von **Serien- und/oder Sortenproduktion,** bei der verschiedene Produktarten nacheinander in demselben Arbeitssystem oder in einer Folge von Arbeitssystemen (Produktionsstufen) erstellt werden, sind im Rahmen der Produktprogrammplanung auch die kostenoptimale Los- bzw. Auflagengröße und -reihenfolge zu ermitteln[4].

---

2 Vgl. Dellmann, K., Entscheidungsmodelle für die Serienfertigung, Opladen 1975; Hahn, D., Industrielle Fertigungswirtschaft in entscheidungs- und systemtheoretischer Sicht, a.a.O., S. 374ff.; ders., Prozeßwirtschaft – Grundlegung, Produktionsprozeßplanung, -steuerung und -kontrolle – Grundkonzept und Besonderheiten bei spezifischen Produktionstypen, a.a.O., S. 87ff.; Hahn, R., Produktionsplanung bei Linienfertigung, Berlin – New York 1972, S. 127ff.; Kilger, W., Optimale Produktions- und Absatzplanung, Opladen 1973, S. 383ff., insbesondere S. 441ff.; Seelbach, H., Interdependente Programm- und Prozeßplanung, in: Zur Theorie des Absatzes, Festschrift für E. Gutenberg, Hrsg. H. Koch, Wiesbaden 1973, S. 447ff.

3 Vgl. hierzu auch Hahn, D., Laßmann, G., Produktionswirtschaft – Controlling industrieller Produktion, Bd. 1, a.a.O., S. 223ff.

4 Vgl. ausführlich Hahn, D., Laßmann, G., Produktionswirtschaft – Controlling industrieller Produktion, Bd. 1, a.a.O., S. 299ff. sowie auch Adam, D., Produktions-Management, 7. Aufl., Wiesbaden 1993, S. 330ff.

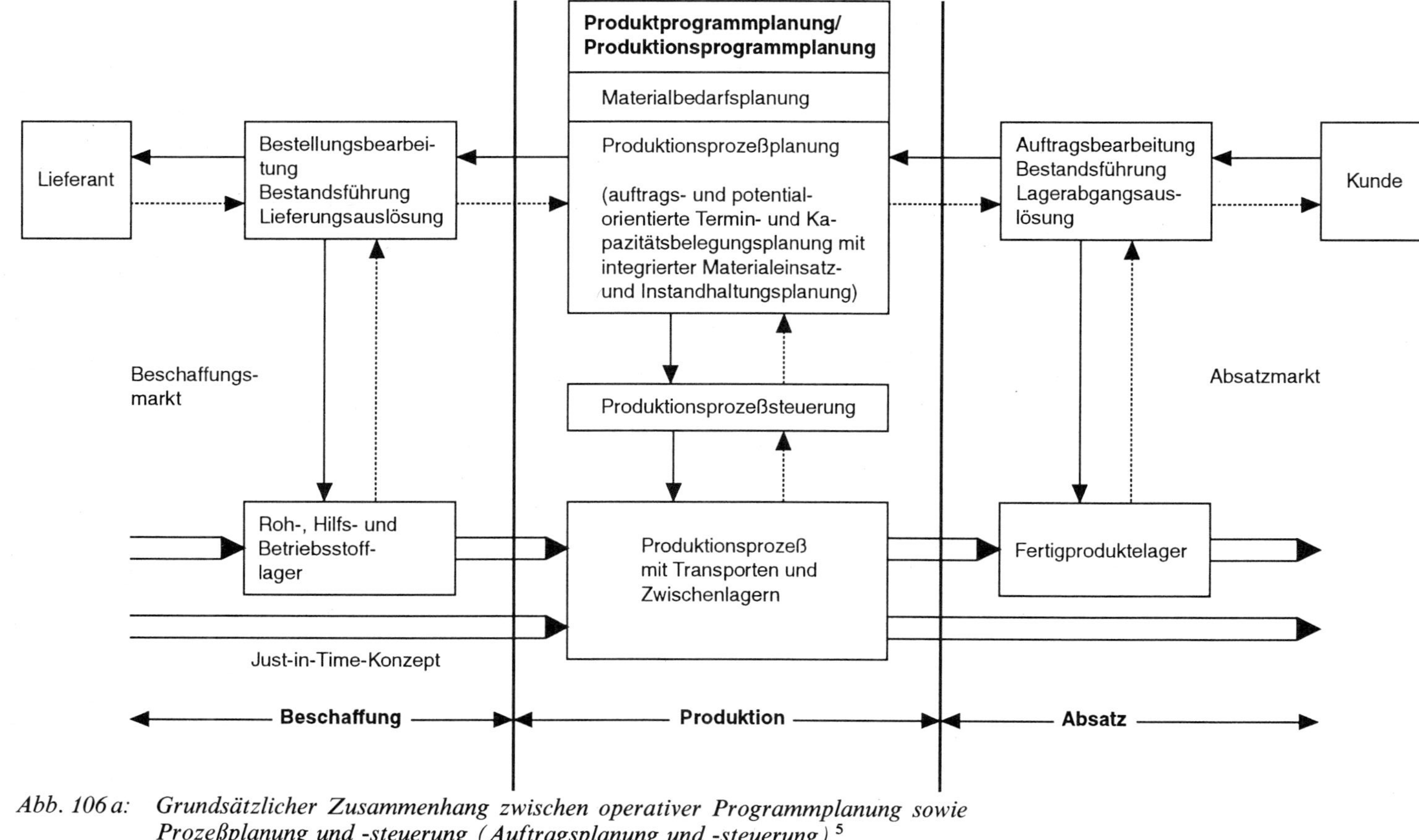

Abb. 106 a: Grundsätzlicher Zusammenhang zwischen operativer Programmplanung sowie Prozeßplanung und -steuerung (Auftragsplanung und -steuerung) [5]

5 Vgl. Hahn, D., Prozeßwirtschaft – Grundlegung, Produktionsprozeßplanung, -steuerung und -kontrolle – Grundkonzept und Besonderheiten bei spezifischen Produktionstypen, a.a.O., S. 43.

Liegt in einer Unternehmung der Produktionstyp der **Einzelproduktion** vor, also Produktion mit einer Auflagenhöhe von eins, können die Programme aus verschiedenen Projekten (Aufträgen) bestehen. Auch kann hierbei Unteilbarkeit der Aufträge gegeben sein. Darüber hinaus kann eine erhöhte Ungewißheit über zukünftige Auftragseingänge als Basis der Programmplanung bestehen. Auch für die Produktprogrammplanung bei Einzelproduktion sind integrierte Programm- und Prozeßplanungen durchzuführen, i.d.R. als Mehrprojektplanung/Multiprojektplanung [6].

Besondere Probleme ergeben sich, wenn **Chargen- oder Kuppelproduktion** vorliegt.

Bei **Chargenproduktion** [7] muß bei der Programmplanung insbesondere berücksichtigt werden, daß die Größe der einzelnen Charge nur in engen Grenzen variiert werden kann.

Bei **Kuppelproduktion** [8] werden zwangsläufig in einer Produktionsstufe des Leistungserstellungsprozesses gleichzeitig mindestens zwei verschiedene Produktarten hergestellt. Die hergestellten Produkte können dabei in starren Mengenrelationen oder in variablen Mengenrelationen anfallen.

Der Produktionstyp der **Baustellenproduktion** ist primär durch die Ortsungebundenheit der Produktionsfaktoren sowie die i.d.R. für einen längeren Zeitraum gegebene Ortsgebundenheit der Produkte charakterisiert. Es handelt sich dabei i.d.R. um unmittelbar kundenorientierte, individuelle Einzelproduktion oder abschnittsweise um Serienproduktion, wie z. B. in der Bauwirtschaft. Probleme im Hinblick auf die Produktprogrammplanung resultieren bei Vorliegen dieses Produktionstyps wiederum insbesondere aus der Ungewißheit über den Erhalt von Aufträgen. Die operative Programmplanung kann als Angebotsplanung charakterisiert werden, die auf der langfristigen Programm- und Potentialplanung aufbaut und bereits vorhandene Aufträge berücksichtigt (vgl. hierzu auch die Ausführungen in Abschnitt 4.3 dieses Teils sowie Abbildung 106b) [9].

In der Programmplanung müssen – abgesehen von der Einzelproduktion/Baustellenproduktion – grundsätzlich bestimmte Produktmengen bzw. -intervalle bei der Leistungserstellung eingehalten werden, der Ausgleich zwischen Leistungserstellungsmengen und davon abweichenden Absatzmengen muß durch Lagerhaltung vorgenommen werden [10].

---

6 Vgl. zur Programm- und Prozeßplanung bei Baustellenproduktion grundlegend Hahn, D., Planung und Kontrolle als Führungsaufgabe in Bauunternehmen, in: Planung, Steuerung und Kontrolle in Bauunternehmen, Hrsg. Wirtschaftsvereinigung Bauindustrie e. V. Nordrhein-Westfalen in Verbindung mit dem Betriebswirtschaftlichen Institut der Westdeutschen Bauindustrie Düsseldorf, Düsseldorf 1987, S. 34ff.; ders., Prozeßwirtschaft – Grundlegung, Produktionsprozeßplanung, -steuerung und -kontrolle – Grundkonzept und Besonderheiten bei spezifischen Produktionstypen, a.a.O., S. 179ff. sowie allgemein zur Einzelproduktion auch Jacob, H., Zur optimalen Planung des Produktionsprogramms bei Einzelfertigung, ZfB 1971, S. 495ff.; Czeranowsky, G., Programmplanung bei Auftragsfertigung unter besonderer Berücksichtigung des Terminwesens, Wiesbaden 1974; Backhaus, K., Fertigungsprogrammplanung, Stuttgart 1979, S. 68ff.

7 Vgl. Binnewies, J., Betriebswirtschaftliche Besonderheiten bei der Chargenfertigung unter besonderer Berücksichtigung der Kostenabhängigkeiten, Diss. Münster 1957.

8 Vgl. zur Kuppelproduktion grundsätzlich Hahn, D., Laßmann, G., Produktionswirtschaft – Controlling industrieller Produktion, Bd. 1, a.a.O., S. 312ff. sowie auch Riebel, P., Die Kuppelproduktion, Köln – Opladen 1955.

9 Vgl. zur Programm- und Prozeßplanung bei Baustellenproduktion ausführlich Hahn, D., Prozeßwirtschaft – Grundlegung, Produktionsprozeßplanung, -steuerung und -kontrolle – Grundkonzept und Besonderheiten bei spezifischen Produktionstypen, a.a.O., S. 179ff. sowie auch ders., Planung und Kontrolle als Führungsaufgabe in Bauunternehmen, a.a.O., S. 36ff.

10 Vgl. Brink, H.J., Produktionsprogrammplanung, a.a.O., S. 35.

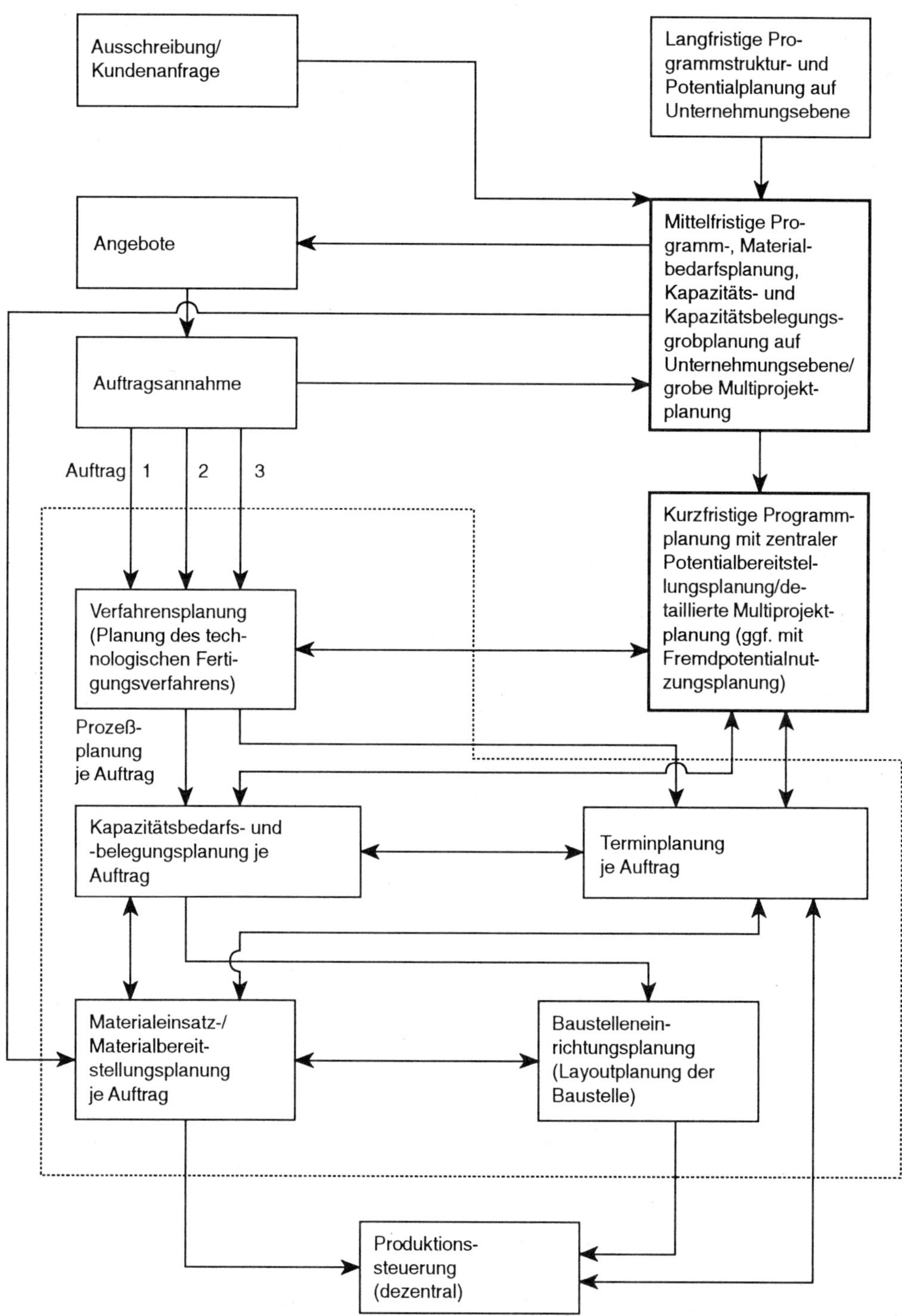

Abb. 106 b: Zusammenhang zwischen operativer Programm- und Auftrags- bzw. Projektplanung im Rahmen der Baustellenproduktion

Im folgenden wird die **Produktprogrammplanung für Industrieunternehmungen mit Klein- und Großserienproduktion** näher dargestellt. Hierbei werden Ziele und Lösungsansätze behandelt, die auch für die Programmplanung von Industrieunternehmungen mit anderen Produktionstypen relevant sind.

Für die Industrieunternehmung ist auf der Basis von Erklärungs- und Entscheidungsmodellen bestimmbar, welche Zielerreichungswirkungen einzelne Produktprogramme besitzen bzw. welche Produktprogramme das Ziel oder die Ziele innerhalb kurz- oder mittelfristiger Planungszeiträume am besten erreichen. Im Vordergrund steht hierbei vielfach die Einperiodenbetrachtung als Jahresplanung.

Geht man vom Ergebnisziel aus, so lassen sich auf Grund bestimmter Programmkonstellationen erreichbare Periodendeckungsbeiträge (Erwartungsvariablen) in einem **Erklärungsmodell** kennzeichnen:

$$DB = f(c_j, x_j) = \sum_{j=1}^{n} c_j x_j = \sum_{j=1}^{n} (p_j - k_j) x_j$$

$$G = DB - K_f$$

x_j = Entscheidungsvariable der Zielfunktion (Produktmenge je Produktart),
c_j = Koeffizient der Zielfunktion (Deckungsbeitrag je Stück der Produktart j),
p_j = Preis pro Stück je Produktart j,
k_j = variable Kosten pro Stück je Produktart j,
K_f = Fixkosten der Unternehmung pro Periode,
DB = Gesamtdeckungsbeitrag des Produktprogramms je Periode,
G = Gesamtgewinn der Unternehmung pro Periode.

Die **Deckungsbeiträge pro Stück** einer Produktart ergeben sich aus der **Differenz zwischen dem Preis**[11] **bzw. Nettoerlös pro Stück und den variablen Kosten (Grenzkosten) pro Stück** je Produktart. Bei den Erlösen sind **Nettoerlöse** zugrunde zu legen, d.h., daß ausgehend von den Bruttoerlösen Erlösschmälerungen (z.B. Rabatte, Boni, Skonti) und Erlöskorrekturen (z.B. aus Gewichtsdifferenzen oder Mängelrügen) zu berücksichtigen sind. Die **variablen Kosten** beinhalten vornehmlich Materialeinzelkosten sowie Einzellohnkosten als Einzelkosten; bei den variablen Gemeinkosten sind insbesondere die Energiekosten hervorzuheben. Die variablen Kosten verändern sich in Abhängigkeit von Produktmengenänderungen und sind dabei wieder in ihrer Höhe abhängig vom jeweiligen Herstellungsverfahren[12].

Geht man vom Ergebnisziel als Extremalziel aus, so läßt sich der auf Grund bestimmter Programmkonstellationen maximal erreichbare Periodendeckungsbeitrag (Erwartungsvariable) in einem **Entscheidungsmodell** durch die folgende **Zielfunktion** kennzeichnen:

$$DB = \sum_{j=1}^{n} c_j x_j \rightarrow \max!$$

Restriktionen – Mindestziele oder begrenzende Einflußfaktoren – sind durch Nebenbedingungen zu berücksichtigen.

Bei Konstanz der Fixkosten wird mit der Maximierung des Gesamtdeckungsbeitrages (Periodendeckungsbeitrages) gleichzeitig der Gewinn maximiert.

11 Die Preise können dabei auf einzelnen Märkten unterschiedlich sein. Vgl. dazu auch Abschnitt 4.1.3.3.4 dieses Teils.

12 Vgl. hierzu insbesondere auch Hahn, D., Laßmann, G., Produktionswirtschaft – Controlling industrieller Produktion, Bd. 1, a.a.O., S. 211 ff.

4.1.2 Suchphase: Ermittlung von Produktprogrammalternativen unter Berücksichtigung spezifischer Einflußfaktoren/ Restriktionen

Die Handlungsmöglichkeiten bestehen in alternativen Produktprogrammen. Diese Produktprogramme und ihre Ergebniskomponenten, verstanden als Planungsvariablen, setzen sich aus qualitativen und quantitativen Variablen zusammen. Die qualitativen Variablen bilden die Produktarten und deren Eigenschaftsmerkmale, die nichtmonetären quantitativen Variablen die Produktmengen und gegebenenfalls weitere erfaßte Einflußgrößen (z.B. Losgrößen). Als monetäre quantitative Variablen zur Bestimmung der Periodendeckungsbeiträge der Programme kommen die Preise von Input und Output in Betracht.

In der praxisbezogenen Produktprogrammplanung werden vielfach die Preise und Kosten oder Deckungsbeiträge der Produkte als Konstanten angesetzt (Produktartenkoeffizienten).

Für die Ermittlung der Programmalternativen sind neben der Festlegung der Produktarten durch das strategische Rahmenprogramm Einflußfaktoren bzw. Restriktionen aus nahezu allen Unternehmungsbereichen zu beachten. Im folgenden sei auf die wichtigsten Einflußfaktoren aus dem Absatz-, dem Produktions- und dem Beschaffungsbereich eingegangen, wobei die Einflußfaktoren zum Teil bereits im Hinblick auf den Einsatz eines Optimierungsmodells mit linearer Programmierung formuliert werden[13].

4.1.2.1 Restriktionen aus dem Absatzbereich

Für die programmbezogene Planungsrechnung sind bestimmte Angaben über voraussichtliche Absatzsituationen und mögliche Aktivitäten im Absatzbereich der Unternehmung erforderlich, aus denen sich Restriktionen für die Programmplanung ableiten lassen und sich in unterschiedlicher Weise Beziehungen zwischen Handlungsalternativen und Erwartungsvariablen ergeben.

Einmal müssen Absatzbedingungen, die sich in der Programmplanung in Form von mengenmäßigen Absatzrestriktionen und in Form von alternativen **Preisstellungsmöglichkeiten** niederschlagen können, möglichst detailliert untersucht werden. Dabei können mengenmäßige Restriktionen und Restriktionen bei der Preisstellung als voneinander unabhängige Größen auftreten, oder aber der mengenmäßige Absatz kann von der Preisstellung abhängig sein.

Weiterhin können sonstige Einflüsse aus dem Einsatz des absatzpolitischen Instrumentariums auf die Programmplanung wirksam werden.

Zum anderen muß in der Planung des Absatzbereiches die zeitliche Interdependenz im Hinblick auf Preisstellungsmöglichkeiten und im Hinblick auf einen kurzfristigen Ausgleich zwischen Absatz- und Produktionsmöglichkeiten durch Auf- und Abbau von Lagern berücksichtigt werden. Zudem sind (sachlich und zeitlich spezifizierte) Auftragsbestände zu berücksichtigen.

Bei den **mengenmäßigen Absatzrestriktionen,** die das Feld der Handlungsmöglichkeiten einengen, können drei Arten unterschieden werden, nämlich Absatzhöchstmengen, Absatzmindestmengen und Verbundwirkungen innerhalb des Programms.

---

13 Die Erörterung der einzelnen Restriktionen erfolgt zum Teil in Anlehnung an Brink, H.J., Produktionsprogrammplanung, a.a.O., S. 17ff. Vgl. ferner Bol, G., Lineare Optimierung, Königstein/Ts. 1980; Günther, H.-O., Mittelfristige Produktionsplanung, München 1982, S. 129ff.

Anhaltspunkte über **Absatzhöchstmengen** für einzelne Produkte können durch Marktanalyse und Marktbeobachtung gewonnen werden, insbesondere durch Untersuchungen über den Grad der bereits vorhandenen Marktsättigung und über die Aufnahmefähigkeit von Märkten der Unternehmung in künftigen Perioden. Dabei müssen sowohl die eigene Ausgangssituation (Marktanteil der Unternehmung) und die geplanten eigenen Aktivitäten als auch das Verhalten der Konkurrenz in die Betrachtung einbezogen werden.

Produktarten sind bei dieser Betrachtungsweise nicht technologisch, sondern absatzwirtschaftlich voneinander zu unterscheiden. Ist also eine Preisdifferenzierung des technologisch gleichen Produktes auf räumlich verschiedenen Märkten oder für verschiedene Kundengruppen möglich, so ist für die Programmplanung eine nach Gebieten oder Kundengruppen getrennte Vorgabe der jeweiligen Höchstmengen erforderlich[14].

Das Entscheidungsfeld der kurzfristigen Programmplanung kann weiterhin durch die Forderung bestimmt werden, in der Planperiode bestimmte **Absatzmindestmengen** von Produkten einzuhalten. Diese Notwendigkeit ergibt sich z. B. beim Abschluß von Lieferverträgen, die über mehrere Planperioden laufen und in denen sich die Unternehmung verpflichtet, bestimmte Liefermengen zu vorher festgelegten Konditionen zu leisten[15]. Die Forderung nach dem Absatz von Mindestmengen in der Programmplanung kann auch dann gestellt werden, wenn keine festen Lieferverpflichtungen vorliegen, z. B. wenn die Unternehmung auf dem Markt mit einem bestimmten Mindestangebot vertreten sein will, um nicht Gefahr zu laufen, den Zugang zu langfristig attraktiven Märkten zu verlieren, die bei Verfolgen einer kurzfristigen Ergebnismaximierung vernachlässigt werden könnten.

Absatzhöchst- und Absatzmindestmengen schlagen sich im Programmplanungsmodell als Nebenbedingungen in Form von Ungleichungen nieder. Dabei ist zu berücksichtigen, daß bei der Produktprogrammplanung die um beabsichtigte Lagerbewegungen korrigierten Werte als Mindest- oder Höchstmengen vorgegeben werden. Die Absatzrestriktionen werden im Modell dann wie folgt festgelegt:

$$x_j \geqq MA_j$$

$$x_j \leqq HA_j$$

MA, HA = Mindest-, Höchstabsatzmenge des Produktes j.

Bestehen keine Mindestabsatzmengen, so ist $MA_j = 0$ zu setzen.

Absatzwirtschaftliche **Verbundwirkungen** innerhalb des **Produktprogramms** von Unternehmungen können in der Planungsrechnung zu weiteren Restriktionen führen. Bestehen Verbundwirkungen zwischen den Produkten in Form einer komplementären oder substitutiven Absatzverbundenheit, so können Mindest- und Höchstmengen der einzelnen Produkte nicht unabhängig voneinander festgelegt werden.

Komplementärer Absatzverbund zwischen zwei Produkten liegt dann vor, wenn eine Steigerung (Verringerung) der Absatzmenge des einen Produktes eine Erhöhung (Verringerung) der Absatzmenge des anderen Produktes bewirkt. Substitutive Beziehungen liegen dann vor, wenn eine Änderung der Absatzmenge eines Produktes eine gegenläufige Änderung der Absatzmenge des anderen Produktes bewirkt.

---

14 Vgl. Brink, H. J., Produktionsprogrammplanung, a.a.O., S. 18f. Vgl. zur Wirkung absatzwirtschaftlicher Verflechtungen auf das Produktprogramm ferner auch Adam, D., Produktionspolitik, 4. Aufl., Wiesbaden 1986, S. 371 ff.

15 Vgl. Brink, H. J., Produktionsprogrammplanung, a.a.O., S. 20.

Die Absatzverbundenheit von Produkten kann mathematisch dadurch ausgedrückt werden, daß die Produktmenge des einen Produktes als Funktion der Produktmenge des anderen Produktes gekennzeichnet wird, also z. B.

$$x_1 = f(x_2).$$

Im Programmplanungsmodell muß die Absatzverbundenheit bei der Formulierung der Nebenbedingungen berücksichtigt werden. Für eines der beiden Produkte können Höchst- und Mindestabsatzmengen in Form einer Ungleichung vorgegeben werden, während für das verbundene Produkt die Absatzmenge auf Grund der Komplementaritäts- oder Substitutivbeziehungen ermittelt werden muß. Als Nebenbedingungen erscheinen also jeweils eine Ungleichung und eine Gleichung, für zwei Produkte x_1 und x_2 also z. B.

$$x_2 \leqq HA_2 \quad \text{oder} \quad x_2 \geqq MA_2$$

$$x_1 = f(x_2).$$

Aus Praktikabilitätsgründen muß die Funktionsgleichung ggf. linearisiert werden.

Funktionale Beziehungen zwischen den Preisen und Absatzmengen von Produkten einer Unternehmung werden in den Modellen zur Programmplanung im allgemeinen nicht berücksichtigt. Es wird meist unterstellt, daß Preisstellung und Mengenermittlung unabhängig voneinander vorgenommen werden, die Unternehmung sich also als Mengenanpasser verhält und bei gegebenen Preisen die ergebnisoptimalen Mengen zu ermitteln versucht.

Diese Unterstellung mag für einen Großteil der Unternehmungen zutreffen, Allgemeingültigkeit besitzt sie jedoch nicht. Für die Programmplanung erscheint es daher erforderlich, daß vom Absatzbereich der Versuch unternommen wird, zumindest einzelne Punkte der konjekturalen Preis-/Absatz-Funktion für wichtige Produkte zu ermitteln. Zumindest sollte dieser Versuch in allen Fällen, in denen damit gerechnet werden kann, daß Änderungen der Preisstellung erhebliche Änderungen der Absatzmengen nach sich ziehen, gemacht werden. Im Programmplanungsmodell sind diese Abhängigkeiten zu berücksichtigen, oder es sind für relevante Preis-/Mengen-Konstellationen jeweils gesonderte Programmplanungsrechnungen durchzuführen.

Auch für andere Komponenten des absatzpolitischen Instrumentariums können die aus ihrer Variation resultierenden Wirkungen auf Absatzmengen, Vertriebskosten und damit Deckungsbeiträge geschätzt und in das Planungsmodell eingebaut werden.

4.1.2.2 Restriktionen aus dem Produktionsbereich

Die Programmgestaltung kann in bezug auf den Produktionsbereich vornehmlich durch zwei Restriktionen begrenzt werden:

Erstens stehen Potentiale (Betriebsmittel und Arbeitskräfte) nur in bestimmter Art, Anzahl und zeitlich begrenzter Einsatzmöglichkeit zur Verfügung.

Zweitens muß gegebenenfalls der produktionstechnisch bedingte Verbund von Produkten berücksichtigt werden.

Der **Bestand an Betriebsmitteln und Arbeitskräften** ist in der operativen Programmplanung nach Art und Menge als konstant anzusehen. Ein bestimmter Freiheitsgrad ist dagegen bei der Festlegung der **Einsatzdauer** der vorhandenen Potentiale vorhanden. Dabei kann in der Regel die Einsatzdauer der Betriebsmittel in erheblich größerem Ausmaß variiert werden als die Einsatzdauer von Arbeitskräften.

Die maximal für die Durchführung von Leistungserstellungsprozessen verfügbare Einsatzzeit der Betriebsmittel wird durch die Gesamtzeit der Planperiode abzüglich des Zeitbedarfs für planmäßige Wartungs- und Reparaturarbeiten, des Zeitbedarfs für Rüstvorgänge sowie eines Abschlags für nicht vorhersehbare Stillstandszeiten bestimmt.

Die maximal verfügbare Einsatzzeit der einzelnen Arbeitskräfte liegt dagegen erheblich unter der maximalen Einsatzzeit der Betriebsmittel. Die in den tarifvertraglichen Vereinbarungen und in Betriebsvereinbarungen festgelegte Normaldauer der täglichen Arbeitszeit kann durch Überstunden oder Zusatzschichten nur in begrenztem Maße erhöht werden. Genereller Mehrschichtbetrieb ist vielfach nur schwer zu verwirklichen. Nur der Einsatz von sog. Springern – auch in Pausen – verschafft mehr Flexibilität und bessere Nutzungsmöglichkeit der maximalen Einsatzzeit der Betriebsmittel.

In der Praxis wird es in der Regel nur bei hochautomatisierten Leistungserstellungsprozessen, an denen Arbeitskräfte nur noch in geringer Anzahl mit Überwachungsfunktionen beteiligt sind, für die Programmplanung möglich sein, die zeitliche Inanspruchnahme der Potentiale in vollem Umfang zu variieren.

Zur Ermittlung der Restriktionen in bezug auf Art und Anzahl der Potentiale muß die Kapazität jedes einzelnen Potentials in bezug auf die einzelnen Produktarten bekannt sein[16].

Für Produktionstypen, in denen eine Messung der Kapazität in Outputmengen wegen zu starker Unterschiede der einzelnen Outputarten in direkter, produktbezogener Weise nicht möglich ist, erfolgt die Messung der Kapazität und der Kapazitätsinanspruchnahme auf der Basis von Produktionszeitangaben.

Restriktionen, die aus der zeitlich beschränkten Verfügbarkeit der Potentiale[17] sowie aus einer unterschiedlichen Zuordnung von Potentialen und Produktarten resultieren, werden im Programmplanungsmodell wieder in Form von Ungleichungen berücksichtigt. Das produktionstechnische Entscheidungsfeld bei der Festlegung von Arten und Mengen der Produkte wird durch die Prozeßmatrix und die verfügbaren Kapazitäten der Potentiale bestimmt.

Bei Produktarten j ($j = 1, 2, \ldots, n$) und bei Potentialen i ($i = 1, 2, \ldots, m$) mit einer verfügbaren Kapazität je Potential von B_i und einer Inanspruchnahme der Kapazität eines Potentials für die Erstellung einer Produkteinheit x_j in Höhe von b_{ij} gilt:

Kapazitätsrestriktionen

$$\begin{array}{ccccccccc}
b_{11}x_1 & + & b_{12}x_2 & + \ldots + & b_{1j}x_j & + \ldots + & b_{1n}x_n & \leqq & B_1 \\
b_{21}x_1 & + & b_{22}x_2 & + \ldots + & b_{2j}x_j & + \ldots + & b_{2n}x_n & \leqq & B_2 \\
\vdots & & \vdots & & \vdots & & \vdots & & \vdots \\
b_{i1}x_1 & + & b_{i2}x_2 & + \ldots + & b_{ij}x_j & + \ldots + & b_{in}x_n & \leqq & B_i \\
\vdots & & \vdots & & \vdots & & \vdots & & \vdots \\
b_{m1}x_1 & + & b_{m2}x_2 & + \ldots + & b_{mj}x_j & + \ldots + & b_{mn}x_n & \leqq & B_m
\end{array}$$

---

16 Zu den Bestimmungsgrößen und zur Messung der Kapazität vgl. z. B. Clar, P., Die Kapazitätsnutzung in der Industrieunternehmung, Berlin 1964; Kern, W., Die Messung industrieller Fertigungskapazitäten und ihrer Ausnutzung, Köln – Opladen 1962; Layer, M., Kapazität: Begriff, Arten, Messung, in: HWProd, Hrsg. W. Kern, Stuttgart 1979, Sp. 871 ff.; Schumann, W., Layoutplanung in Industrieunternehmungen mit Einzelproduktion unter Berücksichtigung von Automatisierungsmöglichkeiten, Diss. Gießen 1985, S. 74 ff.; Steffen, R., Die Bestimmung von Kapazitäten und ihrer Nutzung in der industriellen Fertigung, ZfbF-Kontaktstudium 1980, S. 173 ff.; Wille, K., Kapazitätsermittlung in der Unternehmung, Diss. Gießen 1985.

17 Vgl. Kilger, W., Optimale Produktions- und Absatzplanung, a.a.O., S. 164 ff.

Die Koeffizienten b_{ij} je Spalte j der Prozeßmatrix geben dabei die Leistungsinanspruchnahme der Potentiale durch jeden Leistungserstellungsprozeß (jeden Arbeitsgang) einer Produktart wieder. Absatzmäßig gleiche Produktarten, die in unterschiedlichen Leistungserstellungsprozessen gefertigt werden können, müssen in der Prozeßmatrix als unterschiedliche x_j dargestellt werden.

Die Kapazitäten der Potentiale B_i sowie die Koeffizienten b_{ij} – jeweils gemessen in Produktionszeiten – können in der Programmplanung als in bestimmtem Ausmaß veränderbar betrachtet werden. Die auf der Basis einer für die Unternehmung als normal angesehenen Arbeitszeit ermittelten B_i können bei Ein- und Zwei-Schicht-Betrieb durch Einlegung von Überstunden erhöht werden; die auf der Basis einer optimalen Intensität ermittelten b_{ij} können – soweit das technisch möglich ist – durch eine Erhöhung oder Verringerung der Intensität des Leistungserstellungsprozesses verändert werden[18]. Eine Ausnutzung dieser Variationsmöglichkeit sollte in das Entscheidungsfeld der Programmplanung mit einbezogen werden. Da mit einer Erhöhung der verfügbaren Kapazität B_i oder der Steigerung der Intensität eines Leistungserstellungsprozesses, ausgedrückt durch b_{ij}, im allgemeinen ein progressiver Anstieg einzelner Kostenarten (z. B. Löhne, Ausschuß, Energie) verbunden ist, ist eine Erhöhung der Produktionsmengen durch Erhöhung von B_i oder Verringerung von b_{ij} jedoch nur so weit sinnvoll, als durch diese Variation der Gesamtgewinn der Unternehmung erhöht wird.

4.1.2.3 Restriktionen aus dem Beschaffungsbereich

Eine Einengung des Entscheidungsfeldes kann auch durch Einflußfaktoren aus dem Beschaffungsbereich der Unternehmung verursacht werden. Diese Beschränkung wird wirksam, wenn einzelne **Verbrauchsstoffe,** z. B. Rohstoffe oder Einbauteile, nicht in ausreichenden Mengen zur Verfügung stehen, um Absatz- und Produktionsmöglichkeiten voll ausnutzen zu können. Diese Beschränkungen können bei Unternehmungen aller Branchen in Zeiten der Hochkonjunktur mit Nachfrageüberhang auftreten; in einzelnen Branchen können solche Beschränkungen auch in naturbedingt oder politisch bedingt auftretenden zeitweisen Verringerungen des Angebots liegen.

Im Programmplanungsmodell können Beschränkungen aus dem Beschaffungsbereich analog zu den Kapazitätsrestriktionen aus dem Produktionsbereich berücksichtigt werden. Die Produktzusammensetzung wird in einer Matrix dargestellt; in Verbindung mit den maximalen Beschaffungsmöglichkeiten lassen sich die hieraus resultierenden Nebenbedingungen wiederum als Ungleichungen formulieren.

Sind in der betrachteten Planperiode die Materialarten h (h = 1, . . . , k) in den Mengen HB als Einsatzgüter des Leistungserstellungsprozesses verfügbar und beträgt der Materialbedarf je Materialart und Produkteinheit e_{hj}, so ergeben sich bei n Produktarten (j = 1, . . . , n) folgende Ungleichungen:

Beschaffungsrestriktionen

$$
\begin{array}{ccccccccc}
e_{11}x_1 & + e_{12}x_2 & + \dots & + e_{1j}x_j & + \dots & + e_{1n}x_n & \leqq HB_1 \\
e_{21}x_1 & + e_{22}x_2 & + \dots & + e_{2j}x_j & + \dots & + e_{2n}x_n & \leqq HB_2 \\
\vdots & \vdots & & \vdots & & \vdots & \vdots \\
e_{h1}x_1 & + e_{h2}x_2 & + \dots & + e_{hj}x_j & + \dots & + e_{hn}x_n & \leqq HB_h \\
\vdots & \vdots & & \vdots & & \vdots & \vdots \\
e_{k1}x_1 & + e_{k2}x_2 & + \dots & + e_{kj}x_j & + \dots & + e_{kn}x_n & \leqq HB_k
\end{array}
$$

18 Vgl. Kilger, W., Optimale Produktions- und Absatzplanung, a.a.O., S. 203ff.

4.1.3 Beurteilungsphase: Ergebnisorientierte Beurteilung alternativer Produktprogramme

Die Beurteilung alternativer Produktprogramme im Rahmen der operativen Planung erfolgt grundsätzlich im Hinblick auf ein einperiodig formuliertes Ergebnisziel, in der Regel im Hinblick auf das **Streben nach maximalem Periodendeckungsbeitrag**, mit oder ohne Beachtung weiterer Ziele und Restriktionen (Nebenbedingungen).

Für die ergebnisorientierte Beurteilung von Programmalternativen ist die Kenntnis der zu erwartenden Beschäftigungssituation der Planungsperiode Voraussetzung. Die Beschäftigungssituation der Unternehmung wirkt sich auf die Programmplanung insofern aus, als in Abhängigkeit von der Beschäftigungssituation unterschiedliche Entscheidungsgrundlagen herangezogen werden müssen, um Preise und Mengen der Produkte ergebnisoptimal festzulegen. Die Programmplanung wird beim Übergang von hoher Unterbeschäftigung auf partielle oder totale Vollbeschäftigung zunehmend schwieriger. Dabei sind – bei Anwendung der linearen Programmierung – mit der Planung bei totaler Vollbeschäftigung keine größeren Schwierigkeiten verbunden als bei der Planung mit mindestens zwei voll ausgelasteten Teilkapazitäten [19].

Der Einfluß der Beschäftigungssituation auf die **Programmplanung** soll daher in Abhängigkeit von der Zahl der Engpässe im Produktions- und/oder Beschaffungsbereich der Unternehmung untersucht werden, wobei grundsätzlich drei Fälle von Interesse sind [20]:

(a) In der Unternehmung ist kein Engpaß vorhanden.
Die Möglichkeiten der Unternehmung bei der Programmplanung werden ausschließlich durch die Absatzgegebenheiten beschränkt. Es sind keine Engpässe im Beschaffungs- oder Produktionsbereich der Unternehmung gegeben.

(b) In der Unternehmung ist ein Engpaß vorhanden.
Die Programmplanung wird durch Absatzgegebenheiten sowie durch einen Engpaß im Beschaffungs- oder Produktionsbereich eingeschränkt.

(c) In der Unternehmung sind mehrere Engpässe vorhanden.
Bei der Programmplanung sind Absatzgegebenheiten und mehrere Engpässe im Beschaffungs- und/oder Produktionsbereich zu berücksichtigen.

Das Ziel der Maximierung des Periodendeckungsbeitrags ist gleichbedeutend mit dem Ziel der Maximierung des Periodengewinns, da die fixen Teile der Periodenkosten in ihrer Höhe unabhängig von den Entscheidungen der Programmplanung anfallen und somit nicht in das Modell einzubeziehen sind.

Die Durchführung der Programmplanung wird von uns am Modell eines mehrstufigen Mehrproduktbetriebes beschrieben, der standardisierte Erzeugnisse in Serienproduktion als technologisch nichtverbundene Leistungen herstellt. Es wird dabei zunächst unterstellt, daß sich die Unternehmung als Mengenanpasser verhält, also bei gegebenen Preisen die gewinnmaximale Menge je Produktart zu ermitteln versucht.

---

19 Zur Planung des optimalen Produktionsprogrammes bei unterschiedlichen Beschäftigungssituationen vgl. auch Brink, H.J., Produktionsprogrammplanung, a.a.O., S. 53ff.; Hahn, D., Direct Costing und die Aufgaben der Kostenrechnung, NB 1/1965, S. 11ff.; Kilger, W., Flexible Plankostenrechnung und Deckungsbeitragsrechnung, a.a.O., S. 801ff., S. 827ff.

20 Vgl. auch Adam, D., Produktionsdurchführungsplanung, in: Industriebetriebslehre, Hrsg. H. Jacob, 4. Aufl., Wiesbaden 1990, S. 677ff.; Busse von Colbe, W., Hammann, P., Laßmann, G., Betriebswirtschaftstheorie, Bd. 2, Absatztheorie, 4. Aufl., Berlin – Heidelberg – New York 1992, S. 237ff.; Moews, D., Zur Aussagefähigkeit neuerer Kostenrechnungsverfahren, Berlin 1969, S. 63f.

Daran anschließend wird geprüft, inwieweit bei der Programmplanung Modifikationen notwendig werden, wenn die Prämisse der Unabhängigkeit zwischen Preisstellung und Mengenermittlung aufgegeben wird.

Als weiteren Problemkreis werden wir die Entscheidung über Annahme oder Ablehnung von Zusatzaufträgen im Rahmen der Programmplanung behandeln. Es stellt sich dabei die Frage nach der Preisuntergrenze eines Zusatzauftrags.

4.1.3.1 Produktprogrammplanung bei Nichtvorhandensein von Engpässen in der Unternehmung

Sind in einer Planperiode keine Engpässe in der Unternehmung vorhanden, so wird das optimale Programm von den Absatzmöglichkeiten her bestimmt. Die Höchstabsatzmengen können als optimale Mengen vorgegeben werden, sofern die einzelnen Produkte einen positiven Deckungsbeitrag (Überschuß des Erlöses über die variablen Kosten) haben. Produkte mit positivem **Deckungsbeitrag** tragen zur Fixkostendeckung und gegebenenfalls zur Gewinnerzielung bei. Zusätzliche Aufträge mit positivem Deckungsbeitrag können in der Planperiode ausgeführt werden. Ergeben sich durch die Hereinnahme von Zusatzaufträgen Engpässe, gilt der im Teil III, Abschnitt 4.1.3.2 skizzierte Ansatz.

Die Bedingung für die Aufnahme eines Auftrages in das Produktionsprogramm bei freien Kapazitäten im Beschaffungs- und Produktionsbereich lautet im allgemeinen:

$$p_j - k_j > 0.$$

Die Planproduktionsmengen werden ausschließlich durch die Absatzhöchstmengen determiniert:

$$x_j = HA_j.$$

Deckungsbeitrag und Gewinn der Periode lassen sich mit

$$DB = \sum_{j=1}^{n} (p_j - k_j) \cdot HA_j$$

ermitteln.

Kann die Unternehmung aktive Preispolitik betreiben, so sieht sie sich nicht mit absoluten Absatzhöchstmengen konfrontiert, sondern kann das Instrument der Preispolitik zur Maximierung des Deckungsbeitrages der Periode einsetzen. Als Preis für die einzelnen Produkte ist der Preis anzusetzen, bei dem der Gesamtdeckungsbeitrag des Produktes maximiert wird. Die Planmengen der Periode lassen sich aus den Funktionen

$$DB_j = (p_j - k_j)\, x_j \rightarrow \max!$$

und

$$x_j = f(p_j)$$

ermitteln.

Bei komplementärer Absatzverbundenheit von Produkten kann der Fall eintreten, daß das Entscheidungskriterium $p_j - k_j > 0$ nicht für alle Produkte anwendbar ist. Es kann sein, daß ein Produkt ins Programm aufgenommen werden muß, dessen Preis unter den proportionalen Kosten liegt, wenn dadurch der Absatz eines Produktes mit positivem Deckungsbeitrag gesichert bzw. verbessert werden kann. Sind die Produkte j und j + 1 komplementäre Güter, so gilt das Entscheidungskriterium

$$(p_j - k_j) + (p_{j+1} - k_{j+1}) > 0$$
$$= (p_j + p_{j+1}) - (k_j + k_{j+1}) > 0.$$

Stellt sich die komplementäre Absatzverbundenheit in der Weise dar, daß bei zwei komplementären Absatzgütern in einem spezifischen Verhältnis unterschiedliche Mengen je Produktart anfallen, so sind diese in dem Formelansatz zur Sicherstellung eines positiven Deckungsbeitrages zu berücksichtigen.

Bei der Aufnahme von Zusatzaufträgen ist zu berücksichtigen, daß die Entscheidung über diese Aufträge nicht schematisch an Hand des Kriteriums

$$p_{z_j} > p_{u_j} = k_j \qquad p_{z_j} = \text{Preis je Einheit j des Zusatzauftrages z}$$
$$p_{u_j} = \text{Preisuntergrenze des Produktes j}$$

vorgenommen werden darf. Es muß berücksichtigt werden, daß niedrigere Preise bei Zusatzaufträgen zu Forderungen nach Preisnachlässen bei anderen Aufträgen der Planperiode oder zu einem Preisverfall in Folgeperioden führen können.

Die Reihenfolge der Förderungswürdigkeit der einzelnen Produktarten wird durch die Höhe des stückbezogenen Deckungsbeitrages $p_j - k_j$ bestimmt. Dabei wird allerdings unterstellt, daß zur Förderung aller Produktarten jeweils derselbe Aufwand je Stück für den Einsatz absatzpolitischer Instrumente erforderlich ist[21], es sei denn, es ist möglich, Absatzkosten differenziert für einzelne Produktgruppen in Ansatz zu bringen.

4.1.3.2 Produktprogrammplanung bei Vorhandensein eines Engpasses in der Unternehmung

Ist die Entscheidungssituation durch einen Engpaß gekennzeichnet, reicht also die verfügbare Kapazität einer Produktionsstelle oder der verfügbare Bestand eines bestimmten Einsatzstoffes nicht aus, um alle Absatzmöglichkeiten wahrnehmen zu können, so reicht das Kriterium $p_j - k_j > 0$ zur Ermittlung des optimalen Programmes nicht mehr aus. Die Ermittlung der optimalen Programmzusammensetzung vollzieht sich nunmehr in zwei aufeinanderfolgenden Auswahlprozessen.

Auf der ersten Stufe werden die zu erwartenden stückbezogenen Deckungsbeiträge für die Produkte der Unternehmung ermittelt und diejenigen Produkte von der weiteren Untersuchung ausgeschlossen, die keinen positiven Deckungsbeitrag erbringen. Produktarten, die die Engpaßkapazität nicht berühren, können bereits jetzt nach den gleichen Gesichtspunkten wie bei totaler Unterbeschäftigung eingeplant werden. Auf der zweiten Stufe müssen auf der Basis der möglichen Absatzmengen die Produktionsmengen der restlichen Produktarten so bestimmt werden, daß der durch die Knappheit im Produktionsbereich oder an Einsatzstoffen bedingte Entgang an Deckungsbeiträgen – der Opportunitätskostenbetrag – ein Minimum wird[22].

21 Vgl. Schwarz, H., Kostenträgerrechnung und Unternehmungsführung, 2. Aufl., Herne – Berlin 1973, S. 77.

22 Vgl. Brink, H.J., Produktionsprogrammplanung, a.a.O., S. 65f.

Als Entscheidungskriterium muß nunmehr der **spezifische Deckungsbeitrag** y_j^E (Deckungsbeitrag pro Engpaßeinheit) herangezogen werden[23]. Dieser Deckungsbeitrag gibt an, wie hoch der Deckungsbeitrag eines Produktes j, bezogen auf eine Engpaßeinheit E (z.B. Maschinenstunde, Produktionsstunde, Materialmenge) der Produktionsstelle bzw. der Stoffart ist. Er wird ermittelt als

$$y_j^E = \frac{p_j - k_j}{b_j^E}, \quad y_j^E = \frac{p_j - k_j}{e_j^E}.$$

Die Ausdrücke b_j^E und e_j^E geben hierbei die Durchlaufzeit eines Produktes durch die Engpaßstelle bzw. die zur Herstellung eines Produktes benötigte Menge des knappen Einsatzstoffes an. Zur Ermittlung der optimalen Programmzusammensetzung werden die Produkte nach abnehmender Höhe ihrer spezifischen Deckungsbeiträge geordnet, somit wird eine Rangfolge gebildet, die die Vorziehenswürdigkeit der einzelnen Produktarten im Hinblick auf eine gewinnmaximale Ausnutzung des Engpasses angibt[24].

In dieser Reihenfolge werden Absatzhöchstmengen der einzelnen Produktarten und der jeweilige Ausdruck der Engpaßinanspruchnahme multipliziert, damit die Engpaßinanspruchnahme durch die einzelnen relevanten Produktarten ermittelt und diese so lange kumuliert werden kann, bis die Kapazitätsgrenze des Engpasses erreicht ist.

Die Produktmengen, die gerade die Bedingung

$$\sum_{j=1}^{n} HA_j \, b_j^E = B^E \qquad B^E = \text{Engpaßkapazität}$$

erfüllen, werden in das Programm der Periode aufgenommen.

Die Ermittlung von spezifischen Deckungsbeiträgen – aufbauend auch auf einfachen Dekkungsbeiträgen – veranschaulichen die Beispiele in den Abbildungen 107a und 107b.

Müssen von einzelnen Produktarten Mindestmengen gefertigt werden (z.B. Erfüllung von Lieferverpflichtungen, Erhaltung von Marktanteilen), so werden diese im Hinblick auf den von ihnen benötigten Bedarf an Engpaßkapazität vorab fest eingeplant. Die Ermittlung der weiteren Programmzusammensetzung erfolgt nach dem obigen Vorgehen auf der Basis der nach Einplanung der Mindestmengen noch verbliebenen Engpaßkapazität.

Die Programmplanung bei einem Engpaß nach den oben angeführten Kriterien führt zu einem gewinnmaximalen Programm, solange die Nachfrage völlig unelastisch in bezug auf Preisänderungen ist. Liegt dagegen eine funktionale Beziehung zwischen Verkaufspreis und Absatzmenge vor, so werden **Alternativrechnungen für unterschiedliche Preis-/Mengenkonstellationen** erforderlich[25].

Soll nach Festlegung des optimalen Programms in einer Entscheidungssituation mit einem Engpaß geprüft werden, ob die **Aufnahme eines Zusatzauftrages** zu einer Ergebnisverbesserung führt, so bildet auch dabei der spezifische Deckungsbeitrag das Entscheidungskriterium. Da wegen der Vollauslastung der Engpaßstelle eine nachträgliche Aufnahme in das Programm nur möglich ist, wenn auf Produktmengen verzichtet wird, die bereits im Programm vorgesehen waren, muß der spezifische Deckungsbeitrag des Zusatzauftrages höher sein als der spezifische Deckungsbeitrag der Produktart, auf deren Produktion ganz oder

23 Vgl. Hahn, D., Direct Costing und die Aufgaben der Kostenrechnung, a.a.O., S. 11; Kilger, W., Flexible Plankostenrechnung und Deckungsbeitragsrechnung, a.a.O., S. 839ff.; Wenz, E., Kosten- und Leistungsrechnung mit einer Einführung in die Kostentheorie, Herne – Berlin 1992.

24 Vgl. Kilger, W., Flexible Plankostenrechnung und Deckungsbeitragsrechnung, a.a.O., S. 840f.

25 Vgl. hierzu das ausführliche Beispiel bei Moews, D., Zur Aussagefähigkeit neuerer Kostenrechnungsverfahren, a.a.O., S. 110ff.

		Produkt A	Produkt B	Produkt C
Erlös (p_j) variable Kosten (k_j)	DM/t DM/t	300 200	500 300	200 80
Deckungsbeitrag	DM/t	100	200	120
Bearbeitungszeit pro Einheit im Engpaß (b_j^E)	Std./t	0,2	0,5	1,0
Deckungsbeitrag pro Engpaßstunde (y_j^E)	DM/Engpaß-stunde	500	400	120
Rangfolge zur Aufnahme in das Produktprogramm		1	2	3

Abb. 107a: Beispiel zur Berechnung des spezifischen Deckungsbeitrags je Engpaßstunde (Engpaß: Laufzeit der Produktionsanlage)

		Produkt A	Produkt B	Produkt C
Erlös (p_j) variable Kosten (k_j)	DM/t DM/t	300 200	500 300	200 80
Deckungsbeitrag	DM/t	100	200	120
Verbrauch des Engpaßrohstoffs in t pro t Fertigerzeugnis (e_j^E)	t/t	1	3	1,5
Deckungsbeitrag pro t Engpaßrohstoff (y_j^E)	DM/t	100	66,6	80
Rangfolge zur Aufnahme in das Produktprogramm		1	3	2

Abb. 107b: Beispiel zur Berechnung des spezifischen Deckungsbeitrags je Tonne (t) des Engpaßrohstoffs (Engpaß: Menge einer Rohstoffart)

teilweise verzichtet wird. Die Preisuntergrenze des Zusatzauftrages ergibt sich als Summe der variablen Kosten des Zusatzauftrages und des durch die Streichung einer anderen Produktmenge entgangenen Deckungsbeitrages, der Opportunitätskosten[26].

Für den Fall, daß ein Zusatzauftrag nur Mengen einer Produktart aus dem Programm verdrängt und eine Produktionsstelle als Engpaßeinheit auftritt, ergibt sich als Preisuntergrenze für eine Einheit des Zusatzauftrages:

$$p_{uZ_j} = k_{Z_j} + y_j^E \, b_{Z_j}^E \, .$$

26 Vgl. hierzu ausführlich Brink, H. J., Produktionsprogrammplanung, a.a.O., S. 70f.; Kilger, W., Flexible Plankostenrechnung und Deckungsbeitragsrechnung, a.a.O., S. 843ff.

Dabei sind

k_{Z_j} die proportionalen Kosten pro Einheit (DM/Stck.) der Produktart j des Zusatzauftrages Z,

y_j^E der spezifische Deckungsbeitrag (DM/Min.) der verdrängten Produktart j,

$b_{Z_j}^E$ die Engpaßinanspruchnahme (Min./Stck.) durch eine Einheit des Zusatzauftrages Z_j.

Die Überlegung, das absatzpolitische Instrumentarium zur Ausweitung der Absatzmenge einzusetzen, obwohl nicht alle Absatzmöglichkeiten ausgeschöpft werden können, erscheint nur im ersten Moment abwegig. Eine Förderung der Produktarten mit hohen spezifischen Deckungsbeiträgen mit dem Ziel der Erhöhung von Absatzmengen kommt insoweit in Frage, als der Zuwachs an Deckungsbeiträgen bei den geförderten Produktarten den Verlust von Deckungsbeiträgen durch den Wegfall von Produktmengen bei Produktarten mit niedrigen spezifischen Deckungsbeiträgen zuzüglich der Kosten für die Absatzförderung übersteigt.

Werden in Entscheidungssituationen mit einem Engpaß Förderungsmaßnahmen zur Absatzbelebung eingeleitet, so wird dies im allgemeinen dazu führen, daß eine neue Entscheidungssituation entsteht: Es werden zu dem bereits vorhandenen Engpaß weitere Engpässe hinzukommen. Eine Ermittlung des optimalen Programmes ist dann über eine isolierte Deckungsbeitragsanalyse auf der Basis von stückbezogenen oder spezifischen Deckungsbeiträgen nur noch in einfachen Fällen (z. B. wenige Produkte, zwei Engpässe) möglich[27].

4.1.3.3 Produktprogrammplanung bei Vorhandensein mehrerer Engpässe in der Unternehmung

Sobald in einer Entscheidungssituation bei der Programmplanung mehrere Engpässe zu berücksichtigen sind, scheiden die isoliert für einzelne Engpaßstellen zu ermittelnden spezifischen Deckungsbeiträge als Entscheidungsgrundlage für die Programmplanung aus, da sich für die Produktarten im allgemeinen keine eindeutige ergebnisorientierte Rangfolge mehr bilden läßt. Die einzelnen Produktarten können als mehr oder weniger vorteilhaft eingestuft werden, je nachdem, welcher Engpaß gerade betrachtet wird. Die Errechnung eines Programms mit (relativ) optimalem Deckungsbeitrag kann in dieser Situation nur mit Planungsverfahren erreicht werden, die bei der Errechnung alternativer Programme die Kapazitätsbelegungsmöglichkeiten und damit Kapazitätsbelegungsgrenzen (Engpässe) berücksichtigen. Dies kann mit Hilfe von Erklärungsmodellen, hier durch **Simulation** mit einfachen Gleichungsmodellen (Kapazitätsbelegungsrechnungen), Matrizenmodellen oder durch analytische Entscheidungsmodelle, hier durch das Verfahren der **Linearen Programmierung,** erfolgen.

4.1.3.3.1 Ergebnisorientierte Programm- und Ablaufplanung (Erklärungsmodell/Entscheidungsmodell)

Ausgehend von alternativen Produktprogrammen, die unter Berücksichtigung der Fertiglagerbestände möglichen oder geforderten Absatzprogrammen entsprechen, werden im einfachsten Fall von Erklärungsmodellen **Kapazitätsbelegungsrechnungen in Form von einfachen Gleichungsmodellen für alternative Produktprogramme** durchgeführt und die hierbei jeweils zu erwartenden **Periodendeckungsbeiträge** bzw. Periodenergebnisse ermittelt. Bei der hier interessierenden Serienproduktion werden also für unterschiedliche Auftragskombinatio-

27 Vgl. hierzu Layer, M., Möglichkeiten und Grenzen der Anwendbarkeit der Deckungsbeitragsrechnung im Rechnungswesen der Unternehmung, Berlin 1967, S. 105ff.

nen unter Berücksichtigung von Kapazitätsbeschränkungen und unter Berücksichtigung gegebenenfalls bereits erfolgter Kapazitätsbelegungen Prozeßplanungen (Potentialeinsatzrechnungen) durchgeführt, deren Resultate realisierbare Produktprogramme darstellen.

Grundlagen hierfür bilden:

1. mögliche Produktionsprogramme (Lagerergänzungsaufträge/Kundenaufträge/Eigenproduktionsaufträge) für künftige Perioden;
2. Erzeugnisstrukturübersichten (Basis: Stücklisten/Rezepturen);
3. produktionsprogrammorientierte Materialbedarfsübersichten nach Materialarten; Materialangebotsübersichten (Materialbestand und Materialbeschaffungsmöglichkeiten);
4. technologische Arbeitsfolgepläne (Aktionenfolge-, Operationen-, Arbeitspläne) – sie beinhalten
   - Angaben über die Operationsarten (und damit über in Frage kommende technologische Produktionsverfahren) sowie die technologisch bedingten Operationsfolgen;
   - Angaben über die Operationszeiten auf der Basis von Schätzungen, Vergangenheitswerten, systematischen Zeitaufnahmen;
   - Angaben über die Operationskosten (variable und ggf. zurechenbare fixe Kosten);
5. Kapazitätsbedarfsübersichten für Aufträge und Kapazitätsträger (nach Art und Zeitdauer); Kapazitätsangebotsübersichten je Kapazitätsträger (nach Art und Zeitdauer), d. h. die verfügbare Kapazität sowie die bereits erfolgte Kapazitätsbelegung (sofern nicht Umlegungen in Betracht kommen);
6. sonstige Programm- und Ablaufrestriktionen, bei Serienproduktion insbesondere optimale Losgrößen[28], sofern nicht Losgrößenplanung und Produktionsablaufplanung simultan durchgeführt werden[29];
7. Preise und variable Kosten je Produkteinheit; fixe Kosten pro Periode.

Bei der **simultanen Programm- und Kapazitätsbelegungsplanung** wird versucht, entsprechend der technologisch bedingten Ablaufstruktur den Kapazitätsbedarf für das jeweils betrachtete Programm durch Belegung der (freien Kapazitäten je) Kapazitätsträger zu decken. Dies hat unter Beachtung von optimalen Losgrößen zu erfolgen.

Die Kapazitätsbelegungsrechnung legt fest, wann innerhalb der Planperiode(n) bestimmte Aufträge bzw. Teilaufträge auf bestimmten Kapazitätsträgern abgewickelt werden sollen und legt damit auch die Zeitpunkte fest, an denen der Materialbedarf zur Durchführung der Arbeitsoperationen auftritt. Sie ermöglicht ebenfalls eine auftragsorientierte Terminrechnung unter Beachtung von Kapazitätsrestriktionen.

---

28 Vgl. Dinkelbach, W., Zum Problem der Produktionsplanung in Ein- und Mehrproduktunternehmen, Würzburg – Wien 1964, S. 16ff.; Müller-Merbach, H., Die Bestimmung optimaler Losgrößen bei Mehrproduktfertigung, Diss. Darmstadt 1963; ders., Optimale Losgrößen bei mehrstufiger Fertigung, APF 1963, S. 264ff.; Pack, L., Optimale Bestellmenge und optimale Losgröße, Wiesbaden 1964; Pressmar, D. B., Stationäre Planung und Losgrößenanalyse, ZfB 1974, S. 729ff.

29 Vgl. Müller, E., Simultane Lagerdisposition und Fertigungsablaufplanung bei mehrstufiger Mehrproduktfertigung, Berlin – New York 1972; Seelbach, H., Interdependente Programm- und Prozeßplanung, a.a.O., S. 447ff.

Probleme treten auf, wenn in Produktionsstellen Warteschlangensituationen entstehen. Hier sind Reihenfolgeprobleme zu lösen. Es ist zu entscheiden, in welcher Reihenfolge die Aufträge bzw. Teilaufträge auf den Kapazitätsträgern abzuwickeln sind. Die Entscheidung kann nach bestimmten Prioritätsregeln getroffen werden[30].

In Abhängigkeit davon, ob progressive oder retrograde Auftragsabwicklungsplanung erfolgt, sowie in Abhängigkeit von den angewandten Prioritätsregeln ergeben sich unterschiedliche Wirkungen auf die Kapazitätsauslastung und die (mittlere) Durchlaufzeit sowie insbesondere auch auf die Bestimmung des Endtermins der einzelnen Aufträge bzw. Serien und damit letztlich auf die zu realisierenden Programme und Periodendeckungsbeiträge.

Für die Ermittlung des deckungsbeitragsoptimalen Produktprogramms wäre unter Beachtung von Restriktionen eine Durchrechnung aller möglichen Auftragsfolgen erforderlich, zumindest für den Fall der Vollbeschäftigung. Bei J Aufträgen und M Maschinen sind jedoch – allerdings ohne Restriktionen – $(J!)^M$ Kombinationen möglich; bei festliegender Maschinenreihenfolge – dem hier primär interessierenden Fall bei mehrstufiger Serienproduktion – ergeben sich immer noch J! Kombinationen an Auftragsfolgen[31]. Eine wirtschaftlich vertretbare Vollenumeration zur Ermittlung der Erfolgswirkungen scheidet daher in den für die Praxis relevanten Fällen vielfach aus. Man ist auf die Ermittlung der Periodendeckungsbeiträge spezifischer Kombinationsmöglichkeiten angewiesen. Relevantes Lösungsverfahren ist hier die Simulation[32]. Durch Einführung der Zielfunktion läßt sich das Erklärungsmodell in ein Entscheidungsmodell überführen (vgl. zum grundsätzlichen Lösungsansatz Abbildung 108).

Der **Informationsgehalt** derartiger Programmrechnungen für die oberste Unternehmungsführung besteht darin, daß bei der kurzfristigen Programmplanung (für die nächsten Monate oder als Basis für die Budgetplanung) unter Beachtung von Absatz- und Produktionsrestriktionen bei Serienproduktion das unter Ergebnisgesichtspunkten vergleichsweise günstigste Produktprogramm bestimmt werden kann. Da diese Programmermittlung das Resultat alternativer Grobablaufplanungen darstellt, wird hiermit gleichzeitig die Feinablaufplanung erleichtert. Gegebenenfalls auftretende Engpässe werden im voraus ersichtlich, so daß Maßnahmen zu ihrer Beseitigung rechtzeitig geprüft werden können.

---

30 Zu den Prioritätsregeln vgl. Albach, H., Maschinenbelegungspläne bei Einzelfertigung, in: Jahrbuch 1965, Hrsg. Der Ministerpräsident des Landes Nordrhein-Westfalen – Landesamt für Forschung, Köln–Opladen 1965, S. 18, 36f., 42f.; Corsten, H., Produktionswirtschaft, 5. Aufl., München–Wien 1995, S. 446ff.; Hansmann, K.-W., Industriebetriebslehre, München–Wien 1984, S. 198f.; Hinrichsen, J., Ablaufplanung mit Prioritätsregeln, ZfB 1974, S. 811ff.; Hoss, K., Fertigungsablaufplanung mittels operationsanalytischer Methoden, Würzburg–Wien 1965, S. 157ff.; Schweitzer, M., Industrielle Fertigungswirtschaft, in: Industriebetriebslehre, Hrsg. M. Schweitzer, 2. Aufl., München 1994, S. 699ff.

31 Vgl. Kern, W., Optimierungsverfahren der Ablauforganisation, Essen 1967, S. 119f.; vgl. zu einem systematischen Überblick über mathematische Methoden der Prozeßstrukturierung auch Schweitzer, M., Arbeitssynthese, mathematische Methoden, in: HWO, Hrsg. E. Grochla, Stuttgart 1969, Sp. 140ff.
Beispiel: Für J = 3 Aufträge (A, B, C) und festliegender Maschinenreihenfolge ergeben sich $J! = 3! = 3 \cdot 2 \cdot 1 = 6$ Möglichkeiten der Auftragsfolge:

Auftragsfolge					
A	A	B	B	C	C
B	C	A	C	A	B
C	B	C	A	B	A

Bei zusätzlich variabler Maschinenreihenfolge ergeben sich bei M = 2 Maschinen $(J!)^M = (3!)^2 = (3 \cdot 2 \cdot 1)^2 = 36$ Möglichkeiten, bei M = 3: 216 Möglichkeiten.

32 Vgl. z. B. Niedereichholz, J., Grundlagen der optimalen organisatorischen Reihenfolgeplanung in der Arbeitsvorbereitung, ZfürO 1970, S. 268ff.

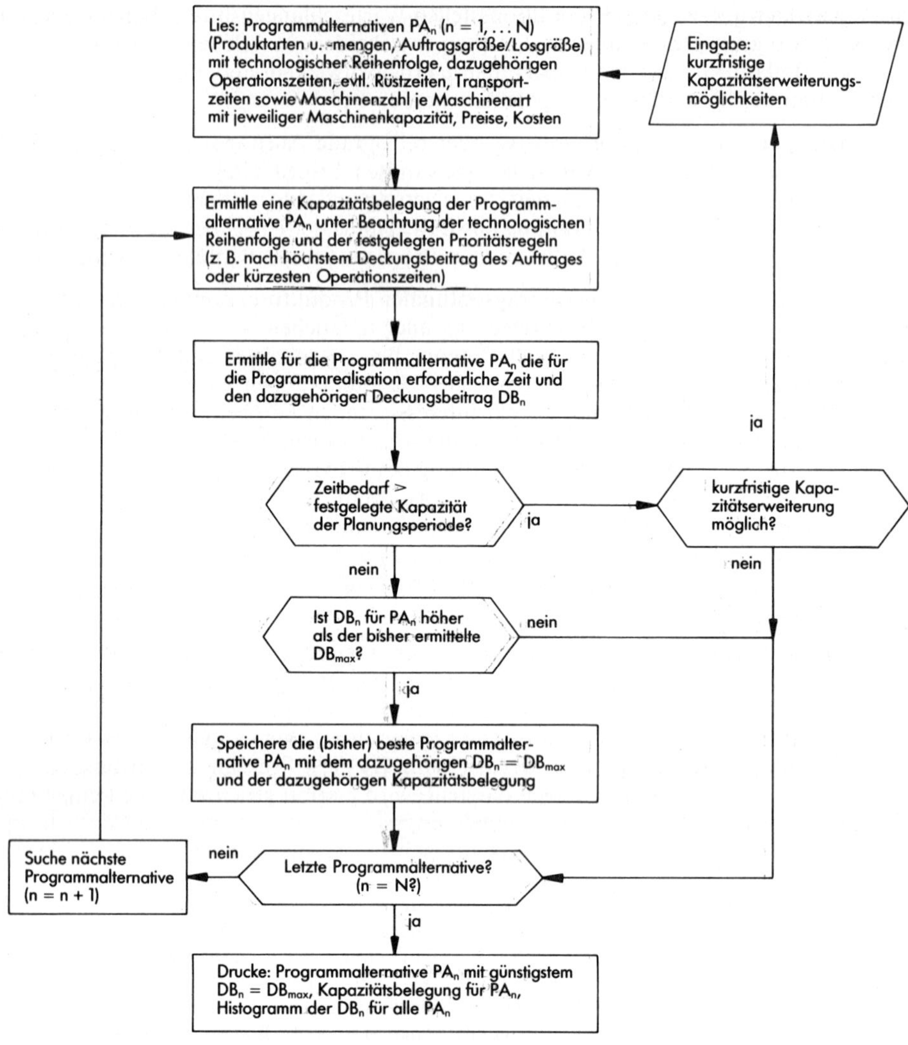

Abb. 108: Simulationsrechnung zur Bestimmung eines deckungsbeitragsoptimalen Produktionsprogramms auf Grund einer Kapazitätsbelegung für alternative Programme bei Variationsmöglichkeiten der Auftragsfolge

4.1.3.3.2 Multivariable Periodenergebniseinflußgrößenrechnung (Erklärungsmodell/Entscheidungsmodell)

Beim Vorliegen linearer Erlös-, Kosten- und Produktionsfunktionen gelingt es, neben dem Programm in seiner spezifischen Zusammensetzung und neben der Losgröße weitere Einflußfaktoren auf kurzfristige Periodenergebnisse in einem Modell auf der Basis der Matrizenrechnung zu erfassen und deren Wirkungen zu berechnen. Ein derartiges Modell ist von Gert Laßmann entwickelt worden und wird in der stahlerzeugenden Industrie angewendet[33]. Abbildung 109 verdeutlicht die Zielgrößen, die primären und sekundären Einflußgrößen und die Nebenbedingungen des Modells.

Ausgehend von spezifischen Absatzsituationen (Absatzmengengrenzen, Absatzpreisen) und sonstigen Nebenbedingungen werden **auf der Basis von linearen Kosten- und Erlösfunktionen für alternative Produktionsprogramme Periodenerfolge** der Gesamtunternehmung bzw. Teilunternehmung errechnet. Grundlage für die Kostenfunktion bildet die Produktionsfunktion, die sich bei gegebenen Potentialelementen durch ein System von Verbrauchsfunktionen erfassen läßt. Bei Verwendung der Matrizenrechnung wird versucht, die Abhängigkeit zwischen den Kosteneinflußgrößen (Zeit- und Mengenverbräuchen usw.) und den Kosten durch lineare Funktionen zu erfassen. Beim Einsatz des Kosten- und Absatzmodells für die Produktprogrammplanung sind die Komponenten des Programms die Variablen. Sämtliche übrigen Einflußfaktoren werden (zunächst) konstant gehalten. Man errechnet die Konsequenzen für verschiedene Programmzusammensetzungen. Abbildung 110 verdeutlicht die errechneten Kosten- und Erlösverläufe unterschiedlicher Programme; bei veränderlichen Preisen auf der Input- und/oder Outputseite ergeben sich nichtlineare Kosten-/Erlösfunktionen. Es handelt sich auch hier um Simulationsmodelle.

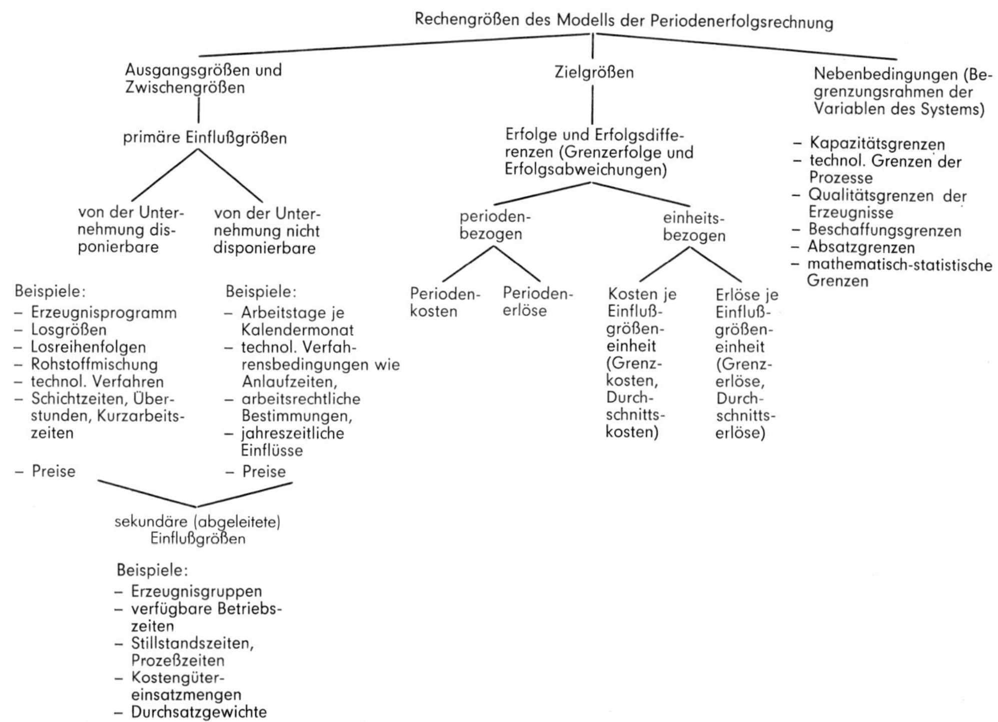

Abb. 109: Rechengrößen des Modells der Periodenerfolgsrechnung[34]

33 Vgl. Laßmann, G., Die Kosten- und Erlösrechnung als Instrument der Planung und Kontrolle in Industriebetrieben, Düsseldorf 1968; ders., Gestaltungsformen der Kosten- und Erlösrechnung im Hinblick auf Planungs- und Kontrollaufgaben, WPg 1973, S. 4ff.

34 Laßmann, G., Gestaltungsformen der Kosten- und Erlösrechnung im Hinblick auf Planungs- und Kontrollaufgaben, a.a.O., S. 6.

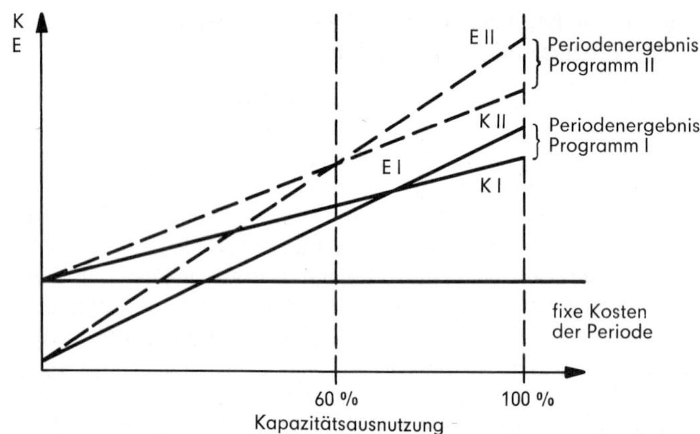

Abb. 110: Periodenerfolgsentwicklung (Kosten- und Erlösverlauf) bei unterschiedlichen Produktprogrammen (realistischer Bereich der Kapazitätsausnutzung: 60–100%)

Beispiele für die Anwendung der Periodenergebniseinflußgrößenrechnung finden sich in der **stahlschaffenden Industrie**[35]. Werden Freiheitsgrade bezüglich der Produktionswege oder der Materialdisposition vorgesehen, so läßt sich ein solches Simulationsmodell in ein Optimierungsmodell überführen[36].

In der Mengenrechnung werden durch das Unternehmungsplanungsmodell der Produktions- und Auslastungsplan sowie der Absatz- und der Beschaffungsplan ausgedrückt. Nach der Bewertungsphase ergeben sich Kosten- und Erlösübersichten, wobei im Rahmen der Kalkulation die Voll- und Teilkosten je Produkt und die Durchschnittserlöse ausgewiesen werden[37].

Der **Informationsgehalt** der Resultate derartiger Modellrechnungen[38] für die Unternehmungsführung muß hoch eingeschätzt werden. Das Modell gestattet die ergebnisorientierte Beurteilung kurzfristiger Handlungsmöglichkeiten, insbesondere die Beurteilung:

- alternativer Programmzusammensetzungen,
- alternativer Losgrößen, Chargengrößen,
- alternativer Rohstoffeinsätze,
- alternativer Nutzungszeiten der Betriebsmittel,
- alternativer Preise im Beschaffungs- und Absatzbereich.

---

35 Vgl. IBM Japan, Ltd. (Hrsg.), MATPLAN-2 – Matrix system for planning and analysis, 5788-JFP. N: GB18-0137-0, o.O. 1983; Walter, K.-D., Wartmann, R., Realisierung eines Modells der computergestützten Unternehmensplanung für die Stahlproduktion, in: Modellgestützte Planung im Unternehmen, Hrsg. Deutsche Gesellschaft für Operations Research e.V. (DGOR), Henstedt-Ulzburg 1982, S. 57ff.

36 Vgl. Teil III, Abschnitt 4.1.3.3.3.

37 Vgl. auch Laßmann, G., Betriebsmodelle, in: Entwicklungslinien der Kosten- und Erlösrechnung, Hrsg. K. Chmielewicz, Stuttgart 1983, S. 87ff. sowie Laßmann, G., Betriebsplankosten- und Betriebserfolgsrechnung, in: Handbuch Kostenrechnung, Hrsg. W. Männel, Wiesbaden 1992, S. 304ff.

38 Vgl. dazu auch Hahn, D., Laßmann, G., Produktionswirtschaft – Controlling industrieller Produktion, Bd. 1, a.a.O., S. 236ff.

Im Rahmen der Simulation kann es zudem zu einem Entscheidungsmodell erweitert werden, indem der Vorgang des Auswahlprozesses zur Ermittlung des Programms mit dem relativ höchsten Periodenergebnis, bezogen auf die untersuchten Programme, mit programmiert wird.

4.1.3.3.3 Standardlösungsansatz der Linearen Programmierung (Entscheidungsmodell)

Sofern bestimmte Anwendungsvoraussetzungen erfüllt sind, ist es der Unternehmungsführung bei Anwendung der **Linearen Programmierung** möglich, mit einem analytischen Entscheidungsmodell eine **ergebnisoptimale Programmplanung** in Entscheidungssituationen mit mehreren Engpässen durchzuführen[39].

Bei Ansätzen der Linearen Programmierung im Rahmen der Produktprogrammplanung bei gegebenen Potentialen wird die Zielfunktion grundsätzlich durch die Deckungsbeitragsfunktion gegeben, wobei (zunächst) von konstanten Deckungsbeiträgen pro Produkteinheit ausgegangen wird. Die Fixkosten brauchen im Gegensatz zur Programm- und Potentialplanung nicht mit in die Zielfunktion aufgenommen zu werden, sie fallen unabhängig vom zu realisierenden Programm stets in derselben Höhe an. Nebenbedingungen werden je nach der Entscheidungssituation aus einem Funktionsbereich oder aus mehreren Funktionsbereichen berücksichtigt. Es kommen wiederum zum Ansatz:

Absatzbeschränkungen,
Produktionsbeschränkungen (Produktionskapazitätsbeschränkungen)

und gegebenenfalls

Beschaffungsbeschränkungen

während **einer** Periode.

Finanzierungsbeschränkungen sollten hierbei – wie auch bei Anwendung der vorab skizzierten Modelle für die Programmplanung – nach Programmaufstellung und der hieraus ableitbaren Einzahlungen und Auszahlungen auch an Hand der Zahlen aller Funktionsbereichspläne im Rahmen der mittel- und kurzfristigen gesamtunternehmungsbezogenen Finanzplanung berücksichtigt werden. Die Berücksichtigung von kurzfristigen Finanzierungsgegebenheiten zur Liquiditätssicherung ist in diesem Modellansatz in der Regel weder notwendig noch mit praktikabler Auswertungsmöglichkeit durchführbar.

Eine Berücksichtigung der Mindestabsatzmengen ist im Programmansatz ohne weiteres möglich. Doch kann das Rechenverfahren zur Lösung des Optimierungsmodells erheblich verkürzt werden, wenn die den Mindestabsatzmengen entsprechende Kapazitätsinanspruchnahme von der vorhandenen Gesamtkapazität abgesetzt und die restliche Kapazität mit Hilfe des Linearen Programmansatzes optimal auf die Produktarten verteilt wird.

---

39 Die umfangreiche Literatur zum Operations Research befaßt sich eingehend mit den Verfahren der Linearen Programmierung. Wir verweisen u. a. auf die folgende Literatur: Bol, G., Lineare Optimierung, a.a.O., S. 108ff.; Dantzig, G. B., Lineare Programmierung und Erweiterungen, a.a.O.; Dürr, W., Kleibohm, K., Operations Research, 3. Aufl., München–Wien 1992; Krelle, E., Künzi, H. P., Lineare Programmierung, a.a.O.; ferner Churchman, C. W., Ackoff, R. L., Arnoff, E. L., Operations Research, a.a.O., S. 257ff.; Müller-Merbach, H., Operations Research, a.a.O., S. 88ff.; Sasieni, M., Yaspan, A., Friedman, L., Methoden und Probleme der Unternehmensforschung – ungekürzte Sonderausgabe in deutscher Sprache, Hrsg. H. P. Künzi, 3. Nachdruck, Würzburg–Wien 1971, S. 226ff.; Vazsonyi, A., Die Planungsrechnung in Wirtschaft und Industrie, Wien–München 1962, S. 103ff.; Vokuhl, P., Die Anwendung der Linearen Programmierung in Industriebetrieben, Berlin 1965; Zimmermann, H.-J., Mathematische Entscheidungsforschung und ihre Anwendung auf die Produktionspolitik, Berlin 1963, S. 103ff. Vgl. ferner Corsten, H., Produktionswirtschaft, a.a.O., S. 205ff.

Der Standardansatz des Modells der Linearen Programmierung kann in der Zielfunktion und den Absatz- und Beschaffungsnebenbedingungen unmittelbare Angaben über Produktmengen als Aktionsvariablen oder mittelbare (Mengen-/Zeit-)Angaben über Produktmengen als Aktionsvariablen enthalten.

Im folgenden wird der Standardansatz der Linearen Programmierung (bei unmittelbarer Angabe der Aktionsvariablen) dargestellt[40].

Standardansatz der Linearen Programmierung bei unmittelbarer Angabe der Aktionsvariablen

Zielfunktion

$$DB = \sum_{j=1}^{n} (p_j - k_j)\, x_j = \sum_{j=1}^{n} c_j x_j \rightarrow \max!$$

Nebenbedingungen

Absatzrestriktionen

$$x_j \leqslant HA_j \qquad (j = 1, 2, \ldots, n)$$

(Höchstabsatzbedingung)

$$x_j \geqslant MA_j \qquad (j = 1, 2, \ldots, n)$$

(Mindestabsatzbedingung)

Produktionsrestriktionen

$$\sum_{j=1}^{n} b_{ij} x_j \leqslant B_i \qquad (i = 1, 2, \ldots, m)$$

(Kapazitätsbedingung)

Beschaffungsrestriktionen

$$\sum_{j=1}^{n} e_{hj} x_j \leqslant HB_h \qquad (h = 1, 2, \ldots, k)$$

(Höchstbeschaffungsbedingung)

Nichtnegativitätsbedingung

$$x_j \geqslant 0 \qquad (j = 1, 2, \ldots, n)$$

Es bedeuten:

DB = Gesamtdeckungsbeitrag
p = Verkaufspreis
k = variable Kosten
c = Deckungsbeitrag je Produkt
x = Absatzmenge = Produktionsmenge (Entscheidungsvariable)
h = Index der Materialarten (h = 1, . . . , k)
i = Index der Kapazitätsarten (i = 1, . . . , m)
j = Index der Produktarten (j = 1, . . . , n)
b = Faktoren zur Kennzeichnung der Kapazitätsinanspruchnahme
e = Faktoren zur Kennzeichnung der Materialinanspruchnahme
B = Kapazität der Produktionsstellen
HA = Höchstabsatzmenge
MA = Mindestabsatzmenge
HB = Höchstbeschaffungsmenge

---

40 Vgl. zu dem Standardansatz der Linearen Programmierung bei mittelbarer Angabe der Aktionsvariablen Jacob, H., Investitionsplanung und Investitionsentscheidung mit Hilfe der Linearprogrammierung, a.a.O., S. 34ff.

Die analytische Lösung des Linearen Programms erfolgt nach der Simplex-Methode, die über mehrere Rechenschritte (Iterationen) zum Optimum führt. Zu den Einzelheiten der Simplex-Methode verweisen wir auf die Darstellungen in der Literatur zur Linearen Programmierung[41].

Das Simplex-Kriterium der Linearen Programmierung beinhaltet in wirtschaftlicher Betrachtungsweise nichts anderes als eine Deckungsbeitragsanalyse je Engpaßeinheit[42]. Mit Hilfe des Simplex-Kriteriums werden für alle noch nicht in das Programm aufgenommenen Produktarten j die spezifischen Deckungsbeiträge ermittelt und mit dem spezifischen Deckungsbeitrag der bis dahin als vergleichsweise günstigsten Alternative bereits in das Programm aufgenommenen Produktart verglichen. Als weitere Produktarten werden in das Programm nur diejenigen Produkte aufgenommen, die einen höheren Deckungsbeitrag je Engpaßeinheit als die bereits im Programm enthaltenen Produktarten erbringen. Der Vorteil des Simplex-Verfahrens besteht darin, daß die zur Beurteilung einer Lösung erforderlichen Opportunitätskosten (spezifischen Deckungsbeiträge) nicht als Daten in die Rechnung eingegeben werden müssen, sondern im Rahmen der Berechnung uno actu unter Berücksichtigung aller bei der Realisierung einer Lösung wirksam werdenden Engpässe bestimmt werden. Zudem sind bei jedem Rechenschritt die jeweiligen Kapazitätsinanspruchnahmen ersichtlich.

Abbildung 111 zeigt für ein Produktprogramm einer Unternehmung mit Serienproduktion von 5 möglichen Produktarten die wichtigsten Input- und Output-Daten bei Anwendung der Linearen Programmierung.

		Produktarten 1 2 3 4 5			optimales Produktprogramm 1 2 3 4 5 | ges.
Preis (DM/St.)				Erlös	
prop. Kosten (DM/St.)				prop. Kosten	
Deckungsbeitrag (DM/St.)				Deckungsbeitrag	
max. Absatzmenge (St.)				Absatzmenge	
Kapazitätsarten, Beschaffungsmengen	Dimensionen	Belastung der Kapazitätsarten durch die Produktarten (je St.)	verfügbare Gesamtkapazität	freie Kapazität je Kapazitätsart	Opportunitätskosten je Kapazitätsart
B_1	min				
B_2	min				
B_3	min				
B_4	min				
HB_1	l				
HB_2	kg				

|◄—— Input-Daten ——►|◄—— Output-Daten ——►|

Abb. 111: Wichtige Input- und Output-Daten bei Anwendung der Linearen Programmierung

41 Vgl. Bastian, M., Lineare Optimierung großer Systeme, Königstein/Ts. 1980; Dantzig, G.B., Lineare Programmierung und Erweiterungen, a.a.O., S. 110ff.; Krelle, W., Künzi, H.P., Lineare Programmierung, a.a.O., S. 44ff.; Müller-Merbach, H., Operations Research, a.a.O., S. 100ff.

42 Vgl. zum folgenden Absatz Kilger, W., Optimale Produktions- und Absatzplanung, a.a.O., S. 119f.

4.1.3.3.4 Erweiterungsmöglichkeiten und praktische Anwendung des Standardansatzes der Linearen Programmierung (Entscheidungsmodell)

Eine Anwendung der Linearen Programmierung als Planungsverfahren zur Ermittlung eines optimalen Produktprogrammes ist nur möglich, wenn bei der Formulierung des Modellansatzes bestimmte mathematische Bedingungen eingehalten werden. Im folgenden seien diese Bedingungen näher erläutert, und es sei gezeigt, wie das Feld der Anwendungsmöglichkeiten des Planungsverfahrens der Linearen Programmierung durch Modifikationen des Standardansatzes erweitert werden kann.

Ein Optimierungsproblem, das mit Hilfe der Linearen Programmierung gelöst werden soll, muß folgende mathematische Bedingungen erfüllen[43]:

1. Zielfunktion und Nebenbedingungen müssen in linearer Form gegeben sein.
2. Quantitative Restriktionen müssen in Form von Konstanten gegeben sein.
3. Lösungswerte müssen in beliebig teilbarer Form auftreten können.

Die **Linearitätsprämisse** besagt in wirtschaftlicher Betrachtungsweise, daß sowohl die Koeffizienten der Zielfunktion, also die Deckungsbeiträge je Produkt, als auch die Produktionskoeffizienten, also die Kapazitätsinanspruchnahme je Produkt, konstante Größen sein müssen. Die **Konstanz** der stückbezogenen **Deckungsbeiträge** impliziert konstante Marktpreise und konstante Stückkosten (konstante Faktorpreise und konstante in Ansatz gebrachte Prozeßkosten). Diese Prämisse schränkt die Anwendungsmöglichkeiten der Linearen Programmierung zur Bestimmung optimaler Produktionsprogramme zunächst erheblich ein. Die Annahme konstanter Absatzpreise würde für die Unternehmung den Verzicht auf preispolitische Maßnahmen (z. B. Einräumung von Mengenrabatten, Mindermengenzuschläge) bedeuten; konstante Produktionskosten würden einen Verzicht auf Anpassung an Beschaffungsmarktpreisänderungen und auf intensitätsmäßige und auch zeitmäßige (z. B. Überstunden) Anpassungsmaßnahmen der Produktion zur Ausnutzung von Absatzchancen voraussetzen. Eine Anwendung des Standardansatzes scheint also nur in Entscheidungssituationen möglich, in denen auf derartige Maßnahmen bewußt verzichtet wird, oder in Unternehmungen, in denen derartige Maßnahmen auf Grund der gegebenen Marktdaten oder der technischen Daten des Produktionsprozesses nicht möglich sind.

Diese Beschränkung der Anwendungsmöglichkeiten der Linearen Programmierung als Verfahren der Programmplanung läßt sich jedoch durch Erweiterungen des Standardansatzes in vielen Fällen relativ einfach aufheben. Werden z. B. verschiedenen Kundengruppen unterschiedliche Rabatte eingeräumt, so kann das im Planungsmodell berücksichtigt werden, indem Mindest- und Höchstabsatzmengen getrennt für die einzelnen Rabattstufen ermittelt werden. Die Deckungsbeiträge in der Zielfunktion werden je Rabattstufe und Produktart festgelegt (bei drei Rabattstufen erscheint eine Produktart also dreimal mit unterschiedlichem Deckungsbeitrag), bei der Formulierung der Absatzrestriktionen werden die einzelnen Produktarten ebenfalls in den einzelnen Rabattstufen nach Höchstmengen vorgegeben. Die Zielfunktion, die insgesamt gesehen eine nichtlineare Funktion darstellt, wird dadurch in einzelne lineare Teilfunktionen zerlegt und der Geltungsbereich der einzelnen Teilstücke wird bei der Festlegung der Absatzrestriktionen definiert.

Derartige Fälle sind in der Realität häufig, so daß eine Anwendung der Linearen Programmierung auch dann möglich ist, wenn die Prämisse der Konstanz von Koeffizienten von Zielfunktion und Nebenbedingungen nicht voll zutrifft.

---

43 Vgl. hierzu auch Vokuhl, P., Die Anwendung der Linearen Programmierung in Industriebetrieben, a.a.O., S. 35ff.

Können die einzelnen Produktionsprozesse mit unterschiedlichen Intensitätsgraden gefahren werden, so kann der Lineare Programmansatz alternativ für die jeweiligen Intensitätsgrade mit unterschiedlichen Deckungsbeiträgen und Produktionskoeffizienten je Produktart durchgerechnet und das jeweils optimale Programm ermittelt werden. Welcher Intensitätsgrad bei den gegebenen Produktions- und Absatzmöglichkeiten der günstigste ist, zeigt der Vergleich der Gesamtdeckungsbeiträge der einzelnen optimalen Programme. Diese Möglichkeit bietet sich insbesondere dann an, wenn das Intensitätsniveau aller Produktionsprozesse in der Unternehmung gleichermaßen verändert werden kann.

Durch Modifikationen des Standardansatzes kann neben der optimalen Wahl von Anpassungsprozessen auch die optimale Verfahrenswahl in den Ansatz zur Bestimmung des gewinnmaximalen Produktionsprogrammes integriert werden. Hierzu werden die Leistungserstellungsprozesse für jede Produktart mit den möglichen Produktionsverfahren in den einzelnen Zeitkategorien (Normalarbeitszeit, Überstunden) und in den einzelnen Intensitätsstufen jeweils als gesonderte Aktivitäten definiert[44]. Diese Integration führt allerdings zu einer derartigen Erweiterung des Programmansatzes, daß eine Anwendung dieser Möglichkeiten nur in wenigen Fällen realisierbar sein dürfte.

Mit Hilfe der bisher angegebenen Modifikationen des Standardansatzes gelingt es, die Linearitätsprämisse auch bei komplizierten Produktions- und Marktbedingungen einzuhalten. Sobald allerdings Produktions- und Marktverhältnisse vorliegen, bei denen sich der Deckungsbeitrag je Produkteinheit mit steigender Absatzmenge kontinuierlich ändert, versagt die Lineare Programmierung als Planungsverfahren. Die Ermittlung des optimalen Programmes ist dann nur noch mit den Rechenverfahren der Nichtlinearen Programmierung möglich, die allerdings einen erheblich höheren Rechenaufwand bei der Lösung erfordern[45].

Die **Prämisse der quantitativen Restriktionen in Form von Konstanten** beschreibt in der betrieblichen Praxis den Fall konstanter Kapazitäten. Diese Prämisse kann in der kurzfristigen Betrachtungsweise der Programmplanung als weitgehend erfüllt angesehen werden. Es wurde bereits darauf hingewiesen, daß die kurzfristig mögliche Veränderung der Kapazitäten durch zeitliche oder/und intensitätsmäßige Anpassungsprozesse im Modellansatz berücksichtigt werden kann.

Die **Prämisse der Nichtganzzahligkeit** der Lösungswerte bedeutet in wirtschaftlicher Betrachtungsweise eine beliebige Teilbarkeit der Produktionsmengen und der Faktoreinsatzmengen. Diese Prämisse schränkt die Anwendungsmöglichkeit der Linearen Programmie-

---

44 Vgl. zu diesen Modifikationen des Standardansatzes der Linearen Programmierung die ausführlichen Darstellungen von Albach, H., Produktionsplanung auf der Grundlage technischer Verbrauchsfunktionen, in: Heft 105, Hrsg. Arbeitsgemeinschaft für Forschung des Landes Nordrhein-Westfalen, Köln–Opladen 1962, S. 65ff.; Dück, W., Diskrete Optimierung, Braunschweig 1977; Jacob, H., Produktionsplanung und Kostentheorie, in: Zur Theorie der Unternehmung, Festschrift für E. Gutenberg, Hrsg. H. Koch, Wiesbaden 1962, S. 238ff.; Kilger, W., Optimale Verfahrenswahl bei gegebenen Kapazitäten, in: Produktionstheorie und Produktionsplanung, Festschrift für Karl Hax, Hrsg. A. Moxter, D. Schneider, W. Wittmann, Köln–Opladen 1966, S. 173ff.; Klatte, D., Lineare Optimierungsprobleme mit Parametern in der Koeffizientenmatrix der Restriktionen, in: Anwendungen der linearen parametrischen Optimierung, Hrsg. K. Lommatzsch, Basel 1979, S. 23ff.

45 Vgl. hierzu z. B. Hadley, G., Nichtlineare und dynamische Programmierung, Würzburg–Wien 1969; Künzi, H. P., Krelle, W., Randow, R. v., Nichtlineare Programmierung, 2. Aufl., Berlin–Heidelberg–New York 1979; Lommatzsch, K., Begriffe und Ergebnisse der parametrischen Optimierung, in: Anwendungen der linearen parametrischen Optimierung, Hrsg. K. Lommatzsch, Basel 1979, S. 5ff.; ders., Optimierungsaufgaben mit quadratischer Zielfunktion, in: Anwendungen der linearen parametrischen Optimierung, Hrsg. K. Lommatzsch, Basel 1979, S. 124ff.

rung bei der hier im Vordergrund stehenden Serien- und Massenproduktion nicht ein. Bei diesen Produktionstypen liegen die zu erstellenden Stückzahlen im allgemeinen so hoch, daß eine Auf- oder Abrundung von nichtganzzahligen Lösungswerten das optimale Ergebnis nur geringfügig verändert. Bei den Faktoreinsatzmengen kann die Inanspruchnahme von Betriebsmitteln und Arbeitskräften in beliebig teilbaren Zeitmengen erfolgen, eine u. U. zu berücksichtigende Nichtteilbarkeit von Einsatzstoffen kann durch Rundung der Lösungswerte berücksichtigt werden.

In Unternehmungen mit Einzelproduktion oder mit Produktion in kleinen Serien je Periode ist eine Anwendung der Linearen Programmierung bei der Programmplanung nur bedingt möglich. Ein Runden von Lösungswerten kann hier zu erheblichen Veränderungen der Optimallösung führen[46].

Allen bisher dargestellten Planungsansätzen der Linearen Programmierung liegen **deterministische Werte** zugrunde. Die Datenkonstellationen in der Unternehmung und in der Umwelt sind jedoch häufig so, daß die Annahme deterministischer Werte (Größen) vielfach nicht zutrifft und eigentlich mit stochastischen Werten gerechnet werden müßte. Häufig genügt es jedoch, den Streubereich zu kennen, innerhalb dessen Änderungen der Koeffizienten der Zielfunktion und der Kapazitätsrestriktionen, also Änderungen der stückbezogenen Dekkungsbeiträge oder Änderungen in der Verfügbarkeit von Kapazitäten, die optimale Lösung des Linearen Programms nicht oder nur unwesentlich verändern. Zur Ermittlung dieses Streubereichs werden im linearen Programmansatz zusätzlich Variablen für alle Koeffizienten eingeführt, deren Werte sich innerhalb eines Streubereichs ändern können.

Mit Hilfe der Rechenmethode der parametrischen Linearen Programmierung gelingt es, dieses Problem zu lösen und in diesem Zusammenhang interessierende Fragen zu beantworten, z. B. wie sich die Lösungen der Zielfunktion in Abhängigkeit von der Variation der Koeffizienten ändern oder welche Werte die Koeffizienten annehmen dürfen, ohne daß der Wert der Zielfunktion unter einen geforderten Mindestbetrag absinkt[47].

Mit Hilfe der parametrischen Linearen Programmierung wird auch eine interdependente Programm- und Ablaufplanung – allerdings als Simulationsmodell – möglich[48].

Die bisherigen Ausführungen haben gezeigt, daß sich die Lineare Programmierung in Entscheidungssituationen mit Engpässen im allgemeinen als brauchbares Planungsverfahren zur ergebnisoptimalen Programmplanung bei Serien-/Sortenproduktion erweist, und daß sich eine Reihe von weiteren Planungsaufgaben in den linearen Ansatz der Produktprogrammplanungen integrieren läßt. Der **Informationsgehalt** für die Führung ist bei Produktprogrammplanungen insbesondere dann hoch anzusetzen, wenn bei Großserienproduktion die Ablaufplanungsprobleme in den Hintergrund treten oder aber die Ablaufplanung auf

46 Zur Programmplanung bei Einzelfertigung vgl. Backhaus, K., Fertigungsprogrammplanung, Stuttgart 1979, S. 68 ff.; Czeranowsky, G., Programmplanung bei Auftragsfertigung unter besonderer Berücksichtigung des Terminwesens, Wiesbaden 1974; Jacob, H., Zur optimalen Planung des Produktionsprogramms bei Einzelfertigung, ZfB 1971, S. 495 ff.; Laux, H., Auftragsselektion bei Unsicherheit, ZfbF 1971, S. 164 ff.

47 Zur Theorie und den Anwendungsmöglichkeiten der parametrischen Linearen Programmierung und der parametrischen Sensitivitätsanalyse vgl. z. B. Dantzig, G. B., Lineare Programmierung und Erweiterungen, a.a.O., S. 305 ff.; Dinkelbach, W., Sensitivitätsanalysen und parametrische Programmierung, Berlin–Heidelberg–New York 1969; Melzer, D., Das Steiner-Weber-Problem als eine Optimierungsaufgabe über der zulässigen Parametermenge einer konvexen Optimierungsaufgabe mit Parametern in den rechten Seiten der Restriktionen, in: Anwendungen der linearen parametrischen Optimierung, Hrsg. K. Lommatzsch, Basel 1979, S. 142 ff.; Müller-Merbach, H., Operations Research, a.a.O., S. 149 ff.

48 Vgl. Seelbach, H., Interdependente Programm- und Prozeßplanung, a.a.O., S. 447 ff.

ergebnisoptimalen Programmplanungen aufbaut und ihrerseits mit Hilfe von Simulationsmodellen – grundsätzlich hier Erklärungsmodellen – als Feinplanung durchgeführt wird.

Abschließend sei die Anwendungsmöglichkeit der Linearen Programmierung mit einem **Beispiel zur optimalen Produktprogrammplanung aus der Automobilindustrie** erläutert.

Die **kurz- und mittelfristige Planung des Produktprogramms** einer großen Automobilunternehmung beinhaltet die art- und mengenmäßige Festlegung der **in den nächsten 1 bis 2 Monaten und Planjahren** zu produzierenden und abzusetzenden Fahrzeuge und marktfähigen Baugruppen. Unter Vernachlässigung von Handelswaren und außerplanmäßigen Lagerveränderungen muß sich das Produktprogramm in den Grenzen der Höchst- und Mindestmengen sowie der bereits fest kontrahierten Absatzmengen je Produkttyp nach Märkten bzw. Produkttypvariante, der Kapazitätsbereitstellung des Produktionsbereiches und der begrenzten Beschaffungsmengen für bestimmte Baugruppen und Teile des Zulieferbereiches bewegen. Die zu disponierenden Größen des Produktprogramms werden gebildet aus der Gesamtzahl der Produktvarianten (z. B. der Pkw mit unterschiedlichen standardmäßigen und zusätzlichen Ausstattungsvarianten), differenziert nach Ländergruppen bzw. regionalen Märkten. Da den einzelnen Produktvarianten Stückdeckungsbeiträge zugeordnet und auch die Kapazitätsbeanspruchungen durch proportionale Beziehungen abgebildet werden können, bietet sich die **Methode der Linearen Programmierung** zur analytischen Produktprogrammoptimierung an.

Im Jahre 1979 wurde von einer Automobilunternehmung in Zusammenarbeit mit dem Institut für Unternehmungsplanung (IUP) Gießen eine Vorstudie durchgeführt, die zeigte, daß bereits mit einer ausgewählten Zahl von Variablen und von Restriktionen praxisrelevante Aussagen möglich sind.

Für die **Pilotstudie** wurden **8 Produktlinien** ausgewählt (7 Pkw-Typen, 1 Motorenlieferung), die nach Ausstattungsvarianten und nach Ländergruppen (Inland, Europa, USA und Kanada) in **90 Entscheidungsvariablen** differenziert wurden. Das Restriktionensystem umfaßte **99 Ungleichungen mit den Restriktionsgruppen:**

- Produktion (Rohbau, Lackierung, Montage),
- Beschaffung (Motoren, Getriebe),
- Absatz (Höchst- und Mindestmengen nach Ländergruppen und nach Produktionstypen differenziert),
- für das Motorengeschäft wurden zusätzlich Festmengen (als Höchst- und Mindestmengen) vorgegeben.

Erste Rechnungen am Institut für Unternehmungsplanung mit dem Standardprogramm LPRUN des Hochschulrechenzentrums der Universität Gießen auf einem Großrechner Cyber 174 zeigten bei kurzen Rechenzeiten die Vorteile der Optimierung deutlich auf. Vorteile zur Unterstützung der herkömmlichen Planung zeigten sich besonders bei der Sensitivitätsanalyse hinsichtlich der Deckungsbeiträge (Zielfunktion) sowie des Restriktionsvektors und bei der parametrischen Veränderung der Absatzrestriktionen bzw. bei der alternativen Berechnung mehrerer Vertriebs- und Produktionsstrategien.

Zur turnusmäßigen Nutzung wurde das Optimierungsproblem weiter verfeinert (ca. 1500 Problemvariablen) und im **Werksrechenzentrum** mit dem **IBM-Lizenzprogramm MPSX** gelöst. Die Planungsvorteile bei der periodischen Anwendung liegen nicht nur in der deckungsbeitragsmäßigen Optimierung des Produktprogramms, sondern auch in der detaillierten Ausweisung freier Kapazitäten (Schlupfvariable in der optimalen Basislösung) und in der Kenntnis der Opportunitätskosten für Engpaßkapazitäten (Wert der Nichtbasisvariablen in der optimalen Lösung). Auf der Basis des Optimierungsprogramms werden zur Entscheidungsvorbereitung periodisch Sensitivitätsanalysen, parametrische Analysen sowie Alternativstrategien berechnet und in den laufenden Planungen berücksichtigt. In der Praxis kann das Modell zur Vorbereitung der jährlichen Budgetplanung und innerjährlich bei Berücksichtigung aktueller Informationen aus dem Absatz-, Beschaffungs- und Produktions- sowie Controllingbereich angewendet werden. Die Absatz- und Produktionsfeinplanung, die auf traditionelle Weise und durch Einschaltung von Simulationsmodellen erfolgt, kann hierdurch wesentlich verbessert werden.

4.1.4 Entscheidungsphase: Festlegung des vorzugebenden Produktprogramms mit dazugehöriger Erlös-, Kosten- und Ergebnisplanung

Nach ergebnisorientierter Ermittlung des Programms auf der Basis von Erklärungsmodellen oder Entscheidungsmodellen müssen aus den verdichteten Zahlen der programmbezogenen Planungsrechnung detaillierte produktartenbezogene Mengen-, Umsatz- und Kostenpläne abgeleitet und verabschiedet werden.

Bevor die aus der Planungsrechnung abgeleiteten Umsatz-, produktartenbezogenen Mengen- und Kostenpläne als Soll-Größen vorgegeben werden können, muß allerdings die Verbindung zwischen operativer Programmplanung und der Finanzplanung hergestellt werden. Es muß geprüft werden, welche Einzahlungs- und Auszahlungsströme aus den geplanten Umsätzen und Kosten voraussichtlich resultieren, wie sich diese Zahlungsströme auf die Finanzplanung als liquiditätsorientierte Planungsrechnung auswirken und ob unter Umständen Engpässe finanzieller Art vorhanden sind, die einer Realisierung des mit Hilfe der programmbezogenen Planungsrechnung als optimal ermittelten Programms entgegenstehen. Treten solche Engpässe auf, ist also z. B. die Deckung aller Auszahlungen einer Planperiode nicht sicherzustellen, so muß geprüft werden, ob eine Korrektur der Programmplanung vorgenommen werden sollte bzw. vorgenommen werden muß, um über eine Ergebnisschmälerung die Zahlungsfähigkeit der Unternehmung sicherzustellen.

Sofern nichtquantifizierbare oder nicht im Modell erfaßte Ziele zu berücksichtigen sind, können diese gegebenenfalls auch eine Modifikation der Ergebnisse der Planungsrechnung erforderlich machen.

Auf der Basis der gegebenenfalls modifizierten Ergebnisse der programmbezogenen Planungsrechnung werden sodann die folgenden **Vorgabegrößen** abgeleitet, die zum einen die Ziel- und Maßnahmenplanung in den Bereichen ermöglichen, zum anderen die Verbindung zur gesamtunternehmungsbezogenen Planung herstellen:

- **Produktarten- und Mengenangaben,**
- **variable und fixe Kosten von Produktarten und Produktgruppen,**
- **Umsätze und Deckungsbeiträge von Produktarten und Produktgruppen.**

Neben den Jahreszahlen sind in einheitlich aufgebauten Formularen Monats- oder zumindest Quartalszahlen zu planen (vgl. PuK-Blatt 4.1, Abbildung 64e). Zudem sind Jahreszahlen der vergangenen Jahre und der mittel- und langfristigen Produktplanung anzugeben.

Diese Zahlen sind für die Gesamtunternehmung und detailliert nach Unternehmungsbereichen sowie für Märkte und gegebenenfalls detailliert nach Kunden (Großkunden und sonstigen Kunden) über die Zeitachse zu planen und auch graphisch darzustellen.

Ergänzend zu den Planzahlen für mehrere kurzfristige Perioden können Planzahlen für eine Periode, z. B. Jahresplanungen und Quartalsplanungen, auch in Matrixdarstellungen verdeutlicht werden – nach Produktgruppen/Produkten und Märkten/Kunden (vgl. Abbildung

Produkte / Märkte	Inland						Σ								
	Gebiet A			Gebiet B			Inland			Ausland			Gesamt		
	S	I	A	S	I	A	S	I	A	S	I	A	S	I	A
Produkt I Umsatz DB Ergebnis Bestände RoI															
Produkt II Umsatz DB Ergebnis Bestände RoI															
Produkt III Umsatz DB Ergebnis Bestände RoI															
Gesamt Umsatz DB Ergebnis Bestände RoI															

Abb. 112: Produktprogrammplan- und -kontrollzahlen in Matrixdarstellung

112). Zudem kann das **Zahlenwerk in Form der mehrperiodigen stufenweisen Fixkostendeckungsrechnung** aufbereitet und ausgewertet werden[49].

Bei dieser Form der Planungs- und Kontrollrechnung werden nicht nur die variablen Kosten einbezogen, sondern auch die fixen Kosten, soweit sie Produkten bzw. Produktgruppen zugerechnet werden können und durch Programmentscheidungen langfristig beeinflußbar sind (fixe Produktartenkosten, fixe Produktgruppenkosten). Eine Gegenüberstellung von Erlösen und Kosten in Form einer stufenweisen Deckungsbeitragsrechnung erlaubt eine Aussage darüber, welchen Beitrag die einzelnen Produktarten und Produktgruppen über die Abdeckung der variablen Kosten hinaus zur Abdeckung der durch sie verursachten stufenweisen fixen Kosten und zur Gewinnerzielung leisten bzw. leisten sollen (vgl. Abbildung 113).

---

49 Zur Fixkostendeckungsrechnung vgl. Agthe, K., Stufenweise Fixkostendeckungsrechnung im System des Direct Costing, a.a.O., S. 404ff.; Kilger, W., Flexible Plankostenrechnung und Deckungsbeitragsrechnung, a.a.O., S. 798ff.; Riebel, P., Einzelerlös-, Einzelkosten- und Deckungsbeitragsrechnung als Kern einer ganzheitlichen Führungsrechnung, in: Handbuch Kostenrechnung, Hrsg. W. Männel, Wiesbaden 1992, S. 247ff.; Schweitzer, M., Küpper, H.-U., Systeme der Kostenrechnung, 5. Aufl., Landsberg/Lech 1991, S. 352ff.

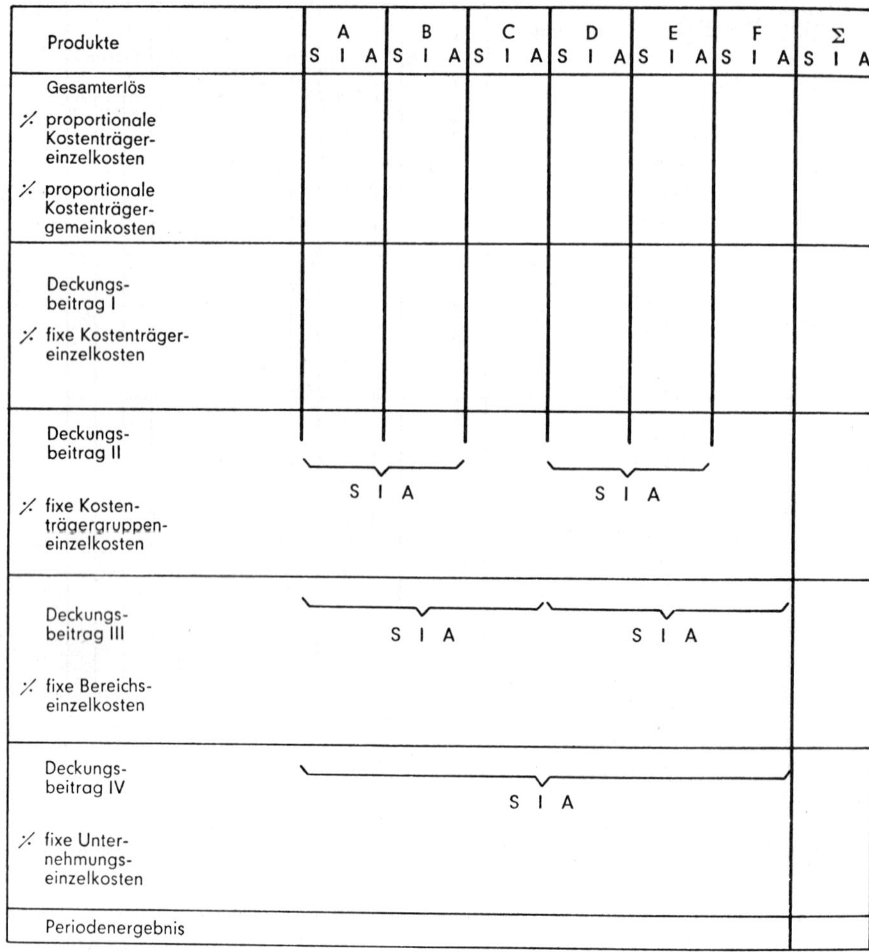

Produkte
A B C D E F Σ
S I A S I A S I A S I A S I A S I A S I A
Gesamterlös
⁒ proportionale Kostenträgereinzelkosten
⁒ proportionale Kostenträgergemeinkosten
Deckungsbeitrag I
⁒ fixe Kostenträgereinzelkosten
Deckungsbeitrag II
⁒ fixe Kostenträgergruppeneinzelkosten
S I A
S I A
Deckungsbeitrag III
⁒ fixe Bereichseinzelkosten
S I A
S I A
Deckungsbeitrag IV
⁒ fixe Unternehmungseinzelkosten
S I A
Periodenergebnis

Abb. 113: Fixkostendeckungsrechnung als Kostenträger-/Kostenstellenrechnung

Die Aussagen der Fixkostendeckungsrechnung können in Form sogenannter **Break-Even-Diagramme**[50] auch graphisch veranschaulicht werden (vgl. Abbildung 114).

---

50 Zur Break-Even-Analyse vgl. Chmielewicz, K., Betriebliches Rechnungswesen, Bd. 2, Erfolgsrechnung, Reinbek 1973, S. 209 ff.; ders., Gewinnschwellenanalyse, WiSt 1974, S. 49 ff.; Dellmann, K., Kosten- und Leistungsrechnungen, in: Vahlens Kompendium der Betriebswirtschaftslehre, Bd. 2, München 1984, S. 327 ff.; Haidacher, O. B., Der Break-Even-Punkt als Instrument unternehmerischer Führung, Diss. München 1969; Hirata, M., Die Entwicklung der Break-Even-Analyse in Japan, BFuP 1982, S. 534 ff.; Kern, W., Break-Even-Analysis, in: HWB, 1. Bd., Hrsg. E. Grochla, W. Wittmann, 4. Aufl., Stuttgart 1974, Sp. 922 ff.; ders., Break-Even-Analyse, in: HWR, Hrsg. K. Chmielewicz, M. Schweitzer, 3. Aufl., Stuttgart 1993, Sp. 261 ff.; Kleinebeckel, H., Break-Even-Analyse, ZfbF-Kontaktstudium 1976, S. 51 ff.; ders., Break-Even-Analysen für Planung und Plan-Ist-Berichterstattung, ZfbF-Kontaktstudium 1976, S. 117 ff.; Poensgen, O. H., Break-Even-Analysis, in: HWR, Hrsg. E. Kosiol, K. Chmielewicz, M. Schweitzer, 2. Aufl., Stuttgart 1981, Sp. 303 ff.

Grundidee der Break-Even-Analyse ist die Verdeutlichung von Wirkungen einer Variation des Beschäftigungsgrades auf damit verbundene Änderungen der Kosten- und Erlösfunktionen (Gewinn-, Deckungsbeitrags-Funktion). Ebenso können die Wirkungen von Änderungen der Absatzpreise und/oder der Kosten auf Gewinn- oder Verlust- und Deckungsbeitragspunkte bzw. -zonen veranschaulicht werden. Die verwendeten Daten können sowohl Ist- als auch Plangrößen sein, so daß die Break-Even-Analyse grundsätzlich als Planungs- und Kontrollinstrument Verwendung finden kann. Das einfache Grundmodell kann in vielfältiger Weise erweitert werden, z. B. können Gewinnsteuern berücksichtigt werden. Ebenso ist eine Aufspaltung der Kosten nach Kostenarten oder einzelnen Fixkostenschichten möglich.

In Abbildung 114 wurde diese Aufspaltung nach Fixkostenschichten vorgenommen.

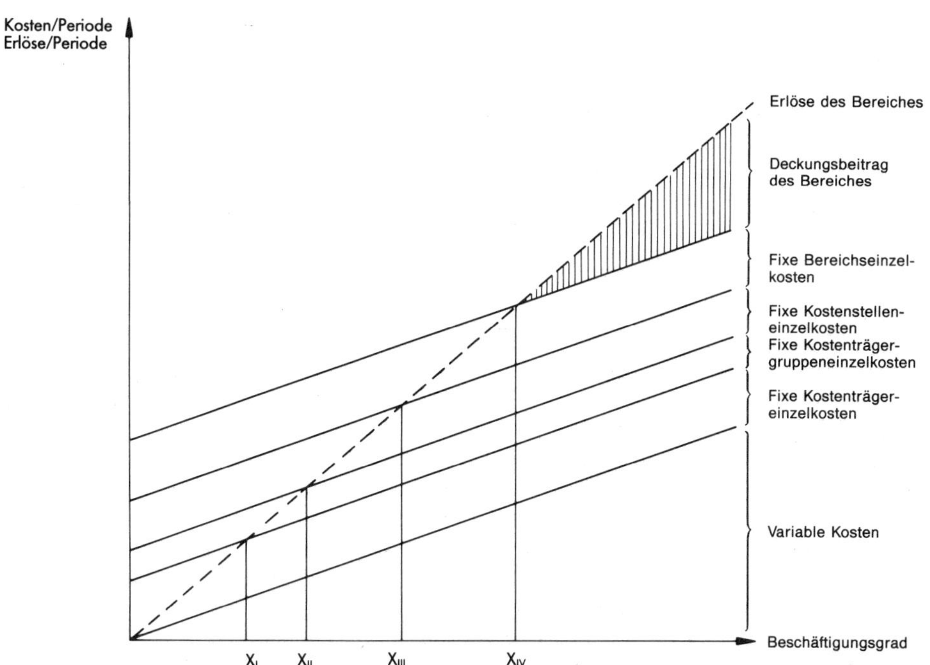

Abb. 114: Graphische Darstellung der Fixkostendeckung in Form eines Break-Even-Diagrammes für einen Unternehmungsbereich

Es wird besonders gut deutlich, welcher Beschäftigungsgrad erreicht werden muß (und somit welche Mengen der verschiedenen Erzeugnisse produziert/abgesetzt werden müssen), um einzelne Fixkostenschichten zu decken (Fixkostendeckungspunkte x_I, x_{II}, x_{III}, x_{IV}). Der sich in der Abbildung ergebende Bereichsdeckungsbeitrag kann natürlich in dieser Form nur ermittelt werden, wenn Erlöse eindeutig zurechenbar sind. Dieser Bereichsdeckungsbeitrag sollte zusammen mit den Deckungsbeiträgen der anderen Bereiche mindestens so groß sein, daß er die Unternehmungsfixkosten deckt.

Liegen die bei der Absatzvorausschätzung ermittelten Höchstmengen des Absatzes über den Mengen des optimalen Programms (z. B. bedingt durch Engpässe im Produktions- oder Beschaffungsbereich), so ist bei der Aufstellung des Absatzplanes das Problem zu lösen,

	Plandaten des optimalen Produktionsprogramms						Ergebnisänderung infolge Mengenänderung (Programmabweichung)				
Pro dukt- art	Plan- menge	Plan- preis	Plan- erlös	var. Plan- kosten	ges. var. Plan- kosten	Plan- dek- kungs- beitrag	Ist- menge	Men- gen abwei- chung	Soll- erlös	Erlös- abwei- chung	var. Soll- kosten
	Stck.	DM/St.	DM	DM/St.	DM	DM	Stck.	Stck.	DM	DM	DM
1	2	3	4 (2 × 3)	5	6 (2 × 5)	7 (4 ⁒ 6)	8	9 (8 ⁒ 2)	10 (8 × 3)	11 (10 ⁒ 4)	12 (8 × 5)
1	1 000	5,—	5 000	3,—	3 000	2 000	1 200	+200	6 000	+1 000	3 600
2	2 000	10,—	20 000	5,—	10 000	10 000	1 800	−200	18 000	−2 000	9 000
3	1 000	10,—	10 000	6,—	6 000	4 000	800	−200	8 000	−2 000	4 800
4	500	20,—	10 000	10,—	5 000	5 000	600	+100	12 000	+2 000	6 000
5	–	30,—	–	20,—	–	–	200	+200	6 000	+6 000	4 000
Σ			45 000		24 000	21 000			50 000	+5 000	27 400

Abb. 115: Programmbezogene Kontrollrechnung

welche Märkte oder Kunden nicht in gewünschtem Umfang beliefert werden sollen. Dieses Problem darf nicht allein unter dem Gesichtspunkt der kurzfristigen Ergebnismaximierung gelöst werden, sondern es sind hierbei die langfristigen Planungen zu berücksichtigen.

4.1.5 Kontrollphase: Ergebnisorientierte Kontrolle während und nach der Produktprogrammrealisation

Die ergebnisorientierte Kontrollrechnung ist notwendige Ergänzung der ergebnisorientierten Planungsrechnung. Als periodische Kontrollrechnung beinhaltet sie nach Ablauf jeder Planungsperiode und nach Feststellung des tatsächlich realisierten Produktionsprogramms die **Ermittlung von Abweichungen** zwischen Planergebnis und Ist-Ergebnis, soweit sie auf Änderungen zwischen geplantem Programm und realisiertem Programm zurückzuführen sind oder auf Änderungen von Entscheidungsgrundlagen der Programmplanung beruhen. Zudem interessieren auch hier voraussichtliche Abweichungen auf Grund von Hochrechnungen der bisherigen Ist-Ergebnisse im Vergleich zum Planergebnis.

Die Ergebnisse der kurzfristigen Kontrollrechnung ermöglichen damit zum einen **Ursachenanalysen** von Abweichungen. Im Mittelpunkt steht hierbei die Analyse von Deckungsbeitragsabweichungen bei einzelnen Produktgruppen und Produkten. Die Analysen vermitteln der Unternehmungsführung wertvolle Hinweise hinsichtlich der Verläßlichkeit der bei der Planungsrechnung unterstellten Datenkonstellationen von Unternehmung und Umwelt und hinsichtlich des Einflusses möglicher Störgrößen, die bei der Realisierung des geplanten Programmes auftraten und gegebenenfalls später wiederum auftreten können oder zu erwarten sind.

			Ergebnisänderung infolge Preisänderung			Ergebnisänderung infolge Kostenänderung					
Kosten-abweichung	Soll-deckungsbeitrag	Deckungsbeitragsänderung	Ist-preis	Ist-erlös	Deckungsbeitragsänderung	var. Ist-kosten	Deckungsbeitragsänderung	Preis-abweichung	Verfahrensabweichung	Verbrauchsabweichung	Ist-deckungsbeitrag
DM	DM	DM	DM/St.	DM	DM	DM	DM	DM	DM	DM	DM
13 (12 ./. 6)	14 (10 ./. 12)	15 (14 ./. 7)	16	17 (16 × 8)	18 (17 ./. 10)	19	20 (12 ./. 19)	21	22	23	24 (17 ./. 19)
+ 600	2 400	+ 400	5,50	6 600	+600	4 000	− 400	−180	+120	− 340	2 600
−1 000	9 000	−1 000	9,50	17 100	−900	8 000	+1 000	+900	−100	+ 200	9 100
−1 200	3 200	− 800	10,—	8 000	–	4 500	+ 300	–	+400	− 100	3 500
+1 000	6 000	+1 000	19,—	11 400	−600	6 500	− 500	+ 60	−200	− 360	4 900
+4 000	2 000	+2 000	30,—	6 000	–	5 000	−1 000	−200	+100	− 900	1 000
+3 400	22 600	+1 600		49 100	−900	28 000	− 600	+580	+320	−1 500	21 100

Sie ermöglichen damit zum anderen **Konsequenzanalysen,** z. B. die Reduzierung überhöhter Materialkosten, die Erarbeitung genauerer Plankosten oder die bessere Berücksichtigung von Saisonschwankungen bei Absatzmengenschätzungen. Es läßt sich so eine Verbesserung der zukünftigen Programmplanung erreichen.

Die Kontrollrechnung spaltet die Gesamtabweichung zwischen Plandeckungsbeitrag und Ist-Deckungsbeitrag des Programms in einzelne Abweichungskomponenten auf und unterzieht die einzelnen Abweichungen einer eingehenden Analyse.

Dabei erscheint die **Aufteilung der Gesamtabweichung** in folgende **Teilabweichungen** zweckmäßig:

a) Ergebnisänderung infolge Nichteinhaltung von Mengenvorgaben (Programmabweichung),
b) Ergebnisänderung infolge Nichteinhaltung von Preisvorgaben (Preisabweichung),
c) Ergebnisänderung infolge Nichteinhaltung von Kostenvorgaben (Kostenabweichung).

Die Aufspaltung der Gesamtabweichung in Teilabweichungen soll an Hand eines Beispiels verdeutlicht werden (vgl. Abbildung 115). Die Spalten 2–7 enthalten die Vorgaben des für die Planperiode als optimal ermittelten Produktionsprogramms. In den Spalten 8–15 wird der Teil der Gesamtabweichung ermittelt, der aus Abweichungen der Ist-Mengen von den Planmengen resultiert. Es handelt sich um **Programmabweichungen**.

Die Spalten 16–18 dienen der Ermittlung des Teils der Gesamtabweichung, der durch Nichteinhaltung von Planpreisen auf den Absatzmärkten verursacht wurde. Dieser Teil ergibt sich als Differenz zwischen Soll-Erlös und Ist-Erlös. Die **Preisabweichungen** sind im Absatzbereich zu analysieren (vgl. Teil III, Abschnitt 4.2.2.1).

In den Spalten 19–23 wird schließlich der Teil der Gesamtabweichung ermittelt, der aus Änderungen und Nichteinhaltung von Kostenvorgaben herrührt. Diese **Kostenabweichungen** ergeben sich als Differenz zwischen den variablen Soll-Kosten und den variablen Ist-Kosten. Eine aussagefähige Analyse dieses Teils der Gesamtabweichung ist allerdings erst möglich, wenn diese Abweichung in Preisabweichungen (Kostenänderung infolge Preisänderung von Einsatzfaktoren), Verfahrensabweichung (Differenz zwischen Plankosten der Ist-Menge nach Planverfahren und Plankosten der Ist-Menge nach Ist-Verfahren) und Verbrauchsabweichung (verbleibender Teil der Abweichung) aufgespalten wird. Diese Abweichungen sind im Einkaufs- und im Produktionsbereich zu analysieren (vgl. Teil III, Abschnitt 4.2.2.2).

Die verschiedenen Teilabweichungen werden sowohl für die einzelnen Produktarten als auch für das Gesamtprogramm ermittelt. Durch die Ermittlung der Teilabweichungen bei den einzelnen Produktarten wird vermieden, daß einzelne negative Einflüsse, die in der programmbezogenen Teilabweichung durch positive Einflüsse kompensiert werden, nicht entdeckt werden. Die produktartenbezogene Aufspaltung der Gesamtabweichung ermöglicht weiterhin, die Analyse der Abweichungsursachen gezielt dort anzusetzen, wo erhebliche Abweichungen zwischen Plan- und Ist-Werten aufgetreten sind.

Mit Hilfe der sogenannten **Deckungsbeitrags-Flußrechnung**[51] kann die Aussagekraft ergebnisorientierter Kontrollrechnungen bezüglich des Produktprogrammes noch erhöht werden.

Ziel des Verfahrens ist es, die quantitativen Ursachen von Deckungsbeitragsänderungen im Zeitablauf durch eine explizite Berücksichtigung von Mengen- (verkaufte Stückzahl), Wert- (Verkaufspreise, Kostensätze) und Strukturänderungen (Zusammensetzung der Mengenkomponente) zu berücksichtigen. Gerade auch Struktureinflüsse innerhalb des Produktprogrammes sind in der Praxis i.d.R. von besonderer Bedeutung.

Demzufolge berücksichtigt die Deckungsbeitrags-Flußrechnung nicht nur **Soll-Ist-Abweichungen** einer Periode, sondern bezieht Daten **mehrerer** – bereits abgelaufener – **Perioden** mit in die Überlegungen ein.

In einem ersten Hauptschritt erfolgt in einer produktartbezogenen Betrachtung die Ermittlung der Einflüsse einer Veränderung der Umsatzmengen, Preise und Kostensätze auf die Höhe des Deckungsbeitrages jeder Produktart. Hieran schließt sich in einem zweiten Hauptschritt die Aggregation zu einzelnen Produktgruppen und dem gesamten Produktprogramm unter Berücksichtigung der Strukturverschiebungen an. Für den einfachsten Fall eines Zwei-Produkte-Produktionsprogrammes wird konkret ermittelt, welche mengenmäßigen Anteile die Produkte in der Periode t_2 haben, welche fiktiven Absatzmengen diese Struktur in Periode t_1 bedeutet hätte und welcher Deckungsbeitrag der Strukturverschiebung (Differenz zwischen tatsächlichen und fiktiven Absatzmengen in Periode t_1) entspricht.

Abbildung 116 zeigt beispielhaft die Resultate einer durchgeführten Deckungsbeitrags-Flußrechnung.

Das oben beschriebene Kontroll-Verfahren ist in zweifacher Hinsicht selbstverständlich auch im Rahmen von Produktprogrammplanungen geeignet: Zum einen treten durch die Deckungsbeitrags-Flußrechnung als Kontrollrechnung unter Einbeziehung mehrerer Perioden Tendenzen und ursächliche Faktoren hervor, die als Grundlage für Planungen dienen können. Zum anderen können – sinnvollerweise unter Nutzung einer EDV-Anlage – Simulationsläufe die ergebnismäßigen Konsequenzen verschiedener Einflußfaktoren (z. B. Verpackungsstrukturen) deutlich machen.

---

51 Vgl. Link, J., Die automatisierte Deckungsbeitrags-Flußrechnung als Instrument der Unternehmungsführung, ZfB 1979, S. 267 ff.; Link, J., Laufner, W., Rechentechnik der Deckungsbeitrags-Flußrechnung, KRP 1989, S. 251 ff.; Link, J., Verbreitung und Einsatzformen der Deckungsbeitrags-Flußrechnung in der Industrie, DBW 1988, S. 751 ff.

	DBIIa-Veränderung (TDM) 1994:1991		DBIIa-Veränderung (TDM) 1992:1991		DBIIa-Veränderung (TDM) 1993:1992		DBIIa-Veränderung (TDM) 1994:1993	
Teilmarkt "A"								
Umsatzmenge	+630 }	+ 190	+170 }	+ 130	+410 }	+ 240	+ 50 }	− 180
Produktstruktur	−440 }		− 40 }		−170 }		−230 }	
Packungsstruktur	−960		− 60		−780		−120	
Preise	+250	+1,6%	+110	+0,7%	+ 60	+0,4%	+ 80	+0,5%
Aktionsrabatte	− 80				− 20		− 60	
Erlösmind./Prov.	+ 20		+ 15		+ 15		− 10	
Fracht-/Lagerk.	−130	+5,5%	− 45	+1,9%	− 40	+1,7%	− 45	+1,9%
Herstellkosten	−360	+3,8%	−860	+9,1%	−140	+1,5%	+640	−6,8%
Werbung/And.E.	+150		+170		+240		−260	
Σ	−920		−540		−425		+ 45	
Produkt "A1"								
Umsatzmenge	+ 80		+ 40				+ 40	
Packungsstruktur	−190		− 15		−110		− 65	
Preise	+ 40			%		%	+ 40	+0,7%
Aktionsrabatte	− 30		− 10		− 10		− 10	
Erlösmind./Prov.	− 10						− 10	
Fracht-/Lagerk.	− 65	+4,3%	− 35	+2,3%		%	− 30	+2,0%
Herstellkosten	+ 75	−2,8%	−195	+7,3%	−120	+4,5%	+390	−14,6%
Werbung/And.E.					+110		−110	
Σ	−100		−215		−130		+245	
Produkt "A2"								
Umsatzmenge	+430		− 90		+370		+150	
Packungsstruktur	−490				−410		− 80	
Preise	+150	+2,3%	+ 60	+0,9%	+ 80	+1,2%	+ 10	+0,2%
Aktionsrabatte	− 35		− 10		− 15		− 10	
Erlösmind./Prov.	− 25		− 15		− 10			
Fracht-/Lagerk.	− 45	+6,3%	− 20	+2,8%	− 15	+2,1%	− 10	+1,4%
Herstellkosten	− 120	+5,3%	−190	+8,4%	− 25	+1,1%	+ 95	−4,2%
Werbung/And.E.	+125						+125	
Σ	− 10		−265		− 25		+280	
Produkt "A3"								
Umsatzmenge	−320		+180		−130		−370	
Packungsstruktur	−280		− 45		−260		+ 25	
Preise	+ 60	+1,7%	+ 50	+1,4%	− 20	−0,6%	+ 30	+0,9%
Aktionsrabatte	− 15		+ 20		+ 5		− 40	
Erlösmind./Prov.	+ 55		+ 30		+ 25			
Fracht-/Lagerk.	− 20	+5,7%	+ 10	−2,9%	− 25	+7,1%	− 5	+1,5%
Herstellkosten	−315	+17,9%	−475	+27,0%	+ 5	−0,3%	+155	−8,8%
Werbung/And.E.	+ 25		+170		+130		−275	
Σ	−810		− 60		−270		−480	

Abb. 116: Darstellung der Resultate einer Deckungsbeitrags-Flußrechnung[52] *(Beispiel)*

52 Link, J., Die automatisierte Deckungsbeitrags-Flußrechnung als Instrument der Unternehmungsführung, a.a.O., S. 278 (leicht modifiziert).

Über die produktprogrammbezogenen Kontrollrechnungen auf Teilkostenbasis hinaus läßt sich auch das **Zahlenwerk der Fixkostendeckungsrechnung** im Rahmen einer programmbezogenen Kontrollrechnung heranziehen. Sie liefert ihrerseits Entscheidungsgrundlagen oder zumindest Signalinformationen für die programm- und potentialbezogene Planung (Investitionsplanung).

Bei einer Betrachtung des Soll-/Ist-Zahlenwerks der stufenweisen Fixkostendeckungsrechnung und einer Analyse der Leer- und Nutzkosten der einzelnen Potentiale können u. a. wichtige Hinweise auf bessere Kapazitätsausnutzungsmöglichkeiten gewonnen werden. Bei der Zugrundelegung voraussichtlich realisierbarer Planungen und entsprechender Plankosten ergeben sich Hinweise darauf, welche Produktarten gegebenenfalls langfristig aus dem Programm eliminiert werden sollten, da ihr Ergebnisbeitrag zu niedrig ist, oder welche Produktarten gegebenenfalls wegen ihres hohen Teildeckungsbeitrags forciert werden sollten. Über mögliche Programmerweiterungen ist sodann im Rahmen der Programm- und Potentialplanung auf der Basis der für sie relevanten Beurteilungsgrundlagen zu entscheiden. Die Aussagen der stufenweisen Deckungsbeitragsrechnung entsprechen dabei den Aussagen bei Anwendung der statischen Investitionsrechenverfahren (Kostenvergleichsrechnung, Gewinn-/Deckungsbeitragsvergleichsrechnung).

Bezieht man Deckungsbeiträge oder Teildeckungsbeiträge (Deckungsbeiträge II und gegebenenfalls III vor Zinsen) auf das für die Produkterstellung investierte Kapital, lassen sich als Soll- und Ist-Zahlen quasi RoI-Zahlen ermitteln (vgl. Abbildung 117).

Im Zusammenhang mit der Produktprogrammplanung und -kontrolle werden **Vor-, Zwischen- und Nachkalkulationen auf Teilkostenbasis für einzelne Produkte** durchführbar. Bei Verwendung von absoluten Werten oder Verrechnungssätzen der funktionsbereichsbezogenen Kostenstellenrechnung, die die (vermutliche) Inanspruchnahme einzelner Funktionsbereiche der Unternehmung durch die jeweils zu produzierenden oder produzierten Produkte kennzeichnen, werden **Vor-, Zwischen- und Nachkalkulationen auf Vollkostenbasis** erstellbar. Dies geschieht für Industrieunternehmungen mit Massenproduktion auf der Grundlage der Verfahren der einfachen Divisionsrechnung, für Industrieunternehmungen mit Serienproduktion auf der Grundlage der Verfahren der differenzierten Divisionsrechnung, der Zuschlagsrechnung oder kombinierter Verfahren und für Industrieunternehmungen mit Einzelproduktion nach dem Verfahren der Zuschlagsrechnung[53]. Bei Anwendung der Zuschlagskalkulation empfiehlt sich meist die Integration der Maschinenstundensatzrechnung. Da eine verursachungsgerechte Zurechnung von Gemeinkosten auf einzelne Produkte nicht exakt möglich ist, dienen Vollkostenkalkulationen nur als beschränkt aussagefähige informationelle Hilfsmittel für die Preisplanung[54] (vgl. zur Kalkulation Abschnitt 4.3 dieses Teils).

Im Rahmen der operativen Planung baut auf der Produktprogrammplanung und -kontrolle die funktionsbereichsbezogene Planung und Kontrolle auf. Sie ist wie die Produktprogrammplanung und -kontrolle ein sehr aussagefähiges Führungsinstrument und sei daher im folgenden näher charakterisiert.

---

53 Vgl. zu den Kalkulationsverfahren Teil III, Abschnitt 4.3.

54 Vgl. Alewell, K., Absatzkalkulation, in: HWR, Hrsg. E. Kosiol, Stuttgart 1970, Sp. 1ff.

	Produktprogramm								
	Abteilung A			Abteilung B			Abteilung C		
	Soll	Ist	Abw.	Soll	Ist	Abw.	Soll	Ist	Abw.
1 Umsatz	2000	1800	− 200	4000	4500	+500	2000	2000	0
2 variable Kosten	1000	900	− 100	1600	1800	+200	500	400	−100
3 Deckungsbeitrag I (1 ·/· 2)	1000	900	− 100	2400	2700	+300	1500	1600	+100
4 fixe Kosten*) (ohne Zinsen)	800	800	0	1400	1400	0	1100	1100	0
5 Deckungsbeitrag II (3 ·/· 4)	200	100	− 100	1000	1300	+300	400	500	+100
6 Deckungsbeitrag I in % vom Umsatz (3:1)	50%	50%	0	60%	60%	0	75%	80%	+ 5%
Wirtschaftlichkeitsfaktor (3:2)	1	1	0	1,5	1,5	0	3	4	+ 1
7 Deckungsbeitrag II in % vom Umsatz (5:1)	10%	6%	− 4%	25%	29%	+ 4%	20%	25%	+ 5%
8 gebundenes Kapital*)	500	500	0	2000	2200	+200	2000	1800	−200
9 Kapitalumschlag (1:8)	4	3,6	−0,4	2	2	0	1	1,1	+ 0,1
10 Rentabilität (R_{ik}) auf Basis Deckungsbeitrag II (5:8 oder 7 × 9)	40%	20%	−20%	50%	59%	+ 9%	20%	28%	+ 8%

*) Soweit direkt und verursachungsgerecht der Abteilung zurechenbar.

Rangfolge der Förderungswürdigkeit der Abteilungen (Produktgruppen) auf der Basis von Sollwerten						
I. Situation kurzfristig bei Unterbeschäftigung und gegebener Kapazität			II. Situation langfristig bei Vollbeschäftigung und Absicht der Kapazitätsveränderung**)			
Abt.	Deckb. I	Wi-Faktor I	Abt.	Kapitalumschlag	Deckb. II i. % v. Ums.	Rentabilität
C	75%	3	B	2	25%	50%
B	60%	1,5	A	4	10%	40%
A	50%	1	C	1	20%	20%

**) Entscheidungsgrundlage: Dynamische Investitionsrechnungen bei weitestmöglicher Berücksichtigung der Kosten- und Erlösinterdependenzen zwischen den Abteilungen/Gliedbetrieben.

Abb. 117: Fixkostendeckungsrechnung als Grundlage für ergebnisorientierte Produktgruppenbeurteilungen

4.2 Funktionsbereichsbezogene Planung

4.2.1 Charakterisierung der funktionsbereichsbezogenen Planungs- und Kontrollrechnung

4.2.1.1 Wesen und Aufgabe der funktionsbereichsbezogenen PuK

Die funktionsbereichsbezogene Planung und Kontrolle umfaßt die **Ziel- und Maßnahmenplanung in den einzelnen Funktionsbereichen** einer Unternehmung – ergänzt um die für die Sicherung der Zielerreichung erforderlichen Kontrollen.

In der **funktionsbereichsbezogenen Planungsrechnung** werden, ausgehend von der generellen Zielplanung, der strategischen Planung und der operativen Produktprogrammplanung – zum Teil auch der multifunktionalen Projektplanung – die für die einzelnen Aufgabenbereiche der Unternehmung relevanten Ziele ermittelt und die wertmäßigen Konsequenzen alternativer Maßnahmen mit dem Zahlenwerk der Kosten- und Erlösrechnung dargestellt.

Die Durchführung der funktionsbereichsbezogenen Planung umfaßt damit zwei wechselseitig miteinander verbundene Aufgaben:

- Die Planung der unter Berücksichtigung der generellen Ziele der Unternehmung in ihren Funktionsbereichen relevanten Sach- und Handlungsziele – die Planung der Zielbündel bzw. Programme der Funktionsbereiche – und die Planung der zur optimalen Zielerreichung erforderlichen Maßnahmen (zielorientierten Aktionen bzw. Aktionsfolgen an Aktionsobjekten) als qualitative und nichtmonetäre quantitative Planung.
- Die monetäre ergebnisorientierte Planungsrechnung, d. h. die Ermittlung und die Darstellung der wertmäßigen Ausdrücke bzw. Konsequenzen der Ziel- und Maßnahmenplanung durch Ergebniskomponenten – durch Kosten und soweit möglich auch durch Erlöse und Deckungsbeiträge – sowie der zur Realisation der Ziel- und Maßnahmenplanung erforderlichen Vermögenswerte.

Die Resultate der funktionsbereichsbezogenen PuK schlagen sich nieder in den **Ziel- und Maßnahmenplänen** der einzelnen Funktionsbereiche sowie in den dazugehörigen **Werteplänen** (kurzfristig: Budgets), den Kosten- (gegebenenfalls Erlös-, Deckungsbeitrags-) und Vermögensplänen der Funktionsbereiche.

Im Stadium der Planaufstellung umfaßt sie als Planungsrechnung die Vorschau und Koordinierung von Zielen und Maßnahmen in und zwischen den einzelnen Funktionsbereichen und die hieraus resultierenden Auswirkungen auf Ziele und Maßnahmen der Gesamtunternehmung.

Ausgangspunkt für die Aufstellung der Ziel- und Maßnahmenpläne und der Wertepläne der Funktionsbereiche bilden die in einer **Zielvorschau für die Gesamtunternehmung** angestrebten, generellen monetären Ziele sowie die verabschiedeten strategischen Pläne. Der in der laufenden Periode zu realisierende Teil dieser Programme ist in die operative Planung aufzunehmen[55]. Diese Zielvorstellungen bzw. Ziele lassen sich durch alternative Subziele und Maßnahmen (-bündel) mit unterschiedlichen Konsequenzen in dem gewünschten oder einem davon abweichenden Ausmaß realisieren. Es müssen also die zur Zielerreichung geeigneten Maßnahmen ausgewählt werden. Je nach Art und Umfang vorab eingesetzter

---

55 Vgl. Wild, J., Product Management, a.a.O., S. 129.

gesamtunternehmungsbezogener Modellrechnungen (Produktprogramm-, Bilanz-, Finanzmodelle) ergeben sich unterschiedliche Freiheitsgrade und Probleme bei der Ziel- und Maßnahmenvorschau in den Funktionsbereichen, insbesondere auch im Hinblick auf die Koordinierung. So müssen unabhängig davon, ob gesamtunternehmungsbezogene Produktprogrammodellrechnungen erfolgt sind, stufenweise Absatz-, Produktions- und Beschaffungsmengen unter Berücksichtigung der Lagermengen aufeinander abgestimmt werden, wenn das angestrebte Verkaufsvolumen und die geplante Vorratshaltung bei wirtschaftlich günstigster Produktion verwirklicht werden sollen; Verkaufsumsätze, Produktionsprozeß und Materialbeschaffung beeinflussen zudem natürlich über die daraus resultierenden Einzahlungen und Auszahlungen die Liquidität der Unternehmung. Bei der Abstimmung der Ziel- und Maßnahmenpläne wird sich im allgemeinen herausstellen, daß die Einzelpläne zunächst nicht vollständig harmonieren und deshalb berichtigt werden müssen. Anhand der abgestimmten Teilpläne wird überprüft, ob die Ergebnisse der Maßnahmenpläne eine Realisierung der Erwartungen hinsichtlich Aufwendungen, Erträgen, Gewinn, Rentabilität und Liquidität der Gesamtunternehmung erwarten lassen und ob unter Umständen eine Anpassung der Gesamtziele der Unternehmung erforderlich wird. Sobald Ziele, Maßnahmen und die daraus resultierenden Wertepläne der Funktionsbereiche mit den für die Gesamtunternehmung geforderten Zielen kompatibel sind, können die **Einzelpläne verabschiedet** und den Funktionsbereichen als **Vorgabewerte** für die Planperiode(n) angegeben werden (vgl. zur Durchführung dieses Prozesses mit Hilfe eines EDV-gestützten Modells auch Abschnitt 5.4.3 dieses Teils sowie ferner Teil VII, Abschnitt 4.4).

Die funktionsbereichsbezogene Planungsrechnung wird ergänzt um die **funktionsbereichsbezogene Kontrollrechnung.** Diese stellt im Rahmen einer Nachrechnung fest, inwieweit die den Funktionsbereichen auf Grund der Planungsrechnung gesetzten Ziele in der Planperiode realisiert werden konnten. Zudem basiert sie wiederum auf Hochrechnungen.

Bei Abweichungen zwischen Soll- und Ist-Werten, die einen vorgegebenen Toleranzwert überschreiten, ist sie Basis für Ursachenanalysen. Die Kontrollfunktion wird dabei in zweierlei Hinsicht ausgeübt:

- Zum einen können durch permanenten Vergleich von Plan- und Ist-Werten laufend mögliche Abweichungen festgestellt werden. Abweichungen treten auf, sofern Ziele und Maßnahmen im bereits abgelaufenen Teil der Planperiode auf Grund im Zeitpunkt der Planerstellung **nicht vorhergesehener außer- und innerbetrieblicher besonderer Verhältnisse und Entwicklungen** nicht im geplanten Ausmaß realisiert werden konnten, oder **andere als die geplanten Maßnahmen durchgeführt** worden sind. Muß auf Grund von Abweichungen oder auf der Basis von Ist-Zahlen und von Hochrechnungen (voraussichtliche Ist-Größenentwicklungen) befürchtet werden, daß die für die Gesamtperiode vorgegebenen Gewinn- und Rentabilitätsziele nicht erreicht werden, so muß geprüft werden, ob eine Änderung der bereichsbezogenen Pläne für die restliche Planperiode eine Verbesserung bringen kann. Diese Prüfung und eventuelle Änderungen werden im Rahmen der kurzfristigen Kontrollrechnung im allgemeinen jedoch nur bereichsweise vorgenommen, d.h. Ziele und Maßnahmen werden hier nur in den einzelnen Bereichen der veränderten Datenkonstellation angepaßt und die wertmäßigen Auswirkungen der Anpassungsmaßnahmen ermittelt. Auf eine vollständige, in allen Teilplänen aufeinander abgestimmte Planrevision kann bzw. muß im allgemeinen verzichtet werden, da die Änderungen der Datenkonstellation in den seltensten Fällen so grundlegend sind, daß der bei vollständiger Neuerstellung der Pläne zu erwartende Planungsaufwand gerechtfertigt wäre; zudem steht die für eine Neuerstellung der Pläne erforderliche Zeit zumeist nicht zur Verfügung.
- Zum anderen wird der Vergleich von Plan- und Ist-Werten als Instrument zur **Kontrolle der Wirtschaftlichkeit des Prozesses der Leistungserstellung und Leistungsverwertung** in den Funktionsbereichen der Unternehmung eingesetzt. Da die Planung der Kosten für

den bei Realisierung der Ziel- und Maßnahmenpläne zu erwartenden Verbrauch an Einsatzfaktoren (Stoffe, Betriebsmittel, Personal) auf der Basis von Plankosten und damit konstanten Preisen erfolgt, kann auf Grund des Vergleichs von Soll-Kosten und tatsächlich angefallenen Kosten der Periode festgestellt werden, welche Abweichungen in den einzelnen Bereichen von der bei der Ermittlung der Plankosten zugrunde gelegten Wirtschaftlichkeit der Aktionen des Leistungserstellungs- und -verwertungsprozesses aufgetreten sind. Die Analyse der Abweichungen im Hinblick auf ihre Ursachen deckt Mängel im Betriebsgeschehen auf und kann mit als Grundlage für die Leistungsbeurteilung in den Funktionsbereichen verwendet werden.

Als Teilbereich der operativen Planung hat die funktionsbereichsbezogene PuK kurz- und mittelfristigen Charakter, wobei das Budget für ein oder zwei Jahre detailliert geplant wird.

4.2.1.2 Aufstellung, Umfang und Ausgestaltung der funktionsbereichsbezogenen PuK

Die Aufstellung, Koordinierung und Verabschiedung der rollenden funktionsbereichsbezogenen Ziel-, Maßnahmen- und Wertepläne erfolgt in einem mehrstufigen – meist wiederholten – Planungsprozeß unter Zusammenwirken aller von der PuK betroffenen Funktionsbereiche und Führungsebenen (vgl. Teil V, Abschnitt 1.)[56].

Art und Anzahl der Funktionsbereiche und die hierin vorhandenen Aufgabenbereiche, die im Rahmen der funktionsbereichsbezogenen PuK als Planungseinheiten anzusehen und für die Einzelpläne zu erstellen sind, werden grundsätzlich durch die unternehmungsindividuelle Aufbauorganisation bestimmt. Mit zunehmender Größe der Unternehmung, zunehmender Breite des Erzeugnisprogramms und Komplexität des Produktionsprozesses ist auch eine Zunahme der Planungseinheiten und Einzelpläne zu verzeichnen.

In der funktionsbereichsbezogenen PuK sind vor allem jene Aktivitäten zu eigenständigen Planungseinheiten zusammenzufassen, die wesentliche Teile der **Wertschöpfungskette** einer Unternehmung ausmachen. Dies sind im Regelfall die primären Aktivitäten der Entwicklung, der Beschaffung, der Produktion und des Absatzes, die heute zunehmend vernetzt zu sehen und daher eigentlich simultan zu planen sind. Daneben stehen aber auch die übergreifenden Aktivitäten bezogen auf Personal und Anlagen sowie die Querschnittsaufgaben des Controlling und der Qualitätssicherung, die im Interesse einer markt- und ergebnisorientierten Führung und Durchführung eigenständige funktionsbereichsbezogene Planungseinheiten darstellen (vgl. Abbildung 118 a).

Als **selbständig zu planende Funktionsbereiche** können in einer primär funktional gegliederten Unternehmung der Industrie also der Absatzbereich, der Produktionsbereich, der Beschaffungsbereich – jeweils einschließlich Lagerbereich –, der Forschungs- und Entwick-

56 Zur funktionsbereichsbezogenen (und gesamtunternehmungsbezogenen) Planung und Planungsrechnung vgl. z. B. die einschlägigen Beiträge im agplan-Handbuch zur Unternehmensplanung, Hrsg. J. Fuchs, K. Schwantag, a.a.O., Kennzahlengruppe 2000; Agthe, K., Kostenplanung und Kostenkontrolle, a.a.O.; Hahn, D., Planung als Instrument der Unternehmungsführung, a.a.O.; Heiser, H. C., Budgetierung, Berlin 1964; Koch, H., Budgetierung, in: HWF, Hrsg. H. E. Büschgen, Stuttgart 1976, Sp. 222 ff.; Matz, A., Plankosten, Deckungsbeiträge und Budgets, Wiesbaden 1975, S. 33 ff.; Mellerowicz, K., Planung und Plankostenrechnung, 1. Bd., Betriebliche Planung, a.a.O.; Rationalisierungs-Kuratorium der Deutschen Wirtschaft (RKW) e. V. (Hrsg.), Praxisbeispiele zur Unternehmungsplanung, Berlin–Köln–Frankfurt/M. 1962; Tübergen, F., Industrielles Management, Stuttgart 1973; Weilenmann, P., Planungsrechnung in der Unternehmung, 8. Aufl., Zürich 1994.

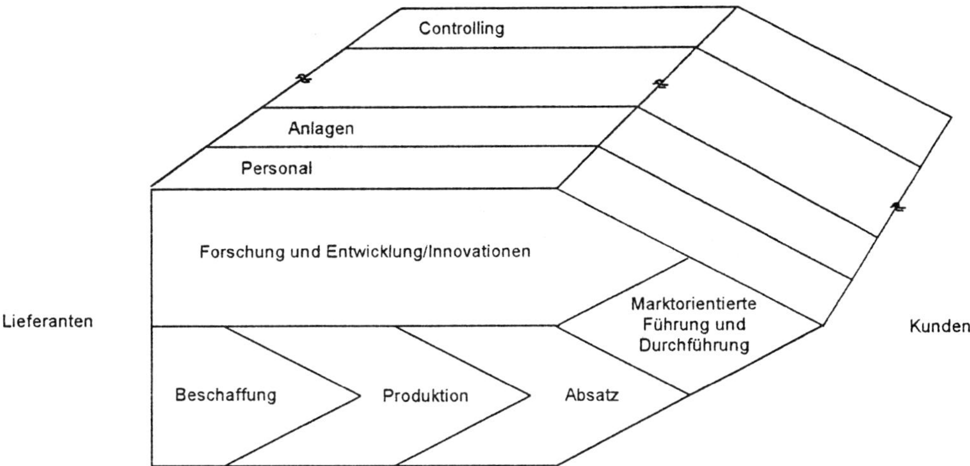

Abb. 118 a: Selbständig zu planende Funktionsbereiche in der Wertschöpfungskette

lungsbereich und alle Querschnittsfunktionsbereiche, also z.B. Personal-, Anlagen-, Controlling- und Qualitätssicherungsbereich, angesehen werden.

Für die einzelnen Funktionsbereiche sind jeweils zu erstellen:

1. Operativer Ziel- und Maßnahmenplan
   a) Ziele
   b) Maßnahmen
2. Funktionsbereichsbezogener Werteplan
   a) Kosten, im Absatzbereich auch Erlöse/Deckungsbeiträge
   b) Vermögen, insbesondere Umlaufvermögen.

Der **operative Ziel- und Maßnahmenplan** enthält die detaillierte Angabe aller im jeweiligen Funktionsbereich zu verfolgenden Einzelziele (für den Absatzbereich z.B. die erwartete Absatzmenge, Umsatzhöhe, Umsatzsteigerungen nach einzelnen Produktgruppen und Märkten usw.), zusammengefaßt in einem Programm (Zielbündel), und die zur Verfolgung dieser Ziele geplanten Maßnahmen. Der Maßnahmenplan enthält neben einer Beschreibung der Art der Maßnahmen Angaben über die Terminierung der Maßnahmen sowie die für die Durchführung verantwortliche Stelle. Bei Maßnahmenkomplexen (Projekten) werden geplante Kosten und gegebenenfalls Erlöse und Deckungsbeiträge/Ergebnisse gesondert ausgewiesen.

Die operative Ziel- und Maßnahmenplanung erfolgt auf der Basis gegebener Potentiale unter Beachtung von künftigen Produktprogramm- und Potentialänderungen, die auf Grund verabschiedeter strategischer Planungen in den Planungsperioden zu erwarten sind. Hieraus und unter Berücksichtigung der aktuellen Gegebenheiten leiten sich die qualitativen und quantitativen Angaben über Potential- und Verbrauchsfaktoren als Input und über Produkte als Output ab. Die kurzfristige operative Ziel- und Maßnahmenplanung erfolgt hierbei detailliert, die mittelfristige Planung mit weitgehend aggregierten Größen.

Die **funktionsbereichsbezogenen Wertepläne** enthalten genaue Angaben über innerhalb des Funktionsbereichs zu erwartende Kosten – im Absatzbereich auch über die erwarteten Erlöse/Deckungsbeiträge – und die Werte der zur Realisierung der Aktionen erforderlichen

Betriebsmittel und Verbrauchsfaktorbestände. Die funktionsbereichsbezogenen Wertepläne sind Kosten-, Erlös- und Vermögenspläne, die sich aus vorhandenen und in künftigen Perioden zu erwartenden Potentialen mit dazugehörigen Verbrauchsfaktoren zur Erstellung von Produktprogrammen durch Aktionen in allen Bereichen ableiten lassen. Das Zahlenwerk der strategischen Planung wird, soweit es für die operative Planung relevant ist, von Auszahlungen und Einzahlungen in Kosten-, Erlös- und Vermögensangaben transformiert.

Die **kurzfristige operative funktionsbereichsbezogene und gesamtunternehmungsbezogene Kostenplanung** bzw. Kosten-/Erlös- und Vermögensplanung wird als **Budgetplanung** bezeichnet. Es handelt sich in allen Funktionsbereichen um Kostenbereichspläne, unterteilt in Kostenstellenpläne. Die Planung der Kosten erfolgt dabei je Stelle getrennt nach einzelnen Kostenarten, untergliedert nach der Möglichkeit der Beeinflussung des Kostenanfalls und nach der Abhängigkeit der Kosten vom jeweiligen Leistungsvolumen der Stelle.

Während im Maßnahmenplan die Kosten für zielorientierte Aktionen bzw. zielorientierte Aktionskomplexe je nach Länge der Aktionsfolgen zusammengefaßt erscheinen, werden im Werteplan die Kosten nach Entstehungsbereichen und Kostenarten für die gesamte Planperiode und für Teilperioden ermittelt.

Die Kostenvorgaben für die einzelnen Stellen eines Funktionsbereichs erfolgen in Form von starren oder flexiblen Kostenbudgets. Starre Kostenvorgaben werden für Kostenstellen geplant, deren Kostenanfall als relativ unabhängig vom mengen- oder wertmäßigen Leistungsvolumen der Unternehmung betrachtet werden kann (z. B. Kostenstellen in der Verwaltung) oder deren Kostenanfall von zu Beginn der Planungsperiode zu treffenden Entscheidungen abhängig ist (z. B. Werbeabteilung, Forschungs- und Entwicklungsbereich).

Für Kostenstellen mit vom Leistungsvolumen abhängigem Kostenanfall (z. B. Kostenstellen im Produktionsbereich, Lagerbereich, aber auch gegebenenfalls Stellen im Verwaltungsbereich wie Auftragsbearbeitung, Fakturierung u. ä.) werden zunächst die Kostenvorgaben für die Planperiode auf der Basis der Ziel- und Maßnahmenpläne der Periode vorgegeben; zusätzlich werden für diese Kostenstellen jedoch auch die Abhängigkeiten zwischen Leistungsvolumen der Stelle und Kostenanfall angegeben, also die Kosten bei verschiedenen Beschäftigungsgraden, so daß innerhalb der Planperiode bei Abweichungen zwischen geplantem und realisiertem Leistungsvolumen die zu erwartende Kostenhöhe ermittelt werden kann.

Die **mittelfristige operative funktionsbereichs- und gesamtunternehmungsbezogene Kostenplanung** bzw. Kosten-/Erlös- und Vermögensplanung erfolgt nur durch Grobplanungen, die auf aggregierten Ziel- und Maßnahmenplanungen aufbauen. Sie erfolgt vornehmlich durch **Primärkostenartenplanungen** (Materialkosten-, Lohnkostenplanung usw. auf Basis der Mengen- und Zeitengerüste der Funktionsbereiche und unter Verwendung von Preisen für künftige Perioden) mit dazugehörigen Erlös- und Vermögensplanungen. Diese Primärkosten werden im Rahmen der kurz- und mittelfristigen operativen Planung unter Berücksichtigung der grundsätzlich auf Auszahlungen und Einzahlungen beruhenden strategischen Planung ermittelt.

Die **funktionsbereichsbezogenen Wertepläne** bilden die **Grundlage** zur Ermittlung der **gesamtunternehmungsbezogenen Wertepläne.** Aus der Zusammenziehung der funktionsbereichsbezogenen Wertepläne resultieren die gesamtunternehmungsbezogenen Kostenartenpläne als Überblick über die Entwicklung der Kostenhöhe und -struktur und auch der gesamtunternehmungsbezogene Erlös- bzw. Umsatzplan, detailliert nach Produktgruppen und Märkten. Damit ergibt sich auch eine Vorschau auf das kalkulatorische Ergebnis, das bei den zugrundeliegenden Ziel- und Maßnahmenplänen zu erwarten ist.

Das so abgeleitete Betriebsergebnis zeigt das wirtschaftliche Ergebnis des Leistungserstellungs- und Leistungsverwertungsprozesses; Gewinn- und Verlustrechnung und Bilanz weisen das Ergebnis der gesamten wirtschaftlichen Tätigkeit der Unternehmung sowie die durch Ziel- und Maßnahmenpläne realisierte Struktur von Mittelherkunft und Mittelverwendung der Unternehmung aus; die finanziellen Wirkungen der Ziel- und Maßnahmenpläne aller Bereiche werden durch die Einzahlungs-/Auszahlungsrechnungen aufgezeigt.

Abbildung 118 b stellt den **Zusammenhang zwischen Ziel- und Maßnahmenplänen, funktionsbereichsbezogenen Werteplänen und gesamtunternehmungsbezogenen kalkulatorischen, bilanziellen und finanziellen Werteplänen** schematisch dar. Sie zeigt auch das Grundschema des iterativen **Koordinierungsprozesses.**

Im folgenden werden vornehmlich die kurzfristige operative funktionsbereichsbezogene Ziel- und Maßnahmenplanung und das dazugehörige Budget erläutert. Die verabschiedeten kurzfristigen **Ziel- und Maßnahmenpläne** der Bereiche und die mit dem Charakter von Vorgabedaten versehenen **Wertepläne** ergeben die **Grundlage für die funktionsbereichsbezogene Kontrollrechnung.** Monatlich und quartalsweise, für einzelne Teilbereiche auch für kürzere Zeiträume, werden geplante und realisierte Ziele und Maßnahmen sowie Wertepläne und realisierte Werte einander gegenübergestellt und die eventuellen Abweichungen nach ihren Ursachen analysiert. Dabei interessiert nicht nur, wer für eventuelle negative Abweichungen verantwortlich ist, sondern primär, wie diese Abweichungen durch künftige Maßnahmen kompensiert werden können[57]. Die Kontrolle auf den unteren Stufen der Unternehmungsführung umfaßt neben der wertmäßigen Kontrolle auch die Kontrolle anderer quantitativer Größen, wie Mengen- und Zeitverbräuche und Produktionsstückzahlen. Die Kontrolle auf den Ebenen der Leitung der Funktionsbereiche und der Unternehmungsführung erfolgt dagegen in erster Linie anhand der in Geldeinheiten ermittelten Wertepläne. Die Berichterstattung an die Unternehmungsführung muß neben der Gegenüberstellung von Soll- und Ist-Werten, der Begründung für Abweichungen – sofern diese Abweichungen ein bestimmtes Toleranzmaß überschreiten – auch die voraussichtliche Entwicklung von Mengen- und Wertgrößen enthalten, wenn inner- oder außerbetriebliche Entwicklungen eingetreten sind, die Abweichungen von den Planzahlen erwarten lassen. Neben Plan- und Ist-Zahlen werden also im Budget sogenannte voraussichtliche Ist-Zahlen angegeben. Die Unternehmungsführung wird dadurch so früh wie möglich von nicht erwarteten Entwicklungen unterrichtet und kann rechtzeitig Maßnahmen gegen weitere Planabweichungen einleiten. Bei den Ursachenanalysen von Abweichungen geht man immer mehr dazu über, auch qualitative Veränderungen in der Unternehmung und den relevanten Umfeldern zu charakterisieren.

Anhand der Ausführungen zur funktionsbereichsbezogenen PuK wird besonders deutlich, daß eine zielorientierte Gestaltung der Unternehmung nur möglich ist, wenn die Unternehmung über ein funktionsfähiges Rechnungswesen verfügt. Die Erstellung der Ziel- und Maßnahmenpläne erfolgt zwar durch die Bereiche, doch ein großer Teil der zur Erstellung dieser Pläne erforderlichen Informationen wird von Teilbereichen des Rechnungswesens zur Verfügung gestellt; eine Erstellung von realistischen Werteplänen aus den Ziel- und Maßnahmenplänen ist nur möglich, wenn vom Rechnungswesen zutreffende Aussagen über die Zusammenhänge zwischen Maßnahmen und daraus resultierenden Werten, insbesondere den Kosten, gemacht werden können. Eine zielorientierte Führung der Unternehmung innerhalb einer Planperiode kann nur dann vorgenommen werden, wenn das Rechnungswesen eine funktionsbereichsbezogene Soll-/Ist-Darstellung ohne größere Zeitverzögerung nach Ist-Datenanfall ermöglicht.

---

57 Vgl. Wild, J., Product Management, a.a.O., S. 139.

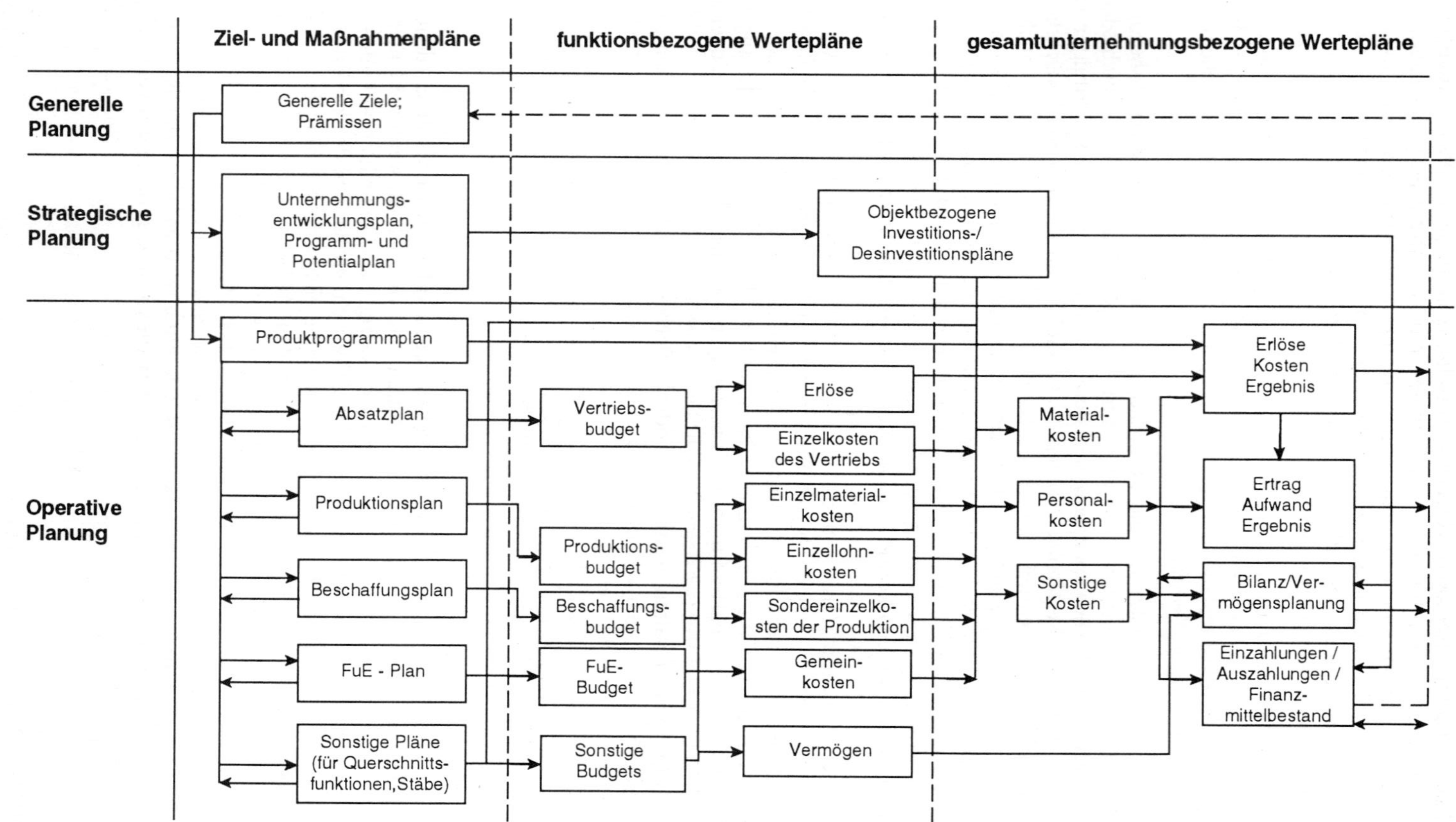

Abb. 118 b: Zusammenhang von Ziel- und Maßnahmenplänen, bereichsbezogenen Werteplänen und gesamtunternehmungsbezogenen Werteplänen

Ergänzend zu den Erlös-, Kosten- und Deckungsbeitragskennzahlen sollen einzelne ausgewählte Kennzahlen charakterisiert werden, die entweder Wert- und Mengengrößen zueinander ins Verhältnis setzen oder als rein **mengen-(zeit-)mäßige Kennzahlen (Produktivitätskennzahlen)** Aussagen über die den Wertgrößen zugrundeliegenden Einflußgrößen machen. Diese Kennzahlen haben vorwiegend im Rahmen der Kontrolle ihre Bedeutung.

4.2.2 Planungs- und Kontrollrechnung in den Funktionsbereichen der Unternehmung

4.2.2.1 PuK im Absatzbereich

4.2.2.1.1 Planung der Ziele und Maßnahmen

Im operativen Absatzzielplan sind die gesamtunternehmungsbezogenen Wertziele Umsatz und Deckungsbeitrag sowie gegebenenfalls bereits ermittelte Produktprogramme der Gesamtunternehmung in konkret und detailliert festgelegte Ziele des Absatzbereichs umgewandelt und aus den mehrjährigen Programmen der strategischen Pläne diejenigen Teilziele aufgenommen, die in der zu planenden Periode erfüllt werden sollen. Absatzzielplanung ist Absatzprogrammplanung.

Die Erstellung des Maßnahmenplans umfaßt die Suche, Beurteilung und Auswahl von Maßnahmen des Absatzbereiches, die zur Erfüllung der Ziele als erforderlich angesehen werden. Es werden also sämtliche Möglichkeiten des Einsatzes des absatzpolitischen Instrumentariums daraufhin untersucht, welche Kombinationsmöglichkeiten einzelner Maßnahmen am besten geeignet erscheinen, die Erreichung der gesetzten Ziele zu gewährleisten. Die ausgewählten Maßnahmen stellen in ihrer Gesamtheit dann das Marketing-Mix der Periode dar[58].

---

58 Zum absatzpolitischen Instrumentarium vgl. ausführlich Gutenberg, E., Grundlagen der Betriebswirtschaftslehre, 2. Bd., Der Absatz, 17. Aufl., Berlin–Heidelberg–New York 1984; ders., Absatzplanung als Mittel der Unternehmungspolitik, in: Absatzplanung in der Praxis, Hrsg. E. Gutenberg, Wiesbaden 1962, S. 285ff.; Marr, R., Picot, A., Absatzwirtschaft, in: Industriebetriebslehre, Hrsg. E. Heinen, 9. Aufl., Wiesbaden 1991, S. 674ff. sowie auch Krystek, U., Controlling im Export-Marketing, KRP 1985, S. 51ff. Vgl. zur Planung des Marketing-Mix z. B. Hill, W., Marketing, 2. Bd., 6. Aufl., Bern–Stuttgart 1988; Hill, W., Rieser, I., Marketing-Management, 2. Aufl., Bern–Stuttgart 1993, S. 209ff.; Köhler, R., Marketing – Controlling, DBW 1982, S. 197ff.; Köhler, R., Krautter, J., Marketingplanung, in: HWPlan, Hrsg. N. Szyperski, Stuttgart 1989, Sp. 1006ff.; Kotler, P., Bliemel, F., Marketing-Management, a.a.O., S. 97ff., 621ff.; Kühn, R., Vorsicht bei Strategieänderungen im Marketing, IO 1984, S. 3ff.; Meffert, H., Marketing, a.a.O., S. 508ff.; Topritzhofer, E., Marketing-Mix, in: HWA, Hrsg. B. Tietz, Stuttgart 1974, Sp. 1247ff.; zu den Aufgaben des Absatzbereiches auch Alewell, K., Absatzorganisation, in: HWO, Hrsg. E. Grochla, 2. Aufl., Stuttgart 1980, Sp. 30ff.; Finkenrath, R., Gewinn- und rentabilitätsorientiertes Marketing, in: agplan-Handbuch zur Unternehmensplanung, 1. Bd., Hrsg. J. Fuchs, K. Schwantag, Berlin 1970, Kennzahl 2106, AH, 29. Erg.-Lfg. X/84; Köhler, R., Absatzorganisation, in: HWO, Hrsg. E. Frese, 3. Aufl., Stuttgart 1992, Sp. 34ff.; Meyer, C. W., Absatzplanung, in: agplan-Handbuch zur Unternehmensplanung, 1. Bd., Hrsg. J. Fuchs, K. Schwantag, Berlin 1970, Kennzahl 2105.

Abbildung 119 gibt einen schematischen Überblick über den hier zugrunde gelegten möglichen Inhalt einer Ziel- und Maßnahmenplanung im Absatzbereich [59], wobei die Absatzmaßnahmen im Vergleich zu anderen Darstellungen etwas modifiziert gruppiert worden sind [60].

Grundlage zur Bestimmung von Umsatz- und Marktanteilszielen und auch zur Ableitung von Maßnahmen im Absatzbereich sind Unternehmungsanalysen und Umweltanalysen und -prognosen (vgl. Teil III, Abschnitt 1.3).

(1) Absatzprogrammplanung

Die Führung des Absatzbereiches ermittelt aus Verkaufsschätzungen der eigenen Vertriebsorganisation und unter Berücksichtigung der Erwartungen über gesamtwirtschaftliche und branchenspezifische Entwicklungen die maximale Aufnahmefähigkeit der einzelnen Märkte für Leistungen (Produkte und Handelswaren sowie Dienstleistungen) der Unternehmung. Für Leistungen, bei denen der mengenmäßige Absatz von der Preisstellung beeinflußt wird, müssen für alternative Preisstellungen die entsprechenden Absatzhöchstmengen ermittelt werden. Mögliche Preisstellungen werden hier weitgehend durch das Verhalten der Konkurrenz beeinflußt.

Die Entscheidung, welcher Teil der möglichen Absatzmengen in der Planperiode realisiert werden soll, wird nicht von der Führung des Absatzbereiches gefällt, sondern sie kann nur von der Führung der Unternehmung unter Berücksichtigung der verschiedenen, aus nahezu allen Bereichen der Unternehmung stammenden Einflußfaktoren gefällt werden. Wir haben diesen Entscheidungsprozeß in Teil III, Abschnitt 4.1 bei den Erörterungen zur ergebnisorientierten **Produktprogrammplanung** dargestellt.

Aus dem allgemeinen (auf der Basis mathematischer Modelle) nach Arten, Mengen und Preisen von Produkten festgelegten optimalen Produktprogramm wird im Absatzbereich das **detaillierte Absatzprogramm** abgeleitet, das die Absatzziele für Produktarten oder Produktgruppen, Märkte, Kundengruppen und Vertriebswege jeweils nach Menge und Wert für die gesamte Planperiode und für einzelne Teilabschnitte der Periode (Quartale, Monate) beinhaltet. Simultan mit der Planung des Absatzprogrammes erfolgt die Planung der Fertiglagerbestände.

Mit der Festlegung der Produktmengen nach Absatzmärkten der Unternehmung werden indirekt auch die Marktanteile der Unternehmung auf den verschiedenen Märkten festgelegt. Sollte sich nach Umrechnung der Absatzmengen in Marktanteile ergeben, daß diese aus dem optimalen Produktionsprogramm abgeleiteten Werte für Marktanteile und Absatzpositionen den im generellen Zielplan festgelegten Erwartungen der Unternehmungsführung nicht entsprechen, müssen, gegebenenfalls unter Verzicht auf die Ausnutzung kurzfristiger Gewinnchancen, die Mengenpläne des Absatzbereiches geändert werden, um langfristig die Stellung der Unternehmung im Markt zu sichern.

Umsatz- und Marktanteilsziele und damit Absatzmengenziele bilden den wichtigsten Teil des Zielplans im Absatzbereich. Als weitere Periodenziele werden abgeleitet aus der programmbezogenen Planungsrechnung z. B. Kennzahlen über Deckungsbeiträge der einzelnen Produktarten und Produktgruppen, Märkte, Kundengruppen, aus der strategischen Pla-

59 Vgl. zur Abbildung Wild, J., Product Management, a.a.O., S. 130f. und zur Systematik Meffert, H., Absatzpolitische Instrumente, in: HWA, Hrsg. B. Tietz, Stuttgart 1974, Sp. 887ff.

60 Vgl. zum Beispiel das System der Marketingplanung bei Hill, W., Marketing, 2. Bd., a.a.O.; ferner Alewell, K., Absatzplanung, in: HWB, 1. Bd., Hrsg. E. Grochla, W. Wittmann, 4. Aufl., Stuttgart 1974, Sp. 64ff.

<table>
<tr><td colspan="6">PuK</td></tr>
<tr><td colspan="6">Generelle Unternehmungsziele/
Ziele und Maßnahmen der strategischen Planung
Ziele und Maßnahmen der operativen Planung im Absatzbereich
a) Ziele
– Marktanteil (nach Produkten, Märkten)
– Absatz (nach Produkten, Märkten)
– Umsatz (total und nach Produkten, Märkten, Kundengruppen)
– Brutto-Gewinn/Deckungsbeitrag, Umsatzgewinnrate
– Kosteneinsparungen
– Einführung neuer Produkte
– Beseitigung von Engpässen</td></tr>
<tr><td colspan="6">b) Maßnahmen</td></tr>
<tr><td colspan="2">Maßnahmen</td><td>Termin</td><td>Durch-
führende
Stelle</td><td>Kosten</td><td>Erwartetes
Ergebnis</td></tr>
<tr><td>Marketingmaßnahmen</td><td>1. Produktmix
a) Produktgestaltung
(Funktion, Form, Qualität)
b) Markierungsgest.
c) Verpackungsgest.
d) Kundendienstgest.
(vor Verkauf, nach Verkauf)
2. Kontrahierungsmix
a) Preisgestaltung
(incl. Rabattgestaltung)
b) Kreditgewährung
c) Lieferzeitgestaltung
d) Konditionengestaltung
(z. B. Garantie)
3. Distributionsmix
a) Vertriebswegegest.
b) Lagergestaltung
c) Transportgestaltung
4. Kommunikationsmix
a) Verkaufsgestaltung
b) Werbung
c) Verkaufsförderung
5. Marktforschung</td><td></td><td></td><td></td><td></td></tr>
<tr><td colspan="6">c) Maßnahmen in anderen Funktionsbereichen</td></tr>
</table>

Abb. 119: Katalog der Ziel- und Maßnahmenplanung im Absatzbereich

nung z.B. Entwicklung und Einführung neuer Produkte oder aus der Kontrollrechnung vorangegangener Perioden z.B. Kosteneinsparungen oder Beseitigung von Engpässen im Absatzbereich.

(2) Absatzmaßnahmenplanung

Der Zielplan des Absatzbereiches ist Ausgangspunkt für die Aufstellung des Maßnahmenplanes. Hier muß im einzelnen festgelegt werden, welche Maßnahmen notwendig sind, um die Ziele zu realisieren. Im allgemeinen kann bei der Festlegung von Maßnahmen im Absatzbereich von einer „Fortschreibung" von Maßnahmenplänen vorangegangener Perioden ausgegangen werden; es muß also zunächst geprüft werden, inwieweit die in früheren Perioden durchgeführten Maßnahmen des Marketing-Mix zur Realisierung der gegenwärtigen Absatzziele geeignet sind und deshalb weitergeführt werden sollten.

Die Wiederaufnahme alter Maßnahmenpläne wird jedoch nicht ausreichen, wenn aggressive Absatzpolitik betrieben wird. Wenn im Absatzbereich Wachstumsziele wie Umsatzsteigerung, Marktausweitung, Erhöhung von Marktanteilen gesetzt werden, werden bisher durchgeführte Maßnahmen regelmäßig durch neue ergänzt oder durch andere ersetzt werden müssen.

Im Rahmen des **Produkt-Mix** muß geprüft werden, ob z.B. die bisherigen Maßnahmen der Produktgestaltung, der Qualitäts- und Markenpolitik noch zur Sicherung der Zielpläne geeignet sind. Produktbezogene Analysen der Ergebnissituation vorangegangener Perioden, Angaben der Marktanalysen und -prognosen und eine daraus resultierende Änderung der Umsatzschwerpunkte können zu einer Änderung der Programmstruktur bzw. Sortimentszusammensetzung führen.

Von zentraler Bedeutung für die Marktanteils-, Absatz- und Umsatzzielplanung ist die Preisplanung (einschließlich Rabattplanung), die im Zusammenhang mit der Produkt- und Produktprogrammplanung auch strategisch beeinflußt ist. Hier gilt es, im Rahmen des sog. **Kontrahierungs-Mix** für kurzfristige Perioden Preise, Rabatte und Konditionen für Produkte und Märkte festzulegen, zudem vielfach für spezifische Kundengruppen Kreditgewährungen zu regeln.

Auch bei der Planung des **Distributions-Mix,** d.h. u.a. der Vertriebswege und der Vertriebstechniken, kann die Maßnahmenplanung von den bislang eingeschlagenen Vertriebswegen, den eingeschalteten Händlergruppen und der eingesetzten Vertriebstechnik ausgehen. Diese Maßnahmen müssen jedoch an die neuen Zielpläne angepaßt und ggf. durch neue Maßnahmen ergänzt werden. Es werden also z.B. Überlegungen darüber angestellt werden, welche neuen Händler herangezogen und welche alten Händler aufgegeben werden sollen oder ob die Versandtechnik zu ändern ist. Zum Teil handelt es sich um Anregungen für strategische Planungen.

Im Rahmen des **Kommunikations-Mix** werden regelmäßig Überlegungen darüber angestellt, welche Werbe- und Verkaufsförderungsmaßnahmen zur Steigerung von Umsatzzahlen oder zur Einführung neuer Produkte am besten geeignet sind oder welche Kundendienst- und Verkaufsberatungsmaßnahmen den gewünschten Beitrag zur Realisierung der Ziele des Absatzbereiches leisten können.

Wie die Planung und Festlegung der Maßnahmen des Absatzbereiches im einzelnen erfolgt, hängt weitgehend von der individuellen Lage einer Unternehmung ab. Maßstab für die Qualität der Maßnahmenplanung ist letzten Endes das im Soll-/Ist-Vergleich festgestellte Ausmaß der Realisierung der Wertepläne der Periode.

Vielfach werden auch alternative Kombinationen bzw. Bündel von Absatzmaßnahmen zusammengestellt, um deren Wirkungen auf vorab festgelegte Absatzziele zu verdeutlichen oder aber mit als Grundlage für die Absatzzielplanung zu nutzen.

4.2.2.1.2 Gestaltung und Aussagefähigkeit der Planungs- und Kontrollrechnung

Die ergebnisorientierte PuK als wertmäßiger Ausdruck der Ziel- und Maßnahmenplanung und -kontrolle umfaßt im Absatz- bzw. Vertriebsbereich drei Teilaufgaben:

- die generelle und spezielle Vertriebsergebnisplanung und -kontrolle (Vertriebsergebnisrechnung) sowie
- die Vertriebs(gemein-)kostenplanung und -kontrolle in Verbindung mit
- der Vermögensplanung und -kontrolle des Absatzbereiches.

4.2.2.1.2.1 Generelle und spezielle Vertriebsergebnisplanung und -kontrolle

Die **Vertriebsergebnisplanung** basiert auf den im Zielplan festgelegten Umsatzzahlen der Planperiode(n). Hierauf aufbauend werden unter Berücksichtigung unterschiedlicher Kostengruppen das Vertriebsergebnis und Deckungsbeiträge für unterschiedliche Bezugsgrößen – und damit auch spezielle Vertriebsergebnisse – ermittelt. Die Ermittlung spezieller Vertriebsergebnisse ist notwendig, um eine zielorientierte, selektive Absatzpolitik betreiben zu können[61].

Die Ermittlung des **generellen Vertriebsergebnisses** kann mit einer detaillierten Erlösberechnung[62] beginnen. Vom geplanten Nettoerlös (also nach Berücksichtigung aller Erlösänderungen = Nettoerlös III) werden sodann die geplanten Herstellkosten bzw. die geplanten variablen Herstellkosten der umzusetzenden Leistung subtrahiert und auch Bruttoergebnisbeiträge bzw. Bruttodeckungsbeiträge ermittelt. Nach Ansetzung der geplanten Kosten für Forschung und Entwicklung, Verwaltung und ggf. der geplanten Fixkosten der Produktion verbleibt ein Deckungsbeitrag, von dem die geplanten Vertriebskosten, unterteilt nach Ver-

---

61 Zum Begriff der selektiven Absatzpolitik und der Bedeutung einer Absatzsegmentrechnung vgl. Geist, M., Selektive Absatzpolitik auf der Grundlage der Absatzsegmentrechnung, 2. Aufl., Stuttgart 1974; Köhler, R., Absatzsegmentrechnung, in: HWR, Hrsg. E. Kosiol, K. Chmielewicz, M. Schweitzer, 2. Aufl., Stuttgart 1981, Sp. 19ff.; ders., Marketing-Effizienz durch Controlling, Controlling 1989, S. 84ff.; ferner Alewell, K., Absatzkosten, in: HWR, Hrsg. E. Kosiol, K. Chmielewicz, M. Schweitzer, 2. Aufl., Stuttgart 1981, Sp. 9ff.; Treis, B., Die Ausgestaltung der Vertriebskostenrechnung, in: Erfolgskontrolle im Marketing, Hrsg. F. Böcker, E. Dichtl, Berlin 1975, S. 30ff.

62 Zur Erlösrechnung vgl. z. B. Engelhardt, W. H., Erlösplanung und Erlöskontrolle als Instrument der Absatzpolitik, ZfbF-Sonderheft 6/1977, Opladen 1977, S. 10ff.; ders., Erlösplanung und Erlöskontrolle, in: Handbuch Kostenrechnung, Hrsg. W. Männel, Wiesbaden 1992, S. 656ff.; Hammann, P., Erlösplanung, in: HWPlan, Hrsg. N. Szyperski, Stuttgart 1989, Sp. 459ff.; Kolb, J., Industrielle Erlösrechnung, Wiesbaden 1978; Laßmann, G., Erlösrechnung und Erlösanalyse bei Großserien- und Sortenfertigung, a.a.O., S. 135ff. und S. 153ff.; Männel, W., Leistungs- und Erlösplanung, in: HWPlan, Hrsg. N. Szyperski, Stuttgart 1989, Sp. 953ff.; ders., Leistungs- und Erfolgsrechnung, 2. Aufl., Stuttgart 1990; ders., Zur Gestaltung der Erlösrechnung, in: Entwicklungslinien der Kosten- und Erlösrechnung, Hrsg. K. Chmielewicz, Stuttgart 1983, S. 119ff.; ders., Grundkonzeption einer entscheidungsorientierten Erlösrechnung, KRP 1983, S. 55ff.; ders., Bedeutung der Erlösrechnung für die Ergebnisrechnung, in: Handbuch Kostenrechnung, Hrsg. W. Männel, Wiesbaden 1992, S. 631ff.; Witt, F. J., Strategisches und operatives Erlöscontrolling, Controlling 1992, S. 72ff.

	Basiserlös
+	Zuschläge (Exportaufschlag)
=	Bruttoerlös
–	direkte Erlösminderungen (Rabatte)
–	indirekte Erlösminderungen (Naturalrabatte)
=	Nettoerlös I
–	Erlösberichtigungen (z. B. Skonti)
=	Nettoerlös II
–	Boni
=	Nettoerlös III
–	Herstellkosten (oder variable Herstellkosten)
=	Brutto-Ergebnisbeitrag (oder Brutto-Deckungsbeitrag)
–	(ggf. fixe Herstellkosten)
–	FuE-Kosten
–	Verwaltungskosten
=	Ergebnisbeitrag (oder Deckungsbeitrag) vor Vertriebskosten
–	Vertriebskosten (nach Vertriebskostenstellen)
=	VERTRIEBSERGEBNIS

Abb. 120: Schema der generellen Vertriebsergebnisrechnung

triebskostenstellen, abgezogen werden. Hiernach ergibt sich das geplante totale Vertriebsergebnis. Es entspricht dem geplanten Betriebsergebnis. Der Vertrieb kann sowohl die Erlöse als auch die Vertriebskosten, die in wechselseitiger Beziehung stehen, beeinflussen (vgl. Abbildung 120).

Ausgehend von den geplanten Betriebsergebnisbeiträgen/Bruttodeckungsbeiträgen oder ausgehend von den geplanten Deckungsbeiträgen des Vertriebs können nach dem Prinzip der stufenweisen Deckungsbeitragsrechnung[63] oder mit Hilfe der Vertriebskostensatzrech-

63 Vgl. zur Anwendung der stufenweisen Deckungsbeitragsrechnung im Vertrieb z. B. Alewell, K., Absatzkalkulation, a.a.O., Sp. 1 ff.; ders., Absatzkosten, a.a.O., Sp. 1 ff.; Deyhle, A., Das Controller-„Cockpit“ der Managementerfolgsrechnung, Controller-Magazin 1/1983, S. 22 ff.; Haag, J., Kundendeckungsbeitragsrechnungen, DBW 1992, S. 25 ff.; Köhler, R., Verlustquellenanalyse im Marketing, in: Marketing-Enzyklopädie, Bd. 3, München 1975, S. 613 ff.; ders., Kosteninformationen für Marketing-Entscheidungen (Marketing-Accounting), in: Handbuch Kostenrechnung, Hrsg. W. Männel, Wiesbaden 1992, S. 837 ff.; Körlin, E., Einsatz der Deckungsbeitragsrechnung im Vertrieb, KRP 1985, S. 23 ff.; Riebel, P., Die Deckungsbeitragsrechnung als Instrument der Absatzanalyse, in: Absatzwirtschaft, Hrsg. B. Hessenmüller, E. Schnaufer, Baden-Baden 1964, S. 595 ff.; ders., Einzelkosten- und Deckungsbeitragsrechnung, a.a.O., S. 176 ff.; Schwarz, H., Kostenträgerrechnung und Unternehmungsführung, a.a.O., S. 103 ff.

nung[64] Erlöse sowie spezifische Kosten und spezifische Deckungsbeiträge des Vertriebes (Absatzbereiches) ermittelt werden für eine oder mehrere der folgenden Bezugsgrößen:

- Produktgruppen bzw. Produktarten,
- Märkte (Verkaufsbezirke),
- Kundengruppen,
- Auftragsgrößenklassen und
- Vertriebswege.

Es lassen sich also **spezifische Vertriebsergebnisse** (Deckungsbeiträge) planen. Ein Grundschema für eine spezielle Vertriebsergebnisrechnung im Hinblick auf Produktgruppen und Märkte verdeutlicht Abbildung 122. Während die Planungen nach Produktgruppen, Märkten und Kunden (Großkunden und sonstigen Kunden) hierbei regelmäßig erfolgen sollten, wird eine Planung und vor allem Kontrolle der Kosten/Deckungsbeiträge nach Auftragsgrößen und Vertriebswegen vielfach nur fallweise zweckmäßig sein.

Die **Vertriebsergebniskontrolle** als Ergänzung der generellen und speziellen Vertriebsergebnisplanung dient in erster Linie der Feststellung von Abweichungen der Ist- von den Planergebnissen bzw. -deckungsbeiträgen des jeweiligen Planungszeitraumes (Monat, Quartal, Jahr) und der Ermittlung der Ursachen für diese Abweichungen, soweit sie dem Absatzbereich zugeschrieben werden können.

Ergebnisänderungen können dabei einmal aus Abweichungen der geplanten und realisierten **Absatzprogramme** herrühren, zum anderen aus Abweichungen zwischen geplanten und angefallenen **Kosten auf den Kostenstellen des Absatzbereiches,** die über verschiedene Schlüssel auf die Produkte weiter verrechnet werden können.

Von den primär nach Produktgruppen/Produktarten, Märkten und/oder Kundengruppen periodisch durchzuführenden Kontrollrechnungen soll zunächst auf die **produktbezogene Kontrollrechnung** eingegangen werden, in einer weiteren Darstellung soll dann eine Möglichkeit der Ausgestaltung einer zweidimensionalen Kontrollrechnung nach Produktarten/-gruppen und Absatzgebieten aufgezeigt werden.

Diese monatlich und quartalsweise durchgeführte Kontrollrechnung des Absatzbereiches stellt die Wertepläne des geplanten und des realisierten Absatzprogrammes gegenüber und löst die gesamten Ergebnisänderungen, die aus Abweichungen durch Änderungen des Programms resultieren, in Teilabweichungen auf, die zum einen auf Änderungen der Mengenstruktur, zum anderen auf Änderungen der Absatzpreise, gegebenenfalls auch auf weitere Einflußgrößen zurückzuführen sind (z. B. auf Erlösschmälerungen) (vgl. Abbildung 121). Sie ist inhaltlich damit zum Teil identisch mit der programmbezogenen Kontrollrechnung, so daß wir zur Erläuterung Beispielzahlen aus Abbildung 115 heranziehen können.

Abbildung 121 zeigt, daß der Ist-Deckungsbeitrag der abgelaufenen Periode dem Plandeckungsbeitrag entspricht.

Diesem scheinbar günstigen Ergebnis der Periode stehen allerdings Entwicklungen gegenüber, die weniger günstig zu beurteilen sind und die erst durch eine produktbezogene Kontrollrechnung im Absatzbereich aufgedeckt werden. So mußte bei Produktgruppe 2,

---

64 Vgl. zur Vertriebskostenrechnung zu Kostensätzen z. B. Fischer, K.-P., Industrielle Vertriebskostenrechnung, Stuttgart 1963; Gau, E., Die Kalkulation der Vertriebskosten, 2. Aufl., Stuttgart 1961; Hessenmüller, B., Kosten- und Erfolgsrechnung im industriellen Vertrieb, Baden-Baden – Bad Homburg v.d.H. 1966; Mellerowicz, K., Neuzeitliche Kalkulationsverfahren, a.a.O., S. 53ff.; Weigand, C., Vertriebskostenrechnung, in: Handbuch Kostenrechnung, Hrsg. W. Männel, Wiesbaden 1992, S. 820ff.

Produktart	Daten des geplanten Programms								Ergebnisänderung infolge Mengenänderung (Programmabweichung)			
	Planmenge	Planpreis	Planerlös	var. Plankosten¹)	ges. var. Plankosten	Plandeckg.-beitrag brutto	Erlösschmälerung	Plandeckg.-beitrag netto	Istmenge	Mengenabweichung	Sollerlös	Erlösabweichung
	Stck.	DM/St.	DM	DM/St.	DM	DM	DM	DM	Stck.	Stck.	DM	DM
1	2	3	4 (2 × 3)	5	6 (2 × 5)	7 (4 ./. 6)	8	9 (7 ./. 8)	10	11 (10 ./. 2)	12 (10 × 3)	13 (12 ./. 4
1	1 000	5,–	5 000	3,–	3 000	2 000	200	1 800	1 200	+ 200	6 000	+ 1 00
2	2 000	10,–	20 000	5,–	10 000	10 000	1 000	9 000	1 800	– 200	18 000	– 2 00
3	1 000	10,–	10 000	6,–	6 000	4 000	400	3 600	800	– 200	8 000	– 2 00
4	500	20,–	10 000	10,–	5 000	5 000	500	4 500	600	+ 100	12 000	+ 2 00
5	–	30,–	–	20,–	–	–	–	–	200	+ 200	6 000	+ 6 00
Σ			45 000		24 000	21 000	2 100	18 900			50 000	+ 5 00

¹) einschließlich Verwaltungs- und Vertriebskosten

Abb. 121: Produktbezogene Kontrollrechnung im Absatzbereich

dem Hauptumsatzträger der Unternehmung, ein erheblicher Erlösrückgang hingenommen werden, der sowohl auf eine Nichteinhaltung der geplanten Absatzmengen als auch auf Nichteinhaltung der Absatzpreise zurückzuführen ist. Eine Erlösverminderung gegenüber den geplanten Erlösen ist ebenfalls bei der Produktart 3 durch einen geringeren mengenmäßigen Absatz eingetreten. Diese Erlös- (und auch Teilergebnis-)Verminderung konnte allerdings durch größere als die geplanten Absatzmengen bei den Produkten 1 und 4 sowie durch die Verkäufe bei der Produktart 5, die ursprünglich nicht im Programm vorgesehen waren, kompensiert werden. Die Kontrollrechnung macht jedoch deutlich, daß eine genaue Analyse der weiteren Entwicklung bei der Produktart 2 erforderlich ist, um durch rechtzeitige Gegenmaßnahmen der sich andeutenden negativen Entwicklung dieser Produktart entgegenzuwirken. Die Analyse der Abweichungen bei Produktart 1 und 4 läßt vermuten, daß bei Produkt 1 die mögliche Absatzmenge noch nicht voll erreicht werden konnte, da die Kunden eine größere als die geplante Menge zu einem höheren als dem geplanten Preis abnahmen. Bei Produkt 4 dagegen scheint eine weitere Erhöhung der Absatzmenge nicht mehr empfehlenswert, da bereits in dieser Periode eine Senkung des Absatzpreises erforderlich war, um die zusätzliche Menge abzusetzen.

Abbildung 122 zeigt beispielhaft unter Verwendung einiger Daten aus Abbildung 121 das **Grundschema einer zweidimensionalen Planungs- und Kontrollrechnung nach Produktarten und Märkten.** Es sind jeweils nur Ist-Werte eingetragen; eine Gegenüberstellung der Planzahlen und die Darstellung der daraus resultierenden Plan-Ist-Abweichungen wäre möglich und zweckmäßig, ebenso u. U. eine Detaillierung, wie sie in Abbildung 121 vorgenommen wurde[65].

65 Aus Vereinfachungsgründen wird hier darauf verzichtet.

				Ergebnisänderung durch Preisänderung (Preisabweichung)			Ergebnisänderung durch Erlösschmälerung		Ergebnisänderung durch Kostenänderung		Gesamtergebnisänderung	Ist-Deckungsbeitrag netto
var. Soll-kosten	Kostenabweichung	Solldeckungsbeitrag	Deckungsbeitragänderung	Istpreis	Isterlös	Deckungsbeitragänderung	Ist-Erlösschmälerung	Deckungsbeitragänderung	var. Istkosten	Deckungsbeitragänderung		
DM	DM	DM	DM	DM/St.	DM	DM	DM	DM	DM	DM	DM	DM
14 (… × 5)	15 (14 ./. 6)	16 (12 ./. 14)	17 (16 ./. 7)	18	19 (10 × 18)	20 (19 ./. 12)	21	22 (8 ./. 21)	23	24 (14 ./. 23)	25 (17 + 20 + 22 + 24)	26 (9 + 25)
… 600	+ 600	2 400	+ 400	5,50	6 600	+ 600	300	− 100	4 000	− 400	+ 500	2 300
… 000	− 1 000	9 000	− 1 000	9,50	17 100	− 900	800	+ 200	8 000	+ 1 000	− 700	8 300
… 800	− 1 200	3 200	− 800	10,−	8 000	−	400	−	4 500	+ 300	− 500	3 100
… 000	+ 1 000	6 000	+ 1 000	19,−	11 400	− 600	600	− 100	6 500	− 500	− 200	4 300
… 000	+ 4 000	2 000	+ 2 000	30,−	6 000	−	100	− 100	5 000	− 1 000	+ 900	900
… 400	+ 3 400	22 600	+ 1 600		49 100	− 900	2 200	− 100	28 000	− 600	± 0	18 900

Bei dieser zweidimensionalen Rechnung handelt es sich um eine Sonderrechnung, die nur dann möglich ist, wenn eine exakte Zurechnung und auch Kontierung von bestimmten Kosten zum einen auf Produktarten, zum anderen auf Märkte möglich ist. Durch Subtraktion der variablen Kosten von den nach Produktarten und Märkten aufgegliederten Erlösen ergibt sich ein Deckungsbeitrag I pro Produktart/Markt. Von der Summe der Deckungsbeiträge pro Markt und pro Produktart werden sodann fixe Einzelkosten subtrahiert, die explizit einem Markt (z. B. Kosten einer Verkaufsniederlassung) oder einer Produktgruppe

Märkte / Produktarten	Erlöse X	Erlöse Y	Erlöse Z	Erlöse Σ	Variable (umsatzabhängige) Kosten	DB I X	DB I Y	DB I Z	DB I Σ	Fixe Einzelkosten pro Produktart	DB II
1	2 200	3 300	1 100	6 600	4 000	867 (767)	1 300 (1 000)	433 (383)	2 600	450	2 150
2	5 000	4 100	8 000	17 100	8 000	2 661 (2 411)	2 182 (1 932)	4 257 (3 757)	9 100	1 000	8 100
3	0	4 000	4 000	8 000	4 500	0 (0)	1 750 (1 500)	1 750 (1 500)	3 500	500	3 000
4	2 400	2 000	7 000	11 400	6 500	1 032 (932)	860 (760)	3 008 (2 508)	4 900	700	4 200
5	6 000	0	0	6 000	5 000	1 000 (700)	0 (0)	0 (0)	1 000	300	700
Σ	15 600	13 400	20 100	49 100	28 000	↓	↓	↓	↓	2 950	18 150
DB I						5 560 (4 810)	6 092 (5 192)	9 448 (8 148)	21 100		
Fixe Einzelkosten pro Markt						500	1 000	1 000	2 500		
DB II						5 060 (4 310)	5 092 (4 192)	8 448 (7 148)	18 600 (15 650)		

Abb. 122: Grundschema einer zweidimensionalen Vertriebsergebnisrechnung (Die Zahlen in Klammern sind Werte nach einer Verteilung der fixen Einzelkosten.)

(z. B. Werbekosten) zugerechnet werden können. Es ergibt sich der Deckungsbeitrag II pro Markt und pro Produktgruppe, der ausweist, welchen Beitrag die spezielle Produktgruppe/ der spezielle Markt zur Deckung weiterer Fixkosten bzw. zur Gewinnerzielung leistet. Eine derartige Planungs- und Kontrollrechnung begünstigt Überlegungen über die Aufgabe oder Forcierung einzelner Produkt-/Markt-Kombinationen.

4.2.2.1.2.2 Planung und Kontrolle der Vertriebs(gemein-)kosten (Vertriebskostenplanung und -kontrolle)

Die **Vertriebskostenplanung** basiert auf den Ziel- und Maßnahmenplänen der jeweiligen Planperiode. Die Kosten des Absatzbereiches, die bei Realisierung der Maßnahmenplanung entstehen, werden **für jede einzelne Kostenstelle** des Absatzbereiches nach Kostenarten ermittelt. Unabhängig von der unternehmungsindividuellen Kostenarten-/Kostenstellenbildung erscheint es hierbei für die Planung der Vertriebskosten zweckmäßig, die folgenden drei Grundkategorien zu unterscheiden[66]:

1. fixe oder Bereitschaftskosten,
2. variable oder Beschäftigungskosten,
3. spezielle entscheidungsrelevante Kosten im Absatzbereich.

Als **fixe oder Bereitschaftskosten des Absatzbereiches** werden dabei diejenigen Vertriebskosten verstanden, die während der Periode unabhängig von der jeweiligen Umsatzhöhe oder Absatzmenge in relativ konstanter Höhe anfallen. Sie umfassen einen großen Teil der Personalkosten, Teile der Sachkosten, Mieten und Pachten, Energiekosten und kalkulatorische Zinsen auf das im Absatzbereich gebundene Vermögen (ausgenommen Fertigerzeugnisbestände). Änderungen in der Höhe des Kostenanfalls ergeben sich bei diesen Kosten infolge von Preisänderungen (z. B. bei Löhnen, Energie) oder auf Grund von Maßnahmen zur Realisierung strategischer Pläne in der Planperiode, z. B. von Änderungen der Verkaufsorganisation oder der Vertriebswege. Die Planung dieser Kosten kann in Form von starren Kostenvorgaben für die einzelnen Kostenstellen erfolgen.

Zu den **variablen Kosten des Absatzbereiches** werden alle Kostenarten gerechnet, die von der Umsatztätigkeit direkt verursacht werden und in Abhängigkeit von der Höhe des wertmäßigen und/oder mengenmäßigen Umsatzes bzw. Absatzes anfallen. Hierzu können z. B. die Kosten des Zusammenstellens der Aufträge, Verpackungs-, Versand- und Transportkosten ebenso gerechnet werden wie Teile der Verkaufskosten (z. B. Reisespesen der Verkäufer, Umsatzprovision). Bei der Planung dieser Kostenkategorie muß berücksichtigt werden, daß einzelne Kostenarten sich proportional zum Absatz- oder Umsatzvolumen (mengen- oder wertmäßig) verhalten, andere Kostenarten mit anderem Verlauf hiervon abhängig sind oder aber von anderen Einflußfaktoren bestimmt werden, wie z. B. die Kosten der Fakturierung von der Anzahl der Positionen je Rechnung. Die Planung dieser Kostenarten sollte in Form flexibler Kostenvorgaben mit Hilfe von Standardsätzen für die jeweilige Bezugsgröße erfolgen. Dabei werden die Bestimmungen von Bezugsgrößen für die einzelnen Kostenarten und die Ermittlung des Abhängigkeitsgrades im allgemeinen Schwierigkeiten bereiten, da der Kostenanfall vielfach von einer Reihe von Einflußfaktoren determiniert wird. Durch eine regelmäßige Analyse der Vertriebskosten läßt sich jedoch erreichen, daß die für den Kostenanfall dominanten Einflußgrößen aufgedeckt und Standardsätze je Maßeinheit ermittelt werden können, die als relativ genau angesehen werden können[67].

---

66 Vgl. Heiser, H.C., Budgetierung, a.a.O., S. 221.

67 Zur Ermittlung von Standardkostensätzen für den Absatzbereich vgl. z. B. Fischer, K.-P., Industrielle Vertriebskostenrechnung, a.a.O., S. 116ff.; Kilger, W., Flexible Plankostenrechnung und Deckungsbeitragsrechnung, a.a.O., S. 542ff.; Mellerowicz, K., Neuzeitliche Kalkulationsverfahren, a.a.O., S. 56ff.

Als dritte Kostenkategorie sind die auf **operativen speziellen Entscheidungen beruhenden Kosten im Absatzbereich** zu planen. Hierbei handelt es sich um durch Entscheidungen der Unternehmungsführung oder der Führung des Absatzbereiches zu genehmigende Kosten, die in festen Beträgen für den Planungszeitraum festgelegt werden. Von den fixen Kosten unterscheiden sie sich dadurch, daß sie von Fall zu Fall innerhalb der operativen Planung im Zusammenhang mit der Budgetierung festgelegt werden. Diese Kosten sind Grundlage des Absatzes einer Unternehmung[68]. Hierunter fallen vor allem Kosten für Werbung und Verkaufsförderung. Die Planung dieser Kosten erfolgt durch Kostenvorgaben, deren Höhe von den jeweiligen absatzpolitischen Zielsetzungen, den beabsichtigten Maßnahmen und der Marktsituation bestimmt wird. Besonders zu berücksichtigen ist bei der Planung dieser Kosten, daß sich hieraus ergebende Umsatzänderungen im allgemeinen nicht sofort auf die Zielerreichung auswirken, sondern erst mit einer zeitlichen Verzögerung wirksam werden.

Es ist deutlich geworden, daß ein Teil der kostenstellenbezogenen **Vertriebskosten** auf Grund von Maßnahmen **zur Abwicklung von Projekten** entsteht. Für derartige Projekte im Rahmen der operativen Planung (z. B. Werbefeldzüge) werden meist gesonderte Kostenpläne erstellt. Dies gilt für unifunktionale Projekte – hier als Projekte, die nur den Absatzbereich berühren – und für multifunktionale Projekte, z. B. die Einführung eines neuen Produktes (vgl. Teil III, Abschnitt 6.). Dabei beruhen die Projektkosten wiederum weitgehend auf Kostensätzen der Kostenstellen, hier der Vertriebskostenstellen.

Die **Planung der Vermögenswerte** im Vertriebs- bzw. Absatzbereich erfaßt Teile des Anlagevermögens und Teile des Umlaufvermögens der Unternehmung. Im Anlagevermögen sind Wertansätze der für die Durchführung der Absatzaufgaben erforderlichen Gebäude (Verwaltung, Fertigwarenlager) und sonstigen Betriebsmittel (Einrichtungsgegenstände, Lager- und Transportmittel der Fertigwarenlager, Fahrzeugpark der Verkaufsorganisation) zu ermitteln. Bei der Planung der Werte für die vorhandenen Anlagen kann von den Plänen der vorangegangenen Periode ausgegangen werden, die mengen- und wertmäßig durch zu planende Abgänge und Abschreibungen zu berichtigen sind. Wertmäßig neu einzuplanen sind Vermögensgegenstände, die als Ersatz für Abgänge neu beschafft werden bzw. zur Realisierung von Ziel- und Maßnahmenplänen zusätzlich benötigt werden. Diese Vermögenswerte werden aus den entsprechenden strategischen Plänen entnommen.

Im Umlaufvermögen sind die Werte für das im Fertigwarenlager und in den Außenständen gebundene Kapital zu planen. Die Werteplanung resultiert hierbei zum einen aus den im Fertiglagerprogramm festgelegten Angaben über Mindest- und Höchstbestände an Fertigwaren, zum anderen aus den Werten der Umsatzplanung und den Erfahrungen über die Zahlungsgewohnheiten der Abnehmer. Diesen Daten ist verstärkt Aufmerksamkeit zu schenken, um ein optimales Ergebnis zu erwirtschaften[69].

Die **stellenbezogene Kontrollrechnung** im Absatzbereich, die monatlich und quartalsweise durchgeführt wird, vergleicht die budgetierten mit den tatsächlich angefallenen Stellenkosten, um zum einen die auf Kostenänderungen im Absatzbereich zurückzuführende Abweichung vom geplanten Periodenergebnis festzustellen, zum anderen Kriterien zur Beurteilung der Wirtschaftlichkeit der im Absatzbereich vorgenommenen Aktionen zu gewinnen. Während die erste Aufgabe bei entsprechender Organisation der Datenaufbereitung im Rechnungswesen relativ leicht zu erfüllen ist, bereitet die zweite Aufgabe, bedingt durch die besondere Art der Tätigkeiten im Absatzbereich, erhebliche Schwierigkeiten. Läßt sich z. B. im Produktionsbereich in den meisten Fällen ein mehr oder weniger enger Zusammenhang zwischen den Kosten und dem Ergebnis des Leistungserstellungsprozesses mit Hilfe analyti-

68 Vgl. Agthe, K., Kostenplanung und Kostenkontrolle, a.a.O., S. 180.
69 Vgl. z. B. Rütschi, K. A., Das Management der heimlichen Marketing-Kosten, DU 1979, S. 181 ff.

scher Methoden exakt bestimmen und damit auch die Wirtschaftlichkeit des Leistungserstellungsprozesses beurteilen, so fehlen im Absatzbereich für eine Vielzahl von Tätigkeiten bzw. durchgeführten Maßnahmen exakte Maßstäbe für eine Beurteilung darüber, ob das gewünschte Ergebnis überhaupt erzielt wurde bzw. darüber, ob die zur Durchführung der Maßnahmen benötigten Einsatzfaktoren und die daraus resultierenden Kosten wirtschaftlich eingesetzt wurden. Dennoch darf auf eine Kostenkontrolle im Absatzbereich nicht verzichtet werden, da die Kontrollrechnung trotz aller Probleme eine Reihe von Aussagen zur Beurteilung des Faktoreinsatzes im Absatzbereich ermöglicht.

Wird bei der **Vertriebskostenkontrolle** die im Rahmen der Kostenplanung benutzte Dreiteilung in

- fixe Kosten,
- variable Kosten und
- spezielle entscheidungsrelevante Kosten

wieder verwendet, so gelten für die Kontrollrechnung die folgenden Überlegungen.

Die **Kontrolle der fixen Kosten** besteht im Vergleich von geplanten mit tatsächlichen Kosten sowie in der Dokumentierung und Erläuterung eventueller Abweichungen. Bei der Beurteilung des Aussagewertes dieser Abweichungen ist insbesondere zu berücksichtigen, daß eine Reihe von fixen Kosten zwar ihrer Art nach als fix angesehen werden kann, jedoch die Höhe des Kostenanfalls nur schwer zu planen ist; Kostenabweichungen ergeben sich daher zwangsläufig und bilden keinen besonders guten Maßstab für die Qualität der Planung oder für die Beurteilung der für die Kosteneinhaltung verantwortlichen Personen.

Die **Kontrolle der variablen Kosten** liefert dagegen hinreichende Kriterien zur Beurteilung der Wirtschaftlichkeit einzelner Teile des Leistungsverwertungsprozesses. Flexible Kostenpläne, z. B. für Lagerkosten, Transportkosten oder für Teile der Verwaltungskosten, erlauben durch die Verwendung entsprechender Standardkosten für einzelne Vorgänge eine relativ genaue Aufspaltung der gesamten Kostenabweichung einer Kostenstelle. Auch wenn sich Kostenstandards im Absatzbereich nicht mit der Exaktheit analytischer Methoden wie im Produktionsbereich ermitteln lassen, so genügt doch die relative Genauigkeit dieser Standards, um die Vertriebsführung bei regelmäßiger Kostenkontrolle auf Schwachstellen aufmerksam machen zu können. So können gegebenenfalls Maßnahmen eingeleitet werden, die einen wirtschaftlichen Verbrauch von Einsatzfaktoren sichern [70].

Bei der **Kontrolle von auf spezifischen operativen Entscheidungen beruhenden Kosten,** wie z. B. Kosten der Werbung und Verkaufsförderung, sind zwei Gesichtspunkte von Bedeutung [71]:

- Die Einhaltung der geplanten Maßnahmen muß kontrolliert werden,
- die Wirksamkeit der Maßnahmen, die diese Kosten verursachen, muß überwacht werden.

Die Kontrollrechnung kann lediglich die erste Aufgabe erfüllen. In vielen Fällen werden dabei noch Abweichungen auf ungenaue Daten im Stadium der Planerstellung zurückzuführen sein. Für die Bewältigung der zweiten Aufgabe, die Kontrolle der Wirksamkeit des Kostengütereinsatzes, kann dagegen die Kontrollrechnung des Absatzbereiches lediglich Zahlenmaterial zur Verfügung stellen, das in der Regel noch spezifisch aufbereitet werden muß, z. B. im Rahmen der Werbeerfolgskontrolle.

---

70 Zur Kontrolle von variablen Kosten im Absatzbereich mit Kostenstandards vgl. z. B. bei Heiser, H. C., Budgetierung, a.a.O., S. 236 ff.; Wenz, E., Kosten- und Leistungsrechnung mit einer Einführung in die Kostentheorie, Herne–Berlin 1992, S. 439 ff.

71 Vgl. Heiser, H. C., Budgetierung, a.a.O., S. 241.

Die Kontrolle der Wirkungen von zielorientierten, zeitlich begrenzten Aktionsfolgen auf die Entwicklung von Kosten und ggf. Erlösen und Deckungsbeiträgen ist Aufgabe der **Projektkontrolle.** Bei Abweichungen zwischen Soll- und Ist-Werten wird im Rahmen der Projektkontrolle analysiert, ob die Abweichungen auf Änderungen der Aktionsarten und Aktionsfolgen, der Aktionsdauern oder der eingesetzten Aktionsträger (Potentiale) oder Aktionsobjekte (Informationen, Sachgüter) zurückzuführen sind.

Die **Kontrolle der Vermögenswerte** wirft im Hinblick auf das Anlagevermögen im Absatzbereich keine besonderen Probleme auf. Bei der Kontrolle des Umlaufvermögens ist bei Abweichungen von der geplanten Lagerbestandsentwicklung mit daraus resultierenden Zinskostenabweichungen zu prüfen, ob die nichtplanmäßigen Bestandsänderungen vom Absatz- und/oder Produktionsbereich zu vertreten und ggf. in künftigen Perioden vermeidbar sind.

Zur Kontrolle im Absatzbereich sind neben den Vertriebsergebnis-, Deckungsbeitrags- und Kostengrößen im Hinblick auf die unterschiedlichsten Bezugsgrößen vornehmlich folgende **Kennzahlen** ergänzend von Interesse:

Die **Umsätze und Zahl der Produkte in den jeweiligen Marktzyklusphasen**

- Einführung,
- Wachstum,
- Sättigung,
- Stagnation und
- Degeneration

bezogen auf den Gesamtumsatz und die Gesamtproduktzahl des Programmes sind für operative und auch für strategische Produktprogrammentscheidungen von großer Bedeutung. Die so gebildeten Kennzahlen verdeutlichen den Anteil der Produkte in einzelnen Zyklusphasen. Es wird signalisiert, ob eine ausreichende Anzahl neuer Produkte zur Verfügung steht, die eine kontinuierliche Unternehmungsentwicklung gewährleisten.

Von großer Bedeutung ist die (produktartbezogene) Ermittlung des **Marktanteils,** die wert- oder mengenmäßig erfolgen kann:

$$\frac{\text{Umsatz (Absatz in Stck.) der Unternehmung}}{\text{Umsatz (Absatz in Stck.) des Gesamtmarktes}}.$$

Durch Bezug des Umsatzes (Absatzes in Stck.) der eigenen Unternehmung zum Umsatz (Absatz in Stck.) der größten Konkurrenzunternehmung läßt sich für spezielle Märkte (Produktarten/Produktgruppen) der **relative Marktanteil** ermitteln:

$$\frac{\text{Umsatz (Absatz in Stck.) der eigenen Unternehmung}}{\text{Umsatz (Absatz in Stck.) des größten Konkurrenten}}.$$

Beide Kennzahlen machen Aussagen über die Stellung einer Unternehmung in dem jeweils betrachteten Markt und sind auch für die strategische Planung von Interesse.

Die Beziehung zwischen Markteinflüssen und Potentialeinsatz stellen Kennzahlen her, die z.B. Umsatz/Absatz den insgesamt Beschäftigten oder einer Teilmenge gegenüberstellen:

$$\frac{\text{Umsatz}}{\text{Beschäftigtenzahl}};$$

$$\frac{\text{Umsatz oder Deckungsbeitrag Vertrieb}}{\text{Angestellte im Verkaufsbereich}};$$

$$\frac{\text{Umsatz}}{\text{Zahl der Reisenden}}.$$

Bei der uneingeschränkten Anwendung dieser Kennzahlen als Maßgröße für Potentialleistungen ist Vorsicht geboten, da u.U. nicht zu vertretende Einflüsse in die Berechnung mit eingehen. Weitere Beziehungszahlen setzen den Umsatz zu anderen Basisgrößen ins Verhältnis, z.B. Kundenzahl, Auftragszahl, Verkaufsfläche etc. Ebenfalls direkt marktbezogene Kennzahlen berücksichtigen die Größen „Aufträge", z. B. in Form der Kennzahl

$$\frac{\text{Auftragsbestand}}{\text{Fertiglagerbestand}},$$

oder als absolute Kennzahl „Auftragseingang/Periode".

Hinsichtlich des Fertiglagerbestandes können folgende Kennzahlen gebildet werden:

$$\text{Durchschnittlicher Lagerbestand} = \frac{\text{Anfangsbestand} + \text{Endbestand}}{2};$$

$$\text{Lagerausnutzung} = \frac{\text{Belegte Lagerfläche}}{\text{Gesamt-Lagerfläche}};$$

$$\text{Lagerumschlagshäufigkeit} = \frac{\text{Lagerabgang}}{\varnothing\ \text{Lagerbestand}}.$$

Im Absatzbereich sind ferner Kennzahlen von Interesse, die in absoluter oder relativer (z. B. als Indexzahlen) Form Aussagen machen über

- Auftragsstornierungen,
- Reklamationen,
- Rücklieferungen,
- Zahlungsverhalten.

Diese Kennzahlen dienen zum einen der Feststellung genereller Entwicklungstendenzen, zum anderen erlauben sie Rückschlüsse sowohl auf das Kundenverhalten als auch auf die Qualität der verkauften Produkte.

Von großer absatzpolitischer Bedeutung ist auch die Lieferzeit, d. h. die Zeit, die zwischen Auftragserteilung und Belieferung vergeht. Hier ist neben der absoluten Größe auch die Entwicklung im Zeitablauf von Interesse.

Ebenfalls von großer absatzpolitischer Bedeutung sind Informationen darüber, ob Hauptabnehmer innerjährlich Umsatz- und Investitionsplanungen ändern.

4.2.2.2 PuK im Produktionsbereich

4.2.2.2.1 Planung der Ziele und Maßnahmen

Ausgangspunkt der operativen Ziel- und Maßnahmenplanung im Produktionsbereich ist die Absatzprogrammvorschau bzw. das Absatzprogramm mit dazugehörigen Fertiglager-(mindest-)bestandsangaben – vereinzelt auch direkt die Resultate ergebnisoptimaler Programmplanungen. Basis dieser Planung bilden die vorhandenen Potentiale und die Ziele und Maßnahmen der strategischen Planung, soweit sie den Produktionsbereich betreffen und in der jeweiligen Planperiode realisiert werden sollen. Zudem sind vielfach Maßnahmen zur Durchführung multifunktionaler Projekte zu berücksichtigen. Die Ziel- und Maßnahmenplanung des Produktionsbereichs umfaßt[72]:

72 Vgl. ausführlich z. B. Gutenberg, E., Grundlagen der Betriebswirtschaftslehre, 1. Bd., Die Produktion, a.a.O., S. 147ff.; Hahn, D., Industrielle Fertigungswirtschaft in entscheidungs- und system-

(1) die Planung des Produktionsprogrammes (Output),
(2) die Planung der Produktionsmaßnahmen und hierbei insbesondere
   - die Verbrauchsfaktorbedarfsplanung (Input) und
   - die Produktionsablaufplanung (Prozeßplanung, Throughput).

(1) Produktionsprogrammplanung

Die **Produktionsprogrammplanung** im Rahmen der operativen Planung beinhaltet die Festlegung von Art und Menge der in der Planperiode und in Periodenabschnitten zu fertigenden Erzeugnisse. Sie erfolgt gegliedert nach Produktgruppen, Produktarten, Produktvarianten und Aufträgen bzw. Teilaufträgen (z. B. Losen bei Serienproduktion) – gegebenenfalls auch gesondert je Produktionsstufe unter Einbeziehung von Zwischenlagerplanungen.

(2) Produktionsmaßnahmenplanung

Die **Verbrauchsfaktorbedarfsplanung** bestimmt Art und Menge der zu be- bzw. verarbeitenden Einsatzstoffe (Rohmaterialien, Teilprodukte, Hilfs- und Betriebsstoffe), die für die Realisierung des Produktionsprogramms erforderlich sind. Ausgangspunkt für die Ermittlung des Verbrauchsfaktorbedarfs an Rohmaterial und Teilprodukten ist das Produktionsprogramm nach Art und Menge von Endprodukten; Ausgangspunkt für die Ermittlung des Bedarfs an Hilfs- und Betriebsstoffen sind primär die Verbräuche vergangener Perioden. Die verfahrenstechnischen Hilfsmittel zur Ermittlung des Verbrauchsfaktorbedarfs sind bei der Produktion Stücklisten und Teileverwendungsnachweise und stochastische Bruttobedarfsrechnungsmethoden. Bei chemisch-analytischer Produktion kommen z. B. Rezepturen, bei durchlaufender Produktion z. B. sog. Über-Einsatzrechnungen zur Anwendung.

Die Angaben der Verbrauchsfaktorbedarfsplanung dienen der Werteplanung als Ausgangsgrößen zur Ermittlung der in der Periode anfallenden Materialkosten. Diese Bruttomengen werden für die Planung des Produktionsablaufs und die Beschaffungsplanung durch Berücksichtigung von Lagerbeständen und erwarteten Zugängen aus offenen Bestellungen bzw. bereits in Produktion befindlichen Aufträgen berichtigt, und es wird der für die Planperiode verbleibende Nettobedarf an Einsatzstoffen ermittelt, der durch Fremdbezug oder durch Eigenfertigungsaufträge abzudecken ist.

Die **Produktionsablaufplanung** beinhaltet die Festlegung der zeitlichen und örtlichen Reihenfolge von Aktionen (Be- und Verarbeitungsvorgänge sowie hiermit verbundener Transport- und Lagervorgänge) zur Durchführung von Produktionsaufträgen und damit zur Realisation des Produktionsprogrammes. Dies bedeutet zugleich die Festlegung des zeitlichen und örtlichen Einsatzes von Aktionsträgern (Potentialen in Form von Betriebsmitteln und Arbeitskräften) und Aktionsobjekten (Verbrauchsfaktoren, insbesondere Material und Teilprodukte) jeweils bestimmter Qualität und Quantität zum Zwecke der Produkterstellung.

Die Produktionsablaufplanung beinhaltet damit eine simultane, potentialorientierte Kapazitätsbelegungsplanung und programm-(auftrags-)orientierte Terminplanung (Bestimmung von Anfangs- und Endtermin der Arbeitsgänge je Potentialelement und Auftrag) sowie eine hiermit verbundene Verbrauchsfaktoreinsatzplanung.

---

theoretischer Sicht, a.a.O., S. 374 ff., S. 427 ff.; Jacob, H. (Hrsg.), Industriebetriebslehre, a.a.O., S. 405 ff.; Kern, W., Industrielle Produktionswirtschaft, 5. Aufl., Stuttgart 1992, S. 96 ff.; Mellerowicz, K., Betriebswirtschaftslehre der Industrie, Bd. 2, 7. Aufl., Freiburg i. Br. 1981, S. 256 ff.; Reichwald, R., Dietel, B., Produktionswirtschaft, in: Industriebetriebslehre, Hrsg. E. Heinen, a.a.O., S. 395 ff. sowie zur Systematisierung der Begriffe Produktion und Fertigung Hahn, D., Laßmann, G., Produktionswirtschaft–Controlling industrieller Produktion, Bd. 1, a.a.O., S. 7 ff.

Das Streben nach Wirtschaftlichkeit bei der Durchführung der Leistungserstellungsprozesse wird bei der Ablaufplanung in Form zweier Subziele verfolgt: durch das Streben nach maximaler Kapazitätsausnutzung der vorhandenen Potentiale und das Streben nach Minimierung der (durchschnittlichen) Durchlaufzeit der Aufträge in der Produktion. Bei der Verfolgung dieser Ziele ergeben sich bei gegebenen Potentialen Probleme – zwar nicht bei der Massenproduktion nach dem (taktgebundenen) Fließprinzip, wohl aber bei der Serienproduktion nach dem Mischprinzip (Fließ- und Werkstattproduktion) und insbesondere bei der Einzelproduktion.

Zur Erfüllung der Subziele und der Ermittlung von Fertigstellungsterminen von Produkten und Einsatzterminen für Werkstoffe erstellt die Produktionsablaufplanung potentialorientierte bzw. kostenstellenorientierte und auftrags- bzw. produktorientierte Mengen- und Zeitengerüste. Sie ist damit Basis für die Ermittlung von Lohnkosten, maschineneinsatzbedingten Energiekosten und indirekt auch der Werkzeug- und Reparaturkosten je Kostenstelle und auch Basis für die Verrechnung dieser Kosten und ggf. von Kapitalkosten (Abschreibungen und Zinsen) auf Kostenträger (vgl. auch Abschnitt 4.3.3.2 dieses Teils).

4.2.2.2.2 Gestaltung und Aussagefähigkeit der Planungs- und Kontrollrechnung

4.2.2.2.2.1 Grundsätzliches

Die Planungs- und Kontrollrechnung im Produktionsbereich erstreckt sich schwerpunktmäßig auf die Planung und Kontrolle der für die Produktion erforderlichen und anfallenden Kosten pro Periode, wobei in Industrieunternehmungen den Kosten für den Verbrauch des Faktors Material und für die Bereitstellung und den Einsatz der Potentialfaktoren Personal und Betriebsmittel besondere Bedeutung zukommt. In unmittelbarem Zusammenhang hiermit erfolgt die Planung und Kontrolle der in der Produktion gebundenen Teile des Anlage- und Umlaufvermögens der Unternehmung. Sie werden als gesonderte Planungs- und Kontrollobjekte angesehen, bei Investitionen und Desinvestitionen aus der strategischen Planung abgeleitet und bilden die Basis für die Errechnung der kalkulatorischen Abschreibungen und Zinsen.

Die Planung und Kontrolle der Kosten im Produktionsbereich erfolgt zweckmäßigerweise getrennt nach Einzelkosten der Produktion (Einzelmaterialkosten, Einzellohnkosten) und Gemeinkosten der Produktion – zerlegt in fixe und variable Kosten. Da der Anteil der Gemeinkosten an den Gesamtkosten der Unternehmung aufgrund moderner Produktionsstrukturen immer mehr zunimmt, erlangt die Planung und Kontrolle der Gemeinkosten besondere Bedeutung[73]. Die Kostenplanung basiert dabei – wie bereits aufgezeigt – zum einen auf den Ergebnissen der Ziel- und Maßnahmenplanung des Produktionsbereichs, insbesondere auf der Verbrauchsfaktorbedarfsplanung und der Ablaufplanung, in denen die für bestimmte Produktionsprogramme benötigten Mengen- bzw. Zeitverbräuche der Produktionsfaktoren ermittelt werden und aus denen auch Bestimmungsgrößen für das Mengengerüst von bestimmten Gemeinkosten abgeleitet werden können. Die Bewertung dieser Kostenelemente mit Preisen bzw. Verrechnungssätzen führt zur Ermittlung der Planwerte eines großen Teils der Kosten des Produktionsbereichs. Zum anderen erfolgt die Planung eines Teils der Gemeinkosten, insbesondere der kalkulatorischen Abschreibungen und Zinsen je Stelle und Bereich, auf der Basis der strategischen Planung und der gesamtunternehmungsbezogenen Ergebnisplanung (z. B. Abschreibungsmethoden, kalkulatorische Zinssätze).

73 Vgl. hierzu z. B. auch Johnson, H. T., Kaplan, R. S., Relevance Lost: The Rise and Fall of Management Accounting, Boston 1987, S. 220ff.; Männel, W., Anpassung der Kostenrechnung an moderne Unternehmensstrukturen, in: Handbuch Kostenrechnung, Hrsg. W. Männel, Wiesbaden 1992, S. 113ff.

Schwierigkeiten bei der **Kostenplanung** resultieren insbesondere daraus, daß bei der Bewertung der Einsatzfaktoren unterschiedliche Wertansätze gewählt werden können: eine Kostenplanung, die primär auf eine Ermittlung des in der Periode zu erwartenden Kostenanfalls ausgerichtet ist, wird bei der Ermittlung der Mengen- und Zeitverbräuche mit **normalisierten Mengen- und Zeitgrößen** und **normalisierten Wertansätzen** rechnen; eine Kostenplanung, die darüber hinaus auf eine Beurteilung der Wirtschaftlichkeit und der Produktivität des Leistungserstellungsprozesses ausgerichtet ist, sollte auf der Basis von **Standardsätzen** im Sinne von erstrebenswerten Verbrauchsnormen für Mengen- und Zeitverbräuche, bewertet mit Standardpreisen (Richtpreis, Planpreis, Verrechnungspreis) erfolgen. Wir vertreten die Auffassung, daß die bereichsbezogene Kostenplanung primär unter dem Gesichtspunkt der Wirtschaftlichkeitsbeurteilung vorgenommen werden sollte, also auf der Basis von Standardsätzen für Mengen- und Zeitverbräuche sowie von Standardpreisen. Hierbei bildet die Verwendung der Standardmengen und Standardzeiten die eigentliche Grundlage zur Bestimmung der Produktivität von Leistungserstellungsprozessen; die Verwendung von Standardpreisen ist lediglich zur Ausschaltung der störenden Preisschwankungen erforderlich.

Sollen die Ergebnisse dieser Planung in der gesamtunternehmungsbezogenen Kostenplanung zur Ermittlung des in einer künftigen Periode zu erwartenden Kostenanfalls weiterverwendet werden, so kann dies ohne weiteres geschehen, wenn die Abweichung zwischen Normalverbräuchen und Standardverbräuchen durch entsprechende Korrekturen berücksichtigt wird.

Bei der Ermittlung der Standardsätze für den Mengen- und Zeitverbrauch an Einsatzfaktoren müssen eingehende technisch-wirtschaftliche Studien der Leistungserstellungsprozesse zugrunde gelegt werden. Während sich Standardsätze für den Verbrauch von Material und Produktionszeit durch Leistungsmessung zur Ermittlung von Einzelkosten relativ leicht ermitteln lassen, bereitet die Gewinnung von Standardsätzen zur Ermittlung der Gemeinkosten zum Teil erhebliche Schwierigkeiten. Mit den Methoden der Plankostenrechnung gelingt es jedoch auch hierbei, hinreichend genaue Werte für die Kostenplanung und -kontrolle zu ermitteln. Bei der Festlegung der Standardsätze sollte insbesondere darauf geachtet werden, daß sie nicht auf einen maximal erreichbaren Leistungsgrad ausgerichtet werden, sondern auf Leistungsgrade, die bei normaler Sorgfalt und normalen Produktionsbedingungen erreicht werden können. Die Festlegung der Standardpreise zur Ausschaltung außerbetrieblicher Preisschwankungen erfolgt im allgemeinen auf der Grundlage der effektiven Marktpreise unter Berücksichtigung der in Zukunft zu erwartenden Preisbewegungen[74].

4.2.2.2.2.2 Planung und Kontrolle der Einzelmaterialkosten

Die **Planung der Einzelmaterialkosten** geht im allgemeinen von den sogenannten Nettoplaneinzelmaterialmengen der einzelnen Produktarten aus. Hierunter werden die Einzelmaterialmengen verstanden, die bei planmäßiger Produktfertigung und bei planmäßigen Materialeigenschaften nach der Fertigstellung effektiv in einem Produkt enthalten sein sollen; sie lassen sich aus den technischen Angaben der Produktionsplanung ermitteln, insbesondere auf der Basis der Stückliste bzw. Rezeptur. Durch Multiplikation der jeweiligen Nettoplaneinzelmaterialmenge je Produkteinheit mit den im optimalen Produktionsprogramm bzw. Fertigungsprogramm festgelegten Mengen an Endprodukten ergeben sich zunächst die Nettoplaneinzelmaterialmengen der Planperiode. Da jedoch in fast allen Produktionsprozessen mit Materialverlusten durch Ausschuß und/oder Materialschrumpfung zu rechnen ist, müssen zu den Nettoplaneinzelmaterialmengen noch die auch bei planmäßiger Durch-

74 Vgl. Agthe, K., Kostenplanung und Kostenkontrolle, a.a.O., S. 25; ferner Wenz, E., Kosten- und Leistungsrechnung mit einer Einführung in die Kostentheorie, a.a.O., S. 377ff.

führung der Produktionsprozesse unvermeidbaren Ausschußmengen je Einzelmaterialart hinzugefügt werden, um die Bruttoplaneinzelmaterialmengen der Periode zu ermitteln [75].

Die Multiplikation der Bruttoplaneinzelmaterialmengen mit den zugehörigen Standardpreisen ergibt schließlich die geplanten Einzelmaterialkosten der Periode.

Somit ergeben sich die **geplanten Einzelmaterialkosten einer Periode** als

$$MK = \sum_{h=1}^{k} \sum_{j=1}^{n} m_{hj} \cdot x_j \cdot a_{hj} \cdot q_h$$

an Hand der folgenden Übersicht:

$$\begin{array}{l}
(m_{11} \cdot x_1 \cdot a_{11} + m_{12} \cdot x_2 \cdot a_{12} + \ldots + m_{1j} \cdot x_j \cdot a_{1j} + \ldots + m_{1n} \cdot x_n \cdot a_{1n}) \cdot q_1 = M_1^b \cdot q_1 = MK_1 \\
(m_{21} \cdot x_1 \cdot a_{21} + m_{22} \cdot x_2 \cdot a_{22} + \ldots + m_{2j} \cdot x_j \cdot a_{2j} + \ldots + m_{2n} \cdot x_n \cdot a_{2n}) \cdot q_2 = M_2^b \cdot q_2 = MK_2 \\
\quad \vdots \\
(m_{h1} \cdot x_1 \cdot a_{h1} + m_{h2} \cdot x_2 \cdot a_{h2} + \ldots + m_{hj} \cdot x_j \cdot a_{hj} + \ldots + m_{hn} \cdot x_n \cdot a_{hn}) \cdot q_h = M_h^b \cdot q_h = MK_h \\
\quad \vdots \\
(m_{k1} \cdot x_1 \cdot a_{k1} + m_{k2} \cdot x_2 \cdot a_{k2} + \ldots + m_{kj} \cdot x_j \cdot a_{kj} + \ldots + m_{kn} \cdot x_n \cdot a_{kn}) \cdot q_k = M_k^b \cdot q_k = MK_k \\
\hline
\hfill = MK
\end{array}$$

m_{hj} = Einzelmaterialmenge der Materialart h je Produkteinheit der Produktart j ($m_{hj} \cdot a_{hj} = e_{hj}$; vgl. Teil III, Abschnitt 4.1.3.3.3)
x_j = Menge der Produktart j ($j = 1, \ldots, n$)
a_{hj} = Ausschußmultiplikator (1 + Ausschußfaktor) der Materialart h bei Produktion einer Einheit der Produktart j
q_h = Preis der Materialart h ($h = 1, \ldots, k$)
M_h^b = Bruttoeinzelmaterialmenge der Materialart h
MK_h = Kosten der Einzelmaterialart h
MK = Einzelmaterialkosten/Periode.

Die Planung des Einzelmaterials wird im allgemeinen nicht kostenstellenbezogen, sondern lediglich programmbezogen vorgenommen. Für eine periodenweise Ermittlung der Einzelmaterialkosten ist diese Art der Planung ausreichend. Soll über die Kostenplanung und -kontrolle jedoch außerdem die Wirtschaftlichkeit des Einzelmaterialverbrauchs überwacht werden, so müssen die einzelnen Materialmengen nicht nur programmbezogen, sondern ebenfalls kostenstellenbezogen geplant und vorgegeben werden. Für jede einzelne materialverbrauchende Kostenstelle müssen dann für die durchlaufenden Aufträge die Bruttoeinzelmaterialplanmengen ermittelt und im Rahmen der Kostenkontrolle den in einer Periode effektiv angefallenen Materialverbrauchsmengen gegenübergestellt werden. Diese stellenbezogene Materialverbrauchskontrolle erscheint uns aus zwei Gründen erforderlich: Zum einen haben die Einzelmaterialkosten oft einen Anteil an den gesamten Herstellkosten zwischen 50 bis 70%; zum anderen resultiert ein Mehr- oder Minderverbrauch an Einzelmaterial (abgesehen von Änderungen durch Produktgestaltung oder bei vollständig automatisierten Fertigungsprozessen) vielfach aus dem Sorgfaltsgrad, mit dem die in den Kostenstellen arbeitenden Personen die Produktionsprozesse ausführen und überwachen; eine Beeinflussung des Materialverbrauchs ist daher nur durch eine laufende Kontrolle nach Kostenstellen möglich.

---

75 Vgl. Kilger, W., Flexible Plankostenrechnung und Deckungsbeitragsrechnung, a.a.O., S. 232ff.

Im Rahmen der mittelfristigen operativen Planung erfolgt eine Grobplanung der Einzelmaterialkosten auf der Basis grober Programm- und Materialbedarfsplanungen, zudem auf der Basis von Schätzungen über Materialpreisentwicklungen und geplanten produkt-/prozeßbezogenen Materialeinsparungen.

Die **Kontrolle der Einzelmaterialkosten** wird den bisherigen Ausführungen entsprechend zum Teil programmbezogen, zum Teil kostenstellenbezogen vorgenommen. Aufgabe der Kontrolle ist es, auftretende Materialkostenabweichungen festzustellen und zu analysieren, um eine Produktion ohne überhöhte Materialkosten zu sichern bzw. zu ermöglichen.

Abweichungen zwischen den geplanten und den effektiv angefallenen Einzelmaterialkosten einer Periode lassen sich grundsätzlich in drei Formen feststellen, nämlich als

- Preisabweichungen,
- Programmabweichungen und
- Verbrauchsabweichungen.

Beschäftigungsabweichungen durch Unter- oder Überdeckung von Fixkosten treten bei den Einzelkosten naturgemäß nicht auf.

Für die Erfassung der **Materialpreisabweichungen** halten wir das in der Praxis am häufigsten angewandte Verfahren der Erfassung beim Materialzugang im Beschaffungsbereich für zweckmäßiger als die Erfassung dieser Abweichung beim Materialverbrauch im Produktionsbereich[76], so daß im Produktionsbereich an Materialkostenabweichungen lediglich die Programmabweichung und die Verbrauchsabweichung anfallen.

Die **Programmabweichung** ergibt sich als:

Soll-Materialkosten des Planprogramms
(Planproduktmenge · Standardverbrauchsmenge/Stück · Standardpreis/Einheit)
./. Soll-Materialkosten des Ist-Programms
(Ist-Produktmenge · Standardverbrauchsmenge/Stück · Standardpreis/Einheit)

= Programmabweichung = (Planproduktmenge ./. Ist-Produktmenge) · Standardverbrauchsmenge/Stück · Standardpreis/Einheit.

Sie gibt Auskunft darüber, welche Auswirkung die Nichteinhaltung des geplanten Produktionsprogramms auf den Anfall von Einzelmaterialkosten hat.

Die **Verbrauchsabweichung** ergibt sich als:

Soll-Materialkosten des Ist-Programms
(Ist-Produktmenge · Standardverbrauchsmenge/Stück · Standardpreis/Einheit)
./. Ist-Materialkosten des Ist-Programms
(Ist-Produktmenge · Ist-Verbrauchsmenge/Stück · Standardpreis/Einheit)

= Verbrauchsabweichung = (Standardverbrauchsmenge/Stück ./. Ist-Verbrauchsmenge/Stück) · Ist-Produktmenge · Standardpreis/Einheit.

76 Zu den Verfahren der Erfassung und Verrechnung von Materialabweichungen vgl. z. B. die ausführlichen Darstellungen bei Arbeitskreis Diercks der Schmalenbach-Gesellschaft, Der Verrechnungspreis in der Plankostenrechnung, ZfbF 1964, S. 613ff., hier S. 646ff.; Kilger, W., Flexible Plankostenrechnung und Deckungsbeitragsrechnung, a.a.O., S. 236ff. und die dort angegebene Literatur.

Die Erfassung der Verbrauchsabweichung erfolgt zunächst bezogen auf das Gesamtprogramm, um festzustellen, welche Ergebnisänderung aus einer Nichteinhaltung der Standardverbrauchsmengen in den Produktionsprozessen resultiert. Zur Analyse der Verbrauchsabweichung und zur Kontrolle der Wirtschaftlichkeit des Materialverbrauchs ist eine Aufspaltung der Gesamtabweichung nach weiteren Kriterien erforderlich. Die Kontrolle der Wirtschaftlichkeit erfordert eine Erfassung der Materialverbrauchsabweichung auf den einzelnen Kostenstellen und gegebenenfalls eine Differenzierung der Abweichung nach Produkt- und Materialarten.

Abweichungen bei einzelnen Produkt- oder Materialarten, die in mehreren Planperioden eine bestimmte Höhe überschreiten, können Anlaß zu einer Überprüfung der Standardmengen geben; sie lassen z. B. vermuten, daß die bei der Festlegung der Standardmengen angenommenen Fertigungsbedingungen nicht eingehalten werden (können) oder daß das eingesetzte Material nicht die geforderte Qualität aufweist.

Unabhängig von einer Differenzierung der Verbrauchsabweichung nach Produkt- und Materialarten kann die Gesamtmaterialverbrauchsabweichung einer Kostenstelle in folgende **Teilabweichungen** aufgespalten werden[77]:

- *Auftragsbedingte Abweichungen*
  Abweichungen aus Mehr- oder Minderverbrauch von Material, resultierend aus technischer oder absatzbedingter (z. B. Kundenwunsch) außerplanmäßiger Produktgestaltung; diese Abweichungen sind nicht von den Arbeitskräften der Kostenstelle, auf der sie festgestellt werden, sondern von denen der verursachenden Kostenstelle (z. B. Absatz, Arbeitsvorbereitung, Beschaffung) zu verantworten.
- *Mischungsbedingte Abweichungen*
  Abweichungen infolge von (gewollten) Abweichungen des qualitativen oder quantitativen Materialeinsatzes von Standardmischungsverhältnissen in Unternehmungen, die Einzelmaterialmischungen einsetzen, z. B. chemisch-synthetische Produktion, Tabakwaren. Diese Abweichungen, die z. B. als Folge von Änderungen der Rohstoffpreise oder -qualitäten auftreten, sind in der Regel dispositionsbedingt und nicht von der Einsatzkostenstelle zu verantworten.
- *Materialbedingte Abweichungen*
  Abweichungen durch Nichteinhaltung von planmäßigen Materialeigenschaften (Abmessungen, Qualität) können zu Mehr- oder Minderverbrauch führen. Sie sind nicht von den Produktionskostenstellen, sondern (soweit eine Beeinflussung der Eigenschaften möglich ist) von den Beschaffungs- und Lagerstellen oder der Konstruktion zu verantworten.
- *Wirtschaftlichkeitsabweichungen*
  Dieser Teil der Abweichungen ist der durch größere oder geringere Sorgfalt bei der Materialverarbeitung innerhalb der direkt produzierenden Kostenstellen des Produktionsbereichs zu beeinflussende und somit auch von den Kostenstellenleitern zu verantwortende Teil der gesamten Materialverbrauchsabweichung.

Die Aufdeckung von Abweichungsursachen beim Materialverbrauch ermöglicht es den verantwortlichen Stellen, solche Abweichungen in künftigen Perioden zu vermeiden.

Die Planung und Kontrolle von Einzelmaterialkosten bezogen auf Kostenträger, die als Projekte behandelt werden, bereiten grundsätzlich keine Schwierigkeiten.

---

77 Vgl. hierzu Agthe, K., Kostenplanung und Kostenkontrolle, a.a.O., S. 120f.; Haberstock, L., Kostenrechnung II, (Grenz-)Plankostenrechnung, 7. Aufl., Wiesbaden 1986, S. 286ff.; Kilger, W., Flexible Plankostenrechnung und Deckungsbeitragsrechnung, a.a.O., S. 239ff.

4.2.2.2.2.3 Planung und Kontrolle der Einzellohnkosten

Unter Einzellöhnen werden Löhne verstanden, die als Einzelkosten den Produkten als Kostenträgern unmittelbar zurechenbar sind. Obwohl diese Zurechnungsmöglichkeiten durch Mehrmaschinenbedienung sowie durch fortschreitende Mechanisierung und Automatisierung der Produktionsprozesse zunehmend problematisch werden, ist eine von den Gemeinkosten getrennte Planung und Kontrolle von Produktions- bzw. Fertigungslöhnen in vielen Fällen weiterhin möglich und auch zweckmäßig. Die Planung und Kontrolle sollte sich dabei jedoch auf Einzellöhne im Sinne von Entgelt für menschliche Arbeitsleistung, die unmittelbar einen Fortschritt am Produkt bewirkt, beschränken und Nebenkosten dieser Arbeitsleistung – wie Sozialkosten für Versicherungen, Kosten aus Weiterzahlung von Löhnen während Urlaub und Krankheit u. ä. – gesondert innerhalb der Gemeinkosten berücksichtigen[78].

Die Gesamtkosten aus Einzellöhnen lassen sich für eine Periode auf der Basis folgender Grundlagen planen:

- Angaben über die jeweilige Gesamtzahl der verschiedenen Arbeitsgänge einer Periode mit spezifischen Arbeitszeitvorgaben (je Produktionsstelle) zur Durchführung von Aufträgen einer Periode;
- Stück- oder zeitbezogene Lohnfaktoren (Lohnraten) pro Produkteinheit oder Arbeitsgang an einem Produkt zur Bemessung des Entgelts für die menschliche Arbeitsleistung (Standardlohnsätze).

Bei heute zunehmender Gruppenarbeit werden verstärkt auch Lohnfaktoren und somit Einzellohnkosten für Arbeitsgruppen geplant.

Eine Planung der Einzellohnkosten setzt in allen Fällen eine Planung der **Arbeitsoperationen** (auf der Basis von Arbeitsplänen) und darauf aufbauend eine Planung von **Produktionszeiten** voraus[79]. Dies ist auch in Unternehmungen mit Produktionsprozessen erforderlich, auf die sich die als Grundlage eines Akkordlohnsystems entwickelten wissenschaftlichen Methoden der Vorgabezeitermittlung u. U. nicht anwenden lassen. Auch bei Produktionsprozessen, an denen Arbeitskräfte nur im Zeitlohn beteiligt sind, müssen zur Planung der Einzellohnkosten Angaben über den „normalen“ Zeitverbrauch der einzelnen Arbeitsgänge vorhanden sein, wenn die Planung dieser Kosten einigermaßen genau vorgenommen werden soll.

Die Ermittlung der **Lohnfaktoren** enthält zwei Teilprobleme: Zum einen die Zuordnung der verschiedenen Arbeitsgänge zu entsprechenden Lohngruppen, zum anderen die Bestimmung des für die Planperiode anzuwendenden Tarifsatzes.

Hierbei sind bei der Festlegung des Tarifsatzes für die einzelnen Lohngruppen die jeweils für den Planungszeitraum gültigen bzw. zu erwartenden Tarifsätze (zuzüglich unternehmungsindividueller, aber regelmäßig gezahlter Zuschläge) anzuwenden.

---

78 Vgl. auch Heiser, H.C., Budgetierung, a.a.O., S. 278f.; ferner z.B. Wenz, E., Kosten- und Leistungsrechnung mit einer Einführung in die Kostentheorie, a.a.O., S. 382ff.

79 Zu den Methoden der Arbeitszeitvorgabe (z. B. REFA, MTM-Verfahren, Work-Factor-Verfahren) ist eine umfangreiche Spezialliteratur vorhanden, so daß wir darauf verzichten können, auf Verfahren und Probleme der Vorgabezeitermittlung im einzelnen einzugehen. Vgl. Heinrich, L. J., Zinnekker, K. H., Systeme vorbestimmter Zeiten – Darstellung und Vergleich mit REFA-Verfahren, in: Industrielle Produktion, Hrsg. K. Agthe, H. Blohm, E. Schnaufer, Baden-Baden – Bad Homburg v.d.H. 1967, S. 253ff.; Verband für Arbeitsstudien – REFA – e. V. (Hrsg.), Methodenlehre des Arbeitsstudiums, Teil 2, Datenermittlung, 7. Aufl., München 1992.

Für die Ermittlung der gesamten **geplanten Einzellohnkosten einer Periode** läßt sich somit das gleiche Verfahren wie bei der Ermittlung der Materialeinzelkosten anwenden.

Sie lassen sich als

$$LK = \sum_{s=1}^{u} \sum_{j=1}^{n} t_{sj} \cdot x_j \cdot l_s$$

an Hand der folgenden Übersicht ermitteln:

$$\begin{array}{ccccccccccc}
t_{11} \cdot x_1 \cdot l_1 & + & t_{12} \cdot x_2 \cdot l_1 & + \ldots + & t_{1j} \cdot x_j \cdot l_1 & + \ldots + & t_{1n} \cdot x_n \cdot l_1 & = LK_1 \\
t_{21} \cdot x_1 \cdot l_2 & + & t_{22} \cdot x_2 \cdot l_2 & + \ldots + & t_{2j} \cdot x_j \cdot l_2 & + \ldots + & t_{2n} \cdot x_n \cdot l_2 & = LK_2 \\
\vdots & & \vdots & & \vdots & & \vdots & \vdots \\
t_{s1} \cdot x_1 \cdot l_s & + & t_{s2} \cdot x_2 \cdot l_s & + \ldots + & t_{sj} \cdot x_j \cdot l_s & + \ldots + & t_{sn} \cdot x_n \cdot l_s & = LK_s \\
\vdots & & \vdots & & \vdots & & \vdots & \vdots \\
t_{u1} \cdot x_1 \cdot l_u & + & t_{u2} \cdot x_2 \cdot l_u & + \ldots + & t_{uj} \cdot x_j \cdot l_u & + \ldots + & t_{un} \cdot x_n \cdot l_u & = LK_u \\
\hline
LK'_1 & + & LK'_2 & + \ldots + & LK'_j & + \ldots + & LK'_n & = LK
\end{array}$$

t_{sj} = Arbeitszeitvorgabe je Arbeitsgang s und Produkteinheit j
x_j = Menge der Produktart j ($j = 1, \ldots, n$)
l_s = Lohnfaktor des Arbeitsganges (Arbeitsplatzes) s ($s = 1, \ldots, u$)
LK_s = Einzellohnkosten des Arbeitsganges s
LK'_j = Einzellohnkosten der Produktart j
LK = gesamte Einzellohnkosten der Periode

Wie bei den Einzelmaterialkosten ist auch bei den Einzellohnkosten neben der Ermittlung der gesamten geplanten Kosten einer Periode eine kostenstellenweise Planung dieser Einzelkosten zweckmäßig. Die Ursachen für Einzellohnkostenabweichungen lassen sich zwar programmbezogen nach einzelnen Ursachenarten feststellen, eine Einflußnahme mit dem Ziel einer Ausschaltung von Störgrößen und damit eine Erhöhung der Planungsgenauigkeit und der Wirtschaftlichkeit des Leistungserstellungsprozesses kann jedoch vielfach nur auf den einzelnen Kostenstellen erfolgen, auf denen die Einzellohnkosten anfallen.

Im Rahmen der mittelfristigen operativen Planung erfolgt eine Grobplanung der Einzellohnkosten auf der Basis grober Programm-, Kapazitätsbelegungs- und damit Zeitbedarfsplanungen, zudem auf der Basis von Schätzungen über Lohnfaktorentwicklungen sowie unter Berücksichtigung von angestrebten Rationalisierungsmaßnahmen.

Bei der **Kontrolle der Einzellohnkosten** durch Vergleich der geplanten und der effektiv angefallenen Einzellohnkosten lassen sich Abweichungen wie bei den Einzelmaterialkosten wiederum unterteilen in:

- Abweichung zwischen geplanten und effektiven Lohnfaktoren/-sätzen (Preisabweichung),
- Programmabweichung und
- Abweichung zwischen Vorgabezeiten und Ist-Zeiten (Verbrauchsabweichung).

Im Gegensatz zu den Einzelmaterialkosten können jedoch auch Beschäftigungsabweichungen auftreten. Bei Unterbeschäftigung der Unternehmung müssen z. B. Fertigungslöhne als Fixkosten betrachtet werden, da die Arbeitskräfte bei Erhalt von Mindestlöhnen kurzfristig entweder wegen vertraglicher Bindung nicht entlassen werden können oder eine Verringerung der Zahl der Arbeitskräfte unter Berücksichtigung längerfristiger Aspekte nicht sinnvoll erscheint. Dieser Teil der Gesamtabweichung ist zunächst in der Verbrauchsabweichung enthalten; er sollte jedoch aus dieser eliminiert werden, da die Überschreitung der geplanten Produktionszeiten und -kosten in diesem Fall nicht vom Produktionsbereich zu vertreten ist.

Im Gegensatz zum Vorgehen bei der Analyse der Einzelmaterialabweichungen erfolgt die Erfassung der **Preisabweichung** aus einer Nichteinhaltung der geplanten Lohnfaktoren innerhalb des Produktionsbereichs, da diese zumindest zum Teil von den Kostenstellenleitern mit vertreten werden muß.

Die Preisabweichung bei Einzellöhnen ergibt sich als

$$\sum_s \text{Vorgabezeiten bzw. effektive Arbeitszeiten} \cdot (\text{Standardlohnsatz} \,\%\, \text{eff. Lohnsatz}).$$

Sie resultiert also aus einer Nichteinhaltung der bei der Planung vorgesehenen Standardlohnfaktoren. Gründe für das Auftreten solcher Abweichungen können sein:

- Eine auf einzelne Arbeitnehmer beschränkte oder eine generell höhere Bezahlung, die bei der Planung der Standardlohnfaktoren nicht berücksichtigt wurde und gegebenenfalls von den Kostenstellenleitern zu verantworten ist;
- eine nicht ihrer Lohngruppe entsprechende Verwendung von Arbeitern, im allgemeinen also eine Durchführung von Arbeitsgängen, die einer niedrigen Lohngruppe zugeordnet sind, durch Arbeiter einer höherwertigen Lohngruppe. Diese Abweichungen müssen unter Umständen von den Kostenstellenleitern oder von der Produktionsplanung verantwortet werden[80].

Die **Programmabweichung bei Einzellohnkosten** ergibt sich als:

Einzellohnkosten des Planprogramms

$$(= \sum_s \text{Vorgabezeiten des Planprogramms} \cdot \text{Standardlohnfaktoren})$$

% Einzellohnkosten des Ist-Programms (Soll-Kosten)

$$(= \sum_s \text{Vorgabezeiten des Ist-Programms} \cdot \text{Standardlohnfaktoren})$$

$$= \text{Programmabweichung} = (\sum_s \text{Vorgabezeiten des Planprogramms} \;\%\; \sum_s \text{Vorgabezeiten des Ist-Programms}) \cdot \text{Standardlohnfaktoren}$$

Sie enthält den Teil der Gesamtabweichung bei den Einzellohnkosten, der aus der Nichteinhaltung des geplanten Programms resultiert.

Die **Verbrauchsabweichung bei Einzellöhnen** (Zeitabweichung) ergibt sich als

$$\sum_s (\text{Vorgabezeiten} \,\%\, \text{Ist-Zeiten}) \cdot \text{Standardlohnfaktoren}.$$

Erfolgt die Entlohnung in einem Leistungslohnsystem über leistungsgerechte Vorgabezeiten, so werden die Lohnkosten durch Abweichungen zwischen Ist-Arbeitszeiten und geplanten Arbeitszeiten (Vorgabezeiten) nur dann beeinflußt, wenn entweder der Leistungsgrad der Arbeitnehmer unter den Normalleistungsgrad absinkt und der Arbeitnehmer dann den vertraglich festgelegten Mindestlohn erhält oder wenn Zeitabweichungen auftreten, die auf Mängel bei der Festlegung der Vorgabezeiten und auf Störungen des Produktionsablaufes zurückzuführen sind.

80 Kilger bezeichnet diese Abweichungsart als „Lohnsatzmischungsabweichung" und weist sie innerhalb der Verbrauchsabweichung aus; vgl. Kilger, W., Flexible Plankostenrechnung und Deckungsbeitragsrechnung, a.a.O., S. 267f.

Zeitabweichungen aus fehlerhafter Vorgabezeitermittlung und Störungen des Produktionsablaufes treten in der Praxis relativ häufig auf, da es bei der Planung der Vorgabezeiten nur in den seltensten Fällen möglich ist, sämtliche Faktoren zu berücksichtigen, die die Produktionszeit beeinflussen können. In einem Leistungslohnsystem sind solche Abweichungen zu vergütende Zeiten, da die Ursachen für solche Zeitabweichungen vom Arbeiter nicht beeinflußt werden können. Eine Analyse dieser Zusatzlöhne kann Einblicke in das Betriebsgeschehen geben und zeigt auch die Ansatzpunkte für Korrekturmaßnahmen auf[81]. Als Ursachen für Zeitabweichungen, die zu Zusatzlöhnen führen können, kommen in Frage[82]:

- *Auftragsbedingte Abweichungen*
  Die geplanten Vorgabezeiten können wegen Abweichungen von der geplanten Produktgestaltung nicht eingehalten werden. Zusatzlöhne aus konstruktionsbedingter Überschreitung der Vorgabezeit fallen bei Massen- und Großserienproduktion – abgesehen von der „Einfahrzeit" – grundsätzlich nicht an, machen jedoch bei Einzel- und Kleinserienproduktion einen Großteil der Einzellohnabweichungen aus, da hier aus Verkaufsgründen der Wunsch des Kunden nach Konstruktionsänderungen beachtet werden muß.

- *Anlagen-, verfahrens- und kostenstellenbedingte Abweichungen*
  Der Zustand von Maschinen und Vorrichtungen (mangelhafte Pflege, Schäden, Fehlen von Werkzeugen usw.) führt zu von dem Mitarbeiter nicht zu vertretenden Abweichungen von Vorgabezeiten; Wechsel von Produktionsverfahren führen zu Änderungen der Produktionszeiten; Stockungen des Materialflusses führen zu Wartezeiten. Unter Umständen kann für solche Abweichungen die Produktionsplanung verantwortlich gemacht werden.

- *Materialbedingte Abweichungen*
  Vorgabezeiten können nicht eingehalten werden, da das zu verarbeitende Material nicht die bei der Vorgabezeitermittlung zugrunde gelegten planmäßigen Eigenschaften (Abmessung, Qualität) aufweist.

- *Abweichungen aus fehlerhafter Vorgabezeitermittlung*
  Vorgabezeiten wurden aus Wirtschaftlichkeitsgründen nicht durch genaue Zeitstudien, sondern nur durch Schätzung festgelegt (z. B. für Arbeitsgänge bei Einzel- und Kleinserienproduktion).

- *Arbeitskräftebedingte Abweichungen*
  Überschreitung von Vorgabezeiten während der Anlernzeit von neu eingestellten Mitarbeitern oder (bei Vertretung) durch ungeübte Mitarbeiter.

Die Planung und Kontrolle von Einzellohnkosten bezogen auf Kostenträger, die als Projekte behandelt werden, bereiten grundsätzlich keine Schwierigkeiten (vgl. auch Abschnitt 6.2 dieses Teils).

4.2.2.2.2.4 Planung und Kontrolle der Gemeinkosten

Die Planung und Kontrolle der Gemeinkosten des Produktionsbereichs und aller übrigen Unternehmungsbereiche erfaßt alle Kostenarten, die nicht als Einzelkosten den Produkten der Unternehmung zugerechnet werden können. Sie erfolgt grundsätzlich bezogen auf einzelne Organisationseinheiten, auf Kostenstellen/Kostenbereiche und dort soweit möglich (und wirtschaftlich vertretbar) getrennt für die jeweils anfallenden Kostenarten. Die Gemeinkostenplanung und -kontrolle dient:

- der Ermittlung von Kosten zur Erstellung der gesamtunternehmungsbezogenen Kosten- und Erlösrechnung,

---

81 Vgl. Agthe, K., Kostenplanung und Kostenkontrolle, a.a.O., S. 124; Ellinger, T., Rationalisierung durch Standardkostenrechnung, Stuttgart 1954, S. 19ff.

82 Vgl. Agthe, K., Kostenplanung und Kostenkontrolle, a.a.O., S. 125ff.; Kilger, W., Flexible Plankostenrechnung und Deckungsbeitragsrechnung, a.a.O., S. 267f.

- der Ermittlung von Kalkulationssätzen zur Verrechnung der Gemeinkosten auf die Produkte und damit auch zur Gewinnung von Kosten für die programmbezogene Planungsrechnung,
- der Beurteilung und Beeinflussung der Wirtschaftlichkeit der Leistungsprozesse, bezogen auf Kostenstellen oder Kostenstellenbereiche.

Die einzelnen Kostenarten und die jeweiligen Kostenstellen-/Kostenbereichskosten werden hierbei sowohl für den gesamten Planungszeitraum der kurzfristigen operativen Planung (im allgemeinen 1 Jahr, zum Teil 2 Jahre) als auch für Teilperioden (Monate, Quartale im ersten Jahr) des Planungszeitraumes detailliert geplant und nach Ablauf des jeweiligen Zeitabschnitts kontrolliert. Die Ermittlung von Kalkulationssätzen zur Verrechnung der Gemeinkosten wird dagegen nur jährlich vorgenommen; eine innerjährliche Veränderung sollte nur erfolgen, wenn grundlegende Änderungen der Produktionsprozesse (z. B. Verfahrensänderungen, Inbetriebnahme neuer Anlagen usw.) dies erforderlich machen. Die innerjährliche Kontrolle der Kalkulationssätze beschränkt sich auf die Ermittlung der Abweichung zwischen geplantem und effektivem Verrechnungssatz.

Im Rahmen der mittelfristigen operativen Planung erfolgt eine Grobplanung von Kostenarten bzw. Kostenartengruppen.

(1) Produktionsgemeinkostenplanung

Ausgangspunkt der Gemeinkostenplanung im Produktionsbereich ist die geplante Inanspruchnahme der Kapazität der einzelnen Kostenstellen zur Verwirklichung des geplanten Produktionsprogramms. Zunächst wird aus dem Produktionsprogramm der Gesamtperiode (z. B. Jahr) und den für dieses Programm ermittelten Gesamtbelegungszeiten der einzelnen Kostenstellen die künftige Kapazitätsauslastung jeder einzelnen Kostenstelle in den einzelnen Teilperioden ermittelt. Für diese Kapazitätsauslastung wird die Höhe der Gemeinkosten festgelegt, die bei wirtschaftlicher Durchführung der Produktionsprozesse anfallen darf. Dazu müssen für jede einzelne Kostenstelle Bezugsgrößen für die Kostenverursachung festgelegt werden und Annahmen darüber getroffen werden, welcher Zusammenhang zwischen Bezugsgröße und den einzelnen Gemeinkostenarten jeder Kostenstelle besteht[83]. Es können folgende Gemeinkostenarten unterschieden werden:

a) *fixe Gemeinkosten*
Kosten, die im Rahmen der angegebenen Kapazität unabhängig von der Kapazitätsauslastung anfallen, z. B. zeitlich verrechnete Abschreibungen, Mieten, Zinsen;

b) *sprungfixe Gemeinkosten*
Kosten, die innerhalb einer bestimmten Bandbreite der Kapazitätsauslastung konstant bleiben, z. B. Personalkosten für Aufsichtspersonal;

c) *proportionale Gemeinkosten*
Kosten, die sich im gleichen Verhältnis wie die Kapazitätsauslastung ändern, z. B. Hilfsmaterial, Energie;

83 Wir können hier nicht ausführlich auf die bei der Gemeinkostenplanung anzustellenden Grundsatzüberlegungen zur Kostenstellenbildung, zur Auswahl von Bezugsgrößen der Kostenverursachung, zur Kapazitätsmessung und Bestimmung von Planbezugsgrößen oder zu den einzelnen Methoden zur Ermittlung eines Zusammenhangs zwischen Bezugsgrößen und Gemeinkosten eingehen. Zu diesen Problemen muß auf die Literatur zur Plankostenrechnung verwiesen werden, innerhalb derer die einzelnen Probleme ausführlich behandelt werden; vgl. z. B. Agthe, K., Die Abweichungen in der Plankostenrechnung, Freiburg i. Br. 1958, S. 42 ff.; ders., Kostenplanung und Kostenkontrolle, a.a.O., S. 39 ff.; Kilger, W., Flexible Plankostenrechnung und Deckungsbeitragsrechnung, a.a.O., S. 304 ff.; Kosiol, E., Kosten- und Leistungsrechnung, Berlin–New York 1979, S. 232 ff.; Layer, M., Prognose, Planung und Kontrolle fixer Kosten, KRP 1992, S. 69 ff.; Weilenmann, P., Planungsrechnung in der Unternehmung, a.a.O., S. 77 ff.

d) *teilveränderliche Gemeinkosten*
Kosten, die sich aus einem fixen Anteil, der unabhängig von der Kapazitätsauslastung anfällt, und einem proportionalen Anteil zusammensetzen, z. B. Energiekosten (Bereitschaftskosten und Arbeitskosten), Instandhaltungskosten.

Die Beziehung zwischen einer Änderung des Kapazitätsausnutzungsgrades und einer Kostenänderung sollte soweit wie möglich durch exakte Verbrauchsanalysen, Messungen und Berechnungen festgestellt werden. Da für viele Kostenarten diese Methode jedoch nicht anwendbar ist, weil der Kostenanfall außer von der Beschäftigungsänderung vom Zusammentreffen einer Vielzahl anderer Einflußfaktoren abhängt, wird man sich bei der Ermittlung der Abhängigkeitsbeziehungen vielfach damit begnügen müssen, den Zusammenhang zwischen Kapazitätsauslastung und Anfall von Gemeinkosten durch Vergleich von Kapazitätsauslastung und Ist-Kostenanfall früherer Perioden zu erfassen und die Kosten-/Kapazitätsauslastungsbeziehung durch Streupunktdiagramme oder eine Korrelationsrechnung zu ermitteln[84]. Um zu aussagefähigen Vorgabewerten zu gelangen, sollten die effektiven Kostenwerte jedoch zumindest um zufällige Kostenschwankungen und soweit möglich um Kosten, die in Folge erkennbarer Unwirtschaftlichkeiten entstanden sind, bereinigt werden. Lediglich bei Anwendung der multivariablen Periodenerfolgsgrößenrechnung – der multivariablen Kosteneinflußgrößenrechnung – wird auch auf den Kostenstellen eine Kostenplanung unter systematischer Berücksichtigung weiterer Kosteneinflußgrößen vorgenommen[85].

Die eigentliche **Planung der Gemeinkosten** auf den einzelnen Kostenstellen erfolgt in Form der mehrstufigen synthetischen Gemeinkostenplanung (Stufenplanung).

Bei dieser Gemeinkostenplanung werden für die verschiedenen Stufen der Kapazitätsauslastung, die praktisch relevant sind, z. B. zwischen 70 und 130 Prozent der Plankapazität in Abständen von 10%, die Soll-Gemeinkosten ermittelt. Die fehlenden Zwischenwerte können jeweils durch lineare Interpolation ermittelt werden. Abbildung 123 enthält ein Beispiel für eine mehrstufige synthetische Gemeinkostenplanung.

Als Vorteil dieser Methode kann angeführt werden, daß der Verlauf der Soll-Kostenkurve relativ genau dem tatsächlichen Verlauf der Kostenfunktion angepaßt werden kann, da Fixkostensprünge oder Änderungen des Steigungsmaßes der Kostenfunktion in der Soll-Kostenkurve erfaßt werden können. Andererseits muß dieses Verfahren als sehr aufwendig bezeichnet werden, da für alle Kostenarten jeder einzelnen Kostenstelle für den praktisch relevanten Bereich der Beschäftigungsänderung der Kostenanfall ermittelt werden muß.

Abschließend ist im Zusammenhang mit der Gemeinkostenplanung im Produktionsbereich darauf hinzuweisen, daß hier **projektbezogene Kosten** als Bestandteile von Gemeinkosten – abgesehen vom Fall der Einzelproduktion, bei der Produkte/Kostenträger als Projekte behandelt werden können – grundsätzlich nur einen sehr geringen Anteil ausmachen. Kosten für Maßnahmen zur Realisierung strategischer Pläne in der Planperiode werden vielfach nicht im Produktionsbereich, sondern gesondert ausgewiesen, z. B. Kosten für Erweiterungsbauten. Projektbezogene Kosten im Rahmen der operativen Planung werden zwar nur statistisch gesondert erfaßt, aber auf den Kostenstellen auch innerhalb der geplanten Periodenkosten mit ausgewiesen, z. B. Lohnkosten für Wertanalysearbeiten.

Voraussetzung für die Planung der Kapitalkosten (Abschreibungen, Zinsen), die gerade im Produktionsbereich einen erheblichen Fixkostenanteil ausmachen, ist allerdings eine **Vermögensplanung.** Die Anlagevermögensplanung erfolgt hierbei kostenstellenweise, die Vorrats-

---

84 Vgl. z. B. Kilger, W., Flexible Plankostenrechnung und Deckungsbeitragsrechnung, a.a.O., S. 341 ff.

85 Vgl. Teil III, Abschnitt 4.1.3.3.2.

Gemeinkostenplan Kostenstelle Nr. ...							
Kostenart	Monatliche Kapazitätsauslastung in Standard-Maschinenstunden und in Prozenten der Kapazitätsauslastung						Gemeinkosten für Monat:
	1 400 70 %	1 600 80 %	1 800 90 %	2 000 100 %	2 200 110 %	2 400 120 %	1 700 85 %
Beeinflußbare Kosten							
Gemeinkosten-Löhne	3 600	3 600	3 800	4 000	4 200	4 400	3 700
Überstundenzuschl. auf Fertigungslohn	—	—	—	—	1 500	3 000	—
Werkzeuge und Geräte	1 500	1 500	1 550	1 600	1 650	1 700	1 525
Instandhaltung	360	400	440	440	440	550	420
Hilfsmaterial A	280	320	360	400	440	480	340
sonstiges Hilfsmaterial	240	260	280	300	320	340	270
Kraftstrom	720	840	920	1 000	1 100	1 200	880
sonstige Energie	380	400	440	460	480	500	420
Nichtbeeinflußbare Kosten							
Gehälter	2 000	2 000	2 400	2 400	2 400	2 400	2 200
kalk. Sozialkosten	2 000	2 000	2 200	2 400	2 700	3 000	2 100
kalk. Raumkosten	1 500	1 500	1 500	1 500	1 500	1 500	1 500
kalk. Zinsen	300	300	300	300	300	300	300
kalk. Abschreibungen	1 700	1 800	1 900	2 000	2 100	2 200	1 850
Summe Gemeinkosten	14 580	14 920	16 090	16 800	19 130	21 560	15 505
Gemeinkostenverrechnungssatz	—	—	—	DM 8,40	—	—	—

Abb. 123: Mehrstufige Kostenplanung einer Kostenstelle

vermögensplanung nach Zwischenproduktgruppen für Produktionsbereiche bzw. Zwischenlager als besondere organisatorische Einheiten. Die Vorratsbestände sollten im Zusammenwirken mit der Produktionsablaufplanung (Materialeinsatzplanung) einer laufenden Kontrolle unterliegen.

(2) Produktionsgemeinkostenkontrolle

Die **Kostenkontrolle,** die nach Abschluß der einzelnen Teilperioden durchgeführt wird, dient in erster Linie zur Kontrolle der Wirtschaftlichkeit der Leistungserstellung und – falls sie auf der Basis von Vollplankosten durchgeführt wird – der laufenden Überwachung der Planverrechnungssätze der einzelnen Kostenstellen. Die Kostenkontrolle sollte je Kostenstelle und Kostenbereich bezogen auf die einzelnen Kostenarten und die Gesamtkosten erfolgen. Die Durchführung der Kontrolle erfolgt in folgenden Schritten[86] (vgl. Abbildungen 124 und 125a):

- Bestimmung der Ist-Bezugsgröße (Kapazitätsauslastung),
- Ermittlung der Soll-Kosten[87],

86 Vgl. ausführlich zur Kostenkontrolle Agthe, K., Kostenplanung und Kostenkontrolle, a.a.O., S. 143ff.; ferner Kilger, W., Flexible Plankostenrechnung und Deckungsbeitragsrechnung, a.a.O., S. 590ff.; Glaser, H., Kostenkontrolle durch Abweichungsanalyse, in: Handbuch Kostenrechnung, Hrsg. W. Männel, Wiesbaden 1992, S. 476ff.; Wenz, E., Kosten- und Leistungsrechnung mit einer Einführung in die Kostentheorie, a.a.O., S. 404ff.

87 Die Feststellung der Soll-Kosten erfolgt für die einzelnen Kostenarten nach der Formel: Soll-Kosten = Fixkosten bei Basisplanbeschäftigung + Ist-Bezugsgröße · proportionaler Kostensatz; kostenstellenweise erfolgt die Ermittlung der Soll-Kosten durch Verwendung des Stufenplans der Gemeinkostenplanung.

- Ermittlung verrechneter Plankosten[88],
- Ermittlung der Ist-Kosten,
- Vergleich von Soll- und Ist-Kosten, Ermittlung und Analyse von Abweichungen.

Darüber hinaus sind die voraussichtlichen Ist-Kosten am Ende der Planperiode zu schätzen.

Als **Abweichungen** werden bei der häufig angewandten Zwei-Abweichungs-Methode die Verbrauchsabweichung und die Beschäftigungsabweichung ermittelt. Je nachdem, ob beim Soll-/Ist-Vergleich mit Vollplankosten oder mit Grenzplankosten gerechnet wird, ist die Ermittlung der Beschäftigungsabweichung unterschiedlich; die Ermittlung der Verbrauchsabweichung ist bei beiden Rechenverfahren gleich.

Gemeinkostenkontrolle Kostenstelle Nr. .... Monat: .... (Flexible Vollplankostenrechnung)				
Max. Kapazität: 2 400 Maschinen-Stunden Plan-Kapazität: 2 000 Maschinen-Stunden Ist-Kapazität: 1 700 Maschinen-Stunden				
Kostenart	Soll-kosten für 1 700 M-Std.	Ist-kosten	Verbrauchsabweichung DM	Verbrauchsabweichung %
Beeinflußbare Kosten				
Gemeinkosten-Löhne	4 070	4 000	— 70	— 2
Überstundenzuschläge auf Fertigungslohn	0	200	+ 200	.
Werkzeuge und Geräte	1 528	1 473	— 55	— 3
Instandhaltung	433	400	— 33	— 8
Hilfsmaterial A	340	360	+ 20	+ 6
sonstiges Hilfsmaterial	273	253	— 20	— 8
Kraftstrom	880	825	— 55	— 6
sonstige Energie	432	462	+ 30	+ 7
Nichtbeeinflußbare Kosten				
Gehälter	2 000	2 400	+ 400	+ 20
kalk. Sozialkosten	2 400	2 500	+ 100	+ 4
kalk. Raumkosten	1 500	1 500	0	0
kalk. Zinsen	300	300	0	0
kalk. Abschreibungen	1 850	1 850	0	0
Summe	16 006	16 523	+ 517	+ 3
Verrechnete Plankosten	14 280			
Beschäftigungsabweichung	1 726			
kumulierte Verbrauchsabweichung			+ 3 108	
Plan-/Ist-Kostensatz	8,40	9,72		
ges. Stellenabweichung	2 243			

Abb. 124: Gemeinkostenkontrolle im Rahmen der flexiblen Vollplankostenrechnung für Kostenstelle Nr. ...

88 Die verrechneten Plankosten ergeben sich als Produkt von Ist-Bezugsgröße · proportionalem oder Vollplankostenverrechnungssatz.

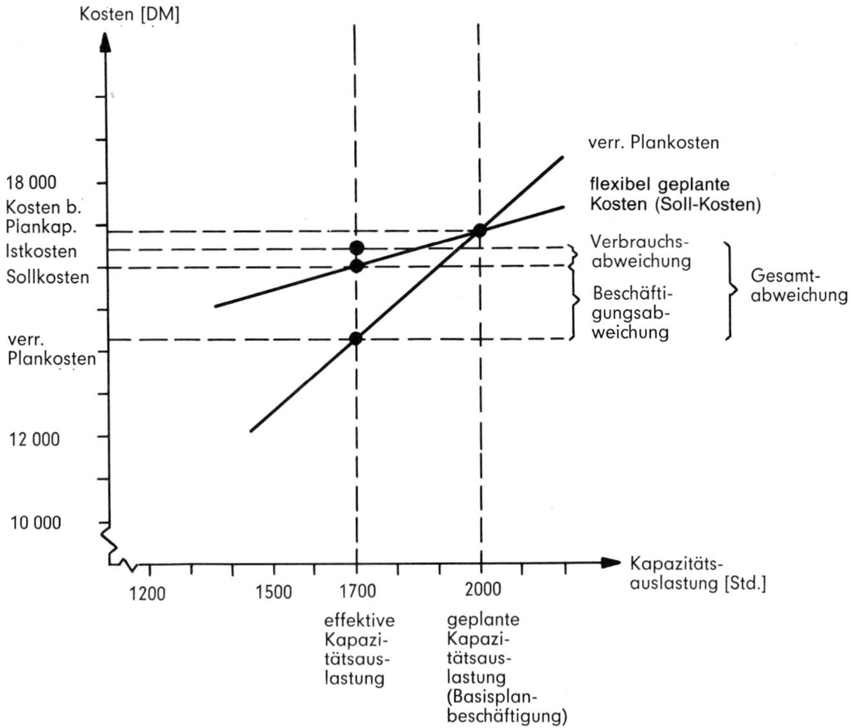

Abb. 125 a: Abweichungsanalyse für Kostenstelle Nr. . . . (Methode der zwei Abweichungen bei flexibler Vollplankostenrechnung)

Die **Verbrauchsabweichung bei flexibler Vollplankostenrechnung und Grenzplankostenrechnung** wird ermittelt als

Ist-Kosten
⁒ Soll-Kosten bei Ist-Bezugsgröße

= Verbrauchsabweichung.

Diese Abweichung enthält jenen Teil der Kosten einer Bezugsperiode, die durch „Unwirtschaftlichkeit" der Leistungserstellung verursacht wurde, und ist damit Grundlage zur Beurteilung der Wirtschaftlichkeit der Verwendung von Einsatzfaktoren, die zur Entstehung von Gemeinkosten führen.

Eine Analyse dieser Abweichung sollte für jede Kostenart einer Kostenstelle getrennt durchgeführt werden. Wird diese Abweichung nur insgesamt für jede Kostenstelle ermittelt, so besteht die Gefahr, daß sich positive und negative Abweichungen bei den einzelnen Kostenarten insgesamt ausgleichen und Ursachen mangelnder Wirtschaftlichkeit nicht gleich entdeckt werden. Andererseits bedeutet eine hohe Verbrauchsabweichung nicht regelmäßig eine schlechte Wirtschaftlichkeit bei der Verwendung von Gemeinkostengütern, da in der Verbrauchsabweichung auch Anteile enthalten sein können, die auf Unsicherheit von Informationen im Zeitpunkt der Planerstellung zurückzuführen sind.

Die **Beschäftigungsabweichung** ergibt sich **bei flexibler Vollplankostenrechnung** aus den

Soll-Kosten bei Ist-Bezugsgröße
⁒ verrechnete (Voll-)Plankosten bei Ist-Bezugsgröße
= Beschäftigungsabweichung.

Die Beschäftigungsabweichung ist im Gegensatz zur Verbrauchsabweichung keine „echte" Kostenabweichung im Sinne eines Mehr- oder Minderanfalls von Kosten, sondern lediglich eine Rechengröße, die anzeigt, welcher Kostenanteil infolge des Abweichens von effektiver Bezugsgröße (Auslastung) und Planbezugsgröße (Basisauslastung) in der Kostenträgerrechnung zuviel oder zuwenig auf die in den einzelnen Kostenstellen erstellten Leistungen verrechnet worden ist.

Diese Abweichung ergibt sich aus der Proportionalisierung der Fixkosten bei der Ermittlung des Planverrechnungssatzes; sie enthält den Teil der Fixkosten, der durch die Beibehaltung des Planverrechnungssatzes in den einzelnen Teilperioden entweder zuwenig (effektive Bezugsgröße < Planbezugsgröße) oder zuviel (effektive Bezugsgröße > Planbezugsgröße) auf die Kostenträger umgelegt wurde. Unter der Prämisse, daß Planbezugsgröße und nutzbare Kapazität einer Kostenstelle gleich hoch sind, ist die Beschäftigungsabweichung identisch mit den Leerkosten[89], d. h. mit jenem Teil der Fixkosten, der in einer Periode nicht durch Erstellung von Leistungen genutzt wird.

Neben der hier dargestellten Methode der Zwei-Abweichungsanalyse wird in der Literatur noch auf weitere Aufspaltungsmöglichkeiten hingewiesen. Diese Abweichungsanalysen sind in der Praxis allerdings vielfach nicht mit dem erforderlichen Genauigkeitsgrad bei der Erfassung der Bezugsgrößen durchführbar, oder aber der Aufwand der Erfassung läßt sich durch die Verbesserung des Aussagewertes der Abweichungen nicht rechtfertigen[90].

Mit den Abbildungen 124 sowie 125 a und 125 b wird versucht, die bisherigen Ausführungen zur Gemeinkostenkontrolle anhand eines Beispiels bei Verwendung der flexiblen Vollplankostenrechnung tabellarisch und graphisch zu veranschaulichen.

Erfolgen Kostenkontrolle und Abweichungsanalyse auf der Basis der **Grenzplankostenrechnung,** so wird die Verbrauchsabweichung als Differenz zwischen proportionalen Ist-Kosten und den verrechneten proportionalen Plankosten ermittelt. Diese Abweichung entspricht in vollem Umfang der Verbrauchsabweichung bei flexibler Vollplankostenrechnung. Die Ermittlung einer Beschäftigungsabweichung widerspricht zunächst dem Grundgedanken der Grenzplankostenrechnung. Diese Rechnung verzichtet ja auf eine Verrechnung von Fixkosten auf die Kostenträger, da sie im allgemeinen nicht verursachungsgemäß vorgenommen werden kann. Die Fixkosten werden in voller Höhe dem Periodenergebnis angelastet.

In der praktischen Anwendung der Grenzplankostenrechnung sollte dagegen auf die Ermittlung einer Beschäftigungsabweichung zur Kontrolle der Fixkostennutzung nicht verzichtet werden. Sie ergibt sich bei der Grenzplankostenrechnung aus einem Vergleich von gedeckten und geplanten Fixkosten der Kostenstelle.

---

89 Vgl. Gutenberg, E., Grundlagen der Betriebswirtschaftslehre, 1. Bd., Die Produktion, a.a.O., S. 348 ff.

90 Vgl. hierzu z. B. Agthe, K., Kostenplanung und Kostenkontrolle, a.a.O., S. 163 f.; Weber, K., Zur Abweichungsermittlung bei der Standardkostenrechnung, IO 1961, S. 435 ff.; Weilenmann, P., Planungsrechnung in der Unternehmung, a.a.O., S. 64 ff.; ferner Kosiol, E., Analyse der Kostenabweichungen, in: HWR, Hrsg. E. Kosiol, K. Chmielewicz, M. Schweitzer, 2. Aufl., Stuttgart 1981, Sp. 986 ff. sowie die dort angegebene Literatur.

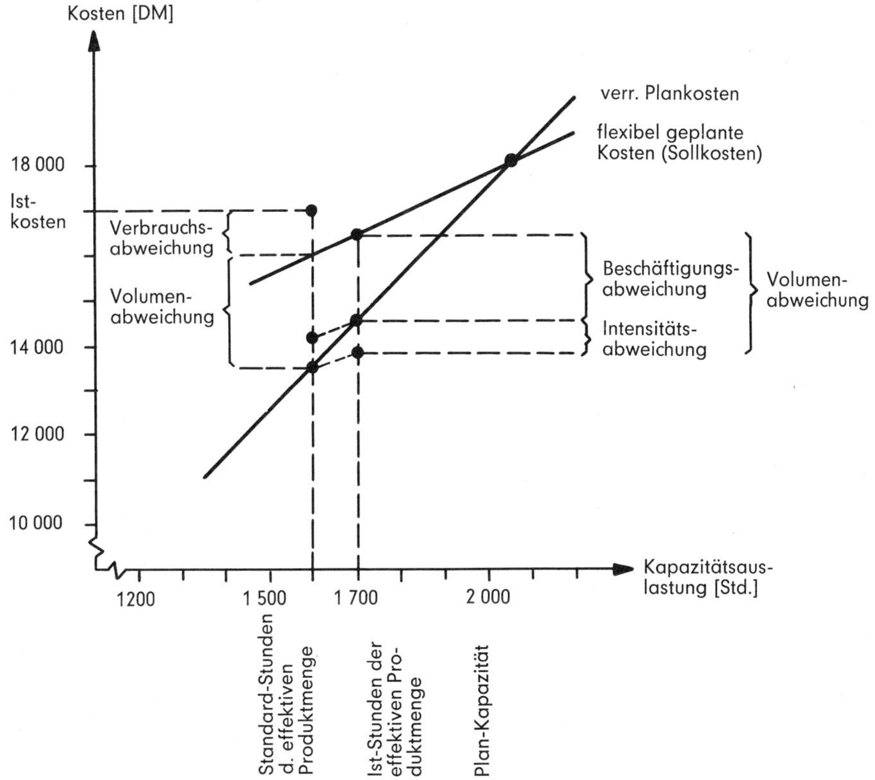

Abb. 125 b: Abweichungsanalyse für Kostenstelle Nr. . . . (Methode der drei Abweichungen bei flexibler Vollplankostenrechnung)

Die **Beschäftigungsabweichung bei Grenzplankostenrechnung** wird ermittelt als

geplante Fixkosten (Fixkosten bei Planbezugsgröße)

$$\%\ \text{gedeckte Fixkosten}\left(\text{Fixkosten}\cdot\frac{\text{effektive Bezugsgröße}}{\text{Planbezugsgröße}}\right)$$

= Beschäftigungsabweichung.

Diese Beschäftigungsabweichung entspricht dann in ihrer Höhe voll der in einer Vollplankostenrechnung als Differenz zwischen Soll-Kosten und verrechneten Plankosten ausgewiesenen Beschäftigungsabweichung.

Abbildungen 126 a und 126 b zeigen ein Beispiel für die Gemeinkostenkontrolle bei flexibler Grenzplankostenrechnung, wobei die gleichen Werte wie in dem vorangegangenen Beispiel verwendet werden.

Abschließend zur Kostenkontrolle im Produktionsbereich sei bemerkt, daß sich bei der **Kostenkontrolle von Projekten** keine besonderen Probleme ergeben, sofern nicht Mehrprojektproduktion mit Einzelfertigung vorliegt (vgl. auch Abschnitt 6.2.5 dieses Teils).

Gemeinkostenkontrolle Kostenstelle Nr. ______ Monat: ______ (Grenzplankostenrechnung)				
Max. Kapazität: 2 400 Maschinen-Stunden Plan-Kapazität: 2 000 Maschinen-Stunden Ist-Kapazität: 1 700 Maschinen-Stunden				
Kostenart	Fix-kosten	proportionale Kosten		Ver-brauchs-abwei-chung
		Soll	Ist	
Beeinflußbare Kosten				
Gemeinkosten-Löhne	2 200	1 870	1 800	– 70
Überstundenzuschläge auf Fertigungslohn	—	0	200	+ 200
Werkzeuge und Geräte	1 120	408	353	– 55
Instandhaltung	396	37	4	– 33
Hilfsmaterial A	0	340	360	+ 20
sonstiges Hilfsmaterial	120	153	133	– 20
Kraftstrom	200	680	625	– 55
sonstige Energie	276	156	186	+ 30
Nichtbeeinflußbare Kosten				
Gehälter	2 000	0	400	+ 400
kalk. Sozialkosten	2 400	0	100	+ 100
kalk. Raumkosten	1 500	0		0
kalk. Zinsen	300	0		0
kalk. Abschreibungen	1 000	850	850	0
Summe	115 12	4 494	5 011	+ 517
Gesamt-Istkosten	16 523			
kumul. Verbrauchsabweichung				+ 3 108
Plan-/Ist-Proport.-Kostensatz		2,64	2,95	
Plan-/Fixkostensatz	5,756			
gedeckte Fixkosten	9 786			
Beschäftigungsabweichung	1 726			
ges. Stellenabweichung	2 243			

Abb. 126 a: Gemeinkostenkontrolle im Rahmen der Grenzplankostenrechnung für Kostenstelle Nr. . . .

Bei der **Vermögenskontrolle** kommt der laufenden Kontrolle der Zwischenlagerbestände besondere Bedeutung zu, da bei Serienproduktion vielfach gerade diese Bestände erhebliche Kapitalbindungen und damit Kosten verursachen.

Zum Zwecke der Kontrolle interessieren im Produktionsbereich neben ausschließlich auf der Basis von Kosten gebildeten Kennzahlen (z. B. Kostenanteile) besonders auch **mengenbezogene Kennzahlen,** die in spezieller Weise **Aussagen über Produktivitäten,** verstanden als mengenbezogener Output dividiert durch mengenbezogenen Input, machen. Sie sind in der Regel nur bezogen auf Kostenstellen oder Kostenbereiche aussagefähig zu bilden, nicht bezogen auf die gesamte Unternehmung[91].

91 Vgl. hierzu grundsätzlich Hahn, D., Laßmann, G., Produktionswirtschaft–Controlling industrieller Produktion, Bd. 3, 2. Teilband, Heidelberg 1993, S. 259 ff.; Laßmann, G., Produktivität, in: HWB, 2. Bd., Hrsg. E. Grochla, W. Wittmann, 4. Aufl., Stuttgart 1975, Sp. 3164 ff.

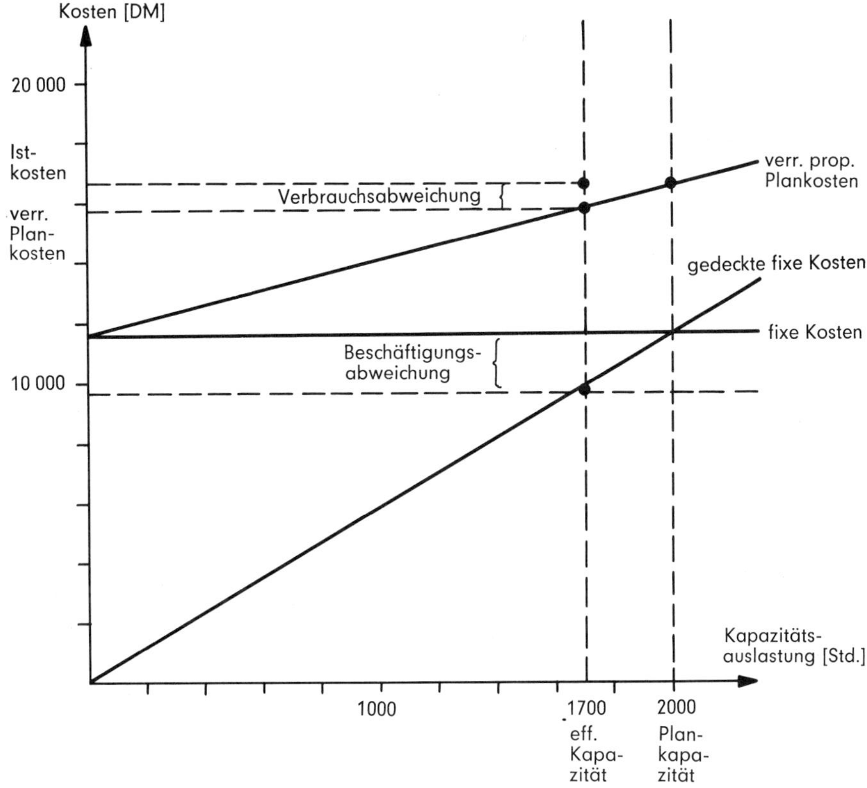

Abb. 126 b: Abweichungsanalyse für Kostenstelle Nr. . . . (Grenzplankostenrechnung)

Die Arbeitsproduktivität kann z. B. angegeben werden durch die Kennzahlen:

$$\frac{\text{Produktionsleistung}}{\text{Zahl der Beschäftigten}} \quad \text{oder} \quad \frac{\text{Produktionsleistung}}{\text{Maschinenstunden}}.$$

Folgende Kennzahlen können hinsichtlich des Personaleinsatzes Auskunft geben über die „Verteilung“ der insgesamt geleisteten Arbeitsstunden[92]:

$$\frac{\text{Tätigkeitszeiten}}{\text{Arbeitsstunden}},$$

$$\frac{\text{Wartezeiten}}{\text{Arbeitsstunden}},$$

$$\frac{\text{Erholungszeiten}}{\text{Arbeitsstunden}},$$

$$\frac{\text{Verteilzeiten (sachlich u. persönlich)}}{\text{Arbeitsstunden}}.$$

---

92 Zum Inhalt der Begriffe vgl. Verband für Arbeitsstudien – REFA – e. V. (Hrsg.), Methodenlehre des Arbeitsstudiums, Teil 2, Datenermittlung, a.a.O., S. 41 ff.

Zur Planung und Kontrolle von auftragsbezogenen Zeiten und Terminen werden neben der **Durchlaufzeit** (Zeitdauer der Auftragsabwicklung) auch die jeweiligen Anteile der Bearbeitungs-, Liege- und Transportzeiten an der gesamten Durchlaufzeit betrachtet.

Durch zunehmenden – auch globalen – Wettbewerbsdruck gewinnen Bestrebungen zur Produktivitätssteigerung und Kostensenkung zunehmend an Bedeutung. Die Kennzahl

$$\frac{\text{Anzahl Verbesserungsvorschläge}}{\text{Anzahl Mitarbeiter}}$$

dient gerade im Produktionsbereich als Maßstab für die Kreativität und das Ausmaß der Einbindung der Mitarbeiter in einen kontinuierlichen Verbesserungsprozeß (KVP)[93].

Von besonderer Bedeutung im Produktionsbereich sind auch materialmengenbezogene Kennzahlen, hier insbesondere auch die Überwachung des Materialverlustes bezogen auf den Materialeinsatz, gegebenenfalls untergliedert nach Werkstoffarten zur Erhöhung der Aussagefähigkeit. Verlustursachen können sein: Ausschuß (Betriebsmittel-, Arbeits-, Materialfehler), Abfall (Verschnitt) und Schwund (Diebstahl, Verderb).

Die jeweiligen Kennzahlen lauten dann:

$$\frac{\text{Ausschuß}}{\text{Materialeinsatzmenge}},$$

$$\frac{\text{Abfall}}{\text{Materialeinsatzmenge}},$$

$$\frac{\text{Schwund}}{\text{Materialeinsatzmenge}}.$$

Abweichungen sind nach den einzelnen Verlustursachen näher aufzuschlüsseln. Bei einer Analyse des Ausschusses und des Abfalles kann die Bildung wertmäßiger Kennzahlen sinnvoll sein, um auch Erlöse (z. B. für Schrott) einzubeziehen.

Hinsichtlich des Energieeinsatzes kann die Kennzahl

$$\frac{\text{erforderliche Energiemenge}}{\text{verbrauchte Energiemenge}}$$

berechnet werden. Sie wird auch als Wirkungsgrad bezeichnet.

Material- und Energieproduktivitäten sind stets kleiner 1.

4.2.2.3 PuK im Beschaffungsbereich

4.2.2.3.1 Planung der Ziele und Maßnahmen

Die Planung der Ziele im Beschaffungsbereich basiert weitgehend auf den Angaben anderer operativer Planungen, insbesondere der Materialbedarfs- und Materialeinsatzplanung des Produktionsbereichs sowie der Handelswarenabsatzplanung des Verkaufs. Zudem ergeben

93 Vgl. hierzu z. B. Imai, M., Kaizen – Der Schlüssel zum Erfolg der Japaner im Wettbewerb, 2. Aufl., München 1992, S. 145 ff.

sich Ziele für den Beschaffungsbereich aus der strategischen Planung. Die Beschaffungsplanung wie auch die Produktions- und Absatzplanung determinieren weitgehend die mit diesen Teilplanungen integrierte Transportplanung.

Die Planung des Beschaffungsbereichs[94] umfaßt

(1) die Planung des Beschaffungsprogramms (Einkaufs- und Lagerziele) und
(2) die Planung der Beschaffungsmaßnahmen.

(1) Beschaffungsprogrammplanung

Das **Beschaffungsprogramm** umfaßt das Einkaufs- und Lagerprogramm. Hierin wird festgelegt, in welchen Mengen die einzelnen Materialarten zu bestimmten Zeiten bzw. innerhalb bestimmter Zeiträume einzukaufen (zu bestellen) und zu lagern sind – ausgehend von dem geplanten Materialbedarf.

Hiermit verbunden ist die Entscheidung darüber, in welcher Höhe Bestände in der Planperiode aus Sicherheits- oder anderen Gründen nicht unterschritten werden sollten (Meldebestand, Mindestbestand).

Aus dem sachlich und zeitlich spezifischen Materialbestand vom Lager-, Produktions- und gegebenenfalls Vertriebsbereich werden unter Berücksichtigung von Lieferzeiten und Sicherheitserfordernissen nach Möglichkeit kostenoptimale Bestellmengen für bestimmte Zeitpunkte sowie kostenoptimale Vorratsbestände der einzelnen Materialarten ermittelt.

Die Forderung nach preis- und kostengünstigem Einkauf und nach kostengünstiger Lagerung und Bereitstellung von Roh-, Hilfs- und Betriebsstoffen sowie fremdbezogenen (Teil-) Produkten läßt sich wegen der gegenläufigen Interdependenzen zwischen Einkaufs- und Lagerkosten sowie zwischen Einkaufsmengen und -preisen nur erfüllen, wenn die im Einkaufs- und die im Lagerprogramm enthaltenen Mengenziele in integrierten Rechnungen ergebnisorientiert ermittelt werden[95].

---

94 Vgl. ausführlich z. B. Arnolds, H., Heege, F., Tussing, W., Materialwirtschaft und Einkauf, 8. Aufl., Wiesbaden 1993; Bloech, J., Beschaffungsplanung, in: HWPlan, Hrsg. N. Szyperski, Stuttgart 1989, Sp. 121 ff.; Bichler, K., Beschaffungs- und Lagerwirtschaft, 5. Aufl., Wiesbaden 1990, S. 29 ff.; Glaser, H., Beschaffungsplanung, in: HWB, 1. Bd., Hrsg. E. Grochla, W. Wittmann, 4. Aufl., Stuttgart 1974, Sp. 512 ff.; Grochla, E., Grundlagen der Materialwirtschaft, 3. Aufl., Wiesbaden 1978; ders., Materialwirtschaft, in: HWProd, Hrsg. W. Kern, Stuttgart 1979, Sp. 1257 ff.; Grochla, E., Schönbohm, P., Beschaffung in der Unternehmung, Stuttgart 1980; Schwarz, H., Materialbeschaffung, in: HWProd, Hrsg. W. Kern, Stuttgart 1979, Sp. 1216 ff.; Theisen, P., Beschaffung und Beschaffungslehre, in: HWB, 1. Bd., Hrsg. E. Grochla, W. Wittmann, 4. Aufl., Stuttgart 1974, Sp. 494 ff.; Weinhold-Stünzi, H., Beschaffungsplanung, in: HWR, Hrsg. E. Kosiol, Stuttgart 1970, Sp. 146 ff.; Wissebach, B., Beschaffung und Materialwirtschaft, Herne–Berlin 1977 sowie die angegebene Literatur.

95 Hierzu wird insbesondere auf die in der betriebswirtschaftlichen Literatur ausführlich erörterten Rechnungen und Modelle zur Ermittlung von optimalen Bestellmengen, optimalen Bestellzeitpunkten oder optimalen Vorratsmengen verwiesen; vgl. z. B. Hahn, D., Laßmann, G., Produktionswirtschaft–Controlling industrieller Produktion, Bd. 1, a.a.O., S. 407 ff.; Gebhardt-Seele, P., Rechenmodelle für wirtschaftliches Lagern und Einkaufen, München–Wien 1962; Grochla, E., Grundlagen der Materialwirtschaft, a.a.O.; Klingst, A., Optimale Lagerhaltung, Würzburg–Wien 1971; Kottke, E., Die optimale Bestellmenge, Berlin 1966; Naddor, E., Lagerhaltungssysteme, Frankfurt/M.–Zürich 1971; Pack, L., Optimale Bestellmenge und optimale Losgröße, a.a.O.; Schneeweiß, C., Modellierung industrieller Lagerhaltungssysteme, Berlin–Heidelberg–New York 1981; Soom, E., Optimale Lagerbewirtschaftung in Industrie, Gewerbe und Handel, Bern–Stuttgart 1976.

(2) Beschaffungsmaßnahmenplanung

Die **Planung der Einkaufs- und Lagermaßnahmen** erfolgt – soweit Maßnahmen zur Realisierung von Mengenzielen festgelegt werden – wegen der Wechselwirkungen zwischen Ziel- und Maßnahmenplanung gleichzeitig mit der Aufstellung von Einkaufs- und Lagerprogramm. Als Ergebnis enthält der Maßnahmenplan Angaben darüber, durch welche Aktionen die Zielpläne realisiert werden sollen (Qualitätsfestlegungen, Preisverhandlungen, Lieferantenwahl, Bestellvorgänge, Wareneingangskontrollen usw.).

Auch bei der Festlegung von Transportprogramm und Transportmaßnahmen, die in enger Verzahnung mit der Einkaufs- und Lagerplanung erfolgt, muß versucht werden, konkurrierende Ziele, wie die Minimierung der Transportkosten und die Minimierung der Stillstandskosten durch Materialmangel, gleichzeitig zu verfolgen.

4.2.2.3.2 Gestaltung und Aussagefähigkeit der Planungs- und Kontrollrechnung

In der Planungs- und Kontrollrechnung für den Einkaufs- und Lager- sowie den hiermit verbundenen Transportbereich sind, wie für alle anderen Funktionsbereiche, Kosten- und Vermögenspläne aufzustellen; zudem können aus dem Beschaffungsprogramm der Materialaufwand und – unter Berücksichtigung von Zahlungsbedingungen der Lieferanten – die von der Unternehmung zu leistenden Zahlungen für Materiallieferungen abgeleitet werden.

Planung und Kontrolle der Kosten des Einkaufs- und des Lagerbereichs erfolgen für die einzelnen Kostenstellen dieses Bereiches getrennt nach Kostenarten.

Dabei bereitet die **Planung der Kosten für Einkaufsstellen** die vergleichsweise geringsten Schwierigkeiten, da die Kosten dieser Stellen als weitgehend beschäftigungsunabhängig anzusehen sind und daher unter Zugrundelegung der geplanten Maßnahmen auf der Basis von geschätztem Personal- und Sachmitteleinsatz und prognostizierten Kostenentwicklungen – auch unter Heranziehung von Werten der Vorperioden – geplant werden können.

Auf **Lagerkostenstellen** fallen dagegen neben fixen auch variable, von der Inanspruchnahme dieser Kostenstellen abhängige Kosten in größerem Umfang an, so daß für diese Kostenstellen zum Teil eine flexible Kostenplanung durchgeführt werden kann. So sind die in den Lagerkostenstellen anfallenden kalkulatorischen Zinsen für Materialbestände zumindest teilweise zu den variablen Kosten zu zählen; die Kosten von Arbeitsleistungen in den Kostenstellen „Lager“ und „Materialprüfung“ fallen zumindest teilweise in Abhängigkeit von den Beschaffungs-, Lager- und Transportmengen der Planperiode an.

Die **Kontrolle der Kosten im Einkaufs- und Lagerbereich** erfolgt wie in anderen Bereichen durch Vergleich geplanter und effektiver Kosten. Sie wird sich im wesentlichen auf die Feststellung erheblicher Abweichungen beschränken und nur bei diesen versuchen, die Ursachen im einzelnen zu erforschen. Im Gegensatz zum Produktionsbereich können die Kontrollen in größeren Abständen erfolgen.

Aus den Angaben des Beschaffungsprogramms können für die gesamtunternehmungsbezogene Bilanzplanung Werte des **Vorratsvermögens** (Roh-, Hilfs- und Betriebsstoffe) abgeleitet werden. Zudem sind für die Planung und Kontrolle des investierten Kapitals und der hieraus abzuleitenden Kosten das je Kostenstelle in künftigen Perioden gebundene Anlage- und Umlaufvermögen zu ermitteln. Besondere Bedeutung kommt hierbei der Lagerbestandsplanung und -kontrolle zu.

Für Zwecke der Kontrolle können auch im Beschaffungsbereich **mengenbezogene Kennzahlen** gebildet werden. Bezüglich des Aufgabenkomplexes „Lagerhaltung“ kann hierzu auf die Ausführungen über die Fertigläger im Vertriebsbereich verwiesen werden (vgl. Teil III, Abschnitt 4.2.2.1.2.2). Bezüglich des Aufgabenkomplexes „Einkauf“ können z. B. die folgenden Kennzahlen gebildet werden:

$$\varnothing \text{ Lieferzeitabweichungen} = \frac{\varnothing \text{ tatsächliche Lieferzeit}}{\varnothing \text{ vereinbarte Lieferzeit}},$$

$$\text{Anteil der Lieferterminüberschreitungen} = \frac{\text{Anzahl der Terminüberschreitungen}}{\text{Anzahl der Lieferungen}},$$

$$\varnothing \text{ Anzahl der Güterarten je Lieferant} = \frac{\text{Anzahl der Güterarten}}{\text{Anzahl der Lieferanten}}.$$

Die Interpretation dieser Zahlen muß stets berücksichtigen, daß es sich um sehr globale Kennzahlen handelt.

4.2.2.4 PuK im Forschungs- und Entwicklungsbereich

4.2.2.4.1 Planung der Ziele und Maßnahmen

Die Ziel- und Maßnahmenplanung im Bereich Forschung und Entwicklung nimmt im Rahmen der operativen Unternehmungsplanung im Vergleich zur Planung anderer Bereiche eine Sonderstellung ein. **Besonderheiten der Planung** ergeben sich aus folgenden Gründen:

- Dem Tätigkeitsfeld Forschung und Entwicklung fehlt – auf die jeweils zu planende Periode bezogen – die unmittelbare Verbindung zum Vollzug des Leistungserstellungsprozesses. Die Tätigkeiten im Rahmen von Forschung und Entwicklung sind ausschließlich auf die Gestaltung der Unternehmung (Produkte/Produktionsprogramm, Betriebsmittel, Leistungserstellungsprozesse) in künftigen Perioden ausgerichtet. Zwischen diesen Tätigkeiten und dem Sachziel der Unternehmung sind lediglich mittelbare Beziehungen vorhanden. Eine Verkettung zwischen Forschungs- und Entwicklungsplänen und anderen bereichsbezogenen Plänen, wie sie z. B. pro Periode zwischen Absatz-, Produktions- und Beschaffungsplanung durch die unmittelbare Verbindung in Erfüllung des übergeordneten Sachziels der Unternehmung vorhanden ist, ist nicht oder nur im Hinblick auf einzelne Fragestellungen gegeben. Beziehungen zu anderen operativen Plänen bestehen lediglich durch die monetären Wirkungen der Forschungs- und Entwicklungspläne auf die gesamtunternehmungsbezogene Ergebnis- und Finanzplanung (Konkurrenz um die finanziellen Mittel).
- Die Interdependenz zwischen operativer und strategischer Planung ist im Bereich Forschung und Entwicklung besonders stark ausgeprägt. Einerseits beinhaltet die operative Ziel- und Maßnahmenplanung dieses Bereichs die Planung des Vollzugs der strategischen Zielpläne, soweit sie auf Maßnahmen zur Gewinnung neuen technischen Wissens ausgerichtet sind, andererseits können Ergebnisse von Forschungs- und Entwicklungstätigkeiten die teilweise oder vollständige Neufestlegung von strategischen Zielplänen erforderlich machen (vgl. Teil III, Abschnitt 3.1.2).
- Erhebliche Schwierigkeiten bei der Festlegung von Ziel- und Maßnahmenplänen und bei der Festlegung der hieraus resultierenden Wertepläne rühren von Wesensmerkmalen der Forschungs- und Entwicklungstätigkeiten her. Im Gegensatz zu anderen betrieblichen Tätigkeiten, bei denen Relationen zwischen Einsatzfaktoren und Ausbringung im voraus relativ genau bestimmt werden können, ist bei Forschungs- und Entwicklungstätigkeiten

im Zeitpunkt der Planung ungewiß, ob überhaupt bzw. in welchem Umfang verwertbare Ergebnisse erzielt werden[96].

Im einzelnen besteht Ungewißheit darüber,

a) welche Tätigkeiten und welcher Zeitbedarf sowie
b) welche Kosten erforderlich sind, um Ergebnisse zu erhalten, bzw. festzustellen, daß keine Ergebnisse zu erwarten sind;
c) ob und in welchem Umfang Ergebnisse der Forschungs- und Entwicklungstätigkeit wirtschaftlich verwertbar werden[97].

Der periodischen **Ziel- und Maßnahmenplanung im Forschungs- und Entwicklungsbereich** liegt im allgemeinen bereits eine als konstitutive Entscheidung vorgenommene Begrenzung des Tätigkeitsfeldes innerhalb des Gesamtgebietes von Forschung und Entwicklung zugrunde. Sie entspringt der Sachzielkonzeption der Unternehmung. Wird das Gesamtgebiet von Forschung und Entwicklung wie in Abbildung 127 in Teilgebiete unterteilt, so kommt eine Betätigung auf allen dort genannten Gebieten im allgemeinen nur für sehr große Unternehmungen in Frage, während mittlere und kleinere Unternehmungen sich auf Zweckforschung, Entwicklung und Erprobung, gegebenenfalls sogar nur auf Entwicklung und dazugehörige Erprobung beschränken.

Der periodische Zielplan legt dann für die Grundlagenforschung umrißartig Art und Umfang des Tätigkeitsfeldes und für die Zweckforschung und Entwicklung Art und Anzahl der Projekte fest, die im Laufe der kommenden Planperiode(n) verfolgt werden sollen; der Maßnahmenplan gibt eine Übersicht darüber, welche Aktionen von spezifischen Aktionsträgern vorzunehmen sind, soweit dies planbar ist.

Im Hinblick auf die sich verkürzenden Produktlebenszyklen[98] steht insbesondere auch die Verkürzung von Entwicklungszeiten im Vordergrund. Die Entwicklungszeit wird dabei zunehmend als ein Erfolgsfaktor der Unternehmung betrachtet[99].

---

96 Vgl. Brockhoff, K., Forschungsplanung im Unternehmen, Wiesbaden 1969, S. 12f.; ders., Forschung und Entwicklung: Planung und Kontrolle, 4. Aufl., München–Wien 1994, S. 35ff.; Kern, W., Schröder, H. H., Forschung und Entwicklung in der Unternehmung, Reinbek 1977, S. 16f.; Strebel, H., Die Bedeutung von Forschung und Entwicklung für das Wachstum industrieller Unternehmungen, Berlin 1968, S. 46; vgl. grundsätzlich zur Forschung und Entwicklung als Grundlage der Produktinnovation Hahn, D., Laßmann, G., Produktionswirtschaft–Controlling industrieller Produktion, Bd. 1, a.a.O., S. 143ff.

97 Vgl. Strebel, H., Die Bedeutung von Forschung und Entwicklung für das Wachstum industrieller Unternehmungen, a.a.O., S. 56; ausführlich hierzu auch Mellerowicz, K., Forschungs- und Entwicklungstätigkeit als betriebswirtschaftliches Problem, Freiburg i. Br. 1958, S. 43ff.

98 Vgl. zu den sich verkürzenden Produktlebenszyklen z. B. Johnson, H. T., Kaplan, R. S., Relevance Lost: The Rise and Fall of Management Accounting, a.a.O., S. 217ff.; Göpfert, I., Hoppenheit, C., Controlling in Forschung und Entwicklung, in: Controlling, Hrsg. H. Albach, J. Weber, ZfB-Ergänzungsheft 3/91, Wiesbaden 1991, S. 148.

99 Vgl. zum Problem der Entwicklungszeit Brockhoff, K., Urban, C., Die Beeinflussung der Entwicklungsdauer, in: Zeitmanagement in Forschung und Entwicklung, Hrsg. K. Brockhoff, A. Picot, S. Urban, ZfbF-Sonderheft 23/88, Düsseldorf–Frankfurt 1988, S. 1ff.; Nippa, M., Reichwald, R., Theoretische Grundüberlegungen zur Verkürzung der Durchlaufzeit in der industriellen Entwicklung, in: Durchlaufzeiten in der Entwicklung, Hrsg. R. Reichwald, H. J. Schmelzer, München–Wien 1990, S. 65ff.; Reichwald, R., Entwicklungszeiten als wettbewerbsentscheidender Faktor für den langfristigen Erfolg eines Industriebetriebes, in: Durchlaufzeiten in der Entwicklung, Hrsg. R. Reichwald, H. J. Schmelzer, München–Wien 1990, S. 9ff.; Schmelzer, H. J., Steigerung der Effektivität und Effizienz durch Verkürzung von Entwicklungszeiten, in: Durchlaufzeiten in der Entwicklung, Hrsg. R. Reichwald, H. J. Schmelzer, München–Wien 1990, S. 27ff.; Schmelzer, H. J., Butter-

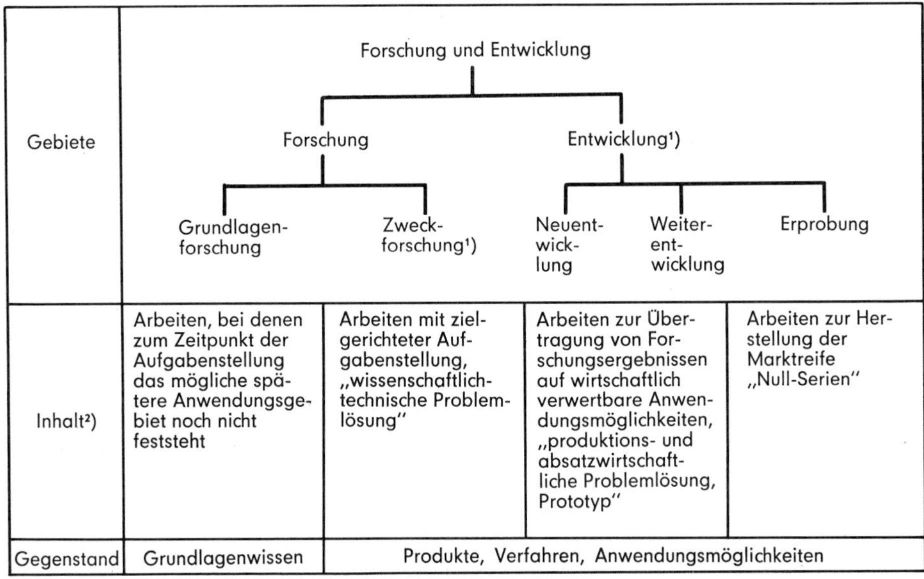

Gebiete
Forschung und Entwicklung
Forschung
Entwicklung¹)
Grundlagen-forschung
Zweck-forschung¹)
Neuent-wick-lung
Weiter-ent-wicklung
Erprobung
Inhalt²)
Arbeiten, bei denen zum Zeitpunkt der Aufgabenstellung das mögliche spätere Anwendungsgebiet noch nicht feststeht
Arbeiten mit zielgerichteter Aufgabenstellung, „wissenschaftlich-technische Problemlösung"
Arbeiten zur Übertragung von Forschungsergebnissen auf wirtschaftlich verwertbare Anwendungsmöglichkeiten, „produktions- und absatzwirtschaftliche Problemlösung, Prototyp"
Arbeiten zur Herstellung der Marktreife „Null-Serien"
Gegenstand
Grundlagenwissen
Produkte, Verfahren, Anwendungsmöglichkeiten

1 Eine exakte Trennung von Zweckforschung und Entwicklung ist in der Praxis häufig nicht möglich.
2 Zur begrifflichen Abgrenzung der Forschungsgebiete vgl. Bielecke, F.W., Eisen, R.W., Forschung und Entwicklung, München 1977, S. 25ff.; Brockhoff, K., Forschung und Entwicklung: Planung und Kontrolle, a.a.O., S. 37ff.; Kern, W., Schröder, H.H., Forschung und Entwicklung in der Unternehmung, a.a.O., S. 21ff.; Mellerowicz, K., Forschungs- und Entwicklungstätigkeit, a.a.O., S. 25ff.; Schätzle, G., Forschung und Entwicklung als unternehmerische Aufgabe, Köln–Opladen 1965, S. 24ff.; Scholz, L., Definition und Abgrenzung der Begriffe Forschung, Entwicklung, Konstruktion, in: RKW-Handbuch Forschung, Entwicklung, Konstruktion. Berlin 1976, Kennzahl 2020, Stand 1977; Stockbauer, H., F&E Controlling, Wien 1989, S. 33ff.

Abb. 127: Gebiete, Inhalt und Gegenstand von Forschung und Entwicklung

(1) Forschungs- und Entwicklungsprogrammplanung

Bei der Planung des Programms ist zu berücksichtigen, daß bei der Aufnahme einer Entwicklungsarbeit im allgemeinen Entscheidungen mit langfristiger Wirkung getroffen werden, d.h. Dispositionen über die Verwendung von Arbeitskräften und Einrichtungen des Forschungs- und Entwicklungsbereichs getroffen werden, die länger als eine Planperiode Gültigkeit haben. Bei der **Festlegung des Programms** für die Zweckforschung und Entwicklung für eine Periode muß also von folgenden Fragen ausgegangen werden[100]:

- Welche **laufenden** Projekte sollen im kommenden Jahr fortgesetzt und welche abgeschlossen oder abgebrochen werden (jeweils zu welchen Zeitpunkten)?
- Welche **neuen** Projekte sollen im Anschluß an abgeschlossene oder abgebrochene Vorhaben bzw. zusätzlich zu laufenden Vorhaben durchgeführt werden?

---

milch, K.-H., Reduzierung der Entwicklungszeiten in der Produktentwicklung als ganzheitliches Problem, in: Zeitmanagement in Forschung und Entwicklung, Hrsg. K. Brockhoff, A. Picot, S. Urban, ZfbF-Sonderheft 23/88, Düsseldorf–Frankfurt 1988, S. 43ff.

100 Vgl. Mellerowicz, K., Forschungs- und Entwicklungstätigkeit als betriebswirtschaftliches Problem, a.a.O., S. 99; ferner Arbeitskreis „Integrierte Unternehmungsplanung" der Schmalenbach-Gesellschaft/Deutsche Gesellschaft für Betriebswirtschaft e.V., Integrierte Forschungs- und Entwicklungsplanung, ZfbF 1986, S. 368ff.; Brockhoff, K., Programmplanung für die Forschung und Entwicklung, in: HWProd, Hrsg. W. Kern, Stuttgart 1979, Sp. 652ff. sowie die dort angegebene umfangreiche Literatur.

Sollen neue Vorhaben in das Programm aufgenommen werden, so bieten sich folgende Beurteilungskriterien an:

- Dringlichkeit des Projektes, z. B. Erhaltung der Wettbewerbsfähigkeit,
- Beurteilung der Marktchancen bei Gelingen des Projektes,
- Dauer der Projektdurchführung, voraussichtliche Kosten des Projektes,
- FuE-Schwerpunkte der Konkurrenten,
- Beurteilung der Erfolgsaussichten.

(2) Forschungs- und Entwicklungsmaßnahmenplanung

Die **Maßnahmenplanung** wird erschwert durch die bereits erwähnte Ungewißheit bei der Planung von Forschungs- und Entwicklungstätigkeiten. Die Zeitdauer von Projekten und die Kosten einzelner Projekte durch Inanspruchnahme von Arbeitskräften und Forschungseinrichtungen und die sonstigen Kosten zur Durchführung der Projekte lassen sich im voraus nur relativ grob schätzen. Dennoch sollte vor Beginn der Planperiode möglichst festgelegt werden, ob die Durchführung der geplanten Vorhaben mit den vorhandenen Arbeitskräften und Einrichtungen möglich erscheint oder ob eine Variation der Forschungskapazität anzustreben ist.

Forschungs- und Entwicklungsprogramm- und -maßnahmenplan selbst dürfen nicht starr vorgegeben werden, sondern müssen dem verantwortlichen Leiter des einzelnen Projektes genügend Spielraum lassen. So können Zwischenergebnisse eine Änderung der ursprünglichen Pläne sinnvoll erscheinen lassen.

4.2.2.4.2 Gestaltung und Aussagefähigkeit der Planungs- und Kontrollrechnung

Die operative Planungs- und Kontrollrechnung im Bereich Forschung und Entwicklung wird geprägt durch zwei **Besonderheiten,** in denen sie sich von der Werteplanung anderer Bereiche unterscheidet:

- Bei der **Kostenplanung** muß berücksichtigt werden, daß über Kosten-/Leistungsbeziehungen quantitativer Art im Bereich Forschung und Entwicklung grundsätzlich nur unbestimmte Angaben gemacht werden können.
  Die **Kosten** im Bereich Forschung und Entwicklung können als **ausschließlich entscheidungsbedingt** charakterisiert werden, wobei ein Großteil der Kosten oft als langfristig nicht veränderbar anfällt.
- Die **Kontrolle der Kosten** im Bereich Forschung und Entwicklung kann nicht zur Beurteilung der **Wirtschaftlichkeit** von Forschungs- und Entwicklungstätigkeiten herangezogen werden. Der Kostenanfall ist zur Beurteilung der Leistungsfähigkeit einer Entwicklungsabteilung auf Grund des besonderen Charakters von Forschungs- und Entwicklungstätigkeiten nahezu völlig ungeeignet. Die Kostenkontrolle im Bereich Forschung und Entwicklung ist primär auf die Einhaltung des Kostenbudgets ausgerichtet.

Bei der Kostenplanung und -kontrolle im Bereich Forschung und Entwicklung ist zu unterscheiden in

(1) Planung und Kontrolle der Gesamtkosten sowie
(2) Planung und Kontrolle nach Kostenstellen und Projekten.

(1) Planung und Kontrolle der Gesamtkosten des Bereichs Forschung und Entwicklung

Für die **Planung des Gesamtbudgets** der in der Planperiode für Forschung und Entwicklung insgesamt aufzuwendenden Mittel werden zwei Prinzipien vorgeschlagen[101]:

a) Der Bedarf an finanziellen Mitteln für den Bereich Forschung und Entwicklung wird aus dem Forschungs- und Entwicklungsprogramm abgeleitet. Primärplanung ist also die Ziel- und Maßnahmenplanung des Bereichs; hieraus werden die zur Realisierung der Pläne erforderlichen monetären Größen abgeleitet und der Unternehmungsführung zur Abstimmung mit den gesamtunternehmungsbezogenen Plänen vorgelegt.

b) Die Höhe der in einer Planperiode insgesamt für Forschung und Entwicklung zur Verfügung stehenden Mittel wird von der Unternehmungsführung autonom vorgegeben. Danach wird festgelegt, wie die Mittel auf die einzelnen Teilbereiche von Forschung und Entwicklung aufgeteilt werden können, und welche Forschungs- und Entwicklungsvorhaben sich mit den zur Verfügung stehenden Mitteln realisieren lassen.

Für die Planung des Budgets der Grundlagenforschung ist nur ein Vorgehen nach b) möglich.

In der Praxis wird überwiegend so verfahren, daß Mittel für Forschung und Entwicklung in einem Pauschalbetrag vorgegeben werden, und die Gesamtsumme anschließend auf Teilbereiche und einzelne Vorhaben aufgeteilt wird. Dabei lassen sich für die Festlegung einer „optimalen“ Gesamtsumme keine allgemeingültigen Aussagen machen, sondern es muß branchen- bzw. unternehmungsindividuell festgestellt werden, welche Einflußfaktoren bei einer Planung der Forschungsaufwendungen zugrunde gelegt werden.

Die Verfahren zur Ermittlung dieses Gesamtbetrages reichen von der willkürlichen Festlegung einer Gesamtsumme über einfache Regeln zu einer gegebenenfalls antizyklischen Kopplung von Forschungs- und Entwicklungsaufwendungen an vergangene und erwartete Ergebnisse und Umsätze bis hin zur Entwicklung von Optimierungsmodellen zur Bestimmung dieser Aufwendungen[102].

Nach Möglichkeit sollten ausgehend von strategischen Überlegungen und Planungen für mehrere Perioden alternative Ziel- und Maßnahmenplanungen für den Forschungs- und Entwicklungsbereich entworfen werden, die auf der Basis der mehrperiodigen, gesamtunternehmungsbezogenen Ergebnis- und Finanzplanung zu beurteilen sind. Hierbei wird deutlich, daß stets konkurrierende Mittelverwendungsmöglichkeiten bestehen, z. B. hinsichtlich Forschung und Entwicklung, Werbung, Anlagenmodernisierung und Personalweiterbildung. Zudem lassen sich die voraussichtlichen monetären Wirkungen aus markt- und programmbedingten Produktplanungen und damit Produktentwicklungsplanungen auf der Output- und Inputseite der kalkulatorischen, bilanziellen und liquiditätsorientierten Rechenwerke aufzeigen. Auch für die Kontrolle dient das gesamtunternehmungsbezogene Rechenwerk.

---

101 Vgl. Mellerowicz, K., Forschungs- und Entwicklungstätigkeit als betriebswirtschaftliches Problem, a.a.O., S. 108; ferner Brockhoff, K., Forschung und Entwicklung: Planung und Kontrolle, a.a.O., S. 182 ff.; Kern, W., Schröder, H. H., Forschung und Entwicklung in der Unternehmung, a.a.O., S. 102 ff.; Schanz, G., Ein Modell zur Planung des Forschungs- und Entwicklungsaufwandes in industriellen Unternehmungen, BFuP 1976, S. 270 ff.; Schröder, H. H., Forschung und Entwicklung, in: HWProd, Hrsg. W. Kern, Stuttgart 1979, Sp. 634 ff.; Stockbauer, H., F&E Controlling, a.a.O., S. 339 ff. sowie die empirische Untersuchung von Poensgen, O. H., Hort, H., FuE-Aufwand, Firmensituation und Firmenerfolg, ZfbF 1983, S. 73 ff.

102 Vgl. z. B. Heiser, H. C., Budgetierung, a.a.O., S. 321 f.; Schätzle, G., Forschung und Entwicklung als unternehmerische Aufgabe, a.a.O., S. 143 ff.; sehr ausführlich geht Brockhoff auf dieses Problem ein: Brockhoff, K., Forschungsplanung im Unternehmen, a.a.O., S. 195 ff.

Die **Kontrolle des Gesamtbudgets** ohne Berücksichtigung einer Unterteilung in Einzelvorhaben soll vor allem sicherstellen, daß die insgesamt für Forschung und Entwicklung bereitgestellten Mittel nicht überschritten werden. Da die Aufwendungen im Forschungs- und Entwicklungsbereich vielfach zum großen Teil in der Periode als ausgabenwirksam anzusehen sind, sollte eine gegebenenfalls erforderlich werdende Überschreitung des Budgets möglichst früh angezeigt werden, um die erforderlichen zusätzlichen finanziellen Mittel einplanen zu können.

(2) Kostenplanung und -kontrolle nach Kostenstellen und Projekten im Bereich Forschung und Entwicklung

Die **Kostenstellenplanung** des Forschungs- und Entwicklungsbereichs kann als relativ unproblematisch angesehen werden, da bei gegebener Organisationsstruktur der größte Teil der auf den Stellen anfallenden Kosten durch langfristig wirksame Entscheidungen der Höhe nach festgelegt ist. Das gilt z. B. für Personalkosten, für Raumkosten, Abschreibungen auf Gebäude und Einrichtungen sowie für andere Gemeinkosten[103]. Die Aufwendungen für Sachmittel können allerdings in Abhängigkeit von den durchzuführenden Vorhaben auf den einzelnen Kostenstellen stark variieren und müssen daher nach Einzelvorhaben geplant und den jeweiligen Kostenstellen vorgegeben werden. (Wegen der Unsicherheit der Kostenplanung für Forschungs- und Entwicklungsprojekte haben diese Vorgaben jedoch nicht den Anspruch von Normwerten, sondern lediglich von Orientierungsgrößen.) Dies gilt auch bei Auftragsvergaben an externe Forschungs- und Entwicklungseinrichtungen.

Weit schwieriger als die Kostenstellenplanung ist eine **Kostenplanung nach Entwicklungsprojekten** durchzuführen. Es lassen sich nicht nur Zeitdauer und Sachmittel für viele Projekte schwer voraussagen, auch eine Verrechnung von Gemeinkosten auf einzelne Vorhaben ist oft schwierig.

Trotz dieser Schwierigkeiten sollte auf eine projektbezogene Kostenplanung jedoch nicht verzichtet werden, sondern es sollten die direkt vom jeweiligen Vorhaben abhängigen Kosten im voraus geschätzt werden. Als Planungsverfahren hierzu hat sich insbesondere bei komplexen Forschungs- und Entwicklungsprojekten, die sich unter Umständen über mehrere Planperioden erstrecken, die Netzplantechnik in der Modifizierung PERT-COST bzw. GERT bewährt. Bei diesen Verfahren wird die Ungewißheit bei Zeit- und Kostenschätzungen bzw. die Ungewißheit des Eintretens von Ereignissen explizit berücksichtigt[104].

Die **stellenbezogene Kostenkontrolle** verfolgt vor allem den Zweck, das Forschungs- und Entwicklungspersonal kostenbewußt zu machen[105]. Die Eigenart der Tätigkeit im Entwicklungsbereich verbietet zwar eine Kostenkontrolle zur Beurteilung der Leistungsfähigkeit von Kostenstellen, sie sollte jedoch nicht verhindern, den für die Durchführung der Forschungs-

---

103 Vgl. zur Bedeutung einzelner Kostenarten Bürgel, H. D., Forschungs- und Entwicklungsmanagement aus der Sicht des Controllers, in: Forschungs- und Entwicklungsmanagement, Hrsg. H. Blohm, G. Danert, Stuttgart 1983, S. 98f.; ders., Controlling von Forschung und Entwicklung, München 1989, S. 29ff. sowie auch Stockbauer, H., F&E Controlling, a.a.O., S. 322ff.

104 Zur Einführung in diese Verfahren vgl. z. B. Große-Oetringhaus, W., Praktische Projektgestaltung mit Netzplantechnik, Gießen 1977; Thumb, N., Grundlagen und Praxis der Netzplantechnik, 3. Aufl., München 1975; Wille, H., Gewald, K., Weber, H. D., Netzplantechnik, 1. Bd., Zeitplanung, 3. Aufl., München–Wien 1972; Zimmermann, H.-J., Netzplantechnik, Berlin–New York 1971 sowie die jeweils angegebene Spezialliteratur. Vgl. zur projektbezogenen Kostenplanung im Rahmen der FuE ferner Straube, P., Integriertes Forschungs- und Entwicklungs-Controlling, a.a.O., S. 162ff.; Stockbauer, H., F&E Budgetierung aus der Sicht des Controlling, Controlling 1991, S. 138ff.

105 Vgl. Mellerowicz, K., Forschungs- und Entwicklungstätigkeit als betriebswirtschaftliches Problem, a.a.O., S. 124.

und Entwicklungstätigkeiten verantwortlichen Personen die Kosten ihrer Bereiche aufzuzeigen, um sie zu veranlassen, möglichst kostengünstige Lösungen zur Realisierung ihrer Vorhaben anzustreben. Daneben dient die stellenbezogene Kostenkontrolle vor allem der Feststellung von Unter- und Überschreitungen der genehmigten Summen für Forschung und Entwicklung der einzelnen Kostenstellen bzw. Kostenbereiche.

Die **projektbezogene Kostenkontrolle**[106] dient einmal der Feststellung von Über- oder Unterschreitungen der geplanten Wertansätze, zum anderen soll die projektbezogene Kontrolle dazu führen, daß die vorhandenen Mittel möglichst der besten Verwendung, also den Projekten zugeführt werden, die nach dem jeweiligen Informationsstand für die Unternehmung als am erfolgreichsten zu beurteilen sind. Es erscheint daher zweckmäßig, diese Kontrolle im Zusammenhang mit der Erstellung von periodischen Fortschrittsberichten vorzunehmen. Diese Berichte geben über den jeweiligen Stand der einzelnen Forschungs- und Entwicklungsarbeiten Auskunft und beurteilen die Erfolgsaussichten und Endtermine der einzelnen Vorhaben nach dem neuesten Informationsstand. Die Kostenkontrolle stellt ursprünglich geplante, bis zum jeweiligen Zeitpunkt aufgelaufene Gesamtkosten und die voraussichtlichen Gesamtkosten nach neuester Schätzung einander gegenüber und ermöglicht es den für die Forschung Verantwortlichen, das Forschungs- und Entwicklungsprogramm in regelmäßigen (kürzeren) Abständen zu überprüfen und gegebenenfalls durch Abbruch und Neuaufnahme von Vorhaben zu verändern (vgl. zur Kostenplanung und -kontrolle von Projekten auch die Abschnitte 6.2.3 bis 6.2.5 im Teil III).

Für Zwecke der Kontrolle können auch im Bereich der Forschung und Entwicklung **mengenbezogene Kennzahlen** gebildet werden, deren Aussagekraft z.T. jedoch stark beschränkt ist. Dennoch sollen einige mögliche Kennzahlen kurz aufgezeigt werden:

Aktivitäten auf dem Sektor „Lizenzen" spiegelt der Quotient

$$\frac{\text{erworbene Lizenzen}}{\text{vergebene Lizenzen}}$$

komprimiert wider. Als absolute Zahl kann die Anzahl der Patentanmeldungen u.U. Aufschlüsse über den Erfolg von FuE-Tätigkeiten geben.

Die Innovationsrate

$$\frac{\text{Anzahl neuer Produkte durch eigene FuE}}{\text{Anzahl aller Produkte}}$$

hängt eng zusammen mit den Kennzahlen zur Programmstruktur im Vertriebsbereich. Auch hierdurch wird die enge Interdependenz zwischen Vertrieb und FuE deutlich. Die wertmäßige Erweiterung obiger Kennzahl (Umsätze) kann die Aussagekraft verbessern.

Für einzelne Entwicklungsprojekte kann die Kennzahl

$$\frac{\text{Soll-Entwicklungszeit nach Lastenheft}}{\text{Ist-Entwicklungszeit nach Lastenheft}}$$

---

106 Vgl. zur Projektkontrolle im FuE-Bereich z.B. Brockhoff, K., Kontrolle und Revision der Forschung und Entwicklung, in: HWRev, Hrsg. A.G. Coenenberg, K. v. Wysocki, Stuttgart 1983, Sp. 432ff.; ders., Forschung und Entwicklung: Planung und Kontrolle, a.a.O., S. 329ff.; Coenenberg, A.G., Raffel, A., Integrierte Kosten- und Leistungsanalyse für das Controlling von Forschungs- und Entwicklungsprojekten, KRP 1988, S. 199ff.; Coenenberg, A.G., Fischer, T., Raffel, A., Abweichungsanalyse bei Projekten im F&E-Bereich, in: Handbuch Kostenrechnung, Hrsg. W. Männel, Wiesbaden 1992, S. 767ff.; Commes, M.-T., Lienert, R., Controlling im FuE-Bereich, a.a.O., S. 351f.; Ziegler, H., Immaterielle Leistungen – eine Herausforderung für Theorie und Praxis, ZfbF 1982, S. 819f.

gebildet werden, die als Kerninformation bezüglich zeitlicher Abweichungen angesehen werden kann[107].

4.2.2.5 PuK in Querschnittsfunktionsbereichen der Unternehmung

Neben den bisher erörterten Planungs- und Kontrollrechnungen für die Funktionsbereiche Absatz, Produktion, Beschaffung sowie Forschung und Entwicklung sind in Industrieunternehmungen weitere Bereiche vorhanden, die von einer bestimmten Unternehmungsgröße an organisatorisch verselbständigt sind und für die innerhalb der operativen Planung ebenfalls periodische Ziel- und Maßnahmenpläne und die zugehörigen Wertepläne festgelegt werden müssen. Als solche Querschnittsfunktionsbereiche (oder evtl. auch als Stäbe) kommen insbesondere in Frage:

(1) Bereich Personalwesen

Die **Personalplanung** hat sich an den generellen Sozial- und Wertzielen sowie den übrigen Teilplanungen der Unternehmung zu orientieren, wobei die Teilplanungen ihrerseits durch den Personalsektor beeinflußt werden. Sozial- und Wertziele stehen zudem häufig in Konkurrenzbeziehung.

Unter dem Begriff Personalcontrolling verstehen wir dabei zum einen die ergebnisorientierte Planungs- und Kontrollrechnung des Personalbereichs selbst sowie darüber hinaus auch die ergebnisorientierte Beurteilung des Personaleinsatzes in den verschiedenen Funktionsbereichen der Unternehmung. Deutlich wird bei dieser Interpretation auch der Charakter der Abteilungen Personalwesen und Controlling als Querschnittsfunktionen. Der Begriff des Personalcontrolling wird darüber hinaus in der Literatur zum Teil weiter gefaßt, wobei auch qualitative Aspekte, wie z. B. Fragen der Motivation oder auch Probleme der Identifikation als Bestandteile des Personalcontrolling angesehen werden[108].

Die **Zielplanung** im Personalbereich umfaßt die Ermittlung der in künftigen Perioden benötigten Mitarbeiter (Führungskräfte und Durchführungskräfte) in qualitativer und quantitativer Sicht. Ausgangspunkt sind die vorhandenen personalen Potentiale (im Hinblick auf Qualität, Quantität, Altersstruktur, Fluktuationsrate) sowie die auf Grund operativer und strategischer Planungen erforderlichen Personaländerungen, wobei für die Führungskräfteplanung insbesondere die Organisationsplanung eine wesentliche Bedeutung hat[109].

Die **Maßnahmenplanung** betrifft die Aktionen der internen und externen Personalbeschaffung und -förderung[110] (Personalentwicklung, d. h. Ausbildung, Fortbildung, Umschu-

---

107 Vgl. Mertens, P., Griese, J., Integrierte Informationsverarbeitung, Bd. 2, Planungs- und Kontrollsysteme in der Industrie, a.a.O., S. 62 ff.

108 Vgl. hierzu z. B. Wunderer, R., Personalarbeit in einer noch jungen, entwicklungsbedürftigen Disziplin, Personalführung 1990, S. 507 ff.; Wunderer, R., Sailer, M., Personal-Controlling, SGP Mitteilungen 2/1987, S. 36 ff.; dies., Die Controlling-Funktion im Personalwesen, Personalführung 1987, S. 505 ff. sowie auch Potthoff, E., Trescher, K., Controlling in der Personalwirtschaft, Berlin – New York 1986 und zu empirischen Untersuchungen Wunderer, R., Sailer, M., Personal-Controlling in der Praxis: Entwicklungsstand – Erwartungen – Aufgaben, Personalwirtschaft 4/1988, S. 177 ff.

109 Vgl. hierzu Hahn, D., Integrierte Organisations- und Führungskräfteplanung im Rahmen der strategischen Unternehmungsplanung, a.a.O., S. 89 ff.

110 Vgl. aus der umfangreichen Literatur z. B. Berthel, J., Betriebliche Personal-Fortbildung in Theorie und Praxis, ZfbF 1977, S. 80 ff.; Hax, K., Personalpolitik der Unternehmung, Reinbek 1977; Hentze, J., Personalwirtschaftslehre 1, 5. Aufl., Bern – Stuttgart 1991; Humm, F. A., Die Ermittlung von Ausbildungsbedürfnissen für Führungskräfte als Grundlage von Schulungsmaßnahmen, Dies-

lung) sowie die Personalerhaltung und Personalverwaltung sowie ggf. Personalfreisetzung[111]. In enger Verbindung hiermit werden vielfach im Personalbereich Sozialziele und Maßnahmen zu deren Erreichung geplant.

Bei den **Werteplänen** im Personal- und Sozialbereich handelt es sich im wesentlichen um Kostenpläne, im Sozialbereich (z. B. Wohnungswesen) auch um gesonderte Kosten-, Erlös- und Vermögenspläne. Für die mittel- und langfristige Gesamtplanung werden vielfach die Personalausgaben (-auszahlungen) mit aus Angaben der Personalabteilung über die zu erwartende Mitarbeiterentwicklung und über die zu erwartende Lohn- und Gehaltsentwicklung abgeleitet[112].

Die **Kontrolle** dient primär der Überwachung des Budgets, zum Teil anhand spezifischer Kennzahlen zur Beurteilung der Effizienz des Mitarbeitereinsatzes – insbesondere im Vergleich mit ähnlich strukturierten Unternehmungen.

(2) Bereich Anlagen und Technologie

Die **Anlagenplanung** hat sich an den generellen monetären Zielen und den übrigen Teilplanungen zu orientieren, wobei die Teilplanungen ihrerseits durch den Anlagensektor beeinflußt werden[113].

Die **Sachzielplanung** im Anlagenbereich umfaßt die Ermittlung der in künftigen Perioden benötigten Anlagen (Betriebsmittel) in qualitativer und quantitativer Sicht. Ausgangspunkt für die Bedarfsplanung sind die vorhandenen Anlagen sowie die auf Grund strategischer Planungen erforderlichen Betriebsmitteländerungen, die sich aus Investitions- und Desinvestitionsplanungen ergeben.

Die **Maßnahmenplanung** betrifft primär die Anlagenbeschaffung und Anlageninstandhaltung, wobei die Anlagenbeschaffung in Kooperation mit dem Forschungs- und Entwicklungs- sowie Produktions-, Beschaffungs- und Finanzbereich erfolgt.

---

senhofen 1978; Lattmann, C., Die Ausbildung des Mitarbeiters als Aufgabe der Unternehmung, Bern 1974; Marx, A. (Hrsg.), Personalführung, 4. Bd., Lernen und Ausbilden in ihrer Bedeutung für die Betriebswirtschaften, Wiesbaden 1972; Remer, A., Personalmanagement, Berlin–New York 1978, S. 317ff.; Thom, N., Personalentwicklung als Instrument der Unternehmungsführung, Habilitationsschrift, Köln 1984.

111 Vgl. Bieding, F., Wendler, F., Personalplanung im Angestelltenbereich, Köln 1975; Hackstein, R., Nüssgens, K.-H., Uphus, P. H., Personalbeschaffung im System Personalwesen, FB 1972, S. 23ff.; dies., Personalentwicklung im System Personalwesen, FB 1972, S. 85ff.; dies., Personaleinsatz im System Personalwesen, FB 1972, S. 141ff.; dies., Personalerhaltung im System Personalwesen, FB 1972, S. 191ff.; Hentze, J., Personalwirtschaftslehre 2, 5. Aufl., Bern–Stuttgart 1991; Schönfeld, H.-M., Die Personalplanung – ein vernachlässigter Teil der betrieblichen Planung, ZfB 1963, S. 145ff.; ders., Personalplanung, in: agplan-Handbuch zur Unternehmensplanung, 2. Bd., Hrsg. J. Fuchs, K. Schwantag, Berlin 1970, Stand 1991, Kennzahl 2305, S. 22ff.; Ulrich, H., Staerkle, R., Personalplanung, Köln–Opladen 1965.

112 Vgl. zur Personalkostenrechnung und deren Einbindung in ein Personalinformationssystem ausführlich Hahn, D., Laßmann, G., Produktionswirtschaft–Controlling industrieller Produktion, Bd. 3, 1. Teilband, Heidelberg 1993, S. 182ff.

113 Zu Problemen der Anlagenplanung vgl. ausführlich Aggteleky, B., Fabrikplanung, Bd. 1, 2. Aufl., München–Wien 1987, Bd. 2, 2. Aufl., München–Wien 1987; ferner z. B. Bussmann, K. F., Mertens, P. (Hrsg.), Operations Research und Datenverarbeitung bei der Instandhaltungsplanung, Stuttgart 1968; Kalaitzis, D., Anlagen-Controlling, in: Handbuch Controlling, Hrsg. E. Mayer, J. Weber, Stuttgart 1990, S. 279ff.; Männel, W., Wirtschaftlichkeitsfragen der Anlagenerhaltung, Wiesbaden 1968; Müller, B., Anlagekosten als Basis für kurz- und längerfristige Planungsprobleme, ZfB 1990, S. 815ff.; ferner Redeker, G., Planung der Anlagenerhaltung, in: agplan-Handbuch zur Unternehmensplanung, 2. Bd., Hrsg. J. Fuchs, K. Schwantag, Berlin 1970, Kennzahl 2375, AH/4. Erg.-Lfg. I. 72.

Im Rahmen der Anlageninstandhaltung lassen sich zwei grundsätzliche Vorgehensweisen unterscheiden[114]:

- die Präventivstrategie (vorbeugende Instandhaltung) sowie
- die Ausfallbehebungsstrategie (ausfallbedingte Instandsetzung).

Aus diesen zwei grundsätzlichen Arten von Anlageninstandhaltungsstrategien lassen sich für Industrieunternehmungen in einer detaillierten Sicht folgende Kategorien von durchzuführenden Maßnahmen ableiten[115]:

1. Präventivmaßnahmen
- Inspektion: geplante oder ungeplante, laufende oder zufällige Überwachung von Anlagen;
- Wartung und Pflege: routinemäßige Pflege von Anlagen;
- vorbeugende Reparatur und vorbeugender Austausch: Beseitigung funktionsgefährdeter Teile an Anlagen/Baugruppen;
- sonstige vorbeugende Maßnahmen: zusätzliche Maßnahmen zur Verbesserung des Verschleißverhaltens von Anlagen (z. B. zusätzliche Schutzanstriche, Installation von Warneinrichtungen).

2. Ausfallbehebungsmaßnahmen
- Ausfallanalyse: Feststellung der Ausfallursache;
- Ausfallbehebung: Wiederherstellung der Leistungsfähigkeit von Anlagen durch Ersatz oder Instandsetzung von defekten Teilen oder Baugruppen.

Von den oberen monetären Zielen ausgehend lassen sich folgende **monetäre Hauptziele** der Anlageninstandhaltungsplanung formulieren:

- Minimierung der direkten Instandhaltungskosten bzw. Instandhaltungskosten i.e.S. (Kosten für Instandhaltungspersonal, Maschinen, Werkzeuge, Hilfs- und Betriebsstoffe, Ersatz- und Austauschteile sowie Kosten für Instandhaltungsverwaltung und -arbeitsvorbereitung);
- Minimierung der indirekten Instandhaltungskosten bzw. Schadensfolgekosten.

Diese monetären Hauptziele stehen in Konkurrenzbeziehung[116].

Die Beurteilung der alternativen Vorgehensweisen im Hinblick auf die Erreichung der Ziele kann vornehmlich mit Hilfe der Simulation vorgenommen werden[117].

---

114 Vgl. Hahn, D., Laßmann, G., Produktionswirtschaft – Controlling industrieller Produktion, Bd. 3, 1. Teilband, a.a.O., S. 211 ff.; ferner Arbeitskreis Anlagenwirtschaft der Schmalenbach-Gesellschaft/Deutsche Gesellschaft für Betriebswirtschaft e. V. (Hrsg.), Instandhaltung – Ein Managementproblem, 2. Aufl., Köln 1978; Bussmann, K. F., Kress, H., Kuhn, M., Übersicht über die Strategien und deren Anwendung auf Fertigungsaggregate, in: Operations Research und Datenverarbeitung bei der Instandhaltungsplanung, Hrsg. K. F. Bussmann, P. Mertens, Stuttgart 1968, S. 32 und den Überblicksaufsatz von Herzig, N., Grundlagen der Instandhaltung, in: HWProd, Hrsg. W. Kern, Stuttgart 1979, Sp. 814 ff. sowie die dort angegebene Literatur.

115 Vgl. Hahn, D., Laßmann, G., Produktionswirtschaft – Controlling industrieller Produktion, Bd. 3, 1. Teilband, a.a.O., S. 211 ff.; ferner Bussmann, K. F., Kress, H., Kuhn, M., Übersicht über die Strategien und deren Anwendung auf Fertigungsaggregate, a.a.O., S. 32 f.; weiterhin Rinne, H., Untersuchungen über optionale Präventivstrategien in der Instandhaltung, Zeitschrift für Operations Research 1973, S. B 13 ff.

116 Vgl. Hahn, D., Laßmann, G., Produktionswirtschaft – Controlling industrieller Produktion, Bd. 3, 1. Teilband, a.a.O., S. 319 ff.

117 Vgl. Schwarz, F., Die Ermittlung der optimalen Reparatur- und Ersatzstrategie mit Hilfe der Simulation und mit Hilfe analytischer Methoden, in: Operations Research und Datenverarbeitung bei der Instandhaltungsplanung, Hrsg. K. F. Bussmann, P. Mertens, Stuttgart 1968, S. 40 ff.

Die **Werteplanung** ist zum einen eine Kostenplanung, und zwar Kostenstellen- und Projektplanung, zum anderen eine Vermögensplanung, wobei diesem Bereich auch gegebenenfalls die gesamte Anlagenbuchhaltung mit übertragen werden kann.

Während die Instandhaltungskosten i.e.S. relativ zuverlässig geplant werden können, bereitet eine Planung oder auch nur Schätzung der Vermeidung von Kosten und ggf. Erlöseinbußen durch Instandhaltungsmaßnahmen erhebliche Schwierigkeiten. Die **Kostenkontrolle** erfolgt in üblicher Form als kostenstellen- und gegebenenfalls projektbezogene Kontrolle[118].

(3) Bereiche Obere Führung und Führungsunterstützungsfunktionen

Hierzu gehören die Stellen der **oberen Unternehmungsführung** (Vorstand, Geschäftsführung) und die **zugehörigen Führungsunterstützungsfunktionen** (Sekretariat, Unternehmungsplanung, Rechtsberatung, Revision usw.), die Bereiche **Rechnungs- und Finanzwesen** – bzw. bei Zusammenfassung der Unternehmungsplanung und des Rechnungswesens in einer organisatorischen Einheit Controlling die Bereiche **Controlling** und **Finanzwesen** – und der Bereich **Allgemeine Verwaltung.**

Zunehmende Bedeutung kommt heute insbesondere auch den Bereichen **Umweltschutz** und **Logistik**[119] sowie dem Bereich **Qualität** als Querschnittsfunktionen zu.

Die Erfassung der Kosten erfolgt auch hier zum einen in denjenigen **Bereichen bzw. Kostenstellen, die diese Funktionen für andere Bereiche wahrnehmen.** Es handelt sich z. B. um die Kosten einer Abteilung Qualitätssicherung. Zum anderen werden die Kosten solcher Querschnittsfunktionen **in den einzelnen Funktionsbereichen,** in denen solche Kosten ebenfalls unmittelbar **verursacht** werden, erfaßt. Schließlich erfolgt vielfach auch eine **Verrechnung** der Kosten von Querschnittsfunktionsbereichen bzw. -kostenstellen auf andere Kostenstellen, die von diesen Leistungen empfangen.

Querschnittsfunktionskosten werden also als **Primärkosten** und (nach Verrechnung) als **Sekundärkosten** geplant und kontrolliert. Mit Hilfe der **Prozeßkostenrechnung** versucht man zudem bezogen auf Kostenträger oder innerbetriebliche Leistungen Querschnittsfunktionskosten statistisch zu erfassen (vgl. hierzu auch Abschnitt 4.3.4 dieses Teils). Grundlage einer solchen Kostenplanung und -kontrolle bildet ein entsprechendes Kostenrechnungssystem auf der Basis einer betriebswirtschaftlich-technischen Daten- und Modellbank mit einer Grundrechnung und problemabhängigen Auswertungsrechnungen[120].

---

118 Vgl. hierzu auch Männel, W., Bloß, C., Planung, Erfassung, Verrechnung und Kontrolle von Instandhaltungskosten, in: Handbuch Kostenrechnung, Hrsg. W. Männel, Wiesbaden 1992, S. 502 ff.

119 In dem Bereich Logistik sind dann funktionsübergreifende Lager-, Transport- und Umschlagsaufgaben, zum Teil auch Aufgaben der Produktionsprozeßplanung zusammengefaßt.

120 Vgl. z. B. Wicke, L. u. a., Betriebliche Umweltökonomie, a.a.O., S. 34 ff. sowie die dort zitierte Literatur; Kloock, J., Kostenrechnung mit integrierter Umweltschutzpolitik als Umweltkostenrechnung, in: Handbuch Kostenrechnung, Hrsg. W. Männel, Wiesbaden 1992, S. 929 ff.; Roth, U., Umweltkostenrechnung – Grundlagen und Konzeption aus betriebswirtschaftlicher Sicht, Wiesbaden 1992, S. 112 ff.; Seidel, E., Behrens, S., Umwelt-Controlling als Instrument moderner betrieblicher Abfallwirtschaft, BFuP 1992, S. 136 ff.; Seidel, E., Menn, H., Ökologisch orientierte Betriebswirtschaft, a.a.O., S. 114 ff.; Wagner, G. R., Kosten der Umwelterhaltung in ihrer Bedeutung für die Unternehmenspolitik, in: Handbuch Kostenrechnung, Hrsg. W. Männel, Wiesbaden 1992, S. 917 ff.; Weber, J., Logistikkostenrechnung, Berlin u. a. 1987; ders., Logistik-Controlling, 3. Aufl., Stuttgart 1993, S. 113 ff.; Reichmann, T., Controlling mit Kennzahlen, a.a.O., S. 291 ff.; Diebel, A. u. a., Bausteine des operativen Qualitätscontrolling: Qualitätskostenrechnung, in: Qualitätscontrolling, Hrsg. P. Horváth, G. Urban, Stuttgart 1990, S. 115 ff.; Fröhling, O., Wullenkord, A., Qualitätskostenmanagement als Herausforderung an das Controlling, KRP 1991, S. 171 ff.; Steinbach, W., Qualitätskosten, in: Handbuch der Qualitätssicherung, Hrsg. W. Masing, 2. Aufl., München – Wien 1988, S. 879 ff.

Der Inhalt von **Ziel- und Maßnahmenplänen** als Basis der daraus abzuleitenden **Wertepläne** wird für diese Bereiche zum einen bestimmt durch regelmäßig zu erfüllende „Routinearbeiten" im Rahmen der Erfüllung von Dienstleistungsfunktionen für andere Bereiche der Unternehmung (z. B. IuK: (technische) Informationsverarbeitung für die Unternehmungsführung sowie für andere Bereiche, wie z. B. Absatz etc.), zum anderen durch fallweise zu erfüllende Aufgaben, die sich im allgemeinen aus Entscheidungen der Unternehmungsführung ableiten lassen (z. B. IuK: Übergang auf ein neues Datenverarbeitungssystem mit Übernahme zusätzlicher Datenverarbeitungsfunktionen). Zum Inhalt der einzelnen Ziel- und Maßnahmenpläne lassen sich nur schwer allgemeingültige Aussagen formulieren. Die formale Gestaltung von Ziel- und Maßnahmenplänen sollte in gleicher Weise erfolgen wie in den anderen Bereichen der Unternehmung: durch Beschreibung der zu erfüllenden Aufgaben und der zur Aufgabenerfüllung notwendigen Maßnahmen nach Art, Umfang, Terminierung, Träger und voraussichtlich anfallenden Kosten.

Die Planung und Kontrolle in diesen Bereichen erstreckt sich wie in anderen Bereichen zum einen auf die Planung und Kontrolle der zu erwartenden Kosten für die Realisierung von Ziel- und Maßnahmenplänen, zum anderen auf die in diesen Bereichen eingesetzten Vermögenswerte. Sie erfolgt als Kostenarten-/Kostenstellenrechnung, z. T. zusätzlich als Projektrechnung. Es treten im allgemeinen nur geringe Schwierigkeiten bei der Planung von Kosten und Vermögenswerten auf. Bei den Vermögensgegenständen handelt es sich weitgehend um längerfristig genutzte Wirtschaftsgüter, deren Wert sich relativ einfach ermitteln läßt; die Kosten fallen zum überwiegenden Teil unabhängig von Beschäftigungsschwankungen als fixe oder als spezielle entscheidungsabhängige Kosten an. Somit kann eine starre Kostenplanung als ausreichend angesehen werden[121].

Die **Kontrolle** in diesen Bereichen beschränkt sich auf die Feststellung der in einer Periode tatsächlich angefallenen Kosten und tatsächlich eingesetzten Vermögenswerte sowie die Ermittlung der Abweichungen von den geplanten Werten. Aussagen auf Grund festgestellter Abweichungen über die Effizienz der einzelnen durchgeführten Maßnahmen und der dadurch entstandenen Kosten lassen sich jedoch nur schwer machen. Dies ist lediglich für einzelne Projekte bei entsprechender Planung und Kontrolle oder bei bereichsbezogener Anwendung der Gemeinkostenwertanalyse möglich (vgl. Teil III, Abschnitt 4.2.2.6).

4.2.2.6 Besondere Instrumente zur Gemeinkostensenkung in den Funktionsbereichen

Zusätzlich zu den bisher beschriebenen Vorgehensweisen im Rahmen der Planungs- und Kontrollrechnungen in den einzelnen Funktionsbereichen sollen Instrumente charakterisiert werden, die in allen Funktionsbereichen zum Einsatz kommen können und mit deren Hilfe der zunehmende Anteil von (in der Regel fixen) Gemeinkosten an den Gesamtkosten[122] industrieller Unternehmungen systematisch gesenkt werden soll. Bei diesen Instrumenten

121 Vgl. zur Gemeinkostenplanung im Verwaltungsbereich z. B. Heiser, H. C., Budgetierung, a.a.O., S. 304ff.; ferner Harrmann, A., Zur Budgetierung von Verwaltungskosten, KRP 1976, S. 119ff.; Hitschler, W., Verwaltungsgemeinkostenplanung mit Zero-Base Budgeting (ZBB), KRP 1990, S. 287ff.; Picot, A., Rischmüller, G., Planung und Kontrolle der Verwaltungskosten in Unternehmungen, ZfB 1981, S. 331 ff.; Wenz, E., Kosten- und Leistungsrechnung mit einer Einführung in die Kostentheorie, a.a.O., S. 435ff.

122 Vgl. Bothe, B., Kosten-Controlling durch Gemeinkosten-Systems-Engineering (GSE), BFuP 1981, S. 1ff.; vgl. die Zahlenangaben bei Roever, M., Gemeinkosten-Wertanalyse – Erfolgreiche Antwort auf die Gemeinkosten-Problematik, ZfB 1980, S. 686.

handelt es sich zum einen um die Gemeinkostenwertanalyse[123], zum anderen um das Zero-Base Budgeting („Null-Basis-Budgetierung“, ZBB).

Anstöße hierfür ergeben sich aus gesamtunternehmungsbezogenen sowie funktionsbereichsbezogenen Kostensenkungsnotwendigkeiten. Vielfach geben auch Prozeßkostenrechnungen[124] für funktionsübergreifende Prozeßketten den Anstoß zur Durchführung von Gemeinkostenwertanalysen.

(1) Gemeinkostenwertanalyse[125]

Gemeinkostensenkungspotentiale bestehen in vielen Unternehmungen besonders in Funktionsbereichen mit Verwaltungs- oder Dienstleistungsfunktionen. Die dort erbrachten Leistungen werden häufig unabhängig von Anforderungen bzw. Aufträgen abnehmender Bereiche erstellt. Meist sind zudem die Kosten, die für eine Leistung entstehen, weder der abgebenden noch der empfangenden Stelle bekannt. Der Leistungsempfänger wird – wenn überhaupt – nur mit einer Umlage und damit allenfalls annähernd verursachungsgerecht mit den entstandenen Kosten belastet.

Die **Gemeinkostenwertanalyse** ist ein systematisches Instrument zur Kostensenkung in diesen (Gemeinkosten-)Funktionsbereichen. Sie zielt – analog zur Wertanalyse[126] – auf eine Verbesserung der Kosten-Nutzen-Relation für die Leistungen der Funktionsbereiche. Dies ist grundsätzlich möglich durch:

- Verzicht auf nichtnotwendige Leistungen und
- rationellere Erstellung notwendiger Leistungen.

Ein wichtiges Merkmal der Gemeinkostenwertanalyse ist, daß nicht Fachabteilungen, wie z.B. die Organisationsabteilung, **Träger** des Verfahrens sind, vielmehr sind es die Leiter der betroffenen Organisationseinheiten, die eine Gemeinkostenwertanalyse für ihren Bereich durchführen. Sie können dabei aber von internen oder externen Spezialisten unterstützt werden[127].

---

123 Der Begriff soll hier als Oberbegriff verwendet werden. In der Literatur finden sich auch noch die Begriffe „Overhead-Value-Analysis“, „Administrative Wertanalyse“, „Value Administration“, „Gemeinkosten-Systems-Engineering“. Vgl. Bothe, B., Kosten-Controlling durch Gemeinkosten-Systems-Engineering (GSE), a.a.O., S. 1ff.; Jehle, E., Gemeinkosten-Management, DU 1982, S. 59f.

124 Vgl. zur Prozeßkostenrechnung Horváth, P., Controlling, 5. Aufl., a.a.O., S. 485 sowie Abschnitt 4.3.4 dieses Teils.

125 Zur Gemeinkostenwertanalyse vgl. Bothe, B., Kosten-Controlling durch Gemeinkosten-Systems-Engineering (GSE), a.a.O., S. 1ff.; Dieterle, W., Zentrale Verfahren des Gemeinkosten-Management im Vergleich, KRP 1984, S. 185ff.; Grünewald, H.-G., Verbesserung der unternehmensinternen Effizienz durch Gemeinkosten-Wertanalyse, zfo 1982, S. 254ff.; Heinen, E., Dietel, B., Kostenrechnung, in: Industriebetriebslehre, Hrsg. E. Heinen, 9. Aufl., Wiesbaden 1991, S. 1297f.; Herzog, E., Gemeinkostenwertanalyse als Instrument der Kostensenkung im administrativen Bereich, in: Grenzplankostenrechnung – Stand und aktuelle Probleme, Hrsg. A.-W. Scheer, 2. Aufl., Wiesbaden 1991, S. 317ff.; Horváth, P., Controlling, 5. Aufl., a.a.O., S. 275ff.; Huber, R., Gemeinkosten-Wertanalyse, 2. Aufl., Bern–Stuttgart 1987; Jehle, E., Gemeinkosten-Management, a.a.O., S. 59ff.; Jehle, E., Beyss, B., Gemeinkostensenkung durch Wertanalyse nach DIN 69910, REFA-Nachrichten 5/1985, S. 29ff.; Roever, M., Gemeinkosten-Wertanalyse – Erfolgreiche Antwort auf die Gemeinkosten-Problematik, a.a.O., S. 686ff.; ders., Gemeinkosten-Wertanalyse, zfo 1982, S. 249ff.; ders., Gemeinkosten-Wertanalyse, KRP 1985, S. 19ff.; Wein, E.A., Gemeinkostenwertanalyse – Methode, Organisation, Ergebnisse und kritische Würdigung, in: Kosten und Erlöse, Hrsg. R. Steffen, R. Wartmann, Stuttgart 1990, S. 373ff.

126 Vgl. Teil III, Abschnitt 1.3.1 und die dort zur Wertanalyse angegebene Literatur.

127 Das Konzept der Gemeinkosten-Wertanalyse in der beschriebenen Form wurde von der Unternehmungsberatungsgesellschaft McKinsey & Company Inc. entwickelt. Es entspricht im wesentlichen dem Konzept des Gemeinkosten-Systems-Engineering der Kienbaum Unternehmensberatung GmbH.

Ausgangspunkt der Gemeinkostenwertanalyse ist die Erstellung einer Aufgabenliste für jede untersuchte Organisationseinheit. Hier werden alle Leistungen der jeweiligen Organisationseinheit mit den dafür notwendigen personellen Kapazitäten und ggf. sonstigen Kosten, die bei der Leistungserstellung anfallen, erfaßt. Anschließend sind durch den Leiter der Organisationseinheit Vorschläge zur Reduktion und/oder rationelleren Erbringung von Leistungen zu entwickeln. Abschließend sind die Einsparungsvorschläge zu verabschieden. Einen Großteil der Einsparungsvorschläge können dabei die Leiter der Organisationseinheiten, ggf. gemeinsam mit ihren Vorgesetzten, direkt entscheiden. Über andere Maßnahmen zur Leistungs- und damit Kostenreduzierung müssen sie mit den abnehmenden Organisationseinheiten verhandeln. Durch diesen Verhandlungsprozeß werden marktähnliche Bedingungen hergestellt und das Bewußtsein für die entstehenden Kosten bei allen Beteiligten geschärft.

Ein Ausschuß, auch als Lenkungsausschuß bezeichnet, ist letzte Entscheidungsinstanz bei allen Einsparungsvorschlägen. Ihnen sollten auch Mitglieder der obersten Unternehmungsführung angehören, um u.a. den Stellenwert des Projektes zu dokumentieren.

Die **Vorgehensweise** im Rahmen der Gemeinkostenwertanalyse kann grob wie folgt skizziert werden:

- Problemstellungsphase
  - Klarstellung der Ziele,
  - Festlegung der zu untersuchenden organisatorischen Einheiten,
  - Information des Personals,
  - Schulung der Beteiligten,
  - Festlegung des zeitlichen Ablaufs.
- Suchphase
  - Ableitung von internen Leistungs- und dazugehörigen Kostenbündeln,
  - Entwicklung von Ideen zur Aufgabe nichtnotwendiger Tätigkeiten,
  - Entwicklung von Ideen zur Verbesserung des Kosten-/Nutzen-Verhältnisses von notwendigen Leistungen.
- Bewertungs-/Entscheidungsphase
  - Aufstellung von Wertanalysemaßnahmen mit Angabe der Zielwirkungen,
  - Festlegung von Kostensenkungsmaßnahmen.
- Realisations-/Kontrollphase
  - Festlegung der Verantwortlichen für die Durchführung konkreter Maßnahmen mit Terminangabe,
  - Anpassung in den jeweiligen Budgets.

Abschließend ist darauf hinzuweisen, daß über diese konkreten Maßnahmen hinaus unter Umständen Ideen für übergreifende Verbesserungsmöglichkeiten erzeugt werden, z. B. hinsichtlich des mittel- und langfristig zu realisierenden Produktprogramms.

(2) Zero-Base Budgeting[128]

Zero-Base Budgeting ist eine bestimmte Technik zur Erstellung von Budgets, die Ende der 60er Jahre für Texas Instruments entwickelt wurde, inzwischen aber weite Verbreitung

128 Zum Zero-Base Budgeting und den folgenden Ausführungen vgl. Dean, B., Cowen, S., Zero-Base Budgeting in the Private Sector, Business Horizons August/1979, S. 73ff.; Dieterle, W., Zentrale Verfahren des Gemeinkosten-Management im Vergleich, a.a.O., S. 186ff.; Dreyfack, R., Seibel, J.J., Zero Base Budgeting, 2. Aufl., Zürich 1978; Heinen, E., Dietel, B., Kostenrechnung, a.a.O., S. 1298ff.; Hitschler, W., Verwaltungsgemeinkostenplanung mit Zero-Base Budgeting (ZBB), a.a.O., S. 290ff.; Horváth, P., Controlling, 5. Aufl., a.a.O., S. 279ff.; Maly, W., Zero-Base Bud-

gefunden hat. Der Unterschied zu den bekannten Budgetierungstechniken besteht darin, daß für das neu zu planende Budget alle Aktivitäten neu zu begründen sind. Eine reine Extrapolation vergangenheitsorientierter Daten mit den ihnen zugrundeliegenden Aktivitäten soll vermieden werden. Die Unternehmung wird gedanklich neu errichtet und es wird dabei geprüft, welche Leistungen in welchem Umfang und mit welcher Qualität in den Gemeinkostenbereichen notwendig sind.

Ziel des Zero-Base Budgeting selbst ist generell eine Senkung der Gemeinkosten oder aber eine Kostenumlenkung von weniger wichtigen auf wichtigere Aufgabenbereiche.

Träger des Zero-Base Budgeting sind die Führungskräfte und die Mitarbeiter der jeweiligen zu analysierenden und zu planenden Bereiche. Die Unternehmungsleitung muß die Durchführung des Zero-Base Budgeting nicht nur initiieren, sondern auch inhaltlich tragen und als oberste Entscheidungsinstanz wirken, indem sie alle vorgeschlagenen Maßnahmen und die daraus resultierenden Budgetwirkungen koordiniert und gegebenenfalls verabschiedet.

Unterstützt werden die Führungskräfte durch eine Projektgruppe, die aus Generalisten, die die Methodik des Zero-Base Budgeting beherrschen, und aus Spezialisten, die die entsprechenden Abteilungen bei der Erarbeitung von Vorschlägen fachlich unterstützen können, besteht. Die Generalisten sind für Planung, reibungslosen Ablauf, Fortschrittskontrolle und Berichterstattung an die Unternehmungsleitung verantwortlich. Die Projektgruppe kann – wie bei der Gemeinkostenwertanalyse – aus internen und externen Kräften zusammengesetzt werden.

Zero-Base Budgeting kann isoliert in einzelnen Abteilungen oder in der gesamten Unternehmung durchgeführt werden, wobei eine jährliche Wiederholung in der Regel nicht notwendig und auch wegen des großen zeitlichen Aufwandes und anderer Nachteile nicht ratsam ist.

Die **Vorgehensweise** des Zero-Base Budgeting wird durch neun Stufen charakterisiert:

- Festlegung der Zero-Base Budgeting-Bereiche;
- Bildung von Entscheidungseinheiten (z. B. Abteilungen als organisatorische Einheiten);
- Festlegung unterschiedlicher qualitativer und quantitativer Niveaus für die Leistungen der Entscheidungseinheiten;
- Bestimmung wirtschaftlicher Verfahren zur Realisierung der unterschiedlichen Leistungsniveaus;
- Erarbeitung von Entscheidungspaketen, Übersichten über unterschiedliche Leistungsniveaus und Verfahren zu deren Realisierung sowie deren Ergebniswirkungen und nichtquantifizierbaren Vor- und Nachteile;
- Bildung einer Rangordnung der Entscheidungspakete auf allen hierarchischen Ebenen – von unten nach oben – durch Diskussion der Führungskräfte; abschließende Rangordnung durch die oberste Unternehmungsführung;

---

geting, zfo 1982, S. 267 ff.; Marx, G. R., Zero-Base Budgeting – Eine kritische Betrachtung, DU 1979, S. 227 ff.; Meyer-Piening, A., Gemeinkosten senken – aber wie?, ZfB 1980, S. 691 ff.; ders., Zero-Base Budgeting, zfo 1982, S. 257; ders., Zero-Base-Budgeting (ZBB) – eine Analyse-, Planungs- und Entscheidungstechnik, in: agplan-Handbuch zur Unternehmensplanung, 4. Bd., Hrsg. J. Fuchs, K. Schwantag, Berlin 1970, Kennzahl 5372, AH/21. Erg.-Lfg. VII. 80; ders., Zero Base Budgeting als Planungs- und Führungsinstrument, in: RKW-Handbuch Führungstechnik und Organisation, Hrsg. E. Potthoff, Berlin 1978, Kennzahl 2072, Stand 1978; ders., Zero-Base Budgeting, in: HWPlan, Hrsg. N. Szyperski, Stuttgart 1989, Sp. 2277 ff.; Stonich, P. J., Zero Base Planning – A Management Tool, Managerial Planning 4/1976, S. 1 ff.; Suver, J. D., Brown, R. L., Where does Zero-base budgeting work?, HBR 6/1977, S. 76 ff.

- Zuordnung verfügbarer Mittel zu den Entscheidungspaketen gemäß Rangordnung bis zum „Budgetschnitt“, d.h. der Grenze zwischen durchzuführenden und anderen Entscheidungspaketen;
- Information der Mitarbeiter durch die Unternehmungsleitung über die beschlossene Rangordnung der Entscheidungspakete bzw. Leistungen und die verfügbaren Mittel im Gemeinkostenbereich;
- Umsetzung der beschlossenen Entscheidungspakete in konkrete kostenstellenbezogene Budgets mit Angabe der Verantwortlichen und von Terminen; Realisation und Kontrolle.

Ein wesentlicher Vorteil des Zero-Base Budgeting liegt neben einer exakten Planung der Gemeinkostenbereiche in der Beteiligung von Führungskräften aller hierarchischen Ebenen. Nachteile sind – neben ggf. psychologisch bedingten Abwehreinstellungen – der große Zeitaufwand und damit verbundene Kosten. Insbesondere bei der Erarbeitung der Entscheidungspakete können Schwierigkeiten auf Grund mangelnder Informationen entstehen.

Ein Vergleich zwischen Gemeinkostenwertanalyse und Zero-Base Budgeting ergibt, daß sich die Verfahren vor allem hinsichtlich des methodischen Vorgehens unterscheiden, wobei offen bleiben muß, welcher Vorgehensweise unternehmungsindividuell jeweils der Vorzug zu geben ist (vgl. Abbildung 128).

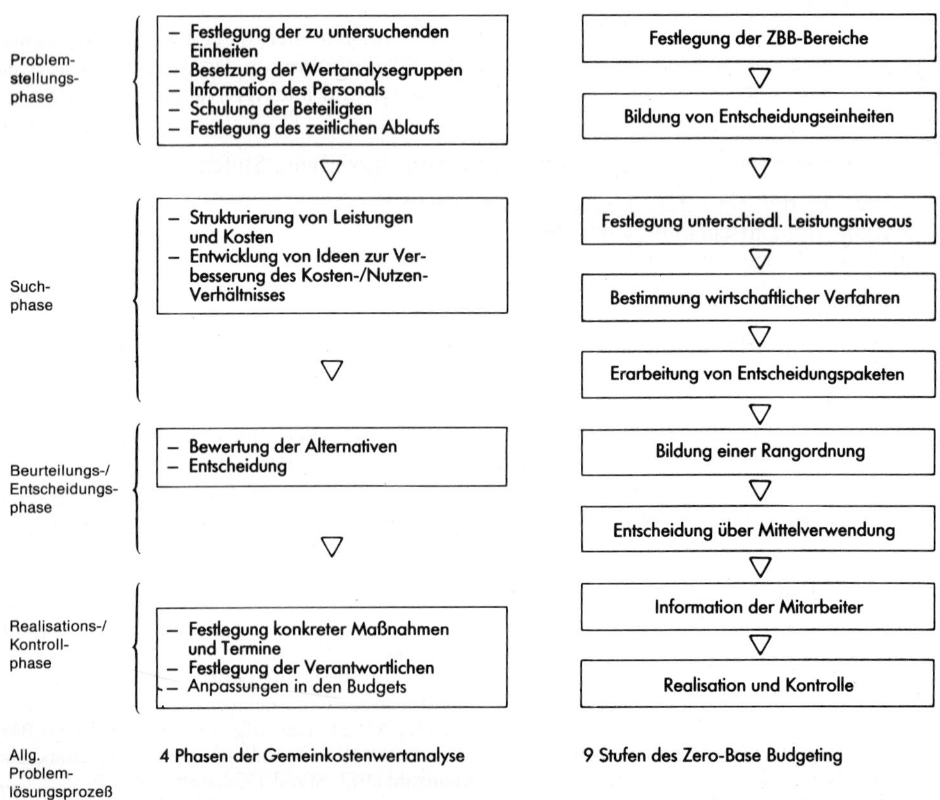

Abb. 128: Gegenüberstellung der Vorgehensweise der Gemeinkostenwertanalyse und der Vorgehensweise des Zero-Base Budgeting

4.3 Produkt-/Auftragsbezogene Planung und Plankalkulation

4.3.1 Begriff, Grundlagen, Zwecke und Verfahren der produkt-/auftragsbezogenen Planung und Plankalkulation im Überblick

Die **produktbezogene Planung** umfaßt die systematische Ermittlung und Festlegung der Qualitätsmerkmale und -merkmalsausprägungen eines Produktes und erfolgt i.d.R. integriert mit der Produktionsprozeßplanung und Produktkalkulation. Sie kann strategischen und/oder operativen Charakter haben.

Die **Kalkulation** beinhaltet die Ermittlung der **Kosten** für **ein einzelnes Produkt bzw. eine einzelne Leistungseinheit. Objekte der Kalkulation** sind damit einzelne Sachgüter, Sachgüter mit Dienstleistungen oder Dienstleistungsbündel – ausgedrückt z. B. in den Dimensionen Stück, Kilogramm, (Hekto-)Liter oder bei komplexen Gütern auch als Anlage oder Projekt bezeichnet. Objekt der Kalkulation kann auch ein Auftrag sein. Hierbei verstehen wir unter einem Auftrag die ggf. vertraglich vereinbarte Aufforderung, ein Produkt bzw. eine Leistung in bestimmter Qualität und Quantität mit Termin und Kosten/Preis zu planen und ggf. auch zu erstellen.

Aufgabe der Kalkulation ist die **Zurechnung von Kosten auf Kalkulationsobjekte nach bestimmten Prinzipien.** Als Zurechnungsprinzipien kommen je nach spezifischer Aufgabenstellung und -bedingung der Kalkulation das **Verursachungsprinzip,** verbunden mit dem Durchschnittsprinzip, oder das erlösorientierte **Tragfähigkeitsprinzip** in Betracht.

Produkt- und Auftragskalkulationen können je nach Zweck der Rechnung als Vollkostenrechnungen oder Teilkostenrechnungen vorgenommen werden. Die Objektkosten enthalten dann im ersten Fall variable Einzelkosten sowie variable und fixe Gemeinkostenanteile, im zweiten Fall lediglich variable Einzelkosten oder variable Einzelkosten und variable Gemeinkostenanteile. Bei Anwendung der stufenweisen Fixkostendeckungsrechnung liegt eine kombinierte Voll- und Teilkostenrechnung vor. Hier werden auch fixe Kosten als Einzelkosten ausgewiesen, wenn sie der Bezugsgröße direkt verursachungsgerecht zugerechnet werden können.

Kalkulationen sind in allen Kostenrechnungssystemen, also im Rahmen der Ist-Kostenrechnung, Normal-Kostenrechnung und Plankostenrechnung durchzuführen. Dabei besteht ein besonders enger Zusammenhang zwischen kostenbereichs- bzw. kostenstellenbezogener und kostenträgerbezogener Periodenrechnung und der Kalkulation.

Informationelle Grundlagen für die Produktkalkulation stellen insbesondere die in der Produktentwicklungsplanung erarbeiteten technischen Unterlagen – wie Stücklisten und Arbeitspläne bzw. Rezepturen – sowie darüber hinaus Marktpreise und/oder Kostensätze dar.

In Abhängigkeit vornehmlich von den Produktionsbedingungen und damit auch dem jeweils anzuwendenden Zurechnungsprinzip können vor allem die folgenden **Kalkulationsverfahren**[129] als Voll- und/oder Teilkostenrechnung zum Zwecke einer Vor-, Zwischen- und Nachkalkulation angewendet werden:

129 Vgl. zum folgenden auch Kilger, W., Flexible Plankostenrechnung und Deckungsbeitragsrechnung, a.a.O., S. 682ff.; ferner mit detaillierten Ausführungen: Coenenberg, A. G., Kostenrechnung und Kostenanalyse, a.a.O., S. 92ff.; Haberstock, L., Kostenrechnung I, 8. Aufl., Hamburg 1987,

1. Divisionskalkulation für Massenproduktion (bei unverbundener und verbundener Produktion),
2. Zuschlagskalkulation für Serien-/Sorten- und Einzelproduktion (bei unverbundener und verbundener Produktion)
   - summarisch
   - differenzierend mit Maschinenstundensätzen.

Dabei sind die Kalkulationsverfahren bei mehrstufiger Produktion in jeder Produktionsstufe produktionstypenbezogen auszuwählen. Man arbeitet sodann mit einer **mehrstufigen Kalkulation.**

Ferner kann die Prozeßkostenkalkulation bei allen Produktionstypen zum Zwecke verbesserter verursachungsgerechter Verrechnung von Gemeinkosten der sog. indirekten Bereiche herangezogen werden. Dies gilt uneingeschränkt für Unternehmungen mit Einzel- und Serienproduktion, aber auch für Mehrproduktunternehmungen bei Herstellung der Produkte in Massenproduktion.

Abbildung 129 zeigt eine produktionstypenbezogene Zuordnung von Kalkulationsverfahren.

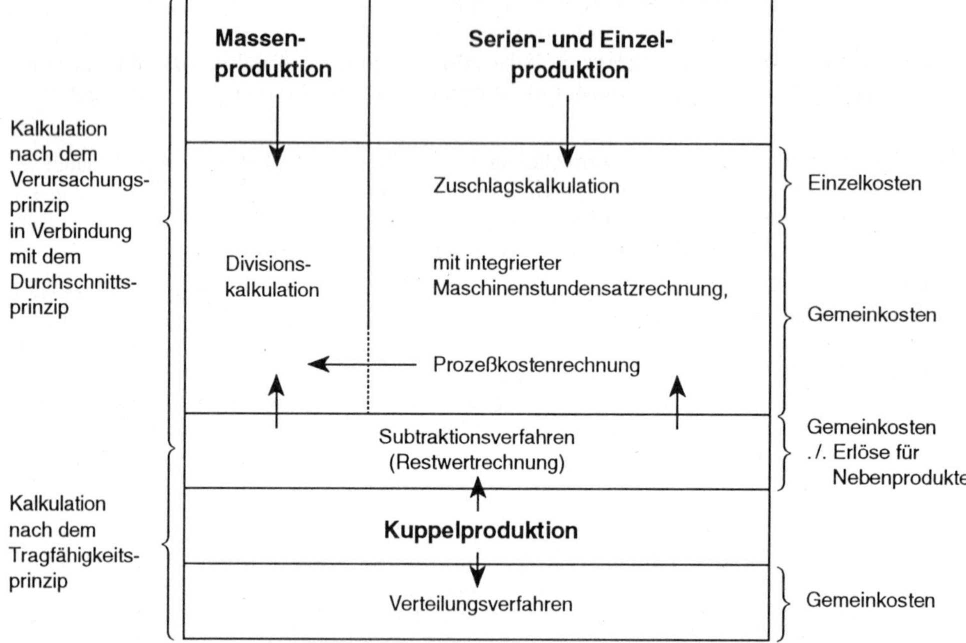

Abb. 129: Produktionstypenbezogene Zuordnung von Kalkulationsverfahren und Zurechnungsprinzipien

S. 162ff.; Hummel, S., Männel, W., Kostenrechnung, Bd. 1, 4. Aufl., Wiesbaden 1986, S. 253ff.; Jokisch, J., Kalkulation, in: HWR, Hrsg. K. Chmielewicz, M. Schweitzer, 3. Aufl., Stuttgart 1993, Sp. 1021ff.; Kosiol, E., Kosten- und Leistungsrechnung, a.a.O., S. 377ff.; Mellerowicz, K., Kosten und Kostenrechnung, II Verfahren, a.a.O., S. 76ff.; Menrad, S., Rechnungswesen, Göttingen 1978, S. 93ff.; Reichmann, T., Zuschlagskalkulation, in: HWR, Hrsg. K. Chmielewicz, M. Schweitzer, 3. Aufl., Stuttgart 1993, Sp. 2262ff.; Vormbaum, H., Ornau, H., Kalkulationsverfahren im Überblick, in: Handbuch Kostenrechnung, Hrsg. W. Männel, Wiesbaden 1992, S. 533ff. sowie auch mit zahlreichen Beispielen Wenz, E., Kosten- und Leistungsrechnung mit einer Einführung in die Kostentheorie, a.a.O., S. 282ff.

Die **produkt-/auftragsbezogene Plankalkulation** dient hierbei insbesondere folgenden **Zwekken:**

1. Preisstellung zum Angebot und zur Abrechnung von Marktleistungen;
2. Preisstellung zum Angebot und zur Verrechnung innerbetrieblicher Leistungen;
3. Bereitstellung von Informationen für Wirtschaftlichkeitsbetrachtungen;
4. Bereitstellung von Informationen für Wertanalysen;
5. Bereitstellung von Informationen für die strategische Produktplanung, auch im Zusammenhang mit Target Costing;
6. Bereitstellung von Informationen für die operative Produkt- und Produktprogrammplanung;
7. Bereitstellung von Wertansätzen für betriebswirtschaftliche, handelsrechtliche sowie steuerrechtliche Bestandsbewertung und Ergebnisermittlung.

Sowohl Langfristkalkulation als auch Kurzfristkalkulation greifen auf dieselben Kalkulationsverfahren zurück. **Langfristkalkulationen** werden hierbei i.d.R. **unter Berücksichtigung von Daten der Investitionsrechnung und von Lebenszyklusdaten als Vollkostenrechnungen** durchgeführt, **Kurzfristkalkulationen** als **Voll- und/oder Teilkostenrechnungen.**

4.3.2 Produkt-/Auftragsbezogene Planung und Plankalkulation bei Massengüterproduktion (Divisionskalkulation)

Bei **Massengüterproduktion** ist die Auflage, d.h. die Zahl der während der Betrachtungsperiode bzw. Planperiode ununterbrochen hergestellten identischen Produkte, unbegrenzt. Damit ergeben sich hier für die produktbezogene Planung keine Freiheitsgrade.

Bei Massengüterproduktion findet die **Divisionskalkulation** Anwendung, d.h. die Kosten der Kalkulationsperiode (= Monat, Quartal, Jahr) werden durch die zugehörigen Produktions- und Absatzmengen der Periode dividiert. Handelt es sich um kontinuierliche Massengüterproduktion mit einstufiger Produktion oder um mehrstufige Massengüterproduktion ohne Zwischenlagerung, so erfolgt die Kalkulation in Form der **einstufigen Divisionskalkulation.** Als Beispiele hierfür können genannt werden: Steinbrüche, Braunkohleabbau und Elektrizitätswerke[130]. Die Kosten pro Einheit errechnen sich bei einstufiger Divisionskalkulation nach folgender Kalkulationsformel:

$$\text{Kosten pro Einheit} = \frac{\text{K der Periode}}{x_p \text{ der Periode } (= x_A \text{ der Periode})}$$

Vollzieht sich die Produktion in mehreren Stufen mit diskontinuierlichem Verlauf, wird eine **mehrstufige Divisionskalkulation** durchgeführt, bei der auch Lagerbestandsveränderungen Berücksichtigung finden. Die Kosten pro Einheit errechnen sich bei mehrstufiger Divisionskalkulation sodann nach folgender Kalkulationsformel:

$$\text{Kosten pro Einheit} = \sum_{i=1}^{m} \frac{HK_i \text{ der Periode}}{x_{pi} \text{ der Periode}} + \frac{\text{VVK der Periode}}{x_A \text{ der Periode}}$$

K	= Kosten	HK	= Herstellkosten
x_p	= Produktionsmenge	VVK	= Verwaltungs- und Vertriebskosten
x_A	= Absatzmenge	i	= Produktionsstufe (i = 1, 2, . . . , m)

130 Vgl. Bussmann, K.F., Industrielles Rechnungswesen, 2. Aufl., Stuttgart 1979, S. 101; Schweitzer, M., Küpper, H.-U., Systeme der Kostenrechnung, a.a.O., S. 194.

Zur Erhöhung der Kostentransparenz sollten hierbei Materialkosten, Fertigungskosten sowie Verwaltungs- und Vertriebskosten getrennt kalkuliert werden.

Handelt es sich um **einstufige oder mehrstufige kontinuierliche verbundene Produktion bzw. Kuppelproduktion,** sind ggf. von den Periodenkosten vorab Erlöse für Nebenprodukte in Abzug zu bringen (Subtraktionsmethode). Dies setzt die Unterscheidung von Haupt- und Nebenprodukten bei den Kuppelprodukten voraus. Entstehen in einem Kuppelprozeß mehrere gleichrangige Haupterzeugnisse, so kann die Restwertrechnung nicht mehr angewendet werden. Eine Aufteilung der gesamten Material- und Verarbeitungskosten nach Verursachungsgrößen ist bei derartigen Produktionsbedingungen nicht möglich, so daß man sich primär an Tragfähigkeitsüberlegungen orientieren kann. Sofern für besondere Aufgaben – etwa die Bestandsbewertung für Halb- und Fertigfabrikate oder auch spezielle Preisüberlegungen – Kosten je Kalkulationsobjekt benötigt werden, kann die Aufteilung der Kuppelprozeßkosten im Verhältnis der Nettoerlöse bzw. der Marktpreise hilfreich sein. Man kann dann zwar aus der Differenz Nettoerlös minus so ermittelter „Stückkosten" keinen aussagefähigen Gewinn oder Erfolg (Deckungsbeitrag) je Kalkulationseinheit ableiten, kann jedoch übergreifend im Zusammenhang erkennen, ob bei den am Markt erreichbaren Erlösen und Aufteilung der Vollkosten auf die Kuppelerzeugnisse noch insgesamt ein positives Betriebsergebnis erwirtschaftet wird oder nicht. Für programm- und verfahrensbezogene Planungsüberlegungen kann ein integriertes Planungsmodell der Betriebserfolgsrechnung angewendet werden. Hierfür kann auf stück- bzw. kalkulationsobjektbezogene Kosten vollständig verzichtet werden[131].

4.3.3 Produkt-/Auftragsbezogene Planung und Plankalkulation bei Serien- und Einzelproduktion (Zuschlagskalkulation)

4.3.3.1 Grundsätzliches

Bei **Serienproduktion** ist die Auflage der Produkte der einzelnen Produktarten bezogen auf die Betrachtungsperiode bzw. Planperiode jeweils begrenzt. Handelt es sich bei den Produkten um Varianten einer Produktart, bezeichnet man diese Produktion auch als **Sortenproduktion**[132]. Grundlagen der produkt-/auftragsbezogenen Planung und Plankalkulation bei Serien-/Sortenproduktion bilden hierbei – neben Stücklisten, Arbeitsplänen bzw. Rezepturen – die operative Produktprogramm- und Produktionsprozeßplanung sowie die Funktionsbereichsplanungen. Auch hier sind die Freiheitsgrade der produkt-/auftragsbezogenen Planung eingeschränkt, allerdings in unterschiedlichem Ausmaß. Vielfach bezieht sich hier die Produktplanung im Zusammenhang mit der Produktprogrammplanung auf die detaillierte und endgültige Festlegung von Art und Menge der herzustellenden und abzusetzenden Produkte einschließlich der Größe der einzelnen Fertigungslose. Allerdings ist auch eine kundenorientierte Serienproduktion mit kundenwunschorientierten Varianten je Produkteinheit möglich, z.B. im Automobilbau.

Die Kostendaten, die in die Produktkalkulation bei Serien-/Sortenproduktion eingehen, basieren hierbei auf den Materialeinzelkosten, den Fertigungseinzelkosten und auf den Kostenstellenkosten der Funktionsbereiche.

---

131 Vgl. Hahn, D., Laßmann, G., Produktionswirtschaft – Controlling industrieller Produktion, Bd. 3, 2. Teilband, a.a.O., S. 137ff.

132 Vgl. Hahn, D., Laßmann, G., Produktionswirtschaft – Controlling industrieller Produktion, Bd. 1, a.a.O., S. 39.

In Unternehmungen mit **Sortenproduktion** (z. B. Brauereien, Blechwalzwerken, Sägewerken, Ziegeleien) kann die Produktkalkulation auch mit Hilfe der **Äquivalenzziffernkalkulation** erstellt werden, die der Divisionskalkulation ähnlich ist. Hierbei wird unterstellt, daß die produzierten Güter in festen Kostenrelationen zueinander stehen. Es werden die artverschiedenen Produktmengen mit Hilfe von Äquivalenzziffern auf eine Einheitssorte umgerechnet und deren Kosten nach dem Divisionsprinzip ermittelt. Äquivalenzziffern sind hierbei Verhältniszahlen, die angeben, wie sich die Kosten der Produktsorten von den Kosten einer Einheits- bzw. Basissorte unterscheiden. Der Basissorte wird meist die Äquivalenzziffer 1 zugeordnet[133].

Produktkalkulationen bei Serien-/Sortenproduktion zeichnen sich dadurch aus, daß sie grundsätzlich jahresbezogene Durchschnittskalkulationen sind. Diese Durchschnittskalkulationen werden als Teilkosten insbesondere für die (jahresbezogene) operative Programmplanung herangezogen. Ändern sich bei Planungen mit kürzeren Planungszeiträumen (z. B. Quartal, Monat) wesentliche Kosteneinflußgrößen (z. B. Produktaufbau, Produktionsverfahren, Preise, Lohn- und Gehaltssätze), so sind allerdings entweder die Plankalkulationen zu ändern, oder die bisherigen Plankalkulationen müssen durch Sonderkalkulationen ergänzt werden[134].

Bei **Einzelgüterproduktion** ist die Auflage, d. h. die Zahl der während der Betrachtungsperiode/Planperiode ununterbrochen hergestellten identischen Produkte, eins. In größeren Zeitabständen kann allerdings eine Wiederholung von Einzelprodukt-Prozessen auftreten. Bei diesem Produktionstyp sind die Freiheitsgrade der produkt-/auftragsbezogenen Planung und Plankalkulation am größten, da Einzelgüterproduktion i.d.R. auch gleichzeitig mit einer unmittelbar kundenorientierten Produktion verbunden ist. In diesem Fall werden Ausgestaltung bzw. Qualität und Liefertermin der Produkte in erheblichem Maße von den Abnehmern bzw. Kunden unmittelbar beeinflußt. Im Rahmen der Auftragsverhandlungen werden die Eigenschaften und Lieferbedingungen der Absatzobjekte (Sachgüter- und Dienstleistungskombinationen) verwendungsbezogen individuell ausgehandelt. Daraus folgt vielfach eine wesentliche Einengung der qualitativen und zeitlichen Spielräume in der Produktprogramm- und Prozeßgestaltung einschließlich der Beschaffung von Produktionsfaktoren – mit entsprechenden Wirkungen auf die Produktkosten[135].

Eine **besondere Form der Einzelgüterproduktion** stellt hierbei das **Anlagengeschäft** dar. Bei einem Anlagensystem handelt es sich um vermarktungsfähige, „von einem oder mehreren Anbietern in einem geschlossenen Angebot erstellte(s) Anlagen-Dienstleistungsbündel zur Befriedigung eines komplexen Bedarfs“[136]. Hierbei sind folgende Besonderheiten des Anlagengeschäftes zu nennen, die bei den Planungs-, Steuerungs-, Durchführungs- und Kontrolltätigkeiten im Zusammenhang mit der Anlagenerstellung (Auftragsabwicklung) von Bedeutung sind[137]:

133 Vgl. hierzu Kilger, W., Einführung in die Kostenrechnung, 3. Aufl., Wiesbaden 1987, S. 315.

134 Vgl. zu diesem Absatz ausführlich Kilger, W., Flexible Plankostenrechnung und Deckungsbeitragsrechnung, a.a.O., S. 680ff.

135 Vgl. Hahn, D., Laßmann, G., Produktionswirtschaft – Controlling industrieller Produktion, Bd. 1, a.a.O., S. 37.

136 Arbeitskreis „Marketing in der Investitionsgüterindustrie“ der Schmalenbach-Gesellschaft/Deutsche Gesellschaft für Betriebswirtschaft e. V., Einige Besonderheiten der Preisbildung im Seriengeschäft und Anlagengeschäft, ZfbF 1978, S. 759.

137 Vgl. Hahn, D., Laßmann, G., Produktionswirtschaft – Controlling industrieller Produktion, Bd. 1, S. 90f. mit weiteren Hinweisen.

1. Besonderheiten allgemeiner Art:
   - mehrjährige Auftragsabwicklung, daher Variation der Kapazitäten während der Auftragsabwicklung möglich,
   - geringe Zahl von Aufträgen mit hohem Auftragswert,
   - hohe Risiken im Einzelauftrag (kommerziell, politisch),
   - diskontinuierlicher Auftragseingang,
   - Internationalität,
   - Kompensationsgeschäfte,
   - mögliche Reduzierung der Leistung auf Engineering;
2. Besonderheiten im Zusammenhang mit der Angebotserstellung:
   - spezifische Beratungen,
   - Feasibility Studies,
   - Projektierung oft mit Entwicklungsleistungen,
   - Angebot eines komplexen Hardware-Software-Paketes,
   - Variabilität des Lieferumfanges und des Auftragsinhalts,
   - keine vollständige Konstruktions- und Produktionsplanung bei Angebotsabgabe,
   - Anbietergemeinschaften (kooperative Anbieterorganisation),
   - große Bedeutung von Referenzanlagen,
   - Vereinbarung eines local content,
   - Projektfinanzierungsangebot;
3. Besonderheiten im Zusammenhang mit der Inbetriebnahme der Anlage:
   - Gewährleistungsaufteilung bei Anbietergemeinschaften,
   - Wartungsleistungen,
   - Schulungen,
   - z. T. Durchführung des Anlagenbetriebs in der Gewährleistungsphase.

Insbesondere bei derartigen Anlagengeschäften, aber auch generell bei komplexer, unmittelbar kundenorientierter Einzelproduktion bilden sog. **Vorkalkulationen** eine notwendige Grundlage effizienter Verkaufstätigkeit. Vorkalkulationen sind hierbei Selbstkostenberechnungen individueller Auftragsanfragen, die vor Erteilung des Kundenauftrages oder vor Produktionsbeginn mit Hilfe geplanter oder geschätzter Kostendaten ermittelt werden. Im Gegensatz zu den Plankalkulationen bei Serien-/Sortenproduktion, die während des gesamten Planungszeitraumes Geltung besitzen, sind derartige Vorkalkulationen zeitpunktbezogene, auftragsindividuelle Kalkulationen.

Bei langfristiger auftragsbezogener Einzelproduktion (z. B. Großanlagenbau) sind diese Vorkalkulationen als Angebotsvorkalkulationen i.d.R. Kostenschätzungen, da detaillierte Unterlagen (z. B. Stücklisten, Arbeitspläne) vielfach erst nach Auftragserteilung erstellt werden. Für jeden erteilten Kundenauftrag wird darüber hinaus eine **Auftragsvorkalkulation** erstellt, die als Plankalkulation i.d.R. auf detailliert geplanten Mengendaten basiert und verhandelte Auftragsvariationen berücksichtigt. Wesentlicher Bestandteil einer aussagefähigen Auftragsabwicklung ist darüber hinaus eine **Auftragsnachkalkulation,** die zum einen zeitlich parallel zur Auftragsabwicklung als **mitlaufende Auftragsnach- bzw. -zwischenkalkulation** und zum anderen nach Abschluß des Auftrages als **abschließende Auftragsnachkalkulation** durchgeführt werden kann [138]. Diese Kalkulationen erfolgen i.d.R. im Rahmen von Projektplanungen und -kontrollen (vgl. Abschnitt 6. dieses Teils sowie Spezialliteratur zur Bauindustrie).

---

138 Vgl. zur Auftragskalkulation bei Einzelproduktion auch Hay, H., Planungs- und Kontrollrechnung im Anlagengeschäft, a.a.O., S. 81 ff. Vgl. zu betriebswirtschaftlichen Fragestellungen im Anlagenbau allgemein Höffken, E., Schweitzer, M. (Hrsg.), Beiträge zur Betriebswirtschaft des Anlagenbaus, a.a.O.

In **Mehrprodukt-Unternehmungen,** die ihre Erzeugnisse **in Serien- oder Einzelproduktion** oder auch **in Sortenproduktion** herstellen, wird bei Verrechnungsmöglichkeit der Kosten nach dem Verursachungsprinzip auf einzelne Produkte bzw. Leistungseinheiten i.d.R. die **Zuschlagskalkulation** angewendet[139]. Dieses Verfahren ist das am häufigsten in der Industrie verwendete[140]. Kennzeichnend für die Zuschlagskalkulation ist die **Trennung von Einzel- und Gemeinkosten.** Während die Einzelkosten den Kostenträgern direkt zugerechnet werden können, erfolgt die Verrechnung der Gemeinkosten mit Hilfe von Schlüsselgrößen.

Bei der **summarischen Zuschlagskalkulation** werden alle anfallenden Gemeinkosten mittels eines Zuschlagssatzes (in % der Einzelkosten oder einer Kostenart) verrechnet. Bei dem Verfahren der **differenzierten Zuschlagskalkulation** werden mehrere Zuschlagssätze gebildet, z.B. Materialgemeinkosten in % der Materialeinzelkosten, Fertigungsgemeinkosten in % der Lohneinzelkosten, Verwaltungs- und Vertriebsgemeinkosten in % der Herstellkosten (vgl. zum Schema der Zuschlagskalkulation auch Abbildung 130a).

<table>
<tr><td>Materialeinzelkosten</td><td rowspan="2">Material-
kosten</td><td rowspan="7">Herstell-
kosten</td><td rowspan="9">Selbst-
kosten</td></tr>
<tr><td>Materialgemeinkosten</td></tr>
<tr><td>Fertigungslohneinzelkosten</td><td rowspan="5">Fertigungs-
kosten</td></tr>
<tr><td>Fertigungsgemeinkosten
Werkstatt A
(bezogen auf Fertigungslohneinzelkosten
Werkstatt A)</td></tr>
<tr><td>Fertigungsgemeinkosten
Werkstatt B
(bezogen auf Fertigungsstunden
Werkstatt B)</td></tr>
<tr><td>Fertigungsgemeinkosten
Werkstatt C
(bezogen auf Erzeugnisgewicht
Werkstatt C)</td></tr>
<tr><td>Sondereinzelkosten der Fertigung</td></tr>
<tr><td>Verwaltungs- und
Vertriebsgemeinkosten</td><td rowspan="2" colspan="2">Verwaltungs- und
Vertriebskosten</td></tr>
<tr><td>Sondereinzelkosten des Vertriebs</td></tr>
</table>

Abb. 130a: Schema der Zuschlagskalkulation[141]

139 Vgl. Mellerowicz, K., Kosten und Kostenrechnung, II Verfahren, a.a.O., S. 256ff.

140 Vgl. Bussmann, K.F., Industrielles Rechnungswesen, a.a.O., S. 109 und 113; Schweitzer, M., Küpper, H.-U., Systeme der Kostenrechnung, a.a.O., S. 196f.

141 Vgl. Kosiol, E., Kostenrechnung und Kalkulation, a.a.O., S. 209.

Zur Lohnzuschlagskalkulation ist kritisch anzumerken, daß die Proportionalität zwischen Fertigungsgemeinkosten und Fertigungslohneinzelkosten vielfach nicht gegeben ist. Zudem machen bei stark kapitalintensiven Produktionsprozessen die Fertigungslöhne nur einen vergleichsweise kleinen Anteil an den Fertigungskosten aus. Hierdurch können im Einzelfall Zuschlagssätze bis zu mehreren Hundert oder gar Tausend Prozent auftreten. Geringfügige Veränderungen der Fertigungseinzellöhne führen hier bereits zu erheblichen Veränderungen bei den verrechneten Fertigungsgemeinkosten. Als zweckmäßiges Verfahren kann die Lohnzuschlagskalkulation daher im allgemeinen nur bei sehr lohnintensiver Fertigung gelten [142].

Eine Proportionalität zwischen Verwaltungs- und Vertriebsgemeinkosten und Herstellkosten ist auch nur in den seltensten Fällen gegeben, so daß hierauf basierende Zuschlagssätze i.d.R. sehr ungenau und willkürlich sind.

4.3.3.2 Kalkulation mit Maschinenstundensatzrechnung

Den Nachteilen der Lohnzuschlagskalkulation versucht man, mit Hilfe der **Bezugsgrößenkalkulation** zu begegnen. Ziel dieses Ansatzes ist es, möglichst viele Gemeinkosten des Gemeinkostenblocks genauer nach dem Verursachungsprinzip auf Produkte bzw. Leistungseinheiten zuzurechnen, um für die verbleibenden Restgemeinkosten die pauschalen Zuschlagssätze geringhalten zu können und somit eine weitestgehend verursachungsgerechte Zurechnung der Kosten auf die Kostenträger zu erreichen. Das Prinzip der Bezugsgrößenkalkulation besteht darin, in den einzelnen Kostenstellen jeweils spezifische Bezugsgrößen der Kostenverursachung zu ermitteln und der Gemeinkostenverrechnung auf Produkte zugrunde zu legen. Für den Bereich der Fertigungskosten wurde insbesondere vom Verband Deutscher Maschinen- und Anlagenbau e. V. (VDMA) das Konzept der **Maschinenstundensatzrechnung** verbreitet [143].

Während hier Material- sowie Verwaltungs- und Vertriebsgemeinkosten i.d.R. auf der Basis von Materialeinzel- sowie Herstellkosten verrechnet werden, erfolgt die Kalkulation der Fertigungsgemeinkosten unter Verwendung sog. Maschinenstundensätze bzw. Maschinenstundenkostensätze in Abhängigkeit von der zeitlichen Inanspruchnahme der für die Produkterstellung erforderlichen Maschinen. Der Maschinenstundensatz (DM/h) wird dabei gebildet als Quotient aus den geplanten maschinenabhängigen Kosten und der Soll-Maschinenlaufzeit einer Periode. Er kann für eine einzelne Maschine/einen einzelnen Arbeitsplatz, eine Gruppe ähnlicher Maschinen/Arbeitsplätze oder gegebenenfalls eine Kombination mehrerer Maschinen/Arbeitsplätze ermittelt werden.

Sollen Maschinenstundensätze in Entscheidungsrechnungen Verwendung finden können, ist der Stundensatz in die von der Kapazitätsnutzung abhängigen (variablen) und von der Kapazitätsnutzung unabhängigen (fixen) Kostenbestandteile aufzuspalten.

Der derart gebildete und ausgewiesene Maschinenstundensatz bzw. Maschinenstundenkostensatz ist mit der von dem betrachteten Kostenträger benötigten Bearbeitungszeit (ausgedrückt in Stundenzahlen) auf der Maschine zu multiplizieren. Das so erhaltene Produkt ergibt die diesem Kostenträger zu belastenden Maschinenkosten. Entsprechend ist je beanspruchter Maschine zu verfahren (vgl. Abbildung 130b).

---

142 Vgl. ausführlich Mellerowicz, K., Neuzeitliche Kalkulationsverfahren, a.a.O., S. 11ff.

143 Vgl. hierzu ausführlich die 6. Auflage des VDMA-Betriebswirtschaftsblattes BwB 7 von Andreas, D., Reichle, W., Das Rechnen mit Maschinenstundensätzen, 6. Aufl., Frankfurt/M. 1987. Vgl. grundlegend auch Mellerowicz, K., Neuzeitliche Kalkulationsverfahren, a.a.O., S. 28ff., der in diesem Zusammenhang von Verrechnungssatzrechnung spricht. Vgl. auch Wenz, E., Kosten- und Leistungsrechnung mit einer Einführung in die Kostentheorie, a.a.O., S. 313ff.

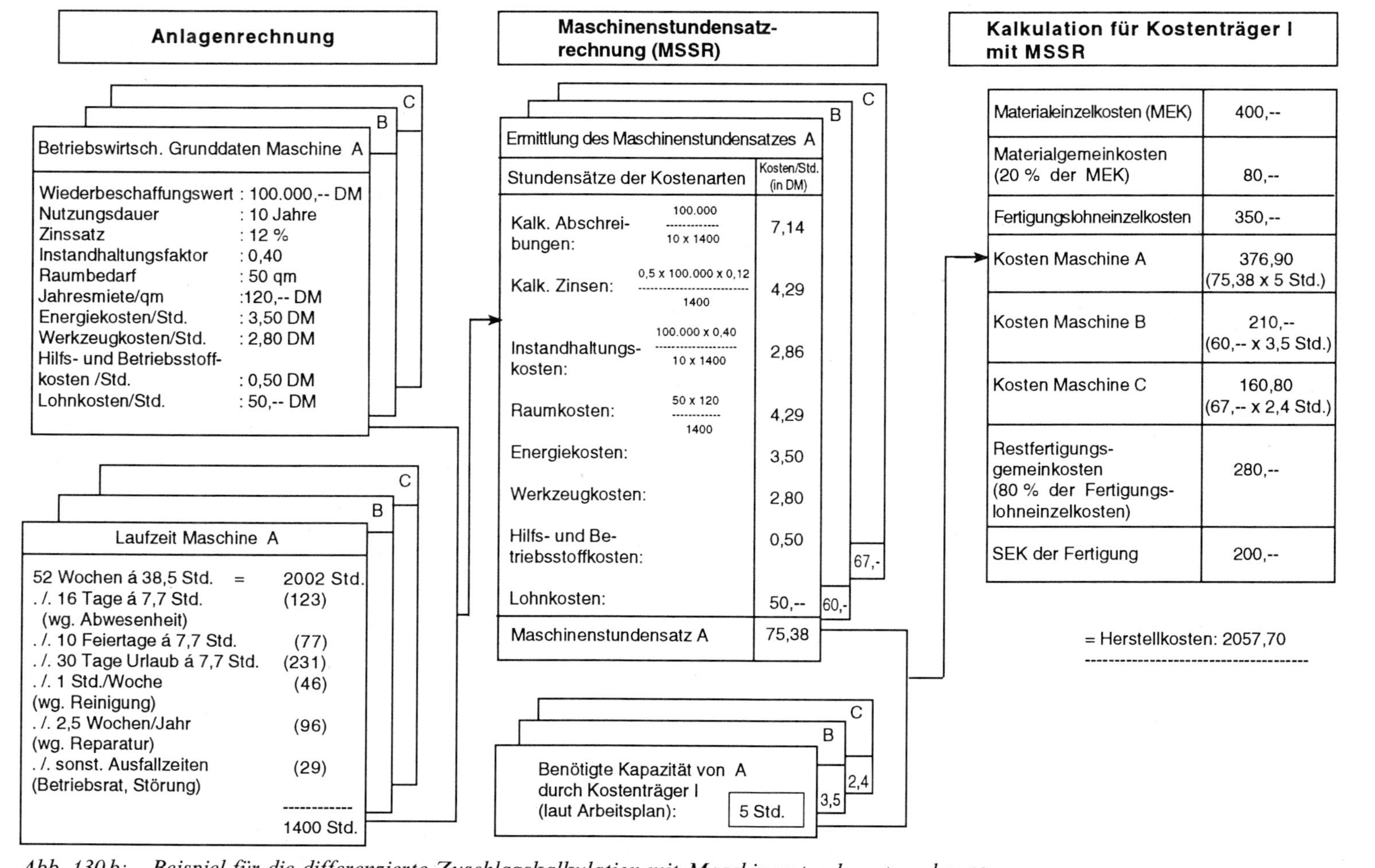

Abb. 130 b: Beispiel für die differenzierte Zuschlagskalkulation mit Maschinenstundensatzrechnung

Durch die Verrechnung der Fertigungs- bzw. Verfahrensgemeinkosten gemäß der zeitlichen Inanspruchnahme von Potentialen durch Prozesse zur Erstellung von Vor-, Zwischen- oder Endprodukten im Rahmen der Maschinenstundensatzrechnung wird eine Verbesserung der Gemeinkostenverrechnung nach dem Verursachungsprinzip auf Produkte im Produktionsbereich ermöglicht. Die Maschinenstundensatzrechnung führt damit zu einer Verbesserung der Herstellkostenkalkulation bei Einzel- und Serien-/Sortenproduktion sowohl bei unverbundener als auch bei verbundener Produktion bzw. Kuppelproduktion, bei letzterer für ein zwangsläufig entstehendes Produktbündel von Kuppelprodukten. Bei Kuppelproduktion kann Einzelproduktion, z. B. als Chargenproduktion, oder Serien-/Sortenproduktion als durchlaufende chemisch-analytische Produktion vorliegen. Über die Maschinenstundensatzrechnung werden die Kosten pro Charge oder Serien-/Sortenlos ermittelt und durch anschließende Division die Kosten pro Einheit errechnet. Hierbei können bei Kuppelproduktion wiederum für das Hauptprodukt die Erlöse der Nebenprodukte von den gesamten Produktionskosten abgezogen werden (Subtraktionsprinzip), sofern Haupt- und Nebenprodukte unterschieden werden können. Ist dies nicht möglich, so kann die Restwertrechnung nicht angewendet werden. Es ist bei der Ermittlung von „Stückkosten der Produktion" für Kuppelprodukte dann wieder nach dem Tragfähigkeitsprinzip vorzugehen.

4.3.4 Prozeßkostenrechnung zur Verbesserung der produkt-/auftragsbezogenen Planung und Plankalkulation

Steigende Gemeinkostenanteile sog. indirekter Bereiche (z. B. FuE, PPS, Beschaffung, Logistik, Qualitätssicherung) an den Gesamtkosten führten in Praxis und auch Wissenschaft zu der Idee, neben den Produktionsgemeinkosten auch spezifische Gemeinkosten indirekter Bereiche direkt den sie verursachenden Produkten bzw. spezifischen für die Produkterstellung und/oder Produktvermarktung erforderlichen Prozessen oder Prozeßketten zuzurechnen. Für eine derartige Bezugsgrößenkalkulation wurde das Verfahren der **Prozeßkostenrechnung** entwickelt[144]. **Ziele** der Prozeßkostenrechnung sind eine Verbesserung der Gemeinkostenplanung, -kontrolle und -verrechnung und damit zusammenhängend eine Verbesserung der Anwendung des Verursachungsprinizips bei der Selbstkostenkalkulation.

Zur **Produktkalkulation mit Hilfe von Prozeßkosten in indirekten Kostenstellen/-bereichen** werden in den einzelnen Kostenstellen/-bereichen i.d.R. mehrere Prozesse definiert, dazugehörige Bezugsgrößen (z. B. Vorgangszeiten, Vorgangszahlen) bestimmt sowie die jeweiligen Prozeßmengen bei Planbeschäftigung festgelegt. Hierauf aufbauend werden die Kosten der einzelnen Prozesse, die Prozeßkosten, möglichst in vergleichbarer Weise wie bei der herkömmlichen Gemeinkostenplanung bestimmt[145]. Durch Division der Planprozeßkosten durch die jeweiligen Planprozeßmengen (z. B. ausgedrückt in Prozeßzeiten) erhält man somit Prozeßkostensätze, mit denen die Kostenstellenkosten der indirekten Bereiche je nach Inanspruchnahme durch die Produkte direkt in die Produktkalkulation eingehen können. Prozeßkosten, für die eine direkte produktspezifische Zuordnung nur schwer oder gar nicht

---

144 Der Grundgedanke dieses Kostenrechnungsansatzes kommt hierbei aus den USA. Vgl. Miller, G., Vollman, T. E., The Hidden Factory, HBR 5/1985, S. 142 ff. sowie hierauf aufbauend Johnson, H. T., Kaplan, R. S., Relevance Lost: The Rise and Fall of Management Accounting, a.a.O.; Cooper, R., Kaplan, R. S., Measure Cost Right: Make The Right Decisions, HBR 5/1988, S. 96 ff. Vgl. im deutschsprachigen Raum z. B. Horváth, P., Mayer, R., Prozeßkostenrechnung, Controlling 1989, S. 214 ff.

145 Analytische Verfahren zur Prozeßmengenplanung stehen bisher allerdings nicht zur Verfügung. Vgl. zur Kritik auch Glaser, H., Prozeßkostenrechnung – Darstellung und Kritik, ZfbF 1992, S. 279.

möglich ist (z. B. der Unternehmungsführung, der Organisation, des Personalwesens), werden auch hierbei vielfach wie bisher über prozentuale Zuschläge auf die Produkte verrechnet[146]. Werden logisch zusammengehörige Teilprozesse aus unterschiedlichen Kostenstellen/-bereichen zu Prozeßketten in Form von Hauptprozessen zusammengefaßt, so wird auch eine direkte Verrechnung von Prozeßkosten kostenstellenübergreifender Prozesse möglich.

Im Kern beinhaltet die Prozeßkostenrechnung eine **Übertragung** des im Produktionsbereich hoch entwickelten Instrumentariums der **direkten Bezugsgrößen mit doppelter Funktion** (Wirtschaftlichkeitsmessung und Produktkalkulation z. B. unter Einsatz von Maschinenstunden)[147] auch **auf die indirekten Gemeinkostenbereiche**[148]. Als **Einführungsvoraussetzung** der Prozeßkostenrechnung gilt hierbei das Vorhandensein formalisierter, repetitiver Pro-

Gemeinkostenbereich	**Produktbezogene Kostenverursachungsfaktoren/Bezugsgrößen ("Cost drivers")**
Materialgemeinkosten	– Anzahl der in das Produkt eingehenden Materialien – Verwendungshäufigkeit der eingesetzten Materialien
Entwicklungs- und Konstruktionskosten	– Komplexität des Produktes (Anzahl der Bauteile) – Überarbeitungshäufigkeit des Produktes
Kosten der Fertigungsvorbereitung	– Anzahl der Stücklisten- und Arbeitsplanpositionen – Anzahl zu durchlaufender Kostenstellen – Losgröße
Fertigungsgemeinkosten	– Fertigungslosgröße/ Anzahl der Produktvarianten
Vertriebsgemeinkosten	– Kundenauftragsgröße

Abb. 131 a: Produktbezogene Kostenverursachungsfaktoren/Bezugsgrößen in verschiedenen Gemeinkostenbereichen[149]

146 Vgl. Coenenberg, A. G., Kostenrechnung und Kostenanalyse, a.a.O., S. 214; Coenenberg, A. G., Fischer, Th., Prozeßkostenrechnung – Strategische Neuausrichtung in der Kostenrechnung, DBW 1991, S. 30f.

147 Vgl. hierzu Kilger, W., Flexible Plankostenrechnung und Deckungsbeitragsrechnung, a.a.O., S. 315.

148 Vgl. Franz, K.-P., Die Prozeßkostenrechnung im Vergleich mit der Grenzplankosten- und Deckungsbeitragsrechnung, in: Strategieunterstützung durch das Controlling: Revolution im Rechnungswesen?, Hrsg. P. Horváth, Stuttgart 1990, S. 197.

149 Warnick, B., Erhöhung der Kalkulationsgenauigkeit durch differenzierte Leistungserfassung, in: Tagungsband Kongress Kostenrechnung '91, Frankfurt 1991, S. 121 f. Vgl. auch Kilger, W., Flexible Plankostenrechnung und Deckungsbeitragsrechnung, a.a.O., S. 327, der die dort genannten Bezugsgrößen in indirekten Gemeinkostenbereichen allerdings nur zur Leistungsmessung in den Gemeinkostenbereichen einsetzen will und nicht zur Produktkalkulation.

zesse, deren Leistungsergebnisse meßbar sind[150]. Abbildung 131a zeigt in diesem Zusammenhang spezifische produktbezogene Bezugsgrößen für verschiedene Gemeinkostenbereiche der Unternehmung.

Prozeßorientierte Produktselbstkosten können hierbei insbesondere als Grundlage **für Produkt-/Prozeßentwicklungsplanungen** dienen. Sie geben **Signalinformationen über produkt-/programmbezogene Kostenverursachungen.** Strategische Entscheidungen lassen sich allerdings mit Hilfe der Prozeßkostenrechnung nicht zufriedenstellend treffen. Wesentlich aussagefähiger im Hinblick auf die Ziele Ergebnis und Liquidität sind hier die dynamischen Investitionsrechnungsverfahren verbunden mit mehrperiodigen Ergebnis- und Liquiditätsanalysen[151]. Für kurzfristige operative Entscheidungen ist die Prozeßkostenrechnung in ihrer bisherigen Ausgestaltung als Vollkostenrechnung grundsätzlich nicht geeignet. Bei differenzierter Prozeßkostenrechnung im Rahmen der Zuschlagskalkulation ergeben sich allerdings auch Anwendungsmöglichkeiten im operativen Bereich (vgl. Abbildung 131b).

Die **Prozeßkostenrechnung** kann allerdings auch für nicht direkt produkt-/programmbezogene Planungen kostenintensiver stellenübergreifender Prozesse ergänzend **Signalinformationen für Prozeß- und Potentialänderungsplanungen in Gemeinkostenbereichen** liefern. Im Sinne einer **prozeßkettenbezogenen Gemeinkostenwertanalyse** können hierbei die hinter den Prozeßkostensätzen stehenden Bezugsgrößen/Kostenbestimmungsfaktoren Anhaltspunkte für Maßnahmen zur Reduzierung von Prozessen einschließlich entsprechender Potentiale im Hinblick auf eine Gemeinkostenreduzierung liefern[152].

---

150 Vgl. Franz, K.-P., Die Prozeßkostenrechnung. Darstellung und Vergleich mit der Plankosten- und Deckungsbeitragsrechnung, in: Finanz- und Rechnungswesen als Führungsinstrument, Hrsg. D. Ahlert, K.-P. Franz, H. Göppl, Wiesbaden 1990, S. 118. Kilger hebt hervor, daß direkte Bezugsgrößen in den Gemeinkostenbereichen nur für Kostenstellen mit überwiegend verwaltenden Tätigkeiten, die sich häufig wiederholen, gefunden werden können. Diese Bezugsgrößen können nach Kilger allerdings nur zur Leistungsmessung herangezogen werden, nicht aber zur kalkulatorischen Weiterverrechnung der Gemeinkosten auf Produkte. Vgl. Kilger, W., Flexible Plankostenrechnung und Deckungsbeitragsrechnung, a.a.O., S. 325f.

151 Vgl. Mayer, R., Glaser, H., Die Prozeßkostenrechnung als Controllinginstrument. Pro und Contra, Controlling 1991, S. 301. Vgl. zur Beurteilung der Prozeßkostenrechnung auch Pfohl, H.-C., Stölzle, W., Anwendungsbedingungen, Verfahren und Beurteilung der Prozeßkostenrechnung in industriellen Unternehmen, ZfB 1991, S. 1281ff. sowie unsere Ausführungen zu Produkt- und Prozeßplänen als Basis für Produktprogramm- und Potentialalternativen in Abschnitt 3.1.2.1 dieses Teils.

152 Vgl. hierzu Straube, P., Integriertes Forschungs- und Entwicklungs-Controlling, a.a.O., S. 80.

<table>
<tr><td>Einzelkosten
– Materialeinzelkosten
– Fertigungseinzelkosten
– SEK der Fertigung</td><td>Einzel-
kosten der
Herstellung</td><td rowspan="2">Herstell-
kosten</td><td rowspan="5">Selbst-
kosten</td></tr>
<tr><td>Fertigungsgemeinkosten
auf Basis der Maschinenstundensatz-
rechnung
Prozeßgemeinkosten
auf Basis der Prozeßkostensätze
– Einkaufs-/Beschaffungsgemeinkosten
(z. B. bezogen auf Anzahl bearbeiteter Angebote)
– Qualitätsgemeinkosten
(z. B. bezogen auf Anzahl Proben)
– ...</td><td>Gemein-
kosten der
Herstellung</td></tr>
<tr><td>FuE-Gemeinkosten auf Basis von
Prozeßkostensätzen
– ...</td><td colspan="2">Verrechnete Vorleistungskosten</td></tr>
<tr><td>VuV-Gemeinkosten auf Basis von
Prozeßkostensätzen
Rest VuV-Gemeinkosten</td><td>Gemeinkosten
der Verwaltung
und des
Vertriebs</td><td rowspan="2">Verwaltungs-
und Vertriebs-
kosten</td></tr>
<tr><td>Sondereinzelkosten des Vertriebs</td><td>SEK d.
Vertriebs</td></tr>
</table>

Abb. 131 b: Schema der Zuschlagskalkulation mit Maschinenstundensätzen und (sonstigen) Prozeßkostensätzen

5. Gesamtunternehmungsbezogene Ergebnis- und Finanzplanung

In den gesamtunternehmungsbezogenen mehrperiodigen Ergebnis- und Finanzplanungen spiegeln sich monetär die generelle Zielplanung, die strategische Planung und die operative Planung wider. Zudem werden die gesamtunternehmungsbezogenen Ergebnis- und Finanzplanungen mitgestaltet durch die originäre Bilanzplanung (z. B. Ausschüttungs-, Rücklagen-, Abschreibungsplanung) sowie originäre Teile der Finanzplanung (z. B. Fremdfinanzierungsplanung).

Die **gesamtunternehmungsbezogene Ergebnis- und Finanzplanung** umfaßt die

- **Kosten- und Erlösplanung und -kontrolle** bzw. **kalkulatorische Ergebnisplanung und -kontrolle**,
- **Aufwands- und Ertragsplanung und -kontrolle** und **Bilanzplanung und -kontrolle** bzw. **bilanzielle Ergebnisplanung und -kontrolle**,
- **Auszahlungs- und Einzahlungsplanung und -kontrolle** bzw. **Finanzplanung und -kontrolle** (vgl. Abbildung 132).

Diese Planungen sind jährlich rollend für den Zeitraum der operativen Planung, also für ein bis drei oder fünf Planjahre zu erstellen, wobei das Zahlenwerk des ersten Planjahres stärker zu detaillieren ist. Spezifische originäre Teilplanungen der Ergebnis- und Finanzplanung, z. B. die Planung von Eigenkapitalerhöhungen, werden als Projektplanungen durchgeführt.

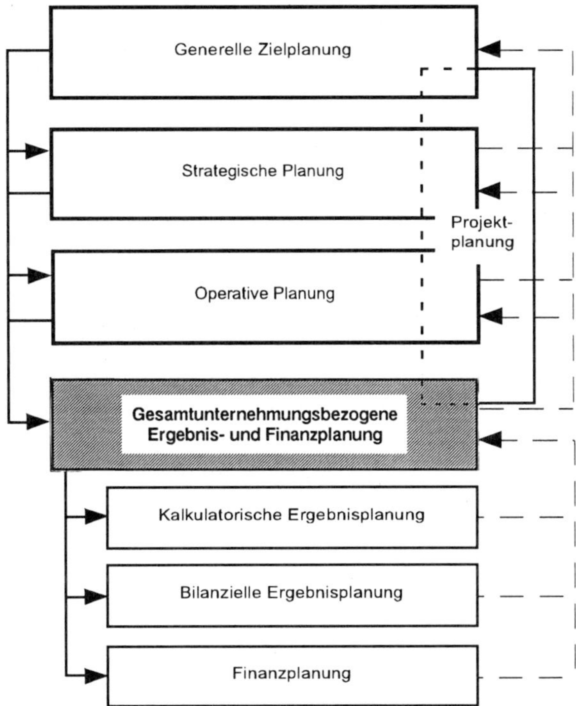

Abb. 132: Gesamtunternehmungsbezogene Ergebnis- und Finanzplanung im Rahmen der Unternehmungsplanung

5.1 Kosten- und Erlösplanung und -kontrolle – kalkulatorische Ergebnis-PuK

Die gesamtunternehmungsbezogene kalkulatorische Ergebnisplanung – auch Betriebsergebnisplanung genannt – zeigt das durch den speziellen Leistungsprozeß in künftigen Perioden zu erwirtschaftende Ergebnis der Unternehmung. Das kalkulatorische Ergebnis ist damit die entscheidende Planungs- und Kontrollgröße in der Industrieunternehmung.

5.1.1 Ausgestaltung

Bei kombiniert retrograd-progressiver Planung basiert die **Betriebsergebnisplanung** für künftige Perioden zum einen auf der generellen Zielplanung (Zielvorschau), zum anderen auf der operativen Planung – der Produktprogrammplanung und den funktionsbereichsbezogenen Planungen mit den hier i.d.R. statistisch einbezogenen Projektplanungen – sowie zum Teil auch auf der strategischen Planung, der Investitions-/Desinvestitionsplanung, soweit sie in den Planperioden der operativen Planung zu ergebniswirksamen Veränderungen der Potentiale führt[1].

Abbildung 133 zeigt schematisch die **Komponenten der Betriebsergebnisplanung und -kontrolle**.

Ausgehend von den durch die Produktprogrammplanung festgelegten Erlösen und Einzelkosten bzw. variablen Kosten sowie den in den Funktionsbereichsplanungen festgelegten Gemeinkosten bzw. variablen und fixen Kosten ergibt sich – gegebenenfalls nach Berücksichtigung von Bestandsänderungen – das Betriebsergebnis. Kostenänderungen, insbesondere Fixkostenänderungen auf Grund von Investitionen und Desinvestitionen in den einzelnen Kostenstellen, werden auf Basis der Angaben der Investitions-/Desinvestitionsplanung berücksichtigt. Die Kosten multifunktionaler und unifunktionaler Projekte gehen grundsätzlich nicht gesondert, sondern über die Kostenstellenkosten oder gegebenenfalls Einzelkosten in die kalkulatorische Ergebnisplanung ein. Lediglich wenn Projekte als Kosten- oder Ergebnisstellen oder gesonderte Kostenträger geführt werden, erfolgt ihre Berücksichtigung bei der kalkulatorischen Ergebnisplanung direkt und nicht über die Produktprogramm- und Funktionsbereichsplanung. Eine derartige Berücksichtigung von Projekten/Aufträgen als Kostenträger in der kalkulatorischen Ergebnisrechnung erfolgt insbesondere in Industrieunternehmungen mit auftragsbezogener Einzelproduktion (z. B. Großanlagenbau). Es tritt allerdings hier das Problem auf, daß die Zeitdauer der Ausführung von Projekten/Aufträgen oftmals die Länge der Planperiode übersteigt, so daß periodenbezogene Abgrenzungen, z. B. bezüglich Teilprojektleistungen, vorgenommen werden müssen, um zu aussagefähigen Resultaten – auch im Rahmen der Abweichungsanalyse – zu kommen[2].

---

1 Vgl. auch Matz, A., Plankosten, Deckungsbeiträge und Budgets, a.a.O.

2 Vgl. zu betriebswirtschaftlichen Fragestellungen im Anlagenbau allgemein Höffken, E., Schweitzer, M. (Hrsg.), Beiträge zur Betriebswirtschaft des Anlagenbaus, a.a.O.

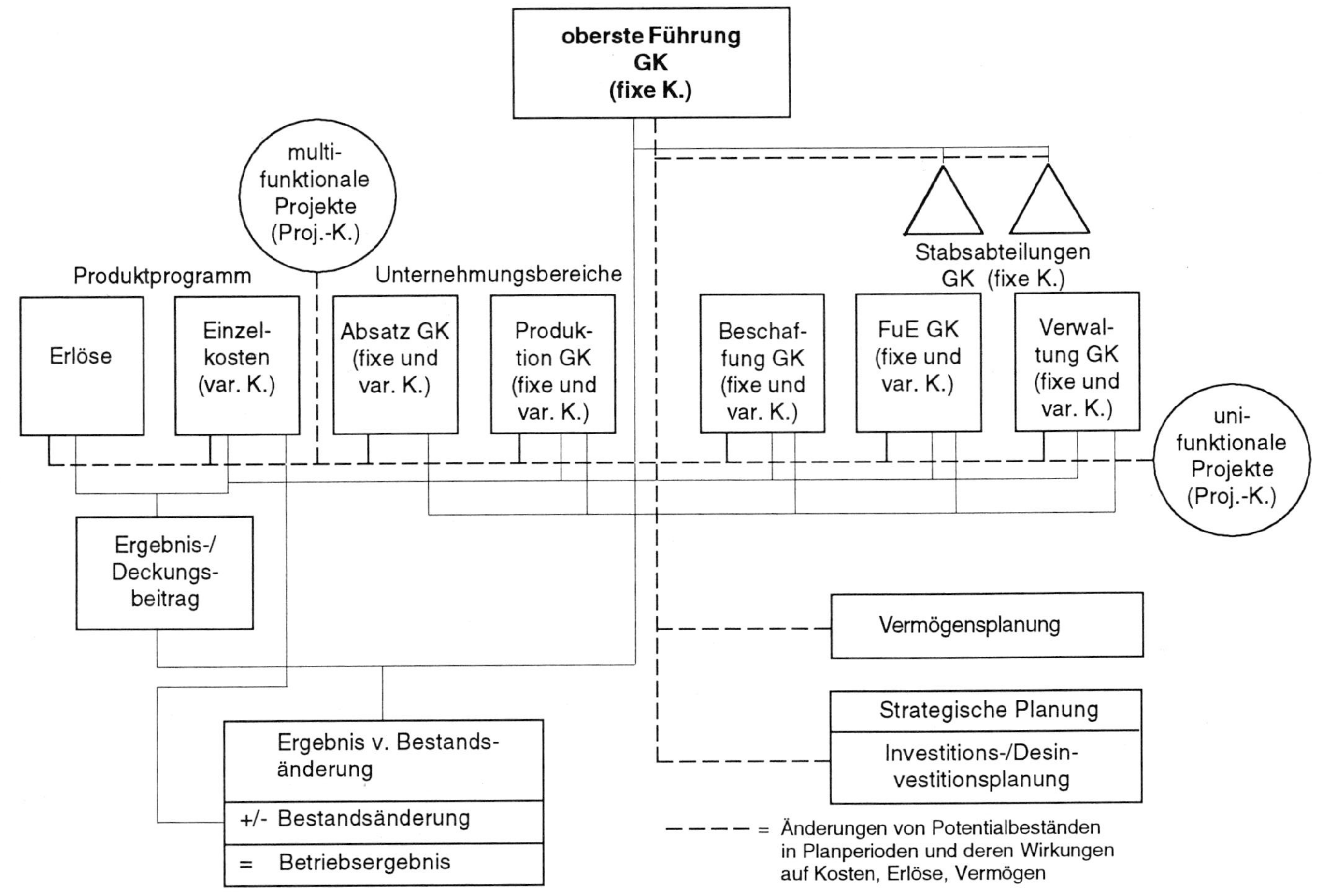

Abb. 133: Komponenten für die Betriebsergebnisplanung und -kontrolle (Grundschema)

Die **Ausgestaltung der Betriebsergebnisplanung und -kontrolle** erfolgt in Abhängigkeit davon, welches Verfahren der Kostenträgerzeitrechnung als periodische Kosten- und Erlösrechnung in der Unternehmung angewendet wird. Grundsätzlich kommen drei Verfahren in Betracht[3]:

- die gesamtunternehmungsbezogene Kosten- und Erlösrechnung auf der Basis von Vollkosten (Vollplankostenrechnung),
- die gesamtunternehmungsbezogene Kosten- und Erlösrechnung auf der Basis von Teilkosten (Grenzplankostenrechnung) und
- die gesamtunternehmungsbezogene Kosten- und Erlösrechnung als kombinierte Voll- und Teilkostenrechnung (stufenweise Plan-Deckungsbeitragsrechnung).

Methodisch kann dabei jeweils das Betriebsergebnis nach dem Gesamtkostenverfahren oder nach dem Umsatzkostenverfahren ermittelt werden.

Bei der **Betriebsergebnisplanung im Rahmen der Vollplankostenrechnung** (vgl. Abbildung 134) werden bei Anwendung des **Gesamtkostenverfahrens** von den geplanten Umsätzen zunächst die gesamten geplanten Herstellkosten kostenartenweise abgezogen; nach Berücksichtigung von Bestandsänderungen – was grundsätzlich nur für die kurzfristige Planung erfolgt – werden die Funktionsbereichskosten für Forschung und Entwicklung, Verwaltung (i.w.S.) und Vertrieb in Abzug gebracht, um zu den geplanten Betriebsergebnissen künftiger Perioden zu gelangen. Die Bewertung der Bestandsänderungen (Differenz zwischen Produktions- und Absatzmenge) geschieht zu Herstellkosten auf Vollkostenbasis. Auch bei Anwendung des Gesamtkostenverfahrens ist also – zumindest für die kurzfristige Planungsrechnung – eine Kalkulation (Divisions- oder Zuschlagskalkulation) erforderlich. Eine Differenzierung der Kosten nach Kostenträgern findet jedoch im Rahmen der einfachen Betriebsergebnisplanung nicht statt[4].

Bei der Betriebsergebnisplanung bei Anwendung des **Umsatzkostenverfahrens** werden von den geplanten Erlösen die geplanten Selbstkosten der zu veräußernden Produkte abgezogen, um zu den geplanten Betriebsergebnissen zu gelangen. Bestandsänderungen werden beim Umsatzkostenverfahren bei dieser Gegenüberstellung nicht berücksichtigt. Die Gliederung der Kosten und Erlöse erfolgt kostenträgerorientiert, so daß der kalkulatorische Erfolg je Produktart oder Produktgruppe als Differenz zwischen jeweiligen Nettoerlösen und Selbstkosten ausgewiesen wird. Die Selbstkosten je Produktart und Periode werden durch Multiplikation der Plan- und Ist-Selbstkosten pro Stück mit der jeweiligen Plan- und Ist-Absatzmenge ermittelt. Zur Ermittlung der Selbstkosten ist im Rahmen der Periodenrechnung eine Kalkulation Voraussetzung.

---

3 Vgl. auch Koch, H., Erfolgsrechnung, a.a.O., Sp. 553 ff.; ferner Coenenberg, A. G., Kostenrechnung und Kostenanalyse, a.a.O.; Haberstock, L., Kostenrechnung I, a.a.O.; ders., Kostenrechnung II, (Grenz-)Plankostenrechnung, a.a.O.; Helm, K. F., Konzepte der Ergebnisrechnung, in: Handbuch Kostenrechnung, Hrsg. W. Männel, Wiesbaden 1992, S. 671 ff.; Hummel, S., Männel, W., Kostenrechnung, Bd. 2, 3. Aufl., Wiesbaden 1983; Kilger, W., Flexible Plankostenrechnung und Deckungsbeitragsrechnung, a.a.O.

4 Vgl. auch Schweitzer, M., Küpper, H.-U., Systeme der Kostenrechnung, a.a.O., S. 188 ff.

1993	1994		1995							1996	1997	1998	1999
						Abweichung							
Ist	Ist		Plan-mengen × Plan-werte 1	Ist-mengen × Plan-werte 2	Ist-mengen × Ist-werte 3	Ges.-Abw. 4 (1–3)	Pro-gramm-abw. 5 (1–2)	Verbr.-abw. 6	Besch.-abw. 7	Soll	Soll	Soll	Soll
		Bruttoerlös (ggf. nach Produkten) – Erlösschmälerungen						[2] [2]					
		Nettoerlös						[2]					
		– Herstellkosten davon Materialkosten Lohnkosten Fertigungsgemeinkosten Sondereinzelkosten der Fertigung											
		Zwischenergebnis											
		± Bestandsänderung [1]											
		Ergebnisbeitrag											
		– Forschungs- und Entwicklungskosten – Verwaltungskosten (i.w.S.) – Vertriebskosten											
		Betriebsergebnis											

[1] + = Bestandsmehrung
– = Bestandsminderung
(zu Vollkosten)

[2] Preisabweichung

Abb. 134: Betriebsergebnisplanung bei Vollplankostenrechnung (nach dem Gesamtkostenverfahren)

Algorithmisch läßt sich das Betriebsergebnis nach dem Umsatzkostenverfahren auf Vollkostenbasis wie folgt ermitteln:

$$B = \sum_{j=1}^{n} (p_j - k_j^s)\, x_j$$

mit: B = kalk. Ergebnis (Betriebsergebnis),
p_j = Preis des Produktes j ($j = 1, \ldots, n$),
k_j^s = Selbstkosten des Produktes j pro Stück,
x_j = Absatzmenge des Produktes j.

Bei der **Betriebsergebnisplanung im Rahmen der Grenzplankostenrechnung** werden bei Anwendung des **Gesamtkostenverfahrens** von den geplanten Erlösen zunächst nur die geplanten variablen Kosten kostenartenweise je Periode abgezogen. Bestandsänderungen werden zu variablen Herstellkosten bewertet, um zum Deckungsbeitrag der Periode zu gelangen. Fixkosten sind von der Aktivierung ausgeschlossen, sie mindern in der Periode ihres Anfalls das Betriebsergebnis. Bei Bestandserhöhungen findet hier eine vergleichsweise höhere Ergebnisverlagerung als bei der Vollplankostenrechnung statt, die dann in späteren Perioden mit entsprechenden Bestandsminderungen ausgeglichen wird [5] und zu entsprechenden Ergebnisverbesserungen führt. Vom jeweils geplanten Deckungsbeitrag je Periode werden dann die Fixkosten je Periode, gegliedert nach Funktionsbereichen, abgezogen. Die Salden ergeben die geplanten Betriebsergebnisse künftiger Perioden (vgl. Abbildung 135).

Das Betriebsergebnis im Rahmen der Grenzplankostenrechnung läßt sich auch nach dem **Umsatzkostenverfahren** planen. Algorithmisch ergibt sich folgende Ableitung:

$$B = \sum_{j=1}^{n} (p_j - k_j^v)\, x_j - Kf$$

mit: B = kalk. Ergebnis (Betriebsergebnis),
p_j = Preis des Produktes j ($j = 1, \ldots, n$),
k_j^v = variable Kosten des Produktes j pro Stück,
x_j = Absatzmenge des Produktes j,
Kf = Fixkosten der Periode.

Bei der **Betriebsergebnisplanung im Rahmen der stufenweisen Plan-Deckungsbeitragsrechnung** (vgl. Abbildung 136a) werden bei Anwendung des **Gesamtkostenverfahrens** nach Abzug der variablen Kosten von den Erlösen – und nach Berücksichtigung von Bestandsänderungen zu variablen Herstellkosten – vom hieraus resultierenden Deckungsbeitrag I die Erzeugnis-, Erzeugnisgruppen-, Bereichs- und Unternehmungsfixkosten stufenweise subtrahiert [6]. Nach Abzug der Fixkostenschichten ergibt sich das Ist-Ergebnis und leiten sich die geplanten Betriebsergebnisse für künftige Perioden ab. Die stufenweise Deckungsbeitragsrechnung kann auch nach dem **Umsatzkostenverfahren** durchgeführt werden. Dies setzt allerdings eine Kalkulation auf Grenzkostenbasis mit verrechneten Fixkosten voraus.

---

5 Vgl. Kosiol, E., Kosten- und Leistungsrechnung, a.a.O., S. 399.

6 Vgl. zur stufenweisen Deckungsbeitragsrechnung als Kostenträgerzeitrechnung Mellerowicz, K., Neuzeitliche Kalkulationsverfahren, a.a.O., S. 133 sowie Teil III, Abschnitt 4.1.4.

1993	1994		1995							1996	1997	1998	1999
						Abweichung							
Ist	Ist		Plan-mengen × Plan-werte 1	Ist-mengen × Plan-werte 2	Ist-mengen × Ist-werte 3	Ges.-Abw. 4 (1–3)	Pro-gramm-abw. 5 (1–2)	Verbr.-abw. 6	Besch.-abw. 7	Soll	Soll	Soll	Soll
		Bruttoerlös – Erlösschmälerung											
		Nettoerlös – var. Einzelkosten der Fertigung – var. Gemeinkosten der Fertigung											
		Zwischenergebnis ± Bestandsänderung											
		Zwischenergebnis – var. Einzelkosten des Vertriebs											
		Deckungsbeitrag											
		– fixe Kosten der Periode davon FuE Fertigung Beschaffung Verw. (allg.) Vertrieb											
		Betriebsergebnis											

Abb. 135: Betriebsergebnisplanung bei einfacher Deckungsbeitragsrechnung (nach dem Gesamtkostenverfahren)

1993	1994		1995							1996	1997	1998	1999
						Abweichung							
Ist	Ist		Planmengen × Planwerte 1	Istmengen × Planwerte 2	Istmengen × Istwerte 3	Ges.-Abw. 4 (1–3)	Programmabw. 5 (1–2)	Verbr.-abw. 6	Besch.-abw. 7	Soll	Soll	Soll	Soll
		Bruttoerlös – Erlösschmälerung											
		Nettoerlös – var. Einzelkosten der Fertigung – var. Gemeinkosten der Fertigung											
		Zwischenergebnis ± Bestandsänderung											
		Zwischenergebnis – var. Einzelkosten des Vertriebs											
		Deckungsbeitrag I – Erzeugnisfixkosten											
		Deckungsbeitrag II – Erzeugnisgruppenfixkosten											
		Deckungsbeitrag III – Bereichsfixkosten											
		Deckungsbeitrag IV – Unternehmungsfixkosten											
		Betriebsergebnis											

Abb. 136a: Betriebsergebnisplanung bei stufenweiser Deckungsbeitragsrechnung (nach dem Gesamtkostenverfahren)

Die dargestellten **periodischen Betriebsergebnisplanungen** werden für das erste Planjahr vielfach nach wichtigen Produktarten oder Produktgruppen differenziert, sofern dies nicht bereits in der Produktprogrammplanung erfolgt. Hierbei bemüht man sich, produktorientiert die Erfolgseinflußfaktoren über Deckungsbeiträge oder sog. Ergebnisbeiträge aufzuzeigen und den Funktionsbereichskosten voranzustellen.

So können im Rahmen einer **differenzierten Betriebsergebnisplanung auf Vollkostenbasis** für Produktarten oder Produktgruppen sog. **Ergebnisbeiträge** als Differenz zwischen jeweiligen Nettoerlösen und Herstellkosten gezeigt werden (vgl. Abbildung 136b).

1993	1994		1995						
						Abweichung			
Ist	Ist		Plan-mengen × Plan-werte 1	Ist-mengen × Plan-werte 2	Ist-mengen × Ist-werte 3	Ges.-Abw. 4 (1–3)	Pro-gramm-abw. 5 (1–2)	Verbr.-abw. 6	Besch.-abw. 7
		Umsatz Produkt 1							
		– Herstellkosten Produkt 1							
		Ergebnisbeitrag Produkt 1							
		Umsatz Produkt 2							
		– Herstellkosten Produkt 2							
		Ergebnisbeitrag Produkt 2							
		⋮							
		Summe Ergebnisbeiträge d. Produkte							
		– Forschungs- und Entwicklungskosten							
		– Verwaltungskosten (i. w. S.)							
		– Vertriebskosten							
		Betriebsergebnis							

Abb. 136b: Stufenweise Betriebsergebnisplanung mit Hilfe von Ergebnisbeiträgen (nach dem Umsatzkostenverfahren)

Im Rahmen einer **differenzierten Betriebsergebnisplanung auf Grenzkostenbasis** können für Produktarten oder Produktgruppen **Deckungsbeiträge** als Differenz zwischen jeweiligen Nettoerlösen und variablen Kosten ausgewiesen werden.

Im Rahmen einer **differenzierten Betriebsergebnisplanung auf Basis des Zahlenwerkes einer stufenweisen Deckungsbeitragsrechnung** können für Produktarten oder Produktgruppen neben Deckungsbeiträgen als Differenz zwischen Nettoerlösen und variablen Kosten auch **spezifische Deckungsbeiträge** ausgewiesen werden, die sich nach Abzug von Fixkosten ergeben und die sich Produktarten oder Produktgruppen verursachungsgerecht zurechnen lassen (vgl. Abbildung 113).

Während die Deckungsbeiträge (Nettoerlöse minus variable Kosten) pro Stück, die im Rahmen der Grenzplankostenrechnung und Fixkostendeckungsrechnung anfallen, für operative Programmoptimierungsrechnungen herangezogen werden können, ist dies bei den Ergebnisbeiträgen (Nettoerlöse minus Herstellkosten) wegen der darin enthaltenen Fixkostenanteile nicht möglich.

Die **Ermittlung des Zahlenmaterials** für das erste Planjahr und für die weiteren Planjahre erfolgt nach unterschiedlichen Ansätzen.

Für das **erste Planjahr** sind detaillierte Kostenstellenpläne mit Ausweis von Primär- und Sekundärkosten zu erstellen. Im Rahmen der Budgetplanung erfolgt also grundsätzlich eine detaillierte Kostenstellenplanung – mit entsprechenden anschließenden Kontrollen.

Für die **nach dem ersten Planjahr** liegenden Planperioden oder generell in der rollenden Mittelfristplanung werden in der Regel auf der Basis der operativen und (anteiligen) strategischen Planungen nur in globaler Form produktprogramm- oder funktionsbereichsbezogen Primärkosten-, Erlös-, Vermögens- und Ergebnisplanungen vorgenommen. Es kann bei diesen Planungen eine Kosten-, Erlös-, Vermögens- oder Betriebsergebnisermittlung entweder durch direkten Ansatz bzw. durch Fortschreibung kalkulatorischer Werte ex ante (unter Berücksichtigung von Veränderungen bei Primärkosten und Erlösen) oder aber durch Ableitung aus Zahlungsgrößen erfolgen.

Bei der ersten Methode werden die Primärkosten, Erlöse, Vermögenswerte und Betriebsergebnisse auf der Basis entsprechender Mengen- und Zeitgrößen der operativen und strategischen Planung und auf der Basis prognostizierter Preise für Input- und Outputgüter sowie auf der Basis von Angaben des Rechnungswesens oder aber durch Schätzung von Kostenänderungen bei geplanten Erlösänderungen unmittelbar als Zahlenwerk der kalkulatorischen Rechnung ermittelt.

Bei der zweiten Methode werden – wie bereits bei der funktionsbereichsbezogenen Planung erwähnt – auf der Basis der Mengen- und Zeitengerüste für den Input zur Erreichung eines angestrebten Mengenoutputs nach Bewertung mit prognostizierten Preisen (auf den Absatz-, Beschaffungs-, Arbeits- und Kapitalmärkten) zunächst die voraussichtlichen laufenden Auszahlungen und Einzahlungen geplant. Dann wird unter Berücksichtigung der Investitions-/Desinvestitionsplanung und der Außenfinanzierungsplanung der gesamtunternehmungsbezogene Finanzplan aufgestellt. Erst aus diesem Zahlenwerk werden periodisierte Auszahlungen und Einzahlungen bzw. Aufwands- und Ertragsplanungen sowie nach Berücksichtigung bewertungsbedingter, betriebsfremder und außerordentlicher Posten Kosten- und Erlös- und damit Betriebsergebnispläne abgeleitet. Diese Methode wird grundsätzlich nur für die rollende mittelfristige Ergebnisplanung angewendet – für drei oder fünf Planjahre. Bestandsänderungen werden grundsätzlich nur für das erste Planjahr angesetzt.

Die **Kontrollrechnung** erfolgt als Ergänzung der Betriebsergebnisplanung im Rahmen des laufenden Geschäftsjahres bzw. des ersten Planjahres. Neben der Gesamtabweichung werden die Programmabweichung und die Verbrauchsabweichung ausgewiesen. Der Ausweis einer Beschäftigungsabweichung erfolgt in der Regel nur im Rahmen der Vollplankostenrechnung.

5.1.2 Informationsgehalt

Die sich auf Grund der Planungen für künftige Perioden ergebenden kalkulatorischen Ergebnisse haben für die obere Führung außerordentliche Bedeutung, zeigen doch die **Planbetriebsergebnisse**, ob mit dem Produkt- bzw. Leistungsprogramm das jeweils angestrebte monetäre **Zielniveau** auf der Basis der geplanten Betriebsgestaltung bei den zugrunde gelegten Prämissen erreichbar erscheint. Vielfach werden bei Verabschiedung der Planung auch **mögliche Ergebnisminderungen bei Eintritt spezifischer Risikofaktoren** (z. B. nicht vom Markt akzeptierte Preiserhöhungen, Streikkosten, Verluste durch zu späte Produktionsleistungen) im Budget besonders kenntlich gemacht[7]. Hierdurch werden Ergebnisschätzungen und -kontrollen erleichtert.

Die an die Betriebsergebnisplanung anschließende Kontrollrechnung zeigt, ob das angestrebte Kardinalziel der jeweils betrachteten Periode erreicht, unter- oder überschritten worden ist. Dieser Aussage kommt für die obere Unternehmungsführung ebenfalls besondere Bedeutung zu, allerdings bedarf sie einer gründlichen Analyse. So sind bei **Abweichungen positiver oder negativer Art vom Planbetriebsergebnis** produktprogramm- und funktionsbereichsbezogene Abweichungsanalysen vorzunehmen, auf die in gesonderten Kapiteln bereits eingegangen worden ist.

Auf Grund der gesamtunternehmungsbezogenen Betriebsergebnis-PuK werden grundsätzlich unabhängig vom Kostenrechnungsverfahren die Gesamtabweichung und die Programmabweichung ausgewiesen (vgl. Abbildungen 134–136a). Die Art der weiteren **Auswertung der Abweichungen** hängt weitgehend von dem gewählten Verfahren der periodischen Kosten- und Erlösrechnung ab.

Im Rahmen der **Vollplankostenrechnung** bei Anwendung des Gesamtkostenverfahrens werden auch die Erlösabweichungen, Verbrauchsabweichungen und im Kostenbereich die Beschäftigungsabweichungen dargestellt. Bei Anwendung des Umsatzkostenverfahrens lassen sich – allerdings nur über komplexe Umrechnungen – ebenfalls alle Arten von Ergebnisabweichungen darstellen.

Im Rahmen der **Grenzplankostenrechnung** lassen sich in übersichtlicher Weise Erlös-, Verbrauchs- und Programmabweichungen auf der Basis eines entsprechenden Soll- und Ist-Zahlenwerkes ermitteln. Beschäftigungsabweichungen, ausgedrückt als Leerkosten, lassen sich bei statistischer Ermittlung (Nebenrechnung) für die Kostenstellen und damit insgesamt (vgl. Abschnitt 4.2.2.2.2.4 dieses Teils) ebenfalls ausweisen. Im Gegensatz zur Vollplankostenrechnung werden bei der Grenzplankostenrechnung ermittelte Beschäftigungsabweichungen nicht zur Korrektur des Betriebsergebnisses benötigt, da dieses hier nicht auf der Basis verrechneter Sollkosten mit Fixkostenunterdeckungen oder Fixkostenüberdekkungen bei Abweichungen vom Basisplanbeschäftigungsgrad ermittelt wird.

Im Rahmen der **stufenweisen Deckungsbeitragsrechnung** besitzt der Ausweis von Abweichungen auf einzelnen Stufen bei der Verrechnung der Fixkostenschichten spezifische Aussagekraft, sofern die Erzeugnisgruppenfixkosten detailliert für die einzelnen Produktgruppen ausgewiesen werden. Es werden ggf. Signalinformationen für die langfristige Programmgestaltung gegeben.

Grundsätzlich ist bei allen Verfahren die Möglichkeit gegeben, auf Grund der globalen Abweichungsanalyse im Rahmen der Betriebsergebnis-PuK zu ersehen, ob primär produktprogrammbezogene oder primär funktionsbereichsbezogene Ursachenanalysen durchzuführen sind. Abgesehen von der nach dem Umsatzkostenverfahren durchgeführten PuK im Rahmen der Vollplankostenrechnung lassen sich bereits aus der gesamtunternehmungsbezogenen Betriebsergebnis-PuK Schwachstellen nach Unternehmungsbereichen erkennen[8].

Die nach Produktarten, Produktgruppen und/oder Kunden bzw. Kundengruppen differenzierten Betriebsergebnisplanungen gestatten besonders übersichtliche und aussagefähige programmbezogene Ursachenanalysen.

---

7 Vgl. hierzu und zum Risiko-Management allgemein Hahn, D., Risiko-Management – Stand und Entwicklungstendenzen, a.a.O., S. 137ff., insbesondere S. 146.

8 Vgl. hierzu auch Coenenberg, A. G., Schönbrodt, B., Erfolgsrechnung, Analyse der, in: HWR, Hrsg. E. Kosiol, K. Chmielewicz, M. Schweitzer, 2. Aufl., Stuttgart 1981, Sp. 471ff.

5.2 Aufwands- und Ertrags- sowie Bilanzplanung und -kontrolle – bilanzielle Ergebnis-PuK

5.2.1 Interne und externe Planungen

In einem geschlossenen Planungssystem gelangt man ausgehend von der Planung des gesamtunternehmungsbezogenen kalkulatorischen Ergebnisses und der Planung des neutralen Ergebnisses sowie der Ausschüttungspolitik oder aber ausgehend von der Auszahlungs-/Einzahlungsplanung zum Jahresüberschuß der jeweiligen Planperioden.

Dieser **Jahresüberschuß/-fehlbetrag** bzw. dieses **bilanzielle Bruttoergebnis** ist in gewissen Grenzen durch bilanzpolitische Maßnahmen in der Höhe variierbar. Ausgehend vom Jahresüberschuß bzw. Jahresfehlbetrag erhält man nach Berücksichtigung des Gewinn-/Verlustvortrages aus dem Vorjahr und nach Einstellung/Entnahme von Rücklagen den **Bilanzgewinn/-verlust**, das **bilanzielle Nettoergebnis**[9]. Dieser Bilanzgewinn stellt dabei die verbleibende Gewinngröße dar, die den Eigenkapitalgebern zur Ausschüttung zur Verfügung gestellt wird. Diese können im Beschluß über die Gewinnverwendung bestimmen, daß ein Teil des Bilanzgewinns oder der gesamte Bilanzgewinn nicht ausgeschüttet, sondern in die Gewinnrücklagen eingestellt und/oder als Gewinnvortrag des laufenden Jahres behandelt wird[10].

Teile dieser periodischen Planung sind

- die **Aufwands- und Ertragsplanung** sowie
- die **Bilanzplanung**.

Die wichtigsten Positionen sind das bilanzielle Brutto- und Nettoergebnis. Es handelt sich hierbei zum einen um die Planung des zu erwirtschaftenden Ergebnisses, zum anderen um die Planung der Ergebnisverwendung.

In Gegenüberstellung der Planungsrechnungen zu den Aufwands- und Ertragsrechnungen und Bilanzen vergangener Perioden sowie zu den Schätzungen der voraussichtlichen Ist-Werte werden im Soll-/Ist-Vergleich **Kontrollen** möglich.

Für die Aufwands- und Ertragsrechnung und die Bilanz sowie für die Buchhaltung, auf deren Zahlenwerk beide aufbauen, haben sich für die Ausgestaltung dieser Rechnungen als Dokumentationsrechnungen durch Gesetzgebung, Rechtsprechung und kaufmännische Gewohnheiten umfangreiche Normen entwickelt. Diese wirken sich zwangsläufig auch auf die Ausgestaltung der Planungsrechnungen aus.

---

9 Das bilanzielle Bruttoergebnis wird vielfach auch bilanzielles Rohergebnis oder bilanzieller Roherfolg oder bilanzieller Bruttoerfolg genannt. Der Bilanzgewinn/Bilanzverlust wird vielfach auch bilanzieller Nettoerfolg genannt.

10 Im Hinblick auf die Ergebnisverwendung können demnach folgende Positionen differenziert werden:

Jahresüberschuß
± Gewinn-/Verlustvortrag aus dem Vorjahr
– Einstellung in die Gewinnrücklagen
+ Auflösung von Rücklagen

= Bilanzgewinn,
davon: – Dividende
– Einstellung in Gewinnrücklagen
– Gewinnvortrag auf Folgejahr

Das Zahlenwerk der Aufwands- und Ertragsrechnung und der Bilanz dient als Ist-Zahlenwerk oder Soll- bzw. Soll-/Ist-Zahlenwerk in spezifischer Ausgestaltung entweder nur internen oder internen und externen Empfängern als Informationsinstrument.

Interne Aufwands- und Ertrags- sowie Bilanzplanungen und -kontrollen liefern Informationen, die ausschließlich für innerhalb einer Unternehmung tätige Personen, insbesondere die Führungskräfte, bestimmt sind.

Externe Aufwands- und Ertrags- sowie Bilanzplanungen und -kontrollen sind dagegen in erster Linie zur Unterrichtung Außenstehender bestimmt[11]. Zum einen handelt es sich bei diesen externen Interessenten insbesondere um

- aktuelle und potentielle Kapitalgeber sowie
- regionale und überregionale Öffentlichkeit.

Hier lassen sich innerhalb des externen Zahlenwerks handelsrechtlich ausgerichtete Jahresabschlüsse und Sozialbilanzen unterscheiden. Auf Grund dieser Informationen und entsprechender Kommentierung wird bei der Publizierung[12] die Unternehmung von Außenstehenden und auch von Mitarbeitern beurteilt.

---

11 Vgl. Danert, G., Bilanzstrukturen und Fremdfinanzierung – Ein Beitrag zu praktischen Fragen der Bilanzanalyse und Unternehmensplanung, ZfbF 1980, S. 989ff.; Selchert, F. W., Jahresabschlußprüfung der Kapitalgesellschaften, Wiesbaden 1988, S. 9ff.

12 Nach dem Publizitätsgesetz und dem Handelsgesetz werden Unternehmungen bezüglich ihrer Publizitäts- und Prüfungspflicht in **Größenklassen** eingeteilt.
Größtunternehmungen nach § 1 PublG sind Unternehmungen, die an drei aufeinanderfolgenden Abschlußstichtagen mindestens zwei der folgenden drei Merkmale aufweisen:
a) Bilanzsumme größer als 125 Mio. DM,
b) Umsatzerlöse der letzten 12 Monate größer als 250 Mio. DM,
c) durchschnittliche Zahl der Beschäftigten in den letzten 12 Monaten größer als 5000 Arbeitnehmer.
Diese Größtunternehmungen haben nach § 5 PublG den Jahresabschluß wie eine große Kapitalgesellschaft zu erstellen. Mit Ausnahme von Einzelunternehmungen und Personengesellschaften haben sie nach § 5 Abs. 2 PublG einen Anhang sowie einen Lagebericht zu erstellen. Nach §§ 6, 9 PublG ist der Jahresabschluß und bei Nicht-Personengesellschaften auch der Lagebericht zu prüfen und offenzulegen.
§ 267 HGB definiert Größenklassen für Kapitalgesellschaften. Hierbei müssen mindestens zwei der drei nachfolgend genannten Merkmale (Bilanzsumme, Umsatzerlöse, Anzahl Arbeitnehmer) an zwei aufeinanderfolgenden Abschlußstichtagen über- oder unterschritten werden:

Große Kapitalgesellschaften:
a) Bilanzsumme größer als 15,5 Mio. DM,
b) Umsatzerlöse der letzten 12 Monate größer als 32 Mio. DM,
c) durchschnittliche Zahl der Beschäftigten größer als 250 Arbeitnehmer.
Kapitalgesellschaften gelten stets als groß, wenn Aktien oder andere von ihnen ausgegebene Wertpapiere an einer Börse in einem Mitgliedstaat der Europäischen Wirtschaftsgemeinschaft zum amtlichen Handel zugelassen oder in den geregelten Freiverkehr einbezogen sind oder die Zulassung zum amtlichen Handel beantragt ist.

Kleine Kapitalgesellschaften:
a) Bilanzsumme höchstens 3,9 Mio. DM,
b) Umsatzerlöse der letzten 12 Monate höchstens 8 Mio. DM,
c) durchschnittliche Zahl der Beschäftigten höchstens 50 Arbeitnehmer.

Mittelgroße Kapitalgesellschaften sind weder kleine noch große Kapitalgesellschaften.

Kapitalgesellschaften sind unabhängig von ihrer Größe stets publizitätspflichtig und als große oder mittelgroße Kapitalgesellschaften auch prüfungspflichtig.

Zum anderen zählen zu den externen Interessenten die Steuerbehörden. Für diese sind grundsätzlich ausgehend von den handelsrechtlichen Jahresabschlüssen die Steuerbilanzen zu erstellen.

Sowohl das interne als auch das externe Zahlenwerk erfassen denselben Input und Output pro Periode. Sie unterscheiden sich jedoch in ihren Wertansätzen (vgl. Abbildung 137 und Abbildung 138).

Art der Rechnung	**Interne Aufwands- und Ertrags-PuK**		**Externe Aufwands- und Ertrags-PuK**	
Wertansatz und Bewertungsgrundsätze	Handelsrechtliche Werte		Handelsrechtliche Werte	Steuerliche Werte
	Konstante Bewertung		Angabe von Bewertungsalternativen	
Aufbau und Gliederung	In Anlehnung an Schema der kalkulatorischen Ergebnisrechnung (interne betriebswirtschaftliche GuV)	Handelsrechtliches Schema, ggf. modifiziert (interne handelsrechtliche GuV)	Handelsrechtliches Schema	In Anlehnung an handelsrechtliches Schema
Betrachtungszeitraum	Kurz-, mittel-, langfristig		Kurz-, mittel-, (lang-)fristig	

Abb. 137: Ausgestaltungsmöglichkeiten der Aufwands- und Ertrags-PuK

Art der Rechnung	**Interne Bilanz-PuK**	**Externe Bilanz-PuK** **Handelsbilanz-PuK**	**Steuerbilanz-PuK**
Wertansatz und Bewertungsgrundsatz	handelsrechtliche Werte und/ oder Wiederbeschaffungswerte	handelsrechtliche Werte	steuerliche Werte
	konstante Bewertung	Angabe von Bewertungsalternativen	
Aufbau und Gliederung	handelsrechtl. Schema	handelsrechtl. Schema	
Betrachtungszeitraum	kurz-, mittel-, langfristig	kurz-, mittel-, (lang-)fristig	

Abb. 138: Ausgestaltungsmöglichkeiten der Bilanz-PuK

Die interne und externe Rechnung basieren auf handelsrechtlichen Werten. Während man jedoch bei dem internen Zahlenwerk, um die einzelnen Perioden vergleichen zu können, grundsätzlich konstante Bewertungsansätze wählt, also keine Wahlfreiheit für Zwecke der Bilanzpolitik zuläßt, sind bei der Planung des externen Zahlenwerks die für die Unternehmung jeweils günstigsten Wertansätze innerhalb des vom Gesetz zugelassenen Bewertungsspielraumes zu wählen. Die außerdem erforderliche Planung des als Grundlage für die Besteuerung bestimmten Erfolges baut in der Regel auf den externen, zur Information der Kapitalgeber bestimmten Rechnungen auf. Der steuerliche Gewinn wird auf der Grundlage des handelsrechtlichen Jahresabschlusses ermittelt, der allerdings zum Teil bereits durch steuerlich bedingte Wertansätze geprägt ist[13]. Infolge der besonderen steuerlichen Vorschriften, namentlich über Betriebsausgaben, Bewertung und Abschreibungen, werden jedoch noch zusätzlich gewisse Umwertungen und Ergebnisänderungen vorgenommen.

Sowohl das interne als auch das externe Zahlenwerk sind grundsätzlich lang-, mittel- und kurzfristig zu planen, wobei aus Praktikabilitätsgründen das externe Zahlenwerk vielfach nur mittel- und kurzfristig geplant wird. Das kurzfristige Zahlenwerk, die Jahresplanung, wird vielfach auch nach Quartalen und Monaten unterteilt.

5.2.2 Aufwands- und Ertragsplanung und -kontrolle

5.2.2.1 Ausgestaltung der intern und extern orientierten Aufwands- und Ertragsplanung und -kontrolle

Die **Aufwands- und Ertragsplanung** erfaßt den gesamten in einer Unternehmung verbrauchten bewerteten Input und hervorgebrachten bewerteten Output. Als Saldo zwischen dem bewerteten hervorgebrachten und/oder veräußerten Output und dem bewerteten verbrauchten Input erhält man das Ergebnis bzw. den Erfolg (Gewinn oder Verlust) der Planperiode(n).

Zur **Kontrolle** werden geplante Aufwendungen und Erträge den tatsächlich angefallenen Werten einer Periode gegenübergestellt und die Soll-/Ist-Abweichungen ermittelt.

Die Aufwands- und Ertrags-PuK steht neben der Kosten- und Erlös-PuK und neben der Auszahlungs- und Einzahlungs-PuK. Sie unterscheidet sich inhaltlich von der Kosten- und Erlös-PuK vor allem durch die Einbeziehung neutraler Aufwendungen und Erträge. Von der Auszahlungs- und Einzahlungs-PuK unterscheidet sie sich dadurch, daß sie Einzahlungen und Auszahlungen nur periodengerecht erfolgswirksam erfaßt.

Die Planung der externen bzw. extern orientierten Aufwands- und Ertragsrechnung mit handelsrechtlichen Werten sowie die Planung des steuerlichen Ergebnisses bauen auf der internen Aufwands- und Ertragsplanung auf.

Während die externe Aufwands- und Ertragsrechnung in strenger Form nach den handelsrechtlichen Vorschriften zu erfolgen hat, kann die interne Aufwands- und Ertragsrechnung auch in modifizierter Form hiervon oder aufbauend auf der kalkulatorischen Ergebnisrechnung erfolgen. Es werden demnach von uns eine sogenannte interne handelsrechtliche Aufwands- und Ertragsplanung sowie eine sogenannte interne betriebswirtschaftliche Aufwands- und Ertragsplanung unterschieden.

---

13 Vgl. Selchert, F. W., Jung, H., Ableitung der Steuerbilanz aus der Handelsbilanz, BB 1983, S. 1004ff.

(1) Interne Aufwands- und Ertragsplanung

Die interne Aufwands- und Ertragsplanung baut als **interne betriebswirtschaftliche Aufwands- und Ertragsplanung** zur Ermittlung des bilanziellen Bruttoergebnisses bzw. Unternehmungsergebnisses auf der **Betriebsergebnisrechnung** auf. Ausgangspunkt ist also nicht die Auszahlungs- und Einzahlungsplanung, sondern die Kosten- und Leistungsplanung.

Die Kosten- und Leistungsplanung kann dabei als Plankostenrechnung in unterschiedlichen Ausgestaltungsformen sowie nach dem Umsatz- oder Gesamtkostenverfahren aufgebaut sein. In der Kosten- und Erlösplanung wird der Werteverzehr zu internen (kalkulatorischen) Werten angesetzt, d. h. zum Beispiel Abschreibungen werden auf der Basis der Wiederbeschaffungswerte vorgenommen. Als Differenz zwischen Leistungen und Kosten erhält man hierbei das betriebsbedingte, auf Grund interner (betriebswirtschaftlicher) Wertansätze erzielte Betriebsergebnis (vgl. Abschnitt 5.1 dieses Teils).

In der internen betriebswirtschaftlichen Aufwands- und Ertragsrechnung ist neben den aufwands- und ertragsgleichen Posten der Kosten- und Leistungsrechnung zusätzlich noch das neutrale Ergebnis als Differenz zwischen neutralen Erträgen und neutralen Aufwendungen anzusetzen. Diese **neutralen Aufwendungen und Erträge** lassen sich betriebswirtschaftlich in folgende Kategorien einteilen[14]:

- *Bewertungsbedingter neutraler Aufwand oder Ertrag (vor Zinsen)*
  Dieser liegt vor, wenn Aufwendungen oder Erträge ihrem Wesen nach, nicht aber in ihrer Höhe kosten- oder leistungsgleich sind (z. B. wenn in der Gewinn- und Verlustrechnung für ein Wirtschaftsgut ein anderer Abschreibungsbetrag als in der Kostenrechnung angesetzt wird). Darüber hinaus werden hier auch Kosten eliminiert, denen überhaupt kein Aufwand gegenübersteht (z. B. kalk. Miete bei Personengesellschaften), zudem Kosten, denen zwar Aufwendungen gegenüberstehen, die aber nicht in das Betriebsergebnis nach handelsrechtlichen Wertansätzen vor Gewinnsteuern und vor Zinsen einfließen sollen (z. B. kalk. Zinsen, kalk. Wagnisse).
  Es ist der erste Schritt der Brückenrechnung, der vom Betriebsergebnis der kalkulatorischen Rechnung zum EBIT (Earnings Before Interest and Taxes), d. h. zum Betriebsergebnis nach handelsrechtlichen Wertansätzen vor Zinsen und Gewinnsteuern führt.
- *Betriebsfremder Aufwand oder Ertrag*
  Er ist gegeben, wenn die Aufwendungen oder Erträge zwar in Folge gewöhnlicher, d. h. regelmäßiger Geschäftstätigkeit entstehen, der Werteverzehr oder Wertezuwachs jedoch der finanziellen Sphäre oder einem sonstigen betriebsfremden Bereich entstammt. Es handelt sich hierbei um den Finanzaufwand (Beteiligungs- und Zinsaufwand) sowie den Finanzertrag (Beteiligungs- und Zinsertrag). Vereinfachend kann das betriebsfremde Ergebnis als Finanzergebnis bezeichnet werden. Betriebsfremdes Ergebnis und Finanzergebnis weichen jedoch dann voneinander ab, wenn das betriebsfremde Ergebnis weitere (ordentliche) Aufwendungen und Erträge beinhaltet, die sinnvoll weder dem betrieblichen Bereich noch dem Finanzbereich zugeordnet werden können (z. B. Abschreibungen auf Gegenstände des betriebsfremden Vermögens).

14 Vgl. Küting, K., Kuhn, U., Möglichkeiten und Grenzen der bilanziellen Erfolgsspaltung, Teil I, DStR 1992, S. 122ff. und Teil II, DStR 1992, S. 154ff.; Adler, H., Düring, W., Schmaltz, K., Rechnungslegung und Prüfung der Unternehmen, Bd. 2, 5. Aufl., Stuttgart 1987, § 277 HGB, RN 74ff.; vgl. zudem Wöhe, G., Bilanzierung und Bilanzpolitik, a.a.O., S. 22ff.; Chmielewicz, K., Zum Verhältnis von Ausgaben, Aufwand und Kosten sowie Einnahmen, Ertrag und Leistung, ZfB 1968, S. 917ff.; Coenenberg, A. G., Kostenrechnung und Kostenanalyse, a.a.O., S. 38ff.

– *Außerordentlicher Aufwand oder Ertrag*
Erträge oder Aufwendungen werden hier zwar durch die Erstellung von Betriebsleistungen verursacht, sind aber so außergewöhnlich, daß sie in die Kosten- bzw. Leistungsrechnung nicht einbezogen werden (z. B. Feuerschäden, Zahlungen für bereits abgeschriebene Forderungen). Es sind somit alle nach Art und/oder Höhe ungewöhnlichen, unregelmäßigen, zufälligen und/oder aperiodischen Aufwendungen und Erträge der Periode.

Bei einer derartigen betriebswirtschaftlichen Abgrenzung der neutralen Aufwendungen und Erträge erhält man die interne betriebswirtschaftliche Gewinn- und Verlustrechnung (vgl. Abbildung 139).

Interne betriebswirtschaftliche Gewinn- und Verlustrechnung				PuK				
1993	1994			1995 Januar–Juli (kum.)			Hochrechnung	
Ist	Ist			Ist	Soll	Abw.		Soll
		1	Umsatz (aufgeteilt nach Hauptproduktgruppen)					
		2	Bestandsänderungen					
		3	Herstellkosten					
		4	Verwaltungskosten					
		5	Vertriebskosten					
		6	Forschungs- und Entwicklungskosten					
		7	**Betriebsergebnis**					
		8	**Bewertungsbedingtes neutrales Ergebnis (vor Zinsen)** davon:					
		8a	+/– Unterschiedsbetrag zwischen kalk. und bilanz. Abschreibungen					
		8b	+ kalkulatorische Zinsen					
		8c	+ kalkulatorische Wagnisse					
		9	**Betriebsergebnis nach handelsrechtlichen Wertansätzen vor Zinsen und vor Gewinnsteuern**					
		10	**Betriebsfremdes Ergebnis/Finanzergebnis** davon:					
		10a	+/– Beteiligungsergebnis					
		10b	+/– Zinsergebnis					
		11	**Ergebnis der gewöhnlichen Geschäftstätigkeit**					
		12	**Außerordentliches Ergebnis**					
		13	Unternehmungsergebnis vor Steuern					
		14	Steuern vom Einkommen und vom Ertrag					
		15	**Unternehmungsergebnis nach Steuern (Jahresüberschuß/Jahresfehlbetrag)**					

Abb. 139: Interne betriebswirtschaftliche Gewinn- und Verlustrechnungs-PuK

Bei der **Planung der neutralen Aufwendungen und Erträge** wird man meist lediglich bewertungsbedingte und betriebsfremde Aufwendungen und Erträge sowie gesondert die Gewinnsteuern ansetzen. Außerordentliche Aufwendungen und Erträge, die durch nicht vorhersehbare Ereignisse verursacht werden, wird man dagegen nur bei der Verrechnung der tatsächlich angefallenen Aufwendungen und Erträge berücksichtigen.

Durch die **bewertungsbedingten Aufwendungen und Erträge** erfolgt eine Umbewertung von kalkulatorischen zu handelsrechtlichen Werten. Dabei werden, um Vergleiche vornehmen zu können, innerhalb der vom Handelsrecht gelassenen Bandbreiten feste Wertansätze zugrunde gelegt und diese grundsätzlich beibehalten. Bewertungsbedingte Unterschiede von Aufwendungen und Erträgen entstehen vor allem bei Abschreibungen, Zinsen und Wagnissen. Bei Abschreibungen ergeben sie sich als Differenz zwischen kalkulatorischen und bilanziellen Werten. Sofern möglich, sollten hier bilanzielle Abschreibungen auf Gegenstände des betriebsfremden Vermögens noch nicht verrechnet werden. Vielmehr sollten sie im betriebsfremden Ergebnis berücksichtigt werden. Kalkulatorische Zinsen sind aus dem kalkulatorischen Ergebnis zu eliminieren. Die entsprechenden Aufwendungen in Form von Fremdkapitalzinsen werden im Zinsergebnis erfaßt. Die in der Betriebsergebnisplanung gebildeten kalkulatorischen Wagnisse werden ebenfalls völlig aus dem Betriebsergebnis eliminiert.

Betriebsfremde Aufwendungen und Erträge werden im allgemeinen genauso geplant wie Kosten und Leistungen.

Die Abgrenzung der neutralen Aufwendungen und Erträge von den Kosten und Leistungen kann in Einzelfällen schwierig sein. Dies gilt insbesondere dann, wenn Aufwendungen teilweise in die betriebliche Leistungsrechnung, teilweise in das neutrale Ergebnis eingehen. Beispiele solcher Aufwendungen sind verschiedene ertragsunabhängige Steuern, wie Grundsteuer, Gewerbekapitalsteuer und Vermögensteuer.

Bei den Grundsteuern ist eine direkte Zurechnung zum Leistungsbereich und neutralen Bereich möglich, wenn für die einzelnen Ergebniseinheiten besondere Einheitswerte des Grundvermögens und damit gesonderte Grundsteuermeßbeträge festgestellt wurden. Liegen solche Einheitswerte nicht vor – was in der Regel der Fall sein dürfte –, müssen die Grundsteuern bei der Planung der Ergebnisrechnung auf den betrieblichen und den neutralen Bereich verteilt werden. Eine Schlüsselung ist ohnehin immer erforderlich bei der Vermögen- und Gewerbekapitalsteuer.

Die **Gewinnsteuern** werden nach Errechnung getrennt ausgewiesen. Es wird zunächst ein Unternehmungsergebnis vor Steuern errechnet. In einer eigenen Rechnung können auf der Basis eines vorab festgelegten Mindestausschüttungsbetrages auf das Grundkapital – von z. B. 10 % – anschließend, ausgehend vom Planunternehmungsergebnis vor Steuern, die Gewinnsteuern ermittelt werden, um danach das Unternehmungsergebnis nach Steuern zu errechnen [15]. Die Ermittlung der Gewinnsteuern erfolgt mit Hilfe der externen Aufwands- und Ertragsplanung. Sie setzt die Planung des Jahresüberschusses und der Gewinnverwendung voraus.

Die interne Aufwands- und Ertragsplanung kann auch als eine **interne handelsrechtliche Aufwands- und Ertragsplanung** erstellt werden, bei der eine Gliederung nach § 275 HGB vorgenommen wird, jedoch im Gegensatz zur externen Aufwands- und Ertragsplanung mit festen Wertansätzen gerechnet wird. Eine Modifizierung der Gliederung sollte jedoch dahingehend erfolgen, daß abgesehen von eventuellen Positionszusammenfassungen als Zwischenergebnisse ein Betriebsergebnis nach handelsrechtlichen Wertansätzen vor Zinsen und vor Steuern und ein Finanzergebnis (Beteiligungs- und Zinsergebnis) ausgewiesen werden,

15 Vgl. auch Wagner, F. W., Heyd, R., Ertrag- und Substanzsteuern in der entscheidungsbezogenen Kostenrechnung, ZfbF 1981, S. 922 ff.

um nach Berücksichtigung des außerordentlichen Ergebnisses und nach Abzug der Gewinnsteuern und sonstiger Steuern zum Jahresüberschuß/Jahresfehlbetrag zu gelangen.

Gegebenenfalls können in der internen Aufwands- und Ertragsplanung aus den Sammelposten „sonstige betriebliche Aufwendungen" und „sonstige betriebliche Erträge" solche Aufwendungen und Erträge ausgesondert werden, die das Betriebsergebnis nach handelsrechtlichen Wertansätzen vor Zinsen und vor Steuern verzerren. So sollten betriebsfremde Aufwendungen und Erträge (z. B. Spenden, Mieteinnahmen), periodenfremde und einige weitere betriebswirtschaftlich außerordentliche Bestandteile (z. B. Erträge/Aufwendungen durch Auflösung/Bildung des Sonderpostens mit Rücklageanteil, Erträge/Aufwendungen durch Abgänge von Vermögensgegenständen des Anlagevermögens über/unter Buchwert) außerhalb des Betriebsergebnisses ausgewiesen werden. In der Literatur wird hierfür der Posten „ungewöhnliches Ergebnis" vorgeschlagen [16].

Die interne handelsrechtliche Aufwands- und Ertragsplanung kann aufbauend auf der internen betriebswirtschaftlichen Aufwands- und Ertragsplanung oder ausschließlich aufbauend auf den übrigen Teilplanungen und spezifischen Dokumentationsrechnungen, insbesondere bisherigen Aufwands-, Ertrags- und Bilanzrechnungen, abgeleitet werden.

(2) Externe Aufwands- und Ertragsplanung

Die **externe Aufwands- und Ertragsplanung mit handelsrechtlichen Werten** wird man grundsätzlich in Anlehnung an das handelsrechtliche Gliederungsschema nach dem Gesamtkostenverfahren (vgl. Abbildung 140 a) oder nach dem Umsatzkostenverfahren (vgl. Abbildung 140 b) erstellen [17].

Aufbauend auf der Gliederung des § 275 HGB können – wie auch für die interne Aufwands- und Ertragsplanung – ein Betriebsergebnis nach handelsrechtlichen Wertansätzen vor Zinsen und vor Steuern und ein Finanzergebnis (Beteiligungs- und Zinsergebnis) ausgewiesen werden, die zusammen mit dem außerordentlichen Ergebnis und nach Abzug der Gewinnsteuern und sonstiger Steuern zum Jahresüberschuß/Jahresfehlbetrag führen.

---

16 Vgl. Baetge, J., Bilanzen, 3. Aufl., Düsseldorf 1994, S. 532 ff.; Bitz, M., Schneeloch, D., Wittstock, W., Der Jahresabschluß, München 1991, S. 403 ff.; Borchert, D., § 275 HGB – Gewinn- und Verlustrechnung: Gliederung, in: Handbuch der Rechnungslegung – Kommentar zur Bilanzierung und Prüfung, Hrsg. K. Küting, C. Weber, 3. Aufl., Stuttgart 1990, S. 1506 ff. und S. 1522 ff.; Coenenberg, A. G., Jahresabschluß und Jahresabschlußanalyse, 15. Aufl., Landsberg/Lech 1994, S. 595 ff.; Küting, K., Kuhn, U., Möglichkeiten und Grenzen der bilanziellen Erfolgsspaltung, Teil I und II, a.a.O., S. 122 ff. und S. 154 ff.; Lachnit, L., Erfolgsspaltung auf der Grundlage der GuV nach Gesamt- und Umsatzkostenverfahren, WPg 1991, S. 773 ff. Vgl. zum Begriff „ungewöhnliches Ergebnis" insbesondere Küting, K., Kuhn, U., Möglichkeiten und Grenzen der bilanziellen Erfolgsspaltung, Teil I, a.a.O., S. 126 f.

17 Vgl. zur GuV-Rechnung nach neuem Recht auch Baetge, J., Bilanzen, a.a.O., S. 525 ff.; Baetge, J., Fischer, Th. R., Zur Aussagefähigkeit der Gewinn- und Verlustrechnung nach neuem Recht, in: Bilanzrichtlinien-Gesetz, Hrsg. H. Albach, K.-H. Forster, ZfB-Ergänzungsheft 1/87, Wiesbaden 1987, S. 175 ff.; dies., Externe Erfolgsanalyse auf der Grundlage des Umsatzkostenverfahrens, BFuP 1988, S. 1 ff.; Chmielewicz, K., Anmerkungen zum Umsatzkostenverfahren, DBW 1987, S. 165 ff.; ders., Gesamt- und Umsatzkostenverfahren der Gewinn- und Verlustrechnung im Vergleich, DBW 1990, S. 27 ff.; Coenenberg, A. G., Jahresabschluß und Jahresabschlußanalyse, a.a.O., S. 247 ff.; Glade, A., Die Gewinn- und Verlustrechnung nach dem Umsatzkostenverfahren – Grundsatzfragen und Probleme –, BFuP 1987, S. 16 ff.; Lachnit, L., Externe Erfolgsanalyse auf der Grundlage der GuV nach dem Gesamtkostenverfahren, BFuP 1987, S. 33 ff.; Steiner, M., Jaschke, Th., Finanzwirtschaftliche Analyse des Jahresabschlusses nach neuem Recht, BFuP 1988, S. 22 ff.

Externe Aufwands- und Ertragsrechnung – Schema in Anlehnung an § 275 Abs. 2 HGB (Gesamtkostenverfahren)				PuK				
1993	1994			1995				
				Januar–Juli (kum.)			Hochrechnung	
Ist	Ist			Ist	Soll	Abw.		Soll
		1	Umsatzerlöse					
		2	Erhöhung oder Verminderung des Bestandes an fertigen und unfertigen Erzeugnissen					
		3	Andere aktivierte Eigenleistungen					
		4	Sonstige betriebliche Erträge					
		5	Materialaufwand: a) Aufwendungen für Roh-, Hilfs- und Betriebsstoffe und für bezogene Waren b) Aufwendungen für bezogene Leistungen					
		6	Personalaufwand: a) Löhne und Gehälter b) Soziale Abgaben und Aufwendungen für Altersversorgung und für Unterstützung, davon für Altersversorgung					
		7	Abschreibungen: a) auf immaterielle Vermögensgegenstände des Anlagevermögens und Sachanlagen sowie auf aktivierte Aufwendungen für die Ingangsetzung und Erweiterung des Geschäftsbetriebs b) auf Vermögensgegenstände des Umlaufvermögens, soweit diese die in der Kapitalgesellschaft üblichen Abschreibungen überschreiten					
		8	Sonstige betriebliche Aufwendungen					
		9	**Betriebsergebnis nach handelsrechtlichen Wertansätzen vor Zinsen und vor Steuern**					
		10	Erträge aus Beteiligungen, davon aus verbundenen Unternehmen					
		11	Erträge aus anderen Wertpapieren und Ausleihungen des Finanzanlagevermögens, davon aus verbundenen Unternehmen					
		12	Sonstige Zinsen und ähnliche Erträge, davon aus verbundenen Unternehmen					
		13	Abschreibungen auf Finanzanlagen und auf Wertpapiere des Umlaufvermögens					
		14	Zinsen und ähnliche Aufwendungen, davon an verbundene Unternehmen					
		15	**Finanzergebnis**					
		16	**Ergebnis der gewöhnlichen Geschäftstätigkeit**					
		17	Außerordentliche Erträge					
		18	Außerordentliche Aufwendungen					
		19	**Außerordentliches Ergebnis**					
		20	Steuern vom Einkommen und vom Ertrag					
		21	Sonstige Steuern					
		22	**Jahresüberschuß/Jahresfehlbetrag**					
Textliche Erläuterungen:								

Abb. 140a: Externe Aufwands- und Ertragsrechnung (nach dem Gesamtkostenverfahren)

Externe Aufwands- und Ertragsrechnung – Schema in Anlehnung an § 275 Abs. 3 HGB (Umsatzkostenverfahren)				P u K				
1993	1994			1995				
				Januar–Juli (kum.)			Hoch-rech-nung	
Ist	Ist			Ist	Soll	Abw.		Soll
		1 2	Umsatzerlöse Herstellungskosten der zur Erzielung der Umsatzerlöse erbrachten Leistungen					
		3	Bruttoergebnis vom Umsatz					
		4 5 6 7	Vertriebskosten Allgemeine Verwaltungskosten Sonstige betriebliche Erträge Sonstige betriebliche Aufwendungen					
		8	**Betriebsergebnis nach handelsrechtlichen Wertansätzen vor Zinsen und vor Steuern**					
		9 10 11 12 13	Erträge aus Beteiligungen, davon aus verbundenen Unternehmen Erträge aus anderen Wertpapieren und Ausleihungen des Finanzanlagevermögens, davon aus verbundenen Unternehmen Sonstige Zinsen und ähnliche Erträge, davon aus verbundenen Unternehmen Abschreibungen auf Finanzanlagen und auf Wertpapiere des Umlaufvermögens Zinsen und ähnliche Aufwendungen, davon an verbundene Unternehmen					
		14	**Finanzergebnis**					
		15	**Ergebnis der gewöhnlichen Geschäftstätigkeit**					
		16 17	Außerordentliche Erträge Außerordentliche Aufwendungen					
		18	**Außerordentliches Ergebnis**					
		19 20	Steuern vom Einkommen und vom Ertrag Sonstige Steuern					
		21	**Jahresüberschuß/Jahresfehlbetrag**					
Textliche Erläuterungen:								

Abb. 140b: Externe Aufwands- und Ertragsrechnung (nach dem Umsatzkostenverfahren)

Das handelsrechtliche Schema stellt einen Kompromiß dar, den der Gesetzgeber getroffen hat, um eine vergleichbare Veröffentlichung der Aufwendungen und Erträge aller Kapitalgesellschaften zu ermöglichen. Das Gliederungsschema ist jedoch nicht starr. Einzelne Positionen können weiter unterteilt, zusätzliche Positionen können eingefügt werden. Für die Planung wird man sich in der Regel nicht genau an die vom Gesetz vorgeschriebene Vorlage halten, sondern unbedeutende Positionen zu Gruppen zusammenfassen und interessante Positionen weiter untergliedern.

Interne und externe Aufwands- und Ertragsplanungen sind eng verkettet. Man wird meist mit der internen betriebswirtschaftlichen oder handelsrechtlichen Aufwands- und Ertragsplanung beginnen und diese bis zur Ermittlung des Unternehmungsergebnisses vor Steuern durchführen. Anschließend erfolgt die Planung der externen Aufwands- und Ertragsrechnung, basierend auf handelsrechtlichen Werten, nach handelsrechtlichem Gliederungsschema und unter Beachtung bilanzpolitischer Zielsetzungen [18]. Diese Rechnung wird ebenfalls bis zum Unternehmungsergebnis vor Steuern durchgeführt. Sie dient nach Festlegung der Gewinnverwendungspolitik der Planung der Gewinnsteuern (Gewerbeertrag- und Körperschaftsteuer). Sind die Gewinnsteuern errechnet, werden die interne und die externe Aufwands- und Ertragsplanung vervollständigt.

Auf der externen Aufwands- und Ertragsplanung mit handelsrechtlichen Werten baut die **Planung der Bemessungsgrundlagen für die Gewinnsteuern** auf. Der handelsrechtliche Jahresabschluß ist dabei insoweit zu variieren, als die handelsrechtlichen Wertansätze steuerlichen Vorschriften über die Bewertung und die Absetzung für Abnutzung oder Substanzverringerung entgegenstehen. Weiter sind die steuerlichen Vorschriften über die Betriebsausgaben sowie über die Entnahmen und die Einlagen zu befolgen [19]. Außerdem ist zu beachten, daß bestimmte Erträge steuerfrei vereinnahmt werden können [20].

Ausgehend vom Unternehmungsergebnis vor Gewinnsteuern (= Jahresüberschuß vor Gewinnsteuern) – hier und im folgenden vereinfachend ohne (ausländische) Schachtelerträge angenommen –, läßt sich die steuerliche Gewinnermittlung schematisch wie folgt darstellen [21]:

Unternehmungsergebnis vor Gewinnsteuern (Jahresüberschuß vor Gewinnsteuern)

+/− Mehr- oder Mindergewinne aus Unterschieden zwischen handelsrechtlicher und steuerlicher Bewertung

---

= *steuerliches Unternehmungsergebnis (Steuerbilanzgewinn) vor Gewinnsteuern*

\+ Aufwendungen, die steuerlich nicht ergebnismindernd abzugsfähig sind (nichtabziehbare Betriebsausgaben)

− im Unternehmungsergebnis enthaltene steuerfreie Erträge oder Vermögensmehrungen

---

= *steuerliches Einkommen vor Gewerbeertragsteuer*

  +/− gewerbesteuerliche Hinzurechnungen/Kürzungen, z.B. nach §§ 8 und 9 GewStG

  = Gewerbeertrag vor Gewerbeertragsteuer

− Gewerbeertragsteuer (= Gewerbeertrag vor Gewerbeertragsteuer × g′ [22])

= *Einkommen*

− **Gewerbeertragsteuer**

− **Körperschaftsteuer**

= **Unternehmungsergebnis nach Steuern (Jahresüberschuß)**

Zieht man vom Unternehmungsergebnis vor Gewinnsteuern die Gewerbeertragsteuer und die Körperschaftsteuer ab, so erhält man das Unternehmungsergebnis nach Steuern bzw. den Jahresüberschuß vor bilanzpolitischen Maßnahmen und Gewinnverwendung.

Das Steuerrecht gestattet, den Jahresüberschuß vor Steuern und damit auch das Einkommen sowie den Jahresüberschuß nach Steuern durch Ausüben gewisser *Bewertungswahlrechte* zu gestalten[23]. Bei Erstellung der Plandaten wird man den für die einzelnen Positionen geltenden Bewertungsspielraum, d. h. die Manövriermasse, mit angeben.

Der Einsatz der Manövriermasse kann unter dem Gesichtspunkt der Steuerbarwertminimierung erfolgen. Hierbei sollten auf Grund des Steueränderungsgesetzes 1992[24] zweckmäßigerweise auch die Vermögensteuer und die Gewerbekapitalsteuer in die Betrachtung einbezogen werden[25]. Das **Ziel der Steuerbarwertminimierung** lautet allgemein formuliert[26]:

---

18 Vgl. Müller, E., Probleme kurzfristiger Rechnungslegung, Thun–Frankfurt/M. 1982; Weber, H. K., Müller, E., Zwecke und Gestaltung der kurzfristigen Erfolgsrechnung, DB 1983, S. 1317 ff.

19 Vgl. § 4 Abs. 1 EStG.

20 Vgl. hierzu insbesondere § 10 InvZulG 1993 sowie verschiedene Doppelbesteuerungsabkommen.

21 Falls ausländische Erträge vorliegen, sind ggf. ferner anrechenbare und nicht anrechenbare ausländische Steuern vom Unternehmungsergebnis vor Gewinnsteuern abzusetzen.
Seit dem 1. Januar 1995 wird nach dem Solidaritätszuschlaggesetz 1995 (Art. 31 des Gesetzes zur Umsetzung des Föderalen Konsolidierungsprogramms [FKPG] vom 23. Juni 1993, BGBl. I 1993, S. 944 ff.) ein Solidaritätszuschlag in Höhe von 7,5% der festgesetzten Einkommensteuer oder Körperschaftsteuer erhoben. Im Hinblick auf den vorläufigen Charakter dieser Abgabe wird der Solidaritätszuschlag hier nicht in die Berechnung einbezogen.

22 Zur Vereinfachung der Rechnung empfiehlt es sich, die Steuermeßzahl bei Kapitalgesellschaften (5 %) mit dem Hebesatz der Betriebsstättengemeinden, gegebenenfalls mit dem durchschnittlichen Hebesatz zu multiplizieren. Das Ergebnis ist der Gewerbesteuerfaktor.
Bezeichnet man den Gewerbesteuerfaktor mit g, den Hebesatz der Betriebsstättengemeinden mit h, so ist $g = 0{,}05 \times h$. Der im Hinblick auf die Abziehbarkeit der Gewerbeertragsteuer bei der Ermittlung des Gewerbeertrages anzuwendende Gewerbeertragsteuerfaktor errechnet sich aus der Formel

$$g' = \frac{0{,}05\,h}{1 + 0{,}05\,h}.$$

Beträgt der Hebesatz z. B. 400%, ist

$$g' = \frac{0{,}05 \times 4{,}00}{1 + (0{,}05 \times 4{,}00)} = \frac{0{,}2}{1{,}2} = 0{,}1667.$$

Vgl. zur Berechnung der Gewerbesteuerschuld auch Abschnitt 20 Abs. 2 EStR, wonach Gewerbebetriebe vereinfachend 5/6 des Gewerbesteuerbetrages, der sich ohne Berücksichtigung der Gewerbesteuer als Betriebsausgabe ergeben würde, der Gewerbesteuerrückstellung zuführen können.

23 Bewertungswahlrechte bestehen z. B. als
– Sonderabschreibungen nach § 4 FördergebietsG,
– sofortige bzw. erhöhte Absetzungen nach § 6 Abs. 2 EStG.
Nach § 5 Abs. 1 Satz 2 EStG sind steuerliche Wahlrechte bei der Gewinnermittlung in Übereinstimmung mit der handelsrechtlichen Jahresbilanz auszuüben. Vgl. zu Wechselwirkungen zwischen Handels- und Steuerbilanz auch Bitz, M., Schneeloch, D., Wittstock, W., Der Jahresabschluß, a.a.O., S. 251 ff.

24 Vgl. BGBl. 1992 I, S. 297 ff.

25 Nach § 109 Abs. 1 BewG sind bestimmte Steuerbilanzwerte für die Ermittlung des Einheitswertes des Gewerbebetriebs maßgebend. Der frühzeitige Einsatz der Manövriermasse führt daher neben der zinslosen Stundung von Ertragsteuern auch zu einer endgültigen Minderung der Substanzsteuern.

26 Vgl. zur Erweiterung der Modelle der Steuerbarwertminimierung um vermögensabhängige Steuern Disselkamp, E., Externe Aufwands- und Ertragsrechnung, unveröffentlichtes Manuskript, Gießen 1992.
Vgl. auch Marettek, A., Steuerbilanzplanung, Herne–Berlin 1980, S. 25 ff.; Siegel, Th., Probleme

$$\sum_{t=1}^{n} \frac{T_t + U_t}{q^t} \rightarrow \min!$$

T_t = ertragsabhängige Steuern der Periode t

U_t = vermögensabhängige Steuern der Periode t

q = Diskontierungsfaktor

t = Zeitindex (t = 1, . . . , n)

Bei einem durchgehenden konstanten Grenzsteuersatz, wie er für Kapitalgesellschaften durch den Körperschaftsteuertarif (§ 23 KStG) vorgegeben ist, gilt:

$$\sum_{t=1}^{n} \frac{s\,G_t + v\,K_t}{q^t} = \sum_{t=1}^{n} \frac{s\,(E_t +/- M_t) + v\,(V_t +/- M_t)}{q^t} \rightarrow \min!$$

E_t = Ergebnis der Periode t vor Einsatz des steuerpolitischen Instrumentariums (Manövriermasse)

G_t = zu versteuerndes Einkommen der Periode t

K_t = Einheitswert des Gewerbebetriebes

M_t = Manövriermasse der Periode t

V_t = Einheitswert des Gewerbebetriebes vor Einsatz der Manövriermasse

s = Steuersatz ertragsabhängige Steuern

v = Steuersatz vermögensabhängige Steuern unter Berücksichtigung des Teilansatzes für Zwecke der Vermögensteuer[27]

Wegen der Konstanz von s und v sowie von E_t und V_t wird der Steuerbarwert minimiert, wenn die Manövriermasse möglichst früh eingesetzt wird, da der Faktor q^t im Zeitablauf wächst.

$$\sum_{t=1}^{n} \frac{M_t}{q^t} \rightarrow \max!$$

Als **Handlungsmaxime** sind somit bei durchgehend konstantem Grenzsteuersatz die Steuerzahlungen durch Aufwandsvorverrechnungen bzw. Gewinnverschiebungen so zu beeinflussen, daß durch die volle Ausschöpfung aller steuerlich zulässigen Maßnahmen ein möglichst hoher Steuerbetrag zinslos gestundet und eine möglichst hohe Minderung der vermögensabhängigen Steuern erreicht wird.

Wenn in der Planungsrechnung die Auswirkung des Einsatzes der Manövriermasse gezeigt werden soll, muß das steuerliche Einkommen vor Gewerbeertragsteuer einmal ohne die Manövriermasse und zum anderen unter Einsatz der Manövriermasse ermittelt werden.

In beiden Fällen ist das Einkommen vor Gewerbeertragsteuer die *Ausgangsgröße zur Ermittlung der Gewerbeertragsteuer*. Es wird durch die gewerbesteuerlichen Hinzurechnungen und Kürzungen (vgl. insbesondere §§ 8 und 9 GewStG) verändert und führt zum Gewerbeertrag vor Abzug der Gewerbeertragsteuer. Diese Größe, mit dem Gewerbeertragsteuerfaktor g' multipliziert, ergibt den Gewerbeertragsteuerbetrag (vgl. auch Fußnote 22).

---

und Verfahren der Ertragsteuerplanung, in: Unternehmensprüfung und -beratung, Festschrift zum 60. Geburtstag von Bernhard Hartmann, Hrsg. B. Aschfalk, S. Hellfors, A. Marettek, Freiburg i.Br. 1976, S. 223ff.; – Die gegensätzliche Auffassung der Nettogewinnmaximierung vertritt Heigl, A., Bedingungen der unternehmerischen Steuerplanung, StuW 1971, S. 127ff.; ferner Heigl, A., Melcher, G.-H., Betriebliche Steuerpolitik, Köln 1974, S. 35ff. – Zur Gegenüberstellung beider Modelle vgl. Gintrowski, G., Marettek, A., Bemerkungen zu Entscheidungsmodellen für die betriebliche Steuerfinanzpolitik (sic!), StuW 1972, S. 231ff.; Melcher, G.-H., Planungskonzepte für die betriebliche Steuerpolitik, DB 1971, S. 108ff. sowie Wöhe, G., Bieg, H., Grundzüge der betriebswirtschaftlichen Steuerlehre, 3. Aufl., München 1991, S. 90ff.

27 Vgl. § 117a BewG.

Nach Abzug der Gewerbeertragsteuer vom steuerlichen Einkommen vor Gewerbeertragsteuern ergibt sich das Einkommen; es ist Grundlage für die *Ermittlung der Körperschaftsteuer*. Die Höhe der Körperschaftsteuer ist aber auch abhängig von der Dividende[28]. Die Körperschaftsteuer wird weiter davon beeinflußt, ob der Unternehmung aus Vorjahren voll besteuerte Eigenkapitalanteile zur Verfügung stehen oder nicht[29].

Während für die Ermittlung der effektiven Körperschaftsteuerbelastung von einer beschlossenen Dividendenzahlung auszugehen ist, ergeben sich für eine **Planungsrechnung** drei Hauptalternativen:

- Vorgabe einer **fixierten Dividende**,
- Vorgabe einer **fixierten Rücklagenzuführung**,
- Vorgabe eines **festen Prozentsatzes des Jahresüberschusses nach Steuern als Ausschüttung**.

Ein Anwendungsfall der dritten Variante ist in § 58 AktG festgelegt. Danach kann der Vorstand einer Aktiengesellschaft grundsätzlich höchstens 50 % des Jahresüberschusses den Rücklagen zuführen. Der übersteigende Betrag des Jahresüberschusses ist der Hauptversammlung zur Disposition zu stellen. Bei der Körperschaftsteuerberechnung ist der nicht den Rücklagen zugeführte Betrag des Jahresüberschusses als Ausschüttung anzusehen.

Systematisch unterscheidet das Körperschaftsteuergesetz zwischen der Besteuerung des Einkommens (2. und 3. Teil des KStG) und dem Anrechnungsverfahren (4. Teil des KStG) (vgl. Abbildung 141). Im Rahmen des Verfahrens zur **Besteuerung des Einkommens** werden die im laufenden Geschäftsjahr erwirtschafteten Einkommensteile der tariflichen Körperschaftsteuer unterworfen. Im Regelfall beträgt die Tarifbelastung 45/100 des Einkommens[30], sie ist in bestimmten Fällen, z. B. bei Vorliegen ausländischer Einkünfte, geringer (§ 26 KStG). Im Normalfall ist das Einkommen nach Abzug der Körperschaftsteuer der Zugang im laufenden Geschäftsjahr zum sogenannten verwendbaren Eigenkapital. Außerdem kann durch steuerfreie Erträge aus dem Ausland und/oder durch steuerfreie Vermögensmehrungen, wie z. B. Investitionszulagen, ein weiterer Zugang zu dem verwendbaren Eigenkapital erfolgen.

Der Zugang ist nach seiner Tarifbelastung zu gliedern (§§ 29 ff. KStG), und zwar in die Eigenkapitalteile:

- EK_{45} mit 45 % (ungemildert) belastetes Eigenkapital (§ 23 Abs. 1 KStG)[31];
- EK_{30} mit 30 % (Ausschüttungsbelastung) belastetes Eigenkapital (§ 27 Abs. 1 KStG);
- EK_{01} steuerfreie ausländische Einkünfte (§ 30 Abs. 2 Nr. 1 KStG);

---

28 Die Gewerbeertragsteuer ändert sich durch die Ausschüttung hingegen nicht.

29 Vgl. Krebs, H.-J., Die Reform der Körperschaftsteuer, BB 1976, Beilage 3; Selchert, F. W., Rolling, W., Das Anrechnungsverfahren nach dem KStG 1977, Teil I–IV, ZfB-Repetitorium 1977, S. 147 ff., S. 171 ff., S. 195 ff., S. 219 ff.; Rose, G., Die Ertragsteuern, 13. Aufl., Wiesbaden 1994, S. 137 ff. sowie zum folgenden insbesondere Hahn, D., Hölter, E., Disselkamp, E., Computergestütztes Modell zur Ausschüttungs-, Rücklagen- und Körperschaftsteuerberechnung, ZfbF 1983, S. 727 ff.

30 Für bestimmte Körperschaften, Personenvereinigungen und Vermögensmassen ermäßigt sich der Regelsteuersatz auf 42 % des Einkommens (§ 23 Abs. 2 i.V.m. § 1 Abs. 1 Nr. 3 bis 6 KStG).

31 Bis zum Veranlagungszeitraum 1989 war das ungemildert belastete Eigenkapital mit 56 % (EK_{56}) und in den Veranlagungszeiträumen 1990 bis 1993 mit 50% (EK_{50}) besteuert. Seit dem Veranlagungszeitraum 1994 ist im Regelfall der Körperschaftsteuersatz von 45% (EK_{45}) anzuwenden. Die Ausschüttungsbelastung betrug bis 1993 36% und beträgt nunmehr 30%. Der am Ende des letzten Wirtschaftsjahres vor dem 1. 1. 1995 vorhandene Bestand an EK_{56} ist zum 31. 12. 1994 in EK_{50} und EK_{02} umzugliedern (§ 54 Abs. 11 KStG). Gleichzeitig ist ein vorhandener Bestand an EK_{36} auf EK_{30} und EK_{45} aufzuteilen (§ 54 Abs. 11 b KStG). Das am Ende des letzten Wirtschaftsjahres vor dem 1. 1. 1999 vorhandene EK_{50} ist zum 31. 12. 1998 in EK_{45} und EK_{02} umzugliedern (§ 54 Abs. 11 a KStG).

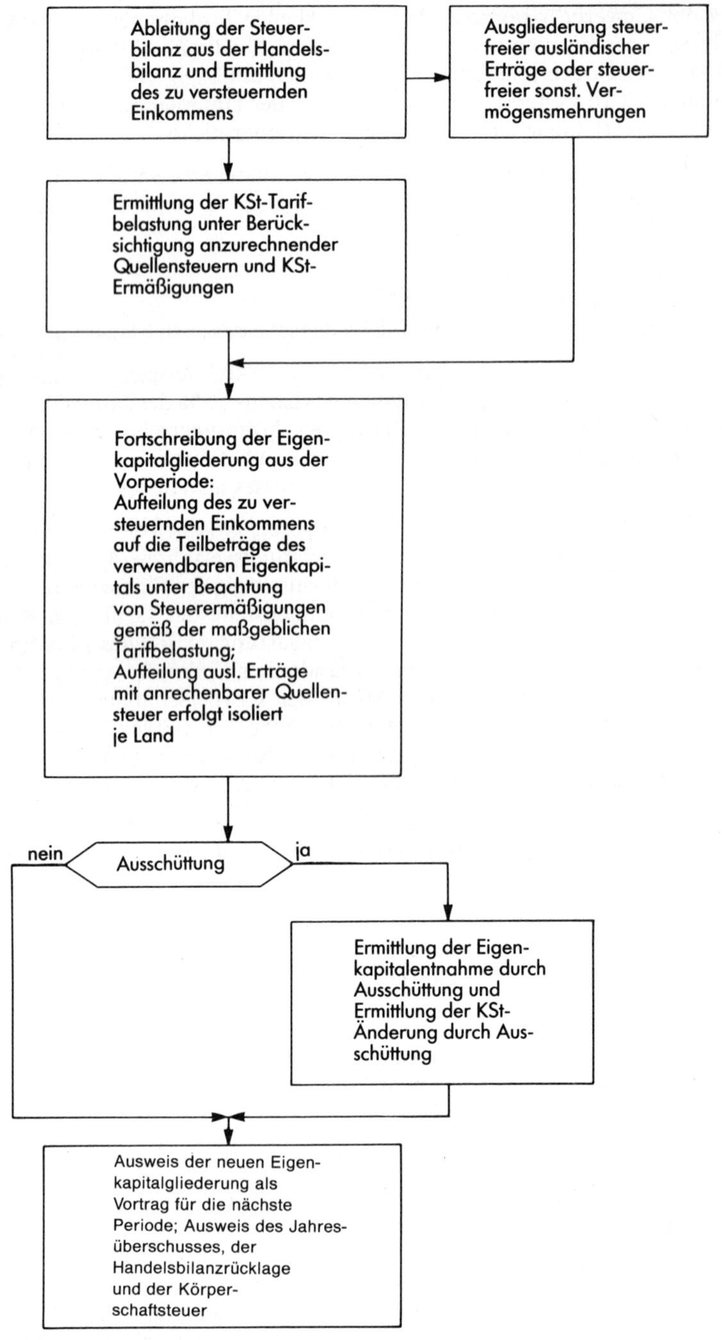

Ableitung der Steuerbilanz aus der Handelsbilanz und Ermittlung des zu versteuernden Einkommens
Ausgliederung steuerfreier ausländischer Erträge oder steuerfreier sonst. Vermögensmehrungen
Ermittlung der KSt-Tarifbelastung unter Berücksichtigung anzurechnender Quellensteuern und KSt-Ermäßigungen
Fortschreibung der Eigenkapitalgliederung aus der Vorperiode: Aufteilung des zu versteuernden Einkommens auf die Teilbeträge des verwendbaren Eigenkapitals unter Beachtung von Steuerermäßigungen gemäß der maßgeblichen Tarifbelastung; Aufteilung ausl. Erträge mit anrechenbarer Quellensteuer erfolgt isoliert je Land
nein
Ausschüttung
ja
Ermittlung der Eigenkapitalentnahme durch Ausschüttung und Ermittlung der KSt-Änderung durch Ausschüttung
Ausweis der neuen Eigenkapitalgliederung als Vortrag für die nächste Periode; Ausweis des Jahresüberschusses, der Handelsbilanzrücklage und der Körperschaftsteuer

Abb. 141: Stufen der Einkommensbesteuerung und der Eigenkapitalgliederung je Periode nach dem KStG

– EK_{02} nicht mit Körperschaftsteuer belastete Vermögensmehrungen (§ 30 Abs. 2 Nr. 2 KStG);
– EK_{03} vor dem 1. 1. 1977 gebildete Rücklagen (§ 30 Abs. 2 Nr. 3 KStG);
– EK_{04} Einlagen der Anteilseigner, soweit nicht Nennkapital (§ 30 Abs. 2 Nr. 4 KStG).

Sofern die Tarifbelastung etwa durch Anrechnung ausländischer Steuern zwischen 45 % und 30 % oder zwischen 30 % und 0 % liegt, sind die Eigenkapitalzugänge entsprechend ihrer Tarifbelastung auf die genannten Eigenkapitalteile aufzuteilen[32]. In der Planungsrechnung wird hierbei zunächst der Vortrag je Eigenkapitalanteil zu Beginn des Planungszeitraums festgestellt, um die Eigenkapitalveränderung, die sich aus dem ersten Schritt der Gewinnsteuerplanung ergibt, fortzuschreiben.

Unter Berücksichtigung der so gegliederten Eigenkapitalteile ist die **Ausschüttungsbelastung nach dem Anrechnungsverfahren** für das Ist-Jahr und für die Planjahre herzustellen. Die Ausschüttungsbelastung beträgt stets 30/100 des für die Ausschüttung verwendeten Gewinns vor Steuern oder 3/7 der Dividende. Sofern Eigenkapitalteile verwendet werden, die einer Tarifbelastung von mehr als 30 % unterlegen haben, erfolgt eine entsprechende Körperschaftsteuerminderung (eine Entnahme aus EK_{45} führt zu einer KSt-Minderung in Höhe von 3/11 des entnommenen EK_{45} oder in Höhe von 3/14 der Dividende). Die Verwendung von unbelastetem EK_{02} und EK_{03} löst eine Körperschaftsteuererhöhung in Höhe von 30/100 des verwendeten EK_{02} und EK_{03} oder in Höhe von 3/7 der Dividende aus. Bei der Verwendung von EK_{01} wird die Körperschaftsteuer nicht erhöht. Die Verwendung von EK_{04} stellt eine Rückzahlung von Einlagen dar, die nicht der Ertragsteuer unterliegt. Die Reihenfolge der Verwendung der Eigenkapitalteile ist in § 28 Abs. 2 KStG geregelt. Für die Ausschüttung gilt das Eigenkapital in der Reihenfolge als verwendet, in der die Tarifbelastung abnimmt. Es wird also zunächst der verwendbare Eigenkapitalteil für die Ausschüttung herangezogen, der der höchsten Körperschaftsteuerbelastung – d. h. im Regelfall der Tarifbelastung von 45 % – unterliegt. Dabei ist es unerheblich, ob dieses verwendbare Eigenkapital aus dem laufenden (Plan-)Jahr stammt oder ob es in Vorjahren erwirtschaftet wurde.

Durch die Fortschreibung des verwendbaren Eigenkapitals ist die Ermittlung der Körperschaftsteuerschuld unter Beachtung aller Vorperioden immer in Form einer Nebenrechnung durchzuführen. Für die Körperschaftsteuerschuld und das verwendbare Eigenkapital einer international tätigen deutschen Unternehmung kann sich – je nach Geschäftsverlauf – z. B. folgende Situation ergeben:

Mangelnde inländische Einkünfte der lfd. Periode führen nur zu einer geringen Erhöhung des EK_{45}, während die ausländischen Erträge gemäß den Bestimmungen der Doppelbesteuerungsabkommen dem unbelasteten verwendbaren Eigenkapital (hier EK_{01}) zugeführt werden. Wird die Ausschüttung der Dividende in gleicher Höhe über mehrere Perioden (z. B. als Prozentsatz auf das Grundkapital) vorgeschlagen und übersteigt die Eigenkapitalentnahme durch die Ausschüttung den Bestand an EK_{45}, EK_{30} und EK_{01}, so steigt die Körperschaftsteuerschuld infolge der Ausschüttung aus dem EK_{02} und EK_{03} trotz gleicher Dividende und unterstellter gleicher Geschäftslage im Zeitablauf stark an. Es sind daher mehrperiodige Planungsrechnungen in Form von computergestützten Veranlagungssimulationen durchzuführen, die die Wirkungen unterschiedlicher Eigenkapitalgliederungen und Ausschüttungspolitiken sowie die Wirkung der Ausübung von Bewertungswahlrechten in zukünftigen Perioden aufzeigen, wobei man für spätere Planungsperioden nur die Haupteinflußgrößen berücksichtigen wird (vgl. auch Abschnitt 5.4.1 dieses Teils)[33]. Entsprechend

32 Vgl. zur Aufteilung § 32 KStG und Abschn. 86ff. KStR.

33 Vgl. zu einem computergestützten Ertragsteuersimulationsmodell für deutsche internationale Kapitalgesellschaften Hölter, E., Computergestütztes Ertragsteuersimulationsmodell der deutschen internationalen Kapitalgesellschaft, Gießen 1986.

den unternehmungsindividuellen Gegebenheiten wird man die Auslandserträge nach Erträgen aus Ländern mit Doppelbesteuerungsabkommen und nach Erträgen mit anzurechnender Quellensteuer unterscheiden. Auch wird man Unterschiede zwischen der Handels- und der Steuerbilanz (Steuerbilanzmehr-/-mindergewinne, nichtabziehbare Ausgaben) als jeweils eine Summe planen bzw. extrapolieren. Die Planung der Körperschaftsteuerermäßigungen kann je nach Engagement in den neuen Bundesländern entweder vernachlässigt oder pauschal als prozentualer Abschlag durchgeführt werden.

Beispiel zur Entwicklung des verwendbaren Eigenkapitals und **Ausschüttung einer fixierten Dividende**:

Eine GmbH wurde nach dem 31. 12. 1993 gegründet. Die Einlagen erfolgten zum Nennwert. Die Steuerbilanz weicht von der Handelsbilanz nicht ab. Es existiert weder EK_{56} noch EK_{50}.

Zum 31. 12. 1994 weist die Gesellschaft eine Gewinnrücklage von 500 000 DM aus, die aus voll versteuerten Erträgen gespeist wurde. Eine Ausschüttung für 1994 erfolgte nicht.

Das verwendbare Eigenkapital in Höhe von 500 000 DM zum 31. 12. 1994 ist demnach wie folgt zu gliedern:

EK_{45}	EK_{01}	insgesamt
500 000	0	500 000

In 1995 wird ein Steuerbilanzgewinn (= Handelsbilanzgewinn) nach Gewerbeertragsteuer und vor Körperschaftsteuer von 1 100 000 DM erwirtschaftet. Dieser Gewinn beinhaltet auch steuerfreie Erträge aus einer ausländischen Beteiligung in Höhe von 400 000 DM. An nichtabziehbaren Ausgaben (z. B. Vermögensteuer) seien 100 000 DM erfolgsmindernd gebucht worden.

Vor Herstellung der Ausschüttungsbelastung (§ 27 KStG) gliedert sich das verwendbare Eigenkapital wie folgt:

	Ermittlung des Einkommens	EK_{45}	EK_{01}	insgesamt
Vortrag		500 000		500 000
Steuerbilanzgewinn,	1 100 000			
darin:				
steuerfreie ausländische Erträge	−400 000		+400 000	+400 000
sonstige nichtabziehbare Ausgaben (VSt)	+100 000			
zu versteuerndes Einkommen	800 000			
Körperschaftsteuer (45%)	−360 000			
Einkommen nach Körperschaftsteuer	440 000	+440 000		+440 000
Verwendung für „sonstige nichtabziehbare Ausgaben"		−100 000		−100 000
Zugang 1995		+340 000	+400 000	+740 000
Stand 31. 12. 1995 (vor Ausschüttung)		840 000	400 000	1 240 000

Für 1995 sei eine **Ausschüttung von 420 000 DM beschlossen**. Die Ermittlung der Ausschüttungsbelastung erfolgt im Rahmen einer Steuernebenrechnung. Da das verwendbare Eigenkapital mit 45/100 KSt (Tarifbelastung) belastet ist, muß die KSt-Belastung für die auszuschüttenden Beträge um 15 Prozentpunkte auf 30/100 vermindert werden.

Die **KSt-Minderung** beträgt (45 – 30)/70 = 15/70 = 3/14 = 21,43% der Dividende:

Dividende	420 000
KSt-Minderung (3/14)	–90 000
Entnahme aus EK_{45}	330 000

Bezüglich des **verwendbaren Eigenkapitals** ergibt sich durch die Ausschüttung:

	EK_{45}	EK_{01}	insgesamt
Stand 31. 12. 1995 (vor Ausschüttung)	840 000	400 000	1 240 000
Entnahme zur Ausschüttung	–330 000		–330 000
Stand für 1995 nach Ausschüttung	510 000	400 000	910 000

Für 1995 hat die **GmbH an Körperschaftsteuer** zu zahlen:

KSt-Tarifbelastung	360 000
KSt-Minderung durch Ausschüttung von 420 000	–90 000
KSt-Schuld	270 000

Die **Anteilseigner erhalten** ausgezahlt[34]:

Dividende	420 000
KapESt (25% der Dividende)	–105 000
verbleibt	315 000

Für den **handelsrechtlichen Jahresüberschuß** gilt:

Unternehmungsergebnis vor KSt	1 100 000
KSt-Aufwand	–270 000
Unternehmungsergebnis nach Steuern/Jahresüberschuß	830 000

Wird die **Dividende** nicht als fixierter Betrag, sondern **als Quote vom Jahresüberschuß** (nach Steuern) vorgegeben, so ergeben sich beispielhaft für verschiedene Ausschüttungsquoten die nachstehend errechneten Dividenden und Körperschaftsteuerminderungen. In dem Beispiel wird unterstellt, daß der Jahresüberschuß vor Ausschüttung 1 Mio. DM betragen soll und daß die Ausschüttung voll aus dem ungemildert versteuerten verwendbaren Eigenkapital (EK_{45}) entnommen werden kann[35].

34 Die **Anteilseigner versteuern**:

Dividende	420 000
KSt-Gutschrift (3/7 von 420 000)	+180 000
insgesamt	600 000

mit ihrem persönlichen Steuersatz und bekommen hierauf 180 000 + 105 000 = 285 000 angerechnet; ggf. erhalten sie eine Steuererstattung.

35 Zum Rechenansatz bei der quotalen Ausschüttung vgl. auch Wagner, F. W., Dirrigl, H., Die Steuerplanung der Unternehmung, Stuttgart–New York 1980, S. 118 ff. Zur Ausschüttungsplanung nach der Steuerreform 1990 vgl. auch Dirrigl, H., Schaum, W., Ausschüttungsplanung nach der Steuerreform 1990, ZfB 1989, S. 291 ff.

Beispiel zur **quotalen Ausschüttung (Dividende) aus dem EK_{45}**:

Dividende in % vom Jahres-überschuß 1	Jahres-überschuß v. Ausschütt. 2 (3 + 4)	Rücklagen-zuführung 3	Dividende 4 (5 + 6)	Entn. aus dem EK_{45} 11/14 von (4) 5	KSt-Minderung 3/14 von (4) 3/11 von (5) 6
0%	1 000 000	1 000 000	0	0	0
10%	1 021 898	919 708	102 190	80 292	21 898
20%	1 044 776	835 821	208 955	164 179	44 776
30%	1 068 702	748 092	320 611	251 908	68 702
33,333%	1 076 922	717 952	358 970	282 048	76 922
40%	1 093 750	656 250	437 500	343 750	93 750
50%	1 120 000	560 000	560 000	440 000	120 000
60%	1 147 541	459 016	688 525	540 984	147 541
66,667%	1 166 667	388 889	777 778	611 111	166 667
70%	1 176 471	352 941	823 529	647 059	176 471
80%	1 206 897	241 379	965 517	758 621	206 897
90%	1 238 938	123 894	1 115 044	876 106	238 938
100%	1 272 727	0	1 272 727	1 000 000	272 727

Änderung des Jahresüberschusses bei gewählter quotaler Ausschüttung (Dividende als Prozentsatz des endgültigen Jahresüberschusses) durch die Körperschaftsteuerminderung bei Entnahme aus dem EK_{45}

Zeigen die Planungsrechnungen Ergebnisse, die von der festgelegten Ausschüttung bzw. Ausschüttungsquote und ggf. vorgesehenen Rücklagenzuführung abweichen, so ist zu prüfen, ob durch zweckmäßige Bewertungen im Rahmen des bei Erstellung der Plandaten festgestellten Bewertungsspielraums die gewünschten Ergebnisse erreichbar sind. Da die Bewertungsänderungen ihrerseits wiederum Ertragsteuerfolgen (Ertragsteuerminderungen etwa bei zusätzlichen Sonderabschreibungen, Ertragsteuererhöhungen bei Verzicht auf zunächst geplante Abwertungen) auslösen, müssen die zusätzlichen Aufwendungen bzw. Erträge nach Berücksichtigung der darauf anfallenden Steuern zu den gewünschten Ergebnissen führen.

Unter Beachtung der handels- und steuerrechtlichen Bewertungsspielräume (insbesondere der zeitlichen Verschiebungsmöglichkeiten von Aufwendungen) läßt sich je künftige Planperiode auf der Basis von externen Aufwands- und Ertragsrechnungen ex ante die steuerliche Minimalbelastung der Unternehmung für die gesamte Periode (Totalperiode) ermitteln.

(3) Wertschöpfungsrechnung

Ergänzend zu den intern und extern orientierten Aufwands- und Ertragsplanungen und -kontrollen kann eine Wertschöpfungsrechnung[36] als Planungs- und Kontrollrechnung durchgeführt werden.

36 Vgl. zu diesem Themenkreis z. B. Coenenberg, A. G., Kleine-Doepke, R., Sozialbilanz, in: HWR, Hrsg. E. Kosiol, K. Chmielewicz, M. Schweitzer, 2. Aufl., Stuttgart 1981, Sp. 1498 ff.; Göllert, K., Sozialbilanzen – Grundlagen im geltenden Recht, Wiesbaden 1979; Reichmann, T., Lange, C., Kapitalflußrechnung und Wertschöpfungsrechnung als Ergänzungsrechnungen des Jahresabschlusses im Rahmen einer gesellschaftsbezogenen Rechnungslegung, ZfB 1980, S. 518 ff.; Weber, H. K., Wertschöpfungsrechnung, Stuttgart 1980; ders., Wertschöpfung, in: HWR, Hrsg. K. Chmielewicz, M. Schweitzer, 3. Aufl., Stuttgart 1993, Sp. 2173 ff.; Wysocki, K. v., Sozialbilanzen, Stuttgart – New York 1981.

Unter Wertschöpfung wird dabei ganz allgemein die Differenz zwischen den von der Unternehmung abgegebenen Leistungen und den von der Unternehmung übernommenen Leistungen (Vorleistungen) verstanden. Im Rahmen der **Wertschöpfungsentstehungsrechnung** wird die Wertschöpfung subtraktiv ermittelt:

Gesamtleistung
– Vorleistungen

= Wertschöpfung

In volkswirtschaftlicher Sicht zeigt die Wertschöpfung den Beitrag der Unternehmung zur Entstehung des Nettoinlandsprodukts während einer Periode.

In betriebswirtschaftlicher Sicht ist die Wertschöpfung eine relevante Information bei der von uns vorgenommenen Interpretation der Unternehmung als Instrument, an der mehrere Gruppen der Gesellschaft und die Gesellschaft insgesamt bzw. das Gemeinwesen interessiert sind. Bei dieser Betrachtung zeigt die Wertschöpfung als Saldo der Wertströme zwischen Abnehmern und Unternehmung einerseits und Lieferanten und Unternehmung andererseits, welcher Betrag zur Verteilung an die übrigen Interessengruppen der Unternehmung verbleibt, nämlich an Mitarbeiter, Eigenkapitalgeber, Fremdkapitalgeber und Gemeinwesen (Staat), sowie welcher Betrag zur Erhaltung und Weiterentwicklung der Unternehmung als Residualgröße zur Verfügung steht[37].

Im Hinblick auf eine solche **Wertschöpfungsverteilungsrechnung** kann die Wertschöpfung auch wie folgt additiv ermittelt werden:

Arbeitseinkommen	→	an Mitarbeiter
+ Kapitaleinkommen	→	an Eigenkapitalgeber
+ Kapitaleinkommen	→	an Fremdkapitalgeber
+ Gemeineinkommen	→	an Gemeinwesen (Staat)
+ Residualgröße	→	an Unternehmung
= Wertschöpfung („net value added“)		

Beide vorgestellten Berechnungsverfahren führen zu demselben Saldo. Solche Wertschöpfungsrechnungen können dabei grundsätzlich an Größen der Auszahlungs-/Einzahlungsrechnung, der Aufwands-/Ertragsrechnung und der Kosten-/Erlösrechnung anknüpfen. Für gesamtunternehmungsbezogene Zwecke erscheint es jedoch insbesondere zur Information im Hinblick auf externe Interessenten besonders praktikabel und zweckmäßig, von der externen Aufwands- und Ertragsrechnung auszugehen und durch Zusammenstellung einzelner Positionen der Gewinn- und Verlustrechnung die Wertschöpfungsrechnung abzuleiten. Hierbei lassen sich Gesamtleistung und Vorleistungen direkt nur aus der externen Aufwands- und Ertragsrechnung nach dem Gesamtkostenverfahren ermitteln. Legt man dagegen die externe Aufwands- und Ertragsrechnung nach dem Umsatzkostenverfahren zugrunde, so benötigt man zur Ermittlung der Wertschöpfung weitere Angaben aus der Bilanz und aus dem Anhang.

Abbildung 142a zeigt eine Wertschöpfungsentstehungsrechnung unter Angabe der einzelnen Positionen nach § 275 Abs. 2 HGB; Abbildung 142b zeigt eine auf denselben Grundlagen aufgebaute Wertschöpfungsverwendungsrechnung.

37 Vgl. auch den Zusammenhang mit Abbildung 4a (Interessengruppen und generelle monetäre Ziele/Grundsätze der Unternehmung).

Position § 275 Abs. 2 HGB	
1	Umsatzerlöse
2	± Bestandsänderungen
3	+ andere aktivierte Eigenleistungen
–	= Gesamtleistung
4/9/10/11/15	+ alle übrigen Erträge
5/8/16	– Vorleistungen außer Abschreibungen
–	= Wertschöpfung vor Abzug Abschreibungen
7/12	– Vorleistungen in Form von Abschreibungen
–	= Wertschöpfung

Abb. 142a: Berechnung der Wertschöpfung als Entstehungsrechnung in Anlehnung an die externe Gewinn- und Verlustrechnung nach dem Gesamtkostenverfahren

Bei diesen Arten der Wertschöpfungsrechnung handelt es sich im Prinzip um eine die GuV-Rechnung **auswertende Rechnung**; insofern ist die Planung und Kontrolle der Wertschöpfung nur **derivativer Art**. Hinzu kommt, daß es sich bei der Wertschöpfung nicht um eine originäre Zielgröße, wie z. B. den kalkulatorischen Gewinn, handelt.

Die Wertschöpfungsrechnung bildet einen wesentlichen Teil der sogenannten **Sozialbilanzen** (gesellschaftsbezogene Berichterstattung; vgl. auch Teil II, Abschnitt 4.1). In Verbindung mit der unternehmungsindividuellen Ausgestaltung von Indikatorenkonzepten[38] ist die Wertschöpfungsrechnung ein Instrument zur Verdeutlichung des Beitrages des Systems Unternehmung für einzelne Elemente des Umsystems sowie das gesamte Umsystem.

Für interne und externe Interessenten gibt die **Kennzahl Wertschöpfung zu Personal- und Sozialaufwendungen (WPK)** eine Tendenzinformation, ob sich Personaleinkommen einerseits und Kapitaleinkommen sowie Steuern und Residualeinkommen andererseits in vertretbaren bzw. angestrebten Relationen befinden.

5.2.2.2 Informationsgehalt

Da sich in der Aufwands- und Ertragsplanung alle Zeit- und Mengenpläne der gesamten Unternehmung sowie auch die voraussichtlichen Preisentwicklungen auf allen wichtigen Märkten niederschlagen, eignet sich dieses Zahlenwerk besonders zur ergebnisorientierten Beurteilung der Gesamtunternehmung. Um jedoch den Informationsgehalt im einzelnen kennzeichnen zu können, muß man die drei Arten der Aufwands- und Ertragsplanung getrennt betrachten.

---

38 Vgl. Klausmann, W., Entwicklung der Unternehmungsplanung, a.a.O., S. 299f.

Position § 275 Abs. 2 HGB			
6a	Löhne und Gehälter	Arbeitseinkommen	Wertschöpfung durch die Unternehmungstätigkeit
6b	+ Soziale Abgaben		
6b	+ Aufwendungen für Altersversorgung und sonstige Unterstützung (Zahlungen der betrachteten Periode)		
–	+ Dividendenzahlung	Eigenkapitalgebereinkommen	
13	+ Zinsen und ähnliche Aufwendungen	Fremdkapitalgebereinkommen	
18	+ Steuern vom Einkommen und vom Ertrag	Gemeineinkommen	
19	+ sonstige Steuern (ohne USt)		
–	– direkte Subventionen		
–	± Rücklagenänderungen	Residualeinkommen zum Verbleib in der Unternehmung	
–	± Gewinn-/Verlustvortrag (für nächste Periode)		

Abb. 142b: Berechnung der Wertschöpfung als Verwendungsrechnung in Anlehnung an die externe Gewinn- und Verlustrechnung nach dem Gesamtkostenverfahren

Die **interne Aufwands- und Ertragsplanung** erfolgt als Lang-, Mittel- und Kurzfristplanung. Sie ist Grundlage der generellen gesamtunternehmungsbezogenen Zielplanung.

Die Langfrist-Aufwands- und -Ertragsplanung dient in erster Linie dazu, bereits im Stadium der Planung zu ermitteln, ob auf Basis spezifischer strategischer Planungen Periodenergebnisse in der Höhe erreicht werden, wie sie in der Unternehmung im Rahmen ihrer oberen Unternehmungsziele angestrebt werden.

Sollte dies nicht der Fall sein, muß die Unternehmungsleitung ihre strategischen Planungen (Programm- und Potentialplanung, Kapitalstruktur-, Organisations-, Rechtsform-/Rechtsstruktur- und Führungssystemplanung) überprüfen und gegebenenfalls ändern. Hierbei müssen zur Gewinnung einer globalen Aufwands- und Ertragsplanung die vorgeschalteten Planungen, auch wenn sie nur Grobplanungen sind, herangezogen werden.

Diese Überprüfung und Modifizierung der strategischen Planungen ist so lange fortzusetzen, bis die langfristige Aufwands- und Ertragsplanung die gewünschten Ergebnisse zeigt.

Die kurz- und mittelfristige Aufwands- und Ertragsplanung zeigt der Unternehmungsleitung den Gewinn auf der Grundlage bestimmter strategischer und operativer Planungen. Strategische Planungen interessieren nur insoweit, als sie Änderungen, insbesondere bei

Investitionen und Desinvestitionen, innerhalb des mittel- und kurzfristigen Planzeitraums bewirken. Da innerhalb der Kurz- und Mittelfristplanung die strategischen Planungen weitgehend unbeeinflußbar festliegen, ist vornehmlich die operative Planung das Feld für Alternativplanungen. Die kurz- und mittelfristige Aufwands- und Ertragsplanung dient daher vornehmlich zur Beurteilung der operativen Planung. Weist die kurz- und mittelfristige Aufwands- und Ertragsplanung keine zufriedenstellenden Ergebnisse aus, wird die Unternehmungsleitung in der Regel versuchen, die vorgeschalteten operativen Planungen zu modifizieren, damit die Aufwands- und Ertragsplanungen bessere Ergebnisse zeigen. Zur Analyse der operativen Planungen bei einem unbefriedigenden Ergebnis wird die Unternehmungsleitung von der Kosten- und Erlösplanung ausgehen und eine produktprogramm- und funktionsbereichsbezogene Analyse vornehmen.

Um sowohl innerhalb der Lang- als auch innerhalb der Mittel- und Kurzfristplanung die Informationen zu verdichten und die Planungen zu verbessern, empfiehlt es sich, die Plangrößen nicht nur als absolute, sondern auch als relative Größen, in Prozent der jeweiligen Gesamtsumme der Aufwendungen und Erträge, darzustellen. So wird man für wichtige Aufwands- und Ertragsarten Indexwerte – z. B. für Löhne und gewisse Materialien – errechnen. Hieraus können Entwicklungen von Aufwands- und Ertragsarten abgeleitet und beurteilt werden, und es lassen sich daraus wieder entsprechende Maßnahmen, vor allem für die operative Planung, ableiten.

Die **externe Aufwands- und Ertragsplanung mit handelsrechtlichen Werten**, die vornehmlich als kurz- und mittelfristige Planung erfolgt, dient hauptsächlich zur bewußten ex ante Gestaltung jener Informationen, die Externen – wie Aktionären, Kreditgebern, Lieferanten, Kunden, Arbeitnehmerorganisationen, der Presse und der öffentlichen Hand – durch die tatsächliche Aufwands- und Ertragsrechnung ex post zur Verfügung gestellt werden sollen. Natürlich ist dieses Rechenwerk auch für die Mitarbeiter von Interesse. Als Planzahlenwerk kann sie auch als Aufsichtsratsunterlage (Beiratsunterlage) dienen – je nach faktischer Stellung und dem sich hieraus ableitenden Arbeitsgebiet dieses Organs im Führungsprozeß.

Die externe Aufwands- und Ertragsrechnung zeigt **drei wichtige Zielgrößen der Unternehmung** (vgl. Abschnitt 2.2 dieses Teils): Löhne und Gehälter – und damit die durchschnittlichen Lohn- und Gehaltssätze –, die Ausschüttung (Dividende) – und damit den Eigenkapitalverzinsungssatz – sowie den Innenfinanzierungsbeitrag aus Umsatz (Rücklageneinstellung, Abschreibungsvolumen usw.).

Die zu erwartenden **Mindestlohn- und -gehaltsbeträge** sind – unter Berücksichtigung zu erwartender Lohn- und Gehaltssteigerungen – auf der Basis der internen GuV und damit auf der Basis der übrigen Teilplanungen relativ problemlos in der externen Aufwands- und Ertragsplanung festzulegen.

Von entscheidender Bedeutung für die externe Aufwands- und Ertragsplanung sowie Bilanzplanung ist jedoch die Frage, in welcher Weise Ausschüttungs- und Rücklagenpolitik betrieben werden sollen. Ausgehend vom jeweiligen zu erwartenden Jahresüberschuß und grob geschätzten Steuerbeträgen können hier sowohl für die Ausschüttungsbeträge als auch für die in die Rücklage einzustellenden Beträge erwünschte Mindestbeträge ermittelt werden. Der **Mindestausschüttungsbetrag** ergibt sich aus der Mindestverzinsung des zu bedienenden Grundkapitals in künftigen Perioden unter Berücksichtigung der auf auszuschüttende Beträge zu entrichtenden Gewinnsteuer, worauf bereits bei der Behandlung der internen Aufwands- und Ertragsplanung hingewiesen wurde. Hierbei wird der Mindestzinssatz letztlich durch den Kapitalmarktzins für vergleichbare Anlagen bestimmt.

Der **Mindestbetrag für die Rücklagenbildung** zum Zwecke der Substanzerhaltung ergibt sich bei tendenziellen Preissteigerungen aus der Differenz zwischen kalkulatorischen Wertansätzen nach dem Wiederbeschaffungswertprinzip und bilanziellen Wertansätzen nach dem

Anschaffungswertprinzip in den entsprechenden Aufwands- und Ertragsplanungen künftiger Perioden. Auch dieser Betrag ist um die Steuern für nicht ausgeschüttete Gewinne zu erhöhen, um eine Substanzerhaltung zu erzielen. In seiner Höhe wird dieser Betrag durch spezielle Preisänderungen der Güter auf Grund der Veränderung von Art und Umfang, von Angebot und Nachfrage sowie durch die generelle Inflationsrate bestimmt[39].

Ein verbleibender positiver Differenzbetrag – nach Abdeckung aller erforderlichen Mindestbeträge aus dem Überschuß – steht für zusätzliche Ausschüttungen und Gewinnbeteiligungen zur Verfügung. Bei einem negativen Differenzbetrag werden Dividenden- und Rücklagenkürzungen notwendig, ggf. Senkungen der Mindestlohn- und -gehaltsbeträge.

Die wirtschaftliche Entwicklung einer Unternehmung schwankt, bedingt durch Konjunktur und sonstige Einflüsse, im Zeitverlauf. Die Unternehmungsführung muß aber daran interessiert sein, auch auf längere Sicht zumindest Jahresüberschüsse in einer solchen Höhe zu ermöglichen, daß eine Mindestzielerreichung im Hinblick auf Lohn- und Gehaltszahlung an die Mitarbeiter, Ausschüttung an die Eigenkapitalgeber und Rücklagendotierung zum Zwecke der Unternehmungserhaltung und gegebenenfalls des Unternehmungswachstums erfolgt. Die GuV- und Bilanzplanung gestattet, Schwankungen der Jahresüberschüsse in gewissen Grenzen auszugleichen. Dies gelingt zum Teil durch die Ausschöpfung der **Bewertungsmöglichkeiten nach dem Handelsrecht**. Es wird innerhalb der kurz- und mittelfristigen Aufwands- und Ertragsplanung nach handelsrechtlichem Schema bei Positionen, bei denen das Handelsrecht verschiedene Wertansätze zuläßt, z. B. Abschreibungen, der Bewertungsspielraum zwischen höchst- und niedrigstmöglichem Wert im voraus festgelegt. Innerhalb dieser Bewertungsspielräume können Alternativen durchgerechnet werden, die mögliche Jahresüberschüsse für künftige Perioden bei alternativen Wertansätzen, z. B. auf Grund unterschiedlicher Abschreibungsverfahren, zeigen.

Handels- und Steuerbilanz und somit handelsrechtliche und steuerliche **Ergebnisermittlung** sind wechselseitig miteinander verbunden; Wertänderungen in dem einen Rechenwerk führen vielfach zu Wertänderungen im anderen Rechenwerk. Hierbei ist von Interesse, daß für die aus der externen Aufwands- und Ertragsplanung zu handelsrechtlichen Werten abgeleiteten geplanten steuerlichen Betriebseinnahmen und -ausgaben ebenfalls gewisse Bewertungsspielräume bestehen. Die Unternehmungsführung ist daher durch zielorientierte Gestaltung der handels- und steuerrechtlichen Werte in der Lage, den steuerpflichtigen Gewinn zu beeinflussen.

Durch die ex ante Ermittlung von Betriebsausgaben und -einnahmen wird es möglich, den nutzbaren **steuerlichen Bewertungsspielraum** unter Beachtung des handelsrechtlichen Spielraums aufzuzeigen, so daß die Unternehmungsführung in der Lage ist, jene Wertansätze errechnen zu lassen, die zu einer minimalen Steuerbelastung führen. Dabei ist zu beachten, daß nicht primär die Steuerbelastung einer Periode, sondern vielmehr der langfristige Steueraufwand zu minimieren ist. Vielfach wird die Unternehmungsführung jedoch aus Gründen der Ausschüttungs- bzw. Rücklagenpolitik bei der Bilanzplanung minimale Steuerbelastungen nicht verwirklichen können.

---

39 Kosiol schlägt vor, die inflationsbedingten Wertänderungen in einer statistischen Nebenrechnung gesondert zu ermitteln, vgl. Kosiol, E., Vierdimensionale Erfolgsrechnung bei Güterwert- und Geldwertveränderungen, ZfB 1973, S. 159; vgl. zum Problem der Substanzerhaltung ferner auch Busse v. Colbe, W., Substanzerhaltung, in: HWB, 3. Bd., Hrsg. H. Seischab, K. Schwantag, 3. Aufl., Stuttgart 1960, Sp. 5310ff.; Höffken, E., Substanzerhaltung und ökonomischer Gewinnbegriff, BFuP 1970, S. 627ff. Ein als Substanzerhaltungsrücklage auszuweisender Betrag kann allerdings nach § 58 AktG in der Höhe limitiert sein, da vom Vorstand grundsätzlich nur 50% des Jahresüberschusses der Rücklage zugeführt werden können. Vgl. hierzu auch Wagner, F. W., Kapitalerhaltung, Geldentwertung und Gewinnbesteuerung, Berlin 1978, S. 24ff.; Wenger, E., Unternehmungserhaltung und Gewinnbegriff, Wiesbaden 1981, S. 153ff.

Interne und externe Periodenrechnungen bilden die Grundlage für **Kontrollen** interessierender Positionen. Außer für den Soll-/Ist-Vergleich dienen hierbei die auf der Basis handelsrechtlicher Vorschriften aufgestellten Gewinn- und Verlustrechnungen einer abgelaufenen Periode der Unternehmung bei Vorliegen bestimmter Prämissen auch zum Zweck des Betriebsvergleichs. Aus einem solchen Vergleich lassen sich in Verbindung mit sonstigen Informationen, z. B. über Pläne der Konkurrenz und technische Entwicklungen, Erkenntnisse für die künftigen Planungen gewinnen.

Die sich nach Gegenüberstellung von Plan- und Ist-Aufwands- und Ertragsrechnungen ergebenden Abweichungen können nach gründlicher Analyse der Positionen Anlässe zu Konsequenzen in allen Unternehmungsbereichen geben.

5.2.3 Bilanzplanung und -kontrolle

5.2.3.1 Interne Bilanzplanung und -kontrolle

5.2.3.1.1 Ausgestaltung

Planbilanzen sind Aufstellungen über Vermögen und Kapital für in der Zukunft liegende Zeitpunkte. Bei der Kontrolle werden geplante mit tatsächlichen Bilanzwerten verglichen und eventuelle Abweichungen ermittelt.

Für die lang-, mittel- und kurzfristig[40] aufzustellenden **internen Planbilanzen** sind innerhalb der Planungs- und Kontrollrechnung spezifische **Gliederungs- und Bewertungsregeln** zu beachten.

Das Handelsrecht schreibt für Kapitalgesellschaften ein festes Gliederungsschema der Bilanz vor[41]. Dieses dient als Grundlage auch für die Aufstellung der internen Bilanzen. Dabei wird innerhalb der Langfristplanung in der Regel eine recht grobe Gliederung vorgenommen (vgl. PuK-Blatt 5.1.3., Abschnitt 1.2 dieses Teils). Die folgende Abbildung 143 zeigt die Bilanzgliederung für große und mittelgroße Kapitalgesellschaften gemäß § 266 HGB.

Die *Bewertung* der einzelnen Gegenstände der internen Planbilanz muß nach gleichbleibenden Bewertungsgrundsätzen geschehen. Interne Planbilanzen dienen dem Zweck, mögliche Entwicklungen des Vermögens und Kapitals nach Umfang und Struktur in künftigen Perioden zu verdeutlichen. Dies kann nur erfolgen, wenn die Bewertung für alle Bilanzstichtage innerhalb des gesamten Planungszeitraums nach denselben Grundsätzen und Methoden erfolgt. Eine Bilanzpolitik ist somit bei diesen Bilanzen nicht möglich. Dies schließt allerdings nicht aus, daß für Vermögensgegenstände, die erst zu einem in der Zukunft liegenden Zeitpunkt beschafft werden, die bis dahin zu erwartenden Preissteigerungen mit zu berücksichtigen sind.

Neben der internen Planbilanz zu handelsrechtlichen Werten ist eine interne Planbilanz zu Wiederbeschaffungswerten oder Tageswerten zum jeweiligen Bilanzstichtag aufzustellen – als Basis für die entsprechenden Kosten- und Erlösplanungen.

---

40 Vgl. zur Problematik des Zeitraums von Planbilanzen auch Zwehl, W. v., Untersuchung zur Erstellung einer Planbilanz als Ergänzung des Jahresabschlusses, Berlin 1968, S. 70ff.

41 Vgl. § 266 HGB.

Aktiva	Passiva
A. Anlagevermögen I. Immaterielle Vermögensgegenstände 1. Konzessionen, gewerbliche Schutzrechte und ähnliche Rechte und Werte sowie Lizenzen an solchen Rechten und Werten 2. Geschäfts- oder Firmenwert 3. Geleistete Anzahlungen II. Sachanlagen 1. Grundstücke, grundstücksgleiche Rechte und Bauten einschließlich der Bauten auf fremden Grundstücken 2. Technische Anlagen und Maschinen 3. Andere Anlagen, Betriebs- und Geschäftsausstattung 4. Geleistete Anzahlungen und Anlagen im Bau III. Finanzanlagen 1. Anteile an verbundenen Unternehmen 2. Ausleihungen an verbundene Unternehmen 3. Beteiligungen 4. Ausleihungen an Unternehmen, mit denen ein Beteiligungsverhältnis besteht 5. Wertpapiere des Anlagevermögens 6. Sonstige Ausleihungen B. Umlaufvermögen I. Vorräte 1. Roh-, Hilfs- und Betriebsstoffe 2. Unfertige Erzeugnisse, unfertige Leistungen 3. Fertige Erzeugnisse und Waren 4. Geleistete Anzahlungen II. Forderungen und sonstige Vermögensgegenstände 1. Forderungen aus Lieferungen und Leistungen 2. Forderungen gegen verbundene Unternehmen 3. Forderungen gegen Unternehmen, mit denen ein Beteiligungsverhältnis besteht 4. Sonstige Vermögensgegenstände III. Wertpapiere 1. Anteile an verbundenen Unternehmen 2. Eigene Anteile 3. Sonstige Wertpapiere IV. Schecks, Kassenbestand, Bundesbank- und Postgiroguthaben, Guthaben bei Kreditinstituten C. Rechnungsabgrenzungsposten	A. Eigenkapital I. Gezeichnetes Kapital II. Kapitalrücklage III. Gewinnrücklagen 1. Gesetzliche Rücklage 2. Rücklage für eigene Anteile 3. Satzungsmäßige Rücklagen 4. Andere Gewinnrücklagen IV. Gewinnvortrag/Verlustvortrag V. Jahresüberschuß/Jahresfehlbetrag B. Rückstellungen 1. Rückstellungen für Pensionen und ähnliche Verpflichtungen 2. Steuerrückstellungen 3. Sonstige Rückstellungen C. Verbindlichkeiten 1. Anleihen, davon konvertibel 2. Verbindlichkeiten gegenüber Kreditinstituten 3. Erhaltene Anzahlungen auf Bestellungen 4. Verbindlichkeiten aus Lieferungen und Leistungen 5. Verbindlichkeiten aus der Annahme gezogener Wechsel und der Ausstellung eigener Wechsel 6. Verbindlichkeiten gegenüber verbundenen Unternehmen 7. Verbindlichkeiten gegenüber Unternehmen, mit denen ein Beteiligungsverhältnis besteht 8. Sonstige Verbindlichkeiten, davon aus Steuern, davon im Rahmen der sozialen Sicherheit D. Rechnungsabgrenzungsposten

Abb. 143: Gliederung der Bilanz nach § 266 Abs. 2 und 3 HGB (Bilanz der großen und mittelgroßen Kapitalgesellschaften)

In der Regel wird man bei herkömmlicher **sukzessiver Planung** zuerst die Aktiv-, dann die Passivseite planen[42].

Im Rahmen der Langfristplanung bilden die Basis für die Planung der Aktivseite die Produktprogramm- und Potentialplanungen. Sie zeigen, welche Potentiale zur Erstellung eines bestimmten Produktprogrammes notwendig sind. Daraus ableitbar ist die langfristige Investitions- und Desinvestitionsplanung, unterteilt nach Sach- und Finanzanlagen. Für selbsterstellte Sachanlagen bestehen meist branchenbedingte Erfahrungswerte. Zusätzlich sind gegebenenfalls vorhandene weitere Planungsinformationen, in jedem Falle die in Zukunft zu erwartenden Preissteigerungen und Rationalisierungsersparnisse, zu berücksichtigen.

Meist besteht ein festes Verhältnis zwischen den zu fertigenden Produktmengen und den durchschnittlich vorhandenen Vorräten. An Hand solcher Kennziffern lassen sich aus den geplanten Produktarten und -mengen die am Bilanzstichtag vorhandenen Vorräte ableiten. Analoge Beziehungen bestehen meist zwischen der Umsatzentwicklung und der Forderungsbestandsentwicklung.

Außerdem besteht in den einzelnen Branchen meist ein etwa konstantes Verhältnis zwischen Sachanlagen, Finanzanlagen sowie Vorräten und Forderungen einerseits und übrigem Umlaufvermögen andererseits. Auf Grund solcher Angaben läßt sich, wenn Sachanlagen, Finanzanlagen sowie Vorräte und Forderungen in ihrer Entwicklung bekannt sind, auch das übrige Umlaufvermögen planen.

Die Planung der Passivseite erfolgt auch bei sukzessiver Planung in enger Verbindung mit der Kapitalstruktur- und Finanzierungsplanung. Man kann vom Eigenkapital zum Zeitpunkt der Planerstellung ausgehen. Aus der Aufwands- und Ertragsplanung erhält man – bei geschätztem Zinsaufwand – die einbehaltenen Gewinne. Als Differenz zwischen der Summe der Aktivseite und der des voraussichtlichen Eigenkapitals ergibt sich die Deckungslücke, die durch Kapitalerhöhung oder weitere Fremdkapitalaufnahme zu schließen ist, wenn im übrigen Fremdkapitalprolongation unterstellt wird. Die Angaben über die Art der Fremdkapitalstrukturierung erhält man aus der Finanzierungsplanung. Im Rahmen der strategischen Planung wird unter Ergebnisgesichtspunkten und unter Berücksichtigung von Usancen des Kapitalmarktes das Verhältnis von Eigen- und Fremdkapital festgelegt, das innerhalb einer bestimmten Bandbreite – auch unter Berücksichtigung der Zusammensetzung der Aktivseite – einzuhalten ist.

Wird im Rahmen der Langfristplanung eine Bilanz zu Wiederbeschaffungswerten erstellt, so wird man diese mit Hilfe von Indizes aus der Aktivseite der Bilanz mit festen handelsrechtlichen Werten ableiten.

Im Rahmen der Mittel- und Kurzfristplanung beginnt man bei der Aufstellung von Jahresbilanzen bei herkömmlicher sukzessiver Planung ebenfalls mit der Aktivseite. Sachanlagenänderungen werden der strategischen Planung entnommen. Die Veränderungen der Finanzanlagen erhält man aus der Langfristplanung in Abstimmung mit der Finanzplanung. Aus den Einkaufs-, Produktions-, Verkaufs-, Lager- und Transportplänen werden die Vorräte abgeleitet. Die Planung der übrigen Posten des Umlaufvermögens wird stets unter Berücksichtigung von Erfahrungswerten in Abstimmung insbesondere mit dem Finanzplan erfolgen.

---

42 Vgl. zur Technik der Bilanzplanung auch Berndt, H., Sigle, H., Bilanzplanung, in: Planungs- und Kontrollrechnung im internationalen Konzern, Hrsg. W. Busse von Colbe, E. Müller, ZfbF-Sonderheft 17/84, Düsseldorf 1984, S. 134ff.

Für die Passivseite ermittelt man Eigenkapitaländerungen aus den Werten der zum Zeitpunkt der Planung eventuell zu berücksichtigenden Kapitalerhöhungen und aus den aus der Aufwands- und Ertragsplanung sich ergebenden Rücklagenzuführungen. Das gesamte erforderliche Fremdkapital erhält man wiederum als Differenz zwischen der Aktivseite und dem Eigenkapital. Die Zusammensetzung des Fremdkapitals ergibt sich aus der Kapitalstrukturplanung in Abstimmung mit der Finanzplanung.

Bei Anwendung gesamtunternehmungsbezogener Planungsmodelle erfolgt eine **simultane Erstellung** der Teilpläne, auch des Bilanzplans mit seinen wichtigsten Positionsgruppen. Bei Einsatz solcher Rechenmodelle werden gesamtunternehmungsbezogene Ergebnis- und Finanzpläne bzw. Produktprogramm-, Ergebnis-, Investitions-/Desinvestitions- sowie Finanzierungspläne für künftige Perioden simultan erstellt – auch unter Beachtung von bestimmten horizontalen und vertikalen Bilanzstrukturregeln (vgl. hierzu die Ausführungen in den Abschnitten 3.1.3.6 sowie 5.4 dieses Teils). In diesem Fall ergeben sich interne Bilanzplanungen automatisch als Hilfsmittel zur Darstellung künftiger Vermögens- und Kapitalentwicklungen und als Grundlage für Bilanzanalysen und Bilanzpolitik.

5.2.3.1.2 Informationsgehalt

Die **internen Bilanzen** dienen primär als **Planungshilfsmittel** für die Aufstellung anderer Teilpläne.

Innerhalb der Langfristplanung zeigen *interne Bilanzen zu festen handelsrechtlichen Werten* auf der Aktivseite den Umfang und die Zusammensetzung des gesamten in der Unternehmung befindlichen Vermögens als Ausdruck der strategischen Planung.

Aus der Aktivseite ergibt sich bei sukzessiver Planung die Information, in welchem Umfang zum jeweiligen Zeitpunkt Kapital zur Verfügung stehen muß. Auf Grund der Zusammensetzung des Vermögens ergeben sich unter Berücksichtigung gewünschter Deckungsverhältnisse Richtwerte für die Kapitalstruktur- und Finanzplanung. Aus dem Vergleich von Bilanzen verschiedener Planungsperioden und unter Heranziehung der Finanzierungspläne erhält man bei sukzessiver Planung Anhaltspunkte, zu welchen Zeitpunkten es aus der Sicht der Unternehmung erforderlich bzw. möglich ist, das Eigenkapital zu erhöhen oder lang- und mittelfristiges Fremdkapital aufzunehmen bzw. zurückzuzahlen.

Es wird die voraussichtliche Ergebnislage auf der Basis der zugrunde gelegten strategischen und operativen Planungen für die Gesamtunternehmung in künftigen Perioden sichtbar. Die internen Planbilanzen und das hierin ermittelte Ergebnis bilden eine wichtige Grundlage und Beurteilungskriterien für konstitutive unternehmerische Entscheidungen[43].

Innerhalb der Mittel- und Kurzfristplanung dienen die Bilanzen zu festen handelsrechtlichen Werten ebenfalls in erster Linie zur Gewinnung von Informationen für Finanzierung und Investition. Verglichen mit der Langfristplanung wird man hier versuchen, noch detailliertere Informationen abzuleiten über die zweckmäßigste Schichtung des lang-, mittel- und kurzfristigen Fremdkapitals sowie über Umfang und Strukturierung der Investitionen.

Die Vermögensvergleiche zwischen internen Bilanzen zu Tageswerten und den Bilanzen zu handelsrechtlichen Wertansätzen geben Anhaltspunkte über am Bilanzstichtag vorhandene Reserven der Unternehmung. Zudem läßt sich die Verzinsung des Vermögens, angesetzt zum

---

43 Vgl. Kuhn, K., Die Bilanz als Führungsinstrument der Unternehmensleitung, BFuP 1966, S. 129ff.; vgl. zum Informationsgehalt von Planbilanzen auch Berger, K.-H., Bilanzplanung, in: Wirtschaft und Wirtschaftsprüfung, Festschrift für H. Ratsch, Hrsg. K. Mellerowicz, J. Bankmann, Stuttgart 1966, S. 126.

Zeitwert (Tageswert), zeigen – auf der Basis von Ergebnissen vor und nach Berücksichtigung von Substanzerhaltungsrücklagen. Diese Angaben können Anstöße für Potentialänderungsplanungen sein.

5.2.3.2 Handels- und Steuerbilanzplanung und -kontrolle

5.2.3.2.1 Ausgestaltung

An Hand der offiziellen Jahresbilanzen, der Handels- und Steuerbilanzen, wird die Unternehmung von Außenstehenden beurteilt. Daher ist es aus der Sicht der Unternehmungsführung wichtig, auch diese Bilanzen zu planen. In der Regel wird man diese Bilanzen nur im Rahmen der Mittel- und Kurzfristplanung mit dem Schwerpunkt für das an den Planungszeitpunkt anschließende Jahr erstellen.

Die geplante **Handelsbilanz** wird aus der internen Planbilanz nach handelsrechtlichen Werten abgeleitet. Ihre Erstellung erfolgt in enger Verbindung mit der geplanten externen Gewinn- und Verlustrechnung, basierend auf handelsrechtlichen Werten.

Die Gliederung dieser Planbilanz erfolgt nach den handelsrechtlichen Vorschriften. Wichtige Positionen wird man noch weiter, als es das Schema vorschreibt, unterteilen.

Hinsichtlich der Bewertung unterscheidet sich die geplante Handelsbilanz von der internen Planbilanz mit handelsrechtlichen Werten dadurch, daß die Entwicklung des Bilanzbildes bei Zugrundelegung einer bestimmten Ausschüttungs- und damit auch Rücklagenpolitik gezeigt wird, und zwar unter Ausnutzung der Bewertungsspielräume. Dies kann auch in Form von Alternativrechnungen erfolgen und führt in der Regel nach Ausnutzung von Aktivierungs- und Passivierungswahlrechten und von Bewertungswahlrechten[44] in bestimmter Weise zu gegenüber der internen Bilanz veränderten Bruttogewinnen bzw. Jahresüberschüssen – in ihrer Höhe abhängig von den erwirtschafteten Überschüssen und den angestrebten Ausschüttungen und Rücklagen. Es empfiehlt sich, daß für die wichtigsten Bilanzpositionen der mögliche Bewertungsspielraum mit aufgezeigt wird.

---

44 Vgl. hierzu ausführlich z. B. die Vorbemerkungen zu § § 252–256 HGB von Adler, H., Düring, W., Schmaltz, K., Rechnungslegung und Prüfung der Unternehmen, Bd. 1, 5. Aufl., Stuttgart 1987, RN 19–22; Bitz, M., Schneeloch, D., Wittstock, W., Der Jahresabschluß, a.a.O., S. 466 ff.; Coenenberg, A. G., Jahresabschluß und Jahresabschlußanalyse, a.a.O., S. 47 ff.; Heinen, E., Handelsbilanzen, 12. Aufl., Wiesbaden 1986, S. 198 ff.; Pougin, E., Bilanzpolitik, in: Schriften zur Unternehmensführung, Bd. 10, Bilanzpolitik und Bilanztaktik, Hrsg. H. Jacob, Wiesbaden 1969, S. 5 ff.; Sieben, G., Haase, K. D., Die Jahresabschlußrechnung als Informations- und Entscheidungsrechnung, WPg 1971, S. 53 ff., insbesondere S. 79 ff.; vgl. zur Darstellung der Mittel der materiellen Bilanzpolitik Neth, M., Die Berechnung der Herstellungskosten als bilanzpolitisches Mittel, Düsseldorf 1971, S. 20 sowie Freidank, C.-Chr., Entscheidungsmodelle der Rechnungslegungspolitik, Stuttgart 1990, S. 37 ff.
Vgl. zu Entscheidungsmodellen für die materielle Bilanzpolitik Freidank, C.-Chr., Entscheidungsmodelle der Rechnungslegungspolitik, a.a.O., S. 71 ff.; ders., Einsatzmöglichkeiten simultaner Gleichungssysteme im Bereich der computergestützten Rechnungslegungspolitik, ZfB 1990, S. 261 ff.; Lachnit, L., Freidank, C.-Chr., Computergestützte Optimierungsmodelle als Instrument der Rechnungslegungspolitik von Kapitalgesellschaften, WPg 1990, S. 29 ff.

Die nachfolgende Skizze zeigt die prinzipiellen Möglichkeiten bzw. Mittel materieller Bilanzpolitik:

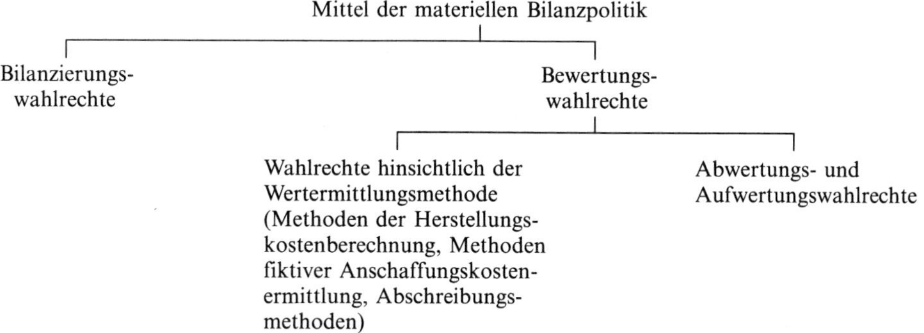

Nach § 252 Abs. 1 Nr. 6 HGB werden die Bewertungswahlrechte allerdings stark eingeschränkt. Hiernach sollen die auf den vorhergehenden Jahresabschluß angewandten Bewertungsmethoden grundsätzlich beibehalten werden. Damit sind „bei der Auswahl von Bewertungsmethoden die Folgen für zukünftige Jahresabschlüsse zu berücksichtigen“ [45].

Im Rahmen der nach Gesetz, Satzung und den Grundsätzen ordnungsgemäßer Buchführung zulässigen Wahlrechte ist die Unternehmungsführung bei der Gestaltung des Jahresabschlusses und damit des Jahresüberschusses frei.

Die Planung des Jahresüberschusses und die Planung der Verwendung dieses Betrages für das jeweils nächste Planjahr und die darauffolgenden Planjahre haben unter Beachtung mehrerer Einflußgrößen unternehmungsindividuell zu erfolgen [46]. Es sind hierbei, ausgehend von der gegebenen und voraussichtlichen Vermögens- und Kapitalstruktur sowie der Ergebnislage und -entwicklung vor und nach Berücksichtigung von Substanzerhaltungsmaßnahmen, die Ziele bzw. Interessen der Kapitalgeber und der Belegschaft sowie das Verhalten der obersten Unternehmungsführung primäre Einflußgrößen.

Neben der Handelsbilanz stellt die **Steuerbilanz** die zweite Form der externen Jahresbilanz für ein Geschäftsjahr dar. Ihre Aufstellung ist gesetzlich nicht vorgeschrieben [47]. Sie ist in

---

45 Selchert, F. W., § 252 HGB – Allgemeine Bewertungsgrundsätze, in: Handbuch der Rechnungslegung – Kommentar zur Bilanzierung und Prüfung, Hrsg. K. Küting, C.-P. Weber, 3. Aufl., Stuttgart 1990, S. 769. Vgl. hierzu auch Adler, H., Düring, W., Schmaltz, K., Rechnungslegung und Prüfung der Unternehmen, Bd. 1, a.a.O., § 252 HGB, RN 98 ff.; Bitz, M., Schneeloch, D., Wittstock, W., Der Jahresabschluß, a.a.O., S. 475 ff.; Weber, C.-P., Möglichkeiten der Bilanzpolitik, in: Handbuch der Rechnungslegung – Kommentar zur Bilanzierung und Prüfung, Hrsg. K. Küting, C.-P. Weber, 3. Aufl., Stuttgart 1990, S. 97 f. Kapitalgesellschaften müssen nach § 284 Abs. 2 Nr. 1 und Nr. 3 HGB im Anhang die angewandten Bilanzierungs- und Bewertungsmethoden angeben und Abweichungen hiervon angeben und begründen. Vgl. hierzu ausführlich Selchert, F. W., Bilanzierungs- und Bewertungsmethoden sowie deren Änderung – Angaben nach § 284 Abs. 2 Nr. 1 und 3 HGB, in: Bilanzrichtlinien-Gesetz, Hrsg. H. Albach, K.-H. Forster, ZfB-Ergänzungsheft 1/87, Wiesbaden 1987, S. 203 ff.

46 Vgl. zur Gewinnausweis- und Gewinnverwendungspolitik z. B. Mellerowicz, K., Unternehmenspolitik, 3. Bd., 4. Aufl., Freiburg i. Br. 1978, S. 246 ff.

47 Nach § 60 Abs. 2 Satz 1 EStDV reicht es aus, wenn Ansätze oder Beträge der Handelsbilanz, die den steuerlichen Vorschriften nicht entsprechen, durch Zusätze oder Anmerkungen den steuerlichen Vorschriften angepaßt werden. Liegen zahlreiche Abweichungen vor, so ist die Aufstellung einer Steuerbilanz (vgl. § 60 Abs. 2 Satz 2 EStDV) zu empfehlen.

erster Linie an die Finanzverwaltung adressiert und dient der Gewinnermittlung nach dem Einkommen- bzw. Körperschaftsteuergesetz. Die Vorlage dieser Bilanz wird zum Teil auch von Kreditgebern bei Kreditanträgen gefordert.

Der Gesetzgeber hat im Steuerrecht ebenfalls einen gewissen Bewertungsspielraum gelassen. Wir haben bereits dargestellt, daß durch Ausnutzung dieses Spielraums die Unternehmungen den steuerpflichtigen Gewinn einer Periode variieren und zielorientiert planen können (vgl. Abschnitt 5.2.2.1 dieses Teils).

Steuerrechtliche Wahlrechte bei der Gewinnermittlung sind in Übereinstimmung mit der handelsrechtlichen Bilanz auszuüben (§ 5 EStG Abs. 1 Satz 2). Aus diesem Grund wird man bei der Planung der Steuerbilanz stets von der Handelsbilanz ausgehen. Bei jeder Bilanzposition ist hier der Bewertungsspielraum anzugeben, der sich auf Grund möglicher unterschiedlicher Wertansätze in der Handelsbilanz und der zusätzlichen steuerlichen Bewertungsmöglichkeiten ergibt[48].

Will man in der Steuerbilanz die Bewertung ändern, so muß meist auch auf Grund des Grundsatzes der Maßgeblichkeit der Handelsbilanz für die Steuerbilanz der Wert in der Handelsbilanz geändert werden[49]. Es ist daher meist erforderlich, die externe Handels- und Steuerbilanz simultan zu planen. Aus Praktikabilitätsgründen wird man versuchen, bei möglichst vielen Positionen mit demselben Wertansatz auszukommen, sofern es im Hinblick auf die Ergebniserwirtschaftung und den Ergebnisausweis vertretbar erscheint.

5.2.3.2.2 Informationsgehalt

Die **externen Bilanzen** dienen der **Bilanzpolitik**.

Die nach handelsrechtlichen Wertansätzen aufgestellten externen Bilanzen zeigen zum einen die Bruttogewinne bzw. Jahresüberschüsse für künftige Perioden, die auf Grund der strategischen, operativen und bilanzpolitischen Maßnahmen zu erwarten sind, zum anderen die geplanten Ausschüttungen, Ergebnisbeteiligungen (mit oder ohne Ausschüttung) und Rücklagenveränderungen. Ferner wird bei den externen Bilanzen für die wichtigsten Positionen der mögliche Bewertungsspielraum angegeben und damit der Rahmen, innerhalb dessen Bilanzpolitik betrieben werden kann. Im Gegensatz zur internen Bilanz dient die Handelsbilanz mit jeweils entsprechender Zeitraumrechnung also nicht nur der Planung des in künftigen Perioden zu erwirtschaftenden Jahresüberschusses, sondern vor allem auch der Verdeutlichung einer bestimmten Gewinnverwendung oder alternativ möglicher Gewinnverwendungen. In der Planbilanz wird man unter Beachtung der Ziele der Bilanzpolitik jene Wertansätze wählen, die bei der tatsächlichen, zu veröffentlichenden Bilanz zugrunde gelegt werden. Hierbei tritt das Problem auf, daß bei der Bilanzpolitik bzw. -planung, mit der der auszuweisende Jahresüberschuß und seine Verwendung – also Ausschüttungen/Ergebnisbeteiligungen und Rücklagen – festgelegt werden, die Ziele der Eigentümer, der Belegschaft, der obersten Unternehmungsführung sowie Interessen von Gläubigern und Öffentlichkeit zu berücksichtigen sind. Durch die Bilanzpolitik ist also innerhalb des gesetzlich und satzungsmäßig zulässigen Rahmens von der Unternehmungsführung über Ausschüttungen,

---

48 Vgl. Harms, J. E., Die Berücksichtigung steuerlicher Vorschriften im Einzel- und Konzernabschluß nach neuem Bilanzrecht, DB 1983, S. 2317 ff. Vgl. zu Steuerbilanzen und Wechselwirkungen zwischen Handels- und Steuerbilanz auch Bitz, M., Schneeloch, D., Wittstock, W., Der Jahresabschluß, a.a.O., S. 251 ff.

49 Vgl. z. B. Flämig, C., Die Umkehrung des Maßgeblichkeitsprinzips der Handelsbilanz für die Steuerbilanz, DB 1968, S. 2045 ff.; Institut „Finanzen und Steuern" e.V. (Hrsg.), Zur Maßgeblichkeit der Handelsbilanz für die Steuerbilanz, H. 121, Bonn 1981.

Ergebnisbeteiligungen (mit oder ohne Auszahlung) und Rücklagen zu befinden. Interne und externe Bilanzen sind also Gegenstand der Bilanzplanung, die externe Bilanz in ihrer veröffentlichten Form monetäres Spiegelbild der Ausschüttungs-, Lohn-/Gehalts- und Sozialpolitik sowie Erhaltungs-, Risiko- und Finanzpolitik und schließlich auch der Publizitätspolitik [50].

Die im Zusammenhang mit der zu veröffentlichenden Handelsbilanz aufgestellte Steuerbilanz dient der Steuerpolitik. Die Unternehmungsführung wird versuchen, unter Berücksichtigung der handelsbilanzpolitischen Erfordernisse durch eine Variation der steuerpflichtigen Gewinne innerhalb der hier in Frage kommenden Perioden und ggf. auch durch eine entsprechende Ausschüttungspolitik eine Verschiebung der Steuerzahlungen und damit einen Zinsgewinn oder bei zu erwartenden Verlusten sogar eine Steuerersparnis zu erreichen [51].

---

50 Vgl. ähnlich Brunner, D., Rücklagenpolitik der Unternehmung, Wiesbaden 1967, S. 141.

51 Vgl. Bigge, K., Bilanzpolitik bei angespannter Ertragslage und steuerliche Konsequenzen, DB 1983, S. 2529ff.; Wöhe, G., Betriebswirtschaftliche Steuerlehre, 1. Bd., 2. Halbband, 7. Aufl., München 1992, S. 59ff.

5.3 Auszahlungs- und Einzahlungsplanung und -kontrolle – Finanzplanung und -kontrolle

5.3.1 Grundsätzliches zur Zahlungsplanung und -kontrolle

5.3.1.1 Gegenstand, Aufgabe und Wesen

Als Teil der gesamtunternehmungsbezogenen Planungs- und Kontrollrechnung hat die **Aus- und Einzahlungsplanung und -kontrolle** allgemein die **Aufgabe**, monetäre Strömungsgrößen (Einzahlungen und Auszahlungen) zwischen Unternehmung und Umsystem und monetäre Bestandsgrößen (Zahlungsmittelbestände) der Unternehmung unter dem Gesichtspunkt der Zahlungswirksamkeit zu erfassen und im Hinblick auf das Ziel Liquiditätssicherung sowie im Hinblick auf das Ziel ergebnisoptimale monetäre Mittelbeschaffung und -anlage zu gestalten. Sie steht als gesamtunternehmungsbezogene Rechnung auf gleicher Ebene wie die gesamtunternehmungsbezogene kalkulatorische und bilanzielle Unternehmungsergebnisrechnung.

Aufgabe der Aus- und Einzahlungsplanung und -kontrolle ist es, die ständige **Aufrechterhaltung des finanziellen Gleichgewichts**[52] zu gewährleisten. Für jeden (theoretisch beliebig kurzen) Zeitraum ist ein Ausgleich der Aus- und Einzahlungsströme bei Berücksichtigung von Zahlungsmittelbeständen unter Beachtung des Ergebnisstrebens und anderer Ziele sicherzustellen. Die Aufrechterhaltung des finanziellen Gleichgewichts ist unabdingbare Voraussetzung für die Realisation aller übrigen Ziele.

Diese Aufgabe ist im Grunde nur im Rahmen einer simultanen Unternehmungsplanung zu lösen, da die Planung der Zahlungen einerseits alle durch andere Planungen verursachten Zahlungen erfassen soll, andererseits diese Planungen modifizieren muß, wenn deren Durchführung die Aufrechterhaltung des finanziellen Gleichgewichts gefährden würde. Die **Zahlungsplanung – auch Zahlungsplanungsrechnung oder Finanzplanung** genannt – hat somit **derivativen und originären Charakter**, je nach finanzieller Situation der Unternehmung ist sie zudem Sekundär- oder Primärplanung.

Neben der Planung, Steuerung und Kontrolle der zwischen dem System Unternehmung und dem Umsystem fließenden Zahlungsströme soll die Finanzplanung insbesondere auch die unternehmungsindividuelle Höhe eines zu haltenden Bestandes an Zahlungsmitteln – **die Liquiditätsreserve** – fixieren und diesen Bestand gewährleisten.

Hier wird die bereits an anderer Stelle besprochene Konkurrenzsituation bei der Erfüllung von Ergebnis- und Liquiditätsziel besonders deutlich; jede unter dem Sicherheitsgesichtspunkt in Form von flüssigen Mitteln gehaltene und damit der Anlage vorenthaltene Zahlungseinheit führt zu einem Gewinnentgang.

Die **derivative Zahlungsplanungsrechnung bzw. Finanzplanung** prognostiziert und erfaßt die Auszahlungs- und Einzahlungsströme sowie Zahlungsmittelbestände der Unternehmung

52 Vgl. zum Inhalt des hier verwandten Begriffes die Definition der Liquidität in Teil II, Abschnitt 2.2.2 sowie z.B. Kosiol, E., Finanzplanung und Liquidität, ZfhF 1955, S. 251; Gutenberg, E., Grundlagen der Betriebswirtschaftslehre, 3. Bd., Die Finanzen, a.a.O., S. 272ff.; Hauschildt, J., Finanzorganisation, in: Finanzplanung und Finanzkontrolle, Hrsg. J. Hauschildt, G. Sachs, E. Witte, München 1981, S. 5f.; Kappler, E., Rehkugler, H., Kapitalwirtschaft, in: Industriebetriebslehre, Hrsg. E. Heinen, 9. Aufl., Wiesbaden 1991, S. 904ff.; Lücke, W., Liquidität, Liquidierbarkeit und Tilgbarkeit, DB 1984, S. 2364ff., S. 2420.

bezogen auf eine Periode oder mehrere Perioden. Das sind alle Zahlungsmittelbewegungen eines Planungszeitraumes zwischen der Unternehmung und dem Umsystem nach Art, Höhe und Zeitpunkt sowie alle Zahlungsmittelbestände zu Beginn und Ende bzw. zu bestimmten Zeitpunkten des Planungszeitraumes. Sie prognostiziert damit Zahlungsüber- und -unterdeckungen (überhöhte und fehlende Zahlungsmittelbestände). Die Kreditströme bzw. -bestände[53] (insbesondere die Forderungs- und Schuldenzu- und -abgänge sowie -bestände aus Lieferungen und Leistungen) haben auf Grund ihres spezifischen Erwartungscharakters nur begrenzte Aussagefähigkeit in bezug auf die Bestimmung und Erhaltung des finanziellen Gleichgewichtes für jeden Zeitraum. Erst nachdem aus den Forderungen und Verbindlichkeiten mit hinreichender Sicherheit Zahlungsvorgänge prognostiziert worden sind, finden die aktiven und passiven Kreditgrößen – in dieser Form – Eingang in die Zahlungsplanung[54]. Entsprechendes gilt für zu erwartende Zahlungsvorgänge aus Schuld- und Besitzwechseln. Nur die in bestimmter Höhe und zu bestimmten Zeitpunkten aus Schuld- und Besitzwechseln zu erwartenden Aus- und Einzahlungen interessieren für die Zahlungsplanung.

Die derivative Zahlungsplanungsrechnung bzw. Finanzplanung kann hierbei entweder direkt oder indirekt vorgenommen werden. Als **direkte derivative Finanzplanung** erfolgt die Ableitung der Zahlungsströme direkt aus den entsprechenden strategischen, operativen und gesamtunternehmungsbezogenen Planungen. Die **Grundformel der direkten derivativen Finanzplanung** lautet (vgl. auch Abbildung 51d, Teil II, Abschnitt 4.1):

  Zahlungsmittelanfangsbestand der Planperiode
\+ Einzahlungen der Planperiode
– Auszahlungen der Planperiode

\= Zahlungsmittelendbestand der Planperiode
(= Zahlungsmittelanfangsbestand der Folgeperiode)

Als **indirekte derivative Finanzplanung** erfolgt die Ableitung der Zahlungsströme aus der Aufwands- und Ertragsplanung und der Bilanzplanung[55]. Die im Rahmen dieser bilanziel-

---

53 Vgl. z. B. Lücke, W., Finanzplanung und Finanzkontrolle in der Industrie, a.a.O., S. 16.

54 Vgl. hierzu auch Langen, H., Betriebliche Zahlungsströme und ihre Planung in dynamischer Sicht, ZfB 1965, S. 261 ff.; ders., Liquidität, Prognose der, in: HWF, Hrsg. H. E. Büschgen, Stuttgart 1976, Sp. 1287 ff.; Lücke W., Finanzplanung, in: HWF, Hrsg. H. E. Büschgen, Stuttgart 1976, Sp. 554 ff.; Ramsauer, H., Die dreiteilige Liquiditätsrechnung. Ein integriertes Planungs- und Kontrollinstrument, DBW 1983, S. 96 ff.; Witte, E., Finanzplanung, in: HWR, Hrsg. E. Kosiol, Stuttgart 1970, Sp. 523 f.; ders., Finanzrechnung, insbesondere Finanzplanung, in: HWR, Hrsg. E. Kosiol, K. Chmielewicz, M. Schweitzer, 2. Aufl., Stuttgart 1981, Sp. 552 ff. Eine Einnahmen-Ausgaben-Rechnung im Sinne der gesonderten Planung von Zahlungs- und Kreditvorgängen ist in dem hier dargestellten System der ergebnis- und liquiditätsorientierten Planungs- und Kontrollrechnung nicht enthalten. Vornehmlich wegen der geringen Aussagekraft des üblicherweise verwandten Einnahmen- bzw. Ausgabenbegriffs erscheint eine Planungsrechnung mit diesen Größen nicht zweckmäßig. Aussagen über geplante Veränderungen bzw. Bestände an Außenständen und Schulden haben ohne Angabe der Fälligkeitszeitpunkte und ohne Berücksichtigung von evtl. Einschränkungen der Zahlungswirksamkeit keine Bedeutung für die Planung zukünftiger Zahlungsfähigkeit der Unternehmung. Diese Aufgabe kann nur von einer auf reine Zahlungsmittelbewegungen zurückgeführten Rechnung übernommen werden (vgl. zu einer zweckmäßigeren Begriffsbildung von Einnahmen und Ausgaben Weber, H. K., Die Definition der Einnahmen und Ausgaben als Größen des betriebswirtschaftlichen Rechnungswesens, BFuP 1972, S. 191 ff.).

55 Die indirekte derivative Finanzplanung kann auch basierend auf der kalkulatorischen Ergebnisplanung in Verbindung mit der Vermögensplanung erfolgen. Diese Vorgehensweise der indirekten Ableitung wird im folgenden nicht weiter betrachtet.

len Ergebnisplanung vorgenommene Periodisierung von Zahlungsgrößen wird durch Korrekturposten wieder rückgängig gemacht, um so Aussagen über die Bar- und Buchgeldströme zu erhalten. Es handelt sich bei der indirekten derivativen Finanzplanung um eine Kapitalflußrechnung ex ante. Die **Grundformel der indirekten derivativen Finanzplanung** lautet (vgl. auch Teil III, Abschnitt 5.3.2.1 und Abschnitt 5.3.3.2):

Zahlungsmittelanfangsbestand der Planperiode
\+ Cash-flow der Planperiode
\+ Aktivaabnahmen und Passivazunahmen der Planperiode (Mittelherkunft)
– Aktivazunahmen und Passivaabnahmen der Planperiode (Mittelverwendung)

= Zahlungsmittelendbestand der Planperiode
(= Zahlungsmittelanfangsbestand der Folgeperiode)

Die **originäre Zahlungsplanungsrechnung bzw. Finanzplanung** beeinflußt zahlungsverursachende strategische und operative Planungen sowie prognostizierte gesamtunternehmungsbezogene Zahlungsströme gegenüber Kreditinstituten, Beteiligungsgebern und Sonstigen dahingehend, daß Unterdeckungen und überhöhte Überdeckungen in künftigen Perioden vermieden werden. Sie veranlaßt güterwirtschaftliche Maßnahmen (in ihrer finanzwirtschaftlichen, d. h. zahlungswirksamen Ausprägung) und/oder nimmt finanzielle bzw. rein finanzwirtschaftliche Maßnahmen mit dem Ziel eines ergebnisoptimalen Zahlungsmittelausgleiches vor[56]. Über- und Unterdeckungen werden in der direkten oder indirekten derivativen Finanzplanung ausgewiesen, wenn der gewünschte Zahlungsmittelbestand (Liquiditätsreserve) über- oder unterschritten wird.

Diese beiden, die finanzielle Gesamtsphäre der Unternehmung bildenden Bereiche, die derivative und originäre Finanzplanung, verkörpern die im folgenden darzustellende **gesamtunternehmungsbezogene Zahlungsplanungsrechnung bzw. Finanzplanung**, die durch eine entsprechende Kontrollrechnung bzw. Kontrolle ergänzt wird[57].

Die Planung und Kontrolle der Zahlungsströme und Zahlungsmittelbestände beziehen sich dabei auf einzelne **Finanzrechnungskomponenten**, die sowohl bei der direkten als auch bei der indirekten derivativen Finanzplanung und -kontrolle gruppiert werden können in

- die **Cash-flow-Rechnung** – ausgehend vom Zahlungsmittelanfangsbestand,
- die **Investitions- und Desinvestitionsrechnung**[58],
- die **Außenfinanzierungs- und Außendefinanzierungsrechnung**[59] (hier im folgenden auch kurz: Finanzierungs- und Definanzierungsrechnung) und
- die **Liquiditätsreserverechnung** zur Ermittlung des gewünschten Zahlungsmittelendbestandes.

Die Cash-flow-Planung und -Kontrolle und die Investitions-/Desinvestitionsplanung und -kontrolle sind finanzieller Ausdruck primär des güterwirtschaftlichen Bereichs; die (Außen-) Finanzierungs- und Definanzierungsplanung und -kontrolle und die Liquiditätsreserveplanung und -kontrolle berühren unmittelbar die finanzielle bzw. rein finanzwirtschaftliche Sphäre der Unternehmung (vgl. Abbildung 144).

56 Vgl. hierzu insbesondere Gutenberg, E., Grundlagen der Betriebswirtschaftslehre, 3. Bd., Die Finanzen, a.a.O., S. 303ff. sowie Witte, E., Finanzplanung der Unternehmung, 3. Aufl., Opladen 1983, S. 126ff.

57 Vgl. Hauschildt, J., Finanzkontrolle, a.a.O., S. 131ff.

58 Vgl. zur Begriffsbildung Käfer, K., Kapitalflußrechnungen, 2. Aufl., Stuttgart 1984, S. 59f.

59 Vgl. Käfer, K., Kapitalflußrechnungen, a.a.O., S. 59f.

Teile der Finanzrechnung/des Finanzplans u. d. Finanzberichts	Finanzrechnungskomponenten	
	Einzahlungen	Auszahlungen
Zahlungsmittelanfangsbestand	Zahlungsmittelanfangsbestand – Kasse – Guthaben bei Kreditinstituten	
Cash-flow-Rechnung	Einzahlungen aus Absatz (Produkt- bzw. Leistungsprogramm)	Auszahlungen zur Beschaffung von Einsatzgütern/-leistungen, davon für – Material – Energie – Personal – Dienstleistungen – Informationen
	Lizenzeinzahlungen Vermietungseinzahlungen Zinseinzahlungen Steuer- und Subventionseinzahlungen Dividendeneinzahlungen	Lizenzauszahlungen Anmietungsauszahlungen Zinsauszahlungen Steuer- und Subventionsauszahlungen Dividendenauszahlungen
Investitions-/Desinvestitions-Rechnung	Grundstückseinzahlungen Gebäudeeinzahlungen Maschineneinzahlungen Betriebs-/Geschäftsausstattungs-einzahlungen Materialeinzahlungen	Grundstücksauszahlungen Gebäudeauszahlungen Maschinenauszahlungen Betriebs-/Geschäftsausstattungs-auszahlungen Materialauszahlungen
	Beteiligungsveräußerung Wertpapierveräußerung Darlehenstilgung/-veräußerung	Beteiligungserwerb Wertpapiererwerb Darlehensgewährung
Außenfinanzierungs-/-definanzierungsrechnung	Eigenkapitalaufnahme Fremdkapitalaufnahme	Eigenkapitalrückzahlung Fremdkapitalrückzahlung
Zahlungsmittelendbestand		Zahlungsmittelendbestand

Abb. 144: Finanzrechnungskomponenten (Finanzplan- und Finanzberichtskomponenten)

Zusammenwirkend und in später darzustellender Ausgestaltung und Aussage ergeben die genannten **partiellen Zahlungspläne** als verdichtete Aus- und Einzahlungspläne den **gesamtunternehmungsbezogenen Finanzplan** als Resultat der Finanzplanung[60].

Die **partiellen gesamtunternehmungsbezogenen Zahlungsplanungen** stehen hierbei in folgendem grundsätzlichen Zusammenhang (vgl. Abbildung 145):

60 Vgl. zu Entwicklungsstufen integrierter Finanzplanung Hahn, D., Integrierte Finanz- und Erfolgsplanung, a.a.O., Sp. 927 ff.

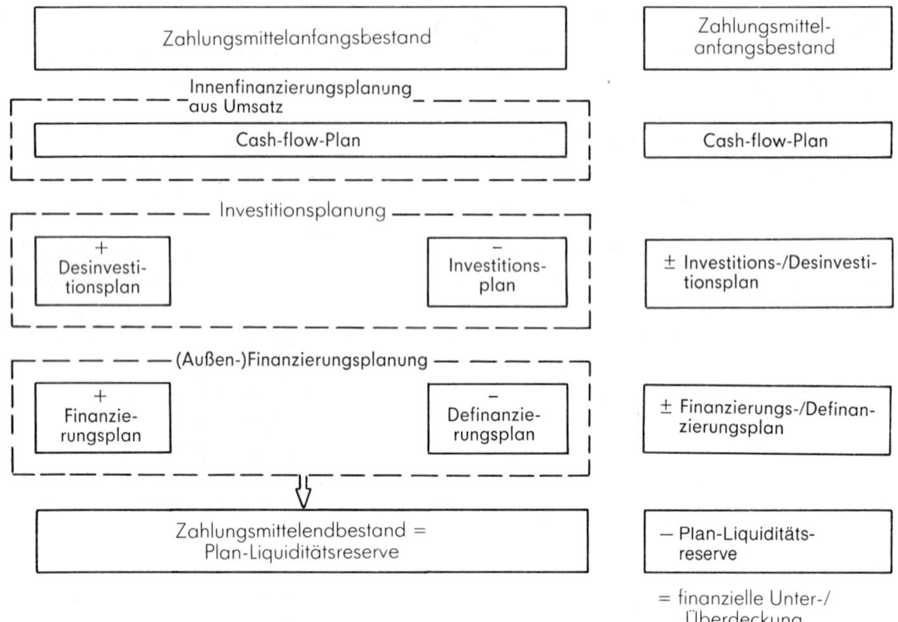

Abb. 145: Komponenten und Zusammenhang gesamtunternehmungsbezogener Zahlungsplanungsrechnungen – Teile der Finanzplanung und -kontrolle

Es kann davon ausgegangen werden, daß jede der Einzelplanungen Ausgangspunkt der gesamtunternehmungsbezogenen Zahlungsrechnung sein kann, mit dem Ziel, die Liquiditätsreserve zu fixieren und zu erhalten. Das bedeutet grundsätzlich die Möglichkeit einer beliebigen Aneinanderreihung der Einzelplanungen in Abhängigkeit von unternehmungsindividuellen und sonstigen finanzwirtschaftlichen Gegebenheiten. Ausgangspunkt der gesamtunternehmungsbezogenen Zahlungsrechnung wird – unter Voranstellung des Anfangsbestandes an liquiden Mitteln – in der Regel jedoch der Cash-flow-Plan sein.

Die beiden Darstellungen zeigen unterschiedliche Wege der Liquiditätserhaltung; im ersten Fall soll nach Berücksichtigung des Zahlungsmittelanfangsbestandes der Saldo der Zahlungsströme eine hinreichende Plan-Liquiditätsreserve ergeben, im zweiten Fall wird bei definierter Höhe der Plan-Liquiditätsreserve eine gegen den Wert 0 laufende Höhe der Über- bzw. Unterdeckung angestrebt. Dies bedingt ggf. mehrere Planungsrunden und Änderungen in Einzelplanungen.

5.3.1.2 Voraussetzungen und Anforderungen

Voraussetzung für die Zahlungsplanung ist neben der Kenntnis der im folgenden darzustellenden grundsätzlichen Ausgestaltungsmöglichkeiten und Zusammenhänge dieser Rechnung die **Kenntnis der Einflußfaktoren, die Zahlungsströme und -bestände** (als Objekt der Rechnung) **nach Art, Höhe und Zeitpunkt bestimmen**.

Eine solche Analyse dient vor allem der Absicherung der mit der Liquiditätsziel- und Zielerreichungsplanung verbundenen Prognose. Die Analyse muß sich einerseits auf **Determinanten im Umsystem** der Unternehmung erstrecken, insbesondere auf Determinanten im

Beschaffungs- und Absatzkoppelungssystem. Hier sind z. B. die Wirkungen konjunktureller Entwicklungen und das Verhalten der Marktpartner – insbesondere die Zahlungszielgewährungen der Lieferanten, aber auch die Zahlungsgewohnheiten der Kunden – auf Art, Umfang und zeitliche Verteilung der monetären Ströme zu erkennen. Vor allem ist die mögliche Entwicklung des Zinsniveaus für die wichtigsten Kreditarten zu prognostizieren.

Andererseits ist eine Analyse der **Determinanten im System Unternehmung** vorzunehmen. Bei der Untersuchung unternehmungsinterner Determinanten von Zahlungsströmen bzw. -beständen sind zu beachten:

- die Zahlungswirkungen auf Grund der strategischen und operativen Planungen;
- die Zahlungswirkungen auf Grund gesamtunternehmungsbezogener Planungen, d. h. die Ausschüttungs-, Steuer- und Zinszahlungen sowie die Finanzierungs-/Definanzierungszahlungen [61].

Bevor im folgenden die Ausgestaltungsmöglichkeiten und der Informationsgehalt partieller und totaler Zahlungsrechnungen untersucht werden, sei auf formale und materielle **Anforderungen** speziell **an die Finanzplanung und -kontrolle** als Führungsinstrument hingewiesen [62].

Formale Anforderungen sind vor allem darin zu sehen, daß die Planungsrechnung deutlich und kontinuierlich zu sein hat [63]. Dies bedeutet, daß die Zahlungsgrößen in einer für alle Beteiligten verständlichen Form auszuweisen sind. Dabei dürfen ursächlich und/oder zeitlich verbundene Aus- und Einzahlungen nicht saldiert werden (Bruttoprinzip). Weiterhin müssen die Perioden innerhalb der lang-, mittel- und kurzfristigen Zahlungsplanung lückenlos (unabhängig von der Länge der Periode) aufeinander folgen.

Während die Erfüllung der genannten formalen Anforderungen den Informationswert der Zahlungsrechnung für die Unternehmungsleitung überhaupt erst gewährleistet, bestimmen die folgenden **materiellen Anforderungen** die Höhe des Informationswertes.

Der Informationswert der Zahlungsrechnung für die an dem Ziel bzw. an der Nebenbedingung Liquidität orientierte Unternehmungsführung hängt von ihrer Vollständigkeit, Genauigkeit und Flexibilität ab.

Dies bedeutet die Forderung vollständiger Erfassung der betrieblichen und neutralen zahlungswirksamen Vorgänge und Handlungsmöglichkeiten mit ausreichender Genauigkeit der Angabe über Zahlungshöhe und -zeitpunkt [64]. Dies ist letztlich nur durch eine in die übrigen Teilplanungen der Unternehmung integrierte Finanzplanung möglich. Da die Planung unter

---

61 Vgl. auch Sandig, C., Köhler, R., Finanzen und Finanzierung der Unternehmung, 3. Aufl., Stuttgart 1979, S. 18f.; Sachs, G., Technik der Finanzplanung, in: Finanzplanung und Finanzkontrolle, Hrsg. J. Hauschildt, G. Sachs, E. Witte, München 1981, S. 104ff.

62 Vgl. zu Anforderungen an Finanzrechnungen allgemein Arbeitskreis „Finanzierungsrechnung" der Schmalenbach-Gesellschaft/Deutsche Gesellschaft für Betriebswirtschaft e.V., Finanzierungsrechnung, ZfbF-Sonderheft 26/90, Hrsg. R. Buchmann, K. Chmielewicz, Düsseldorf 1990, S. 12.

63 Vgl. hierzu und zum Zusammenhang zwischen der Erfüllung materieller Anforderungen und dem Informationswert einer Zahlungsrechnung Eggers, T., Grundsätze für die Gestaltung der Finanzplanung, BFuP 1971, S. 257ff. sowie Walz, H., Gramlich, D., Investitions- und Finanzplanung, 4. Aufl., Heidelberg 1993, S. 248ff.; Vieweg, R., Finanzplanung und Finanzdisposition, Gütersloh – Berlin 1971, S. 24ff.; Witte, E., Finanzplanung der Unternehmung, a.a.O., S. 33f.

64 Vgl. zur, durch ökonomische und Praktikabilitätsgesichtspunkte bestimmten, Grenze der Genauigkeit Eggers, T., Grundsätze für die Gestaltung der Finanzplanung, a.a.O., S. 269ff. sowie die dort angeführte Literatur; ferner Schneider, D., Finanzplanung, Koordination mit der Gesamtplanung, in: HWF, Hrsg. H.E. Büschgen, Stuttgart 1976, Sp. 565ff.

Ungewißheit erfolgt, soll sie hinreichende Flexibilität im Sinne von Anpassungsfähigkeit durch Alternativplanungen und/oder Sicherheitsspannen beinhalten[65].

5.3.1.3 Zahlungsplanung in der integrierten Unternehmungsplanung

Einen Überblick über die Verknüpfung der Finanzplanung mit den übrigen Teilplanungen sowie über die Wege direkter und indirekter Ableitung der Finanzplanung gibt das Grundschema der ergebnis- und liquiditätsorientierten Planungs- und Kontrollrechnung (vgl. Abbildung 50).

Es wird deutlich, daß es bei der finanziellen Planung – hier in der besonderen Form der Ein- und Auszahlungsplanung – darum geht, die Einzahlungen, Auszahlungen und Zahlungsmittelbestände insgesamt zu erfassen und zielorientiert zu gestalten.

Die **Finanzplanung** wird zunächst an Hand ihrer **partiellen Zahlungsplanungen** beschrieben als

- **Cash-flow-Planung** – ausgehend vom Zahlungsmittelanfangsbestand,
- **Investitions- und Desinvestitionsplanung**,
- **Außenfinanzierungs- und Außendefinanzierungsplanung** sowie
- **Liquiditätsreserveplanung** zur Ermittlung des gewünschten Zahlungsmittelendbestandes.

Während sich die Finanzierungs- und Definanzierungsplanung stets unmittelbar auf Zahlungsvorgänge bezieht, können die Zahlungsgrößen der periodischen Cash-flow-Planung und Investitions-/Desinvestitionsplanung sowohl direkt als auch indirekt aus den übrigen Teilplanungen der Unternehmung abgeleitet werden.

Bei **direkter Ableitung** werden die Zahlungsströme direkt den entsprechenden strategischen, operativen und gesamtunternehmungsbezogenen Planungen entnommen, wobei aus den gesamtunternehmungsbezogenen Planungen neben den Außenfinanzierungsvorgängen insbesondere die Zinszahlungen, Ausschüttungs- und Steuerzahlungen sowie die betriebsneutralen Zahlungen stammen.

Bei **indirekter Ableitung** werden die Zahlungsströme der Cash-flow-Planung aus der bilanziellen Ergebnisplanung abgeleitet, die Investitions- und Desinvestitionsplanung und die Finanzierungs-/Definanzierungsplanung aus der Bilanzplanung.

Die **Finanzplanung** wird sodann als **totale Zahlungsplanung** beschrieben, die indirekt oder direkt aufgestellt werden kann.

Bei der **totalen indirekten Zahlungsplanung** werden die Zahlungsströme und Zahlungsmittelbestände für künftige Zeiträume durch Plan-Kapitalflußrechnungen (Bewegungsbilanzen, Funds-flow-statements) aus dem Zahlenwerk der bilanziellen Rechnung abgeleitet.

Bei der **totalen direkten Zahlungsplanung** werden die Zahlungsströme und Zahlungsmittelbestände unmittelbar aus den strategischen, operativen und entsprechenden gesamtunternehmungsbezogenen Planungen abgeleitet. Die totale direkte Finanzplanung kann sukzessiv, d. h. über die partiellen Zahlungsplanungen, oder simultan, in einem gesamtunternehmungsbezogenen Optimierungsmodell, aufgestellt werden. Die totale direkte Finanzpla-

---

65 Vgl. Lücke, W., Finanzplanung und Unsicherheit, in: HWF, Hrsg. H. E. Büschgen, Stuttgart 1976, Sp. 567 ff.; zur kritischen Analyse des Begriffes „Flexible Planung" und der betreffenden Literatur vgl. Schneider, D., Flexible Planung als Lösung der Entscheidungsprobleme unter Ungewißheit?, ZfbF 1971, S. 831 ff.; ferner die Ausführungen in Teil I, Abschnitt 2.4.

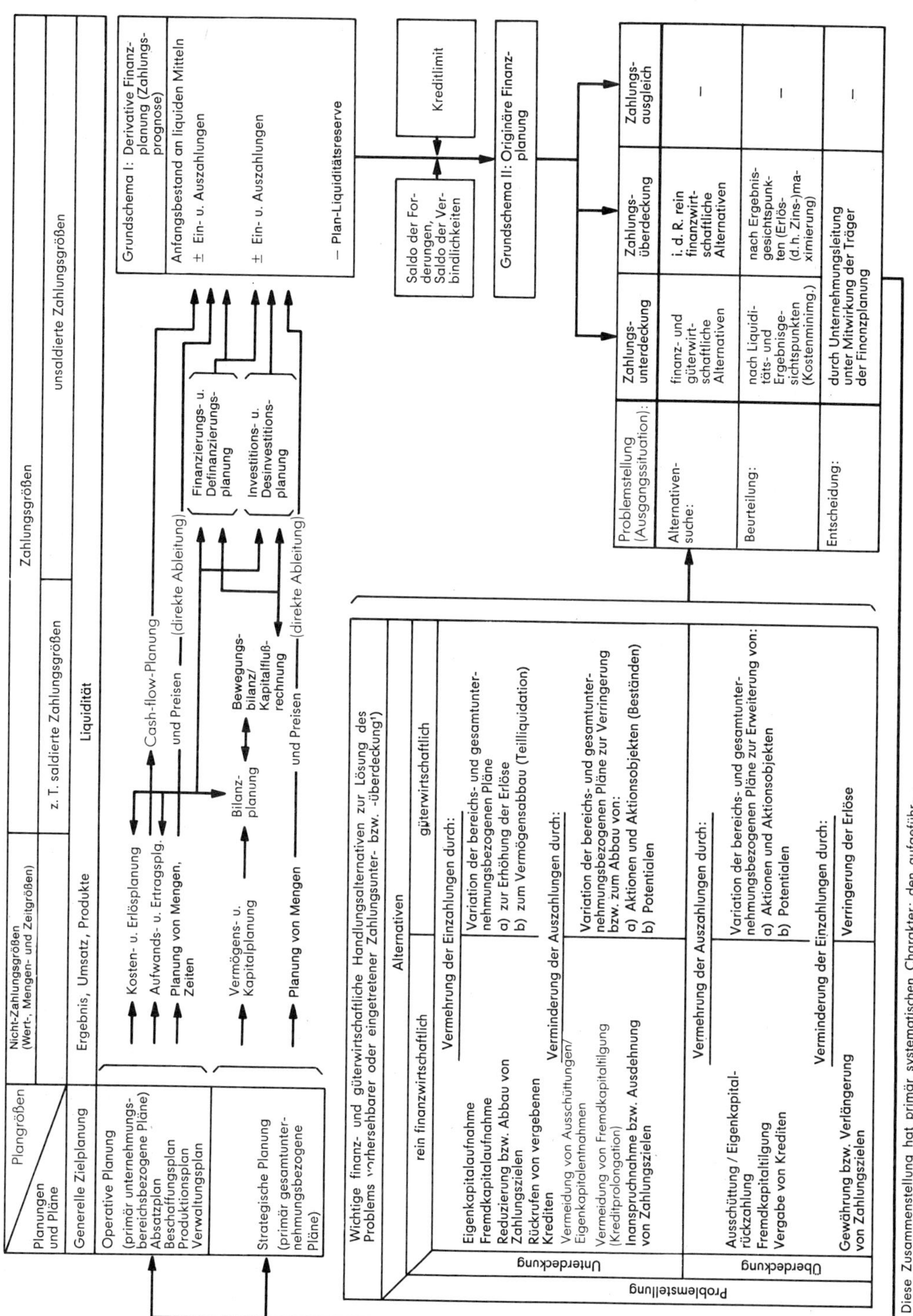

Abb. 146: Zusammenhang zwischen originärer und derivativer Finanzplanung und den übrigen Teilplanungen der Unternehmung

nung arbeitet allein mit monetären Größen – auch bei Krediten – im Zeitpunkt ihrer Zahlungswirksamkeit[66].

Im folgenden ist zu untersuchen, welche Formen der Finanzplanung praktisch relevant sind und der Aufgabe der Erhaltung des finanziellen Gleichgewichts gerecht werden. Hierbei wird deutlich, daß die **Finanzplanung** ein **mehrstufiger Prozeß** ist: Die Zahlungs- bzw. Finanzplanung umfaßt die Vorausschau der Bewegungen und Bestände an flüssigen Mitteln, die Ermittlung der angestrebten Liquiditätsreserve und im Fall einer Unter-/Überdeckung das Aufzeigen zahlungswirksamer Alternativen in allen Teilplanungen[67] und die Auswahl (Festlegung) finanzwirtschaftlicher Alternativen.

Den **Zusammenhang zwischen derivativer und originärer Finanzplanung** sowie den **übrigen Teilplanungen** der Unternehmung verdeutlicht im Überblick Abbildung 146. Ausgangspunkt der derivativen Finanzplanung sind letztlich direkt oder zum Teil auch indirekt alle übrigen Teilplanungen. Ausgangspunkt der originären Finanzplanung ist stets die sich aus der derivativen Finanzplanung ergebende Über- oder Unterdeckung.

Im folgenden werden die partiellen Ein- und Auszahlungsplanungen sowie die totale Zahlungsplanung bzw. Finanzplanung als primär derivative gesamtunternehmungsbezogene Planungen/Pläne behandelt. Es wird hier somit der Bereich der Unternehmungsführung, der in der deutschen Literatur mit Finanzwirtschaft, im angelsächsischen Sprachraum mit Managerial Finance[68] bezeichnet wird, primär unter dem Aspekt der Liquiditätssicherung gesehen.

5.3.2 Partielle Aus- und Einzahlungsplanungen und -kontrollen

5.3.2.1 Cash-flow-Planung und -Kontrolle

Als **Cash-flow** wird der uneingeschränkt für Finanzierungszwecke zur Verfügung stehende finanzwirtschaftliche Überschuß einer Periode angesehen[69].

---

66 Vgl. im Unterschied hierzu z. B. Lücke, W., Finanzplanung und Finanzkontrolle in der Industrie, a.a.O., insbesondere S. 1 f. und S. 36.

67 Vgl. zur klaren Trennung dieser beiden Teilaufgaben der Finanzplanung u.a. Mellerowicz, K., Betriebswirtschaftslehre der Industrie, 2. Bd., a.a.O., S. 86: „Finanzplanung ist Gegenüberstellung und Abstimmung zukünftiger Einnahmen und Ausgaben, . . .“; Orth, L., Die kurzfristige Finanzierung industrieller Unternehmungen, Köln–Opladen 1961, S. 17 ff.; Orth sieht die „Finanzprognose“ und den „finanzwirtschaftlichen Entscheidungsprozeß“ als Teilaufgaben der Finanzplanung; Gutenberg, E., Grundlagen der Betriebswirtschaftslehre, 3. Bd., Die Finanzen, a.a.O., S. 297 ff. und Kappler, E., Rehkugler, H., Kapitalwirtschaft, in: Industriebetriebslehre, Hrsg. E. Heinen, 9. Aufl., Wiesbaden 1991, S. 991 ff. betonen die Abstimmungsfunktion der Finanzplanung, der notwendig die Erfassung der abzustimmenden Zahlungen i.V.m. Kapitalbedarf und Kapitalfonds vorangeht; vgl. hierbei zur Gestaltung der Auszahlungsströme bereichs-, produkt- und projektorientiert sowie im Verbund Harms, J. E., Die Steuerung der Auszahlungen in der betrieblichen Finanzplanung, Wiesbaden 1973. Vgl. auch Serfling, K., Marx, M., Finanzplanung und Finanzdisposition als Aufgabe des Finanzmanagements mittelständischer Unternehmen, DB 1991, S. 105 f.

68 Vgl. hierzu grundlegend Weston, F. J., Brigham, E. F., Managerial Finance, 9. Aufl., London u.a. 1992 sowie Dean, J., Kapitalbeschaffung und Kapitaleinsatz, a.a.O.

69 Vgl. zur Übersicht über die zahlreichen Begriffsbildungen in der Literatur z. B. Siener, F., Der Cash-Flow als Instrument der Bilanzanalyse, Stuttgart 1991, S. 33 ff.; Juesten, W., Cash-flow und Unternehmensbeurteilung, 6. Aufl., Berlin 1992, S. 14 ff.; Schwarzecker, J., Cash-flow, Gewinn und

Als dieser Einzahlungsüberschuß ist der Cash-flow für die Unternehmungsleitung primär ein **Maßstab des Innenfinanzierungsvermögens**. Er beeinflußt erheblich die anderen partiellen Zahlungsplanungen, die Investitions-/Desinvestitionsplanung sowie die Außenfinanzierungs-/Definanzierungsplanung.

Für den unternehmungsexternen Analytiker ist er vornehmlich ein – aus dem angelsächsischen Wirtschaftsbereich stammender – **Maßstab der Ertragskraft** (Erfolgskraft) der Unternehmung[70].

Im folgenden interessiert der Perioden-Cash-flow als Teil der partiellen, sukzessiven Finanzplanung.

5.3.2.1.1 Ausgestaltung

Die nur unternehmungsintern mögliche **direkte Ableitung der Cash-flow-Beträge** für künftige Perioden erfolgt unmittelbar aus den Teilplanungen der operativen Planung (laufende Einzahlungen und Auszahlungen) und der gesamtunternehmungsbezogenen bilanziellen Ergebnisplanung (Ausschüttung, Steuern, neutrale Zahlungen) sowie der Außenfinanzierungsplanung (Zinsen). Es handelt sich um sämtliche erfolgswirksamen Ein- und Auszahlungen (vgl. Abbildung 144). Die so direkt ermittelten Cash-flow-Pläne hängen in ihrer Aussagegültigkeit von der Güte der ihnen zugrunde liegenden Teilplanungen ab.

Die **indirekte Ableitung der Cash-flow-Beträge** für vergangene und künftige Perioden aus der bilanziellen Ergebnisrechnung kann in unterschiedlicher Gestalt erfolgen.

Eigenkapital, Wien 1992, S. 148ff. und Bischoff, W., Cash flow und Working capital, Wiesbaden 1972, S. 38ff. sowie die an diesen Stellen aufgeführte Literatur; ferner Bitz, M., Schneeloch, D., Wittstock, W., Der Jahresabschluß, a.a.O., S. 348ff.; Coenenberg, A. G., Günther, E., Cash Flow, in: HWR, Hrsg. K. Chmielewicz, M. Schweitzer, 3. Aufl., Stuttgart 1993, Sp. 301ff.; Fischer, O., Finanzwirtschaft der Unternehmung II, Düsseldorf 1982, S. 73f.; Hauschildt, J., Rösler, J., Gemünden, H. G., Der Cash Flow – Ein Krisensignalwert?, DBW 1984, S. 353ff.; Hahn, O., Finanzwirtschaft, 2. Aufl., Landsberg/Lech 1983, S. 60f.; Köhler, R., Cash Flow, in: HWR, Hrsg. E. Kosiol, K. Chmielewicz, M. Schweitzer, 2. Aufl., Stuttgart 1981, Sp. 355ff.; Lachnit, L., Wesen, Ermittlung und Aussage des Cash Flow, ZfbF 1973, S. 59ff.; Perridon, L., Steiner, M., Finanzwirtschaft der Unternehmung, a.a.O., S. 517ff.; Vormbaum, H., Finanzierung der Betriebe, a.a.O., S. 127ff. und S. 454ff.; Weber, H. K., Rentabilität, Produktivität, Liquidität der Unternehmung, Stuttgart 1983, S. 109; Wöhe, G., Bilanzierung und Bilanzpolitik, a.a.O., S. 877ff.; Wöhe, G., Bilstein, J., Grundzüge der Unternehmensfinanzierung, 7. Aufl., München 1994, S. 26ff.

70 Vgl. zu den genannten beiden Funktionen des Cash-flow allgemein Siener, F., Der Cash-Flow als Instrument der Bilanzanalyse, a.a.O., S. 47ff.; Bossert, R., Externe Cash-flow-Analysen auf der Basis des Gesamtkostenverfahrens und Umsatzkostenverfahrens: ein kritischer Verfahrensvergleich, in: Jahrbuch für Fach- und Führungskräfte des Rechnungswesens 1992, Hrsg. W. Alt, L. Kotsch-Faßhauer, N. Leuz, Stuttgart 1992, S. 242ff.; Chmielewicz, K., Betriebliches Rechnungswesen, Bd. 1, Finanzrechnung und Bilanz, Reinbek 1973, S. 92ff.; Dellmann, K., Cash-Flow, in: Lexikon des Rechnungswesens, Hrsg. W. Busse v. Colbe, 3. Aufl., München – Wien 1994, S. 140; Juesten, W., Cash-flow und Unternehmensbeurteilung, a.a.O., S. 78ff.; Flohr, G., Die cash-flow-Analyse, DB 1964, S. 705ff.; Hahn, O., Finanzwirtschaft, a.a.O., S. 61f.; Köhler, R., Cash Flow, a.a.O., Sp. 355ff.; Lechner, K., Cash-flow, Begriff und Aussagekraft, Die Wirtschaftlichkeit 1971, S. 92ff.; Münch, D., Der betriebswirtschaftliche Erkenntnisgehalt der Cash-Flow-Analyse, DB 1969, S. 1301ff.; Perridon, L., Steiner M., Finanzwirtschaft der Unternehmung, a.a.O., S. 518ff.; Vormbaum, H., Finanzierung der Betriebe, a.a.O., S. 127ff.; Weber, H. K., Rentabilität, Produktivität, Liquidität der Unternehmung, a.a.O., S. 118ff.; Wewer, P., Der Cash-Flow als Instrument der Unternehmensführung, DB 1969, S. 1069ff.

In der *amerikanischen Betriebswirtschaftslehre* erfolgt die Ermittlung des Cash-flow nach der einfachen Formel [71]:

Net income
– Dividends paid

= Retained Earnings
+ Depreciation

= Cash-flow or Net Cash Generation

In der *deutschen Literatur und Praxis* hat man sich um eine möglichst vollständige und differenzierte Berücksichtigung der den Bilanzgewinn „korrigierenden" Posten bemüht; der Cash-flow beruht auf dem allgemein anerkannten, in unterschiedlichen Abwandlungen zu findenden Ausdruck [72]:

Gewinn
+ sämtliche Nicht-Ausgaben, die in den Aufwendungen enthalten sind
– sämtliche Nicht-Einnahmen, die in den Erträgen enthalten sind

= Netto-Geldzufluß

Da wir den Cash-flow hier allein unter Liquiditätsgesichtspunkten betrachten, also nur Einzahlungen und Auszahlungen interessieren, kann in **engster Fassung** formuliert werden:

Jahresüberschuß
+ Aufwand, der nicht Auszahlung ist
– Ertrag, der nicht Einzahlung ist

= Brutto-Cash-flow

bzw. als **weiteste Fassung**:

Jahresüberschuß
+ Aufwand, der nicht Auszahlung ist
– Ertrag, der nicht Einzahlung ist
+ Einzahlung, die nicht Ertrag ist
– Auszahlung, die nicht Aufwand ist

= Brutto-Cash-flow

Den allgemeinen Ausdruck in der engeren Fassung kann man – ausgehend von der Aufwands- und Ertragsplanung – für die Ableitung des **Brutto- und Netto-Cash-flow I** vereinfacht wie folgt darstellen:

---

71 Zur Erläuterung unterschiedlicher amerikanischer und deutscher Inhalte des Cash-flow-Begriffs vgl. insbesondere Flohr, G., Die cash-flow-Analyse, a.a.O., S. 705f.; Neubert, H., Totales Cash-flow-System und Finanzflußverfahren, Wiesbaden 1974, S. 17f. Cash-flow ist begrifflich streng vom sog. Cash-flow-statement zu trennen, welches neben der Aktions- auch die Potential- und Finanzstrukturplanung zahlungs-, d.h. geldflußmäßig erfaßt (vgl. Abschnitt 5.3.3 dieses Teils).

72 Vgl. Holzer, P., Schönfeld, H.-M., Die Bewegungsbilanz als Bestandteil des veröffentlichten Jahresabschlusses in den USA, WPg 1962, S. 562; vgl. ähnlich Mellerowicz, K., Unternehmenspolitik, 2. Bd., 3. Aufl., Freiburg i. Br. 1977, S. 523 sowie Busse von Colbe, W., Aufbau und Informationsgehalt von Kapitalflußrechnungen, ZfB-Ergänzungsheft 1/1966, S. 107f.; Köhler, R., Cash Flow, a.a.O., Sp. 355ff.; Neubert, H., Totales Cash-flow-System und Finanzflußverfahren, a.a.O.; Perridon, L., Steiner, M., Finanzwirtschaft der Unternehmung, a.a.O., S. 517ff.

	Bilanzgewinn/Bilanzverlust (ausschüttungsbestimmter)
+/−	Rücklagenveränderungen[73]
+/−	Gewinn-/Verlustvortrag d. J.
=	Jahresüberschuß/Jahresfehlbetrag
+/−	Abschreibungen/Zuschreibungen
+/−	Rückstellungsveränderungen[74]
+/−	sonstige Berichtigungsgrößen
=	Brutto-Cash-flow I
−	Gewinnausschüttung
=	Netto-Cash-flow I

Als weitere Positionen können Bestandsänderungen an fertigen und unfertigen Erzeugnissen, Roh-, Hilfs- und Betriebsstoffen und Forderungen berücksichtigt werden. Es handelt sich hierbei um Positionen, die bei unserem System der partiellen Finanzplanungen auf der Basis des PuK-Schemas dem Bereich der Investition (bei Bestandserhöhungen) und der Desinvestition (bei Bestandsverminderungen) zugeordnet werden[75].

Investition	Desinvestition
Bestandserhöhungen an fertigen und unfertigen Erzeugnissen	Bestandsverminderungen an fertigen und unfertigen Erzeugnissen
Bestandserhöhungen an Roh-, Hilfs-, Betriebsstoffen	Bestandsverminderungen an Roh-, Hilfs-, Betriebsstoffen
Forderungsbestandserhöhungen	Forderungsbestandsverminderungen

Bei Berücksichtigung dieser Positionen erhält man den **Cash-flow II**.

In ähnlicher Weise ist es denkbar, Bestandsänderungen bei Verbindlichkeiten aus Lieferungen und Leistungen und bei erhaltenen Anzahlungen in die Berechnung des Cash-flow zu integrieren. Diese Positionen werden bei unserem System der partiellen Finanzplanungen auf der Basis des PuK-Schemas allerdings dem Bereich der Außenfinanzierung (bei Bestandserhöhungen) und der Außendefinanzierung (bei Bestandsverminderungen) zugeordnet.

Außendefinanzierung	Außenfinanzierung
Reduktion der Verbindlichkeiten aus Lieferungen und Leistungen	Zunahme der Verbindlichkeiten aus Lieferungen und Leistungen
Anzahlungsbestandsverminderungen	Anzahlungsbestandserhöhungen

Ausgehend vom Cash-flow II erhält man bei Berücksichtigung dieser Positionen den **Cash-flow III**.

73 Einstellungen in die Kapitalrücklage (z. B. erzieltes Agio bei Ausgabe von Aktien) werden nicht hier, sondern dem Charakter entsprechend in der Finanzierungsplanung berücksichtigt.

74 Vielfach werden nur die Veränderungen der langfristigen Rückstellungen berücksichtigt.

75 Als weitere zusätzliche Position aus dem Bereich der Investition/Desinvestition könnten aktivierte Eigenleistungen berücksichtigt werden.

Das Ermittlungsschema des Cash-flow erweitert sich demnach wie folgt:

	Bilanzgewinn/Bilanzverlust (ausschüttungsbestimmter)
+/−	Rücklagenveränderungen [76]
+/−	Gewinn-/Verlustvortrag d. J.
=	Jahresüberschuß/Jahresfehlbetrag
+/−	Abschreibungen/Zuschreibungen
+/−	Rückstellungsveränderungen [77]
+/−	sonstige Berichtigungsgrößen
=	Brutto-Cash-flow I
+/−	Veränderungen des Bestandes an fertigen und unfertigen Erzeugnissen
+/−	Veränderungen des Bestandes an Roh-, Hilfs- und Betriebsstoffen
+/−	Veränderungen des Bestandes an Forderungen
=	Brutto-Cash-flow II
+/−	Veränderungen des Bestandes an Verbindlichkeiten aus Lieferungen und Leistungen
+/−	Veränderungen des Bestandes an erhaltenen Anzahlungen
=	Brutto-Cash-flow III

Eine umfassende Berechnung des Cash-flow vertritt z. B. Köhler in Anlehnung an Vogler/Mattes [78]. Danach ergibt sich – in leicht abgewandelter Fassung – der Cash-flow [79]:

Jahresüberschuß (i. S. der handelsrechtlichen GuV-Rechnung)
+ Abschreibungen und Wertberichtigungen auf Sachanlagen und immaterielle Anlagewerte
+ Erhöhung der Rückstellungen
+ Einstellung in Sonderposten mit Rücklageanteil
+ Verminderung des Bestandes an fertigen und unfertigen Erzeugnissen
+ Verluste aus Wertminderungen oder dem Abgang von Gegenständen des Umlaufvermögens und Einstellung in die Pauschalwertberichtigung zu Forderungen
+ Verluste aus dem Abgang von Gegenständen des Anlagevermögens
+ Aufwendungen aus Verlustübernahme
+ Aufwendungen bei Verminderung aktiver Rechnungsabgrenzungsposten

---

Zwischensumme (1)
− Erhöhung des Bestandes an fertigen und unfertigen Erzeugnissen
− Andere aktivierte Eigenleistungen
− Erträge aus Zuschreibungen zu Gegenständen des Anlagevermögens
− Erträge aus der Herabsetzung der Pauschalwertberichtigung zu Forderungen
− Erträge aus der Auflösung von Rückstellungen
− Erträge aus der Auflösung von Sonderposten mit Rücklageanteil
− Erträge aus Verlustübernahme
− Erträge bei Verminderung passiver Rechnungsabgrenzungsposten

---

Zwischensumme (2)

76 Einstellungen in die Kapitalrücklage (z. B. erzieltes Agio bei Ausgabe von Aktien) werden nicht hier, sondern dem Charakter entsprechend in der Finanzierungsplanung berücksichtigt.
77 Vielfach werden nur die Veränderungen der langfristigen Rückstellungen berücksichtigt.
78 Vgl. Vogler, G., Mattes, H., Theorie und Praxis der Bilanzanalyse, 2. Aufl., Berlin 1976, S. 59.
79 Vgl. Köhler, R., Cash Flow, a.a.O., Sp. 359, geringfügig geändert.

Zwischensumme (2)
+ Zunahme der Verbindlichkeiten aus Lieferungen und Leistungen
– Zunahme des Bestandes an Roh-, Hilfs- und Betriebsstoffen
+ Abnahme des Bestandes an Roh-, Hilfs- und Betriebsstoffen
– Abnahme der Verbindlichkeiten aus Lieferungen und Leistungen
– Zunahme der Forderungen aus Lieferungen und Leistungen
+ Zunahme der erhaltenen Anzahlungen
– Abnahme der erhaltenen Anzahlungen
+ Abnahme der geleisteten Anzahlungen
– Zunahme der geleisteten Anzahlungen

= finanzwirtschaftlich relevanter Cash-flow

Das prinzipielle Schema für den Cash-flow I, den wir grundsätzlich in unseren Finanzplanungen zugrunde legen, kann vereinfacht graphisch wie folgt dargestellt werden, wobei gleichzeitig die **direkte Ableitung** und die **indirekte Ableitung des Cash-flow I** verdeutlicht werden:

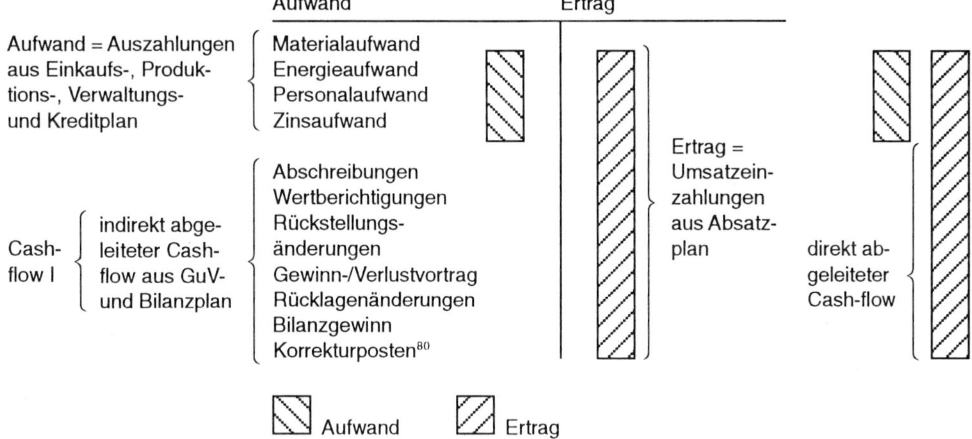

80 Diese Korrekturposten sind immer dann notwendig, wenn bei einer Veräußerung – oder allgemeiner ausgedrückt – bei Realisierung einer Position (z. B. Desinvestition im Anlagevermögen oder Umlaufvermögen, analog auch bei Forderungen) Buch- und Veräußerungswert bzw. tatsächlicher Wert differieren, denn gemäß dem Prinzip der Planung mit tatsächlichen bzw. effektiven Werten sollten in der Investitions-/Desinvestitionsrechnung die tatsächlichen Veräußerungswerte angesetzt werden. Dies ist jedoch nur möglich, wenn vorher entsprechende Korrekturen vorgenommen worden sind. Erfolgt z. B. ein Verkauf zu einem Preis unter Buchwert, so wird der Jahresüberschuß mit einem sonstigen betrieblichen Aufwand belastet und ohne Korrektur eine entsprechend niedrigere Liquidität im Cash-flow ausgewiesen. Bei einer Rechnung mit Veräußerungswerten in der Investitions-/Desinvestitionsrechnung würde dieser niedrigere Wert insgesamt auch nicht mehr korrigiert, so daß in toto die Liquidität zu niedrig angesetzt wäre. Aus diesem Grund ist eine Korrekturposition (plus Verluste aus dem Abgang von Anlagevermögen (analog Umlaufvermögen und auch Forderungen)) als typische Position Aufwand ≠ Auszahlung erforderlich. Erfolgt eine Veräußerung zu einem über dem Buchwert liegenden Preis, so wird der Jahresüberschuß einen entsprechenden sonstigen betrieblichen Ertrag enthalten. Auch diese Position ist – bei einem Ansatz zu Veräußerungswerten in der Investitions-/Desinvestitionsrechnung – im Rahmen der Cash-flow-Ermittlung zu korrigieren. Es handelt sich hierbei zwar um eine Position Ertrag = Einzahlung, jedoch um eine Einzahlung, die in dem PuK-Schema nicht im Rahmen der Cash-flow-Berech-

Faßt man die Cash-flow-Rechnung als partielle Zahlungsrechnung neben der Investitions-/Desinvestitionsrechnung und Finanzierungs-/Definanzierungsrechnung auf, wie dies hier der Fall ist, so dürfen bei der Überführung des Jahresüberschusses in den (Brutto-)Cash-flow nur solche nicht auszahlungswirksamen Aufwandspositionen (nicht einzahlungswirksamen Ertragspositionen) addiert (subtrahiert) werden, die nicht in der Investitions-/Desinvestitionsrechnung bzw. Finanzierungs-/Definanzierungsrechnung berücksichtigt werden.

In der betriebswirtschaftlichen Literatur und Praxis findet man Beispiele sowohl für eine enge Definition (analog oder ähnlich Cash-flow I)[81] als auch Beispiele für eine sehr weite Definition (analog oder ähnlich Cash-flow III)[82]. Zunehmende Bedeutung erlangt der Cash-flow III im Zusammenhang mit internationalen Entwicklungen im Hinblick auf die Pflicht zur Veröffentlichung eines „**Statement of Cash-flow**" im Jahresabschluß[83]. In diesem Statement werden getrennt dargestellt: Cash-flow aus operativen Tätigkeiten, Cash-flow aus Investitionen und Cash-flow aus Finanzierungsaktivitäten, die zusammen mit dem Anfangsbestand an Zahlungsmitteln den Endbestand an Zahlungsmitteln ergeben[84]. Der Cash-flow aus operativen Tätigkeiten wird hierbei analog bzw. ähnlich zur Ermittlung des Cash-flow III bestimmt.

Entsprechend unserem PuK-Grundschema (Abbildung 50) wollen wir bei der indirekten – und auch direkten – Cash-flow-Ableitung Bestandsveränderungen des Umlaufvermögens und der Verbindlichkeiten nicht als „Korrekturgrößen" auffassen. Bestandsveränderungen des Umlaufvermögens werden als Investitionen (primär Vorrats- und Forderungserhöhungen) und Desinvestitionen (primär Vorrats- und Forderungsminderungen) berücksichtigt. Ebenso berücksichtigen wir Erhöhungen des Bestandes an erhaltenen Kundenanzahlungen und Erhöhungen der Verbindlichkeiten als Finanzierung (Mittelherkunft) bzw. Verminde-

---

nung, sondern in der Investitions-/Desinvestitionsrechnung berücksichtigt wird und aus diesem Grund aus dem Cash-flow wieder ‚herausgerechnet' werden muß.

Eine andere Vorgehensweise wäre der Ansatz von Buchwerten in der Investitions-/Desinvestitionsrechnung, wobei dann keinerlei Korrekturen in der Cash-flow-Berechnung erfolgen dürfen. Dabei würde z. B. bei einem Verkauf unter Buchwert die aus dem sonstigen betrieblichen Aufwand resultierende Abweichung Aufwand ≠ Auszahlung nicht berücksichtigt und dieser Fehler dann durch den – unter Liquiditätsaspekten – zu hohen Ansatz in der Investitions-/Desinvestitionsrechnung wieder aufgehoben.

Auch eine getrennte Vorgehensweise ist denkbar, so daß bei Verkäufen unter Buchwert Aufwendungen ≠ Auszahlungen (+ Verluste aus dem Abgang von Anlagevermögen (analog Umlaufvermögen und auch Forderungen) korrigiert werden würden und entsprechend später der Verkaufspreis anzusetzen wäre, während bei Verkäufen über Buchwert keine Korrektur, da es sich um Ertrag = Einzahlung handelt, vorgenommen würde und später der Buchwert anzusetzen wäre. Gemäß der Idee der partiellen Finanzplanung wird im folgenden der 1. Weg unterstellt.

81 Vgl. z. B. die Ausführungen bei Weber, H. K., Rentabilität, Produktivität, Liquidität der Unternehmung, a.a.O., S. 109.

82 In der Literatur wird auch vorgeschlagen, daß darüber hinaus Korrekturposten aus der Verminderung aktiver und passiver Rechnungsabgrenzungsposten berücksichtigt werden sollen. Vgl. z. B. Lachnit, L., Wesen, Ermittlung und Aussage des Cash Flow, a.a.O., S. 68; Siener, F., Der Cash-Flow als Instrument der Bilanzanalyse, a.a.O., S. 128 i.V.m. S. 125ff.

83 Vgl. auf nationaler Ebene z. B. FASB Nr. 95 des Financial Accounting Standards Board in den USA, FRS Nr. 1 des Accounting Standards Board in Großbritannien und Irland. Vgl. auf internationaler Ebene Exposure Draft Nr. 36 des International Accounting Standards Committee (IASC). In den Niederlanden ist daran gedacht, das Schema für Cash-flow-statements des IASC nahezu unverändert zu übernehmen. „Aus heutiger Sicht läßt sich somit mit großer Wahrscheinlichkeit annehmen, daß diese neuen ‚Cash-flow-Statements'-Standards auch für den deutschsprachigen Raum von richtungsweisender Natur sein werden." Schwarzecker, J., Cash-flow, Gewinn und Eigenkapital, a.a.O., S. 208.

84 Das Statement of Cash-flows entspricht demnach den ersten drei Teilfinanzplänen des totalen Finanzplans.

rungen des Bestandes an erhaltenen Anzahlungen und Verminderungen der Verbindlichkeiten als Definanzierung (Mittelverwendung).

In der Praxis werden vielfach im Rahmen des Cash-flow die Veränderungen des Umlaufvermögens und die Veränderungen der kurzfristigen Verbindlichkeiten saldiert – als Veränderung des Net Working Capital – ausgewiesen.

Es sprechen auch unter Umständen Gründe dafür, auf den Abzug des ausgeschütteten Gewinns vom Brutto-Cash-flow zu verzichten: In deutschen Kapitalgesellschaften wird meist ein voll zur Ausschüttung bestimmter Gewinn ausgewiesen; nahezu ein Betrag in dieser Höhe steht der Unternehmung in der Regel permanent liquiditätswirksam zur Verfügung, da Gewinnausweis und -ausschüttung zeitlich auseinanderfallen und innerhalb dieses Zeitraums bereits ein Teil des Gewinns der Folgeperiode realisiert worden ist[85].

Da das in der externen Aufwands- und Ertragsplanung angesetzte Ergebnis unter Ansatz neutraler Aufwendungen und Erträge zustandekommt, bezieht sich die liquiditätsorientierte Cash-flow-Planung nicht nur auf den zahlungswirksamen Überschuß aus leistungsprogrammverbundener Aktivität. In bezug auf die Berücksichtigung außerordentlicher, betriebs- und periodenfremder Elemente der Erfolgsrechnung in der Cash-flow-Planung muß jedoch individuell auf die Zahlungswirksamkeit des jeweiligen Vorganges abgestellt werden.

Abschließend ist zur indirekten Ableitung der Cash-flow-Beträge festzustellen, daß diese für jede Wirtschaftseinheit mit detaillierter Aufwands- und Ertragsplanung ermittelbar sind[86]. Für Zwecke der Finanzplanung ist die indirekte Ableitung der Cash-flow-Beträge aus der Ergebnisplanung jedoch uninteressant, sofern eine direkte Zahlungsplanung erfolgt. Im Gegensatz zu verschiedenen Autoren soll hier eine Zahlungsplanung, die neben dem laufenden Umsatzprozeß auch die liquiditätsorientierte Planung der Potentialänderungen sowie (Außen-)Finanzierungen und Definanzierungen einbezieht, nicht mehr als Cash-flow-Planung[87], sondern bereits als Plan-Kapitalflußrechnung (-bewegungsbilanz) angesehen werden, wie sie später darzustellen und zu beurteilen sein wird.

5.3.2.1.2 Informationsgehalt

Wir hatten herausgestellt, daß der **Cash-flow** zur ergebnis- und liquiditätsorientierten Beurteilung der Unternehmung herangezogen wird.

Eine aussagefähige **ergebnisorientierte Beurteilung einer Unternehmung** auf der Basis des Cash-flow und seiner Komponenten erscheint uns nur dann möglich, wenn die Abschrei-

---

85 Vgl. zu dieser Ansicht Juesten, W., Cash-flow und Unternehmensbeurteilung, a.a.O., S. 81 f.; Perridon, L., Steiner, M., Finanzwirtschaft der Unternehmung, a.a.O., S. 520 f.; auch Gutenbergs Cash-flow-Bestimmung basiert auf „dem bilanzmäßig ausgewiesenen Gewinn“: Gutenberg, E., Grundlagen der Betriebswirtschaftslehre, 3. Bd., Die Finanzen, a.a.O., S. 225. Eine Einbeziehung von Fremdkapitalzinsen und Steuern vom Einkommen und Vermögen in den Cash-flow erscheint unter dem Gesichtspunkt der Ermittlung des echten Zahlungsüberschusses als Innenfinanzierungsbeitrag allerdings nicht gerechtfertigt. Es handelt sich hierbei grundsätzlich um mit Auszahlungen verbundene Aufwendungen. Vgl. hierzu das unterschiedliche Vorgehen bei Vieweg, R., Kapitaleinsatz in der Unternehmung, in: Schriften zur Unternehmensführung, Bd. 6/7, Kapitaldisposition, Kapitalflußrechnung und Liquiditätspolitik, Hrsg. H. Jacob, Wiesbaden 1968, S. 44 und Flohr, G., Die cash-flow-Analyse, a.a.O., S. 707.

86 Vgl. zu diesem Problemkreis auch Weber, H. K., Tiedau, L., Die Geldflußrechnung auf Grundlage der aktienrechtlichen Gewinn- und Verlustrechnung sowie der Bilanz am Beispiel der Siemens AG, DB 1984, S. 465 ff., S. 518 ff.

87 Vgl. zur solchermaßen erweiterten Cash-flow-Planung z. B. Münch, D., Der betriebswirtschaftliche Erkenntnisgehalt der Cash-Flow-Analyse, a.a.O., S. 1305; Drukarczyk, J., Finanzierung, 6. Aufl., Stuttgart–Jena 1993, S. 79 ff.

bungspolitik und die Substanzerhaltungspolitik der Unternehmung dem Beurteilenden bekannt sind. Ist dies nicht der Fall, verliert der Cash-flow vielfach seine ergebnisorientierte Aussagekraft, insbesondere, wenn nicht allein Zeitvergleiche, sondern auch zwischenbetriebliche Vergleiche in Erwägung gezogen werden[88]. Allein auf der Basis der Cash-flow-Angabe kann die Ertragskraft einer Unternehmung nicht beurteilt werden.

Für die **Finanzplanung**, und zwar die sukzessive Finanzplanung, dienen als wichtige Teilplanungen uneingeschränkt nur die direkt abgeleiteten Cash-flow-Pläne.

Ist die Unternehmungsleitung mangels einer direkten Zahlungsplanung gezwungen, die künftigen Zahlungsströme und Zahlungsmittelbestände indirekt aus der internen oder externen Ergebnisplanung abzuleiten, kann dies nur auf der Basis einer sehr sorgfältig durchgeführten Cash-flow-Planung geschehen. Soll der Plan-Cash-flow den – hier primär interessierenden – Zahlungsüberschuß aus der Innenfinanzierung zeigen, ist nur der Perioden-Cash-flow der gesamten Unternehmung relevant.

Ein solcher Plan-Cash-flow stellt zwar einen Zahlungsüberschuß der Planperiode dar. Es ist jedoch „... eine irrige Auffassung ..., daß die aus dem Umsatzprozeß gewonnenen Mittel am Stichtag der Bilanzaufstellung als geschlossener Fonds vorhanden sind. Die im Cash-flow summierten Beträge sind zu diesem Zeitpunkt bereits wieder in die Unternehmung eingegangen und haben sich in verschiedenen Bilanzpositionen niedergeschlagen, so daß auf Grund der Höhe des Cash-flow keine Aussage über die disponiblen Geldmittel und damit über die Zahlungsbereitschaft gemacht werden kann“[89].

Hiernach ergibt sich eine gravierende Einschränkung der Aussagekraft der Cash-flow-Planung, zumindest für die kurzfristige Finanzplanung. Die grundsätzliche Beschränkung/Verminderung der Aussagekraft des Cash-flow ergibt sich bei seiner indirekten Ableitung aus den Größen der bilanziellen Erfolgsrechnung, die keine exakten Zahlungsangaben ermöglicht.

Das Gewicht der genannten Bedenken nimmt jedoch mit zunehmender Länge des Planungszeitraumes ab. Die Periodenabgrenzung zwischen Erfolgs- und Zahlungsrechnung verliert langfristig an Bedeutung.

Der **besondere Informationsgehalt** des jeweils für künftige Perioden direkt oder indirekt ermittelten Cash-flow liegt im Vergleich zu übrigen Teilplanungen der Finanzplanung (der Investitions-/Desinvestitionsplanung und Außenfinanzierungs-/Definanzierungsplanung) in der **Kennzeichnung des Innenfinanzierungsvermögens** aus dem Umsatz.

Bei einem Plan-Cash-flow in unzureichender Höhe werden Korrekturplanungen im Rahmen der operativen und strategischen Planungen oder der gesamtunternehmungsbezogenen Planungen notwendig. Es gilt, in wechselseitiger Abstimmung Aus- und Einzahlungsströme zu variieren und bei Sicherung der Liquiditätsreserven zum Ausgleich zu bringen.

Darüber hinaus kann sich der Ausweis des Plan-Cash-flow, insbesondere in Form von Verhältniszahlen, im Hinblick auf potentiell liquiditätswirksame Handlungsweisen von Kapitalgebern der Unternehmung auswirken. So geben z. B. die Größen Effektivverschuldung und Investitionsvolumen, jeweils in Beziehung zum Cash-flow gesetzt, den internen und

---

88 Vgl. Beyer, H.-T., Allgemeine Finanzplanung, in: Handbuch der Unternehmensfinanzierung, Hrsg. O. Hahn, München 1971, S. 237 sowie Chmielewicz, K., Betriebliche Finanzwirtschaft, Bd. I, Finanzierungsrechnung, Berlin – New York 1976, S. 195 ff.; Harrmann, A., Zum Cash Flow als bilanzkritische Kennziffer, DB 1968, S. 1679 f.; Weber, H. K., Rentabilität, Produktivität, Liquidität der Unternehmung, a.a.O., S. 118 ff.

89 Juesten, W., Cash-flow und Unternehmensbeurteilung, a.a.O., S. 91.

externen Entscheidungsträgern bzw. -beteiligten Hinweise auf das Verhältnis zwischen unternehmungseigener Finanzkraft und der Verschuldung bzw. dem Kapitalbedarf[90].

Zusammenfassend gilt, daß der Plan-Cash-flow – als Verdichtung einer partiellen Zahlungsplanung – bei zweckentsprechender Ermittlung als Periodengröße ein wichtiger Baustein im Rahmen der Finanzplanung ist.

5.3.2.2 Investitions- und Desinvestitionsplanung und -kontrolle

Die Planung und Kontrolle der durch die Produktprogramm- und Potentialplanung ausgelösten Aus- und Einzahlungsströme erfolgt im Rahmen der liquiditätsorientierten Investitions- und Desinvestitionsplanung.

Sie stellt eine gesamtunternehmungsbezogene, grundsätzlich periodisch durchgeführte Planung aller Zahlungen aus Auf- und Abbau von Betriebsmittelbeständen bzw. – in etwas erweiterter Version – aus Kapitalbindungs- und -freisetzungsmaßnahmen im Anlage- und Umlaufvermögen dar und muß streng von der ergebnisorientierten Planung der Potentiale im Rahmen der strategischen Planung unterschieden werden, welche die Vorteilhaftigkeit von technisch realisierbaren Einzelinvestitionen (Objekten) bzw. Investitionsbündeln ermittelt.

Allerdings bestehen enge Beziehungen zwischen der liquiditäts- und der ergebnisorientierten Investitions- und Desinvestitionsplanung. Beide Rechnungen arbeiten grundsätzlich mit Auszahlungen und Einzahlungen[91]. Der hier interessierende **periodische Investitions-/Desinvestitionsplan** leitet sich bezüglich der Zahlungsbeträge und ihres zeitlichen Anfalles in der Regel zum überwiegenden Teil direkt aus den strategischen Planungen ab. Es handelt sich um die (nicht periodisierten) Betriebsmittelauszahlungen und -einzahlungen. Dabei werden die Investitions-/Desinvestitionsmaßnahmen im Anlage- und Umlaufvermögen jeweils mit den aus ihnen resultierenden tatsächlichen Auszahlungen und Einzahlungen bewertet[92].

Die hier zu behandelnde Investitionsplanung stellt – genau wie die Cash-flow-Planung – nur eine **partielle periodische Zahlungsplanung** dar, die auf Zahlungswirkungen spezifischer güterwirtschaftlicher Entscheidungen abstellt. Ihr Investitions- bzw. Desinvestitionsbegriff umfaßt somit nicht den laufenden Produktionsprozeß, die Aktionen, sondern allein die diesen Prozeß erst ermöglichenden Betriebsmittelpotentiale[93]. Folglich stellt Investition hier allein den „Aufbau der Produktionsapparatur zur Durchführung des Unternehmungszweckes“[94] dar, in etwas erweiterter Sicht, „die langfristige Anlage von Geldvermögen in arbeitendes Unternehmungsvermögen“[95], die notwendigen Teile des Umlaufvermögens einbeziehend.

---

90 Vgl. Gutenberg, E., Grundlagen der Betriebswirtschaftslehre, 3. Bd., Die Finanzen, a.a.O., S. 226, der in diesem Zusammenhang dem Cash-flow „trotz seines hypothetischen Charakters vor allem in Verbindung mit anderen Kennziffern . . . eine gewisse Bedeutung“ einräumt; vgl. ferner Bitz, M., Schneeloch, D., Wittstock, W., Der Jahresabschluß, a.a.O., S. 379ff.; Buchner, R., Grundzüge der Finanzanalyse, München 1981, S. 92f.; Coenenberg, A.G., Jahresabschluß und Jahresabschlußanalyse, a.a.O., S. 533ff.; Perridon, L., Steiner, M., Finanzwirtschaft der Unternehmung, a.a.O., S. 521f.

91 Allerdings ist in der ergebnisorientierten Investitionsplanung die Ermittlung von Kapitalwerten durchaus auch auf der Basis kalkulatorischer oder erfolgsrechnerischer Größen möglich; vgl. Teil III, Abschnitt 3.1.3.

92 Vgl. die Ausführungen im Rahmen der Cash-flow-Planung.

93 Anders z.B. Schneider, E., Wirtschaftlichkeitsrechnung, 8. Aufl., Tübingen – Zürich 1973, S. 1 sowie – darauf fußend: Schmidt, R.-B., Unternehmungsinvestitionen, a.a.O., S. 17.

94 Heinen, E., Investitionsplanung, industrielle, in: HWB, 2. Bd., Hrsg. H. Seischab, K. Schwantag, 3. Aufl., Stuttgart 1958, Sp. 2876.

95 Weilenmann, P., Planungsrechnung in der Unternehmung, a.a.O., S. 188.

Ebenso wie der Investitionsbegriff hier Auszahlungen für die laufende Leistungserstellung und -verwertung ausklammert, ist dies beim Desinvestitionsbegriff in bezug auf die Einzahlungen der Fall. Desinvestition wird hier nicht auch als „Wiederverflüssigung der Investition"[96] in Form der Erlöse verstanden, sondern allein als ein im Rahmen der strategischen Planung festgelegter Potentialabbau, z. B. durch Veräußerung oder Abbruch von Anlagen oder Gliedbetrieben sowie Veräußerung notwendiger Teile des Umlaufvermögens. Es interessiert nur die hieraus resultierende Einzahlung. Änderungen von Lager- und Forderungsbeständen sind aus der Lagerhaltung und der Vertriebsplanung, ggf. aus den Zielen des sog. Debitorenmanagement abzuleiten. In der Praxis werden Forderungsbestandsänderungen vielfach auch über an den Umsatz gekoppelte Kennzahlen geplant.

Entsprechend den Ausführungen zur Cash-flow-Planung wird im Rahmen der Investitions-/Desinvestitionsplanung der etwas erweiterte Investitionsbegriff zugrunde gelegt, so daß auch die Kapitalbindung bzw. -freisetzung bei einem Lagerauf- bzw. -abbau als Investition respektive Desinvestition angesehen wird. Analog dazu werden auch die Veränderungen des Forderungsbestandes unter dem Investitions-/Desinvestitionsbegriff subsumiert[97].

5.3.2.2.1 Ausgestaltung

Auch die **Investitions-/Desinvestitionsplanung als Teil der Finanzplanung** stellt lediglich eine Vorstufe der Planung der Unternehmungsliquidität dar. Sie geschieht unter folgenden **Prämissen**:

- Die Prüfung der technischen Realisierbarkeit der Aus- und Einzahlungen verursachenden Planungsobjekte (Investitionen, Desinvestitionen) ist abgeschlossen.
- Die ergebnisorientierte Bewertung der technisch realisierbaren Investitions- bzw. Desinvestitionsobjekte ist innerhalb der strategischen Planung erfolgt, die Auswahl und insbesondere der Realisationszeitpunkt von Objekten können allerdings auf der Basis der liquiditätsorientierten periodischen Investitionsplanung durch die integrierte Finanzplanung beeinflußt werden.

---

96 Schmidt, R.-B. Unternehmungsinvestitionen, a.a.O., S. 18.

97 Eine andere Vorgehensweise würde auf einem erweiterten Cash-flow-Begriff (z. B. Cash-flow III) und einem engeren Investitionsbegriff basieren, der Lager- und Forderungsbestandsänderungen eng dem Bereich der betrieblichen Leistungserstellung zuordnen würde. Bei einem solchen Vorgehen dürften dann natürlich die entsprechenden Ein- und Auszahlungen nicht noch einmal in der Investitions-/Desinvestitionsrechnung berücksichtigt werden, um Doppelrechnungen zu vermeiden. Eine solche Doppelrechnung stellt im übrigen auch nicht die in Abb. 144 einmal in der Cash-flow- und ein zweites Mal in der Investitions-/Desinvestitionsrechnung erscheinende Position ‚Materialauszahlungen' dar, denn es handelt sich einmal um Auszahlungen für Material, welches sofort in die Produktion eingeht, zum anderen um Material, welches im Sinne einer Investition auf Lager genommen wird (z. B. Erhöhung des eisernen Bestandes). Um der potentiellen Gefahr von Doppelrechnungen vorzubeugen, ist es zweckmäßig, scharf zwischen den oben genannten Positionen zu unterscheiden. Gegebenenfalls ist z. B. bei einem Lagerabbau von Material, welches in der gleichen Periode via ‚Materialauszahlungen' in der Investitionsrechnung berücksichtigt wurde und dann doch noch in den Bereich der betrieblichen Leistungserstellung geht, eine entsprechende ‚Ausbuchung' mit Hilfe der Position ‚Materialeinzahlungen' in der Desinvestitionsrechnung und eine Belastung in der Cash-flow-Rechnung vorzunehmen. Es handelt sich um eine Art Umbuchung im Bereich der partiellen Ein- und Auszahlungsplanungen, welche dazu dient, die die Liquidität betreffenden Vorgänge korrekt den einzelnen Teilplanungen zuzuordnen.

Die **materielle Ausgestaltung** der derivativen, partiellen Zahlungsplanung umfaßt eine Kennzeichnung der aus- und einzahlungswirksamen Investitions- und Desinvestitionsobjekte[98]. Je mehr Merkmale dabei verwandt werden, d. h. je differenzierter das gesamte Investitions- bzw. Desinvestitionsprogramm dargestellt wird, desto mehr Alternativen ergeben sich bei gegebenenfalls beschränkten Finanzierungsmöglichkeiten im Rahmen der Finanzplanung.

Die zu planenden **Investitions- und Desinvestitionsobjekte**, die Aus- und/oder Einzahlungen verursachen, sind nach unterschiedlichen, praxisorientierten Merkmalen **in Plänen** zu ordnen.

Nach der Dringlichkeit[99] unterscheiden wir:

- Objekte, die auf Grund von Entscheidungen früherer Perioden während der Planperiode zu beginnen oder weiterzuführen sind, sogenannte „gebundene" Objekte, wozu auch Objekte gezählt werden können, deren Durchführung aus technischen, wirtschaftlichen oder extern bestimmten Gründen unaufschiebbar ist, wie z. B. Investitionen auf Grund von Sicherheitsvorschriften oder Ersatzinvestitionen („Zwangsinvestitionen"), und
- Objekte, die noch variierbarer Gegenstand der Planung bzw. Entscheidung sind, sogenannte „freie" Objekte.

Nach der Kapazitätsherkunft lassen sich Investitionen und Desinvestitionen in interne und externe Objekte gliedern. Innerhalb der internen Objekte kann wiederum nach dem Investitionsantragsteller (nach Funktionsbereichen) differenziert werden. Zu den externen Objekten gehören vornehmlich Beteiligungserwerbe.

Nach dem jeweils **vorherrschenden Grund** kann (relativ unscharf) in den Funktionsbereichen in Rationalisierungs-, Ersatz- und reine Erweiterungsinvestitionen oder Verkleinerungsinvestitionen unterschieden werden[100], zudem in Sozialinvestitionen und gesetzlich erzwungene Investitionen (z. B. Umweltschutzinvestitionen). Ferner können Markt- und Infrastrukturinvestitionen getrennt erfaßt werden.

Nachdem alle Investitions- und Desinvestitionsobjekte oder -objektbündel der Unternehmung in dieser Weise gekennzeichnet sind, werden hiervon ausgehend die geplanten Aus- und Einzahlungsströme dargestellt.

Forderungen aus Betriebsmittelverkäufen gehen entsprechend ihrer Höhe und dem Fälligkeitszeitpunkt als Zahlungen ein; dabei hat die planende Instanz gegebenenfalls Annahmen über zu erwartende betragsmäßige und zeitliche Abweichungen von den geplanten Zahlungen in Abhängigkeit von den Gegebenheiten des betreffenden Planungsbereichs zu treffen.

---

98 Entsprechend der hier verfolgten Planungssystematik werden nur kapitalbindende bzw. -freisetzende Zahlungsströme im Zusammenhang mit dinglichen Produktionsfaktoren der industriellen Unternehmung einbezogen. Dies bedeutet eine Ausklammerung der direkt mit dem Potentialfaktor Arbeitskräfte verbundenen Auszahlungen (vgl. auch Kappler, E., Rehkugler, H., Kapitalwirtschaft, a.a.O., S. 908), sie werden bei der Planung der Zahlungen in Verbindung mit dem laufenden Umsatzprozeß (Aktionen) berücksichtigt.

99 Vgl. zur Dringlichkeitsskala Weilenmann, P., Planungsrechnung in der Unternehmung, a.a.O., S. 189ff.; vgl. zur (allerdings ergebnisorientiert motivierten) Kritik am Dringlichkeitsgrad als Auswahlkriterium für Investitionsvorhaben Dean, J., Kapitalbeschaffung und Kapitaleinsatz, a.a.O., S. 30.

100 Vgl. zu dieser in der Literatur üblichen Einteilung z. B. Brandt, H., Investitionsplanung, in: Unternehmungsplanung, Hrsg. K. Agthe, E. Schnaufer, Baden-Baden 1963, S. 371 f.; Massé, P., Investitionskriterien, München 1968, S. 16; Schwarz, H., Investition, in: HWB, 2. Bd., Hrsg. E. Grochla, W. Wittmann, 4. Aufl., Stuttgart 1975, Sp. 1975f.

Das Bruttoprinzip ist streng zu beachten; Ein- und Auszahlungen eines Objektes, eines Planungsbereiches, einer Teilplanungsperiode dürfen unter keinen Umständen saldiert werden.

Soweit eine Ableitung aus Größen der Kosten- und Erlösrechnung erfolgen muß, sind alle während der Planungsperiode nicht zahlungswirksamen Posten außer Ansatz zu lassen[101].

Probleme der **formalen Ausgestaltung** der liquiditätsorientierten Investitions- und Desinvestitionsplanung ergeben sich im Hinblick auf die Kontinuität der Planung sowie die Länge der gesamten Planperiode und der Teilzeiträume innerhalb der Planperiode.

Innerhalb einer Folge von Perioden ist ein unregelmäßiger punktueller Anfall von Objekten und damit von Auszahlungen für Investitionen und von Einzahlungen aus Desinvestitionen typisch. Die Ermittlung der mit Investitionen und Desinvestitionen verbundenen schubartigen Zahlungen, die in der kontinuierlichen Zahlungsplanung erfaßt werden, bereitet so auch in der Praxis nicht unerhebliche Schwierigkeiten.

Die Investitionsplanung/Desinvestitionsplanung ist langfristiger Art. Die Länge der Planperiode wird vielfach durch die technische bzw. wirtschaftliche Lebensdauer der Investitions- und Desinvestitionsobjekte bestimmt.

Im Zusammenhang mit der Festlegung der Länge des gesamten Planungszeitraumes besitzt die Bemessung der Länge der Zeiträume innerhalb der Planperiode Bedeutung, für welche jeweils Aus- und Einzahlungen zusammengefaßt werden können (Quasi-Liquiditätszeitpunkte). Obwohl die Zahlungsfähigkeit der Unternehmung streng genommen in jedem Zeitpunkt des Planungszeitraumes bestehen muß, werden die Zahlungswirkungen der Investitionsplanung in praxi nur in bezug auf bestimmte Zeiträume innerhalb der Planungsperiode ausgewiesen. Sehr kurze Berichtszeiträume sind nur innerhalb der kurzfristigen Planung notwendig – dem jeweils aktuellen Quartal oder Halbjahr.

Die Abbildung 147 zeigt ein Beispiel für den möglichen Aufbau eines liquiditätsorientierten periodischen Investitions-/Desinvestitionsplans.

5.3.2.2.2 Informationsgehalt

Im Gegensatz zur Cash-flow-Planung stehen die **Informationen der liquiditätsorientierten periodischen Investitionsplanung** grundsätzlich allein der Unternehmungsführung zur Verfügung. Lediglich wenn durch die Investitionsplanung Außenfinanzierungsentscheidungen notwendig werden, können liquiditätsbezogene Informationen auch externen Entscheidungsbeteiligten, den potentiellen Kapitalgebern, zur Verfügung gestellt werden.

Der Informationsgehalt dieser Investitionsplanung besteht für die Unternehmungsführung vor allem darin, daß sie als Teil der Finanzplanung mögliche **Gefährdungen** (z. B. durch hohe Investitionsvolumina) und **Verbesserungen** (z. B. durch Desinvestitionen) der **Erreichung des Liquiditätszieles** anzeigt. Auf ihrer Basis läßt sich erkennen, in welchen Perioden innerhalb der strategischen Planung oder in anderen Teilen der Planung gegebenenfalls Planrevisionen notwendig werden.

Die in spezifischer Ausgestaltung dargestellte partielle Zahlungsplanung kann ihre Informationsaufgabe nur erfüllen, wenn sie alle Investitions- und Desinvestitionsobjekte getrennt nach dem Freiheitsgrad bezüglich ihres Ansatzes und nach ihrem Realisationszeitpunkt in der Zahlungsplanung aufführt.

---

101 Anders dagegen in der strategischen ergebnisorientierten Investitionsplanung, in der z. B. auch mit Kosten und Leistungen, bezogen auf die Gesamtlebensdauer des Objektes, gerechnet werden kann; vgl. hierzu auch die ausführliche Beweisführung bei Lücke, W., Finanzplanung und Finanzkontrolle in der Industrie, a.a.O., S. 47ff. sowie die Ausführungen im Abschnitt 3.1.3 dieses Teils.

Jahr	1995																	1996																	1997					1998					1999			2000	2001	2002	2003	2004
Quartal	1				2				3				4				Σ	1				2				3				4				Σ	1	2	3	4	Σ	1	2	3	4	Σ	1+2	3+4	Σ					
Monat	1	2	3	Σ	4	5	6	Σ	7	8	9	Σ	10	11	12	Σ		1	2	3	Σ	4	5	6	Σ	7	8	9	Σ	10	11	12	Σ																			

1. Auszahlungen (in TDM) * für Investitionen und Desinvestitionen
   für „gebundene" Objekte
   für „freie" Objekte
   - 1.1 davon für Investitionen
     - 1.1.1 davon für interne Objekte
       davon im Bereich Absatz
       im Bereich Produktion
       im Bereich Beschaffung
       im Bereich Verwaltung
     - 1.1.2 davon für externe Objekte
   - 1.2 davon für Desinvestitionen
     - 1.2.1 davon für interne Objekte
       davon im Bereich Absatz
       im Bereich Produktion
       im Bereich Beschaffung
       im Bereich Verwaltung
     - 1.2.2 davon für externe Objekte
2. Einzahlungen (in TDM) aus Desinvestitionen
   aus „gebundenen" Objekten
   aus „freien" Objekten
   - 2.1 davon aus internen Objekten
     davon im Bereich Absatz
     im Bereich Produktion
     im Bereich Beschaffung
     im Bereich Verwaltung
   - 2.2 davon aus externen Objekten
3. Unter- bzw. Überdeckung aus „gebundener" Investitions-/Desinvestitionsplanung (2a–1a)
4. Unter- bzw. Überdeckung aus „freier" Investitions-/Desinvestitionsplanung (2b–1b)
5. Unter- bzw. Überdeckung aus der gesamten Investitions-/Desinvestitionsplanung (2–1)

Es wird hier von einer rollenden 10-Jahres-Planung ausgegangen. Zahlungen werden jeweils kumuliert für die Quasi-Liquiditätszeitpunkte Jahr (in allen 10 Plan-Jahren), Quartal (in den ersten 5 Plan-Jahren) und Monat (in den ersten 2 Plan-Jahren) ausgewiesen. Somit werden im Verlauf der sich überlappend fortsetzenden Planung die Berichtszeiträume Jahr und Quartal um so detaillierter dargestellt, je näher sie dem jeweiligen Planungszeitpunkt rücken.

Bei den aktuellen und vergangenen Perioden sind Soll-Werte, Ist-Werte und Abweichungen auszuweisen.

*) Die Unterteilung in insges.:
a) „gebundene" Objekte
b) „freie" Objekte
hat je Zeile zu erfolgen.

Abb. 147: Beispiel für die Ausgestaltung eines liquiditätsorientierten periodischen Investitions-/Desinvestitionsplanes

Aus den Angaben über die Auszahlungen für das Umlaufvermögen können insbesondere Ziele für die Vorratspolitik abgeleitet werden.

5.3.2.3 Außenfinanzierungs- und -definanzierungsplanung und -kontrolle

Die Außenfinanzierungs- und -definanzierungsplanung und -kontrolle (im folgenden abgekürzt: Außenfinanzierungsplanung) ist jener Teil der liquiditätsorientierten Zahlungsrechnung, deren Gegenstand rein finanzwirtschaftliche Ströme sind, d. h. die Zu- und Abflüsse des Kapitalfonds, welche „güterwirtschaftlicher Aktivität nicht bedürfen“ [102]. Es handelt sich um die direkte Planung von Ein- und Auszahlungen.

Wie auch die Investitionsplanung steht sie in engster Beziehung zur strategischen ergebnisorientierten Planung, deren Aufgabe nicht nur darin liegt, eine gewinnmaximale Potentialstrukturierung, sondern auch eine gewinnmaximale Kapitalstrukturierung zu ermitteln [103].

Die **Außenfinanzierungsplanung** ist im Zusammenhang mit den anderen partiellen Zahlungsrechnungen zu sehen. So dient die **Planung der Ein- und Auszahlungen aus Kapitalaufnahmen und -rückzahlungen** im Industriebetrieb der Realisierung der Potential- bzw. Aktionsplanung – zusätzlich zum Kapitalzufluß aus Einzahlungen aus dem Umsatzprozeß und aus Desinvestitionen.

Die Außenfinanzierungsplanung erfaßt Zu- bzw. Abfluß kurz-, mittel- und langfristigen Eigen- und Fremdkapitals als Ein- bzw. Auszahlung im Sinne echter Zahlungsmittelbewegung, die keine direkte Verbindung zum güterwirtschaftlichen Bereich der Unternehmung hat. Sie besitzt insoweit derivativen Charakter. Sie kann in Fällen von Engpässen in der Kapitalbeschaffung und im Hinblick auf Kapitalumstrukturierungen durch Erstellung von ergebnisorientiert zu beurteilenden Finanzierungsalternativen Originärcharakter annehmen, und zwar weit eher als die anderen partiellen Zahlungsplanungen. Als originäre Planung im Hinblick auf Kapitalaufnahmen, Kapitalrückzahlungen und damit zusammenhängend Kapitalstrukturierungen erfolgt sie nach den Phasen des allgemeinen Planungsprozesses.

Als eine Planung der ausschließlich monetären Beziehungen zum Umsystem der Unternehmung ist die Finanzierungsplanung streng gesamtunternehmungsbezogen. Sie ist im Gegensatz zur primär von künftigen Ergebniserwartungen bestimmten Investitionsplanung auch stark vergangenheitsabhängig, d. h. die Finanzierungsentscheidungen werden in hohem Maße von der in Vorperioden gestalteten Kapitalstruktur mitbestimmt [104].

---

102 Gutenberg, E., Grundlagen der Betriebswirtschaftslehre, 3. Bd., Die Finanzen, a.a.O., S. 303.

103 Die damit zusammenhängenden Fragen der „Strukturellen Liquidität“ sind hier im Rahmen der reinen Zahlungsplanung mit dem Ziel der Erhaltung der „aktuellen Liquidität“ nicht zu behandeln. Vgl. zur Darstellung und Beurteilung der vertikalen und horizontalen Bilanzstruktur z. B. Buchner, R., Grundzüge der Finanzanalyse, München 1981, S. 63 ff., insbesondere S. 111 ff.; Lipfert, H., Optimale Unternehmensfinanzierung, a.a.O., S. 21 ff.; Perridon, L., Steiner, M., Finanzwirtschaft der Unternehmung, a.a.O., S. 498 ff.; Scheidl, K., Liquiditätsstatus, in: HWF, Hrsg. H. E. Büschgen, Stuttgart 1976, Sp. 1345 f.; Süchting, J., Finanzmanagement, a.a.O., S. 486 ff.; Vormbaum, H., Finanzierung der Betriebe, a.a.O., S. 85 ff.; Witte, E., Die Finanzwirtschaft der Unternehmung, in: Allgemeine Betriebswirtschaftslehre, Hrsg. H. Jacob, 5. Aufl., Wiesbaden 1988, S. 583 ff.; siehe auch Abschnitt 3.1.3.5 dieses Teils.

104 Vgl. zu den Zusammenhängen zwischen Kapitalverwendungs- und Kapitalbeschaffungspolitik (im Sinne von Entscheidungsfällung) Mellerowicz, K., Betriebswirtschaftslehre der Industrie, 2. Bd., a.a.O., S. 57 ff.

5.3.2.3.1 Ausgestaltung

Die folgende Behandlung der Prämissen und Probleme der **Ausgestaltung liquiditätsorientierter Finanzierungsplanung** erfolgt grundsätzlich analog zur Behandlung der Investitionsplanung. Sie geschieht unter folgenden **Prämissen**:

- Die Finanzierungs- bzw. Definanzierungsmaßnahmen müssen auf Grund ergebnisorientierter Berechnungen definiert sein.
- Finanzierung bzw. Definanzierung bedeutet hier Auf- bzw. Abbau des Kapitalfonds der Unternehmung in Form von kapitalzuführenden bzw. kapitalentziehenden Zahlungsströmen zwischen der Unternehmung und Wirtschaftssubjekten des Umsystems.

  Im Gegensatz zu den Zahlungsströmen aus dem Umsatzprozeß und aus Desinvestitionen (Potentialabbau), welche kapitalfreisetzende Einzahlungen darstellen, ist unter kapitalzuführender Finanzierung die Aufnahme von Eigen- und Fremdkapital zu verstehen, soweit sie mit Zahlungsmittelzuflüssen verbunden ist.

  Die Definanzierung stellt Kapitalentzug im Sinne von Eigenkapitalentnahme oder Fremdkapitalrückzahlung dar[105].

Die **materielle Ausgestaltung** dieser derivativen Zahlungsplanung umfaßt zunächst analog zur Behandlung der Investitionsplanung die Kennzeichnung der künftigen **Maßnahmen und Zahlungsgrößen der Finanzierung/Definanzierung**, differenziert in Plänen.

Die Finanzierungs- und Definanzierungsmaßnahmen sind grundsätzlich durch die Ausprägungen zweier Merkmale zu beschreiben.

Wie in der Investitionsplanung ist auch hier **nach der Dringlichkeit** der Finanzierung/Definanzierung zu unterscheiden. Je nachdem, ob durch Entscheidungen vergangener Planungsperioden oder z. B. durch Rechtsansprüche von Kapitalgebern bestimmte (insbesondere Definanzierungs-)Maßnahmen für die laufende Planperiode fest vorgegeben sind oder nicht, unterscheiden wir in „gebundene" und „freie" Zahlungsgrößen der Finanzierung bzw. Definanzierung.

Neben der Kennzeichnung nach dem Handlungsspielraum ist bei dem Ausweis von Finanzierungsalternativen auch eine Kennzeichnung der Finanzierungsmaßnahmen **nach der Art der rechtlichen Beziehungen zwischen Kapitalgeber und Unternehmung** notwendig. Danach unterscheiden sich Kapitalzuführung und Kapitalentzug jeweils in Maßnahmen der

- Fremdfinanzierung/-definanzierung (Kreditrückzahlung) und
- Eigenfinanzierung/-definanzierung.

Da die Finanzierungsplanung die rein finanzwirtschaftlichen, nicht direkt aus güterwirtschaftlichen Planungen resultierenden Zahlungsströme der Gesamtunternehmung umfaßt, haben hier die bei der Investitionsplanung getroffenen Unterscheidungen nach Planungsbereichen (Funktionsbereichen) keine Bedeutung.

---

105 Es erscheint vertretbar, auch die mittelbar güterwirtschaftlich verursachten Auszahlungen für Verzinsung des Fremdkapitals, Gewinnausschüttung und Zahlung gewinnabhängiger Steuern der Definanzierung zuzurechnen. (Diese eng mit dem Umsatzprozeß verbundenen und zum Teil Kosten darstellenden Größen können auch als kapitalentziehende Auszahlungen angesehen werden; vgl. Kappler, E., Rehkugler, H., Kapitalwirtschaft, a.a.O., S. 902 ff.) In diesem Fall ist jedoch bei Integration der partiellen Zahlungsplanungen auf Nichterfassung dieser Größen in der Cash-flow-Planung (und gegebenenfalls Investitionsplanung) zu achten. Aus- und Einzahlungen aus der Kapitalüberlassung an andere Wirtschaftseinheiten (sog. aktive Finanzierung) werden hier als für die Industrieunternehmung nicht typisch außer Betracht gelassen. Zinszahlungen für Fremdkapital, Gewinnauszahlungen (Zinseinzahlungen für Kapitalanlagen) werden bei uns im Cash-flow berücksichtigt.

Analog zur Investitionsplanung werden in der Planungspraxis jedoch auch innerhalb der Finanzierungsplanung weitere Differenzierungen vorgenommen. So werden z. B. die Fremdfinanzierungsmaßnahmen einerseits **nach Fristigkeit**, d. h. Dauer der planmäßigen Kapitalverfügungsmöglichkeit, andererseits **nach einzelnen Kreditarten** unterteilt.

Je differenzierter die Zahlungsströme und die möglichen Maßnahmen zu ihrer Variation in der Finanzierungsplanung ausgewiesen werden, desto deutlicher werden die Alternativen, die im Falle des Nichtausgleichs aller Einzahlungsströme plus Zahlungsmittelbestände und aller Auszahlungsströme im Rahmen der integrierten Finanzplanung und hier der Finanzierungsplanung in Frage kommen. Diese **Alternativen der Finanzierung und Definanzierung** können hier nicht vollständig aufgezählt und besprochen werden[106].

Als **langfristige** Formen der **Kapitalzuführung** haben insbesondere die Finanzierung durch Beteiligungen, Schuldscheindarlehen und Schuldverschreibungen Bedeutung. **Kurzfristige** Formen der **Kapitalzuführung** sind vor allem Kontokorrent-, Wechseldiskont- und Lombardkredite sowie Factoring und Kundenanzahlungen.

Kapitalentzug erfolgt in Formen der Eigen- und Fremdkapitalrückzahlungen. Hier sind vornehmlich im langfristigen Bereich die Darlehenstilgungen, im kurzfristigen Bereich die Tilgung von Kontokorrentkrediten sowie die Verminderung des Bestandes an erhaltenen Anzahlungen und die Verminderung der Verbindlichkeiten aus Lieferungen und Leistungen zu nennen[107].

Die geplanten Finanzierungs- und Definanzierungsmaßnahmen drücken sich in Ein- und Auszahlungen, d. h. in Bar- oder Buchgeldbewegungen aus, die durch Höhe und Zeitpunkt ihres Anfalls definiert sind. Berücksichtigt werden ferner die zu Beginn der Planungsperiode vorhandenen Bestände an Zahlungsmitteln.

Auch in der Finanzierungsplanung ist das Bruttoprinzip zu beachten. Einzahlungen und Auszahlungen aus Finanzierungs- und Definanzierungsbeziehungen zu ein und demselben Wirtschaftssubjekt im Umsystem der Unternehmung sowie solche einer Teilplanperiode dürfen nicht saldiert werden (vgl. Abbildung 148).

Da die Außenfinanzierung einen erheblichen Anteil der Finanzierung des Aufbaus der wachsenden Unternehmung übernimmt, ist sie nicht ausschließlich unter dem Aspekt der Liquiditätssicherung zu sehen. Die ergebniszielorientierte Planung der Kapitalstruktur stellt einen wesentlichen Teil der Planung im Rahmen der strategischen Planung in Verbindung mit der gesamtunternehmungsbezogenen Finanz- und Bilanzplanung dar[108].

---

106 Vgl. zur Klassifizierung von Finanzierungsarten und Kapitalarten und -quellen Hahn, O., Das Wesen der Finanzierung, in: Handbuch der Unternehmensfinanzierung, Hrsg. O. Hahn, München 1971, S. 19ff.; zur ausführlichen Darstellung von Eigen- und Fremdfinanzierung vgl. z. B. Drukarczyk, J., Finanzierung, a.a.O.; Hahn, O., Finanzwirtschaft, a.a.O., S. 203ff.; Vormbaum, H., Finanzierung der Betriebe, a.a.O., S. 155ff. und S. 277ff.

107 In Abhängigkeit von einer engen oder weiten Definition des Cash-flow können Änderungen der erhaltenen Anzahlungen und der Verbindlichkeiten aus Lieferungen und Leistungen sowohl als Komponenten der Cash-flow-Rechnung als auch als Komponenten der Außenfinanzierungsrechnung aufgefaßt werden. Entsprechend unserem PuK-Grundschema wollen wir diese Größen nicht als „Korrekturgrößen" des Cash-flow verstehen, sondern Erhöhungen der beiden Bestandsgrößen als Finanzierung und Verminderungen als Definanzierung auffassen (vgl. auch Abschnitt 5.3.2.1.1 dieses Teils).

108 Vgl. zu diesem hier nicht zu behandelnden Problem z. B. Hahn, O., Die Wahlkriterien finanzwirtschaftlicher Entscheidungen, in: Handbuch der Unternehmensfinanzierung, Hrsg. O. Hahn, München 1971, S. 122ff. sowie Abschnitt 3.1.3.5 dieses Teils.

Jahr	1995																	1996																	1997		1998		1999		2000	2001	2002	2003	2004
Quartal	1				2				3				4				Σ	1				2				3				4				Σ	1 2 3 4	Σ	1 2 3 4	Σ	1+2 3+4	Σ					
Monat	1	2	3	Σ	4	5	6	Σ	7	8	9	Σ	10	11	12	Σ		1	2	3	Σ	4	5	6	Σ	7	8	9	Σ	10	11	12	Σ												

1. Anfangsbestand an Zahlungsmitteln (in TDM)

2. Einzahlungen (Finanzierung) (in TDM) *)
   davon aus „gebundener" Finanzierung
   davon aus „freier" Finanzierung
   2.1. davon aus Eigenkapitalerhöhung
   2.2. davon aus Fremdkapitalaufnahme
   unterteilt nach Kreditarten

3. Auszahlungen (Definanzierung) (in TDM)
   davon für „gebundene" Definanzierung
   davon für „freie" Definanzierung
   3.1. davon Eigenkapitalentnahmen
   3.2. davon Fremdkapitalrückzahlung
   unterteilt nach Kreditarten

4. Über- bzw. Unterdeckung aus „gebundener" Finanzierungs-/Definanzierungsplanung (2a — 3a)

5. Über- bzw. Unterdeckung aus „freier" Finanzierungs-/Definanzierungsplanung (2b — 3b)

6. Über- bzw. Unterdeckung aus der gesamten Finanzierungs-/Definanzierungsplanung (1 + 2 — 3)

*) Die Unterteilung in insgesamt:
a) „gebundene" Finanzierung:
b) „freie" Finanzierung:
hat je Zeile zu erfolgen.

Abb. 148: Beispiel für die Ausgestaltung eines mittel- und langfristigen Außenfinanzierungsplanes

Neben der quantitativen Planung des dynamischen finanziellen Gleichgewichts wird häufig auch die zukünftige Gestaltung bestimmter Vermögens- und/oder Kapitalrelationen im Sinne einer qualitativen Planung des statischen finanziellen Gleichgewichts als Aufgabe der Finanzplanung gesehen[109]. Neben der Planung der „situativen" steht dann die der sogenannten „strukturellen" Liquidität.

Bei der Außenfinanzierungsplanung sind gewisse **Finanzierungsregeln** zu beachten, die zwar theoretisch nur geringe, in der Praxis jedoch erhebliche Bedeutung haben. Nach diesen Regeln soll die Sicherung der „strukturellen" Liquidität durch die Einhaltung von bestimmten Relationen von Bilanzpositionen der Aktiv- und/oder Passivseite verstärkt werden. Hier ist insbesondere das Prinzip der Fristenkongruenz (die Bindungsfristen bestimmter Aktiva sollen denen bestimmter Passiva entsprechen) – auch „goldene Bilanzregel" genannt – bekannt; das Streben nach Nichtüberschreitung branchenspezifischer Verschuldungsgrade; ferner die Einhaltung von definierten Liquiditätskennzahlen unterschiedlichen Grades, die als Quotienten aus Teilen des nach abnehmender Liquidierbarkeit geordneten Unternehmungsvermögens einerseits und den kurzfristigen Verbindlichkeiten andererseits gebildet werden und letztlich finanzwirtschaftliche Momentaufnahmen darstellen.

Die langfristige Planung der vertikalen Kapitalstruktur, d.h. des Verhältnisses zwischen Eigen- und Fremdkapitalteilen, ist in erster Linie Gegenstand der strategischen Planung[110]. Allerdings kann nach der sogenannten **vertikalen Bilanzstrukturregel** die Höhe des zu planenden Verschuldungsgrades nicht allein nach Rentabilitätsgesichtspunkten festgelegt werden. Wäre dies der Fall, würde sich auf Grund rentabilitätserhöhender Fremdkapitalaufnahme[111] die Relation Fremdkapital zu Eigenkapital weit über das Verhältnis von 1:1 hinaus erhöhen. Banken gehen jedoch bei ihrer Kreditvergabe im Hinblick auf das Risikopotential sehr branchenbezogen und unternehmungsindividuell vor.

Größere Relevanz für externe Kapitalgeber und damit die Finanzplanung besitzen die sogenannten **horizontalen Bilanzstrukturregeln** und **„Liquiditätskennzahlen"**. Sie sollen primär der Sichtbarmachung des Risikos der Kapitalgeber dienen und werden nach dem Grundsatz der Entsprechung von Kapitalbindungs- und -verfügungsfristen als Kennzahlen auf der Grundlage von Planbilanzen gebildet. Sie beeinflussen ihrerseits gegebenenfalls das bilanzielle Zahlenwerk bzw. die hierfür relevanten Teilplanungen. Es werden einerseits Planzahlen für das Verhältnis zwischen langfristig zur Verfügung stehendem Kapital und langfristig gebundenem Vermögen gebildet:

$$\text{Anlagendeckung i.e.S.} = \frac{\text{Eigenkapital}}{\text{Anlagevermögen}};$$

$$\text{Anlagendeckung i.w.S.} = \frac{\text{Eigenkapital + langfr. Fremdkapital}}{\text{Anlagevermögen + betriebsnotw. Teile des Umlaufvermögens}}.$$

Hierbei unterliegt die Abgrenzung der jeweils einzubeziehenden Vermögens- und Kapitalteile gewisser Willkür.

---

109 Vgl. z.B. Berger, K.-H., Finanzplanung, in: Unternehmensplanung, Hrsg. K. Agthe, E. Schnaufer, Baden-Baden 1963, S. 336ff.; Beyer, H.-T., Allgemeine Finanzplanung, a.a.O., S. 214ff.; Hauschildt, J., Finanzorganisation, a.a.O., S. 6ff.

110 Vgl. die Ausführungen in Abschnitt 3.1.3.5 dieses Teils.

111 Vgl. zum sog. Leverage-Effekt (Hebelwirkung zunehmender Verschuldung auf die Rentabilität) z.B. Arbeitskreis Hax der Schmalenbach-Gesellschaft, Investitions- und Finanzierungsentscheidungen im Rahmen langfristiger Unternehmenspolitik, ZfbF 1970, S. 762; Buchner, R., Grundzüge der Finanzanalyse, a.a.O., S. 124ff.; Süchting, J., Finanzmanagement, a.a.O., S. 446f.

Andererseits werden die liquiden bzw. kurzfristig liquidierbaren Aktiva in Beziehung zu den entsprechenden Passiva gesetzt. Hierzu können Kennzahlen gebildet und Strukturregeln aufgestellt werden:

$$\text{Liquidität 1. Grades} = \frac{\text{Zahlungsmittel}}{\text{kurzfristige Verbindlichkeiten}};$$

$$\text{Liquidität 2. Grades} = \frac{\text{Zahlungsmittel} + \text{kurzfr. Forderungen}}{\text{kurzfristige Verbindlichkeiten}};$$

$$\text{Liquidität 3. Grades} = \frac{\text{Zahlungsmittel} + \text{kurzfr. Forderungen} + \text{Vorräte}}{\text{kurzfristige Verbindlichkeiten}};$$

$$\text{Working Capital} = \text{gesamtes Umlaufvermögen} - \text{kurzfristige Verbindlichkeiten};$$

$$\text{Effektivverschuldung} = \text{Fremdkapital} - \text{Zahlungsmittel} - \text{kurzfristige Forderungen}.$$

Die genannten Bilanzstrukturregeln drücken sich in zeitpunktbezogenen Bruttogrößen aus, besitzen bestenfalls komparativ-statischen Charakter und sind lediglich als allgemeine Richtlinien zur generellen finanzwirtschaftlichen Risikoabwehr zu sehen.

Wertvollere Erkenntnisse werden dagegen gewonnen, wenn auch im Finanzbereich anstelle von bestandsorientierten Kennzahlen stromgrößenorientierte Kennzahlen gebildet werden. Als wichtige Kennzahl hat in diesem Zusammenhang der Quotient aus Effektivverschuldung und Brutto-Cash-flow in Wissenschaft und Praxis Bedeutung:

$$\text{Verschuldungsfähigkeit} = \frac{\text{Effektivverschuldung}}{\text{Brutto-Cash-flow}}$$

Diese Kennzahl verdeutlicht, wie groß der Zeitraum ist, bis die Unternehmung ihre Schulden aus selbst erwirtschafteten Mitteln tilgen könnte.

Ebenso wie in der Investitionsplanung kommt der **formalen Ausgestaltung der Finanzierungsplanung** erhebliches Gewicht zu. Hierunter soll wieder die Festlegung der Länge des Planungszeitraumes, die Aufeinanderfolge der Planungsperioden (als Ausdruck der Kontinuität der Planung) und die Festlegung der Länge der als Quasi-Zahlungszeitpunkte fungierenden Teilabschnitte der ersten Planungsperiode verstanden werden (vgl. Abbildung 148).

Die Länge der Planungsperiode wird sich grundsätzlich an dem von der Investitionsplanung erfaßten Zeitraum orientieren, zum Teil darüber hinausgehen, da z. B. alle mit einem geplanten Finanzierungsvorgang verbundenen späteren Definanzierungsvorgänge in dem jeweiligen Plan – hier: Kreditplan – ausgewiesen werden sollten.

Wegen der Bedeutung kurzfristiger Finanzierungsplanung hat die Bemessung der Länge der jeweiligen Teilzeiträume, für die innerhalb der Planperiode jeweils Aus- und Einzahlungen zusammengefaßt werden, bei der Finanzierungsplanung innerhalb der jeweils ersten Planteilperioden (z. B. Planmonate) detaillierter als bei der Investitionsplanung zu erfolgen.

Die Notwendigkeit der vollständigen Erfassung aller Zahlungen aus partiellen Zahlungsplanungen verbietet grundsätzlich eine isolierte fallweise, unregelmäßige Durchführung liquiditätsorientierter Finanzierungsplanung. Dies schließt jedoch die Möglichkeit von fallweisen liquiditätsorientierten Finanzierungsplanungen im Zusammenhang mit der ergebniszielorientierten Beurteilung von Finanzierungs- und Definanzierungsalternativen im Rahmen der strategischen Planung nicht aus.

Zusammengefaßt kann die Außenfinanzierungsplanung nach ihrer formalen Ausgestaltung als eine periodische, rollende Zahlungsplanung gekennzeichnet werden, die auf Grund ihrer spezifischen Aufgabenstellung in kürzere Teilperioden (Quasi-Zahlungszeitpunkte) zerlegt ist als die Investitionsplanung und die im Rahmen der kurzfristigen Planung dementsprechend häufiger erstellt wird und damit häufiger aktualisiert wird.

Wie bei der Investitionsplanung erweist sich die Operationalität der diskutierten Ausgestaltungsmöglichkeiten letztlich erst bei ihrer Umsetzung in einen tabellen- bzw. matrixförmigen Finanzierungsplan, der der Unternehmungsführung bzw. den sonstigen Trägern finanzwirtschaftlicher Entscheidungen als Planungs- und Kontrollinstrument dient (vgl. Abbildung 148).

Die kurzfristige Finanzierungsplanung ist in die langfristige eingebettet und gibt eine aufgefächerte Darstellung des ersten Planjahres (Planhalbjahres) der langfristigen Finanzierungsplanung. Für die kurzfristige Finanzierungsplanung gilt, daß die einzelnen Spalten für Planungszeiträume und Summen jeweils Soll-, Ist- und Abweichungsangaben aufnehmen müssen, damit die Aufstellungen ohne weiteres für Kontrollzwecke verwendbar sind.

5.3.2.3.2 Informationsgehalt

Anders als die liquiditätsorientierte Cash-flow-Planung und Investitionsplanung, die primär ein geldmäßiges Spiegelbild der güterwirtschaftlichen Vorgänge der Unternehmung (d.h. der Potentialänderungen und Aktionen) sind, erfaßt die **Außenfinanzierungsplanung/-definanzierungsplanung** nur **Aufnahme und Rückzahlung von Beteiligungs- und Fremdkapital.**

Daraus ergibt sich, daß einerseits die Informationen der Außenfinanzierungs-/-definanzierungsplanung nur einer relativ kleinen Gruppe von Führungs- und Ausführungsorganen im Finanzbereich der Unternehmung zugänglich sein müssen[112]. Darüber hinaus sind diese Informationen für die oberste Unternehmungsführung und für die potentiellen Kapitalgeber von besonderem Interesse.

Die Finanzierungs- und Definanzierungsplanung zeigt den Verschuldungsgrad der Unternehmung und gibt einen differenzierten Überblick über die Eigen- und Fremdkapitalstruktur, unterteilt nach Kapitalgebern, bei dem Fremdkapital zudem nach der Fristigkeit.

Im Zusammenhang mit der Cash-flow-Planung und der liquiditätsorientierten Investitionsplanung besitzt die Finanzierungsplanung besondere Bedeutung für die Finanzplanung. Die Liquiditätserhaltung einschließlich der Sicherstellung einer bestimmten Liquiditätsreserve ist im Rahmen einer totalen Finanzplanung primäres Ziel dieser Zahlungsrechnung. Im Falle einer Unterdeckung stellen ergebnisorientierte Forderungen eine Nebenbedingung dar. Lediglich im Falle eines Überschusses gibt die Finanzierungsplanung Grundinformationen für Prüfungen, durch welche festzustellen ist, ob unter Ergebnisgesichtspunkten die Anlage freier Beträge in der Unternehmung, außerhalb der Unternehmung oder vorzeitige Rückzahlung von Fremdkapital empfehlenswert ist.

Der **besondere Informationsgehalt** dieser Planung liegt für die Unternehmungsführung vor allem darin, daß die Außenfinanzierung bzw. -definanzierung das wichtigste und oft einzige Mittel der Unternehmungsführung ist, kurzfristige Zahlungsunter- bzw. -überdeckungen situationsbedingt bei unveränderbarer Leistungsstruktur auszugleichen.

---

112 Vgl. zur Finanzleitung und insbesondere zur Rolle des Treasurers in der Unternehmung z.B. Arbeitskreis Krähe der Schmalenbach-Gesellschaft, Finanzorganisation, Köln–Opladen 1964, S. 88ff. sowie Beyer, H. T., Die finanzwirtschaftliche Organisation der Unternehmung, a.a.O., S. 199ff.; Hahn, D., Konzepte und Beispiele zur Organisation des Controlling in der Industrie, a.a.O., S. 4ff.; Hauschildt, J., Finanzorganisation, a.a.O., S. 6ff. und Teil V, Abschnitt 1.1.2.

5.3.2.4 Liquiditätsreserveplanung und -kontrolle

Die Liquiditätsreserve stellt den durch die Unternehmungsführung für Zeiträume oder Zeitpunkte der Planperiode in bestimmter Höhe geforderten bzw. geplanten (Mindest-) **Bestand an Zahlungsmitteln** (Kassenbestände, Sichtguthaben) dar, der zur **Risikoabwehr** – d. h. für den Fall nicht prognostizierter Unterdeckung – gehalten wird. Man kann auch von Plan-Liquiditätsreserve sprechen. Die generelle Motivation für das Halten einer Liquiditätsreserve – Risikoabwehr angesichts der Ungewißheit zukünftiger wirtschaftlicher Ereignisse – kann in drei Beweggründe, nämlich in das Transaktions-, Vorsichts- und Spekulationsmotiv aufgelöst werden [113].

Von der Liquiditätsreserve – die auch als Investition interpretiert werden kann – sind jene Zahlungsmittel streng zu trennen, die aus einer Überdeckung resultieren und für die mangels ergebniszielkonformer Möglichkeiten noch keine Anlage geplant ist. Ebenso sind weitergehende finanzwirtschaftliche Maßnahmen zur Sicherung der Zahlungsfähigkeit bei unsicheren Erwartungen, die – wie z. B. die Vereinbarung von Kreditlimits – erst unter bestimmten Umständen zu Einzahlungen führen, von der Liquiditätsreserve i.e.S. zu unterscheiden [114]. Allerdings werden solche Maßnahmen durchaus die Höhe der Liquiditätsreserve mitbestimmen.

Die Festlegung der Höhe der Liquiditätsreserve stellt ein relativ **autonomes Planungsproblem** innerhalb der Finanzplanung dar, das unter Liquiditäts- und Ergebnisgesichtspunkten zu behandeln ist. Bei der Festlegung der absoluten Höhe der Liquiditätsreserve besteht für die Unternehmungsführung die Möglichkeit, den Umfang der Liquiditätsreserve als Plangröße entweder vor der Erstellung der Zahlungsprognose festzulegen oder den Umfang der Liquiditätsreserve von dem voraussichtlichen Zahlungssaldo und den Eintrittswahrscheinlichkeiten der Prognosewerte abhängig zu machen.

Der Umfang der Liquiditätsreserve kann unter Berücksichtigung der partiell bestehenden Konkurrenz der Ziele Ergebnis- und Sicherheitsstreben (zumindest theoretisch) optimal bestimmt werden. Der mit zunehmender Höhe der Liquiditätsreserve steigenden Summe aus Opportunitätskosten und Kosten der Kassenhaltung (K_1) stehen allerdings nur schwer quantifizierbare vermiedene Zahlungsmittelfehlmengenkosten (K_2) gegenüber. Die optimale Liquidität ergibt sich, wenn die Summe von K_1 und K_2 ihr Minimum erreicht (vgl. Abbildung 149).

Allgemeingültige Regeln der Praxis für die Festlegung der Höhe der Liquiditätsreserve existieren nicht. Bei der Festlegung der **Liquiditätsreserve** bedient man sich daher **unternehmungsindividueller Erfahrungswerte** [115].

---

113 Vgl. Orth, L., Die kurzfristige Finanzplanung industrieller Unternehmungen, a.a.O., S. 78ff. (unter Bezugnahme auf J.M. Keynes). Bei der Planung der Höhe der Liquiditätsreserve kann man das Transaktionsmotiv, welches das Halten von Zahlungsmittelbeständen wegen des zeitlich nicht synchronisierten Anfalls von Ein- und Auszahlungen vorsieht, vernachlässigen, denn die Liquiditätsplanung geht von für Teilperioden zusammengefaßten Zahlungsströmen aus.

114 Vgl. zur Zweckbindung der Zahlungsmittel als begriffsbildendem Merkmal der Liquiditätsreserve sowie zur – hier nicht erfolgten – Einbeziehung einer sogenannten Notfinanzierung in die Liquiditätsreserve Witte, E., Zur Bestimmung der Liquiditätsreserve, ZfB 1964, S. 766f. und S. 771f.; ferner Süchting, J., Finanzmanagement, a.a.O., S. 562ff.; Vormbaum, H., Finanzierung der Betriebe, a.a.O., S. 116.

115 Vgl. hierzu Beyer, H.-T., Allgemeine Finanzplanung, a.a.O., S. 279 sowie Albach, H., Kapitalbindung und optimale Kassenhaltung, in: Finanzierungshandbuch, Hrsg. H. Janberg, Wiesbaden 1964, S. 369ff., insbesondere S. 407ff.; Buchner, R., Grundzüge der Finanzanalyse, a.a.O., S. 190ff.; Perridon, L., Steiner, M., Finanzwirtschaft der Unternehmung, a.a.O., S. 143ff.; Süchting, J., Finanzmanagement, a.a.O., S. 562ff.

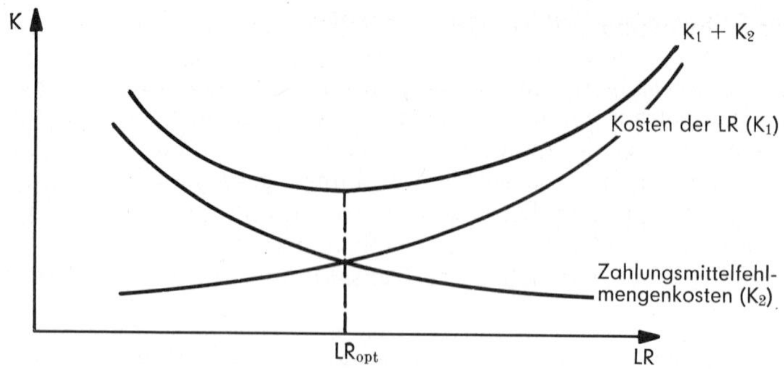

Abb. 149: Festlegung der Liquiditätsreserve

Als wichtigste **Determinanten für die Festlegung der Höhe der Liquiditätsreserve** lassen sich nennen:

- die Gewichtung des Ergebnis- und Liquiditätszieles;
- die Erwartungen hinsichtlich der Planabweichungen bei Zahlungen, die wiederum von Veränderungen im Umsystem (z. B. Branchen- und allgemeine Wirtschaftslage, Zahlungsgewohnheiten, Absatz- und Beschaffungslage) und im System Unternehmung (z. B. Produktivitätsvariationen, Betriebsunterbrechung) abhängig sind;
- die eingeräumten Kreditlimits;
- der Grad finanzwirtschaftlicher Verflechtung bei mehrgliedrigen Unternehmungen.

Die Planung der Höhe der Liquiditätsreserve kann nur durch Modelle simultaner Zahlungsplanung (Simulation der Finanzplanung) verbessert werden[116].

5.3.3 Totale integrierte Aus- und Einzahlungsplanung und -kontrolle/ Finanzplanung und -kontrolle

5.3.3.1 Grundsätzliches

Die dargestellten partiellen Zahlungsplanungen enthalten jeweils nur einen Teil der gesamten während der Planperioden voraussichtlich fließenden Zahlungsströme und den zu Beginn vorhandenen Zahlungsmittelbestand.

In der rechtlich und wirtschaftlich eine Einheit bildenden Unternehmung kann es jedoch weder partielle Liquidität noch partielle Illiquidität geben. Stets ist eine totale, d. h. alle partiellen Zahlungsplanungen umfassende Finanzplanung erforderlich. Da zudem der Verlauf der Ein- und Auszahlungsströme, die Höhe der Plan-Liquiditätsreserve und vor allem die Art der Außenfinanzierung alle übrigen Teilplanungen der Unternehmung (mit-)beeinflussen, erscheint auch eine isolierte Planung und Kontrolle von Zahlungsgrößen allein unter

116 Vgl. zum Modell zeitlicher Abstimmung von Ein- und Auszahlungen unter Ungewißheit z. B. Gutenberg, E., Grundlagen der Betriebswirtschaftslehre, 3. Bd., Die Finanzen, a.a.O., S. 389 ff.; vgl. auch Ballwieser, W., Kassendisposition und Wertpapieranlage, Wiesbaden 1978; Lüder, K., Zum Problem der Bestimmbarkeit eines Liquiditätsoptimums, ZfB 1967, S. 519 ff.

Liquiditätszielgesichtspunkten wenig sinnvoll. Die Unternehmungsführung muß über ein vollständiges, die Wechselbeziehungen zwischen liquiditäts- und ergebnisorientierter Planungsrechnung aufzeigendes System einer Zahlungsrechnung verfügen. Nur eine solche **totale**, mit den übrigen Teilplanungen **integrierte derivative und originäre Zahlungsplanung** ermöglicht die Erhaltung der Zahlungsfähigkeit der Unternehmung – auch unter Beachtung des Ergebnisziels und anderer Ziele. Der **Prozeß der Finanzplanung und die Verbindung zu den übrigen Teilplanungen** sind in der Abbildung 150 nochmals schematisch dargestellt.

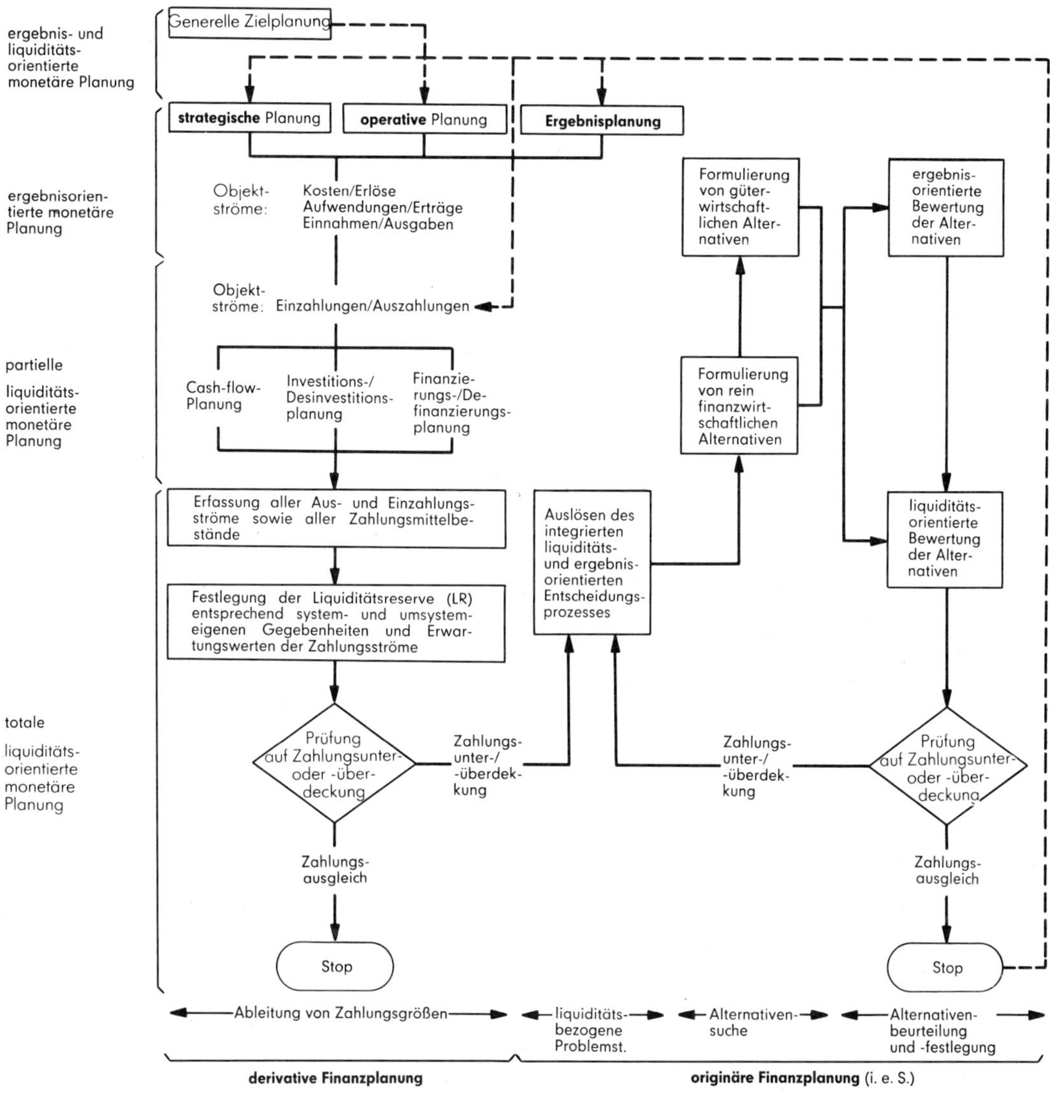

Abb. 150: Ablaufdiagramm der integrierten Finanzplanung

Im folgenden wird die totale Finanzplanung bei unterschiedlich intensiven Integrationsgraden mit den übrigen Teilplanungen der Unternehmung behandelt.

Die **totale Finanzplanung** wird zum einen **indirekt** und **sukzessiv**, d. h. aus der gesamtunternehmungsbezogenen bilanziellen Ergebnisplanung, die auf den strategischen und operativen Planungen beruht, schrittweise abgeleitet. Diese Art der Planung ist sinnvoll nur als **mittel- und langfristige Planung** durchführbar. Sie kann sukzessiv auch im Rahmen eines Ergebnis- und Finanzplanungsmodells erstellt werden.

Die **totale Finanzplanung** wird zum anderen **direkt** aus den strategischen und operativen Planungen sowie bezüglich einiger Positionen (Ausschüttungen, Steuern) aus Angaben der gesamtunternehmungsbezogenen bilanziellen Ergebnisplanung und bezüglich einiger Positionen (Zinsen, Kapitalrückzahlungen) aus Angaben der gesamtunternehmungsbezogenen Außenfinanzierungs-/-definanzierungsplanung abgeleitet. Diese Art der Finanzplanung kann als **kurz-, mittel- und langfristige Finanzplanung** durchgeführt werden und wird entweder **sukzessiv** durch Verbindung der partiellen Zahlungsplanungen **oder simultan** mit Hilfe eines Gesamtunternehmungsmodells erstellt.

5.3.3.2 Indirekte Finanzplanung

Für die indirekte mittel- und langfristige Finanzplanung stellt die gesamtunternehmungsbezogene bilanzielle Ergebnisplanung die Hauptgrundlage dar. Aus ihr lassen sich Planbewegungsbilanzen und damit prospektive Kapitalflußrechnungen [117] entwickeln, die eine Rahmenplanung des langfristigen Verhältnisses zwischen Kapitalbedarf und -deckung ermöglichen.

Die **Bewegungsbilanz** soll durch Ausweis der Differenzen zwischen den Beständen aufeinanderfolgender Planbilanzen die durch Mittelverwendung und Mittelherkunft verursachten Aus- und Einzahlungen der Periode aufzeigen. Wie das folgende Schema zeigt (vgl. Abbildung 151 a), werden aus den Aktiv- und Passivpositionen der Planbilanz und mit Hilfe des Plan-Cash-flow Mittelherkunft und -verwendung abgeleitet.

Faßt man bestimmte Positionen dieser schematischen Bewegungsbilanz zusammen, so wird deutlich, daß sie die partiellen Zahlungsplanungen bzw. deren wesentliche Ableitungsgrundlagen in summarischer, also undifferenzierter Form sowie die Veränderung der Liquiditätsreserve enthält; allerdings wird das Zahlenwerk stets indirekt abgeleitet (vgl. Abbildung 151 b).

---

117 Vgl. hierzu Busse von Colbe, W., Kapitalflußrechnungen als Berichts- und Planungsinstrument, in: Schriften zur Unternehmensführung, Bd. 6/7, Kapitaldisposition, Kapitalflußrechnung und Liquiditätspolitik, Hrsg. H. Jacob, Wiesbaden 1968, S. 18 f.; Chmielewicz, K., Caspari, B., Zur Problematik von Finanzierungsrechnungen, DBW 1985, S. 156 ff.; Dellmann, K., Kapitalflußrechnungen – eine Bestandsaufnahme, DBW 1987, S. 471 ff.; Flohr, G., Bewegungsbilanz, in: HWF, Hrsg. H. E. Büschgen, Stuttgart 1976, Sp. 159 ff.; Franke, G., Hax, H., Finanzwirtschaft des Unternehmens und Kapitalmarkt, 3. Aufl., Berlin u.a. 1994, S. 121 ff.; Lachnit, L., Zeitraumbilanzen, Berlin 1972; ders., Bewegungsbilanz, in: HWR, Hrsg. K. Chmielewicz, M. Schweitzer, 3. Aufl., Stuttgart 1993, Sp. 183 ff.; Lücke, W., Die „dritte" Jahresrechnung, in: Instrumente der Unternehmensführung, Hrsg. K. Hax, K. Pentzlin, München 1973, S. 167 ff.; Perridon, L., Steiner, M., Finanzwirtschaft der Unternehmung, a.a.O., S. 547 ff.; Strobel, W., Bewegungsbilanz, in: HWB, 1. Bd., Hrsg. E. Grochla, W. Wittmann, 4. Aufl., Stuttgart 1974, Sp. 816 ff.; Weilenmann, P., Kapital- und Finanzflußrechnung, in: Lexikon des Rechnungswesens, Hrsg. W. Busse v. Colbe, 3. Aufl., München – Wien 1994, S. 345 ff.

Mittelverwendung	Soll	Ist	Abw.	Mittelherkunft	Soll	Ist	Abw.
1. Innen 1.1. Anlagenzugänge 1.2. Vorrätevermehrungen 1.3. Forderungsvermehrungen				1. Innen 1.1. Gewinn 1.2. Abschreibungen 1.3. Rücklagen-erhöhungen 1.4. Rückstellungs-erhöhungen 1.5. Anlagenabgänge 1.6. Vorräteverminderungen 1.7. Forderungs-verminderungen			
2. Außen 2.1. Eigenkapitalentn. und Gewinnausschüttungen 2.2. Fremdkapitaltilgungen				2. Außen 2.1. Eigenkapitaleinlagen 2.2. Fremdkap.-aufnahmen			
3. Erhöhung des Zahlungsmittelbestandes				3. Verminderung des Zahlungsmittelbestandes			

Abb. 151 a: Schematische Darstellung einer Bewegungsbilanz

Mittelverwendung	Bewegungsbilanz Mittelherkunft	Partielle Zahlungspläne
	1.1. Gewinn 1.2. Abschreibungen 1.3. Rücklagenerhöhungen 1.4. Rückstellungserhöhungen	Cash-flow-Plan
1.1. Anlagenzugänge 1.2. Vorrätevermehrungen 1.3. Ford.-vermehrungen	1.5. Anlagenabgänge 1.6. Vorräteverminderungen 1.7. Ford.-verminderungen	Investitions-/ Desinvestitionsplan
2.1. Eigenkapitalentnahme 2.2. Fremdkapitaltilgung	2.1. Eigenkapitaleinlagen 2.2. Fremdkapitalaufnahme	Außenfinanzierungs-/ -definanzierungsplan
3. Erhöhung des Zahlungsmittelbestandes	3. Verminderung des Zahlungsmittelbestandes	(derivative) Liquiditätsreserve

Abb. 151 b: Bewegungsbilanz und partielle Zahlungspläne (schematisch)

Die in der Bewegungsbilanz ausgewiesenen kapitalfreisetzenden und kapitalbindenden sowie -entziehenden und -zuführenden Zahlungsmittelbeständedifferenzen sind auf den Endpunkt des Planungszeitraumes bezogen. Auf der Grundlage dieser z. T. saldierten und undifferenzierten Größen der Erfolgsplanung lassen sich Zahlungsunter- oder Zahlungsüberdekkungen nur für mittel- und langfristige Planungszeiträume hinreichend genau ermitteln. Eine kurzfristige Finanzplanung ist hingegen auf der Basis dieses buchhalterischen Zahlenwerks nicht aussagefähig möglich.

Finanzplan (langfristig) – indirekte Ermittlung –			Planungszeitraum: 1995–1999						
1993	1994	Ein- und Auszahlungsursachen	1995			1996	1997	1998	1999
Ist	Ist		Soll	Ist	Abw.	Plan	Plan	Plan	Plan
		flüssige Mittel zum Periodenbeginn							
		± Bilanzgewinn/-verlust (ausschüttungsbestimmter) ± Rücklagenänderungen ± Gewinn-/Verlustvortrag d. J.							
		Jahresüberschuß/-fehlbetrag							
		± Abschreibungen/Zuschreibungen ± Rückstellungsänderungen ± Korrekturposten							
		Brutto-Cash-flow (I) – Gewinnausschüttung							
		+ **Netto-Cash-flow (I)**							
		+ **Desinvestitionen** durch Abnahme Anlagevermögen durch Abnahme Umlaufvermögen Vorräte Forderungen							
		= Innenfinanzierung (Cash-flow I + Desinvestitionen) + flüssige Mittel							
		– **Investitionen** durch Zunahme Anlagevermögen Sachanlagen – gebundene – freie Finanzanlagen – gebundene – freie (Investitionssteuer) durch Zunahme Umlaufvermögen Vorräte Forderungen							

		= Über-/Unterdeckung nach Investitionen							
		− **Definanzierung** durch Kredittilgung durch Eigenkapitalrückzahlung							
		= Über-/Unterdeckung nach Investitionen und Definanzierung							
		+ **Außenfinanzierung** durch Eigenkapitalaufnahme durch Kreditaufnahme							
		= **flüssige Mittel zum Periodenende**							
		− Plan-Liquiditätsreserve							
		= **Über-/Unterdeckung der Periode**							
		Bestand zum Periodenende an Forderungen insgesamt davon: kurzfristig mittelfristig langfristig Verbindlichkeiten insgesamt davon: kurzfristig mittelfristig langfristig							
		Kreditzusagen insgesamt davon: kurzfristig mittelfristig langfristig							

Rechnungsabgrenzungen sind als Sonderposten oder sinngemäß als Forderungen oder Verbindlichkeiten auszuweisen.

Abb. 152a: Indirekt abgeleiteter langfristiger Finanzplan (auf Basis Cash-flow I)

Die schematisch dargestellte Bewegungsbilanz bzw. sog. „**Dritte Jahresrechnung**", die somit nur für eine mittel- und langfristige Finanzplanung anwendbar ist, stellt eine besondere **Form der Kapitalflußrechnung** dar[118].

Erweitert man die aus der Planbilanz und Plangewinn- und -verlustrechnung abgeleitete komparativ-statische Kapitalflußrechnung zu einer detaillierten **indirekten langfristigen Finanzplanung**[119], so ergibt sich eine staffelförmige Mittelherkunfts- und -verwendungsaufstellung. Ausgehend von dem Bestand an flüssigen Mitteln zum Periodenbeginn wird auf der Basis der GuV-Pläne und Bilanzpläne sowie ggf. der Investitions- und Außenfinanzierungspläne je Planperiode der Bestand an flüssigen Mitteln bzw. die Unter- oder Überdeckung unter Berücksichtigung der Liquiditätsreserve am Periodenende ermittelt. Dieses Vorgehen wird als indirekte Methode der Finanzplanung bezeichnet, weil die Planzahlungsgrößen zumindest der Perioden-Cash-flow-Beträge aus gesamtunternehmungsbezogenen Nettogrößen der ergebnisorientierten Planung abgeleitet werden.

Abbildung 64m der PuK-Kennzahlenübersicht stellt einen relativ undifferenzierten indirekten langfristigen Finanzplan dar.

Abbildungen 152a und 152b zeigen jeweils einen relativ differenzierten indirekten langfristigen Finanzplan – ebenfalls nach dem Grundschema der PuK aufgebaut, zum einen vom Cash-flow I, zum anderen vom Cash-flow III ausgehend.

---

118 Vgl. die detaillierte, europäische wie angelsächsische Theorie und Praxis einbeziehende Untersuchung von Käfer, K., Kapitalflußrechnungen, a.a.O., insbesondere die Ausführungen über Kapitalfluß-Planungsrechnungen, S. 389ff.; ferner Boemle, M., Theorie und Praxis der Kapitalflußrechnung, DU 1981, S. 18ff.; Busse v. Colbe, W., Kapitalflußrechnung, in: HWR, Hrsg. K. Chmielewicz, M. Schweitzer, 3. Aufl., Stuttgart 1993, Sp. 1074ff.; Coenenberg, A. G., Schmidt, F., Die Kapitalflußrechnung als Ergänzungsrechnung des veröffentlichten Jahresabschlusses, ZfB 1978, S. 507ff.; Kloock, J., Kapitalflußrechnungen als den aktienrechtlichen Jahresabschluß ergänzende Dokumentationsrechnungen, BFuP 1979, S. 469ff.; Land, W. v., Strasser, H., Die finanzielle Spielraumrechnung als strategisches Instrument, ZfbF 1980, S. 297ff.; Weber, H. K., Die Kapitalflußrechnung als Ergänzung des Jahresabschlusses?, DB 1979, S. 609ff.; ders., Rentabilität, Produktivität, Liquidität der Unternehmung, a.a.O., S. 14ff.; Wysocki, K. v., Praktische Gestaltungsformen der Kapitalflußrechnung in der internationalen Diskussion, ZfbF-Kontaktstudium 1978, S. 167ff. Kapitalflußrechnungen werden auch als Finanz- oder Geldflußrechnungen bzw. Fondsveränderungsrechnungen bezeichnet. Der Fonds kann hierbei je nach Zielsetzung unterschiedlichen Umfang haben. Neben der Rechnung mit einem totalen Fonds, wie in der Bewegungsbilanz, kann auch mit partiellen Fonds gerechnet werden, in denen z. B. nur Änderungen des Geldvermögens oder des sogenannten Working Capital durch den Umsatz in Frage kommen. – Vgl. zur Darstellung von Kapitalflußrechnungen mit unterschiedlichen Fondstypen Coenenberg, A. G., Jahresabschluß und Jahresabschlußanalyse, a.a.O., S. 535ff.; Wöhe, G., Bilanzierung und Bilanzpolitik, a.a.O., S. 889ff. Vgl. auch die Ausführungen zum „Statement of Cash-flows" im Teil III, Abschnitt 5.3.2.1, bei dem als Fonds ausschließlich liquide Mittel zugelassen sind (cash and cash equivalents).

119 Die folgenden Ausführungen im Hinblick auf die langfristige Finanzplanung gelten auch für die mittelfristige Finanzplanung, sofern es sich hierbei um Jahresplanungen für drei bis fünf Jahre handelt.

Finanzplan (langfristig) – indirekte Ermittlung –			Planungszeitraum: 1995–1999						
1993 Ist	1994 Ist	Ein- und Auszahlungsursachen	1995 Soll	 Ist	 Abw.	1996 Plan	1997 Plan	1998 Plan	1999 Plan
		flüssige Mittel zum Periodenbeginn							
		± Bilanzgewinn/-verlust (ausschüttungsbestimmter) ⎫ ± Rücklagenänderungen ⎬ Jahresüberschuß/-fehlbetrag ± Gewinn-/Verlustvortrag d. J. ⎭ ± Abschreibungen/Zuschreibungen ± Rückstellungsänderungen ± Korrekturposten ± Bestandsänderungen an fertigen und unfertigen Erzeugnissen ± Bestandsänderungen an RHB ± Forderungsbestandsänderungen ± Verbindlichkeitsbestandsänderungen (Verb. a. LuL) ± Kundenanzahlungsbestandsänderungen							
		Brutto-Cash-flow (III) – Gewinnausschüttung							
		+ **Netto-Cash-flow (III)**							
		+ **Desinvestitionen im Anlagevermögen**							
		= Innenfinanzierung (Cash-flow III + Desinvestitionen) + flüssige Mittel							
		– **Investitionen im Anlagevermögen** Sachanlagen – gebundene – freie Finanzanlagen – gebundene – freie							
		= Über-/Unterdeckung nach Investitionen							
		– **Definanzierung** durch Kredittilgung (außer Verbindlichkeiten a. LuL, Kundenanzahlungen) durch Eigenkapitalrückzahlung							
		= Über-/Unterdeckung nach Investitionen und Definanzierung							
		+ **Außenfinanzierung** durch Kreditaufnahme (außer Verb. a. LuL, Kundenanzahlungen) durch Eigenkapitalaufnahme							
		= **flüssige Mittel zum Periodenende**							
		– Plan-Liquiditätsreserve							
		= **Über-/Unterdeckung der Periode**							
		Bestand zum Periodenende an Forderungen insgesamt, davon: kurzfristig mittelfristig langfristig Verbindlichkeiten insgesamt, davon: kurzfristig mittelfristig langfristig							
		Kreditzusagen insgesamt, davon: kurzfristig mittelfristig langfristig							

Rechnungsabgrenzungen sind als Sonderposten oder sinngemäß als Forderungen oder Verbindlichkeiten ausgewiesen.

Abb. 152b: Indirekt abgeleiteter langfristiger Finanzplan (auf Basis Cash-flow III)

5.3.3.3 Direkte Finanzplanung

Verfügt die Unternehmungsführung über ein integriertes Planungssystem, welches alle Bereiche der Unternehmung erfaßt, so sollte die lang-, mittel- und kurzfristige **Finanzplanung** nach Möglichkeit in Form einer totalen, sinnvoll differenzierten und in jedem Fall **direkt abgeleiteten Zahlungsplanung** erfolgen. Diese Form der Zahlungsplanung stellt letztlich die einzige zielkonforme Ausprägung der Finanzplanung dar, da sie die Zahlungswirkungen aller vor- bzw. parallelgelagerten Einzelpläne unmittelbar erfaßt. Auch ist nur im Rahmen einer direkten Finanzplanung eine bestmögliche Integration mit den übrigen Teilplanungen möglich.

Die direkte mehrperiodige lang-, mittel- und kurzfristige Finanzplanung basiert auf mehreren Grundlagen: auf dem mit prognostizierten Preisen bewerteten Mengen- und Zeitengerüst der operativen und strategischen Planung; auf bestimmten zahlungswirksamen Angaben der gesamtunternehmungsbezogenen Ergebnisplanung, insbesondere über die Ausschüttungs-/Rücklagenpolitik und damit die Steuerbelastung; ferner auf bestimmten Angaben der stets gesamtunternehmungsbezogenen Außenfinanzierungsplanung, insbesondere über Außenfinanzierungsmöglichkeiten, Außendefinanzierungsmöglichkeiten/-notwendigkeiten und Kapitalanlagemöglichkeiten nach Art, Umfang und Zinssatz bzw. Rendite sowie Zeitdauer.

Bei **sukzessiver Finanzplanung**, die hier vor Skizzierung der simultanen Finanzplanung unter Einsatz von Gesamtunternehmungsmodellen dargestellt wird, kann die **totale direkte Finanzplanung** gegliedert nach partiellen Zahlungsplanungen erfolgen, also unterteilt nach

- **Cash-flow-Planung**,
- **Investitions-/Desinvestitionsplanung,**
- **Außenfinanzierungs-/-definanzierungsplanung und**
- **Liquiditätsreserveplanung**.

Dieses Zahlenwerk ist stets nach demselben Gestaltungsprinzip aufzubauen, wobei sich die lang-, mittel- und kurzfristige Finanzplanung nur durch den Detaillierungsgrad der Positionen, d. h. den Aggregationsgrad der Zahlungsgrößen, und die Länge der Teilplanungsperioden unterscheiden. Die Abbildungen 153a und 153b zeigen den möglichen Aufbau eines direkt aus den übrigen Teilplanungen abgeleiteten langfristigen Finanzplans, zum einen vom Cash-flow I, zum anderen vom Cash-flow III ausgehend.

Im Hinblick auf die **Ermittlung des Zahlenwerks** des relativ differenzierten **direkten langfristigen Finanzplans** ist bezüglich der wichtigsten Posten folgendes zu bemerken:

Die **Ein- und Auszahlungen der Cash-flow-Planung** ergeben sich nach Höhe und Fälligkeit zum einen aus den programm- und funktionsbereichsbezogenen Planungen der operativen Planung, in denen Veränderungen auf Grund strategischer Planungen in künftigen Perioden berücksichtigt sind. Zum anderen werden Einzahlungen und Auszahlungen aus der Außenfinanzierungs-/-definanzierungs- und Kapitalanlageplanung erfaßt (Zinszahlungen). Schließlich sind die geplanten Ausschüttungen und damit die voraussichtlichen Steuerbelastungen der bilanziellen Ergebnisplanung zu entnehmen. Hier zeigen sich die Verzahnungen und Wechselbeziehungen zwischen den Teilplanungen.

Die **Einzahlungen und Auszahlungen der Investitions- und Desinvestitionsplanung** ergeben sich als Zahlungsgrößen nach Höhe und Fälligkeit unmittelbar aus der strategischen und der gesamtunternehmungsbezogenen Planung. Hier bereitet die Prognose der Zahlungszeitpunkte und auch der Höhe der Beträge sowohl im Rahmen der kurzfristigen als auch der langfristigen Planung zum Teil erhebliche Schwierigkeiten. Kurzfristig ist insbesondere die finanzielle Abwicklung von Großprojekten oft nur schwer exakt vorhersagbar; langfristig ist

1993 Ist	1994 Ist	Finanzplan (langfristig) – direkte Ermittlung – Zahlungsgrößen	Zahlungsgrößenherkunft (zugrundeliegende Pläne)	Planungszeitraum: 1995–1999 1995 Soll	Ist	Abw.	1996 Plan	1997 Plan	1998 Plan	1999 Plan
		Zahlungsmittelanfangsbestand + **Cash-flow I (insgesamt)** Einzahlungen aus Umsatz (nach Produktgruppen) Sonstige Einzahlungen (ohne Desinvestitionen) Auszahlungen für Leistungserstellung Material Energie Personal Rechte, Dienste und andere Sonstige Auszahlungen Zinsen Dividenden Rückstellungszahlungen	Programmplan Operative funktions-bereichsbezogene Pläne Gesamtunterneh-mungsbezogene Pläne							
		+ **Desinvestitionen** Sachanlagen Finanzanlagen Umlaufvermögen	Strategische Pläne Gesamtunternehmungs-bezogene Pläne							
		= Innenfinanzierung (Cash-flow I + Desinvestitionen) + Zahlungsmittel								
		− **Investitionen** Sachanlagen Finanzanlagen Umlaufvermögen	Strategische Pläne							
		− **Definanzierung (Rückzahlungen)** Fremdkapital (kurz-/langfristig) Eigenkapital	Gesamtunterneh-mungsbezogene Pläne							
		= Überschuß-/Fehlbetrag								
		+ **Außenfinanzierung** Fremdkapital (kurz-/langfristig) Eigenkapital	Gesamtunterneh-mungsbezogene Pläne							
		= **Zahlungsmittelendbestand (= Plan-Liquiditätsreserve)**								
		Forderungen ($\neq$ Einz. innerhalb einer Planperiode) Verbindlichkeiten ($\neq$ Ausz. innerhalb einer Planperiode) Langfristiger Kreditsaldo Forderungsendbestand – Verbindlichkeitsendbestand Kreditvolumen (nach Kreditoren) Kreditlinien								

Abb. 153a: Direkt abgeleiteter langfristiger Finanzplan auf der Grundlage vor- bzw. parallelgelagerter programm-, bereichs- und gesamtunternehmungsbezogener Pläne – auf Basis Cash-flow I[120]

120 Zur Gliederung der Zahlungsgrößen vgl. auch Witte, E., Finanzplanung der Unternehmung, a.a.O., S. 46ff.

Finanzplan (langfristig) – direkte Ermittlung –				Planungszeitraum: 1995–1999						
1993	1994	Zahlungsgrößen	Zahlungsgrößenherkunft (zugrundeliegende Pläne)	1995			1996	1997	1998	1999
Ist	Ist			Soll	Ist	Abw.	Plan	Plan	Plan	Plan
		Zahlungsmittelanfangsbestand + **Cash-flow III (insgesamt)** Einzahlungen aus Umsatz (incl. Einzahlg. aus Lagerbestandsverm. fert. u. unfert. Prod., Forderungsbestandsvermind. sowie Anzahlungsbestandserhöhungen) Sonstige Einzahlungen (ohne Desinvestitionen) Auszahlungen für Leistungserstellung Material Energie Personal Rechte, Dienste und andere (incl. Auszahlungen für Verbindlichkeitsbestandsverminderungen für Lieferungen und Leistungen) Sonstige Auszahlungen Zinsen Dividenden Rückstellungsauszahlungen	Programmplan Operative funktionsbereichsbezogene Pläne Gesamtunternehmungsbezogene Pläne							
		+ **Desinvestitionen** Sachanlagen Finanzanlagen	Strategische und gesamtunternehmungsbezogene Pläne							
		= Innenfinanzierung (Cash-flow III + Desinvestitionen) + Zahlungsmittel								
		– **Investitionen** Sachanlagen Finanzanlagen								
		– **Definanzierung (Rückzahlungen)** Fremdkapital (außer Verbindlichkeitsbestandsverm. für Lieferungen und Leistungen und Anzahlungsbestandsreduktion) Eigenkapital	Strategische und gesamtunternehmungsbezogene Pläne							
		= Überschuß-/Fehlbetrag								
		+ **Außenfinanzierung** Fremdkapital (außer Anzahlungsbestandserhöhung) Eigenkapital	Gesamtunternehmungsbezogene Pläne							
		= **Zahlungsmittelendbestand (= Plan-Liquiditätsreserve)**								
		Forderungen (≠ Einz. innerhalb einer Planperiode) Verbindlichkeiten (≠ Ausz. innerhalb einer Planperiode) Langfristiger Kreditsaldo Forderungsendbestand – Verbindlichkeitsendbestand Kreditvolumen (nach Kreditoren) Kreditlinien								

Abb. 153b: Direkt abgeleiteter langfristiger Finanzplan auf der Grundlage vor- bzw. parallelgelagerter programm-, bereichs- und gesamtunternehmungsbezogener Pläne – auf Basis Cash-flow III

insbesondere die Vorhersage der Preise für Investitionen und die Angabe von Veräußerungserlösen bei Desinvestitionen besonders problematisch.

Die **Ein- und Auszahlungen der Außenfinanzierungs- und -definanzierungsplanung** ergeben sich nach Höhe und Fälligkeit für Beteiligungskapital- und Fremdkapitalaufnahme unmittelbar als Zahlungsgrößen der originären Finanzplanung, für Fremdkapitalrückzahlungen aus dem Kreditplan (Fremdfinanzierungs-/Fremddefinanzierungsplan). Schwierigkeiten bereitet hier die Prognose der Kapitalbeschaffungsmöglichkeiten – untergliedert nach Kreditarten und Kreditkonditionen.

Die **Planung der Beibehaltung oder Änderung** der Höhe **der Liquiditätsreserve** erfolgt unter Beachtung aller übrigen Teilplanungen.

Diese Finanzplanung stellt zunächst eine **vorläufige Zahlungsplanung** für künftige Perioden dar. Im Falle eines nicht liquiditätszielkonformen Zahlungsmittelbestandes am Ende bzw. Anfang je Planperiode sind **Anpassungsmaßnahmen** durch Variation zahlungsverursachender programm-, bereichs- und/oder gesamtunternehmungsbezogener Planungen vorzunehmen.

Unabhängig davon, in welchem Umfang durch Feststellung einer vorläufigen Unter- oder Überdeckung güterwirtschaftliche und/oder rein finanzielle Anpassungsentscheidungen ausgelöst werden, eignet sich die Form direkter Finanzplanung auf der Grundlage programm-, bereichs- und gesamtunternehmungsbezogener Pläne besser als alle vorher dargestellten Möglichkeiten der Zahlungsplanung zur Planung der Liquidität. Besonders deutlich wird dies im Hinblick auf die **Verzahnung** zwischen **langfristiger** und – letztlich nur deren erste Teilperiode in vergrößertem Maßstab wiedergebender – **kurzfristiger Finanzplanung**, die notwendigerweise auf direkt abgeleiteten Zahlungsgrößen beruht. Zweifellos ist jedoch die langfristige direkte Ermittlung der Einzahlungen und Auszahlungen schwieriger und aufwendiger als die indirekte Ableitung der Zahlungen. Aber auch bei indirekter langfristiger Finanzplanung ist die kurzfristige Finanzplanung in jedem Falle in direkter Form durchzuführen.

Gegenüber der langfristigen Finanzplanung ist die bis zu 12 Monate umfassende **kurzfristige Finanzplanung** mit dazugehöriger Finanzprognose insbesondere durch die folgenden **Besonderheiten** gekennzeichnet:

- Im Rahmen der derivativen Planung sind höhere Anforderungen an die betrags- und zeitpunktgenaue Prognose der Aus- und Einzahlungen zu stellen. Die voraussichtlichen kurzfristigen Ein- und Auszahlungen werden in der Praxis zum einen auf der Basis der Hochrechnungen (der voraussichtlichen Ist-Größen) der Teilplanungen unter Beachtung der Plangrößen der jeweiligen Kurzfristplanung ermittelt, zum anderen versucht man, den voraussichtlichen Einzahlungsstrom auf der Basis bestimmter Prognosemodelle abzuleiten[121].
- Die Zahlungsplanung ist mit hohem Detaillierungsgrad und für kurze Teilperioden aufzustellen, wobei z. B. innerhalb einer Dekade eine Tagesplanung erfolgen kann. Man spricht hier auch von Finanzdisposition[122]. Abbildung 154 zeigt ein Beispiel für die Bildung von Quasi-Zahlungszeitpunkten in der kurzfristigen Finanzplanung.

---

121 Vgl. zur stochastischen Vorhersage finanzwirtschaftlicher Größen z. B. Gahse, S., Die neuen Techniken der Finanzplanung mit elektronischer Datenverarbeitung, München 1971, S. 40ff.; ferner insbesondere Lücke, W., Finanzplanung und Unsicherheit, a.a.O., Sp. 567ff.; Nagel, K., Wurzbacher, W., Modelle zur kurzfristigen Einnahmenplanung unter Einsatz von EDV-Anlagen, IBM Form E 12-1047, 3.71; Rosenberg, O., Finanzplanungsmodelle, in: HWF, Hrsg. H.E. Büschgen, Stuttgart 1976, Sp. 580ff.

122 Vgl. Witte, E., Finanzrechnung, insbesondere Finanzplanung, a.a.O., Sp. 556.

Die Differenzierung innerhalb des Cash-flow-Plans, des Desinvestitions- und Investitionsplans und des Außenfinanzierungs- und -definanzierungsplans kann unternehmungsindividuell erfolgen.

- Im Rahmen der originären Planung bieten sich hier bei vorhersehbaren Zahlungsunter- oder -überdeckungen fast ausschließlich finanzwirtschaftliche Alternativen zur Lösung des Problems an. Die Modifizierung güterwirtschaftlicher Planungen zum Zwecke des Zahlungsausgleichs ist grundsätzlich nur bei der Aktionsplanung möglich; die Potentialplanung gestattet nur in wenigen Fällen, z. B. bei Desinvestitionen, kurzfristige Modifikationen.

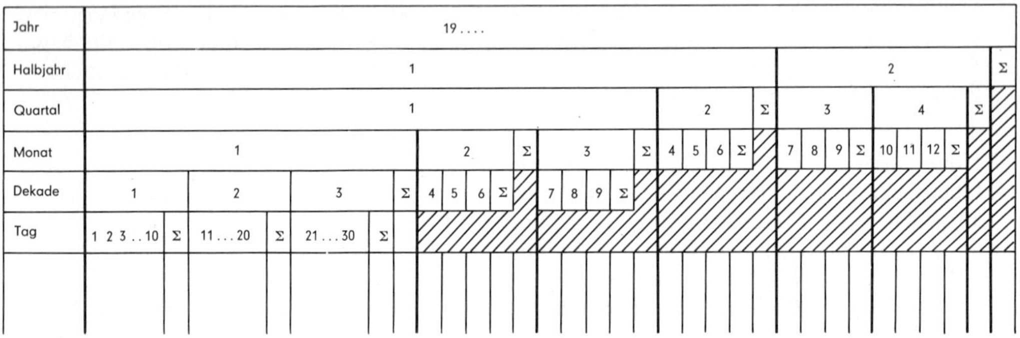

<table>
<tr><td>Jahr</td><td colspan="32">19....</td></tr>
<tr><td>Halbjahr</td><td colspan="22">1</td><td colspan="9">2</td><td>Σ</td></tr>
<tr><td>Quartal</td><td colspan="17">1</td><td colspan="4">2</td><td>Σ</td><td colspan="4">3</td><td colspan="4">4</td><td>Σ</td><td></td></tr>
<tr><td>Monat</td><td colspan="7">1</td><td colspan="4">2</td><td>Σ</td><td colspan="4">3</td><td>Σ</td><td>4</td><td>5</td><td>6</td><td>Σ</td><td></td><td>7</td><td>8</td><td>9</td><td>Σ</td><td>10</td><td>11</td><td>12</td><td>Σ</td><td></td><td></td></tr>
<tr><td>Dekade</td><td colspan="2">1</td><td colspan="2">2</td><td colspan="2">3</td><td>Σ</td><td>4</td><td>5</td><td>6</td><td>Σ</td><td></td><td>7</td><td>8</td><td>9</td><td>Σ</td><td></td><td colspan="15"></td></tr>
<tr><td>Tag</td><td>1 2 3 .. 10</td><td>Σ</td><td>11 ... 20</td><td>Σ</td><td>21 ... 30</td><td>Σ</td><td></td><td colspan="25"></td></tr>
</table>

Abb. 154: Periodisierungsmöglichkeiten eines kurzfristigen Finanzplanes

Von einer spezifischen Aufgabe der kurzfristigen Finanzplanung, die sie grundsätzlich von der langfristigen unterscheiden würde, kann man jedoch nicht sprechen. In jedem Fall zielt die Finanzplanung auf die Erfassung der Zahlungswirkungen sämtlicher Pläne in der Unternehmung sowie auf die Herbeiführung des Ausgleichs zwischen Aus- und Einzahlungen in einem Planungszeitpunkt bzw. -zeitraum durch Ausgleich von Unterdeckungen und Überschüssen.

Zur **Vermeidung von Zahlungsunterdeckungen oder Zahlungsüberdeckungen** in künftigen Perioden, die durch die derivative Finanzplanung sichtbar gemacht werden, sind **im Rahmen der lang-, mittel- und kurzfristigen originären Finanzplanung** güter- und finanzwirtschaftliche Ausgleichsmaßnahmen zu initiieren – und letztere auch zu entscheiden.

Für den **Ausgleich** einer für eine Teilperiode oder mehrere Teilperioden des Planungszeitraumes vorhersehbaren **Zahlungsunterdeckung** bestehen grundsätzlich folgende Handlungsmöglichkeiten:

- Erhöhung der Einzahlungen durch zusätzliche Mittelbeschaffung und/oder Vorwegnahme von für spätere Zeitpunkte geplanten Einzahlungen;
- Verminderung der Auszahlungen durch Verzicht auf geplante auszahlungswirksame Maßnahmen und/oder Verschiebung von Auszahlungen auf spätere Zeitpunkte.

Die entsprechenden konkreten Maßnahmen sind nicht allein durch die Angabe der Höhe und des Zeitpunktes der zusätzlichen Einzahlung bzw. der vermiedenen Auszahlung zu kennzeichnen. Neben den entsprechenden Kosten, die der ergebnisorientierten Beurteilung dienen, sind auch die mit der jeweiligen Alternative verbundenen besonderen Risiken und Probleme auszuweisen sowie die eventuelle Wirkung der jeweiligen Maßnahmen auf andere finanz- und güterwirtschaftliche Teilplanungen.

Als Ergebnis der Alternativensuche und als Hilfsmittel der Bewertung liegt den Trägern liquiditäts- und ergebnisorientierter Planung in der Unternehmung sodann zur Beurteilung kurzfristiger finanzwirtschaftlicher Maßnahmen z. B. das folgende Schema vor (vgl. Abbildung 155).

Finanzwirtschaftliche Alternativenplanung zum kurzfristigen Finanzplan für den Zeitraum März 1995–Februar 1996								
Alternative	Einzahlung bzw. vermiedene Auszahlung: Höhe DM	Einzahlung bzw. vermiedene Auszahlung: erfolgt am:	Einzahlung bzw. vermiedene Auszahlung: zieht Auszahlung nach sich am:	Kosten: Höhe DM	Kosten: zahlungswirksam zum:	mit der Alternative verbundene Risiken (Verlustmöglichkeit): ja/nein	mit der Alternative verbundene Risiken (Verlustmöglichkeit): Größenordnung	Alternative bedingt Änderungen bei folgenden anderen Plänen:
z. B. Akzeptkredit (Bank ...)	50000	1. 11. 95	28. 2. 96	3750 (Akzeptprov., Disk.)	28. 2. 96	nein		–
z. B. Überziehung von Zahlungstermin (Kreditor ...)	25450	30. 6.	Dez. 95	ca. 580 (Verzugszinsen, evtl. Gebühren)	Dez. 95	ja (evtl. Lieferantenausfall)	gering	evtl. Beschaffungsplanung

Abb. 155: Tabelle zur Beurteilung finanzwirtschaftlicher Alternativen bei vorhersehbarer Zahlungsunterdeckung im Rahmen der kurzfristigen Finanzplanung

Zum **Ausgleich** einer für eine Teilperiode oder mehrere Teilperioden des Planungszeitraumes vorhersehbaren **Zahlungsüberdeckung** wird analog vorgegangen. Für die Lösung dieses Problems bieten sich die folgenden Handlungsmöglichkeiten an:

- Erhöhung der Auszahlungen durch Wahrnehmung unterschiedlicher Anlagemöglichkeiten und/oder Vorwegnahme von für spätere Zeitpunkte geplanten Auszahlungen;
- Verminderung der Einzahlungen durch Unterlassen von einzahlungswirksamen Maßnahmen und/oder Verschiebung von Einzahlungen auf spätere Zeitpunkte.

In der entsprechenden Beurteilungstabelle ist für die einzelnen Alternativen (z. B. Sicht- oder Festgeldanlage, Bildung von Wertpapier- und/oder Wechselportefeuille, vorzeitige Kredittilgung) jeweils auch der Ertrag in einer gesonderten Spalte auszuweisen, um eine ergebnisorientierte Bewertung zu ermöglichen.

Abbildung 146 zeigt im Überblick finanzwirtschaftliche und güterwirtschaftliche Alternativen zum Ausgleich von Zahlungsunter- oder Zahlungsüberdeckungen.

Die finanzwirtschaftlichen Alternativen zur Behebung einer vorhersehbaren Zahlungsunterdeckung weisen meist keine besonderen Risiken im Sinne von unerwarteten Einzahlungsausfällen oder -verminderungen aus der Sicht des Finanzmittelsuchenden auf, sieht man einmal von Krisensituationen ab; Risiken bei alternativen Verwendungen eines vorhersehbaren Zahlungsüberschusses lassen sich – sofern vorhanden – zumeist quantifizieren und somit gegen die erwarteten Erträge aufrechnen[123]. Somit ist die Optimierung im Rahmen der originären Finanzplanung bei finanzwirtschaftlichen Maßnahmen möglich, d. h. die minimalen Kosten bzw. der maximale Erfolg sind Kriterium für die Auswahl der Maßnahmen zur Unterdeckungsüberbrückung oder Überschußanlage.

---

123 Vgl. Orth, L., Die kurzfristige Finanzplanung industrieller Unternehmungen, a.a.O., S. 163ff.

5.3.3.4 Informationsgehalt der totalen integrierten Finanzplanung

Die **Finanzplanung** dient unternehmungsinternen und zum Teil auch unternehmungsexternen Empfängern als Informationsinstrument.

Sie soll der obersten Unternehmungsführung, allen Führungskräften im Finanzbereich und zum Teil auch Führungskräften in anderen Unternehmungsbereichen sowie gegebenenfalls aktuellen und potentiellen Eigen- und Fremdkapitalgebern im Umsystem Informationen für ihre jeweilige Entscheidungsfindung liefern.

Betrachtet man die Bedeutung der Finanzplanung im Hinblick auf solche Entscheidungen, die die Unternehmungsführung und die übrigen unternehmungsinternen Träger finanzwirtschaftlicher Planung zur Setzung und Erreichung des Liquiditätserhaltungsziels treffen, so ist folgendes hervorzuheben: Die Zielsetzungsentscheidung beschränkt sich auf das (eventuelle) Fixieren einer zu haltenden Liquiditätsreserve; Entscheidungen zur Erreichung dieses Ziels können sinnvoll erst auf der Basis der auf die Zahlungsprognose folgenden Alternativplanungen für den Fall von vorhersehbaren Zahlungsunter- oder -überdeckungen gefällt werden. Der Finanzplanung obliegt hierbei die Suche und Auswahl ergebnis- und liquiditätsoptimaler finanzwirtschaftlicher Alternativen.

In der Praxis setzt sich hierbei das von uns Anfang der 70er Jahre vorgeschlagene Schema der direkten und indirekten Ableitung der Finanzplanung immer mehr durch, wie die nachfolgend wiedergegebenen Beispiele des Arbeitskreises „Finanzierungsrechnung“ der Schmalenbach-Gesellschaft – Deutsche Gesellschaft für Betriebswirtschaft e.V. zeigen (vgl. Abbildungen 156a und 156b).

Diese Aufgabe der Finanzplanung – **Zahlungsvorschau und gegebenenfalls Zahlungsausgleichsplanung** unter Berücksichtigung von zu haltender Liquiditätsreserve – kann bestmöglich im Hinblick auf Ergebnis- und Liquiditätsziele nur erfüllt werden durch

- eine kurz-, mittel- und langfristige,
- sinnvoll differenzierte direkte Zahlungsplanung

als Teil eines Gesamtplanungssystems der Unternehmung, das die Anforderungen an ein integriertes Planungssystem erfüllt.

Als besonders bedeutender Aspekt einer in dieser Weise ausgestalteten Finanzplanung ist abschließend ihre liquiditäts- und z.T. auch ergebnisorientierte **Koordinationswirkung** zu nennen. Die auf den unterschiedlichen programm-, bereichs- und gesamtunternehmungsbezogenen (Teil-)Plänen basierende und diese umfassende Zahlungsplanung stellt – indem sie die liquiditätswirksamen Konsequenzen dieser Planungen und Planungsvariationen erfaßt – eine „integrative Klammer“ dar und leistet einen bedeutenden Beitrag zur Sicherstellung der materiellen und formalen Konsistenz des gesamten Planungssystems der Unternehmung[124].

---

124 Vgl. Witte E., Finanzplanung, a.a.O., Sp. 519f.

Nr.		Position		
1		Umsatzeinzahlungen		1000
2	+	Sonstige betriebliche Einzahlungen		+ 3
3	–	Materialauszahlungen		–334
4	–	Personalauszahlungen		–346
5	–	Sonstige betriebliche Auszahlungen		– 90
6	=	*Laufender Absatzüberschuß* (Zwischensumme I, aus Nr. 1 bis 5)		+233
7	+	Einzahlungen aus Dividenden, Beteiligungserträgen und Gewinnabführungen	+ 4	
8	+	Zinseinzahlungen	+ 1	
9	–	Zinsauszahlungen	–32	
10	–	Auszahlungen für Dividenden und Gewinnabführungen	–20	
11	=	*Zins- und Dividendenüberschuß* (Zwischensumme II, aus Nr. 7 bis 10)		– 47
12	+	Außerordentliche Einzahlungen	+ 8	
13	–	Außerordentliche Auszahlungen	–70	
14	=	*Außerordentlicher Finanzierungsüberschuß* (Zwischensumme III, aus Nr. 12–13)		– 62
15	–	Steuerauszahlungen		– 50
16	=	*Finanzierungsüberschuß vor Investitionen* (Zwischensumme IV = Nr. 6 + 11 + 14–15)		+ 74
17	–	Investitionsauszahlungen für immaterielle und Sachanlagen		– 64
18	–	Investitionsauszahlungen für Finanzanlagen		0
19	=	*Finanzierungsüberschuß nach Investitionen* (Zwischensumme V = Nr. 16–17–18)		+ 10
20	+	Einzahlungen aus Eigenkapitalaufnahme	+15	
21	+	Einzahlungen aus Fremdkapitalaufnahme von Kreditinstituten (Finanzschulden)	+25	
22	=	*Brutto-Außenfinanzierung* (Zwischensumme VI, aus Nr. 20 + 21)	+40	
23	–	Auszahlungen für Eigenkapitalrückzahlung	0	
24	–	Auszahlungen für Fremdkapitalrückzahlung	–60	
25	=	*Netto-Außenfinanzierung* (Zwischensumme VII = Nr. 22–23–24)		– 20
26	+	Liquiditäts-Anfangsbestand		+ 20
27	=	Stand der Liquidität (*Liquiditätssaldo VIII* = Nr. 19 + 25 + 26)		+ 10

Abb. 156a: Von Zahlungsströmen ausgehende direkte Finanzplanung[125]

125 Entnommen aus Arbeitskreis „Finanzierungsrechnung“ der Schmalenbach-Gesellschaft – Deutsche Gesellschaft für Betriebswirtschaft e.V., Finanzierungsrechnung, a.a.O., S. 15.

Nr.		Position		
1		Jahresüberschuß		49
2	+	Abschreibungen		+ 92
3	+	Zunahme der Rückstellungen		+ 16
4	=	*Cash-flow* (aus Nr. 1 bis 3)		+157
5	+	Zunahme der erhaltenen Anzahlungen		+ 6
6	+	Zunahme der Verbindlichkeiten*		+ 4
7	–	Zunahme der Forderungen		– 20
8	–	Zunahme der geleisteten Anzahlungen*		+ 10
9	–	Dividendenzahlung		– 20
10	–	Aufstockung der Material- und Erzeugnisbestände		– 63
11	–	Investitionen aus Eigenfertigung bzw. aktivierter Eigenleistung		0
12	=	*Finanzierungsüberschuß vor Investitionen* (Zwischensumme *IV*, aus Nr. 4 bis 11)		+ 74
13	–	Investitionen in immaterielle und Sachanlagen (nur Fremdbezüge)		– 64
14	–	Investitionen in Finanzanlagen		0
15	+/–	Veränderung der Verbindlichkeiten und geleisteten Anzahlungen (soweit auf Nr. 13 oder 14 zurechenbar)		0
16	=	*Finanzierungsüberschuß nach Investitionen* (Zwischensumme *V*, aus Nr. 12–13–14+/–15)		+ 10
17	+	Erhöhung des eingezahlten Eigenkapitals	+15	
18	+	Erhöhung des Fremdkapitals (Finanzschulden)	–35	
19	=	*Netto-Außenfinanzierung* (Zwischensumme *VII*, aus Nr. 17 + 18)		– 20
20	+	Liquiditäts-Anfangsbestand		+ 20
21	=	Stand der Liquidität (*Liquiditätssaldo VIII* = Nr. 16 + 19 + 20)		+ 10

Abb. 156b: Vom Jahresüberschuß ausgehende indirekte Finanzplanung [126]

* Wenn der auf Investitionen entfallende Anteil ermittelbar ist, wird er unter Ziffer 15 statt hier ausgewiesen.

126 Entnommen aus Arbeitskreis „Finanzierungsrechnung" der Schmalenbach-Gesellschaft – Deutsche Gesellschaft für Betriebswirtschaft e.V., Finanzierungsrechnung, a.a.O., S. 29.

5.4 Gesamtunternehmungsbezogene Ergebnis- und Finanzplanungsmodelle

Die kalkulatorische und bilanzielle Ergebnisplanung und die Finanzplanung können jeweils einzeln, gemeinsam oder integriert mit strategischen Planungen (insbesondere der Investitions-/Desinvestitionsplanung) und integriert mit operativen Planungen (insbesondere der Produktprogrammplanung) in Form sogenannter **Gesamtunternehmungsmodelle** durchgeführt werden.

Für die gesamtunternehmungsbezogene Ergebnis- und Finanzplanung kommen dabei wiederum jene zwei **Modellarten** in Betracht, die bereits für die Produktprogrammplanung mit und ohne Potentialänderungen im Rahmen der strategischen und operativen Planung angewandt worden sind:

Zum einen sind es im Wege der **Simulation** zu behandelnde **Erklärungsmodelle** in Form einfacher oder komplexer Gleichungsmodelle, die bei Einführung einer Zielfunktion in Entscheidungsmodelle überführt werden können.

Zum anderen sind es **analytische Entscheidungsmodelle**, die vornehmlich auf dem Lösungsansatz der **Linearen Programmierung** oder der gemischt ganzzahligen Programmierung basieren[127].

Auch gibt es hier interessierende Gesamtunternehmungsmodelle, die heuristische und analytische Ansätze kombinieren.

Bei allen drei genannten Modellarten handelt es sich entweder um Modelle, in die nur Wertgrößen eingehen – sogenannte Ergebnis-(Bilanz-) und Finanzmodelle – oder um Modelle, in die neben Wertgrößen auch Mengen- und Zeitgrößen anderer Teilplanungen eingehen.

Im Prinzip wird mit solchen mehr oder weniger umfassenden Gesamtunternehmungsmodellen das **Grundschema der ergebnis- und liquiditätsorientierten Planungs- und Kontrollrechnung** (vgl. Abbildung 50) detailliert und möglichst **mehrperiodig in mathematischen Beziehungszusammenhängen dargestellt**, wobei die gesamtunternehmungsbezogene Ergebnis- und Finanzplanung nach Möglichkeit mit den strategischen und operativen Planungen integriert wird.

Bei entsprechender Ausgestaltung solcher Erklärungs- und Entscheidungsmodelle können die obere Zielplanung, die strategische Planung, die operative Planung und die gesamtunternehmungsbezogene Ergebnis- und Finanzplanung miteinander verzahnt erfolgen. Es können die Wirkungen von Produktprogrammänderungen mit und ohne Potentialänderungen sowie die Wirkungen von Aktionen bzw. Aktionsänderungen in den Funktionsbereichen über das integrierte Zahlenwerk der monetären Rechnung im Hinblick auf Umsatz-, Kosten-, Ergebnis- und Liquiditätsziele einer Periode oder mehrerer Perioden (z. B. Planjahre) sichtbar gemacht werden. Änderungen von Input, Output und Prozessen – und zwar Änderungen der Qualitäten, Mengen, Zeiten, Preise und der Strukturierung – können in ihrer Wirkung auf die oberen monetären Ziele der Unternehmung ex ante verdeutlicht werden.

127 Zu quantitativen Methoden der Entscheidungsfindung vgl. allgemein Gallagher, Ch. A., Watson, H., Quantitative Methods for Business Decision, New York 1980; Zimmermann, H.-J., Einführung in die Grundlagen des Operations Research, a.a.O.

Auch kann für den Planungszeitpunkt der Kapitalwert (Gesamtkapitalwert, Eigenkapitalwert/Shareholder Value, residualer Unternehmungskapitalwert) der Unternehmung als Ganzes für güterwirtschaftliche strategische und operative sowie finanzwirtschaftliche Alternativen unter der Nebenbedingung der Einhaltung definierter Umsatz-, Ergebnis- und Liquiditätsziele (bezogen auf einzelne Planperioden) berechnet werden.

Die Anwendung derartiger Modelle setzt allerdings neben einer entsprechenden Modellkonzeption grundsätzlich den Einsatz leistungsfähiger EDV-Anlagen voraus.

5.4.1 Einfache und komplexe Simulationsmodelle

Für die gesamtunternehmungsbezogene Ergebnis- und Finanzplanung werden einfache und komplexe Gleichungsmodelle verwendet, wobei die komplexen Gleichungsmodelle als Bestandsveränderungsgleichungen ggf. kombiniert mit Verhaltensgleichungen oder mit Hilfe der Matrizenrechnung als Matrizenmodelle formuliert werden[128].

Einfache Gleichungsmodelle werden aufgestellt für

- die gesamtunternehmungsbezogene Kosten- und Erlösplanung (Betriebsmodelle), ggf. mit vorgeschalteter Programm- und Funktionsbereichsplanung,
- die gesamtunternehmungsbezogene Aufwands-, Ertrags- und Bilanzplanung (Bilanzmodelle), ggf. mit vorgeschalteten Kosten- und Erlösplanungen sowie für
- die Auszahlungs- und Einzahlungsplanung (Finanzplanung), vielfach in Verbindung mit der Kosten-, Erlös- und/oder Aufwands- und Ertragsplanung (vgl. Abbildung 157).

Diese Modelle arbeiten ausschließlich mit Wertgrößen, die in Form von Strom- und Bestandsgrößen für vergangene und künftige Perioden eingegeben werden. Zudem sind Faktoren für die Berechnung einzelner Positionen, z. B. Abschreibungs-, Zins- und Ausschüttungssätze, einzugeben. Nur bei Integration der Programmplanung werden Restriktionen auch durch Mengen- und Zeitangaben in den Modellen berücksichtigt. Grundsätzlich können im Rahmen solcher Modelle auch Sensibilitätsanalysen durchgeführt werden, wobei für relevante Ergebnis- oder Liquiditätseinflußfaktoren mit spezifischen Sensibilitätsfaktoren gerechnet wird. Schließlich ist es möglich, prognostizierte Entwicklungstrends einzelner Modellgrößen durch Trendfaktoren zu berücksichtigen.

---

128 Zur Konstruktion von Simulationsmodellen vgl. Bhaskar, K., Building financial models, London 1978; Coenenberg, A. G., Florin, G., Rechnergestützte Ergebnis- und Finanzplanung beim Einsatz neuer Strategien, HARVARDmanager 2/1989, S. 81 ff.; Detlefsen, K., Computergestützte kurzfristige Finanzplanung in Industrieunternehmen, München 1979; Ferstl, O. K., Konstruktion und Analyse von Simulationsmodellen, Königstein/Ts. 1979; Hartmann, R., Planung mit Unternehmungsmodellen, Bern 1980; Hinterhuber, H. H., Plörer, V., Popp, W., Pucher, R., EDV-gestützte Planbilanzen für strategische Geschäftseinheiten, HARVARDmanager 1/1987, S. 59 ff.; Luther, F., Stier, Th., Windler, A., Betriebswirtschaftliche Dokumentation des Simulationsmodells zur integrierten Finanz-, Ergebnis- und Steuerplanung FIESTA, Köln 1981; Mertens, P., Simulation, a.a.O.; Michel, R., Langguth, A., Langguth, M., Taktische und strategische Finanzplanung mit dem PC. Praktische Optimierung der simultan integrierten Finanz-, Ergebnis- und Steuerplanung, Ehningen 1990; Naylor, Th. H. (Hrsg.), Simulation models in corporate planning, New York 1979; Sahm, B., Mikrocomputergestützte Instrumente zur mittelfristigen Ergebnisplanung, München 1988; Schug, Ch., Integrierte finanzielle Unternehmungsplanung, Frankfurt 1980; Zwicker, E., Simulation und Analyse dynamischer Systeme, Berlin 1981.

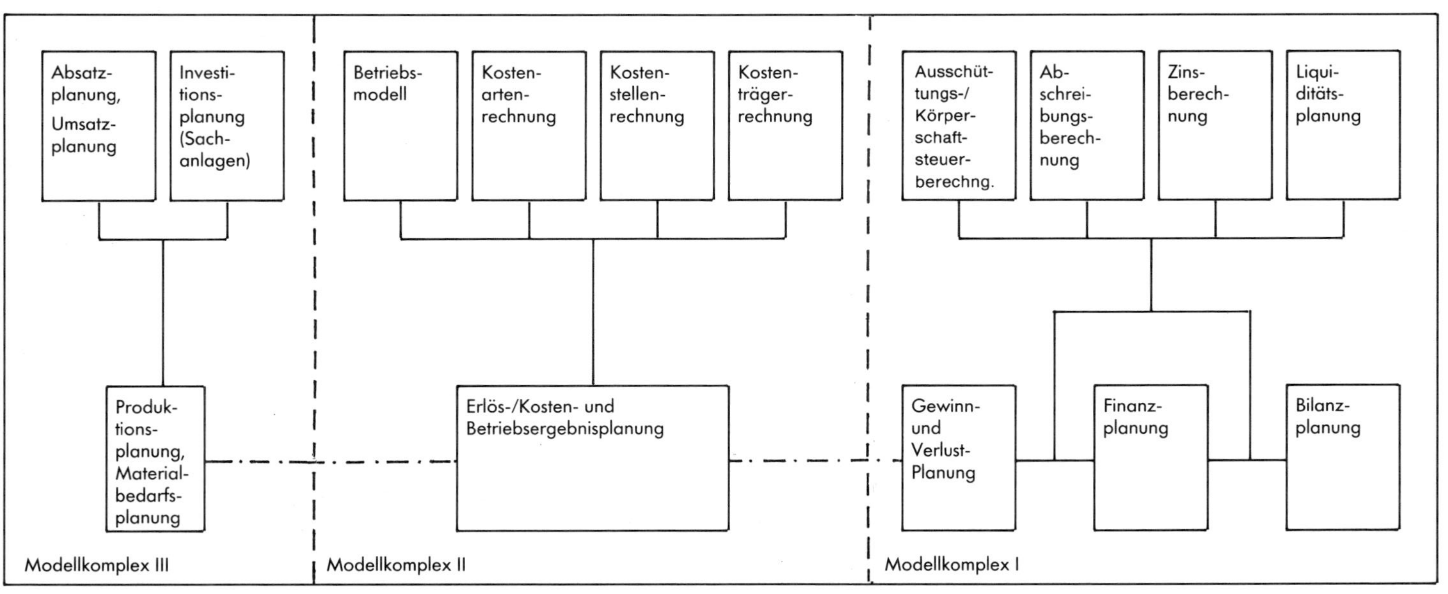

Abb. 157: Modellkomplexe eines computergestützten Gesamtunternehmungsplanungsmodelles[129]

129 Entnommen aus Hahn, D., Hölter, E., Steinmetz, D., Gesamtunternehmungsmodelle als Entscheidungshilfe im Rahmen der Zielplanung, strategischen und operativen Planung, in: Strategische Unternehmungsplanung – Strategische Unternehmungsführung, Hrsg. D. Hahn, B. Taylor, 6. Aufl., Heidelberg 1992, S. 710.

Im folgenden sei das **Grundschema eines Bilanz- und Finanzmodells** von **Mertens und Griese** dargestellt[130]. Die in den Gleichungen des Modells erscheinenden Größen lassen sich folgenden Kategorien zuordnen:

(1) *Gespeicherte Vergangenheitswerte*

Hierbei handelt es sich vor allem um die Bilanzpositionen der Vorperiode. Da die Positionen der betrachteten Periode im nächsten Jahr die gespeicherten Positionen des vergangenen Jahres sein werden, kann das Modell auch ohne Zusatzrechnungen mehrere Perioden umfassen.

(2) *Fallweise eingegebene bzw. vom System selbst fortgeschriebene Parameter*

Es handelt sich hier z. B. um den Verkaufskostenfaktor, der angibt, wie hoch der Anteil der direkt vom Verkauf abhängenden Kosten am Umsatz ist.

(3) *Stets neu einzugebende Daten*

Die stets neu einzugebenden Daten stellen in der Regel die Parameter dar, die während der Simulation verändert werden, insbesondere sind dies:

- die Anlagenzu- und -abgänge (Investitionen und Desinvestitionen),
- die Veränderungen der Lagerbestände,
- die Periodenumsätze,
- die Einkäufe in der Periode bzw. in den Perioden,
- die Aufnahme und Rückzahlung von Krediten,
- die Zuführung zu den Rücklagen,
- die Summe der „sonstigen variablen Kosten“, das sind solche Kostenelemente, die im Gleichungssystem nicht durch eigene Positionen vertreten sind,
- die Summe der Fixkosten, soweit diese nicht im Gleichungssystem in Abhängigkeit von anderen Größen errechnet werden (wie Abschreibungen oder die Gewerbekapitalsteuer).

(4) *Vom System selbst berechnete Größen (Unbekannte)*

Es handelt sich z. B. um Zinsen, Abschreibungen, Gewinn vor und nach Steuern.

Die wichtigste jeweils zu ermittelnde Unbekannte (abhängige Variable) bildet das Ergebnis der jeweiligen Rechenperioden (vgl. Abbildungen 158a und 158b).

---

130 Vgl. Mertens, P., Griese, J., Integrierte Informationsverarbeitung 2, Planungs- und Kontrollsysteme in der Industrie, a.a.O., S. 201 ff. – Ein ausführliches mehrperiodiges **Matrizenmodell** für eine integrierte Finanz- und Erfolgsplanung ist auch von Chmielewicz entworfen worden. Es stellt in Form von einfachen und verdichteten Matrizen die wertmäßigen Erfolgs- und Finanzierungskomponenten dar, die spiegelbildlich aufgebaut werden, sowie dazugehörige Produktprogramme und die zu deren Realisierung erforderlichen Verbrauchsfaktor- und Potentialangaben. Dieses Modell, das von Mengen-(Zeit)- und Wertgrößen ausgeht, kann mit unterschiedlichen Verdichtungsgraden des Zahlenwerks iterativ durchgespielt werden, bevor die Ergebnisse als Grundlage für die endgültige Planfeststellung dienen (vgl. Chmielewicz, K., Integrierte Finanz- und Erfolgsplanung, a.a.O.; ders., Integrierte Finanz- und Erfolgsplanung als Basis einer integrierten Betriebspolitik, in: Unternehmungsführung, Festschrift für Erich Kosiol, Hrsg. J. Wild, Berlin 1974, S. 485ff.).

Bilanzpositionen

Anlagenwert (n)	= **Anlagenwert (n – 1)** + ***Anlagenzugänge (n)*** – ***Anlagenabgänge (n)*** – Abschreibungen auf Anlagen (n)
Lagerbestand (n)	= **Lagerbestand (n – 1)** + ***Lagerzugänge (n)*** – ***Lagerabgänge (n)*** – Abschreibungen auf Lagerbestand (n)
Debitorenbestand (n)	= a_0 ***Umsatz (n)*** + a_1 **Umsatz (n – 1)** + a_2 **Umsatz (n – 2)** + ... + a_m **Umsatz (n – m)**
	$a_j = 1 - \sum_{i=0}^{j} c_i$ für alle j von 0 bis m
Kreditorenbestand (n)	= b_0 ***Einkäufe (n)*** + b_1 **Einkäufe (n – 1)** + b_2 **Einkäufe (n – 2)** + ... + b_p **Einkäufe (n – p)**
	$b_j = 1 - \sum_{i=0}^{j} d_i$ für alle j von 0 bis p
Kredite (n)	= **Kredite (n – 1)** + ***Neuaufnahme Kredite (n)*** – ***Rückzahlung Kredite (n)***
Kassen-/Bankbestand (n)	= **Kassen-/Bankbestand (n – 1)** + Kassen-/Bank-Einzahlungen (n) – Kassen-/Bank-Auszahlungen (n)
Rücklagen (n)	= **Rücklagen (n – 1)** + ***Rücklagenzuführung (n)*** – ***Rücklagenauflösung (n)***
Kassen-/Bank-Einzahlungen (n)	= c_0 ***Umsatz (n)*** + c_1 **Umsatz (n – 1)** + c_2 **Umsatz (n – 2)** + ... + c_m **Umsatz (n – m)** + ***Neuaufnahme Kredite (n)***
Kassen-/Bank-Auszahlungen (n)	= d_0 ***Einkäufe (n)*** + d_1 **Einkäufe (n – 1)** + d_2 **Einkäufe (n – 2)** + ... + d_p **Einkäufe (n – p)** + Ausgabenwirksame Kosten (n) + Körperschaftsteuer (n) + ***Rückzahlungen Kredite (n)*** + **Ausschüttungen (n – 1)**
Eigenkapital (n)	= **Eigenkapital (n – 1)** + Gewinn nach Steuern (n) – ***Ausschüttung (n)***

Kosten und Gewinn vor Steuern

Zinsaufwand (n)	= $\frac{\textit{Kredite (n)} + \textbf{Kredite (n – 1)}}{2}$ · *Durchschnittszinssatz*
Variable Verk.kosten (n)	= ***Umsatz (n)*** · *Verkaufskostenfaktor*
Ausgabenwirksame Kosten (n)	= Variable Verkaufskosten (n) + Zinsaufwand (n) + ***Sonstige variable Kosten (n)***
Abschreibungen auf Anlagen (n)	= **Anlagenwert (n – 1)** · *Abschreibungsfaktor Anlagen*
Abschreibungen auf Lagerbestand (n)	= **Lagerbestand (n – 1)** · *Abschreibungsfaktor Lagerbestand*
Gewinn vor Steuern (n)	= ***Umsatz (n)*** – Ausgabenwirksame Kosten (n) – Abschreibungen auf Anlagen (n) – Abschreibungen auf Lagerbestand (n) – ***Restliche Fixkosten (n)***

Abb. 158a: Beispiel für das Grundschema eines Bilanz- und Finanzmodells[131]

131 Entnommen aus Mertens, P., Griese, J., Integrierte Informationsverarbeitung 2, Planungs- und Kontrollsysteme in der Industrie, a.a.O., S. 202f.

Steuern und Gewinn nach Steuern

Körperschaftsteuer (n) = 0,50 · Körperschaftsteuerpflichtiges Einkommen (n) − 14/64 · ***Ausschüttungen (n)***

Körperschaftsteuerpflichtiges Einkommen (n) = Gewinn vor Steuern (n) − (Gewerbeertragsteuer (n) + Gewerbekapitalsteuer (n) + ***Verlustabzug (n)***)

Vermögensteuer (n) = **Eigenkapital (n − 1)** · *Durchschnittssatz Vermögensteuer*

Gewerbeertragsteuer (n) = Gewinn vor Steuern (n) · *Durchschnittssatz Gewerbeertragsteuer*

Gewerbekapitalsteuer (n) = Vermögensteuer (n) · *Umrechnungsfaktor*

Gewinn nach Steuern (n) = Gewinn vor Steuern (n) − (Körperschaftsteuer (n) + Gewerbeertragsteuer (n) + Gewerbekapitalsteuer (n) + Vermögensteuer (n))

Legende:

Errechnete Planposition (unterstrichen)

Eingabewert

Gespeicherter Wert

Vom System überwachter und fortgeschriebener Parameter

n: Periodenindex

m: Zahl der Perioden, die höchstens vergehen, bis eine Kundenforderung (Debitorenposition) beglichen wird

p: Zahl der Perioden, die höchstens vergehen, bis eine Lieferverbindlichkeit (Kreditorenposition) beglichen wird

c_i: Anteil der Umsatzwerte, die i Perioden nach der Fakturierung bezahlt werden ($c_{()}$ = Anteil der Barzahlung)

d_i: Anteil der Einkaufswerte, die i Perioden nach Erhalt der Ware bezahlt werden ($d_{()}$ = Anteil der Barzahlung)

Abb. 158b: Beispiel für das Grundschema eines Bilanz- und Finanzmodells (Fortsetzung)

In einem anderen Modell, das vom **Autor und Mitarbeitern des Instituts für Unternehmungsplanung**[132] an der Universität Gießen formuliert wurde, wird eine **mehrperiodige Bilanz- und Finanzplanung** in Form einer **computergestützten Simulationsrechnung** durchgeführt. Das Modell dient vornehmlich der strategischen Planung und der Bilanzpolitik. Es besteht aus einem Struktur- bzw. Grundmodell und mehreren Teilmodellen als Modellmodule. Die Speicherung der Variablen der GuV, der Bilanz und des Finanzplanes erfolgt zentral in drei dreidimensionalen Matrizen, die vertikal durch einfache Akkumulation und Übertragungsvorschriften verknüpft sind, während die mehrperiodige horizontale Verknüpfung nach der Grundgleichung

Bestand der neuen Periode = Bestand der alten Periode
+ Zugang der neuen Periode
− Abgang der neuen Periode

132 Vgl. Hahn, D., Hölter, E., Steinmetz, D., Gesamtunternehmungsmodelle als Entscheidungshilfe im Rahmen der Zielplanung, strategischen und operativen Planung, a.a.O., S. 698ff. – Das Modell umfaßt ca. 4200 FORTRAN-Statements und ist auf einer CDC CYBER 174 des Universitätsrechenzentrums implementiert.

erfolgt. An das Strukturmodell sind vier Teilmodelle angeschlossen: das Abschreibungsmodell, das Kreditmodell, das Ausschüttungsmodell und das Restfinanzierungsmodell, das einen Ausgleich von finanziellen Über- und Unterdeckungen ermöglicht. Der Einsatz des Strukturmodells und der Teilmodelle erfolgt über ein Steuerprogramm im Batch- oder Time-sharing-Betrieb am Computerterminal.

(1) *Strukturmodell/Grundmodell*

Grundkomponenten des Simulationsmodells bilden die drei zentralen Matrizen, die für eine Basisperiode und für künftige Planperioden Aufwands- und Ertragspositionen, Bilanzpositionen und Ein- und Auszahlungen aufnehmen (vgl. Abbildung 159a). Die jeweilige Zuordnung zu den Positionen und Perioden erfolgt über Schlüssel bzw. Indices.

Zu Beginn eines Simulationslaufes werden die GuV-Positionen sowie die Bilanzpositionen und die Positionen aus dem Investitions- und Finanzierungsplan vergangener Perioden als Basiswerte eingelesen. Sodann sind für die zu betrachtenden künftigen Perioden wichtige Eckdaten, d.h. Aufwendungen (außer Zinsen, Abschreibungen und Ertragsteuern) und Erträge sowie Finanzplanpositionen als Schätz- bzw. Prognosewerte einzugeben. Diese können jedoch auch durch Trend- und Sensibilitätsfaktoren generiert werden, die den Wert der Positionen in künftigen Positionen bestimmen. Gesondert berechnet werden die Abschreibungen, Zinsen/Tilgungen und die Ertragsteuern.

(2) *Abschreibungsmodell*

Dieses Teilmodell errechnet auf Grund der Investitionen im Finanzplan nach wählbaren Abschreibungsmodalitäten die Abschreibungen, stellt diese in die GuV ein und nimmt zudem die Ermittlung der Restwerte in den entsprechenden Positionen der Bilanz vor. Außerdem werden die Abschreibungen dem Finanzplan zum Aufbau des Cash-flow zugeführt.

(3) *Kreditmodell*

Dieses Teilmodell gestattet die Errechnung von Zinsen, Tilgungen und Restbeträgen nach gewählten Konditionen für unterschiedliche Kreditarten. Für die getätigten und im Finanzplan aufgeführten Kredite werden Tilgungspläne erstellt und in den Außenfinanzierungsplan integriert. Die aktuellen Restbeträge der Kredite werden in die Bilanz eingestellt, die Zinsen erscheinen als Aufwand in der GuV.

(4) *Ausschüttungsmodell*

Das Ausschüttungsmodell berechnet die Körperschaftsteuer, die Gewerbeertragsteuer, die Ausschüttung und die zugehörige Rücklagenveränderung. Für die Berechnung der Körperschaftsteuerschuld und der Eigenkapitalgliederung werden in Form einer mehrperiodigen Nebenrechnung das verwendbare Eigenkapital EK_{45}, EK_{30} und EK_0 fortgeschrieben. Ausländische Erträge mit anzurechnender Quellensteuer oder aus Ländern mit Doppelbesteuerungsabkommen können spezifiziert werden. Steuerliche Modifikationen wie nichtabziehbare Ausgaben und Steuerbilanzmehr-/-mindergewinne werden berücksichtigt[133]. Für die Wahl der **Ausschüttung** kann zwischen drei **Strategien** gewählt werden (vgl.

133 Zur detaillierten computergestützten Körperschaftsteuer-Veranlagungssimulation als isoliertes interaktives Computermodell vgl. Hahn, D., Hölter, E., Disselkamp, E., Computergestütztes Modell zur Ausschüttungs-, Rücklagen- und Körperschaftsteuerberechnung, a.a.O., S. 727ff. und Abschnitt 5.2.2.1 dieses Teils.

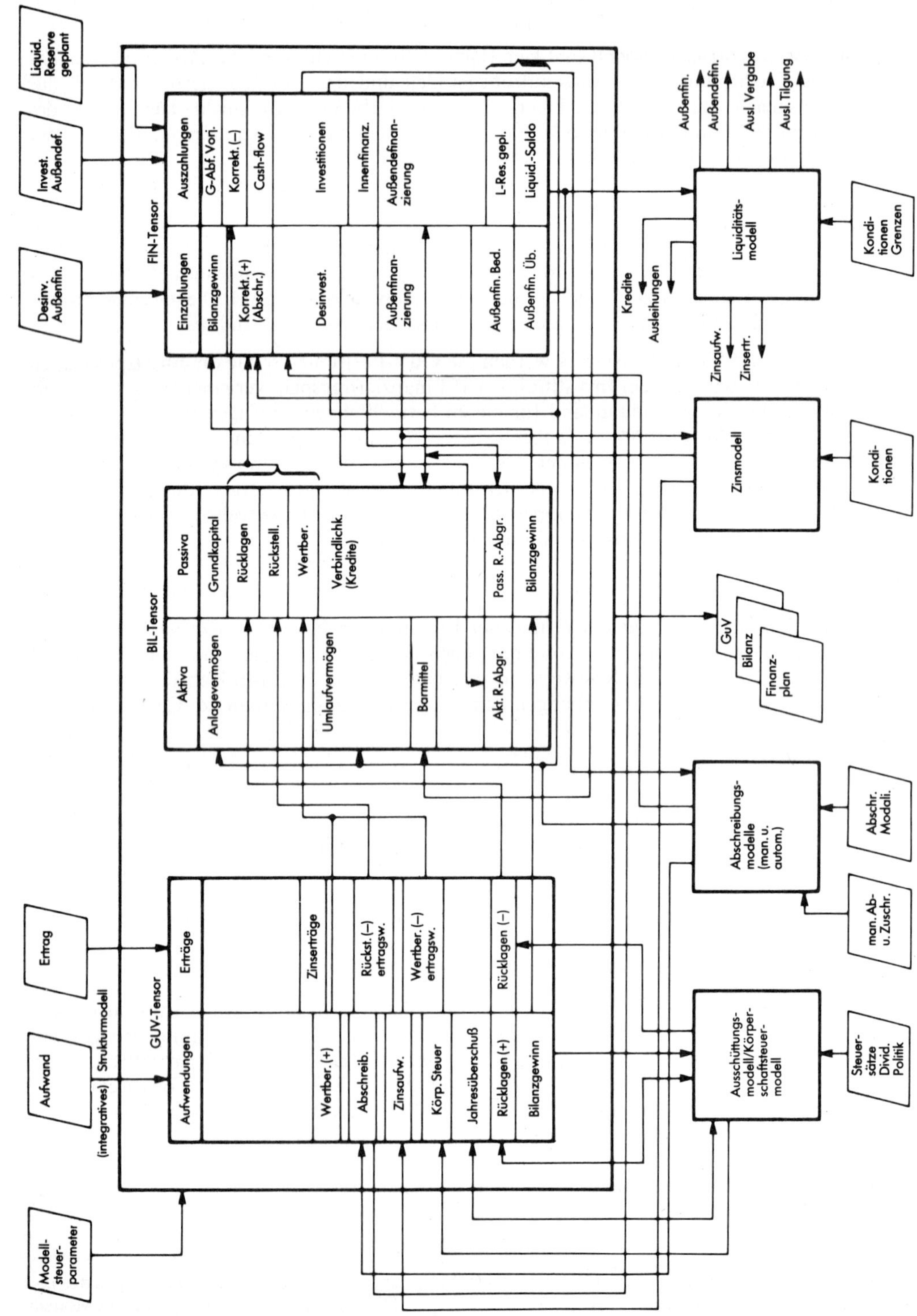

Abb. 159 a: Aufbau des Grundmodells[134]

134 Entnommen aus Hahn, D., Hölter, E., Steinmetz, D., Gesamtunternehmungsmodelle als Entscheidungshilfe im Rahmen der Zielplanung, strategischen und operativen Planung, a.a.O., S. 699.

auch Abschnitt 5.2.2.1 dieses Teils):

- die Rücklagenzuführung wird fixiert, die Ausschüttung, die Verminderung des verwendbaren Eigenkapitals und die Änderung der Körperschaftsteuer werden als Residualgrößen errechnet;
- die Ausschüttung wird vorgegeben, der nicht ausgeschüttete Gewinn wird den Rücklagen zugeführt, bzw. es kommt zu einer Rücklagenauflösung, die Änderung der Körperschaftsteuer wird errechnet;
- Rücklage und Ausschüttung werden als Prozentsatz des Jahresüberschusses nach Steuern vorgegeben; die Änderung der Körperschaftsteuer wird errechnet.

Ein Ausschüttungssatz von 100% entspricht der Vollausschüttung des lfd. Jahresüberschusses, ein Ausschüttungssatz von 50% entspricht der Restriktion des § 58 AktG.

(5) *Restfinanzierungsmodell*

Das Restfinanzierungsmodell gestattet es, in künftigen Perioden auftretende Liquiditätsunterdeckungen rechnerisch durch Kreditaufnahmen zu schließen und in künftigen Perioden auftretende Liquiditätsüberdeckungen rechnerisch durch Ausleihen von Liquiditätsüberschüssen abzubauen; Kredit- bzw. Ausleihungsgrenzen werden dabei berücksichtigt. Da der Bruttokapitalbedarf wegen der Zinsen und Steuern nicht mit dem Nettokapitalbedarf übereinstimmt, tastet sich das Modell über ein Iterationsverfahren im Rahmen der vorgegebenen Konditionen an ein vorgegebenes Liquiditätsintervall heran[135] (vgl. Abbildung 159b).

(6) *Modellinput und -output*

Der Modellinput ist bereits weitgehend bei der Darstellung des Strukturmodells und der Teilmodelle deutlich geworden. Zum wichtigsten Modelloutput gehören:

- Plangewinn- und -verlustrechnungen,
- Planbilanzen,
- Abschreibungspläne,
- Tilgungspläne,
- Vorschläge zur vorzeitigen Tilgung von Krediten bei Zahlungsüberdeckungen,
- Kennzahlen, insbesondere auch Kapitalwerte.

Hierbei ist festzustellen, daß durch das Modell einer mehrperiodigen Bilanz- und Finanzplanung aus den Simulationsrechnungen des Kreditmodells und des Restfinanzierungsmodells ein vollständiger Finanzplan abgeleitet wird, der ohne die vereinfachenden Annahmen eines unbeschränkten oder eines vollkommenen Kapitalmarktes auskommt und hierdurch die Aussagekraft der abgeleiteten diskontierten Zahlungsüberschüsse bzw. Kapitalwerte deutlich erhöht.

Als Vormodell zur Ermittlung des Betriebsergebnisses, aber auch als eigenständiges **Modell zur Betriebsergebnisplanung** wurde am Institut für Unternehmungsplanung an der Universität Gießen ein computergestütztes Modell zur Kosten-, Erlös- und Betriebsergebnisplanung entwickelt und implementiert[136]. Das Modell besteht aus drei Teilmodellen, die durch ein

---

135 Vgl. auch Koopmann, H.-J., Eine Einführung in die Praxis des Cashflow-Rechnens, NB 1/1968, S. 18ff.

136 Vgl. Hölter, E., Computergestützte Betriebsergebnisplanung, Diplomarbeit am Lehrstuhl für Betriebswirtschaftslehre IV (Prof. Dr. D. Hahn) an der Universität Gießen, Gießen 1979; Hahn, D., Hölter, E., Steinmetz, D., Gesamtunternehmungsmodelle als Entscheidungshilfe im Rahmen der Zielplanung, strategischen und operativen Planung, a.a.O., S. 714ff. – Das Modell umfaßt ca. 5000 FORTRAN-Statements und ist auf einer CDC CYBER 174 des Universitätsrechenzentrums implementiert.

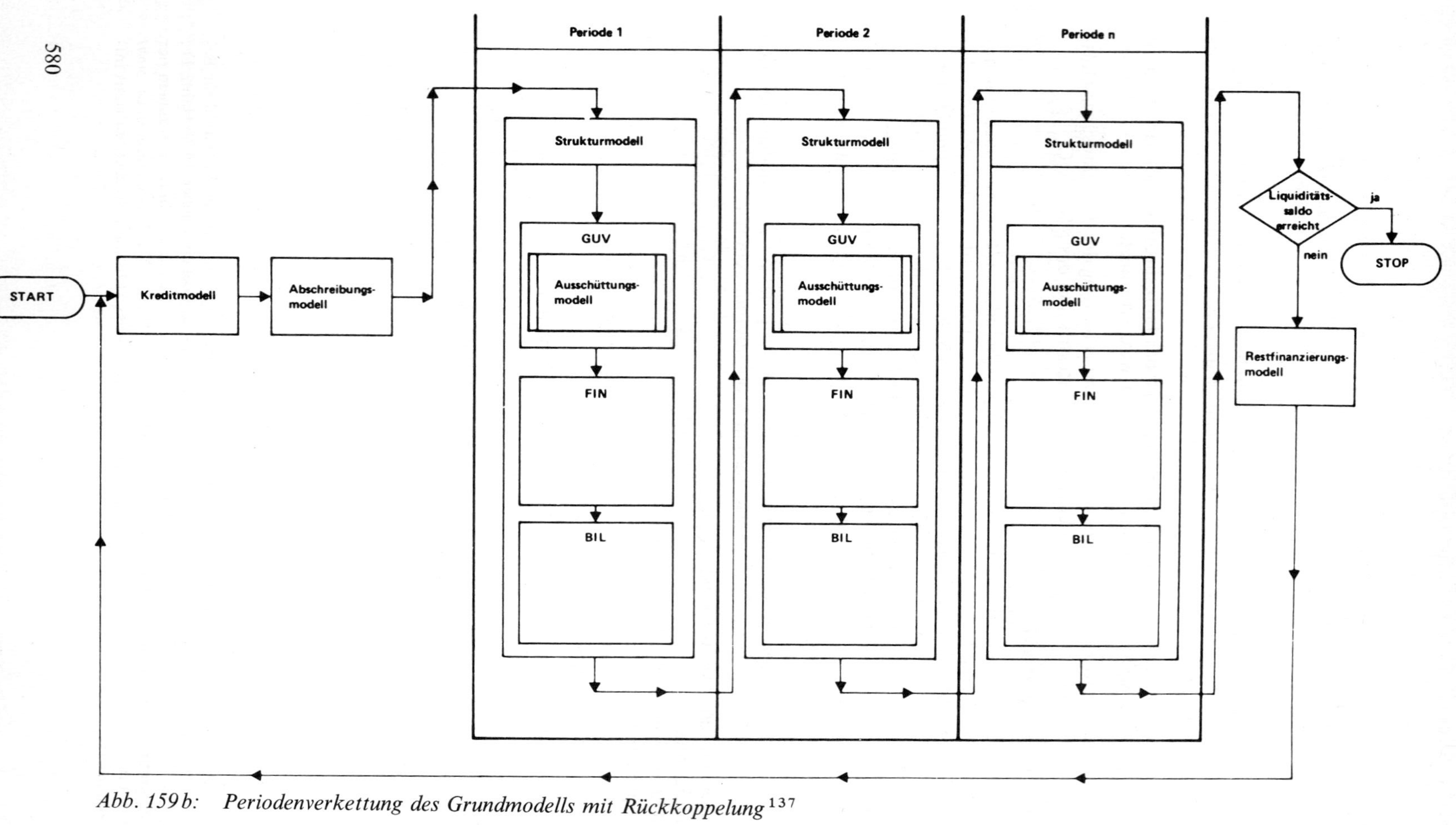

Abb. 159b: Periodenverkettung des Grundmodells mit Rückkoppelung[137]

137 Entnommen aus Hahn, D., Hölter, E., Steinmetz, D., Gesamtunternehmungsmodelle als Entscheidungshilfe im Rahmen der Zielplanung, strategischen und operativen Planung, a.a.O., S. 701.

Steuerprogramm zur Datenkommunikation aktiviert werden. Ausgangsinformation ist die Spezifikation der Art und der Menge der zu produzierenden Produkte. Im Rahmen eines *Betriebsmodells* für die zusammenbauende Serienproduktion wird jedes Produkt durch eine Stückliste zur Ableitung der Baugruppen und Teile sowie durch einen Arbeitsplan zur Ableitung der Produktionszeiten je Kostenstelle charakterisiert. Aus dem Primärbedarf werden durch eine Stücklistenauflösung der Sekundärbedarf an Baugruppen und Einzelkomponenten ermittelt und die Materialeinzelkosten errechnet. Durch die Verknüpfung mit den Arbeitsplänen wird weiterhin für jede Fertigungskostenstelle das Beschäftigungsvolumen an Maschinenbelegungszeit ermittelt.

Aufbauend auf diesem Mengengerüst erfolgt eine *integrierte Kostenarten-/Kostenstellenplanung* durch Variatoren bzw. direkte Verbrauchsfunktionen. Hierbei werden fixe und variable Kosten getrennt ausgewiesen. Separat geplant werden je Kostenstelle die nach Lohngruppen differenzierten Personalkosten sowie die Reparatur- und Instandhaltungskosten. Die Kostenstellenrechnung schließt mit der innerbetrieblichen Leistungsverrechnung nach dem Kostenstellenausgleichsverfahren. Durch die Anwendung der Matrizenrechnung sind umfangreiche Sekundärkostenanalysen und Primärkostenrechnungen möglich, wobei die Koeffizienten der Verflechtungsmatrix je Periode aus den Leistungsströmen neu abgeleitet werden und variable und fixe Kosten getrennt ausgewiesen werden.

Als drittes Teilmodell werden im Rahmen der Kostenträgerrechnung eine bezugsgrößendifferenzierte *Zuschlagskalkulation* und eine *Betriebsergebnisplanung* nach dem Umsatz- und nach dem Gesamtkostenverfahren durchgeführt, wobei das Betriebsergebnis entweder auf Vollkosten- oder auf Teilkostenbasis ermittelt werden kann.

Das von uns im Zusammenhang mit der strategischen Planung zur Beurteilung von Investitionen behandelte Modell der **Kreditanstalt für Wiederaufbau** kann ebenfalls als einfaches Bilanz- und Finanzsimulationsmodell angewendet werden (vgl. dazu Abschnitt 3.1.3.6.1 dieses Teils). Mit diesem Modell können – wie bereits dargestellt – nach Eingabe von Bilanzgrößen, Abschreibungs-, Gewinnsteuer- und Ausschüttungssätzen sowie Kosten- und Erlösgrößen für Produkte kombinierte kalkulatorische und bilanzielle Ergebnisrechnungen sowie Gewinn- und Verlustrechnungen, Bilanzrechnungen und Finanzrechnungen für mehrere Perioden durchgeführt werden (bis zu 60 Perioden). Bei einfachen Produktprogrammen lassen sich dabei auch Mengengrößen berücksichtigen.

Im folgenden seien ferner **Struktur und Anwendungsmöglichkeiten** des PC-gestützten **Modells zur integrierten Erfolgs- und Finanzlenkung** (ERFI) von **Lachnit** dargestellt[138]. Das als Simulationsmodell konzipierte Planungsmodell läßt sich durch folgende Merkmale charakterisieren (vgl. auch Abbildung 160a):

- Primäre Zielgrößen des Modells sind Erfolg und Liquidität.
- Das vorhandene Rechnungswesen wird als Ausgangsbasis benutzt. Als zentrale Teilmodule zur Planung und Kontrolle werden Erfolgsrechnungen (Gewinn- und Verlustrechnung, Kostenrechnung), Bilanzen und Einnahme-Ausgabe-Rechnungen benutzt.
- Zur strategischen Orientierung wird eine mehrjährige GuV-, Bilanz- und Finanzplanung vorgesehen. Die operative Orientierung ist hieran angekoppelt, indem die Erfolgs- und Finanzplanung des ersten Planjahres in einer unterjährigen Erfolgs- und Liquiditätsplanung auf die entsprechenden 12 Monate aufgelöst wird.

138 Vgl. ausführlich Lachnit, L., EDV-gestützte Unternehmensführung in mittelständischen Betrieben, a.a.O., S. 149ff.

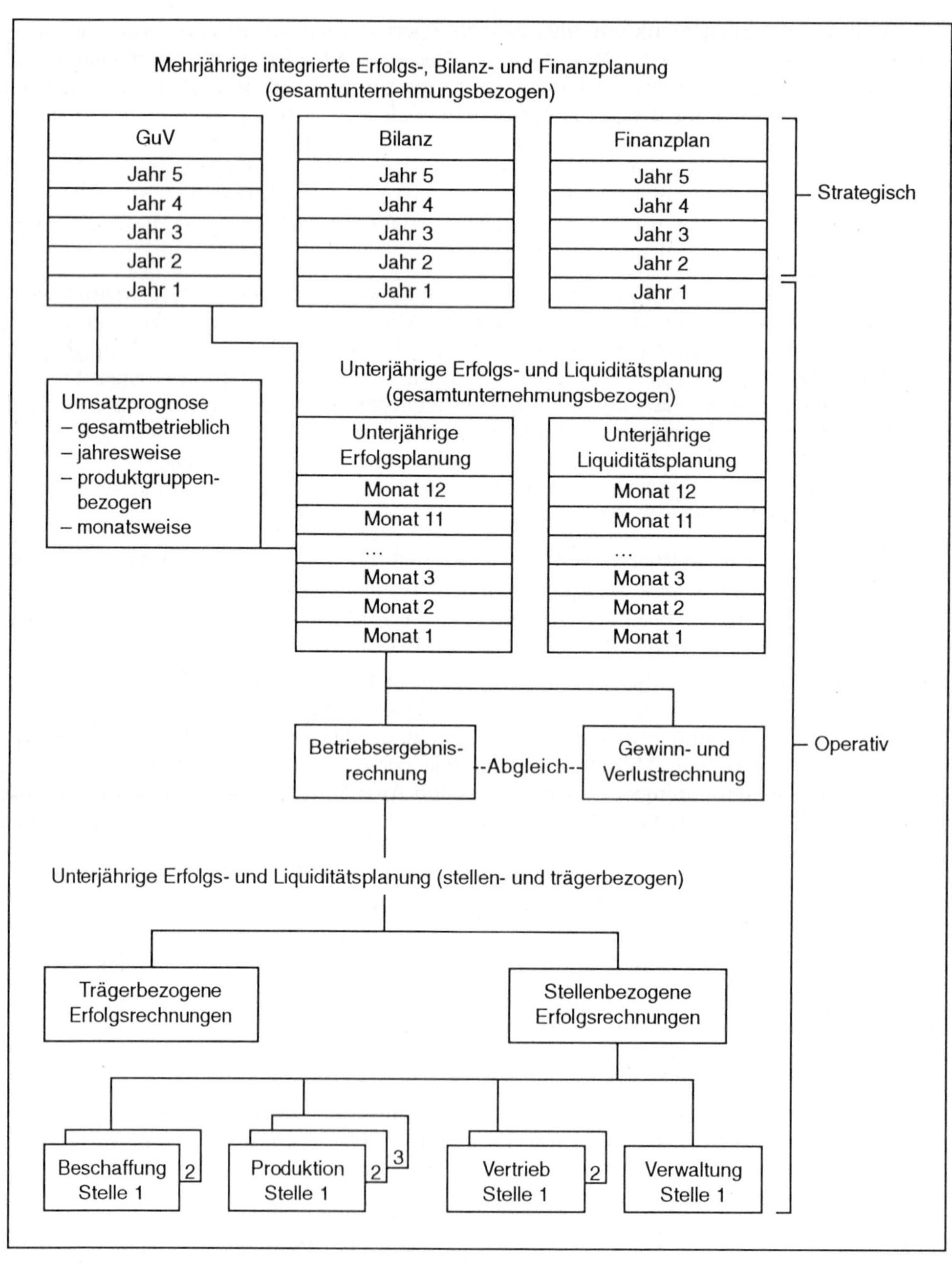

Abb. 160 a: Modell zur integrierten Erfolgs- und Finanzlenkung (ERFI) [139]

139 Vgl. Lachnit, L., EDV-gestützte Unternehmensführung in mittelständischen Betrieben, a.a.O., S. 157.

- Die gesamtunternehmungsbezogene mehrjährige Erfolgs-, Bilanz- und Finanzplanung sowie die unterjährige Erfolgs- und Liquiditätsplanung werden durch Planungen für Funktionsbereiche sowie sonstige Stellen unterstützt. Hierzu wird die gesamtunternehmungsbezogene Erfolgs- und Liquiditätsplanung durch eine bereichs- und stellenbezogene Budgetierung ergänzt. In diesen Budgets kommt der Beitrag der jeweiligen Bereiche/ Stellen zur Zielerreichung der Gesamtunternehmung zum Ausdruck. Die Budgetplanung erfolgt hierbei nach dem Gegenstromverfahren.
- Das gesamte Planungsmodell ist modular aufgebaut. Hierdurch können Teilmodule unternehmungsindividuell angepaßt oder auch unabhängig vom Einsatz der anderen Teilmodule eingesetzt werden.

Folgende Teilmodule sind integraler Bestandteil des Modells ERFI:

- mehrjährige Erfolgs-, Bilanz- und Finanzplanung;
- unterjährige Liquiditätsplanung;
- unterjährige Leistungs-, Kosten- und Betriebsergebnisplanung.

Die **mehrjährige Erfolgs-, Bilanz- und Finanzplanung** beinhaltet zum einen eine bis zu fünf Jahren reichende GuV-Planung sowie eine bis zu fünf Jahren reichende Bilanzplanung. Hieraus wird – ohne originäre Eingabe durch den Planer – indirekt ein bis zu fünf Jahre reichender Finanzplan abgeleitet. Mit diesen drei Teilkomplexen ist die sachliche Integration von Erfolgsrechnung, Bilanz und Finanzrechnung sichergestellt. Die zeitliche Integration zwischen langfristiger Planung und kurzfristiger Planung besteht in der systematischen Detailauflösung der Werte des ersten Planjahres in **Monatsplanungen für Erfolg und Liquidität**. Durch Zusammenführung der vorgeschalteten Planungen der Funktionsbereiche im Modul zur Erfolgs-, Bilanz- und Finanzplanung besteht hierbei die Möglichkeit zur Unterstützung der Entscheidungsfindung. Es können bei ungenügender Zielerreichung Anpassungsmaßnahmen in Simulationsläufen getestet werden.

Im Rahmen der **unterjährigen Liquiditätsplanung** wird die Sicherstellung des finanziellen Gleichgewichts innerhalb des Jahres angestrebt. Hierbei wird unterschieden in

- Erfolgszahlungen (erfolgswirksame Einnahmen und Ausgaben),
- Investitions- und Finanzzahlungen (erfolgsunwirksame Einnahmen und Ausgaben) und
- Entwicklung des Bestandes an liquiden Mitteln.

Im Rahmen der **unterjährigen Erfolgsplanung** erfolgt neben der oben angesprochenen unterjährigen GuV-Planung eine **Leistungs-, Kosten- und Betriebsergebnisplanung** mit folgenden Bestandteilen:

- Kostenartenplanung;
- kurzfristige Erfolgsrechnung als Produktergebnis- und Betriebsergebnisplanung;
- Kostenstellenrechnung als Plan-BAB und Kostenstellenbudgetierung;
- Deckungsbeitragsrechnungen und Kapazitätsanalysen zur systematischen Produktprogrammplanung.

Die Leistungs-, Kosten- und Betriebsergebnisplanungen sind regelmäßig mit der unterjährigen GuV-Planung abzustimmen, damit die Übertragung der Betriebsergebnisplanung in die GuV-Planung und von da aus in die strategieorientierte mehrjährige Erfolgsplanung stimmig ist. Die Abbildungen 160b und 160c zeigen hierbei das Grundschema der integrierten mehrjährigen GuV-, Bilanz- und Finanzplanung mit unterjähriger Liquiditäts- und GuV-Planung sowie das Grundschema der unterjährigen Betriebsergebnisplanung im Modell ERFI.

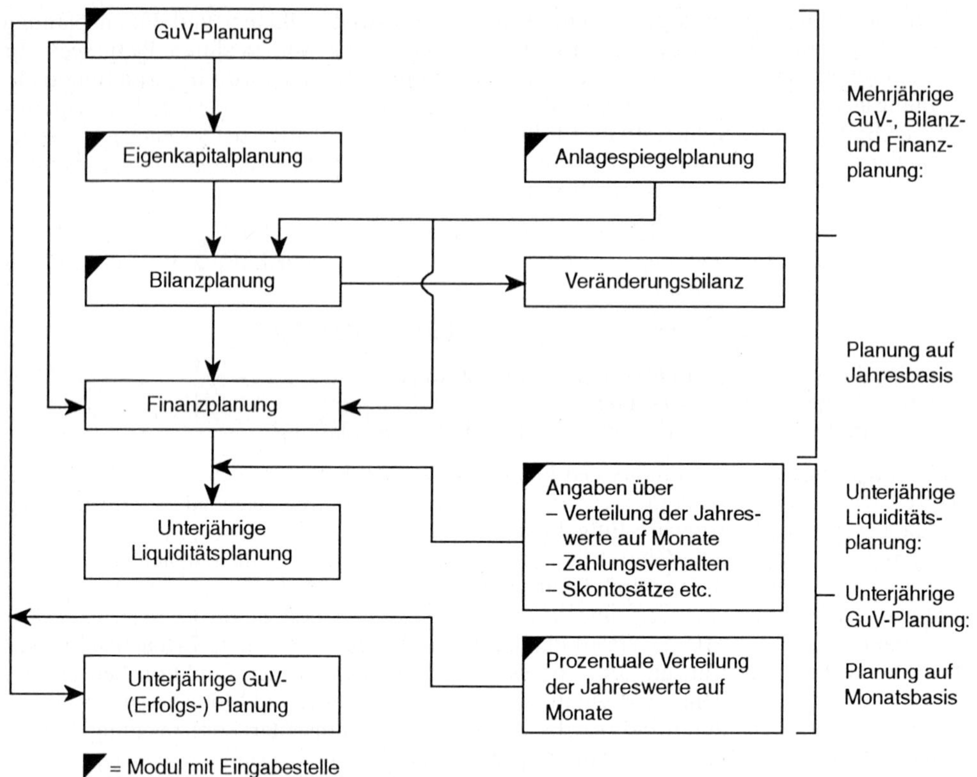

Abb. 160 b: Grundschema der integrierten mehrjährigen GuV-, Bilanz- und Finanzplanung mit unterjähriger Liquiditäts- und GuV-Planung[140]

140 Entnommen aus Lachnit, L., EDV-gestützte Unternehmensführung in mittelständischen Betrieben, a.a.O., S. 167.

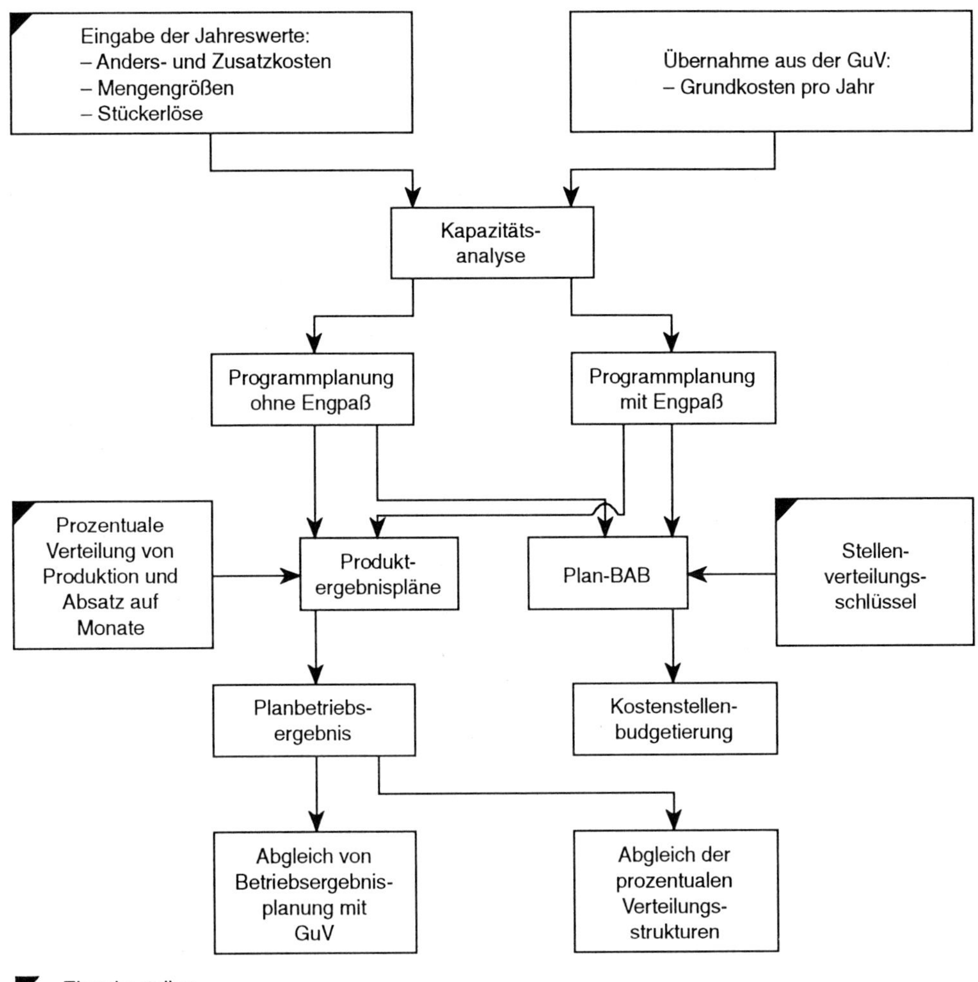

Abb. 160c: Grundschema der unterjährigen Betriebsergebnisplanung[141]

141 Entnommen aus Lachnit, L., EDV-gestützte Unternehmensführung in mittelständischen Betrieben, a.a.O., S. 190.

Schließlich ist in diesem Zusammenhang auf die **Unternehmungsplanspiele** hinzuweisen, die auf der Basis von Gesamtunternehmungsmodellen arbeiten. Diese Planspiele können in ihrer Grundstruktur als Regelkreise beschrieben werden (vgl. Abbildung 161). Die Spielgruppen (Regler) versuchen, die im Simulationsmodell dargestellten Umweltausschnitte und bestimmte Unternehmungszusammenhänge (Regelobjekte) durch ihre Entscheidungen (Stellgrößen) im Rahmen der von ihnen geplanten Zielvorstellungen zu beeinflussen. Das Modell als Regelobjekt gibt Rückinformationen (Regelgrößen) über die Auswirkungen der getroffenen Entscheidungen, die den geplanten Zielvorstellungen im Soll-Ist-Vergleich gegenübergestellt werden. Dieser auch als Rückkoppelung (feed-back) bezeichnete Vorgang des Experimentierens führt zu einer iterativen Annäherung an die Zielvorstellung und mit zunehmender Spielerfahrung (Lernprozesse) zu einer antizipativen Berücksichtigung (feedforward) des Verhaltens des Regelobjektes bereits bei der Planung der Führungsgrößen[142]. Hierbei geschieht die Rückkoppelung zum einen vertikal über die Resultate einzelner Entscheidungen, zum anderen horizontal durch Abstimmungsprozesse in der Gruppe der Planer. Die Bedeutung der Unternehmungsspiele als Instrument der Unternehmungsplanung liegt vor allem darin, daß hierbei im Rahmen eines mehrperiodigen Modells zu gewählten Zeitpunkten Eingriffs- und Korrekturmöglichkeiten der Planer gegeben sind, um mögliche eigene Aktionen und Reaktionen und mögliche Aktionen und Reaktionen von Marktpartnern in ihrer Wirkung auf den betrachteten Umweltausschnitt und das Unternehmungsgeschehen darzustellen.

Informationsgehalt für die Unternehmungsführung

Die angeführten mehrperiodigen Gleichungsmodelle, insbesondere als integrierte Ergebnis- und Finanzmodelle ausgestaltet, besitzen für die Unternehmungsführung einen hohen Informationsgehalt. In solchen Gesamtmodellen können errechnet werden:

- die Wirkungen intern und extern bedingter spezifischer Entwicklungen von Kosten-, Erlös- sowie Aufwands- und Ertragspositionen, insbesondere die Wirkungen
  - unterschiedlicher Absatzpolitik,
  - unterschiedlicher Lohn- und Gehaltspolitik,
  - unterschiedlicher Abschreibungspolitik und
  - unterschiedlicher Ausschüttungs- und damit Rücklagenpolitik;
- sowie ferner die Wirkungen von
  - Investitionen und Desinvestitionen,
  - unterschiedlicher Vorratshaltung und -bewertung und
  - unterschiedlicher Finanzierungsarten und Kapitalstrukturierungen

auf Ergebnisziele sowie Liquiditätsziele bzw. Zahlungsüber- und -unterdeckungen für künftige Perioden. Nach Diskussion und Entscheidung werden die daraus resultierenden oberen monetären Ziele sowie die hieraus abgeleiteten Ziele und Maßnahmen in bezug auf die organisatorischen Einheiten und Projekte in Plänen vorgegeben.

Zur Handhabung komplexer Gleichungssysteme, insbesondere zur Darstellung und Verdichtung einer Vielzahl von Detailbeziehungen zwischen Mengen-(Zeit-) und/oder Wertgrößen bedient man sich bei Einsatz der EDV vielfach der **Matrizenrechnung**. Sie gestattet, aus der Vielzahl der Detailbeziehungen Groß- bzw. Globalmatrizen zu erstellen, die die wesentlichen Ergebnis- und Liquiditätseinflußfaktoren als reine Wertgrößen oder zusätzlich

142 Vgl. Bleicher, K., Rick, W., Die Darstellung von Unternehmungspolitik und -planung an einem Unternehmungsspiel als Realmodell, ZfürO 1974, S. 207ff.; ferner Bleicher, K., Entscheidungsprozesse an Unternehmungsspielen, 3. Aufl., Baden-Baden 1974; Horn, R. E., Cleaves, A. (Hrsg.), The Guide to Simulation/Games for Education and Training, 4. Aufl., Beverly Hills 1980.

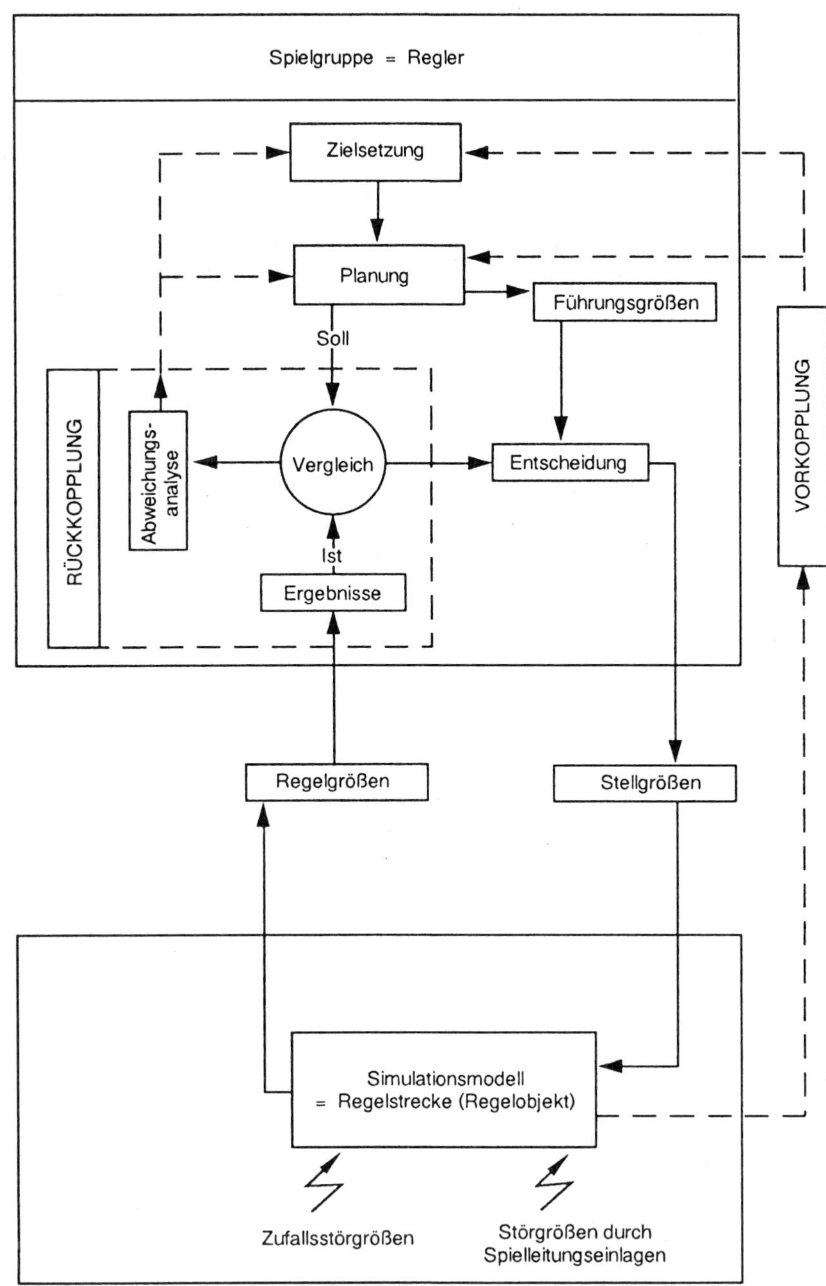

Abb. 161: Grundstruktur von Unternehmungsplanspielen als Regelkreis [143]

143 Entnommen aus Bleicher, K., Entscheidungsprozesse an Unternehmungsspielen, a.a.O., S. 15.

auch als Mengen- und Zeitgrößen mit dazugehörigen originären Wertgrößen (Preisen, Löhnen) enthalten. Bei Variation dieser Einflußgrößen wird deren Wirkung auf die oberen Unternehmungsziele sichtbar.

5.4.2 Analytische Modelle

Für die simultane Investitions-, Ergebnis- und Finanzierungsplanung einerseits sowie die simultane Produktprogramm-, Ergebnis- und Investitionsplanung andererseits – jeweils unter Beachtung von relevanten Nebenbedingungen – liegen einfache und komplexe analytische Entscheidungsmodelle vor[144]. Zusammenfassungen, kritische Würdigungen und Weiterführungen der wichtigsten Modellansätze sind von Seelbach[145] und Schweim[146] vorgenommen worden.

Im folgenden sei als Beispiel das Modell von Schweim dargestellt, das unter Berücksichtigung der vorhandenen Modellansätze im Prinzip eine Weiterführung eines von Jacob erstellten Modells darstellt[147].

Das **Modell von Schweim** ist durch folgende Merkmale gekennzeichnet:

(1) Es ist als linearer Programmierungsansatz formuliert und berücksichtigt die Produktarten als Primärträger der (Umsatz-)Einzahlungen und der Auszahlungen.

(2) Die Prämisse linearer Zusammenhänge impliziert die Konstanz der Verkaufspreise und der Beschaffungspreise der Produktionsfaktoren und lineare Homogenität der Produktionsfunktionen.

(3) Den Anlagen werden die anlagenabhängigen Auszahlungen (z. B. für festes Bedienungspersonal, Betriebsstoffe, Inspektionen), die Anschaffungsauszahlungen und die Liquidationserlöse bei Verkauf der Anlagen im Planungszeitraum sowie die Restwerte der am Ende des Planungszeitraumes noch vorhandenen Anlagen zugerechnet.

(4) Simultan zur Bestimmung optimaler Investitions- und Produktionsprogramme wird unter Wahrung des finanziellen Gleichgewichts die Auswahl optimaler Finanzierungsprogramme durchgeführt.

(5) Da nur der Investitions-, der Produktions- und der Finanzierungssektor simultan ergebnisorientiert geplant werden, wird von den restlichen betrieblichen Aktionen angenommen, daß sie bereits eindeutig bestimmt sind oder im Rahmen der Durchrechnung des Modells festgelegt werden. Reihenfolgeprobleme, Losgrößen- und Lagerhaltungsprobleme, Personalbeschaffungsprobleme, Probleme der Absatzpolitik, Reparaturplanungsprobleme usw. werden in diesem Sinne nicht explizit in dem darzustellenden Modell berücksichtigt. Insbesondere wird demzufolge in dem Modell auch davon ausgegangen, daß bei Beschaffung, Produktion und Absatz keine oder lediglich eine zu vernachlässigende Lagerhaltung notwendig ist[148].

---

144 Vgl. allgemein Harvey, Ch. M., Operations Research, New York 1979. – Zur Methode der Linearen Programmierung vgl. Bol, G., Lineare Optimierung, a.a.O.; Dürr, W., Kleibohm, K., Operations Research, a.a.O.; Munakata, T., Matrices and linear programming with applications, San Francisco 1979, S. 249 ff.; Shapiro, J. F., Mathematical Programming: Structures and Algorithms, New York 1979; Taylor, B. W., Introduction to Management Science, 2. Aufl., Dubuque, Iowa 1982.

145 Vgl. Seelbach, H., Planungsmodelle in der Investitionsrechnung, a.a.O.

146 Vgl. Schweim, J., Integrierte Unternehmungsplanung, a.a.O.

147 Vgl. Schweim, J., Integrierte Unternehmungsplanung, a.a.O., S. 76 ff.

148 Vgl. zu einem Modell mit Berücksichtigung von Lagerbewegungen z. B. Mentzel, K., Scholz, M., Integrierte Verkaufs-, Produktions- und Investitionsplanung, APF 1971, S. 1 ff.

Zielfunktion:

$G = \sum_{qjs} p_{qj} \cdot x_{qjs}$
(Umsatzeinzahlungen)

$- \sum_{q|q=q',i} A_{qi} \cdot v_{q'qi}$
(Anschaffungsauszahlungen für Anlagen)

$+ \sum_{q'i} RW_{q'\bar{q}i} \cdot v_{q'\bar{q}i}$
(Restwerte der Anlagen)

$+ \sum_{qm} Ül_{qm} \cdot Rl_{qm}$
(Überschüsse aus längerfristig. Finanzinvestitionen, Zinserträgen)

$- \sum_{qn} kl_{qn} \cdot yl_{qn}$
(Auszahlungsüberschüsse längerfristiger Kredite im Planungszeitraum, Zinsaufwendungen)

$- \sum_{fn} kk_{fn} \cdot yk_{fn}$
(Auszahlungsüberschüsse aus kurzfristigen Krediten im Planungszeitraum, Zinsaufwendungen)

$- \sum_{qjs} k_{qjs} \cdot x_{qjs}$
(produktproportionale Auszahlungen)

$- \sum_{q'qi} FK_{q'qi} \cdot v_{q'qi}$
(anlagenabhängige Auszahlungen)

$+ \sum_{q'qi} VE_{q'qi} \cdot v'_{q'qi}$
(Verkaufserlöse für Anlagen)

$- \sum_{q} BFk_{q}$
(sonstige betriebliche Auszahlungen)

$- \sum_{qn} \bar{N}_{qn} \cdot yl_{qn}$
(Restwerte aus Kreditverpflichtungen)

$+ \sum_{fm} Ük_{fm} \cdot Rk_{fm} \rightarrow \max!$
(Überschüsse aus kurzfristigen Finanzinvestitionen)

Nebenbedingungen:

Absatzbeschränkungen:

(1) $\sum_{s} x_{qjs} \leqslant \bar{x}_{qj}$ für alle q und j

Kreditlinien:

(2) $yl_{qn} \leqslant \overline{yl}_{qn}$ für alle q und n
$yk_{fn} \leqslant \overline{yk}_{fn}$ für alle f und n

Finanzanlagenbeschränkungen:

(3) $Rl_{qm} \leqslant \overline{Rl}_{qm}$ für alle q und m
$Rk_{fm} \leqslant \overline{Rk}_{fm}$ für alle f und m

Mindestbestände an kurzfristig verfügbaren Mitteln:

(4) $Rk_{fm} \geqslant \overline{\overline{Rk}}_{fm}$ für alle f und m

Höchstmengen anschaffbarer Anlagen:

(5) $v_{q'qi} \leqslant \bar{v}_{q'i}$ für alle q' = q und für alle i

Kapazitätsbeschränkungen:

(6) $\sum_{js} h_{qjsi} \cdot x_{qjs} \leqslant \sum_{q'} \bar{h}_{q'qi} \cdot v_{q'qi}$ für alle q und i

Anlagenkontinuitätsbedingung:

(7) $v_{q'qi} + v'_{q'qi} = v_{q'(q-1)i}$ für alle q', q und i

(8) Einhalten bestimmter Finanzierungsregeln:

Es wird gefordert, daß die Restwerte des Anlagevermögens am Ende des Planungszeitraumes ($\bar{q}$) mindestens vom Grundkapital und vom langfristigen Fremdkapital gedeckt werden.

$$\sum_{q'i} RW_{q'\bar{q}i} \cdot v_{q'\bar{q}i} \leqslant Gk_{\bar{q}} + \sum_{qn} \bar{N}_{qn} \cdot yl_{qn}$$

(9) Finanzierungsbedingungen:

Für alle f = 1, 2, 3, 4, 5, 6, 7, 8, 9, . . . , $\bar{f}$ und
q = 1, 2, . . . , $\bar{q}$
gilt:

$$\sum_{js} \lambda U_{fj} \cdot p_{qj} \cdot x_{qjs}$$
(im Zeitraum f eingezahlter Umsatzanteil der Periode q)

$$- \sum_{js} \lambda k_{fj} \cdot k_{qjs} \cdot x_{qjs}$$
(in f ausgezahlter Anteil an produktproportionalen Auszahlungen der Periode q)

$$- \sum_{q'i} \lambda Fk_{fi} \cdot FK_{q'qi} \cdot v_{q'qi}$$
(in f ausgezahlter Anteil an anlagenabhängigen Auszahlungen)

$$+ \sum_{n} yk_{fn}$$
(zu Beginn der Teilperiode f aufgenommene kurzfristige Kredite)

$$- \sum_{n,f'=1}^{f-1} Ryk_{f'jn} \cdot yk_{f'n}$$
(Beträge zurückzuzahlender kurzfristiger Kredite)

$$+ \sum_{m,f'=1}^{f-1} RRk_{f'fm} \cdot Rk_{f'm}$$
(Rückzahlung und Zinszahlungen aus kurzfristigen Finanzinvestitionen)

$$- \sum_{m} Rk_{fm}$$
(zu Beginn der Teilperiode f in kurzfristigen Finanzanlagen investierte Mittel)

$$- \sum_{i} A_{qi} \cdot v_{q'qi}$$
(Anschaffungsauszahlungen für Anlagen)

$$+ \sum_{q'i} VE_{q'qi} \cdot v'_{q'qi}$$
(Verkaufserlöse für Anlagen)

$$+ \sum_{n} yl_{qn}$$
(Einzahlung längerfristig erhaltener Kredite)

$$- \sum_{n,q'=1}^{q-1} Ryl_{q'qn} \cdot yl_{q'n}$$
(Beträge, die für längerfristige Kredite als Zins und Tilgung zu zahlen sind)

$- \sum_{m} Rl_{qm}$

(zu Beginn der Periode q in längerfristigen Finanzinvestitionen angelegte Mittel)

$+ \sum_{m,q'=1}^{q-1} RRl_{q'qm} \cdot Rl_{q'm}$

(Einzahlungen, die aus längerfristigen Finanzinvestitionen [Zins + Tilgung] fließen)

$= \lambda BFk_f \cdot BFk_q$

(sonstige betriebliche Auszahlungen im Zeitraum f [Ausschüttungen, Steuerzahlungen, Auszahlungen für die allgemeine Verwaltung usw.]).

Verzeichnis der Symbole zum Modell von Schweim:

A_{qi} = Anschaffungsauszahlung für eine Anlage vom Typ i, angeschafft zu Beginn der Periode q

BFk_q = sonstige betriebliche Auszahlung in der Periode q (als feste Größe vorzugeben)

f = Index der Teilperiode ($f' < f$)

$\bar{f}$ = letzte Teilperiode des Planungszeitraums

$FK_{q'qi}$ = anlagenabhängige Auszahlungen einer Anlage vom Typ i, die zu Beginn der Periode q' angeschafft wurde, in der Periode q (ohne Abschreibung)

G = Gewinn

Gk = Grundkapital

h_{qjsi} = Koeffizient, der angibt, wie viele Mengeneinheiten vom Faktor i für eine Mengeneinheit des Produkts j in der Periode q benötigt werden, sofern das Produkt im Produktionsverfahren s erstellt wird

$\bar{h}_{q'qi}$ = Höchstleistungsmenge des Aggregats i, angeschafft zu Beginn der Periode q', in der Periode q

i = Anlagenindex

j = Produktindex

k_{qjs} = produktabhängige Auszahlungen pro Mengeneinheit des Produktes j, produziert in der Periode q in dem Produktionsverfahren s

kk_{fn} = Überschuß der Tilgungs- und Zinszahlung über den Kreditbetrag beim Kredit n, der zu Beginn der Teilperiode f aufgenommen wird (Laufzeit < 1 Jahr)

kl_{qn} = Überschuß der im Planungszeitraum zu leistenden Tilgungs- und Zinszahlungen über die Kreditsumme des Kredites n, aufgenommen zu Beginn der Periode q (Laufzeit $\geqslant$ 1 Jahr)

$\bar{N}_{qn}$ = am Ende des Planungszeitraums noch bestehender Restwert einer Geldeinheit des Kredits n, der zu Beginn der Periode q aufgenommen wurde

$$\bar{N}_{qn} = \sum_{q=\bar{q}+1}^{\infty} N_{qn} (1 + \alpha)^{-q+\bar{q}} \qquad (\alpha = \text{Zinssatz})$$

n = Kreditindex

p_{qj} = Preis, den das Produkt j in der Periode q erzielt

q = Periodenindex ($q' < q$)

$\bar{q}$ = letzte Periode des Planungszeitraums

Rk_{fm} = Betrag, der in die kurzfristige Finanzinvestition m zu Beginn der Teilperiode f investiert werden soll (Anlagefrist < 1 Jahr)
$\overline{Rk}_{fm}$ = Höchstbetrag, der ...
$\overline{\overline{Rk}}_{fm}$ = Mindestbetrag, der ...

Rl_{qm} = Betrag, der in die längerfristige Finanzinvestition m zu Beginn der Periode q investiert werden soll (Anlagefrist ⩾ eine Dimension von q [1 Jahr])
$\overline{Rl}_{qm}$ = Höchstbetrag, der...

$RRk_{f'fm}$ = Prozentsatz, der von der kurzfristigen Finanzinvestition m, die zu Beginn der Periode f' durchgeführt wurde, zu Beginn der Periode f als Tilgung und Verzinsung an die Unternehmung zurückgezahlt wird

$RRl_{q'qm}$ = Prozentsatz, der von der längerfristigen Finanzinvestition m, die zu Beginn der Periode q' begonnen wurde, zu Beginn der Periode q als Tilgung und Verzinsung an die Unternehmung zurückgezahlt wird

$RW_{q'\bar{q}i}$ = Restwert einer Anlage vom Typ i am Ende des Planungszeitraumes, die angeschafft wurde zu Beginn der Periode q'

$Ryk_{f'fn}$ = Prozentsatz, der von dem kurzfristigen Kredit n, der zu Beginn der Periode f' aufgenommen wurde, zu Beginn der Periode f als Tilgung und Verzinsung zurückzuzahlen ist

$Ryl_{q'qn}$ = Prozentsatz, der von dem langfristigen Kredit n, der zu Beginn der Periode q' aufgenommen wurde, zu Beginn der Periode q als Tilgung und Verzinsung zurückzuzahlen ist

s = Produktionsverfahrenindex

$Ük_{fm}$ = Überschuß, den eine Geldeinheit einer kurzfristigen Finanzinvestition m, angelegt zu Beginn der Teilperiode f, im Planungszeitraum hervorbringt (Anlagefrist < eine Dimension von q [1 Jahr])

$Ül_{qm}$ = Überschuß, den eine Geldeinheit einer längerfristigen Finanzinvestition m, angelegt zu Beginn der Periode q, im Planungszeitraum hervorbringt (Anlagefrist ⩾ eine Dimension von q [1 Jahr])

$v_{q'qi}$ = Anzahl zu Beginn der Periode q' anzuschaffender oder angeschaffter Anlagen vom Typ i, die in der Periode q im Betrieb genutzt werden (q' ⩽ q)
$\bar{v}_{q'qi}$ = höchstmögliche Anzahl ...

$v'_{q'qi}$ = Anzahl der Maschinen vom Typ i, die zu Beginn der Periode q' angeschafft und zu Beginn der Periode q verkauft werden sollen (q' < q)

$VE_{q'qi}$ = Verkaufserlös, den eine Anlage vom Typ i, angeschafft zu Beginn der Periode q', zu Beginn der Periode q erzielen kann

x_{qjs} = Absatzmengen der Produktart j in der Periode q, wobei das Produkt im Produktionsverfahren s hergestellt werden soll
$\bar{x}_{qj}$ = Höchstmenge absetzbarer Produkte der Produktart j in der Periode q

yk_{fn} = Betrag, der zu Beginn der Teilperiode f von dem kurzfristigen Kredit n in Anspruch genommen werden soll (Laufzeit < eine Dimension von q [1 Jahr])
$\overline{yk}_{fn}$ = Höchstbetrag, der ...

yl_{qn} = Betrag, der zu Beginn der Periode q von dem längerfristigen Kredit n in Anspruch genommen werden soll (Laufzeit $\geqslant$ eine Dimension von q [1 Jahr]) $\overline{yl}_{qn}$ = Höchstbetrag, der ...

λBFk_f = Teil der sonstigen betrieblichen Auszahlungen, der in der Teilperiode f zu Auszahlungen führt

λFk_{fi} = Teil der anlagenabhängigen Auszahlungen der Anlage i, der in der Teilperiode f zu Auszahlungen führt

λk_{fj} = Teil der produktabhängigen Auszahlungen des Produkts j, der in der Teilperiode f zu Auszahlungen führt

λU_{fj} = Teil des Umsatzes der Produktart j, der in der Teilperiode f zu Einzahlungen führt.

Die Besonderheiten dieses Modells liegen vor allem in der Erweiterung der Finanzierungsbedingungen. Es wird vorgeschlagen, Finanzierungsnebenbedingungen für jene Zeitpunkte der einzelnen Planjahre einzuführen, für die voraussichtlich die laufenden Einzahlungen nicht mehr ausreichen, um die anfallenden Auszahlungen zu decken. Zu Beginn jeder Teilperiode innerhalb eines Planjahres, zu Beginn jedes Quartals oder auch kürzerer Zeiträume soll die Aufnahme von kurzfristigen Krediten und die kurzfristige Anlage von finanziellen Überschüssen möglich sein. Längerfristige Kredite und Finanzinvestitionen sowie Anlagekäufe und -verkäufe sollen nur zu Beginn des Planjahres – oder in größeren Zeitabständen – berücksichtigt werden.

Das vorgestellte Modell kann einer mittel- und langfristigen Rahmenplanung dienen, gegebenenfalls auch einer groben Kurzfristplanung. Die detaillierte kurzfristige Finanzplanung ist jedoch auch hier zweckmäßiger mit Hilfe eines zusätzlichen Simulationsmodells durchzuführen, das auf den voraussichtlichen Ist-Werten der Teilplanungen des ersten Planjahres aufbaut.

Informationsgehalt für die Unternehmungsführung

Der Informationsgehalt dieses analytischen Modells liegt darin, daß hier simultan ermittelt werden:

- Produktprogramm- und Grobproduktionsplan,
- Investitions- und Desinvestitionsplan,
- Fremdfinanzierungs- und Definanzierungsplan mit Liquiditätssicherung.

Ferner können über Sensitivitätsanalysen und Variationen von Inputdaten Anhaltspunkte für Strategien im Sinne von Verhaltensregeln für die Funktionsbereiche gewonnen werden.

Unternehmungsindividuelle Anpassungen von Gesamtmodellen sind in der Regel auf einfache Weise möglich. Dagegen wird in der Praxis häufig das Problem der Beschaffung detaillierter Informationen für künftige Perioden einen Einsatz derartiger Modelle erschweren oder auch verhindern.

5.4.3 Modelle im Rahmen der inkrementalen Zielplanung

Im folgenden wird eine Konzeption zur integrierten Unternehmungsgesamtplanung beschrieben, die von **Zwicker** entwickelt wurde und von ihm als **inkrementale Zielplanung** bezeichnet wird. Es handelt sich um ein **computergestütztes Planungsverfahren**. Dieses beinhaltet eine Präzisierung des Führungskonzeptes „Management durch Zielvorgabe“.

Zur Durchführung einer Unternehmungsgesamtplanung nach diesem Verfahren wird ein **inkrementales Zielplanungsmodell** benötigt. Aufgabe dieses Modells ist es, die **Topziele** der Unternehmung mit den **Basiszielen** bestimmter Verantwortungsbereiche zu verbinden. Topziele sind z. B. das Betriebsergebnis und die liquiden Mittel. Basisziele sind bestimmte Größen (z. B. Absatzmengen, Kostensätze), für deren Einhaltung organisatorische Einheiten der Unternehmung die Verantwortung übernehmen. Die Planungsprozedur, die unter Verwendung eines solchen Modells praktiziert wird, soll dazu dienen, daß die oberste Führung letztlich mit den Verantwortungsbereichen zu einer Vereinbarung über die Einhaltung der Basisziele gelangt. Werden diese Vereinbarungen eingehalten, so kann die oberste Führung damit rechnen, daß die auf der Grundlage dieser Einhaltung berechneten Werte der Topziele ebenfalls realisiert werden.

Zu einer solchen Einigung gelangt man über **drei Planungsschritte**: den Bottom-Up-Schritt, den Top-Down-Schritt und die Bottom-Up-Top-Down-Konfrontation.

Abbildung 162 zeigt das hier zugrunde gelegte Kausaldiagramm eines Unternehmungsgesamtplanungsmodells. Die Beispielunternehmung bestehe aus den beiden Verantwortungsbereichen Absatz und Fertigung. Sie stelle eine Produktart her [149]. Das Topziel-Kennzahlensystem dieser Unternehmung zeigt Abbildung 163a. Als Topziele der Unternehmungsgesamtplanung werden die Eigenkapitalrentabilität und der Kassenbestand deklariert. Basisziele sind Absatzmenge und Absatzkosten im Absatzbereich sowie fixe Kosten und variable Stückkosten im Fertigungsbereich.

Neben diesen Basiszielen enthält ein inkrementales Zielplanungsmodell noch weitere Parameter. Dies sind die unkontrollierbaren Basisgrößen, die Entscheidungsparameter sowie die einwandsfreien Basisgrößen.

Wie aus Abbildung 163b zu erkennen ist, enthält das Modell als unkontrollierbare Basisgrößen z. B. den Zinssatz und die Materialstückkosten. Entscheidungsparameter sind Größen, die vor Beginn der Planungsprozedur festgelegt werden. Als Entscheidungsparameter dient hier u.a. der Absatzpreis. Die einwandsfreien Basisgrößen sind solche Basisgrößen, die die oberste Führung während der Planungsprozedur ändern kann, ohne daß die Verantwortungsbereiche gegen eine solche Änderung Einwände erheben. Diese Einwände könnten etwa daraus resultieren, daß eine Änderung die Geschäftsgrundlage aufhebt, unter welcher die Verpflichtung zur Basiszielerreichung eingegangen wurde. Die Kreditänderungsrate ist im vorliegenden Fall eine solche Größe. Denn ihre Veränderung führt nicht zu einer Mehrbelastung der Fertigungs- und Absatzabteilung bei der Realisierung ihrer Basisziele.

Die Planung beginnt mit dem **Bottom-Up-Schritt**. Hier nehmen die beiden Verantwortungsbereiche ihre freiwilligen Zielverpflichtungen vor. Abbildung 162 enthält die Bottom-Up-Werte der Basisziele. Weiterhin sind die Werte der Entscheidungsparameter und unkontrollierbaren Basisgrößen festzulegen. Die Bottom-Up-Planung ist abgeschlossen, wenn die einwandsfreie Basisgröße, d. h. hier die Kreditänderungsrate so festgelegt wird, wie es die oberste Führung im Hinblick auf die Topziele am günstigsten ansieht. Im vorliegenden Beispiel wurde eine Kreditänderungsrate von −3,24 TDM gewählt, was damit zu liquiden Mitteln in Höhe von 25 TDM und zu einer Eigenkapitalrentabilität von 8,01 Prozent führt. Die Abbildungen 162 und 163a zeigen die Ergebnisse der Bottom-Up-Rechnung. In Abbildung 163b sind die Bottom-Up-Basisgrößenwerte und die sich ergebenden Bottom-Up-Topziele einander gegenübergestellt.

149 Dieses Beispiel ist entnommen aus Zwicker, E., Inkrementale Zielplanung – eine Einführung, Arbeitspapier, Berlin 1992.

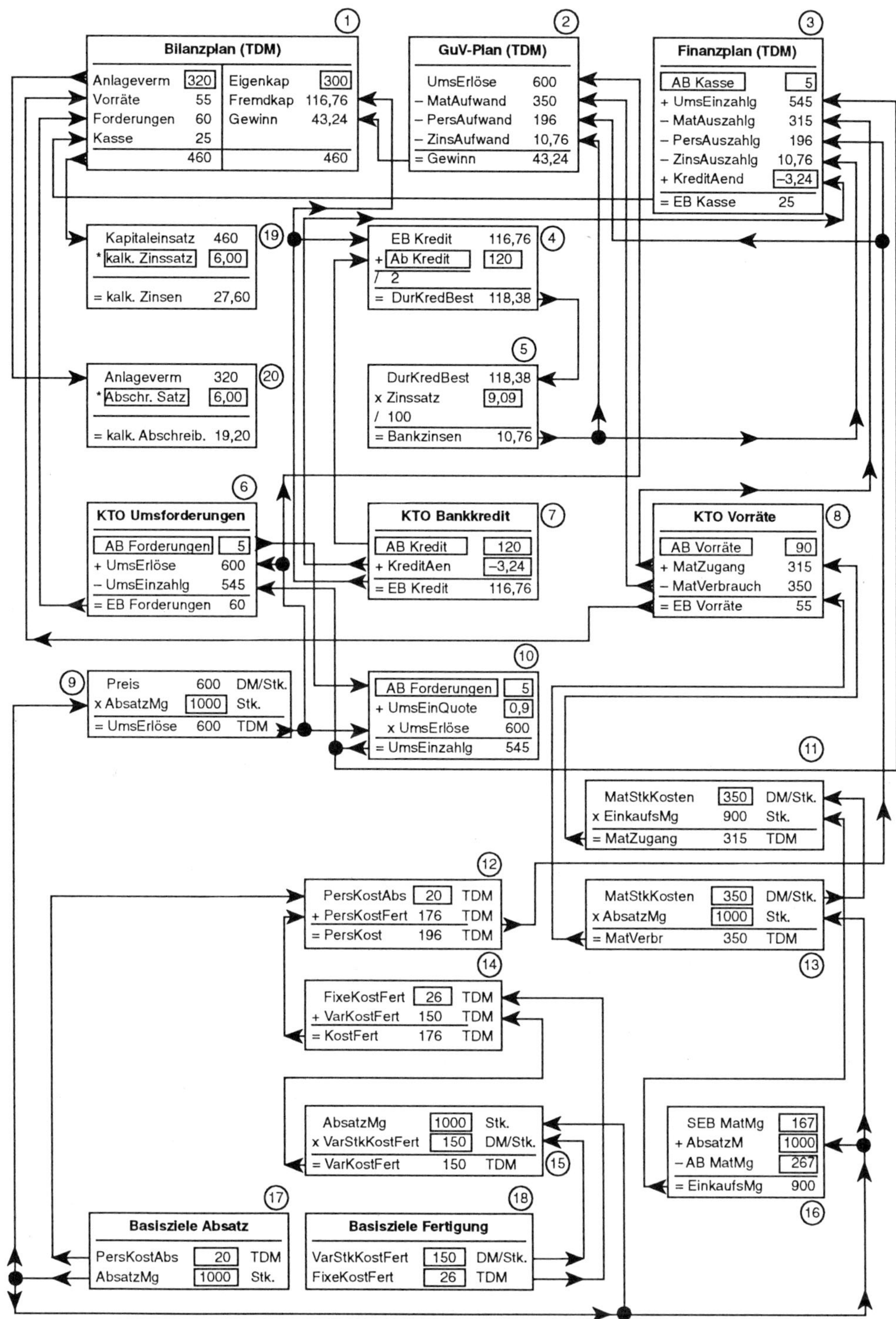

Abb. 162: Kausaldiagramm eines Unternehmungsmodells (Beispielmodell)

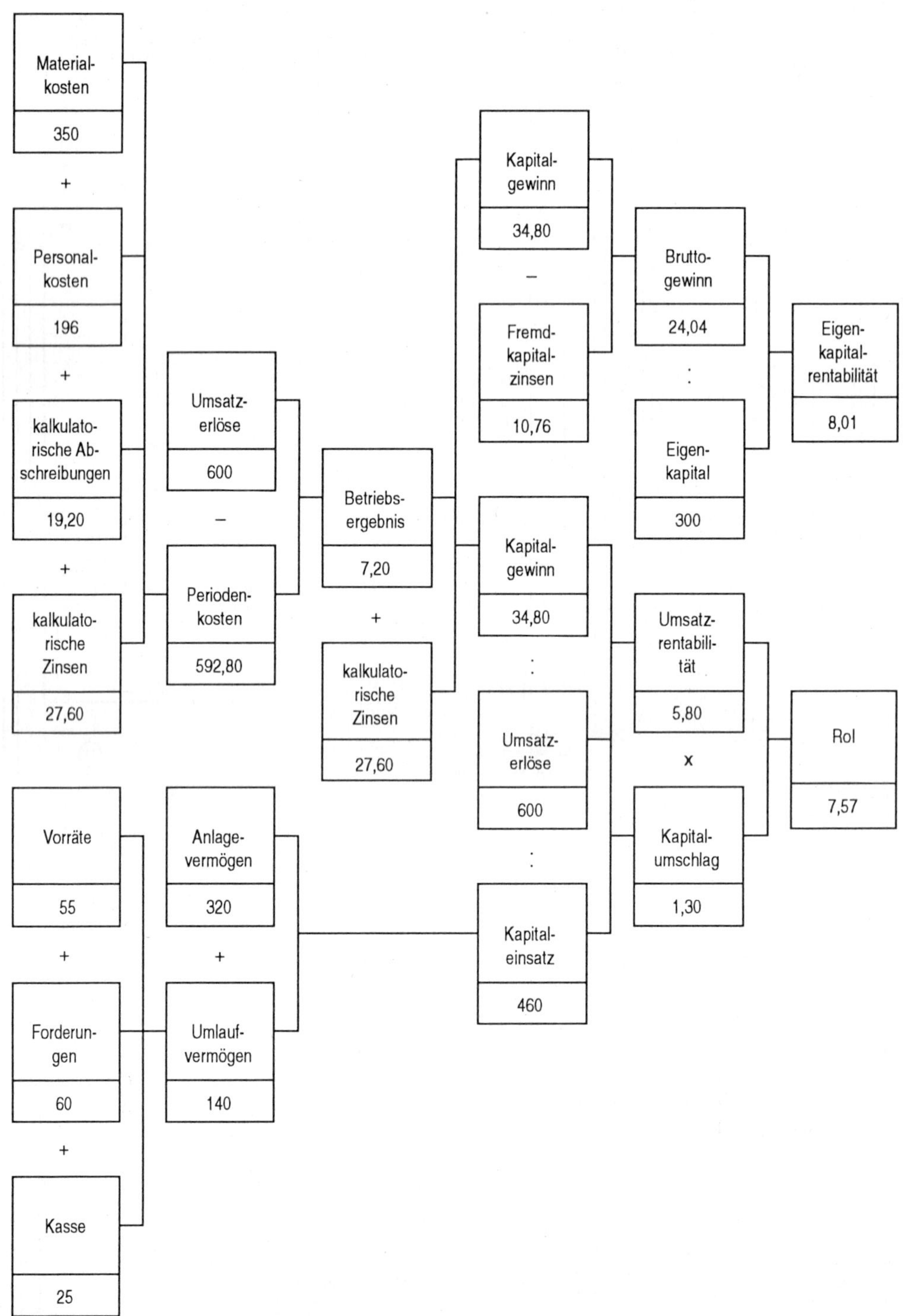

Abb. 163 a: Topziel-Kennzahlensystem des Beispielmodells

		Bottom-Up-Werte	Top-Down-Werte	Planend-Werte
Topziele				
Eigenkapitalrentabilität (%)		8,01	10,10	9,16
Kasse (TDM)		25,00	25,00	25,00
Basisziele				
Absatz	Personalkosten Absatz (TDM)	20,00	19,80	19,90
	Absatzmenge (Stk.)	1000,00	1030,00	1015,00
Fertigung	Variable Stückkosten Fertigung (DM/Stk.)	150,00	147,59	148,47
	Fixe Kosten Fertigung (TDM)	26,00	25,63	25,82
Sonstige Basisgrößen (fest)				
Entscheidungs-parameter	Preis (DM/Stk.)	600,00	600,00	600,00
	Sollendbestand Material (Stk.)	167,00	167,00	167,00
	Kalkulatorischer Zinssatz (%)	6,00	6,00	6,00
	Abschreibungssatz (%)	6,00	6,00	6,00
Unkontrollierbare Basisgrößen	Umsatz Einzahlungsquote	0,90	0,90	0,90
	Zinssatz (%)	9,09	9,09	9,09
	Materialstückkosten (DM/Stk.)	350,00	350,00	350,00
Einwandsfreie Basisgröße (variabel)				
	Kreditänderung (TDM)	−3,24	−7,69	−5,79

Abb. 163 b: Ergebnisse der Planungsschritte einer inkrementalen Zielplanung auf der Basis des Beispielmodells

Im Rahmen des **Top-Down-Schrittes** werden die sogenannten Top-Down-Basiszielwerte ermittelt, die zu jenen Topzielwerten führen, deren Realisierung die oberste Führung anstrebt. Daher formuliert die oberste Führung zu Beginn der Top-Down-Planung bestimmte Topzielforderungen, deren Erfüllung zu Topzielwerten führen, die ‚besser‘ sind als die Bottom-Up-Topzielwerte. Im vorliegenden Beispiel sei angenommen, daß die oberste Führung eine Eigenkapitalrentabilität von mindestens 10,1 Prozent und einen Mindestbestand an liquiden Mitteln von 25 TDM fordere.

Die inkrementale Zielplanung verwendet zur Ermittlung der Top-Down-Basisziele, die zur Erfüllung dieser Forderungen führen, ein besonderes Verfahren der Top-Down-Rechnung.

Der eigentlichen Rechnung geht zunächst eine sogenannte **Belastungsbewertung** der Bottom-Up-Basisziele jedes Verantwortungsbereiches voraus. Den Bottom-Up-Basiszielwerten der Verantwortungsbereiche wird eine Zusatzbelastung von Null zugeordnet. In einem nächsten Schritt wird die höchstmögliche Zusatzbelastung der Verantwortungsbereiche durch das Controlling geschätzt. Eine solche Höchstbelastung könnte z. B. für den Fertigungsbereich dann vorliegen, wenn beide Kostenbasisziele um 5 Prozent gesenkt werden sollen. Diesem Grenzpunkt wird eine Zusatzbelastung von 100 Punkten zugeordnet. Für alle Werte der Basisziele eines Verantwortungsbereiches, die zwischen dem Bottom-Up-Wert und dem Wert höchster Belastung liegen, kann damit ein Belastungswert ermittelt werden[150].

150 Vgl. im einzelnen Zwicker, E., INZPLA – Ein Konzept der computergestützten Unternehmensgesamtplanung, in: Betriebswirtschaftliche Steuerungs- und Kontrollprobleme, Hrsg. W. Lücke, Wiesbaden 1988, S. 341 ff.

Die Top-Down-Rechnung ermittelt nunmehr die Top-Down-Basisziele nach folgendem Auswahlgesichtspunkt: es sollen jene Basiszielwerte ausgewählt werden, die zu einer gleichen und minimalen Zusatzbelastung in allen Verantwortungsbereichen führen. Dabei ist jedoch die Einhaltung der von der obersten Führung erhobenen Topzielforderungen zu gewährleisten. Abbildung 163b zeigt die Ergebnisse der Top-Down-Rechnung. Es werden die gewünschten Topziele realisiert – allerdings mit Top-Down-Basiszielwerten, die von den Bottom-Up-Werten der Verantwortungsbereiche abweichen.

Die anschließende **Bottom-Up-Top-Down-Konfrontation** beinhaltet die Aushandlung der letztlich zu vereinbarenden Planendwerte der Basisziele. Die während dieser Planungsrunde diskutierten Basiszielwerte können direkt am Rechner eingegeben werden. Hieraus resultierende Änderungen der Topziele werden unmittelbar berechnet. Das Ergebnis einer solchen Konfrontation zeigt Abbildung 163b.

Die Jahreswerte werden sodann in Unterjahreswerte disaggregiert, und es erfolgt eine **rollierende unterjährige Planung und Kontrolle**. Nach Abschluß des Planjahres wird überprüft, ob die Verantwortungsbereiche ihre Basisziele erfüllt haben.

Das Verfahren führt zu einer integrierten Ergebnis- und Finanzplanung. Denn in allen drei Planungsschritten wird die Wahl der Basisziele und einwandsfreien Basisgrößen an den erfolgs- und finanzwirtschaftlichen Topzielen ausgerichtet.

Eine inkrementale Zielplanung kann auch praktiziert werden, wenn nur das Betriebsergebnis oder der Deckungsbeitrag einer Sparte als Topziel fungiert. Finanzwirtschaftliche Modellbeziehungen bleiben sodann unberücksichtigt. Solche rein ergebnisorientierten Modelle sind für mehrere Sparten einer pharmazeutischen Unternehmung entwickelt worden. Eines dieser Modelle enthält 936 Gleichungen. Der Spartendeckungsbeitrag ist einziges Topziel. Dagegen umfaßt das Modell einer Unternehmung des Anlagenbaus neben einer GuV-Rechnung und einer Bilanz auch einen Finanzplan. Topziel ist hier u.a. der RoI. Es besteht aus 958 Gleichungen, 99 Entscheidungsparametern, 6 unkontrollierbaren Basisgrößen und 412 Basiszielen, die auf zwanzig Verantwortungsbereiche verteilt sind.

Zur Realisierung der inkrementalen Zielplanung wurde von Zwicker ein **Softwaresystem** entwickelt, das die gesamte Modellentwicklung und die Durchführung der beschriebenen Planungsschritte unterstützt. Damit ist die Grundlage geschaffen, die beschriebene Logik einer Unternehmungsgesamtplanung und -kontrolle in systematischer und geschlossener Weise zu realisieren.

6. PuK im Rahmen der strategischen und operativen Projektplanung (Planung zielorientierter zeitlich begrenzter Aktionsfolgen mit und ohne Potentialänderungen)

6.1 Grundsätzliches zur Projektplanung und zum Projektmanagement

Im Zusammenhang mit der periodisch stattfindenden generellen Zielplanung, strategischen und operativen Planung sowie gesamtunternehmungsbezogenen Ergebnis- und Finanzplanung erfolgen in zunehmendem Umfang aperiodisch Projektplanungen (vgl. Abbildung 164). Solche fallweise aufzustellenden Planungen resultieren aus der Zunahme des Anteils neuartiger, komplexer Aufgabenstellungen der Unternehmungsführung gegenüber sich weitgehend wiederholenden Tätigkeitskomplexen.

Projekte sind nach unserer theoretischen Ableitung eines Planungssystems (vgl. Teil I, Abschnitt 3.4.1) **zielorientierte zeitlich begrenzte Aktionsfolgen,** die **in der Regel einmalig und komplex und stets aperiodischer Art** sind.

Als spezifische **Wesensmerkmale** von Projekten [1] sind also hervorzuheben:

- **Einmaligkeit und Komplexität** des Projektes und damit auch der Strukturierung der einzelnen Aktionen im Rahmen eines Projektes;
- spezifische **Leistungs- und Ergebnisziele** des Projektes;
- **definierte Anfangs- und Endtermine** und damit **Zeitziele** sowie
- **Aperiodizität** des Projektes.

Projektbearbeitungen erfordern daher in der Regel eine **projektspezifische Aufbauorganisation** (vgl. hierzu Teil V, Abschnitt 1.2.1).

Man kann **unifunktionale** Projekte, z. B. die Vorbereitung und Durchführung von Werbefeldzügen, Verfahrensforschungen, Großreparaturen und Kapitalerhöhungen, und **multifunktionale Projekte**, z. B. die Einführung neuer Produkte, die Vorbereitung und Durchführung von Großinvestitionen [2], die Abwicklung von Beteiligungserwerben und Reorganisationen, unterscheiden.

---

1 Vgl. zu den Merkmalen von Projekten Deutsches Institut für Normung e.V. (Hrsg.), DIN 69901, Projektmanagement, Begriffe, Berlin 1987, S. 1; ferner Alter, R., Integriertes Projektcontrolling, a.a.O., S. 91 ff., Burghardt, M., Projektmanagement, 2. Aufl., Berlin–München 1993, S. 17; Haberfellner, R. u. a., Systems Engineering – Methodik und Praxis, Hrsg. W. F. Daenzer, F. Huber, 8. Aufl., Zürich 1994, S. 241, Lachnit, L., Controllingkonzeption für Unternehmen mit Projektleistungstätigkeit, München 1994, S. 20 ff. – Eine vergleichende Gegenüberstellung von Definitionen findet sich in Madauss, B. J., Handbuch Projektmanagement, 5. Aufl., Stuttgart 1994, S. 490 ff.

2 Vgl. speziell zu Projekten im Anlagenbau Höffken, E., Schweitzer, M. (Hrsg.), Beiträge zur Betriebswirtschaft des Anlagenbaus, a.a.O., S. 4 ff.

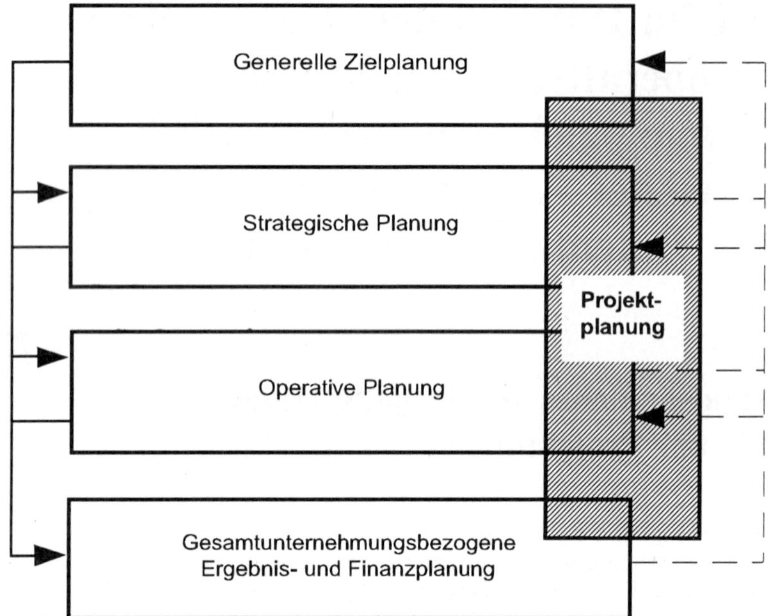

Abb. 164: Projektplanung im Rahmen der Unternehmungsplanung

Bei der **Projektplanung** handelt es sich um die **systematische Entscheidungsvorbereitung und Entscheidungsfällung im Hinblick auf zielorientierte zeitlich begrenzte Aktionsfolgen, die in der Regel einmalig und komplex und stets aperiodischer Art sind.** Ergänzt man die Projektplanung um Projektsteuerung und Projektkontrolle, ergibt sich der Prozeß des **Projektmanagement** (vgl. hierzu und zu den folgenden Ausführungen Abbildung 165).

Nach der **Art der** im Hinblick auf das Projekt zu vollziehenden **Führungs- und/oder Durchführungsaktionen** kann es sich um **Planungs-, Steuerungs-, Durchführungs- und/oder Kontrollprozesse** handeln.

Ausgehend vom **Gegenstand der Aktionen bzw. Aktionsfolgen,** auf die sich Planungs-, Steuerungs-, Durchführungs- und/oder Kontrollprozesse beziehen, ist eine Differenzierung in Projekte mit **strategischem Charakter** und solche mit **operativem Charakter** möglich. Zur Charakterisierung sind hierbei die Merkmale strategischer und operativer Entscheidungen heranzuziehen (vgl. Teil I, Abschnitt 3.4.1). Projekte mit strategischem Charakter beinhalten grundlegende Aktionen, die i. d. R. mit Potentialänderungen verbunden sind, vereinzelt auch eine Modifikation von Unternehmungszielen. Als Beispiele sind hier Akquisitionsprojekte, Produktentwicklungsprojekte oder die Ableitung einer Vision zu nennen. Projekte mit operativem Charakter beziehen sich auf laufende Aktionen – i. d. R. ohne Potentialänderungen. Beispiele sind hier ein Projekt zur Organisation und Durchführung einer Hauptversammlung oder eines Werbefeldzuges. Aufgrund dieser gegenstandsorientierten Sichtweise ist es also möglich, **strategische Projekte** und **operative Projekte** zu unterscheiden. Auch können Projekte **abschnittsweise strategischen** und **abschnittsweise operativen Charakter** besitzen (vgl. Abbildung 166).

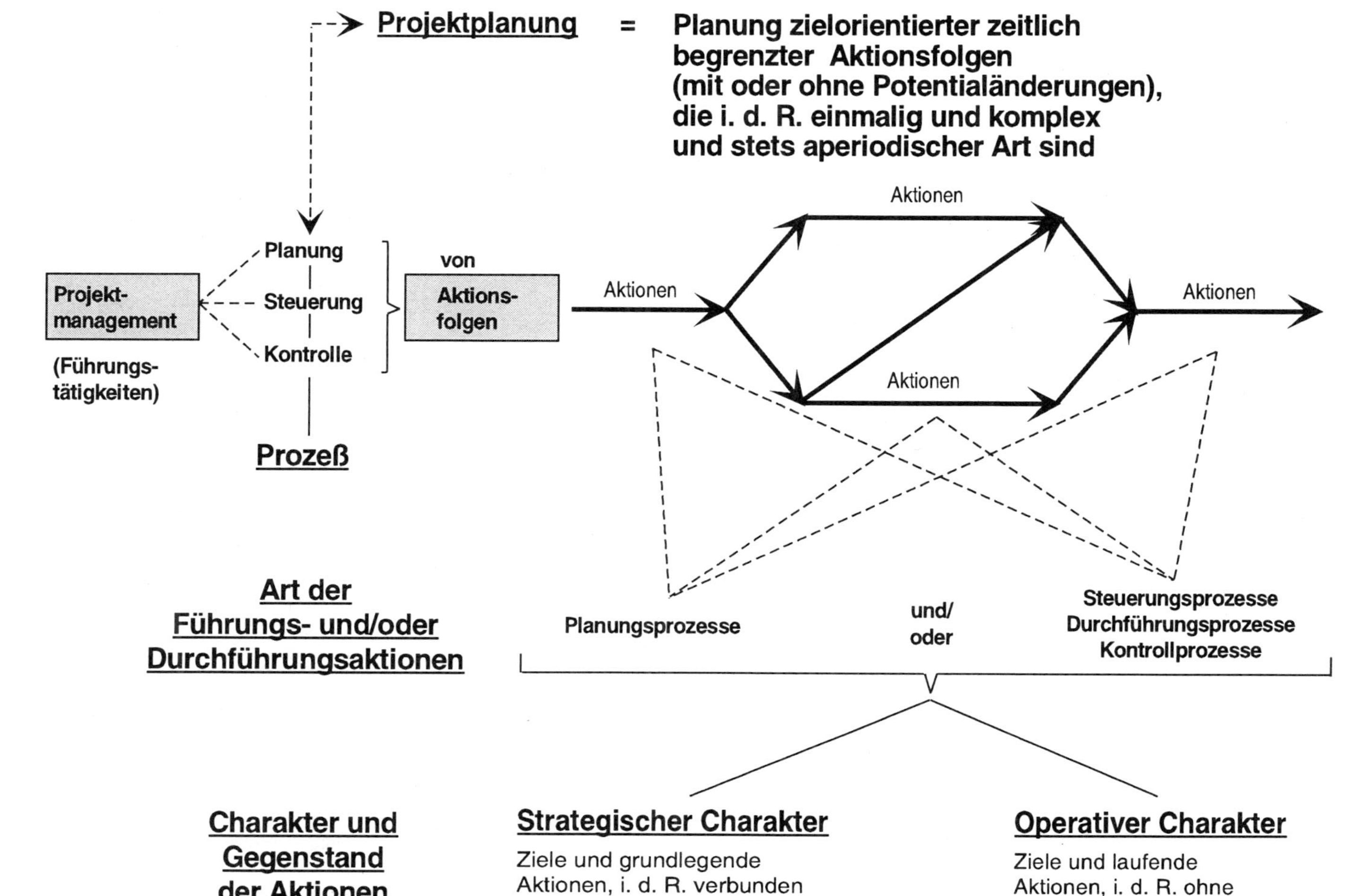

Projektplanung
=
Planung zielorientierter zeitlich begrenzter Aktionsfolgen (mit oder ohne Potentialänderungen), die i. d. R. einmalig und komplex und stets aperiodischer Art sind
Projekt-management
(Führungs-tätigkeiten)
Planung
Steuerung
Kontrolle
Prozeß
von
Aktions-folgen
Aktionen
Aktionen
Aktionen
Aktionen
Art der Führungs- und/oder Durchführungsaktionen
Planungsprozesse
und/ oder
Steuerungsprozesse
Durchführungsprozesse
Kontrollprozesse
Charakter und Gegenstand der Aktionen
Strategischer Charakter
Ziele und grundlegende Aktionen, i. d. R. verbunden mit Potentialänderungen
Operativer Charakter
Ziele und laufende Aktionen, i. d. R. ohne Potentialänderungen

Abb. 165: Begriff und Wesen der Projektplanung

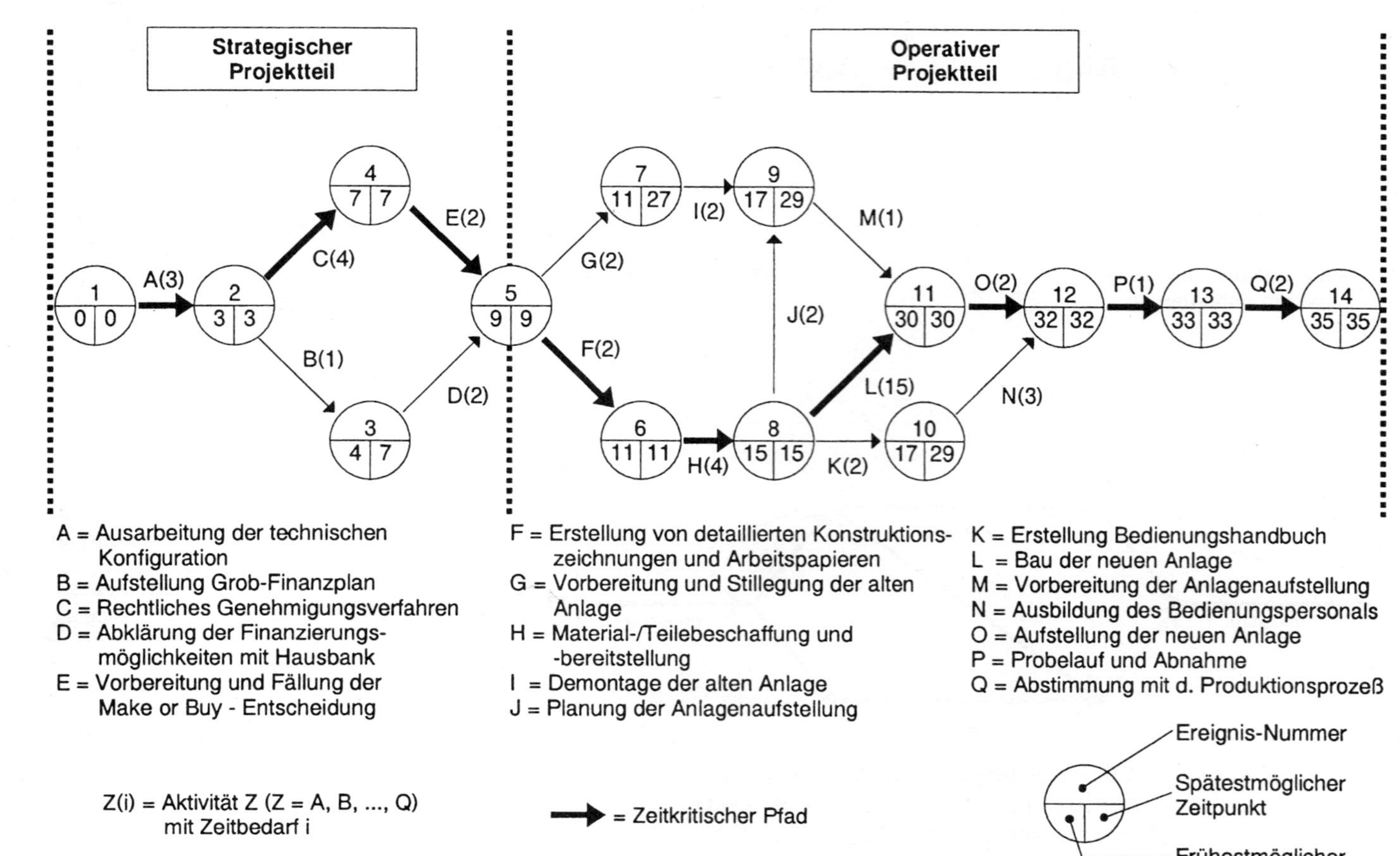
Projekt: Austausch einer Produktionsanlage (Großinvestition)
Strategischer Projektteil
Operativer Projektteil
1
0 | 0
A(3)
2
3 | 3
C(4)
4
7 | 7
B(1)
3
4 | 7
E(2)
D(2)
5
9 | 9
G(2)
F(2)
7
11 | 27
I(2)
9
17 | 29
6
11 | 11
H(4)
8
15 | 15
J(2)
M(1)
L(15)
K(2)
10
17 | 29
11
30 | 30
N(3)
O(2)
12
32 | 32
P(1)
13
33 | 33
Q(2)
14
35 | 35
A = Ausarbeitung der technischen Konfiguration
B = Aufstellung Grob-Finanzplan
C = Rechtliches Genehmigungsverfahren
D = Abklärung der Finanzierungsmöglichkeiten mit Hausbank
E = Vorbereitung und Fällung der Make or Buy - Entscheidung
F = Erstellung von detaillierten Konstruktionszeichnungen und Arbeitspapieren
G = Vorbereitung und Stillegung der alten Anlage
H = Material-/Teilebeschaffung und -bereitstellung
I = Demontage der alten Anlage
J = Planung der Anlagenaufstellung
K = Erstellung Bedienungshandbuch
L = Bau der neuen Anlage
M = Vorbereitung der Anlagenaufstellung
N = Ausbildung des Bedienungspersonals
O = Aufstellung der neuen Anlage
P = Probelauf und Abnahme
Q = Abstimmung mit d. Produktionsprozeß
Z(i) = Aktivität Z (Z = A, B, ..., Q) mit Zeitbedarf i
= Zeitkritischer Pfad
Ereignis-Nummer
Spätestmöglicher Zeitpunkt
Frühestmöglicher Zeitpunkt

Abb. 166: Projekt in Netzplandarstellung (Tätigkeits-Pfeil-Netzplan)

Bezogen auf Projekte mit strategischem und/oder operativem Charakter beinhaltet die **Projektplanung** stets eine **Leistungsziel-, Termin-** und **Ergebnis-(Kosten-)zielplanung** – auch für Projektabschnitte – sowie eine gesamte und abschnittsweise **Aktionsstrukturplanung.** Die Aktionsstrukturplanung umfaßt dabei insbesondere die

- Erstellung eines **Aktions- bzw. Tätigkeitskataloges** mit anschließender Ermittlung einer **Aktions- bzw. Tätigkeitsstruktur,**
- projekt- und kapazitätsorientierte **Zeitermittlung** sowie **Kapazitätsträger-(einsatz-)bestimmung** und auch die hierauf aufbauende
- projektbezogene **detaillierte Leistungsziel-, Termin-, Kosten- und Erlösplanung** sowie ggf. **Liquiditätsplanung.**

In der Literatur und in der Wirtschaftspraxis werden vielfach auch nur die Aufgabenkomplexe der Aktionsstrukturplanung als Projektplanung oder – ergänzt um die Steuerung und Kontrolle – als Projektmanagement bezeichnet[3]. So wird im Konzept des **Systems Engineering (SE)** eine konzeptionelle Trennung zwischen der fachlichen Systemgestaltung und dem Projektmanagement vorgenommen: „Projektmanagement kann damit als Überbegriff für **alle willensbildenden und -durchsetzenden Aktivitäten im Zusammenhang mit der Abwicklung von Projekten** definiert werden. Dabei handelt es sich inhaltlich **nicht** um Aktivitäten, die das zu lösende Problem selbst betreffen, insbes. **nicht** um die fachlichen Beiträge zur Problemlösung, sondern um das **Management des Problemlösungsprozesses**“[4] (Abwicklungsprozesses). Im Rahmen des **SE-Vorgehensmodells** werden beispielsweise Entscheidungs- bzw. Planungsprozesse in den unterschiedlichen **Projektphasen Vorstudie, Hauptstudie, Detailstudien** mit zunehmender Detaillierung durchlaufen, wobei auch hier stets Verbindungen zur fachlichen Systemgestaltung zu beachten sind[5]. Zwischen den Projektphasen werden Entscheidungen bezüglich des weiteren Vorgehens, des betreffenden Gestaltungsrahmens und ggf. über einen Projektabbruch getroffen. Hauptprinzipien für das Vorgehen im SE-Modell sind „Vom Groben zum Detail“ und „Variantenbildung“ (vgl. Abbildung 167).

In vielen Branchen und Industriezweigen ist heute die gesamte **Auftragsabwicklung** Gegenstand von Projekten, insbesondere im **(Groß-)Anlagengeschäft** und in der **Bauindustrie.** Aktionsstrukturplanung und fachliche Planungen sind in solchen Fällen untrennbar miteinander verknüpft[6].

Einen Sonderfall stellen Generalunternehmer- und Betreibermodelle dar. Der **Generalunternehmer** übernimmt i. d. R. die Gesamtverantwortung für das Vorhaben sowie wesentliche Teile der für die schlüsselfertige Erstellung des Bauwerks oder der Anlage erforderlichen

---

3 Vgl. z. B. Burghardt, M., Projektmanagement, a.a.O., S. 13 f.; Haberfellner, R. u. a., Systems Engineering – Methodik und Praxis, a.a.O., S. 243; Haberfellner, R., Projektmanagement, in: HWO, Hrsg. E. Frese, 3. Aufl., Stuttgart 1992, Sp. 2090 f., Heeg, F.-J., Projektmanagement – Grundlagen der Planung und Steuerung von betrieblichen Problemlöseprozessen, 2. Aufl., München–Wien 1993, S. 185 ff.; Lachnit, L., Controllingkonzeption für Unternehmen mit Projektleistungstätigkeit, a.a.O., S. 29 ff.

4 Haberfellner, R. u. a., Systems Engineering – Methodik und Praxis, a.a.O., S. 242 (im Original z. T. andere Hervorhebungen); vgl. auch Deutsches Institut für Normung e.V. (Hrsg.), DIN 69901, Projektmanagement, Begriffe, a.a.O., S. 1. Zu den unterschiedlichen Dimensionen des Projektmanagement vgl. Krüger, W., Organisation der Unternehmung, a.a.O., S. 374 ff.

5 Vgl. Haberfellner, R. u. a., Systems Engineering – Methodik und Praxis, a.a.O., S. 58 ff.

6 Vgl. hierzu grundlegend Höffken, E., Schweitzer, M. (Hrsg.), Beiträge zur Betriebswirtschaft des Anlagenbaus, a.a.O., S. 4 ff.; Lachnit, L., Controllingkonzeption für Unternehmen mit Projektleistungstätigkeit, a.a.O., S. 19 ff.

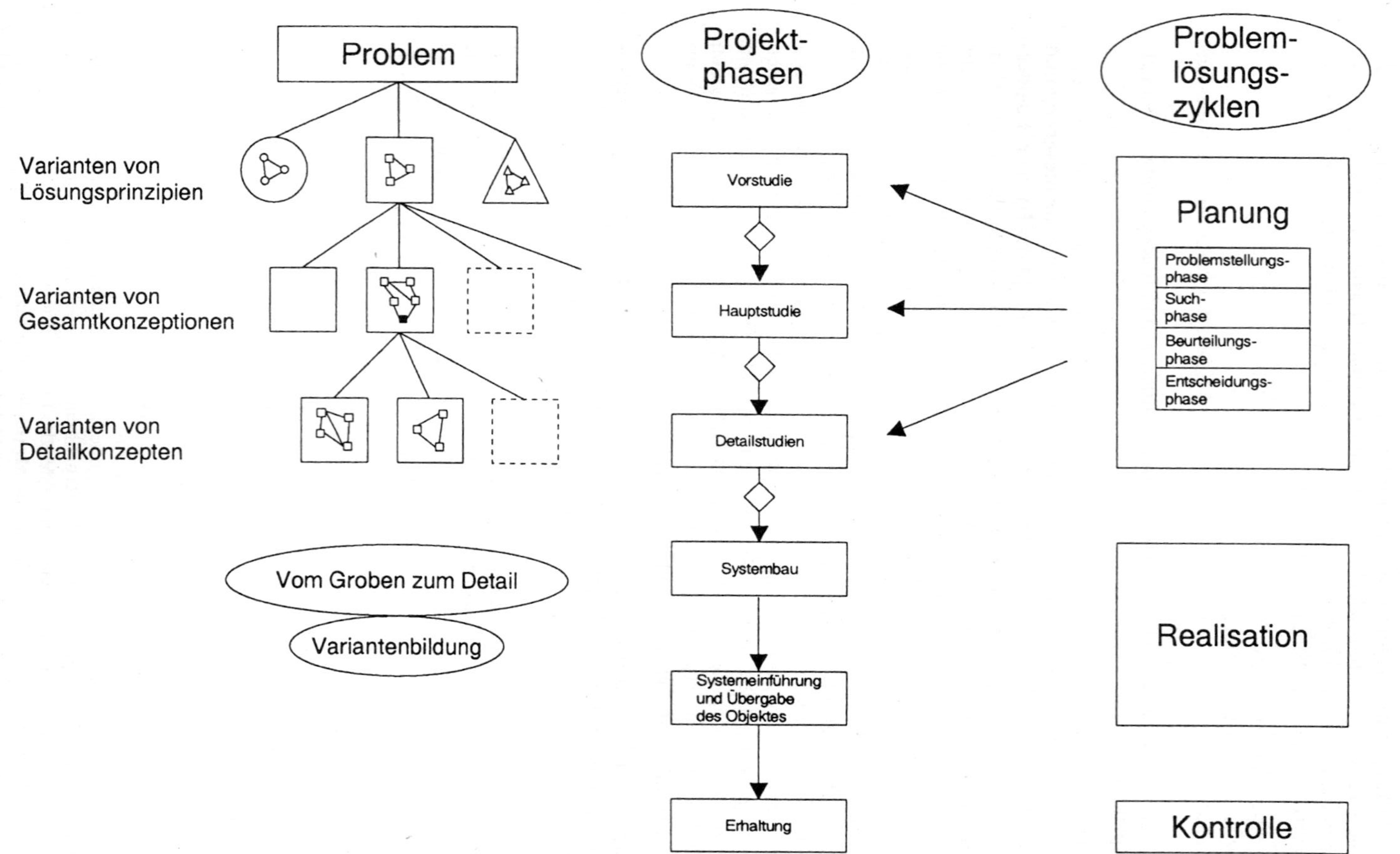

Abb. 167: Zusammenhänge zwischen den verschiedenen Komponenten des Systems Engineering (SE)-Modells (tendenzielle Zuordnung) [7]

7 Vgl. Haberfellner, R. u. a., Systems Engineering – Methodik und Praxis, a.a.O., S. 59 (modifiziert).

Leistungen zu festen Preis-, Termin- und Qualitätsvorgaben[8]. Zunehmend kommt es im Rahmen von Privatisierungs- bzw. Outsourcingstrategien zur Delegation weiterer Leistungen. Beim **Betreibermodell** wird die Gesamtverantwortung für die Planung, den Bau, den technischen und kaufmännischen Betrieb sowie die Finanzierung des Projektes durch einen oder mehrere **Projektträger** übernommen[9]. Hier sind bereits im Zusammenhang mit der Angebotserstellung und -abwicklung auch Finanzierungs- und Betreiberprobleme Gegenstand von Verhandlungen.

Die **Kalkulation** gerade solch umfangreicher Projekte wird üblicherweise als ergebnis- und risikoevaluierende **Vorkalkulation** (Auftragsangebotskalkulation als Grobkalkulation, Auftragskalkulation als detaillierte Kalkulation) sowie als die Auftragsabwicklung begleitende **Zwischen- und Nachkalkulation** durchgeführt.

Träger von Projektplanung und -management sind in Abhängigkeit von Projektumfang und -tragweite zu bestimmen. Grundsätzlich formuliert ein **Projektleiter** oder eine **Projektleitungskommission** die Zielsetzung, bildet eine **Projektgruppe** oder mehrere Projektgruppen, koordiniert Projektgruppen, unterstützt die Ressourcenzuteilung und verleiht im Bedarfsfall die notwendige Kompetenz. Zusätzlich ist in vielen Fällen ein übergeordneter **Lenkungsausschuß** sinnvoll. Auch werden Großprojekte in der Regel als Cost Center oder Profit Center organisiert, vielfach auch rechtlich verselbständigt (zu den verschiedenen Möglichkeiten der Berücksichtigung von Projekten in der Aufbauorganisation der Unternehmung vgl. Teil V, Abschnitt 1.2.1 sowie die dort angegebene Literatur).

6.2 Phasen der Projektplanung und -kontrolle

6.2.1 Problemstellungsphase: Klärung des Entscheidungsgegenstandes, der Ziele und des Verfahrens der Projektplanung

Die Ziele eines Projektes knüpfen stets am Projektgegenstand an. Hieraus ergeben sich die spezifischen **Leistungs- bzw. Sachziele** eines strategischen und/oder operativen Projektes, verbunden mit **Zeit- und Ergebniszielen** sowie ggf. **Liquiditätszielen** und sonstigen Anforderungen. Sie werden im Rahmen der **Projektdefinition** formuliert[10]. So sind bei **strategischen Projekten** wesentliche Ergebnisziele die **Kapitalwertmaximierung** oder hilfsweise die **Maximierung des kalkulatorischen Gewinns.** Bei **operativen Projekten** sind in erster Linie **Deckungsbeitragsmaximierungs- oder Kostenminimierungsziele** zu beachten.

---

8 Vgl. zum Generalunternehmer VDI-Gesellschaft Entwicklung, Konstruktion, Vertrieb (Hrsg.), Projektkooperation beim internationalen Vertrieb von Maschinen und Anlagen: Entscheidungshilfen, Organisationsformen, Vertragskonzepte, Düsseldorf–Stuttgart 1991, S. 33ff.; Hautkappe, B., Unternehmereinsatzformen im Industrieanlagenbau, Heidelberg 1986, S. 39ff.

9 Vgl. Merna, T., Concession Contracts, in: Projects Procured by Privately Financed Concession Contracts, Hrsg. T. Merna, N. J. Smith, Manchester 1994, S. 1ff.; vgl. zu **BOT (Build-Operate-Transfer)-** und **BOO (Build-Operate-Own)-Modellen** Schill, J., Finanzielle Beziehungen, Vertrags- und Kooperationsformen beim Industriegüter-Export aus der Bundesrepublik Deutschland, Kiel 1988, S. 101ff.

10 Vgl. hierzu Deutsches Institut für Normung e.V. (Hrsg.), DIN 69901, Projektmanagement, Begriffe, a.a.O., S. 3.

Hinsichtlich der zeitlichen **Aktionsstrukturplanung** stehen als Ziele die

- **Durchlaufzeitminimierung**, auch vielfach die **Termineinhaltung** als **projektorientierte Zeitziele**, ggf. die
- **optimale Kapazitätsausnutzung** im Zusammenhang mit der Kapazitätsbelegungsplanung als **projektorientiertes Ressourcenziel** oder die
- **kostenoptimale Projektdauer** bzw. **Projektzeit**

im Vordergrund.

Bezüglich der **Projektkalkulation** und **Projektergebnisplanung** werden für das gesamte Projekt und ggf. Projektabschnitte ausgehend vom Leistungsziel, hieraus abgeleiteten Teilleistungszielen sowie den Ressourceneinsätzen **Kostenziele** und ggf. **Ergebnisziele** (Gewinnziele) definiert.

Eine **Nebenbedingung** kann im Rahmen von Projektplanungen die **Liquiditätssicherung** bilden. Eine Planung und Kontrolle der mit den Aktionen verbundenen **Ein- und Auszahlungen**[11] befaßt sich hier insbesondere mit den Zeitpunkten dieser Zahlungen in jeweils spezifischer Höhe. Werden die Ein- und Auszahlungen entsprechend den Folgebeziehungen der sie verursachenden Aktionen addiert, erhält man eine Einzahlungs- und Auszahlungsfunktion über die gesamte Dauer der Aktionsfolge hinweg. Der sich im jeweiligen Zeitpunkt der Aktionsfolge ergebende Differenzbetrag stellt die in gewissen Grenzen variierbare zeitabhängige **projektspezifische finanzielle Über- oder Unterdeckung** dar (vgl. hierzu Abschnitt 6.2.3 dieses Teils). Der Aspekt der Liquiditätssicherung tritt besonders bei rechtlich verselbständigten oder als Profit Center geführten Projektorganisationseinheiten zutage, wo ein unternehmungsinterner Finanzausgleich nur schwer oder nicht möglich ist. Bei Großprojekten, die die Liquiditätsentwicklung der Unternehmung maßgeblich beeinflussen, wird u. U. der gesamtunternehmungsbezogene Finanzplan entscheidend durch solche Einzelprojekte determiniert.

Die theoretisch am weitesten entwickelte und in der Praxis am häufigsten angewandte Technik, die Probleme der Aktionsfolgeplanung in einem geschlossenen Ansatz praktikabel mit Algorithmen lösen kann, ist die **Netzplantechnik**[12]. Sie eignet sich speziell für die Planung und Kontrolle von Projekten im Hinblick auf Leistungs-, Zeit- und Ergebnis- bzw. Kostenziele. Die folgende Darstellung der Alternativen sowie ihrer Beurteilungs- und Kontrollmöglichkeiten wird daher primär auf der Grundlage der Netzplantechnik vorgenommen.

Der **Netzplan** ist die **graphische Abbildung einer Aktionsfolge,** er stellt somit Tätigkeiten mit ihren Folgebeziehungen dar. Neben einer **Darstellungstechnik** ist die Netzplantechnik auch eine **Rechentechnik,** die die Zeitdauern, den Kapazitätsbedarf und die Kosten der Aktionen

---

11 Vgl. auch Franzen, W., Projekt-Controlling zur Steuerung von Rentabilität und Liquidität bei Auftragsfertigung, DBW 1987, S. 33ff.

12 Vgl. allgemein zur Netzplantechnik Deutsches Institut für Normung e.V. (Hrsg.), DIN 69900 Teil 1 und Teil 2, Projektwirtschaft, Netzplantechnik, Berlin 1987; Altrogge, G., Netzplantechnik, 2. Aufl., Wiesbaden 1994; Dürr, W., Kleibohm, K., Operations Research, a.a.O., S. 181ff.; Große-Oetringhaus, W., Praktische Projektgestaltung mit Netzplantechnik, a.a.O.; Heigenhauser, B., Netzplantechnik, Würzburg 1976; Küpper, W., Lüder, K., Streitferdt, L., Netzplantechnik, Würzburg–Wien 1974; Küpper, W., Netzplantechnik, Grundlagen der, in: HWProd, Hrsg. W. Kern, Stuttgart 1979, Sp. 1340ff.; Matthes, W., Netzplantechnik, Erweiterung der, in: HWProd, Hrsg. W. Kern, Stuttgart 1979, Sp. 1327ff.; Offermann, A., Projekt-Controlling bei der Entwicklung neuer Produkte, Frankfurt/M.–Thun 1985, S. 358ff.; Schwarze, J., Netzplantechnik, 7. Aufl., Herne–Berlin 1994; Thumb, N., Grundlagen und Praxis der Netzplantechnik, a.a.O.; Waschek, G., Weckerle, E., Die Praxis der Netzplantechnik, Baden-Baden–Bad Homburg v.d.H. 1967; Zimmermann, H.-J., Netzplantechnik, a.a.O.; ders., Netzplantechnik, in: HWO, Hrsg. E. Grochla, 2. Aufl., Stuttgart 1980, Sp. 1379ff.; ders., Operations Research Methoden und Modelle, a.a.O.

bzw. Tätigkeiten als deren Parameter bzw. quantitative Kenngrößen verschiedenen Rechnungen unterzieht. Ihr Ziel besteht in der Ermittlung von Zeiten und Zeitpunkten sowie von kumulativen Ergebnissen bzw. Kosten der Projektdurchführung und auch vereinzelt in der Ermittlung der kostenoptimalen Aktionsstruktur. Gegenüber konventionellen Planungsverfahren, insbesondere dem Balkendiagramm, ist die konsequente Berücksichtigung logischer Verknüpfungen, der Folgebeziehungen der Tätigkeiten, das Neue der Netzplantechnik. Auf dieser Grundlage werden die Berechnung der genannten Kenngrößen und insbesondere auch der Computereinsatz möglich[13].

Die Netzplantechnik entspricht jedoch nicht nur exakt dem Gebiet der Aktionsplanung, sie entspricht auch exakt dem systemorientierten Ansatz. Elemente des Netzplanes als Abbildung des Aktionssystems sind hier die Tätigkeiten. Die Beziehungen zwischen den Aktionen des Netzplanes sind Folgebeziehungen (Aktionsbeziehungen) (vgl. Abbildung 166 und Abbildung 8).

Diese Interpretation wird auch deutlich bei den noch zu erläuternden Tätigkeits-Knoten-Netzplänen. Bei ihnen werden die Tätigkeiten als Knoten und die Folgebeziehungen als Pfeile dargestellt. Netzpläne sind stets zielgerichtet.

6.2.2 Suchphase: Ermittlung alternativer Projektgestaltungsmöglichkeiten (Aktionsfolgen)

6.2.2.1 Variablen und Restriktionen in der Projektgestaltung

Die alternativen **Handlungsmöglichkeiten** in der Projektgestaltung bestehen in alternativen **Aktionsfolgen** zur Erreichung der Projektziele. Die Planung der Aktionsfolge bzw. Aktionsstruktur bildet das Kernstück der Projektplanung. Hierbei lassen sich als Variablen unterscheiden[14]:

- der Inhalt einer Aktion,
- die Zeitdauer einer Aktion,
- der zeitliche/mengenmäßige Kapazitätsbedarf einer Aktion sowie
- die Kosten und ggf. Erlöse einer Aktion.

Der **Inhalt einer Aktion** und das **Resultat einer Aktion** lassen sich durch spezifische Merkmale und Merkmalsausprägungen charakterisieren. Es handelt sich um die Qualitätsdefinition des Inhaltes der Aktion und ihres Resultates. In Kombination mit der Zeitdauer einer Aktion bzw. Aktionsfolge lassen sich **(teil-)leistungsbezogene Meilensteine** planen. Diese sind besonders wichtige Ereignisse einer Aktionsfolge[15]. Sie kennzeichnen i.d.R. das Ende eines Projektabschnittes bzw. einer spezifischen Leistungserstellung und werden mit einem geplanten Termin versehen.

13 Zum Computereinsatz im Rahmen der Netzplantechnik vgl. z. B. Burwick, H., Projektmanagement, computergestütztes, in: HWO, Hrsg. E. Grochla, 2. Aufl., Stuttgart 1980, Sp. 1953 ff. sowie die dort angegebene Spezialliteratur.

14 Vgl. z. B. Große-Oetringhaus, W., Praktische Projektgestaltung mit Netzplantechnik, a.a.O., S. 15 ff.

15 Vgl. zum Begriff Meilenstein Deutsches Institut für Normung e.V. (Hrsg.), DIN 69900 Teil 1, Projektwirtschaft, Netzplantechnik, Begriffe, a.a.O., S. 3.

Die **Zeitdauer einer Aktion** ist die Dauer zwischen Anfang und Ende der einzelnen Tätigkeit. Sie wird entweder geschätzt oder durch Zeitstudien gemessen. Anfang und Ende einer Tätigkeit können auf einen bestimmten kalendarischen Zeitpunkt bzw. Termin festgelegt sein.

Der **Kapazitätsbedarf einer Aktion** wird gekennzeichnet durch Zeiten, die von spezifischen Potentialfaktoren für die Leistungserstellung im Rahmen einer einzelnen Tätigkeit benötigt werden. Als Aktionsträger kommen Arbeitskräfte und Maschinen bzw. Mensch-Maschine-Kombinationen in bestimmter Art und Menge in Betracht. Somit kann der Kapazitätsbedarf auch zeitlich/mengenmäßig formuliert werden.

Die **Kosten der Aktion** sind Kosten einer einzelnen Tätigkeit, die durch sie verursacht werden und die ihr zurechenbar sind. Danach, ob Kosten einer einzelnen Tätigkeit oder nur einer gesamten Aktionsfolge zurechenbar sind, lassen sich direkte und indirekte Kosten unterscheiden.

Als **direkte Kosten** interessieren in Industrieunternehmungen bei Tätigkeiten im Produktionsbereich vor allem Maschinen- und bestimmte Lohnkosten, die als variable Kosten leicht ermittelbar sind.

Die Zurechnung von Materialkosten auf Tätigkeiten ist problematisch. Wird Material zu Beginn einer Aktionsfolge eingesetzt und fortlaufend bis zur letzten Tätigkeit der Folge bearbeitet, dann ist es wenig sinnvoll, die Materialkosten anteilig auf die Tätigkeiten zu verrechnen. Für Zwecke der Projektkalkulation und unter Vorgriff auf eine zahlungswirksame Betrachtung sollten Materialkosten vielmehr abschnittsweise bei Anfall und kumuliert am Ende eines Projektes oder gesondert ausgewiesen werden.

Da die Kosten einer Aktion hier im Rahmen der Aktionsplanung behandelt werden, sind sie grundsätzlich **Plankosten.** Als solche sind sie entweder Budgetkosten oder Standardkosten.

Zu den **indirekten Kosten** gehören vor allem Opportunitätskosten.

Projektbezogene **Erlöse** und Erlöskomponenten werden nur dann zu einer Variablen im Rahmen der Aktionsstrukturplanung, wenn deren Zeitpunkte und ggf. auch Höhe an die Erreichung von Leistungs- und/oder Terminzielen gekoppelt sind. Meist geht man über die gesamte Projektdauer hinweg von konstanten Erlösen aus, die nicht durch die Aktionsstrukturplanung beeinflußt werden können. In solchen Fällen entspricht das Ziel der kostenoptimalen dem der ergebnisoptimalen Aktionsstruktur.

Jedes Problem der Aktions- bzw. Aktionsstrukturplanung kann als eine Funktion der Aktionsfolge und der Leistung, der Zeitdauer, des Kapazitätsbedarfs und der daraus resultierenden Kosten und ggf. Erlöse der Aktionen beschrieben werden [16].

Das so aufgezeigte Feld der alternativen unabhängigen Variablen, der Aktionsparameter, wird durch eine Gruppe sehr wichtiger Größen eingeschränkt, durch die **Restriktionen bzw. Nebenbedingungen.**

Hier sind zunächst die **Reihenfolgerestriktionen** zu beachten. Sie drücken sich aus in dem Zwang, bestimmte technisch-wirtschaftlich oder nur technologisch bedingte Reihenfolgen einzuhalten, so z. B. bestimmte Reihenfolgen bei der Errichtung von Anlagen. In bezug auf diese Tätigkeiten besteht somit keine Reihenfolgevariabilität. Die Aktionsfolge ist hier bei gegebenen Aktionsarten eine Konstante und keine Variable.

---

16 Vgl. auch Riester, W. F., Schwinn, R., Projektplanungsmodelle, Würzburg–Wien 1970, S. 12.

Aber nicht nur im Hinblick auf die Reihenfolge, sondern auch im Hinblick auf die Aktionsarten können Restriktionen, die **Aktionsartrestriktionen,** bestehen. So grenzen vorab formulierte bzw. geforderte Leistungsmerkmale und technische Spezifikationen den Alternativenraum der Aktionsarten meist nachhaltig ein. Ebenso können z. B. bestimmte Vorschriften zur Reinhaltung von Luft und Wasser oder zur Lärmbegrenzung zur Anwendung bestimmter Verfahren und damit Aktionsarten zwingen. In diesen Fällen sind die Aktionsarten keine Variablen, sondern Konstanten.

Weiterhin sind für die Projektplanung **zeitliche Restriktionen** bedeutsam. Die bedeutendste zeitliche Restriktion für Aktionsfolgen ist ein bestimmter einzuhaltender **Endtermin.** Er betrifft formal gesehen nur das Ende der letzten Tätigkeit einer Aktionsfolge, jedoch davon ausgehend in retrograder Zeitberechnung auch die Zeitpunkte des Beginns bzw. Endes der vorangehenden Tätigkeiten, und zwar in Abhängigkeit von den jeweiligen Folgebeziehungen dieser Tätigkeiten.

Schließlich können **Kapazitätsrestriktionen** infolge einer nur begrenzt verfügbaren Menge und/oder Einsatzdauer der Sach-, aber auch der Humanpotentiale (Begrenzung der zeitlich formulierten Gesamtkapazität) sowie **Budgetrestriktionen** (Begrenzung der maximalen Kostenhöhe) zu beachten sein.

Zur **Darstellung der Alternativen** der in Frage kommenden Aktionsstrukturen mit möglichen Zeiten bedarf es der

- Strukturermittlung sowie der
- projekt- und kapazitätsorientierten Zeitermittlung.

Hierauf aufbauend können sodann die Kosten und ggf. Erlöse für alternative Aktionsstrukturen mit und ohne Beachtung von Zeitzielen (Terminen) ermittelt werden.

6.2.2.2 Projektstrukturermittlung

Die **netzplantechnische Strukturermittlung** geht auf die Graphentheorie zurück. Unter einem Graph versteht man eine Menge von Punkten, die durch Kanten miteinander verbunden sind.

Die Punkte werden auch als Knoten bezeichnet. Die gerichteten Kanten werden durch Pfeile dargestellt. Zunächst sei von der gebräuchlichsten Darstellungsweise, der **Critical Path Method (CPM)** ausgegangen; die Knoten sind dann Anfangs- oder Endereignisse von Tätigkeiten und werden durch Kreise dargestellt. Die Tätigkeiten selbst werden durch Pfeile dargestellt (Tätigkeits-Pfeil-Netzplan).

Bei der praktischen Durchführung der Strukturierung beginnt man mit der Aufstellung eines **Tätigkeitskataloges,** in dem die zu erbringenden Teil- und Elementarleistungen des Projektes konkretisiert werden. Bereits die Definition und damit die Abgrenzung dieser Teilleistungen ist schwierig. Es muß auf einen problemadäquaten Detaillierungsgrad geachtet werden. Der Tätigkeitskatalog enthält ebenso Aussagen über das zur Leistungserstellung benötigte Material und/oder die benötigten (Grob-)Kapazitätsbedarfe nach Art (Arbeitskräfte, Maschinen, Werkzeuge), Zeit und Menge[17].

Anschließend sind die **Folgebeziehungen** der Aktionen festzustellen. Sie werden durch Angabe der unmittelbaren Vorgänger einer Aktion oder der unmittelbaren Nachfolger determiniert. Die Folgebeziehungen, auf die bereits im Tätigkeitskatalog hingewiesen werden kann, bilden die Basis des anschließend zu erstellenden Netzplans.

---

17 Vgl. hierzu Hahn, D., Prozeßwirtschaft – Grundlegung, Produktionsprozeßplanung, -steuerung und -kontrolle – Grundkonzept und Besonderheiten bei spezifischen Produktionstypen, a.a.O., S. 65ff.

Bei komplexeren Aktionsfolgen verläuft dieser Prozeß nicht sukzessiv, sondern iterativ in sich ständig ergänzendem Wechsel. Auf der Basis eines ersten Netzplanentwurfes wird der Tätigkeitskatalog ergänzt, vor allem um die Scheintätigkeiten (die keine Ressourcen beanspruchen) und die Zusatztätigkeiten.

Abbildung 168 a gibt eine Übersicht über die wichtigsten netzplantechnischen Strukturdarstellungsmöglichkeiten[18]. Neben CPM, dem bisher erläuterten Verfahren, kommt vor allem die **Program Evaluation and Review Technique (PERT)** in Betracht. Während PERT in der ursprünglichen Form lediglich als ereignisorientiertes Verfahren angesehen wurde, berechnet man heute auch Zeitdauern für die Aktionen – auf der Basis unterschiedlicher Zeitschätzungen (stochastische Aktionsdauern). Der einzige Unterschied zu CPM besteht dann in der Ermittlung der verwendeten Zeitgrößen[19].

Von diesen beiden Varianten der Tätigkeits-Pfeil-Netzplantechnik heben sich die Varianten der Tätigkeits-Knoten-Netzplantechniken ab. Sie stellen die Tätigkeiten als Knoten und ihre Folgebeziehungen als Pfeile dar. Wichtigste Variante ist die **Metrapotential-Methode (MPM).** Sie kann sowohl zeitliche Mindest- als auch Höchstabstände berücksichtigen. Der zeitliche Mindestabstand wird durch einen durchgezogenen vorwärtsgerichteten Pfeil mit Zeitangabe dargestellt, der zeitliche Höchstabstand zwischen beiden Aktionen durch einen rückwärtsgerichteten gestrichelten Pfeil. MPM berücksichtigt nur Anfang-Anfang-Beziehungen. Die **Precedence-Diagramming-Method (PDM)** berücksichtigt zwar auch darüber hinaus Ende-Anfang- und Ende-Ende-Beziehungen, jedoch nur Mindestabstände[20].

Die bisher beschriebenen Strukturierungsvarianten der Netzplantechnik unterstellen eine **deterministische Aktionsstruktur**. Es gibt jedoch auch verschiedene Verfahren, die eine **stochastische Aktionsstruktur** berücksichtigen[21]. Damit wird der Tatsache Rechnung getragen, daß mit dem Eintritt spezifischer Ereignisse nicht genau vorhergesagt werden kann, welche Tätigkeitsketten danach ablaufen werden. Durch mit Eintrittswahrscheinlichkeiten versehene Verzweigungen, die von einem solchen Ereignis (auch Entscheidungsblock genannt) ausgehen, wird die Möglichkeit alternativer Aktionsstrukturen dargestellt. So berücksichtigt **GAN (Generalized Activity Networks)** stochastische Aktionsstrukturen, während mit **GERT (Graphical Evaluation and Review Technique)** darüber hinaus noch stochastische Aktionsdauern einbezogen werden können[22], wobei letzteres auch für PERT charakteristisch ist.

---

18 Vgl. zu den verschiedenen Verfahren der Netzplantechnik ausführlich Voigt, J.-P., Fünf Wege der Netzplantechnik, Köln–Braunsfeld 1971, S. 13ff.

19 Vgl. Schwarze, J., Netzplantechnik, a.a.O., S. 94f. u. S. 139; vgl. zur Darstellung des klassischen PERT-Verfahrens sowie dessen Weiterentwicklungen Scheer, A.-W., Projektsteuerung, Wiesbaden 1978, S. 41ff.

20 Sie wird auch als PCS (Project Control System) bezeichnet. Vgl. Thumb, N., Grundlagen und Praxis der Netzplantechnik, a.a.O., S. 289. – Vgl. zu dieser Methode ferner Voigt, J.-P., Fünf Wege der Netzplantechnik, a.a.O., S. 48ff.

21 Diese Verfahren werden auch als Entscheidungsnetzplantechnik (ENPT) bezeichnet. Vgl. Deutsches Institut für Normung e.V. (Hrsg.), DIN 69900 Teil 1, Projektwirtschaft, Netzplantechnik, Begriffe, a.a.O., S. 1. – Stochastische Strukturansätze gehen zurück auf Eisner, H. A., Generalized Network Approach to the Planning and Scheduling of a Research Project, OR 1962, S. 115ff.; vgl. dazu insbesondere Völzgen, H., Stochastische Netzwerkverfahren und deren Anwendung, Berlin–New York 1971.

22 Vgl. Thumb, N., Grundlagen und Praxis der Netzplantechnik, a.a.O., S. 244ff.; vgl. hierzu ferner Neumann, K., Steinhardt, U., GERT Networks and the Time-Oriented Evaluation of Projects, Berlin–Heidelberg–New York 1979; Völzgen, H., Stochastische Netzwerkverfahren und deren Anwendung, a.a.O., S. 25ff.

Art der Graphen	Tätigkeits-Pfeil-Netzplan	Ereignis-Knoten-Netzplan	Tätigkeits-Knoten-Netzplan
Methode der Netzplantechnik	C P M	P E R T	M P M
Art der Beziehung	Ende - Anfang - Beziehung	(Ereignis - Ereignis - Beziehung)	Anfang - Anfang - Beziehung
Umfang der Darstellung	Mindestabstände	Mindestabstände	Mindestabstände und Höchstabstände
Darstellung der Struktur	X, Y, A(5), B	X', Y', A', 5, B'	A, -10, B, 8, 5, 20
Erklärung (ZE=Zeiteinheit)	Tätigkeit B kann frühestens anfangen, nachdem Tätigkeit A (Dauer: 5 ZE) beendet ist.	Ereignis B' kann frühestens (eine mittlere Dauer von) 5 ZE später als Ereignis A' eintreten.	Tätigkeit B (Dauer: 20 ZE) kann frühestens 5 ZE und soll spätestens 10 ZE nach dem Anfang von Tätigkeit A (Dauer: 8 ZE) anfangen.

Abb. 168 a: Wichtige netzplantechnische Strukturdarstellungsmöglichkeiten

Weiterentwickelte Verfahren sind **VERT (Venture Evaluation and Review Technique)** und **SSD (Structure, States and Deviation)-Graph**[23].

Die zunehmende Detaillierung der Aktionsstruktur führt zu einer kontinuierlichen Verfeinerung des **Projektstrukturplans** (vgl. Abbildung 168 b). Diese Verfeinerung des Projektstrukturplans wird – ggf. mit Rückkoppelungen – soweit vollzogen, bis auf der untersten Ebene

23 Vgl. zu VERT Kidd, J., Project Analysis Today – The End of Users' Disquiet?, Omega 1989, S. 103 ff.; vgl. zu den Einsatzmöglichkeiten von SSD-Graph Lee-Kwang, H., Favrel, J., The SSD-Graph: A Tool for Project Scheduling and Visualization, IEEE Transactions on Engineering Management 1988, S. 25 ff.

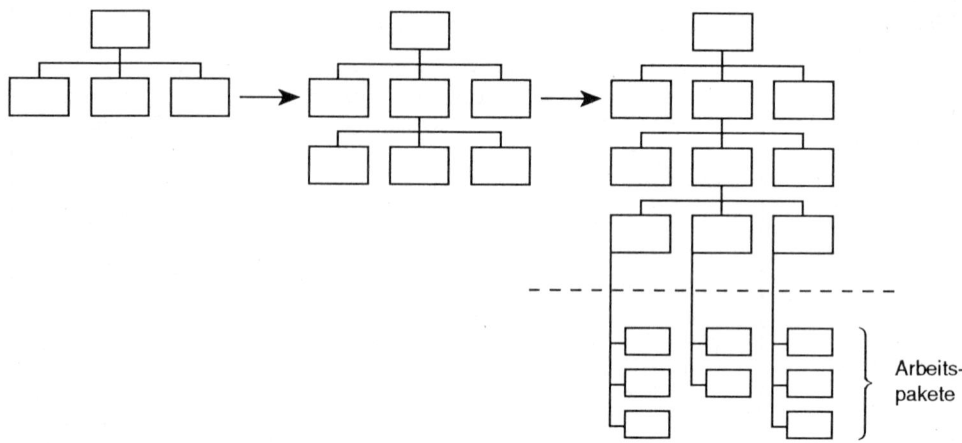

Abb. 168 b: Prozeß der Detaillierung des Projektstrukturplans[24]

sog. **Arbeitspakete** – verstanden als Teilnetzpläne im Gesamtnetzplan – definiert werden können[25].

6.2.2.3 Projekt- und kapazitätsorientierte Zeitermittlung

Nachdem durch die Strukturermittlung die logische Verknüpfung der Aktionen ermittelt wurde, müssen in einem nächsten Schritt die mit der Leistungserstellung einhergehenden Merkmalsausprägungen sowie Zeiten der Aktionsfolge oder einzelner Abschnitte davon ermittelt werden. Auf diese Weise lassen sich der projektbezogene Leistungsfortschritt planen und besonders wichtige Ereignisse in Form von Meilensteinen terminieren[26]. Die Zeitermittlung kann dabei ausgehend von den zu erbringenden (Teil-)Leistungen ohne Berücksichtigung von Kapazitätsrestriktionen als sog. autonome Terminplanung oder mit Berücksichtigung von Kapazitätsrestriktionen als sog. gebundene Terminplanung erfolgen[27].

---

24 Vgl. Madauss, B. J., Handbuch Projektmanagement, a.a.O., S. 192.

25 Vgl. Alter, R., Integriertes Projektcontrolling, a.a.O., S. 239f.; Madauss, B. J., Handbuch Projektmanagement, a.a.O., S. 190ff.; Saynisch, M., Konfigurationsmanagement, Köln 1984, S. 161; vgl. ferner Haberfellner, R., Projektmanagement, a.a.O., Sp. 2093f.; Heeg, F.-J., Projektmanagement – Grundlagen der Planung und Steuerung von betrieblichen Problemlöseprozessen, a.a.O., S. 204ff.; Hirzel, M., Projektmanagement mit Standard-Struktur-Plänen, zfo 1985, S. 394ff.; Zur, E., Führungsaufgaben bei High-Tech-Projekten – Wettbewerbsvorteile durch Systemdenken, zfo 1989, S. 183f.; Reschke, H., Swoboda, M., Projektmanagement – Konzeptionelle Grundlagen, Hrsg. Gesellschaft für Projektmanagement INTERNET Deutschland e.V., 2. Aufl., München 1984, S. 25ff. sowie S. 41; Burghardt, M., Projektmanagement, a.a.O., S. 205ff.

26 Eine solche Zeitplanung wird insbesondere durch ereignisorientierte Netzplantechniken wie PERT unterstützt. Vgl. Voigt, J.-P., Fünf Wege der Netzplantechnik, a.a.O., S. 64ff.

27 Vgl. hierzu Hahn, D., Prozeßwirtschaft – Grundlegung, Produktionsprozeßplanung, -steuerung und -kontrolle – Grundkonzept und Besonderheiten bei spezifischen Produktionstypen, a.a.O., S. 69ff.

(1) Projektorientierte Zeitermittlung

Diese beinhaltet ausgehend von der Aktionsstruktur die Ermittlung des zeitlichen Bedarfs der Aktionen und Aktionsfolgen und damit der zeitlichen Abschnitte der Leistungserstellung – (zunächst) ohne Berücksichtigung von Kapazitätsrestriktionen. Eine so ermittelte Terminplanung setzt Zugriffsmöglichkeiten auf die erforderlichen Kapazitätsträger voraus.

Die projektorientierte Zeitermittlung – hier für CPM dargestellt – beginnt zunächst mit einer Numerierung der Knoten, soweit dies noch nicht in der Strukturplanung geschehen ist. Anschließend werden die frühestmöglichen Ereigniszeitpunkte FZ_i durch eine Vorwärtsaddition ermittelt, und zwar durch eine progressiv fortschreitende Addition der Aktionsdauern d_{ij}, beginnend beim Anfang der Aktionsfolge auf dem jeweils zeitlängsten Weg zum Ereignis j. Die spätestmöglichen Ereigniszeitpunkte SZ_i werden durch eine Rückwärtssubtraktion ermittelt, und zwar durch eine retrograd fortschreitende Subtraktion der Aktionsdauern d_{ij}, beginnend am Ende der Aktionsfolge auf dem jeweils zeitlängsten Weg zum Ereignis i.

Nach den Ereigniszeitpunkten werden die **Tätigkeitszeitpunkte** – FA_{ij}, FE_{ij}, SA_{ij}, SE_{ij} – ermittelt. Nur einige sind mit den Ereigniszeitpunkten identisch. Abweichungen zwischen beiden Zeitpunktarten – **Pufferzeiten** – können sich ergeben, wenn in ein Ereignis mehrere Tätigkeiten einmünden bzw. wenn von einem Ereignis mehrere Tätigkeiten ausgehen[28].

Weist eine Tätigkeit keine Gesamtpufferzeit auf, dann wird sie als kritische Tätigkeit bezeichnet. Die Folge durch einen Netzplan, auf der alle Tätigkeiten kritisch sind, wird als **kritischer Weg** (zeitlängster Weg) bezeichnet. Diese Definitionen treffen allerdings nur dann zu, wenn das spätestmögliche Ende einer Aktionsfolge mit ihrem frühestmöglichen Ende gleichgesetzt wird: $FZ_n = SZ_n$. Dies ist die Regel. Dann gibt es mindestens einen kritischen Weg durch ein Netz, auf dem keine Gesamtpufferzeiten für die Tätigkeiten und die Ereignisse vorliegen. Gilt allerdings $FZ_n < SZ_n$, dann ist der kritische Weg derjenige Weg, auf dem die kleinsten Gesamtpufferzeiten vorliegen. Auf die Erläuterung weiterer Pufferzeiten soll hier verzichtet werden[29]. Eine zeitliche Verlängerung des kritischen Weges führt grundsätzlich zur Verschiebung des Projektendtermins.

Die Zeitplanung direkt am Netzplan wird durch Eintragung der Aktionsdauern und der erläuterten Rechenergebnisse vorgenommen. Abbildung 169a zeigt dieses Vorgehen generell für eine Aktion.

Bei komplexen Aktionsfolgen kann die Zeitplanung jedoch nicht mehr praktikabel direkt am Netzplan durchgeführt werden. Die Ereigniszeitpunkte können auch mit Hilfe der Matrizenrechnung errechnet werden[30].

---

28 Die Rechenregeln zur Ermittlung der vier Tätigkeitszeitpunkte sind einfach:

frühestmöglicher Anfang: $FA_{ij} = FZ_i$,
frühestmögliches Ende: $FE_{ij} = FZ_i + d_{ij}$,
spätestmöglicher Anfang: $SA_{ij} = SZ_j - d_{ij}$ und
spätestmögliches Ende: $SE_{ij} = SZ_j$.

Ist für ein Ereignis der frühestmögliche mit dem spätestmöglichen Zeitpunkt identisch, ist also $FZ_i = SZ_i$, dann läßt sich das Ereignis nicht verschieben, es weist keine Gesamtpufferzeit auf. Man bezeichnet es als kritisches Ereignis. Die Rechenregel zur Ermittlung der Gesamtpufferzeit eines Ereignisses lautet:

$$GP_i = SZ_i - FZ_i.$$

Die **Gesamtpufferzeit einer Tätigkeit** ergibt sich aus:

$$GP_{ij} = SZ_j - FZ_i - d_{ij}.$$

29 Vgl. hierzu Thumb, N., Grundlagen und Praxis der Netzplantechnik, a.a.O., S. 77ff.

30 Vgl. hierzu ausführlich Thumb, N., Grundlagen und Praxis der Netzplantechnik, a.a.O., S. 64ff.

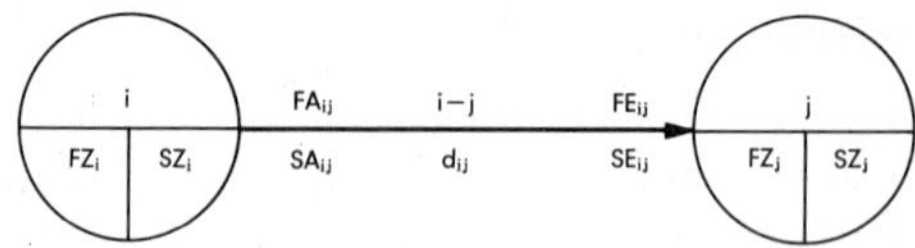

Abb. 169a: Generelle Darstellung der Zeitplanung direkt am Netzplan für die Aktion i–j

Es muß schließlich nochmals erwähnt werden, daß bei PERT nicht ein Wert für die Aktionsdauer geschätzt wird, sondern daß drei Werte ermittelt werden, ein pessimistischer, ein wahrscheinlichster und ein optimistischer. Hierbei wird eine bestimmte Wahrscheinlichkeitsverteilung unterstellt, nämlich die Beta-Verteilung. Aus diesen drei Werten wird der Erwartungswert errechnet, mit dem sodann weitergerechnet wird, wie dies für CPM erläutert wurde. Allerdings können für diesen Wert der Aktionsdauer sowie für die Ereigniszeitpunkte Varianzen ermittelt werden, so daß insbesondere für den kritischen Weg und den Endtermin der Aktionsfolge bedingt Wahrscheinlichkeitsaussagen getroffen werden können. Dieser Ansatz ist jedoch oft kritisiert worden[31].

(2) Kapazitätsorientierte Zeitermittlung

Ausgehend von der projektorientierten Zeitermittlung erfolgt hier eine Gegenüberstellung von zeitlichen Kapazitätsbedarfen der Aktionen und zeitlichen Kapazitätsangeboten der erforderlichen Kapazitätsträger im Sinne einer **Kapazitätsbelegungsplanung**[32]. Die projektorientierte Terminplanung wird hierbei unter Berücksichtigung von Kapazitätsbelegungen aufgrund vorab eingeplanter Projekte bzw. Aufträge oder durch jeweils neue Einplanung aller vorhandenen Aufträge durchgeführt (vgl. auch Teil III, Abschnitt 6.2.3).

6.2.2.4 Projektkosten-/Projektergebnisermittlung

Die Ermittlung projektspezifischer Kosten und gegebenenfalls projektspezifischer Erlöse basiert auf den vorab ermittelten Variablen. Für die **Projektkostenermittlung** sind insbesondere die ermittelten Zeiten von Bedeutung, da meist von einer funktionalen Zeit-Kosten-Beziehung im Projekt ausgegangen wird. Hierbei lassen sich zwei Ansätze unterscheiden, die die Zuordnung der Kosten einer Aktion zu ihrer Dauer betreffen (vgl. Abbildung 169b):

1. konstante Zeit-Kosten-Zuordnung für eine Aktion und
2. variable Zeit-Kosten-Zuordnung für eine Aktion.

31 Vgl. zu einer ausführlicheren Beschreibung Weber, K., Planung mit der „Program Evaluation and Review Technique" (PERT), IO 1963, S. 36ff.; Falkenhausen, H. v., Prinzipien und Rechenverfahren der Netzplantechnik, 2. Aufl., Kiel 1968, S. 27ff.; ferner Thumb, N., Grundlagen und Praxis der Netzplantechnik, a.a.O., S. 185ff. – Vgl. zur Kritik Rosenkranz, F., Netzwerktechnik und wirtschaftliche Anwendung, Meisenheim a.G. 1968, S. 136ff. und S. 154ff.

32 Vgl. hierzu grundlegend Hahn, D., Prozeßwirtschaft – Grundlegung, Produktionsprozeßplanung, -steuerung und -kontrolle – Grundkonzept und Besonderheiten bei spezifischen Produktionstypen, a.a.O., S. 65ff. sowie S. 179ff. – Eine andere Reihenfolge in der Netzplantechnik sieht Weber. Er betrachtet die Kapazitätsplanung als eine der Kostenplanung nachgelagerte „Stufe"; vgl. Weber, K., Projektanalyse mit CPM, IO 1968, S. 245; vgl. ferner Schmitz, H., Windhausen, M.P., Projektplanung und Projektcontrolling: Planung und Überwachung von besonderen Vorhaben, 3. Aufl., Düsseldorf 1986, S. 78ff.

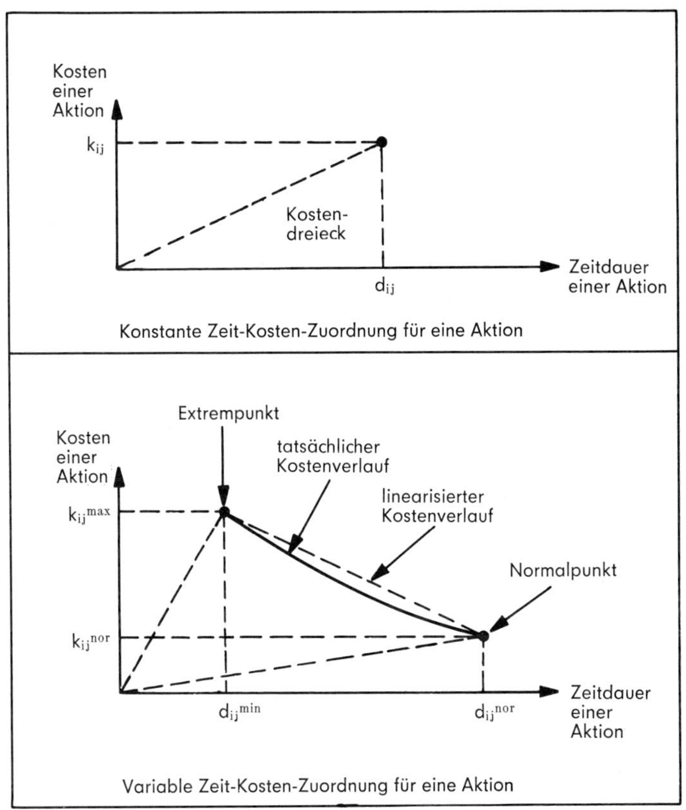

Abb. 169b: Zwei Ansätze der Zeit-Kosten-Zuordnung für eine Aktion

Die **konstante Zeit-Kosten-Zuordnung für eine Aktion** geht davon aus, daß eine Aktion i–j eine konstante Zeitdauer d_{ij} und einen konstanten Kostenbetrag k_{ij} verursacht. Der Verlauf der Kostenentstehung über der Aktionsdauer kann als Kostendreieck veranschaulicht werden. Die feste Kosten-Zeit-Relation wird vor allem bei der Budgetplanung und -kontrolle unterstellt und für die Standardkalkulation – vielfach auf der Basis der Maschinenstundensatzrechnung – verwendet.

Die **variable Zeit-Kosten-Zuordnung für eine Aktion** geht davon aus, daß eine Aktion i–j bei unterschiedlichen Aktionsdauern unterschiedliche Kostenbeträge verbraucht. Dabei wird unterstellt, daß die Kosten von k_{ij}^{nor} auf k_{ij}^{max} ansteigen, wenn die Aktionsdauer von d_{ij}^{nor} auf d_{ij}^{min} verkürzt wird. Zwischen diesen so definierten Punkten, dem Normal- und Extrempunkt, steigt die Kostenkurve im Regelfall progressiv an (z. B. durch Überstundenzuschläge für Arbeitskräfte bei Verkürzung der Zeiten auf dem kritischen Pfad).

Für Großprojekte werden bei der Auftragsangebotskalkulation grundsätzlich feste Zeit-Kosten-Zuordnungen unterstellt (feste Kosten pro Zeitdauer einer Aktion oder Aktionsfolge), die im Rahmen der Verhandlungen der endgültigen Auftragskalkulation allerdings variiert werden können.

Zunächst sei von der konstanten Zeit-Kosten-Zuordnung für eine Aktion ausgegangen. Die Kostenerfassung hat zwei Probleme zu lösen: Erstens müssen die Kosten je Tätigkeit erfaßt werden, d. h. sie müssen einer Aktion zugerechnet werden. Diese Kosten sind als direkte Kosten bezeichnet worden. Zweitens müssen die Kosten in eine Zeitabhängigkeit gebracht werden, d. h. sie müssen einem Zeitpunkt oder einem Zeitraum zugerechnet werden. Dies gilt sowohl für die variablen als auch für die fixen Kosten.

Die Zurechnung der Kosten zu einer einzelnen Tätigkeit bereitet oft große Probleme. Oft ist es nur möglich, die Kosten einer Gruppe von Aktionen zuzurechnen. Dies sei am Beispiel der Planung komplexer Produkte als besondere Art der Projektplanung erläutert. Die Bildung einer Aktionsgruppe geht in der Regel von dem Endprodukt aus. Dieses Leistungsresultat (Endleistung) wird in Teilleistungen bis hinunter zur Elementarleistung zerlegt. Die Elementarleistung ist die kleinstmögliche Leistung, deren weitere Zerlegung wirtschaftlich nicht sinnvoll ist. Auf diese Weise erhält man eine Produkt- bzw. Leistungsstruktur, die auch als Sachzielstruktur interpretiert werden kann. Der Elementarleistung werden dann alle Tätigkeiten zugeordnet, die ausschließlich zu ihrer Erstellung erforderlich sind.

Ihre Inbeziehungsetzung führt dann zum **Arbeitspaket** (vgl. auch Teil III, Abschnitt 6.2.2.2)[33].

Es stellt praktisch einen Teilnetzplan im Rahmen des Gesamtnetzplans dar. Entscheidend ist, daß die Bildung von Arbeitspaketen – hier zum Zwecke der Kostenzurechnung – durch einen Abstimmungsprozeß zwischen Produktstruktur und Aktionsstruktur vorgenommen wird. Dieser Abstimmungsprozeß ist in Abbildung 170a dargestellt. Ob dabei die Arbeitspakete den Elementarleistungen in der Produktstruktur oder übergeordneten Teilleistungen zugeordnet werden, kann nur im Einzelfall entschieden werden.

Das erläuterte Vorgehen geht von einer strengen Trennung zwischen Produktstruktur und Tätigkeitsgliederung (Netzplan) aus. Es ist auch schon vorgeschlagen worden, in einem sogenannten **Arbeitsgliederungsplan** diese strenge Trennung aufzugeben und in diesem Plan sowohl nach Produkt- als auch nach Tätigkeitsgesichtspunkten zu gliedern[34]. In der Tat kann dadurch das Kostenzurechnungsproblem oft vereinfacht werden.

Die Ausführungen machen deutlich, daß die Trennung in **direkte** und **indirekte Kosten** nach ihrer Zurechenbarkeit zu einer Aktion bzw. zu einer Aktionsfolge problematisch ist, denn sie klammert in dieser globalen Form das Problem der Zurechnungsmöglichkeit und -notwendigkeit von Kosten zu einer Aktionsgruppe innerhalb der Gesamtfolge aus. Trotzdem ist diese Unterscheidung für die Kostenplanung in der Netzplantechnik notwendig. Sie muß lediglich an ein weiteres Merkmal geknüpft werden: Direkte Kosten steigen mit zeitlicher Verkürzung der Tätigkeit bzw. Tätigkeitsfolge, indirekte Kosten fallen mit zeitlicher Verkürzung der Tätigkeiten. Indirekte Kosten sind stets Kosten einer gesamten Aktionsfolge, nicht einer einzelnen Aktion. Diese beiden Kostenarten sind für die Zeit-Kosten-Optimierung wesentlich, auf die später bei der Auswertung dieser Grundinformation eingegangen wird.

Können dem Projekt insgesamt Erlöse zugerechnet werden, erweitert sich die Kostenermittlung zu einer **Projektergebnisermittlung**.

Die **Planung projektbezogener Erlöse** bezieht sich definitionsgemäß auf einmalig oder nur selten zu erbringende Leistungen. Sie beruht primär auf der Auftragsangebotskalkulation, die meist als Zuschlagskalkulation vorgenommen wird. In den Preis- bzw. Auftragsverhandlungen erfolgt sodann die endgültige Abstimmung der Planerlöse sowie eventueller Er-

---

33 Vgl. Miller, R. W., Zeit-Planung und Kosten-Kontrolle durch PERT, Hamburg – Berlin 1965, S. 102 ff.; ferner Bürgel, H. D., Projektcontrolling – Planung, Steuerung und Kontrolle von Projekten, Controlling 1989, S. 7; Withauer, K. F., Planung und Kontrolle von Kosten und Leistung bei Projekten, BFuP 1971, S. 614 f.

34 Vgl. Miller, R. W., Zeit-Planung und Kosten-Kontrolle durch PERT, a.a.O., S. 100 ff.

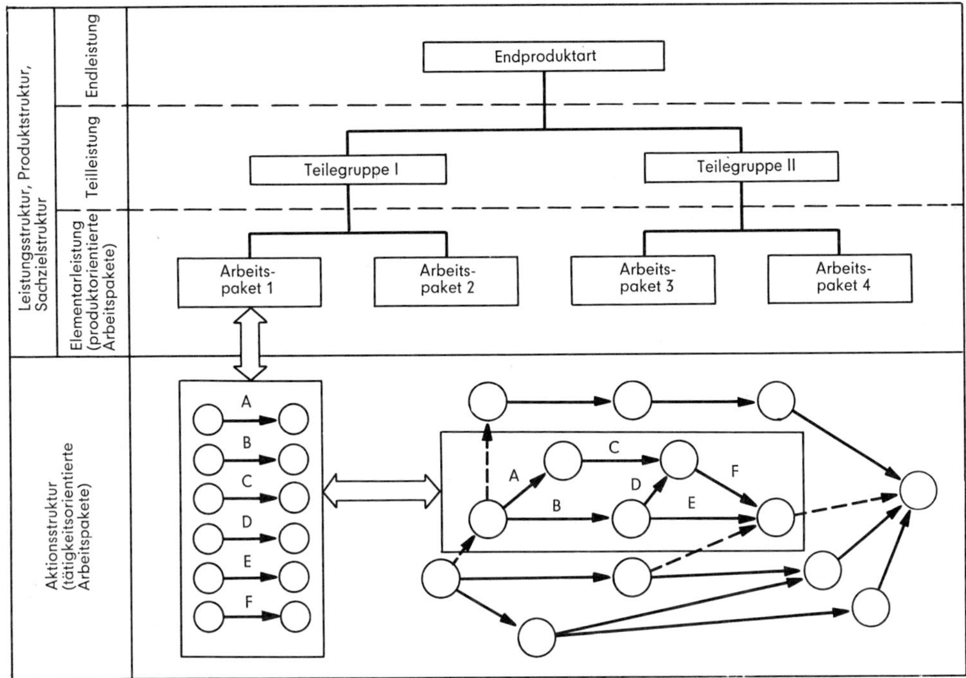

Abb. 170a: Zuordnung der Aktionsstruktur zur Produktstruktur über Arbeitspakete

löskorrekturen (z. B. mittels vereinbarter Preisgleitklauseln). Häufig werden Erlösströme nach Höhe und/oder Zeitpunkt an die termingerechte Erbringung von (Teil-)Leistungen gekoppelt.

6.2.3 Beurteilungsphase: Leistungs-, zeit- und kosten-/ ergebnisorientierte Beurteilung alternativer Projektgestaltungsmöglichkeiten (Aktionsfolgen)

In der Beurteilungsphase werden die aufgestellten Alternativen bezüglich ihrer Konsequenzen für die Zielerreichung beurteilt.

Die **Beurteilung der alternativen Aktionsfolgen** mit jeweils dazugehörigen kumulierten (Teil-) Leistungen, Zeiten und Kosten sowie gegebenenfalls Erlösen und Ein- und Auszahlungen erfolgt im Hinblick auf

- Leistungs-,
- Zeit- und
- Kostenziele, gegebenenfalls Ergebnisziele und Liquiditätsziele

des Projektes.

Bei den Leistungszielen ist von Bedeutung, daß die definierten Merkmale und Merkmalsausprägungen durch die tatsächliche (Teil-)Leistungserstellung erbracht werden.

Bei den Zeitzielen geht es um die Frage, inwieweit durch alternative, zeitlich und örtlich fixierte Aktionsfolgen die Ziele minimale Durchlaufzeit und/oder Termineinhaltung zu erreichen sind.

Es kann aber auch die kostenminimale Durchlaufzeit – mit und ohne Beachtung von Termingrenzen und Kapazitätsrestriktionen – das Ziel sein.

Da die genannten Ziele zum Teil in konfliktärer Beziehung zueinander stehen, ist es im Rahmen der Beurteilung teilweise unumgänglich, eine Priorisierung vorzunehmen.

(1) Beurteilungsmöglichkeiten von Aktionsfolgen im Hinblick auf Leistungsziele

Die Erfüllung der spezifizierten Leistungsmerkmale und -merkmalsausprägungen ist Voraussetzung für die Sicherstellung des Projekterfolges. Dies gilt um so mehr bei Auftragsprojekten, bei denen ein Kunde für die Projektleistung zu zahlen hat.

Die Optimierung der Aktionsfolge kann aber auch eine Überprüfung und gegebenenfalls eine partielle Abkehr von geforderten Leistungen auslösen, wenn sich herausstellt, daß die Verfolgung der Leistungsziele erhebliche negative Konsequenzen für die Erreichung sonstiger Projektziele bedeutet. So ist es denkbar, daß eine Terminverzögerung und eine hiermit verbundene Vertragsstrafe bewußt in Kauf genommen werden, weil eine Ausrichtung an vereinbarten Leistungsmerkmalen nur mit deutlich höherem Ressourceneinsatz und damit höheren Kosten möglich wäre[35].

Inwieweit die Gestaltungsalternativen die Erreichung der Leistungsziele gewährleisten können und wie sich dies in der Erreichung anderer Ziele niederschlägt, sollte daher in enger Abstimmung mit dem Kunden bzw. Auftraggeber des Projektes geschehen. Es wird darauf hingewiesen, daß die mangelnde Kommunikation zwischen den Projektbeteiligten und den Außenstehenden eines der größten Probleme des Projektmanagement in der Praxis darstellt[36].

(2) Beurteilungsmöglichkeiten von Aktionsfolgen im Hinblick auf Zeitziele und Potentialeinsatzziele

Die wichtigste Information bei der Zeit- und Terminermittlung mit Hilfe der Netzplantechnik besteht in der Angabe des **kritischen Weges** bzw. in der Angabe der kritischen Tätigkeiten und der kritischen Ereignisse. Durch die Angabe des kritischen Weges wird somit die Aufmerksamkeit der Unternehmungsführung auf den Teil der Tätigkeiten gelenkt, der für die Zeitplanung wirklich relevant ist. Tritt bei den kritischen Tätigkeiten eine Zeitverzögerung auf, dann wirkt sich diese in demselben Ausmaß auf den Endtermin der Aktionsfolge aus. Das ist bei den nichtkritischen Tätigkeiten, also solchen, die eine Pufferzeit aufweisen, bis zum Verbrauch der Pufferzeit nicht der Fall.

Der Informationsgehalt von Planungsverfahren für die Unternehmungsführung muß vor allem an ihrem Beitrag zur Zielerreichung gemessen werden. Im Zusammenhang mit der Zeitplanung sind die Ziele (End-)Termineinhaltung und Durchlaufzeitminimierung relevant. Für die Erreichung dieser Ziele liefert die Angabe der kritischen Tätigkeiten eine wesentliche Aussage, und zwar für die Verkürzungsmöglichkeit der Aktionsfolgedauer. Die Aktionsfolgedauer (Durchlaufzeit) kann nur dann effizient verkürzt werden, wenn man bei den kritischen Tätigkeiten beginnt. Durch die schrittweise Zeitverkürzung können dann

35 Vgl. Madauss, B. J., Handbuch Projektmanagement, a.a.O., S. 238f.

36 Vgl. zu den Problemen des Projektmanagement ausführlich Krüger, W., Problemangepasstes Management von Projekten, zfo 1987, S. 207ff.

neue kritische Wege entstehen, so daß dann eine gleichzeitige Verkürzung auf mehreren kritischen Wegen erforderlich wird. Hierfür eine gut auswertbare Unterlage zur Verfügung zu stellen, macht die Bedeutung der Angabe der kritischen Tätigkeiten für die Zeitplanung (nicht Zeitkontrolle) aus.

Wenngleich auch die Zeitplanung nicht mit einem Balkendiagramm durchgeführt wird, sondern mit der Netzplantechnik, so verzichtet die **Zeitplanung/Zeitberichterstattung** der Netzplantechnik meist trotzdem nicht auf das Balkendiagramm als Darstellungsinstrument, da es sich für die Unternehmungsführung hervorragend für einen schnellen Überblick über den zeitlichen Fortschritt von Aktionsfolgen eignet. Das Balkendiagramm liefert eine anschauliche Vorstellung von der zeitlichen Ausdehnung der Tätigkeiten. Diese Darstellungsmöglichkeit ist daher neben der Netzplantechnik in der überwiegenden Anzahl der verfügbaren Computerprogramme zur Projektplanung vorgesehen[37].

Die Vorteile von Balkenplantechnik und Netzplantechnik versucht die sog. **Transplantechnik (Technik vernetzter Balkenpläne)** zu vereinigen[38]. Die zeitmaßstäbliche Darstellung der Aktionen entsprechend der Balkenplantechnik wird hierbei durch die Einbeziehung der (techno-)logischen Abhängigkeiten mittels spezieller Hilfslinien ergänzt. Die Transplantechnik ermöglicht dabei bei vergleichsweise hoher Übersichtlichkeit die Ableitung des kritischen Weges. Im Falle der vollständigen Berücksichtigung der Folgebeziehungen handelt es sich im Kern um die modifizierte Form eines sog. **Time-scaled-Network**[39], eines über die Zeitachse abgetragenen Netzplans – im Hinblick auf die vernetzten Balkenpläne auch als **Network Bar Chart**[40] bezeichnet (vgl. Abbildung 170b).

Als weitere wichtige Information ist die Ermittlung und Gestaltungsmöglichkeit der zeitlichen Inanspruchnahme der Kapazitätsträger anzusehen, insbesondere die Angabe der **zeitlichen Lage von Kapazitätsbedarfsspitzen.** Aus der Angabe der Kapazitätsspitzen, die keinerlei Kapazitätsbeschränkungen berücksichtigen, ist zu prüfen, ob die benötigten Kapazitäten für diesen Spitzenbedarf überhaupt zur Verfügung stehen. Ist dies nicht der Fall, muß zunächst versucht werden, den Spitzenbedarf durch einen **Kapazitätsausgleich** innerhalb der errechneten Aktionsfolgedauer abzubauen. Dieser Kapazitätsausgleich innerhalb der errechneten Aktionsfolgedauer (Durchlaufzeit) erfolgt zunächst im Rahmen der zur Verfügung stehenden Pufferzeiten durch eine Verschiebung von Anfangs- und/oder Endterminen. Gelingt es mit dieser Kapazitätsverschiebung innerhalb der Pufferzeiten nicht, den Kapazitätsbedarf den gegebenen Kapazitätsgrenzen anzupassen, dann muß bei gegebenen Potentialen versucht werden, die Belegung durch eine **Reihenfolgeoptimierung** vorzunehmen.

37 Übersichten über Standard-Software zur Projektplanung finden sich bei Nomina Information Services, ISIS Software Report, Bd. 1.1: Kommerzielle Programme, Hrsg. Nomina Gesellschaft für Wirtschafts- und Verwaltungsregister mbH, München 1992, S. 1574ff. sowie bei Heeg, F.-J., Projektmanagement – Grundlagen der Planung und Steuerung von betrieblichen Problemlöseprozessen, a.a.O., S. 276ff.

38 Vgl. Alter, R., Integriertes Projektcontrolling, a.a.O., S. 249f.; vgl. ferner zur Transplantechnik Burghardt, M., Projektmanagement, a.a.O., S. 209ff.; Schmitz, H., Windhausen, M. P., Projektplanung und Projektcontrolling, a.a.O., S. 69f.

39 Vgl. Awani, A. O., Project Management Techniques, New York – Princeton 1983, S. 77ff.; Moder, J. J., Phillips, C. R., Davis, E. W., Project Management with CPM, PERT and Precedence Diagramming, 3. Aufl., New York u.a. 1983, S. 6ff.

40 Vgl. Moder, J. J., Phillips, C. R., Davis, E. W., Project Management with CPM, PERT and Precedence Diagramming, a.a.O., S. 178ff.

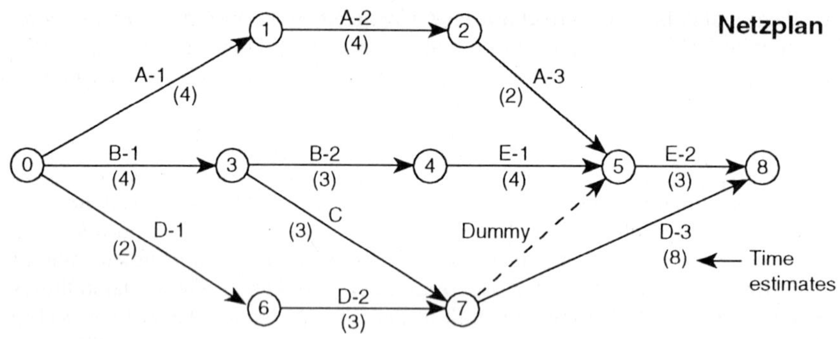

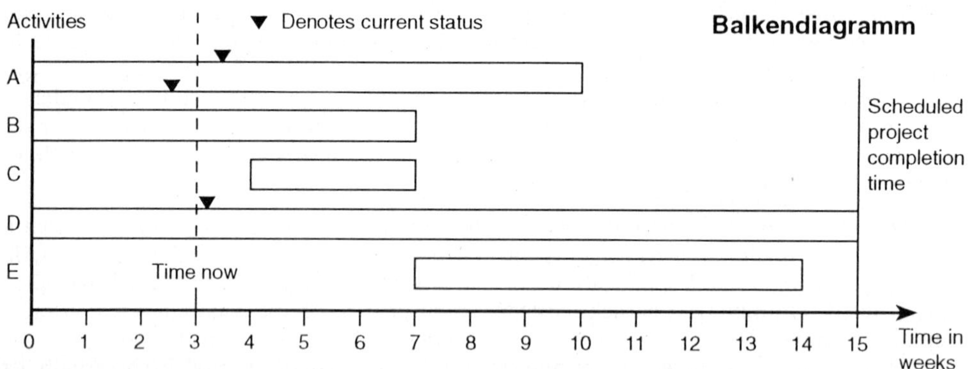

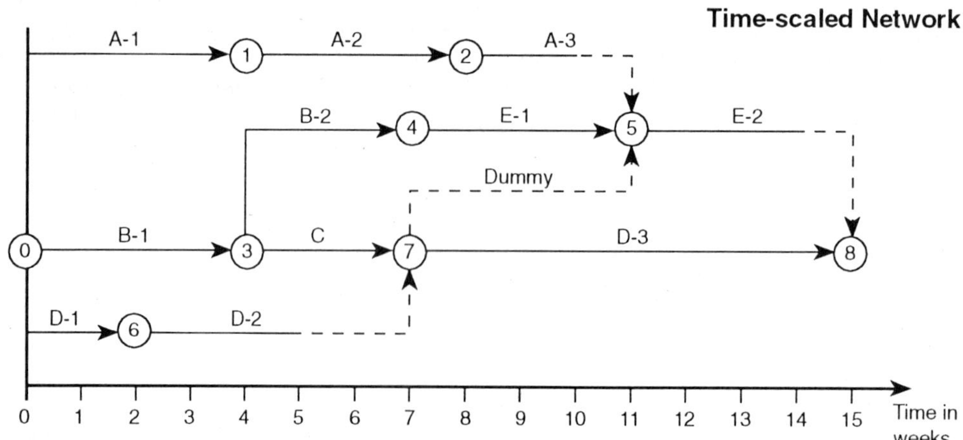

Abb. 170 b: Darstellungsprinzipien von Netzplan, Balkendiagramm und Time-scaled Network[41]

41 Vgl. Moder, J.J., Phillips, C.R., Davis, E.W., Project Management with CPM, PERT and Precedence Diagramming, a.a.O., S. 6.

Grundsätzlich sind hinsichtlich der **Zeit-Kapazitäts-Optimierung** zwei Richtungen möglich[42]:

- die termintreue Optimierung und
- die kapazitätstreue Optimierung

des Potentialeinsatzes.

In der **termintreuen Optimierung** wird primär eine Minimierung der Projektdurchlaufzeit oder das Einhalten bestimmter Termine angestrebt. Eine gleichmäßige Kapazitätsauslastung ist hierbei Sekundärziel, Kapazitätsvariationen können notwendig werden. Diese Vorgehensweise ist besonders üblich in der Bauindustrie. Als Alternativen der Kapazitätsvariation kommen intensitätsmäßige, zeitliche oder quantitative Anpassungen in Betracht, gegebenenfalls auch unter Berücksichtigung von Möglichkeiten der Fremdpotentialnutzung.

Die **kapazitätstreue Optimierung** versucht – ausgehend von einer einzuhaltenden Kapazitätsgrenze und einer angestrebten Auslastung –, die Durchlaufzeit zu minimieren. Terminverschiebungen werden hierbei unter Umständen in Kauf genommen.

Insbesondere im Rahmen der Multiprojektplanung stellt die zeitliche Optimierung des Potentialeinsatzes ein äußerst schwieriges Problem dar. Neben Prioritätsregeln kommen hier auch Simulationsrechnungen zum Einsatz[43].

(3) Beurteilungsmöglichkeiten von Aktionsfolgen im Hinblick auf Kosten-, Ergebnis- und Liquiditätsziele

Ausgehend vom Leistungsziel, das anhand von Merkmalen und Merkmalsausprägungen charakterisiert wird, sowie dem hieraus abgeleiteten Ressourcenverbrauch erfolgen die **Projektkalkulation** und **Projektergebnisplanung.**

Die Angabe der **zeitbezogenen Kostenentstehung** im Sinne einer kontinuierlichen Kostenentstehungsfunktion im gesamten Planungszeitraum der Aktionsfolge bildet die wichtigste Information für Projektbeurteilungen mit Hilfe der Netzplantechnik. Die Kosten je Tätigkeit ergeben sich hierbei aus ihrer spezifischen zeitlichen Inanspruchnahme von Kapazitäten bzw. Potentialen und werden unter Verwendung von Maschinenstundensätzen errechnet (vgl. hierzu Teil III, Abschnitt 4.3.3.2). Die Kosten der einzelnen Tätigkeiten werden sodann entsprechend der Aktionsstruktur summiert, die nicht einzelnen Tätigkeiten zurechenbaren Kosten (z. B. Materialkosten) zum jeweiligen Zeitpunkt der Kostenentstehung einbezogen. Somit erhält man die zeitbezogene **Kostenentstehungsfunktion einer Aktionsfolge.** In Abhängigkeit vom Beginn der Aktionsfolge – so früh wie möglich oder so spät wie möglich – können die Kostenentstehungsfunktionen gegebenenfalls einen unterschiedlichen Verlauf nehmen.

---

42 Vgl. hierzu Burghardt, M., Projektmanagement, a.a.O., S. 205f. sowie Hahn, D., Prozeßwirtschaft – Grundlegung, Produktionsprozeßplanung, -steuerung und -kontrolle – Grundkonzept und Besonderheiten bei spezifischen Produktionstypen, a.a.O., S. 69ff.

43 Vgl. Hahn, D., Prozeßwirtschaft – Grundlegung, Produktionsprozeßplanung, -steuerung und -kontrolle – Grundkonzept und Besonderheiten bei spezifischen Produktionstypen, a.a.O., S. 81ff.

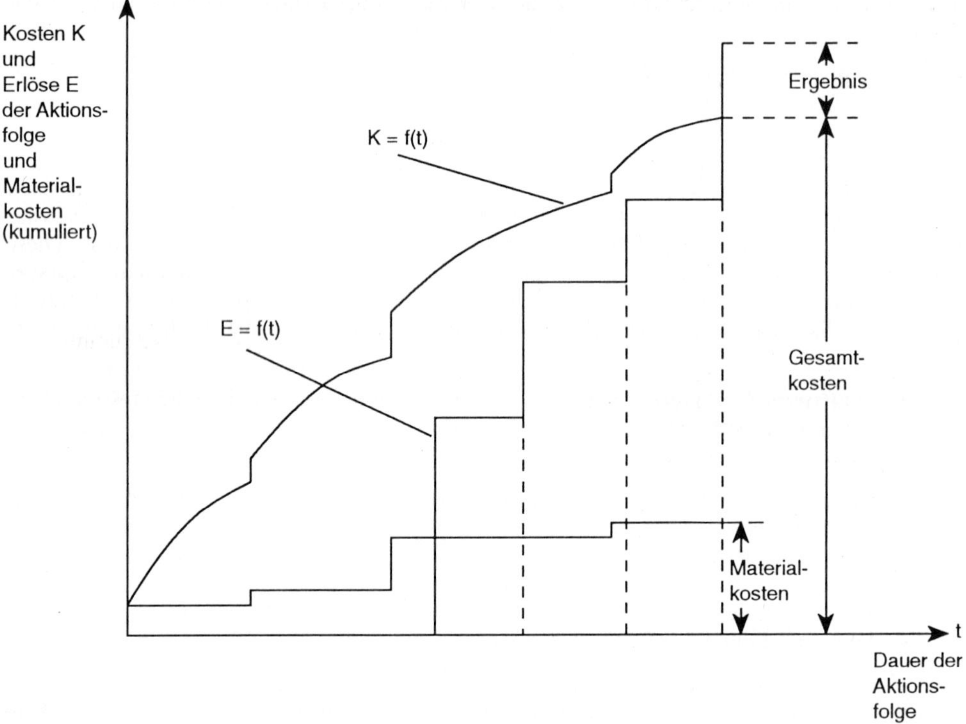

Abb. 171 a: Zeitbezogene Kalkulation und Ergebnisplanung eines Projektes

Läßt sich der zeitbezogenen Kostenplanung in gleicher Weise eine **zeitbezogene Erlösplanung** gegenüberstellen, so ergibt sich aus beiden Teilplanungen eine **zeitbezogene Ergebnisplanung** (vgl. Abbildung 171 a)[44].

Geht man davon aus, daß zunächst die Kostenentstehungsfunktion ermittelt wurde, und zwar durch aktionsstrukturadäquate Addition der Zeiten und Kosten, so stellt sich darüber hinaus das Problem, die Kosten zu minimieren. Dieses Problem wird meist als **Zeit-Kosten-Optimierungs-Problem** bezeichnet. Es gilt, die **kostenoptimale Projektdauer (-durchlaufzeit)** zu ermitteln.

Grundlegend für die Zeit-Kosten-Optimierung ist, daß eine **variable Zeit-Kosten-Zuordnung** (vgl. Abbildung 169 b) unterstellt wird. Damit kann eine Aussage getroffen werden, wie groß der Kostenanstieg ist, wenn eine Tätigkeit um eine bestimmte Zeitdauer verkürzt wird. Bei Unterstellung eines linearen Kostenanstiegs zwischen zwei Punkten (vgl. Abbildung 169 b) ergeben sich die **mittleren Beschleunigungskosten** (MBK) einer Aktion:

$$MBK_{ij} = \frac{k_{ij}^{max} - k_{ij}^{nor}}{d_{ij}^{nor} - d_{ij}^{min}}.$$

44 Vgl. hierzu ausführlich ein Beispiel von Adam, D., Wellensiek, H., Kapitalbedarfsrechnung bei Einführung eines neuen Produktes, in: Schriften zur Unternehmensführung, Bd. 6/7, Kapitaldisposition, Kapitalflußrechnung und Liquiditätspolitik, Hrsg. H. Jacob, Wiesbaden 1968, S. 111 ff.; vgl. speziell zur Erlösplanung im industriellen Anlagengeschäft Plinke, W., Erlösplanung im industriellen Anlagengeschäft, Wiesbaden 1985.

Auf Grund dieser Angaben werden für jede Tätigkeit die MBK_{ij} errechnet. Es wurde bereits darauf hingewiesen, daß nur eine solche Verkürzung der Aktionsfolge effizient ist, die auf dem kritischen Weg beginnt. Aber auch diese Tätigkeiten werden nicht etwa alle gleichmäßig gekürzt, sondern die Reduktion beginnt bei den kritischen Tätigkeiten mit den geringsten mittleren Beschleunigungskosten. Diese werden so lange verkürzt, bis sie entweder ihre Minimaldauer erreicht haben oder neue (zusätzliche) Tätigkeiten kritisch werden. Diese Verkürzung wird schrittweise in ständiger Wiederholung vorgenommen. Da bei jeder Verkürzung neue kritische Wege entstehen können, auf denen Tätigkeiten mit niedrigeren MBK_{ij} liegen können, kann die Verkürzung nur in relativ kleinen Zeitabschnitten erfolgen. Stets werden die kritischen Tätigkeiten mit den geringsten MBK_{ij} ausgewählt. Da die Menge der noch nicht verkürzten kritischen Tätigkeiten abnimmt, werden die „jeweils geringsten MBK_{ij}" ständig höher, d.h. die Beschleunigung wird ständig teurer. Nach jedem Verkürzungsschritt werden die Kosten k_{ij} jeder Aktion für die gesamte Aktionsfolge summiert zu den **direkten Aktionsfolgekosten** K_{dir}. Sie steigen mit der Verkürzung progressiv an. Die bereits erwähnten **indirekten Aktionsfolgekosten** K_{ind} nehmen dagegen mit der Verkürzung ab. Addiert man die indirekten und die direkten Kosten, dann erhält man die **Gesamtkosten der Aktionsfolge** K_{ges}.

Beim **Gesamtkostenminimum** K_{ges}^{min} ist die kostenoptimale Aktionsfolgedauer D_{opt} erreicht (vgl. Abbildung 171 b)[45].

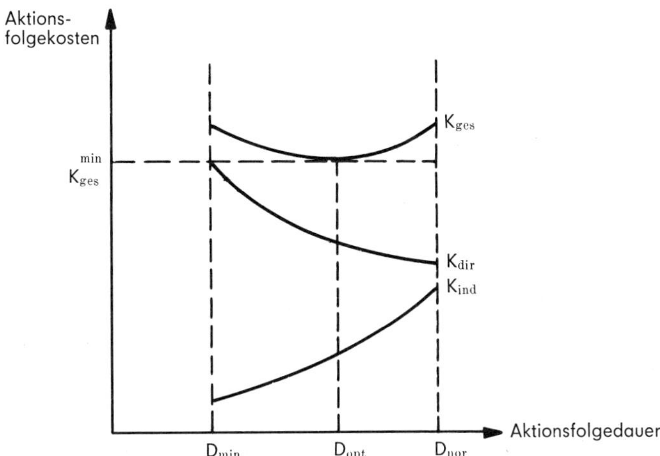

Abb. 171 b: Kostenverläufe bei variabler Aktionsfolgedauer

Der Projektkosten- bzw. Projektergebnisplanung vorgelagert ist eine (Grob-)**Projektkalkulation.** Sie dient in erster Linie der Kostenabschätzung für das Gesamtprojekt und bildet die Grundlage zur Ermittlung eines Angebotspreises. Basis für Materialeinzelkosten bilden bei zusammenbauender Produktion Stücklisten, Basis für die zeitabhängigen Fertigungskosten

45 Vgl. ausführliche Beispiele für manuelle Netzplanverkürzung bei Zimmermann, H.-J., Netzplantechnik, a.a.O., S. 65ff.; Thumb, N., Grundlagen und Praxis der Netzplantechnik, a.a.O., S. 92ff. Zur Erläuterung maschineller Netzplanverkürzung und zur Darstellung des Ford-Fulkerson-Algorithmus vgl. Zimmermann, H.-J., Netzplantechnik, a.a.O., S. 70ff.; ferner Falkenhausen, H. v., Prinzipien und Rechenverfahren der Netzplantechnik, a.a.O., S. 39ff.

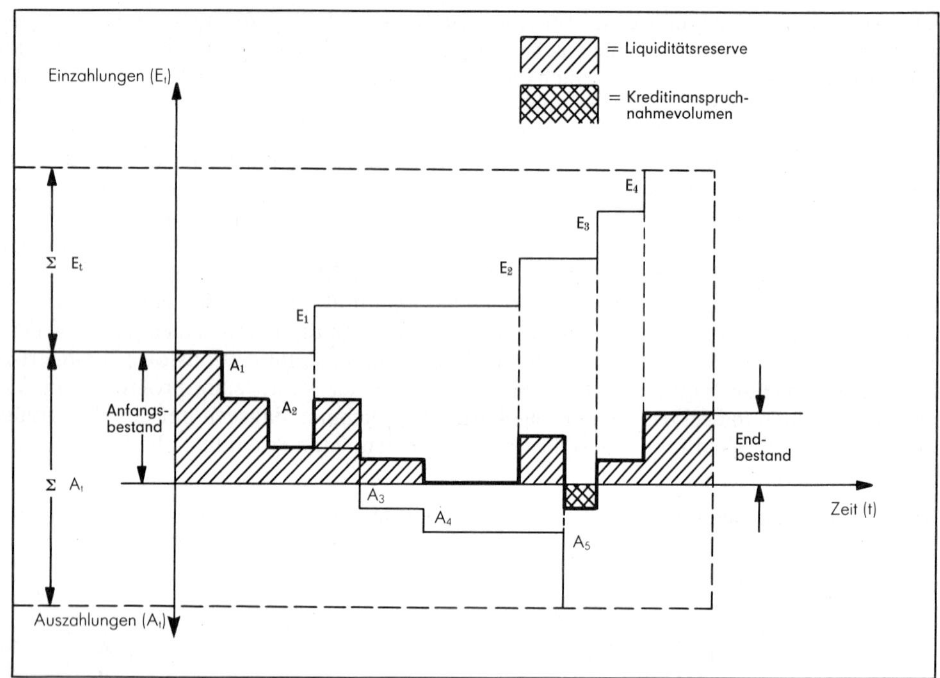

Abb. 172: Projektorientierte Liquiditätsplanung

Arbeitspläne, in diesem Falle Netzpläne. Bei Großprojekten sind vielfach projektspezifisch zu erstellende oder zu beschaffende Sonder- und Spezialmaschinen eine weitere bedeutsame Kostengröße.

Kostenminimale Projektdauern werden i.d.R. nicht schon bei der Auftragsangebotskalkulation, sondern erst im Rahmen der detaillierten Auftragskalkulation ermittelt. Allerdings kann auch hierbei aus Endtermingründen von der kostenoptimalen Projektdauer abgewichen werden.

Für die projektbezogene Finanz- bzw. Liquiditätsplanung ist es zweckmäßig, bereits bei der Kostenplanung eine Unterscheidung in auszahlungswirksame und auszahlungsunwirksame Kosten vorzunehmen[46]. Die wichtigste Information für die **Liquiditätsplanung** besteht bei Anwendung der Netzplantechnik in der Angabe der Termine, an denen projektbezogene Liquiditätsprobleme auftreten können (vgl. Abbildung 172). Werden für einige Termine **Liquiditätsgefährdungen** erkennbar, dann kann man zunächst durch ein Verschieben von Ein- und Auszahlungen eine günstigere Verteilung anstreben. Dieses Verschieben erfolgt zunächst im Rahmen der Pufferzeiten. Können durch dieses Verschieben die Einzahlungen nicht so weit angehoben werden und im gleichen Zeitabschnitt die Auszahlungen nicht so weit gesenkt werden, daß die Auszahlungen unter den Einzahlungen liegen, dann müssen im Rahmen der gesamtunternehmungsbezogenen Finanzplanung Ausgleichsmöglichkeiten gesucht werden. Auf die Notwendigkeit der Integration der projektorientierten Finanz- bzw. Liquiditätsplanung in die gesamtunternehmungsbezogene Finanzplanung wird in Abschnitt 6.3 dieses Teils näher eingegangen.

46 Vgl. Schwarze, J., Netzplantechnik, a.a.O., S. 211.

6.2.4 Entscheidungsphase: Festlegung des vorzugebenden Projektplans

Auf der Basis der aufgezeigten Beurteilungsgrundlage ist der vorzugebende Netzplan für das jeweilige Projekt festzulegen. Es handelt sich um jene **Aktionsfolge mit bestimmten (Teil-)Leistungen, Aktionszeiten und -kosten bei Beanspruchung spezifischer Aktionsträger, die die Projektziele am besten erfüllt.** Die Verabschiedung des vorzugebenden Projektplans erfolgt meist durch einen Lenkungsausschuß, der nicht direkt an der Erarbeitung der Projektgestaltungsalternativen beteiligt war.

Liegen keine Termin- und/oder Kapazitätsrestriktionen vor, so kann der **Netzplan mit der kostenminimalen Durchlaufzeit** als vorzugebender Plan verabschiedet werden, sofern hierdurch die Erreichung der Leistungsziele gewährleistet ist.

Sind Fertigstellungstermine als Zielvorschrift gegeben, ist jener **Netzplan** vorzugeben, **der die Einhaltung des vorgeschriebenen Termins mit den vergleichsweise geringsten Kosten ermöglicht** – gegebenenfalls nach entsprechenden Zeitverkürzungen oder sogar auch Kapazitätserweiterungen oder Fremdauftragsvergaben.

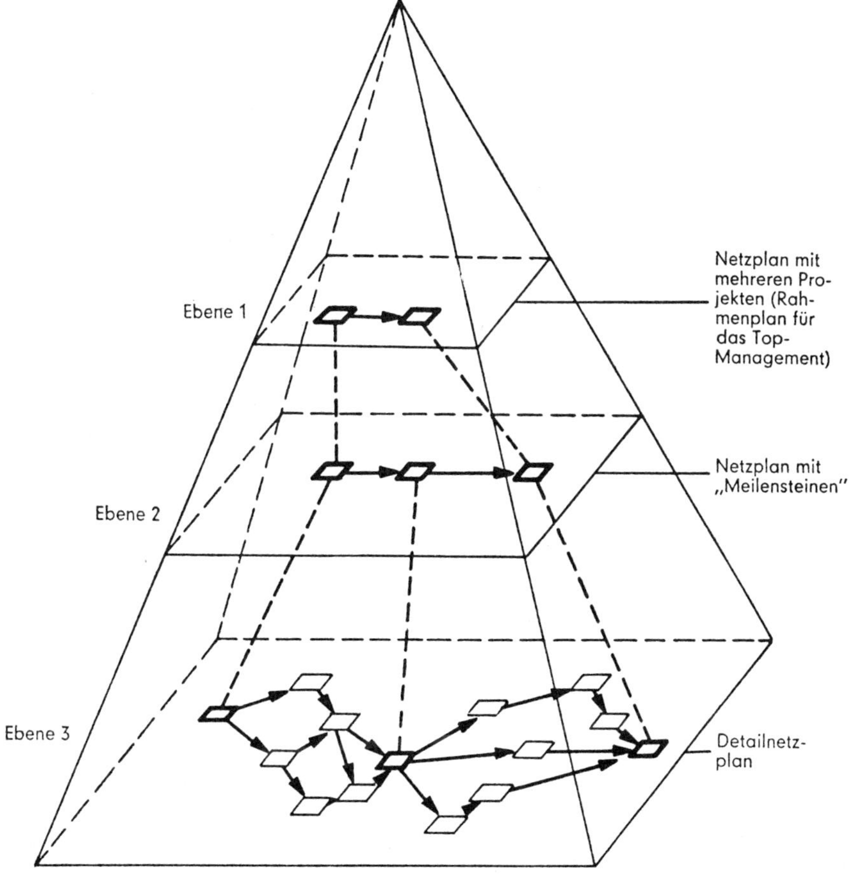

Abb. 173: Informationspyramide bei zunehmender Verdichtung von Netzplänen

Bei Vorliegen sonstiger Ziele – insbesondere auch nichtquantifizierbarer Ziele – sind auch diese bei der Festlegung des vorzugebenden Netzplanes zu berücksichtigen.

Bei komplexen Netzplänen, die als Führungsinstrument dienen sollen, ist es in der Regel erforderlich, den detaillierten und komplexen Netzplan zu verdichten. Dadurch können den verschiedenen Führungsebenen unterschiedlich **verdichtete Netzpläne** zur Verfügung gestellt werden. Abbildung 173 zeigt den Verdichtungsprozeß schematisch. Ausgehend von einem Detailnetzplan wird der nächsthöheren Führungsebene ein aggregiertes Netz mit besonders wichtigen Ereignissen – **Meilensteinen** – zur Verfügung gestellt. Die Fertigstellung der geplanten (Teil-)Leistungen zu diesen geplanten Ereigniszeitpunkten gilt als besonders vordringlich.

Die Verdichtung von Netzplänen wird dadurch vorgenommen, daß ein Gesamtnetzplan (Detailnetzplan) in mehrere Teilnetzpläne überführt wird. In jedem Teilnetz werden dann die längsten Wege von jedem Eingangs- zu jedem Ausgangsknoten bestimmt. Diese Wege treten dann an die Stelle des Teilnetzes. Die Pfeile für diese Wege, die ein Teilnetz ersetzen, werden als Ersatzpfeile bezeichnet. Durch die geschilderte stufenweise Verdichtung erhält man so **mehrstufige Netzpläne**[47].

6.2.5 Kontrollphase: Leistungs-, zeit- und ergebnisorientierte Kontrolle während und nach der Projektrealisation

Die Netzplantechnik ist im Wesen neben einer Rechentechnik auch eine Darstellungstechnik. Sie ist daher für einen Vergleich von Soll- und Ist-Werten, der immer anschaulich und so stark verdichtet wie möglich durchgeführt werden sollte, für Projekte in jedem Detaillierungsgrad im besonderen Maße geeignet[48].

Dies gilt zunächst für den **strukturellen Soll-/Ist-Vergleich,** da anhand der Gegenüberstellung von Soll- und Ist-Struktur bei der Realisation der Aktionsfolge sofort ersichtlich ist, ob der Detaillierungsgrad adäquat ist oder nicht, ob einige Tätigkeiten vergessen worden sind oder ob andere Tätigkeiten überflüssig geworden sind.

Im Rahmen des **leistungsmäßigen Soll-/Ist-Vergleichs** werden die geplanten Leistungsmerkmale und -merkmalsausprägungen den realisierten gegenübergestellt. Hierbei handelt es sich um Angaben über Art und Menge der Leistungserstellung.

Aus der zur Kontrolle des **Projektfortschritts** notwendigen Zuordnung von geplanten und realisierten (Teil-)Leistungen zu entsprechenden Zeitpunkten (Terminen) ergibt sich der **zeitliche Soll-/Ist-Vergleich**. Dieser kann direkt am Netzplan stattfinden, sofern die geplanten Zeitpunkte hier bereits eingetragen wurden. Entweder werden die leistungsmäßig erreichten Ereignistermine, also die Kreise (bei CPM), besonders markiert, oder es werden die bereits ganz oder teilweise ausgeführten Tätigkeiten, also die Pfeile (bei CPM), besonders markiert.

---

47 Vgl. zu der vorstehenden Beschreibung des Verdichtungsprozesses Zimmermann, H.-J., Netzplantechnik, a.a.O., S. 99ff.; ferner Thumb, N., Grundlagen und Praxis der Netzplantechnik, a.a.O., S. 441ff.

48 Vgl. auch Dreger, W., Projekt-Management, Wiesbaden – Berlin 1975; Rüsberg, K.-H., Project-Management, in: Organisationsleiter-Handbuch, Hrsg. A. Degelmann, 2. Aufl., München 1972, S. 841ff.; Schröder, H.J., Projekt-Management, Wiesbaden 1970 sowie Frese, E., Projektorganisation, in: HWO, Hrsg. E. Grochla, 2. Aufl., Stuttgart 1980, Sp. 1960ff.; Grün, O., Projektorganisation, in: HWO, Hrsg. E. Frese, 3. Aufl., Stuttgart 1992, Sp. 2102ff. sowie die dort jeweils angegebene weiterführende Literatur.

Ein **kostenorientierter Soll-/Ist-Vergleich** sollte möglichst im Rahmen einer **integrierten Betrachtung** der in Beziehung stehenden **Leistungs-, Zeit-** und **Kostengrößen** eines Projektes erfolgen. Nur durch diese integrierte Sichtweise ist sichergestellt, daß bezogen auf den jeweiligen Projektablauf und Projektgegenstand interpretierbare Ergebnisse einer Projektkostenkontrolle ermittelt werden können[49].

Die **Ist-Kosten des Projektes** (IK) werden als die tatsächlich angefallenen Kosten bezogen auf den realisierten Projektfortschritt bezeichnet und die **Plankosten eines Projektes** (PK) als die geplanten Kosten bezogen auf den geplanten Projektfortschritt. Dahingegen beinhalten die **Soll-Kosten des Projektes** (SK) die geplanten Kosten bezogen auf den realisierten Projektfortschritt (Arbeitswert)[50]. Analog zur flexiblen Plankostenrechnung wird die Abweichung zwischen geplanten Projektkosten und Ist-Kosten eines Projektes in **zwei Arten der Kostenabweichung** des Projektes differenziert (vgl. auch Abbildung 174 am Beispiel eines FuE-Projektes):

$$IK - PK = (SK - PK) + (IK - SK)$$

$$\text{Projektbudget-abweichung} = \text{Leistungs-abweichung} + \text{Verbrauchs-abweichung}$$

Die **Leistungsabweichung des Projektes** beinhaltet den Teil der Gesamtabweichung, der durch einen vom Plan abweichenden Projektfortschritt hervorgerufen wird. Die **Verbrauchsabweichung des Projektes** zeigt dagegen an, ob bezogen auf den tatsächlich realisierten Projektfortschritt mehr oder weniger Kosten angefallen sind als geplant. Die Verbrauchsabweichung kann daher grundsätzlich als ein **Maßstab für die Wirtschaftlichkeit der Projektdurchführung** herangezogen werden[51]. Die Differenz zwischen Kontrollzeitpunkt (t_K) und dem Zeitpunkt, zu dem der realisierte Projektfortschritt planmäßig hätte erreicht werden sollen (t_P), gibt die **Zeitabweichung des Projektes** vom geplanten Projektfortschritt an. Nach Ermittlung der erforderlichen Kosten (cost to complete) für die Realisierung der noch zu schaffenden Projektleistung (performance to complete) sowie der hierfür notwendigen Zeit (time to complete) lassen sich durch Vergleich von voraussichtlichen Gesamtkosten des Projektes und voraussichtlicher Gesamtdauer des Projektes mit den jeweiligen ursprünglichen Planzahlen die entsprechenden **voraussichtlichen Kosten- und Terminabweichungen des Projektes** ermitteln. Durch eine **integrierte Meilenstein-Trendanalyse (MTA)** kann auch ein Soll-/Ist- bzw. Soll-/Wird-Vergleich für spezifische Meilensteine eines Projektes erfolgen (vgl. Abbildung 174)[52].

---

49 Vgl. hierzu und im folgenden Straube, P., Integriertes Forschungs- und Entwicklungs-Controlling, a.a.O., S. 191 ff.

50 In der englischsprachigen Literatur findet man hierfür folgende Begriffe: Plankosten (PK): Budgeted cost of work scheduled (BCWS); Soll-Kosten (SK): Budgeted cost of work performed (BCWP); Ist-Kosten (IK): Actual cost of work performed (ACWP); vgl. z. B. Archibald, R. D., Managing High-Technology Programs and Projects, New York u. a. 1976, S. 196; Kerzner, H., Project Management, New York u. a. 1979, S. 438; Lanford, H. W., McCann, T. M., Effective Planning and Control of Large Projects – Using Work Breakdown Structure, LRP 2/1983, S. 41 ff. Vgl. zum Begriff Arbeitswert Withauer, K. F., Planung und Kontrolle von Kosten und Leistung bei Projekten, a.a.O., S. 620; Krystek, U., Zur, E., Projektcontrolling – Frühaufklärung von projektbezogenen Chancen und Bedrohungen, Controlling 1991, S. 306 ff.

51 Vgl. Coenenberg, A. G., Raffel, A., Integrierte Kosten- und Leistungsanalyse für das Controlling von Forschungs- und Entwicklungsprojekten, a.a.O., S. 201.

52 Vgl. zur MTA Albert, I., Högsdal, B., Trendanalyse, Köln 1987. Vgl. auch Brockhoff, K., Forschung und Entwicklung, a.a.O., S. 266 ff.; Burghardt, M., Projektmanagement, a.a.O., S. 290 f.; Reach, R. D., Aspects of Project Control in R & D, R & D Management 1977, S. 82 ff. In der Literatur findet man auch Darstellungen des Projektfortschrittes durch graphische Gegenüberstellung von Ist-Zeitbedarf und Prozentsatz des „verbrauchten" kritischen Weges. Vgl. z. B. Schmidt, M., Schedule Monitoring of Engineering Projects, IEEE 1988, S. 108 ff.

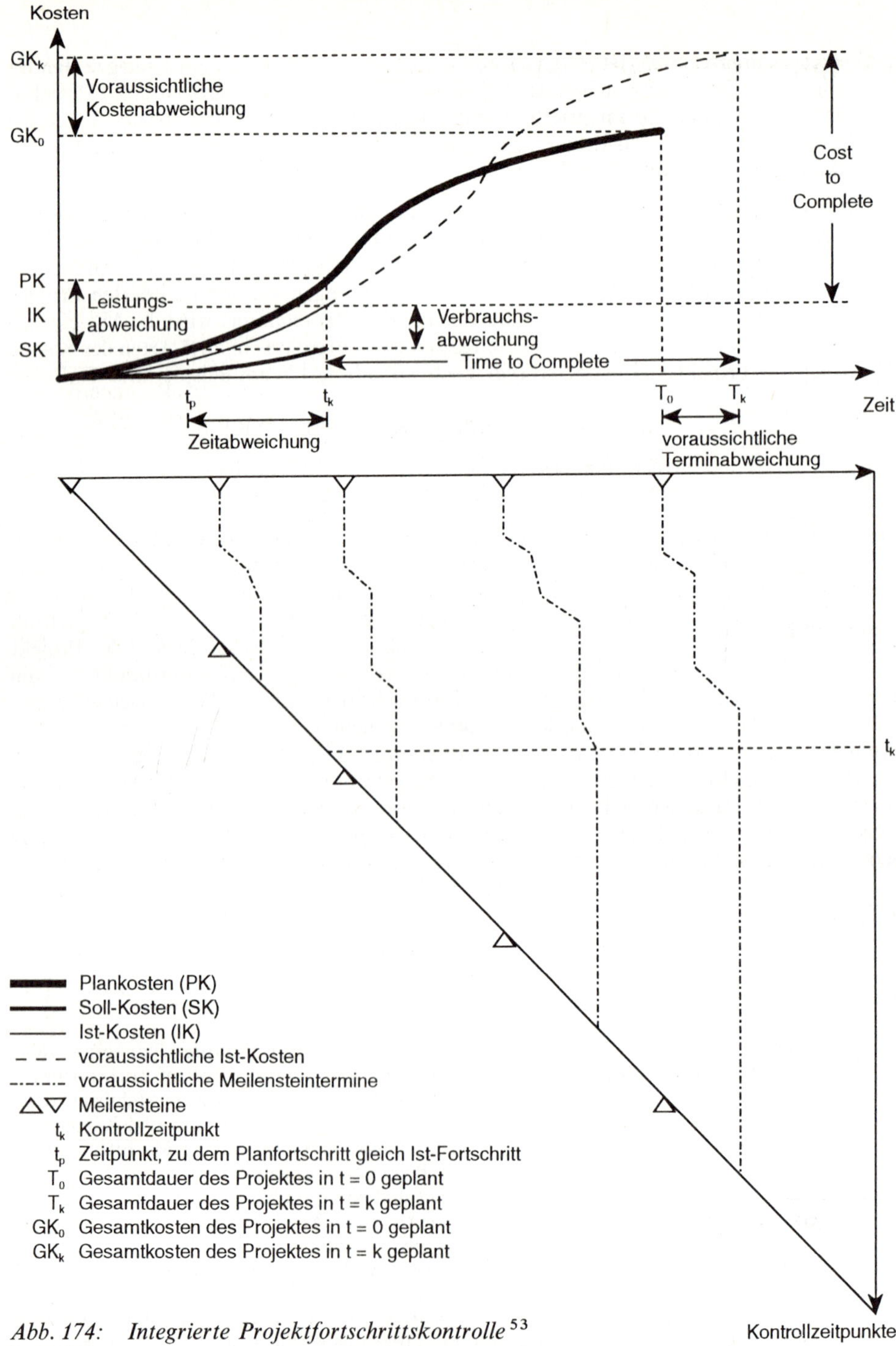

Abb. 174: Integrierte Projektfortschrittskontrolle[53]

53 Vgl. Straube, P., Integriertes Forschungs- und Entwicklungs-Controlling, a.a.O., S. 193; vgl. ferner Saynisch, M., Integrierte Zeit- und Kostenplanung bei Entwicklungsprojekten: dargestellt an einem praktischen Beispiel, in: Waffensystemplanung, Hrsg. R.K. Huber, H. Schelle, H.W. Hoffmann, München – Wien 1977, S. 390; Archibald, R.D., Managing High-Technology Programs and Projects, a.a.O., S. 223.

6.3 Integration der Projektplanung in die Unternehmungsplanung

Im Zusammenhang mit der rollenden periodenbezogenen Unternehmungsplanung können in jedem Teilplanungskomplex oder -komplexübergreifend **strategische und/oder operative Projektplanungen** durchgeführt werden. Diese können **im Rahmen der periodischen Planungen** abgeleitet werden **oder** ihrerseits **zusätzlich zu bereits erfolgten periodischen Planungen** notwendig werden (vgl. auch Teil I, Abschnitt 3.3.2 und Abschnitt 3.4.1). Einige periodische Funktionsbereichsplanungen, z. B. im FuE-Bereich, sowie gesamtunternehmungsbezogene periodische Planungen, z. B. im Großanlagenbau, beruhen weitgehend auf Projektplanungen. Zusätzliche aperiodische Projektplanungen können insbesondere im Rahmen der Geschäftsfeldplanung auftreten, z. B. bei Beteiligungserwerbsangeboten. Hier besteht jeweils enger Koordinationsbedarf zu den jeweiligen periodischen Teilplanungen.

Aus den strategischen und operativen Projektplanungen resultieren **Projektrechnungen** mit Auszahlungs- und Einzahlungs- sowie Kosten- und Erlösinformationen. Diese finden in den funktionsbereichsbezogenen Planungen, also Kostenstellen und -bereichsplanungen, sowie den gesamtunternehmungsbezogenen Planungen ihren Niederschlag.

Die **monetären Wirkungen** der Projektplanungen zeigen sich in der gesamtunternehmungsbezogenen Ergebnis- und Finanzplanung in den Teilbereichen der kalkulatorischen Ergebnisplanung, der bilanziellen Ergebnisplanung sowie den Teilkomplexen der Finanzplanung. Bei Projekten mit längerer Laufzeit stellt sich insbesondere das Problem der periodengerechten Zurechnung von Erlösen und der bilanziellen Teilgewinnrealisierung[54].

In der projektbezogenen Finanzplanung sind bei Liquiditätsengpässen stets zunächst Ausgleichsmöglichkeiten zwischen unterschiedlichen Projekten und innerhalb der Gesamtunternehmung zu beachten. „Nicht ein Projekt wird zahlungsunfähig, sondern ein Unternehmen"[55]. Im Anlagenbau oder anderen projektintensiven Branchen sind projektbezogene Kennzahlen jedoch oft deterministisch für die Situation der Gesamtunternehmung.

Sofern in einer Unternehmung mehrere Großprojekte simultan ablaufen, kann es sich als sinnvoll erweisen, aufbauend auf den relevanten Informationen in bezug auf die einzelnen Projekte eine aggregierte Projektrechnung aufzubauen[56]. In diesem Zusammenhang spricht man auch von **Multiprojektcontrolling.** Es ergibt sich eine zusätzliche Aggregationsebene (vgl. Abbildung 175).

Die informationstechnische Integration von periodischen und aperiodischen Planungen erfolgt heute mittels EDV-gestützter (Projekt-)Controllingsysteme, die i.d.R. auch projektbezogene Daten separat verwalten können[57]. Für einen reibungslosen und zeitnahen Austausch der Daten zwischen den Ebenen des Controllingsystems sind einheitliche Schnitt-

54 Vgl. hierzu Höffken, E., Schweitzer, M. (Hrsg.), Beiträge zur Betriebswirtschaft des Anlagenbaus, a.a.O., S. 173ff.; Lachnit, L., Controllingkonzeption für Unternehmen mit Projektleistungstätigkeit, a.a.O., S. 62f. Vgl. speziell zur Teilgewinnrealisierung Selchert, F. W., Das Realisationsprinzip – Teilgewinnrealisierung bei langfristiger Auftragsfertigung, DB 1990, S. 797ff.

55 Gewald, K., Kasper, K., Schelle, H., Netzplantechnik, Band 3: Kosten- und Finanzplanung, München–Wien 1974, S. 114.

56 Vgl. hierzu Lachnit, L., Controllingkonzeption für Unternehmen mit Projektleistungstätigkeit, a.a.O., S. 50ff.

57 Vgl. hierzu z. B. die Beschreibung des PROCON-Modells in Lachnit, L., Controllingkonzeption für Unternehmen mit Projektleistungstätigkeit, a.a.O., S. 82ff.

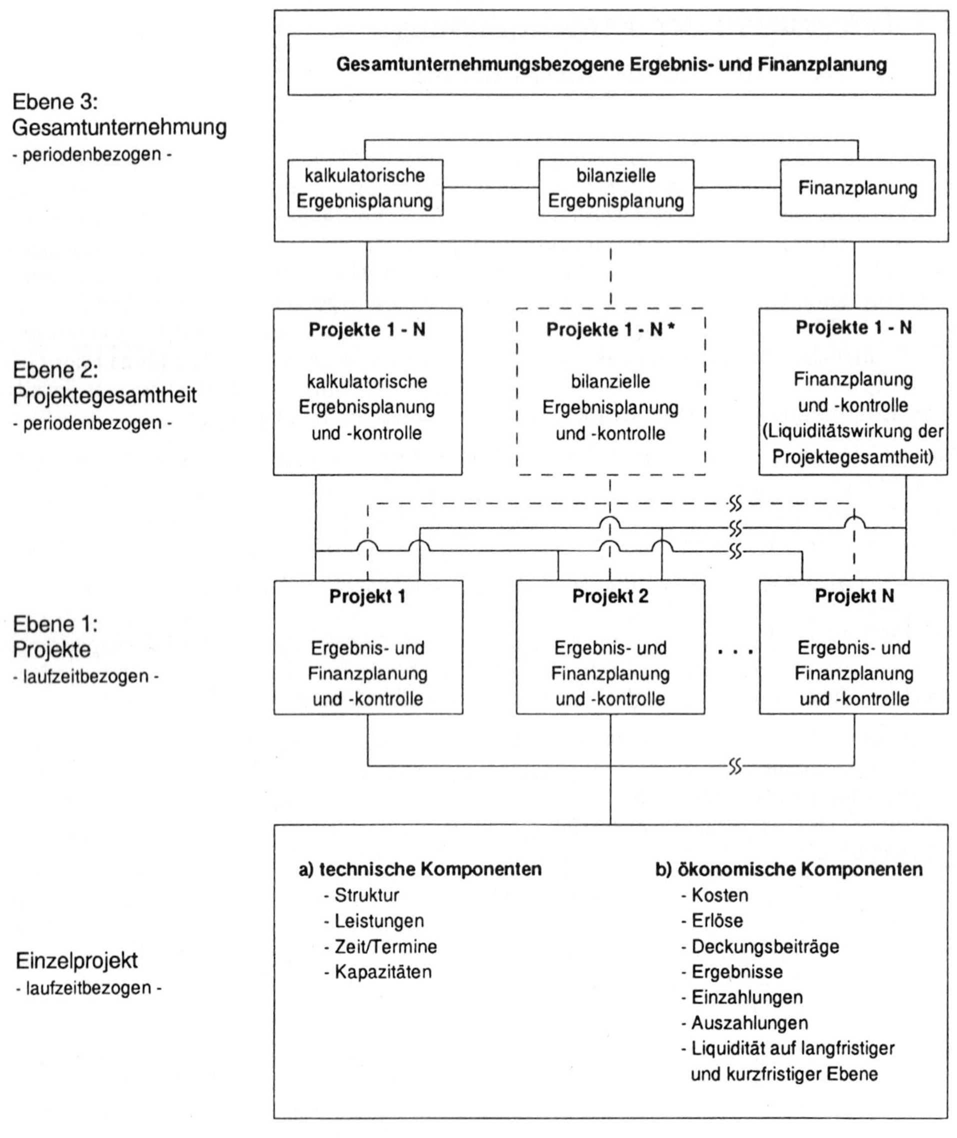

Abb. 175: Ebenen einer primär projektorientierten Planungs- und Kontrollrechnung[58]

stellen als Übergabepunkte definiert. Projektbudgets können hier analog zu Funktionsbereichsbudgets erstellt und laufend verfolgt werden, Projektkalkulationen analog zu (langfristigen) Produktkalkulationen.

58 Vgl. Lachnit, L., Controllingkonzeption für Unternehmen mit Projektleistungstätigkeit, a.a.O., S. 61 (modifiziert).

Teil IV

Integrierte ergebnis- und liquiditätsorientierte Planungs- und Kontrollrechnung (PuK) im Planungs- und Kontrollsystem für mehrgliedrige Unternehmungen/Konzerne mit primär produktorientierter oder primär regionalorientierter (divisionaler) Aufbauorganisation

Das von uns vertretene Grundkonzept eines Planungs- und Kontrollsystems mit integrierter ergebnis- und liquiditätsorientierter Planungs- und Kontrollrechnung ist von jeder Industrieunternehmung – und auch Unternehmungen anderer Branchen – anwendbar.

Die Ausgestaltung eines Planungs- und Kontrollsystems und damit auch die Ausgestaltung einer Planungs- und Kontrollrechnung richten sich stets primär nach der jeweiligen Aufbauorganisation der Unternehmung, zudem – damit zusammenhängend – nach der Programm- und Standortstruktur sowie dem praktizierten Führungsstil. Von den Führungskräften jeder Führungseinheit bzw. organisatorischen Einheit sind zur Erfüllung ihrer Aufgaben auf der Basis entsprechender Planungen und Kontrollen bzw. Planungs- und Kontrollrechnungen spezifische Pläne zu erstellen. Verabschiedete Pläne bilden die Richtschnur für künftiges Entscheiden und Handeln, auch die Grundlage für künftig notwendige Kontrollen.

Ausgehend von dem von uns vertretenen **Grundkonzept eines Planungs- und Kontrollsystems** wird im folgenden schwerpunktmäßig die **Ausgestaltung der Planungs- und Kontrollrechnung** mit ihren wichtigsten Kennzahlen und Verfahren **für mehrgliedrige Unternehmungen bzw. Konzerne** dargestellt. Solche Unternehmungen bestehen aus einer **Zentrale** und mehreren **Gliedbetrieben bzw. Divisions** – vielfach auch **Unternehmungsbereiche** genannt oder in solchen zusammengefaßt[1].

---

1 Vgl. zum Begriff des Gliedbetriebes allgemein Busse von Colbe, W., Planung der Betriebsgröße, Wiesbaden 1964, S. 25.

Die **Zentrale** besitzt alle Funktionen zur Führung der Gesamtunternehmung. Sie ist für Zielsetzung und Zielerreichung mit entsprechenden Koordinierungsaufgaben auf Unternehmungs- bzw. Konzernebene verantwortlich.

Gliedbetriebe besitzen – abgesehen von der Finanzierung und speziellen Teilfunktionen – entweder alle Grundfunktionen einer funktional gegliederten Unternehmung; sie werden dann **produktive Gliedbetriebe** genannt. Oder aber sie besitzen nur Führungsfunktionen gegenüber anderen, ihnen untergeordneten Gliedbetrieben; sie werden sodann **koordinative Gliedbetriebe** genannt. Produktive und koordinative Gliedbetriebe stehen jedoch stets direkt oder indirekt, d.h. über mehrere Führungsstufen verkettet, unter einheitlicher Leitung der Zentrale. Die Zentrale kann zudem selber produktive Funktionen übernehmen; sie ist dann gleichzeitig Gliedbetrieb und Zentrale.

Die produktiven und die koordinativen Gliedbetriebe können (aber müssen nicht) weitgehend dezentral geführt werden und bilden abrechnungstechnisch Ergebniseinheiten – sog. **Profit-Center**.

Im Falle ihrer rechtlichen Verselbständigung bilden die produktiven und koordinativen Gliedbetriebe **Konzerngesellschaften** (Tochtergesellschaften, Zwischenholding) – unter der ggf. ebenfalls rechtlich verselbständigten **Konzernzentrale** (Holding), die als Obergesellschaft ggf. nicht nur Führungs-, sondern auch produktive Funktionen als Gliedbetrieb ausübt. Bei den der Ober-(Mutter-)gesellschaft unterstellten Gliedbetrieben handelt es sich in Abhängigkeit von der Tiefengliederung des Konzerns ggf. nicht nur um Tochter-, sondern auch um Enkelgesellschaften. Meist findet man in einem Konzern auf einer Konzernstufe neben den rechtlich selbständigen Gliedbetrieben (Konzerngesellschaften) aber auch weitere rechtlich unselbständige Gliedbetriebe.

Für die folgenden Betrachtungen wird ein Konzern unterstellt. Bei Beschränkung der Betrachtung auf den nationalen Raum kann es sich um einen faktischen Konzern mit hundertprozentigen Beteiligungen oder mit Mehrheitsbeteiligungen handeln oder um einen Vertragskonzern, bei dem Mutter- und Tochtergesellschaft jeweils über einen Beherrschungs- und Ergebnisabführungsvertrag verbunden sind.

Bei Ausdehnung der Betrachtung auf den internationalen Raum handelt es sich um einen faktischen Konzern mit hundertprozentigen Beteiligungen oder Mehrheitsbeteiligungen.

Interpretiert man die Unternehmung als System, können rechtlich selbständige und auch rechtlich unselbständige Gliedbetriebe als Subsysteme bezeichnet werden. Diese Subsysteme stehen ihrerseits in vertraglichen Beziehungen zu ihren Interessengruppen und den jeweils anderen Subsystemen. Die rechtlichen Ausgestaltungsmöglichkeiten dieser Vertragsbeziehungen entsprechen prinzipiell denen, die auch in einer funktional organisierten Unternehmung zur Verfügung stehen. Bei Verträgen zwischen rechtlich selbständigen Subsystemen besteht jedoch insofern eine Besonderheit, als die Vertragspartner nicht mehr natürliche Personen, sondern vielmehr juristische Personen sind (vgl. Teil I, Abschnitt 1.1.4).

1. Voraussetzungen der PuK und ihre Kennzahlen im Überblick

Voraussetzungen für die erfolgreiche Anwendung einer PuK als Führungsinstrument in einem Konzern sind – genau wie in einer primär verrichtungsorientiert organisierten Unternehmung – eine klare, den Unternehmungsaufgaben entsprechende **Aufbauorganisation** und hierauf aufbauend ein klares, den Unternehmungsaufgaben entsprechendes Plansystem, kodifiziert in einem **Planrahmen**[2]. Dem Plansystem hat das Berichtssystem zu entsprechen, mit dessen Zahlenwerk Dokumentations- und Kontrollinformationen erstellt werden, die mit in den Plänen angegeben werden können.

Der Planrahmen ist der Ordnungsrahmen aller qualitativen sowie quantitativen monetären und nichtmonetären Pläne. Der Planrahmen ist daher auch bestimmend für die Ableitung und Darstellung des Zahlenwerkes der ergebnis- und liquiditätsorientierten Planungs- und Kontrollrechnung im Konzern.

Planungszwecke (-ziele), Planrahmen, Umwelt- und Unternehmungsanalysen und Umweltprognosen sowie qualitative und quantitative Teilpläne, Planungs- und Kontrollverfahren und die Organisation der Planung einschließlich EDV-Einsatz sind in praxi in einem **Konzern-Planungshandbuch** zusammenzufassen.

In einem solchen Planungshandbuch sind im Konzern als grundlegende Voraussetzungen für die Planungstätigkeit auch die Richtlinien für Konzernverrechnungspreise aufzunehmen, in internationalen Konzernen auch Richtlinien für die Transformation von Zahlenwerken ausländischer Gesellschaften in Führungsinformationen der Zentrale.

2 Vgl. die Ausführungen im Teil III, Abschnitt 1.1.

1.1 Aufbauorganisation und Planungskonzept

Im folgenden werden das **Planungs- und Kontrollsystem** und damit auch die Pläne und Berichte sowie die spezifischen Planungsverfahren **für Konzerne** (analog für mehrgliedrige Unternehmungen ohne rechtlich selbständige Gliedbetriebe)

- mit primär produktorientierter Aufbauorganisation oder
- mit primär regionalorientierter Aufbauorganisation

skizziert.

Ausgehend von unserem Grundkonzept für Planungs- und Kontrollsysteme sind sowohl für den **Konzern** als Gesamtunternehmung, die **Obergesellschaft** als auch für die übrigen **Gliedbetriebe** und damit im Hinblick auf die **Unternehmungsbereiche** jeweils mehrperiodig zu erstellen:

- **generelle Zielplanungen,**
- **strategische Planungen,**
- **operative Planungen,**
- **Ergebnis- und Finanzplanungen, Finanzplanungen ggf. nur für die Zentrale,**
- **PuK-Kennzahlenübersichten.**

Innerhalb jeder organisatorischen Einheit sind jeweils Ziele, Strategien und Maßnahmen (also Aktionen mit und ohne Potentialänderungen) im Hinblick auf die jeweiligen organisatorischen Einheiten und deren Produkte bzw. Produktprogramme, Märkte bzw. Regionen, Funktionen und ggf. Projekte zu planen und zu kontrollieren.

(1) Planungskonzept für Konzerne mit primär produktorientierter Aufbauorganisation

Im **einstufig** aufgebauten **Konzern mit primär produktorientierter Aufbauorganisation** unterstehen der Zentrale produktive Gliedbetriebe, wobei jeder Gliedbetrieb andere Produkte bzw. Produktgruppen erstellt. Das Grundschema eines einstufigen Konzerns mit heterogenem Produktprogramm und primär produktorientierter Aufbauorganisation zeigt Abbildung 176a, das Grundschema des dazugehörigen Planungssystems Abbildung 176b.

Im **mehrstufig** aufgebauten **Konzern mit primär produktorientierter Aufbauorganisation** unterstehen der Zentrale produktorientiert gebildete koordinative Gliedbetriebe (ggf. Zwischenholdinggesellschaften), die ihrerseits produktorientiert oder regionalorientiert gebildete produktive Gliedbetriebe führen. Das Grundschema eines zweistufigen Konzerns mit heterogenem Produktprogramm und durchgehend primär produktorientierter Aufbauorganisation zeigt Abbildung 177a, das Grundschema des dazugehörigen Planungssystems Abbildung 177b.

Insgesamt ist in Konzernen mit primär produktorientierter Aufbauorganisation und heterogenem Produktprogramm von seiten der Konzernzentrale (ggf. Muttergesellschaft) und ggf. vorhandenen Zwischenholdings eine Koordination im Hinblick auf die generelle Zielplanung, die strategische Planung und die gesamtunternehmungsbezogene Ergebnis- und Finanzplanung erforderlich, wohingegen die operative Planung den produktiven Gliedbetrieben obliegt.

(2) Planungskonzept für Konzerne mit primär regionalorientierter Aufbauorganisation

Im **einstufig** aufgebauten **Konzern mit primär regionalorientierter Aufbauorganisation** unterstehen der Zentrale produktive Gliedbetriebe, wobei jeder Gliedbetrieb dasselbe oder ein ähnliches Produktprogramm an einem anderen Standort bzw. in einem anderen Land erstellt. Das Grundschema eines einstufigen Konzerns mit homogenem Produktprogramm und primär regionalorientierter Aufbauorganisation zeigt Abbildung 178a, das Grundschema des dazugehörigen Planungssystems Abbildung 178b.

Im **mehrstufig** aufgebauten **Konzern mit primär regionalorientierter Aufbauorganisation** unterstehen der Zentrale regionalorientiert gebildete koordinative Gliedbetriebe (ggf. Zwischenholdinggesellschaften), die ihrerseits produktorientiert oder nochmals zunächst regionalorientiert gebildete Gliedbetriebe führen. Das Grundschema eines zweistufigen Konzerns zum einen mit homogenem Produktprogramm, zum anderen mit heterogenem Produktprogramm und primär regionalorientierter Aufbauorganisation zeigt die Abbildung 179a, das Grundschema des dazugehörigen Planungssystems für eine mehrgliedrige, mehrstufige Unternehmung mit homogenem Produktprogramm Abbildung 179b.

Insgesamt ist in Konzernen mit primär regionalorientierter Aufbauorganisation und homogenem Produktprogramm von seiten der Konzernzentrale (ggf. Muttergesellschaft) und ggf. vorhandenen Zwischenholdings eine Koordination im Hinblick auf alle Teilplanungskomplexe erforderlich.

(3) Führungsorganisation und organisatorische Einheiten von Konzernen

Die obere Führungs- bzw. Leitungsorganisation eines Konzerns[3] mit primär produktorientierter oder mit primär regionalorientierter Aufbauorganisation kann ausgebildet sein

- nach dem **Stammhauskonzept**, d.h. die Führungskräfte des wichtigsten Gliedbetriebes bilden in Personalunion die Konzernleitung;
- nach dem **Konzept geschäftsnaher Führung**, d.h. die Vorsitzenden der wichtigsten Gliedbetriebe unterhalb der Zentrale gehören der Konzernleitung mit an, bei rechtlicher Selbständigkeit der Zentrale auch **Management-Holding-Konzept** genannt;
- nach dem **reinen Holding-Konzept**, d.h. die Konzernleitung besteht im Extrem nur aus dem Vorsitzenden, einem Finanz- und einem Personalvorstand, die in der Regel dann Aufsichtsrats- bzw. Beirats- oder Boardmitglied in den Konzerngesellschaften sind. Man spricht hier auch vom **Finanz-Holding-Konzept**.

Bei den beiden letztgenannten Konzepten kann die Führungsspitze als **Leitzentrale einer transnationalen Konzernorganisation** ausgebildet werden, die ihrerseits produkt- oder regionalorientierte koordinative Gliedbetriebe bzw. Führungsgesellschaften lenkt und überwacht.

---

3 Vgl. ausführlich Hahn, D., Führung und Führungsorganisation, a.a.O., S. 112ff.; vgl. ferner Bleicher, K., Organisation. Strategien – Strukturen – Kulturen, a.a.O., S. 629ff.; ders., Konzernorganisation, in: HWO, Hrsg. E. Frese, 3. Aufl., Stuttgart 1992, Sp. 1151ff.; Bühner, R., Management-Holding, 2. Aufl., Landsberg/Lech 1992, insbes. S. 31ff.; Keller, T., Unternehmungsführung mit Holding-Konzepten, Köln 1990; Rühli, E., Zeitgemäße Konzernführung und -gestaltung, zfo 1990, S. 314; Rupps, O.C., Strategieverdichtung im Konzern, ZfB 1990, S. 1093ff.; Scheffler, E., Konzernmanagement – Betriebswirtschaftliche und rechtliche Grundlagen der Konzernführungspraxis, München 1992, S. 18ff.; Schulte, C., Kostenallokation in der Holding, ZfB 1991, S. 1157ff.; Theisen, M.R., Betriebswirtschaftliche und rechtliche Grundlagen der Konzernunternehmung, Stuttgart 1991, S. 43ff.; Werder, A. v., Konzernstruktur und Matrixorganisation, ZfbF 1986, S. 586ff.; Wörn, H.-J., Konzernorganisation, Diss. Gießen 1986, S. 93ff. sowie die Beiträge bei Hoffmann, F. (Hrsg.), Konzernhandbuch, Wiesbaden 1993.

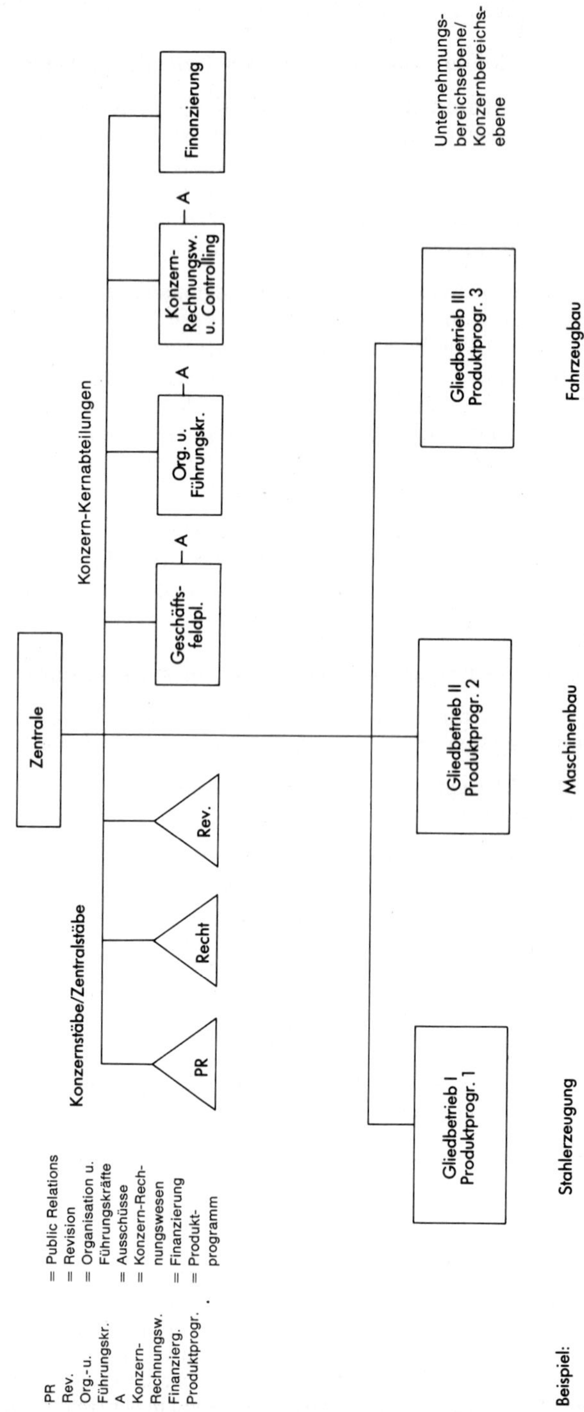

Abb. 176a: Grundschema eines einstufigen Konzerns mit heterogenem Produktprogramm und primär produktorientierter Aufbauorganisation (Typ I.1)

Konzern	Muttergesellschaft	Tochtergesellschaften		
Generelle Ziel- und Rahmenplanung	Generelle Ziel- und Rahmenplanung	Generelle Ziel- und Rahmenplanung	. . .	Generelle Ziel- und Rahmenplanung
Strategische Planung (langfristig) – Konzernstrategien – Programmplanung – Sachinvestitions- u. Personalplanung (Kapazitäts- u. Standortplanung) – Organisations- und Rechtsform-/ Rechtsstruktur- planung – Führungssystem- planung	Strategische Planung (langfristig) – Geschäftsfeld- planung – Programmplanung – Sachinvestitions- u. Personalplanung (Kapazitäts- u. Standortplanung) – Organisations- und Rechtsformplanung – Führungssystem- planung	Strategische Planung (langfristig) [Produkt- planung] – Geschäftsfeld- planung – Programmplanung – Sachinvestitions- u. Personalplanung (Kapazitäts- u. Standortplanung) – Organisations- und Rechtsformplanung – Führungssystem- planung		Strategische Planung (langfristig) [Produkt- planung] – Geschäftsfeld- planung – Programmplanung – Sachinvestitions- u. Personalplanung (Kapazitäts- u. Standortplanung) – Organisations- und Rechtsformplanung – Führungssystem- planung
	Operative Planung (mittel- und kurzfristig)	Operative Planung (mittel- und kurzfristig) – Programmplanung – Funktions- bereichsplanung – Projektplanung		Operative Planung (mittel- und kurzfristig) – Programmplanung – Funktions- bereichsplanung – Projektplanung
Konsolidierte Ergebnis- und Finanzplanung (mittel- und kurzfristig)	Gesamtunterneh- mungsbezogene Ergebnis- und Finanz- planung (mittel- und kurzfristig)	Gesamtunterneh- mungsbezogene Ergebnis- und Finanz- planung (mittel- und kurzfristig)	. . .	Gesamtunterneh- mungsbezogene Ergebnis- und Finanz- planung (mittel- und kurzfristig)

Abb. 176 b: Grundschema des Planungssystems eines einstufigen Konzerns mit heterogenem Produktprogramm und primär produktorientierter Aufbauorganisation

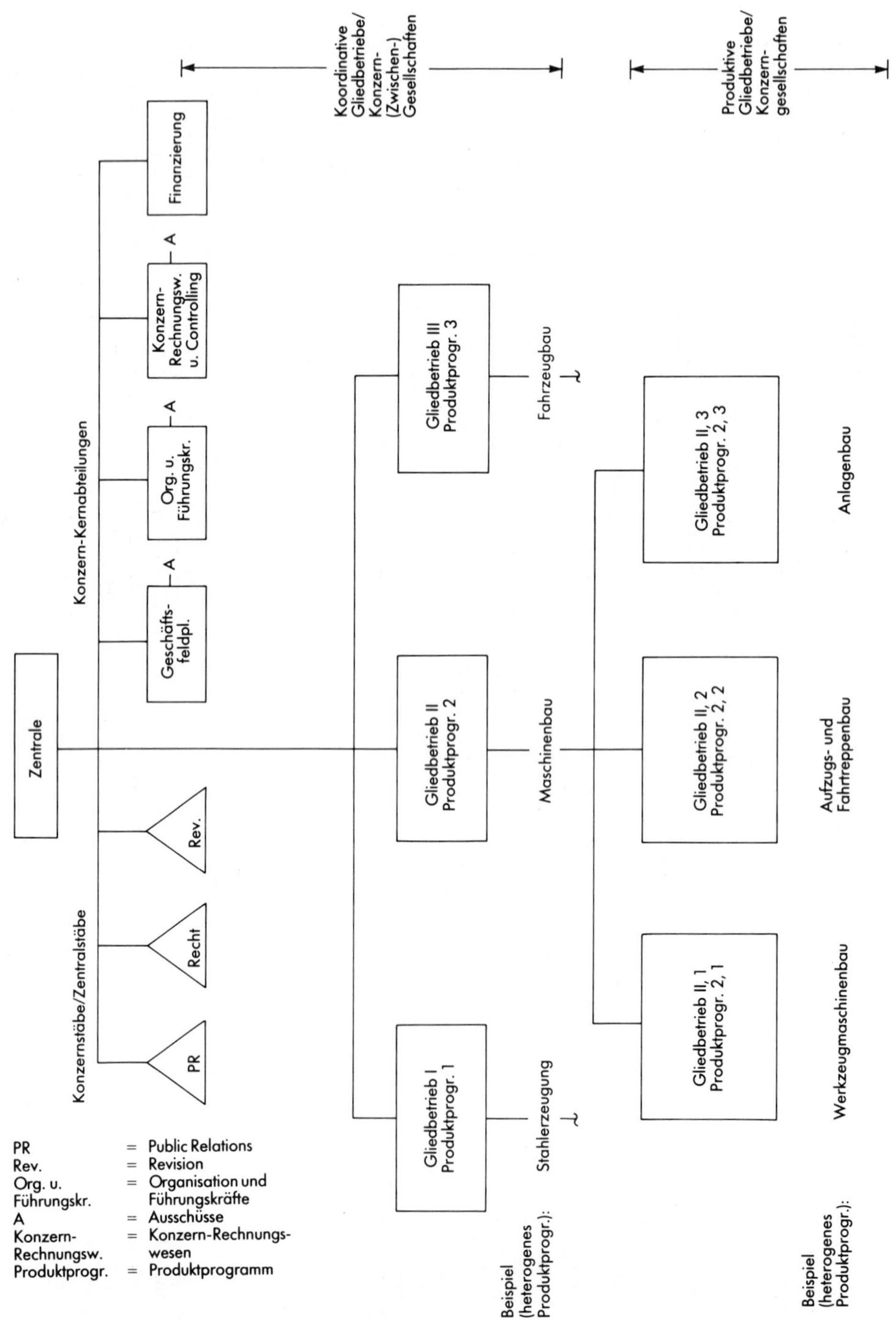

Abb. 177a: Grundschema eines zweistufigen Konzerns mit heterogenem Produktprogramm und durchgehend primär produktorientierter Aufbauorganisation (Typ I.2)

Konzern	Muttergesellschaft	Tochtergesellschaft/ Zwischenholding (koordinativer Gliedbetrieb)	Enkelgesellschaften (produktive Gliedbetriebe)	Enkelgesellschaften (produktive Gliedbetriebe)	Tochtergesellschaft/ Zwischenholding (koordinativer Gliedbetrieb)
Generelle Ziel- und Rahmenplanung	Generelle Ziel- und Rahmenplanung	Generelle Ziel- und Rahmenplanung	Generelle Ziel- und Rahmenplanung	Generelle Ziel- und Rahmenplanung	Generelle Ziel- und Rahmenplanung
Strategische Planung (langfristig) – Konzernstrategien – Organisations- und Rechtsform-/ Rechtsstruktur-planung – Führungssystem-planung	Strategische Planung (langfristig) – Geschäftsfeld-planung – Programmplanung – Sachinvestitions- und Personalplanung (Kapazitäts- und Standortplanung) – Organisations- und Rechtsform-planung – Führungssystem-planung	Strategische Planung (langfristig) – Geschäftsfeld-planung – Programmplanung – Sachinvestitions- und Personalplanung (Kapazitäts- und Standortplanung) – Organisations- und Rechtsform-planung – Führungssystem-planung	Strategische Planung (langfristig) – Geschäftsfeld-planung – Programmplanung – Sachinvestitions- und Personalplanung (Kapazitäts- und Standortplanung) – Organisations- und Rechtsform-planung – Führungssystem-planung [Produkt-planung]	Strategische Planung (langfristig) – Geschäftsfeld-planung – Programmplanung – Sachinvestitions- und Personalplanung (Kapazitäts- und Standortplanung) – Organisations- und Rechtsform-planung – Führungssystem-planung [Produkt-planung]	Strategische Planung (langfristig) – Geschäftsfeld-planung – Programmplanung – Sachinvestitions- und Personalplanung (Kapazitäts- und Standortplanung) – Organisations- und Rechtsform-planung – Führungssystem-planung
	Operative Planung (mittel- und kurzfristig)	Operative Planung (mittel- und kurzfristig)	Operative Planung (mittel- und kurzfristig) – Programmplanung – Funktions-bereichsplanung – Projektplanung	Operative Planung (mittel- und kurzfristig) – Programmplanung – Funktions-bereichsplanung – Projektplanung	Operative Planung (mittel- und kurzfristig)
Konsolidierte Ergebnis- und Finanzplanung (mittel- und kurzfristig)	Gesamtunterneh-mungsbezogene Er-gebnis- und Finanz-planung (mittel- und kurzfristig)	Gesamtunterneh-mungsbezogene Er-gebnis- und Finanz-planung (mittel- und kurzfristig)	Gesamtunterneh-mungsbezogene Er-gebnis- und Finanz-planung (mittel- und kurzfristig)	Gesamtunterneh-mungsbezogene Er-gebnis- und Finanz-planung (mittel- und kurzfristig)	Gesamtunterneh-mungsbezogene Er-gebnis- und Finanz-planung (mittel- und kurzfristig)

Abb. 177 b: Grundschema des Planungssystems eines zweistufigen Konzerns mit heterogenem Produktprogramm und durchgehend primär produktorientierter Aufbauorganisation

Führungskräfte der Konzernzentrale sind bezogen auf den Gesamtkonzern

- entweder nur für eine Funktion oder Region oder Produktgruppe verantwortlich
- oder für eine Funktion und eine Produktgruppe, eine Funktion und eine Region oder eine Produktgruppe und eine Region in Personalunion verantwortlich
- oder für eine Funktion, eine Produktgruppe und eine Region in Personalunion verantwortlich.

Die Führungskräfte der Konzernzentrale werden hierbei zur Durchführung ihrer Führungsaufgaben, insbesondere der Planungs- und Kontrolltätigkeiten, durch Kernabteilungen, Koordinierungsabteilungen, Stabsabteilungen sowie Ausschüsse und Projektgruppen der Zentrale unterstützt, zudem durch die Führungen der Gliedbetriebe, von denen die Vorsitzenden – wie bereits erwähnt – der oberen Konzernführung angehören können.

(a) Führungsunterstützungseinheiten der Zentrale

- **Kernabteilungen der Zentrale** sind für die strategische Planung (Geschäftsfeldplanung bzw. Produktprogramm- und Potentialplanung/Kapazitätsplanung, Organisations-, Rechtsstruktur- und obere Führungskräfteplanung) sowie für das externe Rechnungswesen (Konsolidierungsaufgaben und Steuerwesen), das Controlling und die Finanzierung zuständig. Diese Abteilungen haben auf ihren Aufgabengebieten Linienaufgaben für den Gesamtkonzern zu erfüllen, die nur bei dezentraler Führung bezüglich der Geschäftsfeldplanung und des Controlling eingeengt sind.
- **Koordinierungsabteilungen der Zentrale** kommen für die Produktprogrammplanung im Rahmen der operativen Planung sowie für die Grundfunktionen Absatz, Produktion, Beschaffung, Forschung und Entwicklung sowie ferner für die Aufgabengebiete Personal-, Anlagen- und Informationswesen sowie den Umweltschutz in Betracht. Hierbei können Funktionen auch in Gliedbetrieben zusammengefaßt werden, z.B. Forschung und Entwicklung, Beschaffung, Transport oder EDV (Service-Center-Konzept). Die Koordinierungsabteilungen haben gegenüber Abteilungen in Gliedbetrieben eingeschränkte sachliche Anordnungsbefugnisse und entscheiden im Hinblick auf bestimmte Aufgaben mit diesen gemeinsam.
- **Stabsabteilungen der Zentrale** existieren in der Regel für Public Relations (diese zunehmend auch ausgestaltet als Zentralabteilung), Recht, Revision und laufende Organisation. Sie üben ausschließlich Beratungsfunktionen gegenüber der obersten Führung und anderen organisatorischen Einheiten im Konzern aus, insbesondere auch gegenüber Gliedbetrieben, in denen wiederum entsprechende Stabsabteilungen unterhalten werden können.
- **Ausschüsse und Projektgruppen**, die auf Dauer oder als „organisatorische Einheiten auf Zeit" einige der genannten Funktionen der Kern-, Koordinierungs- und Stabsabteilungen oder spezielle Projekte durchführen bzw. unterstützend durchführen.

(b) Produktive Gliedbetriebe des Konzerns

Sie sind von der Zentrale organisatorisch und ggf. rechtlich abgegrenzte wirtschaftliche Einheiten, die Funktionsbereiche besitzen, wie sie in einer primär verrichtungsorientiert (funktional) organisierten Unternehmung gegeben sind. Die Führungen der produktiven Gliedbetriebe tragen für ihre primär nach Produkten gebildete wirtschaftliche Einheit die **Ergebnisverantwortung**. Zur Gewährleistung der einheitlichen Leitung sind die Entscheidungs- und Anordnungsbefugnisse innerhalb der Gliedbetriebe allerdings durch den konzernpolitisch abgesteckten Rahmen mehr oder weniger eingeschränkt; bestimmte Funktionen werden ausschließlich durch die Kernabteilungen der Zentrale wahrgenommen oder sind nur in Abstimmung mit den Koordinierungsabteilungen der Zentrale durchführbar.

Diese Gliedbetriebe können nach dem Verrichtungs-, Produkt- und/oder Regionalprinzip weiter unterteilt werden.

Je nach Aufgaben- und vor allem Kompetenzverteilung ergibt sich so in Unternehmungen mit homogenem Produktprogramm ein Matrix-Management mit Produktprogramm-/Produkt-Management und Projekt-Management.

(c) Koordinative Gliedbetriebe des Konzerns

Sie sind von der Zentrale organisatorisch und ggf. rechtlich abgegrenzte wirtschaftliche Einheiten, zu denen mehrere produktive Gliedbetriebe gehören. Die koordinativen Gliedbetriebe besitzen in reiner Form nur Führungsfunktionen und Führungshilfsfunktionen. Die Führungen der koordinativen Gliedbetriebe tragen für ihre primär nach Produktgruppen oder primär nach Regionen gebildeten wirtschaftlichen Einheiten die **Ergebnisverantwortung**. Zur Gewährleistung der einheitlichen Leitung sind allerdings ihre Entscheidungs- und Anordnungsbefugnisse durch den konzernpolitisch abgesteckten Rahmen mehr oder weniger eingeschränkt.

Je nach Aufgaben- und Kompetenzverteilung ergibt sich in Unternehmungen mit homogenem Produktprogramm ein Matrix-Management oder Tensor-Management, sofern von der Zentrale bezogen auf alle Gliedbetriebe im Hinblick auf Funktionen, Produkte und Regionen Koordinierungsfunktionen (weltweit) durch jeweils dafür (ggf. in Personalunion) zuständige Führungskräfte wahrgenommen werden.

In internationalen Konzernen kann es in einigen Ländern bzw. Regionen Regionalgesellschaften bzw. Zwischenholdings geben, die vor Ort an Gliedbetrieben beteiligt sind, die zu verschiedenen organisatorischen Einheiten bzw. Bereichen/Sparten des Konzerns gehören. Solche Regionalgesellschaften üben sodann allenfalls für Aufgaben des externen Rechnungswesens, für steuerliche Fragen und ggf. für Repräsentationsaufgaben koordinative Tätigkeiten aus. Sie sind grundsätzlich nicht ergebnisverantwortlich.

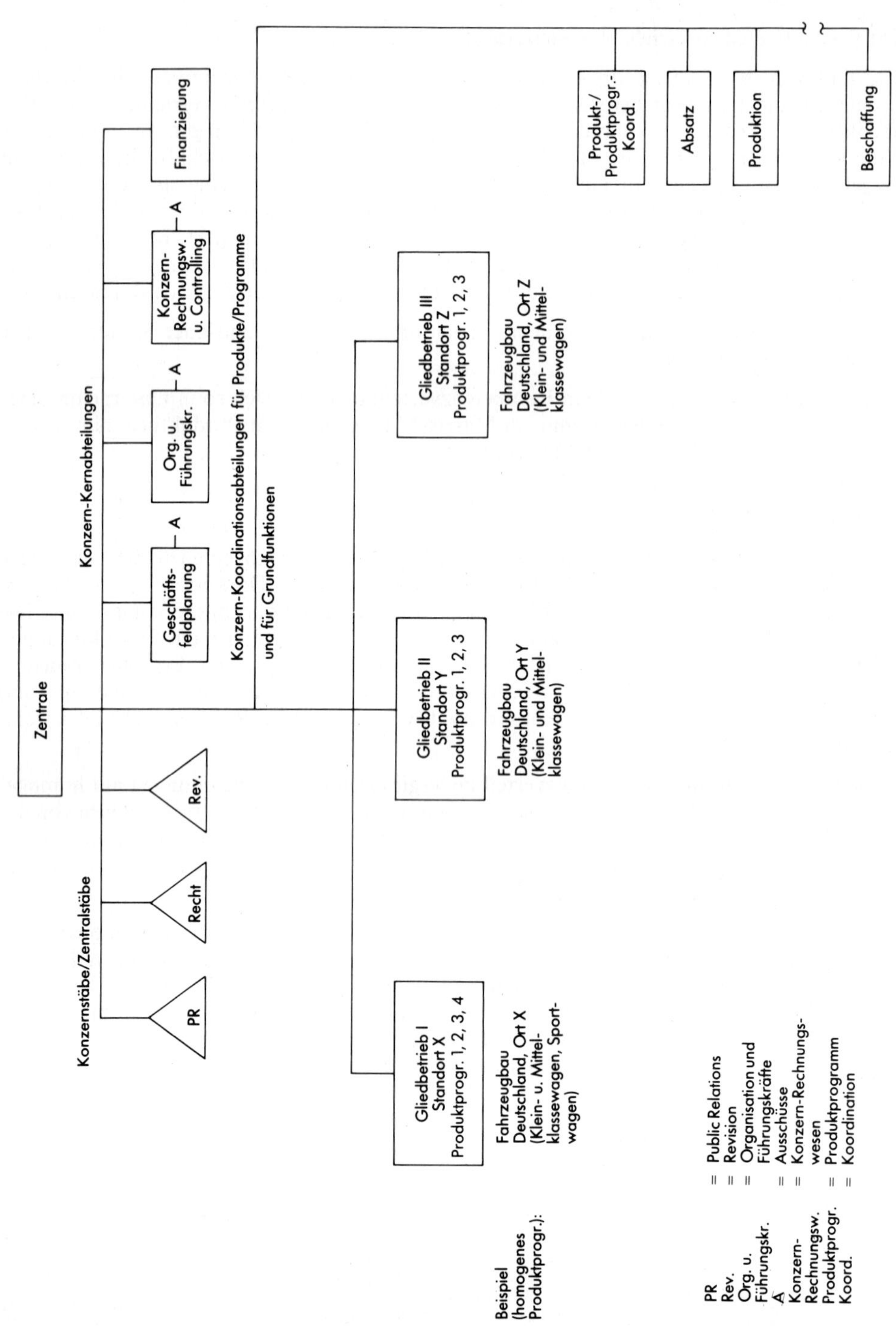

Abb. 178 a: Grundschema eines einstufigen Konzerns mit homogenem Produktprogramm und primär regionalorientierter Aufbauorganisation (Typ II.1)

Konzern	Muttergesellschaft	Tochtergesellschaften	
Generelle Ziel- und Rahmenplanung	Generelle Ziel- und Rahmenplanung	Generelle Ziel- und Rahmenplanung	Generelle Ziel- und Rahmenplanung
Strategische Planung (langfristig) – Geschäftsfeldplanung – Programmplanung – Sachinvestitions- u. Personalplanung (Kapazitäts- u. Standortplanung) – Organisations- und Rechtsform-/Rechtsstrukturplanung – Führungssystemplanung	Strategische Planung (langfristig) – Geschäftsfeldplanung – Programmplanung – Sachinvestitions- u. Personalplanung (Kapazitäts- u. Standortplanung) – Organisations- und Rechtsformplanung – Führungssystemplanung [Produktplanung]	Strategische Planung (langfristig) – Geschäftsfeldplanung – Programmplanung – Sachinvestitions- u. Personalplanung (Kapazitäts- u. Standortplanung) – Organisations- und Rechtsformplanung – Führungssystemplanung [Produktplanung]	Strategische Planung (langfristig) – Geschäftsfeldplanung – Programmplanung – Sachinvestitions- u. Personalplanung (Kapazitäts- u. Standortplanung) – Organisations- und Rechtsformplanung – Führungssystemplanung [Produktplanung]
Operative Planung (mittel- und kurzfristig) – Programmplanung – Funktionsbereichsplanung – Projektplanung	Operative Planung (mittel- und kurzfristig) – Programmplanung – Funktionsbereichsplanung – Projektplanung	Operative Planung (mittel- und kurzfristig) – Programmplanung – Funktionsbereichsplanung – Projektplanung	Operative Planung (mittel- und kurzfristig) – Programmplanung – Funktionsbereichsplanung – Projektplanung
Konsolidierte Ergebnis- und Finanzplanung (mittel- und kurzfristig)	Gesamtunternehmungsbezogene Ergebnis- und Finanzplanung (mittel- und kurzfristig)	Gesamtunternehmungsbezogene Ergebnis- und Finanzplanung (mittel- und kurzfristig)	Gesamtunternehmungsbezogene Ergebnis- und Finanzplanung (mittel- und kurzfristig)

Abb. 178 b: Grundschema des Planungssystems eines einstufigen Konzerns mit homogenem Produktprogramm und primär regionalorientierter Aufbauorganisation

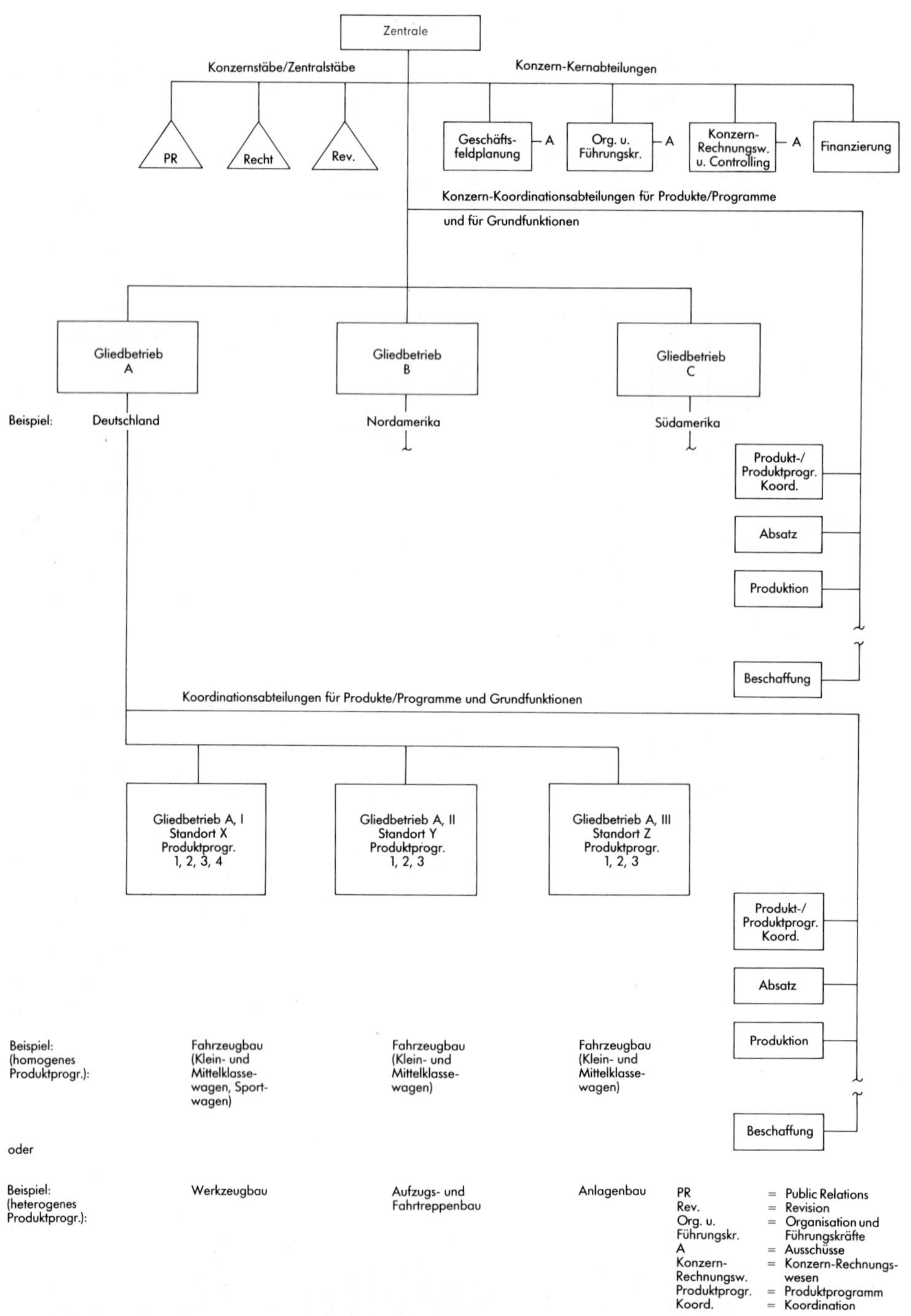

Abb. 179a: Grundschema eines zweistufigen Konzerns mit homogenem (oder heterogenem) Produktprogramm und primär regionalorientierter Aufbauorganisation (Typ II.2)

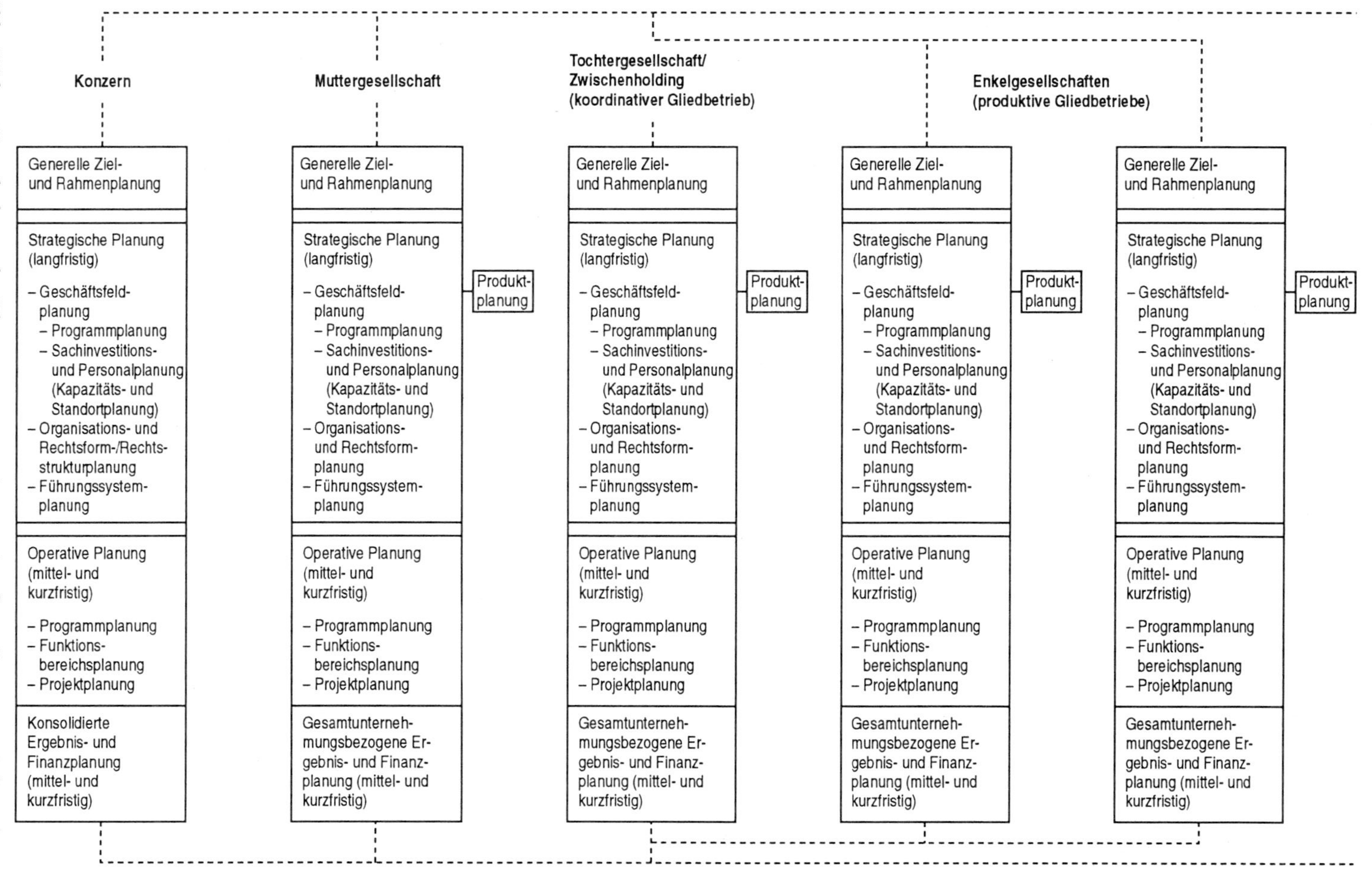

Abb. 179 b: Grundschema des Planungssystems eines zweistufigen Konzerns mit homogenem Produktprogramm und primär regionalorientierter Aufbauorganisation

1.2 Planrahmen

Plansystem und **Organisationssystem** müssen sich auch in einer mehrgliedrigen Unternehmung bzw. einem Konzern im Hinblick auf die periodische Planung entsprechen. Es sind daher auch in einer mehrgliedrigen Unternehmung für alle organisatorischen Einheiten – das System und die Subsysteme – Pläne aufzustellen, um zu einem geschlossenen Plansystem mit genereller Zielplanung, strategischer Planung, operativer Planung und gesamtunternehmungsbezogener Ergebnis- und Finanzplanung zu gelangen. Hinzu treten aperiodische Projektplanungen.

Für jede mehrgliedrige Unternehmung (Konzern) mit der jeweils spezifischen Aufbauorganisation ist ein entsprechender **Planrahmen** zu erstellen. Als Beispiel seien für einen einstufigen **Konzern mit primär regionalorientierter Aufbauorganisation und homogenem Produktprogramm** detailliert die **Aufbauorganisation** (Typ II.1) (Abbildung 180), der **Planrahmen** und eine entsprechende **PuK-Kennzahlenübersicht** (Abbildungen 181 ff.) dargestellt.

Im folgenden soll schwerpunktmäßig auf die Darstellung und Aussagefähigkeit der Planungs- und Kontrollinformationen der monetären PuK eingegangen werden. Da die in den Ausführungen über die primär verrichtungsorientiert organisierte Unternehmung behandelten Verfahren der ergebnis- und liquiditätsorientierten PuK auch in primär objektorientiert organisierten Unternehmungen angewendet werden können, sei nur auf Besonderheiten bei der Geschäftsfeldplanung und bei der gesamtunternehmungsbezogenen Ergebnis- und Finanzplanung im Konzern eingegangen.

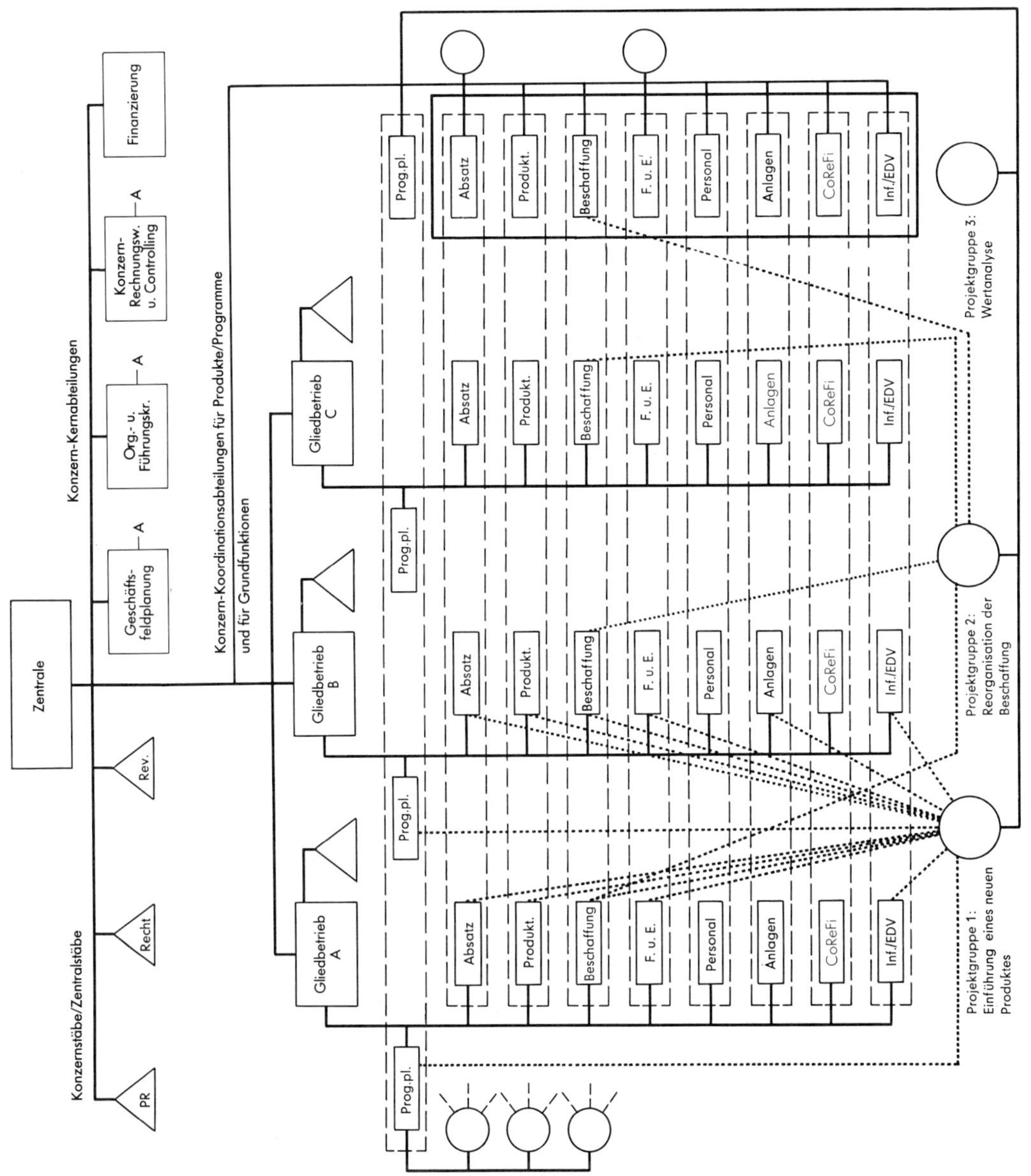

Abb. 180: Einstufiger Konzern mit homogenem Produktprogramm und primär regionalorientierter Aufbauorganisation (mit Produkt- und Projektmanagement)

1.3 PuK-Kennzahlenübersicht als Führungsinstrument

In der **PuK-Kennzahlenübersicht** einer primär nach dem Produkt- oder Regionalprinzip organisierten mehrgliedrigen Unternehmung sind die **wesentlichen Kennzahlen** darzustellen, die **auf Grund von Planungs-, Dokumentations- und Kontrollrechnungen** der Führung einer solchen Unternehmung auf **allen Ebenen** als ergebnis- und liquiditätsorientiertes **Führungsinstrument** dienen können.

Für jeden Konzern ist – ausgehend vom Planungskonzept und daraus abgeleitetem Planrahmen sowie dem Grundschema der PuK (vgl. Abbildung 50) – eine **Kennzahlenübersicht bzw. ein Plan- und Berichtswerk** zu erstellen, in dem die wichtigsten ergebnis- und liquiditätsbezogenen Kennzahlen der im Planrahmen erfaßten Teilplanungen enthalten sind und dem üblicherweise Erläuterungen vorangestellt werden.

In einer mehrgliedrigen Unternehmung sind die **PuK-Kennzahlen der Zentrale**, die die wirtschaftliche und finanzielle Lage und Entwicklung **für die Gesamtunternehmung** charakterisieren, in einer gesonderten Übersicht zu erfassen. Hierin sind lediglich die wichtigsten **PuK-Kennzahlen der Gliedbetriebe** als „Brücke" zu den PuK-Kennzahlenübersichten und damit auch Teilplanungskomplexen für die **Gliedbetriebe** aufzunehmen. In einer mehrgliedrigen Unternehmung, die rechtlich als **Konzern** strukturiert ist, umfaßt die PuK-Kennzahlenübersicht damit **drei Teile**:

(1) **Erläuterungen zur PuK-Kennzahlenübersicht,**
(2) **PuK-Kennzahlen der Zentrale**,
(3) **PuK-Kennzahlen der Gliedbetriebe** (der Tochtergesellschaften und rechtlich unselbständigen Gliedbetriebe).

Planrahmen für eine mehrgliedrige einstufige Unternehmung/einen einstufigen Konzern mit homogenem Produktprogramm (Teilpläne – Planungsgegenstände)

1 Grundlagen für Zentrale und Gliedbetriebe
- 1.1 Konzernrichtlinien
- 1.2 Umwelt- und Unternehmungsanalysen
- 1.3 Umweltprognosen
- 1.4 Vision, Leitbild des Konzerns

2 Pläne der Zentrale
- 2.1 Generelle Zielpläne des Konzerns, z.T. differenziert – in geraffter Form – nach Gliedbetrieben (Sach-, Wert- und Sozialziele)
- 2.2 Strategische Pläne des Konzerns – periodisch und aperiodisch
  - 2.2.1 Geschäftsfeldstrategien/-pläne und Infrastrukturpläne des Konzerns auf Konzernebene und Konzernbereichsebene, differenziert – in geraffter Form – nach Gliedbetrieben und Regionen
  - 2.2.2 Funktionsbereichsstrategien
  - 2.2.3 Regionalstrategien
  - 2.2.4 Organisations- und Rechtsstrukturplan des Konzerns mit Führungskräfte-, Führungskräfteanreizsystem- und Führungsinformationssystemplan des Konzerns
- 2.3 Operative Pläne des Konzerns – periodisch und aperiodisch
  - 2.3.1 Produktprogrammplan (bei gegebenen Potentialen des Konzerns), differenziert nach Produktgruppen und Märkten sowie nach Produktgruppen und Gliedbetrieben
  - 2.3.2 Funktionspläne des Konzerns
    - 2.3.2.1 Marketingplan des Konzerns, differenziert nach Produktgruppen, Märkten, Abnehmergruppen und Gliedbetrieben
    - 2.3.2.2 Produktionsplan des Konzerns, differenziert nach Produktgruppen und Gliedbetrieben
    - 2.3.2.3 Beschaffungsplan des Konzerns, differenziert nach Stoffgruppen, Lieferanten(-gruppen) und Gliedbetrieben
    - 2.3.2.4 Transport- und Lagerplan des Konzerns, differenziert nach Transportarten, Produktgruppen und Gliedbetrieben
    - 2.3.2.5 Personalplan des Konzerns, differenziert nach Mitarbeitergruppen und Gliedbetrieben
    - 2.3.2.6 Anlagenplan des Konzerns, differenziert nach Anlagenarten und Gliedbetrieben
    - 2.3.2.7 Pläne für obere Führungsstellen und Führungshilfsstellen, Controlling und Finanzwesen, Information und Kommunikation sowie allgemeine Verwaltung der Zentrale
  - 2.3.3 Projektpläne zur Abwicklung von Konzernprojekten
- 2.4 Gesamtunternehmungsbezogene Ergebnis- und Finanzpläne/Konzernergebnis- und -finanzpläne
  - 2.4.1 Plan der kalkulatorischen Ergebnisse
  - 2.4.2 Plan der bilanziellen Ergebnisse (Obergesellschaft)
    - 2.4.2.1 Plan der Gewinn- und Verlustrechnungen
    - 2.4.2.2 Plan der Bilanzen
  - 2.4.3 Plan der konsolidierten bilanziellen Ergebnisse
    - 2.4.3.1 Plan der konsolidierten Gewinn- und Verlustrechnungen
    - 2.4.3.2 Plan der konsolidierten Bilanzen
  - 2.4.4 Finanzplan
    - 2.4.4.1 Cash-flow-Plan
    - 2.4.4.2 Investitions-/Desinvestitionsplan
    - 2.4.4.3 Finanzierungs-/Definanzierungsplan
    - 2.4.4.4 Gesamt-Ein- und -Auszahlungsplan/Konzernfinanzplan
- 2.5 PuK-Kennzahlenübersicht des Konzerns

3 Pläne der Gliedbetriebe (Aufbau vgl. Teil III, Abschnitt 1.1)
- 3.1 Gliedbetrieb I
- 3.2 Gliedbetrieb II
- 3.3 Gliedbetrieb III

(2.1.1.) Kardinale Kennzahlen des Konzerns | PuK | Berichtszeitraum Jan. – Juli 1995

1993 Ist	1994 Ist	Kennzahl	1995 Juli Soll	1995 Juli Ist	1995 Juli Abw.	Vorj. Ist	1995 Jan. – Juli Soll	1995 Jan. – Juli Ist	1995 Jan. – Juli Abw.	1995 Hochrechn.	1995 Soll	1996 Soll	1997 Soll	1998 Soll	1999 Soll
		Auftragseingang													
		Umsatz													
		Kosten, davon Materialkosten Personalkosten													
		Betriebsergebnis													
		Kapitalgewinn													
		inv. Kapital, davon Anlagevermögen Vorräte Forderungen													
		Umsatzgewinnrate													
		Kapitalumschlag													
		Kapitalrendite/RoI													
		Neutrales Ergebnis													
		Unternehmungsergebnis vor Steuern													
		Unternehmungsergebnis nach Steuern													
		Eigenkapitalrentabilität													
		Abschreibungen													
		Cash-flow													
		Investitionen													
		Außenfinanzierungsbedarf													
		Kapitalwerte													
		Anlagendeckungsgrad													
		Belegschaftszahl													
		Bruttowertschöpfung/Pers.-aufw. (W/P)													
		Nicht ausgenutzte Kreditlinie													
		Nachrichtlich: Absatz (siehe Absatzbericht) Produktion (siehe Produktionsbericht) Belegschaft (siehe Belegschaftsbericht) Gliedbetriebe (siehe Kardinalzahlen der Gliedbetriebe – 2.1.2.)													

Abb. 181: Kardinale Kennzahlen des Konzerns

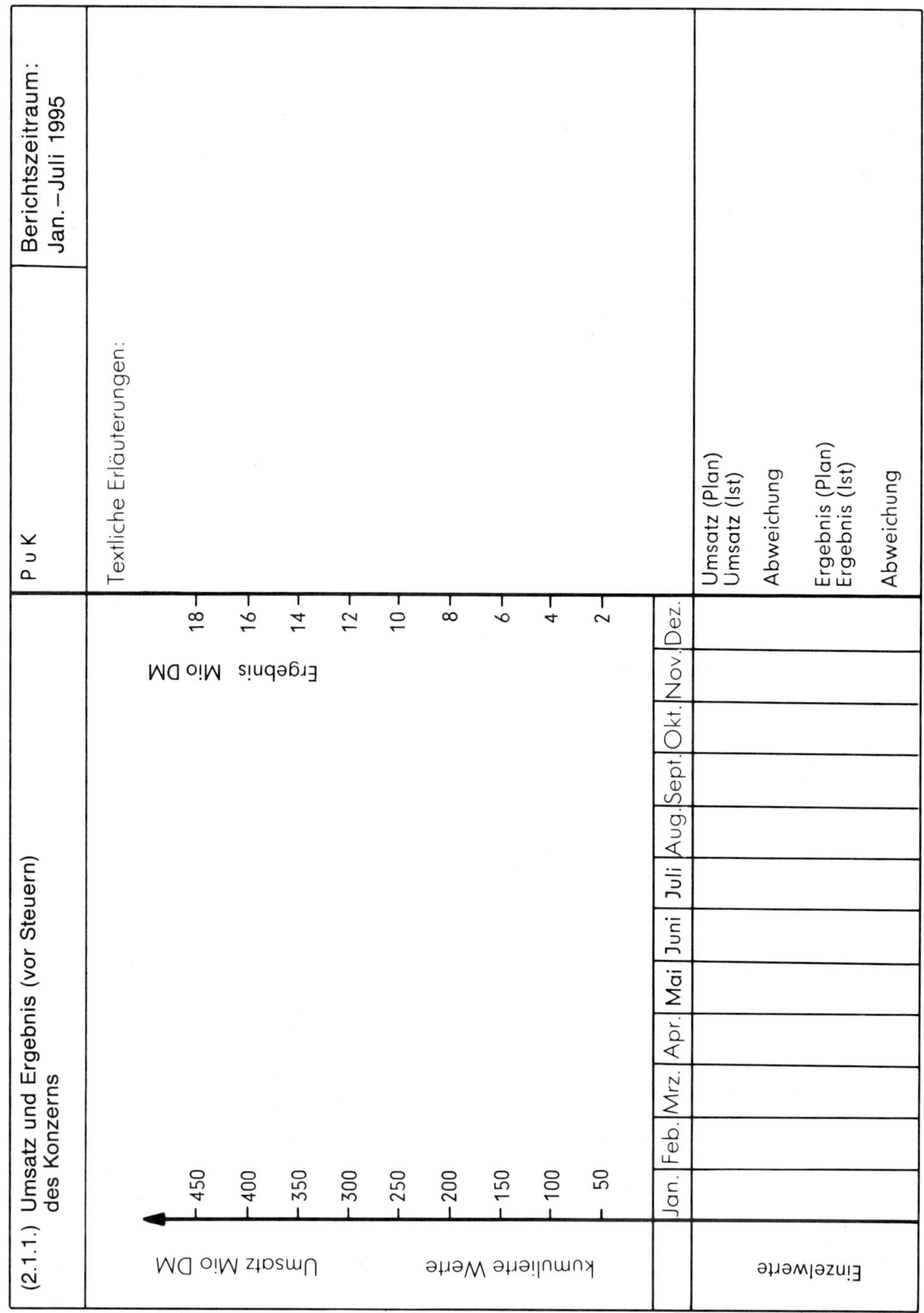

Abb. 182: Umsatz und Ergebnis vor Steuern des Konzerns

(2.1.2.) Kardinalzahlen der Gliedbetriebe			PuK					Berichtszeitraum: Jan. – Juli 1995			
1993	1994		Jan. – Juli (kum.)			Hoch-	1995	1996	1997	1998	1999
Ist	Ist		Ist	Soll	Abw.	rechn.	Soll	Soll	Soll	Soll	Soll
		Auftragseingang									
		Gliedbetrieb I									
		Gliedbetrieb II									
		Gliedbetrieb III									
		Insgesamt									
		Umsatz									
		Gliedbetrieb I									
		Gliedbetrieb II									
		Gliedbetrieb III									
		Insgesamt									
		Betriebsergebnis und RoI									
		Gliedbetrieb I									
		Gliedbetrieb II									
		Gliedbetrieb III									
		Insgesamt									
		Unternehmungsergebnis vor Steuern									
		Gliedbetrieb I									
		Gliedbetrieb II									
		Gliedbetrieb III									
		Insgesamt									
		Cash-flow und Investitionen									
		Gliedbetrieb I									
		Gliedbetrieb II									
		Gliedbetrieb III									
		Insgesamt									
		Belegschaftszahl und W/P-Kennzahl									
		Gliedbetrieb I									
		Gliedbetrieb II									
		Gliedbetrieb III									
		Insgesamt									
		Kapitalwerte									
		Gliedbetrieb I									
		Gliedbetrieb II									
		Gliedbetrieb III									
		Insgesamt									

Abb. 183: *Kardinalzahlen der Gliedbetriebe (Anschlußbericht – siehe PuK-Kennzahlenübersicht der Gliedbetriebe)*

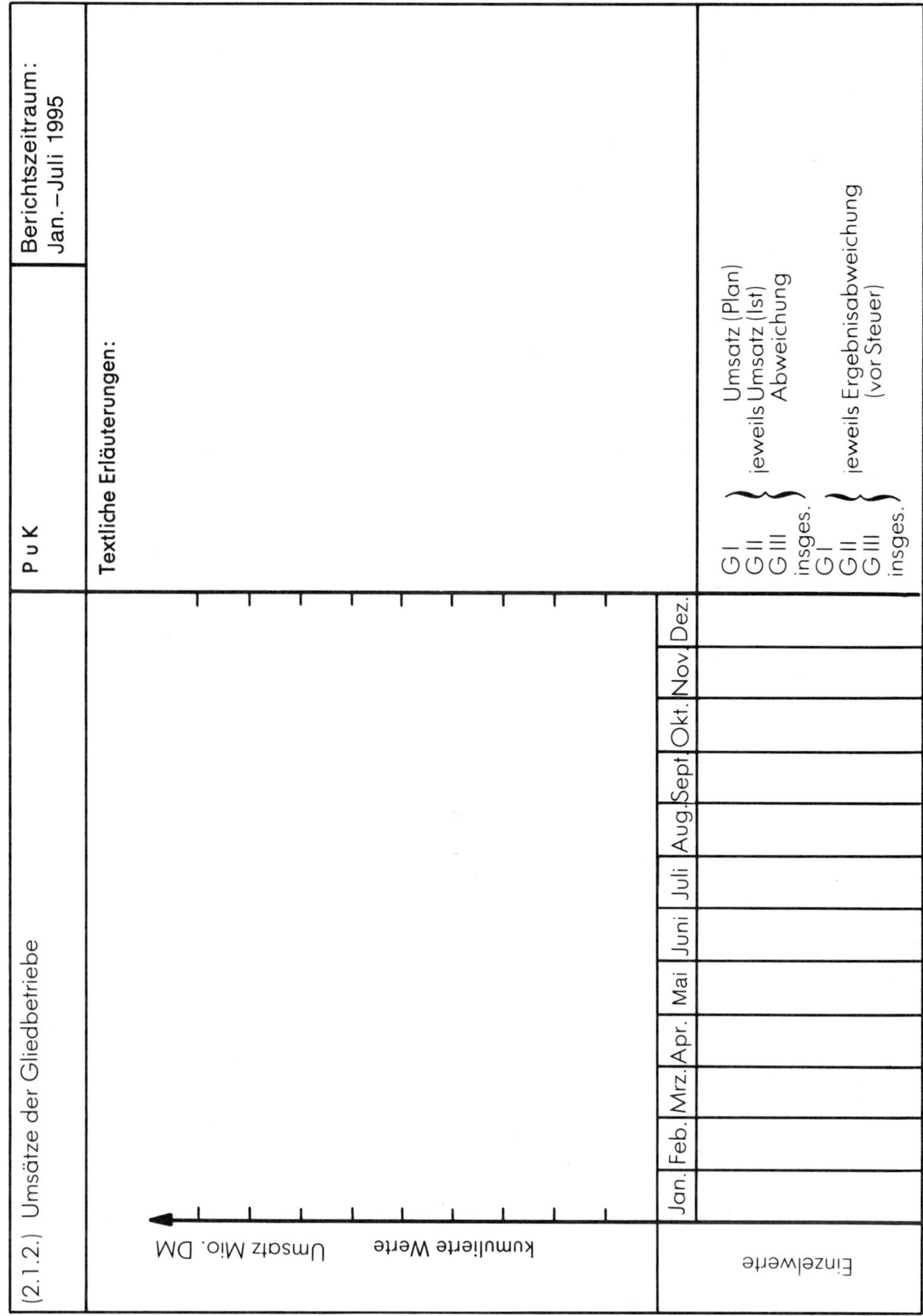

Abb. 184: Umsätze der Gliedbetriebe

(3.) PuK-Kennzahlen der strategischen Planung			PuK					Berichtszeitraum Januar – Juli 1995								
1993	1994		Januar – Juli (kum.)			Hoch-	1995	1996	1997	1998	1999	2000	2001	2002	2003	2004
Ist	Ist		Ist	Soll	Abw.	rechn.	Soll	Soll	Soll	Soll	Soll	Soll	Soll	Soll	Soll	Soll
		1. Investitionen nach Unternehmungsbereichen/Gliedbetrieben														
		Gliedbetrieb I – Kerngeschäft														
		Marktorientierte Investitionen														
		Infrastrukturinvestitionen														
		Gesamt														
		Cash-flow														
		Gliedbetrieb II – Kerngeschäft														
		Marktorientierte Investitionen														
		Infrastrukturinvestitionen														
		Gesamt														
		Cash-flow														
		Gliedbetrieb III – Spezialgeschäft														
		Marktorientierte Investitionen														
		Infrastrukturinvestitionen														
		Gesamt														
		Cash-flow														
		Gesamt Gliedbetriebe														
		2. Investitionen u. Finanzierung Zentrale														
		Beteiligungserwerb – Aufbaugeschäfte														
		(davon Außenfinanzierung)														
		Infrastrukturinvestitionen														
		Gesamt														
		Cash-flow-Finanzbereich														
		3. Konzern Gesamt														
		Investitionen														
		Cash-flow														

Abb. 185: PuK-Kennzahlen wichtiger Objekte der strategischen Planung des Konzerns

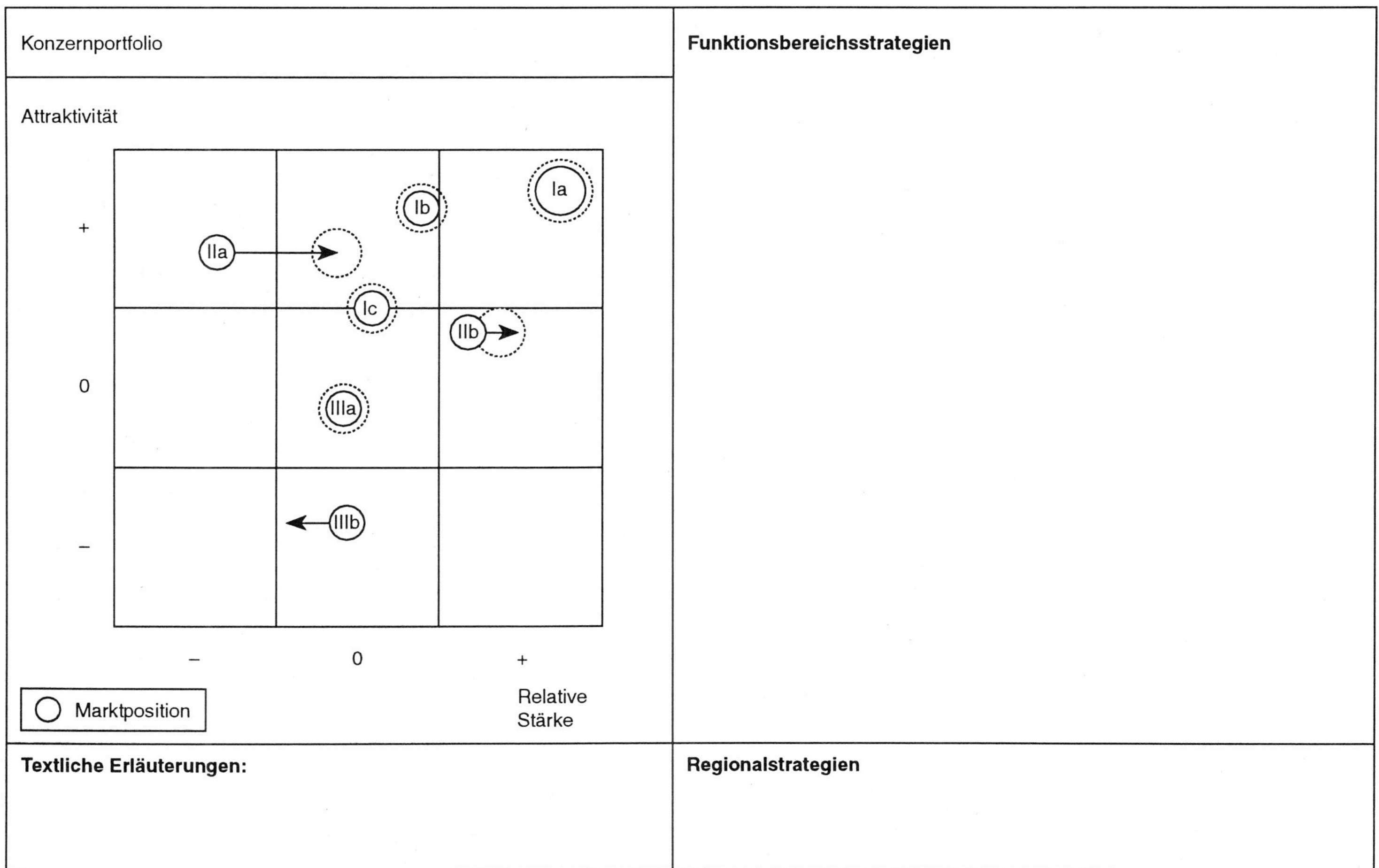

Abb. 186: Konzern-Portfolio mit Angabe spezifischer Funktionsbereichs- und Regionalstrategien

(2.3.1.a) Produktprogrammplan nach Produktgruppen und Märkten			P u K					Berichtszeitraum: Jan.–Juli 1995			
1993	1994		Jan.–Juli (kum.)			Hoch-	1995	1996	1997	1998	1999
Ist	Ist		Ist	Soll	Abw.	rechn.	Soll	Soll	Soll	Soll	Soll
		Produktgruppe I									
		Marktanteil									
		Umsatz insgesamt									
		davon Inland									
		EG									
		übrige Welt									
		Deckungsbeiträge insgesamt									
		davon Inland									
		EG									
		übrige Welt									
		Produktgruppe II									
		Marktanteil									
		Umsatz insgesamt									
		davon Inland									
		EG									
		übrige Welt									
		Deckungsbeiträge insgesamt									
		davon Inland									
		EG									
		übrige Welt									
		Produktgruppe III									
		Marktanteil									
		Umsatz insgesamt									
		davon Inland									
		EG									
		übrige Welt									
		Deckungsbeiträge insgesamt									
		davon Inland									
		EG									
		übrige Welt									

Abb. 187: Produktprogrammplan nach Produktgruppen und Märkten des Konzerns

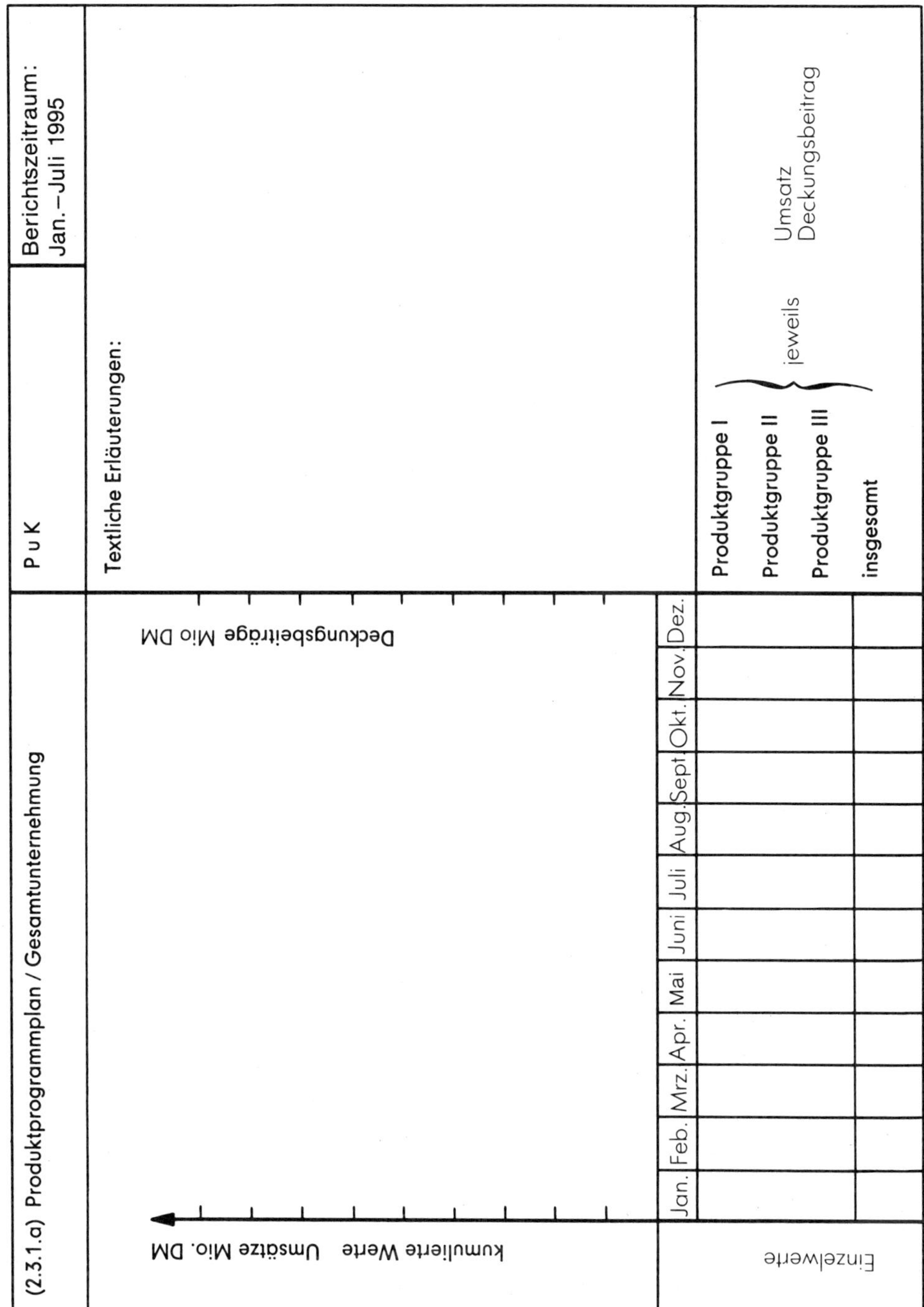

Abb. 188: Produktprogrammplan des Konzerns

1993 Ist	1994 Ist	(2.3.1.b) Produktprogrammplan nach Produktgruppen und Gliedbetrieben	P u K Jan.–Juli (kum.) Ist	Soll	Abw.	Hoch-rechn.	1995 Soll	Berichtszeitraum: Jan.–Juli 1995 1996 Soll	1997 Soll	1998 Soll	1999 Soll
		Produktgruppe I									
		Entwicklungskosten									
		Umsatz									
		Gliedbetrieb I									
		Gliedbetrieb II									
		Gliedbetrieb III									
		Deckungsbeitrag									
		Gliedbetrieb I									
		Gliedbetrieb II									
		Gliedbetrieb III									
		Ergebnis									
		Gliedbetrieb I									
		Gliedbetrieb II									
		Gliedbetrieb III									
		Bestände									
		Gliedbetrieb I									
		Gliedbetrieb II									
		Gliedbetrieb III									
		RoI									
		Gliedbetrieb I									
		Gliedbetrieb II									
		Gliedbetrieb III									
		Produktgruppe II									
		Entwicklungskosten									
		Umsatz									
		Gliedbetrieb II									
		Gliedbetrieb III									
		Deckungsbeitrag									
		Gliedbetrieb II									
		Gliedbetrieb III									

Abb. 189a: Produktprogrammplan nach Produktgruppen und Gliedbetrieben des Konzerns

	Ergebnis Gliedbetrieb II Gliedbetrieb III Bestände Gliedbetrieb II Gliedbetrieb III RoI Gliedbetrieb II Gliedbetrieb III									
	Produktgruppe III Lizenzkosten Umsatz Gliedbetrieb I Gliedbetrieb III Deckungsbeitrag Gliedbetrieb I Gliedbetrieb III Ergebnis Gliedbetrieb I Gliedbetrieb III Bestände Gliedbetrieb I Gliedbetrieb III RoI Gliedbetrieb I Gliedbetrieb III									

Textliche Erläuterungen:

Abb. 189b: Produktprogrammplan nach Produktgruppen und Gliedbetrieben des Konzerns (Fortsetzung)

(2.3.2.) Gemeinkosten nach Funktionsbereichen der Gliedbetriebe und der Zentrale			P u K					Berichtszeitraum: Jan.–Juli 1995			
1993	1994		1995					1996	1997	1998	1999
			Jan. – Juli (kum.)			Hoch-rechn.					
Ist	Ist		Ist	Soll	Abw.		Soll	Soll	Soll	Soll	Soll
		Absatz									
		Gliedbetrieb I									
		Gliedbetrieb II									
		Gliedbetrieb III									
		Zentrale									
		Zwischensumme									
		Produktion									
		Gliedbetrieb I									
		Gliedbetrieb II									
		Gliedbetrieb III									
		Zentrale									
		Zwischensumme									
		Beschaffung									
		Gliedbetrieb I									
		Gliedbetrieb II									
		Gliedbetrieb III									
		Zentrale									
		Zwischensumme									
		Forschung und Entwicklung									
		Gliedbetrieb I									
		Gliedbetrieb II									
		Gliedbetrieb III									
		Zentrale									
		Zwischensumme									
		.									
		.									
		Stäbe									
		Gliedbetrieb I									
		Gliedbetrieb II									
		Gliedbetrieb III									
		Zentrale									
		Zwischensumme									
		oberste Führg., Zentr. u. Gliedbetr.									
		Gesamt									

Abb. 190: Gemeinkosten nach Funktionsbereichen der Gliedbetriebe und der Zentrale

1993	1994	Nr.	(2.4.1.) Ergebnisplan der Konzernmuttergesellschaft	PuK Jan. – Juli (kum.)			Hoch-	1995	Berichtszeitraum: Jan. – Juli 1995 1996	1997	1998	1999
Ist	Ist			Ist	Soll	Abw.	rechn.	Soll	Soll	Soll	Soll	Soll
		1	Umsatz									
		2	Variable Kosten der Herstellung									
		3	Personalkosten									
		4	Materialkosten									
		5	Sonderkosten									
		6	Gemeinkosten									
		7	Variable Kosten des Vertriebs									
		8	Bestandsänderungen									
		9	Direkte Kosten d. Umsatzes (2 + 7 + 8)									
		10	Deckungsbeitrag I (1 – 9)									
		11	Fixe Kosten der Herstellung									
		12	Personalkosten									
		13	Abschreibungen									
		14	Kalk. Zinsen									
		15	Sonstige Kosten									
		16	Deckungsbeitrag II (10 – 11)									
		17	Forschungs- und Entwicklungskosten									
		18	Verwaltungsgemeinkosten									
		19	Vertriebsgemeinkosten									
		20	Betriebsergebnis (16 – 17 – 18 – 19) d. Mutterges.									
		21	Neutr. Ergeb. Mutterges. v. Ergeb. Tochterges.									
		22	Unternehmungsergebnisse Tochterges. v. St.									
		23	Unternehmungsergebnis v. St. (20 + 21 + 22)									
		24	Unternehmungsergebnis n. St. = JÜ/JF davon: – Rücklagenveränderung – Bilanzgew./-verlust									
		25	Kapitalgewinn (20 + 14)									
		26	Investiertes Kapital									
		27	Umsatzgewinnrate (25 : 1)									
		28	Kapitalumschlag (1 : 26)									
		29	Kapitalrendite (RoI) (27 × 28)									
		30	Kapitalwerte									

Abb. 191: Ergebnisplan der Konzernmuttergesellschaft

(2.4.2.) Konsolidierte Gewinn- und Verlustrechnung*)				PuK					Berichtszeitraum: Jan. – Juli 1995			
1993	1994			Jan. – Juli (kum.)			Hoch-	1995	1996	1997	1998	1999
Ist	Ist			Ist	Soll	Abw.	rechn.	Soll	Soll	Soll	Soll	Soll
		1	Umsatzerlöse									
		2	Bestandsveränderung									
		3	andere aktivierte Eigenleistungen									
		4	sonstige betriebliche Erträge									
		5	Materialaufwand									
		6	Personalaufwand									
		7	Abschreibungen									
		8	sonstige betriebliche Aufwendungen									
		9	Zwischensumme (Betriebsergebn. nach handelsrechtl. Wertansätzen ohne Zinsen)									
		10	Erträge aus Beteiligungen									
		11	Erträge aus anderen Wertpapieren und Ausleihungen des Finanzanlagevermögens									
		12	Zinsen und ähnliche Erträge									
		13	Zinsen und ähnliche Aufwendungen, Abschreibungen auf Finanzanlagen und auf Wertpapiere des Umlaufvermögens									
		14	Ergebnis der gewöhnlichen Geschäftstätigkeit									
		15	außerordentliche Erträge									
		16	außerordentliche Aufwendungen									
		17	außerordentliches Ergebnis									
		18	Steuern vom Einkommen und vom Ertrag									
		19	sonstige Steuern									
		20	Jahresüberschuß/-fehlbetrag									
		21	Gewinn-/Verlustvortrag d.V.									
		22	Zwischensumme									
		23	Rücklageneinstellung/-entnahme									
		24	Bilanzgewinn/-verlust									
		25	Wertschöpfung									
Textliche Erläuterungen:												

*) Gewinn- und Verlustrechnung der Muttergesellschaft vgl. Abb. 64k

Abb. 192: Konsolidierte Gewinn- und Verlustrechnung

(2.4.3.) Konsolidierte Bilanz*)				PuK					Berichtszeitraum: Jan. – Juli 1995			
1993	1994			Jan. – Juli (kum.)			Hoch-	1995	1996	1997	1998	1999
Ist	Ist			Ist	Soll	Abw.	rechn.	Soll	Soll	Soll	Soll	Soll
		1	Anlagevermögen									
		2	Immaterielle Wirtschaftsgüter									
		3	Sachanlagen									
		4	Finanzanlagen									
		5	Konsolidierungsausgleichsposten									
		6	Umlaufvermögen									
		7	Vorräte									
		8	Forderungen									
		9	Wertpapiere									
		10	flüssige Mittel									
		11	Eigenkapital									
		12	gezeichnetes Kapital									
		13	Kapitalrücklage									
		14	Gewinnrücklagen									
		15	Gewinn-/Verlustvortrag									
		16	Jahresüberschuß/-fehlbetrag									
		17	Konsolidierungsausgleichsposten									
		18	Rückstellungen									
		19	Rückstellungen für Pension									
		20	Steuerrückstellungen									
		21	sonstige Rückstellungen									
		22	Verbindlichkeiten									
		23	Anleihen									
		24	Verbindlichkeiten gegenüber Kreditinstituten									
		25	Verbindlichkeiten aus Lieferungen und Leistungen									
		26	sonstige Verbindlichkeiten									
			Summe Vermögen									
			Summe Kapital									
			Eigenkapitalrentabilität									
			Dividende									
			Anlagendeckungsgrad									
			Verschuldungsgrad									

*) Bilanz der Muttergesellschaft vgl. Abb. 641

Abb. 193: Konsolidierte Bilanz

(2.4.4.1.) Konzernfinanzplan (langfristig)				PuK										Berichtszeitraum: Jan. - Juli 1995			
1993	1994			1995										1996	1997	1998	1999
				Soll (Jahr)					Ist (Berichtszeitraum)					Soll	Soll	Soll	Soll
Ist	Ist			GI	GII	GIII	Z.	Ges.	GI	GII	GIII	Z.	Ges.	GI GII GIII Z. Ges	GI GII GIII Z. Ges	GI GII GIII Z. Ges	GI GII GIII Z. Ges
		1 2	Zahlungsmittel Jahresanfang + Cash-flow*														
		3	= Zahlungsmittel und Cash-flow														
		4	+ Desinvestitionen Sachanlagen Finanzanlagen Umlaufvermögen														
		5	= Innenfinanzierung (2+4) und Zahlungsmittel														
		6	- Investitionen Sachanlagen Finanzanlagen Umlaufvermögen														
		7	= Über-/Unterdeckung aus Innenfinanzierung nach Investitionen														
		8	- Definanzierung/Kreditrückzahlungen Fremdkapital Eigenkapital														
		9	= Überschuß/Fehlbetrag														
		10	+ Außenfinanzierung Fremdkapital Eigenkapital														
		11	= Zahlungsmittel Jahresende														

G Gliedbetrieb Z. Zentrale Ges. Gesamt

*) Cash-flow i. S. von Cash-flow III (vgl. Teil III, Abschnitt 5.3.2.1.1)

Abb. 194: Langfristig indirekt abgeleiteter Finanzplan des Konzerns

(2.4.4.2.) Finanzplan (kurzfristig)				PuK										Berichtszeitraum Juli 1995						
Mai	Juni			Juli															Aug.	Sept.
Ist	Ist			1.Woche			2.Woche			3.Woche			4.Woche			kum.			Soll	Soll
				S	I	Abw.	S	I	Abw.	S	I	Abw.	S	I	Abw.	S	I	Abw.		
		1	Zahlungsmittel Periodenanfang																	
		2	+ Cash-flow (direkt abgeleitet)																	
			21 Einzahlungen aus Umsatz																	
			22 Sonstige Einzahlungen																	
			23 Auszahlungen für Leistungserstellung																	
			– Material																	
			– Energie																	
			– Personal																	
			– Rechte, Dienstleistungen und anderes																	
			24 Sonstige Auszahlungen																	
		3	= Zahlungsmittel und Cash-flow																	
		4	+ Desinvestitionen																	
			41 Sachanlagen																	
			42 Finanzanlagen																	
			43 Umlaufvermögen																	
		5	= Innenfinanzierung (2 + 4) und Zahlungsmittel																	
		6	– Investitionen																	
			61 Sachanlagen																	
			62 Finanzanlagen																	
			63 Umlaufvermögen																	
		7	= Über-/Unterdeckung aus Innenfinanzierung n. Investitionen																	
		8	– Definanzierung*																	
			81 kurzfristiges Fremdkapital																	
			82 langfristiges Fremdkapital																	
		9	= Überschuß/Fehlbetrag																	
		10	+ Außenfinanzierung																	
			101 Fremdkapital																	
			kurzfristiges Fremdkapital																	
			langfristiges Fremdkapital																	
			102 Eigenkapital																	
		11	Zahlungsmittel Periodenende																	

*) ggf. 83: Eigenkapitalrückzahlung

Abb. 195: Kurzfristig direkt abgeleiteter Finanzplan des Konzerns

Da die PuK-Kennzahlenübersichten der produktiven Gliedbetriebe eines Industriekonzerns im Aufbau grundsätzlich der PuK-Kennzahlenübersicht einer primär nach dem Verrichtungsprinzip organisierten Unternehmung entsprechen, soll im folgenden nur das Grundschema einer PuK-Kennzahlenübersicht der Zentrale skizziert und kommentiert werden. Es handelt sich um jene Kennzahlen, die der obersten Führung des Konzerns, ihren Kern-, Koordinierungs- und Stabsabteilungen sowie gegebenenfalls ihren Ausschüssen als Führungsinstrument dienen und die von diesen selbst – zum Teil unter Beteiligung von Mitarbeitern der Gliedbetriebe – erstellt werden.

(1) Erläuterungen zur PuK-Kennzahlenübersicht einer mehrgliedrigen Unternehmung/ eines Konzerns

Die PuK-Kennzahlenübersichten der Zentrale und der Gliedbetriebe enthalten die wichtigsten monetären Kennzahlen einer rollenden Fünfjahresplanung oder zumindest Dreijahresplanung, wobei das erste Planjahr jeweils mit kumulierten Zahlen und Monats- (und Quartals-) Zahlen dargestellt werden kann. Die tabellarischen Zahlenangaben können mit Graphiken unterschiedlicher Darstellungsart verdeutlicht werden und sind durch Kurztexte zu kommentieren.

Obwohl Lang-, Mittel- und Kurzfristplanung grundsätzlich nach demselben Schema aufzubauen sind, empfiehlt es sich in der Praxis, die Kurzfristplanung als Jahresplanung oder Zweijahresplanung in einem besonderen Plan- und Berichtswerk darzustellen (worauf hier verzichtet worden ist).

Spezifische Informationen, z. B. Auftragseingangs- und Umsatzmeldungen, Ein- und Auszahlungsübersichten, können für noch kürzere Zeiträume als Monate erstellt werden. Bei fortgeschrittenem EDV-Einsatz und unter Nutzung der modernen Kommunikationstechniken können bestimmte PuK-Kennzahlen bei der Zentrale und in den Gliedbetrieben jederzeit in direkter Abfrage als Führungsgrundlage gewonnen werden (vgl. Teil V, Abschnitt 2.4).

Die PuK-Kennzahlenübersicht der Zentrale baut weitgehend auf dem Zahlenmaterial der Gliedbetriebe auf. Sie ist gesondert zu erstellen und kann gegenüber den Kennzahlenübersichten der Gliedbetriebe nur mit einer zeitlichen Verzögerung erstellt werden, die jedoch auch bei internationalen Konzernen heute gering gehalten werden kann.

Jeder PuK-Kennzahlenübersicht sollen begriffliche Erläuterungen vorangestellt werden. Zudem sind die für den Konzern verbindlichen einheitlichen Planungs- und Kontrollrichtlinien, Kostenrechnungs- und Buchhaltungsrichtlinien, Investitions- und Finanzierungsrichtlinien sowie die Verrechnungspreisrichtlinien anzugeben.

(2) PuK-Kennzahlen der Zentrale

Zu den folgenden, generellen Ausführungen über die PuK-Kennzahlenübersicht einer Konzernzentrale wird als Beispiel ein Formularsatz mit den Abbildungen 181 bis 195 gegeben, wobei sich das Beispiel auf einen einstufigen, mehrgliedrigen Konzern mit homogenem Produktprogramm und primär regionalorientierter Aufbauorganisation bezieht. Es handelt sich um jenen spezifischen Konzerntyp, für den bereits Aufbauorganisation und Planrahmen detaillierter dargestellt worden sind (vgl. Abbildung 180).

(2.1) PuK-Kardinalzahlen im Rahmen der generellen Zielplanung

Die Kardinalzahlen der PuK dienen der obersten Unternehmungsführung und deren Mitarbeitern als Informationsinstrument mit maximal konzentrierter Aussagekraft. Sie zeigen Lage und Entwicklung des gesamten Konzerns und der wichtigsten Gliedbetriebe im Hinblick auf die oberen monetären Ziele und deren Erreichung (vgl. Abbildungen 181–184). Detaillierte Plan- und Ist-Zahlen sowie Abweichungen positiver und negativer Art können innerhalb der strategischen und operativen Pläne sowie innerhalb der gesamtunternehmungsbezogenen Ergebnis- und Finanzpläne des Konzerns und der Gliedbetriebe lokalisiert werden. Hierbei ist grundsätzlich vom Zahlenwerk der Zentrale auszugehen und dieses weiter nach Gliedbetrieben/Gliedbetriebsbereichen und gegebenenfalls Produktgruppen/Produkten sowie Märkten und anderen Bezugseinheiten zu analysieren. Marktgebiete (Regionen), Produktgruppen, Funktionen bzw. Funktionsbereiche und Gliedbetriebe können jeweils primäre Gliederungsmerkmale der Kennzahlenübersichten sein.

Kosten der Ressorts der Zentrale und evtl. (neutrale) Ergebnisse der Zentrale können bei den entsprechenden Kardinalzahlen gesondert gezeigt werden.

(2.2) PuK-Kennzahlen im Rahmen der strategischen Planung

Diese PuK-Kennzahlen dienen zur Charakterisierung und Beurteilung von Planungen im Hinblick auf wichtige

- Produktprogramm- und/oder Potentialänderungen bzw. Geschäftsfeldänderungen,
- Funktionsbereichsstrategieänderungen,
- Regionalstrategieänderungen,
- Organisations- und Rechtsform-/Rechtsstrukturänderungen sowie
- Führungssystemänderungen.

Es sind zum einen Planungsobjekte bzw. -projekte darzustellen, die vorerst ausschließlich in dem Planwerk der Zentrale erfaßt werden sollen. Dies ist z. B. bei grundlegenden Produktneuerungen, bei Erwerb von Beteiligungen und/oder bei Fusionsvorhaben des Konzerns der Fall. Zum anderen sind die wichtigsten strategischen Planungsobjekte der Gliedbetriebe – unterteilt in marktorientierte Investitionen und Infrastrukturinvestitionen – in die PuK-Kennzahlenübersicht der Zentrale aufzunehmen. Geschäftsfelder sind auch in Portfoliodarstellungen zu kennzeichnen (vgl. Abbildungen 185 und 186).

Für die Charakterisierung und Beurteilung von Geschäftsfeldern dient das auch für funktional organisierte Unternehmungen angegebene Instrumentarium, das ausgehend von einer Klassifizierung der Geschäftsfelder (z. B. in Kerngeschäfte und Spezialgeschäfte sowie in Aufbau-, Pflege- und Auslaufgeschäfte) über Portofoliodarstellungen bis zur Ermittlung von Kapitalwerten und Renditen für Geschäftsfelder reicht (vgl. Abbildung 88).

Im Zusammenhang mit der Organisations-, Rechtsform-/Rechtsstrukturplanung und der Führungssystemplanung sind keine gesonderten Kennzahlen anzugeben. Informationen z. B. hinsichtlich der Zusammensetzung und Struktur des Führungskräftebestandes können aus entsprechenden Plänen des Personalbereiches der Gliedbetriebe oder der Zentrale im Bedarfsfall gewonnen werden.

Bei jedem Objekt sind die für seine Planung und Durchführung verantwortlichen Führungskräfte und organisatorischen Einheiten sowie Hinweise auf die dazugehörigen Einzelobjekte und Durchführungsplanungen/Projektplanungen anzugeben.

(2.3) PuK-Kennzahlen im Rahmen der operativen Planung

Die Kennzahlen im Rahmen der operativen Planung dienen zur ergebnisorientierten Planung und Kontrolle des laufenden Geschäftes.

(a) Produktprogramm-PuK

Hierin sind Ergebnisse und Ergebniskomponenten mit Werten der Kosten- und Erlösrechnung des Konzerns, untergliedert nach Produktgruppen/Produkten, Gliedbetrieben und Märkten, darzustellen (vgl. Abbildungen 187–189).

Die Ergebnisse und Ergebniskomponenten sind in ihrer zeitlichen Entwicklung und bei Kombination der Hauptgliederungsmerkmale in Matrixdarstellung für einzelne Produkte anzugeben. So wird eine zielorientierte Beurteilung von Produktgruppen/Produkten insgesamt und im Hinblick auf spezifische Märkte und Marktsegmente und auf erzeugende und vertreibende Gliedbetriebe möglich.

(b) Funktionsbereichs-PuK

Eine mehrere Gliedbetriebe betreffende, also konzernweite, funktionsbereichsbezogene PuK ist vornehmlich in Konzernen mit homogenem Produktprogramm ausgebaut. Von den entsprechenden Koordinierungsabteilungen der Zentrale werden das Absatz-, Produktions- und Beschaffungsprogramm sowie die zu deren Verwirklichung wichtigsten Maßnahmen jeweils für den Konzern insgesamt und in geraffter Form für die Gliedbetriebe mit den Wertgrößen der Kosten- und Erlösrechnung auf der Basis eines entsprechenden Mengen- und Zeitengerüstes angegeben (vgl. Abbildung 190). Analog ist auch für den Forschungs- und Entwicklungsbereich, den Personal- und Anlagenbereich sowie für weitere Querschnittsfunktionsbereiche zu verfahren, wobei für die zuletzt genannten Funktionen in Konzernen jeder Art Koordinierungsaufgaben anfallen und entsprechende PuK-Kennzahlen zu bilden sind. Es interessieren hier insbesondere Kosten- und (soweit ermittelbar) auch Dekkungsbeitragsangaben für Ziele und Maßnahmen, die mehrere Gliedbetriebe betreffen, z. B. Werbe- und Ausbildungsprogramme und -aktionen sowie in Konzernen mit homogenem Produktprogramm Angaben für Kosten-/Leistungsvergleiche zwischen Funktionsbereichen der Gliedbetriebe.

(c) Projekt-PuK

Zielorientierte, zeitlich begrenzte Aktionsfolgen von besonderer Bedeutung bilden den Gegenstand der Projektplanung.

Bei den Projektplanungen handelt es sich zum einen um Planungen für die Durchführung von Produktprogramm- und/oder Potentialänderungen auf Grund der strategischen Planung der Zentrale oder um Projektplanungen im Rahmen der operativen Planung der Zentrale (vgl. Organisationsschaubild Abbildung 180). Hierbei sind auch die Verzahnungen zu betroffenen Gliedbetrieben mit Hinweis auf entsprechende Einzelprojekte (Subprojekte) anzugeben. Planung und Kontrolle erfolgen entweder mit Werten der Kosten- und Erlösrechnung oder aber auf der Basis von Aus- und Einzahlungsinformationen mit der Möglichkeit einer projektspezifischen Kapitalwertermittlung. Zum anderen können auch Angaben über wichtige Projekte zur Durchführung von strategischen und operativen Planungen der Gliedbetriebe in den Bericht der Zentrale aufgenommen werden. Da die Projektplanung im Konzern grundsätzlich keine methodischen und organisatorischen Besonderheiten aufweist, wird auf sie im folgenden nicht weiter eingegangen.

(2.4) PuK-Kennzahlen im Rahmen der gesamtunternehmungsbezogenen Ergebnis- und Finanzplanung

Hier interessieren in mehrperiodiger Darstellung

(a) der Plan der Ergebnisse der Obergesellschaft (Muttergesellschaft) (vgl. Abbildung 191);
(b) der Plan der Gewinn- und Verlustrechnungen und der Bilanzen der Obergesellschaft – mit Angaben über geplante Ausschüttungs-, Rücklagen- und Abschreibungspolitik;
(c) der Plan der konsolidierten Gewinn- und Verlustrechnungen und der konsolidierten Bilanzen (vgl. Abbildungen 192 und 193);
(d) der langfristige und kurzfristige Finanzplan des Konzerns (vgl. Abbildungen 194 und 195) mit Cash-flow-Plan, Investitions- und (Außen)Finanzierungsplan. Innerhalb nationaler Konzerne werden bei den Gliedbetrieben vielfach keine eigenen Finanzpläne aufgestellt, sondern lediglich Investitions- und Cash-flow-Pläne, auf deren wichtigste Kennzahlen in der zentralen Finanz-PuK Bezug genommen wird.

Die gesamtunternehmungsbezogenen Ergebnispläne bilden Zusammenfassungen der übrigen Teilpläne. Ihre wichtigsten Kennzahlen – insbesondere Ergebnisse des Konzerns und der Gliedbetriebe – bilden die **Kardinalzahlen** und sind grundsätzlich bei kombiniert retrograd-progressiver Planungsdurchführung (vgl. Teil V, Abschnitt 1.3) Ausgangspunkt der periodischen Planung in der Unternehmung und auch Ausgangspunkt der periodischen Kontrolle.

Der gesamtunternehmungsbezogene Finanzplan verkörpert, soweit seine Zahlungsgrößen auf vorgelagerten Plänen der Gliedbetriebe und des Konzerns beruhen, das Resultat einer derivativen Planung. Bezüglich der sich daraus ergebenden Finanzierung/Definanzierung handelt es sich bei der zentralen Finanzplanung um eine originäre Planung.

(3) PuK-Kennzahlen der Gliedbetriebe

Zur PuK-Kennzahlenübersicht eines Konzerns, zumindest eines Konzerns mit homogenem Produktprogramm, gehören auch die einheitlich zu gestaltenden PuK-Kennzahlenübersichten der Gliedbetriebe. Diese Zahlenwerke der Gliedbetriebe dienen in jeweils aktuellem Stand den Führungskräften der Gliedbetriebe und der Zentrale als einheitliche Planungs- und Kontrollgrundlage. Zusammen mit dem Zahlenwerk der Zentrale bilden diese PuK-Kennzahlenübersichten das entsprechend dem organisatorischen Aufbau gestaltete mehrstufige ergebnis- und liquiditätsorientierte Führungsinstrument.

1.4 Zielorientierte (Konzern-)Verrechnungspreise

In einer mehrgliedrigen Unternehmung, in der zwischen den Gliedbetrieben Leistungen erfolgen, wird das Ergebnis dieser Subsysteme mit durch die Wahl der Verrechnungspreise für diese Leistungen bestimmt. Liegen umfangreiche interne Leistungsbeziehungen zwischen rechtlich unselbständigen oder rechtlich selbständigen Gliedbetrieben vor, kommt daher der Verrechnungspreiswahl bzw. Konzernverrechnungspreiswahl in einer ergebnisorientiert geführten mehrgliedrigen Unternehmung besondere Bedeutung zu. Da somit die Aussagefähigkeit des PuK-Kennzahlenwerkes entscheidend von der Verrechnungspreiswahl abhängt, sei auf diesen Fragenkomplex näher eingegangen.

1.4.1 Begriff, Arten und Zwecke von Verrechnungspreisen in mehrgliedrigen Unternehmungen/Konzernen

Verrechnungspreise bzw. Konzernverrechnungspreise zwischen Gliedbetrieben sind in einer mehrgliedrigen Unternehmung bzw. in einem Konzern gültige **Wertansätze für Leistungen zwischen den Gliedbetrieben**. Diese Leistungen können bestehen in Lieferungen und in der zeitweiligen Überlassung von Gütern (Sachgütern, Informationen, Nominalgütern) sowie in der Durchführung von Tätigkeiten (Aktionen/Dienstleistungen). Während sich der Marktpreis auf Grund des Verhältnisses zwischen Angebot und Nachfrage am Markt ergibt, ist der Verrechnungspreis das Ergebnis unternehmungsinterner Bewertung von Leistungen.

Art und Höhe der als Verrechnungspreise bzw. Konzernverrechnungspreise benutzten Werte werden **durch den jeweiligen Zweck bestimmt**, der durch sie erfüllt werden soll. Bei Anwendung einer ergebnis- und liquiditätsorientierten PuK in mehrgliedrigen Unternehmungen haben die Verrechnungspreise bzw. Konzernverrechnungspreise insbesondere zwei **Zwecken** zu dienen:

- Zum einen sollen sie einen **aussagefähigen Ergebnisausweis der Gliedbetriebe** ex post und ex ante ermöglichen und damit eine ergebnisorientierte Beurteilung der Gliedbetriebe und gegebenenfalls auch ihrer Führung gestatten.
- Zum anderen sollen sie als **brauchbare Grundlagen für ergebnisorientierte Entscheidungen bzw. Planungen in den Gliedbetrieben und in der Zentrale** verwendet werden können, insbesondere für
  - Preiskalkulationen gegenüber internen und externen Partnern,
  - Programmplanungen bei gegebenen Potentialen,
  - Programm- und Potentialplanungen sowie
  - bilanz- und finanzpolitische Entscheidungen.

In Abhängigkeit vom jeweils verfolgten Zweck kommt eine Vielzahl von Wertansätzen auf der Grundlage von Kosten oder von Marktpreisen für die Bildung von Konzernverrechnungspreisen in Betracht.

Aus der Sicht des liefernden Gliedbetriebes kommen als Konzernverrechnungspreise folgende Ansätze oder zwischen diesen liegende Ansätze in Frage:

- variable Kosten,
- Herstellungskosten,
- Selbstkosten,
- Marktpreis,
- überhöhter Marktpreis.

Die Verrechnungspreise können entweder nur durch die Zentrale oder durch die Zentrale und durch die Gliedbetriebe oder nur durch die Gliedbetriebe bei Beachtung konzernpolitischer Grundsätze bestimmt werden[4]. Die Verrechnungspreise sollten dabei möglichst in Diskussion erarbeitet und bei dezentraler Führung zwischen Lieferer und Bezieher ausgehandelt werden[5].

In Abhängigkeit vom verfolgten Zweck und der jeweiligen Beschäftigungssituation können diese Werte wiederum für eine Periode oder mehrere Perioden entweder als feste oder als veränderliche Konzernverrechnungspreise zur Anwendung kommen.

Im Gegensatz zur Einheitsunternehmung sind im Konzern die Leistungen zwischen den Gliedbetrieben im rechtlichen Sinne Umsatzgeschäfte. Die Klärung der handels- und steuerrechtlichen Zulässigkeit von Konzernverrechnungspreisen verschiedener Art und Höhe ist daher Voraussetzung zur Beurteilung, welche der aus betriebswirtschaftlicher Sicht in Frage kommenden Verrechnungspreise von der Konzernführung zur Erfüllung ihrer jeweiligen Zwecke angewendet werden können.

1.4.2 Handels- und steuerrechtliche Zulässigkeit von Konzernverrechnungspreisen[6]

(1) Handelsrechtliche Zulässigkeit von Konzernverrechnungspreisen

Das AktG 1965 enthält erstmals Vorschriften, die die bis dahin strittigen Fragen der Leitungsmacht und Verantwortlichkeit im Konzern regeln, insbesondere die Beziehungen zwischen der Konzernspitze und der Leitung der einzelnen Konzernunternehmungen bei Vorhandensein konzernfremder Minderheitengruppen. Leitungsmacht und Verantwortlichkeit im Konzern und damit auch die **Frage der möglichen Verrechnungspreiswahl** sind im AktG 1965 unterschiedlich geregelt, und zwar in Abhängigkeit davon, ob

- **ein Beherrschungsvertrag und/oder Gewinnabführungsvertrag besteht (Vertragskonzern);**
- **Eingliederung gegeben ist;**
- **weder Beherrschungsvertrag noch Gewinnabführungsvertrag noch Eingliederung vorliegen (faktischer Konzern).**

Da in Konzernunternehmungen, zumindest in nationalen, in der Regel die aktienrechtlichen Vorschriften auch für die Gestaltung der Beziehungen zu Konzernunternehmungen in anderer Rechtsform als die der Aktiengesellschaft analog angewendet werden, genügt es, die Frage der Wahlmöglichkeit von Konzernverrechnungspreisen nach dem geltenden Aktiengesetz – vor dem Hintergrund der handelsrechtlichen Vorschriften gemäß der §§ 290–314 HGB – zu prüfen.

---

4 Zum Prozeß der Bildung von Verrechnungspreisen und der damit verbundenen Motivation vgl. Frese, E., Glaser, H., Verrechnungspreise in Spartenorganisationen, DBW 1980, S. 109ff.; Hax, H., Verrechnungspreise, in: HWR, Hrsg. E. Kosiol, K. Chmielewicz, M. Schweitzer, 2. Aufl., Stuttgart 1981, Sp. 1688ff.

5 Vgl. u.a. auch Keller, T., Effizienz- und Effektivitätskriterien einer Unternehmenssteuerung mit dezentralen Holdingstrukturen, BFuP 1992, S. 24; Röper, J.W., Richtige Verrechnungspreise – das Anforderungsprofil, Harvard manager 1991, H. 4, S. 28ff.

6 Vgl. hierzu ausführlich Hahn, D., Handels- und steuerrechtliche Zulässigkeit von Konzernverrechnungspreisen, BFuP 1965, S. 342ff. u. S. 438ff.; ferner z.B. Klein, W. u.a., Konzernrechnungslegung und Konzernverrechnungspreise, Stuttgart 1983, S. 135ff.

(a) Konzernverrechnungspreise bei Konzernverbindung mit Beherrschungsvertrag/ Gewinnabführungsvertrag oder Eingliederung

Sofern nichts anderes vertraglich bestimmt ist, hat der Vorstand der abhängigen Gesellschaft die Weisungen der herrschenden Unternehmung zu befolgen (vgl. AktG 1965, § 308). Hieraus ergibt sich, daß **in diesem Fall** für die Konzernspitze eine **uneingeschränkte freie Verrechnungspreiswahl** besteht.

Bei Vorliegen eines Beherrschungsvertrages, aber auch bei Vorliegen eines Gewinnabführungsvertrages ist dies gerechtfertigt, da das Aktiengesetz in beiden Fällen entsprechende Sicherungen für konzernfremde Aktionäre (Minderheiten) und Gläubiger vorsieht (vgl. AktG 1965, §§ 291 u. 300ff.). So ist den Aktionären eine angemessene Dividendengarantie, die Möglichkeit des Umtausches ihrer Aktien gegen Aktien der herrschenden Gesellschaft oder eine Barabfindung zu gewähren; dem Gläubigerschutz dienen u.a. verschärfte Vorschriften zur Rücklagenbildung.

Ebenso ist es der Konzernspitze möglich, im freien Ermessen Art und Höhe der Konzernverrechnungspreise festzulegen, sofern es sich bei den Konzernunternehmungen um sogenannte eingegliederte Gesellschaften handelt (AktG 1965, §§ 319 bis 327). Die Leitung der Hauptgesellschaft hat hier gegenüber der Untergesellschaft uneingeschränktes Weisungsrecht.

Minderheiten, die unter Umständen geschädigt werden könnten, sind nach Eingliederung nicht mehr vorhanden; die Gläubiger der abhängigen Gesellschaft genießen bei Eingliederung der Gesellschaft hinreichenden Schutz, denn die Hauptgesellschaft haftet für alle Verbindlichkeiten der eingegliederten Gesellschaft gesamtschuldnerisch.

(b) Konzernverrechnungspreise bei Konzernverbindung ohne Beherrschungsvertrag/ Gewinnabführungsvertrag oder ohne Eingliederung

Ist in einem Konzern keine Eingliederung erfolgt und liegt auch kein Beherrschungsvertrag und/oder Gewinnabführungsvertrag vor, so stellt das AktG 1965 den Grundsatz auf, daß eine herrschende Unternehmung ihren Einfluß nicht dazu benutzen darf, eine Gesellschaft „zu veranlassen, ein für sie nachteiliges Rechtsgeschäft vorzunehmen oder Maßnahmen zu ihrem Nachteil zu treffen oder zu unterlassen, es sei denn, daß die Nachteile ausgeglichen werden" (AktG 1965, § 311).

Vom Vorstand der abhängigen Gesellschaft ist ein sogenannnter **Abhängigkeitsbericht** zu erstellen, in dem die Vor- und Nachteile der Rechtsgeschäfte zwischen den verbundenen Unternehmungen detailliert anzugeben sind (AktG 1965, § 312). Liegt ein Konzernverhältnis vor, ohne daß ein Beherrschungs- oder ein Gewinnabführungsvertrag besteht und ohne daß eine Eingliederung vorliegt, ist die Konzernspitze somit durch die Verpflichtung zum Vor- und Nachteilsausgleich in ihrer **Freiheit beim Ansatz von Konzernverrechnungspreisen eingeschränkt.**

Sind für die Konzernlieferungen **Marktpreise vorhanden** und werden diese als Konzernverrechnungspreise gewählt, entstehen keine Probleme des Vor- und Nachteilsausgleichs. Werden vom Marktpreis abweichende Konzernverrechnungspreise gewählt, so ist zu prüfen, ob der Arbeitsaufwand zur Ermittlung des Vor- und Nachteilsausgleichs für die einzelnen Konzerngesellschaften durch anderweitige Vorteile aufgewogen wird.

Sind für Konzernlieferungen **keine Marktpreise vorhanden**, empfiehlt es sich, grundsätzlich marktpreisähnliche Konzernverrechnungspreise zu wählen, um einen Vor- oder Nachteilsausgleich zu vermeiden und den steuerrechtlichen Vorschriften zu entsprechen.

(2) Steuerrechtliche Zulässigkeit von Konzernverrechnungspreisen

Nach dem Steuerrecht der Bundesrepublik Deutschland unterliegt nicht das Ergebnis des Konzerns als wirtschaftliche Einheit den Ertragsteuern, sondern die Summe der Ergebnisse der Konzerngesellschaften. Die subjektive Steuerpflicht bleibt erhalten, auch wenn die Gewerbesteuervoraussetzungen der Organschaft (§ 2 Abs. 2 Satz 2 GewStG) vorliegen und ein Gewinnabführungsvertrag (§§ 14–18 KStG) abgeschlossen worden ist.

Im Rahmen der Umsatzsteuer hat der Tatbestand einer **umsatzsteuerlichen Organschaft** (§ 2 Abs. 2 Nr. 2 UStG) keinen Einfluß auf die Höhe der Konzernverrechnungspreise[7]. Die Anerkennung der Organschaft bei der Umsatzsteuer hat hierbei seit Einführung des Mehrwertsteuersystems praktisch keine Bedeutung, denn liegt eine umsatzsteuerliche Organschaft nicht vor, unterliegen konzerninterne Lieferungen de facto ebenfalls keiner Umsatzsteuerbelastung[8]. Dem Mehrwertsteuerbetrag bei der liefernden Konzernunternehmung entspricht jeweils ein abzugsfähiger Vorsteuerbetrag bei der empfangenden Konzernunternehmung.

Die **Konzernverrechnungspreiswahl** ist also aus körperschaftsteuerlichen und gewerbesteuerlichen Gründen **eingeschränkt**, auch bei Vorliegen eines Organschaftsverhältnisses.

Besitzt ein **internationaler Konzern** Gesellschaften im Ausland, kann es durch frei gewählte Konzernverrechnungspreise bei Lieferungen und Leistungen zwischen Gliedbetrieben im In- und Ausland ebenfalls zu Gewinnverlagerungen und damit zu den rechtlichen Tatbeständen der **verdeckten Gewinnausschüttung**[9], der **verdeckten Einlage** und auch zu **Doppelbesteuerungen** kommen. Um dies zu vermeiden oder um zumindest zu einer angemessenen Beurteilung dieser Fälle zu gelangen, haben die Finanzverwaltungen internationale Aktivitäten entwickelt[10].

Ein erster Schritt war Art. 9 des OECD-Musters für Doppelbesteuerungsabkommen. Dort ist der abstrakte **Grundsatz** festgelegt, daß sich die Einzelunternehmungen bzw. Gesellschaften eines internationalen Konzerns in ihren Geschäftsbeziehungen untereinander wie unabhängige Dritte zu verhalten haben. Es handelt sich um das international anerkannte **Prinzip „dealing at arm's length"**. Hiernach sind auch für Leistungen zwischen Konzerngesellschaften vom Inland in das Ausland und umgekehrt **Wertansätze wie gegenüber Dritten** zu wählen.

Viele Länder haben auf Grund dieses Prinzips entsprechende Formulierungen in ihre Doppelbesteuerungsabkommen aufgenommen. In fast allen neueren Doppelbesteuerungsabkommen der Bundesrepublik Deutschland hat das „dealing at arm's length"-Prinzip Eingang gefunden.

---

7 Vgl. Rose, G., Die Verkehrsteuern, 11. Aufl., Wiesbaden 1993, S. 57ff.; Sauerland, H., Schmidt, A., Lippross, O.-G., Umsatzsteuer, 18. Aufl., Achim 1994, S. 150ff.

8 Vgl. Wöhe, G., Überblick über die Konzernbesteuerung, in: Handbuch der Konzern-Rechnungslegung – Kommentar zur Bilanzierung und Prüfung, Hrsg. K. Küting, C.-P. Weber, Stuttgart 1989, S. 193.

9 Vgl. zur Problematik der verdeckten Gewinnausschüttung z. B. Lange, J., Verdeckte Gewinnausschüttung, 5. Aufl., Herne – Berlin 1987; ferner Brönner, H., Die Besteuerung der Gesellschaften, 16. Aufl., Stuttgart 1988, S. 353ff.

10 Vgl. Kellers, R., Lederle, H., Preisbildung zwischen Konzerngesellschaften, in: Planungs- und Kontrollrechnung im internationalen Konzern, Hrsg. W. Busse von Colbe, E. Müller, ZfbF-Sonderheft 17/1984, Düsseldorf 1984, S. 163ff.; vgl. ferner Minor, R. G., The New US Transfer Pricing Developments, EWS – Europäisches Wirtschafts- und Steuerrecht 1992, S. 14ff. Zu den Besonderheiten der Bildung von Verrechnungspreisen in internationalen Unternehmungen vgl. Pausenberger, E., Konzerninterner Leistungsaustausch und Transferpreispolitik in internationalen Unternehmungen, in: Handbuch der internationalen Unternehmenstätigkeit, Hrsg. N. Kumar, H. Haussmann, München 1992, S. 769ff.

Diese Doppelbesteuerungsabkommen enthalten Regelungen zum Schutz der internationalen Konzerne, um dort eventuell auftretende Doppelbesteuerungen zu vermeiden [11]. Gleichzeitig sind mit diesen Doppelbesteuerungsabkommen Vorschriften geschaffen worden, um gegen Gewinnverlagerungen vorgehen zu können. Die Verfahren zur Verhinderung von Doppelbesteuerungen sind die Anrechnungsmethode und die Freistellungsmethode. Zudem existieren auf der Ebene der Finanzverwaltungen sog. Verständigungsverfahren, die den länderübergreifenden Informationsaustausch der jeweils beteiligten Finanzverwaltungen unterstützen sollen. Dies ermöglicht eine erleichterte Ermittlung und Zuordnung von Gewinnen in international tätigen Konzernen.

Außerdem hat der Steuerausschuß der OECD von 1975 bis 1978 einen Bericht erarbeitet, der 1979 veröffentlicht wurde [12]. Dieser enthält Empfehlungen an die Regierungen der Mitgliedstaaten, die dort enthaltenen Überlegungen und Methoden, die vom „dealing at arm's length"-Prinzip ausgehen, bei der Prüfung von Verrechnungspreisen zwischen Konzernunternehmungen zu berücksichtigen.

Daraufhin hat die **Bundesfinanzverwaltung**, gestützt auf § 1 Außensteuergesetz (AStG), eine Anweisung des Bundes und der Länder mit dem Titel „Grundsätze für die Prüfung der Einkunftsabgrenzung bei international verbundenen Unternehmen (Verwaltungsgrundsätze)" [13] erstellt. Diese Anweisung stellt eine Auslegung bestehender Gesetze aus Sicht der Verwaltung dar und ist künftig bei Außenprüfungen zu beachten.

Die Verwaltungsgrundsätze gehen vom „dealing at arm's length"-Prinzip bei der Prüfung und Regelung der Einkunftsabgrenzung international verbundener Gesellschaften aus. Sie halten sich soweit an die OECD-Leitlinien und wählen damit ein international anerkanntes Prinzip als Basis.

Die **Verwaltungsgrundsätze** geben **zur Ermittlung des Konzernverrechnungspreises bzw. des Fremdpreises** verschiedene Methoden an, und zwar [14]:

a) die Preisvergleichsmethode
(sog. „Comparable uncontrolled price method");
b) die Wiederverkaufspreismethode
(sog. „Resale price method");
c) die Kostenaufschlagsmethode
(sog. „Cost plus method").

---

11 Vgl. grundlegend Rose, G., Grundzüge des internationalen Steuerrechts, 2. überarb. Aufl., Nachdruck 1992, Wiesbaden 1992.

12 Vgl. o. V., Bericht des Steuerausschusses der OECD 1979, Verrechnungspreise und multinationale Unternehmen (übersetzt vom Bundesministerium der Finanzen in Abstimmung mit dem DIHT und dem BDI), Köln 1981.

13 Vgl. Der Bundesminister der Finanzen, Verwaltungsgrundsätze für die Prüfung der Einkunftsabgrenzung bei international verbundenen Unternehmen, Schreiben vom 23. 2. 1983 (IV C5-S 1341 – 4/83), DB 1983, Beilage Nr. 4/83.

14 Vgl. Klein, W., Klein, K.-G., Konzernverrechnungspreise in handelsrechtlicher und steuerrechtlicher Sicht, in: Handbuch der Konzern-Rechnungslegung – Kommentar zur Bilanzierung und Prüfung, Hrsg. K. Küting, C.-P. Weber, Stuttgart 1989, S. 399f. sowie bezüglich spezifischer Lieferungs- und Leistungsarten S. 402ff.; vgl. ferner z. B. Engel, C., Konzerntransferpreise im Internationalen Steuerrecht, Köln 1986, S. 166ff.; Hackmann, W., Verrechnungspreise für Sachleistungen im internationalen Konzern, Wiesbaden 1984, S. 98ff.; Popkes, W. B., Konzernverrechnungspreise für EDV-Leistungen, DB 1990, S. 1829ff. Vgl. zu möglichen neuen Methoden – vorgeschlagen von der US-Finanzverwaltung Becker, H., Der US-Richtlinienvorschlag zu den Konzernverrechnungspreisen, DB 1992, S. 543ff.

a) Preisvergleichsmethode

Hier wird der vereinbarte Preis mit Preisen verglichen, die bei vergleichbaren Geschäften zwischen Fremden am Markt vereinbart wurden. Dies kann geschehen durch:

- äußeren Preisvergleich (Vergleich mit Marktpreisen, die anhand von Börsennotierungen, branchenüblichen Preisen oder Abschlüssen unter voneinander unabhängigen Dritten festgestellt werden), und soweit nicht möglich durch
- inneren Preisvergleich (Vergleich mit am Markt entstandenen Preisen, die der Steuerpflichtige oder ein Nahestehender, wie Tochter- oder Schwestergesellschaft, mit Fremden vereinbart hat).

b) Wiederverkaufspreismethode

Bei dieser Methode geht man von dem Verkaufspreis aus, den der Empfänger im Ausland von einem Dritten erhält, und rechnet davon einen angemessenen Gewinn und die anfallenden Kosten ab.

c) Kostenaufschlagsmethode

Hier nimmt man die Kalkulation so wie bei Lieferungen an einen Dritten vor. Ausgangspunkt sind die ermittelten Selbstkosten, denen ein betriebs- bzw. branchenüblicher Gewinnaufschlag hinzuzurechnen ist.

Diese in den Verwaltungsgrundsätzen angegebenen Methoden zur Ermittlung des Fremdpreises ähneln den in den USA bereits seit Jahren angewandten Verfahren. Allerdings schreibt man in den USA eine bestimmte Reihenfolge der Methoden vor. Das ist bei den Verwaltungsgrundsätzen nicht der Fall. Aus den ansonsten gleichberechtigten Methoden soll hier jeweils die Methode gewählt werden, die den Verhältnissen am nächsten kommt, unter denen sich auf wirtschaftlich vergleichbaren Märkten Fremdpreise bilden. In Zweifelsfällen muß man jene Methode anwenden, für die möglichst zuverlässige preisrelevante Daten aus dem tatsächlichen Verhalten der beteiligten Unternehmungen bei Fremdgeschäften zur Verfügung stehen.

Zusammenfassend kann festgestellt werden:

Handelsrechtlich ist eine **freie Wahl der Konzernverrechnungspreise**, die bei Abweichen vom Marktpreis auf Grund der laufenden Leistungen keine Ergebniskorrekturen in den Einzelbilanzen der Gesellschaften notwendig werden lassen, nur im Inland bei **Vorliegen eines Beherrschungsvertrages/Gewinnabführungsvertrages oder einer Eingliederung möglich**. Analog ist der Fall der **100%igen Beteiligung** anzusehen.

Steuerrechtlich ist eine **freie Wahl der Konzernverrechnungspreise**, die bei Abweichen vom Marktpreis auf Grund der laufenden Lieferungen keine Ergebniskorrekturen in den Einzelbilanzen der Gesellschaften notwendig werden lassen, **nicht möglich**. Hiernach sollten stets Marktpreise oder marktpreisähnliche Konzernverrechungspreise für Leistungen zwischen rechtlich selbständigen Gliedbetrieben angewendet werden, wobei für international tätige Unternehmungen die vorab getätigten Aussagen zu beachten sind.

Unabhängig davon, zu welchen Konzernverrechnungspreisen Lieferungen zwischen Konzernunternehmungen durchgeführt worden sind, ist im Konzernabschluß eine **Ausschaltung der sogenannten Konzernzwischengewinne und Konzernzwischenverluste verbindlich vorgeschrieben**[15].

15 Vgl. § 304 HGB; vgl. auch Der Bundesminister der Finanzen, Verwaltungsgrundsätze für die Prüfung der Einkunftsabgrenzung bei international verbundenen Unternehmen, Schreiben vom 23.2.1983 (IV C5 – S 1341 – 4/83), a.a.O.; ferner Klein, W., Konzernverrechnungspreise aus be-

1.4.3 Betriebswirtschaftliche Kriterien für die Wahl von Verrechnungspreisen

Die Wahl zweckorientierter Verrechnungspreise im Rahmen der rechtlichen Möglichkeiten erweist sich als ein betriebswirtschaftlich außerordentlich komplexes und schwieriges Problem, das im Schrifttum wiederholt behandelt worden ist[16]. Hierauf aufbauend wollen wir unter zwei Aspekten die Ausgestaltungs- und Auswertungsmöglichkeiten von Verrechnungspreisen skizzieren. Es interessieren Konzernverrechnungspreise im Hinblick auf:

- die Abrechnung von Leistungen zwischen Gliedbetrieben und damit die interne und externe **Preissetzung** (Kalkulation) und den **Gewinnausweis** der Gliedbetriebe;
- die kurzfristige **Programmplanung** (bei gegebenen Potentialen) und die langfristige **Programm- und Potentialplanung**.

(1) Konzernverrechnungspreise als Grundlage für Preissetzung und Gewinnausweis

Soll bei den Gliedbetrieben auf der Basis entsprechender Preissetzungen ein möglichst aussagefähiger **Ergebnisausweis** erfolgen, so gilt folgendes:

a) Sind **Marktpreise** für Leistungen zwischen Gliedbetrieben vorhanden und können solche Leistungen auch von externen Lieferanten zu den Marktpreisen bezogen werden, so ist der Marktpreis oder ein wegen möglicher Kostenvorteile (z. B. niedrigerer Werbekosten, Buchungskosten) darunter liegender Wert als Verrechnungspreis zu verwenden. Es gilt der Grundsatz, daß Verrechnungspreise so anzusetzen sind, wie sie auch gegenüber Dritten (Externen) zum Zwecke der Erwirtschaftung eines optimalen Ergebnisses kurz- und langfristig zur Anwendung kommen würden. Hierdurch wird vermieden, daß ein Gliedbetrieb

---

triebswirtschaftlicher und steuerlicher Sicht, ZfB 1982, S. 155 ff.; Klein, W. u. a., Konzernrechnungslegung und Konzernverrechnungspreise, a.a.O., S. 87 ff.; außerdem Frese, E., Verrechnungspreise und multinationale Unternehmungen – Bericht des OECD Committee on Fiscal Affairs, DBW 1980, S. 599 ff. und Strobl, J., Kritische Anmerkungen zum Bericht des OECD-Steuerausschusses über Verrechnungspreise im Konzern, Recht der internationalen Wirtschaft 1980, S. 407 ff. – Vgl. hierzu auch Teil IV, Abschnitt 5.

16 Vgl. Albach, H., Innerbetriebliche Lenkpreise als Instrument dezentraler Unternehmensführung, ZfbF 1974, S. 216 ff.; Coenenberg, A. G., Verrechnungspreise zur Steuerung divisionalisierter Unternehmen, WiSt 1973, S. 373 ff.; Drumm, H. J., Probleme der Kalkulation und Bestandsbewertung bei Lenkungs- und Verrechnungspreisen, ZfB 1972, S. 471 ff.; ders., Theorie und Praxis der Lenkung durch Preise, ZfbF 1972, S. 256 ff.; Frese, E., Glaser, H., Verrechnungspreise in Spartenorganisationen, a.a.O., S. 109 ff.; Hahn, D., Ergebnisorientierte Planungsrechnung mehrgliedriger Unternehmungen auf der Basis des „Return on Investment" (RoI), a.a.O., S. 177 ff.; Hax, H., Verrechnungspreise, a.a.O., Sp. 1688 ff.; Kilger, W., Flexible Plankostenrechnung und Deckungsbeitragsrechnung, a.a.O., S. 203 ff.; ders., Die Aufgaben von Konzernverrechnungspreisen in der Planung und im Rechnungswesen, in: Wolfsburger Fachgespräche (WFG), Die Aufgaben von Konzernverrechnungspreisen in der Planung und im Rechnungswesen, Dokumentation der Tagung am 24./25. 6. 1983, Hrsg. Volkswagenwerk AG, Wolfsburg 1984, S. 3 ff.; Klein, W., Konzernverrechnungspreise aus betriebswirtschaftlicher und steuerlicher Sicht, a.a.O., S. 155 ff.; Riebel, P., Paudtke, H., Zscherlich, W., Verrechungspreise für Zwischenprodukte, Opladen 1973; Scheffler, W., Die Verrechnungspreisgestaltung bei international tätigen Unternehmen – dargestellt am Beispiel der Kostenumlage für verwaltungsbezogene Dienstleistungen, ZfbF 1991, S. 471 ff.; Sertl, W., Stiegler, H., Verrechnungspreise, betriebliche, in: HWB, 3. Bd., Hrsg. E. Grochla, W. Wittmann, 4. Aufl., Stuttgart 1976, Sp. 4196 ff. – Vgl. zu einer Übersicht von in der Praxis verwendeten Verrechnungspreisen Danert, C., Drumm, H. J., Hax, K. (Hrsg.), Verrechnungspreise, ZfbF-Sonderheft 2/1973, Opladen 1973; Poppe, H., Die Bildung von Konzernverrechnungspreisen in der Praxis, DB 1988, S. 973 ff.; Treyer, O., Verrechnungspreise für dezentralisierte Organisationen, DU 1990, S. 247 ff.; Weilenmann, P., Dezentrale Führung: Leistungsbeurteilung und Verrechnungspreise, ZfbF 1989, S. 945 ff.

Leistungen intern zu Preisen anbietet, die wesentlich unter oder über denen der Konkurrenz liegen.

Die Forderung, als Konzernverrechnungspreise Marktpreise zu verwenden, ist in horizontal gegliederten Unternehmungen für Sachgüter meist erfüllbar. Meist sind auch Marktpreise für Nominalgüter (Kredite) ermittelbar. Wird von dem geforderten Marktpreisprinzip im Inlandskonzern aus bilanzpolitischen Gründen bewußt abgewichen, so ist bei faktischen Konzernen am Ende der Abrechnungsperiode wegen der Vorschriften zur Rechnungslegung nach dem AktG 1965 – in Verbindung mit den §§ 290ff. HGB – ein Vor- und Nachteilsausgleich vorzunehmen.

b) Sind **keine Marktpreise** für Leistungen zwischen Gliedbetrieben vorhanden, so sind Verrechnungspreise auf der Basis der **Kosten** oder ggf. nach der Wiederverkaufspreismethode (Gewinnabschlagsmethode) zu bilden. Es gilt der Grundsatz, daß Verrechnungspreise so anzusetzen sind, wie sie zum Zwecke der Erwirtschaftung eines optimalen Ergebnisses bei unterschiedlichen Beschäftigungssituationen auch zwischen Kostenbereichen in wirtschaftlichen Einheiten oder gegenüber unabhängigen Dritten zum Zuge kommen würden. Die Notwendigkeit, Verrechnungspreise auf Kostenbasis zu bilden, ist dabei insbesondere in vertikalen Konzernen gegeben.

Bei *Vollbeschäftigung oder annähernder Vollbeschäftigung* kommen bei langfristig abgestimmter Kapazitätsausnutzung Vollkosten als Normal- oder Plankosten des internen Herstellers in Frage. Es muß durch Betriebsvergleich, durch Anfragen bei potentiellen Lieferanten sowie gegebenenfalls durch eine fiktive Kalkulation für den Fall der Eigenherstellung durch den am Bezug Interessierten sichergestellt sein, daß der interne Hersteller (Liefer-Gliedbetrieb) zu vergleichsweise günstigen Kosten anbietet. Neben den *Vollkosten* – die über die kalkulatorischen Zinsen schon eine Mindestrendite gewährleisten – kann auch ein Gewinnaufschlag verrechnet werden, der z. B. der Durchschnittsrendite des Gliedbetriebes entspricht, wenn dieser Leistungen an Externe vollbringt. Verrechnungspreise sind auf längere Zeit, z. B. jeweils für ein Jahr, auf der Basis eines hinreichenden Beschäftigungsgrades (Basisbeschäftigungsgrades) und auf der Basis bestimmter Liefer- bzw. Bezugsmengen zwischen den Gliedbetrieben im Rahmen der Planungsbesprechungen (-konferenzen) festzulegen. Kostenüberdeckungen sollten dem Lieferanten belassen bleiben, Kostenunterdeckungen sind auf den die Minderbelastung Verursachenden abzuwälzen – den internen Vertragspartner oder gegebenenfalls die Zentrale.

Um ergebnisorientierte mehrstufige Kalkulationen auch bei *Unterbeschäftigungssituationen und in Preiskampfsituationen* zu ermöglichen, sind neben den wegen des Schlüsselproblems ohnehin nur bedingt aussagefähigen Vollkosten die *Grenzkosten* (variablen Kosten) als Bestandteil der Verrechnungspreise mit anzugeben, um die Preisuntergrenzen in diesen Situationen ermitteln zu können.

Bei auf längere Sicht nicht ausreichend ausgelasteten Kapazitäten sollte die Abrechnung grundsätzlich auf der Basis von Grenzkosten erfolgen. Zudem sollte geprüft werden, ob aus der Sicht der Gesamtunternehmung eine Stillegung der unterbeschäftigten Kapazitäten [17] und ein Bezug der benötigten Güter von Dritten in ergebnisorientierter Betrachtung nicht günstiger erscheinen.

---

17 Vgl. z. B. Harrmann, A., Die Stillegung als betriebswirtschaftliches Problem, NB 4/1968, S. 21 ff., der insbesondere auf die Stillegung von Unternehmungsteilen eingeht; siehe insbesondere auch Hasenack, W., Betriebsstillegung, in: HWB, 1. Bd., Hrsg. E. Grochla, W. Wittmann, 4. Aufl., Stuttgart, 1974, Sp. 636 ff.; ferner Rudhart, P. M., Stillegungsplanung, a.a.O.

Es ist auch möglich, unabhängig von der voraussichtlichen Beschäftigungssituation stets Verrechnungspreise in Höhe der (für längere Zeiträume konstanten) Grenzkosten (variablen Kosten) anzusetzen und die für die Kapazitätsausnutzung geplanten Fixkosten en bloc periodenweise den Abnehmern zu belasten. Auf diese Weise entfällt das Problem der Kostenüber- und -unterdeckungsverrechnung. Während Vollkostenkalkulationen, die aus Substanzerhaltungsgründen oder aus handels- und steuerrechtlichen Gründen (auch als Grundlage für die Ableitung von Inventurwerten) grundsätzlich benötigt werden, sodann nur auf der Basis gesonderter Angaben der internen Lieferanten gebildet werden können, sind Grenzkosten/Preisuntergrenzen und einfache Deckungsbeiträge (Bruttodeckungsbeiträge) gegeben bzw. bei mehrstufigen Unternehmungen ableitbar.

(2) Konzernverrechnungspreise als Grundlage der operativen Programmplanung sowie der strategischen Programm- und Potentialplanung

Für Zwecke der **kurzfristigen Programmplanung** bei gegebenen Potentialen werden Grenzkosten, Deckungsbeiträge und Deckungsbeiträge pro Engpaßeinheit (in einfachen Fällen) benötigt, sofern diese für längere Zeit konstant bleiben, ansonsten Angaben über nichtlineare Kosten- und Erlösverläufe bei unterschiedlichen Ausnutzungsgraden der Kapazitätsträger. Optimale Programmplanungen lassen sich in Situationen der Unterbeschäftigung und der Überbeschäftigung (Engpaßsituationen) in mehrgliedrigen Unternehmungen grundsätzlich nur bei zentraler Informationsverarbeitung ermitteln [18]. Dies ist auch der Fall, wenn Grenzkosten und Deckungsbeiträge für längere Zeit als konstant angenommen werden können (vgl. Teil III, Abschnitt 4.1 sowie Teil IV, Abschnitte 3 und 4.1).

Bei der **langfristigen Programm- und Potentialplanung** sind alle mit Investitionen verbundenen Ergebnisänderungen im Rahmen der jeweiligen Investitionsrechnung zu erfassen. Bei bestehenden Fremdbezugsmöglichkeiten kommen je nach Beschäftigungssituation der in Frage kommenden internen Lieferanten für Investitionsgüter Marktpreise bzw. Vollkosten oder Grenzkosten in Betracht. Bei internen Lieferungen von Verbrauchsgütern auf lange Sicht sollten die Bezüge eines Gliedbetriebes von anderen Gliedbetrieben in jedem Falle auf der Basis von Marktpreisen bzw. Vollkosten (ggf. mit Abschlag) im Rahmen eines Langfristvertrages erfolgen. Bei Einsatz interner Sachgüter (Anlagen und/oder Verbrauchsgüter) sollten Investitionsrechnungen ebenfalls von der Zentrale durchgeführt oder zumindest überprüft werden, um auch in mehrgliedrigen Unternehmungen im Hinblick auf die Gesamtunternehmung ergebnisoptimale Entscheidungen zu erreichen.

Bei Lösung des Verrechnungspreisproblems – was nur in mehrgliedrigen Unternehmungen mit starkem Leistungsverbund bei fehlenden Marktpreisen sowie im Falle der Kuppelproduktion nicht oder nur schwer möglich sein dürfte – läßt sich in divisionalisierten Unternehmungen eine sehr leistungsfähige ergebnis- und liquiditätsorientierte PuK mit einem mehrstufigen Plan- und Kontrollinformationssystem aufbauen und anwenden.

---

18 Vgl. z. B. Hax, H., Die Koordination von Entscheidungen, Köln u.a. 1965, S. 160f.; ferner Riebel, P., Paudtke, H., Zscherlich, W., Verrechnungspreise für Zwischenprodukte, a.a.O., S. 247f. Siehe jedoch zur Bedeutung der Schattenpreise für die Investitionsplanung Hentze, J., Die Schattenpreise als Entscheidungshilfe für optimale Erweiterungen der Fertigungskapazitäten, ZfB 1970, S. 269ff.

2. PuK der Zentrale im Rahmen der generellen Zielplanung

2.1 Kapitalwerte als kardinale Zielgrößen der Ergebnisplanung

Im Rahmen der generellen Zielplanung mehrgliedriger Unternehmungen – seien sie als Einheitsgesellschaft oder als Konzern strukturiert – sind zwei in wechselseitiger Abhängigkeit stehende **Probleme** zu lösen:

– **die Planung der oberen Ziele der Gesamtunternehmung bzw. des Konzerns** und
– **die Planung der oberen Ziele der Gliedbetriebe – einschließlich Obergesellschaft.**

Dies setzt zumindest eine Grobplanung des gesamten Zielsystems der Unternehmung voraus.

Gegenstand der generellen Zielplanung sind Sach-, Wert- und Sozialziele, die bezüglich Inhalt, Ausmaß und zeitlichem Bezug zu spezifizieren sind.

Bei sukzessiver Planung sind in kombiniert retrograd-progressiven Planungsprozessen **auf der Basis von Zielvorschauen** von jeweils über- und untergeordneten Führungsebenen – gegebenenfalls unter Einschaltung weiterer Stellen – **Ziele als Plangrößen** zu erarbeiten und von der für ihre Vorgabe autorisierten Führungsgruppe zu verabschieden. Auch bei simultaner Planung, also bei Anwendung von Partial- oder Totalplanungsmodellen (vgl. Teil III, Abschnitte 3.1.3.6 und 5.4, ferner Teil IV, Abschnitt 5.6) dienen die Ergebnisse der Modellrechnungen nur als Entscheidungsgrundlagen für die personalen Träger in den Planungsprozessen. Die **Überwachung der Zielerreichung** erfolgt durch Kontrollprozesse, deren Resultate wie (alternative) Zielvorschauen wiederum mit Grundlage für anschließende Zielplanungsprozesse sind.

Die **oberen Sach-, Wert- und Sozialziele für die Gesamtunternehmung** werden **von der Zentrale** durch die interne Führung **festgelegt**, die zur Vorbereitung von ihren Kern-, Koordinierungs- und Stabsabteilungen sowie auch gegebenenfalls durch die obersten Führungskräfte der Gliedbetriebe unterstützt wird und sich mit diesen und vorgeschalteten sowie im Einzelfall nachgeschalteten Willensbildungszentren grundsätzlich abstimmt (vgl. Teil III, Abschnitt 2.1). Ausschußarbeit in Konferenzen steht hier im Vordergrund.

In der oberen **Sachzielkonzeption** werden Angaben darüber gemacht, in welchem Wirtschaftszweig oder welchen Wirtschaftszweigen und in welchen Regionen (geographischen Räumen, Märkten) das Tätigkeitsfeld der Unternehmung liegen soll oder kann. In Abhängigkeit davon, ob die mehrgliedrige Unternehmung überwiegend zentral oder dezentral geführt wird, wird hierbei die Sachzielkonzeption gegebenenfalls schon differenziert für die Gliedbetriebe vorgegeben. Nur bei extrem dezentraler Führung kann die Sachzielkonzeption der Gliedbetriebe allein durch deren jeweilige oberste Führung bestimmt werden.

Im Rahmen der **Wertzielkonzeption** werden für die Gesamtunternehmung, die Obergesellschaft und die übrigen Gliedbetriebe die oberen Wertziele (Umsatz- und Ergebnisgrößen, Liquidität – bei nationalen Konzernen Liquiditätsziel nur für die Zentrale) und gegebenenfalls Wertzielkomponenten festgelegt und auf ihre Erreichung kontrolliert. Dies erfolgt ausschließlich mit dem Zahlenwerk der im folgenden näher erläuterten ergebnis- und liquiditätsorientierten PuK der mehrgliedrigen Unternehmung. Es sind hierbei einige oder alle Kardinalzahlen der PuK als Periodengrößen im Rahmen der lang-, mittel- und kurzfristigen rollenden Planung auf der Basis des jeweiligen Zahlenwerks der zusammenfassenden PuK der Gesamtunternehmung und der zusammenfassenden PuK der Gliedbetriebe zu planen und zu kontrollieren. Hierbei werden auch bei dezentraler Führung für die Gliedbetriebe im Rahmen der rollenden Planung zumindest Ergebnis- und vielfach auch Umsatzziele vereinbart. Innerhalb der Gliedbetriebe, die bilanzierungsfähige bzw. bilanzierungspflichtige Ergebniseinheiten bilden, lassen sich für nicht bilanzierungsfähige Ergebniseinheiten (Ergebniszentren der Gliedbetriebe) stufenweise Deckungsbeiträge und für alle organisatorischen Einheiten, denen keine Erlöse verursachungsgerecht und ohne Schlüsselung zurechenbar sind, Kosten und Vermögen planen und kontrollieren (Kosten-/Vermögenseinheiten bzw. -zentren).

In Verbindung mit der strategischen und operativen Planung sind im Rahmen des Plan- und Berichtssystems der Zentrale zudem PuK-Kennzahlen für Produkte/Produktgruppen, Märkte sowie für Funktionen und für Objekte/Projekte bezogen auf die gesamte Unternehmung, Gliedbetriebe, Gliedbetriebsbereiche und -abteilungen zu planen und zu kontrollieren.

Als **genereller Imperativ** im Hinblick auf die Ergebniserwirtschaftung gilt für die Gesamtunternehmung und grundsätzlich auch für die Gliedbetriebe das **Streben nach maximalem Überschuß bzw. Ergebnis**.

Das **Streben nach Erwirtschaftung eines maximalen Kapitalwertes** kann dabei weiterhin als **oberstes**, grundsätzlich **dominantes monetäres Ziel sowohl der Gesamtunternehmung als auch der jeweiligen Gliedbetriebe** gesehen werden.

Bezogen auf den langfristigen Planungshorizont sind – auch vor allem unter Nutzung des Zahlenwerkes der mehrperiodigen Ergebnis- und Finanzplanung – für die **Obergesellschaft** und nach Möglichkeit auch für die **übrigen Gliedbetriebe** jährlich der **Gesamtkapitalwert**, der **Shareholder Value** bzw. Eigenkapitalwert sowie der **residuale Unternehmungskapitalwert** zu berechnen. Die Kapitalwerte sind Ausdruck der zukünftigen unternehmerischen Tätigkeit in den einzelnen Gliedbetrieben und damit in der Gesamtunternehmung. Sie zeigen, ob die von externen oder internen Kapitalgebern gewünschten Verzinsungen gerade erreicht, über- oder unterschritten werden. Gewünschte Kapitalwerte und Kapitalwertänderungen im Zeitverlauf sind auch im Konzern die wichtigsten monetären Zielgrößen der Unternehmungsführung. Wertsteigerung als Ziel steht auch im Konzern im Mittelpunkt des monetären Zielsystems.

Die **kapitalwertorientierte Führung** kann **im Konzern** am besten praktiziert werden, wenn es sich um eine breit diversifizierte Unternehmung mit weitgehend auf die Gliedbetriebe zuordenbaren zentralen Leistungen, geringen Verbundeffekten zwischen den Gliedbetrieben und möglichst auch rechtlich selbständigen Gliedbetrieben handelt. Werden zudem Kapitalanteile von Gliedbetrieben an der Börse gehandelt, kann die externe Einschätzung des Erfolges kapitalwertorientierter Führung auch anhand der Kursentwicklung beobachtet werden. Gegebenenfalls können dann Kapitalwertsteigerungen eines Gliedbetriebs auch durch Abgabe von weiteren Kapitalanteilen über die Börse tatsächlich realisiert werden.

Im Rahmen der kapitalwertorientierten Führung können dabei im Konzern **unterschiedliche Ergebnis- bzw. Renditeziele** aus der Sicht der Zentrale als Kapitalgeber **für die einzelnen Gliedbetriebe** formuliert werden. Diese unterschiedlichen Ansprüche an Gliedbetriebe, die sich in der Höhe der Kapitalkosten niederschlagen, sollten sich an den jeweiligen geschäftsspezifischen Risiken der Gliedbetriebe orientieren. Gliedbetriebe, deren geschäftsspezifi-

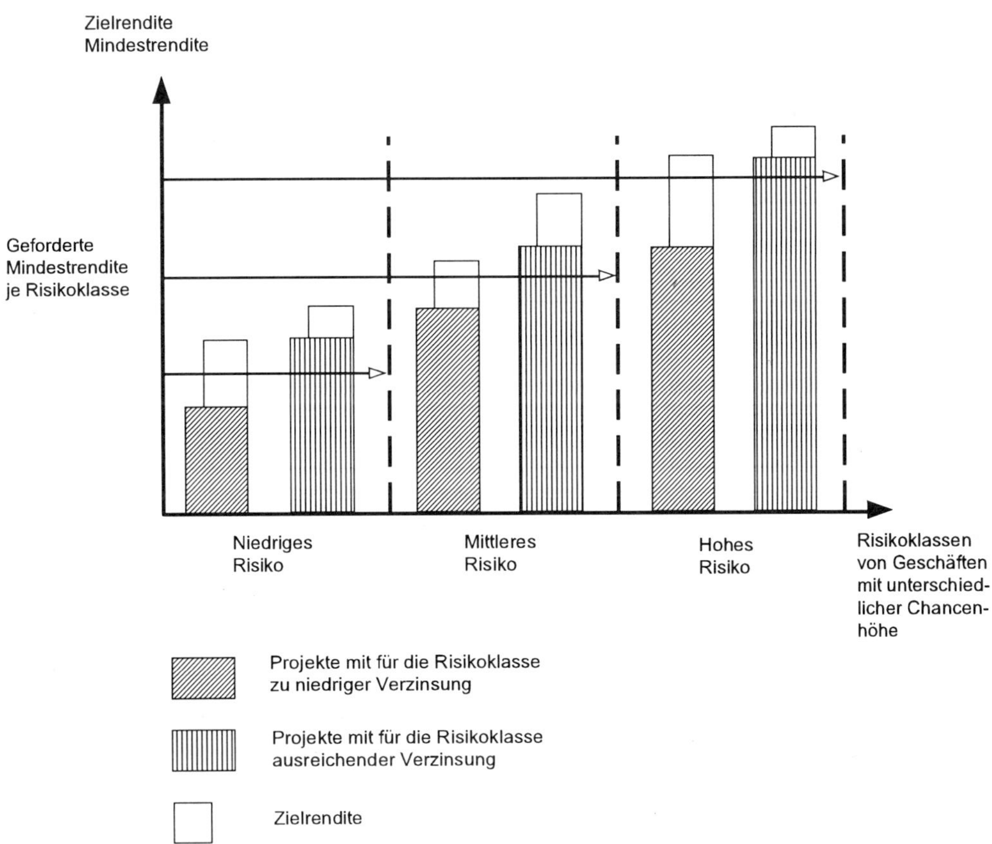

Abb. 196: Mindestrendite und Zielrendite für einzelne Geschäfte

sches Risiko hoch ist, müssen grundsätzlich höhere Mindestanforderungen/Verzinsungen erfüllen als Gliedbetriebe mit niedrigem geschäftsspezifischen Risiko. Dabei kann in der Praxis auch vereinfachend von Risikoklassen von Geschäften ausgegangen werden (vgl. Abbildung 196). Zudem sollten die Ansprüche an die Gliedbetriebe nicht bezogen auf (historische) Buchwerte, sondern bezogen auf das eingesetzte Vermögen zu Tageswerten – unter Zugrundelegung kapitalmarktorientierter Eigen- und Fremdkapitalkostensätze definiert werden[1].

In Abhängigkeit von den unterschiedlichen Chancen und Risiken in den unterschiedlichen Gliedbetrieben können zudem gewünschte Verzinsungen/Zielrenditen formuliert bzw. vereinbart werden. Die Höhe der Zielrendite richtet sich insbesondere nach der Phase des Lebenszyklus der Geschäftsfelder bzw. Produkte und der relativen Wettbewerbsposition.

1 Vgl. Siegert, T., Franz Haniel & Cie. GmbH, Duisburg, Vortrag an der Justus-Liebig-Universität Gießen am 22. 1. 1993. Vgl. ferner Siegert, T., Marktwertorientierte Unternehmenssteuerung, in: Der Shareholder-Value-Report, Hrsg. R. Bühner, Landsberg/Lech 1994, S. 107 ff.

Ausgehend von dem kapitalwertorientierten Wachstumspfad der Unternehmung ist im Rahmen der mehrperiodigen Planung bezogen auf das Leistungsprogramm und die dazugehörigen Prozesse der Gliedbetriebe je Periode ein **möglichst hoher kalkulatorischer Gewinn** anzustreben – bei angemessener Kapitalverzinsung, angemessenen Lohn- und Gehaltssätzen sowie notwendiger Substanzerhaltung bzw. Wachstumssicherung. Als Entscheidungs- und Handlungsmaxime gilt das **Wirtschaftlichkeitsprinzip** (vgl. Teil II, Abschnitt 2.2). Deckungsbeiträge (einfache und spezifische) und variable Kosten bilden monetäre Hauptkriterien für die Beurteilung von operativen Entscheidungs- und Handlungsalternativen bei gegebenen Potentialen (Fixkosten).

Im Hinblick auf die Verteilung der bilanziellen Jahresüberschüsse der Gesamtunternehmung sind für die Obergesellschaft – und bei rechtlicher Selbständigkeit der Gliedbetriebe ggf. auch für diese – zudem Grundsätze für die Verteilung des (jeweiligen) Nettoüberschusses festzulegen. Dies bedingt ggf. für einzelne Perioden zur Ableitung eines ausschüttungsfähigen Gewinns in spezifischer Höhe eine Auflösung von Rücklagen, sofern dies aus Gründen der (steten) Ausschüttungspolitik gewünscht und nach Kapitalwertberechnungen für vertretbar gehalten wird.

Die generelle Forderung nach jederzeitiger **Liquiditätssicherung** bezieht sich auf die Gesamtunternehmung. Auch in mehrgliedrigen Unternehmungen ist Liquiditätssicherung nur im Hinblick auf die Gesamtunternehmung auf der Basis gesamtunternehmungsbezogener Finanzplanungen (Aus- und Einzahlungsplanungen mit dazugehörigen Zahlungsmittelbestandsplanungen) zu gewährleisten, wenn man einmal von speziellen Fällen in faktischen Konzernen – insbesondere bei internationalen Konzernen – absieht.

Den grundsätzlichen **Aufbau des Plan- und Berichtssystems** und damit des monetären **Ziel- und Zielerreichungssystems einer mehrgliedrigen Unternehmung**, in dem monetäre Ziele und Zielerreichungsangaben **für die organisatorischen Einheiten, für Produkte/Produktprogramme, Märkte sowie Funktionen und Objekte/Projekte** enthalten sind, zeigt Abbildung 197a. Das Plan- und Berichtssystem ist für jede mehrgliedrige Unternehmung bzw. für jeden Konzern vornehmlich in Abhängigkeit von der jeweiligen Aufbauorganisation und der jeweiligen Programmstruktur sowie vom jeweiligen Führungsstil unternehmungsspezifisch zu gestalten.

Im Rahmen der **Sozialzielkonzeption** werden die prinzipiellen Verhaltensgrundsätze der Unternehmung gegenüber den Mitarbeitern, gegenüber Personen und Personengruppen im Umsystem der Unternehmung sowie gegenüber der Umwelt formuliert. Hierbei erfolgt grundsätzlich keine Differenzierung nach einzelnen Gliedbetrieben – zumindest nicht in nationalen Unternehmungen. Dies sollte nach Möglichkeit auch bei Verhaltensgrundsätzen im Hinblick auf die natürliche Umwelt und damit den Umweltschutz der Fall sein. Sozialziele sind vornehmlich im Leitbild und insbesondere in Unternehmungs- und Führungsgrundsätzen formuliert.

2.2 Bilanzielle und kalkulatorische Ergebniszielplanung für das System Unternehmung und seine Subsysteme

Die **Planung der periodischen bilanziellen und kalkulatorischen Ergebnisse** hat in einem Konzern bzw. einer mehrgliedrigen Unternehmung im Hinblick auf die Gesamtunternehmung, die Obergesellschaft und die übrigen Gliedbetriebe zu erfolgen. Sie kann dabei für die Gesamtunternehmung bzw. den Konzern – verstanden als wirtschaftliche Einheit – von **konsolidierten Ergebnissen und Sammelergebnissen** als absolute und relative Größen ausgehen. Während konsolidierte Ergebnisse und Ergebniskomponenten die wirtschaftliche Lage und Entwicklung der Gesamtunternehmung nach rechnerischer Ausschaltung interner Leistungsbeziehungen zeigen, sind die Sammelergebnisse und -ergebniskomponenten um den Wertausdruck der Leistungsbeziehungen zwischen den Gliedbetrieben „aufgebläht". Sie erleichtern jedoch die Darstellung des Zusammenhangs zwischen Gesamtergebnis und Ergebnissen der Gliedbetriebe und damit den Planungsprozeß.

2.2.1 Grundsätzliches zur bilanziellen und kalkulatorischen Ergebniszielplanung

Die globale Planung der bilanziellen und kalkulatorischen Ergebnisse und Ergebniskomponenten der Gesamtunternehmung und Gliedbetriebe kann bezüglich **Inhalt und Vorgehensweise** in mehrgliedrigen Unternehmungen auf drei Arten erfolgen:

- *Ausgangspunkt* für die Zielvorschau (noch nicht Planung) der Zentrale sind angestrebte *konsolidierte bilanzielle Ergebnisse (Jahresüberschüsse)*[2] *der Gesamtunternehmung* und *angestrebte bilanzielle Ergebnisse der Gliedbetriebe*. Ihnen werden mögliche *bilanzielle Ergebnisse der Gliedbetriebe* gegenübergestellt, die auf möglichen kalkulatorischen Ergebnissen und entsprechenden strategischen und operativen Planungen beruhen.
- *Ausgangspunkt* für die Zielvorschau der Zentrale sind angestrebte *kalkulatorische Sammelergebnisse der Gesamtunternehmung* und angestrebte *kalkulatorische Ergebnisse der Gliedbetriebe*. Ihnen werden mögliche *kalkulatorische Ergebnisse der Gliedbetriebe* gegenübergestellt, die wiederum auf entsprechenden strategischen und operativen Planungen beruhen. Mögliche (konsolidierte) bilanzielle Ergebnisse ergeben sich – nach Berücksichtigung der neutralen Ergebnisse – als abgeleitete Größen.
- *Ausgangspunkt* für die Zielvorschau der Zentrale sind angestrebte *konsolidierte bilanzielle und konsolidierte kalkulatorische Ergebnisse der Gesamtunternehmung*. Ihnen werden wiederum mögliche *bilanzielle und kalkulatorische Ergebnisse der Gliedbetriebe* gegenübergestellt, die auf entsprechenden strategischen und operativen Planungen beruhen.

Während die kalkulatorischen Ergebnisse zeigen, ob die kapitalmarktorientiert abgeleitete Verzinsung bezogen auf das tages- oder wiederbeschaffungsnah bewertete Vermögen gerade erreicht, über- oder unterschritten wird, verdeutlichen bilanzielle Ergebnisse bzw. Jahresüberschüsse bezogen auf das Eigenkapital, welche Eigenkapitalrentabilität bzw. -verzinsung sich vor und nach Bilanzpolitik ergibt.

---

2 Gegebenenfalls jeweils mit Ergebniskomponenten.

In jedem Falle ist von der Zentrale vor Konsolidierung für alle Gliedbetriebe und die Zentrale als Obergesellschaft selbst jeweils eine Zielvorschau im Hinblick auf deren bilanzielle und kalkulatorische Ergebnisse und gegebenenfalls Ergebniskomponenten vorzunehmen.

Dies hat im Konzern schon deshalb zu erfolgen, weil hier primär oder ausschließlich die Ergebnisse der Obergesellschaft als rechtliche Grundlage für Ergebnisausschüttungen in Frage kommen. Liegen faktische Konzernverhältnisse vor, sind in Konzernen wegen der Periodenverschiebung beim Gewinnausweis zwischen Ober- und Untergesellschaft(en) ohnehin die Ergebnisse der Obergesellschaft gesondert zu planen.

Insbesondere in mittelgroßen Unternehmungen erstellt man vielfach generell Planungs- und Kontrollrechnungen nur bezogen auf das bilanzielle und kalkulatorische Zahlenwerk der Obergesellschaft und der Gliedbetriebe und ermittelt darüber hinaus eine konsolidierte GuV-Rechnung und Bilanz nur als Ist-Zahlenwerk.

Die zu planenden Ergebnisse und Ergebniskomponenten – auf der Basis von Zielvorschauen jeweils der Zentrale und der Gliedbetriebe – veranschaulicht Abbildung 197b für eine primär nach Produkten/Produktgruppen organisierte mehrgliedrige Unternehmung. Ein derartiges Ergebnistableau ist im Rahmen der rollenden Planung für jede Planungsperiode im Hinblick auf die Zentrale als Obergesellschaft und die übrigen Gliedbetriebe zu erstellen, bei größeren Unternehmungen auch als konsolidiertes Zahlenwerk. Für eine primär nach Regionen organisierte mehrgliedrige Unternehmung sind entsprechend Ergebnisse und Ergebniskomponenten für Regionen bzw. Teilkonsolidierungskreise zu planen, zudem für jeden Gliedbetrieb innerhalb der Region bzw. des Teilkonsolidierungskreises. Hierbei sind in internationalen Konzernen die Zahlenwerke für die Regionen sowie die (großen) Gliedbetriebe je Region zum einen in Landeswährung und zum anderen in der Währung des Sitzes der Konzernzentrale, d. h. in der Regel in der Währung der Muttergesellschaft, zu erstellen (vgl. auch Teil IV, Abschnitt 5.2).

Das **Ausmaß** der auf Grund von Vorschauwerten festzulegenden interdependenten **Planziele für die Gesamtunternehmung** und auch für die **Gliedbetriebe** hängt letztlich vom Anspruchsniveau der Kapitalgeber und der obersten Führung sowie von subjektiven Einflüssen der weiteren am Planungsprozeß beteiligten Führungskräfte und Führungshilfen ab. Vergangenheitswerte und Vergleichswerte in der jeweiligen Branche – für die Renditezahlen auch Vergleichswerte auf dem Kapitalmarkt – geben Anhaltspunkte für die anzustrebenden bilanziellen Ergebnisse, Umsätze und Eigenkapitalrentabilitäten, kalkulatorischen Gewinne und RoI-Größen.

2.2.2 Kalkulatorische Ergebniszielplanung für das System Unternehmung und seine Subsysteme auf der Basis des RoI-Systems

Im Rahmen der kalkulatorischen Rechnung läßt sich bei divisional organisierten Unternehmungen die mittel- und z. T. auch kurzfristige periodische Planung und Kontrolle absoluter und relativer Ergebnisziele für die Gesamtunternehmung und insbesondere für deren Gliedbetriebe wirkungsvoll nach dem **marktwert- bzw. tageswertorientierten RoI-System** durchführen (vgl. Abbildung 50).

Wie in der Grundlegung dargelegt, ist das **RoI-System** ein **Kennzahlensystem**, das durch absolute und relative Zahlen die für die Höhe des kalkulatorischen Ergebnisses und der Kapitalrentabilität einer Unternehmung relevanten wirtschaftlichen Einflußgrößen in einen

1993	1994	Ergebnis/ Ergebniskomponenten	1995			1996			1999		
			Zielvorschau		Plan- ziel	Zielvorschau		Plan- ziel	Zielvorschau		Plan- ziel
			Zen- trale	Glied- betr.		Zen- trale	Glied- betr.		Zen- trale	Glied- betr.	
		Gesamtunternehmung Konsolidierte Zahlen Bilanz. Ergebnis Umsatz Eigenkapitalrentabilität kalk. Ergebnis geb. Kapital Umsatzgewinnrate Kapitalumschlag RoI									
		Konsolidiertes neutr. Ergebnis									
		kalk. Sammelergebnis									
		Gliedbetrieb I Bilanz. Ergebnis Umsatz kalk. Ergebnis geb. Kapital Umsatzgewinnrate Kapitalumschlag RoI Kapitalwerte									
≈	≈	≈	≈	≈	≈	≈	≈	≈	≈	≈	≈
		Gliedbetrieb III Bilanz. Ergebnis Umsatz kalk. Ergebnis geb. Kapital Umsatzgewinnrate Kapitalumschlag RoI Kapitalwerte									
		Zentrale (Obergesellschaft) Bilanz. Ergebnis Eigenkapitalrentabilität Kapitalwerte									

Abb. 197b: Tableau zur Ermittlung von monetären Planzahlen in mehrgliedrigen Unternehmungen

aussagefähigen Zusammenhang stellt. Die Wirkung der Veränderung einzelner Komponenten dieses Systems auf das absolute Ergebnis und die Kapitalrentabilität wird verdeutlicht.

Analyse und Beeinflussung der Schlüsselgrößen Umsatz und Kosten (mit und ohne Zinskosten) als Komponenten der Deckungsbeiträge und kalkulatorischen Ergebnisse sowie Analyse und Beeinflussung von Umsatzgewinnrate und Kapitalumschlag als Komponenten der Kapitalrentabilität können sich auf die **gesamte Unternehmung oder Unternehmungsbereiche** – seien sie gebiets- oder produktorientiert gebildet – beziehen; ferner können sie auch ausschließlich im Hinblick auf einzelne Produktarten bzw. Produktgruppen oder auch nur auf einzelne Projekte durchgeführt werden [3].

3 Vgl. z. B. Hahn, D., Return on Investment, a.a.O., Sp. 3420 ff. sowie die dort angegebene Literatur.

In der von uns dargestellten oder in ähnlicher Form ist das RoI-System – bezogen auf die gesamte Unternehmung und Unternehmungsbereiche – in den USA bereits lange vor dem Zweiten Weltkrieg (bekannt als DuPont System of Financial Control) und danach in Großbritannien, Frankreich und Deutschland als Kennzahlensystem für Zwecke der Unternehmungsführung eingesetzt worden[4].

Auf der Basis der Werte der Kosten- und Erlösrechnung eignet sich das **RoI-System** für den Aufbau eines ergebnisorientierten Plan- und Kontrollsystems als **Teil des generellen PuK-Kennzahlensystems** insbesondere bei mehrgliedrigen anlagenintensiven Unternehmungen. Für die ergebnisorientierte Beurteilung von einzelnen Investitionsobjekten eignet sich die RoI-Kennzahl jedoch grundsätzlich nur eingeschränkt[5]. Auch sind bei der Planung der Ergebnisziele und Ergebniszielkomponenten auf der Basis des RoI-Systems bestimmte Prämissen zu beachten, auf die im folgenden mit hingewiesen wird[6].

Je nachdem, welche Komponenten des RoI-Systems als Teil des PuK-Kennzahlensystems im retrograd-progressiven Gewinnplanungsprozeß im Hinblick auf die Gesamtunternehmung und die Gliedbetriebe zunächst als Vorschau- und danach als Planwerte angegeben bzw. vereinbart werden, ergeben sich unterschiedliche **Vorgehensweisen**:

(1) Vereinbarung der wichtigsten ergebnisorientierten absoluten und relativen Größen des RoI-Systems für die Gesamtunternehmung und die Gliedbetriebe als Ergebnis iterativer Planungsprozesse;

(2) Vereinbarung des RoI (in %) und des Umsatzes (in DM) für die Gesamtunternehmung und die Gliedbetriebe[7];

    Ermittlung des zu investierenden Kapitals (auf Grund von Investitionsrechnungen), das den vorgegebenen RoI erbringen soll.
    Hieraus ergeben sich zwangsläufig
    a) Kapitalumschlag,
    b) Umsatzgewinnrate,
    c) Standardgewinn als absoluter Betrag (bei gegebenen Kapitalkosten),
    d) Gesamthöchstkosten.

(3) Vereinbarung eines Durchschnitts-RoI für die Gesamtunternehmung und von spezifischen RoI-Zahlen für Gliedbetriebe.

Wir neigen der ersten Vorgehensweise zu, da das **Hauptziel Ergebnisstreben** unter Berücksichtigung der kapitalmarktorientiert abgeleiteten Zinskosten für das eingesetzte Kapital **in Form des absoluten kalkulatorischen Ergebnisses** seine **Ausprägung mit der höchsten Aussagekraft** findet, in seiner Form als **Kapitalrentabilität/RoI** zudem das Ergebnis vor Zinsen in Beziehung zum tageswertorientiert ermittelten Vermögen setzt. Ausgangspunkt – und Endpunkt – für die ergebnisorientierte Planung und Kontrolle sind also absolutes **und** relatives Ergebnis.

---

4 Vgl. hierzu z. B. die übersichtliche Darstellung bei Staehle, W. H., Kennzahlen und Kennzahlensysteme, a.a.O., S. 69 ff.

5 Vgl. Teil III, Abschnitt 3.1.3.2.

6 Vgl. Hahn, D., Ergebnisorientierte Planungsrechnung mehrgliedriger Unternehmungen auf der Basis des „Return on Investment" (RoI), a.a.O., S. 177 ff.; ders., Return on Investment/Cash-flow-Führungskonzeption, in: Management-Enzyklopädie, Ergänzungsband, München 1973, S. 823 ff.; Kloock, J., Zur Anwendung ein- und mehrperiodiger RoI-Verfahren im Rahmen der Spartenerfolgsrechnung, BFuP 1975, S. 235 ff. – Vgl. zur Kritik des RoI z. B. Coenenberg, A. G., Zur Aussagefähigkeit des Return on Investment für betriebliche Planungs- und Kontrollrechnungen, Management International Review 2–3/1972, S. 35 ff.; Lüder, K., Unternehmensführung – Problematisches RoI-Verfahren, Wirtschaftswoche 46/1971, S. 41–46.

7 Vgl. Marettek, A., Gewinnplanung, in: Management-Enzyklopädie, 3. Bd., München 1970, S. 243.

Soll das Zahlenwerk des RoI-Systems als Grundlage für eine aussagefähige und wirkungsvolle interne, **leistungsprogrammbezogene, periodische Ergebnisplanungs- und Ergebniskontrollrechnung**

- der Gesamtunternehmung und
- der einzelnen Gliedbetriebe (einschließlich Obergesellschaft)

dienen, so sind bei seiner Bildung zwingend bestimmte betriebswirtschaftliche Aspekte zu berücksichtigen. Da primär die Quellen und Beeinflussungsmöglichkeiten des Erfolges auf Grund des spezifischen Leistungsprogramms in den Ergebniseinheiten (-zentren) interessieren, gilt für die **Schlüsselgrößen des RoI-Systems** als Plan- und Ist-Zahlen folgendes[8]:

- Als **Umsatz** kommt nur der Nettoumsatz in Betracht; neben den Erlösschmälerungen sind auch die Skonti abzuziehen.
- Es interessiert nur der **kalkulatorische Betriebsgewinn** (das Betriebsergebnis) – allerdings in der Rentabilitätsformel zuzüglich der kalkulatorischen Zinsen, also der **Kapitalgewinn**, der analog zum Gesamtkapitalwert eine ergebnisorientierte Beurteilung des investierten Kapitals ohne Differenzierung nach der Kapitalherkunft ermöglicht. Zur Berechnung der kalkulatorischen Zinsen (als absoluter Zinskostenbetrag) ist der marktwertorientiert ermittelte gewichtete Eigen- und Fremdkapitalkostensatz bzw. ein angestrebter Kapitalkostensatz und das investierte Kapital/Vermögen zugrunde zu legen.
- Als **investiertes Kapital** (Vermögen) sind nur die für die Aufgabe der Leistungserstellung und Leistungsverwertung eingesetzten Vermögenswerte einzusetzen, also kein Vermögen aus dem „Neutralbereich".
  Die unverzinslichen Verbindlichkeiten aus dem laufenden Umsatzprozeß sollten vom investierten Kapital abgezogen werden, da nur die „Verzinsung" jenes Vermögens interessiert, für das eine Rendite erwartet bzw. gefordert wird.
  Zu klären ist, ob man das investierte Kapital zum Anschaffungswert, zum kalkulatorischen oder bilanziellen Buchwert oder zum Wiederbeschaffungswert ansetzen sollte. Von der Idee des RoI her, die Verzinsung des investierten Kapitals zu zeigen, und dem angestrebten Zweck, **Hinweise für die Kapitallenkung** zu geben, ist u. E. in jedem Falle der Tageswert oder – bei besonderer Betonung der Substanzerhaltung – der **Wiederbeschaffungswert für das im Betrieb arbeitende Kapital** zugrunde zu legen. Dies setzt u.a. entsprechende Prognosen und Bewertungen voraus[9].

Grundlage für die Zahlen des RoI-Systems sollten hiernach möglichst nur das **Zahlenwerk der Kosten- und Leistungsrechnung** sowie ergänzend zur Ermittlung der Vermögenswerte, z. B. der Anlagen, Vorräte und Forderungen, jene internen Bilanzen sein, in denen das Tages- bzw. Wiederbeschaffungswertprinzip angewendet wird. Nur hilfsweise oder bei bewußter Berücksichtigung auch des „Neutralbereiches" sollte bei bilanzierungsfähigen Einheiten auch von Jahresüberschüssen zuzüglich Fremdkapitalzinsen zur Ermittlung des (pagatorischen) Kapitalgewinns und von Gesamtkapitalrentabilitäten ausgegangen werden.

Marktwert- bzw. tageswertorientiert abgeleitete RoI-Zahlen sind damit Renditegrößen, die als Plan- und Istzahlen für Kapitalanleger und damit die Unternehmungsführung von besonderem Interesse sind.

---

8 Vgl. hierzu z. B. auch Hahn, D., Ergebnisorientierte Planungsrechnung mehrgliedriger Unternehmungen auf der Basis des „Return on Investment" (RoI), a.a.O., S. 177ff.; Matz, A., Die Kapitalertragszahl – Ein Instrument der Erfolgskontrolle, a.a.O., S. 120ff.

9 Hierbei ergeben sich allerdings Schwierigkeiten bei der Beurteilung der einzelnen Gliedbetriebe, vor allem dann, wenn in einigen Gliedbetrieben alte, in anderen neue Anlagen vorhanden sind. Generell besteht die Bewertungsproblematik bei dem Ansatz der Grundstückswerte.

Für die Unternehmungsführung liegt die Bedeutung einer **Planungs- und Kontrollrechnung** auf der Basis eines **marktwert- bzw. tageswertorientierten RoI-Systems** zudem vor allem darin, daß nach diesem Konzept nicht nur eine systematische periodische Ergebnis- bzw. Rentabilitätsplanung und -kontrolle für unterschiedliche Ergebniseinheiten vorgenommen werden kann[10], sondern daß auch **nahezu alle unternehmungspolitischen Einzelentscheidungen** innerhalb einer Periode in Veränderungen des absoluten Ergebnisses und des RoI derselben Periode und/oder weiterer künftiger Perioden sichtbar werden. Bei einer periodischen Planungs- und Kontrollrechnung nach dem RoI-System lassen sich grundsätzlich alle wichtigen Maßnahmen – seien sie von kurz-, mittel- oder langfristiger Wirkung – im Hinblick auf die Veränderung einer oder mehrerer Grundkomponenten des Ergebnisses bzw. der Rentabilität und damit letztlich auch im Hinblick auf die Veränderung des Ergebnisses bzw. der Rentabilität selbst beurteilen. Voraussetzung ist jedoch, daß sich die Wirkungen wertmäßig quantifizieren und mit hinreichender Sicherheit bestimmen lassen. Generell gilt allerdings, daß mit zunehmender Länge der Planperiode die Brauchbarkeit der Zahlen des RoI-Systems für eine rentabilitätsorientierte Beurteilung von Einzelentscheidungen abnimmt. Zudem ist die Aussagefähigkeit der Zahlen des RoI-Systems für Zwecke aktiver Unternehmungsführung, bezogen auf die Gesamtunternehmung und bezogen auf die einzelnen Gliedbetriebe, unterschiedlich.

2.2.2.1 Aussagefähigkeit des RoI-Systems bezogen auf die gesamte Unternehmung und die Obergesellschaft

Während im Rahmen der **Planung** die Angaben über den voraussichtlichen Netto- und Kapitalgewinn sowie entsprechende Kapitalrenditen bezogen auf die Gesamtunternehmung und die Obergesellschaft von grundlegender Bedeutung für die oberste Unternehmungsführung sind, besitzen Planumsatzgewinnrate und Plankapitalumschlag – zumindest bei sehr heterogenem Leistungsprogramm – nur eine vergleichsweise geringe Aussagefähigkeit. Zudem wird man hier aus Gründen der Praktikabilität vielfach RoI- und CFRoI-Größen nur aus dem buchhalterischen Rechenwerk ableiten – mit markt- bzw. tageswertorientierten Umbewertungen (vgl. zur Berechnung des CFRoI Teil III, Abschnitt 3.1.3.3.1).

Eine **Kontrolle** der Entwicklung **der Rentabilität** läßt sich für die Gesamtunternehmung und die Obergesellschaft im **Zeitvergleich** und im **Soll-/Ist-Vergleich** mit entsprechenden Analysen vornehmen. Die Plan- und Ist-Rentabilitätszahlen des investierten Kapitals verdeutlichen hierbei zudem, ob sich die Kapitalbindung in der Unternehmung insgesamt noch „rentiert“. Es läßt sich erkennen, ob die vom Kapitalmarkt (durchschnittlich) geforderte Verzinsung im Konzern erwirtschaftet wird.

Ein **zwischenbetrieblicher Rentabilitätsvergleich** für Zwecke der Kontrolle und gegebenenfalls als Anhaltspunkt zur Festlegung der anzustrebenden Planrentabilität für die Gesamtunternehmung und die Obergesellschaft wird nur in wenigen Fällen aussagefähig durchführbar sein. Ein externer Rentabilitätsvergleich auf Grund von veröffentlichten Jahresabschlüssen ist insbesondere wegen der unterschiedlichen Bewertungsmöglichkeiten des Anlage- und Umlaufvermögens problematisch. Da Beteiligungs- und Zinsergebnis sowie außerordentliches Ergebnis separat ausgewiesen werden müssen (vgl. Teil III, Abschnitt 5.2.2.1, Abbildungen 152a und 152b), sind allerdings grobe Branchenvergleichszahlen ableitbar[11].

---

10 Vgl. zur Anwendungsmöglichkeit dieses Systems für Planung und Kontrolle in mehrgliedrigen Unternehmungen auch Lewis, R. B., Chef-Kontrolltechniken zur Gewinnverbesserung, a.a.O., insbes. S. 173ff.

11 Vgl. zur Problematik der Korrektur von Kennzahlen z. B. die ausführliche Untersuchung gerade im Hinblick auf die Rentabilitätszahl von Wissenbach, H., Betriebliche Kennzahlen und ihre Bedeutung im Rahmen der Unternehmerentscheidung, a.a.O., S. 138ff.

2.2.2.2 Aussagefähigkeit des RoI-Systems bezogen auf Gliedbetriebe

Für den Fall einer **globalen Planungsrechnung**, bei der man je Gliedbetrieb in Form von absoluten Zahlen die Schlüsselgrößen Umsatz, Gewinn und investiertes Kapital (meist weiter unterteilt) sowie die sich hieraus ergebenden relativen Kennzahlen als periodische Zahlenwerke plant, lassen sich aus der Sicht der obersten Unternehmungsführung einzelne Unternehmungsbereiche in bezug auf ihre Ergebnisentwicklung beurteilen.

Die Abbildungen 198 a und 198 b zeigen Beispiele, wie im Rahmen einer globalen Ergebnisplanung und -kontrolle Informationen als Monats- und Jahreszahlen für jeden Gliedbetrieb und auch als „Sammelzahlen" für die Gesamtunternehmung dargestellt werden können. Die Leitung des jeweiligen Gliedbetriebes und die oberste Unternehmungsleitung können hiervon ausgehend eine detaillierte Planung und Kontrolle vornehmen, die sich in einem systematischen Zahlenwerk der Ziele und in der Beschreibung von künftigen Maßnahmen sowie in ausführlichen Abweichungsanalysen niederschlagen.

Im Falle einer **detaillierten Ergebnisplanungsrechnung**, bei der je Gliedbetrieb alle Grundkomponenten des RoI-Systems als Planwerte vorgegeben bzw. vereinbart werden und diese wieder nach den verschiedensten Gesichtspunkten differenziert werden, erhöht sich die Aussagefähigkeit des Systems beträchtlich. Hierbei können alle wichtigen Maßnahmen zwischen und innerhalb der Gliedbetriebe unter Ergebnisgesichtspunkten verglichen und analysiert werden, die entweder nur zu Umsatz- bzw. Umsatz- und Kostenänderungen führen oder darüber hinaus bzw. damit verbunden eine Änderung des gebundenen Kapitals bedingen.

Aus der Sicht der oberen Unternehmungsführung läßt sich eine **Kontrolle** der Entwicklung der relativen und absoluten Zahlen des RoI-Systems in bezug auf die Gliedbetriebe sinnvoll nicht nur im **Zeitvergleich** und im **Soll-/Ist-Vergleich**, sondern auch in einem **internen zwischenbetrieblichen Vergleich** vornehmen. Abbildung 198c zeigt, wie mit Hilfe eines Nomogrammes in kombinierter Form ein Zeitvergleich und Soll-/Ist-Vergleich der Rentabilitätsentwicklung für mehrere Gliedbetriebe dargestellt werden kann. Es kann abgelesen werden, ob und wie sich Umsatzgewinnrate und Kapitalumschlag in vergangenen Perioden verändert haben – es handelt sich hier zur Beurteilung von Gliedbetrieben durchaus um interessante Kennzahlen, sofern die relativen Zahlen im Zusammenhang mit den absoluten Zahlen des RoI-Systems (gegebenenfalls weiter differenziert nach Produktgruppen und Gebieten bzw. Regionen) gesehen werden.

Besonders aussagefähig ist die graphische Darstellung eines Rentabilitätsvergleichs zwischen einzelnen Gliedbetrieben. Im Gegensatz zum externen zwischenbetrieblichen Vergleich kann hierbei sichergestellt werden, daß auf Grund von Konzernrichtlinien mit vergleichbaren Zahlen gearbeitet wird. Hierdurch können Gliedbetriebe mit unterschiedlichem Tätigkeitsfeld auf der Basis der RoI-Werte verglichen werden.

Diese Darstellung kennzeichnet die Tätigkeitsfelder günstiger und ungünstiger Kapitalanlage und gibt den Anstoß zur Durchführung von Markt- und Betriebsanalysen – insbesondere auch zur Durchrechnung von Investitions- und Desinvestitionsalternativen im Rahmen der strategischen Planung. Sie zeigt ferner, ob bezüglich des einzelnen Gliedbetriebes die Umsatzgewinnrate oder der Kapitalumschlag oder beide verbessert werden sollten. Auch der interne Rentabilitätsvergleich zwischen Gliedbetrieben läßt sich mit einem Soll-/Ist-Vergleich kombinieren, besonders anschaulich, wenn für alle Gliedbetriebe von dem Ziel einer (spezifischen) Mindestplanrentabilität ausgegangen wird [12]. Wesentlich für die Beurteilung

---

12 Vgl. zu dieser Darstellungsweise auch Wheaton, R.G., „Ertrag aus investiertem Kapital" als betriebspolitisches Lenkungsmittel, a.a.O., S. 151.

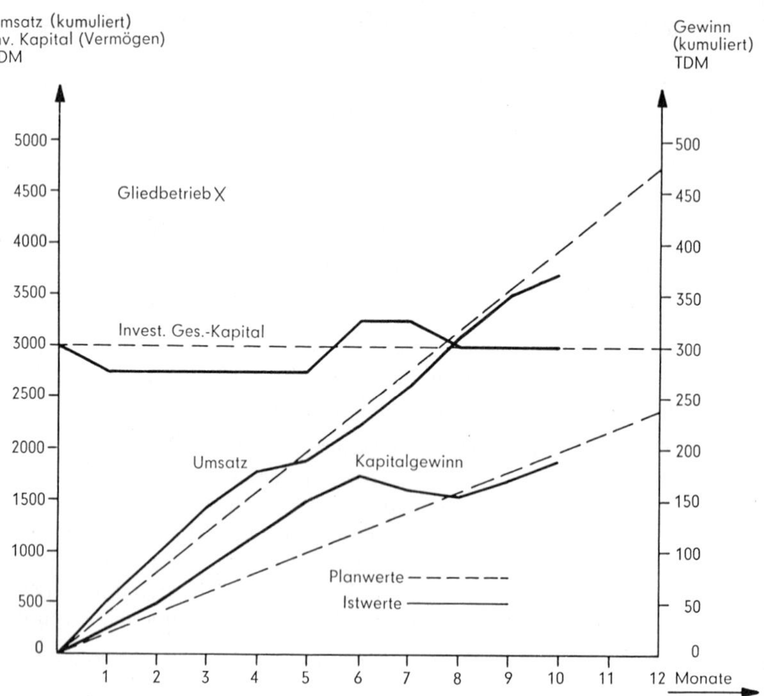

Abb. 198 a: Globale absolute Plan- und Kontrollinformationen im Rahmen des RoI-Systems

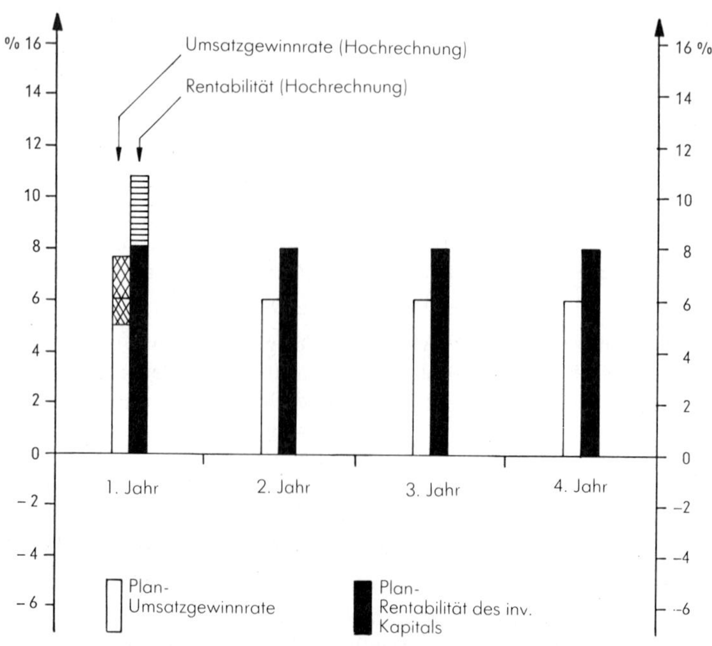

Abb. 198 b: Globale relative Plan- und Kontrollinformationen im Rahmen des RoI-Systems

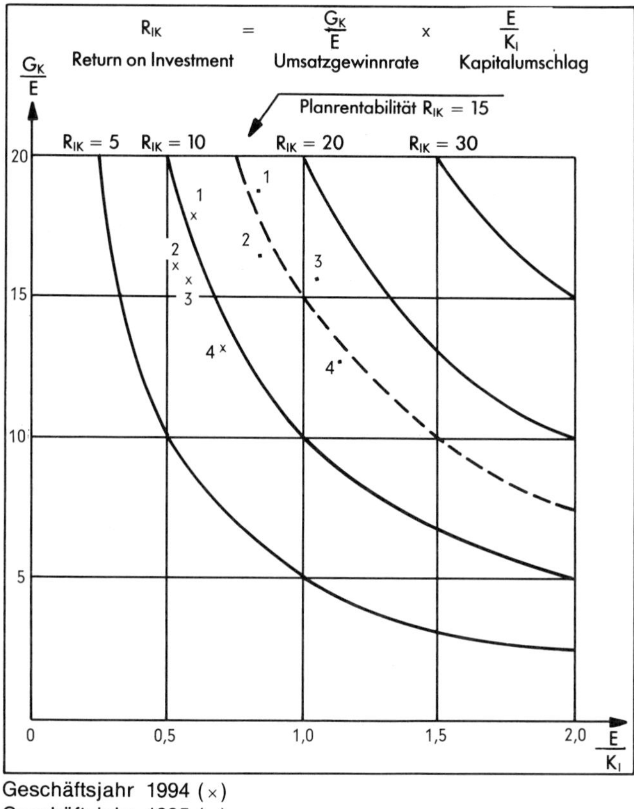

Abb. 198c: Kombinierter Zeitvergleich und Soll-/Ist-Vergleich für Subsysteme 1–4 auf der Basis des „Return on Investment"

des Erfolges eines Gliedbetriebes ist dessen **Beitrag zur Wertsteigerung der Gesamtunternehmung**. Der tatsächlichen Verzinsung des eingesetzten Kapitals – i. S. einer Bruttoverzinsung/des RoI – sollten hierbei insbesondere die relevanten Kapitalkosten der Gliedbetriebe gegenübergestellt werden, wie es durch die Forderung nach spezifischen Mindestverzinsungen erfolgt (vgl. Abschnitt 2.1 dieses Teils und Abbildung 196).

Auch kann bei Gliedbetrieben der CFRoI errechnet werden, um kontrollieren zu können, ob dieser spezifische interne Zinsfuß die vom Kapitalmarkt geforderte Verzinsung über- oder unterschreitet (vgl. zur Berechnung des CFRoI Teil III, Abschnitt 3.1.3.3.1).

Das kalkulatorische Zahlenwerk für eine ergebnisorientierte Führung kann verfeinert werden, wenn sich auch **innerhalb der Gliedbetriebe** sinnvolle **Ergebniseinheiten** bilden lassen. Ist dies der Fall, z. B. für einzelne Produktions- und Verkaufsbereiche in Zweigwerken, so läßt sich für solche Ergebniseinheiten ebenfalls eine periodische Planungs- und Kontrollrechnung mit Kennzahlen des RoI-Systems durchführen. Ergebnisse sind dann stufenweise Deckungsbeiträge[13].

13 Vgl. hierzu Hahn, D., Ergebnisorientierte Planungsrechnung mehrgliedriger Unternehmungen auf der Basis des „Return on Investment" (RoI), a.a.O., S. 177ff.; Singhvi, S. S., Financial Planning in a Divisionalized Firm, LRP 4/1972, S. 15ff.

Soweit sich auf organisatorische Einheiten in den Gliedbetrieben keine Erlöse verursachungsgerecht und grundsätzlich auch ohne Schlüsselung zurechnen lassen, sind für solche Einheiten lediglich **Kosten- und Vermögensziele** festzulegen und vorzugeben. Auch in der Zentrale sind die Führungs- und Führungshilfsabteilungen (Kern-, Koordinierungs- und Stabsabteilungen) als **Kosten- und Vermögenszentren** in die ergebnisorientierte PuK einzubeziehen.

Für die vergleichende rentabilitätsorientierte Beurteilung von Regionen auf der Basis des RoI-Systems zieht man in der Regel nicht das konsolidierte Zahlenwerk des Teilkonsolidierungskreises, sondern das entsprechend aufbereitete Zahlenwerk der Obergesellschaft je Region oder wichtiger großer Gliedbetriebe je Region heran.

2.3 Liquiditätszielplanung für das System Unternehmung und seine Subsysteme

Ausgehend vom generellen Imperativ der Liquiditätssicherung im Sinne einer Gewährleistung jederzeitiger Zahlungsfähigkeit ist auch in einer mehrgliedrigen Unternehmung eine **Liquiditätsreserve** für künftige Zeitpunkte und Perioden in definierter Höhe zu planen und ihre Einhaltung zu kontrollieren. Die Liquiditätsreserve wird dabei gegebenenfalls nicht nur von der **Zentrale**, sondern zum Teil auch von **Gliedbetrieben** gehalten.

In *nationalen mehrgliedrigen Unternehmungen* werden die Liquiditätsreserve sowie die Zahlungsströme und Bestände grundsätzlich zentral geplant und kontrolliert. Die Gesichtspunkte für die Bestimmung der Höhe der Liquiditätsreserve sind dieselben wie in einer Unternehmung ohne Gliedbetriebe; allerdings kann wegen der Risikostreuung die Reservehaltung bezogen auf einen Gliedbetrieb geringer als in vergleichbaren selbständigen Unternehmungen sein. Bei der Ein-/Auszahlungsplanung und der hiermit verbundenen Liquiditätsreserveplanung handelt es sich bei einer mehrgliedrigen Unternehmung bei der derivativen periodischen Finanzplanung um ein Zahlenwerk, das aus dem der Gliedbetriebe und dem der Zentrale abgeleitet wird. Aufgabe der zentralen Finanzplanung ist es, die Zahlungsüber- und -unterdeckungen der Gliedbetriebe möglichst konzernintern zum Ausgleich zu bringen – bei Einhaltung einer Liquiditätsreserve in bestimmter Höhe. Bei Zahlungsunterdeckungen oder Zahlungsüberdeckungen über die gewünschte Liquiditätsreserve hinaus sind durch die Zentrale zur Sicherung der Liquidität oder zur Vermeidung von Überliquidität originäre finanzwirtschaftliche Maßnahmen durchzuführen und gegebenenfalls entsprechende güterwirtschaftliche Maßnahmen zu veranlassen.

In *internationalen Unternehmungen* sind wegen der Schwierigkeiten beim Kapitaltransfer oder zur Vermeidung von Kursverlusten Liquiditätsreserven vielfach auch für einzelne Gliedbetriebe oder mehrere Gliedbetriebe im Ausland zu planen und zu überwachen. Diese Planung ist von besonderer Wichtigkeit, da im Gegensatz zur nationalen mehrgliedrigen Unternehmung im internationalen Konzern auch der Fall finanzwirtschaftlich nicht vermeidbarer partieller Illiquidität möglich ist. Sind keine Transferschwierigkeiten gegeben, erfolgt das übliche Konzern-Clearing, zudem ergeben sich sodann für internationale Unternehmungen ergebnismäßig interessante Möglichkeiten der originären Finanzpolitik bei Kapitalbeschaffung und -anlage (vgl. Abschnitte 5.5.1 und 5.5.2.3 dieses Teils).

In allen Fällen können die Zahlenwerke der mehrperiodigen Finanzplanungen für Gliedbetriebe auch als Grundlage für Perioden-Cash-flow-Berechnungen und die Ableitung von Kapitalwerten dienen.

3. PuK der Zentrale im Rahmen der strategischen Planung (Programm- und Potentialplanung, Potentialstrukturplanung)

Ausgehend von den generellen Zielen umfaßt die **strategische Konzernplanung** bezogen auf das Gesamtsystem und die jeweiligen Subsysteme folgende **Teilplanungskomplexe**:

- Die **Geschäftsfeldplanung**, d. h. die Planung der Leistungs- bzw. Produkt- und Dienstleistungsarten/-programme und der für deren Realisierung notwendigen Sach- und Humanpotentiale und damit die zukünftige Größe, Standortstruktur und Kapitalstruktur des Konzerns – **mit integrierter grundlegender Funktionsbereichs- und Regionalstrategieplanung**,
- die **Organisations- und Rechtsstrukturplanung** des Konzerns sowie
- die **Führungssystemplanung**, die die **Führungskräfte-, Führungskräfteanreizsystem-** und **Führungsinformationssystemplanung** des Konzerns beinhaltet.

Da sich die Planungsverfahren (-methoden) zur ergebnis- und ggf. liquiditätsorientierten Beurteilung von strategischen Objekten in einer Unternehmung mit primär divisionaler Aufbauorganisation nicht von jenen in einer Unternehmung mit einer primär funktionalen Aufbauorganisation unterscheiden, braucht auf Planungsverfahren allgemein nicht mehr näher eingegangen zu werden. Dennoch sollen einige **Planungsverfahren** nochmals aufgegriffen werden, die sich ggf. in spezifischer Ausprägung besonders **für die Geschäftsfeldplanung im Konzern** aus der Sicht der Konzernzentrale eignen. Es sind dies zur Darstellung und Ableitung des strategischen Entwicklungspfades des Konzerns die **Portfoliotechnik, Kapitalwertberechnungen** zur Ermittlung von Gesamtkapitalwert, Eigenkapitalwert/Shareholder Value und residualem Unternehmungskapitalwert des Konzerns bzw. der Obergesellschaft sowie hiermit zusammenhängend computergestützte mehrperiodige **Konzern-Ergebnis- und -Finanzplanungsmodelle**. Es interessiert zudem, welche Planungen inhaltlich von der Zentrale und welche Planungen von den Gliedbetrieben zu erstellen und zu verabschieden sind sowie welche organisatorischen Einheiten jeweils die Kontrolle in welcher Form durchzuführen haben.

Die **Konzernorganisationsplanung**, also die Gestaltung des grundlegenden Aufbaus und der spezifischen Führungsorganisation des Konzerns, die **Konzernrechtsstrukturplanung** mit spezifischer Ausprägung im Vertragskonzern und faktischen Konzern, die **Führungskräfte- und Führungskräfteanreizsystemplanung im Konzern**, die sich auf Einsatz und Vergütung der oberen Führungskräfte in den Gliedbetrieben des Konzerns beziehen, sowie die **Führungsinformationssystemplanung** erfolgen grundsätzlich **durch die Zentrale des Konzerns**[1].

Die obersten Führungskräfte des Konzerns werden hierbei in ihrer Entscheidungsfindung vielfach durch Führungshilfen der Zentrale, obere Führungskräfte der Gliedbetriebe und

1 Vgl. Bleicher, K., Hahn, D., Konzernplanung, in: HWPlan, Hrsg. N. Szyperski, Stuttgart 1989, Sp. 904 ff.; vgl. Hungenberg, H., Zentralisation und Dezentralisation: strategische Entscheidungsverteilung im Konzern, a.a.O.

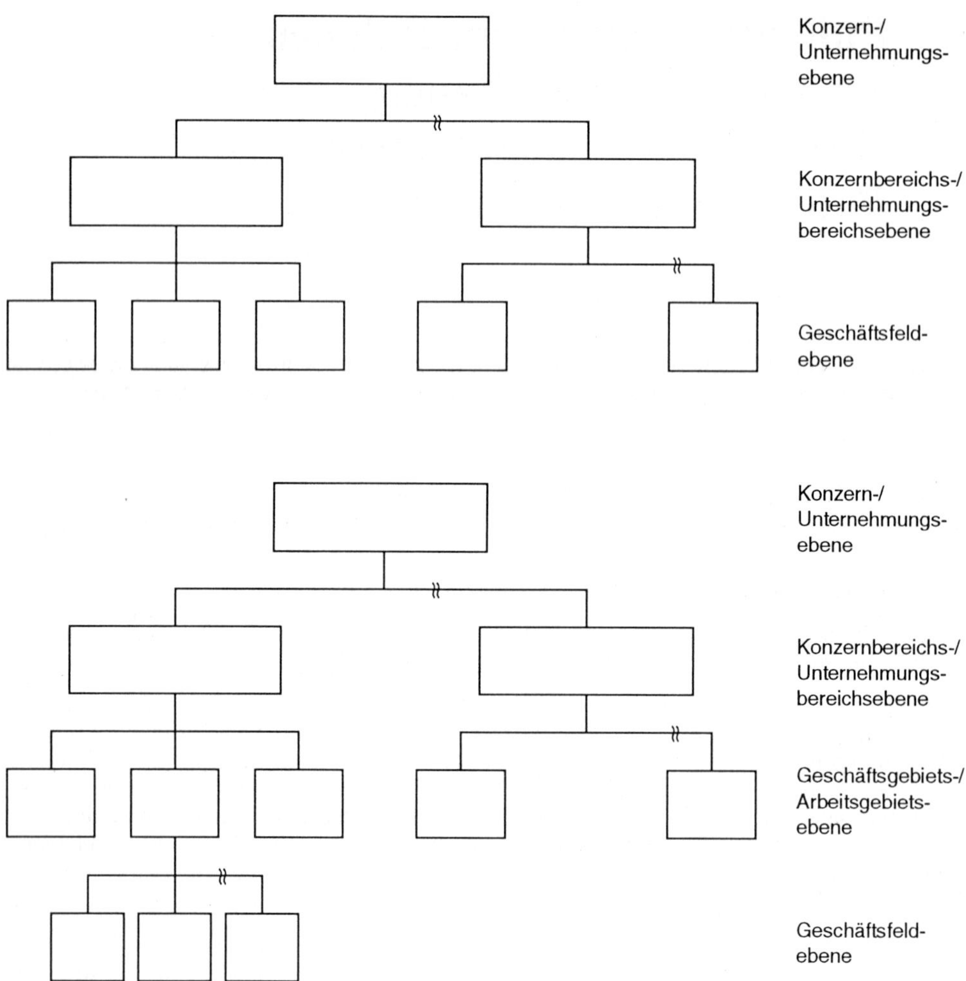

Abb. 199a: Verdichtungsebenen für Geschäftsfelder (Organisationseinheiten als rechtlich selbständige Einheiten darstellbar)

externe Experten unterstützt. Die Entscheidungen bedürfen vielfach vor Realisierung der Zustimmung vorgeschalteter Aufsichtsgremien. Planungs- und Kontrollrechnungen erfolgen hier vielfach nur objekt- bzw. projektbezogen, z. B. im Hinblick auf Reorganisationen, Fusionen, Ausgliederungen, Organschaftsverträge.

In einem Konzern mit divisionaler (produkt- oder regionalorientierter) Aufbauorganisation läßt sich – anders als in einer funktional organisierten Unternehmung – im Regelfall eine Übereinstimmung von strategischen Geschäftsfeldern mit operativen Führungseinheiten verwirklichen. Ein Gliedbetrieb kann dabei ein Geschäftsfeld oder mehrere Geschäftsfelder repräsentieren. Mehrere Gliedbetriebe – mit den von ihnen zu verantwortenden Geschäftsfeldern – können wiederum zu Konzernbereichen gebündelt werden. Die **Geschäftsfeldplanungen** erfolgen daher auch im Konzern entsprechend der Aufbauorganisation auf verschiedenen **Ebenen bzw. Verdichtungsstufen**, also mindestens auf:

- Konzernebene (Konzernportfolio mit Eckdaten),
- Konzernbereichs- bzw. Gliedbetriebsebene (Konzernbereichs- bzw. Gliedbetriebsportfolio mit Eckdaten),
- Geschäftsfeldebene (Geschäftsfeldportfolio – Produktportfolio).

Weitere Stufen können zwischen Konzernebene und Geschäftsfeldebene gebildet werden, z. B. für Geschäfts- bzw. Arbeitsgebiete oder Sparten. Auf allen organisatorischen Ebenen können rechtlich selbständige Einheiten bzw. Gliedbetriebe bestehen (vgl. Abbildung 199 a). Bei einer Einheitsgesellschaft umfaßt der Rechtsmantel der Zentrale auch alle nachgeordneten organisatorischen Einheiten der Unternehmung – von Unternehmungsbereichen bis hin zur Geschäftsfeldebene (vgl. das Beispiel des Hauses Siemens AG, Teil VIII).

Auf **Konzernebene** erfolgt die **Planung der Geschäftsfelder aus Sicht der Gesamtunternehmung**. Sie legt fest, in welchen Geschäftsfeldern der Konzern tätig sein will und wie diese Geschäftsfelder untereinander zu priorisieren sind. Diese Geschäftsfeldplanung auf Unternehmungsebene betrachtet unter Beachtung der Vision und der generellen Ziele das gesamte Tätigkeitsfeld der Unternehmung als ein Portfolio von Geschäftsfeldern – bzw. als Portfolio von Gliedbetrieben –, von denen einzelne aufgegeben, neue hinzugefügt und bestehende Geschäftsfelder (Gliedbetriebe) in unterschiedlicher Weise weiterentwickelt werden können. Auf **Gliedbetriebsebene** erfolgt die **Planung der Geschäftsfelder aus Sicht der Gliedbetriebe** – mit unterschiedlicher Ausprägung der Autonomie, je nachdem, ob der Konzern eher zentral oder dezentral geführt wird. Zudem erfolgt die **Planung je Geschäftsfeld aus Sicht des einzelnen Geschäftsfeldes** – unter Beachtung der Vorgaben der Gesamtunternehmung. Diese Planungsaufgaben sind wiederum mit Planungen der Funktionsbereichs- und Regionalstrategien verknüpft.

Abbildung 199 b zeigt strategische Planungsebenen für einen Konzern, der auf der zweiten Ebene rechtlich selbständige produktive Gliedbetriebe besitzt, die jeweils mehrere Geschäftsfelder betreuen. Die Geschäftsfeldplanungen erfolgen in diesem Fall stets mehrstufig.

Geschäftsfeldplanungen werden – genau wie die Führungskräfteplanungen – **periodisch** durchgeführt, zudem bei Bedarf **aperiodisch** – auch bezogen nur auf bestimmte Unternehmungsbereiche/Gliedbetriebe oder einzelne Großprojekte.

Die Geschäftsfeldplanung in einer divisional gegliederten Unternehmung kann im Gegensatz zu den Struktur- und Führungssystemplanungen in Abhängigkeit von dem jeweils praktizierten Führungsprinzip im Extrem entweder überwiegend durch die Konzernzentrale (**zentral**) oder überwiegend durch die oberen Führungskräfte der Gliedbetriebe (**dezentral**) erfolgen. Zumindest im letzten Fall sind jedoch stets gewisse Abstimmungsprozesse erforderlich.

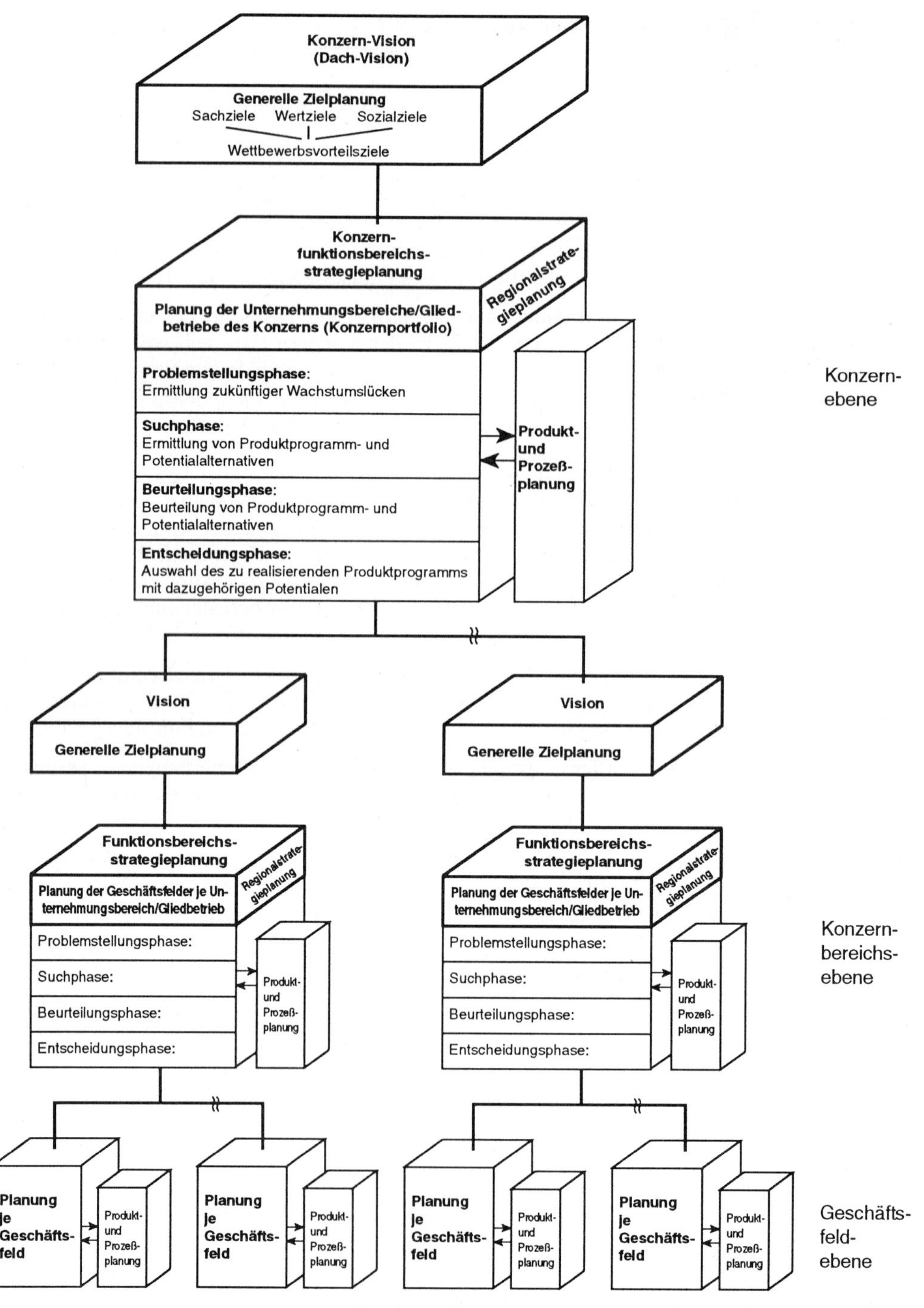

Abb. 199 b: Geschäftsfeldplanung mit integrierter Funktionsbereichs- und Regionalstrategieplanung auf Konzern-, Konzernbereichs- und Geschäftsfeldebene

3.1 Geschäftsfeldplanung in einer Unternehmung mit überwiegend dezentraler Führungsorganisation

Bei dezentraler Führungsorganisation werden den Führungsorganen der Gliedbetriebe eines Konzerns weitgehende Entscheidungsbefugnisse bei der Geschäftsfeldplanung eingeräumt. Auch die zentralen Koordinierungsabteilungen haben dann überwiegend nur beratende Funktionen. Die Beratung auf dem jeweiligen Spezialgebiet umfaßt dabei die Beratung der Gliedbetriebe, aber insbesondere auch die Beratung der Konzernleitung[2]. Die Beratung muß allerdings besonders intensiv erfolgen; die hierfür zuständigen Zentralabteilungen sind mit starken Persönlichkeiten zu besetzen, da die Gefahr gegeben ist, daß die Gliedbetriebe lediglich Bereichsinteressen verfolgen, die durchaus nicht mit den Zielen der Gesamtunternehmung übereinzustimmen brauchen[3].

Bei dezentraler Führung erfolgt die strategische **Geschäftsfeldplanung** und somit die Produktprogramm- und Potentialplanung der Gliedbetriebe **auf der Basis der generellen Zielplanung des Konzerns weitgehend autonom in den Gliedbetrieben.**

Im Rahmen der Produktprogrammplanung entscheiden die Gliedbetriebe über Art und damit Qualitätsniveau, Preis und Menge der von ihnen zu erzeugenden und abzusetzenden Produkte, über Förderung oder Eliminierung von Produkten, über Lizenzaufnahmen oder über die Entwicklung neuer Produkte, über die regionale Verteilung ihrer Absatztätigkeit u. ä. Die Zentralabteilungen haben diese Pläne zu einem gesamtunternehmungsbezogenen Plan zusammenzufassen. Dabei haben sie die Gliedbetriebe auf gravierende Diskrepanzen hinsichtlich der Gesamtunternehmungsziele hinzuweisen und beratend auf eine Gesamtintegration hinzuwirken. Grundsätzlich werden die Entscheidungen jedoch in den Gliedbetrieben gefällt. Dies kann so weit gehen, daß Gliedbetriebe gleiche Produkte entwickeln und miteinander auf bestimmten oder allen Märkten konkurrieren, wenn dies mit den oberen Unternehmungszielen kompatibel ist.

Jeder Gliedbetrieb bestimmt – zumindest im Rahmen seines Abschreibungsvolumens – selbst über seine Investitionen, sofern die in Konzernrichtlinien definierten Ergebniskriterien erfüllt werden können. Für Investitionsrechnungen und -beurteilungen sind von der Zentrale für alle Gliedbetriebe allgemeine Prognoseunterlagen, Steuersatzangaben sowie zu verwendende Investitionsrechnungsverfahren einheitlich vorzugeben[4].

In einzelnen Fällen – insbesondere bei internationalen Konzernen – kann den Gliedbetrieben auch bei der Außenfinanzierung in einem gewissen Rahmen Autonomie eingeräumt werden.

Zur Wahrung konzernpolitischer Interessen bedürfen allerdings integrierte Programm- und Potentialplanungen, die einen bestimmten Umfang überschreiten, stets der Zustimmung der Konzernführung.

---

2 Vgl. Danert, G., Planung der optimalen Unternehmensorganisation, in: Organisation, Hrsg. E. Schnaufer, K. Agthe, Berlin – Baden-Baden 1961, S. 492.

3 Vgl. Agthe, K., Unternehmenswachstum und Unternehmensorganisation, in: Organisation, TFB-Handbuchreihe, 1. Bd., Hrsg. E. Schnaufer, K. Agthe, Berlin-Baden-Baden 1961, S. 471 f.

4 Vgl. Albach, H., Beiträge zur Unternehmensplanung, a.a.O., S. 90 ff.; Scheffler, H. E., Strategische Planung im Konzern, in: Schriften zur Unternehmensführung, Bd. 30, Strategisches Management 2, Hrsg. H. Jacob, Wiesbaden 1983, S. 17.

Die Konzernführung besitzt gegenüber der Führung der Gliedbetriebe bezüglich der Geschäftsfeldplanung nur „passive" Entscheidungsbefugnisse im Sinne eines Veto-Rechts. Die ergebnisorientierte Kontrolle der Gliedbetriebe hinsichtlich ihrer integrierten Programm- und Potentialplanung erfolgt seitens der Zentrale durch Beurteilung der Gewinnerwirtschaftung und Gewinnabführung im Vergleich zu den Zielplanungen für die Gliedbetriebe.

Abbildung 200a veranschaulicht die Informationsflüsse zwischen Zentrale und Gliedbetrieben zur Abstimmung der integrierten Produktprogramm- und Potentialplanung bei überwiegend dezentraler Führungsorganisation[5].

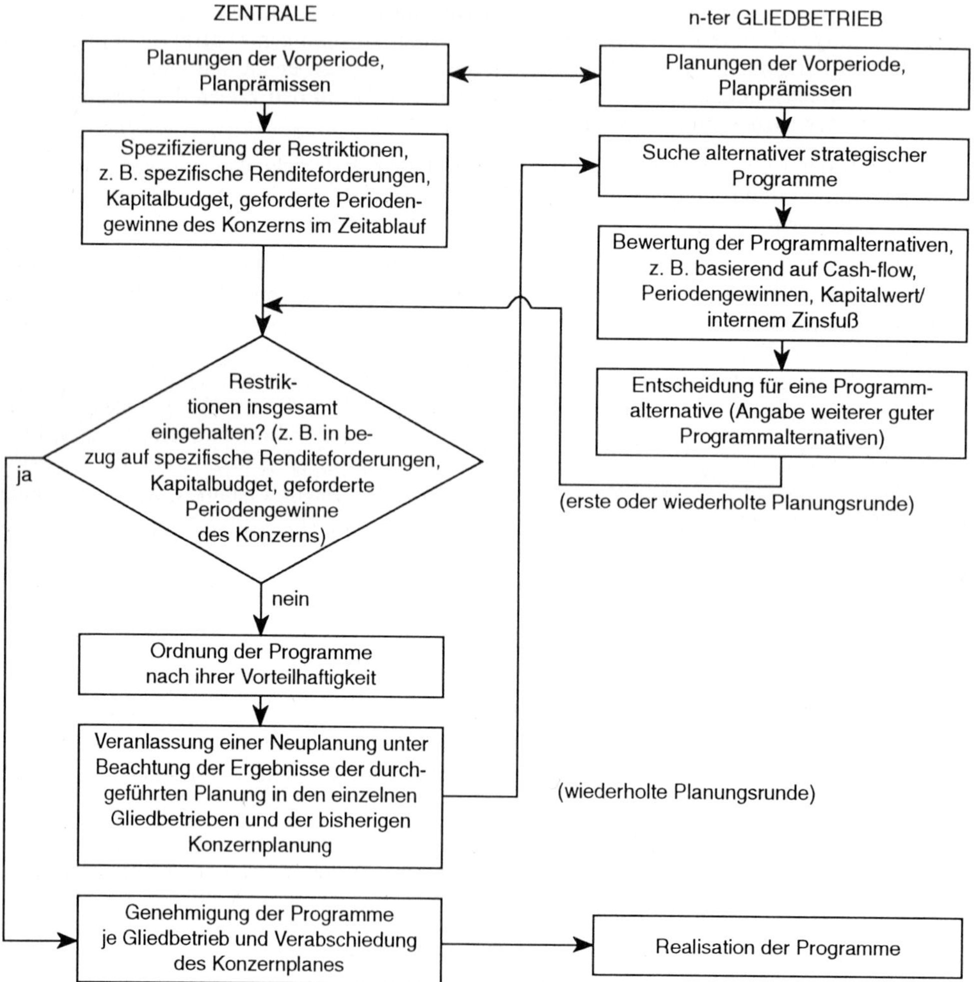

Abb. 200a: Koordination zwischen Zentrale und Gliedbetrieben im Bereich der strategischen Programmplanung bei dezentraler Planung bzw. Führung

5 Vgl. zur Darstellung des Planungsprozesses in mehrgliedrigen Unternehmungen bzw. Konzernen Arbeitskreis „Organisation international tätiger Unternehmen" der Schmalenbach-Gesellschaft, Organisation des Planungsprozesses in international tätigen Unternehmen, a.a.O., S. 33; Gaitanides, M., Produktportfoliomanagement und Planungsrechnung bei dezentraler Organisationsstruktur, DU 1980, S. 72f.

3.2 Geschäftsfeldplanung in einer Unternehmung mit überwiegend zentraler Führungsorganisation

In mehrgliedrigen Unternehmungen ist die Frage der Zentralisierung von Entscheidungen häufig derart geregelt, daß sich die Zentrale neben der generellen Zielplanung wesentliche Entscheidungen vorbehält und somit auf diesem Gebiet den Gliedbetrieben vielfach nur ein Vorschlagsrecht verbleibt.

Bei Divisionalisierung bietet es sich an, die Gliedbetriebe mittels der strategischen Planung, insbesondere der Geschäftsfeldplanung, zu lenken und ihnen vornehmlich nur die operativen Ziel- und Maßnahmenentscheidungen zu überlassen.

„Der Erfolg einer Divisionalisierung hängt wesentlich davon ab, ob es gelingt, die Geschäftsbereiche durch ein System der Zielvorgaben und -kontrollen zu einem einheitlichen Ganzen zu integrieren, ohne daß die Unternehmensleitung sich in die laufenden Aktivitäten und Entscheidungen einmischt. Dem Leiter einer Produktdivision müssen strategische Ziele vorgegeben werden, die ihm einerseits genügend Handlungsspielraum lassen, um seine unternehmerische Initiative und seinen Informationsstand nutzbringend einsetzen zu können, und die andererseits die Aktivitäten der Divisionen bestmöglich in die Gesamtkonzeption des Unternehmens einpassen“[6].

Bei der Ausgestaltung der strategischen **Planung** sind zwei Wege möglich. Entweder gibt die **Zentrale** den Gliedbetrieben den langfristigen integrierten Produktprogramm- und Potentialplan **autonom** entwickelt vor, evtl. weiter untergliedert nach Produkten und Märkten, **oder** aber die Zentrale entwickelt **mit den Führungskräften der Gliedbetriebe** aus den eingereichten Planungsunterlagen der Gliedbetriebe einen langfristigen Plan für die Gesamtunternehmung und die Gliedbetriebe. Hier ist die Abgrenzung zwischen zentraler und dezentraler Führung fließend. Die objektbezogene Kontrolle obliegt in jedem Falle der Zentrale.

Bei der Verabschiedung der strategischen Planung legt die oberste Führung das langfristige Produktprogramm und die damit verbundenen Angaben über Kapazitäten und Standorte für die Gliedbetriebe und damit für die Gesamtunternehmung fest. Sie fällt die Entscheidung, ob neue Produkte (Produktgruppen) in das Produktprogramm aufgenommen werden und in welcher Division sie produziert werden sollen. Unter Beachtung der Lebenszyklenkurven und der Kalkulationen der Produkte entscheidet sie, welche Produkte aus dem Produktprogramm eliminiert und welche gefördert werden sollen; sie entscheidet auch, welche Produkte in Lizenz erstellt werden sollen und welche selbst zu entwickeln und/oder zu produzieren sind.

Eng mit diesen Problemen verbunden sind strategische Entscheidungen über Forschung und Entwicklung. Neben der Koordinierung der Forschungs- und Entwicklungsvorhaben der Gliedbetriebe wird sich die Zentralabteilung Forschung und Entwicklung häufig die Grundlagenforschung vorbehalten, die Anwendungsforschung verbleibt dagegen vielfach den Gliedbetrieben.

Den Gliedbetrieben verbleiben bei zentraler Führung nur in einem gewissen Rahmen Investitions- und Desinvestitionsentscheidungen bei Ersatz- und Rationalisierungsvorhaben, wobei in Konzernrichtlinien aufgestellte Ergebniskriterien erfüllt werden müssen. Neben

6 Eisenführ, F., Zur Entscheidung zwischen funktionaler und divisionaler Organisation, ZfB 1970, S. 740.

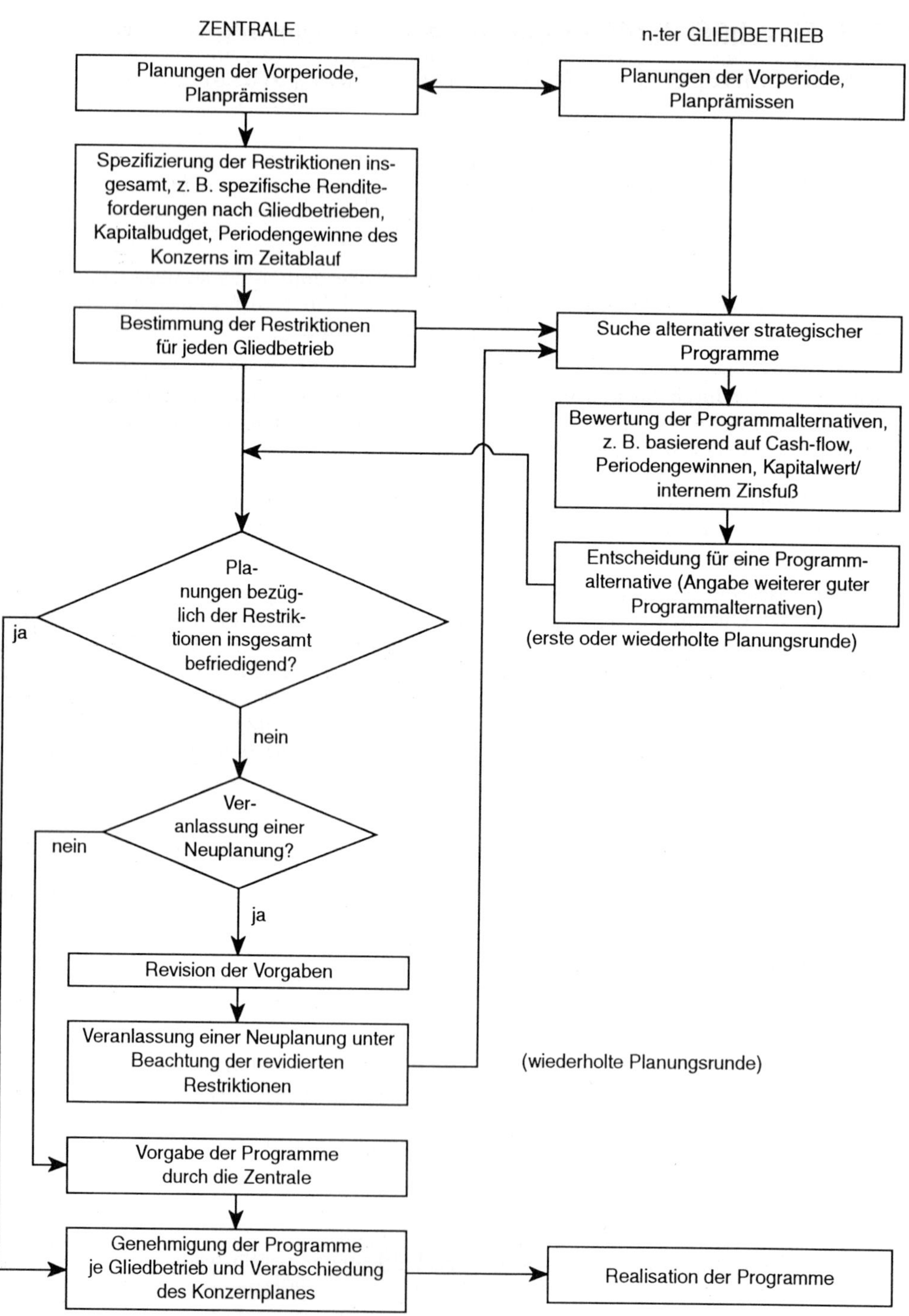

Abb. 200 b: Koordination zwischen Zentrale und Gliedbetrieben im Bereich der strategischen Programmplanung bei zentraler Planung bzw. Führung

den Entscheidungen über relevante Investitionen/Desinvestitionen, die interne Größenveränderungen bewirken, wird sich die Zentrale alle Entscheidungen über externe Größenveränderungen vorbehalten, also z. B. Entscheidungen über Erwerb und Veräußerung von Gliedbetrieben. Ihr Recht auf Entscheidungen über Standortänderungen, Organisationsänderungen, Rechtsform-/Rechtsstrukturänderungen sowie die Auswahl der oberen Führungskräfte runden das Kompetenzfeld der Zentrale ab, wobei die Entscheidungen in den hierfür zuständigen Organen zu fällen sind.

Alle diese Entscheidungen der strategischen Planung sind auch bei zentraler Führung von den entsprechenden Kern-, Koordinierungs- und Stabsabteilungen der Zentrale soweit wie möglich in Zusammenarbeit mit den Führungskräften und Führungshilfen der Gliedbetriebe vorzubereiten (vgl. Teil V, Abschnitt 1). Verabschiedet werden die Pläne jedoch von der obersten Führung der mehrgliedrigen Unternehmung, der auch Leiter der Gliedbetriebe angehören können.

Abbildung 200 b zeigt für den Fall überwiegend zentraler Führungsorganisation den Abstimmungsprozeß zwischen Zentrale und Gliedbetrieben über die Produktprogramme und Investitionen/Desinvestitionen.

3.3 Besonders geeignete Hilfsmittel der Geschäftsfeldplanung im Konzern

Im Konzern bzw. divisional organisierten Unternehmungen können grundsätzlich dieselben Instrumente für die Geschäftsfeldplanung herangezogen werden wie bei einer funktional organisierten Unternehmung. Hervorzuheben sind hierbei auf Konzernebene die **Portfolio-Technik, Kapitalwertberechnungsverfahren** sowie (computergestützte) **Konzern-Ergebnis- und -Finanzplanungsmodelle**.

Gerade auch diese Instrumente dienen im Konzern für die Konzernzentrale als Diskussionsgrundlage für die Formulierung bzw. Überarbeitung der Konzernvision, des Konzern-Programmcharakters, der Kategorien der Konzerngeschäfte bzw. -geschäftsfelder und der damit verbundenen kardinalen Fragen der Ressourcenverteilung.

Im folgenden werden die oben aufgeführten spezifischen Hilfsmittel der Geschäftsfeldplanung im Konzern vertiefend dargestellt.

3.3.1 Portfoliodarstellungen im Konzern

Die Berücksichtigung ganzheitlicher Fragestellungen und damit auch der Bezug zum Markt und zur Marktposition erfordern **Portfoliokonzepte**, die eine **ganzheitliche Portfolioanalyse mit** – je nach Fragestellung unterschiedlichen – **detaillierten Analysen verbindet**. Hier sind unterschiedliche Kombinationen der genannten Detailanalysen möglich[7]; besonders sinnvoll erscheint auf Konzernebene für Konzernbereiche, Geschäftsgebiete oder Geschäftsfelder ein **dynamisches Markt-, Technologie- und Ökologie-Portfolio**, wie wir es bereits für den Fall einer funktional organisierten Unternehmung dargestellt haben (vgl. Teil III, Abschnitt 3.1.1).

Eine Analyse im Rahmen des dynamischen Markt-, Technologie- und Ökologie-Portfolios hat dabei auf Konzernebene (Gesamtunternehmungsebene) nur in aggregierter Form und in Verbindung mit den nachgeordneten Ebenen zu erfolgen. Auf den nachgeordneten Konzernbereichs- oder Geschäftsfeldebenen können weitere detaillierte Analysen vorgenommen werden, indem z. B. für einzelne Produkte bzw. Produktgruppen innerhalb eines Geschäftsfeldes detaillierte Positionierungen vorgenommen werden. Hier bietet es sich auch an, Konkurrenzprodukte in ihrer geschätzten Positionierung als Vergleichsmaßstab einzubeziehen.

Eine besonders interessante Ausprägung der Portfoliomethode für international tätige Konzerne bilden **Länder-Portfolios**. Mit deren Hilfe können **strategisch relevante geographische Gesichtspunkte der Unternehmungs- bzw. Konzernaktivitäten** differenziert verdeutlicht werden. Als Basis kann z. B. das dynamische Portfolio mit den Kriterien Marktattraktivität und relative (Unternehmungs-)Stärke oder das Marktwachstums-/Marktanteils-Portfolio herangezogen werden. Dabei ist hinsichtlich der Planungsebenen in der Konzernhierarchie (Konzernebene, Konzernbereichsebene, Geschäftsfeldebene) stets die Aggregationsstufe zu wählen, für die sich sinnvoll marktbezogene Aussagen über Marktwachstum und Marktanteil darstellen lassen. Prinzipiell sind zwei Möglichkeiten der Entwicklung und Analyse von Länder-Portfolios zu unterscheiden.

7 Vgl. grundlegend das dynamische Portfolio Marktentwicklung und Unternehmungsposition bei Hahn, D., Stand und Entwicklungstendenzen der strategischen Planung, a.a.O., S. 12ff.

Zum einen kann ein **Portfolio für die gesamte Unternehmung bzw. den Konzern**, also für alle Produktgruppen bzw. strategischen Geschäftsfelder erarbeitet werden. Jedes Land, in dem die Unternehmung agiert, wird dabei – analog der sonst üblichen Vorgehensweise – als eine Einheit behandelt. Hierbei bietet es sich an, die Summe der Umsätze aller Produktgruppen der betrachteten Unternehmung je Land zu ermitteln und in Beziehung zum stärksten Konkurrenten je Land zu setzen. Hieraus ergibt sich der relative Marktanteil der Unternehmung je Land. Im Gegensatz zur sonst möglichen mengenmäßigen Aggregation mit der Errechnung eines mengenmäßigen Marktanteils ist hier nur die wertmäßige Ermittlung sinnvoll. Als zweite Dimension des Portfolios ist das durchschnittliche Marktwachstum je Land zu errechnen. Durch die Kombination der beiden Dimensionen in einer Matrix wird die Stellung der Unternehmung je Land deutlich. Allerdings ist diese Vorgehensweise nur bei einem homogenen Produktprogramm oder bei einem Produktprogramm sinnvoll, das mit dem der Konkurrenzunternehmung(en) vergleichbar ist. Wird diese Ermittlung für alle Länder bzw. geographischen Regionen durchgeführt, in denen eine Unternehmung bzw. ein Konzern aktiv ist, ergibt sich ein Überblick über die geographische Verteilung der Unternehmungsaktivitäten (vgl. Abbildung 201 a). Schwerpunkte der Aktivitäten können deutlich werden und unter Umständen Chancen und Risiken anzeigen bzw. erste Anhaltspunkte für eine detaillierte Untersuchung geben.

Zum anderen kann **für jedes Land bzw. jede geographische Region**, in der eine Unternehmung geschäftlich tätig ist, **ein Portfolio erstellt werden**, aus dem die länder- bzw. regionenspezifische Stellung einzelner Produktgruppen bzw. strategischer Geschäftsfelder im Vergleich zum stärksten Konkurrenten deutlich wird. Dieses Portfolio kann z. B. dem dynamischen Marktportfolio mit den Kriterien Marktattraktivität und relative (Unternehmungs-)Stärke

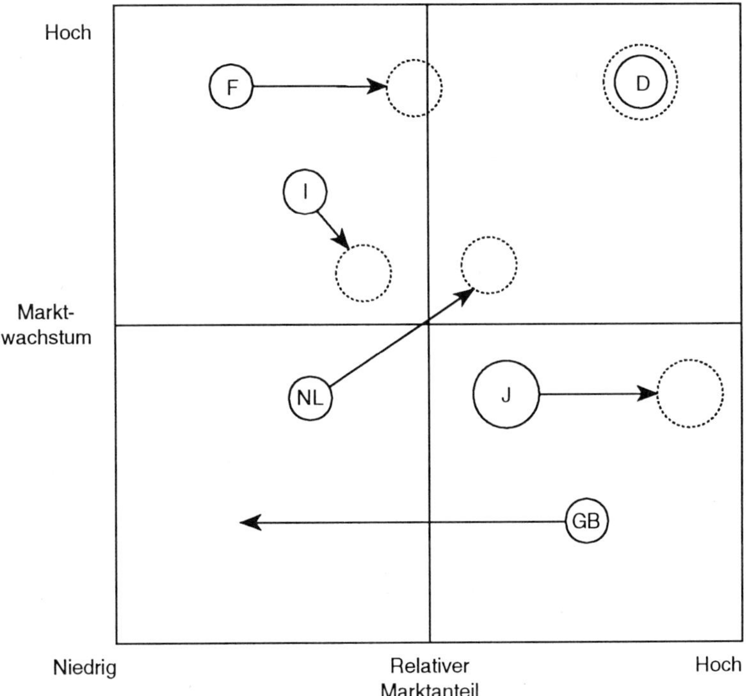

Abb. 201 a: Unternehmungs-/Länder-Portfolio

entsprechen – bezogen auf einzelne Länder oder Regionen oder als Aggregation eines Produktes im Weltmaßstab im Sinne eines **Welt-Portfolios** (vgl. Abbildung 201 b)[8].

Der **Nutzen der Portfolio-Konzepte** liegt bei ökonomisch sinnvoller Anwendung vor allem darin, über schematisierte Hilfsmittel markt- bzw. kundenproblemorientiert bessere Informationen über Umsatz, Cash-flow und Ergebnis, Finanzbedarf und Risiko vorhandener und möglicher künftiger Aktivitätsfelder zu erhalten. Hierauf aufbauend können unter Beachtung von zeitpunktbezogen und zeitraumbezogen formulierten Zielen strategische Geschäftseinheiten bzw. Produkt- und Dienstleistungsprogramme mit dazugehörigen Sach- und Humanpotentialen sowie Einsatzstoffen analysiert und geplant werden.

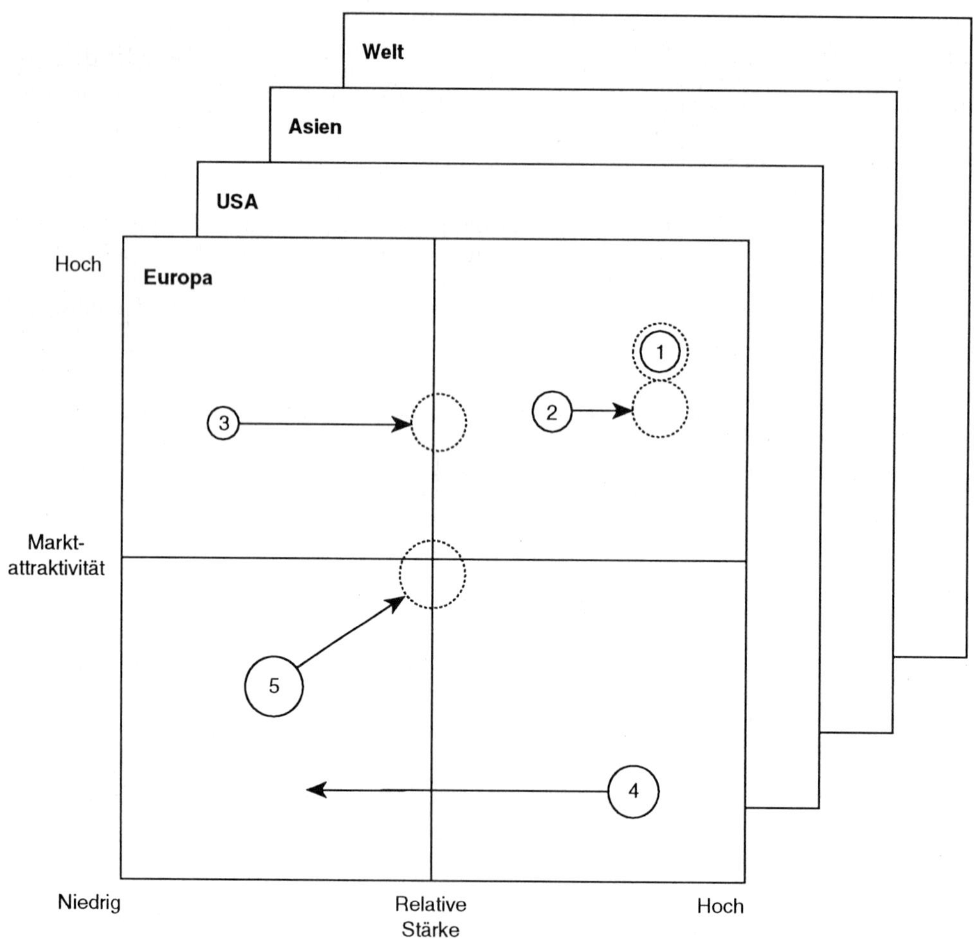

Abb. 201 b: Produkt-/Regionen-Portfolio

8 Vgl. auch Hahn, D., Strategische Führung und Controlling – unter besonderer Berücksichtigung internationaler Aspekte, in: Unternehmerisches Handeln – Wege, Konzepte und Instrumente, Festschrift zum 65. Geburtstag von Hans Siegwart, Hrsg. K. Bleicher, R. Schmitz-Dräger, Bern 1990, S. 105; Stahr, G., Internationale strategische Unternehmensführung, Stuttgart u. a. 1989, S. 19 ff.

3.3.2 Kapitalwertorientierte Programmgestaltung und Ressourcenverteilung im Konzern

Das **Streben** nach **Erwirtschaftung eines maximalen Kapitalwertes** auf der Basis von Einzahlungs- und Auszahlungsgrößen gilt auch in Konzernen als **oberstes**, grundsätzlich **dominantes monetäres Ziel sowohl der Gesamtunternehmung als auch der jeweiligen Gliedbetriebe.** Aufbauend auf dem Kapitalwert in seiner Ausprägung als **Gesamtkapitalwert** gelten der **Eigenkapitalwert/Shareholder Value** und der **residuale Unternehmungskapitalwert** als monetäre Hauptzielgrößen für die **Beurteilung von Strategiealternativen auf Konzernebene** (vgl. Teil III, Abschnitt 3.1.3.3.2 zur Ermittlung der unterschiedlichen Kapitalwerte).

Aus der Sicht der Konzernzentrale als Eigen- und Fremdkapital verwaltende Führungsspitze (als „Kapitalanleger“) sollte der **Eigenkapitalwert/Shareholder Value** oder der **residuale Unternehmungskapitalwert** das **monetäre ergebnisbezogene Hauptziel für den Konzern** bilden, da mit der Verfolgung dieser Zielgrößen simultan eine Optimierung der Finanzierungsseite aus Sicht der Eigenkapitalgeber erfolgen kann. Bei börsennotierten Muttergesellschaften eines Konzerns sollte der **Shareholder Value** auch für externe Informationszwecke insbesondere im Hinblick auf die Aktionäre ermittelt werden. Zudem interessiert der Shareholder Value auch aus Konzernsicht bezogen auf börsennotierte Tochtergesellschaften, also Tochtergesellschaften, an denen außenstehende Aktionäre beteiligt sind[9].

Für die Beurteilung von Strategiealternativen von **Gliedbetrieben** zieht man pragmatisch den Gesamtkapitalwert als monetäres Beurteilungskriterium heran. Insbesondere in Gliedbetrieben, die bereits seit längerer Zeit dem Konzern angehören, lassen sich keine sinnvollen Aussagen über die Kapitalstruktur mehr machen, da die Eigen- und Fremdkapitalzuweisung an diese Gliedbetriebe von der Konzernspitze willkürlich gestaltet werden kann. Ein Eigenkapitalwert/Shareholder Value verliert dann an Aussagekraft. Lediglich für den Fall, daß Kapitalzahlungen dem Gliedbetrieb zuordenbar und durch diesen beeinflußbar sind, kann hier auch der Eigenkapitalwert/Shareholder Value das monetäre ergebnisbezogene Hauptziel bilden – vor allem bei Auslandsgesellschaften.

Es muß allerdings in jedem Fall von einer Ziel-Kapitalstruktur je Gliedbetrieb ausgegangen werden, um gemischte Kalkulationszinsfüße ermitteln zu können.

Die risikoberücksichtigenden Anteile der gemischten bzw. gewichteten **Kalkulationszinsfüße** zur Ermittlung der Kapitalwerte können dann im Idealfall nach branchen- bzw. geschäftsspezifischen Risiken je Gliedbetrieb bzw. Gesellschaft festgelegt werden (vgl. zur Kalkulationszinsfußermittlung auch Teil III, Abschnitt 3.1.3.3 sowie vor allem auch Abbildung 196).

Neben der Bewertung von Strategiealternativen für einzelne Gliedbetriebe interessiert der Gesamtkapitalwert vor allem als Maßgröße für den **Wertbeitrag pro Gliedbetrieb** – also den Beitrag, den ein Gliedbetrieb zum Wert der Gesamtunternehmung leistet. Dabei kann es sinnvoll sein, die Kapitalwerte der Gliedbetriebe nur auf der Basis der operativen Cash-flows (Operating Cash-flows: Zahlungsüberschüsse aus güterwirtschaftlichen Aktivitäten) zu errechnen, wenn finanzwirtschaftliche Aktivitäten im wesentlichen nur durch die Obergesellschaft durchgeführt werden. In diesem Fall werden zur Ermittlung des Gesamtkapitalwertes der Obergesellschaft die Barwerte der operativen Cash-flows je Gliedbetrieb addiert und ihnen dann der (positive oder negative) Barwert der finanzwirtschaftlichen Cash-flows der Obergesellschaft hinzugefügt. Nach Abzug des Barwertes der fremdkapitalgeberbezogenen Rückzahlungsansprüche erhält man den Eigenkapitalwert/Shareholder Value der Obergesellschaft, nach Abzug auch der eigenkapitalgeberbezogenen Rückzahlungsansprüche

9 Vgl. ähnlich Willers, H. G., Marktwertstrategien, unveröffentlichtes Manuskript, Duisburg 1992.

den residualen Unternehmungskapitalwert der Obergesellschaft (vgl. auch Teil III, Abschnitt 3.1.3.3.2).

In jüngster Zeit wird auch versucht, nicht nur den Wertbeitrag der Gliedbetriebe zum Unternehmungswert zu ermitteln, sondern auch den **Wertbeitrag**, den die **Konzernzentrale** selber zum Unternehmungswert leistet, zu beziffern. Dazu ist es erforderlich, die Gesamtkapitalwerte der einzelnen Gliedbetriebe so zu berechnen, als stünden diese nicht im Konzernverbund, sondern würden als eigenständige Unternehmung agieren („stand alone value"). Hierfür müssen ggf. konzerninterne Lieferungs- und Leistungsbeziehungen umbewertet und bestehende Synergieeffekte zwischen den Gliedbetrieben quantifiziert und eliminiert werden. Nur wenn der Wert der Gesamtunternehmung die Summe der „stand alone values" der Gliedbetriebe übersteigt, leistet auch die Konzernzentrale einen positiven Wertbeitrag[10].

Der Unternehmungs- bzw. Konzernführung kann der **Eigenkapitalwert/Shareholder Value** auch für **aperiodische** Fragestellungen wie der Ermittlung des maximalen Kaufpreises einer möglichen Beteiligung sowie nach Umrechnung auch zum Vergleich von externen Wachstumsalternativen mit internen Wachstumsalternativen dienen.

Der Eigenkapitalwert/Shareholder Value einer potentiellen Beteiligung wird hierbei vom potentiellen Käufer als maximaler **Kaufpreis für eine Unternehmung** angesehen, sofern keine Synergien durch die geplante Akquisition zu erwarten sind und Transaktionskosten kein besonderes Gewicht haben. Bei ins Gewicht fallenden Transaktionskosten/-auszahlungen sind diese bei der Kaufpreisermittlung zu berücksichtigen.

Können vom Käufer Synergien erwartet werden, so erhöht sich sein maximaler Kaufpreis für die Unternehmung um den Eigenkapitalwertzuwachs aus solchen Synergieeffekten. Eine Steigerung des Eigenkapitalwertes/Shareholder Values der Unternehmung des Käufers wird bei einer Akquisition allerdings nur dann realisiert, wenn der von ihm effektiv zu zahlende Kaufpreis unter dem maximalen Kaufpreis liegt. Es handelt sich um den Shareholder Value created for buyer in der Terminologie des Shareholder Value Ansatzes (vgl. Abbildung 202). Vielfach besteht ein besonders hohes Wertsteigerungspotential, wenn eine bislang wenig erfolgreich geführte Unternehmung akquiriert wird. Es gibt Beispiele in der deutschen Wirtschaft, wo ein niedriger Kaufpreis bzw. (Eigen-)Kapitalwert einer akquirierten Unternehmung durch überlegenes Management um ein Vielfaches gesteigert werden konnte. Wird diese Wertsteigerung, beispielsweise durch Abgabe einer Minderheitsbeteiligung an Dritte, realisiert, so sprechen wir von „Value Creation Realisation"[11].

Investitionen bzw. Strategiealternativen sind auch bei dieser Anwendung der Kapitalwertmethode umso vorteilhafter, je höher der Gegenwartswert bzw. Barwert der künftigen zusätzlichen Cash-flows über der Anfangsauszahlung für die Investition zum Entscheidungszeitpunkt liegt. Die Höhe dieses positiven Wertes kann als Maßstab für die über den geforderten Kalkulationszinsfuß hinausgehende effektive Kapitalverzinsung gelten. **Desinvestitionen** sind danach um so vorteilhafter, je weiter der Barwert der entfallenden zukünftigen – rückläufigen – Cash-flows unterhalb des Barwertes bei sofortiger „Liquidation" zum Desinvestitionsentscheidungszeitpunkt liegt[12].

Bezogen auf den langfristigen Planungshorizont sind – auch vor allem unter Nutzung des Zahlenwerkes der mehrperiodigen Ergebnis- und Finanzplanungen – für die Obergesellschaft und nach Möglichkeit auch für die übrigen Gliedbetriebe **jährlich** der Gesamtkapital-

10 Vgl. Henzler, H., Von der strategischen Planung zur strategischen Führung: Versuch einer Positionsbestimmung, a.a.O., S. 1286ff.; Hungenberg, H., Die Aufgaben der Zentrale, zfo 1992, S. 341 ff.

11 Vgl. Gomez, P., Weber, B., Akquisitionsstrategie, Wertsteigerung durch Übernahme von Unternehmungen, a.a.O.

12 Vgl. Bühner, R., Weinberger, H.-J., Cash-flow und Shareholder Value, a.a.O., S. 196f. u. S. 200f.

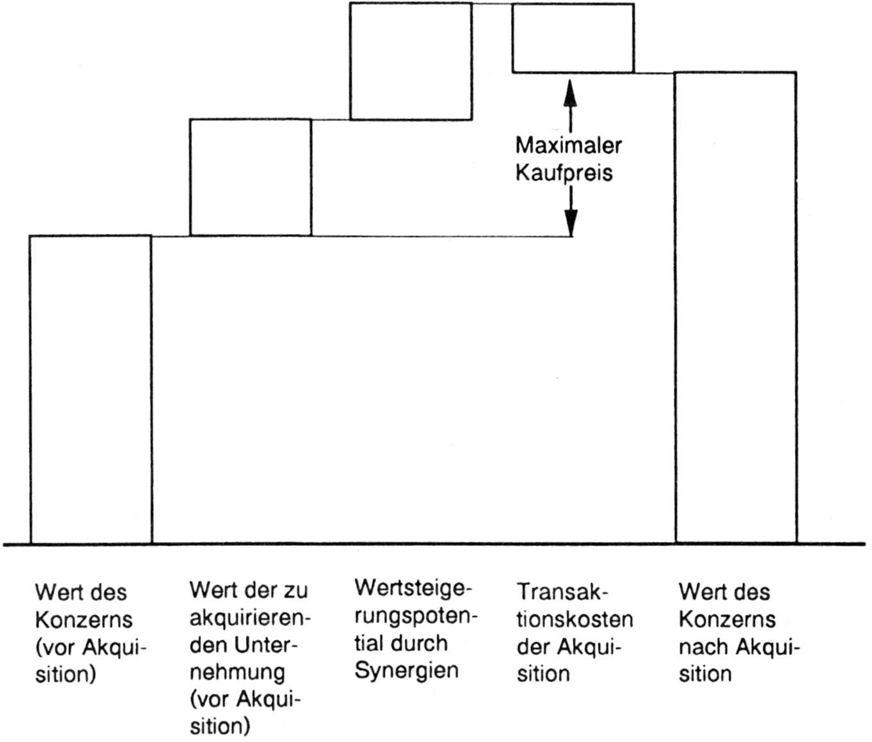

Abb. 202: Ermittlung des maximalen Kaufpreises einer Unternehmung

wert sowie der Eigenkapitalwert/Shareholder Value und der residuale Unternehmungskapitalwert zu berechnen; bei börsennotierten Gesellschaften der Shareholder Value bzw. Eigenkapitalwert auch für externe Informationsadressaten. Trotz aller Schwierigkeiten der praktischen Ermittlung sollten die Kapitalwerte und Kapitalrentabilitäten zumindest nachrichtlich für die oberste interne und externe Führung ermittelt werden.

3.3.3 Mehrperiodige Ergebnis- und Finanzplanung im Konzern und kapitalwertorientierte Ressourcenverteilung

Für die **ergebnis- und liquiditätsmäßige Beurteilung** (möglicher) künftiger strategischer Einheiten ist neben den im Rahmen der jeweiligen Konzepte genannten Kriterien als Hilfsmittel für eine Charakterisierung vor allem die Wirkung solcher Alternativen auf die jeweilige Umsatz-, Ergebnis- und Liquiditätshöhe der Gesamtunternehmung in künftigen Perioden von Bedeutung. Dies gilt für einzelne strategische Einheiten und vor allem auch für alternative Portfolios (Produktprogramm- und Potentialkombinationen = Bündel von strategischen Einheiten/alternative Investitionsbudgets).

Zur Kennzeichnung der Wirkungen von strategischen Alternativen auf monetäre Ziele (Umsatz-, Ergebnis-, Liquiditätsziele) und auf andere Ziele (etwa Kapazitäten und Beschäftigtenzahl) in künftigen Perioden sind **mehrperiodige, computergestützte Gesamtunternehmungsmodelle** in unterschiedlicher Ausgestaltung effektiv einsetzbar, mit denen entsprechende Simulationsrechnungen durchgeführt werden können (vgl. Teil IV, Abschnitt 5.6). Die Resultate solcher Berechnungen können wiederum in Form von Matrixdarstellungen oder in anderer graphischer Form verdeutlicht werden.

Abbildung 203 a verdeutlicht den Zusammenhang zwischen den Geschäftsfeldstrategien der Unternehmungsbereiche U1 bis U5 und der mehrperiodigen Unternehmungsplanung, insbesondere auch dem gesamtunternehmungsbezogenen Finanzplan.

Von der Konzernzentrale sind aufbauend auf den Ergebnissen der dargestellten Beurteilungsinstrumente Entscheidungen zu treffen über Fragen der **Mittelherkunft** und **Mittelverwendung** bezogen auf den Konzern bzw. die einzelnen Bereiche, Gliedbetriebe oder Geschäftsfelder (vgl. als Beispiel Abbildung 203 b). Es geht um die zentrale Frage der Ressour-

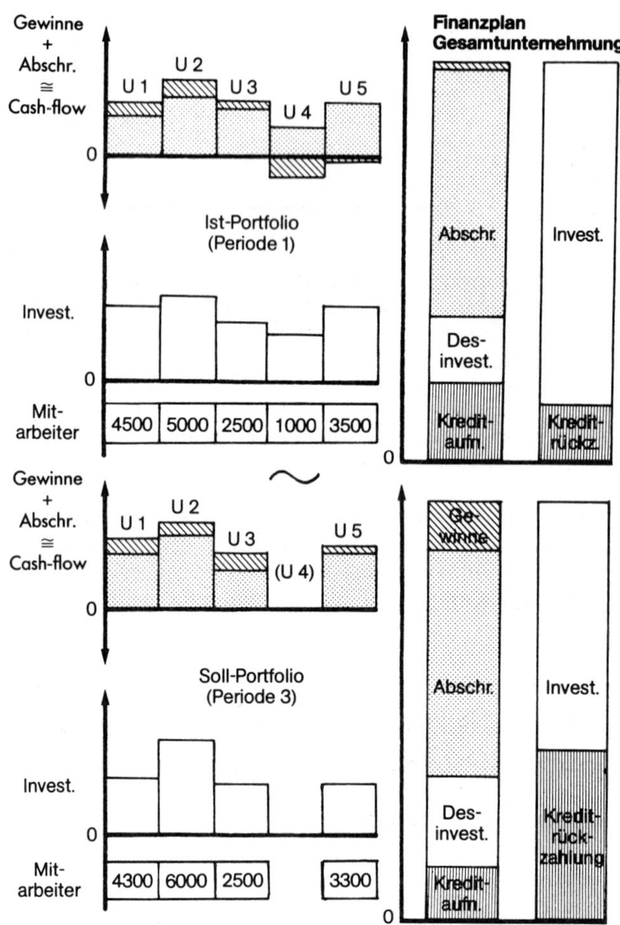

Abb. 203 a: Wirkungen von Geschäftsfeldstrategien auf die mehrperiodige Unternehmungsplanung[13]

13 Entnommen aus Hahn, D., Stand und Entwicklungstendenzen der strategischen Planung, in: Unternehmensstrategien und Strategische Planung, Hrsg. H. Koch, ZfbF-Sonderheft 15/1983, Wiesbaden 1983, S. 24.

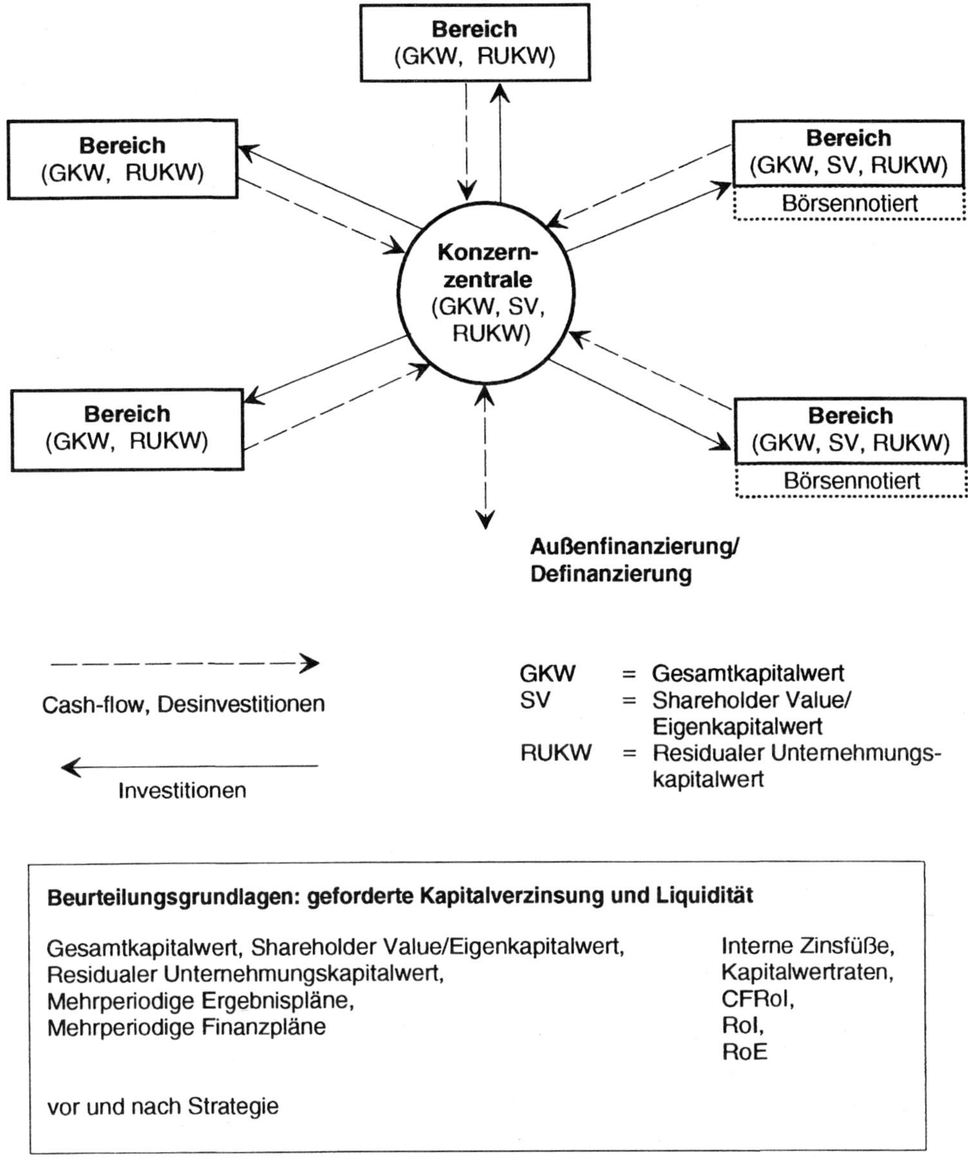

Abb. 203 b: Monetäre Beurteilung von Konzernstrategien

cenverteilung im Konzern. Für die **ergebnisorientierte Beurteilung von Geschäftsfeldstrategien im Konzern** dienen Kapitalwerte und Periodenergebnisse der Bereiche und des gesamten Konzerns – jeweils vor und nach Strategieplanungen und unter Berücksichtigung der unterschiedlichen Renditeansprüche je Bereich, Gliedbetrieb oder Geschäftsfeld.

Die Priorisierung der Investitionsprojekte und damit der Kapitalverwendung im Konzern ergibt sich unter Ergebnisgesichtspunkten bei begrenztem Finanzierungsvolumen nach der jeweiligen Rendite/Kapitalwertrate.

Beispiel:

Bereich	A	B	C	D	E	Summe
Beantragtes Budget in Mio. DM	30	60	110	70	20	290
Kapitalwert	10	10	30	20	15	85
Ranking nach Kapitalwert	4	4	1	2	3	–
Kapitalwertrate	0,33	0,166	0,273	0,286	0,75	0,293
Ranking nach Kapitalwertrate	2	5	4	3	1	–

Situation 1: Beantragtes Budget ≤ Finanzierungsvolumen (Finanzierungsvolumen = 290 Mio. DM)

In diesem Fall wird allen Bereichen das beantragte Budget genehmigt. Im Ergebnis würde dies zu einer Kapitalwertsteigerung nach Strategie in Höhe von 85 Mio. DM führen.

Situation 2: Beantragtes Budget > Finanzierungsvolumen (Finanzierungsvolumen = 120 Mio. DM)

In diesem Fall werden die einzelnen Investitionen nach ihrer relativen Vermögenssteigerung in eine Ordnung gebracht. Es können nur die Bereiche E, A, D bedient werden. Die Kapitalwertsteigerung nach Strategie beträgt in diesem Fall 45 Mio. DM. Bei jeder anderen Verteilung der nun knappen Investitionsmittel kann nur eine geringere Kapitalwertsteigerung erzielt werden (vgl. zur Bedeutung der Kapitalwertrate auch Teil III, Abschnitt 3.1.3.3.1).

Bei **unbegrenzter Finanzierungsmöglichkeit** werden also alle Projekte realisiert, deren Kapitalwert positiv ist. Bei **begrenzter Finanzierungsmöglichkeit** werden Projekte mit der höchsten Rentabilität (und positivem Kapitalwert) zuerst realisiert. Danach werden weitere Projekte in der Reihenfolge abnehmender Rentabilitäten (und positiver Kapitalwerte) in das Investitionsprogramm aufgenommen, bis das Finanzierungsvolumen vollständig verteilt ist. Hierbei wird Teilbarkeit der Projekte unterstellt.

Finanzierbarkeitsprüfungen und **Liquiditätssicherung** erfolgen auf der Basis von Finanzplänen, in die die in den Unternehmungsbereichen bzw. Gliedbetrieben erwirtschafteten Cashflows und ggf. Einzahlungen aus Desinvestitionen eingehen. In der zentralen Finanzplanung des Konzerns werden diesen dann die Zahlungen für Investitionen in Bereiche bzw. Gliedbetriebe und die Außenfinanzierungs-/-definanzierungsvorgänge der Konzernzentrale gegenübergestellt (vgl. Abbildung 211 a, Abschnitt 5.5.3 dieses Teils). Die Prüfung der Finanzierbarkeit und die Sicherung der Liquidität erfolgen damit letztlich auf der Basis der zentralen mehrperiodigen Finanzplanung des Konzerns und seinen finanzpolitischen Spielräumen und Möglichkeiten. Die Resultate der ergebnis- und liquiditätsorientierten Rechnungen können visualisiert und schematisiert in Portfoliodarstellungen bezogen auf Geschäftsfelder, Gliedbetriebe, Bereiche oder die Gesamtunternehmung verwendet werden.

4. PuK der Zentrale im Rahmen der operativen Planung (Programm- und Aktionsplanung bei gegebenen Potentialen)

4.1 Produktprogrammplanung

Ob die **Produktprogrammplanung bei gegebenen Potentialen** in einer mehrgliedrigen Unternehmung bzw. einem Konzern zentral oder dezentral aufgestellt und verabschiedet wird, hängt primär davon ab, ob ein horizontal oder vertikal strukturierter Konzern gegeben ist. Grundlagen für ergebnisorientierte Produktprogrammplanungen bilden Rechnungen mit den Wertkategorien der Kosten- und Erlösrechnung.

Bei **horizontalen Konzernen** kann davon ausgegangen werden, daß keine wesentlichen Leistungsbeziehungen zwischen den einzelnen Subsystemen bestehen. Die einzelnen Gliedbetriebe können daher weitgehend unabhängig voneinander betrachtet werden. Bei heterogenem Produktprogramm kann eine **dezentrale Produktprogrammplanung** erfolgen, bei homogenem Produktprogramm eine **zentrale Produktprogrammplanung** erforderlich sein.

Welcher **Rechenansatz** zur Planung des optimalen Programms gewählt wird, hängt von der Beschäftigungssituation ab. Bei **Unterbeschäftigung** sind die Anlagen in jenen Gliedbetrieben zu beschäftigen, die die vergleichsweise höchsten Deckungsbeiträge ermöglichen bzw. bei konstanten Preisen die geringsten variablen Kosten verursachen. Bei **Vollbeschäftigung** sind im Konzern Optimierungsrechnungen unter besonderer Berücksichtigung der Opportunitätskosten und der Kosten der Transporte zwischen Gliedbetrieben und zu Abnehmern durchzuführen. Solche Programmplanungen und Kostenvergleiche sind besonders dann von Bedeutung, wenn die Gliedbetriebe dieselben oder ähnliche Produktgruppen erzeugen und veräußern. Besondere Probleme der Kontrolle treten nicht auf.

Bei **vertikalen Konzernen** durchläuft ein Produkt bzw. dessen Vorprodukt(-bündel) mehrere Subsysteme, bevor es am Markt abgesetzt wird. Hier wird die Planung eines ergebnisoptimalen Produktprogramms zum Teil sehr schwierig, insbesondere bei heterogenem Produktprogramm. Es wird bei homogenem und heterogenem Programm eine **zentrale Produktprogrammplanung** erforderlich.

In Abhängigkeit von der Beschäftigungssituation gelten wiederum unterschiedliche Rechenansätze zur Ermittlung des optimalen Programms. Bei Optimierungsrechnungen einerseits und z. T. bei Kalkulationen andererseits interessieren bei mehrstufigen Unternehmungen Wertansätze nach Eliminierung der konzerninternen Zwischengewinne und ggf. spezifischer Kosten.

Für die laufende **Kontrolle** wird man sich mit der Überwachung des aus den Ergebnissen pro Stufe zu ermittelnden Gewinns/Deckungsbeitrags je Produkt (Produktgruppe) im Gesamtsystem begnügen. Fallweise wird man auf der **Basis von sogenannten durchgerechneten Ergebnissen und Deckungsbeiträgen eine Produkt- und Programmbeurteilung** vornehmen. Bei einer derartigen Durchrechnung entfällt die Notwendigkeit zur Eliminierung konzerninterner Beträge.

In diesem Zusammenhang sei besonders auf die **Primäre Kostenartenrechnung** hingewiesen [1]. Das wesentliche Merkmal dieses Verfahrens besteht darin, die primären Kostenarten, die sich für die Unternehmung als Nachfrager auf den Beschaffungsmärkten ergeben, bis zu den absatzfähigen Produkten (Kostenträgern) durchzurechnen und den Anteil der einzelnen aus dem Beschaffungsmarkt herrührenden Kostenarten an den Gesamtkosten der Endleistungen sichtbar zu machen [2].

Die Primäre Kostenartenrechnung verzichtet damit auf die bei anderen Kostenrechnungsverfahren übliche Zusammenfassung mehrerer Kostenarten zu Kostenstellenkosten und die Weiterverrechnung dieser Stellenkosten als sekundäre Kostenarten auf nachgelagerte Stufen bzw. Leistungseinheiten. Sie verrechnet die auf den jeweiligen Kostenträger entfallenden Kosten, die aus der Inanspruchnahme von Kostenstellen resultieren, nicht in einem Betrag weiter, sondern in der Aufgliederung nach primären Kostenarten, wie sie bei der abgebenden Stelle gegeben ist.

Die Primäre Kostenartenrechnung ist unabhängig vom jeweiligen Kalkulationsprinzip sowie von der Ausprägung der Kostenrechnung nach Inhalt und Umfang anwendbar. Sie kann also im Rahmen von Ist-, Normal- und Plankostenrechnungen als Voll- oder Teilkostenrechnung durchgeführt werden. Sie ist nicht als eigenständiges kostenrechnerisches System, sondern lediglich als ergänzende Variante des in einer mehrstufigen Unternehmung bestehenden Kostenrechnungssystems anzusehen [3].

Die Struktur der primären Kostenarten läßt sich für Erzeugnisse aller Produktionsstufen ermitteln. Besonders wichtig ist jedoch die Ermittlung der Kostenstruktur auf der Endstufe des Leistungserstellungsprozesses, da die Kenntnis der genauen Kostenstruktur von Endprodukten als wertvolle Informationsgrundlage z. B. bei der Kosten- und Ergebnisplanung, der Planung des Finanzbedarfs oder bei Preisstellung und Preiskontrolle herangezogen werden kann [4]. Es lassen sich mit Hilfe der Primären Kostenartenrechnung sehr anschaulich die produktbezogenen Wirkungen von Preisänderungen auf der Lohn- und Materialseite prognostizieren. Die Durchrechnung primärer Kostenarten bis zu den Endprodukten entzerrt die Verfälschung der Kostenstruktur von Endprodukten, die sich bei summarischer Stufenkalkulation über mehrere Stufen als Folge der Verrechnung aller Kosten einer Stufe als Materialkosten der Folgestufe zwangsläufig ergibt.

---

1 Vgl. ausführlich zur stückbezogenen Primären Kostenartenrechnung Schubert W., Kostenträgerstückrechnung als (primäre) Kostenartenrechnung?, BFuP 1965, S. 358ff.; ders., Das Rechnen mit stückbezogenen primären Kostenarten als Entscheidungshilfe, in: Das Rechnungswesen als Instrument der Unternehmungsführung, Hrsg. W. Busse von Colbe, Bielefeld 1969, S. 57ff.; vgl. auch Hecker, P., Scholz, H., Die optimale Nutzung kalkulatorischer Möglichkeiten mit Hilfe der ADV, DB 1970, S. 117ff.; Arbeitskreis „Primärkostenrechnung" im Betriebswirtschaftlichen Ausschuß des Verbandes der Chemischen Industrie e.V., Zur Anwendbarkeit der Primärkostenrechnung in der Chemischen Industrie, DB 1972, S. 833ff.

2 Vgl. Arbeitskreis „Primärkostenrechnung" im Betriebswirtschaftlichen Ausschuß des Verbandes der Chemischen Industrie e.V., Zur Anwendbarkeit der Primärkostenrechnung in der Chemischen Industrie, a.a.O., S. 833; Ebbeken, K., Primärkostenrechnung, Berlin 1973; Kilger, W., Flexible Plankostenrechnung und Deckungsbeitragsrechnung, a.a.O., S. 570ff.; Weber, H. K., Kosten und Erlöse, in: HWR, K. Chmielewicz, M. Schweitzer, 3. Aufl., Stuttgart 1993, Sp. 1264ff.

3 Vgl. Arbeitskreis „Primärkostenrechnung" im Betriebswirtschaftlichen Ausschuß des Verbandes der Chemischen Industrie e.V., Zur Anwendbarkeit der Primärkostenrechnung in der Chemischen Industrie, a.a.O., S. 833f.

4 Vgl. hierzu ausführlich Arbeitskreis „Primärkostenrechnung" im Betriebswirtschaftlichen Ausschuß des Verbandes der Chemischen Industrie e.V., Zur Anwendbarkeit der Primärkostenrechnung in der Chemischen Industrie, a.a.O., S. 836ff.; Schubert, W., Das Rechnen mit stückbezogenen primären Kostenarten als Entscheidungshilfe, a.a.O., S. 64ff.

Veränderungen in den auf der Basis von stufenweisen Durchrechnungen ermittelten Gewinnen/Deckungsbeiträgen je Produkt in der Gesamtunternehmung lassen demgegenüber keine unmittelbare Ursachenanalyse zu. Hier kann eine Veränderung nur einer bestimmten Konzernstufe zugeordnet werden. Auf dieser Konzernstufe muß dann eine Ursachenanalyse anhand von Einzelrechnungen durchgeführt werden. Da bei Veränderungen von Gewinnen/Deckungsbeiträgen je Produkt die Gründe nur selten ausschließlich in einer Stufe liegen, ist eine übersichtliche und eindeutige Ursachenanalyse nur mit entsprechendem Aufwand möglich.

4.2 Funktionsbereichsbezogene Planung

Auch bei den funktionsbereichsbezogenen Planungen durch die Koordinierungsabteilungen ergeben sich im Hinblick auf die zu verwendenden Verfahren der Planungs- und Kontrollrechnung gegenüber jenen in Unternehmungen mit primär verrichtungsorientierter Aufbauorganisation grundsätzlich keine Unterschiede.

Die Koordinierungsabteilungen fassen im allgemeinen die Bereichspläne der Gliedbetriebe zu gesamtunternehmungsbezogenen Plänen zusammen, und zwar durch sogenannte **additive Querrechnungen**, zum Teil auch durch **Konsolidierungsrechnungen**.

Außerdem beraten sie die Funktionsbereiche der Gliedbetriebe bei der Aufstellung ihrer Pläne. Sie sind dafür verantwortlich, daß durch ihre Beratung in den von ihnen betreuten speziellen Aufgabenbereichen eine aus der Sicht der Gesamtunternehmung optimale Lösung gefunden wird[5].

Weicht die Leitung der Gliedbetriebe von den Vorschlägen der Koordinierungsabteilungen ab, so hat sie dies gegenüber der Gesamtunternehmungsleitung zu verantworten. In der Regel haben die Koordinierungsabteilungen zur Erfüllung ihrer Aufgaben – wie bereits erläutert – ein funktionales Weisungsrecht. Der überwiegende Teil der Durchführung der funktionsbereichsbezogenen Aufgaben verbleibt jedoch im Zuständigkeitsbereich der Gliedbetriebe.

Von diesem Grundsatz werden jedoch im Hinblick auf bestimmte Aufgaben Ausnahmen gemacht, für die es aus ökonomischer Sicht vorteilhafter erscheint, sie in der Zentrale durchzuführen – z. B. bei homogenem Programm für Werbung, Normung und Typung, Einkauf und Lagerung bestimmter Stoffe.

Im Konzern hängt die **Ausgestaltung der funktionsbereichsbezogenen PuK** wieder stark von der Regelung der Entscheidungsbefugnisse ab. In einem überwiegend **dezentral geführten Konzern** liegt die Aufgabe der funktionsbereichsbezogenen Koordinierungsabteilungen im wesentlichen darin, die einzelnen Funktionsbereichspläne der Gliedbetriebe zu einem Gesamtplan der jeweiligen Funktion des Konzerns zusammenzufassen und den Funktionsbereichen der Gliedbetriebe bei der Erstellung ihrer Pläne beratend zur Seite zu stehen. Darüber hinaus wird man den Koordinierungsabteilungen unter Umständen auch Kontrollfunktionen zuordnen. Sie stellen im Rahmen einer Nachrechnung fest, inwieweit die Funktionsbereiche der Gliedbetriebe die Vorgaben der Planperiode erreicht haben, und versuchen, die Ursachen für die Abweichung von den Vorgabewerten aufzudecken.

In einem überwiegend **zentral geführten Konzern** werden die funktionsorientierten Koordinierungsabteilungen häufig Teile der operativen, funktionsbereichsbezogenen Planungen und Kontrollen und damit die Planungs- und Kontrollrechnungen aus den Gliedbetrieben ausklammern und selbst übernehmen. In diesem Falle werden die Koordinierungsabteilungen für Planungs- und Kontrollaufgaben selbst zu ausführenden Funktionsabteilungen. Bei der Ausgestaltung der Planungs- und Kontrollrechnung liegt ihre Aufgabe nun nicht mehr allein darin, die Pläne der Funktionsbereiche der Gliedbetriebe zu einem Gesamtplan zusammenzufassen und koordinierend und beratend tätig zu sein. Vielmehr wird von ihnen nun ein großer Teil der funktionsbereichsbezogenen Planungs- und Kontrollrechnungen selbst zu erstellen sein, so daß der Gesamtplan aus Teilplänen der Gliedbetriebe und der Koordinierungsabteilungen zusammengesetzt ist. Inwieweit und in welchen Fällen die Koordinierungsabteilung selbst aktiv in die Funktionsbereiche der Gliedbetriebe eingreift, ist

---

5 Vgl. Danert G., Planung der optimalen Unternehmensorganisation, a.a.O., S. 494.

unternehmungsindividuell zu regeln. Grundsätzlich ändert sich jedoch an den Verfahren zur Erstellung der Ziel- und Maßnahmenpläne im Rahmen der operativen Planungen gegenüber dem Vorgehen in einer Unternehmung mit einer verrichtungsorientierten Aufbauorganisation nichts.

Sowohl bei **dezentraler** als auch bei **zentraler Führung** des Konzerns ist die **ergebnisorientierte, funktionsbereichsbezogene PuK** wertmäßiger Ausdruck der Ziel- und Maßnahmenpläne der einzelnen Funktionsbereiche. Die **Budgets** der Gliedbetriebe werden in der Zentrale für die Gesamtunternehmung durch die Zentralabteilung Controlling zusammengefaßt, die auch die Aufstellung dieser Zahlenwerke beeinflußt und entsprechende Kontrollen vornimmt. Die gesamtunternehmungsbezogene kalkulatorische und bilanzielle Ergebnisplanung und -kontrolle obliegt ebenfalls der Zentrale, wobei für diese Funktionen verschiedene Träger in Frage kommen (vgl. Teil V, Abschnitt 1.1).

Die Finanzplanung und -kontrolle ist stets Aufgabe der Kernabteilung Finanzwesen bzw. Konzernfinanzwesen (vgl. Teil V, Abschnitt 1.1).

Auf die Zahlenwerke jener Koordinierungs- bzw. Kernabteilungen, die die gesamtunternehmungsbezogene Ergebnis- und Finanzplanung in mehrgliedrigen Unternehmungen bzw. Konzernen durchführen, sei im folgenden näher eingegangen.

5. Gesamtunternehmungsbezogene Ergebnis- und Finanzplanung der Zentrale/ Konzernergebnis- und Konzernfinanzplanung

Einen **Gesamtüberblick über Ergebnislage und -entwicklung sowie Finanzlage und -entwicklung gewähren auch in mehrgliedrigen Unternehmungen bzw. Konzernen** nur

- die **gesamtunternehmungsbezogene kalkulatorische und bilanzielle Ergebnisplanung und -kontrolle (Konzernergebnis-PuK)** sowie
- die **gesamtunternehmungsbezogene Finanzplanung und -kontrolle (Konzernfinanz-PuK).**

Die mehrgliedrige Unternehmung, rechtlich strukturiert als Konzern, bildet wirtschaftlich eine Einheit[1]. Nach dem **Prinzip der wirtschaftlichen Einheit** sind hier bei der Darstellung der Wertströme und -bestände für das gesamte System ex ante und ex post die wertmäßig ausgedrückten Leistungsbeziehungen und die finanziellen Beziehungen zwischen den rechtlich selbständigen Subsystemen bzw. Gliedbetrieben rechnerisch zu eliminieren. Nur ein derartiges konsolidiertes Zahlenwerk gestattet eine Kennzeichnung der wirtschaftlichen Lage und Entwicklung der mehrgliedrigen Unternehmung insgesamt[2].

---

1 Zur Rechtsstruktur des Konzerns vgl. Selchert, F. W., Grundüberlegungen zur Konzernsteuerpolitik, in: Führungsprobleme industrieller Unternehmungen, Festschrift für Friedrich Thomée, Hrsg. D. Hahn, Berlin – New York 1980, S. 352ff.

2 Vgl. auch Müller, E., Entscheidungsorientiertes Konzernrechnungswesen, Neuwied 1980, S. 4ff.

5.1 Konsolidierungsprinzipien für die ergebnisorientierte PuK

Die PuK der Gesamtunternehmung ist hier der wertmäßige Ausdruck der generellen monetären Zielplanung sowie der strategischen und operativen Planungen und entsprechender Kontrollen im Hinblick auf den Konzern.

Die gesamtunternehmungsbezogene PuK wird im Konzern grundsätzlich aus den für die einzelnen Subsysteme bereits gesondert ermittelten Planungs- und Kontrollrechnungen gewonnen. Die Konsolidierung ist dabei als Vorgang zu betrachten, der nach bestimmten Prinzipien abgewickelt wird, um in einem Konzern eine gesamtunternehmungsbezogene kalkulatorische und vor allem bilanzielle Ergebnisrechnung wie bei einer Einheitsgesellschaft erstellen zu können.

Bei der Aufstellung des konsolidierten Planzahlenwerks bietet es sich an, die gesetzlichen Vorschriften [3] zur Konsolidierung auch bei der Konsolidierung der Planungsrechnung anzuwenden, da die Dokumentationsrechnung (Ist-Wertrechnung) nach diesen Vorschriften bzw. Prinzipien durchgeführt wird. Bei abweichenden Konsolidierungsprinzipien in der Planungsrechnung müßte anderenfalls die Dokumentationsrechnung für die Durchführung der Kontrollrechnung (Soll-/Ist-Rechnung) diesen geänderten Prinzipien angepaßt werden.

Für die Erstellung und Auswertung des konsolidierten Plan- und Ist-Zahlenwerks sind je nach geographischer Ausweitung des Konzerns neben allgemeingültigen Konsolidierungsprinzipien [4] Besonderheiten der Konsolidierung für internationale Unternehmungen zu beachten.

5.1.1 Grundlegende Konsolidierungsprinzipien

Das deutsche Recht geht in seinen Konsolidierungsvorschriften von der Vorstellung des Konzerns als rechtliche Einheit auf der Grundlage einer bestehenden wirtschaftlichen Einheit aus (Einheitstheorie) [5].

Der **Konsolidierungskreis** umfaßt grundsätzlich die Muttergesellschaft und alle in- und ausländischen Tochtergesellschaften, über die die Muttergesellschaft die mit einer Beteiligung nach § 271 Abs. 1 HGB mögliche **einheitliche Leitung** ausübt (§ 290 Abs. 1 HGB). Nach dem **‚Control-Konzept‘** (§ 290 Abs. 2 HGB) ist von einer solchen einheitlichen Leitung auszugehen, sofern die Muttergesellschaft direkt oder indirekt die Mehrheit der Stimmrechte hält,

3 Die Gesetzgebung zur Konsolidierung wurde beeinfußt durch die vom EG-Ministerrat verabschiedeten Richtlinien, die in deutsches Recht umgesetzt wurden. Vgl. zu Stand und Entwicklungstendenzen einer europäischen Konzernrechnungslegung u.a. Albach, H., Klein, G., (Hrsg.), Harmonisierung der Konzernrechnungslegung in Europa, ZfB-Ergänzungsheft 1/90, Wiesbaden 1990.

4 Vgl. hierzu allgemein u.a. Becker, W., Berichtsprinzipien der Konzernrechnungslegung, DB 1991, S. 345ff.

5 Vgl. Der Bundesminister der Justiz, Begründung zum Entwurf der Umsetzung der 7. EG-Richtlinie in deutsches Recht, Begründung zu § 237 g HGB, Vierter Titel, Vollkonsolidierung, Anhang zu BMJ 3507 – 30 310/84 vom 16. 5. 1984, Bonn 1984, S. 20; Biener, H., Schatzmann, J., Konzern-Rechnungslegung, Düsseldorf 1983, S. 42.

die Mehrheit der Mitglieder der Organe bestellt oder die einheitliche Leitung auf Grund vertraglicher Regelungen ausübt[6].

Der Konsolidierungskreis der Planungsrechnung muß sich mit dem der Kontrollrechnung decken. Soll der Konsolidierungskreis einer der beiden Rechnungen geändert werden, so ist auch der der anderen Rechnung entsprechend anzupassen.

Liegen die **Abschlußstichtage** der in den Konzernabschluß einbezogenen Einzelabschlüsse mehr als drei Monate vor dem Stichtag des Konzernabschlusses, so sind jeweils Zwischenabschlüsse für einen einheitlichen Abschlußstichtag aufzustellen[7]. Für die Planungsrechnung ist entsprechend zu verfahren. Bei Konzerngesellschaften mit entsprechend vom Stichtag des Konzernabschlusses abweichendem Abschlußstichtag ist die Planungs- und Kontrollrechnung demgemäß in mehrere Zeiträume zu unterteilen, die mit den Zeiträumen der gesamtunternehmungsbezogenen Planungs- und Kontrollrechnung deckungsgleich sind. Es kommt zu sich überlappenden Planungszeiträumen und Zahlenwerken (vgl. Abbildung 204).

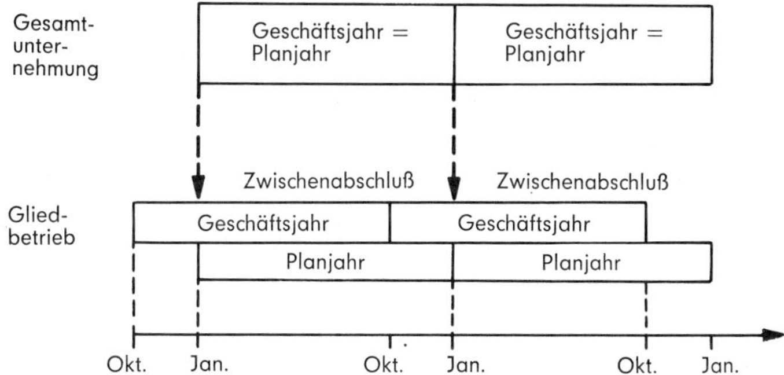

Abb. 204: Überlappende Planungszeiträume

Ein aussagefähiges konsolidiertes Planungs- und Kontrollzahlenwerk setzt voraus, daß im Konzern **einheitliche Gliederungsvorschriften** für den formalen Aufbau, vor allem aber **einheitliche Vorschriften zur Bilanzierung und Bewertung** zur Anwendung kommen. Für Konzerne mit Sitz der Muttergesellschaft in der Bundesrepublik Deutschland bedeutet dies grundsätzlich die Anwendung der Gliederungsvorschriften gemäß §§ 266 und 275 HGB. Die Bilanzansätze der in den Konzernabschluß einbezogenen Unternehmungen sind nach § 300 Abs. 1 HGB so vorzunehmen, wie die Vermögensgegenstände, Schulden und Rechnungsabgrenzungsposten sowie die Erträge und Aufwendungen nach dem Recht der Muttergesellschaft aufzunehmen sind[8]. Als Bewertungsgrundlage sind grundsätzlich gemäß § 308 Abs. 1

6 Von der Konsolidierungspflicht ausgenommen sind nur Gesellschaften, wenn die Ausübung des Rechts der Muttergesellschaft in bezug auf die Geschäftsführung oder auf das Vermögen nachhaltig beeinträchtigt ist, die für die Aufstellung des konsolidierten Abschlusses erforderlichen Angaben nicht ohne unverhältnismäßig hohe Kosten oder Verzögerungen zu erhalten sind oder die Anteile an der Tochtergesellschaft ausschließlich zu Veräußerungszwecken gehalten werden. Eine Einbeziehung darf auch unterbleiben, soweit die nicht einbezogenen Tochtergesellschaften insgesamt unbedeutend sind (§ 296 HGB). Von einer Einbeziehung einer Tochtergesellschaft muß abgesehen werden, wenn dadurch der Einblick in die Vermögens-, Finanz- und Ertragslage beeinträchtigt würde (§ 295 Abs. 1 HGB); vgl. u.a. auch Haeger, B., Zündorf, H., Abgrenzung des Konsolidierungskreises nach der wirtschaftlichen Zugehörigkeit, DB 1991, S. 1841 ff.

7 Vgl. § 299 Abs. 2 HGB.

8 Vgl. hierzu die §§ 246–251, 255 Abs. 4, 269 und 274 HGB.

HGB die §§ 252–256 und 279–283 HGB anzuwenden. Für Fälle eines Bewertungswahlrechts sind für alle (konsolidierungspflichtigen) Konzernunternehmungen einheitliche Auslegungsrichtlinien vorzuschreiben. Es gilt das Prinzip der wirtschaftlichen Einheit, das zu einheitlichen Bewertungsgrundsätzen im Konzern zwingt[9].

Die in den Einzelabschlüssen angewendeten Bewertungsmaßstäbe müssen in der Planungs- und Kontrollrechnung gleich sein. Einheitliche Bewertungsgrundsätze innerhalb des Konzerns ausschließlich für Planungsrechnungen würden Soll-/Ist-Vergleiche unmöglich machen.

Werden einheitliche Bewertungsrichtlinien schon in den Einzelabschlüssen nicht eingehalten, führt die Übernahme dieser Werte in den Abschluß der Gesamtunternehmung zu einem Bewertungskonglomerat von geringer Aussagekraft.

Bei der Erstellung eines konsolidierten Konzernabschlusses sind mehrere **Konsolidierungsschritte** vorzunehmen.

Bei der **Kapitalkonsolidierung** werden die konsolidierungspflichtigen Anteile an Konzerngesellschaften (Nettobuchwerte aus der Bilanz der Obergesellschaft) und das konsolidierungspflichtige Kapital der entsprechenden Untergesellschaft gegebenenfalls nach Umwertung zu einem bestimmten Stichtag gegeneinander aufgerechnet[10].

Bei der Kapitalkonsolidierung sind zwei **Verfahren** zulässig: die Erwerbsmethode (Purchase-Methode) (§ 301 HGB) und die Interessenzusammenführungsmethode (Pooling of Interests-Methode) (§ 302 HGB). Während die Interessenzusammenführungsmethode nur unter ganz bestimmten Bedingungen angewendet werden kann, ist die Erwerbsmethode als die am häufigsten angewendete Methode anzusehen.

Als Merkmal der **Erwerbsmethode der Kapitalkonsolidierung** ist die Trennung in Erst- und Folgekonsolidierung herauszustellen. Mit dieser Trennung wird der gesonderte Ausweis der bei der erstmaligen Einbeziehung in den Konsolidierungskreis vorhandenen Rücklagen und der während der Konzernzugehörigkeit erwirtschafteten Rücklagen erreicht. Voraussetzung für diese Differenzierung ist, daß die bei der erstmaligen Einbeziehung in den Konsolidierungskreis vorhandenen Unterschiedsbeträge (aktive oder passive Konsolidierungsausgleichsposten) zwischen den Anschaffungswerten der Beteiligung bei der Muttergesellschaft und den anteiligen Eigenkapitalien der Untergesellschaft entsprechend ihrem Ursprung zugeordnet werden. In Höhe des Unterschiedsbetrages sind im Rahmen der gesetzlichen Möglichkeiten bei den in Frage kommenden Bilanzposten der Untergesellschaft entsprechende Auf- oder Abwertungen vorzunehmen. Eine etwaige Aufwertung von Bilanzpositionen ist nur möglich, soweit das anteilige Eigenkapital der Tochtergesellschaft die Höhe des

---

9 Vgl. auch Busse von Colbe, W., Zur finanziellen Steuerung und Kontrolle im internationalen Konzern mit Hilfe von Bilanzen, in: Führungsprobleme industrieller Unternehmungen, Festschrift für Friedrich Thomée, Hrsg. D. Hahn, Berlin – New York 1980, S. 272. Vgl. zu Gestaltungsmöglichkeiten Selchert, F. W., Karsten, J., Konzernabschlußpolitik und Konzerneinheitlichkeit, DB 1989, S. 837 ff.

10 Vgl. hierzu ausführlich Busse von Colbe, W., Müller, E., Reinhardt, H. (Hrsg.), Aufstellung von Konzernabschlüssen, ZfbF-Sonderheft 21/87; Empfehlungen des Arbeitskreises „Externe Unternehmensrechnung" der Schmalenbach-Gesellschaft – Deutsche Gesellschaft für Betriebswirtschaft e.V., 2. Aufl., Düsseldorf 1989, S. 66 ff.; Coenenberg, A.G., Jahresabschluß und Jahresabschlußanalyse, a.a.O., S. 454 ff.; Weber, C.-P., Zündorf, H., Umrechnung von Kapitalkonsolidierung, in: Handbuch der Konzern-Rechnungslegung – Kommentar zur Bilanzierung und Prüfung, Hrsg. K. Küting, C.-P. Weber, Stuttgart 1989, S. 973 ff.; ferner zur Kapitalkonsolidierung im mehrstufigen Konzern Küting, K., Weber, C.-P., Kapitalkonsolidierung im mehrstufigen Konzern, BB 1991, S. 1082 ff.

Beteiligungsbuchwertes im Einzelabschluß der Muttergesellschaft nicht überschreitet[11]. Ergeben sich Aufwertungsbeträge, so sind für Konsolidierungszwecke in den Folgejahren diese höheren Wertansätze fortzuschreiben und entsprechend den Nutzungsdauern der Wirtschaftsgüter, denen diese Werte zuzuordnen waren, gegebenenfalls abzuschreiben. Verbleibt nach Zuordnung des Unterschiedsbetrages auf die einzelnen Wirtschaftsgüter ein Restbetrag (§ 301 Abs. 3 HGB), so ist dieser – soweit er aktivisch ist – als Firmenwert (Goodwill) gesondert auszuweisen. Ein passiver Restbetrag ist als ‚Unterschiedsbetrag aus der Kapitalkonsolidierung' (Badwill) entsprechend seinem Charakter auszuweisen[12]. Soweit ein verbleibender Restbetrag aktivisch auszuweisen ist, kann er gemäß § 309 Abs. 1 Satz 3 HGB entweder zum Zeitpunkt der Erstkonsolidierung mit vorhandenen Rücklagen des Konzerns verrechnet werden oder in jedem folgenden Geschäftsjahr zu mindestens einem Viertel oder aber planmäßig über eine geschätzte Nutzungsdauer abgeschrieben werden. Ein vorhandener passiver Unterschiedsbetrag darf nur ergebniswirksam aufgelöst werden, wenn der Grund eingetreten ist, der zu seiner Entstehung geführt hat (§ 309 Abs. 2 HGB).

Gemäß § 301 Abs. 1 HGB sind für die Kapitalkonsolidierung nach der Erwerbsmethode zwei Verfahren vorgesehen, die Buchwert- und die Neubewertungsmethode.

Im Gegensatz zur Buchwertmethode werden bei der Neubewertungsmethode sowohl die Ausgangswerte des einzubeziehenden Abschlusses (Mengengerüst) als auch der zuordenbare Unterschiedsbetrag zu 100 % (nicht nur quotal) in den Konzernabschluß übernommen und die Minderheitsanteile anderer Gesellschafter entsprechend korrigiert bzw. in der Konzernbilanz ausgewiesen[13]. Der nicht zuordenbare, i.d.R. aktivische Unterschiedsbetrag wird bei beiden Methoden nur in der Höhe ausgewiesen, die den Anteilen des Mehrheitsaktionärs entspricht[14].

Den Ergebnisbelastungen in den Folgeperioden im Konzernabschluß stehen in den zu konsolidierenden Einzelabschlüssen keine ergebniswirksamen Beträge gegenüber.

Die ergebnismäßigen Auswirkungen sind bei der Neubewertungsmethode größer als bei der Buchwertmethode. Unter betriebswirtschaftlichen Aspekten (Kapitalbindung, Ergebnisausweis im Hinblick auf die Relation Minderheits- zu Mehrheitsaktionär) stellt die Neubewertungsmethode die sinnvollste Ausweisform dar[15]. Die Ergebniszielsetzungen im Konzern

---

11 Vgl. § 301 HGB; vgl. ferner Coenenberg, A.G., Jahresabschluß und Jahresabschlußanalyse, a.a.O., S. 398 f.

12 Zur Methode der angelsächsischen Kapitalkonsolidierung vgl. American Institute of Certified Public Accountants, Professional Standards, Vol. 3, Accounting (Current Text), Accounting for Business Combination (APB Opinion No. 16), AC Section 1091, New York 1978, S. 7731 ff.; Busse von Colbe, W., Ordelheide, D., Konzernabschlüsse, 6. Aufl., Wiesbaden 1993, S. 191 ff.; Jung, W.A.R., Tünnessen, B., Internationale Konzernabschlüsse (Weltbilanzen) nach dem geänderten Vorschlag einer 7. EG-Richtlinie, AG 1981, S. 282 f.; Küting, K., Zur Problematik des Ausgleichspostens für Anteile im Fremdbesitz im Rahmen des zukünftigen Konzernbilanzrechts, ZfB 1984, S. 548 ff.; Niehus, R.J., Vor-Bemerkungen zu einer Konzernbilanzrichtlinie, die 7. EG-Richtlinie und einige Probleme der Konsolidierungstechnik nach zukünftigem Recht, WPg 1984, S. 285 ff. u. S. 320 ff.; Ordelheide, D., Kapitalkonsolidierung nach der Erwerbsmethode, WPg 1984, Teil I, S. 237 ff., Teil II, S. 270 ff.; Schäfer, R., Konzernrechnungslegung, Zürich 1982.

13 Vgl. Küting, K., Zur Problematik des Ausgleichspostens für Anteile im Fremdbesitz im Rahmen des zukünftigen Konzernbilanzrechts, a.a.O., S. 548 ff.; Ordelheide, D., Kapitalkonsolidierung nach der Erwerbsmethode, a.a.O., S. 273 f.

14 Vgl. International Accounting Standards Committee (IASC) (Ed.), International Accounting Standards No. 22 on Accounting for Business Combinations, London 1983, Tz 26–28.

15 Vgl. Küting, K., Zur Problematik des Ausgleichspostens für Anteile im Fremdbesitz im Rahmen des zukünftigen Konzernbilanzrechts, a.a.O., S. 548 ff.; Müller, E., Der Einfluß des Bilanzrichtlinie-Gesetzes auf die Daten zur Steuerung eines Konzerns, DB 1985, S. 241 ff.

und in den Einzelabschlüssen sind deshalb unter Berücksichtigung der angewendeten Methode der Kapitalkonsolidierung zu korrigieren.

Bei der **Kapitalkonsolidierung bei Interessenzusammenführung** (Pooling of Interests-Methode nach § 302 HGB) kann die Muttergesellschaft unter gewissen Voraussetzungen ihren Beteiligungsbuchwert nur mit dem anteilig gezeichneten Kapital der Tochtergesellschaft verrechnen. Die Buchwerte aus der Einzelbilanz der Tochtergesellschaft gehen dabei unverändert in die Konzernbilanz über. Entstehende Aufrechnungsdifferenzen werden sofort erfolgsneutral gegen das Konzernkapital verrechnet.

Für die Kapitalkonsolidierung im Rahmen der PuK sind mögliche Kapitalveränderungen (z. B. Kapitalerhöhungen) sowie Verschiebungen im Beteiligungsverhältnis zu antizipieren. Das gilt für das Beteiligungsverhältnis und für die Kurse, zu denen Zukäufe oder Verkäufe von Anteilen durchgeführt werden sollen. Bei Veränderungen des Beteiligungsverhältnisses ergeben sich Verschiebungen zwischen Minoritätsanteilen und dem Ausgleichsposten aus der Kapitalkonsolidierung bzw. Kapital- und Gewinnrücklagen der Gesamtunternehmung[16].

Wird eine Unternehmung von einer in den Konzernabschluß und einer oder mehreren nicht in den Konzernabschluß einbezogenen Unternehmungen bzw. Gesellschaften gemeinsam geführt, so bietet § 310 HGB als Wahlrecht die sog. **anteilsmäßige** oder **Quotenkonsolidierung** an. Der Tatbestand der gemeinsamen Führung grenzt diese Form der Konsolidierung von der Vollkonsolidierung ab. Die Quotenkonsolidierung ist vielmehr als Wahlrecht gegenüber einem Einbezug als assoziierte Unternehmung nach der noch vorzustellenden Equity-Methode (§§ 311 f. HGB) zu sehen. Bei der Quotenkonsolidierung werden die Positionen des Jahresabschlusses einer gemeinschaftlich geführten Unternehmung nur entsprechend dem Konzernanteil, d. h. quotal in den Jahresabschluß des Konzerns übernommen[17].

Beteiligungen an einer Unternehmung, auf die eine Muttergesellschaft einen **maßgeblichen Einfluß** auf die Geschäfts- und Finanzpolitik ausübt – sog. assoziierte Unternehmungen nach § 311 HGB –, sind im Rahmen des Konzernabschlusses nach der **Equity-Methode** (§ 312 HGB) zu bewerten. Die Bewertung ‚at equity' wird in der Literatur auch als ‚Konsolidierung in einer Zeile' definiert[18]. Hierbei wird ausschließlich das auf die Beteiligung entfallende Eigenkapital der assoziierten Unternehmung in den Konzernabschluß übernommen. Daraus folgt, daß alle konsolidierungstechnischen Vorgänge auch in der Ermittlung des Wertansatzes einer Beteiligung ‚at equity' abzuwickeln sind. Zusätzlich wird der Wertansatz der Beteiligung in den Folgejahren einer Erstkonsolidierung durch Kapitalmaßnahmen (Kapitalerhöhungen/-herabsetzungen) und Dividendenausschüttungen verändert.

Forderungen und Schulden zwischen Konzerngesellschaften sind im Zuge der **Schuldenkonsolidierung** zu eliminieren (§ 303 Abs. 1 HGB). Normalerweise stehen sich Forderungen und Schulden in nationalen Unternehmungen in gleicher Höhe gegenüber[19].

---

16 Anteile von Minderheiten sind von dem jeweils am Stichtag vorhandenen Kapital zu errechnen. Hier erfolgt üblicherweise keine Differenzierung zwischen Erst- und Folgekonsolidierung.

17 Vgl. hierzu Coenenberg, A. G., Jahresabschluß und Jahresabschlußanalyse, a.a.O., S. 414 f.; ferner Becker, W., Konzernrechnungslegung, Wiesbaden 1989, S. 163 ff.; Küting, K., Weber, C.-P., Der Konzernabschluß, 3. Aufl., Stuttgart 1991, S. 216 ff.

18 Vgl. American Institute of Certified Public Accountants, Professional Standards, Vol. 3, Accounting (Current Text), The Equity Method of Accounting for Investments in Common Stock (APB Opinion No. 18), AC Section 5131, New York 1978, S. 9371 ff.

19 Das gilt jedoch nicht für Rückstellungen (z. B. aus Gewährleistung) und abgezinste langfristige Ausleihungen bzw. wertberichtigte Darlehen. Hier wirkt sich die Schuldenkonsolidierung üblicherweise im Ergebnis aus.

In dem **zeitraumbezogenen Teil der gesamtunternehmungsbezogenen PuK** (Kosten- und Erlös-, Aufwands- und Ertragsrechnung) müssen, ebenso wie in der zeitpunktbezogenen Betrachtung (Bilanz), unter dem Aspekt der wirtschaftlichen Einheit **konzerninterne Aufwendungen und Erträge** (§ 305 HGB) **eliminiert** und zum Teil **Ausweisänderungen** (Umgliederungen) vorgenommen werden. Voraussetzung für Aussonderung und Umgliederung konzerninterner Beträge ist die Planung und Erfassung von Leistungen, unterteilt nach Subsystemen und Dritten. Die Aussonderung konzerninterner Beträge in der zeitraumbezogenen Darstellung erfolgt im allgemeinen ergebnisneutral, sofern sich – auf der Basis von Kosten und Erlösen – Aufwendungen und Erträge in den Einzelrechnungen der jeweiligen Subsysteme in gleicher Höhe gegenüberstehen und keine Bestandsveränderungen erfolgen.

Bei **Bestandserhöhungen** aus konzerninternen Lieferungen sind allerdings in der Gewinn- und Verlustrechnung und damit retrograd in der Kosten- und Erlösrechnung **Aussonderungen von Zwischengewinnen und -verlusten** vorzunehmen.

Konzerninterne Lieferungs- und Leistungsbeziehungen führen grundsätzlich dazu, daß konzerninterne Gewinne und Verluste zu eliminieren sind, soweit aus den konzerninternen Beziehungen Bestände im Anlage- oder Vorratsvermögen in den Einzelabschlüssen vorhanden sind (§ 304 Abs. 1 HGB)[20]. Dabei bezieht sich die Eliminierungspflicht nicht nur auf Gewinne, sondern auch auf konzerninterne Verluste. Die Höhe der zu ermittelnden konzerninternen Beträge ist abhängig vom internen Wertansatz im Einzelabschluß der einbezogenen Gesellschaft und im Konzernabschluß. Bei der Ermittlung der Konzernanschaffungs- oder Konzernherstellungskosten können die Bewertungswahlrechte für die Ermittlung der Anschaffungs- und Herstellungskosten, die gemäß § 255 HGB für den Einzelabschluß Gültigkeit haben, auch auf den Konzernabschluß übertragen werden[21].

Bei der Korrektur des Konzernvorratsvermögens in der PuK sind die aus konzerninternen Lieferungen stammenden Bestandserhöhungen mit den Plankonzernanschaffungskosten/-herstellungskosten zu bewerten. Voraussetzung ist, daß auch die Bestände an Vorräten aus Lieferungen von Subsystemen geplant werden. Entsprechend ist bei Anlagevermögenserhöhungen zu verfahren.

Für die Aufwands- und Ertrags- sowie Bilanz-PuK kann sich die Gewinn- und Verlustelimininierung auf die gesetzlichen Mindestvorschriften beschränken.

Der **Besteuerung**[22] liegen im allgemeinen die Ergebnisse der einzelnen Konzernunternehmungen zugrunde. Nach § 306 HGB ist die Bildung von aktiven und passiven Steuerabgrenzungen vorgeschrieben, wenn durch Konsolidierungsbuchungen das handelsrechtliche Konzernergebnis von der Summe der Einzelergebnisse der in den Konzernabschluß einbezogenen Gesellschaften abweicht. Problematisch ist die Übernahme aktiver bzw. saldierter akti-

---

20 Konzerninterne Beträge sind also grundsätzlich auch für Wirtschaftsgüter des Anlagevermögens zu eliminieren. Eine Ausnahme besteht nur, wenn diese Wirtschaftsgüter zu normalen Marktbedingungen veräußert werden *und* wenn die Ermittlung der konzerninternen Beträge mit einem unverhältnismäßig hohen Aufwand verbunden ist.

21 Vgl. z. B. Ruhnke, K., Zur Problematik der Bestimmung der Konzernherstellungskosten, WPg 1991, S. 378 ff.

22 Vgl. Becker, W., Abgrenzung latenter Steuern im Rahmen der Konzernrechnungslegung, DB 1991, S. 1737 ff; Coenenberg, A. G., Hille, K., Latente Steuern, Prüfung, in: HWRev, Hrsg. A. G. Coenenberg, K. v. Wysocki, Stuttgart 1983, Sp. 911 ff.; Harms, J. E., Küting, K., Latente Steuern nach dem Regierungsentwurf des Bilanzrichtlinie-Gesetzes, BB 1982, S. 837 ff.; Klemm, U., Verstößt die Saldierung aktiver und passiver latenter Steuern gegen das Vorsichtsprinzip?, WPg 1984, S. 267 ff.; Langer, K., Einige Anmerkungen zum Ausweis latenter Steuern nach dem Entwurf des Bilanz-Richtlinie-Gesetzes, WPg 1983, S. 393 ff.; Schindler, J., Latente Steuern im konsolidierten Abschluß nach der Konzernbilanzrichtlinie, BB 1984, S. 1654 ff.

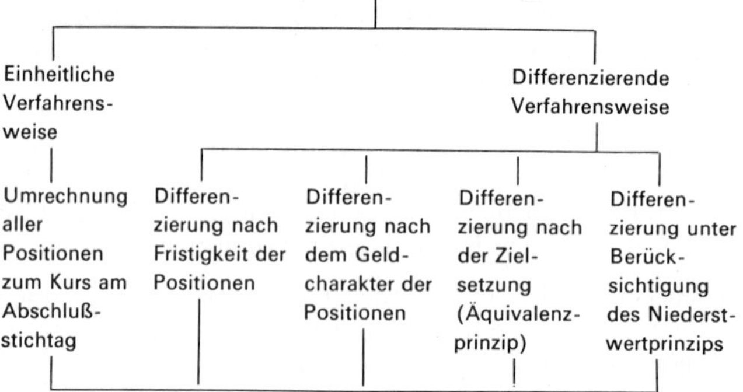

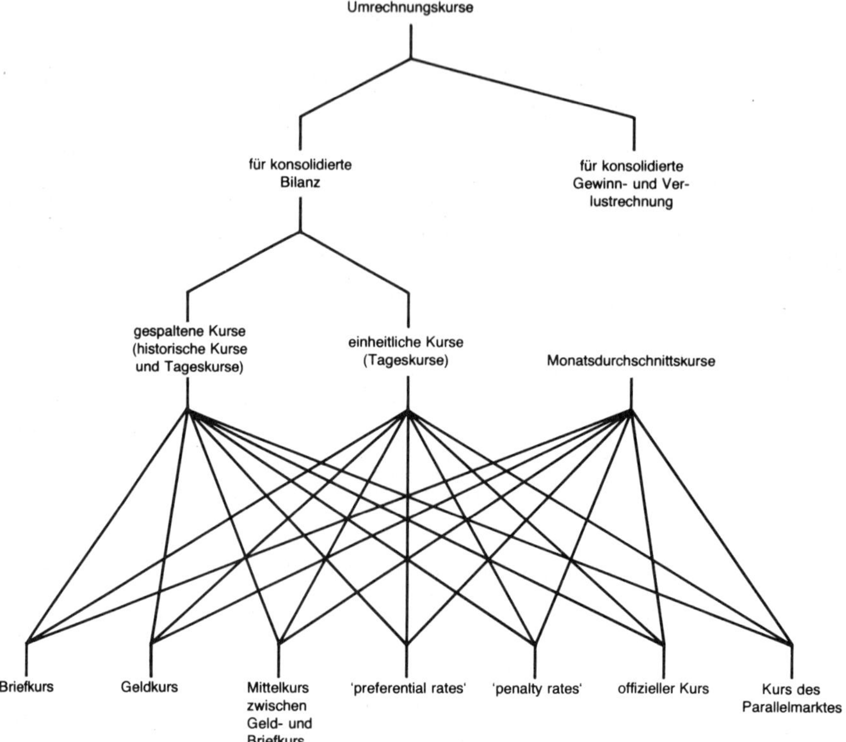

Abb. 205: Möglichkeiten der Umrechnung von in ausländischen Währungen aufgestellten Jahresabschlüssen und Umrechnungskurse[23]

23 Entnommen aus Müller, E., Entscheidungsorientiertes Konzernrechnungswesen, a.a.O., S. 60 u. S. 61.

ver und passiver **latenter Steuern** aus den einzubeziehenden Einzelabschlüssen insbesondere unter dem Gesichtspunkt der international unterschiedlichen Handhabung[24]. In diesem Zusammenhang ist jedoch herauszustellen, daß eine Vielzahl von Konsolidierungsvorgängen, die insbesondere wegen ihrer absoluten Höhe von Bedeutung sind, nicht für einen Einzelabschluß und damit auch nicht für eine Steuerrechnung wirksam sind.

Die angeführten Konsolidierungsprinzipien gelten für die PuK auf der Basis von Anschaffungswerten. Wird die **PuK auf Basis von Wiederbeschaffungswerten oder Tageswerten** durchgeführt, wie es in der kalkulatorischen Ergebnisrechnung der Fall ist, so bleiben auch hier die **Konsolidierungsprinzipien im Grundsatz unverändert**.

Wird in der internen Bilanz der Obergesellschaft auf der Basis von Wiederbeschaffungs- oder Tageswerten die Beteiligung auch zu Tageswerten angesetzt, ist der aus der Neubewertung resultierende Rücklageanteil in die Kapitalkonsolidierung einzubeziehen. Eine Neubewertung der Beteiligung dürfte jedoch wenig praktikabel sein. Man wird vielmehr den Beteiligungsbuchwert unverändert in der Bilanz der Obergesellschaft belassen. Die Rücklage aus der Neubewertung wird dann nicht mit in die Kapitalkonsolidierung einbezogen. Sämtliche Neubewertungsrücklagen aus den Einzelbilanzen sind vielmehr in der konsolidierten Bilanz in einem Sonderposten auszuweisen. Auch bei der Bewertung zu Tageswerten sind konzerninterne Beträge zu eliminieren. Ergibt sich bei der PuK zu Tageswerten ein höherer oder niedrigerer eliminierungspflichtiger Gewinn als in der Nominalwertrechnung, so ist nur diese Differenz gesondert zu erfassen. Hierdurch werden die Rücklagen erhöht bzw. verringert[25].

5.1.2 Besonderheiten der Konsolidierung bei internationalen Unternehmungen

Bei Einbeziehung ausländischer Subsysteme in die Konsolidierung ist die **Umrechnung** der in ausländischer Währung erstellten Abschlüsse **in eine einheitliche Währung** vorzunehmen[26]. Abbildung 205 zeigt die Umrechnungsmöglichkeiten und die möglichen Kurse für ausländische Währungen.

Für den Wertansatz in der Bilanz muß geklärt werden, ob die Umrechnung der in verschiedenen Währungen bewerteten Positionen der Bilanz zu sogenannten **historischen Kursen** (Tageskursen am Anschaffungstag) oder zu **Tages- bzw. Stichtagskursen** erfolgen soll. Beim Wertansatz in der Gewinn- und Verlustrechnung wird überwiegend der Durchschnittskurs des Abrechnungszeitraumes zugrunde gelegt. Wird das Anlagevermögen zu historischen Kursen umgerechnet, so ist auch der Abschreibungsbetrag der GuV entsprechend umzurechnen. In der internationalen Konsolidierungspraxis hat sich insgesamt gesehen kein einheitliches Umrechnungsverfahren durchgesetzt. Auch in der vorliegenden Literatur hat sich bisher keine herrschende Meinung herausgebildet[27].

---

24 Vgl. Müller, E., Der Einfluß des Bilanzrichtlinie-Gesetzes auf die Daten zur Steuerung eines Konzerns, a.a.O., S. 242ff.

25 Bei konzerninternen Lieferungen von Anlagegegenständen sind gegebenenfalls auch die auf Basis von Tages- oder Wiederbeschaffungswerten ermittelten Abschreibungen entsprechend zu korrigieren.

26 § 244 HGB i.V.m. § 298 Abs. 1 HGB verpflichtet zur Aufstellung des Konzernabschlusses in DM.

27 Vgl. Adler, H., Düring, W., Schmaltz, K., Rechnungslegung und Prüfung der Aktiengesellschaft, Bd. 3, Rechnungslegung im Konzern, 5. Aufl., Stuttgart 1987, §298 HGB RN 13ff.; Busse von Colbe, W., Ordelheide, D., Konzernabschlüsse, a.a.O., S. 314ff.; Busse von Colbe, W., Zur Umrechnung der Jahresabschlüsse ausländischer Konzernunternehmen für die Aufstellung von Konzernab-

Bei der Umrechnung zu historischen Kursen wird der Buchwert der Vermögensgegenstände an allen Bilanzstichtagen mit dem jeweiligen Kurs zum Anschaffungs- bzw. Erwerbszeitpunkt umgerechnet. Dadurch bleibt im Abschluß der Gesamtunternehmung der Wert der Vermögensgegenstände unverändert (ausgenommen Wertänderungen durch Abschreibungen u.ä.). Bei Anwendung von Tageskursen spiegelt sich dagegen die Änderung der Wechselkurse im Zeitablauf durch entsprechende Wertänderungen im konsolidierten Abschluß wider.

Einer Umrechnung zu historischen Kursen entspricht in ihrer Wirkung die Erstellung sogenannter Hartwährungsabschlüsse. Hierbei werden für Subsysteme mit Sitz im Ausland Sonderrechnungen in einer als „hart" geltenden Währung geführt. Meist wird dabei die Währung ausgewählt, in der auch die konsolidierte PuK aufgestellt wird.

Eine Umrechnung aller Abschlußpositionen zu historischen Kursen gibt es in der Konsolidierungspraxis nicht. Dagegen findet man Abschlüsse, in denen die Umrechnung ausschließlich zu Stichtagskursen vorgenommen worden ist. Die Umrechnung zu historischen Kursen wird üblicherweise auf das Anlagevermögen und das Eigenkapital beschränkt[28].

Bei der **Abgrenzung des Konsolidierungskreises** ist von den gleichen Grundsätzen auszugehen wie für inländische Gesellschaften. Im Ausland vorhandene rechtliche Gestaltungsmöglichkeiten sind auf ihre Relevanz gegenüber den deutschen handelsrechtlichen Vorschriften zu untersuchen.

---

schlüssen bei Wechselkursänderungen, The Finish Journal of Business Economics 1972, S. 306ff.; Dreger, K.-M., Der Konzernabschluß, Wiesbaden 1969, 264ff.; Institut der Wirtschaftsprüfer in Deutschland e.V. (Hrsg.), Wirtschaftsprüfer-Handbuch 1981, Düsseldorf 1981, S. 901ff.; Jonas, H., Aufstellung konsolidierter Abschlüsse nach den Richtlinien der Securities und Exchange Commission, DB 1972, S. 1785ff.; Klein, W. u.a., Konzernrechnungslegung und Konzernverrechnungspreise, a.a.O., S. 64ff.; Langenbucher, G., Umrechnung von Fremdwährungsabschlüssen, in: Handbuch der Konzern-Rechnungslegung – Kommentar zur Bilanzierung und Prüfung, Hrsg. K. Küting, C.-P. Weber, Stuttgart 1989, S. 448ff.; Müller, E., Entscheidungsorientieres Konzernrechnungswesen, a.a.O., S. 58ff.; Wunderlin, B., Die Einbeziehung von ausländischen Konzernunternehmen in den konsolidierten Abschluß, Diss. München 1967, S. 102ff.; Wysocki, K.v., Weltbilanzen als Planungsobjekte und Planungsinstrumente multinationaler Unternehmen, ZfbF 1971, S. 682ff.; Zillessen, W., Zur Praxis der Währungsumrechnung deutscher Konzerne, DBW 1982, S. 533ff.; Wysocki, K.v.; Wohlgemuth, M., Konzernrechnungslegung, 4. Aufl., Düsseldorf 1994, S. 176ff. – Eine international verstärkte Tendenz zur Umrechnung mit Tageskursen ist jedoch nicht zu übersehen; vgl. hierzu Financial Accounting Standards Board (FASB), Statement of Financial Accounting Standards No. 52 on Foreign Currency Translation (FASB 52), Stamford (Connecticut) 1981; International Accounting Standards Committee (IASC), International Accounting Standards No. 21 on Accounting for the Effects of Changes in Foreign Exchange Rates (IASC 21), London 1983; Accounting Standards Committee (ASC), Statement of Standards Accounting Practice No. 20 on Foreign Currency Translation (SSAP 20), Accountancy, May 1983, S. 120ff., June 1983, S. 2; Schoenfeld, H. M. W., Rechnungslegung und Bilanzierung in international tätigen Unternehmen, in: Handbuch der internationalen Unternehmenstätigkeit, Hrsg. B. N. Kumar, H. Haussmann, München 1992, S. 895ff.; Zum Währungsumrechnungsrisiko (translation exposure) bei der Anwendung von Stichtagskursen vgl. Pausenberger, E., Glaum, M., Management von Währungsrisiken, in: Handbuch des Finanzmanagements, Instrumente und Märkte der Unternehmensfinanzierung, Hrsg. G. Gebhardt, W. Gerke, M. Steiner, München 1993, S. 768f.

28 Vgl. z.B. Daimler-Benz Aktiengesellschaft (Hrsg.), Das Geschäftsjahr 1991, Stuttgart 1992, S. 76; Henkel KGaA (Hrsg.), Geschäftsbericht 1991, Düsseldorf 1992, S. 39; Preussag AG (Hrsg.), Bericht über das Geschäftsjahr 1990/91, Berlin-Hannover 1992, S. 103; Siemens AG (Hrsg.), Bericht über das Geschäftsjahr vom 1. 10. 90 bis 30. 9. 91, Berlin-München 1992, S. 37; Volkswagen AG (Hrsg.), Geschäftsbericht 1991, Wolfsburg 1992, S. 61.

Bei der **Kapitalkonsolidierung** ergeben sich für ausländische Gesellschaften grundsätzlich keine zusätzlichen Probleme. Es muß sichergestellt werden, daß die angewandten Abgrenzungen im Hinblick auf angewandte Kurse und in die Konsolidierung einbezogene Kapitalanteile in der PuK einheitlich erfolgen.

Für die Höhe der Rücklagen des Konzerns aus dem Ertrag sind im Zuge der Folgekonsolidierung die Rücklagenentwicklung bei der Tochtergesellschaft sowie die Behandlung der sich ergebenden Kursdifferenzen ausschlaggebend. Auch hierfür kennt die internationale Konsolidierungspraxis eine große Variationsbreite. Die häufigsten Möglichkeiten sind:

- positive Kursdifferenzen werden nicht, negative Kursdifferenzen werden voll ergebniswirksam behandelt;
- positive und negative Kursdifferenzen verändern das Ergebnis;
- positive Kursdifferenzen werden nur bis zur Höhe von Kursverlusten verrechnet.

Setzt man das konsolidierungspflichtige Kapital bei ausländischen Gesellschaften mit dem Eigenkapital gleich, so gehen als Folge der Bilanzgleichung grundsätzlich auch alle Umrechnungsdifferenzen mit in die Rücklagen des Konzerns aus dem Ertrag ein. Allerdings werden die Veränderungen umso geringer, je größer der Anteil der Positionen ist, die mit historischen Wechselkursen umgerechnet werden. Fraglich könnte sein, ob Kursdifferenzen auch in die Ermittlung der Minderheitsanteile einzubeziehen sind. Hier wird davon auszugehen sein, daß das Eigenkapital, das der Kapitalkonsolidierung zugrunde gelegt wird, auch für die Ermittlung der Anteile im Fremdbesitz dient.

Für die Planungsrechnung sind Kurse für die Kapitalumrechnung nicht gesondert zu ermitteln. Das Eigenkapital als Nettovermögen ergibt sich als Saldo. Kursdifferenzen schlagen sich damit – wenn man sie ergebniswirksam behandelt – automatisch darin nieder.

Bei der **Schuldenkonsolidierung** ergeben sich durch die gegebenenfalls unterschiedlichen Kurse zwischen Entstehungszeitpunkt und Bilanzstichtag Unterschiedsbeträge. Diese Differenzbeträge werden ergebniswirksam behandelt.

In der **zeitraumbezogenen Rechnung** stehen sich die konsolidierungspflichtigen Beträge mit Ausnahme von Kursunterschieden, die beispielsweise durch unterschiedliche Kurse bei Lieferung und Einsatz bestehen, aufrechnungsgleich gegenüber.

5.2 Landesrechtliche und konzerneinheitliche Abschlüsse als Basis für die ergebnisorientierte PuK von Konzerngesellschaften im Ausland

Besitzt ein internationaler Konzern **Gliedbetriebe im Ausland**, so sind dort **andere Rechtsordnungen und Währungen** gültig. In der Regel besitzen diese Länder eigene handelsrechtliche Bilanzierungs- und Bewertungsregeln und eigene steuerliche Vorschriften. Diese weichen teilweise stark von den deutschen Bestimmungen ab. Das gilt für die Gliederungs- bzw. Bilanzierungs- und Bewertungsvorschriften. So sind z. B. die Gewinn- und Verlustrechnungen z. T. nach dem Umsatzkostenverfahren, z. T. nach dem Gesamtkostenverfahren aufgebaut. Bei der Bewertung von Sach- und Finanzanlagen werden andere Abschreibungen vorgenommen. Manche Staaten schreiben die Bildung von Rückstellungen nicht zwingend vor oder lassen es zu, daß in größerem Umfang als in der Bundesrepublik Deutschland üblich Rechnungsabgrenzungen angesetzt werden. Besonders stark weichen im allgemeinen Abschlüsse in Hochinflationsländern ab, denn dort sind die Bilanzierungs- und Bewertungsregeln und die steuerlichen Vorschriften an die Inflationsbedingungen angepaßt[29].

Um trotzdem die formelle und materielle Einheitlichkeit im Gesamtkonzern durchzusetzen, fordert das HGB (§ 300 Abs. 2 und § 308 HGB) bei ausländischen Tochtergesellschaften die Aufstellung eines zusätzlichen Abschlusses speziell für Zwecke der Konsolidierung nach deutschem Recht.

Das bedeutet für die **PuK bei den ausländischen Gliedbetrieben,** daß **neben der PuK in nationaler Währung und nach nationalen Bilanzierungs- und Bewertungsgepflogenheiten zusätzlich Rechnungen nach einheitlichen Grundsätzen und Richtlinien des Konzerns** aufzustellen sind. **Bei den ausländischen Gliedbetrieben** ist daher sowohl **für die interne als auch für die externe PuK** (vgl. Teil III, Abschnitte 5.2.1 – 5.2.3) zwischen **PuK in Landeswährung und PuK in DM** (vgl. Abbildung 206) zu unterscheiden. Dies erfordert auch, daß von der Konzernzentrale für die Durchführung der Planungsrechnungen **Wechselkurse als Planwerte** vorzugeben sind.

Hiernach sind je **Auslandsgesellschaft** für deren oberste Führung sowie für die Konzernführung folgende **ergebnisorientierten Kennzahlen im periodischen Plan- und Berichtssystem** aufzunehmen:

1) Ergebnis nach Steuern nach landesrechtlichen Vorschriften in Landeswährung;
2) Betriebsergebnis nach konzerneinheitlichen Vorschriften in Landeswährung;
3) Ergebnis nach Steuern nach konzerneinheitlichen Vorschriften in Landeswährung (in Hochinflationsländern in Landeswährung umgerechnete DM-Abschreibung);
4) Ergebnis nach Steuern in DM vor Kursumrechnungsdifferenzen;
5) Ergebnis nach Steuern in DM nach Kursumrechnungsdifferenzen.

---

29 Vgl. z. B. zur Bilanzierung in Hochinflationsländern Lederle, H., Bilanzierung in Brasilien, ZfbF 1984, S. 247ff.; Lück, W., Jung, K., Internationale Konzernrechnungslegung und Inflation, BFuP 1991, S. 275ff.; Wiedmann, H., Euler, G., Internationale Entwicklungen im Inflation Accounting: Eine vergleichende Darstellung, BFuP 1991, S. 310ff.

PuK in Landeswährung				PuK in DM
I	II	III		IV
	Gliederung			Gliederung
nach Landesrecht für Bilanz und GuV	nach konzerneinheitlichen Vorschriften für Bilanz in Anlehnung an deutsches HGB GuV a) in Form der kalkulatorischen Ergebnisrechnung plus neutrales Ergebnis b) nach deutschem HGB	nach konzerneinheitlichen Vorschriften für Bilanz in Anlehnung an deutsches HGB GuV a) in Form der kalkulatorischen Ergebnisrechnung plus neutrales Ergebnis b) nach deutschem HGB	Überleitung ←→	nach konzerneinheitlichen Vorschriften für Bilanz nach deutschem HGB GuV a) in Form der kalkulatorischen Ergebnisrechnung plus neutrales Ergebnis b) nach deutschem HGB
	Bewertung			Bewertung
nach Landesrecht	nach Landesrecht zusätzlich Tageswert bzw. Wiederbeschaffungswerte	nach konzerneinheitlichen Vorschriften zusätzlich Tageswert bzw. Wiederbeschaffungswerte		nach konzerneinheitlichen Vorschriften
Interne PuK: konstante Bewertung Externe PuK: Angabe von Bewertungsalternativen, Jahresabschluß nach Bilanzpolitik				Interne PuK: konst. Bewertung Externe PuK: Angabe von Bewertungsalternativen, Jahresabschl. nach Bilanzpolitik

Abb. 206: Betriebsergebnis-, Aufwands-, Ertrags- und Bilanzplanung für ausländische Gliedbetriebe (Subsysteme)

(1) Die **interne PuK** wird für einen kurz-, mittel- und ggf. langfristigen Zeitraum mit festen Wertansätzen aufgebaut.

Die interne PuK in Landeswährung wird man einmal so aufstellen, wie es nach den landesrechtlichen Gliederungs- und Bewertungsvorschriften erforderlich ist (vgl. Abbildung 206, Sp. I). Da diese Abschlüsse in der Konzernzentrale auch gelesen und interpretiert werden müssen, wird man sie außerdem nach konzerneinheitlichen Vorschriften umgliedern. Dabei wird man die Bilanz nach den Vorschriften des deutschen HGB und die GuV sowohl in Form der konzerneinheitlichen Ergebnisrechnung als auch nach deutschem HGB anordnen (vgl. Abbildung 206, Sp. II). Die Bewertung erfolgt auch in diesen nach konzerneinheitlichen Vorschriften umgegliederten Abschlüssen nach Landesrecht. Allerdings wird man zunächst bei der GuV in Form der kalkulatorischen Ergebnisrechnung bis zum Betriebsergebnis die Wertansätze auf der Basis von Tages- bzw. Wiederbeschaffungswerten ableiten. Die Umwertung auf landesrechtliche Wertansätze erfolgt dann im neutralen Ergebnis.

Als Vorstufe zur Überleitung der PuK in DM stellt man außerdem eine nach konzerneinheitlichen Vorschriften gegliederte und bewertete Bilanz und GuV in Landeswährung auf. Dabei wird die GuV wiederum einmal in Form der kalkulatorischen Ergebnisrechnung und einmal nach deutschem HGB gegliedert (vgl. Abbildung 206, Sp. III). Diese Rechnung zeigt, wie die Abschlüsse in Landeswährung aussehen müßten, wenn man auch im landesrechtlichen Abschluß konzerneinheitliche Bewertungsvorschriften anwenden würde. Besonders wichtig ist eine solche Rechnung in Weichwährungsländern, wenn dort auf Grund der nationalen Vorschriften eine Substanzerhaltung nicht annähernd sichergestellt ist.

In solchen Weichwährungsländern wird man in dieser Rechnung die Bilanzpositionen zu Wiederbeschaffungswerten ansetzen und bei der GuV in Form der kalkulatorischen Ergebnisrechnung bis zum Betriebsergebnis die Abschreibungen von Wiederbeschaffungswerten und die übrigen Aufwendungen und Erträge teilweise auf Tageswertbasis errechnen. Im neutralen Ergebnis erfolgt dann eine Umbewertung zu den Wertansätzen nach Handelsrecht, die in solchen Weichwährungsländern teilweise über historisch geführte DM-Werte, sog. Hartwährungsabschlüsse, gewonnen werden.

Befindet sich der ausländische Gliedbetrieb in einem Hartwährungsland, wird man die Bilanzpositionen dieser Rechnung in Landeswährung, ausgehend von Anschaffungswerten, nach deutschem HGB bewerten. Diese Wertansätze bilden dann auch die Basis für die bilanziellen Abschreibungen. Die Bilanzansätze des Anlagevermögens und die bilanziellen Abschreibungen fließen dann, umgerechnet mit historischen Kursen, in den DM-Abschluß ein.

Neben diesen Wertansätzen, ausgehend vom Anschaffungswert, wird man jedoch immer zusätzlich in einer Nebenrechnung die Wiederbeschaffungswerte ermitteln. Sie bilden die Grundlage für den Ansatz der kalkulatorischen Abschreibungen im Rahmen des Betriebsergebnisses.

Da man bei der GuV in Form der kalkulatorischen Ergebnisrechnung sowohl bei der Bewertung nach Landesrecht (vgl. Abbildung 206, Sp. II) als auch bei der Bewertung nach konzerneinheitlichen Vorschriften (vgl. Abbildung 206, Sp. III) von Tageswerten bzw. Wiederbeschaffungswerten ausgeht, decken sich beide Rechnungen bis zum Betriebsergebnis. Im neutralen Ergebnis erfolgt dann die Umbewertung auf Landesrecht und auf konzerneinheitliche Bewertungsvorschriften.

Bei der internen PuK in DM gliedert man die Bilanz nach den deutschen handelsrechtlichen Vorschriften und die GuV sowohl in Form der kalkulatorischen Ergebnisrechnung als auch nach den deutschen handelsrechtlichen Vorschriften (vgl. Abbildung 206, Sp. IV). Diese PuK in DM wird für Hartwährungsländer aus der PuK in Landesrecht nach konzerneinheitlichen Vorschriften durch Umrechnung der einzelnen Positionen gewonnen.

Befindet sich ein Gliedbetrieb in einem Weichwährungsland, benutzt man teilweise sog. Hartwährungsabschlüsse. Bei diesen werden Anlagevermögen und Eigenkapital zusätzlich in DM geführt. Diese Hartwährungsabschlüsse dienen dann auch gleichzeitig dazu, die Wertansätze der entsprechenden Positionen der Rechnungen in Landeswährung nach konzerneinheitlichen Vorschriften zu gewinnen.

Die **PuK in Landeswährung** (vgl. Abbildung 206, Sp. I, II und III) wird **in erster Linie zur Führung** im jeweiligen Subsystem **im Lande** benutzt. Dagegen dient die **PuK in DM** (vgl. Abbildung 206, Sp. IV) **vor allem zur Führung der Subsysteme aus Konzernsicht**. Bei der Vorgabe von Zielen der Konzernzentrale wird man daher in der Regel von der PuK in DM ausgehen, während die Detailplanung und -kontrolle jeweils zuerst in der PuK nach Landesrecht erfolgt[30].

30 Zur Planung und Kontrolle ausländischer Subsysteme vgl. auch Lederle, H., Wittenfeld, H., Ergebnisermittlung in Teilperioden, in: Planungs- und Kontrollrechnung im internationalen Konzern,

(2) Die **externe PuK** wird für einen kurz- und ggf. mittelfristigen Zeitraum unter Berücksichtigung bilanzpolitischer Maßnahmen und Angabe von Bewertungsspielräumen aufgestellt.

Für die **externe PuK** hat man bei Gliedbetrieben im Ausland zwei Ausgangspunkte. Die Subsysteme veröffentlichen ihre Abschlüsse, das für Externe bestimmte Zahlenwerk, im jeweiligen Land nach nationalem Recht. Die externe PuK des Subsystems wird daher nach nationalen Vorschriften aufgebaut (vgl. Abbildung 206, Sp. I). Sie geht von der internen PuK in der Gliederung und Bewertung nach Landesrecht aus. Außerdem fließt der externe Abschluß in DM auch in den Gesamtkonzernabschluß ein. Man erstellt daher zusätzlich eine externe PuK in DM (vgl. Abbildung 206, Sp. IV, b).

Die externe PuK dient vornehmlich zur **Beurteilung** der Auslandsgesellschaft im Vergleich zu anderen Gesellschaften im jeweiligen Ausland bzw. Gastland.

Die Abschlüsse in Landeswährung mit der Gliederung nach Landesrecht und der Bewertung nach Landesrecht (vgl. Abbildung 206, Sp. I und II) werden in der Wirtschaftspraxis auch als Handelsbilanz I (HB I) bezeichnet, die Abschlüsse nach konzerneinheitlicher Gliederung und vor allem konzerneinheitlicher Bewertung (vgl. Abbildung 206, Sp. III und IV) als Handelsbilanz II (HB II). Diese Abschlüsse und die aus ihnen resultierenden Abweichungen dienen zur Beurteilung der Landesgesellschaften, vor allem auch des in ihnen gebundenen Kapitals aus Konzernsicht.

Der **Besteuerung** sollte aus betriebswirtschaftlicher Sicht für die Gesamtunternehmung das konsolidierte Ergebnis zugrunde gelegt werden. Das würde voraussetzen, daß die Besteuerung in dem Land vorgenommen wird, in dem die Obergesellschaft ihren Sitz hat. Von Konzerngesellschaften geleistete Steuern könnten nur als Abschlagszahlungen angesehen werden. Zwischen den Staaten müßten Abkommen derart getroffen werden, daß die Staaten, in denen ausschließlich Untergesellschaften ansässig sind, einen entsprechenden Anteil vom konsolidierten Steueraufwand erhielten.

Die Versteuerung konsolidierter Ergebnisse ist jedoch im nationalen Rahmen nur in wenigen Staaten, z. B. den USA, möglich [31]. An eine Versteuerung des Ergebnisses der Gesamtunternehmung im internationalen Rahmen ist zum gegenwärtigen Zeitpunkt nicht zu denken. Hieraus folgt, daß in der gesamtunternehmungsbezogenen PuK in Verbindung mit den Einzelabschlüssen versucht werden muß, eine aus der Sicht der Gesamtunternehmung optimale Gesamtsteuersumme auf der Grundlage der für die Gliedbetriebe maßgeblichen Steuergesetzgebungen zu ermitteln. Durch die unterschiedlichen Steuergesetzgebungen ist nicht nur die Aussagefähigkeit des Ergebnisausweises beeinträchtigt. Es ergeben sich auch erhebliche Auswirkungen auf den Vermögensausweis (z. B. Maßgeblichkeit der Handels- für die Steuerbilanz) und die Liquidität (z. B. Steuervorauszahlungen).

Hrsg. W. Busse von Colbe, E. Müller, ZfbF-Sonderheft 17/1984, Düsseldorf 1984, S. 85ff.; Lederle, H., Ergebnisplanung und -kontrolle in Ländern mit hohen Inflationsraten – dargestellt am Beispiel Brasiliens, in: Rechnungswesen und EDV, Hrsg. W. Kilger, A. W. Scheer, Würzburg – Wien 1984, S. 133ff.; Reichmann, Th., Fröhling, O., Euro-Controlling, DBW 1994, S. 59ff.

31 Vgl. Klein, G., Zwecke des Konzernabschlusses, in: Handbuch der Konzern-Rechnungslegung – Kommentar zur Bilanzierung und Prüfung, Hrsg. K. Küting, C.-P. Weber, Stuttgart 1989, S. 424; Mühlschlegel, G., Konsolidierte Steuererklärungen der Konzerne in den USA, DB 1972, S. 1349ff.

5.3 Kosten- und Erlösplanung und -kontrolle der Zentrale

Basis für die Erstellung der gesamtunternehmungsbezogenen Kosten- und Erlös-PuK der mehrgliedrigen Unternehmung sind die Kosten- und Erlösplanungs- und -kontrollrechnungen der Subsysteme.

Wie bereits im Rahmen der generellen Zielplanung erläutert, ergeben sich für die Ermittlung und Darstellung der Plan- und Ist-Werte des Betriebsergebnisses einer produkt- oder regionalorientiert organisierten Unternehmung mit mehreren Gliedbetrieben zwei Möglichkeiten:

(1) Darstellung des Betriebsergebnisses der Gesamtunternehmung als Sammelergebnis

Hierbei erfolgt lediglich eine **statistische Zusammenfassung der Ergebnisse und Ergebniskomponenten der Gliedbetriebe bzw. Subsysteme**. Neben den Betriebsergebnissen werden Erlöse, Kosten und Vermögen aus den periodischen kalkulatorischen Ergebnisrechnungen der Gliedbetriebe addiert und auf der Basis dieser aggregierten Größen RoI-Werte gebildet. Obwohl hier die Ergebnislage und -entwicklung für die Gesamtunternehmung nicht nach dem Prinzip der wirtschaftlichen Einheit dargestellt wird, da Beziehungen zwischen den Gliedbetrieben und damit auch Zwischengewinne und -verluste nicht eliminiert werden, bringt das Arbeiten mit diesem nicht konsolidierten kalkulatorischen Zahlenwerk Vorteile. So lassen sich seitens der obersten Konzernführung **Planung und Kontrolle der Betriebsergebnisse der Gliedbetriebe** im Zusammenwirken mit den Leitern dieser Ergebniseinheiten **einfach, transparent und wirkungsvoll** dann durchführen, wenn das Betriebsergebnis der gesamten Unternehmung zunächst nur als Addition der Einzelergebnisse gesehen wird. Natürlich muß – sofern überhaupt wesentliche Leistungsbeziehungen bestehen – dieses Betriebsergebnis jeweils bei der Planung und Kontrolle auch im Verhältnis zum konsolidierten Unternehmungsergebnis ausgedrückt werden können (was in diesem Fall auch für das nicht zu konsolidierende neutrale Ergebnis gilt), auch wenn es sich hierbei um Näherungswerte handelt. Soll neben dem Sammelergebnis oder gar ausschließlich exakt das konsolidierte kalkulatorische Ergebnis für die gesamte mehrgliedrige Unternehmung ermittelt werden, erfordert dies umfangreiche Konsolidierungsarbeiten auch in der Kosten- und Erlösrechnung auf der Basis der vorab dargestellten Konsolidierungsprinzipien.

(2) Darstellung des Betriebsergebnisses der Gesamtunternehmung als konsolidiertes Ergebnis

Hier sind sowohl bei Anwendung des Umsatz- als auch bei Anwendung des Gesamt(kosten)-verfahrens die Erlöse und Kosten aus Konzernlieferungen und -leistungen gegeneinander aufzurechnen. Durch die **rechnerische Eliminierung der Leistungsbeziehungen** zwischen den Gliedbetrieben bzw. Subsystemen werden in horizontalen und vertikalen Konzernen die Struktur und – im Zeitvergleich – die Entwicklung der Kostenarten für die Unternehmung insgesamt ohne Verzerrung sichtbar. Bestandserhöhungen im Vorratsvermögen und gegebenenfalls auch Anlagenzugänge aus Konzernbezügen sind mit Anschaffungs-/Herstellungskosten aus Konzernsicht anzusetzen, soweit nicht ein niedrigerer Wertansatz in Betracht kommt. Die Ausschaltung der Zwischengewinne und -verluste bewirkt insbesondere beim Anlagevermögen erhebliche Schwierigkeiten. Erfolgt in der kalkulatorischen und bilanziellen Rechnung dieselbe Behandlung der Konzernzwischengewinne und -verluste, kann bzw. könnte unter Beachtung des konsolidierten neutralen Ergebnisses das konsolidierte bilanzielle Ergebnis vor Steuern abgeleitet werden. Dies wird man jedoch allenfalls neben der rein buchhalterischen Konsolidierung als Vergleichsrechnung durchführen.

Das **konsolidierte Betriebsergebnis** eignet sich als **Ausgangspunkt für periodische Planungen und Kontrollen** in mehrgliedrigen Unternehmungen **kaum**, da sowohl für Planungszwecke als auch zur Analyse von Abweichungsursachen stets erst Umrechnungen auf nicht konsolidierte Betriebsergebnisse der Gliedbetriebe notwendig sind. Wenn man von einem spezifisch definierten Unternehmungsergebnis, d.h. konsolidierten bilanziellen Ergebnis in bestimmter Höhe als Zielvorstellung für die Gesamtunternehmung ausgeht, scheint bei kombiniert progressiv-retrograder Gewinnplanung die Verbindung über die GuV-Rechnungen und Bilanzzahlen der Gliedbetriebe zu den Betriebsergebnissen der Gliedbetriebe der praktikablere Weg in der Planungs- und Kontrollrechnung zu sein. Hierauf aufbauend läßt sich sodann mit dem Sammelergebnis arbeiten.

(3) Besonderheiten der Darstellung der Betriebsergebnisse in internationalen Unternehmungen

Die ausländischen Subsysteme weisen Kosten, Erlöse und Vermögen in den Abschlüssen in Landeswährung und in den Rechnungen in DM aus.

Sowohl bei einer Darstellung des Betriebsergebnisses der Gesamtunternehmung als Sammelergebnis als auch bei einer Darstellung des Betriebsergebnisses der Gesamtunternehmung als konsolidiertes Ergebnis wird man in erster Linie von der Rechnung in DM ausgehen. Die aus diesen Rechnungen ermittelten Betriebsergebnisse, Vermögen und die daraus errechneten RoI-Werte sind vergleichbar mit den Daten anderer Gliedbetriebe.

5.4 Aufwands- und Ertrags- sowie Bilanzplanung und -kontrolle der Zentrale

5.4.1 Aufwands- und Ertragsplanung und -kontrolle

Die **Aufwands- und Ertrags-PuK des Konzerns** wird grundsätzlich auf der Basis von Aufwands- und Ertragsrechnungen der Gliedbetriebe als **konsolidiertes Zahlenwerk** erstellt – zur Ermittlung des periodischen Gewinns oder ggf. Verlustes der wirtschaftlichen Einheit.

Auch in der mehrgliedrigen Unternehmung kann die Aufwands- und Ertrags-PuK internen und externen Empfängern als Informationsinstrument dienen. Entsprechend lassen sich interne und externe Aufwands- und Ertragsrechnungen unterscheiden.

Es werden zum einen **interne Zahlenwerke** mit konstanten Bewertungsansätzen geplant; zum anderen hierauf aufbauend **externe Zahlenwerke**, d. h. Abschlußzahlen mit Angabe von Bewertungsspielräumen.

(1) Aufwands- und Ertragsplanung und -kontrolle im nationalen Konzern

Die **Erstellung des internen Zahlenwerkes** der konsolidierten GuV hat **derivativen Planungscharakter**.

Die **Erstellung des externen Zahlenwerkes** hat hingegen auch **originären Planungscharakter**.

Die Planungen alternativer Wertansätze für die konsolidierte externe Aufwands- und Ertrags-PuK werden zunächst in der Gesamtunternehmungs-PuK vorgenommen. Aus dieser gesamtunternehmungsbezogenen PuK sind unter Berücksichtigung der Ziele im Hinblick auf externe Interessenten die Wertansätze für die endgültigen Aufwands- und Ertragsrechnungen der in den Konsolidierungskreis einbezogenen Subsysteme und damit auch des Systems abzuleiten. Hierbei sind insbesondere Veröffentlichungspflichten einzelner Subsysteme und die Maßgeblichkeit der Handels- für die Steuerbilanz (in den Subsystemen) zu berücksichtigen.

Alternative Bewertungsmöglichkeiten wird man allerdings nur in der kurzfristigen und ggf. mittelfristigen Planung berücksichtigen. In der Langfristplanung (Grobplanung) wird man hingegen mit über den Planungszeitraum unveränderten Bewertungsgrundsätzen arbeiten.

In der Aufwands- und Ertrags-PuK sind wichtige Kardinalzahlen der Unternehmung und Komponenten der Kardinalzahlen enthalten. Werden die Zielsetzungen nicht erreicht, so ergeben sich in der mehrgliedrigen Unternehmung zwei Hauptmöglichkeiten für die **Ursachenanalyse im Rahmen der Kontrolle**:

- Untersuchung der Kardinalzahlen des Gesamtsystems
  Die Untersuchung der Aufwands- und Ertragsarten der gesamtunternehmungsbezogenen PuK liefert – vor allem im Zeitvergleich – Hinweise für Veränderungen der Zusammensetzungen der Aufwendungen und Erträge. Werden bei einzelnen Aufwands- und Ertragsarten Veränderungen festgestellt, die nicht mit der allgemeinen Entwicklung der Aufwendungen und Erträge übereinstimmen, so sind die Ursachen für diese besonderen Abweichungen zu untersuchen. Hierzu ist die Entwicklung der entsprechenden Aufwendungen und Erträge in der PuK der Subsysteme zu beurteilen. Diese Beurteilung erfolgt unabhängig davon, ob das einzelne Subsystem seine Zielsetzung erreicht hat oder nicht.

- Untersuchung der Kardinalzahlen der einbezogenen Subsysteme
  Hierbei werden für die Ursachenanalyse jene Subsysteme ausgewählt, bei denen die Kardinalzahlen nicht den Zielvorgaben entsprechen. Nur bei diesen Subsystemen werden die Aufwendungen und Erträge näher untersucht.

Es wird zweckmäßig sein, beide Vorgehensweisen nebeneinander zu praktizieren. Die Ursachenanalysen können zur Planrevision in den einzelnen Subsystemen führen, z. B. sind bei ungünstigen Entwicklungen der Personalaufwendungen langfristige Möglichkeiten der Produktionsverlagerung zwischen einzelnen Gliedbetrieben zu untersuchen.

Die unter Berücksichtigung von Bewertungsalternativen aufgestellten externen Aufwands- und Ertrags-PuK dienen im Zusammenhang mit den Einzelabschlüssen auch als Grundlage zur Planung der Gewinnverwendung. Da in der Bundesrepublik Deutschland Ausschüttungen nicht auf der Basis des konsolidierten Abschlusses erfolgen, sondern auf der Basis des Zahlenwerks der Obergesellschaft (Muttergesellschaft), dient zur **Gewinnverwendungsplanung** primär das nicht konsolidierte **Zahlenwerk der Aufwands- und Ertrags-PuK der Obergesellschaft**. Hieraus ergeben sich verschiedene Probleme, da das Ergebnis der Obergesellschaft im allgemeinen nicht deckungsgleich ist mit dem Ergebnis der Gesamtunternehmung – des Konzerns.

Dies ist dann der Fall, wenn rechtlich selbständige Gliedbetriebe das erzielte Ergebnis ganz oder teilweise jeweils in der Folgeperiode an die Obergesellschaft ausschütten, bei der diese Gewinnabführung zu einem Beteiligungsertrag führt.

Das Ergebnis der Obergesellschaft setzt sich in der Folgeperiode demnach aus dem ggf. selbst erwirtschafteten Ergebnis und aus Beteiligungserträgen zusammen, die von den Tochtergesellschaften in der Vorperiode erwirtschaftet worden sind. Diese Periodenverschiebung zwischen Ergebniserzielung und Beteiligungsertragsausweis führt zu positiven oder negativen Abweichungen zwischen dem Konzernergebnis und dem Ergebnis der Obergesellschaft. Dadurch wird die Ausschüttung einer Periode nicht aus dem tatsächlich im Konzern erwirtschafteten Periodenergebnis vorgenommen, sondern aus einem sich rechnerisch ergebenden höheren oder niedrigeren Ergebnis der Obergesellschaft. Hierdurch werden Transparenz und Ergebnisplanung erschwert.

Eine Periodenidentität zwischen Ergebniserwirtschaftung durch die Untergesellschaft und Beteiligungsgewinn/-verlust bei der Obergesellschaft kann jedoch durch Abschluß von Ergebnisübernahmeverträgen (oder durch periodengleiche Einbuchung von Beteiligungserträgen) erreicht werden[32]. Eine solche Deckungsgleichheit ist jedoch grundsätzlich nur möglich, wenn bei den Untergesellschaften keine Rücklagen gebildet werden. Außerdem ist Voraussetzung, daß in Fällen von Verlusten bei Untergesellschaften ein entsprechender Ausgleich durch die Obergesellschaft erfolgt. Hierbei ist jedoch zu beachten, daß sich auch dann das Ergebnis der Obergesellschaft mit dem Konzernergebnis in der Regel nicht deckt. Soweit nämlich in den Ergebnissen der Einzelgesellschaften Gewinne und Verluste aus konzerninternen Lieferungen enthalten sind, die am Abschlußstichtag noch im Bestand anderer Konzerngesellschaften sind, werden diese bei Ergebnisübernahme (bzw. periodengleicher Ergebniseinbuchung) nicht eliminiert. Im Ergebnis der Obergesellschaft sind somit aus Konzernsicht nicht realisierte Gewinne oder Verluste ausgewiesen, die gegebenenfalls die

---

32 Die periodengleiche Einbuchung von Beteiligungserträgen ist zulässig, wenn 1. das Geschäftsjahr der Tochtergesellschaft nicht nach dem Abschlußstichtag der Muttergesellschaft endet, 2. der Abschluß der Tochtergesellschaft festgestellt ist (vor Beendigung der Prüfung) und 3. der Gewinnverwendungsvorschlag der Höhe der eingebuchten Beteiligungserträge entspricht. Vgl. Adler, H., Düring, W., Schmaltz, K., Rechnungslegung und Prüfung der Aktiengesellschaft, Bd. 1., Rechnungslegung, a.a.O., § 275 HGB RN 152; Coenenberg A.G., Jahresabschluß und Jahresabschlußanalyse, a.a.O., S. 455.

Ausschüttung an die Anteilseigner beeinflussen. Es bietet sich daher unter betriebswirtschaftlichen Gesichtspunkten an, tatsächliche und geplante Konzernergebnisse – also konsolidierte Ergebnisse – als Basis der aktuellen und künftigen Gewinnausschüttung heranzuziehen bzw. zumindest mit heranzuziehen.

Besonderheiten der Steuerplanung im nationalen Konzern

Das deutsche Steuerrecht kennt – wie bereits bei der Behandlung der Konzernverrechnungspreise herausgestellt – kein in sich geschlossenes Konzernrecht. Vielmehr sind in verschiedenen Steuergesetzen besondere Vorschriften über die Behandlung von Konzernen enthalten, die bei der Steuerplanung von Konzernen zu berücksichtigen sind. Für die Steuerplanung von nationalen Konzernen sind vor allem Organschaftsverhältnisse mit oder ohne Gewinnabführungsvertrag von Bedeutung[33].

Ist eine Gesellschaft an einer oder mehreren Gesellschaften mit Mehrheit beteiligt, so ist zu prüfen, ob steuerlich eine Organschaft vorliegt[34]. Bei einem faktischen Organverhältnis ist die Obergesellschaft als Organträger Schuldner der Gewerbesteuer. Die Gewerbeerträge sind jedoch für den Organträger und die Organgesellschaften getrennt zu ermitteln[35].

Gewerbekapital- und Gewerbeertragsteuer sollten von jeder Gesellschaft selbständig geplant werden. Da die Gewerbesteuerschuld der Organgemeinschaft als Ganzes von der Summe der selbständig ermittelten Gewerbesteuerschulden abweichen kann[36], sollte die Konzernzentrale als Organträger jedoch die Gewerbekapitalien und Gewerbeerträge der Organgesellschaften in ihre Planung einbeziehen und die auf die Subsysteme entfallende Gewerbesteuer umlegen. Die Umlage erfolgt auf der Basis der von den Gesellschaften jeweils ermittelten Beträge. Durch dieses Verfahren werden einmal vergleichbare Ergebnisse der Organgesellschaften ermittelt, zum anderen ist sichergestellt, daß die Differenz zwischen der tatsächlichen Gewerbesteuerschuld der gesamten Organgemeinschaft und der Summe der von den einzelnen Gliedern des Organkreises ermittelten Gewerbesteuerschulden in der Planung erfaßt wird[37].

Liegt ein Organverhältnis vor, das um einen steuerlich anerkannten Gewinnabführungsvertrag ergänzt wird, so ist die Obergesellschaft als Organträger nicht nur Schuldner der Gewerbeertragsteuer, sondern auch der Körperschaftsteuer.

Die Planung der Gewerbesteuer kann in gleicher Weise wie in Konzernen ohne Gewinnabführungsverträge erfolgen. Die Planung der Körperschaftsteuer sollte – wie bei der Gewerbesteuer – von jeder Gesellschaft selbständig vorgenommen werden. Da die Körperschaftsteuer nicht nur ergebnisabhängig, sondern auch ausschüttungsabhängig ist, sollte bei jeder Gesellschaft mit der geplanten Gewinnabführung an die Konzernzentrale gerechnet werden. Wirtschaftlich gesehen ist diese Gewinnabführung wie eine Ausschüttung an die Konzern-

33 Vgl. Kießling, H., Körperschaftsteuer, 13. Aufl., Achim bei Bremen 1992, S. 198 ff.; Siegel, Th., Steuerwirkungen und Steuerpolitik in der Unternehmung, Würzburg 1982, S. 251 ff.

34 Organschaft liegt vor, wenn eine Kapitalgesellschaft in eine andere inländische Unternehmung nach dem Gesamtbild der Verhältnisse finanziell, wirtschaftlich und organisatorisch eingegliedert ist (vgl. § 2 Abs. 2 Nr. 2 Satz 2 GewStG; § 14 KStG verlangt zusätzlich den Abschluß eines Gewinnabführungsvertrages i.S. des § 291 Abs. 1 AktG).

35 Vgl. Abschnitt 42 GewStR.

36 Die Abweichung kann auf dem unterschiedlichen Verhältnis des gesetzlichen Umlageschlüssels zu Gewerbeertrag und Gewerbekapital bei den einzelnen Gesellschaften beruhen.

37 Die Gewerbesteuerumlage kann auch nach anderen Verfahren erfolgen. Zur Darstellung verschiedener Umlageverfahren vgl. Rose, G., Die Konzern-Steuerumlagen in Organkreisen, DB 1965, S. 261 ff.; Müller, H. P., Steuern im Konzern, in: Handbuch der Unternehmensbesteuerung, Hrsg. Institut der Wirtschaftsprüfer in Deutschland e.V., Düsseldorf 1990, Kapitel R, S. 2002.

zentrale zu betrachten und stellt den Beitrag der einzelnen Konzerngesellschaften an der Ausschüttung des Konzerns dar.

Die durch das Ergebnis des Organs verursachten Steuern sollten auch von diesem getragen werden.

Sind an der Organgesellschaft Minderheitsaktionäre beteiligt, so haben diese einen Anspruch auf eine Ausgleichszahlung, die vom Organ als eigenes Einkommen zu versteuern ist (vgl. § 16 KStG 1991).

(2) Aufwands- und Ertragsplanung und -kontrolle im internationalen Konzern

Bei ausländischen Subsystemen erstellt man das **externe Zahlenwerk für den Gesamtkonzern** nach konzerneinheitlichen Vorschriften in DM, denn nur diese DM-Daten fließen in den Konzernabschluß ein. Man geht dabei von den entsprechenden internen Rechnungen in DM aus. Im Rahmen dieses Zahlenwerks sind die Alternativen aufzuzeigen, die für die einzelnen ausländischen Subsysteme im Rahmen der einheitlichen Bewertung noch verbleiben.

Daneben haben die **einzelnen Subsysteme** ihre **externen Zahlenwerke** bzw. ihre **nationalen Abschlüsse nach landesrechtlicher Gliederung und Bewertung** – soweit es sich um Publizitätsgesellschaften handelt – zu veröffentlichen und Kreditgebern zur Verfügung zu stellen. Diese nationalen Abschlüsse bilden außerdem die Grundlage für die Steuerrechnung und die Auszahlung der Dividenden. Häufig sind – insbesondere in Weichwährungsländern – die Bewertungsspielräume in den nationalen Abschlüssen größer als in der Bundesrepublik Deutschland. Allerdings werden diese weiten Bewertungsspielräume zum Teil durch steuerliche Vorschriften wieder eingeschränkt.

Ausgangspunkt für das externe Zahlenwerk sind die internen Rechnungen nach landesrechtlicher Gliederung und Bewertung in nationaler Währung.

Aus diesen Daten leitet man die externen Daten unter Berücksichtigung der Dividendenpolitik der Obergesellschaft, der Publizitätspolitik und der steuerlichen Grenzen im jeweiligen Land ab. Dabei sind gegebenenfalls auch noch die Interessen der Minderheitsaktionäre zu berücksichtigen, die sich häufig nicht mit denen der Obergesellschaft decken.

Besonderheiten der Steuerplanung im internationalen Konzern

Grundsätzlich unterliegt der inländische Organträger mit seinem gesamten Welteinkommen der unbeschränkten deutschen Körperschaftsteuerpflicht. Soweit Einkommensteile ausländischen Quellen entstammen, werden diese in der Regel auch im Quellenstaat besteuert. Das gleiche Einkommen wird somit in zwei Staaten zur Steuer herangezogen. Diese Doppelbesteuerung wird teilweise durch unilaterale und bilaterale Maßnahmen (Doppelbesteuerungsabkommen) vermieden oder gemildert, was bei der Steuerplanung entsprechend zu berücksichtigen ist[38].

Die inländische Körperschaftsteuer belastet die empfangenen Dividenden. Eine Umlage dieser Steuer auf die ausländischen Gesellschaften sollte jedoch nicht erfolgen.

Trotz eines negativen Konzernergebnisses können in einem internationalen Konzern Ertragsteuern anfallen. Dies ist der Fall, wenn der negative Saldo aus Verlusten bestimmter Gesellschaften und aus Gewinnen bestimmter Gesellschaften in anderen Ländern stammt.

---

38 Vgl. Selchert, F.W., Machens, K., Verfahren zur Verminderung ertragsteuerlicher Doppelbesteuerung und ihre reale Entlastungswirkung, Teil I–III, DB 1983, S. 617ff., S. 647ff. u. S. 728ff.; vgl. grundlegend auch Rose, G., Grundzüge des internationalen Steuerrechts, a.a.O., S. 61ff.; Wacker, W.H., Steuerpolitik bei internationaler Unternehmenstätigkeit, in: Handbuch der internationalen Unternehmenstätigkeit, Hrsg. B.N. Kumar, H. Haussmann, München 1992, S. 873ff.

5.4.2 Bilanzplanung und -kontrolle

In der konsolidierten Bilanz-PuK können wiederum in Abhängigkeit von den angewandten Bewertungsgrundsätzen interne und externe Bilanzen unterschieden werden.

(1) Bilanzplanung und -kontrolle im nationalen Konzern

Ausgangspunkt der PuK ist die interne Planbilanz zu festen handelsrechtlichen Wertansätzen (Nominalwerten), d.h. ohne Anwendung von Bewertungsalternativen (im Zeitablauf unveränderte Bewertungsgrundsätze). Diese **interne Planbilanz für den Konzern** wird aus den entsprechenden Planbilanzen der Konzerngesellschaften durch Konsolidierung abgeleitet.

Die Nominalwertrechnung auf der Basis handelsrechtlicher Bewertungsansätze ermöglicht vor allem einen Zeitvergleich der einzelnen Perioden des Planungszeitraumes für die Gesamtunternehmung. Sie liefert Informationen über die Ergebnisentwicklung weitgehend frei von bilanzpolitischen Einflüssen. Als konsolidierte Bilanz ist sie Grundlage für die Ermittlung der Verzinsung der nominellen Kapitalbindung der Gesamtunternehmung[39].

Diese kann auch auf der Basis der externen Bilanz des Konzerns, also nach Berücksichtigung der bilanzpolitischen Maßnahmen, errechnet werden – mit einem entsprechend interpretationsbedürftigen Aussagegehalt. Soll der RoI für den Konzern auf der Basis von Tageswerten ermittelt werden, setzt dies die Ermittlung der **Bilanz des Konzerns zu Tageswerten** voraus. Es sind die entsprechenden Werte der Subsysteme für die Bilanzaufstellung mit Konsolidierung zugrunde zu legen. Soweit sich Forderungen und Verbindlichkeiten zwischen Konzerngesellschaften gegenüberstehen, sind die entsprechenden Beträge aus der Nominalwertrechnung zu übernehmen, ebenso das Abzugskapital. Sind in den Planbilanzen Vermögensgegenstände aus Lieferungen und Leistungen von anderen Konzerngesellschaften enthalten, so sind Zwischengewinne und -verluste zu eliminieren. Dabei ist zu beachten, daß diese Zwischengewinne und -verluste sich nunmehr als Differenz zwischen den Tageswerten der empfangenden Konzerngesellschaft und den Plananschaffungskosten/Planherstellungskosten der liefernden Konzerngesellschaft zuzüglich der in der Gesamtunternehmung zusätzlich aktivierungsfähigen Kosten (Plankonzernanschaffungskosten/-konzernherstellungskosten) ergeben.

(2) Bilanzplanung und -kontrolle im internationalen Konzern

Bei der Einbeziehung ausländischer Subsysteme in die **interne und externe konsolidierte Bilanz-PuK** sind Ausgangspunkt die internen Rechnungen der Gliedbetriebe in DM. Davon werden die externen Bilanzen in DM abgeleitet.

Die Vorstufe für die Bilanzen in DM sind in Hartwährungsländern die Bilanzen in Landeswährung nach konzerneinheitlichen Gliederungs- und Bewertungsvorschriften (vgl. Abbildung 206, Sp. III). Diese werden in DM umgerechnet. Als zusätzliches Problem bei der Erstellung der DM-Bilanzen ergibt sich daher die **Wahl der Umrechnungskurse** für zukünftige Perioden. Dabei hat die Umrechnung der Planbilanzen für verschiedene zukünftige Stichtage mit jeweils geschätzten Kursen zu erfolgen. Es wurde herausgestellt, daß die Umrechnung hierbei in bezug auf Anlagevermögen und Eigenkapital zu historischen Kursen erfolgen kann (vgl. Teil IV, Abschnitt 5.1.2). In Weichwährungsländern geht man von den Planbilanzen der Subsysteme in Form sog. Hartwährungsabschlüsse aus. Bedeutsam für das Planungsrisiko ist, daß „historische Kurse" für die im Planungszeitraum anzuschaffenden Vermögensgegenstände auch Tageskurse des künftigen Anschaffungszeitpunkts sind.

---

39 Vgl. die Erhebungen von Wiebrock, H., Praxis der internen Konzernrechnungslegung, WPg 1971, S. 306ff.

Neben der nach handelsrechtlichen Wertansätzen geplanten Bilanz kann auch in internationalen Konzernen aus den internen Tageswertbilanzen der einzelnen Subsysteme nach Umrechnung in DM die **Bilanz des Konzerns zu Tageswerten** abgeleitet werden. Für die Ermittlung des RoI ist das Anlage- und Umlaufvermögen zu Tageswerten bzw. Wiederbeschaffungswerten anzusetzen, wobei die Konsolidierung der konzerninternen Forderungen und Verbindlichkeiten sowie die Berücksichtigung des Abzugskapitals zu Nominalwerten vorgenommen werden.

Bei Einbeziehung der Bilanzen ausländischer Subsysteme zu Tageskursen wird von der Annahme ausgegangen, daß sich in den Tageskursen auch die unterschiedlichen Entwicklungen der Kaufkraftverhältnisse zwischen den verschiedenen Währungsgebieten widerspiegeln. Diese Unterstellung trifft jedoch nur bedingt zu. Aus Vereinfachungsgründen muß man jedoch die dabei auftretenden Ungenauigkeiten in Kauf nehmen.

Wegen der Schätzungen und der Ungenauigkeiten der Kursumrechnung können die Tageswerte für die Gesamtunternehmung jedoch lediglich Richtgrößen darstellen. Eine Berechnung der Verzinsung aus insgesamt eingesetztem, zum Tageswert ausgewiesenem Vermögen erfolgt auf der Basis dieser Schätzgrößen. Dieser **Verzinsungsangabe des Vermögens** der mehrgliedrigen, insbesondere internationalen Unternehmung kommt daher nur ein **begrenzter Aussagewert als Führungsinstrument** zu – und dies zudem nur im Zeitvergleich.

Aus der nach gleichbleibenden handelsrechtlichen Bewertungsgrundsätzen aufgestellten, weitgehend auf historischen Werten basierenden Bilanz des Gesamtsystems werden für externe Zwecke Alternativen unter Berücksichtigung des Bewertungsspielraumes und evtl. steuerlicher Gesichtspunkte bei nationalen Unternehmungen erarbeitet. Aus den Planungsalternativen der **externen Bilanz** werden – wie bei der GuV – Konsequenzen für die Einzelbilanzen der Subsysteme abgeleitet. Die unter Gesamtunternehmungsgesichtspunkten abgeleiteten Bilanzierungsmaßnahmen müssen dann bereits bei Aufstellung der Bilanzen der Subsysteme berücksichtigt werden.

Der Informationsgehalt der externen konsolidierten Bilanz muß differenziert beurteilt werden.

Dem **konsolidierten Jahresabschluß** kommt wie dem Jahresabschluß einer Einzelgesellschaft jeweils spezifische **Aussagekraft** zu. Der externe konsolidierte Jahresabschluß dient insbesondere

- zur Planung und Kontrolle des kurz- und mittelfristigen Ergebnisziels im Konzern – in Verbindung mit der konsolidierten Gewinn- und Verlustrechnung, dem internen konsolidierten Abschluß sowie dem Abschluß der Obergesellschaft;
- zur Beurteilung der Ergiebigkeit und Strukturierung der Kapital- und Vermögensbindung und damit
- zur Beurteilung der Kreditwürdigkeit.

Er ist in bestimmten Ländern Voraussetzung für die Börseneinführung.

Der Informationsgehalt der externen konsolidierten Bilanz wird jedoch vielfach erheblich eingeschränkt, insbesondere in internationalen Unternehmungen. Hier sind folgende Punkte zu nennen:

- Der konsolidierte Abschluß wird üblicherweise aus den Rechenwerken der Subsysteme durch Konsolidierung abgeleitet. Hierdurch ergeben sich aus Wirtschaftlichkeitsüberlegungen gewisse Ungenauigkeiten. Außerdem ergeben sich durch das Verfahren der Konsolidierung Ausgleichsposten, die interpretationsbedürftig für externe und auch interne Interessenten sind (z. B. passiver Ausgleichsposten aus der Erstkonsolidierung).

- Bei internationalen Konzernen ergeben sich Kursumrechnungsdifferenzen, die sich in den Kapitalrücklagen oder im Jahresüberschuß und damit in den Rücklagen des Konzerns aus dem Ertrag niederschlagen. Zudem sind bei Behinderungen des Kapitaltransfers Beträge der Bilanzpositionen qualitativ unterschiedlich zu beurteilen.

Für die ausländischen Subsysteme werden daher die Funktionen, die der Abschluß des Gesamtkonzerns in DM nicht mehr erfüllen kann, zum Teil von den nationalen Bilanzen in Landeswährung nach Landesrecht übernommen. Sie dienen zur Beurteilung der Unternehmung im Land, z. B. für die Prüfung der Kreditwürdigkeit, zur Börseneinführung und auch als Basis für die nationale Steuerpolitik. Diesen Weg beschreitet man insbesondere bei großen Auslandsgesellschaften.

Ein anderer Weg, um den Zugang zum internationalen Kapitalmarkt zu verbessern, besteht für deutsche Großunternehmungen bzw. Konzerne darin, einen konsolidierten Jahresabschluß nicht nur nach deutschem Recht, sondern zusätzlich auch nach international akzeptierten Vorschriften zu erstellen bzw. zu variieren und zu veröffentlichen. So werden inzwischen von deutschen Großunternehmungen aufgrund der Publizitätspflichten des US-amerikanischen Kapitalmarktes oder mit zunehmender Tendenz freiwillig im Rahmen der Investor Relations angloamerikanische Rechnungslegungsanforderungen oder Anforderungen der IAS erfüllt. Im Zusammenhang mit der internationalen Harmonisierung der externen Rechnungslegung kommt dabei den vom International Accounting Standards Committee (IASC) verabschiedeten Rechnungslegungsrichtlinien, den International Accounting Standards (IAS), aufgrund ihrer weltweiten Akzeptanz eine immer höhere Bedeutung zu[40].

---

40 Vgl. Arbeitskreis „Rechnungslegungsvorschriften der EG-Kommission" der Gesellschaft für Finanzwirtschaft in der Unternehmensführung e.V. (GEFIU), Möglichkeiten und Grenzen der Anpassung deutscher Konzernabschlüsse an die Rechnungslegungsgrundsätze des International Accounting Standards Committee (IASC) (Teil I), DB 1995, S. 1137ff.; Goebel, A., Konzernrechnungslegung nach den International Accounting Standards, DB 1994, S. 2457ff.; Haller, A., Die Rolle des International Accounting Standards Committee bei der weltweiten Harmonisierung der externen Rechnungslegung, DB 1993, S. 1297ff.; Niehus, R. J., Zur „Internationalisierung" der Konzernabschlüsse 1994 der Bayer AG und der Schering AG, DB 1995, S. 937ff.; Schruff, W., Die internationale Vereinheitlichung der Rechnungslegung nach den Vorschlägen des IASC – Gefahr oder Chance für die deutsche Bilanzierung? –, BFuP 1993, S. 400ff.

5.5 Aus- und Einzahlungsplanung und -kontrolle – Finanzplanung der Zentrale

5.5.1 Aufgaben und Wesen

Die **Aus- und Einzahlungsplanung und -kontrolle** als Teil der gesamtunternehmungsbezogenen Planungs- und Kontrollrechnung wird im folgenden wieder verkürzt als Zahlungsplanung, Zahlungsrechnung oder Finanzplanung bezeichnet. Sie hat in der primär nach Produkten oder Regionen divisional organisierten Unternehmung grundsätzlich dieselbe Aufgabe wie in der primär verrichtungsorientiert organisierten Unternehmung: Erfassung und gegebenenfalls Beeinflussung von Zahlungsstromgrößen und monetären Bestandsgrößen nach Höhe und Fälligkeitszeitpunkt mit dem **Ziel der Liquiditätssicherung** unter Beachtung des Ziels der Erwirtschaftung eines höchstmöglichen Ergebnisses.

Die genannte Aufgabe besitzt – wie bereits dargestellt – sowohl derivativen Charakter (Erfassung der Zahlungsströme und Erfassung der Zahlungsmittelbestände) als auch originären Charakter (Gestaltung von Zahlungsströmen bei abzusehender Illiquidität bzw. nicht ausreichender Liquiditätsreserve oder Überliquidität).

In mehrgliedrigen Unternehmungen mit rechtlich selbständigen Divisions, also in Konzernen, ist die Finanzplanung grundsätzlich komplexer als dies in Unternehmungen ohne Gliedbetriebe mit primär funktionaler Aufbauorganisation der Fall ist. In der divisionalen Unternehmung ergeben sich Erweiterungen des Planungsgegenstandes zum einen durch die **zwischen den Divisions** bzw. zwischen diesen **und der Zentrale** fließenden **Zahlungsströme** und die **bei den Divisions** gegebenenfalls gehaltenen **Zahlungsmittelbestände**, zum anderen durch die **differenzierte Gestaltung der monetären Beziehungen zum Umsystem**. Hierbei nehmen die Planungs- und Kontrollprobleme wie auch die Durchführungsprobleme bei internationalen Konzernen[41] – im Vergleich zu nationalen Konzernen – noch erheblich zu.

Allerdings muß auch gesehen werden, daß in *nationalen* Unternehmungen die gesamtunternehmungsbezogene finanzwirtschaftliche Planung in einem Punkt, nämlich der Bewertungsfrage, unproblematischer ist als die gesamtunternehmungsbezogene Planung der Kosten und Erlöse, der Aufwendungen und Erträge und der Vermögens- und Kapitalteile. Das Problem unterschiedlicher Wertansätze bei der Konsolidierung der Planungsrechnungen einzelner Divisions stellt sich nicht, da die Zahlungsplanung – und zwar die auf güterwirtschaftlichen Teilplanungen basierende ebenso wie die rein finanzwirtschaftliche – von vornherein mit der Planungsgröße Geldeinheit arbeitet.

---

41 Vgl. zur Darstellung der organisatorischen Entwicklung internationaler, nach Produkten und geographischen Regionen gegliederten Unternehmungen Bleicher, K., Zur organisatorischen Entwicklung multinationaler Unternehmungen (2), NB 8/1972, S. 3ff.; Perridon, L., Rössler, M., Die Wandlung betrieblicher Organisationsstrukturen im Verlauf des Internationalisierungsprozesses, WiSt 1980, S. 257ff.; Weidemann, B., „Formen multinationaler Unternehmungen", DB 1970, S. 2137ff.; vgl. ferner Albach, H., Die internationale Unternehmung als Gegenstand betriebswirtschaftlicher Forschung, in: Internationale Betriebswirtschaftslehre, Hrsg. H. Albach, ZfB-Ergänzungsheft 1/81, Wiesbaden 1981, S. 13ff.; Bayer, W. F., Die multinationalen Unternehmen und die Industriestaaten, in: Aktuelle Fragen multinationaler Unternehmen, Hrsg. W. F. Bayer, W. Busse von Colbe, M. Lutter, ZfbF-Sonderheft 4/1975, Opladen 1975, S. 16ff.; Fayerweather, J., International Business Management: A Conceptual Framework, New York 1969, S. 5ff.; Kulhavy, E., Multinationale Unternehmungen, in: HWB, 2. Bd., Hrsg. E. Grochla, W. Wittmann, 4. Aufl., Stuttgart 1975, Sp. 2723ff.; Pausenberger, E., Die internationale Unternehmung: Begriff, Bedeutung und Entstehungsgründe, WISU 1982, S. 118ff., S. 332ff. u. S. 385ff.

In *internationalen* Unternehmungen, in denen Zahlungsströme zwischen Gliedbetrieben und/oder zwischen diesen und der Zentrale fließen, die unterschiedlichen Währungsgebieten angehören, ergeben sich hingegen bei der Zahlungsplanung und -durchführung Wertansatzprobleme besonderer Art durch das Vorhandensein bestimmter Wechselkursrelationen. Zudem ergeben sich Probleme, sofern zwischen einzelnen Ländern Behinderungen oder Verbote des Kapitaltransfers bestehen. Gegebenenfalls ist daher im Gesamtkonzern zwischen konvertiblen, beschränkt konvertiblen und nicht bzw. nur in Ausnahmefällen konvertiblen Währungen zu unterscheiden.

Die beiden nachfolgenden Skizzen (Abbildung 207) verdeutlichen schematisch die **Abwicklungsmöglichkeiten der Zahlungsströme** auf Grund güter- und/oder finanzwirtschaftlicher Aktionen in einer mehrgliedrigen Unternehmung, wobei zwischen den dargestellten zentralisierten oder dezentralisierten Zahlungsbeziehungen eine Vielzahl von Variationen möglich ist.

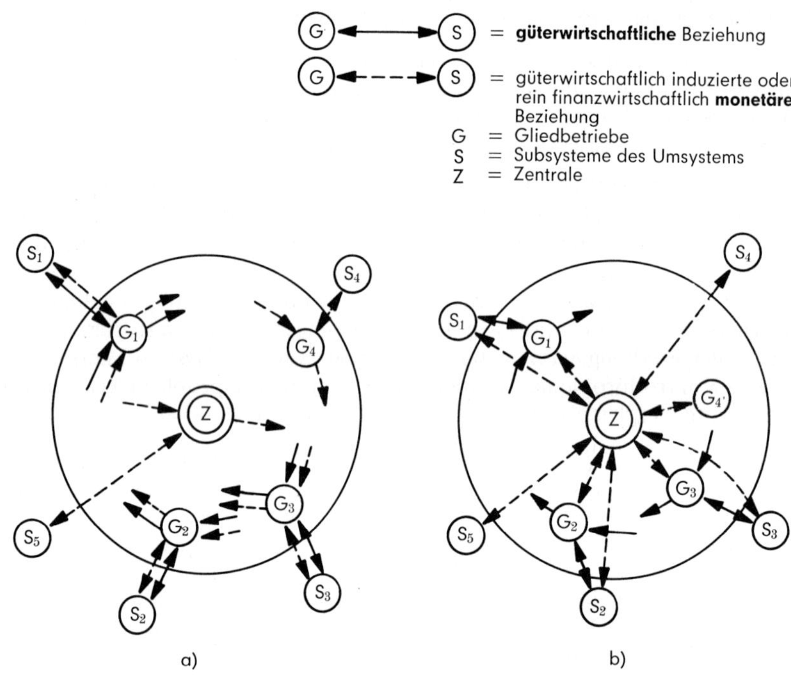

Abb. 207: Schematische Darstellung a) dezentralisierter und b) zentralisierter Zahlungsbeziehungen innerhalb der divisional organisierten Unternehmung und zwischen dieser und dem Umsystem

Die Durchführung des konzerninternen finanzwirtschaftlichen Transfers zwischen den Gliedbetrieben kann **dezentral** erfolgen, wobei die Zentrale bzw. Muttergesellschaft – sofern sie nicht selbst Gliedbetrieb ist – lediglich über die durchzuführenden bzw. durchgeführten Zahlungen (Transfers) informiert wird. Die Durchführung wird jedoch meist **zentral** erfolgen, nämlich über eine (finanzwirtschaftliche) **Zentralstelle**, ein sog. **Clearing-house**, sei dies nun die Unternehmungszentrale selbst oder die Hausbank bzw. eine unternehmungseigene Bank.

Die Durchführung des Zahlungsverkehrs mit dem Umsystem, insbesondere auch die Außenfinanzierung und -definanzierung, kann ebenfalls zentral oder dezentral erfolgen. Auch hier überwiegt jedoch die Außenfinanzierung/-definanzierung durch die Zentrale.

Eine Besonderheit der Finanzplanung in divisionalisierten Unternehmungen ist die Möglichkeit, die gesamte Kassenhaltung weitgehend oder ganz zu zentralisieren. Eine zentralisierte Kassenhaltung ist allerdings nur in einer divisional organisierten Unternehmung möglich, deren Gliedbetriebe durch problem- und risikolosen Kapitalverkehr innerhalb eines Währungssystems verbunden sind[42]. Ziel ist es, neben einer Minimierung der Anzahl von (ggf. auch grenzüberschreitenden) Zahlungsströmen im Rahmen eines (täglichen) Konzern-Clearing eine rasche Verlagerung und Zentralisierung der Kassenbestände einzelner Gliedbetriebe zu erreichen, um beschleunigt Zahlungsmittelströme aus Gliedbetrieben mit Überdeckungen zu Gliedbetrieben mit Unterdeckungen zu lenken[43] und Zahlungsmittelüberschüsse oder -fehlbeträge zinsgünstigst von der Zentrale aus zu disponieren.

Unternehmungen können zur Unterstützung dieser Tätigkeiten die Leistungen von Banken oder spezialisierten Finanzdienstleistern in Anspruch nehmen, die aufbauend auf sog. „Electronic-Banking-Systemen" **„Cash-Management-Systeme"** entwickelt haben[44]. In der grundlegenden Form handelt es sich bei diesen computergestützten Systemen um reine Informations- oder um Informations- und Transaktionssysteme, die der elektronischen Datenübermittlung und -verarbeitung innerhalb des Bankensystems sowie zwischen den Banken und ihren Firmenkunden dienen. In einer weiter entwickelten Form können die von einer Bank gelieferten Daten unmittelbar in der Unternehmung im Rahmen sog. „Treasury-Workstation-Systeme" PC-gestützt weiterverarbeitet werden[45].

Die Frage der Zentralisation oder Dezentralisation des internen und/oder externen Zahlungsverkehrs in nationalen und internationalen mehrgliedrigen Unternehmungen und damit auch die Frage einer finanzpolitischen Autonomie der Gliedbetriebe ist nur unternehmungsindividuell zu entscheiden. Vornehmlich sind wirtschaftliche und rechtliche Verhältnisse der relevanten Kapitalmärkte und die grundsätzliche Bereitschaft zu Haftungsbeitritten in Form von Bürgschaften, Patronatserklärungen der Konzernobergesellschaft oder des formlosen Konzernrückhaltes für die Entscheidungen über die Organisation der Zahlungsbeziehungen maßgebend. Auch müssen diese grundlegenden Entscheidungen letztlich wiederum unter Wirtschaftlichkeitsaspekten gesehen werden, denn ein finanzieller Verbundef-

---

42 Vgl. Eiteman, D.K., Stonehill, A.I., Multinational Business Finance, 6. Aufl., New York 1989, S. 565ff.; Moser, R., Wechselkursrisiko: Theorie und Praxis der Kurssicherungstechniken, Wien 1977; Wood, D., Byrne, J., International Business Finance, London 1981, S. 112ff.; Wright, M.G., Financial Management, Maidenhead/Berksh. 1970, S. 54ff.

43 Vgl. Pausenberger, E., Finanzpolitik internationaler Unternehmungen: Notwendigkeit und Grenzen der Zentralisierung, in: Internationale Unternehmensführung, Festschrift zum 80. Geburtstag von Eugen Hermann Sieber, Hrsg. W.H. Wacker, H. Haussmann, B. Kumar, Berlin 1981, S. 186 sowie die ausführlichen Darstellungen bei Schirm, M., Finanzplanung und Finanzdisposition in der Unternehmensgruppe, in: Schriften zur Unternehmensführung, Bd. 6/7, Kapitaldisposition, Kapitalflußrechnung und Liquiditätspolitik, Hrsg. H. Jacob, Wiesbaden 1968, S. 52f. u. S. 65f.; ferner Selowsky, R., Finanzplanung, in: Planung in der Praxis, Hrsg. H. Albach, ZfB-Ergänzungsheft 1/79, Wiesbaden 1979, S. 136f.

44 Vgl. zu einer Marktübersicht über Electronic-Banking-Dienstleistungen Pausenberger, E., Glaum, M., Electronic-Banking-Systeme und ihre Einsatzmöglichkeiten in internationalen Unternehmungen, ZfbF 1993, S. 41ff.

45 Vgl. Glaum, M., Internationale Cash-Management-Systeme von Banken, Bank und Markt 1987, S. 14ff.; Pausenberger, E., Glaum, M., Electronic-Banking-Systeme und ihre Einsatzmöglichkeiten in internationalen Unternehmungen, a.a.O., S. 41ff.; Spahni-Klass, A., Cash Management im multinationalen Industriekonzern, 2. Aufl., Bern-Stuttgart 1990, S. 149ff.

fekt in mehrgliedrigen Unternehmungen kann nur dann erreicht werden, wenn ein Mindestmaß an Zentralisation der Zahlungsbeziehungen vorhanden ist[46].

Die **Zahlungsplanung bzw. Finanzplanung**[47] umfaßt auch in der divisional organisierten Unternehmung **in der Zentrale**

- die **derivative Finanzplanung** mit der
  - Cash-flow-Planung,
  - Investitions-/Desinvestitionsplanung,
  - Finanzierungs- und Definanzierungsplanung und der
  - Liquiditätsreserveplanung;
- die **originäre Finanzplanung** mit finanzwirtschaftlichen Maßnahmen zur Verhinderung bzw. Beseitigung von Zahlungsmittelunter- und -überdeckungen sowie ihren Anstößen für Änderungen in anderen Teilplanungen.

In Abhängigkeit von der Organisation des Finanzwesens haben die **Gliedbetriebe** bzw. Subsysteme als **derivative Finanzplanung** entweder

- Cash-flow-Pläne und Investitions-/Desinvestitionspläne oder
- Cash-flow-Pläne und Investitions-/Desinvestitionspläne sowie Außenfinanzierungs-/-definanzierungspläne jeweils einschließlich Liquiditätsreserveplan

zu erstellen.

Eine autonome **originäre Finanzplanung** und deren Realisierung wird den Gliedbetrieben grundsätzlich nicht, zumindest nicht in nationalen Konzernen, übertragen. Abgesehen von einem unternehmungsindividuell festzulegenden finanzwirtschaftlichen Spielraum haben Gliedbetriebe, die alle partiellen derivativen Zahlungspläne erstellen, ihre Außenfinanzierung und -definanzierung und Liquiditätsreservehaltung über die Zentrale abzuwickeln und auch zuvor mit ihr abgestimmt zu planen. Finanzielle Mittel im Konzern werden von der Zentrale meist zu unterschiedlich hoch festgelegten Soll- bzw. Haben-Zinssätzen an Gliedbetriebe vergeben bzw. von diesen entgegengenommen. Dies schließt nicht fallweise von der Zentrale angeordnete bzw. mit dieser abgestimmte Außenfinanzierungsmaßnahmen der Gliedbetriebe aus.

In der Regel werden im **Konzern derivative und originäre Finanzplanung** für die gesamte mehrgliedrige Unternehmung lang- und meist auch kurzfristig **zentral** durchgeführt[48]. Die derivative Konzernfinanzplanung baut dabei auf den partiellen Zahlungsplanungen bzw. Zahlungsvorschauen der Gliedbetriebe auf. Deren Ausgestaltung ist bei der Darstellung der Finanzplanung für die verrichtungsorientiert organisierte Unternehmung behandelt worden (vgl. Teil III, Abschnitt 5.3).

Im folgenden geht es insbesondere um eine Darstellung der integrierten derivativen Zahlungsplanung des Konzerns als Grundlage für die Liquiditätssicherung des Konzerns im Sinne des Ausgleichs der zusammengefaßten Ein- und Auszahlungsbeziehungen der mehrgliedrigen Unternehmung zum Umsystem. Auf die originäre Zahlungsplanung – insbesondere in internationalen Unternehmungen – wird nur schwerpunktmäßig hingewiesen[49].

---

46 Vgl. Pausenberger, E., Finanzpolitik internationaler Unternehmungen: Notwendigkeit und Grenzen der Zentralisierung, a.a.O., S. 179.

47 Vgl. hierzu auch Singhvi, S.S., Financial Planning in a Divisionalized Firm, a.a.O., S. 15ff.

48 Vgl. hierzu auch Kingshott, A.L., Financial Forecasting for Corporate Planning, LRP 2/1968, S. 29ff.

49 Vgl. zur Darstellung der allgemeinen Aufgaben der Finanzabteilung in der Unternehmung und den spezifischen Aufgaben der zentralen Finanzabteilung im Konzern Friemauth, F., Die Aufgaben der Finanzabteilung, BFuP 1966, S. 407ff., insbes. S. 430ff. – Vgl. zur Begriffsbildung und grundlegen-

Die nach Produkten/Produktgruppen oder Regionen/Gebieten gegliederte Unternehmung wird im folgenden als internationaler Konzern gesehen. Jedoch gelten die Aussagen zu Wesen, Ausgestaltung und Aussagewert der gesamtunternehmungsbezogenen Zahlungsplanung im Grunde ebenso für divisional organisierte nationale Unternehmungen mit rechtlich selbständigen Divisions und zum Teil auch für Unternehmungen mit rechtlich unselbständigen Divisions. Voraussetzung ist allerdings, daß die produkt- oder regionalbezogen gebildeten Einheiten jeweils über ein Rechnungs- und Finanzwesen verfügen, in dem zumindest bestimmte Arbeiten der Finanz-PuK durchgeführt werden können.

5.5.2 Besonderheiten partieller Zahlungsplanung und -kontrolle in der divisional organisierten Unternehmung

5.5.2.1 Cash-flow-Planung und -Kontrolle

Die Perioden-Cash-flow-Beträge – verstanden als Einzahlungsüberschüsse – berücksichtigen bei vollständiger indirekter oder nach Möglichkeit direkter Ableitung sämtliche Quellen der Kapitalherkunft in Verbindung mit dem betrieblichen Umsatzprozeß sowie dem betriebsfremden und dem außerordentlichen Bereich (vgl. die Ausführungen in Teil III, Abschnitt 5.3.2.1).

Die **Konzern-Cash-flow-Planung** setzt eine Erfassung der Cash-flow-Beträge in den Gliedbetrieben des Konzerns voraus. Da in der Regel im Konzern keine dezentrale Investitionspolitik betrieben wird, bei der Cash-flow-Beträge in den einzelnen Gliedbetrieben ohne Abstimmung mit der Zentrale für Investitionen verwendet werden können, erfolgt eine zentrale Überschußermittlung. Diese dient im Rahmen der totalen Finanzplanung des Konzerns mit als Grundlage für die Verteilung der finanziellen Mittel im Konzern, die auf der Basis der Resultate der Produktprogramm- und Potentialplanung im Rahmen der strategischen und gegebenenfalls gesamtunternehmungsbezogenen Planung vorgenommen wird (vgl. auch Abbildung 203 b).

Die Prognose und die zentrale Erfassung der Cash-flow-Beträge – bei gesonderter Darstellung der Zahlungen zwischen Gliedbetrieben – setzen also entweder eine vorab durchgeführte Investitionsprogrammaufstellung oder im Idealfall eine simultan durchgeführte Investitions- und Finanzplanung und damit auch Kapitallenkung im Konzern voraus[50].

Die Erstellung des gesamtunternehmungsbezogenen Cash-flow-Plans erfolgt bei sukzessiver Planung in mehreren Schritten: Zuerst ist für jeden Gliedbetrieb ein Cash-flow-Plan zu erstellen. Dann sind für jeden Gliedbetrieb jene Beträge zu ermitteln, die auf Grund von Lieferungen in andere Gliedbetriebe abfließen (Auszahlungen) und von anderen Gliedbetrieben zufließen (Einzahlungen)[51]. Schließlich ist aus diesen Plänen der Konzern-Cash-flow-Plan abzuleiten.

---

den Behandlung der durch konzerninterne Aufbringung und Verwendung gekennzeichneten Finanzierungsvorgänge Mattes, H., Finanzierungsvorgänge im Konzern, Stuttgart 1966, insbes. S. 18ff.

50 Vgl. zu diesem Problem Hesse, J., Gewinnermittlungs- und Gewinnverwendungspolitik in der Konzernunternehmung, Frankfurt/Main – Zürich 1971, S. 47ff. sowie die Ausführungen im Teil III, in den Abschnitten 3.2 und 5.3.

51 Vgl. die ausführliche, primär ergebniszielorientierte Darstellung und Bewertung einerseits der Thesaurierung bzw. konzerninternen Ausschüttung von Gewinnen der Gliedbetriebe, andererseits der konzerninternen Kapitalbereitstellung durch die Spitzeneinheit, durch Basis- oder Grundeinheiten bei Küppersbusch, O. E., Die Finanzpolitik der internationalen Unternehmung, Diss. Erlangen-Nürnberg 1968, S. 79–102.

Die Grundform eines Konzern-Cash-flow-Plans ist somit zweckmäßigerweise die einer **Kapital-Input-Output-Tabelle**, wie in Abbildung 208 dargestellt. Diese enthält in der Diagonalen die **Cash-flow-Beträge der Gliedbetriebe**, in den Spalten und Zeilen gesondert die hierin enthaltenen **konzerninternen Ein- und Auszahlungen** aus Lieferungen zwischen Gliedbetrieben. Die laufenden **Ein- und Auszahlungen der Zentrale und gegenüber der Zentrale** werden **gesondert** erfaßt. Nach Aufrechnung (Konsolidierung) und Aggregation läßt sich der voraussichtliche **Konzern-Cash-flow** ersehen[52].

Zahlungen von ... (Auszahlungen) / Zahlungen an ... (Einzahlungen)	Zentrale	Gliedbetrieb 1	Gliedbetrieb 2	Gliedbetrieb 3	Gliedbetrieb 4	Σ Einzahlungen je Einheit
Zentrale						
Gliedbetrieb 1		Cash-Fl. G1				
Gliedbetrieb 2			Cash-Fl. G2			
Gliedbetrieb 3				Cash-Fl. G3		
Gliedbetrieb 4					Cash-Fl. G4	
Σ Auszahlungen je Einheit						Cash-flow Konzern

Abb. 208: Schema des Konzern-Cash-flow-Planes unter Einschluß interner Ein- und Auszahlungsströme auf Grund von internen Lieferungen

Die Konzern-Cash-flow-Beträge für künftige Perioden können auch durch Aggregation der laufenden Ein- und Auszahlungen der Gliedbetriebe und der Zentrale nach Berücksichtigung interner Zahlungsbeziehungen gewonnen werden. Allerdings scheint hier das vorab dargestellte Vorgehen bei Angabe von Zahlungsbeträgen sowie Zeiträumen und Zeitpunkten einfacher und übersichtlicher in der Durchführung zu sein.

5.5.2.2 Investitions- und Desinvestitionsplanung und -kontrolle

Diese partielle Zahlungsrechnung basiert auch in der divisionalisierten Unternehmung mit der Rechtsstruktur des Konzerns auf durchgeführten Investitionsprogrammaufstellungen oder im Idealfall simultan durchgeführten Investitions- und Finanzplanungen der ergebnisorientierten Programm- und Potentialplanung. Um zunächst einmal das für Strategiealternativen verfügbare Cash-flow-Volumen insgesamt für den Konzern ermitteln zu können, kann auch das Cash-flow-Volumen zunächst vor Investitionen in künftigen Perioden berechnet werden.

---

52 Es muß darauf hingewiesen werden, daß zum Teil in der Literatur darüber hinaus zur Konzerninnenfinanzierung sämtliche Aus- und Einzahlungen, also auch Finanzierungs- und Definanzierungsbeträge in Form von Beteiligungen und Dauerdarlehen an Tochtergesellschaften, gerechnet werden – vgl. z. B. Mattes, H., Finanzierungsvorgänge im Konzern, a.a.O., S. 24ff.

Für die Ermittlung von aggregierten Investitions- und Desinvestitionszahlungen und hieraus resultierenden Unter- oder ggf. Überdeckungen in einzelnen Konzerneinheiten und im Konzern insgesamt gilt, daß diese auf der Basis entsprechender strategischer ergebnisbezogener Planungen für Gliedbetriebe oder durch Zusammenführung der partiellen Investitions-/Desinvestitionsplanungen der Gliedbetriebe abgeleitet werden können.

Analog zur Konzern-Cash-flow-Planung wird bei sukzessiver Planung eine **stufenweise derivative Investitions-/Desinvestitionsplanung** durchgeführt:

Je Gliedbetrieb werden die Zahlungsströme für alle nach Ergebniskriterien geordneten Investitions-/Desinvestitionsobjekte erfaßt. Daraus ergibt sich in der Regel eine partielle, durch Maßnahmen der Innen- und/oder Außenfinanzierung bzw. durch Maßnahmen der Finanzierung durch die Zentrale oder durch Variation der Investitionsplanung zu schließende Zahlungslücke bei dem betreffenden Konzernglied oder auch in Ausnahmefällen ein partieller Zahlungsmittelüberschuß.

Danach werden die Ein- und Auszahlungen aller Divisions zu dem gesamtunternehmungsbezogenen liquiditätsorientierten Investitions-/Desinvestitionsplan aggregiert. Dieser **Konzerninvestitions-/-desinvestitionsplan** zeigt die geplanten Investitionsbeträge nicht nur gegliedert nach Divisions, sondern vielfach auch nach Dringlichkeitskriterien, Regionen und Funktionsbereichen. Bei diesem Plan (vgl. Abbildung 209) kommt einer möglichst detaillierten Aufschlüsselung der aggregierten Auszahlungen, Einzahlungen und Unter- bzw. Überdeckungen nach Art, Höhe und Zeitpunkt bzw. Zeitraum besondere Bedeutung zu.

Es zeigt sich, daß nur geringe Besonderheiten der partiellen Zahlungsplanung aus Investitionen/Desinvestitionen im Konzern in bezug auf den materiellen Inhalt der Pläne bestehen.

Der Informationsgehalt einer differenzierten zahlungswirksamen Investitions-/Desinvestitionsplanung liegt im differenzierten Aufzeigen der Investitionsplanungen der Divisions und hierauf basierender Zahlungsunter- oder -überdeckungen bei den Gliedbetrieben und im Gesamtkonzern und auch im möglichst detaillierten Aufzeigen von Alternativen zum güterwirtschaftlichen, d. h. hier potentialbezogenen Ausgleich von Unter- oder Überdeckungen. Es werden investitionsmäßige Verbindungen zwischen Einheiten sichtbar und Alternativplanungen erleichtert.

Ob Zahlungsunterdeckungen bei Gliedbetrieben durch konzerninterne Mittelzuweisung seitens der Zentrale gedeckt werden, wird auf der Basis des grundsätzlich zentral aufgestellten Konzerninvestitions- und Konzernfinanzplans entschieden. Maßgebend hierfür sind die im Konzern verfolgten Ziele, die erarbeiteten Programm- und Potentialplanungsalternativen und die unter Berücksichtigung von Ergebnis- und Sicherheitsaspekten durch den Konzern von Dritten beschaffbaren Außenfinanzierungsvolumina – bei Einhaltung einer spezifischen Kapitalstruktur.

5.5.2.3 Außenfinanzierungs- und -definanzierungsplanung und -kontrolle

Diese partielle Zahlungsrechnung erfaßt bzw. beeinflußt die mit rein finanzwirtschaftlichen Planungen verbundenen Zahlungsströme zwischen dem System Unternehmung und dem Umsystem, d. h. Vorgänge der Fremd- und Beteiligungsfinanzierung und -definanzierung.

Der **Außenfinanzierungsplan** zeigt auch im Konzern die **Mittelbeschaffung von Konzernfremden**, sofern sich aus Konzern-Cash-flow- und Konzern-Investitions-/-Desinvestitionsplan sowie auf Grund des **Konzern-Außendefinanzierungsplans** eine Unterdeckung ergibt. Im Falle der Überdeckung sind finanzwirtschaftliche Anlagemöglichkeiten aufzudecken und gegebenenfalls wahrzunehmen. Über- und Unterdeckungen des Konzerns, die sich aus

Investitionen / Desinvestitionen (zahlungswirksam)	Auszahlungen			Einzahlungen aus Desinvestitionen	Saldo
	für Investitionen	für Desinvestitionen	Σ		
1 Konzern insges.					
2 nach Gliedbetrieben / Zentrale Gliedbetrieb 1 insgesamt intern extern Gliedbetrieb 2 insgesamt intern extern Gliedbetrieb 3 insgesamt intern extern					
Summe Gliedbetr. insgesamt intern extern					
Zentrale insgesamt intern extern					
3 nach Freiheitsgrad der Planung 31 gebunden 32 frei					
4 nach Land/Region (bei mehr als jeweils einem dort arbeitenden Konzernmitglied)					
5 nach Produkten (-gruppen) bei mehr als jeweils einem damit befaßten Konzernmitglied)					
6 nach Funktionsbereichen 61 Beschaffung 62 Fertigung 63 Absatz 64 Verwaltung					

Abb. 209: Schema des Konzerninvestitions- und -desinvestitionsplanes (ohne Angabe von Plan(-teil)-perioden)

Über- und Unterdeckungen bei den Gliedbetrieben und der Zentrale ergeben, sind wiederum durch eine Input-Output-Tabelle darzustellen.

Dienen als Grundlage für die Außenfinanzierungsplanung des Konzerns die jeweiligen partiellen Zahlungsplanungen der Gliedbetriebe, so muß bei Vorhandensein konzerninterner Verflechtungen darauf geachtet werden, daß Doppelrechnungen im Rahmen einer finanzwirtschaftlichen Konsolidierung eliminiert werden. Gewährt beispielsweise Gliedbetrieb A Gliedbetrieb B konzernintern einen Kredit, so wird diese Zahlungsmittelbewegung bei Gliedbetrieb A im Rahmen der Investitions-/Desinvestitionsrechnung als Beteiligungs- oder Darlehensgewährung erfaßt. Gliedbetrieb B verbucht diese Zahlungsmittelbewegung im Rahmen der Außenfinanzierungsrechnung. Diese konzerninternen Mittelzuweisungen (Kreditvergaben) und ggf. Mittelabrufe durch die Zentrale gegenüber Gliedbetrieben sind nach Gliedbetrieben und Mittelarten tabellarisch festzuhalten. Diese werden vielfach auch als Konzerninnenfinanzierung/-definanzierung bezeichnet; aus der Sicht des Konzerns handelt es sich um Aktionen der Mittelverwendung, wobei die finanziellen Mittel aus Innen- und/oder Außenfinanzierung stammen.

Die **externe derivative Planung der finanzwirtschaftlichen Kapitalzuführung und Kapitalentziehung**[53] ist auch im Konzern im Hinblick auf evtl. Anpassungsmaßnahmen im Rahmen originärer Finanzplanung möglichst weitgehend zu differenzieren.

Die Einteilung der Finanzierungs-/Definanzierungsmaßnahmen erfolgt wie in der primär funktionsorientierten Unternehmung nach dem Freiheitsgrad der Planung („gebundene" und „freie") und nach der rechtlichen Beziehung zwischen dem Konzern und den Zahlungsmittelgebern bzw. -empfängern (Fremd- und Eigenkapital). Dazu kommen weitere Differenzierungen, welche die Besonderheiten der Außenfinanzierung im Konzern widerspiegeln.

Insbesondere für die internationale divisionalisierte Unternehmung ergibt sich **im Rahmen der externen originären Fremd- und Beteiligungsfinanzierung** im Vergleich zur räumlich zentralisierten, verrichtungsorientiert organisierten Unternehmung ein wesentlich erweitertes Entscheidungsfeld: Sowohl in bezug auf die Art, die Zahl und das finanzwirtschaftliche Leistungsvermögen der potentiellen Kapitalgeber als auch im Hinblick auf die Art der Durchführung finanzwirtschaftlicher Außenbeziehungen besitzt der **internationale Konzern mehr Alternativen bei Außenfinanzierungsentscheidungen**[54].

Unabhängig davon, ob die Maßnahmen der Außenfinanzierung und -definanzierung zentralisiert durch die Konzernspitze bzw. eine andere (gegebenenfalls allein finanzwirtschaftliche Funktionen wahrnehmende) Einheit oder aber dezentralisiert (im allgemeinen durch die jeweils Zahlungsmittel benötigende Einheit) durchgeführt werden, kann bzw. muß der internationale Konzern unterschiedliche **Kapitalmärkte** in Anspruch nehmen.

Der sogenannte heimische Kapitalmarkt jenes Landes, von dem aus die Unternehmung sich international verbreitete und in dem im allgemeinen die Konzernspitze ihren Sitz hat, ist oft nicht in der Lage, den Außenfinanzierungsbedarf großer Konzerne von bis zu mehreren hundert Millionen DM im Jahr zu decken. Die Unternehmung muß sich somit gegebenenfalls auf offenen, sogenannten dritten Kapitalmärkten die benötigten Zahlungsmittel beschaffen[55].

Ein aussagefähiger extern orientierter Finanzierungsplan muß die während der Planperiode zwischen dem Konzern und den Kapitalgebern auf den genannten Kapitalmärkten erwarteten Zahlungsströme differenziert ausweisen. Es sind daher kurz die für den internationalen Konzern interessanten Kapitalgeber bzw. Kapitalbeschaffungsformen zu umreißen, welche

53 Erfolgswirksame Zahlungen, auch wenn sie auf Finanzierungsvorgängen beruhen, wie Fremdkapitalzins- und Steuerzahlungen, werden wiederum zum Cash-flow gerechnet.

54 Vgl. z. B. auch Stehle, R., Internationales Finanzmanagement, in: Internationale Betriebswirtschaftslehre, Hrsg. H. Albach, ZfB-Ergänzungsheft 1/81, Wiesbaden 1981, S. 67ff.

55 Vgl. Gloystein, P., Köhler, K., Die währungspolitische Rolle multinationaler Unternehmen, in: Aktuelle Fragen multinationaler Unternehmen, Hrsg. W. F. Bayer, W. Busse von Colbe, M. Lutter, ZfbF-Sonderheft 4/1975, Opladen 1975, S. 117ff.

die Systematik des Konzern-Außenfinanzierungsplans/-definanzierungsplans mitbestimmen[56].

Sowohl auf dem heimischen Kapitalmarkt als auch auf den Kapitalmärkten des jeweiligen Investitionslandes kann der Konzern grundsätzlich Eigen- und Fremdkapital aufnehmen.

Für die **Eigenkapitalaufnahme**[57] gelten u. a. folgende Besonderheiten. So sehr für die internationale Unternehmung ein nationale Wirtschaftsinteressen überwindender internationaler Aktionärskreis wünschenswert ist, so sehr ist – zumindest für einzelne Gliedbetriebe – die Emission von Aktien und Wandel- oder Optionsanleihen in dem jeweiligen Investitionsland, vor allem aber außerhalb des jeweiligen Investitionslandes vielfach erschwert. Mangelnde Emissionsmöglichkeit einzelner Gliedbetriebe, z. B. infolge lokaler gesellschafts- und devisenrechtlicher Bestimmungen oder mangelnden Vertrauens potentieller Anleger, ermöglichen es oft nur der Muttergesellschaft, Eigenkapital auf dem internationalen Kapitalmarkt aufzunehmen. Diese Form der zentralisierten Außen-/Eigenfinanzierung wird für den Konzern geboten sein, wenn den einzelnen Einheiten konzernintern Eigenkapital zugeführt werden soll und lokale Finanzierungsmöglichkeiten der Gliedbetriebe nicht oder nur beschränkt gegeben sind.

Auch für die **Fremdkapitalaufnahme** im Rahmen der Konzern-Außenfinanzierung gelten Besonderheiten. So werden insbesondere Konzernglieder in sogenannten Weichwährungsländern zur Geringhaltung von Währungsrisiken sowie zur Erleichterung von Zins- und Tilgungszahlungen bei eventuell drohender Devisenbewirtschaftung die Realisation der laufenden Aktionsplanung bzw. ihr Working Capital vornehmlich mit örtlichem Fremdkapital zu finanzieren versuchen[58]. Jedoch kann oft die notwendige bzw. gewünschte

---

56 Vgl. hierzu insbesondere Eilenberger, G., Finanzierungsentscheidungen multinationaler Unternehmungen, 2. Aufl., Würzburg-Wien 1987; ders., Finanzierungsentscheidungen bei internationaler Unternehmenstätigkeit, in: Handbuch der internationalen Unternehmenstätigkeit, Hrsg. B. N. Kumar, H. Haussmann, München 1992, S. 855 ff.; Giesel, F., Kapitalstrukturen internationaler Unternehmungen, in: Gießener Schriftenreihe zur Internationalen Unternehmung, Hrsg. E. Pausenberger, Gießen 1982, S. 30 ff.; Guth, W., Finanzpolitik multinationaler Unternehmen, ZfbF 1970, S. 458 ff.; Kuske, H.-M., Finanzierung multinationaler Unternehmungen, Frankfurt/Main 1973; Küppersbusch, O. E., Die Finanzpolitik der internationalen Unternehmung, a.a.O., S. 103–163; Borrmann, W. A., Dau, A., Besondere Aspekte der Finanzpolitik internationaler Unternehmungen, in: Managementprobleme internationaler Unternehmungen, Hrsg. L. Perridon, Bearbeiter W. A. Borrmann, Wiesbaden 1970, S. 94–101; Sprung, R., Internationale Finanzierungseinrichtungen, Stuttgart 1963; Hahn, O., Auslandsfinanzierung als Alternative, in: Handbuch der Unternehmensfinanzierung, Hrsg. O. Hahn, München 1971, S. 417 ff.; Mattes, H., Finanzierungsvorgänge im Konzern, a.a.O., S. 27 u. S. 78–95.

57 Vgl. zum Problem der Inländerbeteiligungen bei Gliedbetrieben multinationaler Konzerne ausführlich Eilenberger, G., Finanzierungsentscheidungen multinationaler Unternehmungen, a.a.O., S. 246 ff.; Küppersbusch, O. E., Die Finanzpolitik der internationalen Unternehmung, a.a.O., S. 108 ff.; Lukac, A., Zur Praxis multinationaler Finanzpolitik, ZfbF 1970, S. 470 ff.; Pausenberger, E., Eigenkapitalausstattung deutscher Tochtergesellschaften in Entwicklungsländern, in: Internationales Management, Hrsg. E. Pausenberger, Stuttgart 1981, S. 195 ff.; Semler, J., Multinationale Unternehmungen, Finanzierung der, in: HWF, Hrsg. H. E. Büschgen, Stuttgart 1976, Sp. 1375 f. u. Sp. 1381 ff.

58 Vgl. hierzu insbesondere Borrmann, W. A., Dau, A., Besondere Aspekte der Finanzpolitik internationaler Unternehmungen, a.a.O., S. 96 f.; Busse von Colbe, W., Zur finanziellen Steuerung und Kontrolle im internationalen Konzern mit Hilfe von Bilanzen, a.a.O., S. 257 ff.; Eilenberger, G., Finanzierungsentscheidungen multinationaler Unternehmungen, a.a.O., S. 252 ff.; Giesel, F., Kapitalstrukturen internationaler Unternehmungen, a.a.O., S. 36 ff.; Schmidt, R., Transnationale Investitions- und Finanzplanung als Portefeuilleplanung, in: Strategische Unternehmungsplanung –

Fremdfinanzierung durch Aufnahme von Obligationen und Schuldverschreibungen oder Mittelbeschaffung durch örtliche Banken und Versicherungsgesellschaften sowie nationale Entwicklungsbanken nicht gewährleistet werden.

So ergeben sich hier ähnliche Probleme wie bei der Beteiligungsfinanzierung: Um am internationalen Kapitalmarkt Anleihen unterzubringen, insbesondere aber um Zahlungsmittel an internationalen Geld- und Kapitalmärkten aufzunehmen, muß der Konzern als Ganzes, d. h. die Zentrale oder ein mit zentralen Finanzierungsaufgaben betrauter Gliedbetrieb oder die Konzernbank tätig werden. Nur so besitzt der Konzern in der Regel die Bonität für Finanzierungsmaßnahmen z. B. auf dem Euro-Dollar-Markt, auf dem nicht organisierten Geldmarkt für internationale Finanztransaktionen [59].

Der Konzern kann sich hierbei über finanzwirtschaftliche Service-Gesellschaften mit Sitz in sog. **Off-Shore-Zentren**, die geringen Reglementierungen und steuerlichen Belastungen unterliegen, die benötigten Finanzmittel beschaffen [60]. Verbunden mit der Verbriefung von Schuldverhältnissen durch Emission von Wertpapieren (Securitization) sind auf diesen Euro-Märkten vielfältige **neue Finanzierungsformen** (Finanzinnovationen) für international tätige Unternehmungen entwickelt worden, die je nach unternehmungs- bzw. konzernspezifischem Anforderungsprofil als Finanzierungsinstrumente herangezogen werden können [61].

Der Konzernrückhalt kann ebenfalls für Maßnahmen in Verbindung mit nationalen und internationalen Spezialfinanzierungsinstituten (wie z. B. Kreditanstalt für Wiederaufbau, Internationaler Währungsfonds, Weltbank) von Bedeutung sein. Im Konzern wird dabei in einigen Fällen die Aufnahme externen Eigen- und Fremdkapitals dezentralisiert.

International tätige Konzerne können ferner noch auf zwei besondere Formen der Außenfinanzierung/-definanzierung zurückgreifen. Bei der **Back-to-back-Finanzierung** erfolgt die Zuführung finanzieller Mittel durch Zwischenschaltung der Zentralbank des Gastlandes, in dem der finanzmittelsuchende Gliedbetrieb seinen Sitz hat. Die Konzernzentrale leistet dabei eine Einlage bei dieser betreffenden Zentralbank. Der Gegenwert dieser Einlage wird in lokaler Währung an den Gliedbetrieb weitergeleitet. Diese Form der Außenfinanzierung

---

Strategische Unternehmungsführung, Hrsg. D. Hahn, B. Taylor, 6. Aufl., Heidelberg 1992, S. 732 ff.; Semler, J., Multinationale Unternehmungen, Finanzierung der, a.a.O., Sp. 1376 ff. und Sp. 1383 f.

59 Vgl. zur Charakterisierung von Euro-Märkten u.a. Storck, E., Euro-Dollar-Markt, in: HWInt, Hrsg. K. Macharzina, M. K. Welge, Stuttgart 1989, Sp 468 ff.; Schäfer, R., Finanzmärkte, internationale, in: HWInt, Hrsg. K. Macharzina, M. K. Welge, Stuttgart 1989, Sp.638 ff. Vgl. speziell zur Darstellung eines internationalen Spezialmarktes für kurzfristige Finanzierung zwischen Nichtbanken, Schuster, L., Industrieclearing – Kredit ohne Banken, in: Finanzstrategie der Unternehmung, Hrsg. Arbeitskreis Unternehmensfinanzierung, Nürnberg-Herne-Berlin 1971, S. 105 ff.

60 Vgl. Pausenberger, E., Finanz-Servicegesellschaften, in: HWInt, Hrsg. K. Macharzina, M. K. Welge, Stuttgart 1989, Sp. 665 ff. Vgl. speziell zu Off-Shore-Zentren Fischer, L., Off-Shore-Zentren, in: HWInt, Hrsg. K. Macharzina, M. K. Welge, Stuttgart 1989, Sp. 1553 ff. Bei diesem Vorgehen sind allerdings die §§ 8 ff. AStG zu beachten.

61 Vgl. Büschgen, E., Finanzinnovationen – Neuerungen und Entwicklungen an nationalen und internationalen Finanzmärkten, ZfB 1986, S. 301 ff.; Eilenberger, G., Finanzinnovationen, WISU 1991, S. 811 ff.; Glaum, M., Finanzinnovationen und ihre Anwendungen in internationalen Unternehmungen – dargestellt am Beispiel von Devisenoptionskontrakten, in: Gießener Schriftenreihe zur Internationalen Unternehmung, Bd. 4, Hrsg. E. Pausenberger, Gießen 1991, S. 149 ff.; Perridon, L., Steiner, M., Finanzwirtschaft der Unternehmung, a.a.O., S. 394 ff.; Seipp, W., Finanzinnovationen – neue Instrumente zur Unternehmensfinanzierung, in: Finanzierungshandbuch, Hrsg. F. W. Christians, 2. Aufl., Wiesbaden 1988, S. 301 ff.; Spremann, K., Investition und Finanzierung, 4. Aufl., München-Wien 1991, S. 77 ff.; Süchting, J., Finanzmanagement, a.a.O., S. 402 ff.; Vormbaum, H., Finanzierung der Betriebe, a.a.O., S. 335 f. sowie S. 347 ff.; Wöhe, G., Bilstein, J., Grundzüge der Unternehmensfinanzierung, a.a.O., S. 244 ff.

gestattet es, ein erwartetes Währungsrisiko auf die eingeschaltete Zentralbank abzuwälzen, wobei diese sich durch eine entsprechende Gestaltung des Zinssatzes für die Risikoübernahme entschädigen läßt. Die zusätzliche Einschaltung eines in einem Drittland ansässigen Kreditinstitutes kann weitere risikomindernde Wirkungen haben, wenn neben dem Währungsrisiko noch politische Risiken existieren. Droht etwa für bestimmte Staatsangehörige die Beschlagnahmung des Eigentums, so ist durch diese Zwischenschaltung eines dritten Kreditinstitutes das konzerninterne Darlehen als solches nicht mehr erkennbar[62].

Die zweite Form ist die **Parallelfinanzierung**. Bei der Planung dieser Außenfinanzierungsform wirken zwei international tätige Unternehmungen zusammen. Dabei nimmt der kapitalsuchende Gliedbetrieb von einem im selben Land ansässigen kapitalanbietenden Gliedbetrieb der anderen Unternehmung einen Kredit auf. Voraussetzung für ein solches Kapitalangebot eines Gliedbetriebes sind liquide Mittel, die von diesem weder transferiert noch den Zielvorstellungen entsprechend renditebringend angelegt werden können („blockiertes Kapital"). Durch Ausgleichen des Kreditverhältnisses außerhalb des betrachteten Landes durch die Zentralen der international tätigen Unternehmungen findet kein grenzüberschreitender Kapitaltransfer statt[63]. Allerdings gibt es für blockiertes Kapital keinen offiziellen Markt, der Erwerb ist zudem oft gesetzlichen Verordnungen unterworfen[64].

Die dargestellten Besonderheiten der Konzernaußenfinanzierung, insbesondere spezifische Kapitalmarktverhältnisse und in der Regel komplexe finanzwirtschaftliche Außenbeziehungen, müssen in einem aussagefähigen **Finanzierungs-/Definanzierungsplan** zum Ausdruck kommen. Sowohl für jede Einheit als auch für den Konzern insgesamt sind sämtliche Aus- und Einzahlungen nach und von außen und die gegebenenfalls entstehenden partiellen Unter- bzw. Überdeckungen auszuweisen. Es sind hier keine konzerninternen Verflechtungen vorhanden. So genügt formal ein Planungsschema gemäß Abbildung 210, um die dezentralen und die zentralen externen Zahlungsströme aufzuzeigen.

Wie für die anderen partiellen Zahlungsplanungen gilt auch für den Außenfinanzierungsplan, daß sein Aussagewert im Hinblick auf die originäre Finanzplanung umso größer ist, je differenzierter die Finanzierungs- und Definanzierungsmaßnahmen ausgewiesen werden. Für international tätige Konzerne ist es empfehlenswert, das Planungsschema so zu gestalten, daß auch die u. U. vorhandenen verschiedenen Währungen mit ihren jeweiligen Transferproblemen detailliert aufzeigbar werden.

Wenn in der divisional organisierten Unternehmung zusätzlich zu den güterwirtschaftlich verursachten monetären noch rein finanzwirtschaftliche Zahlungsbeziehungen zwischen unterschiedlichen Subsystemen und dem Umsystem auftreten, ergeben sich ständig dezentrale Zahlungsüber- oder -unterdeckungen. Hier wird unter Ergebnis- und Liquiditätsgesichtspunkten die Notwendigkeit einer zentralen Konzernfinanzplanung offensichtlich[65].

---

62 Vgl. Pausenberger, E., Finanzpolitik internationaler Unternehmungen: Notwendigkeit und Grenzen der Zentralisierung, a.a.O., S. 183 sowie Borrmann, W. A., Dau, A., Besondere Aspekte der Finanzpolitik internationaler Unternehmungen, a.a.O., S. 93f.

63 Vgl. Pausenberger, E., Finanzpolitik internationaler Unternehmungen: Notwendigkeit und Grenzen der Zentralisierung, a.a.O., S. 183.

64 Vgl. Borrmann, W. A., Dau, A., Besondere Aspekte der Finanzpolitik internationaler Unternehmungen, a.a.O., S. 94.

65 Vgl. Schirm, M., Finanzplanung und Finanzdisposition in einer Unternehmensgruppe, a.a.O., S. 52; Pausenberger, E., Finanzpolitik internationaler Unternehmungen: Notwendigkeit und Grenzen der Zentralisierung, a.a.O., S. 178f.

Außenfinanzierung/-definanzierung (zahlungswirksam)	Gliedbetrieb bzw. Gesamtkonzern Planungszeitraum:		
	„gebundene" Finanzierungs-/ Definanzierungs-maßnahmen	„freie" Finanzierungs-/ Definanzierungs-maßnahmen	Σ
Einzahlungen insgesamt: (Finanzierung) 11 aus Eigenkapitalerhöhung insgesamt: unterteilt nach Gliedbetrieben 12 aus Fremdkapitalaufnahmen insgesamt: unterteilt nach: — Gliedbetrieben — Kapitalgebern — regionalen Kapitalmärkten — Finanzierungs-(Kredit-) formen			
Auszahlungen insgesamt: (Definanzierung) 21 Eigenkapitalbezogene Maßnahmen insgesamt: unterteilt nach Gliedbetrieben 22 Fremdkapitalbezogene Maßnahmen insgesamt: unterteilt nach: — Gliedbetrieben — Kapitalgebern — regionalen Kapitalmärkten — Finanzierungs-(Kredit-) formen			
Über-/Unterdeckung 31 aus gesamter „gebundener" Finanzierung/Definanzierung 32 aus gesamter „freier" Finanzierung/Definanzierung			
33 aus der gesamten Finanzierungs-/Definanzierungsplanung			
unterteilt nach Über- bzw. Unterdeckung in Gliedbetrieben			

Abb. 210: Beispiel für die Ausgestaltung eines Außenfinanzierungs-/-definanzierungsplanes für jedes Konzernglied und für den Gesamtkonzern (ohne Angabe von Plan(-teil)-perioden)

5.5.3 Besonderheiten der totalen integrierten Aus- und Einzahlungsplanung und -kontrolle – Konzernfinanzplanung und -kontrolle

Auch in der divisionalisierten Unternehmung dient die Finanzplanung der Aufrechterhaltung der Liquidität der Gesamtunternehmung und der Vermeidung der hier möglichen Illiquidität einzelner rechtlich selbständiger Gliedbetriebe. Sie versucht diese Aufgabe zu lösen, indem sie güter- und finanzwirtschaftlich induzierte Zahlungsströme sowie Bestände an Zahlungsmitteln erfaßt und – unter Berücksichtigung von Liquiditätsreserven und evtl. Kreditspielräumen – Zahlungsunter- und -überdeckungen durch entsprechende Maßnahmen ausgleicht.

Ebenso wie in der verrichtungsorientiert organisierten Unternehmung gelten im Konzern bestimmte **Regeln zur Methodik der Ausgestaltung der Konzernfinanzplanung**, deren Einhaltung allein ihren Aussagewert bzw. die Erfüllung der genannten Aufgabe gewährleistet[66]: Alle Zahlungsströme und -bestände sind so **direkt wie möglich und notwendig** zu erfassen. Das bedeutet, daß der direkten Ableitung der Zahlungen aus den Mengen-, Zeit- und Werteplanungen der Gliedbetriebe bzw. Funktionsbereiche – auch der Zentrale – der Vorzug zu geben ist vor der indirekten Ermittlung von Zahlungen aus den zum Teil unter Saldierungen entstandenen Größen der Kosten- und Erlös- sowie der Aufwands- und Ertragsplanungen und der dazugehörigen Bestandsplanungen. Das bedeutet auch die Einbeziehung aller im jeweiligen Planungszeitraum fällig werdenden Forderungen und Verbindlichkeiten durch Umwandlung in Ein- und Auszahlungen.

Hierbei wird aus Praktikabilitätsgründen im Konzern die derivative Finanzplanung aus entsprechenden Planungen der Gliedbetriebe abgeleitet und dabei nur im Bedarfsfall auf deren strategische und operative Pläne direkt zurückgegriffen.

Die indirekte Konzernfinanzplanung kann auch auf der Basis des geplanten konsolidierten Konzernabschlusses durchgeführt werden. Hierbei bereitet die Interpretationsnotwendigkeit von Konsolidierungsresultaten besondere Schwierigkeiten.

Für Planungszwecke im Hinblick auf das Ziel der Liquiditätssicherung für den Konzern als Ganzes sowie für einzelne Gliedbetriebe bzw. Gesellschaften sollten daher entsprechende Teilplanungen der Zentrale sowie der Gliedbetriebe herangezogen werden[67]. Wohl kann nachrichtlich eine grobe indirekte Darstellung von Kapitalherkunft und Kapitalverwendung im Konzern für externe Dokumentationszwecke mittels einer **Kapitalflußrechnung**[68]

---

66 Vgl. zur aufbauorganisationsindifferenten Darstellung von Anforderungen an die Finanzplanung z.B. Lücke, W., Finanzplanung und Finanzkontrolle in der Industrie, a.a.O., S. 54ff.; vgl. auch Müller, E., Entscheidungsorientiertes Konzernrechnungswesen, a.a.O., S. 176ff.

67 Vgl. Sanwald, G.-H., Kapitalflußrechnung im Konzern, in: Handbuch der Konzern-Rechnungslegung – Kommentar zur Bilanzierung und Prüfung, Hrsg. K. Küting, C.-P. Weber, Stuttgart 1989, S. 493. Vgl. zur Einschränkung der Aussagekraft einer aus einem konsolidierten Jahresabschluß gewonnenen Kapitalflußrechnung u.a. Gebhardt, G., Aufstellung von Kapitalflußrechnungen auf der Grundlage publizierter Einzel- und Konzernabschlüsse, Institut für Unternehmensführung und Unternehmensforschung, Ruhr-Universität Bochum, 4. Aufl., Bochum 1984, S. 8f.; Nebendahl, J. F. H., Derivative Konzernfinanzierungsrechnungen im multinationalen Konzern, Frankfurt/Main 1994.

68 Vgl. Müller, E., Kapitalflußrechnungen für den Gesamtkonzern, ZfB 1978, S. 517ff.

(vgl. Teil III, Abschnitt 5.3.3.2) auf der Basis des Ist-Zahlenwerkes des **konsolidierten Konzernabschlusses** erfolgen (retrospektive Konzernkapitalflußrechnung)[69].

Welche Besonderheiten weist nun die **Konzernfinanzplanung** auf, und welchen Aussagewert besitzt sie?

Obwohl grundsätzlich gilt, daß die **Funktion Finanzwirtschaft** auch in divisionalisierten Unternehmungen **zentral** wahrgenommen wird[70], ist deutlich geworden, daß gerade in internationalen Konzernen sowohl die Durchführung des Zahlungsverkehrs mit dem Umsystem und die konzerninterne Kassenhaltung als auch zumindest Entscheidungsvorbereitungen über Zahlungsströme und -bestände **zum Teil dezentral** erfolgen können oder müssen.

Die Ermittlung **„partieller Liquiditäten"** für Gliedbetriebe führt hier durchaus zu aussagefähigen Teilergebnissen. Entsprechend der jeweiligen Form finanzwirtschaftlicher Organisation wird die bei einem Konzernglied vorhersehbare oder auftretende Unter- oder Überdekkung auf Grund zentral oder durch den jeweiligen Gliedbetrieb in Abstimmung mit der Zentrale zu treffender Anpassungsentscheidungen ausgeglichen.

Neben der Kennzeichnung vorhersehbarer oder auftretender Unter- oder Überdeckungen der Gliedbetriebe zeigen deren Zahlungsrechnungen bzw. Finanzplanungen mit ihren spezifischen Ein- und Auszahlungsströmen im Zeitvergleich Entwicklungen, die es gestatten, finanz- und güterwirtschaftliche Alternativen zur Überwindung von möglichen Zahlungsungleichgewichten auf Konzernebene deutlich zu machen.

Abbildung 211 a zeigt schematisch das dargestellte System der Finanzplanung in der divisional organisierten Unternehmung, das **Schema** einer **Konzernfinanzplanung**.

Auf die Wiedergabe eines detaillierten Finanzplanes für den Gesamtkonzern kann hier verzichtet werden. Er ist, unter Berücksichtigung der Länge des jeweiligen Planungszeitraumes und der Quasi-Zahlungszeitpunkte darstellenden Teilplanungsperioden, unschwer aus den ausführlich dargestellten partiellen Zahlungsplanungen zu aggregieren. In globaler Form unterscheidet er sich formal nicht von den Finanzplänen einer primär verrichtungsorientiert organisierten Unternehmung (vgl. Abbildung 194 und Abbildung 195 der Konzern-PuK-Übersicht). Seine Aussagefähigkeit liegt – wie bereits verdeutlicht – insbesondere darin, daß durch möglichst detaillierten Ausweis von teilweisen Zahlungsunter- oder -überdeckungen bei Gliedbetrieben und in partiellen Zahlungsplanungen des Konzerns (Konzern-Cash-flow-Plan, -Investitions-/-Desinvestitionsplan, -Außenfinanzierungs-/-Außendefinanzierungsplan) die möglichen und notwendigen Maßnahmenentscheidungen der originären Finanzplanung deutlich gemacht werden. Gegebenenfalls werden auch güterwirtschaftliche Maßnahmen bzw. Vorgehensweisen induziert.

Hierzu ist abschließend nochmals darauf hinzuweisen, daß im Konzern Umfang und Komplexität der zahlungswirksamen Planungen zunehmen und die Zahl der rentabilitäts- und liquiditätsorientiert zu bewertenden Alternativen zur Vermeidung von Zahlungsungleichgewichten sich wesentlich erhöht.

Eine mögliche **Ausgestaltung des prinzipiellen Schemas eines Konzernfinanzplanes** aus Abbildung 211 a zeigt Abbildung 211 b. Diese Abbildung basiert ebenfalls auf einer Aufteilung der totalen Finanzplanung in partielle Ein- und Auszahlungsrechnungen, wobei allerdings eine im Vergleich zum PuK-Schema etwas abweichende Aufgliederung der partiellen Zahlungs-

---

69 Vgl. Klös, H. L., Kapitalflußrechnung, ZfbF-Sonderheft 17/84, Düsseldorf-Frankfurt 1984, S. 144; Pfuhl, J., Erstellung einer Konzernkapitalflußrechnung, in: Das Konzernrechnungswesen des Jahres 2000, Hrsg. K. Küting, C.-P. Weber, Stuttgart 1991, S. 457 ff., insbes. S. 477 f.; Sanwald, G.-H., Kapitalflußrechnung im Konzern, a.a.O., S. 492 f.

70 Vgl. auch Mertens, P., Divisionalisierung, NB 2/1969, S. 6.

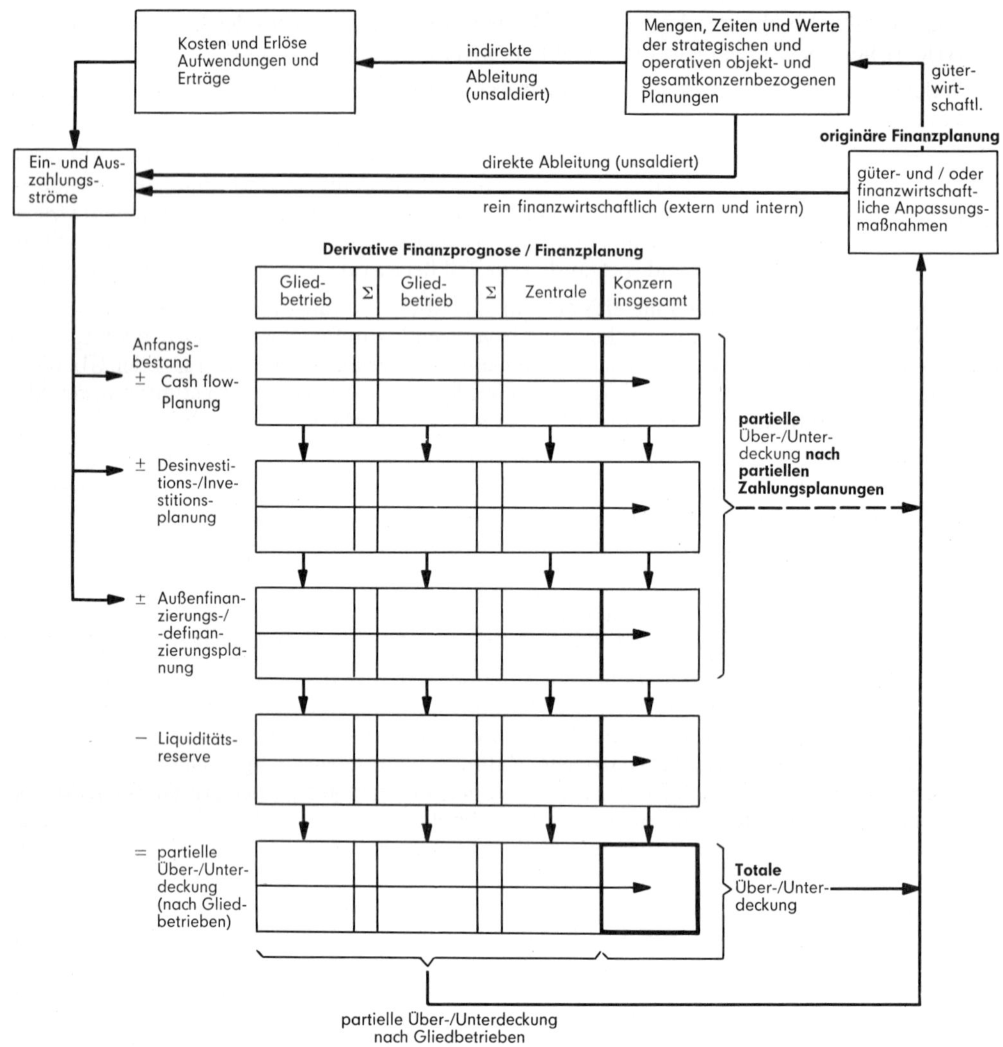

Abb. 211 a: Schema des Systems der Finanzplanung in der divisional organisierten Unternehmung (Konzern)

planungen gewählt wurde. Durch entsprechende Umstellungen und Ergänzungen kann das Beispiel jedoch leicht analog dem PuK-Schema umgeformt werden. Ebenfalls in Analogie zum PuK-Schema wird in den Teilplanungen der Gliedbetriebe zwischen konzerninternen und -externen Zahlungen unterschieden, wodurch es möglich wird, bei der Ermittlung der Liquidität des Gesamtkonzerns sofort die Zahlungen, die den Konzern tatsächlich belasten, von den Zahlungen, die innerhalb des Konzerns quasi nur Buchungsposten darstellen, zu unterscheiden. Ferner wird eine Unterscheidung nach dem Freiheitsgrad der Konvertibilität der Währung des Landes des jeweiligen Gliedbetriebes in die Währung der Muttergesellschaft vorgeschlagen. Hierdurch werden im Finanzplan bereits die Risiken verdeutlicht, die durch eine Einschränkung der Konvertibilität und der damit u. U. verbundenen Unmöglichkeit eines finanziellen Ausgleichs gegeben sein können.

	Veränderung des Liquiditätsfonds		konvertible Währung (DM)	beschränkt konvertible Währung (umgerechnet in DM)	nicht bzw. nur in Ausnahmefällen konvertible Währung (umgerechnet in DM)	Gesamtkonzern intern	/ extern
1)	Liquide Mittel: Kasse, Bank, Postscheck	konzernextern	40	2	20		62
		konzernintern	–	–	–	–	
2)	Wertpapiere des Umlaufvermögens	konzernextern	5	–	2		7
		konzernintern	–	–	20	20	
3)	kurzfristig realisierbare Forderungen	konzernextern	30	68	114		212
		konzernintern	105	50	–	155	
4)	kurzfristige Verbindlichkeiten	konzernextern	– 130	– 75	– 36		– 241
		konzernintern	–	– 65	– 90	– 155	
5)	kurzfristig verfügbare Mittel	konzernextern	– 55	– 5	100		40
		konzernintern	105	– 15	– 70	20	
6)	**Cash flow**						
7)	Periodenerfolg	konzernextern	190	100	– 50		240
		konzernintern	210	–	–	210	
8)	+ Abschreibungen	konzernextern	300	150	200		650
		konzernintern	–	–	–	–	
9)	+/– Veränderung langfristiger Rückstellungen	konzernextern	50	– 10	– 20	–	20
		konzernintern	–	–	–	–	
10)	cash flow brutto	konzernextern	540	240	130	–	910
		konzernintern	210	–	–	210	
11)	– Gewinnausschüttungen (für Vorjahre)	konzernextern	– 350	–	–	–	– 350
		konzernintern	–	– 100	–	– 100	
12)	cash flow netto	konzernextern	190	240	130	–	560
		konzernintern	210	– 100	–	110	
13)	**Finanzierungsvorgänge**						
14)	+/– Kapitalveränderung (einschl. der Rücklagen)	konzernextern	–	–	–	–	–
		konzernintern	–	–	60	60	
15)	+/– Veränderung langfristigen Fremdkapitals	konzernextern	45	50	– 20	–	–
		konzernintern	75	–	–	–	75
	Zwischensumme	konzernextern	45	50	– 20		75
		konzernintern	75	–	60	135	
16)	**Mittelverwendung**						
17)	– Investitionen (Sach- und Finanzanlagen)	konzernextern	– 340	– 100	– 50	–	– 490
		konzernintern	– 60	–	–	–	– 60
18)	+/– Veränderung des Vorratsvermögens (einschl.	konzernextern	+ 20	– 5	– 10	–	+ 5
	Anzahlungen auf Vorräte) *	konzernintern	–	– 110	–	– 110	
19)	+/– Veränderung der lang- und mittelfristigen Forderungen*	konzernextern	– 90	+ 5	– 25	–	– 110
		konzernintern	–	–	– 55	– 55	
	Zwischensumme	konzernextern	– 410	– 100	– 85	–	– 595
		konzernintern	– 60	– 110	– 55	– 225	
20)	Veränderung der kurzfristig verfügbaren Mittel	konzernextern	– 175	190	25		40
		konzernintern	225	– 210	5	20	

* Zunahme ist mit –, Abnahme mit + gekennzeichnet.

Abb. 211 b: Beispiel für die Ausgestaltung eines indirekt abgeleiteten Finanzplanes einer divisional organisierten Unternehmung (Konzern) [71]

71 Entnommen aus Müller, E., Kapitalflußrechnungen für den Gesamtkonzern, a.a.O., S. 526, geringfügig geändert.

5.6 Gesamtunternehmungsbezogenes Ergebnis- und Finanzplanungsmodell/Konzernmodell

Konzernmodelle für Zwecke der Planung und Kontrolle in Form gesamtunternehmungsbezogener Ergebnis- und Finanzplanungsmodelle, die Rechenwerke von Gliedbetrieben integrieren und auch konsolidieren, sind bisher erst vereinzelt entwickelt und zum Einsatz gebracht worden. Im Vordergrund stehen hier verkettete Simulationsmodelle.

Im folgenden wird ein **computerunterstütztes Unternehmungsmodell** beschrieben, das in einer **Holdinggesellschaft des Konzerns** der jetzigen AUSTRIAN INDUSTRIES AG, einer Unternehmungsgruppe mit 79 000 Beschäftigten in den Bereichen Technologie, Stahl, Aluminium und Öl/Chemie, seit 1975 entwickelt wurde[72]. Es diente ursprünglich zur Beurteilung von Investitions- und Beteiligungsprojekten und wurde schrittweise zur Unterstützung von Aufgaben der mittelfristigen und strategischen Unternehmungsplanung ausgebaut.

(1) Grundaufbau des Modells und Angabe der Modellbausteine

Ausgangspunkt der Modellentwicklung war 1975/76 der Aufbau eines Finanzmodelles zur integrierten Wirtschaftlichkeitsanalyse von Beteiligungsprojekten und Joint Ventures (vgl. Abbildung 212)[73].

Bei derartigen aperiodisch anfallenden, komplexen, strategisch bedeutsamen, meist unter großem Zeitdruck und Zugzwang zu entscheidenden Projekten besteht ein großes Bedürfnis des Top-Management nach Alternativ- und Variantenrechnungen, Risiko- und Sensitivitätsanalysen. Alternative produktionstechnische Auslegungen, Produktionsprogramme, Investitionsstrukturen und -abläufe, Rechts- und Finanzierungsformen, Bilanz-, Steuer- und Dividendenpolitiken sowie unterschiedliche Erwartungen hinsichtlich der Preisentwicklungen bei Produkten und Faktoren, der Kapitalkosten und Steuergesetzgebung usw. sind auf ihre finanziellen und bilanziellen Konsequenzen zu überprüfen.

Um die hohen Anforderungen an eine sorgfältige und gleichzeitig rasche und rationale Entscheidungsvorbereitung zu erfüllen, wurde ein **Modell zur integrierten Analyse der dynamischen Wirtschaftlichkeit, der Bilanz-, Erfolgs-, Mittelfluß- und betriebswirtschaftlichen Kennzahlenvorschau** entwickelt.

Bereits dieses Grundmodell wurde aus Gründen der Flexibilität und zur Erleichterung einer arbeitsteiligen, raschen Systementwicklung **modular** gestaltet. Die baukastenmäßige Strukturierung in Betriebsmodelle, Anlagenmodell und Bilanzsimulationsmodell hat sich auch in allen weiteren Entwicklungsphasen bewährt. Die einzelnen Teilmodelle lassen sich unabhängig voneinander sowie auch z. T. datentechnisch integriert einsetzen. Eine völlige datentechnische Integration ist aber nicht immer sinnvoll, da im Planungsdialog zwischen den einzelnen Ebenen und Bereichen (bottom-up/top-down und horizontal) stets menschliche Erkenntnis- und Gestaltungsleistungen eingebracht werden müssen (schöpferisches Element der Planung).

---

72 Der Verfasser dankt Herrn Dr. Buchinger für die freundliche Unterstützung bei der Beschreibung des Modells.

73 Vgl. Buchinger, G., Computergestützte Modellanalyse industrieller Beteiligungsprojekte, Österreichisches Bank-Archiv 1975, S. 390–401; o. V., Das ÖIAG-Finanzmodell. Ein computergestütztes Unternehmensmodell für Großprojekte, ÖIAG-Journal 4/1976, S. 10–11.

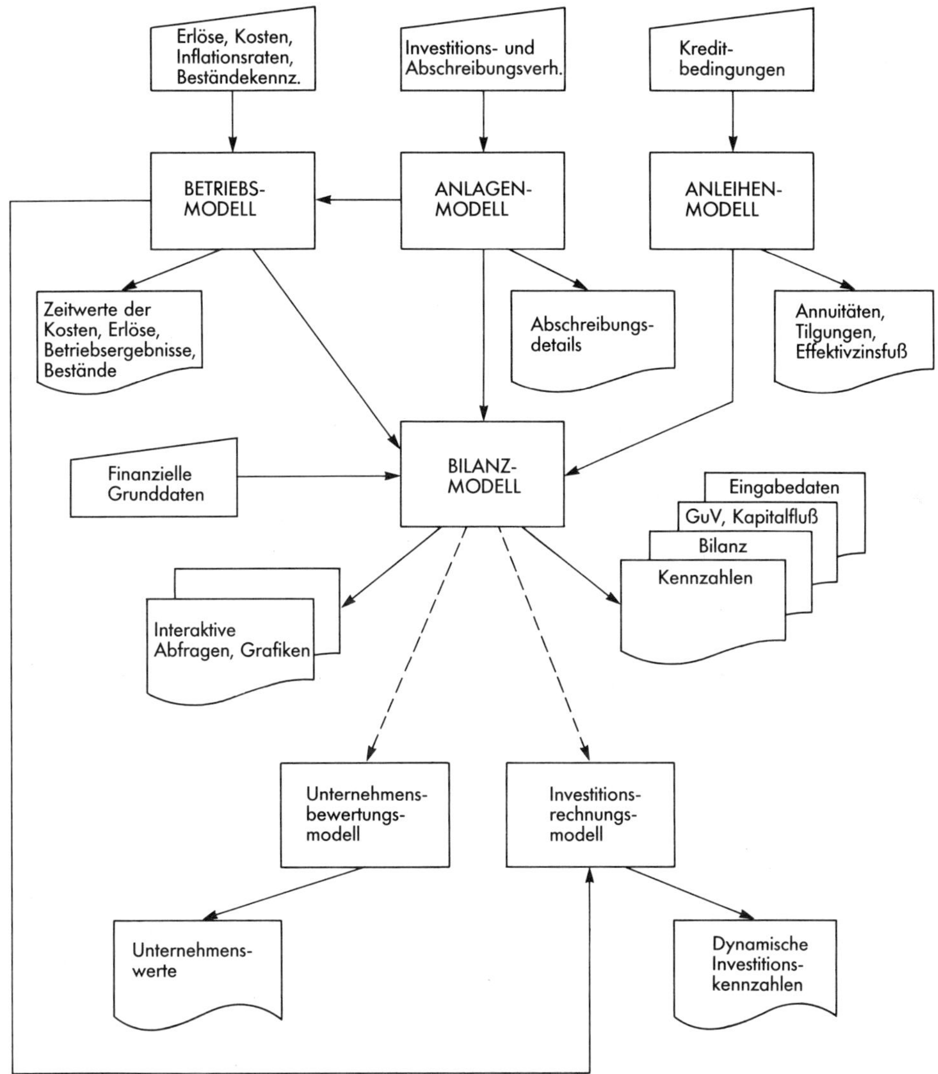

Abb. 212: Teilmodelle und Verknüpfungen des Unternehmungsmodells [74]

Die **Betriebsmodelle** ermöglichen Zukunftsprojektionen der Kosten, Erlöse und betriebs- bzw. bereichsspezifischen Bestände an Vorräten, Kundenforderungen und Lieferantenverbindlichkeiten. Bereits 1976 wurde u. a. ein Betriebsmodell für Prozeßindustrien auf Basis der Philosophie der Input-Output-Analyse unter Einsatz des Matrizenkalküls aufgebaut. Es beschränkte sich damals auf etwa 40 Sektoren (= Kostenträger, Kostenstellen und Kostenarten).

74 Entnommen aus Buchinger, G., Schwarz, A., Das ÖIAG-Unternehmensmodell: Ein Gesamtmodell für die Unternehmensführung, Informatik-Spektrum 1979, S. 134.

Das **Anlagenmodell** ermittelt die unmittelbaren Auswirkungen des Investitions-, Abschreibungs- und Desinvestitionsverhaltens auf die Bilanz- und Erfolgsentwicklung.

Das **Kreditmodell** ermittelt die bilanziellen und erfolgsmäßigen Auswirkungen des langfristigen Fremdfinanzierungsverhaltens unter verschiedenen Kreditbedingungen. Auch der Effektivzinsfuß von Einzelkrediten, Kreditbündeln und des gesamten Fremdkapitalmixes läßt sich errechnen.

Das **Bilanzmodell** ist das Kernstück des gesamten Modellsystems. Es errechnet die zu erwartende mittel- bzw. langfristige Entwicklung der Bilanz, der Erfolgs- und Kapitalflußrechnung sowie wichtiger Rentabilitäts-, Umschlags- und Finanzkennzahlen unter den jeweiligen Annahmen.

Das **Investitionsrechnungsmodell** ermittelt die dynamischen Wirtschaftlichkeitskennzahlen (Interner Zinsfuß, Barwertverlauf, Amortisationszeit) von Einzelprojekten, Projektbündeln, Investitionsprogrammen und ganzen Unternehmungsstrategien für Unternehmungsbereiche oder für die Gesamtunternehmung vor und nach Steuern.

Das **Unternehmungsbewertungsmodell** hat die Aufgabe, ausgehend von historischen oder erwarteten Unternehmungsergebnissen und Bilanzen, Unternehmungswerte nach den verschiedenen in der Praxis angewandten Bewertungsverfahren (UEC-Methode, Gewinnschichtmethode usw.) zu errechnen.

Um mit dem Modellsystem auch die in der Unternehmungsgruppe üblichen **mittelfristigen Planungsrechnungen** unterstützen zu können, wurde zunächst 1977 das Bilanzmodell stark erweitert[75]. Insbesondere wurden zahlreiche Optionen für Finanzierungs-, Bilanzierungs- sowie Rücklagen- und Dividendenpolitiken berücksichtigt. Da in der Republik Österreich die Erstellung einer konsolidierten Bilanz für Konzerne nicht vorgeschrieben ist, fließen die Ergebnisse der Tochterunternehmungen als Beteiligungserträge in das Bilanzmodell der Obergesellschaft ein. Ändert sich das Grundkapital der Tochtergesellschaften durch Kapitalzuführungen oder -entnahmen, so wird der Kapitaltransfer im Anlagevermögen der Obergesellschaft ausgewiesen. Abbildung 213 zeigt, wie die eigenständigen Bilanzmodelle der Tochtergesellschaften mit dem Bilanzmodell der Obergesellschaft verknüpft sind.

Die zunehmenden Anforderungen an die Erlös-, Kosten- und Ergebnisvorschauen für unternehmerische Teilbereiche (Betriebe, Werke, Sparten, Geschäftsfelder, Produktgruppen) unter unterschiedlichen Annahmen führten 1978/79 zum Aufbau eines **Betriebsergebnismodells**[76]. Dieses ermöglicht u. a. die Analyse der Auswirkungen von Investitionsprogrammen der Teilbereiche bzw. der Gesamtunternehmung auf deren Ergebnisse und gleichzeitig die Errechnung der dynamischen Wirtschaftlichkeitskennzahlen dieser Investitionen. Die Formulierung und Überwachung integrierter, den realen Verantwortungsstrukturen folgenden Zielvereinbarungen für Investitionen sowohl nach den Kriterien der dynamischen Investitionsrechnung als auch nach den Kriterien der laufenden Unternehmungsrechnung (Bereichserfolge, Bereichs-RoI) wird erleichtert. Dies ist von großer Bedeutung für eine wirksame Steuerung des Mitteleinsatzes in den einzelnen Tätigkeitsbereichen[77].

---

75 Vgl. Buchinger, G., Computergestützte Unternehmensplanungsmodelle für die Konzernführung, ap 1978, S. 43ff.; ders., Computergestützte Unternehmensplanungsmodelle, in: agplan-Handbuch zur Unternehmensplanung, 3. Bd., Hrsg. J. Fuchs, K. Schwantag, Berlin 1970, Kennzahl 4752, AH/19, Erg.-Lfg. VIII. 79; Buchinger, G., Schwarz, A., Das ÖIAG-Unternehmensmodell: Ein Gesamtmodell für die Unternehmensführung, a.a.O., S. 131ff.; o. V., Das ÖIAG-Bilanzsimulationsmodell, ÖIAG-Journal 2/1977, S. 16–17.

76 Vgl. Brittinger, B., Die Betriebssimulation als Steuerungsinstrument, ÖIAG-Journal 1/1982, S. 13; Schwarz, A., Simulation als Instrument der Investitionsanalyse, ÖIAG-Journal 4/1979, S. 16ff.

77 Vgl. Buchinger, G., Aktuelle Entwicklungen der Wirtschaftlichkeitsrechnung, Berg- und Hüttenmännische Monatshefte 1980, S. 215ff.

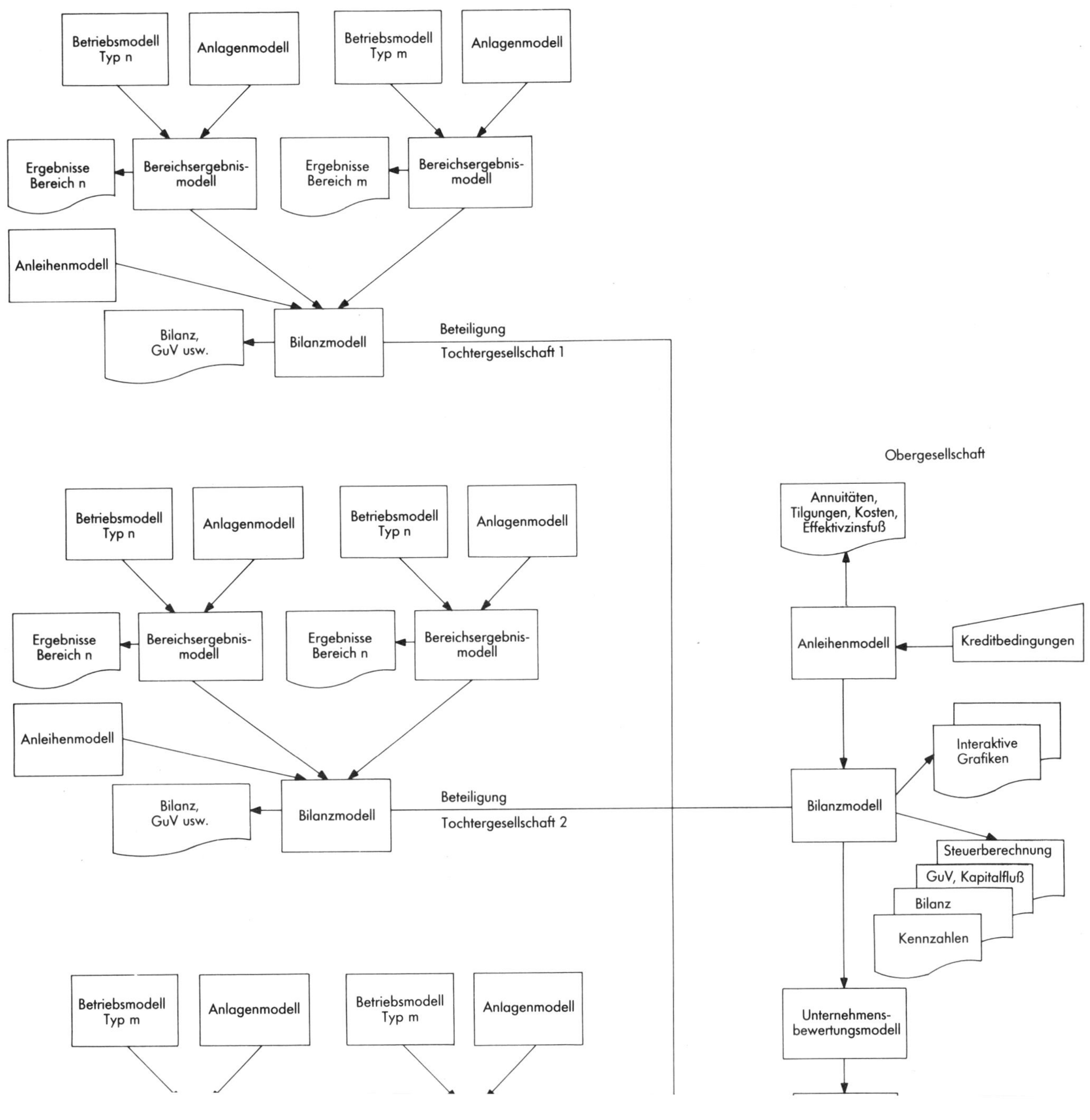
Betriebsmodell Typ n
Anlagenmodell
Betriebsmodell Typ m
Anlagenmodell
Ergebnisse Bereich n
Bereichsergebnis-modell
Ergebnisse Bereich m
Bereichsergebnis-modell
Anleihenmodell
Bilanz, GuV usw.
Bilanzmodell
Beteiligung
Tochtergesellschaft 1
Obergesellschaft
Annuitäten, Tilgungen, Kosten, Effektivzinsfuß
Betriebsmodell Typ n
Anlagenmodell
Betriebsmodell Typ n
Anlagenmodell
Ergebnisse Bereich n
Bereichsergebnis-modell
Ergebnisse Bereich n
Bereichsergebnis-modell
Anleihenmodell
Kreditbedingungen
Anleihenmodell
Interaktive Grafiken
Bilanz, GuV usw.
Bilanzmodell
Beteiligung
Tochtergesellschaft 2
Bilanzmodell
Steuerberechnung
GuV, Kapitalfluß
Bilanz
Kennzahlen
Betriebsmodell Typ m
Anlagenmodell
Betriebsmodell Typ m
Anlagenmodell
Unternehmens-bewertungsmodell

Zum Teil unabhängig, zum Teil Hand in Hand mit dem Gesamtunternehmungsmodell/Konzernmodell wurden in den einzelnen Gesellschaften der Unternehmungsgruppe Betriebsmodelle für unterschiedliche Betriebstypen entwickelt und teilweise datentechnisch mit dem Gesamtmodell verbunden.

Die steigenden Ansprüche an die Differenzierung der Planungsprämissen und -aussagen führten 1980 zu erheblich erweiterten Versionen des Betriebsergebnis-, des Anlagen- und des Kreditmodells. Diese Erweiterungen betrafen auch die Anzahl der Sektoren des Betriebsmodells für Prozeßindustrien (Input-Output-Modell).

(2) Erweiterungen des Modells

Überlegungen hinsichtlich einer stärker formalisierten Berücksichtigung längerfristiger Indikatoren für die Stärken und Schwächen bzw. Wettbewerbsposition der eigenen Unternehmung bzw. ihrer Tätigkeitsfelder und für den Chancen- und Risikogehalt der Unternehmungsumwelt führten 1982/83 zur Entwicklung von **Modellen zur Konkurrenz- und Portfolio-Analyse** je Gesellschaft (vgl. Abbildung 214). Das Portfolio-Modell ermöglicht nicht nur die graphische Präsentation alternativer Einschätzungen der Marktattraktivität und Wettbewerbsposition, sondern auch die Darstellung der mit den verschiedenen Strategien verbundenen Investitions- und Cash-flow-Erwartungen unter unterschiedlichen Blickwinkeln. Durch die Einbeziehung dieser finanziellen Variablen wird auch eine ansatzweise **Verbindung zwischen Portfolio-Analyse und den mehr finanzorientierten Planungsrechnungen des Bilanz-, Betriebs- und Investitionsrechnungsmodells** hergestellt. Zudem wird versucht, **nichtfinanzielle Schlüsselgrößen** modellmäßig zu erfassen, wie Technologieposition, Marktstellung,

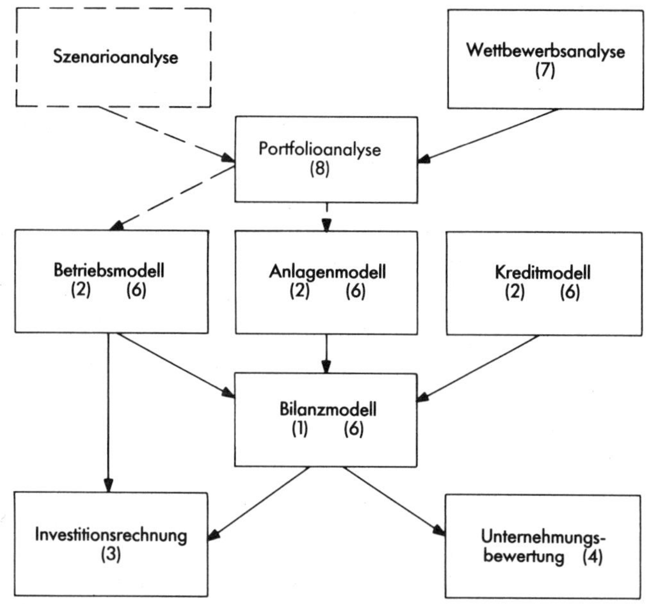

Abb. 214: Aktuelle Grundstruktur des erweiterten Unternehmungsmodells/Konzernmodells

Vorwärts- und Rückwärtsintegration, Diversifikationsgrad, Internationalisierung, Konjunkturempfindlichkeit, Dynamik, Innovationsfähigkeit und Flexibilität[78].

Zusammenfassend ist zur Entwicklungsstrategie festzustellen, daß von Anfang an die Unterstützung des Management bei der Lösung jeweils als dringend empfundener unternehmerischer Fragestellungen im Vordergrund der Bemühungen stand. In jeder Entwicklungsphase wurden kurzfristig sichtbare, unmittelbar für das Management relevante und von der Unternehmungsorganisation zu erbringende Resultate angestrebt. Gleichzeitig wurden allgemeine Überlegungen einer ganzheitlichen betriebswirtschaftlichen Lenkungskonzeption und die wachsenden Möglichkeiten der Informationstechnologie berücksichtigt. Schließlich entstand ein Baukastensystem von autonom einsetzbaren, teilweise verkoppelungsfähigen Teilmodellen. Die Modelle standen ursprünglich allen Konzerngesellschaften über ein **internationales time-sharing-System** zur zeit- und ortsungebundenen Verwendung zur Verfügung und wurden seit Mitte der 80er Jahre schrittweise auf **Personal-Computer** umgestellt, wobei die moderne Software bequeme Adaptionen des Outputs an spezielle Bedürfnisse des Management in tabellarischer und graphischer Form erleichtert.

Das Unternehmungsmodell wurde im weiteren Verlauf auch außerhalb des Konzerns eingesetzt, unter anderem für Simulationsrechnungen im Zusammenhang mit dem Ausbau des BMW-Steyr-Motorenwerkes.

Das heutige Planungs- und Berichtssystem der AUSTRIAN INDUSTRIES AG baut in seiner Philosophie und Logik weitgehend auf dem beschriebenen Unternehmungsmodell auf, wobei moderne EDV- und kommunikationstechnische Hilfsmittel (u.a. Excel, Microcontrol) angewendet werden.

Die zunehmende Verfügbarkeit preisgünstiger Computerleistung (Personal-Computer, Netzwerke, Datenbanken) und benutzerfreundlicher Modellierungssoftware ermöglichen es immer mehr, die Modellentwicklung an die primär planungsverantwortlichen Linienbereiche (Geschäftseinheiten, Betriebe usw.) heranzuführen.

Seit 1977 werden im Konzern in zunehmendem Maße auch **externe Datenbanken** zur Informationsgewinnung über Technologien, Märkte, Branchen, Länder, Unternehmungen usw. eingesetzt[79]. Während Text-Datenbanken mehr für konkrete Projekte genutzt werden, dienen Zeitreihen-Datenbanken vor allem der Erarbeitung von Hintergrundinformationen für periodische oder fallweise strategische Analysen zur Branchen- und Länderdynamik, Bedarfs- und Wettbewerbsentwicklung.

Die strategische Datenbasis enthält aber auch unternehmungsinterne Erfahrungen, z.B. über Pläne und Projekte der Vergangenheit, Produktlebenszyklen, Lernkurven, sachliche und personelle Ressourcen, Nachfrage und Konkurrenz. Die systematische Erfahrungssicherung, z.B. über Entwicklungsmuster der Kosten- und Erlöstendenzen, Mengengerüste und Preise sowie Planabweichungen von Organisationseinheiten, ergibt wichtige Anhaltspunkte für aktuelle Planungsrechnungen. Von entscheidender Bedeutung ist eine kooperative Nutzung von Modellen als Bestandteil einer informationellen Servicestruktur für das Management.

---

78 Vgl. Buchinger, G., Computergestützte Unternehmensmodelle als Instrumente der Integration von Umwelt- und Unternehmensinformationen im strategischen Entscheidungsprozeß, in: Umfeldanalysen für das strategische Management, Hrsg. G. Buchinger, Wien 1983, S. 371 ff.; ders., Unternehmensmodelle als Instrumente des strategischen Managements, ÖIAG-Journal 3/1983, S. 3–4.

79 Vgl. Matejka, M., Externe Datenbanken als Hilfsmittel zur Informationsversorgung, ÖIAG-Journal 4/1979, S. 19.

Informationsgehalt für die Unternehmungsführung

Die langjährigen Erfahrungen mit dem praktischen Einsatz von Modellen im Entscheidungsprozeß ergeben eine differenzierte Sicht über die Rolle von Modellen im Rahmen eines Lenkungssystems. Die Schwerpunkte des Modelleinsatzes in einer Gruppe mit Unternehmungen unterschiedlicher Branchen, Größe, Organisation und Probleme variieren naturgemäß sehr stark.

Aus informationstechnischer Sicht unterstützen Modelle im Entscheidungsprozeß Funktionen der Datensammlung und Datenintegration, Datenspeicherung und Dokumentation, logischen und arithmetischen Datenverarbeitung, Informationspräsentation und Kommunikation.

Durch Entlastung der Entscheidungsträger von schematisierbaren Aufgaben ist eine verstärkte Konzentration auf qualitative Managementfunktionen wie z. B. persönliche Kommunikation, Einschätzung von Markt- und technischen Tendenzen, Prioritätensetzung und Menschenführung möglich.

Modellgestützte Zukunftsprojektionen der Unternehmungsentwicklung unter Annahme verschiedener Umweltszenarien lassen Erfolgs- und Verlustquellen, Stärken und Schwächen, strategische Lücken und herankommende Schwierigkeiten früher erkennen und Anregungen für Entscheidungserfordernisse gewinnen, bevor diese in der Abrechnung sichtbar werden. Die Ideenfindung und Strategieentwicklung wird stimuliert, der Handlungsspielraum vergrößert und ein aktives Chancenmanagement erleichtert.

Vorschläge für Investitionen in Produktionsanlagen, Forschung und Entwicklung, Markterschließung, Ausbildung, Organisationsentwicklung, Programmgestaltung, Finanzierung, Bilanz-, Steuer- und Dividendenpolitik lassen sich mit Modellunterstützung rascher auf ihre mittel- und langfristigen Auswirkungen für die Unternehmung abschätzen. Gangbarkeit, Wert, Verträglichkeit und Risiken von Vorschlägen werden leichter überschaubar. Die systematische Mittellenkung in Geschäftsbereiche und funktionale Programme wird erleichtert, die Prioritätensetzung bei der Ressourcenzuordnung unterstützt.

Der Durchführung von Alternativen kommt nicht zuletzt bei der Konsensfindung im Spannungsfeld der unterschiedlichen Zielvorstellungen und Beiträge der verschiedenen Ebenen und Ressorts im organisatorischen Entscheidungsprozeß große Bedeutung zu. Kommt nämlich unter den Entscheidungsträgern keine Einigung (Zielvereinbarung) zustande, so muß man bereit und imstande sein, Alternativen zu entwickeln. Modelle erleichtern Alternativrechnungen und eine geordnete Diskussion sowie Integration der Teilpläne.

Modelle erleichtern aussagekräftige und übersichtliche Dokumentationen der Planungen und ihrer Prämissen. Damit werden brauchbare Abweichungsanalysen und gezielte Eingriffe ermöglicht.

Darüber hinaus werden unterjährige Planungsrechnungen (z. B. Hochrechnungen auf das Gesamtjahr) bei tiefgreifenden Veränderungen der Planungsprämissen erleichtert. Damit kann der Entscheidungsprozeß flexibler und stärker problemorientiert („issue-oriented“) gestaltet werden. Dies ist besonders in der heutigen Zeit rascher und oft unerwarteter Veränderungen der Unternehmungsumwelt nützlich.

Teil V

Organisation und rechnergestützte Durchführung der integrierten ergebnis- und liquiditätsorientierten Planungs- und Kontrollrechnung (PuK) in Planungs- und Kontrollsystemen

1. Organisation der PuK

Voraussetzung für eine erfolgreiche Durchführung einer integrierten ergebnis- und liquiditätsorientierten Planungs- und Kontrollrechnung als Kern des Planungs- und Kontrollsystems einer Unternehmung sind auf Dauer angelegte Regelungen, in denen festgelegt wird, wer in der Unternehmung Planaufstellungen und Planverabschiedungen, Planvorgaben sowie entsprechende Kontrollen vorzunehmen hat, und wie der zeitliche Ablauf der Planungs- und Kontrolltätigkeiten in der Unternehmung erfolgen soll. Es bedarf also einer Aufbau- und Ablauforganisation der Planung und Kontrolle in der Unternehmung.

„Ohne eine straffe Organisation der Planungsarbeit besteht ... die Gefahr, daß die Führungskräfte ihre wichtigste Funktion – die vorausschauende Unternehmenslenkung durch Unternehmensplanung – immer wieder durch Tagesaufgaben verdrängen lassen. Um das zu verhindern, muß die Planung systematisch und in organisierter Form erfolgen, und zwar derart, daß durch die Organisation ein äußerer Zwang auf die Führungskräfte ausgeübt wird, ihre Planungsfunktion zu erfüllen. Dabei sollte man sich nicht davor scheuen, einen gewissen Routineablauf in die Planungsdurchführung zu bringen, denn was einmal zu einem festgeregelten, routinemäßigen Bestandteil der Unternehmensorganisation geworden ist, läßt sich nur sehr schwer wieder abschütteln oder ignorieren“ [1].

Wir haben die **Führungskräfte als originäre Träger der Planung und Kontrolle** gekennzeichnet (vgl. hierzu Teil II, Abschnitt 5.3). Sie sind für den Inhalt der Planung zuständig und tragen hierfür Entscheidungsverantwortung. Wegen der Komplexität der Planungs- und Kontrollprozesse bedienen sie sich bei der Erfüllung der Planungs- und Kontrollaufgaben spezifischer **Führungs(ge)hilfen** bzw. **Entscheidungsvorbereitungszentren**, die unterstützende Aufgaben übernehmen und hierfür die Informationsverantwortung tragen (vgl. Abbildung 215).

Im Hinblick auf die Durchführung von unterstützenden Planungs- und Kontrollaufgaben ist insbesondere die Frage der **Zentralisation und Dezentralisation** zu klären. Systemgestaltende Aufgaben (Integrationsaufgaben) und gesamtunternehmungsbezogene systemnutzende Aufgaben (Koordinationsaufgaben) sind grundsätzlich zentral durchzuführen, ebenso auch die Planungen bestimmter Großprojekte. Im übrigen sollten Planungs- und Kontrollaufgaben möglichst dezentral durchgeführt werden, um entsprechende Fachkompetenzen zu nutzen, Aktualität und Flexibilität der Planungen und Kontrollen sicherzustellen und motivierende Ergebnisverantwortung für Planung und Realisation zu stärken.

Entscheidungsvorbereitungszentren, denen **zentral durchzuführende Planungsaufgaben** übertragen werden können, sind

- **eine zentrale Abteilung Unternehmungsplanung** (Stabsabteilung oder Zentralabteilung Unternehmungsplanung) und/oder
- **das Zentralcontrolling,** für Teilaufgaben auch das Treasuring.

In Großunternehmungen findet sich neben den aufgeführten zentralen organisatorischen Einheiten bei entsprechender Aufgabenteilung vielfach auch eine gesonderte Abteilung **strategische Unternehmungsplanung**. In kleinen Unternehmungen übernehmen unterstützende Aufgaben im Zusammenhang mit einem Planungs- und Kontrollsystem z.T. auch **Assistenten** des Vorstandes/der Geschäftsführung.

1 Agthe, K., Strategie und Wachstum der Unternehmung, a.a.O., S. 56f.

Weitere spezifische organisatorische Einheiten, die unternehmungsintern **zentral oder dezentral Planungsaufgaben** durchführen können, sind:

- **Planungskomitees/Planungsausschüsse** und
- **Planungsprojektgruppen**.

Organisatorische Einheiten, denen ausschließlich **dezentral** durchzuführende **Planungsaufgaben** obliegen, sind

- **dezentrale Planungsabteilungen** (Planungsbeauftragte) bzw.
- **dezentrale Controllingabteilungen** (Controllingbeauftragte).

Schließlich können Planungsaufgaben auch unternehmungsexternen **Serviceanbietern/Beratern** übertragen werden.

Die **endgültige Verabschiedung der Planungen** im Rahmen der rollenden periodischen generellen Zielplanung, strategischen, operativen und gesamtunternehmungsbezogenen Ergebnis- und Finanzplanung und auch im Hinblick auf strategische und spezifische operative Projekte erfolgt durch die obersten internen Willensbildungszentren, d. h. Vorstand oder Geschäftsführung. Vielfach bedürfen derartige Planungen auch der Zustimmung der **externen Willensbildungszentren**, z. B. in einer Aktiengesellschaft nach deutschem Recht des Aufsichtsrates und ggf. der Hauptversammlung.

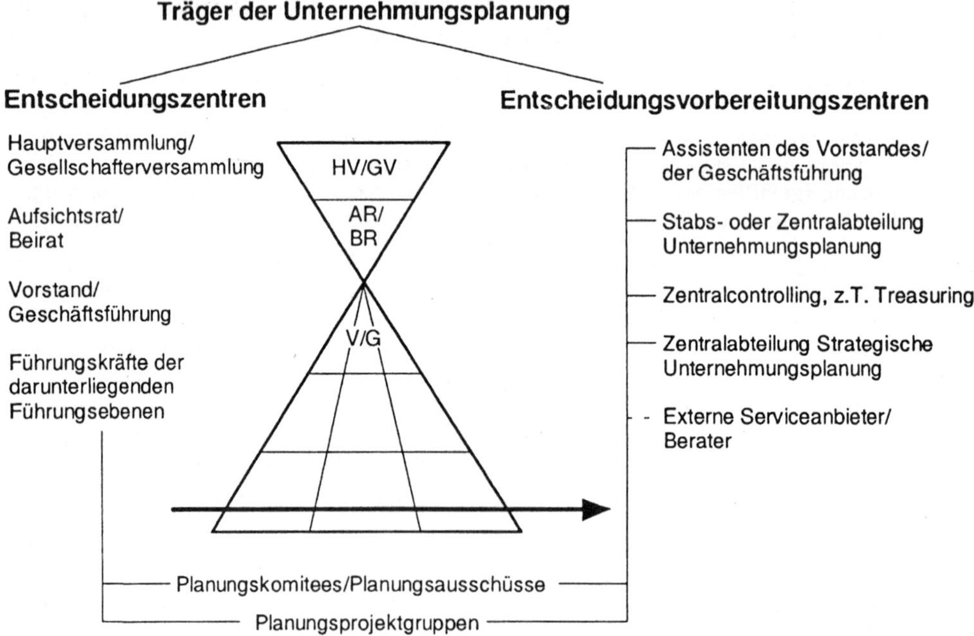

Abb. 215: Träger der Unternehmungsplanung

Die **zweckmäßige Organisation der Planung** wird hierbei primär determiniert durch:

- Unternehmungsorganisation und -rechtsstruktur,
- Leistungsprogramm und Unternehmungsgröße sowie
- Führungsphilosophie und Unternehmungskultur.

1.1 Spezifische Träger der PuK

1.1.1 Stabsabteilung oder Zentralabteilung Unternehmungsplanung

Eine zentrale **Stabsabteilung Unternehmungsplanung** oder eine **Zentralabteilung Unternehmungsplanung** – mit oder ohne unterstützende Planungshilfsstellen in einzelnen Unternehmungsbereichen – dient der obersten Unternehmungsführung, aber auch allen anderen Führungskräften, als **Führungshilfe** bei der Abwicklung der Planungs- und Kontrolltätigkeiten [2].

Während die **Stabsabteilung** Unternehmungsplanung ausschließlich **beratende Aufgaben** übernimmt, besitzt eine **Zentralabteilung** Unternehmungsplanung auch **in spezifischen Sachfragen Weisungs- und Richtlinienkompetenz.** Beide Ausprägungen einer zentralen Abteilung Unternehmungsplanung übernehmen Führungsunterstützungsfunktionen.

Solche zentralen Abteilungen Unternehmungsplanung können – neben Aufbau und Weiterentwicklung des Planungs- und Kontrollsystems – die folgenden **Aufgaben** übernehmen [3]:

(1) Formale Aufgaben

- Festlegung, welche Führungskräfte und/oder Führungshilfen Planaufstellungen, Planverabschiedungen, Planvorgaben und Plankontrollen im Hinblick auf die generelle Zielplanung, die strategische und operative Planung sowie die gesamtunternehmungsbezogene Ergebnis- und Finanzplanung in Planungs- und Kontrollkonferenzen vorzunehmen haben.
- Festlegung, wann Planungs- und Kontrollkonferenzen zur Durchführung der genannten Planungen stattfinden und wann hierfür erforderliche vorbereitende Arbeiten abzuschließen sind.
- Bestimmung der formalen Ausgestaltung der Planungs- und Kontrollunterlagen.

Es ist offensichtlich, daß die genannten Aufgaben zum Teil nur in Zusammenarbeit mit den jeweils betroffenen Führungskräften erfolgen können.

Die skizzierten formalen Regelungen finden ihren Niederschlag im sog. **Planungshandbuch** – zum Teil in Form von **Planungsrichtlinien** und in Form eines **Planungskalenders**.

2 Vgl. zur Beschreibung der Aufgaben einer zentralen Stabsabteilung Unternehmungsplanung Agthe, K., Strategie und Wachstum der Unternehmung, a.a.O., S. 62f.; Bleicher, K., Organisation des Rechnungswesens, in: HWR, Hrsg. E. Kosiol, K. Chmielewicz, M. Schweitzer, 2. Aufl., Stuttgart 1981, Sp. 1247ff.; Denning, B.W., Organizing the Corporate Planning Function, LRP 4/1969, S. 67ff.; Grochla, E., Betriebliche Planung und Informationssysteme, Reinbek 1975, S. 70; Keppler, W., Bamberger, I., Gabele, E., Organisation der Langfristplanung, Wiesbaden 1977, S. 23ff.; Mellerowicz, K., Planung und Plankostenrechnung, 1. Bd., Betriebliche Planung, a.a.O., S. 167f.; Ulrich, H., Die Organisation der Planung, in: Betriebswirtschaftliche Mitteilungen, Grundprobleme der Unternehmungsplanung, Hrsg. Institut für Betriebswirtschaft an der Hochschule St. Gallen für Wirtschafts- und Sozialwissenschaften, Bern 1968, S. 31ff.; vgl. zu den Erfolgsfaktoren zentraler strategischer Planungsabteilungen Kreikebaum, H., Die Einführung strategischer Planungssysteme in der Praxis, ZfB 1992, S. 671ff.

3 Vgl. zu den Aufgaben auch die Ergebnisse der Untersuchung von Keppler, W., Bamberger, I., Gabele, E., Organisation der Langfristplanung, a.a.O., S. 24f.

(2) Materielle Aufgaben

- **Unterstützung der Führungskräfte und Führungshilfen bei der Vorbereitung und Durchführung ihrer jeweiligen Planaufstellung und -kontrolle.**
  Als einheitliche Informationsgrundlage werden von der Stabsabteilung bzw. Zentralabteilung Unternehmungsplanung Umweltanalysen und -prognosen sowie Unternehmungsanalysen herausgegeben (nicht notwendigerweise selbst erarbeitet). Zur Erleichterung der Planaufstellung können für die oberste Unternehmungsführung und die Führung von Gliedbetrieben Zielvorschauen (nicht Zielplanungen) erarbeitet werden. Führungskräfte und andere Führungshilfen können vielfach bei Anwendung schwieriger Planungsverfahren als Hilfsmittel zur Beurteilung von Alternativen unterstützt werden (gegebenenfalls durch Vermittlung außenstehender Spezialisten). Laufende Kontrollen und Abweichungsdarstellungen können zentral erfolgen. In keinem Falle sollten jedoch die laufenden Planaufstellungen oder gar Planverabschiedungen sowie die Ursachenanalysen und die Erarbeitung von Änderungsvorschlägen den Führungskräften und Führungshilfen in der Unternehmungsspitze und den einzelnen Unternehmungsbereichen abgenommen und von einer zentralen Abteilung Unternehmungsplanung durchgeführt werden. Planaufstellung, Planverabschiedung und Planvorgabe sind Aufgaben der Linien-/Kern- und Koordinierungsabteilungen; Führungshilfen dienen nur zur Unterstützung bei der Planaufstellung und -kontrolle. Hierbei können strategische Planungen, in jedem Fall solche, die hohen Geheimhaltungscharakter haben (z. B. bei einem potentiellen Beteiligungserwerb), ausschließlich von einer zentralen Abteilung Unternehmungsplanung vorbereitet werden – je nach Problemstellung unterstützt durch ausgesuchte Experten aus anderen Linien- oder Zentralabteilungen.
  Die Vorbereitung der generellen Zielplanung und die Vorbereitung strategischer Entscheidungen für die oberste Führung bilden die materiellen Kernaufgaben der besten Kräfte einer zentralen Abteilung Unternehmungsplanung. Die Durchführung dieser Aufgaben setzt unter anderem die Kenntnis der wichtigsten Teilpläne und des Gesamtplanes im Rahmen eines rollenden Plansystems voraus.

- **Koordinierung der Teilpläne und Aufstellung des Gesamtplans.**
  Diese Tätigkeit beinhaltet die sachliche Abstimmung der Teilpläne untereinander in den Planungskonferenzen und die Erstellung des Gesamtplanes – in der Regel in mehreren sogenannten Planungsrunden, zum Teil auf der Basis von computergestützten Modellrechnungen.
  Da alle Mengen- und Zeitpläne, um unter Ergebnisgesichtspunkten beurteilt werden zu können, als Kosten-, Erlös- und ggf. Vermögenspläne ausgedrückt werden und die monetären Kardinalzahlen durch die gesamtunternehmungsbezogene kalkulatorische und bilanzielle Ergebnisplanung und zum Teil auch durch die Finanzplanung erbracht werden, erfolgt die **Koordinierung** dieser (nichtmonetären und monetären) **Teilplanungen** – und oft auch die hiermit zusammenhängende Kontrolle – **zwangsläufig im Rahmen der gesamtunternehmungsbezogenen Ergebnisplanung.** Sämtliche oder nur bestimmte Aufgaben, die hier für die zentrale Abteilung Unternehmungsplanung genannt worden sind, können daher auch dem Controller und dessen Mitarbeitern übertragen werden. Es ist dies unternehmungsindividuell vornehmlich in Abhängigkeit von der Größe und der Struktur der Unternehmung zu bestimmen (vgl. zu den Aufgaben des Controlling auch Teil II, Abschnitt 5).

1.1.2 Abteilungen Controlling und Treasuring

Die Abteilungen Controlling und Treasuring können als spezifische Träger der ergebnis- und liquiditätsorientierten PuK angesehen werden. Die wichtigsten **Aufgaben des Controlling** bestehen heute in der Übernahme spezifischer Aufgaben der PuK mit dem (Haupt-)Ziel der Sicherung optimaler Ergebniserwirtschaftung, die wichtigsten **Aufgaben des Treasuring** in der Übernahme spezifischer Aufgaben der PuK mit dem (Haupt-)Ziel der Sicherung der Liquidität.

Dem Controlling und dem Treasuring sind damit verschiedene Teilbereiche der PuK zur Durchführung übertragen, zum Teil einschließlich der dazugehörigen Dokumentationsrechnung und bestimmter, damit eng verbundener Verwaltungsaufgaben, wie z. B. des Versicherungswesens[4].

Die Aufgaben von Controlling und Treasuring können, ausgehend von dem hier dargelegten Planungs- und Kontrollsystem, im einzelnen wie folgt beschrieben werden, wobei dieser Aufgabenkatalog unternehmungsindividuell geändert oder ergänzt werden kann[5]:

(1) Aufgaben des Controlling (primär ergebnisorientiert)

a) Mitwirkung oder Mitentscheidung bei der **Aufstellung und Verabschiedung von laufenden Teilplanungen**, d.h. Mitarbeit im Rahmen der
   - generellen Zielplanung,
   - strategischen Planung (insbesondere Produktprogramm- und Potentialplanung),
   - operativen Planung (Produktprogramm- und Funktionsbereichsplanung),

   Beratung durch fallweise Übernahme betriebswirtschaftlicher **Sonderuntersuchungen** sowie **Mitarbeit im Rahmen der Projektplanung**.

b) **Koordination der Teilplanungen** mit **Aufstellung** der monetären und ggf. auch nichtmonetären **Gesamtplanung,** insbesondere eigenverantwortliche **Durchführung** der
   - gesamtunternehmungsbezogenen *langfristigen kalkulatorischen Ergebnisplanung* und ggf. *langfristigen bilanziellen Ergebnisplanung*,
   - gesamtunternehmungsbezogenen *kurzfristigen kalkulatorischen Ergebnisplanung* und ggf. *kurzfristigen bilanziellen Ergebnisplanung*,
   - gesamtunternehmungsbezogenen *langfristigen derivativen Finanzplanung* (unter Mitwirkung des Treasuring).

c) **Durchführung von ergebnisorientierten Kontrollen,**
   - laufende ergebnisorientierte Kontrollen im Rahmen der Planungs- und Kontrollrechnung und
   - Mitwirkung bei fallweise durchgeführten ergebnisorientierten Kontrollen (z. B. bei Wertanalysen).

d) **Innerbetriebliche Information**
   durch Herausgabe der PuK-Kennzahlenübersicht an die für Planung und Kontrolle verantwortlichen Stellen;

   außerbetriebliche Information
   über Ergebnislage und -entwicklung.

e) Entscheidung oder Mitentscheidung über **Systeme, Verfahren und Organisation des Controlling**, vor allem auch im Hinblick auf
   Plan- und Berichtssysteme mit Verfahren und Lösungsmethoden für ergebnisorientierte Planung und Kontrolle, insbesondere auch unter Einsatz der EDV.

---

4 Vgl. hierzu grundsätzlich Teil II, Abschnitt 5 sowie die dort angegebene Literatur.

5 Vgl. hierzu grundsätzlich auch Teil II, Abschnitt 5. Dabei stimmt unsere Aufgabengliederung annähernd mit der vom Financial Executives Institute vertretenen Auffassung überein. Vgl. Financial Executives Institute (Hrsg.), Controllership and Treasurership Functions Defined by FEI, The Controller June/1962, S. 289.

(2) Aufgaben des Treasuring (primär liquiditätsorientiert)

a) **Beratung** bei der **Aufstellung und Verabschiedung von laufenden Teilplanungen,** insbesondere bei der generellen Zielplanung auf der Basis der gesamtunternehmungsbezogenen Ergebnis- und Finanzplanung und fallweise bei bestimmten strategischen Planungen.

b) **Finanzplanung und Finanzierung**
   - Aufstellungshilfe bei der *derivativen langfristigen Finanzplanung* (periodische Cashflow-Planung, Investitions- und Finanzierungsplanung) für das Controlling,
   - Aufstellung der *derivativen kurzfristigen Finanzplanung,*
   - Aufstellung der *originären Finanzplanung*, d. h. Erstellung von Kapitalbeschaffungs- (Finanzierungs-) und finanzwirtschaftlichen Kapitalanlageplanungen,
   - *Durchführung* von *Eigen- und Fremdkapitalaufnahmen*, Kreditrahmenvereinbarungen und *finanzwirtschaftlichen Kapitalanlagen*; Durchführung des Zahlungsverkehrs.

c) **Durchführung von liquiditätsorientierten Kontrollen,** laufende liquiditätsorientierte Kontrolle auf der Basis der derivativen Finanzplanung, fallweise liquiditätsorientierte Kontrolle bei der Abwicklung von Großgeschäften.

d) **Innerbetriebliche Information** über Liquiditätslage und -entwicklung;

   außerbetriebliche Information über die wirtschaftliche, insbes. finanzielle Entwicklung im Rahmen der Pflege der Bankverbindungen, Kapitalmarktpflege.

(3) Aufgaben des Controlling, des Treasuring oder eines gesonderten Bereiches

Folgende **Aufgabenbereiche** können sowohl dem **Controlling** als auch dem **Treasuring** zugeordnet werden oder aber als **selbständige oder zusammengefaßte Bereiche** direkt dem obersten Führungsorgan unterstellt werden, das für das gesamte Rechnungs- und Finanzwesen verantwortlich ist:
- externes (bilanzielles) Rechnungswesen als Dokumentationsrechnung,
- Steuerwesen,
- Versicherungswesen,
- EDV.

Allerdings wird es wegen der zunehmenden Komplexität und Bedeutung der Hardware und Software vielfach bereits notwendig bzw. empfehlenswert, für den Bereich EDV/Informatik ein eigenes Vorstands- bzw. Geschäftsführungsressort zu schaffen (vgl. auch Abbildung 62).

Ferner können dem **Controlling** – dies sei nochmals bemerkt – auch alle formalen Aufgaben einer zentralen Abteilung Unternehmungsplanung sowie die Beschaffung/Erstellung und Herausgabe von Umweltprognosen und -analysen sowie Unternehmungsanalysen übertragen werden[6].

Das Controlling erhält somit eine zentrale Bedeutung als Mittler zwischen gesamtunternehmungsbezogener und bereichsbezogener sowie langfristiger und kurzfristiger Planung[7]

---

6 In der Praxis werden dem Controlling zudem auch weitere Aufgabenbereiche unterstellt, die z. T. nur indirekt mit seinen Hauptaufgaben zu tun haben – vgl. Knecht, H.-W., Controllership – Eine organisatorische Konzeption betrieblicher Informationszentralisation, a.a.O., S. 82ff.

7 Vgl. Hoffmann, F., Merkmale der Führungsorganisation amerikanischer Unternehmen (3), NB 3/1972, S. 18.

und stellt darüber hinaus die Rückkopplung zwischen Planung und Kontrolle sicher[8]. Ihm obliegt die Sicherung optimaler Ergebniserwirtschaftung durch Erarbeitung entsprechender Führungsinformationen für Führungskräfte aller Stufen der Unternehmung primär auf der Basis des Zahlenwerks des Rechnungswesens, wobei ihm entweder nur das interne Rechnungswesen oder aber das gesamte Rechnungswesen und ggf. weitere Verwaltungsfunktionen zugeordnet sind (vgl. hierzu grundsätzlich auch Teil II, Abschnitt 5).

In jüngster Zeit zeigt sich vornehmlich in größeren Unternehmungen die Tendenz, die vorbereitenden und koordinierenden Aufgaben der strategischen Planung aus dem Aufgabenbereich des Controlling herauszunehmen und einer zentralen Abteilung strategische Unternehmungsplanung mit Unterstellung unter den Gesamtvorstand oder Vorstandsvorsitzenden zu übertragen.

1.1.3 Ausschüsse (Komitees) und Projektgruppen

Für den gesamten Bereich der Unternehmungsplanung oder für einzelne Teilkomplexe der Unternehmungsplanung – die generelle Zielplanung, strategische Planung, operative Planung sowie die gesamtunternehmungsbezogene Ergebnis- und Finanzplanung – können **Planungsausschüsse (-komitees)** gebildet werden. In diese auf Dauer eingerichteten organisatorischen Einheiten können problemspezifisch Führungskräfte und Führungshilfen berufen werden, wobei die Planungsausschüsse mit unterschiedlichen Kompetenzen ausgestattet sein können. Die Tätigkeit solcher Ausschüsse erfolgt in sog. Planungskonferenzen, die auch entsprechende Kontrollfunktionen mit übernehmen. Möglich sind auch gesonderte Ergebnisbesprechungskonferenzen zur Analyse von Abweichungen.

In solchen Planungskonferenzen werden von Führungskräften – unterstützt durch Führungshilfen – Ziel- und Maßnahmenvorschauen erarbeitet, vorgetragen und diskutiert sowie alternative Planaufstellungen besprochen und ausgewählte Teilpläne koordiniert[9]. Die Planungsunterlagen hierfür sind durch eine zentrale Abteilung Unternehmungsplanung und/oder das Controlling sowie ggf. durch die zentrale Abteilung strategische Planung – oder durch vorbereitende Ausschüsse bzw. Konferenzen[10] – vorzubereiten.

Wichtigste Aufgabe von **Planungskonferenzen** ist jedoch die **Verabschiedung und Vorgabe von Plänen** durch Führungskräfte (Linieninstanzen, Koordinierungsabteilungen) der Unternehmung. Bei der Planverabschiedung sollten zumindest Führungskräfte der unmittelbar betroffenen Führungsebenen beteiligt sein.

Die personelle Zusammensetzung dieser Planungskonferenzen hängt von der Aufbauorganisation und den Führungsprinzipien der Unternehmung sowie vom jeweiligen Planungsobjekt ab.

In der **verrichtungsorientiert organisierten Unternehmung** werden den Ausschüssen und damit den Planungskonferenzen für die generelle Zielplanung, strategische Planung, operative Planung und gesamtunternehmungsbezogene Ergebnis- und Finanzplanung angehören:

---

8 Vgl. Collard, F.M., Controller, in: Management-Enzyklopädie, 2. Bd., München 1970, S. 72.

9 Vgl. auch Bendixen, P., Teamorientierte Organisationsformen, in: HWO, Hrsg. E. Grochla, 2. Aufl., Stuttgart 1980, Sp. 2233; Bleicher, K., Organisation der Unternehmensplanung, a.a.O., S. 306f.; Hahn, D., Planung, Organisation der, a.a.O., Sp. 1978ff.; Keppler, W., Bamberger, I., Gabele, E., Organisation der Langfristplanung, a.a.O., S. 23ff.; Pfohl, H.-C., Planung und Kontrolle, a.a.O., S. 211ff.; Töpfer, A., Teamplanung, IO 1978, S. 17ff.

10 Vgl. Agthe, K., Strategie und Wachstum der Unternehmung, a.a.O., S. 74; Bleicher, K., Konferenzen, in: HWO, Hrsg. E. Grochla, Stuttgart 1969, Sp. 856ff.

- oberste Führung (Vorstand, Geschäftsführung),
- Führungskräfte aus den Funktionsbereichen (Bereichsleiter), in jedem Fall der Controller und vielfach auch der Treasurer[11] und/oder
- zentrale Abteilung Unternehmungsplanung, ferner – je nach Problem –
- Stabs- oder Zentralabteilung strategische Planung.

Innerhalb der Funktionsbereiche nehmen Mitglieder der obersten Führung nur an Planungskonferenzen zur Vorbereitung und Verabschiedung von Plänen ihres jeweiligen Bereiches insgesamt teil.

In **divisional organisierten Unternehmungen** können den Ausschüssen und somit den Planungskonferenzen für die generelle Zielplanung, strategische Planung, operative Planung und gesamtunternehmungsbezogene Ergebnis- und Finanzplanung angehören:

- *bei horizontalen Planungskonferenzen* (nach bestimmten Funktionen):
  - Führungskräfte des jeweiligen Funktionsbereichs in der obersten Führung,
  - Führungskräfte des Funktionsbereichs in den Gliedbetrieben (Divisions),
  - Führungskräfte der Koordinierungsabteilung der entsprechenden Funktion in der Zentrale, gegebenenfalls auch von Kernabteilungen (Treasurer u. a.), in jedem Fall der Controller und/oder der Leiter der zentralen Abteilung Unternehmungsplanung[12];
- *bei vertikalen Planungskonferenzen* (nach Gliedbetrieben):
  - oberste Führung der Gesamtunternehmung,
  - oberste Führung der Gliedbetriebe (Divisions),
  - Führungskräfte aus Kern- und Koordinierungsabteilungen, in jedem Fall der Leiter der zentralen Abteilung Unternehmungsplanung und/oder der Controller sowie ggf. der Leiter der zentralen Abteilung strategische Planung.

Aus den aufgeführten Besetzungsmöglichkeiten der Planungs- und Kontrollkonferenzen wird bereits deutlich, daß es in einer wirtschaftlichen Einheit eine völlig dezentrale Planung nicht geben kann[13]. Völlig zentral wird man allerdings auch nur bestimmte Komplexe planen, z. B. Großobjekte der strategischen Planung. Primär bestimmend für die Frage der Zentralisation/Dezentralisation der Planung ist die generelle Regelung der Entscheidungs- und Anordnungsbefugnisse für die Aufgabenträger in den einzelnen organisatorischen Einheiten der Unternehmung, eine weitere entscheidende Rolle spielt die Art bzw. Bedeutung des jeweiligen Planungsobjektes.

Kontrollkonferenzen – aus psychologischen Gründen besser **Ergebnisbesprechung(skonferenz)en** genannt – sind bei verrichtungsorientiert oder divisional organisierten Unternehmungen grundsätzlich in derselben Weise zu besetzen wie die entsprechenden Planungskonferenzen. Dies ergibt sich aus der Zusammengehörigkeit von Planung und Kontrolle. Vielfach sind die Planungskonferenzen gleichzeitig Ergebnisbesprechungskonferenzen zur Analyse der Entwicklung in vergangenen Perioden.

Eine Übersicht über die Verteilung von Planungsaufgaben auf Planungsträger in der Praxis gibt die empirische Untersuchung von N. Szyperski und D. Müller-Böling, veröffentlicht im Jahre 1984[14]. Hieraus geht hervor, daß im Planungsprozeß oberste Unternehmungsleitung und Linienmanagement vornehmlich mit der Problemidentifikation, der Sollvorgabe und

---

11 Sofern diese nicht bereits Vorstandsmitglied sind.

12 Sofern diese nicht bereits Vorstandsmitglied oder stellvertretendes Vorstandsmitglied in der Zentrale sind.

13 Vgl. Hoffmann, F., Organisation der Unternehmensplanung, in: Unternehmensplanung, Hrsg. H. Ulrich, Wiesbaden 1975, S. 29ff.; ders., Führungsorganisation, Bd. 2, Tübingen 1984, S. 106ff.

14 Vgl. Szyperski, N., Müller-Böling, D., Aufgabenspezialisierung in Planungssystemen – eine konzeptionelle und empirische Analyse, a.a.O., S. 124ff.

der Plangenehmigung befaßt sind. Die übrigen formalen und materiellen, insbesondere koordinierenden Aufgaben obliegen der zentralen und z. T. (den) dezentralen Planungsabteilung(en) und/oder dem Controlling. Im Gegensatz zu den Resultaten der damaligen Untersuchung hat sich nach unseren Beobachtungen das Arbeiten mit Planungsausschüssen heute in der Wirtschaft in den Bereichen Industrie und Handel weitgehend durchgesetzt.

Die **Projektplanung** und zum Teil die Projektkontrolle erfolgen meist in gesonderten, problembezogen zusammengestellten Gruppen, sog. **Projektgruppen.** Solche Projektgruppen sind organisatorische Einheiten auf Zeit zur Lösung einer spezifischen Aufgabenstellung. Sofern es sich nicht um unifunktionale, sondern um multifunktionale Projekte handelt, können diesen Projektgruppen Vertreter aus allen Unternehmungsbereichen angehören. Bei multifunktionalen Großprojekten sollte in jedem Falle ein Mitarbeiter des Controlling bzw. der zentralen Abteilung Unternehmungsplanung Mitglied einer Projektplanungsgruppe sein, insbesondere um auch eine Abstimmung mit der gesamtunternehmungsbezogenen Ergebnis- und Finanzplanung zu ermöglichen. Bei Großprojekten mit strategischem Charakter ist bei Verhandlungen auch der Leiter einer zentralen Abteilung strategische Planung Mitglied des Projektteams. Die interdisziplinäre Zusammensetzung der Projektgruppe bzw. des Projektteams gewährleistet dabei die Nutzung eines breiten Wissensspektrums und eine entsprechend fundierte Entscheidungsfindung [15]. Die Verabschiedung von Projektplanungen und zum Teil auch die Projektkontrollen erfolgen grundsätzlich in den Planungs- und Kontrollkonferenzen der laufenden Unternehmungsplanung oder in gesonderten strategischen Planungskonferenzen bzw. Sitzungen der obersten Führungsgremien.

1.1.4 Externe Serviceanbieter

Im Hinblick auf die oftmals erhobene Forderung nach einer Verringerung des Aufgabenvolumens von Zentralabteilungen wird in letzter Zeit die **Übertragung spezieller Führungsunterstützungsaufgaben auf unternehmungsexterne Serviceanbieter/Berater** besonders intensiv diskutiert. Die Externalisierung solcher Führungsunterstützungsleistungen erscheint dabei grundsätzlich dann sinnvoll, wenn unternehmungsexterne Serviceanbieter die betreffenden Aufgaben qualitativ besser und/oder kostengünstiger ausführen können [16].

Voraussetzungen für die Übertragung solcher Führungsunterstützungsaufgaben auf Unternehmungsexterne ist dabei eine entsprechende Qualifikation der externen Aufgabenträger sowie die „Externalisierungsfähigkeit" der Aufgaben und die Delegationsbereitschaft der Unternehmungsführung. Oftmals empfiehlt es sich insbesondere im Hinblick auf die Gestaltung von Planungs- und Kontrollsystemen, externe Berater einzuschalten. Diese können dann z. B. ein entsprechendes rechnergestütztes System konzipieren bzw. neu gestalten und – i.d.R. zusammen mit unternehmungsinternen Aufgabenträgern – in der Unternehmung implementieren.

Darüber hinaus können vor allem in kleinen und mittelständischen Unternehmungen auch laufende Führungsunterstützungsaufgaben von unternehmungsexternen Serviceanbietern/Beratern übernommen werden. Dabei ist z. B. an laufende Dokumentations- und Planungsrechnungen zu denken, die unternehmungsexterne Spezialisten/Service-Center übernehmen. Die inhaltliche Vorbereitung, Diskussion, Verabschiedung, Vorgabe und Umsetzungsver-

15 Vgl. zur Kennzeichnung von Projektgruppen z. B. auch Bleicher, K., Organisation. Strategien – Strukturen – Kulturen, a.a.O., S. 135ff.; Frese, E., Grundlagen der Organisation, a.a.O., S. 460ff.; Staehle, W. H., Management, a.a.O., S. 711ff.

16 Vgl. auch Middermann, F., Darstellung und Analyse größenspezifischer Probleme für ein Controlling in mittleren Unternehmen – Erarbeitung von Lösungsansätzen unter besonderer Berücksichtigung organisatorischer Gestaltungsmöglichkeiten, Diss. Berlin 1987, S. 224f.

antwortung bezogen auf die Ziel- und Strategiepläne sowie die operativen Pläne, vor allem auch die gesamtunternehmungsbezogenen mehrperiodigen Ergebnis- und Finanzpläne, obliegen auch hier den Führungskräften in den Unternehmungen. Gerade auch hier bieten sich unter Einbezug unternehmungsexterner Spezialisten bzw. von Vertretern von Service-Centern Planungskonferenzen und Ergebnisbesprechungen an.

Die Vorteile einer solchen Externalisierung von Führungsunterstützungsaufgaben werden dabei vor allem in der Nutzung der fachlichen Kompetenz externer Spezialisten sowie in deren – gegenüber den Mitarbeitern der Unternehmung – höherem Maß an Objektivität und unternehmungsübergreifendem Wissen gesehen. Kritisch kann bei der Übertragung von laufenden Führungsunterstützungsaufgaben allerdings die Weitergabe unternehmungsinterner Informationen an Unternehmungsexterne betrachtet werden[17].

17 Vgl. hierzu auch Goetzke, W., Knief, P., Externes Controlling – Ein Ansatz für die Existenzsicherung mittelständischer Betriebe, BFuP 1982, S. 411 f.; Middermann, F., Darstellung und Analyse größenspezifischer Probleme für ein Controlling in mittleren Unternehmen – Erarbeitung von Lösungsansätzen unter besonderer Berücksichtigung organisatorischer Gestaltungsmöglichkeiten, a.a.O., S. 237 ff.

1.2 Aufbauorganisatorische Aspekte der PuK

Die Art der Durchführung von Planung und Kontrolle und damit auch der Erfolg einer integrierten Planungs- und Kontrollrechnung werden mit durch die Regelung der Aufgabenverteilung auf Controller und Treasurer und/oder eine zentrale Abteilung Unternehmungsplanung sowie durch deren Einordnung in die Aufbauorganisation bestimmt. Im folgenden seien hierfür Lösungsmöglichkeiten – Organisationsmodelle – zum einen für Unternehmungen mit primär verrichtungsorientierter und zum anderen für Unternehmungen mit primär divisionaler Aufbauorganisation diskutiert[18].

1.2.1 Entwicklung der aufbauorganisatorischen Einordnung der Unternehmungsplanung in der deutschen Industrie

In **Industrieunternehmungen der Bundesrepublik Deutschland** hat sich die ergebnisorientierte Planungs- und Kontrollrechnung ursprünglich vom Rechnungswesen aus entwickelt. Insbesondere in kleineren und z.T. auch mittleren Unternehmungen wird auch heute noch oft vom Leiter des Rechnungswesens die Planungsrechnung mit durchgeführt (vgl. Abbildung 216a). Es erfolgt **keine** organisatorische **Trennung zwischen Unternehmungsplanung** einschließlich Planungsrechnung **und Rechnungs- und Finanzwesen.**

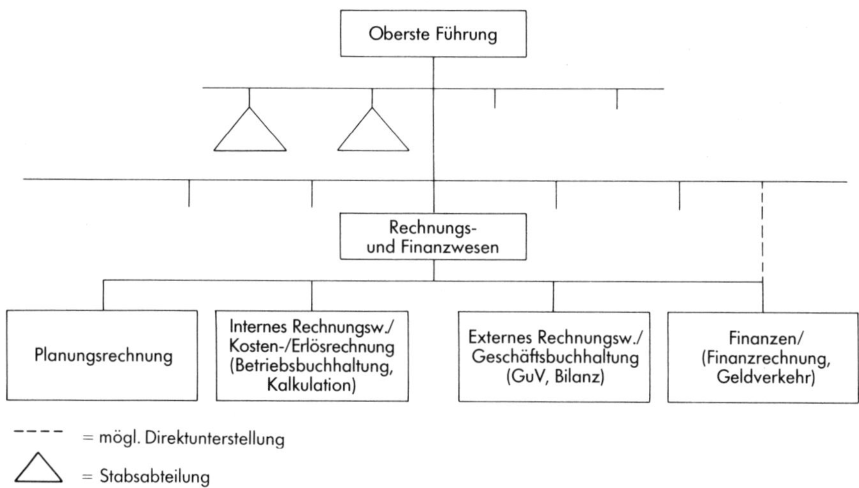

Abb. 216a: Organisation des Rechnungs- und Finanzwesens mit organisatorisch integrierter Unternehmungsplanung – Konzept I

Mit zunehmender Bedeutung der qualitativen und quantitativen Planungen in allen Unternehmungsbereichen hat die Koordinierungsfunktion der Unternehmungsplanung mit der Aufstellung von Gesamtunternehmungsplänen immer größeres Gewicht erhalten. Es findet daher vielfach insbesondere in mittleren und großen Unternehmungen heute bewußt eine

18 Vgl. zu den folgenden Ausführungen den Aufsatz Hahn, D., Konzepte und Beispiele zur Organisation des Controlling in der Industrie, a.a.O., S. 4ff.

Trennung der zentral durchzuführenden Aufgaben der Unternehmungsplanung und der Aufgaben des Rechnungs- und Finanzwesens in jeweils gesonderte organisatorische Einheiten statt (vgl. Abbildung 216b).

Die zentral vorzunehmenden Aufgaben der Unternehmungsplanung werden sodann üblicherweise von einer Stabs- und/oder Zentralabteilung durchgeführt. Der Leiter der Unternehmungsplanung untersteht entweder dem gesamten obersten Führungsgremium oder nur dem Vorsitzenden des obersten Führungsgremiums. Vielfach finden sich in anderen organisatorischen Einheiten Delegierte der Unternehmungsplanung (Planungsbeauftragte). Die Aufgaben des Rechnungs- und des Finanzwesens werden dabei als eigenständige Linienaufgaben durchgeführt. Der Leiter (die Leiter) des Rechnungswesens und des Finanzwesens gehört (gehören) bei dieser autonomen organisatorischen Einordnung der Unternehmungsplanung unmittelbar (bei Unterstellung unter den Vorsitzenden) oder mittelbar (bei Unterstellung unter einen kaufmännischen Geschäftsführer/Vorstand) dem obersten Führungsgremium an.

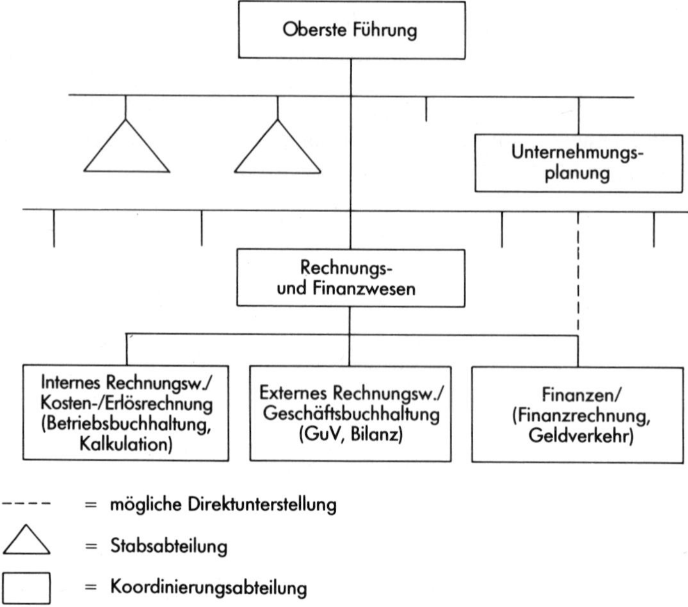

Abb. 216b: Organisation des Rechnungs- und Finanzwesens mit organisatorisch autonomer Unternehmungsplanung – Konzept II

Es lassen sich Argumente für und gegen jede dieser **Organisationsalternativen** anführen.

Für eine **organisatorische Trennung der Unternehmungsplanung und des Rechnungswesens** (oder Rechnungs- und Finanzwesens) spricht das Argument, daß die Unternehmungsplanung, insbesondere die strategische Planung, vorwiegend qualitativen Charakter hat. Für eine solche Trennung der Unternehmungsplanung und des Rechnungswesens (oder Rechnungs- und Finanzwesens) kann ferner das Argument angeführt werden, daß mit Buchhaltungsaufgaben (Dokumentationsrechnungen) betraute Führungskräfte bei entsprechender Mentalität oft nicht dafür geeignet sind, Planungsaufgaben und damit zukunftsorientierte Alternativ- und Optimierungsrechnungen durchzuführen sowie Planungssysteme zu entwikkeln und zum Einsatz zu bringen. Bei entsprechender Qualifikation des Leiters des Rechnungswesens (oder Rechnungs- und Finanzwesens) auch in Planungsaufgaben und bei Vorliegen entsprechender Motivationskraft wird dieses Argument allerdings abgeschwächt, insbesondere wenn von einer bestimmten Mindestunternehmungsgröße an sowohl Spezialisten für das vergangenheitsorientierte Rechnungswesen als auch Spezialisten für die zukunftsorientierte Unternehmungsplanung gewonnen werden können. Für eine Trennung des Rechnungswesens (oder des Rechnungs- und Finanzwesens) von der Unternehmungsplanung und für eine Unterstellung dieser Bereiche jeweils direkt unter die oberste Führung kann allerdings vor allem das Argument angeführt werden, daß die Unternehmungsplanung als grundlegender zukunftsorientierter Aufgabenbereich der Unternehmung von der Bedeutung her dem gesamten obersten Führungsgremium oder dem Vorsitzer dieses Gremiums direkt unterstehen sollte. Dies gilt zumindest für die strategische Planung. Auch kann hierdurch das „Gewicht" des Leiters des Rechnungs- und Finanzwesens im Führungsgremium relativiert werden.

Im Gegensatz dazu spricht für eine **Zusammenfassung der Unternehmungsplanung und des Rechnungswesens** (oder Rechnungs- und Finanzwesens) **in einer organisatorischen Einheit Controlling** vor allem das Argument, daß hierdurch die Ergebnisorientierung des gesamten Geschehens in der Unternehmung besser durchgesetzt werden kann. Information und Beratung, Planung und Kontrolle zum Zwecke der Sicherung einer ergebnisorientierten Unternehmungsführung basieren letztlich auf Daten des Rechnungs- und/oder Finanzwesens – handele es sich um Produkte, Produktprogramme, Projekte, Unternehmungsbereiche oder die Gesamtunternehmung. Alle Teilplanungen werden letztlich durch die gesamtunternehmungsbezogene Ergebnis- und Finanzplanung koordiniert. Die kurzfristige Planung und die hierauf unmittelbar aufbauende ergebnisorientierte Kontrolle erfolgen zudem in engster Verzahnung insbesondere mit dem internen Rechnungswesen. Sachlich verzahnt sind wiederum die **rollende** kurz-, mittel- und langfristige Unternehmungsplanung, wobei allerdings die Jahresplanung als Detail-Planungsrechnung auch (zusätzlich) aktualisiert gesondert durchgeführt werden kann. Bei Vorliegen eines Controllingkonzeptes dominieren die Aufgaben im Zusammenhang mit der ergebnisorientierten Planungsrechnung; das Rechnungswesen als Instrument für Planung, Dokumentation und Kontrolle (Pläne und Berichte) ist entsprechend auszurichten, was in der Regel bei Unterstellung beider Aufgabenkomplexe unter eine Leitung mit der größten Effizienz durchzuführen sein wird.

Wohl auf Grund der Argumente für das Controllingkonzept und auf Grund der Praxis in der amerikanischen Industrie ist das **Controlling als Aufgabenkomplex** insbesondere **in großen Industrieunternehmungen auch im deutschsprachigen Raum weit verbreitet**. Unternehmungsplanung, insbesondere Planungsrechnung, und Rechnungswesen werden also organisatorisch – wieder – integriert. Lediglich die **strategische Unternehmungsplanung** wird vielfach autonom dem obersten Führungsgremium oder dessen Vorsitzenden unterstellt (vgl. Abbildung 217 und 218). Dies erscheint wegen der herausragenden Bedeutung der Geschäftsfeldplanung sowie der Organisations- und Führungssystemplanung für die Weiterentwicklung der Gesamtunternehmung und der damit verbundenen Gesamtverantwortung sowie wegen der schwerpunktmäßig markt-, technologie- und humanorientierten Ausrichtung dieses Planungskomplexes gerechtfertigt.

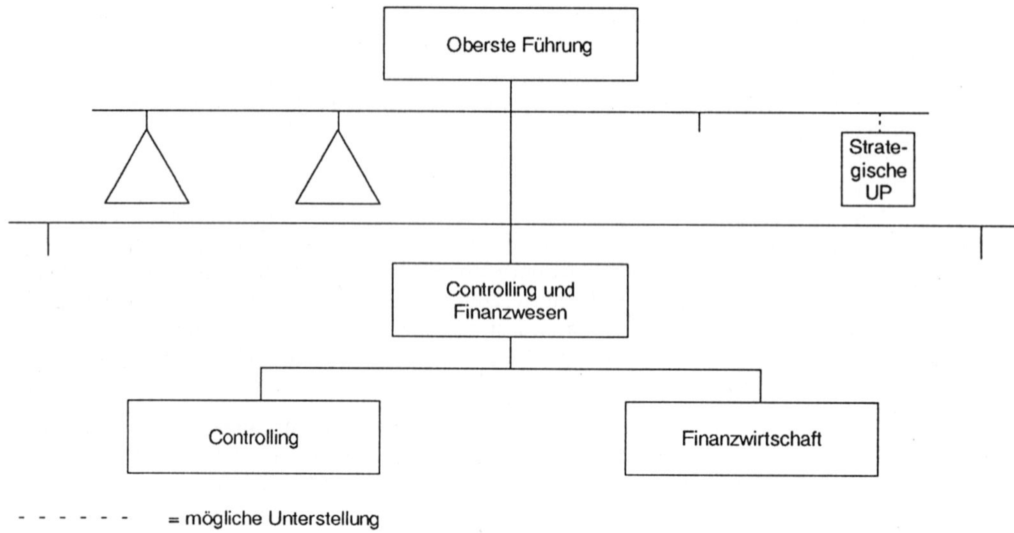

Abb. 217: Mittelbare Unterstellung des Controlling unter die oberste Führung

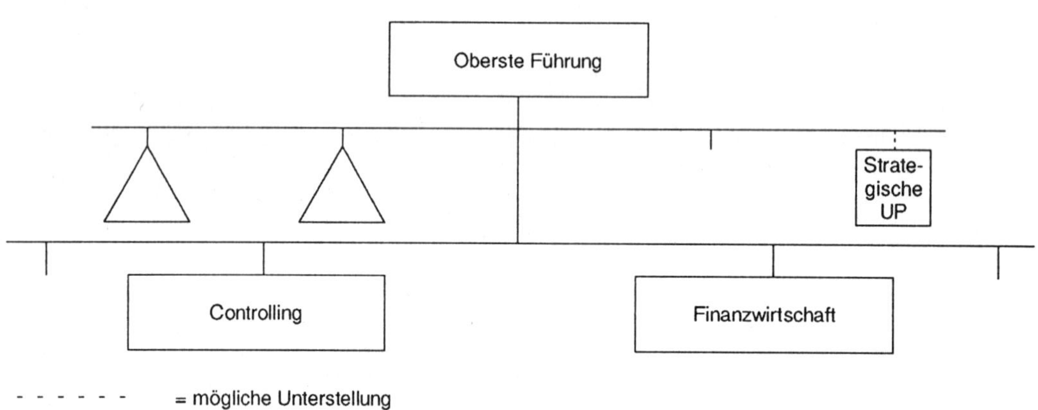

Abb. 218: Unmittelbare Unterstellung des Controlling unter die oberste Führung

Erfolgt die **Planungsarbeit in Ausschüssen,** so richtet sich deren organisatorische Einordnung primär nach der Art des Aufgabenkomplexes derartiger Ausschüsse. So lassen sich auf entsprechender organisatorischer Ebene Ausschüsse für strategische Planungen (z. B. Geschäftsfeldplanung, Führungskräfteplanung) und operative Planungen, ggf. gesondert für Budgetplanungen, unterscheiden (vgl. hierzu auch Abbildung 219).

Strategische und operative Planungen werden zunehmend als **Projektplanungen in Projektgruppen** durchgeführt. Zur Verbesserung von Flexibilität und Aktualität kommt dabei der Frage der **Einordnung der Projektgruppen in die Aufbauorganisation der Unternehmung** erhöhte Bedeutung zu.

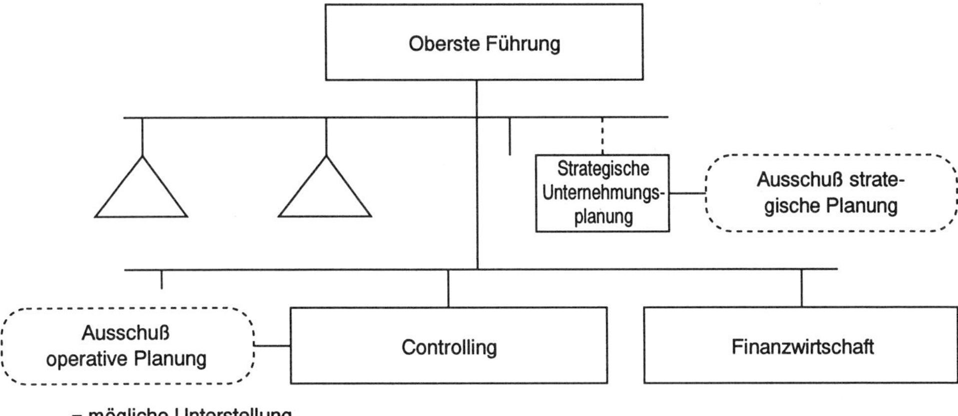

Abb. 219: Einordnung von Planungsausschüssen in die Aufbauorganisation der Unternehmung

Die Einordnung von Projektgruppen in die Aufbauorganisation der Unternehmung kann dabei in Form einer Stabs-Projektorganisation, in Form der reinen Projektorganisation sowie als Matrix-Projektorganisation erfolgen (vgl. hierzu auch Abbildung 220). In der Regel sind die Projektgruppen in Form der **Stabs-Projektorganisation** (auch Einfluß-Projektorganisation genannt) organisiert. Dabei erfolgt eine Koordination der an dem Projekt Beteiligten durch einen sog. Projektkoordinator. Im Gegensatz dazu werden die Projektmitarbeiter im Rahmen der **reinen Projektorganisation** in einer Organisationseinheit zusammengefaßt, die von einer Projektleitung mit funktionalen und disziplinarischen Weisungsrechten geführt wird. Die reine Projektorganisation bietet sich vor allem zur organisatorischen Abwicklung von Großprojekten an, z. B. zum Erwerb und zur Integration von Beteiligungen. Hierbei ist diese Form der Projektorganisation besonders dann sinnvoll, wenn die Führungskräfte der Projektleitung später die Leitung solcher Beteiligungen bzw. erworbenen Beteiligungsgesellschaften übernehmen sollen. Bei grundsätzlichen und bereichsübergreifenden Fragestellungen kann sich darüber hinaus die Form der **Matrix-Projektorganisation** anbieten. Der Projektleitung kommt dabei i.d.R. nur ein fachliches Weisungsrecht zu.

Die reine Projektorganisation und die Matrix-Projektorganisation kommen in einzelnen Branchen, z. B. in der Bauindustrie und im Großanlagenbau, auch für die Planung, Steuerung, Durchführung und Überwachung von Kundenaufträgen in Projektform zur Anwendung.

Der Leitung der Projektgruppe kann weiterhin ein sogenannter **Lenkungsausschuß** als Projektträger übergeordnet sein. Dieser Lenkungsausschuß besitzt dann Entscheidungskompetenz in grundlegenden Projektfragen[19].

---

19 Neben den dargestellten Formen der innerbetrieblichen Projektorganisation können weiterhin verschiedene Alternativen der überbetrieblichen Projektorganisation unterschieden werden. Dabei stehen insbesondere die **Einzelauftragsorganisation, die Generalunternehmerorganisation sowie die Konsortialorganisation** im Vordergrund. Vgl. zu den angesprochenen Aspekten der Projektorganisation ausführlich z. B. Alter, R., Integriertes Projektcontrolling, a.a.O., S. 120ff.; Bleicher, K., Organisation. Strategien – Strukturen – Kulturen, a.a.O., S. 135ff. sowie auch Frese, E., Grundlagen der Organisation, a.a.O., S. 448ff.; Krüger, W., Organisation der Unternehmung, a.a.O., S. 391ff.

Stabs- (Einfluß-) Projektorganisation

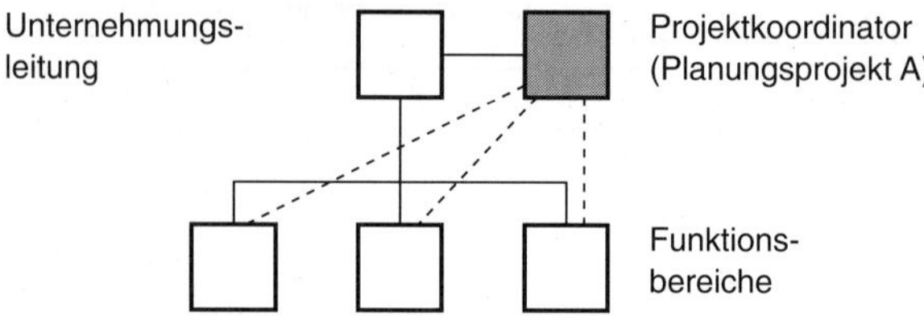

Reine Projektorganisation

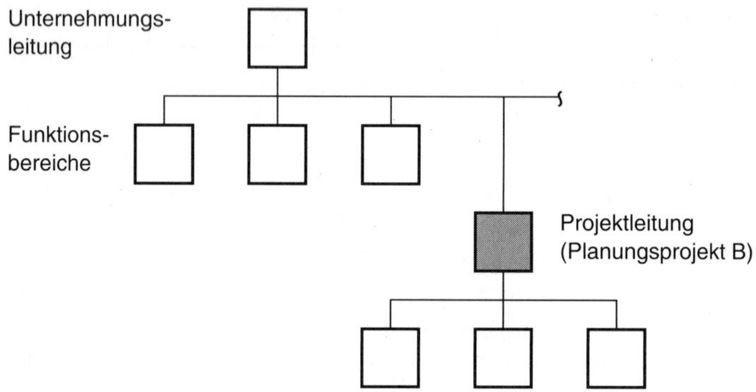

Matrix-Projektorganisation

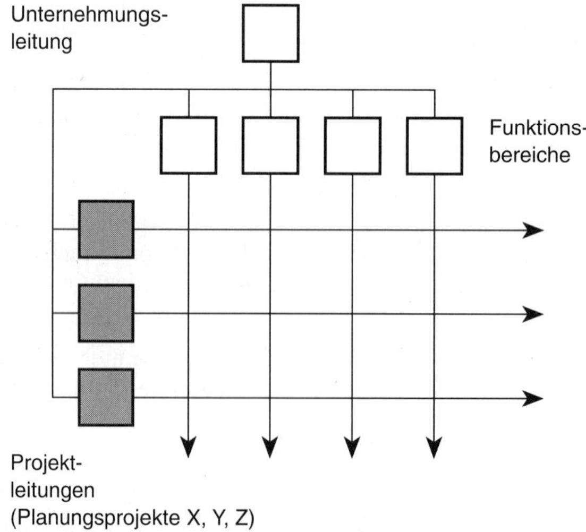

Abb. 220: Projektorganisationsformen für Planungsprojekte

1.2.2 Aufbauorganisatorische Einordnung der Abteilungen Controlling und Treasuring sowie einer zentralen Abteilung strategische Unternehmungsplanung in Unternehmungen mit primär verrichtungsorientierter (funktionaler) Aufbauorganisation

Im folgenden interessiert die aufbauorganisatorische Einordnung der Abteilung Controlling, der Abteilung Treasuring/Finanzwirtschaft und einer ggf. gesondert geleiteten Abteilung strategische Unternehmungsplanung.

Controller und Treasurer als Leiter entsprechender Abteilungen können in gleichrangiger Position in die Aufbauorganisation eingeordnet werden, wobei entweder beide dem Vorstandsmitglied für Rechnungs- und Finanzwesen – oft auch nur Finanzvorstand genannt – unterstellt sind und von diesem im Vorstand repräsentiert werden oder beide im Vorstand (gegebenenfalls auch als stellvertretende Vorstandsmitglieder) vertreten sind (Abbildungen 217 und 218).

In Abhängigkeit davon, ob man den Aufgabenkatalog des Controlling eng oder weit faßt, bieten sich grundsätzlich vier organisatorische Konzepte bzw. Ausgestaltungsmöglichkeiten für den Bereich des Controlling an.

Konzept A:

Controlling mit gesamtem Rechnungswesen und Nebenfunktionen. Nach diesem **„Amerikanischen Controllingkonzept"** erfolgt bei der Organisation von Controlling und Finanzwirtschaft primär eine Trennung in ergebnisorientierte und liquiditätsorientierte Aufgaben (vgl. Abbildung 221).

Konzept B:

Controlling mit gesamtem Rechnungswesen ohne Nebenfunktionen. Bei diesem **„Amerikanischen Kerncontrollingkonzept"** verbleiben im Bereich Controlling nur die Aufgaben ergebnisorientierte Information, Planaufstellung, Kontrolle und das gesamte Rechnungswesen (vgl. Abbildung 222).

Konzept C:

Controlling mit internem Rechnungswesen und Nebenfunktionen. Nach diesem **„Deutschen Controllingkonzept"** erfolgt bei der Organisation von Controlling und Finanzwirtschaft primär eine Trennung in unternehmungsintern und unternehmungsextern orientierte Aufgaben (vgl. Abbildung 223).

Konzept D:

Controlling mit internem Rechnungswesen ohne Nebenfunktionen. Bei diesem **„Deutschen Kerncontrollingkonzept"** verbleiben im Bereich Controlling nur die Aufgaben ergebnisorientierte Information, Planaufstellung, Kontrolle und das interne Rechnungswesen (vgl. Abbildung 224).

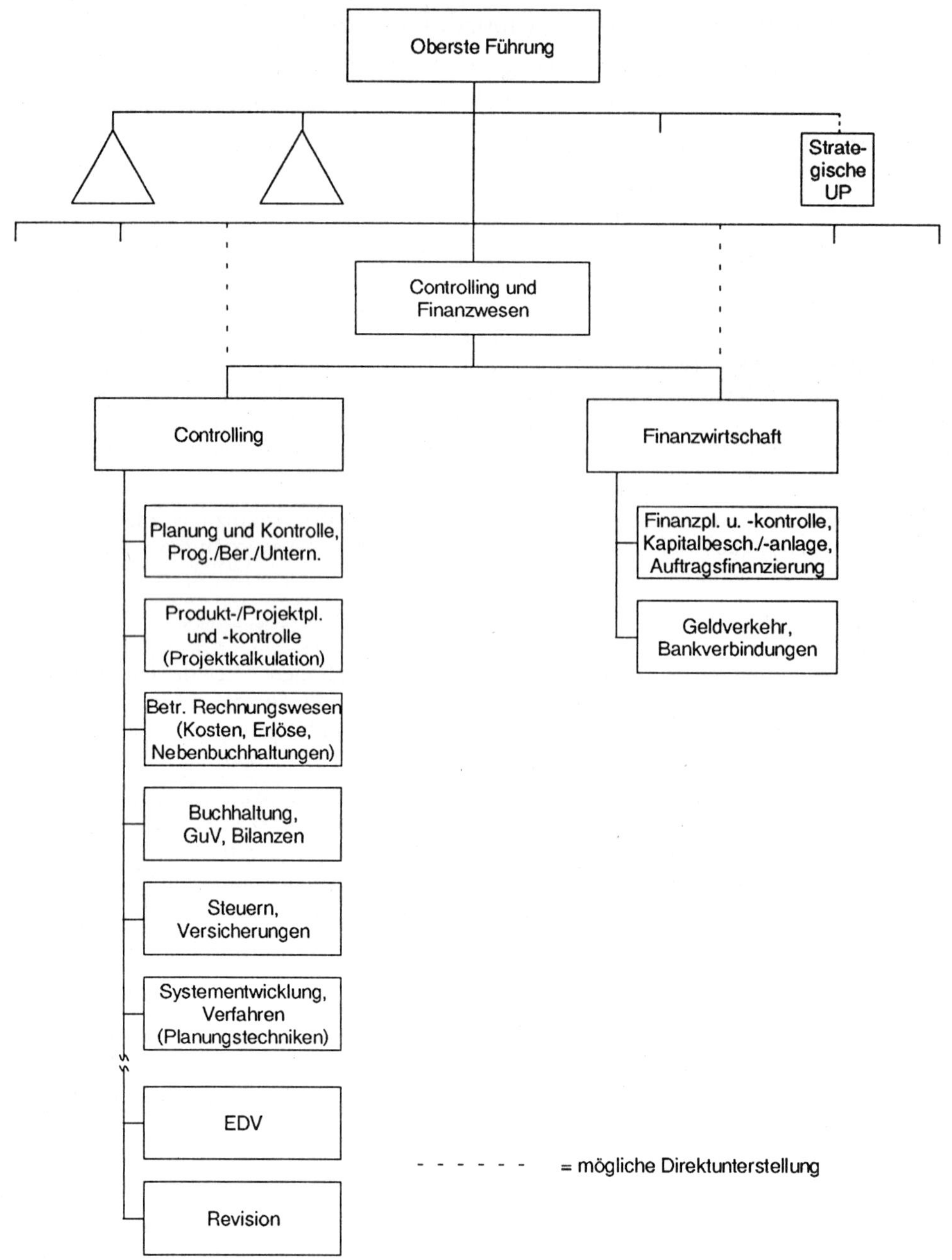

Abb. 221: Organisation von Controlling und Finanzwirtschaft: Konzept A – amerikanisches Controllingkonzept

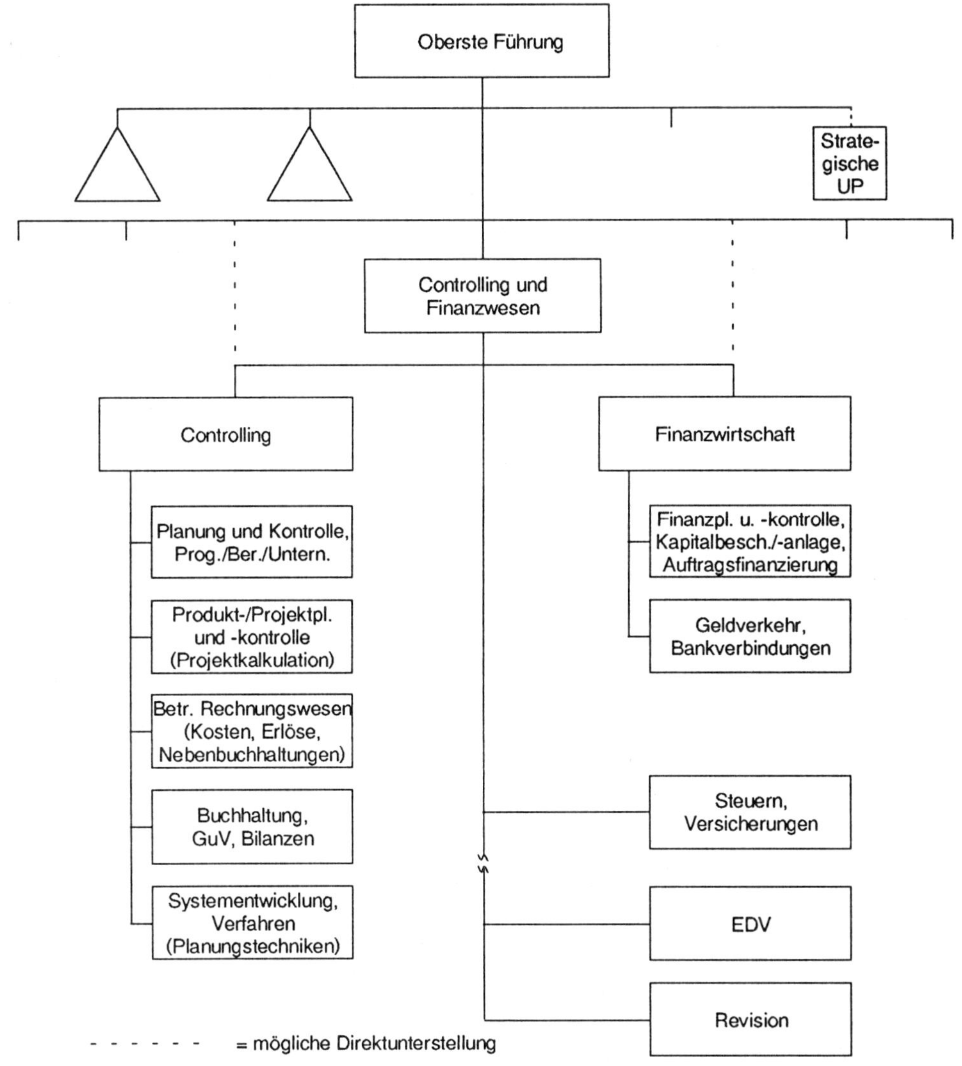

Abb. 222: Organisation von Controlling und Finanzwirtschaft: Konzept B – amerikanisches Kerncontrollingkonzept

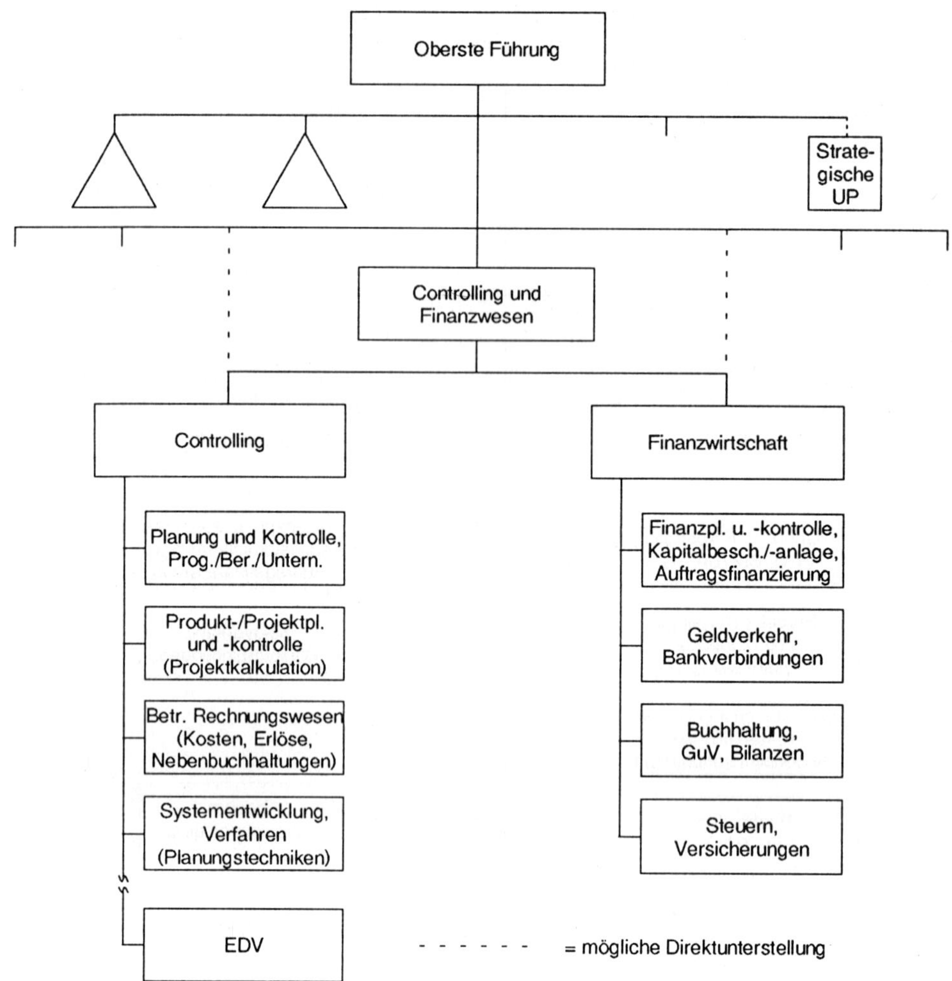

Abb. 223: Organisation von Controlling und Finanzwirtschaft: Konzept C – deutsches Controllingkonzept

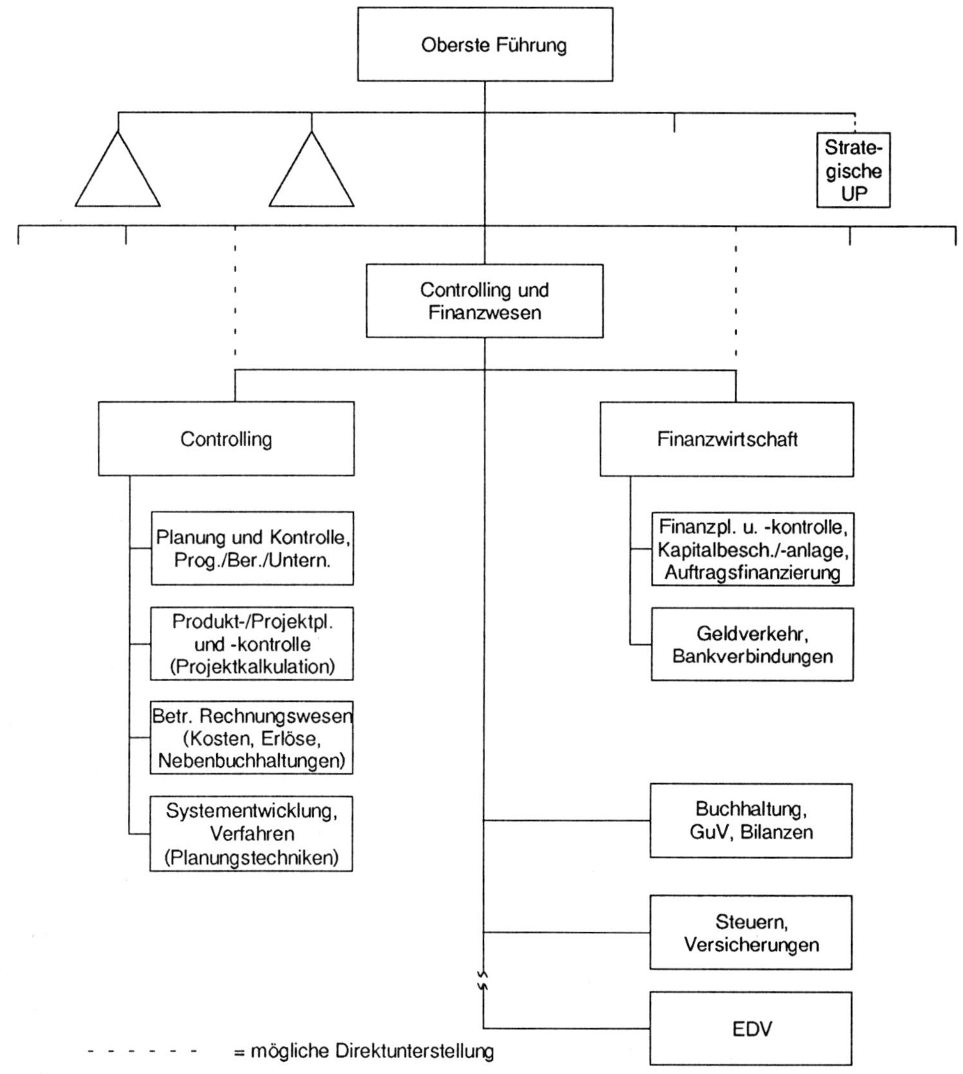

Abb. 224: Organisation von Controlling, Rechnungswesen und Finanzwirtschaft: Konzept D – deutsches Kerncontrollingkonzept

Die Konzepte A, B, C, D können zudem durch die folgenden **unterschiedlichen organisatorischen Ausprägungen** variiert werden:

- *Konzentration des Controlling* bezüglich der Unternehmungsplanung nur auf die *ergebnisorientierte kurzfristige Planung* (Jahresplanung/Budgetplanung) mit entsprechender Kontrolle und Information – bei Schaffung einer gesonderten Abteilung Mittel- und Langfristplanung ggf. unter einheitlicher Leitung mit der strategischen Planung.
- *Beschränkung des Controlling* auf die rollende ergebnisorientierte Kurz- sowie Mittel- und Langfristplanung: *Einordnung der strategischen Unternehmungsplanung* als Zentralabteilung unmittelbar unter die oberste Führungsspitze (vgl. Abbildungen 217 und 218).
- *Ausbau des Controlling durch dezentrales Controlling bzw. „begleitendes Controlling".* Zusätzlich zum Zentralcontrolling (Zentralcontroller mit entsprechenden Abteilungen) werden Funktionsbereichscontroller (Marketingcontroller, Produktionscontroller, Einkaufscontroller u. a.), Werkscontroller, Produktprogrammcontroller, Produktcontroller und Projektcontroller eingeführt (vgl. Abbildung 225).

Im Rahmen des **dezentralen bzw. begleitenden Controlling** steht das Bemühen im Vordergrund, die Grundidee des Controlling möglichst in sämtlichen Bereichen der Unternehmung bestmöglich zu verwirklichen, nämlich das gesamte Entscheiden und Handeln in der Unternehmung ergebnisorientiert auszurichten[20].

Von Bedeutung ist in diesem Zusammenhang insbesondere die Frage der organisatorischen Einbindung der dezentralen Controller in die Organisation der Unternehmung. Im Hinblick auf deren **fachliche und disziplinarische Unterstellung** können unseres Erachtens fünf Alternativen unterschieden werden. Die möglichen **Unterstellungsverhältnisse** eines dezentralen Funktionsbereichscontrollers zeigt Abbildung 226.

Bei einer **fachlichen und disziplinarischen Unterstellung unter den Zentralcontroller** kann der Funktionsbereichscontroller als Delegierter des Zentralcontrolling interpretiert werden. Hierbei ist der Controller in dem jeweiligen Funktionsbereich relativ unabhängig. Bei dieser organisatorischen Lösung besteht jedoch die Gefahr, daß nur eine unzureichende Integration dieses Aufgabenträgers in den Funktionsbereich erfolgt und der dezentrale Controller teilweise als „Fremdkörper" empfunden wird – ein Aspekt, der im Hinblick auf die notwendige Vertrauensbasis des Controlling eher negativ zu beurteilen ist[21]. In der Aufbauphase eines dezentralen Controllingkonzepts kann diese Regelung der Unterstellungsverhältnisse jedoch vorteilhaft sein, da hier der Zentralcontroller (zumindest formal) eine relativ starke Position einnimmt.

Wird der **dezentrale Controller fachlich dem jeweiligen Funktionsbereichsleiter und disziplinarisch dem Zentralcontroller unterstellt,** so wird dem Funktionsbereichsleiter ein betriebswirtschaftlicher Berater für seinen Bereich zur Verfügung gestellt, gegenüber dem er fachliche Weisungsbefugnis besitzt. Dies setzt eine besonders hohe fachliche Qualifikation des dezentralen Controllers voraus. Aufgrund der disziplinarischen Unterstellung unter den Zentralcontroller (und der damit verbundenen persönlichen Interessenlage) ist der dezentrale Controller auch an den Zentralcontroller gebunden.

---

20 Vgl. hierzu grundlegend Hahn, D., Konzepte und Beispiele zur Organisation des Controlling in der Industrie, a.a.O., S. 9ff.; ders., Stand und Entwicklungstendenzen des Controlling in der Industrie, a.a.O., S. 274ff.

21 Vgl. zur Vertrauensbasierung des Controlling z. B. Krystek, U., Controlling – mißtrauens- oder vertrauensbasiert: Speerspitze einer Mißtrauensorganisation?, in: Gablers Magazin 5/1991, S. 18ff.; Krystek, U., Zumbrock, S., Planung und Vertrauen – Die Bedeutung von Vertrauen und Mißtrauen für die Qualität von Planungs- und Kontrollsystemen, a.a.O., S. 85ff.

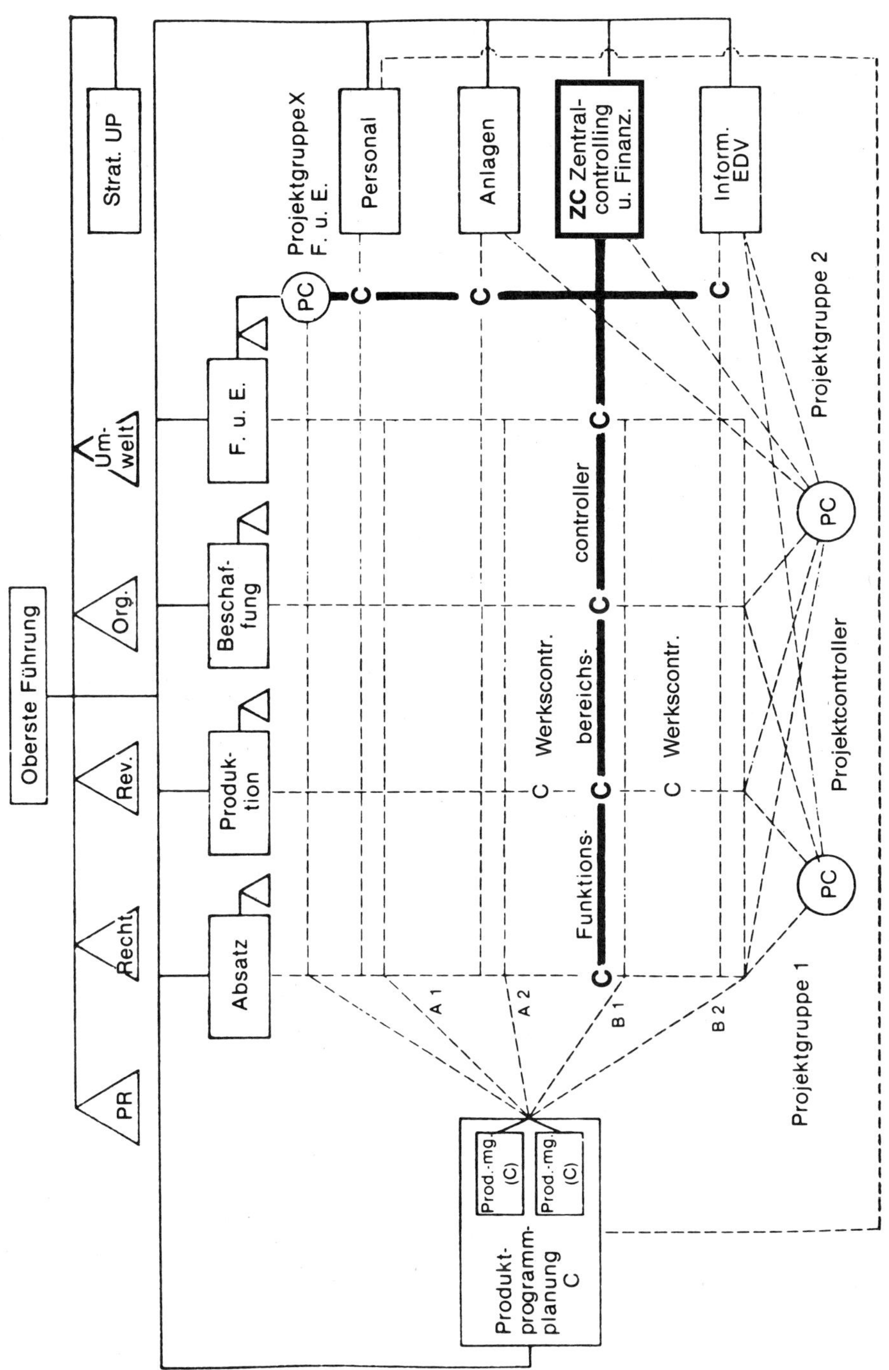

Abb. 225: Controlling bei funktionaler Aufbauorganisation mit Funktionsbereichs-, Produktprogramm-, Projektcontrollern und Werkscontrollern (dezentrales Controllingkonzept)

Die **fachliche Unterstellung unter den Zentralcontroller bei gleichzeitiger disziplinarischer Unterstellung unter den Funktionsbereichsleiter** kann bei der Durchführung der Controllingaufgaben zu Konfliktsituationen mit dem Disziplinarvorgesetzten im Funktionsbereich führen. Diese Konfliktsituationen können insbesondere dann auftreten, wenn der Funktionsbereichsleiter die Belange des Funktionsbereichs nicht hinreichend durch den dezentralen Controller vertreten sieht. Andererseits sind Spannungsverhältnisse zum Zentralcontrolling denkbar, wenn eine zu starke Ausrichtung auf den Funktionsbereichsleiter erfolgt. Auch hier können durch die Tatsache, daß der Funktionsbereichscontroller zwei Vorgesetzten unterstellt ist, Konfliktsituationen auftreten. Insgesamt scheinen die Nachteile dieser Unterstellungsmöglichkeit deren Vorteile zu überwiegen.

Ist der **Funktionsbereichscontroller sowohl fachlich als auch disziplinarisch dem Funktionsbereichsleiter unterstellt,** erfolgt eine sehr starke Ausrichtung auf den jeweiligen Funktionsbereich. Dabei wird der Ausbau einer dezentralen und relativ selbständigen betriebswirtschaftlichen Abteilung begünstigt, die aber unter Umständen zu einseitig nur die Interessen des Funktionsbereichs vertritt.

In der Praxis hat sich die in Abbildung 226 als Modell 5 beschriebene Unterstellungsmöglichkeit bewährt, d. h. die **fachliche und disziplinarische Unterstellung des dezentralen Controllers unter den Leiter des jeweiligen Funktionsbereichs bei gleichzeitigem generellen und speziellen Informationsrecht des Zentralcontrollers** im Hinblick auf alle Planungs- und Kontrollinformationen. Zudem stehen hierbei dem **Zentralcontroller Entscheidungsrechte** im Hinblick auf System- und Verfahrensfragen des Controlling sowie **Mitentscheidungsrechte** in spezifischen Sachfragen sowie bei der Auswahl (und ggf. Abberufung) des dezentralen Controllers zu.

	Zentralcontroller	**Ressortvorstand**
1	Fachlich und disziplinarisch	–
2	Disziplinarisch	Fachlich
3	Fachlich	Disziplinarisch
4	–	Fachlich und disziplinarisch
5	Informationsrecht, Entscheidungsrecht in System- und Verfahrensfragen, Mitentscheidungsrecht in speziellen Sachfragen und bei Controllerauswahl und ggf. -abberufung in Funktionsbereichen	Fachlich und disziplinarisch

Abb. 226: Unterstellungsmöglichkeiten dezentraler Controller

1.2.3 Aufbauorganisatorische Einordnung der Abteilungen Controlling und Treasuring sowie einer zentralen Abteilung strategische Unternehmungsplanung in Unternehmungen mit primär produkt- oder regionalorientierter (divisionaler) Aufbauorganisation

In Industrieunternehmungen mit divisionaler Aufbauorganisation, in denen rechtlich unselbständige und/oder rechtlich selbständige Divisions bzw. Gliedbetriebe nach Produkten/Produktgruppen vorhanden sind, werden bei Anwendung des Controllingkonzeptes neben dem Zentralcontroller bzw. Konzerncontroller in der Regel Divisioncontroller mit entsprechenden Abteilungen/Bereichen installiert sein.

Vom **Zentralcontroller bzw. Konzerncontroller** mit seinem Bereich sind über die üblichen Controllingaufgaben (vgl. Konzepte A bis D) hinaus **Zusatzaufgaben** zu übernehmen, insbesondere:

- Konsolidierungsaufgaben bei der Ergebnisplanung und -dokumentation;
- Verrechnungspreisbildung und -überwachung;
- ergebnisorientierte Abstimmungsarbeiten zwischen einzelnen Divisions im Konzern, z. B. bei der Programmplanung, Preisplanung, Kapazitätsplanung, Einkaufsplanung, insbesondere auch im Hinblick auf divisionübergreifende Großprojekte.

Die Zentralisierung von üblichen Controllingaufgaben ist möglichst gering zu halten. Dem Zentralcontroller obliegen neben repetitiven Controllingaufgaben (z. B. Konzernplanerstellung) und anwendungsbezogenen Sonderaufgaben (z. B. Unternehmungsbewertungen, Stillegungsrechnungen) vornehmlich konzeptionelle und systemgestaltende Arbeiten für das Controlling.

Von **Divisioncontrollern** sind jeweils grundsätzlich alle jene Aufgaben wahrzunehmen, die zum Controlling in einer Unternehmung mit funktionaler Aufbauorganisation gehören können. Im Einzelfall richtet sich der Aufgabenkatalog in den Divisions nach dem generell für die Unternehmung bzw. den Konzern gewählten Controllingkonzept – unter Beachtung der Besonderheiten der jeweiligen Division. Im Extremfall können in jeder Division außer dem Divisioncontroller wiederum Funktionsbereichs-, Werks-, Produktprogramm-, Produkt- und Projektcontroller installiert sein (vgl. Abbildung 227).

Der **Aufbau der Controllerhierarchie** richtet sich nach der **jeweiligen Aufbauorganisation des Konzerns**.

In **Konzernen mit heterogenem Produktprogramm** bilden im Konzerncontrolling Ergebnis- und Investitionsplanung sowie -kontrolle die Hauptaufgaben. Der Konzerncontroller koordiniert die Tätigkeiten der Divisioncontroller.

In **Konzernen mit relativ homogenem Produktprogramm** sind darüber hinaus Informationen, Beratungen und Koordinierungen zwischen den Funktionsbereichen in den einzelnen Divisions bzw. Geschäftsbereichen und der Konzernzentrale auch durch weitere zentrale Koordinierungsabteilungen (Absatz, Produktion, Beschaffung usw.) erforderlich. Durch **Delegation oder Installation von Controllern in Konzernkoordinierungsabteilungen sowie in Komitees und Projektgruppen** mit divisionübergreifenden Projekten kann die Controllerhierarchie entsprechend dem Konzernaufbau erweitert werden.

Zwischen den Controllern der Konzernzentrale und den Controllern in den Divisions kann es aufgrund der Matrixorganisation zu generellen Sachdiskussionen und ggf. Konfliktsituationen kommen.

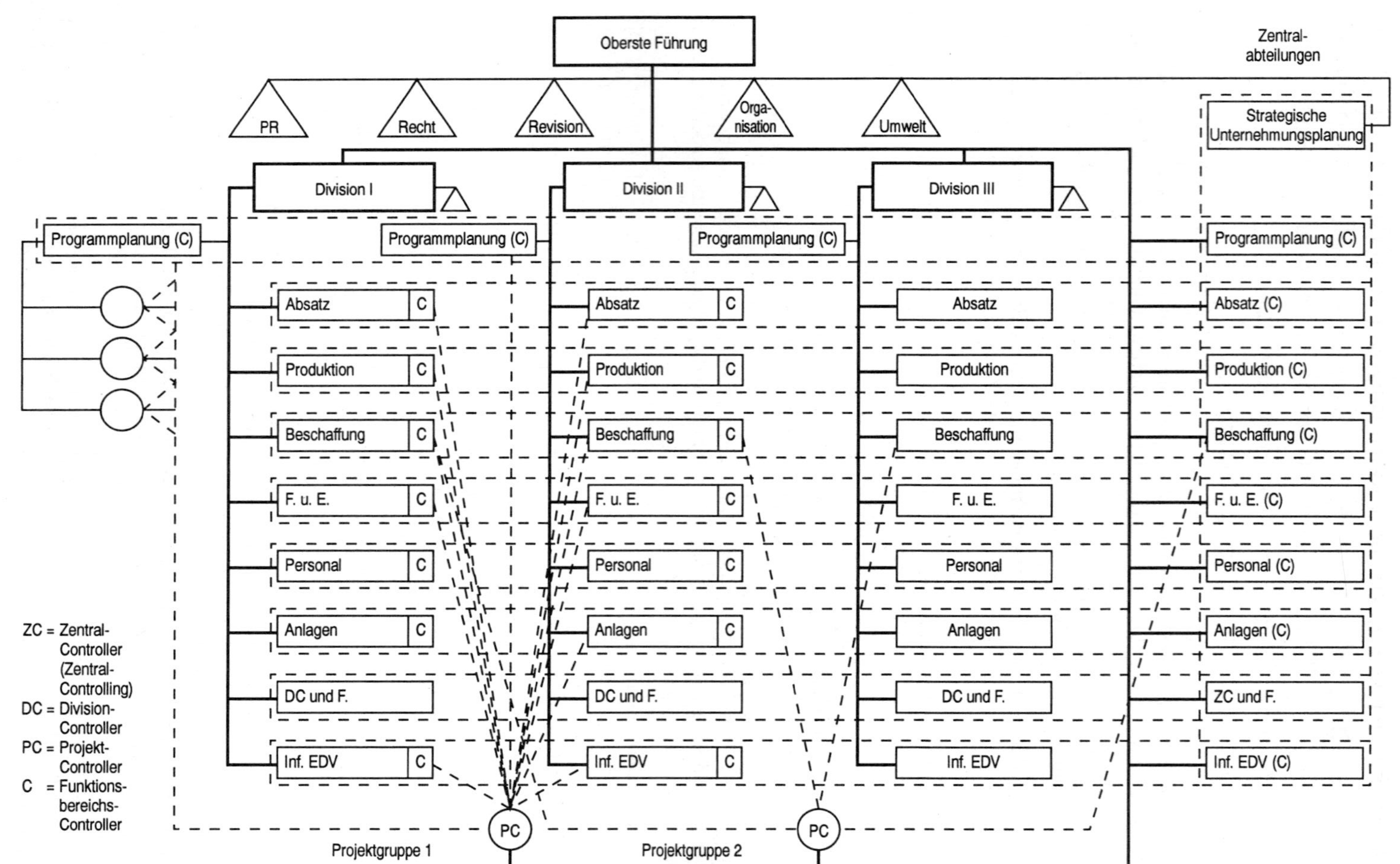

Abb. 227: Controlling bei divisionaler Aufbauorganisation im nationalen Konzern

Das **Controlling** zum Zwecke der Sicherung optimaler Ergebniserwirtschaftung zieht sich wie ein **Informationsnetz** durch den gesamten Konzern.

Neben dieser umfassenden Controllerorganisation existiert in der Zentrale ein Treasurer, ggf. auch in einzelnen Divisions. Außerdem ist – wie in Abbildung 227 verdeutlicht – vielfach eine Zentralabteilung bzw. Stabsabteilung strategische Unternehmungsplanung gegeben.

Insbesondere **international tätige, divisional organisierte Industriekonzerne** weisen in einem fortgeschrittenen Stadium räumlicher Dezentralisation häufig unter der Konzernspitze auch nach **Regionen oder Ländern gegliederte organisatorische Einheiten** auf, denen die dort ansässigen Gesellschaften mit ihren Divisions im Hinblick auf spezifische Führungsaufgaben zugeordnet sind.

Grundsätzlich wird mit einer solchen Differenzierung die Komplexität des Konzernaufbaus um eine Dimension, nämlich die der jeweiligen Regionen/Länder, erweitert.

Damit wird zugleich die **Problematik der Gesamtkoordination** aller inländischen und ausländischen Aktivitäten auf der obersten Führungsebene größer. Es ergeben sich bei zusätzlich auch nach Regionen gegliederten internationalen Unternehmungen drei mögliche Fälle notwendiger Gesamtkoordination[22]:

- Koordination im Hinblick auf Funktionen,
- Koordination im Hinblick auf Produkte/Produktgruppen,
- Koordination im Hinblick auf Regionen/Länder.

Diese für die Gesamtführung der international tätigen Unternehmung relevanten Koordinationsprobleme sind in Konzernen mit homogenem Produktprogramm besonders stark ausgeprägt, in Konzernen mit relativ heterogenem Produktprogramm vornehmlich auf die personelle und die ergebnis- und liquiditätsorientierte Führung beschränkt. Stets sind ergebniszielorientierte Koordinationsaufgaben zu lösen. Im Rahmen des Controlling international tätiger Unternehmungen sind dabei **zusätzliche Probleme** gegeben durch:

- unterschiedliche Gesetzesregelungen in einzelnen Ländern für die Rechnungslegung, das Steuerwesen und den Kapitaltransfer,
- unterschiedliche Inflationstendenzen in einzelnen Ländern,
- Wechselkursschwankungen sowie
- verstärkt auftretende psychologische und soziologische Probleme.

Der Aufbau der **Controllerhierarchie** in international tätigen Unternehmungen richtet sich wiederum nach der jeweiligen **Aufbauorganisation des Konzerns**.

In einem unterhalb der obersten Führung **primär nach Geschäftsbereichen** gegliederten **internationalen Konzern**, in dem die Bereichsleitungen weltweit Produkt- und Ergebnisverantwortung tragen, obliegen den Regional- und Länderleitungen nur spezifische Führungsaufgaben. Hierzu gehören neben regional- und länderorientierten Analysen und Prognosen Anstöße zum Aufbau neuer Geschäftsfelder, Aufstellungen von (teil-)konsolidierten Jahresabschlüssen mit Steueroptimierungsaufgaben, Finanzierungsaufgaben, Verwaltungsoptimierungen und Kontaktpflege. Die Regional- und Landesleiter können hierbei in Personalunion Controller sein oder ihnen werden entsprechend Controller unterstellt.

Von der obersten Führung aus weltweit zu koordinierende Funktionen können durch Funktionsbereichscontroller unterstützt werden.

22 Vgl. Bleicher, K., Zur organisatorischen Entwicklung multinationaler Unternehmungen, a.a.O., S. 7 sowie Bleicher, K., Organisation. Strategien – Strukturen – Kulturen, 2. Aufl., a.a.O., S. 628 ff.

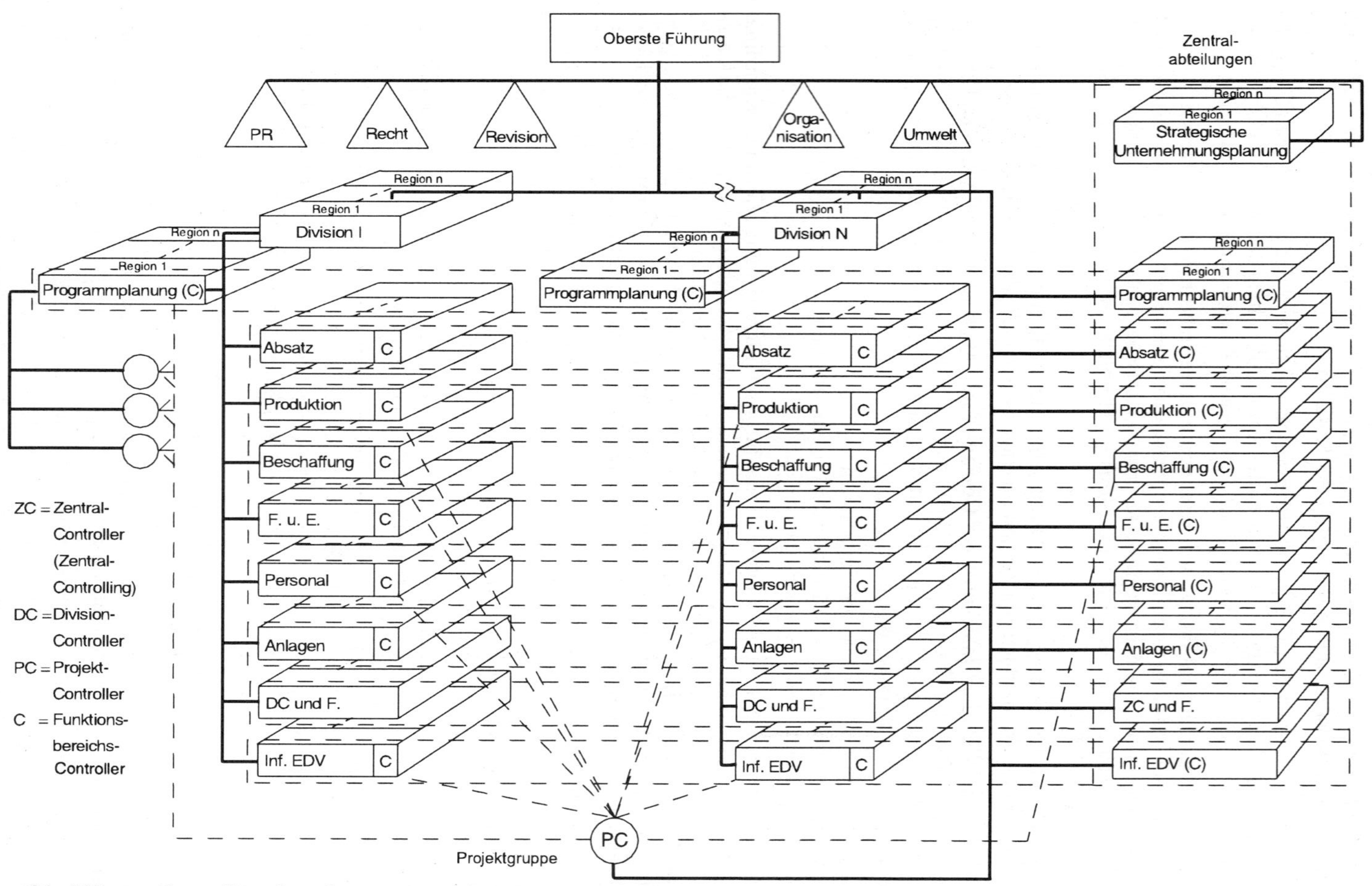

Abb. 228 a: *Controlling bei divisionaler Aufbauorganisation im internationalen Konzern – primär nach Geschäftsbereichen gegliedert*

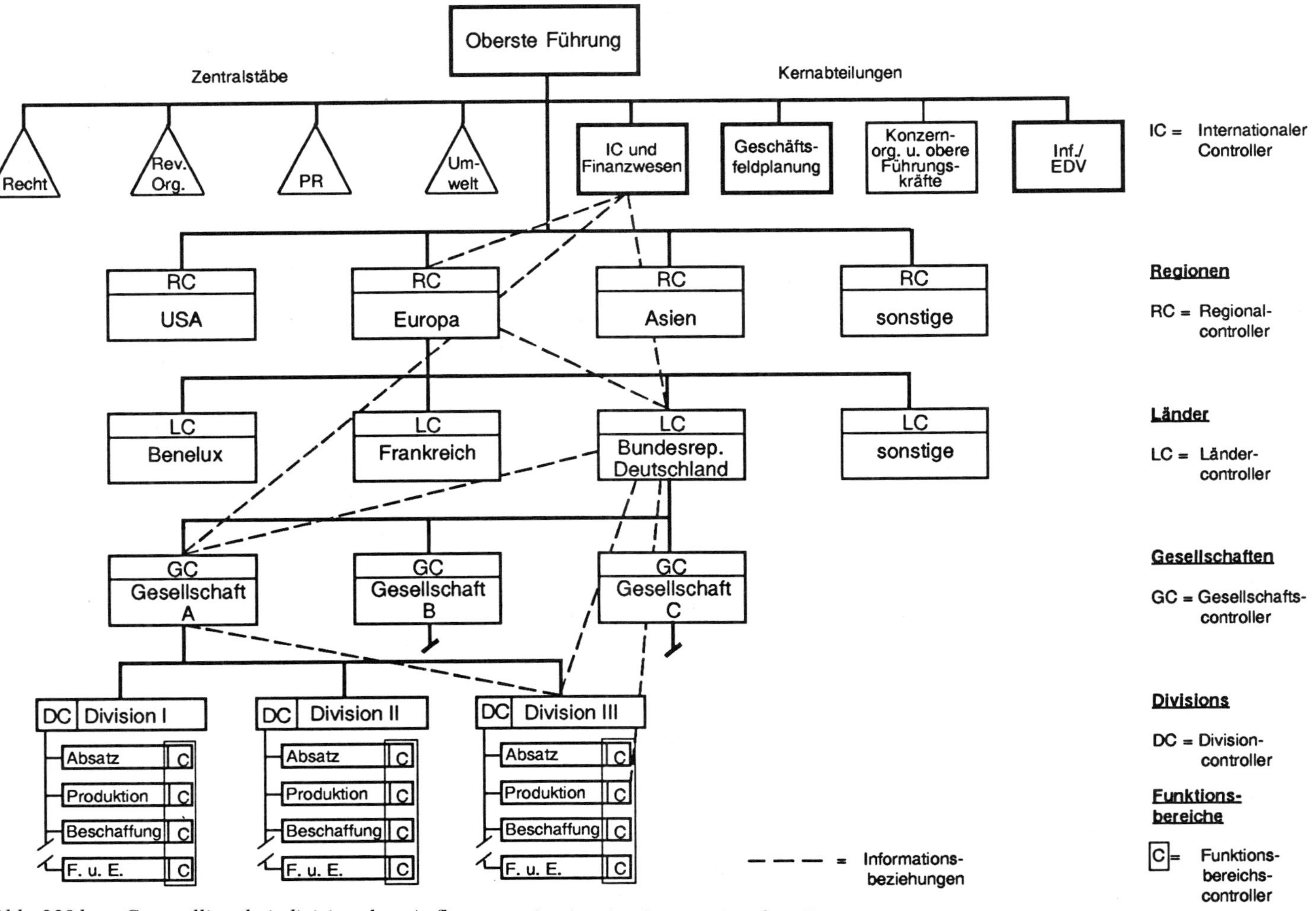

Abb. 228b: Controlling bei divisionaler Aufbauorganisation im internationalen Konzern – primär nach Regionen gegliedert

Bei einer derartigen Tensor-Organisation mit Zentral-Controller, Geschäftsbereichscontrollern, Regional- und Ländercontrollern sowie Funktionsbereichscontrollern ist Teamcontrolling in besonders ausgeprägter Weise gefordert (vgl. Abbildung 228a).

In einem unterhalb der obersten Führung **primär nach Regionen und/oder Ländern** gegliederten **internationalen Konzern** erweitern sich entsprechend der Konzernaufbau und die Controllerhierarchie (vgl. Abbildung 228b).

Generell erscheint es hierbei zweckmäßig, die Institution eines **„Internationalen Controllers“**[23] einzurichten, der dem Zentralcontroller in national tätigen Unternehmungen mit divisionaler Aufbauorganisation vergleichbar ist. Der Internationale Controller kann entweder unmittelbar der obersten Führung angehören oder als Leiter einer Abteilung Controlling mittelbar dem obersten Führungsgremium zugeordnet werden.

Bei ausgebauter Controllerhierarchie gehören dem Bereich Controlling außer dem Internationalen Controller **Regionalcontroller, Ländercontroller** und innerhalb der Länder für die dort ansässigen Unternehmungen **Gesellschaftscontroller** mit ihren jeweiligen Divisioncontrollern sowie ggf. pro Division auch **Funktionsbereichscontrollern** an (vgl. Abbildung 228b). Weiterhin können zu dem Bereich Controlling international tätiger Unternehmungen **Produktprogramm-, Produkt-** und/oder **Projektcontroller** gehören.

Im internationalen Konzern entstehen im Bereich des Treasurer erweiterte Aufgaben, insbesondere in den Gebieten Auslandsfinanzierung, Devisengeschäfte und Kurssicherung[24].

Außerdem ist es wiederum möglich, der obersten Führung eine Abteilung oder mehrere Abteilungen für strategische Planung zuzuordnen (vgl. Abbildung 228b).

---

23 Vgl. Sieben, H.O., Controlling als Koordinierungsinstrument in internationalen Unternehmen, a.a.O., S. 142.

24 Vgl. Hahn, D., „Finanzchef“ – Aufgaben und Ausbildung, DB 1981, S. 382.

1.3 Ablauforganisatorische Aspekte der PuK

1.3.1 Allgemeine Vorbemerkungen zur Ablauforganisation der Planung

Die Vielfalt der einzelnen Planungsaktivitäten, die große Zahl der beteiligten Personen am Planungsprozeß und die starke Verflechtung der Teilplanungen machen eine zielorientierte Strukturierung der Abläufe der Planungs- und Kontrollprozesse in der Unternehmung in Form einer Dauerregelung erforderlich[25].

Bei einer solchen Ablauforganisation der Planung geht es insbesondere um die **Festlegung von Zeitpunkten und Orten**, an denen bestimmte Planaufstellungen, Plankoordinationen, Planverabschiedungen, Planvorgaben sowie Plankontrollen durch bestimmte Führungskräfte und/oder Führungshilfen vorzunehmen sind.

Es sind dabei in bezug auf die Termine der Planverabschiedung zwei konkurrierende Forderungen in Einklang zu bringen:

Zum einen soll der Planungsprozeß möglichst spät beginnen, um möglichst viele aktuelle Informationen verarbeiten zu können, zum anderen muß aber der Planungsprozeß so früh einsetzen, daß noch genügend Zeit für eine systematische Entscheidungsvorbereitung (problem- bzw. zielorientiertes Suchen und Bewerten von relevanten Entscheidungsalternativen) bleibt[26].

Zur Erreichung einer wirkungsvollen Ablauforganisation der Planung sind vornehmlich die folgenden Tätigkeiten durchzuführen[27]:

a) Erfassung aller Planungsobjekte und Planungsaktivitäten und Zusammenfassung zu Planungskomplexen entsprechend dem Aufbau des Planungssystems – damit auch Erfassung der Kontrollobjekte, Kontrolltätigkeiten und Kontrollkomplexe;

b) Festlegung der Teilnehmer und Orte für Planungs- und Kontrollkonferenzen;

c) Übermittlung von Planungsprämissen (Plandaten, Umweltprognosen, Unternehmungsanalysen) an die Planungsträger sowie Festlegung von Verfahrensvorschriften für Planung und Kontrolle – Planungs- und Kontrollrichtlinien;

d) Festlegung der zeitlichen Abfolge der Teilplanungen, der Koordinierungsprozesse und möglichen Iterationsprozesse für Planaufstellung und anschließende Planverabschiedung (d. h. Festlegung der Termine für die kombiniert retrograd-progressiv verlaufenden Planungsprozesse und Festlegung der Termine für den Einsatz von Simultanplanungsmodellen als Planungsvorbereitung) sowie

e) Festlegung der zeitlichen Abfolge der Kontrollkonferenzen (Ergebnisbesprechungen).

---

25 Zur Ablauforganisation der Planung vgl. z. B. auch Gälweiler, A., Unternehmensplanung, a.a.O., S. 382ff.; Horváth, P., Controlling, a.a.O., S. 227ff.

26 Vgl. Bleicher, K., Organisation der Unternehmensplanung, a.a.O., S. 314.

27 Vgl. dazu Bleicher, K., Organisation der Unternehmensplanung, a.a.O., S. 154; Grochla, E., Zur Organisation des betrieblichen Planungsablaufs, ZfB 1962, S. 702ff., insbesondere S. 712f.; Hahn, D., Planung als Instrument der Unternehmensführung, a.a.O., S. 224f.; Mellerowicz, K., Planung und Plankostenrechnung, 1. Bd., Betriebliche Planung, a.a.O., S. 171f.

Ferner wird auch eine Kontrolle des zeitlichen Ablaufs der Planung selbst notwendig, da ohne diese die Kontinuität des Planungsprozesses und damit auch ein schneller, reibungsloser Ablauf der Planung nicht erreicht werden kann.

Grundsätzlich ist zu beachten, daß – vor allem im Rahmen der strategischen Planung – neben periodischen Planungen, die im Rahmen eines Planungszyklusses regelmäßig ablaufen, auch aperiodische Planungen durchzuführen sind. Dabei sind Geschäftsfeld- und Führungskräfteplanung sowohl periodisch als auch aperiodisch bzw. fallweise durchzuführen. Organisations- und Rechtsform/Rechtsstruktur, Führungskräfteanreizsystem und Führungsinformationssystem werden hingegen i.d.R. aperiodisch geplant. Solche fallweisen bzw. aperiodischen Planungen werden in problemspezifisch zusammengesetzten Projektgruppen vorbereitet und bearbeitet. Strategische Projektplanungen sind dabei durch intensive Abstimmungsprozesse zwischen der obersten Führung und der Projektleitung in sämtlichen Phasen des Planungsprozesses gekennzeichnet. Häufig obliegt sogar die Projektleitung einem Mitglied der obersten Führung. Die Problemstellung und Alternativenauswahl obliegen bei diesen strategischen Fragestellungen ausschließlich der internen obersten Führung, vielfach bedürfen sie der Zustimmung von externen Willensbildungszentren.

1.3.2 Ablauforganisation der PuK in Unternehmungen mit primär verrichtungsorientierter (funktionaler) Aufbauorganisation

Nach generellen vorbereitenden Arbeiten, die die informationelle Basis für die Planungen sichern und die die formale Ausgestaltung von Planung und Kontrolle betreffen, sind durch den Controller bzw. eine zentrale Abteilung Unternehmungsplanung im einzelnen der Ablauf von

- genereller Zielplanung,
- strategischer Planung,
- operativer Planung und
- gesamtunternehmungsbezogener Ergebnis- und Finanzplanung

und damit auch deren Koordination zu regeln.

Es geht um die Gestaltung eines

- zeitlich und inhaltlich verzahnten,
- mehrstufigen,
- kombiniert retrograd-progressiv durchzuführenden,
- rollenden

Prozesses, bei dem jeweils Zielvorschauen und mögliche Zielerreichungen gegenübergestellt und als Ergebnis von iterativen Planungsprozessen Planziele und Planmaßnahmen für künftige Perioden verabschiedet werden (vgl. Abbildung 25a und Abbildung 36).

Der Gesamtplanungszeitraum beträgt 1 bis 3, 5, 10, 15 oder mehr Jahre, wobei im folgenden das Jahr, in dem die Planungstätigkeiten für die künftigen Perioden durchgeführt werden, mit –1 gezählt wird (vgl. Abbildung 229). Es handelt sich um das laufende Geschäftsjahr bzw. Planungsjahr (hier mit dem Kalenderjahr identisch).

Die einzelnen Tätigkeiten der generellen Zielplanung, der strategischen Planung, der operativen Planung und der zusammenfassenden gesamtunternehmungsbezogenen Ergebnis- und Finanzplanung sowie die hierzu notwendigen Vorbereitungen können in ihrer zeitlichen Abfolge dargestellt werden. Hierbei wird ein sukzessiver Planungsprozeß unterstellt, der ggf. durch den Einsatz von Gesamtunternehmungsmodellen unterstützt und verbessert werden

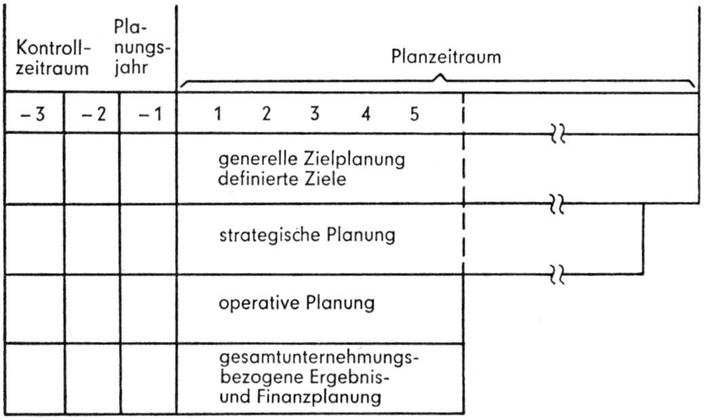

Kontroll-zeitraum		Planungsjahr	Planzeitraum
−3	−2	−1	1 2 3 4 5
			generelle Zielplanung definierte Ziele
			strategische Planung
			operative Planung
			gesamtunternehmungsbezogene Ergebnis- und Finanzplanung

Abb. 229: Plan(ungs)- und Berichts-(Kontroll-)zeiträume und Planungsjahr

kann. Die nachstehende Abbildung 230 soll dies verdeutlichen. Dabei enthalten die über die Zeitachse aufgetragenen Planungskomplexe jeweils folgende Tätigkeitsarten:

a) Vorschau über Ziele bzw. Ziele und Maßnahmen,
b) Rechnung, Diskussion – Koordination,
c) vorläufige und endgültige Planverabschiedung.

Grundsätzlich können auch andere Darstellungstechniken, wie sie bei der Ablaufplanung von Projekten verwendet werden, zum Einsatz kommen (z. B. Netzplantechnik, Gantt-Diagramme usw.)[28].

(1) Ablauforganisation und generelle Zielplanung

Der eigentliche Planungsprozeß beginnt mit den Tätigkeiten der **generellen Zielplanung bzw. Zielvorschau.** Sie wird vom Vorstand bzw. der Geschäftsführung mit Beratung durch den Controller und/oder durch die zentrale Abteilung Unternehmungsplanung und unter Beteiligung der einzelnen Bereichsleiter durchgeführt. Es sind dabei Sachziele, Wertziele, Sozialziele und sonstige Ziele unter Beachtung der Zielerreichung in den vergangenen Perioden zu planen und zu koordinieren (vgl. Teil II, Abschnitt 4 und Teil III, Abschnitt 2). Sofern die generelle quantitative Zielplanung nicht auf der Basis von Gesamtunternehmungsmodellen durchgeführt wird, ist sie im Grunde **zunächst** lediglich eine **Zielvorschau,** da sich das exakte Ausmaß der angestrebten Wert- und damit auch Mengenziele für die Unternehmung erst nach Abschluß der gesamtunternehmungsbezogenen Ergebnis- und Finanzplanung als Ausdruck der Wirkungen aller übrigen Teilplanungen ergibt (vgl. Abbildung 50).

Die generelle Zielplanung sollte bei sukzessiver Planung zu Beginn des laufenden Geschäftsjahres, besser noch im letzten Quartal des Vorjahres, eingeleitet und noch im ersten Quartal des laufenden Geschäftsjahres **vorläufig** abgeschlossen werden. Im Februar des Planungsjahres wird die generelle Zielplanung einer Überprüfung unterworfen, bei der auch die

28 Vgl. Bleicher, K., Organisation der Unternehmensplanung, a.a.O., S. 317f.; vgl. zur zeitlichen Strukturierung und der Darstellungsform des Planungsprozesses auch Agthe, K., Strategie und Wachstum der Unternehmung, a.a.O., S. 95ff.; Bleicher, K., Organisation der Unternehmensplanung, a.a.O., S. 317; Deyhle, A., Controller-Praxis, 1. Bd., Unternehmensplanung und Controller-Funktion, 8. Aufl., München 1991, S. 168; Sauer, M., Planung, Langfristige, in: Management-Enzyklopädie, 4. Bd., München 1971, S. 1146.

Projektion der Zielerreichung in den Planungsbereichen zugrundegelegt wird. Anschließend erfolgt die Verabschiedung der vorläufigen Zielplanung.

Die **Kontrolle** der Zielerreichung geschieht in Ergebnisbesprechungen, die quartalsweise durchzuführen sind und vom Controller bzw. der zentralen Abteilung Unternehmungsplanung vorbereitet werden und an denen Vorstand bzw. Geschäftsführung und Bereichsleiter teilnehmen. Ursachen und Konsequenzanalysen werden in den Ergebnisbesprechungen erörtert.

(2) Ablauforganisation und strategische Planung

Parallel zur letzten Phase der vorläufigen generellen Zielplanung erfolgt im Planungsprozeß die **strategische Planung**. Sie umfaßt die Geschäftsfeldplanung mit integrierter Funktionsbereichs- und Regionalstrategieplanung sowie die Organisations-, Rechtsform- und Rechtsstrukturplanung und die Führungssystemplanung.

Die **Geschäftsfeldplanung** und hierbei insbesondere die Planung von Großobjekten bzw. -projekten werden durch die zentrale Abteilung strategische Planung und durch den Zentralcontroller bzw. die zentrale Abteilung Unternehmungsplanung – unterstützt durch Führungskräfte und Führungshilfen der Bereiche – vorbereitet und durch die oberste Führung in anschließenden Planungskonferenzen verabschiedet. Kleinere Objekte – wobei die Grenzen unternehmungsindividuell festzulegen sind – werden dezentral vorbereitet, jedoch zentral beurteilt und verabschiedet[29]. Die periodisch durchgeführte Geschäftsfeldplanung mündet im verabschiedeten Investitionsprogramm mit dazugehörigem Investitionsbudget[30].

Die **Organisations- und Führungssystemplanung** erfolgt i.d.R. ausschließlich durch die oberste Führung, ggf. unterstützt durch eine entsprechende zentrale Abteilung und auch externe Berater. In der Praxis haben sich insbesondere für die strategische Planung sog. Klausurtagungen bewährt, damit die obersten Führungskräfte und Führungshilfen ungestört vom täglichen Geschäftsablauf über Richtung, Struktur und Ausmaß der Entwicklung der Unternehmung nachdenken und entscheiden können.

Die strategische Planung hat lang- bis mittelfristigen Charakter, sie wird nicht nur periodisch während eines begrenzten Zeitraums, sondern auch fallweise das ganze Jahr über durchgeführt (z.B. bei Beteiligungserwerb, Rechtsformwechsel, Führungskräftewechsel). Da die in die Gesamtplanung eingebundene strategische Planung Grundlage der operativen Planung ist, muß sie jedoch bezüglich der in der anstehenden Planungsrunde zu berücksichtigenden Objekte etwa um die Mitte des dritten Quartals des Planungsjahres abgeschlossen sein. Eine Überarbeitung des strategischen Plans im Oktober des laufenden Geschäftsjahres soll die Berücksichtigung eventuell veränderter Plandaten gewährleisten.

Nach der abschnittweisen und totalen Realisation sind auch die Objekte der strategischen Planung Gegenstand von **Kontrollen.** Es sind dabei sowohl periodische als auch (bei außergewöhnlichen Prämissenänderungen oder Soll-/Ist-Abweichungen) aperiodische Kontrollbesprechungen durchzuführen.

(3) Ablauforganisation und operative Planung

Basierend auf der vorläufigen Zielplanung und der strategischen Planung wird die kurz- bis mittelfristige **operative Planung** als gesamtunternehmungsbezogene Produktprogrammplanung sowie als Programm- und Maßnahmenplanung und Werteplanung **in den einzelnen Bereichen** zunächst dezentral vorbereitet. Dies gilt auch für hiermit verbundene operative

29 Vgl. Albach, H., Beiträge zur Unternehmensplanung, a.a.O., S. 105ff.; ferner Teil IV, Abschnitt 3.
30 Vgl. Tourneau, A., Organisation der Investitionsplanung im Industriekonzern, Diss. Gießen 1995.

Projektplanungen. Die zahlreichen Koordinationsprozesse zwischen den einzelnen operativen Teilplanungen und der gesamtunternehmungsbezogenen Ergebnis- und Finanzplanung werden vom Controller bzw. der zentralen Abteilung Unternehmungsplanung veranlaßt oder durchgeführt. Koordination ist einmal insbesondere zwischen Absatz-, Lager- und Produktionsplan sowie zwischen Produktions-, Lager- und Beschaffungsplan notwendig. Darüber hinaus müssen diese Grundfunktionspläne bereits bei der Aufstellung mit den Planungen der sogenannten Querschnittsfunktionen, der Anlagen- und der Personalplanung u.a., – und auch diese untereinander – abgestimmt werden.

Im Rahmen der Kurzfristplanung erfolgt die **Produktprogrammplanung** vielfach mit Hilfe von mathematischen Modellen, die vom Controlling bzw. der zentralen Abteilung Unternehmungsplanung oder einer besonderen Abteilung Produktprogrammplanung bzw. einem operativen Programmplanungsausschuß unter Beachtung der gegebenen und geplanten Betriebsmittel- und Personalpotentiale sowie unter Beachtung von Absatz-, Produktions- und Beschaffungsrestriktionen und gegebenenfalls von Lagerbeständen auf der Basis spezifischer Output- und Inputpreise anzuwenden sind.

Die operative Planung muß am Anfang des dritten Quartals des Planungsjahres beginnen und einschließlich aller Koordinationsprozesse bis zum Anfang des vierten Quartals abgeschlossen sein. Eine Revision und endgültige Festlegung wird unter Berücksichtigung aktueller Umweltinformationen in der letzten Hälfte des vierten Quartals, also am Ende des Planungsprozesses, vorgenommen.

Die **Kontrolle** der Zielerreichung bei den Teilplanungen im Rahmen der operativen Planung wird vom Controlling bzw. der zentralen Abteilung Unternehmungsplanung durchgeführt. Es ist dabei zunächst deren Aufgabe, Abweichungen zwischen Soll und Ist in den einzelnen Teilbereichen festzustellen und Art und Umfang dieser Abweichungen an die Unternehmungsleitung und die verursachenden Stellen zu melden. Gemeinsam mit dem/den betroffenen Bereichsleiter(n) hat der Controller bzw. die zentrale Abteilung Unternehmungsplanung dann eine Ursachenanalyse durchzuführen und Korrekturmaßnahmen zu erarbeiten. Bereichsleiter und Controller sollten sodann gemeinsam die Abweichungsursachen sowie die vorgeschlagenen Korrekturmaßnahmen gegenüber der Unternehmungsleitung erläutern. Die Soll-/Ist-Vergleiche und Ergebnisbesprechungen erfolgen quartalsweise.

(4) Ablauforganisation und zusammenfassende gesamtunternehmungsbezogene Ergebnis- und Finanzplanung

Zeitlich parallel mit der operativen Planung kann die zusammenfassende **gesamtunternehmungsbezogene Ergebnis- und Finanzplanung** beginnen, die Kosten-, Erlös- und Vermögensplanung, die Aufwands-, Ertrags- und Bilanzplanung sowie die Auszahlungs-/Einzahlungs- und Liquiditätsreserveplanung. Sie geht von der generellen Zielplanung (Zielvorschau) sowie den Planansätzen der strategischen und operativen Planung aus und wird zusammen mit diesen überprüft und ggf. revidiert. Hier erfolgt auch die Berücksichtigung von Bilanz- und originärer Finanzplanung bzw. -politik. Mit der endgültigen Fixierung der operativen Planung und der Verabschiedung des Budgets kann die zusammenfassende Planung abgeschlossen werden. Bezüglich der generellen quantitativen Ziele ergibt sich damit auf Grund aller Planungen nunmehr hinreichend exakt ermittelt deren zu erwartendes Ausmaß und damit die Möglichkeit der **endgültigen Festlegung der generellen Ziele** – bezogen auf den betrachteten Planungszeitraum aus der Sicht der Planungsträger in dem Planjahr.

In der Praxis versucht man, zur Vereinfachung des Planungsprozesses die der Jahresabschlußbesprechung folgende generelle Zielplanung und die strategische Planung einerseits sowie die operative Planung und die kurz- und mittelfristige gesamtunternehmungsbezogene Ergebnis- und Finanzplanung andererseits zusammengefaßt durchzuführen.

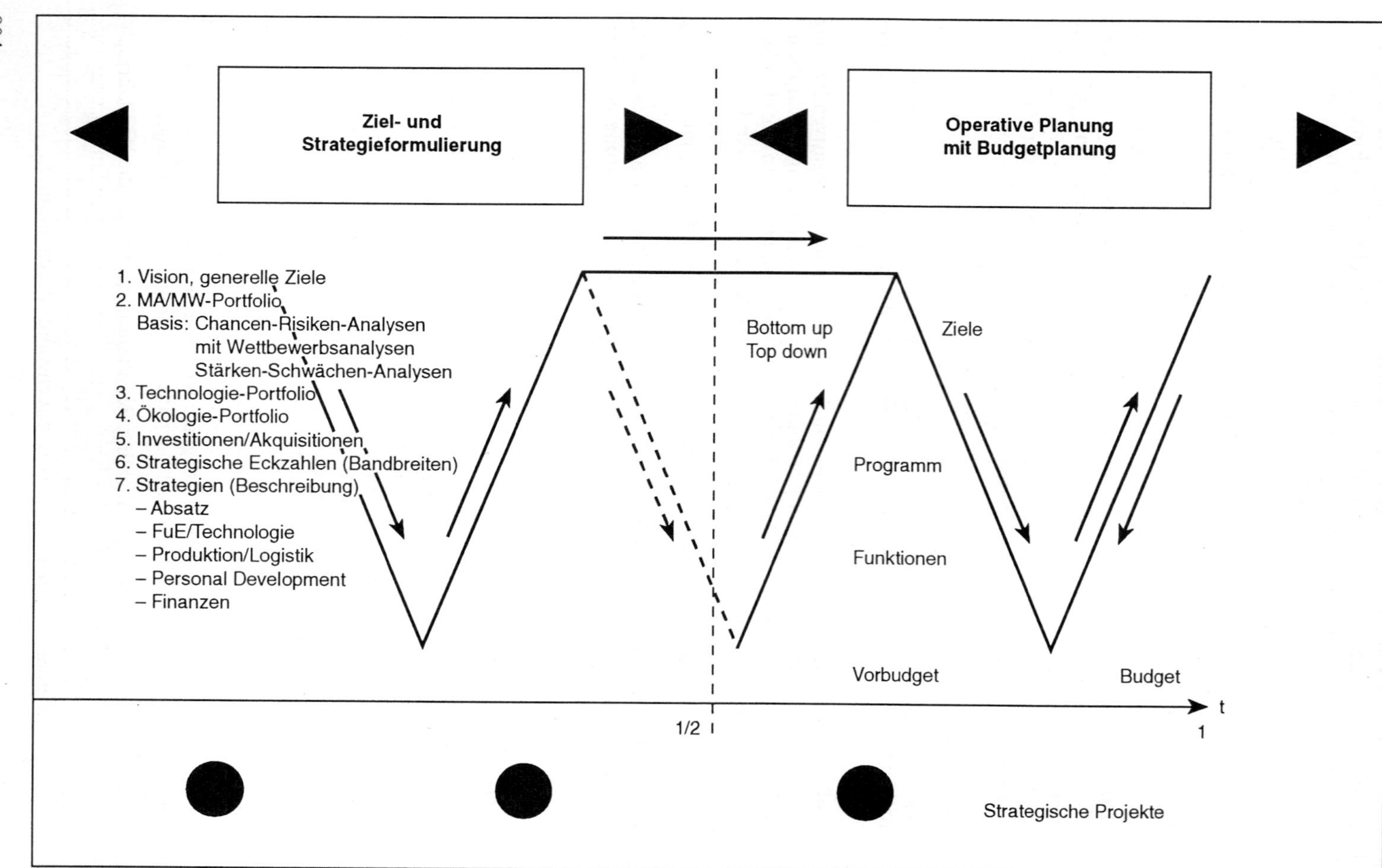

Abb. 231: Durchführung der strategischen und operativen Planung mit Budgetplanung

Der Planungsablauf kann dabei auch in reduzierter Form vereinfachend in der in Abbildung 231 enthaltenen Übersicht dargestellt werden.

Bei der Festlegung der Termine für die Jahresabschlußbesprechung, die generelle Zielplanung und strategische Planung sowie die operative Planung und Budgetplanung ist zu beachten, daß vielfach die endgültige Verabschiedung dieser Planungen auch der Zustimmung des Aufsichtsrats/Beirats in entsprechenden Sitzungen dieser Gremien bedarf. Auch die Termine dieser Sitzungen sind bei der Ablauforganisation der PuK zu berücksichtigen.

1.3.3 Ablauforganisation der PuK in Unternehmungen mit primär produkt- oder regionalorientierter (divisionaler) Aufbauorganisation

In Unternehmungen mit divisionaler Aufbauorganisation treten prinzipiell dieselben Probleme der Planungsvorbereitung wie in solchen mit funktionaler Aufbauorganisation auf. Durch die höhere Systemdifferenzierung sind jedoch komplexere Informationsbeziehungen im Rahmen der Plandatenermittlung, -verarbeitung und -weitergabe gegeben (vgl. hierzu auch Teil VII, Abschnitt 4 sowie Teil VIII, Abschnitt 5).

Auch die formale Ausgestaltung der Planung ist in Unternehmungen mit primär divisionaler Aufbauorganisation differenzierter. Es ist vornehmlich die Aufgabe des **Konzerncontrollers** bzw. der **zentralen Abteilung Unternehmungsplanung**, in Zusammenarbeit mit den **Divisioncontrollern** die notwendigen Planungsvorbereitungen zu veranlassen und zu überwachen. Dies gilt besonders für internationale Konzerne, bei denen eine Intensivierung vertikaler Abstimmungsprozesse sowie eine insgesamt erhöhte Komplexität des Planungssystems und damit verbunden ein erhöhter Zeitaufwand für die verschiedenen Planungen zu beobachten sind[31].

Der zeitliche Ablauf des Planungsprozesses der generellen Zielplanung, der strategischen und operativen Planung sowie der gesamtunternehmungsbezogenen Ergebnis- und Finanzplanung kann wiederum graphisch dargestellt werden (vgl. Abbildung 232), wobei auch hier jedem der eingezeichneten Felder drei Arten von Tätigkeiten zugeordnet werden:

a) Vorschau über Ziele bzw. Ziele und Maßnahmen,
b) Rechnung, Diskussion – Koordination,
c) vorläufige und endgültige Planverabschiedung.

(1) Ablauforganisation und generelle Zielplanung

Die **generelle Zielplanung bzw. Zielvorschau** beginnt wie bei der Unternehmung mit funktionaler Aufbauorganisation im letzten Quartal des Jahres, das dem laufenden Geschäftsjahr vorangeht. Sie wird gesamtunternehmungsbezogen vom Vorstand bzw. von der Geschäftsführung und den Leitern der verschiedenen Divisions durchgeführt. Der Konzerncontroller bzw. die zentrale Abteilung Unternehmungsplanung werden dabei als Berater hinzugezogen.

Bei divisionaler Aufbauorganisation wird gegenüber der funktionalen Aufbauorganisation eine Änderung des zeitlichen Ablaufs der Tätigkeiten im Rahmen der generellen Zielplanung auf Grund der umfangreicheren Koordinationsprozesse notwendig. Es wird eine Verkür-

31 Vgl. hierzu auch Arbeitskreis „Organisation international tätiger Unternehmen" der Schmalenbach-Gesellschaft, Organisation des Planungsprozesses in international tätigen Unternehmen, a.a.O., S. 36.

zung des Prozesses der Planung der Unternehmungsziele notwendig, da die vorläufigen generellen Ziele als Ausgangspunkt für die strategische Planung in den Divisions möglichst früh festgelegt sein müssen. Die vorläufige generelle Zielplanung muß bei divisionaler Aufbauorganisation bis Ende Februar des Planungsjahres abgeschlossen sein. Dabei sind die Kontrollinformationen aus den quartalsweise durchgeführten Ergebnisbesprechungen mit einzubeziehen.

Die generelle Zielplanung wird im Laufe des Planungsjahres (September/Oktober) einer Überarbeitung unterzogen, wobei als zusätzliche Informationen Projektionen der Zielerreichung in den Divisions herangezogen werden. Diese Projektionen der Zielerreichung basieren auf der bereits vorliegenden strategischen Planung sowie ersten Teilergebnissen der operativen und der zusammenfassenden gesamtunternehmungsbezogenen Ergebnis- und Finanzplanung.

(2) Ablauforganisation und strategische Planung

Parallel zur letzten Phase der gesamtunternehmungsbezogenen Festlegung von vorläufigen generellen Zielen beginnt die **strategische Planung**. Von den Divisions werden Geschäftsfeldpläne bzw. Produktprogramm- und Potentialpläne aufgestellt, die zentral beurteilt werden (vgl. Teil IV, Abschnitte 3.1 und 3.2). Dabei ist ein Koordinationsprozeß im Hinblick auf die strategischen Planungen der Divisions sowie der Zentrale im Rahmen der gesamtunternehmungsbezogenen strategischen Planung notwendig. Diese Koordinationsprozesse werden veranlaßt und/oder durchgeführt vom Konzerncontroller bzw. der zentralen Abteilung Unternehmungsplanung oder einer besonderen zentralen Abteilung strategische Planung. Wichtige Großprojekte werden auch in mehrgliedrigen Unternehmungen grundsätzlich zentral geplant. Dies gilt auch für die Konzernorganisations- und Rechtsstrukturplanung, Konzerninformationssystemplanung sowie die Planung der Entwicklung, des Einsatzes und der Abberufung der oberen Führungskräfte in den Gliedbetrieben des Konzerns und in der zweiten Ebene der Konzernzentrale.

Die in der jeweiligen Planungsrunde zu berücksichtigenden Planungen können nach vorläufigem Abschluß der generellen Zielplanung etwa Mitte Februar beginnen und sollten bis Ende Juli des Planungsjahres abgeschlossen sein. Bei der strategischen Planung werden wiederum aktuelle Informationen aus den regelmäßigen Ergebnisbesprechungen (Soll-/Ist-Vergleiche) ausgewertet. Fallweise finden auch in den Gliedbetrieben und vor allem in der Zentrale während des ganzen Jahres strategische Planungen oder zumindest Planaufstellungen statt.

Eine Überprüfung und Überarbeitung der in der jeweiligen Planungsrunde berücksichtigten strategischen Planungen unter Beachtung der gesamtunternehmungsbezogenen Ergebnis- und Finanzplanung wird für den Monat Oktober vorgesehen; es sollen dabei – zusammen mit der Überarbeitung der Zielplanung – sowohl Veränderungen der Umweltdaten als auch koordinationsbedingte Änderungen berücksichtigt werden.

(3) Ablauforganisation und operative Planung

Die **operative Planung** wird bei divisionaler Aufbauorganisation in den einzelnen Divisions parallel durchgeführt – entsprechend dem Schema der operativen Planung bei funktionaler Aufbauorganisation. Dabei ergeben sich neben den Koordinationsproblemen innerhalb der Funktionsbereiche der Divisions neue Probleme der gesamtunternehmungsbezogenen Koordination der einzelnen Funktionen. Diese Abstimmungen erfolgen durch die zentralen Koordinierungsabteilungen der mehrgliedrigen Unternehmung bzw. des Konzerns. Die operative Planung in den einzelnen Divisions kann in einem ersten Durchgang bereits vor Abschluß der strategischen Planung beginnen (Anfang bis Mitte Juni) und ist bis Ende

September abzuschließen. Die dann vorliegenden kurz- bis mittelfristigen Programm- und Maßnahmenpläne der Divisions werden nach der Überarbeitung der strategischen Planung im November/Dezember nochmals überprüft und aufeinander abgestimmt bzw. revidiert. An diese Überprüfungsphase (November bis Mitte Dezember) schließt sich die endgültige Fixierung und die Verabschiedung des Budgets (Mitte Dezember bis Mitte Januar) an. Die endgültige Fixierung und Budgetierung wird oft bewußt erst im Januar oder Februar des ersten Jahres der Planperiode vorgenommen, da erst dann der Abschluß des laufenden Geschäftsjahres vorliegt.

In die operative Planung gehen über die periodischen Ergebnisbesprechungen, die im Herbst speziell auf die Erfordernisse der kurz- bis mittelfristigen Planungen abgestimmt werden, die aktuellen Umweltdaten sowie das Ausmaß der Zielerreichung in der laufenden Periode ein. Gelingt es, durch geeignete organisatorische Maßnahmen den Iterationsprozeß bei der operativen Planung zu beschleunigen, so kann der Beginn der operativen Planung zum Ende der Planungsperiode hin (möglichst bis Mitte August) verschoben werden.

(4) Ablauforganisation und zusammenfassende gesamtunternehmungsbezogene Ergebnis- und Finanzplanung

Auf der Basis von Vorarbeiten wird nach Abschluß der Ergebnis- und Finanzplanung sowie der davorliegenden Teilplanungen der einzelnen Divisions, auch der Obergesellschaft, die **zusammenfassende Ergebnis- und Finanzplanung für die Gesamtunternehmung bzw. den Konzern** ausgeführt. Sie enthält, ebenso wie bei der verrichtungsorientierten Aufbauorganisation, die vorläufigen bzw. endgültigen PlananSätze für Kosten/Erlöse und Vermögen, Aufwendungen/Erträge und Bilanzbestände sowie Auszahlungen/Einzahlungen und Zahlungsmittelbestände aller Teileinheiten der Unternehmung – jedoch grundsätzlich als konsolidiertes Planzahlenwerk. Ihre endgültige Festlegung enthält auch die endgültige Festlegung der oberen monetären Ziele des Konzerns und der Gliedbetriebe mit den diesen zugrundeliegenden Teilplänen (vgl. Teil IV, Abschnitt 2). Besondere Bedeutung kommt hier dem Zahlenwerk der Obergesellschaft zu.

Insbesondere im Konzern werden wegen der Komplexität der Koordinationsprozesse vielfach zum einen in der ersten Jahreshälfte die generelle Zielplanung und strategische Planung zusammengefaßt, zum anderen in der zweiten Jahreshälfte die Mittelfristplanung und Kurzfristplanung (Jahresplanung) durchgeführt. Das Budget wird als Detaillierung des ersten Planjahres der Mittelfristplanung erstellt.

Auch in Konzernen hat die Festlegung der Sitzungstermine für Planungskonferenzen und Ergebnisbesprechungen i.d.R. in Abstimmung mit den Terminen für die Aufsichtsratssitzungen zu erfolgen.

Der oben dargestellte Planungsablauf entspricht dabei im Prinzip auch der in der angelsächsischen Literatur dargestellten Systematik, wie die Beispiele von Hax/Majluf und Vancil/Lorange zeigen[32] (vgl. hierzu auch Abbildung 233). Hierbei kommt zusätzlich zum Ausdruck, daß Planungen über mehrere Ebenen in Abstimmungsprozessen ablaufen – interpretierbar auch als ein System vermaschter Regelkreise (vgl. hierzu auch Teil I, Abschnitt 2.2).

32 Vgl. Hax, A.C., Majluf, N.S., The Strategy Concept and Process, A Pragmatic Approach, a.a.O.; Vancil, R.F., Lorange, P., Strategic Planning in Diversified Companies, HBR 1/1975, S. 81 ff.

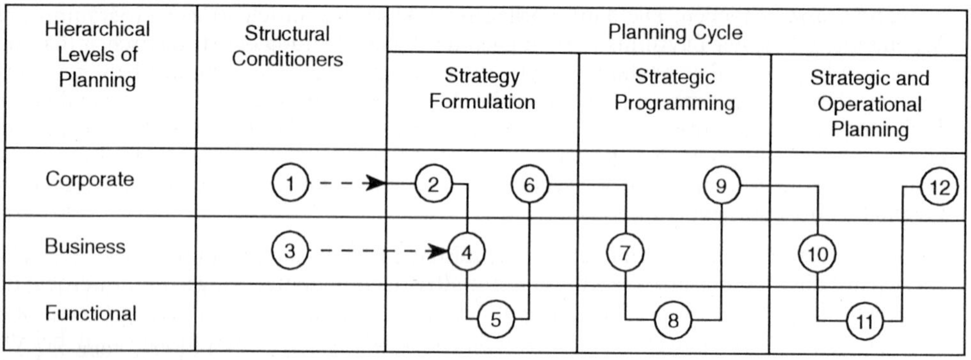

Hierarchical Levels of Planning	Structural Conditioners	Planning Cycle		
		Strategy Formulation	Strategic Programming	Strategic and Operational Planning
Corporate	(1)	(2) (6)	(9)	(12)
Business	(3)	(4)	(7)	(10)
Functional		(5)	(8)	(11)

(1) (a) Vision of the firm: mission of the firm, business segmentation, horizontal and vertical integration, corporate philosophy, special strategic issues

(b) Managerial infrastructure, corporate culture, and management of key personnel

(2) Strategic posture and planning guidelines: corporate strategic thrusts, planning challenges at corporate, business, and functional levels, and corporate performance objectives

(3) The mission of the business: business scope, ways to compete, and identification of product-market segments

(4) Formulation of business strategy and broad action programs

(5) Formulation of functional strategy: participation of business planning, concurrence or non-concurrence to business strategy proposals, broad action programs

(6) Consolidation of business and functional strategies, portfolio management, and assignment of resource allocation priorities

(7) Definition and evaluation of specific action programs at the business level

(8) Definition and evaluation of specific action programs at the functional level

(9) Resource allocation and definition of performance measurements for management control

(10) Budgeting at the business level

(11) Budgeting at the functional level

(12) Budgeting consolidations, and approval of strategic and operational funds

Abb. 233: A Formal Planning Process

2. Rechnergestützte Durchführung der PuK

Eine ergebnis- und liquiditätsorientierte PuK im Rahmen eines Planungs- und Kontrollsystems in der skizzierten Ausgestaltung erfordert den Einsatz rechnergestützter Systeme, um effizient als Führungsinstrument angewendet werden zu können. Hierbei ergibt sich die Notwendigkeit des Einsatzes von Computern zum einen wegen des großen Umfangs des zu verarbeitenden und zu speichernden Daten- und Informationsmaterials und der Chance, auf ein Ausgangsmaterial für verschiedene Zwecke zurückgreifen zu können, zum anderen wegen der Vielzahl von Rechenoperationen, die in kürzester Zeit bewältigt werden müssen, damit problemorientiert aufbereitete Führungsinformationen aktuell erstellt werden können.

2.1 Entwicklungsstufen von rechnergestützten Informationssystemen

Im Hinblick auf die Aufgabengebiete und die Art der Durchführung von rechnergestützten Informationssystemen lassen sich zwei große Entwicklungsstufen kennzeichnen:

(1) Rechnergestützte Auftragsabwicklung und Dokumentationsrechnung als integriertes Informationssystem = Abrechnungssystem;
(2) Rechnergestützte Planungs- und Kontrollsysteme als Konzept eines integrierten Führungs-Informations-Systems.

In Abhängigkeit vom Umfang der in einer Unternehmung durch das Informationssystem erfaßten Aufgabengebiete kann hierbei jeweils zwischen Teil- und Totalsystemen unterschieden werden. Das entsprechend aufbereitete Zahlenwerk des Rechnungs- und Finanzwesens bildet jeweils ein Teil- bzw. Subsystem in einem umfassenden Abrechnungssystem oder in einem umfassenden Führungs-Informations-System, in dem alle Aufgabengebiete einer Unternehmung entweder nur vergangenheitsorientiert oder vergangenheits- und zukunftsorientiert quantitativ erfaßt werden [1].

In beiden Entwicklungsstufen der Informationssysteme werden für vorab durchdachte Situationen auf der Basis entsprechenden Daten- und Informationsmaterials programmierte Entscheidungen gefällt. Es handelt sich in beiden Fällen damit um Dispositionssysteme [2],

1 Vgl. z. B. die Darstellung der BIFOA-Forschungsgruppe PORGI (Hrsg.), Organisatorische Implementierung computergestützter Informationssysteme, BIFOA Forschungsbericht Nr. 8013, Köln 1980.

2 Vgl. zu einer Unterscheidung in Administrations-, Dispositions- sowie Planungs- und Kontrollsysteme Mertens, P., Integrierte Informationsverarbeitung 1, Administrations- und Dispositionssysteme in der Industrie, 9. Aufl., Wiesbaden 1993, insb. S. 10ff.; Mertens, P., Griese, J., Integrierte Informationsverarbeitung 2, Planungs- und Kontrollsysteme in der Industrie, a.a.O.; ferner Huch, B., EDV-gestütztes Controlling: Stand und Entwicklungen, in: Controlling und EDV, Hrsg. B. Huch, W. Behme, K. Schimmelpfeng, Frankfurt/M. 1992, S. 22ff.

wobei insbesondere das Führungs-Informations-System auch nicht programmierbare Entscheidungen der Unternehmungsführung vorbereitet. In beiden Systemen bedingt zudem eine wirtschaftliche Durchführung einer integrierten Informationsverarbeitung, daß bestimmte Voraussetzungen gegeben sind [3]:

Die erste Voraussetzung besteht darin, daß Daten und Informationen möglichst automatisch am Ursprungsplatz erfaßt werden.

Die zweite Voraussetzung liegt in der Gewinnung der Eingangsdaten und -informationen in endgültiger Form, die für die rechnergestützte Verarbeitung geeignet ist, so daß alle Prozesse möglichst ohne manuellen Eingriff weiter ablaufen können. Dies setzt wiederum eine zweckentsprechend organisierte Daten- bzw. Informationsbank voraus, wobei sich in Literatur und Praxis der Begriff Informationsbank noch nicht durchgesetzt hat [4].

Die dritte Voraussetzung für eine integrierte Informationsverarbeitung besteht darin, daß alle Auswertungen ebenfalls möglichst in einem durchgehenden Prozeß oder in jederzeit durchführbaren Teilprozessen gewonnen werden können. Das ist eine Frage der geeigneten Programmierung und damit zusammenhängend einer geeigneten Modellbank (Zusammenstellung der Dateiverwaltungs-, Zugriffs- und Anwendungsprogramme) sowie der Computerkapazität.

2.1.1 Rechnergestützte Auftragsabwicklung und Dokumentationsrechnung als integriertes Informationssystem (Abrechnungssystem)

Abrechnungssysteme zur maschinellen Bewältigung der Auftragsabwicklung und der Dokumentationsrechnung sind entstanden, indem arbeitsteilige, sequentielle Arbeitsabläufe, wie sie in der manuellen oder in der konventionellen maschinellen Datenverarbeitung üblich waren, auf eine EDV-Anlage übernommen wurden. Die Anlagen der ersten und zweiten Generation waren für diese Arbeitstechniken in gewissem Sinne prädestiniert. Sie waren ausschließlich lochkarten-, band- und/oder lochstreifenorientiert und somit an den Reihenfolgezugriff gebunden.

Partielle Probleme wie Lagerbestandsführung und Fakturierung wurden zunächst als isolierte Aufgabengebiete mit Einzelprogrammen und gesonderten Karteien bzw. Dateien durchgeführt. Verbindungen zu benachbarten Gebieten konnten nur in geringem Umfang berücksichtigt werden. So entstanden **Bearbeitungsinseln**. Die Massendaten wurden bei zum Teil wiederholter Datenerfassung [5] in programmierten Routinearbeitsgängen bewältigt und zum Teil zu Berichten umgesetzt.

In einem nächsten Schritt wurden zusammenhängende Aufgabengebiete – z. B. Verkauf ab Lager einschließlich Verkaufsabrechnung im Rechnungs- und Finanzwesen – integriert bearbeitet.

---

3 Vgl. Hartmann, B., Integrierte Datenverarbeitung und Informationssysteme in der Unternehmung, in: Automatisierte Datenverarbeitung in Forschung und Praxis, Hrsg. K. Haberlandt, Ludwigshafen/Rhein 1970, S. 36f.

4 Vgl. Stahlknecht, P., Einführung in die Wirtschaftsinformatik, 6. Aufl., Berlin u. a. 1993, S. 11 und S. 420f.

5 Vgl. Haberlandt, K., Der Einfluß der automatisierten Datenverarbeitung auf die Organisation der Unternehmung, in: Automatisierte Datenverarbeitung in Forschung und Praxis, Hrsg. K. Haberlandt, Ludwigshafen/Rhein 1970, S. 49.

Schließlich ist man heute bemüht, unter Verwendung von Computern der neuesten Generation mit Direktzugriffsspeichern **totale bzw. umfassende Abrechnungssysteme** zu schaffen und anzuwenden. Hierbei wird eine **integrierte maschinelle Auftragsabwicklung** – von der Kundenbestellung über die Lagerabfrage, Kapazitätsbelegungs- und Terminrechnung im Produktionsbereich, Einkaufsabwicklung bis zur Rechnungserstellung und der kostenrechnerischen, buchhalterischen und finanziellen Abwicklung – verwirklicht. Zudem werden das grundsätzlich vergangenheitsorientierte Berichtswesen und die gesetzlich vorgeschriebenen **Dokumentationsrechnungen** hieraus abgeleitet. Innerhalb einzelner Funktionsbereiche werden schließlich auch vereinzelt Planinformationen und Planungsrechnungen mit aufgenommen, z. B. Absatzprogramme, Produktionsablaufplanungen, Plankostenrechnungen. Gefördert wird diese Entwicklung durch die Vernetzung der Rechnersysteme. Hierbei sind die einzelnen, dezentral in den Fachabteilungen aufgestellten Dialogstationen mit eigener Intelligenz ausgestattet (Mikrocomputer/Personal-Computer), d. h. die Dialogstation kann sowohl als kleiner eigenständiger Rechner als auch als Ein- und Ausgabestation der zentralen EDV genutzt werden. Der jeweilige Sachbearbeiter kann somit die zentralen Abrechnungs- und Dokumentationsprogramme im Dialog starten und überwachen, er kann aber auch Daten selektieren, zwischenspeichern und selbständig, d. h. ohne Verbund zur zentralen EDV, mit kleineren evtl. ad hoc entworfenen Programmen auswerten. Die Dialogstationen mit eigener Intelligenz fördern auch den schrittweisen **Aufbau** eines umfassenden **Abrechnungssystems über vernetzbare Bearbeitungsinseln**.

Heute wird die Auftragsabwicklung vielfach bezüglich des technisch-organisatorischen Teils im Rahmen des sog. **Computer Integrated Manufacturing-Konzeptes** (CIM-Konzeptes) oder gesamthaft im Rahmen des **Computer Aided Industry-Konzeptes** (CAI-Konzeptes) durchgeführt[6].

2.1.2 Rechnergestützte Planungs- und Kontrollsysteme – integrierte Führungs-Informations-Systeme

Werden Computer nicht nur zur maschinellen integrierten Durchführung von Auftragsabwicklung und Dokumentationsrechnung (einschließlich Berichtswesen), sondern auch zur maschinellen Durchführung einer integrierten Planungs- und Kontrollrechnung eingesetzt, erhält man ein rechnergestütztes Führungsinstrument. Ein solches rechnergestütztes Führungsinstrument wird hier als Führungs-Informations-System bzw. als integriertes Führungs-Informations-System bezeichnet und im Konzept dargestellt.

2.1.2.1 Charakterisierung und Weiterentwicklungsmöglichkeiten

Ein integriertes, rechnergestütztes Führungs-Informations-System gestattet gesamthaft,

- Führungsinformationen, d. h. Planungs-, Steuerungs- und Kontrollinformationen und damit auch Dokumentationsinformationen weitgehend rechnergestützt zu gewinnen und

6 Vgl. zu CIM ausführlich Scheer, A.-W., CIM – Der computergesteuerte Industriebetrieb, a.a.O.; ferner Hahn, D., Laßmann, G., Produktionswirtschaft – Controlling industrieller Produktion, Bd. 1, a.a.O., S. 91 ff.

- programmierbare Führungs- und Durchführungstätigkeiten rechnergestützt zu erbringen [7].

Ein Führungs-Informations-System setzt ein umfassendes Abrechnungssystem voraus und integriert dieses vergangenheitsorientierte mit einem zukunftsorientierten Informationssystem. Von einem Abrechnungssystem unterscheidet es sich vor allem in zwei Punkten:

- Es werden Planungsinformationen berücksichtigt und zum Teil auf der Basis von Rechenmodellen erzeugt sowie Kontrollinformationen gewonnen und verarbeitet.
- Es werden nach dem Regelkreisprinzip auf der Basis der Plan- und Kontrollgrößen Steuerungsinformationen ermittelt, die zum Teil automatisch als Vorgabegrößen verwendet werden können.

Als **rechnergestütztes Planungs- und Kontrollsystem** hat es alle Anforderungen an ein Planungssystem zu erfüllen (vgl. Teil I, Abschnitt 3.2). Die Informationsverarbeitung hat also

- zielorientiert (aufgabenorientiert),
- vollständig im Hinblick auf das System, Subsysteme und auf Projekte,
- vertikal, horizontal und diagonal integriert und nach dem Regelkreisprinzip organisiert sowie
- flexibel, aktuell und wirtschaftlich

zu erfolgen, wobei der Datenschutz besonders zu beachten ist.

Die Grundfunktion eines solchen Informationssystems besteht in der Versorgung von Mitarbeitern mit jenen Informationen, die sie zur Durchführung ihrer Aufgaben, insbesondere der Führungsaufgaben, benötigen [8].

Ein rechnergestütztes integriertes Führungs-Informations-System setzt als Total- oder Teilsystem ein unternehmungsindividuell erarbeitetes Planungs- und Kontrollsystem voraus. Es erfordert für seine Realisierung zudem spezifische Speicherungs- und Verarbeitungsinstrumente, sogenannte Datenbanken und Modellbanken (Methodenbanken) (vgl. Abschnitt 2.2.2 dieses Teils) sowie dialogorientierte Rechnernetze und Rechnerhierarchien.

Abbildung 234 deutet an, daß **rechnergestützt gewonnene Führungsinformationen und Durchführungsinformationen** und **rechnergestützt vollzogene Führungstätigkeiten und Durchführungstätigkeiten** in der Unternehmungsspitze und in allen Unternehmungsbereichen stets nur einen Teil des unternehmerischen Informationssystems ausmachen können. Der Anteil der programmierbaren Führungstätigkeiten (vor allem der rechnergestützten Durchführungsanweisungen) nimmt tendenziell in der Unternehmungshierarchie von unten nach oben hin ab.

---

7 Vgl. auch Wahl, M. P., Grundlagen eines Management-Informationssystems, Neuwied–Berlin 1969, S. 19; Heilmann, W., Management-Informationssysteme (MIS) für Manager, ZfürO 1971, S. 332; Stahlknecht, P., Einführung in die Wirtschaftsinformatik, a.a.O., S. 403 ff.; vgl. ferner zum Stand und zur Entwicklung von Datenverarbeitungssystemen Mertens, P., Der Einfluß der elektronischen Datenverarbeitung auf Entscheidungsfindung und Entscheidungsprozeß, in: Elektronische Datenverarbeitung als Instrument der Unternehmensführung, Hrsg. H. Jacob, Wiesbaden 1972, S. 153 ff.; Kashyap, R. N., Management Information Systems for Corporate Planning and Control, LRP 2/1972, S. 25 ff.

8 Vgl. Hansen, H. R., Wirtschaftsinformatik 1, 6. Aufl., Stuttgart 1992, S. 68 ff.; Scheer, A.-W., Wirtschaftsinformatik – Referenzmodelle für industrielle Geschäftsprozesse, a.a.O., S. 680 ff.; Stahlknecht, P., Einführung in die Wirtschaftsinformatik, a.a.O., S. 403 ff.; Wahl, M. P., Grundlagen eines Management-Informationssystems, a.a.O., S. 16.

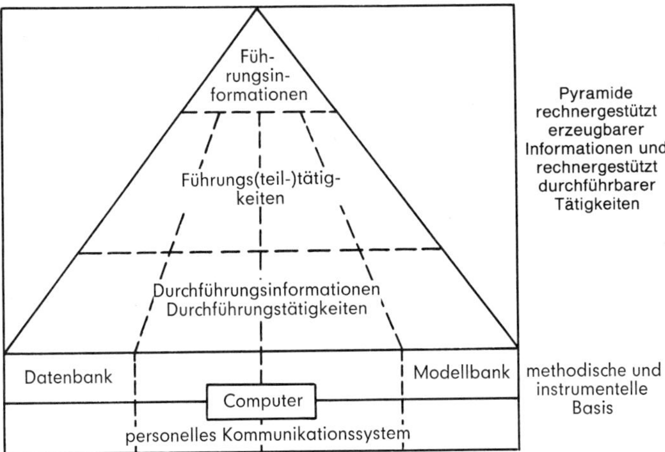

Abb. 234: Informationen und Informationsverarbeitungsprozesse im Rahmen eines integrierten Führungs-Informations-Systems[9]

Nur für sehr einfach strukturierte Industrieunternehmungen oder voll überschaubare Teilaufgaben kann man vollautomatisch arbeitende Planungs-, Steuerungs- und Kontrollsysteme (Informationssysteme) zur Lenkung von Güterprozessen und Geldprozessen einsetzen. Während im technischen Bereich durch die Prozeßsteuerung mit CAM und den Einsatz von rechnergesteuerten Maschinen wesentliche Teilaufgaben auf der Basis automatisierter Informationssysteme in zunehmendem Maße durchgeführt werden, sind im kaufmännischen Bereich die Möglichkeiten der Programmierung von Führungstätigkeiten begrenzt, zumindest in den oberen Führungsebenen. Die künftige Bedeutung integrierter Informationssysteme wird hier in der Anwendungsmöglichkeit immer komplexerer computergestützter Modelle für Zwecke der Entscheidungsvorbereitung liegen.

Neben der Weiterentwicklung von computergestützten Modellen zur Entscheidungsvorbereitung relativ gut strukturierter Entscheidungsprobleme bemüht man sich nunmehr auch um die computergestützte Erleichterung der Behandlung schlecht strukturierter Probleme. **Schlecht strukturierte Entscheidungsprobleme,** die sich durch Ungewißheit bezüglich Art, Anzahl und auch der Beziehungen zwischen entscheidungsbestimmenden Faktoren auszeichnen, **erfordern i.d.R. zur Aufbereitung und Erarbeitung von Lösungsansätzen menschliche Intelligenz von Experten in der Unternehmung.** Entscheidungshilfe für derartige Probleme geben hier ggf. sogenannte Expertensysteme. Es handelt sich bisher bei diesen Expertensystemen primär um computergestützte, automatisch oder auch im Dialog arbeitende Wenn-Dann-Modelle für Zwecke der Analyse und ggf. der zielorientierten Gestaltung von definierten Aufgabenkomplexen auf der Basis einer besonderen Wissensbank.

9 Vgl. ähnlich Dworatschek, S., Management-Informations-Systeme, Berlin – New York 1971, S. 70.

Expertensysteme, vielfach auch **wissensbasierte Systeme** genannt, sind also **spezifische Computerprogramme**. Sie befassen sich in einem eng abgegrenzten Anwendungsbereich mit der **Erfassung, Speicherung, Verarbeitung und Weitergabe fachlicher Kompetenz von Experten zur Analyse, Diagnose und Lösung von Problemen**[10].

Die **Kompetenz von Experten** drückt sich in **Sachwissen** (Fakten, Regeln) und – ggf. auch mit Unsicherheiten behaftetem – **Erfahrungswissen** bzw. „vagem" Wissen (Heuristiken, Verallgemeinerungen, Annahmen, Analogien) aus. Expertensysteme unterscheiden sich hierbei von konventioneller Software durch die **Trennung und Aufbereitung des Wissens über ein spezifisches Anwendungsgebiet** (z. B. über die Produktionsplanung und -steuerung) **von dem allgemeinen, anwendungsunabhängigen Problemlösungswissen** (z. B. dargestellt in Algorithmen)[11].

Expertensysteme bestehen grundsätzlich aus mehreren **Funktionskomponenten** (vgl. Abbildung 235). Wesensbestimmend für ein Expertensystem sind die Wissenskomponente bzw. Wissensbasis sowie die Inferenz- bzw. Problemlösungskomponente. Ergänzende Komponenten sind die Wissenserwerbskomponente, die Erklärungskomponente sowie die Dialogkomponente[12].

Expertensysteme können bisher grundsätzlich nur in einem **eng abgegrenzten Anwendungsbereich** eingesetzt werden. Darüber hinaus bereitet ihre Einbindung in die vorhandenen rechnergestützten Systeme und die Verbindung zu anderen Expertensystemen noch Probleme, so daß die eingesetzten Systeme **häufig nur Insellösungen** darstellen. Erst wenn diese technischen Schnittstellenprobleme gelöst sind, werden sich Expertensysteme als geeignete Elemente im Rahmen des CIM-Konzeptes oder CAI-Konzeptes erweisen[13]. Da sich das vorhandene Wissen eines Experten ständig weiterentwickelt, stellt auch die **stets notwendige Aktualisierung der Wissensbasis** eines Expertensystems ein großes Problem dar. Selbstlernende Expertensysteme befinden sich bisher noch in der Entwicklung und können kommerziell noch nicht genutzt werden.

2.1.2.2 Ergebnis- und liquiditätsorientierte PuK als Teil (Subsystem) eines integrierten Führungs-Informations-Systems

Das Ideal eines umfassenden Modells für die gesamte Unternehmung, das alle Ziel- und Instrumentalvariablen für die Planung, Steuerung und Kontrolle enthält, ist praktikabel für komplexe Unternehmungen nicht zu erreichen. Dennoch sollte man sich nicht damit zufrieden geben, mit Computern nur Bearbeitungsinseln in der Unternehmung zu erfassen. Wenn vorerst auch noch keine Vollintegration – die stets nur eine teilweise Automation sein wird – erreichbar wird, so bieten sich doch Teilbereiche der Unternehmung für eine integrierte

---

10 Vgl. hierzu Krallmann, H., Expertensysteme für die computerintegrierte Fertigung, FB/IE 1986, S. 100; Scheer, A.-W., Steinmann, D., Einführung in den Themenbereich Expertensysteme, in: Betriebliche Expertensysteme I, Hrsg. A.-W. Scheer, Wiesbaden 1988, S. 6; Schmitz, P., Expertensysteme, in: HWO, Hrsg. E. Frese, 3. Aufl., Stuttgart 1992, Sp. 611 ff.; Stahlknecht, P., Einführung in die Wirtschaftsinformatik, a.a.O., S. 411 ff.

11 Vgl. Kurbel, K., Entwicklung und Einsatz von Expertensystemen, Berlin u.a. 1989, S. 22.

12 Vgl. Gabriel, R., Frick, D., Expertensysteme zur Lösung betriebswirtschaftlicher Problemstellungen, ZfbF 1991, S. 545 ff.; Savory, S. E., Grundlagen von Expertensystemen, 2. Aufl., München – Wien 1990, S. 9; vgl. auch Harmon, P., King, D., Expertensysteme in der Praxis, 3. Aufl., München – Wien 1989, S. 40 ff.; Kurbel, K., Entwicklung und Einsatz von Expertensystemen, a.a.O., S. 27 ff.; Scheer, A.-W., Steinmann, D., Einführung in den Themenbereich Expertensysteme, a.a.O., S. 7 ff.

13 Vgl. auch Krallmann, H., Expertensysteme für die computerintegrierte Fertigung, a.a.O., S. 106.

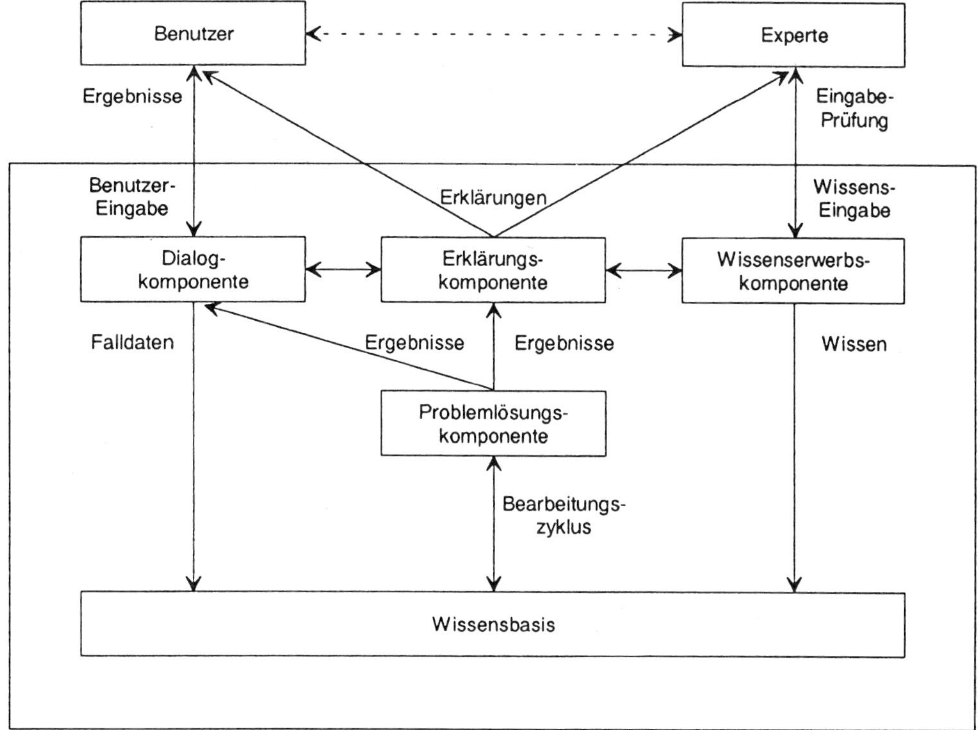

Abb. 235: Komponenten eines Expertensystems[14]

Informationsverarbeitung an. Bei solchen überschaubaren Teilbereichen sollte es sich um Subsysteme handeln, die – einzeln aufgebaut – später zu einem geschlossenen Informationssystem vernetzt werden können, in dem ein großer Teil der Führungsinformationsgewinnung und in gewissem Umfange auch die Abwicklung der Entscheidungsvorbereitung maschinell erfolgen. Insoweit müssen die funktionalen Beziehungen zwischen den einzelnen Subsystemen bereits in der ersten Realisierungsphase berücksichtigt werden, und es muß eine Grundkonzeption für das Totalsystem vorliegen.

Besonders geeignet für die integrierte Informationsverarbeitung ist das Soll-/Ist-Zahlenwerk des Rechnungs- und Finanzwesens in seiner Ausgestaltung als Führungsinstrument. Die **ergebnis- und liquiditätsorientierte Planungs- und Kontrollrechnung** bildet ein **Subsystem eines Führungs-Informations-Systems,** in Betrieben der Marktwirtschaft mit den oberen Wertzielen Ergebnisoptimierung und Liquiditätssicherung das **zentrale Subsystem,** das mit seinen Informationen letztlich der zielorientierten Integration und Koordination aller anderen Subsysteme dient.

Unter Berücksichtigung der Interdependenzen zwischen den einzelnen Teilbereichen der Unternehmung gelangt man bei Einsatz moderner Computer und Verwendung des Zahlenwerks des Rechnungs- und Finanzwesens nach dem PuK-System zu einem integrierten Informationssystem, in dem die Informationen möglichst nur einmal erfaßt und dann

14 Vgl. ähnlich Stahlknecht, P., Einführung in die Wirtschaftsinformatik, a.a.O., S. 413.

universell periodisch und aperiodisch ausgewertet werden können. Die Speicherung und Auswertung der Informationen können sowohl zentral als auch dezentral auf unterschiedlichen Unternehmungsebenen erfolgen, wenn einheitliche Konzepte der Daten- und Modellbanken zugrunde gelegt werden. Ziele und grundsätzlicher Aufbau des PuK-Systems ändern sich beim Einsatz von Computern nicht. Allerdings werden die Ablauforganisation und auch die Führungstechnik durch den Einsatz komplexer Computer beeinflußt. Dies gilt sowohl für die traditionellen zentralen Großrechnerstrukturen als auch für Rechnerhierarchien mit dezentralen Verarbeitungsnetzen und Dialogstationen auf Bereichsebene. Besondere Flexibilität in der Ausgestaltung des PuK-Systems und eine Ausweitung des Informationsservices werden durch die Verlagerung von Rechenleistung in die organisatorischen Einheiten erreicht.

Für die Aufgabenkomplexe des Führungs-Informations-Systems nach dem PuK-Konzept liegen heute weitgehend ausgearbeitete und vernetzbare Softwarepakete vor (vgl. Teil V, Abschnitt 2.5).

2.2 Grundsätzliches zum Aufbau eines integrierten Führungs-Informations-Systems

Wenn auch auf dem Gebiet des Rechnungs- und Finanzwesens und für andere Gebiete zum Teil Standardprogramme existieren, bedarf es für den Aufbau eines computergestützten, integrierten Führungs-Informations-Systems dennoch der unternehmungsindividuellen Erarbeitung eines

- Grobkonzepts für ein multifunktionales Planungs- und Kontrollsystem sowie eines
- Konzepts für die dazugehörigen Daten- und Modellbanken.

Von der Art dieser Konzepte und den für die Realisation vorgesehenen detaillierten Subsystemen des Informationssystems sollte die Wahl der Rechnerausstattung (der Konfiguration) bestimmt werden.

2.2.1 Erarbeitung des Grobkonzepts eines multifunktionalen Planungs- und Kontrollsystems und detaillierter Subsysteme

Grundlegendes Ziel bei der Erarbeitung einer grob umrissenen Grundkonzeption für ein computergestütztes, integriertes Führungs-Informations-System muß es sein, dieses so zu gestalten, daß jeder betriebliche Kommunikationsteilnehmer qualitativ, quantitativ und zeitlich aufgabengerecht mit Informationen versorgt wird und gewünschte Arbeitsprozesse vom Computer durchführen oder in der Durchführung vom Computer unterstützen lassen kann. Allerdings sollten nur in wirtschaftlich vertretbarem Umfang Durchführungs- und Führungsaufgaben rechnergestützt erfolgen.

Die **Soll-Konzeption** für das Gesamtsystem wird demnach vor allem den Entwurf eines Planungs- und Kontrollsystems für die Unternehmungsspitze und die Führungsebenen aller Unternehmungsbereiche, die damit verbundene Gestaltung der Informationsflüsse, der Daten- und der Modellbanken sowie Vorschriften zur Daten- und Informationserfassung und zur Form und Frequenz der bereitzustellenden und zu verarbeitenden Informationen enthalten[15]. Eine solche (Grob-)Konzeption läßt sich von der Aufgabenkomplexität her nur durch Teamarbeit lösen. Neben Systemanalytikern sind Führungskräfte aus allen Unternehmungsbereichen zu beteiligen. Es sind gleichzeitig das Abrechnungssystem und das hierauf aufbauende Planungs- und Kontrollsystem zu entwerfen[16].

---

15 Vgl. Dreger, W., Management-Informationssysteme, Wiesbaden 1973, S. 133ff.; Dworatschek, S., Management-Informations-Systeme, a.a.O., S. 142; Gorry, G.A., Scott Morton, M.S., A Framework for Management Information Systems, in: The Rise of Managerial Computing, Hrsg. J.F. Rockart, C.V. Bullen, Homewood 1986, S. 5ff.; vgl. insbesondere zum Nummernsystem Stahlknecht, P., Einführung in die Wirtschaftsinformatik, a.a.O., S. 170ff.

16 Vgl. auch Senn, J.A., Information Systems in Management, 4. Aufl., Belmont, California 1990, S. 644ff.; Meyer, B.E., Schneider, H.-J., Stübel, G., Computergestützte Unternehmensplanung, Berlin – New York 1983; Österle, H., Entwurf betrieblicher Informationssysteme, München – Wien 1981; Scheer, A.-W., Wirtschaftsinformatik – Referenzmodelle für industrielle Geschäftsprozesse, a.a.O., S. 680ff.; Suter, H., Die langfristige Planung von computergestützten Informationssystemen, Bern – Stuttgart 1980.

„Der Entwurf eines Gesamtsystems zwingt noch nicht zur simultanen Realisation. Eine sukzessive Entwicklung und Einführung von Subsystemen wird aus Gründen der Risikobegrenzung und der begrenzten Erfahrung und Personalkapazität stets anzuraten sein“[17].

Eine vorgeschaltete Gesamtsystem-Konzeption sichert jedoch die Verzahnung der erarbeiteten und zu erarbeitenden Subsysteme.

Ein **besonderes Problem** bei dem Entwurf des Grobkonzeptes für ein rechnergestütztes Führungs-Informations-System und auch detaillierter Konzepte für Subsysteme bereitet die **Gestaltung des Verdichtungsprozesses von Informationen**, um eine vielseitig auswertbare Informationspyramide zu erhalten. Hierbei lassen sich zwei Gruppen von Verdichtungsprozessen gegenüberstellen[18]:

- die Prozesse zur quantitativen Verdichtung (vornehmlich durch Summieren bzw. Aggregieren) und
- die Prozesse zur qualitativen Verdichtung (vornehmlich durch Selektieren mit spezifischen Algorithmen).

Jeder Datenbestand kann in verschiedenartiger Verdichtung dargestellt werden (vgl. Abbildung 236).

Verarbeitet man mehrere Datenbestände, die jeweils in verschiedenen Verdichtungsstufen dargestellt werden können, so ergeben sich durch Kombination der verschiedenen Verdichtungsstufen vielfältige Darstellungsmöglichkeiten[19].

So ist es z. B. für den Absatzbereich möglich, daß der Sachbearbeiter über Umsätze, Deckungsbeiträge und Bestände eines Produktes, der Abteilungsleiter über Umsätze, Deckungsbeiträge und Bestände einer Produktgruppe, der Hauptabteilungsleiter über Umsätze, Deckungsbeiträge und Bestände einer Produkthauptgruppe und die Unternehmungsleitung über Gesamtumsätze, Gesamtdeckungsbeiträge und Gesamtbestände aus denselben Datenbeständen informiert werden. Das bedeutet jedoch nicht, daß die Unternehmungsleitung z. B. nicht in der Lage wäre, sich über die Entwicklung eines bestimmten Produktes zu informieren. Der sogenannte Durchgriff auf Informationen der hierarchisch tiefer gelegenen Stufen muß jederzeit gewahrt bleiben. Insbesondere durch den Einsatz von dezentral installierten Dialogstationen lassen sich auf jeder Führungsstufe jeweils spezifisch gewünschte produkt-, markt- und kundenbezogene Informationen sowie auch personal- und sachbezogene sowie aktions- bzw. projektbezogene Informationen generieren und abrufen. Ähnliche Beispiele lassen sich für andere Unternehmungsbereiche zeigen[20].

Von der Art des Abrechnungssystems und der Eigenart des pyramidenartig aufgebauten Führungs-Informations-Systems mit den jeweils an den Arbeitsplätzen vorgesehenen Informationsverarbeitungsmöglichkeiten hängt weitgehend die Ausgestaltung der Daten- und Modellbanken ab.

---

17 Dworatschek, S., Management-Informations-Systeme, a.a.O., S. 142.

18 Vgl. Garbe, H., Der Verdichtungsgrad von Informationen, in: Management-Informationssysteme, Hrsg. E. Grochla, N. Szyperski, Wiesbaden 1971, S. 202ff.

19 Vgl. hierzu ausführlich – auch mit Beispielen – Griese, J., Mertens, P., Technik und Inhalt von Off-line-Berichtssystemen, ZfD 1972, S. 450ff.

20 Vgl. hierzu Mertens, P., Griese, J., Integrierte Informationsverarbeitung 2, Planungs- und Kontrollsysteme in der Industrie, a.a.O., S. 57ff. sowie Hahn, D., Laßmann, G., Produktionswirtschaft – Controlling industrieller Produktion, Bd. 3, 2. Teilband, a.a.O., S. 259ff.

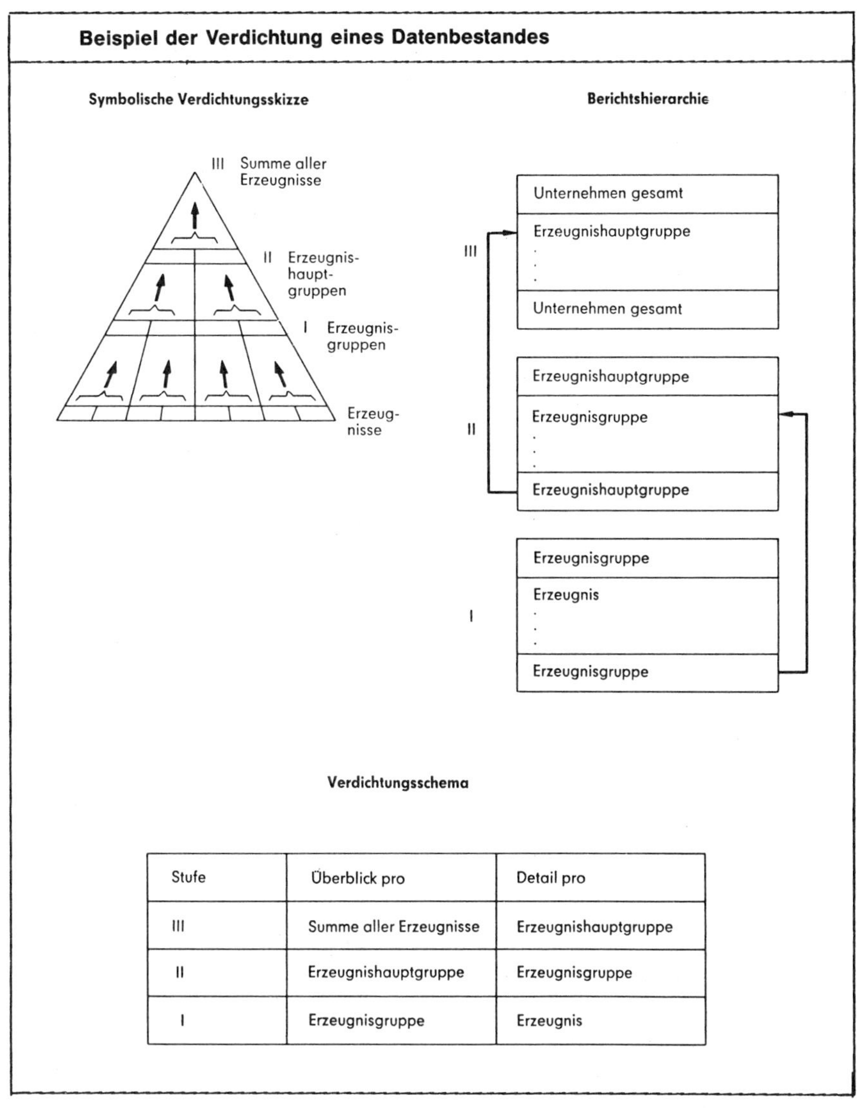

Stufe	Überblick pro	Detail pro
III	Summe aller Erzeugnisse	Erzeugnishauptgruppe
II	Erzeugnishauptgruppe	Erzeugnisgruppe
I	Erzeugnisgruppe	Erzeugnis

Abb. 236: Verdichtungstypen von Führungsinformationen[21]

21 Entnommen aus Mertens, P., Griese, J., Integrierte Informationsverarbeitung 2, Planungs- und Kontrollsysteme in der Industrie, a.a.O., S. 56.

2.2.2 Erarbeitung von Daten- und Modellbanken

Daten- und Modellbanken dienen zur Speicherung und Verarbeitung von Informationen. Sie beziehen sich auf das Soll-/Ist-Zahlenwerk der gesamten Unternehmung, z. T. auch auf verbale Informationen. Im Rahmen eines integrierten Informationssystems empfiehlt es sich, zwischen

- **Basisdaten- und Basismodellbanken** einerseits und
- **Führungsdaten- und Führungsmodellbanken** andererseits

zu unterscheiden.

Entsprechend der jeweils vorhandenen Rechnerhierarchie können generelle bzw. unternehmungsbezogene und arbeitsplatzbezogene Daten- und Modellbanken gebildet werden, die aufgabenbezogen vernetzt werden (vgl. Abbildung 237).

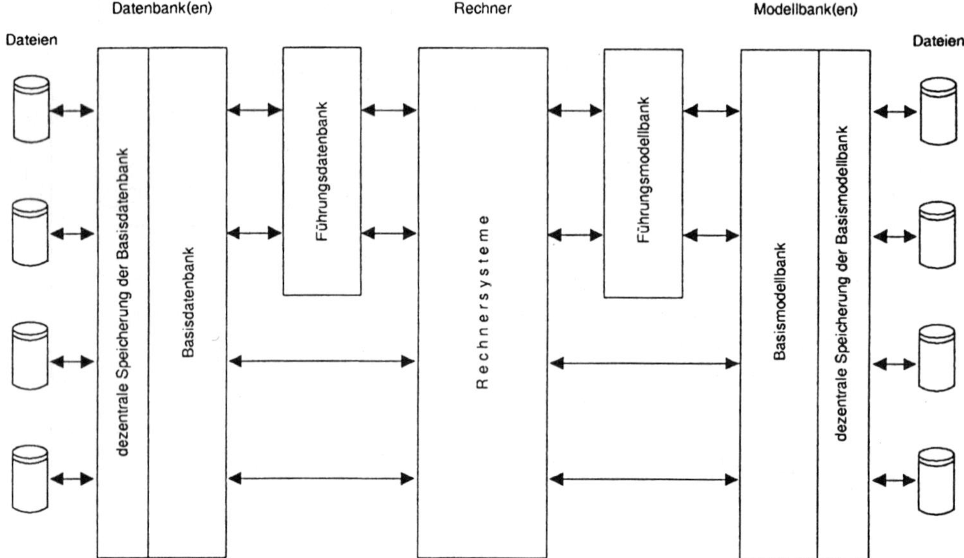

Abb. 237: Rechnerhierarchie mit Zugriff auf Führungs- und Basismodellbank und Führungs- und Basisdatenbank

2.2.2.1 Basisdaten- und -modellbank

(1) Datenbank (Basisdatenbank)

Wesentliche **Grundlage** einer erfolgreichen Gewinnung, Speicherung, Aufbereitung und Übermittlung/Bereitstellung von Daten im Rahmen von rechnergestützten Informationssystemen ist eine entsprechend aufgebaute **technisch-betriebswirtschaftliche Datenbank** oder **gesamtunternehmungsbezogene Datenbank** im Rahmen eines Datenbanksystems. Unter einer derartigen Datenbank versteht man die Sammlung aller technischen und/oder betriebswirtschaftlichen Informationen einer Unternehmung nach einem einheitlichen Organisationsprinzip. Bezieht sich die einheitliche Organisation auf alle für die Unternehmung relevanten Informationen, spricht man auch von einer **Basisdatenbank** (Basisinformationsbank).

In einem **Datenbanksystem**[22] erhalten sämtliche Benutzer von Anwendungsprogrammen der Unternehmung ihre gewünschten Informationen durch Zugriff auf die Datenbank mittels eines **Datenbankverwaltungssystems**.

An die zu entwickelnden Datenbanksysteme werden in der Literatur hierbei insbesondere folgende **Anforderungen** gestellt[23]:

1. Datenunabhängigkeit

Unabhängigkeit der Daten vom Anwendungsprogramm bedeutet eine Datenspeicherung, die unabhängig vom erzeugenden oder benutzenden Anwendungsprogramm erfolgt. Unabhängigkeit der logischen Datenorganisation von der physischen Datenorganisation bedeutet, daß der Benutzer nur die Datenstrukturen kennen muß. Es müssen hier Prozeduren zum Suchen, Modifizieren (Ändern), Einfügen und Löschen von Datensätzen vorhanden sein. Physische Datenunabhängigkeit bedeutet, daß das Datenbanksystem selbst die peripheren Geräte steuert, Sätze blockiert und freigibt, Speicherräume belegt usw.

2. Benutzerfreundlichkeit

Die Handhabung des Datenbanksystems sollte durch eine leicht zu erlernende Datenbanksprache ermöglicht werden.

3. Vielfachzugriff

Jeder autorisierte Benutzer der Datenbank darf auf gespeicherte Daten zugreifen.

4. Flexibilität

Die Daten müssen beliebig miteinander verknüpfbar sein und müssen sowohl den fortlaufenden als auch den wahlfreien Zugriff ermöglichen.

5. Schnelligkeit

Die Zeiten im Rahmen der Abfrage und der Verarbeitung von Daten sowie für Änderungen und Ergänzungen des Datenbestandes müssen kurz sein.

6. Datenschutz

Die Daten sind vor unbefugtem Zugriff zu schützen.

7. Sicherung der Datenkonsistenz bzw. Datenintegrität

Die Datenbank sollte in der Lage sein, Integritätsverletzungen zu verhindern, die z. B. durch falsche Eingabe, Systemzusammenbruch, Fehler eines Externspeichers usw. auftreten können. Auch sollte nach Entdeckung von Integritätsverletzungen der korrekte Zustand der Datenbank wieder hergestellt werden können.

8. Redundanzfreiheit

Jedes Datenelement sollte möglichst nur einmal gespeichert werden.

---

22 Vgl. hierzu Schlageter, G., Stucky, W., Datenbanksysteme: Konzepte und Modelle, 2. Aufl., Stuttgart 1983, S. 21 ff.; Stahlknecht, P., Einführung in die Wirtschaftsinformatik, a.a.O., S. 214ff.

23 Vgl. auch Stahlknecht, P., Einführung in die Wirtschaftsinformatik, a.a.O., S. 217f.

(2) Modellbank (Basismodellbank)

Die Programme der **Modellbank** haben den Aufbau, die Handhabung und die Auswertung der Datenbank sicherzustellen. Drei **Programmarten** sind in diesem Zusammenhang zu nennen[24]:

a) Dateiverwaltungsprogramme zum Aufbau und zur Pflege der Dateien;

b) Zugriffssysteme, die jedem legitimierten Benutzer der Datenbank die benötigten Abfragemöglichkeiten anbieten;

c) Anwendungsprogramme (Applikationen) zu Abrechnungs-, Dokumentations-, Planungs-, Steuerungs- und Kontrollzwecken. Art und Umfang der Anwendungsprogramme hängen von der Unternehmung und ihrer Gliederung in Aufgabenbereiche sowie letztlich den Aufgaben an den einzelnen Arbeitsplätzen ab, für die eine Datenbank und eine Modellbank bzw. Datenbanken und Modellbanken errichtet werden.

Eine Modellbank ist also eine **Programmbibliothek.** Ein Beispiel für den Zusammenhang zwischen Daten- und Modellbanken zeigt die Abbildung 238[25].

In der **Basismodellbank** bzw. den Basismodellbanken wird man vor allem Modelle zu Abrechnungs- und Auswertungszwecken speichern, aber auch Modelle für Planungs-, Steuerungs- und Kontrolltätigkeiten der unteren Führungsebenen. In die Basismodellbanken werden in der Praxis in zunehmendem Maße **Modularprogramme** aufgenommen, die geschlossene Aufgabenkomplexe in der Unternehmung bearbeiten[26].

Datenbank	**Modellbank**	**Plan- und Berichtswesen**
Auftragsdatei	Programmberechnung	Auftragsbestand, Produktprogramm
Teiledatei	Materialwirtschaft (Mengenrechnung): Bedarfs-, Bestands-, Bestellrechnung	Materialbestände, Bestellbestände
Stücklistendatei		
Arbeitsplandatei	Zeitwirtschaft: Auftragstermin-, Kapazitätsbelegungsrechnung, Materialeinsatzrechnung, Auftragsveranlassung, Auftragsüberwachung	Termin- und Kapazitätsbelegungsplan, Arbeitspapiere, Auftragsfortschrittsbericht
Arbeitsplatzdatei		
Input	**Verarbeitungsprogramme**	**Output**

Abb. 238: Beispiel für den Zusammenhang zwischen Daten- und Modellbank

---

24 Vgl. Biethahn, J., Mucksch, H., Ruf, W., Ganzheitliches Informationsmanagement, Bd. I: Grundlagen, 3. Aufl., München–Wien 1994, S. 60f.; Dworatschek, S., Management-Informations-Systeme, a.a.O., S. 58; Hansen, H. R., Wirtschaftsinformatik 1, a.a.O., S. 382ff.

25 Vgl. Hahn, D., Laßmann, G., Produktionswirtschaft – Controlling industrieller Produktion, Bd. 1, a.a.O., S. 101.

26 Vgl. z. B. die Übersichten bei Hammer, H., Integrierte Produktionssteuerung mit Modularprogrammen, Wiesbaden 1970; Grupp, B., Modularprogramme für die Fertigungsindustrie, Berlin – New York 1973; Stahlknecht, P., Einführung in die Wirtschaftsinformatik, a.a.O., S. 270ff.; Wagner, R., Auftragsabwicklung mit Modularprogrammen, Diss. Gießen 1981.

2.2.2.2 Führungsdaten- und -modellbank

Die Notwendigkeit des hierarchischen Aufbaus von Dateien und des unterschiedlichen Charakters von Führungsaufgaben auf den einzelnen Führungs- bzw. Leitebenen hat für die Konzeption eines integrierten Informationssystems folgende Konsequenz: Es wird möglich, eine speziell örtlich zentral oder kombiniert zentral/dezentral angelegte **Führungsdatenbank und Führungsmodellbank** aufzubauen, die mit allen anderen Dateien der Unternehmung verbunden sind, aber ihren eigenen funktionalen Gliederungsgesetzen folgen. Die Entscheidung, ob eine Führungsdaten- und eine Führungsmodellbank errichtet werden sollen oder ob die Informationen als Bestand einer allgemeinen Datenbank zu gelten haben, hängt von folgenden Merkmalen ab[27]:

a) Stand der organisatorischen Entwicklung der Unternehmung;
b) verfügbare Hardware;
c) Daten- und Informationsvolumen;
d) Art der Verarbeitungsprogramme.

Wegen des schnelleren Zugriffs bringen gesonderte Führungsdaten- und -modellbanken viele Vorteile mit sich. Die meisten Daten- und Informationsbestände sind nämlich so beschaffen, daß sie in der vorliegenden Form, die von der durchführenden Ebene bestimmt wird, kaum direkt als Führungsinformationen dienen können. Sie enthalten aber Elemente, die nach einer entsprechenden Verdichtung und Umrechnung interessierende Führungsinformationen sind.

Die Gehaltsdatei ist ein typisches Beispiel dafür. Sie enthält für jeden Mitarbeiter einen Datensatz, in dem alle Angaben für die routinemäßige Abwicklung der Personalangelegenheiten enthalten sind. Diese Routinearbeiten werden zu gewissen Stichtagen erledigt. Von Sonderfällen abgesehen wird sich aber die Führung kaum für die Gehälter einzelner Mitarbeiter interessieren. Hier interessieren Zusammenstellungen des Gehaltsvolumens nach Tarifgruppen oder Steuerklassen oder auch nach sonstigen organisatorischen Gesichtspunkten. Diese Betrachtungsweise erfordert ein erheblich geringeres Datenvolumen. Die grundsätzlich verdichteten Führungsinformationen werden in einer entsprechenden Führungsdatenbank gespeichert[28].

Andererseits können in der Führungsdaten- und Führungsmodellbank Planinformationen und Planungsrechnungsverfahren, z. B. der strategischen Planung, enthalten sein, die in der allgemeinen Basisdatenbank und Basismodellbank nicht benötigt werden.

(1) Führungsdatenbank

Eine Führungsdatenbank steht als **Auskunftsdatei** ständig im Zugriff des Informationsverarbeitungssystems. Sie hat, wenn sie sorgfältig angelegt und gepflegt wird, den Vorteil, daß sie die Basisdatenbank erheblich entlastet. Da ihre Daten auf das Informationsbedürfnis der Führungskräfte abgestimmt sind, können Anfragen an das System viel schneller beantwortet werden, weil man nicht die Originaldateien heranziehen muß. Da die Führungsdatenbank als **Sekundärdatei weitgehend aus Primärdateien** und **nicht aus Eingabebelegen** hergeleitet ist, ist ihre Aktualität genauso groß wie die der primären Datei. Zudem bleibt die Basisdatenbank dem direkten Zugriff der Führung erhalten[29].

27 Vgl. Koreimann, D. S., Management-Informations-Systeme, NB 1/1969, S. 11.
28 Vgl. Lutz, T., Klimesch, H., Die Datenbank im Informationssystem, München–Wien 1971, S. 40.
29 Vgl. Lutz, T., Klimesch, H., Die Datenbank im Informationssystem, a.a.O., S. 40.

(2) Führungsmodellbank

Informationen eines umfassenden Planungs- und Kontrollsystems können nur erstellt werden, wenn geeignete Problemlösungsmodelle in einer Führungsmodellbank vorhanden sind, um aus extern eingegebenen und in der Führungsdatenbank vorhandenen Informationen jeweils aktuelle Planungs-, Steuerungs- und Kontrollinformationen zu gewinnen, die zum Teil in der Dokumentationsrechnung ihr Spiegelbild haben und auf Daten und Informationen der Auftragsabwicklung aufbauen.

Als wichtige Modelle seien genannt:

- Programme zur Anwendung von Ermittlungs-, Erklärungs- und Entscheidungsmodellen für Planungsrechnungen, deren Ergebnisse der Entscheidungsvorbereitung dienen. Solche Modelle sind z. B. Kalkulationsmodelle, Investitionsrechnungsmodelle, Kapazitätsbelegungs- und -terminierungsmodelle oder Produktionsprogrammberechnungsmodelle auf der Basis der Linearen Programmierung.
- Programme zur verdichteten Darstellung verabschiedeter Planinformationen, um periodische, pyramidenartig aufgebaute Planungsinformationen erstellen und nach Erfassung der Ist-Daten entsprechende Kontrollinformationen ermitteln zu können. Es handelt sich hierbei um unternehmungsindividuelle Modelle; zum Teil versucht man allerdings auch hier, für einzelne Unternehmungsbereiche Modularprogramme zu entwickeln, z. B. für die Kostenstellenplanung und -kontrolle oder die produktbezogene Periodenerfolgsrechnung.

Wegen der integrierenden und koordinierenden Funktion für alle Unternehmungsbereiche kommt dem Zahlenwerk der ergebnis- und liquiditätsorientierten PuK, insbesondere der gesamtunternehmungsbezogenen Ergebnis- und Finanzplanung, besondere Bedeutung zu. In diesem Zusammenhang seien als Beispiele für Verarbeitungsprogramme in der Führungsmodellbank genannt:

- Verarbeitungsprogramme im Rahmen der **generellen Zielplanung.**

  Hier handelt es sich vornehmlich um Gesamtunternehmungsmodelle, anhand derer die Wirkungen alternativer Entscheidungen und Handlungen auf mögliche Ziele untersucht werden sollen. Solche Modelle werden auch im Rahmen der strategischen und operativen Planung eingesetzt.

- Verarbeitungsprogramme im Rahmen der **strategischen Planung.**

  Hierbei handelt es sich um Verarbeitungsprogramme zur Anwendung einfacher und komplexer Ermittlungsmodelle zur maschinellen Durchführung von Investitionsrechnungen sowie um Modelle zur Programm- und Potentialplanung sowie der hiermit integrierten Ergebnis- und Finanzplanung, auch der strategischen Projektplanung.

- Verarbeitungsprogramme im Rahmen der **operativen Planung.**

  Hierbei handelt es sich um Verarbeitungsprogramme für Erklärungs- und Entscheidungsmodelle im Rahmen der Produktprogrammplanung bei gegebenen Potentialen, um Verdichtungs- und Auswertungsmodelle für die funktionsbereichsbezogene Planungs- und Kontrollrechnung sowie um Modelle im Rahmen der operativen Projektplanung.

- Verarbeitungsprogramme zur Erstellung einer **gesamtunternehmungsbezogenen Ergebnis- und Finanzplanung.**

  Hierbei handelt es sich um Verarbeitungsprogramme zur Anwendung von Erklärungs- und Entscheidungsmodellen für ein- oder mehrperiodig formulierte Bilanz- und Finanzmodelle für die gesamte Unternehmung.

In allen Bereichen eines PuK-Systems sind Verarbeitungsmodelle für die verdichtete Darstellung der Führungsinformationen auf den einzelnen Führungsebenen erforderlich.

Hierbei gewinnen in den letzten Jahren speziell für die oberen Führungskräfte sog. **Executive Information Systems (EIS)** zunehmende Bedeutung[30]. Es handelt sich hierbei um Führungsdaten- und -modellbanken, deren Ausgestaltung an den besonderen Informationsbedürfnissen und den technischen Bedürfnissen der oberen Führungskräfte ausgerichtet ist. Derartige Systeme zeichnen sich besonders durch die folgenden Merkmale aus[31]:

- bedarfsgerechtes Informationsangebot;
- bedarfsgerechte Darstellung von Führungsinformationen;
- hohe Benutzerfreundlichkeit in der Bedienung des Systems;
- Integration führungsunterstützender Stellen;
- kurze Zugriffs- und Antwortzeiten.

Je nach **Konfiguration der Führungsdaten- und -modellbank** ergeben sich unterschiedliche Einsatzmöglichkeiten eines EIS[32]:

Wird die **Führungsdatenbasis eines EIS** als reine Dokumentbibliothek organisiert, so stehen dem Benutzer lediglich standardisierte Plan- und Berichtskataloge zur Verfügung. Einzelne Informationen lassen sich sodann nicht getrennt selektieren. Für solche flexiblen Abfragen mit direktem Zugriff auf gewünschte Informationen bedarf es einer weitaus höheren Auflösung der Führungsdatenbasis. Dies kann z. B. durch Umsetzung der Führungsdatenstruktur in ein relationales Datenmodell erreicht werden.

Neben der reinen Informationspräsentation in Form von Tabellen sollte die **Führungsmodellbank eines EIS** weitere, hierauf aufbauende Einsatzmöglichkeiten bieten. Einen wichtigen Beitrag zur Reduktion der Informationsflut kann ein sogenanntes Exception Reporting bzw. Ausnahmeberichtswesen leisten. Durch optische Hervorhebung von Toleranzüberschreitungen wird hier der Benutzer für wichtige Problembereiche sensibilisiert. Auch die Umsetzung des umfangreichen Zahlenmaterials in standardisierte und z. T. frei gestaltbare Graphiken sollte möglich sein. Dieser besonderen Form der Informationsdarstellung sind oftmals Analysemöglichkeiten vorgeschaltet. In diesem Fall wird das EIS um grundlegende Komponenten eines Decision Support Systems (DSS) erweitert. Insbesondere Trendanalysen und What-if-Analysen werden als Instrumente zur elementaren Entscheidungsunterstützung herangezogen.

---

30 Vgl. Back-Hock, A., Unterstützung von Controlling-Aufgaben mit Executive-Information-System-Generatoren und -Anwendungen, in: Rechnungswesen und EDV – 12. Saarbrücker Arbeitstagung 1991, Hrsg. A.-W. Scheer, Heidelberg 1991, S. 37ff.; Hummeltenberg, W., Realisierung von Management-Unterstützungssystemen mit Planungssprachen und Generatoren für Führungsinformationssysteme, in: Management-Informationssysteme: praktische Anwendungen, Hrsg. R. Hichert, M. Moritz, Berlin u.a. 1992, S. 187ff.; Mertens, P., Griese, J., Integrierte Informationsverarbeitung 2, Planungs- und Kontrollsysteme in der Industrie, a.a.O., S. 43f.; Zwicker, E., Möglichkeiten und Grenzen der Anwendung von Executive-Informationssystemen, in: Führungskräfte und Führungserfolg – Neue Herausforderungen für das Strategische Management, Hrsg. U. Krystek, J. Link, Wiesbaden 1995, S. 231ff.

31 Vgl. auch Jahnke, B., Konzeption und Entwicklung eines Führungsinformationssystems, in: Lösungsansätze der Wirtschaftsinformatik im Lichte der praktischen Bewährung, Hrsg. D. Bartmann, Berlin u.a. 1991, S. 48ff.

32 Vgl. zu unterschiedlichen EIS-Anwendungen Rieger, B., Executive Information Systems (EIS): Rechnergestützte Aufbereitung von Führungsinformationen, in: Innovative Anwendungen der Informations- und Kommunikationstechnologien in den 90er Jahren, Hrsg. H. Krallmann, München–Wien 1990, S. 111f.

Softwaretechnisch besteht zwischen Führungsdaten- und Führungsmodellbank und Basisdaten- und Basismodellbank kein prinzipieller Unterschied.

Für die Verwirklichung solcher Systeme gewinnt die Anwendung von Standardsoftware zunehmend an Bedeutung (vgl. Teil V, Abschnitt 2.5).

Im folgenden Abschnitt soll versucht werden, die grundsätzlichen Möglichkeiten der Ausgestaltung eines Führungs-Informations-Systems zum einen für eine primär verrichtungsorientiert organisierte Unternehmung, zum anderen für eine primär produkt- oder regionalorientiert organisierte Unternehmung darzustellen. Dabei kann es sich aus den vorher beschriebenen Gründen nur um zwei Grobmodelle handeln, die das Zusammenwirken von Basisdatenbanken und Basismodellbanken, Führungsdatenbanken und Führungsmodellbanken sowie der Informationspyramide veranschaulichen sollen[33].

33 Vgl. zur Realisierung eines interaktiven computergestützten Führungs-Informations-Systems Jahnke, B., Konzeption und Entwicklung eines Führungsinformationssystems, a.a.O., S. 39ff. sowie Groffmann, H.-D., Führungsinformationssysteme, Wiesbaden 1992, S. 222ff.

2.3 Integriertes Führungs-Informations-System in Unternehmungen mit primär verrichtungsorientierter Aufbauorganisation

2.3.1 Allgemeine Skizzierung

In Abbildung 239 wird versucht, den grundsätzlichen Aufbau eines Führungs-Informations-Systems für eine Unternehmung mit primär verrichtungsorientierter Aufbauorganisation zu skizzieren.

Hierbei handelt es sich um einen Grobentwurf. In die Darstellung ist bewußt eine Reihe von Dateien und Programmen nicht mit aufgenommen worden, um die Übersichtlichkeit nicht zu gefährden.

Die Abbildung zeigt die Unternehmung als zielorientiertes Aktionszentrum auf der Basis gegebener Potentiale. Die Kreise stellen die drei grundlegenden Aktionsbereiche (Funktionsbereiche) einer Industrieunternehmung dar: Beschaffung, Produktion und Absatz. Durch die gemeinsamen Schnittflächen der Kreise werden die Lagerfunktionen, d. h. die Materiallagerfunktion und die Fertigwarenlagerfunktion, angedeutet. Diese Funktionsbereiche werden vom Rechnungs- und Finanzwesen sowie von sonstigen Verwaltungsfunktionen durchdrungen.

Die wesentlichen Tätigkeiten bzw. Tätigkeitskomplexe der Funktionsbereiche sind durch Rechtecke dargestellt, deren Beziehungen untereinander durch Linien angedeutet sind. Bei einer Betrachtungsweise unter dem Gesichtspunkt der elektronischen Datenverarbeitung können diese Aufgabenkomplexe auch als Anwendungsprogramme der Funktionsbereiche und damit als **Teile der Basismodellbank** für die Auftragsabwicklung und die Dokumentationsrechnung bezeichnet werden.

Die Anwendungsprogramme werden in den ihnen zugehörigen Funktionskreisen dargestellt, so daß z. B. die Bestellrechnung im Funktionskreis der Beschaffung, die Auftragsbearbeitung im Funktionskreis des Absatzes und die Debitorenbuchhaltung im Funktionsbereich des Rechnungs- und Finanzwesens zu finden sind. Es lassen sich aber auch alle Aufgaben als Prozeßketten charakterisieren, die mit anderen Prozeßketten vernetzt sind.

In der zentral oder dezentral lokalisierten **Basisdatenbank** sind alle wichtigen Daten und Informationen gespeichert, die der ausführenden Ebene für die Abwicklung der Tagesarbeit in der Unternehmung dienen. In dieser Datenbank werden primär Ist-Werte, aber zum Teil auch Soll-Werte gespeichert. Diese Datenbank wird im allgemeinen nach den Funktionsbereichen der Unternehmung aufgebaut, so daß Dateien der Beschaffung, der Produktion, des Absatzes und des Rechnungs- und Finanzwesens u. a. unterschieden werden können. Innerhalb der Funktionen können die Dateien weiter aufgegliedert werden, so z. B. für die Beschaffung in Lieferantenstammdatei, Bestellungsstammdatei, Teilestammdatei, Lagerbestandsdatei usw. Bei dieser Aufzählung ist zu bemerken, daß die Dateien noch nach einem weiteren Kriterium in Stammdateien und Bewegungsdateien untergliedert werden können. Stammdateien ändern ihren Inhalt nur selten (z. B. Lieferantenstammdatei), dagegen wird der Inhalt der Bewegungsdateien laufend verändert (z. B. Vorratsgüterbestandsdatei, Kreditorendatei).

In der **Führungsdatenbank** sind alle wesentlichen Führungsinformationen für die Führung aus *allen* Funktionsbereichen gespeichert, meist in Form von Kennzahlen. Naturgemäß nehmen hier die Kennzahlen des Rechnungs- und Finanzwesens den größten Raum ein.

Die **Führungsmodellbank** enthält die Anwendungsprogramme für die Erstellung von Führungsinformationen und für die programmierbaren Führungstätigkeiten.

Die Führungsdaten- und -modellbank des Rechnungs- und Finanzwesens kann nach dem PuK-System aufgebaut werden, wie es im Teil III für das Zahlenwerk des Rechnungs- und Finanzwesens dargestellt worden ist. Das integrierte Führungs-Informations-System wird primär durch die Qualität der unternehmungsindividuell abgeleiteten PuK-Konzeption bestimmt, denn die Rechnersysteme bleiben lediglich das Ausführungsinstrument. Es gestattet durch eine dezentrale Terminalkonfiguration Direktabfragen, wobei für Führungskräfte aller Stufen ein Katalog jederzeit abfragbarer Informationen erarbeitet und eingesetzt werden sollte. Bei Einsatz von vernetzten Dialogsystemen mit eigener Intelligenz können auf der Basis der generellen Führungsdatenbank oder auch unter zusätzlicher Nutzung arbeitsplatzspezifischer Mini-Führungsdatenbanken und Mini-Führungsmodellbanken aufgabenspezifische Planungs- und Kontrollrechnungen, Pläne und Berichte sowie Prognose- und Dokumentationsinformationen am Arbeitsplatz erstellt werden.

2.3.2 Ablauf der Datenverarbeitung in einem integrierten Führungs-Informations-System

Die Daten und Informationen der Basisdatenbank stellen den Input der Anwendungsprogramme (Applikationen) der Basismodellbank dar. Sie werden in den Anwendungsprogrammen verarbeitet, der Output wird an die Basisdatenbank zurückgegeben. Die bisher in der Datenbank gespeicherten Daten und Informationen werden entweder gelöscht (z. B. Änderung einer Kundenadresse) oder aber den neuen Daten und Informationen gegenübergestellt (Soll-/Ist-Vergleiche, Ist-/Ist-Vergleiche, Soll-/Soll-Vergleiche) oder um diese ergänzt. Die so gewonnenen neuen Daten und Informationen dienen vornehmlich der Durchführungsebene als Arbeitsunterlagen.

Um aus diesen Dateien der Durchführungsebene Führungsinformationen zu erhalten, können Informationen speziellen Verdichtungsprogrammen unterzogen werden und dienen in entsprechender Verdichtung den unterschiedlichen Stufen der betrieblichen Führungshierarchie als Führungsunterlagen.

Die Verarbeitung, insbesondere auch Verdichtung des Soll-/Ist-Zahlenwerks der Basisdatenbank und der auf allen Führungsebenen hinzukommenden Prognose- und Planzahlen, ist Aufgabe der Führungsmodellbank. Die Anwendungsprogramme der Führungsmodellbank erstellen die für alle Führungsebenen entsprechend verdichteten periodischen monetären und nichtmonetären quantifizierbaren Führungsinformationen, Pläne und Kontrolldokumente sowie periodisch und aperiodisch erforderliche alternative Planungsrechnungen. Sofern in den Funktionsbereichen zusätzlich zum Zentralcomputer Mikrocomputer (Personal-Computer) oder Bereichscomputer mit Mikrocomputern installiert sind, können auf jeder Rechnerhierarchiestufe spezifische Führungsmodellbanken und Führungsdatenbanken für die jeweils spezifischen Aufgaben vorhanden sein. Die hierfür erforderliche Führungsdatenbank ist in verrichtungsorientiert organisierten Unternehmungen grundsätzlich zentralisiert, sofern nicht in großen Unternehmungen Standortdekonzentration, partiell dezentrale Organisation (z. B. verselbständigter Vertrieb) oder Rechnerhierarchiestufen mit spezifischen Zusatzspeichern für bestimmte Rechner vorliegen; die Kopplung erfolgt dann durch Rechnernetze. Zunehmend werden heute Client/Server-Architekturen eingesetzt (vgl. Teil V, Abschnitt 2.5).

Es ist ersichtlich, daß bei der Errichtung eines integrierten Führungs-Informations-Systems die mehr oder weniger künstlichen Abteilungsgrenzen in ihren negativen Auswirkungen zurückgedrängt werden. Der Informationsfluß eines integrierten Systems wird zu einem natürlichen Abbild der tatsächlichen sachlichen Zusammengehörigkeit aller Vorgänge in der Unternehmung, wie sie durch die Kreisdarstellungen als Prozeßketten angedeutet worden sind.

2.3.3 Ergebnis- und liquiditätsorientierte PuK im Rahmen eines integrierten Führungs-Informations-Systems

Im rechten Teil der Abbildung 239 ist der Output einer ergebnis- und liquiditätsorientierten Planungs- und Kontrollrechnung im Rahmen eines umfassenden Führungs-Informations-Systems skizziert worden. Die hier gewählte Pyramidendarstellung deutet an, daß Planungs- und Kontrollrechnungen für alle Unternehmungsbereiche durchgeführt werden können. Hier soll jedoch nur die PuK des Rechnungs- und Finanzwesens betrachtet werden. Es handelt sich um **periodische und aperiodische Informationen**.

Aus den in den Dateien gespeicherten Informationen werden über Verdichtungsprogramme – bei Planzahlen (Zielen) auch zum Teil über Auswertungsprogramme – im Rahmen eines Führungs-Informations-Systems periodisch folgende **PuK-Kennzahlen** erstellt, abgerufen oder ausgedruckt:

(1) PuK-Kennzahlen für die **Gesamtunternehmung** (PuK-Kardinalzahlen):
Betriebsergebnispläne, Bilanz-, GuV- und Finanzpläne sowie in geraffter Form
Kosten-, Erlös- und Deckungsbeitragspläne
in bezug auf
Programme, Märkte, Großprojekte, unterteilt nach Unternehmungsbereichen;

(2) PuK-Kennzahlen für **Unternehmungsbereiche**:
Kosten-, Erlös-, Deckungsbeitragspläne (zum Teil Vermögenspläne)
in bezug auf
Programme (Produktgruppen), Märkte, Projekte, unterteilt nach Abteilungen;

(3) PuK-Kennzahlen für **Abteilungen**:
Kosten-, Erlös-, Deckungsbeitragspläne (zum Teil Vermögenspläne)
in bezug auf
Produktgruppen, Märkte, Großkunden, Projekte, unterteilt nach Stellen (Mitarbeitern);

(4) PuK-Kennzahlen für **Mitarbeiter** (z. B. Verkäufer):
Kosten-, Erlös-, Deckungsbeitragspläne (zum Teil Vermögenspläne)
in bezug auf
Produktgruppen, Produkte, Aufträge, regionale Märkte, Kunden.

Informationen über strategische Planungen, insbesondere die Produkt-/Produktprogramm- und Potentialplanung, sind zum Teil ausschließlich in der Führungsdatenbank gespeichert. Sie umfassen verabschiedete Projekte, zum Teil Alternativprojekte, und Informationen über potentielle Projekte. Mit speziellen Simulations- und Optimierungsmodellen in der Führungsmodellbank, z. B. Bilanzmodellen oder komplexen Gesamtunternehmungsmodellen, können die Wirkungen von Programm- und Potentialvariationen oder Positionsänderungen der Ergebnis- und Finanzrechnung auf die oberen monetären Ziele ermittelt werden und der obersten Unternehmungsführung als Entscheidungsgrundlage dienen.

Auch im Rahmen des Zahlenwerks der operativen Planung und der gesamtunternehmungsbezogenen Ergebnis- und Finanzplanung gestattet das Zahlenwerk der PuK, Führungskräften auf allen Ebenen bei entsprechenden Modellen die monetären Wirkungen von Entscheidungen zu prognostizieren. Die oberste Unternehmungsführung kann z. B. die Wirkungen von Produktpreisänderungen, Lohn-, Material- oder anderen Kostenänderungen auf Betriebs- und Bilanzergebnisse in kürzester Zeit errechnen lassen.

2.4 Integriertes Führungs-Informations-System in Unternehmungen mit primär produkt- oder regionalorientierter Aufbauorganisation

2.4.1 Allgemeine Skizzierung

Die Abbildung 240 zeigt den grundsätzlichen Aufbau eines Führungs-Informations-Systems für eine mehrgliedrige Unternehmung mit primär produkt- oder regionalorientierter Aufbauorganisation.

In der Abbildung wird – wie bisher – davon ausgegangen, daß es sich um eine Unternehmung mit drei Gliedbetrieben handelt. Die Gliedbetriebe haben eine primär verrichtungsorientierte Aufbauorganisation. Jeder dieser Gliedbetriebe stellt ein in sich geschlossenes System dar. Das bedeutet, daß für jeden dieser Gliedbetriebe der Aufbau eines integrierten Führungs-Informations-Systems, wie er bei der Darstellung der verrichtungsorientierten Aufbauorganisation skizziert worden ist, möglich ist. **Für jeden Gliedbetrieb** kann folglich eine eigene **Führungsdaten- und -modellbank** geschaffen werden. Jeder Gliedbetrieb kann eine eigene **Basisdatenbank und Basismodellbank** besitzen; bei stark unterschiedlichen Produktprogrammen und ausgeprägter Standortdekonzentration – insbesondere über den nationalen Raum hinweg – wird dies die Regel sein. Innerhalb jedes Gliedbetriebes sind Führungs- und Basisdatenbank vertikal verflochten. Zudem sind zumindest bei Gliedbetrieben mit homogenem Produktprogramm die Führungs- und zum Teil auch Basisdatenbanken horizontal miteinander zu verknüpfen.

Hinzu tritt – unabhängig vom Produktprogramm- und Standortcharakter – eine eigene **Führungsdaten- und -modellbank der Zentrale.** Diese Führungsdatenbank wird primär aus den Dateien der Führungsdatenbanken der Gliedbetriebe gespeist, zum Teil originär mit Informationen der Zentrale, zum Teil aber auch aus den Informationen der Basisdatenbanken. Sie enthält Kennzahlen, die die Gesamtunternehmung bzw. den Konzern und die Obergesellschaft betreffen. Hierzu gehören aus dem Bereich des Rechnungs- und Finanzwesens z. B. Auftragsbestands- und Umsatzzahlen, konsolidierte Bilanz- und GuV-Zahlen, konsolidierte Finanzpläne und wesentliche Zahlen der Gliedbetriebe.

2.4.2 Ablauf der Datenverarbeitung in einem integrierten Führungs-Informations-System

Da der Ablauf der Daten- und Informationsverarbeitung in einem integrierten Führungs-Informations-System einer mehrgliedrigen Unternehmung mit primär produkt- oder regionalorientierter Aufbauorganisation dem bei verrichtungsorientierter Aufbauorganisation sehr ähnlich ist, soll auf ihn nicht näher eingegangen werden. Zu erwähnen ist nur die unterschiedliche Bedeutung der Datenbanken für die Zentralabteilungen bzw. Koordinierungsabteilungen. In den meisten Fällen werden diese Abteilungen vornehmlich mit den Informationen der Führungsdatenbanken der Gliedbetriebe und der Führungsdatenbank der Zentrale arbeiten, z. B. um Absatz-, Produktions- und Personalzahlen für den Konzern nach verschiedensten Kriterien gegliedert zu erstellen und zu überwachen. Sind Koordinierungsabteilungen jedoch in stärkerem Maße weisungsberechtigt, d. h. können sie direkt in die Belange der ihnen zugeordneten Funktionsbereiche eingreifen, werden sie auch auf Informationen der Basisdatenbanken zurückgreifen müssen.

Ist z. B. der Zentraleinkauf berechtigt, einen Teil der benötigten Einsatzmaterialien der Gliedbetriebe einzukaufen, und nimmt er insoweit eine Linienfunktion wahr, so wird zur Durchführung dieser Aufgabe direkt auf die Basisdatenbank der Gliedbetriebe bzw. Subsysteme zurückgegriffen werden müssen.

2.4.3 Ergebnis- und liquiditätsorientierte PuK im Rahmen eines integrierten Führungs-Informations-Systems

Im rechten Teil der Abbildung 240 ist wiederum der Output einer ergebnis- und liquiditätsorientierten Planungs- und Kontrollrechnung im Rahmen eines integrierten Führungs-Informations-Systems für eine mehrgliedrige Unternehmung mit primär produktorientierter Aufbauorganisation skizziert worden. Auch hier ergeben sich bis zur Stufe der obersten Leitung der Gliedbetriebe keine Unterschiede gegenüber einer verrichtungsorientierten Unternehmung.

Aus den gespeicherten Informationen der zentralen Führungsdatenbank und den Informationen der Gliedbetriebe werden periodisch zusätzlich die folgenden **PuK-Kennzahlen** im Rahmen eines Führungs-Informations-Systems erstellt:

- PuK-Kennzahlen für die **Gesamtunternehmung** (den Konzern): konsolidierte Bilanz-, GuV- und Finanzpläne sowie Kosten-, Erlös- und Deckungsbeitragspläne für Programme, Märkte, Großprojekte;
- PuK-Kennzahlen der **Obergesellschaft** in ausführlicher Form;
- PuK-Kennzahlen der (übrigen) **Gliedbetriebe** in geraffter Form (Kardinalzahlen).

Zudem sind die PuK-Kennzahlenübersichten aller Gliedbetriebe komplett in der Führungsdatenbank der Zentrale vorhanden.

2.5 Beispiele für die Rechnerunterstützung integrierter Führungs-Informations-Systeme

2.5.1 Grundsätzliches

Unter Verwendung von Computern der neuesten Generation ist man heute bemüht, nicht mehr nur die Aufträge rechnergestützt abzuwickeln, sondern sowohl die Auftragsabwicklung und Dokumentationsrechnung als auch die Planungs- und Kontrollsysteme als integrierte Führungs-Informations-Systeme rechnergestützt zu realisieren.

Während für eine **Rechnerunterstützung** der Tätigkeiten im Bereich der Auftragsabwicklung und der Dokumentationsrechnung grundsätzlich modulare Standardlösungen vorhanden sind und auch eingesetzt werden, sind die Möglichkeiten der Programmierung von Führungstätigkeiten schon vom Charakter ihrer Aufgaben her als begrenzt anzusehen. Dennoch bieten sich auch hier vielfältige Möglichkeiten für Planungs- und Kontrollrechnungen.

Computer der neuesten Generation ermöglichen eine gute und z.T. sehr gute Unterstützung der Auftragsabwicklung in den grundlegenden Aktionsbereichen Beschaffung, Produktion und Absatz, in den Querschnittsfunktionen Personal und Logistik sowie im Bereich des Rechnungswesens. Zudem liegt ein Haupteinsatzgebiet der Computer in der operativen Planung und der gesamtunternehmungsbezogenen Ergebnis- und Finanzplanung.

Im Bereich der generellen Zielplanung und der strategischen Planung haben Computer primär Speicherfunktion und sind unerläßliche Voraussetzung für das Arbeiten mit komplexen Partialmodellen, z.B. im Rahmen der Projektplanung, sowie insbesondere mit gesamtunternehmungsbezogenen Simulationsmodellen. Mit letzteren kann die Wirkung von alternativen Programm- und Potentialänderungen (Sach- und/oder Humanpotentialänderungen), Programm- und Prozeßvariationen bei gegebenen Potentialen, Preisänderungen für Input und Output, Finanzierungsänderungen oder Bilanzpolitiken auf die Ziele der Unternehmung ermittelt werden. Erst vereinzelt werden hingegen analytische Gesamtunternehmungsmodelle angewendet (vgl. Teil III, Abschnitt 5.4).

Standard- und Modularprogramme werden von Herstellern und Softwareinstituten bisher vornehmlich angeboten für

- die Auftragsabwicklung in den Funktionsbereichen Beschaffung, Produktion und Absatz sowie im Bereich der dazugehörigen Dokumentationsrechnung,
- die Anlagenwirtschaft,
- das Personalwesen,
- das Rechnungs- und Finanzwesen (gesamtunternehmungs- und funktionsbereichsbezogen),
- die Projektplanung

sowie für Spezialprobleme in einzelnen der oben aufgeführten Bereiche (z.B. Leitstandkonzeptionen im Rahmen der Produktionsplanung und -steuerung).

Der **Prozeß der Bewertung und Auswahl der Module** der am Markt angebotenen Standardsoftwaresysteme sowie die Entscheidung für ein spezielles System stellt die Anwender und Entscheider vor z.T. erhebliche Informationsprobleme. Aus den Kundenanforderungen, den Problemen und den Lösungstrends können als **relevante Kriterien zum Vergleich** von Standardsoftwaresystemen neben dem Preis des Softwaresystems, den Kosten der Installation und der Einführungszeit des Systems insbesondere die Leistungsfähigkeit der einzelnen Module, die Unterstützung von Client/Server-Architekturen, die Benutzerfreundlichkeit, die Integrationsfähigkeit, die Einsetzbarkeit, die Anpassungsfähigkeit sowie die Kommunikationsanbindung und Integration genannt werden[34]. Sie können im Rahmen einer Nutzwertanalyse eingesetzt werden (vgl. Teil I, Abschnitt 2.4).

Im folgenden werden als Beispiele für umfassende, leistungsfähige, modulare Standardsoftwaresysteme das **R/3-System der SAP AG, Walldorf**, sowie das **Triton-System der Baan BV, Ede**, dargestellt. Neben einer jeweiligen Übersichtsdarstellung der allgemeinen Anwendungsmöglichkeiten der beiden Systeme wird dabei besonders auf die Module Rechnungs- und Finanzwesen, Controlling sowie Projektmanagement eingegangen.

2.5.2 SAP R/3-System der SAP AG, Walldorf

2.5.2.1 Grundsätzliches

Das R/3-System der SAP AG, Walldorf, ist eine **modulare Standardsoftware** für den Einsatz in (mehrstufigen) **Client/Server-Architekturen**[35] auf offenen Hardwareplattformen und baut auf den langjährigen Erfahrungen der Standardsoftware R/2 der SAP AG auf, die für den Einsatz in Unternehmungen mit Großrechnerstrukturen konzipiert ist. Das R/3-System (aktuelles Release 3.0) stellt mit über 4000 Installationen und über 400000 Anwendern die weltweit führende betriebswirtschaftliche Client/Server-Standardanwendungssoftware dar[36].

Das als Teil- oder Totalsystem einsetzbare R/3-System **unterstützt sämtliche betriebswirtschaftlichen Abläufe** in einer Unternehmung und verknüpft diese per Realtime-Integration in einem rechnergestützten Gesamtsystem, das zur Planung, Steuerung und Kontrolle in der Unternehmung genutzt werden kann. Die einzelnen Module im R/3-System spiegeln dabei die betriebswirtschaftlichen Abläufe einer Unternehmung in Form standardisierter Geschäftsprozesse wider, die in Daten- und Informationsmodellen dargestellt und mit den technischen Prozessen zu einem Gesamtsystem verbunden werden.

Die in Abbildung 241 abgebildete Übersicht über die Module des R/3-Software-Systems zeigt, daß mit den einzelnen Modulen sowohl das Abrechnungssystem als auch Teile des integrierten Führungs-Informations-Systems unterstützt bzw. abgedeckt werden.

Im **Mittelpunkt der Leistung des R/3-Systems** stehen die auf einem Basissystem aufbauenden, miteinander verknüpften drei Teil-Softwaresysteme „Rechnungswesen", „Logistik" und „Personalwirtschaft", sowie ferner Teil-Softwaresysteme für Büroaufgaben („Office & Communication"), Projekte („Projektsystem") und spezielle Branchenlösungen.

Wesentliche **Leistungsmerkmale** des Systems sind die offene Architektur bzw. Offenheit, die Branchenneutralität, die Internationalität, die umfassende Integration, die Durchgängigkeit, die gemeinsame Datenhaltung sowie der modulare Aufbau. Durch die **offene Architektur** können die Module auf der Grundlage unterschiedlicher Hardware, Betriebssysteme, Datenbanken, Benutzerschnittstellen und Netzwerke eingesetzt werden. Das Softwaresystem ist branchenübergreifend sowohl für kleinere als auch für mittlere und große Unternehmungen aufgrund der Anpassungsmöglichkeiten des Systems an die unternehmungsindividuellen Bedürfnisse einsetzbar. Man spricht hier von **Customizing** bzw. **Parametrisierung**.

---

34 Vgl. Bading, L., Wiesner, K., Finanzbuchhaltung und Anlagenbuchhaltung für PC- und Netzwerksysteme – Software-Vergleichsstudie 1994/95, München 1994.

35 Das Rechnersystem ist in Teile gegliedert, die einen bestimmten Dienst erbringen können – die sogenannten **Server** – und andere Teile, die diese Dienste als Klienten – **Clients** – in Anspruch nehmen; vgl. Buck-Emden, R., Galimow, J., Die Client-Server-Technologie des SAP-Systems R/3: Basis für betriebswirtschaftliche Standardanwendungen, 2. Aufl., Bonn–Paris, 1995.

36 Vgl. SAP AG (Hrsg.), Produktbeschreibung System R/3, Walldorf 1993.

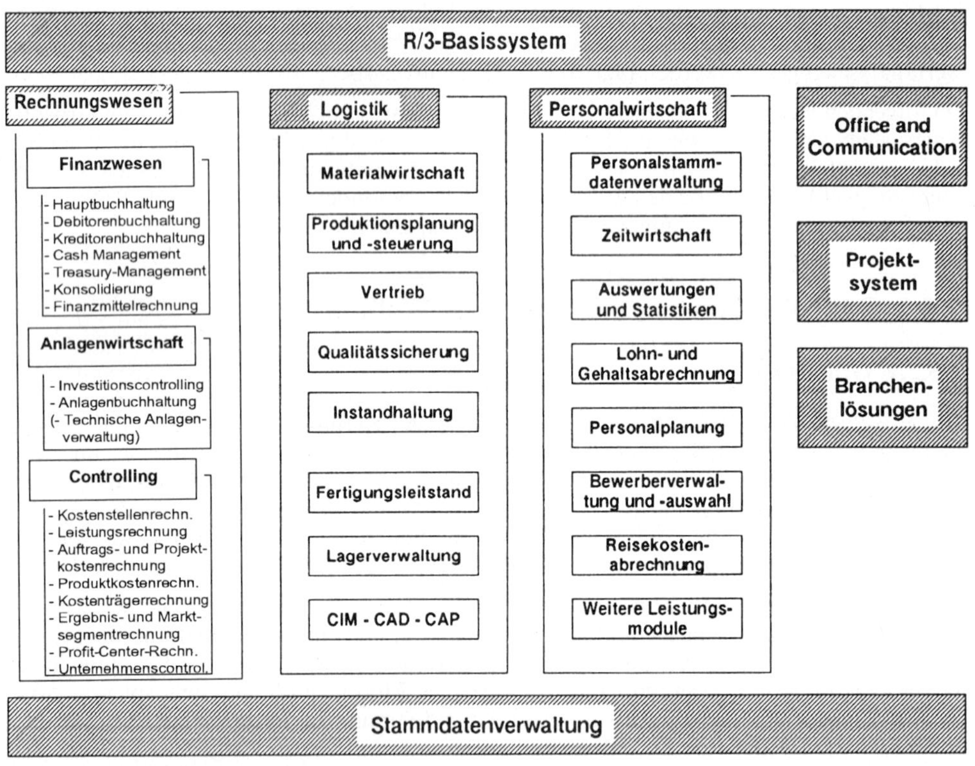

Abb. 241: Übersicht über die Module des R/3-Systems

Besondere **Branchenlösungen** erleichtern den Einsatz des Systems in spezifischen Unternehmungstypen (Banken, Versicherungen, Verlage, Krankenhäuser, Handelsunternehmungen, Energieversorger, Ölindustrie, Prozeßindustrie etc.). Ferner bietet R/3 **international** tätigen Unternehmungen die Möglichkeit einer grenzüberschreitenden Unterstützung auf der Grundlage einheitlicher betriebswirtschaftlicher Lösungen (z. B. mehrsprachige Anwendungen, flexible Behandlung von Währungen, Berücksichtigung nationaler gesetzlicher, insbesondere auch steuerlicher Bestimmungen). Die einzelnen Komponenten des R/3-Systems sind Teil eines **integrierten vernetzten Gesamtmodelles,** das die Durchgängigkeit aller Funktionen garantiert. Informationen eines Vorganges werden nur einmal in einer **gemeinsamen, relationalen Datenbasis** gespeichert (Stammdatenverwaltung) und in Echtzeit (realtime) in alle abhängigen Informationskreise der einzelnen **Module** durchgebucht. Hat der Vertrieb z. B. Produkte ausgeliefert, wird automatisch eine Rechnung erstellt. Rechnungen für gelieferte Material werden rechnergestützt beglichen. Wird durch Lagerentnahme von Material die Meldemenge erreicht, geht automatisch an den Einkauf oder die eigene Fertigung der Auftrag, neue Teile zu bestellen oder herzustellen. Durch diese Integration der einzelnen Module (im Sinne einer übergreifenden Basismodellbank) ist es ferner möglich, **Unternehmungskennzahlen** in abgestimmter Form für jeden Anwendungszweck online durch entsprechende Module einer Führungsmodellbank im Sinne eines Führungs-Informations-Systems bereitzustellen. Im R/3-System wird die **Integration der Module** durch ein **Unternehmungsdatenmodell** (Entity-Relationship-Modell aller funktionsrelevanten Datenstrukturen) und ein **Prozeßmodell** (Beschreibung der Integrationsabläufe) offengelegt.

Die **idealtypischen Betriebsabläufe** bzw. Geschäftsprozesse werden im System R/3 in einem **Referenzmodell** definiert. Weil die an dieses Referenz-Unternehmungsmodell angepaßten Standardprogramme jedoch i.d.R. nicht mit den unternehmungsspezifischen Gegebenheiten übereinstimmen, sind die Programme an die individuellen Bedürfnisse anzupassen. **Branchen- und kundenspezifische Anpassungen** lassen sich dabei weitgehend ohne Programmodifikation durch Tabellensteuerung vornehmen. Grundlage der parametrischen Anpassung bilden die konkreten unternehmungsspezifischen Gegebenheiten, die in einem relationalen Tabellenwerk dargestellt werden. Die einzelnen Felder der Tabellen stellen eine Art Stellschraube (Parameter) dar, mit der die einzelnen Standardsoftware-Module an die Bedürfnisse der Nutzer des Systems angepaßt werden können.

Da die Standardmodule trotz der Möglichkeit der kundenspezifischen Parametrisierung i.d.R. nicht die gesamte vom Kunden gewünschte Anwendungspalette abzudecken vermögen, kann das System durch **externe Softwareprogramme** über standardisierte Schnittstellen oder um **selbstgeschriebene Software** mit der SAP-eigenen Programmiersprache ABAP/4 (=Advanced Business Application Programming, Programmiersprache der 4. Generation) ergänzt und an die aktuellen Unternehmungsentwicklungen angepaßt werden [37]. Über die standardisierten Schnittstellen ist ebenso eine Integration bereits in der Unternehmung bestehender Fremdsysteme in das R/3-System möglich.

Durch umfangreiche **Serviceleistungen** der SAP AG (Beratungen, Schulungen), aber auch durch Unterstützung durch das System selbst (Customizing, Implementation Guide), wird die Einführung von SAP R/3 unterstützt. Die **Einführungszeiten** hängen jedoch im wesentlichen vom speziellen Unternehmungstyp ab (Unternehmungsgröße und -struktur, Branche etc.). Ferner ist die Anzahl der zu implementierenden Module ein bedeutender Einflußfaktor für die Einführungszeit.

Der **Vertrieb**, die **Einführung** des Systems sowie die **Parametrisierung** erfolgen durch die SAP AG selbst, insbesondere jedoch durch externe Beratungshäuser (sowohl Systemhäuser als auch Unternehmungsberatungen) als sogenannte **Logopartner** der SAP AG.

2.5.2.2 Überblick über das Hardwaresystem

Da das R/3-System für den Einsatz in (mehrstufigen) **Client/Server-Architekturen** angelegt ist, besteht eine typische **Rechnerhierarchie** grundsätzlich aus [38]:

- einem Zentralrechner, meist einem Datenbankserver zur Abwicklung aller datenbankintensiven Funktionen,
- mehreren daran angeschlossenen Abteilungsrechnern, auf denen die Applikations- bzw. Anwendungs-Logik zur Durchführung der eigentlichen Dialogverarbeitung implementiert ist sowie
- mehreren Arbeitsplatzrechnern (z.B. Workstations) für die Präsentation und den Dialog (Ein- und Ausgabe) mit den Systemnutzern.

Die **R/3-Architektur** zeichnet sich, wie bereits erläutert, durch Offenheit aus. Die R/3-Anwendungen sind dabei über alle Rechnerebenen (PC, Workstation, Midrange-Rechner, Mainframe) einsetzbar [39].

---

37 Vgl. zum folgenden SAP AG (Hrsg.), ABAP/4 Development Workbench – Professionelle Entwicklung von Client/Server-Anwendungen – System R/3, Walldorf 1994.

38 Vgl. SAP AG (Hrsg.), Produktbeschreibung System R/3, a.a.O. sowie SAP AG (Hrsg.), SAP R/3 Software-Architektur – System R/3, Walldorf 1994.

39 Vgl. hierzu und zum folgenden Siemens-Nixdorf Informationssysteme AG (Hrsg.), Produktbeschreibung R/3, München 1991, S. 3.

2.5.2.3 Überblick über das Basissystem

Das **R/3-Basissystem** bildet den **strukturellen Rahmen** für die einzelnen System- und Anwendungsprogramme, sorgt für die optimale Einbettung der Anwendungsprogramme in das Systemumfeld und definiert den Rahmen für Systemerweiterungen[40]. Neben der Integration der Anwendungsprogramme, der einheitlichen Benutzeroberfläche, dem einheitlichen Daten- und Informationsmanagement sowie dem einheitlichen Konzept für die Steuerung der Transaktionen enthält das R/3-Basissystem **Werkzeuge** (Tools) für die Verwaltung des Gesamtsystems und ermöglicht die Verteilung der Ressourcen und Systemkomponenten. Ferner bildet es die Schnittstelle zu dezentralen Systemeinheiten und Fremdsystemen und stellt so die Einsetzbarkeit der R/3-Anwendungen und Werkzeuge sicher. Abbildung 242 stellt die Architektur der R/3-Basistechnologie dar.

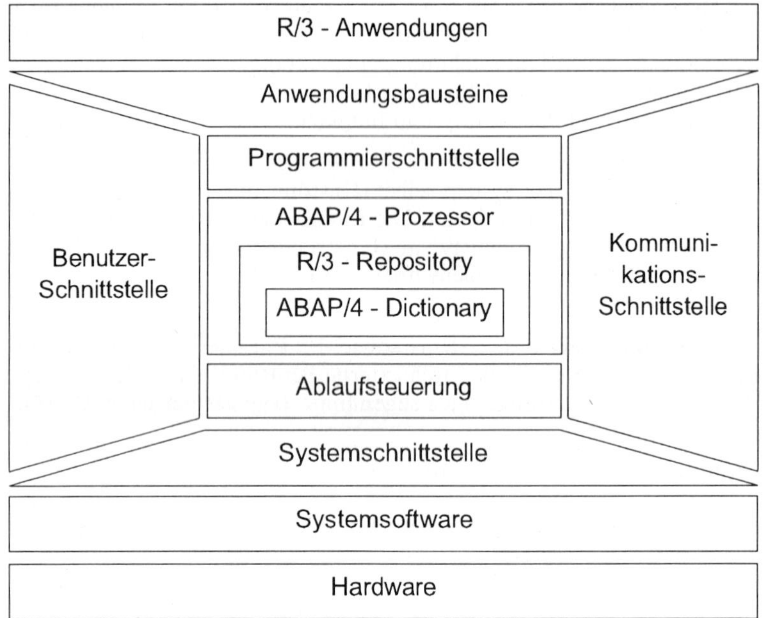

Abb. 242: Architektur der R/3-Basistechnologie[41]

Mit diesem Design wird das R/3-System sowohl der Forderung nach einer einheitlichen, ergonomischen Benutzer-Oberfläche und der Verteilbarkeit der Anwendungen als auch der Forderung nach offenen Schnittstellen und der Erweiterbarkeit des Gesamtsystems gerecht. Hinzuweisen ist an dieser Stelle auf das aktive **ABAP/4-Dictionary**, in dem alle von den Anwendungsprogrammen manipulierten Daten und Informationen in einheitlicher Form als relationale Datenbank fortgeschrieben werden. Ferner können hier logische Abhängigkeiten zwischen Tabellen oder Tabellenfeldern definiert werden.

40 Vgl. zum folgenden SAP AG (Hrsg.), Basis-Software – Das Fundament für ein einheitliches Systemmanagement, Walldorf 1994.

41 Entnommen aus Siemens-Nixdorf Informationssysteme AG (Hrsg.), Produktbeschreibung R/3, a.a.O., S. 4 (leicht modifiziert).

2.5.2.4 Überblick über das Modul Rechnungswesen

Das Rechnungswesen als eines der wesentlichen Anwendungsprogramme umfaßt Softwarelösungen für das **Rechnungs- und Finanzwesen**, die **Anlagenwirtschaft** und das **Controlling**[42]. Die Dokumentations- und Verwaltungsaufgaben – als Teile der Basismodellbank – werden um (Führungsmodellbank-)**Module** für die Bereitstellung und Aufbereitung betriebswirtschaftlicher Informationen **für operative und strategische Entscheidungen** in einer Führungsdatenbank ergänzt. Schnittstellen zur Logistikkette und Personalwirtschaft schaffen die Möglichkeit einer **ganzheitlichen Betrachtung der Abläufe**. Die wesentlichen Leistungsmerkmale des Moduls Rechnungswesen zeigt Abbildung 243.

Die Komponenten können sowohl einzeln als auch kombiniert eingesetzt werden.

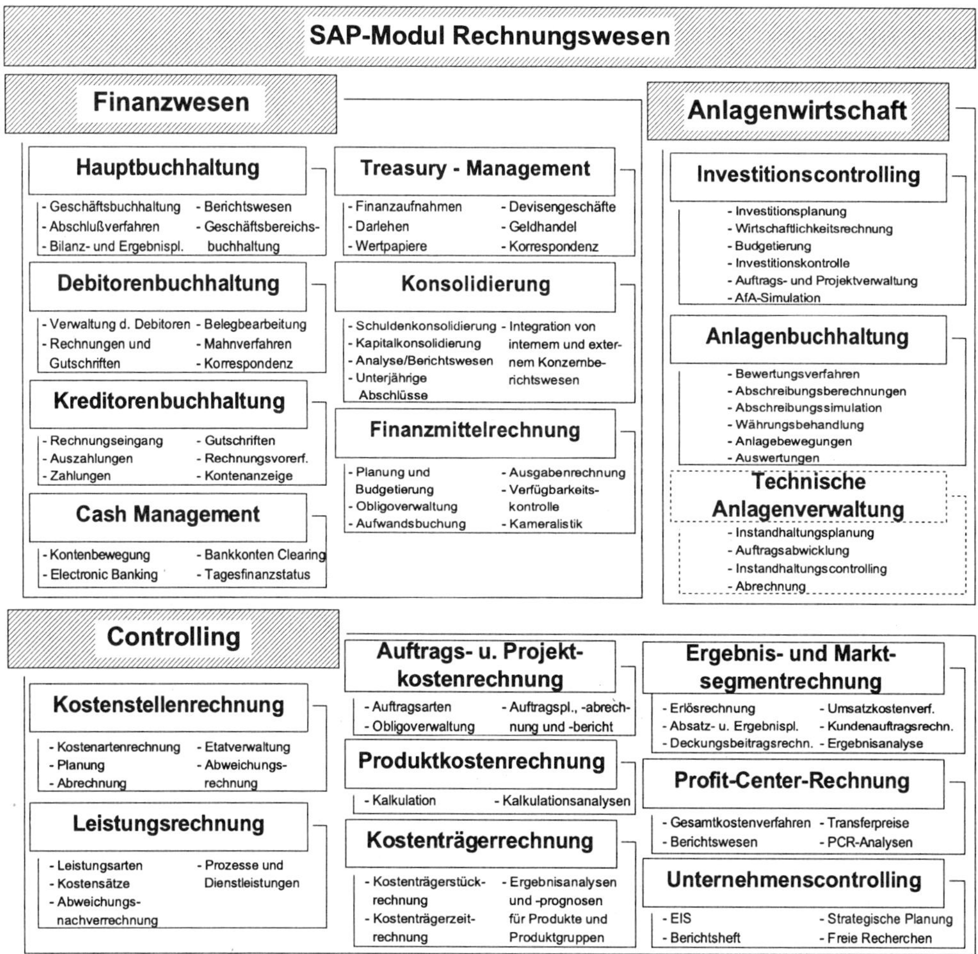

Abb. 243: Die Anwendungen des Rechnungswesens im Überblick[43]

42 Vgl. zum folgenden SAP AG (Hrsg.), Rechnungswesen – Integrierte Standardsoftware für Finanzwesen, Anlagenwirtschaft, Controlling, Walldorf 1994.

43 In Anlehnung an SAP AG (Hrsg.), Rechnungswesen – Integrierte Standardsoftware für Finanzwesen, Anlagenwirtschaft, Controlling, a.a.O., S. 6f.

Das Funktionsspektrum des **Finanzwesens** setzt sich aus den Softwarelösungen für Haupt-, Debitoren- und Kreditorenbuchhaltung sowie Finanzcontrolling, Finanzanlagen, Konsolidierung und Finanzmittelüberwachung zusammen[44]. **Zentrales Prinzip** des Finanzwesens ist die Ordnungsmäßigkeit der Buchführung, **zentrale Grundlage** aller Buchungsvorgänge sind die Daten der Einzelbelege[45] und **zentrales Integrationselement** ist der gemeinsam genutzte Kontenplan, der eine automatische Fortschreibung aller Vorgänge entsprechend einer einheitlichen Kontengliederung ermöglicht.

Der **Funktionsbereich Hauptbuchhaltung** unterstützt alle Funktionen der Gesamtdarstellung des externen Rechnungswesens. Die Software erlaubt eine freie Wahl der Kontengliederung, das Führen mehrerer Hauptbücher, das parallele Fortschreiben des Hauptbuches und der Kostenrechnungsbereiche, die Erstellung unterschiedlicher Bilanzversionen sowie unternehmungsindividuelle Auswertungen der betriebswirtschaftlichen Informationen. Bilanzen sowie Gewinn- und Verlustrechnungen basieren stets auf aktuellen Zahlen und können jederzeit online erstellt werden.

Die Module **Debitoren- und Kreditorenbuchhaltung** ermöglichen neben einer weitgehend automatisierten Online-Erfassung der regelmäßigen debitorischen und kreditorischen Geschäftsvorfälle die Übernahme der klassischen Aufgaben der Verwaltung von Debitoren und Kreditoren (Zahl- und Mahnwesen, Auszahlungs- und Wechselvorgänge, Kontenanalysen, Stichtagsbewertungen etc.). Über den internen Informationsfluß werden dem Einkauf und Verkauf wesentliche Informationen zur Verfügung gestellt. Schnittstellen zur Ergebnis- und Marktsegmentrechnung sowie zum Cash Management verknüpfen die Finanz- und Ergebnisseite eines Vorgangs.

Kern des Funktionsspektrums des **Cash Management** ist die automatische Abwicklung des Zahlungsverkehrs unter Berücksichtigung aller dispositiven Vorgänge. Ferner werden mit diesem Modul die aktuelle Darstellung der Kontenbewegungen, das Electronic Banking, die Finanzmittelrechnung und die direkte Finanzplanung unterstützt.

Analyse sowie Optimierung der Disposition und Kapitalverwaltung (Finanzierung und Definanzierung) werden durch das Modul **Treasury-Management** unterstützt.

Das mit der Anlagenwirtschaft sowie den übrigen Teilbereichen des Finanzwesens verbundene Modul **Konsolidierung** übernimmt in einem Konzern die Zusammenfassung mehrerer Einzelabschlüsse zu einem Konzernabschluß. Neben den gesetzlich verlangten Konzernabschlüssen ist auch die Erstellung von unterjährigen Abschlüssen und Plankonsolidierungen möglich.

Das vollständig in das Rechnungswesen integrierte Modul **Finanzmittelrechnung** unterstützt die Planung und Steuerung aller Mittelbindungen und Dispositionen. Eine frühzeitige und detaillierte Budgetierung, der Nachweis über die Mittelverwendung und die Kontrolle der Budgetvorhaben werden ebenso unterstützt wie die Steuerung der zeitlichen Bindung der Mittelverwendung für Investitionen, Leistungserbringungen und die Aufrechterhaltung des laufenden Betriebes. Da die Budgetstruktur der Organisationsstruktur entspricht, wird die Kontrolle von Budget und Verantwortlichkeit erleichtert.

Die Anwendungen der **Anlagenwirtschaft** bieten die Möglichkeit, Wirtschaftsgüter des Anlagevermögens während ihres Lebenszyklus zu begleiten – von der Phase der Investitionsplanung bis zur Verschrottung oder zum Verkauf – und umfassen die Kernelemente Investi-

---

44 Vgl. zum folgenden SAP AG (Hrsg.), Funktionen im Detail: Das Finanzwesen der SAP – System R/3, Walldorf 1992 sowie ferner SAP AG (Hrsg.), Rechnungswesen – Integrierte Standardsoftware für Finanzwesen, Anlagenwirtschaft, Controlling, a.a.O.

45 Grundlage dieser Abläufe ist das Prinzip der integrierten Verarbeitung aller geprüften Belegdaten.

tionscontrolling, Anlagenbuchhaltung sowie – im weitesten Sinne – die technische Anlagenverwaltung[46]. Durch den Informationsverbund mit den anderen Modulen des Rechnungswesens und der Logistik wird die Möglichkeit eines durchgehenden Anlagenmanagement eröffnet.

Das Modul **Investitionscontrolling** unterstützt die Planung, Steuerung und Kontrolle von Investitionen und Desinvestitionen. Alternative Formen der Wirtschaftlichkeitsrechnung stehen ebenso zur Verfügung wie Simulationsverfahren.

Das Modul **Anlagenbuchhaltung** ermöglicht die Erfassung und Verarbeitung von Zu- und Abgängen, Umbuchungen sowie von Zu- und Abschreibungen. Bei der Wahl der Abschreibungs- und Bewertungsmethoden stehen dem Nutzer ebenso wie bei der Wahl der kalkulatorischen Zinsen und der Versicherungswerte individuelle Definitionsmöglichkeiten zur Verfügung.

Die **Technische Anlagenverwaltung** unterstützt die verwaltungstechnische Abwicklung von Instandhaltungsaufträgen. Planung, Ist-Datenerfassung und die Auswertung gehören ebenso zu diesem Modul wie die Abrechnung der entstehenden Kosten für gängige Instandhaltungsmaßnahmen.

Die Anwendungen des **Controlling** bilden die Grundlage für die informationelle Sicherung bzw. Sicherstellung ergebnisorientierter Planung, Steuerung und Kontrolle des Unternehmungsgeschehens. Sie umfassen die Kernelemente Kostenstellen- und Leistungsrechnung für die kurzfristige Kostenplanung und -kontrolle, Auftrags- und Projektkostenrechnung für die Planung, Überwachung und Analyse des Ressourceneinsatzes, Produktkostenrechnung, unterstützt durch diverse Kalkulationsarten, Kostenträgerrechnung, die als Stück-, Gruppen- oder Zeitrechnung erfolgen kann, Ergebnis- und Marktsegmentrechnung für Sach- und Dienstleistungen, Profit-Center-Rechnung, Prozeßkostenrechnung (Activity Based Cost Management) sowie das Unternehmenscontrolling (EIS, u.a.) als Softwaremodule der Führungsmodellbank für die Bereitstellung von Führungsinformationen in einer Führungsdatenbank[47]. Mit diesen Teilelementen bildet das Controlling eine wesentliche Grundlage für ein integriertes Führungs-Informations-System bzw. ein rechnergestütztes Planungs- und Kontrollsystem. Der durch das System R/3 realisierbare durchgehende Rechnerverbund ermöglicht in einer Unternehmung die monetäre Darstellung der Auswirkungen von Programm- und Potentialänderungen und von Aktionen an Aktionsobjekten durch Sach- und/oder Humanpotentiale. Es entsteht eine, von der Beschaffung über Forschung und Entwicklung, Produktion und Absatz reichende, aussagekräftige Informationsbasis für die zielorientierte Führung. Strategische Führungsentscheidungen werden durch spezielle Führungsinformationen unterstützt.

Im einzelnen ermöglicht das Modul **Kostenstellenrechnung** die Planung und Kontrolle von Kostenstellen- aber auch von Kostenartenkosten in Form umfangreicher Funktionen und eines individuell gestaltbaren Berichtswesens. Die Informationen werden sowohl den Kostenstellen als auch den periodisch nachgelagerten Funktionen, wie z. B. der Kalkulation, weitergegeben und ermöglichen so eine umfangreiche Kostentransparenz. Das angewandte

---

46 Vgl. zum folgenden SAP AG (Hrsg.), Funktionen im Detail: Anlagenwirtschaft – System R/3, Walldorf 1994 sowie ferner SAP AG (Hrsg.), Rechnungswesen – Integrierte Standardsoftware für Finanzwesen, Anlagenwirtschaft, Controlling, a.a.O.

47 Vgl. zum folgenden SAP AG (Hrsg.), Funktionen im Detail: Controlling – Grundlagen und Gemeinkostenrechnung – System R/3, Walldorf 1993; SAP AG (Hrsg.), Funktionen im Detail: Controlling – Produktkostenrechnung – System R/3, Walldorf 1994; SAP AG (Hrsg.), Funktionen im Detail: Controlling – Ergebnisrechnung – System R/3, Walldorf 1994 sowie ferner SAP AG (Hrsg.), Rechnungswesen – Integrierte Standardsoftware für Finanzwesen, Anlagenwirtschaft, Controlling, a.a.O.

Kostenrechnungsverfahren (z.B. Standardkostenrechnung, Grenzplankostenrechnung, Prozeßkostenrechnung) setzt jeweils andere Verrechnungstechniken ein. Die Abstimmung mit der Buchhaltung ist gewährleistet.

Das Modul **Leistungsrechnung** ermöglicht die Planung, Steuerung und Kontrolle von Kosten und Leistungen und gestattet eine genaue Kostenerfassung und -verrechnung.

Mit dem Modul **Auftrags- und Projektkostenrechnung** wird im Rahmen eines vernetzten Controlling eine detaillierte Rechnung für Aufträge und Projekte möglich. Durch die Ermittlung und den Vergleich von Plan- und Ist-Informationen wird eine laufende Kontrolle sichergestellt.

Das Modul **Produktkostenrechnung** ermöglicht eine umfassende Erzeugnis- und Auftragskalkulation. Ferner können Kostenstrukturen, Kostenarten und Arbeitsvorgänge kontrolliert sowie periodische und objektbezogene Prognosen durchgeführt werden.

Das Modul **Kostenträgerrechnung** ermöglicht Ergebnisprognosen und -analysen für Produkte und Produktgruppen innerhalb einer Periode.

Die **Ergebnis- und Marktsegmentrechnung** liefert über eine mehrstufige produkt- oder auftragsbezogene Deckungsbeitragsrechnung, eine Absatz- und Ergebnisplanung sowie eine Ergebnisrechnung nach dem Umsatzkostenverfahren eine zeitnahe, qualifizierte Informationsbasis für eine integrierte Ergebnisrechnung. Ferner können aktuelle Märkte analysiert und eigene Positionen beurteilt werden.

Das Modul **Profit-Center-Rechnung** erlaubt auf der Grundlage des Gesamtkostenverfahrens eine periodische Erfolgsrechnung für einzelne Unternehmungseinheiten, insbesondere bei divisionaler Unternehmungsstruktur. Diese Softwarelösung ist besonders geeignet für Unternehmungen, die eine kurzfristige periodische Ergebnisrechnung der selbständigen Unternehmungsbereiche realisieren wollen.

Als letztes Modul des Controlling ist das **Unternehmenscontrolling** zu nennen. Als Teil der Führungsmodellbank erlaubt das EIS (Executive Information System) als wesentliches Instrument des Unternehmenscontrolling, Informationen aus den verschiedenen Unternehmungsbereichen zu sammeln und sie als verdichtete **Führungsinformationen** bereitzustellen. Die freie Definition der Berichtsstrukturen ermöglicht individuelle Analysen und Recherchen. Strategische Entscheidungen werden durch leistungsfähige Informationsbeschaffung und -verarbeitung unterstützt. Führungsinformationen, d.h. Planungs-, Steuerungs- und Kontrollinformationen und damit auch Dokumentationsinformationen, können weitgehend maschinell im Rahmen des **Open-Information-Warehouse-Konzeptes** ermittelt werden. Im Rahmen dieses Führungsmodells werden transparent aufbereitete Führungsinformationen sowohl aus Informationen der SAP-Module als auch aus externen Systemen auf allen Unternehmungsebenen zur Verfügung gestellt. Grundlage für die Bereitstellung dieser bedarfsgerecht aufbereiteten Informationen sind die Informationssysteme in den einzelnen Modulen (Logistik-, Controlling-, Finanz- und Personal-Informations-System) (siehe Abbildung 244).

Damit ist ein durchgängiger Informationsfluß zwischen den einzelnen Aktionen sowie den strategischen und operativen Informationssystemen sichergestellt. Das Führungs-Informations-System EIS erlaubt die Verknüpfung aller Informationen aus den verschiedenen Unternehmungsbereichen sowie aus externen Quellen (z.B. Marktdaten) und ermöglicht damit der Führungsspitze einen umfassenden Überblick auch bei dezentralen Führungskonzeptionen.

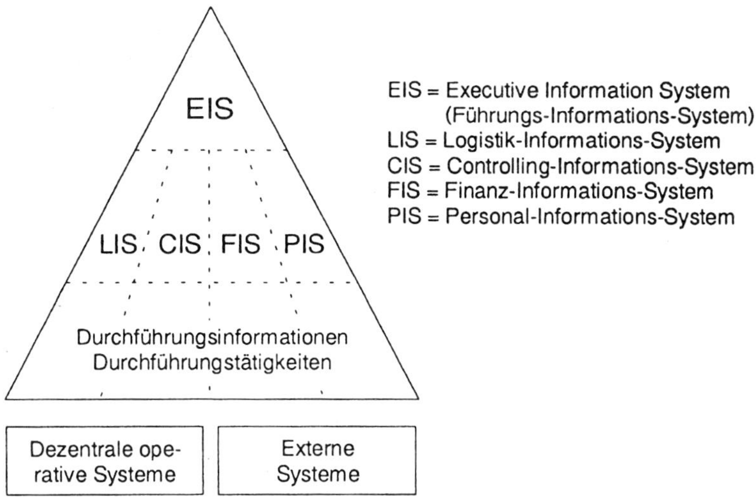

Abb. 244: Open-Information-Warehouse-Konzept[48]

2.5.2.5 Überblick über das Modul Projektsystem

Das Modul **Projektsystem** stellt ein umfassendes rechnergestütztes Instrument zur Planung, Steuerung, Durchführung und Kontrolle von Projekten dar. Ziel ist die Optimierung der Geschäftsprozesse der Unternehmung sowie die Reduzierung von Routinetätigkeiten und die Beschleunigung der Abläufe[49].

Unterstützt werden unterschiedlichste zielorientierte, zeitlich begrenzte Aktionsfolgen, wie z. B. Forschungs- und Entwicklungsprojekte, Einzelaufträge bei Kundeneinzelfertigung, Investitionsvorhaben sowie auch Marketing-Projekte zur Budget-Überwachung. Das Modul deckt branchenneutral alle Aufgaben im Bereich des Projektmanagement ab. Die Integration des Projektsystems in den Gesamtaufbau des R/3-Systems ermöglicht die Berücksichtigung der Belange der einzelnen Funktionsbereiche sowie die Unterstützung mit unterschiedlichsten Funktionen in allen Phasen des Projektes.

Zentrale Instrumente des Moduls sind Projektstruktur- und Netzpläne, die kombiniert oder unabhängig voneinander eingesetzt werden können.

Im einzelnen unterstützt das Modul die Phasen der Grob- und Feinplanung, der Genehmigung, der Realisation und des Abschlusses sowie das zugrundeliegende Informationssystem und die Grunddatenverwaltung. So können in einem ersten Schritt unter Zuhilfenahme von Projektstruktur- und Netzplänen Leistungsfortschritt, Kosten und Termine grob entlang der Projektstruktur geplant werden. Die **Grobplanung** kann jederzeit **detailliert** und optimiert werden. So kann z. B. die Kostenplanung durch eine Kostenartenplanung oder durch eine Einzelkalkulation detailliert werden.

48 In Anlehnung an SAP AG (Hrsg.), Rechnungswesen – Integrierte Standardsoftware für Finanzwesen, Anlagenwirtschaft, Controlling, a.a.O., S. 6f.

49 Vgl. zum folgenden SAP AG (Hrsg.), Funktionen im Detail: Projekt-System – System R/3, Walldorf 1994.

Sach- und Humanpotentiale, Materialien, Hilfsmittel und Dienstleistungen, die zur Realisation des Projektes erforderlich sind, werden – ermöglicht durch die Integration in das R/3-Gesamtsystem – in Abstimmung mit den anderen Modulen (z.B. Rechnungswesen, Logistik, Personal) geplant und anschließend von dem Projektsystem **bestellt** bzw. **reserviert**.

Während der Durchführung des Projektes überwacht die Software automatisch die **Verfügbarkeit** der finanziellen Mittel, der Sach- und Humanpotentiale sowie der Hilfsmittel und Dienstleistungen. Zudem werden die in der Realisierung aus den einzelnen Funktionalbereichen der Unternehmung für das Projekt anfallenden **Istwerte** direkt auf dem Projekt **fortgeschrieben** (z.B. Termine, Materialverbräuche).

Durch **Abgrenzung** ist es möglich, jederzeit die aufgelaufenen Projektkosten den aus dem Projekt realisierten Erlösen gegenüberzustellen. Dieses Ergebnis kann automatisch in die Betriebsergebnisrechnung übernommen werden. Ebenso besteht die Möglichkeit, entsprechende Bilanzbuchungen (z.B. Rückstellungen, halbfertige Waren) zu tätigen.

In der **Schlußabrechnung** können die durch das Projekt angefallenen Istkosten ganz oder teilweise über eine Kostenstelle, eine Anlage oder über eine Ergebnisrechnung abgerechnet werden.

Das **Informationssystem** stellt während der gesamten Projektabwicklung alle erforderlichen Informationen in Form von Auswertungen, graphischen Analysen, Tabellen, u.a. zur Verfügung.

2.5.3 Triton-System der Baan BV, Ede

2.5.3.1 Grundsätzliches

Das Triton-System der Baan BV, Ede, stellt – ebenso wie das R/3-System der SAP AG – eine offene, modulare Standardsoftware für den Einsatz in Client/Server-Architekturen dar (aktuelle Version 3.0). Mit über 2100 Installationen zählt auch dieses Software-System zu den weltweit führenden Client/Server-Anwendungen. Bei Unix-basierter Standardsoftware ist Baan mit Triton nach eigenen Angaben weltweiter Marktführer. Neben dem Einsatz als Client/Server-System kann das Triton-System auch für eine herkömmliche CPU-Lösung (Großrechnerstruktur) konfiguriert werden[50].

Als vollständig integrierte – als Teil- oder Total-System einsetzbare – Standardsoftware unterstützt Triton sämtliche betriebswirtschaftlichen Abwicklungsprozesse und verbindet diese per Realtime-Integration in einem rechnergestützten Gesamtsystem, das zur Planung, Steuerung und Kontrolle in der Unternehmung genutzt werden kann[51].

Kernelemente des Triton-Systems, welches sowohl das Abrechnungs- als auch das Führungs-Informations-System unterstützt, bilden die neun miteinander verknüpften **Teil-Softwaresysteme** „Enterprise“, „Distribution“, „Finance“, „Service and Maintenance“, „Organizer and Target“, „Project“, „Manufacturing“, „Transportation“ und „Tools“ (vgl. Abbildung 245).

50 Vgl. hierzu und zum folgenden Baan Deutschland GmbH (Hrsg.), Triton – Die Standardsoftware, Hannover 1995.

51 Vgl. hierzu und zum folgenden Baan Deutschland GmbH (Hrsg.), Triton – Die Standardsoftware, a.a.O.

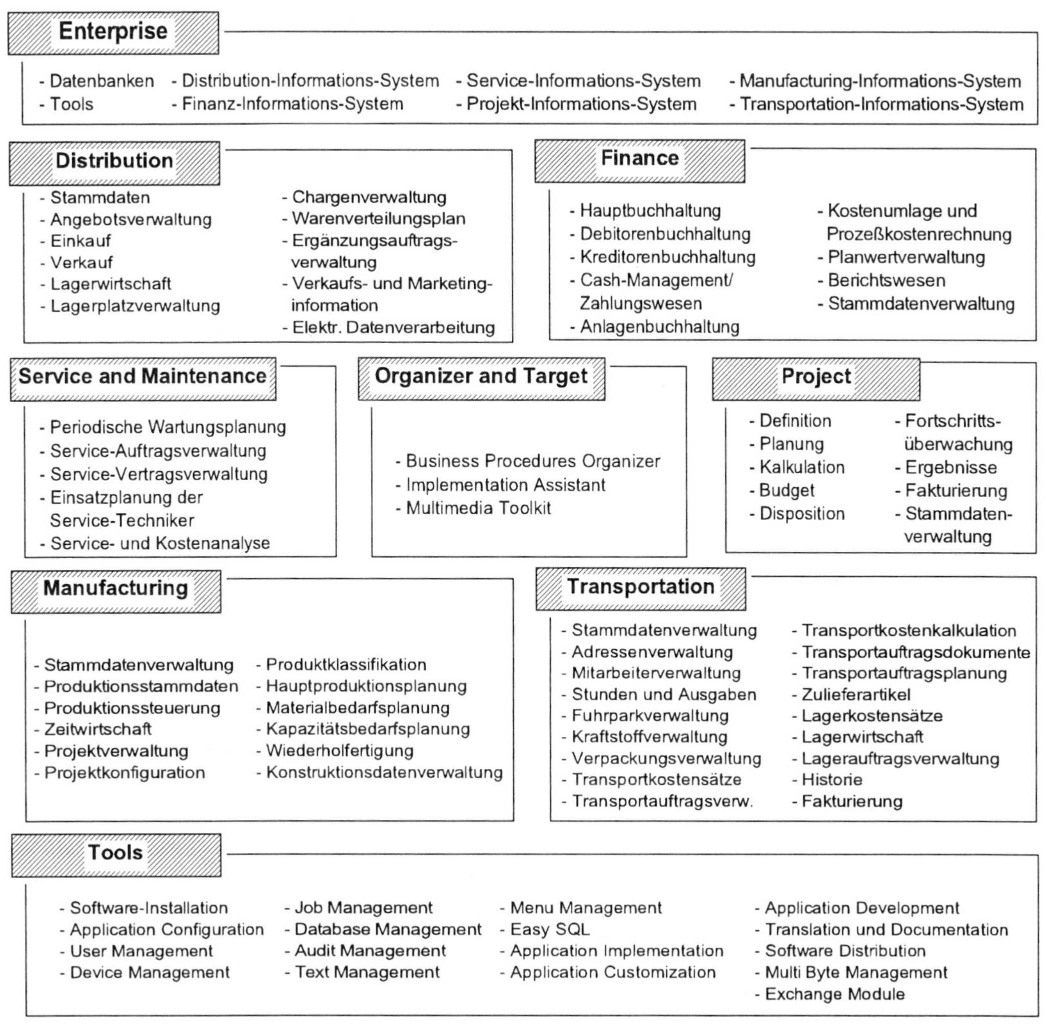

Abb. 245: Übersicht über die Module des Triton-Systems

Bei den Kernelementen des Triton-Systems ist zwischen den eigentlichen **Anwendungs-** und den **Servicemodulen** zu unterscheiden. Letztere unterstützen z. B. die Implementierung und die Abbildung der Geschäftsprozesse in der Unternehmung. Der strukturelle Rahmen für die Anwendungs- und die Servicemodule wird durch das Repository und die Entwicklungswerkzeuge (Tools) gebildet (vgl. Abbildung 246).

Wie auch das R/3-System zeichnet sich Triton im wesentlichen durch die **Leistungsmerkmale** Offenheit, Branchenneutralität, Internationalität, umfassende Integration, Durchgängigkeit, gemeinsame Datenhaltung und den modularen Aufbau aus (vgl. Teil V, Abschnitt 2.5.2.1). Ferner kann der Benutzer des Triton-Systems zwischen unterschiedlichen Kommunikationsstandards auswählen (Datenbankserver, verteilte Daten oder verteilte Module, Verteilung über LAN oder WAN etc.).

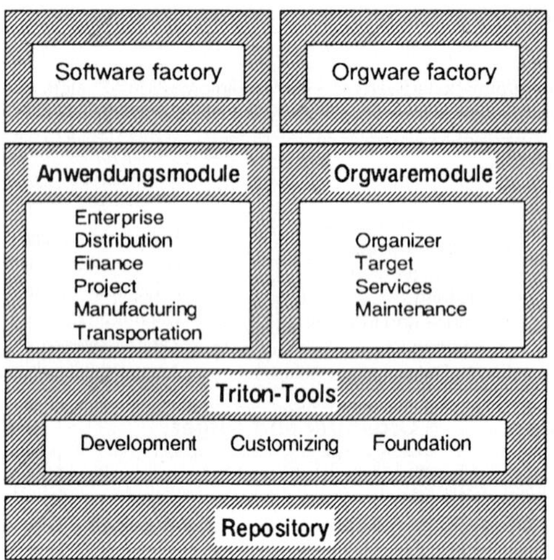

Abb. 246: Grundkonzeption des Triton-Systems

Die **idealtypischen Betriebsabläufe** bzw. Geschäftsprozesse werden, wie beim System R/3, auch im Triton-System in einem **Standard-Referenzmodell** definiert, woraus sich die bereits oben dargestellte Notwendigkeit der Anpassung an die nutzerspezifischen Bedürfnisse ergibt (Parametrisierung). Die Standardsoftwarekomponenten des Triton-Systems lassen sich kundenspezifischen Bedürfnissen und den aktuellen Unternehmungsentwicklungen anpassen **(Customizing)**, als offene Systemkomponenten plattformunabhängig implementieren und in unabhängigen Systemen integrieren sowie bei nicht ausreichender Funktionalität durch externe Softwareprogramme über standardisierte Schnittstellen oder um selbstgeschriebene Software ergänzen (vgl. ausführlich hierzu Teil V, Abschnitt 2.5.2.1).

Durch umfangreiche **Serviceleistungen** der Baan BV (Beratungen, Schulungen etc.), aber auch durch Unterstützung durch das System selbst (kontextabhängige Online-Hilfe im Hypertextformat), wird die Einführung von Triton unterstützt. Die **Einführungszeiten** hängen auch bei Triton im wesentlichen vom speziellen Unternehmungstyp ab (Unternehmungsgröße und -struktur, Branche etc.). Ferner ist auch hier die Anzahl der zu implementierenden Module ein bedeutender Einflußfaktor für die Einführungszeit.

2.5.3.2 Überblick über das Hardwaresystem

Die typische **Rechnerhierarchie** eines als Client/Server-System ausgelegten Triton-Systems entspricht der bereits oben dargestellten typischen Rechnerhierarchie des R/3-Systems. Sie setzt sich aus einem Zentralrechner (meist ein Datenbankserver zur Abwicklung der datenbankintensiven Funktionen), den daran angeschlossenen Abteilungsrechnern (implementiert wird hier insbesondere die Applikations-Logik zur Durchführung der eigentlichen Dialogverarbeitung) und mehreren Arbeitsplatzrechnern für die Präsentation und den Dialog zusammen.

Die sich durch Offenheit auszeichnende Software ist auf den Hardwareplattformen der führenden internationalen Hardwarehersteller einsetzbar. Das **Systemumfeld** wird jedoch vorwiegend auf UNIX-Plattformen eingesetzt. Die Anwendungen des Triton-Systems sind dabei über alle Rechnerebenen einsetzbar. Die Datenbanken im Triton-System sind grundsätzlich relationaler Natur, führende Datenbanksysteme werden unterstützt.

2.5.3.3 Überblick über Triton-Tools

Triton-Tools bildet zusammen mit dem Repository den **strukturellen Rahmen** für die Triton-Anwendungsmodule und die Triton-Orgware, sorgt für die Einbettung der Module in das Systemumfeld und definiert den Rahmen für Systemerweiterungen [52]. Ferner enthält Tools **Werkzeuge** für Verwaltung, Pflege und kundenspezifische Anpassung bzw. Weiterentwicklung des Gesamtsystems wie auch für die Dokumentation, Übersetzung, Verteilung, Installation und Implementierung einer Anwendung. Die entwickelten Anwendungen können hardwareunabhängig auf allen Plattformen eingesetzt werden. Einen Überblick über die Architektur des Triton-Systems gibt Abbildung 247.

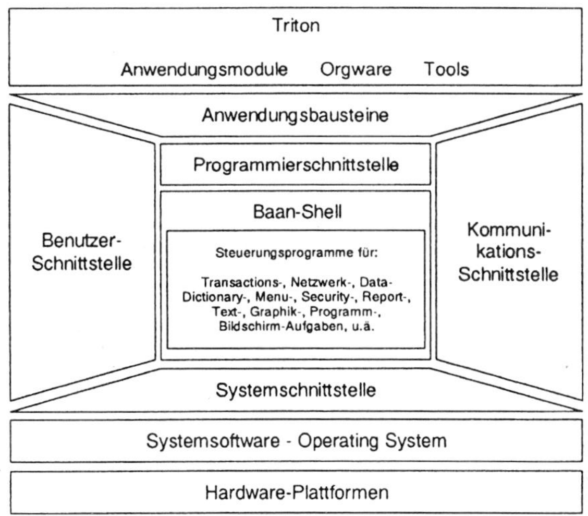

Abb. 247: Architektur des Triton-Systems

Anwenderschnittstellen und Bildschirmaufbauten können für alle Module einheitlich erstellt werden. Das durch Triton-Tools unterstützte **Design** entspricht dabei sowohl der Forderung nach einer ergonomischen Benutzeroberfläche, nach Verteilbarkeit der Bildschirmdarstellungen, Datenbanken und Module auf verschiedene Hardwarekomponenten als auch der Forderung nach offenen Schnittstellen sowie nach externer und interner Erweiterbarkeit des Gesamtsystems durch Fremdsysteme oder Eigenentwicklungen.

Besonders hervorzuheben ist auch im Triton-System das **Data-Dictionary**. Es stellt eine relationale Datenbank dar, in der die Daten und Informationen hinterlegt und in einheitlicher Form fortgeschrieben werden. Spezielle Werkzeuge bieten die Möglichkeit der benutzerfreundlichen Aufnahme, Speicherung, Verarbeitung und Abgabe der Daten und Informationen. Der Datenbankserver verwaltet dabei die im Data-Dictionary festgelegten Integritätsregeln.

52 Vgl. hierzu und zum folgenden Baan Deutschland GmbH (Hrsg.), Triton – Die Standardsoftware, a.a.O. sowie Baan International B.V. (Hrsg.), Triton Tools 6, Functions and Features, Barneveld 1995.

2.5.3.4 Überblick über das Modul Finance

Das Modul Finance als eines der wesentlichen Module des Triton-Systems setzt sich aus den fünf Teilsystemen Basispaket Finanzbuchhaltung, Kostenumlage und Prozeßkostenrechnung, Planwertverwaltung, Berichtswesen sowie Stammdatenverwaltung zusammen, die sowohl als Totalsystem vollständig integriert in das Triton-Gesamtkonzept, als auch als Teilsystem, d.h. als Stand-alone-Lösung, eingesetzt werden können (vgl. Abbildung 248)[53].

Durch die Anbindung des Moduls Finance an die anderen Triton-Module wird die Möglichkeit der ganzheitlichen Betrachtung der Abläufe geschaffen. Über kundenindividuell vor-

Abb. 248: Die Anwendungen des Moduls Finance im Überblick

53 Vgl. hierzu und zum folgenden Baan Deutschland GmbH (Hrsg.), Triton – Die Standardsoftware, a.a.O. sowie Baan Deutschland GmbH (Hrsg.), Triton Finance 3 – Funktionen und Merkmale, Hannover 1995.

definierte Kontenrahmen werden die durch die anderen Module erzeugten leistungs- und wertbezogenen Bewegungen im Echtzeitbetrieb erfaßt und in einer zentralen Integrationstabelle gehalten und im gemeinsam genutzten Kontenplan abgebildet.

Wesentliche **Leistungsmerkmale** des Moduls Finance, die die Grundlage für alle Teilsysteme dieses Moduls bilden, sind die Möglichkeit

- zur Verwaltung mehrerer Mandanten bzw. selbständig bilanzierender Einheiten innerhalb einer (Haupt-)Firma (Mehrfirmen-Beziehungen bzw. Multi-Site),
- der Bildung anwenderdefinierbarer analytischer Unterkonten (max. fünf), anhand derer sich die Finanzdaten im Hauptbuch weiter aufteilen und somit aus verschiedenen Blickwinkeln betrachten lassen,
- des Daten- bzw. Informationszugriffs auf über- und untergeordnete Ebenen (hierarchische Strukturen),
- der tagesaktuellen Verwaltung der Wechselkurse von Fremdwährungen,
- der Verwaltung mehrerer Kalender,
- der Buchung über Buchungsschlüssel, wobei der Nutzer für jedes Modul individuell mehrere Buchungschlüssel definieren kann sowie
- der Echtzeit- oder Stapelverarbeitung.

Im einzelnen setzt sich das **Basispaket Finanzbuchhaltung** aus den Softwarelösungen für Haupt-, Debitoren- und Kreditorenbuchhaltung, Cash-Management/Zahlungswesen sowie Anlagenbuchhaltung zusammen.

Der Funktionsbereich **Hauptbuchhaltung** bildet den zentralen Funktionsbereich im Rahmen des Moduls Finance. Aufbauend auf den oben dargestellten Leistungsmerkmalen unterstützt die Hauptbuchhaltung alle Funktionen der Gesamtdarstellung des externen Rechnungswesens. Die Software erlaubt die freie Wahl der Kontengliederung, die Erstellung unterschiedlicher Bilanz- und GuV-Versionen sowie unternehmungsindividuelle Auswertungen betriebswirtschaftlicher Informationen auf allen hierarchischen Ebenen.

Die Funktionsbereiche **Debitoren- und Kreditorenbuchhaltung** ermöglichen – wie bei der Software R/3 der SAP AG – neben der weitgehend automatisierten Online-Erfassung und -Überwachung der debitorischen und kreditorischen Geschäftsvorfälle die rechnerunterstützte Umsetzung der Verwaltung der Debitoren und Kreditoren (Ermittlung offener Posten, Mahnwesen, Rechnungsabgleich sowie Auszahlungs- und Wechselvorgänge). Alle Informationen können in beliebiger Struktur zusammengestellt und über Abfrage- und Druckprogramme abgerufen werden.

Das **Cash-Management/Zahlungswesen** schafft die Voraussetzung für die automatische Abwicklung des Zahlungsverkehrs. Neben der Unterstützung aller gängigen Zahlungsverfahren ermöglicht es ferner die Erstellung von Liquiditätsprognosen im Sinne eines mehrperiodigen direkten Finanzplans sowie von Statistiken zum Zahlungsverhalten (z.B. durchschnittlicher Zahlungseingang, durchschnittliche Fälligkeitsüberschreitungen).

Sämtliche die Anlagegüter betreffenden Informationen werden von der **Anlagenbuchhaltung** erfaßt und verwaltet. Ebenso können hier Informationen zu Versicherungs- und Leasingverträgen gehalten werden. Abschreibungsmethoden können kundenindividuell festgelegt, kalkulatorische Zinsen bestimmt und Simulationen zur Ermittlung optimaler Abschreibungsmethoden durchgeführt werden.

Mit den Funktionsbereichen **Kostenumlage und Prozeßkostenrechnung** wird die Kostenumlage mit dem Ziel der verbesserten Kostenkontrolle in der Unternehmung unterstützt. Die flexible Leistungsplanung kann bis auf Kostenplätze geführt werden. Maschinenstundensätze können komponentenbezogen analysiert und in die Kalkulation einbezogen werden. Ferner wird die Prozeßkostenrechnung unterstützt.

Die **Planwertverwaltung** in Triton bietet umfangreiche Möglichkeiten zur Berechnung und Verwaltung von Planwerten an. Dabei können Planwerte für einzelne Unternehmungsbereiche – ausgehend von der Organisation der Unternehmung – auf übergeordneten Ebenen zusammengefaßt und so bottum-up das „Gesamtergebnis" bestimmt werden. Eine Top-Down-Ermittlung wird ebenfalls unterstützt.

Mit Hilfe des **Berichtswesens** kann der Systemnutzer Finanzberichte beliebiger Perioden für beliebige Unternehmungseinheiten auf allen hierarchischen Ebenen erstellen und pflegen. Grundlage der Finanzberichte bilden die in den Funktionsbereichen des Moduls Finance hinterlegten Informationen (z. B. Sachkonten und die mit ihnen verbundenen analytischen Unterkonten). Finanzberichte können sowohl auf der Grundlage von Ist-Werten als auch auf der Grundlage von Ist- und Plan-Werten erstellt werden. Abweichungen werden in absoluten, relativen oder beliebig definierbaren Größen ausgedrückt. Die zusammengestellten Informationen können in individuellen Layouts (z. B. graphisch und/oder textlich) vom Systemnutzer aufbereitet und mit den Berichtskonten verknüpft werden. Ferner können beliebige Kennzahlen vom Nutzer angelegt und automatisch durch das Berichtswesen ermittelt werden.

Mit den Funktionen der **Stammdatenverwaltung** werden die Stammdaten der einzelnen Anwendungen verwaltet, ohne die das Modul Finance nicht ablauffähig ist (z. B. Firmen-, Mitarbeiter-, Kunden- und Lieferantendaten). Neben der Aufnahme, Verarbeitung, Pflege, Speicherung und Abgabe der Daten und Informationen aus den einzelnen Funktionsbereichen ermöglicht die Stammdatenverwaltung im Rahmen des Moduls Finance die Definition übergreifender Parameter (z. B. Zahlungsbedingungen, Zahlungsschemata, USt-Codes).

2.5.3.5 Überblick über das Modul Project

Das Softwaremodul Triton Project unterstützt branchenneutral das Projektmanagement beliebiger zielorientierter, zeitlich begrenzter Aktionsfolgen, wie z. B. Forschungs- und Entwicklungs-Projekte und Einzelaufträge bei Einzelauftragsfertigern[54].

Die Integration des Moduls Project in das Triton-System ermöglicht die Berücksichtigung der Belange der einzelnen Funktionsbereiche sowie die Ermittlung der Auswirkungen, die sich durch die einzelnen Projekte bezüglich der einzelnen Unternehmungsbereiche ergeben (z. B. hinsichtlich der Liquidität und der Sach- und Humanpotentiale). Im einzelnen setzt sich das Modul Project aus den Teilsystemen Definition bzw. Erstellung, Planung, Kalkulation, Budget, Disposition, Fortschrittsüberwachung, Ergebnisse, Fakturierung und Stammdatenverwaltung zusammen (vgl. Abbildung 249).

Es werden die Phasen der Grob- und Feinplanung, der Genehmigung, der Realisation und der Überwachung unterstützt.

Im Rahmen der **Projektplanung** wird über Projektstruktur- und Netzplan die Aktionsfolge zielorientiert festgelegt. Die Beziehung zwischen den Aktivitäten (definierbar sind Basisaktivitäten, Meilensteine und zeitabhängige Aktivitäten) sowie deren Dauer und Kosten werden geplant und der kritische Pfad ermittelt. Die Grobplanung kann in Form von kurzfristigen Realisierungsplänen (Feinplanung) konkretisiert werden.

54 Vgl. hierzu und zum folgenden Baan Deutschland GmbH (Hrsg.), Triton – Die Standardsoftware, a.a.O.

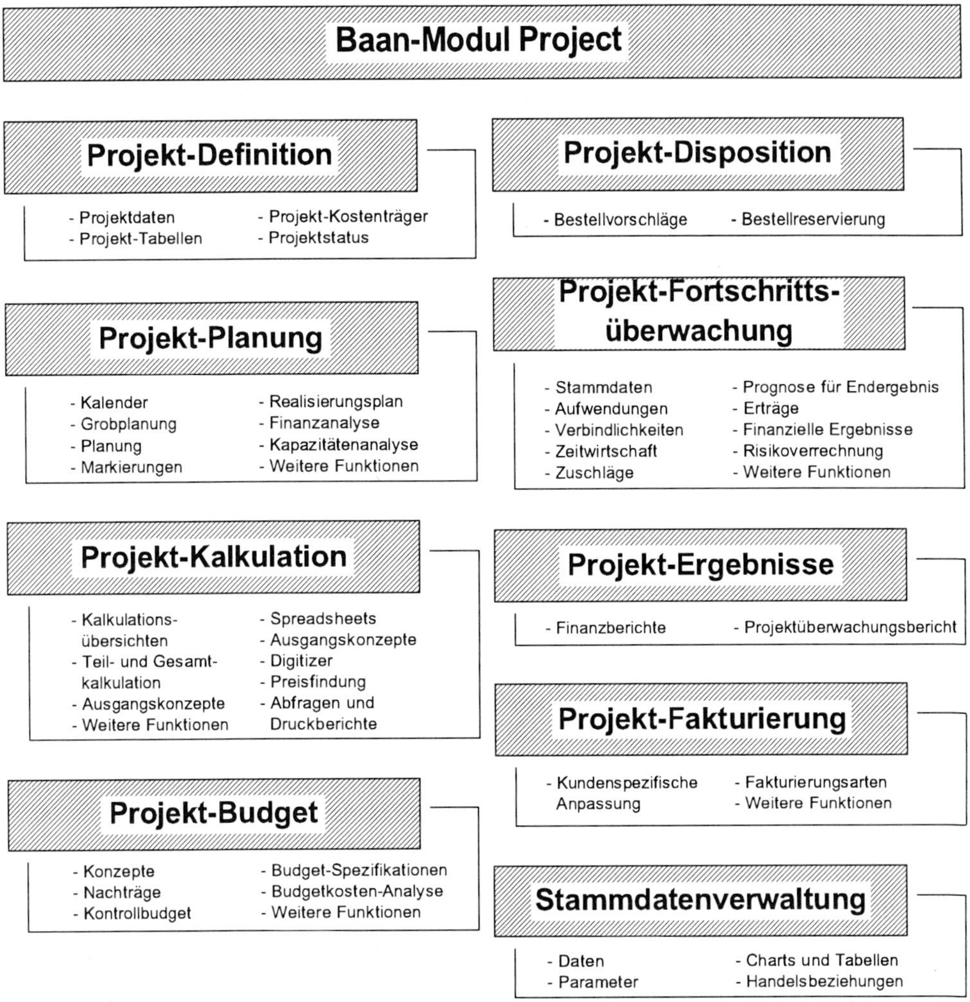

Baan-Modul Project

Projekt-Definition
- Projektdaten
- Projekt-Tabellen
- Projekt-Kostenträger
- Projektstatus

Projekt-Planung
- Kalender
- Grobplanung
- Planung
- Markierungen
- Realisierungsplan
- Finanzanalyse
- Kapazitätenanalyse
- Weitere Funktionen

Projekt-Kalkulation
- Kalkulationsübersichten
- Teil- und Gesamtkalkulation
- Ausgangskonzepte
- Weitere Funktionen
- Spreadsheets
- Ausgangskonzepte
- Digitizer
- Preisfindung
- Abfragen und Druckberichte

Projekt-Budget
- Konzepte
- Nachträge
- Kontrollbudget
- Budget-Spezifikationen
- Budgetkosten-Analyse
- Weitere Funktionen

Projekt-Disposition
- Bestellvorschläge
- Bestellreservierung

Projekt-Fortschritts-überwachung
- Stammdaten
- Aufwendungen
- Verbindlichkeiten
- Zeitwirtschaft
- Zuschläge
- Prognose für Endergebnis
- Erträge
- Finanzielle Ergebnisse
- Risikoverrechnung
- Weitere Funktionen

Projekt-Ergebnisse
- Finanzberichte
- Projektüberwachungsbericht

Projekt-Fakturierung
- Kundenspezifische Anpassung
- Fakturierungsarten
- Weitere Funktionen

Stammdatenverwaltung
- Daten
- Parameter
- Charts und Tabellen
- Handelsbeziehungen

Abb. 249: Die Anwendungen des Moduls Project im Überblick

Die **Projektkalkulation** geschieht durch das gleichlautende Programm (Vor-, mitlaufende und Nach-Kalkulation). Die **Projektbudgetierung** wird auf Gesamtprojekt-, Aktivitäten-(Prozeß-) und Element-(Teilestamm- bzw. Baugruppen-)Ebene unterstützt.

Die Einhaltung der mit dem Projekt verbundenen Kosten-, Zeit- und Qualitätsziele wird über die **Projekt-Abwicklung** durch eine zentrale Datenverwaltung unterstützt. Sämtliche Veränderungen im Projekt können kontinuierlich verfolgt und bei Abweichung von den geplanten Werten korrigierende Maßnahmen eingeleitet werden.

Über die **Projekt-Disposition** wird automatisch während der Durchführung des Projektes die Verfügbarkeit der finanziellen Mittel, der Sach- und Humanpotentiale sowie der Hilfs- und Betriebsmittel überwacht. Über die Integration in das Gesamtsystem werden die sich aus dem Projekt in den angrenzenden Modulen ergebenden Aktionen automatisch ausgeführt (z.B. Lagerentnahmen, Bestellungen und Reservierungen). Die aus diesen Bereichen anfallenden Istwerte werden sowohl mengen- als auch wertmäßig direkt auf dem Projekt fortgeschrieben.

Der Funktionsbereich **Projekt-Fortschrittsüberwachung** ermöglicht die aktuelle Erfassung aller mit dem Projekt anfallenden Informationen auf Gesamtprojekt-, Aktivitäten- und Elementebene sowie deren Bereitstellung in Form individuell gestaltbarer Auswertungen, graphischer Analysen, Tabellen etc. (z.B. Projektstatusberichte, mit deren Hilfe der Projektzustand dokumentiert werden kann). So können beispielsweise jederzeit die aufgelaufenen Projektkosten ermittelt und den Planwerten gegenübergestellt werden. Die Ergebnisse können direkt von anderen Modulen übernommen werden (z.B. für entsprechende Bilanzbuchungen). Ebenso besteht die Möglichkeit, Prognosen über das erwartete Gesamtergebnis (oder die Gesamtkosten, Erträge, Deckungsbeiträge etc.) des Projektes zu bestimmen (Ermittlung von Wird-Größen über Hochrechnung).

Der Funktionsbereich **Fakturierung** bietet Unterstützung für die Fakturierung des Projektes. Unterstützt werden im einzelnen die Vorausfakturierung, die Kosten-Plus-Methode, die Teilfakturierung und Auftragsnachträge. Die sich aus der Schlußabrechnung ergebenden Istkosten können ganz oder teilweise über eine Kostenstelle abgerechnet, als Anlage aktiviert oder in die Ergebnisrechnung übernommen werden.

2.5.3.6 Überblick über die Controlling-Konzeption

Durch die umfassende Integration der neun Module im Triton-System und die Durchgängigkeit aller Funktionen besteht im Triton-System die Möglichkeit, **Unternehmungskennzahlen** aus allen Modulen in abgestimmter Form für jede Anwendungssicht online zu ermitteln und bereitzustellen. Das Triton-System ermöglicht somit die informationelle Sicherung bzw. Sicherstellung ergebnisorientierter Planung, Steuerung und auch Überwachung des Unternehmungsgeschehens. Die Controllinganwendungen sind für jeden Bereichscontroller in den einzelnen Triton-Modulen zugänglich und ergänzen sich im Sinne einer **ganzheitlichen Controllingkonzeption** (vgl. Abbildung 250).

So stellt beispielsweise die Funktion **Investitionscontrolling** einen Querschnitt aus den Modulen Anlagenbuchhaltung und Projektabrechnung dar. Ebenso läßt sich beispielsweise das **Projektcontrolling** als Auszug des Moduls Project kennzeichnen (vgl. Abbildung 249 und die dort gemachten Ausführungen).

Über die Integration der einzelnen Teil-Softwaresysteme wird somit ein umfassendes informationsversorgendes System zur Unterstützung der Unternehmungsführung mit dem Ziel der Ergebnisoptimierung unter Beachtung der Liquiditätssicherung bereitgestellt. Es wird – wie bei dem System R/3 – der durchgängige Informationsfluß zwischen den einzelnen Aktionen sowie den strategischen und operativen Informationssystemen sichergestellt und der Führungsspitze stets ein umfassender Überblick auch bei dezentralen Führungskonzeptionen ermöglicht.

Kostenartencontrolling
- vollständige Integration mit Logistik, Handel, Produktion und externen Anbindungen
- flexible Hierarchiebildung
- Drill-down-Funktionalität
- Soll-Ist und Soll-Soll-Vergleiche
- Zeitreihenanalysen

Gemeinkostencontrolling
- Kostenstellen- u. Leistungsplanung
- Kostenstellenhierarchiebildung
- Unterjährige Planversionen
- flexible Umlageverfahren
- Einbindung prozeßbez. Costdriver
- Leistungsverrechnung
- Prozeßkostenrechnung

Produktionscontrolling
- Vor-, mitlaufende u. Nachkalkulation
- Produktionsauftrags- und Fertigungsartikelbez. Abweichungsrechnung
- Ressourcenplanung
- Termin- u. Kapazitätsbelegungspl.
- Leistungsplanung
- Durchlaufzeitoptimierung

Einzelauftragscontrolling
- Vor-, mitlaufende u. Nachkalkulation
- Terminsteuerung
- Aktivitätenplanung
- Phasensteuerung
- Netzplantechnik
- WIP-Ermittlung
- Abweichungsanalysen

Projektcontrolling
- Projektkalkulation und -budgetierung
- Abweichungsanalysen und Budgetkontrollen
- Projektfortschrittsüberwachung
- Hochrechnungsverfahren
- graph. Planungsleitstand
- Projektleistungsrechnung

Bestandscontrolling
- Finanzielle MRP-Analyse
- Mindestbestandssteuerung
- Wirtschaftliche Bestellmenge
- Bestandsplanung und -optimierung
- Bewertungsverfahren
- Inventurdifferenzanalysen
- Bedarfsprognosen

Logistikcontrolling
- Ressourcenplanung
- Kostenmanagement
- Leistungsplanung und -kontrolle
- Vor- und Nachkalkulation
- Make-or-buy-Entscheidungen
- Bestandsverfolgung und -verwaltung
- Deckungsbeitragsrechnung

Ergebniscontrolling
- nach Umsatz- u. Gesamtkostenverf.
- Deckungsbeitragsrechnung
- Profitcenter-Rechnung
- Hierarchiebildung
- auftragsbez. Ergebnisrechnung
- vollständige Integration
- integrierte Absatzplanung

Finanz- u. Liquiditätscontr.
- Disposition und Verfolgung terminierter Zahlungsströme aus Projekt- und Auftragsobjekten
- kurz-, mittel- und langfristige Liquiditätsprognosen
- Cash Management
- Kreditoren- u. Debitorenmanagement

Investitionscontrolling
- Vergleich unterschiedlicher paralleler Abschreibungsverfahren
- Ermittlung kalkulatorischer Abschreibungen und Zinsen
- Simulation v. Abschreibungsverläufen
- Integration in die Finanzbuchhaltung und Kostenrechnung

Vertriebscontrolling
- Absatzplanung und -kontrolle
- Vertriebsstatistiken
- Erfolgs- und Mißerfolgsauswertungen vertrieblicher Aktivitäten
- Rahmenvertragsbewertungen
- Aktivitätenmanagement und -controlling von Marketingprojekten

Enterprise Inform. System
- betriebswirtschaftl. und logistische Kennzahlen (Einbindung in ROI-Baum)
- Drill-down-Funktionalität bis auf die Ursprungsbelegebene
- Graphische Aufbereitung
- Unternehmungssteuerung durch Grenzwertvorgaben

Abb. 250: Überblick über die Controllingfunktionen des Systems Triton[55]

Bis Ende 1995 wird zusätzlich ein für das Zentralcontrolling visualisiertes Controllingmenü zusammengestellt.

Besonders ist an dieser Stelle auf das **Enterprise Information System** im Rahmen des Controlling hinzuweisen, welches im Sinne eines Führungs-Informations-Systems vordefinierte betriebswirtschaftliche und logistische Kennzahlen in einer Führungsmodellbank bereitstellt. Ferner ermöglicht dieser Funktionsbereich den individuellen Zugriff auf sämtliche Anwendungen bis hin zur Belegebene (den sog. Drill-down) und die Einbindung in den ROI-Baum. Vordefinierbare Wertebereiche bilden die analytische Grundlage für die Steuerungsaktivitäten des Controllers, der nur noch bei „roten" Kennzahlen eingreifen muß.

55 Vgl. Baan Deutschland GmbH (Hrsg.), Controlling, Hannover 1994.

Teil VI

Planungssystem mit integrierter Planungsrechnung der Henkel KGaA, Düsseldorf

Dr. Hans-Günter Grünewald
Persönlich haftender geschäftsführender Gesellschafter der Henkel KGaA, Düsseldorf

1. Rahmenbedingungen

Das Planungs- und Kontrollsystem, das ein Unternehmen im Lauf der Zeit entwickelt, um die Faktorenkombination optimal zu beherrschen, ist das wichtigste Führungsinstrument, das eingesetzt wird, um Wettbewerbsvorteile zu erzielen und Zukunftschancen zu sichern.

Das System erfüllt diese Aufgabe nur dann, wenn all seine Elemente Netzwerk-ähnlich verknüpft sind und es in allen Entscheidungsebenen des Unternehmens verstanden und angewendet wird.

Für das Verständnis des bei Henkel entwickelten Planungs- und Kontrollsystems ist es nützlich, kurz die Unternehmens- und Controlling-Organisation darzustellen.

1.1 Organisation des Unternehmens

Die Henkel KGaA ist nach einem modifizierten Divisionalprinzip organisiert (vgl. Abbildung 1). Sowohl die gewinnverantwortlichen, auf den Markt ausgerichteten Organisationseinheiten als auch die Service-orientierten, auf die Erstellung zentraler Dienstleistungen ausgerichteten Funktionen werden als „Unternehmensbereiche" bezeichnet. Die Unternehmensbereiche haben im Rahmen ihrer Aufgaben weltweite Zuständigkeit. Die Leiter der Unternehmensbereiche bilden die Geschäftsführung der Henkel KGaA. Sie trägt die Gesamtverantwortung für die Unternehmenspolitik. Die Organisationseinheiten der nächsttieferen Gliederungsebene heißen „Ressorts". Der Geschäftsführung stehen neben einem Sekretariat noch die Stabsstellen Öffentlichkeitsarbeit und Revision zur Verfügung.

Die regionale Geschäftsverantwortung ist bei Henkel nicht in gesonderten Organisationseinheiten erfaßt. Im Sinne einer Matrixorganisation wird sie sowohl in den Unternehmensbereichen als auch den Ressorts in Kombination mit den jeweils spezifischen Funktionen wahrgenommen.

1.2 Controlling-Organisation

Henkel geht davon aus, daß Controlling eine Steuerungsfunktion jeden Managers in den entscheidungsbestimmenden Hierarchieebenen ist und dies nicht einem institutionalisierten Controller überlassen bleibt.

Dennoch muß der Controllingprozeß, insbesondere in einem so breit diversifizierten Unternehmen wie Henkel es ist, strukturiert werden. Diese Strukturierung verläuft auf drei Ebenen (vgl. Abbildung 2).

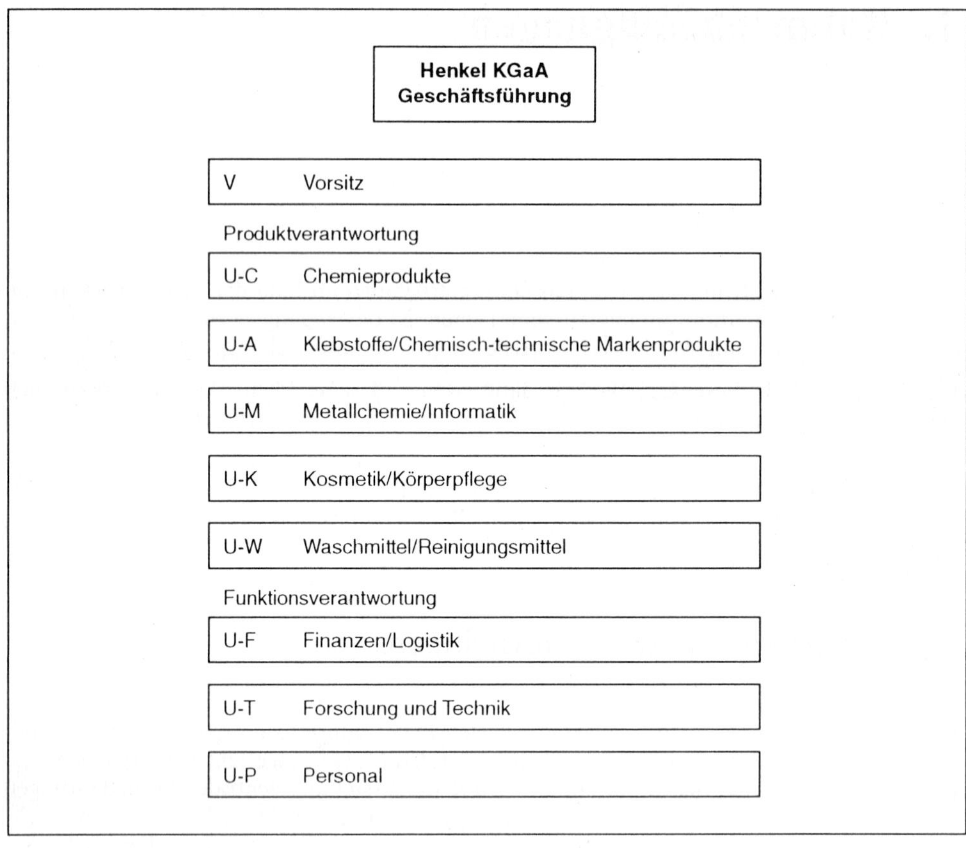

Abb. 1: Unternehmensorganisation

Organisation des Controlling bei Henkel
Zentral-Controlling
Divisionales Controlling Sparten-Controlling Funktionales Controlling
Controlling in den Verbundenen Unternehmen

Abb. 2: Controlling

In jeder dieser Ebenen wird Controlling im Sinne der ertragsorientierten Planung, Steuerung und Kontrolle des jeweiligen Unternehmensgeschehens praktiziert.

Die Aufgabe des Zentral-Controllings läßt sich in den folgenden vier Punkten übersichtlich zusammenfassen:

- Unterstützung der Geschäftsführung im Zielsetzungs-, Planungs- und Führungsprozeß
- Implementierung des Controlling-Konzeptes im Unternehmen
- Sicherung der Anwendung einheitlicher, vergleichbarer Systeme, Methoden und Instrumente
- Zusammenwirken mit dem Controlling der Unternehmensbereiche und Firmen.

Aus der Abbildung 3 ist zu ersehen, daß das Zentral-Controlling im Unternehmensbereich Finanzen/Logistik angesiedelt ist und daß eine sehr enge Zusammenarbeit mit all den Stellen in der Unternehmensorganisation stattfindet, in denen Controllingaufgaben wahrgenommen werden. Organisationsübergreifende Controller-Gespräche, Workshops und Seminare sind Instrumente, die diese Zusammenarbeit sichern.

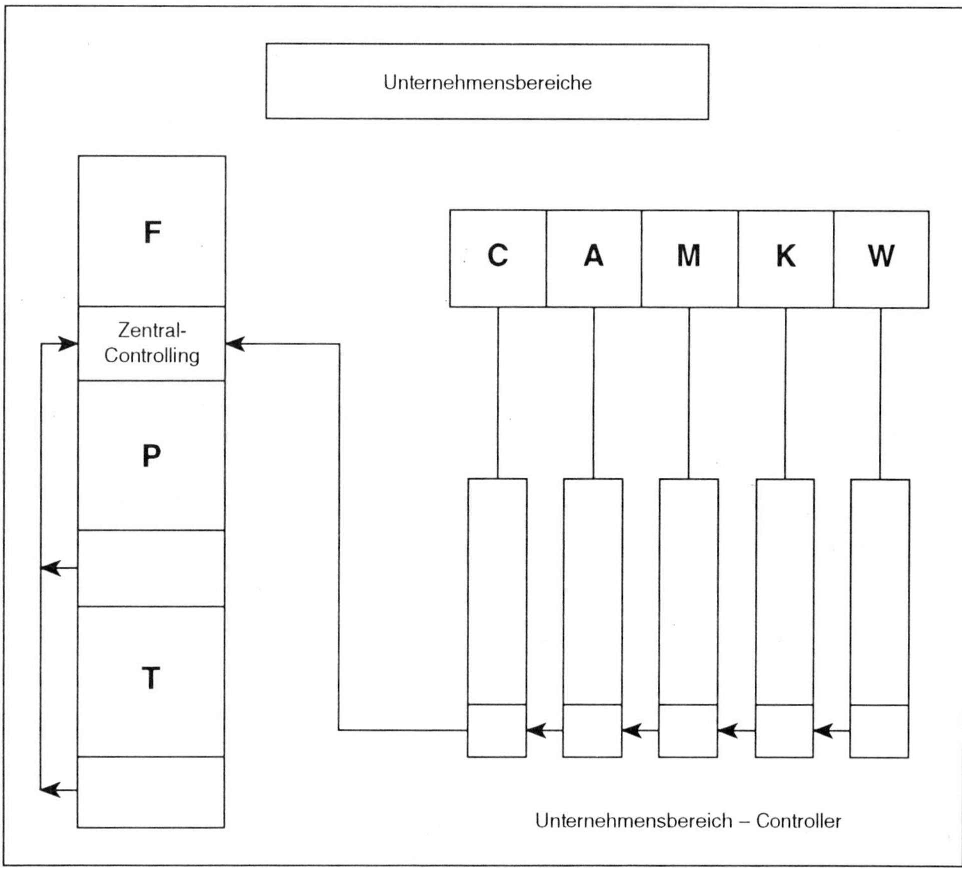

Abb. 3: Controllingorganisation

2. Strategisches und operatives Controlling

2.1 Aufbau

Ein Unternehmen ist ein auf Dauer angelegtes System, das in der Lage sein muß, Anforderungen eines vielschichtigen Umfeldes so zu verarbeiten, daß die selbstgesetzten Ziele und Orientierungen erreicht werden.

Zur Erfüllung dieser Führungsaufgabe benötigt das Unternehmen Steuerungssysteme. Strategisches und operatives Controlling sind wichtige Bestandteile dieser Steuerungssysteme.

Bei Henkel setzt sich das System aus den in Abbildung 4 dargestellten Elementen zusammen. Auf den Inhalt dieser Elemente wird im folgenden Abschnitt näher eingegangen.

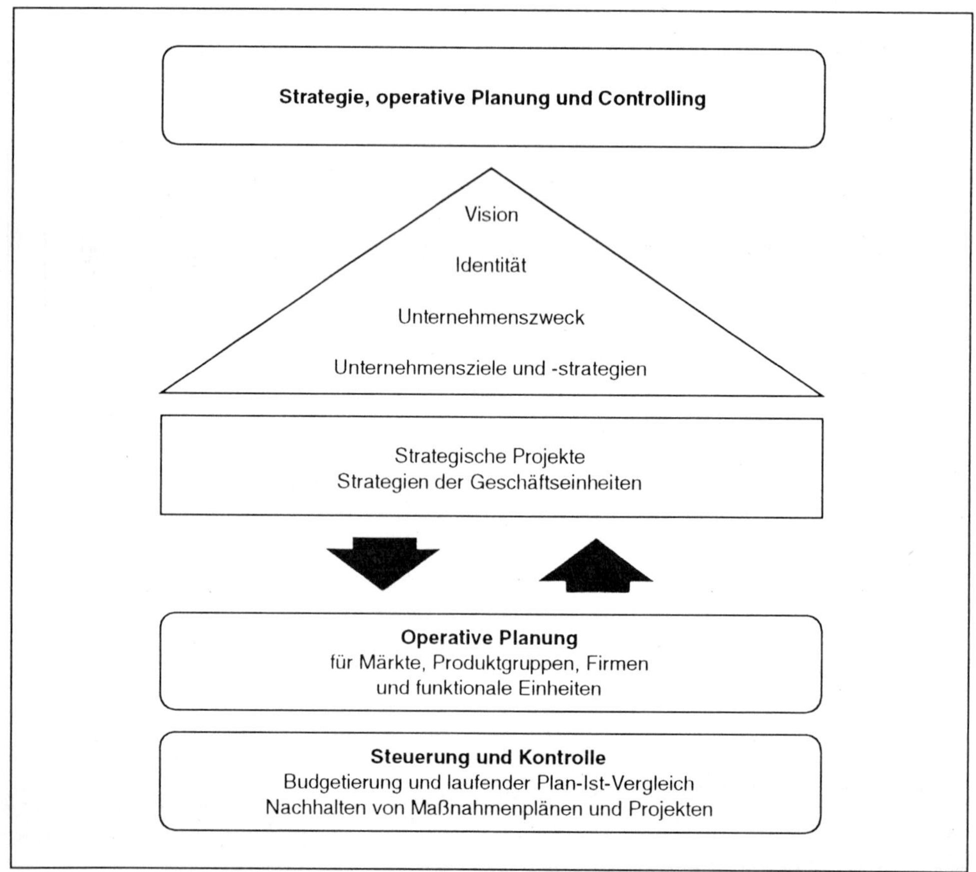

Abb. 4: Strategie, operative Planung und Controlling

Hier soll gezeigt werden, daß in den Elementen eine bestimmte hierarchische Ordnung besteht und zugleich eine Verknüpfung der Elemente gegeben ist, die dem System die Gestalt eines Netzwerkes geben. Die generellen Zielplanungen in Gestalt von Vision, Identität und Unternehmenszweck geben den Input für die Strategische Planung, in deren Rahmen dann die jährliche operative Planung die Einzelmaßnahmen der Umsetzung zusammenfaßt. Steuerung und Kontrolle schließen sich dann an, um die Realisation der vereinbarten Ziele zu analysieren.

Betrachtet man Aufgabe und Inhalt der Systemelemente noch einmal gesondert, so wird bei Henkel folgender Zusammenhang gesehen (vgl. auch Abbildung 5):

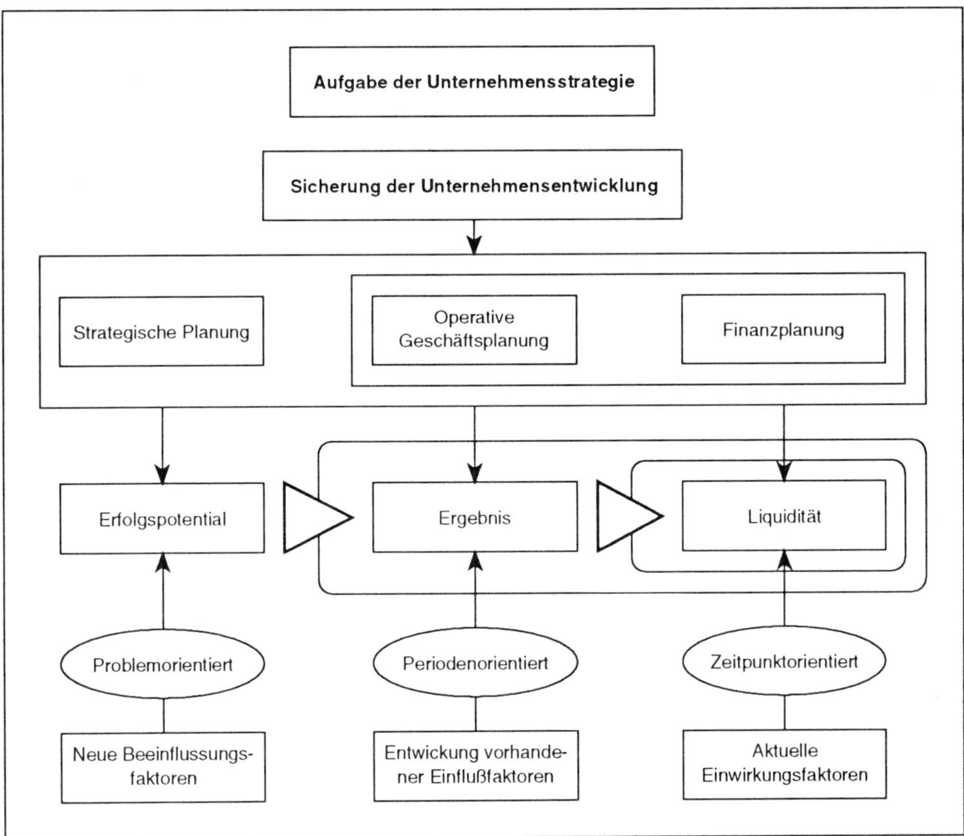

Abb. 5: Sicherung der Unternehmensentwicklung

Die Strategische Planung versucht, die Beeinflussungsfaktoren des Unternehmensumfeldes zu ermitteln, die aus einer zeitlich nicht limitierten Zukunftsbetrachtung heraus in neuartiger Qualität die Erfolgspotentiale des Unternehmens nachhaltig positiv oder negativ beeinflussen können. Der Inhalt der Strategischen Planung ist stärker problemorientiert. Er wird daher mehr verbal formuliert und nur mit wenigen Eckdaten zahlenmäßig unterlegt.

Die Operative Geschäftsplanung ist auf die unternehmerische Zielgröße des Ergebnisses ausgerichtet, erfaßt die angenommene Entwicklung der bekannten und aktuellen Einflußfaktoren und erstreckt sich bei Henkel nur noch auf die Periode von einem Jahr. Diese Zeitlimitierung hat zu einer deutlichen Verbesserung der Planungsqualität geführt, was wiederum die aus der Planung abgeleiteten Entscheidungen positiv beeinflußt hat.

Die Finanzplanung erfaßt die ganz aktuelle Entwicklung des Unternehmens, dient zur Steuerung der kritischen Größe „Liquidität" und ist zusätzlich zu der generellen einjährigen Planungsperiode auf unterjährige Zeitabschnitte ausgerichtet.

Ergänzt werden die beschriebenen Systeme durch eine Umfeldanalyse. Ihre Aufgabe ist es, im Sinne eines Frühwarnsystems Änderungen von Verhaltensweisen zu analysieren und ihre Wirksamkeit auf die langfristigen Zielsetzungen des Unternehmens abzuschätzen.

Abbildung 6 zeigt, welche Rahmendaten analysiert werden. Bei der Analyse werden alle heute gängigen Methoden sowohl der qualitativen Scenariotechnik als auch quantitativer Extrapolationen genutzt.

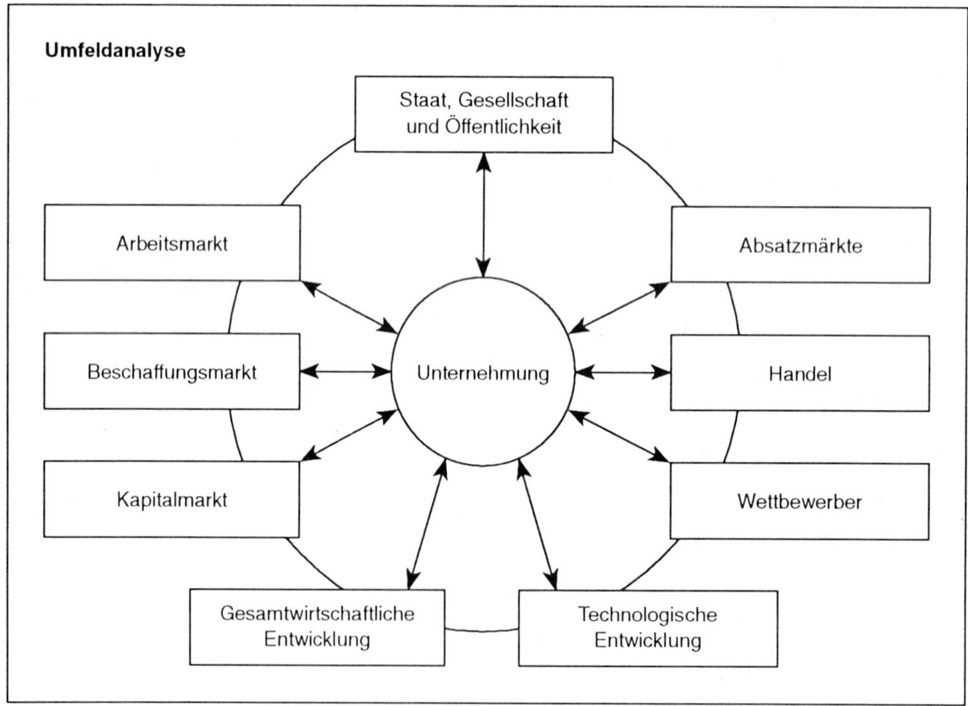

Abb. 6: Umfeldanalyse

2.2 Bestandteile

2.2.1 Vision, Unternehmensidentität, Unternehmenszweck

Das Planungs- und Kontrollsystem des Unternehmens ist eingebettet in die generelle Unternehmenskonzeption, die durch die Formulierungen der Vision, Identität und des Unternehmenszwecks umrissen wird.

In ihnen werden sowohl die unternehmerischen langfristig orientierten Zielvorstellungen als auch die Erkenntnisse über die Stärken und Schwächen des Unternehmens sowie die Vorstellungen aus Entwicklungstrends des ökonomischen und gesellschaftlichen Umfeldes erfaßt.

Die Beschäftigung mit der Formulierung und Penetrierung einer Vision zielt darauf ab, das unternehmerische Handeln im Unternehmen auf die Gestaltung neuer Spielregeln im Marktumfeld auszurichten und die Kernkompetenz für die Durchsetzung neuartiger Leistungskombinationen zu nutzen.

Letztlich geht es in diesem Prozeß um die Beantwortung folgender Fragen:

1. *Was sollte das Unternehmen tun?*

Mit der Beantwortung dieser Frage werden die Märkte identifiziert, auf die sich die unternehmerische Betätigung ausrichten soll.

2. *Was kann das Unternehmen tun?*

Hier werden die Verhaltensweisen definiert, mit denen das Unternehmen seine Kernkompetenzen neuen Zielsetzungen anpassen will.

3. *Was wird das Unternehmen tun?*

Mit der Beantwortung dieser Frage wird das Programm definiert, mit dem die Erkenntnisse aus 1. und 2. konkret umgesetzt werden sollen.

Im Rahmen der Formulierung der Unternehmensidentität wird versucht, die Charakteristika herauszuarbeiten, die Henkel „unverwechselbar" in den Vorstellungen der Mitarbeiter, Aktionäre und aller anderen Beteiligten des gesellschaftlichen Umfeldes macht.

Die Unternehmensidentität Henkels wird durch die folgenden drei Punkte definiert:

1. *Henkel ist ein Spezialist für angewandte Chemie*

(= Erfassung der Marktorientierung)

2. *Henkel ist ein internationales Unternehmen*

(= Erfassung der regionalen Diversifizierung)

3. *Henkel ist eine offene Familiengesellschaft*

(= Erfassung der spezifischen Aktionärsstruktur)

Im Unternehmenszweck werden die langfristigen Basisziele und Verhaltensnormen des Gesamtunternehmens erfaßt.

Sein Inhalt kann in vier Themenbereiche zusammengefaßt werden:

- Betätigungsfelder des Unternehmens mit globalen Aussagen über Art der Produkte, einzusetzender Technologie, Abnehmergruppen, geographischer Ausrichtung;
- Ausrichtung und Begrenzung der Faktorenkombination von Sachmitteln, Finanzmitteln, Personal und Führungsstruktur
  mit Aussagen über Finanzierungspolitik, Managementstruktur, Personalförderung;
- Quantifizierte Größen, an denen der finanzielle Erfolg des Unternehmens und seiner Teile gemessen werden;

  hierzu wurden gewählt:
  die angestrebte jährliche Wachstumsrate des Bruttogewinns und die Bruttorendite des investierten Kapitals sowie für das Gesamtunternehmen die Nettorendite des Eigenkapitals;
- Soziale Verpflichtung gegenüber Mitarbeitern und Gesellschaft.

Die innerhalb dieser Themenbereiche formulierten Ziele sind eine Mischung aus Leitlinien und Restriktionen. Soweit es quantifizierte Ziele sind, ist darauf geachtet worden, daß sich die Größen im Gleichgewichtszustand befinden und miteinander vereinbar sind.

2.2.2 Strategische Planung

2.2.2.1 Unternehmensstrategie

Die Strategische Planung für das Gesamtunternehmen geht von folgenden Überlegungen aus (vgl. auch Abbildung 7):

(1) Ausgangspunkt Strategischer Unternehmensplanung ist die Analyse und anschließende Definition des Kundenproblems, zu dessen Lösung das Unternehmen durch sein Angebot an Produkten und/oder Dienstleistungen beitragen will.
Kundenprobleme bestehen bei:
- Individuen, die sich aus Einzelpersonen, Haushalten, Unternehmen zusammensetzen,
- Gruppen, die sich aus Vereinigungen mit gleichen Interessenlagen, wie z. B. Handelsorganisationen, zusammensetzen,
- staatlichen und politischen Gruppierungen, die deshalb gesondert zu betrachten sind, weil ihre Kundenprobleme z. T. nicht rein wirtschaftlich definiert werden können.

(2) Aus der Vielzahl der Kundenprobleme ergibt sich eine Nachfrage, die in ihrer vielfältigen Form das Marktpotential in seinen einzelnen Teilbereichen bestimmt. Der Ausgangspunkt „Kundenproblem“ für die Definition des Marktpotentials ist deshalb so interessant, weil er dazu führt, beständig neben den vorhandenen Lösungsangeboten und dem damit bekannten Marktpotential die Möglichkeiten zu betrachten bzw. zu ermitteln, die neue Lösungen für vorhandene Kundenprobleme bieten.
Darüber hinaus ist es notwendig, Kundenprobleme zu entdecken, die die Kunden von sich aus noch nicht als Nachfrage an den Markt gerichtet haben, weil sie sich des Problems nicht bewußt sind.
Das Marktpotential läßt sich daher in die zwei Kategorien „bekannt“ und „unbekannt“ einteilen, wobei das bekannte Marktpotential real erfaßt werden kann, während man das unbekannte Marktpotential durch Forschung erschließen muß.

(3) Die Unternehmen richten sich mit ihrem Produkt- und Dienstleistungsangebot auf das bekannte Marktpotential aus. Sie begegnen hier der Konkurrenz, die in ihrer Bedeutung

ebenfalls unter Anwendung des Begriffs der Kundenproblemlösung beurteilt werden kann. Denn die Konkurrenz ermöglicht durch ihr Produktangebot eine gleiche oder differenzierte Lösung von Kundenproblemen.

(4) Die unter „Strategische Steuergrößen" aufgeführten Begriffe sind die wesentlichen Instrumentarien, mit denen Strategische Unternehmensplanung betrieben wird.

(5) Für den wichtigen Bereich der Alternativforschung ist es erforderlich, das Potential des Unternehmens in seinen einzelnen Faktoren so zu steuern, daß im Sinne der Aufgabe Strategischer Unternehmensplanung – nämlich Sicherung von Ertragspotentialen auf Dauer – Produkt- und Leistungsangebote entstehen, die für das Unternehmen neue Marktpotentiale erschließen.

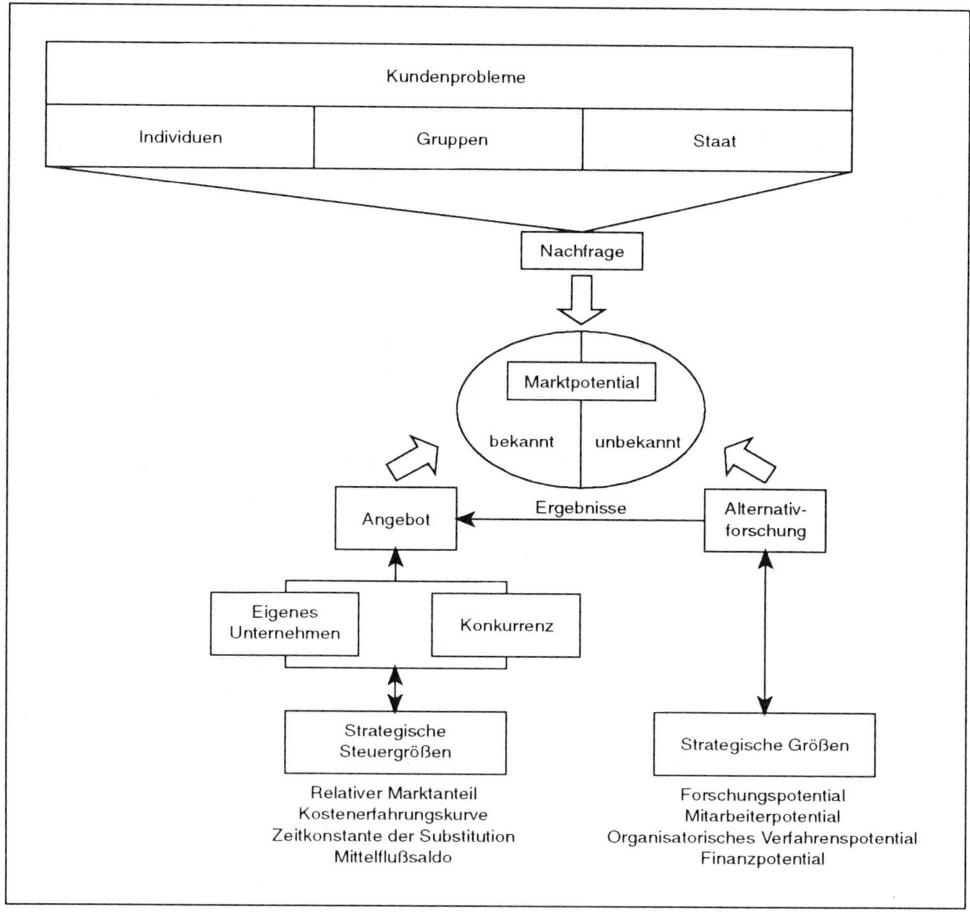

Abb. 7: Bestandteile der strategischen Unternehmensplanung

Die aus diesen Vorstellungen und Analysen entwickelten Unternehmensstrategien werden dadurch aufeinander abgestimmt, daß sie im Rahmen des „magischen" Dreiecks entwickelt werden.

Gemeinsamer Nenner dieser drei Größen ist das Grundziel, die Existenz des Unternehmens auf Dauer zu erhalten.

Hierzu gehören Vorstellungen über die weitere Entwicklung im bereits bestehenden Geschäft und in neuen Aktivitätsbereichen, Vorstellungen also über Wachstum. Wichtig erscheint uns dabei, daß dieses Wachstum nicht immer mit Zunahme quantitativer Größen gleichzusetzen ist. Wachstumsstreben als Ziel soll inhaltlich stärker bedeuten, daß das Unternehmen stets in der Lage ist, alle seine Potentiale so flexibel zu kombinieren, daß es optimal auf Umweltveränderungen gesellschaftlicher, politischer und marktmäßiger Art reagieren kann.

Wachstum kann sich unter diesen Aspekten nur dann erfolgreich vollziehen, wenn die vorhandenen Mittel eine entsprechende Handlungsbasis bieten, kurz gesagt, wenn die Liquidität des Unternehmens gesichert ist.

Und schließlich muß festgelegt werden, wie effektiv die Wachstumsanstrengungen sein sollen, um Richtlinien für die Art der Faktorenkombination und der Betätigungssektoren geben zu können; zusammengefaßt, die Rentabilität hat im Blickfeld der Zieldefinition zu stehen.

Im Rahmen dieses „magischen" Dreiecks werden – aus dem Unternehmenszweck abgeleitet:

- Strategische Grundaussagen formuliert. Sie sind darauf ausgerichtet, für das Unternehmen typische Verhaltensweisen zu definieren, die angewendet werden, um gesetzte Ziele unter Beachtung selbst formulierter oder von dritter Seite auferlegter Begrenzungen zu erreichen.
- Strategische Unternehmensziele – meist quantitativer Art – definiert.
- Einzelstrategien im Bereich der einzelnen Unternehmensbereiche erarbeitet.

Abbildung 8 zeigt den Zusammenhang dieser einzelnen Strategiebereiche.

2.2.2.2 Strategien der strategischen Geschäftseinheiten

Um den Prozeß der Strategischen Planung den unterschiedlichen Gegebenheiten der operativen Geschäftseinheiten anpassen zu können, haben die operativen Ressorts Strategische Geschäftseinheiten (=SGE) gebildet.

Eine Strategische Geschäftseinheit ist ein genau abgrenzbarer, weltweit tätiger Teilbereich des operativen Geschäftes. Die Abgrenzung gegenüber anderen SGE basiert auf der eigenständigen Marktaufgabe, einheitlicher Technologie und Anwendungsgebieten, möglichst genau abgrenzbarer Kundengruppen und spezifischer Vertriebswege.

Im Rahmen der Strategischen Planung bewerten die SGE-Leiter die folgenden Strategischen Eckdaten: Marktgröße, Marktwachstum, Marktanteil, Ergebnisbeitrag, Kapitalrendite, Finanzierungsbeitrag/Mittelbedarf.

Qualitativ werden bewertet:

- Stärken und Schwächen,
- Synergiepotentiale mit anderen SGE,
- Künftige Entwicklung des Konkurrenzumfeldes
- Marktattraktivität.

Aus der quantitativen und qualitativen Analyse heraus wird dann ein Strategischer Maßnahmenplan formuliert.

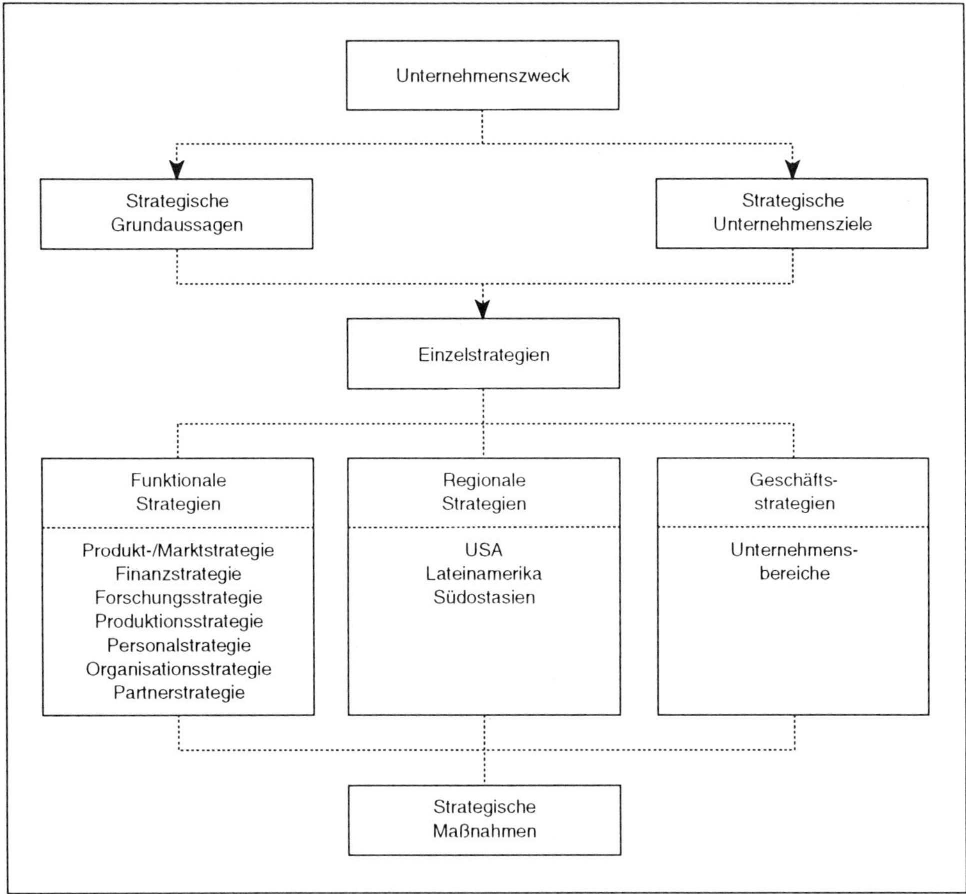

Abb. 8: Bestandteile der Unternehmensstrategie

Die Verbindung der Strategischen Pläne der SGE zum Strategischen Plan des Gesamtunternehmens wird dadurch hergestellt, daß durch Kategorienbildung der analysierten SGE-Faktoren die folgenden fünf Geschäftskategorien gebildet werden:

- Kern-Geschäfte
- Cash-Generator
- Kleine und gesunde Aktivitäten
- Entwicklungsgeschäfte
- Turn around-Geschäfte.

Mit dieser Einteilung ist es möglich, strategisch ausgerichtete Entscheidungen im Hinblick auf Entwicklungsschwerpunkte und Zuteilung knapper Mittel zu treffen.

2.2.3 Operative Geschäftsplanung

Auf den erarbeiteten langfristigen Zielen und Strategien werden die operativen Geschäftsplanungen aufgebaut. Mit ihnen werden die Maßnahmen und Mittelbindungen erfaßt, die für das Erreichen der gesetzten Ziele erforderlich sind.

Ziele und Strategien werden – wie dargestellt – mit langfristigem Zeithorizont definiert und je nach Bedarf fallweise überarbeitet. Die operativen Geschäftsplanungen werden für ein Jahr im voraus erstellt.

2.2.3.1 System der operativen Geschäftsplanung

Zu unterscheiden sind die Pläne der marktorientierten Geschäftsbereiche und der serviceorientierten Funktionen. Abbildung 9 macht deutlich, daß die generelle Marketingausrichtung der Henkel-Geschäfte den Marketingplan zum Primärplan macht.

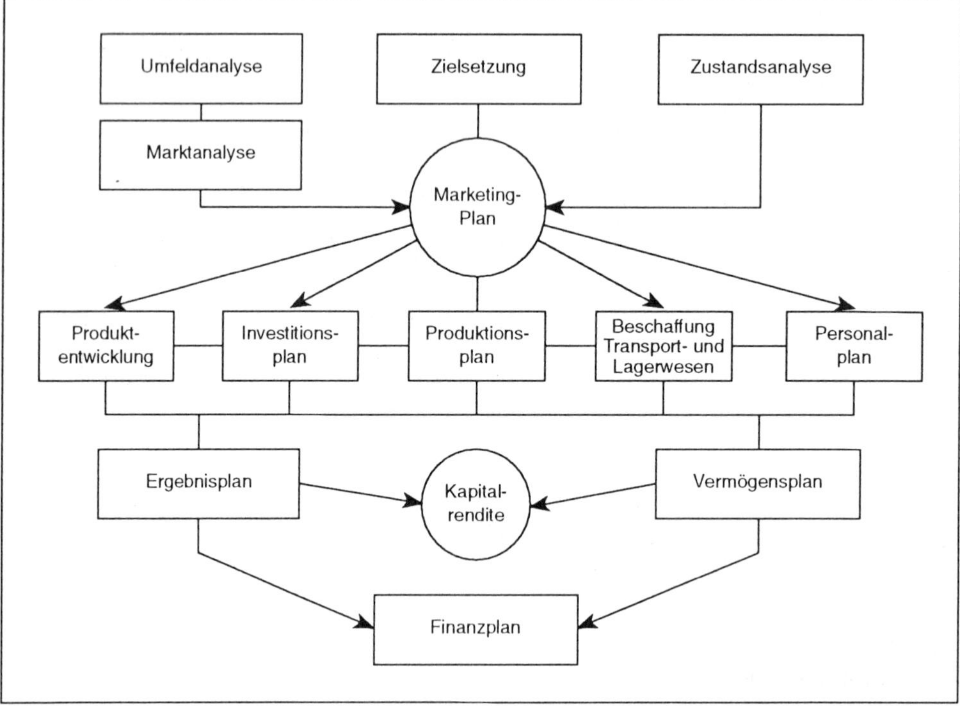

Abb. 9: Operative Planung der Geschäftsbereiche

Eine Vielzahl von Einzeldaten, die sich auf alle Faktoren des Marketing-Mix beziehen, bilden das Grundgerüst dieses Marketingplans. Alle anderen Pläne sind abgeleitete Teilpläne, erhalten also ihren Input aus den Planungen über das Marktgeschehen. Die Abstimmung dieser Teilpläne in bezug auf widerspruchsfreie Bedingungen und Ergebnisse erfolgt in einem iterativen Prozeß.

Abbildung 10 zeigt, daß für die funktionalen Ressorts der Maßnahmenplan für Servicegrad und Servicequalität der Primärplan ist, wobei die Anforderungen aus den Plänen der Geschäftsbereiche den entscheidenden Input liefern. Dies können Anforderungen auf güterhafte Leistungen (Personalbeschaffung, Forschungsprojekte, Bereitstellung von Finanzierung u. ä.) oder auf die Entwicklung von Methoden und Verfahren (Technologie, Datenverarbeitung, Qualitätsverbesserung u. ä.) sein. Die funktionalen Ressorts planen zusätzlich eigenständige Maßnahmen, die sich auf ihr Leistungsangebot beziehen.

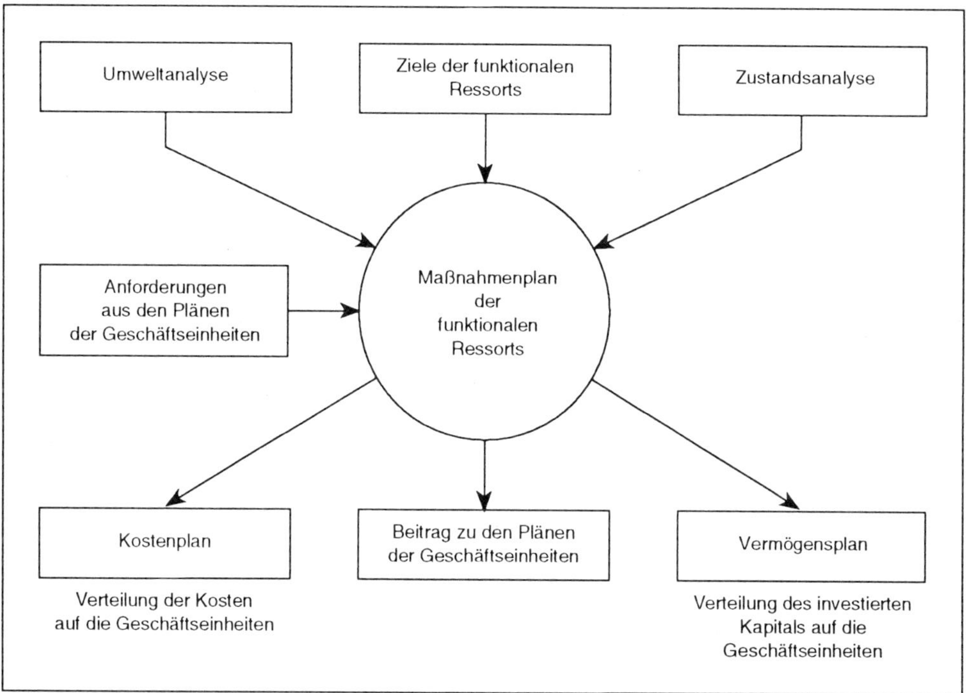

Abb. 10: System der operativen Teilpläne der funktionalen Ressorts

2.2.3.2 Konsolidierung der Teilpläne

Der Planungsprozeß muß so strukturiert werden, daß aus den Teilplänen heraus ein Gesamtunternehmensplan erstellt werden kann. Bei Henkel werden die Teilpläne in einer Matrixform konsolidiert.

Abbildung 11 zeigt die Konsolidierung auf der Ebene der Produktgruppen, Firmen bzw. Geschäftsbereiche, während Abbildung 12 zeigt, wie aus den Firmenplänen die Teilpläne und der Gesamtplan des Unternehmens Henkel entstehen.

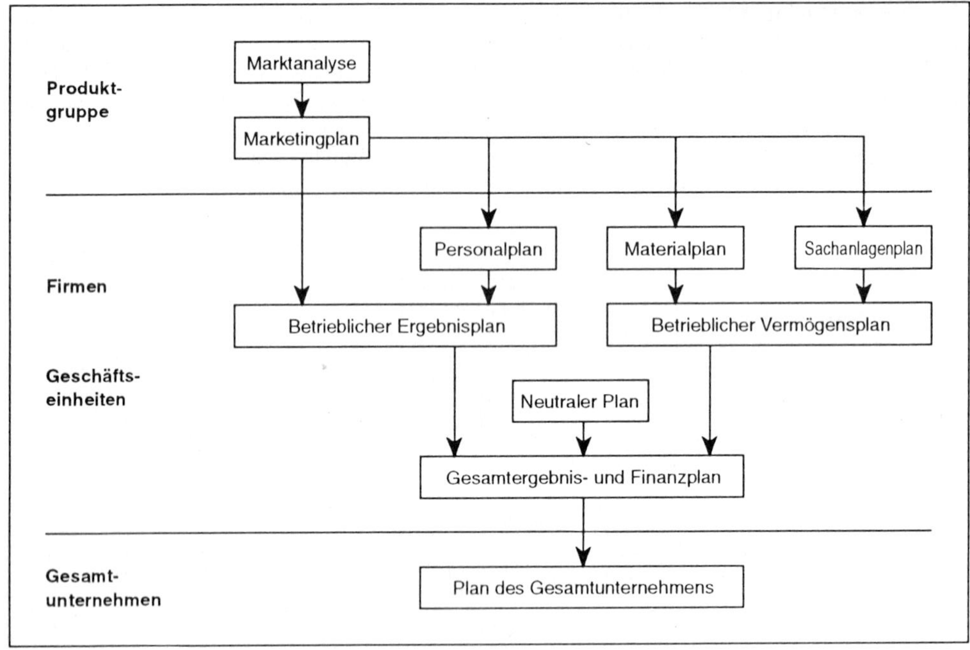

Abb. 11: Ablauf der Planungsrechnung

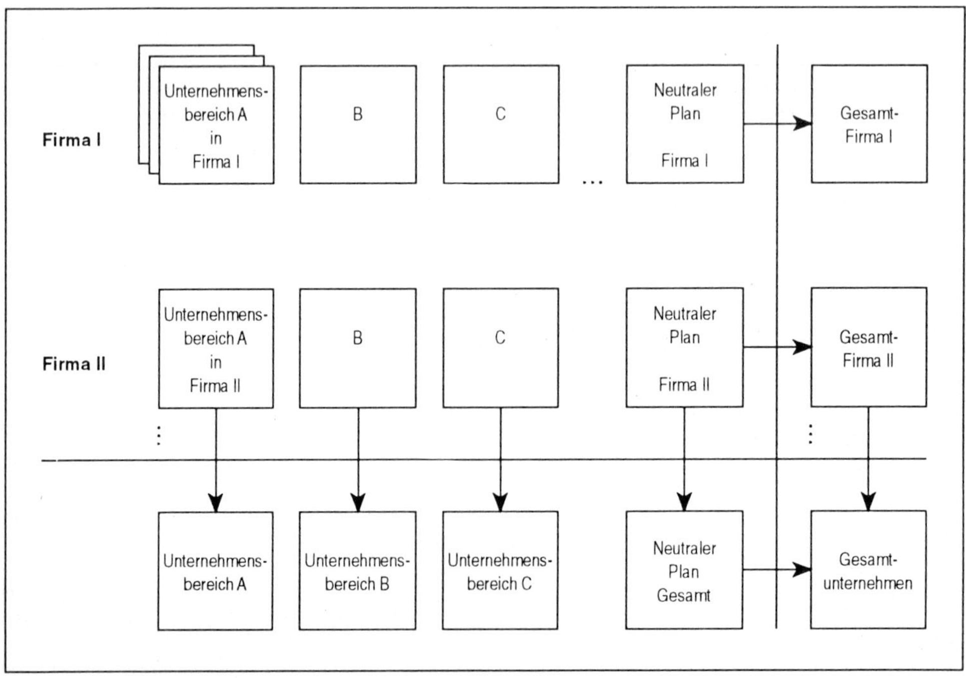

Abb. 12: Verdichtung der Einzelpläne im Operationsplan

2.2.3.3 Wichtige Teilpläne

Der Unternehmensplan setzt sich aus einer Reihe von Teilplänen zusammen. Jeder dieser Pläne geht von Leistungszielen aus, die im Rahmen der Strategischen Planung definiert worden sind. Es werden Daten der Umfeldanalyse berücksichtigt, um zu einer Vorstellung der kurzfristig zu realisierenden Maßnahmen zu kommen. Die rechenhaften Auswirkungen werden dann in den speziellen Planformularen festgehalten.

Ein Kommentar zu den wichtigen Teilplänen soll die wichtigsten Prämissen der Planung, die vorgesehenen Maßnahmen und die kritischen Punkte sowie Engpässe qualitativ erläutern. Abbildung 13 zeigt das Gliederungsschema für diesen Kommentar.

A **Gesamtfirma**

Übersichtstabelle

	2. Vorjahr Ist	1. Vorjahr Ist	Laufendes Jahr E2	Plan
Nettogesamtumsatz				
Ergebnisbeitrag				
Kalk. Zinsen VU				
Umsatzrendite EB %				
Kapitalrendite EB %				
Kalk. Verzinsung %				

mit Erläuterung wichtiger Veränderungen

1. Zusammenfassender Kommentar

2. Strategische Aspekte
2.1 Wichtige Ziele, Strategien und Entwicklungspunkte der Gesamtfirma
2.2 Strategic Issues (wichtige Problemfelder) – siehe Anhang –

3. Gesamtwirtschaftliche Ausgangssituation
3.1 Gesamtwirtschaftliche Entwicklung, sofern von Bedeutung für das Geschäft
3.2 Wirtschaftliche Rahmenbedingungen, z. B. staatliche Maßnahmen u. ä.

4. Globale Erläuterungen zur Planung (mit Hinweis zu wichtigen Maßnahmen)
4.1 Personal, Organisation, Personalkosten
4.2 Investitionen
4.3 Betriebliches Vermögen
4.4 Finanz- und Bilanzplanung

Abb. 13: Gliederungsschema für den Planungskommentar

Planung 19 . .

Firma: Währungseinheit:
Produktgruppe: Datum / Zeichen:
Produkt:

	Vorjahr Ist		Laufendes Jahr E2		Plan	
Gesamtmarkt T / TWE						
Marktanteil %						
Umsatzmenge FR T						
Bruttofremdumsatz						
Nettofremdumsatz						
1 Umsatzmenge ges T						
2 Bruttogesamtumsatz						
3 Aktionsrabatte						
4 Artikelrabatte						
5 Kundenerlösmind						
6 *Nettogesamtumsatz		100 %		100 %		100 %
8 Umsatzkosten, Prov						
9 Frachten, Lagerkost						
Materialkosten						
Fertigungskosten						
11 *Herstellkosten ges						
12 A. O. Kost Produktion						
13 *Deckungsbeitrag 1						
14 Kalk Zinsen						
Werbung						
Verkaufsförderung						
Marktforschung						
15 Werbung u. a. Etats						
16 *Deckungsbeitrag 2						

Abb. 14: Marketingplan

Wie schon unter 2.2.3.1 (System der operativen Geschäftsplanung) dargestellt, ist in allen Geschäftsbereichen und Firmen der **Marketingplan** als Primärplan der wichtigste Teilplan. Eine Vielzahl von „zuliefernden" Nebenplänen, in denen Daten zur Marktanteilsentwicklung, Preispolitik, Vertriebspolitik, zum Konkurrenzverhalten verarbeitet werden, geben den Input zum Marketing-Ergebnisplan.

Abbildung 14 zeigt das entsprechende Formular, aus dem die Zusammensetzung dieses Ergebnisplanes zu sehen ist. Er wird für große Einzelprodukte oder Produktgruppen erstellt und endet mit der Ergebnisgröße „Deckungsbeitrag 2".

Die kostenrechnungsmäßige Weiterführung erfolgt dann im **„Betrieblichen Ergebnisplan"** (siehe Abbildung 15), in dem die Kostenentwicklung der verschiedenen Leistungseinheiten, die den Geschäftsbereichen direkt zugeordnet sind, erfaßt werden. Die für die Planbeurteilung wichtige Endgröße ist der „Ergebnisbeitrag". Auf dieser Stufe lassen sich alle Firmen und Geschäftsbereiche miteinander vergleichen.

Zwei wichtige funktionale Teilpläne ergänzen die Marketingpläne und erfassen die entsprechenden Pläne aus den Funktionsunternehmensbereichen:

Der **Investitionsplan** wird bei Henkel deshalb als gesonderter Plan geführt, weil er nicht allein die aus dem Produktionsbereich kommenden Investitionen, sondern auch die Planungen für neue Sachanlagen der übrigen Teilpläne erfaßt. Dazu gehören:

- Investitionen für Laborgebäude und -einrichtungen, die durch den Plan der Produktentwicklung und durch den Plan der Forschung und Entwicklung ausgelöst werden;
- Investitionen für Läger und Transporteinrichtungen aufgrund der Pläne für Beschaffung, Transport- und Lagerwesen;
- Investitionen in Verwaltungs- und Sozialgebäude, Parkplätze, Kantinen usw., die sich aus dem Personalplan ergeben.

Der Investitionsplan enthält Einzelprojekte und Globalsummen für kleinere Investitionen, Reparaturen und Instandhaltung der einzelnen Organisationseinheiten. Bei den Einzelprojekten wird die Planung ergänzt um detaillierte Renditerechnungen nach der discounted-cash-flow-Methode. Risikoanalysen werden bei bestimmten kritischen Objekten ebenfalls durchgeführt.

Durch den Faktor Arbeitskraft und die laufend zunehmende Bedeutung des „Geistkapitals" als Basis jeder Ideenproduktion erhält der **Personalplan** neben dem Marketingplan ein besonderes Gewicht. Dieser Tendenz entsprechend ist der Personalplan sowohl bei den organisatorischen Teileinheiten als auch im Gesamtunternehmen auf die wichtigen Planfaktoren Bedarfsplanung, Beschaffungsplanung sowie Kostenplanung ausgerichtet.

Abbildung 16 ergibt einen systematischen Überblick über die Teilschritte der Personalplanung.

Abgeschlossen wird die Unternehmensplanung mit dem Finanzplan, der G+V-Rechnung und der **Planbilanz**. Als besonders wichtig, weil für die Beurteilung des zur Verfügung stehenden Finanzierungspotentials notwendig, hat sich die Kombination von Cash-flow- und Finanzierungsbeitragsrechnung ergeben. Bei Henkel wird dazu nach Schema verfahren.

Planung 19 . .

Firma: Währungseinheit:
Produktgruppe: Datum / Zeichen:

	Vorjahr Ist		Laufendes Jahr E2		Plan	
Umsatzmenge FR T						
Bruttofremdumsatz						
Nettofremdumsatz						
1 Umsatzmenge ges T						
2 Bruttogesamtumsatz						
3 Aktionsrabatte						
4 Artikelrabatte						
5 Kundenerlösmind						
6 *Nettogesamtumsatz		100 %		100 %		100 %
8 Umsatzkosten, Prov						
9 Frachten, Lagerkost						
Materialkosten						
Fertigungskosten						
11 *Herstellkosten ges						
12 A. O. Kost Produktion						
13 *Deckungsbeitrag 1						
14 Kalk Zinsen						
15 Werbung u. a. Etats						
16 *Deckungsbeitrag 2						
17 Beschäftigungsabw						
18 (Übrige kalk Zins)						
19 Vertr Außendienst						
20 Vertr Innendienst						
21 And Vertr Stellen						
22 PE/AWT Kund Dienst						
23 PE/AWT Prod Betreu						
24 Ltg u. Verwaltung						
25 *Blockkosten gesamt						
26 Korrekturen						
27 Ergebnisbeitrag						

Abb. 15: Betrieblicher Ergebnisplan

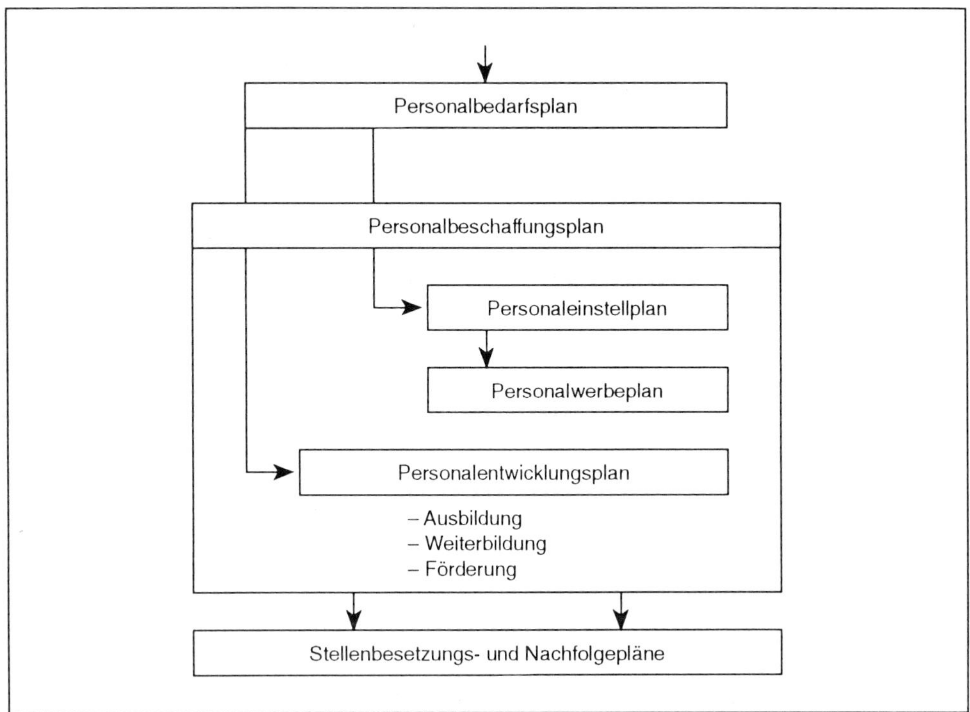

Abb. 16: Aufbau des Personalplans

Wie Abbildung 17 zeigt, wird unterschieden zwischen

- der **Finanzierungsbeitragsrechnung,** die auf den Daten des internen Rechnungswesens aufbaut und damit weitgehend kalkulatorische Werte verarbeitet. Diese Art der Rechnung ermöglicht es, die betrieblichen Finanzierungsströme von Ressorts und Strategischen Geschäftseinheiten zu ermitteln und bietet damit eine wichtige Information über Entstehung und Verwendung des Finanzierungspotentials, das sich aus den Marktaktivitäten ergibt.
- der externen **Cash-flow-Rechnung,** die auf den Daten des externen Rechnungswesens aufbaut und die Finanzierungsströme der jeweiligen Unternehmen erfaßt. Diese Rechnung zeigt, welcher Spielraum für die Innenfinanzierung zur Verfügung steht und welche Möglichkeiten für die Verschuldung gegeben sind.

2.3 Steuerung und Kontrolle

Zur Umsetzung der auf der Basis der Strategischen und operativen Unternehmensplanung gewonnenen Erkenntnisse muß das Unternehmen Instrumente und Systeme der Information zur Verfügung haben, die eine aktuelle Steuerung und Kontrolle des verzweigten Unternehmensgeschehens ermöglichen. Wichtig dafür sind das System der Berichterstattung und ein zielorientiertes Kennziffernsystem.

Finanzierungsbeitragsrechnung (Internes Rechnungswesen)	Externe Cash Flow-Rechnung (Externes Rechnungswesen)
Ergebnisbeitrag + Kalkulatorische Zinsen ./. Fremdkapitalzinsen ./. Kalkulatorische Ertragsteuern	Jahresüberschuß
= Kalkulatorisches Nettoergebnis + Kalkulatorische Sachanlageabschreibungen ± Veränderung der Pensionsrückstellungen	+ Bilanzielle Abschreibungen (Sach- und Finanzanlagen) + Sachanlageabgänge + Veränderung langfristige Rückstellungen
= Kalkulatorischer Cash Flow	= Cash Flow
– Zugänge Sachanlagen ± Veränderung Nettoumlaufvermögen – Kalkulatorische Dividende	– Zugänge Sachanlagen ± Veränderung Vorräte/Forderungen/Verbindlichkeiten (Bilanzpositionen) – Dividende
= Kalkulatorischer Finanzbedarf	= Finanzbedarf
= Kalkulatorischer Überschuß/Fehlbetrag	= Finanzüberschuß/-fehlbetrag + Bankverbindlichkeiten/Anleihen
	= Veränderung Flüssige Mittel

Abb. 17: Finanzierungsbeitragsrechnung/Externe Cash-flow-Rechnung

2.3.1 Berichterstattung

Das Berichterstattungssystem bei Henkel ist so konzipiert, daß es

- Information und Analyse für das Management im Sinne des Controlling bietet;
- monatlich aktuelle Umsatz-, Kosten- und Ergebnisdaten liefert;
- Schwachstellen und Abweichungen übersichtlich herausfiltert.

Diesen Anforderungen wird dadurch entsprochen, daß im Berichterstattungssystem die Daten von der Spitze der Informationspyramide durch Verzweigen bis ins Detail verfolgt werden können und Rangreihen gebildet werden, die durch graphische Darstellungen gestützt sehr schnell die kritischen Punkte der Entwicklung anzeigen.

Die Inhalte von Planung und Berichterstattung sind identisch und konzentrieren sich auf die in Abbildung 18 dargestellten Daten.

Die Struktur der Berichterstattung ist mehrdimensional hierarchisch gegliedert und läuft, wie Abbildung 19 zeigt, über die Ebenen Firma, Produktgruppe und Region.

Um die Vielzahl der Daten und Informationen effizient verarbeiten und nutzen zu können, ist das Berichterstattungssystem EDV-gestützt konzipiert worden. Die Struktur des Informationsflusses zeigt Abbildung 20.

– Umsatzergebnisrechnung E6
Umsätze
Kosten
Ergebnisse

– Kapitalergebnisrechnung E7
Anlagevermögen
Umlaufvermögen
Abzugskapital

– Finanzierungsbeitragsrechnung FBR
Mittelherkunft
Mitterverwendung

– Personalplanung und- berichterstattung
Personalbestand
Personalkosten

– Kennzahlen
Renditen, Reichweiten, Umschlagziffern
% vom Umsatz, pro 100 Kg Werte
Kosten pro Kopf
Steigerungsraten und Abweichungen

Abb. 18: Inhalte der Planung und Berichterstattung

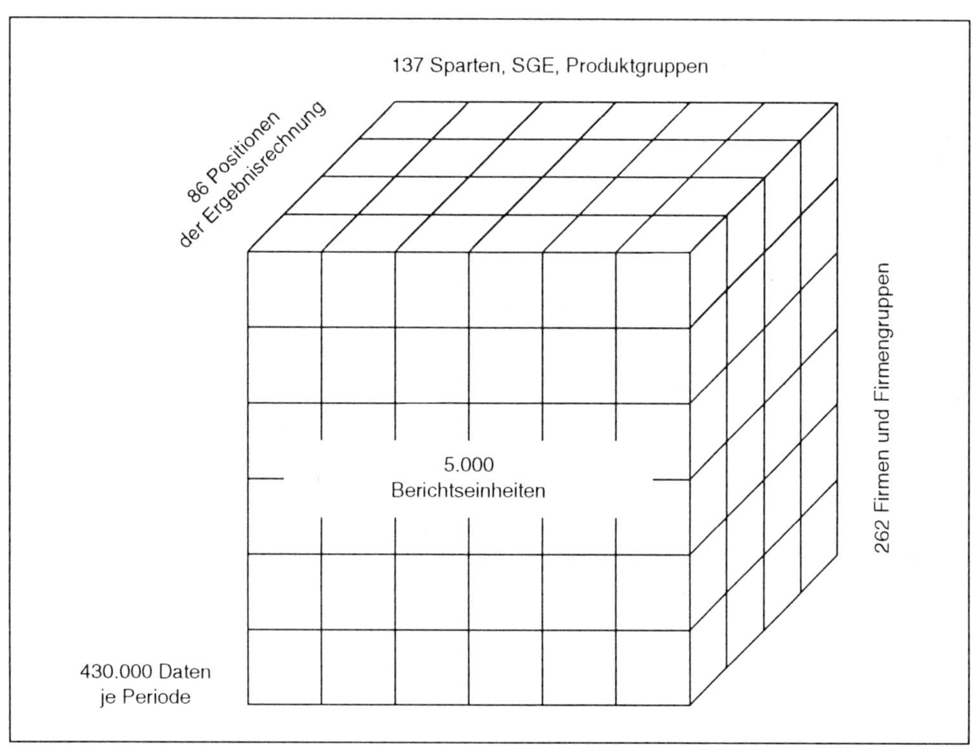

Abb. 19: Topinfo Datenwürfel

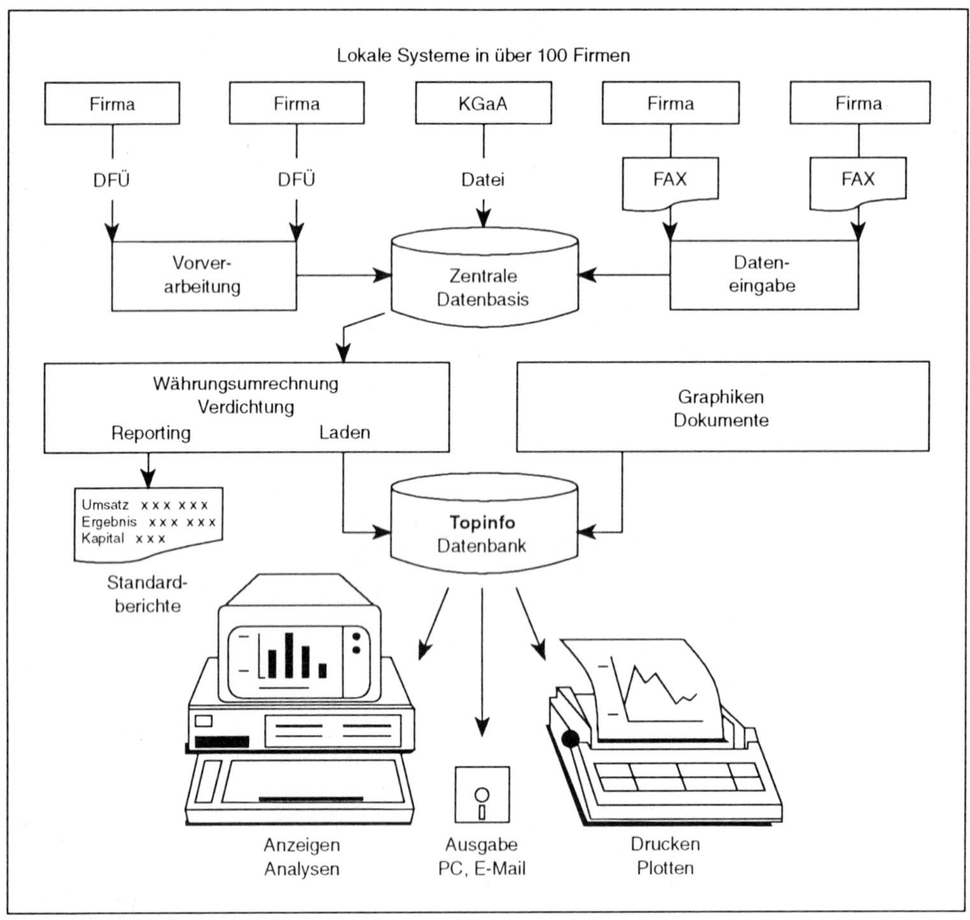

Abb. 20: Topinfo Informationsfluß

Jeder berechtigte Benutzer kann von seinem entsprechend ausgestatteten Arbeitsplatz aus auf dieses Top-Informationssystem zugreifen und die eingespeisten Daten nach seinen spezifischen Informationswünschen oder -bedürfnissen auswerten.

Die Instrumente, die im Sinne des Controlling angewendet werden, um die Möglichkeiten des Berichterstattungssystems zur Steuerung und Kontrolle zu nutzen, sind noch einmal in Abbildung 21 zusammengefaßt.

Wichtig ist, daß die Daten für festgelegte Perioden zur Auswertung zur Verfügung stehen. Bei Henkel hat man die in Abbildung 22 dargestellten Perioden gewählt.

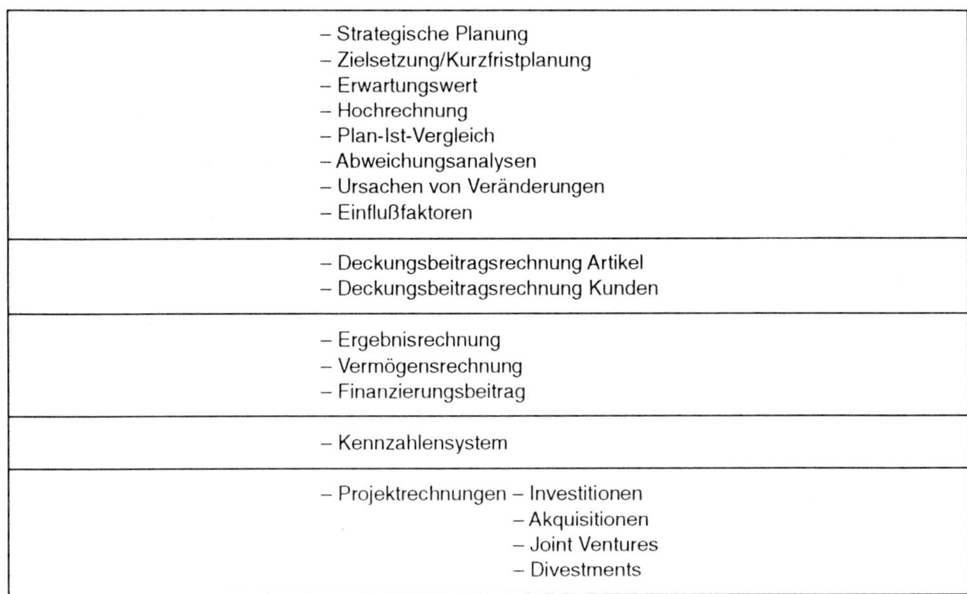

- Strategische Planung
- Zielsetzung/Kurzfristplanung
- Erwartungswert
- Hochrechnung
- Plan-Ist-Vergleich
- Abweichungsanalysen
- Ursachen von Veränderungen
- Einflußfaktoren

- Deckungsbeitragsrechnung Artikel
- Deckungsbeitragsrechnung Kunden

- Ergebnisrechnung
- Vermögensrechnung
- Finanzierungsbeitrag

- Kennzahlensystem

- Projektrechnungen – Investitionen
  - Akquisitionen
  - Joint Ventures
  - Divestments

Abb. 21: Instrumente des Controlling

Ist- Daten – Monate, Quartale, Jahre
Plan-Daten – Monats-, Jahres- und Mehrjahrespläne
Erwartungswert – aktuelle Erwartung für das laufende Jahr
Hochrechnung – der Ist-Entwickung auf das Gesamtjahr

Darstellung in Zeitreihen

Jahreswerte	1984	1985	1986	1987	1988		1990
Monatswerte	Jan	Feb	Mrz	Apr	Mai		Dez
Staffelwerte	1 – 1	1 – 2	1 – 3	1 – 4	1 – 5		1 – 12

Darstellung im Plan-Ist-Vergleich

Staffelwert	Vorjahr 1 – 7	Plan 1 – 7	Ist 1 – 7		Veränderung zum Vorjahr | Plan

Erwartungswert	Vorjahr 1990	Plan 1991	Erwartungswert 1991		Veränderung zum Vorjahr | Plan

Abb. 22: Perioden im Planungs- und Berichtssystem

2.3.2 Kennziffern

Die Bildung von Kennziffern erleichtert es, Entwicklungen im Unternehmen im Hinblick auf ihre Bedeutung und die Größenordnung ihres Einflusses zu beurteilen. Bei Henkel wird im Zusammenhang mit der Steuerung und Kontrolle auf die in Abbildung 23 angegebenen Strategischen Eckzahlen geachtet.

Henkel-Gruppe
– Wachstum des Ergebnisses – Rendite des betriebl. Vermögen – Eigenkapitalrendite – Eigenkapitalquote
Strategische Geschäftseinheiten
– Marktgröße – Marktwachstum – Marktanteil – Ergebnisbeitrag – Kapitalrendite – Finanzierungsbeitrag/Mittelbedarf

Abb. 23: Strategische Eckzahlen

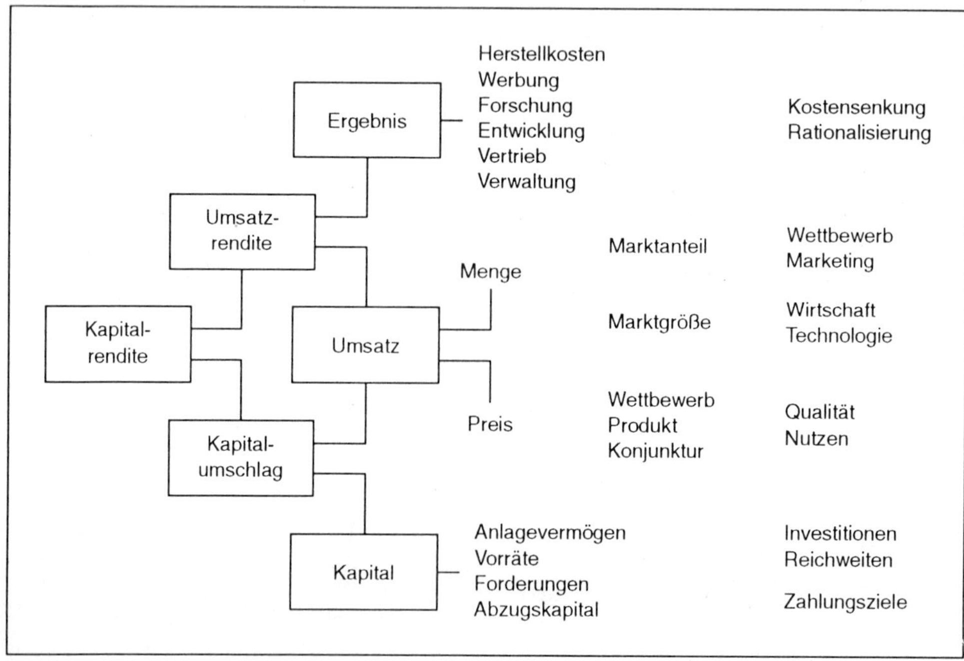

Abb. 24: Kennzahlensystem

Ausgangspunkt des Kennzahlensystems ist die „Dupont-Formel", die von den Faktoren her, die die Kapitalrendite beeinflussen, eine vielfache Verzweigung in maßgeblichen Detaildaten ermöglicht. Abbildung 24 zeigt, welche Verbindungen und Beziehungen für die Henkel-Geschäfte von Bedeutung sind.

An diese rechenhafte Auswertung schließt sich die interpretierende Analyse an, die sich mit den auftretenden Abweichungen der Ergebnisse von den Zielen zu beschäftigen hat. Die Beurteilung erstreckt sich dabei insbesondere auf:

- Stärken der Abweichungen
- Tendenzen der Abweichungen
- Zeitdauer der Abweichungen
- Gründe für die Abweichungen
- Möglichkeiten der Änderungen.

Mit letzterem Punkt wird es notwendig, **Alternativrechnungen** durchzuführen, die unterschiedlichen Charakter haben können. Wesentliches Problem hierbei ist, daß das Plansystem normalerweise einwertig aufgestellt wird. Für alternative Überlegungen ist diese Einwertigkeit aber störend. Es wird daher versucht, mit den Methoden der Sensitivitäts- und Risikoanalyse an besonders kritischen Stellen der Planungsrechnung zu Vorstellungen über das mögliche Ausmaß von Abweichungen der Planaussagen zu kommen.

Die Zielabweichungsanalyse zeigt die Lücke auf, die zwischen den strategischen Vorstellungen und Zielen des Unternehmens und den Möglichkeiten des bestehenden Geschäftes vorhanden ist. Sie gilt es, durch Maßnahmen zur Entwicklung neuer Aktivitäten zu schließen.

Hiermit schließt sich der Kreis zur Planung der generellen Ziele und Strategien. Aus ihnen heraus müssen die konkreten Entscheidungen getroffen werden, die zu Entwicklungen führen, die dem Unternehmen Ertragspotentiale auf Dauer sichern.

Teil VII

Strategische und operative Führung im Daimler-Benz-Konzern – Philosophie und Instrumentarien

Dr. Rolf A. Hanssen
Vorstandsmitglied der AEG Daimler-Benz Industrie
und Vorsitzender der MTU Friedrichshafen;
Direktor mit Generalvollmacht der Daimler-Benz AG
bis Juni 1994

Manfred Remmel
Stellvertretendes Vorstandsmitglied der Mercedes-Benz AG

Einführung

Das Anliegen, die strategische und operative Führung eines so großen und vielseitigen Konzerns wie Daimler-Benz einer interessierten Öffentlichkeit näherbringen zu können, ist eine ebenso reizvolle wie schwierige Aufgabe. Den Autoren war bewußt, daß aufgrund der breit gefächerten Aktivitäten im Daimler-Benz-Konzern und der daraus resultierenden Fülle an Themenstellungen eine Schwerpunktsetzung unvermeidbar sein wird. Hinzu kommt die Dynamik der Märkte, die naturgemäß Implikationen auf die Führungsphilosophie eines Unternehmens hat. Im Hinblick darauf wird unmittelbar einsichtig, daß im folgenden die Grundprinzipien der Führung und die darauf aufbauenden Instrumentarien sowie spezifischen Abläufe Gegenstand der Betrachtung sein müssen.

Der tiefgreifende wirtschaftliche Wandel, der Ausgangspunkt für die strategische Neuausrichtung und letztlich Anlaß für die Konzernerweiterung war, hat eine Neudefinition der Ziele des Konzerns und somit eine Fortschreibung der Unternehmensphilosophie – orientiert an der Vision des integrierten Technologiekonzerns – erforderlich gemacht. Vor dem Hintergrund der damit verbundenen Herausforderungen waren besondere Formen der strategischen und operativen Führung im Konzern zu entwickeln.

Unter diesem Aspekt sind zunächst Prozeß und Elemente der Führung auf der Konzernebene in den Mittelpunkt des Beitrages zu stellen. Mit dem Ziel, den Gesamtprozeß zu beschreiben und die Wechselwirkungen zwischen Konzern und Geschäftsfeldebene zu verdeutlichen, wird anschließend die Führungsphilosophie am Beispiel Mercedes-Benz PKW – als wesentlicher Schwerpunkt der Konzernaktivitäten – konkretisiert und vertieft. Im Interesse einer erhöhten Transparenz und Verständlichkeit werden dabei bestimmte Sachverhalte bewußt aus den jeweiligen Blickwinkeln des Konzerns und des PKW-Bereiches beleuchtet. Im Ergebnis wird ein durchgängiges Konzept vorgestellt, welches ein ganzheitliches, unternehmerisches Denken und Handeln auf jeder Verantwortungsebene im Konzern unterstützt.

Nachdem bereits eingangs auf die dynamische Entwicklung der Rahmenbedingungen, denen sich jedes Unternehmen stellen muß, hingewiesen wurde, erscheint es naheliegend, am Ende des Beitrages auf Entwicklungsperspektiven zur strategischen und operativen Führung im Konzern aufmerksam zu machen.

Der vorliegende Beitrag spiegelt den Umsetzungsstand per Ende 1994 zur Weiterentwicklung der strategischen und operativen Führung im Konzern wider und ist das Ergebnis eines Entscheidungsprozesses, in den alle Ebenen des Unternehmens eingebunden waren. Die in diesem Zusammenhang geführten Diskussionen waren letztlich auch Orientierungspunkt für die Strukturierung und Bearbeitung dieses Themas. Dank gebührt an dieser Stelle einem kleinen Team, welches durch seine wertvollen Hinweise und Anregungen in gemeinsamen Diskussionen zum Erfolg mit beigetragen hat.

1. Der Daimler-Benz-Konzern

1.1 Stufen der Konzernentwicklung

Über 100 Jahre lang war Daimler-Benz ausschließlich im Fahrzeugbau tätig. Auch heute noch ist das Fahrzeuggeschäft die wesentliche tragende Säule des Konzerns. Doch seit Mitte der 80er Jahre wurde die unternehmerische Basis erheblich erweitert, um dem sich abzeichnenden tiefgreifenden weltwirtschaftlichen Wandel Rechnung zu tragen, von dem Daimler-Benz in vielfältiger Weise betroffen ist. Insbesondere seien hier genannt

- die absehbare Sättigung der Automobilmärkte in den wichtigsten Regionen, verbunden mit sich erheblich verschärfendem Wettbewerb und steigenden Überkapazitäten;
- die zunehmende Bedeutung von Elektronik und Mikroelektronik (einschließlich anwendungsspezifischer Software) in technischen Produkten;
- die wachsende Nachfrage nach Dienstleistungen (wie z. B. Datenverarbeitungs-, Marketing- und Finanzdienstleistungen);
- die steigende Nachfrage im Luftfahrtgeschäft (Flugzeuge, aber auch z. B. Flugkontrollsysteme)

sowie generell

- die weitere Integration der Weltmärkte mit den damit verbundenen Globalisierungsanforderungen an die Unternehmen.

Diese Herausforderungen vor Augen hat Daimler-Benz zur unternehmerischen Zukunftssicherung eine Strategie der Diversifikation in neue Wachstumsmärkte entwickelt und umgesetzt (vgl. Abb. 1).

Mit der Übernahme von MTU (restliche Anteile), AEG, Dornier und Messerschmitt-Bölkow-Blohm (MBB) war zum einen der Eintritt in neue Zukunftsmärkte verbunden; darüber hinaus wurde die technologische Basis auf Gebieten erweitert, die für den Konzern zunehmend von Bedeutung sind, wie z. B. die Mikroelektronik.

Den Akquisitionen folgte eine Phase der Neustrukturierung:

- Mai 1989: Gründung der Deutschen Aerospace (seit 1994 Daimler-Benz Aerospace), in die MBB, Dornier, MTU und die früheren Luftfahrt-, Raumfahrt- und Verteidigungsaktivitäten der AEG – als Telefunken-Systemtechnik (TST) – eingegliedert wurden.
- Mitte 1989: Zusammenfassung des Fahrzeuggeschäfts in der neu gegründeten Mercedes-Benz AG, Umwidmung der Daimler-Benz AG in eine geschäftsführende Holding.
- Mitte 1990: Gründung der Daimler-Benz-InterServices (debis) durch Bündelung und Ausgründung der im Konzern vorhandenen internen Dienstleistungsbereiche mit dem Ziel der externen Markterschließung bei gleichzeitiger Effizienzsteigerung.
- 1994: Neuausrichtung der AEG und Umbenennung in AEG DBI (Daimler-Benz Industrie).

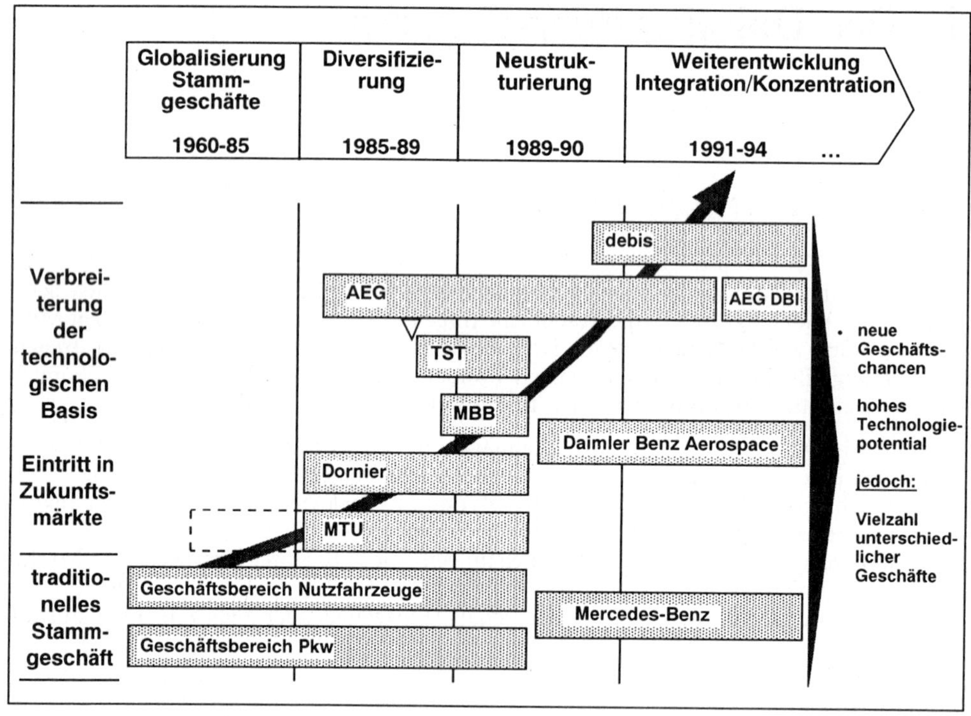

Abb. 1: Entwicklungsphasen des Konzerns

1.2 Struktur des Konzerns

Heute sind unter dem Dach der Daimler-Benz-Holding vier Unternehmensbereiche in der Form rechtlich selbständiger Gesellschaften (Aktiengesellschaften) vereinigt (vgl. Abb. 2).

Die vier Unternehmensbereiche tragen die Ergebnisverantwortung für die operativen Geschäfte im Konzern. Alle Unternehmensbereiche sind durch Beherrschungs- und Ergebnisabführungsverträge an die Daimler-Benz AG gebunden. Neben der steuerlichen Optimierung sollen damit die Konzerninteressen sichergestellt werden.

Die vier Unternehmensbereiche sind ihrerseits nach strategischen und führungsorganisatorischen Konzerngeschäftsfeldern (als „Geschäfts-“ bzw. „Produktbereiche“) gegliedert, die nach marktstrategischen Gesichtspunkten gebildet sind.

Schwerpunkt der Konzernaktivitäten ist nach wie vor das in der **Mercedes-Benz AG** zusammengefaßte Fahrzeuggeschäft, das rund zwei Drittel des Konzernumsatzes umfaßt. Die Ergebnisverantwortung ist dabei an die Geschäftsbereiche **PKW** und **NFZ** delegiert.

Die AEG Daimler-Benz Industrie ist im Schwerpunkt auf fünf Geschäftsfeldern tätig: **Bahnsysteme, Mikroelektronik, Dieselantriebe, Energietechnik und Automatisierungstechnik.**

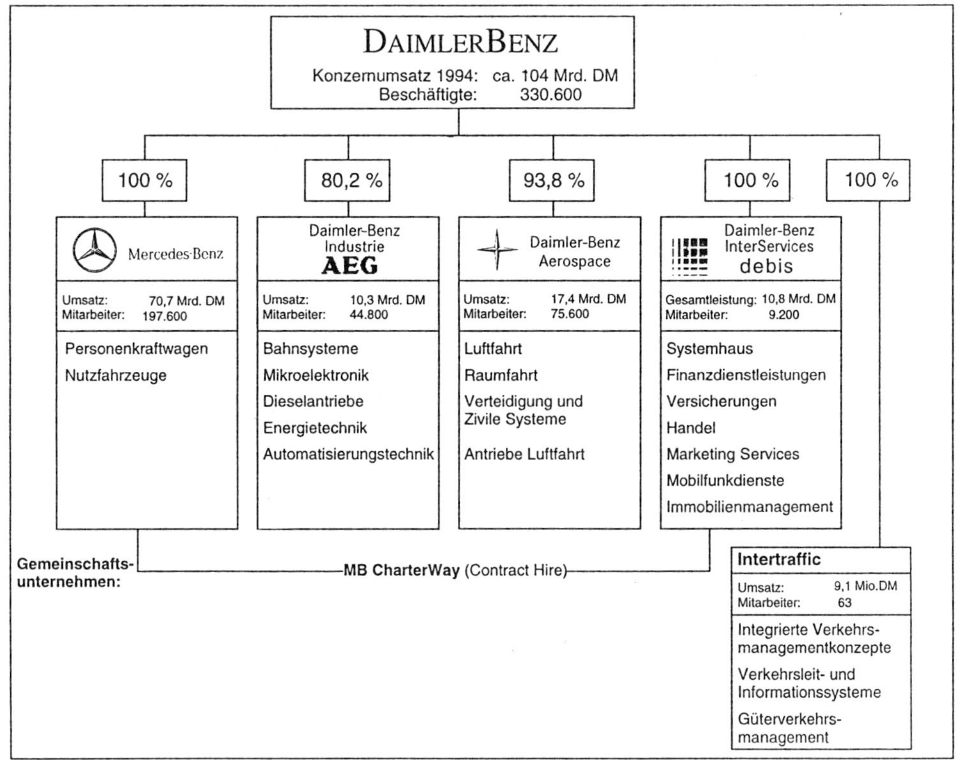

Abb. 2: Konzernstruktur

Bereits bei der Gründung der **Deutschen Aerospace** ab 1995 „Daimler-Benz Aerospace" war beabsichtigt, die mit der Übernahme von Dornier, MBB, MTU und TST gegebene Gesellschaftsstruktur in eine Geschäftsfeldstruktur zu überführen. Heute besteht die DASA aus den Geschäftsfeldern **Luftfahrt** (mit Regionalverkehrsflugzeugen, Verkehrsflugzeugen, Militärflugzeugen und Hubschraubern), **Raumfahrt, Antriebe Luftfahrt** sowie **Verteidigung und Zivile Systeme** (European Defense Systems, Information und Kommunikation).

Die **Daimler-Benz InterServices (debis)** ist auf das Angebot von anspruchsvollen Dienstleistungen konzentriert. Ihre Aktivitäten sind in den Geschäftsbereichen **Systemhaus** (Computer-/Communications-Services, DV-Projekt-/-Produktgeschäft, Beratungsgeschäft), **Finanzdienstleistungen, Versicherungen, Handel, Marketing-Services, Mobilfunkdienste** und **Immobilienmanagement** zusammengefaßt.

Neben der Strukturierung des Konzerns in vier Unternehmensbereiche wird – als eine der Grundideen des Integrierten Technologiekonzerns – mit der unternehmensbereichsübergreifenden Bündelung und der Integration vorhandener Fähigkeiten in **konzerninternen Gemeinschaftsunternehmen** die Absicherung bestehender und die Erschließung neuer Geschäftsmöglichkeiten verfolgt. Erste Beispiele hierzu verkörpern die Aufnahme des operativen Geschäfts auf dem Gebiet der integrierten Verkehrsmanagement-Systeme mit der Gründung der **Intertraffic** (ITF) und der Einstieg in das europäische Contract Hire-Geschäft (Vermietung von Nutzfahrzeug-Transportleistungen) mit der Gründung der **Mercedes-Benz CharterWay**-Gesellschaften.

Die **Daimler-Benz AG** versteht sich dabei als geschäftsführende Holding. Dieses Führungsmodell geht davon aus, daß die erforderliche (strategische und operative) Anpassung an sich ständig ändernde Markt- und Wettbewerbsbedingungen zwar eine originäre Aufgabe der operativen Einheiten darstellt (darin unterscheidet es sich von einem Stammhauskonzept), zugleich aber eine aktive Gestaltung des Geschäftsrahmens für den Gesamtkonzern notwendig macht. Die Steuerung dieses Anpassungsprozesses durch die Holdinggesellschaft setzt ein Verständnis für die Geschäfte der operativen Einheiten voraus, das über das einer Finanzholding weit hinausgeht:

„Die Management-Holding Daimler-Benz AG konzentriert sich auf die strategische Ausrichtung, Koordination und Kontrolle der Unternehmensbereiche, um die Gesamtziele des Konzerns einzuhalten. Sie nimmt, bis auf wenige Funktionen, bei denen die Vorteile einer Zentralisierung überwiegen – wie etwa in der Finanz-, Bilanz- und Steuerplanung – keine operativen Aufgaben wahr. In diesem Sinne beschließt und verantwortet sie die Geschäftspolitik, die Planung und das Ergebnis des Gesamtunternehmens im Rahmen von Zielvorgaben. Sie sorgt weiterhin für einen optimalen Einsatz der Ressourcen im Konzern und stellt den bereichsübergreifenden Wissenstransfer sicher.“ [1]

Neben den Vorstandsvorsitzenden der vier Unternehmensbereiche gehören dem Vorstand der Daimler-Benz AG die Leiter der sogenannten Zentralressorts „Vorstandsvorsitzender“, „Finanzen und Material“, „Personal“ sowie „Forschung und Technik“ an.

Der Konzernvorstand wird in seinen Leitungsaufgaben schwerpunktmäßig durch den Bereich Konzernplanung und -controlling (KPC) unterstützt, der dem Vorstandsvorsitzenden direkt zugeordnet ist.

KPC umfaßt insbesondere drei konzernbezogene Funktionen:

- Konzernstrategie (u.a. Optimierung des Konzernportfolios, regionale Markterschließungsstrategien, Erschließung neuer Geschäftsfelder, Strategische Allianzen);
- Konzern-Organisations-Entwicklung (u.a. Führungs- und Strukturkonzeptionen, Organisationsberatung);
- Konzerncontrolling (u.a. Planungskoordination, Periodenplanung und Operatives Berichtswesen für Konzernvorstand und -aufsichtsrat).

Darüber hinaus werden holdingbezogene Planungs-/Controlling- und Organisationsaufgaben wahrgenommen.

Diese Aufgabenstrukturierung hat sich auf Konzernebene – im Hinblick auf die unumgängliche Durchgängigkeit von Strategischer Planung/Berichterstattung zu Operativer Planung/Berichterstattung – als sinnvoll erwiesen.

Der Entwicklungsprozeß des Konzerns führte dazu, daß in den übrigen Holding-Funktionalressorts weitere Aufgaben bis hin zu reinen Dienstleistungsfunktionen wahrgenommen werden. Damit verbunden sind Fragen der Transparenz hinsichtlich des gesamten Leistungsspektrums, der wirtschaftlichen Führung und der Weiterverrechnung der Leistungen.

Vor diesem Hintergrund werden unterschieden:

- **Konzernleitungsfunktionen** als eigentliche Kernaufgaben der geschäftsführenden Holding
  Hierzu gehören u. a. die strategische Ausrichtung des Konzerns, die Unterstützung des Know-how-Transfers und der Konzernintegration (z. B. durch geeignete Personalentwicklungskonzepte) sowie Konzernverwaltungsfunktionen (insgesamt rd. 500 Mitarbeiter).

---

1 Reuter, Edzard: Führung, Organisation und Steuerung im Integrierten Technologiekonzern: Beitrag in Festschrift für Prof. Semler 1993, Walter de Gruyter-Verlag Berlin, New York

- **Leistungen zur langfristigen Zukunftssicherung des Konzerns**
  Dazu zählen insbesondere die langfristige Forschung sowie Vorleistungen für neue Konzernaktivitäten.
- **Dienstleistungen für Konzernbereiche,** für die sich aus Effizienzgründen oder konzernpolitischen Aspekten eine Zentralisierung anbietet. Dabei werden unterschieden:
  - bedarfsorientiert zentral zu nutzende Dienstleistungen, wie z. B. Konzern-Treasury oder Auftragsforschung (letzteres auf der Grundlage eines konkret mit den Unternehmensbereichen vereinbarten Finanzierungsmodells),
  - wahlweise zu nutzende Dienstleistungen (wie z. B. Bildungszentren), die unter „Quasi-Marktbedingungen" angeboten werden und in Konkurrenz zu externen Leistungsangeboten stehen.
- **Basisleistungen für die Holding**
  Dazu gehören alle Leistungen, die eine allgemeine Leistungsbereitschaft der Holding sicherstellen (z. B. Personalwesen, Organisation und Controlling Holding).

Auf Basis dieser Leistungsstrukturierung wird mit geeigneten wirtschaftlichen Führungsinstrumentarien das unternehmerische Handeln auch in der geschäftsführenden Holding weiter gefördert. Dabei wird den spezifischen Anforderungen der zentralen Funktionsbereiche im Hinblick auf ihre Führung mit der Kategorisierung nach Konzernleitungsbereichen, Leistungs-, Cost-, Service- und Profit-Center Rechnung getragen (Abb. 3).

Dieses Center-Konzept für die Holding schafft durch die Leistungsstrukturierung somit nicht nur Transparenz über die Holdingleistungen und fördert das unternehmerische Handeln in der Holding im Rahmen der Führung und Steuerung der einzelnen Center, sondern bildet darüber hinaus die Grundlage für eine verursachungsgerechte Verrechnung der Kon-

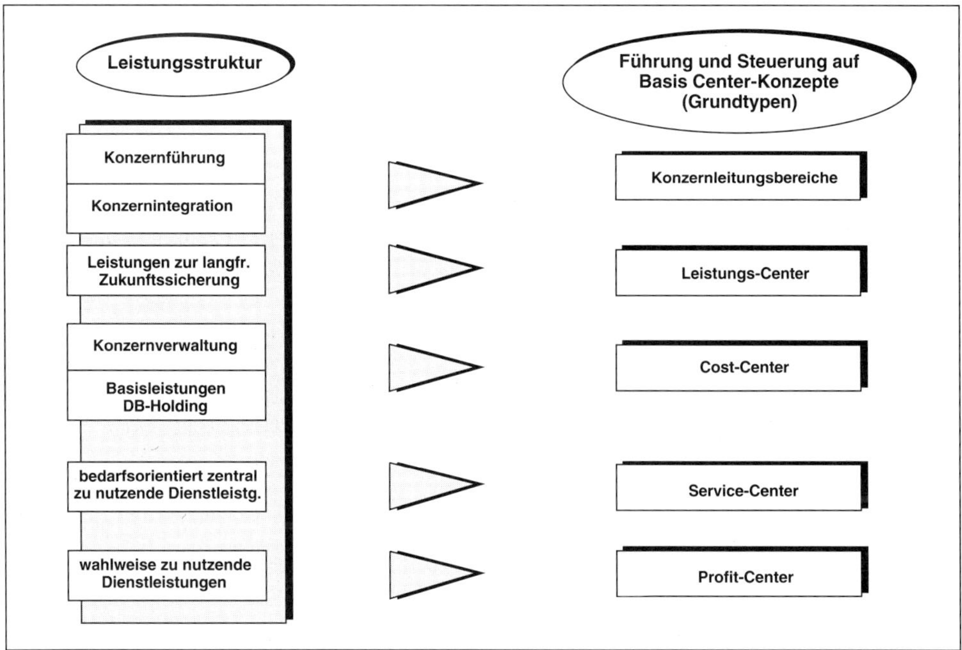

Abb. 3: Leistungsstrukturierung als Voraussetzung für eine differenzierte unternehmerische Führung

zerninnenleistungen. Diese werden zum Beispiel je nach Leistungskategorie den Leistungsnehmern entweder entsprechend der Inanspruchnahme in Rechnung gestellt (Leistungen der Profit- und Service-Center) oder im Rahmen der internen Betriebsergebnisrechnung durch Schlüsselung pauschal zugeordnet (Leistungen der Konzernleitungsbereiche).

Für die Unternehmensbereiche bestehen vergleichbare Center-Konzepte, die auf die spezifischen Belange ihrer jeweiligen Aufgabenstellung ausgerichtet sind.

2. Unternehmensphilosophie bei Daimler-Benz

Seit der Erweiterung der Geschäftstätigkeit in der zweiten Hälfte der 80er Jahre bestimmt die Vision des „Integrierten Technologiekonzerns" die Unternehmensphilosophie des Daimler-Benz-Konzerns. Grundidee dabei ist, daß die Kerngeschäfte (als die tragenden Säulen des Konzerns) durch integrierende Funktionen verbunden sind, um daraus besondere Wettbewerbsvorteile zu schöpfen (vgl. Abb. 4).

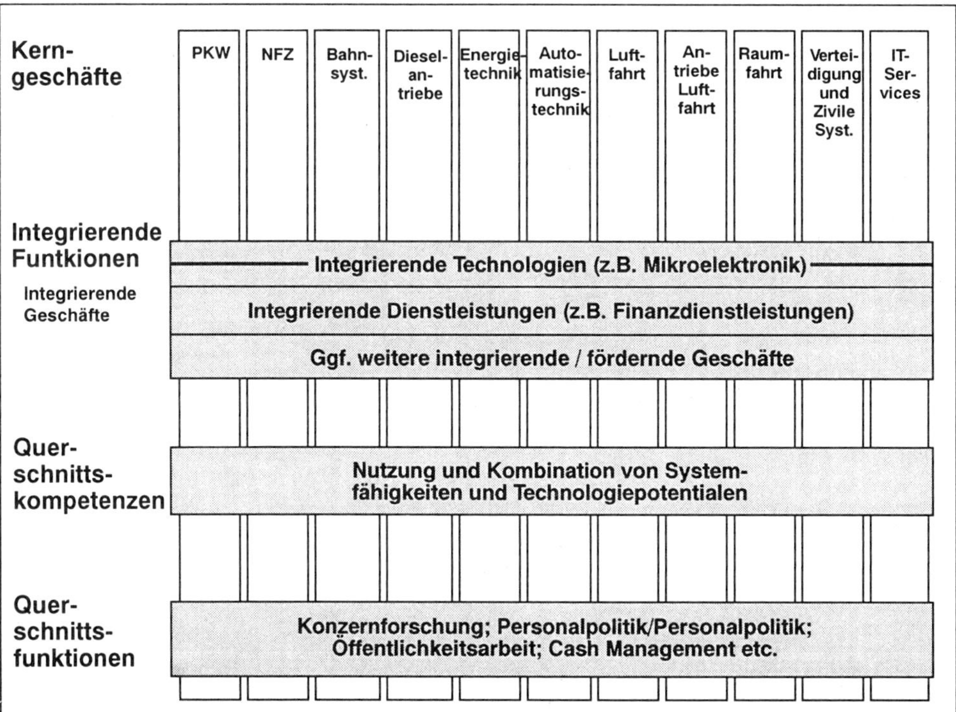

Abb. 4: Die Grundidee des „Integrierten Technologiekonzerns" Daimler-Benz

Die Umsetzung dieser Grundidee ist das zentrale Ziel der Konzernstrategie. Daraus ergibt sich, daß – quasi als Gegenpol zu den Erfordernissen zur Dezentralisierung der unternehmerischen Verantwortung – dem Integrationsaspekt besondere Bedeutung zukommt.

2.1 Erfolgspotentiale aus der Konzernintegration

Angesichts der Größenordnung der vier Unternehmensbereiche, von denen jeder für sich schon zu den großen Unternehmen in Deutschland gehört und die selbst Konzerne darstellen, muß die Frage beantwortet werden, welchen „Mehrwert" die Vereinigung unter einem gemeinsamen Dach überhaupt leisten kann. Dies um so mehr, als damit zwangsläufig bestimmte Rahmenbedingungen, wie teilweise zusätzliche Entscheidungswege, aufwendigeres Berichtswesen oder Kosten zusätzlicher Leitungsfunktionen verbunden sind.

Welche Nutzeneffekte können also auf die Waagschale gebracht werden, damit sich die Gesamtbilanz des Konzerns positiv darstellt?

Abb. 5 gibt einen Überblick über die Effekte, die in diesem Zusammenhang von Bedeutung sind. Dabei wird zwischen Synergien (die überwiegend im Rahmen bestehender Geschäftsstrukturen wirksam werden) und Effekten durch strategische Neuausrichtung unterschieden [2].

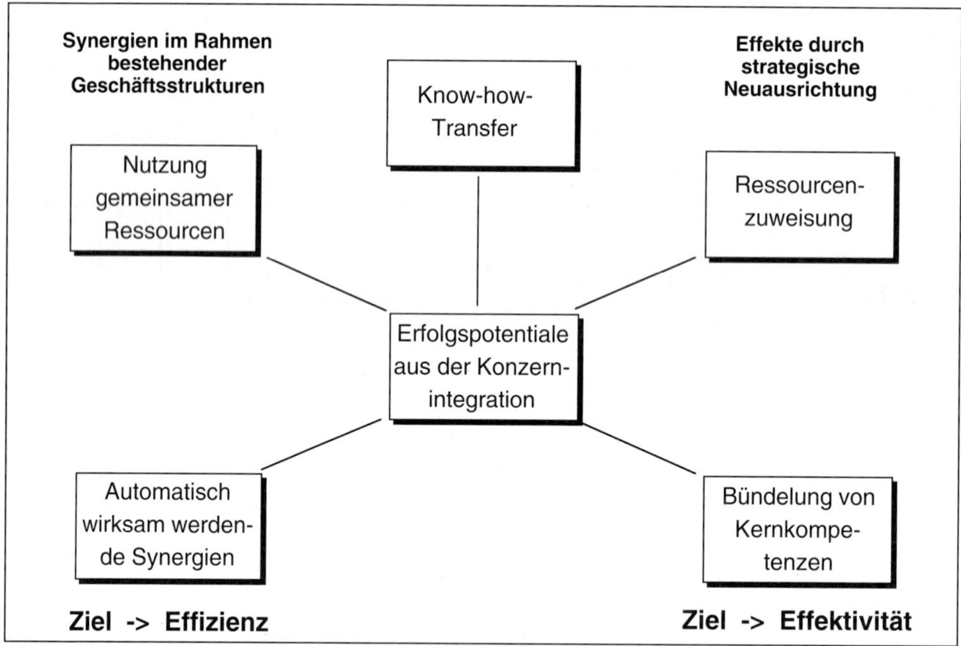

Abb. 5: Erfolgspotentiale aus der Konzernintegration

Im folgenden wird beschrieben, wie durch die Konzernintegration sowohl die Effizienz („die Dinge richtig tun") als auch die Effektivität („die richtigen Dinge tun") verbessert werden sollen.

2 Vgl. hierzu auch Hanssen, R. A./Kern, W. (Hrsg.), Integrationsmanagement für neue Produkte, ZfbF-Sonderheft 30/1992, Beitrag: Hanssen, R. A., Schneider, M., „Geschäftsfeldübergreifende Integration", S. 103 ff. (hierin auch zahlreiche Beispiele enthalten)

2.1.1 Synergien im Rahmen bestehender Geschäftsstrukturen

In diesem Zusammenhang sind drei Arten von Synergien bedeutsam, die in den Geschäftsfeldern des Konzerns in Form von Kosten-, Zeit- und Qualitätsvorteilen wirksam werden und ggf. auch durch Kombination von Fähigkeiten zu neuen Produktansätzen führen.

- **Know-how-Transfer**
  Im Daimler-Benz-Konzern findet auf allen Funktionsgebieten (d. h. nicht nur in Forschung und Entwicklung, sondern z. B. auch bezüglich Produktionsabläufen, Organisation und Controlling) ein intensiver Erfahrungsaustausch zwischen den Bereichen statt. Entscheidend für die bereichsübergreifende Nutzung von Know-how ist jedoch, daß im Konzern bekannt ist, welche Fähigkeiten wo vorhanden sind. In diesem Zusammenhang kommt der (DV-gestützten) Information und Kommunikation besondere Bedeutung zu.
- **Nutzung gemeinsamer Ressourcen**
  Die Nutzung gemeinsamer Ressourcen führt überall dort zu Kosteneinsparungen, wo ein Rückgriff auf gemeinsames Know-how oder gemeinsame Kapazitäten möglich ist, d. h. Vorleistungen nicht doppelt erstellt werden müssen oder Mehrfachinvestitionen vermieden werden können.
  Als Beispiel für die gemeinsame Nutzung besonders wertvoller Ressourcen sei hier der zentrale Forschungs- und Technikbereich angeführt (Abb. 6).
  In Form einer Matrixstruktur sind unterhalb der Vorstandsebene drei Forschungsinstitute (F1, F2, F3) und ein Technikbereich eingerichtet. Die Forschungsinstitute richten

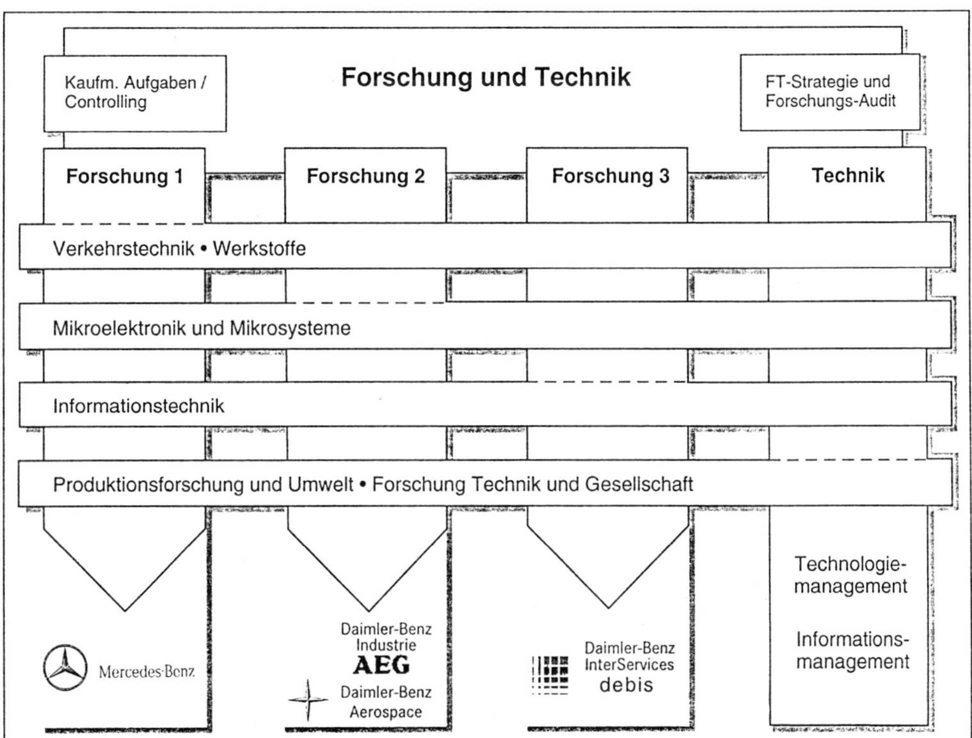

Abb. 6: Der zentrale Forschungs- und Technik-Bereich als Beispiel für die Nutzung gemeinsamer Ressourcen im Konzern

sich in ihrer Arbeit unmittelbar auf die Belange der Unternehmensbereiche aus. Um die Verbindung zwischen den Instituten sicherzustellen, übernehmen deren Leiter auch technologieorientierte *Querschnittsfunktionen*, in deren Rahmen grundlegende, übergreifende Forschungsthemen wie Verkehrstechnik, Werkstoffe, Mikroelektronik und Mikrosysteme, Informationstechnik, Produktionstechnik und Umwelt behandelt werden.
Kernaufgabe des Bereichs *Technik* ist – neben der Weiterentwicklung der Technologiestrategie des Konzerns – insbesondere der systematische *Technologietransfer*. Ziele hierbei sind insbesondere die Stärkung der bereichsübergreifenden Zusammenarbeit, Identifizierung von Chancen für neue Produkte und Geschäftsfelder sowie das Aufspüren technologischer Trends.
Die durch dieses Konzept möglichen Synergieeffekte beziehen sich vor allem auf:
- *Kostenvorteile* durch Vermeidung unabgestimmter Parallelentwicklungen, vor allem im Bereich der Grundlagenforschung,
- *Qualitätsvorteile* durch die Möglichkeit, Forschungsaufgaben aufzugreifen, die sich ein einzelner Unternehmensbereich nicht leisten könnte,
- *Zeitvorteile* durch die bewußte Trennung von kurzfristig in marktfähige Produkte umzusetzenden Entwicklungsaufgaben einerseits und den mittel- bis langfristigen Aufgaben der Forschung andererseits.

- **Automatisch wirksam werdende Synergien**
  Verschiedene Vorteile ergeben sich in einem diversifizierten Großkonzern quasi „von selbst". Beispielhaft seien hier genannt:
  - *Kosteneinsparungsmöglichkeiten* aus der Bündelung des Einkaufsvolumens,
  - *günstigere Beschaffung von Eigen- und Fremdkapital* aufgrund der höheren Kreditwürdigkeit des Gesamtkonzerns,
  - *geringere Steuerlast* durch konzernübergreifende Steueroptimierung,
  - das *gesteigerte Vertrauen der Kunden* in die Liefer- und Servicetreue der Unternehmenseinheiten,
  - *Erschließung von Kooperationspotentialen*, insbesondere für die kleineren Geschäftseinheiten.

2.1.2 Effekte durch strategische Neuausrichtung

Während die oben beschriebenen Synergieeffekte überwiegend im Rahmen bestehender Geschäftsstrukturen wirksam werden, besteht darüber hinaus im Großkonzern die Chance, durch bereichsübergreifende, die Geschäftsstrukturen verändernde Maßnahmen besondere Wettbewerbsvorteile zu realisieren. In diesem Zusammenhang kommt der Bündelung von Kernkompetenzen und der geschäftsfeldübergreifenden Ressourcenzuweisung besondere Bedeutung zu:

- **Bündelung von Kernkompetenzen**
  Im immer härter werdenden Wettbewerb wird von vielen Unternehmen eine Optimierung der Fertigungstiefe bei gleichzeitiger Konzentration auf die erfolgsbestimmenden Faktoren des Geschäfts systematisch verfolgt.
  Dieses Konzept ist in zweifacher Hinsicht bedeutsam:
  - **Operativ** im Hinblick auf die Effizienzsteigerung (vor allem zur Verbesserung der Kostenposition)
  - **Strategisch** im Hinblick auf die Konzentration auf die erfolgsbestimmenden Faktoren des Geschäfts. Dabei kommt es darauf an, daß zum einen die kritischen Wertschöpfungsstufen nachhaltig beherrscht werden, zum anderen die Produkt-/Leistungsumfänge den Markt- und Wettbewerbsanforderungen entsprechen.

Dabei können besondere Wettbewerbsvorteile gerade daraus entspringen, daß Kernfähigkeiten zu neuen Produkt-/Leistungsumfängen gebündelt werden.
So wird beispielsweise auf vielen Gebieten das Angebot umfassender Systemlösungen immer wichtiger (z. B. Bahnsysteme, Luftfahrt). Dabei werden von den Kunden immer häufiger nicht nur im rein technischen Sinne zu verstehende Gesamtsysteme gefordert. Vielfach sind für eine erfolgreiche Auftragsakquisition darüber hinaus umfassende Finanzierungs- und/oder Betriebskonzepte unerläßlich.
Für diese Fälle besteht durch Bündelung der in verschiedenen Geschäftsfeldern vorhandenen Fähigkeiten die Möglichkeit, den Kunden eine komplexe Problemlösung aus einer Hand anzubieten, was ggf. der entscheidende Wettbewerbsvorteil sein kann (z. B. Leasing-/bzw. Service-Leasing-Angebote, integrierte Verkehrsmanagementsysteme).

- **Geschäftsfeldübergreifende Ressourcenzuweisung**
  Die Optimierung des Geschäftsportfolios ist eine der Kernaufgaben der strategischen Konzernführung. Sachgerechte Entscheidungen, die insbesondere Fragen der Ausgewogenheit z. B. bezüglich cash-erzeugenden und vorleistungsintensiven Geschäften sowie des Risikoausgleiches berücksichtigen, sind nur geschäftsfeldübergreifend zu treffen.
  Mit dem Potential der personellen, finanziellen und technologischen Ressourcen des Gesamtunternehmens nehmen auch die Möglichkeiten einer Ressourcenzuweisung (Management und Finanzen) zu Zukunftsprojekten und neuen Geschäften zu.

2.2 Unternehmenskultur und Leitbild des Konzerns

Die Umsetzung der beschriebenen Erfolgspotentiale setzt bestimmte Einstellungen der im Konzern tätigen Menschen voraus. So kommt unter Integrationsaspekten dem „Wir"-Bewußtsein im Konzern besondere Bedeutung zu; die Unternehmenskultur muß durch den „konzernbewußten" Manager geprägt sein, der geschäftsfeldübergreifend denkt.

Unternehmenskulturen sind naturgemäß durch Entwicklungen und Erfahrungen der Vergangenheit geprägt. Die Unternehmenskulturen, die im Daimler-Benz-Konzern verkörpert werden, stützen sich zu einem erheblichen Teil auf ungewöhnliche Erfolge, auch wenn deren Voraussetzungen sich teilweise verändert haben. Die Herausforderung für den Daimler-Benz-Konzern besteht darin, den gewachsenen Unternehmenskulturen der Unternehmensbereiche und ihrer Gesellschaften eine neue gemeinsame Dimension unter der Vision des Integrierten Technologiekonzerns zu vermitteln und sie – bei aller Eigenständigkeit – in die neue Konzernstrategie einzubinden. Die kulturbestimmenden Faktoren sind daher entsprechend auszugestalten. Dabei darf nicht übersehen werden, daß die einzelnen Unternehmenskulturen im Konzern positive Elemente aufweisen, auf die aufzubauen ist.

Im einzelnen sind dabei folgende Faktoren bedeutsam:

- Der Anspruch des *Konzerns*, wirtschaftliche und technische Synergien zu erreichen, dadurch neue ertragsstarke Geschäftsfelder aufzubauen und damit eine neue Identität als Integrierter Technologiekonzern zu realisieren;
- strategische Anpassungserfordernisse im Fahrzeugbereich; sie gehen auch einher mit dem Erlebnis bei *Mercedes-Benz*, nicht mehr der Konzern zu sein, sondern Teil einer umfassenderen Einheit;
- die Stärkung der nach der Neuausrichtung der *AEG* verbliebenen Geschäftsfelder;
- die Überleitung der *DASA*-Stammgesellschaften in eine unter Marktgesichtspunkten gebildete Geschäftsbereichs-Organisation, verbunden mit der Aufgabe, zahlreiche Strukturbereinigungen mit dem Ziel durchzusetzen, die langfristige Wettbewerbsfähigkeit in den Einzelsegmenten abzusichern und neue Geschäfte im zivilen Sektor aufzubauen;

- die Ausrichtung der bisher überwiegend mit interner Leistungserstellung beschäftigten *debis*-Unternehmen auf den Markt sowie der Ausbau und die Festigung ihrer Stellung im Konzern;
- die Ausfüllung des Managementsauftrags der *Holding* mit dem Ziel, für den Konzern einen nachvollziehbaren Mehrwert zu erwirtschaften;
- das Erfordernis, insbesondere allen Führungskräften ein ausreichendes Wissen über wesentliche Zusammenhänge im Konzern zu vermitteln.

Vor dem Hintergrund dieser Herausforderungen kommen Information und Kommunikation zur Prägung einer Unternehmenskultur, welche die Ziele des Integrierten Technologiekonzerns fördert, entscheidende Bedeutung zu. Bei Daimler-Benz wird deswegen Projekten zur Verbesserung der Informations- und Kommunikationsprozesse ein hoher Stellenwert beigemessen [3].

Dem Ziel, das Denken und Handeln aller Mitarbeiter zu beeinflussen und deren Identifikation mit dem Konzern zu fördern, dient nicht zuletzt auch die Kommunikation des Konzernleitbildes, in dem die grundsätzlichen Ziele des Unternehmens beschrieben sind. Dabei ist das Leitbild einerseits Ausdruck einer sich festigenden Konzernidentität und -kultur, andererseits stellt es ein Medium dar, um die Kultur im Sinne der darin enthaltenen Vorstellungen mitzuprägen.

In diesem Sinne ist auch die Idee des Integrierten Technologiekonzerns im Konzernleitbild inhaltlich präzisiert und ausgefüllt. Es vereinigt eine Darstellung der unternehmerischen und gesellschaftlichen Grundposition mit einer Charakterisierung der Strategie des Konzerns. Es beinhaltet sowohl eine Beschreibung des *Handlungsauftrags* (d. h. der grundsätzlichen vom Unternehmen zu verfolgenden Ziele und aller Geschäftsfelder, auf denen das Unternehmen tätig sein möchte) als auch der *Handlungsgrundsätze*, nach denen sich die Mitarbeiter gegenüber allen mit dem Unternehmen verbundenen Gruppen verhalten sollen.

Das Leitbild des Daimler-Benz-Konzerns steht unter dem Motto

> *„Wissen und Erfahrung zu Neuem verbinden, dem Fortschritt der Menschen verantwortlich dienen“.*

Es betont damit nicht nur zukunftsgerichtet die besondere Verantwortung der Mitarbeiter dieses Unternehmens, sondern knüpft bewußt auch an die große Tradition der Konzerngesellschaften an.

Eine vergleichbare Verankerung in der Unternehmenskultur hat auch die im Daimler-Benz-Konzern praktizierte Philosophie des „Führens durch Ziele“. Sie ist einerseits Merkmal der Kultur, da sie aufgrund der damit verbundenen Delegation der Verantwortung Freiräume für selbstbewußtes und unternehmerisches Handeln schafft. Andererseits wirkt sie aber auch aufgrund der mit diesem Prinzip verbundenen Steuerungsmechanismen auf die Unternehmenskultur ein.

Das Prinzip „Führen durch Ziele“ erfordert führungsorganisatorische, personal-orientierte und wirtschaftlich-orientierte Konzepte, die sich gegenseitig ergänzen und durchdringen; sie werden bei Daimler-Benz als ganzheitlicher Ansatz praktiziert und weiterentwickelt (Abb. 7).

---

3 Vgl. hierzu Schneider, M.: Integrative Informations- und Kommunikationssysteme – Gestaltungsaspekte aus Sicht der betrieblichen Praxis, in: Integrationsmanagement für neue Produkte, ZfbF-Sonderheft 30/1992, S. 183 ff.

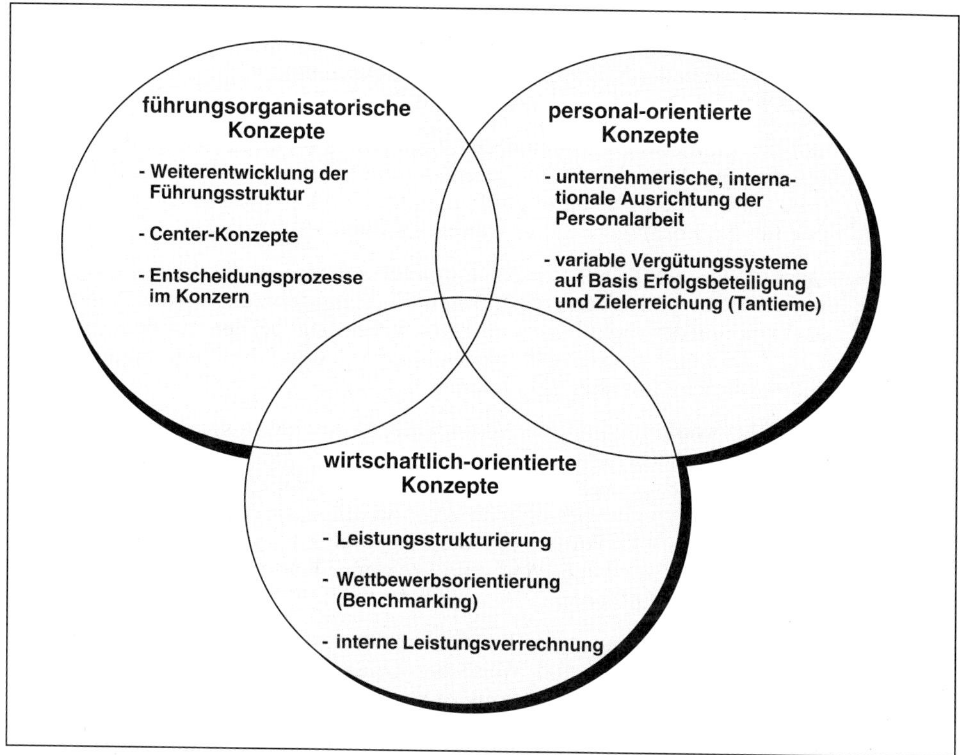

Abb. 7: Konzepte zur Realisierung unternehmerisch handelnder Einheiten im Daimler-Benz-Konzern

2.3 Philosophie und Grundprinzipien der Führung im Konzern

Mit der Erweiterung der Geschäftsaktivitäten des Konzerns hat ein Prozeß eingesetzt, das zuvor funktional und zentral organisierte Unternehmen verstärkt dezentral auszurichten und unternehmerische Entscheidungen auf nachgelagerte Ebenen zu delegieren. Dabei steht die Bildung schlanker Geschäftseinheiten – wie am Beispiel der Leistungsstrukturierung und der Center-Konzepte gezeigt (vgl. u. a. Abschnitt 1.2) – im Vordergrund, die unternehmerisches Handeln, Kundenorientierung, Schnelligkeit und Flexibilität am Markt unter Ausnutzung der wesentlichen Größenvorteile des Konzerns fördern sollen.

Von den Leitern dieser Einheiten wird unternehmerisches Verhalten verlangt. Dies bedeutet u. a., daß die Herausforderungen des Wettbewerbs selbstverantwortlich aufgegriffen und als Chance begriffen werden. Im Gegensatz zum selbständigen Unternehmer, der seine Ziele selbst bestimmt, wird internes Unternehmertum durch die Einbindung in die Gesamtorganisation des Konzerns in seinem Handlungsspielraum im Sinne übergreifender Zielsetzungen eingeschränkt.

Insbesondere erfordert die zunehmende Dezentralisierung und verstärkte Delegation von Entscheidungen aufgrund der beschriebenen Integrationserfordernisse ein höheres Maß an Koordination. Im Rahmen der Konzernführung ist die Abstimmung der Ziele der dezentralen Einheiten ein wesentliches Element dieser Koordination.

Im Hinblick auf die **strategische Führung** liegen dieser Abstimmung Zielvereinbarungsprozesse zugrunde, die eine Ausrichtung der dezentral erarbeiteten Geschäftsfeldziele an der Konzernstrategie sicherstellen. Die darauf aufbauenden Geschäftsfeldstrategien bilden wiederum die Basis für die Formulierung der **operativen Ziele**.

Auch diese sind Ergebnis eines Zielvereinbarungsprozesses, in dem die dezentral erarbeiteten Vorstellungen mit den Konzernerfordernissen in Einklang gebracht werden. Die Verantwortung für die Erfüllung der vereinbarten operativen Ziele liegt bei den dezentralen Einheiten, die damit auch die Konsequenzen des eigenen Handelns sowie die Chancen und Risiken des unternehmensexternen Umfeldes übernehmen.

Für die einzelne Führungskraft wird diese Verantwortung persönlich spürbar durch eine an Leistung und Erfolg orientierte **variable Vergütung**. Im Führungsprozeß zwischen den Leitenden Führungskräften steht daher neben den generellen Führungsaufgaben insbesondere die Vereinbarung der Ziele und die persönliche Verantwortlichkeit der jeweiligen Führungskraft im Vordergrund. Dies setzt voraus, daß die Ziele und unternehmenspolitischen Rahmenbedingungen den Verantwortlichen genügend Freiräume belassen, die Erfolgsparameter ihrer Handlungsfelder zu beeinflussen.

Für die Führenden auf allen Ebenen des Konzerns heißt das, nur wenige und wesentliche Ziele zu vereinbaren und die Art und Weise der Umsetzung den Verantwortlichen zu überlassen; umgekehrt bedeutet dies Sanktionsbereitschaft im Falle des Mißerfolgs. Für die Geführten heißt das, die Verantwortung für die Zielerfüllung in vollem Umfang zu übernehmen und damit auch die Konsequenzen des eigenen Handelns sowie die Chancen und Risiken des unternehmensexternen Umfeldes in angemessener Weise persönlich zu tragen („die Verantwortung spürbar machen").

Führung durch Ziele und die damit verbundene Koordination dezentraler Aktivitäten setzt voraus, daß die Ziele von den Verantwortlichen erreicht werden können. Die Identifikation mit den zu erreichenden Zielen spielt dabei eine wesentliche Rolle.

Das im Daimler-Benz-Konzern angewandte System der variablen Vergütung unterstützt das Prinzip „Führen durch Ziele", indem es die unternehmerische Verantwortung vor allem unter zwei Aspekten betont: zum einen berücksichtigt es individuell die Leistung auf der Grundlage des Erfolgs im eigenen Verantwortungsbereich, zum anderen erfolgt kollektiv eine Beteiligung der Leitenden Führungskräfte am unternehmerischen Gesamterfolg.

Konkret besteht das Jahreseinkommen danach aus einem fixen Anteil (Jahresgehalt) und der variablen Vergütung, die sich wiederum aus Tantieme und Erfolgsbeteiligung zusammensetzt (Abb. 8).

Die Differenzierung in eine leistungsorientierte individuelle und eine auf das wirtschaftliche Gesamtergebnis bezogene kollektive Komponente soll transparent machen, daß ggf. unterschiedlich verlaufende Einflüsse auf die Höhe der variablen Vergütung wirken.

Die **Erfolgsbeteiligung** soll die Identifikation mit dem Unternehmen fördern, indem die Leitenden Führungskräfte an den Chancen und Risiken des Unternehmens beteiligt werden; auf die individuelle Beeinflußbarkeit des Erfolgskriteriums kommt es insoweit nicht an. Dies soll im übrigen auch dazu beitragen, über individuelle und Bereichsinteressen hinaus die Belange des Gesamtunternehmens zu beachten. Hier spiegelt sich der Erfolg der Führungskräfte insgesamt wider. Als Basis für die Ermittlung dieses Erfolgs dienen die Abweichungen

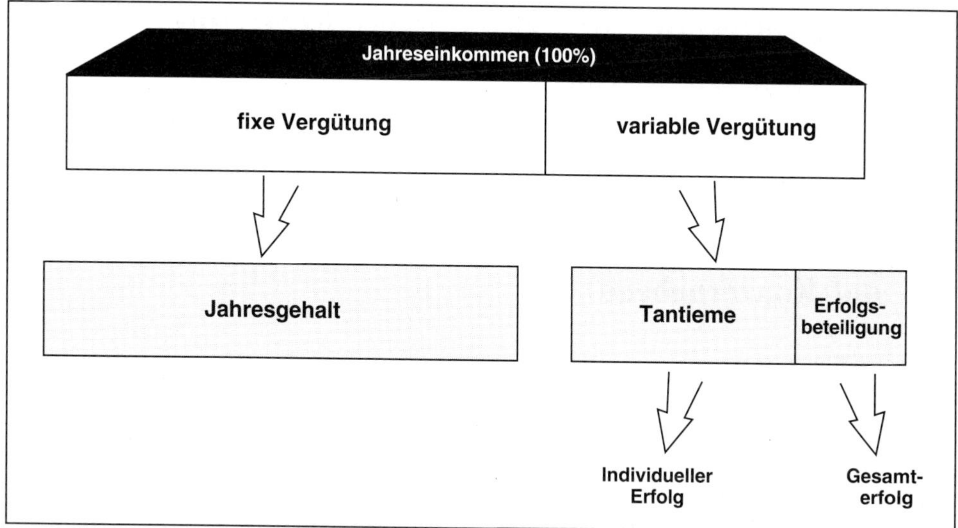

Abb. 8: Struktur der variablen Vergütung für Leitende Führungskräfte

von den im Rahmen der Operativen Planung vereinbarten Konzern- bzw. Unternehmensbereichs-Betriebsergebnissen.

Die Grundlage für die **Tantieme** wird insbesondere im individuellen Führungsgespräch gelegt. Dabei werden neben quantitativen Zielen auch qualitative Ziele vereinbart. Die individuelle Zielerreichung erfolgt zweckmäßigerweise in einem summarischen Bewertungsverfahren.

Das Schwergewicht der variablen Vergütung liegt mit ca. 70% auf der Tantieme. Demgegenüber bleiben ca. 30% für die Erfolgsbeteiligung. Mit dieser Aufteilung wird der hohe Stellenwert der variablen Vergütung für die individuelle Leistungs- bzw. Erfolgsorientierung unterstrichen. Auch in wirtschaftlich schwierigen Geschäftsjahren muß es möglich sein, gute Leistungen angemessen zu honorieren und dies entsprechend zu kommunizieren. Dieser Aspekt ist auch hinsichtlich des Vergütungsniveaus im Vergleich zum Arbeitsmarkt von Bedeutung.

3. Strategische und operative Führung auf Konzernebene

3.1 Prozeß und Elemente der strategischen Führung auf Konzernebene

3.1.1 Stellenwert und Entwicklungsschritte der Strategischen Planung für den Daimler-Benz-Konzern

In einer marktwirtschaftlich organisierten Wirtschaft muß sich ein Unternehmen dauerhaft im Wettbewerb behaupten. Unter dieser obersten Zielsetzung dient der Prozeß der strategischen Führung dazu, die Ziele des Unternehmens zu konkretisieren und die Wege dorthin zu beschreiben und zu vereinbaren. Die Strategien dienen somit als Führungs- und Informationsinstrument der jeweiligen Führungsebenen im Hinblick auf die unternehmensinternen und -externen Zielgruppen. Sie ermöglichen Grundsatzentscheide, auf die operative Einzelmaßnahmen schnell und einfach ausgerichtet werden können.

Im Daimler-Benz-Konzern wird strategische Führung als iterativer Prozeß über die einzelnen Führungsebenen verstanden und praktiziert. Auf Konzernebene ist dabei sicherzustellen, daß – wie auf nachstehendem Schaubild 9 dargestellt – ein Ausgleich hergestellt wird im Hinblick auf das,

- was wir **wollen**, nämlich die Vision des „Integrierten Technologiekonzerns" zu realisieren und dabei in unseren Kerngeschäftsfeldern eine führende Wettbewerbsposition im Weltmaßstab zu erringen bzw. abzusichern, sowie durch die Bündelung der vielfältigen vorhandenen Kernfähigkeiten unsere bestehenden Geschäfte zu unterstützen und neue Geschäftsmöglichkeiten zu entwickeln;
- was wir **müssen**, nämlich die externen Herausforderungen, wie z. B. Globalisierung, Innovationstempo, Verbesserung des Preis-/Leistungsverhältnisses, Trend zu Systemgeschäften, aktiv aufzugreifen und geeignete Lösungskonzepte zu entwickeln und umzusetzen;
- was wir **können**, nämlich unsere Stärken richtig einzusetzen und die Begrenztheit unserer Ressourcen – bezüglich Ertrags-, Liquiditätsspielräumen, Managementpotential u. ä. – zu respektieren.

Dabei ist von besonderer Bedeutung, daß die Weiterentwicklung eines Konzerns – und darin einbezogen seine strategische Gesamtausrichtung wie auch die Entwicklung von Einzelstrategien – ein dynamischer Prozeß ist, der jeweils spezifische Schwerpunktsetzungen erfordert. Das damit verbundene schrittweise „Abarbeiten" von strategischen Fragestellungen erfordert auch jeweils spezifische Schwerpunktsetzungen im Hinblick auf den Einsatz und die Bedeutung der Planungs- und Controllinginstrumente.

Wie zu erwarten, hatte die in der Akquisitionsphase eingeleitete Entwicklung hin zu einem „Integrierten Technologiekonzern" auch zur Folge, daß sich zunächst eine Vielzahl unterschiedlicher Geschäfte – und natürlich auch solche, die nicht zu unseren Leitbildvorstellungen passen – im Portfolio befand. Es ergaben sich aufgrund der damit verbundenen Komple-

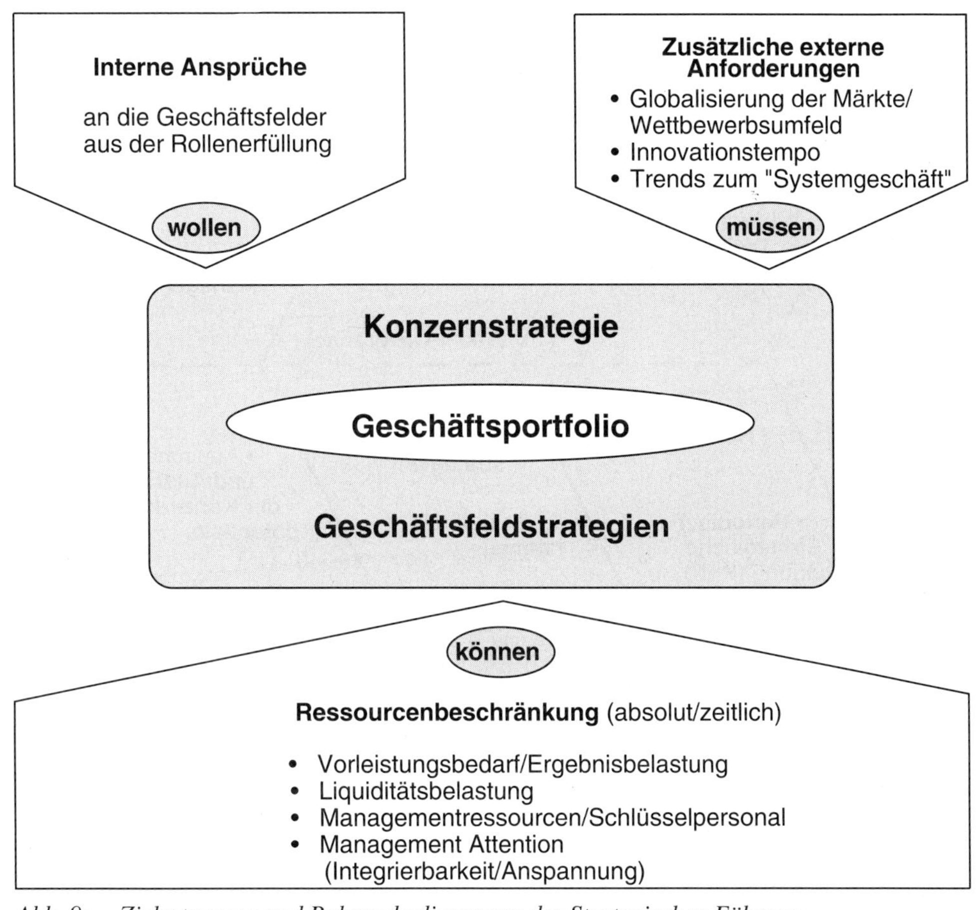

Abb. 9: Zielsetzungen und Rahmenbedingungen der Strategischen Führung

xität und Heterogenität – bei teilweise unvermeidlichen Geschäftsüberschneidungen – eine Menge strategischer Hausaufgaben, die eben nur in beherrschbaren Einzelschritten abgearbeitet werden können. Diese betreffen zum einen die Sachebene und erfordern zum anderen auch ganz erhebliche Anstrengungen auf der Ebene der menschlichen Verhaltensweisen.

Wie Schaubild 10 verdeutlicht, war als erster Schritt zunächst die strategische Führung an die Anforderungen des neuen Konzerns anzupassen. Dies erfolgte durch die Einrichtung der geschäftsführenden Holding, deren Hauptaufgabe – wie erwähnt – in der strategischen Koordination und Gesamtausrichtung der Einzelgeschäfte sowie in der Weiterentwicklung der Konzernstrategie besteht. Das operative Geschäft sowie die Entwicklung der Einzelstrategien obliegen dagegen den vier Unternehmensbereichen. Gleichzeitig wurde das Konzept der „**Periodischen Strategischen Planung**" **(PSP)** entwickelt und eingeführt. Damit konnte konzernweit eine strategische Standortbestimmung durchgeführt werden, die einen kompletten Überblick über die Situation der einzelnen Geschäfte und den Handlungsbedarf ergab. Die damit erreichte Transparenz des Konzerns im Markt- und Wettbewerbsumfeld war wesentliche inhaltliche Voraussetzung für die weiteren Maßnahmen.

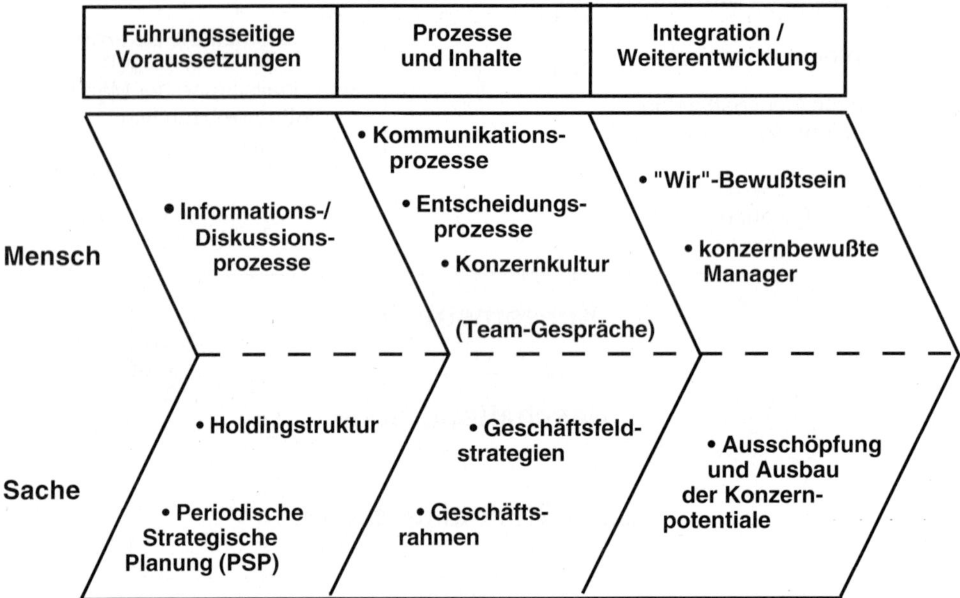

Abb. 10: Einzelschritte zur Realisierung und Weiterentwicklung der Konzernstrategie

Der zweite Schritt bezog sich auf die inhaltliche Diskussion der Geschäftsfeldstrategien, die – auf der Basis eines „Strategieangebots" der Unternehmensbereiche – im Holdingvorstand vereinbart wurden. Gleichzeitig wurde ein **Geschäftsrahmen** verabschiedet, der die Tätigkeitsfelder des Konzerns absteckt und die „Rollen" der einzelnen Geschäfte in diesem Rahmen definiert.

Diese zweite Phase, die sich mit der Leistungsfähigkeit und dem Konzernauftrag der einzelnen Geschäfte befaßte, war wiederum notwendige Voraussetzung für die dritte (noch andauernde) Phase, die sich mit der Ausschöpfung und dem Ausbau der übergreifenden Konzernpotentiale beschäftigt.

Parallel zu diesen Entwicklungsschritten auf der Sachebene wurden vielfältige Maßnahmen zur Verbesserung der Informations-, Kommunikations- und Entscheidungsprozesse in Angriff genommen. Beispielhaft seien genannt:

- Im Rahmen von sog. „Team-Gesprächen" (oberster Führungskreis im Konzern) bzw. von „Konzernseminaren" (mittleres Management) werden in Workshops bzw. Projekten konzernstrategische Fragestellungen bearbeitet und dem Vorstand zur Entscheidung vorgelegt.
- Regelmäßige Vorträge und Diskussionen über die Konzernstrategie im Rahmen von Führungskräfte-Weiterbildungsveranstaltungen.
- Durchführung von Daimler-Benz-Congressen unter Teilnahme der Führungskräfte aus den weltweiten Konzerngesellschaften zu übergreifenden Fragestellungen des Unternehmens und der Gesellschaft.

3.1.2 Das Konzept der Strategischen Planung

Für Daimler-Benz entstand mit der Weiterentwicklung des Konzerns zunächst der Bedarf, den Gesamtprozeß der Strategischen Planung für alle Teileinheiten nach Zielsetzung, Ablauf, Methodik und Berichtsoberfläche im Prinzip zu vereinheitlichen, wobei im Hinblick auf den spezifischen Charakter der Einzelgeschäfte dem Nutzen für den Anwender Vorrang vor formalen Anforderungen gegeben wurde. Jedoch gerade wegen der Heterogenität, aber auch angesichts der großen nutzbaren Synergiepotentiale und der noch erforderlichen weitreichenden Entscheidungen leistet dieses Führungsinstrument inzwischen einen wesentlichen Beitrag für die Handlungs- und Entscheidungsfähigkeit jeder einzelnen Führungskraft.

Das ist nicht unbedingt eine Selbstverständlichkeit. Denn da ein Unternehmen ein integrativer Bestandteil eines vernetzten dynamischen Systems ist, läßt sich dessen Entwicklung letztlich – auch mit den ausgefeiltesten Prognosemethoden – nicht vorhersagen. Es wäre demnach eine falsche Erwartung an die Strategische Planung, daß sie Entscheidungs*sicherheit* erzeugen könnte. Die Akzeptanz, die sie als Führungsinstrument dennoch erfährt, ist vielmehr darin begründet, daß sie – wenn schon die Ungewißheit nicht ausgeschaltet werden kann – einen Prozeß fördert und steuert, der zu einem gemeinsamen Verständnis von Systemzusammenhängen, von Chancen und Risiken, von Branchenentwicklungen, Wettbewerbsstrategien usw. führt, was einen intelligenten Umgang mit der Ungewißheit ermöglicht.

In diesem Zusammenhang wird auch das Instrument der Szenario-Entwicklung verstärkt genutzt, um die gegebenen Handlungsspielräume zu erkennen und die strategischen Ziele und Maßnahmen abzusichern. Zudem wurde auf Konzernebene ein Issue-Management installiert mit der Zielsetzung, gesellschaftliche Themen mit Relevanz für das Unternehmen – möglichst in einem Frühstadium der öffentlichen Aufmerksamkeit – zu erkennen und entsprechende strategische und kommunikative Antworten zu definieren.

Die Strategische Planung im Daimler-Benz-Konzern ist somit nach Methodik und Systematik darauf ausgerichtet, die strategische Diskussion des Managements zu fördern und die Geschäftsfelder über die Einzelstrategien hinaus auf (im folgenden noch zu beschreibende) gemeinsame Konzernziele auszurichten. Sie ist damit originäre Aufgabe des jeweiligen Linienmanagements.

Aus der gleichen Argumentation der Prognoseunsicherheit heraus werden die Strategien im Daimler-Benz-Konzern auch daran gemessen, in welchem Maße sie vom Eintreffen bestimmter Erwartungen und Annahmen abhängig sind und wie flexibel sie an geänderte Umfeldbedingungen angepaßt werden können. Ergänzend wurden deshalb auch Prozesse entwickelt, die die Entwicklungen im internen und externen Umfeld sowie den Umsetzungsstand beschlossener Strategien laufend und systematisch daraufhin untersuchen, ob ggf. grundsätzlicher strategischer Handlungsbedarf gegeben ist, bzw. welche Modifikationen beschlossener Strategien notwendig und sinnvoll sind.

In diesem Sinne steht die Strategische Planung im Daimler-Benz-Konzern auf zwei Beinen (vgl. Abb. 11):

- Der **Strategieentwicklung**, die ereignisorientiert – d. h. aufgrund eines Vorstandsbeschlusses – für jeweils ein bestimmtes (bestehendes oder neues) Geschäftsfeld wie auch für den Konzern in Angriff genommen wird. Wegen der interdisziplinären Aufgabenstellung und der hohen Komplexität werden diese Planungen grundsätzlich im Rahmen von Strategieprojekten durchgeführt. Im Rahmen der Projektbehandlung im jeweiligen Entscheidungsgremium wird über die jeweiligen Strategievorschläge entschieden.
- Der **Strategieüberprüfung**, in der kalenderorientiert – d.h. einmal jährlich – für alle Geschäftsfelder des Konzerns und die übergreifende Konzernstrategie der Frage nach

grundsätzlichem Handlungsbedarf nachgegangen wird. Da sich diese Überprüfung auf die Entwicklungen des vergangenen Jahres beschränkt (es also nicht jedesmal um eine grundsätzliche Infragestellung der Strategie im Sinne einer Zero-base-Betrachtung geht), kann der Zeitbedarf stark begrenzt werden.
Wird kein grundlegender Handlungsbedarf erkannt, kann die bisherige Strategie – mit entsprechend geringfügigen Anpassungen – weiter verfolgt werden. Es genügt eine Dokumentation der beobachteten relevanten Entwicklungen und deren strategische Wertung (Δ-Report).
Wird grundlegender Handlungsbedarf festgestellt, ist die Strategie im Rahmen eines entsprechenden Projektes von Grund auf neu zu überdenken und auszurichten.

Alle strategischen Projekte sind dabei sogenannten „Projektkategorien" zugeordnet, aus denen die Planungsträgerschaft und die Letztentscheidungsebene (Konzern- oder Unternehmensbereichsvorstand) hervorgeht. Im einzelnen unterscheidet man:

- A-Projekte, bei denen Planungsverantwortung und Letztentscheidung beim Konzernvorstand liegen; im einzelnen handelt es sich um
  - A1-Projekte (Strategien für neue Geschäfte),
  - A2-Projekte (Strategien für Unternehmensbereichs-übergreifende Geschäfte);
- B-Projekte, bei denen Planungsverantwortung bei einem Unternehmensbereich liegt:
  - B1-Projekte betreffen die Strategien der (derzeit 33) konzernstrategischen Geschäftsfelder, die Letztentscheidung liegt daher beim Konzernvorstand,
  - B2-Projekte (strategische Produktprojekte) und
  - B3-Projekte (strategische Strukturprojekte)

  sind eingebunden in die Strategien der jeweiligen konzernstrategischen Geschäftsfelder und können deshalb abschließend vom jeweiligen Vorstand des Unternehmensbereiches verabschiedet werden.
  Gleiches gilt im Grundsatz für M & A-Projekte (mit gewissen Sonderregelungen).

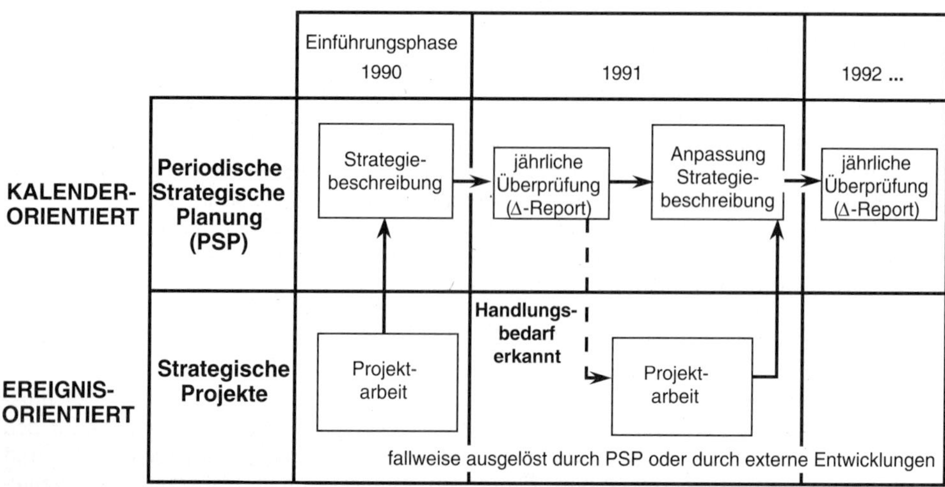

Abb. 11: Das Gesamtkonzept der Strategischen Planung

Im einzelnen läßt sich der Nutzen der Strategischen Planung demnach dadurch beschreiben, daß sie

- zu einer Konkretisierung, Präzisierung und Dokumentation der strategischen Ziele und Maßnahmen des jeweiligen Linienmanagements auf nachvollziehbarer Basis führt,
- somit der Information, der gemeinschaftlichen Ausrichtung und der Motivation der Mitarbeiter dient,
- zu Grundsatzentscheidungen herausfordert, so daß Einzelentscheide einfach, schnell und zielgerichtet getroffen werden können,
- damit auch die Grundlage einer „Corporate Identity" bildet,
- und nicht zuletzt ein wichtiges Instrument zur Ausbildung von Mitarbeitern in Richtung einer General-Manager-Qualifikation darstellt.

3.1.3 Segmentierung der Geschäfte

Der Daimler-Benz-Konzern als großes, diversifiziertes Unternehmen ist weltweit in einer Vielzahl von Märkten tätig, mit unterschiedlichsten Kundengruppen, technischen Lösungen und Produkten. Damit stellte sich die Frage, für welche Geschäftseinheiten sinnvollerweise Einzelstrategien entwickelt werden sollten.

Zunächst mußten Abgrenzungskriterien gefunden werden, um eine strategisch sinnvolle Segmentierung – unabhängig von bestehenden organisatorischen Einheiten – durchführen zu können. Diese Aufgabenstellung war nur in einem iterativen Prozeß angemessen zu leisten. Denn die gewählte Segmentierung beeinflußt die strategische Position und damit indirekt auch die strategischen Ziele; sie ist deshalb ein wesentlicher (externer) Faktor für die Strategiefindung. Gleichzeitig ist sie bereits Bestandteil der Strategie, insbesondere dann, wenn sie als ein Abgrenzungsmerkmal zum Wettbewerb verstanden wird. Soweit die strategische Segmentierung zu Abweichungen von den bestehenden organisatorischen Führungs- und Berichtslinien führte, ergaben sich zudem Fragestellungen in bezug auf die Adressierung von strategischen Zielen, die Informationsaufbereitung usw.

Weil sie integraler Bestandteil der Strategie ist, gibt es keine Standardregeln für eine optimale Segmentierung, kein „Kochbuch". Für die Geschäftsfelder des Daimler-Benz-Konzerns werden drei Homogenitätskriterien herangezogen, die Hinweise für sinnvolle strategische Einheiten liefern sollen:

(a) **Homogenität der Marktfelder bzw. Marktaufgaben**; diese sind zunächst lösungsunabhängig, d. h. nicht unmittelbar mit den Problemlösungen (= Produkten, Systemen) verbunden, und in der Regel dauerhaft. Eine strategische Ausrichtung der Geschäftsfelder nach Marktfeldern bzw. Marktaufgaben hat also den Vorteil der relativen Stabilität (Beispiele für Marktaufgaben in diesem Sinne: Sicherheit oder Transport von Gütern/Personen).
(b) **Homogenität der Technologien**; diese bieten sich als Grundorientierung insbesondere dann an, wenn sie als Basistechnologien ein breites Anwendungsspektrum haben und in viele Marktfelder bzw. Problemlösungen hineinwirken (Beispiel: Mikroelektronik).
(c) **Gleichartigkeit der Produkte**.

Als Ergebnis des Segmentierungsprozesses wurden die Geschäftsaktivitäten des Konzerns in insgesamt rd. 150 Einheiten aufgeteilt. Diese sog. „Strategischen Geschäftseinheiten (SGE)" sind die kleinsten markt-/wettbewerbsorientierten Elemente, für die gesamthafte Strategien entwickelt und dokumentiert sind.

Die SGEs werden immer dort, wo eine organisatorische Abgrenzung möglich ist, von jeweils Geschäftsverantwortlichen geleitet, die für die Strategien und das operative Ergebnis verantwortlich sind. Dort, wo aufgrund der Verzahnung der Wertschöpfungsstufen eine eigenständige Geschäftsverantwortung jedoch nicht sinnvoll ist (z. B. bei gemeinsamer Produktion und/oder Vertrieb der Produkte mehrerer SGEs), stellen sie lediglich Planungseinheiten dar.

Für die Diskussion im Konzernvorstand werden die Strategischen Geschäftseinheiten zu den in Abbildung 12 dargestellten Arbeitsgebieten zusammengefaßt, den sog. **„konzernstrategischen Geschäftsfeldern"**, derzeit 33 im Gesamtkonzern.

Die Segmentierung war notwendige Voraussetzung, um jeweils adäquate Geschäftsfeldstrategien entwickeln zu können, wobei klare Aufgabenabgrenzungen zueinander erreicht wurden. Jede Geschäftseinheit ist verpflichtet und in der Lage, in eigener Verantwortung für ihren Aufgabenbereich wettbewerbsfähige Leistungen anzubieten. Die Verantwortung umfaßt auch die Frage, ob alle oder nur bestimmte Lösungen für die jeweilige Marktaufgabe angeboten werden. Entsprechend der abgestuften Verantwortung werden solche Entscheidungen mit den jeweiligen Führungsebenen diskutiert und vereinbart.

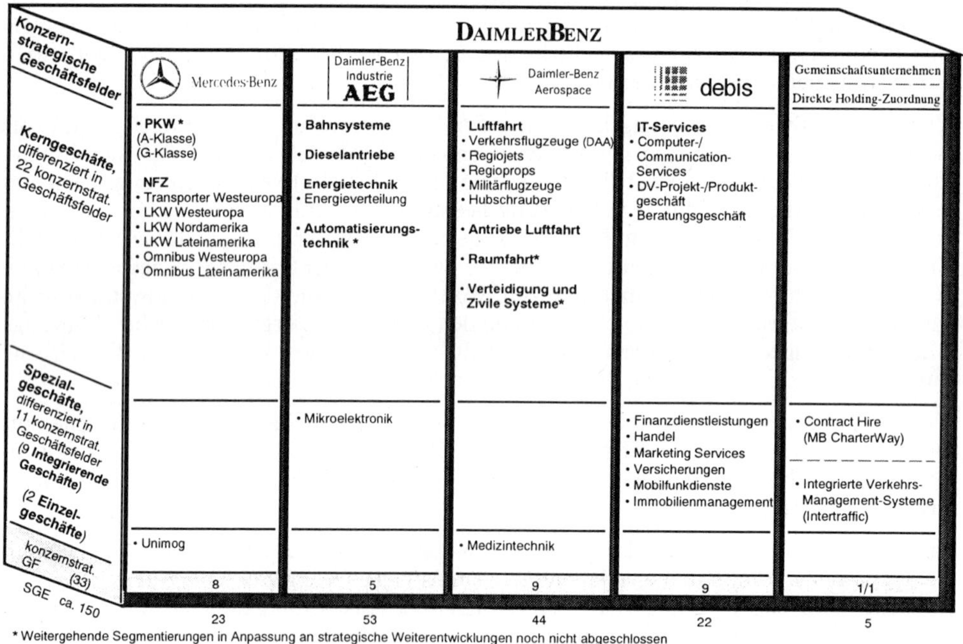

Abb. 12: Die konzernstrategischen Geschäftsfelder von Daimler-Benz

Eine solche differenzierte Vorgehensweise ist auch deshalb geboten, weil das Leistungsangebot des Konzerns nicht nur in der Breite der Marktfelder sehr umfassend ist, sondern auch verschiedene Geschäftsarten beinhaltet, wie Komponenten-, System- und Dienstleistungsgeschäfte (weniger aber Anlagengeschäfte). Diese Geschäftsarten folgen unterschiedlichen Gesetzmäßigkeiten, welche bei Beurteilungen und Entscheidungen beachtet werden müssen und die auch Gegenstand der Diskussionen um die Optimierung der Geschäftsstruktur und die Ausgewogenheit des Geschäftsrahmens des Konzerns sind.

3.1.4 Elemente und Aufgaben der Geschäftsfeldstrategien

3.1.4.1 Entwicklung von Geschäftsfeldstrategien

Aufgrund der vielfältigen Erfahrungen in Strategieentwicklungsprojekten haben sich typische Formen der Projektabwicklung herausgebildet, die starken Einfluß auf die inhaltliche Qualität der Strategien und die zeitliche Effizienz des Gesamtprozesses ausüben. Entsprechend den Besonderheiten des jeweiligen Geschäftes ist das verantwortliche Linienmanagement jedoch frei, den aus seiner Sicht angemessenen Prozeßablauf selbst festzulegen; zentrale Anforderungen an prozessuale oder formale Einheitlichkeit existieren nicht.

3.1.4.1.1 Strukturorganisation des Strategieentwicklungsprozesses

Da Geschäftsfeldstrategien ihrem Wesen nach stets umfassende Aufgaben darstellen, eignet sich die in der Regel auf Aufgabenteilung und Spezialisierung beruhende Linienorganisation nicht für eine angemessene Bearbeitung. Zur reibungsarmen Überwindung von Zuständigkeits- und Schnittstellenfragen bietet sich eine flexible Projektorganisation geradezu an.

In Abb. 13 ist die Grundstruktur eines Strategieentwicklungsprojektes dargestellt; die darin enthaltenen Funktionen entsprechen den üblichen Regeln des Projektmanagements.

Die Projektorganisation entlastet das zuständige Management im Hinblick auf die Erarbeitung einer Informations- und Argumentationsbasis; sie trägt damit entscheidend zur Qualität einer Strategie bei und stellt die Weichen für die Strategieentscheidung. Die Verantwortung für die letztendlich zu treffende Strategieentscheidung verbleibt jedoch beim Entscheidungsgremium.

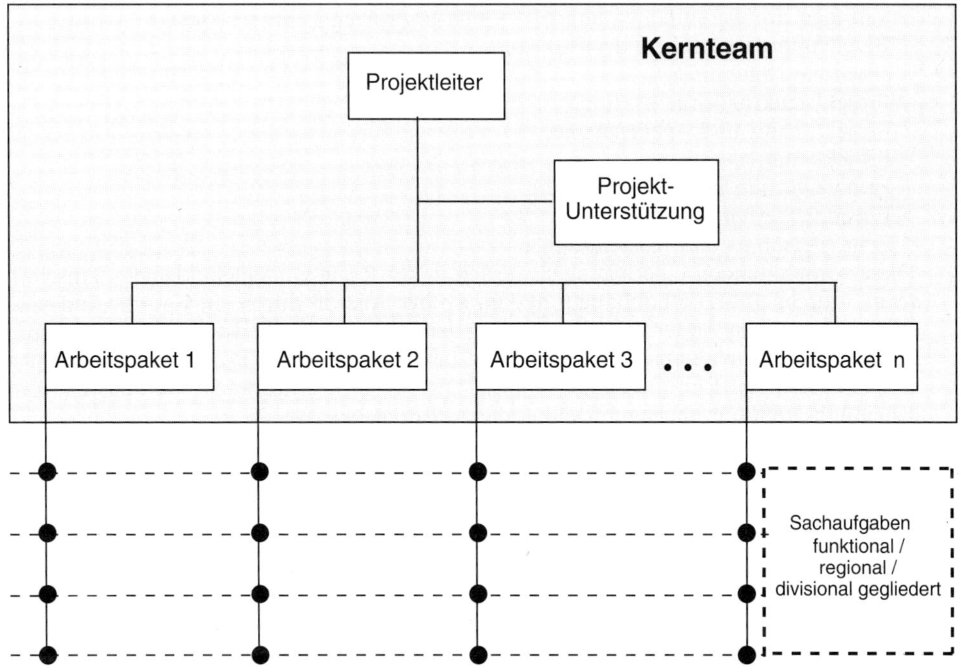

Abb. 13: Grundstruktur eines Strategieentwicklungsprojektes

3.1.4.1.2 Ablauf des Strategieentwicklungsprozesses

Bezüglich des Prozeßablaufs herrscht weitgehende Übereinstimmung über die Einzelschritte und ihre Abfolge. Im allgemeinen lassen sich folgende Prozeßschritte unterscheiden (vgl. Abb. 14):

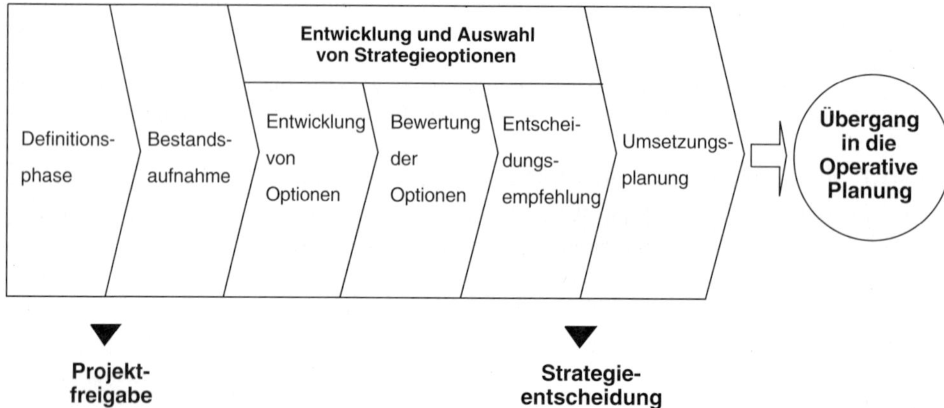

Abb. 14: Ablauf des Strategieentwicklungsprozesses

(a) *Definitionsphase*

Die Definitionsphase als Vorschaltphase zur eigentlichen Projektarbeit dient dazu, den Rahmen für die spätere Projektarbeit abzustecken und die erforderlichen Ressourcen zu beantragen. Im wesentlichen handelt es sich um folgende Einzelaspekte:
- Bezeichnung und Inhalt des Projektes,
- erwartete Ergebnisse,
- Projektstruktur/-organisation,
- Projektablauf und -meilensteine,
- Projektleiter,
- zu beteiligende Bereiche/Personen,
- Einsatz externer Berater,
- Zeit-, Personal- und Kostenbudget.

Diese vorbereitenden Überlegungen werden in der Regel von einem kleinen „Anschubteam" durchgeführt. Unabhängig davon, ob der Anstoß durch ein Entscheidungsgremium („top-down") oder in Wahrnehmung der eigenen Aufgabenstellung durch entsprechende Stab-/Linienbereiche („bottom-up") erfolgte, muß das Projekt auf dieser Basis in das zuständige Entscheidungsgremium zur Freigabe eingebracht werden; das Entscheidungsgremium übernimmt dabei die Auftraggeberrolle.

(b) *Bestandsaufnahme*

In dieser Phase des Strategiefindungungsprozesses wird die Informations- und Datenbasis für die eigentliche Strategieentwicklung erarbeitet. Sie ist weitgehend an Stäbe oder externe Berater bzw. Institutionen delegierbar und durch formale Vorgaben und Hilfestellungen unterstützt. Ausgehend von einer Geschäftsdefinition und einer Segmentierung des Marktes werden vier Themenschwerpunkte behandelt:
- Qualitative und quantitative Analyse des relevanten Marktes (Angebots- und Nachfrageseite) und seiner zukünftigen Entwicklung,
- Wettbewerberanalyse (Stärken/Schwächen, Strategische Ziele, Grundstrategien),

– eigenes Unternehmen im Vergleich zum Wettbewerb,
– Umfeld (ggf. incl. Szenarios).

(c) *Entwicklung und Auswahl von Strategieoptionen*
Ausgehend von den wesentlichen Erkenntnissen der Bestandsaufnahme ist – geführt durch sogenannte „strategische Schlüsselfragen" – der mögliche Handlungsrahmen für eine Strategie abzustecken. Die sich daraus ergebenden grundsätzlichen Optionen werden sodann qualitativ und – soweit in dieser Phase schon möglich – grob wirtschaftlich bewertet.
Um eine gesamthafte Wertung der einzelnen Strategieoptionen durchführen zu können, müssen sie jeweils folgende Mindestinformationen enthalten:
– Geschäftsauftrag im Hinblick auf
  – Markt/-aufgabe,
  – Kunden bzw. Kundennutzen,
  – regionale Marktabdeckung,
– Strategische Zielsetzungen, Wettbewerbspositionierung, Rolle im Geschäftsrahmen,
– Erfolgsfaktoren, spezifische Wettbewerbsvorteile,
– Geschäftssystem, Organisation, führungsmäßige Anbindung,
– wirtschaftliche Kenndaten.
Da sich die Optionen hinsichtlich ihrer Erfolgswahrscheinlichkeit (Anspannungsgrad, Risiko), ihres spezifischen Ressourcenbedarfs, aber auch ihrer strategischen Attraktivität in der Regel wesentlich unterscheiden, handelt es sich dabei um ein sehr komplexes Beurteilungsproblem.
Die Optionen werden ausführlich im Entscheidungsgremium diskutiert. Häufig werden dabei weitere Untervarianten erzeugt, für die von der Projektorganisation konkrete Geschäftspläne ausgearbeitet werden (vgl. Abb. 15). Am Ende dieses Prozeßschrittes steht die Entscheidung für eine Option.

(d) *Umsetzungsplanung*
Die in der Vorphase diskutierten grundsätzlichen Strategieoptionen beruhen noch auf Grobüberlegungen, die in ihrem Tiefgang – auch im Hinblick auf den erforderlichen

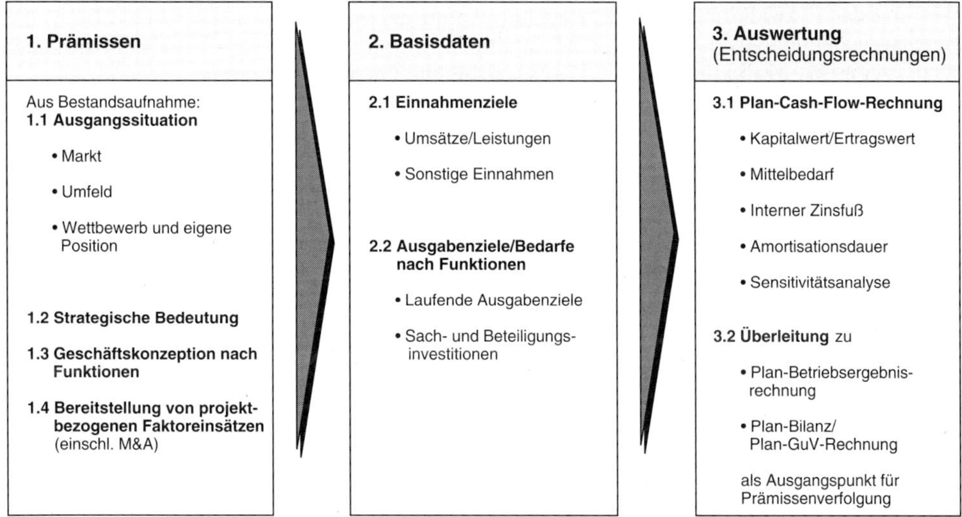

Abb. 15: Geschäftspläne als Basis für die Auswahl von strategischen Optionen

Zeit- und Ressourcenaufwand – je nach Bedeutung unterschiedlich detailliert ausgeplant werden. Für die beschlossene Variante ist diese Informationstiefe und -dichte herzustellen, um die grundsätzlichen Überlegungen in operationale Einzelmaßnahmen und -schritte überführen zu können. Verständlicherweise können in diesem Stadium auch noch Aspekte auftauchen, die Rückwirkungen auf die zugrundegelegte Grobkonzeption haben. Das Ergebnis der Umsetzungsphase sind über der Zeitachse geplante, auf Verantwortungsträger adressierte Einzelmaßnahmen, die in die Operative Planung übernommen werden. Im Rahmen der Operativen Planung kann zudem auch die Umsetzung strategischer Planungen in Form von Projekten erfolgen.

3.1.4.2 Überprüfung von Geschäftsfeldstrategien (Periodische Strategische Planung)

Eine systematische, fundierte Entwicklung von Strategien, wie vorstehend beschrieben, ist in der Lage, die Erfolgswahrscheinlichkeit von strategischen Konzepten deutlich zu erhöhen. Da das Problem der Prognoseunsicherheit damit nicht beseitigt werden kann, wurde das Instrument der „Periodischen Strategischen Planung (PSP)" entwickelt.

Kernpunkt der PSP, die jeweils im 1. Quartal eines Jahres stattfindet, ist die Diskussion des verantwortlichen Linienmanagements, wie die erkannten Entwicklungen zu werten sind und ob sich daraus grundlegender Handlungsbedarf im Hinblick auf eine Modifizierung oder gar Umorientierung der jeweiligen Strategien ergibt. Bei sehr grundlegenden Fragestellungen wird ggf. ein neues Strategieprojekt initiiert; im Rahmen der periodischen Überprüfung werden im Prinzip keine Strategieentscheidungen getroffen.

Durch die Beurteilung lediglich der Veränderungen des letzten Jahres kann der Aufwand für die PSP auf einen 3-Monats-Zeitraum begrenzt werden; dies ist Voraussetzung für eine jährliche Durchführung. Als Eingangsinformationen dienen das ohnehin vorhandene Material aus der laufenden Berichterstattung sowie vorhandene Strategie-Kurzbeschreibungen auf Basis der Ergebnisse aus den Strategieprojekten.

Die Überprüfung durch das Linienmanagement erfolgt überwiegend in Form von strukturierten Workshops im Rahmen von Vorstandsklausuren. Das Ergebnis ist eine strategische Wertung der Entwicklungen des letzten Jahres und der eigenen strategischen Position, die zu entsprechenden gegensteuernden Maßnahmen führen können – sei es auf der Strategieebene, sei es als Maßnahmen oder Vorgaben für die Operative Planung.

3.1.5 Elemente und Aufgaben der Konzernstrategie

Soll ein Konzern einen Mehrwert gegenüber der Summe seiner Einzelglieder schaffen, dann bedarf es einer Konzernstrategie.

Die Konzernstrategie ist eine deutlich eigenständige Aufgabe; sie ist die Kernaufgabe des Konzernvorstands. Darin eingeschlossen ist auch die Aufgabe, die Einzelelemente der Konzernstrategie wie auch die einzelnen Geschäftsfeldstrategien im Hinblick auf eine Verstärkung der Wettbewerbsposition aufeinander abzustimmen (vgl. Abb. 16).

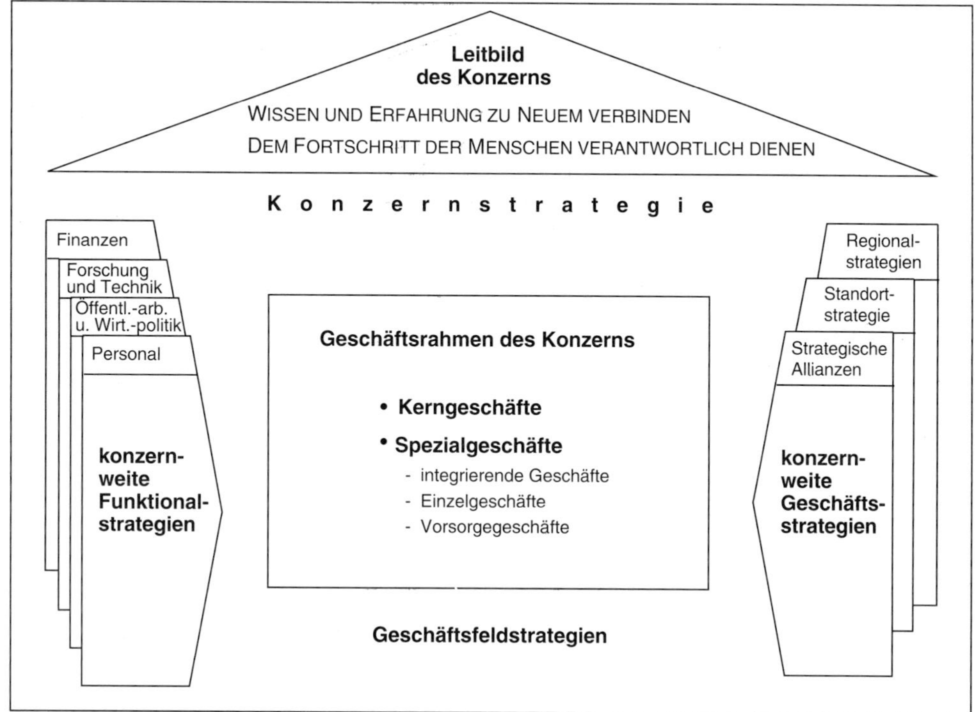

Abb. 16: Die Elemente der Konzernstrategie

Ein zentrales Element der Konzernstrategie ist die Festlegung des „**Geschäftsrahmens**", sozusagen der „Konzernarchitektur". Diese Aufgabenstellung umfaßt im Daimler-Benz-Konzern

- die Auswahl derjenigen Geschäftsfelder, in denen der Konzern überhaupt tätig sein will;
- die Rollen, in denen diese Geschäfte sich betätigen sollen – als Kerngeschäfte oder als sog. Spezialgeschäfte –;
- die Allokation der Ressourcen entsprechend dem Leitbild des Konzerns sowie entsprechend der zu erfüllenden Rolle.

Damit umfaßt diese Kernaufgabe der Konzernstrategie mehr als man gemeinhin unter „Portfoliomanagement" versteht.

Die Geschäftsfeldstrategien selbst sind dabei – wie erwähnt – Aufgabe des jeweiligen Linienmanagements auf der Unternehmensbereichsebene mit der Zielrichtung, die Wettbewerbsfähigkeit der einzelnen Geschäftsfelder und die Rollenerfüllung sicherzustellen.

Zusätzliche Wettbewerbsvorteile, die sich dem Konzern als Ganzem eröffnen, werden über **konzernweite Funktionalstrategien** (Forschung und Technik, Finanzen, Personal, Öffentlichkeitsarbeit) sowie über **konzernweite Geschäftsstrategien** (insbesondere im Rahmen von Regionalstrategien, Strategische Allianzen) angestrebt.

Die beschriebenen Einzelelemente werden zielorientiert und in sich schlüssig in einem dauernden Optimierungsprozeß zu einer gesamthaften **Konzernstrategie** zusammengefaßt, die sich ihrerseits am **Leitbild** des Konzerns orientiert. Da Strategien im allgemeinen sehr

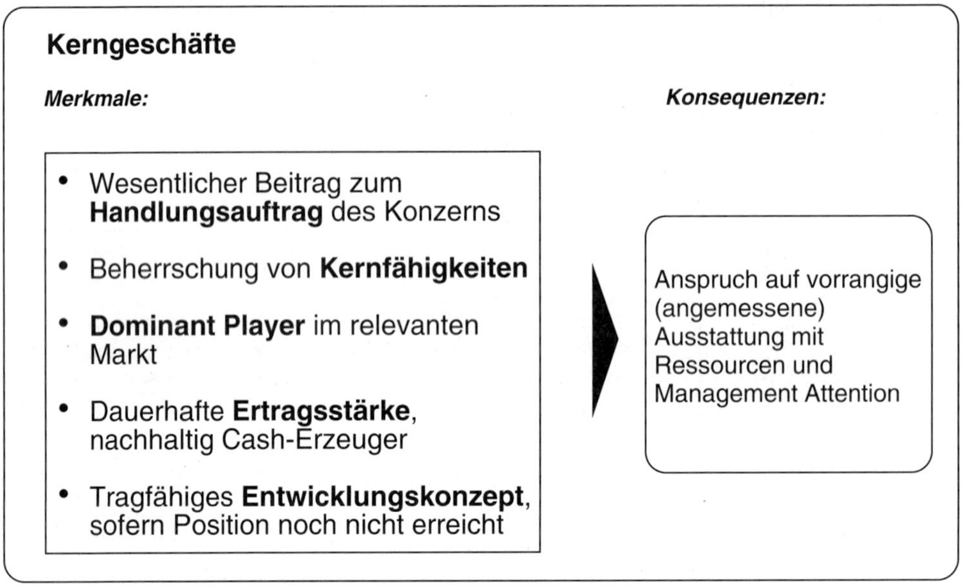

Kerngeschäfte

Merkmale:

- Wesentlicher Beitrag zum **Handlungsauftrag** des Konzerns
- Beherrschung von **Kernfähigkeiten**
- **Dominant Player** im relevanten Markt
- Dauerhafte **Ertragsstärke**, nachhaltig Cash-Erzeuger
- Tragfähiges **Entwicklungskonzept**, sofern Position noch nicht erreicht

Konsequenzen:

Anspruch auf vorrangige (angemessene) Ausstattung mit Ressourcen und Management Attention

Abb. 17: Anforderungen an Kerngeschäfte

detailliert, umfangreich, abstrakt, rational und damit nur schwer kommunizierbar sind, dienen das Leitbild des Konzerns wie auch die daraus abgeleiteten Leitlinien der Unternehmensbereiche gleichermaßen einer schnellen Orientierung und stellen somit – wie erwähnt – ein wichtiges Kommunikationsmittel dar.

3.1.5.1 Geschäftsrahmen und Rollenzuordnung

Im Geschäftsrahmen ist festgelegt, in welchen Geschäftsfeldern der Konzern tätig sein will. Derzeit bestehen im Daimler-Benz-Konzern 33 solcher „konzernstrategischen Geschäftsfelder", die Gegenstand der strategischen Berichterstattung auf Konzernebene sind (vgl. Abb. 12). Diese haben unterschiedliche Aufgaben zu erfüllen, je nachdem, ob sie zu den Kerngeschäften oder den Spezialgeschäften gehören.

Zur Zeit sind im Konzern folgende **Kerngeschäfte** festgelegt, die ihrerseits weiter nach 22 konzernstrategischen Geschäftsfeldern* differenziert sind:

- **PKW,**
- **NFZ,**
- **Bahnsysteme,**
- **Dieselantriebe,**
- **Energietechnik,**
- **Automatisierungstechnik,**
- **Luftfahrt,**

* Die weiteren 11 konzernstrategischen Geschäftsfelder betreffen sog. Spezialgeschäfte mit 9 „integrierenden Geschäften" und 2 „Einzelgeschäften" (vgl. nachfolgende Erläuterungen wie auch Abb. 12).

- **Antriebe Luftfahrt,**
- **Verteidigung und Zivile Systeme,**
- **Informationstechnologie-Services (Systemhaus).**

Diese Kerngeschäfte sind – entsprechend dem Handlungsauftrag des Konzerns – durch gemeinsame Technologien und Systeme miteinander verbunden, mit Schwerpunkt auf dem Gebiet der Verkehrstechnik und bei den Transportsystemen. Sie sind als tragende Säulen des Konzerns identitätsprägend für den „Integrierten Technologiekonzern" und sollen den Ertrag und die Liquidität bereitstellen, die erforderlich sind, um ihre eigene Position im Wettbewerb behaupten und ausbauen, darüber hinaus auch die Investitionen in die Zukunft tätigen und die Aktionäre bedienen zu können.

Inwieweit ein Kerngeschäft in der Lage ist, diese Rolle dauerhaft zu erfüllen, kann nicht allein anhand der derzeitigen Ergebnissituation abgeschätzt werden. Hierzu wurden weitere Merkmale definiert, die als strategische Anforderungen Hinweise auf eine dauerhafte Wettbewerbs- und Ertragsstärke liefern sollen (Überschneidungen werden dabei bewußt in Kauf genommen).

Danach lassen sich die Anforderungen an die Kerngeschäfte wie folgt konkretisieren:

- Kerngeschäfte müssen die für ihr Geschäft **erfolgsbestimmenden Fähigkeiten** besitzen. Beispiele für solche Kernfähigkeiten sind:
  - Beherrschung der erfolgsbestimmenden Leistungsumfänge
    - Systemfähigkeit
    - Produkt-/Leistungspalette
    - Kompetenzen zur Abwicklung von Großprojekten
    -
    -
  - Beherrschung der erfolgsbestimmenden Funktionen/Wertschöpfungsstufen
    - Entwicklung
      - technologische Fähigkeiten (incl. Innovationsfähigkeit, Designkompetenz)
      - Entwicklungszeiten
      - Design to Cost
      - Design to Market
    - Produktion
      - technologische Fähigkeiten
      - Lean Production
    - Beschaffung
      - Global Sourcing
      - langfristige Versorgungsabsicherung kritischer Komponenten
    - Vertrieb
      - Kundenzugang/Marktpräsenz
    - Projektmanagement/-controlling
    -
    -

  Da sich Industriestrukturen dynamisch verändern, ergeben sich daraus auch laufend Änderungen im Hinblick auf die Anforderungen an das Leistungsspektrum der Anbieter.

  Insbesondere der Aspekt der „Systemfähigkeit" hat in vielen Geschäften zunehmende Bedeutung erlangt. Viele Problemstellungen sind inzwischen – z. B. aufgrund des Innovationstempos bestimmter Technologien – so komplex geworden, daß die Kunden nicht mehr wie früher einzelne Komponenten eines Systems nachfragen und diese dann selbst aus eigener Kompetenz heraus zum Gesamtsystem integrieren, sondern gleich an einen Systemanbieter einen Gesamtauftrag erteilen. Die Anbieter von Komponenten sehen damit den Kontakt zum gewohnten Kundenkreis abgetrennt, sie sind in der Rolle des Sublieferanten – mit weitreichenden Konsequenzen, z. B. wenn der Systemanbieter die betreffenden Komponenten selbst produziert (diese Entwicklung findet beispielsweise bei den Bahnsystemen derzeit statt).

Zur Sicherung der Ertragsfähigkeit eines Geschäftes muß sich das verantwortliche Management also Klarheit über die Entwicklung ihrer Branchen im Hinblick auf zukünftig erforderliche Fähigkeiten verschaffen und entsprechende Maßnahmen vorsehen.

- Insbesondere im Seriengeschäft sowie dort, wo Kerngeschäfte des Konzerns überwiegend in globalen Märkten tätig sind und sich auch global orientierten Wettbewerbern gegenübersehen, müssen sie selbst ein ausreichend großes Geschäftsvolumen aufweisen, um die erforderlichen economies of scale zu erzielen und eine wettbewerbsfähige Kostenposition auf der Erfahrungskurve zu erreichen. Deshalb sollten sie eine Position als „**Dominant Player im relevanten Markt**" einnehmen. Auch hier gilt, daß die Position des eigenen Geschäfts u. a. auch von der Segmentierung und der Definition des „relevanten Markts" abhängt.
- Letztlich geht es darum – unter dem Gesichtspunkt der Verbesserung bzw. Absicherung des Shareholder Value –, daß Kerngeschäfte heute und **dauerhaft ertragsstark** sind und finanzielle Überschüsse erzielen und dieses anhand ihrer strategischen Position und der Attraktivität des Marktes nachhaltig begründen können.

Maßgrößen für die Ertragsstärke sind Cash Flows, Ertragswerte, Wertzuwachs und Kapitalrendite. Dabei wird deutlich unterschieden zwischen

- **heutiger** Ertragsstärke (Kapitalrendite des aktuellen Jahres als „harte Kennzahl")
- **zukünftiger** Ertragsstärke im gesamten strategischen Planungshorizont (Wertzuwachs = Differenz zwischen Ertragswert und heutiger Kapitalbindung; zur Ermittlung des Ertragswertes wird dabei der Cash Flow der Geschäftsfelder mit dem aus Shareholder Sicht im Konzern durchschnittlich erforderlichen Verzinsungsanspruch abgezinst).

Von Kerngeschäften wird erwartet, daß sie alle Rollenanforderungen erfüllen. Zeigen sich noch Leistungslücken und Defizite bzw. sind solche aufgrund bestimmter Entwicklungen und Trends zu erwarten, dann ist ein **plausibles Entwicklungskonzept** erforderlich, das aufzeigt, wie diese Lücken in einem begrenzten Zeitraum behoben werden können bzw. die Rollenerfüllung sichergestellt werden kann. Entsprechend ihrer Bedeutung für den Konzern haben die Kerngeschäfte dabei Anspruch auf angemessene und bevorzugte Ausstattung mit den erforderlichen Ressourcen, insbesondere der Engpaßressourcen Finanzmittel und „Management-Attention". Der Einsatz der Ressourcen erfolgt damit nicht nach finanziellen Prioritätsregeln oder vorgegebenen Liquiditätskennziffern, sondern vorrangig nach strategischen und wirtschaftlichen Kriterien.

Die zweite Kategorie der strategischen Geschäftsfelder sind die **Spezialgeschäfte** des Konzerns. Je nach Position und Aufgabenstellung unterscheidet Daimler-Benz dabei drei Gruppen:

- Integrierende Geschäfte,
- Einzelgeschäfte,
- Vorsorgegeschäfte.

- Als **Integrierende Geschäfte** sind derzeit folgende neun Geschäftsfelder festgelegt:
  - **Mikroelektronik,**
  - **Finanzdienstleistungen,**
  - **Handel,**
  - **Marketing Services,**
  - **Versicherungen,**

- **Mobilfunkdienste,**
- **Immobilienmanagement,**
- **Contract Hire,**
- **Integrierte Verkehrsmanagement-Systeme.**

Die Integrierenden Geschäfte sollen einen besonderen Leistungsbeitrag zum Erfolg der Kerngeschäfte bringen – dies ist die Idee vom „Integrierten Technologiekonzern". Dabei handelt es sich insbesondere um **integrierende Technologien** (wie Mikroelektronik) oder um **integrierende Dienstleistungen** (wie Finanzdienstleistungen). Bei diesen Geschäften wird also primär nicht auf eine dominante Marktposition abgezielt. Dennoch müssen diese Geschäfte erfolgreich im Markt und dürfen auf Dauer kein Cash-Verbraucher sein. Entsprechend ihrem spezifischen Geschäftsauftrag haben integrierende Spezialgeschäfte Anspruch auf Ressourcenausstattung in Abhängigkeit von ihrer Bedeutung für die Kerngeschäfte und der angestrebten externen Marktposition (vgl. Abb. 18).

- Die derzeitigen 2 **Einzelgeschäfte** des Konzerns Unimog und Medizintechnik haben keinen unmittelbaren Bezug zum Handlungsauftrag des Konzerns, d.h. sie haben für die Kerngeschäfte keine strategische Bedeutung und sind deshalb in ihrem Verhältnis zur Konzernstrategie relativ eigenständig. Sie haben Anspruch auf nachhaltig begrenzten Ressourcenbedarf und müssen dabei einen attraktiven Ergebnisbeitrag erzielen. Ihr Verbleib im Konzernportfolio ist laufend kritisch zu überprüfen.

Spezialgeschäfte:

Merkmale:	*Konsequenzen:*
Integrierende Geschäfte • Wichtiger Beitrag zum Erfolg der Kerngeschäfte • Marktdominanz nicht zwingend • Nachhaltig kein Cashverbraucher • Wirtschaftlichkeit im Wettbewerb	Ressourcenzuweisung und Erfolgsmaßstab entsprechend der Bedeutung für Kerngeschäfte und der angestrebten externen Marktposition
Einzelgeschäfte • Kein inhaltlicher Bezug zu anderen Geschäften • Attraktiver Ergebnisbeitrag	nachhaltig begrenzter Ressourcenbedarf
Vorsorgegeschäfte • Schaffung des Zugangs zu potentiell wesentlichen Technologien und Märkten • Plausibler Nachweis des Potentials	zeitlich limitierter und begrenzter Ressourcenbedarf

Abb. 18: Differenzierung der Spezialgeschäfte und Anforderungen

– Um die Innovationsfähigkeit des Konzerns zu fördern, können einzelne Geschäfte vorübergehend als **Vorsorgegeschäfte** eingestuft werden; hierfür kommen insbesondere auch Spin-offs u. ä in Betracht. Diese dienen dem Zugang zu potentiell wesentlichen Technologien und Märkten. Vorsorgegeschäfte haben Anspruch auf einen zeitlich und volumenmäßig begrenzten Ressourcenbedarf, was natürlich ein schlüssiges strategisches und wirtschaftliches Konzept sowie den Nachweis des Potentials voraussetzt. Über ihre endgültige Einstufung oder Veräußerung wird später entschieden.

Die Rollen im Geschäftsrahmen definieren somit einen Konzernauftrag; dieser Konzernauftrag wird eingefordert, seine Erfüllung ist Gegenstand der jährlichen Strategieüberprüfung.

Dabei haben die Rollenkriterien lediglich den Charakter von Leitfragen, die auf einigen grundlegenden „strategischen Gesetzmäßigkeiten" beruhen und anhand derer die strategische Positionierung von Geschäften im Hinblick auf ihre dauerhafte Ertragsfähigkeit bzw. ihre Unterstützungsaufgabe sehr zielgerichtet abgeschätzt werden kann.

Die in diesem Rahmen durchgeführte Analyse bezieht sich dabei zum einen auf die derzeitige Situation im Vergleich zu den „Besten im Markt". Andererseits werden die auf Erhalt oder Erreichung der Rollenerfüllung abzielenden Strategien dahingehend gewertet, ob sie bezüglich Risiko, Ressourceneinsatz, Zeitbedarf, Ertragswertverbesserung usw. angemessen oder eher „mit Fragezeichen" zu versehen sind.

Hierzu wird in einem ersten Schritt zunächst der Ausgangspunkt gesamthaft beschrieben, bezogen auf das abgeschlossene, um konjunkturelle und Sondereinflüsse bereinigte Ge-

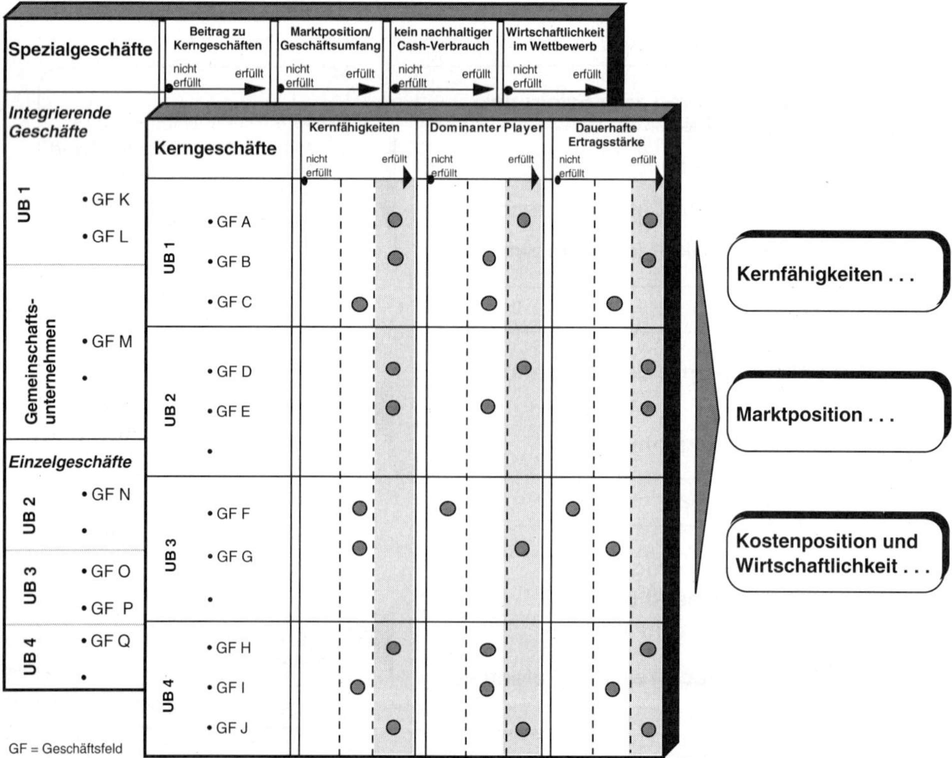

Abb. 19: Handlungsbedarf für die Konzernstrategischen Geschäftsfelder

schäftsjahr. Hieraus lassen sich anhand quantitativer Summenwerte sowie qualitativer Gesamtbeurteilungen Aussagen und Wertungen bezogen auf die strategische Ist-Position ableiten (vgl. Abb. 19).

Die Strategien der strategischen Geschäftsfelder zielen verständlicherweise immer auf eine volle Rollenerfüllung, d.h. auf eine Erreichbarkeit der erforderlichen strategischen Zielposition ab. Durch eine Visualisierung der „Wegstrecke" von der Ist-Position zur Zielposition und entsprechenden Wertungen – die alle im Hinblick auf die einzelnen Geschäftsfelder bereits durchgeführt wurden – entsteht dadurch ein Bild der Anspannung für den Konzern (vgl. Abb. 20).

Die Diskussion des Konzernvorstandes muß nun darüber befinden, ob sich die Attraktivität der angestrebten Zielpositionen und das mit der Zielerreichung verbundene Risiko und der Ressourcenbedarf in angemessenem Verhältnis befindet. Grundlage ist eine Gesamtbetrachtung für den Konzern; sofern diese Frage für ein einzelnes Geschäftsfeld bereits negativ beschieden wurde, ist dies bereits berücksichtigt.

Herausforderungen, mit denen sich der Konzern gesamthaft auseinandersetzen muß, können dabei sein:

- Integrationserfordernisse (soweit auf Potentiale von Partnern gebaut wird),
- Zeitrisiken (soweit Maßnahmen und Projekte mit sehr langen Kapitalrückflußzeiten verbunden sind, auch wenn branchenüblich),
- Wettbewerbs- und sonstige Umfeldveränderungen (u.a. Veränderung von Marktspielregeln).

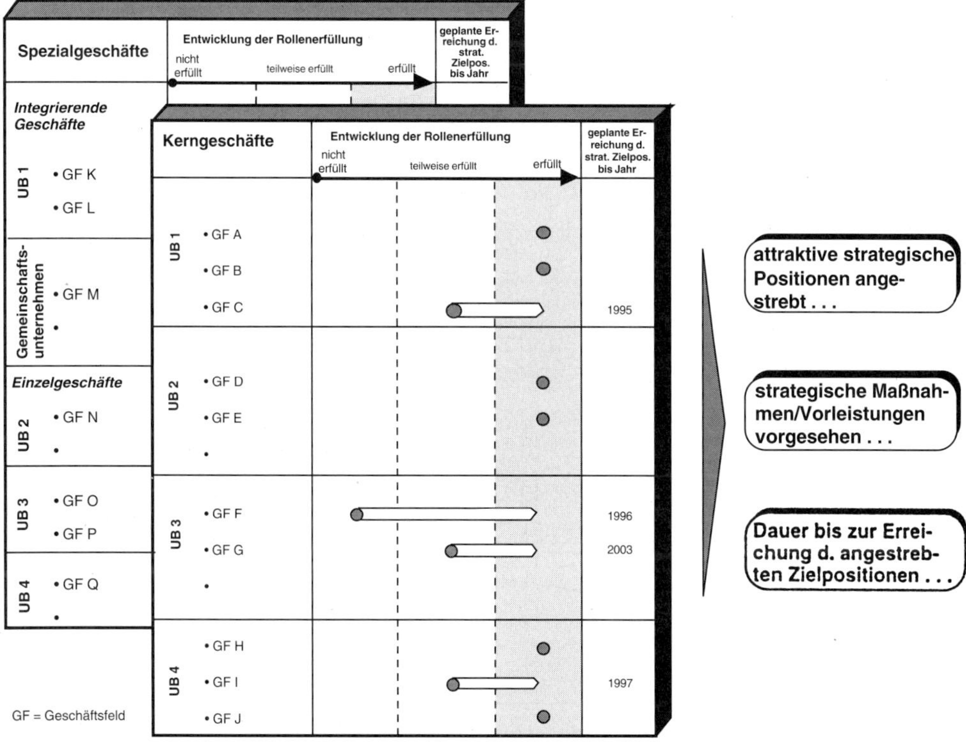

Abb. 20: Vorgesehene Verbesserung der Rollenerfüllung

Als Ergebnis dieser Diskussion kann festgestellt werden, ob Veränderungen des Geschäftsrahmens erforderlich sind; für endgültige Entscheidungen in Richtung Rollenumwidmungen oder gar Desinvestitionen sind sie nicht hinreichend.

Ein Geschäft, das nach dieser Analyse dauerhaft seine ihm zugedachte Rolle nicht halten oder erreichen **kann**, oder dessen Strategie zur Rollenerreichung im Hinblick auf Ressourcenbedarf, Realisierungsrisiko usw. nicht in Einklang mit seiner Rolle zu bringen ist, gefährdet die strategische Balance des Konzerns. Über seinen Verbleib im Geschäftsrahmen – was grundsätzlich auch die Frage nach einem Desinvestment beinhaltet – muß gesondert entschieden werden.

Die Rollenvereinbarung hat eine sehr weitgehende Bedeutung für den „Integrierten Technologiekonzern" Daimler-Benz, insbesondere auch zur Ausschöpfung der Erfolgspotentiale aus der Konzernintegration (vgl. Kapitel 2.1).

Die Rollendiskussion beschäftigt sich somit mit der Ertrags**fähigkeit** der einzelnen Strategischen Geschäftsfelder, den Maßnahmen zur Schließung von Leistungslücken bzw. Rollendefiziten und damit auch mit der Machbarkeit und Durchsetzbarkeit des Geschäftsrahmens in seiner Gesamtheit in Verbindung mit dem Anspannungsgrad zur Beseitigung von Leistungslücken (vgl. Abb. 21). Sie leitet über zu der weitergehenden Zielsetzung einer Ausgewogenheit des Geschäftsrahmens bzw. des Geschäftsportfolios.

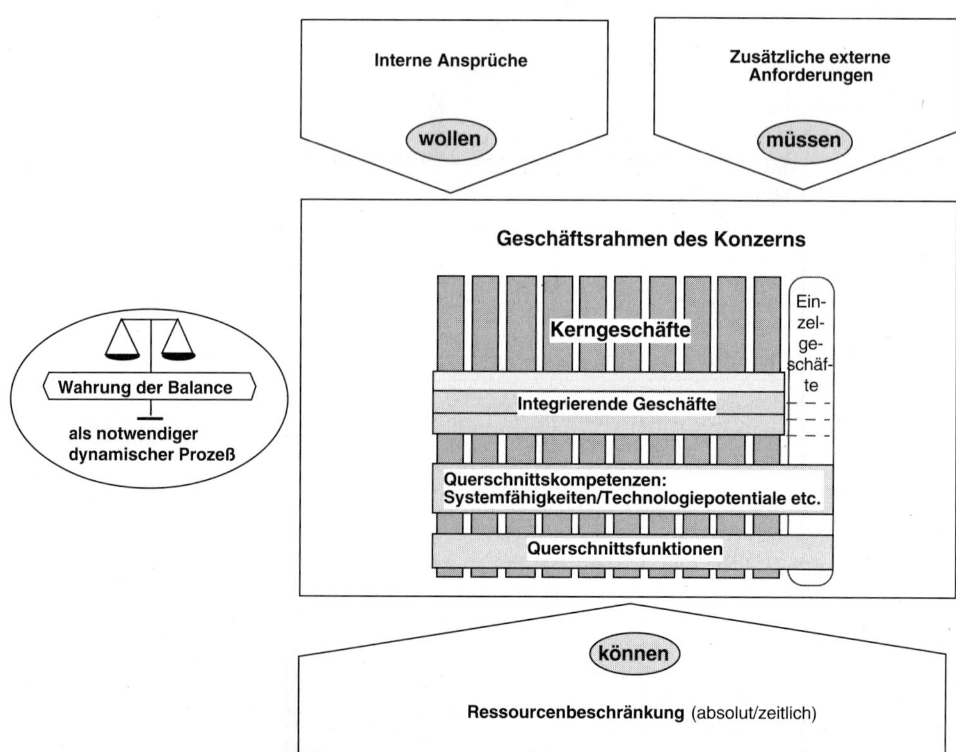

Abb. 21: Die Konzernstrategie als dynamischer Prozeß im Spannungsfeld zwischen internen und externen Anforderungen

3.1.5.2 Ausgewogenheit des Geschäftsrahmens/-portfolios

Um die Handlungs- und Flexibilitätsspielräume des Konzerns zu sichern und gleichzeitig die Zukunftschancen zu wahren, muß auf Konzernebene dafür Sorge getragen werden, daß keine einseitigen Abhängigkeiten und damit Unausgewogenheiten im Geschäftsrahmen bestehen (vgl. Abb. 22).

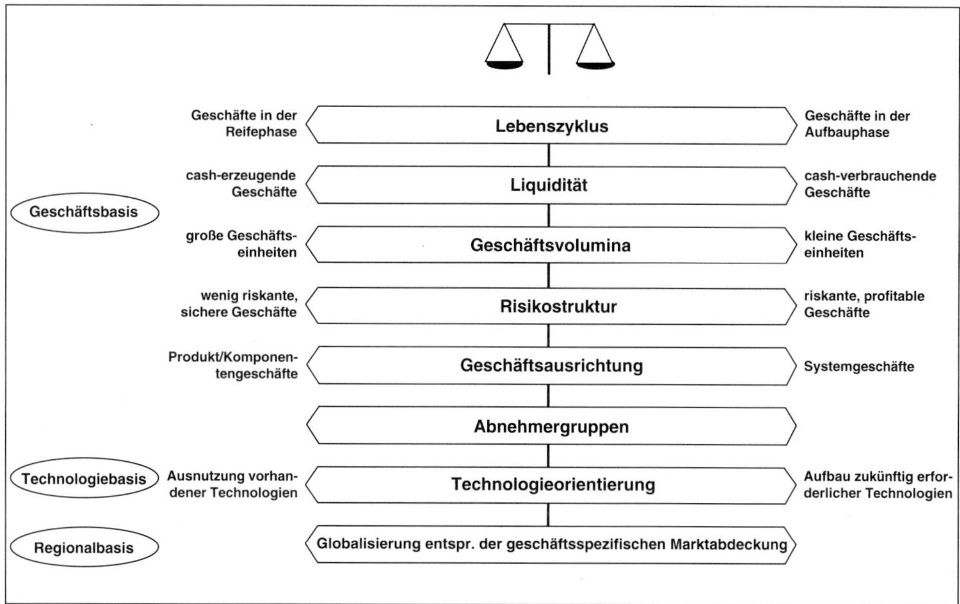

Abb. 22: Die Ausgewogenheit des Geschäftsrahmens/-Portfolios als strategische Rahmenbedingung

Dieser Forderung nach einer „strategischen Balance" betrifft die Entwicklung der Geschäftsstruktur, der Ressourcenbasis (mit Schwerpunkt auf der Technologiebasis) und die Regionalausrichtung des Konzerns:

Ausgewogenheit der Geschäftsstruktur

- **Lebenszyklus** der Produkte im Hinblick auf Geschäfte in der Aufbauphase und Geschäfte in der Reifephase, u. a. mit Blick auf Cash-Verbrauch bzw. Cash-Erzeugung;
- Streubreite der einzelnen **Geschäftsvolumina**;
- **Risikobereitschaft** im Hinblick auf das Verhältnis chancenreicher, aber riskanter zu weniger profitablen, dafür aber relativ sicheren Geschäften (z. B. Vorsorgegeschäfte im Verhältnis zu reifen Kern-/Spezialgeschäften).
- **Geschäftsausrichtung** bezüglich Produkt-/Komponentengeschäften und Systemgeschäften;
- **Abnehmerstruktur** in bezug auf Abhängigkeit von Kundengruppen (Privatkunden-, Firmen-, Behördengeschäfte) und Branchen;

Ausgewogenheit der Technologiebasis

- Ausnutzung vorhandener/reifer Technologien und Aufbau zukünftig erforderlicher Technologien (Schlüssel- und Schrittmachertechnologien)

Regionalausrichtung

- Verteilung der Geschäfte entsprechend Umsatz und Wertschöpfung nach **Währungs- und Wirtschaftsregionen**, orientiert an der Wirtschaftskraft innerhalb der Triade-Märkte (Wechselkurs- und Konjunkturchancen/-risiken).

Es ist wesentliches Anliegen der Konzernstategie, den Konzern – unter Berücksichtigung der Veränderungen im Umfeld – im Hinblick auf die Ausgewogenheit dieser Dimensionen weiterzuentwickeln (vgl. Abb. 23). Dabei gilt, daß die Ausgewogenheit des Geschäftsrahmens ohne Einschränkung nur auf Konzernebene zu fordern ist; die einzelnen Geschäftsfelder des Konzerns können spezialisiert und damit bewußt „unausgewogen" sein.

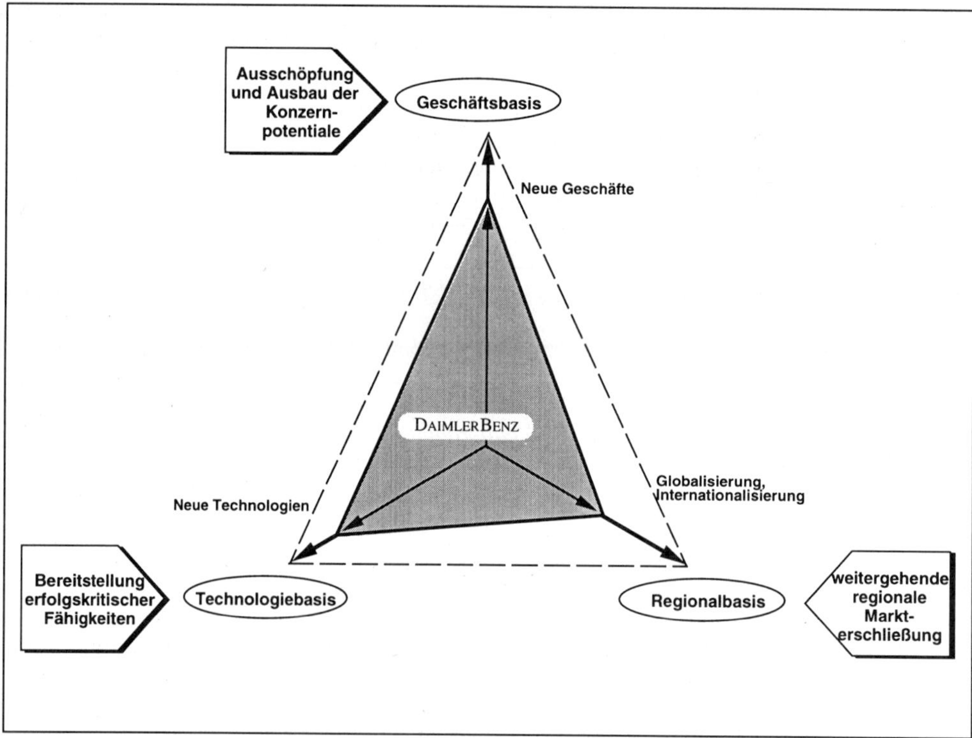

Abb. 23: Zielrichtungen der Weiterentwicklung des Konzerns im Hinblick auf die Ausgewogenheit des Geschäftsrahmens

Ausgewogenheit auf Konzernebene kann insbesondere durch eine konsequente Nutzung der in Abschnitt 2.1 beschriebenen Erfolgspotentiale des Konzerns erreicht werden, wie

- geschäftsfeldübergreifende Ressourcenzuweisung (Prioritätensetzung aus Konzernsicht),
- Unterstützung der Erschließung neuer, möglichst verwandter Geschäfte außerhalb der bestehenden Kerngeschäfte,

- Förderung des Know-how- und Erfahrungsaustausches zwischen den Geschäftsfeldern,
- Entwicklung von Schlüssel- und Schrittmachertechnologien in der zentralen Forschung,
- Förderung regionaler Markterschließung (z. B. durch Anregung geschäftsfeldspezifischer Markterschließungsmaßnahmen, Transparenz über die jeweiligen geschäftsfeldspezifischen Aktivitäten oder Regionalkoordination),
- Initiierung von konzernübergreifenden Strategischen Allianzen.

Auf diese Themenfelder wird in den folgenden Abschnitten näher eingegangen.

3.1.5.3 Konzernweite Funktionalstrategien

Die Optimierung betrieblicher Funktionen (Entwicklung, Produktion, Vertrieb, Logistik, Personal, Finanzen, Öffentlichkeitsarbeit usw.) bedeutet Ressourcenoptimierung, die letztlich auf die Geschäftsfeldstrategien sowie die Strategie des Konzerns auszurichten ist.

Die einzelnen Geschäftsfeldstrategien berücksichtigen bereits funktionale Aspekte, so daß auf dieser Ebene die funktionsspezifischen Fragen bereits beantwortet sind, wie z. B.

- Welche Rolle spielt die Funktion (z. B. Technologie oder die Logistik) im jeweiligen Geschäft?
- Wie wettbewerbsfähig sind wir in dieser Funktion?
- Welche grundlegenden strategischen (Funktional-)Ziele können wir verfolgen und welche wären konsistent mit unseren Geschäftsstrategien?
- Was müssen wir selbst tun, was sollten wir anderen überlassen?
- Wie ist das Kosten-/Nutzenverhältnis?

Verdichtet auf Konzernebene muß zunächst entschieden werden, ob überhaupt ein Unternehmensbereichs-übergreifender Ansatz zur Verbesserung der Funktion und damit der Geschäfte existiert – z. B. durch Bündelung oder Austausch von Know-how, Kapazitäten usw.

Konzernweite Funktionalstrategien haben darüber hinaus die Konzernintegration zum Ziel. Sie sind eingebettet in die Konzernstrategie und koordinieren den jeweiligen funktionalen Teilaspekt über die verschiedenen Führungsebenen.

In diesem Sinne wurden bisher für die Funktionen Personal, Forschung und Technik, Finanzen und Öffentlichkeitsarbeit Strategien entwickelt. Hierzu mußten in einem mehrstufigen Prozeß zunächst folgende grundsätzliche Fragestellungen beantwortet werden:

- Welche Aufgabenstellung hat die betreffende Funktionalstrategie im Rahmen der Konzernstrategie?
- Wer sind die Prozeßbeteiligten, wer sind die Kommunikations- und Abstimmungspartner, wer sind die Entscheidungsträger?
- Welche Menschen brauchen wir für diese Aufgabenstellung?
  Es hat sich gezeigt, daß die Veränderungen im Wettbewerbsumfeld, der zunehmende Zeitwettbewerb, die neuen oder ungewohnten strategischen Instrumente wie beispielsweise die Vielzahl von Allianzen und Joint Ventures völlig neue Anforderungen an die Funktionalbereiche stellen. Dies gilt sowohl für das operative Handling neuer Instrumente als auch im Hinblick auf die konzeptionell-strategischen Aufgabenstellungen. Diese Anforderungen können z. T. aus dem bestehenden Personalreservoir in den betreffenden Funktionalbereichen nicht erfüllt werden: so, wie nicht aus jedem Mitarbeiter im konventionellen Rechnungswesen ein moderner Controller entwickelt werden konnte, so eignet sich z. B. auch nicht jeder Personalverwalter als Personalstratege.
- Wie ist der Prozeß der (Funktional-)Strategiefindung sinnvollerweise zu organisieren?
  Grundvoraussetzung ist, daß die Funktionalbereiche in die strategischen Überlegungen

der Geschäftsfelder bzw. des Konzerns integriert sind. Aus den dort entwickelten Strategien ergeben sich Anforderungen an die Funktionalstrategien, die beispielhaft wie folgt schrittweise abgearbeitet werden:

- Definition der Zielsetzungen für bzw. Erwartungen an die jeweilige konzernübergreifende Funktionalstrategie (welchen Mehrwert soll die Konzernbetrachtung bringen?),
- Bestandsaufnahme Ist-Zustand,
- Vergleich mit den Wettbewerbern; Ermittlung „best practice“,
- Feststellung des Handlungsbedarfs und der Hauptansatzpunkte zur Verbesserung,
- Entwicklung der Funktionalstrategien, ggf. in Optionen,
- Festlegung der Einzelmaßnahmen,
- Durchführung.

Abb. 24 gibt einen Überblick über die Elemente und den Entwicklungsprozeß einer solchen Funktionalstrategie am Beispiel der Technologiestrategie des Konzerns.

3.1.5.4 Konzernweite Geschäftsstrategien

Zum Aufbau und zur Ausschöpfung der Konzernpotentiale sowie zur Sicherung der Ausgewogenheit des Konzerns sind gesamthafte, geschäftsfeld-übergreifende Strategien zu entwickeln. Sinnvoll kann dies nur dort geschehen, wo dadurch strategische Vorteile erschlossen werden können, die den einzelnen Geschäftsfeldern nicht oder nur unzureichend zugänglich sind.

Beispiele für solche konzernweiten Strategien sind die – zunehmende Bedeutung erlangenden – Überlegungen zur Globalisierung des Konzerns sowie konzernübergreifende Strategische Allianzen.

3.1.5.4.1 Überlegungen zur Globalisierung des Konzerns

Das Zusammenwachsen der Märkte, die erwartete Bildung großer Wirtschaftsblöcke und die Internationalisierung des Wettbewerbs waren bereits wichtige Triebfedern zur Ausweitung der Konzernaktivitäten. Die darauf aufbauende Globalisierungsstrategie steht dabei im Spannungsfeld zwischen drei unterschiedlichen Erfordernissen (vgl. Abb. 25):

(1) Im Rahmen der einzelnen **Geschäftsfeldstrategien** muß im Zuge der Weiterentwicklung der bestehenden Geschäftsbasis und dem Aufbau neuer Geschäfte auch eine breite regionale Marktabdeckung einbezogen werden.
(2) Spezifische Markt- und Wettbewerbsanforderungen in einzelnen Ländern und Regionen sind durch entsprechende **Regionalstrategien** zu erfüllen, wobei das Anforderungsprofil über die Fähigkeiten der einzelnen Geschäfte wie auch der Unternehmensbereiche hinausgeht und einen konzernübergreifenden Geschäftsansatz erfordert; dies gilt z. B. für Regionen wie Osteuropa oder Ostasien/Südostasien.
(3) Notwendige **Standortentscheidungen** vor dem Hintergrund der sich wandelnden internationalen Arbeitsteilung sind angemessen und ausgewogen für den Gesamtkonzern zu gestalten.

Die sich aus diesen Erfordernissen ergebenden strategischen Stoßrichtungen müssen sowohl auf Geschäftsfeld- als auch auf Konzernebene in einem wechselseitigen Prozeß abgeglichen werden. Dabei werden – neben der Absicherung bzw. dem selektiven Ausbau bestehender Aktivitäten in den einzelnen Ländern – im Schwerpunkt zwei weitergehende Ansatzpunkte verfolgt (vgl. Abb. 26):

Einerseits gilt es, eine noch stärkere Durchdringung der **Triade-Kernmärkte** Westeuropa, USA und Japan zu erreichen. Diese Kernmärkte sind gekennzeichnet durch entwickelte

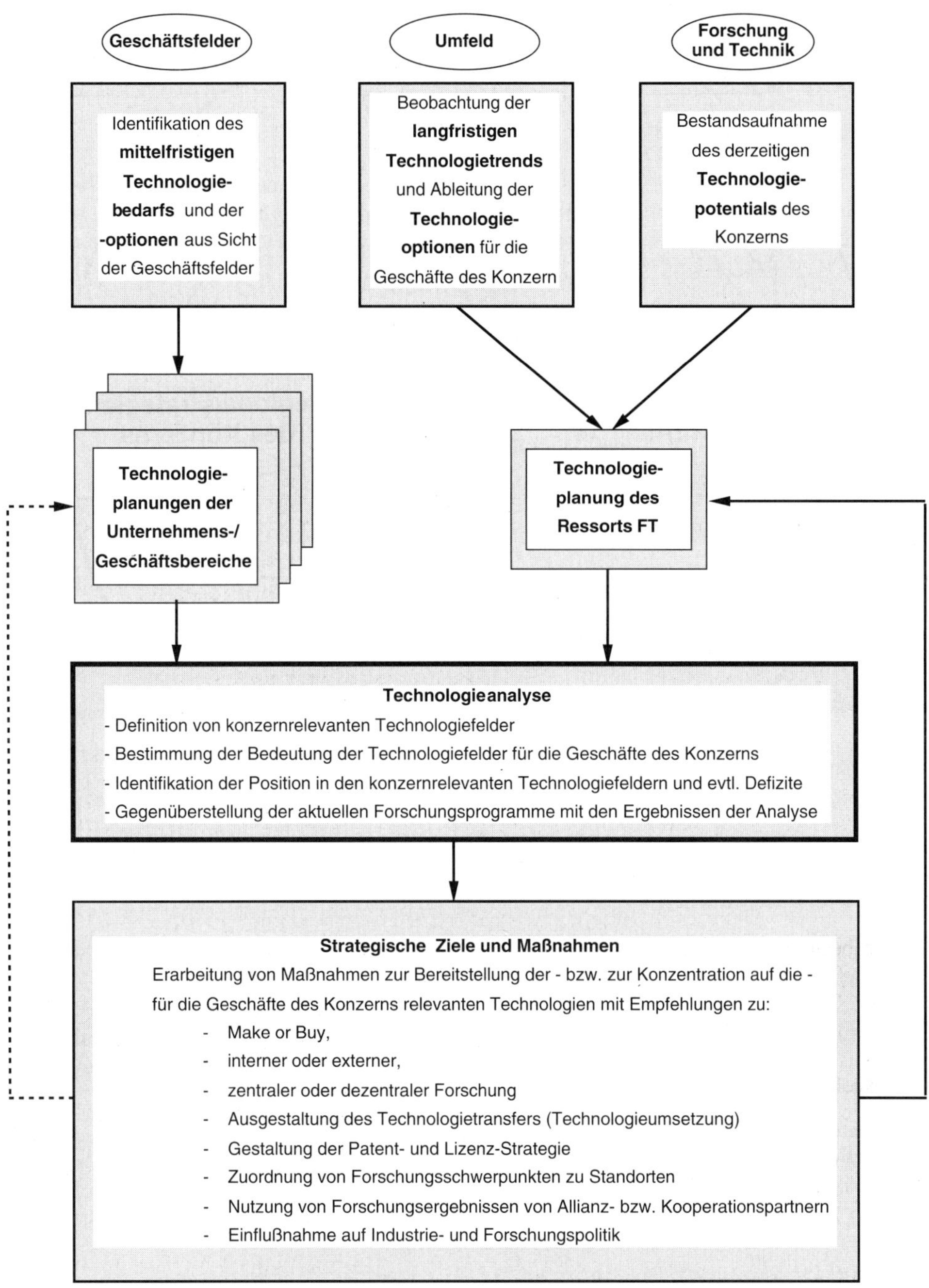

Abb. 24: Elemente und Entwicklungsprozeß der Technologiestrategie des Konzerns

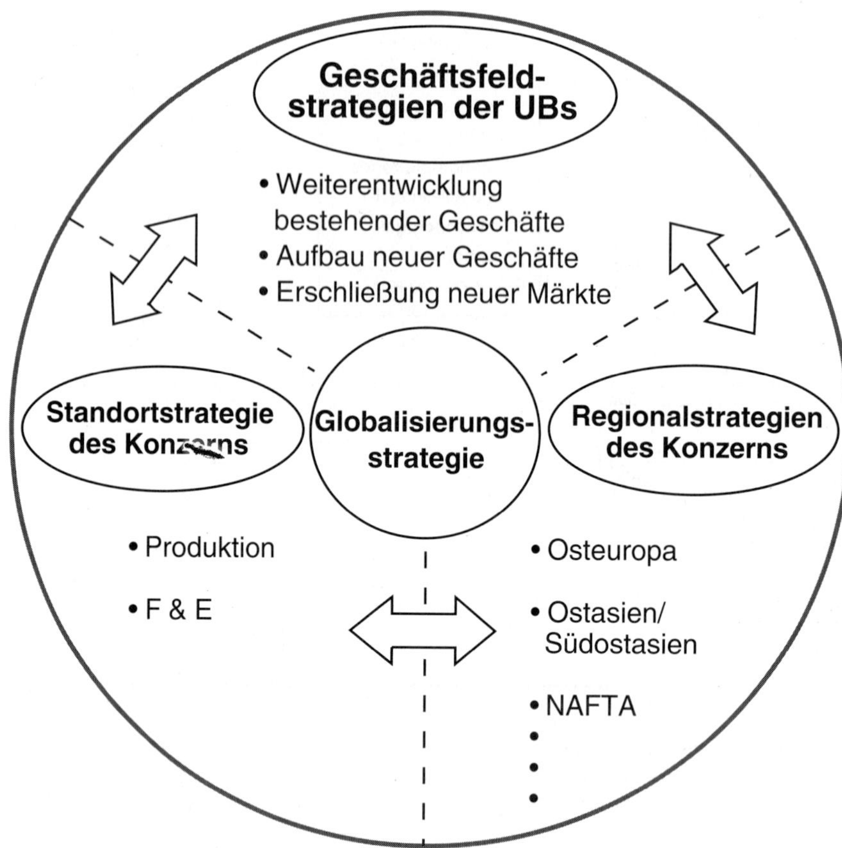

Abb. 25: Spannungsfeld der Globalisierungsstrategie

Volkswirtschaften, hohe Finanzkraft, weitgehend funktionierenden Wettbewerb ohne direkte staatliche Eingriffe sowie konvertierbare Währungen. Diese Märkte sind den einzelnen Geschäftsfeldern also überwiegend direkt zugänglich, fehlende Fähigkeiten sind in der Mehrzahl (noch) durch die einzelnen Bereiche direkt aufzubauen. Ein added value des Konzerns ist dort gegeben, wo durch übergreifende Strategische Allianzen Zeit- und Wettbewerbsvorteile erzielt werden können.

Die zweite weiterführende Stoßrichtung zielt andererseits in erster Linie auf eine verstärkte Erschließung der **Triade-Randmärkte** (neben Osteuropa und GUS insbesondere Ostasien/ Südostasien sowie Mexiko), denen als Zielmärkte, als zusätzliche Plattform für den Eintritt in die Triade-Kernmärkte USA und Japan sowie als Produktionsstandorte für die Weltmärkte zunehmende strategische Bedeutung zukommt.

Der Ausbau der derzeitigen Positionen in den Triade-Kern- und -Randmärkten über spezifische Regionalstrategien ist eine der Hauptzielsetzungen in den einzelnen Geschäftsfeldern. Die konzernübergreifende Unterstützung dieser Entwicklungskonzepte richtet sich vor allem auf die Triade-Randmärkte, in denen sich die Fähigkeit zu **ganzheitlichen Problemlösungen** zunehmend als entscheidender Erfolgsfaktor für die Markterschließung und -durchdringung herausstellt.

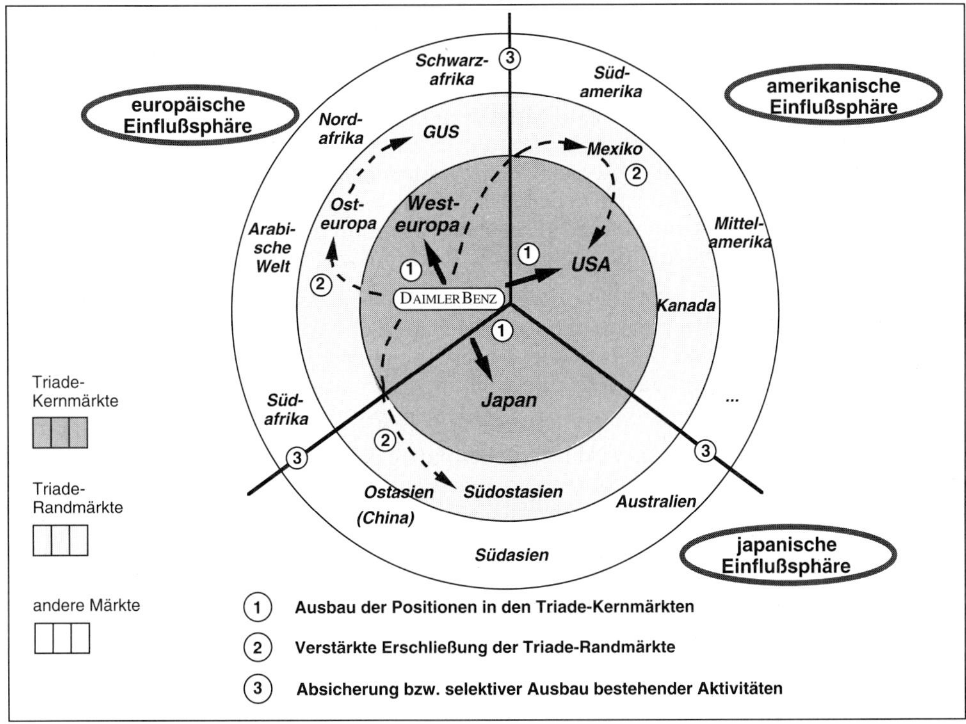

Abb. 26: Stoßrichtungen zu einer stärkeren Globalisierung des Konzerns

Damit sind diese Märkte für die isolierte Bearbeitung durch die einzelnen Geschäftseinheiten nicht oder nur schwer zugänglich, möglicherweise aber für den Konzern in seiner Gesamtheit. Der Konzern soll dabei nur dort ansetzen, wo durch Bündelung, Koordination, Political Engineering, Verhandlungsvorteile, Bereitstellung von spezialisierten Querschnittsfunktionen (z. B. Finanzierung, Devisenbeschaffung) u. ä. ein echter Zusatznutzen entsteht.

So erfordert z. B. die Entwicklung in den GUS-Staaten umfassende industrielle Lösungen. Der Aufbau moderner Produktionsanlagen, die Lösung der außerordentlichen Infrastruktur-, Transport- und Logistikprobleme, die Schulung von Arbeitskräften an modernen Systemen sowie die Bereitstellung von Devisen stellen komplexe „Problemlösungen" dar, für deren Bewältigung ein Zusammenarbeiten im Konzern notwendig ist und wofür der Konzern noch fehlende Fähigkeiten beschaffen und bereitstellen muß.

Die Entwicklung ganzheitlicher Problemlösungsfähigkeiten dürfte nicht nur für den Markterfolg in Schwellenländern von Bedeutung sein. Die Komplexität großindustrieller Lösungen und der erforderliche Finanzbedarf eröffnen auch in entwickelten Ländern immer mehr Märkte, in denen komplette Problemlösungen verstärkt nachgefragt werden.

Parallel und teilweise in Verbindung mit diesen Bemühungen um eine verstärkte regionale Markterschließung sind die Überlegungen zu einer weiteren Internationalisierung auf der Fertigungs- und Beschaffungsseite zu sehen. Weitergehende Standortkonzeptionen in Südkorea, Indien, China, Mexiko und USA sind Beispiele für derartige Schritte.

3.1.5.4.2 Konzernweite Strategische Allianzen

Die gravierenden Veränderungen in der Weltwirtschaft und die Dynamik dieser Veränderungen haben dazu geführt, daß bisherige Wege der Anpassung, z. B. das Schließen von Lücken aus eigener Kraft, oft nicht mehr gangbar oder mit großen Risiken verbunden sind. Globale Marktpräsenz bei immer höheren Vorleistungen und immer kürzeren Innovationszyklen, der Zwang zu System- und weitergehenden Problemlösungsgeschäften haben hohe Belastungen im Hinblick auf die finanziellen Ressourcen wie auch die personellen Kapazitäten zur Folge; die zur Verfügung stehende Zeit stellt zudem für einen Aufbau aus eigener Kraft oftmals einen begrenzenden Faktor dar. Diese Faktoren zeigen sich als treibende Kräfte für Strategische Allianzen.

Aus eben diesen Gründen gibt es schon seit langem solche Allianzen auf den Gebieten wie z. B. Verteidigungstechnik, Flugtriebwerke oder Raumfahrt, wobei hier – neben dem work-and-load-sharing – oftmals auch die Überwindung nationaler Zugangsbarrieren im Vordergrund stand.

Der „Mehrwert" des Konzerns wird hier insbesondere dadurch deutlich, daß nunmehr auch kleineren, weniger bedeutenden Konzernmitgliedern starke Partner zur Verfügung stehen. Für diese Partner schafft erst die Konzernzugehörigkeit die erforderliche Vertrauensbasis, garantiert sie doch – neben den erforderlichen finanziellen Voraussetzungen – die langfristige Orientierung, das Durchhaltevermögen und die Solidität in einer Zusammenarbeit. Gleichzeitig mindert die Konzernzugehörigkeit auch die naturgemäß gegebenen Risiken einer Allianz, insbesondere mit einem auf dem betreffenden Gebiet stärkeren Partner.

Strategische Allianzen können in der Vorüberlegungs- bzw. Anbahnungsphase wie auch in der Realisierungsphase durch Planungs- und Controllinginstrumente unterstützt werden. Beispielhaft seien hier einige wesentliche Aspekte angeführt:

- Zielsetzungen einer Allianz (u. a. Zeitersparnis, Technologiezugang, Systemfähigkeit/-ergänzung, Marktzugang, Stückzahlvolumen/Kostensenkung, Risikoteilung),
- Risikobeurteilung (Checkliste) potentieller Allianzpartner (u. a. Know-how-Abfluß, Entstehung von Leistungslücken, Aufbau von Substitutionsprodukten, Verlust des direkten Marktkontaktes),
- Nutzen-/Risiko-Portfolio,
- „Give-and-take"-Vergleich,
- Genereller „Fit" des Allianzpartners (insbes. auch kultureller Fit),
- Abbruchkriterien.

Allianzüberlegungen stellen komplexe Strategievorhaben dar, die bei Daimler-Benz entsprechend in Projektform vorbereitet und durchgeführt werden. Dazu zählt auch ein entsprechendes Berichtswesen.

Der Daimler-Benz-Konzern verfügt über vielfältige Erfahrungen mit konzernübergreifenden Strategischen Allianzen, von denen die mit Mitsubishi sicherlich die bekannteste darstellt. Bei diesem Partner handelt es sich nicht um einen Konzern im westlichen Sinn, sondern um eine mehr über informelle Beziehungen zusammengehaltene Firmengruppierung (Keiretsu). Die Strategische Allianz betrifft die vier Einzelunternehmen der Mitsubishi-Gruppe, die jeweils schwerpunktmäßig mit einem entsprechenden Gegenpart bei Daimler-Benz zusammenarbeiten:

- Mitsubishi Corporation (MC) – Daimler-Benz-Holding und debis
- Mitsubishi Motors (MMC) – Mercedes-Benz
- Mitsubishi Electric (Melco) – AEG
- Mitsubishi Heavy Industries (MHI) – DASA

3.1.5.5 Die Strategieklausur des Konzernvorstandes

Als Abschluß der jährlichen Strategieüberprüfung für alle Geschäftseinheiten im Rahmen der Periodischen Strategischen Planung findet jeweils im Mai die Strategieklausur des Konzernvorstandes statt. In dieser Klausur werden für die einzelnen Elemente der Konzernstrategie (vgl. Abb. 16) die wesentlichen Aspekte dahingehend diskutiert, inwieweit sich gegenüber dem Vorjahr ggf. bedeutsame Veränderungen (auch bereits aufgrund erster schwacher Signale) bzw. neue Erkenntnisse ergeben haben. Darüber hinaus werden spezifische konzernübergreifende Schwerpunkt-Fragestellungen behandelt. Zielsetzung ist, Handlungsbedarf aufzuzeigen und entsprechende Aktivitäten in Auftrag zu geben sowie ggf. Grundsatzentscheidungen zur Konzernstrategie zu treffen. Einzelentscheidungen zu Geschäftsfeldstrategien sind in der Regel nicht Gegenstand der Strategieklausur; sie werden unterjährig in den üblichen Vorstandssitzungen getroffen.

Als Diskussionsgrundlage für die Strategieklausur dient der **Konzernstrategiebericht**, der jeweils spezifisch auf die inhaltlichen Schwerpunkte der Klausur hin konzipiert ist (vgl. Abb. 27).

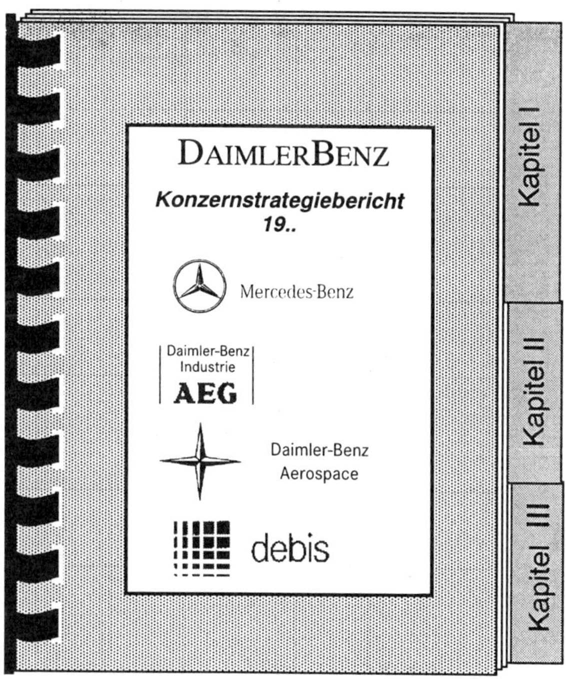

Konzerngesamtdarstellung

- Ausgangssituation
- Der Geschäftsrahmen im Markt- und Wettbewerbsumfeld
- Ansatzpunkte zur Weiterentwicklung der Konzernstrategie
- Wertung Geschäftsfeldstrategien
- Wertung Funktionalstrategien
- Leitlinien für die Operative Planung

Fortschrittsberichte zu den Strategien der Geschäftsfelder des Konzerns (Unternehmensbereichs-Berichtsteil)

Fortschrittsberichte zu den konzernübergreifenden Funktionalstrategien

Abb. 27: Der Konzernstrategiebericht

Daraus ist der jährliche Fortschritt im Hinblick auf die strategischen Ziele des Konzerns und damit der erreichte Realisierungsstand auf dem Weg zum Integrierten Technologiekonzern ersichtlich, sowie ein Vorschlag für die Schwerpunktthemen des Folgejahres. Nicht zuletzt sind auch die Leitlinien für die darauffolgende (mittelfristige) Operative Planung Bestandteil dieses Berichtes.

Diese Leitlinien werden – im Sinne einer strategischen Vorsteuerung – aus den Cash Flows, die Gegenstand der Beurteilung der Ertragsstärke der Geschäftsfelder sind, abgeleitet.

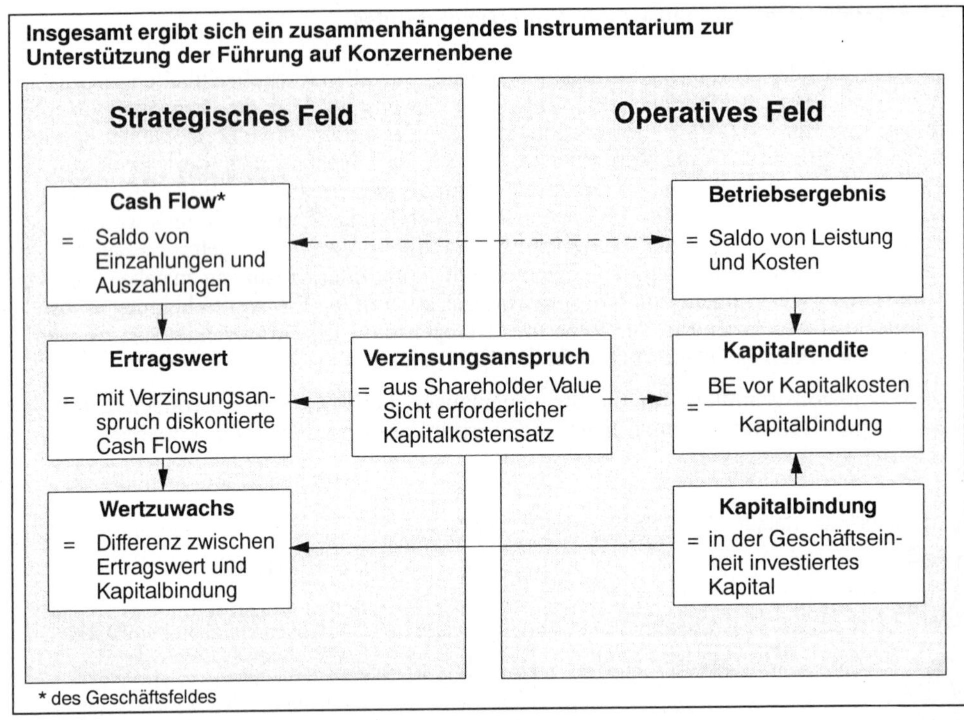

Abb. 28a: Instrumente der wertorientierten strategischen und operativen Planung

Den Zusammenhang der wirtschaftlichen Führungsinstrumente zeigt Abb. 28a. Wie daraus ersichtlich, bilden die strategischen Steuerungsgrößen (Cash Flow, Ertragswert, Wertzuwachs) und die operativen Steuerungsgrößen (Betriebsergebnis, Kapitalrendite, Kapitalbindung) über das Bindeglied des aus Shareholder Sicht erforderlichen Verzinsungsanspruchs ein in sich geschlossenes System.

3.2 Prozeß und Elemente der operativen Führung auf Konzernebene

3.2.1 Das Konzept der operativen Führung

Die operative Führung im Daimler-Benz-Konzern basiert – wie die strategische Führung – auf dem **Grundsatz** des **Führens durch Ziele** bei eigenverantwortlicher Selbststeuerung der Konzernbereiche. Ausgehend vom Rollenverständnis der Daimler-Benz AG als geschäftsführende Holding erfolgt die Führung auf Konzernebene vorrangig über die Vereinbarung strategischer (Geschäftsfeld-)Ziele. Diese werden im Rahmen der operativen Führung in einem mehrstufigen Zielvereinbarungsprozeß in perioden- und verantwortungsbereichsbezogende **Ergebnisziele** heruntergebrochen und unterjährig nachgehalten, wobei auf Konzernebene die Ergebniszielvereinbarung – entsprechend der Führungsorganisation – zwischen dem Konzernvorstand und den vier Unternehmensbereichen getroffen wird.

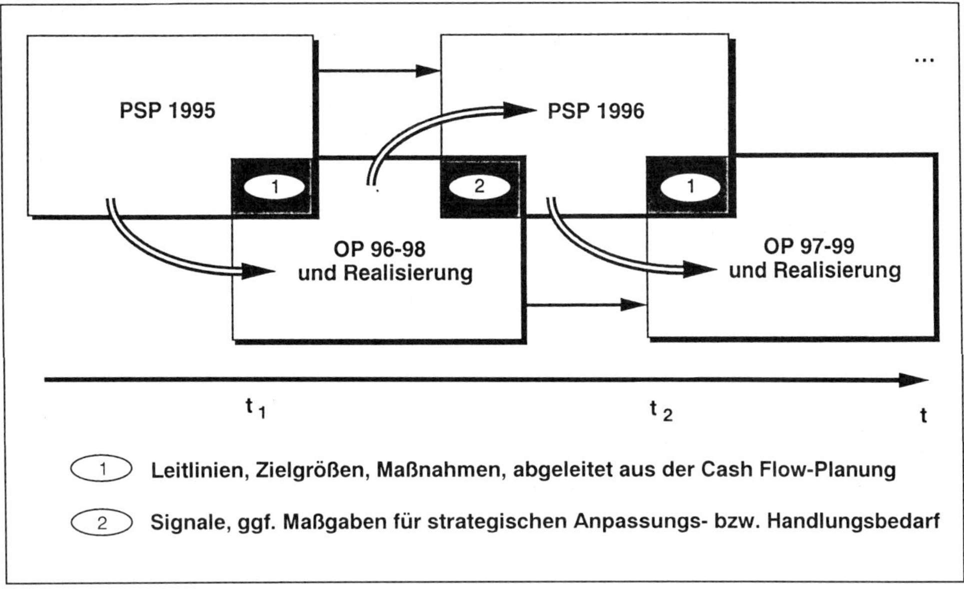

Abb. 28b: Verknüpfung von Periodischer Strategischer Planung und Operativer Planung

Die Unternehmensbereiche sind für die Erreichung der einvernehmlich vereinbarten Ergebnisziele verantwortlich und haben die dazu erforderlichen Maßnahmen eigenständig durchzuführen. Auf Konzernebene wird die Zielerreichung verfolgt und gegebenenfalls Gegensteuerungsmaßnahmen zur Sicherstellung der Zielerreichung vereinbart. Im Rahmen dieses Zielvereinbarungs- und -verfolgungsprozesses hat das Konzerncontrolling die Aufgabe, dem Konzernvorstand durch Gesamtdarstellungen, Sensitivitäts- und Plausibilitätsanalysen, Wertungen aus Konzernsicht und ggf. Maßnahmeempfehlungen Transparenz über die geschäftliche Situation und Entwicklung des Konzerns und seiner Bereiche zu verschaffen.

Im Rahmen der operativen Führung stehen mithin die Sicherung der Ertragskraft sowie die Sicherstellung der operativen Umsetzung der strategischen Ziele im Vordergrund. Dementsprechend sind die Periodische Strategische Planung (PSP) und die Operative Planung (OP), die sich auf die folgenden drei Jahre bezieht, eng miteinander verknüpft. Aus dem Prozeß der PSP werden Leitlinien, Zielgrößen und Maßnahmen (z. B. Investitionen) für die OP abgeleitet. Durch die verstärkte quantitative Untermauerung der strategischen Planung wird künftig der Planungszeitraum der OP auf drei Jahre verkürzt. Die OP gibt im Sinne einer Rückkoppelung Signale für strategischen Anpassungs- und Handlungsbedarf. Abbildung 28b verdeutlicht diesen Zusammenhang:

Im Zuge der Konzernerweiterung mußten auch die Voraussetzungen für ein Planungs- und Berichtssystem zur Unterstützung der operativen Führung auf Konzernebene geschaffen werden. In diesem Zusammenhang waren umfangreiche Anpassungen zur Vereinheitlichung der Berichtsgrößen und -abläufe im Konzern erforderlich.

3.2.2 Das Betriebsergebnis als zentrale operative Führungsgröße

Zentrales Instrument innerhalb der operativen Führung im Daimler-Benz-Konzern ist das **Betriebsergebnis**, das sich im Rahmen des internen Rechnungswesens als Saldo von Umsatzerlösen[4] und Kosten ergibt. Die Betriebsergebnisrechnung ist eine kalkulatorische Rechnung, die sich auf die Abbildung des wirtschaftlichen Geschehens im Rahmen des betrieblichen Leistungserstellungsprozesses konzentriert. Betriebsergebnisse werden für den Konzern, die Unternehmens-, Geschäfts- und Produktbereiche sowie für einzelne Sparten (z. B. PKW-Baureihen) und Märkte ermittelt.

In der auf konzerneinheitlichen Ansätzen basierenden Betriebsergebnisrechnung und bei der Kalkulation der Leistungen (Produkte und Dienstleistungen) sollen insbesondere

- Substanzerhaltung,
- Kapitalverzinsung und
- die Deckung der Kosten für Altersversorgung

sichergestellt werden.

Dabei gelten folgende Grundsätze:

- Das **Substanzerhaltungsziel** für das eigenfinanzierte Anlage- und Umlaufvermögen ist durch den Ansatz von Wiederbeschaffungskosten und die Berechnung der Abschreibungen auf dieser Basis zu sichern. Aufgrund des für die externe Rechnungslegung geltenden Nominalwertprinzips müssen auch die Ertragsteuern auf sog. Scheingewinne erwirtschaftet werden, bevor ein positives Ergebnis ausgewiesen wird.
- Um eine angemessene **Verzinsung** des insgesamt im Betriebsprozeß eingesetzten **Kapitals** sicherzustellen, sind nicht nur für das Fremdkapital, sondern auch für das Eigenkapital kalkulatorische Kosten anzusetzen.
- Zur Erfüllung der Versorgungszusagen an Mitarbeiter nach deren Ausscheiden aus dem Berufsleben sind die Kosten für betriebliche **Altersversorgung** zu berücksichtigen. Dies geschieht durch die Verrechnung eines Zuschlagsatzes auf die Lohn- und Gehaltssumme sowie durch die Verzinsung des Deckungskapitals (aus Pensionsrückstellungen) im Rahmen des Ansatzes der kalkulatorischen Kapitalkosten.

Durch diese Vorgehensweise sind bei einem ausgeglichenen Betriebsergebnis als Mindestzielsetzung Substanzerhaltung, Kapitalverzinsung und Deckung der Kosten für Altersversorgung gewährleistet. Darüber hinausgehende Beiträge zur qualitativen Weiterentwicklung des Unternehmens sind als entsprechende Ergebnisziele zu formulieren.

3.2.3 Das Gesamtplanungs- und -berichterstattungssystem im Konzern

Die strategischen und operativen Teilplanungen bilden eine **integrierte Gesamtplanung** über alle Stufen des Konzerns hinweg, die durch ein konzernübergreifendes Berichterstattungssystem zur Information über Geschäftsentwicklung und Zielerreichung ergänzt wird. Einen Überblick über den Planungsablauf und die Berichterstattung im Konzern gibt Abbildung 29:

Der Planungszyklus beginnt mit der Periodischen Strategischen Planung im 1. Quartal des Jahres (vgl. Kapitel 3.1.4.2), deren wesentlichste Ergebnisse im jährlichen Konzernstrategiebericht zusammengefaßt werden. Im Anschluß daran werden im Rahmen der (zuvor beschriebenen) Strategieklausur des Konzernvorstandes im Mai – ausgehend von den bestehenden Zielvereinbarungen und den zwischenzeitlich getroffenen strategischen Festlegungen – **Ergebnisleitlinien** für die nächste Operative Planung der Unternehmensbereiche vereinbart. Darüber hinaus werden wesentliche Ecktermine und Abläufe sowie Prämissen zur

4 Unter Berücksichtigung geschäftsspezifischer Besonderheiten in den Dienstleistungsbereichen bei debis, wie z. B. Zinserträge bei Finanzdienstleistungen.

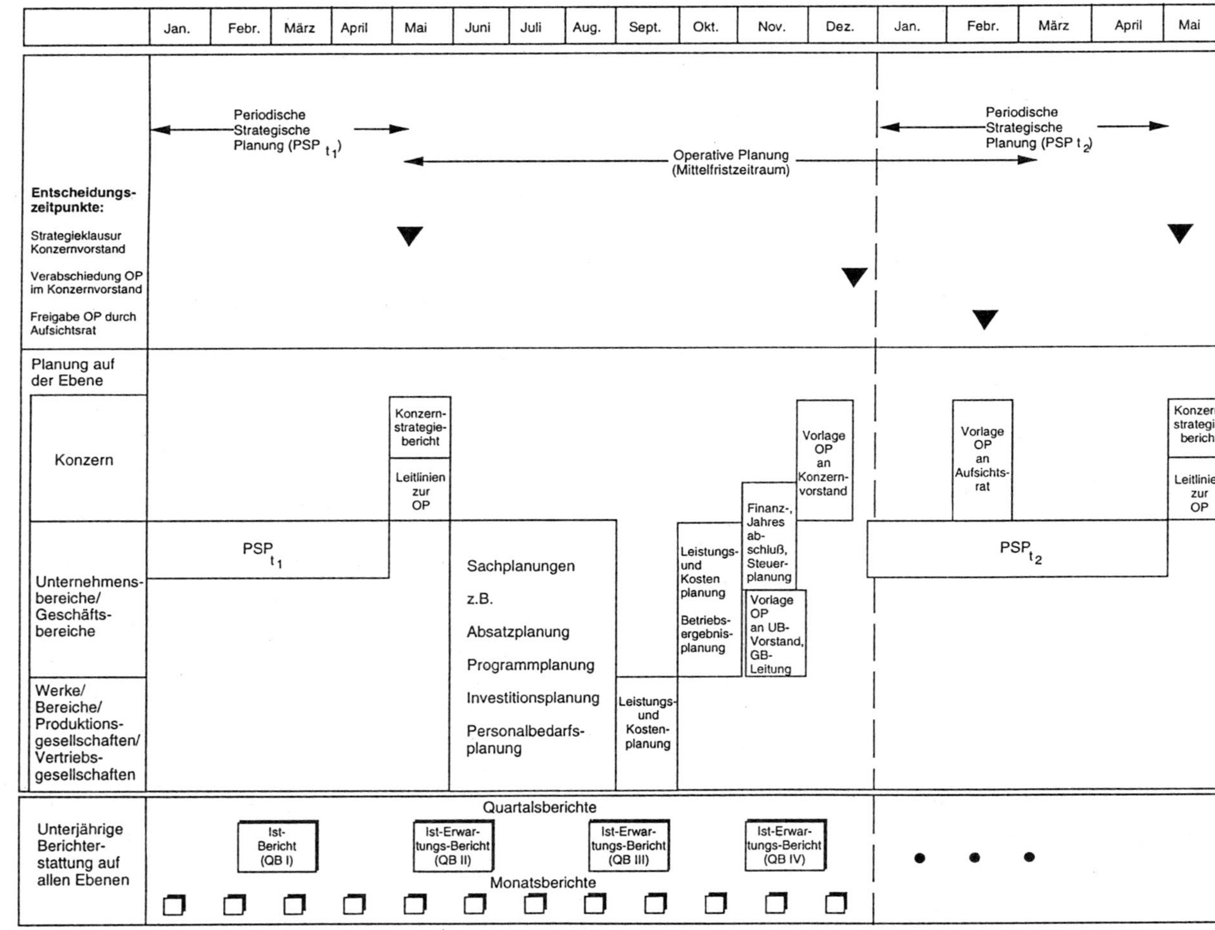

Abb. 29: Ablauf von Planung und Berichterstattung im Daimler-Benz-Konzern (vereinfachte Darstellung)

Entwicklung gesamtwirtschaftlicher Größen, wie z. B. von Wechselkursen, Inflationsraten und Zinssätzen, konzerneinheitlich festgelegt. Im Rahmen der Planungsaufforderung werden diese Leitlinien den Planungsbereichen der Unternehmensbereiche mitgeteilt.

Hieran schließt sich ein konzernweiter, mehrstufiger Planungs- und Zielvereinbarungsprozeß für die Operative Planung der folgenden drei Jahre an, wobei das erste Planjahr detaillierter durchgeplant wird. Aufbauend auf den Sachplanungen werden Leistungs- und Kostenplanungen erstellt und daraus die Betriebsergebnisplanungen abgeleitet. Die Betriebsergebnisplanungen bilden wiederum die Ausgangsbasis für die eng miteinander verbundenen Finanz-, Jahresabschluß- und Steuerplanungen (vgl. Abb. 30).

Die Unternehmensbereiche stellen ihre Planung in einer konzerneinheitlich festgelegten Form dar und reichen sie im November bei der Holding ein. Auf dieser Basis finden intensive Gespräche, insbesondere zwischen dem Konzerncontrolling und dem (fachlich verbundenen) Controlling der Unternehmensbereiche statt, mit dem Ziel, dem Konzernvorstand Transparenz über die geplante Entwicklung des Konzerns und seiner Bereiche, den in der Planung enthaltenen Anspruchsgrad sowie die damit zusammenhängenden Chancen und Risiken zu verschaffen. Diese Erkenntnisse gehen in die Planungsvorlage für den Konzern in Form von Wertungen und Beschlußempfehlungen ein. Im Dezember verabschiedet der Konzernvorstand auf dieser Basis die vorliegende Planung und vereinbart mit den Unternehmensbereichen die Ergebnisziele für die folgenden drei Jahre. Nach Beschlußfassung durch den Konzernvorstand wird die Planung im Februar dem Aufsichtsrat der Daimler-Benz AG zur Zustimmung vorgelegt.

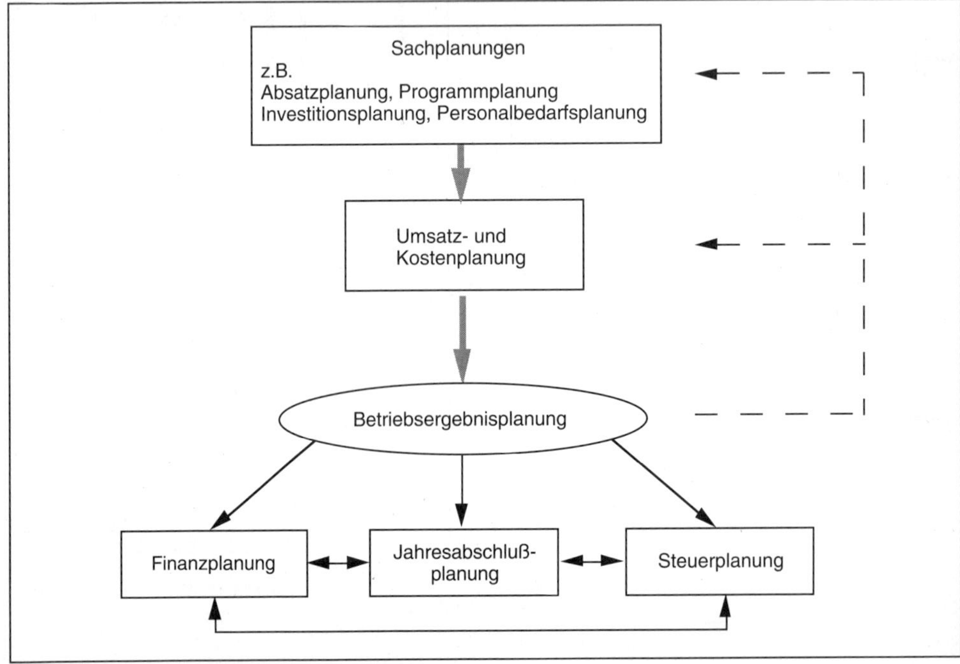

Abb. 30: Die Integrierte Operative Gesamtplanung des Daimler-Benz-Konzerns

Die Erreichung der vereinbarten Ergebnisziele wird für das erste Planjahr unterjährig auf der Basis von Quartalsberichten verfolgt. Ergänzend zu diesen vierteljährlichen Informationen hinsichtlich der Ergebniserwartung wird monatlich über die Ist-Entwicklung weiterer Kennziffern zum Geschäftsverlauf berichtet.

3.2.4 Berichterstattung zur Operativen Planung

Die wesentlichen Ergebnisse und Kenngrößen aus dem operativen Planungsprozeß werden auf Konzernebene in einem Planungsbericht zusammengeführt, der dem Konzernvorstand und dem Aufsichtsrat vorgelegt wird (vgl. Abb. 31). Diese Planungsvorlage enthält eine Konzerngesamtdarstellung, die Planungen der Unternehmensbereiche und Gemeinschaftsunternehmen sowie die Planung der Daimler-Benz-Holding.

Die Konzerngesamtdarstellung beginnt mit einer Darlegung der strategischen Position und Entwicklung des Daimler-Benz-Konzerns. Dieser „Strategievorspann" dient als Verbindung zwischen Strategischer und Operativer Planung. Hier wird im einzelnen dargelegt, wie die vereinbarten strategischen Ziele in konkrete Maßnahmen im Rahmen der Operativen Planung überführt werden sollen.

Daran anschließend wird das Konzernbetriebsergebnis dargestellt. Hierbei wird zum einen aufgezeigt, wie sich das Betriebsergebnis im Planungszeitraum entwickelt und welche Beiträge die Unternehmensbereiche dazu leisten. Besonderes Gewicht wird dem Plan-Plan-Vergleich im Rahmen der Führung durch Ziele beigelegt, bei dem die Betriebsergebnisse der aktuellen Planung der Ergebnisleitlinie gegenübergestellt werden (vgl. Abb. 32). Mit dem Plan-Plan-Vergleich wird dargelegt, inwieweit die vereinbarten Ergebnisziele auch aus aktueller Sicht erreichbar sind.

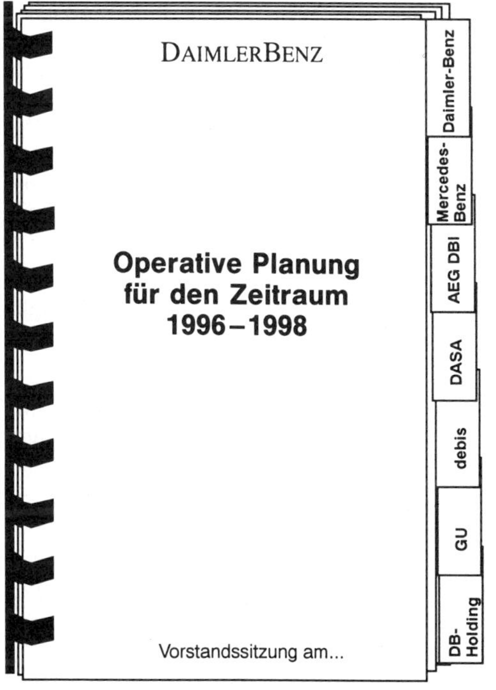

Konzerngesamtdarstellung
- Strategische Position und Entwicklung
- Konzernbetriebsergebnis (zeitl.Entwicklung, Struktur, Plan-Plan-Vergleich, Chancen/Risiken)
- Wertung der Planungen der Konzernbereiche
- Konzern-Geschäftsvolumen und -Faktoreinsatz (Sachinvestitionen, FuE, Personal)
- Konzern-Finanzen
- Konzern-Jahresabschluß
- Maßnahmeempfehlungen

Planungen der Unternehmensbereiche und Gemeinschaftsunternehmen (GU)
- Strategische Position und Entwicklung
- Betriebsergebnis
- Faktoreinsatz
- Finanzen und Jahresabschluß
- Wertungen/Maßnahmen/ Empfehlungen

Planung der DB-Holding
- Ergebnisplanung
- Faktoreinsatz
- Strukturierung der Holdingleistungen
- Finanzen und Jahresabschluß

Abb. 31: Planungsbericht Daimler-Benz-Konzern

Um der im Rahmen eines Dreijahreszeitraumes stets zu sehenden Planungsunsicherheit Rechnung zu tragen, werden die mit der vorliegenden Planung verbundenen wesentlichen Chancen und Risiken im Sinne einer Sensitivitätsanalyse aufgezeigt, so weit wie möglich quantifiziert, und deren mögliche Auswirkungen auf die Betriebsergebnisse der einzelnen Planjahre dargestellt. Die Chancen-Risiken-Betrachtung dient als Grundlage zur Beurteilung der Plausibilität und Tragfähigkeit der Planung und bildet darüber hinaus als Frühwarnsystem eine Basis zur Initiierung eventueller Gegensteuerungsmaßnahmen.

Die Konzerngesamtdarstellung enthält weiterhin eine Wertung der Planungen der Unternehmens- und Geschäftsbereiche aus Konzernsicht. Wesentliche Bestandteile sind dabei die Beurteilung der Betriebsergebnisentwicklung und des Anspruchsgrades der Planung, die Darlegung der Chancen und Risiken aus Konzernsicht sowie Aussagen, inwieweit die in der vorliegenden Operativen Planung eingearbeiteten Maßnahmen geeignet sind, die strategischen Ziele zu erreichen.

Neben den Betriebsergebnissen werden im Rahmen der Operativen Planung für die einzelnen Konzernbereiche die Entwicklung des Nettoumsatzes sowie der Faktoreinsätze in Form von Sachinvestitionen, Forschungs- und Entwicklungsaufwand und Personal dargelegt und analysiert. Im Falle der Sachinvestitionen und des FuE-Aufwandes werden Vergleiche des jeweiligen Gesamtvolumens im Dreijahreszeitraum mit den entsprechenden Werten der letztjährigen Operativen Planung vorgenommen.

In der Planungsvorlage wird ferner dargelegt, wie sich die in den nächsten drei Jahren erwartete Geschäftsentwicklung und die geplanten Maßnahmen auf die Finanzsituation des Konzerns auswirken. Zentrale Betrachtungsgrößen sind dabei der operative Cash Flow (=erwirtschaftete Einnahmenüberschüsse, vermindert um Ausgaben für Steuern sowie Sach- und Beteiligungsinvestitionen), die Flüssigen Mittel (=Liquidität) und die Verschuldung. Die finanziellen Auswirkungen der Leasing- und Finanzierungsgesellschaften der debis werden aufgrund deren hohen Kapitalbedarfs gesondert aufgezeigt.

Im Anschluß an die Konzern-Finanzplanung werden die Auswirkungen auf die externe Rechnungslegung der Vermögens-, Finanz- und Ertragslage dargelegt. Dazu wird ein Plan-Konzern-Jahresabschluß, bestehend aus Bilanz sowie Gewinn- und Verlustrechnung, erstellt, der gleichfalls aus der Betriebsergebnisrechnung abgeleitet und durch gesonderte Bewertungsplanungen ergänzt wird. Im Mittelpunkt der Darstellung des Konzern-Jahresabschlusses steht der Jahresüberschuß. Darüber hinaus werden zu Analysezwecken mehrere Kennziffern zur externen Rechnungslegung gebildet, insbesondere das DVFA/SG-Ergebnis je Aktie, der bilanzielle Cash Flow, der Anlagendeckungsgrad (Eigenkapital : Anlagevermögen) und die Eigenkapitalquote.

Zum Abschluß der Konzerngesamtdarstellung im Planungsbericht werden dem Konzernvorstand – ausgehend von den Ergebnissen der Operativen Planung und dem sich möglicherweise ergebenden kurzfristigen und strategischen Handlungsbedarf – Maßnahmeempfehlungen aus Konzernsicht vorgelegt.

Die Planungen der Unternehmensbereiche und Gemeinschaftsunternehmen sind mit gleichem inhaltlichen Aufbau und Layout wie die Konzerngesamtdarstellung im Planungsbericht dokumentiert. Die Berichtstiefe innerhalb der Darstellungen der Unternehmensbereiche geht dabei bis auf die Ebene der Geschäftsbereiche.

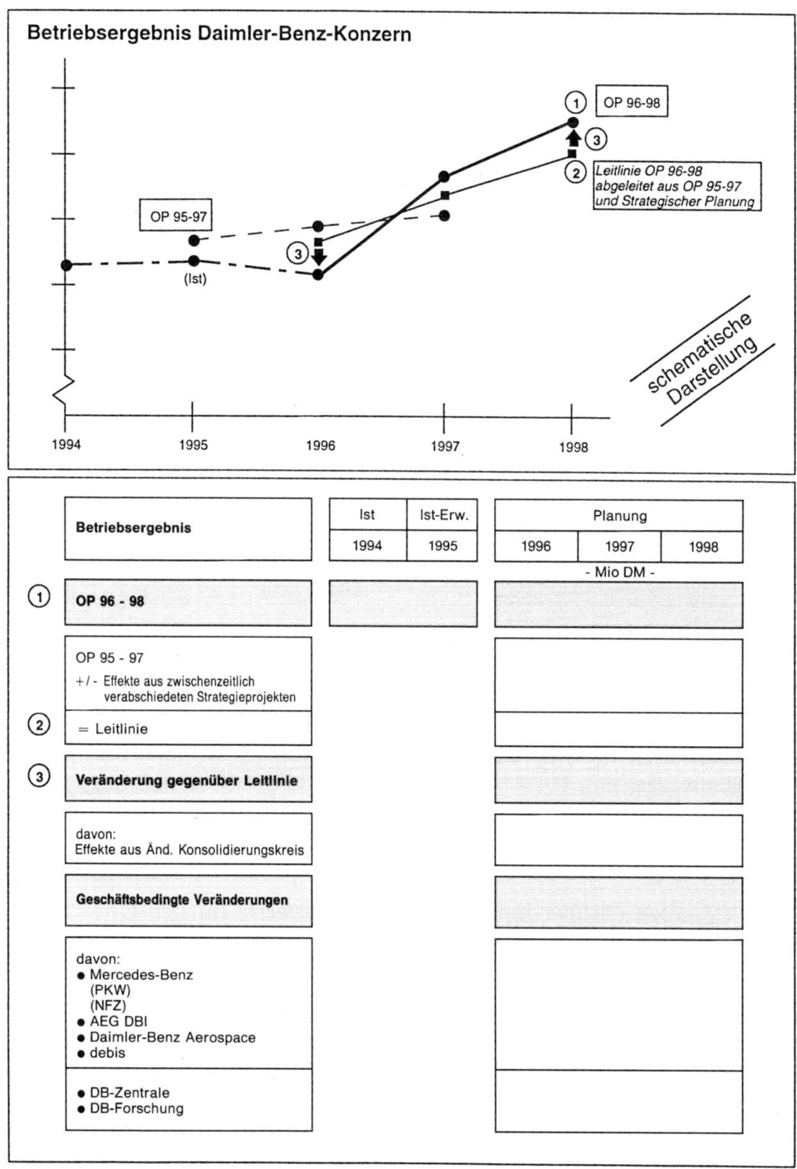

Abb. 32: Plan-Plan-Vergleich Konzernbetriebsergebnis

3.2.5 Unterjährige Berichterstattung

Die Erreichung der im Rahmen der Operativen Planung vereinbarten Ergebnisziele für das erste Planjahr, die in der Eigenverantwortung der Unternehmens- und Geschäftsbereiche liegt, wird unterjährig quartalsweise verfolgt. Innerhalb der **Quartalsberichterstattung** wird ausgehend von der Ist-Entwicklung im bisherigen Jahresverlauf eine aktuelle Ergebnisprognose (sog. Ist-Erwartung) für das gesamte Jahr erarbeitet; es werden also keine Quartalser-

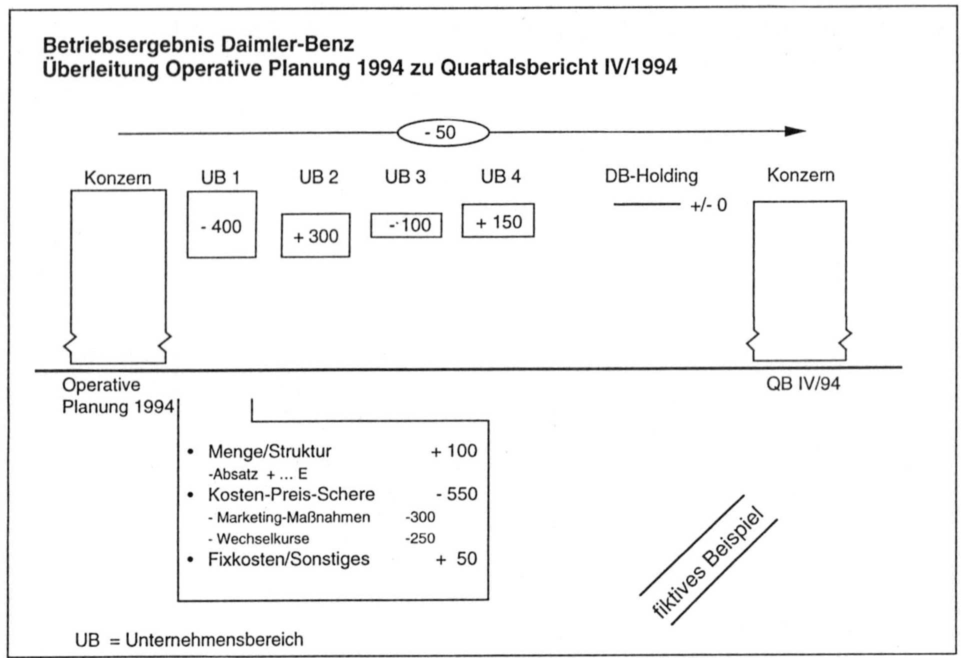

Abb. 33: Soll-Ist-Vergleich und Abweichungsanalyse auf Konzernebene

gebnisse dargestellt. Die Ist-Erwartung wird dem vereinbarten Zielwert in Form eines Soll-Ist-Vergleichs gegenübergestellt; bei Abweichungen werden die Ursachen transparent gemacht. Abbildung 33 zeigt beispielhaft und in vereinfachter Form, wie die Ursachen einer Abweichung vom geplanten Konzernbetriebsergebnis im Quartalsbericht aufgezeigt werden.

Die Quartalsberichte enthalten darüber hinaus Ist-Erwartungswerte für den Umsatz von Konzern, Unternehmens- und Geschäftsbereichen sowie für den Jahresüberschuß, die Flüssigen Mittel und die Verschuldung.

Das abschließend festgestellte Ist-Betriebsergebnis der einzelnen Konzernbereiche wird in einer gesonderten Vorlage (Ist-Bericht) den entsprechenden Zielwerten aus der Operativen Planung gegenübergestellt; sich dabei ergebende Abweichungen werden aufgezeigt und kommentiert. Das im Ist-Bericht dokumentierte Betriebsergebnis dient zugleich als Grundlage für die Erfolgsbeteiligung im Rahmen der variablen Vergütung.

Neben diesen für den operativen Führungsprozeß erforderlichen Controllingberichten werden sogenannte **Monatsberichte** erstellt, die für die einzelnen Konzernbereiche wesentliche Kennziffern zum Geschäftsverlauf, wie z. B. Umsatz, Auftragssituation, Absatz, Produktion und Personalstände aufzeigen. Dabei wird die Ist-Entwicklung dieser Kenngrößen im Berichtsmonat und im bisherigen Jahresverlauf dargelegt und durch eine Jahresprognose und einen Vergleich mit den jeweiligen Werten des entsprechenden Vorjahreszeitraumes ergänzt.

Mit der Zielverfolgung durch die unterjährige Berichterstattung schließt sich der Kreis des operativen Führungsprozesses, der mit der Vereinbarung der Ergebnisziele im Rahmen der Operativen Planung begonnen hat. Während auf Konzernebene grundsätzlich die strategische Führung im Vordergrund steht, hat die operative Führung auf Unternehmens- bzw. Geschäftsbereichsebene einen vergleichsweise höheren Stellenwert.

4. Strategische und operative Führung auf Geschäftsbereichsebene am Beispiel Mercedes-Benz PKW

Ausgehend von der strategischen Neuausrichtung des Daimler-Benz-Konzerns standen im Zentrum der bisherigen Ausführungen die Weiterentwicklung der Unternehmensphilosophie sowie deren Implikationen auf die Führungsgrundsätze im Konzern. Ein hoher Stellenwert ist in diesem Zusammenhang der Konzernstrategie beizumessen, die als eigenständige Aufgabe der geschäftsführenden Holding definiert wurde. Im Rahmen dieser Konzernstrategie ist die Entwicklung und Umsetzung von Geschäftsfeldstrategien originäre Aufgabe des Linienmanagements der ergebnisverantwortlichen Geschäftsbereiche. Um die Elemente dieses Führungskonzeptes und deren Wechselwirkung aufzuzeigen, erscheint es hilfreich, dieses Konzept am Beispiel Mercedes-Benz, Geschäftsbereich PKW, näher zu beschreiben.

Auf der Ebene Geschäftsbereiche PKW und NFZ sind bei Mercedes-Benz neben den klassischen Zuständigkeiten für Entwicklung, Produktion, Vertrieb und Kaufmännische Aufgaben auch Einzelverantwortlichkeiten definiert für Produkte/Märkte – hier im Sinne von Sponsorenschaften; daneben erfolgt eine eindeutige führungsorganisatorische Zuordnung der dezentralen Einheiten, wie Produktionswerke und Vertriebsgesellschaften. Dieses Führungskonzept mündet in einen mehrdimensionalen Ansatz, dessen Philosophie und Grundprinzipien einer näheren Interpretation bedarf.

4.1 Philosophie und Grundprinzipien der Führung

4.1.1 Ausgangspunkt

Die veränderten Rahmenbedingungen im Fahrzeuggeschäft, die schlagwortartig beschrieben werden können mit Wertewandel, Globalisierung der Märkte bei hoher Wettbewerbsintensität bis hin zu den Möglichkeiten, die neue Prozeß- und Informationstechnologien bieten, zwingen fast alle Unternehmen in gleichem Maße, nicht nur Nachfolgeprodukte in immer kürzeren Zeitabständen in den Markt zu bringen, sondern auch durch eine stärkere Produktdifferenzierung einem breiteren Feld an Kundenwünschen gerecht zu werden. Gefordert ist damit aber nicht nur der Entwicklungsbereich, Produkte schneller und effizienter zu entwickeln. Im Mittelpunkt stehen vielmehr Maßnahmen zur Sicherung der eigenen Wettbewerbsfähigkeit, die ausschließlich über eine Optimierung der gesamten Wertschöpfungskette erzielt werden kann.

Um dem obigen Anspruch entsprechen zu können, verfolgt Mercedes-Benz spezifische Ansätze der Führung, Kommunikation und Zusammenarbeit im Unternehmen. Mit diesem Konzept wurde die eindimensionale, zentral-funktionale Ausrichtung ergänzt um mehrdimensionale Strukturen und Abläufe, die ganzheitliches unternehmerisches Denken und Handeln auf jeder Verantwortungsebene unterstützen.

Als ein wichtiger Bestandteil ist in diesem Zusammenhang das „Center-Konzept" anzusprechen, welches im Grunde ein Management- bzw. Führungskonzept darstellt. Stichworte wie simultaneous engineering bei Neuprodukten, kontinuierliche Verbesserungen in der laufenden Serie sowie neue Formen der Arbeitsorganisation umschreiben diesen interdisziplinären Umgestaltungsprozeß. Der Nutzen dieses Grundansatzes wird dabei vor allem in folgenden Schlüsselelementen gesehen:

- Steigerung der Markt- bzw. Kundenorientierung
- Förderung eines ganzheitlichen unternehmerischen Denkens und Handelns bei den Führungskräften und Mitarbeitern
- Schaffung überschaubarer, möglichst homogener und flexibler Organisationseinheiten
- Motivation der Führungskräfte und Mitarbeiter durch hohe Identifikation mit der Aufgabe
- Stärkung des Qualitäts- und Verantwortungsbewußtseins auf allen Ebenen.

In aller Regel bedingt die Umsetzung dieses Konzeptes eine weitgehende Dezentralisierung von Aufgaben, Kompetenzen und Verantwortlichkeiten. Gleichzeitig ist aber – insbesondere bei der Einrichtung sich selbst steuernder Einheiten – die weiterhin notwendige Integrationsaufgabe wahrzunehmen, die eine Orientierung aller dezentralen Einheiten am Gesamterfolg des Unternehmens und Kundennutzen gewährleistet.

Zwischenzeitlich ist allgemein anerkannt, daß die Förderung eines ganzheitlichen Produkt- und Prozeßdenkens die Kriterien Zeit, Kosten und Qualität positiv beeinflußt. Nachdem diese drei Elemente als zentrale Erfolgsfaktoren bewertet werden müssen, wie übrigens die branchentypischen Nachteile vieler europäischer Automobilhersteller verdeutlichen, erscheint es angezeigt, hierauf näher einzugehen.

- **Wettbewerbsfaktor Zeit:**
  Immer kürzere Innovationszyklen ermöglichen und erfordern vielfach eine zunehmende Verkürzung der Produktlebenszyklen. In immer kürzeren Abständen werden bewährte Produkte durch Nachfolgeprodukte mit erweiterter Funktionalität, höherer Umweltverträglichkeit und/oder verbesserten Kosten-/Nutzenrelationen abgelöst. Dies erfordert kürzere Durchlaufzeiten, beginnend bei ersten konzeptionellen Überlegungen über Entwicklung, Versuch, Produktionsvorbereitung, Produktanlauf bis hin zur Markteinführung.
- **Wettbewerbsfaktor Kosten:**
  Viele Branchen – und dies gilt insbesondere für „reife" Märkte und damit auch für die Automobilindustrie – sind heute gekennzeichnet durch eine hohe Kompetenz global tätiger Wettbewerber. Die aus neuen Produkt- und/oder Produktionskonzepten resultierenden günstigeren Kosten-/Nutzenrelationen werden zur Erhaltung oder Stärkung der eigenen Wettbewerbsposition in der Regel im Markt weitergegeben. Dies zwingt alle Unternehmen zu besonderen Anstrengungen auf der Kostenseite. Unternehmen mit strukturellen oder standortbedingten Kostennachteilen sind hier besonders gefordert. Alle Kostenoptimierungsbemühungen führen jedoch nur dann zum Erfolg, wenn sie in der frühen Konzeptphase einsetzen und Produkt- und Prozeßgestaltung im Sinne eines ganzheitlichen Ansatzes umfassen.
- **Wettbewerbsfaktor Qualität:**
  Steigende Erwartungen der Kunden an Produkteigenschaften, aber auch erhöhte Anforderungen in Verbindung mit Produkthaftung, Sicherheitsvorschriften und Umweltverträglichkeit machen die Qualität im weitesten Sinne zunehmend zu einem entscheidenden Wettbewerbsfaktor. Qualität und Umweltverträglichkeit von Produkten gewinnen als Differenzierungsfaktoren und damit als Möglichkeit, Preisprämien im Markt zu realisieren, immer mehr an Bedeutung. Die meisten Unternehmen haben die Bedeutung des Wettbewerbsfaktors Qualität erkannt und setzen neue prozeßkettenbegleitende Qualitätsförderungskonzepte ein.

Die stetigen Optimierungserfordernisse in bezug auf Zeit, Kosten und Qualität führen zu Aktivitäten, die untereinander stark vernetzt sind. In Verbindung mit weiteren Anforderungen an Produkt, Produktion und Marketing beinhalten Führung und Steuerung bei Mercedes-Benz damit eine bisher nicht gekannte Komplexität, die es durch geeignete Organisationsformen zu bewältigen gilt.

Das **Controlling** ist – nach dem im Hause Daimler-Benz/Mercedes-Benz verbreiteten Selbstverständnis – hierbei im Sinne seiner Funktion der Unterstützung der strategischen und operativen Führung im Unternehmen in besonderer Weise gefordert. Um den vielfältigen Ansprüchen gerecht zu werden, muß das Controlling Abhängigkeiten und Wechselwirkungen im Rahmen unterschiedlichster Planungs-, Entscheidungs- und Durchführungsprozesse im Unternehmen transparent machen und die Entscheidungsträger durch geeignete Instrumentarien unterstützen.

Wenn das Controlling dem Anspruch gerecht werden will, strategische und operative Führung im Unternehmen bestmöglich zu unterstützen, erscheint es nur konsequent, daß es auf die führungsgerechte – und damit auch controllinggerechte – Gestaltung der Strukturen und Abläufe im Unternehmen Einfluß nimmt. Im Sinne dieses Anspruchs des Controlling, bei der Schaffung oder Weiterentwicklung der organisatorischen Grundlagen im Unternehmen gestaltend mitzuwirken, sind die nachfolgenden Ausführungen zu werten.

4.1.2 Integrative Führung als mehrdimensionaler Ansatz

Bei der Wahrnehmung der vielfältigen strategischen und operativen Aufgaben im Unternehmen erscheint eine konsequente Trennung in Führungsaufgaben einerseits und Steuerungsaufgaben (Durchführungsaufgaben) andererseits hilfreich. Diese Unterteilung stellt ein wesentliches Merkmal im Hinblick auf die Regelung der Beziehungsverhältnisse zwischen den verschiedenen Ebenen einer Aufbauorganisation dar.

In bezug auf die Wahrnehmung der **Führungsaufgabe** hat sich in modernen Organisationen das in Abschnitt 2.3 bereits angesprochene Postulat der Führung durch Ziele weitgehend durchgesetzt. Dementsprechend liegt bei **Steuerungs- bzw. Durchführungsfunktionen** die Betonung auf der eigenverantwortlichen Steuerung (Selbststeuerung) auf Basis vereinbarter Ziele. In komplexen Organisationen nimmt in der Regel jede Ebene Führungs- und Steuerungsaufgaben wahr. In diesem Zusammenhang ist eine besondere Herausforderung für das Management darin zu sehen, das Unternehmen so zu strukturieren, daß eine unternehmensspezifisch weitestgehende Delegation und damit einhergehend in der Regel eine Dezentralisierung von Aufgaben, Kompetenzen und Verantwortlichkeiten gewährleistet ist.

In jüngster Zeit haben viele Unternehmen die Bedeutung aufbauorganisatorischer Konzepte, bei denen Individualität und Kreativität von Führungskräften und Mitarbeitern gefördert werden, erkannt. Eindimensionale funktionale Organisationen werden mehr und mehr abgelöst durch Divisionalorganisationen, Matrixorganisationen und darüber hinausgehende **mehrdimensionale Ansätze**. Daß hierbei die Marktanforderungen, denen sich ein Unternehmen heute stellen muß sowie die Felder, auf welchen ein Unternehmen im Sinne der Zukunftsvorsorge verstärkt tätig sein will, die wesentlichen Kriterien für die aufbauorganisatorische Gestaltung darstellen, muß hierbei nicht besonders erwähnt werden.

Ausgehend von der Annahme, daß es gelingt – orientiert an den Marktaufgaben sowie unter Führungs- und Steuerungsgesichtspunkten – homogene Strukturen zu entwickeln, lassen sich alle Aufgaben im Unternehmen folgenden Dimensionen zuordnen:

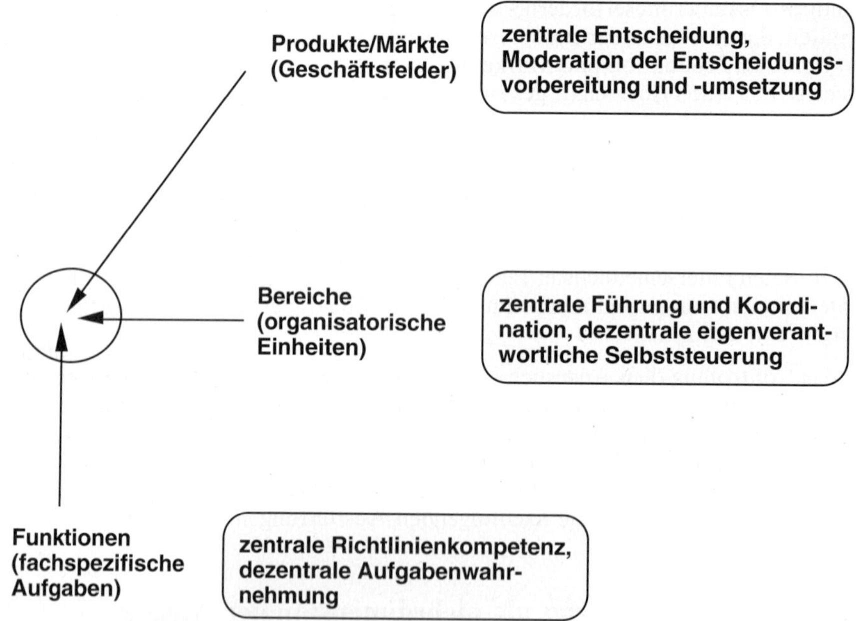

Abb. 34: Dimensionen integrativer Führung im Unternehmen

Im Mittelpunkt aller Aktivitäten im Unternehmen stehen die **Produkte/Märkte** der einzelnen Geschäftsfelder. Strategische Geschäftsfeld- und die dementsprechenden Produkt-/Marktentscheidungen sind für das Unternehmen bzw. die einzelnen Unternehmenseinheiten von entscheidender Bedeutung. Die Unternehmensleitung ist hierbei in besonderem Maße gefordert. Zentrale Stäbe haben – z. B. im Rahmen einer zentralen strategischen Planung und des strategischen Controlling – in Abstimmung mit den tangierten dezentralen Einheiten die anstehenden Entscheidungen vorzubereiten. Außerdem obliegt der Unternehmensleitung die Verfolgung der Entscheidungsumsetzung. Alle **produkt-/markt**bezogenen Moderations- und Koordinationsaufgaben münden jedoch letztlich in eine Auflösung der produktbezogenen Gesamtaufgabe in **bereichs**- und/oder **funktions**bezogene Teilaufgaben und -ziele.

Die Führung von **Bereichen** (organisatorische Einheiten) erfolgt, wie bereits erwähnt, zweckmäßigerweise nach dem Prinzip der Führung durch Ziele und der Betonung der eigenverantwortlichen Steuerung (Selbststeuerung) auf der Basis vereinbarter Aufgaben und Ziele. Unabdingbare Voraussetzung hierbei ist, die Leiter der organisatorischen Einheiten mit den erforderlichen Kompetenzen und Verantwortlichkeiten auszustatten. Ebenso unabdingbar ist es, das dementsprechende Führungs- und Steuerungskonzept im Rahmen der Instrumentarien der Planung, Planverfolgung und Berichterstattung abzubilden, um auf diese Weise Maßnahmen und Ziele transparent machen zu können. Dies begründet einen hohen Anspruch an das Controlling, insbesondere im Hinblick auf Zusammenhang und Unterscheidung zwischen Führungs- und Steuerungsinformationen mit deren jeweiligem strategischen und operativen Bezug.

Die **funktions**bezogene Führung orientiert sich an der produkt-/markt- und bereichsbezogenen Strukturierung des Unternehmens. Je mehr ein Unternehmen aufgrund seiner Produktstruktur und seiner Prozesse in homogene unternehmerische Teilbereiche gegliedert werden kann, um so mehr bietet es sich an, die funktionale Aufgabenwahrnehmung – bezogen auf die betrieblichen Grund-, Unterstützungs- und Querschnittsfunktionen – so weit wie möglich zu dezentralisieren und zentrale funktionale Aufgabenstellungen auf die Wahrnehmung einer funktionalen Richtlinienkompetenz im Sinne der Schaffung funktionaler Ordnungsrahmen zu begrenzen.

Produkte/Märkte sowie Bereiche und Funktionen haben als drei Dimensionen der Führung im Unternehmen einen gleichermaßen strategischen wie operativen Bezug. Im Rahmen der Darstellung einzelner Elemente der strategischen und operativen Führung soll auf diesen Aspekt noch vertiefend eingegangen werden (vgl. Punkt 4.2).

Die führungsorganisatorische Gestaltung des Unternehmens stellt einen wichtigen Faktor im Hinblick auf die erfolgreiche Umsetzung von Strategien dar. Gleichzeitig haben die Führungsgrundsätze als Gestaltungsprämissen der Führungsorganisation einen unmittelbaren Bezug auf die Ausgestaltung der Controlling-Konzepte. Denn beispielsweise können nicht eindeutig geregelte Verantwortlichkeiten, Kompetenzen und Abläufe seitens des Controlling nachträglich nicht mehr korrigiert werden. Demzufolge bedeutet die führungsorganisatorische Weiterentwicklung eines Unternehmens an sich eine höchst anspruchsvolle strategische Aufgabe, so daß es letztlich keiner besonderen Begründung bedarf, auch auf diesem Feld seitens des Controlling Einfluß zu nehmen.

Inwieweit bei der Gestaltung führungsorganisatorischer Konzepte in bezug auf die drei Führungs- und Steuerungsebenen Produkte/Märkte sowie Bereiche und Funktionen eine stärkere Betonung auf die eine oder andere Dimension gelegt wird und welcher Grad der Dezentralisierung zu wählen ist, muß sich letztlich aus der Führungsphilosophie und deren Gestaltungsprinzipien ableiten. Die Erfahrungen der Vergangenheit zeigen allerdings, daß viele Unternehmen die zentral-funktionale Sicht überbetont haben und deshalb vor erheblichen Problemen in bezug auf die Bewältigung der komplexen Anforderungen im globalen Wettbewerb stehen. Diese Schlußfolgerung wirkt stark verkürzend, trifft jedoch grundsätzlich zumindest für jene Branchen zu, deren Produkte eine hohe technische Reife bei weitgehender Marktsättigung erreicht haben.

4.1.3 Phasen integrativer Führung

Um den komplexen Führungs- und Steuerungsaufgaben, die sich aus den eingangs dargestellten Anforderungen ergeben, gerecht werden zu können, wurde bei Mercedes-Benz PKW ein dreidimensionales Konzept zur integrativen Führung entwickelt (vgl. Abb. 35). Dieser Ansatz ist im folgenden noch um den Zeitbezug zu erweitern, denn wie nachstehende Übersicht verdeutlicht, haben die Aufgabenstellungen in der Entwicklungs- und Planungsphase eines Produktes im allgemeinen einen einmaligen Charakter, während die Nutzenphase grundsätzlich durch revolvierende Aufgaben gekennzeichnet ist.

Entwicklungs-, Planungs- und Anlaufphasen im Unternehmen sind charakterisiert durch komplexe produkt-/markt- sowie bereichs- und/oder funktionsbezogene Aufgabenstellungen. Aufgrund der Einmaligkeit oder auch Komplexität der jeweiligen Aufgabenstellung bietet es sich an, für deren Lösung flexible Formen der Zusammenarbeit zwischen den verschiedenen tangierten Bereichen – ggfs. auch unter Einbeziehung externer Partner wie z. B. Zulieferer – zu wählen (Projektorganisation). In der Regel haben diese Aufgabenstellungen einen stärkeren strategischen Bezug.

Demgegenüber wird bei Serienprodukten die **Nutzenphase** von Produkten (Marktzyklus) vor allem bestimmt durch Aufgabenstellungen mit überwiegend operativem Bezug. Da diese Aufgaben in Unternehmen mit Serienfertigung hinsichtlich der erforderlichen Ressourcen

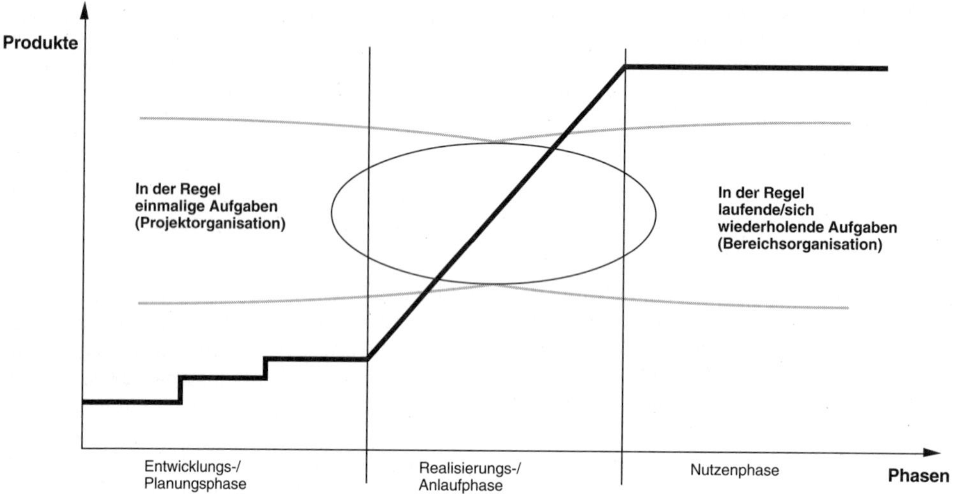

Abb. 35: Phasen integrativer Führung im Unternehmen

gegenüber Projektaufgaben quantitativ eindeutig dominieren, bedingen sie „fest verdrahtete“ Strukturen mit eindeutig definierten Aufgaben, Kompetenzen und Verantwortlichkeiten im Rahmen einer entsprechenden Linienorganisation. Während in der Entwicklungs-, Planungs- und Anlaufphase die Philosophie des simultaneous engineering im Rahmen der Projektorganisation zunehmend als ein zukunftsweisendes Konzept erkannt und eingesetzt wird, werden in der Nutzenphase zunehmend Bereichsführungs- und Steuerungskonzepte realisiert, in denen die Philosophie des „Unternehmers im Unternehmen“ durch Schaffung von Produkt- und Dienstleistungszentren verwirklicht wird.

Insbesondere dieser letzte Aspekt war wesentliche Gestaltungsprämisse bei der Weiterentwicklung der **Führungsorganisation** von Mercedes-Benz. Die zu Beginn des Jahres 1993 umgesetzte neue Führungsorganisation hat vor allem zum Ziel, die dezentralen Einheiten, wie z. B. die Produktions- und Vertriebsstufe, als Leistungszentren in ihrer Kompetenz und Eigenverantwortung zu stärken; demgegenüber konzentrieren sich die Zentralbereiche künftig im Rahmen ihrer Dienstleistungs- und Stabsfunktion verstärkt auf die Unterstützung des Zielvereinbarungs- und Zielerreichungsprozesses sowie auf strategische/unternehmenspolitische, koordinierende Funktionen und definierte Leistungen. Im Ergebnis zielt dieses Organisationskonzept darauf ab, die Individualität, Kreativität, Eigenverantwortung und Motivation aller Mitarbeiter im Unternehmen nachhaltig zu fördern.

Die Stärkung eines ganzheitlichen unternehmerischen Denkens und Handelns auf allen Ebenen und in allen Bereichen des Unternehmens im Sinne des oben beschriebenen Konzeptes stellt gleichwohl hohe Anforderungen an die Wahrnehmung der Führungsaufgaben, mit dem wesentlichen Unterschied gegenüber einer mehr zentral-funktionalen Ausrichtung, daß in bezug auf Einstellung und Verhalten der Führungskräfte und Mitarbeiter von einer prinzipiell positiven Grundstimmung ausgegangen werden kann, die es zielgerichtet umzusetzen und zu kanalisieren gilt.

4.1.4 Controlling als unterstützendes Element integrativer Führung

Die Gesamtaufgabe des Controlling läßt sich charakterisieren mit der Sicherung der Ergebnis- und Ergebnispotentialorientierung bei allen Handlungen und Entscheidungen im Unternehmen. Durch die Bereitstellung geeigneter Instrumentarien und Informationen sollen die Führungskräfte aller Ebenen des Unternehmens bestmöglich unterstützt werden. Erreicht wird dies durch die betriebswirtschaftliche Fundierung anstehender Entscheidungen und Maßnahmen in allen Dimensionen und Phasen integrativer Führung.

Das Controlling muß sich in seiner Grundausrichtung sowie in seinen **Strukturen, Abläufen** und **Instrumentarien** am Zielsystem und an der Führungsorganisation des Unternehmens orientieren. Eine weitere Voraussetzung für effizientes Controlling ist in der Zuordenbarkeit festgelegter Ziele zu bestimmten Verantwortungsträgern zu sehen. Dies schafft die Voraussetzung zur Führung durch Ziele bei angemessener Delegation von **Aufgaben, Kompetenzen** und **Verantwortlichkeiten**.

Im Hinblick auf die erwähnte Sicherung der Ergebnispotentialorientierung ist ergänzend anzumerken, daß Controlling zur Unterstützung strategischer Führung in besonderem Maße gefordert und erforderlich ist. Controlling darf nicht erst einsetzen, nachdem strategische Entscheidungen getroffen sind, sondern muß den Strategiefindungsprozeß durch geeignete Instrumentarien und Informationen aktiv unterstützen.

Nur am Rande sei in diesem Zusammenhang noch erwähnt, daß im Sinne dieses Rollenverständnisses das Controlling im Rahmen der strategischen Führung eine eigenständige Aufgabe in Ergänzung zur Funktion der Strategischen Planung bei Daimler-Benz/Mercedes-Benz darstellt.

Die Bedeutung des Controlling im Rahmen der operativen Führung und Steuerung als unterstützendes Element ist allgemein anerkannt. Der hier beschriebene weitergehende Ansatz mit den Betrachtungsebenen strategisch/operativ zur Abbildung der Wirkung von Entscheidungen sowie die Berücksichtigung der Führungsdimensionen Produkte/Märkte, Bereiche und Funktionen mit dem Ziel, die Konsequenzen unternehmerischen Handelns aufzuzeigen, erfordert letztlich ein vernetztes Controlling-Konzept. Nur in dieser Weise kann Controlling – wie eingangs erwähnt (vgl. Punkt 4.1.1) – dem Anspruch gerecht werden, Abhängigkeiten und Wechselwirkungen transparent werden zu lassen.

4.1.5 Kenngrößen eines vernetzten Controlling

Entsprechend den unterschiedlichen Dimensionen und Phasen im Rahmen integrativer Führung müssen auch in bezug auf führungs- und steuerungsrelevante Informationen entsprechende Unterscheidungen getroffen werden.

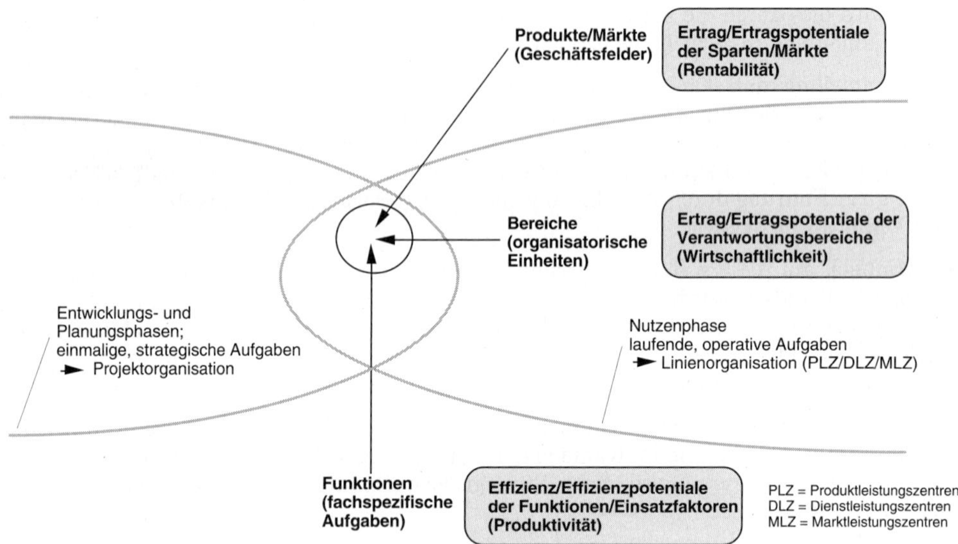

Abb. 36: Kenngrößen integrativer Führung im Unternehmen

Die Beurteilung von **Produkten/Märkten** im Rahmen der strategischen und operativen Führung basiert auf längerfristigen Ertragspotentialen sowie auf kurz- und mittelfristig realisierbaren bzw. realisierten Erträgen. Wesentliche Grundlage hierfür bilden die Daten der betriebswirtschaftlichen Ergebnisrechnung in einer sparten-/marktbezogen aggregierten und konsolidierten Form. Als Bezugsgröße dienen Umsatz und Kapitaleinsatz.

Bereiche im Sinne unternehmerischer Einheiten (Produkt-, Markt- und Dienstleistungszentren) innerhalb des Gesamtunternehmens, sind eingebettet in eine Vielzahl interner und externer Liefer- und Leistungsverflechtungen und lassen sich auf der Basis von Wirtschaftlichkeitsgrößen (bewertete Input-/Output-Relationen) beurteilen. Erfolge und Erfolgspotentiale sind Ausdruck für erreichte bzw. geplante, mit Maßnahmen belegte Bereichsziele. Als Bezugsgrößen dienen Orientierungswerte, die sich grundsätzlich an den Leistungs-/Kostenrelationen des relevanten Wettbewerbs (Benchmarking) ausrichten.

Funktionen stehen für Teilaktivitäten im Rahmen des betrieblichen Leistungserstellungsprozesses. Effizienz und Effizienzpotentiale sind Ausdruck für die Produktivität (mengenmäßige Input-/Output-Relation) der jeweiligen funktionsbezogenen Einsatzfaktoren, z. B. Anlagenproduktivität oder Arbeitsproduktivität. Als Bezugsgröße dient der jeweilige mengenmäßige Faktoreinsatz.

4.1.6 Instrumente eines vernetzten Controlling

Orientiert an der Grundstruktur des mehrdimensionalen Konzeptes strategischer und operativer Führung lassen sich einzelne Instrumentarien des vernetzten Controlling beispielhaft anhand nachstehender Übersicht verdeutlichen:

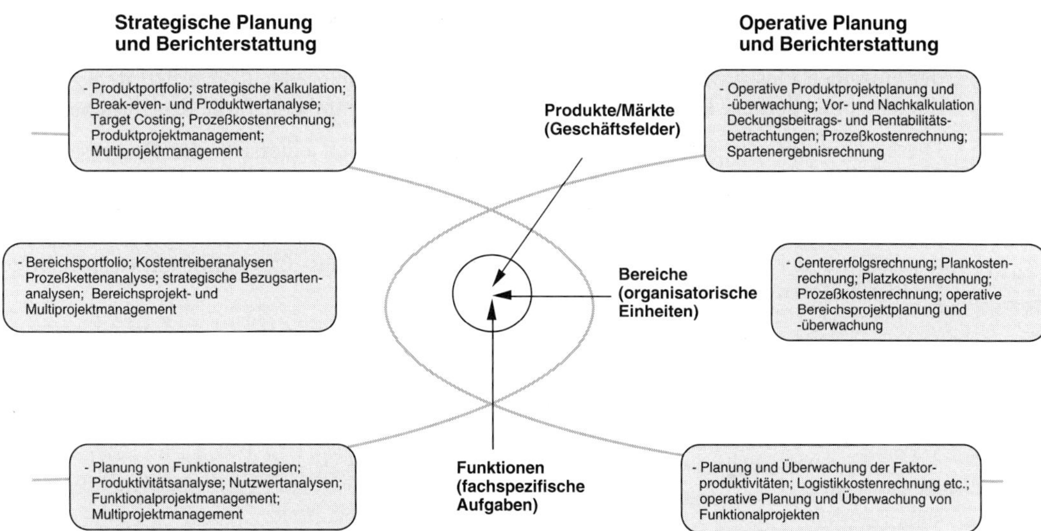

Abb. 37: Instrumente integrativer Führung im Unternehmen

Als Beurteilungsmaßstab für die **Vernetzungsfähigkeit** von Controllinginstrumentarien bzw. -informationen bieten sich hierbei folgende Kriterien an.

- **Projektbezogenheit, Periodenbezogenheit:**
  Dieser Aspekt ist von besonderer Bedeutung im Hinblick auf die notwendige Überleitung von projektbezogenen, strategischen Auswirkungen in die periodenbezogene, operative Gesamtbetrachtung.
- **Durchgängigkeit, Überleitbarkeit:**
  Zwischen den Führungs- und Steuerungsdimensionen Produkte/Märkte sowie Bereiche und Funktionen ist eine vollständige Durchgängigkeit bzw. Überleitbarkeit quantitativer Ziel- und Basisgrößen unabdingbare Voraussetzung für einen vernetzten Controllingansatz.
- **Selektionsmöglichkeit, Aggregationsfähigkeit:**
  Bezogen auf Führungsinformationen in der Abgrenzung zu Steuerungsinformationen stellen Selektionsmöglichkeit und Aggregationsfähigkeit wesentliche Merkmale dar.

Die Instrumentarien und Methoden müssen den oben genannten Kriterien in unterschiedlicher Ausprägung entsprechen. Anhand ausgewählter Controllinginstrumente wird im nächsten Abschnitt auf diesen Gesichtspunkt näher eingegangen.

4.2 Elemente der strategischen und operativen Führung

Zur Führung des Daimler-Benz-Konzerns wurde eine geschäftsführende Holding eingerichtet, deren Hauptaufgabe – wie bereits ausgeführt (vgl. Punkt 3.1.1) – in der strategischen Koordination und Gesamtausrichtung der Einzelgeschäfte sowie in der Weiterentwicklung der Konzernstrategie besteht. Aufgrund dieses Selbstverständnisses wird der Schwerpunkt auf konzernübergreifende Strategien gelegt; sie stellen eine eigenständige Aufgabe des Holding-Vorstandes dar. Daneben bilden der Geschäftsrahmen und die Geschäftsstrategie der einzelnen Geschäftsbereiche eine wesentliche Grundlage der Konzernstrategie und bedingen somit den erwähnten Koordinations- und Abstimmbedarf auf Konzernebene.

Dieses Konzept der strategischen Führung muß folglich einerseits die Prozesse in den Unternehmenseinheiten und andererseits die betroffenen Objekte unter Beachtung der einzelnen Verantwortungsebenen abbilden. Im Ergebnis werden an dieser Stelle Kriterien gefragt, die in eine Definition der **Entscheidungs-** und **Berichtsebenen** im Konzern münden und letztlich aus der Sicht von Mercedes-Benz die zustimmungs- bzw. informationspflichtigen Sachverhalte zweifelsfrei regeln.

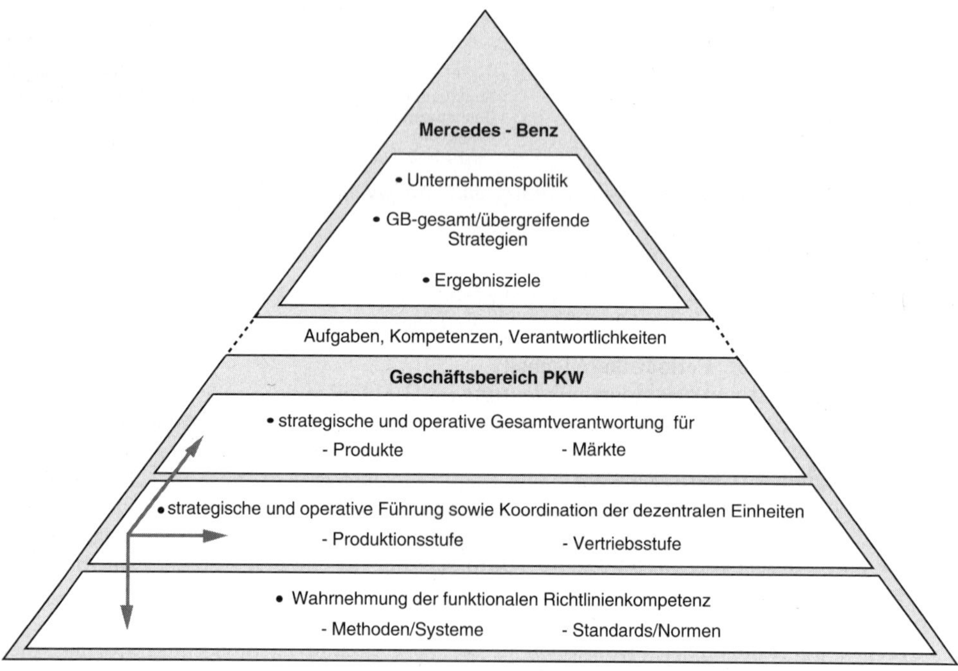

Abb. 38: Strukturierung der Führungsaufgaben bei Mercedes-Benz[5]

5 Aufgaben, Kompetenzen, Verantwortlichkeiten sind in ihrer Grundstruktur so zu regeln, daß der Grad der Eigen- bzw. Mitverantwortung der nächsthöheren Ebene dadurch bestimmt wird, in welchem Umfang Entscheidungen und Handlungen Einfluß auf das Ergebnis der nächsthöheren Einheit haben. Zur Beschreibung dieser Auswirkungen sind entsprechende Festlegungen erforderlich, die durch eine Kategorisierung der damit verbundenen Projekte/Aufgaben erfolgen.

Ausgehend von diesem Rollenverständnis ergibt sich für den Geschäftsbereich PKW zwingend, daß die Unternehmenspolitik und die daraus abgeleitete PKW-Gesamtstrategie sowie übergreifende Aspekte mit Mercedes-Benz – bei konzernrelevanten Sachverhalten auf Konzernebene – abzustimmen sind. Nachdem der Konzern in ergebnisverantwortliche Einheiten gegliedert ist, ist es nur folgerichtig, auf Basis der strategischen Festlegungen mit den Unternehmens-/Geschäftsbereichen im Rahmen der Umsetzungsplanung konkrete Ergebnisziele zu vereinbaren.

Die vorstehende Abbildung verdeutlicht aber nicht nur das Beziehungsverhältnis zwischen Unternehmens- und Geschäftsbereich, sondern zeigt daneben auf, daß aufgrund des mehrdimensionalen Führungskonzeptes im Geschäftsbereich in der Regel jede Ebene Führungs- und Steuerungsaufgaben wahrnimmt, die gleichermaßen einen strategischen wie operativen Bezug aufweisen. Im Interesse einer möglichst transparenten Darstellung sollen daher im folgenden produkt-/markt- sowie bereichs- und funktionsbezogen die strategische und operative Aufgabenwahrnehmung und die damit verbundenen Verantwortlichkeiten aufgezeigt werden.

4.2.1 Strategische und operative Führung auf Produkt-/Marktebene

Im Interesse einer konsequenten Kundenorientierung ist der **Produktebene** mit dem unmittelbaren Marktbezug entscheidende Bedeutung beizumessen. Im Vordergrund stehen hierbei die Bewertung und Beurteilung der quantitativen sowie qualitativen Leistungen, die durch eine entsprechende Ausgestaltung der Zielvereinbarungen ein wesentliches Führungsinstrument darstellen. In diesem Zusammenhang sind Zielgrößen anzusprechen wie: Preis-/Wert-Verhältnis, Kundenzufriedenheit, Qualität, aber auch Kosten des Produkts. Insbesondere der letztgenannte Aspekt ist für die Produktgestaltung von Bedeutung, da in dieser Phase bereits 70–80% der Produktkosten definiert werden. Im Hinblick darauf sind dem Optimierungsprozeß in der laufenden Serie naturgemäß Grenzen gesetzt.

Als zweites entscheidendes Betrachtungsfeld ist die **Marktebene** zu nennen; hier stellen Zielvereinbarungen zu Absatzmengen, Marktanteilen und Erlösen zentrale Führungsinformationen dar. Die relevanten Zielgrößen leiten sich aus der optimalen Marktbearbeitung bzw. -durchdringung ab und haben letztlich die Erschließung aller erreichbaren Marktpotentiale zum Ziel. Den wesentlichen Erfolgsmaßstab bilden entsprechend strukturierte Betriebsergebnis- und Deckungsbeitragsgrößen; zur näheren Erläuterung dieses Aspektes erscheint es zweckmäßig, diesen Abschnitt mit einer kurzen Darstellung der Methodik der Betriebsergebnisrechnung bei Mercedes-Benz abzuschließen (vgl. Punkt 4.2.1.3).

4.2.1.1 Produkte

Erste Priorität in bezug auf inhaltliche und organisatorische Festlegungen im Rahmen der Produktplanungs- und Entwicklungsaktivitäten besitzen die **Neuproduktprojekte**, die in aller Regel mit Hilfe der Organisationsform eines besonderen Projektmanagements bearbeitet werden. Diese Projekte definieren über eine funktionsgruppenbezogene Projektstruktur[6] Ziele, Inhalte (z. B. Funktionalität, Kundennutzen und wirtschaftliche Zielsetzungen) sowie

---

6 Unter Funktionsgruppen werden homogene und zueinander in enger Beziehung stehende Aggregate und Teile eines Automobils verstanden, für die zum einen genaue funktionale Zielsetzungen formuliert werden, aber insbesondere auch konkrete Kostenziele, um das Prinzip des Target Costing durchgehend und konsequent umzusetzen.

den fachlichen/inhaltlichen Beitrag der dezentralen Einheiten/Center und aller beteiligten Fachfunktionen. Über ein System der Projektverfolgung und -information wird regelmäßig der Projekterfolg im Hinblick auf Termine, Technik (Reifegrad) sowie Kosten beurteilt.

Der Prozeß der **Optimierung der laufenden Serie** ist integrativer Bestandteil der laufenden Aufgaben vor allem auf der Produktionsstufe und erfordert demzufolge einen stärkeren Bezug zu den dezentralen Einheiten (Produktleistungszentren). Im Rahmen dieser Aufgaben muß der Centerleiter die inhaltliche Einbindung von Entwicklung, Einkauf, internen und externen Lieferanten sowie die klare inhaltliche Abgrenzung/Zuordnung von Arbeitspaketen sicherstellen. Eine centerübergreifende Koordination dieser Aktivitäten kann durch eine Sponsorenschaft[7] auf Baureihenebene unterstützt werden. In Verbindung mit dem Führungsprozeß auf Werks-/Centerebene wird auf diesen Aspekt nochmals näher eingegangen (vgl. Punkt 4.2.2).

Wie die nachstehende Übersicht zusammenfassend darstellt, soll dieses Vorgehen eine Produktoptimierung über die gesamte Wertschöpfungskette und in allen Phasen des Produktlebenszyklus gewährleisten:

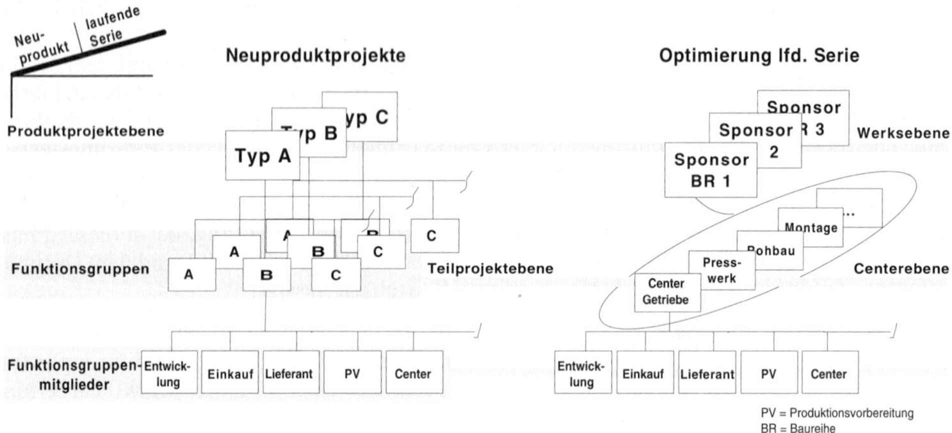

Abb. 39: Organisation Neuproduktgestaltung bzw. Optimierung lfd. Serie

Für die Neuproduktprojekte wird im Rahmen der Strategischen Planung (vgl. Punkt 4.3.3) eine führungsorganisatorische sowie ablauforientierte Einordnung vorgenommen, so daß an dieser Stelle auf diese Ausführungen hingewiesen werden kann. Ergänzend anzusprechen ist die ergebnis- und kostenzielorientierte Begleitung der Produktprojekte durch das **Produktprojekt-Controlling**.

Unter Hinweis auf den strategischen Produktfindungsprozeß bei Mercedes-Benz PKW werden in der Gestaltungs- und Serienentwicklungsphase meilensteingebundene Produkt-(Vor)-Kalkulationen durchgeführt. Ein wesentliches Ziel in dieser Phase der Produktentstehung besteht darin, die Festschreibung des Gesamtkostenzieles und die Festlegung von Kostenteilzielen vorzunehmen sowie eine Kostenberatung zwischen den Hauptkalkulationsterminen durchzuführen.

7 Als Sponsoren wirken in diesem Fall ausgewählte Führungskräfte, die bei Bedarf – beispielsweise Abstimmungsprozesse – zwischen einzelnen Leistungszentren moderieren.

In der Ableitung und Fortschreibung von Kostenzielen besteht eine wichtige Aufgabe des Produktprojekt-Controlling. Der funktionsübergreifende Regelkreis einer marktorientierten Kostenzieldefinition im Sinne des Target Costing soll daher mit der nachstehenden Abbildung ergänzend dargestellt werden.

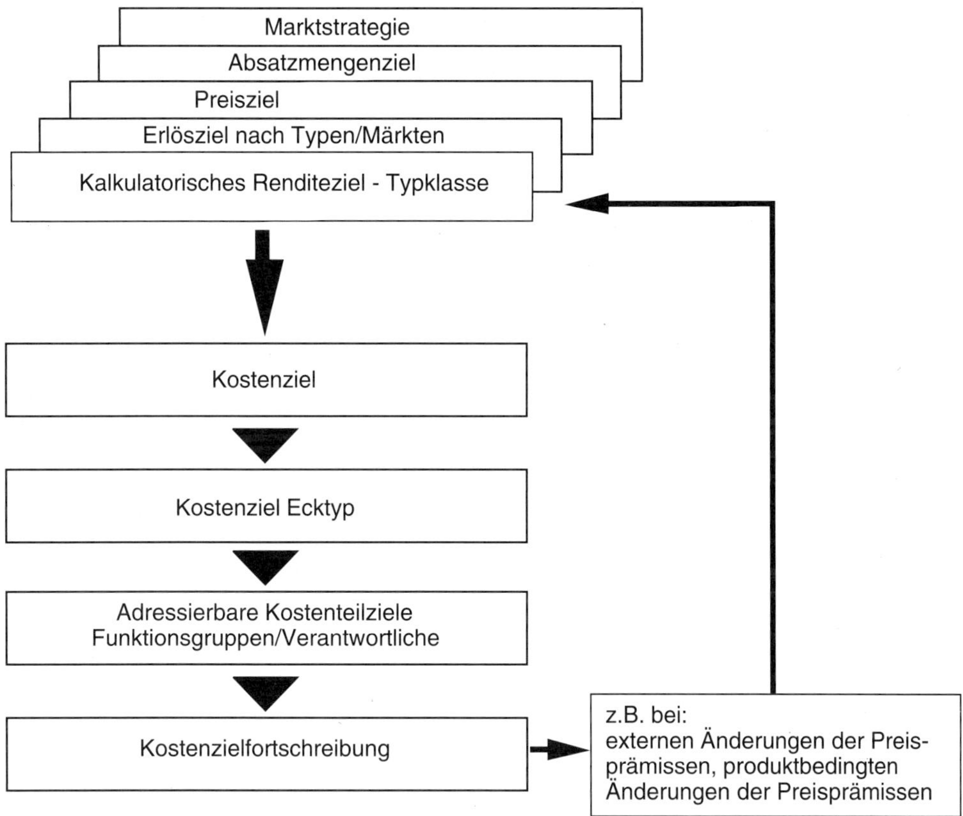

Abb. 40: Ableitung und Fortschreibung von Kostenzielen

4.2.1.2 Märkte

Auch im Betrachtungsfeld **Markt** gelten vergleichbare Grundstrukturen, wie sie für die Produktebene aufgezeigt wurden. Dies bedeutet für die Erschließung **neuer Märkte** in der Regel die Einrichtung einer Projektorganisation, um die komplexen Fragestellungen, die sich bei Industrialisierungsvorhaben oder beim Aufbau einer landesweiten Vertriebsorganisation immer ergeben, strukturiert bearbeiten zu können. Korrespondierend zum Prozeß der Optimierung der laufenden Serie steht bei **erschlossenen Märkten** die optimale Erhaltung bzw. der Ausbau der Marktposition im Vordergrund. Diese Marktaufgabe liegt in der originären Verantwortung des zuständigen Marktleistungszentrums (Vertriebsgesellschaft).

Zur Stärkung der Marktleistungszentren in ihrer Marktverantwortung sowie zur Begleitung des Zielvereinbarungsprozesses ist die Bereitstellung geeigneter Führungsinformationen notwendig. An dieser Stelle ist zur Unterstützung das Erlöscontrolling in besonderer Weise gefordert. Im Mittelpunkt steht hier eine differenzierte Beobachtung von Erlöskomponenten, die einen optimalen Einsatz vertriebspolitischer Instrumente entsprechend Kundenstruktur und Wettbewerbssituation gewährleistet.

Es würde den Rahmen dieses Beitrages sprengen, das Erlöscontrolling für Märkte im Detail darzustellen; mit Abbildung 41 soll jedoch zumindest die Grundstruktur aufgezeigt werden.

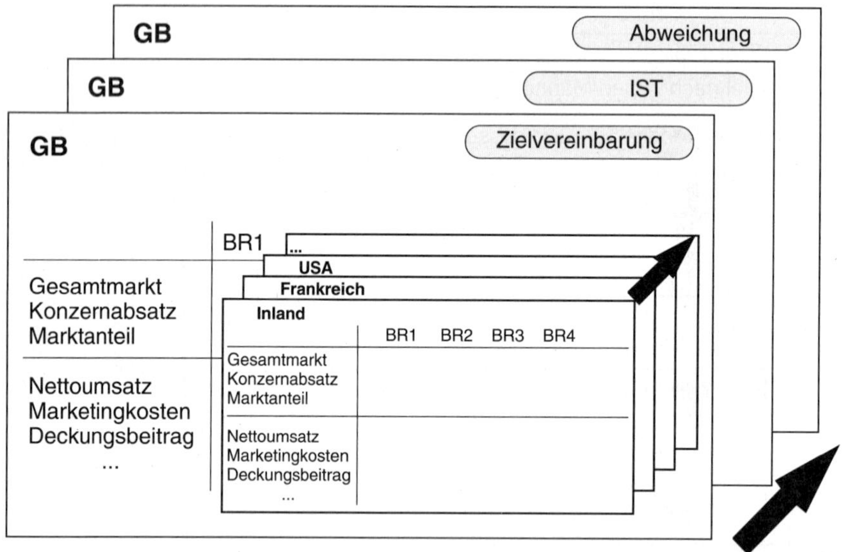

Abb. 41: Führungsinformationen in den Dimensionen Markt und Sparte

Eine ertragsorientierte Führung auf der Basis von Zielvereinbarungen kann nicht über die isolierten Betrachtungen einzelner Erlöspositionen erfolgen. Um den Marktverantwortlichen auch Zielorientierungsgrößen aufzeigen zu können, muß die Marktentwicklung mit allen relevanten Komponenten abgebildet werden, d.h. neben absatzbezogenen Elementen sind den Erlösen die marktspezifischen Kosten gegenüberzustellen, um letztlich aussagefähige Deckungsbeitrags- bzw. Ergebnis(abweichungs)analysen zu erhalten.

Wie die Ausführungen verdeutlichen, stehen im Zentrum der marktorientierten Controllingaktivitäten **Deckungsbeitrags-** und **Rentabilitätsbetrachtungen**. Grundlage hierzu bilden periodenbezogene Ergebnisaussagen; im Hinblick darauf ist – wie eingangs erwähnt – auf die spezifische Ausprägung der Betriebsergebnisrechnung im folgenden noch näher einzugehen.

4.2.1.3 Exkurs: Betriebsergebnisrechnung (BER)

Im Rahmen des periodenbezogenen Ergebniscontrolling dient die BER der Ergebnisermittlung auf Voll- und Teilkostenbasis und zur Darstellung entscheidungsrelevanter Informationen. Dabei wird aufgrund konzerneinheitlicher Grundsätze zum Betriebsergebnis durch den Ansatz von Wiederbeschaffungskosten und die Verrechnung kalkulatorischer Kapitalkosten dem Gedanken der Substanzerhaltung sowie der Verzinsung des gesamten eingesetzten Kapitals – d.h. auch des Eigenkapitals – Rechnung getragen (vgl. auch Punkt 3.2.2).

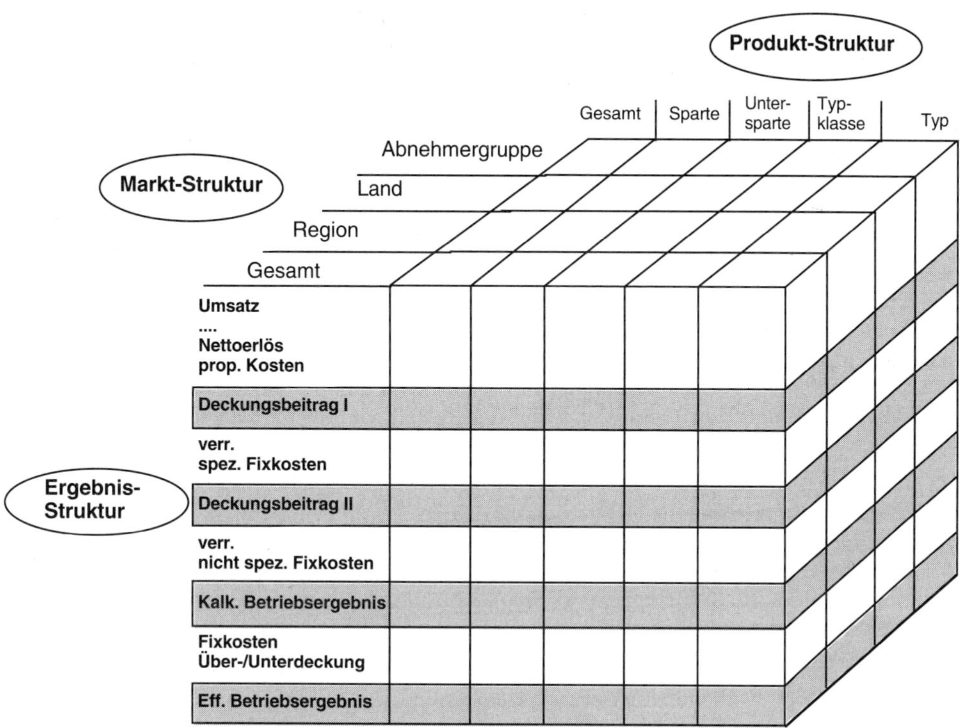

Abb. 42: Struktur Betriebsergebnisrechnung

Der methodische Ansatz, der schematisch in Abbildung 42 dargestellt ist, weist in der vertikalen Ergebnisstruktur differenzierte, gestufte Deckungsbeiträge aus. Die einzelnen Positionen lassen sich betriebswirtschaftlich wie folgt interpretieren:

- Der **Deckungsbeitrag I** dient dem Einstieg in die Beurteilung der Sparten/Märkte und kann vor allem zur Abschätzung der Auswirkung von Mengen- und Strukturänderungen (Programmoptimierungen) herangezogen werden.
- Der **Deckungsbeitrag II** gibt Auskunft über die Ertragskraft ganzer Sparten oder Märkte und kennzeichnet deren Beitrag zur Deckung der nicht-spezifischen Fixkosten, die durch gemeinsam genutzte Kapazitäten verursacht werden.
- Das **kalkulatorische Betriebsergebnis** bildet die Grundlage für die Beurteilung der nachhaltigen Ertragsposition der Produkte unabhängig von Beschäftigungsschwankungen.
- Im **effektiven Betriebsergebnis** werden die vollen Degressions- bzw. Progressionseffekte bei Programmveränderungen gegenüber einem definierten Normalprogramm sichtbar.

Die horizontale Struktur der BER ist durch eine produkt- und marktbezogene Gliederung gekennzeichnet. Die Produktstruktur sieht eine Spartendifferenzierung vor. Auf Untersparteebene erfolgt eine Unterteilung nach Baureihen (z. B. C-Klasse, E-Klasse und S-Klasse). Typklassen stehen für Ausführungsarten, wie z. B. Benzin- oder Dieselfahrzeuge. Die unterste Ebene der Ergebnisdarstellung bildet den Verkaufsfahrzeugtyp (z. B. E 280) ab.

Auf der Produktebene werden zusammengehörige Ländergruppen als Region (z. B. Europa) dargestellt. Die Abnehmergruppe differenziert ein Land zusätzlich nach bedeutenden Kundengruppen. Dieser produkt- und marktbezogenen Gliederung folgend, bildet damit der

Erlös-, Deckungsbeitrags- und Ergebnisausweis für einen Verkaufstyp, bezogen auf eine bestimmte Abnehmergruppe, die kleinste Planungs- und Steuerungseinheit.

4.2.2 Strategische und operative Führung auf Bereichsebene

Die strategische und operative Führung auf **Bereichsebene** wird wesentlich beeinflußt von übergeordneten Handlungen und Entscheidungen auf der Produkt-/Marktebene. Das hierbei naturgemäß bestehende Spannungsfeld löst sich durch die immer erforderliche unternehmerische Gesamtsicht. Grundsätzlich müssen geschäftsbereichsbezogene Produkt-/Marktaspekte einzelne Bereichsstrategien dominieren, allerdings ergeben sich Rückkoppelungen aus Überlegungen im Zusammenhang mit Neuprodukten, der Erschließung neuer Märkte (z. B. Lieferungen an Dritte auf der Teile- und/oder Komponentenebene) sowie der grundsätzlichen Zielsetzung der Erreichung/Erhaltung der Wettbewerbsfähigkeit auf Werks-/Centerebene.

Vor diesem Hintergrund bedarf der beschriebene Ansatz eines mehrdimensionalen und mehrstufigen Führungskonzeptes bei Mercedes-Benz PKW (vgl. Punkt 4.1) einer weiteren Konkretisierung am Beispiel der strategischen und operativen Führung der Werke/Center. Grundlage bildet ein Führungs- und Strukturierungskonzept, welches sich an folgenden wesentlichen Gestaltungsprämissen orientiert:

- die Geschäftsbereiche als ergebnisverantwortliche Einheiten weiterzuentwickeln,
- die dezentralen Einheiten als Leistungszentren in ihrer Kompetenz und Eigenverantwortung zu stärken,
- die Zentralbereiche im Rahmen ihrer Führung auf die Unterstützung des Zielvereinbarungs- und Zielerreichungsprozesses sowie auf strategische/unternehmenspolitische, koordinierende Funktionen und definierte Dienstleistungen zu konzentrieren.

Insbesondere der letztgenannte Aspekt zur Ausgestaltung der Führungsphilosophie des Geschäftsbereiches PKW führt zwangsläufig zu einer Schwerpunktverlagerung bei den Zentralfunktionen in Richtung übergreifender Strategieentwicklung und -umsetzung. Allerdings bedeutet dies nicht, wie die nachstehende Übersicht verdeutlicht, daß die Aufgabenabgrenzung zwischen dezentralen Einheiten und Zentralbereichen an der Schnittstelle strategisch/operativ festgemacht werden kann, denn die Erarbeitung von Visionen/Strategien stellt gleichermaßen für dezentrale Einheiten eine wichtige Aufgabe dar. Sie kann allerdings nur im Dialog zwischen den Werken/Centern und den zentralen Einheiten des Geschäftsbereiches gelöst werden.

Ein wesentlicher Inhalt des Führungskonzeptes bei Mercedes-Benz PKW besteht in der Entwicklung von Strategien, der Vereinbarung längerfristiger Ziele sowie der Erarbeitung von Maßnahmen im Rahmen der Strategieumsetzung. Abbildung 43 soll das Beziehungsverhältnis zwischen den zentralen und dezentralen Einheiten prinzipiell beschreiben, wobei das Zusammenwirken als dialogorientierter top-down/bottom-up-Prozeß zu interpretieren ist.

Begleitet wird der Führungsprozeß auf Werks-/Centerebene von jährlich stattfindenden **Zielvereinbarungen** zwischen den zuständigen Bereichsvorständen und den Werken. Neben strategischen Elementen beinhalten sie operative Inhalte in Form konkreter Leistungs-, Kosten-, Qualitäts- und Terminziele.

Die Umsetzung der vereinbarten Ziele erfolgt in den Werken/Centern im Rahmen der eigenverantwortlichen Selbststeuerung, wobei die Sicherstellung der Zielerreichung durch

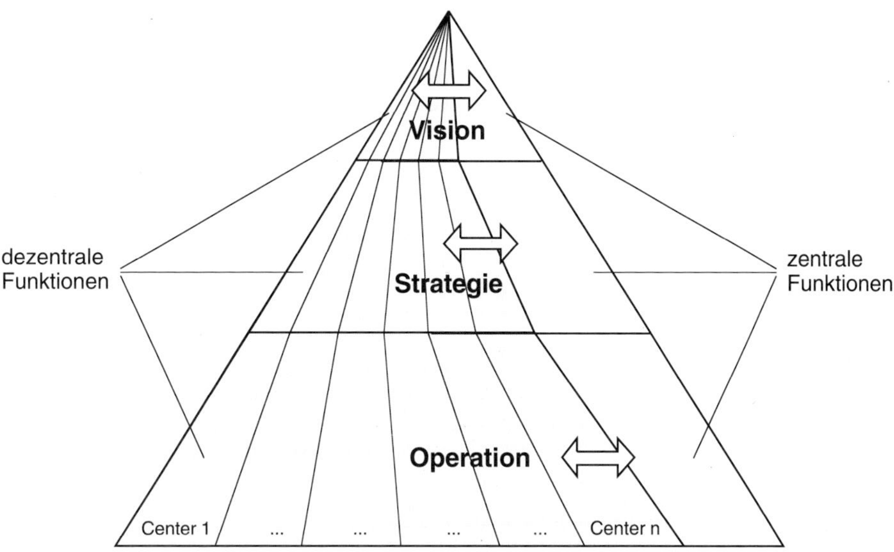

Abb. 43: Aufgabenteilung zentrale/dezentrale Einheiten

definierte Kommunikationswege und Berichtsformen unterjährig unterstützt wird. Die folgende Abbildung verdeutlicht diesen ganzheitlichen Ansatz zur strategischen und operativen Führung von Werken/Centern nochmals im Überblick.

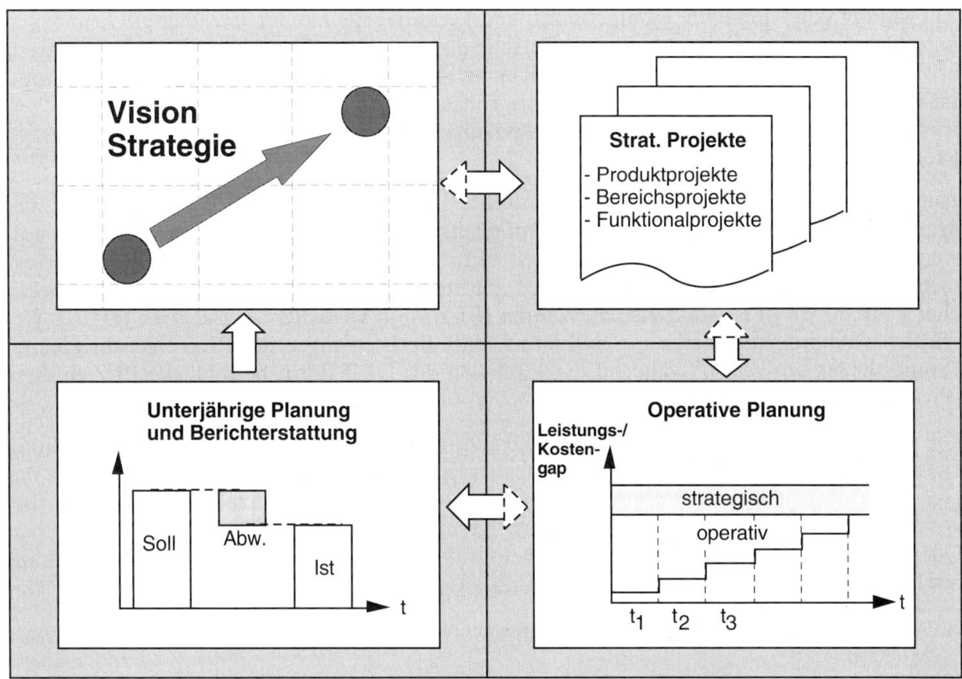

Abb. 44: Führen von dezentralen Einheiten/Centern als Regelkreis

Ausgangspunkt für den Führungs- und Zielvereinbarungsprozeß bildet die Formulierung der Vision und die Erarbeitung einer Strategie. Der Regelkreis beginnt demzufolge mit einer Bestandsaufnahme zur Beschreibung der Ist-Position und hat im ersten Schritt das Ziel, abgeleitet aus Vision und strategischer Bestandsaufnahme, den strategischen Handlungsbedarf zu definieren. Dies führt in aller Regel zur Formulierung verschiedener Projekte. Zu erwähnen sind in diesem Zusammenhang insbesondere:

- die Initiierung bzw. Gestaltung neuer Produkte
- die Erschließung neuer/zusätzlicher Absatzmöglichkeiten
- die Einführung neuer Fertigungstechnologien
- Kooperationsstrategien Hersteller – Zulieferer
- Standortstrategien.

Bei der Transformation der mit den Projekten verbundenen Maßnahmen und Ziele in die rollierende Operative Planung wird zugleich die angestrebte Schließung des „gap" zum Wettbewerb (Benchmarking) aufgezeigt. Mittels Soll-/Ist-Betrachtung innerhalb der Jahresplanung wird einerseits die Verfolgung der Zielerreichung ermöglicht, andererseits können ggf. Rückschlüsse auf die strategische Position gezogen werden.

Nachdem mit der Form der Zusammenarbeit zwischen dezentralen Einheiten und Zentralbereichen und dem damit verbundenen Prozeß der Zielvereinbarung ein wesentliches Element der Führungsphilosphie angesprochen wurde, sollen die entsprechenden Führungs- und Kommunikationsbeziehungen noch näher erläutert werden.

4.2.2.1 Führungs- und Kommunikationsbeziehungen

Die Schaffung eindeutiger Führungsbeziehungen stellt ein wesentliches Grundprinzip zur Zuordnung von Aufgaben, Kompetenzen und Verantwortlichkeiten dar; dies gilt grundsätzlich zwischen allen Führungs- bzw. Entscheidungsebenen. Unter Beachtung der bereits erwähnten Gestaltungsprämissen – vor allem im Sinne der Förderung des Unternehmertums im Unternehmen – beinhaltet dies auch die konsequente Einbeziehung der dezentralen Vertriebseinheiten in Form von **Marktleistungszentren (MLZ)** im Rahmen einer ganzheitlichen Produkt-/Marktverantwortung.

Auf der Produktionsstufe macht das erwähnte Führungsprinzip eine Differenzierung der dezentralen Einheiten in überschaubare, möglichst homogene Bereiche (Werke/Center) notwendig. Die damit angesprochene Centerstrukturierung erlaubt anhand verschiedener Segmentierungskriterien die Überleitung und Zusammenfassung prozeßorientierter betrieblicher Funktionen in **Produktleistungszentren (PLZ)** und **Dienstleistungszentren (DLZ)**. Wesentliches Abgrenzungskriterium ist hierbei, daß die Leistungen der PLZ einen originären Produktbezug aufweisen, während die Funktion der DLZ darin besteht, die PLZ in ihrer (Produkt)aufgabe zu unterstützen.

Die unternehmerische Führung der PLZ/DLZ erfordert eine eindeutige Führungsbeziehung zwischen Vorstand und Leitern der dezentralen Einheiten (Werke/Center). Unbeschadet der Gesamtverantwortung des Vorstandes werden daher zur engeren Verzahnung dem Bereichsvorstand „Planung und Produktion" die Kernfertigungsbereiche[8] und die technischen Querschnittsfunktionen (DLZ) zugeordnet, während dem Bereichsvorstand „Kaufmännische Aufgaben" die Zulieferbereiche[9] und kaufmännischen Querschnittsfunktionen un-

8 Als Kernfertigungsbereiche gelten u. a. Aggregateproduktion, Preßwerk, Rohbau, Lackierung sowie Montage.

9 Zulieferbereiche beinhalten Komponenten- und Teilefertigung (z. B. Sitzanlagen, Wasserpumpen, Ventile).

terstellt sind. Während die kleineren Werke ausschließlich von einem Werkleiter geführt werden und einem Bereichsvorstand zugeordnet sind, teilen sich in den größeren PKW-Werken zwei Werkleiter die Gesamtaufgabe. Aber auch hier – korrespondierend mit den Zuständigkeiten der Bereichsvorstände – bestehen klare Verantwortlichkeiten für Kernfertigungsbereiche und technische Querschnittsfunktionen einerseits und Zulieferbereiche und kaufmännische Querschnittsfunktionen andererseits.

Die oben skizzierte Führungsbeziehung erfordert nicht nur in den zentralen, funktionalorientierten Stabsfunktionen eine „Überkreuz-Unterstützung" für die Vorstandsebene, sondern bedeutet auch in den Werken eine enge Verzahnung der kaufmännischen und technischen Aufgabenstellungen, die letztlich in eine gegenseitige Dienstleistung mündet. Somit tritt auch in den dezentralen Einheiten die klassische funktionale Trennung deutlich in den Hintergrund.

Dieses Führungskonzept macht eine spezifische Gestaltung der Informations- und Kommunikationsbeziehungen notwendig, und dies nicht nur innerhalb der dezentralen Einheiten, sondern auch im Verhältnis zu den Zentralbereichen. Insbesondere die Beziehung zwischen der Zentrale und den Werken/Centern erfordert zur Sicherstellung der Durchgängigkeit von Geschäftsbereichs- und Werks-/Centerstrategien eine enge Zusammenarbeit.

Die Lösung von Sachproblemen erfordert anhand der beschriebenen Grundsätze eine Definition der Kompetenzen für jeden Aufgabenträger, die letztlich in eine Festlegung der Beratungs-, Initiativ- oder (Mit)entscheidungskompetenz in Abhängigkeit vom Sachverhalt münden muß. Zur weiteren Konkretisierung dieses Rollenverständnisses soll im Rahmen der Erörterung funktionaler Ordnungsrahmen auf diesen Aspekt nochmals zurückgekommen werden (vgl. Punkt 4.2.3.1).

4.2.2.2 Entwicklung und Umsetzung des Center-Konzeptes

Die Einrichtung von eigenverantwortlichen Einheiten (Centern) dient in erster Linie der Erreichung bzw. Sicherung der Wettbewerbsfähigkeit auf allen Ebenen. Ziel muß demzufolge die Ausrichtung des Centers am Standard der weltbesten Wettbewerber sein, wozu nicht nur eine detaillierte Bestandsaufnahme notwendig ist, sondern auch die Schaffung der notwendigen führungsorganisatorischen Voraussetzungen.

Mit der **Bestandsaufnahme** soll die Ausgangssituation der jeweils betrachteten Einheit verdeutlicht werden. Hierzu ist es in einem ersten Schritt notwendig, die bestehenden Liefer-/Leistungsbeziehungen transparent zu machen. Wertvolle Hilfe leistet hierbei ein Strukturie-

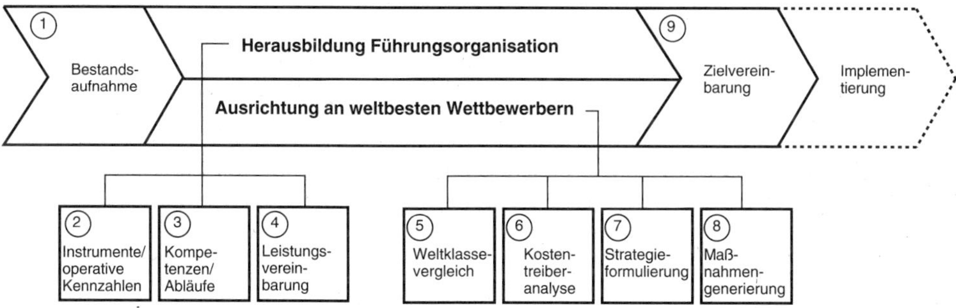

Abb. 45: Einzelschritte der Centerbildung

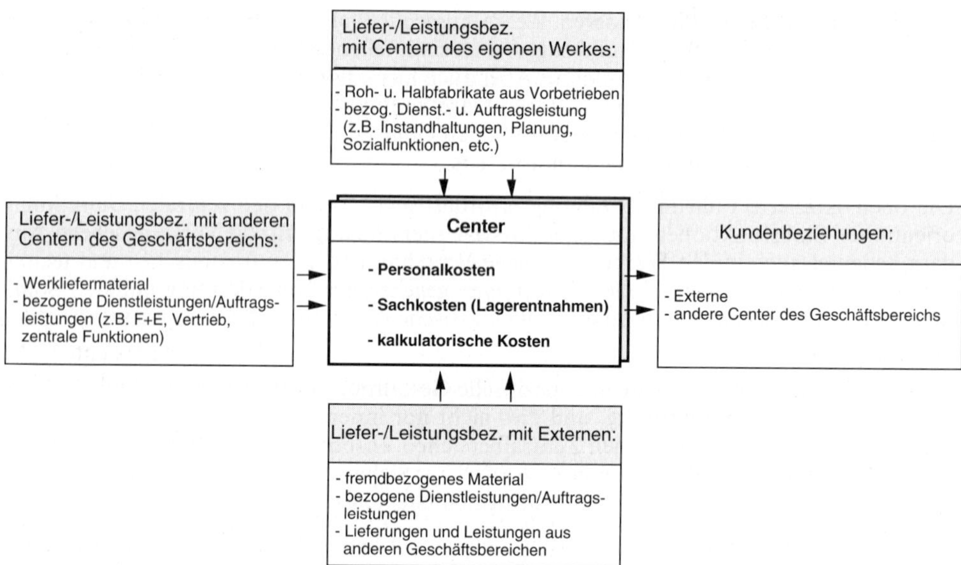

Abb. 46: Liefer-/Leistungsbeziehungen im Center

rungskonzept (vgl. Abbildung 46), indem für die betrachtete Einheit der Material- und Dienstleistungsinput externer und interner Lieferanten sowie der Leistungsoutput des Centers ermittelt und nach den Leistungsempfängern differenziert wird. Schließlich müssen die vom Center beeinflußbaren Kosten identifiziert werden, wobei anzustreben ist, einen möglichst hohen Anteil der Kosten durch die Centerleitung beeinflussen zu können, was im allgemeinen Kompetenzänderungen erforderlich macht.

Aufbauend auf der Bestandsaufnahme und mit dem Ziel, unternehmerische Freiräume im Center zu schaffen, ist die **Führungsorganisation** auszugestalten. Die Beziehung zwischen einer Einheit und ihren internen oder externen Leistungsnehmern ist hierbei generell wie zwischen Lieferant und Kunde zu gestalten. Jeder Center-Verantwortliche muß sich als Unternehmer verstehen, der den Kunden in den Mittelpunkt allen Handelns stellt, und er muß bestrebt sein, Leistungslücken des Centers gezielt zu schließen. Die Kompetenzen sind dabei so zu gestalten, daß das neue Rollenverständnis konsequent gelebt werden kann. Gemäß diesem Rollenverständnis sind die zu erbringenden Leistungen zu vereinbaren und zu kontrollieren, d. h. Leistungsart und -umfang sowie Preise und Qualität müssen festgelegt und ihre Einhaltung überwacht werden. Hierzu ist der Einsatz geeigneter Führungsinstrumentarien notwendig, welche die operative Führung des Centers unterstützen[10].

Die Ausrichtung eines Centers an den **weltbesten Wettbewerbern** erfordert zunächst das Aufzeigen des Handlungsbedarfs und eine umfassende Ursachenanalyse. Wesentliche Grundlage bei Ermittlung der Deckungslücke zum Wettbewerb bildet ein Vergleich der eigenen Kostenposition mit der der weltbesten relevanten Wettbewerber. Zur Ermittlung der Deckungslücke kommen verschiedene methodische Ansätze in Betracht; neben dem Benchmarking sind an dieser Stelle die Fremdbezugsanfrage, Reverse Engineering sowie Outside-in-Analysen zu nennen. Benchmarking ist durch die bottom-up-Quantifizierung und Ursachenanalyse bei world-class Unternehmen die aufwendigste Form, aber gleichzeitig auch

10 Vergleiche hierzu die nachfolgenden Ausführungen zur Centererfolgsrechnung.

erfolgversprechendste Methode, da nur hierdurch eine abgesicherte Ermittlung der Wettbewerbsposition und damit des Handlungsbedarfs im Center ermöglicht wird. Die detaillierte Informationsgewinnung sowie eine konsequente Prozeßanalyse ermöglichen erste Ansatzpunkte für eine Kostentreiberanalyse. Ziel dabei ist, die Kernkosten eines Prozesses zu ermitteln, deren Unterschied zu den Ist-Kosten zu erklären, um schließlich Hinweise für konkrete Verbesserungen zu erhalten.

Auf Basis der ermittelten Höhe und Struktur des Kostenunterschiedes muß die strategische Stoßrichtung darauf gerichtet sein, die Deckungslücke in einem überschaubaren Zeitraum zu schließen. Die hierzu erforderlichen Projekte/Maßnahmen dürfen nicht nur an den Faktorkosten ansetzen, sondern müssen vor allem innovative, technologische und produktgestalterische Potentiale erschließen.

Bei der Konzeption der Projekte/Maßnahmen ist klar abzugrenzen, welche im Center selbst und welche centerübergreifend bearbeitet werden müssen. Dies bedeutet für den PLZ-Leiter, im Rahmen seiner Verantwortung für die Erreichung der Centerziele die inhaltliche Einbindung von Entwicklung, Einkauf/Lieferanten sowie ggfs. weiterer Bereiche sicherzustellen. Hierbei ist es notwendig, daß der Centerleiter nicht nur eine Koordinations- und Moderationsfunktion wahrnimmt, sondern gleichzeitig die inhaltlichen Schwerpunkte der Arbeit definiert. Bei der Generierung von Maßnahmen hat es sich als hilfreich erwiesen, im Sinne des „Runden Tisches" (z. B. in Form von Werkstatt- oder Kostenkreisen) zu arbeiten, um das spezifische Know-how aller am Prozeß Beteiligten einbringen zu können. Des weiteren gewährleistet diese Vorgehensweise eine beschleunigte Umsetzung von Maßnahmen, da die Absicherung der Maßnahmen durch eine Machbarkeitsprüfung unmittelbar bestätigt werden kann.

Auf Basis der erarbeiteten Ergebnisse zur Erreichung/Erhaltung der Wettbewerbsfähigkeit im Center werden mit dem Centerleiter verbindliche Ziele vereinbart. Sie dienen als Richtgröße für die weiteren Implementierungsschritte und beinhalten auch Verantwortlichkeiten, Umsetzungsvoraussetzungen sowie Terminziele. Zur regelmäßigen Überprüfung und ggfs. Fortschreibung der strategischen und operativen Ziele erfolgt die **Zielvereinbarung** jährlich, unterstützt durch eine unterjährige Berichterstattung. Der Zielerreichungsgrad ist dabei nicht nur Gegenstand der laufenden Kommunikation, sondern auch Erfolgsmaßstab für die leistungsbezogene, individuelle Vergütung (vgl. auch Punkt 2.3).

4.2.2.3 Exkurs: Centererfolgsrechnung (CER)

Die CER ist ein an den verantwortungsbezogenen Kommunikationsbeziehungen orientiertes Instrument der Planung, Analyse und Berichterstattung im Rahmen der operativen Führung und Globalsteuerung von Leistungszentren. Dabei kann dieses Führungsinstrument grundsätzlich aus zwei Blickwinkeln betrachtet werden. Zum einen soll die CER dem Centerleiter selbst als Steuerungsinstrument dienen, zum anderen ist durch den flächendeckenden Einsatz der CER im Geschäftsbereich PKW die Möglichkeit geschaffen, den Bereichsführungsprozeß wesentlich zu unterstützen.

Entscheidende Bedeutung innerhalb dieses Führungs- und Steuerungsprozesses hat die Bewertung der Centerleistung, da sich der Erfolg eines Centers aus der Gegenüberstellung von bewerteten Leistungen und Kosten ergibt. **Leistungs-** und **Preisvereinbarungen** zwischen den Centern stellen damit einen wichtigen Prozeß im Rahmen der Centerphilosophie dar.

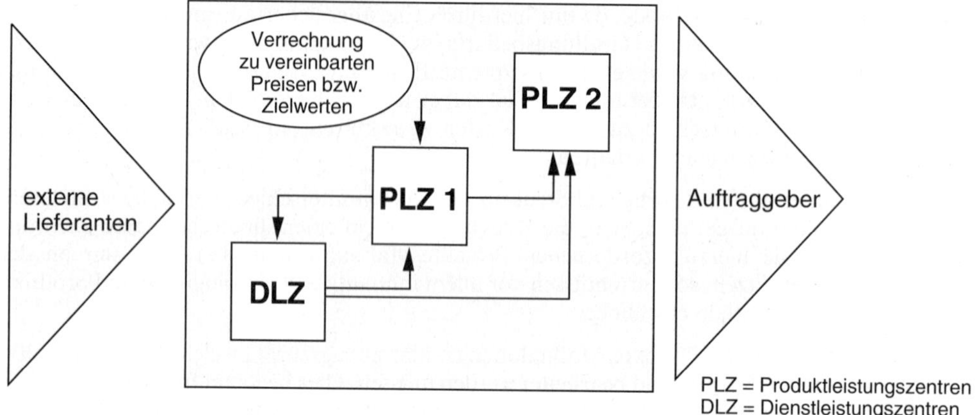

Abb. 47: Innerbetriebliche Leistungsverrechnung

Bei Produktleistungszentren, deren Leistungen extern vermarktet werden können, erfolgt die Preisbildung naturgemäß unter Wettbewerbsgesichtspunkten. Bei PLZ, die keine eigenständige Marktleistung erbringen (z. B. Rohbau) sowie bei DLZ erscheint eine marktorientierte Leistungsverrechnung zwischen Centern schwieriger; in solchen Fällen werden wettbewerbsorientierte Kostenziele definiert, die aus dem Benchmarking der jeweiligen oder einer übergeordneten Einheit abgeleitet werden.

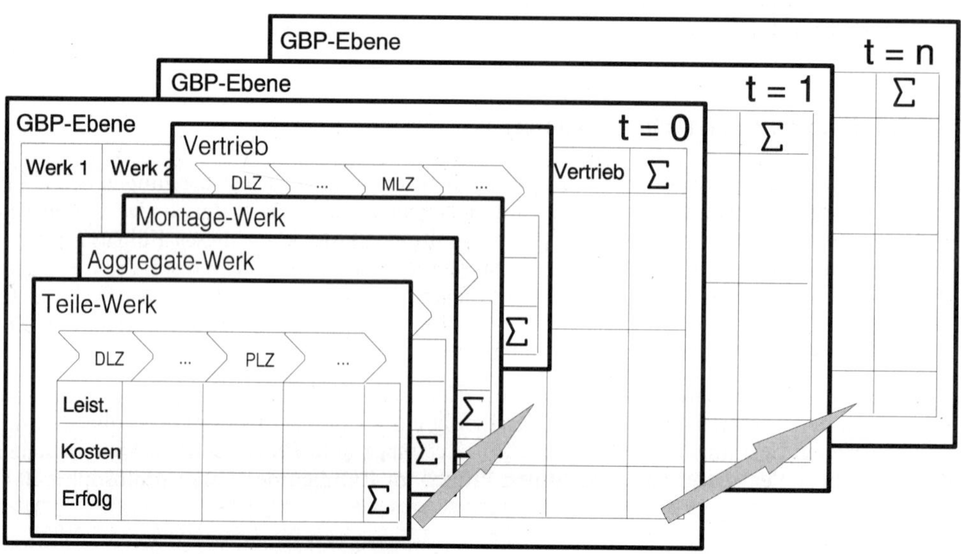

Abb. 48: Planungs- und Berichtssystem

Der Erfolg der Leistungszentren im Sinne der Erreichung vereinbarter Leistungs- und Kostenziele wird durch ein geeignetes Planungs- und Berichtssystem abgebildet, wobei eine Konsolidierung auf die jeweils nächsthöhere Berichtsebene möglich ist. Das hierzu entwikkelte Bereichssteuerungsinstrument (CER) muß im Sinne eines leistungsfähigen Controllinginstruments nicht nur den bekannten Anforderungen – wie Empfängerorientierung und Datenaktualität – entsprechen, sondern auch den aus Sicht des Anwenders gestellten Ansprüchen an Benutzerfreundlichkeit und Funktionalität gerecht werden.

Zur Verdeutlichung soll abschließend dieses Planungs- und Berichtssystem anhand zweier Funktionsübersichten noch näher erläutert werden.

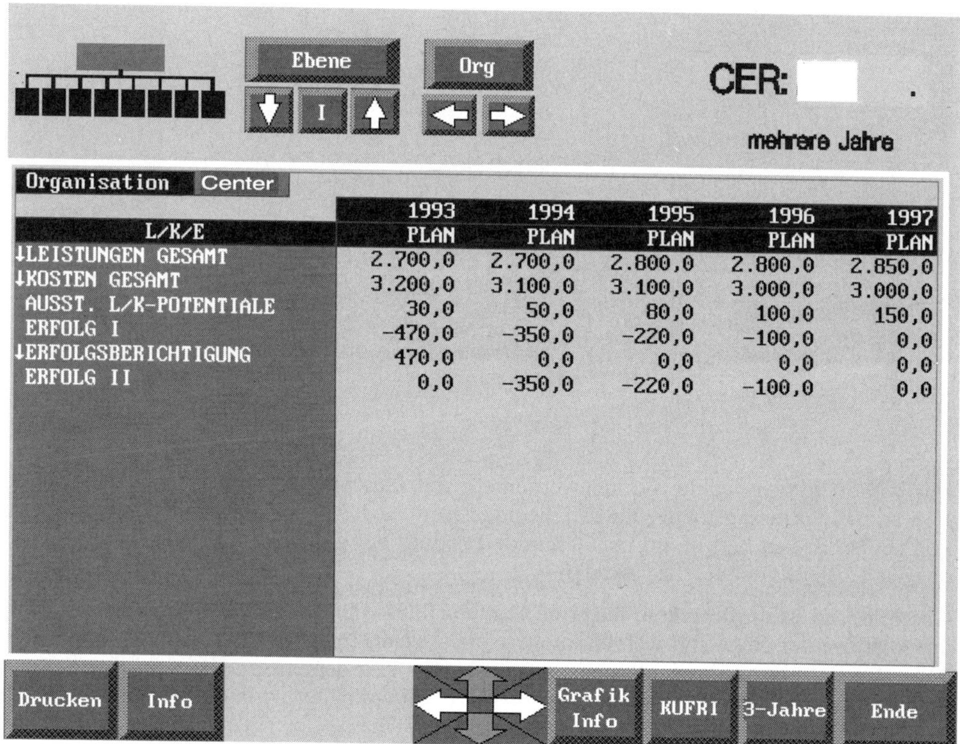

L/K/E	1993 PLAN	1994 PLAN	1995 PLAN	1996 PLAN	1997 PLAN
↓LEISTUNGEN GESAMT	2.700,0	2.700,0	2.800,0	2.800,0	2.850,0
↓KOSTEN GESAMT	3.200,0	3.100,0	3.100,0	3.000,0	3.000,0
AUSST. L/K-POTENTIALE	30,0	50,0	80,0	100,0	150,0
ERFOLG I	-470,0	-350,0	-220,0	-100,0	0,0
↓ERFOLGSBERICHTIGUNG	470,0	0,0	0,0	0,0	0,0
ERFOLG II	0,0	-350,0	-220,0	-100,0	0,0

Abb. 49: Übersicht – Operative Planung

Die Darstellung zeigt für ein ausgewähltes Center die Entwicklung der Leistungen, Kosten und des Erfolgs im Sinne einer zu schließenden Lücke zum Wettbewerb im Planungszeitraum. Mit der Position „**ausstehende Leistungs-/Kosten-Potentiale**" wird aufgezeigt, in welchem Umfang die einzelnen Jahresziele noch nicht mit Maßnahmen belegt sind. Die Position „**Erfolgsberichtigung**" dient dazu, das jeweilige Fünf-Jahresziel in das operative Ziel des ersten Jahres umzusetzen (vgl. Abb. 50):

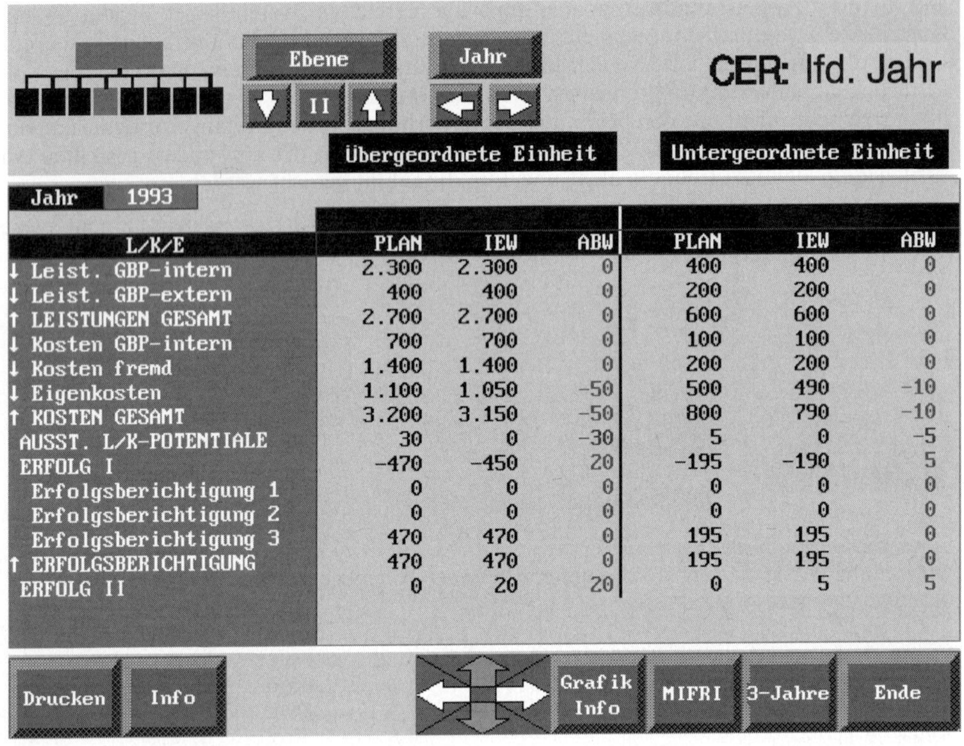

L/K/E	PLAN	IEW	ABW	PLAN	IEW	ABW
↓ Leist. GBP-intern	2.300	2.300	0	400	400	0
↓ Leist. GBP-extern	400	400	0	200	200	0
↑ LEISTUNGEN GESAMT	2.700	2.700	0	600	600	0
↓ Kosten GBP-intern	700	700	0	100	100	0
↓ Kosten fremd	1.400	1.400	0	200	200	0
↓ Eigenkosten	1.100	1.050	-50	500	490	-10
↑ KOSTEN GESAMT	3.200	3.150	-50	800	790	-10
AUSST. L/K-POTENTIALE	30	0	-30	5	0	-5
ERFOLG I	-470	-450	20	-195	-190	5
Erfolgsberichtigung 1	0	0	0	0	0	0
Erfolgsberichtigung 2	0	0	0	0	0	0
Erfolgsberichtigung 3	470	470	0	195	195	0
↑ ERFOLGSBERICHTIGUNG	470	470	0	195	195	0
ERFOLG II	0	20	20	0	5	5

Abb. 50: Übersicht – laufendes Jahr

Für das oben ausgewählte Center werden für das laufende Jahr die Planwerte sowie die Ist-Erwartungsaussagen abgebildet. Leistungen und Kosten sind hierbei differenzierbar und können bei Bedarf bis auf die Ebene Kunde/Produkt auf der Leistungsseite bzw. Subcenter auf der Kostenseite aufgelöst werden.

Abschließend ist anzumerken, daß eine Centererfolgsrechnung in der beschriebenen Form um so effizienter eingesetzt werden kann, je mehr sie als integraler Bestandteil des Controllingsystempanoramas im Unternehmen verstanden und dementsprechend – über Schnittstellen mit Vor- und Nachbarsystemen vernetzt – eingerichtet wird.

4.2.3 Strategische und operative Führung auf Funktionalebene

Nachdem bei Mercedes-Benz die eindimensionale, zentral-funktionale Ausrichtung in den Hintergrund trat, ist bei dem beschriebenen mehrdimensionalen Ansatz das Spannungsfeld und folglich der notwendige Abstimmungsbedarf zwischen Funktionalebene und Produkt-/Markt- bzw. Bereichsebene am größten. Im Hinblick darauf können Funktionalstrategien nicht mehr isoliert entwickelt und umgesetzt werden. Demzufolge können die klassischen betrieblichen Grund- und Querschnittsfunktionen – wie Entwicklung, Einkauf, Produktion, Vertrieb, aber auch Personal, Logistik, Controlling – im Sinne ihrer Richtlinienkompetenz zwar einen funktionalen Ordnungsrahmen definieren, strategische und operative Entscheidungen mit Auswirkungen auf der Produkt-/Markt- oder Bereichsebene können dagegen immer nur aus unternehmerischer Gesamtsicht getroffen werden. Im Sinne dieses Verständnisses sind die nachfolgenden Ausführungen zu ausgewählten Funktionalstrategien zu werten.

4.2.3.1 Funktionalstrategien

Ein Ansatzpunkt besteht in der Optimierung des Fremdmaterialeinsatzes. Möglichkeiten zur Erschließung von **Einkaufspotentialen** bestehen nicht nur in der Verwendung alternativer Materialien und Verfahren, einer Volumenkonzentration beim Lieferanten (single sourcing) oder im Aufbau neuer Lieferantenbeziehungen, und dies vor allem im Ausland (global sourcing), sondern insbesondere in einer intensiveren Zusammenarbeit mit der Zulieferindustrie (z. B. im Sinne des simultaneous engineering). Vor allem der letztgenannte Aspekt eröffnet gemeinsam mit den Lieferanten erhebliche Chancen zur Stärkung der Kosten- und Wettbewerbsposition.

Im Vergleich zu den in der Vergangenheit praktizierten Vorgehensweisen werden im Rahmen des Produktentstehungsprozesses, aber auch zur Optimierung der laufenden Serie, die Zulieferer früher und umfassender integriert. Im Sinne eines „Runden Tisches" sollen Entwickler, Einkäufer, Lieferanten und Centerleiter gemeinsam Lösungen erarbeiten und abstimmen; hervorzuheben ist dabei die konsequente Kundenorientierung.

Überträgt man die Philosophie der Kundenorientierung auf die Querschnittsfunktion Personal, so wird deutlich, daß das Selbstverständnis der **Personalarbeit** im Spannungsfeld Wettbewerb, Mitarbeiter, Umfeld und Unternehmen zu einer unternehmerischen Personalarbeit weiterzuentwickeln ist. Es würde den Rahmen dieses Beitrages sprengen, hierzu ein geschlossenes Bild aufzuzeigen, deshalb sollen beispielhaft nur einige Ansatzpunkte an dieser Stelle genannt werden:

- Entwicklung neuer Arbeits- und Betriebszeitmodelle
- Gestaltung neuer Leistungs- und Vergütungssysteme
- Integration unterschiedlicher Tätigkeiten zu ganzheitlichen Arbeitsinhalten (im Rahmen von Gruppenarbeitskonzepten).

Ein weiteres Themenfeld ergibt sich aus den Optimierungserfordernissen der gesamten Wertschöpfungskette. Damit werden nicht nur strategische Standortüberlegungen angesprochen, sondern letztlich sind Festlegungen zur **Entwicklungs-** und **Fertigungstiefe** notwendig, die sich aus strategischen Bezugsartentscheidungen ableiten. Produktionstechnologien, Kapazitäts- und Investitionsstrategien sowie Kooperationsfragestellungen sind Stichworte, die bei der Definition dieses Ordnungsrahmens genannt werden müssen. Auf Basis entsprechender Grundsätze müssen die Planungen und Entscheidungen an den verschiedenen Standorten durchgeführt bzw. umgesetzt werden.

Ein weiterer Ansatzpunkt auf der Funktionalebene besteht – z. B. vor dem Hintergrund der mit Neuprodukten oft verbundenen Erhöhung von Fahrzeugvarianten bzw. der Teilevielfalt und der damit einhergehenden Auswirkungen auf Komplexitätskosten – in der Einflußnahme der **Logistik** auf die Prozeßkette. Alle ablauforganisatorischen Maßnahmen müssen darauf gerichtet sein, eine durchgängige Optimierung der logistischen Prozesse in und zwischen den dezentralen Einheiten/Leistungszentren zu erreichen. Die geforderte gesamtheitliche Optimierung standortspezifischer und standortübergreifender Abläufe kann jedoch nur in dem Maße gelingen, wie Einflußfaktoren und dementsprechende Vielfaltskosten transparent gemacht werden können. Vor diesem Hintergrund erscheint es hilfreich, als Beispiel für einen funktionalen Ordnungsrahmen auf ein Instrument im Funktionsfeld Logistik kurz einzugehen.

4.2.3.2 Exkurs: Instrumente im Funktionsfeld Logistik

Eine Optimierung logistischer Prozesse und damit der Logistikkosten kann nur durch einen integrativen Ansatz über alle Produktleistungszentren bewirkt werden. Hierbei sind eine Reihe von Teilfunktionen angesprochen (u. a. Belieferungs-, Transport- und Flächenkonzepte, die Fertigungsorganisation, aber auch die logistikgerechte Produktgestaltung). Aufgrund der damit verbundenen Abhängigkeiten und Wechselwirkungen bietet es sich an, standortbezogene Logistikaufgaben in einem Dienstleistungszentrum zusammenzufassen.

Die Ermittlung der Kosten für den Logistikprozeß auf Basis kostenstellenorientierter Kosteninformationen führt unter Prozeßgesichtspunkten zu erheblichen Abgrenzungs- und Planungsproblemen.

Ausgangspunkt für das Controlling-Konzept im Funktionsfeld Logistik ist, die etablierte kostenstellen- bzw. kostenartenbezogene Plankostenrechnung in Teilen funktional anzupassen und durch die Prozeßkostenrechnung zu ergänzen. Im Mittelpunkt stehen dabei für den Funktionsbereich nicht die Belange der Projekt-/Produktkalkulation, sondern die dezidierten Planungs-/Steuerungsaufgaben des Funktionsbereichs sowie die Unterstützung des Leistungsvereinbarungsprozesses. Ergebnis des weiterentwickelten Controlling-Konzeptes ist ein modular aufgebautes Kosten-/Leistungsdaten-Modell im „Baukastenprinzip", das entsprechend den spezifischen Bedürfnissen und der unterschiedlichen kostenrelevanten Bedeutung einzelner Prozesse bzw. Funktionen angepaßt werden kann.

Da die Planung der prozeßbezogenen Kostenarten der Kostenstellen nicht mehr – wie in der Vergangenheit – auf einer Bezugsgröße basiert, sondern entsprechend der prozeßbezogenen Strukturierung nach differenzierten Prozeßkostenansätzen erfolgt, werden die Kostenanalysen prozeßbezogen und somit kostenstellenübergreifend durchgeführt, wobei deren Aufbereitung mit dem Instrument der Prozeßkostenrechnung erfolgt. Damit ergibt sich ein insgesamt differenzierteres Kostenbild, das neben verbesserten Aussagen auch konkrete Bewertungs- bzw. Analyseansätze zur Planung und Steuerung des Funktionsbereiches Logistik bietet.

Mit der Realisierung dieses Ansatzes stellt das Logistik-Controlling nicht nur ein geeignetes Instrument zur Unterstützung der erläuterten Zielsetzungen des Funktionsbereiches Logistik dar, sondern bietet auch eine Verbesserung der Kostentransparenz durch präzisere Informationen zur Entscheidungsfindung im Hinblick auf eine frühzeitige ertragsorientierte Produktpolitik.

4.3 Planung und Berichterstattung im Rahmen der strategischen Führung

Im Mittelpunkt der bisherigen Ausführungen standen die strategischen und operativen Aufgaben und die damit verbundenen Kompetenzen und Verantwortlichkeiten auf der Produkt-/Markt- sowie Bereichs- und Funktionalebene.

Die Unterstützung der Entscheidungsträger durch ein effizientes und leistungsfähiges Planungs- und Berichtssystem ist hierbei von zentraler Bedeutung. Die eingesetzten Instrumentarien müssen eine Vernetzung der verschiedenen Ebenen des Planungssystems gewährleisten. Dabei ist – ausgehend von dem Grundkonzept im Daimler-Benz-Konzern (vgl. Abb. 28) – der Operativen Planung eine „Drehscheibenfunktion" zwischen der Strategischen Planung und der unterjährigen Planung/Berichterstattung beizumessen.

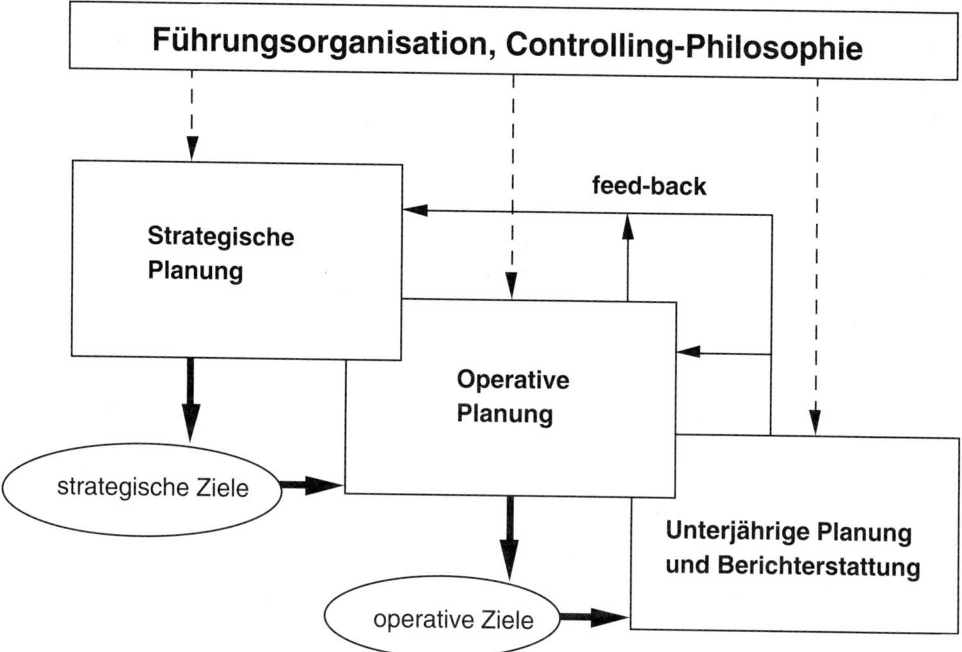

Abb. 51: Vernetzung der Planungsaktivitäten

Die drei Planungsebenen lassen sich hinsichtlich des Planungshorizontes wie folgt abgrenzen: Während die Strategische Planung keine zeitliche Begrenzung erfährt, umfaßt die Operative Planung rollierend einen Zeitraum von drei Planjahren; auf der Basis der Planung des ersten Jahres dient die unterjährige Planung der monatlichen Überprüfung und Analyse im Sinne der Erreichung der Jahresziele.

Ergänzend bietet sich an, unter dem Aspekt der primären Zielsetzungen eine Abgrenzung vorzunehmen. Merkmal der Strategischen Planung ist die Festlegung strategischer Ziele und Konzepte insbesondere auf der Ebene Produkt/Markt sowie die Identifikation strategischen Handlungsbedarfs. Die entsprechenden Rahmenvorgaben finden im Sinne einer strategischen Vorsteuerung Eingang in die Operative Planung und münden letztlich in einen strategiekonformen Zielvereinbarungsprozeß zwischen den jeweiligen Verantwortungsebenen.

Als gemeinsames Charakteristikum ist auf die **Dialogorientierung** der Planungen hinzuweisen, wodurch frühzeitige Steuerungsmöglichkeiten – im Rahmen von Orientierungsgesprächen mit den Entscheidungsträgern – zur Optimierung der Planungsansätze bestehen.

4.3.1 Struktur und Ablauf der Strategischen Planung

Im Daimler-Benz-Konzern und so auch bei Mercedes-Benz wird auf dem Gebiet der Strategischen Planung zwischen einer periodischen – im Sinne einer jährlich revolvierenden – und einer projektorientierten Planung unterschieden. Kennzeichen der **Periodischen Strategischen Planung** ist eine jährlich stattfindende Analyse der strategischen Position der Geschäfte [11] einschließlich der externen und internen Rahmenbedingungen. Ziel hierbei ist, den aktuellen Stand der Strategieumsetzung darzustellen und insbesondere möglichen strategischen Handlungsbedarf frühzeitig aufzuzeigen.

Abb. 52: Prozeß der Strategieüberprüfung

Wie der Übersicht zu entnehmen ist, besteht das zentrale Element der Periodischen Strategischen Planung in der Unterstützung des verantwortlichen Linienmanagements im Hinblick auf die Überprüfung der wesentlichen Elemente der verfolgten Geschäftsstrategien sowie in der Durchführung einer strukturierten Strategiediskussion.

Demgegenüber sind **strategische Projekte** durch eine Vielzahl von Zielsetzungen, Einflußfaktoren und Wirkungszusammenhängen gekennzeichnet und weisen daher einen hohen Komplexitätsgrad auf.

Die Projektklassifizierung und -organisation sowie der Ablauf von Projekten wird beispielhaft anhand des strategischen Produktfindungsprozesses nachstehend noch näher erläutert (vgl. Punkt 4.3.3.1), insofern kann an dieser Stelle auf diese Ausführungen verwiesen werden.

4.3.2 Periodische Strategische Planung (PSP)

Ausgehend von dem vorstehend erläuterten Grundkonzept der PSP sowie unter Hinweis auf die Ausführungen in Punkt 3.1.4.2 soll im folgenden dargestellt werden, in welcher Form die strategierelevanten Informationen aufzubereiten sind. Da die PSP durch eine qualifizierte

11 Nach der im Hause gebräuchlichen Definition werden unter Geschäfte gleiche oder ähnliche Produkte mit verwandten Verfahren und Technologien zusammengefaßt. Sie bestehen aus Geschäftseinheiten annähernd gleichen Kundenverhaltens gegenüber Produkt- und Marketingimpulsen und haben aus Anbieter- und Wettbewerbersicht fast deckungsgleiche Erfolgsfaktoren. Durch ihre inhaltliche Ausrichtung und ihr Geschäftsvolumen stellen sie eine identitätsprägende Säule von Mercedes-Benz dar und haben daher einen unbefristeten zeitlichen Horizont.

Vorbereitung strategische Entscheidungen unterstützen soll, sind an deren Inhalte zwei wesentliche Anforderungen zu stellen:

- transparente Darstellung der Strategieposition der Geschäfte und Geschäftsstrukturen,
- Aufzeigen der zur Umsetzung der strategischen Stoßrichtung notwendigen Projekte und Maßnahmen.

4.3.2.1 Bestimmung der strategischen Position

Das Grundkonzept zur Analyse, Beurteilung und Darstellung der strategischen Position von Geschäften kann anhand der nachstehenden Übersicht verdeutlicht werden.

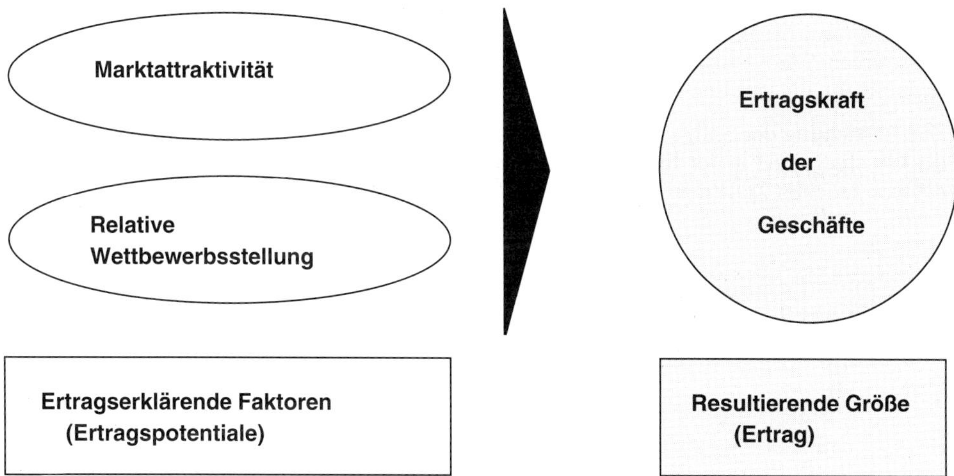

Abb. 53: Grundkonzept zur Bestimmung der strategischen Position

Die Beurteilung der **Marktattraktivität** hat das allgemeine Umfeld, Markt und Kunde sowie die Wettbewerbsstruktur zum Untersuchungsgegenstand. Damit werden Kriterien angesprochen wie gesetzliche und gesellschaftliche Einflüsse auf den relevanten Markt, das Marktvolumen selbst sowie dessen Veränderung im Zeitablauf. Als weitere Beurteilungskriterien kommen der Einfluß von Preis und „Qualität" der Marktleistung auf die Kaufentscheidung, aber auch Marktkonzentration und Kapitalintensität in bezug auf die eigene Wertschöpfung in Betracht.

Demgegenüber stehen bei der Ermittlung und Analyse der **relativen Wettbewerbsstellung** die nachhaltig ertragsbestimmenden Größen im Vordergrund. Jeweils in Relation zu den Hauptwettbewerbern sind in diesem Zusammenhang das Preis-Leistungs-Verhältnis, der Marktanteil sowie die eigene Kostenposition zu bestimmen, wobei das letztgenannte Kriterium wiederum in hohem Maße von der Personal- und Kapitalproduktivität beeinflußt wird.

Auf die Problematik der Gewichtung und Skalierung der einzelnen Kriterien ist besonders hinzuweisen. Die damit angestrebte Reduzierung der Komplexität kann allerdings nur in dem Umfang gelingen, wie tragfähige Wirkungshypothesen zu den einzelnen Einflußgrößen und deren Abhängigkeiten formuliert werden können. Deren Kenntnis ist gleichzeitig wesentliche Voraussetzung zur Beurteilung der Konsistenz und Tragfähigkeit jeder strategischen Positionsbestimmung.

Spätestens an dieser Stelle ist ergänzend auf den Segmentierungsbedarf zur Darstellung der Geschäftsaktivitäten und der Geschäftsstruktur hinzuweisen. Mit dem Ziel, möglichst homogene Betrachtungsobjekte im Hinblick auf Kunden und Märkte zu erhalten, sind für das „Konzernstrategische Geschäftsfeld" Personenwagen fünf strategische Geschäftsfelder definiert, die ihrerseits von 13 strategischen Geschäftseinheiten getragen werden [12].

4.3.2.2 Umsetzung der strategischen Stoßrichtung

Die zweite wesentliche Anforderung, die durch die PSP erfüllt werden soll, ist das Aufzeigen der zur Umsetzung der strategischen Stoßrichtung notwendigen Projekte – insbesondere Produkt- und Strukturprojekte – und Maßnahmen einschließlich des damit verbundenen Ressourcen-/Mitteleinsatzes. Entscheidend hierbei ist, daß die Projekte generell in ihrem Zusammenhang mit den Geschäften betrachtet werden (vgl. Abb. 54).

Zur Erreichung der **Sollposition** und damit letzten Endes des angestrebten Ertragswertes [13] des Geschäfts sind in der Regel verschiedene Projekte aufzusetzen, wobei selbstverständlich die wesentlichen Ziele der umsetzungsbestimmenden Projekte festgeschrieben werden müs-

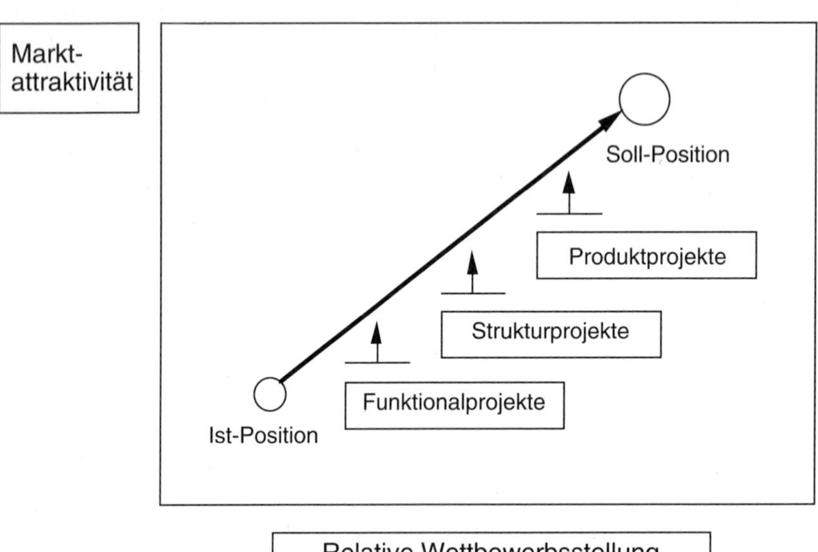

Abb. 54: Zusammenhang Geschäfte und Projekte

12 Zur Segmentierung vergleiche auch die Ausführungen unter Punkt 3.1.3.

13 Der Ertragswert ist die betriebswirtschaftliche Zielgröße auf strategischer Ebene und ist definiert als Summe der mit einem konzerneinheitlichen Kalkulationszinssatz auf das Basisjahr t (1) abgezinsten, zukünftigen jährlichen Einnahmen und Ausgaben von Geschäften, wobei Chancen/Risiken in den Einnahmen und Ausgaben durch Zu- und Abschläge berücksichtigt werden können. Zur Berücksichtigung/Nominierung der unterschiedlichen Größe von Geschäften wird der Absolutbetrag ergänzt durch eine Relativzahl, die den Einnahmenüberschuß auf das eingesetzte Kapital bezieht.

sen. Daneben bietet sich an, im Sinne einer Sensitivitätsbetrachtung, die aus den Projekten resultierenden Effekte im Hinblick auf die Wettbewerbsstellung und den erzielbaren Ertragswert isoliert zu betrachten.

Nicht nur in den Fällen, in denen die Wettbewerbsposition nicht zufriedenstellend ist oder der erzielbare Ertragswert nicht ausreicht, ist es originäre Aufgabe des verantwortlichen Linienmanagements, die Tragfähigkeit der aufgezeigten strategischen Position kritisch zu hinterfragen.

Im Ergebnis mündet die Beurteilung der Konsistenz und Tragfähigkeit der strategischen Position und Stoßrichtung in eine Strategie-Analyse oder anders formuliert: Anliegen ist die Identifikation des grundlegenden Handlungsbedarfs sowie das Aufzeigen neuer Chancen und Risiken.

4.3.3 Strategische Projekte

Die projektorientierte Planung ist – wie eingangs bereits erwähnt – das zweite wesentliche Element der Strategischen Planung. Der Ablauf von strategischen Projekten, deren führungsorganisatorische Einordnung im Rahmen früherer Ausführungen bereits erfolgte (vgl. Punkt 4.1.3), vollzieht sich in mehreren Phasen.

Die Phasenbezeichnungen und deren Inhalte unterscheiden sich naturgemäß in Abhängigkeit von der Projektart. Am Beispiel eines Neuproduktprojektes soll im folgenden der Ablauf des Strategieentwicklungsprozesses aufgezeigt werden.

4.3.3.1 Ablauf des Produktfindungsprozesses

Um die Produktplanung und damit auch die Produktdefinition und -konzeption stärker an den Unternehmenszielen zu orientieren, sind entsprechende Projekte in den Prozeß der Strategischen Planung integriert.

Ausgehend von dem im Rahmen der PSP identifizierten strategischen Handlungsbedarf sind in einem ersten Schritt der Strategieerarbeitung die aufgezeigten strategischen Handlungsalternativen auf strategische Optionen eingegrenzt. Hierbei handelt es sich um mögliche, realisierbare **Strategiealternativen** unter Berücksichtigung der Unternehmensziele, Rahmenvorgaben und Ressourcen.

Im nächsten Schritt werden die strategischen Optionen zu möglichen Produktvarianten konkretisiert; dabei sind insbesondere kundenspezifische Marktanforderungen ein wichtiges Beurteilungskriterium. Die definierten Produktvarianten werden sodann anhand interner und externer Faktoren bewertet und damit auf die „untersuchungswürdigen" Produktvarianten weiter eingeschränkt.

Die im Rahmen des Strategie- und Produktplanungsprozesses entwickelten Produktideen werden bei Mercedes-Benz PKW in den Vorstandsausschuß für „Modell- und Produktplanung" (AMP) zur Beurteilung eingebracht. Dieses Greminum trägt die unternehmerische Gesamtverantwortung für Modell- und Produktentscheidungen im Geschäftsbereich und ist insofern zuständig für die Gesamtsteuerung des Produktfindungunsprozesses.

Zur Unterstützung des AMP bei der Festlegung und Umsetzung von Produktstrategien wird nach Verabschiedung eines strategischen Produktprojektes eine strategische Produktplanungsgruppe (SPG) mit der Prüfung/Konkretisierung der aus der PSP generierten Produktideen und Vorschläge auf Machbarkeit und Weiterverfolgung beauftragt. In folgender Konzeptphase (Vorentwicklungsphase) erstellt hierzu die SPG ein **Rahmenheft** mit Grobaussagen zum prognostizierten Umfeld, auf das ein neues Produkt ab Markteinführung trifft und dokumentiert die hieraus abgeleiteten Rahmenvorgaben für das Produkt im Sinne von Vorentwicklungsschwerpunkten, dessen anzustrebende Marktpositionierung sowie dessen Fertigung.

Mit Beschluß des AMP zur Serienentwicklung konkretisiert und erweitert die SPG das Rahmenheft zum **Lastenheft**, in dem kundenspezifische Anforderungen an das Fahrzeug als Zielvorgaben für einzelne Funktionsgruppenumfänge angeführt und mit Kosten- und Gewichtszielen belegt werden. Mit Verabschiedung des Lastenheftes endet die projektspezifische Arbeit der SPG.

Auf Basis des Lastenheftes übernimmt in den weiteren Phasen des Modellentstehungsganges – über die Gestaltungs- und Serienentwicklungsphase bis hin zum Abschluß der Anlaufphase – ein **Projektmanagement** die weitere Bearbeitung des strategischen Produktprojektes.

Mit diesem Ablauf, der schematisch in Abbildung 55 dargestellt ist, wird durch die klare Einbeziehung des Vorstandes in die strategische Produktplanung und die eindeutige Zuordnung der Aufgaben, Kompetenzen und Verantwortlichkeiten auf die Linienbereiche, Gremien und das Projektmanagement eine effiziente und letztlich schnellere Produktentwicklung bei gleichzeitiger Entlastung des Vorstandes von operativen Aufgaben sichergestellt.

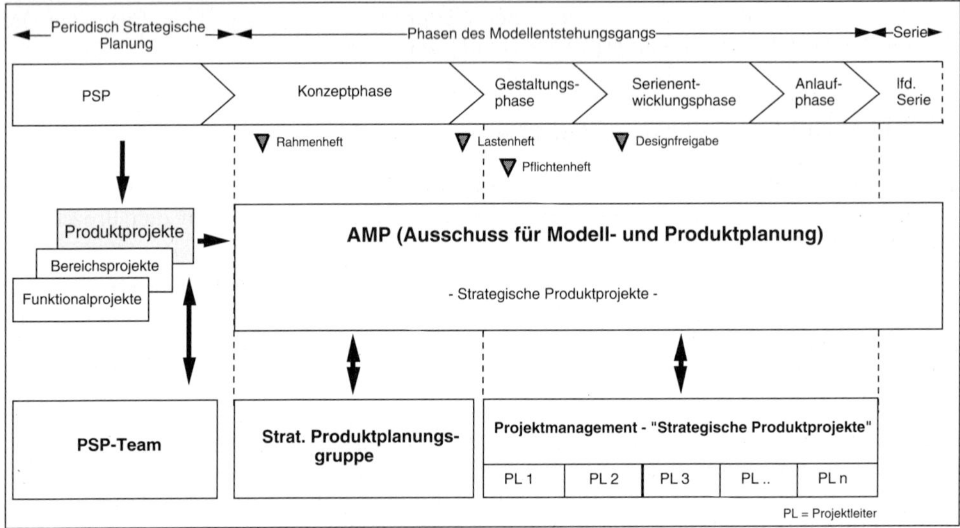

Abb. 55: Ablauf des Produktionsprozesses

Mit der Überleitung des Produktprojektes in die Gestaltungs- und Serienentwicklungsphase wird zur Unterstützung der Linienorganisation – wie oben erwähnt – eine Projektorganisation eingerichtet. Welchen wesentlichen Beitrag diese Organisationsform leistet, ist Gegenstand der weiteren Betrachtung.

4.3.3.2 Projektmanagement für Neuproduktprojekte

Für jedes strategische Produktprojekt wird bei Mercedes-Benz PKW eine Projektmanagement-Organisation zur Projektführung mit den Funktionen:

- Hauptamtlicher Projektleiter
- Projektteam
- Funktionsgruppenteam
- Projektleiterunterstützung

eingerichtet, die nachstehend näher erläutert werden.

Die zentrale Aufgabe des **Projektleiters** besteht in der Sicherstellung der Erreichung der vorgegebenen Projektziele und dies insbesondere im Hinblick auf Termine, Kosten und Leistung bzw. Qualität. Diese Verantwortlichkeit bedingt allerdings, daß seitens des Projektleiters bei Zielabweichungen geeignete Maßnahmen initiiert werden. Aufgrund dieser Aufgabenbündelung bei der Projektorganisation ergibt sich zwangsläufig ein hohes Anforderungsprofil für diese Funktion.

Die Mitglieder des **Projektteams** vertreten die Belange der Center im Projekt. Entsprechend der Projektstruktur werden für Produkt- und Dienstleistungszentren verantwortliche Teammitglieder benannt. Das Projektteam unterstützt den Projektleiter fachlich und informiert über den aktuellen Projektstand sowie eventuelle Risiken.

Für komplexe und kritische Umfänge werden spezielle Verantwortungsteams, sogenannte **Funktionsgruppenteams**, gebildet. Die Einrichtung von bereichsübergreifend besetzten Funktionsgruppenteams hat zum Ziel, eine weitgehend simultane und kostenoptimierte produkt- und fertigungstechnische Entwicklung und Planung sicherzustellen.

Vollständigkeitshalber sei noch die **Projektleiterunterstützung** erwähnt. Es handelt sich hierbei um eine Assistenzfunktion, die den Projektleiter vor allem von administrativen Aufgaben entlastet.

4.3.3.3 Projektpriorisierung

Aufgrund der zunehmenden Dynamik und dem wachsenden Wettbewerbsdruck werden in der Regel immer mehrere Projekte gleichzeitig durchzuführen sein, die um Ressourcen (z. B. Know-how-Träger und Geldmittel) konkurrieren. Eine effiziente und wirtschaftliche Abwicklung der Einzelprojekte ist ohne übergreifende Koordination daher nur schwer vorstellbar. Hierzu bedarf es eines projektübergreifenden Planungs- und Steuerungsinstrumentariums, dem **Multiprojektmanagement**, das die Basis zur Einplanung weiterer Projekte sowie zur Steuerung laufender Projekte bildet.

Wesentliche Voraussetzung hierfür ist, daß für die Einzelprojekte vergleichbare Strukturen im Sinne von Projektkenndaten vorliegen. Nachdem bereits an anderer Stelle auf die strategischen Produktprojekte näher eingegangen wurde, bietet sich an, für diesen Fall die wesentlichen Projektkenndaten und -ziele im Überblick darzustellen:

- Anlauf-/Auslauftermin
- Marktanteils- und Absatzziele
- Preisziele
- Mitteleinsatz
- Einnahmenüberschuß
- Mittelrückflußzeit
- Kapitalwert
- Kostenziele.

Wie die Zusammenstellung zeigt, werden hier nur quantifizierbare Kriterien aufgeführt, die in erster Linie dazu dienen, aus der periodischen Überprüfung der festgelegten Projektkenndaten eine frühzeitige Einflußnahme auf erkennbare Abweichungen zu ermöglichen.

Für Zwecke der Priorisierung von Projekten, die letztlich zu einer Beurteilung der „Attraktivität" einzelner Projekte führt, sind allerdings die quantitativen Aussagen um qualitative Einflußgrößen zu ergänzen. Bei einer Projektbeurteilung nach qualitativen als auch nach quantitativen Kriterien ist es wiederum naheliegend, sich der Portfoliotechnik zu bedienen. Für beide Dimensionen eines entsprechenden Portfolios werden jeweils vier Merkmalsausprägungen ermittelt und bewertet und in den Dimensionen:

- Komplexität (Risiko) des Projektes und
- relativer Nutzenzuwachs (Chancen)

zusammengeführt.

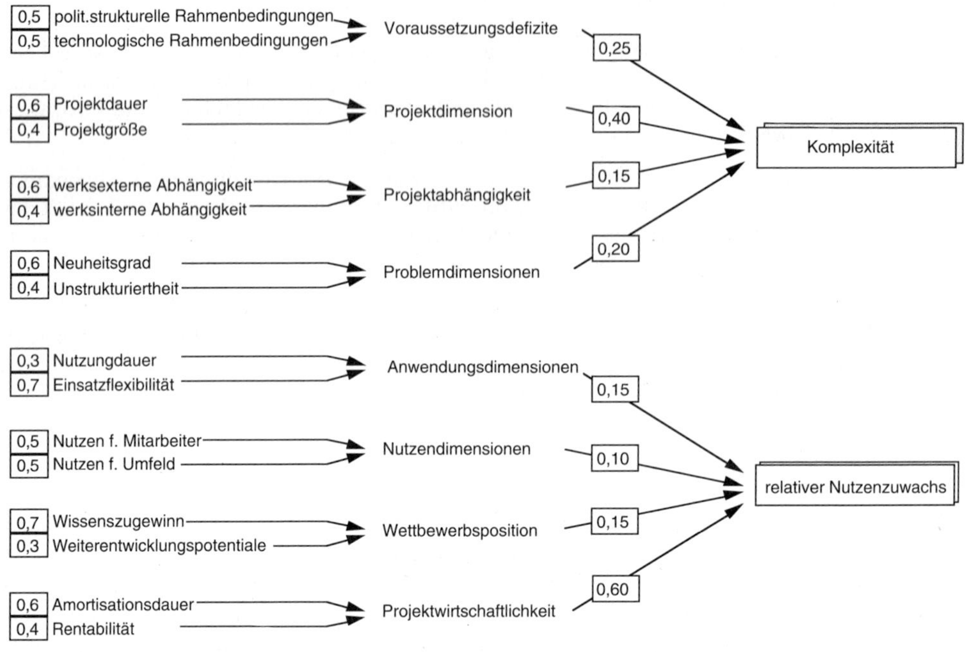

Abb. 56: Kriterienverbund mit Regelgewichtung

Die vorstehende Übersicht zeigt den Kriterienverbund für die genannten Portfoliodimensionen, wobei die Zahlenwerte einen Hinweis auf die Regelgewichtung geben. In der Dimension Komplexität sind insbesondere die Projektgröße und deren Dauer als Einzelkriterien hervorzuheben, während in bezug auf den relativen Nutzenzuwachs vor allem die Projektwirtschaftlichkeit ein wesentliches Merkmal darstellt.

Die Portfolio-Matrix ist in beiden Achsen in drei klassifizierende Felder gegliedert. Die attraktivsten Projekte zeichnen sich durch einen hohen relativen Nutzenzuwachs und eine niedrige Komplexität aus und liegen damit im rechten oberen Feld.

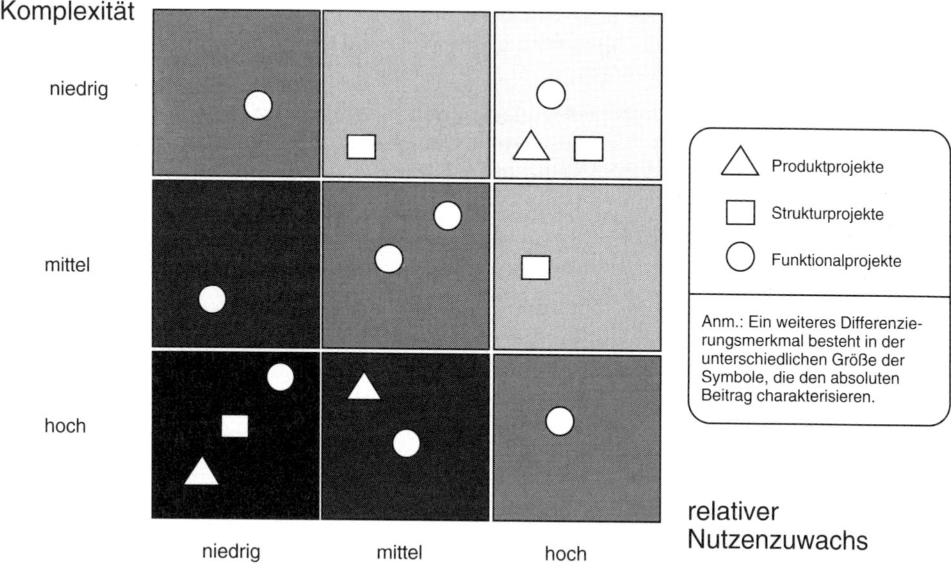

Abb. 57: Portfolio-Matrix

4.3.4 Ausgewählte Berichtsformen im Rahmen der Strategischen Planung

Effiziente strategische Führung hängt wesentlich davon ab, komplexe strategische Sachverhalte transparent zu machen und in anschaulicher Form darzustellen, zu analysieren und zu werten. Auf die Gestaltung der Berichtsstrukturen im Rahmen der PSP wie auch für Projektdarstellungen soll daher im folgenden noch kurz eingegangen werden, um die bisher eher abstrakt gehaltenen Ausführungen an konkreten Beispielen der Berichterstattung zu veranschaulichen.

4.3.4.1 Berichtsformen PSP

Berichtsoberfläche der PSP ist neben dem „Konzernstrategischen Geschäftsfeld“ Personenwagen die Ebene der strategischen Geschäftsfelder. Die Gesamtdarstellung des PKW-Geschäfts weist dabei folgende inhaltliche Schwerpunkte auf:

- Segmentierung
  - Marktattraktivität
  - Allgemeines Umfeld
  - Markt und Kunde
  - Wettbewerb
- Strategieposition
  - Produkt, Preis/Menge, Kosten
  - Ertragswert
- Strategieumsetzung
  - Chancen/Risiken
  - Handlungsbedarf,

wobei auf Geschäftsfeldebene (z. B. S-Klasse) weitgehend eine analoge Gliederungsstruktur vorgesehen wird. Die ausgewählten Berichtsbeispiele sind den Elementen Marktattraktivität und Strategieposition entnommen.

Anhand von **Marktvolumenübersichten** lassen sich – bezogen auf die Vergleichsklasse – die wert- und mengenmäßigen Wachstumstrends im Prognosezeitraum aufzeigen. Ausgangspunkt bilden externe Marktforschungsprognosen, die intern ergänzt werden um eigene Einschätzungen der Marktentwicklung für die relevante Vergleichsklasse in den Regionen (vgl. nachstehende Übersicht).

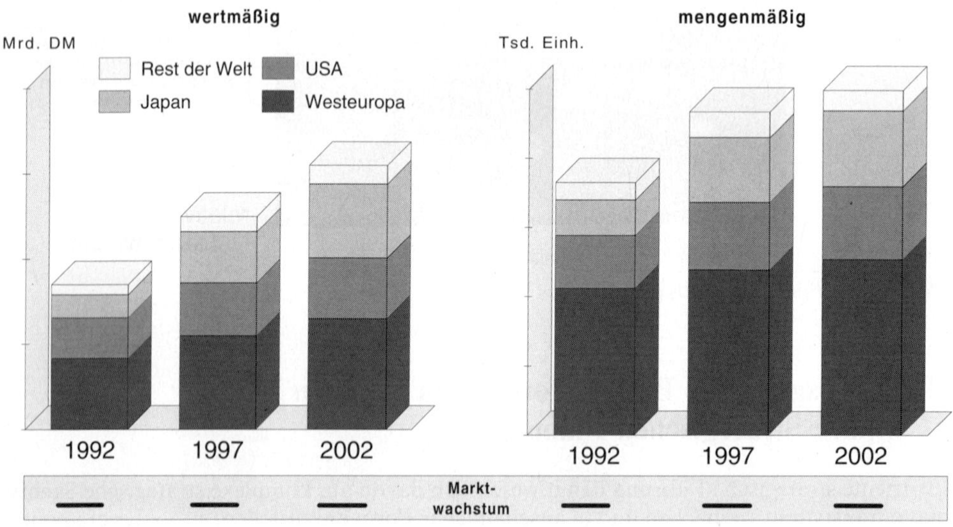

Abb. 58: Marktvolumen PKW

Im **Ertragswertportfolio** werden die absoluten Ertragswerte in Beziehung gesetzt zu der relativen Größe Ertragswert in % des diskontierten Mitteleinsatzes (Barwert der einmaligen Ausgaben). Damit ist nicht nur eine Beurteilung der absoluten Höhe der Ertragswerte einzelner Baureihen möglich, sondern an der Ordinate ist gleichzeitig die Verzinsung des Mitteleinsatzes ablesbar.

Die **relative Wettbewerbsstellung** läßt sich ebenfalls in einfacher Form abbilden. Für ausgewählte kaufentscheidende Faktoren (z. B. Motorisierung, Sicherheit, Zuverlässigkeit) können gegenüber einem definierten Ausgangszustand Zielsetzungen zur Verbesserung von „Unterlegenheitskriterien", aber auch das Heranrücken von Wettbewerbern in einzelnen Kriterien dargelegt werden. Ein weiterer Aspekt, der an dieser Stelle diskutiert werden kann, ist, inwieweit Kaufmotive im Zeitablauf an Bedeutung gewinnen oder verlieren.

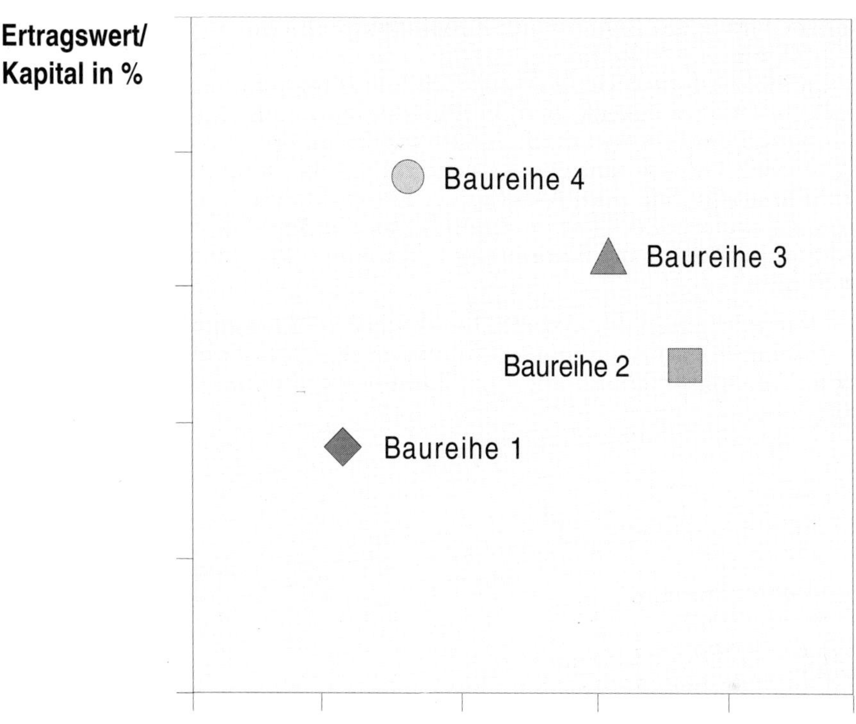

Abb. 59: Ertragswertportfolio

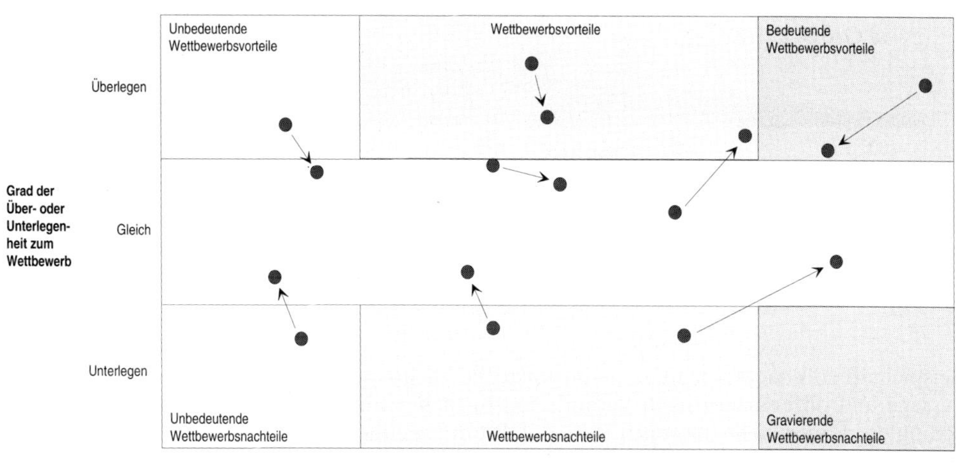

Abb. 60: Relative Wettbewerbsstellung

4.3.4.2 Berichtsformen im Rahmen von Neuproduktprojekten

Der Produktentstehungsprozeß wird kontinuierlich durch Projektaussagen hinsichtlich Termin, Reifegrad und Kosten dokumentiert. In Abhängigkeit vom Reifegrad handelt es sich bei den Kostenaussagen um Kostentrend-, Kostenschätzungs- oder Projektkalkulationsberichte, die 12 Monate vor Serienanlauf in die erste Vorkalkulation münden. Die Kostenberichterstattung beinhaltet zum einen Aussagen zur Kostenzielerreichung und zum anderen Darstellungen zur Kostenentwicklung im Vergleich zum Vorgängertyp. Beide Aspekte werden nachstehend – ergänzend um ein Beispiel zum Produktreifegrad – anhand von Schaubildern verdeutlicht.

Die folgende Darstellung zeigt den aktuellen Projektstand bei Kaufteilen im Vergleich zum Vorgänger. Im Rahmen einer systematischen Überwachung werden diese Teile insbesondere im Hinblick auf ihre Konstruktionsmaßhaltigkeit beurteilt und verschiedenen Güteklassen zugeordnet.

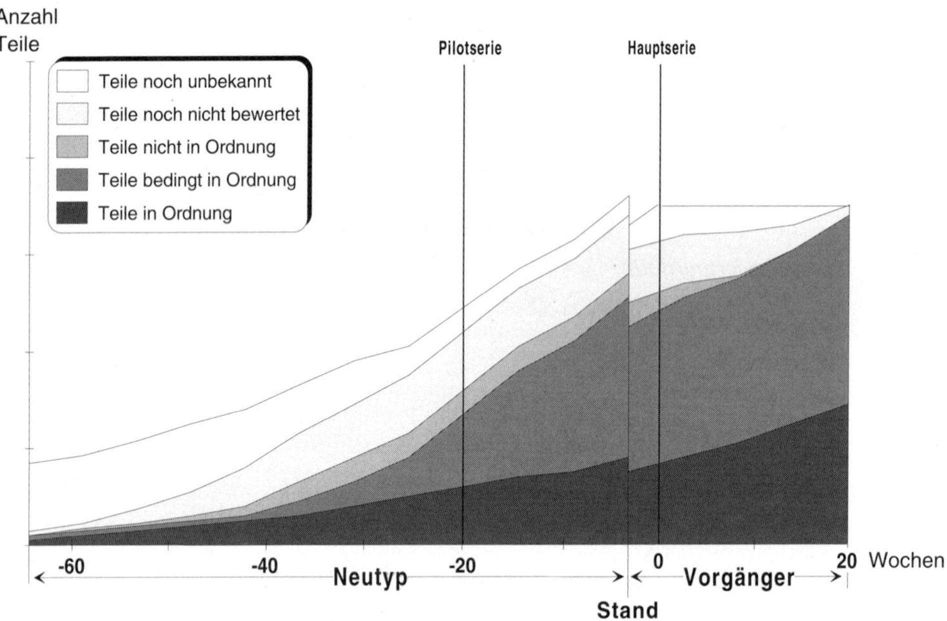

Abb. 61: Bemusterungsvergleich

Beispielhaft soll nachfolgend auch die Kostenentwicklung im Vergleich zur letzten Kostenaussage und differenziert nach Veränderungsursachen aufgezeigt werden. Die konstruktiv bedingten Änderungen beziehen sich auf Produktmaßnahmen, die funktionsgruppenbezogen erläutert werden. Die Aktualisierung des Kostenbildes in den Werken/Centern ist unter fertigungstechnisch bedingten Veränderungen auszuweisen. Unter Forschungs-/Entwicklungskosten werden vor allem Konstruktionsänderungskosten dargestellt.

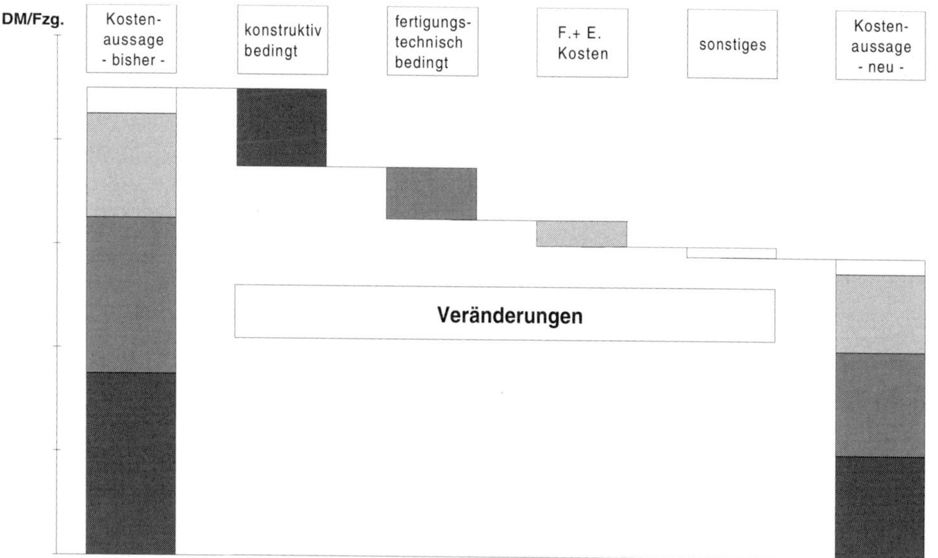

Abb. 62: Kostenfortschreibung

Im Sinne einer Ausgriffsbetrachtung zeigt die folgende Abbildung die Produktionskosten als Gegenüberstellung des Neutyps zum Vergleichstyp. Hierzu sind die typgebundenen Investitionen sowie die Fertigungszeiten je Fahrzeug im Rahmen der Kalkulation in Investitionsfolgekosten sowie Personalkosten zu transformieren.

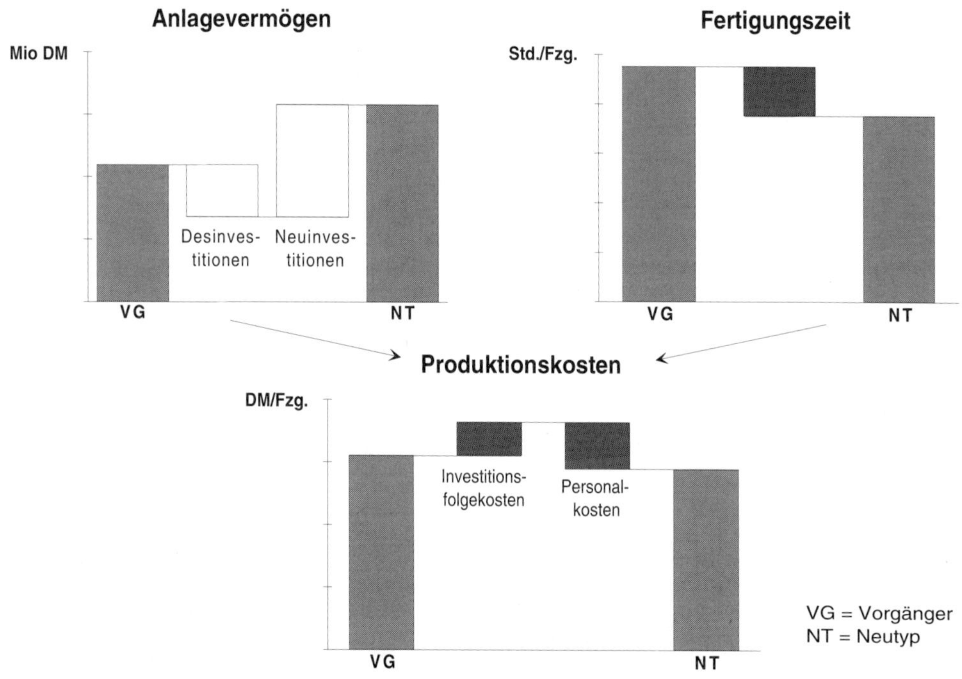

Abb. 63: Vergleich Neutyp zu Vorgänger

4.4 Planung und Berichterstattung im Rahmen der operativen Führung

Dient die Strategische Planung der frühzeitigen Identifikation von Erfolgspotentialen und Handlungsbedarfen, so hat die Operative Planung in erster Linie die Detaillierung der strategischen Ziele zum Inhalt. Erreicht wird dies durch zielgerichtetes Einwirken im Sinne einer Feinsteuerung innerhalb des durch strategische Festlegungen vorgegebenen Rahmens.

Hierzu werden – wie bereits ausgeführt – im Vorfeld der Operativen Planung mit dem Ziel einer Vorsteuerung des gesamten Planungsprozesses aus den Geschäftsstrategien Eckdaten abgeleitet, die Zielgrößen für alle wesentlichen operativen Teilplanungen bilden. So werden z. B. für Zwecke der Absatzplanung Zielsetzungen hinsichtlich Absatzmengen, Marktanteilen und Erlösen differenziert nach Volumenmärkten definiert. Eine Ergebnistrendrechnung bildet im Prozeß der Operativen Planung im Anschluß an die Absatzplanung die Basis zur weiteren Optimierung der Erlös-, Kosten- und Ergebnissituation im Vorfeld der weiteren Planungsschritte.

Die im Rahmen des Planungsprozesses vorgesehenen Steuerungsmöglichkeiten und Zielvereinbarungsgespräche werden schematisch in Abbildung 64 dargestellt. Der frühzeitige Zielvereinbarungsprozeß mit den planenden Einheiten soll wesentlich dazu beitragen, die gestellten Anforderungen an die Operative Planung in bezug auf Planungsqualität und -aktualität zu erfüllen.

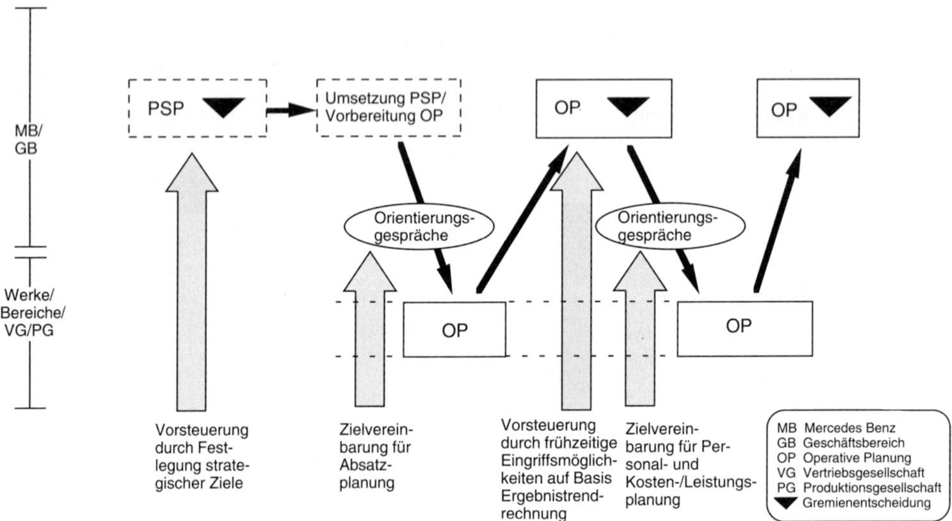

Abb. 64: Steuerungsmöglichkeiten und Zielvereinbarungsgespräche im Rahmen der Operativen Planung

Ausgehend von den in der Übersicht dargestellten Abläufen läßt sich der Planungsprozeß wie folgt beschreiben: Die Operative Planung versteht sich als Bindeglied zwischen der Strategischen Planung und der unterjährigen Planung und Berichterstattung. Ihre Hauptaufgabe ist es, die Detaillierung und Umsetzung der strategischen Rahmenvorgaben und

Zielkorridore in konkrete Zielvereinbarungen für Produkte/Märkte, Bereiche und Funktionen sowie die Ableitung konkreter Maßnahmen für den mittelfristigen Planungszeitraum sicherzustellen. Sie definiert damit zugleich Vorgaben für die unterjährige Planung und Berichterstattung.

4.4.1 Prozeß der Operativen Planung

Die Operative Planung ist eine **Bottom-up-Planung** der dezentralen Organisationseinheiten (z. B. inländische Werke/Leistungszentren, ausländische Produktionsgesellschaften und Vertriebsstufe) auf Basis vereinbarter Zielkorridore. Die Zusammenführung der dezentralen Teilplanungsumfänge und die Abbildung der wirtschaftlichen Auswirkungen in der Ergebnisplanung bzw. der Finanz- und Jahresabschlußplanung sowie deren Analyse und Wertung erfolgen in den zuständigen zentralen Bereichen.

Die nachstehende Abbildung zeigt das Gesamtkonzept der Operativen Planung im Überblick sowie deren Anbindung an die PSP. Daneben werden die Zusammenhänge zwischen den einzelnen Teilplanungen und das Zusammenwirken der dezentralen und zentralen Planungsbereiche im Planungsablauf verdeutlicht.

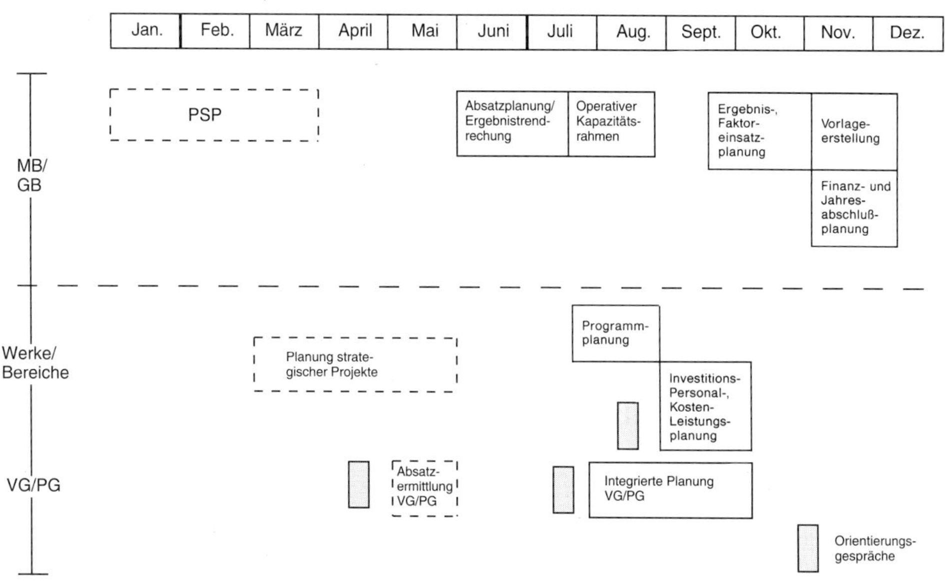

Abb. 65: Gesamtkonzept Operative Planung

Der im Hinblick auf die Komplexität der Planungsaufgabe straffe Zeitrahmen ermöglicht die Bearbeitung der strategischen und operativen Planungselemente innerhalb eines Kalenderjahres. Die Aktivitäten der Operativen Planung beginnen im Juni mit der Absatzplanung und schließen mit der Verabschiedung der Geamtplanung im Vorstand am Ende des Jahres bzw. Aufsichtsrat zu Beginn des Folgejahres ab. Die Realisierung dieser anspruchsvollen Zeitleiste setzt allerdings die Nutzung aller Möglichkeiten zur Parallelplanung voraus und erfordert im Sinn eines kritischen Pfads eine optimale Verzahnung der Teilplanungen.

Unterstützt wird diese Vorgehensweise durch eine unterjährige Erfassung und Bewertung von Auswirkungen interner und externer Ereignisse gegenüber dem letztgültigen Stand der Operativen Planung, so daß bestimmte Planungsaktivitäten zeitlich vor die kritische Planungsphase verlagert sowie Informationen termingerecht auf aktuellem Stand abgerufen werden können.

Das Gesamtkonzept der Operativen Planung bei Mercedes-Benz ist gekennzeichnet durch ein **integriertes System** verschiedener, an der Führungsorganisation des Unternehmens ausgerichteter Teilplanungen. Hierzu werden die einzelnen Sach- und Werteplanungen nach einem definierten Ablaufplan und nach einheitlichen Grundsätzen erstellt und zu einer Gesamtplanung aggregiert. Ausgewählte Teilplanungen sollen im folgenden aufgrund ihrer zentralen Bedeutung im Planungsprozeß näher erläutert werden.

4.4.2 Teilplanungen der Operativen Planung

Die Operative Planung als integriertes System verschiedener Teilplanungen verdeutlicht folgende Übersicht.

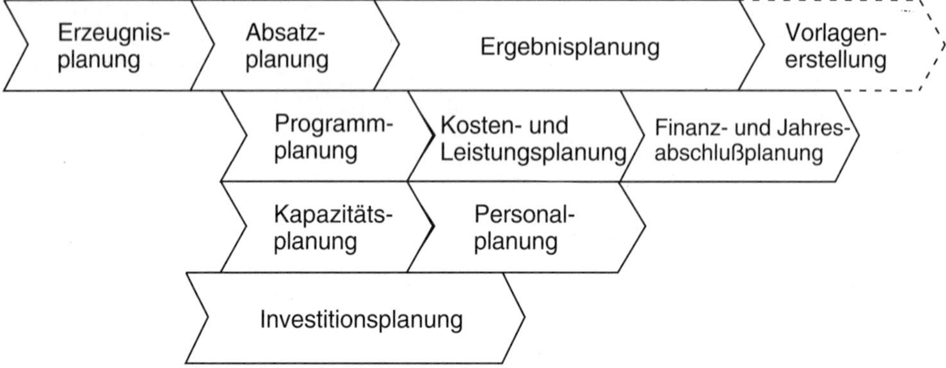

Abb. 66: Teilplanungen der Operativen Planung

Die Planungszeit zur Durchführung der Operativen Planung beträgt ca. sieben Monate. Voraussetzung hierfür ist – wie bereits erwähnt – ein straffer Planungskalender, in dem die Abläufe für die einzelnen Schritte und Teilplanungen optimal aufeinander abgestimmt sind. Es ist naheliegend, die nachfolgenden Erläuterungen zu den einzelnen Teilplanungen an der im Planungskalender definierten zeitlichen Abfolge der Planungsaktivitäten auszurichten.

4.4.2.1 Erzeugnisplanung

Die Erzeugnisplanung dient der Dokumentation der für einen Zeitraum von fünf Jahren geplanten Erzeugnisse (Fahrzeugtypen, Aggregate etc.). Das Erzeugnisprogramm ist die Ausgangsbasis für die nachfolgenden Absatz-, Programm- und Kapazitätsplanungen.

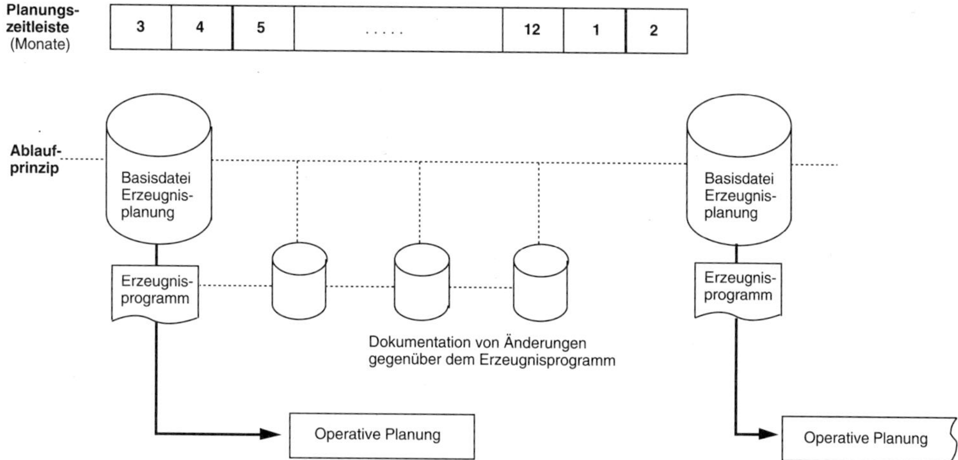

Abb. 67: Grundkonzept Erzeugnisplanung

Das der Operativen Planung zugrunde gelegte Erzeugnisprogramm unterliegt mittels einer Basisdatei unterjährig einer ereignisbezogenen Aktualisierung und steht somit unter Berücksichtigung strategischer Produktprämissen und nach Abstimmung mit der Entwicklungsplanung zeitgerecht für die Operative Planung zur Verfügung.

4.4.2.2 Absatzplanung

Ausgehend von dem vorgenannten Erzeugnisprogramm sind Aufgaben der Absatzplanung die Ermittlung der im operativen Planungszeitraum in einzelnen Märkten abzusetzenden Produktmengen sowie die Vereinbarung von Absatzzielen unter Berücksichtigung von strategischen Zielsetzungen, Erlösprämissen, Kapazitäten und Ergebnisgesichtspunkten.

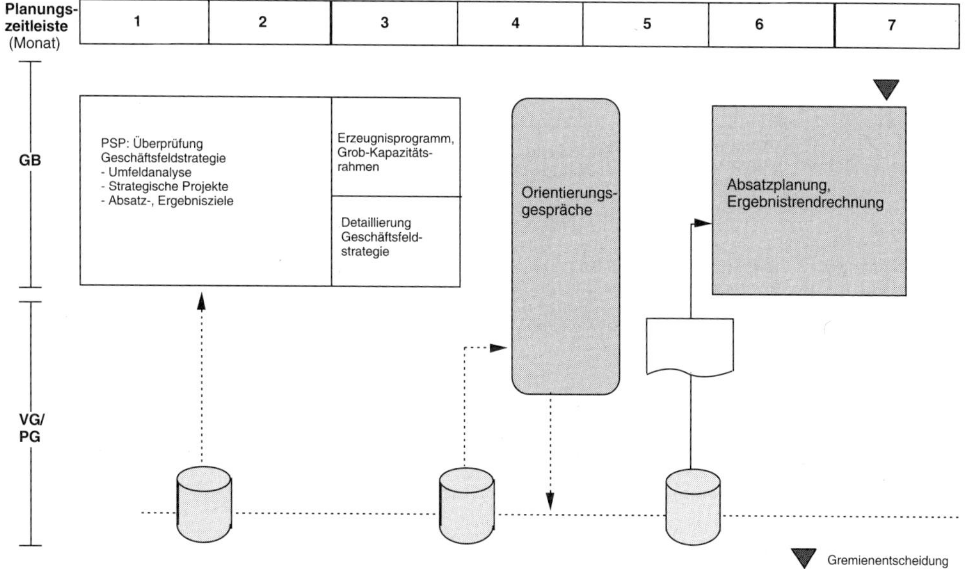

Abb. 68: Grundkonzept Absatzplanung

Basis für die Aktivitäten im Rahmen der Absatzplanung ist eine Fortschreibung der gültigen Absatzplanung im Sinne einer Bottom-up-Planung in den Marktleistungszentren um Auswirkungen unterschiedlicher Einflußfaktoren. Neben den aus der Umfeldanalyse abgeleiteten Einflußgrößen sind an dieser Stelle insbesondere Produktinformationen für Neuprodukte, Änderungen von Anlaufterminen und Preisänderungen zu berücksichtigen, die den dezentralen Einheiten ereignisbezogen zur Verfügung gestellt werden.

Diese dezentral ermittelten Absatzschätzungen bilden zusammen mit nach Märkten und Produktgruppen konkretisierten Zielvorstellungen aus der PSP die Grundlage für **Planungsgespräche** zwischen den zentralen und dezentralen Vertriebs- und Controllingbereichen. Ziel dieser Planungsgespräche ist die einvernehmliche Vereinbarung eines Zielkorridors hinsichtlich Menge, Preis und Mitteleinsatz in einzelnen Märkten unter Berücksichtigung von Kapazitäts- und Ergebnisgesichtspunkten. Die Planungsgespräche bieten somit die Möglichkeit der frühzeitigen Vorsteuerung und dienen darüber hinaus der Beschleunigung des Planungsprozesses durch die Vermeidung nachträglicher Plananpassungen und Abstimmungsschleifen.

Abgeleitet aus den vereinbarten Zielkorridoren und der geplanten Bestandssituation definieren die ausländischen Vertriebsgesellschaften sowie die inländische Vertriebsorganisation ihr Mengengerüst in detaillierter Form. Am Ende dieses Planungsschrittes steht ein Abstimmungsprozeß zwischen den zentralen Planungsbereichen im Vertrieb und den zuständigen Stellen der Kapazitäts- und Programmplanung, der die kapazitative und programmtechnische Realisierbarkeit des weltweiten Fahrzeugbedarfs sicherstellt.

Ein dementsprechend feinstrukturiertes Mengengerüst bildet gleichzeitig die Basis für eine Bewertung im Sinne einer zentral durchgeführten Ergebnistrendrechnung (Einzelheiten vgl. Punkt 4.4.2.7).

4.4.2.3 Programm- und Kapazitätsplanung

Im Rahmen der Programmplanung erfolgt die Umsetzung der verabschiedeten Absatzplanung in ein Fahrzeugprogramm und daraus abgeleitet ein Aggregateprogramm für die einzelnen Produktionsstandorte unter Berücksichtigung der Kapazitätsvorgaben sowie der An- und Auslaufsituationen.

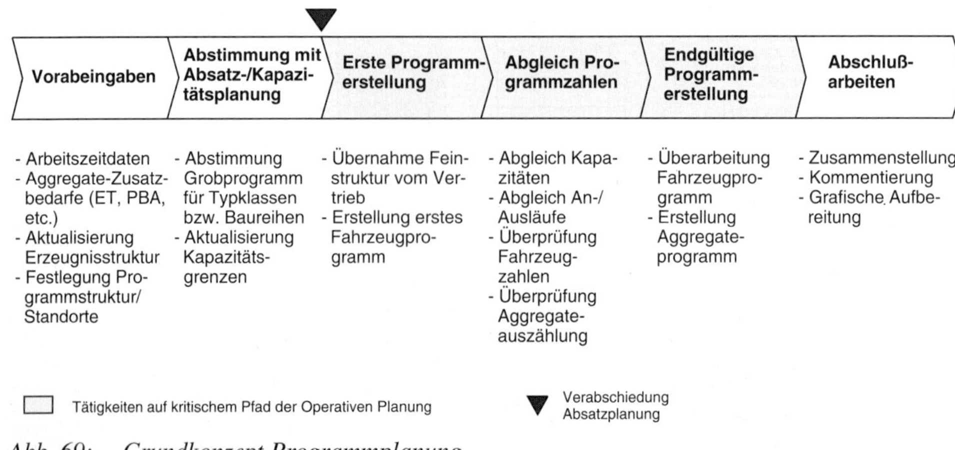

Abb. 69: Grundkonzept Programmplanung

Die parallel zur Programmplanung stattfindende operative Kapazitätsplanung ermittelt standortbezogen die technischen Produktionskapazitäten nach Grundtypen, die zur Realisierung der zukünftigen Produktionsprogramme erforderlich sind. Sie basiert auf einem im Vorfeld der Operativen Planung erstellten Grobkapazitätsrahmen, der ausgehend von den Absatzzielen der Strategischen Planung baureihenbezogene Angaben zu Kammlinien und Summenkapazitäten enthält und als langfristige Orientierungsgröße dient.

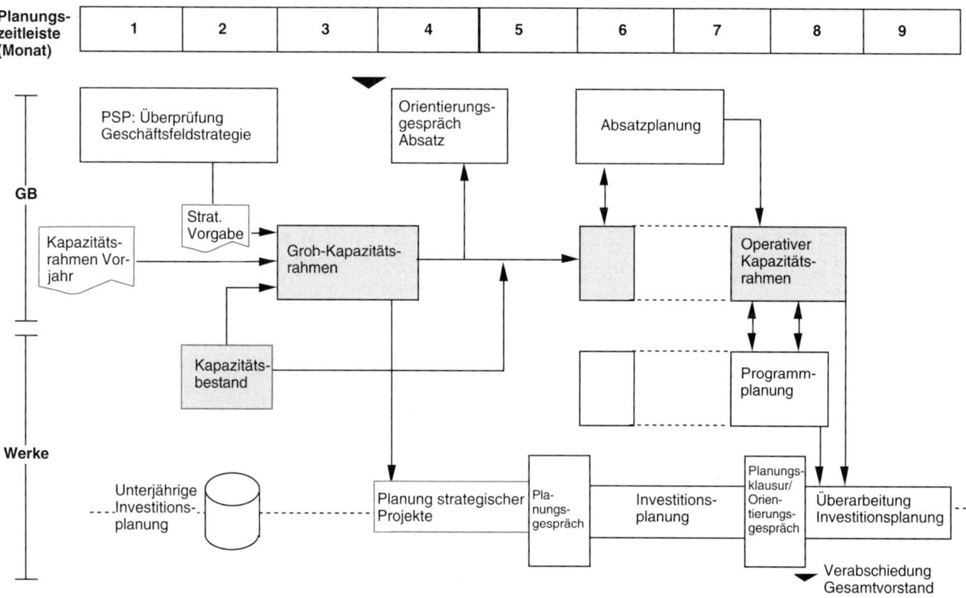

Abb. 70: Grundkonzept Kapazitätsplanung

Der im Schaubild aufgezeigte Kapazitätsbestand beinhaltet bezogen auf die einzelnen Produktionsstandorte sowohl die Ist-Kapazitäten als auch aufgrund geplanter Projekte die zu realisierenden Kapazitäten. Die Dokumentation des Kapazitätenbestandes erfolgt als Orientierungsgröße im Vorfeld der Planungsaktivitäten.

4.4.2.4 Investitionsplanung

Die Investitionsplanung bildet den Investitionsbedarf ab, der zur Realisierung der geplanten unternehmerischen Leistung im Planungszeitraum benötigt wird.

Die unterjährige Planung und Fortschreibung von Investitionsprojekten und Vorhaben wird dezentral in den planenden Bereichen durchgeführt. Die Dokumentation der relevanten technischen und wirtschaftlichen Daten sowie die personal-, kosten- und ergebnismäßigen Auswirkungen erfolgt jeweils auf aktuellem Stand über eine einheitliche, allen beteiligten Bereichen zugängliche Vorhabendatei.

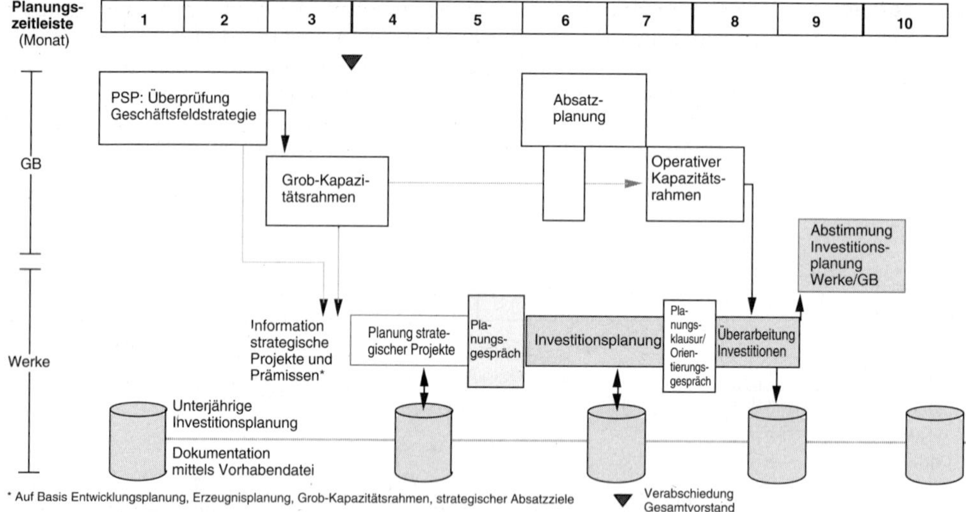

Abb. 71: Grundkonzept Investitionsplanung

Auch der operativen Investitionsplanung sind mit dem Ziel einer Vorsteuerung Planungsgespräche zwischen den zentralen und dezentralen Einheiten vorgeschaltet. Sie dienen im wesentlichen einer Vorabstimmung der unter Berücksichtigung strategischer Vorgaben und operativen Planungsprämissen in die Investitionsplanung aufzunehmenden Projekte sowie deren zeitlichen Einordnung.

4.4.2.5 Personalplanung

Die Personalplanung im Rahmen der Operativen Planung bestimmt den Personalbedarf zur Erfüllung der betrieblichen Aufgaben in zeitlicher, örtlicher, quantitativer und qualitativer Hinsicht. Darüber hinaus ist sie Ausgangspunkt nachgelagerter Planungen der Personalbereiche, wie z. B. der Personalentwicklungs- und Personalbeschaffungsplanung. Die Personalplanung ist eine dezentrale Planung auf der Basis der mit den Zentralbereichen abgestimmten Prämissen und Ziele. Im Vorfeld der dezentralen Planungen werden hierzu personalpolitische Rahmenzielsetzungen in einer Planungsklausur und in Orientierungsgesprächen mit den Werken/Leistungszentren abgestimmt.

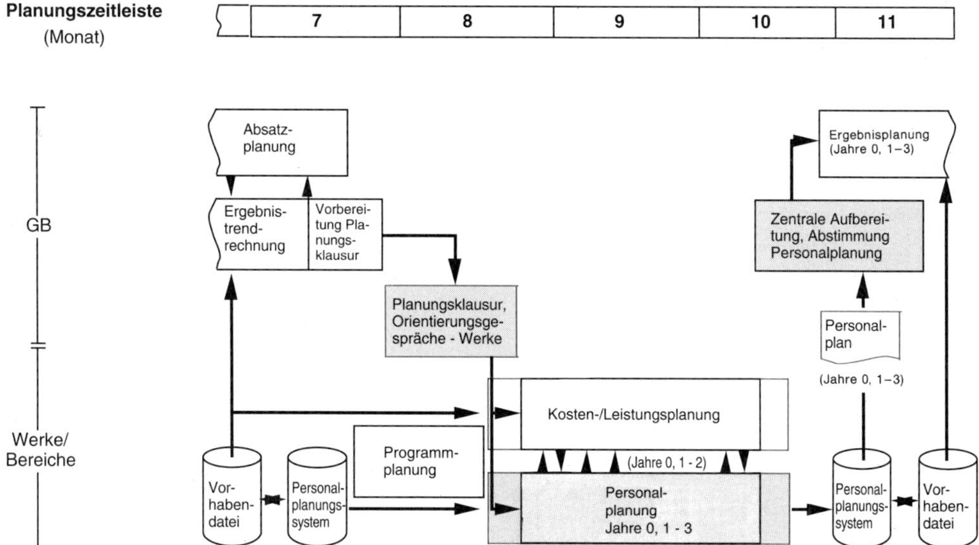

Abb. 72: Grundkonzept Personalplanung

Wie die Übersicht verdeutlicht, findet die Personalplanung parallel zur Kosten-/Leistungsplanung statt. Dies bedingt eine enge Verzahnung der beiden Teilplanungen sowie definierte Schnittstellen bezüglich der Planungsinhalte und Termine.

4.4.2.6 Kosten-/Leistungsplanung

Die Kosten-/Leistungsplanung dient der Erfolgssteuerung und beinhaltet im wesentlichen folgende Planungsaktivitäten: die Abstimmung von Kosten- und Leistungszielen einschließlich der Ziele für die Einsatzfaktoren Personal und Investitionen /Desinvestitionen für Produkt- und Dienstleistungszentren. Sie erfolgt im Rahmen von Planungs-/Orientierungsgesprächen. Grundlage für die Ableitung von centerbezogenen Kosten- und Leistungszielen bilden die auf der Basis der Absatzplanung verabschiedete Ergebnistrendrechnung sowie die im Rahmen der Centerplanungen vereinbarten Ziele und Maßnahmen zur Erreichung/Erhaltung der Wettbewerbsposition.

Die umsatzbezogene Kostenplanung im Sinne einer dezentralen Kostenfeinplanung wird – unter Beachtung der oben angesprochenen Zielorientierung – nur für die ersten beiden Jahre der Operativen Planung durchgeführt. Die von den Werken/Leistungszentren zu verantwortenden Kosten incl. Fertigungsmaterial werden nach Kostenarten bzw. Kostenkomplexen in Abhängigkeit von Einfluß- und Bezugsgrößen (u. a. Fertigungsstunden) geplant.

Für das Jahr drei der Operativen Planung erfolgt eine **Trendplanung**, d.h., die Kostenplanung wird in vereinfachter, weniger detaillierter Form durchgeführt. Die beschäftigungsabhängigen und die beschäftigungsunabhängigen Kosten bzw. Kostenveränderungen werden – nach wesentlichen Kostenkomplexen gegliedert – in enger Abstimmung zwischen den dezentralen und zentralen Planungsbereichen ermittelt und finden – spezifisch aufbereitet – Berücksichtigung in der Centererfolgsrechnung und in der konsolidierten Ergebnisplanung.

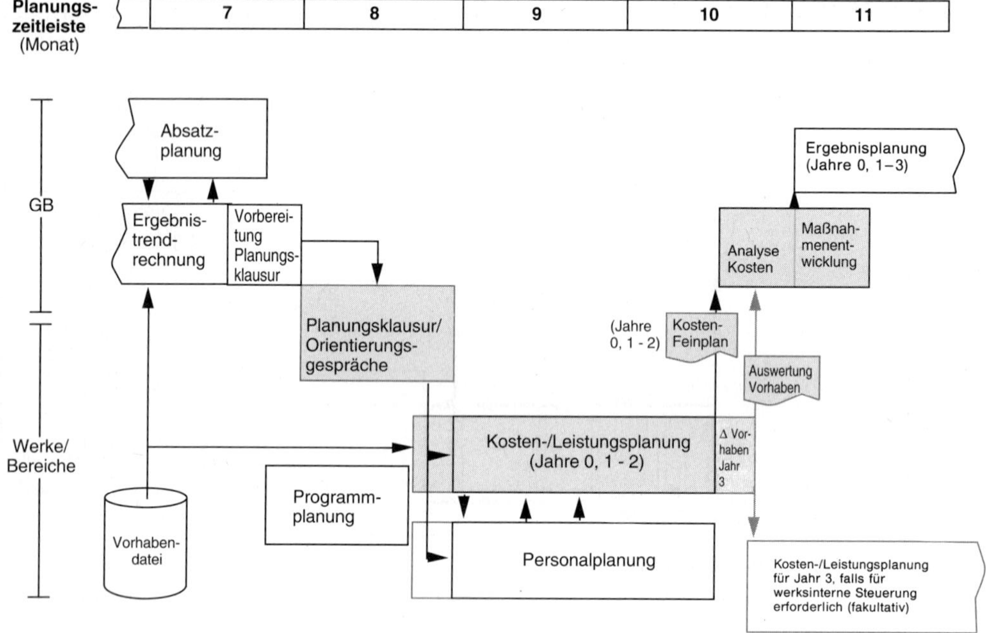

Abb. 73: Grundkonzept Kosten-/Leistungsplanung

4.4.2.7 Ergebnisplanung

Die Ergebnisplanung faßt die wirtschaftlichen Auswirkungen der vorangestellten Teilplanungen zusammen. Die Grundkonzeption Ergebnisplanung hat zum Ziel, durch frühzeitige Zielvereinbarungen zwischen zentralen und dezentralen Einheiten die Planung im Hinblick auf Qualität, Aktualität und Akzeptanz zu verbessern.

Bereits in der Ergebnistrendrechnung als erste Phase der Ergebnisplanung werden neben Absatz- und Erlöszielen Auswirkungen aus geplanten Vorhaben und Neuprodukten berücksichtigt. Auf dieser Grundlage werden Zielvorstellungen definiert und in Planungsklausuren und Orientierungsgesprächen mit den Werken/Centern und der Vertriebsorganisation diskutiert. In der Ergebnisplanung selbst werden dann die Resultate der Planungen der inländischen Vertriebsstufe, der Vertriebs- und Produktionsgesellschaften sowie der von den Werken/Centern und zentralen Bereichen erstellten Kosten- und Leistungsplanungen berücksichtigt (top-down-/bottom-up-Prozeß).

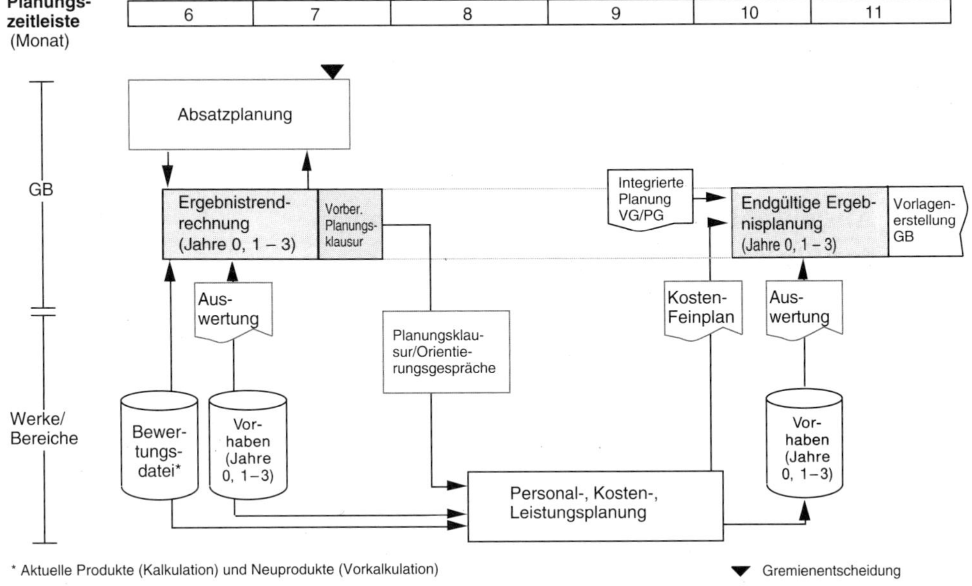

Abb. 74: Grundkonzept Ergebnisplanung

4.4.2.8 Finanz- und Jahresabschlußplanung

Die Finanz- und Jahresabschlußplanung bildet alle vorgelagerten Teilplanungen in Finanzplänen und Planjahresabschlüssen ab. Sie dient der Bewertung und Optimierung finanzwirtschaftlicher Größen sowie der Analyse und Gestaltung des Jahresabschlusses.

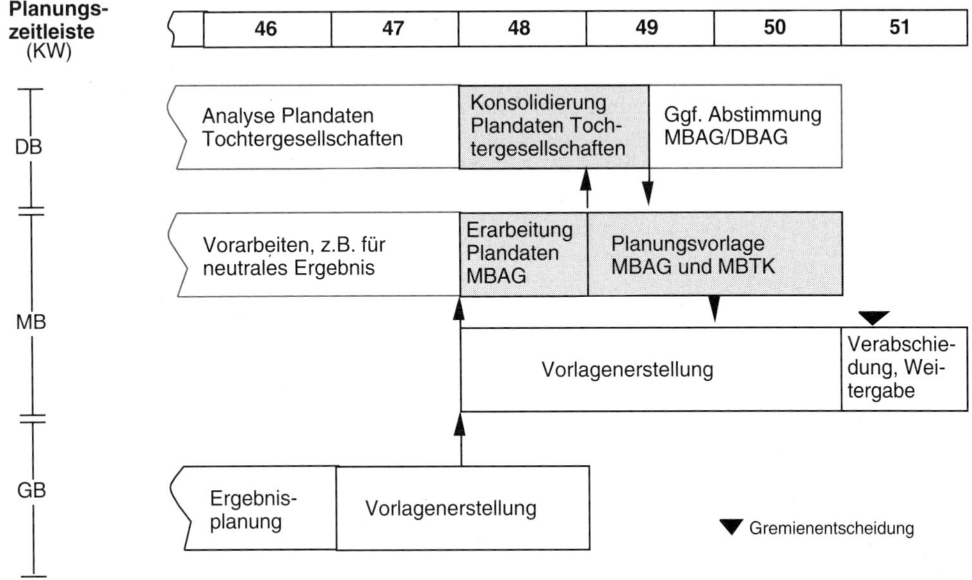

Abb. 75: Grundkonzept Finanz- und Jahresabschlußplanung

Mit der gemeinsamen Vorlagenerstellung, die hier nicht Gegenstand der Betrachtung sein soll, wird der Prozeß der Operativen Planung abgeschlossen. Die Gestaltung der Berichtsstrukturen soll gleichwohl anhand beispielhaft ausgewählter Berichtselemente der Operativen Planung im nächsten Abschnitt noch dargestellt werden.

4.4.3 Ausgewählte Berichtsformen im Rahmen der Operativen Planung

Im Vordergrund der Berichterstattung zur Operativen Planung stehen die Darstellung der Zielsetzungen sowie die hieraus abzuleitenden Maßnahmen für die Geschäftsbereiche. Die führungsrelevanten Informationen der Sach-/Mengenplanungen (Absatz-, Investitions-, Produktions- und Personalplanung) und der Werteplanungen (Umsatz-, Betriebsergebnis-, Finanz- und Jahresabschlußplanung) müssen zur Sicherstellung der Durchgängigkeit der Berichtsstrukturen deren wechselseitigen Abhängigkeiten berücksichtigen. Diese Verknüpfungen lassen sich nur über eine Beschreibung des gesamten Berichtskonzeptes charakterisieren, was allerdings den Rahmen dieser Ausführungen sprengen würde. Nachdem jedoch die Ergebnisplanung die wirtschaftlichen Auswirkungen der Teilplanungen zusammenfaßt, soll hierzu ein Layoutbeispiel gegeben werden. Weitere Berichtsbeispiele zur Sachplanung und zur unterjährigen Berichterstattung werden das Bild ergänzen.

4.4.3.1 Berichtsformen Operative Planung

Die Berichtsstruktur der Operativen Planung gliedert sich in kurzgefaßte – aus der PSP übernommene – Aussagen zur **strategischen Position**, der **Produkt-/Marktsituation** sowie der Entwicklung der **Einsatzfaktoren**. Abgeschlossen wird die Vorlage mit Aussagen zur **Finanz- und Jahresabschlußplanung**.

Zur Beschreibung der Produkt-/Marktsituation werden Umsatzrenditen in Beziehung zu Marktanteilszielsetzungen gesetzt und für bestimmte Regionen/Märkte baureihenbezogen angstrebte Entwicklungen im Planungszeitraum ausgewiesen. Daneben werden für das erste Planjahr Veränderungen gegenüber der letztjährigen Planung aufgezeigt. Diese Darstellungsform eignet sich insbesondere zur Visualisierung der Veränderung der strategischen Position oder anders formuliert: abgeleitet aus dem Vorsteuerungscharakter der Strategischen Planung wird an dieser Stelle der Umsetzungsstand der strategischen Stoßrichtung transparent:

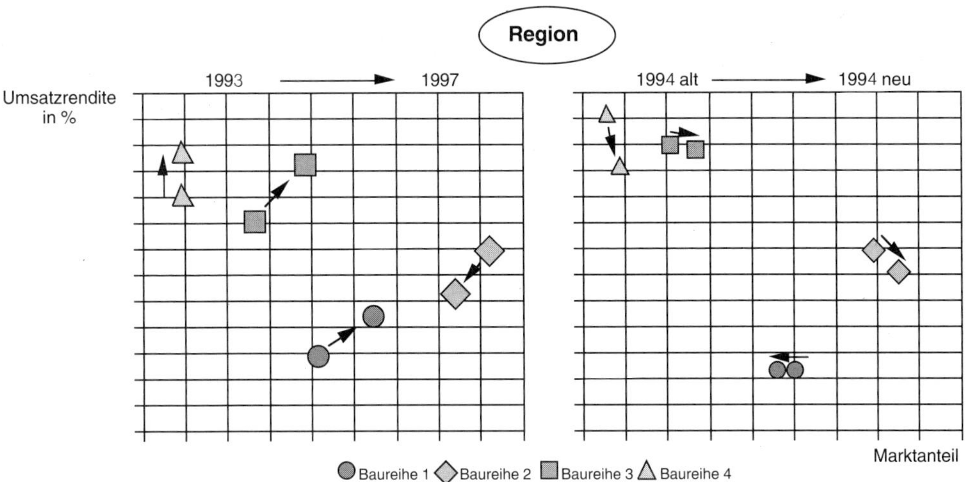

Abb. 76: Produkt-/Marktsituation

Die Entwicklung der Einsatzfaktoren – am Beispiel Investitionen abgebildet – läßt sich anhand eines Plan-Plan-Vergleiches aufzeigen. Das Investitionsvolumen des Planungszeitraumes wird den Werten der vorjährigen Planung gegenübergestellt. Die Veränderungen, Ergänzungen sowie Fortschreibungstatbestände sind an dieser Stelle dann detailliert zu erläutern:

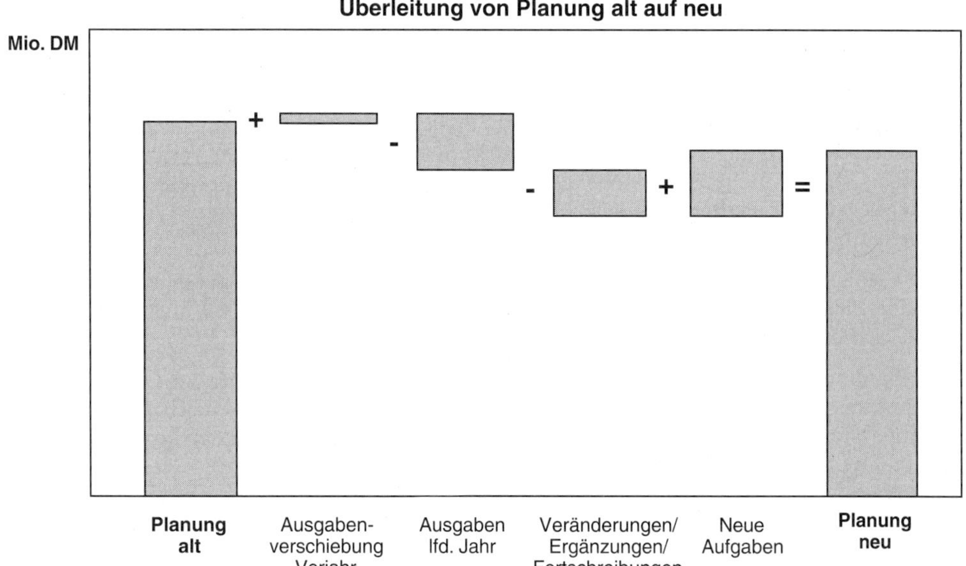

Abb. 77: Sachinvestitionen

4.4.3.2 Berichtsformen im Rahmen der unterjährigen Planung

Der Bedarf zur unterjährigen Aktualisierung von **Ergebnistrendaussagen** resultiert im wesentlichen aus veränderten Markteinschätzungen sowie aus möglichen Kostenzielabweichungen der Center. Das folgende Berichtsbeispiel ist Bestandteil der Marktbeobachtung; Berichtselemente der Bereichsführung und -steuerung wurden im Rahmen der Centererfolgsrechnung bereits dargestellt (vgl. Punkt 4.2.2.3).

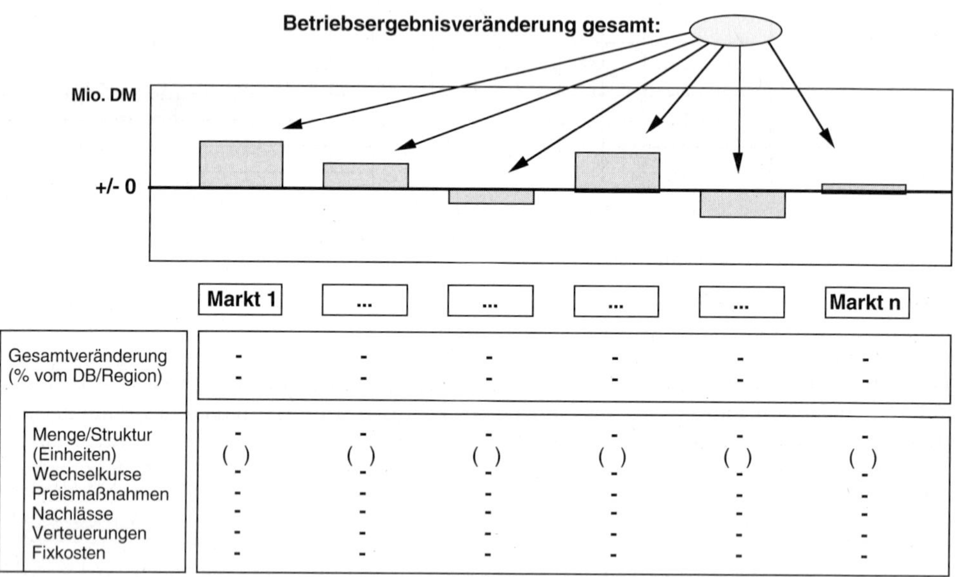

Abb. 78: Plan-Ist-Erwartungs-Vergleich

Nachdem auf der Grundlage von Planungsgesprächen mit den dezentralen Vertriebsbereichen Zielvereinbarungen hinsichtlich Menge, Preis und Mitteleinsatz in einzelnen Märkten unter Berücksichtigung von Ergebnisgesichtspunkten erfolgen, werden Veränderungen aus aktuellen Markteinschätzungen ebenfalls verantwortungsbezogen dargestellt. Im Falle drohender negativer Zielabweichungen soll eine aktuelle Berichterstattung und Analyse helfen, möglichst frühzeitig Gegensteuerungsmaßnahmen einzuleiten.

Damit schließt sich der in anderem Zusammenhang bereits erwähnte, auf einer dementsprechenden Planungs- und Berichtsoberfläche abgebildete Regelkreis der Führung – hier auf den Geschäftsbereich PKW insgesamt bezogen.

Den Planungs- und Controllingbereichen im Unternehmen muß es bei der Gestaltung der entsprechenden Instrumentarien ein besonderes Anliegen sein, eine Überbestimmung des Gesamtsystems zu vermeiden, denn zum einen hat Führung in allererster Linie eine personale Komponente und zum anderen gilt das Lean-Management-Prinzip auch für Planungsabläufe und Berichtsformen.

5. Entwicklungstendenzen zur strategischen und operativen Führung im Daimler-Benz-Konzern

Im Zuge der Konzernerweiterung und der Weiterentwicklung der Strategie der Fahrzeugbereiche sind vorstehend beschriebene Planungs- und Controllinginstrumente neu entwickelt bzw. an die veränderten Anforderungen angepaßt worden. Für die überschaubare Zukunft wird es deshalb mehr auf eine kontinuierliche Weiterentwicklung ankommen, als daß grundlegend neuere Instrumente und Verfahren zu erwarten wären. Dem liegt das Verständnis zugrunde, daß Strategische wie Operative Planung die Ungewißheit von Zukunftsentwicklungen nicht beseitigen, sondern nur Handlungsspielräume aufzeigen und damit nutzbar machen können als Voraussetzung für flexibles, schnelles Reagieren.

Dennoch gilt es, den Spielraum für unvorhergesehene Entwicklungen und Überraschungen soweit als möglich einzuengen. In diesem Sinne werden die Bemühungen um ein strategisches „Issue-Management" im Sinne einer Früherkennung schwacher Signale weiter intensiviert. Die erforderlichen externen und internen Kommunikationsbeziehungen sind teilweise noch zu intensivieren, das Verständnis für dieses Instrument muß noch weiter vertieft und im Umgang damit noch mehr Erfahrung gewonnen werden.

Ein wesentlicher Schwerpunkt dürfte auch in der weitergehenden quantitativen Hinterlegung der strategischen Planungsprozesse – sowohl bei der Strategieüberprüfung als auch verstärkt bei der Strategieentwicklung – liegen. Dies gilt insbesondere auch für die Diskussion der (heutigen und zukünftigen) Rollen- bzw. Zielerfüllung der Geschäftsfelder und die dafür erforderlichen Vergleichsmaßstäbe; Benchmarking als Instrument einer objektivierten Selbsteinschätzung wird generell stark an Bedeutung gewinnen.

Großes Augenmerk ist auch einer noch stärkeren Integration von strategischen und operativen Planungsinhalten zu widmen, um Durchgängigkeit und Konsistenz der Planungen und damit der wettbewerblichen Stoßkraft zu stärken.

Letztlich werden die Bestrebungen zu einer weitergehenden Objektivierung bei der Bewertung von Strategien und Geschäften zu einem höheren Stellenwert von ertragswertbasierten Bewertungskonzepten führen, wie es z. B. das Shareholder-Value-Konzept darstellt.

Gerade wegen der angesprochenen Nicht-Prognostizierbarkeit der Zukunft wird es aber vor allem darauf ankommen, auf breiter Ebene Mitarbeiter, Führungskräfte und Top-Management mit den Möglichkeiten und Grenzen dieser Instrumente vertraut zu machen.

Teil VIII

Planung und Kontrolle im Führungssystem des Hauses Siemens

Dr. Andreas Zimmermann
Leiter der Hauptabteilung Unternehmensstrategien der Siemens AG *

---

* Bis 30. 9. 91. Das Manuskript wurde am 25. 6. 92 abgeschlossen. Bei der Überarbeitung wurden die Angaben soweit erforderlich auf den Stand 30. 9. 94 gebracht. Herrn *Dr. Karl Ludwig Pedell*, Direktor der Siemens AG, danke ich für die Mitwirkung bei der Anfertigung des Manuskriptes.

1. Siemens im Wandel des geschäftlichen Umfeldes

1.1 Das Unternehmen

Das Unternehmen wurde im Jahre 1847 von **Werner von Siemens** gegründet. Er hat damals der jungen Wissenschaft Elektrotechnik nicht nur durch seine Erfindungen entscheidende Impulse gegeben, sondern auch als Unternehmer die Entwicklung der Elektroindustrie entscheidend gefördert. Insofern ist die Geschichte von Siemens auch ein Teil der Industriegeschichte[1].

Von den tiefgreifenden Einschnitten durch die beiden Weltkriege und durch die Weltwirtschaftskrise abgesehen, hat das Haus Siemens eine stetige Entwicklung zu einem der führenden Unternehmen der Weltelektroindustrie genommen. Im Geschäftsjahr 1990/91 erreichte der Umsatz 73 Milliarden DM, bei einer Mitarbeiterzahl zum 30. 9. 91 von 402000 (1993/94 Umsatz 85 Milliarden DM bei 382000 Mitarbeitern). Das entspricht einem Umsatzwachstum in den letzten 40 Jahren von durchschnittlich 12% p.a., das vor allem durch internes Wachstum, aber auch durch Akquisitionen getragen wurde (vgl. Abbildung 1).

Am Anfang standen zwei innovative technologische Ereignisse, die nicht nur für das Unternehmen, sondern auch für die Branche Elektroindustrie von entscheidender Bedeutung waren.

Die Entwicklung des elektromagnetischen Zeigertelegraphen (1847) führte unmittelbar zur Gründung der „Telegraphen Bau-Anstalt Siemens & Halske" in Berlin und war ein Grundstein zur Entwicklung der Nachrichtentechnik. Von grundlegender Bedeutung war auch die Entdeckung des dynamoelektrischen Prinzips durch den Firmengründer Werner von Siemens (1866), das die Basis für die Energietechnik, also für die Erzeugung und Nutzung des elektrischen Starkstromes, geliefert hat.

Beides waren technisch-wirtschaftliche Grundbausteine, wie sie z. B. heute mit der Mikroelektronik zu vergleichen sind, deren Basismaterial, das Reinstsilizium, Anfang der 50er Jahre in Siemens-Labors entwickelt wurde.

In diesen Ursprüngen ist auch das Geschäftsverständnis des Hauses zu sehen; es läßt sich ganz allgemein durch die technisch-wirtschaftliche Nutzung des elektrischen Stromes im universalen Sinne umschreiben.

---

1 Die Geschichte des Hauses Siemens ist gut dokumentiert, z. B. in: von Siemens, Werner: Lebenserinnerungen. 18. durchg. Aufl. München 1986. Siemens, Georg: Der Weg der Elektrotechnik – Geschichte des Hauses Siemens. Bd. 1 und 2. Zweite, wesentlich überarbeitete Aufl. Freiburg/München 1961. Feldenkirchen, Wilfried: Siemens 1918–1945, Piper, München 1995. Umfangreiches, der Öffentlichkeit zugängliches Material zur Geschichte des Hauses Siemens und zur Entwicklung der Elektrotechnik und Elektronik befindet sich im Siemens-Museum (einschließlich eines Archivs mit umfangreichem Bildmaterial), Prannerstraße 10, 80333 München.

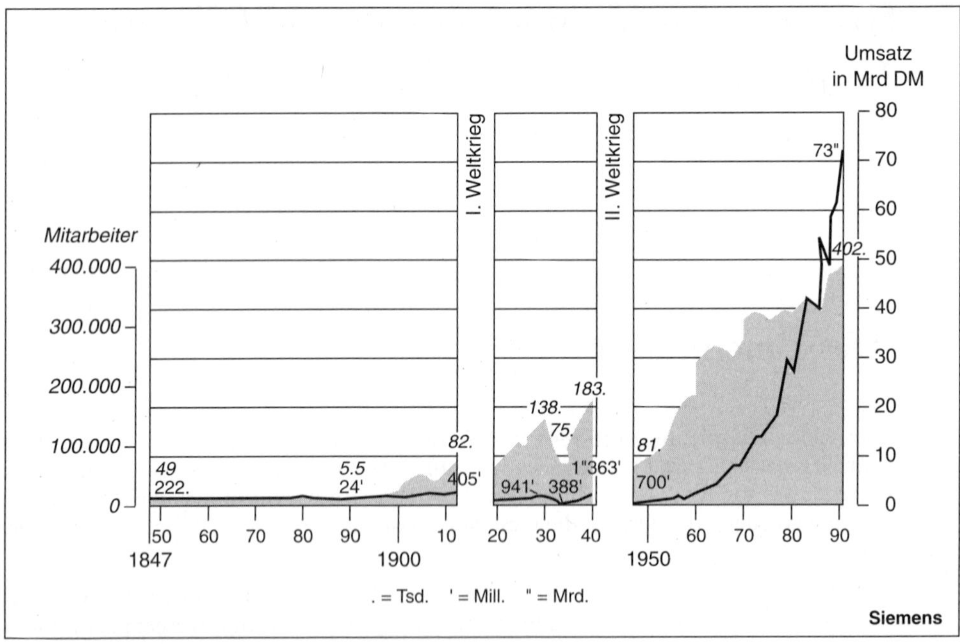

Abb. 1: Entwicklung des Umsatzes und der Mitarbeiterzahlen in fast eineinhalb Jahrhunderten Firmengeschichte des Hauses Siemens

Hinzu kam sehr schnell die internationale Dimension des Unternehmens mit Gesellschaftsgründungen in Rußland (1855), England (1858) und Österreich-Ungarn (1879).

Durch den Bau der Indo-Europäischen Telegraphenlinie auf der 11000 km langen Strecke zwischen London und Kalkutta, die 1870 fertiggestellt wurde und bis 1931 im Betrieb war, bewies das Unternehmen frühzeitig seine Fähigkeiten im internationalen Großanlagen- und Systemgeschäft. Noch heute zählen diese zu den Stärken des Hauses.

Unter den Elektro-Unternehmen der Welt nimmt Siemens heute Platz 6 ein – hinter AT&T, Hitachi, Matsushita, General Electric und IBM.

Rund drei Viertel des Geschäftes liegen in Europa; das US-Geschäft, das in den letzten 20 Jahren systematisch aufgebaut wurde, erreichte gut 10%.

Das **Haus Siemens**[2] ist gekennzeichnet als ein Unternehmen,

- das so gut wie ausschließlich auf die Elektrotechnik und Elektronik ausgerichtet ist,
- hier aber in der Breite als „Universalist“ tätig ist (Betätigung auf rd. dreiviertel des elektrotechnischen und elektronischen Spektrums)
- und das in allen Regionalmärkten dieser Welt vertreten ist.

2 Unter „Haus Siemens“ werden die Siemens AG und die mit ihr durch Mehrheitsbeteiligungen verbundenen Unternehmen verstanden. Das Haus wird durch eine Vielzahl assoziierter Gesellschaften zur Siemens-Gruppe ergänzt.

1.2 Der Weltelektromarkt

Die **Elektroindustrie** ist mit einem 12%igen Anteil am Verarbeitenden Gewerbe weltweit die zweitgrößte Industriebranche.

Der Weltelektromarkt hatte 1990 eine Größenordnung von 2.600 Milliarden DM, 1994 voraussichtlich rd. 3.000 Milliarden DM. Er ist damit einer der ganz großen Märkte. Die durchschnittliche, jährliche Zuwachsrate von real fast 7% in den letzten 20 Jahren ist mehr als doppelt so hoch wie das Wachstum der Gesamtwirtschaft. Der Elektromarkt ist damit ein „**Wachstumsmarkt par excellence**". Daran wird sich auch bis zum Prognosehorizont im Jahre 2000 nichts ändern (vgl. Abbildung 2).

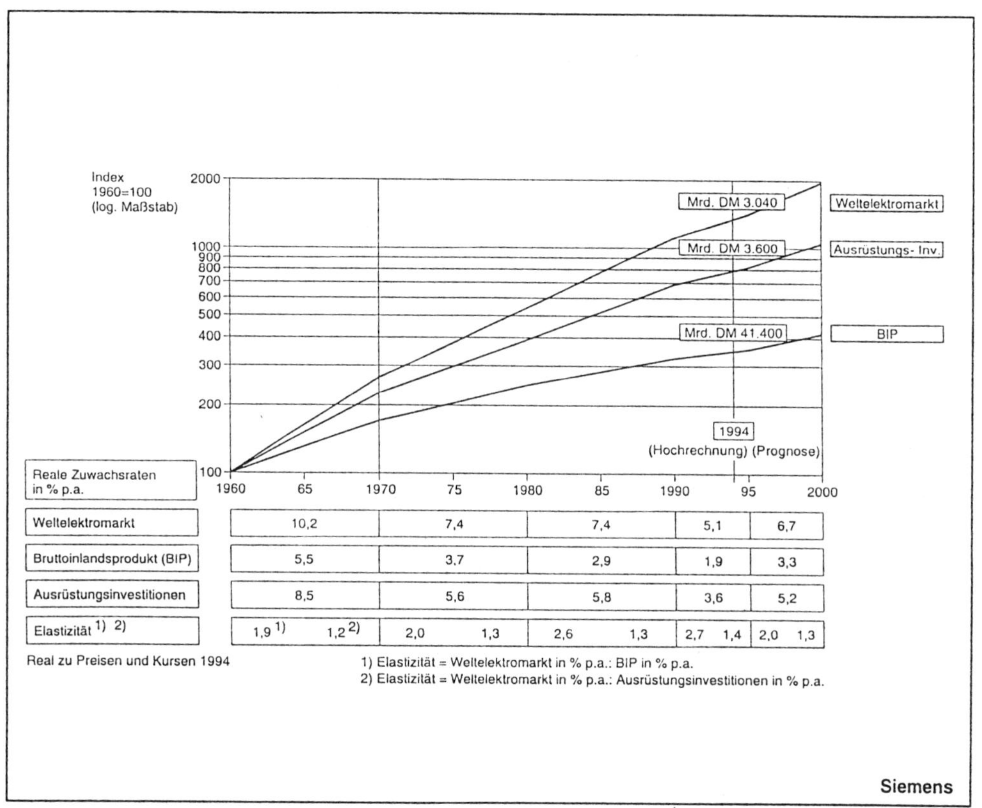

Abb. 2: Entwicklung des Weltelektromarktes von 1960 bis 2000 im Vergleich zur Gesamtwirtschaft

In der Produktstruktur des Marktes dominieren heute die Informations- und Kommunikationstechniken mit 35% sowie die Energie- und Installationstechniken mit 20%. Auf Konsumgüter entfallen 17% (elektrische Hausgeräte, Konsumelektronik) (vgl. Abbildung 3).

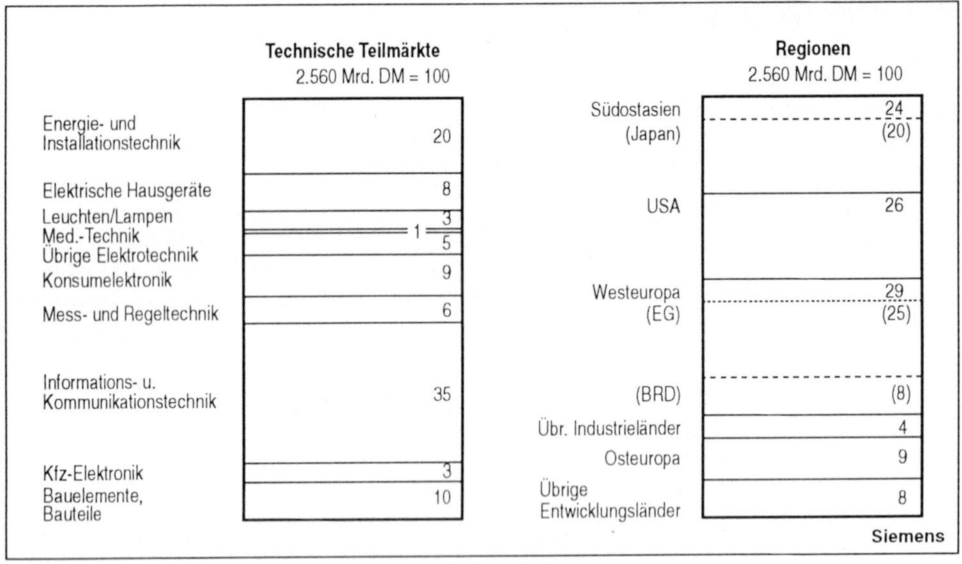

Abb. 3: Strukturen des Weltelektromarktes nach technischen Teilmärkten und Regionen – Stand 1990

Die regionalen Schwerpunkte des Weltelektromarktes sind Westeuropa mit 29 % sowie USA mit 26 % bzw. Japan mit 20 %. Der Markt der Bundesrepublik Deutschland beziffert sich auf 8 % des Weltelektromarktes (vgl. auch Abschnitt 1.3.2).

1.3 Das geschäftliche Umfeld

Die Bedingungen, unter denen Unternehmen heute am Markt tätig sind, haben sich noch nie so nachhaltig, so kurzfristig und in so vielen Dimensionen gleichzeitig verändert wie seit Ende der 80er Jahre. Im Umfeld der Elektrobranche sind Technologie, Märkte und Wettbewerb in Bewegung geraten und geben der Elektroindustrie ein zunehmend verändertes Gesicht. Dieser Prozeß ist in vollem Gang und stellt hohe Anforderungen an die Anpassungs- und Lernfähigkeit der auf diesem Markt operierenden Unternehmen. Dies erfordert auch eine rechtzeitige, zukunftsgerichtete Anpassung der Organisation und Führungssysteme.

1.3.1 Technologiewandel

Die Elektrotechnik befindet sich seit Beginn der 70er Jahre in einem rasanten technologischen Wandel von der konventionellen Elektrotechnik hin zur Elektronik. „Speerspitze" des Wandels ist die **Mikroelektronik** mit ihren Halbleitertechnologien, die es erlauben, auf kleinstem Raum immer mehr Funktionen unterzubringen. Dabei haben sprunghafte Veränderungen in allen Stufen der Wertschöpfungskette – von der Forschung und Entwicklung über die Fertigung bis hin zu Vertrieb und Service – die Leistungspotentiale in früher kaum vorstellbarem Maße gesteigert. Das wirkt sich auf fast alle Lebensbereiche aus, die immer mehr von der Elektronik durchdrungen werden.

Das hohe Wachstum des Weltelektromarktes wird somit von der Elektronik bestimmt. Dabei vollzieht sich ein dramatischer Strukturwandel: Das Schwergewicht verschiebt sich von der konventionellen Elektrotechnik zur Industrieelektronik; und hier wächst die dazugehörige Software weit überdurchschnittlich. Innerhalb von nur 30 Jahren – von 1970 bis zum Jahr 2000 – wird der Anteil der **Industrieelektronik** von knapp einem Drittel auf fast drei Viertel des Gesamt-Weltelektromarktes steigen (vgl. Abbildung 4).

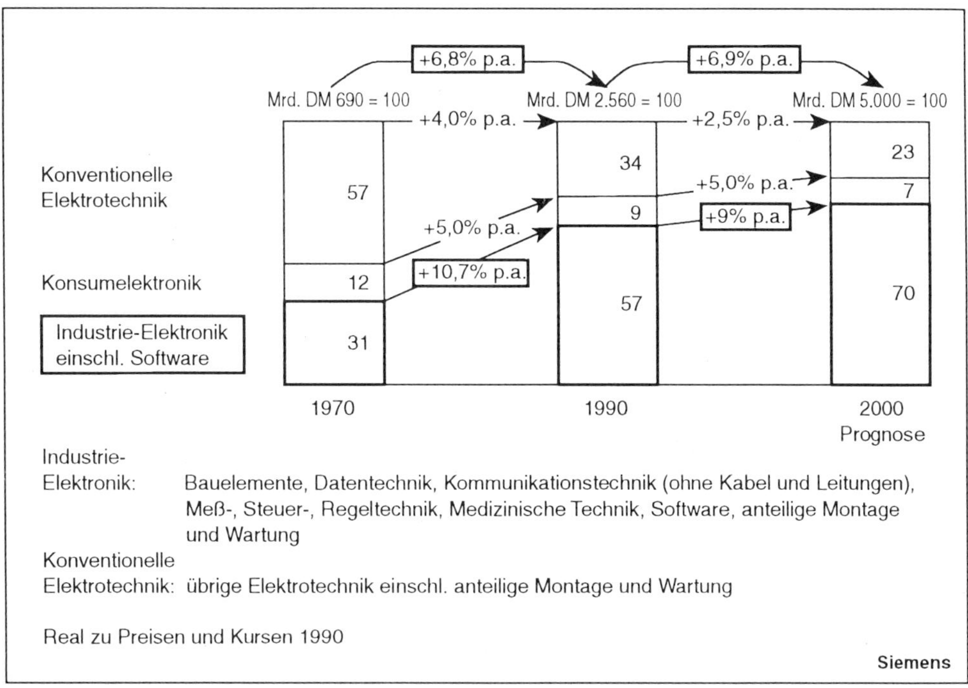

Abb. 4: Weltelektromarkt im Strukturwandel von 1970 bis zum Jahre 2000

Wegen der hohen Wachstumsraten der Elektronik liegen die prognostizierten realen Trendzuwachsraten des Weltelektromarktes bis zum Jahr 2000 weiterhin bei fast 7% p.a.

Der damit einhergehende Wandel in der Wertschöpfungskette spiegelt sich u.a. in den **Beschäftigungsstrukturen** des Unternehmens (vgl. Abbildung 5). In einem Zeitraum von 20 Jahren ist der Anteil der Mitarbeiter in der Fertigung von 51% auf 40% zurückgegangen; gleichzeitig sind die Anteile der Mitarbeiter in Forschung und Entwicklung sowie Vertrieb einschließlich Montage und Service entsprechend angestiegen.

Dabei hat sich die Ausbildungsqualität der Mitarbeiter deutlich erhöht: So nahm in der Siemens AG der Anteil der Angestellten um 20%-Punkte auf 57% zu; darin hat sich die Anzahl der Mitarbeiter mit Hochschul- und Fachhochschulabschluß von 20000 auf 47000 mehr als verdoppelt.

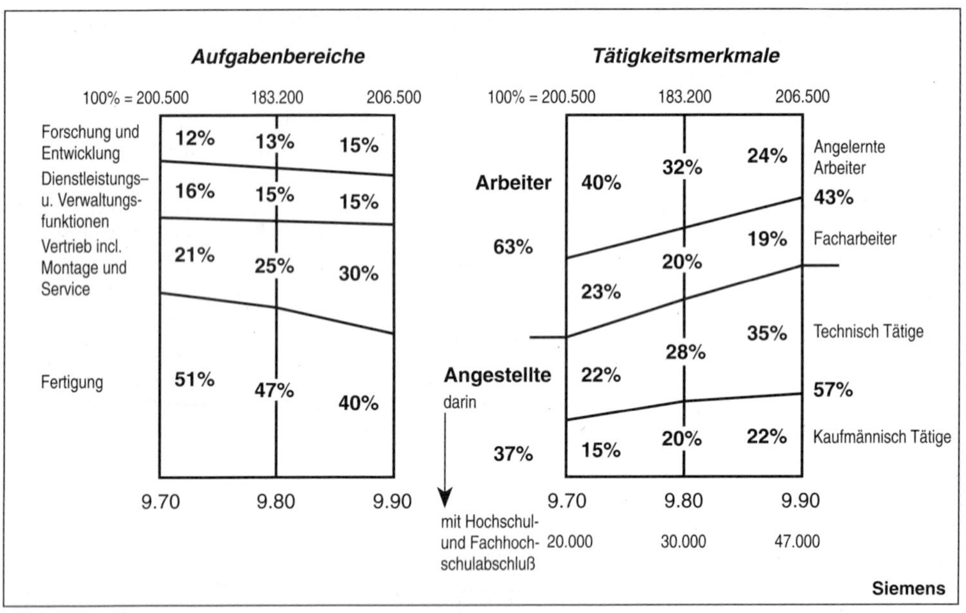

Abb. 5: Entwicklung der Beschäftigungsstrukturen der Siemens AG

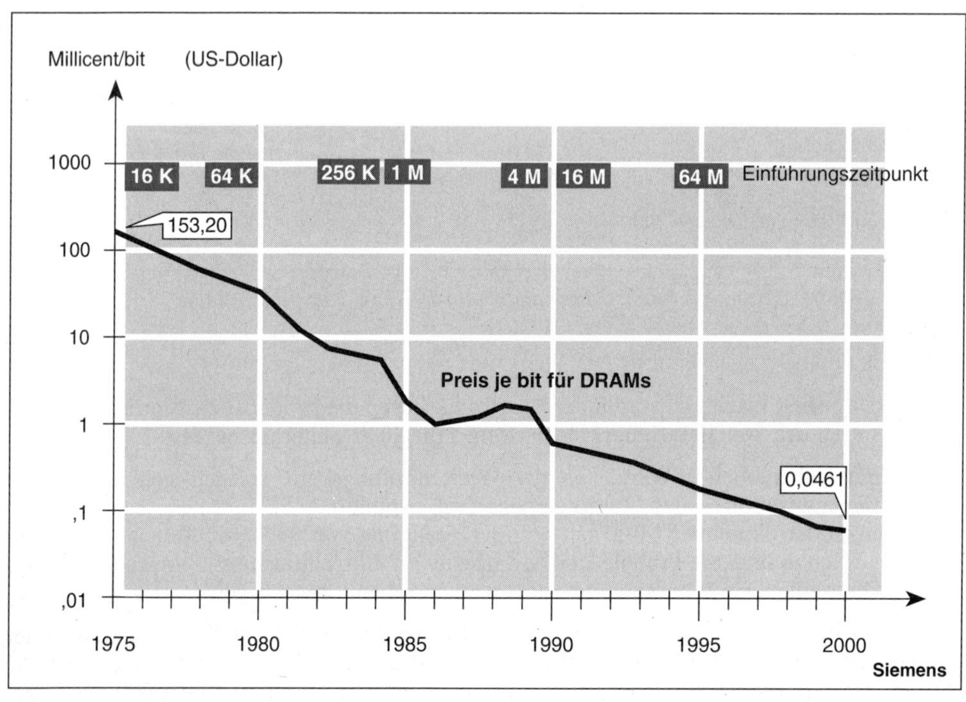

Abb. 6: Entwicklung des Preis-Leistungsverhältnisses bei dynamischen Speichern

Eine weitere Folge des zunehmenden Elektronikanteils war eine entsprechend hohe Steigerung der Leistungsfähigkeit der Produkte, z. B. bei den Informations- und Kommunikationstechniken oder den Meß-, Regel- und Steuerungstechniken. In der Basistechnologie der Speicherbausteine hat sich alle 3 bis 4 Jahre die Leistungskapazität vervierfacht. Das schlägt sich in innovativ bedingten Preissenkungen nieder und führt z. T. zu sprunghaften Verbesserungen des Preis-Leistungs-Verhältnisses (vgl. Abbildung 6).

Da sich gleichzeitig aber die Produktzyklen immer mehr verkürzt haben, müssen die rasch steigenden Aufwendungen für die Entwicklung und Einführung elektronischer Produkte und der dazugehörigen Software, aber auch für die damit verbundenen, steigenden Fertigungs-Investitionen in immer kürzeren Zeitabständen auf den Märkten wieder hereingespielt werden. Schon die Verzögerung der Markteinführung um wenige Monate kann das Wachstums- und Ertragspotential empfindlich mindern. Der **Wettbewerb wird zum Zeitwettbewerb**. Schnelligkeit und Beweglichkeit eines Unternehmens werden – verbunden mit der Ausschöpfung von Skaleneffekten durch hohe Volumina – immer mehr zu entscheidenden Erfolgsfaktoren.

Für Hochtechnologien wie (Halbleiter-)Bauelemente, Meß- und Regeltechnik, Kfz-Elektronik und vor allem für die Informations- und Kommunikationstechnik wird ein überdurchschnittliches reales Wachstum zu verzeichnen sein. Der Anteil der Informations- und Kommunikationstechnik am Gesamtmarkt wird dabei weiter von 35 % in 1990 auf 40 % im Jahr 2000 zunehmen; die Informations- und Kommunikationstechniken bleiben so das bei weitem dominierende Marktsegment (vgl. Abbildung 7).

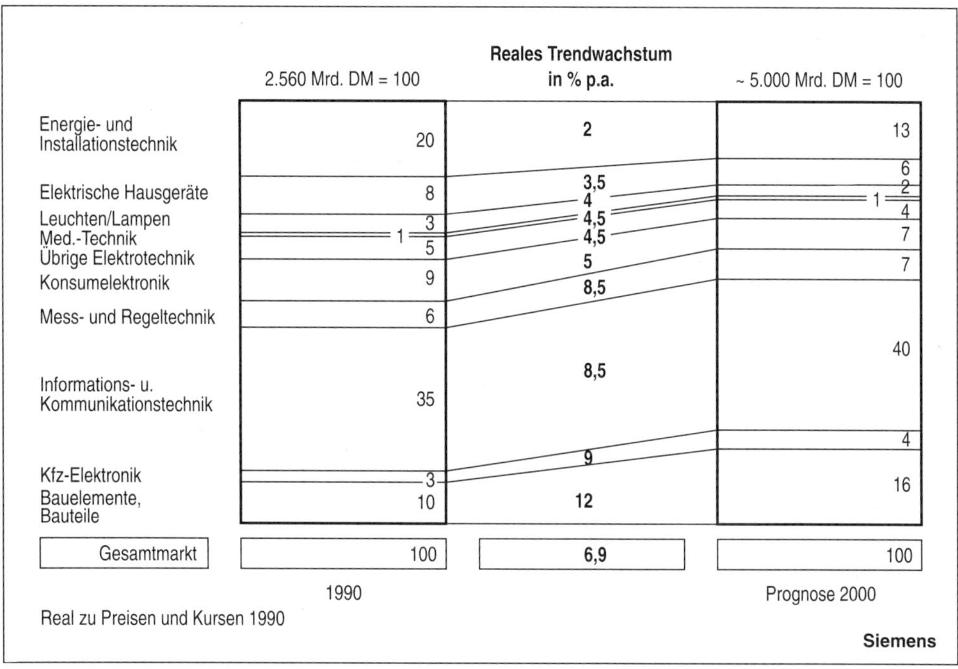

Abb. 7: Trendentwicklung des Weltelektromarktes von 1990 bis 2000 nach technischen Teilmärkten

1.3.2 Globalisierung der Märkte

Ein weiteres Kennzeichen der Entwicklung ist die Globalisierung der Märkte. Auch dahinter verbergen sich grundlegende Veränderungen des Unternehmensumfeldes: Zunehmend homogenere Nachfrage nach standardisierten Produkten und Systemen sowie fortschreitende Öffnung und **Liberalisierung der Märkte**. Da gleichzeitig die Entwicklungskosten in vielen Geschäftsfeldern in Größenordnungen hineingewachsen sind, die nur noch durch entsprechend hohe Absatzvolumina wieder hereingeholt werden können, erfordert dies auf Gebieten wie z. B. der Telekommunikation, der Datenverarbeitung oder der Medizinischen Technik ein Denken in Weltmärkten, in globalen Strategien, aber auch die Fähigkeit, über die Grenzen hinweg in allen wichtigen Märkten koordiniert vorzugehen und dabei gleichzeitig die spezifischen Kundenwünsche vor Ort erfüllen zu können.

Wer in solchen Geschäftsfeldern erfolgreich sein will, muß daher in großen Märkten, die hohe Stückzahlen bringen, eine führende Wettbewerbsposition einnehmen. Wegen der zunehmenden Bedeutung des Zeitfaktors müssen diese Positionen dazu noch mehr oder weniger parallel aufgebaut werden. Da sich fast 90% des Elektromarktes auf Nordamerika, Westeuropa und Südostasien konzentrieren, sind die Schwerpunkte einer **Regionalstrategie** vorgezeichnet; nur auf diesen Märkten können in der Elektroindustrie Wettbewerbspositionen erzielt werden, die mit den notwendigen Volumina auch ausreichende Ertragspotentiale versprechen (vgl. Abbildung 8).

Diese Regionalstruktur des Weltelektromarktes wird sich auch bis zum Jahr 2000 nicht wesentlich ändern.

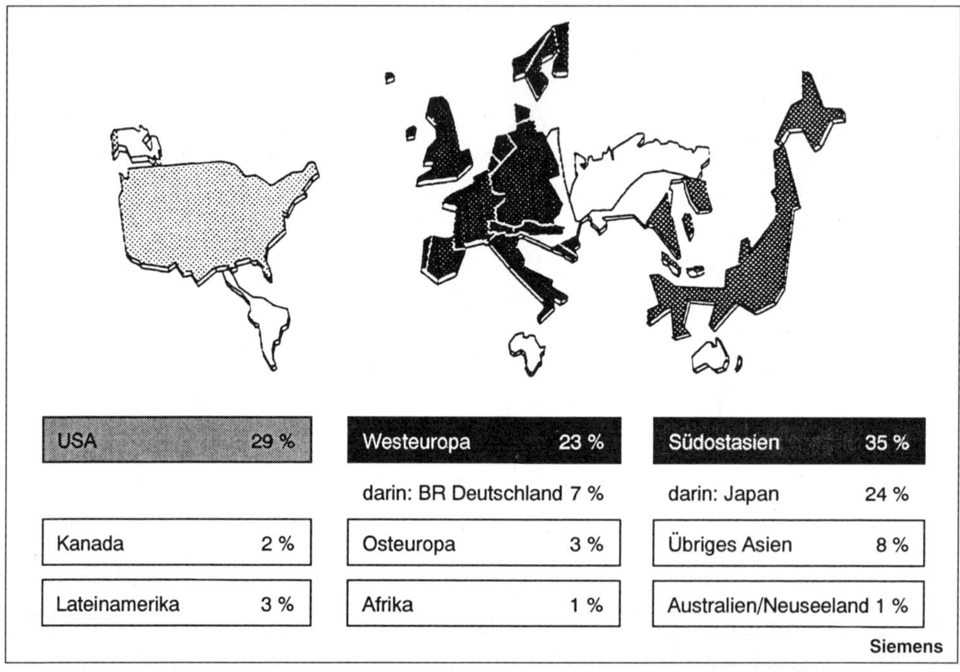

Abb. 8: Weltkarte in den Größenordnungen des Weltelektromarktes von 1994

Die Märkte in Südostasien expandieren zwar noch überdurchschnittlich, aber mit einer deutlich abgebremsten Dynamik im Vergleich zu den 70er oder frühen 80er Jahren, in denen sich z. B. in Japan der Elektromarkt und die Elektroproduktion mehr als verdreifacht haben.

Zu einer anderen Aussage kommt man allerdings, wenn man die Region Südostasien als Produktionsstandort für Elektronik bewertet. Mit einem Elektro-Exportüberschuß von 120 Milliarden DM (1989) drängen die Japaner in die Weltmärkte und haben hier u. a. die Märkte für die Konsumelektronik und Halbleiter dominierend besetzt.

1.3.3 Veränderung der Wettbewerbsstruktur

Im Laufe der letzten 20 Jahre hat eine spürbare Verschiebung der regionalen Wettbewerbsgewichte stattgefunden. Während von den jeweils 15 größten Elektrounternehmen der Welt 1970 noch 8 US-Unternehmen einen Weltmarktanteil von gut 10 % hatten, sind es 1990 nur noch 3 Unternehmen mit einem Marktanteil von 6,5 %.

Gewinner war Japan; 7 japanische Unternehmen halten heute einen Marktanteil von knapp 13 %. Auch der Anteil europäischer Unternehmen ist von 6,5 % auf heute 8 % gestiegen. Unter den 15 weltgrößten Elektrounternehmen befinden sich 5 Europäer; diese sind Siemens (Platz 5), Philips (8), Alcatel Alsthom (9), ABB (10) und Bosch (14) (vgl. Abbildung 9).

	1970	***%-Veränderung p.a. 1970 – 1990***	1990
Weltelektromarkt	500 Mrd. = 100 %	***8,5***	2.560 Mrd. = 100 %
Übrige Elektrounternehmen	· 78 %	***8,1***	· 73 %
Die 15 größten Elektrounternehmen	15 22 %	***9,7***	15 27 %

Die 15 größten Elektrounternehmen nach Regionen

	1970	%-Veränderung p.a.	1990
USA	8 10,3 %	***6,1***	3 6,5 %
Japan	3 5,4 %	***13,3***	7 12,9 %
Westeuropa	4 6,5 %	***9,6***	5 8,0 %

Siemens

Abb. 9: Die 15 größten Elektrounternehmen im Vergleich der Jahre 1970 und 1990

Durch die zunehmende Globalisierung der Geschäfte und die Internationalisierung der Unternehmen verlieren allerdings Aussagen zum Firmensitz an Gewicht. Von größerer Bedeutung ist dagegen die seit 1970 eingetretene Konzentration. Der Anteil der 15 größten Elektrofirmen am Weltmarkt hat in diesem Zeitraum von 22 auf 27 % zugenommen. Dahinter verbirgt sich eine dramatische Veränderung der Wettbewerbsstruktur in der Branche.

Die Wettbewerber sind auf vielen Arbeitsgebieten dabei, sich neu aufzustellen. Der Zwang zu größeren Absatzvolumina, zum Erreichen der „kritischen Masse“, aber auch die absehbare Vereinigung Europas zu einem wirklich gemeinsamen Markt haben in den letzten Jahren Konzentrationsprozesse ausgelöst: Einmal in Richtung auf wenige große Unternehmenseinheiten mit einem breiten Betätigungsspektrum, das sind die „**Universalisten**“; zum anderen in Richtung auf eine Vielzahl von sehr beweglichen und global operierenden „**Spezialisten**“. Beispiele für die Neuformierung der Wettbewerber in der Energieerzeugung und -verteilung zeigt die Abbildung 10.

Dabei ist man, insbesondere auf Gebieten, die mit sehr hohen Entwicklungs- und Kapitalkosten belastet sind, auch dazu übergegangen, durch „**strategische Allianzen**“ verschiedenster Ausprägung „burdensharing“ zu vereinbaren, um die Last und/oder das Risiko für das

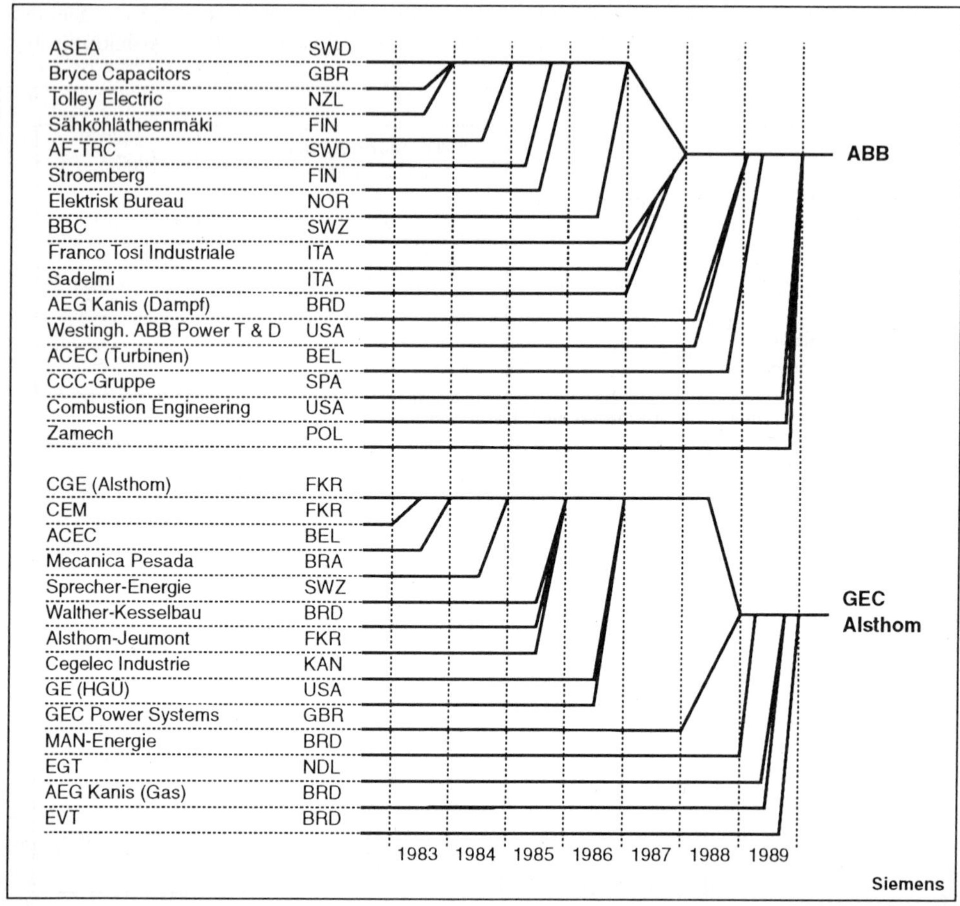

Abb. 10: ABB und GEC Alsthom als Beispiele für Konzentrationsbewegungen im Energiesektor

einzelne Unternehmen in vertretbaren Grenzen zu halten. Ein Beispiel hierfür ist die Zusammenarbeit von Siemens und IBM bei der Entwicklung der 16 und 64 Megabit Speicherchip-Generationen. Die Zusammenarbeit zwischen Wettbewerbern auf einzelnen Gebieten schließt jedoch nicht aus, daß diese auf anderen Gebieten im härtesten Wettbewerb zueinander stehen.

Solche Veränderungen in der Wettbewerbslandschaft vermindern keineswegs den Wettbewerbsdruck in einer Branche. Vielmehr nimmt dabei erfahrungsgemäß die Intensität des Wettbewerbs im Kampf um Marktanteile noch zu; auch werden die Unternehmenskonzentrationen begleitet vom Erscheinen ständig neuer, aggressiver und dynamischer Unternehmen; und dies vor allem dort, wo es um neue Anwendungen und Software geht.

Der durch die Elektronik ausgelöste Zwang zu einer bestimmten Mindestgröße auf bestimmten Geschäftsfeldern – z. B. bei der Vermittlungstechnik – sagt noch nichts über die Wertschöpfungstiefe aus. Diese nimmt tendenziell ab und bringt im Verhältnis zu Lieferanten eine neue strategische Dimension: Spezialisierte Zulieferanten beliefern dabei auch mehrere Wettbewerber mit ihren Komponenten.

Technologische Innovationen – ausgelöst durch die Mikroelektronik –, der Wandel des Geschäftes mit der Tendenz zu globalen Marktstrukturen, die Vorbereitung der Unternehmen auf den Europäischen Binnenmarkt sowie die von den Wettbewerbern daraus gezogenen Konsequenzen haben das geschäftliche Umfeld des Unternehmens gründlich verändert (vgl. Abbildung 11). Dieses **gewandelte Umfeld** und das Herauswachsen des Unternehmens aus dem vor 20 Jahren konzipierten Organisations- und Führungssystem gaben bei Siemens den Anstoß zu einer Weiterentwicklung der Organisationsstruktur und des Führungssystems in den Jahren 1988 und 1989.

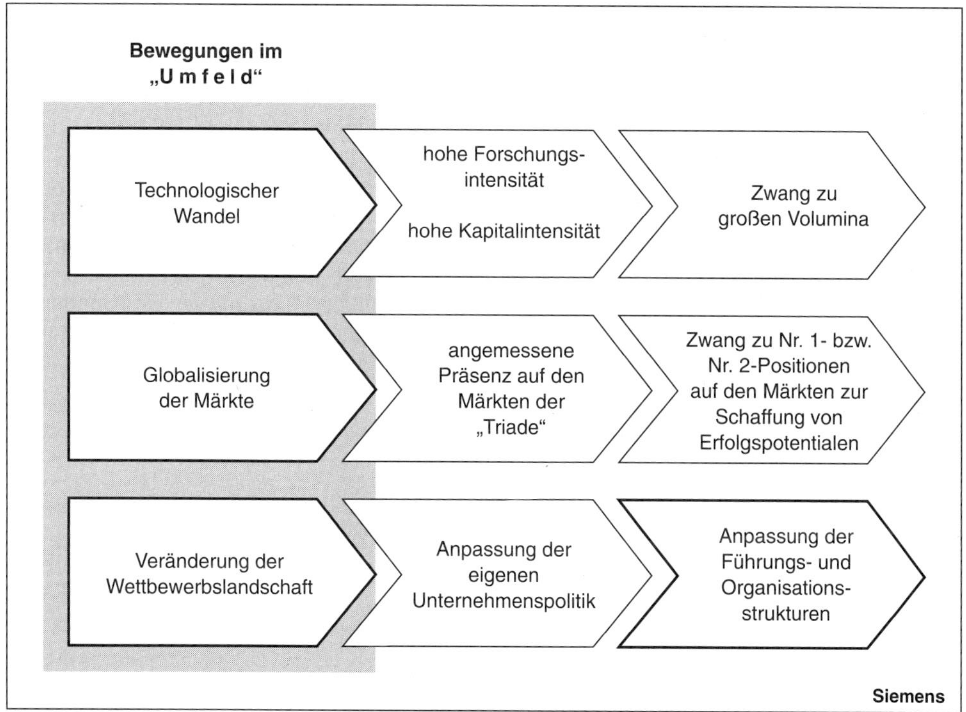

Abb. 11: Ursachen für die Weiterentwicklung von Organisation und Führungssystem

2. Reform der Organisationsstruktur und des Führungssystems von 1989

2.1 Voraussetzungen für die Reform

2.1.1 Historischer Ausgangspunkt

Die Lebensdauer eines Unternehmens ist – anders als die der in ihm tätigen Mitarbeiter – nicht durch natürliche, biologische Gesetzmäßigkeiten begrenzt; immer vorausgesetzt, daß das Unternehmen stetig an die sich verändernden Bedingungen seines Umfeldes – also Technologie, Markt, Wettbewerb, Gesellschaft – angepaßt wird. So gesehen, ist die Geschichte des Hauses Siemens auch die Geschichte ständiger organisatorischer Anpassungen an die dynamischen Veränderungen der Techniken und Märkte in der Elektro-Industrie.

Üblicherweise ist dies ein fortwährender, evolutionärer Prozeß, in dem in kleinen Schritten und mehr punktuell die Organisation der Entwicklung angepaßt wird. Von Zeit zu Zeit werden jedoch grundlegende Veränderungen der Organisations- und Führungsstruktur notwendig, die dann einen deutlichen Einschnitt für das Unternehmen bringen und auch nach außen sichtbar werden. So wurden z.B. 1921, 1941 und in den Jahren 1966–1969 wesentliche Grundlagen für die organisatorische Weiterentwicklung des Hauses gelegt.

Schon die **Organisationsreform von 1966/69** wurde von der damals erreichten Größe und dem erwarteten Wachstum des Unternehmens sowie vom sich abzeichnenden technologischen Wandel und von den Veränderungen der Marktbedingungen bestimmt. Es waren neue Gebiete mit großen Zukunftschancen wie die Computer- und Halbleitertechnik hinzugekommen. So zielten die Grundüberlegungen seinerzeit auf eine dezentralere und vertikale Organisationsform, in der die Ausrichtung auf technische und marktmäßige Verbundenheit als die beste Voraussetzung für das künftige Geschäft gesehen wurde. Gleichzeitig sollten die Synergien eines großen Universalisten über eine straffe Steuerung der Grundfunktionen des Unternehmens wie Betriebswirtschaft oder Vertrieb ausgeschöpft werden.

Die seinerzeit gewählte organisatorische Grundstruktur zeigt das Muster einer klassischen **Matrix** (vgl. Abbildung 12) mit

- weltweiter **Produktverantwortung** von zunächst 6[3], später 7 Unternehmensbereichen,
- weltweiter **Fachverantwortung** von 5 Zentralbereichen und
- **Regionalverantwortung** der Vertriebsorganisation – bestehend aus den Zweigniederlassungen im Inland und den Landesgesellschaften, Stützpunkten und Vertretungen im Ausland – unter Führung des Zentralbereiches Vertrieb.

3 Mit Wirkung vom 1. 10. 1969 gab es folgende sechs Unternehmensbereiche: Bauelemente, Datentechnik, Energietechnik, Installationstechnik, Medizinische Technik und Nachrichtentechnik.

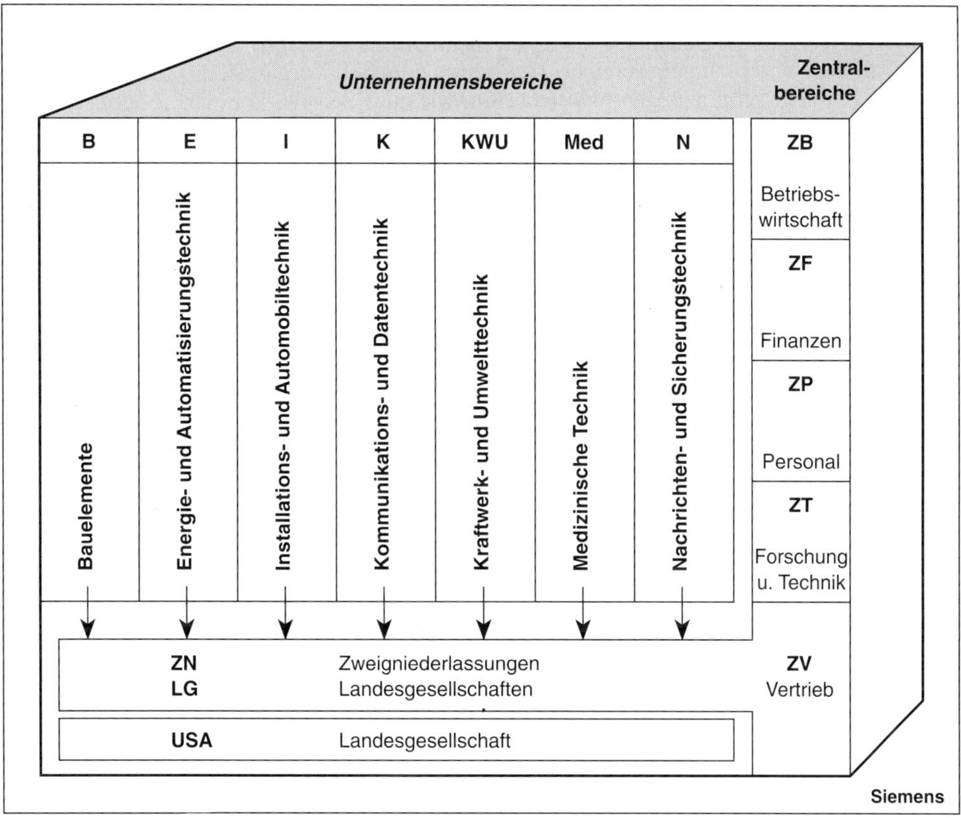

Abb. 12: Organisationsstruktur des Hauses Siemens in der Unternehmensverfassung von 1969 (Stand März 1988)

Innerhalb dieses Organisationsrahmens erfolgte im Laufe der Jahre eine ganze Reihe von Anpassungsvorgängen, die von der technologischen Entwicklung (Halbleitertechnik, Datenverarbeitung), aber auch von neuen geschäftlichen Stoßrichtungen (z. B. USA) ausgingen, ohne allerdings Grundsätzliches an der Organisationsstruktur zu verändern. Diese hat sich bewährt und eines der bis dahin erfolgreichsten Kapitel in der Firmengeschichte getragen.

2.1.2 Gründe für die Organisationsreform

Bereits Mitte der 80er Jahre zeigte sich jedoch, daß diese Organisationsstruktur den veränderten Anforderungen der 90er Jahre angepaßt und weiterentwickelt werden mußte.

Dafür sprachen einige wesentliche Gründe:

Einmal: Die Organisationsstruktur von 1969 war – ausgehend von knapp 12 Milliarden DM Umsatz im Geschäftsjahr 1969/70 – auf ein Geschäftsvolumen von etwa 25 Mrd. DM zugeschnitten. Inzwischen hatte dieses aber einen Umfang von fast 60 Mrd. DM erreicht, also eine Verfünffachung in weniger als 20 Jahren. Dabei waren einzelne Unternehmensbereiche in Umsatzgrößenordnungen von mehr als 10 Mrd. DM hineingewachsen und somit oft weit größer als vergleichbare Großunternehmen. Es entstanden neue Tätigkeitsgebiete innerhalb der Unternehmensbereiche. Das waren zum Teil Vorgänge, die auch an Namensänderungen oder -ergänzungen ablesbar sind, wie zum Beispiel von der „Energietechnik" zur „Energie- und Automatisierungstechnik". Die Organisationsstruktur dieser Unternehmensbereiche war schließlich dementsprechend tief gestaffelt.

Zum anderen: Mit dem drastisch gewandelten Umfeld (vgl. Abschnitt 1.3) hatte in den vergangenen 20 Jahren das Geschäft völlig andere Inhalte und Dimensionen bekommen. Die Aufnahme neuer Kundenkreise und Marktsegmente – wie Büro- und Produktionsautomatisierung sowie Kfz-Elektronik oder das Eindringen in den US-Markt – und der rasche Technologiewandel zur Elektronik haben neue Produkte, neue Anwendungen und neue Vertriebswege gebracht.

Weiter fiel bei der damit verbundenen Umorientierung der Elektro-Branche besonders ins Gewicht, daß der Wettbewerb immer mehr zwischen globalen Spezialisten stattfindet und daß sich die Universalisten durch Umbau ihrer Geschäftsstrukturen wie Spezialisten organisieren und verhalten müssen.

Ferner war es notwendig, für die Unternehmens- und Geschäftsorganisation eine deutlich größere Markt- und Kundennähe sowie größere Beweglichkeit und Schlagkraft der geschäftsführenden Einheiten herzustellen, als es die geltende Trennung der Verantwortung für den Regional-Vertrieb einerseits und für die Unternehmensbereiche andererseits gewährleisten konnte. Markt- und Kundennähe sollten eindeutig Vorrang vor Ausschöpfung von Synergien haben.

Und schließlich verlangten die genannten Gründe besonders anpassungsfähige Organisationsstrukturen, mit denen man sich schnell den sich auch in Zukunft wandelnden geschäftlichen Anforderungen stellen kann.

2.1.3 Ziele für die Weiterentwicklung der Organisation

Eine Weiterentwicklung der Organisation mußte das Geschäft, d.h. die Marktnähe und Beweglichkeit, in den Vordergrund stellen, wobei Synergien nur an entscheidenden Stellen durch organisatorische Zusammenfassung genutzt werden.

Ziel war deshalb die Schaffung kleinerer und überschaubarerer geschäftsführender Einheiten mit einem klaren Profil am Markt und im Wettbewerb, mit großer Markt- und Kundennähe sowie hoher Flexibilität, denen möglichst alle Ressourcen, die für ihr Geschäft nötig sind, im direkten Zugriff zugeordnet sind.

Unterstützt werden sollte dieses durch eine möglichst **flache Hierarchie mit kurzen Entscheidungswegen** sowie mit großer Entscheidungskompetenz und hoher Entscheidungsqualität durch deutliche Verringerung der mitspracheberechtigten Entscheidungsgremien.

Schließlich sollte eine solche Struktur nicht nur die Effizienz erhöhen, die Overheadkosten senken und die Wettbewerbsfähigkeit steigern, sondern auch den organisatorischen Rahmen schaffen, in dem unternehmerische Talente der Mitarbeiter entdeckt, entwickelt und gefördert werden können, um sie in die Lage zu versetzen, Verantwortung für ganze Geschäftssysteme und nicht nur für Teilfunktionen zu übernehmen.

Dies alles stand unter dem Gebot, die **Einheit des Hauses Siemens zu wahren**. Die Entscheidung zur Organisationsreform war deshalb gleichzeitig mit der Feststellung verbunden, keine Holding-Konstruktion zu wählen.

2.2 Struktur und Elemente der Organisation

Diese Vorstellungen und Ziele bildeten den Ausgangspunkt für die Umgestaltung des Organisations- und Führungssystems:

2.2.1 Grundstruktur

Bei der Reform mußte Siemens als internationaler Universalist grundsätzlich an den drei Dimensionen der **Organisations-Matrix**, bestehend aus

- **Geschäftsführenden Einheiten** mit weltweiter Produktverantwortung,
- **Zentralen Stäben** mit weltweiter Richtlinienkompetenz und
- **Regionalen Einheiten** mit Verantwortung für die Aktivitäten in der Region bzw. im Land,

festhalten.

In seinem organisatorischen Aufbau gliedert sich Siemens heute (Stand 1.10.1994; siehe Abbildung 13)[4] in

- 13 Bereiche, 2 Bereiche mit eigener Rechtsform und 3 selbständige Geschäftsgebiete,
- 5 Zentralabteilungen (mit 14 Hauptabteilungen), 3 Zentralstellen und 3 Gemeinsame Dienste, sowie
- Regionale Einheiten im In- und Ausland.

Außerhalb dieser Organisationsstruktur stehen nur bestimmte Gesellschaften, bei denen die Beteiligungsverhältnisse eine Integration in das Siemens-Führungssystem nicht zulassen bzw. unzweckmäßig erscheinen lassen, wie z. B. die Bosch-Siemens-Hausgeräte GmbH.

Gestartet wurde die neue Organisation am 1.10.1989 mit 15 Bereichen, 2 Bereichen mit eigener Rechtsform (Osram und Hell) und 2 selbständigen Geschäftsgebieten. Inzwischen haben sich durch die gezielte Veränderung der Geschäftsstruktur eine ganze Reihe von Änderungen ergeben; so z. B. durch Einbringung von Geschäftsgebieten in Kooperationen, durch Umgruppierungen von Geschäftsaktivitäten zwischen den Bereichen aber auch durch den Verkauf ganzer Geschäftseinheiten. Dabei haben sich die neue Führungsstruktur und die Tatsache, daß die einzelnen Bereiche in der Regel keine selbständige Rechtsform haben, durch hohe Anpassungsfähigkeit und Flexibilität bei organisatorischen Veränderungen als sehr vorteilhaft erwiesen. Auch auf der Ebene der Zentralabteilungen/Zentralstellen/Gemeinsamen Dienste haben die dem Organisationskonzept zugrundeliegenden Rationalisierungsvorstellungen inzwischen zu einer weiteren Konzentration von Stabsaufgaben (z. B. Reduzierung der Hauptabteilungen von 16 auf 14) und einer teilweisen Ausgliederung von Dienstleistungsfunktionen geführt.

2.2.2 Elemente der Siemens-Organisation

2.2.2.1 Geschäftsführende Bereiche – Selbständige Geschäftsgebiete

Die Bereiche – das sind Bereiche, selbständige Geschäftsgebiete und Bereiche mit eigener Rechtsform – sind auf ihren Arbeitsgebieten die Träger des Geschäftes und demgemäß für ihre Entwicklungs-, Fertigungs- und Vertriebstätigkeiten sowie für deren Ergebnis verantwortlich. Sie führen ihre Geschäfte als unternehmerische Einheiten selbständig im Rahmen der Unternehmenspolitik des Hauses Siemens. Dazu verfügen sie über alle notwendigen Ressourcen.

---

4 Seither Eingliederung der Zentralstelle ZWD in die Zentralstelle UK und Aufwertung des selbständigen Geschäftsgebietes EC zum Bereich.

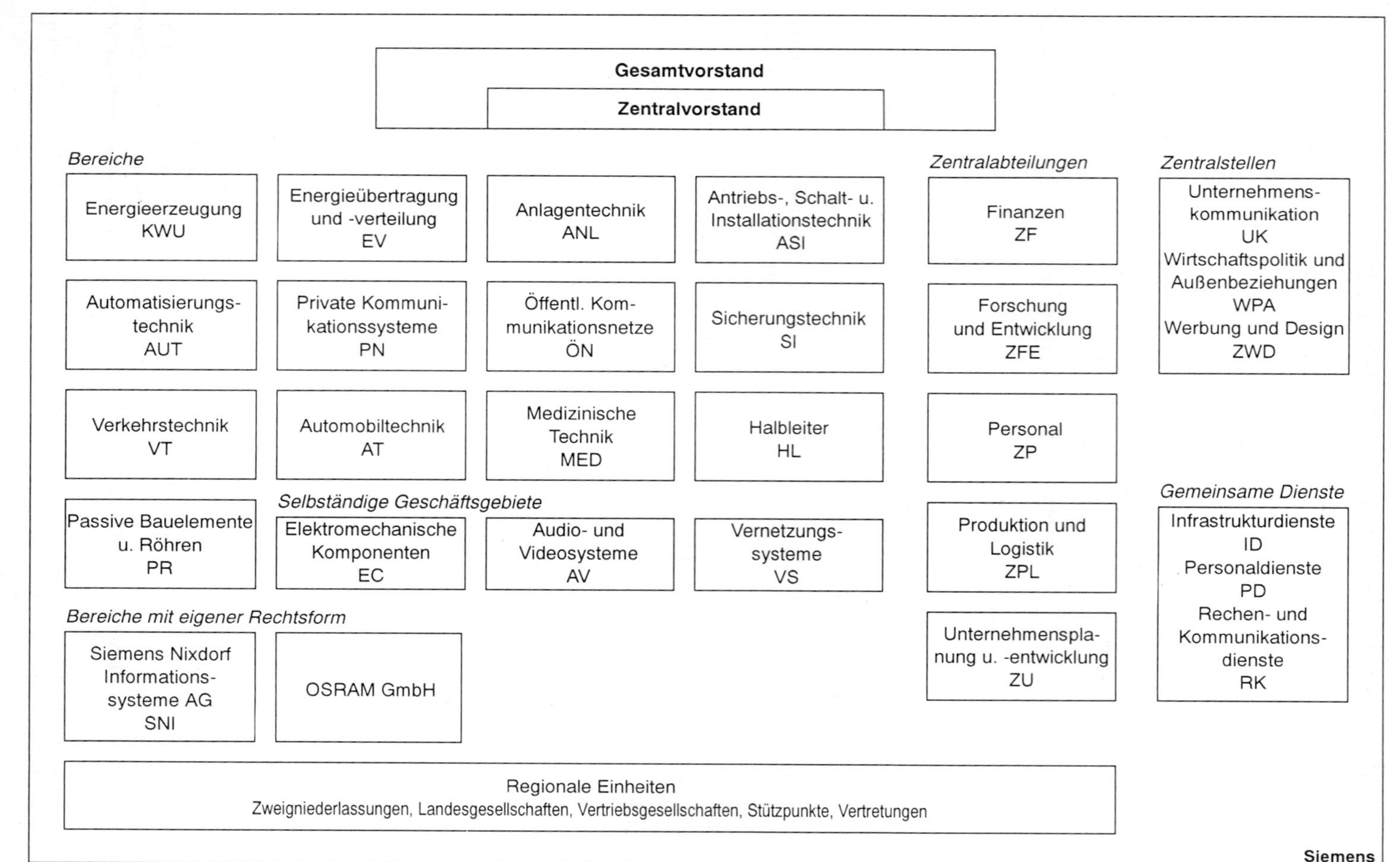
Gesamtvorstand
Zentralvorstand
Bereiche
Energieerzeugung KWU
Energieübertragung und -verteilung EV
Anlagentechnik ANL
Antriebs-, Schalt- u. Installationstechnik ASI
Automatisierungstechnik AUT
Private Kommunikationssysteme PN
Öffentl. Kommunikationsnetze ÖN
Sicherungstechnik SI
Verkehrstechnik VT
Automobiltechnik AT
Medizinische Technik MED
Halbleiter HL
Passive Bauelemente u. Röhren PR
Selbständige Geschäftsgebiete
Elektromechanische Komponenten EC
Audio- und Videosysteme AV
Vernetzungssysteme VS
Bereiche mit eigener Rechtsform
Siemens Nixdorf Informationssysteme AG SNI
OSRAM GmbH
Zentralabteilungen
Finanzen ZF
Forschung und Entwicklung ZFE
Personal ZP
Produktion und Logistik ZPL
Unternehmensplanung u. -entwicklung ZU
Zentralstellen
Unternehmenskommunikation UK
Wirtschaftspolitik und Außenbeziehungen WPA
Werbung und Design ZWD
Gemeinsame Dienste
Infrastrukturdienste ID
Personaldienste PD
Rechen- und Kommunikationsdienste RK
Regionale Einheiten
Zweigniederlassungen, Landesgesellschaften, Vertriebsgesellschaften, Stützpunkte, Vertretungen
Siemens

Abb. 13: Unternehmensstruktur des Hauses Siemens (Stand Okt. 1994)

Bei der Formierung der Bereiche war nicht die Größe ausschlaggebend, sondern eine möglichst klare Ausrichtung auf Kunden und Technik. Die Bereiche sind in Geschäftsgebiete und Geschäftszweige untergliedert. Von den möglichen Formen der Aufbauorganisation hat das Prinzip der **vertikalen** Organisationsstruktur, in der die Funktionen Entwicklung, Fertigung und Vertrieb in einer Verantwortungseinheit zusammengefaßt sind, Vorrang.

Dabei gilt das „Vier-Augen-Prinzip"; es bedeutet, daß alle geschäftsführenden Einheiten von einem **unabhängigen** Kaufmann betreut werden, der direkt der kaufmännischen Leitung des Bereiches untersteht.

Schließlich ist die Organisationsentwicklung auf eine größere Leitungsspanne hin ausgelegt, um so weit wie möglich Verantwortung zu delegieren und lange Entscheidungsketten zu vermeiden.

2.2.2.2 Zentralabteilungen – Zentralstellen – Gemeinsame Dienste

Die zentralen Organisationseinheiten sind nach folgenden Leitlinien aufgebaut:

- Weitestgehende Trennung von Stabsaufgaben und Dienstleistungen
- Bildung kleiner, qualifizierter und leistungsfähiger Stäbe
- Vermeidung von Doppelaktivitäten

Nach diesen Kriterien wird grundsätzlich zwischen **Stabsaufgaben** und **Dienstleistungsfunktionen** unterschieden.

Die Stabsaufgaben mit

- Richtlinienkompetenz
- Kontrollpflichten und
- Koordinierungsaufgaben

wurden den **Zentralabteilungen** bzw. **Zentralstellen** zugeordnet.

Dagegen haben die **Gemeinsamen Dienste** interne Dienstleistungen funktional und/oder regional einheitlich für das Haus zu erbringen.

Im einzelnen haben die Zentralen folgende Funktionen:

5 Zentralabteilungen, die in 14 Hauptabteilungen gegliedert sind:

- Die **Zentralabteilung Unternehmensplanung und -entwicklung (ZU)** behandelt die zur Stärkung der Wettbewerbsfähigkeit in Geschäften, Funktionen und Regionen für das Unternehmen wichtigen strategischen Aufgabenstellungen. Darüber hinaus ist die ZU für die Entwicklung der Unternehmensstrukturen und des Führungssystems sowie für die Unternehmensplanung verantwortlich. Da der Qualifikation der Führungskräfte ein besonderes Gewicht zukommt, gehört zu den Aufgaben der ZU die weltweite Führungskräfteplanung und -entwicklung für den Obersten und Oberen Führungskreis. Ferner ist ihr die Unternehmensrevision zugeordnet[5].
- Die **Zentralabteilung Finanzen (ZF)** vertritt das Haus gegenüber der Finanzwelt und ist für die Deckung des Finanzbedarfes sowie die Anlage der flüssigen Mittel verantwortlich. Ihre Aufgabe ist ferner die Erstellung des handelsrechtlichen Abschlusses und der Steuerbilanz, die Budgetierung und die Berichterstattung, die gesellschaftsrechtliche Betreuung

5 Die zunächst noch der Zentralabteilung Unternehmensplanung und -entwicklung zugeordnete Zentrale Bauabteilung (ZBA) wurde inzwischen planmäßig in zwei selbständige Gesellschaften ausgegliedert („Siemens Immobilien Management GmbH" und „SIAT Bauplanung und Ingenieurleistungen GmbH"), für welche die Zentralabteilung Finanzen die Verantwortung trägt.

der in- und ausländischen Beteiligungen sowie die Abwicklung von Beteiligungserwerbungen. ZF berät in Rechts-, Steuer- und Versicherungsfragen. Der Leiter der ZF ist der Controller des Hauses.

- Die **Zentralabteilung Personal (ZP)** ist für alle Grundsatzaufgaben des Personalwesens (ausgenommen Oberer und Oberster Führungskreis) zuständig. Zu ihren Aufgaben gehören die Gestaltung der unternehmensweiten Grundsätze der Beschäftigungs- und Entsendungsbedingungen, Personalführung und -entwicklung, Aus- und Weiterbildung, Arbeitswirtschaft sowie die Personalorganisation.
- Die Aufgabe der **Zentralabteilung Forschung und Entwicklung (ZFE)** ist die Forschung und Grundlagenentwicklung für Material-, Produkt- und Systemtechnologien. Sie berät die Unternehmensleitung und die Bereiche in Fragen der Forschung und Entwicklung, behandelt Grundsatzaufgaben auf diesem Gebiet, nimmt Aufgaben des gewerblichen Rechtsschutzes wahr und koordiniert die Normungsarbeit.
- Die **Zentralabteilung Produktion und Logistik (ZPL)** hat die Aufgabe, unternehmensweit die zur Stärkung der Wettbewerbsfähigkeit in der Produktion und Logistik notwendigen Strukturen, Strategien und Technologien sicherzustellen. Dabei behandelt die ZPL übergreifende Grundsatzaufgaben, berät die Unternehmensleitung, Bereiche und Regionale Einheiten und organisiert den fachbezogenen Erfahrungsaustausch. Sie entwickelt neue Technologien, Methoden und Instrumente und bringt diese durch gemeinsame Projekte mit den Bereichen zum Einsatz.

Die **Zentralstellen** üben wie die Zentralabteilungen Stabsfunktionen aus, die aber hiervon getrennt gesehen werden. Sie sind in der Regel dem Vorstandsvorsitzenden direkt zugeordnet. Hierzu gehören:

- Die Zentralstelle Unternehmenskommunikation (UK), mit den Tätigkeitsgebieten Pressearbeit, gesellschaftspolitische Öffentlichkeitsarbeit und interne Kommunikation sowie Grundsätze der Firmenwerbung.
- Die Zentralstelle Wirtschaftspolitik und Außenbeziehungen (WPA), mit den Aufgabengebieten Wirtschaftspolitik, Wirtschafts- und Marktbeobachtung, Wirtschaftsverbände. Ihr sind auch die Verbindungsbüros in Bonn, Brüssel und (fachlich) Washington zugeordnet.

Die Zentralstellen sind dem Vorstandsvorsitzenden zugeordnet.

Die Gemeinsamen Dienste haben sich als interne Dienstleister dem Wettbewerb zu stellen und müssen sich im Rahmen der ihnen zugewiesenen Aufgaben an externen Standards und den Preis-/Leistungsverhältnissen des Marktes messen lassen. Einzelne Funktionen werden in rechtlich selbständigen Gesellschaften geführt. Die Gemeinsamen Dienste sind:

- Die Infrastrukturdienste (ID) an den Standorten München, Erlangen und Berlin sowie für die deutschen Zweigniederlassungen.
- Die Personaldienste (PD) mit der Aufgabe der Personalverwaltung einschl. der Zentren für Aus- und Weiterbildung und der sozialen Einrichtungen.
- Die Rechen- und Kommunikationsdienste (RK), einschl. der internen Telekommunikationsnetze.

2.2.2.3 Regionale Einheiten

Die **Regionalen Einheiten** bestehen aus den Zweigniederlassungen im Inland sowie aus den Landesgesellschaften, Vertriebsgesellschaften, Stützpunkten und Vertretungen im Ausland. Sie haben die geschäftlichen Ziele der Bereiche in der Region bzw. im Land zu verwirklichen.

Inland
Im Inland wird das Geschäft unter dem Dach der **Zweigniederlassungen** (ZN) durch die Bereiche direkt geführt. Die Leitungen der nach Bereichen gegliederten ZN-Vertriebe erhalten ihre Weisungen von ihren Bereichen und sind diesen gegenüber für Vertriebsaktivitäten und Ergebnis verantwortlich. Die Gesamtverantwortung für das Geschäft liegt beim Bereich.

Ziel dieser konsequenten Vertikalisierung des Geschäftes an der Inlandsperipherie ist es, schneller und geschäftsnäher zu werden und die Bereiche durch den Abbau organisatorischer Hürden und geteilter Verantwortungen näher an den Kunden heranzubringen.

Eine Geschäftsordnung für die Zweigniederlassung stellt sicher, daß die Koordinierung vor Ort im notwendigen Umfang erhalten bleibt, die einheitliche Repräsentanz keine Einbuße erleidet und Synergien genutzt werden. Zu diesem Zweck sind für die Standorte Sprecher, Koordinierungskreise und örtliche Betriebsleitungen im Sinne des Betr.VGes eingesetzt. An kleinen Standorten haben die Bereichsvertriebe interne Allianzen zur wirtschaftlichen Wahrnehmung des Geschäftes gebildet.

In einem weiteren Schritt wurden aus den bisherigen 11 Zweigniederlassungen und den ihnen zugeordneten Technischen Büros insgesamt 39 neue Zweigniederlassungen gebildet, die von den Bereichen je nach den Bedürfnissen ihres Geschäftes zu – unterschiedlichen – Vertriebsregionen zusammengeführt werden können.

Ausland
Im Ausland hat dagegen der Grundsatz der einheitlichen Vertretung des Hauses in einem Land den Vorrang; eine volle Durchschaltung der Bereiche auf ihre Vertriebe und Betriebe ist hier weder möglich noch sinnvoll. Wegen der unterschiedlichen Größe und Bedeutung der Regionalorganisation wurden verschiedene Organisationslösungen gefunden:

a) Landesgesellschaften: In den großen Märkten der Welt ist Siemens mit eigenen Gesellschaften vertreten (insgesamt 28 Landesgesellschaften einschließlich USA in 35 Ländern). Die Landesgesellschaften sind die Regionalunternehmer vor Ort und vertreten hier die Gesamtinteressen des Hauses. Sie verwirklichen die Ziele der Bereiche im Rahmen einer eigenen Ergebnisverantwortung. Dabei sind die Bereiche gehalten, so viel unternehmerische Verantwortung wie möglich an die Landesgesellschaft zu delegieren.

Unabhängig von der Zweckmäßigkeit eines hohen unternehmerischen Selbständigkeits- und Selbstverantwortungsgrades (nationaler Markt, nationale Mitarbeiter, nationale Fertigungen) ergibt sich diese Lösung auch aus dem Umstand, daß diese Einheiten als selbständige Gesellschaften dem Recht des jeweiligen Sitzlandes unterworfen sind.

Daraus folgt, daß diese Gesellschaften

- verpflichtet sind, eigenständige Ergebnisse – at arm's length – zu erwirtschaften,
- eine Bilanzierungs- und Ergebnisverantwortung haben,
- im Sitzland ihren Steuerverpflichtungen genügen müssen,
- für eine angemessene Finanzierung ihres Vermögens und ihrer Geschäfte Sorge zu tragen haben und
- mit ihren Mitarbeitern der jeweiligen Arbeits- und Sozialgesetzgebung unterliegen.

Diese großen Regionaleinheiten sind – gleichberechtigt neben den Bereichen und Zentralabteilungen – direkt der Unternehmensleitung zugeordnet. Der Vorstandsvorsitzende der Landesgesellschaft ist der unmittelbare Gesprächspartner der Unternehmensleitung für die Belange des jeweiligen Landes.

Da in zunehmendem Maße in diesen Ländern – z. B. infolge von Kooperationen mit nationalen Partnern oder von Akquisitionen – mehrere Gesellschaften Teilspektren von Siemens im Lande oder für den Weltmarkt vertreten, wurde dem Vorstandsvorsitzende der jeweiligen Landesgesellschaft auch die Funktion des **Siemens-Landessprechers** übertragen, um für alle Siemens-Aktivitäten die erforderliche einheitliche Repräsentanz nach außen und die Koordination nach innen sicherzustellen sowie die Landespolitik zu formulieren.

Die Landesgesellschaften legen ihre Organisation nach den Bedürfnissen des Marktes und des Landes fest. Sie tragen dafür Sorge, daß die Bereichsstrukturen in der Organisation und im Berichtswesen eine angemessene Entsprechung finden.

Im Schnittpunkt der Matrix-Organisation sind die weltweite Produktverantwortung der Bereiche und die Interessen der Landesgesellschaften für die von ihnen vertretenen Regionen zum Vorteil des Gesamtunternehmens zum Ausgleich zu bringen.

b) Im Prinzip gelten **für Siemens USA** dieselben Grundsätze wie für die Landesgesellschaften. Bis zur Unternehmensreform wurden die Operating Companies in den USA von denjenigen Unternehmensbereichen, in deren Produktgebiet die Tätigkeit dieser Gesellschaften fiel, direkt verantwortet. Der rasch zunehmende Umfang und die steigende Wertschöpfungstiefe des Geschäftes im größten Elektromarkt der Welt machten es jedoch erforderlich, die Operating Companies im Hinblick auf die Siemens-Repräsentanz nach außen und auf eine gemeinsame wirtschaftliche Infrastruktur und Personalpolitik stärker zu koordinieren. Der Siemens Corporation wurde deshalb – über die bisher ausgeübte Funktion einer Finanz-Holding hinaus – die Aufgabe übertragen, Ziele und Maßnahmen der Geschäftspolitik für die einzelnen Operating Companies mit einer übergreifenden Landespolitik für die USA abzustimmen; dies gilt insbesondere für Investitionen und Akquisitionen. Sie wurde hierzu mit den entsprechenden Stäben ausgestattet. Der Präsident der Siemens Corporation hat die Funktion des Landessprechers USA.

c) In allen anderen, etwa 100 Ländern wird das Geschäft durch kleine Vertriebsgesellschaften, Stützpunkte/Resident Engineers und Vertretungen betrieben. Kennzeichen dieser regionalen Einheiten ist es, daß sie häufig als cost centers des Stammhauses geführt werden.

2.3 Projekt-Management

Die Unternehmensorganisation und damit auch die strategischen und operativen Planungen werden mehr und mehr durch projektbezogene Organisationsformen und Planungsprozesse überlagert. Ihre wachsende Bedeutung liegt im Strukturwandel der Techniken und Märkte begründet. Die schnell ablaufenden Veränderungen bringen immer komplexere Vorhaben hervor, bei denen oft die Zeit ein entscheidender Erfolgsfaktor ist.

Zu den wesentlichen **Merkmalen** solcher komplexen Projekte gehören:

- die **Größenordnung**, die nicht absolut, sondern eher relativ in bezug auf das Gesamtgeschäft eines Unternehmens oder einer Unternehmenseinheit zu sehen ist;
- besondere **Abwicklungsprobleme**, die einmal in der technischen Komplexität und in hoher Verflechtung der einzelnen Arbeitsschritte liegen und die zum anderen eine enge und reibungslose Zusammenarbeit mehrerer oder vieler Organisationen – z.T. über Bereichs- und Unternehmensgrenzen hinweg – notwendig machen;
- technische und kommerzielle **Risiken** bei der Verfolgung der Projektziele, die innerhalb bestimmter Zeit- und Kostenrahmen zu realisieren sind.

Projekte dieser Art besitzen eine gewisse Einmaligkeit im Unternehmensablauf, haben ein definiertes Ziel und eine zeitliche Begrenzung.

Abgesehen von Projekten für Umorganisationen im Unternehmen zielt das Projekt-Management bei Siemens vor allem auf

- das Anlagen- und Systemgeschäft wie z. B. Großanlagen der Energieerzeugung,
- das Produktmanagement mit der Produktentwicklung und -einführung sowie Erfolgskontrolle durch technische und wirtschaftliche Produktplanung über die Gesamtlebensdauer eines Produktes oder einer Produktgeneration hinweg,
- die Durchführung von Forschungs- und Entwicklungsvorhaben sowie
- das Management von Akquisitionen und Desinvestitionen.

Ein Projekt-Management ist mehr oder weniger losgelöst von der bestehenden Strukturorganisation aufgebaut. Das Management von Anlagegeschäften, von Produktentwicklung und -einführung sowie von Entwicklungsvorhaben selbst ist in der Regel enger mit der Aufbauorganisation verbunden als das von größeren, einmaligen Projekten wie der Integration eines großen, akquirierten Unternehmens oder der Realisierung eines bereichsübergreifenden Schlüsselvorhabens für die Entwicklung einer Basistechnik.

Für den Erfolg des Projekt-Managements ist darum auch seine richtige Stellung in der Unternehmensorganisation entscheidend. Hierfür gibt es grundsätzlich vier Möglichkeiten:

- Projektorganisation innerhalb der Fachabteilungen,
- Stabs-Projektorganisation,
- ausgegliederte Projektorganisation und
- Matrix-Projektorganisation.

Die beiden letzten Organisationsformen sind sehr erfolgssensibel und besonders sorgfältig zu planen:

Im ersten Fall – der vollen Herauslösung des Projekt-Managements aus der bestehenden Organisation einschließlich der dazu erforderlichen Mitarbeiter – geht die Verantwortung vollständig auf die Projektorganisation über. Damit erhält der Projektleiter eindeutige Weisungsbefugnisse und klare Führungskompetenz. Soweit es sich hierbei um größere Projekte handelt, muß allerdings der Gefahr einer zu großen Verselbständigung und des Eigenlebens begegnet werden.

Im zweiten Fall kommt es zur Kompetenzaufteilung zwischen Projektteams und Funktionsabteilungen. Diese Organisationsform ist zwar weniger aufwendig und flexibler im Hinblick auf die Bereitstellung von Personalkapazitäten, kann aber zu unscharfen Verantwortungszuordnungen und damit zu vorprogrammierten Kompetenzkonflikten führen.

Schlüssel für den Erfolg eines Projektes ist grundsätzlich die Qualifikation der Mitarbeiter, insbesondere aber des Projektleiters. Neben der richtigen Ausbildung und der Erfahrung in Organisation, Planung und Kontrolle ist vom Projekt-Manager Führungskompetenz mit Initiative und Durchsetzungsvermögen, Überzeugungskraft und Verhandlungsgeschick sowie Kooperationsbereitschaft und Flexibilität besonders gefordert.

Die Projektorganisationen dürfen insgesamt die bestehende Aufbauorganisation und das Führungssystem nicht unterlaufen. Wenn ein zu hoher Bedarf an Projekten gesehen wird, stellt sich die Frage, ob Aufbauorganisation und Führungssystem den aktuellen Anforderungen des Geschäftes genügen.

2.4 Das Führungssystem

Oberstes Leitungsgremium des Unternehmens ist gesellschaftsrechtlich der **Gesamtvorstand.** Er wählt aus seiner Mitte mit Zustimmung des Aufsichtsrates den **Zentralvorstand (ZV),** der aktienrechtlich ein Vorstandsauschuß ist, dem die Führung des Unternehmens übertragen wurde, soweit dies durch Gesetz und Satzung zulässig ist.

Damit ist der Zentralvorstand faktisch das **oberste Leitungsgremium** des Unternehmens (Unternehmensleitung).

- Ihm obliegt die **strategische Führung** des Unternehmens. Seine Mitglieder üben keine direkte Geschäftsführung aus. Die Umsetzung der strategischen Ziele des Zentralvorstandes in die Führung der Geschäfte ist Aufgabe der Bereichsleitungen, die gegenüber dem Zentralvorstand weisungsgebunden sind.
- Der Zentralvorstand ist im Prinzip **ressortfrei**; seine Entscheidungen werden immer vom gesamten Kollegium getroffen. Nur soweit Mitglieder des Zentralvorstandes einer Zentralabteilung selbst vorstehen, leiten sie diese selbständig und in eigener Verantwortung.
- Zur Arbeitsteilung innerhalb des Zentralvorstandes betreuen einzelne Mitglieder des Zentralvorstandes **(Betreuer)** eine festgelegte Auswahl der dem Zentralvorstand direkt zugeordneten Organisationseinheiten; sie vertreten deren Belange im Zentralvorstand bzw. die Entscheidungen des Zentralvorstandes gegenüber den von ihnen betreuten Organisationseinheiten[6].

Dem Zentralvorstand in der Verantwortung direkt zugeordnet sind (vgl. Abbildung 14):

- die geschäftsführenden Bereiche, selbständige Geschäftsgebiete und Bereiche mit eigener Rechtsform,
- die Zentralabteilungen und Zentralstellen,
- die Landesgesellschaften, Vertriebsgesellschaften mit Stützpunkten
- sowie bestimmte Beteiligungsgesellschaften im Inland (wie Bosch-Siemens Hausgeräte GmbH).

Alle anderen Einheiten und Gesellschaften des Hauses sind einer dieser direkt dem Zentralvorstand verantwortlichen Organisationseinheiten zugeordnet.

Die **Bereiche** werden durch einen sog. **„Bereichsvorstand"** geleitet; er ist kein gesellschaftsrechtliches Organ, obwohl ihm auch gesellschaftsrechtliche Vorstandsmitglieder der Siemens AG angehören können.

Der Bereichsvorstand besteht in der Regel aus 3 Mitgliedern, die vom Zentralvorstand berufen werden. Der Vorsitzende des Bereichsvorstandes legt die Geschäftsverteilung fest und wirkt auf eine einheitliche Geschäftsführung hin; er ist Sprecher gegenüber dem Zentralvorstand und repräsentiert den Bereich nach außen.

Der Bereichsvorstand leitet seinen Bereich im Rahmen der vom Zentralvorstand festgelegten Unternehmenspolitik selbständig. Seine Mitglieder tragen gemeinsam die Verantwortung für die Geschäftsführung. Im Rahmen dieser Geschäftsverantwortung leitet jedes

---

6 Die Zuordnung von Betreuungsgebieten im Zentralvorstand wird entsprechend der personellen Zusammensetzung des Zentralvorstands flexibel gehandhabt. Grundsätzlich werden den Zentralvorstandsmitgliedern sowohl geschäftsführende Bereiche als auch Länder – und gegebenenfalls auch Zentralabteilungen – zur Betreuung zugeordnet. Die Länderzuordnung erfolgt nun nach 4 Wirtschaftsregionen.

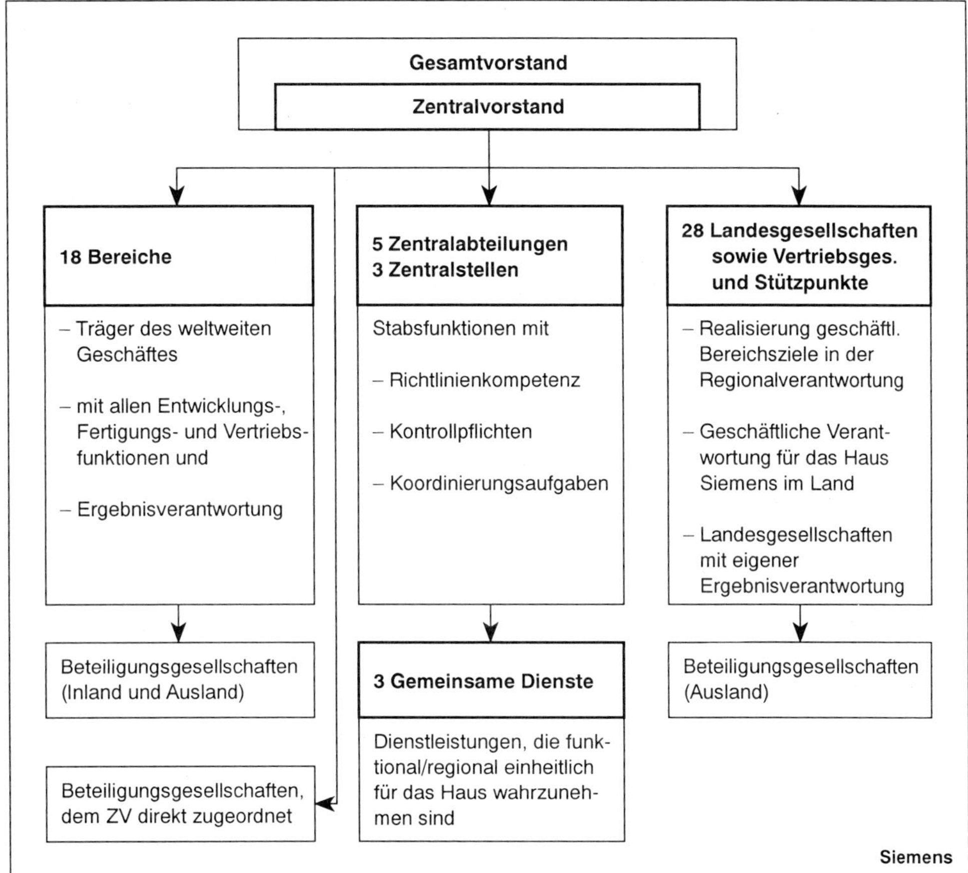

Abb. 14: Führungsstruktur des Hauses Siemens (vereinfachte Darstellung)

Mitglied des Bereichsvorstandes sein Aufgabengebiet selbständig und in eigener Verantwortung. Die Gesamtverantwortung für die kaufmännische Funktion ist jeweils einem Mitglied zugeordnet.

Die **Zentralabteilungen/Zentralstellen** werden entweder von einzelnen Mitgliedern des Zentralvorstandes z. T. direkt geführt, wie z. Zt. Finanzen, Personal, Unternehmensplanung und -entwicklung, Produktion und Logistik sowie die Zentralstellen, oder sie werden betreut, wie z. Zt. die Forschung und Entwicklung.

Bei **Landesgesellschaften** besteht die Leitung aus einem Vorstand, der gesellschaftsrechtlich nach den örtlichen Gegebenheiten gebildet wird. Im Aufsichtsgremium hat mindestens ein leitender Herr des Stammhauses Sitz und Stimme; bei den großen Landesgesellschaften ist es der Betreuer im Zentralvorstand.

Funktional besteht die **Unternehmensleitung** in der ersten Ebene aus dem Zentralvorstand; zusammen mit den anderen Vorstandsmitgliedern der Siemens AG, den Bereichsvorständen und den Hauptabteilungsleitern der Zentralabteilungen auf der zweiten Ebene bildet er den **Obersten Leitungskreis**.

2.5 Schlußbemerkungen

Drei Aspekte wären für die Bewertung der neuen Organisation und des daraus abgeleiteten Führungssystems des Hauses Siemens noch besonders in Betracht zu ziehen:

Erstens: Die Neustrukturierung wurde stets als Gesamtheit von Veränderungen der Organisationselemente (Bereiche, Zentralabteilungen, Regionale Einheiten), des Führungssystems (Führungsorgane, Planungs- und Kontrollinstrumente und -prozesse) und einer entsprechenden Anpassung der Denk- und Verhaltensweisen der Mitarbeiter verstanden. Letzteres ist aber ein langfristiger Prozeß, der noch im Gang ist.

Zweitens: Aus einer Reihe von Gründen konnten bestimmte organisatorische Maßnahmen noch nicht zum 1. 10. 89, sondern erst danach und oft in mehreren Schritten vollzogen werden (z. B. Gestaltung der In- und Auslandsperipherie). Über den organisatorischen Endzustand und den Weg dorthin bestand jedoch von Anfang an Klarheit; echte Nachbesserungen an der Organisationsstruktur haben sich bis heute in ganz engen Grenzen gehalten.

Drittens: Da die neue Organisationsstruktur darauf angelegt ist, auf Veränderungen im Umfeld und der Strategie schnell, flexibel und unbürokratisch reagieren zu können, haben seit 1989 (z. B. Nixdorf-Kauf) und werden auch in Zukunft laufend organisatorische Veränderungen stattfinden, ohne daß die Grundstruktur des Unternehmens davon berührt wird [7].

7 An wesentlichen Veränderungen der Bereichsstruktur seit 1989 sind zu erwähnen die Auflösung des Bereichs Peripherieendgeräte (PE), der Erwerb der Nixdorf AG und die Einbringung des Bereichs Daten- und Informationssysteme, die Einbringung der Hell GmbH in die Linotype AG, die Gründung eines neuen selbständigen Geschäftsgebietes Vernetzungssysteme (VS) und eines Geschäftsgebietes Mobilfunknetze innerhalb des Bereichs Öffentliche Kommunikationsnetze.

3. Unternehmensziele

Die Festlegung der Ziele im Unternehmen findet auf verschiedenen Ebenen statt und hat dabei in der Regel unternehmensspezifische Ausprägungen von unterschiedlichem Abstraktionsgrad. Das reicht vom Selbstverständnis des Unternehmens, das sich im Bewußtsein und in der Einstellung der in ihm arbeitenden Menschen ausdrückt, bis hin zu der Erarbeitung von konkreten und zeitgebundenen Zielen für die Geschäftsführung, deren Hauptwerkzeug die kurz- und mittelfristige Planung und Kontrolle ist.

3.1 Unternehmensleitsätze

„Unser Haus wurde groß, weil ihm das Morgen wichtiger war als das Heute, der technische Fortschritt mehr galt als der schnelle Gewinn und weil es sich stets eingedenk war, daß sein köstlichster Besitz die Menschen sind, die ihr Schicksal mit dem seinen verknüpft haben."

Mit diesen Worten hat der letzte Enkel des Firmengründers, Ernst von Siemens, das Selbstverständnis des Hauses Siemens auf einen Nenner gebracht, als er im Februar 1956 den Vorsitz im Aufsichtsrat der beiden Stammfirmen Siemens & Halske AG und Siemens-Schukkert AG übernahm.

Dieses grundlegende Unternehmensverständnis, das mit einem klaren Menschenbild verbunden ist, geht auf den Gründer des Hauses zurück und wurde von seinem Sohn, Carl Friedrich von Siemens, beim Aufstieg des Hauses zu einem industriellen Großunternehmen bewahrt und weiterentwickelt. In diesem Selbstverständis liegt auch der Schlüssel zum erfolgreichen Wiederaufstieg des Unternehmens nach 1945; es hat die Menschen im Hause bis zum heutigen Tag geprägt.

Mit der Unternehmensreform wurden darum die grundlegenden Geschäfts- und Verhaltensziele in **sechs Unternehmensleitsätzen** zusammengefaßt (Abbildung 15):

Die Unternehmenspolitik des Hauses Siemens ist traditionsgemäß sehr langfristig angelegt; sie gründet sich auf konstruktive, berechenbare und verläßliche Beziehungen zu allen Partnern nach außen und nach innen und setzt darauf, daß die Unternehmenstätigkeit auf Dauer nur dann erfolgreich sein kann, wenn daraus alle Beteiligten in angemessener Weise Vorteile ziehen können.

Dem **Kunden** sollen Produkte und Dienstleistungen des Unternehmens Nutzen bringen.

Den **Mitarbeitern** sollen durch Freiräume für Kreativität und Leistungswillen Entwicklungs- und Erfolgschancen geboten werden.

Für **Kapitalgeber** soll der Finanzmitteleinsatz zum lohnenden Investment werden.

Und schließlich soll dies in einem verträglichen Kontext zu **Gesellschaft** und **Umwelt** stehen.

- Wir wollen auf dem Gebiet der Elektrotechnik und Elektronik zu den wettbewerbsstärksten Unternehmen der Welt gehören und Schrittmacher des technischen Fortschritts sein.
- Unser Ziel ist, unseren Kunden in aller Welt Produkte und Leistungen von höchstem Nutzen zu bieten.
- Kreativität und Leistungswille unserer Mitarbeiter sind die Basis für den Unternehmenserfolg.
- Wir wollen nachhaltig hohe Erträge als Voraussetzung für die Sicherung der Zukunft unseres Unternehmens erwirtschaften und den Wert des Investments unserer Aktionäre erhöhen.
- Mit unseren Partnern in aller Welt wollen wir konstruktive, langfristige und vertrauensvolle Beziehungen pflegen.
- Wir sehen uns als integrierten Bestandteil der nationalen Volkswirtschaften und fühlen uns der Gesellschaft und der Umwelt verpflichtet.

Siemens

Abb. 15: Unternehmensleitsätze des Hauses Siemens

3.2 Unternehmenspolitische Rahmenziele

Zu den originären Aufgaben eines Unternehmers gehört es, sein Tätigkeitsfeld zu definieren. Für Siemens ist dies durch seine Entstehungsgeschichte, die seine Fähigkeit zu technischen Spitzenleistungen und das Selbstverständnis als „Haus" für die gesamte Elektrotechnik geprägt hat, vorgezeichnet.

Drei Grundziele sind für die Geschäftstätigkeit des Unternehmens in Zukunft maßgebend: Siemens ist ein Unternehmen,

- dessen Betätigungsgebiet die **Elektrotechnik und Elektronik** ist,
- das auf diesen Märkten als **Universalist** auftritt und
- das seine Geschäftstätigkeit **weltweit** sieht.

Siemens ist ein nahezu „reinrassiges" Elektro-Unternehmen. Das schließt nicht aus, daß darüber hinaus auch technische Gebiete bearbeitet werden, welche die elektrotechnischen Geschäftsmöglichkeiten ergänzen, verbessern oder auch voraussetzen. Dazu gehört z. B. die Fähigkeit, auf dem Gebiet der Energieerzeugung mit Turbinen und Kerntechnologie als Gesamtanbieter auftreten zu können. Auch in der Verkehrstechnik ist die Ergänzung der Elektrotechnik um mechanische Teile eine notwendige Bedingung, um die vom Kunden verlangte Systemführerschaft übernehmen und damit langfristig den Marktzugang erhalten zu können.

Als Universalist verfolgt Siemens nicht nur den finanziellen Risiko-Ausgleich, sondern auch größere Unabhängigkeit von Branchen-Konjunkturen und -Trends. Vor allem aber sollen Synergien zwischen den einzelnen Technologien genutzt werden. Denn für ein Technologie-getriebenes Unternehmen ist bei der schnell zunehmenden Durchdringung aller Gebiete mit Elektronik die **Technologieführerschaft** in den Kerngebieten eine wesentliche Zielgröße zur Erlangung von Wettbewerbsvorteilen. Forschung und Vorfelduntersuchungen für gemeinsam anwendbare Kerntechnologien stärken dabei die Innovationsfähigkeit der Arbeitsgebiete und Geschäftsfelder.

Technische und wirtschaftliche Leistungsfähigkeit begründen Wettbewerbsstärke als Voraussetzung für Wachstum und Ertrag. Dies erfordert, daß möglichst viele Geschäftsfelder sich in einer führenden Marktposition befinden oder in eine solche gebracht werden können.

In globalen Märkten ist eine führende Marktposition in einem regional begrenzten Markt allein jedoch nicht zu erreichen. Damit sind die **Regionalziele** von gleichrangiger Bedeutung.

Für Siemens gilt:

Der Heimatmarkt ist der **europäische Markt**; hier wird auf absehbare Zeit die Basis des Unternehmens bleiben. Es gilt, diese traditionell gute Marktstellung abzusichern.

Zielmarkt Nr. 1 außerhalb Europas ist **Nordamerika**; hier muß die Marktposition des Unternehmens noch deutlich ausgebaut werden.

Die angestrebte Erschließung des **japanischen Marktes** wird als langfristige Zielsetzung gesehen. In den übrigen ostasiatischen Ländern richten sich die Aktivitäten auf Geschäfte, für die eine weltweite Kostenführerschaft aufgebaut werden soll.

Nicht zuletzt gehört es zu den „traditionellen" Zielen des Hauses Siemens, auf den Märkten der **Entwicklungs- und Schwellenländer** die erreichte Marktstellung zu halten oder auszubauen. Vor allem dort, wo es um den Auf- und Ausbau von Infrastrukturen geht, lassen sich die besonderen Stärken des Unternehmens in der Anlagen- und Systemtechnik vorteilhaft nutzen.

3.3 Langfristige Ziele des Unternehmens

Die mehr qualitativ formulierten unternehmenspolitischen Rahmenziele wurden darüber hinaus in konkret faßbare und verfolgbare langfristige **Ziele des Unternehmens** für das Ende des Jahrzehnts umgesetzt; dazu gehören:

- Wettbewerbsstarke Arbeitsgebiete, mindestens drei Viertel in führenden Positionen.
- Umsatzvolumen DM 130 bis 150 Milliarden.
- Zwei Drittel des Geschäftsvolumens in West- und Mitteleuropa, 20% in Nordamerika und deutlich mehr als 5% in Fernost.
- Umsatzrendite mindestens 4%.

Dies sind natürlich keine verbindlichen Planzahlen, vielmehr sollen hiermit Zielrichtungen und Größenordnungen vermittelt werden, auf die das Unternehmen hingesteuert werden soll.

3.4 Unternehmensgleichgewicht

Das Grundanliegen für die Führung des Unternehmens ist die Zukunftssicherung des Unternehmens. Dazu ist es notwendig, daß bei der Verfolgung der Ziele jederzeit bestimmte Gleichgewichtsbedingungen erfüllt sein müssen, wenn das Unternehmen in seiner Entwicklung vor existentiellen Gefährdungen bewahrt werden soll. Das gesuchte **Unternehmensgleichgewicht** wird von vier Prinzipien bestimmt (vgl. Abbildung 16); nämlich stets genügend

Geschäftsaktivitäten zu haben,

- die in einer wettbewerbsstarken Position sind und einen angemessenen Ertrag liefern,
- die einen ausgewogenen Finanzmittelsaldo erbringen,
- die ein stetiges Wachstum sicherstellen und
- deren Geschäftsrisiken sich insgesamt in einem annehmbaren Rahmen halten.

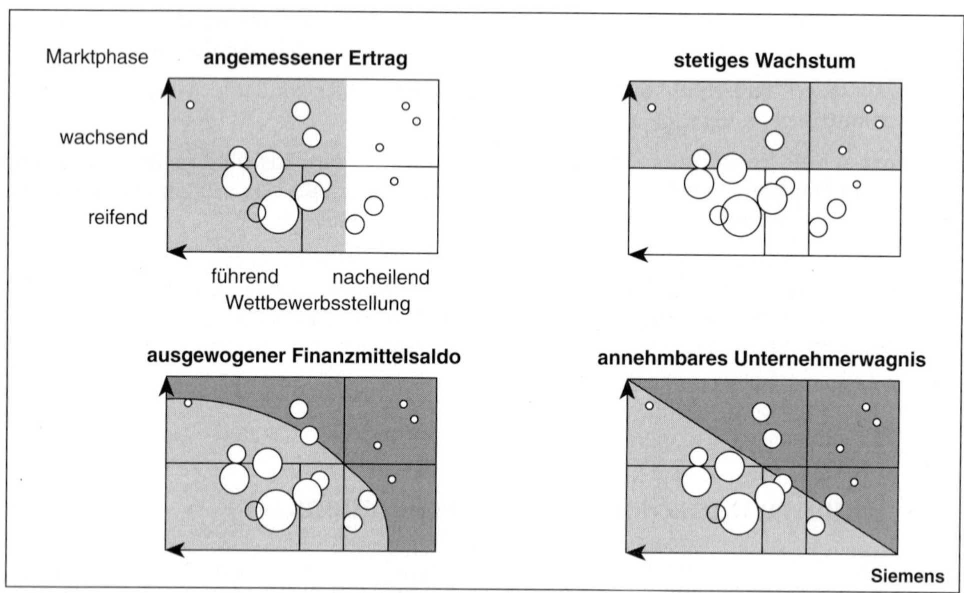

Abb. 16: Vier Prinzipien bestimmen das Gleichgewicht eines Unternehmens

Nur so können Zukunftssicherung des Unternehmens als oberstes Ziel sichergestellt und gleichzeitig die Anforderungen aus den Einzelstrategien mit der Belastbarkeit des Ertragspotentials in Einklang gebracht werden.

Damit sind die Rahmenbedingungen bestimmt für die Auslegung der aktuellen Geschäftsziele und Strategien, wie sie in den strategischen und operativen Planungs- und Kontrollprozessen dann konkretisiert und umgesetzt werden.

4. Gestaltung der Unternehmensstruktur im Rahmen der Unternehmensziele

4.1 Führungsgrundsätze

Bei der Führung des Unternehmens ist eine ausgewogene Balance zwischen einer einheitlichen strategischen Unternehmenspolitik und der Wahrung der operativen Freiräume für die Verantwortlichen in den geschäftsführenden Einheiten von ganz besonderer Bedeutung. Einerseits muß die Kompetenz des Unternehmens so ausgebaut werden, daß die für die Zukunft wichtigen und vorteilhaften Ergebnispotentiale optimal genutzt werden können. Andererseits kann dies nicht in einem abstrakten und zentralen top-down-Prozeß geschehen, weil hierzu nicht nur das Geschäftsverständnis der Verantwortlichen vor Ort gebraucht wird, sondern von dort aus auch entscheidende Impulse für die Zielfestlegung und die Identifikation mit den Plänen kommen müssen.

Im Unternehmen gibt es darum kaum Entscheidungen, die ohne Kommunikation innerhalb des Unternehmens getroffen werden. Ausgenommen sind säkulare Weichenstellungen, die das Bild des Unternehmens grundlegend verändern. Diese Entscheidungen vollziehen sich dann zunächst im kleinsten Kreis an der Unternehmensspitze und außerhalb institutionalisierter Gremien und Planungsroutinen.

In der institutionalisierten strategischen und operativen Planungsroutine kommt es dagegen zu keinen einseitig „von oben nach unten" gerichteten Entscheidungsprozessen. Vielmehr gehen den Entscheidungen vielfältige Abstimmungen voraus. Allerdings ist durch klare Zuordnung von Verantwortung sichergestellt, daß sich Kompetenz und Verantwortung nicht in der Organisation „verlieren" oder blockieren oder daß die Ziele des Unternehmens nur „von unten" bestimmt werden.

In der Unternehmensverfassung – die ihren Niederschlag in Geschäftsordnungen für Zentralvorstand, Vorstand und Bereichsvorstände gefunden hat – ist deshalb eine eindeutige Trennung zwischen der **strategischen Führung des Unternehmens durch den Zentralvorstand** und der **Geschäftsverantwortung der Bereichsvorstände** festgeschrieben. Der Zentralvorstand hat damit nicht nur die Kompetenz für die Festlegung der Unternehmenspolitik und -strategie, sondern auch für die Führungskräfteplanung und -entwicklung, für die Unternehmensstruktur und -organisation sowie für grundlegende funktionale Themen.

4.2 Geschäftsfelder

Die kleinsten strategischen Planungseinheiten des Hauses Siemens sind die Geschäftsfelder. Sie bilden die Basis

- sowohl für die **Strategieentwicklung** der geschäftsführenden Bereiche

- als auch für **Querschnittsanalysen** von Geschäfts- und Regionalstrukturen und deren Veränderungen auf Unternehmensebene.

Mit knapp 300 Geschäftsfeldern wird das Siemens-Geschäft in einer für die strategische Planung ausreichenden Detaillierung abgebildet. Die Geschäftsfelder sind dabei als eine Gruppe von Produkt-/Marktsegmenten definiert, für die eine weitgehend unabhängige und einheitliche Strategie formuliert werden kann, in der sich Wettbewerbsvorteile erreichen und absichern lassen.

Die Geschäftsfeldplanung ist Aufgabe der Bereiche, unterliegt allerdings der Nachprüfung durch die Zentrale Unternehmensplanung und -entwicklung (ZU). Dabei sind die Schritte zur Geschäftsfelddefinition formalisiert (vgl. Abbildung 17):

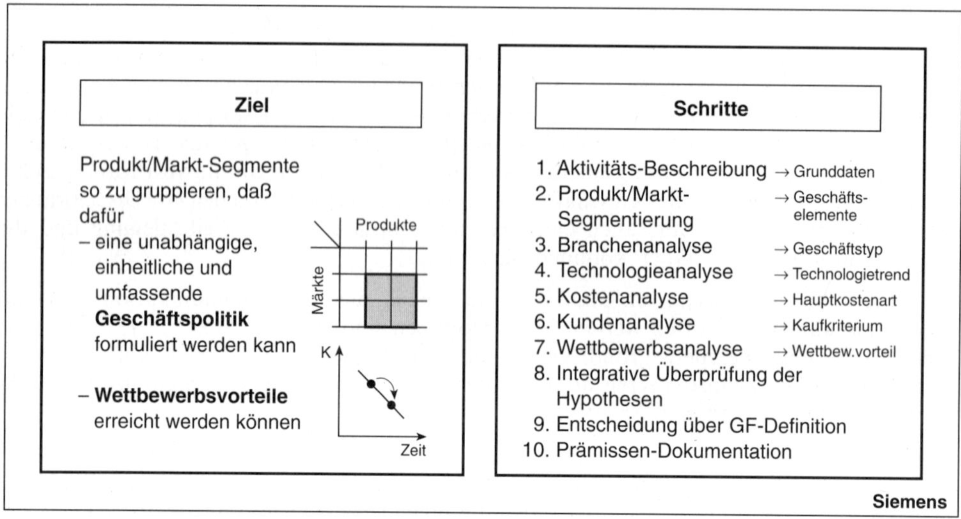

Abb. 17: Ziel der Geschäftsfeldabgrenzung und Schritte zur Geschäftsfelddefinition

Bei der Planung eines Geschäftsfeldes wird stets auch die Aktualität der Geschäftsfelddefinition überprüft, um gegebenenfalls die Geschäftsfeldabgrenzung den veränderten Markt- und Produktbedingungen sowie dem Verhalten von Kunden und Wettbewerbern anzupassen.

Die Geschäftsfelder sind das strategische Steuerungsinstrument vor allem für den Bereichsvorstand.

Für Querschnittsanalysen auf Unternehmensebene werden Kategorien gleichartiger Geschäftsfelder gebildet. So erfolgt z. B. eine Einteilung nach ihrer strategischen Position in der Geschäftsfeldmatrix in

- Ertragsgeschäftsfelder
- Wachstumsgeschäftsfelder und
- Verlustgeschäftsfelder.

Hieraus werden dann Konsequenzen für die Strukturpolitik des Unternehmens abgeleitet.

4.3 Arbeitsgebiete

Eine Steuerung der Geschäftsstruktur des Gesamtunternehmens über Geschäftsfelder ist für den Zentralvorstand aus zeitlichen und inhaltlichen Gründen unmöglich; geschäftsnahe Ziele können nicht auf Unternehmensebene für rd. 300 Geschäftsfelder beurteilt und vereinbart werden. Für eine zielgerichtete Entwicklung der Geschäfts- und Regionalstruktur mußte sich deshalb die Unternehmensleitung für die institutionalisierten und routinemäßigen Prozesse von der Ebene „Geschäftsfeld“ lösen und zu höher aggregierten Einheiten kommen. Nur in begründeten Fällen befaßt sich der Zentralvorstand mit einzelnen Geschäftsfeldern.

Aus diesen Gründen hat Siemens die Ebene der „Arbeitsgebiete“ eingeführt, die aus Geschäftsfeldern mit hohen strategischen Gemeinsamkeiten gebildet wurden (vgl. Abbildung 18).

Da bei der Bildung der Bereiche für deren Gliederung in Geschäftsgebiete die gleichen Kriterien zugrundegelegt worden waren, entsprechen die Arbeitsgebiete mit wenigen Ausnahmen gleichzeitig der Organisationseinheit „Geschäftsgebiet“ und unterliegen somit auch einer gemeinsamen Geschäftsverantwortung.

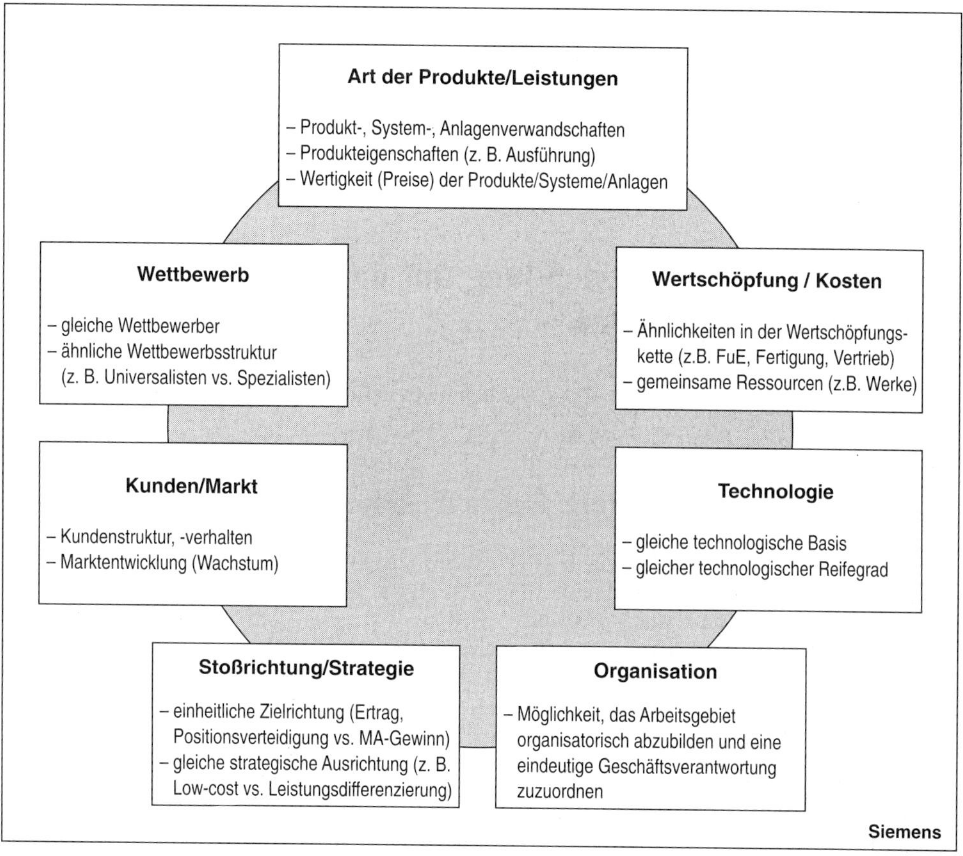

Abb. 18: Kriterien zur Bildung eines Arbeitsgebietes

Auf Unternehmensebene gibt es z.Zt. rd. 70 Arbeitsgebiete.

Beispiel: Das Arbeitsgebiet „Ausrüstungen für Werkzeugmaschinen" ist gleichzeitig ein Geschäftsgebiet des Bereiches Automatisierungstechnik und besteht aus den 4 Geschäftsfeldern:

- Steuerungen für Werkzeugmaschinen
- Steuerungen für Roboter
- Antriebe für Werkzeugmaschinen
- Antriebe für Roboter.

Da Geschäftsfelder bei Siemens in der Regel keine Organisationseinheiten mit eigener Führung und Ergebnisverantwortung darstellen, erfolgt die Zusammenführung mit der Organisation somit auf der Ebene der Arbeitsgebiete. Dies verschafft der Unternehmensleitung die Möglichkeit, unmittelbar mit den Geschäftsverantwortlichen strategische Ziele und Maßnahmen, die auf das Gesamtinteresse des Hauses gerichtet sind, verbindlich zu vereinbaren und auch zu kontrollieren, ohne den unternehmerischen Freiraum für die Bereichsleitungen bei der Strategieentwicklung und deren Umsetzung in den einzelnen Geschäftsfeldern einzuengen.

Durch die Bildung von Arbeitsgebieten über mehrere, benachbarte Geschäftsfelder bleiben gegebenenfalls nicht genutzte Geschäftsmöglichkeiten („weiße Flecken") ständig im Blickfeld der strategischen Planung. Darüber hinaus können auf sich überschneidenden Gebieten leichter neue Geschäftsfelder unter Heranziehung des vorhandenen Know-how gebildet werden.

Hierzu gehören auch die Verbesserung der Wettbewerbsfähigkeit durch Nutzung von Synergien, die gemeinsame Inanspruchnahme von Ressourcen und Prozessen in der Wertschöpfungskette sowie die Abstimmung von Strategien und Maßnahmen zwischen sich berührenden Geschäftsfeldern.

4.4 Unternehmensentwicklung auf der Basis von Arbeitsgebieten

Die Formulierung der Ziele für die Arbeitsgebiete erfolgt in drei Schritten (vgl. Abbildung 19):

4.4.1 Bestimmung der strategischen Position der Arbeitsgebiete

Die strategische Position eines Arbeitsgebietes wird aus der Sicht nach innen wie nach außen beurteilt: Während aus der Sicht nach innen die **eigene Kompetenz** und Wettbewerbsfähigkeit nach den bekannten Kriterien bewertet wird, wird aus der Sicht nach außen die **Attraktivität** des Geschäftsumfeldes, d. h. der Branche, analysiert. Sie wird anhand von Elementen wie

- Eintrittsbarrieren
- Wettbewerbsintensität
- Preisempfindlichkeit
- Substitutionsgefahr und
- Lieferantenmacht

bestimmt.

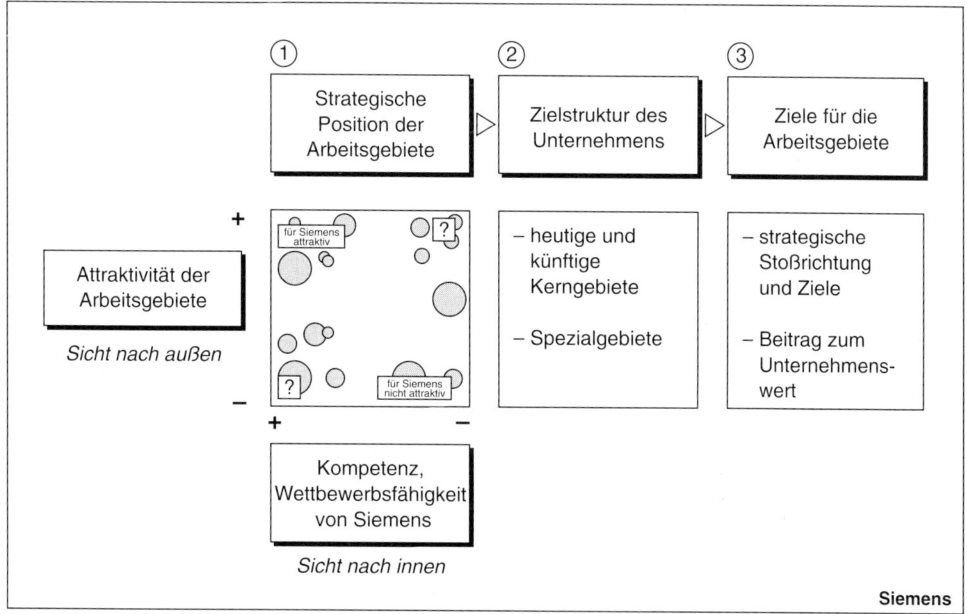

Abb. 19: Schritte bei der Formulierung von Zielen für die Arbeitsgebiete

Dabei stehen drei Aspekte im Vordergrund, nämlich

- die Kriterien, die eine Betätigung in einem Arbeitsgebiet attraktiv bzw. unattraktiv machen,
- die Anforderungen an Unternehmen, die in diesem Arbeitsgebiet erfolgreich tätig sein wollen und
- die Chancen und Risiken dafür, daß sich die Umfeldsituation gravierend verändern kann.

Letztlich mündet die Analyse in die Beantwortung der Frage, ob sich hier dauerhaft „gutes Geld" verdienen läßt.

Für die Entscheidung muß das Ergebnis der Attraktivitätsanalyse mit der eigenen Kompetenz auf dem Arbeitsgebiet abgeglichen werden. Hierzu zählen Marktposition, Wettbewerbsvor- und -nachteile bei Kosten, Technologien und Vertrieb/Service sowie die verfügbaren Ressourcen (Human Resources, Finanzmittel u. a.).

4.4.2 Rolle des Arbeitsgebietes in der Zielstruktur des Unternehmens

Attraktivität und Kompetenz der Arbeitsgebiete sind die Basis für die Entwicklung der Zielstruktur des Unternehmens. Hierzu ist es wesentlich, daß die Rolle der Arbeitsgebiete im Unternehmen festgelegt wird. Dabei wird zwischen **„Kerngebieten"** und **„Spezialgebieten"** unterschieden (vgl. Abbildung 20).

Kerngebiete sind Arbeitsgebiete, die tragende Säulen für das Ergebnis des Unternehmens und seine technische Kompetenz sind. Eine besondere Bedeutung hat die Bestimmung der **künftigen** Kerngebiete. In diese sog. **Aufbaugebiete** werden vor allem die Ressourcen gelenkt,

	heutige Kerngebiete	künftige Kerngebiete (Aufbaugebiete)	Spezialgebiete	Problemgebiete
Attraktivität der Markt- und Umfeldbedingungen	– attraktiv: gute Möglichkeiten, sich im Wettbewerb zu differenzieren und angemessene Erträge zu erwirtschaften			– unattraktiv
Kompetenz / Marktposition	– gute Marktposition mit klaren, verteidigbaren Wettbewerbsvorteilen	– realistische Möglichkeit, in absehbarer Zeit zu den Marktführern zu gehören	– gute verteidigbare Marktposition auf dem Spezialgebiet (Produkt-/ Marktsegmente, Anwendungssegmente)	– schwache bzw. nacheilende Marktposition, Aufholmöglichkeit unrealistisch oder langwierig und zu teuer
Gewicht für das Gesamtunternehmen (Umsatz, Ergebnis, Geschäftswert, Beschäftigungswirkung)	– bedeutender Anteil am Unternehmen, tragende Säule des Gesamtergebnisses des Unternehmens	– wachsende und zukünftige hohe Bedeutung für das Unternehmen	– freistehend, oft kleine Gebiete	– geringes Gewicht, ggf. aber auch klare Gefährdung des Gesamtergebnisses des Unternehmens
Bezug zu den Kerngebieten	– guter „Fit“ mit anderen Kerngebieten	– guter „Fit“ mit anderen Kerngebieten	– wenig Bezug zu den Kerngebieten, aber Nutzen aus der Zugehörigkeit zum Unternehmen	– im eigenen Unternehmen nicht entwicklungsfähig

Siemens

Abb. 20: Kriterien für Kerngebiete und Spezialgebiete

um hier in absehbarer Zeit eine führende Marktposition mit angemessenen Erträgen zu erlangen.

Neben den Kerngebieten stehen die **Spezialgebiete**. Sie haben wenig Bezug zu den Kerngebieten. Das entscheidende Kriterium für ihre Führung im Unternehmen ist ein dauerhafter und angemessener Ertrag.

Darüber hinaus gibt es immer wieder **Problemgebiete**, deren zukünftige Rolle im Unternehmen überdacht und geregelt werden muß.

4.4.3 Zielfindung für die einzelnen Arbeitsgebiete

Ausgehend von der definierten Rolle der Arbeitsgebiete werden dann in einem dritten Schritt ihre strategischen Ziele und Stoßrichtungen festgelegt. Dies ist der Angelpunkt für die konkreten strategischen Planungen, deren Inhalte und Prozesse in den folgenden Abschnitten 5 und 6 beschrieben werden. Dabei handelt es sich um einen revolvierenden Lernprozeß, bei dem sich mit den gewonnenen Erfahrungen und Erkenntnissen auch die Ziellandschaft wandelt.

Neben dieser materiellen, auf konkrete Geschäftsziele ausgerichteten Planung wird flankierend dazu versucht, die Auswirkungen der erarbeiteten Strategien auf den Wert des Unternehmens abzuschätzen.

Dahinter steht die Frage, welche Kapitalrückflüsse ein Investor aufgrund dieser Planung erwarten kann. Dabei spielen neben Umsatzrendite und Wachstum sowie Kapitalumschlag und Eigenkapitalquote auch das damit verbundene Risiko eine Rolle. Der Barwert aus den mit einem Mindestzinssatz (Zinsniveau und Risikofaktor) abgezinsten Kapitalrückflüssen bildet den **Geschäftswert** eines Arbeitsgebietes (vgl. Abbildung 21).

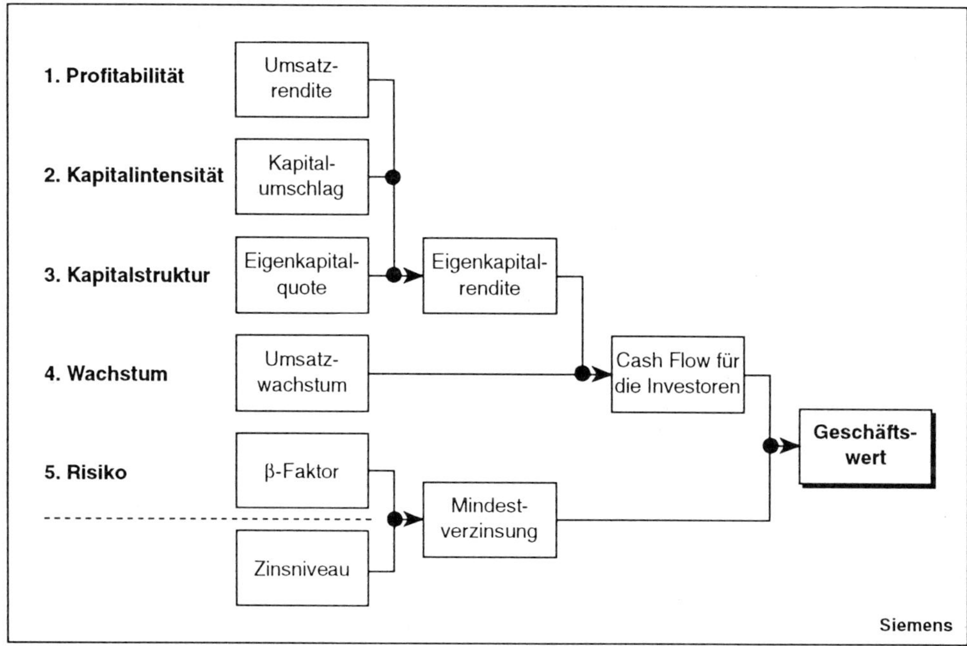

Abb. 21: Einflußgrößen auf den Geschäftswert bzw. Unternehmenswert

Mit der Ermittlung der Geschäftswerte – als Beiträge der Arbeitsgebiete zum Unternehmenswert – soll darauf hingewirkt werden, daß das eingesetzte Kapital in solche Geschäfte gelenkt werden kann, die einen möglichst hohen Kapitalrückfluß versprechen. Es soll allerdings nicht verschwiegen werden, daß gerade für ein internationales Universalunternehmen die Datenzuordnung mit z. T. erheblichen Problemen verbunden ist, da z. B. Vermögens- und Kapitalzuordnung für ein weltweites Geschäft aus den Bilanzen vieler Einzelgesellschaften herausgeschnitten werden müssen. Darüber hinaus haben die sich für die einzelnen Arbeitsgebiete auf diese Weise ergebenden „Geschäfts**werte**" in der Regel mehr oder weniger fiktiven Charakter. Die Aussagekraft liegt eher in der Tatsache, ob die eingeschlagene Strategie den Geschäftswert erhöht oder vermindert.

Letztlich hängt die Aussagefähigkeit des Geschäftswertes vom Wert der dahinter stehenden Strategie ab und hat deutlichen Prognosecharakter. Der Geschäftswert ist darum ein zusätzliches, aber nicht allein zu betrachtendes Entscheidungskriterium.

5. Architektur und Organisation des Planungs- und Kontrollprozesses im Planungs- und Kontrollsystem

5.1 Integration von Wirtschaftsplanung und strategischer Planung

Siemens hat im Zuge der Organisationsreform von 1989 auch seine Planungs- und Kontrollprozesse angepaßt. Im Mittelpunkt stand dabei eine Verknüpfung der Wirtschaftsplanung und der strategischen Planung zu einem in sich konsistenten und geschlossenen Führungsinstrument.

Die Neugestaltung des Planungssystems konnte auf einer vorhandenen

- breit angelegten **Geschäftsfeldplanung** und
- einer tiefgegliederten kurz- und mittelfristigen **Wirtschaftsplanung** (operative Planung)

aufsetzen. Allerdings liefen beide Planungsprozesse weitgehend getrennt voneinander ab.

Die Geschäftsfeldplanung war in ihrer Abgrenzung auf strategisch relevante Geschäftssegmente ausgerichtet, während die Wirtschaftsplanung der Organisations- und Verantwortungsstruktur im Unternehmen folgte. Der strategischen Planung fehlte – weil nicht in die organisatorische „Verantwortung" eingebunden – ausreichendes Durchsetzungsvermögen bei der Realisierung der Ziele und notwendigen Maßnahmen. Der mittelfristigen Wirtschaftsplanung mangelte es dagegen an der längerfristigen strategischen Orientierung mit der Folge, daß sie kaum Wirkung auf die Unternehmensrealität – insbesondere in bezug auf den Ressourceneinsatz und die Ergebnisse – haben konnte und mit zunehmendem Planungshorizont zu hockey stick-Planungen verleitete. Als wesentliches, „flächendeckendes" Steuerungsinstrument blieb die kurzfristige Budgetplanung im Rahmen der Wirtschaftsplanung über einen Zeithorizont bis zu zwei Geschäftsjahren. Wegen ihres kurzfristigen Charakters hatte diese zwangsläufig nur eine eingeschränkte Orientierung an der Geschäftsfeldplanung; kurzfristige und konjunkturelle Überlegungen überwogen.

Diese Schwächen wurden durch einen neuen Planungsprozeß beseitigt, ohne daß die beiden Planungselemente in ihren spezifischen Führungsfunktionen beeinträchtigt werden. D.h. konkret, daß einerseits zukunftssichernde strategische Vorhaben frei von kurzfristigen Einflüssen – wie z. B. Konjunktur – bleiben und andererseits ausreichende Periodenerfolge des Gesamtunternehmens nicht durch Überforderung der Ressourcen gefährdet werden, wenn zu viele erfolgversprechende strategische Vorhaben anstehen.

In der neuen Planungsarchitektur sind längerfristige strategische Zielorientierung und ihre Realisierung im operativen Feld „kurzgeschlossen", indem die strategische Planung stärker in die organisatorisch verankerte Verantwortung eingebunden wurde und gleichzeitig die Konsequenzen aus den strategischen Zielsetzungen für die finanzwirtschaftlichen Daten erkennbarer und kontrollierbarer gemacht wurden.

Dies hat zur Entwicklung eines neuen Planungsinstruments, der **Geschäftsplanung**, geführt (vgl. Abbildung 22). Sie verbindet die strategische Planung für die Bereiche auf der Grundlage ihrer Arbeitsgebiete (nicht jedoch Geschäftsfelder), die in der Regel auch Organisationseinheiten mit eigener Verantwortung sind, mit der Planung der daraus folgenden Maßnahmen und erwarteten Resultate.

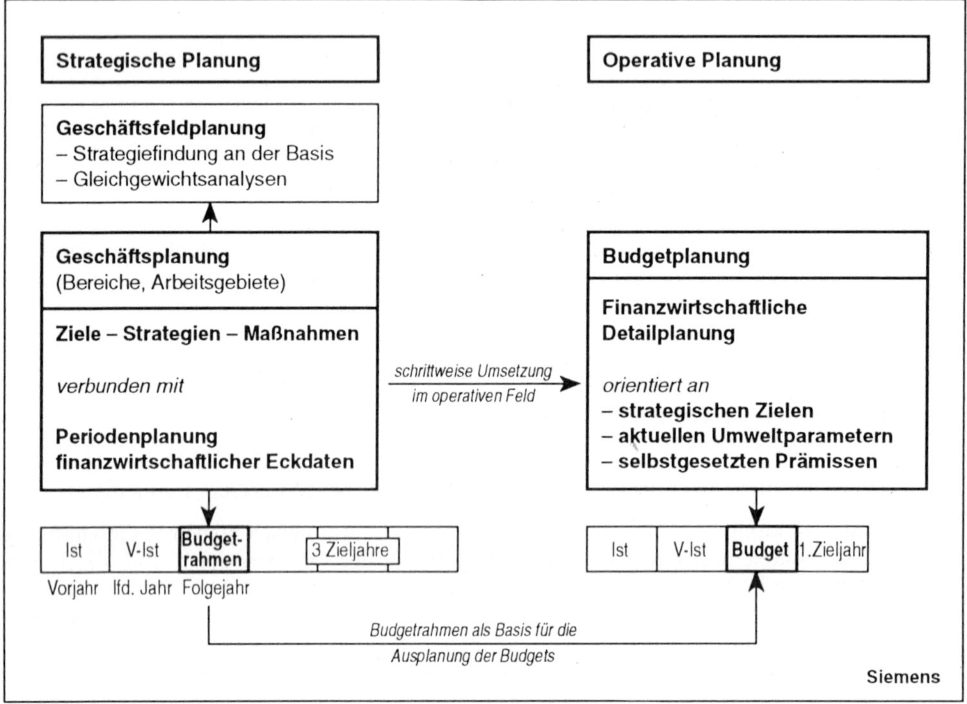

Abb. 22: Verbindungen zwischen strategischer und operativer Planung

Die Geschäftsplanung verfolgt die mittelfristige Periodenplanung mit nur wenigen finanzwirtschaftlichen Eckdaten über einen Planungszeitraum von regelmäßig 5 Jahren. Hierbei geht es im wesentlichen um das Wachstum (Umsatz), den Ressourceneinsatz (Mitarbeiter, FuE-Aufwendungen, Investitionen) und die Ergebnisse.

Die wirtschaftlichen Eckdaten der Geschäftsplanung für das jeweilige 1. Folgejahr bilden den **Budgetrahmen**. Dieser liefert dann die Basis für die detaillierte Ausplanung des Budgets und ist damit das eigentliche **Bindeglied, das den inhaltlichen und zeitlichen Zusammenhang zwischen Geschäfts- und Budgetplanung herstellt**. Dabei ist die Geschäftsfeldplanung, die zeitlich vor der Geschäftsplanung abläuft, integraler Bestandteil der Planung der Arbeitsgebiete und damit des gesamten Planungsprozesses.

Die unterschiedlichen Planungsinhalte und Planungsschwerpunkte von Geschäftsplan und Budget sind in Abbildung 23 dargestellt.

Geschäftsplan
Strategische Sicht mit vorwiegend qualitativen Aussagen
Budget
Finanzwirtschaftliche Sicht mit vorwiegend quantitativen Aussagen
Mittelfristige Geschäftsplanung
aufgrund von
Trends im Umfeld
Marktstrukturen
Wettbewerbssituation
Wettbewerbsstellung
Technologieposition
Wertschöpfungsstruktur
Kostenposition
schrittweise Umsetzung im operativen Feld
Budgetplanung für das Folgejahr
Konjunktur (Prämisse)
Auftragseingang/Umsatz
Mitarbeiter
FuE/Investitionen
Umschlagsfaktoren
Ergebnisse
Finanzmittelveränderung u. a.
Strategische Planung über einen Regelzeitraum von 5 Jahren
Butgetplanung von Jahr zu Jahr
Szenarien und Ziele
für
Produkt- und Regionalstruktur
Wettbewerbsstellung
Technologien
Produktivität
mit Prognosen für finanzwirtschaftliche Ziele:
Umsatz
Ressourceneinsatz
Ergebnisse
Siemens

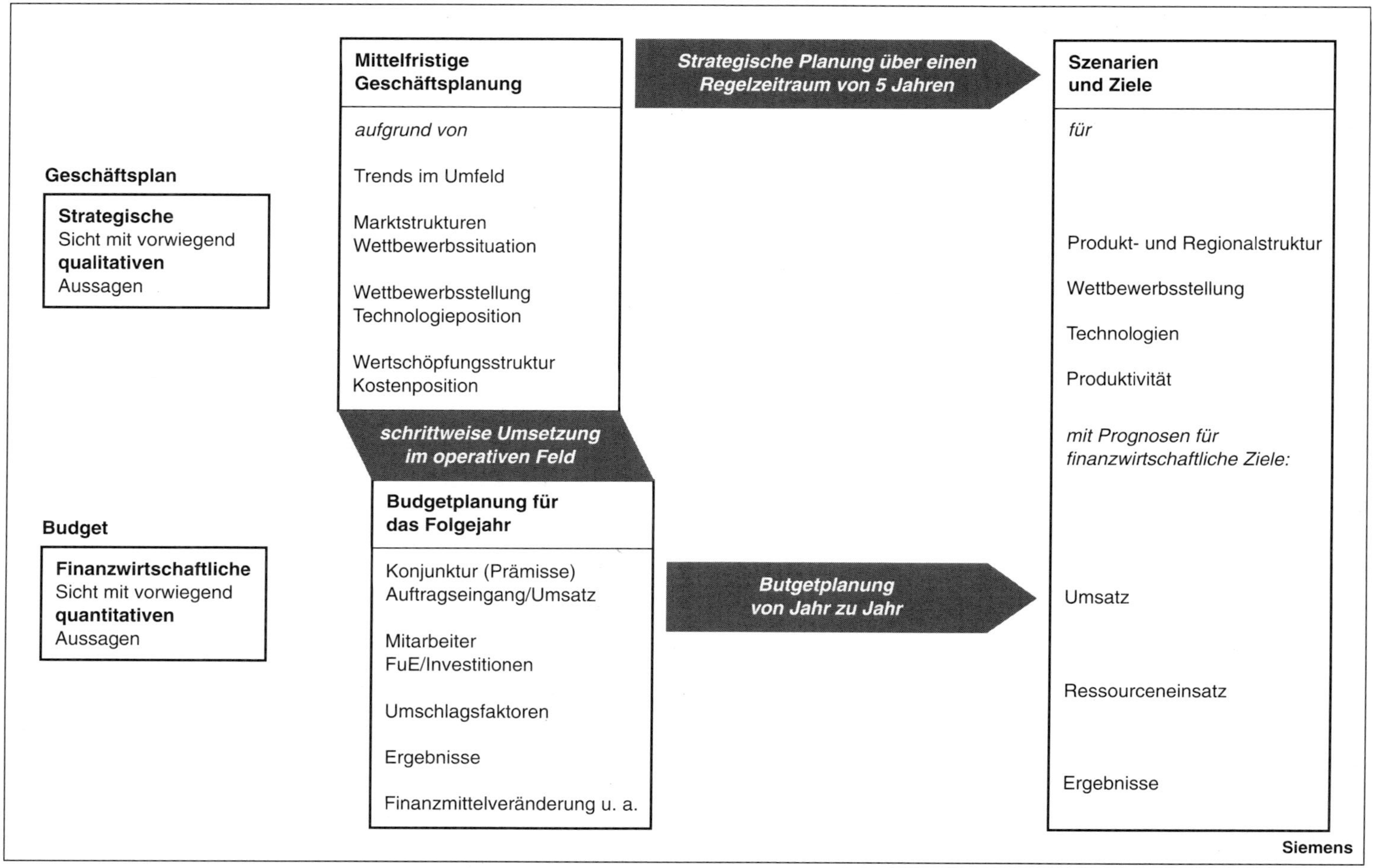

Abb. 23: Geschäftsplan und Budget: Planungsinhalte und Planungsschwerpunkte

5.2 Organisation und Verantwortung für Planung und Kontrolle

Der formalisierte Planungs- und Kontrollprozeß sieht vier Elemente vor (vgl. Abbildung 24); drei davon sind in den Zyklus eines Geschäftsjahres (jeweils 1. 10. – 30. 9.) mit folgenden Funktionen fest eingebunden:

- Die **Geschäftsplanung** zur mittelfristigen Ausrichtung der Strategien des Unternehmens und seiner Teile. Hier werden die geschäftspolitischen Ziele und Strukturen konkretisiert.
- Die **Budgetplanung** ist mit der kurzfristigen Steuerung von Geschäften, Ressourcen und Periodenergebnissen auf die schrittweise Umsetzung strategischer Ziele im operativen Feld gerichtet. Dazu werden Geschäftsvolumen, Ertragserwartungen und erforderliche Einsatzfaktoren im kurzfristigen Bereich festgelegt und die Leistungen und Kosten im Detail geplant.
- Der **Abschluß** behandelt den Soll-Ist-Vergleich und die Bilanzierungen für Handels- und Steuerbilanz – als Rechenschaftslegung über das im Berichtsjahr Erreichte.
- Die **Geschäftspolitischen Durchsprachen**, als viertes Element, sind nicht an den Jahreskalender gebunden. Hier werden nach Bedarf aktuelle Themen, wie z. B. Geschäftsfeldstrategien, Länder- und Standortkonzepte sowie Funktionsstrategien, z. B. für Logistik, vertieft behandelt und entschieden.

Abb. 24: Vier Elemente und Inhalte des Planungs- und Kontrollprozesses

Entscheidungsgremium ist die Unternehmensleitung, d. h. der Zentralvorstand. Ihm tragen die ihm direkt zugeordneten Einheiten des Hauses vor; das sind (vgl. Abschnitt 2.4):

- Bereiche und Selbständige Geschäftsgebiete
- Landesgesellschaften
- Zentralabteilungen und Zentralstellen; dabei haben die Zentralabteilungen Forschung und Entwicklung sowie Produktion und Logistik ein besonderes Gewicht.

Für Beteiligungsgesellschaften ist eine dem jeweiligen Beteiligungsverhältnis und dem Einfluß von Siemens angepaßte Form der Planungsabnahme festgelegt.

Der Planungs- und Entscheidungsprozeß setzt sich auf den nachgeschalteten Führungsebenen bis hin zum Geschäftsverantwortlichen fort; dabei geht es um ähnliche Prozesse und Inhalte, die dem jeweiligen Aufgabenfeld und der behandelten Ebene entsprechen. Sie haben von Bereich zu Bereich unterschiedliche Ausprägungen.

Die Richtlinienkompetenz, Kontrollpflichten und Koordinierungsaufgaben im Hinblick auf die Systematik und Durchführung der Planung sowie die Entscheidungsvorbereitung liegen bei den Zentralabteilungen „Unternehmensplanung und -entwicklung“ (ZU) sowie „Finanzen“ (ZF). Dabei ist die ZU schwerpunktmäßig für die strategische Planung (einschließlich der Geschäftsplanung) verantwortlich, während die operative, mehr finanzwirtschaftlich orientierte Budgetplanung in der Hand der ZF liegt (vgl. Abschnitt 2.2.2.2).

5.3 Planungs- und Kontrollprozeß

5.3.1 Terminkalender

Planung und Kontrolle zur Unternehmenssteuerung sind ein revolvierender Prozeß, bei dem die Planungselemente sachlich und zeitlich logisch aufeinander aufbauen. Da Ausmaß und Geschwindigkeit im Wandel des unternehmerischen Umfeldes weiter zunehmen, ist die schnelle Anpassung an geänderte Voraussetzungen ein wichtiger und wesentlicher Bestandteil des Prozesses.

Aus der Sicht der Unternehmensleitung wird der zeitliche Ablauf des Planungs-, Entscheidungs- und Kontrollprozesses durch drei Schwerpunkte bestimmt (vgl. Abbildung 25):

In den **Zielgesprächen** im Mai/Juni werden die Geschäftspläne der Bereiche und der Unternehmensplan Siemens behandelt und verabschiedet. Dabei werden einerseits Schwerpunktthemen herausgearbeitet, mit denen sich der Zentralvorstand auch im Laufe des Jahres besonders befassen will (Geschäftspolitische Durchsprachen).

Andererseits bildet der mit der Geschäftsplanung verabschiedete Budgetrahmen den Ausgangspunkt der Budgetplanungen für das kommende Geschäftsjahr, die in den **Budgetgesprächen** behandelt und grundsätzlich zu Beginn eines neuen Geschäftsjahres freigegeben werden.

Für das abgelaufene Geschäftsjahr finden im November Abschlußgespräche statt, die zum **Abschluß Siemens** führen, der vom Aufsichtsrat im Dezember und von der Hauptversammlung im Februar/März verabschiedet wird.

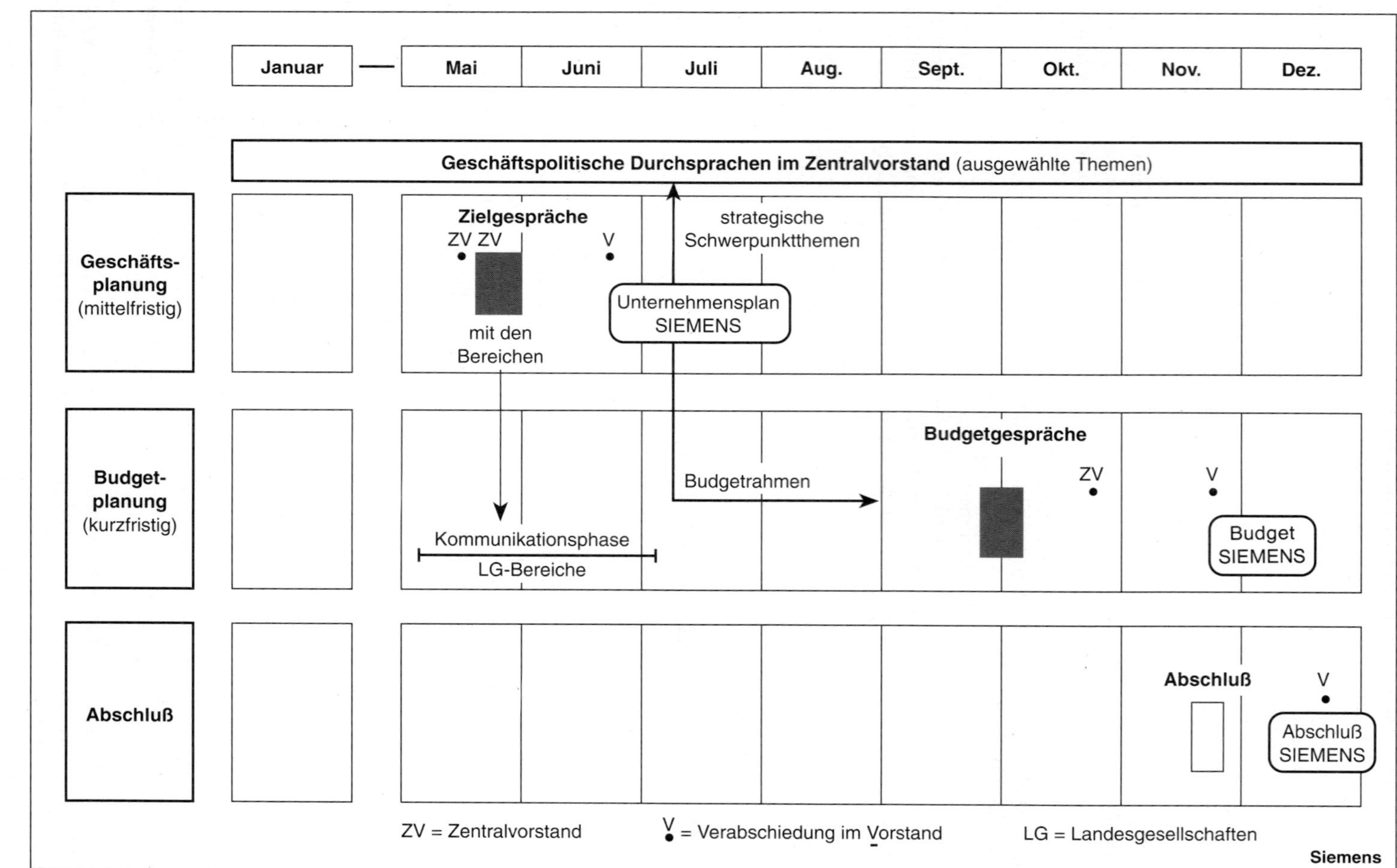

Abb. 25: Kalender für den Planungs-, Entscheidungs- und Kontrollprozeß

5.3.2 Geschäftsplanung und Zielgespräche

Der Planungszyklus beginnt mit der Geschäftsplanung. Dazu werden die **Geschäftspläne** Ende März bereichsintern verabschiedet und Anfang April an die ZU gegeben. Hier werden sie zur Vorbereitung auf die Zielgespräche im Hinblick auf die verfolgten Ziele und Strategien sowie auf die erwarteten mittelfristigen, finanzwirtschaftlichen Ergebnisse analysiert und aufbereitet.

Im Mittelpunkt der geschäftspolitischen Überlegungen steht dabei die Entwicklung der **Arbeitsgebiete** (vgl. Abschnitte 4.3/4.4) und die Frage, wie sich die vorliegenden Planungen in die „top-down" abgeleiteten Ziele für das jeweilige Arbeitsgebiet und damit in die vom Zentralvorstand verfolgten Zielstrukturen für das gesamte Unternehmen einfügen.

Parallel dazu werden durch Auswertung von **Geschäftsfeldplänen** Querschnittsanalysen aus der Sicht des Gesamtunternehmens angefertigt und daraus Konsequenzen für die Strukturpolitik erarbeitet.

Zur Vorbereitung der Zielgespräche mit den Bereichen findet dann Anfang Mai eine **Strategiesitzung des Zentralvorstandes** statt (vgl. Abbildung 26); hier erläutert der Leiter der ZU

- die Gesamtsituation des Unternehmens in mittelfristiger Sicht,
- die Ergebnisse aus Querschnittsanalysen der Geschäftsfelder zu Wettbewerbsstärke, Geschäftsstrukturen, Unternehmensgleichgewicht u. a. sowie
- die notwendigen Schritte zur Weiterentwicklung des Unternehmens (Ziele, Strategien) und den dazu notwendigen Handlungsbedarf für die kommenden Zielgespräche mit den Bereichen.

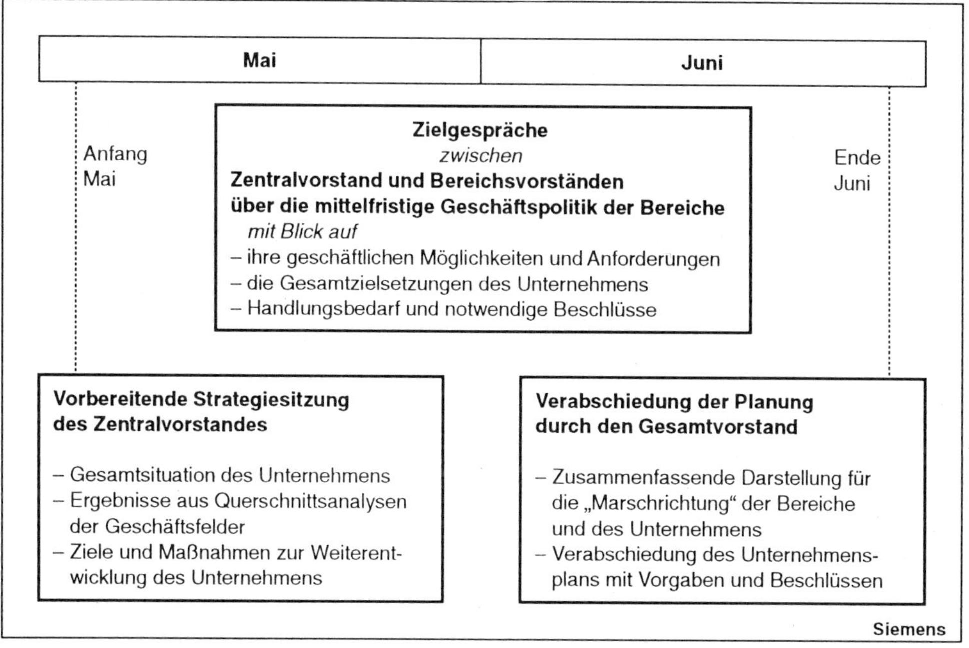

Abb. 26: Inhalt und Ablauf der Zielgespräche

Es folgen dann die **Zielgespräche** mit den Bereichen (Richtzeit je Bereich ein halber Tag), die einerseits mit Blick auf die spezifischen geschäftlichen Möglichkeiten und Anforderungen in den Arbeitsgebieten und andererseits mit Blick auf die Gesamtzielsetzungen des Unternehmens geführt werden. Dabei werden die Ziele vereinbart und die abzuarbeitenden Themen inhaltlich und terminlich festgelegt. Themen und Probleme, die vor einer endgültigen Entscheidung noch vertieft zu analysieren und vorzubereiten sind, werden in eine Geschäftspolitische Durchsprache verwiesen.

Zielgespräche werden mit Bereichen und Selbständigen Geschäftsgebieten, aber auch mit den Zentralabteilungen Forschung und Entwicklung sowie Produktion und Logistik geführt. Die Landesgesellschaften sind nicht an Zielgesprächen beteiligt. Da die Bereiche ihr Weltgeschäft planen und vorlegen, ist unter diesem Blickwinkel die Auslandsstrategie mit abgedeckt. Für regionalspezifische Ziele und Strategien werden Landeskonzepte entwickelt, die in Geschäftspolitischen Durchsprachen behandelt werden.

Nach Abschluß der Zielgesprächsrunde berichtet der Leiter der ZU dem **Gesamtvorstand** über die erarbeiteten Ergebnisse und legt ihm den **Unternehmensplan** mit den gemachten Vorgaben und Beschlüssen zur Verabschiedung vor.

5.3.3 Budgetplanung und Budgetgespräche

Die in der Geschäftsplanung und den Zielgesprächen festgelegten mittelfristigen Ziele, Maßnahmen und Ressourceneinsätze werden zum Aussgangspunkt der finanzwirtschaftlichen Planungen.

Das Verbindungsglied zur kurzfristigen Budgetplanung ist der Budgetrahmen (vgl. Abbildung 22), der im Zuge der Geschäftsplanung aufgestellt wird und ein Bild darüber verschafft, wie weit sich die Vorstellungen der Bereichsleitungen über die Entwicklung im nächsten Geschäftsjahr mit den finanzwirtschaftlichen Zielen und Notwendigkeiten aus zentraler Sicht decken.

Der Leiter der ZF hat damit als Controller die Möglichkeit, im Einvernehmen mit dem Zentralvorstand schon im Vorfeld auf die detaillierte Ausplanung der Budgets korrigierend einzuwirken. Mit dieser Vorgehensweise wird der **inhaltliche und zeitliche Zusammenhang** im Planungsprozeß gesichert.

Auf der Linie des Budgetrahmens und der zentralen Vorgaben und Prämissen stellen die Bereiche dann ihre Budgets auf (vgl. Abschnitt 7.1). Dies ist eine durchgängige und detaillierte Planung „von unten nach oben", die grundsätzlich einmal in der vertikalen Linie von den Produktgruppen über Geschäftsfelder u. a. und zum anderen in der funktionalen Gliederung von den Kostenstellen über Abteilungen und Ertragszentren auf die Budgets der Geschäftsgebiete und schließlich des Bereiches zulaufen.

Dabei werden auf jeder Ebene mit den übergeordneten Leitungsorganen Maßnahmen und Ziele abgestimmt und vereinbart.

Die auf diese Weise zustandegekommenen Budgetvorschläge der Bereiche werden von ZF für die Budgetgespräche analysiert und aufbereitet.

Die **Budgetgespräche** finden im Herbst statt. Ausgehend von den verfolgten Strategien und den dafür notwendigen Realisierungsschritten geht es hier – vor dem Hintergrund der aktuellen Konjunkturlage – um die Bemessung des Geschäftsvolumens und des damit verbundenen Ressourceneinsatzes. Die Überlegungen zielen vor allem auf Cash Flow und Ertrag für das jeweilige Geschäftsjahr.

Budgetgespräche finden für die Bereiche und Selbständigen Geschäftsgebiete statt (Zeitraum üblicherweise ein halber Tag), ferner für Landesgesellschaften je nach Bedarf in Zwei-Tagessitzungen „vor Ort“ oder in Halbtagesveranstaltungen in der Zentrale. Außerdem werden zusammenfassend die Budgets der Z-Abteilungen behandelt. Von seiten des Zentralvorstandes sind die Leiter von ZF und ZU sowie der verantwortliche Betreuer anwesend. Über die Ergebnisse berichtet der Leiter der ZF dem Zentralvorstand. Danach wird das Siemens-Budget vom Gesamtvorstand verabschiedet.

5.3.4 Abschluß

Die Bereiche und die Landesgesellschaften erläutern den Erfolg des abgelaufenen Geschäftsjahres im Soll-Ist-Vergleich. Dazu gehört auch die Frage nach der Einhaltung von „milestones“, die für das weitere Vorgehen besonderes Gewicht haben. In diesem Zusammenhang spielen Analysen über die erreichte Wettbewerbsposition und die erzielten Produktivitätsfortschritte eine Rolle.

5.3.5 Geschäftspolitische Durchsprachen im Rahmen der Sitzungen des Zentralvorstandes

Der Zentralvorstand tagt mehrmals im Monat. Neben der Behandlung der Geschäftsentwicklung, Personalia und besonderer Ereignisse geht es hier um **Geschäftspolitische Durchsprachen** (vgl. Abbildung 24) und die Genehmigung von Investitionsvorhaben (vgl. Abschnitt 8.2) der Bereiche und Landesgesellschaften. Dazu tragen die Bereiche/Landesgesellschaften die sie betreffenden Themen selbst vor; in besonders komplexen und gewichtigen Fällen werden außerdem Projektteams unter Federführung der ZU gebildet, die Lösungsvorschläge zur Entscheidungsvorbereitung erarbeiten.

6. Strategische Planungsinstrumente

Die institutionalisierten **strategischen** Planungsinstrumente bestehen aus

- dem Geschäfts**feldplan** und
- dem Geschäfts**plan**.

Beide folgen in ihrer Gliederung der Logik für die Strategieentwicklung in der entsprechenden Geschäftsebene und haben daher schon von der Sache her eine ähnliche Struktur:

- **Charakterisierung des Geschäftsgegenstandes** mit der Darstellung der Produkte/Techniken und der Abgrenzung des Geschäftsauftrages.
- Analyse des **geschäftlichen Umfeldes** zum Verständnis der „ökonomischen Spielregeln" und ihrer Hintergründe, besonders im Hinblick auf Eigenschaften und Veränderungen von Markt, Kunden/Lieferanten, Wettbewerb, Technologie, Kosten-/Wertschöpfungsstrukturen sowie von sozio-ökonomischen und politischen Rahmenbedingungen. Dabei stehen besonders die Gewinnmöglichkeiten für das betrachtete Geschäft im Vordergrund.
- Die eigene **Kompetenz im Geschäftsumfeld** beschreibt die Stärken und Schwächen gegenüber Hauptwettbewerbern und die Fähigkeiten, in einem Produkt-/Marktgebiet erfolgreich sein zu können.
- Daraus werden die **Geschäftsmöglichkeiten** abgeleitet und bewertet mit Fragen: Wieviel kann man auf dem betreffenden Gebiet verdienen, unter welchen Bedingungen und in welchem Verhältnis dazu steht die eigene Kompetenz?
- Dies führt dann zur Entwicklung von **Leitzielen**; das sind übergeordnete langfristige und z. T. qualitativ zu formulierende Ziele wie angestrebte Marktposition oder Stoßrichtung des Geschäftes auf nationalen oder globalen Märkten. Die Leitziele sind dann in konkrete Geschäftsziele umzusetzen; und zwar durch
- **Strategien und Planungen** für die zukünftige Geschäftspolitik u.a. im Hinblick auf Geschäftsspektrum, Wettbewerbsposition und erwartete Ergebnisse. Dazu gehört die Behandlung von Maßnahmen, Ressourcen sowie Schwerpunktthemen und -projekten wie für FuE, Logistik, Standort oder Aktionen in problematischen Geschäftsfeldern. Für die Vollzugskontrolle werden Meilensteine gesetzt.
- Die aus der strategischen Planung erwartete Entwicklung der finanzwirtschaftlichen **Eckdaten** für Geschäftsvolumen, Mitteleinsätze (Mitarbeiter, FuE, Investitionen) und Ergebnisse wird regelmäßig über einen Zeitraum von 5 Jahren gezeigt; für Geschäfte, deren Orientierungshorizont darüber hinausgeht, ist der Planungszeitraum entsprechend länger.

6.1 Geschäftsfeldplan

Der Geschäftsfeldplan hat als Instrument der Strategieentwicklung in den Bereichen, aber auch als Basis für Querschnittsanalysen nach einheitlichen Merkmalen über das ganze Unternehmen nicht nur eine **einheitliche Struktur**, sondern auch eine **feste Formatierung** mit eindeutig definierten Inhalten. Damit ist eine Verständigung über das ganze Unternehmen und eine einheitliche Auswertung möglich (vgl. Abbildung 27).

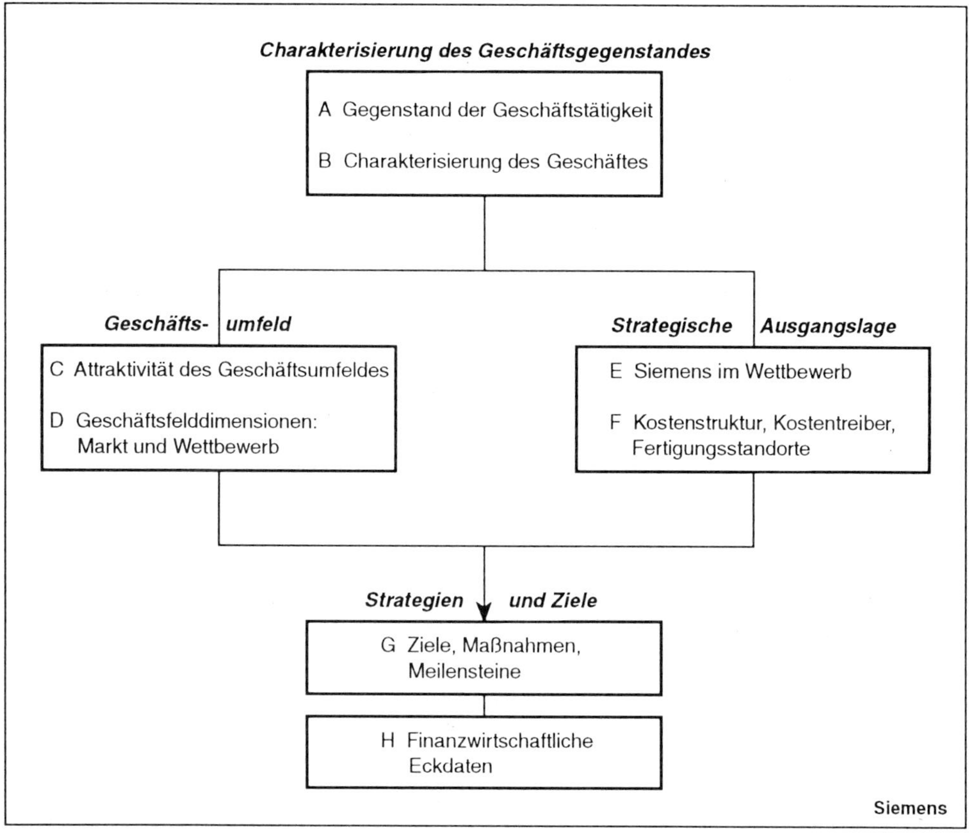

Abb. 27: Struktur des Geschäftsfeldplanes

So wird z. B. der Geschäftstyp, der die generelle geschäftspolitische Situation für die Gewinnung von Wettbewerbsvorteilen charakterisiert, einheitlich nach der Vorteilsmatrix abgegrenzt und definiert.

Neben rein qualitativen Aussagen werden bestimmte Merkmale auch durch qualitative Ausprägungen oder quantitative Größen beschrieben. Dazu gehört z. B. die Kennzeichnung der Wettbewerbsstärke eines Siemens-Geschäftsfeldes im Vergleich zu den Hauptwettbewerbern.

6.2 Geschäftsplan

Der Geschäftsplan ist auf die Kommunikation zwischen der Unternehmensleitung und den Bereichsleitungen ausgelegt; hier stehen Diskussion und Vereinbarung der geschäftspolitischen Stoßrichtungen mit ihren Zielen, Strategien und Maßnahmen im Vordergrund. Im Geschäftsplan selbst werden darum auch Überlegungen zu Optionen und strategischen Alternativen abgehandelt, die bei der Entscheidungsfindung eine Rolle spielen oder gespielt haben.

Der Geschäftsplan selbst hat – im Gegensatz zum Geschäfts**feld**plan – **keine feste Form**, aber eine **einheitlich systematische Struktur** (vgl. Abbildung 28). Damit soll den planenden Bereichen einerseits die Möglichkeit gegeben werden, die relevanten Fakten und Zusammenhänge so darzustellen, wie es ihrem Geschäftsverständnis entspricht; andererseits erleichtert ein einheitlicher „roter Faden“ die Kommunikation zwischen den Partnern und stellt sicher, daß die Themen vollständig und in der richtigen Systematik abgehandelt und diskutiert werden.

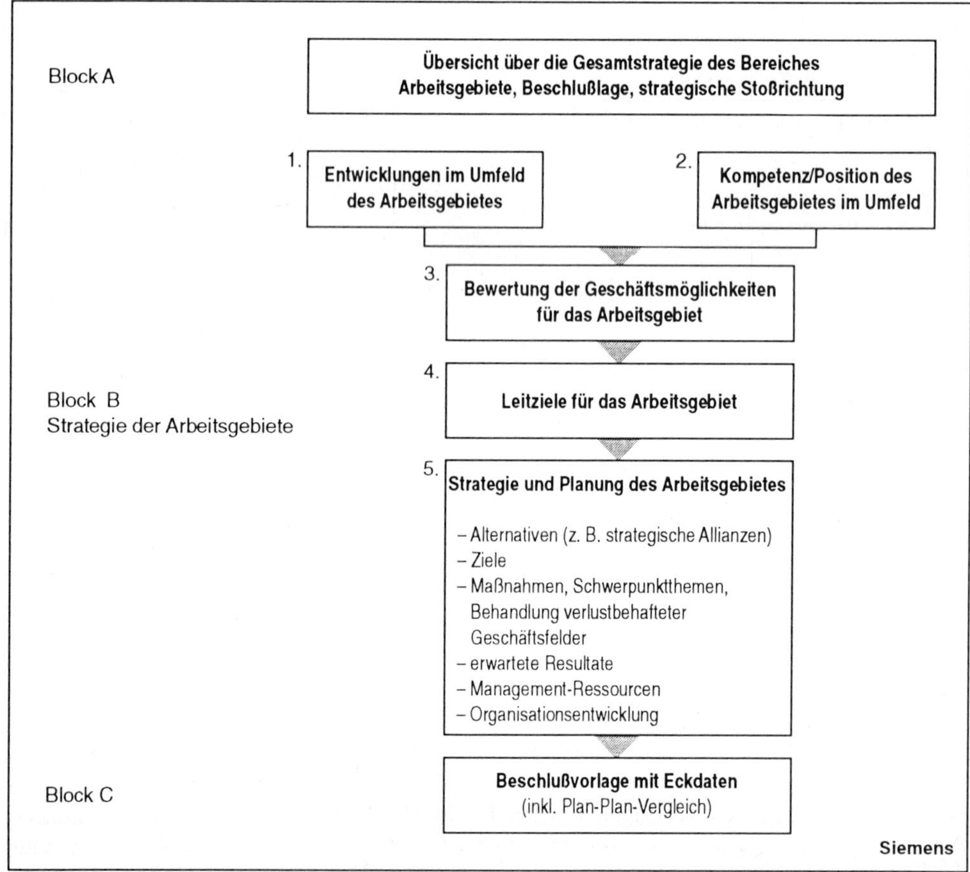

Abb. 28: Struktur des Geschäftsplanes

Der Geschäftsplan folgt mit der Darstellung des Bereiches und seiner Arbeits- bzw. Geschäftsgebiete der Organisations- und Verantwortungsstruktur, bildet das Geschäft der entsprechenden Einheiten vollständig ab und findet damit auch die Brücke zu den mittelfristigen finanzwirtschaftlichen Eckdaten und zur Budgetplanung.

Der Geschäftsplan ist in **drei Blöcke** gegliedert:

Block A mit der Übersicht über die Gesamtstrategie des Bereiches,
Block B als Kernpunkt für die strategische Diskussion über die einzelnen Arbeitsgebiete des Bereiches und
Block C mit der Beschlußvorlage für die weitere Arbeit.

Diese Grundstruktur entspricht dem Ablauf der Zielgespräche.

A Gesamtstrategie des Bereiches

Für den Einstieg in die geschäftspolitische Diskussion bei den Zielgesprächen werden **Geschäftsauftrag** und **Arbeitsgebiete** des Bereiches mit ihrer Position im Markt und gegenüber den Wettbewerbern skizziert.

Der Anschluß an noch offene Beschlüsse des Zentralvorstandes aus vorangegangenen Gesprächen – insbesondere Ziel- und Budgetgesprächen sowie Geschäftspolitischen Durchsprachen – wird durch die **„Aktuelle Beschlußlage“** hergestellt. An dieser Stelle wird dann auch über die Erfolge bei der Umsetzung der Beschlüsse berichtet und diskutiert.

Schließlich geht es an dieser Stelle um die **strategische Stoßrichtung des Bereiches** und seine **arbeitsübergreifenden Themen** mit Fragen wie

- Welche heute noch nicht bearbeiteten Geschäfte sollen mit Blick auf technologische Entwicklungen, Kundenanforderungen oder Aktivitäten der Wettbewerber mittelfristig in Angriff genommen werden? Wie soll das geschehen?
- Für welche Geschäftssegmente stellt sich die Frage nach einer Umstrukturierung, etwa durch Ausgliederung in eine Kooperation oder durch Aufgabe des Geschäftes?
- Welche Veränderungen in der Geschäftsstruktur des Bereiches sind längerfristig geplant, zu welchem Aussehen des Bereiches führt das in den nächsten 10 Jahren?
- Welche funktionsbezogenen, Arbeitsgebiets-übergreifenden Themen wie Logistik, Produktivität oder Standort sind für den künftigen Geschäftserfolg des Bereiches besonders relevant? Welche Maßnahmen werden hier ergriffen?
- Auf welche Weise wird der Führungskräftebedarf gesichert oder wie soll die Organisation weiterentwickelt werden?

B Strategie der Arbeitsgebiete

Da der Zentralvorstand die strategischen Ziele bzw. Zielstrukturen für das Unternehmen vor allem über die Steuerung der Arbeitsgebiete verfolgt, bilden sie den Kernpunkt des Geschäftsplanes und werden dort einzeln abgehandelt.

Die Strategiediskussion zwischen Zentralvorstand und Bereichsvorstand konzentriert sich jedoch in der Praxis aus Gründen der Zeitökonomie vor allem auf kritische Themen; das sind Themen, bei denen Problemfelder auszuräumen sind; vorwiegend geht es aber um Entscheidungen zur Verbesserung der Wettbewerbsposition und Geschäftsstruktur mit entsprechenden Ergebnispotentialen in mittel- und langfristiger Sicht.

C Beschlußvorlage

Ziele und Maßnahmen, abzuarbeitende Themen sowie die Resultate in finanzwirtschaftlichen **Eckdaten** werden in einer **Beschlußvorlage** zusammengefaßt. Hierbei handelt es sich um

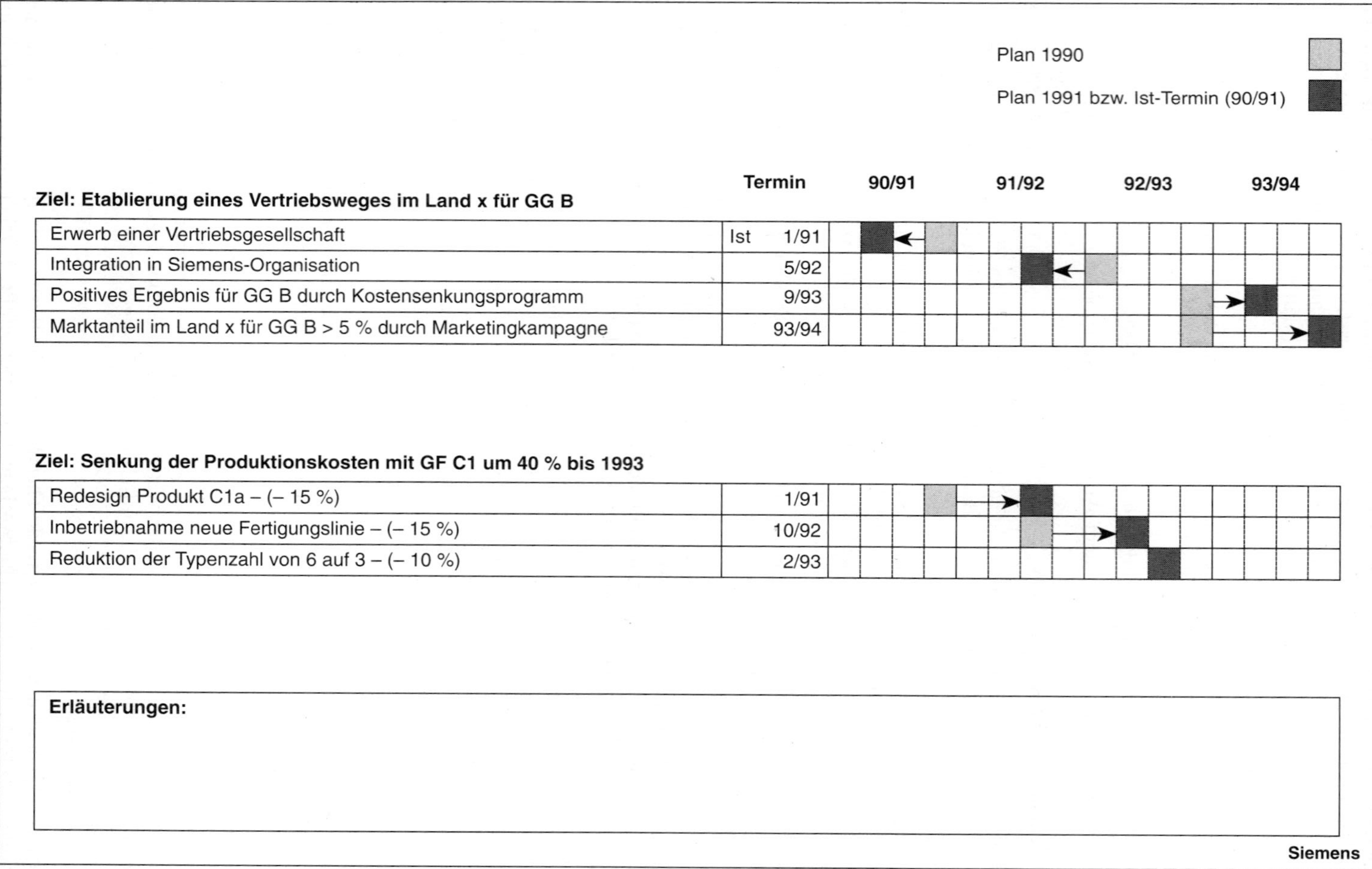

Abb. 29: Meilenstein-Controlling durch Plan-Plan-Vergleiche/Plan-Ist-Vergleiche

wenige, bereichsentscheidende Größen und Ereignisse, die vom Zentralvorstand verfolgt und kontrolliert werden können. Die Beschlußvorlage ist Gegenstand der **Zielvereinbarung** zwischen Zentralvorstand und Bereichsvorstand.

Ziele wie die Verbesserung der Wettbewerbsstellung, Aufbau eines Geschäftes in einer Region, Gewinnung einer Technologieposition oder Umsetzung eines Standortkonzeptes werden durch entsprechende **Maßnahmen** unterlegt. Die Schlüsselereignisse bei der Umsetzung der Maßnahmen werden durch Meilensteine (Zeitmeßpunkte) markiert und damit schon während des Realisierungsprozesses kontrollierbar gemacht (vgl. **Meilenstein-Controlling** in Abbildung 29).

Bei den **abzuarbeitenden Themen** handelt es sich um Problemfelder oder neue Strategien, Konzepte und Projekte, die in der Regel vor der Behandlung und Beschlußfassung im Zentralvorstand noch vertieft analysiert werden müssen. Für Themen mit besonderem Gewicht, die einer breiteren Erörterung im Zentralvorstand bedürfen, kann auch eine Geschäftspolitische Durchsprache festgelegt werden (vgl. Abbildung 24 und Abschnitt 5.3.5).

Die **finanzwirtschaftlichen Eckdaten** (vgl. Abbildung 30) bilden die **Brücke zur operativen Planung**. Der Budgetrahmen ist dabei (vgl. Abbildung 22) das Bindeglied zwischen mittelfristiger Geschäftsplanung und der ihr folgenden detaillierten Budgetplanung.

	89/90	90/91	91/92	92/93	93/94	94/95	Ø -bzw. Ø -Veränd.
	Ist	V.-Ist	Budget-rahmen	Zieljahre			*Ziel*
	1	2	3	4	5	6	7
Umsatz *in % gg. Vorjahr*							
Ergebnis *in % v. Umsatz*							
Mitarbeiter							
Umsatz/Mitarbeiter *in % gg. Vorjahr*							
FuE-Kosten *in % v. Umsatz*							
Investitionen *in % v. Umsatz*							

Brücke zur Budgetplanung

Siemens

Abb. 30: Mittelfristige finanzwirtschaftliche Eckdaten (Beschlußvorlage)

Um den Realitätsbezug der Planung nicht aus dem Auge zu verlieren, wird – neben dem begleitenden Controlling bei der Umsetzung der zielgerichteten Maßnahmen – auch Rechenschaft über die Veränderung der mittelfristigen Gesamtresultate von einem Geschäftsplan zum anderen abgelegt. Dazu gehören **Plan-Plan-Vergleiche** für die Umsatz- und Ergebnisentwicklung als entscheidende Größen für den Gesamterfolg der planenden Einheit; in diesem Zusammenhang werden auch die den Planungen zugrunde liegenden Prämissen hinterfragt.

Meilenstein-Controlling und Plan-Plan-Vergleiche bzw. Plan-Ist-Vergleiche werden in direkter Anknüpfung an den Geschäftsplan bei der Behandlung der Budgets und der Jahresabschlüsse fortgesetzt.

6.3 Regionalstrategien

Die regionalstrategische Komponente ist – da keines der Siemens-Geschäftsfelder nur auf Deutschland beschränkt ist – stets Teil der Geschäftsfeldpläne und der Geschäftspläne. Abgesehen davon wird bei großen und intensiv bearbeiteten Regionalmärkten wie Deutschland und USA häufig auch noch eine Unterteilung dieser Regionalmärkte vorgenommen, wenn unterschiedliche Strategien in einzelnen Teilen der Region verfolgt werden sollen. Dabei wird unter „Region" mit wenigen Ausnahmen (z. B. Belgien/Luxemburg) stets das Staatsgebiet eines Landes verstanden. Überregionale Strategien über mehrere Länder hinweg – etwa Lateinamerika – haben sich bisher nur in Ausnahmefällen bewährt. Dies wird sich voraussichtlich ändern, wenn der gemeinsame europäische Markt voll wirksam wird.

Die Entwicklung der Regionalstrategien findet stets auf zwei Ebenen statt (vgl. Abbildung 31):

Einmal geht es um die Fragen

- in welchen **Ländern** die Unternehmensleitung tätig sein will und
- auf welchen **Arbeitsgebieten** und **Geschäftsfeldern** dort der Markt bedient werden soll.

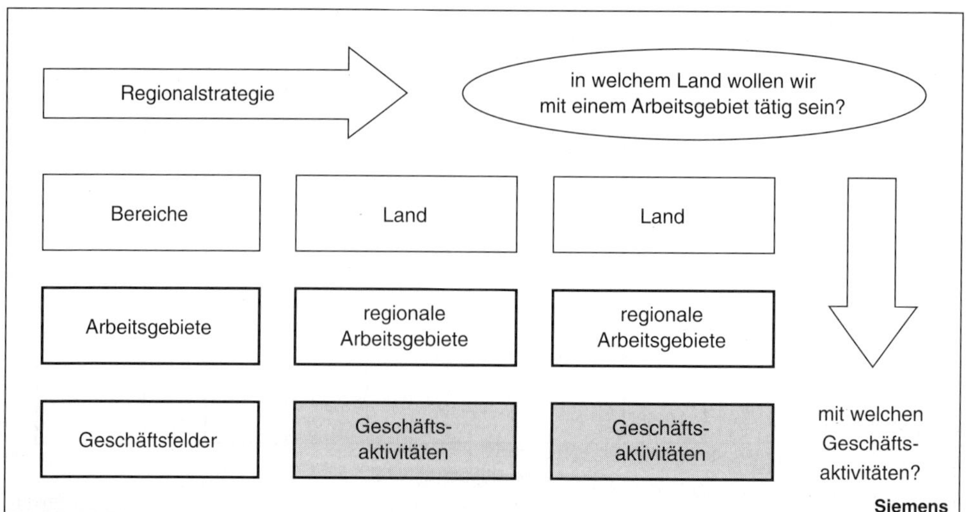

Abb. 31: Zwei Ebenen der Regionalstrategie

Die Länderfrage steht im Zusammenhang mit der Strategiefestlegung für Arbeitsgebiete und wird von der Unternehmensleitung/Zentralvorstand zusammen mit dem Bereich entschieden.

Die zweite Ebene der Strategiefindung, auf der entschieden wird, mit welchen Produktgebieten in einem Land operiert werden soll, hat eine andere Qualität. Sie bedingt die Mitwirkung der Regionalverantwortlichen vor Ort, insbesondere der aus den Landesgesellschaften. Hier sind die Einzelstrategien der Geschäftsfelder und Arbeitsgebiete in Übereinstimmung zu bringen mit einer Gesamtstrategie für das Land bzw. die Landesgesellschaft, die ebenfalls – allerdings „quergelagert“ – eine Optimierung der Marktposition und des Ergebnisses pro Land – also eines Landesgleichgewichtes – zum Gegenstand hat.

Dabei kann weder der Bereich allein entscheiden, mit welchen Geschäftsfeldern und wie er im Ausland aktiv wird, noch kann die Landesgesellschaft allein bestimmen, auf welchen Gebieten sie im Land tätig sein will. Eine ständige und enge Abstimmung der Strategien zwischen Bereich und Landesgesellschaft ist erforderlich. Sie erfolgt in unterschiedlicher Form und Tiefe im Laufe des Geschäftsjahres.

Das Ergebnis des Strategiefindungsprozesses schlägt sich in sog. **Landeskonzepten** nieder, die nicht formatiert sind und die fallweise in Geschäftspolitischen Durchsprachen verabschiedet werden. Ziel ist es auch hier, daß in einem Land nur die Geschäftsfelder betrieben werden, die sich in einer führenden Wettbewerbsposition befinden oder in absehbarer Zeit in eine solche gebracht werden können.

Der Aufwand für die Erarbeitung einer Regionalstrategie dieser Ausprägung ist erheblich, weil die Wettbewerbsposition eines Geschäftsfeldes in einem Lande nicht durch eine einfache Gegenüberstellung von Landesumsatz und Landesmarkt gefunden werden kann. Vielmehr müssen – für Siemens und die relevanten Wettbewerber – mit Bonus- und Malus-Korrekturen die weltweiten Wertschöpfungswirkungen entsprechend der speziellen Struktur des Geschäftes erarbeitet werden. Dies ist einer der Gründe, warum auf eine laufende Erarbeitung einer strategischen Planung durch die Landesgesellschaften und damit zusammenhängende Zielgespräche verzichtet wurde und nur fallweise Landeskonzepte in Geschäftspolitischen Durchsprachen behandelt und verabschiedet werden (vgl. Abschnitt 5.3.2).

7. Operative, kurzfristige Planung und Kontrolle

Die in der Geschäftsplanung festgelegten strategischen Ziele für das Gesamtunternehmen mit seinen Bereichen, Arbeitsgebieten/Geschäftsgebieten und Geschäftsfeldern sind stets operativ umzusetzen. In der kurzfristigen Periodenrechnung [8] geschieht dies mit folgenden Planungs- und Kontrollinstrumenten:

1. Budget
2. Berichterstattung
3. Jahresabschluß

7.1 Budget

Die Budgetplanung ist ein erster Schritt auf dem Wege zur Realisierung der mittelfristigen Zielstrukturen, strategischen Stoßrichtungen und Maßnahmen; ihre Konturen werden jeweils durch den Budgetrahmen der vorangegangenen Geschäftsplanung vorgezeichnet.

Die Budgets entstehen in einer durchgängigen und detaillierten Planung der kurzfristigen Geschäftsziele (Auftragseingang, Umsatz), der durchzuführenden Maßnahmen und Ressourceneinsätze sowie der daraus folgenden Wirkungen auf Ergebnis, Finanzierung und Bilanz.

Die Budgetplanung für das kommende Geschäftsjahr durchläuft alle organisatorischen Einheiten der Unternehmenshierarchie „von unten nach oben". In diesem Prozeß werden mit der nächsthöheren Führungsebene Ziele abgestimmt und vereinbart. Dabei können die Zielgrößen für Leistungen und Einsatzfaktoren inhaltlich variieren und sich – vor allem an der Basis – von den finanzwirtschaftlichen Wertgrößen wie Umsatz lösen und sich dann an „technischen Größen", wie z. B. geleistete Maschinenstunden oder Stückzahlen, orientieren.

7.1.1 Bereichsbudgets

Die Bereichsbudgets sind das Kommunikationsmittel zwischen Zentralvorstand und Bereichen bei der kurzfristigen Steuerung der Unternehmensaktivitäten.

---

8 Es bestand auch Übereinstimmung darüber, daß neben einer Anpassung der Planungs-, Entscheidungs- und Kontrollprozesse auch eine Neuausrichtung von Form und Inhalten der Rechnungslegung erforderlich ist. Dies ist inzwischen auf der Basis der Gewinn- und Verlustrechnung im Umsatzkostenverfahren geschehen. Einzelheiten hierzu bei Dr. Hasso Ziegler „Neuorientierung des internen Rechnungswesens für das Unternehmenskontrolling im Hause Siemens", Schmalenbachs Zeitschrift für betriebswirtschaftliche Forschung, Heft 2, Februar 1994, S. 175 ff. und Dr. Karl Ludwig Pedell „Controlling von Ergebnis und Produktivität im Spannungsfeld von Produkten, Funktionen und Regionen", Schmalenbachs Zeitschrift für betriebswirtschaftliche Forschung, Heft 6, Juni 1994, S. 538 ff.

Im Gegensatz zum Geschäftsplan, der auf weiträumigere strategische Zielhorizonte gerichtet ist und sich dabei vor allem auf qualitative Aussagen stützt, **zielt das Budget auf zeitnahe und konkrete Planungsinhalte und kommt dabei im wesentlichen zu quantitativen Aussagen** (vgl. Abbildung 23). Das sind auf Bereichsebene – bis auf die Mitarbeiterzahlen – Wertgrößen wie Umsatz, Kosten und Ergebnis mit dem Ziel, bei der Verfolgung der längerfristigen Geschäftsstrategien das finanzwirtschaftliche Gleichgewicht in den Jahresscheiben zu sichern.

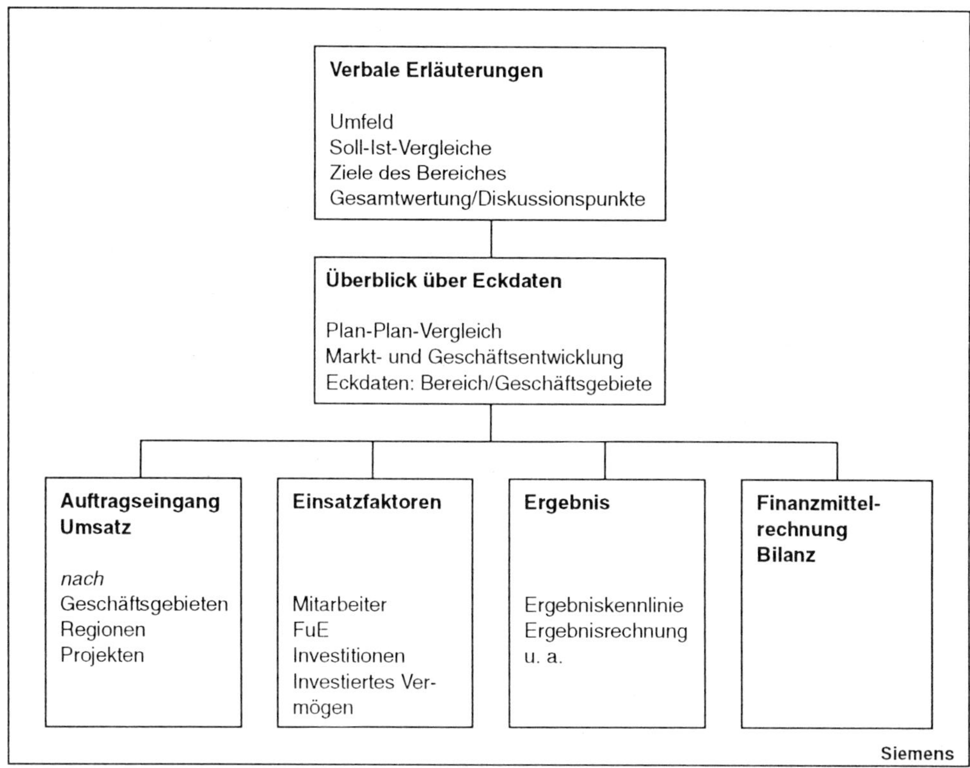

Abb. 32: Aufbau und Inhalt der Bereichsbudgets (Bereiche, Selbständige Geschäftsgebiete, Gesellschaften)

Die kurzfristigen operativen Planungen sind in feste Formen gebracht. Dabei haben die den Bereichsbudgets (vgl. Abbildung 32) vorangestellten **Verbalen Erläuterungen** einen einheitlichen Themenaufbau, während die **Zahlenübersichten und Graphiken** im eigentlichen Budget darüber hinaus fest formatiert sind und – soweit vertretbar – über mehrere Perioden unverändert gelassen werden.

7.1.1.1 Verbale Erläuterungen

Die **Verbalen Erläuterungen** dienen vor allem den Teilnehmern an den Budgetgesprächen zur Vorbereitung auf die anstehenden Diskussionspunkte und Entscheidungen (vgl. Abbildung 33).

Dazu wird zunächst an die vorangegangene Geschäftsplanung und die strategische Ausgangslage angeknüpft – gegebenenfalls mit Hinweisen auf Veränderungen, die in der Zwi-

A. Umfeld

- Strategische Ausgangsposition in Anknüpfung an den Geschäftsplan:
  Markt – Wettbewerb – Kunden
- Aktuelles Geschäftsumfeld
  Konjunkturindikatoren
  Preise/Kurse
  Geschäftsrelevante Ereignisse

B. Soll-Ist-Vergleiche

- Geplante und realisierte Ziele und Maßnahmen (Meilensteine) wie
  Produktverfügbarkeit
  Markterschließung
  Produktivitätsfortschritt
  Integration von Beteiligungen
- Realisierte Eckdaten im Budgetvergleich wie
  höherer Auftragseingang durch Großaufträge
  Ergebniseinbruch durch Preisverfall
- Kritische Würdigung des abgelaufenen Geschäftsjahres als Ausgangsbasis für den vorgelegten Budgetvorschlag

C. Bereichsziele und Maßnahmen
(Budgetvorschlag)

Ableitung der geplanten Eckdaten und vorgesehenen Maßnahmen aus den allgemeinen Rahmenbedingungen, der eigenen Ausgangsposition und Strategie, z. B.:

Geschäftsvolumina:	Markt- und Umsatzwachstum Marketing-Maßnahmen Kooperationen Angebotspotentiale
Einsatzfaktoren:	Produktivitätsfortschritt Qualitätsprogramme Einkaufsstrategie Schwerpunkte der FuE/Investitionen Vermögenseinsatz
Ergebnis:	Sicherung der Rentabilität Bilanzielle Vorsorgen

D. Zusammenfassende Wertung und Schwerpunkte für die Diskussion

Chancen und Risiken
Erfolgssensible Planungsprämissen
Kritische Themen zur Diskussion

Siemens

Abb. 33: Verbale Erläuterungen zum Bereichsbudget

schenzeit am Markt, im Wettbewerb und bei Kunden eingetreten sind. Das Bild wird ergänzt um Faktoren, die das allgemeine **Geschäftsumfeld** und damit die aktuellen Budgetansätze bestimmt haben. Dazu gehören Konjunkturdaten, Preis-Kurs-Entwicklungen sowie andere geschäftsrelevante Ereignisse.

Der entscheidende Eckpfeiler für die Budgetplanung ist das Geschäftsvolumen; hiervon hängen der vertretbare Ressourceneinsatz und damit letztlich weitgehend auch das Ergebnis ab. Darum spielen die Einschätzung der Konjunkturentwicklung und die daraus abgeleiteten Folgerungen für den eigenen Auftragseingang eine besondere Rolle.

Hierfür gibt es eine ganze Reihe von Analyse- und Schätzmethoden, die alle darauf abzielen, Planungen so weit wie möglich abzusichern. Das reicht von der Beobachtung und Prognose makroökonomischer Daten, wie Bruttosozialprodukt und seine Verwendungskomponenten, über Marktentwicklung der eigenen Branche oder über die Produktion und den Auftragseingang absatzrelevanter Sparten bis hin zu qualitativen Indikatoren wie Geschäfts-, Investitions- oder Konsumklimata.

Ein weiterer Schritt zur Absicherung des geplanten Geschäftsvolumens ist die Suche nach korrelierenden Zusammenhängen zwischen Vorlaufindikatoren und dem eigenen Auftragseingang. In der Regel sind das branchenspezifische Indikatoren wie z.B. Zahl/Wert der Baugenehmigungen im Geschäft mit Installationsmaterial.

Nach der Skizzierung des geschäftlichen Umfeldes folgen verbale Erläuterungen mit **Soll-Ist-Vergleichen**. Diese richten sich mit dem Meilenstein-Controlling auf konkrete Ziele und Maßnahmen sowie mit Budget-Ist-Abweichungsanalysen auf die wirtschaftlichen Eckdaten.

Die damit verbundene Würdigung des zu diesem Zeitpunkt zu Ende gehenden Geschäftsjahres bildet dann den Ausgangspunkt für die Begründung der Budgetansätze des kommenden Geschäftsjahres mit den dahinterstehenden Geschäftszielen, Projekten und Maßnahmen. Das mündet dann in eine zusammenfassende Wertung der Budgetziele. Dabei wird besonders auf Chancen und Risiken sowie auf erfolgssensible Planungsprämissen eingegangen.

Diese eingehende Geschäftsanalyse durch den Bereich soll die Entscheidungsträger vorab in die Lage versetzen, sich von den Anliegen des Bereiches im aktuellen Geschäftsjahr ein Bild zu verschaffen, damit in den Budgetgesprächen selbst nur entscheidungsrelevante und kritische Themen ausführlich diskutiert und gegebenenfalls entschieden zu werden brauchen.

7.1.1.2 Zahlenwerk des Budgets

Das auf die verbalen Erläuterungen folgende Zahlenwerk des Budgets knüpft mit einem Vergleich zwischen Budgetrahmen und Budgetvorschlag an die Geschäftsplanung an; dabei geht es vor allem mit Umsatz und Ergebnis um eine Indikation für Veränderungen gegenüber dem erwarteten Geschäftsverlauf bei der vorangegangenen Planungsrunde.

Dies leitet zu den **Eckdaten** des Bereiches und seiner Geschäftsgebiete über (vgl. Abbildung 34):

Für das **alte Geschäftsjahr** (im Beispiel 1990/91) wird das letzte Voraussichtliche Ist, das in der Regel dem später festgestellten Ist schon sehr nahe kommt, mit den Budgetansätzen verglichen.

Im Mittelpunkt der Budgetgespräche stehen der **Budgetvorschlag für das neue Geschäftsjahr** und aktuelle wesentliche Themen des Bereiches (vgl. Abschnitt 7.1.1.1). Bei der kurzfristigen Planung ist das Zahlenwerk der Kern des Budgets und damit wesentlich tiefer gegliedert als in der Geschäftsplanung, die auf langfristige Strukturentwicklungen und Ertragspotentiale gerichtet ist.

Die Inhalte des Budgets reichen vom Auftragseingang und Umsatz über Ergebnisse, Cash Flow sowie Geldverbrauch/Geldüberschuß bis zur Anzahl der Mitarbeiter.

Auftragseingang, Umsatz und Ergebnis werden als entscheidende Größen für den kurzfristigen operativen Geschäftserfolg auch nach Geschäftsgebieten aufgegliedert. Damit rücken die Schwerpunkte von Wachstum und Ertrag innerhalb des Bereiches ins Blickfeld. Eine weitere Auflösung der Geschäftszahlen in nachgeordnete Geschäftseinheiten erfolgt auf dieser Planungsebene nicht. Nur in besonders kritischen Fällen wird auf eine differenziertere Betrachtung zurückgegriffen.

Die Eckdaten des Bereiches werden in den folgenden Kapiteln des Budgets vertieft analysiert. Dazu gehören auch Themen, die mit den einzelnen Eckdaten im engen Kontext stehen. So werden z.B. bei der Behandlung des Umsatzes – über seine Untergliederung nach Geschäftsgebieten und Regionen hinaus – auch die Preis-/Kursänderungen im Umsatz gezeigt. Diese können gegebenenfalls Diskussionen darüber anstoßen, wie innovationsbedingte Preissenkungen durch entsprechende Produktivitätsfortschritte zu kompensieren sind oder welche Auswirkungen Wechselkursänderungen auf den Ertrag haben, wenn Umsätze und Kosten regional sehr ungleich verteilt sind (vgl. Abbildung 35).

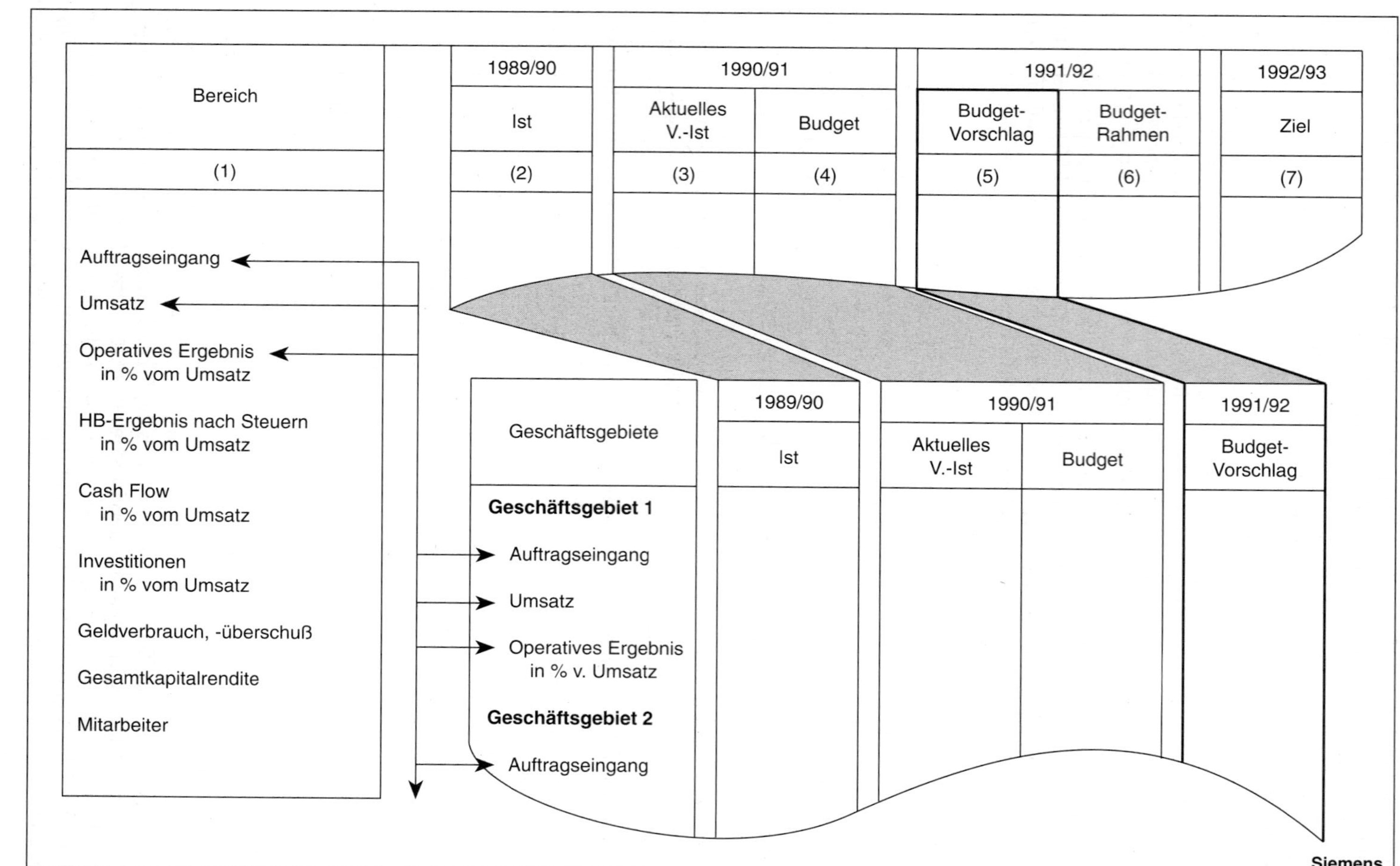

Abb. 34: Eckdaten der Bereiche/Geschäftsgebiete in den Bereichsbudgets 1991/92

A. Geschäftsgebiete Welt

Mrd. DM

	1989/90 Ist	1990/91 V.-Ist IX/91	1990/91 Budget	1991/92 Budget
Gesamt	9,0	11,0 (+ 22)	10,0 (+ 11)	12,5 (+ 14)
GG 1 Anteil am Umsatz-Welt (% gg. Vj.)	22	23 (+ 25)	22 (+ 10)	23 (+ 14)
GG 2	33	32 (+ 17)	32 (+ 7)	32 (+ 13)
GG 3	45	45 (+ 25)	46 (+ 15)	45 (+ 14)

B. Preis/Kursveränderungen

absolut und *in % gg. Vorjahr*

	1989/90 Ist		1990/91 V.-Ist IX/91		1990/91 Budget		1991/92 Budget	
	DM	%	DM	%	DM	%	DM	%
Inland								
Ausland								
(Export)								
Gesamt								

C. Regionen

Welt		1989/90	1990/91		1991/92
		Ist	V.-Ist IX/91	Budget	Budget-Vorschlag
Pos.		1	2	3	4
		% gg. Vj.	% gg. Vj.	% gg. Vj.	% gg. Vj. V -Ist
1	Gesamt				
2	Inland				
3	Verbund				
4	Ausland				
	darin				
5	Europa				
6	Land 1				
7	Land 2				
8	Land 3				
.	.				
.	.				
.	restl. Europa				
.	Übersee				
.	Land 4				
.	Land 5				
.	.				
.	.				
.	USA				
n	restl. Länder				
n + 1	Export				

D. Umsatz nach Quartalen, 1991/92 Budget

		1. Quartal	2. Quartal	3. Quartal	4. Quartal
1	Umsatz Welt				
2	*in % von 1990/91 Gesamt*				

Siemens

Abb. 35: Umsatzentwicklung eines Bereiches nach Geschäftsgebieten (GG) und Regionen

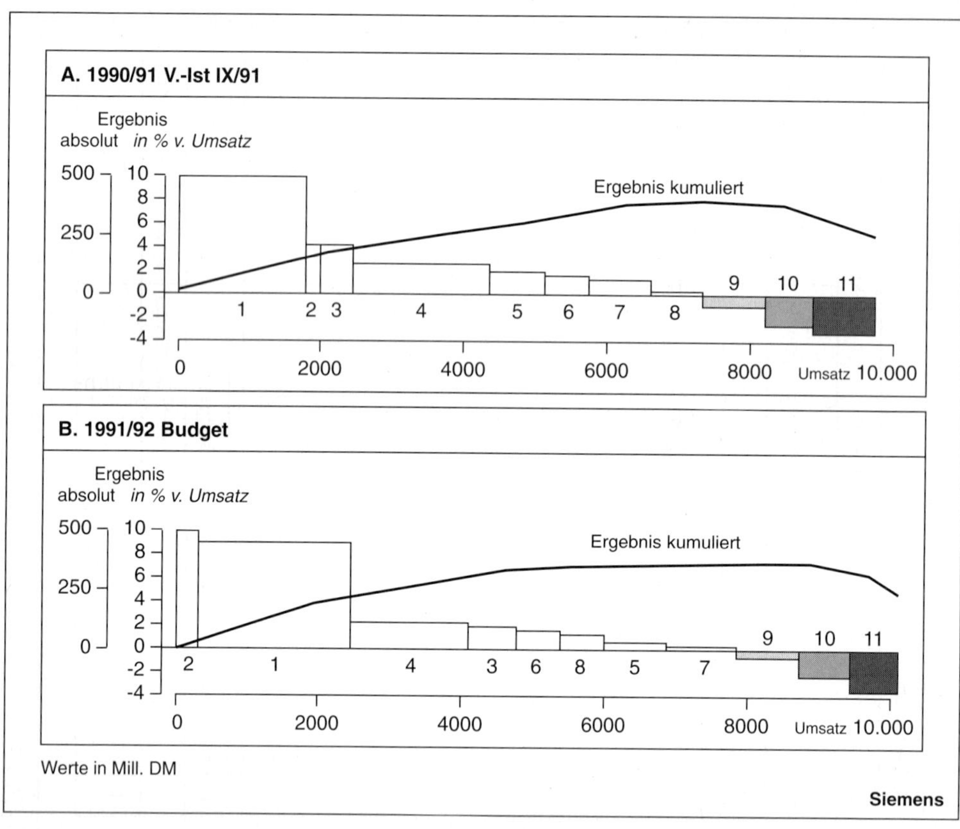

Abb. 36: Ergebniskennlinie eines Bereiches nach Geschäftsgebieten/Geschäftsfeldern

Ein anderes Beispiel bringt die Graphik in Abbildung 36: Hier werden Umsatz- und Ergebnisanteile der Geschäftsgebiete oder Geschäftsfelder eines Bereiches mit einer sog. **Ergebniskennlinie** in Zusammenhang gebracht; diese erläutert, wie das Gesamtergebnis durch die dargestellten Geschäftseinheiten zustande gekommen ist. Diese Offenlegung wird besonders dann relevant, wenn die Ertragslage eines Bereiches sehr differenziert ist, vor allem aber, wenn Verlustgebiete von ertragsstarken Geschäften überdeckt werden.

Die Budgetzahlen bilden die Geschäftsaktivitäten des Unternehmens vollständig ab. Sie folgen den Inhalten der Berichterstattung und erfüllen so die notwendige Voraussetzung für Soll-Ist-Vergleiche (vgl. Abschnitt 7.2).

7.1.2 Verbindungen zwischen den Planungen der Bereiche und der Landesgesellschaften (Kommunikation)

Während die Geschäftsführung in den Zweigniederlassungen im Inland direkt auf die Bereiche geschaltet und ihre Planung ein fester Bestandteil des Bereichsbudgets ist, haben die Landesgesellschaften mit ihrer Verantwortung für das Gesamtgeschäft und das Ergebnis des Unternehmens in ihrer Region gleichzeitig auch eine entsprechende Planungshoheit. Die Landesgesellschaften vertreten einerseits ihr Gesamtgeschäft direkt vor dem Zentralvorstand (vgl. Abschnitt 2.2.2.3); andererseits gehen die Planungen für die einzelnen Aktivitäten auch in die Weltzahlen der Bereiche ein.

An dieser Stelle überschneiden sich die Geschäftsaktivitäten und Verantwortungen der Bereiche (weltweit) und Landesgesellschaften (für alles, was im Land geschieht) in der Matrix-Organisation. Es sind deshalb besonders enge und intensive Abstimmungen notwendig; dabei muß gegebenenfalls ein Ausgleich der Interessen gefunden werden.

Dazu findet eine permanente Kommunikation zwischen den Vertrieben und Betrieben der Landesgesellschaften und den Bereichen statt. Formalisiert ist dieser Prozeß in einer **Kommunikationsphase** (vgl. Abbildung 25), bei der im Vorfeld der Budgetaufstellung Landesgesellschaften und Bereiche gemeinsame Ausgangswerte für die anschließende Planung abstimmen und vereinbaren.

Die Kommunikation richtet sich auf die wesentlichen Teile des Geschäftes; sie ist damit nicht flächendeckend und verfolgt keine rechnerisch-stringente Konsistenz der Geschäftszahlen in der Matrix beider Planungswerke. Vielmehr ist das Kommunikationssystem darauf ausgerichtet, sich dem Wandel im geschäftlichen Geschehen flexibel und pragmatisch anpassen zu können.

Der Kommunikationsprozeß läuft in mehreren Etappen ab (vgl. Abbildung 37):

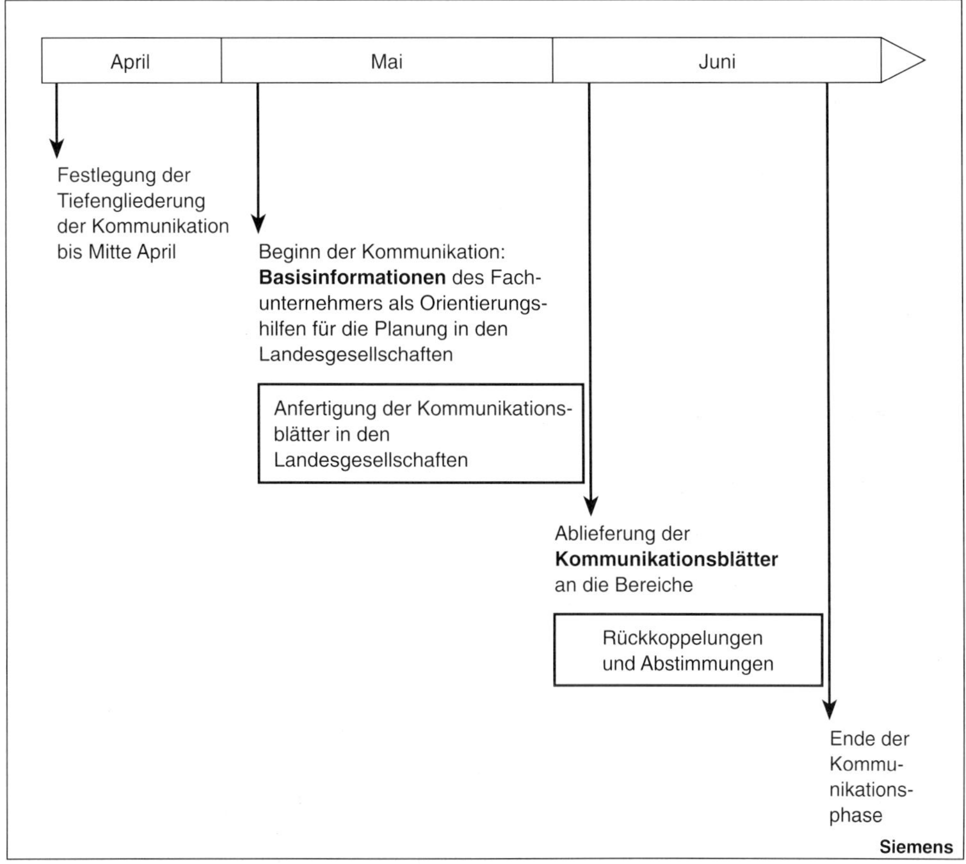

Abb. 37: Kommunikationsphase zwischen Bereichen und Landesgesellschaften im Mai/Juni

Im ersten Schritt geben die Bereiche den Landesgesellschaften **Basisinformationen** über ihre aktuellen Geschäftsziele wie

Umsatzwachstum und Marktanteile
Produktentwicklungen (neue Produkte, Aufgabe von Produkten)
Preisziele
Lieferzeiten
Vorstellungen über Vertriebsspannen
Vertriebspersonal
Kosten und Investitionen
etc.

Diese Basisinformationen haben keinen festen Rahmen; sie zielen auf die Spezifika in den einzelnen Geschäften und liefern gleichzeitig Orientierungsdaten und Planungshilfen für die Landesgesellschaften.

Basisinformationen und gemeinsam erarbeitete Vertriebskonzepte sowie die Geschäftssituation in der von der Landesgesellschaft vertretenen Region selbst sind dann die Grundlagen für die Planung der in den **Kommunikationsblättern** enthaltenen Eckdaten;

Das sind im wesentlichen:

Geschäftsvolumina (Auftragseingang, Umsatz)
Preisänderungen
Kosten
Ergebnisse.

Soweit notwendig werden diese Grunddaten ergänzt um Informationen über

Zulieferungen vom Stammhaus an die Landesgesellschaften
und
Einsatzfaktoren wie Vertriebspersonal, Investitionen, Vorräte u. a.

Inhaltliche Planungsbreite und organisatorische Planungstiefe werden vor der Kommunikationsphase zwischen den Bereichen und Landesgesellschaften abgestimmt; sie sind in der Regel kompatibel mit der Berichterstattung.

Im Zuge dieser Kommunikation geben die Landesgesellschaften umgekehrt auch **Kommentare und Anregungen** zu ihrem Geschäft an die Bereiche; z. B. über

Volumen, Struktur und Entwicklung des Marktes
Wettbewerbsverhalten
Neue Geschäftsmöglichkeiten
Produktwünsche.

Die Inhalte der beschriebenen Kommunikationsblätter werden zwischen den Bereichen und Landesgesellschaften abgestimmt und vereinbart und gehen dann in die Planungen der Bereiche und Landesgesellschaften ein. Für Geschäfte, die für die Bereiche besonders wichtig sind, wird die formale Kommunikation von Planungsgesprächen vor Ort begleitet.

Die von den Landesgesellschaften aufgestellten Budgets haben eine den Bereichsbudgets entsprechende Struktur. Die Gesamtzahlen der einzelnen Landesgesellschaft für Auftragseingang, Umsatz und Ergebnis werden hier im Sinne der Geschäftsmatrix nach Bereichen untergliedert (Abbildung 38 zeigt dies für den Umsatz). Sofern in den Landesgesellschaften von der Bereichs- bzw. Geschäftsgebietsgliederung abweichende Organisationseinheiten bestehen, erstellt die Landesgesellschaft für ihre Steuerungszwecke auch ein Budget in dieser Gliederung.

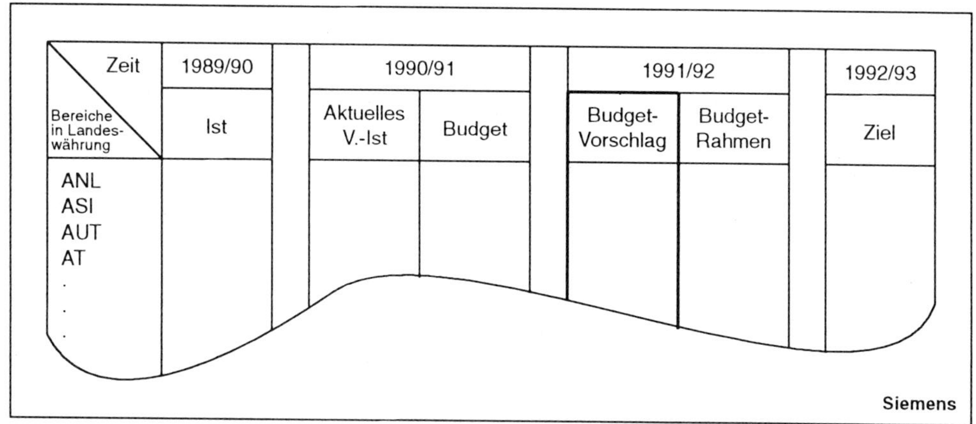

Zeit
Bereiche in Landeswährung
1989/90
Ist
1990/91
Aktuelles V.-Ist
Budget
1991/92
Budget-Vorschlag
Budget-Rahmen
1992/93
Ziel
ANL
ASI
AUT
AT
.
.
.
Siemens

Abb. 38: Umsatzbudget einer Landesgesellschaft nach Bereichen für 1991/92

Als Bestandteil der Wirtschaft in einem Lande sind die Landesgesellschaften bei der Bilanzierung an die dort geltenden gesetzlichen Regelungen gebunden. Diese decken sich z.T. nicht mit den Bilanzierungsvorschriften in Deutschland. Darum bilanzieren die Landesgesellschaften sowohl nach Landesrecht (Handelsbilanz I) als auch für die Siemens-Weltbilanz, die nach deutschem Recht aufgestellt wird, nach deutschem Handelsrecht (Handelsbilanz II).

Eine Besonderheit der LG-Planung ist die Unterteilung in **Eigengeschäft** der Landesgesellschaft, bei dem die Landesgesellschaft das Geschäft als Partner des Kunden in eigenem Namen und für eigene Rechnung abschließt und dabei auch die Kundenpreisfestlegung und Ergebnisgestaltung in eigener Verantwortung vornimmt, und in sog. **Provisionsgeschäft**. Hier ist der Vertragspartner des Kunden die Siemens AG; die Landesgesellschaft tritt nur als Vermittler mit unterschiedlich intensiver Einschaltung auf. Sie erhält dafür – entsprechend ihrer Mitwirkung – eine Provision, die grundsätzlich Ergebnischarakter hat.

7.2 Soll-Ist-Vergleiche und Voraussichtliches Ist

Soll-Ist-Vergleiche

Soll-Ist-Vergleiche werden laufend während und nach Abschluß des Geschäftsjahres angestellt. Die Meßlatte für die erreichten Ist-Zahlen ist das verabschiedete Budget, das während des ganzen Jahres grundsätzlich unverändert bleibt. Das Budget steht damit für das, was sich Zentralvorstand und Bereiche zu Beginn des Geschäftsjahres vorgenommen haben. Es gibt die Orientierung für den Geschäftserfolg – und für bestimmte Incentive-Komponenten –, auch wenn Ereignisse eintreten, mit denen das einmal aufgestellte Budget nicht mehr in Einklang zu bringen ist.

Dennoch sind Budgets nicht im Sinne eines unveränderbaren Gesetzes auszulegen, nach dem sich die Handlungen der Unternehmer im Unternehmen auch unter veränderten Prämissen unbedingt zu richten haben. Es besteht zwar die Verpflichtung, auch bei veränderten Bedingungen durch entsprechende Maßnahmen – z. B. rechtzeitige Reduzierung des Ressourceneinsatzes, wenn das Geschäftsvolumen hinter den Erwartungen zurückbleibt – die geplanten Geschäftsziele möglichst zu erreichen, allerdings nur insoweit, als dies nicht zu Fehlsteuerungen führt. In solchen Fällen sind u. U. Neuplanungen vorzunehmen, mit denen auf die veränderten Geschäftsprämissen „unternehmerisch" reagiert wird.

Die daraus folgenden Veränderungen im Gefüge der Wirtschaftszahlen geben keinen Anlaß, das Budget zu korrigieren, sondern sind Gegenstand der Abweichungsanalyse. Dabei sind Abweichungen zunächst „wertungsneutral"; erst vor dem geschäftlichen Hintergrund stellen sie sich der – positiven oder negativen – Kritik.

Voraussichtliches Ist

Im Sinne einer effektiven Geschäftssteuerung hat das „Voraussichtliche Ist" (V.-Ist) die Funktion, die Bereichsleitungen und die Unternehmensleitung während des Geschäftsjahres darüber zu informieren, wie sich neuere Entwicklungen und Erwartungen – ggf. abweichend vom Budget – auf die Eckdaten zum Geschäftsjahresende auswirken werden.

Dazu stellen die Bereiche dreimal im Geschäftsjahr in den Planungs- und Abschlußrunden (Geschäftsplanung, Budget, Abschluß) ein vollständiges Eckdaten-V.-Ist auf.

In den dazwischen liegenden Monatsabschlüssen werden darüber hinaus Schätzungen für solche Eckdaten gemacht, für die aufgrund der aktuellen Geschäftslage Veränderungen gegenüber dem Vormonat zu erwarten sind. Hierbei kommt es auf eine rasche Information der Unternehmensleitung im Sinne einer **Frühwarnung** an; das zielt vor allem auf Volumens- und Ergebnisabweichungen.

7.3 Berichterstattung für die Unternehmensleitung

Die Bereiche und Landesgesellschaften berichten routinemäßig über ihre Geschäftsentwicklung an die Unternehmensleitung.

Die Berichterstattung der Bereiche ist dabei grundsätzlich zweistufig; abgesehen von den Gesamtzahlen des Bereiches wird über 3 bis 9 Untereinheiten (in der Regel Geschäftsgebiete) berichtet. Insgesamt sind das mehr als 70.

Die Berichterstattung erfolgt nach einem festen Terminplan überwiegend monatlich, z. T. auch quartalsweise. Dabei wird über die bereits mehrfach angesprochenen Wirtschaftsdaten in unterschiedlicher Breite und Tiefe, wie sie dem Informationsbedarf der Empfängerkreise entsprechen, berichtet.

Die innere Struktur der Berichterstattung für die Unternehmensleitung läßt sich am Beispiel **„Bericht Geschäftsbewegung"** veranschaulichen (vgl. Abbildung 39):

Dieser Bericht enthält die absoluten Werte des **Auftragseinganges** und **Umsatzes** für den Berichtsmonat und den Berichtszeitraum (Auflaufwerte im Geschäftsjahr). Er zeigt daneben die relative Veränderung der Auflaufwerte im Berichtszeitraum gegenüber dem Vergleichszeitraum des Vorjahres. Diese Veränderungsrate wird „vergleichbar" gerechnet, wenn in der Zwischenzeit deutliche Organisationsänderungen stattgefunden haben oder Tätigkeitsgebiete hinzugekommen sind bzw. abgegeben wurden (z. B. Erstkonsolidierung einer akquirierten Gesellschaft). Diese Vorgehensweise erleichtert die Interpretation der Geschäftszahlen zum Beispiel bei der Wertung des internen Wachstums im Hinblick auf Marktwachstum und Konjunktur.

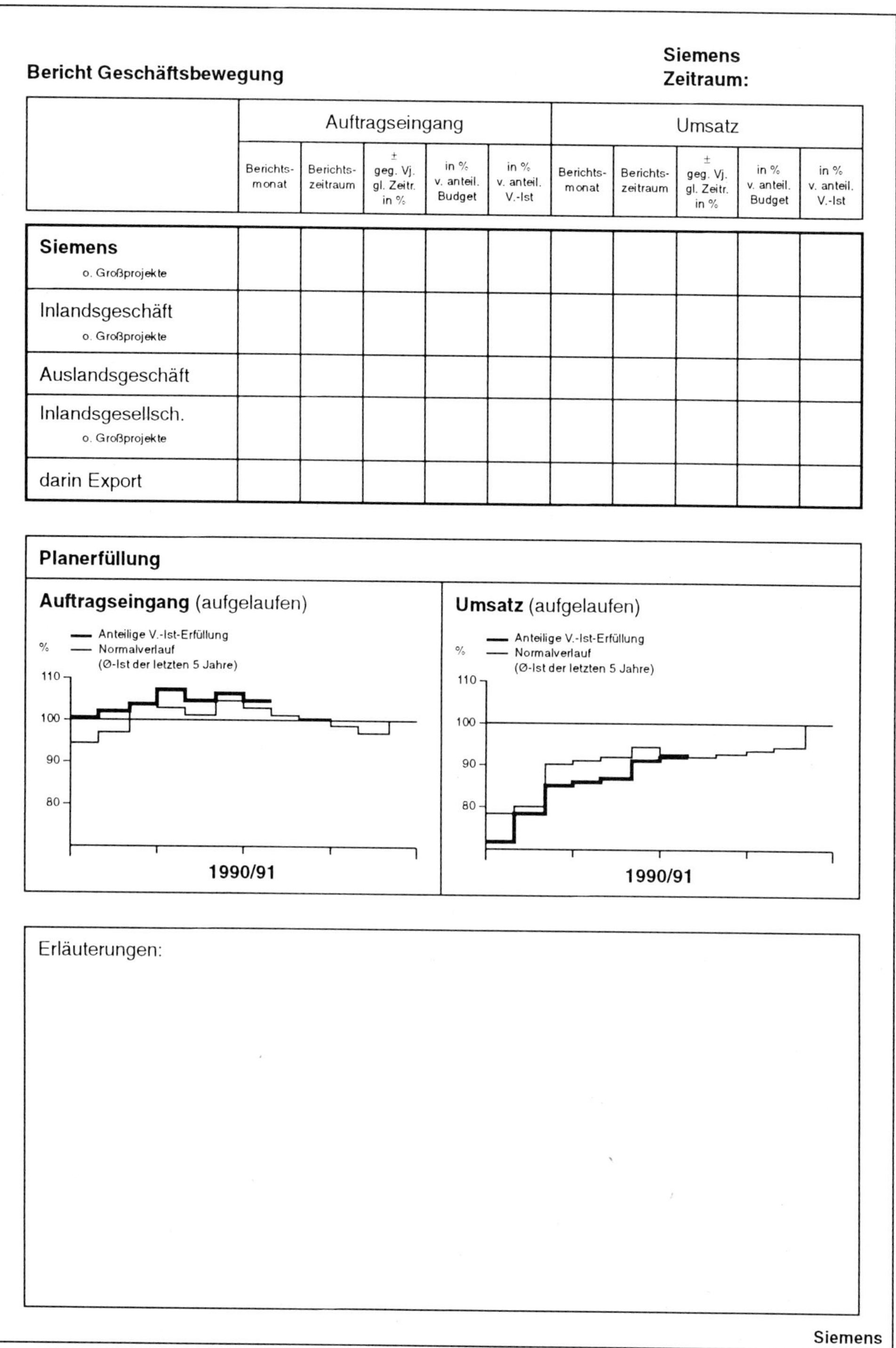

Bericht Geschäftsbewegung

Siemens
Zeitraum:

	Auftragseingang					Umsatz				
	Berichts-monat	Berichts-zeitraum	± geg. Vj. gl. Zeitr. in %	in % v. anteil. Budget	in % v. anteil. V.-Ist	Berichts-monat	Berichts-zeitraum	± geg. Vj. gl. Zeitr. in %	in % v. anteil. Budget	in % v. anteil. V.-Ist
Siemens o. Großprojekte										
Inlandsgeschäft o. Großprojekte										
Auslandsgeschäft										
Inlandsgesellsch. o. Großprojekte										
darin Export										

Planerfüllung

Auftragseingang (aufgelaufen)

Umsatz (aufgelaufen)

Erläuterungen:

Siemens

Abb. 39: Monatlicher Bericht über Auftragseingang und Umsatz Siemens

Der Bezug zur Planung wird durch die **Budgeterfüllung** hergestellt; sie besagt, wieviel Prozent des auf den Berichtszeitraum entfallenden anteiligen Budgets erreicht wurden. Daneben wird die gleiche Beziehung zum V.-Ist ausgewiesen, um an den aktuellen Erwartungsstand, auf den die Geschäftsaktivitäten zum gegebenen Zeitpunkt hingesteuert werden, anzuknüpfen.

Der Bericht Geschäftsbewegung umfaßt im einzelnen:

- Die **Geschäftsbewegung Siemens**. Sie zeigt das Gesamtgeschäft differenziert nach Inlands- und Auslandsgeschäft und daneben das Geschäft der Inlandsgesellschaften mit dem darin enthaltenen Export.
- Dieser Bericht wird ergänzt um Graphiken, die die anteilige Budgeterfüllung mit dem – nach den Erfahrungen in der Vergangenheit – üblichen Saisonverlauf vergleichen.
- Schließlich erläutert ein Kurzkommentar die wichtigsten aktuellen Ereignisse und Entwicklungen im Berichtsmonat.

Die Geschäftsbewegung Siemens wird gleichzeitig (vgl. Abbildung 40) in die

- **Geschäftsbewegung Bereiche** (Produktsicht)
  und in die
- **Geschäftsbewegung Ausland** (Regionalsicht)
  aufgerissen und ergänzt um einen
- **Bericht Großaufträge**, in dem Aufträge von einem definierten Mindestvolumen an aufgeführt werden.

Die Geschäftszahlen der Landesgesellschaften werden monatlich von den Werten in Landeswährung (LW) in Deutsche Mark umgerechnet. Dazu werden sog. **Mischkurse** des Umsatzes herangezogen; diese Kurse werden wie folgt gebildet:

Der gesamte Umsatz des abgelaufenen Monats wird mit dem amtlichen Mittelkurs am letzten Banktag des Monats in Frankfurt/M. umgerechnet:

$$\text{Umsatz Okt. in LW} \times \text{Mittelkurs Ultimo Okt.} = \text{Umsatz Okt. in DM}$$

$$\text{Umsatz Nov. in LW} \times \text{Mittelkurs Ultimo Nov.} = \text{Umsatz Nov. in DM}$$

usw.

Auf dieser Basis lassen sich für die auf den Oktober folgenden Monate eines Geschäftsjahres die **Mischkurse** der jeweiligen Auflaufwerte ermitteln:

$$\frac{\text{Se. in DM umgerechneter Monatsumsätze}}{\text{Im Berichtsmonat aufgelaufene Umsätze in LW}} = \text{DM-Mischkurs der LW}$$

Dieser mit den Umsätzen gewogene Mischkurs gilt für alle Größen der Gewinn- und Verlustrechnung. Bestandsgrößen wie Auftragsbestand oder Vorräte werden zu **Stichtagskursen** umgerechnet.

Über die Entwicklung der anderen Sachthemen wie Mitarbeiterzahlen, Vorräte, Investitionen usw. wird entsprechend in der Matrixstruktur berichtet.

Darüber hinaus werden diese **Eckdaten für die Organisationseinheiten** wie Siemens, Bereiche, Landesgesellschaften und Zentralen gezeigt. In diesen Berichten erscheinen

Geschäftsvolumen	Einsatzfaktoren
(Auftragseingang, Umsatz)	Vermögenspositionen und
Ergebnisse	Finanzmittelveränderung aus dem Geschäft

mit dazugehörigen Kennzahlen.

Bericht: Geschäftsbewegung der Bereiche

Bereiche = Welt		Auftragseingang					Umsatz				
		Berichts-monat	Berichts-zeitraum	± geg. Vj. gl. Zeitr. in %	in % v. anteil. Budget	in % v. anteil. V.-Ist	Berichts-monat	Berichts-zeitraum	± geg. Vj. gl. Zeitr. in %	in % v. anteil. Budget	in % v. anteil. V.-Ist
ANL	**Gesamt**										
	Inland Ausland										
ASI	**Gesamt**										
	Inland Ausland										
AT	**Gesamt**										
	Inland Ausland										
AUT	**Gesamt**										
	Inland Ausland										

Bericht: Geschäftsbewegung Ausland

in DM	Auftragseingang					Umsatz				
	Berichts-monat	Berichts-zeitraum	± geg. Vj. gl. Zeitr. in %	in % v. anteil. Budget	in % v. anteil. V.-Ist	Berichts-monat	Berichts-zeitraum	± geg. Vj. gl. Zeitr. in %	in % v. anteil. Budget	in % v. anteil. V.-Ist
EG										
Belgien/Lux.										
Dänemark										
Frankreich										
Griechenland										
Großbritannien										
Irland										
Italien										
Niederlande										
Portugal										
Spanien										
Übriges Europa										
Finnland										
Norwegen										

Siemens

Abb. 40: Geschäftsbewegung der Bereiche und Ausland

7.4 Abschluß

Mit dem Jahresabschluß legen die Bereiche und Landesgesellschaften Rechenschaft ab über das, was im abgelaufenen Geschäftsjahr erreicht wurde. Meßlatte ist dafür das Budget.

Im Sinne eines konsistenten Planungs- und Kontrollsystems haben die Abschlußunterlagen eine den Budgets etwa entsprechende Struktur und konzentrieren sich auf den Soll-Ist-Vergleich zur kritischen Würdigung des Berichtsjahres (vgl. Abbildung 41).

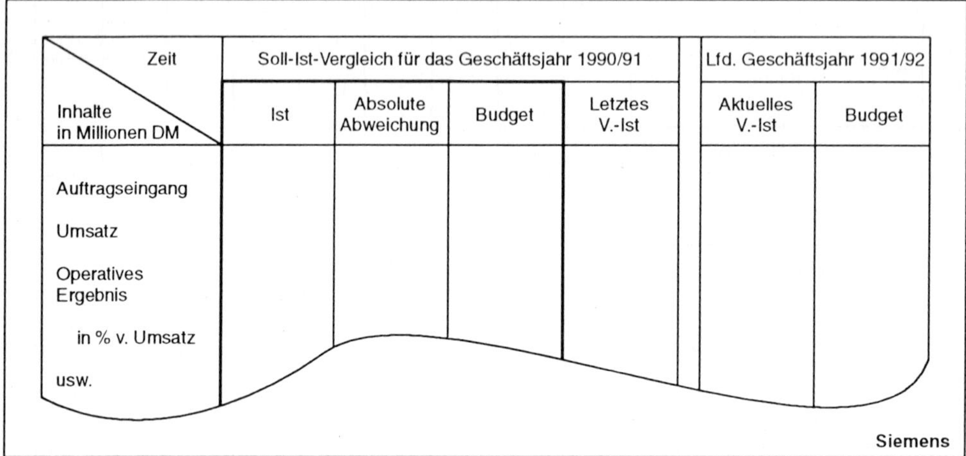

Zeit / Inhalte in Millionen DM	Soll-Ist-Vergleich für das Geschäftsjahr 1990/91				Lfd. Geschäftsjahr 1991/92	
	Ist	Absolute Abweichung	Budget	Letztes V.-Ist	Aktuelles V.-Ist	Budget
Auftragseingang						
Umsatz						
Operatives Ergebnis						
in % v. Umsatz						
usw.						

Abb. 41: Eckdaten im Soll-Ist-Vergleich des Jahresabschlusses 1990/91

Die in der Zentralabteilung Finanzen zusammenfließenden Fakten und Erkenntnisse gehen in die Aufstellung, Analyse und Kommentierung des Siemens Jahresabschlusses ein, der vom Vorstand festgestellt wird.

7.5 Kapitalflußrechnung

Die Kapitalflußrechnung ist eingebunden in das Rechnungswesen und zielt auf die Sicherung kurz- und längerfristiger Liquidität unter Berücksichtigung von Rentabilitäts- und Risikogesichtspunkten. Sie steht damit in enger Nachbarschaft zur Erfolgsrechnung. Während die Erfolgsrechnung auf periodisierte Erträge und Aufwendungen gerichtet ist, betrachtet die Kapitalflußrechnung die finanzwirtschaftlich relevanten Einzahlungs- und Auszahlungsströme. Beide Rechnungen sind miteinander verflochten, da sich die Veränderung der Liquidität in einer Periode indirekt aus Strömungsgrößen der GuV und Veränderungen von Bilanzpositionen ableiten läßt. Kapitalflußrechnungen werden sowohl für die längerfristige Planung/Steuerung des finanzwirtschaftlichen Gleichgewichtes als auch für kurzfristige Gelddispositionen eingesetzt. Daneben gibt es auch projektbezogene Finanzierungsrechnungen wie z. B. für Anlagengeschäfte oder Investitionsvorhaben.

7.5.1 Aufbau der Kapitalflußrechnung

Bei Siemens haben interne und externe Kapitalflußrechnungen prinzipiell den gleichen Aufbau. Beide folgen der „indirekten“ Ermittlungsmethode für den Geldverbrauch bzw. Geldüberschuß.

Die im Geschäftsbericht für 1990/91 veröffentlichte Kapitalflußrechnung hat folgende Struktur (vgl. Abbildung 42):

	1990/91	1989/90
Cash Flow		
Jahresüberschuß	+ 1 791,6	+ 1 667,9
Abschreibungen auf Anlagevermögen	+ 4 439,8	+ 4 000,2
Erhöhung mittel- und langfristiger Rückstellungen und Sonderposten	+ 565,6	+ 1 097,2
	+ 6 797,0	+ 6 765,3
Mittelbindung		
Investitionen in Sachanlagen	− 5 003,0	− 4 391,0
Investitionen für den Erwerb von Beteiligungen	− 592,0	− 2 675,0
Erhöhung der Vorräte	− 2 041,5	− 1 172,1
Erhöhung der Forderungen	− 2 647,8	− 1 034,3
Veränderung sonstiger Bilanzpositionen	+ 815,8	− 612,0
	− 9 468,5	− 9 884,4
Finanzierung aus dem Geschäft		
Veränderung der Erhaltenen Anzahlungen	+ 1 807,3	+ 886,4
Veränderung der Anderen Verbindlichkeiten	+ 325,3	− 259,4
	+ 2132,6	+ 627,0
Sonstige Finanzierungsvorgänge		
Erhöhung des eingezahlten Eigenkapitals	+ 350,7	+ 843,0
Veränderung der Finanzschulden	− 592,6	− 243,4
	− 241,9	+ 599,6
Veränderung der Liquidität	− 780,8	− 1 892,5
davon Wertpapiere und Schuldscheine	− 598,2	− 3 798,9
Flüssige Mittel	− 182,6	+ 1 906,4
Liquidität, Stand 30.9.	18 566,3	19 347,1

Quelle: Geschäftsbericht Siemens für 1990/91

Siemens

Abb. 42: Kapitalflußrechnung Siemens Welt (Geschäftsjahr 1990/91 in Mio. DM)

Ab dem Geschäftsjahr 92/93 tritt hier eine Änderung ein. Siemens wird von da an in Anlehnung an internationale Standards den Geldverbrauch bzw. Geldüberschuß nach den Kategorien **„aus dem Geschäft“**, **„für Investitionen“**, **„aus Finanzierungsvorgängen**“ getrennt ausweisen.

Im **Cash Flow** werden dem Jahresüberschuß bzw. dem Handelsbilanz-Ergebnis nach Steuern die nicht zahlungswirksamen Abschreibungen auf das Anlagevermögen und die Veränderungen der Rückstellungen zuaddiert. Er ist eine Meßzahl für die in einer Berichtsperiode mit dem Umsatz erwirtschafteten Finanzmittel.

Der Cash Flow erscheint damit als eine zusätzliche Erfolgsgröße, die etwas aussagt über die „Fähigkeit" einer Geschäftseinheit, Cash zu generieren. Der Cash Flow hat zunehmend Gewicht für die Beurteilung des Geschäftserfolges bekommen. Da er in seinem Abschreibungsteil wesentlich durch die Kapitalintensität und in seinem Rückstellungsteil durch die Geschäftsart (Anlagen-, Produktgeschäft) bestimmt wird, sagt seine absolute oder relative Größe allein zwar noch nicht allzuviel aus. Wichtig ist dagegen die Frage, wie weit er ausreicht, um das mit wachsendem Umsatz sich erhöhende Netto-Umlaufvermögen und die Investitionen zu finanzieren.

In der internen Form der Kapitalflußrechnung werden die drei Positionen: Cash Flow, Veränderung des Nettoumlaufvermögens und der Geldverbrauch für Investitionen zum Geldverbrauch bzw. Geldüberschuß Gesamt zusammengefaßt und von den Einnahmen/Ausgaben aus Finanzierungsvorgängen separiert.

7.5.2 Kapitalflußrechnungen und Zielebenen

Der gesamte Geldverbrauch bzw. Geldüberschuß hängt mittel- und langfristig von den strategischen Planungen für die Geschäftsfelder ab. Neue und rasch wachsende Geschäftsfelder verbrauchen im Regelfall Geld für das mitwachsende Nettoumlaufvermögen und für Investitionen ins Sachanlagevermögen, gegebenenfalls auch in den Erwerb von Beteiligungen. Sie können dann den Geldbedarf aus den mit Vorleistungen belasteten Erträgen, den verzögert anwachsenden Abschreibungen und Rückstellungen, d. h. aus dem Cash Flow oft nicht finanzieren. Sie verbrauchen also Geld. Andere reife Geschäftsfelder erwirtschaften dagegen im Regelfall einen Geldüberschuß.

Zur Vorsteuerung des finanzwirtschaftlichen Gleichgewichtes werden deshalb im Rahmen der strategischen Planung die Finanzplanungen der einzelnen Geschäftsfelder zu einer Gesamtrechnung für das Unternehmen zusammengefaßt.

Eine sich aus der Planung für Geschäftsfelder ergebende Geldlücke muß durch eine entsprechende Planung der Finanzierungsvorgänge geschlossen werden. Diese Aufgabe wird von der Zentralabteilung Finanzen für das gesamte Haus wahrgenommen. Ist die Finanzierungslücke kurz- oder mittelfristig nicht vernünftig zu schließen, muß der für die Geschäftsfelder geplante Geldverbrauch begrenzt werden, z. B. durch eine Streckung der Investitionspläne (kurzfristig) oder durch eine Änderung der strategischen Planungen in den Geschäftsfeldern (mittel- und langfristig).

In der Zentralabteilung Finanzen werden darüber hinaus die kurzfristigen Finanzdispositionen getroffen. Hierzu werden zusätzliche Rechnungen aufgestellt, die an die originären Einnahme- und Ausgabeströme anknüpfen.

Damit ergeben sich drei Stufen und Zielebenen bei der Finanzplanung, wenn man von projektbezogenen Finanzierungsplänen, die für den Auftragserhalt oft entscheidend sind, in diesem Zusammenhang einmal absieht (vgl. Abbildung 43):

Die Kapitalflußrechnung nach den genannten Finanzierungskategorien hat im Rahmen der **strategischen Planung** das Ziel, die langfristigen Anforderungen der Geschäftsfeldplanungen an die Liquidität frühzeitig sichtbar zu machen und sie durch die darauf aufbauende Planung der Finanzierungsvorgänge zu erfüllen, und zwar im abgewogenen Interesse sowohl des Unternehmens als auch seiner Aktionäre.

Rechnungsart	Strategische Planung	Operative Planung	Dispositive Planung
Gegenstand	Erfolgspotentiale	Erfolg	Liquidität
Instrument	Ermittlung des Geldverbrauchs für Geschäftsfelder Finanzierung der GF (mittel- und langfristig)	Kapitalflußrechnung-Budget	Einnahme-/ Ausgabe-Rechnung
Ziel	Finanzierung des Unternehmensplanes	Festlegung des Finanzrahmens der planenden Organisationseinheiten	Wirtschaftlich optimale Geldbereitstellung bzw. -anlage

Siemens

Abb. 43: Kapitalflußrechnung und Zielebenen

In der **operativen Planung** wird mit dem Budget für Kapitalflußrechnung der Finanzspielraum festgelegt, in dem sich die geschäftsführenden Organisationseinheiten bewegen müssen.

Die **dispositive Planung** der Finanzmittel hat eine ertrags- bzw. aufwandsoptimale Nutzung der Liquidität zum Ziel.

7.6 Besonderheiten der operativen Planung und Kontrolle für regionale Einheiten im Ausland

Die regionalen Einheiten sind rechtlich selbständige Gesellschaften entsprechend dem jeweiligen örtlichen Gesellschaftsrecht. Sie unterliegen somit auch den Rechnungslegungs- und Bilanzierungsvorschriften ihres Heimatlandes, die mehr oder weniger von den Regeln des Rechnungswerkes der Siemens AG abweichen. Da die örtlichen Bilanzen aber in einer – testierten – Siemens-Weltbilanz konsolidiert werden, ist es notwendig, daß die Gesellschaften zwei Handelsbilanzen (HaBi I und HaBi II) nebst Gewinn- und Verlustrechnungen nebeneinander aufstellen.

Da bei den Bereichen die Zahlen der Landesgesellschaften zu einem Weltergebnis des Bereichs durchgerechnet werden, muß es auch zwei Berichterstattungen bei der Landesgesellschaft geben: Eine nach der örtlichen Organisation zur Steuerung durch die Leitung der Landesgesellschaft und eine nach der Stammhaus-Bereichs-Organisation zur Verständigung mit den Bereichen.

Erhebliche Probleme für Planung und Kontrolle ergeben sich in Hochinflationsländern. Sie stellen sich nicht nur für die Substanzerhaltung in der Bilanz, sondern sie beginnen bereits bei der Kalkulation von Aufträgen und beeinträchtigten auch die Aussagekraft der Budgets und ihre Kontrolle anhand der Ist-Werte.

8. Die Auslandsorganisation im Führungssystem

8.1 Besonderheiten

Die Einbindung der regionalen Einheiten im Ausland in das Führungssystem des Hauses ist von einer Reihe auslandsspezifischer Gegebenheiten geprägt:

- Mit der zunehmenden Internationalisierung des Unternehmens unterliegt die Bedeutung der Regionalverantwortung einem Wandel hin zu einer stärkeren Integration in strategischer und operativer Hinsicht.
- Gleichzeitig sind aber auch die Märkte selbst in einer raschen Veränderung begriffen, wobei über die Entwicklungsrichtung der das Geschäft bestimmenden „globalen Faktoren" häufig Unsicherheit besteht.
- Und schließlich erlaubt die Tatsache, daß es sich bei den regionalen Einheiten stets um juristisch selbständige Gesellschaften in fremden Rechtskreisen handelt, keine „Führung durch Weisungen", sondern sie erfordert zumindest die formale Einschaltung der gesellschaftsrechtlichen Organe in das Führungssystem.

Das Führungssystem für die regionalen Einheiten ist deshalb der Teil der Siemens-Organisation, bei dem neue Erkenntnisse und Entwicklungen am schnellsten eine Anpassung erfordern.

8.2 Führungsgrundsätze

Die Landesgesellschaften (und in gleicher Weise die Vertriebs- und Stützpunktgesellschaften) sind dem Zentralvorstand direkt zugeordnet: sie stehen also gleichberechtigt neben den Bereichen und Zentralabteilungen. Sie betreiben das Geschäft der Siemens AG in den ihnen zugewiesenen geografischen Gebieten und haben dabei grundsätzlich die geschäftlichen Ziele der Bereiche zu verwirklichen. Für die Durchführung dieser Aufgabe delegieren die Bereiche einen Teil ihrer Verantwortung auf die regionalen Einheiten; sie haben dabei besonders darauf zu achten, daß der unternehmerische Spielraum der regionalen Einheiten ausreichend groß bemessen wird. Diese sind also im Ausland nicht „der verlängerte Arm" der Bereiche, sondern sie tragen eine eigene unternehmerische Verantwortung.

Durch das breite, jedoch in den Technologie- und Markterfordernissen verbundene Produktspektrum sind bei einer solchen Polarität der Aufgabenstellung zwangsläufig Spannungsfelder vorgegeben:

- Einmal „horizontal" über das Ausmaß der Koordinierung der verschiedenen Aktivitäten „vor Ort" gegenüber Kundschaft und Öffentlichkeit.

– Vor allem aber „vertikal“ beim Ausbalancieren von Produktverantwortung und Regionalverantwortung.

Die Lösungen sind nach Geschäftsart und Land unterschiedlich, je nachdem wo der Schwerpunkt der Wertschöpfung liegt und wie stark die globale Komponente des Marktes ist. Voraussetzung ist in jedem Fall ein klares Rollenverständnis der Beteiligten, deren Mitwirkungsrechte und -pflichten nicht nur schriftlich fixiert, sondern auch verinnerlicht und gelebt werden müssen.

Die Grenzen der unternehmerischen Freiräume liegen, abgesehen von denen aus Eigentumsverhältnissen (Mehrheitsverhältnissen), vor allem in vertraglichen Vereinbarungen, gemeinsamen Zielfestlegungen und in der Benutzung von Name und Marke.

8.3 Ergebnisverantwortung

Den Landesgesellschaften als den Regionalunternehmern ist eine selbständige Ergebnisverantwortung zugeordnet; sozusagen als Gegengewicht zur Produktverantwortung der geschäftsführenden Bereiche.

Diese Verantwortung beinhaltet die Verpflichtung, ein angemessenes Ergebnis zu erzielen, das zur Dividendenzahlung und Rücklagenbildung ausreicht. Darüber hinaus muß es aber auch zu eigenständigen Vorleistungen für die Zukunftssicherung der Gesellschaft, d.h. zum Aufbau neuer bzw. zum Ausbau bestehender Geschäftsaktivitäten befähigen. Somit kann über die Verwendung der Ergebnisse nicht der Bereich entscheiden, sondern nur die Leitung der Landesgesellschaft; selbstverständlich nur auf der Grundlage eines vom Zentralvorstand genehmigten Landeskonzepts und Budgets. Der Regionalverantwortliche ist dadurch gezwungen, sein Augenmerk ganz besonders auf die Herstellung eines „Unternehmensgleichgewichtes“ zwischen seinen verschiedenen Geschäftsaktivitäten zu richten: notfalls auch gegen den Willen eines Bereichs.

Die Ergebnisbildung der Landesgesellschaften soll soweit wie möglich in eigener Verantwortung aufgrund von Eigenleistungen im Lande erfolgen. Soweit hierbei Importe von Gesellschaften aus dem Haus Siemens erfolgen, resultiert das Ergebnis aus dem Unterschied zwischen – „at arms length“ – ausgehandelten Einstandspreisen und in eigener Verantwortung vereinbarten Kundenpreisen, abzüglich der eigenen Vertriebsaufwendungen. Sofern die Kundenpreisfestlegung durch den Bereich etwa in Form eines Direktgeschäftes mit dem Kunden erfolgt – was bei globalen Geschäften oder bei sehr hohen technischen und kommerziellen Risiken der Fall sein kann –, dann erhält die Gesellschaft eine angemessene Provision, welche die Aufwendungen für ihre Mitwirkung und einen Ergebnisbeitrag abdecken soll.

8.4 Ordnungsfunktionen

Zu den notwendigen Steuerungsfunktionen für die Siemens-Auslandsorganisation gehören daher auch eine Reihe von Ordnungsfunktionen, deren Festlegung und Anwendung sich die Unternehmensleitung vorbehalten hat, um die „vitalen Interessen“ des Hauses sicherzustellen. Diese Ordnungsfunktionen sind insbesondere:

– Die Zuordnung der Führungsverantwortung für alle Siemens-Aktivitäten im Ausland.

- Die Festlegung der Statuten und von Geschäftsordnungen für die Führung der regionalen Einheit.
- Die Vergabe (und Hereinnahme) von Vertriebs- und Fertigungsrechten.
- Die Festlegung der grundlegenden Organisationsstrukturen für die regionale Einheit.
- Die Vergabe von Namens- und Markenrechten.
- Bestimmte Regeln des Geschäftsverkehrs wie z.B. Standardzahlungsbedingungen, Mitwirkungs- und Provisionsregelungen, Verrechnungswährungen, Kursklauseln, Preisformeln etc.

8.5 Unternehmensprüfungen

Die Revision ist eines der klassischen Kontrollinstrumente. Ihre Elemente Treuhandrevision, Revision der Organisationsabläufe oder Revision von Rechnungswesen, Bilanz und Bewertung sind bei der Siemens-Auslandsorganisation zunächst den Hausrevisionen der Gesellschaften „vor Ort" übertragen; soweit eine übergeordnete Revision erforderlich ist, werden sie durch Spezialisten der Zentralabteilung Finanzen, ggf. auch durch Externe (z. B. Wirtschaftsprüfungsgesellschaften) durchgeführt.

Im Auftrag der Unternehmensleitung erfolgt eine regelmäßige „Unternehmensprüfung" der regionalen Einheiten in bezug auf deren unternehmerische Konzepte und Strategien, der Zweckmäßigkeit ihrer Organisationsstrukturen, der Effizienz in der Wahrnehmung der Funktionen, der Zweckmäßigkeit und Qualität von Technologien und Produkten sowie der Eignung der Mitarbeiter.

Die Unternehmensprüfung ist als Hauptabteilung Teil der Zentralabteilung Unternehmensplanung (ZU). Die eingesetzten Revisionsteams setzen sich neben einer Stammannschaft vor allem aus Gastrevisoren aus anderen Teilen des Hauses zusammen; fallweise werden auch externe Spezialisten hinzugezogen. Somit enthält die Unternehmensprüfung auch starke Elemente einer Unternehmensberatung.

Die Prüfungen werden nach etwa einjähriger Vorankündigung in einem Zeitraum von 4–5 Wochen durchgezogen. In einem Schlußgespräch wird ein Maßnahmenkatalog verabschiedet, dessen Abarbeitung in etwa einjährigem Abstand durch eine „Nachrevision" nochmals geprüft wird.

Neben diesen in etwa Fünf-Jahresabständen stattfindenden Prüfungen finden aus gegebenen Anlässen – etwa Führungswechsel oder kritische Entwicklungen – auch fallweise Sonderprüfungen statt.

8.6 Regionalstrategischer Ausblick

Die Siemens-Auslandsorganisation hat seit dem zweiten Weltkrieg alle Stufen der Expansion vom Export über die Fremd-Vertretung, den Resident Engineer und Stützpunkt, die reine Vertriebsgesellschaft bis hin zur Voll-Landesgesellschaft mit Forschung und Entwicklung, Fertigung und Vertrieb durchschritten. Entsprechend dem Entwicklungsstand des Geschäftes und des Landes bestehen auch heute noch alle diese Entfaltungsstufen nebenein-

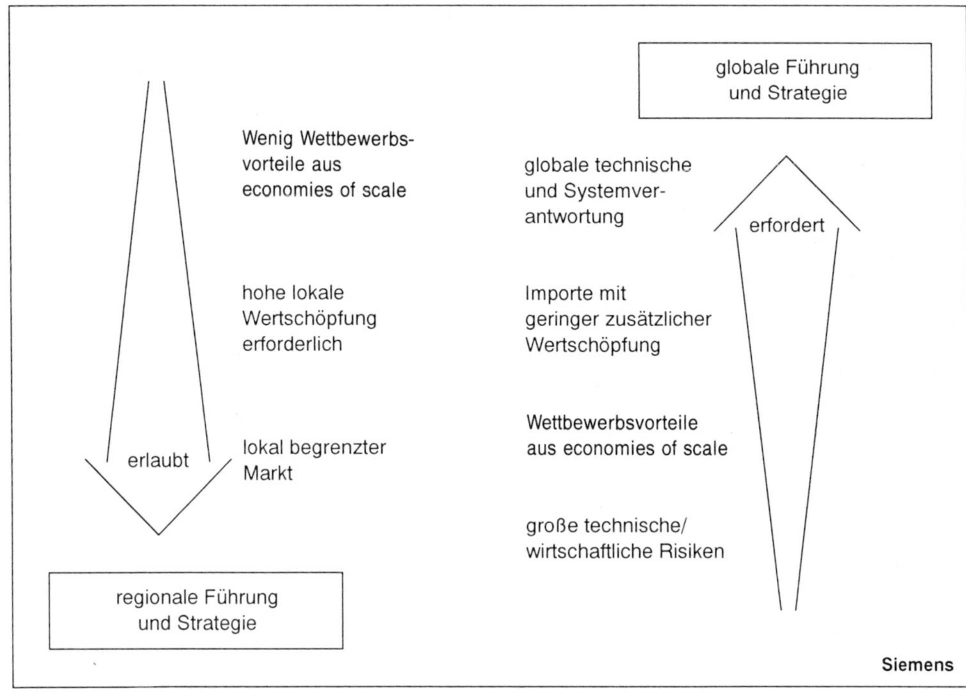

Abb. 44: Unterschiedliche Geschäftsstrukturen erfordern variable Führungskonzepte

ander. Sie erfordern ebenso wie die unterschiedlichen Geschäftsstrukturen variable Führungskonzepte (vgl. Abbildung 44).

Für die Art und Weise der Einbindung der Auslandsorganisation in das Führungssystem ist aber auch die Einschätzung der weiteren Entwicklung ausschlaggebend. Dabei sind z. Z. folgende Entwicklungstendenzen erkennbar:

Der Zwang zu einer globalen Wettbewerbsfähigkeit verbietet es immer mehr, diejenigen Wertschöpfungsstufen, die zentralisiert wirtschaftlicher zu erbringen sind, dezentralisiert über viele Länder zu verteilen. Damit muß sich auch die Regionalorganisation bei zunehmender Öffnung und Integration der Märkte auf Kernkompetenzen konzentrieren und nicht für möglichst viele Geschäftsaktivitäten möglichst hohe nationale Wertschöpfungsanteile vor Ort anstreben. Zielsetzung ist es daher, die Wertschöpfung dort anzusiedeln, wo sie am wirtschaftlichsten erbracht werden kann. Dabei bedeuten heute „economies of scale" nicht mehr nur niedrige Lohnkosten und längere Arbeitszeiten, sondern zunehmend auch technische Kompetenzen z. B. für Entwicklung und Softwareherstellung.

Das führt in den Landesgesellschaften einerseits zu einer Verringerung der traditionellen Wertschöpfungstiefen; man bezieht Wertschöpfung besser und billiger vom Kollegen, der darauf spezialisiert ist (Center of Competence). Zum anderen siedeln sich in den Ländern aber mehr und mehr auch Aktivitäten an, die mit der ursprünglichen Aufgabe der Landesgesellschaft – Bedienung des lokalen Marktes – nichts mehr zu tun haben; z. B. Regional- und Weltmarktfabriken, Softwareherstellung für den Bereich, Entwicklungsbüros und Bereichsteile oder gar Bereiche mit weltweiter Produktverantwortung. Die Steuerung und geschäftliche Verantwortung für diese Aktivitäten kann nicht mehr Aufgabe der Leitung der Landesgesellschaft sein; wohl aber bestehen auch für diese Aktivitäten Koordinierungsnotwendigkeiten sowohl extern (z. B. gegenüber Behörden) als auch intern (z. B. bei Finanzierung, Recht und Steuern oder Personalpolitik).

Parallel hierzu beginnt sich aber auch in vielen – vor allem den großen – Landesmärkten die Funktion zur Bedienung des örtlichen Marktes von der bisherigen, einzigen Landesgesellschaft als Dach für alle Siemensaktivitäten auf mehrere gesellschaftsrechtlich separierte und nach Bereichen ausgerichtete Gesellschaften aufzuteilen. Die Ursachen hierfür liegen vor allem in Kooperationen und Akquisitionen. D.h. es entstehen anstelle der einen, nun mehrere Landesgesellschaften nebeneinander.

Diese zunehmende Vielfalt von Gesellschaften in einem Land mit unterschiedlichen Aufgabeninhalten ist aber weder vom Stammhaus in Deutschland, noch von der bisherigen Landesgesellschaft mit ihrer Aufgabe zur Bedienung des örtlichen Marktes koordinierbar; dafür werden neue Koordinierungsinstrumente erforderlich. Siemens hat seit 1989 als „schwächste" Koordinierungsfunktion zunächst den Chef der Landesgesellschaft als „Landessprecher" für alle Aktivitäten im Lande eingesetzt. Er ist damit auch für die Erstellung des Landeskonzepts verantwortlich. In den großen Landesmärkten mit vielen Teilaktivitäten reicht diese Art der Koordinierung jedoch nicht aus. Als nächster Schritt ist deshalb z. B. in den USA, Großbritannien, Frankreich bereits der Weg zur „Landesholding" gegangen worden. Für die Wahrnehmung ihrer Koordinierungsaufgaben ist die Holding auch mit Dienstleistungsfunktionen ausgestattet und hat die Zuständigkeit für Finanzierung, Bilanzierung und das Berichtswesen. Ihre Einschaltung in die Planungsprozesse der Teilgesellschaften stellt sicher, daß der Leiter der Landesholding, der auch in den Aufsichtsgremien vertreten ist, seine Aufgaben wahrnehmen kann.

Schließlich verändert auch das Entstehen gemeinsamer Wirtschaftsräume – in erster Linie die im Entstehen begriffene Europäische Union – die Organisations- und Führungsstrukturen. Die sich abzeichnende Nivellierung der Preisniveaus auf niedrigem Level zwingt zu einer entsprechenden Senkung der bisher ebenfalls sehr unterschiedlichen Kostenniveaus; damit nimmt der Trend zur Herstellung eines länderübergreifenden Dienstleistungsangebots aus Rationalisierungsgründen zu.

Gleichzeitig findet aber auch bei vielen Kunden eine „Europäisierung" bzw. „Internationalisierung" der Aktivitäten über die Grenzen hinweg statt. Dies zwingt dazu, auch den Vertrieb entsprechend länderübergreifend zu organisieren. Damit müssen die bisher in der Regel territorial exclusiv vergebenen Vertriebsrechte durchlässiger gestaltet werden, um auch die Vertriebe länderübergreifend wirken zu lassen; ohne allerdings im Augenblick das „nationale Dach" der Landesgesellschaft aufzugeben.

Eindeutige Antworten auf die Frage der künftigen Form der Auslandsorganisation über diese Trends hinaus können im Moment noch nicht gegeben werden. Es scheint sich jedoch abzuzeichnen, daß eine solche Struktur je nach Geschäft und Land zu wesentlich differenzierteren Festlegungen als bisher kommen muß.

9. Spezielle Planungen zur langfristigen Gestaltung der Unternehmenspotentiale

Neben den institutionalisierten strategischen und operativen Planungsroutinen gibt es noch eine ganze Reihe spezieller Planungsprozesse, die auf bestimmte Ziele bzw. auf die Steuerung bestimmter Funktionen des Unternehmens ausgerichtet sind. Sie sind mit der strategischen bzw. operativen Planung mehr oder weniger eng verknüpft.

Bei der Verfolgung der strategischen Ziele kommt es besonders auf eine rechtzeitige und zielgerechte Vorhaltung der notwendigen Unternehmenspotentiale an.

Hierfür haben vor allem folgende spezielle Planungen erhebliche Bedeutung:

- FuE-Planungsprozesse
- Investitionsplanungen
- Standortplanungen
- Personalplanung

In einer innovationsgetriebenen Welt ist Technologie immer mehr zu einer entscheidenden strategischen Waffe im internationalen Wettbewerb der Wirtschaftsblöcke und Unternehmen geworden. Aufwendungen wie die für Forschung und Entwicklung führen daher zu wachsenden Kostenbelastungen der Unternehmen, die als Vorleistung zu den später folgenden Umsätzen aus dem Ertrag des laufenden Geschäfts zu decken und vielfach mit hohen Risiken verbunden sind.

Gleichzeitig mit den steigenden Anteilen der Forschung und Entwicklung an der Wertschöpfung des Unternehmens wachsen auch die Anteile der Abschreibungen auf Sachanlagen und der Aufwendungen für die Aus- und Weiterbildung der Mitarbeiter. Allein für diese drei zukunftssichernden Aufwendungen hat Siemens im Geschäftsjahr 1990/91 DM 18,30 von je DM 100,– Umsatzerlösen ausgegeben. Gegenüber dem Geschäftsjahr 1983/84 ist dieser Anteil um DM 4,– gestiegen (vgl. Abbildung 45); absolut sind das – hier nicht verzeichnet – fast DM 3 Milliarden.

9.1 Organisation und Aufgaben der Forschung und Entwicklung

9.1.1 Strategiegerechte Entwicklungsziele

Der Anteil der FuE-Kosten am Umsatz liegt jetzt bei 11%; mit deutlicher Streuung zwischen den Bereichen. Dieser erhebliche Mitteleinsatz macht eine sorgfältige Planung der Forschung und Entwicklung notwendig; nur so kann Siemens als Hochtechnologieunterneh-

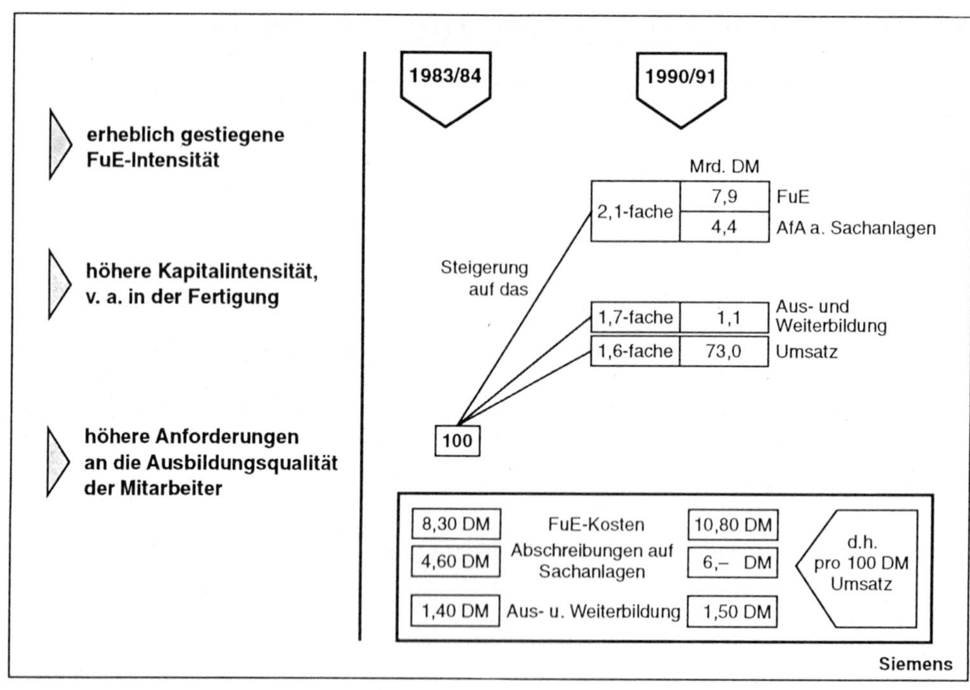

Abb. 45: Aufwendungen für die Zukunftssicherung bei Siemens (Geschäftsjahre 1983/84 bis 1990/91)

men seiner Zielsetzung gerecht werden, „auf dem Gebiet der Elektrotechnik zu den wettbewerbsstärksten Unternehmen der Welt zu gehören und Schrittmacher des technischen Fortschrittes zu sein".

Steigende Innovationsgeschwindigkeiten mit sich verkürzenden Produktlebenszyklen und Amortisationszeiten haben den Faktor **„Zeit"** bei FuE zu einem entscheidenden Erfolgskriterium gemacht. „Time to market" ist daher zu einem Schlüsselthema auch im strategischen Entwicklungsmanagement geworden. Zeitverkürzung bei der Entwicklung und Markteinführung bringt bei zeitsensiblen Produkten höhere Umsätze, höhere Preise und Ergebnisse. Gleichzeitig verkürzen sich auch die Zeitspanne zum „break-even" und somit das finanzielle Risiko der Vorleistungen. Hinzu kommt, daß Produktprofile dadurch zeitnäher zum Kundenbedarf definiert und Änderungen während der Entwicklungen reduziert werden können. Mit diesen Effektivitätsvorteilen, die sich auf Qualität und Vermarktung der Produkte beziehen, sind Effizienzgewinne eng verbunden: Kapitalbindung wird verkürzt bzw. vermindert, Entwicklungskapazitäten werden für neue Projekte frei.

Auf innovativen Märkten haben die genannten Erfolgskriterien in der Regel dann folgende Prioritäten:

- Festlegung **strategiegerechter Entwicklungsziele** und **marktgerechter Qualität** bei der Umsetzung der Geschäftspolitik.
- **Zeitverhalten** bei der Entwicklung sowie beim Transfer in die Fertigung und bei der Markteinführung.
- **Kostenmanagement** sowohl im Hinblick auf die Kosten der Entwicklung als auch auf die Bestimmung der Produktkosten durch Auslegung der Produktmerkmale.

Die besondere Bedeutung der Entwicklungszeit für den Erfolg des Unternehmens unterstreicht Abbildung 46.

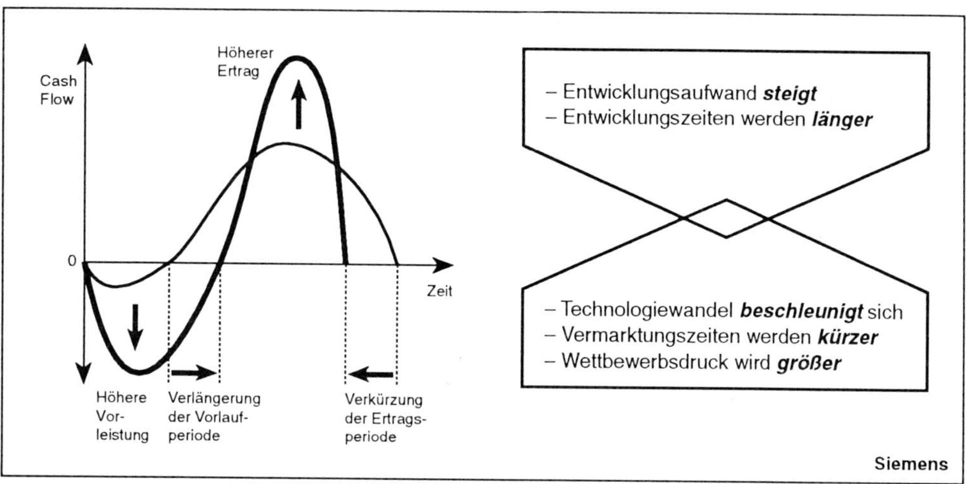

Abb. 46: Die Entwicklungszeit wird strategisch kritisch

9.1.2 Aufgabenzuordnung in der Forschung und Entwicklung

Die strategische Ausrichtung der Technologieentwicklung mit möglichst großen Synergiepotentialen von der Grundlagenforschung bis hin zur konkreten Produkt- und Systementwicklung bezieht sich nicht nur auf die Installation geeigneter Prozesse für Entscheidung und Kontrolle, sondern auch auf die Organisationsform, die den unterschiedlichen Anforderungsprofilen bei den Problemlösungen gerecht wird.

Dabei wird Sorge getragen, daß für offene und nicht strukturierbare Forschungsfelder genügend Freiräume für unabhängiges Denken und Innovationsinitiativen vorhanden sind. Je mehr die Ziele präzisiert und operationalisiert werden können, um so mehr ist ein strukturiertes Vorgehen bei der Problemlösung wie bei der Entwicklung von Produkten und Systemen zweckmäßig.

Grundsätzlich sind die **Bereiche** für die Entwicklung ihrer Produkte und die Weiterentwicklung ihrer Technologien selbst verantwortlich. Die Entwicklung mit ihren konkreten Produktzielen liegt deshalb bei den geschäftsführenden Bereichen und ist dort dem vom Markt und Wettbewerb kommenden Zeit- und Wettbewerbsdruck ausgesetzt.

Die Grundlagenforschung wird dagegen in den **Zentralabteilungen** wahrgenommen:

In diesem Zusammenspiel obliegt der **Zentralabteilung Forschung und Entwicklung (ZFE)** die Aufgabe, Forschung für Material-, Produkt- und Systemtechnologie sowie Problemlösungen zu betreiben. Sie berät die Unternehmensleitung und die Bereiche in diesen Themen und hält für bereichsübergreifende Entwicklungsvorhaben gewisse Entwicklungskapazität vor, die von den Bereichen gegen Bezahlung in Anspruch genommen wird.

Die **Zentralabteilung Produktion und Logistik (ZPL)** entwickelt im Vorfeld neue Verfahrenstechnologien sowie Methoden und Instrumente auf den Gebieten Fertigungstechnik und

-wirtschaft und sorgt für den Transfer in die Bereiche durch gemeinsame Projekte (vgl. Abschnitt 2.2.2.2).

9.1.3 Aufgaben der Zentralabteilung Forschung und Entwicklung

Die methodischen Instrumentarien bei der Grundlagenforschung sind die **Technologiesystematik** und die **Innovationsprojekte**:

Im Mittelpunkt der Technologiesystematik stehen die **Kerntechnologien** (vgl. Abbildung 47a)[9], die systematisch identifiziert und weiterentwickelt werden. Sie orientieren sich am Technologiebedarf der Bereiche, an den Entwicklungen im technisch-wissenschaftlichen Umfeld und an den Aktivitäten der Wettbewerber. ZFE und die Bereiche legen gemeinsam die Kerntechnologien fest und veranschlagen den hierfür notwendigen Ressourceneinsatz. Kommunikationsorgan ist ein „Ausschuß für Forschung und Entwicklung", in dem das für die Technik verantwortliche Management aus den Bereichen und Zentralabteilungen vertreten ist. Die Zusammenhänge werden in einer sogen. **Technologiesystematik** entwickelt.

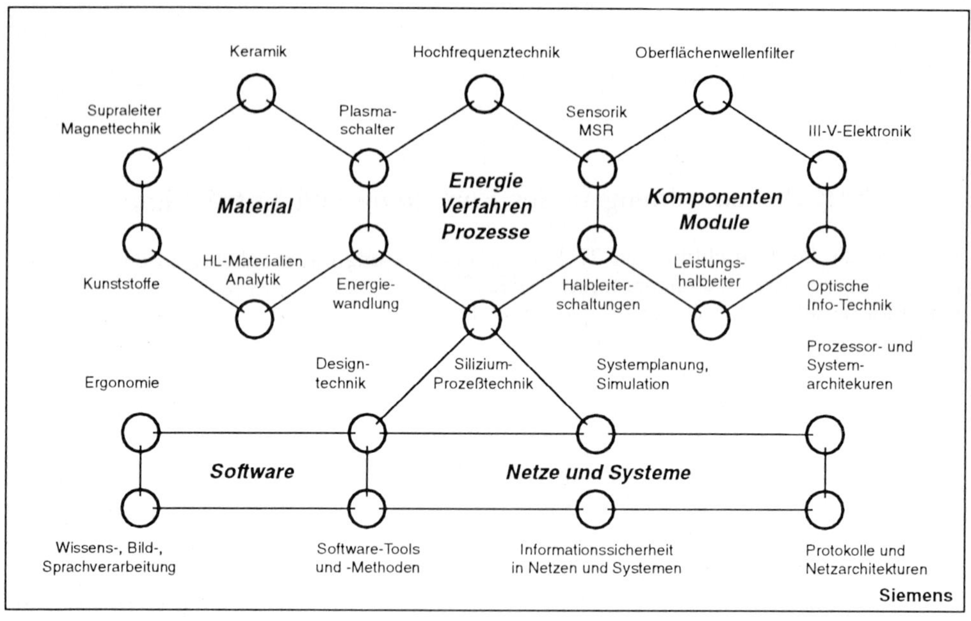

Abb. 47a: Kerntechnologien bei Siemens

Im Vorfeld zur Bestimmung der Kerntechnologien werden durch **Innovationsprojekte** die Grundlagen für neue Technologien gesucht. Innovationsprojekte zielen auf Technologien, die für künftige, weit in der Zukunft liegende Anwendungen und Geschäfte in Frage kommen. Diese werden im engen Zusammenspiel von Bereichen, ZFE und ZU identifiziert.

9 Vgl. Danielmeyer, H. G. (1990): Marktrelevanz setzt Maßstäbe, Siemens Zeitschrift 5/1990, S. 32–37.

Von den technischen Lösungsmöglichkeiten lassen sich dann konkrete Anforderungen an einzelne Technologien ableiten. Einige dieser Leistungsmerkmale können in der Regel im Rahmen der evolutionären Entwicklung realisiert werden, während andere Leistungsmerkmale nur durch verstärkte Forschungstätigkeit erreicht werden können. Soweit solche Technologien zum erwarteten Markteinführungszeitpunkt voraussichtlich nicht verfügbar sein werden, entsteht Handlungsbedarf bei der ZFE.

Die im Rahmen von Innovationsprojekten angedachten Technologien werden vom „Ausschuß für Forschung und Entwicklung" diskutiert und von ZFE entscheidungsreif aufbereitet und dem Zentralvorstand zur Verabschiedung vorgelegt.

Bei den laufenden Kerntechnologien werden je nach technischer Bedeutung und Produktnähe drei Phasen unterschieden (vgl. Abbildung 47b):

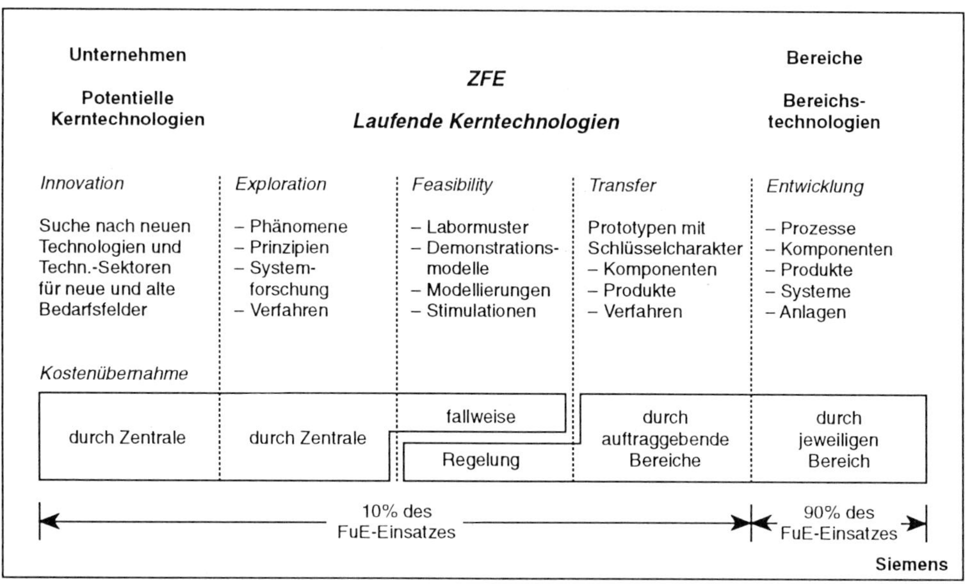

Abb. 47b: Technologiebereitstellung und Produktentwicklung im Unternehmen

Die **Exploration** ist auf Phänomen-Forschung, System-Forschung, Sondierung und Konzeption von Prinzipien und Verfahren gerichtet. Die Kosten werden zentral gedeckt.

Die **Feasibility**-Phase dient der Alternativenauswahl, dem Machbarkeitsnachweis und der Verifikation von Prinzipien und Verfahren. Die Kosten werden durch die Zentralen und die involvierten Bereiche gemeinsam getragen.

Bei den **Transferprojekten** werden Leistungen der ZFE direkt in die Produktentwicklung der Bereiche eingebracht und dabei ggf. technologievertraute und eingearbeitete Mitarbeiter mit dem Projekt in den Bereich überführt. Die Kostenträger sind hierbei die auftraggebenden Bereiche.

9.1.4 Entwicklung in den geschäftsführenden Bereichen

Im Rahmen ihres Geschäftsführungsauftrages sind die Bereiche – neben einer evolutionären Entwicklung ihrer Technologien – für die Neu- und Weiterentwicklung von

- Produkten, Systemen, Anlagen einschließlich der Software (**Produktentwicklung**) sowie von
- Fertigungseinrichtungen und -verfahren, Prüfmitteln und -verfahren sowie Entwicklungsverfahren (**Prozeßentwicklung**)

allein verantwortlich. Die Bereiche haben ihre Entwicklung je nach Anforderung von Technik und Markt in unterschiedlicher Weise organisiert. Teilweise gehört die Entwicklung zur Werksorganisation, teilweise ist sie an das Marketing gebunden. In einigen Bereichen bestehen eigenständige Entwicklungsabteilungen und Zentrallabors.

Von besonderer Bedeutung sind die Schnittstellen zu den anderen Funktionen des Bereiches. Hierbei hat das Marketing bei der Anforderungsdefinition und der Produktkonzeption eine dominierende Stellung, die sich aus der Verantwortung für Geschäfts- und Vermarktungsstrategien ergibt.

Darüber hinaus gewinnt die Bereitstellung der Komponenten im Entwicklungskonzept nicht nur mit der Auswahl der Beschaffungswege und Lieferanten, sondern vor allem mit Fragen der Komponentenentwicklung an Bedeutung.

Art und Weise, wie der Entwicklungsprozeß aufgebaut ist und gesteuert wird, hängen weitgehend vom Produktprofil, den ökonomischen Spielregeln in der Branche und von der Aufbauorganisation des Bereiches ab. Das auch bei Siemens übliche **Grundmuster** für die Steuerung und Kontrolle der Entwicklung ist in Abbildung 48 enthalten.

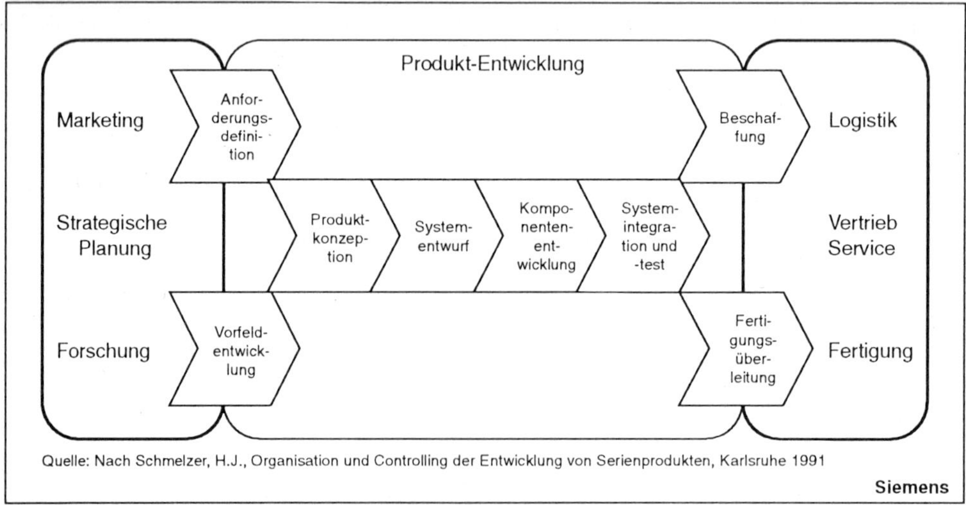

Abb. 48: Schnittstellen der Entwicklung

Neben der periodenbezogenen und funktionsorientierten Budgetplanung und -kontrolle, die im Rahmen der Planungsroutinen ablaufen, besteht das Controlling der Entwicklung im wesentlichen aus den beiden Komponenten:

- **Entwicklungsprogrammplanung** zur Auswahl und Erfassung der Entwicklungsprojekte und
- **Planung und Kontrolle** der einzelnen **Entwicklungsprojekte**.

9.1.4.1 Entwicklungsprogrammplanung

Gegenstand der Entwicklungsprogrammplanung sind die Entwicklungsziele bzw. die Priorisierung der Entwicklungsprojekte im Kontext zur strategischen Planung der Geschäftsfelder. Hierbei geht es um Schwerpunkte, Projektauswahl und Ressourcenzuordnung.

Neue Entwicklungen können angestoßen werden

- extern durch Markt/Kunden, Wettbewerber und allgemeine Technologietrends und/oder
- intern durch Entwicklungsideen eigener Mitarbeiter.

Die Auswahl der Entwicklungsprojekte, die in die Programmplanung aufzunehmen sind, wird in „FuE-Gesprächen" getroffen. Partner sind dabei die Verantwortlichen der für das Geschäft zuständigen Organisationseinheiten: Marketing, Vertrieb, Entwicklung und Fertigung. Durch die gemeinsame Verantwortung wird sichergestellt, daß sich die Funktionsbereiche frühzeitig auf die neuen Anforderungen einstellen können.

Die Entwicklungsprogrammplanung für Geschäftsgebiete bzw.Geschäftsfelder umfaßt:

- Zielumsätze je Geschäftsfeld über einen Zeithorizont von 5 Jahren – differenziert nach Umsätzen mit bestehenden Produkten/Techniken sowie aus laufenden und geplanten Entwicklungen.
- Auflistung der wichtigsten laufenden und geplanten Entwicklungsprojekte mit Angabe der technischen und wirtschaftlichen Zielsetzungen und angestrebten Wettbewerbsvorteile unter Nennung von Entwicklungsverantwortlichen, Entwicklungsbeginn und geplantem Einsatztermin.
- Dokumentation der Prämissen, die zur Entscheidung für das jeweilige Projekt geführt haben. Die Aktualität der Prämissen wird im Rahmen des Entwicklungs-Controlling routinemäßig verfolgt.

9.1.4.2 Planung und Kontrolle von Entwicklungsprojekten

Für die Realisierung einzelner Entwicklungsprojekte gilt ein allgemeingültiges Grundmuster (vgl. Abbildung 49); die danach stattfindenden Prozesse haben ihre produkt- und prozeßspezifischen Usancen.

Der Entwicklungsprozeß läuft grundsätzlich in drei Phasen ab:

- **Vorentwicklung** oder Planung des Entwicklungsprojektes
- **Kernentwicklung** oder Entwicklungsdurchführung und damit verbunden
- **Fertigungseinführung**

Angestoßen wird ein Entwicklungsvorhaben durch eine Projektvereinbarung (PV), die in einem Standard-Format dokumentiert wird. Das Standard-Format enthält alle wichtigen Angaben über Ziel und aktuellen Stand des Projektes und begleitet das Entwicklungsprojekt durch alle Phasen.

In der Phase der **Vorentwicklung** wird das Anforderungsprofil (Lastenheft) definiert und die Produktkonzeption (Pflichtenheft) festgelegt. Damit verbunden sind Themen wie

- Variantenkonzept erstellen, Alternativen prüfen
- Volumens-, Kosten- und Preis-Entwicklung planen
- Termine und Aufwand planen, Wirtschaftlichkeit berechnen
- Projektleitung und Produkt-Entwicklungs-Gruppe besetzen

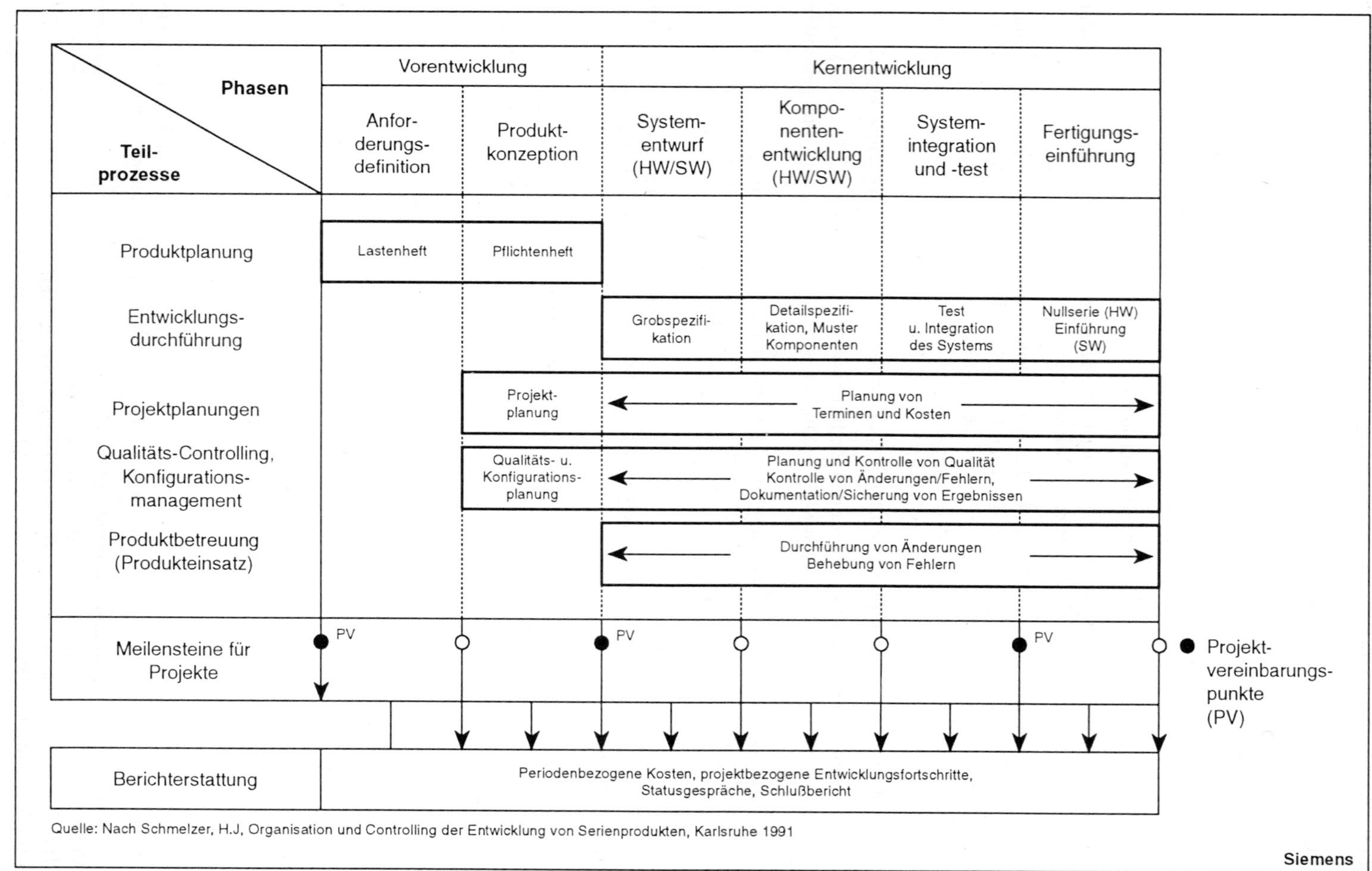

Abb. 49: Standard-Prozeßplan für Produktentwicklungen

- Eigen- oder Fremdentwicklung klären
- Eigenfertigung oder Fremdbezug festlegen
- Entwickungskapazität verfügbar machen (eigene oder fremde)
- Fertigungsort bestimmen
- Logistik- und Serviceanforderungen definieren
- Design- und Ergonomiefragen klären.

Dabei kommt es nicht nur darauf an, Zeit und Aufwand für das Entwicklungsprojekt selbst einzuschätzen, sondern es geht auch darum, eine marktkonforme Größenordnung für die Produktkosten zu erarbeiten; denn nach allgemeinen Erfahrungswerten werden mit dem Lasten- und Pflichtenheft ca.

- 90 % der funktionalen Eigenschaften,
- 80 % der Termine,
- 70 % der Qualität und
- 60 % der Produktkosten

vorbestimmt. Das bedeutet, daß in dieser Phase die Beeinflußbarkeit des Produkterfolges über den gesamten Produktlebenszyklus am größten ist.

Eine erfolgreiche Vorentwicklung führt zu einer Vereinbarung über die **Entwicklungsdurchführung** (Kernentwicklung), bei der es um

- Systementwurf
- Komponenten-Entwicklung
- Systemintegration und -tests

geht.

Begleitet wird die Entwicklungsdurchführung durch eine Projektentwicklungsgruppe, die sich im Kern wiederum aus Mitarbeitern von Marketing/Vertrieb, Entwicklung und Fertigung zusammensetzt und je nach Entwicklungsphase erweitert wird, wie z. B. durch Vertreter aus Einkauf oder Kalkulation. Auf diese Weise wird sichergestellt, daß alle notwendigen Randbedingungen bzw. Zielsetzungen so früh wie möglich in den Entwicklungsprozeß Eingang finden und die Entwicklungsarbeiten so weit wie möglich parallel ablaufen können (Simultaneous Engineering).

Der Entwicklungsprozeß endet mit der einvernehmlichen Freigabe der Entwicklungsergebnisse durch die Beteiligten.

Die **Fertigungseinführung** ist dann die dritte und letzte Phase bei der Projektabwicklung. Auch diese ist mit der Produktentwicklung eng verzahnt. So werden z. B. die Entwicklung bzw. Beschaffung von Fertigungseinrichtungen und Spezialwerkzeugen schon weit im Vorfeld der Fertigungseinführung – also parallel zur Entwicklungsdurchführung – angestoßen. Dies gilt natürlich auch für Marketingmaßnahmen zur Produkteinführung.

Die Arbeit in den Projekten wird von einer regelmäßigen, standardisierten **Projektberichterstattung** begleitet. Berichtet wird insbesondere über folgende Kontrollgrößen:

- Grad der technischen Zielerreichung
- Termintreue mit Hilfe der Meilenstein-Trendanalyse (vgl. Abbildung 50)
- Einhaltung des genehmigten Budgets mit Hilfe der Kosten-Trendanalyse
- Wirtschaftlichkeit mit Hilfe revolvierender Produktkalkulationen und Rendite-Betrachtungen. Die hierfür notwendige aktuelle Einschätzung der Markt- und Umsatzentwicklung für das in der Entwicklung befindliche Produkt ist gleichzeitig auch ein Bestandteil der Prämissenkontrolle.

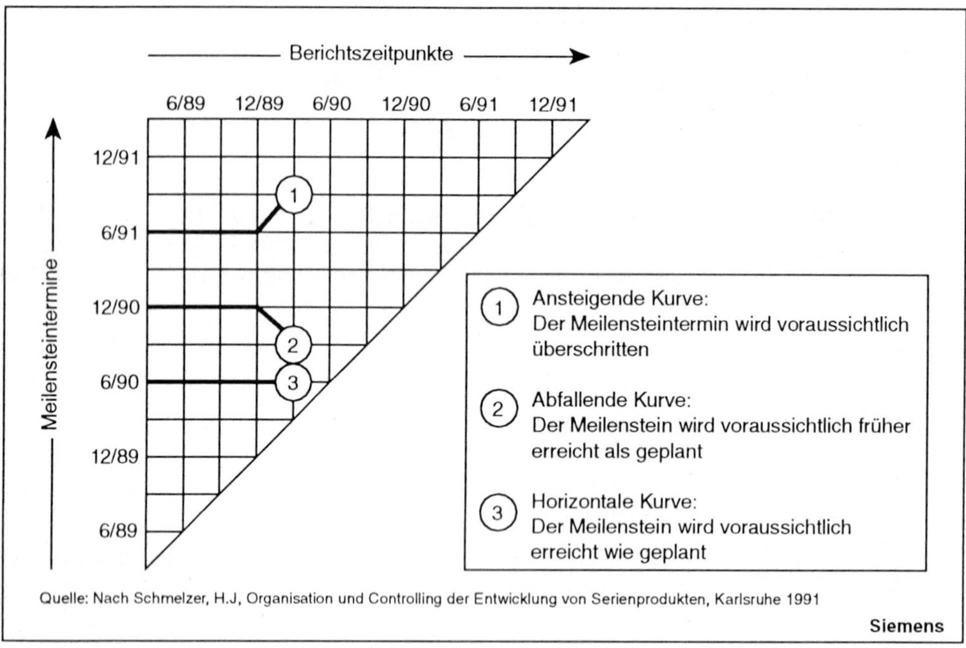
Berichtszeitpunkte
6/89
12/89
6/90
12/90
6/91
12/91
Meilensteintermine
12/91
6/91
12/90
6/90
12/89
6/89
1
2
3
Ansteigende Kurve:
Der Meilensteintermin wird voraussichtlich überschritten
Abfallende Kurve:
Der Meilenstein wird voraussichtlich früher erreicht als geplant
Horizontale Kurve:
Der Meilenstein wird voraussichtlich erreicht wie geplant
Quelle: Nach Schmelzer, H.J, Organisation und Controlling der Entwicklung von Serienprodukten, Karlsruhe 1991
Siemens

Abb. 50: Meilensteintrendanalyse für den zeitlichen Ablauf einer Entwicklung

Um den Berichtsempfängern eine schnelle Orientierung über den Projektfortschritt zu vermitteln, werden vom jeweiligen Projektleiter sog. „Ampel**signale**" gesetzt; sie zeigen für die oben genannten vier Kontrollgrößen nach bestimmten Grenzwertkriterien folgendes an:

rot, wenn Hilfe vom übergeordneten Management erforderlich ist,
gelb, wenn Schwierigkeiten bestehen, die mit „Bordmitteln" zu beheben sind, und
grün, wenn es planmäßig läuft.

Die Projektberichterstattung wirkt auf die Entwicklungsprogrammplanung zurück.

Bei der Projektabwicklung werden die Entwicklungsergebnisse am Ende von definierten Arbeitsschritten einer formellen, systematischen und kritischen Prüfung, die dokumentiert wird, unterzogen (**Review**). Außerdem wird die Entwicklung von **Qualitätssicherungsverfahren** begleitet.

9.2 Investitionsplanung

Investitionen gehören zu den wesentlichen Quellen einer dauerhaften Veränderung der Unternehmenspotentiale.

9.2.1 Gliederung der Investitionen

Investitionen sind Ausgaben für die Anschaffung bzw. Herstellung von **Sachanlagen**, für **Beteiligungen** (Finanzanlagen), **Immaterielle Vermögensgegenstände** und **Vermietete Erzeug-**

nisse. (Kapitaleinsätze in das Umlaufvermögen fallen nicht unter den hier verwendeten Investitionsbegriff.)

Im Geschäftsbericht für das Jahr 1990/91 weist Siemens Investitionen in Höhe von 5,595 Mrd. DM aus; darin wurden 5,003 Mrd. DM für Sachanlagen (einschließlich der Vermieteten Erzeugnisse) und 592 Mill. DM für den Erwerb von Beteiligungen ausgegeben. Die genannten Zahlen beschreiben die wirtschaftlichen, ausgabewirksamen Investitionen – im Gegensatz zu den buchmäßigen Zugängen im Anlagevermögen der Bilanz, die aus der Erstkonsolidierung von erworbenen Gesellschaften resultieren können – und sind Gegenstand des Planungs-, Entscheidungs- und Kontrollprozesses.

Für Genehmigungszwecke werden bei Siemens die Gesamtinvestitionen gegliedert in **Sondervorhaben** und **Normalvorhaben** sowie **Vermietete Erzeugnisse** (vgl. Abbildung 51):

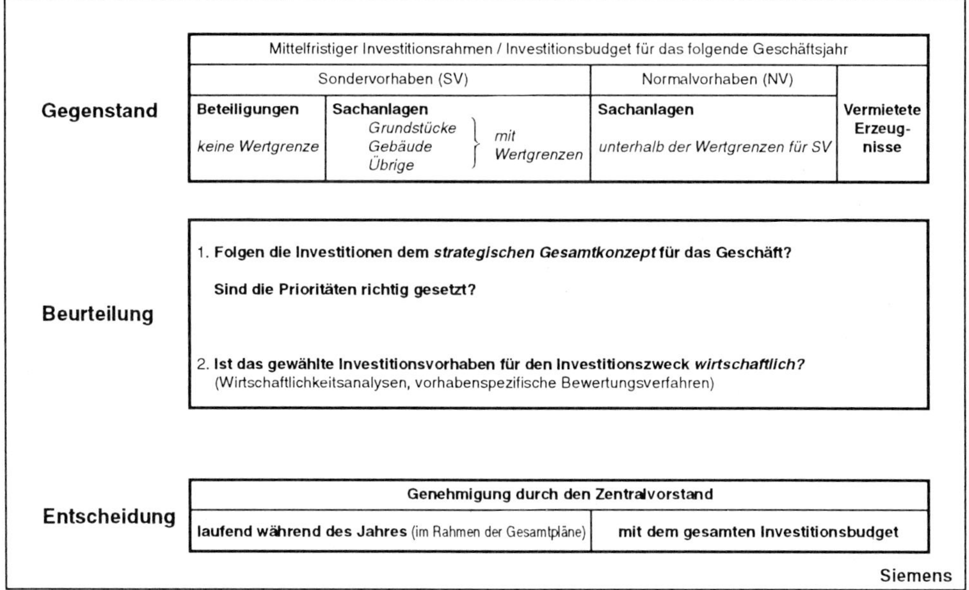

Abb. 51: Investitionen als Mittel zur Strategieumsetzung

Sondervorhaben sind im Zentralvorstand einzeln antragspflichtig.

Für **Sachanlagen** gelten dabei bestimmte Wertgrenzen. Sie beziehen sich auf die Genehmigungspflicht in der Beziehung zwischen Zentralvorstand und beantragenden Bereichen, Landesgesellschaften und Zentralen. Für die Genehmigungsverfahren innerhalb dieser Organisationseinheiten gelten jeweils eigene Regelungen und Wertgrenzen.

Die Wertgrenzen beziehen sich auf das Gesamtvolumen eines Investitionsvorhabens. Dabei gilt der Grundsatz der **Objektgesamtheit**; dieser besagt, daß zu einer Investition alle Anschaffungen gehören, die einem gemeinsamen Einsatzzweck dienen oder zur Erzielung einer bestimmten Leistung erforderlich sind. Sondervorhaben laufen häufig über mehrere Geschäftsjahre; die Investitionsausgaben werden dann nach ihrem zeitlichen Anfall der entsprechenden „Jahresscheibe" zugerechnet.

Das gilt auch für **Beteiligungsvorhaben**, die ohne Ausnahme der Einzelgenehmigung durch den Zentralvorstand unterliegen.

Normalvorhaben sind Investitionen in Sachanlagen, die die Wertgrenzen für Sondervorhaben nicht erreichen.

Vermietete Erzeugnisse sind selbst hergestellte oder gekaufte Produkte, die an Kunden vermietet werden.

Grundsätzlich folgen die Investitionen dem für ein Geschäft festgelegten **strategischen Gesamtkonzept**, das in die Geschäfts- und Strukturpolitik des Unternehmens eingebettet ist.

Darüber hinaus muß das gewählte Investitionsobjekt auch wirtschaftlich sein. Die Methode der **Wirtschaftlichkeitsprüfung** hängt vom Investitionsobjekt ab: Dazu gehören Wirtschaftlichkeitsrechnungen nach der Internen Zinsfuß-Methode z. B. für Rationalisierungsvorhaben, Lebenszyklusrechnungen für Investitionen in eine neue Produktgeneration oder Akquisitionsanalysen beim Erwerb von Beteiligungen.

Bei Investitionen mit komplexen Wirkungsbeziehungen (z. B. Investitionen in neue Technologien wie CAD) wird über monetär-quantitative Wirtschaftlichkeitsanalysen hinaus auf qualitative Bewertungsverfahren wie Nutzwertanalyse oder Argumentenbilanz zurückgegriffen.

9.2.2 Entscheidungsprozeß

Über die **Investitionen entscheidet der Zentralvorstand** im Rahmen der strategischen Führung des Unternehmens (vgl. Abbildung 52).

Der **Zentralvorstand**
trifft im Zuge seiner strategischen Führung des Unternehmens
die **Investitionsentscheide** über

Gesamtbudgets in den Planungsrunden	**Sondervorhaben** lfd. während des Jahres
1. Geschäftsplanung/Zielgespräche *Mai/Juni* **Budgetrahmen** *Folgejahr* **Rahmenziele** *3 weitere Jahre* 2. Budgetplanung/Budgetgespräche *Oktober* **Budget** (detailliert geplant) *Folgejahr* Vorschau *1. Zieljahr*	– **Projekt-Vorlagen** (Verhandlungsmandat für Beteiligungen) – **Investitions-Anträge** (alle Sondervorhaben) – **Desinvestitionen** (Beteiligungen, Grundstücke $\geq$ 1 Mio. DM) rd. 200 Vorhaben p.a.

Siemens

Abb. 52: Investitionsentscheidungen im Planungsprozeß

Normalvorhaben und der Zugang von **Vermieteten Erzeugnissen** werden pauschal im Rahmen des Gesamtinvestitionsbudgets genehmigt, während über **Sondervorhaben** in den laufenden Sitzungen des Zentralvorstandes entschieden wird. Im Regelfall müssen sich die zur Diskussion und Entscheidung stehenden Sondervorhaben innerhalb des genehmigten Gesamtbudgets bewegen. Wesentliche Überschreitungen sind gesondert zu begründen und zu genehmigen.

Die Investitionspläne werden in den routinemäßigen Planungsrunden abgesteckt: In der **Geschäftsplanung** sind es der Budgetrahmen und die Rahmenziele für die 3 Folgejahre. Hier geht es um die Größenordnungen der Investitionen, einmal im Hinblick auf die damit verfolgten strategischen Ziele und zum anderen im Hinblick auf Ertragslage und gegebenen Finanzierungsrahmen. Zur Diskussion stehen auch die Höhe und gegebenenfalls geplante Veränderungen der Investitionsquoten über den mittelfristigen Planungszeitraum.

Im **Budget** folgt dann eine detaillierte Planung der einzelnen Investitionsvorhaben in der „Jahresscheibe".

Die Genehmigung für den Erwerb von **Beteiligungen** durch den Zentralvorstand geschieht in der Regel in zwei Schritten: Im ersten Schritt geht es um die Erteilung eines Verhandlungsmandates aufgrund einer **Projekt-Vorlage**. Erst im zweiten Schritt kommt es zu dem eigentlichen Investitionsantrag für ein **Beteiligungsvorhaben**, mit dem der Zentralvorstand den Abschluß eines bereits ausgehandelten Vertrages genehmigt (vgl. Abschnitt 8.2.3).

Der Ablauf der Genehmigungsprozeduren wird durch das **Büro für Investitionen**, das der Zentralabteilung Unternehmensplanung und -entwicklung zugeordnet ist, organisiert (Abbildung 53). Dabei geht es um Sitzungstermine, Themen, Teilnehmer und Abstimmungen

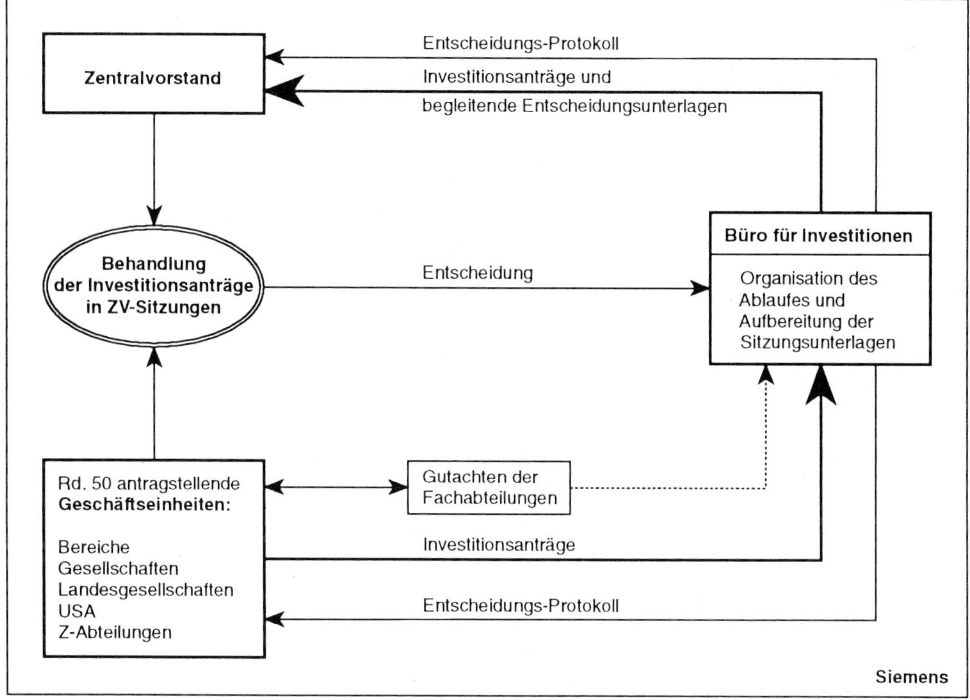

Abb. 53: Genehmigungsprozeß für Investitions-Sondervorhaben

sowie um die Zusammenstellung der eingereichten Unterlagen zu Entscheidungsvorlagen. Diese werden gegebenenfalls ergänzt um **Gutachten von Fachabteilungen** z. B. über die Einbindung der Vorhaben in Verfahrenskonzepte oder über Technologien oder Standortkonzepte.

Investitionsanträge für Sondervorhaben werden von rd. 50 Bereichen, Landesgesellschaften und Zentralen gestellt.

Größere und kompliziertere Vorhaben werden in der Regel von den antragstellenden Verantwortlichen gegenüber dem Zentralvorstand selbst vertreten. In Ausnahmefällen kann über ein Sondervorhaben auch in einer Geschäftspolitischen Durchsprache entschieden werden, wenn dieser Antrag im Zusammenhang mit der Behandlung eines Strategie-Konzeptes steht.

Die vollständige Ablaufkette einer strategiegerechten Investitionsplanung und deren Umsetzung wird durch die Abbildung 54 zusammenfassend skizziert:

- Die Leitziele bestimmen die strategischen Stoßrichtungen für die einzelnen Arbeitsgebiete.
- In den Arbeitsgebieten werden – in der Regel auf Basis der Geschäftsfelder – Strategien entwickelt und die Umsetzungsmaßnahmen geplant.
- Dazu gehören die Investitionskonzepte in Abstimmung mit der übrigen Ressourcenplanung wie FuE und Mitarbeitereinsatz.
- Investitionsplanungen für Arbeitsgebiete/Geschäftsfelder und für Infrastruktur-Projekte werden zu Gesamtinvestitionen in Jahresscheiben zusammengefaßt und führen in der Geschäftsplanung zum mittelfristigen Investitionsrahmen. Einzelvorhaben, die sich über mehrere Jahre erstrecken, müssen sich mit ihren Teilbeträgen in den genehmigten Gesamtplan für Investitionen des jeweiligen Geschäftsjahres einfügen. In den letzten Jahren des Planungshorizontes wird dieser mehr und mehr zu einer Perspektivplanung, die erst mit näherrückenden Zieljahren konkretere Konturen annimmt.
- Jedes einzelne, größere Vorhaben ist – über die strategische Einpassung hinaus – einer Wirtschaftlichkeitsbeurteilung zu unterziehen.
- Für die projektbegleitenden und ex post-Kontrollen sind die geschäftsführenden Bereiche und Landesgesellschaften selbst verantwortlich. Das schließt zentrale Revisionen über die Realisierung von Investitionsprojekten und deren wirtschaftlichen Erfolg nicht aus; sie zielen auch auf die Integration von akquirierten Unternehmen.

9.2.3 Strategische Gesichtspunkte für Beteiligungsinvestitionen

Seit Ende der 80er Jahre haben bei Siemens – wie in vielen anderen Unternehmen auch – die Beteiligungsinvestitionen zugenommen. Das wird an der Anzahl der Beteiligungsprojekte in den Geschäftsjahren 1981/82 bis 1990/91 deutlich (vgl. Abbildung 55).

Im Wettlauf um Wettbewerbsvorteile ist für manche Geschäfte mit hohen Entwicklungs- und Kapitalkosten oder kurzen Produktlebenszyklen das **Volumen** zum entscheidenden Erfolgsfaktor geworden. Vereinheitlichung der Konsumgewohnheiten und weltweite Standards sowie Abbau von Marktbarrieren und Deregulierungen treiben den internationalen Wettbewerb in **globale Märkte** und die Unternehmer zu größeren Geschäftseinheiten. Gleichzeitig erwarten die Kunden vom Anbieter zunehmende **Präsenz vor Ort** und **Systemkompetenz**. Zweifellos hat auch die Vorbereitung auf den gemeinsamen europäischen Markt Anlaß zu Akquisitionen gegeben, um die regionale Wettbewerbsposition zu stärken.

Da zum Aufbau der hierfür notwendigen Potentiale aus eigener Kraft häufig die entsprechende Zeit fehlt und/oder Mitteleinsätze sowie Risiko ein einzelnes Unternehmen überfor-

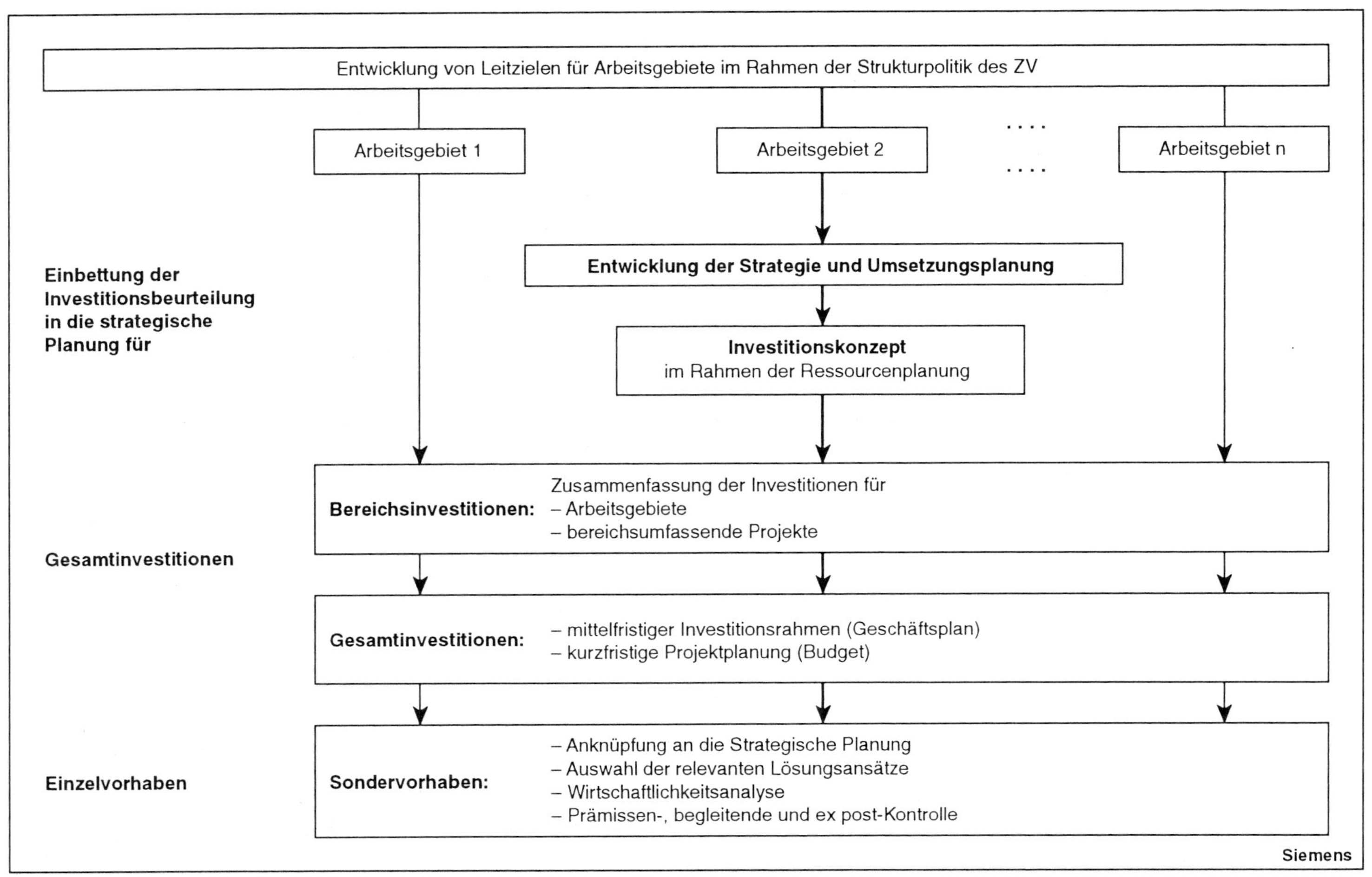

Abb. 54: Strategiegerechte Investitionsplanung

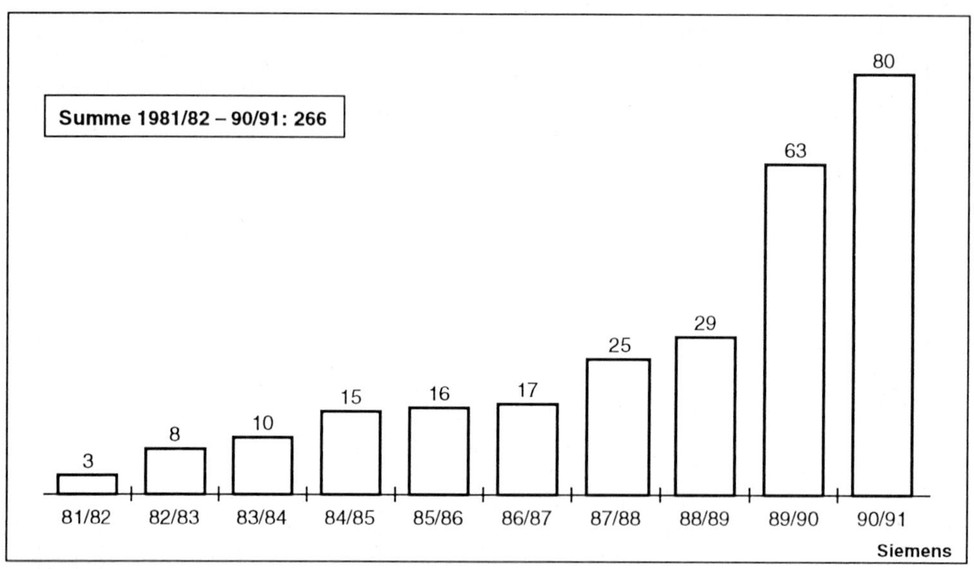

Abb. 55: Anzahl der Beteiligungsprojekte von Siemens in den Geschäftsjahren 1981/82 bis 90/91

dern, kommt es zu den verschiedensten Ausprägungen strategischer Allianzen wie FuE-Kooperationen, Patent- und Lizenzverträge, Vertriebsvereinbarungen bis hin zu Akquisitionen und Fusionen (vgl. Abbildung 56).

Die Bedeutung von Akquisitionen bzw. Desinvestitionen liegt in den unterschiedlichen Interessen der Unternehmen an einzelnen Geschäftsaktivitäten: Während für das eine Unternehmen ein Geschäftssegment nur eine untergeordnete Bedeutung hat, weil es nicht zu seinen Kerngebieten zählt und keine ausreichende Geschäftsbasis für nachhaltig gute Erträge besitzt, kann gerade dieses Geschäftssegment für ein anderes Unternehmen besonders interessant sein, wenn es dort die vorhandene Geschäftsbasis im Hinblick auf Technologie, Vertrieb und/oder Fertigung verbessert bzw. ergänzt. Das Geschäftssegment hat dann für das erwerbende Unternehmen einen Wert, der über den **Stand-alone Wert** hinausgeht.

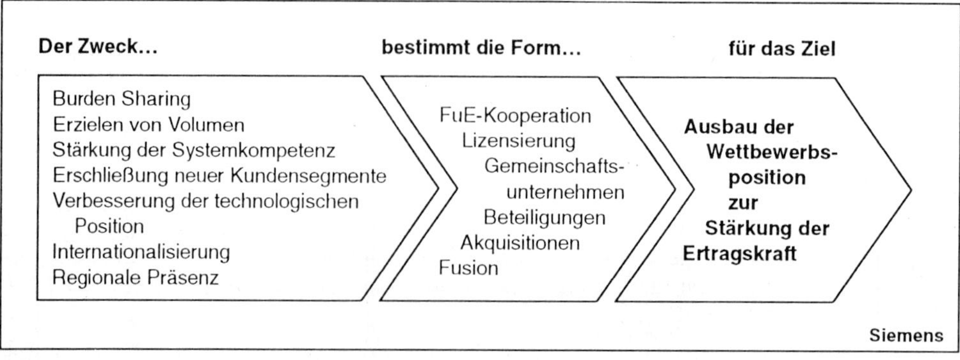

Abb. 56: Zweck, Formen und Ziele von strategischen Allianzen

Die Werterhöhungspotentiale (vgl. Abbildung 57) liegen einmal in der **Restrukturierung**. Zu den typischen Restrukturierungsmaßnahmen zählen Stillegung verlustbringender Geschäftsteile und Rückzug aus unattraktiven Wertschöpfungsstufen. Aber auch durch die Liquidierung von Vermögenswerten, die nicht für das Geschäft notwendig sind (asset stripping), können u. U. Werterhöhungspotentiale realisiert werden.

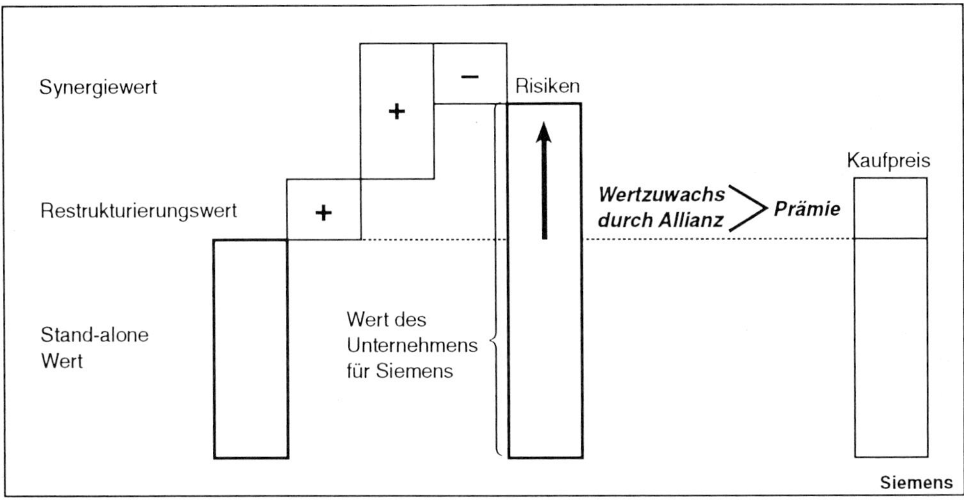

Abb. 57: Der Kaufpreis einer Akquisition muß sich rechnen

Zum anderen lassen sich bei der Zusammenführung von Unternehmen **Synergien** freisetzen. Bei einer Überlappung der Geschäftsaktivitäten liegen die Synergieziele in der Kostensenkung wie durch Zusammenlegung der FuE, Verschmelzung von Produktlinien, Einsparung in der Fertigung (Scale-Effekte) und/oder im Vertrieb. Bei sich nicht überlappenden Aktivitäten entstehen u. a. Komplementaritätseffekte – beispielsweise durch ein breiteres Produkt- bzw. Leistungsspektrum, das mit einer bestehenden bzw. verringerten Vertriebs- und Service-Mannschaft abgedeckt werden kann oder das bei regionalen Ergänzungen Volumensgewinne bringt.

So zielte bei Siemens der Erwerb der Rolm-Aktivitäten von der IBM auf eine regionale Komplettierung der Geschäftsbasis; und zwar hier auf die Fernsprechnebenstellentechnik (PBX) in den USA. Dagegen wurde durch die Übernahme von Nixdorf das Vertriebsspektrum und der Vertriebsapparat in Richtung auf die kleine und mittlere Datentechnik ergänzt.

Aus den genannten Vorgängen ergeben sich Kostenreduzierungen oder erhöhte Deckungsbeiträge, die sich in zusätzlichen Ergebnissen niederschlagen. Die auf einen bestimmten Zeitpunkt abgezinsten Ergebnisbeiträge bilden dann den Restrukturierungs- bzw. Synergiewert, der dem Stand-alone Wert des zu erwerbenden Unternehmens zugezählt werden kann und dann eine **Kaufpreisorientierung** bildet.

Chancen und Risiken liegen gerade bei größeren Akquisitionen dicht beieinander (vgl. Abbildung 58).

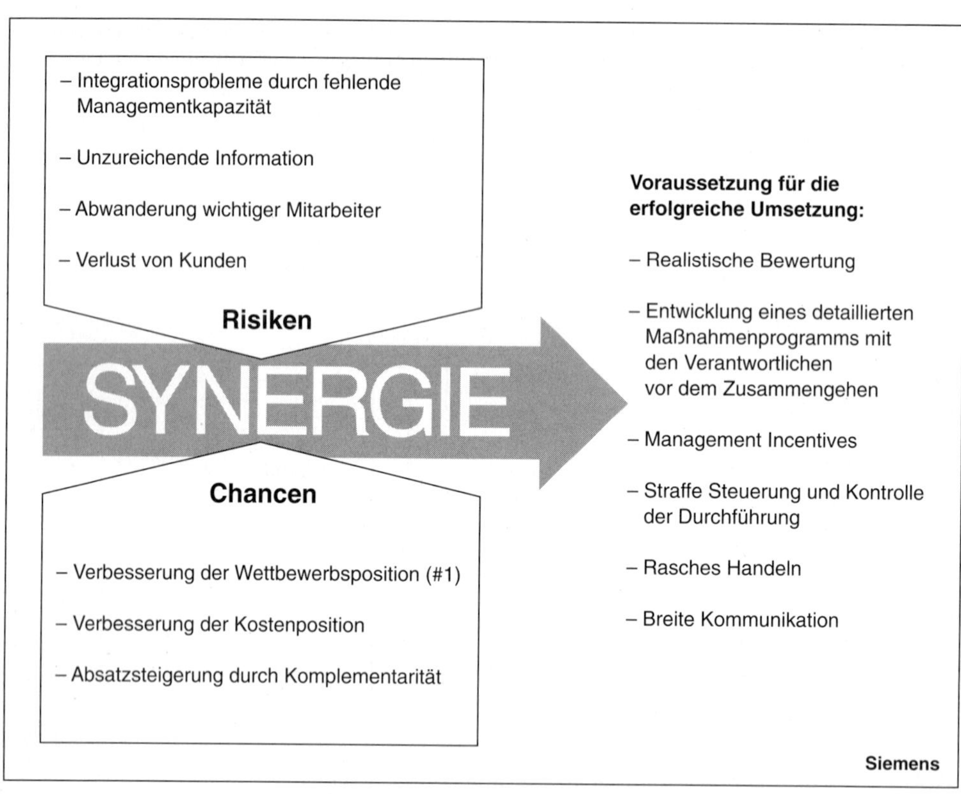

Abb. 58: Synergiepotentiale müssen realisiert werden

Darum kommt es vor allem auf eine schnelle und konsequente Realisierung der Akquisitionsziele an. Dazu ist nicht nur eine klare und straffe Organisation notwendig, sondern auch ausreichendes Integrationsvermögen, das in der Regel durch das verfügbare Managementpotential des Unternehmens begrenzt ist und auch häufig überschätzt wird. Dabei sollten diejenigen, die die Akquisitionen verantwortlich durchsetzen sollen, von den ersten Überlegungen an dabei sein.

Auch für die Fähigkeit zur Planung und Integration von Akquisitionen gibt es eine Erfahrungskurve, nach der man deutliche Wettbewerbsvorteile erreichen kann. Dies setzt voraus, daß aus den Erfahrungen abgewickelter Projekte bereichsübergreifendes **„Akquisitions-Know-how"** aufgebaut und in neue Projekte eingebracht wird.

In diesem Zusammenhang hat die **Risiko-Beurteilung** besondere Bedeutung; denn die Risiken, die mit Großakquisitionen verbunden sind, dürfen die ertragsmäßige und finanzielle Belastbarkeit des Unternehmens nicht übersteigen. Sie sind deshalb in ihren Größenordnungen abzuschätzen; denn erst vor dem Hintergrund der bereits eingegangenen Risiken läßt sich entscheiden, ob der Ergebnisspielraum ausreicht, um mit neuen Projekten weitere Risiken verkraften zu können – auch wenn die bereits bestehenden Risiken eintreten sollten.

Zur Ermittlung des Risikopotentials wurden als **Risikoarten** definiert (vgl. Abbildung 59):

- Das **Verzögerungsrisiko** ist die Ergebniseinbuße, die eintritt, wenn das Akquisitionsziel nur mit zeitlicher Verzögerung erreicht wird (z. B. um ein oder zwei Jahre).

– Das **Risiko des Scheiterns** tritt ein, wenn das Akquisitionsziel nicht erreicht wird. Im Fall eines notwendigen Rückzuges (Schließung, Verkauf) soll dann möglichst schnell und konsequent gehandelt werden können.

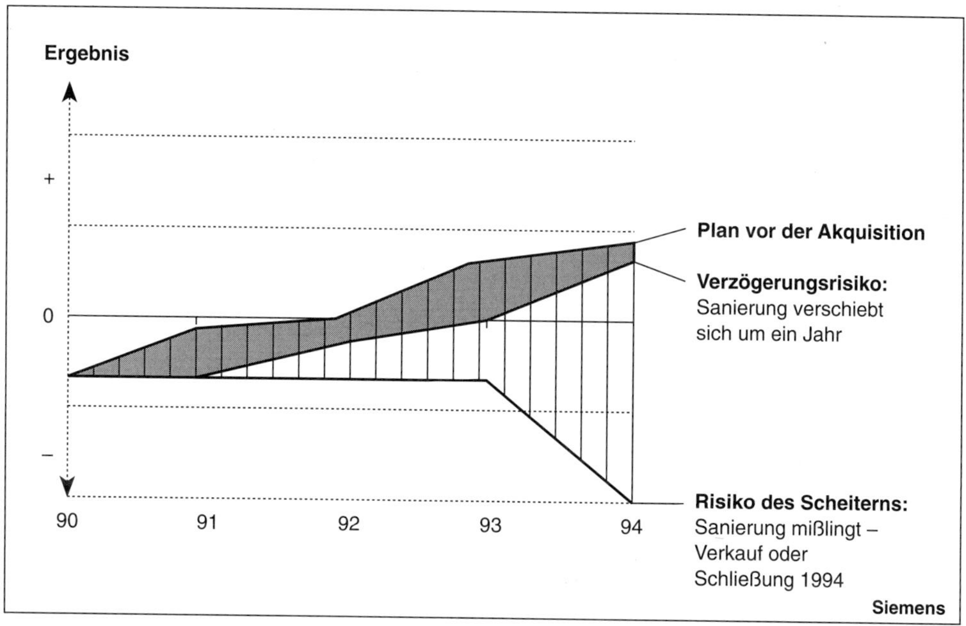

Abb. 59: Risiko der Verzögerung und des Scheiterns von Akquisitionen

Auch für den **Akquisitionsprozeß** gibt es ein festes Ablauf-Reglement (vgl. Abbildung 60):

Beteiligungsnotwendigkeiten und -absichten werden bereits in der Überlegungsphase mit ZU abgeklärt, um ihre Verträglichkeit mit der Unternehmensstrategie im Vorfeld sicherzustellen.

Dazu werden in einem „**Screening**" Unternehmen, die für eine Akquisition in Frage kommen, auf ihre Attraktivität untersucht. Dabei geht es z. B. um Übereinstimmung mit der Geschäftsstrategie, Werterhöhungspotentiale und deren Realisierungsmöglichkeiten (z. B. Integration). Die mit dem Screening verbundene aktive Auswahl möglicher Kandidaten versetzt die Interessenten dann in die Lage, selbst auf gewünschte Akquisitionskandidaten zuzugehen bzw. auf Kaufangebote unmittelbar und vorbereitet zu reagieren.

Vor Beginn der Verhandlungen wird mit dem Zentralvorstand in einer **Projektvorlage** die Verhandlungslinie abgestimmt und der Verhandlungsführer benannt. Hier wird eine Grundsatzentscheidung getroffen, ob das Projekt weiter verfolgt werden soll und wenn ja, mit welcher Zielrichtung.

Mit der Genehmigung eines **Investitionsantrages** wird der Abschluß des Vertrages freigegeben. Die Freigabe ist an die Vertragsmodalitäten/Finanzierung, an das Integrations- und Führungskonzept für das akquirierte Unternehmen und an den Geschäftsplan mit Maßnahmen und Zeitplan für die Realisierung der Restrukturierungs- und Synergiewerte gebunden.

Akquisitionsprozeß		Entscheidungsprozesse
Stufen	Inhalte	
Strategieformulierung auf der Basis des Leitzieles	Sind strategische Allianzen wie Akquisitionen sinnvoll?	Abstimmung mit ZU
Identifizierung von möglichen Kandidaten	Screening	Projektvorlage (vor Verhandlungsbeginn) mit Gutachten von **ZF/ZU** für ein Verhandlungsmandat mit – Verhandlungslinie – Bestimmung des Verhandlungsführers
Beurteilung/Bewertung der Kandidaten	Bewertung der Potentiale und Risiken	
Verhandlungen/ Vertragsabschluß	Kontaktaufnahme, Ortsbesichtigungen, Due Diligence Vertragsfragen	Investitionsantrag (vor Vertragsabschluß) mit Gutachten von **ZF/ZU**: – Vertragsmodalitäten/Finanzierung – Integrations- und Führungskonzept – Geschäftsplan auf der Basis der Akquisitionsanalyse (Restrukturierungs- und Synergiewert)
Umsetzung	Integration der Akquisition	
Monitoring	Kontrolle des Integrationsfortschrittes	
	Zentrale, Revision ausgewählter Akquisitionen nach 2 Jahren	

Siemens

Abb. 60: Akquisitionsprozeß und Genehmigungen von Beteiligungsinvestitionen

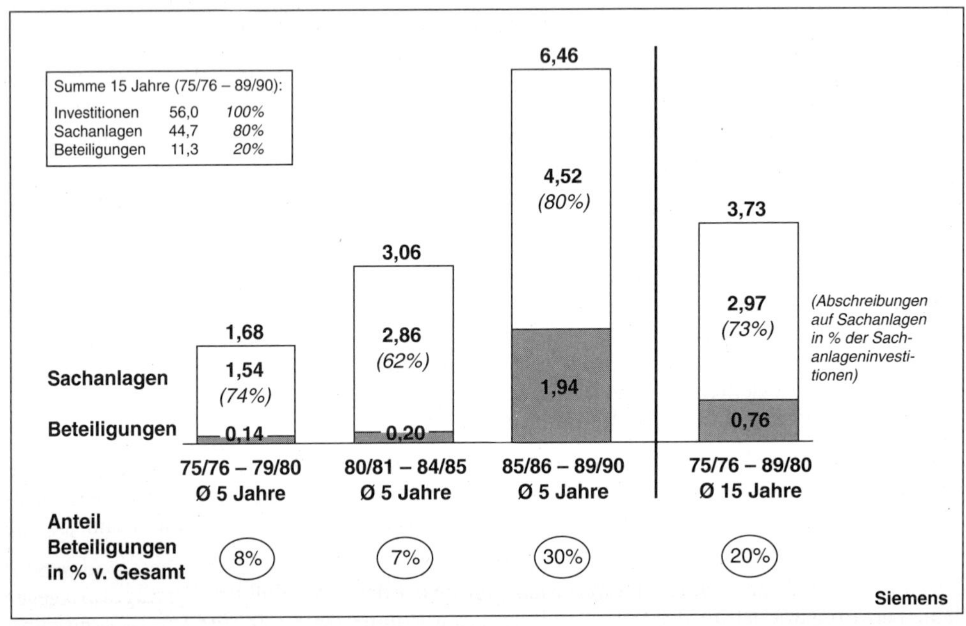

Abb. 61: Investitionen in Sachanlagen und Beteiligungen in den Geschäftsjahren 1975/76 bis 89/90 (Mrd. DM)

9.2.4 Investitionen Siemens

Von 1975/76 bis 1989/90 hat Siemens 56 Milliarden DM für Investitionen ausgegeben; das waren rd. 9% vom Umsatz. Für Beteiligungen waren es in 15 Jahren mehr als 11 Milliarden DM oder 20% der Gesamtinvestitionen. Dieser Anteil ist im jüngsten 5-Jahreszeitraum auf 30% gestiegen (vgl. Abbildung 61).

Dahinter verbirgt sich ein breites Spektrum von Beteiligungsinvestitionen mit unterschiedlichen Zielen in den Wertschöpfungsstufen. Daneben besteht noch eine Vielzahl von Kooperationen und Allianzen ohne Kapitalverflechtung wie die Entwicklungskooperation mit IBM für die 64 Megabit-Speicher.

9.3 Standortplanung

9.3.1 Allgemeine Ziele der Standortstrategien

Standortplanungen im Vorfeld von Investitionen sind ein wichtiges Element der Unternehmenssteuerung und -kontrolle, um durch eine strategiegerechte Standortpolitik Wettbewerbsvorteile im weltweiten Geschäft zu erreichen bzw. zu sichern.

Bei der regionalen Positionierung von Standorten geht es um die weltweite Nutzung geeigneter Ressourcen. Im Mittelpunkt solcher Überlegungen stehen Marktzugang und Marktentwicklung, Zugang zu Technologie-Know-how sowie Nutzung von Kostenvorteilen und geschäftsfördernde Beschaffungspolitik.

Darüber hinaus bezwecken Standortstrategien in bestimmten Fällen auch den Ausgleich von Risiken, wie die Absicherung gegenüber Währungsschwankungen durch Symmetrie von Kosten und Umsätzen (Erlösen) in einzelnen Wirtschafts- und Währungsregionen. Basis dafür ist eine entsprechend ausgewogene Verteilung der Wertschöpfungsaktivitäten. Die Abbildung 62 zeigt die Fertigungsstandorte von Siemens in den drei großen Wirtschaftsräumen der Triade.

Die Geschäftspolitik des Hauses Siemens war (vgl. Abschnitt 1.1) von Anfang an auf eine internationale Basis ausgegerichtet. Dem Exportgeschäft folgte Zug um Zug der Aufbau von Vertriebs- und Fertigungsaktivitäten im Ausland. Es ist außerdem das erklärte Ziel, zunehmend auch Entwicklungs-Mannschaften in solchen Regionen zu haben, die für innovative Techniken maßgebend sind.

Nach dem zweiten Weltkrieg ging es bei Siemens zunächst um den Wiederaufbau der Auslandsorganisation, vor allem durch Rückkauf der enteigneten Auslandsgesellschaften. Erst seit Beginn der 70er Jahre richtete sich die Regionalpolitik forciert auf den US-Markt mit dem Ziel, auch im größten Elektromarkt der Welt eine angemessene Marktposition zu gewinnen. Getrieben durch den Aufbau von Wertschöpfungskapazitäten im Ausland, vor allem in den USA, stieg der Anteil des Auslandsgeschäftes am Siemens-Umsatz zwischen 1970 und 1990 von 41 auf 54%.

Dennoch ist die regionale Verteilung des Geschäftes mit 46% Umsatzanteil in Deutschland bzw. etwa 75% im künftigen Heimatmarkt Europa auch heute noch einseitig und verbesserungsbedürftig. Dabei ist allerdings zu berücksichtigen, daß im Inlandsgeschäft erhebliche Beträge enthalten sind, die im sogenannten **indirekten Export**, in der Regel über den deutschen Maschinenbau, abgewickelt werden. Dennoch werden die anhaltenden Globalisie-

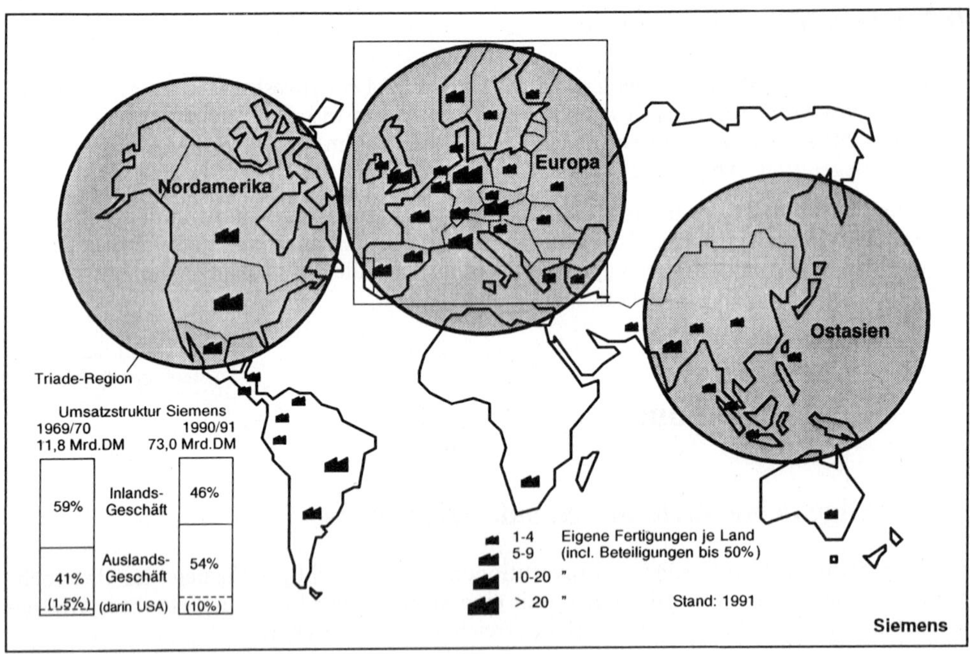

Abb. 62: Siemens-Fertigungsstandorte in den Triade-Regionen

rungstendenzen zu einer weiteren Verschiebung der Regionalstruktur zu Gunsten des Auslandsanteiles führen.

Hierfür gibt die Unternehmensleitung die allgemeine Zielrichtung vor. Die Umsetzung der mit der Standortwahl verbundenen Ziele ist aus den Geschäftsstrategien im einzelnen abzuleiten (vgl. Abbildung 63).

9.3.2 Bereichs-Standortkonzepte

Die Bereichs-Standortkonzepte zeigen auf, wie die Geschäftsstrategie bzw. wie das geplante Geschäftsvolumen der Bereiche auf regionaler Ebene mit Hilfe entsprechender Vertriebs-, Entwicklungs- und Fertigungsstandorte realisiert werden soll. Die Veränderung der Standortlandschaft eines einzelnen Bereiches kann auf den Ausbau bzw. die Reduzierung vorhandener Standorte oder auf Neugründungen hinauslaufen. Die Konzepte werden – neben Produkt- und Marketing-Konzepten – von den strategischen Planungsgruppen der Bereiche mit Unterstützung von zentralen Stäben erarbeitet und von den Bereichsleitungen als Maßgabe für die langfristige Standortentwicklung beschlossen. Die Bereichs-Standortkonzepte zeigen auf, mit welchen regionalen Organisationsstrukturen, d. h. Fertigungs-, Vertriebs-, Service-Standorten die Märkte bearbeitet werden sollen und wie die Größe, Funktion, Ausstattung und Logistik der Standorte den regionalen Zielsetzungen angepaßt werden.

Die **Größe der Standorte** wird im Hinblick auf die Obergrenze von der Führungsfähigkeit, Transparenz, Flexibilität und Verwertbarkeit, dagegen im Hinblick auf die Standortuntergrenze von Wirtschaftlichkeitsaspekten (z. B. vom Verhältnis Overhead zu produktiven

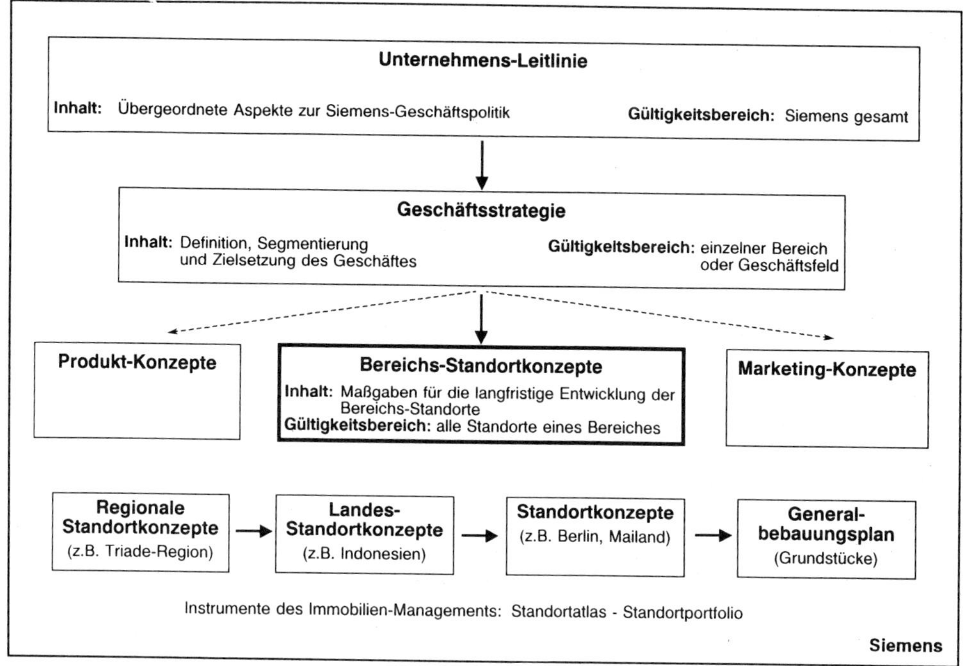

Abb. 63: Bereichs-Standortkonzepte: Funktion und Inhalt

Mitarbeitern) bestimmt. Bei Vertriebsstandorten kann die Zusammenführung kleiner regionaler Einheiten zu einem gemeinsamen Siemens-Standort nicht nur aus wirtschaftlichen Gründen, sondern auch im Hinblick auf ein einheitliches Auftreten des Hauses Siemens sinnvoll sein. In der Regel ist die Definition der richtigen Standortgröße für Produktionen keine Frage der Immobilie, sondern hängt ab von der Größe und Komplexität der Produkte und von der Rolle des Standortes im Fertigungsverbund (Wertschöpfungskette).

So gibt es Haupt-Fertigungsstandorte **(Leitstandorte)** mit Entwicklung, reine Fertigungsstandorte oder Fertigungsstandorte nur für Vorfertigung und Zusammenbau. Zur Veranschaulichung zeigt Abbildung 64 das Schema eines Standortmodells für die Fertigung eines Bereiches in der Triade. Maßgeblich für die Zuordnung der Rolle eines Standortes ist nicht allein sein aktueller Zustand, sondern die funktionale und regionale Eignung zur Umsetzung von Produktions-, Entwicklungs- und Marktzielen. Dabei werden die Standorte so gestaltet, daß auf Veränderungen des Geschäftes möglichst flexibel reagiert werden kann. Eine zu starke Dezentralisierung ist genauso zu vermeiden, wie eine einseitige Konzentration auf einen Standort.

Die durch **Akquisitionen** hinzukommenden Standorte sind in die Bereichsstandortkonzepte zu integrieren bzw. erfordern Maßnahmen zur Standortkonsolidierung. Dieser Aspekt gewinnt zunehmend an Gewicht für die Kaufentscheidung, weil die auf die Akquisition folgenden Standortbereinigungen häufig mit erheblichen Kosten verbunden sind (Altlastenbereinigung, Sozialpläne) und unangemessen hohe Management-Kapazität binden.

Die Bereichs-Standortkonzepte werden im Rahmen der Geschäftsplanung bei den Zielgesprächen behandelt und verabschiedet.

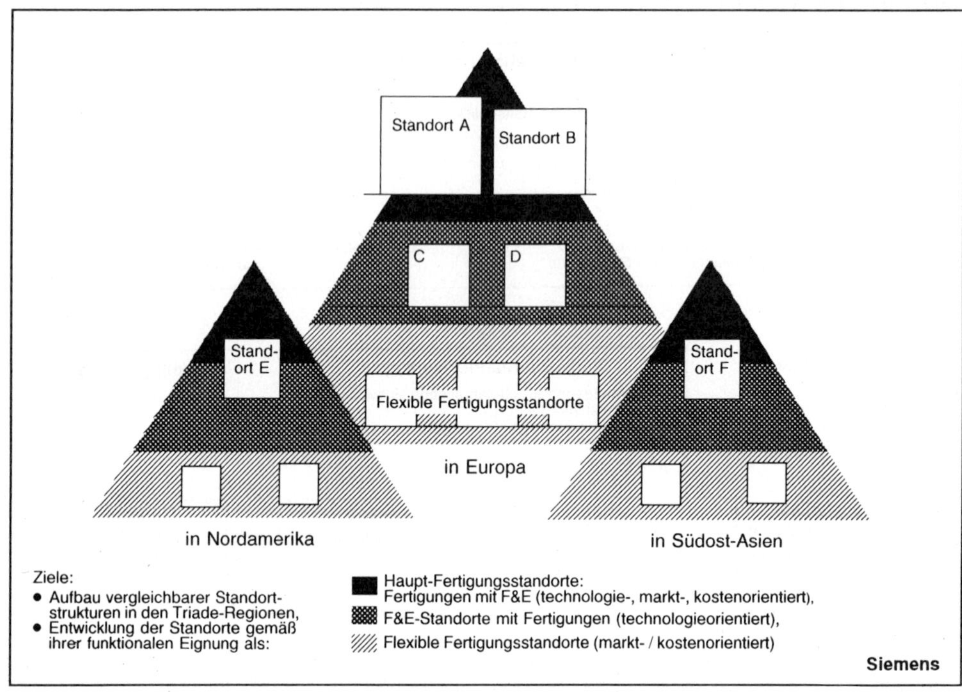

Abb. 64: *Standortmodell für Fertigungsstandorte eines Bereiches nach regionalen Marktaspekten und funktionaler Standorteignung*

9.3.3 Regionale Standortkonzepte und Landes-Standortkonzepte

Regionale Standort- und Landes-Standortkonzepte dienen dazu, die räumlichen Entwicklungsmöglichkeiten der verschiedenen Bereiche in einer geographisch definierten Markt- oder Wirtschaftsregion langfristig sicherzustellen. Ziel ist die Verbesserung der Wirtschaftlichkeit durch eine geordnete Flächenentwicklung auf der Ebene von Regionen und Ländern (vgl. Abbildungen 65 und 66).

Ein **regionales Standortkonzept** umfaßt entweder eine Großregion (z. B. Ostasien) oder daraus ausgewählte Länder (z. B. ASEAN-Länder); **Landes-Standortkonzepte** beziehen sich auf ein Land oder auf Landesteile (z. B. Indonesien, siehe Abbildung 67). Dabei ist festzustellen, wo die Vorzugsräume bzw. Competence-Center liegen, ob diese entsprechend genutzt werden und welche Standortstrategien die Hauptwettbewerber verfolgen. Ein Beispiel zeigt die industriellen Vorzugsräume im Landes-Standortkonzept für Indonesien als Vorfelduntersuchung für künftige Investitionen der geschäftsführenden Einheiten.

Dazu werden die sozioökonomischen Rahmenbedingungen der Region, die standortrelevanten Kostenfaktoren, Arbeitsmarkt, Forschungs- und Servicepotentiale ermittelt. Relevant sind auch Zielsetzungen der öffentlichen Planungen auf Landes- und Regionalebene, um spätere Abstimmungsprobleme mit den unterschiedlichen Genehmigungsbehörden zu vermeiden. Die Regionalförderung wird zwar in die Ermittlung der standortabhängigen Kosten einbezogen, hat aber bei der Entscheidung über die Standortauswahl bzw. -erweiterung in der Regel kein hohes Gewicht, weil diese meistens nicht dauerhafte Vorteile verspricht.

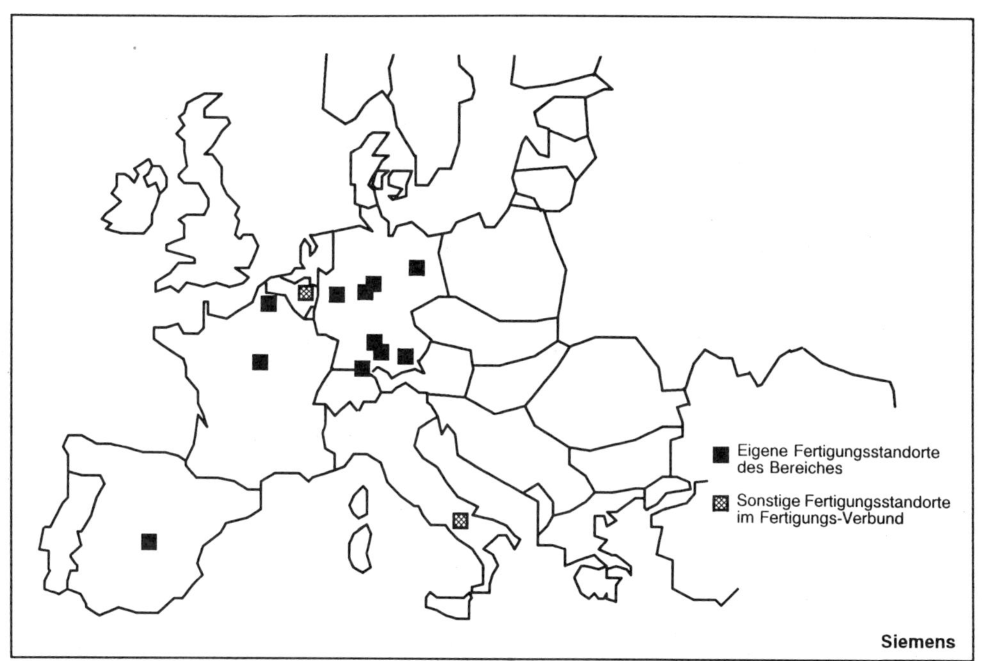

Abb. 65: Standorte eines Bereiches: Arbeitsfelder für Bereichs-Standortkonzepte

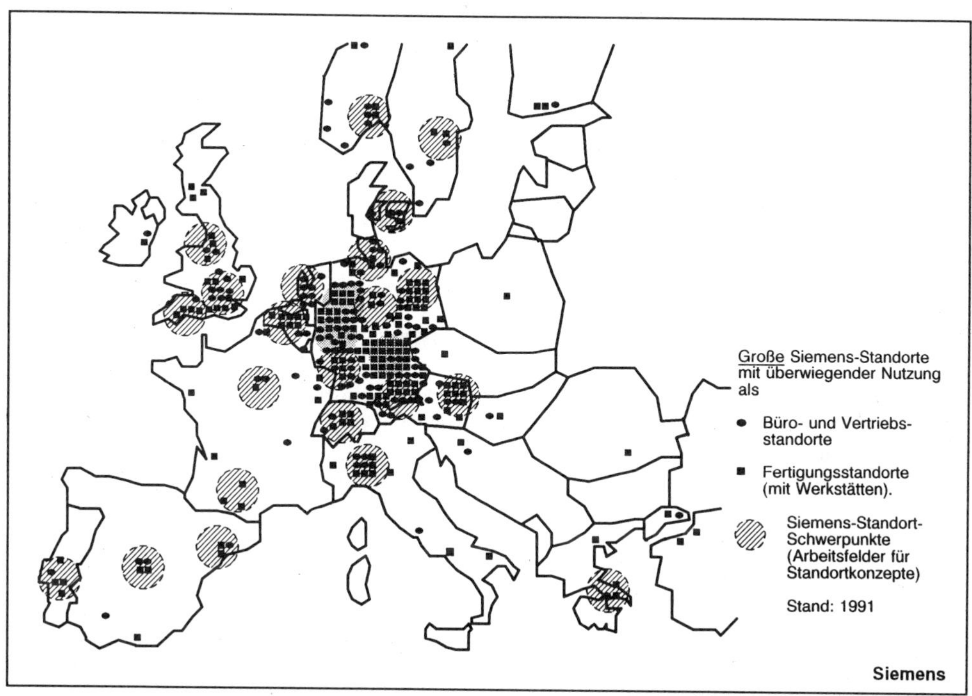

Abb. 66: Siemens-Standorte und Standort-Schwerpunkte: Arbeitsfelder für Standortkonzepte

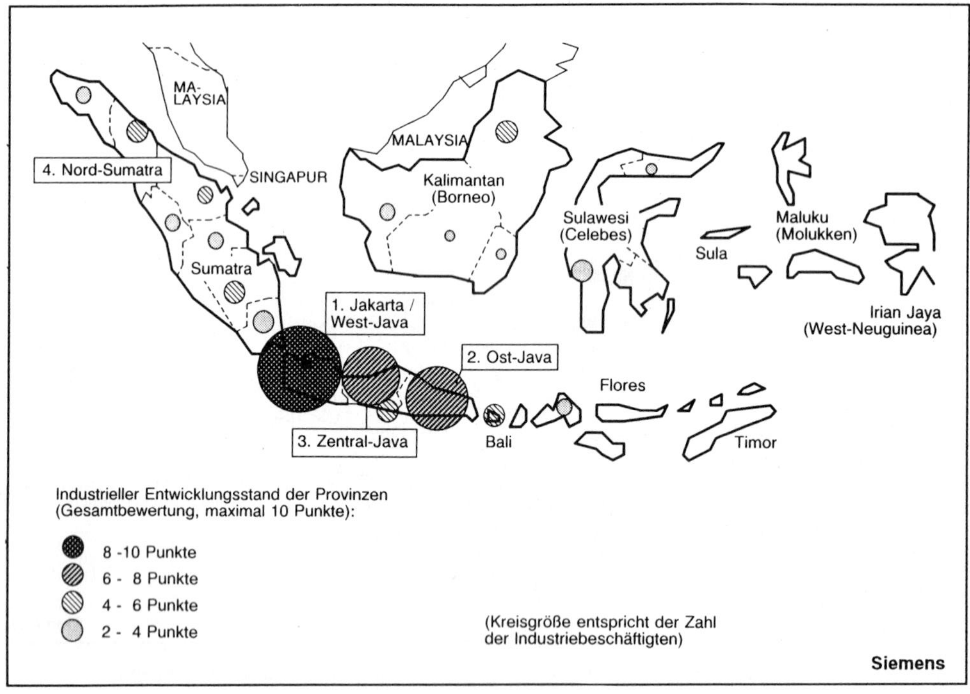

Abb. 67: Landeskonzept Indonesien: Industrielle Vorzugsräume

Die Aufgabeninhalte von Landes-Standortkonzepten werden mit den Landesvertretungen von Siemens und den Bereichen abgestimmt und berücksichtigen landesspezifische Besonderheiten, bevor die Hauptabteilung ZFi (Immobilien) dem Zentralvorstand detaillierte Maßnahmen zur Entscheidung vorlegt.

9.3.4 Standortkonzepte im engeren Sinn

Im engeren räumlichen Umgriff werden **Standortkonzepte für städtische Großregionen** mit ihren Umlandgemeinden erarbeitet und fortgeschrieben (vgl. Abbildung 68 für Berlin). Der Bedarf an solchen Standortkonzepten entsteht immer dann, wenn die Bereiche in dynamischen Wirtschaftsregionen (z. B. Berlin oder Mailand) ihre Präsenz ausbauen oder im umgekehrten Fall, wenn Regionen an Bedeutung für die Bereiche verlieren und Überkapazitäten angepaßt werden müssen.

Die Hauptabteilung ZFi (Immobilien) hat hierbei eine Koordinierungsfunktion, indem sie die unterschiedlichen Flächenanforderungen der Bereiche feststellt und in ein regionales Gesamtkonzept einbringt. Dafür ist der langfristige Grundstücks- und Gebäudeflächenbedarf zu prognostizieren. Erfolgreiche Flächenbedarfsprognosen setzen – neben langjähriger Planungserfahrung – genaue Kenntnis der Produkte sowie der Wirkungen aus Integrationsdichte, Rationalisierungseffekten und sinkenden Arbeitszeiten voraus.

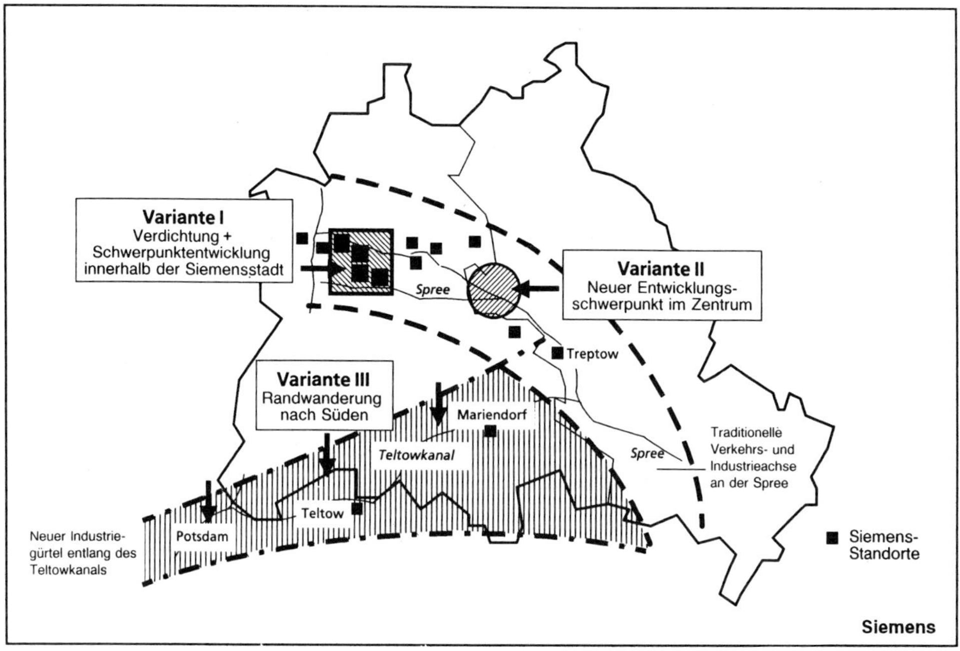

Abb. 68: Standortkonzept Berlin: Regionale Varianten der Standortentwicklung

9.3.5 Generalbebauungspläne

Die Nahtstelle vom Planungsvorfeld zur Projektplanung ist der Generalbebauungsplan (vgl. Abbildung 69). Er ist ein Ordnungssystem, das der **Funktionsfähigkeit des Standortes** dient, Erweiterungsmöglichkeiten unter Berücksichtigung der Endausbaugrenzen festlegt und Beurteilungsmaßstäbe für einzelne bauliche Investitionen auf dem Grundstück liefert. Der Generalbebauungsplan legt im Rahmen des Baurechts die Baumassen fest und sorgt für die städtebauliche Einbindung der Gebäudestrukturen in das Standortumfeld. Wesentliche Inhalte sind Personalverkehr, Materialfluß, Ver- und Entsorgungstrassen sowie Kommunikationsbeziehungen. Das Grobraster bilden die Zonenfelder für Produktion, Lager, Büros, Nebenbetriebe u. a., die entsprechend ihrer gegenseitigen Beziehungsintensität dargestellt und in Bebauungsstudien detailliert ausgeplant werden.

In den Genehmigungsprozeß für einzelne Investitionen ist die Hauptabteilung Bauten und Anlagen eingebunden, um die Stimmigkeit der Bauvorhaben mit den Standortkonzepten zu gewährleisten. Damit ist die ZFi einmal Inhouse-Dienstleister und Berater für die Bereiche, zum anderen fertigt sie generelle Konzepte im Rahmen der Standortplanung an und beurteilt Immobilien-Investitionen im Auftrag des Zentralvorstandes.

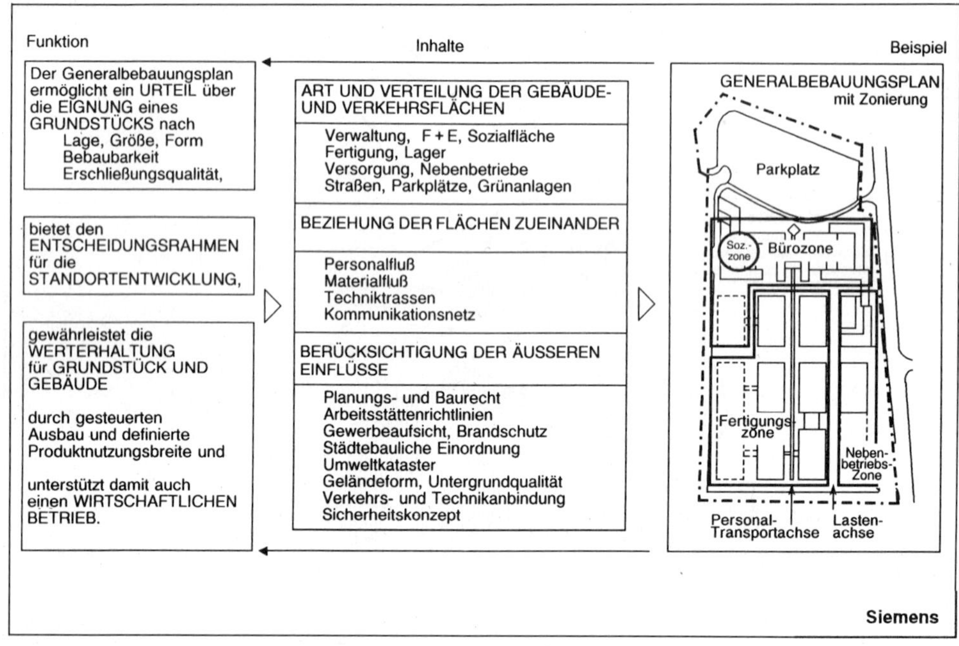

Funktion
Inhalte
Beispiel
Der Generalbebauungsplan ermöglicht ein URTEIL über die EIGNUNG eines GRUNDSTÜCKS nach
Lage, Größe, Form
Bebaubarkeit
Erschließungsqualität,
bietet den ENTSCHEIDUNGSRAHMEN für die STANDORTENTWICKLUNG,
gewährleistet die WERTERHALTUNG für GRUNDSTÜCK UND GEBÄUDE
durch gesteuerten Ausbau und definierte Produktnutzungsbreite und
unterstützt damit auch einen WIRTSCHAFTLICHEN BETRIEB.
ART UND VERTEILUNG DER GEBÄUDE- UND VERKEHRSFLÄCHEN
Verwaltung, F + E, Sozialfläche
Fertigung, Lager
Versorgung, Nebenbetriebe
Straßen, Parkplätze, Grünanlagen
BEZIEHUNG DER FLÄCHEN ZUEINANDER
Personalfluß
Materialfluß
Techniktrassen
Kommunikationsnetz
BERÜCKSICHTIGUNG DER ÄUSSEREN EINFLÜSSE
Planungs- und Baurecht
Arbeitsstättenrichtlinien
Gewerbeaufsicht, Brandschutz
Städtebauliche Einordnung
Umweltkataster
Geländeform, Untergrundqualität
Verkehrs- und Technikanbindung
Sicherheitskonzept
GENERALBEBAUUNGSPLAN
mit Zonierung
Parkplatz
Soz.-zone
Bürozone
Fertigungszone
Neben-betriebs-Zone
Personal-Transportachse
Lasten-achse
Siemens

Abb. 69: Generalbebauungsplan

9.3.6 Standort-Atlas – Standort-Portfolio

Wichtige Instrumente für das Immobilienmanagement und die Standortbeurteilung sind der Standort-Atlas und das Standort-Portfolio.

Der **Standort-Atlas** ist ein Verzeichnis sämtlicher Eigen- und Leasing-Standorte weltweit mit einer Kurzbeschreibung (Umfeld, Funktion, Grundstück, Gebäude) sowie einem Lageplan.

Das **Standort-Portfolio** ist eine vergleichende Bewertung der Standortqualität von Vertriebs-Fertigungs- und Verwaltungsstandorten aus Immobiliensicht. Bewertet werden das sozioökonomische Umfeld sowie die Qualität der Grundstücke und Gebäude (vgl. Abbildung 70).

Etwa 30 relevante Kriterien mit entsprechender Gewichtung und Benotung ergeben je Standort eine Bewertungskennziffer zwischen eins und zehn.

Daraus resultiert die entsprechende Position, die aufzeigt, ob Maßnahmen zur Verbesserung der Standortqualität notwendig sind und welche Maßnahmen im Einzelfall eingeleitet werden sollen. Dies können Erweiterungs- und Erneuerungsinvestitionen, Grundstücksarrondierungen oder Vorbereitungen zur Standortauflösung sein.

Mit dem Standort-Portfolio stehen für die Beurteilung der Immobiliensituation der Standorte Qualitätsmerkmale abrufbereit zur Verfügung, die für Investitionsentscheidungen wesentliche Hinweise liefern.

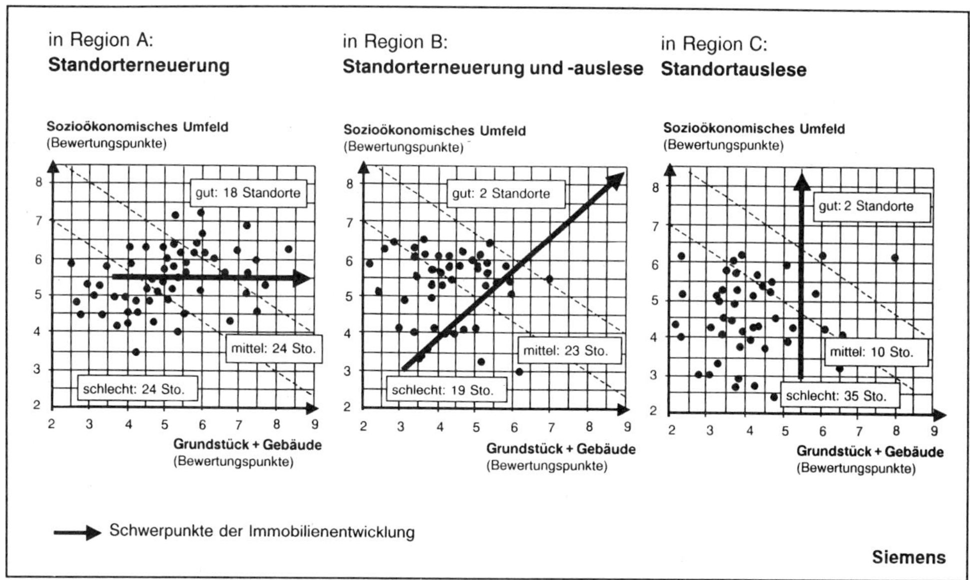

Abb. 70: Standort-Portfolio mit Schwerpunkten der Immobilienentwicklung in ausgewählten Regionen

9.4 Personalplanung

9.4.1 Kurzfristige Planung und Kontrolle der Mitarbeiterzahlen

Die Steuerung der Mitarbeiterzahlen in Abhängigkeit von der Geschäftsentwicklung liegt in der Verantwortung der geschäftsführenden Bereiche und Landesgesellschaften.

Die kurzfristige Planung der Anzahl der Mitarbeiter erfolgt mit der Aufstellung der Budgets. Über die Veränderung der Personalzahlen wird monatlich nach Organisationseinheiten bis hin zur Kostenstelle berichtet. Diese Berichterstattung wird über die Hierarchiestufen verdichtet und hat auf der Unternehmensebene folgende Struktur (vgl. Abbildung 71):

In der Berichterstattung werden die Mitarbeiter **Siemens ohne Werkstudenten und in Ausbildung** genannt.

In der internen Berichterstattung werden Veränderungen gegenüber dem Vorjahr auf der Basis des **vergleichbaren** Organisationsstandes gerechnet, um den Bezug zur Geschäftsentwicklung besser herstellen zu können.

In den Personalzahlen sind auch **Teilzeit-Mitarbeiter** enthalten; ihre vertragliche Arbeitszeit beträgt weniger als die Tarifliche Arbeitszeit.

Schließlich werden **Werkstudenten** als eingeschriebene Studenten nach einem befristeten Arbeitsvertrag beschäftigt, während Mitarbeiter in **Ausbildung** einen Ausbildungsvertrag mit Siemens haben.

Ohne Werkstudenten und in Ausbildung	Sept. Vorjahr	Berichts-monat	Veränderung gegen Vor-monat	September Vj		Budget	V.Ist
				absolut	in %		
Siemens							
	(verglb.)						
Siemens darin Teilzeit-Mitarbeiter							
Inland Ausland							
Werkstudenten in Ausbildung							

Siemens

Abb. 71: Monatliche Berichterstattung über die Entwicklung der Mitarbeiterzahlen

Die zahlenmäßige Berichterstattung wird begleitet von Erläuterungen über Schwerpunkte und Gründe der eingetretenen Veränderungen.

Daneben wird über Themen wie **Kurzarbeit** und **Überstunden** oder **Ausfallzeiten** und **Fluktuation** berichtet.

Das Controlling der Personalzahlen fällt mit Budget und Berichterstattung in das Ressort der Zentralabteilung Finanzen.

9.4.2 Personalbestandsfortschreibung – Strukturanalysen und Trendentwicklungen

Als Grundlage für die mittel- und langfristige Personalplanung führt die Zentralabteilung Personal langfristige Personalbestandsfortschreibungen durch, die für Strukturanalysen herangezogen werden und aus denen Trendentwicklungen für Zahlen der Mitarbeiter nach Ausbildung, Qualifikation und Berufserfahrung abgeleitet werden; Beispiele dafür sind:

a) Die Fortschreibung der Mitarbeiterzahlen nach **Ausbildungsstrukturen** und des dazugehörigen Mitarbeiterbedarfes, der entsteht, wenn das vorhandene Personalgefüge nach Zahl und Qualität erhalten bzw. in bestimmter Weise verändert werden soll. Die Abbildung 72 zeigt ein vereinfachtes Grundmuster für die voraussichtliche Veränderung der gewerblichen Mitarbeiter nach ihrer Vorbildung.

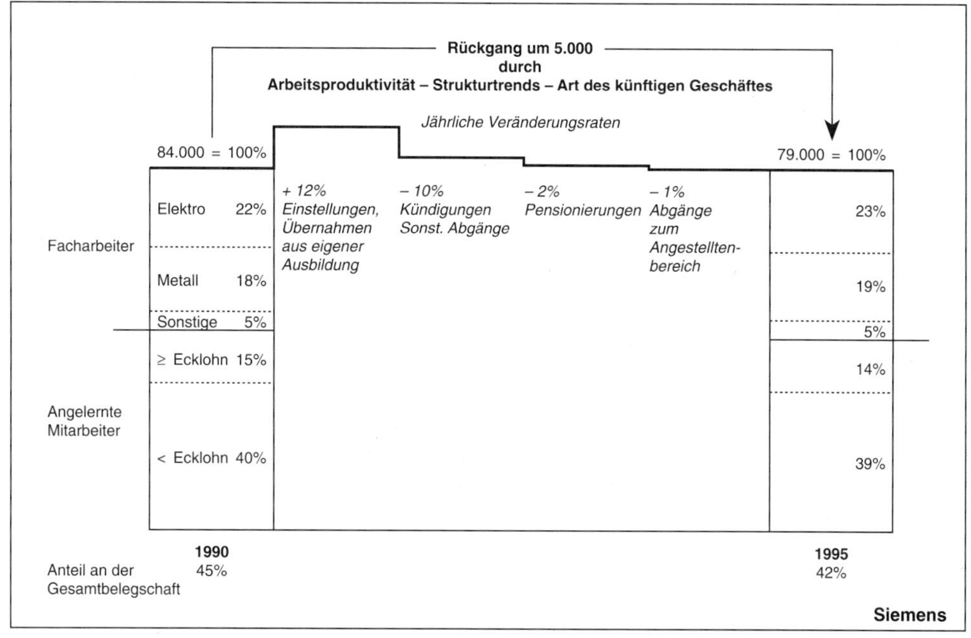

Abb. 72: Mittelfristige Veränderung der gewerblichen Mitarbeiterstruktur nach Vorbildung

b) Fortschreibung der **Rang-** und **Altersstrukturen** als Ausgangspunkt für die Planung längerfristiger Personalentwicklungsziele. Dabei spielen vor allem folgende Gesichtspunkte eine Rolle:

- Wachstum und die daraus folgenden zukünftigen Produkt- und Regionalstrukturen des Geschäftes in Verbindung mit der Geschäftsplanung (vgl. Abschnitt 9.4.3)
- Personalförderung nach Qualifikation und Neigung der Mitarbeiter
- Förderungsmaßnahmen für hochqualifizierte Nachwuchskräfte
- Ausgewogene Altersstrukturen in den verschiedenen Rängen
- Wettbewerbsverhalten bei der Einkommensgestaltung sowie Personalführung und -entwicklung
- Sozialpolitisches Umfeld (z. B. Verlängerung der Lebensarbeitszeit)

Aus den nach diesen Gesichtspunkten geplanten Zielstrukturen für das Personal folgen dann Pläne und Maßnahmen für die Personalbeschaffung und die Entwicklung der Mitarbeiter auf die Bedarfsstrukturen hin. Zur Personalbeschaffung gehören die Ausbildungsplanung auf dem gewerblichen, technischen und kaufmännischen Sektor sowie die Einstellungsplanung für Nachwuchskräfte (vgl. Abschnitt 9.4.4). Von eminenter Bedeutung sind die Führungskräfteplanung und die Gestaltung der Maßnahmen für die Führungskräfteentwicklung (vgl. Abschnitt 9.4.5).

9.4.3 Zusammenhänge zwischen Personalplanung und Geschäftsplanung

9.4.3.1 Einbindung der Personalplanung in die Geschäftsstrategien

Unterschiedliche Geschäftsstrategien wie Aufbau eines Kerngeschäftes in Wachstumsmärkten, Kostenführerschaft bei der Massenproduktion oder das Abernten von Geschäftssegmenten erfordern entsprechende Eigenschaften der dafür eingesetzten Mitarbeiter, vor allem der Führungskräfte. In dieser Hinsicht spielen auch Technologien, Marktstrukturen und nicht zuletzt das Verhalten der Wettbewerber eine Rolle.

Der von hier ausgehende Innovations- und Rationalisierungsdruck beschleunigt den Wandel in den Anforderungsprofilen. Dem stehen lange Ausbildungs- und interne Qualifikationszeiten der Mitarbeiter gegenüber.

Die Personalstrukturplanung ist darum mittel- und langfristig angelegt und wird so frühzeitig wie möglich mit der strategischen Planung verknüpft. Nur so können die in den Strategien erkennbar werdenden zukünftigen Anforderungsprofile zeitgerecht in die Personalplanung eingehen.

Bei Siemens bestehen darum enge Bezüge zwischen der **Geschäftsplanung** und der **Personalplanung**; diese Koppelung wird schrittweise vertieft und ausgebaut (vgl. Abbildung 73).

Aus den kritischen Erfolgsfaktoren der geplanten Strategien werden **Kernfunktionen** abgeleitet, die für die Durchsetzung der angestrebten Wettbewerbsvorteile entscheidend sind. Für die Ausübung der Kernfunktionen werden Mitarbeiter mit bestimmten Ausbildungs-, Erfahrungs- und persönlichen Profilen gebraucht. An dieser Stelle setzen Personalplanung und Maßnahmen zur Personalentwicklung auf.

Die Planungen zielen somit einmal auf die Feststellung von Art und Anzahl der aus den Strategien abgeleiteten Anforderungsprofile und zum anderen auf die persönliche Karriereplanung einzelner Mitarbeiter.

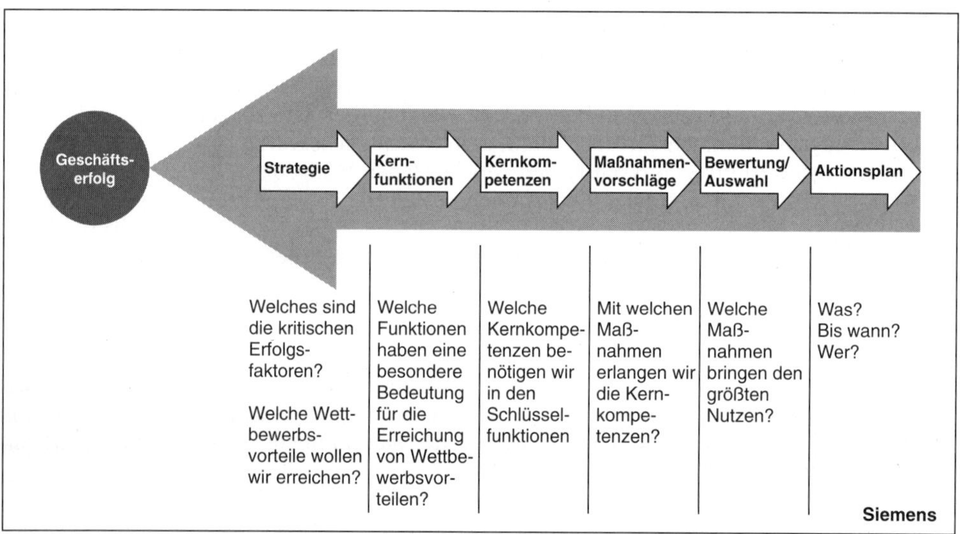

Abb. 73: Die Personalplanung muß sich an der Geschäftsplanung orientieren

9.4.3.2 Verknüpfung in der Organisation

Dieser Sachzusammenhang zwischen Geschäftsstrategien und Personalplanung findet sich auch in der Aufbauorganisation wieder (vgl. Abbildung 74). Auf **Unternehmensebene** treffen sich hier die Kompetenz der **Zentralabteilung Unternehmensplanung und -entwicklung** als Instrument des Zentralvorstandes für die strategische Führung des Unternehmens und die Grundsatzverantwortung der **Zentralabteilung Personal** für die Umsetzung der Unternehmensziele in der Personal- und Bildungspolitik.

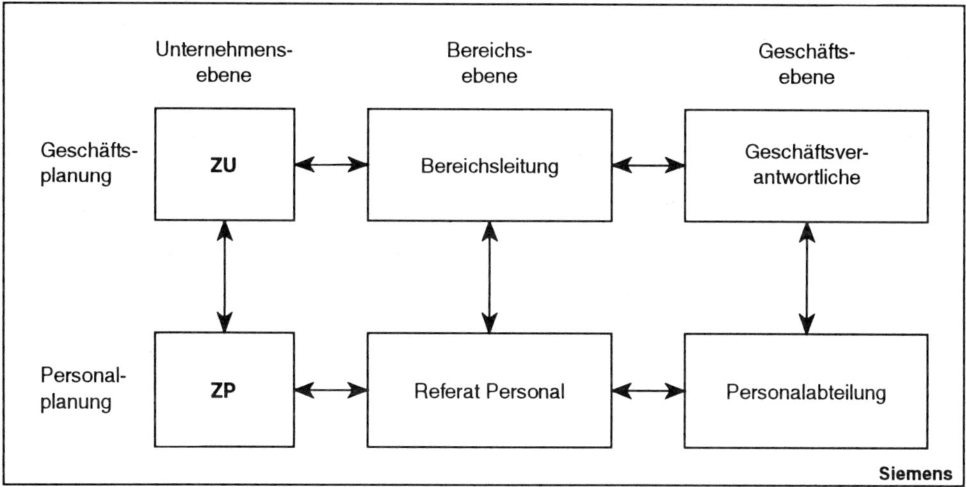

Abb. 74: Verknüpfung von Geschäftsplanung und Personalplanung

In diesem Zusammenspiel hat die Unternehmensplanung und -entwicklung mit ihrer hierfür weltweiten Kompetenz einmal die Federführung bei der Entwicklung der Unternehmensstrategien selbst (Hauptabteilung **Unternehmensstrategien**); zum anderen liegt hier auch die weltweite Führungskräfteplanung und -entwicklung (Hauptabteilung **Personalentwicklung Führungskreis**). Diese Zuordnung folgt aus der herausragenden strategischen Bedeutung der Führungskräfte für die Fortentwicklung des Unternehmens.

Mit der Planung und Entwicklung im Führungskreis sind für die Zentralabteilung Personal und die Hauptabteilung Personalentwicklung Führungskreis folgende Aufgaben verbunden:

- Gestaltung der unternehmenseinheitlichen Planungs- und Entwicklungsinstrumente sowie der Grundsätze für ihre durchgängige Anwendung
- Mitwirkung bei der Besetzung der oberen und obersten Führungspositionen
- Beratung in Fragen der Führungskräfteplanung und -entwicklung
- Beratung des Vorstandes in Fragen der Einkommenssysteme für den Oberen und Obersten Führungskreis

Auf der **Ebene der Bereiche** sind die **Bereichsvorstände** für die strategische Planung verantwortlich; sie werden in Personalfragen von ihren **Referaten Personal** auf folgenden Gebieten unterstützt und beraten:

- Personalplanung
- Führungskräfteentwicklung
- bereichsspezifisches Führungskräftetraining
- Betreuung der Oberen Führungskräfte
- Koordinierung der Personalabteilungen innerhalb des jeweiligen Bereiches

Die Referate Personal sind fachliches Bindeglied zwischen ihrem Bereich und den zentralen Organen des Personalwesens. Im besonderen Maße gilt dies für die Führungskräfteplanung und -entwicklung. Darüber hinaus sind sie an der Weiterentwicklung grundsätzlicher Themen der Personalpolitik dadurch beteiligt, daß sie Anregungen und Hinweise aus den Bereichen einbringen und an Entscheidungsprozessen mitwirken.

Auf der **Geschäftsebene** arbeiten die **Geschäftsverantwortlichen** mit den **Personalabteilungen** vor Ort zusammen.

Die Personalabteilungen setzen die personal-, sozial- und bildungspolitischen Zielsetzungen des Unternehmens um. Sie beraten und unterstützen die Führungskräfte in deren Personalführungsaufgaben, betreuen Mitarbeiter in Personalangelegenheiten und sorgen für eine vertrauensvolle Zusammenarbeit mit dem Betriebsrat.

Das Aufgabenspektrum der örtlichen Personalabteilungen umfaßt im wesentlichen:

- Personalplanung für die betriebliche Ebene
- Personalmarketing und Beschaffung
- Einsatz, Entwicklung und Förderung der Mitarbeiter
- Aus- und Weiterbildung
- gesellschaftspolitische Information
- Aufgaben der Betriebsverfassung
- Sozialaufgaben
- Lohn- und Gehaltsabrechnung

9.4.4 Planung von Maßnahmen zur Deckung des Personalbedarfs

Nach den in den Abschnitten 9.4.2 und 9.4.3 beschriebenen Methoden und Planungsprozessen wird – ausgehend von der Geschäftsebene – der kurz- und mittelfristige Personalbedarf im Unternehmen erhoben. Dabei wird durch die Personalorganisation geprüft, welche Positionen mit vorhandenen Mitarbeitern unter Einbeziehung von Personalumsetzungen und/oder Weiterbildungsmaßnahmen besetzt werden können.

Der darüber hinausgehende Personalbedarf muß dann durch Einstellungen gedeckt werden (Beschaffungsplanung). Dies kann einerseits durch Übernahmen aus der eigenen Ausbildung und andererseits durch Einstellungen vom Arbeitsmarkt geschehen.

9.4.4.1 Ausbildungsplanung

Bei Siemens werden weltweit etwa 15000 junge Leute in rund 60 gewerblichen, technischen und kaufmännischen Berufen an über 100 Ausbildungsstandorten ausgebildet. Die Planung für diese außerordentlich komplexen Ausbildungsaktivitäten hat sich an verschiedenen Randbedingungen zu orientieren. Dazu gehören sowohl der von den einzelnen Geschäftseinheiten angemeldete kurzfristige Bedarf als auch die voraussichtliche langfristige Entwicklung der Mitarbeiterstruktur und der Bedarfssituation im Unternehmen. Weiterhin ist die Verteilung des Bedarfs auf die verschiedenen Regionen und Ausbildungsberufe zu berücksichtigen. In einem Abstimmungsprozeß zwischen den drei genannten Organisationsebenen werden schließlich die Eckdaten der Ausbildungsplanung festgeschrieben und dann in den Ausbildungsstätten in eine detaillierte Planung umgesetzt.

9.4.4.2 Einstellungsplanung

Die Siemens AG besetzt pro Jahr mehr als 10000 offene Stellen direkt vom Arbeitsmarkt. Davon entfallen allein über 2000 Einstellungen auf technisch ausgebildete Fachkräfte von Universitäten und Fachhochschulen, die nach Abschluß ihres Studiums in das Unternehmen eintreten. Neben dem üblichen Instrumentarium der Personalwerbung sichert ein systematisches Hochschulmarketing diesen hochqualifizierten Nachwuchs. Die Aktivitäten im Rahmen des Hochschulmarketing sind zwar auf langfristige Kontinuität hin angelegt, werden aber jedes Jahr der bereichs- und fachspezifischen Bedarfssituation entsprechend neu geplant.

Siemens beteiligt sich zur Zeit an mehr als 400 Forschungsprojekten. Über 300 Siemens-Mitarbeiter sind als Lehrbeauftragte an deutschen Hochschulen tätig. Weitere 300 Siemens-Mitarbeiter besuchen darüber hinaus regelmäßig Hochschulen, um in Fachgesprächen und Informationsveranstaltungen über ihre Arbeit zu berichten und zu diskutieren.

Werkstudentenprogramme, Studentenkreise und Studienförderung sind weitere wichtige Instrumente des Hochschulmarketing. Siemens beschäftigt im Jahr etwa 15000 Werkstudenten und Praktikanten. An die 700 Diplomarbeiten werden jährlich mit Unterstützung des Unternehmens geschrieben. Für besonders qualifizierte Studentinnen und Studenten bietet das Unternehmen seit vielen Jahren spezielle Fördermaßnahmen im Rahmen sogenannter Studentenkreise an.

Für jeden Absolventen, der direkt einen offenen Arbeitsplatz im Unternehmen übernimmt, wird ein systematisches, arbeitsplatzbezogenes und arbeitsplatzübergreifendes Integrationsprogramm von etwa einjähriger Dauer geplant. Als Alternative zum Direkteinstieg gibt es auch den Eintritt in einen Traineeprogramm-ähnlichen „Ingenieurkreis“.

9.4.5 Planung und Maßnahmen für die Entwicklung der Führungskräfte

Die Planung und Erfassung von Führungspositionen einerseits und des Führungskräftepotentials andererseits sowie die Auswahl der Führungskräfte und ihre Entwicklung auf die Bedarfsprofile künftiger Stellenbesetzungen waren schon immer ein besonderes Anliegen des Hauses Siemens. Dieses Thema hat für den künftigen Erfolg des Unternehmens einen solchen Stellenwert bekommen, daß es beim Aufbau der neuen Organisationsstrukturen ein wesentliches Ziel war, Aufgabenfelder zu schaffen, die unternehmerische Talente besonders fördern. Von daher ist die Führungskräfteplanung ganz deutlich auf die **Heranbildung von Unternehmern** abgestellt.

9.4.5.1 Grundsätze der Führungskräfteplanung

Die Führungskräfteplanung und -entwicklung ist ein durchgängiges System. Es beginnt bei der Einstellung von besonders qualifizierten Mitarbeitern und läuft über den Mittleren und Oberen bis hin zum Obersten Führungskreis.

Mit der Personalentwicklung für den Führungskreis verbinden sich zwei komplementäre Zielsetzungen:

Einmal soll allen **Mitarbeitern** des Unternehmens eine ihren individuellen Neigungen und Fähigkeiten entsprechende berufliche Entwicklung ermöglicht werden; zum anderen sind die **Führungspositionen** im Unternehmen, insbesondere die unternehmerischen Spitzenpositionen, ihren jeweiligen Anforderungen entsprechend zu besetzen.

Um diese Ziele zu erreichen, hat Siemens sechs **Grundsätze** für eine weltweite Personalentwicklung im Führungskreis aufgestellt (vgl. Abbildung 75).

- Dispositive und fachlich orientierte Laufbahn sind gleichwertig.
- Die Personalentwicklung im Führungskreis ist weltweit angelegt.
- Führungspositionen werden grundsätzlich aus den eigenen Reihen besetzt.
- Die Förderungsversetzung ist die zentrale Entwicklungsmaßnahme.
- Die Vorgesetzten tragen die Verantwortung für die Führung und Förderung ihrer Mitarbeiter.
- Mitarbeiter, Vorgesetzte und Personalbereich arbeiten bei der Personalentwicklung eng zusammen.

Siemens

Abb. 75: Grundsätze der Personalentwicklung im Führungskreis

Bei der Personalentwicklung wird zwischen **dispositiver** und **fachlich orientierter** Laufbahn unterschieden. Beide Laufbahnen sind gleichwertig und sollen die Mitarbeiter mit ihren unterschiedlichen Fähigkeiten und Neigungen in die ihnen entsprechenden Aufgabenfelder bringen. Dispositive Aufgaben sind vorwiegend an Linienpositionen gebunden, während fachlich orientierte Aufgaben in Stabsabteilungen oder auf wissenschaftlichen Gebieten anzutreffen sind. Bei gleichwertigen Vertragsbedingungen äußert sich dies in unterschiedlichen **Rangbezeichnungen** (vgl. Abbildung 76): Zum Beispiel Abteilungsbevollmächtigter (dispositiv) bzw. Hauptreferent (fachlich orientiert).

Die Personalentwicklung wird bei Siemens weltweit gesehen. Dies geschieht mit der Absicht, den Fortgang der Internationalisierung des Geschäftes durch Aufbau bzw. Förderung einer international einsetzbaren Führungsmannschaft aktiv zu unterstützen.

Weltweite Betätigung, unterschiedlichste Geschäfte und vielfältige Funktionen unter dem Firmendach bieten genügend Bewegungsspielraum für die hausinterne Entwicklung von Führungskräften. Seiteneinsteiger bilden in der Siemens-Praxis eher eine Ausnahme.

Dispositiv	Fachlich
Direktoren 88%	Chefberater 12%
Abteilungsdirektoren 83%	Berater 17%
Abteilungsbevollmächtigte 73%	Hauptreferenten 27%
Gruppenbevollmächtigte 64%	Fachreferenten 36%
dispositiv tätige Außertarifliche Mitarbeiter 50%	fachlich tätige Außertarifliche Mitarbeiter 50%

Siemens

Abb. 76: Dispositive und Fachliche Laufbahn (Rangbezeichnungen und Prozentanteile)

9.4.5.2 Führungskräftepotential und -auswahl

Die Bereiche, Landesgesellschaften und Zentralabteilungen sind für ihre Führungskräfteplanung selbst verantwortlich. Diese Verantwortung gilt weltweit. Sie werden dabei von der Hauptabteilung Personalentwicklung Führungskreis beraten und koordiniert.

Entscheidend für die Beurteilung und das Fortkommen der Mitarbeiter sind ihre am Arbeitsplatz erwiesenen Leistungen und Fähigkeiten. Basis für die Potentialerfassung und gleichzeitig für die Entwicklungsplanung ist daher das **Mitarbeitergespräch** mit dem Vorgesetzten.

Mitarbeitergespräche werden mindestens im zweijährigen Rhythmus und im wesentlichen unter zwei Aspekten geführt: Zum einen wird hier mit dem Mitarbeiter über die erreichten Arbeitsergebnisse und die Zielsetzungen der zukünftigen (Zusammen-)Arbeit gesprochen. Zum anderen werden eigene Zielvorstellungen des Mitarbeiters und die Potentialeinschätzung des Vorgesetzten behandelt und – davon ausgehend – Maßnahmen zur weiteren Entwicklung des Mitarbeiters geplant.

Die Entwicklungsplanung für die Mitarbeiter steht in enger Abhängigkeit zum Bedarf an Führungskräften bei der zukünftigen Stellenbesetzung. Ein weiteres wesentliches Werkzeug ist darum die **Personalstrukturuntersuchung (PSU),** die ebenfalls in zweijährigen Abständen stattfindet und Auskunft über den **Bedarf** an Führungskräften und über das **Potential** an Führungsnachwuchs gibt (vgl. Abbildung 77).

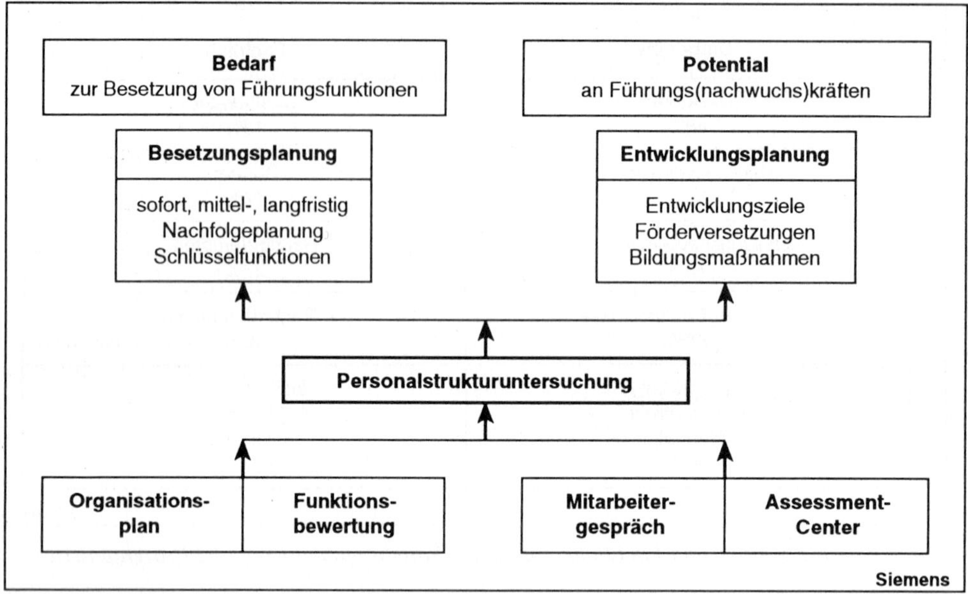

Abb. 77: Personalentwicklung im Führungskreis

In die Personalstrukturuntersuchung werden weltweit alle qualifizierten Mitarbeiter des Unternehmens einbezogen. In den PSU-Gesprächen zwischen Vorgesetzten und Personalbereich geht es sowohl um die **Entwicklungsplanung** für die Mitarbeiter, als auch um die **Besetzungsplanung** für Führungsfunktionen.

Im Rahmen der Entwicklungsplanung treffen die Vorgesetzten in den PSU-Gesprächen Aussagen über das **Entwicklungsziel**, d.h. für welche Aufgaben der Mitarbeiter mittel- und langfristig geeignet erscheint, und über geeignete Entwicklungsmaßnahmen. Dabei handelt es sich vor allem um **Förderungsversetzungen** und begleitende **Weiterbildungsmaßnahmen**. Bei der Besetzungsplanung werden für die wesentlichen Führungsfunktionen eines jeden Bereiches Mitarbeiter benannt, die sofort, mittel- oder langfristig die jeweilige Funktion übernehmen bzw. dem jetzigen Stelleninhaber nachfolgen können.

Um die Potentialaussagen der Vorgesetzten zu untermauern, nehmen entwicklungsfähige Mitarbeiter an einem **Assessment-Center** teil. Ziel eines Assessment-Centers ist es, Aufschlüsse über Verhaltensweisen der Mitarbeiter in unterschiedlichen Situationen zu erhalten, die im Rahmen verschiedener Übungen simuliert werden. Dabei werden die Mitarbeiter von unabhängigen Vorgesetzten beobachtet und individuell beurteilt. Ein ausführliches Feedback-Gespräch informiert die Teilnehmer über ihre Stärken und Schwächen.

Ein engerer Kreis von Mitarbeitern, die für eine **Schlüsselfunktion** im Unternehmen vorgesehen sind, durchläuft ein spezielles **Unternehmer-Assessment-Center** zur Vertiefung der Potentialaussage. Die Assessment-Center verfolgen grundsätzlich kein k.o.-Prinzip; vielmehr geht es darum, im Rahmen der Besetzungsplanung „den richtigen Mann an den richtigen Platz zu bringen“.

9.4.5.3 Personalentwicklung

Die Regel ist, daß Siemens Absolventen vom Arbeitsmarkt einstellt und die neuen Mitarbeiter durch **Training on the job** und **Training off the job** zielführend im Sinne der Potentialaussage aufbaut. Daneben gibt es im Hause selbst die kaufmännische **Stammhauslehre**, die sich als traditionsreiches Instrument für die Heranbildung des Kaufmännischen Führungsnachwuchses bewährt hat.

Das Entwicklungsziel der Nachwuchsmitarbeiter wird immer weniger auf den Rang als auf die **Funktion** gerichtet. Dies gilt insbesondere für den Obersten Führungskreis, in dem die Rangstellung in der Hierarchie durch die Funktion bestimmt wird. Die Karriereplanung für den Obersten Führungskreis ist darum funktionsorientiert. Für bestimmte Funktionen werden **Modell-Laufbahnen** festgelegt; sie beschreiben einen Idealweg zum anvisierten Ziel. Dabei gibt es Pflichtstationen, die ein „Muß" darstellen und andere, die entweder durchlaufen werden sollen oder die eine wünschenswerte Option darstellen. Die Abbildung 78 zeigt dazu ein Beispiel für die Modell-Laufbahn des Leiters eines geschäftsführenden Bereiches im Systemgeschäft. Besondere Bedeutung haben dabei breit angelegte Auslandserfahrungen, um das Potential an internationaler Führungsfähigkeit im Unternehmen zu stärken.

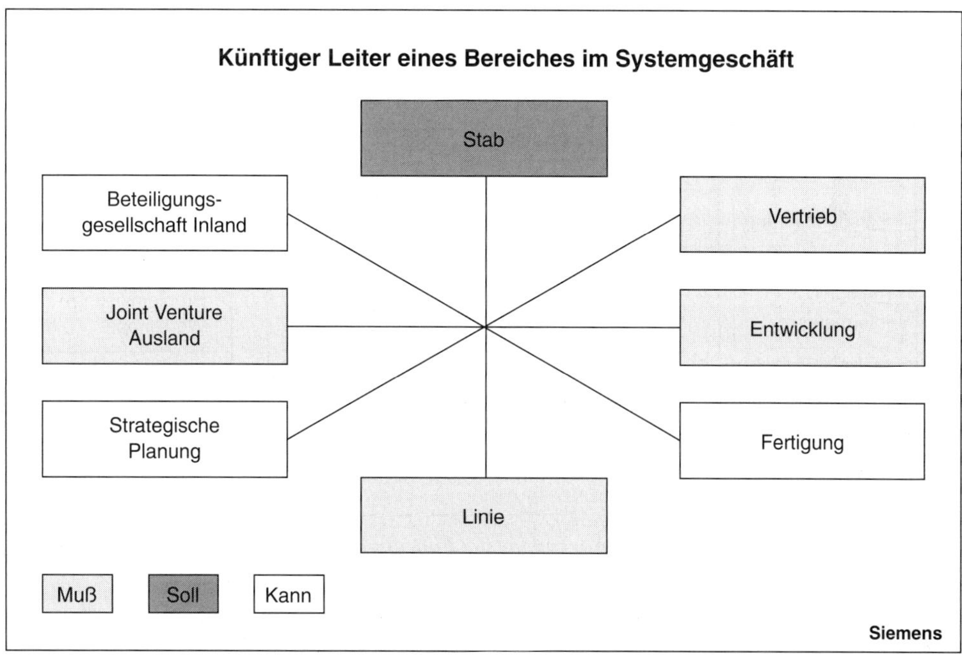

Abb. 78: Modell-Laufbahn für Schlüsselfunktionen im Unternehmen

Für das **Trainingsprogramm** zur Weiterbildung der Führungskräfte gelten folgende Leitlinien, nach denen die potentiellen Führungskräfte vom Mitarbeiter zum Unternehmer im weltweiten Geschäft aufgebaut werden sollen:

- Wir trainieren **Unternehmer**, die Geschäftsfunktionen integrieren und anspruchsvolle Strategien durchsetzen können.

- Wir legen das Hauptgewicht auf die **Strategie**.
- Wir verstärken die **Internationalisierung** mit speziellen Seminaren für internationales Management. Englischkenntnisse sind für Führungskräfte Pflicht.
- Training ist für uns eine aktive, auf **Umsetzung** gerichtete Form der Weiterbildung.
- Das Trainingsprogramm ist **karrierebegleitend**.

Dabei steht das **Pflichtprogramm** (vgl. Abbildung 79) im Vordergrund. Die Pflichtveranstaltungen stellen ein gemeinsames Selbstverständnis aller Führungskräfte her. Daneben gibt es **Wahlprogramme**, die der individuellen Karriereplanung dienen, und **Spezialveranstaltungen**, die mehr das Rüstzeug für die Bewältigung spezieller, geschäftsgebundener Aufgabenstellungen vermitteln.

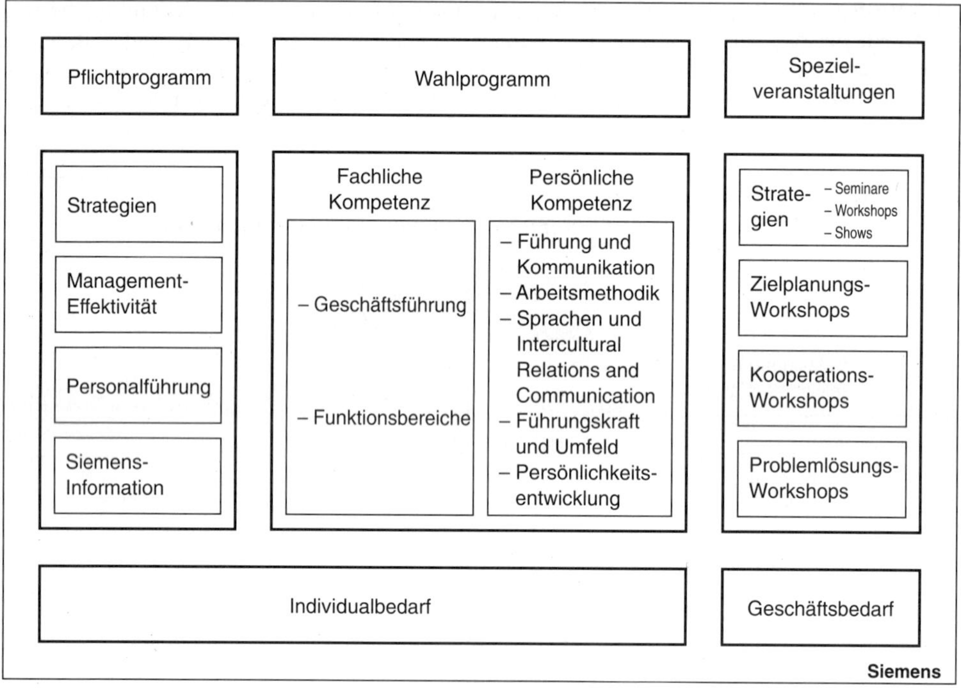

Abb. 79: Struktur des Trainingsprogramms für Führungskräfte

Für die Führungskräfteplanung und -entwicklung gelten bei Siemens folgende Gesichtspunkte:

Die **Stellenbesetzung** hat eine strategische Dimension für die langfristige Ertragssicherung im Unternehmen.

Die Entwicklung der Mitarbeiter zu Führungskräften setzt auf ihre **Eigeninitiative** und auf ihre Bereitschaft zur Entfaltung ihrer Fähigkeiten sowie auf ihren Wunsch nach Anerkennung und beruflichem Aufstieg.

Der **Führungsnachwuchs** ist **aus den eigenen Reihen** zu gewinnen. Die Umsetzung dieses Grundsatzes, der sowohl den Erfordernissen des Unternehmens als auch den Erwartungen der Mitarbeiter entspricht, wird durch die Größe des Unternehmens, die Vielfalt seiner Betätigungsgebiete und die breite Streuung der In- und Auslandsaktivitäten möglich.

Die Förderung des Führungsnachwuchses geschieht durch **Wechsel der Aufgaben**, die sich am Entwicklungsziel des Mitarbeiters orientieren.

Die Führungskräfteplanung ist somit darauf gerichtet, Unternehmerpotentiale frühzeitig zu erkennen und **Unternehmer für das zukünftige Geschäft heranzubilden.**

Teil IX

Integrierte Planungs- und Kontrollrechnung im Planungs- und Kontrollsystem des Preussag-Konzerns

Dr. Michael Frenzel
Vorsitzender des Vorstandes der Preussag AG

Dr. Dieter Brunke
Mitglied des Vorstandes der Preussag AG

1. Preussag-Konzern im Überblick

1.1 Gegenstand und Entwicklung des Konzerns

Der **Preussag-Konzern ist ein Mehrbereichskonzern mit einer breiten Produkt- und Leistungspalette.** Sein Aktivitätenspektrum wird von der Satzung der Konzern-Obergesellschaft, der Preussag AG, wie folgt definiert:

„Gegenstand des Unternehmens ist die gewerbliche Betätigung in der Gewinnung, Erzeugung und Verarbeitung von Grundstoffen, Stahl, Nichteisen-Metallen und chemischen Erzeugnissen, in der Herstellung von industriellen Komponenten und Systemen, im Bau von Land- und Wasserfahrzeugen, im Hoch- und Tiefbau, im Verkehrs-, Transport- und Lagerwesen, im Handel und durch Dienstleistungen, und zwar in eigenen oder in Betrieben von Beteiligungsgesellschaften, sowie die Zusammenfassung von Beteiligungsgesellschaften unter einheitlicher Leitung."

Am 30. 09. 1994 umfaßte der **Konsolidierungskreis des Konzerns 246 Gesellschaften**, davon 155 im Inland und 91 im Ausland. Darüber hinaus werden weitere Beteiligungen an über 400 in- und ausländischen Gesellschaften gehalten.

Die folgenden wirtschaftlichen Eckdaten für das Geschäftsjahr 1992/93 kennzeichnen die Konzerngröße:

Grundkapital der Preussag AG:	762 Mio DM
Beschäftigte im Konzern:	70.000
Außenumsatz:	23,2 Mrd DM
Auslandsanteil:	44 %
Konzernjahresüberschuß:	245 Mio DM
Investitionen in Sachanlagen:	1,1 Mrd DM
Abschreibungen auf Sachanlagen:	1,0 Mrd DM
Finanzinvestitionen:	0,2 Mrd DM

Der Preussag-Konzern in seiner heutigen Form ist durch das **Zusammengehen von Preussag mit dem Salzgitter-Konzern** am 1. Oktober 1989 entstanden. Zuvor war Preussag (Umsatz: 14 Mrd DM, Belegschaft: 27700) primär in den Bereichen **Grundstoff- und Rohstoffwirtschaft sowie im Anlagenbau und im Verkehr** tätig. Salzgitter (Umsatz: 11 Mrd DM, Belegschaft: 38000) hatte Schwerpunkte in den Bereichen **Stahl, Schiffbau und Anlagenbau sowie Gebäude und Informationstechnik**. Durch den Zusammenschluß formte sich ein Konzern, dessen ausgewogene Produkt- und Leistungspalette ein stetiges Wachstum, steigende Ergebnisentwicklung und Zunahme der Beschäftigung ermöglichte.

Sowohl Preussag als auch Salzgitter waren ursprünglich Staatsunternehmungen.

Die **Preussag** entstand 1923 als „Preußische Bergwerks- und Hütten-Aktiengesellschaft". Ziel der Firmengründung war es, die Bergwerke, Hütten und Salinen des Preußischen Staates nach privatwirtschaftlichen Grundsätzen zu betreiben. 1929 wurden die Anteile an der Preussag auf die VEBA („Vereinigte Elektrizitäts- und Bergwerks-AG") übertragen, die damals als Dachgesellschaft zur einheitlichen Finanzierung der staatlichen Wirtschaftsunternehmungen gegründet wurde.

Die Privatisierung der Preussag begann 1959 mit der Ausgabe von „Volksaktien". Seit den sechziger Jahren erfolgte der Ausbau und die Diversifizierung des Konzerns vor allem durch Beteiligungserwerb. So übernahm Preussag 1961 die VTG Vereinigte Tanklager und Transportmittel GmbH, die Tanklagerraum und Kesselwagen vermietet. Weitere Schritte waren 1966 die Beteiligung an der französischen Algeco S.A. (Alliance et Gestion Commerciale – Mobil- und Industriebauten), 1969 der Erwerb der Minimax-Feuerschutzaktivitäten, 1978 das Engagement an der britischen AMC (Amalgamated Metal Corporation PLC – Metallhandel) sowie 1981 die Beteiligung an der Deilmann-Gruppe (Erdöl und Erdgas).

Um sich den Marktanforderungen schneller anpassen zu können und der Unternehmungsführung größere Freiräume durch Entlastung vom operativen Tagesgeschäft zu schaffen, hat die Preussag AG Ende der achtziger Jahre ihre operativen Aktivitäten in selbständige Einheiten ausgegliedert. **Die Preussag AG wurde zur Holding.** Als operative Einheiten entstanden die Preussag Anlagenbau GmbH, die Preussag Anthrazit GmbH sowie die Preussag Erdöl und Erdgas GmbH. 1988 wurden die Hütten und Weiterverarbeitungsbetriebe des NE-Metallbereichs in die französische Metaleurop-Gruppe eingebracht; Preussag hält an dieser Gruppe rd. 51%.

Die Rechtsvorgängerin der **Salzgitter AG** wurde 1937 gegründet, um die in der Region vorhandenen Eisenerze zur Stahlproduktion zu nutzen. Der Aufbau der Anlagen des Hüttenwerkes in Salzgitter begann 1938; nach ihrer teilweisen Demontage in den Nachkriegsjahren erfolgte ab 1951 der stufenweise Wiederaufbau. 1970 wurde das Hüttenwerk Salzgitter (Flachstahl) mit der Ilseder Hütte in Peine (Profilstahl) fusioniert. Dadurch gelangten auch deren Beteiligungsgesellschaften Kermi GmbH (Heizungstechnik) und Wolf Klimatechnik GmbH zum ehemaligen Salzgitter-Konzern. Die Werftbeteiligungen wurden 1968 zur Howaldtswerke-Deutsche Werft AG (HDW) zusammengeführt. Weitere Schritte waren der Erwerb der Anlagenbauunternehmung Noell GmbH im Jahre 1972 sowie der Hagenuk GmbH (Telekommunikation) im Jahre 1979. Die Salzgitter AG war bereits seit langem eine **Holding-Gesellschaft ohne operatives Geschäft**.

1.2 Geschäftsbereiche und regionale Schwerpunkte

Die breit gestreuten Aktivitäten des Konzerns sind in fünf **Geschäftsbereichen** gebündelt:

- Stahl- und NE-Metallerzeugung
- Energie und Rohstoffe
- Handel und Verkehr
- Anlagenbau, Schiffbau
- Gebäudetechnik, Informationstechnik und Komponenten.

Die Abbildung 1 ordnet die wesentlichen Konzern-Gesellschaften diesen Geschäftsbereichen zu. Innerhalb dieser Geschäftsbereiche gibt es Geschäftsfelder. **Geschäftsfelder** sind z. B. im Stahlbereich: Flachstahl (verzinkt oder kunststoffbeschichtet), Profilstahl und Rohre. Ein anderes Beispiel ist die Wolf Klimatechnik; hier sind die Geschäftsfelder Klimageräte, Luftheizer, Lüftungsgeräte und Heizkessel zusammengefaßt.

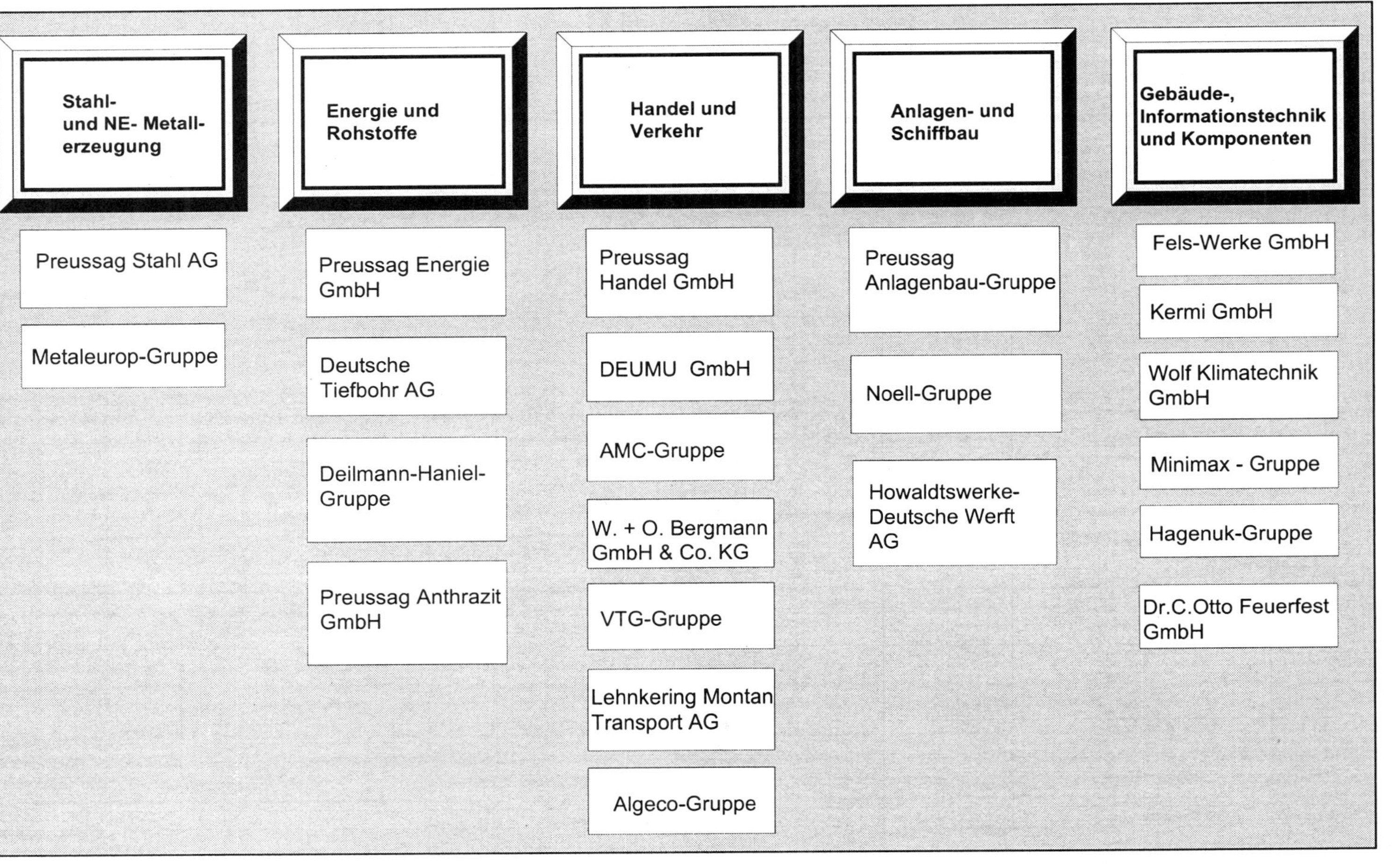

Abb. 1: Geschäftsbereiche und wesentliche Beteiligungsgesellschaften der Preussag

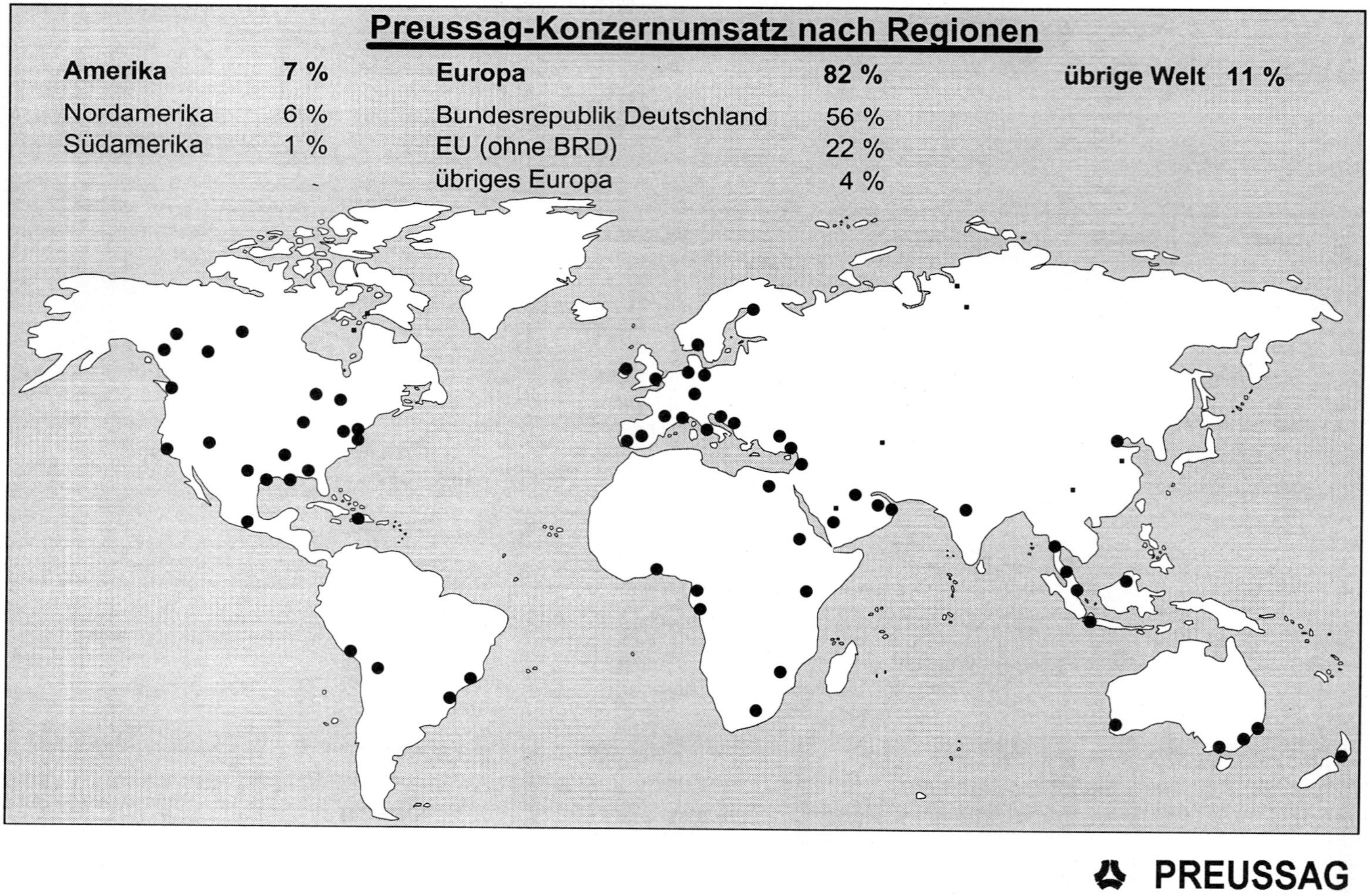

Abb. 2: Wesentliche Standorte der Preussag im Ausland

Der Preussag-Konzern ist mit seinen Produktions- und Dienstleistungsgesellschaften überwiegend in Deutschland präsent. Über die Hälfte des Umsatzes wird in Deutschland erzielt. Rund ein Viertel entfällt auf die übrigen europäischen Länder, 7% auf Amerika und 11% auf Asien und die übrigen Regionen. Einen Überblick über die weltweite Verteilung der Standorte des Preussag-Konzerns gibt die Abbildung 2. Die Internationalisierung des Preussag-Konzerns gehört zu den wichtigsten strategischen Aufgaben der nächsten Jahre. Hinter dem Begriff „Internationalisierung" steht ein Programm, mit dem die Chancen der Produkte und Leistungen auf den Auslandsmärkten stärker genutzt werden.

Im Rahmen von regionalen Strategiekonferenzen wurden die Regionen Amerika, Asien und Osteuropa als Schwerpunkte des Programms definiert. Darauf aufbauend werden sukzessive die Anzahl der Stützpunkte in den Zielregionen erweitert. Zur Koordination des Geschäftes in den jeweiligen Regionen sowie zur intensiven Marktbearbeitung hat der Konzern-Vorstand ferner intern regionale Zuständigkeiten verabredet.

2. Organisation des Preussag-Konzerns

2.1 Die Führungsgesellschaft des Preussag-Konzerns

Der **Preussag-Konzern ist nach dem Holding-Prinzip organisiert.** Seine **Führungsgesellschaft ist die Preussag AG**, die als Holding ohne eigenes operatives Geschäft fungiert. **Am Markt tätig sind die Tochter- und Enkelgesellschaften der Preussag AG**. Das Holding-Prinzip erlaubt schnelles Handeln bei Marktveränderungen, es erleichtert das Eingehen von Kooperationen und die Eingliederung neuer Unternehmungen in den Konzernverbund.

Der Vorstand der Preussag AG erfüllt zugleich die Aufgaben eines Konzernvorstandes. Er besteht gegenwärtig aus acht Mitgliedern unter der Leitung eines Vorstandsvorsitzenden. Eine strenge personelle Trennung in ausschließliche Zuständigkeiten für entweder reine Querschnittsfunktionen (Finanzen, Bilanzen, Personal etc.) oder aber für Geschäftsbereiche gibt es nicht. Einige Vorstandsmitglieder sind daher sowohl für eine Querschnittsfunktion als auch für einzelne Unternehmensgruppen verantwortlich. Unterstützt wird der Vorstand durch Zentral- oder Stabsabteilungen, u. a. durch die Finanzabteilung, das Rechnungswesen, die Steuerabteilung, die Revision, die Rechtsabteilung und das Controlling.

Die Funktion der Preussag AG als Führungsholding bedingt eine **weitgehende Delegation der Verantwortung für die Durchführung und Leitung des operativen Geschäftes** auf die einzelnen rechtlich selbständigen Konzerngesellschaften. **Der Holding verbleiben somit folgende Führungsaufgaben**:

- Entwicklung der Zielsetzung und Gesamtstrategie für den Konzern
- Festlegung der Handlungs- und Entscheidungsspielräume für die Geschäftsführungen der Konzerngesellschaften
- Vereinbarung von Zielen für das operative Geschäft im Rahmen der Dreijahresplanung
- Bereitstellung finanzieller Ressourcen für die Entwicklung der einzelnen Konzerngesellschaften (zentrale Finanzierung)
- Überwachung des laufenden Geschäfts der Konzerngesellschaften
- Besetzung der Managementpositionen bei den Tochter- und Enkelgesellschaften.

Schließlich erstellt die Holding den Jahresabschluß und legt den Geschäftsbericht für den Konzern und die Preussag AG vor. Abbildung 3 stellt die Führungsaufgaben der Holding jenen der Konzerngesellschaften gegenüber.

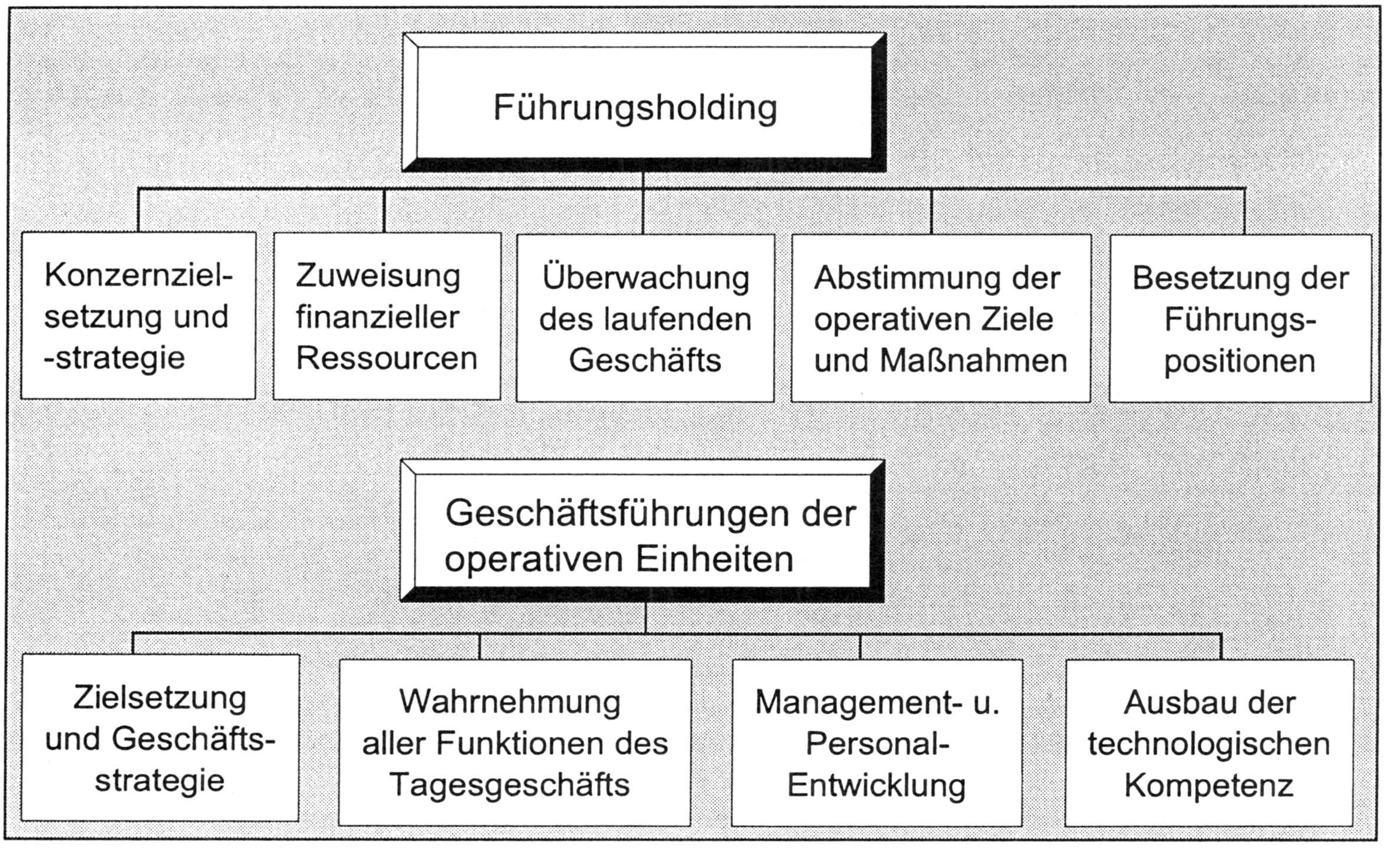

Abb. 3: Aufgabenverteilung in der Führung des Preussag-Konzerns

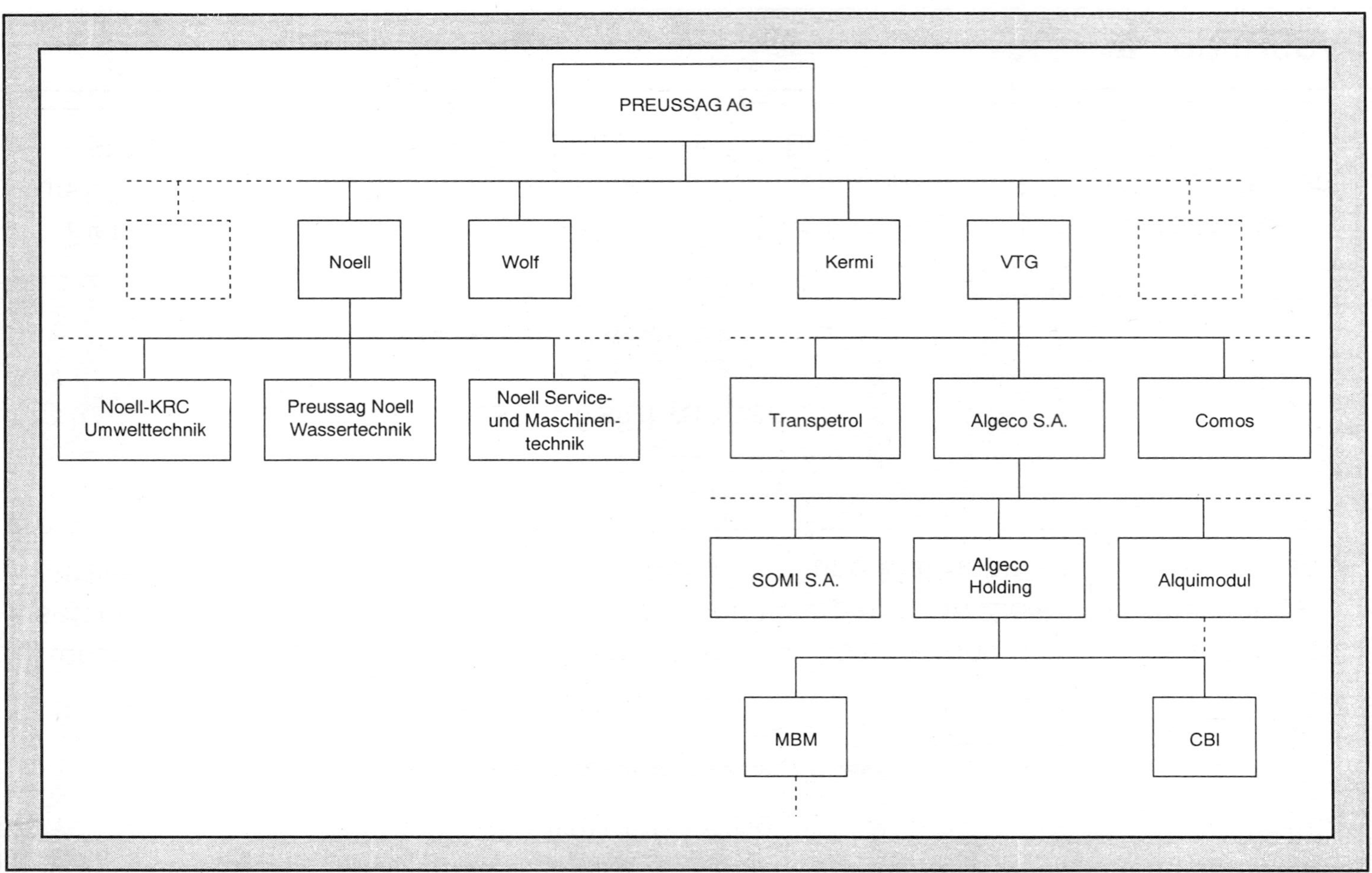

Abb. 4: Ausschnitt aus der Organisationsstruktur des Preussag-Konzerns

2.2 Organisation der einheitlichen Leitung im Preussag-Konzern

Der rechtliche Rahmen, der letztlich die Führungszuständigkeit der Konzern-Holding für die Konzerngesellschaften begründet, ist das **gesellschaftsrechtliche Eigentum der Holding an den Konzerngesellschaften.** Dieses besteht direkt im Falle von Tochtergesellschaften oder indirekt im Falle von Enkelgesellschaften. Entsprechend übt die Holding ihre Führungsposition direkt bei Tochtergesellschaften und indirekt bei den Enkelgesellschaften über zwischengeschaltete Tochtergesellschaften aus. Insoweit besteht eine **Identität von Führungszuständigkeit und gesellschaftsrechtlicher Zuordnung im Preussag-Konzern.**

Die Entscheidung darüber, ob eine direkte oder indirekte Führungsstruktur für die einzelnen Konzernaktivitäten gewählt wird, erfolgt marktorientiert. So sind in der Regel solche Konzerngesellschaften, die eigenständig auf ihren jeweiligen Märkten agieren und bei denen keine oder nur geringe horizontale oder vertikale Marktberührungen mit anderen Konzerngesellschaften bestehen, unmittelbar bei der Holding gesellschaftsrechtlich angebunden. Entsprechend übt bei diesen Unternehmungen die Holding ihre Führungsfunktion direkt aus. Beispiele hierfür sind Kermi oder Wolf. Sind aber die Geschäftsaktivitäten verschiedener Konzerngesellschaften miteinander verknüpft – marktmäßig oder technologisch –, so wird die Führungsverantwortung für diese Unternehmungen und das gesellschaftsrechtliche Eigentum an ihnen bei einer Zwischenholding gebündelt. Diese Zwischenholding ist zwar selbst operativ tätig; als Tochtergesellschaft der Konzern-Holding übt sie aber zugleich Führungsfunktion für die ihr zugeordneten Konzerngesellschaften aus. Beispiele hierfür sind die Preussag Stahl AG (Stahlerzeugung) und die ihr zugeordnete Preussag Handel GmbH, bei der der Handel mit Stahlerzeugnissen konzentriert ist, sowie die VTG, die neben ihrem eigenen operativen Geschäft die Führungsverantwortung für die Lehnkering Montan-Gruppe und die französische Algeco-Gruppe wahrnimmt (Abb. 4).

Für die Durchführung der einheitlichen Leitung im Konzern stehen mehrere Instrumente zur Verfügung. Gesellschaftsrechtlich erfolgt die wesentliche **Einflußnahme über die personelle Besetzung der Aufsichtsgremien bei den Tochter- und Enkelgesellschaften** (Aufsichtsräte, Gesellschafterversammlungen) sowie über die **Vorgabe von Geschäftsordnungen für das Management der Konzerngesellschaften.** Ein weiteres Instrument ist die **zentrale Vorgabe von Konzern-Richtlinien**, die für alle Konzerngesellschaften einheitliche Handlungsweisungen für vergleichbare Sachverhalte verbindlich vorsehen. Schließlich sind die mit verschiedenen Konzerngesellschaften geschlossenen **Beherrschungs- und Ergebnisabführungsverträge** zu nennen, die eine unmittelbare Weisungsbefugnis der Holding-Leitung gegenüber den Geschäftsführungen dieser Gesellschaften begründen.

3. Grundsätze der Führung im Preussag-Konzern

Mit zunehmender Größe eines Konzerns und wachsender Vielfalt seiner Produkt- und Aktivitätspalette steigt der Leistungsanspruch an die darauf abzustimmenden Führungsinstrumentarien. Sie müssen sowohl den Belangen des Gesamtkonzerns als auch jenen der einzelnen Konzerngesellschaften gerecht werden. Die Komplexität großer Unternehmungsgruppen erfordert ein Denken in übergeordneten Zusammenhängen sowie eine umfassende Kommunikation und kooperative Zusammenarbeit. Dabei müssen die Gesamtziele vor den Individualzielen einzelner Bereiche stehen. **Im Rahmen der Geschäftsabwicklung sind allerdings soviel Verantwortungs- und Entscheidungsbefugnisse dezentral anzusiedeln, wie unter Beachtung des Gesamtzieles möglich ist.**

Als Führungsholding lenkt die Preussag AG weitgehend selbständig operierende Konzerngesellschaften nach dem Prinzip „**Führen durch Ziele**". Sie gibt Gesamtziele vor, und darauf aufbauend formulieren die Konzerngesellschaften ihre jeweiligen Einzelziele. Dabei ist es von wesentlicher Bedeutung, daß der Vorstand der Holding diese Ziele und die Maßnahmen zu ihrer Erreichung mit dem Management der Konzerngesellschaften eingehend diskutiert und diese erst danach – im Sinne der Zielvereinbarung – verabschiedet werden. Im Falle von Abweichungen werden Maßnahmen zur Gegensteuerung eingeleitet. Dabei beschränkt sich die Holding darauf, nur bei bedeutenden Abweichungen direkt einzugreifen.

Vom Grad der Zielerreichung ist im Preussag-Konzern die Vergütung der Unternehmungsleitungen abhängig. Ihr variabler Gehaltsbestandteil – die Tantieme – steigt in dem Maße, in dem die vereinbarten konkreten Ziele erreicht werden. Die Tantieme ist somit ein Element der Unternehmungsführung. Sie besteht aus einer quantitativen und einer qualitativen Komponente. Die quantitative Komponente honoriert das Erreichen des geplanten Ergebnisses, die qualitative Komponente die Realisierung persönlicher Arbeitsziele.

Die **Bereichsvorstände** der Preussag AG begleiten und koordinieren die geschäftlichen Aktivitäten ihrer Gesellschaften, für die sie zuständig sind. Sie sind in wesentliche Entscheidungen direkt eingebunden und tragen zugleich Sorge für die Durchführung der im Preussag-Vorstand gefaßten Beschlüsse. Parallel dazu verfolgt das für Controlling zuständige Vorstandsmitglied den Geschäftsverlauf aller Konzerngesellschaften.

Die **Geschäftsordnung**, die sich der Holdingvorstand gegeben hat, stellt sicher, daß sich die Mitglieder gegenseitig über wichtige Geschäftsvorgänge unterrichtet halten. Der Gesamtvorstand entscheidet über alle Angelegenheiten von grundsätzlicher Bedeutung für den Konzern sowie bei Meinungsverschiedenheiten zwischen mehreren Vorstandsmitgliedern.

Grundlage für die Wirksamkeit der implementierten Führungsinstrumente ist eine **aus Holdingsicht ausreichende Transparenz der Geschäfte der Konzernunternehmungen**. Dazu bedarf es nicht nur einer zeitnahen, regelmäßigen Planungs- und Kontrollrechnung, sondern auch einer **intensiven und offenen Kommunikation** zwischen Holding und Konzerngesellschaften. Die Erfahrung hat gezeigt, daß Gespräche zwischen Konzernleitung und Konzerngesellschaften Konflikte weitestgehend vermeiden helfen, weil sie auf beiden Seiten die Möglichkeit bieten, die jeweiligen Gesichtspunkte zu begründen. Die Geschäftsführungen akzeptieren Entscheidungen der Konzernleitung nur dann mit Überzeugung, wenn ihnen die Gründe genannt werden und deutlich ist, daß ihre Argumente im Entscheidungsprozeß berücksichtigt wurden.

4. Integrierte Planungs- und Kontrollrechnung im Planungs- und Kontrollsystem im Überblick

Die Führung einer Großunternehmung wie der Preussag – mit hochdifferenzierter Produktstruktur und einer Vielzahl von Konzerngesellschaften – benötigt eine den Führungsgrundsätzen angepaßte Organisation, in der aufgrund vorgegebener Ziele die Geschäftspolitik geplant und Maßnahmen zu ihrer Erreichung bzw. Durchsetzung festgelegt werden. Für die Lösung dieser unternehmerischen Aufgabe ist die Ausgestaltung des integrierten Planungs- und Kontrollsystems von entscheidender Bedeutung. Dieses System muß sicherstellen, daß der Geschäftsablauf der verschiedenen Einheiten wie auch der gesamten Gruppe überwachbar ist und in klar abgegrenzten Einheiten bzw. Sachgebieten zielorientierte Entscheidungen ermöglicht.

Führung einer Unternehmung heißt **Festlegen von Zielen und Maßnahmen** zu ihrer Erreichung sowie **Sicherstellung von deren Umsetzung bzw. Verwirklichung**. Sie beinhaltet die Willensbildung und die Willensdurchsetzung einschließlich der damit verbundenen Verantwortungsübernahme. Dabei umfaßt die **Willensbildung** den gesamten Entscheidungsprozeß von der Vorbereitung bis zur Fällung der Entscheidung. Dieser systematische und zukunftsbezogene Ablauf findet in der Planung seine konkrete Ausformung, wobei Ziel- und Maßnahmenplanungen strategischer und operativer Art zu unterscheiden sind (vgl. Teil I, Abschnitt 3).

Die **Willensdurchsetzung** vollzieht sich durch Ausführungsanweisungen (Steuerung), ergänzt um die Rückmeldungen aus dem Realisierungsprozeß (Kontrolle). Der Ablauf von Planung, Steuerung, Realisation und Kontrolle muß mit der Verantwortungsstruktur übereinstimmen.

Planungs-, Steuerungs- und Kontrollprozesse sind Informationsverarbeitungsprozesse. Den überwiegenden Teil der Informationen bilden quantifizierte Größen. Deren Ermittlung, Darstellung und Wertung sind Inhalt der **Planungs- und Kontrollrechnung**.

Im Preussag-Konzern besteht das integrierte Planungs- und Kontrollsystem aus einer mehr qualitativ konzipierten **Strategischen Planung** und einer weitgehend quantitativen **3-Jahresplanung** mit dem darauf ausgerichteten Controlling durch laufende Soll-Ist-Vergleiche. Die Planung ist gemeinsames Produkt der operativen Einheiten des Konzerns und der Holding.

Grundsätzlich setzt der Planungsprozeß auf der unteren Stufe, bei den operativen Einheiten ein. Sie formulieren ihre strategischen Vorstellungen auf Basis der Gesamtzielsetzung und -strategie des Konzerns und setzen sie in operative Pläne um. Die Holding entwickelt die Gesamtzielsetzung und -strategie unter Berücksichtigung der strategischen Potentiale der Konzerngesellschaften und konzernübergreifender Überlegungen. Die operativen Pläne der Konzerngesellschaften ergeben zusammengefaßt den Konzernplan für die kommenden drei Jahre und bilden auf diese Weise – nach Genehmigung des Preussag-Vorstandes und Zustimmung des Aufsichtsrats – das Zielsystem des Konzerns für diesen Zeitraum. Den Aufbau des Planungs- und Kontrollsystems des Preussag-Konzerns zeigt die Abbildung 5.

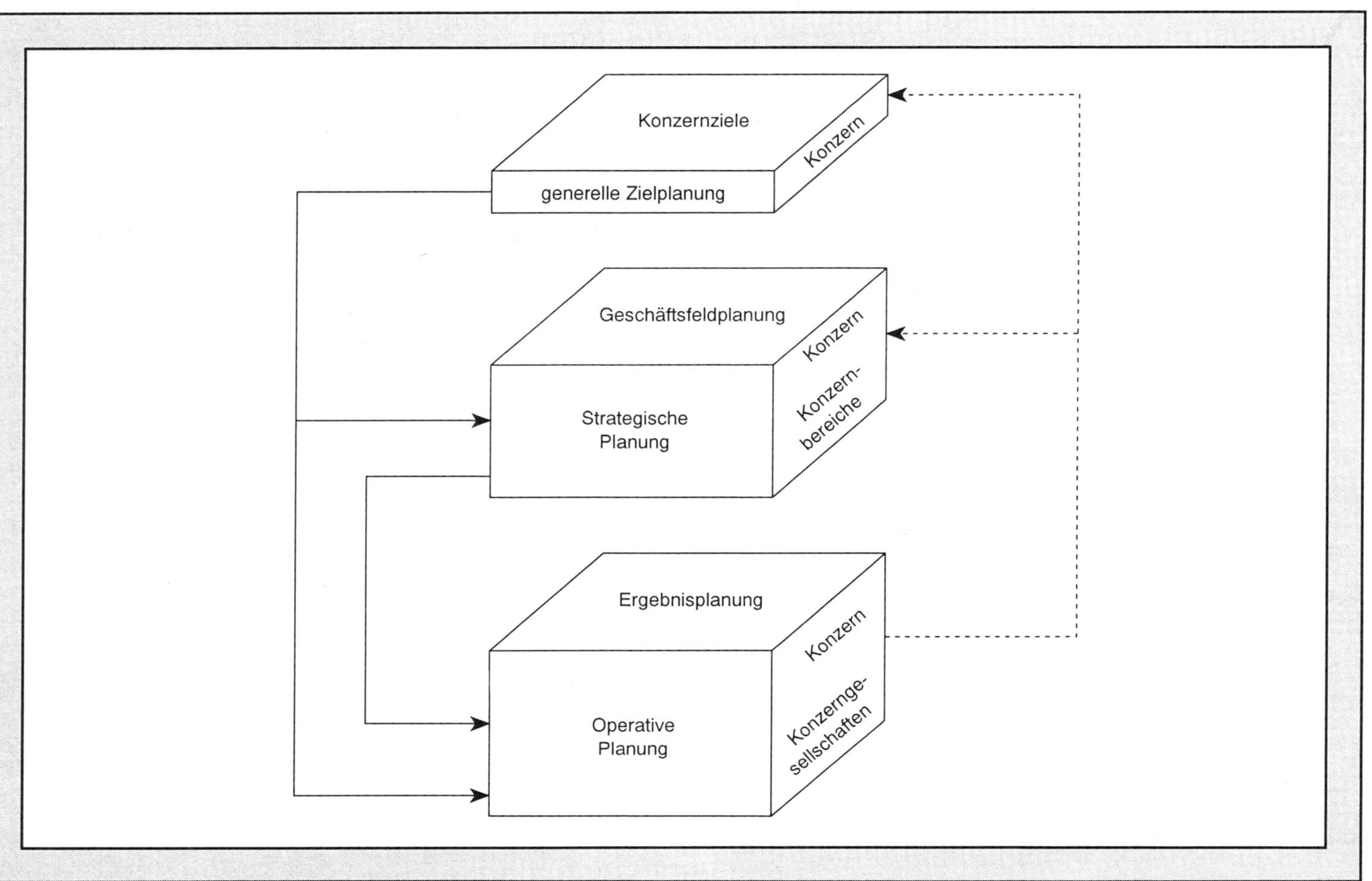

Abb. 5: Planungs- und Kontrollsystem des Preussag-Konzerns

5. Konzernziel-Planung und Strategische Planung im Preussag-Konzern

Die generelle Zielplanung des Preussag-Konzerns bildet die Basis für die Strategische und Operative Planung.

Oberstes Konzernziel ist eine **angemessene Verzinsung des eingesetzten Kapitals** und – damit verbunden – die **Steigerung des Shareholder-Values**. Dabei unterliegt der Konzern – wie jeder andere Konzern auch – Randbedingungen, die ihm von verschiedenen Gruppen, von den Mitarbeitern bis zu den öffentlichen Händen, aus deren Interessenlagen gesetzt sind. Die aus dem obersten Konzernziel abgeleitete grundlegende Handlungsmaxime ist der **Risikoausgleich** mit einer ausgewogenen Entwicklung von Ergebnis, Beschäftigung und Wachstumspotentialen.

Aufgabe der **Strategischen Planung** im Preussag-Konzern ist es, vorausschauend die für den Konzern notwendigen Entwicklungspotentiale zu identifizieren und das langfristige Produktprogramm darauf abzustimmen, so daß auch zukünftig die Realisierung des obersten Konzernziels im Grundsatz gewährleistet ist.

Die Vielfalt der Preussag-Geschäftsfelder mit ihren unterschiedlichen Märkten läßt es allerdings nicht zu, für den Konzern eine einzige, alle Bereiche abdeckende strategische Zielvorgabe zu formulieren. Die Konzernstruktur erfordert vielmehr, daß **für jedes Geschäftsfeld spezielle strategische Ziele festgelegt werden**, die dann in der Summe die langfristige Zukunftssicherung des Konzerns gewährleisten.

Basis für die Formulierung strategischer Ziele sind unter anderem Analysen der **Stärken und Schwächen** sowie der **Chancen und Risiken** einzelner Geschäftsfelder. Diese werden in detaillierten Profildarstellungen der relativen Wettbewerbsstärke und der Marktattraktivität der Geschäftsfelder zusammengefaßt (Abbildung 6). Die **Marktattraktivität** bemißt sich dabei nicht nur nach quantitativen Größen wie Marktwachstum und Marktgröße, sondern auch nach eher qualitativen Gesichtspunkten wie Profitabilität der Branche, Stärke und Verhalten der Abnehmer sowie technologischem Niveau. Auch die Fragen der Energie- und Rohstoffversorgung sowie der Umweltsituation werden explizit bewertet. Zur Beurteilung der **relativen Wettbewerbsstärke** werden drei Dimensionen unterschieden: die relative Technologieposition, die relative Marktposition und das relative Forschungs- und Entwicklungspotential. Um beide Dimensionen zusammenzufassen, werden **Portfolio-Darstellungen** auf Basis eines Marktattraktivitäts-/Wettbewerbsstärken-Portfolios verwendet, die die gegenwärtige Situation und die angestrebte Entwicklungsrichtung einzelner Geschäftsfelder visualisieren (Abbildung 7). Die Darstellungen von Geschäftsfeldern können dann wieder zu geschäftsgebiets- und -bereichsbezogenen Portfolio-Darstellungen zusammengefaßt werden, wobei mit zunehmender Aggregation naturgemäß die Genauigkeit und letztlich auch Aussagefähigkeit der Darstellungen nachläßt.

Unter strategischen Gesichtspunkten werden im Preussag-Konzern **Kern- und Ausbaufelder** unterschieden. Als **Kernfelder sind die traditionellen Märkte** definiert, auf denen der Konzern bereits seit langem tätig ist und dadurch gesicherte Marktkenntnisse besitzt. Diese Märkte

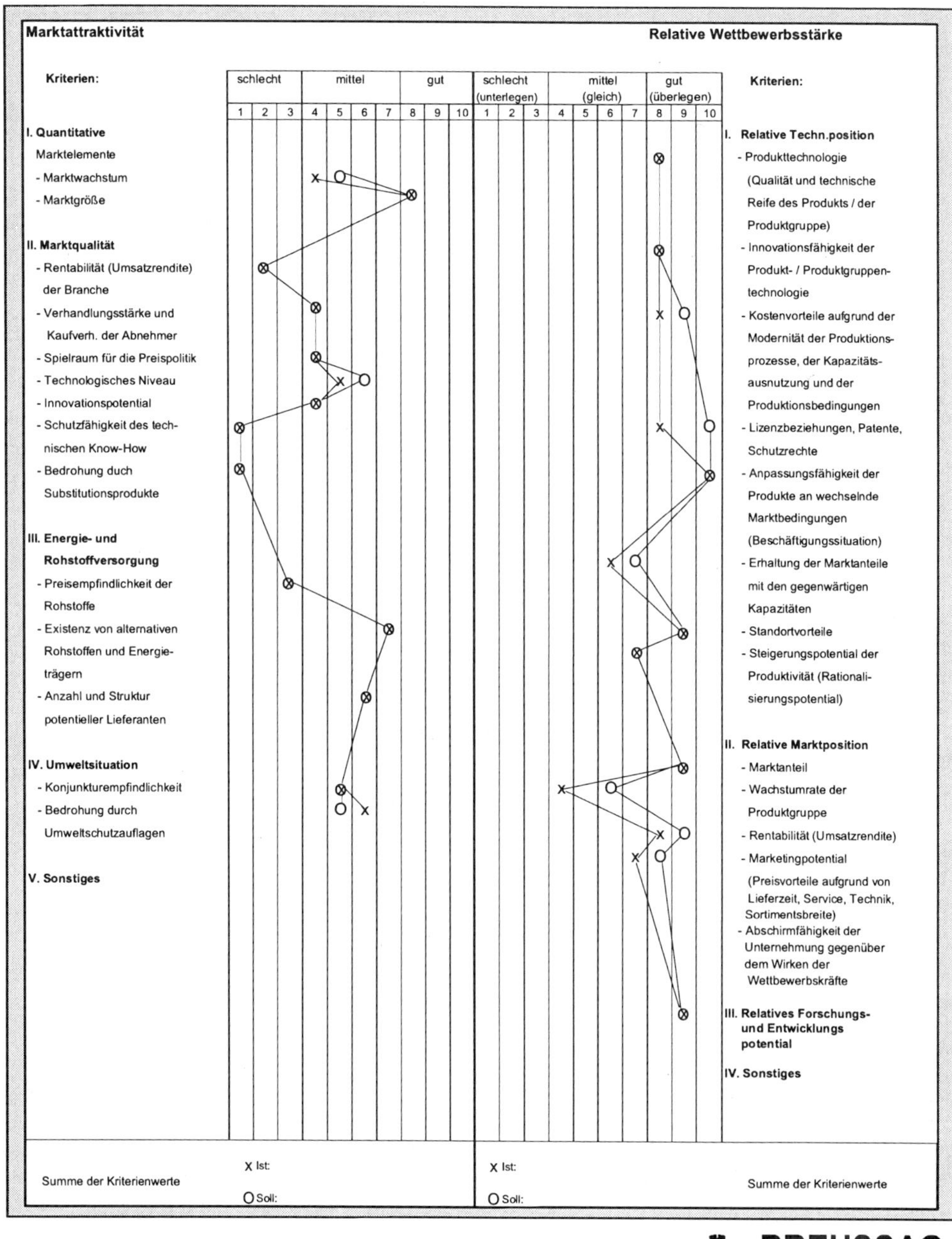

Abb. 6: Absatzplan der Preussag (Potential-Analyse)

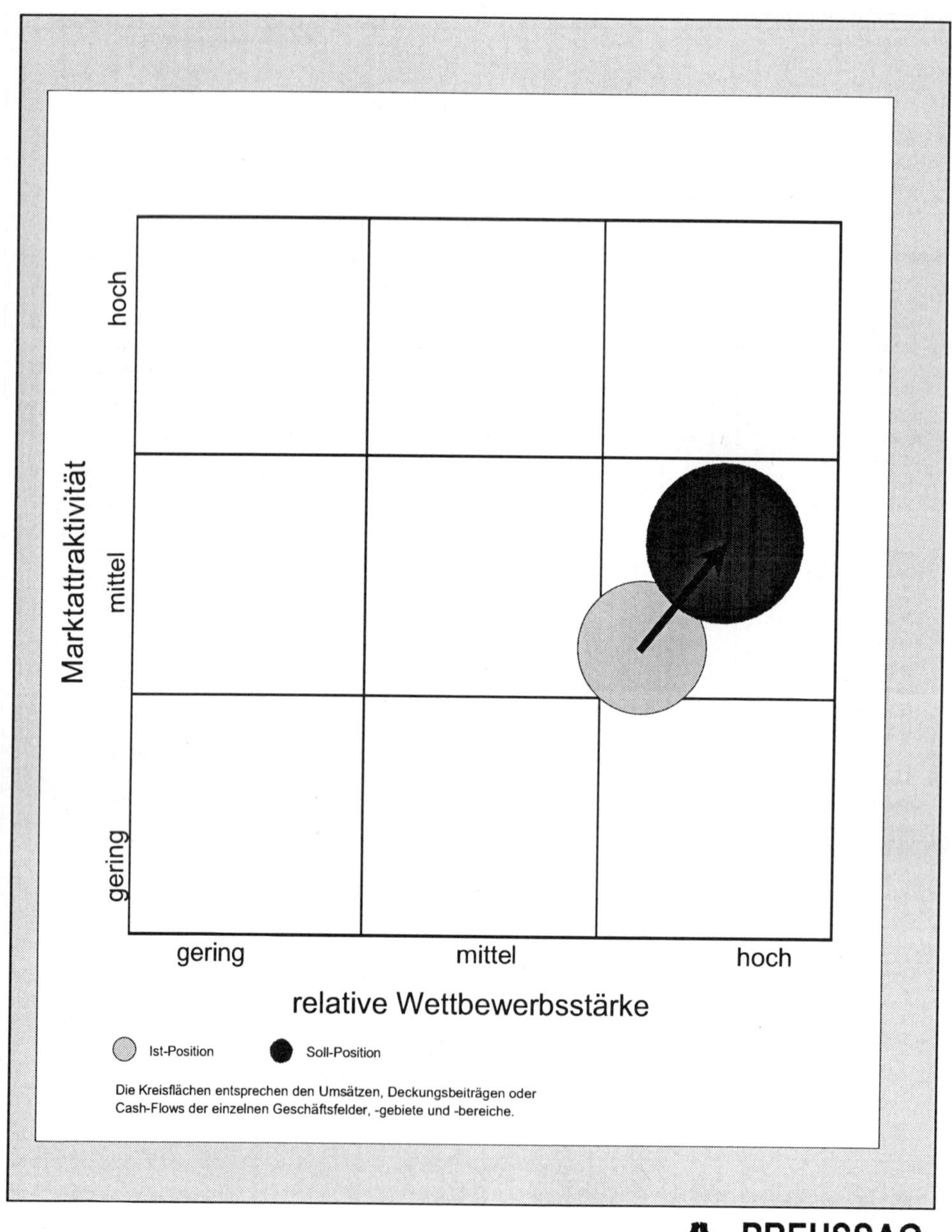

Abb. 7: Absatzplan: Portfolio-Matrix

sind im allgemeinen durch ein geringes Wachstum und intensiven Preiswettbewerb gekennzeichnet. Entsprechend liegen die Schwerpunkte der Geschäftsfeldplanung in der Optimierung der Produktionsprozesse mit dem Ziel, einen Spitzenplatz in der Gruppe der kostengünstigsten Produzenten zu besetzen, sowie in der Weiterentwicklung der Produktpaletten. So ist es beispielsweise gelungen, die Stahlerzeugung und den Schiffbau zu den leistungsfähigsten Einheiten in Deutschland und Europa zu entwickeln und so die Ergebnisbeiträge dieser Geschäftsfelder zum Konzernergebnis zu sichern.

In den **Ausbaufeldern ist Preussag auf stark wachsenden Märkten tätig oder schafft durch Produktinnovation neue Märkte.** Die Strategie ist hier auf die Erreichung einer führenden Marktposition ausgerichtet, was zum einen erhebliche Vorlaufinvestitionen zur Erreichung der Produktionsfähigkeit und zum anderen Investitionen in die Markterschließung erfordert, um die Chancen des wachsenden Marktes voll ausschöpfen zu können. Zu den Ausbaufeldern der Preussag zählen die Verkehrsdienstleistungen, der Energiebereich, der Anlagenbau und die Gebäudetechnik.

Um den komplexen internen und externen Anforderungen an die Unternehmung gerecht zu werden, werden Sonderaufgaben, die nicht dem Tagesgeschäft entsprechen, in Projektarbeit bewältigt. In auf Zeit zusammengestellten Projektteams arbeiten Fachleute aus verschiedenen Abteilungen und Bereichen an der Lösung komplizierter Aufgaben, um so die knappen Ressourcen optimal zu nutzen. Solche Sonderaufgaben können sowohl strategische Fragen als auch die Lösung von Problemen im operativen Bereich betreffen. Beispiele für derartige Teamarbeit sind die Bewertung von Akquisitionen oder die Beurteilung größerer Sachanlageinvestitionen.

6. Operative Planung mit Konzern-Ergebnis- und Konzern-Finanzplanung

6.1 Struktur der Planung

Die **Umsetzung der Konzernstrategie erfolgt in der operativen Mittelfristplanung**. Sie wird jährlich durchgeführt und erstreckt sich über **drei Planjahre**. Dabei hat **das erste Planjahr Budgetcharakter,** d. h. die Planentwicklung dieses Jahres unterliegt der späteren Kontrolle durch Plan/Ist-Vergleiche. Die Anforderung an die Genauigkeit und die Verbindlichkeit der Planung des Budgetjahres sind also besonders ausgeprägt (Abb. 8).

Für die von den Konzerngesellschaften zu leistende operative Planung gibt die Holding bestimmte, für alle Planungseinheiten gleiche Rahmendaten verbindlich vor, wie z. B. Indices für die Personalkostenentwicklung, Zinssätze und Wechselkurse. Auch ist das Planungsschema, in dem die Planungsergebnisse ihren Ausdruck finden, einheitlich und von der Holding vorgegeben (Abb. 9).

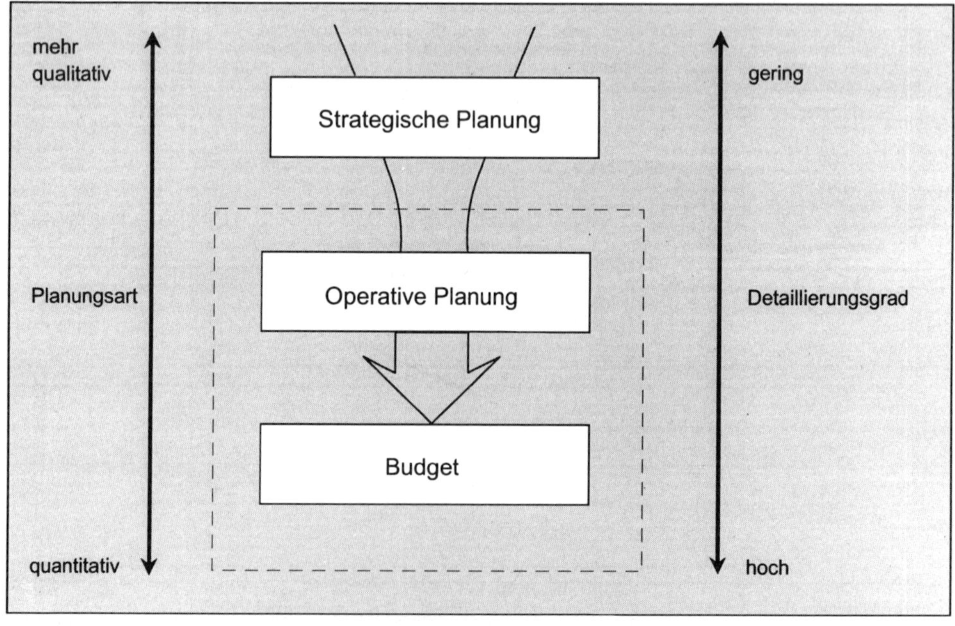

Abb. 8: Planung als Prozeß

1. Ausgangspunkt: Unternehmungskonzeption - generelle Zielsetzung und Strategie

2. Ergebnisplan

3. Absatzplan

4. Personalplan

5. Kapazitätsauslastungsplan

6. Investitionsplan

7. Forschungs- und Entwicklungsplan

8. Bilanz-, GuV-, Cash-Flow-Plan

9. Informationsverarbeitungsplan

Abb. 9: Elemente der operativen Unternehmungsplanung bei Preussag **PREUSSAG**

Das **Planungsschema** enthält neun unterschiedliche Elemente, die als Teilplanungen einzelner, wesentlicher Unternehmensaspekte anzusehen sind. Dabei kommen aus Holdingsicht neben der Unternehmungskonzeption der Ergebnisplanung, der Finanz- und Bilanzplanung sowie der Investitionsplanung besondere Bedeutung zu, da die Ergebnisse dieser Planungselemente die Basis für den quantitativen Konzernplan bilden. Die übrigen Planungselemente dienen unter unternehmensindividuellen Gesichtspunkten als ergänzende Informationen und vervollständigen die jeweilige Gesamtplanung der Konzerngesellschaft. Aus Holdingsicht werden diese Elemente vorzugsweise zur Beurteilung der Plausibilität der jeweiligen Planung herangezogen. Ihnen kommt je nach Tätigkeitsfeld der Konzerngesellschaften ein unterschiedliches Gewicht zu. So spielt z. B. die Absatzplanung für konsumnahe Produkte und für Handelsaktivitäten eine dominierende Rolle. Bei Unternehmungen mit einem differenzierten Produktionsprogramm kommt dagegen der Kapazitätsauslastungsplanung, bei Unternehmungen mit einer verfahrenstechnischen Ausrichtung (z. B. Umwelttechnik) der F + E-Planung wesentliche Bedeutung zu.

6.2 Planungs- und Kontrollrechnung in der operativen Planung

Die Planung und ihre Umsetzung spiegeln sich in der **Planungs- und Kontrollrechnung** wider. Die Abbildung 10 zeigt, ausgehend von dem Planungs- und Kontrollsystem im Preussag-Konzern, die **Ableitung der Wirtschaftlichen Ergebnisrechnung und der Cash-flow-Rechnung**. Zusätzlich orientiert sich das Controlling an Schlüsselgrößen wie Auftragseingang, Auftragsbestand, Nettoumlaufvermögen etc.

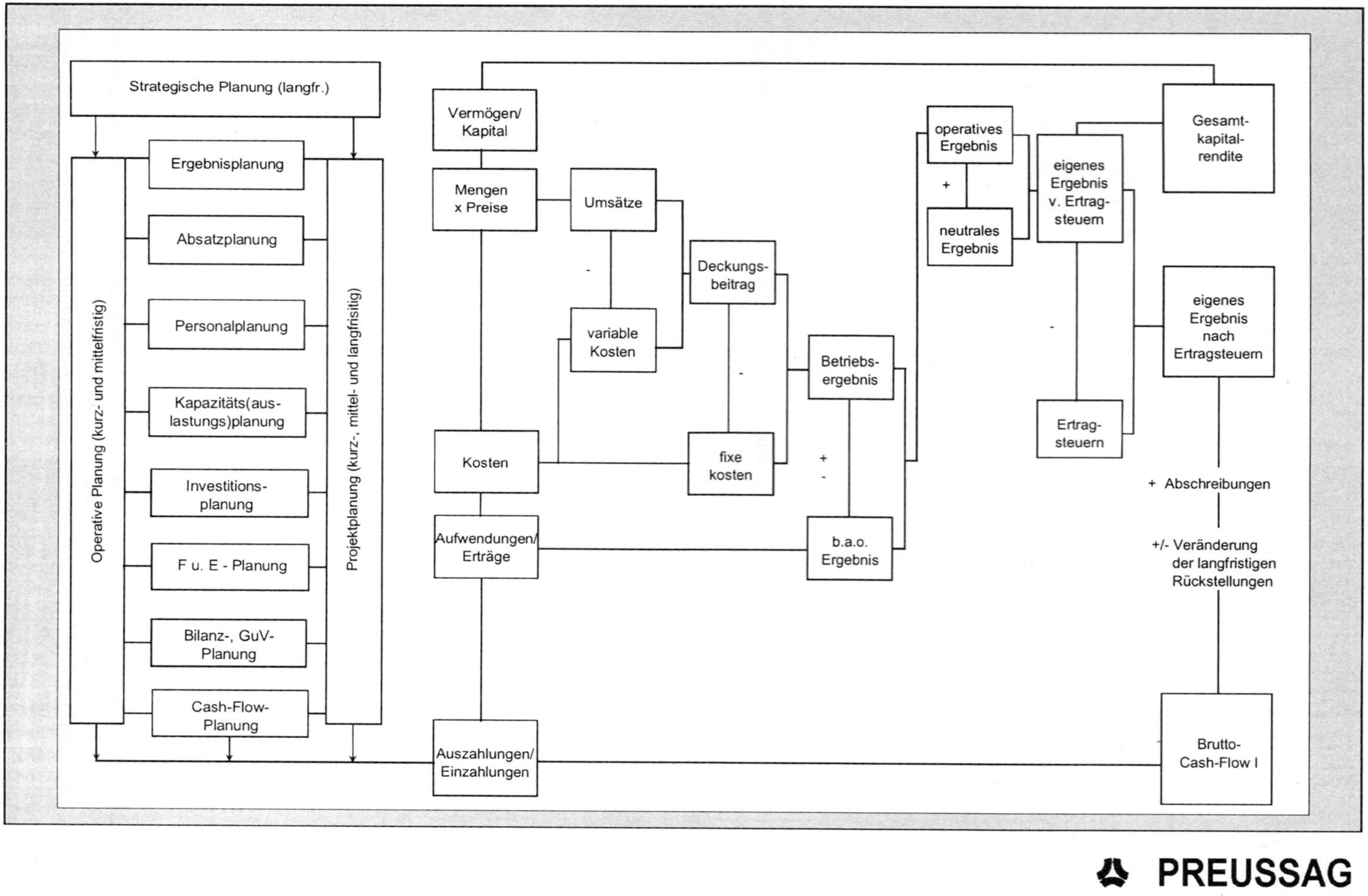

Strategische Planung (langfr.)

Operative Planung (kurz- und mittelfristig)

Ergebnisplanung
Absatzplanung
Personalplanung
Kapazitäts(auslastungs)planung
Investitionsplanung
F u. E - Planung
Bilanz-, GuV-Planung
Cash-Flow-Planung

Projektplanung (kurz-, mittel- und langfristig)

Vermögen/ Kapital
Mengen x Preise
Kosten
Aufwendungen/ Erträge
Auszahlungen/ Einzahlungen

Umsätze
-
variable Kosten
Deckungsbeitrag
-
fixe kosten
Betriebsergebnis
+ -
b.a.o. Ergebnis

operatives Ergebnis
+
neutrales Ergebnis
eigenes Ergebnis v. Ertragsteuern
-
Ertragsteuern
Gesamtkapitalrendite
eigenes Ergebnis nach Ertragsteuern
+ Abschreibungen
+/- Veränderung der langfristigen Rückstellungen
Brutto-Cash-Flow I

PREUSSAG

Abb. 10: Integrierte Planungs- und Kontrollrechnung der Preussag im Planungs- und Kontrollsystem je Gesellschaft

6.2.1 Wirtschaftliche Ergebnisrechnung

Die **wirtschaftliche Ergebnisrechnung** ist das zentrale operative Führungsinstrument im Rahmen des Controllings im Preussag-Konzern. Sie besteht aus der **periodischen Planungsrechnung** und aus einer **monatlichen Abweichungsanalyse** auf der Grundlage wichtiger Eckdaten sowie auf einer vierteljährlichen **mehrstufigen Fixkostendeckungsrechnung** nach dem Gesamtkostenverfahren.

Die konzerneinheitliche Darstellung der wirtschaftlichen Ergebnisrechnung dient hauptsächlich folgenden Zielen:

- Schaffung eines konzerneinheitlichen Planungs- und Controllinginstrumentariums (Management-Informationssystems) zur Unterstützung des Vorstandes bei der Führung des Konzerns
- Transparente Darstellung der wirtschaftlichen Entwicklung bei den Konzerngesellschaften als Voraussetzung für die Beurteilung der geschäftlichen Aktivitäten der einzelnen Gesellschaften, für die Erkennung von Problemfeldern und für die Einleitung gezielter Maßnahmen zur Gegensteuerung
- Einheitliche Begriffsverwendung innerhalb des Konzerns
- Aggregation von Teilen der wirtschaftlichen Ergebnisrechnung auf Konzernebene.

Die wirtschaftliche Ergebnisrechnung vermittelt ein Bild der Ergebnisbeiträge der einzelnen Leistungseinheiten, Produktarten und -gruppen oder organisatorischen Einheiten wie Teilbetriebe oder Niederlassungen. Es werden Ergebnisse aus dem eigentlichen betrieblichen Geschäft und dem sonstigen, außerordentlichen Geschäft ermittelt, wobei auch Deckungsbeiträge für die Leistungseinheiten, einzelne Produktarten bzw. Produktgruppen sowie für organisatorische Einheiten aufgezeigt werden.

Die Darstellung stufenweiser Deckung erlaubt Aussagen über Ergebnisänderungen bei Beschäftigungsschwankungen. Die einzelnen Deckungsbeiträge zeigen, inwieweit die Produkte, Produktgruppen und Bereiche in der Lage sind, die fixen Kosten in den verschiedenen Stufen zu decken. Die so gewonnenen Informationen dienen der Kosten- und Ergebnisbeeinflussung in der Mehrproduktunternehmung und ermöglichen im Rahmen eines Plan/Ist-Vergleiches eine gezielte Führung der Unternehmensbereiche, insbesondere bei Fehlentwicklungen.

Der formale Aufbau der wirtschaftlichen Ergebnisrechnung stellt sich wie folgt dar (Abb. 11 und 12):

Maßgebliches **Kriterium für die Zuordnung der Kosten** zu den einzelnen Kostenblöcken ist deren **Verhalten bei Beschäftigungsschwankungen.** Gleichzeitig wird einem zweiten Kriterium, nämlich der **verursachungsgerechten Zuordnung der Kosten**, Rechnung getragen. Während die **variablen Kosten** mit der Beschäftigung kurzfristig schwanken und damit eine hohe Anpassungsfähigkeit besitzen, verhalten sich die fixen Kosten von der Beschäftigung kurzfristig weitgehend unabhängig. Bei der Zuordnung der verschiedenen Kostenarten kann aus Vereinfachungsgründen der überwiegende Kostencharakter als ausschlaggebend verwendet werden.

Die **Fixkosten** sind in drei Blöcke unterteilt:

- direkte fixe Produktkosten
- indirekte fixe Produktkosten
- Unternehmungskosten.

Während die direkten fixen Produktkosten durch die Produktgruppe direkt verursacht werden und somit direkt zurechenbar sind, handelt es sich bei den indirekten fixen Produkt-

Produktgruppen (Rechnung je Produktgruppe) | Unternehmung

Leistung (brutto)

- variable Kosten
  - -Materialkosten (Wareneinsatz)
  - -Ausgangsfrachten
  - -Sondereinzelkosten des Vertriebs
  - -Fremdleistungen
  - -Lizenzgebühren (Stücklizenzen)
  - -Saldo der Auftragsfinanzierung

= **Deckungsbeitrag I (DB I)**

- direkte fixe Produktkosten
  - -Fertigungslöhne / Gehälter + Nebenkosten
  - -Konstruktionskosten
  - -Sondereinzelkosten der Fertigung

= **Deckungsbeitrag II (DB II)**

- indirekte fixe Produktkosten
  - -Gemeinkosten
    - -Materialgemeinkosten
    - -Fertigungsgemeinkosten
  - -kalkulatorische Kosten
    - -kalk. Abschreibungen auf Produktionsstätten und -anlagen
    - -kalk. Zinsen

= **Deckungsbeitrag III (DB III)**

- Unternehmungskosten
  - - Verwaltungs- und Vertriebsgemeinkosten

= **Betriebsergebnis**

+/- Betriebsbedingtes außerordentliches Ergebnis (b. a. o. - Ergebnis)

= **Operatives Ergebnis (nach Produktgruppen)**

+/- Neutrales Ergebnis

= **Eigenes Ergebnis (vor E-Steuern)**

- Ertragsteuer

= **Eigenes Ergebnis (nach E-Steuern)**

PREUSSAG

Abb. 11: Wirtschaftliche Ergebnisrechnung der Preussag

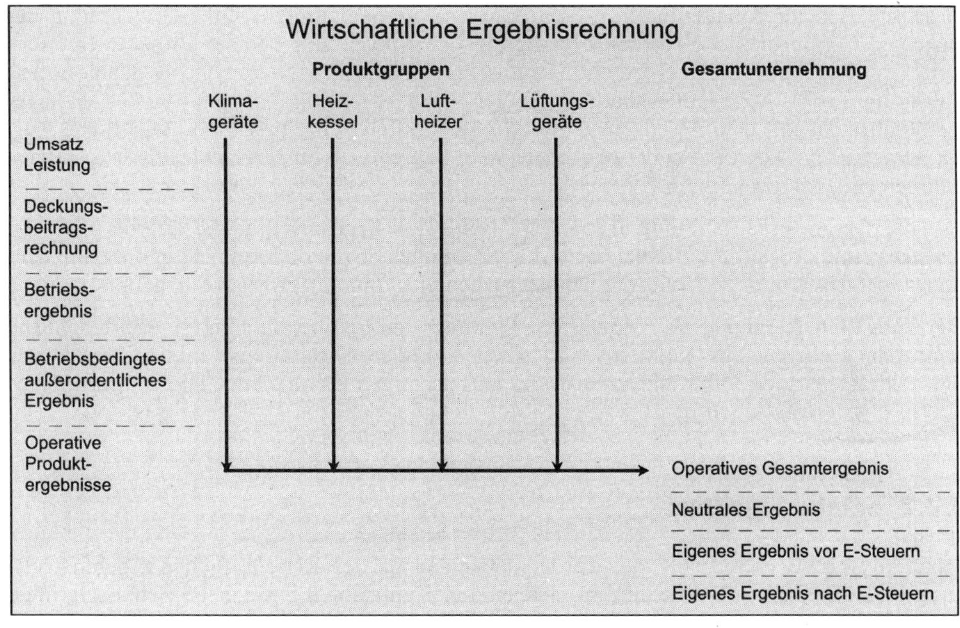

Abb. 12: Integrierte Unternehmungsrechnung der Wolf Klimatechnik (Unternehmung des Preussag-Konzerns)

kosten um Kosten für die Betriebsbereitschaft, die nur in einem mittelbaren Zusammenhang zur betrachteten Produktgruppe stehen. Eine Zuordnung ist nur über Schlüsselung möglich. Direkte fixe Produktkosten sind etwa Fertigungslöhne, direkt zurechenbare Hilfslöhne oder Konstruktionskosten. Zu den indirekten fixen Produktkosten zählen unter anderem Materialgemeinkosten, Fertigungsgemeinkosten und die zugehörigen kalkulatorischen Kosten.

Die Verrechnung von kalkulatorischen Abschreibungen und kalkulatorischen Zinsen soll dem Gedanken der Substanzerhaltung sowie einer angemessenen Verzinsung des betriebsnotwendigen Kapitals Rechnung tragen.

Die Unternehmungskosten sind keinem Teilbereich der Produktion und keiner Produktgruppe direkt zuzuordnen. Sie fallen – kurzfristig gesehen – weitgehend unabhängig von der Art und vom Umfang des Produktionsprogramms an. Die Hauptkostenarten sind Verwaltungs- und Vertriebsgemeinkosten. Die Verteilung dieser Kosten auf Produktgruppen erfolgt nur über plausible und nachvollziehbare Schlüssel.

Das auf diese Weise ermittelte **Betriebsergebnis** liefert ein Maß für den Erfolg des Produktes, der Produktgruppe etc. Unter Berücksichtigung der betriebsbedingten, außerordentlichen Aufwendungen und Erträge wie beispielsweise Wertberichtigungen, Risikorückstellungen, nicht direkt dem laufenden Produktionsprozeß zurechenbare Projektkosten u. a. ergibt sich das **operative Ergebnis** als zentrale Controllinggröße. Hier endet die Ergebnisrechnung für die einzelnen Produktgruppen.

Mit einer vom methodischen Ansatz vergleichbaren Rechnung begleiten die Gesellschaftscontroller in den vorzugsweise Großaufträge bearbeitenden Konzernunternehmungen – also

Gesellschaften im Anlagenbau, im Schiffbau und im Waggonbau – die Abwicklung der einzelnen Großprojekte (Projekt-Controlling). Die Abwicklung solcher Projekte erstreckt sich in der Regel über einen längeren Zeitraum und birgt in sich ein erhebliches Risikopotential für die ausführende Unternehmung. Daher ist die jederzeitige Information des Managements über das mit dem jeweiligen Abwicklungsstand erreichte bzw. voraussichtliche Auftragsergebnis notwendig, um bei zu erkennenden Fehlentwicklungen rechtzeitig Gegenmaßnahmen einleiten zu können.

Für die Gesamtunternehmung werden im **Neutralen Ergebnis** u.a. die kalkulatorischen Kosten eliminiert und die bilanziellen Abschreibungen sowie das Finanzergebnis hinzugefügt. Operatives und Neutrales Ergebnis ergeben zusammen das Eigene Ergebnis.

Die **Cash-Flow-Rechnung** als Element der Planungs- und Kontrollrechnung ermöglicht die finanzielle Führung des Konzerns und spiegelt das erwirtschaftete Finanzpotential der Betrachtungsperiode wider. Sie ist Basis des mittelfristigen Finanzplans. Die Ermittlung des Cash-Flows erfolgt nach dem in Abb. 13 aufgezeigten Schema.

6.2.2 Schlüsselgrößen

Zur Analyse des Geschäftsverlaufs werden neben den aus der wirtschaftlichen Ergebnisrechnung und der Cash-Flow-Rechnung abgeleiteten Kennzahlen zusätzliche **Schlüsselgrößen wie Auftragseingang, Auftragsbestand, Nettoumlaufvermögen, Saldo Finanzkonten und Gesamtkapitalrendite** herangezogen.

Einen Überblick über Kennzahlen und Schlüsselgrößen geben die Abbildungen 14a und 14b.

Für alle produzierenden und im Anlagenbau tätigen Unternehmungen ist die Entwicklung des Auftragseinganges und des Auftragsbestandes von zentraler Bedeutung. An der Entwicklung der Auftragseingänge lassen sich Veränderungen im Markt erkennen, die konjunkturell, wettbewerbsbedingt oder auch in einer Veränderung des Nachfragetrends begründet sein können. Auftragsbestand und Arbeitsvorrat liefern Informationen über die aktuelle und künftige Beschäftigungslage der Gesellschaft.

Das Nettoumlaufvermögen ist das Umlaufvermögen abzüglich der korrespondierenden Verbindlichkeiten. Es ist somit eine Schlüsselgröße zur Steuerung der Kapitalbindung aus dem operativen Geschäft.

Der Saldo Finanzkonten ist die Differenz aus verzinslichen Forderungen und Verbindlichkeiten. Er zeigt in summa, ob verzinsliche Guthaben oder Schulden bestehen.

Die Gesamtkapitalrendite als Maßstab für die Effizienz des Kapitaleinsatzes ergibt sich aus dem Eigenem Ergebnis (vor Ertragsteuern) und dem Zinsaufwand im Verhältnis zum Gebundenen Vermögen. Der Zinsaufwand wird durch Addition eliminiert, um die unterschiedliche Ausstattung der Konzerngesellschaften mit Eigenmitteln zu neutralisieren.

Angesichts der Vielfalt der Produkte und Leistungen des Preussag-Konzerns werden zur Beurteilung des Geschäftsverlaufs zusätzlich spezifische Kennziffern zur Analyse herangezogen, z.B. Rohstahlerzeugung, Metallpreise, Absatz- und Auslastungszahlen. Das Controlling in den operativen Einzelgesellschaften nutzt darüber hinaus weitere geschäftsspezifische Kennzahlen.

Die wirtschaftliche Ergebnisrechnung, die Cash-Flow-Rechnung sowie die wesentlichen, gemeinsamen Schlüsselgrößen stellen aus Konzernsicht die Mindestanforderung an eine einheitlich definierte, regelmäßige Berichterstattung der Konzerngesellschaften dar.

	Eigenes Ergebnis nach Ertragsteuern
+	Abschreibungen auf das Anlagevermögen
+	Anlagenabgänge (Buchwert der Abgänge)
-	Zuschreibungen auf das Anlagevermögen
+/-	Veränderung der Pensions- u. übr. langfr. Rückstellungen
+/-	Veränderung der Sonderposten mit Rücklageanteil
=	**Brutto-Cash-Flow I (nach Ertragsteuern)**
+/-	Veränderung der übrigen Rückstellungen
+/-	Veränderung der Vorräte (einschl. geleist. abzgl. erh. Anzahlungen)
+/-	Veränderung der Forderungen aus Lieferungen und Leistungen
+/-	Veränderung der übr. Forderungen und Vermögensgegenstände
+/-	Veränderung der Verbindlichkeiten aus Lieferungen und Leistungen
+/-	Veränderung der Verbindlichkeiten aus übr. erhaltenen Anzahlungen
+/-	Veränderung der übrigen Verbindlichkeiten
=	**Brutto-Cash-Flow II (nach Ertragsteuern)**

PREUSSAG

Abb. 13: Cash-Flow-Ermittlung

PREUSSAG		Planung 1995/96 bis 1997/98	Gesellschaft:		Fach: 2
Konzern-Controlling	Stand:	Wirtschaftliche Kennzahlen - Kurzübersicht	Bereich/Werk:	Beträge in:	Blatt: 1/1

Ist 1993/94	Plan 1994/95	Vorauss. Ist 1994/95	Bez. Nr.	Bezeichnung	Plan 1995/96	Plan 1996/97	Plan 1997/98
			10	Auftragseingang			
			14	Auftragseingang (von außen)			
			15	Auftragsbestand			
			19	Auftragsbestand (von außen)			
			20	Arbeitsvorrat (in TDM)			
			30	Gesamtumsatz (indiziert)			
			34	Außenumsatz			
			40	Leistung (brutto)			
			50	Betriebsergebnis			
			60	Operatives Ergebnis			
			70	Neutrales Ergebnis			
			80	Eigenes Ergebnis vor Ertragsteuern			
			82	Ertragsteuern			
			85	Eigenes Ergebnis nach Ertragsteuern			
			110	Belegschaft /Gesamtbel. (Durchschnitt)			
			115	Belegschaft /Gesamtbel. (30.09.)			
			140	Brutto-Cash-Flow I nach Ertragsteuern			
			150	Brutto-Cash-Flow II nach Ertragsteuern			
			200	Sachinvestitionen netto			
			210	Finanzinvestitionen			
			220	Bilanzielle Abschreibungen auf Sachanlagen			
			230	Bilanzielle Abschreibungen auf Finanzanlagen			

PREUSSAG

Abb. 14 a: *Preussag – Wirtschaftliche Kennzahlen I*

PREUSSAG		Planung 1995/96 bis 1997/98	Gesellschaft:		Fach: 2
Konzern- Controlling	Stand:	Wirtschaftliche Kennzahlen - Kurzübersicht	Bereich/Werk:	Beträge in:	Blatt: 1/2

Ist 1993/94	Plan 1994/95	Vorauss. Ist 1994/95	Bez. Nr.	Bezeichnung	Plan 1995/96	Plan 1996/97	Plan 1997/98
			240	Vorräte (ohne Berücksichtigung von Anzahlungen)			
			250	Forderungen aus Lieferungen und Leistungen			
			253	Gebundenes Anlagevermögen			
			255	Nettoumlaufvermögen			
			258	Gebundenes Kapital			
			259	Gebundenes Vermögen			
			260	I + R-Budget			
			300	Zinsaufwand			
			305	Saldo Finanzkonten 1)			
			313	Kalkulatorische Abschreibungen			
			316	Kalkulatorische Zinsen			
			320	Deckungsbeitrag I			
			20010	Gesamtkapitalrendite in % 2)			
			20020	Umsatzrentabilität in % (Z.80 / Z.30)			
			20030	Investitionsquote in % 3)			
			20040	Umschlagshäufigkeit der Vorräte (Z. 30 / Z. 240)			
			20050	Umschlagshäufigkeit der Forderungen (Z. 30 / Z. 250)			
			20060	Leistung je Beschäftigten (Z. 40 / Z. 90 , Fach 4, Blatt 1)			
			20070	Deckungsbeitrag I je Beschäftigten (Z. 320 / Z. 90 Fach 4)			
			20080	Umschlagshäufigkeit des geb. Vermögens (Z. 30 / Z. 259)			
			20090	Rentabilität der Fertigungstiefe in%			
			20100	Eigenkapitalquote in % 4)			
			20110	Exportquote in % 5)			

1) Saldo aus verzinslichen Forderungen (+) abzgl. verzinslichen Verbindlichkeiten (./.)
2) (Eigenes Ergebnis vor Steuern + Zinsaufwand)/ durchschnittlich gebundenes Vermögen
3) Sachinvestitionen brutto / Bilanzielle Abschreibungen
4) Eigenkapital / Bilanzsumme
5) Exportumsatz / Außenumsatz

PREUSSAG

Abb. 14 b: Preussag – Wirtschaftliche Kennzahlen II

6.2.3 Investitions- und Akquisitionsrechnung

Entsprechend ihrer hohen Bedeutung für die Konzernentwicklung und Steuerung der Konzernliquidität **unterliegen die Planungen von Investitions- und Akquisitionsvorhaben in den Konzerngesellschaften ebenfalls der Kontrolle und Steuerung durch das Konzern-Controlling-System**. Grundlage der hierfür im Planungsstadium anzuwendenden Investitions- und Akquisitionsrechnung bildet eine Konzern-Richtlinie, die konzerneinheitliche Beurteilungskriterien für solche Vorhaben vorgibt.

Zur Beurteilung von **Sachanlageinvestitionen** werden **Wirtschaftlichkeitsrechnungen nach der Kapitalwertmethode** durchgeführt. Durch Vorgabe des Kalkulationszinssatzes legt die Holding die Mindestanforderung an die Wirtschaftlichkeit der Investitionen fest. Neben der Rendite dienen auch die Kapitalrückflußzeit, Sensitivitätsrechnungen und – im Falle großer Vorhaben – qualitative Kriterien im Hinblick auf die strategische und operative Einordnung als Beurteilungskriterien.

Bei **Beteiligungsvorhaben** erfolgt die Wirtschaftlichkeitsbeurteilung aus der Sicht des Anteilseigners. Wie international üblich, wird hier **mit der internen Zinsfußmethode gearbeitet**.

Mit dem Investitions- und Akquisitions-Controlling soll sichergestellt werden, daß die Finanzmittel des Konzerns vorzugsweise in Geschäftsfelder mit hohen Ergebnispotentialen gelenkt werden.

7. Organisation von Planung und Controlling im Preussag-Konzern

7.1 Aufbauorganisation des Controllings

Das Controlling als wirksames Lenkungsinstrument des Konzerns bedingt, daß der **Controller organisatorisch jeweils im Vorstand oder in der Geschäftsführung einer Unternehmungseinheit vertreten ist**. So gehört der Chef-Controller der Führungsholding dem Vorstand der Preussag AG an. Der Controller einer Konzerngesellschaft (Gesellschaftscontroller) ist Mitglied der Geschäftsführung. Bei der Ausübung ihrer Controllingaktivitäten bedienen sie sich der Abteilung **Konzern-Controlling und Konzernentwicklung** in der Holding bzw. eines **Controllingbeauftragten** in der jeweiligen Konzerngesellschaft.

Diese Organisationsstruktur trägt folgenden Aspekten Rechnung:

- Das Controlling steht gleichgewichtig neben anderen Funktionsbereichen.
- Dem Gesellschaftscontroller sind sämtliche Informationen innerhalb der Konzerngesellschaft zugänglich.
- Aus Sicht der Holding ist durch die errichteten Informationssysteme eine ausreichende Transparenz der Geschäftsabläufe bei den Konzerngesellschaften gewährleistet.

Damit ist die wesentliche Voraussetzung für Effizienz und Wirksamkeit des Controllings geschaffen.

In der Preussag AG sind die Funktionen Planung, Controlling und Strategie aufgrund ihrer hohen Relevanz für die Konzernsteuerung dem Vorstandsvorsitzenden zugeordnet. Für die Ausführung steht ein Stab zur Verfügung, der intern nach dem Matrixprinzip organisiert ist (Abb. 15). Ihm gehören neben Bereichscontrollern, die jeweils für eine Gruppe von Konzerngesellschaften zuständig sind, weitere Controller an, die das Investitions- und Akquisitionscontrolling durchführen. Deren Tätigkeit erfolgt regelmäßig in Zusammenarbeit mit dem jeweilig zuständigen Bereichscontroller. Zur Lösung komplexer, bereichsübergreifender Aufgaben, die nicht dem Tagesgeschäft entsprechen, werden Projektteams zusammengestellt.

7.2 Ablauforganisation des Controllings

7.2.1 Ablauf des Planungsprozesses

Den Ablauf des Planungsprozesses zeigt Abbildung 16. Die Konzerngesellschaften reichen ihre Planung zu einem vorgegebenen Termin bei der Holding ein. Hier werden die Unterlagen zunächst auf Vollständigkeit, Plausibilität und Einhaltung der vorgegebenen Planungs-

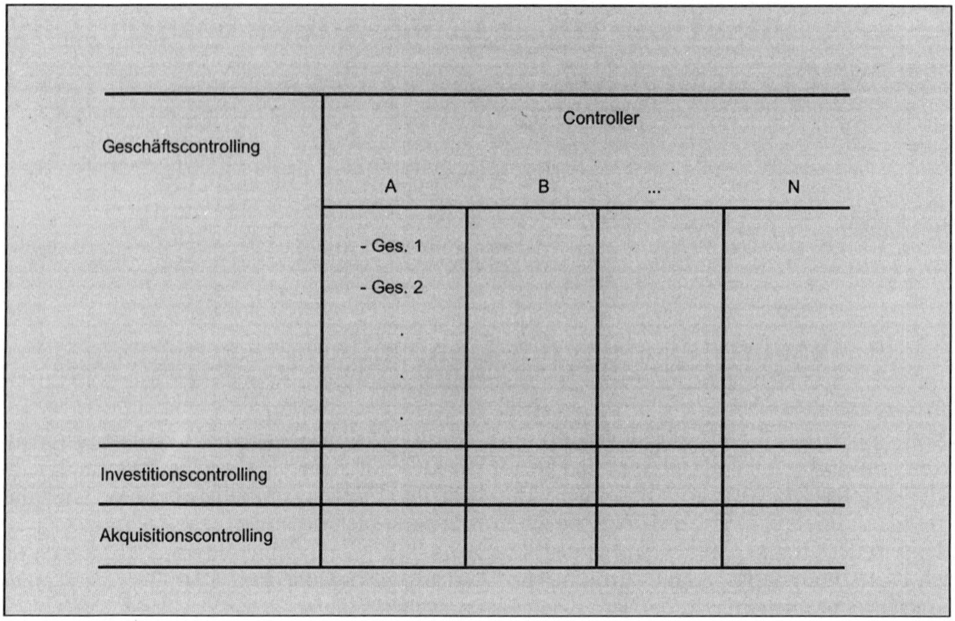

	Controller			
Geschäftscontrolling	A	B	...	N
	- Ges. 1 - Ges. 2 . . .			
Investitionscontrolling				
Akquisitionscontrolling				

PREUSSAG

Abb. 15: Organisation des Beteiligungscontrolling

systematik geprüft. Aus der dann folgenden Sachanalyse werden die wesentlichen Erkenntnisse, Fragen und Vorschläge in einem Diskussionspapier festgehalten.

Auf dessen Basis finden zum Ende der Planungsphase zwischen der Führungsholding (Konzern-Controller und Bereichsvorstand) und den Geschäftsleitungen der Konzerngesellschaften **detaillierte Planungsgespräche** statt. Dabei stellt die Geschäftsführung die wirtschaftliche Situation der Gesellschaft und – darauf aufbauend – ihre Pläne dar. In der Diskussion über den bisherigen und zukünftigen Geschäftsverlauf werden alle wesentlichen Entwicklungen sowie damit verbundene Maßnahmen hinterfragt und auf ihre Realisierbarkeit hin geprüft. Die Gespräche werden vom Konzern-Controller geleitet.

Bei diesen Gesprächen werden auch die **Zielvereinbarungen** getroffen, die später die Grundlage für die Bemessung der Geschäftsleitungstantiemen bilden. Diese **Anbindung der Managementvergütung an die verbindliche Zielvereinbarung ist das Kernstück der zielorientierten Führungsphilosophie des Konzerns**.

Die Abteilungen Konzern-Controlling und Konzernentwicklung erstellen nach Abschluß der Planungsgespräche den **Konzernplan**. Er wird vom Gesamtvorstand der Preussag AG verabschiedet und danach dem Aufsichtsrat zur Zustimmung vorgelegt.

Die Jahresplanung wird durch Monats- und Quartalspläne für das 1. Planjahr ergänzt. Damit liegt gleichsam ein Fahrplan vor, der als Bezugsgröße und Maßstab für die Ist-Abrechnungen und die Plan/Ist-Vergleiche im Verlauf des Jahres dient.

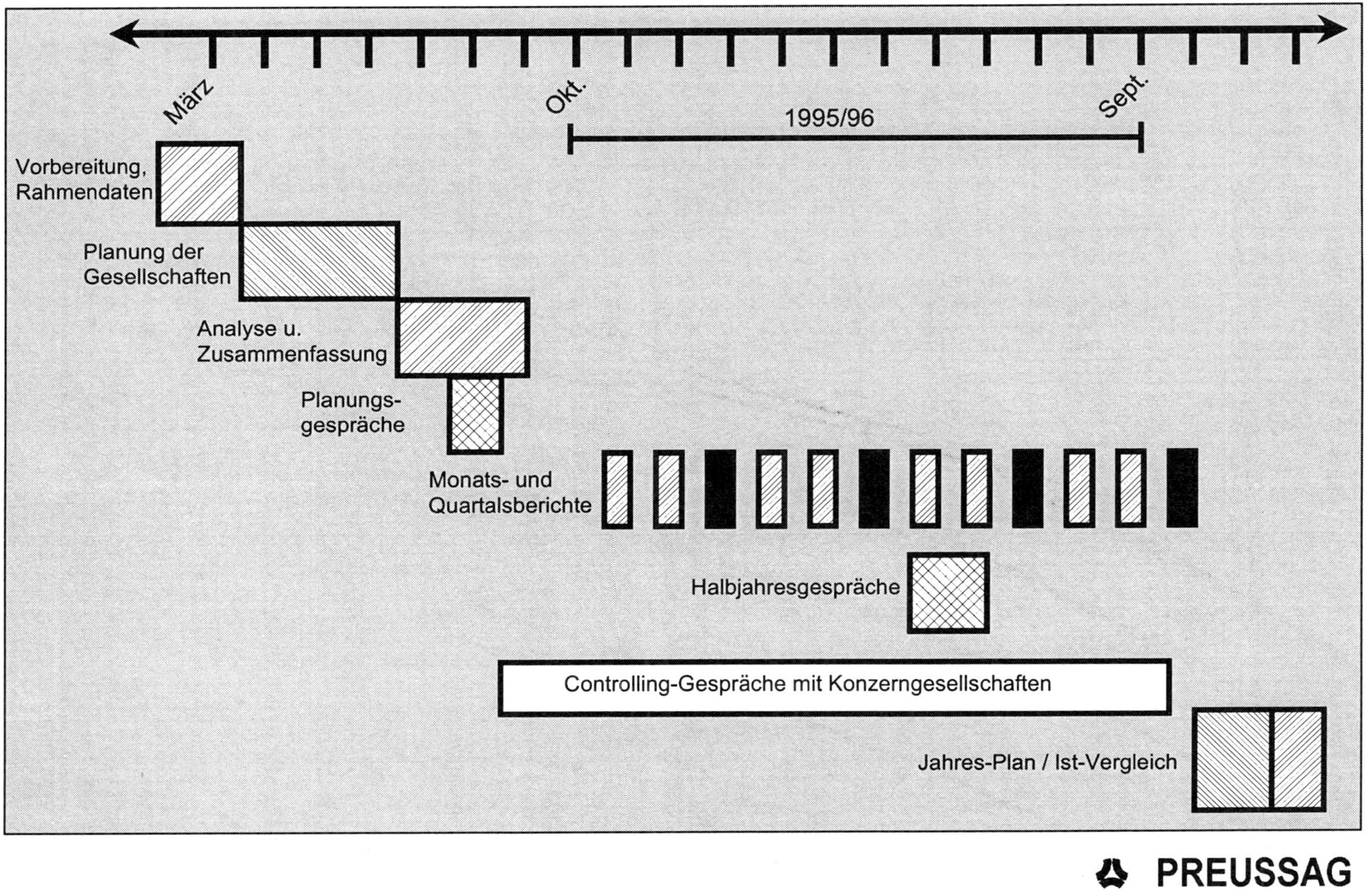

Abb. 16: Zeitlicher Ablauf von Planung und Controlling der Preussag

7.2.2 Plan/Ist-Vergleiche, Analysen und Ergebnisbesprechungen

Während des Geschäftsjahres erfolgen regelmäßig im Rahmen von Plan/Ist-Vergleichen aktuelle Standortbestimmungen und Kursüberprüfungen. Die Plan/Ist-Vergleiche werden monatlich durchgeführt.

Die **monatliche Berichterstattung der Gesellschaften an die Holding** erfolgt in zwei Stufen:

- Am 5. Arbeitstag jeden Monats melden die Gesellschaften Auftragseingang und Auftragsbestand, Umsatz und Belegschaftsdaten des vergangenen Monats.
- Am 15. Arbeitstag werden alle wesentlichen Kennzahlen und Schlüsselgrößen sowie ein Ereignisbericht übermittelt, der die wichtigsten Vorgänge im Berichtsmonat darstellt.

Zusätzlich zum Monats-Plan/Ist-Vergleich werden **quartalsweise tiefergegliederte Abweichungsanalysen** durchgeführt. Sie enthalten als wesentlichen Bestandteil die komplette Wirtschaftliche Ergebnisrechnung der jeweiligen Konzerngesellschaft und ihrer einzelnen Produktgruppen. Hinzu kommt eine analytische Vorschau auf die weitere Entwicklung bis zum Geschäftsjahresende. Die hierbei ermittelten Eckdaten werden als Voraussichtliches Ist bezeichnet. Bei besonderen Ereignissen ist das Voraussichtliche Ist zeitnah zu erstellen.

In der Holding werden die Ist-Daten und das Voraussichtliche Ist nach den Konzernbereichen zusammengefaßt und den Plan-Daten sowie den entsprechenden Vergleichszahlen des Vorjahres gegenübergestellt. Die so verdichteten Informationen werden dem Gesamtvorstand der Preussag AG kommentiert zur Kenntnis gegeben.

Bei wesentlichen Abweichungen und drohenden Fehlentwicklungen sind tiefergehende Analysen durchzuführen. Gegebenenfalls werden vor Ort mit der Geschäftsleitung der jeweiligen Konzerngesellschaft Controlling-Gespräche über Maßnahmen zur Gegensteuerung geführt und Maßnahmenkataloge aufgestellt.

Nach Ablauf des ersten Geschäftshalbjahres führt der Konzern-Controller mit dem zuständigen Bereichsvorstand und den Geschäftsleitungen der Konzern-Gesellschaften Ergebnisbesprechungen. Hauptpunkte sind der Verlauf des ersten Geschäftshalbjahres sowie der Ausblick auf das Jahresergebnis. Meßlatte sind dabei neben den Planzahlen auch die in der Planung vorgesehenen Strategien und Maßnahmen sowie sonstige im Planungsgespräch getroffene Zielvereinbarungen. Sofern die Unternehmungssituation es erfordert, werden in den Gesprächen ggf. auch Vereinbarungen über zu ergreifende Maßnahmen und Kurskorrekturen getroffen.

7.3 Investitions- und Akquisitions-Controlling

Mit der Verabschiedung des Investitionsbudgets im Rahmen der Planung der Konzerngesellschaften ist nicht zugleich die Bewilligung für die darin enthaltenen Einzelvorhaben verbunden. Vielmehr müssen die Gesellschaften im Laufe des Geschäftsjahres die zur Realisierung anstehenden Investitionsprojekte oberhalb einer vom Vorstand der Preussag AG festgelegten Wertgrenze bei der Holding zur Prüfung vorlegen. **Hier werden die Investitionsvorhaben unter strategischen, technischen und wirtschaftlichen Aspekten geprüft.** Die Abteilung Konzern-Controlling legt dem Konzern-Controller und dem jeweils zuständigen Bereichsvorstand eine Entscheidungsvorlage zur Zustimmung vor.

Investitionen unterhalb der festgelegten Wertgrenze für Einzelprojekte werden mit der Zustimmung zur Planung als Summe freigegeben. Die Disposition über die Mittel liegt in der Verantwortung der Gesellschaften, die sich aber auch in diesen Fällen an der Investitionsrichtlinie zu orientieren haben.

Der **Erwerb oder Verkauf von Beteiligungen bedarf in jedem Falle der Genehmigung des Gesamtvorstandes der Preussag AG.** Die entsprechenden Anträge werden in der Regel von Konzerngesellschaften gestellt. Nur in Ausnahmefällen geht die Initiative zum Erwerb oder Verkauf einer Beteiligung von der Holding selbst aus.

Jeder Beteiligungserwerb setzt die Prüfung der strategischen Bedeutung, der wirtschaftlichen Perspektiven und der Steuer- und Finanzaspekte voraus. Die Abschlüsse der vergangenen Jahre und die Bilanz bzw. die Gewinn- und Verlustrechnung zum Übertragungstermin sind von Wirtschaftprüfern zu begutachten. Für Unternehmungsbewertungen schaltet der zuständige Bereichsvorstand die relevanten Fachabteilungen der Holding ein und legt dem Preussag-Vorstand eine abgestimmte Entscheidungsvorlage zur Zustimmung vor.

8. Entwicklungstendenzen

Das Planungs- und Kontrollsystem des Preussag-Konzerns in seiner heutigen Form hat sich sowohl aus Holdingsicht als auch in den Konzerngesellschaften bewährt. Aufgrund der sich ändernden Umweltbedingungen und der internen Anforderungen im Konzern ist es dennoch erforderlich, das Planungs- und Kontrollsystem entsprechend weiterzuentwickeln. Grundsätzlich bleibt die weitere Vertiefung der Konzernführungsphilosphie i.S. zielorientierten Handelns auf allen Konzernebenen eine zentrale Aufgabe.

Infolge der Internationalisierung der sich rasch wandelnden Märkte und des zunehmenden Wettbewerbs muß den strategischen Aspekten noch stärker Rechnung getragen werden. Hier gilt es, die Instrumentarien des strategischen Controllings zu verbessern, speziell im Hinblick auf die Weiterentwicklung strategischer Frühwarnsysteme, Portfoliokonzepte, Potential- und Sensitivitätsanalysen. Außerdem sind diese Instrumente mit den Anforderungen des operativen Controlling enger zu verknüpfen.

Für die Weiterentwicklung der genannten Systeme sind entsprechend qualifizierte Mitarbeiter erforderlich. Daher sind im Preussag-Konzern für das Controlling gezielte Ausbildungs- und Weiterentwicklungsprogramme entwickelt worden. Dieses schließt auch den Austausch der Controllingmitarbeiter zwischen den Gesellschaften und der Holding ein, der künftig intensiviert werden soll.

Teil X

Unternehmensplanung und Führungssystem bei Haniel

Dr. Ernst Alers
Mitglied des Vorstands der Franz Haniel & Cie. GmbH

1. Die Unternehmens- und Führungsstruktur bei Haniel

1.1 Die Haniel-Gruppe und ihre Tätigkeitsfelder

1.1.1 Die Muttergesellschaft Franz Haniel & Cie. GmbH in Duisburg-Ruhrort Vom Stammhaus zur Führungs-Holding eines dezentral organisierten Unternehmens

Die Geschichte der Franz Haniel & Cie. GmbH geht auf das Jahr 1756 zurück, als der preußische König Friedrich der Große dem Kaufmann Jan Willem Noot erlaubte, als erstes Gebäude außerhalb der Stadtmauern Ruhrorts ein „Packhaus" zu errichten. In diesem Stammhaus der Familie Haniel betrieb Jacob Wilhelm Haniel, der Noots Tochter Aletta geheiratet hatte, ein Handels- und Transportgeschäft. Hier wurde auch ihr Sohn Franz Haniel am 20. November 1779 geboren, der dem heutigen Unternehmen seinen Namen gab.

Franz Haniel darf sicherlich zu den bedeutenden Gründerpersönlichkeiten des beginnenden Industriezeitalters gerechnet werden. Er baute nicht nur seine Firma mit Handels- und Transportaktivitäten – insbesondere im Kohlehandel und in der Binnenschiffahrt – ständig aus, sondern war auch Mitbegründer und Unternehmer der späteren Gutehoffnungshütte in Oberhausen. Er erreichte im Kohlebergbau den Übergang vom Stollenabbau zur Gewinnung mittels Tiefschachtanlagen, förderte das beginnende Eisenbahnwesen, baute auf eigener Werft die ersten eisernen Rheinschiffe und war mitverantwortlich für die Entwicklung des Ruhrorter Hafens zum größten Binnenhafen Europas.

Als Franz Haniel 89jährig 1868 in seinem Geburtshaus starb, hinterließ er für seine Nachfahren ein breites unternehmerisches Feld. Die Handels- und Transportaktivitäten – also ohne die Interessen im Bergbau, in der Eisen- und Stahlindustrie sowie im Maschinenbau – wurden 1870 in der offenen Handelsgesellschaft Franz Haniel et Comp. zusammengefaßt. Diese übertrug ihre Geschäfte auf die am 22. Juni 1917 neu gegründete Kapitalgesellschaft Franz Haniel & Cie. GmbH.

Trotz Beeinträchtigung durch die Folgen des ersten Weltkriegs konnte die Gesellschaft in den folgenden zwei Jahrzehnten in der Rhein- und Seeschiffahrt, im deutschen und internationalen Kohlehandel, im Treibstoffhandel sowie im Handel mit sonstigen Produkten eine, wenn auch bescheidene, so doch gesunde Entwicklung nehmen. Den zweiten Weltkrieg überstand Haniel mit erheblichen Kriegsverlusten stark angeschlagen. Dennoch konnte anläßlich der Währungsreform von 1948 das Kapital der GmbH im Verhältnis 1:1 von Reichsmark auf 10 Millionen Deutsche Mark umgestellt werden. Mit dieser geringen Kapitalausstattung wurde der Wiederaufbau der zerstörten und verlorenen Geschäfte begonnen und damit die Basis für eine inzwischen sehr erfolgreiche Entwicklung des Unternehmens gelegt.

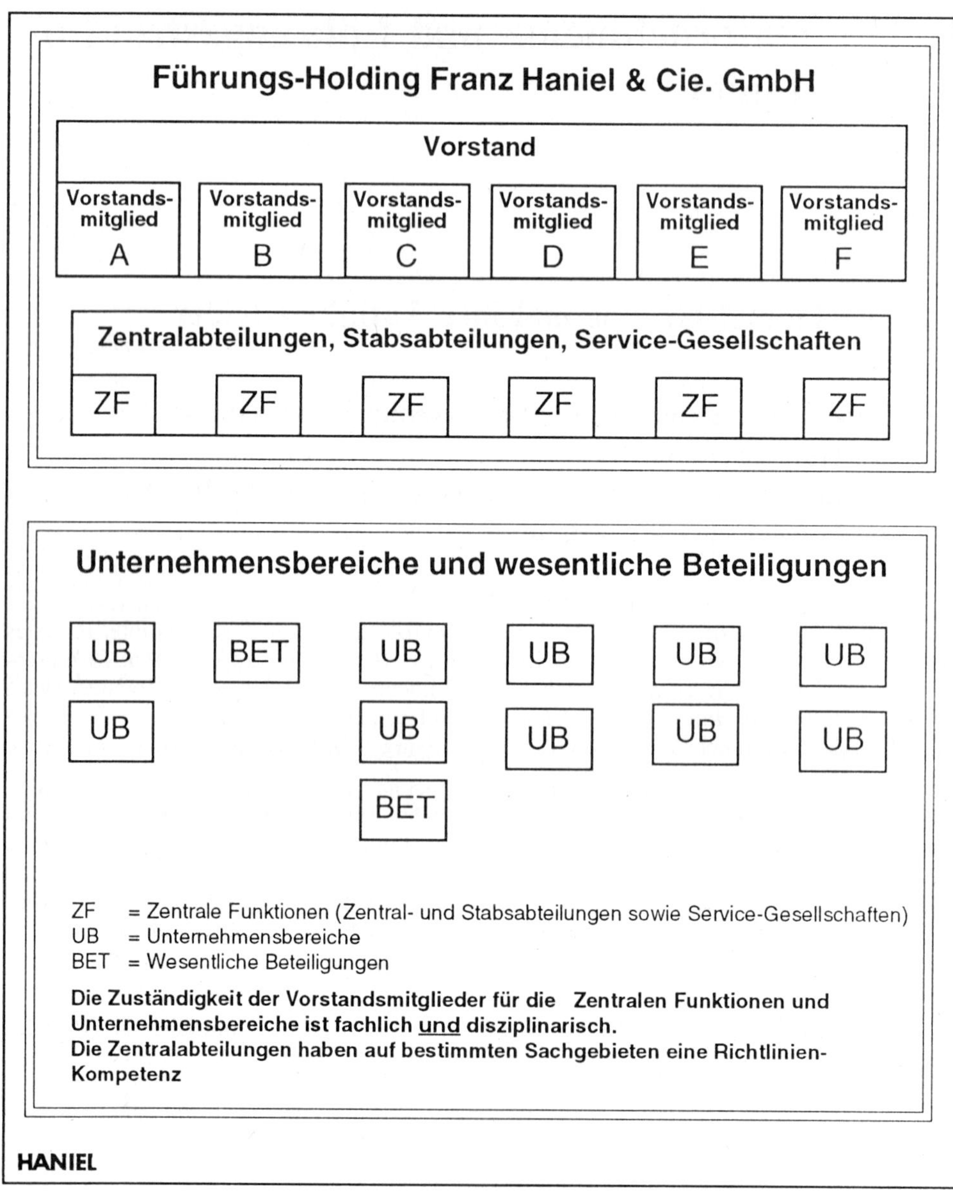

Abb. 1: Schema der Unternehmens-Organisation ab 1980

In einem kontinuierlichen Strukturwandel hat sich seitdem das Bild des Unternehmens vollständig verändert. Ehemalige Kerngeschäfte wurden zum Teil aufgegeben, andere umstrukturiert; viele neue Geschäfte wurden hinzugefügt, insbesondere durch Akquisitionen, aber auch durch Eigenentwicklung (siehe hierzu die Übersicht in Kap. 7.1.2). **„Fortschritt aus Tradition"**, so hieß und heißt die Maxime, der sich die Handelnden bei Haniel verpflichtet fühlen und damit das Unternehmen auf die sich ständig wandelnden Herausforderungen der Märkte einstellen.

Im Zuge der Umstrukturierung der Geschäftsfelder wurde auch eine Änderung der Funktion der Franz Haniel & Cie. GmbH notwendig. Im Laufe der Jahrzehnte hatte sich aus dem ursprünglichen Stammhaus-Konzept (etwa bis 1917) eine Mischung aus Stammhaus-Holding und Führungs-Holding ergeben. Diese nicht eindeutige Organisationsform führte bei wachsender Zahl der Geschäftsfelder zwangsläufig zu Reibungsverlusten. Deshalb wurden Ende 1979 alle bis dahin noch in der Franz Haniel & Cie. GmbH angesiedelten operativen Einheiten ausgegliedert und verselbständigt. Ferner wurden die zahlreichen, direkt an die Holding berichtenden, spartenbezogenen Tochtergesellschaften zu Unternehmensbereichen zusammengefaßt. Im Geschäftsbericht für das Jahr 1979 heißt es hierzu:

„**Neuordnung der Unternehmensbereiche**

Zum Jahreswechsel 1979/80 führten wir eine Änderung der Unternehmensorganisation mit dem Ziel durch

- die Franz Haniel & Cie. GmbH stärker auf die Führungs-, Planungs- und Kontrollfunktionen zu konzentrieren
- die bisher in rechtlich selbständige Gesellschaften gegliederten Sparten zu Unternehmensbereichen zusammenzufassen und den Geschäftsführungen dieser Unternehmensbereiche größere Verantwortung und Entscheidungsbefugnis zu übertragen.

Die Zuständigkeit der Unternehmensbereiche erstreckt sich auf das Inland und Ausland."

Seitdem ist die Franz Haniel & Cie. GmbH eine reine Führungs-Holding. Das bis heute unveränderte Schema der Unternehmens-Organisation ist aus der Abb. 1 ersichtlich.

1.1.2 Die Unternehmensbereiche und ihre Geschäftsfelder

Die derzeitigen Aktivitäten der Haniel-Gruppe ergeben sich zusammengefaßt aus der Abb. 2. Demnach lassen sich die Aktivitäten wie folgt darstellen:

Haniel
- leistet Dienste im Bereich der Waschraumhygiene,
- handelt und recycelt Rohstoffe für die Edelstahlindustrie,
- stellt Pharmaprodukte her,
- beliefert im Pharmagroßhandel die Apotheken,
- liefert und wartet medizinische Geräte und Artikel für die häusliche Krankenpflege und für die Rehabilitation,
- versendet im Katalog-Versandhandel Büro- und Betriebseinrichtungen,
- erstellt und vertreibt Verankerungs-, Befestigungs- und Montagesysteme für die Bauindustrie,
- produziert Hoch- und Tiefbaustoffe und handelt damit,
- führt technische Dienstleistungen verschiedenster Art aus, vornehmlich in der Industrie-Reinigung, im Kanal- und Rohr-Service, in der Kanalsanierung,
- erbringt Sanierungsdienstleistungen, insbesondere in der Brandschadensanierung,
- betätigt sich im Öko-Consulting, vornehmlich in der Wasser- und Bodenuntersuchung,
- betreibt Wertstoffrecycling mit Altmaterial aller Art,
- bietet Verkehrssicherheits-Service auf Autobahnen und Fernstraßen an,
- transportiert Güter in der Binnenschiffahrt und Seeschiffahrt sowie mit der Beteiligungsgesellschaft Thyssen Haniel Logistic zu Land, zu Wasser und in der Luft,
- distribuiert im Schnell-Lieferdienst alle erdenklichen eiligen Güter, insbesondere für die Pharma-, Kosmetik- und Unterhaltungsbranche,
- vertreibt Food- und Non-Food-Produkte mit der Minderheitsbeteiligung Metro.

Franz Haniel & CIE. GmbH
Duisburg - Ruhrort

CWS

CWS International AG
Baar bei Zug / Schweiz
Waschraumhygiene

ELG Haniel GmbH
Duisburg
Recycling und Bearbeitung von Rohstoffen für die Edelstahlindustrie sowie internationaler Handel mit Metallrohstoffen und Legierungen

GEHE

GEHE AG
Stuttgart
Pharma-Großhandel, Pharma-Produktion, Gesundheitsdienste Versandhandel von Büro- und Betriebseinrichtungen

HALFEN GmbH & Co. KG
Düsseldorf
Herstellung und Vertrieb von Verankerungs-, Befestigungs- und Montagesystemen für die Bauindustrie

HANIEL

Haniel Baustoff-Industrie GmbH
Duisburg
Gewinnung und Herstellung von Hoch- und Tiefbaustoffen, Baustoffhandel

HANIEL

Haniel Envirotec GmbH
Duisburg
Umwelt-Service, Brand- und Wasserschadensanierung, Öko-Consulting und Recycling

HANIEL

Haniel Industrie-Service GmbH
Duisburg
Industrie-Reinigung, Kanal- und Rohr-Service, Kanal-Sanierung, Montan-Dienstleistungen, Industrie-Logistik und Verkehrssicherheits-Systeme

HANIEL

Haniel Reederei Holding GmbH
Duisburg
Binnenschiffahrt

OPDR HAMBURG

Oldenburg-Portugiesische Dampfschiffs-Rhederei GmbH
Hamburg
Seeschiffahrt

trans-o-flex Schnell-Lieferdienst AG
Weinheim
Schnell - Lieferdienste

METRO

Metro-Deutschland
Düsseldorf
(Beteiligung 33 1/3 %)
Selbstbedienungs-Großhandel, und Einzelhandel

Thyssen Haniel Logistic GmbH
Duisburg
(Beteiligung 33 1/3 %)
Spedition, See-, Luft,- und Landtransporte, Distributions-logistik, Binnenschiffahrt

HANIEL

Stand: 1.1.1995

Abb. 2: Zur Haniel-Gruppe gehören:

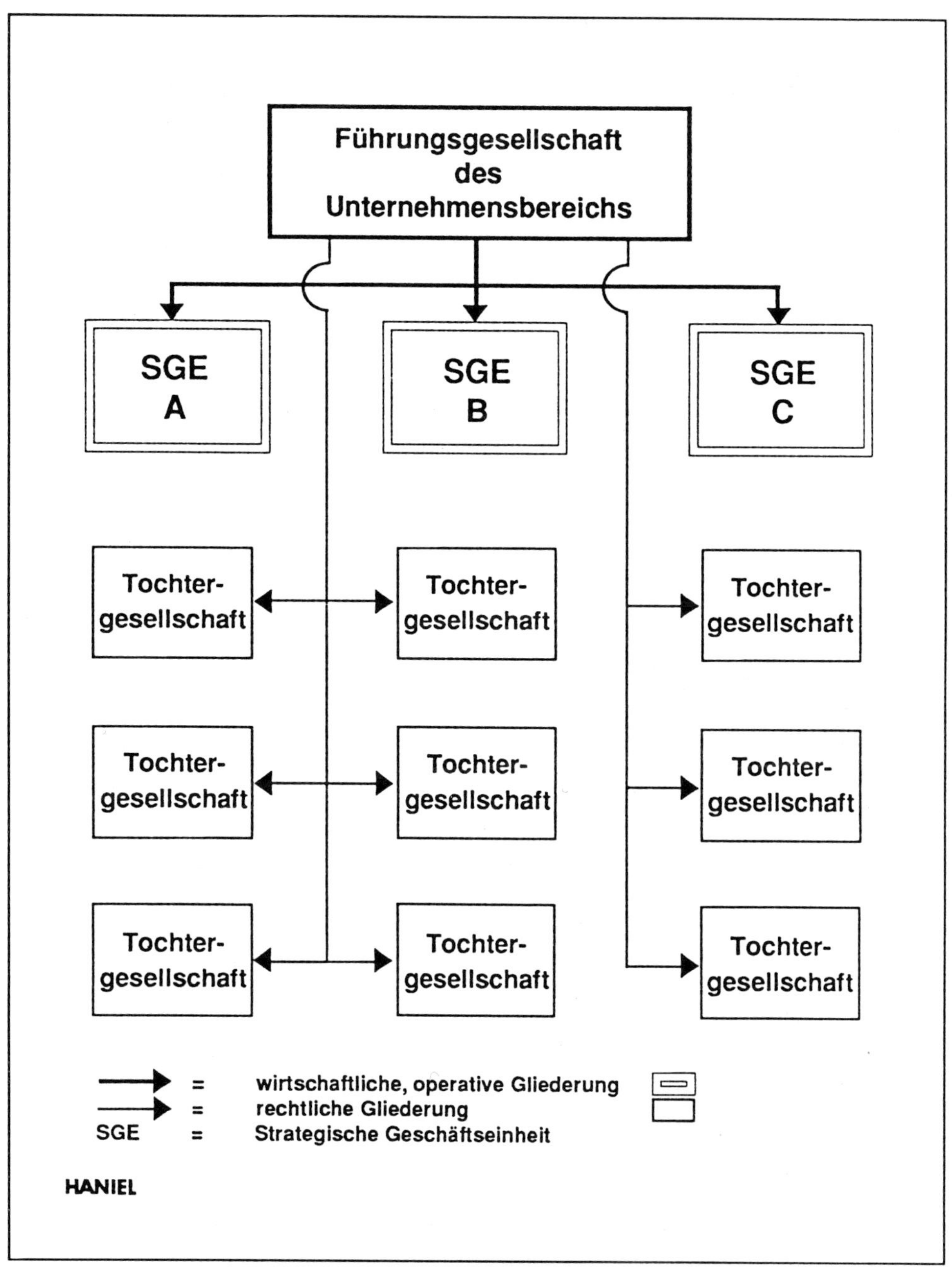

Abb. 3: Wünschenswerte Organisationsstruktur der Unternehmensbereiche

Die dargestellten zehn Unternehmensbereiche (UB) und zwei Drittelbeteiligungen sind nicht als jeweils nur ein Geschäftsfeld anzusehen, sondern umfassen überwiegend mehrere Geschäftsfelder, die in der Planungssprache bei Haniel als „Strategische Geschäftseinheiten" (SGE) bezeichnet werden. Die Geschäftsfelder sind nicht generell mit der rechtlichen Gliederung der Unternehmensbereiche identisch; jedoch wird nach Möglichkeit versucht, die rechtlichen Einheiten so zu organisieren, daß sie eindeutig den Geschäftsfeldern bzw. Strategischen Geschäftseinheiten zugeordnet werden können (siehe hierzu Abb. 3).

Aus den ehemals privaten Geschäftsaktivitäten des Unternehmers Franz Haniel ist ein modernes Dienstleistungsunternehmen entstanden, das seine Besonderheit darin aufweist, immer noch als **Familienunternehmen** geführt zu werden.

1.2 Die Führungs-Organisation des Familienunternehmens Haniel

1.2.1 Gesamtübersicht der Führungsebenen

Die Führungsstruktur des Haniel-Konzerns ergibt sich im Gesamtüberblick aus Abb. 4.

Oberstes Organ der Franz Haniel & Cie. GmbH ist die Gesellschafterversammlung. Sie ist dem Vorstand gegenüber zu Weisungen befugt. Gesellschafter sind die Nachkommen von Franz Haniel und seines Bruders Gerhard Haniel. Zur Zeit (Anfang 1995) ist die Zahl der Mitglieder der Familien-Gesellschafter auf über 400 angewachsen und zeigt sich wegen des Generationenfortschritts stetig weiter steigend.

Die Gesellschafterversammlung bestellt einen Familien-Beirat mit 30 Mitgliedern. Der Beirat hat keine Weisungsbefugnisse gegenüber dem Vorstand, sondern lediglich eine beratende Funktion. Im übrigen trägt er zur guten Kommunikation zwischen Gesellschaft und Gesellschaftern bei.

Die Gesellschaft hat einen Aufsichtsrat, der sich aufgrund der Zahl von mehr als 10.000 Mitarbeitern im Inland nach Maßgabe des Mitbestimmungsgesetzes aus je acht Vertretern der Anteilseigner und der Arbeitnehmer zusammensetzt. Den Vorsitz im Aufsichtsrat hatte bisher jeweils ein Mitglied der Familie Haniel.

Der Vorstand der Führungs-Holding Franz Haniel & Cie. GmbH besteht satzungsgemäß aus mehreren Personen. Er wird vom Aufsichtsrat bestellt. Die Mitglieder des Vorstands tragen gemeinschaftlich die Verantwortung für die gesamte Unternehmensführung. Unbeschadet dieser Gesamtverantwortung leitet jedes Vorstandsmitglied den ihm gemäß Geschäftsverteilungsplan zugewiesenen Geschäftsbereich selbständig. Dem Vorsitzenden des Vorstands obliegt u. a. die Organisation und Koordination des Dienstverkehrs zwischen Vorstand einerseits und Aufsichtsrat, Beirat und Gesellschaftern andererseits.

Die Geschäftsführungen der Unternehmensbereiche werden durch den Vorstand der Franz Haniel & Cie. GmbH oder – soweit wegen der Mitarbeiteranzahl ein mitbestimmter Aufsichtsrat existiert – durch diesen berufen. Ihnen obliegt die operative Führung der Unternehmensbereiche und ihrer Strategischen Geschäftseinheiten.

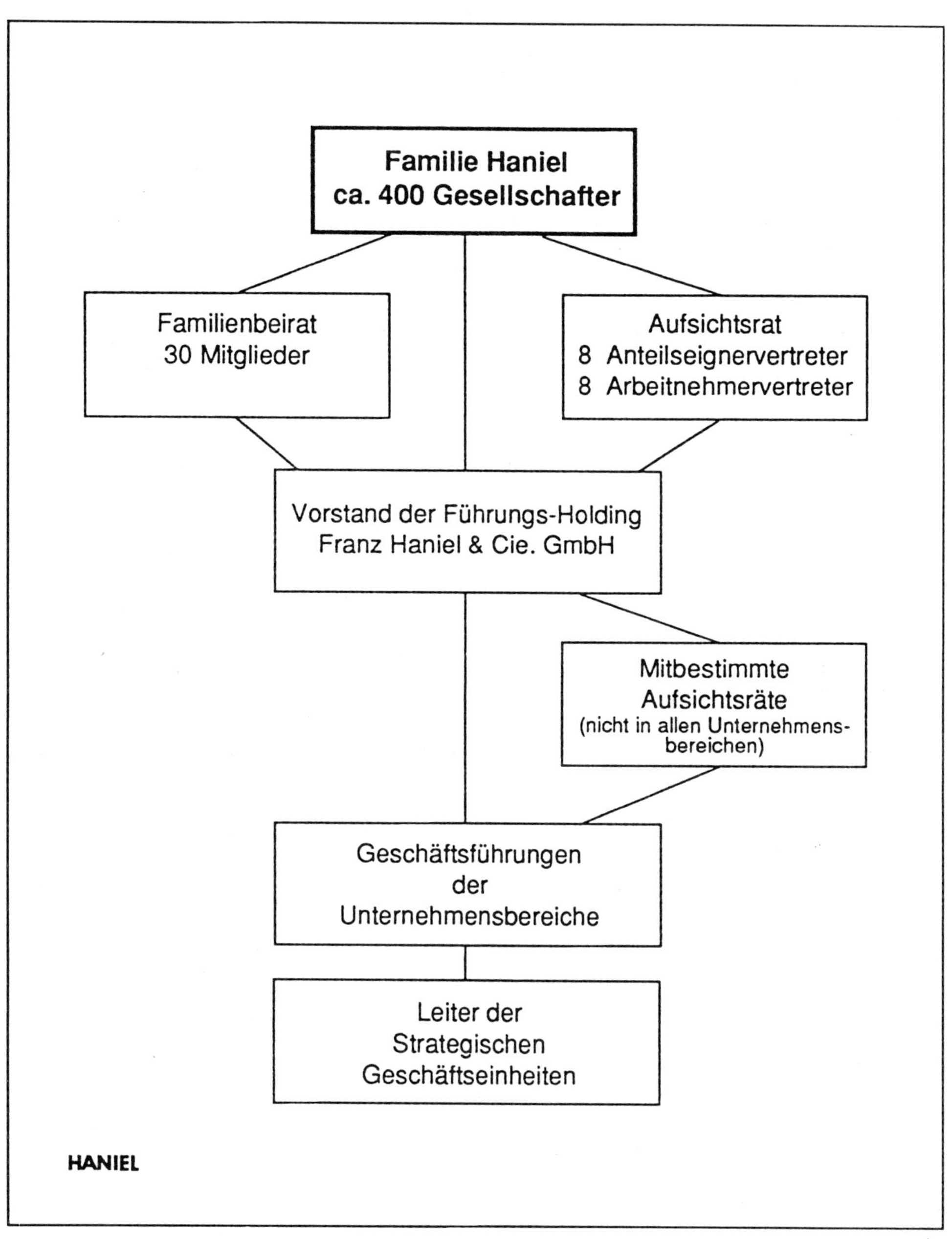

Abb. 4: Führungsstruktur des Haniel-Konzerns

1.2.2 Einflußnahme der Familie Haniel

Seit der Gründung der Kapitalgesellschaft Franz Haniel & Cie. GmbH im Jahr 1917 sind Mitglieder der Familie Haniel nicht mehr im Management vertreten. Die Einflußnahme der Familie wird ausschließlich über ihre Mitglieder im Aufsichtsrat und insbesondere über dessen Vorsitzenden wahrgenommen.

1.2.3 Organisation der Führungs-Holding (Siehe hierzu Abb. 5)

Die Führungs-Holding umfaßt neben den für die fachliche und disziplinarische Führung der Unternehmensbereiche zuständigen Vorstandsressorts gemäß Abb. 1 weitere funktionale Ressorts für:

- Zentralabteilungen
- Stabsabteilungen
- Rechtlich selbständige Service-Gesellschaften.

Die Zentralabteilungen (ZA) und Stabsabteilungen (StA) unterstützen die Unternehmensbereiche durch Service- und Beratungsleistungen. Gleiches gilt auch für die rechtlich selbständigen Service-Gesellschaften, die wie Fremdunternehmer ihre Dienste dem Gesamtunternehmen anbieten.

1.2.4 Führungsorganisation der Unternehmensbereiche

Die Unternehmensbereiche sind in ihrer Führung überwiegend gleichartig wie die Führungs-Holding organisiert, d. h.

- nach operativen Zuständigkeiten für die Geschäftsfelder/Strategischen Geschäftseinheiten mit fachlicher **und** disziplinarischer Verantwortung
- nach funktionalen Zuständigkeiten nur für Zentralabteilungen, wie z. B. Controlling, Finanzen, Personal etc.

Eine Matrix-Organisation mit Doppelzuständigkeiten soll unbedingt vermieden werden.

1.3 Regelungen der Zusammenarbeit zwischen den Führungsebenen

1.3.1 Geschäftsordnung für den Vorstand der Führungs-Holding Franz Haniel & Cie. GmbH (VS-FH)

Die Aufgaben und Befugnisse des Vorstands ergeben sich aus dem Gesetz und dem Gesellschaftsvertrag und sind darüber hinaus in einer vom Aufsichtsrat erlassenen Geschäftsordnung geregelt.

Danach bedarf der Vorstand für bestimmte Geschäftsvorgänge von grundsätzlicher oder wesentlicher Bedeutung der Zustimmung des Aufsichtsrats. Ferner hat der Vorstand den

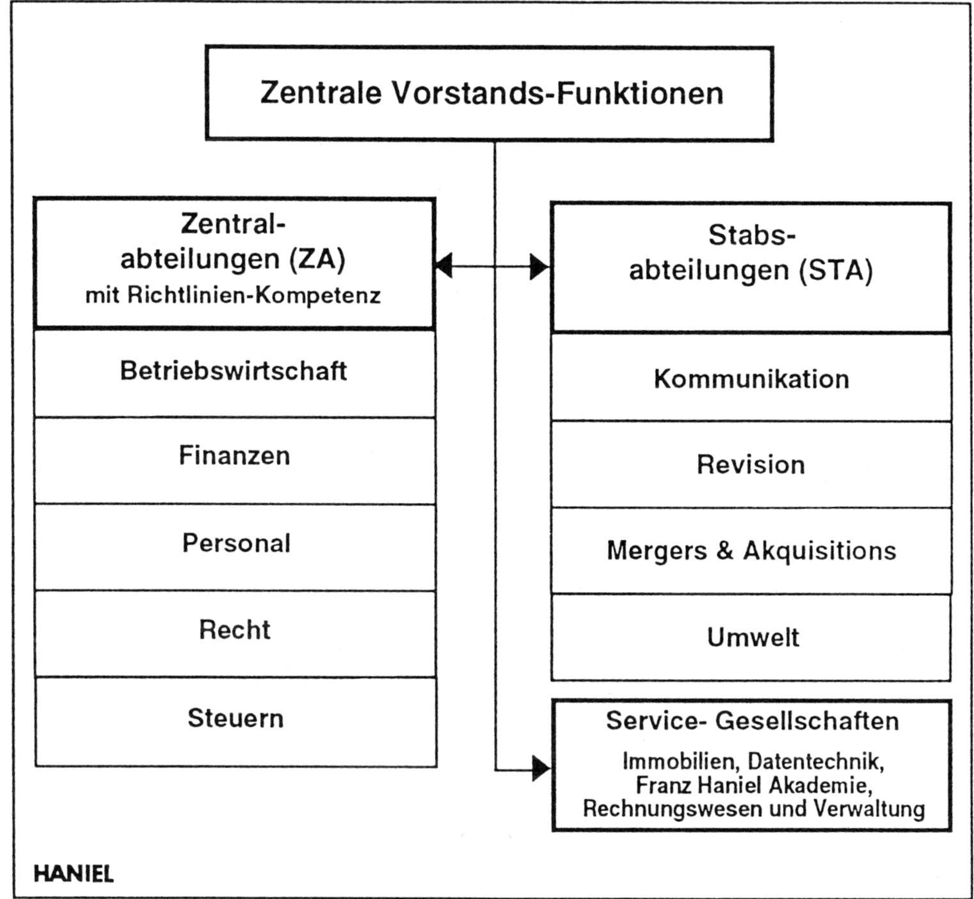

Abb. 5: Organisation der Führungs-Holding

Aufsichtsrat rechtzeitig und gewissenhaft über die wirtschaftliche Entwicklung des Unternehmens zu unterrichten. Diese Information erfolgt zeitlich und inhaltlich nach einem weitgehend festgelegten Raster. Der Vorsitzende des Aufsichtsrats wird über den Geschäftsgang und alle wesentlichen Vorgänge laufend unterrichtet.

1.3.2 Geschäftsordnung für die Geschäftsführungen der Unternehmensbereiche (GF-UB)

Die Aufgaben und die Verantwortung der Geschäftsführungen der Unternehmensbereiche (GF-UB) werden durch Gesetze, Gesellschaftsverträge und durch eine spezielle Geschäftsordnung bestimmt, die vom Vorstand der Franz Haniel & Cie. GmbH (VS-FH) erlassen wird.

Diese Geschäftsordnung enthält die in den Abschnitten 1.3.2.1 bis 1.3.2.4 folgenden wesentlichen Bestimmungen:

1.3.2.1 Geschäftspolitik

Die Geschäftspolitik des Unternehmensbereichs wird gemeinsam vom VS-FH und der GF-UB auf der Basis der allgemeinen „Geschäftspolitischen Grundsätze" (vgl. hierzu Abschnitt 2.3.1) der Haniel-Gruppe festgelegt.

1.3.2.2 Führung und Überwachung

Die GF-UB führt und überwacht die Geschäfte des Unternehmensbereiches.

Aufgabe eines jeden Geschäftsführers ist es,

- durch Initiative, Kreativität, Verantwortungsbewußtsein und Durchsetzungsvermögen den Unternehmensbereich zu fördern und
- unter Beachtung der „Leitlinien für Führung und Zusammenarbeit" die Mitarbeiter zu besonderen Leistungen zu motivieren (vgl. hierzu Abschnitt 2.3.2).

1.3.2.3 Informationspflicht

Die GF-UB unterrichtet den VS-FH regelmäßig über die Geschäftsentwicklung sowie unverzüglich über Ereignisse von wesentlicher Bedeutung.

Gegenstand der Berichterstattung sind Monatsberichte, Bilanzen, Spartenrechnungen und Statistiken mit zugehörigen Erläuterungen. Der VS-FH bestimmt nach Umfang und Form, welche Informationen er laufend oder periodisch erhalten will (vgl. hierzu Abschnitt 5 über die Berichterstattung).

Eine außerordentliche Pflicht zur Berichterstattung besteht bei besonderen Vorkommnissen im Unternehmensbereich. Hierzu zählen z. B.:

- Verstöße gegen die Grundsätze ordnungsgemäßer Buchführung und Bilanzierung von gravierender materieller Bedeutung
- Unregelmäßigkeiten, speziell im finanziellen Bereich
- Notstandssituationen im wirtschaftlichen oder personellen Bereich
- Verstöße gegen vitale Interessen von Haniel
- sich abzeichnende Fehlentwicklungen und Verluste aus Geschäften, die der Art und dem Umfang nach besonderen Charakter haben.

In diesem Zusammenhang obliegt dem Controller des Unternehmensbereichs eine besondere Berichtspflicht. Ferner hat er persönlich dafür zu sorgen, daß die Regelungen dieser Geschäftsordnung eingehalten werden.

1.3.2.4 Genehmigungs-, Mitwirkungs- und Ausführungsvorbehalte für den Vorstand und die Zentral- und Stabsabteilungen der Führungs-Holding

Ungeachtet der Eigenständigkeit der GF-UB in der Führung des Unternehmensbereiches behält der VS-FH für bestimmte Geschäftsvorfälle die Genehmigung, Mitwirkung und Ausführung für sich selbst oder für die Zentral- und Stabsabteilungen der Hauptverwaltung vor. Diese Vorbehalte, insbesondere die Genehmigungsgrenzen, sind jedoch so großzügig gehalten, daß die Entscheidungsfreiheit der GF-UB nicht ungebührlich eingeengt wird.

Im Zusammenhang mit der Aufbereitung genehmigungspflichtiger Vorhaben schaltet die GF-UB die Zentral- und Stabsabteilungen der Hauptverwaltung zur Beratung und Unterstützung ein, bevor der Antrag dem VS-FH offiziell zur Genehmigung eingereicht wird.

Den Zentralabteilungen sind vom VS-FH Richtlinienkompetenzen für das Gesamtunternehmen übertragen. Im Rahmen dieser Richtlinienkompetenzen haben die Zentralabteilungen gegenüber der GF-UB das Recht auf Auskunft und Einsicht in Unterlagen.

Die GF-UB und die Zentralabteilungen der Führungs-Holding lösen gemeinsame Aufgaben kooperativ. Sollten sich bei der Zusammenarbeit Meinungsverschiedenheiten ergeben, entscheidet der VS-FH.

1.4 Praktische Durchführung der Zusammenarbeit zwischen den Führungsebenen

Schriftliche Regelungen helfen nicht viel oder hindern gar die Zusammenarbeit, wenn nicht der positive Wille zur Kooperation und Kommunikation in den Führungsebenen vorhanden ist.

Wenn jedoch der Vorstand und die Zentral- und Stabsabteilungen der Führungs-Holding stets in der Lage sind, als „Sparrings-Partner" für die Geschäftsführungen der Unternehmensbereiche zu dienen, ist die Basis für eine gute Zusammenarbeit gelegt. Den Begriff „Sparrings-Partner" lebendig und überzeugend auszufüllen, ist damit vornehmste Aufgabe des Vorstands und einer relativ kleinen, schlagkräftigen und fachlich hervorragend besetzten Mannschaft in den Zentral- und Stabsabteilungen der Führungs-Holding. Dies setzt natürlich eine möglichst große „Nähe" der Beteiligten zum Unternehmensbereich und ein möglichst tiefes Wissen um die Probleme seiner Geschäftsfelder voraus. Die Nähe wiederum ist auf Dauer nur in einer schlank bleibenden Organisationsstruktur aufrecht zu erhalten.

Bei Haniel wurde mit der Bildung der dezentralen Struktur der Unternehmensbereiche und der Konzentrierung der Franz Haniel & Cie. GmbH auf die Aufgaben der Führungs-Holding eine Organisationsform geschaffen, die eine gute, tragbare Basis für eine auch künftig positive Unternehmensentwicklung darstellt. Diese Organisationsform ist in ihrer speziellen Ausprägung motivierend für alle beteiligten Entscheidungsträger in den Führungsebenen. Sie erlaubt die für Haniel gültige Aussage:

„Kurze Dienstwege und schnelle Entscheidungen sind wesentlich für den Erfolg des Unternehmens".

2. Entwicklung und heutige Ausprägung der Planung bei Haniel

2.1 Historische Entwicklung des Planungssystems – Der weite Weg zur strategischen Führung –

In vielen Veröffentlichungen zum Thema Planung wird **„Der weite Weg zur strategischen Führung"** entsprechend der treppenstufigen Darstellung in Abb. 6 beschrieben. Sicherlich hat jedes Unternehmen bei der Entwicklung der Planung mehr oder weniger die gleiche Schrittfolge vom einfachen Jahresbudget bis hin zum Einklang von strategischer Planung und Führung durchlaufen.

Auch Haniel hatte bis 1974 ein einfaches Budgetierungsverfahren. Der Übergang zu qualitativ besseren Systemen wurde durch Einschaltung aller damaligen Führungskräfte geschafft. Die weitere Historie ergibt sich aus der folgenden Übersicht:

1975/76	Schulungskurse über Unternehmensplanung und Mitarbeiterführung
1977	Arbeitskreis zur Entwicklung eines Systems der operativen und strategischen Planung
1978	Verabschiedung der Geschäftspolitischen Grundsätze und Einführung des neuen Planungssystems
1982	Verabschiedung der Führungsleitlinien
1984/86	Projekt „Haniel 2000"
ab 1985	Sukzessive Einführung eines unternehmensplanbezogenen Vergütungssystems für Führungskräfte (strategisches Anreizsystem)
1987	Weiterentwicklung des Planungssystems in – Operative Planung (Budget und Folgejahr) – Strategische Planung und Führung
1990	Einbindung des Shareholder-Value-Konzeptes in die Strategische Planung

In den Jahren 1975/76 wurden für die Führungskräfte spezielle Kurse durchgeführt, die einerseits unter dem Leitgedanken Unternehmensplanung und andererseits unter dem Motto Mitarbeiterführung standen. Jeder der Kursteilnehmer arbeitete so an der Entwicklung des Planungssystems mit, hatte das Gefühl, Mitautor zu sein. Im Anschluß an diese Kurse wurde ein Arbeitskreis etabliert, der in wenigen Sitzungen im Jahr 1977 das noch heute gültige Planungssystem in seinen Grundzügen entwickelte und als ersten inhaltlichen Baustein die Geschäftspolitischen Grundsätze und die Führungsleitlinien konzipierte. 1978 wurden dann Planungssystem und Geschäftspolitische Grundsätze vom Vorstand gutgeheißen, im Gesamtunternehmen eingeführt und für verbindlich erklärt. 1982 wurden die Führungsleitlinien verabschiedet und für die Zusammenarbeit mit den Mitarbeitern als verbindlich erklärt.

Der Tiefgang der Planung erschien damals zwar schon sehr groß; dennoch war der Eindruck gegeben, daß in der strategischen, fünf Jahre umfassenden Planung doch noch nicht alle

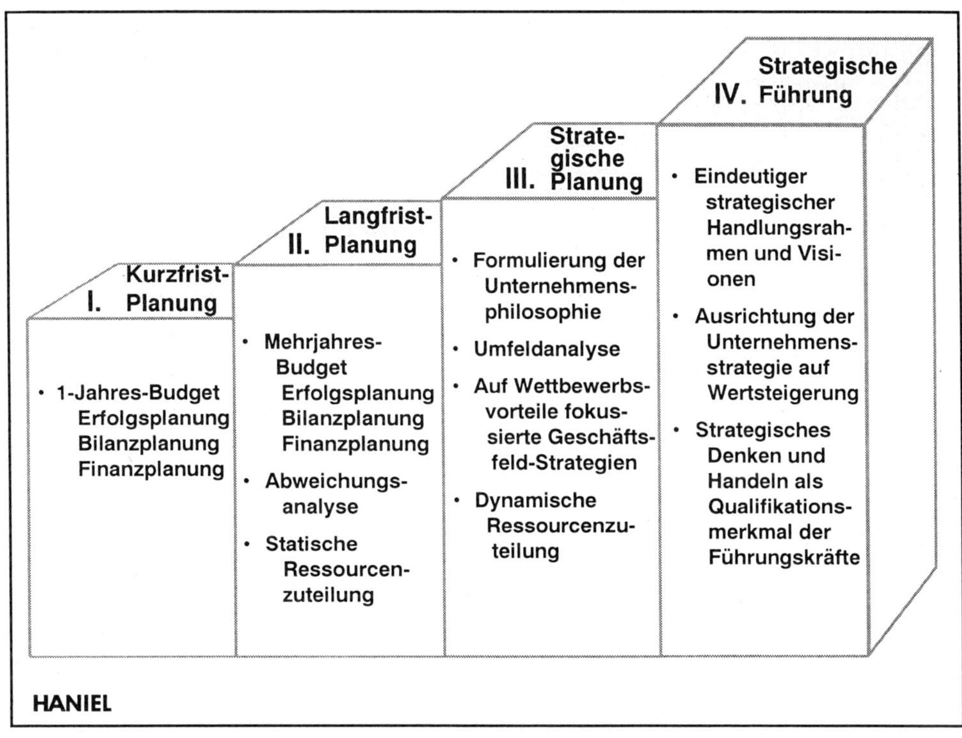

Abb. 6: Der weite Weg zur strategischen Führung
Entwicklungsstufen der Unternehmensplanung

Aspekte des Marktes und des Umfeldes ausreichend genug erfaßt waren. Aus diesem Grunde wurde 1984 ein Projekt „Haniel 2000" gestartet, mit dem das Unternehmen noch einmal intensiv bis in die letzten Ecken durchleuchtet sowie das wirtschaftliche, politische und technologische Umfeld deutlich herausgeschält werden sollte. Ferner sollte die Projektarbeit ein wünschenswertes Bild des Unternehmens in den achtziger und neunziger Jahren vermitteln und dem Management eine Wegbeschreibung und Verhaltensregel bieten. Die Erfahrungen aus diesem Projekt haben sich im heutigen Planungs- und Führungssystem qualitativ sehr erfolgreich niedergeschlagen.

Ein besonderes Teilstück der strategischen Planung und Führung war die Einführung eines variablen Vergütungssystems für Führungskräfte als strategisches Anreizsystem. Nach probeweisen Gehversuchen und Experimenten wurde das System ab 1985 in allen Unternehmensbereichen eingeführt. Damit wurde das generell gegebene Problem, strategisches Denken und Handeln in Einklang zu bringen, der Lösung ein Stück näher gebracht. Es wurde in diesem Zusammenhang deutlich, daß ein solches Anreizsystem erst eingeführt werden kann, wenn die operative und strategische Planung selbst einen Qualtitätsstand erreicht haben, der die für das Anreizsystem erforderliche Zielsetzung und Zielüberwachung überhaupt erst ermöglicht. Variable strategische Anreizsysteme können erst eingeführt werden, wenn Meilensteine nicht nur geplant, sondern ihre Erreichung auch gemessen werden kann.

In Verbindung mit der ständigen qualitativen Verbesserung der strategischen Planung wurde ab 1990 das Shareholder-Value-Konzept in den Planungsprozeß eingebunden. Die Besonderheit dieses u. a. auch als Marktwert-Strategie bezeichneten Konzeptes besteht bei Haniel darin, daß es auf alle Unternehmensbereiche und ihre strategischen Geschäftseinheiten anwendbar gemacht worden ist, obwohl diese – mit Ausnahme der GEHE AG - nicht börsennotiert sind. Im Prinzip wurde dabei ein „unternehmensinterner Börsenwert“ und im Zeitablauf ein „Strategiebeitrag“ ermittelt.

Aus der Schilderung der Historie wird deutlich, daß Planungs- und Führungs-Systeme nicht statisch sind, sondern sich weiterentwickeln, ja, sich unter Berücksichtigung neuer Erkenntnisse weiterentwickeln müssen.

2.2 Zusammenwirken von Planung und Führung

2.2.1 Selbstverständnis vom Zusammenhang zwischen Planung und Führung

Der Planungsprozeß soll bei Haniel ein Bestandteil des Führungsprozesses sein, in den alle Führungsebenen eingeschaltet sind.

Planung ist ein Willensbildungsprozeß = Denken
Führung ist ein Willensbildungs- und -durchsetzungsprozeß = Denken und Tun

Unternehmensplanung, hier vor allem die strategische Unternehmensplanung, ist damit ein zukunftsbezogener Willensbildungsprozeß zur Gestaltung des Unternehmens, der zusammen mit der Umsetzung das Kernstück der Unternehmensführung, insbesondere des strategischen Managements, ausmacht.

Bei Haniel ist Planung nicht die Aufgabe von Stabsabteilungen, sondern die Sache des Managements. Natürlich sind vorbereitende und beratende Tätigkeiten an Stabsstellen übertragbar, aber die Festlegung der Marschrichtung muß in die Linienorganisation eingebaut sein. Wenn also von Planung die Rede ist, so gehört als integrierter Bestandteil zu diesem Denkprozeß auch immer der Folgeschritt des Tuns, die Umsetzung in die Tat. Dies gilt natürlich für die operative Planung ebenso wie – und erst recht – für die strategische Planung.

Strategische Planung und damit strategisches Management sind nicht delegierbare Führungsaufgaben für das Top-Management.

2.2.2 Grundausrichtung der Planung bei Haniel

Die Planung, strategisch wie operativ, bedeutet bei Haniel – immer wieder und ganz einfach - die systematische Beantwortung der Fragen:

- **Wer sind wir? Wo stehen wir?**
- **Wer wollen wir sein? Was wollen wir?**
- **Wie wollen wir unser Ziel erreichen?**
- **Wie überprüfen wir die Zielerreichung?**

Kennzeichen des Planungs- und Führungsprozesses sind demnach:

- **systematisches** Erfassen und Auswerten aller für den Planungsprozeß notwendigen Informationen

- **systematisches** Festlegen von Zielen und Maßnahmen
- **systematische** Umsetzung der Ziele
- **systematische** und ständige Überprüfung der Zielerreichung.

Es ist immer beschwerlich, das System und die Systematik dem Handeln der Führungskräfte zugrunde zu legen. Dennoch ist es unumgänglich, daß sich die Führungskräfte vom Übergewicht operationeller Tagesprobleme freimachen und sich den Zukunftsaspekten widmen.

2.3 Geschäftspolitische Grundsätze und Führungsleitlinien

Ausgangspunkt und Voraussetzung jeder vernünftigen Planung sollte natürlich sein, daß sich die Planenden über die Grundphilosophie des Unternehmens im klaren sind. Bei Haniel ist diese Philosophie in verschiedenen verbindlichen Grundsätzen und Leitlinien dokumentiert.

2.3.1 Geschäftspolitische Grundsätze

Die geschäftspolitischen Grundsätze bilden die Grundlage für die Festsetzung der Unternehmensziele und den Rahmen des unternehmerischen Handelns. Sie enthalten

- Grundsätze des Marktverhaltens
- Organisations- und Planungsgrundsätze
- Führungsgrundsätze
- Grundsätze des Personalwesens und
- Finanzgrundsätze.

In ihnen kommt damit das unternehmerische Wollen, die Grundphilosophie, zum Ausdruck. Im Hinblick auf Planung und Führung bei Haniel sind die folgenden Leitsätze besonders wichtig:

- Dezentrale, marktnah und mit Eigendynamik geführte Unternehmenseinheiten sowie zentrale Führungs- und Servicefunktionen prägen unsere Unternehmensstruktur.
- Grundlage unseres Führungssystems sind strategische Planung und konkrete Zielvereinbarungen mit systematischer Überprüfung der Zielerreichung.
- Für die finanzielle und ideelle Leistungsanerkennung soll die Erreichung vereinbarter Ziele ein wesentlicher Anhaltspunkt sein.

2.3.2 Führungsleitlinien

Die Führungsleitlinien sind Zielsetzung und Maßstab für richtiges Führungsverhalten und die Zusammenarbeit. Mitdenken und Mitgestalten der Mitarbeiter bilden einen der wichtigsten Punkte der Planung. Mit der Planung sollen insbesondere die Führungskräfte zu einer konstruktiven und kritischen Auseinandersetzung mit den Problemen ihres Zuständigkeitsbereiches aufgefordert werden.

Die einzelnen Abschnitte der Führungsleitlinien gehen auf folgende Themen ein:

- Kooperativer Führungsstil
- Führungssystem

- Delegation der Aufgaben und Kompetenzen
- Informationspflichten für Vorgesetzte und Mitarbeiter
- Selbständigkeit des Mitarbeiters bei der Entscheidungsfindung
- Mitarbeiterbeurteilung
- Mitarbeiterförderung
- Konflikte und Beschwerden
- Führungsinstrumente

Die für das Führungssystem bedeutsamen Leitsätze werden nachstehend zitiert:

- Unser Führungssystem beruht auf gemeinsamer Planung und Zielvereinbarung zwischen Vorgesetztem und Mitarbeiter.
- Die Planung bestimmt Ziele und Maßnahmen der organisatorischen Einheiten. Sie ist die Grundlage für die Festlegung persönlicher Arbeits- und Ergebnisziele der Mitarbeiter.
- Die persönlichen Ziele sollen sich am Leistungsvermögen der Mitarbeiter orientieren.
- Mit der Zielvereinbarung erfolgt zugleich die Delegation der Verantwortung für die Zielerreichung.
- Zielerreichung und Maßnahmenerfolg werden vom Vorgesetzten kontrolliert und bewertet. Sie sind Maßstab für die Bemessung der Abschlußvergütung der Führungskräfte.

2.4 Sonstige Leitlinien

2.4.1 Qualitätsleitlinien

Das Thema Qualität ist in den Geschäftspolitischen Grundsätzen zum Verhalten am Markt bereits angesprochen, wurde aber noch einmal in besonderen Leitlinien verankert. Diese enthalten den Anspruch an alle Mitarbeiterinnen und Mitarbeiter, insbesondere aber an die Führungskräfte, das Überleben und Wachstum des Unternehmens mit wettbewerbsfähiger Qualität der Produkte sowie Dienstleistungen zu untermauern.

2.4.2 Umweltleitlinien

Ausgehend von der Erkenntnis, daß Umweltschutz für die Bewahrung der Lebensgrundlagen von elementarer Bedeutung ist, enthalten die Umweltleitlinien Verhaltensregeln für die Mitarbeiterinnen und Mitarbeiter des Unternehmens. Sie werden aufgefordert, bei der täglichen Arbeit durch verantwortungsbewußtes und glaubwürdig beispielhaftes Handeln einen Beitrag zum Schutz und zur Erhaltung der Umwelt zu leisten.

3. Gestaltung des Planungsprozesses bei Haniel

3.1 Planungsebenen und Planungsteams

Da bei Haniel die Planung ein Instrument der kooperativen Führung und der Delegation von Aufgaben und Kompetenzen sein soll, ist die Planung kein Alleingang der obersten Führungsebene oder gar nur der Führungs-Holding, sondern Aufgabe für alle Unternehmensebenen (vgl. hierzu Abb. 7). Hierin sind also eingeschaltet:

- der Vorstand und die Zentralabteilungs-Leiter der Franz Haniel & Cie. GmbH
- die Geschäftsführungen der Unternehmensbereiche
- die Leiter der Strategischen Geschäftseinheiten (SGE)
- die Geschäftsführer von Tochtergesellschaften
- die Niederlassungsleiter und Abteilungsleiter
  (je nach Tiefengliederung des Unternehmensbereiches).

In jeder Unternehmensebene sind Planungsteams eingesetzt, die mit der jeweils nächsthöheren Ebene im bottom-up- und top-down-Verfahren kommunizieren. Mitglieder dieses Planungsteams sind auch die Controller.

3.2 Abgrenzung Controlling und Controller Die Aufgaben des Controllers

Bei Haniel wird unter Controlling die Integration von Planung und Kontrolle verstanden. Mit dieser Begriffsdefinition geht das Controlling als Funktion jede Führungskraft an.

Der Controller als Person hingegegen soll die Führungskräfte mit den notwendigen Informationen versorgen; er hat vornehmlich dafür zu sorgen, daß

- überhaupt geplant wird
- die Planung im gesamten Unternehmensbereich nach einheitlichen Leitlinien vollzogen wird
- die Planungsrechnung in sich plausibel ist
- Soll-Ist-Abweichungen analysiert werden
- Alternativen zur Zielerreichung entwickelt werden.

Diese Aufgabe ist ihm ausdrücklich in der Geschäftsordnung übertragen. Damit kann man den Controller - wie oft schon geschehen - als „Lotse mit Kompaßfunktion“ oder auch als das „wirtschaftliche Gewissen“ des Unternehmens bezeichnen.

Der Controller soll bei Haniel aber auch am Zielfindungsprozeß beteiligt sein, mitverantwortlich und kreativ darauf hinwirken, daß die unternehmerischen Ziele erreicht werden, und zwar

- mit Orientierung zum Ergebnis und
- mit Orientierung zu den Erfolgspotentialen.

Der Controller ist dieser Aufgabenstellung entsprechend bei Haniel ein Mitglied des Management-Teams.

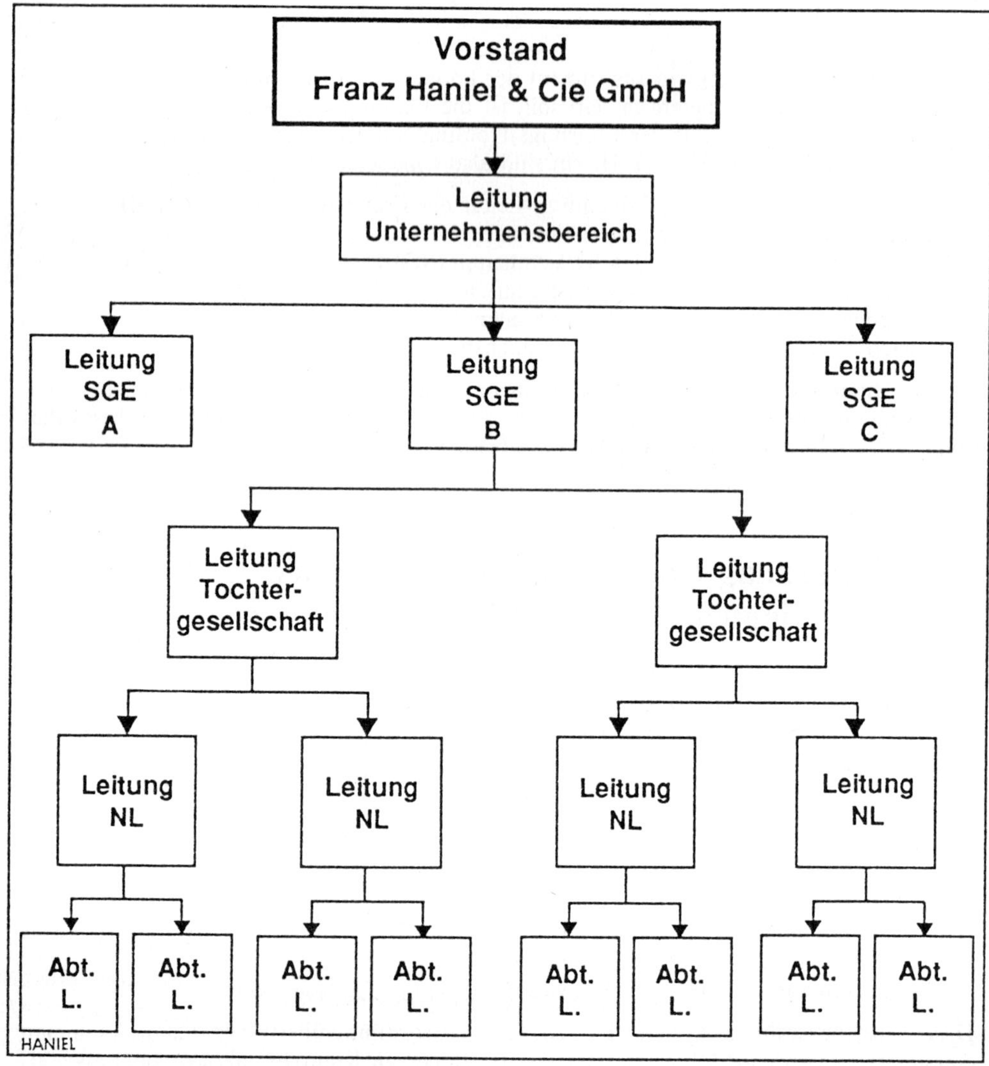

Abb. 7: Planungsebenen

3.3 Planungsablauf

3.3.1 Genereller Planungsprozeß

Die Planungsteams durchlaufen in der Planung jeweils folgenden Prozeß. Sie untersuchen einerseits systematisch die eigenen Stärken und Schwächen und andererseits die Basisdaten und Umfeldfaktoren sowie die Chancen und Risiken, die für die Planung maßgeblich sind. Daraus entwickeln sie Zielvorstellungen und alternative Maßnahmen, die dann mit der nächsthöheren Ebene zu Vereinbarungen über die endgültigen Ziele und Maßnahmen führen. Hieraus werden letztlich die Planungsrechnungen abgeleitet und im Verlauf des Berichtsjahres sowie der Folgeperioden der Zielerreichungsgrad durch Soll-Ist-Vergleiche und Abweichungsanalysen ermittelt (vgl. Abb. 8).

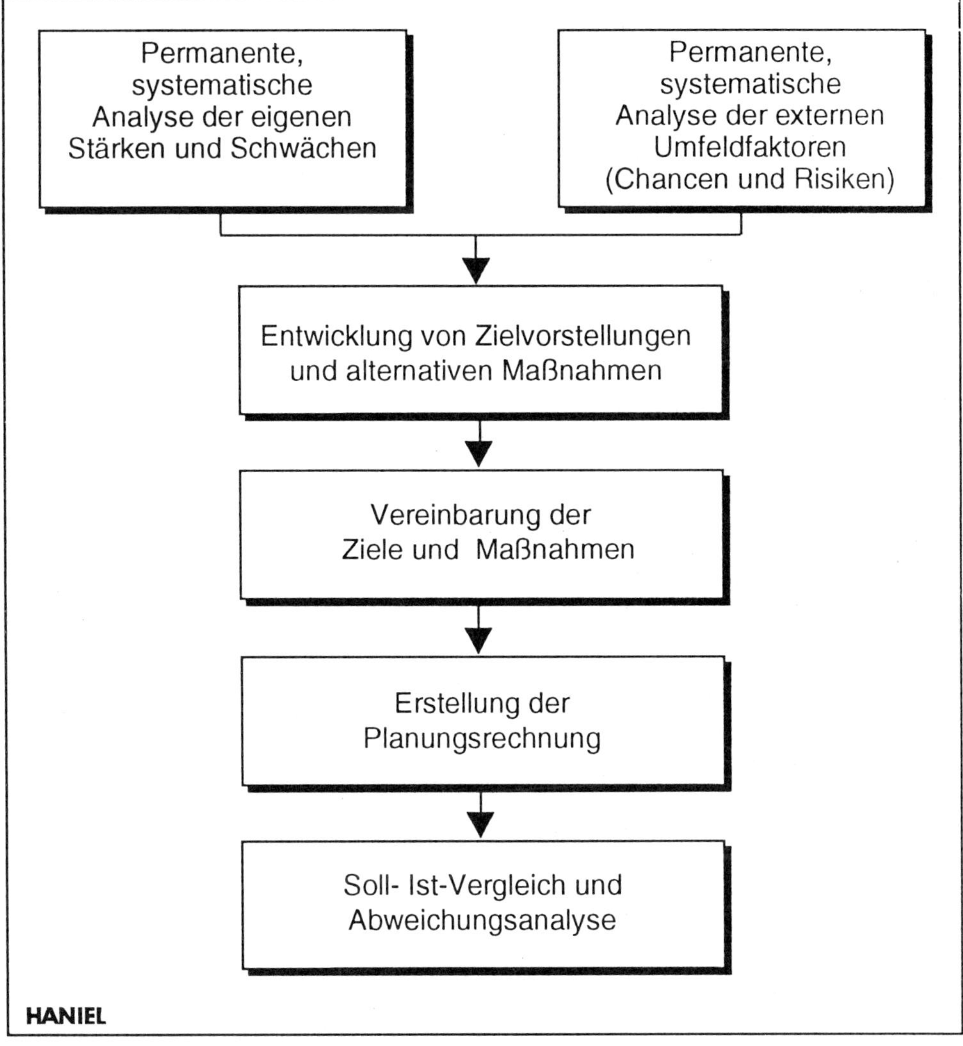

Abb. 8: Genereller Planungsprozeß

3.3.2 Zeitablauf und Schema des Planungsprozesses

Im Jahreszeitablauf wird hierbei folgendes Planungsschema eingehalten. Anfang September werden die Konzernzielvorstellungen für das Folgejahr durch den Vorstand der Franz Haniel & Cie. GmbH veröffentlicht. Im Anschluß daran erstellen die Unternehmensbereiche ihr Investitionsbudget, über das in einer besonderen Investitionsrunde Anfang Oktober durch den Vorstand entschieden wird. Nach einer Bilanz-Hochrechnung wird Anfang Dezember über die neue Kapitalausstattung des Unternehmensbereichs entschieden. Von November bis Dezember entwickeln dann die einzelnen Unternehmensbereiche für ihre operativen Einheiten die Zielvorstellungen und zugehörigen Maßnahmen und vereinbaren diese dann, einschließlich der Planungsrechnung, in einer speziellen Budgetrunde mit dem Vorstand Anfang Januar (vgl. Abb. 9).

Planungsebenen / Zeitablauf im Jahr	Vorstand Franz Haniel & Cie. GmbH	GF - UB	Operative Einheiten des UB: SGE, Tochtergesellschaften, Niederlassungen, Abteilungen
Anfang September	Veröffentlichung der Konzernziel-vorstellungen		
bis Mitte September		Erstellung des Investitionsbudgets	
Anfang Oktober	Investitionsrunde Entsch. über Investitionsbudget		
Anfang Dezember	Kapitalausstattungsrunde Entscheidung über Kapitalausstattung des UB		
von November bis Dezember		Analysen, Entwicklung der Zielvorstellungen und Vereinbarung der Ziele der operativen Einheit des UB	
Januar	Budget - Runde Vereinbarung über die Operative Planung des UB		
bei Bedarf, aber mindestens alle drei Jahre		Entwicklung der Strategischen Planung	
	Strategie - Runde Vereinbarung über die Strategische Planung des UB		

HANIEL

Abb. 9: Planungsschema

3.4 Planungsprinzip

Die Richtung der Planungsarbeit soll keine Einbahnstraße, d.h. keine Vorgabe von oben nach unten sein. Es soll vielmehr erreicht werden, daß sich auf jeder Unternehmensebene Ideen der vorgesetzten Ebenen mit Ideen der nachgelagerten Ebenen zu einer vernünftigen Problemlösung zusammenfinden.

Das Prinzip, Ziele und Maßnahmen

- zu entwickeln mit der Ebene darunter
- zu vereinbaren mit der Ebene darüber

wird als wesentlicher Bestandteil des kooperativen Führungsstils erachtet (vgl. hierzu Abb. 10).

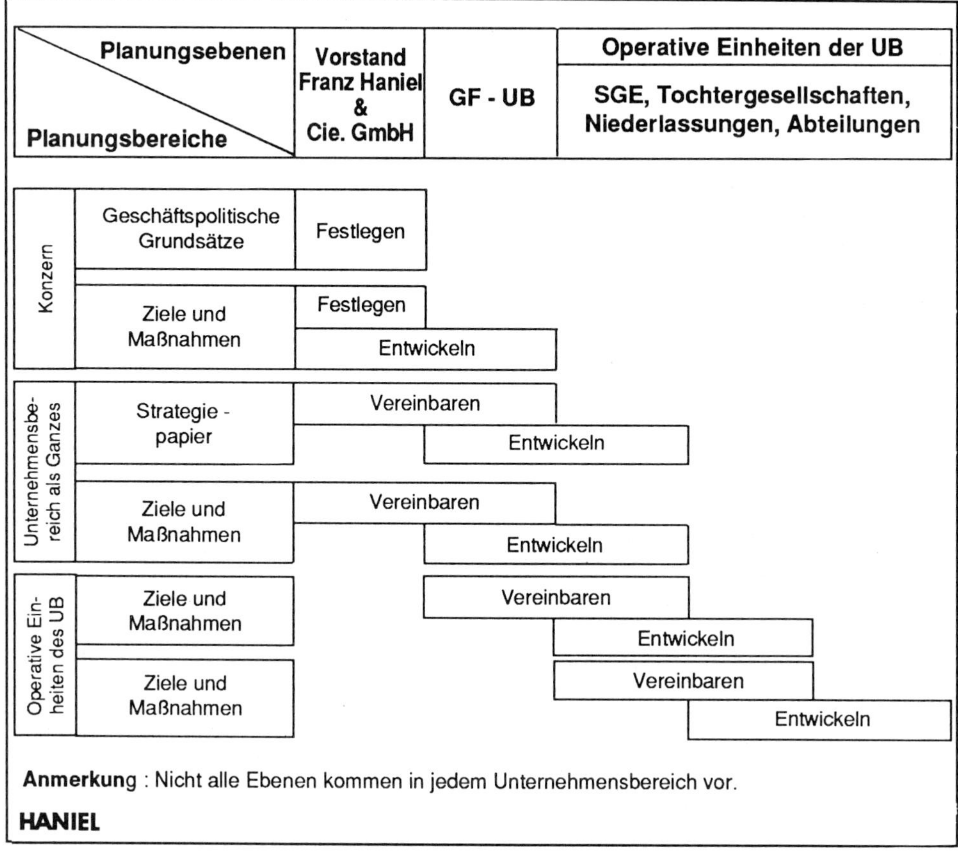

Abb. 10: Planungsprinzip

4. Gegenstand der Planungs-Runden

4.1 Operative und strategische Planung

Im folgenden werden die Themen dargestellt, die Gegenstand der Planungs-Runden zwischen dem Vorstand der Franz Haniel & Cie. GmbH und den Geschäftsführungen der Unternehmensbereiche sind. Für den Erfolg dieser Gesprächsrunden ist wichtig, daß sie

- keine Bühnenvorstellung mit wenigen Akteuren und vielen stummen Zuhörern sind,
- keiner reinen Ratifizierungsveranstaltung des vorgelegten Planungswerkes ohne Sachdiskussion entsprechen,
- sondern vielmehr eine Sparrings-Diskussion mit anschließender Zielvereinbarung darstellen.

Innerhalb der Unternehmensbereiche finden auf den einzelnen Ebenen ähnlich strukturierte Diskussionen statt, allerdings mit abnehmendem Anteil strategischer Aspekte.

Der Inhalt der Planung gliedert sich in

- einen operativen Teil
- einen strategischen Teil.

Gegenstand der Planungsrunden sind:

- die **Operative Planungs-Runde** (jährlich) mit
  - Pflichtteil und
  - Kürteil
- die **Mini-Strategie-Runde** (jährlich) mit Erörterung strategischer Kriterien
- die **Strategie-Runde**
  mit grundlegender Erörterung aller zukunftsbezogenen Aspekte und Entscheidungen (bei Bedarf, mindestens aber alle 3 Jahre).

Gegenstand der im Januar eines jeden Jahres stattfindenden Planungsrunden ist zunächst einmal die operative 2-Jahres-Planung mit einem festgelegten Pflichtteil und einem freien Kürteil. Im Kürteil kann der Unternehmensbereich ihm besonders am Herzen liegende Aspekte, Informationen und Projekte vortragen. Es gibt hierzu aber auch vom Vorstand für alle Unternehmensbereiche vorgegebene Themen, wie beispielsweise:

- Auswirkungen der Europäischen Union
- Qualität und Qualitätsreporting
- Neue Geschäftsanbahnungen in den neuen Bundesländern
- Chancen in den Ostblockstaaten etc.

Gleichzeitig findet meist auch eine Quasi-Mini-Strategie-Runde mit der Erörterung möglicher Innovationen, künftiger Wettbewerbspositionen und Erfolgspotentiale statt.

Eine offizielle Strategie-Runde findet nicht zwingend alljährlich statt, sondern bei Bedarf, wie z. B. bei sich wesentlich verändernden Marktverhältnissen, mindestens jedoch alle drei Jahre.

Für die Planungs-Runden und insbesondere für die Strategie-Runden ist ein Ablauf in sieben Schritten vorgesehen, die nachfolgend detailliert dargestellt werden.

4.2 Strategische Planung
Schrittfolge der Planungs-Gespräche

4.2.1 Bestätigung des Strategiepapiers

Das Planungsgespräch zwischen dem Vorstand und den Geschäftsführungen der Unternehmensbereiche läuft praktisch gemäß der in Abb. 11 gezeigten Schrittfolge von **sieben Schritten** ab.

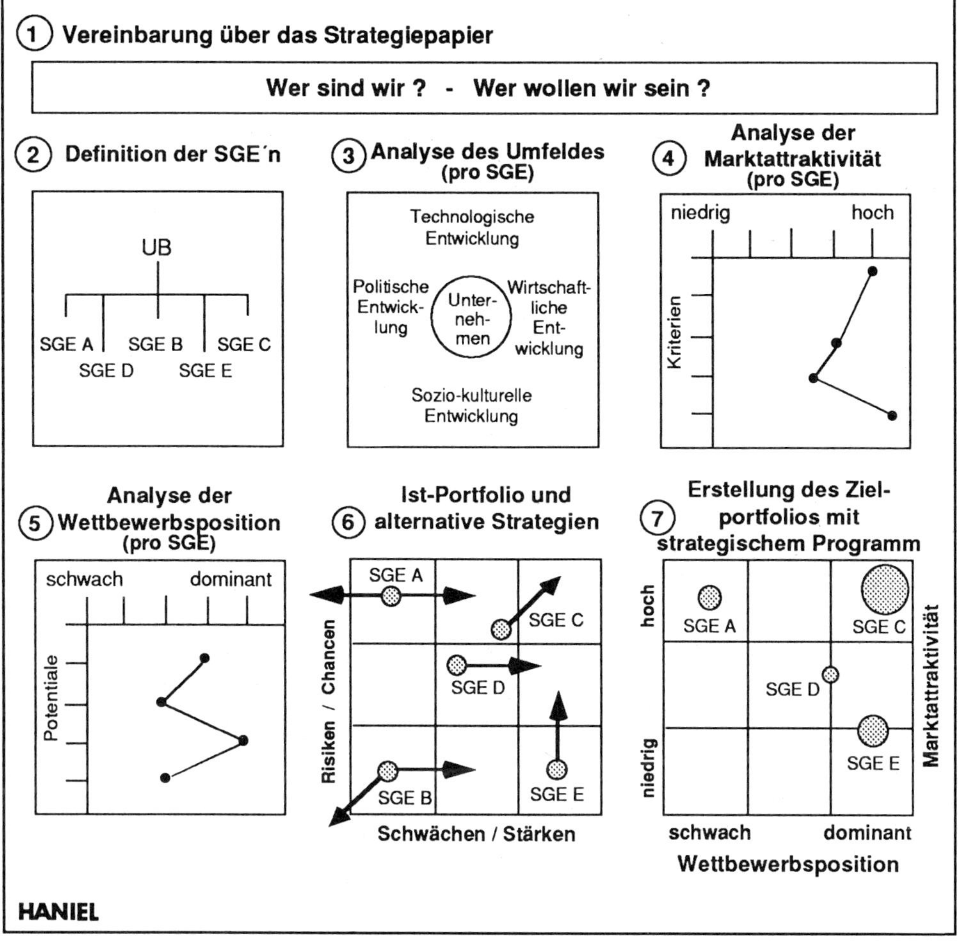

Abb. 11: Schrittfolge der Planungsgespräche

Im **ersten Schritt** werden die generellen Aussagen im Strategiepapier über den Istzustand und die gewollte Ausrichtung des Unternehmensbereiches diskutiert und, sofern Einvernehmen besteht, für verbindlich erklärt (vgl. Abb. 12).

Es geht hierbei um eine strategische Bestandsaufnahme und die Darstellung der angestrebten Soll-Position unter Berücksichtigung der allgemein gültigen Geschäftspolitischen Grundsätze und unter Beantwortung der grundlegenden Fragestellungen:

- Wer sind wir?
- Wer wollen wir sein?
- Wie wollen wir unser Ziel erreichen?

Folgende Gesichtspunkte sollten dabei angesprochen werden:

- Leitidee und Kernfähigkeiten
- Angabe der Märkte, bezogen auf Regionen und Kundengruppen
- Produkt- und Leistungsschwerpunkte
- Organisatorische Neuausrichtungen
- Informationsstrategie etc.

4.2.2 Definition der Strategischen Geschäftseinheiten (SGE)

Im Rahmen des **zweiten Schrittes** werden die Strategischen Geschäftseinheiten (SGE) (vgl. Abb. 13) sowie die Rechtsstruktur des Unternehmensbereiches (vgl. Abb. 14) in ihrer Abgrenzung überprüft und gegebenenfalls neu definiert .

Kriterium für die Bildung einer solchen Strategischen Geschäftseinheit ist eine in sich geschlossene, klar abgrenzbare, Produkt-Markt-Kombination. Jede SGE muß so definiert sein, daß sie die Formulierung und Durchsetzung einer individuellen Strategischen Planung erlaubt, d. h., es müssen für sie Ziele für Märkte und Produkte klar bestimmt und die für ihre Verwirklichung erforderlichen Entscheidungen über Mitteleinsatz, Organisation, Kommunikations- und Kontrollmechanismen unabhängig von den übrigen Strategischen Geschäftseinheiten getroffen werden können.

Da es sich bei den Strategischen Geschäftseinheiten nicht um lediglich „technische" Planungseinheiten handelt, sollten diese nach Möglichkeit auch rechtlich, zumindest aber organisatorisch und in der personellen Verantwortlichkeit eindeutig festgelegt sein.

4.2.3 Strategische Diagnose

In den weiteren Schritten werden pro Strategischer Geschäftseinheit die zur Zeit gegebenen und in Zukunft zu erwartenden Bedingungslagen herausgearbeitet und übersehbar gemacht. Das ist zweifelsohne jeweils eine zeitraubende und schwierige Aufgabe, weil alle Grundannahmen geprüft und die wesentlichen Funktionszusammenhänge verstanden und bewertet werden müssen. Es kann hierbei nicht verlangt werden, „Unvorhergesehenes vorhersehbar zu machen, aber das Vorhersehbare so gut wie möglich zu ergründen und in beherrschbare Kategorien zu überführen" (Gälweiler, Aloys, „Unternehmensplanung", Herder & Herder, Frankfurt, 1974, S. 29).

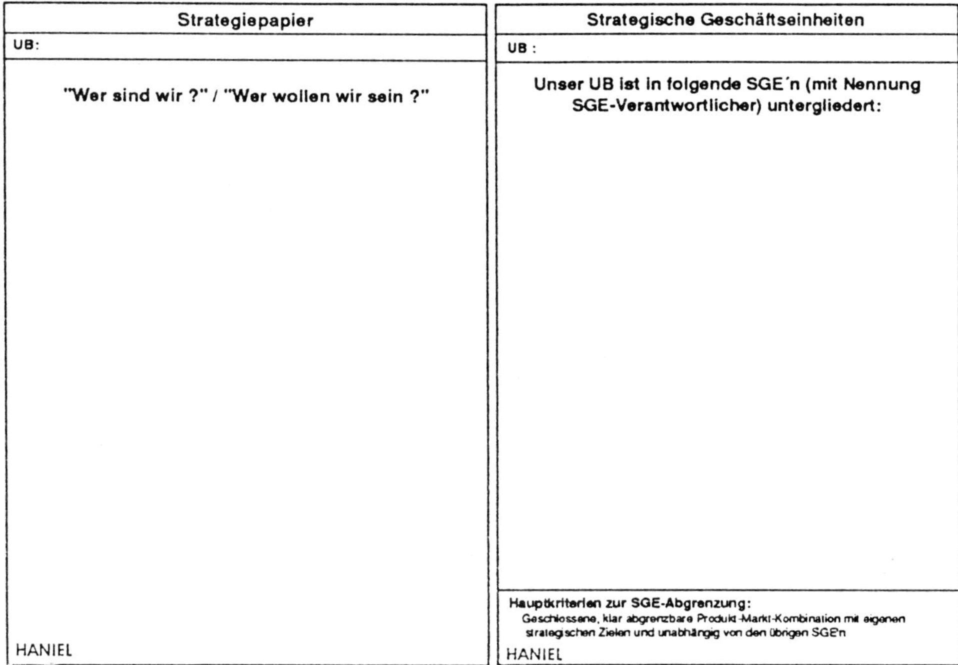

Abb. 12: Strategiepapier

Abb. 13: Strategische Geschäftseinheiten

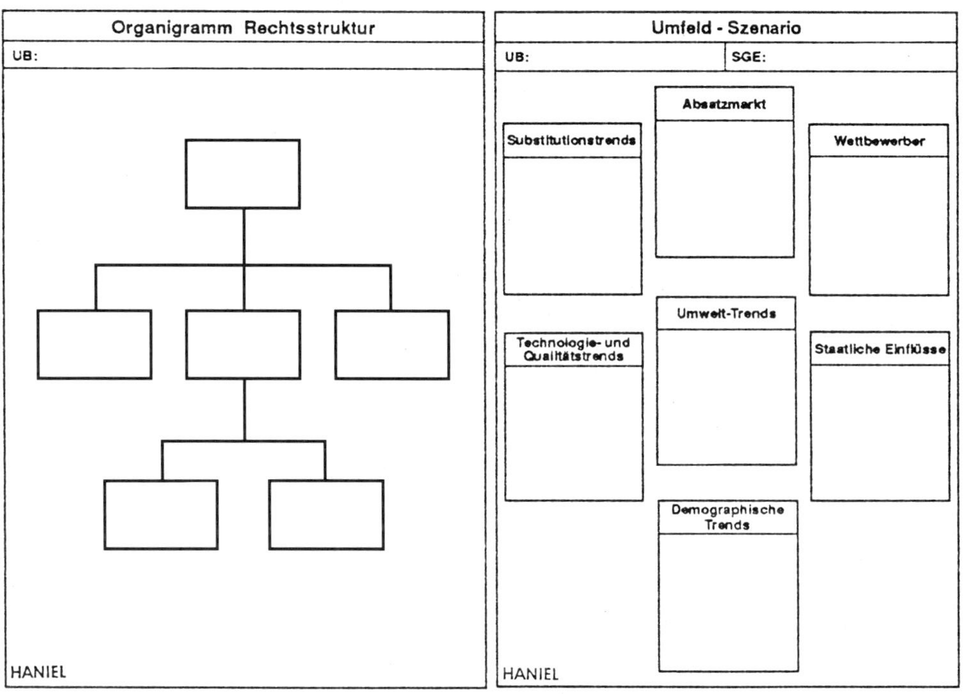

Abb. 14: Organigramm Rechtsstruktur

Abb. 15: Umfeld-Szenario

4.2.3.1 Umfeldanalyse und Umfeldprognose

Der **dritte Schritt** umfaßt die Analyse des gegenwärtigen Umfeld-Szenarios und der Prognose über die zu erwartenden Trends. Hierbei geht es insbesondere um die technologische Entwicklung, die binnen- und außenwirtschaftliche Entwicklung, die politischen, gesellschaftlichen, ökologischen und demographischen Einflüsse (vgl. Abb. 15).

4.2.3.2 Analyse der Marktattraktivität mit ihren Chancen und Risiken

Die Arbeit setzt sich im **vierten Schritt** fort mit der Untersuchung der Chancen und Risiken des Marktes (vgl. Abb. 16). Hier stehen u.a. folgende Kriterien zur Diskussion:

- Marktgröße
- Marktdynamik
- Marktqualität
- Beschaffungsseite
- Wettbewerbsintensität
- Personalsituation
- Kapitalsituation
- Technologie-Trends
- Sonstige externe Einflußfaktoren etc.

Hierbei wird besonderer Wert auf die Untersuchung der Eintritts- und Austrittsbarrieren und Substitutionsmöglichkeiten gelegt.

Es soll in einer Skala von niedrig bis hoch dargestellt werden, wie sich die im einzelnen genannten Kriterien auf die SGE auswirken.

4.2.3.3 Analyse der eigenen Wettbewerbsposition mit ihren Stärken und Schwächen

Es folgt dann im **fünften Schritt** die Analyse der eigenen Wettbewerbsposition mit ihren Stärken und Schwächen (vgl. Abb. 17).

Sie wird u.a. mit den Stichworten

- Marktposition
- Leistungsposition (Technologieposition)
- Beschaffungs- und Fertigungsposition
- Management- und Personalposition
- Organisationsposition
- Informatikposition
- Finanzerfolgsposition

gekennzeichnet. Die Stärken und Schwächen, die Potentiale werden hierbei möglichst an den jeweils stärksten Konkurrenten gemessen.

Auch hier soll in einer Skala von schwach bis dominant die eigene Position beurteilt werden.

4.2.3.4 Zusammenfassung der Analysen in der Strategischen Diagnose

Aus den Analysen des Umfeldes, der Marktattraktivität und der Wettbewerbsposition gemäß Abb. 15 bis 17 werden die für den Unternehmensbereich und die einzelnen SGE's

Analyse der Marktattraktivität (Chancen und Risiken)					
UB:			SGE:		
Kriterien	Bedeutung der Kriterien für die SGE				
	niedrig	gering	mittel	gut	hoch
I. Absatzmarkt (Volumen, Wachstum) II. Beschaffungsmarkt III. Wettbewerbsintensität IV. Personalsituation V. Technologische Trends VI. Sonst. externe Einflußfaktoren					
Schlußfolgerung Gesamtbeurteilung - Gewinn- und Wachstumsperspektiven - Kritische Erfolgsfaktoren					
HANIEL					

Abb. 16: Analyse der Marktattraktivität (Chancen und Risiken)

Analyse der Wettbewerbsposition (Stärken und Schwächen)					
UB:			SGE:		
Potentiale / Schlüsselfaktoren	Eigenes Potential ist im Vergleich zu stärksten Wettbewerbern				
	schwach	haltbar	günstig	stark	dominant
I. Marktposition II. Leistungsposition III. Beschaffungs- und Fertigungsposition IV. Management und Personalposition V. Organisationsposition VI. Informatikposition VI. Finanzerfolgsposition					
Schlußfolgerung Gesamtbeurteilung - Gewinn- und Wachstumsperspektiven - Kritische Erfolgsfaktoren					
HANIEL					

Abb. 17: Analyse der Wettbewerbsposition (Stärken und Schwächen)

Strategische Diagnose
Ist-Situation und künftiges Potential

UB:	SGE:

Welches sind die kritischen Erfolgsfaktoren oder Mißerfolgsfaktoren ?

A :Analyse der Marktattraktivität
Chancen und Risiken

Attraktivitäts - Skala
Bedeutung der Kriterien für die SGE

Kriterien	niedrig	gering	mittel	gut	hoch
1. Marktvolumen					
2. Marktwachstum					
3. Stabilität der Nachfrage					
4. Wettbewerbsintensität					
5. Eintritts-/ Austritts-Barrieren					
6. Ressourcensicherheit					
7. Konjunkturabhängigkeit					
8. Technologische Trends					
9. Staatliche Einflußnahme					
10. Gesamtbeurteilung					

B : Analyse der Wettbewerbsposition
Stärken und Schwächen

Positions - Skala
Potential im Vergleich zu stärksten Wettbewerbern

Potentiale / Schlüsselfaktoren	schwach	haltbar	günstig	stark	dominant
1. Marktanteilsposition					
2. Produktprogramm					
3. Kundenbeziehungen					
4. Preis- Leistungsverhältnis					
5. Entscheidungsflexibilität					
6. Qualität der Mitarbeiter					
7. Organisationsstruktur					
8. Finanzierungspotential					
9. Informatikposition					
10. Gesamtbeurteilung					

Die strategische Diagnose soll - bezogen auf die Ist - Situation und das künftige Potential der SGE - kurz gefaßt die wesentlichen Einfluß-Faktoren / Perspektiven des Marktes auf das eigene Geschäft sowie die Position im Verhältnis zum starken Wettbewerb darstellen.

HANIEL

Abb. 18: Strategische Diagnose – Ist-Situation und künftiges Potential

wesentlichen, vorrangigen Kriterien und Potentiale herausgefiltert und in der **Strategischen Diagnose** zusammengefaßt (vgl. Abb. 18).

Aus dieser Untersuchung ergeben sich zwangsläufig die Restriktionen, die einem weiteren gesunden Wachstum des Unternehmens generell oder auf einem bestimmten Markt oder bei einem bestimmten Produkt entgegenstehen. Hierzu gehört auch die Aufgabe, die Engpässe herauszufiltern, die unternehmensintern Grenzen setzen und wünschenswerte Entwicklungen verhindern. Diesem Arbeitsschritt kommt eine überragende Bedeutung zu, da von der richtigen Interpretation die richtige spätere Zielsetzung abhängt.

4.2.4 Die Erörterung strategischer Alternativen

Aus der Interpretation der Bedingungslagen, d. h. der strategischen Diagnose, müssen sich im **sechsten Schritt** alternative Strategien für die einzelnen SGE's finden lassen.

Folgende Fragen sind zu prüfen und zu beantworten (vgl. auch Teil III, Kapitel 3 dieses Buches):

- Soll eine Marktdurchdringung mit bestehenden Produkten in bestehenden Märkten erreicht werden?
- Soll eine Markterweiterung mit alten Produkten in neue Märkte vorgenommen werden?
- Soll eine Programmerweiterung mit neuen Produkten in alte Märkte erfolgen?
- Soll eine Diversifikation mit neuen Produkten in neue Märkte versucht werden?
- Soll eine Desinvestition eines Bereiches ins Auge gefaßt werden?

Das heißt, daß pro Unternehmensbereich und jede SGE Klarheit geschaffen werden muß über

- Erhaltungsstrategien
- Wachstumsstrategien
- Diversifizierungsstrategien
- Selektionsstrategien
- Abschöpfungsstragegien
- Desinvestitionsstrategien.

Bei den Arbeitsschritten bis zur Entwicklung der alternativen Strategien sollte die Szenario-Technik angewendet werden, soweit es möglich und sinnvoll ist. Dies empfiehlt sich insbesondere bei zunehmenden Unsicherheiten in der Unternehmenswelt. Für diese Unsicherheiten müssen sinnvolle Annahmen getroffen werden.

Als Ergebnis werden mehrere alternative Zukunftsbilder vorgelegt, d. h.

- ein normales Trendszenario
- ein extremes Blütenszenario
- ein extremes Krisenszenario.

4.2.5 Festlegung der Geschäftsfeldstrategie/SGE-Strategie

Der **siebte Schritt** umfaßt die Erstellung des Zielportfolios für die einzelnen SGE's und ihr jeweiliges Strategisches Programm.

Die Untersuchungen und Wertungen der voraufgegangenen sechs Schritte führen zwangsläufig dazu, daß eine bestmögliche Entscheidungsbasis für die strategische Führung geschaffen wird. Sie bringen die Erkenntnis über die wirklichen Stärken, wo gute Potentiale gegeben sind, die beherrscht und noch verbessert werden können.

Kurzum, im Prinzip müssen immer wieder für jede Strategische Geschäftseinheit die folgenden Fragen untersucht werden:

> „Würden wir mit unserem derzeitigen Wissen auch noch in dieses Geschäft einsteigen, wenn wir jetzt vor der Wahl stünden?„ (Drucker, Peter F., „Management in turbulenter Zeit", Econ-Verlag, Düsseldorf und Wien, 1. Auflage 1980, S. 51)
>
> „Finden die Produkte der SGE auch in 5 Jahren noch Käufer?"
>
> „Ist die Dienstleistung der SGE in 10 Jahren auch noch gefragt?"

Die Erfahrung zeigt, daß die Anzahl der positiv wirkenden strategischen Entscheidungen zunimmt, wenn das Instrumentarium der strategischen Unternehmensplanung systematisch benutzt und auf der Basis einer tiefgreifenden Diagnose eine individuelle Strategie für jede einzelne SGE entwickelt wird, ohne die bisherigen Trends einfach fortzuschreiben.

Die Geschäftsfeldstrategie insgesamt und für jede SGE läßt sich dabei themenmäßig wie folgt umreißen:

1. Festlegung der Geschäftsfelder (Gesamtportfolio) unter Berücksichtigung des Leitbildes der Geschäftspolitischen Grundsätze
2. Bestimmung der Märkte und Produkte
3. Auswahl der Standorte/Regionen
4. Entscheidung über die zu bindenden Mittel (Ressourcenzuteilung, Investitionen, Vorräte, Forderungen etc.)
5. Regelung der Finanzierung
6. Planung des Personalbedarfs, insbesondere der Führungskräfte
7. Festsetzung von Kriterien und Standards (bench marks)
8. Wahl der Organisations- und Rechtsform

Daraus läßt sich dann das Strategische Programm mit der Festlegung der Einzelschritte ableiten (vgl. Abb. 19).

Die Einzelziele des strategischen Programms sollten hierbei

- zukunftsorientiert
- bedeutsam und sinnvoll
- innovativ
- herausfordernd
- meßbar bzw. wertbar

sein.

Die erkennbaren internen und externen Bedingungslagen, die sich unter Berücksichtigung der erwartbaren Änderungen im Unternehmensumfeld zur strategischen Positionierung zusammenfügen, müssen bewußt und zwingend dem Denken und Handeln des Managements zugrundegelegt werden. Das Management muß so in die Lage versetzt werden, ein dynamisches Gleichgewicht zwischen internen Fähigkeiten, Strukturen, Prozessen und Engpässen einerseits sowie externen Gegebenheiten und Einflüssen zu erreichen.

Im Prinzip geht es also um das innovations-orientierte Problemlösungsbewußtsein der UB-Geschäftsführer und des Vorstands und die Durchsetzung ihres Wollens, kurz gesagt, um die Schaffung von strategischen Meilensteinen, d. h. um die Schaffung dauerhafter Wettbewerbsvorteile und zukunftsträchtiger Erfolgspotentiale.

Dabei müssen natürlich die besonderen Bedingungen, die sich für eine Familiengesellschaft wie Haniel ergeben, im Auge behalten werden.

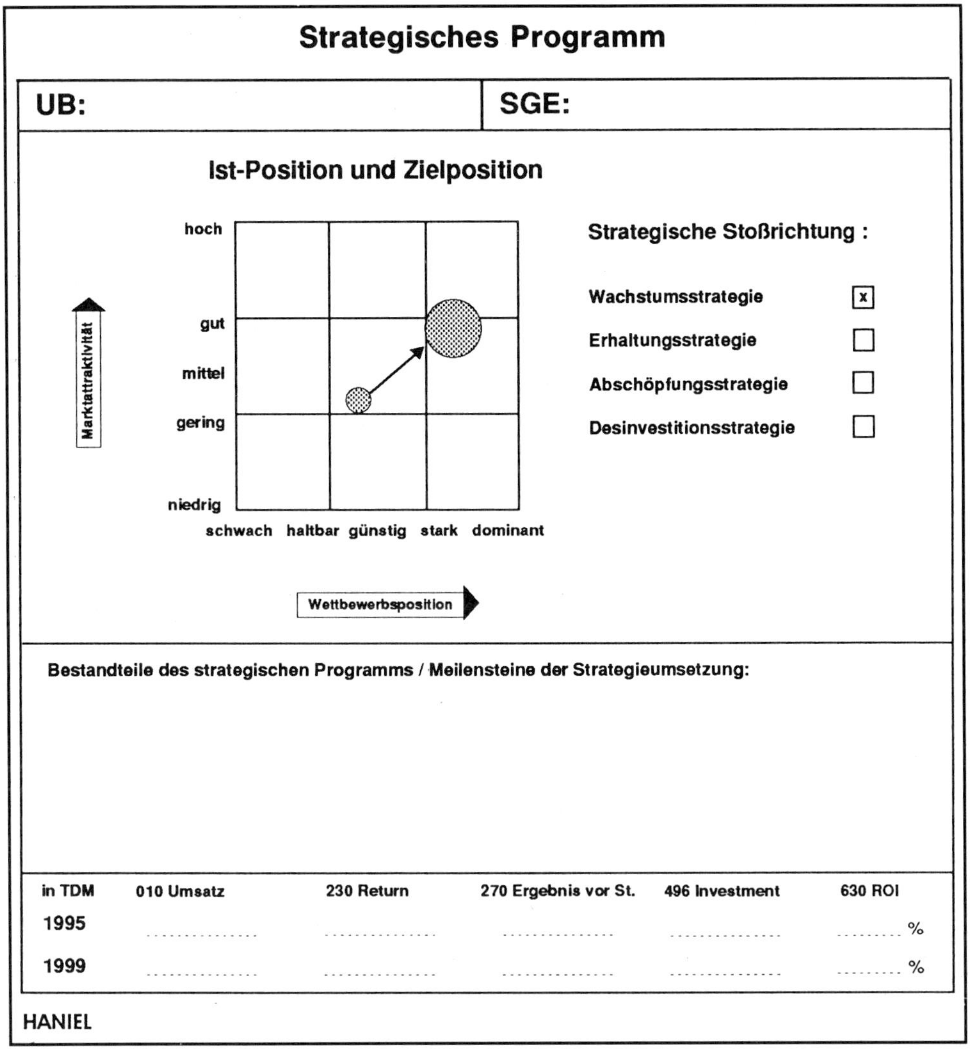

Strategisches Programm

UB:	SGE:

Ist-Position und Zielposition

Marktattraktivität: hoch, gut, mittel, gering, niedrig

Wettbewerbsposition: schwach, haltbar, günstig, stark, dominant

Strategische Stoßrichtung :

- Wachstumsstrategie [x]
- Erhaltungsstrategie [ ]
- Abschöpfungsstrategie [ ]
- Desinvestitionsstrategie [ ]

Bestandteile des strategischen Programms / Meilensteine der Strategieumsetzung:

in TDM	010 Umsatz	230 Return	270 Ergebnis vor St.	496 Investment	630 ROI
1995	....	....	....	....	.... %
1999	....	....	....	....	.... %

HANIEL

Abb. 19: Strategisches Programm

4.3 Operative Planung (Zwei-Jahres-Planung)

Die operative Planung läßt sich in ihren grundsätzlichen Zielen aus der strategischen Planung ableiten (vgl. hierzu Abschnitt 4.2). Sie erstreckt sich bei Haniel auf einen Zeitraum von zwei Jahren und enthält die folgenden Bestandteile:

- Soll-Ist-Vergleich der wesentlichen Ziele und Maßnahmen
- Planungsprämissen
- Ziele und Maßnahmen
- Planungsrechnung.

4.3.1 Soll-Ist-Vergleich der wesentlichen Ziele

Im Soll-Ist-Vergleich werden die wesentlichen Ziele und Maßnahmen aus dem vorhergehenden Planungs-Zyklus für das abgelaufene Budget-Jahr mit dem Ist, dem tatsächlich Erreichten verglichen und Begründungen für eventuelles Nichterreichen angegeben (vgl. Abb 20).

4.3.2 Planungsprämissen

Zu den Planungsprämissen des neuen Budget-Jahres (vgl. Abb. 21) gehören

- generelle Basisdaten
- individuelle Prämissen.

Die generellen Basisdaten werden jährlich von den Zentralabteilungen zur Verfügung gestellt. Sie beziehen sich auf folgende Themen:

- Konjunkturelle Entwicklung
- Zinstrends
- Wechselkurserwartungen
- Voraussichtliche Personalkostensteigerungen
- Veränderung steuerlicher Rahmenbedingungen
- Gesetzgeberische Vorhaben
- Technologische Entwicklungen.

Die von den Unternehmensbereichen erarbeiteten individuellen Prämissen betreffen für jede SGE insbesondere

- Absatz-Produktionsmengen
- Preisentwicklungen
- Einführung besonderer Verfahren und Technologien
- Erweiterungen der Kapazität, z. B. durch Akquisition.

Ohne die Konkretisierung der Planungsprämissen ist die Planungsrechnung ohne festen Boden und bei der Soll-Ist-Vergleichsanalyse wenig aussagefähig.

Bei der Möglichkeit starker Schwankungsbreiten der Prämissen sollten die positiven und negativen Bandbreiten (Szenarios) für die Planungsrechnung dargelegt werden.

4.3.3 Ziele und Maßnahmen

Die Ziele und die zugehörigen Maßnahmen zur Zielerreichung (vgl. Abb. 22) sollten nicht die normale Aufgabenstellung der SGE betreffen, sondern vielmehr nur besondere, herausfordernde Projekte. Dabei ist zu beachten, daß die Aussagen

- eindeutig und klar
- in meßbaren Größen (Mengen, Wert)
- mit Zeitangaben

gemacht werden. Ohne eine solche Verdeutlichung ist ein späterer Soll-Ist-Vergleich nicht möglich.

Natürlich sollten die Ziele auch wirklich erreichbar und die Maßnahmen durchführbar sein. Irreale Angaben sind nicht nutzbringend.

Soll - Ist - Vergleich Ziele und Maßnahmen der Vorperiode		
UB:	SGE:	
Wesentliche Ziele Soll	Maßnahmen Soll	Erreichtes Ist
-	-	-
-	-	-
-	-	-
-	-	-
-	-	-
-	-	-
-	-	-
-	-	-
-	-	-
-	-	-
-	-	-
-	-	-
-	-	-
-	-	-
-	-	-
HANIEL		

Abb. 20: Soll-Ist-Vergleich Ziele und Maßnahmen der Vorperiode

Planungsprämissen	
UB:	SGE:
Wichtige Planungsprämissen für die SGE sind:	
Absatzentwicklung	
Preisentwicklung	
Kapazität	
Technologie	
Sonstiges	
HANIEL	

Abb. 21: Planungsprämissen

Ziele und Maßnahmen	
UB:	SGE:
Wesentliche Ziele in meßbaren Größen	Maßnahmen zur Zielerreichung
Zielfeld	
-	
-	
-	
Zielfeld	
-	
-	
-	
Zielfeld	
-	
-	
HANIEL	

Abb. 22: Ziele und Maßnahmen

Investitionsplanung		
UB:	SGE:	
	Perioden	
Ersatzinvestitionen		
Kapazitätserweiternde Investitionen		
Akquisitionen		
Investitionen gesamt		
Abschreibungen gesamt		
Einzeldarstellung der Großobjekte		
-		
-		
-		
-		
-		
-		
-		
HANIEL		

Abb. 23: Investitionsplanung

In welchem Umfang für die einzelnen Bereiche eines Unternehmens verbale Zielaussagen und Maßnahmen schriftlich niedergelegt werden sollten, läßt sich nicht generell festlegen. Zweckmäßigerweise orientiert sich der Planende an der Analyse der eigenen Stärken und Schwächen, um festzulegen, zu welchen Problembereichen, die in diesem Zusammenhang **Zielfelder** genannt werden, auf jeden Fall Aussagen gemacht werden müssen. Zielfelder können demnach u. a. sein:

1. Absatzmarkt
2. Beschaffungsmarkt
3. Personalbereich
4. Organisationsstruktur
5. Führungssystem
6. Produktivität etc.

Bei der Formulierung der Ziele und Maßnahmen für diese Zielfelder muß jeweils im Auge behalten werden, daß

- die Stärken konsequent genutzt,
- die Schwächen systematisch beseitigt,
- die Marktchancen rasch ausgenutzt und
- die Marktgefahren sinnvoll vermieden

werden sollen.

4.3.4 Bestandteile der Planungsrechnung

Die Planungsrechnung umfaßt neben speziellen operationellen Daten in den Begriffen des Rechnungswesens die bewerteten Ziele und Maßnahmen auf der Basis der Prämissen.

Die Zeilen und Spalten sind so gestaltet, daß sie sowohl datentechnisch als auch manuell gefüllt werden können. Die überwiegende Mehrheit der Planungsrechnungsdaten wird heute mit Hilfe von speziellen PC-Planungsprogrammen erstellt und an die Zentralen der Unternehmensbereiche wie auch an die zentrale Planungsabteilung der Franz Haniel & Cie. GmbH auf Datenträgern oder durch Fernübertragung übermittelt (vgl. hierzu Abschnitt 5.3).

Zur Planungsrechnung gehören

- Investitionsplanung (Abb. 23)
- Umsatz-Ergebnis-Planung (Abb. 24)
- Bilanzplanung (Abb. 25)
- Kennzahlen (Abb. 26)

Der Aufbau dieser Planungsunterlagen erlaubt ihre Verwendung in jeder Unternehmensebene.

Die Abbildungen 23 bis 26 sind hier in ihren wesentlichen Teilen abgebildet. Aus Platzgründen sind jedoch einige Spalten und Zeilen, die im Original enthalten sind, weggelassen worden.

4.3.4.1 Grundsätzlicher periodischer Aufbau der Formulare zur Planungsrechnung

Die Formulare zur operativen Planungsrechnung sind hinsichtlich der **Perioden** im Prinzip alle gleich aufgebaut. In den ersten beiden Spalten befinden sich die Effektiv-Werte der beiden Vorjahre. Die dritte Spalte zeigt das Budget des laufenden Jahres. Diesem wird in der vierten Spalte die Hochrechnung (HR) für das laufende Jahr (später das Ist) gegenübergestellt (Soll-Ist-Vergleich). In Spalte 6 wird das Budget des nächsten Jahres geplant und dem alten Budget (Spalte 5) für dieses Jahr aus der Vorjahresplanung (Soll-Soll-Vergleich) gegenübergestellt. In Spalte 7 wird das übernächste Jahr budgetiert. Die operative Planung bei Haniel ist somit eine Zweijahresplanung.

Beispiel: **Budget-Zyklus 1995/96**

Spalte	1	2	3	4	5	6	7
Perioden	Effektiv 1992	Effektiv 1993	Budget 1994	HR (Ist) 1994	Budget alt 1995	Budget neu 1995	Budget 1996

Umsatz – Ergebnis – Planung (verkürzte Darstellung)

UB:	**SGE:**						
	Ist - und Budget - Perioden						
010 GESAMTUMSATZ							
040 Gesamtleistung							
070 Rohertrag							
090 Gesamtbetriebsertrag							
190 Betriebs- und Verwaltungskosten							
200 Betriebsergebnis							
210 Auf Sparten verteiltes a.o. Ergebnis							
220 SPARTENERGEBNIS							
221 Ertrag aus Verrechnung kalk. Zinsen							
230 RETURN							
260 Neutrales Ergebnis							
270 JAHRESÜBERSCHUSS/-FEHLBETRAG VOR STEUERN							
290 JAHRESÜBERSCHUSS/-FEHLBETRAG NACH STEUERN							

HANIEL

Abb. 24: Umsatz – Ergebnis – Planung (verkürzte Darstellung)

Bilanzplanung (verkürzte Darstellung)							
UB:	**SGE:**						
	Ist - und Budget - Perioden						
AKTIVA							
409 Immaterielle Vermögensgegenst.							
419 Sachanlagen							
429 Finanzanlagen							
439 ANLAGEVERMÖGEN							
479 UMLAUFVERMÖGEN							
499 BILANZSUMME							
PASSIVA							
529 Eigenkapital							
536 Sonderposten mit Rücklageanteil							
539 EQUITY							
567 Langfristiges Fremdkapital							
568 LANGFRISTIGES KAPITAL							
585 Kurzfristiges Fremdkapital (verz.)							
588 Kurzfristiges Fremdkapital (unverz.)							
599 BILANZSUMME							
HANIEL							

Abb. 25: Bilanzplanung (verkürzte Darstellung)

4.3.4.2 Investitionsplanung

Inhalt ist das zu vereinbarende bilanzwirksame Investitionsvolumen in Anlehnung an den im Oktober zuvor vom Vorstand genehmigten Investitionsrahmen (vgl. Abb. 23).

Hierbei wird unterschieden nach

- Ersatz-Investitionen
- kapazitätserweiternden Investitionen
- Akquisitionen.

Großobjekte sind hierbei einzeln aufzuführen.

4.3.4.3 Umsatz-Ergebnis-Planung

Die Umsatz-Ergebnis-Planung gemäß Abb. 24 gilt bis Zeile 230 „Return" für operative, nicht bilanzierende Einheiten sowie bis Zeile 290 „Jahresüberschuß nach Steuern" für bilanzierende Einheiten, insbesondere für SGE's, den Unternehmensbereich und das Gesamtunternehmen. (Anmerkung: Die Zeilengliederung nach Ertrags- und Kostenarten ist hier aus Platzgründen sehr verkürzt wiedergegeben.)

Um eine bessere Aussagefähigkeit des innerjährigen Soll-Ist-Vergleichs zu erreichen, können die Budget-Daten aller Zeilen mit unterschiedlichen Jahresanteilen saisonalisiert werden.

4.3.4.4 Bilanzplanung

Die Bilanzplanung (vgl. Abb. 25) wird für die selbstbilanzierenden Einheiten erstellt. Die Stichtagsdaten werden noch durch Bewegungsdaten, z. B. für Zugänge und Abgänge, ergänzt. Die eingerechneten Investitionen müssen mit den Angaben zur Investitionsplanung gemäß Abb. 23 übereinstimmen.

4.3.4.5 Kennzahlen

Das Kennzahlen-Formular gemäß Abb. 26 enthält komprimiert die Daten aus der Umsatz-Ergebnis-Planung, Investitionsplanung und Bilanzplanung sowie ergänzend Rendite-Kennziffern und sonstige operationelle Kennziffern.

Es ist Bestandteil der operativen Planung bis zur Periode des zweiten Budget-Jahres. Darüber hinaus erstreckt es sich als einziges Planungsformular auf weitere drei Plan-Jahre.

Insofern erfaßt das Formular 5 Budget- und Planjahre und findet damit auch Verwendung für die datenmäßige Darstellung der strategischen Planung.

Kennzahlen (verkürzte Darstellung)

UB:	**SGE:**						
	Ist - und Plan - Perioden						
010 GESAMTUMSATZ							
220 SPARTENERGEBNIS							
230 RETURN							
270 JAHRESÜBERSCHUSS VOR STEUERN							
290 JAHRESÜBERSCHUSS NACH STEUERN							
315 INVESTITIONEN							
330 CASH-FLOW							
335 FREIER CASH-FLOW							
439 ANLAGEVERMÖGEN							
495 NETTOUMLAUFVERMÖGEN							
496 ZU VERZINSENDES VERMÖGEN							
539 EQUITY							
599 BILANZSUMME							
610 ROS VOR STEUERN (IN %)							
615 ROS NACH STEUERN (IN %)							
630 ROI (IN %)							
640 ROE (IN %)							
700 PERSONALBESTAND							
720 PERSONALKOSTEN JE MITARBEITER							
730 SPARTENERGEBNIS JE MITARBEITER							
800 WEITERE OPERATIONELLE KENNZAHLEN							

HANIEL

Abb. 26: Kennzahlen (verkürzte Darstellung)

4.3.5 Vergütungssystem für Führungskräfte auf der Basis persönlicher Arbeits- und Ergebnisziele

In den geschäftspolitischen Grundsätzen und Führungsleitlinien ist dargestellt, daß die individuelle Leistungsanerkennung bei Haniel einen hohen Stellenwert hat. Dafür soll die Erreichung vereinbarter Ziele ein wesentlicher Anhaltspunkt sein.

Dementsprechend wird für leitende Mitarbeiter zwischen dem unmittelbaren Vorgesetzten und dem ihm unterstellten Mitarbeiter eine Vereinbarung über persönliche Arbeitsziele und persönliche Ergebnisziele getroffen (vgl. Abb. 27 und 28).

In diesem Zusammenhang sei kurz das Vergütungssystem für Führungskräfte angesprochen, mit dem Haniel mehrere Jahre experimentiert und nach einigen probeweisen Gehversuchen in allen Unternehmensbereichen ab 1985 verbindlich eingeführt hat.

Zunächst mußten die Führungskräfte jedes Unternehmensbereiches in Gruppen eingeordnet werden. Hauptunterscheidungsmerkmal war hierbei die Größe des Führungsbereichs und die mehr oder weniger starke Ergebnisverantwortung.

Persönliche Arbeitsziele

UB:	SGE:									
Arbeitsziele für das Jahr	gewichteter Faktor	erfüllt mit %							Summe	Ergebnis
		70	80	90	100	110	120	130		
1. 2. 3. 4. 5. 6. HANIEL										

Abb. 27: Persönliche Arbeitsziele

Persönliche Ergebnisziele

UB:	SGE:
Geplant :	Tatsächlich erreicht :
Spartenergebnis Jahresüberschuß vor Steuern Cash-flow = 100 % Bonus = Min. Bonus = Max. Bonus * Zutreffendes unterstreichen HANIEL	

Abb. 28: Persönliche Ergebnisziele

Für jede in das System einbezogene Führungskraft setzt sich das Jahreseinkommen zusammen aus folgenden Komponenten:

Fixvergütung von 12 Monatsgehältern

Variable Abschlußvergütung bestehend aus
- Leistungsprämie und
- Ergebnisbonus.

Die Gehälter richten sich nach der Positionsbewertung, Leistungsbeurteilung, dem Erfahrungszuwachs und dem Gehaltsniveau im regionalen Branchenvergleich.

Je höher der Grad der Ergebnisverantwortung ist, umso höher ist auch der Anteil der variablen Vergütung.

Die **Leistungsprämie** wird aufgrund des Erfüllungsgrades der persönlichen Arbeitsziele ermittelt. Die persönlichen Arbeitsziele sind aus der Ziel- und Maßnahmenplanung der jeweiligen organisatorischen Einheit resultierende persönlich zurechenbare Aufgaben.

Es sollen nur die wichtigsten persönlichen Arbeitsziele (Anzahl 2 bis 6) definiert werden; ihre Erfüllung soll meßbar, zumindest aber bewertbar sein. Dabei sollen vornehmlich solche Ziele in Betracht kommen, die sich nicht unbedingt direkt auf das Ergebnis des laufenden Jahres auswirken; vielmehr geht es um besondere längerfristige Vorhaben und Projekte. Die jeweiligen „Erledigungstermine" sind festzuhalten und den einzelnen Zielen Gewichtungsfaktoren (Wertigkeit der Aufgabe) beizugeben, damit auch dem Mitarbeiter der Schwerpunkt seiner zu erledigenden Aufgaben ständig bewußt ist. Ziele mit einem hohen Faktor haben demzufolge auch im Rahmen der Entscheidung über die Höhe der Abschlußvergütung entsprechendes Gewicht.

Der **Ergebnisbonus** wird ermittelt auf der Basis des Verhältnisses von erreichtem zum geplanten Ergebnis für die vom Mitarbeiter geleitete operative Einheit. Als Bemessungsgrundlage kann hierbei alternativ das Spartenergebnis (Betriebsergebnis) oder das Geschäftsergebnis vor Steuern oder der Return on Investment oder der Cash-flow herangezogen werden.

Die Eck- und Zwischenwerte von Leistungsprämie und Ergebnisbonus werden auf der Basis von x mal Gehalt errechnet und dem Mitarbeiter zu Beginn des Geschäftsjahres in absoluten Beträgen schriftlich mitgeteilt.

Nach mehrjähriger Durchführung des Systems für die Führungskräfte wurde noch eine neue strategische Anreiz-Komponente für die UB-Geschäftsführer eingebaut.

Die strategische Ausrichtung und die Durchsetzung der Strategie ist jetzt eine Grundlage für einen weiteren Bonus, nämlich für den **Strategie-Bonus.** Seine Kriterien sind u. a.:

- Erreichung von bestimmten herausfordernden Renditewerten
- Veränderung des Markt- und Wettbewerbsumfeldes zu Gunsten des Unternehmensbereiches
- Verbesserung der Wettbewerbsposition
- Durchsetzung innovativer Ziele am Markt
- Erhöhung der Eintrittsbarrieren für die Konkurrenz
- Steigerung des Unternehmenswertes.

Der Strategie-Bonus ist damit im wesentlichen abhängig vom Strategiebeitrag, d. h. von der Schaffung strategischer „Meilensteine", der Steigerung der Erfolgspotentiale und des Unternehmenswertes.

4.3.6 Personalbedarfsplanung

Ein weiterer wesentlicher Baustein der operativen und strategischen Planung und Führung bei Haniel ist die Personalplanung, und zwar sowohl hinsichtlich des zahlenmäßigen Bedarfs wie auch der Qualifikation. Zum Managen, insbesondere zum strategischen Managen, gehören geeignete Führungskräfte in den einzelnen SGE's und UB's, die der jeweiligen Aufgabenstellung gewachsen sind.

Für unterschiedliche Aufgaben sind unterschiedliche Typen von Führungskräften erforderlich. Aus diesem Grund wird jährlich ein Personalbedarfs- und Besetzungsplan aufgestellt, der nach Funktionsgruppen untergliedert ist und – als Besonderheit – den längsten Zeithorizont aller Planungspapiere bei Haniel hat, nämlich 10 Jahre (vgl. Abb. 29).

Dabei wird der qualifizierenden Personalentwicklung, vornehmlich der Entwicklung der Führungsnachwuchskräfte, besondere Beachtung geschenkt.

Personalplanung – Führungskräfte

UB:		SGE:						
Funktionsgruppen	Effektiv 31.12.19..	Plan Periode 1			Plan Periode 2			Weitere 8 Perioden →
		Zugang	Abgang	Stand	Zugang	Abgang	Stand	
A								
B								
C								
D								
Gesamt								

HANIEL

Abb. 29: Personalplanung – Führungskräfte

4.3.7 Zusammenhang der Planungsformulare zur operativen Planung

Der Zusammenhang der Planungsformulare zur operativen Planung soll anhand der Abb. 30 noch einmal zusammengefaßt dargestellt werden.

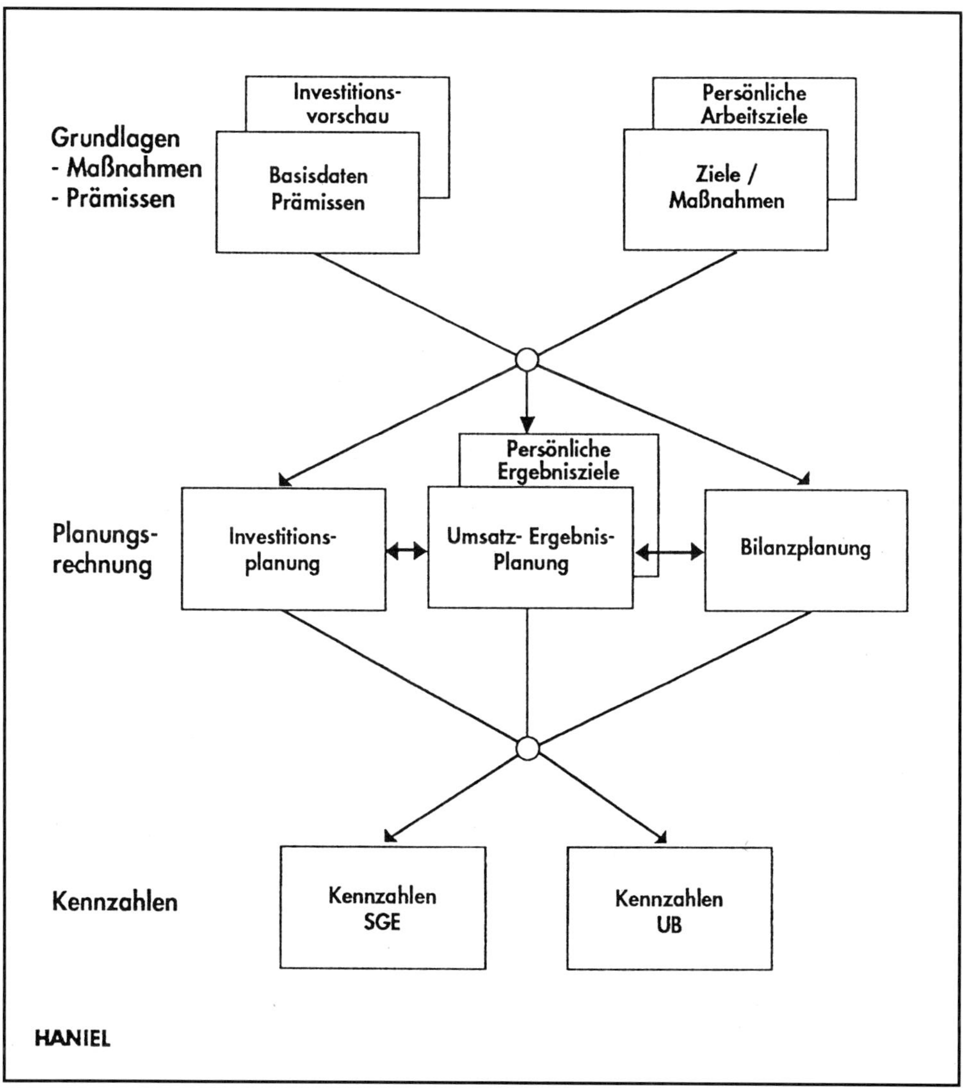

Abb. 30: Zusammenhang der operativen Planung

4.4 Konzernplan

4.4.1 Integration der UB-Daten und Zentraldaten

Der Konzernplan (vgl. Abb. 31) enthält

- die Plandaten der Unternehmensbereiche,
- zentral hinzugefügte Plandaten über Vorgänge und Projekte, die nicht die bestehenden Unternehmensbereiche betreffen,
- eine laufende Anpassung mit Daten, die bis dahin nicht geplant waren, z. B. ungeplante Akquisitionen, oder erkennbar falsch waren.

Insofern bleibt der Konzernplan nicht unverändert erhalten. Der für das Folgejahr starre Teil aus den Plandaten der Unternehmensbereiche und den zentral hinzugefügten Plandaten wird jeweils rollierend ergänzt, korrigiert, wenn sich wesentliche neue Erkenntnisse ergeben.

4.4.2 Konzern-Portfolio

Aus den Einzelteilen der Konzernplanung wird zentral das Konzernportfolio entwickelt. Hier werden die einzelnen Unternehmensbereiche und SGE's durch ein System von Bestimmungsfaktoren bezüglich Chancen und Risiken sowie Stärken und Schwächen positioniert.

Bestimmungsfaktoren können u. a.

- Investment und ROI in%
- Eigenkapital und ROE in%
- Verschuldung und Cash-flow
- Kundennutzen und Produktqualität etc.

sein.

Üblicherweise wird jedoch das Konzernportfolio unter Verwendung des bekanntesten Faktorenpaars „Marktattraktivität" und „Wettbewerbsposition" dargestellt.

Ohne auf Einzelheiten hierzu einzugehen, sei ausdrücklich betont, daß es sich bei den Portfolio-Darstellungen nur um Hilfsinstrumente der Analyse, um eine bildhafte Darstellung bestimmter Faktoren handelt. Diese bildhafte Analyse soll es ermöglichen, Sachverhalte für alle an Strategischen Diskussionen Beteiligten auf einfache Weise deutlich zu machen.

Mit dieser Portfolio-Darstellung wird bildhaft ausgedrückt, welche Strategie das Unternehmen als Ganzes und hinsichtlich seiner Unternehmensbereiche und Strategischen Geschäfteinheiten einschlagen will.

Gerade ein in viele SGE's diversifiziertes Unternehmen, wie Haniel es darstellt, braucht eine solche bildhafte Präsentation, um Klarheit in die Position der SGE's zu bringen.

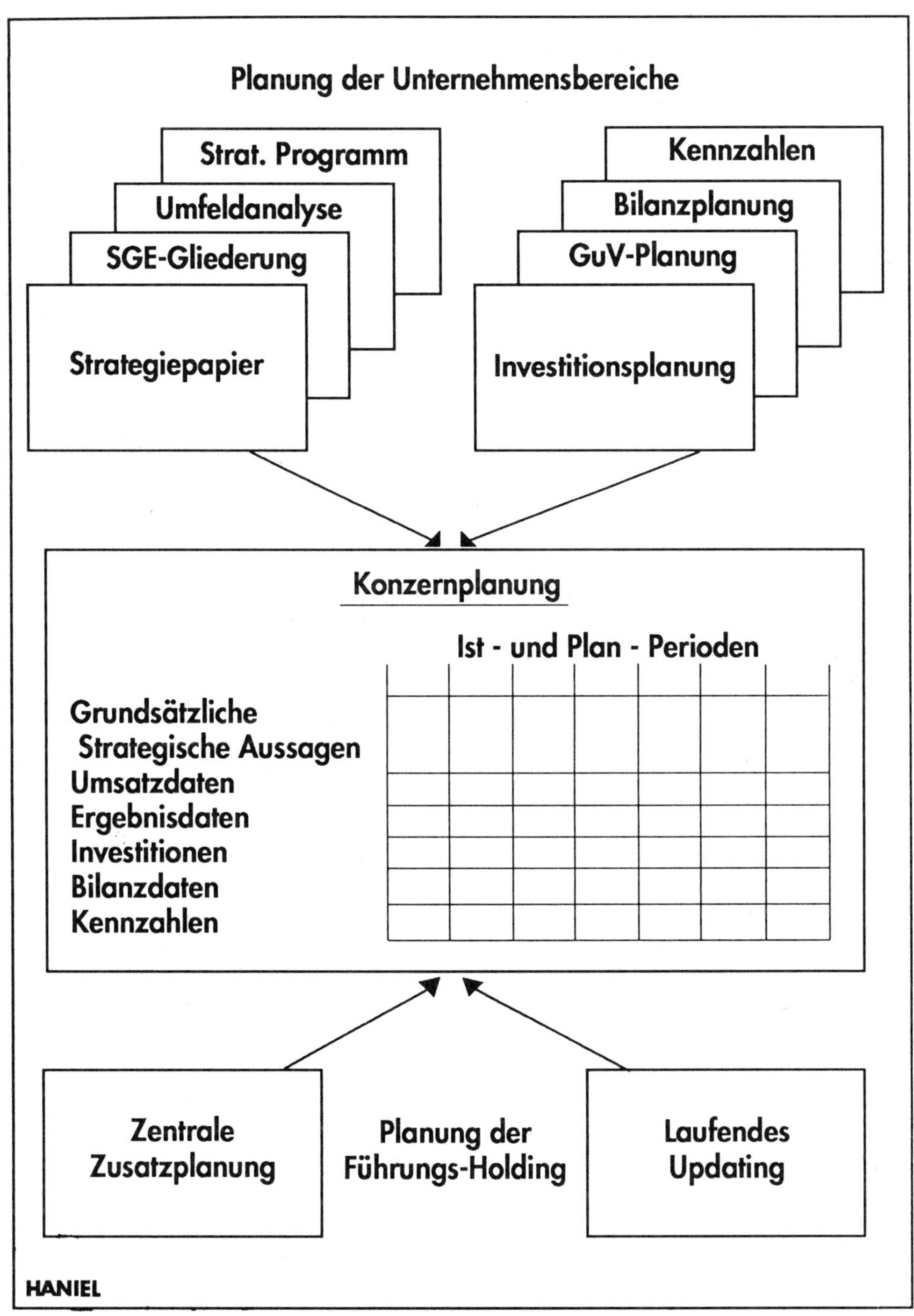

Abb. 31: Inhalt des Konzernplans

5. Berichterstattung als Bestandteil des Planungs- und Führungssystems

5.1 Qualitative Anforderungen an eine funktionierende Berichterstattung

Um ihren Zweck sinnvoll zu erfüllen, sollte die Berichterstattung

- der Organisationsstruktur des Unternehmens mit seinen verschiedenen Ebenen und operationellen Einheiten entsprechen,
- eine eindeutige Kongruenz der Struktur der Plan- und Istdaten aufweisen,
- Standardberichte in ständig wiederkehrendem Raster beinhalten,
- Sonderberichte bei Sonderentwicklungen ermöglichen (exception reporting),
- einfach und verständlich aufgebaut sein,
- schnell zur Verfügung stehen,
- eine sinnvolle Unterstützung der Unternehmensführung auf den verschiedenen Ebenen sicherstellen.

Das seit Jahren bei Haniel praktizierte Berichterstattungssystem ist diesem Anforderungskatalog entsprechend aufgebaut.

5.2 Umfang der Berichterstattung

5.2.1 Tiefengliederung der Unternehmensebenen

Der Umfang der Berichterstattung ergibt sich zwangsläufig aus der Tiefengliederung des Unternehmens und seiner Strategischen Geschäftseinheiten. Dabei sollte durch geeignete Verdichtung und Kumulierung jede Ebene des Unternehmens speziell mit dem Berichtsvolumen versorgt werden, das zur Unterstützung der Führung geeignet ist.

Bei Haniel ist der Umfang der Berichterstattung anhand eines Würfels darstellbar (vgl. Abb. 32).

Zur aktuellen Tiefengliederung der Unternehmensebenen wird auf die Ausführungen in den Abschnitten 1.2.1 und 3.1 und insbesondere auf die Abbildungen 4 und 7 verwiesen.

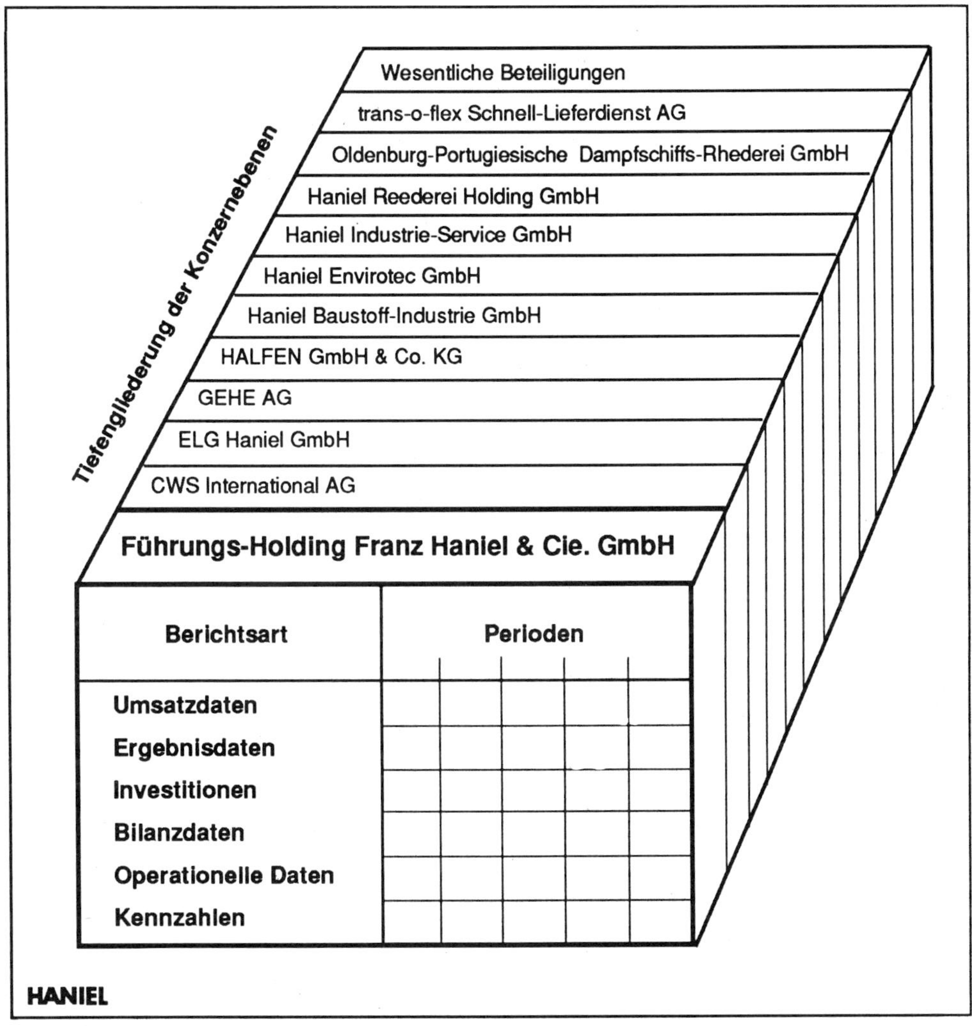

Abb. 32: Berichterstattungswürfel

5.2.2 Gliederung der Standard-Berichtsarten

Innerhalb jeder Ebene existieren bei Haniel verschiedene Berichtsarten (vgl. Abb. 33), die hier mit den wesentlichen Arten aufgeführt werden:

- Umsatz-Ergebnis-Schnellbericht pro Monat bis zum 10. des Folgemonats
- Monatsbericht pro Monat bis zum Ende des Folgemonats
- Bilanzbericht quartalsweise
- Investitionsabwicklung quartalsweise
- Finanzstrukturbericht rollierend bei wesentlichen Datenänderungen

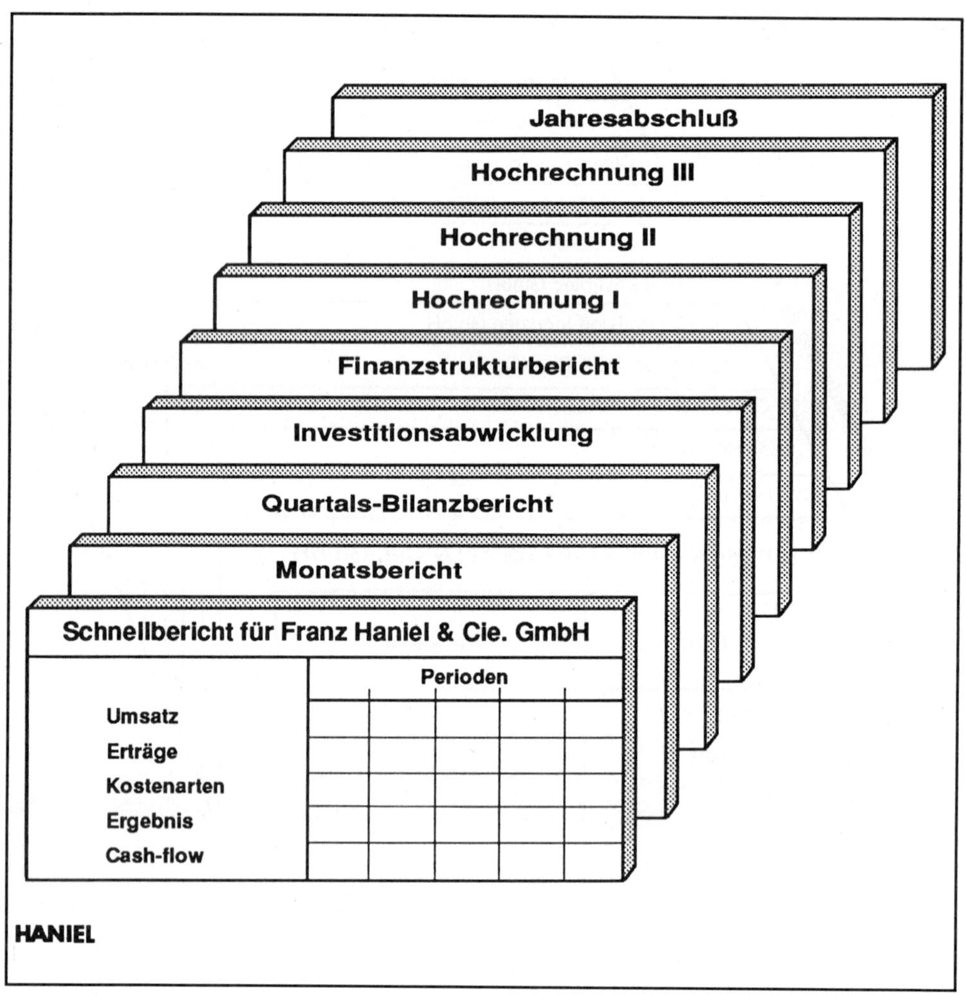

Abb. 33: Berichtsarten

- Hochrechnung I — im Mai für das 1. Halbjahr
- Hochrechnung II — im August für das laufende Geschäftsjahr
- Hochrechnung III — im November für das laufende Geschäftsjahr
- Jahresabschluß — im Februar für das abgeschlossene Gesamtjahr

Jede dieser Berichtsarten wird auf der Ebene der Führungs-Holding Franz Haniel & Cie. GmbH verdichtet und in genormter Form dem Vorstand mit mündlichen Zusatzerläuterungen übermittelt. Ebenso wird daraus eine Information für den Aufsichtsrat abgeleitet.

Der Inhalt der Berichtsarten ist identisch mit den Planungsberichten gemäß Abschnitt 4.

5.2.3 Sonderberichte (Exception Reporting)

Soweit sich aus der Analyse der Standardberichte besondere Entwicklungen und wesentliche Soll-Ist-Abweichungen erkennen lassen, erfolgt eine zusätzliche Sonderberichterstattung, für die keine Norm oder Standardform gegeben ist.

5.3 Werkzeuge zur Unterstützung der Berichterstattung

Um die Berichterstattung den qualitativen Anforderungen entsprechend sowie in der gewünschten Gliederung (vgl. die vorhergehenden Abschnitte 5.1 bis 5.2.3) bereitzustellen, bedarf es einer besonderen Ausgestaltung des technischen Ablaufs. Mit Hilfe der kapazitätsmäßig immer stärker werdenden und flexibler zu handhabenden Personalcomputer hat Haniel hierzu ein funktionierendes System geschaffen, das sich in seiner Grundstruktur und im Datenfluß aus der Abb. 34 ergibt.

Hiernach werden die Ist- und Plandaten von den jeweils unteren Unternehmensebenen (SGE- oder NL-Ebenen) zur Ebene der Unternehmensbereiche durchgeschleust und von dort zur Franz Haniel & Cie. GmbH weitergeleitet, wo sie zur Konzernberichterstattung zusammengefaßt werden.

Als wesentliche Werkzeuge dienen bei diesem Ablauf die Programme AUDI und MAIL-NOTES.

AUDI bedeutet *Au*tomatische *D*aten-*I*ntegration. Hiermit werden die Daten aus den unterschiedlichen technischen Vorsystemen und Datenformaten auf den einheitlichen Nenner der Haniel-Konzern-Berichterstattung konvertiert und mit Einsatz betriebswirtschaftlich orientierter Standardprogramme ausgewertet.

MAIL-NOTES ist ein elektronisches Kommunikationsprogramm; es dient als Übermittlungswerkzeug sowohl für die genormten Daten und Berichte aus AUDI als auch für nicht genormte frei formulierte Erläuterungstexte zu den übermittelten Daten.

In einem Unternehmen wie Haniel, dessen Geschäftsfelder in einem ständigen Strukturwandel und Wachstum begriffen sind, kommt dem geschilderten Datenfluß eine besondere Bedeutung zu. Hier hat die zentrale, für das Berichterstattungssytem zuständige Stelle eine verantwortungsvolle Daueraufgabe zu erfüllen. Sie muß einerseits das notwendige Know-how über die berichtenden Einheiten besitzen, andererseits das Informationsbedürfnis der verschiedenen Führungsebenen kennen und berücksichtigen und schließlich natürlich auch die technischen Fertigkeiten mitbringen, um das System funktionsfähig und aussagefähig zu gestalten.

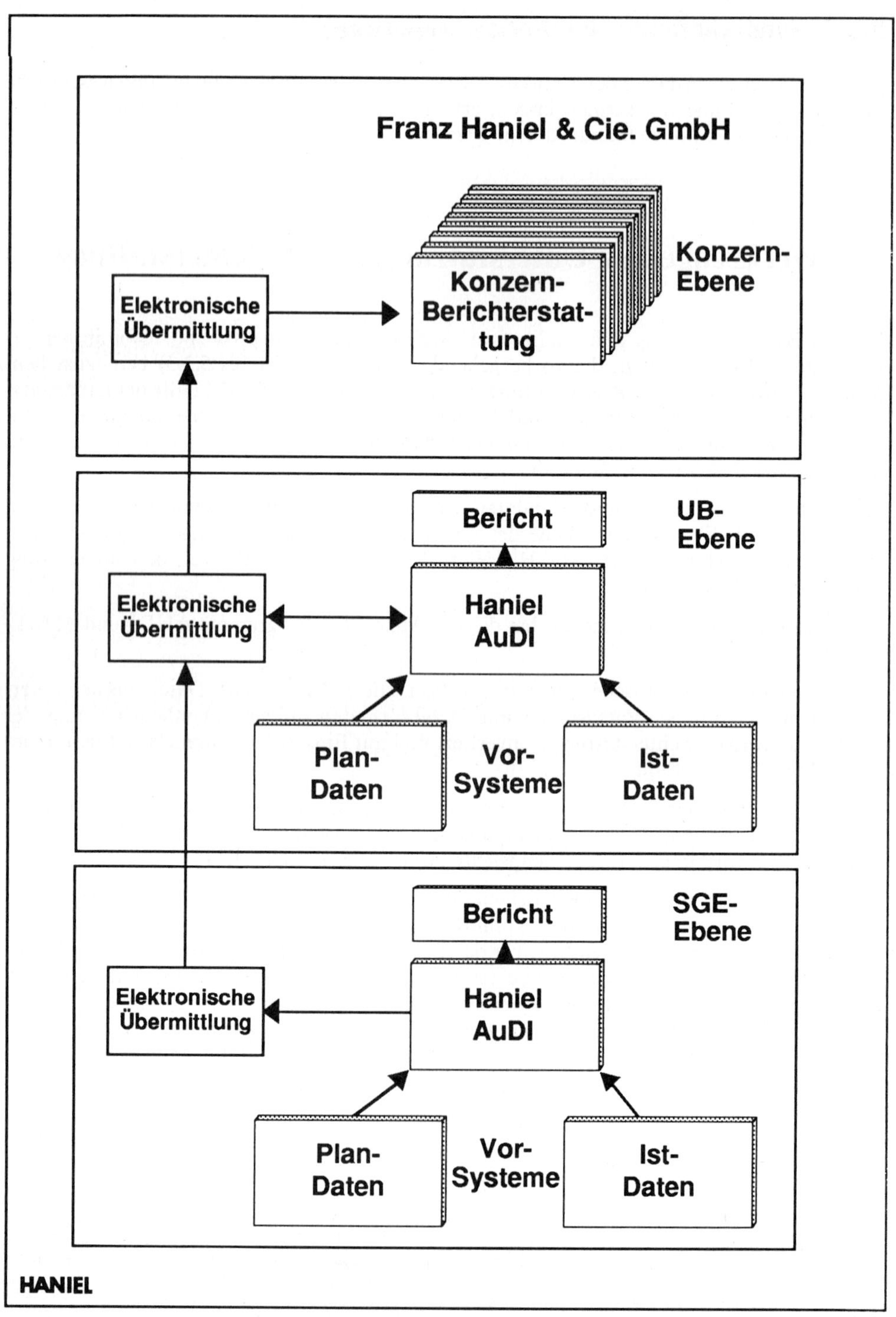

Abb. 34: Technik des Datenflusses für die Berichterstattung

5.4 „Stellgrößen“ als Führungsinstrument

Eingebunden in das Berichterstattungssystem ist ein von allen Führungsebenen zu nutzendes Bündel von Kennzahlen als Stellgrößen (vgl. Abb. 35).

Dieses Geflecht von Stellgrößen und Schrauben, an denen zur Erfolgsmaximierung gedreht werden kann, ist für die operative Seite der Unternehmensebenen individuell gestaltet. Durch die regelmäßige und laufende Kombination von Erfolgs-, Bilanz-, Personal- und operativen Daten muß jeder UB und jede SGE das geeignete Stellschraubensystem für sich finden und einführen.

Darüber hinaus werden dem Management auch strategische Kennzahlen an die Hand gegeben, die für alle Ebenen gleich sind und eine gemeinsame betriebswirtschaftliche Analyse erlauben.

Im wesentlichen handelt es sich hierbei um die folgenden Kennzahlen, die für jeden UB und jede SGE in einem Datenblatt zusammengefaßt sind:

ROS in % = *R*eturn *o*n *S*ales
Umsatzrendite vor und nach Steuern

ROI in % = *R*eturn *o*n *I*nvestment
Rendite des zu verzinsenden Investments

ROE in % = *R*eturn *o*n *E*quity
Eigenkapitalrendite

ROB in % = *R*eturn *o*n *B*eteiligungswert
Rendite des gebundenen Kapitals aus der Sicht der Obergesellschaft

Return hier: Eigenanteil des Konzerns am Jahresüberschuß nach Steuern

Gebundenes Kapital hier: Eigenanteil der Equity des Unternehmensbereichs ohne Fremdanteil + aktiver/passiver Ausgleichsposten aus der Erstkonsolidierung zwischen Franz Haniel & Cie. GmbH und UB

EBIDAT on I in % = *E*arnings *b*efore *I*nterest *D*epreciation, *A*mortization and *T*axes *o*n *I*nvestment
= Betrieblicher Cash-flow vor Zinsen und Steuern in % des Investments

EBIDAT je Mitarbeiter in DM = Betrieblicher Cash-flow je Mitarbeiter

JÜ vor Steuern je Mitarbeiter = Jahresüberschuß vor Steuern je Mitarbeiter

Verschuldungsgrad in % = Cash-flow in % der Nettoverschuldung

Eigenkapital zur Bilanzsumme in % = Eigenkapitalquote

Marktwert und Strategiebeitrag in DM Mio = Unternehmenswert nach der Shareholder-Value-Methode

Anhand der laufenden Berichterstattung und dieser strategischen Kennzahlen, die für die Istjahre wie für Planjahre einschließlich der verschiedenen Hochrechnungen zur Verfügung stehen, erfolgt periodisch die Analyse der Entwicklung des Gesamtunternehmens und seiner

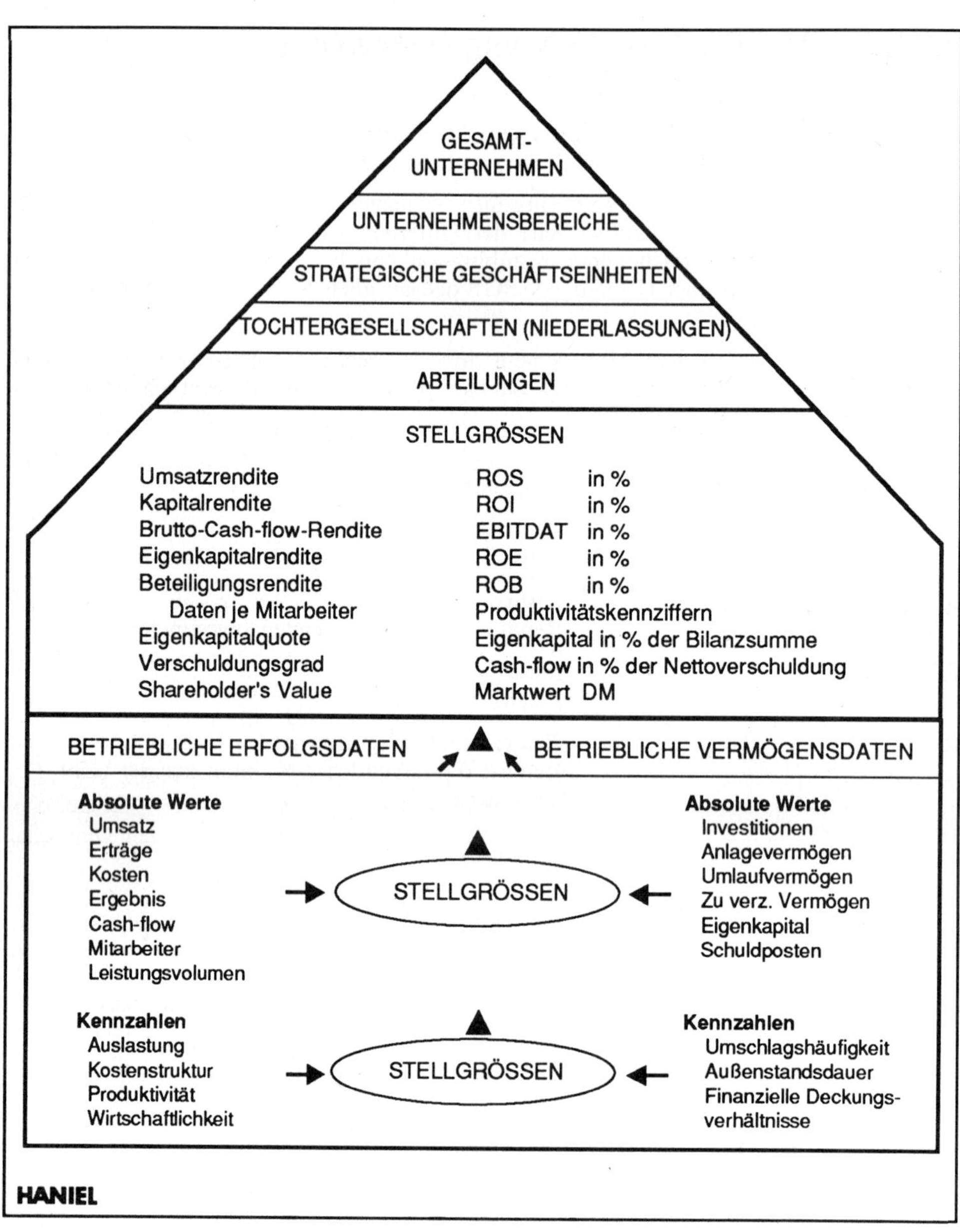

Abb. 35: Führung mit Stellgrößen

Unternehmensbereiche, und zwar innerhalb des Vorstands der Franz Haniel & Cie. GmbH wie auch zwischen Vorstand und Geschäftsführungen der Unternehmensbereiche sowie zwischen den nachgelagerten Unternehmensebenen.

Wie erfolgreich die Kennzahlen unter Berücksichtigung sonstiger Umfeldinformationen als Frühwarn- oder Frühaufklärungssystem eingesetzt werden, um Schwachstellen aufzudekken und wesentliche Soll-Ist-Abweichungen zu Gegensteuerungsmaßnahmen zu nutzen, hängt von der verantwortungsbewußten und kreativen Handhabung des Systems durch die Führungskräfte und insbesondere auch durch den Controller ab. Deshalb ist bei Haniel das Thema „Berichterstattung“ regelmäßig ein festgefügter Tagesordnungspunkt in den Sitzungen des Vorstands und der Geschäftsführungen.

Die aufgeführten Kennzahlen - vom ROS bis zur Eigenkapitalquote - sind seit eh und je Bestandteil betriebswirtschaftlicher Analysen und damit auch Stellgrößen in der Planung bei Haniel. Relativ neu hingegen, aber seit 1990 eingeführt, ist die Betrachtung des Marktwertes und Strategiebeitrages unter Anwendung des sogenannten Shareholder-Value-Konzeptes.

Über dieses Konzept - auch Kapitalwert-Konzept genannt - wird gegenwärtig in Theorie und Praxis intensiv diskutiert. Es geht darum, ob und wie das Shareholder-Value-Konzept Eingang in die strategische Unternehmensführung finden soll. Dazu folgende Anmerkung:

Bei einer börsennotierten Gesellschaft ist der Marktwert und seine Entwicklung für den Shareholder/Aktieninhaber anhand des Börsenwertes ablesbar. Für die Bestimmung des Börsenwertes sind dabei neben objektiv erkennbaren Faktoren auch die subjektiven Meinungen der Marktteilnehmer - Käufer und Verkäufer - maßgebend. Eine solche Art der Preisfindung ist für nicht börsennotierte Unternehmen nicht nachzuahmen. Deshalb müssen andere Wege zur Wertermittlung gefunden werden. Die aktuell im Vordergrund der Diskussion stehende Wertermittlung entspricht praktisch - verkürzt erklärt - einer Kapitalisierung künftiger sogenannter „freier Cash-flows“ unter Anwendung eines Kapitalisierungszinsfußes, der die Kapitalstruktur (Verhältnis Eigenkapital zu Fremdkapital) und das spezielle Geschäftsrisiko der bewerteten Unternehmenseinheit berücksichtigt.

Damit handelt es sich bei dem Shareholder-Value-Konzept nicht um etwas Neues, sondern um eine Unternehmensbewertungsmethode unter vielen anderen.

Das neue und das besondere Gewicht des Shareholder-Value-Konzeptes besteht aber darin, neben den Leistungsmaßstäben und Rendite-Kennzahlen den Unternehmenswert und seine treibenden Faktoren ins Blickfeld der Führungskräfte zu rücken. Das führt gleichzeitig auch zu einer neuen Ausrichtung des strategischen Denkens und Handelns im Sinn einer wertorientierten Unternehmenssteuerung. Der Unterschied zwischen den Werten zweier Stichtage, also der Kapitalwertzuwachs oder die Kapitalwertvernichtung, wird dabei als Strategiebeitrag bezeichnet.

6. Zukunftsaspekte der strategischen Planung und Führung

6.1 Die Zeit als Wettbewerbsfaktor

Der weite Weg von der einfachen Planung bis zur strategischen Führung (siehe Abschnitt 2.1 und Abb. 6) ist bei Haniel schon zu einem guten Stück zurückgelegt. Dennoch wird dieser Weg nie ein konkretes Ende finden; er verlängert sich immer wieder mehr oder weniger, so wie sich ständig oder zuweilen sprunghaft auch das soziale, kulturelle, demographische, staatliche, wirtschaftliche, technologische Umfeld etc. verändert. Die Veränderung des Umfelds an sich ist dabei für den Planenden und Führenden kein neues Problem, sondern die Schnelligkeit der aufeinander folgenden Veränderungen. Die Zeit wird damit ein in seiner Bedeutung zunehmender Wettbewerbsfaktor.

- Wer vorausschauend schneller auf sich verändernde Verhältnisse reagiert,
- wer schneller neue, sich entwickelnde Technologien für sich nutzbar macht,
- wer schneller als die relevante Konkurrenz entscheidet,
- wer seine operativen Prozeßabläufe stärker als die Konkurrenz beschleunigt,

der schafft sich dauerhaft - oder zumindest für eine gewisse Zeit - Wettbewerbsvorteile und Erfolgspotentiale. „Wer zu spät kommt, den bestraft das Leben“ ist ein geflügeltes Wort geworden. Im Unternehmensleben heißt dies: Wer die erkennbaren Chancen nicht rechtzeitig genug wahrnimmt, ist schon nur zweiter Sieger, d. h. Verlierer.

Es ist daher eine vornehme Aufgabe der obersten Führung des Unternehmens, die Führungskräfte aller Ebenen auf Veränderungsbereitschaft, Offenheit gegenüber neuen Herausforderungen und schnelle Entscheidungsfindung einzustimmen.

6.2 Informatik als strategische Waffe

Schnelligkeit bei der Entscheidung und im Handeln ist umso besser möglich, je fundierter die Entscheidung durch frühzeitige und gründliche Information untermauert ist.

Diese Informationsbasis muß vorbeugend durch unternehmensweiten Einsatz von Informationssystemen und zielgerichtete Nutzung von Informationsdatenbanken geschaffen werden. Dabei geht es in erster Linie um die sinnvoll auf die Zielfelder ausgerichtete Organisation der Informationsbeschaffung und des Informationsflusses, erst in zweiter Linie um die technische Ausrüstung.

Normale Arbeitsabläufe/Leistungsprozesse und Organisationstrukturen müssen ebenso unter dem Aspekt der Informatik neu durchdacht werden wie Kommunikationsprozesse, Entscheidungsabläufe und Führungssysteme.

Neue Informationstechnologien werden in vielen Branchen den Charakter des Wettbewerbs verändern. Die Information selbst kann in Verbindung mit den physischen Waren und Dienstleistungen zu einem neuen Produkt heranwachsen.

Darauf muß sich die strategische Planung und Führung einstellen. Jede Unternehmensführung ist deshalb gut beraten, dem Informatikprozeß in Zukunft viel größere Beachtung zu schenken als dies bisher erforderlich erschien.

6.3 Die Vision als unverzichtbares Element der Führung

Trotz ausgereifter Werkzeuge und Systeme zur strategischen Planung und Führung darf beim obersten Management - und insbesondere beim Vorsitzenden der Konzernführung - eines nicht verloren gehen, ja wird vermutlich noch stärkeres Gewicht erhalten: die Vision vom künftigen, nachhaltig veränderten Zustand des Unternehmens. Damit kommt ein rational nicht direkt greifbares und auch nicht schriftlich festgehaltenes Element in die Planung und Führung, nämlich eine kreative Vorstellung über völlig neue Märkte, Produkte und Wettbewerbslandschaften. Die Vision wird dann ihre besondere Bedeutung erlangen, wenn das Unternehmensumfeld von starken Brüchen gekennzeichnet ist und unklare Marktkonstellationen gegeben sind.

Hier ist die Unternehmerpersönlichkeit angesprochen, die analytische Kreativität mit der Kraft zur grundlegenden Veränderung zu kombinieren weiß, um bisher nicht vorhandene Erfolgspotentiale auszuloten und zu schaffen.

7. Schlußbemerkungen

7.1 Anspruch und Wirklichkeit der Planungs- und Führungssysteme

7.1.1 Der Anspruch: Ein systematischer Planungsprozeß

Ein systematischer Planungsprozeß soll dazu beitragen, die Entscheidungen, die sonst allein intuitiv getroffen werden, auf eine möglichst sichere Basis zu stellen.

Der systematische Planungsprozeß und seine Umsetzung in der Führung bei Haniel hatten und haben weiterhin folgendes Ziel: unter Berücksichtigung des Unternehmensleitbildes und Wertung künftiger Handlungsspielräume, eine dauerhaft optimale Position des Gesamtunternehmens und ein gut ausgewogenes Portfolio der Unernehmensbereiche zu suchen und zu gestalten.

Das Management bekam seit Beginn der systematischen Planung den Auftrag, sich auf die Stärken zu konzentrieren, die guten Ertragsquellen und Fähigkeiten, d.h. die positiven Potentiale langfristig zu sichern und zu erweitern. Es wurde aber auch aufgefordert, die Aktivitäten einzustellen, bei denen Rentabilitätslücken oder Cash-Fallen gegeben waren und sich nicht beseitigen ließen.

Das Titelblatt der Firmenzeitschrift **„Haniel-Kurier" aus Juni 1979** (vgl. Abb. 36) zeigt auf einen Blick die Elemente der Unternehmensplanung, die im Prinzip auch heute noch aktuell sind und im Mittelpunkt des Planungsprozesses stehen.

Der Begleittext der Zentralabteilung Betriebswirtschaft enthält u.a. folgende Passagen:

> „Der ständige Wandel in allen Geschäftsbereichen, die sich immer schneller vollziehenden Veränderungen in der Umwelt und auf den verschiedenen Märkten machen es erforderlich, daß sich die Führungskräfte auf allen Ebenen unseres Unternehmens noch mehr als bisher schon mit der Zukunftsbewältigung befassen.
>
> Daher sollte jede Führungskraft aktiv in die Planung einbezogen sein.
>
> Die Planung wird von uns als geeignetes Führungsinstrument angesehen, um den Mitarbeitern ein zielorientiertes Handeln auf der Grundlage der festgelegten Ziele und Maßnahmen zu ermöglichen.
>
> Wir sehen in dem Mitdenken und Mitgestalten der Mitarbeiter einen der wichtigsten Punkte in der Planung. Wir wollen daher mit der Planung insbesondere die Führungskräfte zu einer konstruktiven und kritischen Auseinandersetzung mit den Problemen ihres Zuständigkeitsbereiches auffordern.

Die Unternehmensplanung soll in erster Linie dazu beitragen, durch den ständigen Denkprozeß der Führungskräfte auf allen Unternehmensebenen Eigeninitiative und Kreativität wirksam werden zu lassen. Sie soll uns allen helfen, das Gesamtunternehmen Haniel in eine gute Zukunft hinein zu steuern und auch für wirtschaftlich schwierige Situationen die erforderliche Sicherheit zu erlangen.“

Haben sich die hierin genannten Anforderungen an die Qualität der Unternehmensplanung als solche wie auch an die planenden Führungskräfte positiv auf die Entwicklung des Unternehmens ausgewirkt?

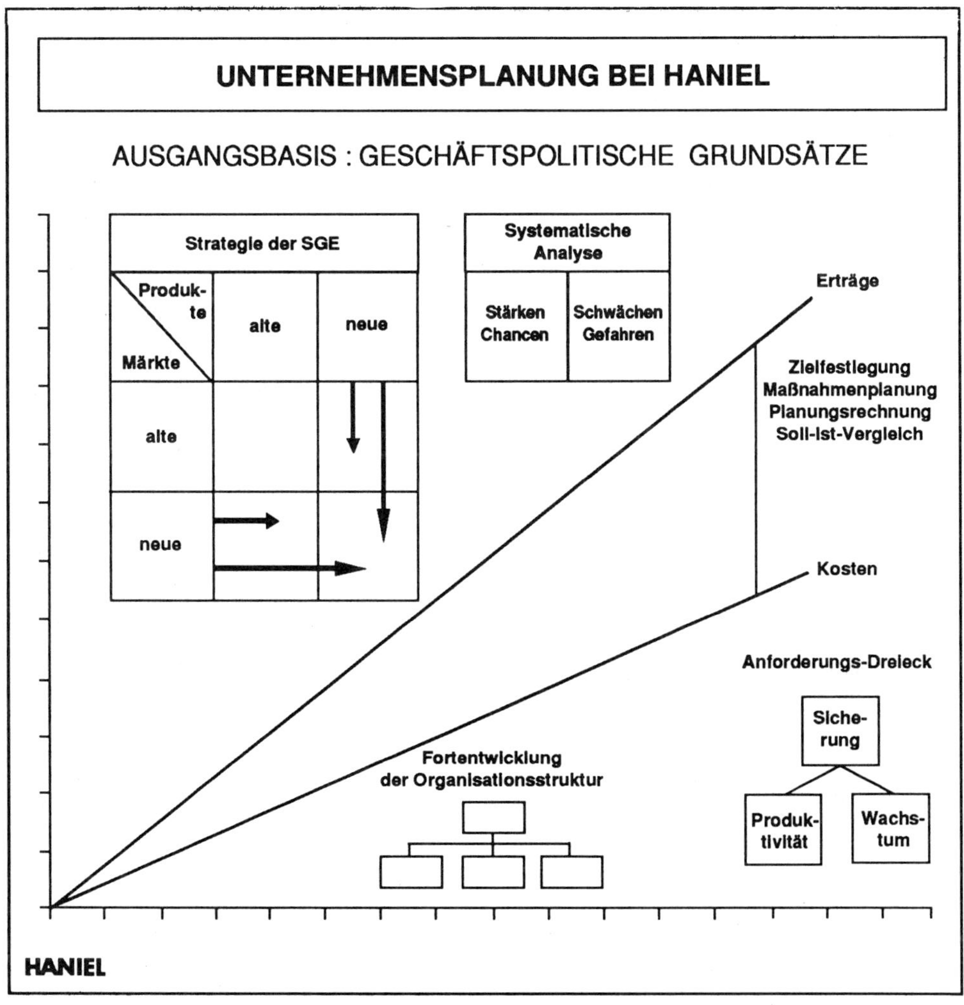

Abb. 36: Abdruck des Deckblatts der Firmenzeitschrift "HANIEL-KURIER" aus Juni 1979

7.1.2 Die Wirklichkeit: Strukturwandel in Entwicklungsschüben

Wie ist die Umsetzung der Planung in Führung gelungen? Seit Einführung der systematischen Unternehmensplanung im Jahre 1978 mußten viele alte Erfahrungen über Bord geworfen werden. Das Management mußte lernfähig werden, sich nicht auf die „experience traps" zu verlassen, sondern für die Anforderungen des Marktes kreativ neue Lösungen zu finden. Es soll nicht geleugnet werden, daß auch heute noch manchmal

- die Form der Planung weiter ist als der Inhalt,
- inhaltlich die „Nabelschau" intern orientierter Daten ein zu großes Gewicht gegenüber der externen Orientierung hat,
- die aktuellen operativen Probleme die strategische Sichtweise überlagern.

Dennoch wurde in mehreren Entwicklungsschüben in den letzten 15 Jahren ein Strukturwandel in Gang gesetzt, der – in seinen wesentlichen Schritten komprimiert – in Abb. 37 dargestellt ist.

Der dargestellte Strukturwandel hat ein sinnvolles, kontinuierliches Wachstum und die Weiterentwicklung der Handels-, Verkehrs-, Produktions- und Dienstleistungsinteressen ermöglicht. In Planungsrunden erarbeitete Strategien wurden konsequent umgesetzt, d. h.:

- Kerngeschäfte wurden gestärkt,
- Neue Aktivitäten wurden aufgenommen und entwickelt,
- Traditionelle Geschäftseinheiten wurden veräußert, weil sie den Anforderungskriterien des Haniel-Portfolios aus unterschiedlichen Gründen nicht mehr entsprachen.

Der Strukturwandel zeigt, daß das Zusammenspiel zwischen Planung und Führung, nicht ohne Erfolg geblieben und das Management seiner Aufgabe weitgehend gerecht geworden ist, die darin besteht,

eine dauerhafte Organisation zu schaffen,
„– die vorübergehenden Rückschlägen standhält,
– plötzliche Veränderungen verkraftet und
– für die sich bietenden Gelegenheiten offen bleibt."

(Quelle: Drucker, Peter F., „Management in turbulenter Zeit", Econ-Verlag, Düsseldorf und Wien, 1. Auflage 1980, S. 9)

Ausbau der Kerngeschäfte Diversifizierung	Desinvestition
1979–1984	
Ausbau des Pharmagroßhandels der GEHE Erweiterung des Lebensmittelshandels in den USA mit Scrivner Entwicklung der Umweltschutzaktivitäten Einstieg in den Hygienemarkt mit CWS Aufnahme des internationalen Handels mit Edelstahlschrott und Metallen durch ELG Haniel	Trennung von Randaktivitäten – Holzhandel – Spanplattenherstellung – Sprengstoff-Produktion – Torfgewinnung
1985–1989	
Erwerb und Ausbau des Versandhandels Kaiser + Kraft durch GEHE Erwerb des Schnell-Lieferdienst trans-o-flex Aufnahme und Ausbau einer vielseitigen Palette von industriellen Dienstleistungen bei Haniel Envirotec und Haniel Industrie-Service	Ausstieg aus dem traditionellen Brenn- und Kraftstoffgeschäft Trennung vom internationalen Kohlehandel Trennung vom Abfallentsorgungsgeschäft
1990–1992	
Einstieg in die Pharma-Produktion über GEHE Aufnahme des Geschäfts mit Verankerungs-, Befestigungs- und Montagesystemen für die Bauindustrie durch Mehrheitsbeteiligung an Halfen Regionaler Ausbau der angestammten Aktivitäten in den fünf neuen Bundesländern	Teilrückzug aus dem Speditionsgeschäft durch Einbringung gegen eine Drittelbeteiligung an Thyssen Haniel Logistic
1992–1994	
Erringung der führenden Position im europäischen Pharma-Großhandel durch Erwerb der OCP; Hinzugewinn von DM 10 Mrd Umsatz	Ausstieg aus dem amerikanischen Lebensmittelhandel; Verzicht auf DM 10 Mrd Umsatz

Abb. 37: Strukturwandel in Entwicklungsschüben

7.2 Künftige Meilensteine zur Unternehmensentwicklung

7.2.1 Aufwertung des Geschäftsfeldportfolios

Haniel hat sich – wie zuvor geschildert – stets dem erforderlichen Strukturwandel gestellt und wird diesen Weg auch weiter fortsetzen, um eine Aufwertung des Geschäftsfeld-Portfolios zu erreichen. Dabei werden neben der Stärkung der Kerngeschäfte sicherlich auch der Aufbau neuer Geschäfte im Vordergrund stehen.

Die Suche und Analyse neuer Betätigungsfelder erfolgt unter Beachtung eines Kriterienkatalogs, der sich aus den geschäftspolitischen Grundsätzen ableitet und als „Haniel-Filter" oder „Akquisitions-Profil" den Führungskräften bekannt ist. Die Kriterien können hier nicht vollständig wiedergegeben, sondern nur auszugsweise als Beispiel genannt werden:

Der Akquisitionskandidat soll nach Möglichkeit

- in wirtschaftlich und politisch stabilen Regionen tätig sein,
- ein standardisiertes Systemgeschäft mit hohen Eintrittsbarrieren für Wettbewerber betreiben,
- eine unternehmerische Funktion für Haniel ermöglichen (keine reine Kapitalbeteiligung),
- ein starkes Management, aber keine „Personenbezogenheit" aufweisen,
- eine führende Marktposition (im definierten Markt) besitzen,
- gute Wachstumschancen bieten,
- ein solides Eigenfinanzierungspotential erreichen können,
- zur Ausgewogenheit des gesamten Geschäftsfeldportfolios beitragen.

Die Wachstumsideen in den vorhandenen dezentralen Unternehmensbereichen müssen sich mit den Diversifizierungs-Suchfeldern der zentralen Konzernführung zu einer konkret durchsetzbaren und finanzierbaren Strategie vereinigen lassen.

7.2.2 Aufwertung des Mitarbeiterpotentials durch die Franz Haniel Akademie

Neue Anforderungen des Marktes bringen zwangsläufig neue Qualifizierungserfordernisse für die Mitarbeiter, insbesondere für die Führungskräfte, mit sich. Erfolg und Zukunft des Unternehmens sind eng mit der Kompetenz und Initiative der Führungskräfte verbunden.

Diese Erkenntnis war der Ausgangspunkt für die Errichtung einer „Akademie". Die Institution – als solche schon vor einigen Jahren gegründet – fand 1993 eine Heimstatt in dem neu errichteten Akademie-Gebäude am Franz-Haniel-Platz in Duisburg-Ruhrort. In unmittelbarer Nachbarschaft zum „Alten Haus" oder „Packhaus" aus der Gründerzeit der Gesellschaft gelegen, schlägt die Akademie den Bogen vom Alten zum Neuen, von der Tradition zum Fortschritt. Gemäß einem Zitat aus dem Haniel-Geschäftsbericht für 1992 hat sie folgende Bestimmung:

„Die Franz Haniel Akademie soll

- unsere Grundhaltung und Wertmaßstäbe,
- den Stil zu führen und zusammenzuarbeiten,
- die Leitlinien, wie wir uns engagieren, Märkte gewinnen und Kunden dienen,

unseren Führungskräften vermitteln und so dazu beitragen, das Unternehmen mit immer neuen Ideen fortzuentwickeln. Sie ist deshalb weit mehr als eine Weiterbildungseinrichtung im klassischen Sinne – die Akademie ist wesentlicher Träger unserer Unternehmenskultur. Sie dient als Integrationsfaktor, Kommunikationsplattform und Begegnungsstätte, auch unter Einbeziehung unserer Kunden und Partner, und ist Brücke zu Wissenschaft und Kultur, Kunst, Politik und Gesellschaft."

Damit dient die Akademie auch als Lehrstätte zur Vermittlung des Haniel-spezifischen Know-how's zur strategischen und operativen Planung sowie zur Förderung der Führungssysteme.

7.2.3 Aufwertung der Organisationsstruktur

Aufgewertete Geschäftsfelder und Führungskräfte sind allein noch nicht Garant für künftigen Erfolg. Auch die Organisationsstruktur muß den künftigen Anforderungen gerecht werden. Sie muß dynamisiert, flexibilisiert, immer wieder von Verkrustungen befreit, immer wieder neu auf den Markt und die individuellen Bedürfnisse des „Königs Kunde" ausgerichtet werden.

Mit möglichst wenigen hierarchischen Unternehmensebenen und möglichst weitgehender Delegation der Verantwortung und Entscheidungsbefugnis in die nachgelagerten Ebenen wird Freiraum für Unternehmertum und Entwicklung innovativer Ideen geschaffen.

Die Organisation muß sozusagen ständig auf Trab gehalten werden, um mit den sich wandelnden Ansprüchen Schritt zu halten, aber ohne aus dem Tritt zu geraten. Sie sollte eine **„geprägte Form, die lebend sich entwickelt"** sein (Quelle: Johann Wolfgang von Goethe, Urworte orphisch).

7.3 Strategische Planung und Führung im Familienunternehmen Haniel

Die beschriebenen Systeme der strategischen Planung und Führung sind an sich für alle Unternehmensbereiche allgemein gültig. Dennoch verlangt jede Unternehmensform, Unternehmensstruktur und Unternehmensgröße individuelle Ausprägungen der strategischen Planung und Führung. Insbesondere gilt dies für Familienunternehmen, wie Haniel eines ist.

Die Handlungsspielräume der Unternehmensführung werden in einem Familienunternehmen zwangsläufig von den Familieninteressen berührt. Dies gilt sowohl für die Mitbestimmung bei Sachentscheidungen wie für die Einflußnahme auf die Führung.

Wenn die Familie durch Familienmitglieder im Management vertreten und somit direkt unternehmerisch tätig sein will, hat dies automatisch Konsequenzen für die gesamte Unternehmenskultur. Verzichtet die Familie auf die eigene Beteiligung an der Geschäftsführung, ist dies ein Signal, das bei der Rekrutierung von willensstarken und fachlich befähigten Führungskräften besondere Beachtung findet.

Das Familienunternehmen Haniel hat sich eine Verfassung gegeben, die eine glückliche Symbiose der Vorzüge verschiedener Unternehmensformen darstellt.

Es ist selbstverständlich, daß Entscheidungen der Unternehmensführung über die Geschäftsfelder und ihre Ressourcenbindung mit der Familie Haniel abgestimmt sein müssen. Dies geschieht aber nicht nur durch unmittelbare Einflußnahme der vielköpfigen Familie, sondern gebündelt über die gewählten Anteilseigner-Verteter im Aufsichtsrat.

Dabei ist durch die stete Bereitschaft des Aufsichtsrats ein Vorteil des gut geführten Familienunternehmens erhalten geblieben, nämlich die Möglichkeit, schnell und flexibel zu entscheiden, wenn die Verhältnisse dies erfordern.

Anteilseigentum und Geschäftsführung sind bei Haniel also klar getrennt. Bei dieser Konstruktion muß die Eigentümerfamilie im Prinzip darauf bauen, daß ihre Interessen durch das familienfremde Management dauerhaft bestens gewahrt werden. Die Ansprüche der Familie, z. B. hinsichtlich

- Kapitalstärkung,
- Wertzuwachs
- Kapitalverzinsung
- Risikobegrenzung etc.

paaren sich also mit dem normalen Denken und Handeln einer strategisch ausgerichteten Unternehmensführung.

Es ist nicht von der Hand zu weisen, daß eine Familiengesellschaft, solange sie nicht börsennotiert ist, also keinen Zugang zum Kapitalmarkt hat, in den Wachstumsraten einer Restriktion unterliegt. Dies gilt auch für Haniel. Die Beschränkung in der Kapitalbeschaffungsmöglichkeit, die für viele Familienunternehmen einen ausgesprochenen Schwachpunkt darstellt, wurde allerdings bei Haniel zu einer ständigen Herausforderung für die Unternehmensführung. Sie wurde so ständig gezwungen, ihre Entscheidungen über Wachstumsstrategien, Selektions- und Desinvestitionsstrategien unter besonderer Berücksichtigung der Renditekraft und Selbstfinanzierungsfähigkeit der Unternehmensbereiche zu treffen. Cash-Fallen mußten zwangsläufig schnell beseitigt werden.

Alles in allem kann gesagt werden, daß die gelebte Verfassung des Familienunternehmens Haniel bisher nicht zu einer Einschränkung, sondern zu einer positiven und fruchtbaren Ausprägung der Planung und Führung geführt hat.

Literaturverzeichnis

Abels, H., Degen, H., Handbuch des statistischen Schaubilds, Herne-Berlin 1981.

Abeltshauser, T. E., Der neue Statutsvorschlag für eine Europäische Aktiengesellschaft, AG 7/1990, S. 289ff.

Accounting Standards Board, Financial Standard No. 1, Cash Flow Statements, Accountancy Nov./ 1991, S. 129ff.

Accounting Standards Committee (ASC) (Hrsg.), Statement of Standards Accounting Practice No. 20 on Foreign Currency Translation (SSAP 20), Accountancy May/1983, S. 120ff., June/1983, S. 2.

Adam, A., Helten, E., Scholl, F., Kybernetische Modelle und Methoden, Köln-Opladen 1970.

Adam, D., Wellensiek, H., Kapitalbedarfsrechnung bei Einführung eines neuen Produktes, in: Schriften zur Unternehmensführung, Bd. 6/7, Kapitaldisposition, Kapitalflußrechnung und Liquiditätspolitik, Hrsg. H. Jacob, Wiesbaden 1968, S. 109ff.

Adam, D., Produktionspolitik, 4. Aufl., Wiesbaden 1986.

Adam, D., Produktionsdurchführungsplanung, in: Industriebetriebslehre, Hrsg. H. Jacob, 4. Aufl., Wiesbaden 1990, S. 677ff.

Adam, D., Produktions-Management, 7. Aufl., Wiesbaden 1993.

Adam, D., Investitionscontrolling, München-Wien 1994.

Adler, H., Düring, W., Schmaltz, K., Rechnungslegung und Prüfung der Unternehmung, Bd. 1–4, 5. Aufl., Stuttgart 1987.

Aggteleky, B., Fabrikplanung, Bd. 2, 2. Aufl., München-Wien 1990.

Agthe, K., Die Abweichungen in der Plankostenrechnung, Freiburg i. Br. 1958.

Agthe, K., Stufenweise Fixkostendeckung im System des Direct Costing, ZfB 1959, S. 404ff.

Agthe, K., Unternehmenswachstum und Unternehmensorganisation, in: Organisation, TFB-Handbuchreihe, 1. Bd., Hrsg. E. Schnaufer, K. Agthe, Berlin-Baden-Baden 1961, S. 463ff.

Agthe, K., Kostenplanung und Kostenkontrolle, Baden-Baden 1963.

Agthe, K., Schnaufer, E. (Hrsg.), Unternehmensplanung, Baden-Baden 1963.

Agthe, K., Blohm, H., Schnaufer, E. (Hrsg.), Industrielle Produktion, Baden-Baden-Bad Homburg v.d. H. 1967.

Agthe, K., Controller, in: HWO, Hrsg. E. Grochla, 1. Aufl., Stuttgart 1969, Sp. 351ff.

Agthe, K., Strategie und Wachstum der Unternehmung, Baden-Baden-Bad Homburg v.d. H. 1972.

Aguilar, F. J., Scanning the Business Environment, New York-London 1967.

Ahlert, D., Franz, K.-P., Göppl, H. (Hrsg.), Finanz- und Rechnungswesen als Führungsinstrument, Wiesbaden 1990.

Albach, H., Wirtschaftlichkeitsrechnung bei unsicheren Erwartungen, Köln-Opladen 1959.

Albach, H., Investition und Liquidität, Wiesbaden 1962.

Albach, H., Produktionsplanung auf der Grundlage technischer Verbrauchsfunktionen, in: Heft 105, Hrsg. Arbeitsgemeinschaft für Forschung des Landes Nordrhein-Westfalen, Köln-Opladen 1962, S. 45ff.

Albach, H., Maschinenbelegungspläne bei Einzelfertigung, in: Jahrbuch 1965, Hrsg. Der Ministerpräsident des Landes Nordrhein-Westfalen – Landesamt für Forschung, Köln-Opladen 1965, S. 11ff.

Albach, H., Zur Theorie des wachsenden Unternehmens, in: Theorien des einzelwirtschaftlichen und des gesamtwirtschaftlichen Wachstums, Hrsg. W. Krelle, Berlin 1965, S. 9ff.

Albach, H., Informationsgewinnung durch strukturierte Gruppenbefragung, ZfB-Ergänzungsheft Dez./1970, S. 11ff.

Albach, H., Kapitalbindung und optimale Kassenhaltung, in: Finanzierungshandbuch, Hrsg. H. Janberg, 2. Aufl., Wiesbaden 1970, S. 369ff.

Albach, H., Innerbetriebliche Lenkpreise als Instrument dezentraler Unternehmensführung, ZfbF 1974, S. 216ff.

Albach, H., Technologische Prognosen, in: HWB, 3. Bd., Hrsg. E. Grochla, W. Wittmann, 4. Aufl., Stuttgart 1976, Sp. 3861ff.

Albach, H., Ungewißheit und Unsicherheit, in: HWB, 3. Bd., Hrsg. E. Grochla, W. Wittmann, 4. Aufl., Stuttgart 1976, Sp. 4036 ff.
Albach, H., Beiträge zur Unternehmensplanung, 3. Aufl., Wiesbaden 1979.
Albach, H. (Hrsg.), Planung in der Praxis, ZfB-Ergänzungsheft 1/79, Wiesbaden 1979.
Albach, H., Hahn, D., Mertens, P. (Hrsg.), Frühwarnsysteme, ZfB-Ergänzungsheft 2/79, Wiesbaden 1979.
Albach, H., Die internationale Unternehmung als Gegenstand betriebswirtschaftlicher Forschung, in: Internationale Betriebswirtschaftslehre, Hrsg. H. Albach, ZfB-Ergänzungsheft 1/81, Wiesbaden 1981, S. 13 ff.
Albach, H. (Hrsg.), Internationale Betriebswirtschaftslehre, ZfB-Ergänzungsheft 1/81, Wiesbaden 1981.
Albach, H., Forster, K.-H. (Hrsg.), Bilanzrichtlinien-Gesetz, ZfB-Ergänzungsheft 1/87, Wiesbaden 1987.
Albach, H., Albach, R., Das Unternehmen als Institution, Wiesbaden 1989.
Albach, H., Das Management der Differenzierung, ZfB 1990, S. 773 ff.
Albach, H., Klein, G. (Hrsg.), Harmonisierung der Konzernrechnungslegung in Europa, ZfB-Ergänzungsheft 1/90, Wiesbaden 1990.
Albach, H., Weber, J. (Hrsg.), Controlling, ZfB-Ergänzungsheft 3/91, Wiesbaden 1991.
Albach, H., Strategische Allianzen, strategische Gruppen, strategische Familien, ZfB 1992, S. 663 ff.
Albach, H., ZfB-Ergänzungsheft Unternehmensethik, Schriftleitung H. Albach, Wiesbaden 1992.
Albert, I., Högsdal, B., Trendanalyse, Köln 1987.
Alewell, K., Absatzkalkulation, in: HWR, Hrsg. E. Kosiol, Stuttgart 1970, Sp. 1 ff.
Alewell, K., Bleicher, K., Hahn, D., Anwendung des Systemkonzepts auf betriebswirtschaftliche Probleme, ZfürO 1971, S. 159 f.
Alewell, K., Absatzplanung, in: HWB, 1. Bd., Hrsg. E. Grochla, W. Wittmann, 4. Aufl., Stuttgart 1974, Sp. 64 ff.
Alewell, K., Absatzorganisation, in: HWO, Hrsg. E. Grochla, 2. Aufl., Stuttgart 1980, Sp. 30 ff.
Alewell, K., Absatzkosten, in: HWR, Hrsg. E. Kosiol, K. Chmielewicz, M. Schweitzer, 2. Aufl., Stuttgart 1981, Sp. 1 ff.
Alewell, K., Regionalorganisation, in: HWO, Hrsg. E. Frese, 3. Aufl., Stuttgart 1992, Sp. 2184 ff.
Alt, W., Kotsch-Faßhauer, L., Leuz, N. (Hrsg.), Jahrbuch für Fach- und Führungskräfte des Rechnungswesens 1992, Stuttgart 1992.
Alter, R., Integriertes Projektcontrolling, Diss. Gießen 1991.
Altrock, C. v., Über den Daumen gepeilt, c't magazin für computertechnik 3/1991, S. 188 ff.
Altrogge, G., Netzplantechnik, 2. Aufl., Wiesbaden 1994.
American Institut of Certified Public Accountants (Hrsg.), Professional Standards, Vol. 3, Accounting (Current Text), Accounting for Business Combinations (APB Opinion No. 16), New York 1978, AC Section 1091, S. 7731 ff.
American Institute of Certified Public Accountants (Hrsg.), Professional Standards, Vol. 3, Accounting (Current Text), The Equity Method of Accounting for Investments in Common Stock (APB Opinion No. 18), New York 1978, AC Section 5131, S. 9371 ff.
Andreas, D., Reichle, W., Das Rechnen mit Maschinenstundensätzen, 6. Aufl., Frankfurt/M. 1987.
Angehrn, O., Künzi, H. P. (Hrsg.), Beiträge zur Lehre von der Unternehmung, Festschrift für Karl Käfer, Stuttgart 1968.
Angermann, A., Industrielle Planungsrechnung, Bd. 1, Entscheidungsmodelle, Frankfurt/M. 1963.
Angermann, A., Industriekontenrahmen (IKR), in: Management-Enzyklopädie, 4. Bd., 2. Aufl., Landsberg/Lech 1983, S. 633 ff.
Ansoff, H. I., Corporate Strategy, New York 1965.
Ansoff, H. I., Management-Strategie, München 1966.
Ansoff, H. I., Zum Entwicklungsstand betriebswirtschaftlicher Planungssysteme, in: Planung und Kontrolle, Hrsg. H. Steinmann, München 1981, S. 59 ff.
Ansoff, H. I., Declerck, R. P., Hayes, R. L., From Strategic Planning to Strategic Management, in: Strategische Unternehmungsplanung – Strategische Unternehmungsführung, Hrsg. D. Hahn, B. Taylor, 6. Aufl., Heidelberg 1992, S. 110 ff.
Anthony, R. N., Planning and Control Systems, Boston 1965.
Aoki, M., Gustafsson, B., Williamson, O. E. (Hrsg.), The Firm as a Nexus of Treaties, London-Newbury Park-New Delhi 1990.

Arbeitsgemeinschaft für Forschung des Landes Nordrhein-Westfalen (Hrsg.), Heft 105, Köln-Opladen 1962.
Arbeitsgemeinschaft Planungsrechnung e.V.-AGPLAN (Hrsg.), Unternehmensplanung als Instrument der Unternehmensführung, Wiesbaden 1965.
Arbeitskreis „Anlagenwirtschaft" der Schmalenbach-Gesellschaft/Deutsche Gesellschaft für Betriebswirtschaft (Hrsg.), Instandhaltung – Ein Managementproblem, 2. Aufl., Köln 1978.
Arbeitskreis Diercks der Schmalenbach-Gesellschaft, Der Verrechnungspreis in der Plankostenrechnung, ZfbF 1964, S. 613 ff.
Arbeitskreis „Diversifizierung" der Schmalenbach-Gesellschaft, Diversifizierungsprojekte – Betriebswirtschaftliche Probleme ihrer Planung, Organisation und Kontrolle, ZfbF 1973, S. 293 ff.
Arbeitskreis „Finanzierungsrechnung" der Schmalenbach-Gesellschaft-Deutsche Gesellschaft für Betriebswirtschaft e.V., Finanzierungsrechnung, ZfbF-Sonderheft 26/90, Hrsg. R. Buchmann, K. Chmielewicz, Düsseldorf 1990.
Arbeitskreis Hax der Schmalenbach-Gesellschaft, Wesen und Arten unternehmerischer Entscheidungen, ZfbF 1964, S. 685 ff.
Arbeitskreis Hax der Schmalenbach-Gesellschaft, Investitions- und Finanzierungsentscheidungen im Rahmen langfristiger Unternehmenspolitik, ZfbF 1970, S. 741 ff.
Arbeitskreis „Integrierte Unternehmungsplanung" der Schmalenbach-Gesellschaft/Deutsche Gesellschaft für Betriebswirtschaft e.V., Integrierte Forschungs- und Entwicklungsplanung, ZfbF 1986, S. 351 ff.
Arbeitskreis „Integrierte Unternehmungsplanung" der Schmalenbach-Gesellschaft/Deutsche Gesellschaft für Betriebswirtschaft e.V., Integrierte Führungskräfteplanung, in: Betriebliche Aus- und Weiterbildung von Führungskräften, Hrsg. A. G. Coenenberg, ZfbF-Sonderheft 24, Düsseldorf 1989, S. 121 ff.
Arbeitskreis „Integrierte Unternehmungsplanung" der Schmalenbach-Gesellschaft-Deutsche Gesellschaft für Betriebswirtschaft e.V., Grenzen der Planung – Herausforderung an das Management, ZfbF 1991, S. 811 ff.
Arbeitskreis Krähe der Schmalenbach-Gesellschaft, Finanzorganisation, Köln-Opladen 1964.
Arbeitskreis „Marketing in der Investitionsgüterindustrie" der Schmalenbach-Gesellschaft, Einige Besonderheiten der Preisbildung im Seriengeschäft und Anlagengeschäft, ZfbF 1978, S. 759 ff.
Arbeitskreis „Organisation international tätiger Unternehmen" der Schmalenbach-Gesellschaft, Organisation des Planungsprozesses in international tätigen Unternehmen, ZfbF 1979, S. 20 ff.
Arbeitskreis „Primärkostenrechnung" im Betriebswirtschaftlichen Ausschuß des Verbandes der Chemischen Industrie e. V., Zur Anwendbarkeit der Primärkostenrechnung in der Chemischen Industrie, DB 1972, S. 833 ff.
Arbeitskreis „Unternehmensbewertung im Rahmen der unternehmerischen Zielsetzung", Unternehmungsbewertung als Grundlage unternehmerischer Entscheidungen, ZfbF 1976, S. 99 ff.
Arbeitskreis Unternehmensfinanzierung Nürnberg (Hrsg.), Finanzstrategie der Unternehmung, Herne-Berlin 1971.
Arbeitskreis „Rechnungslegungsvorschriften der EG-Kommission" der Gesellschaft für Finanzwirtschaft in der Unternehmensführung e.V. (GEFIU), Möglichkeiten und Grenzen der Anpassung deutscher Konzernabschlüsse an die Rechnungslegungsgrundsätze des International Accounting Standards Committee (IASC) (Teil I), DB 1995, S. 1137 ff.
Archibald, R. D., Managing High-Technology Programs and Projects, New York u.a. 1976.
Arnolds, H., Heege, F., Tussing, W., Materialwirtschaft und Einkauf, 8. Aufl., Wiesbaden 1993.
Aschfalk, B., Hellfors, S., Marettek, A. (Hrsg.), Unternehmensprüfung und -beratung, Festschrift zum 60. Geburtstag von Bernhard Hartmann, Freiburg i. Br. 1976.
Aurich, W., Schroeder, H.-U., System der Wachstumsplanung im Unternehmen, München 1972.
Awani, A. O., Project Management Techniques, New York-Princeton 1983.
Ax, A., Börsig, C., Praxis der integrierten Unternehmensplanung, ZfbF 1979, S. 894 ff.

Baan Deutschland GmbH (Hrsg.), Controlling, Hannover 1994.
Baan Deutschland GmbH (Hrsg.), Triton – Die Standardsoftware, Hannover 1995.
Baan Deutschland GmbH (Hrsg.), Triton Finance 3 – Funktionen und Merkmale, Hannover 1995.
Baan International B.V. (Hrsg.), Triton Tools 6, Functions and Features, Barneveld 1995.
Back-Hock, A., Unterstützung von Controlling-Aufgaben mit Executive-Information-System-Generatoren und -Anwendungen, in: Rechnungswesen und EDV – 12. Saarbrücker Arbeitstagung 1991, Hrsg. A.-W. Scheer, Heidelberg 1991, S. 36 ff.

Backhaus, K., Piltz, K. (Hrsg.), Strategische Allianzen, ZfbF-Sonderheft 27, Düsseldorf-Frankfurt 1990.
Backhaus, K., Plinke, W., Strategische Allianzen als Antwort auf veränderte Wettbewerbsstrukturen, in: Strategische Allianzen, Hrsg. K. Backhaus, K. Piltz, ZfbF-Sonderheft 27, Düsseldorf-Frankfurt 1990, S. 21 ff.
Backhaus, K. u. a., Multivariate Analysemethoden, 7. Aufl., Berlin u. a. 1994.
Bading, L., Wiesner, K., Finanzbuchhaltung und Anlagenbuchhaltung für PC- und Netzwerksysteme – Software-Vergleichsstudie 1994/95, München 1994.
Baetge, J., Betriebswirtschaftliche Systemtheorie, Opladen 1974.
Baetge, J., Erfolgskontrolle mit Kennzahlen (1), FB/IE 1979, S. 375 ff. und Erfolgskontrolle mit Kennzahlen (2), FB/IE 1980, S. 13 ff.
Baetge, J., Hömberg, R., Gewinn und Verlust, in: HWR, Hrsg. E. Kosiol, K. Chmielewicz, M. Schweitzer, 2. Aufl., Stuttgart 1981, Sp. 657 ff.
Baetge, J., Überwachung, in: Vahlens Kompendium der Betriebswirtschaftslehre, Bd. 2, München 1984, S. 159 ff.
Baetge, J., Fischer, T., Zur Aussagefähigkeit der Gewinn- und Verlustrechnung nach neuem Recht, in: Bilanzrichtlinien-Gesetz, Hrsg. H. Albach, K.-H. Forster, ZfB-Ergänzungsheft 1/87, Wiesbaden 1987, S. 175 ff.
Baetge, J., Fischer, T., Externe Erfolgsanalyse auf der Grundlage des Umsatzkostenverfahrens, BFuP 1988, S. 1 ff.
Baetge, J., Fischer, T., Simulationstechniken, in: HWPlan, Hrsg. N. Szyperski, Stuttgart 1989, Sp. 1782 ff.
Baetge, J., Bilanzen, 3. Aufl., Düsseldorf 1994.
Baldwin, R. H., How to Assess Investment Proposals, in: Harvard Business Review, No. 3, 1959, S. 98 ff.
Ballwieser, W., Kassendisposition und Wertpapieranlage, Wiesbaden 1978.
Bamberg, C., Coenenberg, A. G., Betriebswirtschaftliche Entscheidungslehre, 8. Aufl., München 1994.
Bamberg, G., Spremann, K. (Hrsg.), Agency theory, information, and incentives, Berlin 1989.
Barnard, C. I., The Functions of the Executive, Cambridge, Mass. 1938.
Bartmann, D. (Hrsg.), Lösungsansätze der Wirtschaftsinformatik im Lichte der praktischen Bewährung, Berlin u. a. 1991.
Bastian, M., Lineare Optimierung großer Systeme, Königstein/Ts. 1980.
Baumgartner, B., Die Controller-Konzeption – Theoretische Darstellung und praktische Anwendung, Bern-Stuttgart 1980.
Bayer, W. F., Busse von Colbe, W., Lutter, M. (Hrsg.), Aktuelle Fragen multinationaler Unternehmen, ZfbF-Sonderheft 4/1975, Opladen 1975.
Bayer, W. F., Die multinationalen Unternehmen und die Industriestaaten, in: Aktuelle Fragen multinationaler Unternehmen, Hrsg. W. F. Bayer, W. Busse von Colbe, M. Lutter, ZfbF-Sonderheft 4/1975, Opladen 1975, S. 9 ff.
Bechmann, A., Nutzwertanalyse, Bewertungstheorie und Planung, Bern-Stuttgart 1978.
Becker, F. G., Holzer, H. P., Erfolgsbeteiligung und Strategisches Management in den USA, DBW 1986, S. 438 ff.
Becker, F. G., Anreizsysteme für Führungskräfte im strategischen Management, 2. Aufl., Köln 1987.
Becker, H., Der US-Richtlinienvorschlag zu den Konzernverrechnungspreisen, DB 1992, S. 543 ff.
Becker, W., Konzernrechnungslegung, Wiesbaden 1989.
Becker, W., Abgrenzung latenter Steuern im Rahmen der Konzernrechnungslegung, DB 1991, S. 1737 ff.
Becker, W., Berichtsprinzipien der Konzernrechnungslegung, DB 1991, S. 345 ff.
Beier, J., Kennzahlensystem vergleichender Unternehmens- und Branchenanalysen, DU 1977, S. 241 ff.
Bemowski, K., The Benchmarking Bandwagon, Quality Progress 1/1991, S. 19 ff.
Bendixen, P., Entwicklungsrichtungen betrieblicher Planungssysteme, BFuP 1978, S. 341 ff.
Bendixen, P., Teamorientierte Organisationsformen, in: HWO, Hrsg. E. Grochla, 2. Aufl., Stuttgart 1980, Sp. 2227 ff.
Berger, K.-H., Finanzplanung, in: Unternehmensplanung, Hrsg. K. Agthe, E. Schnaufer, Baden-Baden 1963, S. 329 ff.
Berger, K.-H., Bilanzplanung, in: Wirtschaft und Wirtschaftsprüfung, Festschrift für H. Rätsch, Hrsg. K. Mellerowicz, J. Bankmann, Stuttgart 1966, S. 125 ff.
Berndt, H., Sigle, H., Bilanzplanung, in: Planungs- und Kontrollrechnung im internationalen Konzern, Hrsg. W. Busse v. Colbe, E. Müller, ZfbF-Sonderheft 17/84, Düsseldorf 1984, S. 129 ff.

Bertalanffy, L. v., General System Theory, New York 1968.
Berthel, J., Modelle, allgemein, in: HWR, Hrsg. E. Kosiol, Stuttgart 1970, Sp. 1122ff.
Berthel, J., Zielorientierte Unternehmungssteuerung, Stuttgart 1973.
Berthel, J., Zur Operationalisierung von Unternehmungs-Zielkonzeptionen, ZfB 1973, S. 29ff.
Berthel, J., Strukturierung und Operationalisierung von Zielsystemen in der Unternehmung, in: Unternehmungsführung, Festschrift für Erich Kosiol, Hrsg. J. Wild, Berlin 1974, S. 375ff.
Berthel, J., Betriebliche Informationssysteme, Stuttgart 1975.
Berthel, J., Betriebliche Personal-Fortbildung in Theorie und Praxis, ZfbF 1977, S. 80ff.
Berthel, J., Managementprinzipien, in: HWO, Hrsg. E. Grochla, 2. Aufl., Stuttgart 1980, Sp. 1265ff.
Beyer, H.-T., Allgemeine Finanzplanung, in: Handbuch der Unternehmensfinanzierung, Hrsg. O. Hahn, München 1971, S. 213ff.
Beyer, H.-T., Die finanzwirtschaftliche Organisation der Unternehmung, in: Handbuch der Unternehmensfinanzierung, Hrsg. O. Hahn, München 1971, S. 199ff.
Bhaskar, K., Building financial models, London 1978.
Bichler, K., Beschaffungs- und Lagerwirtschaft, 5. Aufl., Wiesbaden 1990.
Bidlingmaier, J., Zielkonflikte und Zielkompromisse im unternehmerischen Entscheidungsprozeß, Wiesbaden 1968.
Bidlingmaier, J., Zielgesteuerte Führung im Marketing, in: Modernes Marketing – Moderner Handel, Festschrift für Karl Christian Behrens, Hrsg. J. Bidlingmaier, Wiesbaden 1972, S. 67ff.
Bidlingmaier, J. (Hrsg.), Modernes Marketing – Moderner Handel, Festschrift für Karl Christian Behrens, Wiesbaden 1972.
Bidlingmaier, J., Unternehmerziele und Unternehmerstrategien, 2. Aufl., Wiesbaden 1973.
Bidlingmaier, J., Schneider, D. J. G., Ziele, Zielsysteme und Zielkonflikte, in: HWB, 3. Bd., Hrsg. E. Grochla, W. Wittmann, 4. Aufl., Stuttgart 1976, Sp. 4731ff.
Bieding, F., Wendler, F., Personalplanung im Angestelltenbereich, Köln 1975.
Bielecke, F. W., Eisen, R. W., Forschung und Entwicklung, München 1977.
Biener, H., Schatzmann, J., Konzern-Rechnungslegung, Düsseldorf 1983.
Biethahn, J., Einführung in die EDV für Wirtschaftswissenschaftler, 6. Aufl., München 1989.
Biethahn, J., Mucksch, H., Ruf, W., Ganzheitliches Informationsmanagement, Bd. I: Grundlagen, 3. Aufl., München-Wien 1994.
BIFOA-Forschungsgruppe PORGI (Hrsg.), Organisatorische Implementierung computergestützter Informationssysteme, BIFOA Forschungsbericht Nr. 8013, Köln 1980.
Bigge, K., Bilanzpolitik bei angespannter Ertragslage und steuerliche Konsequenzen, DB 1983, S. 2529ff.
Bircher, B., Krieg, W., Systemmethodik und langfristige Unternehmungsplanung, IO 1973, S. 157ff.
Bircher, B., Langfristige Unternehmungsplanung, Bern-Stuttgart 1976.
Bircher, B., Planungssystem, in: HWPlan, Hrsg. N. Szyperski, Stuttgart 1989, Sp. 1503ff.
Bischoff, W., Cash flow und Working capital, Wiesbaden 1972.
Bitz, M., Äquivalente Zielkonzepte für Modelle zur simultanen Investitions- und Finanzplanung, ZfbF 1976, S. 485ff.
Bitz, M., Entscheidungstheorie, München 1981.
Bitz, M. u.a. (Hrsg.), Vahlens Kompendium der Betriebswirtschaftslehre, 2. Aufl., München 1989.
Bitz, M., Schneeloch, D., Wittstock, W., Der Jahresabschluß, München 1991.
Bitzer, M. R., Zeitbasierte Wettbewerbsstrategien, Diss. Gießen 1992.
Blecke, U., Plausible Pfade in die Zukunft, Manager Magazin 12/1978, S. 120ff.
Bleicher, K., Der Planrahmen, ZfB 1960, S. 612ff.
Bleicher, K., Zentralisation und Dezentralisation von Aufgaben in der Organisation der Unternehmungen, Berlin 1966.
Bleicher, K., Führungsstile, Führungsformen und Organisationsformen, ZfürO 1969, S. 31ff.
Bleicher, K., Konferenzen, in: HWO, Hrsg. E. Grochla, Stuttgart 1969, Sp. 856ff.
Bleicher, K., Koordinationsorgane, in: HWO, Hrsg. E. Grochla, Stuttgart 1969, Sp. 899ff.
Bleicher, K., Die Entwicklung eines systemorientierten Organisations- und Führungsmodells der Unternehmung, ZfürO 1970, S. 3ff., S. 59ff., S. 111ff., S. 166ff.
Bleicher, K., Perspektiven für Organisation und Führung von Unternehmungen, Baden-Baden-Bad Homburg v.d. H. 1971.
Bleicher, K., Die Organisation der Unternehmung in systemtheoretischer Sicht, ZfürO 1971, S. 171ff.
Bleicher, K., Zur organisatorischen Entwicklung multinationaler Unternehmungen, NB 7/1972, S. 1ff., NB 8/1972, S. 3ff.

Bleicher, K. (Hrsg.), Organisation als System, Wiesbaden 1972.
Bleicher, K., Entscheidungsprozesse an Unternehmungsspielen, 3. Aufl., Baden-Baden 1974.
Bleicher, K., Rick, W., Eine Darstellung von Unternehmungspolitik und -planung an einem Unternehmungsspiel als Realmodell, ZfürO 1974, S. 207ff.
Bleicher, K., Organisation der Unternehmensplanung, in: Unternehmungsplanung, Hrsg. J. Wild, Reinbek 1975, S. 283ff.
Bleicher, K., Meyer, E., Führung in der Unternehmung, Reinbek 1976.
Bleicher, K., Unternehmungsentwicklung und organisatorische Gestaltung, Stuttgart 1979.
Bleicher, K., Verantwortung, in: HWO, Hrsg. E. Grochla, 2. Aufl., Stuttgart 1980, Sp. 2283ff.
Bleicher, K., Organisation des Rechnungswesens, in: HWR, Hrsg. E. Kosiol, K. Chmielewicz, M. Schweitzer, 2. Aufl., Stuttgart 1981, Sp. 1243ff.
Bleicher, K., Hahn, D. (Hrsg.), Schriftenreihe des Instituts für Unternehmungsplanung, Gießen 1983.
Bleicher, K., Board-System, DBW 1985, S. 222ff.
Bleicher, K., Geschäftsführung und Aufsicht im internationalen Vergleich, ZfbF 1988, S. 930ff.
Bleicher, K., Chancen für Europas Zukunft. Führung als internationaler Wettbewerbsfaktor, Wiesbaden 1989.
Bleicher, K., Leberl, D., Paul, H., Unternehmungsverfassung und Spitzenorganisation, Wiesbaden 1989.
Bleicher, K., Leitungssysteme(n), Vergleich von, in: HWInt, Hrsg. K. Macharzina, M. K. Welge, Stuttgart 1989, Sp. 1288ff.
Bleicher, K., Metaplanung, in: HWPlan, Hrsg. N. Szyperski, Stuttgart 1989, Sp. 1119ff.
Bleicher, K., Planrahmen, in: HWPlan, Hrsg. N. Szyperski, Stuttgart 1989, Sp. 1406ff.
Bleicher, K., Hahn, D., Konzernplanung, in: HWPlan, Hrsg. N. Szyperski, Stuttgart 1989, Sp. 898ff.
Bleicher, K., Schmitz-Dräger, R. (Hrsg.), Unternehmerisches Handeln – Weg, Konzepte und Instrumente, Bern 1990.
Bleicher, K., Das Konzept Integriertes Management, Frankfurt-New York 1991.
Bleicher, K., Organisation. Strategien – Strukturen – Kulturen, 2. Aufl., Wiesbaden 1991.
Bleicher, K., Strategische Anreizsysteme, Stuttgart-Zürich 1992.
Bleicher, K., Konzernorganisation, in: HWO, Hrsg. E. Frese, 3. Aufl., Stuttgart 1992, Sp. 1151ff.
Bleicher, K., Unternehmungskultur und strategische Unternehmungsführung, in: Strategische Unternehmungsplanung – Strategische Unternehmungsführung, Hrsg. D. Hahn, B. Taylor, 6. Aufl., Heidelberg 1992, S. 852ff.
Bloech, J., Lücke, W., Produktionswirtschaft, Stuttgart-New York 1982.
Bloech, J., Beschaffungsplanung, in: HWPlan, Hrsg. N. Szyperski, Stuttgart 1989, Sp. 121ff.
Blohm, H., Gewinnplanung, in: Unternehmensplanung, Hrsg. K. Agthe, E. Schnaufer, Baden-Baden 1963, S. 411ff.
Blohm, H., Heinrich, L.-J., Schwachstellen der betrieblichen Berichterstattung, Baden-Baden-Bad Homburg v.d. H. 1965.
Blohm, H., Kybernetisches Denken aus betriebswirtschaftlicher und betriebstechnischer Sicht, Rationalisierung 1967, S. 214ff.
Blohm, H., Metainformationen zur Annäherung an optimale Organisationsstrukturen und Abläufe, ZfürO 1970, S. 9ff.
Blohm, H., Der Entscheidungsbaum als praktikables Entscheidungsmodell im Meta-Regelkreissystem, NB 6/1972, S. 17ff.
Blohm, H., Organisation, Information und Überwachung, 3. Aufl., Wiesbaden 1976.
Blohm, H., Danert, G. (Hrsg.), Forschungs- und Entwicklungsmanagement, Stuttgart 1983.
Blohm, H., Lüder, K., Investition, 8. Aufl., München 1995.
Böcker, F., Dichtl, E. (Hrsg.), Erfolgskontrolle im Marketing, Berlin 1975.
Boemle, M., Theorie und Praxis der Kapitalflußrechnung, DU 1981, S. 18ff.
Bol, G., Lineare Optimierung, Königstein/Ts. 1980.
Bonhoeffer, F. O., Langfristige Branchenprojektionen, Berlin-München 1963.
Borchert, D., § 275 HGB – Gewinn- und Verlustrechnung: Gliederung, in: Handbuch der Rechnungslegung – Kommentar zur Bilanzierung und Prüfung, Hrsg. K. Küting, C.-P. Weber, 3. Aufl., Stuttgart 1990, S. 1483ff.
Borrmann, W. A., Dau, A., Besondere Aspekte der Finanzpolitik internationaler Unternehmungen, in: Managementprobleme internationaler Unternehmungen, Hrsg. L. Perridon, Bearbeiter W. A. Borrmann, Wiesbaden 1970, S. 76ff.

Bossert, R., Externe Cash-flow-Analysen auf der Basis des Gesamtkostenverfahrens und Umsatzkostenverfahrens: ein kritischer Verfahrensvergleich, in: Jahrbuch für Fach- und Führungskräfte des Rechnungswesens 1992, Hrsg. W. Alt, L. Kotsch-Faßhauer, N. Leuz, Stuttgart 1992, S. 242ff.

Bothe, B., Kosten-Controlling durch Gemeinkosten-Systems-Engineering (GSE), BFuP 1981, S. 1ff.

Bradshaw, T. F., Hull, Ch. C. (Hrsg.), Controllership in Modern Management, Chicago 1950.

Bramsemann, R., Handbuch Controlling – Methoden und Techniken, 2. Aufl., München-Wien 1990.

Brandt, H., Investitionsplanung, in: Unternehmensplanung, Hrsg. K. Agthe, E. Schnaufer, Baden-Baden 1963, S. 371ff.

Brauchlin, E., Schaffen auch Sie ein Unternehmungsleitbild, IO 1984, S. 313ff.

Brauchlin, E., Unternehmungsführung. Plädoyer für eine Gesellschaftsorientierung, DU 1986, S. 28ff.

Brauchlin, E., Entscheidungstechniken, in: HWFü, Hrsg. A. Kieser, G. Reber, R. Wunderer, Stuttgart 1987, Sp. 260ff.

Brealey, R. A., Myers, S. C., Principles of Corporate Finance, 4. Aufl., New York 1991.

Brink, H. J., Produktionsprogrammplanung, in: agplan-Handbuch zur Unternehmensplanung, 1. Bd., Hrsg. J. Fuchs, K. Schwantag, Berlin 1970, Kennzahl 2255, AH/3. Erg.-Lfg. IX.71.

Brittinger, B., Die Betriebssimulation als Steuerungsinstrument, ÖIAG-Journal 1/1982, S. 13ff.

Brockhoff, K., Forschungsplanung im Unternehmen, Wiesbaden 1969.

Brockhoff, K., Probleme und Methoden technologischer Vorhersagen, ZfB-Ergänzungsheft Dez./1969, S. 1ff.

Brockhoff, K., Prognoseverfahren für die Unternehmensplanung, Wiesbaden 1977.

Brockhoff, K., Programmplanung für die Forschung und Entwicklung, in: HWProd, Hrsg. W. Kern, Stuttgart 1979, Sp. 652ff.

Brockhoff, K., Kontrolle und Revision der Forschung und Entwicklung, in: HWRev, Hrsg. A. G. Coenenberg, K.v. Wysocki, Stuttgart 1983, Sp. 432ff.

Brockhoff, K., Picot, A., Urban, C. (Hrsg.), Zeitmanagement in Forschung und Entwicklung, ZfbF-Sonderheft 23/88, Düsseldorf-Frankfurt 1988.

Brockhoff, K., Urban, C., Die Beeinflussung der Entwicklungsdauer, in: Zeitmanagement in Forschung und Entwicklung, ZfbF-Sonderheft 23/88, Hrsg. K. Brockhoff, A. Picot, S. Urban, Düsseldorf-Frankfurt 1988, S. 1ff.

Brockhoff, K., Forschung und Entwicklung, 2. Aufl., München-Wien 1989.

Brockhoff, K., Forschung und Entwicklung: Planung und Kontrolle, 4. Aufl., München-Wien 1994.

Brönner, H., Die Besteuerung der Gesellschaften, 16. Aufl., Stuttgart 1988.

Bronner, R., Matiaske, W., Stein, F. A., Anforderungen an Spitzen-Führungskräfte, ZfB 1991, S. 1227ff.

Bronner, R., Verantwortung, in: HWO, 3. Aufl., Hrsg. E. Frese, Stuttgart 1992, Sp. 2503ff.

Bruckmann, G. (Hrsg.), Langfristige Prognosen, Würzburg-Wien 1977.

Brunner, D., Rücklagenpolitik der Unternehmung, Wiesbaden 1967.

Buchinger, G., Computergestützte Unternehmensplanungsmodelle, in: agplan-Handbuch zur Unternehmensplanung, 3. Bd., Hrsg. J. Fuchs, K. Schwantag, Berlin 1970, Kennzahl 4752, AH/19. Erg.-Lfg. VIII. 79.

Buchinger, G., Computergestützte Modellanalyse industrieller Beteiligungsprojekte, Österreichisches Bank-Archiv 1975, S. 390ff.

Buchinger, G., Computergestützte Unternehmensplanungsmodelle für die Konzernführung, ap 1978, S. 43ff.

Buchinger, G., Schwarz, A., Das ÖIAG-Unternehmensmodell: Ein Gesamtmodell für die Unternehmensführung, Informatik-Spektrum 1979, S. 131ff.

Buchinger, G., Aktuelle Entwicklungen der Wirtschaftlichkeitsrechnung, Berg- und Hüttenmännische Monatshefte 1980, S. 215ff.

Buchinger, G., Computergestützte Unternehmensmodelle als Instrumente der Integration von Umwelt- und Unternehmensinformationen im strategischen Entscheidungsprozeß, in: Umfeldanalysen für das strategische Management, Hrsg. G. Buchinger, Wien 1983, S. 371ff.

Buchinger, G., Unternehmensmodelle als Instrument des strategischen Managements, ÖIAG-Journal 3/1983, S. 3f.

Buchinger, G. (Hrsg.), Umfeldanalysen für das strategische Management, Wien 1983.

Buchmann, R., Chmielewicz, K. (Hrsg.), Finanzierungsrechnung, ZfbF-Sonderheft 26/90, Düsseldorf 1990.

Buchner, R., Grundzüge der Finanzanalyse, München 1981.

Buchner, R., Buchführung und Jahresabschluß, 3. Aufl., München 1991.
Büchs, M. J., Zwischen Markt und Hierarchie, in: ZfB-Ergänzungsheft 1/1991, S. 1ff.
Buck-Emden, R., Galimow, J., Die Client-Server-Technologie des SAP-Systems R/3: Basis für betriebswirtschaftliche Standardanwendungen, 2. Aufl., Bonn-Paris 1995.
Bucksch, R., Die visuelle Darstellung als Grundlage für Führungsentscheidungen, IE 1972, S. 309ff.
Buhl, H. U., Weinhardt, C., Financial Engineering System FES, Ein wissensbasierter Ansatz zur Finanzierungsberatung, in: Geld, Banken und Versicherungen, 1990/Bd. II, Hrsg. W.-R. Heilmann, Karlsruhe 1992.
Buhl, H. U., Weinhardt, C., Wissensbasierte Systeme, Skript der Professur für Betriebswirtschaftslehre, Wirtschaftsinformatik, Gießen 1992.
Bühner, R., Das Management-Wert-Konzept, Stuttgart 1990.
Bühner, R., Weinberger, H.-J., Cash-flow und Shareholder Value, BFuP 1991, S. 187ff.
Bühner, R., Management-Holding, 2. Aufl., Landsberg/Lech 1992.
Bühner, R., Unternehmerische Führung mit Shareholder Value, in: Der Shareholder-Value-Report, Hrsg. R. Bühner, Landsberg/Lech 1994.
Bühner, R. (Hrsg.), Der Shareholder-Value-Report, Landsberg/Lech 1994.
Bundesverband der Deutschen Industrie e. V. (BDI) – Betriebswirtschaftlicher Ausschuß (Hrsg.), Industriekontenrahmen „IKR“, 2. Aufl., Bergisch Gladbach 1971.
Bundesverband der Deutschen Industrie e. V. (Hrsg.), Industrie-Kontenrahmen: IKR; Neufassung 1986 in Anpassung an das Bilanzrichtlinie-Gesetz (BiRiLiG), 3. Aufl., Köln-Bergisch Gladbach 1990.
Bürgel, H. D., Forschungs- und Entwicklungsmanagement aus der Sicht des Controllers, in: Forschungs und Entwicklungsmanagement, Hrsg. H. Blohm, G. Danert, Stuttgart 1983, S. 93ff.
Bürgel, H. D., Controlling von Forschung und Entwicklung, München 1989.
Bürgel, H. D., Projektcontrolling – Planung, Steuerung und Kontrolle von Projekten, Controlling 1989, S. 4ff.
Burghardt, M., Projektmanagement, 2. Aufl., Berlin-München 1993.
Burwick, H., Projektmanagement, computergestütztes, in: HWO, Hrsg. E. Grochla, 2. Aufl., Stuttgart 1980, Sp. 1953ff.
Büschgen, H. E. (Hrsg.), HWF, Stuttgart 1976.
Büschgen, H. E., Finanzinnovationen – Neuerungen und Entwicklungen an nationalen und internationalen Finanzmärkten, ZfB 1986, S. 301ff.
Busse von Colbe, W., Der Zukunftserfolg, Wiesbaden 1957.
Busse von Colbe, W., Substanzerhaltung, in: HWB, 3. Bd., Hrsg. H. Seischab, K. Schwantag, 3. Aufl., Stuttgart 1960, Sp. 5310ff.
Busse von Colbe, W., Planung der Betriebsgröße, Wiesbaden 1964.
Busse von Colbe, W., Aufbau und Informationsgehalt von Kapitalflußrechnungen, ZfB-Ergänzungsheft 1/1966, S. 82ff.
Busse von Colbe, W., Kapitalflußrechnungen als Berichts- und Planungsinstrument, in: Schriften zur Unternehmensführung, Bd. 6/7, Kapitaldisposition, Kapitalflußrechnung und Liquiditätspolitik, Hrsg. H. Jacob, Wiesbaden 1968, S. 9ff.
Busse von Colbe, W. (Hrsg.), Das Rechnungswesen als Instrument der Unternehmungsführung, Bielefeld 1969.
Busse von Colbe, W., Zur Umrechnung der Jahresabschlüsse ausländischer Konzernunternehmen für die Aufstellung von Konzernabschlüssen bei Wechselkursänderungen, The Finish Journal of Business Economics 1972, S. 306ff.
Busse von Colbe, W., Zur finanziellen Steuerung und Kontrolle im internationalen Konzern mit Hilfe von Bilanzen, in: Führungsprobleme industrieller Unternehmungen, Festschrift für Friedrich Thomeé, Hrsg. D. Hahn, Berlin-New York 1980, S. 257ff.
Busse von Colbe, W., Die Rechtsprechung zur Bewertung ertragsschwacher Unternehmen, BFuP 1984, S. 508ff.
Busse von Colbe, W., Müller, E. (Hrsg.), Planungs- und Kontrollrechnung im internationalen Konzern, ZfbF-Sonderheft 17/1984, Düsseldorf 1984.
Busse v. Colbe, W., Müller, E., Reinhard, H. (Hrsg.), Aufstellung von Konzernabschlüssen, ZfbF-Sonderheft 21/87, Empfehlungen des Arbeitskreises „Externe Unternehmensrechnung“ der Schmalenbach-Gesellschaft/Deutsche Gesellschaft für Betriebswirtschaft e.V., 2. Aufl., Düsseldorf 1989.
Busse v. Colbe, W. (Hrsg.), Lexikon des Rechnungswesens, 2. Aufl., München-Wien 1991.

Busse von Colbe, W., Hammann, P., Laßmann, G., Betriebswirtschaftstheorie, Bd. 2, Absatztheorie, 4. Aufl., Berlin-Heidelberg-New York 1992.
Busse von Colbe, W., Ordelheide, D., Konzernabschlüsse, 6. Aufl., Wiesbaden 1993.
Busse v. Colbe, W., Kapitalflußrechnungen, in: HWR, Hrsg. K. Chmielewicz, M. Schweitzer, 3. Aufl., Stuttgart 1993, Sp. 1074ff.
Busse v. Colbe, W., Laßmann, G., Betriebswirtschaftstheorie, Bd. 3, Investitionstheorie, 4. Aufl., Berlin-Heidelberg-New York 1994.
Bussmann, K. F., Kress, H., Kuhn, M., Übersicht über die Strategien und deren Anwendungen auf Fertigungsaggregate, in: Operations Research und Datenverarbeitung bei der Instandhaltungsplanung, Hrsg. K. F. Bussmann, P. Mertens, Stuttgart 1968, S. 31ff.
Bussmann, K. F., Mertens, P. (Hrsg.), Operations Reserach und Datenverarbeitung bei der Instandhaltungsplanung, Stuttgart 1968.
Bussmann, K. F., Industrielles Rechnungswesen, 2. Aufl., Stuttgart 1979.

Can, K., Grevener, H., Lean Management – Neue Herausforderungen für das Controlling, KRP 1994, S. 68ff.
Cannon, J. T., Business Strategy and Policy, New York u.a. 1968.
Chakravarthy, B. S., Lorange, P., Managing The Strategy Process, Englewood Cliffs 1991.
Chmielewicz, K., Integrierte Finanz- und Erfolgsplanung, Stuttgart 1972.
Chmielewicz, K., Betriebliches Rechnungswesen, Bd. 1, Finanzrechnung und Bilanz, Reinbek 1973.
Chmielewicz, K., Betriebliches Rechnungswesen, Bd. 2, Erfolgsrechnung, Reinbek 1973.
Chmielewicz, K., Gewinnschwellenanalyse, WiSt 1974, S. 49ff.
Chmielewicz, K., Integrierte Finanz- und Erfolgsplanung als Basis einer integrierten Betriebspolitik, in: Unternehmungsführung, Festschrift für Erich Kosiol, Hrsg. J. Wild, Berlin 1974, S. 485ff.
Chmielewicz, K., Arbeitnehmerinteressen und Kapitalismuskritik in der Betriebswirtschaftslehre, Reinbek 1975.
Chmielewicz, K., Betriebliche Finanzwirtschaft, Bd. 1, Finanzierungsrechnung, Berlin-New York 1976.
Chmielewicz, K., Großmann, A., Inhoffen, A. O., Lutter, M., Die Mitbestimmung im Aufsichtsrat und Vorstand, DBW 1977, S. 105ff.
Chmielewicz, K., Gewinn- und Verlustrechnung, in: HWR, Hrsg. E. Kosiol, K. Chmielewicz, M. Schweitzer, 2. Aufl., Stuttgart 1981, Sp. 668ff.
Chmielewicz, K. (Hrsg.), Entwicklungslinien der Kosten- und Erlösrechnung, Stuttgart 1983.
Chmielewicz, K., Der Neuentwurf einer 5. EG-Richtlinie (Struktur der AG) – Darstellung und Kritik, DBW 1984, S. 393ff.
Chmielewicz, K., Caspari, B., Zur Problematik von Finanzierungsrechnungen, DBW 1985, S. 156ff.
Chmielewicz, K., Anmerkungen zum Umsatzkostenverfahren, DBW 1987, S. 165ff.
Chmielewicz, K., Gesamt- und Umsatzkostenverfahren der Gewinn- und Verlustrechnung im Vergleich, DBW 1990, S. 27ff.
Chmielewicz, K., Gesetzliche Änderungen der Mitbestimmung, DBW 1990, S. 643ff.
Chmielewicz, K., Schweitzer, M. (Hrsg.), HWR, 3. Aufl., Stuttgart 1993.
Christians, F. W. (Hrsg.), Finanzierungshandbuch, 2. Aufl., Wiesbaden 1988.
Christmann, K., Gewinnverbesserung durch Wertanalyse, Stuttgart 1973.
Churchman, C. W., Ackoff, R. L., Arnoff, E. L., Operations Research, 5. Aufl., Wien-München 1971.
Clar, P., Die Kapazitätsnutzung in der Industrieunternehmung, Berlin 1964.
Clarke, C. J., Acquisitions-Techniques for measuring strategic fit, LRP 3/1987, S. 12ff.
Cleland, D. I., King, W. R., Systems Analysis and Project Management, 3. Aufl., Tokio 1983.
Coase, R. H., The Nature of the Firm, in: Economica, 4. Jg. 1937, S. 386ff.
Coenenberg, A. G., Das Informationsproblem in der entscheidungsorientierten Unternehmensbewertung, ZIR 1971, S. 57ff.
Coenenberg, A. G., Zur Aussagefähigkeit des Return on Investment für betriebliche Planungs- und Kontrollrechnungen, Management International Review 2–3/1972, S. 35ff.
Coenenberg, A. G., Verrechnungspreise zur Steuerung divisionalisierter Unternehmen, WiSt 1973, S. 373ff.
Coenenberg, A. G., Schmidt, F., Die Kapitalflußrechnung als Ergänzungsrechnung des veröffentlichten Jahresabschlusses, ZfB 1978, S. 507ff.
Coenenberg, A. G., Kleine-Doepke, R., Sozialbilanz, in: HWR, Hrsg. E. Kosiol, K. Chmielewicz, M. Schweitzer, 2. Aufl., Stuttgart 1981, Sp. 1498ff.

Coenenberg, A. G., Schönbrodt, B., Erfolgsrechnung, Analyse der, in: HWR, Hrsg. E. Kosiol, K. Chmielewicz, M. Schweitzer, 2. Aufl., Stuttgart 1981, Sp. 471 ff.
Coenenberg, A. G., Hille, K., Latente Steuern, Prüfung, in: HWRev, Hrsg. A. G. Coenenberg, K. v. Wysocki, Stuttgart 1983, Sp. 911 ff.
Coenenberg, A. G., Wysocki, K. v. (Hrsg.), HWRev, Stuttgart 1983, 2. Aufl., Stuttgart 1991.
Coenenberg, A. G., Baum, H.-G., Strategisches Controlling, Grundfragen der strategischen Planung und Kontrolle, Stuttgart 1987.
Coenenberg, A. G., Raffel, A., Integrierte Kosten- und Leistungsanalyse für das Controlling von Forschungs- und Entwicklungsprojekten, KRP 1988, S. 199ff.
Coenenberg, A. G., Sautter, M. T., Strategische und finanzielle Bewertung von Unternehmensakquisitionen, DBW 1988, S. 691 ff.
Coenenberg, A. G. (Hrsg.), Betriebliche Aus- und Weiterbildung, ZfbF-Sonderheft 24, Düsseldorf 1989.
Coenenberg, A. G., Florin, G., Rechnergestützte Ergebnis- und Finanzplanung beim Einsatz neuer Strategien, HARVARDmanager 2/1989, S. 81 ff.
Coenenberg, A. G., Fischer, Th., Prozeßkostenrechnung – Strategische Neuausrichtung in der Kostenrechnung, DBW 1991, S. 30f.
Coenenberg, A. G., Fischer, T., Raffel, A., Abweichungsanalyse bei Projekten im F & E-Bereich, in: Handbuch Kostenrechnung, Hrsg. W. Männel, Wiesbaden 1992, S. 767ff.
Coenenberg, A. G., Günther, E., Cash Flow, in: HWR, Hrsg. K. Chmielewicz, M. Schweitzer, 3. Aufl., Stuttgart 1993, Sp. 301 ff.
Coenenberg, A. G., Jahresabschluß und Jahresabschlußanalyse, 14. Aufl., Landsberg/Lech 1993.
Coenenberg, A. G., Kostenrechnung und Kostenanalyse, 2. Aufl., Landsberg/Lech 1993.
Collard, F. M., Controller, in: Management-Enzyklopädie, 2. Bd., München 1970, S. 71 ff.
Commes, M.-T., Lienert, R., Controlling im FuE-Bereich, zfo 1983, S. 347ff.
Contractor, F., Lorange, P. (Hrsg.), Cooperative Strategies in International Business, Lexington 1988.
Cooper, R., Kaplan, R. S., Measure Cost Right: Make the Right Decisions, HBR 5/1988, S. 96ff.
Copeland, T. E., Koller, T., Murrin, J., Valuation: Measuring and Managing the Value of Companies, New York u. a. 1990.
Corsten, H., Produktionswirtschaft, 5. Aufl., München-Wien 1995.
Corsten, H. (Hrsg.), Lexikon der Betriebswirtschaftslehre, 2. Aufl., München-Wien 1993.
Cyert, R. M., March, J. G., A behavioral theory of the firm, Englewood Cliffs, N. J. 1963.
Czeranowski, G., Programmplanung bei Auftragsfertigung unter besonderer Berücksichtigung des Terminwesens, Wiesbaden 1974.

Daimler-Benz AG (Hrsg.), Das Geschäftsjahr 1991, Stuttgart 1992.
Danert, G., Planung der optimalen Unternehmensorganisation, in: Organisation, Hrsg. E. Schnaufer, K. Aghte, Berlin-Baden-Baden 1961, S. 487ff.
Danert, G., Drumm, H. J., Hax, K. (Hrsg.), Verrechnungspreise, ZfbF-Sonderheft 2/1973, Opladen 1973.
Danert, G., Bilanzstrukturen und Fremdfinanzierung – Ein Beitrag zu praktischen Fragen der Bilanzanalyse und Unternehmensplanung, ZfbF 1980, S. 989ff.
Danert, G., Solaro, D., Controller, in: HWO, Hrsg. E. Grochla, 2. Aufl., Stuttgart 1980, Sp. 423ff.
Dantzig, G. B., Lineare Programmierung und Erweiterungen, Berlin-Heidelberg-New York 1966.
Dathe, H. N., Mertens, F. D., Peschanel, F. D., Späth, H., Zimmermann, H.-J. (Hrsg.), Proceedings in Operations Research 6, Würzburg-Wien 1976.
Dean, B., Cowen, S., Zero-Base Budgeting in the Private Sector, Business Horizons August/1979, S. 73ff.
Dean, J., Managerial Economics, Englewood Cliffs 1951.
Dean, J., Capital Budgeting, 7. Aufl., New York-London 1964.
Dean, J., Kapitalbeschaffung und Kapitaleinsatz, in: Schriften zur Unternehmensführung, Sonderband, Hrsg. H. Jacob, Wiesbaden 1969.
Degelmann, A. (Hrsg.), Organisationsleiter-Handbuch, 2. Aufl., München 1972.
Dellmann, K., Entscheidungsmodelle für die Serienfertigung, Opladen 1975.
Dellmann, K., Kosten- und Leistungsrechnungen, in: Vahlens Kompendium der Betriebswirtschaftslehre, Bd. 2, München 1984, S. 271 ff.
Dellmann, K., Kapitalflußrechnungen – eine Bestandsaufnahme, DBW 1987, S. 471 ff.

Dellmann, K., Eine Systematisierung der Grundlagen des Controlling, in: Controlling, Hrsg. K. Spremann, E. Zur, Wiesbaden 1992, S. 113ff.
Dellmann, K., Cash-Flow, in: Lexikon des Rechnungswesens, Hrsg. W. Busse v. Colbe, 3. Aufl., München-Wien 1994, S. 139ff.
Demb, A. u.a., Defining the Role of the Board, LRP 1/1989, S. 61ff.
Denning, B. W., Organizing the Corporate Planning Function, LRP 4/1969, S. 67ff.
Der Bundesminister der Finanzen, Verwaltungsgrundsätze für die Prüfung der Einkunftsabgrenzung bei international verbundenen Unternehmen, Schreiben vom 23.2.1983 (IV C 5-S 1341–4/83), DB 1983, Beilage Nr. 4/83.
Der Bundesminister der Justiz, Entwurf zur Umsetzung der 7. EG-Richtlinie in deutsches Recht, BMJ 3507–30 310/84 vom 16.5.1984, Bonn 1984.
Detlefsen, K., Computergestützte kurzfristige Finanzplanung in Industrieunternehmen, München 1979.
Deutsche Gesellschaft für Betriebswirtschaft (DGfB) (Hrsg.), Wachstumsprobleme der Betriebsorganisation, Berlin 1964.
Deutsche Gesellschaft für Operations Research e.V. (DGOR) (Hrsg.), Modellgestützte Planung im Unternehmen, Henstedt-Ulzburg 1982.
Deutsches Institut für Normung e.V. (Hrsg.), DIN 69 900 Teil 1, Projektwirtschaft, Netzplantechnik, Begriffe, Berlin 1987.
Deutsches Institut für Normung e.V. (Hrsg.), DIN 69 900 Teil 2, Projektwirtschaft, Netzplantechnik, Darstellungstechnik, Berlin 1987.
Deutsches Institut für Normung e.V. (Hrsg.), DIN 69 901, Projektmanagement, Begriffe, Berlin 1987.
Deutsches Institut für Normung e.V. (Hrsg.), DIN 69 910, Wertanalyse, Berlin 1987.
Deyhle, A., Das Controller- „Cockpit" der Managementerfolgsrechnung, Controller-Magazin 1/1983, S. 22ff.
Deyhle, A., Controller-Praxis, 1. Bd., Unternehmensplanung und Controller-Funktion, 8. Aufl., München 1991.
Diebel, A., Niemand, S., Renner, A., Ruthsatz, O., Bausteine des operativen Qualitätscontrolling: Qualitätskostenrechnung, in: Qualitätscontrolling, Hrsg. P. Horvath, G. Urban, Stuttgart 1990, S. 115ff.
Diederich, H., Allgemeine Betriebswirtschaftslehre, 7. Aufl., Stuttgart u.a. 1992.
Dieterle, W., Zentrale Verfahren des Gemeinkosten-Management im Vergleich, KRP 1984, S. 185ff.
Dill, P., Unternehmenskultur, Bonn 1986.
Dinkelbach, W., Zum Problem der Produktionsplanung in Ein- und Mehrproduktunternehmen, Würzburg-Wien 1964.
Dinkelbach, W., Sensitivitätsanalysen und parametrische Programmierung, Berlin-Heidelberg-New York 1969.
Dinkelbach, W., Entscheidungstheorie, in: HWB, 1. Bd., Hrsg. E. Grochla, W. Wittmann, 4. Aufl., Stuttgart 1974, Sp. 1290ff.
Dinkelbach, W., Sensitivitätsanalysen, in: HWB, 3. Bd., Hrsg. E. Grochla, W. Wittmann, 4. Aufl., Stuttgart 1976, Sp. 3530ff.
Dinkelbach, W., Ziele, Zielvariablen und Zielfunktionen, DBW 1978, S. 51ff.
Dinkelbach, W., Flexible Planung, in: HWPlan, Hrsg. N. Szyperski, Stuttgart 1989, Sp. 507ff.
Dinkelbach, W., Entscheidungsmodelle und lineare Programmierung, 2. Aufl., München 1990.
Dirrigl, H., Schaum, W., Ausschüttungsplanung nach der Steuerreform 1990, ZfB 1989, S. 291ff.
Disselkamp, E., Externe Aufwands- und Ertragsrechnung, unveröffentlichtes Manuskript, Gießen 1992.
Dohrn, P. J., Salkin, G. R., The Use of Financial Models in Long Range Planning, LRP 2/1969, S. 27ff.
Dorn, B., Visionen im Management, in: Jahrbuch für Betriebswirte 1991, Hrsg. H. Stehle, W. Rössle, N. Leuz, Stuttgart 1991, S. 144ff.
Dornieden, U., Die betriebswirtschaftliche Problematik der Interdependenz von Liquidität und Rentabilität, Diss. Münster 1968.
Dreger, K.-M., Der Konzernabschluß, Wiesbaden 1969.
Dreger, W., Management-Informationssysteme, Wiesbaden 1973.
Dreger, W., Projekt-Management, Wiesbaden-Berlin 1975.
Dreyer, A., Nutzwertanalyse als Entscheidungsmodell bei mehrfacher Zielsetzung, Diss. Hamburg 1975.

Dreyfack, R., Seibel, J. J., Zero Base Budgeting, 2. Aufl., Zürich 1978.
Drukarczyk, J., Finanzierungstheorie, München 1980.
Drukarczyk, J., Unternehmen und Insolvenz, Wiesbaden 1987.
Drukarczyk, J., Finanzierung, 6. Aufl., Stuttgart-Jena 1993.
Drumm, H. J., Probleme der Kalkulation und Bestandsbewertung bei Lenkungs- und Verrechnungspreisen, ZfB 1972, S. 471 ff.
Drumm, H. J., Theorie und Praxis der Lenkung durch Preise, ZfbF 1972, S. 253 ff.
Drumm, H. J., Organisationsplanung, in: HWO, 3. Aufl., Hrsg. E. Frese, Stuttgart 1992, Sp. 1589 ff.
Dück, W., Diskrete Optimierung, Braunschweig 1977.
Dülfer, E., Zum Problem der Umweltberücksichtigung im „Internationalen Management", in: Internationales Management, Hrsg. E. Pausenberger, Stuttgart 1981, S. 1 ff.
Dülfer, E., Dualismus versus Monismus in der Leitung europäischer Aktiengesellschaften, in: Zukunftsaspekte der anwendungsorientierten Betriebswirtschaftslehre, Festschrift für Prof. Dr. Dr. h.c. mult. Erwin Grochla zum 65. Geburtstag, Hrsg. E. Gaugler, H. G. Meissner, N. Thom, Stuttgart 1986, S. 37 ff.
Dülfer, E. (Hrsg.), Organisationskultur, 2. Aufl., Stuttgart 1991.
Dülfer, E., Laurinkari, H. (Hrsg.), International Handbook of Cooperative Organizations, Göttingen 1994.
Dunst, K. H., Konkurrenzanalyse, in: Marketing-Enzyklopädie, Bd. 2, München 1974, S. 147 ff.
Dunst, K. H., Portfolio Management, 2. Aufl., Berlin 1983.
Dürr, W., Kleibohm, K., Operations Research, 3. Aufl., München-Wien 1992.
Dworatschek, S., Management-Informations-Systeme, Berlin-New York 1971.

Ebbeken, K., Primärkostenrechnung, Berlin 1973.
Ebert, G. (Hrsg.), Management aktuell, Landsberg/Lech 1992.
Eggers, T., Grundsätze für die Gestaltung der Finanzplanung, BFuP 1971, S. 257 ff.
Eilenberger, G., Finanzierungsentscheidungen multinationaler Unternehmungen, 2. Aufl., Würzburg-Wien 1987.
Eilenberger, G., Finanzinnovationen, WISU 1991, S. 811 ff.
Eilenberger, G., Finanzierungsentscheidungen bei internationaler Unternehmenstätigkeit, Handbuch der internationalen Unternehmenstätigkeit, Hrsg. B. N. Kumar, H. Haussmann, München 1992, S. 855 ff.
Eisele, W., Zielvorstellungen und Gestaltungsprinzipien des neuen Industriekontenrahmens, ZfB 1973, S. 617 ff.
Eisenführ, F., Zur Entscheidung zwischen funktionaler und divisionaler Organisation, ZfB 1970, S. 725 ff.
Eisenführ, F., Weber, M., Zielstrukturierung: ein kritischer Schritt im Entscheidungsprozeß, ZfbF 1986, S. 907 ff.
Eisner, H., A Generalized Network Approach to Planning and Scheduling of a Research Project, OR 1962, S. 115 ff.
Eitemann, D. K., Stonehill, A. I., Multinational Business Finance, 6. Aufl., New York 1989.
Ellinger, T., Rationalisierung durch Standardkostenrechnung, Stuttgart 1954.
Elschen, R., Gegenstand und Anwendungsmöglichkeiten der Agency-Theorie, ZfbF 1991, S. 1002 ff.
Elschen, R., Shareholder Value und Agency-Theorie – Anreiz- und Kontrollsysteme für Zielsetzungen der Anteilseigner, BFuP 1991, S. 209 ff.
Engel, C., Konzerntransferpreise im Internationalen Steuerrecht, Köln 1986.
Engeleiter, H.-J. (Hrsg.), Gegenwartsfragen der Unternehmensführung, Festschrift für W. Hasenack, Herne-Berlin 1966.
Engelhardt, W. H., Erlösplanung und Erlöskontrolle als Instrument der Absatzpolitik, ZfbF-Sonderheft 6/1977, Opladen 1977, S. 10 ff.
Engelhardt, W. H., Erlösplanung und Erlöskontrolle, Handbuch Kostenrechnung, in: Hrsg. W. Männel, Wiesbaden 1992, S. 656 ff.
Eversheim, W., Simultaneous Engineering – eine organisatorische Chance!, in: Simultaneous Engineering, VDI Berichte 758, Hrsg. Verein Deutscher Ingenieure, Düsseldorf 1989, S. 1 ff.

Falkenhausen, H.v., Prinzipien und Rechenverfahren der Netzplantechnik, 2. Aufl., Kiel 1968.
Fandel, G., Optimale Entscheidung bei mehrfacher Zielsetzung, Berlin-Heidelberg-New York 1972.
Fandel, G., Begriff, Ausgestaltung und Instrumentarium der Unternehmensplanung, ZfB 1983, S. 479 ff.

Fäßler, K., Betriebliche Mitbestimmung, Wiesbaden 1970.
Fayerweather, J., International Business Management: A Conceptual Framework, New York 1969.
FEI, Controllership and Treasurership Functions Defined by FEI, The Controller June/1962, S. 289ff.
Ferstl, O. K., Konstruktion und Analyse von Simulationsmodellen, Königstein/Ts. 1979.
Fettel, J., Liquidität, in: HWB, 3. Bd., Hrsg. H. Seischab, K. Schwantag, 3. Aufl., Stuttgart 1960, Sp. 3806ff.
Fiertz, A. L., Strategische Planung und Führungssysteme, in: Handbuch des Konzernmanagements, München 1972, S. 67ff.
Financial Accounting Standards Board (FASB), Statement of Financial Accounting Standards No. 52 on Foreign Currency Translation (FASB 52), Stamford, Conneticut 1981.
Financial Accounting Standards Board, Statement of Financial Accounting Standards No. 104, Statement of Cash Flows – Net Reporting of Certain Cash Receipts and Cash Payments and Classification of Cash Flows from Hedging Transactions, amendment of FASB Statement No. 95, Journal of Accountancy, Dec./1990, S. 134ff.
Financial Executives Institute (Hrsg.), Controllership and Treasurership Functions Defined by FEI, The Controller June/1962, S. 289.
Finkenrath, R., Gewinn- und rentabilitätsorientiertes Marketing, in: agplan-Handbuch zur Unternehmensplanung, 1. Bd., Hrsg. J. Fuchs, K. Schwantag, Berlin 1970, Kennzahl 2106, AH, 29. Erg.-Lfg. X/84.
Fischer, G., Betriebspolitik und Unternehmungsführung, ZfB 1957, S. 303ff.
Fischer, G., Die Führung von Betrieben, 2. Aufl., Stuttgart 1961.
Fischer, K.-P., Industrielle Vertriebskostenrechnung, Stuttgart 1963.
Fischer, L., Off-Shore-Zentren, in: HWInt, Hrsg. K. Macharzina u. M. K. Welge, Stuttgart 1989, Sp. 1553ff.
Fischer, O., Finanzwirtschaft der Unternehmung II, Düsseldorf 1982.
Flämig, C., Die Umkehrung des Maßgeblichkeitsprinzips der Handelsbilanz für die Steuerbilanz, DB 1968, S. 2045ff.
Flechtner, H. J., Grundbegriffe der Kybernetik, 5. Aufl., Stuttgart 1970.
Flögel, H., Konkurrenz-Analyse, in: Management-Enzyklopädie, 5. Bd., 2. Aufl., Landsberg/Lech 1983, S. 467ff.
Flohr, G., Die cash-flow-Analyse, DB 1964, S. 705ff.
Flohr, G., Bewegungsbilanz, in: HWF, Hrsg. H. E. Büschgen, Stuttgart 1976, Sp. 159ff.
Förstner, K., Henn, R., Dynamische Produktionstheorie und Lineare Programmierung, Meisenheim/Glan 1957.
Franke, G., Mittelbarer Parametervergleich als Entscheidungskalkül – Illusion durch konventionsbedingte Rangordnungen, ZfbF 1978, S. 431ff.
Franke, G., Hax, H., Finanzwirtschaft des Unternehmens und Kapitalmarkt, 3. Aufl., Berlin u.a. 1994.
Franken, R., Frese, E., , Kontrolle und Planung, in: HWPlan, Hrsg. N. Szyperski, Stuttgart 1989, Sp. 888ff.
Franz, K.-P., Die Prozeßkostenrechnung. Darstellung und Vergleich mit der Plankosten- und Dekkungsbeitragsrechnung, in: Finanz- und Rechnungswesen als Führungsinstrument, Hrsg. D. Ahlert, K.-P. Franz, H. Göppl, Wiesbaden 1990, S. 118ff.
Franz, K.-P., Die Prozeßkostenrechnung im Vergleich mit der Grenzplankosten- und Deckungsbeitragsrechnung, in: Strategieunterstützung durch das Controlling: Revolution im Rechnungswesen?, Hrsg. P. Horváth, Stuttgart 1990, S. 167ff.
Franzen, W., Projekt-Controlling zur Steuerung von Rentabilität und Liquidität bei Auftragsfertigung, DBW 1987, S. 33ff.
Freeman, R. E., Strategic Management: A Stakeholder Approach, Boston, Mass. u.a. 1984.
Freidank, C.-Chr., Entscheidungsmodelle der Rechnungslegungspolitik, Stuttgart 1990.
Freidank, C.-Chr., Einsatzmöglichkeiten simultaner Gleichungssysteme im Bereich der computergestützten Rechnungslegungspolitik, ZfB 1990, S. 261ff.
Frese, E., Kontrolle und Unternehmungsführung, Wiesbaden 1968.
Frese, E., Management by Exception, in: HWO, Hrsg. E. Grochla, Stuttgart 1969, Sp. 956ff.
Frese, E., Projektorganisation, in: HWO, Hrsg. E. Grochla, 2. Aufl., Stuttgart 1980, Sp. 1960ff.
Frese, E., Verrechnungspreise und multinationale Unternehmungen- Bericht des OECD Committee on Fiscal Affairs, DBW 1980, S. 599ff.
Frese, E., Glaser, H., Verrechnungspreise in Spartenorganisationen, DBW 1980, S. 109ff.

Frese, E., Grundlagen der Organisation, 5. Aufl., Wiesbaden 1993.
Frese, E., Organisationsstrukturen, mehrdimensionale, in: HWO, 3. Aufl., Hrsg. E. Frese, Stuttgart 1992, Sp. 1670ff.
Frese, E. (Hrsg.), HWO, 3. Aufl., Stuttgart 1992.
Friemauth, F., Die Aufgaben der Finanzabteilung, BFuP 1966, S. 407ff.
Fröhling, O., Wullenkord, A., Qualitätskostenmanagement als Herausforderung an das Controlling, KRP 1991, S. 171ff.
Fromm, N., Gerlinger, R., Der Aufbau einer langfristigen Unternehmensplanung, ZfB-Ergänzungsheft Dez. 1968, S. 39ff.
Fuchs, H., Systemtheorie, in: HWO, Hrsg. E. Grochla, Stuttgart 1969, Sp. 1618ff.
Fuchs, H., Systemtheorie, in: Organisation als System, Hrsg. K. Bleicher, Wiesbaden 1972, S. 47ff.
Fuchs, H., Systemtheorie, in: HWB, 3. Bd., Hrsg. E. Grochla, W. Wittmann, 4. Aufl., Stuttgart 1976, Sp. 3820ff.
Fuchs, J., Schwantag, K. (Hrsg.), agplan-Handbuch zur Unternehmensplanung, 1.–5. Bd., Berlin 1970, Stand 1991, 29 Ergänzungslieferungen, X. 84.
Fuchs-Wegner, G., Management-Prinzipien und -Techniken, in: HWB, 2. Bd., Hrsg. E. Grochla, W. Wittmann, 4. Aufl., Stuttgart 1975, Sp. 2571ff.
Fuchs-Wegner, G., Systemanalyse im Betrieb, in: HWB, 3. Bd., Hrsg. E. Grochla, W. Wittmann, 4. Aufl., Stuttgart 1976, Sp. 3810ff.
Furey, T. R., Benchmarking, Planning Review 5/1987, S. 30ff.

Gabele, E., Unternehmens- und Führungsgrundsätze, DU 1982, S. 185ff.
Gabele, E., Kretschmar, H., Unternehmensgrundsätze als Instrument der Unternehmensführung, ZfbF 1983, S. 716ff.
Gabele, E., Verhaltenswissenschaften und Planung, in: HWPlan, Hrsg. N. Szyperski, Stuttgart 1989, Sp. 2152ff.
Gabriel, R., Frick, D., Expertensysteme zur Lösung betriebswirtschaftlicher Problemstellungen, ZfbF 1991, S. 544ff.
Gäfgen, G., Theorie der wirtschaftlichen Entscheidung, 3. Aufl., Tübingen 1974.
Gahse, S., Die neuen Techniken der Finanzplanung mit elektronischer Datenverarbeitung, München 1971.
Gaitanides, M., Produktportfoliomanagement und Planungsrechnung bei dezentraler Organisationsstruktur, DU 1980, S. 67ff.
Gal, T. (Hrsg.), Grundlagen des Operations Research, Bd. 3, Berlin-Heidelberg 1987.
Galbraith, C., Schendel, D., An Empirical Analysis of Strategy Types, Strategic Management Journal 1983, S. 153ff.
Gallagher, Ch. A., Watson, H., Quantitative Methods for Business Decision, New York 1980.
Gälweiler, A., Unternehmenssicherung und strategische Planung, ZfbF 1976, S. 362ff.
Gälweiler, A., Strategische Unternehmensplanung, in: Planung und Kontrolle, Hrsg. H. Steinmann, München 1981, S. 84ff.
Gälweiler, A., Unternehmensplanung, Frankfurt/M. 1986.
Gälweiler, A., Strategische Unternehmensführung, 2. Aufl., Frankfurt/M.-New York 1990.
Garbe, H., Der Verdichtungsgrad von Informationen, in: Management-Informationssysteme, Hrsg. E. Grochla, N. Szyperski, Wiesbaden 1971, S. 199ff.
Gau, E., Die Kalkulation der Vertriebskosten, 2. Aufl., Stuttgart 1961.
Gaugler, E., Instanzenbildung, Berlin 1966.
Gaugler, E. (Hrsg.), HWP, 1. Aufl., Stuttgart 1975, 2. Aufl., Stuttgart 1992.
Gaugler, E., Unternehmungspolitik und Mitbestimmung der Arbeitnehmer, in: Zukunftsaspekte der anwendungsorientierten Betriebswirtschaftslehre, Festschrift für Prof. Dr. Dr. h.c. mult. Erwin Grochla zum 65. Geburtstag, Hrsg. E. Gaugler, H. G. Meissner, N. Thom, Stuttgart 1986, S. 57ff.
Gaugler, E., Meissner, H. G., Thom, N. (Hrsg.), Zukunftsaspekte der anwendungsorientierten Betriebswirtschaftslehre, Festschrift für Prof. Dr. Dr. h.c. mult. Erwin Grochla zum 65. Geburtstag, Stuttgart 1986.
Gaugler, E., Information als Führungsaufgabe, in: HWFü, Hrsg. A. Kieser, G. Reber, R. Wunderer, Stuttgart 1987, Sp. 1127ff.
Gaugler, E., Weber, W. (Hrsg.), HWP, 2. Aufl., Stuttgart 1992.

Gebhardt, G., Aufstellung von Kapitalflußrechnungen auf der Grundlage publizierter Einzel- und Konzernabschlüsse, Institut für Unternehmensführung und Unternehmensforschung, Ruhr-Universität Bochum, 4. Aufl., Bochum 1984.

Gebhardt, G., Gerke, W., Steiner, M. (Hrsg.), Handbuch des Finanzmanagements, Instrumente und Märkte der Unternehmensfinanzierung, München 1993.

Gebhardt-Seele, P., Rechenmodelle für wirtschaftliches Lagern und Einkaufen, München-Wien 1962.

Geist, M., Selektive Absatzpolitik auf der Grundlage der Absatzsegmentrechnung, 2. Aufl., Stuttgart 1974.

Gerfin, H., Langfristige Wirtschaftsprognose, Tübingen 1964.

Geschka, H., Delphi, in: Langfristige Prognosen, Hrsg. G. Bruckmann, Würzburg-Wien 1977, S. 27ff.

Geschka, H., Reibnitz, U. v., Zukunftsanalysen mit Hilfe von Szenarien – erläutert an einem Fallbeispiel ‚Freizeit im Jahr 2000', Sonderdruck aus Politische Didaktik, Zeitschrift für Theorie und Praxis des Unterrichts 4/1979, S. 71ff.

Geschka, H., Reibnitz, U.v., Die Szenario-Technik als Grundlage von Planungen, Hrsg. Batelle-Institut e.V., Frankfurt/Main 1981.

Geschka, H., Reibnitz, U.v., Die Szenario-Technik – ein Instrument der Zukunftsanalyse und der strategischen Planung, in: Praxis der strategischen Unternehmensplanung, Hrsg. A. Töpfer, H. Afheldt, 2. Aufl., Frankfurt/M. 1987, S. 125ff.

Geschka, H., Hammer, R., Die Szenario-Technik in der strategischen Unternehmensplanung in: Strategische Unternehmungsplanung – Strategische Unternehmungsführung, Hrsg. D. Hahn, B. Taylor, 6. Aufl., Heidelberg 1992, S. 311ff.

Gewald, K., Kasper, K., Schelle, H., Netzplantechnik, Bd. 3: Kosten- und Finanzplanung, München-Wien 1974

Giesel, F., Kapitalstrukturen internationaler Unternehmungen, in: Gießener Schriftenreihe zur Internationalen Unternehmung, Hrsg. E. Pausenberger, Gießen 1982.

Gintrowski, G., Marettek, A., Bemerkungen zu Entscheidungsmodellen für die betriebliche Steuerfinanzpolitik, StuW 1972, S. 231ff.

Gisholt, O., Marketing-Prognosen, Bern-Stuttgart 1976.

Glade, A., Die Gewinn- und Verlustrechnung nach dem Umsatzkostenverfahren – Grundsatzfragen und Probleme, BFuP 1987, S. 16ff.

Glaser, H., Beschaffungsplanung, in: HWB, 1. Bd., Hrsg. E. Grochla, W. Wittmann, 4. Aufl., Stuttgart 1974, Sp. 512ff.

Glaser, H., Kostenkontrolle durch Abweichungsanalyse, in: Handbuch Kostenrechnung, Hrsg. W. Männel, Wiesbaden 1992, S. 476ff.

Glaser, H., Prozeßkostenrechnung – Darstellung und Kritik, ZfbF 1992, S. 279.

Glaum, M., Internationale Cash-Management-Systeme von Banken, Bank und Markt 1987, S. 14ff.

Glaum, M., Finanzinnovationen und ihre Anwendungen in internationalen Unternehmungen – dargestellt am Beispiel von Devisenoptionskontrakten, in: Gießener Schriftenreihe zur Internationalen Unternehmung, Bd. 4, Hrsg. E. Pausenberger, Gießen 1991.

Gloystein, P., Köhler, K., Die währungspolitische Rolle multinationaler Unternehmen, in: Aktuelle Fragen multinationaler Unternehmen, Hrsg. W. F. Bayer, W. Busse von Colbe, M. Lutter, ZfbF-Sonderheft 4/1975, Opladen 1975, S. 117ff.

Goebel, A., Konzernrechnungslegung nach den International Accounting Standards, DB 1994, S. 2457ff.

Goetzke, W., Knief, P., Externes Controlling – Ein Ansatz für die Existenzsicherung mittelständischer Betriebe, BFuP 1982, S. 408ff.

Göllert, K., Sozialbilanzen – Grundlagen im geltenden Recht, Wiesbaden 1979.

Gomez, P., So verwenden wir Szenarien für Strategieplanung und Frühwarnsystem, IO 1982, S. 9ff.

Gomez, P., Weber, B., Akquisitionsstrategie – Wertsteigerung durch Übernahme von Unternehmungen, Stuttgart 1989.

Gomez, P., Hahn, D., Müller-Stewens, G., Wunderer, R. (Hrsg.), Unternehmerischer Wandel, Knut Bleicher zum 65. Geburtstag, Wiesbaden 1994.

Goossens, F., Der „Controller" – Chef des Unternehmens ohne Gesamtverantwortung?, Mensch und Arbeit 1959, S. 75f.

Göpfert, I., Hoppenheit, C., Controlling in Forschung und Entwicklung, in: Controlling, Hrsg. H. Albach, J. Weber, ZfB-Ergänzungsheft 3/91, Wiesbaden 1991, S. 147ff.

Gorry, G. A., Morton, M. S., A Framework for Management Information Systems, in: The Rise of Managerial Computing, Hrsg. J. F. Rockart, C. V. Bullen, Homewood 1986, S. 5ff.
Gottwald, R., Entscheidung unter Unsicherheit, Wiesbaden 1990.
Götze, U., Bloech, J., Investitionsrechnung, Berlin u.a. 1993.
Gräb, U., Rechtsformwahl in Familienunternehmungen unter besonderer Berücksichtigung der Misch- und Sonderformen GmbH & Co. KG, Stiftung und Verein, Diss. Gießen 1989.
Griem, H., Der Prozeß der Unternehmungsentscheidung bei unvollkommener Information, Berlin 1968.
Griese, J., Mertens, P., Technik und Inhalt von Off-line-Berichtssystemen, ZfD 1972, S. 450ff.
Grochla, E., Zur Organisation des betrieblichen Planungsablaufs, ZfB 1962, S. 702ff.
Grochla, E. (Hrsg.), HWO, Stuttgart 1969, 2. Aufl., Stuttgart 1980.
Grochla, E., Systemtheorie und Organisationstheorie, ZfB 1970, S. 1ff.
Grochla, E. (Hrsg.), Das Büro als Zentrum der Informationsverarbeitung, Wiesbaden 1971.
Grochla, E., Szyperski, N. (Hrsg.), Management-Informationssysteme, Wiesbaden 1971.
Grochla, E., Fuchs, H., Lehmann, H. (Hrsg.), Systemtheorie und Betrieb, ZfbF-Sonderheft 3/74, Opladen 1974.
Grochla, E., Wittmann, W. (Hrsg.), HWB, 4. Aufl., 1. Bd., Stuttgart 1974, 2. Bd., Stuttgart 1975, 3. Bd., Stuttgart 1976.
Grochla, E., Betriebliche Planung und Informationssysteme, Reinbek 1975.
Grochla, E., Welge, M. K., Zur Problematik der Effizienzbestimmung von Organisationsstrukturen, ZfbF 1975, S. 273ff.
Grochla, E., Förster, G. (Hrsg.), Organisationsplanung und Organisationsentwicklung – Theorie und Praxis, Dortmund 1977.
Grochla, E., Grundlagen der Materialwirtschaft, 3. Aufl., Wiesbaden 1978.
Grochla, E., Materialwirtschaft, in: HWProd, Hrsg. W. Kern, Stuttgart 1979, Sp. 1257ff.
Grochla, E., Schönbohm, P., Beschaffung in der Unternehmung, Stuttgart 1980.
Grochla, E., Thom, N., Organisationsformen, Auswahl von, in: HWO, 2. Aufl., Hrsg. E. Grochla, Stuttgart 1980, Sp. 1494ff.
Grochla, E., Organisationsplanung, in: HWPlan, Hrsg. N. Szyperski, Stuttgart 1989, Sp. 1321ff.
Groffmann, H.-D., Führungsinformationssysteme, Wiesbaden 1992.
Große-Oetringhaus, W., Typologie der Fertigung unter dem Gesichtspunkt der Fertigungsablaufplanung, Diss. Gießen 1972.
Große-Oetringhaus, W., Fertigungstypologie, Berlin 1974.
Große-Oetringhaus, W., Praktische Projektgestaltung mit Netzplantechnik, Gießen 1977.
Gruhle, H. W., Ursache, Grund, Motiv, Auslösung, in: Die Motivation menschlichen Handelns, Hrsg. H. Thomae, 7. Aufl., Köln-Berlin 1971, S. 40ff.
Grün, O., Empirische Entscheidungsforschung. Von der Prozeßanalyse zum Decision Engineering, zfo 1988, S. 328ff.
Grün, O., Duale Organisation, in: HWPlan, Hrsg. N. Szyperski, Stuttgart 1989, Sp. 304ff.
Grün, O., Projektorganisation, in: HWO, Hrsg. E. Frese, 3. Aufl., Stuttgart 1992, Sp. 2102ff.
Grünewald, H.-G., Verbesserung der unternehmensinternen Effizienz durch Gemeinkosten-Wertanalyse, ZfO 1982, S. 254ff.
Grünig, R., Kostenrechnungs-Management, DU 1989, S. 78ff.
Grupp, B., Modularprogramme für die Fertigungsindustrie, Berlin-New York 1973.
Günther, H.-O., Mittelfristige Produktionsplanung, München 1982.
Gutenberg, E., Unternehmensführung, Wiesbaden 1962.
Gutenberg, E., Absatzplanung als Mittel der Unternehmungspolitik, in: Absatzplanung in der Praxis, Hrsg. E. Gutenberg, Wiesbaden 1962, S. 285ff.
Gutenberg, E. (Hrsg.), Absatzplanung in der Praxis, Wiesbaden 1962.
Gutenberg, E., Zum Problem des optimalen Verschuldungsgrades, ZfB 1966, S. 681ff.
Gutenberg, E., Grundlagen der Betriebswirtschaftslehre, 3. Bd., Die Finanzen, 8. Aufl., Berlin-Heidelberg-New York 1980.
Gutenberg, E., Grundlagen der Betriebswirtschaftslehre, 1. Bd., Die Produktion, 24. Aufl., Berlin-Heidelberg-New York 1983.
Gutenberg, E., Grundlagen der Betriebswirtschaftslehre, 2. Bd., Der Absatz, 17. Aufl., Berlin-Heidelberg-New York 1984.
Guth, W., Finanzpolitik multinationaler Unternehmen, ZfbF 1970, S. 457ff.

Haag, J., Kundendeckungsbeitragsrechnungen, DBW 1992, S. 25ff.
Haas, M. O., Planungskonzeptionen schweizerischer Unternehmungen, Bern-Stuttgart 1976.
Haase, K. D., Einfluß der Besteuerung auf die Bewertung ertragsschwacher Unternehmungen, BFuP 1984, S. 518ff.
Haberfellner, R., Projektmanagement, in: HWO, Hrsg. E. Frese, 3. Aufl., Stuttgart 1992, Sp. 2090ff.
Haberfellner, R. u.a., Systems Engineering – Methodik und Praxis, Hrsg. W. F. Daenzer, F. Huber, 8. Aufl., Zürich 1994.
Haberlandt, K., Der Einfluß der automatisierten Datenverarbeitung auf die Organisation der Unternehmung, in: Automatisierte Datenverarbeitung in Forschung und Praxis, Hrsg. K. Haberlandt, Ludwigshafen/Rhein 1970, S. 43ff.
Haberlandt, K. (Hrsg.), Automatisierte Datenverarbeitung in Forschung und Praxis, Ludwigshafen/Rhein 1970.
Haberstock, L., Zur Integrierung der Ertragsbesteuerung in die simultane Produktions-, Investitions- und Finanzierungsplanung mit Hilfe der linearen Programmierung, Köln 1971.
Haberstock, L., Grundzüge der Kosten- und Erfolgsrechnung, 3. Aufl., München 1982.
Haberstock, L., Kostenrechnung II, (Grenz-)Plankostenrechnung, 7. Aufl., Wiesbaden 1986.
Haberstock, L., Kostenrechnung I, 8. Aufl., Wiesbaden 1987.
Hackmann, W., Verrechnungspreise für Sachleistungen im internationalen Konzern, Wiesbaden 1984.
Hackstein, R., Nüssgens, K. H., Uphus, P. H., Personalbeschaffung im System Personalwesen, FB 1972, S. 23ff.
Hackstein, R., Nüssgens, K. H., Uphus, P. H., Personaleinsatz im System Personalwesen, FB 1972, S. 141ff.
Hackstein, R., Nüssgens, K. H., Uphus, P. H., Personalentwicklung im System Personalwesen, FB 1972, S. 85ff.
Hackstein, R., Nüssgens, K. H., Uphus, P. H., Personalerhaltung im System Personalwesen, FB 1972, S. 191ff.
Hadley, G., Nichtlineare und dynamische Programmierung, Würzburg-Wien 1969.
Haedrich, G., Kuß, A., Kreilkamp, E., Der Analytic Hierarchy Process, WiSt 1986, S. 120ff.
Haeger, B., Zündorf, H., Abgrenzung des Konsolidierungskreises nach der wirtschaftlichen Zugehörigkeit, DB 1991, S. 1841ff.
Hahn, D., Direct Costing und die Aufgaben der Kostenrechnung, NB 8/1964, S. 221ff., NB 1/1965, S. 8ff.
Hahn, D., Handels- und steuerrechtliche Zulässigkeit von Konzernverrechnungspreisen, BFuP 1965, S. 342ff., S. 438ff.
Hahn, D., Planung als Instrument der Unternehmensführung, in: Unternehmensführung auf neuen Wegen, Hrsg. R. W. Stöhr, Wiesbaden 1967, S. 191ff.
Hahn, D., Aktien- und steuerrechtliche Aspekte zur Wahl der Durchführungsart externer Unternehmungsvergrößerung, in: Zur Besteuerung der Unternehmung, Festschrift für P. Scherpf, Hrsg. O. Hintner, H. Linhardt, Berlin 1968, S. 369ff.
Hahn, D., Ergebnisorientierte Planungsrechnung mehrgliedriger Unternehmungen auf der Basis des „Return on Investment" (ROI), ZfürO 1969, S. 177ff.
Hahn, D., Wachstumspolitik industrieller Unternehmungen, BFuP 1970, S. 609ff.
Hahn, D., Wertanalyse, NB 6/1970, S. 1ff.
Hahn, D., Entscheidungsprozeß und Entscheidungstraining bei Anwendung der Fallmethode im betriebswirtschaftlichen Hochschulunterricht, ZfbF 1971, S. 1ff.
Hahn, D., Führung des Systems Unternehmung, ZfürO 1971, S. 161ff.
Hahn, D., Industrielle Fertigungswirtschaft in entscheidungs- und systemtheoretischer Sicht, ZfürO 1972, S. 269ff., S. 369ff., S. 427ff.
Hahn, D., Return on Investment/Cash-Flow-Führungskonzeption, in: Management-Enzyklopädie, Ergänzungsband, München 1973, S. 823ff.
Hahn, D., Prognose und Unternehmungsplanung, in: Neuere Ansätze der Marketingtheorie, Festschrift zum 80. Geburtstag von Otto R. Schnutenhaus, Hrsg. P. Hammann, W. Kroeber-Riel, C.W. Meyer, Berlin 1974, S. 27ff.
Hahn, D., Kompetenz, in: HWP, Hrsg. E. Gaugler, Stuttgart 1975, Sp. 1112ff.
Hahn, D., Bedeutung der Simulation mit EDV für die Unternehmungsplanung, in: Organisation, Hrsg. P. Lindemann, K. Nagel, Neuwied 1976, Kap. 6.1., S. 1ff.
Hahn, D., Organisationsplanung und Planungsprozeß, ZfürO 1976, S. 447ff.

Hahn, D., Return on Investment, in: HWB, 3. Bd., Hrsg. E. Grochla, W. Wittmann, 4. Aufl., Stuttgart 1976, Sp. 3420ff.
Hahn, D., Hat sich das Konzept des Controllers in Unternehmungen der deutschen Industrie bewährt?, BFuP 1978, S. 101ff.
Hahn, D., Frühwarnsysteme, Krisenmanagement und Unternehmungsplanung, in: Frühwarnsysteme, Hrsg. H. Albach, D. Hahn, P. Mertens, ZfB-Ergänzungsheft 2/79, Wiesbaden 1979, S. 25ff.
Hahn, D., Konzepte und Beispiele zur Organisation des Controlling in der Industrie, ZfürO 1979, S. 4ff.
Hahn, D., Krystek, U., Betriebliche und überbetriebliche Frühwarnsysteme für die Industrie, ZfbF 1979, S. 76ff.
Hahn, D., Wagner, R., Informationssysteme für die Materialwirtschaft, in: HWProd, Hrsg. W. Kern, Stuttgart 1979, Sp. 783ff.
Hahn, D., Fertigung, Organisationstypen der, in: HWO, Hrsg. E. Grochla., 2. Aufl., Stuttgart 1980, Sp. 690ff.
Hahn, D., Strategische Planung und Mitbestimmung, in: Führungsprobleme industrieller Unternehmungen, Festschrift für Friedrich Thomeé, Hrsg. D. Hahn, Berlin-New York 1980, S. 47ff.
Hahn, D. (Hrsg.), Führungsprobleme industrieller Unternehmungen, Festschrift für Friedrich Thomeé, Berlin-New York 1980.
Hahn, D., „Finanzchef" – Aufgaben und Ausbildung, DB 1981, S. 381ff.
Hahn, D., Hölter, E., Disselkamp, E., Computergestütztes Modell zur Ausschüttungs-, Rücklagen- und Körperschaftsteuerberechnung, ZfbF 1983, S. 727ff.
Hahn, D., Stand und Entwicklungstendenzen der strategischen Planung, in: Unternehmensstrategien und Strategische Planung, Hrsg. H. Koch, ZfbF-Sonderheft 15/1983, Wiesbaden 1983, S. 12ff.
Hahn, D., Planungs- und Kontrollrechnung – PuK, Integrierte ergebnis- und liquiditätsorientierte Planungs- und Kontrollrechnung als Führungsinstrument in Industrieunternehmungen mit Massen- und Serienproduktion, 1. Aufl., Wiesbaden 1974, 3. Aufl., Wiesbaden 1985.
Hahn, D., Klausmann, W., Frühwarnsysteme und strategische Unternehmungsplanung, in: Strategische Unternehmungsplanung, Hrsg. D. Hahn, B. Taylor, 4. Aufl., Würzburg-Wien 1986, S. 250ff.
Hahn, D., Stand und Entwicklungstendenzen des Controlling in der Industrie, in: Zukunftsaspekte der anwendungsorientierten Betriebswirtschaftslehre, Erwin Grochla zum 65. Geburtstag gewidmet, Hrsg. E. Gaugler, H. G. Meissner, N. Thom, Stuttgart 1986, S. 267ff.
Hahn, D., Vergütung von in das Ausland entsandten Führungskräften eines Konzerns, in: Betriebswirtschaftslehre und Unternehmenspraxis, Festschrift für Bernhard Hartmann, Hrsg. E. Schult, Th. Siegel, Berlin 1986, S. 67ff.
Hahn, D., Taylor, B. (Hrsg.), Strategische Unternehmungsplanung, 4. Aufl., Würzburg-Wien 1986.
Hahn, D., Controlling – Stand und Entwicklungstendenzen unter besonderer Berücksichtigung des CIM-Konzeptes, in: 8. Saarbrücker Arbeitstagung 1987, Rechnungswesen und EDV, Hrsg. A. W. Scheer, Heidelberg 1987, S. 4ff.
Hahn, D., Planung und Kontrolle als Führungsaufgabe in Bauunternehmen, in: Planung, Steuerung und Kontrolle in Bauunternehmen, Hrsg. Wirtschaftsvereinigung Bauindustrie e. V. Nordrhein-Westfalen in Verbindung mit dem Betriebswirtschaftlichen Institut der Westdeutschen Bauindustrie Düsseldorf, Düsseldorf 1987, S. 11ff.
Hahn, D., Risiko-Management – Stand und Entwicklungstendenzen, ZfO 1987, S. 137ff.
Hahn, D., Führung und Führungsorganisation, ZfbF 1988, S. 112ff.
Hahn, D., Integrierte Planung, in: HWPlan, Hrsg. N. Szyperski, Stuttgart 1989, Sp. 770ff.
Hahn, D., Integrierte und flexible Unternehmungsführung durch computergestütztes Controlling, ZfB 1989, S. 1135ff.
Hahn, D., Klausmann, W., Entwicklung der betriebswirtschaftlichen Planung, in: HWPlan, Hrsg. N. Szyperski, Stuttgart 1989, Sp. 406ff.
Hahn, D., Prozeßwirtschaft – Grundlegung, Produktionsprozeßplanung, -steuerung und -kontrolle – Grundkonzept und Besonderheiten bei spezifischen Produktionstypen, in: Produktionswirtschaft – Controlling industrieller Produktion, Bd. 2, Hrsg. D. Hahn, G. Laßmann, Heidelberg 1989, S. 5ff.
Hahn, D., Strategische Unternehmensführung – Aufgaben und Herausforderungen der 90er Jahre, in: Vortragsband Produktionstechnisches Kolloquium Berlin 1989, S. 38ff.
Hahn, D., Strategische Unternehmungsführung – Stand und Entwicklungstendenzen, 1. Teil, ZfO 1989, S. 159ff.
Hahn, D., Strategische Unternehmungsführung – Stand und Entwicklungstendenzen, 2. Teil: Konzepte strategischer Unternehmungsführung in der US-amerikanischen Literatur, ZfO 1989, S. 326ff.

Hahn, D., Strategische Unternehmungsführung – Stand und Entwicklungstendenzen unter besonderer Berücksichtigung US-amerikanischer Konzepte, in: Organisation – Evolutionäre Interdependenzen von Kultur und Struktur der Unternehmung, Festschrift zum 60. Geburtstag von Knut Bleicher, Hrsg. E. Seidel, D. Wagner, Wiesbaden 1989, S. 55ff.

Hahn, D., Unternehmungsanalyse, in: HWPlan, Hrsg. N. Szyperski, Stuttgart 1989, Sp. 3074ff.

Hahn, D., Laßmann, G. (Hrsg.), Produktionswirtschaft – Controlling industrieller Produktion, Bd. 2, Heidelberg 1989.

Hahn, D., Strategische Führung und Controlling – unter besonderer Berücksichtigung internationaler Aspekte, in: Unternehmerisches Handeln – Wege, Konzepte und Instrumente, Festschrift zum 65. Geburtstag von Hans Siegwart, Hrsg. K. Bleicher, R. Schmitz-Dräger, Bern 1990, S. 87ff.

Hahn, D., Laßmann, G., Produktionswirtschaft – Controlling industrieller Produktion, Bd. 1, 2. Aufl., Heidelberg 1990.

Hahn, D., Strategische Führung und Strategisches Controlling, in: Controlling, Hrsg. H. Albach, J. Weber, ZfB-Ergänzungsheft 3/91, Wiesbaden 1991, S. 121ff.

Hahn, D., Bleicher, K., Organisationsplanung als Gegenstand der strategischen Planung, in: Strategische Unternehmungsplanung – Strategische Unternehmungsführung, Hrsg. D. Hahn, B. Taylor, 6. Aufl., Heidelberg 1992, S. 367ff.

Hahn, D., Entwicklungstendenzen der strategischen Führung, technologie & management 2/1992, S. 10ff.

Hahn, D., Frühwarnsysteme, in: Rechnergestützte Werkzeuge für das Management, Hrsg. H. Krallmann, J. Papke, B. Rieger, Berlin 1992, S. 29ff.

Hahn, D., Hölter, E., Steinmetz, D., Gesamtunternehmungsmodelle als Entscheidungshilfe im Rahmen der Zielplanung, strategischen und operativen Planung, in: Strategische Unternehmungsplanung – Strategische Unternehmungsführung, Hrsg. D. Hahn, B. Taylor, 6. Aufl., Heidelberg 1992, S. 687ff.

Hahn, D., Integrierte Organisations- und Führungskräfteplanung im Rahmen der strategischen Unternehmungsplanung, in: Strategische Unternehmungsplanung – Strategische Unternehmungsführung, Hrsg. D. Hahn, B. Taylor, 6. Aufl., Heidelberg 1992, S. 401ff.

Hahn, D., Kostenrechnung und Controlling, in: Handbuch Kostenrechnung, Hrsg. W. Männel, Wiesbaden 1992, S. 154ff.

Hahn, D., Oppenländer, K. H., Scholz, L., Stand und Entwicklungstendenzen der strategischen Planung in der Bundesrepublik Deutschland – Erste Ergebnisse eines empirischen Forschungsprojektes, in: Strategische Unternehmungsplanung – Strategische Unternehmungsführung, Hrsg. D. Hahn, B. Taylor, 6. Aufl., Heidelberg 1992, S. 971ff.

Hahn, D., Planung, Organisation der, in: HWO, Hrsg. E. Frese, 3. Aufl., Stuttgart 1992, Sp. 1978ff.

Hahn, D., Return on Investment-/Cash-flow-Führungskonzeption, in: Management aktuell, Hrsg. G. Ebert, Landsberg/Lech 1992, Bereich Q-R, S. 1ff.

Hahn, D., Stand und Entwicklungstendenzen der strategischen Planung, in: Strategische Unternehmungsplanung – Strategische Unternehmungsführung, Hrsg. D. Hahn, B. Taylor, 6. Aufl., Heidelberg 1992, S. 3ff.

Hahn, D., Strategische Kontrolle, in: Strategische Unternehmungsplanung – Strategische Unternehmungsführung, Hrsg. D. Hahn, B. Taylor, 6. Aufl., Heidelberg 1992, S. 651ff.

Hahn, D., Unternehmungsführung und Öffentlichkeitsarbeit, ZfB 1992, S. 137ff.

Hahn, D., Unternehmungsphilosophie und Führungsorganisation in Familienunternehmungen, in: Strategische Unternehmungsplanung – Strategische Unternehmungsführung, Hrsg. D. Hahn, B. Taylor, 6. Aufl., Heidelberg 1992, S. 755ff.

Hahn, D., Unternehmungsplanung. Visionen und Szenarien, in: Betriebswirtschaftslehre heute: Für die Aufgaben der Praxis, Hrsg. K. Küting, A. Schnorbus, Frankfurt 1992, S. 79ff.

Hahn, D., Willers, H. G., Unternehmungsplanung und Führungskräftevergütung, in: Strategische Unternehmungsplanung – Strategische Unternehmungsführung, Hrsg. D. Hahn, B. Taylor, 6. Aufl., Heidelberg 1992, S. 494ff.

Hahn, D., Zweck und Entwicklung der Portfolio-Konzepte in der strategischen Unternehmungsplanung, in: Strategische Unternehmungsplanung – Strategische Unternehmungsführung, Hrsg. D. Hahn, B. Taylor, 6. Aufl., Heidelberg 1992, S. 221ff.

Hahn, D., Taylor, B. (Hrsg.), Strategische Unternehmungsplanung – Strategische Unternehmungsführung, 6. Aufl., Heidelberg 1992.

Hahn, D., Automatisierung, in: Lexikon der Betriebswirtschaftslehre, Hrsg. H. Corsten, 2. Aufl., München-Wien 1993, S. 96ff.

Hahn, D., Integrierte Finanz- und Erfolgsplanung, in: HWR, Hrsg. K. Chmielewicz, M. Schweitzer, 3. Aufl., Stuttgart 1993, Sp. 927ff.
Hahn, D., Laßmann, G., Produktionswirtschaft – Controlling industrieller Produktion, Bd. 3, 1. Teilband, Heidelberg 1993.
Hahn, D., Laßmann, G., Produktionswirtschaft – Controlling industrieller Produktion, Bd. 3, 2. Teilband, Heidelberg 1993.
Hahn, D., Planung und Kontrolle, in: HWB, 2. Bd., Hrsg. W. Wittmann u.a., 5. Aufl., Stuttgart 1993, Sp. 3185ff.
Hahn, D., Unternehmungsziele im Wandel, in: Unternehmerischer Wandel, Hrsg. P. Gomez, D. Hahn, G. Müller-Stewens, R. Wunderer, Wiesbaden 1994, S. 59ff.
Hahn, D., Kaufmann, L., Strategic Alliances, in: International Handbook of Cooperative Organizations, Hrsg. E. Dülfer, H. Laurinkari, Göttingen 1994, S. 833ff.
Hahn, H., Wilkens, K., Buchhaltung und Bilanz, Teil A: Grundlagen der Buchhaltung, 3. Aufl., München-Wien 1990.
Hahn, O., Auslandsfinanzierung als Alternative, in: Handbuch der Unternehmensfinanzierung, Hrsg. O. Hahn, München 1971, S. 417ff.
Hahn, O., Das Wesen der Finanzierung, in: Handbuch der Unternehmensfinanzierung, Hrsg. O. Hahn, München 1971, S. 19ff.
Hahn, O., Die Wahlkriterien finanzwirtschaftlicher Entscheidungen, in: Handbuch der Unternehmensfinanzierung, Hrsg. O. Hahn, München 1971, S. 121ff.
Hahn, O. (Hrsg.), Handbuch der Unternehmensfinanzierung, München 1971.
Hahn, O., Finanzwirtschaft, 2. Aufl., Landsberg/Lech 1983.
Hahn, R., Produktionsplanung bei Linienfertigung, Berlin-New York 1972.
Haidacher, O. B., Der Break-Even-Punkt als Instrument unternehmerischer Führung, Diss. München 1969.
Haier, U., Wertanalyse im Strukturwandel, wt 1982, S. 363ff.
Haller, A., Die Rolle des International Accounting Standards Committee bei der weltweiten Harmonisierung der externen Rechnungslegung, DB 1993, S. 1297ff.
Hamel, G., Prahalad, C. K., Strategic Intent, HBR 3/1989, S. 63ff.
Hamel, W., Zieländerungen im Entscheidungsprozeß, Tübingen 1974.
Hamel, W., Zielplanung, in: HWPlan, Hrsg. N. Szyperski, Stuttgart 1989, Sp. 2302ff.
Hammann, P., Gewinnmaximierung – Dominantes Ziel oder Zieldominante?, ZfB 1968, S. 257ff.
Hammann, P., Entscheidungsmodelle in der betriebswirtschaftlichen Theorie, ZfbF 1969, S. 457ff.
Hammann, P., Kroeber-Riel, W., Meyer, C. W. (Hrsg.), Neuere Ansätze der Marketingtheorie, Festschrift zum 80. Geburtstag von Otto R. Schnutenhaus, Berlin 1974.
Hammann, P., Erlösplanung, in: HWPlan, Hrsg. N. Szyperski, Stuttgart 1989, Sp. 459ff.
Hammer, H., Integrierte Produktionssteuerung mit Modularprogrammen, Wiesbaden 1970.
Hammer, R. M., Unternehmungsplanung, 4. Aufl., München 1991.
Händel, S., Wertanalyse bei Dienstleistungen in Wirtschaft, Staat und Wissenschaft, Essen 1978.
Hansen, H. R., Wirtschaftsinformatik 1, 6. Aufl., Stuttgart 1992.
Hansmann, K.-W., Industriebetriebslehre, München – Wien 1984.
Hanssen, R. A., Kern, W. (Hrsg.), Integrationsmanagement für neue Produkte, ZfbF-Sonderheft 30, Düsseldorf-Frankfurt 1992.
Hanssmann, F., Grundbegriffe der Unternehmensplanung: Versuch einer Abgrenzung und systemaren Verknüpfung, DBW 1982, S. 397ff.
Harbert, L., Controlling-Begriff und Controlling-Konzeption, Diss. Bochum 1982.
Hardach, F. W., Über die Verantwortung der Unternehmensleitung, in: Gegenwartsfragen der Unternehmensführung, Festschrift für W. Hasenack, Hrsg. H.-J. Engeleiter, Herne-Berlin 1966, S. 107ff.
Harmon, P., King, D., Expertensysteme in der Praxis, 3. Aufl., München-Wien 1989.
Harms, J. E., Die Steuerung der Auszahlungen in der betrieblichen Finanzplanung, Wiesbaden 1973.
Harms, J. E., Küting, K., Latente Steuern nach dem Regierungsentwurf des Bilanzrichtlinie-Gesetzes, BB 1982, S. 837ff.
Harms, J. E., Die Berücksichtigung steuerlicher Vorschriften im Einzel- und Konzernabschluß nach neuem Bilanzrecht, DB 1983, S. 2317ff.
Harrigan, K. R., Managing for Joint Venture Success, Lexington-Toronto 1986.
Harris, R. D., Maggard, M. J., Computer Models in Operations Management, New York u.a. 1972.
Harrmann, A., Die Stillegung als betriebswirtschaftliches Problem, NB 4/1968, S. 21ff.

Harrmann, A., Zum Cash Flow als bilanzkritische Kennziffer, DB 1968, S. 1678 ff.
Harrmann, A., Zur Budgetierung von Verwaltungskosten, KRP 1976, S. 119 ff.
Hartmann, B., Integrierte Datenverarbeitung und Informationssysteme in der Unternehmung, in: Automatisierte Datenverarbeitung in Forschung und Praxis, Hrsg. K. Haberlandt, Ludwigshafen/Rhein 1970, S. 27 ff.
Hartmann, B., Angewandte Betriebsanalyse, 3. Aufl., Freiburg 1985.
Hartmann, R., Planung mit Unternehmungsmodellen, Bern 1980.
Hartmann-Wendels, T., Agency-Theorie, in: HWO, Hrsg. E. Frese, 3. Aufl., Stuttgart 1992, Sp. 72 ff.
Harvey, Ch. M., Operations Research, New York 1979.
Hasenack, W., Betriebsstillegung, in: HWB, 1. Bd., Hrsg. E. Grochla, W. Wittmann, 4. Aufl., Stuttgart 1974, Sp. 636 ff.
Hauschildt, J., Verantwortung, in: HWO, Hrsg. E. Grochla, Stuttgart 1969, Sp. 1694 ff.
Hauschildt, J., Entscheidungsziele, Tübingen 1977.
Hauschildt, J., Finanzkontrolle, in: Finanzplanung und Finanzkontrolle, Hrsg. J. Hauschildt, G. Sachs, E. Witte, München 1981, S. 129 ff.
Hauschildt, J., Finanzorganisation, in: Finanzplanung und Finanzkontrolle, Hrsg. J. Hauschildt, G. Sachs, E. Witte, München 1981, S. 1 ff.
Hauschildt, J., Sachs, G., Witte, E. (Hrsg.), Finanzplanung und Finanzkontrolle, München 1981.
Hauschildt, J., Alternativenzahl und Effizienz von Entscheidungen, ZfbF 1983, S. 94 ff.
Hauschildt, J., Rösler, J., Gemünden, H. G., Der Cash Flow – Ein Krisensignalwert?, DBW 1984, S. 353 ff.
Hauschildt, J., Negativ-Kataloge in Entscheidungszielen, Instrument zur Steuerung von Entscheidungsprozessen, in: Innovative Entscheidungsprozesse, Hrsg. E. Witte, J. Hauschildt, O. Grün, Tübingen 1988, S. 109 ff.
Hauschildt, J., Zur Messung des Innovationserfolgs, ZfB 1991, S. 451 ff.
Hauschildt, J., Grün, O. (Hrsg.), Ergebnisse empirischer betriebswirtschaftlicher Forschung, Stuttgart 1993.
Häusler, J., Planung als Zukunftsgestaltung, Wiesbaden 1970.
Haustein, H.-D., Prognoseverfahren in der sozialistischen Wirtschaft, Berlin (Ost) 1970.
Hautkappe, B., Unternehmereinsatzformen im Industrieanlagenbau, Heidelberg 1986.
Hax, A. C., Majluf, N. S., Strategic Management, Englewood Cliffs, N. J. 1984.
Hax, A. C., Majluf, N. S., The Strategy Concept and Process. A Pragmatic Approach, Englewood Cliffs, N. J. 1991.
Hax, H., Investitions- und Finanzplanung mit Hilfe der linearen Programmierung, ZfbF 1964, S. 430 ff.
Hax, H., Die Koordination von Entscheidungen, Köln u.a. 1965.
Hax, H. (Hrsg.), Entscheidung bei unsicheren Erwartungen, Köln-Opladen 1970.
Hax, H., Verrechnungspreise, in: HWR, Hrsg. E. Kosiol, K. Chmielewicz, M. Schweitzer, 2. Aufl., Stuttgart 1981, Sp. 1688 ff.
Hax, H., Theorie der Unternehmung – Information, Anreize und Vertragsgestaltung, in: Betriebswirtschaftslehre und ökonomische Theorie, Hrsg. D. Ordelheide, B. Rudolph, E. Büsselmann, Stuttgart 1991, S. 45–60.
Hax, K., Pentzlin, K. (Hrsg.), Instrumente der Unternehmensführung, München 1973.
Hax, K., Personalpolitik der Unternehmung, Reinbek 1977.
Hay, H., Planungs- und Kontrollrechnung im Anlagengeschäft, in: Langfristiges Anlagengeschäft – Risiko-Management und Controlling, ZfbF-Sonderheft 20/86, Hrsg. J. Funk, G. Laßmann, Düsseldorf 1986, S. 81 ff.
Hecker, P., Scholz, H., Die optimale Nutzung kalkulatorischer Möglichkeiten mit Hilfe der ADV, DB 1970, S. 117 ff.
Heeg, F.-J., Projektmanagement – Grundlagen der Planung und Steuerung von betrieblichen Problemlöseprozessen, 2. Aufl., München-Wien 1993.
Heigenhauser, B., Netzplantechnik, Würzburg 1976.
Heigl, A., Melcher, G.-H., Betriebliche Steuerpolitik, Köln 1974.
Heigl, A., Uecker, P. (Hrsg.), Betriebswirtschaftslehre und Recht, Wiesbaden 1979.
Heilmann, W., Management-Informationssysteme (MIS) für Manager, ZfürO 1971, S. 332 ff.
Heilmann, W.-R. (Hrsg.), Geld, Banken und Versicherungen, Bd. II, 1990, Karlsruhe 1992.
Heinen, E., Investitionsplanung, industrielle, in: HWB, 2. Bd., Hrsg. H. Seischab, K. Schwantag, 3. Aufl., Stuttgart 1958, Sp. 2876 ff.

Heinen, E., Einführung in die Betriebswirtschaftslehre, Wiesbaden 1968.
Heinen, E., Der entscheidungsorientierte Ansatz der Betriebswirtschaftslehre, ZfB 1971, S. 429ff.
Heinen, E., Zur Problembezogenheit von Entscheidungsmodellen, WiSt 1972, S. 3ff.
Heinen, E., Grundlagen betriebswirtschaftlicher Entscheidungen – Das Zielsystem der Unternehmung, 3. Aufl., Wiesbaden 1976.
Heinen, E., Betriebswirtschaftliche Kostenlehre, 6. Aufl., Wiesbaden 1983.
Heinen, E., Führung als Gegenstand der Betriebswirtschaftslehre, in: Betriebswirtschaftliche Führungslehre, Hrsg. E. Heinen, 2. Aufl., Wiesbaden 1984, S. 17ff.
Heinen, E. (Hrsg.), Betriebswirtschaftliche Führungslehre, 2. Aufl., Wiesbaden 1984.
Heinen, E., Einführung in die Betriebswirtschaftslehre, 9. Aufl., Wiesbaden 1985.
Heinen, E., Entscheidungsorientierte Betriebswirtschaftslehre und Unternehmungskultur, ZfB 1985, S. 980ff.
Heinen, E., Handelsbilanzen, 12. Aufl., Wiesbaden 1986.
Heinen, E., Unternehmenskultur, München 1987.
Heinen, E., Dietel, B., Ziele der Führung, in: HWFü, Hrsg. A. Kieser, G. Reber, R. Wunderer, Stuttgart 1987, Sp. 2073ff.
Heinen, E., Dietel, B., Kostenrechnung, in: Industriebetriebslehre, Hrsg. E. Heinen, 9. Aufl., Wiesbaden 1991, S. 1157ff.
Heinen, E., Industriebetriebslehre als entscheidungsorientierte Unternehmensführung, in: Industriebetriebslehre, Hrsg. E. Heinen, 9. Aufl., Wiesbaden 1991, S. 1ff.
Heinen, E. (Hrsg.), Industriebetriebslehre, 9. Aufl., Wiesbaden 1991.
Heinhold, H., Grundfragen der Bilanzierung, 3. Aufl., München-Wien 1993.
Heinrich, L. J., Zinnecker, K. H., Systeme vorbestimmter Zeiten – Darstellung und Vergleich mit REFA-Verfahren, in: Industrielle Produktion, Hrsg. K. Agthe, H. Blohm, E. Schnaufer, Baden-Baden-Bad Homburg v.d. H. 1967, S. 253ff.
Heiser, H. C., Budgetierung, Berlin 1964.
Hellmich, R., Entwicklung eines Planungssystems für Unternehmungen, Winterthur 1970.
Helm, K. F., Konzepte der Ergebnisrechnung, in: Handbuch Kostenrechnung, Hrsg. W. Männel, Wiesbaden 1992, S. 671ff.
Henkel KGaA (Hrsg.), Geschäftsbericht 1991, Düsseldorf 1992.
Hentze, J., Die Schattenpreise als Entscheidungshilfe für optimale Erweiterungen der Fertigungskapazitäten, ZfB 1970, S. 269ff.
Hentze, J., Personalwirtschaftslehre 1, 5. Aufl., Bern-Stuttgart 1991.
Hentze, J., Personalwirtschaftslehre 2, 5. Aufl., Bern-Stuttgart 1991.
Henzler, H. A., Der Januskopf muß weg, Wirtschaftswoche 28/1974, S. 60ff.
Henzler, H. A., Vision und Führung, in: Handbuch Strategische Führung, Hrsg. H. A. Henzler, Wiesbaden 1988, S. 17ff.
Henzler, H. A., Von der strategischen Planung zur strategischen Führung: Versuch einer Positionsbestimmung, ZfB 1988, S. 1286ff.
Henzler, H. A. (Hrsg.), Handbuch Strategische Führung, Wiesbaden 1988.
Herbert, T., Deresky, H., Generic Strategies: An Empirical Investigation of Typology Validity and Strategy Content, Strategic Management Journal 1985, S. 235ff.
Herzig, N., Grundlagen der Instandhaltung, in: HWProd, Hrsg. W. Kern, Stuttgart 1979, Sp. 814ff.
Herzog, E., Gemeinkostenwertanalyse als Instrument der Kostensenkung im administrativen Bereich, in: Grenzplankostenrechnung – Stand und aktuelle Probleme, Hrsg. A.-W. Scheer, 2. Aufl., Wiesbaden 1991, S. 317ff.
Hesse, J., Gewinnermittlungs- und Gewinnverwendungspolitik in der Konzernunternehmung, Frankfurt/M.-Zürich 1971.
Hessenmüller, B., Schnaufer, E. (Hrsg.), Absatzwirtschaft, Baden-Baden 1964.
Hessenmüller, B., Kosten- und Erfolgsrechnung im industriellen Vertrieb, Baden-Baden-Bad Homburg v.d. H. 1966.
Hichert, R., Moritz, M. (Hrsg.), Management-Informationssysteme: praktische Anwendungen, Berlin u.a. 1992.
Hill, W., Unternehmungsplanung, 2. Aufl., Stuttgart 1971.
Hill, W., Umweltanalyse und Unternehmungsplanung, DU 1977, S. 239ff.
Hill, W., Marketing, 2. Bd., 6. Aufl., Bern-Stuttgart 1988.
Hill, W., Rieser, I., Marketing-Management, 2. Aufl., Bern-Stuttgart 1993.

Hinrichsen, J., Ablaufplanung mit Prioritätsregeln, ZfB 1974, S. 811 ff.
Hinterhuber, H. H., Plörer, V., Popp, W., Pucher, R., EDV-gestützte Planbilanzen für strategische Geschäftseinheiten, HARVARDmanager 1/1987, S. 59ff.
Hinterhuber, H. H., Wettbewerbsstrategie, 2. Aufl., Berlin 1990.
Hinterhuber, H. H., Strategische Unternehmungsführung, Bd. 1, 5. Aufl., Berlin-New-York 1992.
Hinterhuber, H. H., Strategische Unternehmungsführung, Bd. 2, 5. Aufl., Berlin-New York 1992.
Hintner, O., Linhardt, H. (Hrsg.), Zur Besteuerung der Unternehmung, Festschrift für P. Scherpf, Berlin 1968.
Hirata, M., Die Entwicklung der Break-Even-Analyse in Japan, BFuP 1982, S. 534ff.
Hirschhorn, L., Scenario Writing: A Developmental Approach, Journal of the American Planning Association 1980, S. 172ff.
Hirzel, M., Projektmanagement mit Standard-Struktur-Plänen, ZFO 1985, S. 394ff.
Hitschler, W., Verwaltungsgemeinkostenplanung mit Zero-Base Budgeting (ZBB), KRP 1990, S. 287ff.
Hoechst Aktiengesellschaft (Hrsg.), Grundsätze für Zusammenarbeit und Führung, o. O., o. J.
Höffken, E., Substanzerhaltung und ökonomischer Gewinnbegriff, BFuP 1970, S. 627ff.
Höffken, E., Schweitzer, M. (Hrsg.), Beiträge zur Betriebswirtschaft des Anlagenbaus, ZfbF-Sonderheft 28/91, Düsseldorf-Frankfurt/M. 1991.
Hoffmann, F., Der Controller im deutschen Industriebetrieb, DB 1968, S. 2181 ff.
Hoffmann, F., Das Rechnungswesen als Subsystem der Unternehmung, ZfB 1971, S. 363ff.
Hoffmann, F., Merkmale der Führungsorganisation amerikanischer Unternehmen (3), NB 3/1972, S. 17ff.
Hoffmann, F., Organisation der Unternehmensplanung, in: Unternehmensplanung, Hrsg. H. Ulrich, Wiesbaden 1975, S. 29ff.
Hoffmann, F., Entwicklung der Organisationsforschung, 3. Aufl., Wiesbaden 1976.
Hoffmann, F., Führungsorganisation, Bd. 1, Tübingen 1980.
Hoffmann, F., Führungsorganisation, Bd. 2, Tübingen 1984.
Hoffmann, F., Unternehmungs- und Führungsgrundsätze, ZfbF 1989, S. 167ff.
Hoffmann, F., So wird Diversifikation zum Erfolg – Ergebnisse einer Untersuchung in der Bundesrepublik, Harvard Manager 4/1989, S. 52ff.
Hoffmann, F. (Hrsg.), Konzernhandbuch, Wiesbaden 1993.
Hoffmann, K., Die Konkurrenzuntersuchung als Determinante der langfristigen Absatzplanung, Göttingen 1979.
Hoffmeister, J. (Hrsg.), System, in: Wörterbuch der philosophischen Begriffe, 2. Aufl., Hamburg 1955, S. 598f.
Höhler, G., Offener Horizont. Junge Strategien verändern die Welt, Düsseldorf 1989.
Hölter, E., Computergestützte Betriebsergebnisplanung, Diplomarbeit am Lehrstuhl für Betriebswirtschaftslehre IV (Prof. Dr. D. Hahn) an der Universität Gießen, Gießen 1979.
Hölter, E., Computergestütztes Ertragsteuersimulationsmodell der deutschen internationalen Kapitalgesellschaft, Gießen 1986.
Holzer, H. P., Motivations- und Anreizsysteme für Planung, in: HWPlan, Hrsg. N. Szyperski, Stuttgart 1989, Sp. 1190ff.
Holzer, P., Schönfeld, H.-M., Die Bewegungsbilanz als Bestandteil des veröffentlichten Jahresabschlusses in den USA, WPg 1962, S. 558ff.
Hommelhoff, P., Mecke, T., Mitbestimmung, unternehmerische, in: HWO, Hrsg. E. Frese, 3. Aufl., Stuttgart 1992, Sp. 1379ff.
Hopfenbeck, W., Umweltorientiertes Management und Marketing, 3. Aufl., Landsberg am Lech 1994.
Horn, R. E., Cleaves, A. (Hrsg.) The Guide to Simulation/Games for Education and Training, 4. Aufl., Beverly Hills 1980.
Horváth, P., Aufgaben und Stellung des Controllers, BFuP 1978, S. 129ff.
Horváth, P., Controlling – Entwicklung und Stand einer Konzeption zur Lösung der Adaptions- und Koordinationsprobleme der Führung, ZfB 1978, S. 194ff.
Horváth, P., Controlling, 2. Aufl., München 1986.
Horváth, P., Hierarchiedynamik, in: HWPlan, Hrsg. N. Szyperski, Stuttgart 1989, Sp. 640ff.
Horváth, P., Mayer, R., Prozeßkostenrechnung, Controlling 1989, S. 214ff.
Horváth, P. (Hrsg.), Strategieunterstützung durch das Controlling: Revolution im Rechnungswesen?, Stuttgart 1990.

Horváth, P., Urban, G. (Hrsg.), Qualitätscontrolling, Stuttgart 1990.
Horváth, P., Das Controlling-Konzept, München 1991.
Horváth, P., Gassert, P., Solaro, D. (Hrsg.), Controllingkonzeptionen für die Zukunft – Trends und Visionen, Stuttgart 1991.
Horváth, P., Gentner, A., Integrative Controllingsysteme, in: Integrationsmanagement für neue Produkte, Hrsg. R. A. Hanssen, W. Kern, ZfbF-Sonderheft 30, Düsseldorf-Frankfurt 1992, S. 169 ff.
Horváth, P., Herter, R. N. Benchmarking – Vergleich mit den Besten der Besten, Controlling 1/1992, S. 4 ff.
Horváth, P., Seidenschwarz, W., Zielkostenmanagement, Controlling 4/1992, S. 142 ff.
Horváth, P. (Hrsg.), Effektives und schlankes Controlling, Stuttgart 1992.
Horváth, P. Controlling, in: HWR, Hrsg. K. Chmielewicz, M. Schweitzer, 3. Aufl., Stuttgart 1993, Sp. 322 ff.
Horváth, P., Controlling, 5. Aufl., München 1994.
Hoss, K., Fertigungsablaufplanung mittels operationsanalytischer Methoden, Würzburg-Wien 1965.
Hosterbach, E., Investitionsrechnung und Rechnungswesen, ZfB 1971, S. 391 ff.
House, C. H., Price, R. L., The Return Map – Tracking Product Teams, HBR 1/1991, S. 92 ff.
Huber, R., Gemeinkosten-Wertanalyse, 2. Aufl., Bern-Stuttgart 1987.
Huber, R. K., Schelle, H., Hoffmann, H. W. (Hrsg.), Waffensystemplanung, München-Wien 1977.
Huch, B., Zur Organisation eines operablen Rechnungswesens im betrieblichen Entscheidungsprozeß, ZfB 1972, S. 761 ff.
Huch, B., EDV-gestütztes Controlling: Stand und Entwicklungen, in: Controlling und EDV, Hrsg. B. Huch, W. Behme, K. Schimmelpfeng, Frankfurt/M. 1992, S. 15 ff.
Huch, B., Behme, W., Schimmelpfeng, K. (Hrsg.), Controlling und EDV, Frankfurt/M. 1992.
Humm, F. A., Die Ermittlung von Ausbildungsbedürfnissen für Führungskräfte als Grundlage von Schulungsmaßnahmen, Diessenhofen 1978.
Hummel, S., Männel, W., Kostenrechnung, Bd. 2, 3. Aufl., Wiesbaden 1983.
Hummel, S., Männel, W., Kostenrechnung, Bd. 1, 4. Aufl., Wiesbaden 1986.
Hummeltenberg, W., Realisierung von Management-Unterstützungssystemen mit Planungssprachen und Generatoren für Führungsinformationssysteme, in: Management-Informationssysteme: praktische Anwendungen, Hrsg. Hichert, R., Moritz, M., Berlin u.a. 1992, S. 187 ff.
Hungenberg, H., Planung eines Führungskräfteentwicklungssystems, Diss. Gießen 1990.
Hungenberg, H., Die Aufgaben der Zentrale, zfo 1992, S. 341 ff.
Hungenberg, H., Zentralisation und Dezentralisation: Strategische Entscheidungsverteilung in Konzernen, Wiesbaden 1995.
Hungenberg, H., Strategische Beurteilungs- und Anreizsysteme für Führungskräfte, in: Führungskräfte und Führungserfolg, Hrsg. U. Krystek, J. Link, Wiesbaden 1995, S. 381 ff.
Hüttner, M., Markt- und Absatzprognosen, Stuttgart u.a. 1982.
Hutzschenreuter, T., Modifizierter Interner Zinsfuß und Kapitalwertrate, Internes Arbeitspapier IUP Gießen/Berlin, Gießen 1994.

IBM Japan, Ltd. (Hrsg.), MATPLAN-2-Matrix system for planning and analysis, 5788-JFP, N: GB18–0137–0, o. O., 1983.
Imai, M., Kaizen – Der Schlüssel zum Erfolg der Japaner im Wettbewerb, 2. Aufl., München 1992.
Institut der Wirtschaftsprüfer in Deutschland e. V. (Hrsg.), Wirtschaftsprüfer-Handbuch 1981, Düsseldorf 1981.
Institut der Wirtschaftsprüfer in Deutschland e. V. (Hrsg.), Wirtschaftsprüfer-Handbuch 1992, Düsseldorf 1992.
Institut „Finanzen und Steuern“ e. V. (Hrsg.), Zur Maßgeblichkeit der Handelsbilanz für die Steuerbilanz, Heft 121, Bonn 1981.
Institut für Betriebswirtschaft an der Hochschule St. Gallen für Wirtschafts- und Sozialwissenschaften (Hrsg.), Betriebswirtschaftliche Mitteilungen, Willensbildung in der Unternehmung, 2. Aufl., Bern o. J .
Institut für Betriebswirtschaft an der Hochschule St. Gallen für Wirtschafts- und Sozialwissenschaften (Hrsg.), Betriebswirtschaftliche Mitteilungen, Grundprobleme der Unternehmungsplanung, Bern 1968.
International Accounting Standards Committee (IASC), International Accounting Standards No. 21 on Accounting for the Effects of Changes in Foreign Exchange Rates (IASC 21), London 1983.

International Accounting Standards Committee (IASC), International Accounting Standards No. 22 on Accounting for Business Combinations, London 1983.

Jackson, J. H., The Comptroller: His Functions and Organizations, 2. Aufl., Cambridge 1949.
Jackson, J. H., The Growth of the Controllership Function, in: Controllership In Modern Management, Hrsg. T. F. Bradshaw, Ch. C. Hull, Chicago 1950, S. 11ff.
Jacob, H., Die Methoden zur Ermittlung des Gesamtwertes einer Unternehmung, ZfB 1960, S. 131ff.
Jacob, H., Der Zukunftserfolgsbegriff und die Verfahren der Unternehmungsbewertung, ZfB 1961, S. 231ff.
Jacob, H., Produktionsplanung und Kostentheorie, in: Zur Theorie der Unternehmung, Festschrift für E. Gutenberg, Hrsg. H. Koch, Wiesbaden 1962, S. 205ff.
Jacob, H., Neuere Entwicklungen in der Investitionsrechnung, ZfB 1964, S. 487ff., S. 551ff.
Jacob, H., Investitionsplanung mit Hilfe der Optimierungsrechnung, in: Schriften zur Unternehmensführung, Bd. 4, Optimale Investitionspolitik, Hrsg. H. Jacob, Wiesbaden 1968, S. 93ff.
Jacob, H. (Hrsg.), Schriften zur Unternehmensführung, Bd. 4, Optimale Investitionspolitik, Wiesbaden 1968.
Jacob, H. (Hrsg.), Schriften zur Unternehmensführung, Bd. 6/7, Kapitaldisposition, Kapitalflußrechnung und Liquiditätspolitik, Wiesbaden 1968.
Jacob, H. (Hrsg.), Allgemeine Betriebswirtschaftslehre in programmierter Form, Wiesbaden 1969.
Jacob, H. (Hrsg.), Schriften zur Unternehmensführung, Bd. 10, Bilanzpolilik und Bilanztaktik, Wiesbaden 1969.
Jacob, H. (Hrsg.), Schriften zur Unternehmensführung, Sonderband, Wiesbaden 1969.
Jacob, H., Zur optimalen Planung des Produktionsprogramms bei Einzelfertigung, ZfB 1971, S. 495ff.
Jacob, H. (Hrsg.), Elektronische Datenverarbeitung als Instrument der Unternehmensführung, Wiesbaden 1972.
Jacob, H., Investitionsplanung und Investitionsentscheidung mit Hilfe der Linearprogrammierung, 3. Aufl., Wiesbaden 1976.
Jacob, H. (Hrsg.), Allgemeine Betriebswirtschaftslehre, 4. Aufl., Wiesbaden 1981, 5. Aufl., Wiesbaden 1988.
Jacob, H. (Hrsg.), Schriften zur Unternehmensführung, Bd. 30, Strategisches Management 2, Wiesbaden 1983.
Jacob, H. (Hrsg.), Industriebetriebslehre, 4. Aufl., Wiesbaden 1990.
Jahnke, B., Konzeption und Entwicklung eines Führungsinformationssystems, in: Lösungsansätze der Wirtschaftsinformatik im Lichte der praktischen Bewährung, Hrsg. D. Bartmann, Berlin u.a. 1991, S. 39ff.
Janberg, H. (Hrsg.), Finanzierungshandbuch, 2. Aufl., Wiesbaden 1970.
Janßen, G. K., Wertanalyse und Wertgestaltung, Bad Wörishofen 1973.
Jehle, E., Gemeinkosten-Management, DU 1982, S. 59ff.
Jehle, E., Beyss, B., Gemeinkostensenkung durch Wertanalyse nach DIN 69910, REFA-Nachrichten 5/1985, S. 29ff.
Jennihsen, H.-F., Gewinnmaximierung und Rentabilitätsmaximierung als Ziel erwerbswirtschaftlich orientierter Unternehmungen, Köln-Opladen 1967.
Johnson, H. T., Kaplan, R. S., Relevance Lost: The Rise And Fall Of Management Accounting, Boston 1987.
Jokisch, J., Kalkulation, in: HWR, Hrsg. K. Chmielewicz, M. Schweitzer, 3. Aufl., Stuttgart 1993, Sp. 1021ff.
Jonas, H., Aufstellung konsolidierter Abschlüsse nach den Richtlinien der Securities and Exchange Commission, DB 1972, S. 1785ff.
Juesten, W., Cash-flow und Unternehmensbeurteilung, 6. Aufl., Berlin 1992.
Jung, W. A. R., Tünnessen, B., Internationale Konzernabschlüsse (Weltbilanzen) nach dem geänderten Vorschlag einer 7. EG-Richtlinie, AG 1981, S. 278ff.

Kadel, P., Meier, H., Vergütung außertariflicher Angestellter, in: HWP, Hrsg. E. Gaugler, W. Weber, 2. Aufl., Stuttgart 1992, Sp. 2253ff.
Käfer, K., Kapitalflußrechnungen, 2. Aufl., Stuttgart 1984.
Kahn, H., Wiener, A. J., Ihr werdet es erleben, Reinbek bei Hamburg 1971.
Kalaitzis, D., Anlagen-Controlling, in: Handbuch Controlling, Hrsg. E. Mayer, J. Weber, Stuttgart 1990, S. 279ff.

Kaltenhäuser, U., Das Aufgabenfeld des Controllers – von der Rechnungsverantwortung zur Mit-Entscheidung, ZfürO 1979, S. 429ff.
Kaplan, R. S., Atkinson, A. A., Advanced Management Accounting, 2. Aufl., Englewood Cliffs 1989.
Kaplan, R. S. (Hrsg.), Measures for Manufacturing Excellence, Boston, Mass. 1990.
Kappler, E., Rehkugler, H., Kapitalwirtschaft, in: Industriebetriebslehre, Hrsg. E. Heinen, 9. Aufl., Wiesbaden 1991, S. 897ff.
Kashyap, R. N., Management Information Systems for Corporate Planning and Control, LRP 2/1972, S. 25ff.
Kaufmann, L., Planung von Abnehmer-Zulieferer-Kooperationen, Diss. Gießen 1993.
Keller, T., Unternehmungsführung mit Holding-Konzepten, Köln 1990.
Keller, T., Effizienz- und Effektivitätskriterien einer Unternehmenssteuerung mit dezentralen Holdingstrukturen, BFuP 1992, S. 14ff.
Kellers, R., Lederle, H., Preisbildung zwischen Konzerngesellschaften, in: Planungs- und Kontrollrechnung im internationalen Konzern, Hrsg. W. Busse von Colbe, E. Müller, ZfbF-Sonderheft 17/1984, Düsseldorf 1984, S. 163ff.
Keppler, W., Bamberger, I., Gabele, E., Organisation der Langfristplanung, Wiesbaden 1977.
Kern, W., Die Messung industrieller Fertigungskapazitäten und ihrer Ausnutzung, Köln-Opladen 1962.
Kern, W., Optimierungsverfahren der Ablauforganisation, Essen 1967.
Kern, W., Kennzahlensysteme als Niederschlag interdependenter Unternehmungsplanung, ZfbF 1971, S. 701ff.
Kern, W., Break-Even-Analysis, in: HWB, 1. Bd., Hrsg. E. Grochla, W. Wittmann, 4. Aufl., Stuttgart 1974, Sp. 992ff.
Kern, W., Schröder, H. H., Forschung und Entwicklung in der Unternehmung, Reinbek 1977.
Kern, W. (Hrsg.), HWProd, Stuttgart 1979.
Kern, W., Industrielle Produktionswirtschaft, 5. Aufl., Stuttgart 1992.
Kern, W., Break-Even-Analyse, in: HWR, Hrsg. K. Chmielewicz, M. Schweitzer, 3. Aufl., Stuttgart 1993, Sp. 261ff.
Kerzner, H., Project Management, New York u.a. 1979.
Kidd, J., Project Analysis Today – The End of Users' Disquiet?, Omega 1989, S. 103ff.
Kieser, A., Reber, G., Wunderer, R. (Hrsg.), HWFÜ, Stuttgart 1987.
Kießling, H., Körperschaftsteuer, 13. Aufl., Achim bei Bremen 1992.
Kilger, W., Optimale Verfahrenswahl bei gegebenen Kapazitäten, in: Produktionstheorie und Produktionsplanung, Festschrift für Karl Hax, Hrsg. A. Moxter, D. Schneider, W. Wittmann, Köln-Opladen 1966, S. 155ff.
Kilger, W., Optimale Produktions- und Absatzplanung, Opladen 1973.
Kilger, W., Die Aufgaben von Konzernverrechnungspreisen in der Planung und im Rechnungswesen, in: Wolfsburger Fachgespräche (WFG), Die Aufgaben von Konzernverrechnungspreisen in der Planung und im Rechnungswesen, Dokumentation der Tagung am 24./25.6.1983, Hrsg. Volkswagenwerk AG, Wolfsburg 1984, S. 3ff.
Kilger, W., Einführung in die Kostenrechnung, 3. Aufl., Wiesbaden 1987.
Kilger, W., Betriebliches Rechnungswesen, in: Allgemeine Betriebswirtschaftslehre, Hrsg. H. Jacob, 5. Aufl., Wiesbaden 1988, S. 921ff.
Kilger, W., Flexible Plankostenrechnung und Deckungsbeitragsrechnung, 10. Aufl., Wiesbaden 1993.
Kingshott, A. L., Financial Forecasting for Corporate Planning, LRP 2/1968, S. 28ff.
Kirsch, W., Gewinn und Rentabilität, Wiesbaden 1968.
Kirsch, W., Die Unternehmungsziele in organisationstheoretischer Sicht, ZfbF 1969, S. 665ff.
Kirsch, W., Meffert, H., Organisationstheorien und Betriebswirtschaftslehre, Wiesbaden 1970.
Kirsch, W. (Hrsg.), Unternehmensführung und Organisation, Wiesbaden 1973.
Kirsch, W., Planung – Kapitel einer Einführung, München 1975.
Kirsch, W., Verhaltenswissenschaften und Betriebswirtschaftslehre, in: HWB, 3. Bd., Hrsg. E. Grochla, W. Wittmann, 4. Aufl., Stuttgart 1976, Sp. 4135ff.
Kirsch, W., Einführung in die Theorie der Entscheidungsprozesse, 1. Bd. Verhaltenswissenschaftliche Ansätze der Entscheidungstheorie, 2. Bd. Informationsverarbeitungstheorie des Entscheidungsverhaltens, 3. Bd. Entscheidungen in Organisationen, 2. Aufl., Wiesbaden 1977.
Kirsch, W., Klein, H. K., Management-Informationssysteme I, Stuttgart 1977.
Kirsch, W., Trux, W., Perspektiven eines Strategischen Managements, in: Unternehmenspolitik: Von der Zielforschung zum strategischen Management, Hrsg. W. Kirsch, München 1981, S. 290ff.

Kirsch, W. (Hrsg.), Unternehmenspolitik: Von der Zielforschung zum strategischen Management, München 1981.
Kirsch, W., Die Handhabung von Entscheidungsproblemen, Einführung in die Theorie der Entscheidungsprozesse, 3. Aufl., München 1988.
Kirsch, W. u.a., Ein Denkmodell der Gesamtarchitektur von Planungs- und Kontrollsystemen, in: Managementsysteme, Hrsg. W. Kirsch, H. Maaßen, München 1989, S. 127ff.
Kirsch, W., Maaßen, H. (Hrsg.), Managementsysteme – Planung und Kontrolle, München 1989.
Kirsch, W., Unternehmenspolitik und strategische Unternehmensführung, Herrsching 1990.
Kirsch, W., zu Knyphausen, D., Strategische Unternehmensführung, in: Ergebnisse empirischer betriebswirtschaftlicher Forschung, Hrsg. J. Hauschildt, O. Grün, Stuttgart 1993, S. 83ff.
Kistner, K.-P., Schmidt, R. (Hrsg.), Unternehmensdynamik, Horst Albach zum 60. Geburtstag, Wiesbaden 1991.
Klatte, D., Lineare Optimierungsprobleme mit Parametern in der Koeffizientenmatrix der Restriktionen, in: Anwendungen der linearen parametrischen Optimierung, Hrsg. K. Lommatzsch, Basel 1979, S. 23ff.
Klausmann, W., Entwicklung der Unternehmungsplanung, Diss. Gießen 1983.
Klein, G., Zwecke des Konzernabschlussses, in: Handbuch der Konzern-Rechnungslegung – Kommentar zur Bilanzierung und Prüfung, Hrsg. K. Küting, C.-P. Weber, Stuttgart 1989, S. 413ff.
Klein, W., Konzernverrechnungspreise aus betriebswirtschaftlicher und steuerlicher Sicht, ZfB 1982, S. 155ff.
Klein, W., Nohl, F., Zschiegner, H., Klein, K.-G., Konzernrechnungslegung und Konzernverrechnungspreise, Stuttgart 1983.
Klein, W., Klein, K.-G., Konzernverrechnungspreise in handelsrechtlicher und steuerrechtlicher Sicht, in: Handbuch der Konzern-Rechnungslegung – Kommentar zur Bilanzierung und Prüfung, Hrsg. K. Küting, C.-P. Weber, Stuttgart 1989, S. 391ff.
Kleinebeckel, H., Break-Even-Analyse, ZfbF-Kontaktstudium 1976, S. 51ff.
Kleinebeckel, H., Break-Even-Analysen für Planung und Plan-Ist-Berichterstattung, ZfbF-Kontaktstudium 1976, S. 117ff.
Klemm, U., Verstößt die Saldierung aktiver und passiver latenter Steuern gegen das Vorsichtsprinzip?, WPg 1984, S. 267ff.
Klingst, A., Optimale Lagerhaltung, Würzburg-Wien 1971.
Kloock, J., Zur Anwendung ein- und mehrperiodiger ROI-Verfahren im Rahmen der Spartenerfolgsrechnung, BFuP 1975, S. 235ff.
Kloock, J., Kapitalflußrechnungen als den aktienrechtlichen Jahresabschluß ergänzende Dokumentationsrechnungen, BFuP 1979, S. 469ff.
Kloock, J., Kostenrechnung mit integrierter Umweltschutzpolitik als Umweltkostenrechnung, in: Handbuch Kostenrechnung, Hrsg. W. Männel, Wiesbaden 1992, S. 929ff.
Klös, H. L., Kapitalflußrechnung, ZfbF-Sonderheft 17/84, Düsseldorf-Frankfurt 1984, S. 143.
Knappe, K., Fusion industrieller Unternehmungen als Wachstumsalternative, Diss. Gießen 1976.
Knecht, H.-W., Controllership – Eine organisatorische Konzeption betrieblicher Informationszentralisation, in: Das Büro als Zentrum der Informationsverarbeitung, Hrsg. E. Grochla, Wiesbaden 1971, S. 57ff.
Kneschaurek, F., Umweltsprognosen und Unternehmungsplanung, in: Betriebswirtschaftliche Mitteilungen, Grundprobleme der Unternehmungsplanung, Hrsg. Institut für Betriebswirtschaft an der Hochschule St. Gallen für Wirtschafts- und Sozialwissenschaften, Bern 1968, S. 39ff.
Knight, F. H., Risk, Uncertainty and Profit, Chicago-London 1971.
Koch, H., Betriebliche Planung, Wiesbaden 1961.
Koch, H. (Hrsg.), Zur Theorie der Unternehmung, Festschrift für E. Gutenberg, Wiesbaden 1962.
Koch, H. (Hrsg.), Zur Theorie des Absatzes, Festschrift für E. Gutenberg, Wiesbaden 1973.
Koch, H., Planung, betriebswirtschaftliche, in: HWB, 2. Bd., Hrsg. E. Grochla, W. Wittmann, 4. Aufl., Stuttgart 1975, Sp. 3001ff.
Koch, H., Budgetierung, in: HWF, Hrsg. H. E. Büschgen, Stuttgart 1976, Sp. 222ff.
Koch, H., Die Entscheidungskriterien in der hierarchischen Unternehmensplanung, ZfbF 1981, S. 1ff.
Koch, H., Integrierte Unternehmensplanung, Wiesbaden 1982.
Koch, H., Unsicherheit, Techniken zur Handhabung von, in: HWPlan, Hrsg. N. Szyperski, Stuttgart 1989, Sp. 2060ff.
Koch, H., Erfolgsrechnung, in: HWR, Hrsg. K. Chmielewicz, M. Schweitzer, 3. Aufl., Stuttgart 1993, Sp. 553ff.

Köhler, R., Informationssysteme für die Unternehmensführung, ZfB 1971, S. 27ff.
Köhler, R., Modelle, in: HWB, 2. Bd., Hrsg. E. Grochla, W. Wittmann, 4. Aufl., Stuttgart 1975, Sp. 2701ff.
Köhler, R., Verlustquellenanalyse im Marketing, in: Marketing-Enzyklopädie, Bd. 3, München 1975, S. 613ff.
Köhler, R., Absatzsegmentrechnung, in: HWR, Hrsg. E. Kosiol, K. Chmielewicz, M. Schweitzer, 2. Aufl., Stuttgart 1981, Sp. 19ff.
Köhler, R., Cash Flow, in: HWR, Hrsg. E. Kosiol, K. Chmielewicz, M. Schweitzer, 2. Aufl., Stuttgart 1981, Sp. 353ff.
Köhler, R., Marketing-Controlling, DBW 1982, S. 197ff.
Köhler, R., Krautter, J., Marketingplanung, in: HWPlan, Hrsg. N. Szyperski, Stuttgart 1989, Sp. 1006ff.
Köhler, R., Marketing-Effizienz durch Controlling, Controlling 1989, S. 84ff.
Köhler, R., Absatzorganisation, in: HWO, Hrsg. E. Frese, 3. Aufl., Stuttgart 1992, Sp. 34ff.
Köhler, R., Kosteninformationen für Marketing-Entscheidungen (Marketing-Accounting), in: Handbuch Kostenrechnung, Hrsg. W. Männel, Wiesbaden 1992, S. 837ff.
Kolb, J., Industrielle Erlösrechnung, Wiesbaden 1978.
Kolvenbach, W., Statut für die Europäische Aktiengesellschaft, DB 1988, S. 1837ff.
Kommission der Europäischen Gemeinschaften, Geänderter Vorschlag einer fünften Richtlinie des Rates nach Art. 54 Abs. 3 Buchst. g des Vertrages über die Struktur der Aktiengesellschaft sowie die Befugnisse und Verpflichtungen ihrer Organe, veröffentlicht im ABl. 1983 Nr. C 240, S. 2ff.
Kommission der Europäischen Gemeinschaften, Vorschlag für eine Verordnung (EWG) des Rates über das Statut der Europäischen Aktiengesellschaft, veröffentlicht im ABl. 1989 Nr. C 263, S. 41ff.
Kommission der Europäischen Gemeinschaften, Zweite Änderung des Vorschlags für eine fünfte Richtlinie des Rates nach Artikel 54 EWG-Vertrag über die Struktur der Aktiengesellschaft sowie die Befugnisse und Verpflichtungen ihrer Organe, veröffentlicht im ABl. 1991, Nr. C 7, S. 4ff.
Kommission der Europäischen Gemeinschaften, Geänderter Vorschlag für eine Verordnung (EWG) des Rates über das Statut der Europäischen Aktiengesellschaft, veröffentlicht im ABl. 1991, Nr. C 176, S. 1ff.
Kommission der Europäischen Gemeinschaften, Dritte Änderung des Vorschlags für eine fünfte Richtlinie des Rates nach Artikel 54 EWG-Vertrag über die Struktur der Aktiengesellschaft sowie die Befugnisse und Verpflichtungen ihrer Organe, veröffentlicht im ABl. 1991, Nr. C 321, S. 9ff.
Koopmann, H.-J., Eine Einführung in die Praxis des Cash-flow-Rechnens, NB 1/1968, S. 18ff.
Koreimann, D. S., Management-Informations-Systeme, NB 1/1969, S. 7ff.
Koreimann, D. S., Systemanalyse, Berlin-New York 1972.
Körlin, E., Einsatz der Deckungsbeitragsrechnung im Vertrieb, KRP 1985, S. 23ff.
Korte, R. J., Verfahren der Wertanalyse, Berlin 1977.
Korth, H.-M., Industriekontenrahmen: Kontierung und Jahresabschlußgliederung, München 1990.
Kosiol, E., Finanzplanung und Liquidität, ZfbF 1955, S. 251ff.
Kosiol, E., Modellanalyse als Grundlage unternehmerischer Entscheidungen, ZfhF 1961, S. 318ff.
Kosiol, E., Szyperski, N., Chmielewicz, K., Zum Standort der Systemforschung im Rahmen der Wissenschaften, ZfbF 1965, S. 337ff.
Kosiol, E., Buchhaltung und Bilanz, 2. Aufl., Berlin 1967.
Kosiol, E., Zur Problematik der Planung in der Unternehmung, ZfB 1967, S. 77ff.
Kosiol, E., Einführung in die Betriebswirtschaftslehre, Wiesbaden 1968.
Kosiol, E., Entscheidung, Information und Prognose, in: Betriebswirtschaft und Marktpolitik, Festschrift für R. Seyffert, Hrsg. E. Kosiol, E. Sundhoff, Köln-Opladen 1968, S. 275ff.
Kosiol, E., Sundhoff, E. (Hrsg.), Betriebswirtschaft und Marktpolitik, Festschrift für R. Seyffert, Köln-Opladen 1968.
Kosiol, E. (Hrsg.), HWR, Stuttgart 1970.
Kosiol, E., Die Unternehmung als wirtschaftliches Aktionszentrum, 2. Aufl., Reinbek 1972.
Kosiol, E., Kostenrechnung und Kalkulation, 2. Aufl., Berlin-New York 1972.
Kosiol, E., Vierdimensionale Erfolgsrechnung bei Güterwert- und Geldwertveränderungen, ZfB 1973, S. 145ff.
Kosiol, E., Organisation der Unternehmung, 2. Aufl., Wiesbaden 1976.
Kosiol, E., Kosten- und Leistungsrechnung, Berlin-New York 1979.
Kosiol, E., Analyse der Kostenabweichungen, in: HWR, Hrsg. E. Kosiol, K. Chmielewicz, M. Schweitzer, 2. Aufl., Stuttgart 1981, Sp. 983ff.

Kosiol, E., Chmielewicz, K., Schweitzer, M. (Hrsg.), HWR, 2. Aufl., Stuttgart 1981.
Kotler, P., Bliemel, F., Marketing-Management, 7. Aufl., Stuttgart 1992.
Kottke, E., Die optimale Beschaffungsmenge, Berlin 1966.
Kourim, G., Wertanalyse, München-Wien 1968.
Krallmann, H., Expertensysteme für die computerintegrierte Fertigung, FB/IE 1986, S. 100ff.
Krallmann, H., Betriebliche Entscheidungsunterstützungssysteme. Heute und Morgen, ZfO 1987, S. 109ff.
Krallmann, H. (Hrsg.), Innovative Anwendungen der Informations- und Kommunikationstechnologien in den 90er Jahren, München-Wien 1990.
Krebs, H.-J., Die Reform der Körperschaftsteuer, BB 1976, Beilage 3.
Kreikebaum, H., Strategische Führung, in: HWFü, Hrsg. A. Kieser, G. Reber, R. Wunderer, Stuttgart 1987, Sp. 1899ff.
Kreikebaum, H., Die Einführung strategischer Planungssysteme in der Praxis, ZfB 1992, S. 671ff.
Kreikebaum, H., Strategische Unternehmensplanung, 5. Aufl., Stuttgart-Berlin-Köln 1993.
Krelle, W., Künzi, H. P., Lineare Programmierung, Zürich 1958.
Krelle, W. (Hrsg.), Theorien des einzelwirtschaftlichen und des gesamtwirtschaftlichen Wachstums, Berlin 1965.
Kretschmer, P., Unternehmungsplanung, 2. Aufl., München 1979.
Kröckel, H.-G., Zur Funktion des Controllers im Industriebetrieb der USA (zugleich ein Beitrag über Anwendungsmöglichkeiten im deutschen Betrieb), Diss. Berlin 1965.
Krubasik, E. G., Der Königsweg zum neuen Produkt, Harvard Manager 3/1989, S. 25ff.
Krüger, W., Macht in der Unternehmung, Stuttgart 1976.
Krüger, W., Controlling: Gegenstandsbereich, Wirkungsweise und Funktionen im Rahmen der Unternehmungspolitik, BFuP 1979, S. 158ff.
Krüger, W., Zielbildung und Bewertung in der Organisationsplanung, Wiesbaden 1981.
Krüger, W., Grundlagen der Organisationsplanung, Gießen 1983.
Krüger, W., Problemangepaßtes Management von Projekten, zfo 1987, S. 207ff.
Krüger, W., Die Erklärung von Unternehmungserfolg, DBW 1988, S. 27ff.
Krüger, W., Management von Akquisitionsprojekten, zfo 1988, S. 371ff.
Krüger, W., Macht, in: HWP, Hrsg. E. Gaugler, W. Weber, 3. Aufl., Stuttgart 1992, Sp. 1313ff.
Krüger, W., Organisation der Unternehmung, 3. Aufl., Stuttgart u.a. 1994.
Krüger, W., Pfeiffer, P., Informationsmanagement zur Unterstützung der Wettbewerbsstrategie, in: Strategische Unternehmungsplanung – Strategische Unternehmungsführung, Hrsg. D. Hahn, B. Taylor, 6. Aufl., Heidelberg 1992, S. 504ff.
Kruschwitz, L., Investitionsrechnung, 5. Aufl., Berlin-New York 1993.
Krystek, U., Controlling im Export-Marketing, KRP 1985, S. 49ff.
Krystek, U., Vertrauensbasiertes Controlling, Controlling 1990, S. 332f.
Krystek, U., Controlling – mißtrauens- oder vertrauensbasiert: Speerspitze einer Mißtrauensorganisation?, Gablers Magazin 5/1991, S. 18ff.
Krystek, U., Zur, E., Projektcontrolling – Frühaufklärung von projektbezogenen Chancen und Bedrohungen, Controlling 1991, S. 304ff.
Krystek, U., Müller-Stewens, G., Grundzüge einer strategischen Frühaufklärung, in: Strategische Unternehmungsplanung – Strategische Unternehmungsführung, Hrsg. D. Hahn, B. Taylor, 6. Aufl., Heidelberg 1992, S. 337ff.
Krystek, U., Zumbrock, S., Planung und Vertrauen – Die Bedeutung von Vertrauen und Mißtrauen für die Qualität von Planungs- und Kontrollsystemen, Stuttgart 1993.
Krystek, U., Link, J. (Hrsg.), Führungskräfte und Führungserfolg, Dietger Hahn zum 60. Geburtstag, Wiesbaden 1995.
Kubicek, H., Thom, N., Umsystem, betriebliches, in: HWB, 3. Bd., Hrsg. E. Grochla, W. Wittmann, 4. Aufl., Stuttgart 1976, Sp. 3977ff.
Kubicek, H., Informationstechnologie und Organisationsstruktur, in: HWO, Hrsg. E. Frese, 3. Aufl., Stuttgart 1992, Sp. 937ff.
Kuhn, A., Unternehmensführung, 2. Aufl., München 1990.
Kuhn, K., Die Bilanz als Führungsinstrument der Unternehmensleitung, BFuP 1966, S. 129ff.
Kühn, R., Entscheidungsmethodik und Unternehmungspolitik, Bern-Stuttgart 1978.
Kühn, R., Planungssystematik für Wirtschaftsverbände, DU 1979, S. 41ff.
Kühn, R., Vorsicht bei Strategieänderungen im Marketing, IO 1984, S. 3ff.

Kühn, R., Grundzüge eines heuristischen Verfahrens zur Erarbeitung von Planungskonzeptionen, DBW 1985, S. 531 ff.
Kulhavy, E., Multinationale Unternehmungen, in: HWB, 2. Bd., Hrsg. E. Grochla, W. Wittmann, 4. Aufl., Stuttgart 1975, Sp. 2723 ff.
Kumar, N., Haussmann, H. (Hrsg.), Handbuch der internationalen Unternehmenstätigkeit, München 1992.
Künzi, H. P., Krelle, W., Randow, R.v., Nichtlineare Programmierung, 2. Aufl., Berlin-Heidelberg-New York 1979.
Küpper, H.-U., Kosten- und entscheidungstheoretische Ansatzpunkte zur Behandlung des Fixkostenproblems in der Kostenrechnung, ZfbF 1984, S. 794 ff.
Küpper, H.-U., Konzeption des Controlling aus betriebswirtschaftlicher Sicht, in: Rechnungswesen und EDV, 8. Saarbrücker Arbeitstagung 1987, Hrsg. A.-W. Scheer, Heidelberg 1987, S. 82 ff.
Küpper, H.-U., Gestaltung des Investitions-Controlling in anlagenintensiven öffentlichen Institutionen, in: Konzepte und Instrumente von Controlling-Systemen in öffentlichen Institutionen, Hrsg. J. Weber, O. Tylkowski, Stuttgart 1990, S. 1 ff.
Küpper, H.-U., Weber, J., Zünd, A., Zum Verständnis und Selbstverständnis des Controlling, ZfB 1990, S. 281 ff.
Küpper, H.-U., Controlling: Konzeption, Aufgaben und Instrumente, Stuttgart 1995.
Küpper, W., Lüder, K., Streitferdt, L., Netzplantechnik, Würzburg-Wien 1974.
Küpper, W., Netzplantechnik, Grundlagen der, in: HWProd, Hrsg. W. Kern, Stuttgart 1979, Sp. 1340 ff.
Küppersbusch, O. E., Die Finanzpolitik der internationalen Unternehmung, Diss. Erlangen-Nürnberg 1968.
Kupsch, P., Unternehmungsziele, Stuttgart-New York 1979.
Kurbel, K., Entwicklung und Einsatz von Expertensystemen, Berlin u. a. 1989.
Kuske, H.-M., Finanzierung multinationaler Unternehmungen, Frankfurt/M. 1973.
Küting, K., Zur Problematik des Ausgleichspostens für Anteile im Fremdbesitz im Rahmen des zukünftigen Konzernbilanzrechts, ZfB 1984, S. 548 ff.
Küting, K., Weber, C.-P. (Hrsg.), Handbuch der Konzern-Rechnungslegung – Kommentar zur Bilanzierung und Prüfung, Stuttgart 1989.
Küting, K., Weber, C.-P. (Hrsg.), Handbuch der Rechnungslegung – Kommentar zur Bilanzierung und Prüfung, 3. Aufl., Stuttgart 1990.
Küting, K., Weber, C.-P., Der Konzernabschluß, 3. Aufl., Stuttgart 1991.
Küting, K., Weber, C.-P., Kapitalkonsolidierung im mehrstufigen Konzern, BB 1991, S. 1082 ff.
Küting, K., Weber, C. P. (Hrsg.), Das Konzernrechnungswesen des Jahres 2000, Stuttgart 1991.
Küting, K., Kuhn, U., Möglichkeiten und Grenzen der bilanziellen Erfolgsspaltung, Teil I und II, DStR 1992, S. 122 ff. und S. 154 ff.
Küting, K., Schnorbus, A. (Hrsg.), Betriebswirtschaftslehre heute: Für die Aufgaben der Praxis, Frankfurt 1992.

Lachnit, L., Zeitraumbilanzen, Berlin 1972.
Lachnit, L., Wesen, Ermittlung und Aussage des Cash Flow, ZfbF 1973, S. 59 ff.
Lachnit, L., Zur Weiterentwicklung betriebswirtschaftlicher Kennzahlensysteme, ZfbF 1976, S. 216 ff.
Lachnit, L., Kostenorientierte Kennzahlen und Kennzahlensysteme, KRP 1980, S. 255 ff.
Lachnit, L., Externe Erfolgsanalyse auf der Grundlage der GuV nach dem Gesamtkostenverfahren, BFuP 1987, S. 33 ff.
Lachnit, L., Controllingsystem zur DV-gestützten Erfolgs- und Finanzlenkung in mittelständischen Betrieben, Controlling 1989, S. 346 ff.
Lachnit, L., EDV-gestützte Unternehmensführung in mittelständischen Betrieben, München 1989.
Lachnit, L., Freidank, C.-Chr., Computergestützte Optimierungsmodelle als Instrument der Rechnungslegungspolitik von Kapitalgesellschaften, WPg 1990, S. 29 ff.
Lachnit, L., Erfolgsspaltung auf der Grundlage der GuV nach Gesamt- und Umsatzkostenverfahren, WPg 1991, S. 773 ff.
Lachnit, L., Controlling als Instrument der Unternehmensführung, Deutsches Steuerrecht 1992, S. 228 ff.
Lachnit, L., Bewegungsbilanz, in: HWR, Hrsg. K Chmielewicz, M. Schweitzer, 3. Aufl., Stuttgart 1993, Sp. 183 ff.
Lachnit, L., Controllingkonzeption für Unternehmen mit Projektleistungstätigkeit, München 1994.

Lamb, R. B. (Hrsg.), Competitive Strategic Management, Englewood Cliffs, N.J. 1984.
Land, W.v., Strasser, H., Die finanzielle Spielraumrechnung als strategisches Instrument, ZfbF 1980, S. 297ff.
Lanford, H. W., McCann, T. N., Effective Planning and Control of Large Projects – Using Work Breakdown Structure, LRP 2/1983, S. 38ff.
Lange, J., Verdeckte Gewinnausschüttung, 5. Aufl., Herne-Berlin 1987.
Langen, H., Betriebliche Zahlungsströme und ihre Planung in dynamischer Sicht, ZfB 1965, S. 261ff.
Langen, H., Liquidität, Prognose der, in: HWF, Hrsg. H. E. Büschgen, Stuttgart 1976, Sp. 1287ff.
Langenbucher, G., Umrechnung von Fremdwährungsabschlüssen, in: Handbuch der Konzern-Rechnungslegung – Kommentar zur Bilanzierung und Prüfung, Hrsg. K. Küting, C.-P. Weber, Stuttgart 1989, S. 447ff.
Langer, K., Einige Anmerkungen zum Ausweis latenter Steuern nach dem Entwurf des Bilanz-Richtlinie-Gesetzes, WPg 1983, S. 393ff.
Laßmann, G., Die Kosten- und Erlösrechnung als Instrument der Planung und Kontrolle in Industriebetrieben, Düsseldorf 1968.
Laßmann, G., Gestaltungsformen der Kosten- und Erlösrechnung im Hinblick auf Planungs- und Kontrollaufgaben, WPg 1973, S. 4ff.
Laßmann, G., Produktivität, in: HWB, 2. Bd., Hrsg. E. Grochla, W. Wittmann, 4. Aufl., Stuttgart 1975, Sp. 3164ff.
Laßmann, G., Erlösrechnung und Erlösanalyse bei Großserien- und Sortenfertigung, ZfbF-Kontaktstudium 1979, S. 135ff. und S. 153ff.
Laßmann, G., Betriebsmodelle, in: Entwicklungslinien der Kosten- und Erlösrechnung, Hrsg. K. Chmielewicz, Stuttgart 1983, S. 87ff.
Laßmann, G., Betriebsplankosten- und Betriebserfolgsrechnung, in: Handbuch Kostenrechnung, Hrsg. W. Männel, Wiesbaden 1992, S. 300ff.
Lattmann, C., Die Ausbildung des Mitarbeiters als Aufgabe der Unternehmung, Bern 1974.
Laux, H., Auftragsselektion bei Unsicherheit, ZfbF 1971, S. 164ff.
Laux, H., Flexible Investitionsplanung, Opladen 1971.
Laux, H., Entscheidungstheorie, Bd. 2, 2. Aufl., Berlin-Heidelberg-New-York 1988.
Laux, H., Grundprobleme der Ermittlung optimaler erfolgsabhängiger Anreizsysteme, ZfB 1988, S. 24ff.
Laux, H., Entscheidungstheorie, Bd. 1, 2. Aufl., Berlin-Heidelberg-New-York 1991.
Layer, M., Möglichkeiten und Grenzen der Anwendbarkeit der Deckungsbeitragsrechnung im Rechnungswesen der Unternehmung, Berlin 1967.
Layer, M., Kapazität: Begriff, Arten, Messung, in: HWProd, Hrsg. W. Kern, Stuttgart 1979, Sp. 871ff.
Layer, M., Prognose, Planung und Kontrolle fixer Kosten, KRP 1992, S. 69ff.
Leberling, H., On Finding Compromise Solutions in Multicriteria Problems Using the Fuzzy Min-Operator, Fuzzy Sets and Systems 1981, S. 105ff.
Leberling, H., Entscheidungsfindung bei divergierenden Faktorinteressen und relaxierten Kapazitätsrestriktionen mittels eines unscharfen Lösungsansatzes, ZfbF 1983, S. 398ff.
Lechner, K., Cash-flow, Begriff und Aussagekraft, Die Wirtschaftlichkeit 1971, S. 92ff.
Lechner, K., Gewinnbegriff, Gewinnarten, Gewinninhalte, in: Festschrift für H. Hämmerle, Hrsg. H. Wünsch, Graz 1972, S. 205ff.
Lederle, H., Bilanzierung in Brasilien, ZfbF 1984, S. 247ff.
Lederle, H., Wittenfeld, H., Ergebnisermittlung in Teilperioden, in: Planungs- und Kontrollrechnung im internationalen Konzern, Hrsg. W. Busse v. Colbe, E. Müller, ZfbF-Sonderheft 17/1984, Düsseldorf 1984, S. 85ff.
Lederle, H., Ergebnisplanung und -kontrolle in Ländern mit hohen Inflationsraten – dargestellt am Beispiel Brasiliens, in: Rechnungswesen und EDV, Hrsg. W. Kilger, A. W. Scheer, Würzburg-Wien 1984, S. 133ff.
Lee-Kwang, H., Favrel, J., The SSD-Graph: A Tool for Project Scheduling and Visualization, IEEE Transactions on Engineering Management 1988, S. 25ff.
Lehmann, F.-O., Zur Entwicklung eines koordinationsorientierten Controlling-Paradigmas, ZfbF 1992, S. 45ff.
Lehnen, F., Die Szenariotechnik in der Unternehmensplanung, ZfbF-Kontaktstudium 1979, S. 71ff.
Lei, D., Scolcum, J. W., Global Strategy, Competence-Building and Strategic Alliances, California Management Review 1/1992, S. 81ff.

Leibfried, K. H. J., McNair, C. J., Benchmarking, Freiburg i. Br. 1993.
Lembke, P. M., Strategisches Produktmanagement, Berlin – New York 1980.
Levy, H., Sarnat, M., Capital Investment and Financial Decisions, 4. Aufl., Englewood Cliffs 1989.
Lewis, R. B., Chef-Kontrolltechniken zur Gewinnverbesserung, bearb. v. H. Blohm, K. Lüder, München 1966.
Lindemann, P., Nagel, K. (Hrsg.), Organisation, Neuwied 1976.
Lindworsky, J., Zur Klärung des Begriffs Motiv, in: Die Motivation menschlichen Handelns, Hrsg. H. Thomae, 7. Aufl., Köln-Berlin 1971, S. 37ff.
Link, J., Der Planrahmen in der Konsum- und Investitionsgüterindustrie, ZfürO 1978, S. 129ff.
Link, J., Die automatisierte Deckungsbeitrags-Flußrechnung als Instrument der Unternehmungsführung, ZfB 1979, S. 267ff.
Link, J., Verbreitung und Einsatzformen der Deckungsbeitrags-Flußrechnung in der Industrie, DBW 1988, S. 751ff.
Link, J., Laufner, W., Rechentechnik der Deckungsbeitragsflußrechnung, KRP 1989, S. 251ff.
Link, J., Aufbau und Einsatz eines datenbankgestützten Früherkennungssystems im mittelständischen Unternehmen, ZfB 7/1991, S. 777ff.
Link, J., Organisation der strategischen Unternehmungsplanung, in: Strategische Unternehmungsplanung – Strategische Unternehmungsführung, Hrsg. D. Hahn, B. Taylor, 6. Aufl., Heidelberg 1992, S. 609ff.
Lipfert, H., Optimale Unternehmensfinanzierung, 3. Aufl., Frankfurt/Main 1969.
Lohmann, H., Vertragsrecht, 2. Bd., Essen 1991.
Lohmann, M., Einführung in die Betriebswirtschaftslehre, 4. Aufl., Tübingen 1964.
Lommatzsch, K., Begriffe und Ergebnisse der parametrischen Optimierung, in: Anwendungen der linearen parametrischen Optimierung, Hrsg. K. Lommatzsch, Basel 1979, S. 5ff.
Lommatzsch, K., Optimierungsaufgaben mit quadratischer Zielfunktion, in: Anwendungen der linearen parametrischen Optimierung, Hrsg. K. Lommatzsch, Basel 1979, S. 124ff.
Lommatzsch, K. (Hrsg.), Anwendungen der linearen parametrischen Optimierung, Basel 1979.
Lorange, P., Corporate Planning. An Executive Viewpoint, Englewood Cliffs, N.J. 1980.
Lorange, P., Strategic Control. Some Issues in making it operationally more useful, in: Competitive Strategic Management, Hrsg. R. B. Lamb, Englewood Cliffs N.J. 1984, S. 247ff.
Lück, W., Audit Committee – Eine Einrichtung zur Effizienzsteigerung betriebswirtschaftlicher Überwachungssysteme?, ZfbF 1990, S. 995ff.
Lück, W., Jung, U., Internationale Konzernrechnungslegung und Inflation, BFuP 1991, S. 275ff.
Lücke, W., Investitionsrechnung auf der Grundlage von Ausgaben oder Kosten?, ZfhF 1955, S. 310ff.
Lücke, W., Finanzplanung und Finanzkontrolle in der Industrie, Wiesbaden 1965.
Lücke, W., Die „dritte“ Jahresrechnung, in: Instrumente der Unternehmensführung, Hrsg. K. Hax, K. Pentzlin, München 1973, S. 167ff.
Lücke, W., Finanzplanung, in: HWF, Hrsg. H. E. Büschgen, Stuttgart 1976, Sp. 547ff.
Lücke, W., Finanzplanung und Unsicherheit, in: HWF, Hrsg. H. E. Büschgen, Stuttgart 1976, Sp. 567ff.
Lücke, W., Liquidität, Liquidierbarkeit und Tilgbarkeit, DB 1984, S. 2361ff., S. 2420ff.
Lücke, W. (Hrsg.), Betriebswirtschaftliche Steuerungs- und Kontrollprobleme, Wiesbaden 1988.
Lücke, W., Kurzfristige Erfolgsrechnung, in: HWR, Hrsg. K. Chmielewicz, M. Schweitzer, 3. Aufl., Stuttgart 1993, Sp. 1315ff.
Lüder, K., Zum Problem der Bestimmbarkeit eines Liquiditätsoptimums, ZfB 1967, S. 519ff.
Lüder, K., Unternehmensführung – Problematisches ROI-Verfahren, Wirtschaftswoche 46/1971, S. 41ff.
Lukac, A., Zur Praxis multinationaler Finanzpolitik, ZfbF 1970, S. 470ff.
Luther, F., Stier, Th., Windler, A., Betriebswirtschaftliche Dokumentation des Simulationsmodells zur integrierten Finanz-, Ergebnis- und Steuerplanung FIESTA, Köln 1981.
Lutz, T., Klimesch, H., Die Datenbank im Informationssystem, München-Wien 1971.

Macharzina, K., Welge, M. K. (Hrsg.), HWInt, Stuttgart 1989.
Madauss, B. J., Handbuch Projektmanagement, 5. Aufl., Stuttgart 1994.
Mag, W., Sequentielle Informationsbeschaffung für unternehmerische Entscheidungen, ZfB 1973, S. 829ff.
Mag, W., Entscheidungstechniken, in: HWPlan, Hrsg. N. Szyperski, Stuttgart 1989, Sp. 389ff.
Mag, W., Grundzüge der Entscheidungstheorie, München 1990.

Magee, J. F., Decision Trees for Decision Making, HBR Juli/Aug. 1964, S. 126ff.
Magee, J. F., How to Use Decision Trees in Capital Investment, HBR Sept./Oct. 1964, S. 79ff.
Majer, W., Programmbereinigung als unternehmenspolitisches Problem, Wiesbaden 1969.
Makridakis, S., Reschke, H., Wheelwright, S. C., Prognosetechniken für Manager, Wiesbaden 1980.
Maly, W., Zero-Base Budgeting, zfo 1982, S. 267ff.
Männel, W., Wirtschaftlichkeitsfragen der Anlagenhaltung, Wiesbaden 1968.
Männel, W., Grundkonzeption einer entscheidungsorientierten Erlösrechnung, KRP 1983, S. 55ff.
Männel, W., Zur Gestaltung der Erlösrechnung, in: Entwicklungslinien der Kosten- und Erlösrechnung, Hrsg. K. Chmielewicz, Stuttgart 1983, S. 119ff.
Männel, W., Schmidt, R., Controlling-Konzeption, KRP 1988, S. 39ff.
Männel, W., Leistungs- und Erlösplanung, in: HWPlan, Hrsg. N. Szyperski, Stuttgart 1989, Sp. 953ff.
Männel, W., Leistungs- und Erfolgsrechnung, 2. Aufl., Stuttgart 1990.
Männel, W., Warnick, B., PC-gestützte operative Controlling-Anwendungen – Chancen und Probleme, in: Controlling – State of the Art und Entwicklungstendenzen, Hrsg. J. Risak, A. Deyhle, 2. Aufl., Wiesbaden 1992, S. 93ff.
Männel, W., Anpassung der Kostenrechnung an moderne Unternehmensstrukturen, in: Handbuch Kostenrechnung, Hrsg. W. Männel, Wiesbaden 1992, S. 105ff.
Männel, W., Bedeutung der Erlösrechnung für die Ergebnisrechnung, in: Handbuch Kostenrechnung, Hrsg. W. Männel, Wiesbaden 1992, S. 631ff.
Männel, W., Bloß, C., Planung, Erfassung, Verrechnung und Kontrolle von Instandhaltungskosten, in: Handbuch Kostenrechnung, Hrsg. W. Männel, Wiesbaden 1992, S. 502ff.
Männel, W. (Hrsg.), Handbuch Kostenrechnung, Wiesbaden 1992.
Management-Enzyklopädie, 2. Bd., 3. Bd., München 1970.
Management-Enzyklopädie, Ergänzungsband, München 1973.
Management-Enzyklopädie, 4. Bd., München 1971, 2. Aufl., Landsberg/Lech 1984.
March, J. G., Simon, H. A., Organisation und Individuum, Wiesbaden 1976 (englisch: Organizations, New York u.a. 1958).
Marettek, A., Gewinnplanung, in: Management-Enzyklopädie, 3. Bd., München 1970, S. 236ff.
Marettek, A., Steuerbilanzplanung, Herne-Berlin 1980.
Marketing-Enzyklopädie, 3. Bd., München 1975.
Marr, R., Picot, A., Absatzwirtschaft, in: Industriebetriebslehre, Hrsg. E. Heinen, 9. Aufl., Wiesbaden 1991, S. 623ff.
Martens, H., Sprecherausschüsse für leitende Angestellte, Die Mitbestimmung 1988, S. 349ff.
Marx, A., Personalführung, 4. Bd., Lernen und Ausbilden in ihrer Bedeutung für die Betriebswirtschaften, Wiesbaden 1972.
Marx, G. R., Zero-Base Budgeting – Eine kritische Betrachtung, DU 1979, S. 227ff.
Masing, W. (Hrsg.), Handbuch der Qualitätssicherung, 2. Aufl., München-Wien 1988.
Massé, P., Investitionskriterien, München 1968.
Matejka, M., Externe Datenbanken als Hilfsmittel zur Informationsversorgung, ÖIAG-Journal 4/1979, S. 19.
Matschke, M. J., Kolf, J., Historische Entwicklung, Begriff und organisatorische Probleme des Controlling, DB 1980, S. 601ff.
Matschke, M. J., Finanzierung der Unternehmung, Herne-Berlin 1991.
Mattes, H., Finanzierungsvorgänge im Konzern, Stuttgart 1966.
Matthes, W., Netzplantechnik, Erweiterungen der, in: HWProd, Hrsg. W. Kern, Stuttgart 1979, Sp. 1327ff.
Matz, A., Die Kapitalertragszahl – Ein Instrument der Erfolgskontrolle, ZfB 1964, S. 118ff.
Matz, A., Plankosten, Deckungsbeiträge und Budgets, Wiesbaden 1975.
Mayer, E., Weber, J. (Hrsg.), Handbuch Controlling, Stuttgart 1990.
Mayer, R., Glaser, H., Die Prozeßkostenrechnung als Controllinginstrument. Pro und Contra, Controlling 1991, S. 301ff.
Meffert, H., Systemtheorie aus betriebswirtschaftlicher Sicht, in: Systemanalyse in den Wirtschafts- und Sozialwissenschaften, Hrsg. K.-E. Schenk, Berlin 1971, S. 174ff.
Meffert, H., Absatzpolitische Instrumente, in: HWA, Hrsg. B. Tietz, Stuttgart 1974, Sp. 887ff.
Meffert, H., Die Durchsetzung von Innovationen in der Unternehmung und im Markt, ZfB 1976, S. 77ff.
Meffert, H., Größere Flexibilität als Unternehmungskonzept, ZfbF 1985, S. 121ff.

Meffert, H., Marketing, 7. Aufl., Wiesbaden 1986.
Meffert, H., Marketing-Management: Analyse, Strategie, Implementierung, Wiesbaden 1994.
Meier, A., Unternehmerische Zielsetzungen in betriebswirtschaftlicher Sicht, ZfbF 1973, S. 221 ff.
Melcher, G. H., Betriebliche Steuerpolitik, Köln 1974.
Melcher, G.-H., Planungskonzepte für die betriebliche Steuerpolitik, DB 1971, S. 108 ff.
Mellerowicz, K., Forschungs- und Entwicklungstätigkeit als betriebswirtschaftliches Problem, Freiburg i. Br. 1958.
Mellerowicz, K., Betriebspolitik – die Kernaufgabe der Betriebsführung, in: Probleme der Betriebsführung, Festschrift für O. R. Schnutenhaus, Hrsg. C. W. Meyer, Berlin 1959, S. 85 ff.
Mellerowicz, K., Unternehmenspolitik, 1. Bd., 2. Aufl., Freiburg i. Br. 1963.
Mellerowicz, K., Bankmann, J. (Hrsg.), Wirtschaft und Wirtschaftsprüfung, Festschrift für H. Rätsch, Stuttgart 1966.
Mellerowicz, K., Kosten und Kostenrechnung, II Verfahren, Bd. 2.1, 5. Aufl., Berlin-New York 1974.
Mellerowicz, K., Unternehmenspolitik, 1. Bd., 3. Aufl., Freiburg i. Br. 1976.
Mellerowicz, K., Neuzeitliche Kalkulationsverfahren, 6. Aufl., Freiburg i. Br. 1977.
Mellerowicz, K., Unternehmenspolitik, 2. Bd., 3. Aufl., Freiburg i. Br. 1977.
Mellerowicz, K., Unternehmenspolitik, 3. Bd., 4. Aufl., Freiburg i. Br. 1978.
Mellerowicz, K., Planung und Plankostenrechnung, 1. Bd., Betriebliche Planung, 3. Aufl., Freiburg i. Br. 1979.
Mellerowicz, K., Kosten- und Kostenrechnung, II Verfahren, Bd. 2.2, 5. Aufl., Berlin-New York 1980.
Mellerowicz, K., Betriebswirtschaftslehre der Industrie, 1. Bd., 7. Aufl., Freiburg i. Br. 1981.
Mellerowicz, K., Betriebswirtschaftslehre der Industrie, 2. Bd., 7. Aufl., Freiburg i. Br. 1981.
Melzer, D., Das Steiner-Weber-Problem als eine Optimierungsaufgabe über der zulässigen Parametermenge einer konvexen Optimierungsaufgabe mit Parametern in den rechten Seiten der Restriktionen, in: Anwendungen der linearen parametrischen Optimierung, Hrsg. K. Lommatzsch, Basel 1979, S. 142 ff.
Menrad, S., Rechnungswesen, Göttingen 1978.
Mentzel, K., Scholz, M., Integrierte Verkaufs-, Produktions- und Investitionsplanung, APF 1971, S. 1 ff.
Merna, T., Concession Contracts, in: Projects Procured by Privately Financed Concession Contracts, Hrsg. T. Merna, N. J. Smith, Manchester 1994, S. 1 ff.
Merna, T., Smith, N. J. (Hrsg.), Projects Procured by Privately Financed Concession Contracts, Manchester 1994.
Mertens, P., Der Einfluß der elektronischen Datenverarbeitung auf Entscheidungsfindung und Entscheidungsprozeß, in: Elektronische Datenverarbeitung als Instrument der Unternehmensführung, Hrsg. H. Jacob, Wiesbaden 1972, S. 153 ff.
Mertens, P., Rackelmann, G., Konzept eines Frühwarnsystems auf der Basis von Produktlebenszyklen, in: Frühwarnsysteme, Hrsg. H. Albach, D. Hahn, P. Mertens, ZfB-Ergänzungsheft 2/79, Wiesbaden 1979, S. 70 ff.
Mertens, P. (Hrsg.), Prognoserechnung, 4. Aufl., Würzburg-Wien 1981.
Mertens, P., Simulation, 2. Aufl., Stuttgart 1982.
Mertens, P., Haun, P., Daten- und methodenbankorientiertes Rechnungswesen – eine 3. Generation der Computerunterstützung? Erfahrungen mit einem Laborsystem an der Universität Erlangen-Nürnberg, in: Betriebswirtschaftliche Steuerungs- und Kontrollprobleme, Hrsg. W. Lücke, Wiesbaden 1988, S. 211 ff.
Mertens, P., Borkowski, V., Geis, W., Betriebliche Expertensystem-Anwendungen, 2. Aufl., Berlin u. a. 1990.
Mertens, P., Integrierte Informationsverarbeitung 1, Administrations- und Dispositionssysteme in der Industrie, 9. Aufl., Wiesbaden 1993.
Mertens, P., Griese, J., Integrierte Informationsverarbeitung 2, Planungs- und Kontrollsysteme in der Industrie, 7. Aufl., Wiesbaden 1993.
Methfessel, W., Vertragsrecht, 1. Bd., 2. Aufl., Essen 1993.
Meyer, B. E., Schneider, H.-J., Stübel, G., Computergestützte Unternehmensplanung, Berlin-New York 1983.
Meyer, C. W. (Hrsg.), Probleme der Betriebsführung, Festschrift für O. R. Schnutenhaus, Berlin 1959.
Meyer, C. W., Absatzplanung, in: agplan-Handbuch zur Unternehmensplanung, 1. Bd., Hrsg. J. Fuchs, K. Schwantag, Berlin 1970, Kennzahl 2105.

Meyer-Piening, A., Zero-Base Budgeting (ZBB) – eine Analyse-, Planungs- und Entscheidungstechnik, in: agplan-Handbuch zur Unternehmensplanung, 4. Bd., Hrsg. J. Fuchs, K. Schwantag, Berlin 1970, Kennzahl 5372, AH/21. Erg.-Lfg. VII.80.
Meyer-Piening, A., Zero Base Budgeting als Planungs- und Führungsinstrument, in: RKW-Handbuch Führungstechnik und Organisation, Hrsg. E. Potthoff, Berlin 1978, Kennzahl 2072, Stand 1978.
Meyer-Piening, A., Gemeinkosten senken – aber wie?, ZfB 1980, S. 691 ff.
Meyer-Piening, A., Zero-Base-Budgeting, zfo 1982, S. 257 ff.
Meyer-Piening, A., Zero-Base Budgeting, in: HWPlan, Hrsg. N. Szyperski, Stuttgart 1989, Sp. 2277 ff.
Meyhak, H., Simultane Gesamtplanung im mehrstufigen Mehrproduktunternehmen, Wiesbaden 1970.
Michel, R., Langguth, A., Langguth, M., Taktische und strategische Finanzplanung mit dem PC. Praktische Optimierung der simultan integrierten Finanz-, Ergebnis- und Steuerplanung, Ehningen 1990.
Middermann, F., Darstellung und Analyse größenspezifischer Probleme für ein Controlling in mittleren Unternehmen – Erarbeitung von Lösungsansätzen unter besonderer Berücksichtigung organisatorischer Gestaltungsmöglichkeiten, Diss. Berlin 1987.
Miles R., Snow, C., Organizational Strategy, Structure and Process, New York 1978.
Miller, G., Vollmann, T. E., The Hidden Factory, HBR 5/1985, S. 142 ff.
Miller, R. W., Zeit-Planung und Kosten-Kontrolle durch PERT, Hamburg-Berlin 1965.
Milling, P., Entscheidungen bei unscharfen Prämissen, ZfB 1982, S. 716 ff.
Mills, G., Who Controls the Board?, LRP 3/1989, S. 125 ff.
Ministerpräsident des Landes Nordrhein-Westfalen – Landesamt für Forschung (Hrsg.), Jahrbuch 1965, Köln-Opladen 1965.
Minor, R. G., The New US Transfer Pricing Developments, EWS – Europäisches Wirtschafts- und Steuerrecht 1992, S. 14 ff.
Mintzberg, H., Who Should Control The Corporation?, in: The Strategy Process, Hrsg. J. B. Quinn, H. Mintzberg, R. M. James, Englewood Cliffs 1988, S. 330 ff.
Moder, J. J., Phillips, C. R., Davis, E. W., Project Management with CPM, PERT and Precedence Diagramming, 3. Aufl., New York u. a. 1983.
Moews, D., Zur Aussagefähigkeit neuerer Kostenrechnungsverfahren, Berlin 1969.
Moser, R., Wechselkursrisiko: Theorie und Praxis der Kurssicherungstechniken, 2. Aufl., Wien 1977.
Moxter, A., Lineares Programmieren und betriebswirtschaftliche Kapitaltheorie, ZfhF 1963, S. 285 ff.
Moxter, A., Schneider, D., Wittmann, W. (Hrsg.), Produktionstheorie und Produktionsplanung, Festschrift für Karl Hax, Köln-Opladen 1966.
Mühlschlegel, G., Konsolidierte Steuererklärungen der Konzerne in den USA, DB 1972, S. 1349 ff.
Müller, B., Anlagekosten als Basis für kurz- und längerfristige Planungsprobleme, ZfB 1990, S. 815 ff.
Müller, E., Simultane Lagerdisposition und Fertigungsablaufplanung bei mehrstufiger Mehrproduktfertigung, Berlin-New York 1972.
Müller, E., Kapitalflußrechnungen für den Gesamtkonzern, ZfB 1978, S. 517 ff.
Müller, E., Entscheidungsorientiertes Konzernrechnungswesen, Neuwied 1980.
Müller, E., Probleme kurzfristiger Rechnungslegung, Thun-Frankfurt/M. 1982.
Müller, E., Abschreibungen und Sonderposten mit Rücklageanteil nach dem Entwurf eines Bilanzrichtlinie-Gesetzes, DB 1984, S. 197 ff., S. 254 ff.
Müller, E., Der Einfluß des Bilanzrichtline-Gesetzes auf die Daten zur Steuerung eines Konzerns, DB 1985, S. 241 ff.
Müller, G., Kritische Bemerkungen zur neuen Mitbestimmung des leitenden Angestellten, DB 1989, S. 824 ff.
Müller, H. P., Steuern im Konzern, in: Handbuch der Unternehmensbesteuerung, Hrsg. Institut der Wirtschaftsprüfer in Deutschland e. V., Düsseldorf 1990, Kapitel R, S. 1979 ff.
Müller-Merbach, H., Die Bestimmung optimaler Losgrößen bei Mehrproduktfertigung, Diss. Darmstadt 1963.
Müller-Merbach, H., Optimale Losgrößen bei mehrstufiger Fertigung, APF 1963, S. 264 ff.
Müller-Merbach, H., Operations Research, 3. Aufl., München 1973.
Müller-Seitz, P., Investitionsentscheidungen bei unsicheren Erwartungen, FB/IE 1988, S. 30 ff.
Munakata, T., Matrices and linear programming with applications, San Francisco 1979.
Münch, D., Der betriebswirtschaftliche Erkenntnisgehalt der Cash-Flow-Analyse, DB 1969, S. 1301 ff.
Münstermann, H., Bewertung ganzer Unternehmen, in: HWB, 1. Bd., Hrsg. H. Seischab, K. Schwantag, 3. Aufl., Stuttgart 1956, Sp. 1059 ff.

Münstermann, H., Wert und Bewertung der Unternehmung, 3. Aufl., Wiesbaden 1970.
Münstermann, H., Bewertung von Unternehmungen (und Unternehmungsteilen), in: HWF, Hrsg. H. E. Büschgen, Stuttgart 1976, Sp. 168 ff.

Naddor, E., Lagerhaltungssysteme, Frankfurt/M.-Zürich 1971.
Nagel, K., Wurzbacher, W., Modelle zur kurzfristigen Einnahmenplanung unter Einsatz von EDV-Anlagen, IBM-Form E 12–1047, 3.71.
Naumann, C., Strategische Steuerung und integrierte Unternehmensplanung, München 1982.
Naylor, Th. H. (Hrsg.), Simulation models in corporate planning, New York 1979.
Nebendahl, J. F. H., Derivative Konzernfinanzierungsrechnungen im multinationalen Konzern, Frankfurt/Main 1994.
Neth, M., Die Berechnung der Herstellungskosten als bilanzpolitisches Mittel, Düsseldorf 1971.
Neubauer, F. F., Das PIMS-Programm und Portfolio-Management, in: Strategische Unternehmungsplanung – Strategische Unternehmungsführung, Hrsg. D. Hahn, B. Taylor, 6. Aufl., Heidelberg 1992, S. 283 ff.
Neuberger, O., Organisationstheorien, in: Enzyklopädie der Psychologie, Bd. 3, Organisationspsychologie, Hrsg. E. Roth, Göttingen 1989, S. 205 ff.
Neubert, H., Totales Cash-flow-System und Finanzflußverfahren, Wiesbaden 1974.
Neumann, J. v., Morgenstern, O., Theory of Games and Economic Behavior, 3rd. Ed., Princeton 1953.
Neumann, K., Steinhardt, U., GERT Networks and the Time-Oriented Evaluation of Projects, Berlin-Heidelberg-New York 1979.
Niedenhoff, H.-U., Mitbestimmung in der Bundesrepublik Deutschland, 9. Aufl., Köln 1992.
Niedereichholz, J., Grundlagen der optimalen organisatorischen Reihenfolgeplanung in der Arbeitsvorbereitung, ZfürO 1970, S. 262 ff.
Niehus, R. J., Vor-Bemerkungen zu einer Konzernbilanzrichtlinie, die 7. EG-Richtlinie und einige Probleme der Konsolidierungstechnik nach zukünftigem Recht, WPg 1984, S. 285 ff., S. 320 ff.
Niehus, R. J., Zur „Internationalisierung" der Konzernabschlüsse 1994 der Bayer AG und der Schering AG, DB 1995, S. 937 ff.
Nippa, M., Reichwald, R., Theoretische Grundüberlegungen zur Verkürzung der Durchlaufzeit in der industriellen Entwicklung, in: Durchlaufzeiten in der Entwicklung, Hrsg. R. Reichwald, H. J. Schmelzer, München – Wien 1990, S. 65 ff.
Nitzsch, R. v., Weber, M., Bandbreiteneffekte bei der Bestimmung von Zielgewichten, ZfbF 1991, S. 971 ff.
Nomina Information Services, ISIS Software Report, Bd. 1.1: Kommerzielle Programme, Hrsg. Nomina Gesellschaft für Wirtschafts- und Verwaltungsregister mbH, München 1992.

Oberkampf, V., Systemtheoretische Grundlagen einer Theorie der Unternehmensplanung, Berlin 1976.
Oberkampf, V., Szenario-Technik, Darstellung und Methodik, Hrsg. Rationalisierungskuratorium der deutschen Wirtschaft (RKW) e. V., Frankfurt/Main 1976.
Offermann, A., Projekt-Controlling bei der Entwicklung neuer Produkte, Frankfurt/M.-Thun 1985.
Ondrack, D. A., Entgeltsysteme als Motivationsinstrument, in: HWFü, Hrsg. A. Kieser, G. Reber, R. Wunderlich, Stuttgart 1987, Sp. 210 ff.
Ordelheide, D., Kapitalkonsolidierung nach der Erwerbsmethode, WPg 1984, Teil 1, S. 237 ff., Teil 2, S. 270 ff.
Ordelheide, D., Rudolph, B., Büsselmann, E. (Hrsg.), Betriebswirtschaftslehre und ökonomische Theorie, Stuttgart 1991.
Ordelheide, D., Institutionelle Theorien der Unternehmung, in: HWB, Hrsg. W. Wittmann, W. Kern, R. Köhler, H.-U. Küpper, K. v. Wysocki, Bd. 2, 5. Aufl., Stuttgart 1993, Sp. 1842 ff.
Orth, H. F., Die Wertanalyse, Wiesbaden 1968.
Orth, L., Die kurzfristige Finanzplanung industrieller Unternehmungen, Köln-Opladen 1961.
Ossadnik, W., Die Aufstellung flexibler Unternehmenspläne, WiSt 1990, S. 380 ff.
Ossadnik, W., Strategiewahl mittels AHP, DU 1994, S. 159 ff.
Ossadnik, W., Mans, S., Strategisches Controlling mittels Analytischen Hierarchie Prozesses, KRP 1994, S. 135 ff.
Österle, H., Entwurf betrieblicher Informationssysteme, München-Wien 1981.
o. V., Das ÖIAG-Finanzmodell. Ein computergestütztes Unternehmensmodell für Großprojekte, ÖIAG-Journal 4/1976, S. 10 f.

o. V., FEI – From The Controllers Institute To The Financial Executives Institute, FE 7/1976, S. 78ff.
o. V., Das ÖIAG-Bilanzsimulationsmodell, ÖIAG-Journal 2/1977, S. 16f.
o. V., Bericht des Steuerausschusses der OECD 1979, Verrechnungspreise und multinationale Unternehmen (übersetzt vom Bundesministerium der Finanzen in Abstimmung mit DIHT und dem BDI), Köln 1981.

Pack, L., Rationalprinzip und Gewinnmaximierungsprinzip (I), ZfB 1961, S. 207ff.
Pack, L., Optimale Bestellmenge und optimale Losgröße, Wiesbaden 1964.
Pack, L., Rationalprinzip, Gewinnprinzip und Rentabilitätsprinzip, ZfB 1965, S. 525ff.
Pampe, K. D., Schaubilder in der Betriebswirtschaftslehre, in: HWB, 3. Bd., Hrsg. E. Grochla, W. Wittmann, 4. Aufl., Stuttgart 1976, Sp. 3518ff.
Pausenberger, E., Führungsstile, in: Organisationsleiter-Handbuch, Hrsg. A. Degelmann, 2. Aufl., München 1972, S. 165ff.
Pausenberger, E., Fusion, in: HWB, 1. Bd., Hrsg. E. Grochla, W. Wittmann, 4. Aufl., Stuttgart 1974, Sp. 1603ff.
Pausenberger, E., Eigenkapitalausstattung deutscher Tochtergesellschaften in Entwicklungsländern, in: Internationales Management, Hrsg. E. Pausenberger, Stuttgart 1981, S. 195ff.
Pausenberger, E., Finanzpolitik internationaler Unternehmungen: Notwendigkeit und Grenzen der Zentralisierung, in: Internationale Unternehmensführung, Festschrift zum 80. Geburtstag von Eugen Hermann Sieber, Hrsg. W. H. Wacker, H. Haussmann, B. Kumar, Berlin 1981, S. 177ff.
Pausenberger, E. (Hrsg.), Internationales Management, Stuttgart 1981.
Pausenberger, E., Die internationale Unternehmung: Begriff, Bedeutung und Entstehungsgründe, WISU 1982, S. 118ff., S. 332ff. u. S. 385ff.
Pausenberger, E., Akquisitionsplanung, in: HWPlan, Hrsg. N. Szyperski, Stuttgart 1989, Sp. 18ff.
Pausenberger, E., Finanz-Servicegesellschaften, in: HWInt, Hrsg. K. Macharzina, M. K. Welge, Stuttgart 1989, Sp. 665ff.
Pausenberger, E., Zur Systematik von Unternehmenszusammenschlüssen, Wisu 11/1989, S. 621ff.
Pausenberger, E. (Hrsg.), Gießener Schriftenreihe zur Internationalen Unternehmung, Gießen 1991.
Pausenberger, E., Internationale(n) Unternehmung, Organisation der, in: HWO, 3. Aufl., Stuttgart 1992, Sp. 1052ff.
Pausenberger, E., Konzerninterner Leistungsaustausch und Transferpreispolitik in internationalen Unternehmungen, in: Handbuch der internationalen Unternehmenstätigkeit, Hrsg. N. Kumar, H. Haussmann, München 1992, S. 769ff.
Pausenberger, E., Glaum, M., Electronic-Banking-Systeme und ihre Einsatzmöglichkeiten in internationalen Unternehmungen, ZfbF 1993, S. 41ff.
Pausenberger, E., Glaum, M., Management von Währungsrisiken, in: Handbuch des Finanzmanagements, Instrumente und Märkte der Unternehmensfinanzierung, Hrsg. G. Gebhardt, W. Gerke, M. Steiner, München 1993, S. 763ff.
Pearce, J. A., Robinson, R. B., Strategic Management. Formulation, Implementation, and Control, 4. Aufl., Homewood, Ill. 1991.
Peemöller, V. H., Controlling, 2. Aufl., Herne-Berlin 1992.
Peirce, J. L., Controllership & Treasurership: Modern Definitions, FE Juni/1964, S. 49ff.
Perridon, L. (Hrsg.), Managementprobleme internationaler Unternehmungen, Bearbeiter W. A. Dau, Wiesbaden 1970.
Perridon, L., Rössler M., Die Wandlung betrieblicher Organisationsstrukturen im Verlauf des Internationalisierungsprozesses, WiSt 1980, S. 257ff.
Perridon, L., Steiner, M., Finanzwirtschaft der Unternehmung, 8. Aufl., München 1995.
Peters, T., Optimale Anreizsysteme. Betriebswirtschaftliche Implikationen der Prinzipal-Agent-Theorie, Bonn 1988.
Pfeifer, W., Bischof, P., Einflußgrößen von Produkt-Marktzyklen, in: Arbeitspapiere des Betriebswirtschaftlichen Institutes der Friedrich-Alexander-Universität Erlangen-Nürnberg, Heft 22, Hrsg. W. Pfeiffer, Nürnberg 1974.
Pfeiffer, W., Bischof, P., Produktlebenszyklen als Basis der Unternehmensplanung, ZfB 1974, S. 635ff.
Pfeiffer, W. (Hrsg.), Arbeitspapiere des Betriebswirtschaftlichen Institutes der Friedrich-Alexander-Universität Erlangen-Nürnberg, Nürnberg 1974.
Pfeiffer, W., Bischof, P., Überleben durch Produktplanung auf der Basis von Produktlebenszyklen, FB/IE 1975, S. 343ff.

Pfeiffer, W. u. a., Variantenkostenrechnung, in: Handbuch Kostenrechnung, Hrsg. W. Männel, Wiesbaden 1992, S. 861 ff.
Pfohl, H.-C., Zur Problematik von Entscheidungsregeln, ZfB 1972, S. 305 ff.
Pfohl, H.-C., Planung und Kontrolle, Stuttgart u.a. 1981.
Pfohl, H.-C., Strategische Kontrolle, in: Handbuch Strategische Führung, Hrsg. H. A. Henzler, Wiesbaden 1988, S. 801 ff.
Pfohl, H.-C., Stölzle, W., Anwendungsbedingungen, Verfahren und Beurteilung der Prozeßkostenrechnung in industriellen Unternehmen, ZfB 1991, S. 1281 ff.
Pfuhl, J., Erstellung einer Konzernkapitalflußrechnung, in: Das Konzernrechnungswesen des Jahres 2000, Hrsg. K. Küting, C.-P. Weber, Stuttgart 1991, S. 457 ff.
Picot, A., Betriebswirtschaftliche Umweltbeziehungen und Umweltinformationen, Berlin 1977.
Picot, A., Ökonomische Theorien und Führung, in: HWFü, Hrsg. A. Kieser, G. Reber, R. Wunderer, Stuttgart 1987.
Picot, A., Rischmüller, G., Planung und Kontrolle der Verwaltungskosten in Unternehmungen, ZfB 1981, S. 331 ff.
Picot, A., Maier, M., Informationssysteme, computergestützte, in: HWO, Hrsg. E. Frese, 3. Aufl., Stuttgart 1992, Sp. 923 ff.
Plinke, W., Erlösplanung im industriellen Anlagengeschäft, Wiesbaden 1985.
Poensgen, O. H., Break-Even-Analysis, in: HWR, Hrsg. E. Kosiol, K. Chmielewicz, M. Schweitzer, 2. Aufl., Stuttgart 1981, Sp. 303 ff.
Poensgen, O. H., Hort, H., FuE-Aufwand, Firmensituation und Firmenerfolg, ZfbF 1983, S. 73 ff.
Pohmer, D., Bea, F. X., Erfolg, in: HWR, Hrsg. E. Kosiol, Stuttgart 1970, Sp. 454 ff.
Popkes, W. B., Konzernverrechnungspreise für EDV-Leistungen, DB 1990, S. 1829 ff.
Popp, W., Strategische Planung für eine multinationale Unternehmung mit gemischt-ganzzahliger Programmierung, OR-Spektrum 1983, S. 45 ff.
Popp, W., Modellgestützte Erarbeitung strategischer Pläne: Systematisches und Erfahrungen, Strategie-Seminar, Institut für Unternehmungsplanung an der Universität Gießen und Betriebswirtschaftliches Institut der Universität Bern, Zürich, 30. November/1. Dezember 1984 (unveröffentlichtes Vortragsmanuskript).
Popp, W., Zur Planung von F & E-Projekten, DBW 1988, S. 735 ff.
Popp, W., Simultane strategische Planung betrieblicher Funktionsbereiche, in: Strategische Unternehmungsplanung – Strategische Unternehmungsführung, Hrsg. D. Hahn, B. Taylor, 6. Aufl., Heidelberg 1992, S. 718 ff.
Popp, W., Strategisches Geschäftsfeldmanagement als ein Problem des Projektmanagements mit explizitem Ausweis von Gefahren- und Chancenpotentialen, Arbeitspapier Universität Bern 1993.
Poppe, H., Die Bildung von Konzernverrechnungspreisen in der Praxis, DB 1988, S. 973 ff.
Porter, M. E., How competitive forces shape strategy, HBR 2/1979, S. 137 ff.
Porter, M. E., Competitive Strategy, New York 1980.
Porter, M. E., Competitive Advantage, New York 1985.
Porter, M. E., From competitive advantage to corporate strategy, HBR 3/1987, S. 43 ff.
Porter, M. E., The Competitive Advantage of Nations, New York 1990.
Porter, M. E., Wettbewerbsstrategie, 6. Aufl., Frankfurt/Main 1990.
Porter, M. E., Wettbewerbsvorteile, 3. Aufl., Frankfurt/Main-New York 1992.
Potthoff, E. (Hrsg.), RKW-Handbuch Führungstechnik und Organisation, Berlin 1978.
Potthoff, E., Trescher, K., Controlling in der Personalwirtschaft, Berlin-New York 1986.
Pougin, E., Bilanzpolitik, in: Schriften zur Unternehmensführung, Bd. 10, Bilanzpolitik und Bilanztaktik, Hrsg. H. Jacob, Wiesbaden 1969, S. 5 ff.
Prahalad, C. K., Hamel, G., Nur Kernkompetenzen sichern das Überleben, Harvard Manager 2/1991, S. 66 ff.
Pressmar, D. B., Stationäre Planung und Losgrößenanalyse, ZfB 1974, S. 729 ff.
Preussag AG (Hrsg.), Bericht über das Geschäftsjahr 1990/91, Berlin-Hannover 1992.
Probst, G. J. B., Regeln des systemischen Denkens, in: Integriertes Management, Festschrift zum 65. Geburtstag von Hans Ulrich, Hrsg. G. J. B. Probst, H. Siegwart, Bern-Stuttgart 1985, S. 181 ff.
Probst, G. J. B., Siegwart, H. (Hrsg.), Integriertes Management, Festschrift zum 65. Geburtstag von Hans Ulrich, Bern-Stuttgart 1985.
Probst, G. J. B., Gomez, P., Vernetztes Denken – Die Methodik des vernetzten Denkens zur Lösung komplexer Probleme, in: Strategische Unternehmungsplanung – Strategische Unternehmungsführung, Hrsg. D. Hahn, B. Taylor, 6. Aufl., Heidelberg 1992, S. 903 ff.

Pümpin, C., Strategische Führung in der Unternehmenspraxis, Bern 1980.
Pümpin, C., Management strategischer Erfolgspositionen, 3. Aufl., Bern 1986.

Quinn, J. B., Technological Forecasting, HBR März/April 1967, S. 89ff.
Quinn, J. B., Mintzberg, H., James, R. M. (Hrsg.), The Strategy Process, Englewood Cliffs 1988.

Ramsauer, H., Die dreiteilige Liquiditätsrechnung. Ein integriertes Planungs- und Kontrollinstrument, DBW 1983, S. 95ff.
Rapoport, A., Die wissenschaftlichen und methodologischen Grundlagen der allgemeinen Systemtheorie, in: Integriertes Management, Festschrift zum 65. Geburtstag von Hans Ulrich, Hrsg. G. J. B. Probst, H. Siegwart, Bern-Stuttgart 1985, S. 147ff.
Rappaport, A., Creating Shareholder Value, New York-London 1986.
Rationalisierungs-Kuratorium der Deutschen Wirtschaft (RKW) e. V. (Hrsg.), Praxisbeispiele zur Unternehmensplanung, Berlin-Köln-Frankfurt/M. 1962.
Reach, R. D., Aspects of project control in R & D, R & D Management 1977, S. 77ff.
Redecker, G., Planung der Anlagenerhaltung, in: agplan-Handbuch zur Unternehmensplanung, 2. Bd., Hrsg. J. Fuchs, K. Schwantag, Berlin 1970, Kennzahl 2375, AH/4. Erg.-Lfg. I.72.
Rehbinder, E., Vertragsgestaltung, 2. Aufl., Neuwied 1993.
Rehkugler, H., Schindel, V., Entscheidungstheorie: Erklärung und Gestaltung betrieblicher Entscheidungen, 5. Aufl., München 1990.
Reichmann, T., Lachnit, L., Planung, Steuerung und Kontrolle mit Hilfe von Kennzahlen, ZfbF 1976, S. 105ff.
Reichmann, T., Lange, C., Kapitalflußrechnung und Wertschöpfungsrechnung als Ergänzungsrechnungen des Jahresabschlusses im Rahmen einer gesellschaftsbezogenen Rechnungslegung, ZfB 1980, S. 518ff.
Reichmann, T., Grundlagen einer systemgestützten Controlling-Konzeption mit Kennzahlen, ZfB 1985, S. 887ff.
Reichmann, T., Controlling mit Kennzahlen, 2. Aufl., München 1990.
Reichmann, T., Controlling-Konzeptionen in den 90er Jahren, in: Controllingkonzeptionen für die Zukunft – Trends und Visionen, Hrsg. P. Horváth, P. Gassert, D. Solaro, Stuttgart 1991, S. 47ff.
Reichmann, T., Voßschulte, A., Kennzahlengestütztes Controlling für national und international tätige Unternehmen, in: Controlling – State of the Art und Entwicklungstendenzen, Hrsg. J. Risak, A. Deyhle, 2. Aufl., Wiesbaden 1992, S. 69ff.
Reichmann, T., Zuschlagskalkulation, in: HWR, Hrsg. K. Chmielewicz, M. Schweitzer, 3. Aufl., Stuttgart 1993, Sp. 2262ff.
Reichmann, T., Fröhling, O., Euro-Controlling, DBW 1994, S. 59ff.
Reichwald, R., Entwicklungszeiten als wettbewerbsentscheidender Faktor für den langfristigen Erfolg eines Industriebetriebes, in: Durchlaufzeiten in der Entwicklung, Hrsg. R. Reichwald, H. J. Schmelzer, München-Wien 1990, S. 9ff.
Reichwald, R., Schmelzer, H. J. (Hrsg.), Durchlaufzeiten in der Entwicklung, München – Wien 1990.
Reichwald, R., Dietel, B., Produktionswirtschaft, in: Industriebetriebslehre, Hrsg. E. Heinen, 9. Aufl., Wiesbaden 1991, S. 395ff.
Reinfrank, M., Fuzzy Control, Dialog 2/1991, S. 41ff.
Reiß, M., Höge, R., Schlankes Controlling in segmentierten Unternehmen, BFuP 1994, S. 210ff.
Remer, A., Personalmanagement, Berlin-New York 1978.
Remer, A., Macht, organisatorische Aspekte der, in: HWO, Hrsg. E. Frese, 3. Aufl., Stuttgart 1992, Sp. 1271ff.
Remmel, M., Zum Verständnis und Selbstverständnis des Controlling – Anmerkungen, in: Controlling, Hrsg. H. Albach, J. Weber, ZfB-Ergänzungsheft 3/91, Wiesbaden 1991, S. 9ff.
Reschke, H., Svoboda, M., Projektmanagement – Konzeptionelle Grundlagen, Hrsg. Gesellschaft für Projektmanagement INTERNET Deutschland e. V., 2. Aufl., München 1984.
Rettenmaier, H., Management by exception mit EDVA, NB 5/1972, S. 8ff.
Reuter, E., Die künftige Rolle des Managements in der Gesellschaft, in: Handbuch Strategische Führung, Hrsg. H. A. Henzler, Wiesbaden 1988, S. 47ff.
Reve, T., The Firm as a Nexus of Internal and External Contracts, in: The Firm as a Nexus of Treaties, Hrsg. M. Aoki, B. Gustafsson, O. E. Williamson, London-Newbury Park-New Delhi 1990, S. 133ff.
Riebel, P., Die Kuppelproduktion, Köln-Opladen 1955.

Riebel, P., Industrielle Erzeugnisverfahren in betriebswirtschaftlicher Sicht, Wiesbaden 1963.
Riebel, P., Die Deckungsbeitragsrechnung als Instrument der Absatzanalyse, in: Absatzwirtschaft, Hrsg. B. Hessenmüller, E. Schnaufer, Baden-Baden 1964, S. 595ff.
Riebel, P., Zur Programmplanung bei Kuppelproduktion, ZfbF 1971, S. 733ff.
Riebel, P., Paudtke, H., Zscherlich, W., Verrechnungspreise für Zwischenprodukte, Opladen 1973.
Riebel, P., Einzelerlös-, Einzelkosten- und Deckungsbeitragsrechnung als Kern einer ganzheitlichen Führungsrechnung, in: Handbuch Kostenrechnung, Hrsg. W. Männel, Wiesbaden 1992, S. 247ff.
Riebel, P., Einzelkosten- und Deckungsbeitragsrechnung, 7. Aufl., Wiesbaden 1994.
Rieger, B., Executive Information Systems (EIS): Rechnergestützte Aufbereitung von Führungsinformationen, in: Innovative Anwendungen der Informations- und Kommunikationstechnologien in den 90er Jahren, Hrsg. H. Krallmann, München-Wien 1990, S. 103ff.
Rieser, I., Frühwarnsysteme, DU 1978, S. 51ff.
Riester, W. F., Schwinn, R., Projektplanungsmodelle, Würzburg-Wien 1970.
Rinne, H., Untersuchungen über optionale Präventivstrategien in der Instandhaltung, Zeitschrift für Operations Research 1973, S. B 13ff.
Risak, J., Deyhle, A. (Hrsg.), Controlling – State of the Art und Entwicklungstendenzen, 2. Aufl., Wiesbaden 1992.
Rischmüller, G., Die multi-attributive Nutzentheorie – Ein Entscheidungshilfeverfahren bei mehrfacher Zielsetzung, ZfbF 1980, S. 498ff.
Rockart, J. F., Bullen, C. V. (Hrsg.), The Rise of Managerial Computing, Homewood 1986.
Roever, M., Gemeinkosten-Wertanalyse – Erfolgreiche Antwort auf die Gemeinkosten-Problematik, ZfB 1980, S. 686ff.
Roever, M., Gemeinkosten-Wertanalyse, zfo 1982, S. 249ff.
Roever, M., Gemeinkosten-Wertanalyse, KRP 1985, S. 19ff.
Röper, J. W., Richtige Verrechnungspreise – das Anforderungsprofil, HARVARDmanager 4/1991, S. 27ff.
Rose, G., Die Konzern-Steuerumlagen in Organkreisen, DB 1965, S. 261ff.
Rose, G., Grundzüge des internationalen Steuerrechts, 2. überarb. Aufl., Nachdruck 1992, Wiesbaden 1992.
Rose, G., Die Verkehrsteuern, 11. Aufl., Wiesbaden 1993.
Rose, G., Die Ertragsteuern, 13. Aufl., Wiesbaden 1994.
Rosenberg, O., Finanzplanungsmodelle, in: HWF, Hrsg. H. E. Büschgen, Stuttgart 1976, Sp. 580ff.
Rosenkranz, F., Netzwerktechnik und wirtschaftliche Anwendung, Meisenheim a. G. 1968.
Rosenstiel, L. v., Grundlagen der Organisationspsychologie, 3. Aufl., Stuttgart 1992.
Rosenstiel, L. v., Molt, W., Rüttinger, B., Organisationspsychologie, 7. Aufl., Stuttgart u.a. 1988.
Rosenstiel, L.v., Motivation von Mitarbeitern, in: Führung von Mitarbeitern, Hrsg. L.v. Rosenstiel, E. Regnet, M. Domsch, Stuttgart 1991, S. 144ff.
Rosenstiel, L.v., Regnet, E., Domsch, M. (Hrsg.), Führung von Mitarbeitern, Stuttgart 1991.
Rösner, H. J., Produkt-Manager, Berlin-New York 1979.
Ross, S. A., Westerfield, R. W., Jaffe, J. F., Corporate Finance, 2. Aufl., Homewood-Boston 1990.
Roth, E. (Hrsg.), Organisationspsychologie, Bd. 3 der Enzyklopädie der Psychologie, Göttingen 1989.
Roth, U., Umweltkostenrechnung – Grundlagen und Konzeption aus betriebswirtschaftlicher Sicht, Wiesbaden 1992.
Rothschild, K. W., Wirtschaftsprognose, Berlin-Heidelberg-New York 1969.
Roventa, P., Portfolio-Analyse und strategisches Management, München 1979.
Rudhart, P. M., Stillegungsplanung, Diss. Gießen 1975.
Ruge, F., Politik und Strategie, Frankfurt/M. 1967.
Rühli, E., Ein Ansatz zu einem integrierten, kooperativen Führungskonzept, in: Unternehmensführung und Organisation, Hrsg. W. Kirsch, Wiesbaden 1973, S. 71ff.
Rühli, E., Unternehmungsführung und Unternehmungspolitik, 1. Bd., 1. Aufl., Bern-Stuttgart 1973, 2. Aufl., Bern-Stuttgart 1985.
Rühli, E., Zur Entwicklung der Planung in der deutschsprachigen Betriebswirtschaftslehre, DU 1986, S. 150ff.
Rühli, E., Unternehmungsführung und Unternehmungspolitik, 2. Bd., 2. Aufl., Bern-Stuttgart 1988.
Rühli, E., Funktionen der Planung, in: HWPlan, Hrsg. N. Szyperski, Stuttgart 1989, Sp. 566ff.
Rühli, E., Unternehmungspolitik im Spannungsfeld von Markt und Gesellschaft, in: Gesellschaftsbewußte Unternehmungspolitik – Societal Strategy, Hrsg. E. Rühli, J. Krulis-Randa, Bern 1990, S. 39ff.

Rühli, E., Visionen, DU 1990, S. 112ff.
Rühli, E., Zeitgemäße Konzernführung und -gestaltung, zfo 1990, S. 310ff.
Rühli, E., Krulis-Randa, J. (Hrsg.), Gesellschaftsbewußte Unternehmungspolitik – Societal Strategy, Bern 1990.
Rühli, E., Die Resource-based View of Strategy, in: Unternehmerischer Wandel, Hrsg. P. Gomez, D. Hahn, G. Müller-Stewens, R. Wunderer, Wiesbaden 1994, S. 31ff.
Rüsberg, K.-H., Project-Management, in: Organisationsleiter-Handbuch, Hrsg. A. Degelmann, 2. Aufl., München 1972, S. 841ff.
Rütschi, K. A., Das Management der heimlichen Marketingkosten, DU 1979, S. 181ff.
Ruhnke, K., Zur Problematik der Bestimmung der Konzernherstellungskosten, WPg 1991, S. 377ff.
Rupps, O. C., Strategieverdichtung im Konzern, ZfB 1990, S. 1091ff.

Saaty, T., How to make a decision: The Analytic Hierarchy Process, European Journal of Operations Research 48/1990, S. 9ff.
Sachs, G., Technik der Finanzplanung, in: Finanzplanung und Finanzkontrolle, Hrsg. J. Hauschildt, G. Sachs, E. Witte, München 1981, S. 91ff.
Sahm, B., Mikrocomputergestützte Instrumente zur mittelfristigen Ergebnisplanung, München 1988.
Sakurai, M., Target Costing and how to use it, Journal of Cost Management, Summer 1989, S. 39ff.
Sakurai, M., The Influence of Factory Automation on Management Accounting Practices: A Study of Japanese Companies, in: Measures for Manufacturing Excellence, Hrsg. R. S. Kaplan, Boston Mass. 1990, S. 39ff.
Sakurai, M., Keating, P. J., Target Costing and Activity-Based Costing, Controlling 2/1994, S. 84ff.
Sandig, C., Unternehmungspolitik, in: HWB, 4. Bd., Hrsg. H. Seischab, K. Schwantag, 3. Aufl., Stuttgart 1962, Sp. 5554ff.
Sandig, C., Betriebswirtschaftspolitik, 2. Aufl., Stuttgart 1966.
Sandig, C., Köhler, R., Finanzen und Finanzierung der Unternehmung, 3. Aufl., Stuttgart 1979.
Sanwald, G.-H., Kapitalflußrechnung im Konzern, in: Handbuch der Konzern-Rechnungslegung – Kommentar zur Bilanzierung und Prüfung, Hrsg. K. Küting, C.-P. Weber, Stuttgart 1989, S. 487ff.
SAP AG (Hrsg.), Funktionen im Detail: Das Finanzwesen der SAP – System R/3, Walldorf 1992.
SAP AG (Hrsg.), Funktionen im Detail: Controlling – Grundlagen und Gemeinkostenrechnung – System R/3, Walldorf 1993.
SAP AG (Hrsg.), Produktbeschreibung System R/3, Walldorf 1993.
SAP AG (Hrsg.), ABAP/4 Development Workbench – Professionelle Entwicklung von Client/Server-Anwendungen – System R/3, Walldorf 1994.
SAP AG (Hrsg.), Basis-Software – Das Fundament für ein einheitliches Systemmanagement, Walldorf 1994.
SAP AG (Hrsg.), Funktionen im Detail: Anlagenwirtschaft – System R/3, Walldorf 1994.
SAP AG (Hrsg.), Funktionen im Detail: Controlling – Ergebnisrechnung – System R/3, Walldorf 1994.
SAP AG (Hrsg.), Funktionen im Detail: Controlling – Produktkostenrechnung – System R/3, Walldorf 1994.
SAP AG (Hrsg.), Funktionen im Detail: Projekt-System – System R/3, Walldorf 1994.
SAP AG (Hrsg.), Rechnungswesen – Integrierte Standardsoftware für Finanzwesen, Anlagenwirtschaft, Controlling, Walldorf 1994.
SAP AG (Hrsg.), SAP R/3 Software-Architektur – System R/3, Walldorf 1994.
Sasieni, M., Yaspan, A., Friedman, L., Methoden und Probleme der Unternehmensforschung – ungekürzte Sonderausgabe in deutscher Sprache, Hrsg. H. P. Künzi, 3. Nachdruck, Würzburg-Wien 1971.
Sauer, M., Planung, Langfristige, in: Management-Enzyklopädie, 4. Bd., München 1971, S. 1130ff.
Sauerland, H., Schmidt, A., Lippross, O.-G., Umsatzsteuer, 18. Aufl., Achim 1994.
Savory, S. E., Grundlagen von Expertensystemen, 2. Aufl., München-Wien 1990.
Saynisch, M., Integrierte Zeit- und Kostenplanung bei Entwicklungsprojekten: dargestellt an einem praktischen Beispiel, in: Waffensystemplanung, Hrsg. R. K. Huber, H. Schelle, H. W. Hoffmann, München-Wien 1977, S. 377ff.
Saynisch, M., Konfigurationsmanagement, Köln 1984.
Schäfer, E., Betriebswirtschaftliche Marktforschung, Essen 1955.
Schäfer, E., Der Industriebetrieb, 2. Aufl., Wiesbaden 1978.
Schäfer, R., Konzernrechnungslegung, Zürich 1982.

Schäfer, R., Finanzmärkte, internationale, in: HWInt, Hrsg. K. Macharzina, M. K. Welge, Stuttgart 1989, Sp. 638ff.
Schanz, G., Ein Modell zur Planung des Forschungs- und Entwicklungsaufwandes in industriellen Unternehmungen, BFuP 1976, S. 270ff.
Schanz, G., Stange, J., Wertanalyse, in: HWProd, Hrsg. W. Kern, Stuttgart 1979, Sp. 2251ff.
Scharpff, R., Stellung und Aufgaben des Controllers in der Unternehmung, BFuP 1961, S. 223ff.
Schätzle, G., Forschung und Entwicklung als unternehmerische Aufgabe, Köln-Opladen 1965.
Scheer, A.-W., Projektsteuerung, Wiesbaden 1978.
Scheer, A. W. (Hrsg.), 8. Saarbrücker Arbeitstagung 1987, Rechnungswesen und EDV, Heidelberg 1987.
Scheer, A.-W., Wirtschaftsinformatik – Informationssysteme im Industriebetrieb, 2. Aufl., Berlin u.a. 1988.
Scheer, A.-W., Steinmann, D., Einführung in den Themenbereich Expertensysteme, in: Betriebliche Expertensysteme I, Hrsg. A.-W. Scheer, Wiesbaden 1988, S. 5ff.
Scheer, A.-W. (Hrsg.), Betriebliche Expertensysteme I, Wiesbaden 1988.
Scheer, A.-W., CIM – Der computergesteuerte Industriebetrieb, 4. Aufl., Berlin u.a. 1990.
Scheer, A.-W., Bock, M., Kraemer, W., CIM-spezifische Weiterentwicklungen von Kosteninformationssystemen, KRP 1991, S. 119ff.
Scheer, A.-W. (Hrsg.), Grenzplankostenrechnung – Stand und aktuelle Probleme, 2. Aufl., Wiesbaden 1991.
Scheer, A.-W. (Hrsg.), Rechnungswesen und EDV – 12. Saarbrücker Arbeitstagung 1991, Heidelberg 1991.
Scheer, A.-W., Wirtschaftsinformatik – Referenzmodelle für industrielle Geschäftsprozesse, 6. Aufl., Berlin u.a. 1995.
Scheffler, E., Konzernmanagement – Betriebswirtschaftliche und rechtliche Grundlagen der Konzernführungspraxis, München 1992.
Scheffler, H. E., Strategische Planung im Konzern, in: Schriften zur Unternehmensführung, Bd. 30, Strategisches Management 2, Hrsg. H. Jacob, Wiesbaden 1983, S. 7ff.
Scheffler, W., Die Verrechnungspreisgestaltung bei international tätigen Unternehmen – dargestellt am Beispiel der Kostenumlage für verwaltungsbezogene Dienstleistungen, ZfbF 1991, S. 471ff.
Scheibler, A., Entscheidungsformen und Führungsstile, ZfB 1975, S. 765ff.
Scheidl, K., Liquiditätsstatus, in: HWF, Hrsg. H. E. Büschgen, Stuttgart 1976, Sp. 1342ff.
Schein, E., Coming to a New Awareness of Organizational Culture, Sloan Management Review 4/1984, S. 3ff.
Scheld, M., Wettbewerbsdiagnose und -prognose im Rahmen der strategischen Unternehmungsplanung, Diss. Gießen 1984.
Schenk, K.-E. (Hrsg.), Systemanalyse in den Wirtschafts- und Sozialwissenschaften, Berlin 1971.
Scherm, E., Lean Planning & Lean Controlling, ZP 1993, S. 249ff.
Schiemenz, B., Seiwert, L., Ziele und Zielbeziehungen in der Unternehmung, ZfB 1979, S. 581ff.
Schill, J., Finanzielle Beziehungen, Vertrags- und Kooperationsformen beim Industriegüter-Export aus der Bundesrepublik Deutschland, Kiel 1988.
Schindler, J., Latente Steuern im konsolidierten Abschluß nach der Konzernbilanzrichtlinie, BB 1984, S. 1654ff.
Schirm, M., Finanzplanung und Finanzdisposition in der Unternehmensgruppe, in: Schriften zur Unternehmensführung, Bd. 6/7, Kapitaldisposition, Kapitalflußrechnung und Liquiditätspolitik, Hrsg. H. Jacob, Wiesbaden 1968, S. 51ff.
Schlageter, G., Stucky, W., Datenbanksysteme: Konzepte und Modelle, 2. Aufl., Stuttgart 1983.
Schmelzer, H. J., Buttermilch, K.-H., Reduzierung der Entwicklungszeiten in der Produktentwicklung als ganzheitliches Problem, in: Zeitmanagement in Forschung und Entwicklung, ZfbF-Sonderheft 23/88, Hrsg. K. Brockhoff, A. Picot, S. Urban, Düsseldorf-Frankfurt 1988, S. 43ff.
Schmelzer, H. J., Steigerung der Effektivität und Effizienz durch Verkürzung von Entwicklungszeiten, in: Durchlaufzeiten in der Entwicklung, Hrsg. R. Reichwald, H. J. Schmelzer, München-Wien 1990, S. 21ff.
Schmid, R., Abgrenzung von Controlling und Interner Revision, in: Handbuch Controlling, Hrsg. E. Mayer, J. Weber, Stuttgart 1990, S. 379ff.
Schmidt, A., Das Controlling als Instrument zur Koordination der Unternehmungsführung, Frankfurt u.a. 1986.

Schmidt, K., Gesellschaftsrecht, 2. Aufl., Köln u.a. 1991.
Schmidt, M., Schedule Monitoring of Engineering Projects, IEEE 1988, S. 108ff.
Schmidt, R., Investitions- und Finanzierungsprozesse im Rahmen von Unternehmensmodellen, in: Unternehmensdynamik, Horst Albach zum 60. Geburtstag, Hrsg. K.-P. Kistner, R. Schmidt, Wiesbaden 1991, S. 89ff.
Schmidt, R., Transnationale Investitions- und Finanzplanung als Portefeuilleplanung, in: Strategische Unternehmungsplanung – Strategische Unternehmungsführung, Hrsg. D. Hahn, B. Taylor, 6. Aufl., Heidelberg 1992, S. 732ff.
Schmidt, R.-B., Wirtschaftslehre der Unternehmung, Bd. 1, Grundlagen und Zielsetzung, 2. Aufl., Stuttgart 1977.
Schmidt, R.-B., unter Mitwirkung von J. Berthel, Unternehmungsinvestitionen, 4. Aufl., Reinbek 1984.
Schmidt, R.-B., Werte und Wertungen in der Unternehmung – Skizzen zur Unternehmungsphilosophie, DBW 1985, S. 395ff.
Schmidt-Sudhoff, U., Unternehmerziele und unternehmerisches Zielsystem, Wiesbaden 1967.
Schmitz, H., Windhausen, M. P., Projektplanung und Projektcontrolling, 3. Aufl., Düsseldorf 1986.
Schmitz, P., Expertensysteme, in: HWO, Hrsg. E. Frese, 3. Aufl., Stuttgart 1992, Sp. 611ff.
Schnaufer, E., Agthe, K. (Hrsg.), Organisation, TFB-Handbuchreihe, 1. Bd., Berlin-Baden-Baden 1961.
Schneeweiß, C., Modellierung industrieller Lagerhaltungssysteme, Berlin-Heidelberg-New York 1981.
Schneeweiß, C., Kostenwirksamkeitsanalyse, Nutzwertanalyse und Multi-Attributive Nutzentheorie, WiSt 1990, S. 13ff.
Schneeweiß, H., Entscheidungskriterien bei Risiko, Berlin-Heidelberg-New York 1967.
Schneider, D., Flexible Planung als Lösung der Entscheidungsprobleme unter Ungewißheit?, ZfbF 1971, S. 831ff.
Schneider, D., Unternehmerische Entscheidung unter Ungewißheit?, DB 1973, S. 241ff., S. 292ff.
Schneider, D., Finanzplanung, Koordination mit der Gesamtplanung, in: HWF, Hrsg. H. E. Büschgen, Stuttgart 1976, Sp. 558ff.
Schneider, D., Controlling als „Koordinationsfunktion innerhalb eines dezentralen, planungs- und kontrolldeterminierten Führungsparadigmas"?, DB 1991, S. 1789ff.
Schneider, D., Versagen des Controlling durch eine überholte Kostenrechnung, DB 1991, S. 765ff.
Schneider, D., Investition, Finanzierung und Besteuerung, 7. Aufl., Wiesbaden 1992.
Schneider, D. J. G., Unternehmerziele und Unternehmenskooperation, Wiesbaden 1973.
Schneider, E., Wirtschaftlichkeitsrechnung, 8. Aufl., Tübingen-Zürich 1973.
Schneider, M., Entwicklung des Controlling, Diss. Gießen 1993.
Schnettler, A., Betriebsanalyse, 2. Aufl., Stuttgart 1960.
Schnettler, A., Betriebsvergleich, 3. Aufl., Stuttgart 1961.
Schoenfeld, H. M. W., Rechnungslegung und Bilanzierung in international tätigen Unternehmen, in: Handbuch der internationalen Unternehmenstätigkeit, Hrsg. B. N. Kumark, H. Haussmann, München 1992, S. 895ff.
Scholz, C., Planning Procedures in German Companies – Findings and Consequences, LRP 6/1984, S. 94ff.
Scholz, C., Strategisches Management. Ein integrativer Ansatz, Berlin-New York 1987.
Scholz, H., Matis, H., Zu den Grundlagen eines industriellen Entscheidungshilfe-Systems, DB 1972, S. 101ff.
Scholz, L., Definition und Abgrenzung der Begriffe Forschung, Entwicklung und Konstruktion, in: RKW-Handbuch Forschung, Entwicklung und Konstruktion, Berlin 1976, Kennzahl 2020, Stand 1977.
Schönfeld, H.-M., Personalplanung, in: agplan-Handbuch zur Unternehmensplanung, 2. Bd., Hrsg. J. Fuchs, K. Schwantag, Berlin 1970, Stand 1991, Kennzahl 2305.
Schreyögg, G., Steinmann, H., Strategische Kontrolle, ZfbF 1985, S. 391ff.
Schreyögg, G., Der Managementprozeß – neu gesehen, in: Managementforschung 1, Hrsg. W. H. Staehle, J. Sydow, Berlin-New York 1991, S. 255ff.
Schreyögg, G., Umfeld der Unternehmung, in: HWB, 3. Bd., Hrsg. W. Wittmann u.a., 5. Aufl., Stuttgart 1993, Sp. 4231ff.
Schröder, H. H., Forschung und Entwicklung, in: HWProd, Hrsg. W. Kern, Stuttgart 1979, Sp. 634ff.
Schröder, H. J., Projekt-Management, Wiesbaden 1970.
Schröder, M., Einführung in die kurzfristige Zeitreihenprognose und Vergleich der einzelnen Verfahren, in: Prognoserechnung, Hrsg. P. Mertens, 4. Aufl., Würzburg-Wien 1981, S. 23ff.

Schröter, K., Operatives Controlling, FB/IE 1990, S. 256ff., 296ff.
Schruff, W., Die internationale Vereinheitlichung der Rechnungslegung nach den Vorschlägen des IASC – Gefahr oder Chance für die deutsche Bilanzierung? –, BFuP 1993, S. 400ff.
Schubert, W., Kostenträgerstückrechnung als (primäre) Kostenartenrechnung?, BFuP 1965, S. 358ff.
Schubert, W., Das Rechnen mit stückbezogenen primären Kostenarten als Entscheidungshilfe, in: Das Rechnungswesen als Instrument der Unternehmungsführung, Hrsg. W. Busse von Colbe, Bielefeld 1969, S. 57ff.
Schubert, W., Küting, K., Unternehmungszusammenschlüsse, München 1981.
Schug, Ch., Integrierte finanzielle Unternehmungsplanung, Frankfurt 1980.
Schulte, C., Kostenallokation in der Holding, ZfB 1991, S. 1157ff.
Schumann, W., Layoutplanung in Industrieunternehmungen mit Einzelproduktion unter Berücksichtigung von Automatisierungsmöglichkeiten, Diss. Gießen 1985.
Schuster, L., Industrieclearing – Kredit ohne Banken, in: Finanzstrategie der Unternehmung, Hrsg. Arbeitskreis Unternehmensfinanzierung Nürnberg, Herne-Berlin 1971, S. 105ff.
Schwaninger, M., Integrale Planung, DU 1988, S. 123ff.
Schwantag, K., Planung und Kontrolle des Erfolges im System einer geschlossenen Planungsrechnung, in: Unternehmensplanung als Instrument der Unternehmensführung, Hrsg. Arbeitsgemeinschaft Planungsrechnung e.V. – AGPLAN, Wiesbaden 1965, S. 77ff.
Schwarz, A., Simulation als Instrument der Investitionsanalyse, ÖIAG-Journal 4/1979, S. 16ff.
Schwarz, F., Die Ermittlung der optimalen Reparatur- und Ersatzstrategie mit Hilfe der Simulation und mit Hilfe analytischer Methoden, in: Operations Research und Datenverarbeitung bei der Instandhaltungsplanung, Hrsg. K. F. Bussmann, P. Mertens, Stuttgart 1968, S. 40ff.
Schwarz, G., Unternehmungskultur als Element des Strategischen Managements, Berlin 1989.
Schwarz, H., Grundfragen der Abstimmung von Materialbeschaffung, Fertigung und Vertrieb, Freiburg i. Br. 1959.
Schwarz, H., Flexibler Aufbau der Leitungsorganisation, in: Wachstumsprobleme der Betriebsorganisation, Hrsg. DGfB, Berlin 1964, S. 7ff.
Schwarz, H., Kostenträgerrechnung und Unternehmungsführung, 2. Aufl., Herne-Berlin 1973.
Schwarz, H., Investition, in: HWB, 2. Bd., Hrsg. E. Grochla, W. Wittmann, 4. Aufl., Stuttgart 1975, Sp. 1974ff.
Schwarz, H., Materialbeschaffung, in: HWProd, Hrsg. W. Kern, Stuttgart 1979, Sp. 1216ff.
Schwarz, H., Betriebsorganisation als Führungsaufgabe, 9. Aufl., München 1983.
Schwarze, J., Netzplantechnik, 7. Aufl., Herne-Berlin 1994.
Schwarzecker, J., Cash-flow, Gewinn und Eigenkapital, Wien 1992.
Schweim, J., Integrierte Unternehmungsplanung, Bielefeld 1969.
Schweitzer, M., Arbeitssynthese, mathematische Methoden, in: HWO, Hrsg. E. Grochla, Stuttgart 1969, Sp. 136ff.
Schweitzer, M., Einführung in die Industriebetriebslehre, Berlin-New York 1973.
Schweitzer, M., Küpper, H.-U., Systeme der Kostenrechnung, 5. Aufl., Landsberg/Lech 1991.
Schweitzer, M., Friedl, B., Beitrag zu einer umfassenden Controlling-Konzeption, in: Controlling, Hrsg. K. Spremann, E. Zur, Wiesbaden 1992, S. 141ff.
Schweitzer, M., Industrielle Fertigungswirtschaft, in: Industriebetriebslehre, Hrsg. M. Schweitzer, 2. Aufl., München 1994, S. 573ff.
Schweitzer, M. (Hrsg.), Industriebetriebslehre, 2. Aufl., München 1994.
Seelbach, H., Planungsmodelle in der Investitionsrechnung, Würzburg-Wien 1967.
Seelbach, H., Rentabilitätsmaximierung bei variablem Eigenkapital, ZfB 1968, S. 237ff.
Seelbach, H., Interdependente Programm- und Prozeßplanung, in: Zur Theorie des Absatzes, Festschrift für E. Gutenberg, Hrsg. H. Koch, Wiesbaden 1973, S. 447ff.
Segev, E., A Systematic Comparative Analysis and Synthesis of Two Business-Level Strategic Typologies, Strategic Management Journal 1989, S. 487ff.
Segner, M., Szenario-Technik, in: Forschungsreihe Systemtechnik, Bericht 8/1976, Hrsg. Technische Universität Berlin, Berlin 1976.
Seicht, G., Moderne Kosten- und Leistungsrechnung, 7. Aufl., Wien 1992.
Seidel, E., Menn, H., Ökologisch orientierte Betriebswirtschaft, Stuttgart u.a. 1988.
Seidel, E., „Wollen“ und „Können“. Auf dem Wege zu einer ökologisch verpflichteten Unternehmensführung, zfo 1989, S. 75ff.
Seidel, E., Wagner, D. (Hrsg.), Organisation – Evolutionäre Interdependenzen von Kultur und Struktur der Unternehmung, Festschrift zum 60. Geburtstag von Knut Bleicher, Wiesbaden 1989.

Seidel, E., Behrens, S., Umwelt-Controlling als Instrument moderner betrieblicher Abfallwirtschaft, BFuP 1992, S. 136ff.

Seidenschwarz,W., Target Costing, Controlling 1991, S. 198ff.

Seidenschwarz, W., Target Costing – Verbindliche Umsetzung marktorientierter Strategien, KRP 1/1994, S. 74ff.

Seipp, W., Finanzinnovationen – neue Instrumente zur Unternehmensfinanzierung, in: Finanzierungshandbuch, Hrsg. F. W. Christians, 2. Aufl., Wiesbaden 1988, S. 301ff.

Seischab, H., Schwantag, K. (Hrsg.), HWB, 3. Aufl., 1. Bd., Stuttgart 1956, 2. Bd., Stuttgart 1958, 3. Bd., Stuttgart 1960, 4. Bd., Stuttgart 1962.

Selchert, F. W., Betriebsinterne Überwachungssysteme und ihre Leistung, ZfB 1972, S. 161ff.

Selchert, F. W., Rolling, W., Das Anrechnungsverfahren nach dem KStG 1977, Teil I–IV, ZfB-Repetitorium 1977, S. 147ff., S. 171ff., S. 195ff., S. 219ff.

Selchert, F. W., Grundüberlegungen zur Konzernsteuerpolitik, in: Führungsprobleme industrieller Unternehmungen, Festschrift für Friedrich Thomeé, Hrsg. D. Hahn, Berlin-New York 1980, S. 351ff.

Selchert, F. W., Jung, H., Ableitung der Steuerbilanz aus der Handelsbilanz, BB 1983, S. 1004ff.

Selchert, F. W., Machens, K., Verfahren zur Verminderung ertragsteuerlicher Doppelbesteuerung und ihre reale Entlastungswirkung, Teil I–Teil III, DB 1983, S. 617ff., S. 674ff., S. 728ff.

Selchert, F. W., Bilanzierungs- und Bewertungsmethoden sowie deren Änderung – Angaben nach § 284 Abs. 2 Nr. 1 und 3 HGB, in: Bilanzrichtlinien-Gesetz, Hrsg. H. Albach, K.-H. Forster, ZfB-Ergänzungsheft 1/87, Wiesbaden 1987, S. 203ff.

Selchert, F. W., Jahresabschlußprüfung der Kapitalgesellschaften, Wiesbaden 1988.

Selchert, F. W., Karsten, J., Konzernabschlußpolitik und Konzerneinheitlichkeit, DB 1989, S. 837ff.

Selchert, F. W., Das Realisationsprinzip – Teilgewinnrealisierung bei langfristiger Auftragsfertigung, DB 1990, S. 797ff.

Selchert, F. W., § 252 HGB – Allgemeine Bewertungsgrundsätze, in: Handbuch der Rechnungslegung – Kommentar zur Bilanzierung und Prüfung, Hrsg. K. Küting, C.-P. Weber, 3. Aufl., Stuttgart 1990, S. 731ff.

Selowsky, R., Finanzplanung, in: Planung in der Praxis, Hrsg. H. Albach, ZfB-Ergänzungsheft 1/79, Wiesbaden 1979, S. 125ff.

Semler, J., Multinationale Unternehmungen, Finanzierung der, in: HWF, Hrsg. H. E. Büschgen, Stuttgart 1976, Sp. 1370ff.

Senn, J. A., Information Systems in Management, 4. Aufl., Belmont, California 1990.

Serfling, K., Marx, M., Finanzplanung und Finanzdisposition als Aufgabe des Finanzmanagements mittelständischer Unternehmen, DB 1991, S. 105ff.

Serfling, K., Controlling, 2. Aufl., Stuttgart u.a. 1992.

Sertl, W., Stiegler, H., Verrechnungspreise, betriebliche, in: HWB, 3. Bd., Hrsg. E. Grochla, W. Wittmann, 4. Aufl., Stuttgart 1976, Sp. 4196ff.

Shapiro, J. F., Mathematical Programming: Structures and Algorithms, New York 1979.

Sieben, G., Haase, K. D., Die Jahresabschlußrechnung als Informations- und Entscheidungsrechnung, WPg 1971, S. 53ff., S. 79ff.

Sieben, G., Schildbach, T., Betriebswirtschaftliche Entscheidungstheorie, 4. Aufl., Düsseldorf 1994.

Sieben, G., Stein, H.-G. (Hrsg.), Unternehmensakquisitionen – Strategien und Abwehrstrategien, Stuttgart 1992.

Sieben, H. O., Controlling als Koordinierungsinstrument in internationalen Unternehmen, BFuP 1978, S. 142ff.

Siegel, Th., Probleme und Verfahren der Ertragsteuerplanung, in: Unternehmensprüfung und -beratung, Festschrift zum 60. Geburtstag von Bernhard Hartmann, Hrsg. B. Aschfalk, S. Hellfors, A. Marettek, Freiburg i. Br. 1976, S. 223ff.

Siegel, Th., Steuerwirkungen und Steuerpolitik in der Unternehmung, Würzburg 1982.

Siegert, T., Franz Haniel & Cie. GmbH, Duisburg, Vortrag an der Justus-Liebig-Universität Gießen am 22.1.1993.

Siegert, T., Marktwertorientierte Unternehmenssteuerung, in: Der Shareholder-Value-Report, Hrsg. R. Bühner, Landsberg/Lech 1994, S. 107ff.

Siegwart, H., Das Rechnungswesen als Instrument der Unternehmungsführung, in: Führungsprobleme industrieller Unternehmungen, Festschrift für Friedrich Thomeé, Hrsg. D. Hahn, Berlin-New York 1980, S. 237ff.

Siegwart, H., Kunz, B. R., Brevier der Investitionsplanung, Bern-Stuttgart 1982.

Siegwart, H., Management Accounting, DU 1986, S. 55ff.
Siemens AG (Hrsg.), Bericht über das Geschäftsjahr vom 1.10.90 bis 30.9.91, Berlin-München 1992.
Siemens-Nixdorf Informationssysteme AG (Hrsg.), Produktbeschreibung R/3, München 1991.
Siener, F., Der Cash-Flow als Instrument der Bilanzanalyse, Stuttgart 1991.
Simon, H. A., Administrative Behavior, 2. Aufl., New York 1957.
Singhvi, S. S., Financial Planning in a Divisionalized Firm, LRP 4/1972, S. 15ff.
Solaro, D., Controller, in: HWO, Hrsg. E. Frese, 3. Aufl., Stuttgart 1992, Sp. 432ff.
Soom, E., Optimale Lagerbewirtschaftung in Industrie, Gewerbe und Handel, Bern-Stuttgart 1976.
Spahni-Klass, A., Cash Management im multinationalen Industriekonzern, 2. Aufl., Bern-Stuttgart 1990.
Spremann, K., Stakeholder-Ansatz versus Agency-Theorie, ZfB 1989, S. 742ff.
Spremann, K., Investition und Finanzierung, 4. Aufl., München-Wien 1991.
Spremann, K., Zur E. (Hrsg.), Controlling, Wiesbaden 1992.
Sprung, R., Internationale Finanzierungseinrichtungen, Stuttgart 1963.
Staehle, W. H., Kennzahlen und Kennzahlensysteme, Wiesbaden 1969.
Staehle, W. H., Die Stellung des Menschen in neueren betriebswirtschaftlichen Theoriesystemen, ZfB 1975, S. 713ff.
Staehle, W. H., Sydow, J., Führungsstiltheorien, in: HWFü, Hrsg. A. Kieser, G. Reber, R. Wunderer, Stuttgart 1987, Sp. 661ff.
Staehle, W. H., Management, 6. Aufl., München 1991.
Staehle, W. H., Sydow, J. (Hrsg.), Managementforschung 1, Berlin-New York 1991.
Staehle, W. H., Führungstheorien und -konzepte, in: HWO, Hrsg. E. Frese, 3. Aufl., Stuttgart 1992, Sp. 655ff.
Staehle, W. H., Sydow, J., Management-Philosophie, in: HWO, Hrsg. E. Frese, 3. Aufl., Stuttgart 1992, Sp. 1286ff.
Staehle, W. H., Conrad, P. (Hrsg.), Managementforschung 2, Berlin-New York 1992.
Stahlknecht, P., Erfahrungen mit computergestützten Planungsmodellen, Beitrag zum internationalen Symposium über „Modell- und computergestützte Unternehmensplanung“ des BIFOA a.d. Universität zu Köln, Köln 1972.
Stahlknecht, P., Einführung in die Wirtschaftsinformatik, 6. Aufl., Berlin u.a. 1993.
Stahr, G., Internationale strategische Unternehmensführung, Stuttgart u.a. 1989.
Steffen, R., Die Bestimmung von Kapazitäten und ihrer Nutzung in der industriellen Fertigung, ZfbF-Kontaktstudium 1980, S. 173ff.
Steffen, R., Wartmann, R. (Hrsg.), Kosten und Erlöse, Stuttgart 1990.
Steger, U., Umweltmanagement, 2. Aufl., Wiesbaden 1993.
Stehle, H., Rössle, W., Leuz, N. (Hrsg.), Jahrbuch für Betriebswirte 1991, Stuttgart 1991.
Stehle, R., Internationales Finanzmanagement, in: Internationale Betriebswirtschaftslehre, Hrsg. H. Albach, ZfB-Ergänzungsheft 1/81, Wiesbaden 1981, S. 67ff.
Stein, H.-G., Kostenführerschaft als strategische Erfolgsposition, in: Handbuch Strategische Führung, Hrsg. H. A. Henzler, Wiesbaden 1988, S. 397ff.
Steinbach, W., Qualitätskosten, in: Handbuch der Qualitätssicherung, Hrsg. W. Masing, 2. Aufl., München-Wien 1988, S. 879ff.
Steinbuch, K., Systemanalyse – Versuch einer Abgrenzung, Methoden und Beispiele, IBM-Nachrichten 1967, S. 446ff.
Steiner, G. A., Top Management Planning, London 1969 – deutsche Ausgabe: Top Management Planung, München 1971.
Steiner, M., Jaschke, Th., Finanzwirtschaftliche Analyse des Jahresabschlusses nach neuem Recht, BFuP 1988, S. 22ff.
Steinle, C., Führung, Stuttgart 1978.
Steinmann, H. (Hrsg.), Planung und Kontrolle, München 1981.
Steinmann, H., Löhr, A. (Hrsg.), Unternehmensethik, 2. Aufl., Stuttgart 1991.
Stier, E., Die Entscheidungshelfer für die Unternehmensleitung, Wiesbaden 1969.
Stockbauer, H., F&E Controlling, Wien 1989.
Stockbauer, H., F&E Budgetierung aus der Sicht des Controlling, Controlling 1991, S. 136ff.
Stöhr, R. W. (Hrsg.), Unternehmensführung auf neuen Wegen, Wiesbaden 1967.
Stonich, P. J., Zero Base Planning – A Management Tool, Managerial Planning 1976, July/August, S. 1ff.

Storck, E., Euro-Dollar-Markt, in: HWInt, Hrsg. K. Macharzina, M. K. Welge, Stuttgart 1989, Sp. 468 ff.
Straube, P., Integriertes Forschungs- und Entwicklungs-Controlling, Diss. Gießen 1992.
Strebel, H., Die Bedeutung von Forschung und Entwicklung für das Wachstum industrieller Unternehmungen, Berlin 1968.
Strebel, H., Entscheidungsbaumtechniken, in: HWPlan, Hrsg. N. Szyperski, Stuttgart 1989, Sp. 374 ff.
Strobel, W., Bewegungsbilanz, in: HWB, 1. Bd., Hrsg. E. Grochla, W. Wittmann, 4. Aufl., Stuttgart 1974, Sp. 816 ff.
Strobl, J., Kritische Anmerkungen zum Bericht des OECD-Steuerausschusses über Verrechnungspreise im Konzern, Recht der internationalen Wirtschaft 1980, S. 407 ff.
Süchting, J., Finanzmanagement, 6. Aufl., Wiesbaden 1995.
Sundermann, W., Mitbestimmung, betriebliche, in: HWO, Hrsg. E. Frese, 3. Aufl., Stuttgart 1992, Sp. 1344 ff.
Suter, H., Die langfristige Planung von computergestützten Informationssystemen, Bern-Stuttgart 1980.
Suver, J. D., Brown, R. L., Where does Zero-base budgeting work?, HBR 1977, November/December, S. 76 ff.
Swoboda, P., Die simultane Planung von Rationalisierungs- und Erweiterungsinvestitionen und von Produktionsprogrammen, ZfB 1965, S. 148 ff.
Swoboda, P., Investition und Finanzierung, 4. Aufl., Göttingen 1992.
Sydow, J., Strategische Netzwerke und Transaktionskosten, in: Managementforschung 2, Hrsg. W. H. Staehle, P. Conrad, Berlin-New York 1992, S. 239 ff.
Szyperski, N., Das Setzen von Zielen – Primäre Aufgabe der Unternehmungsleitung, ZfB 1971, S. 639 ff.
Szyperski, N., Müller-Böling, D., Aufgabenspezialisierung in Planungssystemen – eine konzeptionelle und empirische Analyse, ZfbF 1984, S. 124 ff.
Szyperski, N., Mußhoff, H. J., Planung und Plan, in: HWPlan, Hrsg. N. Szyperski, Stuttgart 1989, Sp. 1426 ff.
Szyperski, N. (Hrsg.), HWPlan, Stuttgart 1989.

Taylor, B. W., Introduction to Management Science, 2. Aufl., Dubuque, Iowa 1982.
Technische Universität Berlin (Hrsg.), Forschungsreihe Systemtechnik, Bericht 8/1976.
The Prentice Hall Editorial Staff (Hrsg.), Corporate Treasurer's and Controller's Encyclopedia, revised, bearbeitet von Sam R. Goodman, Vol. 1, Englewood Cliffs 1976.
Theisen, M. R., Betriebswirtschaftliche und rechtliche Grundlagen der Konzernunternehmung, Stuttgart 1991.
Theisen, P., Beschaffung und Beschaffungslehre, in: HWB, 1. Bd., Hrsg. E. Grochla, W. Wittmann, 4. Aufl., Stuttgart 1974, Sp. 494 ff.
Thom, N., Personalentwicklung als Instrument der Unternehmungsführung, Habilitationsschrift, Köln 1984.
Thom, N., Cantin, F., Controlling und Auditing, Controlling, Hrsg. K. Spremann, E. Zur, Wiesbaden 1992, S. 185 ff.
Thomae, H., Der Begriff des „Antriebes", in: Die Motivation menschlichen Handelns, Hrsg. H. Thomae, 7. Aufl., Köln-Berlin 1971, S. 48 ff.
Thomae, H. (Hrsg.), Die Motivation menschlichen Handelns, 7. Aufl., Köln-Berlin 1971.
Thome, R., Sensitivitätsanalysen, in: HWPlan, Hrsg. N. Szyperski, Stuttgart 1989, Sp. 1774 ff.
Thomeé, F., Das Board-System – eine Alternative zum Aufsichtsrat?, ZfürO 1974, S. 185 ff.
Thommen, J.-P., Managementorientierte Betriebswirtschaftslehre, 4. Aufl., Bern-Stuttgart 1993.
Thumb, N., Grundlagen und Praxis der Netzplantechnik, 3. Aufl., München 1975.
Tietz, B. (Hrsg.), HWA, Stuttgart 1974.
Tietz, B., Produktmanagement(s), Organisation des, in: HWO, Hrsg. E. Frese, 3. Aufl., Stuttgart 1992, Sp. 2067 ff.
Timmermann, A., Evolution des strategischen Managements, in: Handbuch Strategische Führung, Hrsg. H. A. Henzler, Wiesbaden 1988, S. 85 ff.
Töpfer, A., Die Planung der Unternehmensziele (Zielplanung), in: agplan-Handbuch zur Unternehmensplanung, Hrsg. J. Fuchs, K. Schwantag, Bd. 1, Berlin 1970, 32. Erg.-Lfg. VII/87, Kennzahl 1205.
Töpfer, A., Planungs- und Kontrollsysteme industrieller Unternehmungen, Berlin 1976.

Töpfer, A., Teamplanung, IO 1978, S. 17ff.
Töpfer, A., Afheldt, H. (Hrsg.), Praxis der strategischen Unternehmensplanung, 2. Aufl., Frankfurt/Main 1987.
Töpfer, A., Planungssystemkonzeptionen, in: HWPlan, Hrsg. N. Szyperski, Stuttgart 1989, Sp. 1515ff.
Topritzhofer, F., Marketing-Mix, in: HWA, Hrsg. B. Tietz, Stuttgart 1974, Sp. 1247ff.
Tourneau, A., Organisation der Investitionsplanung im Industriekonzern, Diss. Gießen 1995.
Trechsel, F., Einführung in die Unternehmungsplanung, in: Betriebswirtschaftliche Mitteilungen, Grundprobleme der Unternehmungsplanung, Hrsg. Institut für Betriebswirtschaft an der Hochschule St. Gallen für Wirtschafts- und Sozialwissenschaften, Bern 1968, S. 5ff.
Treis, B., Die Ausgestaltung der Vertriebskostenrechnung, in: Erfolgskontrolle im Marketing, Hrsg. F. Böcker, E. Dichtl, Berlin 1975, S. 30ff.
Treyer, O., Verrechnungspreise für dezentralisierte Organisationen, DU 1990, S. 247ff.
Troßmann, E., Prinzipien der rollenden Planung, WiSt 1992, S. 123ff.
Trzebiner, R., Computergestützte Lösung von Entscheidungsmodellen unter mehrfacher Zielsetzung, Gießen 1989.
Tübergen, F., Industrielles Management, Stuttgart 1973.
Tucker, F. G., Zivan, S. M., Camp, R. C., How to Measure Yourself Against the Best, HBR 1/1987, S. 8ff.

Ulrich, H., Staerkle, R., Personalplanung, Köln-Opladen 1965.
Ulrich, H., Die Organisation der Planung, in: Betriebswirtschaftliche Mitteilungen, Grundprobleme der Unternehmungsplanung, Hrsg. Institut für Betriebswirtschaft an der Hochschule St. Gallen für Wirtschafts- und Sozialwissenschaften, Bern 1968, S. 23ff.
Ulrich, H., Kompetenz, in: HWO, Hrsg. E. Grochla, Stuttgart 1969, Sp. 852ff.
Ulrich, H., Die Unternehmung als produktives soziales System, 2. Aufl., Bern-Stuttgart 1970.
Ulrich, H. (Hrsg.), Unternehmensplanung, Wiesbaden 1975.
Ulrich, H. (Hrsg.), Management-Philosophie für die Zukunft. Gesellschaftlicher Wertewandel als Herausforderung an das Management, Bern-Stuttgart 1981.
Ulrich, H., Management, Bern 1984.
Ulrich, H., Organisation und Organisieren in der Sicht der systemorientierten Managementlehre, zfo 1985, S. 7ff.
Ulrich, H., Unternehmungspolitik – Instrument und Philosophie ganzheitlicher Unternehmungsführung, DU 1985, S. 389ff.
Ulrich, H., Unternehmungspolitik, 3. Aufl., Bern-Stuttgart 1990.
Ulrich, H., Management-Philosophie in einer sich wandelnden Gesellschaft, in: Strategische Unternehmungsplanung – Strategische Unternehmungsführung, Hrsg. D. Hahn, B. Taylor, 6. Aufl., Heidelberg 1992, S. 825ff.
Ulrich, H., Betrachtungen zur Willensbildung in der Unternehmungsorganisation, in: Betriebswirtschaftliche Mitteilungen, Willensbildung in der Unternehmung, Hrsg. Institut für Betriebswirtschaft an der Hochschule St. Gallen für Wirtschafts- und Sozialwissenschaften, 2. Aufl., Bern o. J., S. 2ff.
Ulrich, P., Die Großunternehmung als quasi-öffentliche Institution. Eine politische Theorie der Unternehmung, Stuttgart 1977.
Ulrich, P., Wirtschaftsethik und Unternehmungsverfassung: Das Prinzip des unternehmungspolitischen Dialogs, in: Management-Philosophie für die Zukunft. Gesellschaftlicher Wertewandel als Herausforderung an das Management, Hrsg. H. Ulrich, Bern-Stuttgart 1981, S. 57ff.
Ulrich, P., Systemsteuerung und Kulturentwicklung, DU 1984, S. 303ff.
Ulrich, W., Systemtheorie der Planung, in: HWPlan, Hrsg. N. Szyperski, Stuttgart 1989, Sp. 1971ff.

Vahlens Kompendium der Betriebswirtschaftslehre, Bd. 1, Bd. 2, Hrsg. M. Bitz u.a., München 1984.
Vahs, D., Controlling-Konzeptionen in deutschen Industrieunternehmungen – eine betriebswirtschaftlich-historische Untersuchung, Frankfurt/M. u.a. 1990.
Van Horne, J. C., Financial Management and Policy, 8. Aufl., London 1989.
Vance, C., Corporate Leadership – Boards, Directors and Strategy, New York u.a. 1983.
Vancil, R. F., Lorange, P., Strategic Planning in Diversified Companies, HBR 1/1975, S. 81ff.
Vargas, L. G., An overview of the Analytic Hierarchy Process and its applications, European Journal of Operations Research, 48/1990, S. 2–8.
Vazsonyi, A., Die Planungsrechnung in Wirtschaft und Industrie, Wien-München 1962.

VDI-Gesellschaft Entwicklung, Konstruktion, Vertrieb (Hrsg.), Projektkooperation beim internationalen Vertrieb von Maschinen und Anlagen: Entscheidungshilfen, Organisationsformen, Vertragskonzepte, Düsseldorf-Stuttgart 1991.
Verband für Arbeitsstudien -REFA- e. V. (Hrsg.), Methodenlehre des Arbeitsstudiums, Teil 2, Datenermittlung, 7. Aufl., München 1992.
Verein Deutscher Ingenieure (Hrsg.), VDI-Richtlinie 2801 – Wertanalyse, Düsseldorf 1970.
Verein Deutscher Ingenieure (Hrsg.), VDI-Berichte 293: Wertanalyse 77, Düsseldorf 1977.
Verein Deutscher Ingenieure (Hrsg.), Simultaneous Engineering, VDI Berichte 758, Düsseldorf 1989.
Verein Deutscher Maschinenbau-Anstalten e.V. – VDMA (Hrsg.), Wertanalyse im Maschinenbau, 2. Aufl., Frankfurt 1971.
Veritas Gummiwerke AG Gelnhausen (Hrsg.), Machbarkeitsstudie Frühwarnsystem, Gelnhausen 1992.
Viel, J., Betriebs- und Unternehmungsanalyse, 2. Aufl., Köln-Opladen 1958.
Vieweg, R., Kapitaleinsatz in der Unternehmung, in: Schriften zur Unternehmensführung, Bd. 6/7, Kapitaldisposition, Kapitalflußrechnung und Liquiditätspolitik, Hrsg. H. Jacob, Wiesbaden 1968, S. 29ff.
Vieweg, R., Finanzplanung und Finanzdisposition, Gütersloh-Berlin 1971.
Vogel, O., Rahmenbedingungen für personelle Umstrukturierungen, ZfbF 1989, S. 883ff.
Vogler, G., Mattes, H., Theorie und Praxis der Bilanzanalyse, 2. Aufl., Berlin 1976.
Voigt, J.-P., Fünf Wege der Netzplantechnik, Köln-Braunsfeld 1971.
Vokuhl, P., Die Anwendung der Linearen Programmierung in Industriebetrieben, Berlin 1965.
Volkswagenwerk AG (Hrsg.), Bericht über das Geschäftsjahr 1991 Volkswagenwerk Aktiengesellschaft Wolfsburg, Wolfsburg 1992.
Völzgen, H., Stochastische Netzwerkverfahren und deren Anwendung, Berlin-New York 1971.
Vormbaum, H., Kalkulationsarten und Kalkulationsverfahren, 4. Aufl., Stuttgart 1977.
Vormbaum, H., Finanzierung der Betriebe, 8. Aufl., Wiesbaden 1990.
Vormbaum, H., Ornau, H., Kalkulationsverfahren im Überblick, in: Handbuch Kostenrechnung, Hrsg. W. Männel, Wiesbaden 1992, S. 533ff.

Wacker, W. H., Haussmann, H., Kumar, B. (Hrsg.), Internationale Unternehmensführung, Festschrift zum 80. Geburtstag von Eugen Hermann Sieber, Berlin 1981.
Wacker, W. H., Steuerpolitik bei internationaler Unternehmenstätigkeit, in: Handbuch der internationalen Unternehmenstätigkeit, Hrsg. B. N. Kumar, H. Haussmann, München 1992, S. 873ff.
Wagner, D., Möglichkeiten und Grenzen des Cafeteria-Ansatzes in der Bundesrepublik Deutschland, BFuP 1/1986, S. 16ff.
Wagner, F. W., Kapitalerhaltung, Geldentwertung und Gewinnbesteuerung, Berlin 1978.
Wagner, F. W., Dirrigl, H., Die Steuerplanung der Unternehmung, Stuttgart-New York 1980.
Wagner, F. W., Heyd, R., Ertrag- und Substanzsteuern in der entscheidungsbezogenen Kostenrechnung, ZfbF 1981, S. 922ff.
Wagner, G. R., Kosten der Umwelterhaltung in ihrer Bedeutung für die Unternehmenspolitik, in: Handbuch Kostenrechnung, Hrsg. W. Männel, Wiesbaden 1992, S. 917ff.
Wagner, R., Auftragsabwicklung mit Modularprogrammen, Diss. Gießen 1981.
Wahl, M. P., Grundlagen eines Management-Informationssystems, Neuwied-Berlin 1969.
Walter, K.-D., Wartmann, R., Realisierung eines Modells der computergestützten Unternehmensplanung für die Stahlproduktion, in: Modellgestützte Planung im Unternehmen, Hrsg. Deutsche Gesellschaft für Operations Research e. V. (DGOR), Henstedt-Ulzburg 1982, S. 51ff.
Walz, H., Gramlich, D., Investitions- und Finanzplanung, 4. Aufl., Heidelberg 1993.
Warnick, B., Erhöhung der Kalkulationsgenauigkeit durch differenzierte Leistungserfassung, in: Tagungsband Kongress Kostenrechnung '91, Frankfurt 1991, S. 121f.
Waschek, G., Weckerle, E., Die Praxis der Netzplantechnik, Baden-Baden-Bad Homburg v.d. H. 1967.
Weber, C.-P., Zündorf, H., Umrechnung von Kapitalkonsolidierung, in: Handbuch der Konzern-Rechnungslegung – Kommentar zur Bilanzierung und Prüfung, Hrsg. K. Küting, C.-P. Weber, Stuttgart 1989, S. 973ff.
Weber, C.-P., Möglichkeiten der Bilanzpolitik, in: Handbuch der Rechnungslegung – Kommentar zur Bilanzierung und Prüfung, Hrsg. K. Küting, C.-P. Weber, 3. Aufl., Stuttgart 1990, S. 75ff.
Weber, H., Die Spannweite des betriebswirtschaftlichen Planungsbegriffes, ZfbF 1964, S. 716ff.
Weber, H. K., Die Definition der Einnahmen und Ausgaben als Größen des betriebswirtschaftlichen Rechnungswesens, BFuP 1972, S. 191ff.

Weber, H. K., Die Kapitalflußrechnung als Ergänzung des Jahresabschlusses?, DB 1979, S. 609 ff.
Weber, H. K., Wertschöpfungsrechnung, Stuttgart 1980.
Weber, H. K., Müller, E., Zwecke und Gestaltung der kurzfristigen Erfolgsrechnung, DB 1983, S. 1317 ff.
Weber, H. K., Rentabilität, Produktivität, Liquidität der Unternehmung, Stuttgart 1983.
Weber, H. K., Tiedau, L., Die Geldflußrechnung auf Grundlage der aktienrechtlichen Gewinn- und Verlustrechnung sowie der Bilanz am Beispiel der Siemens AG, DB 1984, S. 465 ff., S. 518 ff.
Weber, H. K., Betriebswirtschaftliches Rechnungswesen, Bd. 2, 3. Aufl., München 1991.
Weber, H. K., Kosten und Erlöse, in: HWR, Hrsg. K. Chmielewicz, M. Schweitzer, 3. Aufl., Stuttgart 1993, Sp. 1264 ff.
Weber, H. K., Wertschöpfung, in: HWR, Hrsg. K. Chmielewicz, M. Schweitzer, 3. Aufl., Stuttgart 1993, Sp. 2173 ff.
Weber, H. K., Betriebswirtschaftliches Rechnungswesen, Bd. 1, 4. Aufl., München 1994.
Weber, J., Logistikkostenrechnung, Berlin u.a. 1987.
Weber, J., Ursprünge, Begriff und Ausprägungen des Controllings, in: Handbuch Controlling, Hrsg. E. Mayer, J. Weber, Stuttgart 1990, S. 3.
Weber, J., Tylkowski, O. (Hrsg.), Konzepte und Instrumente von Controlling-Systemen in öffentlichen Institutionen, Stuttgart 1990.
Weber, J., Einführung in das Controlling, Teil 1: Konzeptionelle Grundlagen, 3. Aufl., Stuttgart 1991.
Weber, J., Einführung in das Controlling, Teil 2: Instrumente, 3. Aufl., Stuttgart 1991.
Weber, J., Versagen des Controlling? – Ein Beitrag zur Theoriefindung, DB 1991, S. 1785 ff.
Weber, J., Die Koordinationssicht des Controlling, in: Controlling, Hrsg. K. Spremann, E. Zur, Wiesbaden 1992, S. 169 ff.
Weber, J., Logistik-Controlling, 3. Aufl., Stuttgart 1993.
Weber, K., Standardkostenrechnung, IO 1960, S. 205 ff.
Weber, K., Zur Abweichungsermittlung bei der Standardkostenrechnung, IO 1961, S. 435 ff.
Weber, K., Planung mit der „Program Evaluation and Review Technique" (PERT), IO 1963, S. 35 ff.
Weber, K., Langfristige Planung in der Unternehmung, in: Beiträge zur Lehre von der Unternehmung, Festschrift für Karl Käfer, Hrsg. O. Angehrn, H. P. Künzi, Stuttgart 1968, S. 309 ff.
Weber, K., Projektanalyse mit CPM, IO 1968, S. 236 ff.
Weber, K., Entscheidungsprozesse unter Verwendung des Theorems von Bayes, in: Entscheidung bei unsicheren Erwartungen, Hrsg. H. Hax, Köln-Opladen 1970, S. 69 ff.
Weber, K., Prognose und Prognoseverfahren, in: HWB, 2. Bd., Hrsg. E. Grochla, W. Wittmann, 4. Aufl., Stuttgart 1975, Sp. 3188 ff.
Weber, K., Trzebiner, R., Tempelmeier, H., Simulation mit GPSS, Bern-Stuttgart 1983.
Weber, K., Multikriterielle Analyse- und Entscheidungsmethoden, DU 1991, S. 396 ff.
Weber, K., Mehrkriterielle Entscheidungen, München 1993.
Weber, M., Entscheidungen bei Mehrfachzielen und unvollständiger Information, ZfbF 1985, S. 311 ff.
Weidemann, B., „Formen multinationaler Unternehmungen", DB 1970, S. 2137 ff.
Weigand, C., Vertriebskostenrechnung, in: Handbuch Kostenrechnung, Hrsg. W. Männel, Wiesbaden 1992, S. 820 ff.
Weilenmann, P., Dezentrale Führung: Leistungsbeurteilung und Verrechnungspreise, ZfbF 1989, S. 932 ff.
Weilenmann, P., Kapital- und Finanzflußrechnung, in: Lexikon des Rechnungswesens, Hrsg. W. Busse v. Colbe, 3. Aufl., München-Wien 1994, S. 345 ff.
Weilenmann, P., Planungsrechnung in der Unternehmung, 8. Aufl., Zürich 1994.
Wein, E. A., Gemeinkostenwertanalyse – Methode, Organisation, Ergebnisse und kritische Würdigung, in: Kosten und Erlöse, Hrsg. R. Steffen, R. Wartmann, Stuttgart 1990, S. 373 ff.
Weingartner, H. M., Mathematical Programming and the Analysis of Capital Budgeting Problems, 2. Aufl., Englewood Cliffs 1964.
Weinhold-Stünzi, H., Beschaffungsplanung, in: HWR, Hrsg. E. Kosiol, Stuttgart 1970, Sp. 146 ff.
Weinrich, G., Verbesserte Investitionsentscheidungen durch Abbildung von Investitionen im Rechnungswesen, DB 1989, S. 989 ff.
Weirich, W., Das Produkt-Management als Führungs- und Organisationssystem, Berlin 1979.
Weitnauer, W., Die europäische grenzübergreifende Gesellschaft, Europäisches Wirtschafts- & Steuerrecht 6/1992, S. 165 ff.
Welge, M. K., Unternehmungsführung, Bd. 2: Organisation, Stuttgart 1987.

Welge, M. K., Unternehmungsführung, Bd. 3: Controlling, Stuttgart 1988.
Welge, M. K., Al-Laham, A., Planung, Wiesbaden 1992.
Weng, R., Der leitende Angestellte nach der Änderung des Betriebsverfassungsgesetzes und Einführung von Sprecherausschüssen, DB 1989, S. 628 ff.
Wenger, E., Unternehmungserhaltung und Gewinnbegriff, Wiesbaden 1981.
Wenz, E., Kosten- und Leistungsrechnung mit einer Einführung in die Kostentheorie, Herne-Berlin 1992.
Werder, A.v., Konzernstruktur und Matrixorganisation, ZfbF 1986, S. 586 ff.
Weston, F. J., Brigham, E. F., Managerial Finance, 9. Aufl., London u.a. 1992.
Weston, J. F., Copeland, T. E., Managerial Finance, 9. Aufl., Fort Worth u.a. 1992.
Wewer, P., Der Cash-Flow als Instrument der Unternehmensführung, DB 1969, S. 1069 ff.
Wheaton, R. G., „Ertrag aus investiertem Kapital" als betriebspolitisches Lenkungsmittel, ZfB 1960, S. 148 ff.
Wheelen, T. L., Hunger, J. D., Strategic Management, 3. Aufl., Reading 1990.
Wicke, L. u.a., Betriebliche Umweltökonomie, München 1992.
Wickenhäuser, F., EDV – Instrument des Controllers, Diss. München 1970.
Widman, U., Strategische Organisationsplanungsprozessse, Diss. Berlin 1980.
Wiebrock, H., Praxis der internen Konzernrechnungslegung, WPg 1971, S. 306 ff.
Wiedmann, H., Euler, G., Internationale Entwicklungen im Inflation Accounting: Eine vergleichende Darstellung, BFuP 1991, S. 310 ff.
Wiegräbe, W., Borgwardt, J., Sprecherausschüsse der leitenden Angestellten, DBW 1990, S. 5 ff.
Wiendieck, G., Akzeptanz, in: HWO, Hrsg. E. Frese, 3. Aufl., Stuttgart 1992, Sp. 89 ff.
Wieser, W., Organismen, Strukturen, Maschinen, Frankfurt/M. 1959.
Wild, J., Organisation und Hierarchie, ZfürO 1973, S. 45 ff.
Wild, J., Product Management, 2. Aufl., München 1973.
Wild, J. (Hrsg.), Unternehmungsführung, Festschrift für Erich Kosiol, Berlin 1974.
Wild, J. (Hrsg.), Unternehmungsplanung, Reinbek 1975.
Wild, J., Grundlagen der Unternehmungsplanung, 4. Aufl., Opladen 1982.
Will, H. J., Moderne Unternehmungsführung, ZfB 1970, S. 359 ff.
Wille, H., Gewald, K., Weber, H. D., Netzplantechnik, 1. Bd., Zeitplanung, 3. Aufl., München-Wien 1972.
Wille, K., Kapazitätsermittlung in der Unternehmung, Diss. Gießen 1985.
Willers, H. G., Siegert, T., Mergers and Acquisitions – Ein strategisches Instrument, in: Handbuch Strategische Führung, Hrsg. H. A. Henzler, Wiesbaden 1988, S. 259 ff.
Willers, H. G., Marktwertstrategien, unveröffentlichtes Manuskript, Duisburg 1992.
Willers, H. G., Vergütungssysteme für Führungskräfte in der Wirtschaft, in: Strategische Unternehmungsplanung – Strategische Unternehmungsführung, Hrsg. D. Hahn, B. Taylor, 6. Aufl., Heidelberg 1992, S. 485 ff.
Williamson, O. E., The Firm as a Nexus of Treaties: an Introduction, in: The Firm as a Nexus of Treaties, Hrsg. M. Aoki, B. Gustafsson, O. E. Williamson, London-Newbury Park-New Delhi 1990, S. 1 ff.
Willson, J. D., Colford J. P., The New Controller – With Five Redefined Chores, FE, 1991, March/April, S. 22 ff.
Wirtschaftsvereinigung Bauindustrie e.V. Nordrhein-Westfalen in Verbindung mit dem Betriebswirtschaftlichen Institut der Westdeutschen Bauindustrie Düsseldorf (Hrsg.), Planung, Steuerung und Kontrolle in Bauunternehmen, Düsseldorf 1987.
Wissebach, B., Beschaffung und Materialwirtschaft, Herne-Berlin 1977.
Wissenbach, H., Betriebliche Kennzahlen und ihre Bedeutung im Rahmen der Unternehmerentscheidung, Berlin 1967.
Withauer, K. F., Planung und Kontrolle von Kosten und Leistung bei Projekten, BFuP 1971, S. 609 ff.
Witt, F.-J., Strategisches und operatives Erlöscontrolling, Controlling 1992, S. 72 ff.
Witte, E., Die Liquiditätspolitik der Unternehmung, Tübingen 1963.
Witte, E., Zur Bestimmung der Liquiditätsreserve, ZfB 1964, S. 763 ff.
Witte, E., Phasen-Theorem und Organisation komplexer Entscheidungsverläufe, ZfbF 1968, S. 625 ff.
Witte, E., Die Finanzwirtschaft der Unternehmung, in: Allgemeine Betriebswirtschaftslehre in programmierter Form, Hrsg. H. Jacob, Wiesbaden 1969, S. 497 ff.
Witte, E., Finanzplanung, in: HWR, Hrsg. E. Kosiol, Stuttgart 1970, Sp. 517 ff.

Witte, E., Kraft und Gegenkraft im Entscheidungsprozeß, ZfB 1976, S. 319ff.
Witte, E., Thimm, A. L. (Hrsg.), Entscheidungstheorie, Wiesbaden 1977.
Witte, E., Das Einflußpotential der Arbeitnehmer als Grundlage der Mitbestimmung, DBW 1980, S. 3ff.
Witte, E., Finanzrechnung, insbesondere Finanzplanung, in: HWR, Hrsg. E. Kosiol, K. Chmielewicz, M. Schweitzer, 2. Aufl., Stuttgart 1981, Sp. 544ff.
Witte, E., Finanzplanung der Unternehmung, 3. Aufl., Opladen 1983.
Witte, E., Hauschildt, J., Grün, O. (Hrsg.), Innovative Entscheidungsprozesse, Tübingen 1988.
Witte, E., Die Finanzwirtschaft der Unternehmung, in: Allgemeine Betriebswirtschaftslehre, Hrsg. H. Jacob, 5. Aufl., Wiesbaden 1988, S. 583ff.
Witte, E., Entscheidungsprozesse, in: HWO, Hrsg. E. Frese, 3. Aufl., Stuttgart 1992, Sp. 552ff.
Wittmann, W., Unternehmung und unvollkommene Information, Köln-Opladen 1959.
Wittmann, W., Information, in: HWO, Hrsg. E. Grochla, 1. Aufl., Stuttgart 1969, Sp. 699ff.
Wittmann, W., Kern, W., Köhler, R., Küpper, H.-U., Wysocki, K. v. (Hrsg.), HWB, Bd. 2, 5. Aufl., Stuttgart 1993.
Wittstock, J., Elemente eines allgemeinen Zielsystems der Unternehmung, ZfB 1970, S. 833ff.
Wlotzke, O., Die Änderungen des Betriebsverfassungsgesetzes und das Gesetz über Sprecherausschüsse der leitenden Angestellten, DB 1989, Teil I, S. 111ff, Teil II, S. 173ff.
Wöhe, G., Betriebswirtschaftliche Steuerlehre, 1. Bd., 1. Halbband, 6. Aufl., München 1988.
Wöhe, G., Überblick über die Konzernbesteuerung, in: Handbuch der Konzern-Rechnungslegung – Kommentar zur Bilanzierung und Prüfung, Hrsg. K. Küting, C.-P. Weber, Stuttgart 1989, S. 189ff.
Wöhe, G., Das betriebliche Rechnungswesen, München 1990.
Wöhe, G., Bieg, H., Grundzüge der betriebswirtschaftlichen Steuerlehre, 3. Aufl., München 1991.
Wöhe, G., Betriebswirtschaftliche Steuerlehre, 1. Bd., 2. Halbband, 7. Aufl., München 1992.
Wöhe, G., Bilanzierung und Bilanzpolitik, 8. Aufl., München 1992.
Wöhe, G., Einführung in die Allgemeine Betriebswirtschaftslehre, 18. Aufl., München 1993.
Wöhe, G., Bilstein, J., Grundzüge der Unternehmensfinanzierung, 7. Aufl., München 1994.
Wood, D., Byrne, J., International Business Finance, London 1981.
Wörn, H.-J., Konzernorganisation, Diss. Gießen 1986.
Wright, P., A Refinement of Porter's Strategies, Strategic Management Journal 1987, S. 93ff.
Wrigth, M. G., Financial Management, Maidenhead/Berksh. 1970.
Wunderer, R., Grunwald, W., Führungslehre, Bd. 1., Grundlagen der Führung, Bd. 2., Kooperative Führung, Berlin-New York 1980.
Wunderer, R., Sailer, M., Die Controlling-Funktion im Personalwesen, Personalführung 1987, S. 505ff.
Wunderer, R., Sailer, M., Personal-Controlling, SGP Mitteilungen, 2/1987, S. 36ff.
Wunderer, R., Sailer, M., Personal-Controlling in der Praxis – Entwicklungsstand, Erwartungen, Aufgaben, Personalwirtschaft 4/1988, S. 177ff.
Wunderer, R., Personalarbeit in einer noch jungen, entwicklungsbedürftigen Disziplin, Personalführung 1990, S. 507ff.
Wunderlin, B., Die Einbeziehung von ausländischen Konzernunternehmen in den konsolidierten Abschluß, Diss. München 1967.
Wünsch, H. (Hrsg), Festschrift für H. Hämmerle, Graz 1972.
Wurl, H.-J., Betriebliche Liquiditätskontrolle als Informationssystem, Göttingen 1990.
Wysocki, K. v., Weltbilanzen als Planungsobjekte und Planungsinstrumente multinationaler Unternehmen, ZfbF 1971, S. 682ff.
Wysocki, K. v., Praktische Gestaltungsformen der Kapitalflußrechnung in der internationalen Diskussion, ZfbF-Kontaktstudium 1978, S. 167ff.
Wysocki, K. v., Sozialbilanzen, Stuttgart-New York 1981.
Wysocki, K. v., Wohlgemuth, M., Konzernrechnungslegung, 4. Aufl., Düsseldorf 1994.

Zahn, E., Die strategische Unternehmensplanung als Anwendungsfeld mathematischer Modelle, Beitrag zum Internationalen Symposium über „Modell- und computergestützte Unternehmensplanung" des BIFOA a.d. Universität zu Köln, Köln 1972.
Zahn, E., Produktionsstrategie, in: Handbuch Strategische Führung, Hrsg. H. A. Henzler, Wiesbaden 1988, S. 527ff.
Zahn, E., Mehrebenenansatz der Planung, in: HWPlan, Hrsg. N. Szyperski, Stuttgart 1989, Sp. 1080ff.
Zahra, S. A., Increasing the Board's Involvement in Strategy, LRP 6/1990, S. 109ff.

Zangemeister, C., Grundsätze zur Aufstellung eines Zielsystems, IO 1970, S. 293ff.

Zangemeister, C., Nutzwertanalyse in der Systemtechnik, 4. Aufl., München 1976.

Zangemeister, C., Bomsdorf, E., Empfindlichkeitsuntersuchungen in der Nutzwertanalyse (NWA): Ermittlung kritischer Zielgewichte und Empfindlichkeitsmaße, ZfbF 1983, S. 375ff.

Zentralverband der Elektrotechnischen Industrie e. V., Betriebswirtschaftlicher Ausschuß (Hrsg.), ZVEI-Kennzahlensystem, 4. Aufl., Frankfurt 1989.

Zettelmeyer, B., Strategisches Management und strategische Kontrolle, Darmstadt 1984.

Ziegler, H., Immaterielle Leistungen – eine Herausforderung für Theorie und Praxis, ZfbF 1982, S. 8ff., S. 16ff.

Zillessen, W., Zur Praxis der Währungsumrechnung deutscher Konzerne, DBW 1982, S. 533ff.

Zimmerer, C., Unternehmensbeteiligung als Führungsinstrument, in: HWFü, Hrsg. A. Kieser, G. Reber, R. Wunderer, Stuttgart 1987, Sp. 1965ff.

Zimmermann, H.-J., Mathematische Entscheidungsforschung und ihre Anwendung auf die Produktionspolitik, Berlin 1963.

Zimmermann, H.-J., Netzplantechnik, Berlin-New York 1971.

Zimmermann, H.-J., Unscharfe Entscheidungen und Multi-Criteria-Analyse, in: Proceedings in Operations Research 6, Hrsg. H. N. Dathe, P. Mertens, F. D. Peschanel, H. Späth, H.-J. Zimmermann, Würzburg-Wien 1976, S. 99ff.

Zimmermann, H.-J., Fuzzy Programming and Linear Programming With Several Objective Functions, Fuzzy Sets and Systems 1978, S. 45ff.

Zimmermann, H.-J., Netzplantechnik, in: HWO, Hrsg. E. Grochla, 2. Aufl., Stuttgart 1980, Sp. 1379ff.

Zimmermann, H.-J., Zadeh, L. A., Gaines, B. R. (Hrsg.), Fuzzy Sets and Decision Analysis, Amsterdam u.a. 1984.

Zimmermann, H.-J., Fuzzy Sets, Decision Making and Expert Systems, Dordrecht 1987.

Zimmermann, H.-J., Operations Research Methoden und Modelle, Braunschweig-Wiesbaden 1987.

Zimmermann, H.-J., Unscharfe Entscheidungen, in: Grundlagen der Operations Research, Hrsg. T. Gal, Bd. 3, Berlin-Heidelberg 1987, S. 340ff.

Zimmermann, H.-J., Einführung in die Grundlagen des Operations Research, 3. Bd., 2. Aufl., München 1989.

Zimmermann, H.-J., Fuzzy Set Theory – and Its Applications, 2. Aufl., Boston-Dordrecht 1990.

Zimmermann, H.-J., Gutsche, L., Multi-Criteria Analyse, Einführung in die Theorie der Entscheidungen bei Mehrfachzielsetzungen, Berlin-Heidelberg 1991.

Zimmermann, J., Die flexible Plankostenrechnung und Deckungsbeitragsrechnung als entscheidungs- und kontrollorientiertes System der Kosten- und Leistungsrechnung – Probleme und Entwicklungsmöglichkeiten, Diss. Würzburg 1990.

Zur, E., Führungsaufgaben bei High-Tech-Projekten – Wettbewerbsvorteile durch Systemdenken, zfo 1989, S. 381ff.

Zwehl, W.v., Untersuchung zur Erstellung einer Planbilanz als Ergänzung des Jahresabschlusses, Berlin 1968.

Zwicker, E., Simulation und Analyse dynamischer Systeme, Berlin 1981.

Zwicker, E., INZPLA – Ein Konzept der computergestützten Unternehmensgesamtplanung, in: Betriebswirtschaftliche Steuerungs- und Kontrollprobleme, Hrsg. W. Lücke, Wiesbaden 1988, S. 341ff.

Zwicker, E., Inkrementale Zielplanung – Eine Einführung, Arbeitspapier, Berlin 1992.

Zwicker, E., Möglichkeiten und Grenzen der Anwendung von Executive-Informationssystemen, in: Führungskräfte und Führungserfolg – Neue Herausforderungen für das strategische Management, Hrsg. U. Krystek, J. Link, Wiesbaden 1995, S. 231ff.

Stichwortverzeichnis

GABLER-Fachliteratur zum Thema „Kostenrechnung und Controlling" (Auswahl)

Siegfried Hummel / Wolfgang Männel
Kostenrechnung
Band 1:
Grundlagen, Aufbau und Anwendung
4., völlig neu bearbeitete und erweiterte Auflage 1986, Nachdruck 1995, 432 Seiten, Broschur, DM 54,—
ISBN 3-409-21134-9

Band 2:
Moderne Verfahren und Systeme
3. Auflage 1983, Nachdruck 1993, 198 Seiten, Broschur, DM 48,—
ISBN 3-409-21140-3

Wolfgang Kilger
Flexible Plankostenrechnung und Deckungsbeitragsrechnung
Bearbeitet durch Kurt Vikas
10., vollständig überarbeitete und erweiterte Auflage 1993, XXII, 946 Seiten, gebunden, DM 198,—
ISBN 3-409-26085-4

Wolfgang Männel (Hrsg.)
Prozeßkostenrechnung
Bedeutung, Methoden, Branchenerfahrungen, Softwarelösungen
1995, 396 Seiten, Broschur, DM 138,—
ISBN 3-409-12146-3

Wolfgang Männel / Heinrich Müller (Hrsg.)
Modernes Kostenmanagement
Grenzplankostenrechnung als Controllinginstrument
Beiträge der Plaut-Gruppe
1995, XII, 172 Seiten, Broschur, DM 78,—
ISBN 3-409-12143-9

Elmar Mayer (Hrsg.)
Controlling-Konzepte
3., vollständig überarbeitete und erweiterte Auflage 1993, VIII, 360 Seiten, gebunden, DM 138,—
ISBN 3-409-33004-6

Paul Riebel
Einzelkosten- und Deckungsbeitragsrechnung
Grundfragen einer markt- und entscheidungsorientierten Unternehmensrechnung
7., überarb. und wesentlich erw. Auflage 1993, IV, 816 Seiten, gebunden, DM 148,—
ISBN 3-409-26095-1

Johann Risak / Albrecht Deyhle
Controlling
State of the Art und Entwicklungstendenzen
2., durchgesehene Auflage 1992, 415 Seiten, gebunden, DM 128,—
ISBN 3-409-22116-6

Klaus Spremann / Eberhard Zur (Hrsg.)
Controlling
Grundlagen – Informationssysteme – Anwendungen
1992, 870 Seiten, gebunden, DM 84,—
ISBN 3-409-13138-8

Kurt Vikas
Neue Konzepte für das Kostenmanagement
Controllingorientierte Modelle für Industrie- und Dienstleistungsunternehmen
2., aktualisierte Auflage 1993
XII, 224 Seiten, Broschur, DM 94,—
ISBN 3-409-22112-3

Zu beziehen über den Buchhandel oder den Verlag. Stand der Angaben und Preise: 1. 11. 1995
Änderungen vorbehalten.

BETRIEBSWIRTSCHAFTLICHER VERLAG DR. TH. GABLER, TAUNUSSTRASSE 54, 65183 WIESBADEN